1st EDITION

POWER PACK

SSC
गणित
चैप्टरवाइज
7000+ TCS MCQ

All SSC Exams PYQs Till Jan. 2025

SSC CGL, CHSL, CPO, MTS, GD, Selection Post, etc.

लेखक
देवेश सोनकर,
सचिन कुमार,
सुभाष कुमार,
राहुल कुमार

arihant
SUCCESS AND NOTHING LESS

arihant
SUCCESS AND NOTHING LESS

अरिहन्त पब्लिकेशन्स (इण्डिया) लिमिटेड

卐 रजि. कार्यालय

'रामछाया' 4577/15, अग्रवाल रोड, दरिया गंज, नई दिल्ली- 110002
फोन: 011-47630600, 43518550

卐 मुख्य कार्यालय

कालिन्दी, टी०पी० नगर, मेरठ (यूपी)– 250002
फोन: 0121-7156203, 7156204

卐 शाखा कार्यालय

आगरा, अहमदाबाद, बरेली, बंगलुरु, चेन्नई, दिल्ली, गुवाहाटी, हैदराबाद, जयपुर, झाँसी, कोलकाता, लखनऊ, नागपुर तथा पुणे

卐 मूल्य ₹ 695.00

PO No : TXT-XX-XXXXXXX-X-XX

PUBLISHED BY ARIHANT PUBLICATIONS (INDIA) LTD.

'अरिहन्त' की पुस्तकों के बारे में अधिक जानकारी के लिए हमारी वेबसाइट **www.arihantbooks.com** पर लॉग इन करें या **info@arihantbooks.com** पर सम्पर्क करें।

Book Available at
amazon Flipkart

प्रोडक्शन टीम

पब्लिशिंग मैनेजर
महेन्द्र सिंह रावत

प्रोजेक्ट हैड
शाहिद सैफी

कवर डिज़ाइनर
बिलाल हाशमी

इनर डिज़ाइनर
अंकित प्रजापति

पेज लेआउट
अनिल कुमार, सोनू कुमार

प्रूफ रीडर्स
राशिद सैफी, निशी, सागर शर्मा, रवि मलिक, गुलजार

CHAPTER INDEX

POWER PACK

POWER PACK

POWER PACK

POWER PACK

SSC Cutoff 2023-24

Exam	Tier	Year	SC	ST	EWS	OBC	UR	ESM
SSC CGL	TIER I	2024	126.45554	111.8893	142.01963	146.26291	153.18981	69.92674
		2023	126.68201	118.16655	143.44441	145.93743	150.04936	100.29326
	TIER II	2024	-	-	-	-	-	-
		2023	252	241	265	271	287	223
SSC CHSL	TIER I	2024	139.68408	129.44568	150.51731	156.61665	157.36168	78.23008
		2023	136.41166	124.52592	151.09782	152.26953	153.91142	102.47651
	TIER I	2024	89.8581	82.6568	111.4352	113.50911	119.80335	40.07024
		2023	79.3189	78.13852	103.97465	102.9603	115.04762	40
SSC CPO	Grade C	2024	-	-	-	-	-	-
		2023	136.08122	128.04746	-	145.03097	147.45086	147.45086
SSC STENO	Grade D	2024	-	-	-	-	-	-
		2023	109.41004	88.71217	40.15035	125.02167	131.32184	126.29805
SSC GD	Tier I	2024	148.21914	143.65896	151.15627	152.28771	153.56851	94.65261
		2023	129.75	126.45	139.16	140.75	142.03	75.01

01

संख्या पद्धति

- **संख्या पद्धति** वह पद्धति, जिसमें विभिन्न प्रकार की संख्याओं और उनके गुणों का अध्ययन किया जाता है।
- **अंकों का जातीय मान** संख्या के विशेष अंक का जातीय मान स्वयं वहीं अंक होता है।
  जैसे-4321 में 2 का जातीय मान = 2 तथा 3 का जातीय मान = 3
- **अंकों का स्थानीय मान** संख्या में अंकों का स्थानीय मान उनकी स्थिति के अनुसार बदलता है।
  जैसे- 513 में 1 का स्थानीय मान $= 1 \times 10 = 10$
  तथा 5 का स्थानीय मान $= 5 \times 100 = 500$

संख्याओं के प्रकार

- **प्राकृतिक संख्याएँ** शून्य को छोड़कर गणना करने वाली सभी संख्याएँ, प्राकृतिक संख्याएँ कहलाती हैं। जैसे- 1, 2, 3, ...
- **पूर्ण संख्याएँ** शून्य (0) सहित सभी प्राकृतिक संख्याएँ, पूर्ण संख्याएँ होती हैं। जैसे- 0, 1, 2, 3 ....
- **पूर्णांक संख्याएँ** शून्य सहित सभी धनात्मक व ऋणात्मक प्राकृतिक संख्या, पूर्णांक संख्याएँ कहलाती हैं।
  जैसे- .... –5, –4, – 3, – 2, – 1, 0, 1, 2, 3, ...
- **सम संख्याएँ** '2' से पूर्णतया विभाजित होने वाली संख्याएँ, सम संख्याएँ कहलाती हैं। जैसे- 8, 4, 6, 120, ...
- **विषम संख्याएँ** '2' से पूर्णतया विभाजित नहीं होने वाली संख्याएँ, विषम संख्याएँ कहलाती हैं। जैसे- 3, 5, 11, 25, ...
- **अभाज्य संख्याएँ** केवल '1' और स्वयं से विभाजित होने वाली संख्या, अभाज्य संख्या होती है। जैसे- 2, 3, 5, 7, 11, ...
- **सह-अभाज्य संख्याएँ** ऐसी दो या दो से अधिक प्राकृतिक संख्याएँ, जिनमें '1' के अतिरिक्त कोई अन्य उभयनिष्ठ गुणनखण्ड न हो। जैसे- (5, 9), (2, 3) , (16, 21, 65) ....
- **जुड़वा-अभाज्य संख्या** केवल '2' का अन्तर रखने वाले अभाज्य संख्याओं का युग्म जैसे- (3, 5), (11, 13), (41, 43)
- **भाज्य संख्याएँ** दो से अधिक गुणनखण्ड वाली संख्याएँ, भाज्य संख्या कहलाती हैं। जैसे- 4, 8, 9, 12, ...
- **परिमेय संख्या** $\frac{p}{q}$ के रूप में निरूपित संख्या, परिमेय संख्या होती है।
  जहाँ, p और q पूर्णांक हैं तथा $q \neq 0$ जैसे- $\frac{1}{4}, \frac{3}{9}, \frac{-3}{4}, \frac{5}{1}$ ....
- **अपरिमेय संख्या** जिन संख्याओं को $\frac{p}{q}$ के रूप में नहीं लिखा जा सकता है, वे अपरिमेय संख्या कहलाती हैं।
  जहाँ, p और q पूर्णांक हैं तथा $q \neq 0$ जैसे- $\sqrt{2}, \sqrt{5}, \pi$ ....

विभाज्यता की जाँच

अंक	नियम
2	यदि संख्या का अन्तिम अंक 0 या सम संख्या हो
3	संख्या के अंकों का योग 3 से भाज्य हो
4	संख्या के अन्तिम दो अंक 4 से भाज्य हो
5	यदि संख्या के अन्तिम अंक 0 या 5 हो
7	यदि संख्या के अन्तिम अंक का दोगुना करके शेष अंकों से बनी संख्या में से घटाया जाए और प्राप्त शेषफल 7 से भाज्य हो
8	यदि संख्या के अन्तिम तीन अंक 8 से विभाज्य हो
9	यदि संख्या के अंकों का योग 9 से विभाज्य हो
11	यदि संख्या के सम स्थानों के अंकों का योग तथा विषम स्थानों के अंकों के योग का अन्तर 0 या 11 से विभाज्य हो

उदाहरण 1. यदि 34*68, 9 से भाज्य हो, तो * का मान होगा।

हल यदि संख्या के अंकों का योग 9 से भाज्य है, तो वह संख्या 9 से पूर्णतः भाज्य होगी।

$\therefore$ अंकों का योग = 3 + 4 + * + 6 + 8 = 21 + *

$\because$ * के स्थान पर 6 रखने पर संख्या के अंकों का योग 27 है, जो 9 से भाज्य होगा।

$\therefore$ * = 6

विभाजन प्रमेय/शेषफल प्रमेय

माना एक संख्या a को b से विभाजित करने पर (जहाँ $a > b$) भागफल q और शेषफल r बचता है। तब, $a = bq + r$ अर्थात् भाज्य = भाजक × भागफल + शेषफल

उदाहरण 2. यदि एक संख्या को 3 से विभाजित किया जाता है, तो शेषफल 5 प्राप्त होता है। जब उसी संख्या के दोगुने को 3 से विभाजित किया जाता है, तब प्राप्त शेषफल क्या होगा?

हल माना संख्या n है

विभाजन प्रमेय से

$$n = 3q + 5$$

$$\therefore \quad 2n = 2(3q + 5)$$

$$2n = 6q + 10 = 6q + 9 + 1 = 3(2q + 3) + 1$$

$\therefore$ अभीष्ट शेषफल = 1

घातांकीय संख्याओं की विभाज्यता

- n के सभी मानों के लिए $(x^n - a^n)$, $(x - a)$ से पूर्णतः विभाजित होगा।
- n के केवल सम मानों के लिए $(x^n - a^n)$, $(x + a)$ से पूर्णतः विभाजित होगा।
- n के केवल विषम मानों के लिए $(x^n + a^n)$, $(x + a)$ से पूर्णतः विभाजित होगा।

इकाई का अंक ज्ञात करना

संख्याओं के गुणनफल में इकाई अंक

संख्याओं के गुणनफल में इकाई का अंक ज्ञात करने के लिए प्रत्येक संख्या के इकाई अंक का आपस में गुणा करते हैं यदि गुणनफल में दहाई का अंक आ जाए, तो उसका इकाई अंक लेकर गुणा जारी रखते हैं। इस प्रकार, अन्त में प्राप्त संख्या का इकाई का अंक ही अभीष्ट इकाई का अंक होता है।

उदाहरण 3. $7 \times 1 \times 9 \times 4$ में इकाई का अंक ज्ञात कीजिए।

हल $7 \times 1 \times 9 \times 4$ में इकाई का अंक $= 63 \times 4$ में इकाई का अंक

$= 3 \times 4$ में इकाई का अंक $= 12$ में इकाई का अंक $= 2$

घातीय रूप की संख्या में इकाई का अंक ज्ञात करना

(i) यदि दी गई संख्या में आधार का अंक 0, 1, 5, 6 हो, तो उसका इकाई का अंक अपरिवर्तित रहता है।

(ii) यदि दी गई संख्या में आधार का अंक 2, 4 तथा 8 हो, तो उसकी घात को 4 से भाग देकर 2^4, 4^4 तथा 8^4 के रूप में लिखते हैं।

(iii) यदि दी गई संख्या में आधार का अंक 3 या 7 हो, तो उपरोक्त प्रक्रिया के अनुसार ही सरल करते हैं, परन्तु 3^4 तथा 7^4 का इकाई अंक = 1

(iv) यदि दी गई संख्या में आधार का अंक 9 है, तो घात विषम होने पर इकाई का अंक 9 तथा घात सम होने पर इकाई का अंक 1 होगा।

उदाहरण 4. $7^{71} \times 6^{63} \times 3^{65}$ में इकाई का अंक कितना होगा?

हल $7^{71} \times 6^{63} \times 3^{65}$ में इकाई का अंक

$= 7^{4 \times 17 + 3} \times 6^{15 \times 4 + 3} \times 3^{16 \times 4 + 1}$ में इकाई अंक

$= 7^3 \times 6^3 \times 3^1$ में इकाई अंक

$= 343 \times 216 \times 3$ में इकाई अंक $= 3 \times 6 \times 3$ में इकाई अंक $= 4$

संख्याओं के भाजकों और गुणनखण्डों की संख्या ज्ञात करना

(i) **भाजकों की संख्या ज्ञात करना**

यदि $N = a^p\, b^q\, c^r\, d^s$, तो 1 और N को छोड़कर N के भाजकों की संख्या $= (p+1)(q+1)(r+1)(s+1) - 2$

(ii) **अभाज्य गुणनखण्डों की संख्या ज्ञात करना**

यदि $N = a^p\, b^q\, c^r\, d^s$, तो

अभाज्य गुणनखण्डों की कुल संख्या $= p + q + r + s$

उदाहरण 5. 4200 के गुणनखण्डों की संख्या क्या है?

हल $4200 = 2 \times 2 \times 2 \times 3 \times 5 \times 5 \times 7 = 2^3 \times 3^1 \times 5^2 \times 7^1$

यहाँ, $p = 3, q = 1, r = 2, s = 1$

अतः अभीष्ट गुणनखण्डों की संख्या $= (p+1)(q+1)(r+1)(s+1)$

$= (3+1)(1+1)(2+1)(1+1)$

$= 4 \times 2 \times 3 \times 2 = 48$

संख्या से सम्बन्धित महत्त्वपूर्ण सूत्र

- पहली n प्राकृतिक संख्याओं का योग $= \dfrac{n(n+1)}{2}$
- पहली n विषम संख्याओं का योग $= n^2$
- पहली n सम संख्याओं का योग $= n(n+1)$
- पहली n प्राकृतिक संख्याओं के वर्गों का योग $= \dfrac{n(n+1)(2n+1)}{6}$
- पहली n प्राकृतिक संख्याओं के घनों का योग $= \left[\dfrac{n(n+1)}{2}\right]^2$

उदाहरण 6. पहली 15 प्राकृतिक संख्याओं के वर्गों का योग क्या है?

हल पहली 15 प्राकृतिक संख्याओं के वर्गों का योग $= \dfrac{n(n+1)(2n+1)}{6}$

$$= \frac{15(15+1)(2 \times 15 + 1)}{6} = \frac{15 \times 16 \times 31}{6} = 1240$$

श्रेणियाँ

समान्तर श्रेणी (AP)

ऐसी श्रेणी जिसके दो क्रमागत पदों का अन्तर नियत रहता है।

श्रेणी का सामान्य रूप $a, a + d, a + 2d, \ldots\ldots, a + (n-1)d$

यहाँ, a = प्रथम पद, d = सार्वान्तर

n वाँ पद $(T_n) = a + (n-1)d$

n पदों का योग $= \dfrac{n}{2}[2a + (n-1)d]$

$= \dfrac{n}{2}[a + l]$ [यहाँ, l अन्तिम पद है]

समान्तर माध्य (AM)

यदि a, b, c समान्तर श्रेणी में हैं, तो b, a और c का समान्तर माध्य होगा।

अर्थात् $b = \dfrac{a+c}{2}$

गुणोत्तर श्रेणी (GP)

ऐसी श्रेणी जिसके दो क्रमागत पदो का अनुपात समान होता है।

गुणोत्तर श्रेणी का सामान्य रूप $a, ar, ar^2, \ldots\ldots, ar^{n-1}$

यहाँ, प्रथम पद = a, सार्वानुपात = r

n वाँ पद $(T_n) = ar^{n-1}$

n पदों का योग $(S_n) = \dfrac{a(1 - r^n)}{(1 - r)}$ [जब, $r < 1$]

$(S_n) = \dfrac{a(r^n - 1)}{r - 1}$ [जब, $r > 1$]

अनन्त पदों का योगफल $(S_\infty) = \dfrac{a}{1 - r}$

गुणोत्तर माध्य (GM)

यदि a, b और c गुणोत्तर श्रेणी में हों तो b, a और c का गुणोत्तर माध्य होगा

अर्थात् $b^2 = ac \Rightarrow b = \sqrt{ac}$

भिन्न

ऐसी संख्या या राशि जिसे $\dfrac{p}{q}$ के रूप में व्यक्त किया जा सके, जहाँ, $q \neq 0$, भिन्न एक परिमेय संख्या है।

- **साधारण भिन्न** वह भिन्न जिसका हर 10 की घात न होकर कोई अन्य संख्या हो, जैसे– $\dfrac{3}{7}, \dfrac{5}{11}, \dfrac{9}{13}$ आदि
- **उचित भिन्न** वे भिन्न जिनमें अंश, सदैव हर से छोटा हो, जैसे– $\dfrac{2}{5}, \dfrac{3}{7}$
- **अनुचित भिन्न** वे भिन्न जिनमें अंश, हर से अधिक हो, जैसे– $\dfrac{7}{4}, \dfrac{11}{9}$

उदाहरण 7. $\dfrac{2}{3}, \dfrac{3}{4}, \dfrac{4}{3}, \dfrac{5}{4}$ में कौन-सी भिन्न सबसे बड़ी है?

हल $\because \dfrac{2}{3} = 0.66, \dfrac{3}{4} = 0.75, \dfrac{4}{3} = 1.33$ तथा $\dfrac{5}{4} = 1.25$

अतः $\dfrac{4}{3}$ सबसे बड़ी भिन्न है।

SSC एग्जाम स्कैनर

SSC CGL 2024 (Tier I & II)

1. 38211, 38121, 32118 और 31128 में से कौन-सी संख्या 24 से विभाज्य है?
SSC CGL (Tier II) 20/01/2025 Shift-I
(a) 31128 (b) 32118
(c) 38211 (d) 38121

2. $7^{15} + 7^{16} + 7^{17}$ निम्नलिखित में से कौन-सी संख्या से विभाज्य है?
SSC CGL (Tier I) 26/09/2024 Shift-III
(a) 3 (b) 4 (c) 2 (d) 5

3. $45yz0$ पाँच अंकों की एक ऐसी संख्या है, जो 40 से विभाज्य है। $(y + z)$ का अधिकतम सम्भावित मान क्या है?
SSC CGL (Tier I) 26/09/2024 Shift-II
(a) 15 (b) 18
(c) 16 (d) 17

4. दो क्रमागत सम संख्याओं का योग 174 है। छोटी संख्या ज्ञात कीजिए।
SSC CGL (Tier I) 26/09/2024 Shift-II
(a) 84 (b) 86
(c) 90 (d) 88

5. एक कमरे में कुछ कुर्सियाँ और कुछ व्यक्ति हैं। यदि प्रत्येक कुर्सी पर केवल एक व्यक्ति बैठता है, तो ठीक एक व्यक्ति के लिए कुर्सी नहीं बचती है। यदि प्रत्येक कुर्सी पर दो व्यक्ति बैठते हैं, तो एक कुर्सी खाली रहती है। कमरे में कुर्सियों की संख्या कितनी है?
SSC CGL (Tier I) 26/09/2024 Shift-I
(a) 6 (b) 4 (c) 3 (d) 7

6. $9^{20} + 2$ को 4 से विभाजित करने पर शेषफल क्या आएगा? **SSC CGL (Tier I) 26/09/2024 Shift-I**
(a) 2 (b) 1 (c) 0 (d) 3

7. निम्नलिखित में से कौन-सी संख्या 6 से विभाज्य है? **SSC CGL (Tier I) 25/09/2024 Shift-III**
(a) 128530 (b) 438750
(c) 12581 (d) 62233

8. यदि m सम संख्या है, तो $(8^m - 1)$ .... से विभाज्य है। **SSC CGL(Tier I) 25/09/2024 Shift-II**
(a) 8 (b) 65 (c) 42 (d) 63

9. निम्नलिखित में से कौन-सा भिन्न सबसे बड़ी है?
SSC CGL (Tier I) 25/09/2024 Shift-I
$\frac{3}{7}, \frac{7}{53}, \frac{41}{80}, \frac{29}{79}$
(a) $\frac{3}{7}$ (b) $\frac{29}{79}$ (c) $\frac{41}{80}$ (d) $\frac{7}{53}$

10. कौन-सी भाज्य संख्या प्रथम 12 प्राकृत संख्याओं के योग को विभाजित कर सकती है?
SSC CGL (Tier I) 24/09/2024 Shift-III
(a) 8 (b) 4
(c) 12 (d) 6

11. यदि $436P5$, 3 से विभाज्य है, तो P का अधिकतम मान ज्ञात करें।
SSC CGL (Tier I) 24/09/2024 Shift-III
(a) 9 (b) 8 (c) 6 (d) 12

12. किसी संख्या को 55 से विभाजित करने पर शेषफल 28 प्राप्त होता है। उसी संख्या को 11 से विभाजित करने पर शेषफल क्या आएगा?
SSC CGL (Tier I) 24/09/2024 Shift-II
(a) 7 (b) 6 (c) 5 (d) 8

13. 6 अंकों की संख्या $6745k2$ में 'k' का वह अधिकतम मान ज्ञात कीजिए, जिससे संख्या 3 से विभाज्य हो जाए। **SSC CGL (Tier I) 24/09/2024 Shift-I**
(a) 8 (b) 7 (c) 6 (d) 9

14. संख्या 429714 निम्नलिखित में से किन संख्याओं से विभाज्य है?
SSC CGL (Tier I) 23/09/2024 Shift-III
(a) 3 और 6 (b) 3 और 5
(c) 4 और 6 (d) 6 और 5

15. एक ग्राहक ₹975 का भुगतान किस्तों में करता है। हर महीने, पिछले महीने की तुलना में ₹5 कम का भुगतान किया जाता है। यदि पहली किस्त ₹100 है, तो पूरी राशि का भुगतान करने में कितना समय लगेगा?
SSC CGL (Tier I) 23/09/2024 Shift-III
(a) 15 महीने (b) 27 महीने
(c) 14 महीने (d) 26 महीने

16. 11से विभाज्य संख्या प्राप्त करने के लिए 7278745 में से घटाई जाने वाली छोटी-से-छोटी संख्या कौन-सी है?
SSC CGL (Tier I) 23/09/2024 Shift-II
(a) 2 (b) 5
(c) 3 (d) 1

17. n के किस न्यूनतम मान के लिए, $2^{2n} + 2n$, 6 से पूर्णतः विभाज्य है, जहाँ n एक पूर्णांक है?
SSC CGL (Tier I) 23/09/2024 Shift-I
(a) 1 (b) 0 (c) 2 (d) 3

18. निम्नलिखित में से कौन-सी संख्या 8 से विभाज्य नहीं है? **SSC CGL (Tier I) 19/09/2024 Shift-III**
(a) 7344 (b) 4608
(c) 7497 (d) 5544

19. दी गई संख्याओं A, B, C और D में से कौन-सी संख्या 11 से विभाज्य नहीं है?
SSC CGL (Tier I) 19/09/2024 Shift-II
$A = 712712$; $B = 177210$
$C = 64614$; $D = 756148$
(a) C (b) B
(c) A (d) D

20. एक स्कूल बिल्डिंग में एक ओवरहेड टैंक है। इस टैंक को भरने के लिए 50 बाल्टी पानी की आवश्यकता होती है। मान लीजिए कि बाल्टी की क्षमता इसकी वर्तमान क्षमता का दो-पाँचवाँ भाग कर दी जाती है। तो उसी टैंक को भरने के लिए कितनी बाल्टी पानी की आवश्यकता होगी?
SSC CGL (Tier I) 19/09/2024 Shift-II
(a) 20 (b) 125 (c) 62.5 (d) 60

21. यदि 9 अंकों की संख्या $5x79856y6$, 36 से विभाज्य है, तो y के सबसे बड़े सम्भावित मान के लिए $\sqrt{(2x + y)}$ का ऋणात्मक मान क्या है, दिया गया है कि, x और y प्राकृतिक संख्याएँ हैं? **SSC CGL (Tier I) 18/09/2024 Shift-III**
(a) –4 (b) –7 (c) –5 (d) –2

22. निम्नलिखित में से कौन-सी भिन्न सबसे बड़ी है? **SSC CGL (Tier I) 18/09/2024 Shift-II**
$\frac{2}{3}, \frac{6}{53}, \frac{79}{90}, \frac{33}{44}$
(a) 6/53 (b) 2/3 (c) 79/90 (d) 33/44

23. यदि 19^{200} को 20 से विभाजित किया जाता है, तो शेषफल ज्ञात कीजिए।
SSC CGL (Tier I) 18/09/2024 Shift-II
(a) 3 (b) 1 (c) 2 (d) –1

24. पाँच क्रमागत संख्याओं का योग 80 है। सबसे बड़ी संख्या ज्ञात कीजिए।
SSC CGL (Tier I) 18/09/2024 Shift-I
(a) 14 (b) 19 (c) 18 (d)15

25. एक संख्या r को 8 से विभाजित करने पर 3 शेष बचता है। $(r^2 + 6r + 7)$ को 8 से विभाजित करने पर शेषफल क्या होगा?
SSC CGL (Tier I) 18/09/2024 Shift-I
(a) 2 (b) 1 (c) 4 (d) 3

26. यदि P एक अंक है, जो इस प्रकार है कि 6954 P, 11 से विभाज्य है, तो P का मान क्या होगा?
SSC CGL (Tier I) 17/09/2024 Shift-III
(a) 6 (b) 7 (c) 8 (d) 2

27. x का वह न्यूनतम मान ज्ञात करें, जिसके लिए $57x716$, 9 से विभाज्य है।
SSC CGL (Tier I) 17/09/2024 Shift-II
(a) 9 (b) 0 (c) 8 (d) 1

28. k का वह न्यूनतम मान ज्ञात करें, जिसके लिए 7-अंकों वाली संख्या $249k876$, 6 से विभाज्य हो। **SSC CGL (Tier I) 17/09/2024 Shift-I**
(a) 7 (b) 1 (c) 0 (d) 5

29. $(17^{13} - 21) \div 18$ का शेषफल ज्ञात करें।
SSC CGL (Tier I) 13/09/2024 Shift-III
(a) 17 (b) 21 (c) 15 (d) 14

30. यदि संख्या $62684xy$, 8 और 5 दोनों से विभाज्य है, तो क्रमशः x और y के स्थान पर कौन-से अंक आने चाहिए?
SSC CGL (Tier I) 13/09/2024 Shift-II
(a) 5 और 0 (b) 4 और 0
(c) 0 और 5 (d) 2 और 0

31. यदि $321y72$, 6 का एक गुणज है, जहाँ y एक अंक है, तो y का न्यूनतम मान क्या होगा?
SSC CGL (Tier I) 13/09/2024 Shift-I
(a) 3 (b) 0 (c) 7 (d) 2

32. $91876a2$ को 8 से विभाज्य बनाने के लिए संख्या 'a' को दिया जाने वाला सबसे छोटा मान ज्ञात कीजिए।
SSC CGL (Tier I) 12/09/2024 Shift-III
(a) 0 (b) 3 (c) 2 (d) 1

33. निम्नलिखित में से कौन-सी संख्या 2, 5, 10 और 11 से विभाज्य है?
SSC CGL (Tier I) 12/09/2024 Shift-III
(a) 830942 (b) 589270
(c) 203467 (d) 1234560

34. एक बगीचे में, पहले वर्ष गुलबहार के 6 पौधे हैं। प्रत्येक वर्ष, माली गुलबहार के 3 नए पौधे उगाता है। बगीचे में पहले वर्ष चमेली के भी 26 पौधे हैं, जिसमें से प्रत्येक वर्ष 2 पौधे खत्म हो जाते हैं। पहले वर्ष के बाद कितने समय में गुलबहार के पौधों की संख्या चमेली के पौधों की संख्या के बराबर हो जाएगी?
SSC CGL (Tier I) 12/09/2024 Shift-II
(a) 6 वर्ष (b) 5 वर्ष (c) 4 वर्ष (d) 2 वर्ष

35. निम्नलिखित में से कौन-सी संख्या 11 से विभाज्य नहीं है?
SSC CGL (Tier I) 12/09/2024 Shift-II
(a) 128041 (b) 80124
(c) 5445 (d) 109153

36. यदि 72864*$ एक ऐसी संख्या है, जो 8 और 5 दोनों से विभाज्य है, तो क्रमश: * और $ के स्थान पर कौन-से अंक आने चाहिए?
SSC CGL (Tier I) 12/09/2024 Shift-I
(a) 2 और 0 (b) 4 और 0
(c) 2 और 5 (d) 4 और 5

37. * को उस लघुत्तम अंक से प्रतिस्थापित कीजिए, जिससे 723*56* संख्या 6 से विभाज्य हो जाए।
SSC CGL (Tier I) 11/09/2024 Shift-III
(a) 4 (b) 2 (c) 3 (d) 1

38. निम्नलिखित में से कौन-सी संख्या 2 और 5 दोनों से विभाज्य है?
SSC CGL (Tier I) 11/09/2024 Shift-II
(a) 37254 (b) 37915
(c) 20792 (d) 63840

39. एक भाग-प्रश्न में भाजक, भागफल का 4 गुना और शेषफल का 2 गुना है। यदि शेषफल 32 है, तो भाज्य ज्ञात कीजिए।
SSC CGL (Tier I) 11/09/2024 Shift-I
(a) 1065 (b) 3240
(c) 1650 (d) 1056

40. 999 में जोड़ी जाने वाली वह छोटी-से-छोटी संख्या ज्ञात कीजिए, जिससे योगफल को 99 पूर्ण रूप से विभाजित कर दे।
SSC CGL (Tier I) 11/09/2024 Shift-I
(a) 99 (b) 90 (c) 0 (d) 9

41. यदि संख्या $6484y6$, 8 से विभाज्य है, तो y का न्यूनतम मान ज्ञात कीजिए
SSC CGL (Tier I) 10/09/2024 Shift-III
(a) 7 (b) 3 (c) 1 (d) 4

42. यदि $(77^{77} + 77)$ को 78 से विभाजित किया जाए, तो शेषफल क्या होगा?
SSC CGL (Tier I) 10/09/2024 Shift-II
(a) 1 (b) 78 (c) 77 (d) 76

43. निम्नलिखित में से कौन-सी, 47 से विभाज्य 5 अंकों की सबसे बड़ी संख्या है?
SSC CGL (Tier I) 10/09/2024 Shift-I
(a) 10000 (b) 99969 (c) 99999 (d) 98888

44. यदि $7845K854$, 11 से विभाज्य है, तो K का मान क्या है?
SSC CGL (Tier I) 09/09/2024 Shift-III
(a) 9 (b) 8 (c) 7 (d) 6

45. जब 28735429 को 9 से विभाजित किया जाता है, वास्तविक विभाजन किए बिना शेषफल ज्ञात कीजिए। SSC CGL (Tier I) 09/09/2024 Shift-II
(a) 4 (b) 9 (c) 2 (d) 8

46. निम्नलिखित में से कौन-सा 'k' का मान हो सकता है जिससे कि संख्या $217924k$, 6 से विभाज्य हो? SSC CGL (Tier I) 09/09/2024 Shift-I
(a) 6 (b) 4 (c) 0 (d) 2

SSC CGL 2023 (Tier I & II)

47. निम्नलिखित में से कौन-सी संख्या 11 से विभाज्य है? SSC CGL (Tier II) 7/3/2023 Shift-II
(a) 2378965 (b) 5648741
(c) 6598321 (d) 5214341

48. यदि चार अंकों की संख्या $463y$, 7 से विभाज्य है, तो y का मान क्या होगा?
SSC CGL (Tier II) 7/3/2023 Shift-I
(a) 3 (b) 4 (c) 6 (d) 5

49. संख्या 1254216 निम्नलिखित में से किस संख्या से विभाज्य है?
SSC CGL (Tier II) 6/3/2023 Shift-II
(a) 11 (b) 5 (c) 8 (d) 16

50. 3 किग्रा चावल का मूल्य ₹ 180 है। 8 किग्रा चावल का मूल्य 5 किग्रा दाल के मूल्य के बराबर है। 15 किग्रा दाल का मूल्य 2 किग्रा चाय के मूल्य के बराबर है। 3 किग्रा चाय का मूल्य 6 किग्रा अखरोट के मूल्य के बराबर है। 10 किग्रा अखरोट का मूल्य (₹ में) क्या है?
SSC CGL (Tier II) 3/3/2023 Shift-II
(a) 3200 (b) 2800
(c) 3600 (d) 2400

51. संख्या 2918245 निम्नलिखित में से किस संख्या से विभाज्य है?
SSC CGL (Tier II) 3/3/2023 Shift-I
(a) 12 (b) 9
(c) 11 (d) 3

52. संख्या 5769116 निम्नलिखित में से किस संख्या से विभाज्य है?
SSC CGL (Tier II) 2/3/2023 Shift-I
(a) 4 (b) 8 (c) 12 (d) 5

53. 11368, 11638, 11863 और 12638 में से कौन-सी संख्या 11 से विभाज्य है?
SSC CGL (Tier I) 27/7/2023 Shift-III
(a) 11863 (b) 11368
(c) 12638 (d) 11638

54. निम्नलिखित में से कितनी संख्याएँ 3 से विभाज्य हैं लेकिन 9 से नहीं?
SSC CGL (Tier I) 27/7/2023 Shift-III
5826, 5964, 6039, 6336, 6489, 6564, 6867 और 6960
(a) 5 (b) 4 (c) 6 (d) 3

55. एक 6 अंकीय संख्या में अंक क्रमागत प्राकृत संख्याओं के रूप में है। यह संख्या सदैव ....से विभाज्य होगी।
SSC CGL (Tier I) 27/7/2023 Shift-II
(a) 5 (b) 2 (c) 4 (d) 3

56. किसी संख्या को 45 से विभाजित करने पर शेषफल 21 आता है। संख्या को 15 से विभाजित करने पर शेषफल क्या होगा?
SSC CGL (Tier I) 26/7/2023 Shift-III
(a) 5 (b) 6 (c) 3 (d) 0

57. $846523X7Y$ एक ऐसी 9 अंकीय संख्या है जो 9 से विभाज्य है, और $Y - X = 6$ है। $\sqrt{2X + 4Y}$ का मान ज्ञात कीजिए।
SSC CGL (Tier I) 26/7/2023 Shift-II
(a) 4 (b) 6
(c) 8 (d) 2

58. $abba$ एक ऐसी चार अंकीय संख्या है जो 4 से विभाज्य है और $a < b$ है। ऐसी कितनी संख्याएँ हैं? SSC CGL (Tier I) 26/7/2023 Shift-I
(a) 6 (b) 10
(c) 12 (d) 8

59. निम्नलिखित में से कौन-सी संख्या 44 से विभाज्य है? SSC CGL (Tier I) 25/7/2023 Shift-IV
(a) 93472 (b) 27048
(c) 54736 (d) 32802

60. जब $(x^{17} + 1)$ को $(x + 1)$ से विभाजित किया जाता है, तो शेषफल क्या होगा?
SSC CGL (Tier I) 25/7/2023 Shift-III
(a) 1 (b) 0 (c) $x - 1$ (d) x

61. निम्नलिखित में से कौन-सी संख्या 8 से विभाज्य हैं? SSC CGL (Tier I) 25/7/2023 Shift-II
(a) 18716 (b) 18714
(c) 18712 (d) 18718

62. निम्नलिखित में से कौन-सी संख्या 99 से विभाज्य है? SSC CGL (Tier I) 25/7/2023 Shift-II
(a) 60687 (b) 84456
(c) 31548 (d) 44775

63. $8^8 + 6$ को 7 से विभाजित करने पर प्राप्त शेषफल ज्ञात कीजिए। **SSC CGL (Tier I) 25/7/2023 Shift-I**
(a) 1 (b) 2 (c) 0 (d) 3

64. एक भाग प्रश्न में, भाजक भागफल का 13 गुना और शेषफल का 6 गुना है। यदि शेषफल 39 है, तो भाज्य ज्ञात करें **SSC CGL (Tier I) 25/7/2023 Shift-I**
(a) 4576 (b) 4240 (c) 4251 (d) 4800

65. a का मान ज्ञात कीजिए ताकि $6234a6$, 9 द्वारा विभाज्य हो। **SSC CGL (Tier I) 21/07/2023 Shift-IV**
(a) 6 (b) 7 (c) 8 (d) 10

66. वह छोटी-से-छोटी संख्या कौन-सी है, जिसे 9454351626 में जोड़ने पर प्राप्त संख्या 11 से विभाजित होगी? **SSC CGL (Tier I) 21/07/2023 Shift-IV**
(a) 6 (b) 1 (c) 4 (d) 5

67. 34936, 35508, 35580, और 36508 में से कौन-सी संख्या 33 से विभाज्य है? **SSC CGL (Tier I) 20/07/2023 Shift-IV**
(a) 35508 (b) 34936
(c) 36508 (d) 35580

68. 72 का वर्ग 216 और एक संख्या के गुणनफल के बराबर है, संख्या ज्ञात करें। **SSC CGL (Tier I) 20/07/2023 Shift-III**
(a) 24 (b) 36 (c) 48 (d) 18

69. निम्नलिखित में से कौन-सी संख्या 9 से विभाज्य है? **SSC CGL (Tier I) 20/07/2023 Shift-II**
(a) 83061 (b) 78432
(c) 47695 (d) 29568

70. निम्नलिखित में से कौन-सी संख्या 11 से विभाज्य है? **SSC CGL (Tier I) 20/7/2023 Shift-I**
(a) 63962 (b) 56923
(c) 97174 (d) 17295

71. 484 के उन भाजकों का योग कितना है, जो पूर्ण वर्ग हैं? **SSC CGL (Tier I) 20/7/2023 Shift-I**
(a) 35 (b) 125 (c) 13 (d) 610

72. 98984, 98992, 98998 और 99008 में से कौन-सी संख्या 8 से विभाज्य नहीं है? **SSC CGL (Tier I) 19/7/2023 Shift-IV**
(a) 99008 (b) 98984 (c) 98998 (d) 98992

73. जब m को 7 से विभाजित किया जाता है, तो शेषफल 5 होता है। जब $3m$ को 7 से विभाजित किया जाएगा, तो शेषफल क्या होगा? **SSC CGL (Tier I) 19/7/2023 Shift-IV**
(a) 3 (b) 2 (c) 1 (d) 0

74. 9592450, 9592330, 9592885 और 9592741 में से कौन-सी संख्या 11 से विभाज्य है? **SSC CGL (Tier I) 19/7/2023 Shift-III**
(a) 9592450 (b) 9592330
(c) 9592885 (d) 9592741

75. 34623, 34716, 34782 और 34783 में से कौन-सी संख्या 3 से विभाज्य नहीं है? **SSC CGL (Tier I) 19/7/2023 Shift-II**
(a) 34623 (b) 34782
(c) 34716 (d) 34783

76. भाग के एक प्रश्न को हल करते समय, सुहास ने गलती से भाज्य के रूप में एक संख्या ले ली जो मूल भाज्य से 10% कम थी। उसने गलती से भाजक के रूप में एक संख्या भी ले ली जो मूल भाजक से 20% कम थी। यदि भाग के मूल प्रश्न का सही भागफल 24 था और शेषफल 0 था, तो यह मानते हुए कि उसकी गणना में कोई त्रुटि नहीं है, सुहास ने कितना भागफल प्राप्त किया? **SSC CGL (Tier I) 19/7/2023 Shift-I**
(a) 21.6 (b) 27 (c) 26.4 (d) 30

77. निम्नलिखित में से कौन-सी संख्या 36 से विभाज्य है? **SSC CGL (Tier I) 19/7/2023 Shift-I**
(a) 8840 (b) 55512 (c) 96272 (d) 1542

78. वह सबसे छोटी संख्या ज्ञात कीजिए जिसे 888 में जोड़ने पर प्राप्त संख्या 35 से पूरी तरह विभाज्य होगी। **SSC CGL (Tier I) 18/7/2023 Shift-III**
(a) 22 (b) 21 (c) 23 (d) 20

79. निम्नलिखित में से कौन-सी संख्या 36 से विभाज्य है? **SSC CGL (Tier I) 18/7/2023 Shift-II**
(a) 87064 (b) 29412
(c) 54732 (d) 47502

80. 24963, 24973, 24983 और 24993 में से कौन-सी संख्या 7 से विभाज्य है? **SSC CGL (Tier I) 18/7/2023 Shift-II**
(a) 24993 (b) 24983
(c) 24963 (d) 24973

81. निम्नलिखित में से कौन-सी संख्या $4^{12} + 4^{13} + 4^{14} + 4^{15}$ को पूर्णत: विभाजित करेगी? **SSC CGL (Tier I) 18/7/2023 Shift-I**
(a) 17 (b) 3 (c) 7 (d) 11

82. छ: अंकों की एक संख्या 33 से विभाज्य है। यदि संख्या में 54 जोड़ दिया जाए, तो निर्मित नई संख्या भी .... से विभाज्य होगी। **SSC CGL (Tier I) 17/7/2023 Shift-IV**
(a) 3 (b) 5 (c) 7 (d) 2

83. भाग का एक प्रश्न हल करते समय, प्रांजल ने गलती से भाज्य के रूप में एक संख्या ले ली जो मूल भाज्य से 10% अधिक थी। उसने गलती से भाजक के रूप में एक संख्या ले ली जो मूल भाजक से 25% अधिक थी। यदि भाग के मूल प्रश्न का सही भागफल 25 था और शेषफल 0 था, तो यह मानते हुए कि उसकी गणना में कोई त्रुटि नहीं है, प्रांजल ने कितना भागफल प्राप्त किया? **SSC CGL (Tier I) 17/7/2023 Shift-IV**
(a) 28.75 (b) 21.75
(c) 21.25 (d) 22

84. निम्नलिखित में से कितनी संख्याएँ 132 से पूर्णत: विभाज्य हैं? **SSC CGL (Tier I) 17/7/2023 Shift-III**
660, 754, 924, 1452, 1526, 1980, 2045 और 2170
(a) 3 (b) 4 (c) 5 (d) 6

85. 88 से पूर्णत: विभाज्य 5 अंकों की सबसे बड़ी संख्या ज्ञात कीजिए। **SSC CGL (Tier I) 17/7/2023 Shift-II**
(a) 99968 (b) 99984
(c) 99990 (d) 99978

86. $3 + 3^2 + 3^3 + ... + 3^8$ का योग ज्ञात करें। **SSC CGL (Tier I) 17/7/2023 Shift-II**
(a) 6561 (b) 9840
(c) 3280 (d) 6560

87. वह छोटी-से-छोटी संख्या ज्ञात कीजिए जिसे 148109326 में से घटाने पर प्राप्त संख्या 8 से विभाज्य होगी। **SSC CGL (Tier I) 17/7/2023 Shift-I**
(a) 10 (b) 4 (c) 6 (d) 8

88. $6^{25} + 6^{26} + 6^{27} + 6^{28}$ निम्न में से किस संख्या से विभाज्य है? **SSC CGL (Tier I) 14/7/2023 Shift-I**
(a) 256 (b) 259
(c) 254 (d) 255

89. $(265)^{4081} + 9$ को 266 से विभाजित करने पर प्राप्त शेषफल ज्ञात कीजिए। **SSC CGL (Tier I) 14/7/2023 Shift-I**
(a) 1 (b) 6 (c) 9 (d) 8

SSC CGL 2022 (Tier I)

90. यदि नौ-अंकीय संख्या $3422213AB$, 99 से विभाज्य है, तो $2A + B$ का मान कितना है? **SSC CGL (Tier I) 13/12/2022 Shift-IV**
(a) 10 (b) 11
(c) 13 (d) 12

91. यदि संख्या $6788934a4$, 11 से विभाज्य है, तो a के स्थान पर सबसे छोटी पूर्ण संख्या ज्ञात कीजिए। **SSC CGL (Tier I) 13/12/2022 Shift-III**
(a) 3 (b) 2
(c) 5 (d) 4

92. उस विकल्प का चयन कीजिए, जिसमें संख्याएँ सही आरोही क्रम में हैं। **SSC CGL (Tier I) 13/12/2022 Shift-II**
(a) $\frac{2}{3}, \frac{4}{5}, \frac{1}{11}$ और $\frac{2}{9}$ (b) $\frac{2}{9}, \frac{1}{11}, \frac{4}{5}$ और $\frac{2}{3}$
(c) $\frac{4}{5}, \frac{2}{3}, \frac{1}{11}$ और $\frac{2}{9}$ (d) $\frac{1}{11}, \frac{2}{9}, \frac{2}{3}$ और $\frac{4}{5}$

93. एक लॉक की चार अंकों की पिन, जैसे $abcd$ हैं, जिसमें विभिन्न शून्येन्तर अंक हैं। अंक $b = 2a, c = 2b, d = 2c$ को सन्तुष्ट करते हैं। पिन .... से विभाज्य है। **SSC CGL (Tier I) 13/12/2022 Shift-II**
(a) 2, 3, 7 (b) 2, 3, 5
(c) 2, 3, 13 (d) 2, 3, 11

94. यदि एक 7-अंकीय संख्या $54p3987$, 11 से विभाज्य है, तो p किसके बराबर होगा?
SSC CGL (Tier I) 12/12/2022 Shift-IV
(a) 1 (b) 4 (c) 5 (d) 9

95. यदि सात अंकों की संख्या $52A6B7C$, 33 से विभाज्य है, और A, B, C अभाज्य हैं, तो $2A + 3B + C$ का अधिकतम मान है
SSC CGL (Tier I) 12/12/2022 Shift-III
(a) 23 (b) 34 (c) 32 (d) 27

96. कोई भी छ: अंकों की संख्या, जो तीन अंकों की संख्या को दोहराकर बनती है, सदैव किससे विभाज्य होती है?
SSC CGL (Tier I) 12/12/2022 Shift-II
(a) 1001 (b) 111 (c) 19 (d) 101

97. जब $19^{19} + 20$ को 18 से विभाजित किया जाए, तो शेषफल ज्ञात कीजिए।
SSC CGL (Tier I) 9/12/2022 Shift-IV
(a) 3 (b) 0 (c) 2 (d) 1

98. एक 7-अंकीय संख्या 89476*2 में, * का न्यूनतम संभव मान क्या है, जिससे संख्या 8 से विभाज्य हो?
SSC CGL (Tier I) 9/12/2022 Shift-III
(a) 1 (b) 3 (c) 4 (d) 2

99. यदि संख्या 123456789 को 9 द्वारा विभाजित किया जाता है, तो शेषफल क्या होगा?
SSC CGL (Tier I) 9/12/2022 Shift-II
(a) 1 (b) 0
(c) 3 (d) 2

100. छ: अंकों की सबसे बड़ी संख्या और सबसे छोटी संख्या का योग क्या होगा?
SSC CGL (Tier I) 09/12/2022 Shift-I
(a) 199999 (b) 100000
(c) 1099999 (d) 999999

101. यदि 7 अंकों की संख्या $678p37q$, 75 से विभाज्य है और p एक भाज्य संख्या नहीं है, तो p और q के मान ज्ञात कीजिए।
SSC CGL (Tier I) 08/12/2022 Shift-IV
(a) $p = 5, q = 5$ (b) $p = 3, q = 5$
(c) $p = 2, q = 5$ (d) $p = 3, q = 0$

102. एक निश्चित संख्या में 7 जोड़ा जाता है और योग को 5 से गुणा किया जाता है। फिर गुणनफल को 3 से विभाजित किया जाता है और 4 को भागफल में से घटाया जाता है। यदि परिणाम 16 आता है, तो मूल संख्या क्या है?
SSC CGL (Tier I) 08/12/2022 Shift-III
(a) 1 (b) 4
(c) 3 (d) 5

103. एक भाग के प्रश्न में भाजक, भागफल का 10 गुना और शेषफल का चार गुना है। यदि शेषफल 45 है, तो भाज्य क्या है?
SSC CGL (Tier I) 08/12/2022 Shift-II
(a) 3285 (b) 2895
(c) 4123 (d) 5412

104. किसी संख्या को 221 से विभाजित करने पर शेषफल 30 रहता है। यदि उसी संख्या को 13 से विभाजित किया जाए, तो शेषफल ज्ञात कीजिए। SSC CGL (Tier I) 08/12/2022 Shift-I
(a) 4 (b) 1 (c) 3 (d) 2

105. 9435 को 7593 में जोड़ा जाता है और फिर 2607 को इनके योगफल से घटाया जाता है। परिणाम किससे विभाज्य होगा?
SSC CGL (Tier I) 07/12/2022 Shift-III
(a) 4 (b) 3 (c) 5 (d) 10

106. 1 से 430 तक कितनी संख्याएँ 7 और 11 दोनों से विभाज्य हैं?
SSC CGL (Tier I) 07/12/2022 Shift-II
(a) 9 (b) 7 (c) 11 (d) 5

107. यदि एक संख्या $K = 42 \times 25 \times 54 \times 135$, 3^a द्वारा विभाज्य है, तो a का अधिकतम मान ज्ञात कीजिए। SSC CGL (Tier I) 07/12/2022 Shift-I
(a) 4 (b) 6 (c) 5 (d) 7

108. 246837 में से कितना घटाया जाए कि यह 13 से विभाज्य हो जाए?
SSC CGL (Tier I) 06/12/2022 Shift-IV
(a) 3 (b) 6 (c) 4 (d) 5

109. 43 और 481 के बीच में कितनी संख्याएँ 9 द्वारा विभाज्य हैं?
SSC CGL (Tier I) 06/12/2022 Shift-III
(a) 49 (b) 50
(c) 48 (d) 51

110. $3^{50} + 9^{26} + 27^{18} + 9^{28} + 9^{29}$ निम्नलिखित में से किस पूर्णांक से विभाज्य है?
SSC CGL (Tier I) 06/12/2022 Shift-II
(a) 7 (b) 2 (c) 5 (d) 11

111. एक संख्या n को जब 6 से विभाजित किया जाता है, तो शेषफल 3 बचता है। $(n^2 + 5n + 8)$ को 6 से विभाजित करने पर शेषफल क्या होगा?
SSC CGL (Tier I) 06/12/2022 Shift-I
(a) 2 (b) 1
(c) 3 (d) 5

112. यदि 9 अंकों की संख्या $83P93678Q$, 72 से विभाज्य है, जो $\sqrt{P^2 + Q^2 + 12}$ का मान क्या है? SSC CGL (Tier I) 05/12/2022 Shift-IV
(a) 9 (b) 7 (c) 6 (d) 8

113. 5 अंकों की सबसे बड़ी संख्या ज्ञात कीजिए, जो 11, 33, 99 और 121 से विभाज्य हो?
SSC CGL (Tier I) 05/12/2022 Shift-III
(a) 90099 (b) 99990
(c) 99099 (d) 90909

114. $100^2 - 99^2 + 98^2 - 97^2 + 96^2 - 95^2 + 94^2 - 93^2 + ...12^2 - 11^2$ का मान क्या होगा? SSC CGL (Tier I) 05/12/2022 Shift-III
(a) 4950 (b) 5050
(c) 4985 (d) 4995

115. 4567 में वह छोटी-से-छोटी कौन-सी संख्या जोड़ी जाए, कि योगफल 7 से विभाज्य हो?
SSC CGL (Tier I) 05/12/2022 Shift-III
(a) 4 (b) 7 (c) 6 (d) 5

116. दो अंकों की ऐसी संख्या ज्ञात कीजिए कि उसके अंकों का योग 8 हो और जब इसमें 36 जोड़ा जाता है, तो संख्या के अंक पलट जाते हैं।
SSC CGL (Tier I) 05/12/2022 Shift-II
(a) 35 (b) 26
(c) 71 (d) 62

117. एक संख्या को 363 द्वारा विभाजित किया जाता है, तो शेषफल 17 प्राप्त होता है। जब उसी संख्या को 11 द्वारा विभाजित किया जाएगा तो शेषफल क्या होगा?
SSC CGL (Tier I) 05/12/2022 Shift-II
(a) 8 (b) 7 (c) 9 (d) 6

118. p और q के शून्येतर मानों का निम्नलिखित में से कौन-सा युग्म 6 अंकों की संख्या $674pq0$ को 3 और 11 दोनों से विभाज्य बनाता है?
SSC CGL (Tier I) 05/12/2022 Shift-I
(a) $p = 5$ और $q = 4$ (b) $p = 4$ और $q = 2$
(c) $p = 2$ और $q = 2$ (d) $p = 5$ और $q = 2$

119. यदि 8 अंकों की संख्या $123456xy$, 8 से विभाज्य है, तो (x, y) के कुल कितने सम्भावित युग्म होंगे? SSC CGL (Tier I) 03/12/2022 Shift-IV
(a) 11 (b) 10 (c) 8 (d) 13

120. किसी संख्या को 7 से विभाजित करने पर 4 शेषफल बचता है। यदि उसी संख्या के वर्ग को 7 से विभाजित किया जाए, तो शेषफल क्या होगा? SSC CGL (Tier I) 03/12/2022 Shift-III
(a) 4 (b) 3 (c) 2 (d) 1

121. जब 7^{42} को 48 से विभाजित किया जाए, तो शेष ज्ञात कीजिए।
SSC CGL (Tier I) 03/12/2022 Shift-II
(a) 0 (b) 1 (c) 2 (d) 3

122. वह निकटतम संख्या, जो 87501 से बड़ी है और 765 से पूर्णत: विभाज्य है वह ज्ञात कीजिए। SSC CGL (Tier I) 03/12/2022 Shift-I
(a) 87975 (b) 87966
(c) 88975 (d) 87775

123. निम्नलिखित में से कौन-सी संख्या 2, 3 और 5 से विभाज्य है?
SSC CGL (Tier I) 02/12/2022 Shift-IV
(a) 2456732 (b) 5467760
(c) 1345678 (d) 2345760

124. दो संख्याओं का अन्तर 1564 है। बड़ी संख्या को छोटी से विभाजित करने पर, हमें भागफल के रूप में 6 और शेषफल के रूप में 19 प्राप्त होता है। छोटी संख्या क्या है?
SSC CGL (Tier I) 02/12/2022 Shift-III
(a) 287 (b) 309
(c) 456 (d) 623

125. छात्रों की एक कक्षा में, पहले छात्र के पास 2 टॉफियाँ हैं, दूसरे छात्र के पास 4 टॉफियाँ हैं, तीसरे छात्र के पास 6 टॉफियाँ हैं और इसी तरह सभी छात्रों के पास टॉफियाँ हैं। यदि कक्षा में छात्रों की संख्या 25 हैं, तो टॉफियों की कुल संख्या को ······ से भाज्य किया जा सकता है।
SSC CGL (Tier I) 02/12/2022 Shift-II
(a) 11 और 13 (b) 5 और 13
(c) 5 और 7 (d) 7 और 11

126. यदि $x67y$ एक ऐसी 4-अंकीय संख्या है, जो 9 से पूर्णत: विभाज्य है, तो $(x+y)$ का न्यूनतम मान ···· है। **SSC CGL (Tier I) 02/12/2022 Shift-I**
(a) 9 (b) 0
(c) 3 (d) 5

127. 36 लीटर डीजल में एक ट्रक 492 किमी चलता है। यह 33 लीटर डीजल में कितने किमी चल सकता है?
SSC CGL (Tier I) 01/12/2022 Shift-IV
(a) 454 किमी (b) 451 किमी
(c) 453 किमी (d) 452 किमी

128. यदि $750PQ$ एक ऐसी 5-अंकीय संख्या है, जो 3, 7 और 11 से विभाज्य है, तो $P+2Q$ का मान ज्ञात कीजिए।
SSC CGL (Tier I) 01/12/2022 Shift-IV
(a) 17 (b) 16 (c) 18 (d) 15

129. जब $27^{27}+27$ के मान को 28 से विभाजित किया जाए, तो शेषफल कितना होगा?
SSC CGL (Tier I) 01/12/2022 Shift-III
(a) 28 (b) 25 (c) 27 (d) 26

130. 8127 को 8 से भाग देने पर शेषफल क्या होगा? **SSC CGL (Tier I) 01/12/2022 Shift-II**
(a) 4 (b) 7
(c) 6 (d) 5

131. निम्नलिखित में से कौन-सी संख्या $(49^{15}-1)$ का भाजक है?
SSC CGL (Tier I) 01/12/2022 Shift-I
(a) 14 (b) 8
(c) 46 (d) 50

SSC CGL 2021 & 2020 (Tier I)

132. यदि नौ अंक वाली संख्या $7698x138y$, 72 से विभाज्य है, तो $\sqrt{4x+y}$ का मान ज्ञात करें।
SSC CGL (Tier I) 24/08/2021 Shift-III
(a) 8 (b) 6 (c) 5 (d) 9

133. $(a+b)$ के सभी सम्भावित मानों का योगफल ज्ञात करें, जिससे संख्या $4a067b$,11से विभाज्य हो। **SSC CGL (Tier I) 24/08/2021 Shift-II**
(a) 21 (b) 16 (c) 11 (d) 5

134. 3-अंक वाली संख्याओं abc, cab और bca का योगफल ······ से विभाज्य नहीं है।
SSC CGL (Tier I) 24/08/2021 Shift-I
(a) $a+b+c$ (b) 31
(c) 37 (d) 3

135. यदि छ: अंकों वाली संख्या $5z3x4y$, 7, 11 और 13 से विभाज्य है, तो $(x+y-z)$ का मान ज्ञात करें।
SSC CGL (Tier I) 23/08/2021 Shift-II
(a) 5 (b) 3 (c) 6 (d) 4

136. k का वह मान ज्ञात करें, कि संख्या $72k460k$, 6 से विभाज्य हो जाए?
SSC CGL (Tier I) 20/08/2021 Shift-I
(a) 4 (b) 9 (c) 8 (d) 7

137. यदि संख्या P, 2 से विभाज्य है और संख्या Q, 3 से विभाज्य है, तो निम्न में से कौन-सा कथन सत्य है?
SSC CGL (Tier I) 18/08/2021 Shift-III
(a) $P+Q$, 6 से विभाज्य है
(b) $P+Q$, 5 से विभाज्य है
(c) $P\times Q$, 6 से विभाज्य है
(d) $P\times Q$, 5 से विभाज्य है

138. यदि 8 अंकों वाली संख्या $888x53y4$, 72 से विभाज्य है, तो y के अधिकतम मान के लिए $(7x+2y)$ का मान ज्ञात करें।
SSC CGL (Tier I) 18/08/2021 Shift-I
(a) 19 (b) 27 (c) 15 (d) 23

139. संख्या में k के अधिकतम मान और न्यूनतम मान के वर्गों का योगफल ज्ञात करें, जिससे संख्या $45082k$, 3 से विभाज्य हो।
SSC CGL (Tier I) 17/08/2021 Shift-III
(a) 50 (b) 100 (c) 64 (d) 68

140. यदि सात अंकों वाली संख्या $94x29y6$, 72 से विभाज्य है, तो $x\neq y$ के लिए $(2x+3y)$ का मान ज्ञात करें।
SSC CGL (Tier I) 17/08/2021 Shift-I
(a) 37 (b) 35 (c) 23 (d) 21

141. यदि $5306P2$ संख्या, 3 से विभाज्य है, तो P के अधिकतम मान और न्यूनतम मान के वर्गों के बीच अन्तर ज्ञात करें।
SSC CGL (Tier I) 16/08/2021 Shift-III
(a) 36 (b) 68 (c) 60 (d) 6

142. यदि 6-अंक वाली संख्या $5x423y$, 88 से विभाज्य है, तो $(5x-8y)$ का मान ज्ञात करें।
SSC CGL (Tier I) 16/08/2021 Shift-I
(a) 14 (b) 16 (c) 28 (d) 24

143. b का अधिकतम मान ज्ञात करें, जिससे $30a68b$ $(a>b)$ संख्या, 11 से विभाज्य हो।
SSC CGL (Tier I) 13/08/2021 Shift-III
(a) 3 (b) 9
(c) 4 (d) 6

144. किसी धन पूर्णांक n को 7 से विभाजित करने पर शेषफल के रूप में 2 प्राप्त होता है। निम्नलिखित किस संख्या को 7 से विभाजित करने पर शेषफल के रूप में 0 प्राप्त होगा?
SSC CGL (Tier I) 07/3/2020 Shift-II
(a) $n+5$ (b) $n-5$
(c) $n+2$ (d) $n+1$

145. यदि दी गई संख्या $925x85$, 11 से विभाज्य है, तो x का न्यूनतम मान ········ है।
SSC CGL (Tier I) 07/3/2020 Shift-I
(a) 1 (b) 3 (c) 4 (d) 2

146. वह सबसे बड़ी संख्या कौन-सी है, जो संख्या 2365*4 में '*' के स्थान पर आनी चाहिए ताकि प्राप्त संख्या 4 से विभाज्य हो?
SSC CGL (Tier I) 06/03/2020 Shift-II
(a) 8 (b) 9 (c) 2 (d) 0

147. यदि संख्या $687x29$, 9 से विभाज्य है, तो $2x$ का मान ज्ञात कीजिए।
SSC CGL (Tier I) 06/03/2020 Shift-I
(a) 4 (b) 8 (c) 2 (d) 3

148. संख्या 146 * 48 में '*' के स्थान पर वह सबसे बड़ी कौन-सी संख्या होनी चाहिए जिससे की प्राप्त संख्या 8 से विभाज्य हो?
SSC CGL (Tier I) 05/03/2020 Shift-III
(a) 0 (b) 8 (c) 9 (d) 2

149. जब किसी धन पूर्णांक को d से विभाजित किया जाता है, तो शेषफल 15 प्राप्त होता है। जब उसी संख्या के दस गुने को d से विभाजित किया जाता है, तो शेषफल 6 प्राप्त होता है। d का न्यूनतम सम्भव मान ज्ञात कीजिए।
SSC CGL (Tier I) 05/03/2020 Shift-II
(a) 12 (b) 16 (c) 18 (d) 9

150. यदि $708x6y8z9$ वाली नौ अंकों वाली संख्या 99 से विभाज्य है, तो $x+y+z$ का मान क्या है? **SSC CGL (Tier I) 05/03/2020 Shift-I**
(a) 5 (b) 16 (c) 9 (d) 27

151. 200 से 800 के बीच ऐसी कितनी संख्याएँ हैं, जो न तो 5 से और न ही 7 से विभाज्य हैं?
SSC CGL (Tier I) 04/03/2020 Shift-III
(a) 410 (b) 407 (c) 413 (d) 411

SSC CPO SI 2023-2020

152. पाँच क्रमागत संख्याओं का योगफल 240 है। पहली और अन्तिम संख्या का योगफल ज्ञात कीजिए। **SSC CPO 03/10/2023 Shift I**
(a) 96 (b) 126 (c) 106 (d) 116

153. यदि संख्या 72514368 के प्रत्येक अंक को 9 में से घटा दिया जाए तो बनने वाली नई संख्या में कितने सम अंक होंगे? **SSC CPO 03/10/2023 Shift-I**
(a) 3 (b) 5 (c) 6 (d) 4

154. रामू को 1 और 1000 (दोनों सहित) के बीच की संख्याओं की एक सूची का चयन करना था, जो 2 और 7 दोनों से विभाज्य है, ऐसी कितनी संख्याएँ हैं? **SSC CPO 11/11/2022 Shift-I**
(a) 97 (b) 71 (c) 642 (d) 142

155. 216 के विषम भाजकों का योग कितना हैं?
SSC CPO 11/11/2022 Shift-I
(a) 600 (b) 14 (c) 16 (d) 40

156. यदि एक 9-अंकीय संख्या $97x4562y8$, 88 से विभाज्य है तथा x और y प्राकृत कसंख्याएँ हैं, तो y के सबसे छोटे मान के लिए $(x^2 + y^2)$ का मान क्या होगा? **SSC CPO 11/11/2022 Shift-I**

(a) 64 (b) 80 (c) 68 (d) 76

157. P का वह न्यूनतम मान ज्ञात कीजिए जिससे कि $246P48$, 8 से विभाज्य हो। **SSC CPO 11/11/2022 Shift-I**

(a) 2 (b) 0 (c) 4 (d) 1

158. यदि दी गई संख्या 16 और 11 से पूर्णत: विभाज्य है, तो R और M के मान क्रमशः क्या हैं? **SSC CPO 10/11/2022 Shift-I**

$34R05030M6$

(a) 4 और 6 (b) 7 और 5
(c) 5 और 5 (d) 5 और 7

159. यदि एक 4 अंकों की संख्या $x58y$, 9 से पूर्णत: विभाज्य है, तो $(x + y)$ का न्यूनतम मान क्या होगा? **SSC CPO 10/11/2022 Shift-I**

(a) 2 (b) 4 (c) 5 (d) 3

160. संख्या 150328, 23 से विभाज्य है यदि इस संख्या के अंकों को अवरोही क्रम में पुनर्व्यवस्थित किया जाए, और इस प्रकार निर्मित संख्या में से 13 का पाँच गुना घटा दिया जाए, तो परिणामी संख्या निम्नलिखित में से किससे विभाज्य होगी? **SSC CPO 10/11/2022 Shift-I**

(a) 11 (b) 5 (c) 2 (d) 3

161. जब किसी संख्या को क्रमशः 3, 4 और 7 से विभाजित किया जाता है, तो शेषफल क्रमशः 2, 3 और 5 प्राप्त होते हैं। जब उसी संख्या को 42 से विभाजित किया जाए, तो प्राप्त शेषफल ज्ञात करें। **SSC CPO 25/11/2020 Shift-II**

(a) 30 (b) 31 (c) 29 (d) 41

162. यदि नौ अंकों की संख्या $785x3678y$, 72 से विभाज्य है, तो $(x + y)$ का मान ज्ञात करें। **SSC CPO 25/11/2020 Shift-I**

(a) 20 (b) 5 (c) 10 (d) 12

163. यदि $14331433 \times 1422 \times 1425$ को 10 से विभाजित किया जाता है, तो प्राप्त शेषफल ज्ञात करें। **SSC CPO 25/11/2020 Shift-I**

(a) 0 (b) 8 (c) 9 (d) 3

164. एक कक्षा के विद्यार्थी ₹ 2809 की राशि दान करते हैं। यदि प्रत्येक विद्यार्थी ने उतने ही रुपये दान किए, जितनी कक्षा में विद्यार्थियों की संख्या है, तो कक्षा में विद्यार्थियों की संख्या ज्ञात करें। **SSC CPO 24/11/2020 Shift-I**

(a) 51 (b) 47 (c) 53 (d) 49

165. यदि छ: अंकों वाली संख्या $5x2y6z$; 7, 11 और 13 से विभाज्य है, तो $(x - y + 3z)$ का मान ज्ञात करें। **SSC CPO 24/11/2020 Shift-I**

(a) 7 (b) 4 (c) 0 (d) 9

166. $72 \times 73 \times 78 \times 76$ को 35 से विभाजित करने पर प्राप्त शेषफल ज्ञात करें। **SSC CPO 24/11/2020 Shift-I**

(a) 12 (b) 15 (c) 22 (d) 8

167. वह छोटी-से-छोटी संख्या ज्ञात करें, जिसे 15, 18 और 36 से विभाजित करने पर प्रत्येक स्थिति में 9 शेषफल प्राप्त हो और वह 11 से विभाज्य हो। **SSC CPO 23/11/2020 Shift-I**

(a) 1089 (b) 1080 (c) 1071 (d) 1269

168. यदि $1433 \times 1433 \times 1422 \times 1425$ को 12 से विभाजित किया जाता है, तो प्राप्त शेषफल ज्ञात करें। **SSC CPO 23/11/2020 Shift-I**

(a) 9 (b) 3 (c) 6 (d) 8

169. यदि नौ अंकों वाली संख्या $785x3678y$, 72 से विभाज्य है, तो $(x - y)$ का मान ज्ञात करें। **SSC CPO 23/11/2020 Shift-I**

(a) 0 (b) 2 (c) – 1 (d) – 2

SSC CHSL 2024 (Tier I & II)

170. एक संख्या 37 को दो भागों में इस प्रकार विभाजित किया जाता है कि एक भाग का 5 गुना और दूसरे भाग का 11 गुना मिलाकर 227 के बराबर है। छोटी संख्या के 9 गुने का मान ज्ञात कीजिए। **SSC CHSL (Tier II) 18/11/2024 Shift-I**

(a) 61 (b) 60 (c) 63 (d) 62

171. संख्या 611611611611, ... है। **SSC CHSL (Tier I) 11/07/2024 Shift-IV**

(1) 6 और 11 दोनों से विभाज्य
(2) न तो 6 से और न ही 11 से विभाज्य
(3) केवल 6 से विभाज्य
(4) केवल 11 से विभाज्य

(a) (3) (b) (4) (c) (1) (d) (2)

172. एक निश्चित संख्या को 459 से विभाजित करने पर, हमें शेषफल के रूप में 19 प्राप्त होता है। उसी संख्या को 17 से विभाजित करने पर शेषफल क्या होगा? **SSC CHSL (Tier I) 11/07/2024 Shift-II**

(a) 13 (b) 11 (c) 2 (d) 1

173. दो अंकों की एक संख्या के अंकों का योग 9 है। इसके अंकों को आपस में बदलने पर प्राप्त संख्या दी गई संख्या से 45 अधिक है, तो मूल संख्या ज्ञात कीजिए। **SSC CHSL (Tier I) 11/07/2024 Shift-II**

(a) 18 (b) 27
(c) 36 (d) 54

174. a का वह कौन-सा मान है ताकि सात अंकों की संख्या 4645a52, 72 से विभाज्य हो? **SSC CHSL (Tier I) 11/07/2024 Shift-II**

(a) 0 (b) 3 (c) 2 (d) 1

175. दो संख्याओं का योग 76 है। बड़ी संख्या का तीन गुना, छोटी संख्या के चार गुने से 46 अधिक है। दोनों संख्याएँ ज्ञात कीजिए। **SSC CHSL (Tier I) 11/07/2024 Shift-I**

(a) 50 और 26 (b) 35 और 41
(c) 44 और 32 (d) 40 और 36

176. यदि संख्या $6p5157q$, 88 से विभाज्य है, जहाँ p और q एक अंक वाली संख्याएँ है, तो $p \times q =$......... है। **SSC CHSL (Tier I) 11/07/2024 Shift-I**

(a) 20 (b) 15 (c) 18 (d) 12

177. एक संख्या, तब 11 से विभाज्य होती है, यदि संख्या में सम और विषम स्थान के अंकों के योग का अन्तर केवल और केवल .... हो। **SSC CHSL (Tier I) 10/07/2024 Shift-IV**

(a) 0 या 11 के गुणज (b) 0
(c) 11 (d) 1

178. 2^{256} को 17 से भाग देने पर कितना शेषफल बचेगा? **SSC CHSL (Tier I) 10/07/2024 Shift-IV**

(a) 5 (b) 1 (c) 2 (d) 0

179. दो अंकों की एक संख्या के अंकों का योग 9 है। यदि अंकों को उलट दिया जाए, तो संख्या 27 बढ़ जाती है। संख्या ज्ञात कीजिए। **SSC CHSL (Tier I) 10/07/2024 Shift-I**

(a) 54 (b) 63 (c) 45 (d) 36

180. $(8^6 + 1)$ को 7 से विभाजित करने पर शेषफल के रूप में प्राप्त होगा **SSC CHSL (Tier I) 10/07/2024 Shift-I**

(a) 6 (b) 2 (c) 1 (d) 4

181. एक प्राकृत संख्या n, 732 को विभाजित करती है और शेषफल 12 देती है। n के कितने मान सम्भव है? **SSC CHSL (Tier I) 09/07/2024 Shift-I**

(a) 16 (b) 20 (c) 22 (d) 18

182. यदि $6428A83$, 9 से विभाज्य है, तो A का मान .... के बराबर होगा। **SSC CHSL (Tier I) 09/07/2024 Shift-I**

(a) 3 (b) 6 (c) 7 (d) 5

183. 8 सेब और 10 सन्तरें का वजन 5 किग्रा है। 12 सेब और 20 सन्तरे का वजन 9 किग्रा है। 15 सेब और 24 सन्तरे का वजन (किग्रा में, निकटतम पूर्णांक तक पूर्णांकित) कितना होगा? **SSC CHSL (Tier I) 08/07/2024 Shift-III**

(a) 16 (b) 13 (c) 10 (d) 11

184. दो अंकों की एक संख्या अपने अंकों के योग के पाँच गुने से 12 अधिक है। अंकों को उलटने से बनी संख्या मूल संख्या से 9 कम है। वह संख्या है **SSC CHSL (Tier I) 08/07/2024 Shift-II**

(a) 78 (b) 87 (c) 69 (d) 96

185. जब पूर्णांक n को 5 से भाग दिया जाता है, तो शेषफल 3 प्राप्त होता है। यदि $6n$ को 5 से भाग दिया जाए, तो शेषफल क्या होगा? **SSC CHSL (Tier I) 08/07/2024 Shift-II**

(a) 3 (b) 0 (c) 1 (d) 2

186. 1 के अतिरिक्त एक-अंकीय संख्या ज्ञात करें, जो संख्या $17^3 + 18^3 - 16^3 - 15^3$ को पूर्णत: विभाजित कर सकती है।
SSC CHSL (Tier I) 08/07/2024 Shift-II
(a) 2 (b) 3 (c) 5 (d) 7

187. 10 और 65 के बीच कितनी संख्याएँ 2, 3 और 4 से विभाज्य हैं? SSC CHSL (Tier I) 08/07/2024 Shift-I
(a) 3 (b) 5 (c) 7 (d) 9

188. 14400 के कितने गुणनखण्ड 18 से विभाज्य हैं, लेकिन 36 से नहीं?
SSC CHSL (Tier I) 05/07/2024 Shift-IV
(a) 4 (b) 2 (c) 5 (d) 3

189. K,1 से बड़ी कोई भी विषम संख्या होने पर, $K^{33} - K$ हमेशा .... से विभाज्य होगा।
SSC CHSL (Tier I) 05/07/2024 Shift-IV
(a) 15 (b) 13 (c) 24 (d) 5

190. किसी संख्या को क्रमश: 2, 3 और 5 से भाग देने पर शेषफल क्रमश: 1, 2 और 3 प्राप्त होता है। यदि उसी संख्या को 13 से भाग दिया जाए, तो शेषफल क्या प्राप्त होगा?
SSC CHSL (Tier I) 05/07/2024 Shift-III
(a) 0 (b) 1 (c) 3 (d) 2

191. एक संख्या 7_7624 के रिक्त स्थान में सबसे छोटा अंक लिखिए, जिससे बनने वाली संख्या 3 से विभाज्य हो जाए।
SSC CHSL (Tier I) 05/07/2024 Shift-II
(a) 3 (b) 2 (c) 0 (d) 1

192. दो-अंकों की संख्या और उसके अंकों को आपस में बदलने पर प्राप्त संख्या का योग 77 है। यदि अंकों का अन्तर 1 है, तो संख्या ज्ञात कीजिए। SSC CHSL (Tier I) 05/07/2024 Shift-II
(a) 67 (b) 45 (c) 34 (d) 12

193. यदि $3c2033k$, 5 और 11 दोनों से विभाज्य है, जहाँ c और k एक अंक वाली प्राकृतिक संख्याएँ है, तो $c + k =$ .... है।
SSC CHSL (Tier I) 05/07/2024 Shift-I
(a) 8 (b) 5
(c) 6 (d) 7

194. निम्न में से वह सबसे छोटी संख्या कौन-सी है, जिसे 19487161 में जोड़ना होगा, ताकि वह 11 से विभाज्य हो जाए?
SSC CHSL (Tier I) 04/07/2024 Shift-IV
(a) 16 (b) 5
(c) 10 (d) 11

195. यदि दो संख्याओं में से प्रत्येक को एक ही भाजक से विभाजित किया जाता है, तो शेषफल क्रमश: 6 और 7 होते हैं। यदि उन दो संख्याओं के योग को उसी भाजक से विभाजित किया जाए, तो शेषफल 5 प्राप्त होता है। भाजक कितना है? SSC CHSL (Tier I) 04/07/2024 Shift-II
(a) 8 (b) 6 (c) 13 (d) 4

196. 7658 के निकटतम और 45 से पूर्ण विभाज्य संख्या .... है।
SSC CHSL (Tier I) 04/07/2024 Shift-I
(a) 7660 (b) 7645 (c) 7640 (d) 7650

197. निम्नलिखित में से कौन-सी संख्या 22 से विभाज्य है? SSC CHSL (Tier I) 04/07/2024 Shift-I
(a) 654320 (b) 602351
(c) 893002 (d) 645372

198. जब पूर्णांक n को 18 से विभाजित किया जाता है, तो भागफल x और शेषफल 6 प्राप्त होता है, जब पूर्णांक n को 25 से विभाजित किया जाता है, तो भागफल y और शेषफल 15 प्राप्त होता है। निम्न में से कौन-सा विकल्प सत्य है?
SSC CHSL (Tier I) 03/07/2024 Shift-IV
(a) $18x - 25y = 9$ (b) $25y + 18x = 9$
(c) $25y - 18x = 9$ (d) $18x + 25y = 9$

199. $489y5z6$ एक सात अंकों की संख्या है, जो 72 से विभाज्य है। कौन-सा विकल्प y और z का उच्चतम सम्भव गुणनफल देता है?
SSC CHSL (Tier I) 03/07/2024 Shift-III
(a) 30 (b) 42 (c) 21 (d) 3

200. $179 \times 172 \times 173$ को 17 से भाग देने पर शेषफल ज्ञात कीजिए।
SSC CHSL (Tier I) 03/07/2024 Shift-II
(a) 3 (b) 2 (c) 6 (d) 9

201. एक 8-अंकीय संख्या 99 से विभाज्य है। यदि अंकों में फेरबदल कर दिया जाए, तो संख्या हमेशा .... से विभाज्य होती है।
SSC CHSL (Tier I) 03/07/2024 Shift-I
(a) 11 (b) 5 (c) 9 (d) 6

202. जब एक संख्या को 512 से भाग दिया जाता है, तो शेषफल 67 बचता है। यदि उसी संख्या को 32 से भाग दिया जाए, तो शेषफल क्या होगा?
SSC CHSL (Tier I) 03/07/2024 Shift-I
(a) 0 (b) 5 (c) 4 (d) 3

203. 428 पृष्ठों वाली एक पुस्तक को क्रमांकित करने के लिए आवश्यक अंकों की संख्या कितनी है?
SSC CHSL (Tier I) 02/07/2024 Shift-IV
(a) 2000 (b) 1500 (c) 1176 (d) 988

204. एक निश्चित संख्या को 304 से विभाजित करने पर हम शेषफल के रूप में 43 प्राप्त करते हैं। यदि उसी संख्या को 16 से विभाजित किया जाए, तो शेषफल क्या होगा?
SSC CHSL (Tier I) 02/07/2024 Shift-II
(a) 11 (b) 8 (c) 12 (d) 15

205. पाँच क्रमागत सम संख्याओं का योग 2720 है। तीसरी और पाँचवीं संख्याओं का योग ज्ञात कीजिए। SSC CHSL (Tier I) 02/07/2024 Shift-II
(a) 1092 (b) 1292 (c) 1192 (d) 1392

206. 2000 और 2020 के बीच ऐसी कितनी संख्याएँ हैं, जो 8 से विभाज्य हैं?
SSC CHSL (Tier I) 02/07/2024 Shift-I
(a) 4 (b) 3 (c) 5 (d) 2

207. $(c - b)$ का वह निम्नतम धनात्मक मान ज्ञात कीजिए, जिसमें 7-अंकों की संख्या $1738b9c$, 12 से विभाज्य हो।
SSC CHSL (Tier I) 01/07/2024 Shift-IV
(a) 7 (b) 4 (c) 1 (d) 2

208. किसी संख्या को 2, 3, 5 और 7 से क्रमिक रूप से भाग देने पर क्रमश: 1, 4, 0 और 5 शेषफल प्राप्त होता है। यदि उसी संख्या को क्रमिक रूप से 7, 5, 3 और 2 से भाग दिया जाए, तो शेषफलों का योग क्या होगा?
SSC CHSL (Tier I) 01/07/2024 Shift-IV
(a) 9 (b) 10 (c) 8 (d) 17

209. यदि 1234567 y, 11 से विभाज्य है, तो y का मान क्या होगा? SSC CHSL (Tier I) 01/07/2024 Shift-III
(a) 3 (b) 4 (c) 1 (d) 2

210. वह संख्या ज्ञात कीजिए, जिसे क्रमिक रूप से 3, 5 और 7 से भाग देने पर क्रमश: 2, 1 और 3 शेषफल प्राप्त होता है और अन्तिम भागफल 3 प्राप्त होता है।
SSC CHSL (Tier I) 01/07/2024 Shift-II
(a) 365 (b) 362 (c) 367 (d) 360

211. x का वह न्यूनतम मान क्या होगा, जिससे 5 अंकों की संख्या $627x5$, 9 से विभाज्य हो जाए? SSC CHSL (Tier I) 01/07/2024 Shift-I
(a) 4 (b) 7 (c) 9 (d) 3

SSC CHSL 2023-2021 (Tier I)

212. 25560, 35751, 48168 और 49608 में से कौन-सी संख्या 24 से विभाज्य नहीं है?
SSC CHSL (Tier I) 14/08/2023 Shift-IV
(a) 35751 (b) 48168
(c) 25560 (d) 49608

213. संख्या 3 * 7440 में * का न्यूनतम मान इस प्रकार ज्ञात कीजिए कि वह 12 से विभाज्य हो।
SSC CHSL (Tier I) 11/08/2023 Shift-I
(a) 2 (b) 4 (c) 0 (d) 1

214. वह सबसे छोटी संख्या ज्ञात कीजिए, जिसे 1000 में जोड़ा जाना चाहिए, ताकि योगफल 55 से पूर्णत: विभाजित हो।
SSC CHSL (Tier I) 10/08/2023 Shift-III
(a) 45 (b) 25
(c) 10 (d) 35

215. यदि 7 से पूर्णांक n को भाग देते हैं, तो शेषफल 2 बचता है। यदि 7 से $9n$ को भाग दिया जाए, तो शेषफल क्या होगा?
SSC CHSL (Tier I) 09/08/2023 Shift-I
(a) 4 (b) 5
(c) 1 (d) 3

216. 3^8 को 7 से भाग देने पर शेषफल क्या होगा?
SSC CHSL (Tier I) 08/08/2023 Shift-II
(a) 4 (b) 2
(c) 5 (d) 6

217. भाग के एक प्रश्न में, भाजक, भागफल का 11 गुना और शेषफल का 5 गुना है। यदि शेषफल 44 है तो भाज्य क्या होगा?
SSC CHSL (Tier I) 07/08/2023 Shift-IV
(a) 8888 (b) 4448 (c) 4444 (d) 8444

218. निम्नलिखित में से कौन-सी संख्या 11 से विभाज्य नहीं है? SSC CHSL (Tier I) 02/08/2023 Shift-I
(a) 1735624 (b) 752563
(c) 1904529 (d) 1661308

219. दो अंकों की सभी संख्याओं का योग क्या है, जो 9 से विभाज्य है?
SSC CHSL (Tier I) 21/03/2023 Shift-IV
(a) 585 (b) 535 (c) 565 (d) 475

220. निम्नलिखित में से कौन-सा कथन सत्य है?
I. $\frac{5}{11} > \frac{5}{6}$ II. $\frac{5}{9} > \frac{8}{9}$ III. $\frac{5}{6} > \frac{4}{5}$
SSC CHSL (Tier I) 21/03/2023 Shift-IV
(a) केवल I (b) I और II दोनों
(c) केवल II (d) केवल III

221. 20 से विभाज्य तीन अंकों की सभी संख्याओं का योग क्या है? SSC CHSL (Tier I) 21/03/2023 Shift-II
(a) 24300 (b) 19400 (c) 21800 (d) 20500

222. $6m61$, 11 से विभाज्य है। m का मान क्या है?
SSC CHSL (Tier I) 17/03/2023 Shift-II
(a) 5 (b) 0 (c) 3 (d) 4

223. 501 और 701 के बीच ऐसी कितनी संख्याएँ हैं जो 10 से विभाज्य हैं लेकिन 3 से विभाज्य नहीं हैं? SSC CHSL (Tier I) 16/03/2023 Shift-I
(a) 13 (b) 20 (c) 14 (d) 15

224. दी गई भिन्नों में से सबसे बड़ी और सबसे छोटी भिन्न का योग क्या है?
SSC CHSL (Tier I) 14/03/2023 Shift-I
$\frac{6}{5}, \frac{11}{15}, \frac{4}{7}, \frac{5}{13}$
(a) $\frac{97}{65}$ (b) $\frac{103}{65}$ (c) $\frac{94}{65}$ (d) $\frac{61}{65}$

225. 23 और 43 के बीच कितनी भाज्य संख्याएँ हैं?
SSC CHSL (Tier I) 14/03/2023 Shift-I
(a) 15 (b) 14 (c) 7 (d) 18

226. 20 और 50 के बीच कितनी अभाज्य संख्याएँ हैं? SSC CHSL (Tier I) 10/03/2023 Shift-II
(a) 7 (b) 6 (c) 8 (d) 5

227. 81 से पूर्णत: विभाज्य छ: अंकों की सबसे बड़ी संख्या कौन-सी है?
SSC CHSL (Tier I) 02/06/2022 Shift-I
(a) 999989 (b) 999991
(c) 999876 (d) 999945

228. 100 और 1000 के बीच कितनी संख्याएँ 17 से विभाज्य हैं?
SSC CHSL (Tier I) 01/06/2022 Shift-I
(a) 52 (b) 51 (c) 54 (d) 53

229. 8127 को 8 से भाग देने पर प्राप्त शेषफल क्या होगा? SSC CHSL (Tier I) 31/05/2022 Shift-I
(a) 6 (b) 4 (c) 7 (d) 5

230. दो संख्याओं को 44 से विभाजित करने पर प्राप्त शेषफल क्रमश: 11 और 38 हैं। यदि उन दोनों संख्याओं के योग को 44 से विभाजित किया जाए, तो प्राप्त शेषफल .... होगा।
SSC CHSL (Tier I) 30/05/2022 Shift-I
(a) 16 (b) 33 (c) 5 (d) 44

231. निम्नलिखित में से कौन-सी संख्या 33 द्वारा विभाज्य है? SSC CHSL (Tier I) 27/05/2022 Shift-I
(a) 164461 (b) 171116
(c) 185592 (d) 178750

232. यदि नौ अंकों वाली संख्या $8475639AB$, 99 से विभाज्य है, तो A और B का मान ज्ञात करें।
SSC CHSL (Tier I) 12/08/2021 Shift-III
(a) $A = 4, B = 6$ (b) $A = 4, B = 8$
(c) $A = 3, B = 9$ (d) $A = 5, B = 3$

233. k के उन सभी सम्भावित मानों का योग कितना होगा, जिसके लिए एक सात अंकों वाली संख्या $23k567k$, 3 से विभाज्य हो?
SSC CHSL (Tier I) 10/08/2021 Shift-I
(a) 15 (b) 109 (c) 3 (d) 16

234. 12401 को एक निश्चित संख्या से विभाजित करने पर, हमें भागफल के रूप में 76 और शेषफल के रूप में 13 मिलता है। भाजक होगा
SSC CHSL (Tier I) 04/08/2021 Shift-I
(a) 947 (b) 948 (c) 163 (d) 136

235. संख्या M को 7 से विभाजित करने पर शेषफल 6 बचता है। M के वर्ग को 7 से विभाजित करने पर कितना शेषफल बचेगा?
SSC CHSL (Tier I) 19/04/2021 Shift-I
(a) 1 (b) 4 (c) 4 (d) 3

236. यदि $A9257B684$ संख्या 11 से विभाज्य है, तो $A - B$ का न्यूनतम मान क्या होगा?
SSC CHSL (Tier I) 12/04/2021 Shift-II
(a) 3 (b) 14 (c) – 8 (d) 0

SSC MTS 2024

237. $\frac{374}{418}$ को न्यूनतम पद में समानयन कीजिए।
SSC MTS 16/10/2024 Shift-II
(a) 11/19 (b) 17/19 (c) 12/13 (d) 11/13

SSC GD Contable 2024 & 2023

238. निम्नलिखित में से कौन-सी संख्या 4 से विभाज्य है? SSC GD 24/02/2024 Shift-I
(a) 2342 (b) 1570 (c) 1734 (d) 4348

239. निम्नलिखित में से कौन-सी संख्या 8 से विभाज्य नहीं है? SSC GD 23/02/2024 Shift-II
(a) 6032 (b) 5968 (c) 5896 (d) 6044

240. ऐसी कितनी दो अंकीय संख्याएँ हैं, जो 8 से विभाज्य है? SSC GD 22/02/2024 Shift-IV
(a) 12 (b) 13 (c) 11 (d) 10

241. निम्नलिखित में से कौन-सी संख्या 9 से विभाज्य है? SSC GD 22/02/2024 Shift-IV
(a) 4131 (b) 1254 (c) 4124 (d) 1474

242. M के किस मान के लिए $58524M$, 9 से विभाज्य है? SSC GD 22/02/2024 Shift-II
(a) 7 (b) 2 (c) 8 (d) 3

243. निम्नलिखित में से कौन-सी संख्या 9 से विभाज्य नहीं है? SSC GD 22/02/2024 Shift-I
(a) 3658 (b) 3789 (c) 7857 (d) 1845

244. 58^{29} को 5 से भाग देने पर शेषफल कितना होगा? SSC GD 21/02/2024 Shift-IV
(a) 7 (b) 2 (c) 4 (d) 3

245. निम्नलिखित में से कौन-सी संख्या 11 से विभाज्य है? SSC GD 21/02/2024 Shift-III
(a) 9164 (b) 6589 (c) 4857 (d) 8962

246. निम्नलिखित में से कौन-सी संख्या 11 से विभाज्य नहीं है? SSC GD 21/02/2024 Shift-II
(a) 2651 (b) 2563 (c) 2728 (d) 2763

247. 35^{29} को 10 से भाग देने पर शेषफल कितना होगा? SSC GD 20/02/2024 Shift-IV
(a) 6 (b) 0 (c) 5 (d) 4

248. यदि 'a' और 'b' अभाज्य संख्याएँ हैं, तो निम्नलिखित में से क्या 'a' और 'b' का योग नहीं हो सकता है? (जहाँ, a और b भिन्न अभाज्य संख्याएँ हैं) SSC GD 09/02/2023 Shift-I
(a) 28 (b) 10 (c) 14 (d) 6

249. x का ऐसा न्यूनतम मान ज्ञात कीजिए, ताकि 5 अंकीय संख्या $725x3$, 9 से विभाज्य हो जाए।
SSC GD 06/02/2023 Shift-I
(a) 1 (b) 6 (c) 0 (d) 3

250. 12, 25 और 18 से विभाज्य 3 अंकीय सबसे बड़ी संख्या और 4 अंकीय सबसे छोटी संख्या के बीच पूर्ण अन्तर ज्ञात करें। SSC GD 01/02/2023 Shift-I
(a) 1200 (b) 600 (c) 900 (d) 300

SSC Selection Post 2024-2022

251. निम्नलिखित में से कौन-सी संख्याएँ, 11 से विभाज्य हैं? Matric Level 20/06/2024 Shift-IV
(i) 29435417 (ii) 57463828
(iii) 57463824 (iv) 29435416
(a) (i) और (ii) (b) (iii) और (iv)
(c) (i) और (iii) (d) (ii) और (iii)

252. '$34PQ$' चार अकों की एक ऐसी संख्या है जो 3, 5 और 7 से विभाज्य है। $P + Q$ का मान ज्ञात कीजिए।
Matric Level 20/06/2024 Shift-IV
(a) 11 (b) 10 (c) 12 (d) 13

253. यदि एक 9 अंकों की संख्या $389x6378y$, 72 से विभाज्य है, तो $6x + 7y$ का मान ज्ञात कीजिए। Graduate Level 20/06/2024 Shift-III
(a) 64 (b) 32 (c) 28 (d) 16

254. निम्नलिखित में से कौन-सी संख्या, 9 से विभाज्य है? **Graduate Level 20/06/2024 Shift-III**

(a) 132490 (b) 350846
(c) 941201 (d) 553986

255. एक भाग प्रश्न में, भाजक भागफल का 13 गुना और शेषफल का 6 गुना है। यदि शेषफल 39 है तो, भाज्य ज्ञात करें।
Higher Secondary Level 20/06/2024 Shift-II

(a) 4800 (b) 4251
(c) 4576 (d) 4240

256. छह अंकों की एक संख्या 33 से विभाज्य है। यदि संख्या में 21 जोड़ा जाता है, तो इस प्रकार प्राप्त नई संख्या ...... से भी विभाज्य है।
Higher Secondary Level 20/06/2024 Shift-II

(a) 2 (b) 3
(c) 4 (d) 5

257. K का वह न्यूनतम मान ज्ञात करें जिसके लिए $7864K3$, 7 से विभाज्य है।
Graduate Level 27/06/2023 Shift-IV

(a) 5 (b) 1
(c) 4 (d) 2

258. 46.5 सप्ताह में, राम ने विज्ञान अनुसंधान के लिए ₹ 2170 जुटाए। वह 30 सप्ताह में कितना धन जुटा लेगा?
Graduate Level 27/06/2023 Shift-IV

(a) ₹ 1700 (b) ₹ 1600
(c) ₹ 1400 (d) ₹ 1500

259. $11^7 + 9$ को 10 से भाग देने पर शेषफल ज्ञात करें। **Graduate Level 27/06/2023 Shift-IV**

(a) 3 (b) 0 (c) 1 (d) 2

260. निम्नलिखित में से कौन-सी संख्या 4 से विभाज्य नहीं है?
Higher Secondary Level 27/06/2023 Shift-III

(a) 67547172 (b) 80936292
(c) 56783294 (d) 73568916

261. मोहन 18935 को एक निश्चित संख्या से विभाजित करता है। यदि उसे भागफल और शेषफल क्रमशः 102 और 65 प्राप्त होते हैं, तो भाजक .... है।
Higher Secondary Level 27/06/2023 Shift-III

(a) 165 (b) 155 (c) 185 (d) 175

262. निम्नलिखित में से कौन-सी संख्या 72 से विभाज्य नहीं है? **Matric Level 27/06/2023 Shift-I**

(a) 754344 (b) 359784
(c) 426816 (d) 486280

263. दो संख्याओं का योग 10373+ 24871 निम्नलिखित में से किस संख्या से विभाज्य है?
Matric Level 27/06/2023 Shift-I

(a) 7 (b) 8 (c) 6 (d) 13

264. यदि x और y का समान्तर और गुणोत्तर माध्य क्रमशः 8 और $3\sqrt{7}$ है, तो $x^3 + y^3$ का मान .... है। **Graduate Level 01/08/2022 Shift-IV**

(a) 559 (b) 1072 (c) 945 (d) 855

265. निम्नलिखित में से कौन-सा, सह-अभाज्य संख्याओं का युग्म नहीं है?
Graduate Level 01/08/2022 Shift-IV

(a) 3 ,7 (b) 1, 4
(c) 21, 22 (d) 22, 24

266. एक संख्या को 49 से विभाजित किया जाता है और शेषफल 9 बचता है। यदि उसी संख्या को 7 से विभाजित किया जाए, तो शेषफल क्या होगा?
Higher Secondary Level 01/08/2022 Shift-II

(a) 2 (b) 3 (c) 1 (d) 0

267. पाँच अंकों की एक संख्या 58828, 77 से विभाज्य है। यदि हम संख्या में 11 के दोगुने से 5 अधिक जोड़ते हैं, तो परिणामी संख्या निम्न में से किस संख्या से विभाज्य होगी?
Matric Level 01/08/2022 Shift-I

(a) 7 (b) 33
(c) 11 (d) 5

268. सात अंकों की संख्या 5702718, 147 से विभाज्य है। यदि हम संख्या के अंकों को अवरोही क्रम में पुनर्व्यवस्थित करते हैं और बनने वाली नई संख्या में से 17 के तीन गुना से 4 अधिक घटाते हैं, तो परिणामी संख्या निम्न में से किस संख्या से विभाजित होगी?
Matric Level 01/08/2022 Shift-I

(a) 17 (b) 5
(c) 11 (d) 7

सही उत्तर

1 (a)	2 (a)	3 (c)	4 (b)	5 (c)	6 (d)	7 (b)	8 (d)	9 (c)	10 (d)
11 (a)	12 (b)	13 (d)	14 (a)	15 (a)	16 (d)	17 (a)	18 (c)	19 (d)	20 (b)
21 (c)	22 (c)	23 (b)	24 (c)	25 (a)	26 (d)	27 (d)	28 (c)	29 (d)	30 (b)
31 (b)	32 (b)	33 (b)	34 (c)	35 (a)	36 (b)	37 (b)	38 (d)	39 (d)	40 (b)
41 (c)	42 (d)	43 (b)	44 (a)	45 (a)	46 (d)	47 (d)	48 (b)	49 (c)	50 (c)
51 (c)	52 (a)	53 (d)	54 (b)	55 (d)	56 (b)	57 (b)	58 (d)	59 (c)	60 (b)
61 (c)	62 (a)	63 (c)	64 (c)	65 (a)	66 (a)	67 (a)	68 (a)	69 (a)	70 (c)
71 (d)	72 (c)	73 (c)	74 (b)	75 (d)	76 (b)	77 (b)	78 (a)	79 (b)	80 (b)
81 (a)	82 (a)	83 (d)	84 (b)	85 (a)	86 (b)	87 (c)	88 (b)	89 (d)	90 (b)
91 (b)	92 (d)	93 (c)	94 (c)	95 (a)	96 (a)	97 (a)	98 (b)	99 (b)	100 (c)
101 (b)	102 (d)	103 (a)	104 (a)	105 (b)	106 (d)	107 (d)	108 (b)	109 (a)	110 (d)
111 (a)	112 (d)	113 (c)	114 (d)	115 (a)	116 (b)	117 (d)	118 (d)	119 (d)	120 (c)
121 (b)	122 (a)	123 (d)	124 (b)	125 (b)	126 (d)	127 (b)	128 (a)	129 (d)	130 (b)
131 (b)	132 (b)	133 (a)	134 (b)	135 (d)	136 (a)	137 (c)	138 (d)	139 (d)	140 (a)
141 (c)	142 (d)	143 (a)	144 (a)	145 (c)	146 (a)	147 (b)	148 (b)	149 (b)	150 (b)
151 (d)	152 (a)	153 (d)	154 (b)	155 (d)	156 (b)	157 (b)	158 (c)	159 (c)	160 (b)
161 (c)	162 (c)	163 (a)	164 (c)	165 (a)	166 (d)	167 (a)	168 (c)	169 (b)	170 (c)
171 (b)	172 (c)	173 (b)	174 (d)	175 (a)	176 (c)	177 (a)	178 (b)	179 (d)	180 (b)
181 (b)	182 (d)	183 (d)	184 (b)	185 (a)	186 (a)	187 (b)	188 (d)	189 (c)	190 (b)
191 (d)	192 (c)	193 (c)	194 (c)	195 (a)	196 (d)	197 (c)	198 (a)	199 (b)	200 (a)
201 (c)	202 (d)	203 (c)	204 (a)	205 (a)	206 (d)	207 (c)	208 (a)	209 (b)	210 (a)
211 (b)	212 (a)	213 (c)	214 (a)	215 (a)	216 (b)	217 (c)	218 (b)	219 (a)	220 (d)
221 (a)	222 (b)	223 (a)	224 (b)	225 (a)	226 (a)	227 (d)	228 (d)	229 (c)	230 (c)
231 (c)	232 (b)	233 (a)	234 (c)	235 (a)	236 (c)	237 (b)	238 (d)	239 (d)	240 (c)
241 (a)	242 (d)	243 (a)	244 (d)	245 (b)	246 (d)	247 (c)	248 (d)	249 (a)	250 (c)
251 (c)	252 (a)	253 (a)	254 (d)	255 (b)	256 (b)	257 (c)	258 (c)	259 (b)	260 (c)
261 (c)	262 (d)	263 (c)	264 (b)	265 (d)	266 (a)	267 (d)	268 (b)		

उत्तर सहित हल

1. (a) $24 = 4 \times 2 \times 3$
∵ केवल संख्या 31128, 4 से पूर्णत: विभाजित है।
(संख्या के अन्तिम 2 अंक देखने पर)
∴ संख्या 31128, 24 से पूर्णत: विभाजित होगी।

2. (a) $7^{15} + 7^{16} + 7^{17} = 7^{15}(1 + 7^1 + 7^2)$
$= 7^{15}(1 + 7 + 49)$
$= 7^{15}(57) = 7^3(3 \times 19)$
∴ $(7^{15} + 7^{16} + 7^{17})$, 3 से विभाज्य है।

3. (c) संख्या $= 45yz0$
चूँकि संख्या 40 से विभाज्य है इसलिए यह 8 और 5 से भी विभाज्य होगी।
∴ 8 के विभाज्यता नियम से, $yz0$, 8 से विभाज्य है तब y और z का अधिकतम मान लेने पर
यदि $y = 8$, तथा $z = 8$
$yz0 \Rightarrow 880$ जोकि 8 से विभाज्य है
अत: $y + z$ का अधिकतम मान $= 8 + 8 = 16$

4. (b) माना दो क्रमागत सम संख्या क्रमश: x तथा $x + 2$ है।
प्रश्नानुसार, $x + x + 2 = 174$
$\Rightarrow 2x + 2 = 174 \Rightarrow 2x = 172$
$\therefore x = \frac{172}{2} = 86$
अत: छोटी सम संख्या = 86

5. (c) माना तीन कुर्सी $= C_1, C_2, C_3$
चार व्यक्ति $= P_1, P_2, P_3, P_4$
अब प्रश्नानुसार,
प्रत्येक कुर्सी पर एक व्यक्ति को बिठानें पर एक व्यक्ति शेष बचेगा तथा प्रत्येक कुर्सी पर दो व्यक्ति बिठाने पर, एक कुर्सी शेष बचेगी।
इसलिए कुर्सियों की संख्या 3 होगी।

> **स्पीडी विधि**
> माना कुर्सियों की संख्या C और व्यक्तियों की संख्या b है।
> प्रश्नानुसार,
> $(C - 1) \times 2 = C \times 1 + 1 = P$
> $2C - 2 = C + 1 = P$
> $C = 3$ और $P = 2$
> ∴ कुर्सियों की संख्या = 3

6. (d) $\frac{9^{20} + 2}{4} = \frac{9^{20}}{4} + \frac{2}{4} = \frac{(8+1)^{20}}{4} + \frac{2}{4}$
$= \frac{(1)^{20}}{4} + \frac{2}{4} = \frac{1}{4} + \frac{2}{4} = 1 + 2 = 3$
अत: 3 शेष बचेगा।

7. (b) 6 का नियम जो संख्या 2 और 3 दोनों से विभाजित होगी, वह संख्या हमेशा 6 से विभाजित होगी।
∴ **2 का नियम** किसी भी संख्या का इकाई अंक सम संख्या या 0 है, तो वह संख्या 2 से पूर्णत: विभाजित होगी।
3 का नियम किसी संख्या के अंकों का योग 3 से विभाजित है, तो वह 3 से विभाजित होगी।
∴ विकल्प (b) से संख्या = 438750
$= \frac{4 + 3 + 8 + 7 + 5 + 0}{3} = \frac{27}{3} = 9$
अत: 438750, 3 तथा 2 से पूर्णत: विभाजित है इसलिए यह संख्या 6 से पूर्णत: विभाजित होगी।

8. (d) $8^m - 1$ में m एक सम संख्या है
∴ $m = 2, 4, 6.....$
$m = 2$ रखने पर, $8^2 - 1 = 64 - 1 = 63$
$m = 4$ रखने पर, $8^4 - 1 = 4096 - 1 = 4095$
$= 63 \times 65$
अत: $(8^m - 1)$ हमेशा 63 से विभाज्य होगा।

9. (c) यहाँ, $\frac{3}{7} = 0.428$
$\frac{7}{53} = 0.132; \frac{41}{80} = 0.512; \frac{29}{79} = 0.367$
$\therefore \left(\frac{41}{80}\right)$ सबसे बड़ी भिन्न है।

10. (d) प्रथम 12 प्राकृतिक संख्याओं का योग
$S_n = \frac{n(n+1)}{2} \Rightarrow S_{12} = \frac{12 \times 13}{2} = 6 \times 13$
अत: प्रथम 12 प्राकृत संख्याओं का योग 6 से विभाजित होगा।

11. (a) यदि संख्या के अंकों का योग 3 से विभाजित है, तो वह संख्या भी 3 से विभाजित होगी।
$\Rightarrow 436P5 = 4 + 3 + 6 + 5 + P = 18 + P$
∵ 27, 3 से पूर्णत: विभाजित है।
∴ P का अधिकतम मान = 9

12. (b) प्रश्नानुसार,
संख्या $= 55n + 28 = 11(5n + 2) + 6$
अत: संख्या को 11 से विभाजित करने पर शेषफल 6 आएगा।

13. (d) यदि संख्या के अंकों का योग 3 से विभाजित है, तो वह संख्या 3 से विभाजित होगी।
$\Rightarrow \frac{6745k2}{3} = \frac{(6 + 7 + 4 + 5 + k + 2)}{3} = \frac{24 + k}{3}$
$k = 9$ रखने पर, $= \frac{33}{3} = 11$
अत: k का अधिकतम मान = 9

14. (a) संख्या = 429714
2 से विभाज्यता का नियम दी गई संख्या का इकाई अंक सम संख्या है। इसलिए यह संख्या 2 से विभाजित होगी।
3 से विभाज्यता का नियम अंकों का योग 3 से विभाजित हो
$\Rightarrow \frac{4 + 2 + 9 + 7 + 1 + 4}{3} = \frac{27}{3} = 9$
∴ दी गई संख्या 3 से भी पूर्णत: विभाजित है।
6 से विभाज्यता का नियम जो संख्या 2 और 3 दोनों से विभाजित होगी, वह संख्या हमेशा 6 से पूर्णत: विभाजित होगी।

15. (a) दिया है, पहली किस्त = ₹ 100
कुल भुगतान = ₹ 975
प्रत्येक महीने किस्त = ₹ 5 कम हो जाती है।
∴ $[100 + 95 + 90 + ...] = 975$
समान्तर श्रेणी के नियम से,
योगफल $S_n = 975; a = 100; d = -5$
$n =$ (महीने/कुल पद)
$S_n = \frac{n}{2}[2a + (n-1)d]$
$975 = \frac{n}{2}[2 \times 100 + (n-1)(-5)]$
$1950 = n[205 - 5n]$
$n^2 - 41n + 390 = 0$
$(n - 26)(n - 15) = 0$
$n = 26$ लेने पर योग ऋणात्मक संख्याओं के कारण कम हो जाएगा
∴ $n = 15$
अत: पूरी राशि का भुगतान करने में 15 महीने का समय लगेगा।

16. (d) संख्या = 7278745
11 का नियम सम स्थानों के अंकों का योग ~ विषम स्थानों के अंकों का योग = 0 या 11 का गुणज
$= (2 + 8 + 4) \sim (7 + 7 + 7 + 5)$
$= (14) \sim (26) = \frac{12}{11} = 1$ शेषफल
अत: संख्या 7278745 में से 1 घटाने पर, यह संख्या 11 से पूर्णत: विभाजित होगी।

17. (a) $\frac{2^{2n} + 2n}{6}$
$n = 0$ रखने पर, $\frac{2^{2 \times 0} + 2 \times 0}{6} = \frac{1 + 0}{6} = \frac{1}{6}$
पूर्णत: विभाजित नहीं है।
$n = 1$ रखने पर,
$\frac{2^{2 \times 1} + 2 \times 1}{56} = \frac{2^2 + 2}{6} = \frac{4 + 2}{6} = \frac{6}{6} = 1$ पूर्णत: विभाजित है।
अत: n का न्यूनतम मान 1 है।

18. (c) कोई संख्या 8 से तब विभाज्य होगी, जब उस संख्या के अन्तिम तीन अंक 8 से विभाज्य हो।
विकल्प (c) से, संख्या = 7497
अन्तिम तीन अंक से बनी संख्या = 497
497, 8 से विभाज्य नहीं है।
∴ संख्या 7497, 8 से विभाज्य नहीं है।

19. (d) 11 से विभाजिता के लिए दी गई संख्या के सम स्थान के अंकों का योग तथा विषम स्थान के अंकों के योग का अन्तर या तो शून्य या 11 का गुणज होना चाहिए।
$D = 7\,5\,6\,1\,4\,8$
सम स्थान के अंकों का योग $= 5 + 1 + 8 = 14$
विषम स्थान के अंकों का योग $= 7 + 6 + 4 = 17$
अभीष्ट अन्तर $= 17 - 14 = 3 \neq 0$
चूँकि अन्तर शून्य अथवा 11 का गुणज नहीं है,
अत: संख्या ($D = 756148$), 11 से विभाज्य नहीं है।

20. (b) माना बाल्टी की वर्तमान क्षमता = x लीटर
∴ बाल्टी की नई क्षमता $= x \times \frac{2}{5} = \frac{2x}{5}$ लीटर
टैंक की कुल क्षमता = $50x$ लीटर
∴ नई बाल्टियों की कुल संख्या $= \frac{50x}{\frac{2x}{5}} = 125$

21. (c) ∵ $36 = 4 \times 9$
यदि संख्या 4 से विभाज्य है, तो $y6,4$ से पूर्णत: विभाजित होगी।
∴ y का अधिकतम मान = 9
अब, यदि संख्या 9 से विभाज्य है, तो
$\frac{5 + x + 7 + 9 + 8 + 5 + 6 + 9 + 6}{9} = \frac{55 + x}{9}$
∵ 63, 9 से विभाज्य है, तब $x = 8$
अत: $\sqrt{2x + y}$ का ऋणात्मक मान
$= \sqrt{2 \times 8 + 9} = \sqrt{25} = -5$

22. (c) $\because \frac{2}{3} = 0.66, \frac{6}{53} = 0.11$

$\frac{79}{90} = 0.87, \frac{33}{44} = 0.75$

अत: सबसे बड़ी भिन्न $\frac{79}{90}$ है।

23. (b) $\frac{19^{200}}{20}$ का शेषफल $= (-1)^{200} = 1$

24. (c) माना पाँच क्रमागत संख्याएँ

क्रमश: $x, x+1, x+2, x+3$ तथा $x+4$ हैं।

$\therefore x + x+1 + x+2 + x+3 + x+4 = 80$

$5x = 80 - 10; x = \frac{70}{5} = 14$

अत: सबसे बड़ी संख्या $= 14 + 4 = 18$

25. (a) $\because$ r को 8 से विभाजित करने पर 3 शेष बचता है।

$\therefore \frac{r^2 + 6r + 7}{8}$ का शेषफल

$= \frac{(3)^2 + 6 \times 3 + 7}{8}$ का शेषफल

$= \frac{9 + 18 + 7}{8}$ का शेषफल $= \frac{34}{8}$ का शेषफल $= 2$

26. (d) संख्या $= 6954P$

अब, 11 के विभाज्यता नियम से

सम स्थानों के अंकों का योग ~ विषम स्थानों के अंकों का योग = 0 या 11 का गुणज

$\Rightarrow (6 + 5 + P) \sim (9 + 4) = 0$ या 11 का गुणज

$\Rightarrow (11 + P) \sim (13) = 0$ या 11 का गुणज

$P = 2$ रखने पर अन्तर 0 होगा।

$\therefore P$ का अभीष्ट मान $= 2$

27. (d) संख्या के अंकों का योग

$= 5 + 7 + x + 7 + 1 + 6 = (26 + x)$

कोई भी संख्या 9 से पूर्णत विभाजित होगी यदि उसके अंकों का योग 9 से पूर्णत: विभाजित हो।

$\therefore x = 1$ रखने पर अंकों का योग 9 से पूर्णत: विभाजित है।

$\therefore x$ का अभीष्ट मान $= 1$

28. (c) संख्या $= 249k876$

किसी भी संख्या को 6 से विभाज्य होने के लिए उस संख्या को 2 और 3 दोनों से विभाज्य होना चाहिए।

किसी संख्या को 2 से विभाज्य होने के लिए उस संख्या के इकाई स्थान पर सम संख्या होना चाहिए

संख्या $= 249k876$, 2 से विभाज्य है।

किसी संख्या को 3 से विभाज्य होने के लिए संख्या के अंकों का योग भी 3 से विभाज्य होना चाहिए।

दिए गए संख्या के अंकों का योग

$= 2 + 4 + 9 + k + 8 + 7 + 6 = 36 + k$

$\because \frac{36 + k}{3}$, k का मान 0 रखने पर

$\Rightarrow \frac{36 + 0}{3}$ यह 3 से विभाज्य है

अत: k का न्यूनतम मान $= 0$

29. (d) $\frac{(17^{13} - 21)}{18} = \left(\frac{17^{13}}{18} - \frac{21}{18}\right)$

$= \left(\frac{17}{18} - \frac{3}{18}\right)$ में शेषफल

$= \frac{(17-3)}{18}$ में शेषफल $= \frac{14}{18}$ में शेषफल

$\therefore$ अभीष्ट शेषफल $= 14$

30. (b) संख्या $= 62684xy$

5 से विभाज्य होने के लिए $\Rightarrow y = 0$

तथा 8 से विभाज्य होने के लिए अन्तिम 3 अंक से बनी संख्या 8 से विभाजित होनी चाहिए।

$\therefore \frac{4xy}{8}$ = पूर्णत: विभाजित

$\therefore \frac{4x0}{8}$ = पूर्णत: विभाजित

$\therefore \quad x = 4 \Rightarrow x = 4$ तथा $y = 0$

31. (b) संख्या $= 321y72$

हम जानते हैं जो संख्या 2 और 3 से विभाजित होगी वह संख्या हमेशा 6 से विभाजित होगी।

$\therefore$ 3 के विभाज्यता नियम से,

अंकों का योग 3 से विभाज्य होता है।

योग $= 3 + 2 + 1 + y + 7 + 2 = 15 + y$

y का मान 0 रखने पर, संख्या 6 से पूर्णत: विभाजित हो जाएगी। अत: y का न्यूनतम मान 0 होगा।

32. (b) हम जानते हैं कि किसी भी संख्या के अन्तिम तीन अंक अर्थात् $6a2$, 8 से विभाजित है, तो वह संख्या 8 से विभाजित होगी।

$\because$ 632, 8 से पूर्णत: विभाजित है।

$\therefore a$ का सबसे छोटा मान $= 3$

33. (b) विकल्प (a) और (c) 5 से विभाजित नहीं हैं। विकल्प (b) 589270, यह संख्या 2, 5, 10 से पूर्णत: विभाजित है।

इसलिए, 11 से विभाजित की जाँच करने पर दी गई संख्या 589270

$\Rightarrow \quad (5 + 9 + 7) \sim (8 + 2 + 0)$

$\Rightarrow \quad 21 - 10 = 11$

अत: यह संख्या 11 से पूर्णत: विभाजित है।

34. (c) माना अभीष्ट समय $= x$ वर्ष

प्रश्नानुसार,

$6 + 3x = 26 - 2x$

$\Rightarrow \quad 5x = 26 - 6 \Rightarrow x = \frac{20}{5} = 4$ वर्ष

35. (a) 11 से विभाज्यता के लिए दी गई संख्या के विषम स्थान के अंकों का योग तथा सम स्थान के अंकों के योग का अन्तर या तो शून्य अथवा 11 का गुणज हो, तो संख्या 11 से विभाज्य होती है।

विकल्प (a) से, संख्या $= 128041$

सम तथा विषम स्थान के अंकों के योग का अन्तर

$= (1 + 8 + 4) - (2 + 0 + 1)$

$= 13 - 3 = 10$ जो 11 का गुणज नहीं है।

अत: संख्या 128041, 11 से विभाज्य नहीं है।

36. (b) संख्या = 72864 * $

कोई संख्या 5 से विभाज्य तब होगी, जब उसके इकाई अंक 0 या 5 हो।

$ = 5, 0

यदि हम $ = 5 लेते हैं, तो संख्या विषम हो जाती है।

एक विषम संख्या 8 से विभाज्य नहीं होगी।

∴ $ = 0

कोई संख्या 8 से विभाज्य होती है जब संख्या के अन्तिम तीन अंकों से बनी संख्या 8 से विभाज्य हो।

अन्तिम तीन अंक से बनी संख्या = 4 * 0

* = 4 लेने पर अन्तिम तीन अंकों से बनी संख्या को 8 से विभाजित होती है।

∴ * और $ के स्थान पर क्रमश: अंक 4 और 0 होगा।

37. (b) $6 = 2 \times 3$

∵ संख्या 723 * 56 * 6 से विभाज्य है।

∴ संख्या 2 तथा 3 से विभाज्य होगी।

अब संख्या के अंकों का योग

= 7 + 2 + 3 + * + 5 + 6 + * = 23 + 2*

यह संख्या 3 से विभाजित होगी यदि अंकों का योग 3 से विभाजित हो।

∴ * = 2 रखने पर यह 3 से पूर्णत: विभाजित है।

38. (d) 2 और 5 से विभाजित होने वाली संख्या 10 से पूर्णत: विभाजित होगी।

यदि किसी संख्या का अन्तिम अंक 0 हो तो वह संख्या 10 से विभाजित होती है।

चारों विकल्पों में से केवल विकल्प (d) में अन्तिम अंक 0 है। इसलिए केवल संख्या 63840, 2 और 5 दोनों से विभाज्य है।

39. (d) प्रश्नानुसार, शेषफल $= 32$

भाजक $= 2 \times$ शेषफल $= 2 \times 32 = 64$

भाजक $=$ भागफल $\times 4 \Rightarrow$ भागफल $= \frac{64}{4} = 16$

$\therefore$ भाज्य $=$ भाजक $\times$ भागफल $+$ शेषफल

$= 64 \times 16 + 32 = 1056$

40. (b)
```
99) 999 (10
   - 99
   ----
      9 (शेषफल)
```

अत: अभीष्ट संख्या $= 99 - 9 = 90$

41. (c) हम जानते हैं कि किसी संख्या के अन्तिम 3 अंक 8 से विभाज्य है, तो वह संख्या 8 से विभाजित होगी।

अब, $6484y6$

$4y6 \div 8 \rightarrow 416 \div 8 = 52$

$\therefore y$ का न्यूनतम मान $= 1$

42. (d) $\frac{77^{77} + 77}{78}$ का शेषफल

$= \left(\frac{77^{77}}{78}\right)$ का शेषफल $+ \left(\frac{77}{78}\right)$ का शेषफल

$= (-1)^{77} + (-1)$

$= -1 - 1 = -2$

$= 78 - 2 = 76$

43. (b) 5 अंकों की सबसे बड़ी संख्या $= 99999$

अब,
```
47) 99999 (2127
   - 94
   ----
     59
   - 47
   ----
     129
    - 94
   ----
     359
   - 329
   ----
      30 (शेषफल)
```

अत: अभीष्ट संख्या $= 99999 - 30 = 99969$

44. (a) संख्या $= 7845K854$

किसी संख्या को 11 से विभाज्य होने के लिए विषम स्थान के अंको का योग और सम स्थान के अंकों के योग का अन्तर 0 या 11 से विभाज्य होना चाहिए।

संख्या के विषम स्थान के अंकों का योग

$= 7 + 4 + K + 5 = 16 + K$

संख्या के सम स्थान के अंकों का योग

$= 8 + 5 + 8 + 4 = 25$

$\Rightarrow 16 + K - 25 = 0 \Rightarrow K = 9$

45. (a) संख्या = 28735429
यदि संख्या के अंकों का योग 9 से विभाजित हो तो संख्या भी 9 से विभाजित होती है।
$\therefore$ संख्या के अंकों का योग
$= 2+8+7+3+5+4+2+9 = 40 = 4\times 9 + 4$
अत: अभीष्ट शेषफल = 4

46. (d) संख्या = $217924k$
हम जानते हैं कि 6 से विभाजित होने वाली संख्या 2 और 3 से पूर्णता विभाजित होगी।
$\therefore$ 3 से विभाज्यता के नियम से,
अंकों का योग $= 2+1+7+9+2+4+k$
$= 25 + k$
$\therefore k = 2, 5, 8$
2 से विभाज्यता के नियम से,
k का मान = 2, 8
$\therefore$ संख्या = 2179242 ($\because$ विकल्प में 8 नहीं है)
$\therefore k$ का मान 2 होगा।

47. (d) किसी संख्या को 11 से विभाज्य होने के लिए संख्या के विषम व सम स्थानो के अंकों के योग का अन्तर या तो शून्य अथवा 11 का गुणज होना चाहिए।
विकल्प (d) से, संख्या = 5214341
अभीष्ट अन्तर $= (5+1+3+1)-(2+4+4)$
$= 10 - 10 = 0$
$\therefore$ संख्या 5214341, 11 से विभाज्य है।

48. (b) 7 के विभाज्यता के नियम से,
$\frac{463-2y}{7}$ = पूर्णत: विभाज्य
$\therefore$ यदि $y = 4$ तब, $\frac{463-8}{7} = \frac{455}{7} = 65$
(पूर्णत: विभाज्य)
अत: y का मान '4' होगा।

49. (c) चूँकि संख्या की अन्तिम तीन अंक 216, 8 से विभाज्य है। अत: संख्या 1254216, 8 से पूर्णत: विभाजित होगी।

50. (c) 3 किग्रा चावल का मूल्य = ₹ 180
अत: 8 किग्रा चावल का मूल्य $= \frac{180}{3}\times 8 =$ ₹ 480
प्रश्नानुसार, 5 किग्रा दाल का मूल्य = ₹ 480
अत: 15 किग्रा दाल का मूल्य $= \frac{480}{5}\times 15 =$ ₹ 1440
पुन: प्रश्नानुसार, 2 किग्रा चाय का मूल्य = 1440
अत: 3 किग्रा चाय का मूल्य $= \frac{1440}{2}\times 3 =$ ₹ 2160
तथा 6 किग्रा अखरोट का मूल्य = ₹ 2160
अत: 10 किग्रा अखरोट का मूल्य
$= \frac{2160}{6}\times 10 =$ ₹ 3600

51. (c) संख्या = 2918245 में,
$(9+8+4)-(2+1+2+5) = 11$
अत: संख्या 2918245, 11 से पूर्णत: विभाजित है।

52. (a) संख्या 5769116, 4 से पूर्णत: विभाजित है, क्योकि संख्या का अन्तिम दो अंक 16, 4 से पूर्णत: विभाजित हैं।

53. (d) 11 के विभाज्यता नियम से,
विकल्प (d) से, संख्या = 11638
$11638 \Rightarrow (1+6+8)-(1+3) = 15-4 = 11$
अत: संख्या 11638, 11 से विभाज्य है।

54. (b) यदि कोई संख्या '3' से विभाज्य है तो उसके अंकों का योग भी 3 से विभाज्य होता है।
तथा यदि कोई संख्या 9 से विभाज्य है, तो उसके अंकों का योग 9 से विभाज्य होता है।
अब
$5826 \Rightarrow 5+8+2+6 = 21$ (केवल 3 से विभाज्य)
$5964 \Rightarrow 5+9+6+4 = 24$ (केवल 3 से विभाज्य)
$6039 \Rightarrow 6+0+3+9 = 18$
(3 और 9 दोनों से विभाज्य)
$6336 \Rightarrow 6+3+3+6 = 18$
(3 और 9 दोनों से विभाज्य)
$6489 \Rightarrow 6+4+8+9 = 27$
(3 और 9 दोनों से विभाज्य)
$6564 \Rightarrow 6+5+6+4 = 21$ (केवल 3 से विभाज्य)
$6867 \Rightarrow 6+8+6+7 = 27$
(3 और 9 दोनों से विभाज्य)
$6960 \Rightarrow 6+9+6+0 = 21$ (केवल 3 से विभाज्य)
अत: अभीष्ट संख्याएँ 4 हैं।

55. (d) माना 6 अंकीय संख्या के क्रमागत अंक $x, x+1, x+2, x+3, x+4$ और $x+5$ हैं।
अब, 6 अंकीय संख्या के अंकों का योग
$= x + (x+1) + (x+2) + (x+3) + (x+4) + (x+5)$
$= 6x + 15 = 3(2x+5)$
अर्थात् 6 अंकीय संख्या सदैव 3 से विभाजित होगी।

56. (b) माना संख्या $= 45x + 21 = 15\times 3x + 15 + 6$
$= 15(3x+1) + 6$
अत: संख्या को 15 से विभाजित करने पर शेषफल 6 आएगा।

57. (b) $\because$ दी गई संख्या 9 से विभाज्य है,
$\therefore$ अंकों का योग
$= 8+4+6+5+2+3+X+7+Y$
$= 35 + (X+Y)$
अत: $(X+Y)$ का सम्भव मान 1 या 10 है।
$X+Y = 10$ क्योंकि $X+Y = 1$ सम्भव नहीं है क्योंकि $Y-X = 6$
$\therefore$ $X+Y = 10$ ...(i)
तथा $Y-X = 6$ ...(ii)
समी (i) तथा (ii) को हल करने पर, $X = 2, Y = 8$
अब, $\sqrt{2X+4Y} = \sqrt{2\times 2 + 4\times 8}$
$= \sqrt{4+32} = \sqrt{36} = 6$

58. (d) कोई संख्या 4 से विभाज्य है, तब उसके अन्तिम दो अंकों से बनी संख्या भी 4 से विभाज्य होगी।
$\therefore ba$ भी 4 से विभाज्य होगा।
दो अंकों की ऐसी संख्या जो 4 से विभाज्य हो तथा दहाई अंक इकाई अंक से बड़ा हो।
$ba \Rightarrow$ 32, 52, 64, 72, 76, 84, 92, 96
अत: अभीष्ट संख्याएँ 8 हैं।

59. (c) $44 = 11\times 4$
अब, विकल्प (c) की संख्या '54736' की 44 की विभाज्यता की जाँच करने पर,
4 के विभाज्यता के नियम से, $\frac{36}{4} = 9$ (पूर्णत: विभाज्य)
तथा 11 के विभाज्यता के नियम से,
$(5+7+6)-(4+3) = 18-7 = 11$
(11 से विभाज्य)
अत: संख्या '54736', 44 से पूर्णत: विभाज्य होगी।

60. (b) हम जानते हैं कि $(x^n + a^n)$ का एक गुणनखण्ड $(x+a)$ होता है। (यदि n एक विषम संख्या हो)
इसलिए $(x^{17}+1)$ को $(x+1)$ से विभाजित करने पर शेषफल 0 प्राप्त होगा।

स्पीडी विधि
$(x^{17}+1)$ को $(x+1)$ से विभाजित करता है,
तब $x+1 = 0 \Rightarrow x = -1$
अब $x = -1$, $(x^{17}+1)$ में रखने पर शेषफल प्राप्त होगा।
$\therefore$ अभीष्ट शेषफल $= (-1)^{17} + 1 = -1+1 = 0$

61. (c) 8 के विभाज्यता नियम से,
विकल्प (c) से, संख्या 18712 के अन्तिम तीन अंकों से बनी संख्या 712, 8 से विभाज्य है।

62. (a) $\because 99 = 11\times 9$
विकल्प (a) से, संख्या = 60687
9 के विभाज्यता नियम से, $6+0+6+8+7 = 27$
जोकि 9 विभाज्य है।
11 के विभाज्यता नियम से,
$(6+6+7)-(0+8) = 19-8 = 11$
अत: संख्या 60687, 99 से विभाज्य है।

63. (c) $\frac{8^8+6}{7}$ में शेषफल
$= \frac{8^8-1+1+6}{7}$ में शेषफल
$= \left(\frac{8^8-1^8}{8-1} + \frac{7}{7}\right)$ में शेषफल
$= 0 + 0 = 0$
चूँकि, $(a^m - b^m)$, $(a-b)$ से पूर्णत: विभाजित है।

स्पीडी विधि
$\frac{8^8+6}{7} = \frac{1^8+6}{7} = \frac{7}{7}$ में शेषफल = 0

64. (c) $\because$ भाजक $= 39\times 6 = 234$
तथा भागफल $= \frac{234}{13} = 18$
$\therefore$ भाज्य = भाजक × भागफल + शेषफल
$= 234\times 18 + 39 - 4212 + 39 = 4251$

65. (a) 9 के विभाज्यता नियम से,
$\therefore$ $6+2+3+4+a+6 = a+21$
यदि हम a के स्थान पर 6 रख दें तब $21+6 = 27$ होता है, जो 9 से विभाज्य है।
$\therefore$ $a = 6$

66. (a) 11 के विभाज्यता नियम से,
अन्तर, $(4+4+5+6+6)-(9+5+3+1+2)$
$= 25-20 = 5$
अत: 5 में 6 जोड़ने पर, यह 11 से विभाज्य हो जाती है।
$\therefore$ अभीष्ट संख्या = 6

67. (a) $\because 33 = 3\times 11$
3 के विभाज्यता नियम से,
$34936 \Rightarrow 3+4+9+3+6 = 25$
(3 से विभाज्य नहीं है)
$35508 \Rightarrow 3+5+5+0+8 = 21$
(3 से विभाज्य है)
$35580 \Rightarrow 3+5+5+8+0 = 21$
(3 से विभाज्य है)

$36508 \Rightarrow 3+6+5+0+8=22$

(3 से विभाज्य नहीं है)

11 के विभाज्यता नियम से,

$35508 \Rightarrow (3+5+8)-(5+0)=16-5=11$

(11 से विभाज्य है)

अतः संख्या 35508, 33 से विभाज्य है।

68. (a) माना संख्या $= x$

प्रश्नानुसार, $(72)^2 = 216 \times x$

$\Rightarrow \quad x = \frac{72 \times 72}{216} = 24$

अतः अभीष्ट संख्या = 24

69. (a) 9 के विभाज्यता नियम से

विकल्प, (a) से,

अंकों का योग $= 8+3+6+1$

$= 18$ जो 9 से विभाज्य है।

अतः संख्या 83061, 9 से विभाज्य है।

70. (c) 11 के विभाज्यता नियम से,

विकल्प (c) से, संख्या = 97174

विषम स्थान के अंकों का योग $= 9+1+4=14$

सम स्थान के अंकों का योग $= 7+7=14$

अन्तर $= 14-14=0$

अतः संख्या 97174, 11 से विभाज्य है।

71. (d) 484 के गुणनखण्ड $= 2 \times 2 \times 11 \times 11$

$= 2^2 \times 11^2$

इसके अलावा अलग गुणनखण्ड 1 व 484 भी है जो पूर्ण वर्ग संख्या हैं।

$\therefore$ अभीष्ट योगफल $= 1+4+121+484=610$

72. (c) 8 के विभाज्यता नियम से,

दी गई संख्याओं में से संख्या 98998,8 से विभाज्य नहीं है क्योंकि 998, 8 से पूर्णतया विभाज्य नहीं है।

73. (c) प्रश्नानुसार,

माना $m = 7x+5$ (जहाँ, x अचर पद है)

$\therefore 3m = 21x+15 = 7 \times 3x + 7 \times 2 + 1$

$= 7(3x+2)+1$

अतः उपरोक्त से स्पष्ट है कि 3 m को 7 से विभाजित करने पर शेषफल 1 प्राप्त होगा।

रपीडी विधि

$3m = 3 \times 5 = 15$ (संख्या को 3 गुना करने पर शेषफल तीन गुना हो जाता है।)

$\therefore \frac{15}{7}$ = शेषफल – 1

74. (b) 11 के विभाज्यता नियम से,

विकल्प (b) से संख्या = 9592330

11 के विभाजिता की जाँच करने पर,

$\frac{(9+9+3+0)-(5+2+3)}{11} = \frac{11}{11}$

शेषफल = 0

75. (d) 3 के विभाज्यता नियम से,

$34623 \Rightarrow 3+4+6+2+3=18$ (3 से विभाज्य)

$34716 \Rightarrow 3+4+7+1+6=21$ (3 से विभाज्य)

$34782 \Rightarrow 3+4+7+8+2=24$ (3 से विभाज्य)

$34783 \Rightarrow 3+4+7+8+3=25$

(3 से विभाज्य नहीं है।)

76. (b) हम जानते हैं,

भाज्य = (भाजक × भागफल) + शेषफल ...(i)

$\because$ भागफल = 24 और शेषफल = 0

$\Rightarrow$ भाज्य = 24 × भाजक + 0

$\Rightarrow$ भाज्य = 24 × भाजक ...(ii)

अब प्रश्नानुसार गलती/त्रुटि होने पर (i) से,

भाज्य $\left(\frac{100-10}{100}\right)$ = भाजक $\times \frac{(100-20)}{100} \times$ भागफल

$\Rightarrow$ भाज्य $\times \frac{90}{100}$ = भाजक $\times \frac{80}{100} \times$ भागफल

अब समी (ii) से,

$24 \times$ भाजक $\times \frac{90}{100}$ = भाजक $\times \frac{80}{100} \times$ भागफल

$\therefore$ भागफल $= 24 \times \frac{90}{100} \times \frac{100}{80} = 27$

अतः सुहास ने भागफल '27' प्राप्त किया।

77. (b) $\because 36 = 9 \times 4$

विकल्प (b) से, दी गई संख्या = 55512

9 से विभाज्यता की जाँच $= 5+5+5+1+2=18$

(9 से विभाज्य)

4 से विभाज्यता की जाँच $= \frac{12}{4} = 3$ (पूर्णतः विभाज्य)

अतः सख्या '55512', 36 से पूर्णतः विभाज्य होगी।

78. (a) $\because 888 = (25 \times 35) + 13$

अतः अभीष्ट संख्या $= 35-13=22$

79. (b) $\because 36 = 9 \times 4$

$\because$ 4 के विभाज्यता नियम से,

संख्या 29412, 4 से विभाज्य है।

तथा अंकों का योग $= 2+9+4+1+2=18$

(जोकि 9 से विभाज्य है।)

अतः अभीष्ट संख्या 29412 है।

80. (b) दी गई संख्याओं को 7 से विभाजित करने पर केवल संख्या 24983, 7 से विभाज्य है।

($\because 24983 = 3569 \times 7$)

81. (a) $\because 4^{12}+4^{13}+4^{14}+4^{15}$

$= 4^{12}(1+4^1+4^2+4^3)$

$= 4^{12}(1+4+16+64)$

$= 4^{12} \times 85 = 4^{12} \times 5 \times 17$

अतः दी गई संख्या 17 से पूर्णतः विभाज्य है।

82. (a) हम जानते हैं, कि यदि कोई संख्या 33 से विभाज्य है, तो वह 3 से भी विभाज्य होगी।

तथा संख्या 54 भी 3 से विभाज्य है।

अतः निर्मित नई संख्या भी 3 से विभाज्य होगी।

83. (d) माना, मूल भाजक $= x$

$\therefore$ मूल भाज्य $= 25x$ ($\because$ भागफल = 25)

अब प्रश्नानुसार, नया भाज्य $= 25x \times \frac{110}{100}$

तथा नया भाजक $= \left(x \times \frac{125}{100}\right)$

अब माना नया भागफल $= K$

$\therefore 25x \times \frac{110}{100} = \left(x \times \frac{125}{100}\right) \times K \Rightarrow K = 22$

84. (b) प्रश्नानुसार,

$\frac{660}{132} = 5; \frac{754}{132} = 5.7; \frac{924}{132} = 7$

$\frac{1452}{132} = 11, \frac{1526}{132} = 11.56$

$\frac{1980}{132} = 15; \frac{2045}{132} = 15.49$

तथा $\frac{2170}{132} = 16.43$

अतः केवल 4 संख्याएँ 132 से विभाज्य है।

85. (a) पाँच अंकों की सबसे बड़ी संख्या = 99999

प्रश्नानुसार, $99999 = 88 \times 1136 + 31$

$\therefore$ अभीष्ट संख्या $= 99999 - 31$

$= 99968$

86. (b) शृंखला, $3+3^2+3^3 \ldots\ldots + 3^8$

यहाँ, $a = 3, r = \frac{3^2}{3} = 3$

तथा $n = 8$

$\therefore S_8 = \frac{3[3^8-1]}{(3-1)}$ $(\because r>1)\left[\because S_n = a\frac{(r^n-1)}{r-1}\right]$

$= \frac{3}{2} \times (6561-1) = \frac{3}{2} \times 6560 = 9840$

87. (c) 8 से विभाजिता नियम के अनुसार,

अन्तिम तीन अंकों से बनी संख्या = 326

$326 = 8 \times 40 + 6$

अतः '6' वह छोटी संख्या है जिसे 148109326 में से घटाने पर प्राप्त संख्या '8' से विभाज्य होगी।

88. (b) दी गई संख्या $= 6^{25}+6^{26}+6^{27}+6^{28}$

$= 6^{25}(1+6+6^2+6^3)$

$= 6^{25}(1+6+36+216) = 6^{25}(259)$

$= 259 \times 6^{25}$

अतः संख्या '259' से पूर्णतः विभाज्य होगी।

89. (d) दी गई संख्या $= (265)^{4081} + 9$

$= (265)^{4081} + 1 + 8$

$= [(265)^{4081} + (1)^{4081}] + 8$

$\because (x^n + a^n)$, n के विषम मानों के लिए $(x+a)$ से विभाज्य है।

$\therefore (265)^{4081} + (1)^{4081}, (265+1)$

या 266 से पूर्णतः विभाज्य होगा।

अतः अभीष्ट शेषफल = 8

90. (b) $99 = 9 \times 11$

9 के विभाज्यता नियम से,

$\Rightarrow 3+4+2+2+2+1+3+A+B,$

$\Rightarrow 17+A+B$, 9 से विभाज्य होगा

$\therefore A+B$ के सम्भव मान = 1, 10 ...(i)

11 के विभाज्यता नियम से,

$\Rightarrow (3+2+2+3+B)-(4+2+1+A)=0$ या 11 से विभाज्य है

$\Rightarrow 10+B-7-A=0$ या 11 से विभाज्य है

$\Rightarrow 3+B-A=0$ या 11 से विभाज्य है

यदि $3+B-A=11$

[$\because 3+B-A=0$ से $A \cdot B$ सम्भव नहीं है]

$\Rightarrow \quad B-A=8$ ...(ii)

सम्बन्ध (i) से,

$A+B=10$ ...(iii)

समी (ii) और (iii) से, $B=9, A=1$

$\therefore 2A+B = 2 \times 1 + 9 = 11$

91. (b) 11 के विभाज्यता नियम से,

दी गई संख्या $= 6788934a4$

सम स्थानों के अंकों का योग $= 7+8+3+a$

$= 18+a$

विषम स्थानों के अंकों का योग

$= 6 + 8 + 9 + 4 + 4 = 31$

$\therefore 31 - (18 + a)$, 11 से पूर्णतया विभाजित होगा, यदि $a = 2$

$\therefore a$ के स्थान पर सबसे छोटी पूर्ण संख्या = 2

92. (d) $\frac{2}{3} = 0.666....$

$\frac{4}{5} = 0.8$

$\frac{1}{11} = 0.0909...$

$\frac{2}{9} = 0.222....$

$\therefore$ सही आरोही क्रम $\frac{1}{11}, \frac{2}{9}, \frac{2}{3}$ और $\frac{4}{5}$ हैं।

93. (c) चार अंकों की पिन संख्या $= abcd$

यहाँ $b = 2a, c = 2b, d = 2c$

$\therefore \quad c = 4a, d = 8a$

$\therefore$ चार अंकों की पिन संख्या $abcd$

$= 1000a + 100b + 10c + d$

$= 1000a + 200a + 40a + 8a$

$= 1248a$

$= (2^5 \times 3 \times 13)a$

अत: संख्या 2, 3, 13 से विभाज्य है।

स्पीडी विधि

माना $a = 1$

($\because a > 1$ के लिए d का अंक नही मिलेगा)

$\therefore$ पिन $= abcd = 1248$

यह 2, 3 व 13 से विभाजित है।

94. (c) 11 के विभाज्यता नियम से,

$\Rightarrow (5 + p + 9 + 7) \sim (4 + 3 + 8) = 0$ या 11 का गुणज

$\Rightarrow \quad (21 + p) \sim 15 = 0$ या 11 का गुणज

$\Rightarrow \quad 6 + p = 0$ या 11 का गुणज

$\therefore \quad p = 5$

95. (a) $33 = 11 \times 3$

11 के विभाज्यता नियम से,

$5 + A + B + C - (2 + 6 + 7) = 0$

(अधिकतम मान के लिए)

$\Rightarrow \quad A + B + C = 10 \quad ...(i)$

अब $A + B + C = 10$ और A, B, C तीनों ही अभाज्य संख्याएँ हैं।

तब, $A = 3, B = 5, C = 2$

अब, $2A + 3B + C = 2 \times 3 + 3 \times 5 + 2$

$= 6 + 15 + 2 = 23$

96. (a) माना 6 अंकों की संख्या $xyzxyz$ हैं।

$\therefore xyzxyz = 100000 \times x + 10000 \times y + 1000 \times z + 100 \times x + 10 \times y + 1 \times z$

$= 100100x + 10010y + 1001z$

$= 1001(100x + 10y + z)$

स्पष्ट है कि 6 अंकों की संख्या जो $xyzxyz$ प्रकार की है, 1001 से सदैव विभाजित होती है।

97. (a) $\frac{19^{19} + 20}{18} = \frac{19^{19} - 1 + 20 + 1}{19 - 1}$

$= \frac{(19^{19} - 1^{19}) + 21}{19 - 1} = \frac{19^{19} - 1^{19}}{19 - 1} + \frac{21}{19 - 1}$

$\because x^m - a^m, m$ के सभी मानों के लिए $x - a$ से पूर्णत: विभाजित है।

$\therefore \frac{21}{18}$ का शेषफल = 3

अत: अभीष्ट शेषफल 3 हैं।

स्पीडी विधि

$\frac{19^{19} + 20}{18} = \frac{(1)^{19} + 2}{18} = \frac{1 + 2}{18} = \frac{3}{18}$ का शेषफल = 3

98. (b) 8 के विभाज्यता नियम से,

* का न्यूनतम मान = 3 $\quad \left(\because \frac{632}{8} = 79\right)$

अत: * = 3 होगा।

99. (b) 9 के विभाज्यता नियम से,

$= \frac{1 + 2 + 3 + 4 + 5 + 6 + 7 + 8 + 9}{9}$

$= \frac{45}{9} = 5 =$ पूर्णत: विभाज्य

अत: अभीष्ट शेषफल = 0

100. (c) छ: अंकों की सबसे बड़ी संख्या = 999999

छ: अंकों की सबसे छोटी संख्या = 100000

$\therefore$ दोनों संख्याओं का योग = 1099999

101. (b) $75 = 25 \times 3$

अब, यदि कोई संख्या 25 से विभाज्य हैं, तो संख्या के अन्तिम दो अंक 25 से विभाज्य हो।

$\therefore \; q$ का सम्भावित मान = 5

अब संख्या को 3 से विभाज्य होने के लिए,

संख्या के अंकों का योग

$= 6 + 7 + 8 + p + 3 + 7 + 5 \quad (\because q = 5)$

$= 36 + p$

$= 36 + 3 \quad (\because p$ का सम्भावित मान = 3)

$= 39$ (जो 3 से विभाज्य है)

अत: $p = 3$ और $q = 5$

102. (d) माना संख्या $= x$

प्रश्नानुसार, $\frac{(x + 7) \times 5}{3} - 4 = 16$

$\Rightarrow \quad \frac{(x + 7) \times 5}{3} = 20$

$\Rightarrow \quad x = 12 - 7 \Rightarrow x = 5$

103. (a) दिया है, शेषफल = 45

भाजक $= 45 \times 4 = 180$

भागफल $= \frac{180}{10} = 18$

$\therefore$ संख्या = भाजक × भागफल + शेषफल

$= 180 \times 18 + 45 = 3240 + 45 = 3285$

104. (a) माना संख्या $= 221x + 30$

$= 13 \times 17x + 13 \times 2 + 4$

$= 13(17x + 2) + 4$

अत: उपरोक्त संख्या को 13 से विभाजित करने पर 4 शेषफल प्राप्त होगा।

105. (b) प्रश्नानुसार, प्राप्त परिणाम

$= (9435 + 7593) - 2607 = 14421$

अब, 14421 के अंकों का योग

$= 1 + 4 + 4 + 2 + 1 = 12$

(3 से विभाज्य)

चूँकि प्राप्त संख्या के अंकों का योग 3 से विभाज्य है। अत: 14421 भी 3 से विभाज्य होगी।

106. (d) संख्या 1 से 430 तक 7 और 11 दोनों से विभाज्य संख्याएँ, 77 से विभाज्य होंगी।

अत: 1 से 430 तक 7 और 11 दोनों से विभाज्य संख्याएँ = 5 (77, 154, 231, 308, 385)

107. (d) $K = 42 \times 25 \times 54 \times 135$

$= 3 \times 14 \times 25 \times 3 \times 3 \times 3 \times 2 \times 3 \times 3 \times 3 \times 5$

$= 3^7 \times 14 \times 25 \times 10$

प्रश्नानुसार, $\frac{3^7 \times 14 \times 25 \times 10}{3^a} \Rightarrow \quad a = 7$

अत: a का अधिकतम मान = 7

108. (b) 246837 को 13 से भाग देने पर,

$246837 = 13 \times 18987 + 6$

शेषफल $\rightarrow 6$

अत: 246837 में से 6 घटाने पर 246837, 13 से विभाज्य हो जाएगा।

109. (a) 43 और 481 के बीच 9 से विभाजित संख्याएँ

$= 45, 54, 63 ...477$

तब, $\quad T_n = a + (n - 1) d$ से,

$\therefore \quad 477 = 45 + (n - 1) 9$

$\Rightarrow \quad 477 - 45 = (n - 1) 9 \Rightarrow \frac{432}{9} = n - 1$

$\Rightarrow \quad n = 48 + 1 = 49$

110. (d) $3^{50} + 9^{26} + 27^{18} + 9^{28} + 9^{29}$

$= 3^{50} + (3^2)^{26} + (3^3)^{18} + (3^2)^{28} + (3^2)^{29}$

$= 3^{50} + 3^{52} + 3^{54} + 3^{56} + 3^{58}$

$= 3^{50}(1 + 3^2 + 3^4 + 3^6 + 3^8)$

$= 3^{50}(1 + 9 + 81 + 729 + 6561) = 3^{50} \times 7381$

अब दिए गए विकल्पों से विभाज्यता नियम की जाँच करने पर, संख्या $3^{50} \times 7381$, 7, 2 और 5 से विभाज्य नहीं है, लेकिन 11 से विभाज्य है।

111. (a) प्रश्नानुसार, n को 6 से विभाजित करने पर शेषफल 3 बचता है।

$\therefore n = 6k + 3$

$k = 0$ रखने पर, $n = 3$

$\therefore (n^2 + 5n + 8)$ को 6 से विभाजित करने पर शेषफल

$= (3)^2 + 5 \times 3 + 8 = 9 + 15 + 8$

$= 32$ को 6 से विभाजित करने पर शेषफल = 2

112. (d) $72 = 8 \times 9$

9 के विभाज्यता नियम से,

$\therefore 8 + 3 + P + 9 + 3 + 6 + 7 + 8 + Q$

$= (44 + P + Q)$, 9 से विभाज्य होंगे।

$\therefore P + Q$ का मान 10 होने पर $44 + P + Q = 54$ होगा और यह 9 से विभाज्य होगा।

8 के विभाज्यता नियम से,

$\therefore 78Q$, 8 से विभाज्य है।

यदि $Q = 4$ है, तब 784, 8 से विभाज्य है।

$\because \; P + Q = 10 \Rightarrow P + 4 = 10 \Rightarrow P = 6$

अब, $\sqrt{P^2 + Q^2 + 12} = \sqrt{6^2 + 4^2 + 12}$

$= \sqrt{36 + 16 + 12} = \sqrt{64} = 8$

113. (c) 11, 33, 99 और 121 का ल.स. = 1089

$\therefore$ 5 अंकों की सबसे बड़ी संख्या = 99999

अब 99999 में 1089 से भाग देने पर,

$99999 = 1089 \times 91 + 900$

अत: अभीष्ट संख्या $= 1089 \times 91 = 99099$

114. (d) $100^2 - 99^2 + 98^2 - 97^2 + 96^2 - 95^2 .... 12^2 - 11^2$

$= (100-99)(100+99)+(98-97)$

$(98+97)+....+(12-11)(12+11)$

$= 199+195+191+....+23$

पदों की संख्या $(n) = \frac{199-23}{4}+1 = 45$

$\therefore$ उपरोक्त योगफल $= \frac{n}{2}[a+l]$

$= \frac{45}{2}[23+199] = 4995$

115. (a) $4567 = 7\times 652+3$

$\therefore 4567$ में जोड़ी जाने वाली संख्या $= 7-3 = 4$

116. (b) माना संख्या $= 10x+y$ ...(i)

दिया है, $x+y=8$ ...(ii)

तथा $10y+x = 10x+y+36$

$\Rightarrow 10y-y = 10x-x+36$

$\Rightarrow 9y = 9x+36$

$\Rightarrow y-x = 4$ ...(iii)

समी (ii) तथा (iii) से,

$x=2$ तथा $y=6$

$\therefore$ समी (i) से,

अभीष्ट संख्या $= 10\times 2+6 = 26$

117. (d) माना संख्या $= x\times 363+17$

$= x\times 33\times 11+11+6$

$= 11(33x+1)+6$

$\therefore$ संख्या को 11 से विभाजित करने पर शेषफल 6 प्राप्त होगा।

118. (d) $\because$ संख्या 3 से विभाज्य है

$\therefore 6+7+4+p+q+0$, 3 से विभाज्य है

$\Rightarrow 17+p+q$, 3 से विभाज्य है

$\Rightarrow p+q = 1, 4, 7,$ ...(i)

$\because$ संख्या 11 से विभाज्य है,

$\therefore (6+4+q)-(7+p+0) = 0$ या 11 से विभाज्य है।

$\therefore 10+q-7-p = 0$ या 11 से विभाज्य

$\Rightarrow 3+q-p = 0$ या 11 से विभाज्य

यदि $3+q-p = 0 \Rightarrow q-p = -3$

$\Rightarrow p-q = 3$ ...(ii)

समी (i) से, $p+q = 7$ ...(iii)

$[\because p+q \geq 4]$

समी (ii) और (iii) को हल करने पर,

$p=5, q=2$

अतः $p=5$ और $q=2$ हैं।

119. (d) 8 के विभाज्यता नियम से,

$\Rightarrow 6xy \div 8 =$ पूर्णतः विभाज्य

तब, $y = 0, 2, 4, 6, 8$ (इकाई अंक)

तथा $x = 0, 1, 2, 3, 4, 5, 6, 7, 8, 9$

$\therefore$ सम्भावित युग्म

$(x, y) \to (0,0)\ (0,8),\ (1,6)$

$(2,4)\ (3,2)\ (4,8)\ (4,0)\ (5,6)$

$(6,4)\ (7,2)\ (8,0)\ (8,8)\ (9,6)$

$\therefore$ अभीष्ट युग्मों की संख्या = 13

120. (c) माना संख्या a तथा भागफल b है

तब, $a = 7b+4$

अब संख्या का वर्ग करने पर,

$a^2 = (7b+4)^2$

$\Rightarrow a^2 = 49b^2+16+56b$

$\Rightarrow a^2 = 49b^2+56b+14+2$

$\Rightarrow a^2 = 7(7b^2+8b+2)+2$

7 से विभाजित करने पर,

$\frac{a^2}{7} = \frac{7(7b^2+8b+2)}{7}+\frac{2}{7}$

अतः उपरोक्त से स्पष्ट है कि संख्या के वर्ग को 7 से विभाजित करने पर 2 शेष बचेगा।

121. (b) $7^{42} \div 48 = \frac{(7^2)^{21}}{48} = \frac{(49)^{21}}{48} = \frac{(48+1)^{21}}{48}$

$\therefore$ शेषफल = 1

122. (a) प्रश्नानुसार,

$765\times 115 > 87501 > 765\times 114$

$\Rightarrow 87975 > 87501 > 87210$

$\therefore$ अभीष्ट संख्या = 87975

123. (d) 5 के विभाज्यता नियम से,

विकल्प (a) और (c) नहीं हो सकते हैं।

अब 3 के विभाज्यता नियम से,

विकल्प (b) से,

$\Rightarrow$ 5467760 के अंकों का योग

$= 5+4+6+7+7+6+0 = 35$

जोकि, 3 से विभाज्य नहीं है।

विकल्प (d) से,

2345760 के अंकों का योग

$= 2+3+4+5+7+6+0 = 27$

जोकि, 3 से विभाज्य है।

अतः अभीष्ट संख्या 2345760 है।

124. (b) माना बड़ी संख्या $= a$

तथा छोटी संख्या $= b$

$a-b = 1564$ ...(i)

प्रश्नानुसार, $a = 6\times b+19$

$a-6b = 19$ ...(ii)

समी (i) में समी (ii) को घटाने पर,

$5b = 1545 \Rightarrow b = 309$

अतः छोटी संख्या = 309

125. (b) प्रश्नानुसार, दी गई जानकारी से प्राप्त अनुक्रम

2, 4, 6, 8, ... 50 (25वाँ छात्र)

$\Rightarrow$ जो कि एक समान्तर अनुक्रम है।

$\therefore$ 25 छात्रों को प्राप्त टॉफी $= \frac{n}{2}\{a+l\}$

तब, कुल टॉफी की संख्या $= \frac{25}{2}\{2+50\}$

$= 25\times 26 = 650$

जोकि, 5 और 13 से भाज्य है।

126. (d) 9 से पूर्णतः विभाज्य होने के लिए,

$\Rightarrow \frac{x+6+7+y}{9} = \frac{x+y+13}{9} =$ पूर्णतः विभाज्य

$\Rightarrow x+y = 5$

अतः $(x+y)$ के लिए न्यूनतम मान 5 होगा।

127. (b) 36 लीटर डीजल में ट्रक द्वारा तय की गई दूरी

= 492 किमी

$\therefore$ 33 लीटर डीजल में ट्रक द्वारा तय की गई दूरी

$= \frac{492}{36}\times 33$

= 451 किमी

128. (a) 3 के विभाज्यता नियम से,

$\frac{7+5+0+P+Q}{3} = \frac{12+P+Q}{3}$

$\Rightarrow P+Q = 3, 6, 9, 12, 15$ (सम्भव मान)

11 के विभाज्यता नियम से,

$(7+0+Q) \sim (5+P)$

$\Rightarrow (7+Q)\sim(5+P) = 2+Q\sim P$

$\because P>Q$, अर्थात $P-Q = 2$

तब, P और Q के सम्भव मान

$= (4,2)\ (7,5)$

$\therefore P = 7, Q = 5$

तब, संख्या 75075, (3, 7, 11) से पूर्णतः विभाज्य है

अतः $P+2Q = 7+2\times 5 = 17$

129. (d) $\frac{27^{27}+27}{28} = \frac{27^{27}+1+26}{27+1}$

$= \frac{27^{27}+1^{27}}{27+1}+\frac{26}{27+1} = 0+\frac{26}{28} = 26$ (शेषफल)

130. (b) $8127 = 8\times 1015+7$

अतः अभीष्ट शेषफल = 7

131. (b) $(49^{15}-1)$, $49-1 = 48$ से विभाज्य है

$\because$ 48, 8 से पूर्णतया विभाज्य है

$\therefore (49^{15}-1)$, 8 से भी पूर्णतया विभाज्य होगा।

132. (b) $72 = 8\times 9$

8 के विभाज्यता नियम से,

$38y$ को 8 से विभाज्य होने के लिए $y = 4$ होना चाहिए।

$\therefore y = 4$

संख्या 9 से विभाज्य होने के लिए,

$\therefore 7+6+9+8+x+1+3+8+4 = 46+x$

अतः $46+x$ को 9 से विभाज्य होने के लिए x का मान 8 होना चाहिए।

$\Rightarrow x = 8$

$\therefore \sqrt{4x+y} = \sqrt{4\times 8+4} = \sqrt{36} = 6$

133. (a) विषम स्थान के अंकों का योग और सम स्थान वाले अंकों के योग का अन्तर

$= (a+6+b)-11 = (a+b)-5$

अतः $a+b-5 = 0 \Rightarrow a+b = 5$

या $a+b-5 = 11 \Rightarrow a+b = 16$

अतः $(a+b)$ के दो सम्भावित मान हैं—5 और 16

$\therefore$ अभीष्ट योग $= 16+5 = 21$

134. (b) माना, $a=1$, $b=2$ और $c=3$ है।

तब, $abc = 123$; $cab = 312$; $bca = 231$

अब, $abc+cab+bca = 123+312+231 = 666$

अतः 666, 37 से विभाज्य है।

666, 3 से विभाज्य है।

666, $a+b+c$ से विभाज्य है।

परन्तु 666, 31 से पूर्णतः विभाज्य नहीं है।

> **स्पीडी विधि**
>
> संख्याओं abc, cab और bca का योगफल
>
> $= 100a+10b+c+100c+10a$
>
> $+b+100b+10c+a$
>
> $= 111a+111b+111c = 111(a+b+c)$
>
> $\therefore$ यह योगफल $(a+b+c)$, 37 और 3 से विभाज्य होता है लेकिन 31 से नहीं

135. (d) माना 3 अंकों की संख्या pqr है।

$\Rightarrow pqr\times 1001 = 5z\ 3x\ 4y$

$\Rightarrow pqrpqr = 5z\ 3x\ 4y$

दोनों पक्षों की तुलना करने पर,

$p = 5, r = 3, q = 4$

अतः वह संख्या 543543 होगी।

अब, 543543 = 5z 3x 4y

$\Rightarrow$ $z = 4, x = 5, y = 3$

$\therefore x + y - z = 5 + 3 - 4 = 4$

136. (a) $6 = 2 \times 3$

2 से विभाजित होने के लिए

$k = 0, 2, 4, 6$ या 8 हो सकता है। और

$7 + 2 + k + 4 + 6 + 0 + k$

$= (19 + 2k)$; 3 से विभाज्य होगा।

अब, k का मान 4 रखने पर,

$19 + 2k \Rightarrow 19 + (2)(4) = 19 + 8 = 27$

'27', 3 से विभाज्य है।

$\therefore k = 4$ है।

137. (c) माना $P = 2x$; $Q = 3y$

$P \times Q = 2x \times 3y = 6(xy)$

$\therefore P \times Q$, 6 से विभाज्य है।

138. (d) $72 = 8 \times 9$

8 के विभाज्यता नियम से,

$\Rightarrow$ 3y4, 8 से विभाज्य होगी, यदि $y = 4, 8$

$\therefore y$ का अधिकतम मान = 8

अब, 9 के विभाज्यता नियम से,

$= 8 + 8 + 8 + x + 5 + 3 + 8 + 4 = 44 + x$

$44 + x$, 9 से विभाज्य होगा यदि $x = 1$

$\therefore$ $x = 1, y = 8$

$\therefore 7x + 2y = 7 \times 1 + 2 \times 8 = 7 + 16 = 23$

139. (d) 3 के विभाज्यता नियम से

$\therefore$ संख्या के अंकों का योग

$= 4 + 5 + 0 + 8 + 2 + k = 19 + k$

$19 + k$, 3 से विभाज्य है, तब

k का अधिकतम मान = 8

तथा न्यूनतम मान = 2

$\therefore k$ के अधिकतम मान और न्यूनतम मान के वर्गों का योगफल $= 8^2 + 2^2 = 64 + 4 = 68$

140. (a) $72 = 9 \times 8$

8 के विभाज्यता नियम से,

$\Rightarrow$ 9y6, 8 से विभाज्य है।

तब $y = 3, 7$

अब 9 के विभाज्यता नियम से,

अंकों का योग $= 9 + 4 + x + 2 + 9 + y + 6$

$= 30 + x + y$

$(30 + x + y)$, 9 से विभाज्य होगा।

जब $y = 3$ तब $x = 3$

तथा जब $y = 7$ तब $x = 8$

प्रश्नानुसार, $x \neq y$

$\therefore$ $x = 8$ तथा $y = 7$

अत: $(2x + 3y) = 2 \times 8 + 3 \times 7$

$= 16 + 21 = 37$

141. (c) 3 के विभाज्यता नियम से,

संख्या के अंकों का योग $= 5 + 3 + 0 + 6 + P + 2$

$= 16 + P$

P का अधिकतम मान = 8

तथा P का न्यूनतम मान $P = 2$

$\therefore$ अभीष्ट अन्तर $= 8^2 - 2^2 = 64 - 4 = 60$

142. (d) $88 = 11 \times 8$

8 के निभाज्यता नियग रो,

$\Rightarrow$ 23y, संख्या 8 से विभाज्य होगी।

यदि $y = 2$

अब 11 के विभाज्यता नियम से,

$\therefore$ अन्तर $= (5 + 4 + 3) \sim (x + 2 + y)$

$= 12 \sim (x + 4) = 8 \sim x$ $(\because y = 2)$

$\therefore$ $x = 8$

अत: $5x - 8y = 5 \times 8 - 8 \times 2$

$= 40 - 16 = 24$

143. (a) 11 के विभाज्यता नियम से,

$\Rightarrow (3 + a + 8) \sim (0 + 6 + b) = (a + 5) \sim b$

b का अधिकतम मान के लिए अन्तर 11 होना चाहिए।

$\therefore$ जब, $a = 9$ तब, $b = 3$ $(\because a > b)$

$(\because 9 + 5 - 3 = 11)$

अत: $b = 3$

144. (a) प्रश्नानुसार, n को 7 से विभाजित करने पर शेषफल 2 प्राप्त होता है।

तब $n = 7k + 2$ (माना k एक पूर्णांक संख्या है)

विकल्प (a) से,

$n + 5 = 7k + 2 + 5 = 7(k + 1)$

अत: $n + 5$ को 7 से विभाजित करने पर शेषफल शून्य प्राप्त होगा।

145. (c) 11 के विभाज्यता नियम से,

अन्तर $= (9 + 5 + 8) - (2 + x + 5) = 0$ या 11 से विभाज्य

$15 - x = 0$ या 11 से विभाज्य

x के न्यूनतम मान के लिए,

$15 - x = 11$

$\Rightarrow$ $x = 4$

146. (a) संख्या 2365*4, संख्या 4 से विभाज्य है

तब * = 2, 4, 6, 8

* का सबसे बड़ा मान = 8

147. (b) 9 के विभाज्यता नियम से,

अंकों का योग $= 6 + 8 + 7 + x + 2 + 9 = 32 + x$

अब, $32 + x$, 9 से विभाज्य होगा।

तब $x = 4$

$\therefore$ $2x = 4 \times 2 = 8$

148. (b) संख्या 146 * 48, संख्या 8 से विभाज्य है

* 48, संख्या 8 से विभाज्य होगी।

तब * = 2, 4, 6, 8

* का सबसे बड़ा मान = 8

149. (b) माना संख्या $= dn + 15$

संख्या का 10 गुना $= 10\,dn + 150$

अब, $10\,dn + 150$ को d से विभाजित करने पर प्राप्त शेषफल 6 है।

तब, $10\,dn + 150 - 6 = 10\,dn + 144$

(d से पूर्णत: विभाज्य होगी)

$\therefore$ 144, d से पूर्णत: विभाजित होगी

144 के भाजक = 1, 2, 3, 4, 6, 8, 9, 12, 16, 18, 24, 36, 48, 72, 144

$\therefore d$ का न्यूनतम मान 16 होगा, क्योंकि संख्या को d से विभाजित करने पर 15 शेषफल प्राप्त होता है।

150. (b) $\because 99 = 9 \times 11$

$\because$ 9 के विभाज्यता नियम से,

योग $= 7 + 0 + 8 + x + 6 + y + 8 + z + 9$

$= 38 + x + y + z$ ...(i)

11 के विभाज्यता नियम से,

अन्तर $= (7 + 8 + 6 + 8 + 9) \sim (0 + x + y + z)$

$= 38 \sim (x + y + z)$

$\therefore x + y + z = 16$ या 27 (संख्या 11 से विभाज्य है)

समी (i) में, $x + y + z = 16$ रखने पर,

$38 + 16 = 54$ (जोकि 9 से विभाज्य है)

समी (i) में, $x + y + z = 27$ रखने पर,

$38 + 27 = 65$ (65, 9 से विभाज्य नहीं है)

अत: $x + y + z = 16$

151. (d) 200 से 800 के बीच 5 से विभाजित होने वाली संख्याएँ = 205, 210, 215 795

$\therefore$ 5 से विभाजित होने वाली कुल संख्याएँ

$= \frac{795 - 205}{5} + 1 = 119$

अब, 200 से 800 के बीच 7 से विभाजित होने वाली संख्याएँ हैं, 203, 210, 217 798

$\therefore$ 7 से विभाजित होने वाली कुल संख्याएँ

$= \frac{798 - 203}{7} + 1 = 86$

अब, 5 और 7 दोनों से विभाजित होने वाली संख्या 210, 245, 280 770

$\therefore$ 5 और 7 से विभाजित होने वाली कुल संख्याएँ

$= \frac{770 - 210}{5 \times 7} + 1 = 17$

तथा 200 से 800 के बीच कुल संख्याएँ = 599

$\therefore$ अभीष्ट संख्याएँ $= 599 - (119 + 86 - 17)$

$= 599 - 188 = 411$

152. (a) हम जानते है;

पाँच क्रमागत संख्याओं का औसत $= \frac{240}{5} = 48$

$\because$ क्रमागत संख्याओं का औसत

$= \frac{\text{पहली संख्या} + \text{अन्तिम संख्या}}{2}$

$\therefore$ पहली संख्या + अन्तिम संख्या $= 48 \times 2 = 96$

153. (d) दिया है, संख्या 72514368 के प्रत्येक अंक को 9 से घटाने पर प्राप्त संख्या = 27485631

नई संख्या में 4 सम अंक होगा।

154. (b) $\because$ जितनी संख्याएँ 14 से विभाज्य होंगी, वे सभी 2 और 7 से भी विभाज्य होंगी।

विभाज्य संख्याओं की श्रेणी 14, 28, ... 994

यहाँ, $a = 14, l = 994, d = 14$

माना संख्या n है

$\therefore$ $l = a + (n - 1)d$

$\Rightarrow$ $994 = 14 + (n - 1) \times 14$

$\Rightarrow$ $980 = (n - 1) \times 14$

$\Rightarrow$ $n - 1 = \frac{980}{14} \Rightarrow n = 70 + 1 = 71$

155. (d) 216 के विषम गुणनखण्ड = 1, 3, 9, 27

$\therefore$ अभीष्ट योग $= 1 + 3 + 9 + 27 = 40$

156. (b) $\because 88 = 8 \times 11$

8 के विभाज्यता नियम से,

2y8, 8 से पूर्णतया विभाज्य हैं, तब

y के सम्भावित मान = 0, 4

$\therefore$ $y = 4$ (प्राकृतिक संख्या)

अब, 11 के विभाज्यता नियम से,

$\Rightarrow (9 + x + 5 + 2 + 8) - (7 + 4 + 6 + 4)$

= 0 या 11 का गुणज

$\Rightarrow (24 + x) - 21 = 0$ या 11 का गुणज

∴ $x = 8$ रखने पर, (11 से विभाज्य)
अतः $x^2 + y^2 = 8^2 + 4^2 = 64 + 16 = 80$

157. (b) संख्या के अन्तिम तीन अंकों से बनी संख्या 8 से विभाजित होगी तो वह संख्या भी 8 से विभाज्य होगी।
∴ P के सम्भव मान = 2, 0, 4
∴ P का न्यूनतम मान = 0

158. (c) 16 के विभाज्यता नियम से,
⇒ $30M6$, 16 से विभाज्य होगा
तब, M का सम्भावित मान = 5
अब 11 के विभाज्यता नियम से,
अन्तर = $[3 + R + 5 + 3 + 5] \sim (4 + 0 + 0 + 0 + 6)$
$= (R + 16) \sim 10$
∴ $R = 5$
अतः R और M के मान क्रमशः 5 और 5 हैं।

159. (c) 9 के विभाज्यता नियम से
संख्या के अंकों का योग $= x + 5 + 8 + y$
$= 13 + x + y$
∴ $x + y = 5$ (न्यूनतम मान के लिए)
तब $13 + 5 = 18$, जोकि 9 से विभाज्य है।

160. (b) अंकों को अवरोही क्रम में पुर्नव्यवस्थित करने पर बनी संख्या = 853210
अब प्रश्नानुसार, परिणामी संख्या
$= 853210 - 13 \times 5$
$= 853210 - 65 = 853145$
अतः परिणामी संख्या 5 से विभाज्य होगी, क्योंकि इसका इकाई अंक 5 है।

161. (c) माना संख्या = x तथा भागफल = y और z है।
हम जानते हैं कि,
भाज्य = भाजक × भागफल + शेषफल

3	x	
4	y	2
7	z	3
	1	5

अब, $z = 7 \times 1 + 5 = 7 + 5 = 12$
$y = 4z + 3 = 4 \times 12 + 3 = 48 + 3 = 51$
$x = 3y + 2 = 3 \times 51 + 2 = 153 + 2 = 155$
अभीष्ट शेषफल $= \frac{155}{42} = 29$ (शेषफल)
अतः 55 को 42 से विभाजित करने पर 29 शेषफल प्राप्त होगा।

162. (c) $72 = 8 \times 9$
8 के विभाज्यता नियम से,
संख्या $78y$, 8 से विभाज्य होगी यदि $y = 4$
अब 9 के विभाज्यता नियम से,
अंकों का योग
$= 7 + 8 + 5 + x + 3 + 6 + 7 + 8 + 4 = 48 + x$
यदि $x = 6$, तब $48 + x$, अर्थात् 54, 9 से विभाज्य है।
अतः $x + y = 6 + 4 = 10$

163. (a) $14331433 \times 1422 \times 1425$ को 10 से विभाजित करने पर प्राप्त शेषफल शून्य होगा, क्योंकि 1422×1425 में इकाई अंक (0) शून्य प्राप्त होगा।

164. (c) माना विद्यार्थियों की संख्या = x
प्रश्नानुसार,
$x \times x = 2809$
⇒ $x = \sqrt{2809}$
∴ $x = 53$

165. (a) यदि कोई छः अंकों की संख्या 7, 11 और 13 तीनों से विभाजित हो रही हो, तब वह संख्या $ABCABC$ के प्रारूप में होगी।
तब, $5x2y6z = ABCABC$
∴ $x = B = 6; Y = A = 5; Z = C = 2$
अतः $(x - y + 3z) = 6 - 5 + 3 \times 2$
$= 6 - 5 + 6$
$= 12 - 5 = 7$

166. (d) $72 \times 73 \times 78 \times 76$ को 35 से विभाजित करने पर शेषफल = $\left(\frac{72}{35} \times \frac{73}{35} \times \frac{78}{35} \times \frac{76}{35}\right)$ में शेषफल
$= \left(\frac{2 \times 3 \times 8 \times 6}{35}\right)$ में शेषफल
$= \frac{288}{35}$ में शेषफल = 8

167. (a) अभीष्ट संख्या
= (15, 18 और 36 का ल.स.) $k + 9$
$= 180k + 9$
अब, $k = 6$ रखने पर,
$= 180 \times 6 + 9 = 1080 + 9$
= 1089 (जोकि 11 से विभाज्य है)

168. (c) $1433 \times 1433 \times 1422 \times 1425$ को 12 से विभाजित करने पर शेषफल
$= \left(\frac{1433}{12}\right) \times \left(\frac{1433}{12}\right) \times \left(\frac{1422}{12}\right) \times \left(\frac{1425}{12}\right)$ में शेषफल
$= \frac{(5 \times 5 \times 6 \times 9)}{12}$ में शेषफल
$= \left(\frac{1350}{12}\right)$ में शेषफल = 6

169. (b) $72 = 8 \times 9$
8 के विभाज्यता नियम से,
तब $y = 4$
अब 9 के विभाज्यता नियम से,
अंकों का योग
$= 7 + 8 + 5 + x + 3 + 6 + 7 + 8 + y$
$= 44 + 4 + x$ $\{\because y = 4\}$
$= 48 + x$
∴ $x = 6$ $[\because (48 + 6) \div 9 = 6]$
अतः $x - y = 6 - 4 = 2$

170. (c) माना पहला भाग = x
तथा दूसरा भाग = $37 - x$
प्रश्नानुसार, $5x + (37 - x) \times 11 = 227$
⇒ $5x + 407 - 11x = 227$
⇒ $6x = 180$
⇒ $x = 30$
छोटी संख्या = $37 - 30 = 7$
अतः छोटी संख्या का 9 गुना = $7 \times 9 = 63$

171. (b) संख्या = 61161611611
∵ संख्या के इकाई का अंक 1 है। इसलिए यह संख्या 2 से विभाजित नहीं होगी। इसलिए यह संख्या 6 (2×3) से भी विभाजित नहीं होगी।
∴ सम स्थानों पर आए अंकों का योग – विषम स्थानों पर आए अंकों का योग = $(1 + 6 + 1 + 1 + 6 + 1)$
$-(6 + 1 + 1 + 6 + 1 + 1)$
$= 16 - 16 = 0$
∴ दी गई संख्या केवल 11 से विभाज्य है।

172. (c) संख्या = $459 \times x + 19$
अब, 17 से भाग देने पर,
$\frac{459x + 19}{17} = 0 + \frac{19}{17} = 0 + \frac{2}{17}$
∴ शेषफल = 2

173. (b) माना मूल संख्या = $10x + y$
अंकों को बदलने पर संख्या = $10y + x$
प्रश्नानुसार,
$10y + x = 10x + y + 45$
$9y - 9x = 45$
$y - x = 5$ ...(i)
और $x + y = 9$ ...(ii)
समी (i) व (ii) से,
$2y = 14$
$y = 7$
समी (ii) से, $x = 2$
∴ संख्या = $10x + y = 10 \times 2 + 7 = 27$

174. (d) $72 = 8 \times 9$
8 के विभाज्यता नियम से,
∴ संख्या के अन्तिम 3 अंक 8 से विभाज्य है।
$\frac{a52}{8}$ के लिए $a = 1, 3$
अब, संख्या 9 से विभाजित होगी।
∴ संख्या के अंकों का योग
$= 4 + 6 + 4 + 5 + a + 5 + 2 = (26 + a)$
$(26 + a)$ 9 से विभाजित होगा, यदि $a = 1$
∴ a का अभीष्ट मान = 1

175. (a) माना छोटी संख्या = x
∴ बड़ी संख्या = $(76 - x)$
प्रश्नानुसार,
∴ $(76 - x) \times 3 - 4x = 46$
⇒ $228 - 3x - 4x = 46$
⇒ $7x = 228 - 46 = 182$
∴ $x = \frac{182}{7} = 26$
∴ छोटी संख्या = 26
तथा बड़ी संख्या = $76 - 26 = 50$

176. (c) संख्या = $6p5157q$
$88 = 11 \times 8$
8 के विभाज्यता नियम से, अन्तिम तीन अंक = $57q$ से विभाज्य होते है।
∴ q का सम्भवतः मान = 6
अब, संख्या = $6p51576$
11 के विभाज्यता नियम से, विषम स्थान के अंकों का योग – सम स्थान के अंकों का योग
$= (6 + 5 + 5 + 6) - (p + 1 + 7)$
$= (22 - 8) - p = 14 - p = 0$ या 11 का गुणज
∴ p का सम्भावित मान = 3
अतः $p \times q = 3 \times 6 = 18$

177. (a) एक संख्या तब 11 से विभाज्य होती है, यदि संख्या में सम और विषम स्थान के अंकों के योग का अन्तर केवल और केवल शून्य (0) अथवा 11 के गुणज हो।

178. (b) $2^{256} \div 17 = \frac{(2^4)^{64}}{17} = \frac{(16)^{64}}{17}$
$= \frac{(17 - 1)^{64}}{17}$ का शेषफल = 1

179. (d) माना दो अंकों की संख्या $= 10x + y$
अंकों को उलटने पर संख्या $= 10y + x$

$\therefore \quad x + y = 9 \quad ...(i)$ (दिया है)

तथा $27 + (10x + y) = 10y + x$

$\Rightarrow \quad 9y - 9x = 27$

$\Rightarrow \quad y - x = 3 \quad ...(ii)$

समी (i) तथा (ii) से,

$x = 3$ तथा $y = 6$

अत: अभीष्ट संख्या $= 10x + y = 30 + 6 = 36$

180. (b) $\frac{8^6 + 1}{7}$ का शेषफल

$= \frac{8^6}{7} + \frac{1}{7}$ का शेषफल

$= \frac{(1)^6 + 1}{7}$ का शेषफल $= 2$

181. (b) $\because \ 732 - 12 = 720$

अब, 720 के गुणनखण्ड

$= 2 \times 2 \times 2 \times 2 \times 5 \times 3 \times 3$

$= 2^4 \times 5^1 \times 3^2$

कुल गुणनखण्ड $= (4 + 1) \times (1 + 1)(2 + 1)$

$= 5 \times 2 \times 3 = 30$

अब, 720 के 12 तक कुल गुणनखण्डों की संख्या = 1, 2, 3, 4, 5, 6, 8, 9, 10, 12

720 के 12 तक गुणनखण्डों की संख्या = 10

$\therefore$ अभीष्ट संख्या $= 30 - 10 = 20$

182. (d) यदि किसी संख्या के अंको का योग 9 से विभाज्य हो, तो संख्या 9 से विभाज्य होगी।

$\therefore$ संख्या 6428A83 के अंकों का योग

$= 6 + 4 + 2 + 8 + A + 8 + 3 = 31 + A$

$A = 5$ रखने पर, अंकों का योग 9 से विभाजित हो जाता है।

$\therefore A$ का अभीष्ट मान = 5

183. (d) 8 सेब + 10 सन्तरे = 5 किग्रा ....(i)

12 सेब + 20 सन्तरे = 9 किग्रा ...(ii)

समी (i) × 2 – समी (ii) से,

16 सेब – 12 सेब = 1 किग्रा

$\therefore$ 4 सेब = 1 किग्रा

1 सेब का वजन $= \frac{1}{4}$ किग्रा

समी (i) में मान रखने से,

10 सन्तरे = 5 – 2 = 3 किग्रा

$\therefore$ 1 सन्तरे का वजन $= \frac{3}{10}$ किग्रा

अब, (15 सेब + 24 सन्तरे) का वजन

$= 15 \times \frac{1}{4} + 24 \times \frac{3}{10} = \left(\frac{15}{4} + \frac{72}{10}\right)$

$= (3.75 + 7.20) = 10.95$ किग्रा ≈ 11 किग्रा

184. (b) माना दो अंकों की संख्या $= 10y + x$

$10y + x = (x + y) \times 5 + 12$

$\Rightarrow \quad 10y + x = 5x + 5y + 12$

$\Rightarrow \quad 5y - 4x = 12 \quad ...(i)$

पुन: प्रश्नानुसार, $(10y + x) - (10x + y) = 9$

$\Rightarrow \quad 9y - 9x = 9$

$\Rightarrow \quad y - x = 1 \quad ...(ii)$

समी (i) – समी (ii) × 4 से,

$5y - 4x - 4y + 4x = 12 - 4$

$\therefore \quad y = 8$

समी (ii) में y का मान रखने से,

$8 - x = 1$

$\Rightarrow \quad x = 7$

मूल संख्या $= 10y + x = 10 \times 8 + 7 = 87$

185. (a) $\because$ भाज्य = भाजक × भागफल + शेषफल

$\Rightarrow \quad n = 5 \times$ भागफल $+ 3$

$\Rightarrow \quad 6n = 30 \times$ भागफल $+ 18$

अब, $\frac{6n}{5} = \frac{6 \times 5 \times \text{भागफल}}{5} + \frac{18}{5}$

$\therefore \frac{18}{5}$ में शेषफल = 3

186. (a) संख्या $= 17^3 + 18^3 - 16^3 - 15^3$

$= (17^3 - 15^3) + (18^3 - 16^3)$

$= (17 - 15)\{17^2 + 17 \times 15 + 15^2\} + (18 - 16)\{18^2 + 18 \times 16 + 16^2\}$

$= 2\{17^2 + 15^2 + 18^2 + 16^2 + 17 \times 15 + 18 \times 16\}$

अत: दी गई संख्या '2' से पूर्णत: विभाजित है।

187. (b) $\because$ जो संख्या 12 से विभाज्य होगी वह संख्या हमेशा 2, 3 और 4 से भी विभाज्य होगी।

$\therefore$ 10 से 65 के बीच 12 से विभाज्य संख्या

$= \frac{65}{12} = 5$ (पूर्णांक अंक)

188. (d) प्रश्नानुसार, $18 = 2 \times 3^2$

$14400 = 2^6 \times 3^2 \times 5^2$

ऐसे गुणनखण्ड जिससे संख्या 18 से विभाज्य है, परन्तु 36 से नहीं $= 5^2$

$\therefore$ गुणनखण्डों की संख्या $= (2 + 1) = 3$

189. (c) प्रश्नानुसार,

$K^{33} - K = K(K^{32} - 1^{32})$

$= K(K + 1)(K - 1)$ ...

$K = 3$ रखने पर, $3 \times 4 \times 2 = 24$

$K = 5$ रखने पर, $5 \times 6 \times 4 = 24 \times 5$

$K = 7$ रखने पर, $7 \times 8 \times 6 = 24 \times 14$

इस प्रकार, $(K^{33} - 1)$, 24 से हमेशा विभाज्य होगा।

190. (b) प्रश्नानुसार,

2	53	1
3	26	2
5	8	3
	1 (माना भागफल)	

$\therefore$ संख्या = 53

अब, $\frac{53}{13} =$ शेषफल = 1

191. (d) 3 की विभाज्यता का नियम → संख्या 3 से विभाज्य होगी, यदि उसके अंकों का योग भी 3 से विभाज्य है।

स्पष्टतया 717624 (विकल्प (d) से)

3 की विभाज्यता से $= \frac{7 + 1 + 7 + 6 + 2 + 4}{3} = 9$

(पूर्णत: विभाज्य)

192. (c) माना इकाई का अंक $= x$

तथा दहाई का अंक $= y$

प्रश्नानुसार, $(10y + x) + (10x + y) = 77$

$\Rightarrow \quad 11(x + y) = 77 \Rightarrow x + y = 7 \quad ...(i)$

और $x - y - 1 \quad ...(ii)$

समी (i) व (ii) से,

$x = \frac{7 + 1}{2} = 4$ व $y = \frac{7 - 1}{2} = 3$

$\therefore$ अभीष्ट संख्या $= 10y + x = 10(3) + 4 = 34$

193. (c) संख्या $= 3c2933k$

11 की विभाज्यता का नियम—संख्या के सम और विषम स्थानों के अंकों के योग का अन्तर 0 या 11 होना चाहिए।

$\therefore (3 + 2 + 3 + k) - (c + 9 + 3) = 0$

$8 + k - c - 12 = 0$

$k - c = 4$

$\therefore \quad k = 5$ तथा $c = 1$

अत: $k + c = 5 + 1 = 6$

194. (c) 19487161 को 11 से विभाजित करने पर शेषफल 1 प्राप्त होता है।

अत: अभीष्ट संख्या $= 11 - 1 = 10$

195. (a) माना भाजक $= x$

तथा संख्याएँ y और z हैं।

तब, $y = x \times n + 6 \quad ...(i)$

$z = x \times m + 7 \quad ...(ii)$

$(y + z) = (x \times n + x \times m + 6 + 7)$

अब, $\frac{(y + z)}{x} = \frac{(x \times n + x \times m + 13)}{x} = \frac{13}{x}$

$\therefore$ शेषफल = 13

लेकिन, दोनों संख्याओं को जोड़ने पर उसी भाजक से भाग देने पर 5 शेषफल बचता है।

$\therefore$ भाजक $= 13 - 5 = 8$

196. (d) प्रश्नानुसार, $7658 = 45 \times 170 + 8$

$\therefore$ अभीष्ट संख्या $= 7658 - 8 = 7650$

197. (c) जो संख्या 22 से विभाज्य है वह 2 और 11 से भी विभाज्य है।

विकल्प (c) से,

11 के विभाज्यता नियम से,

$\therefore$ सम स्थानों पर अंकों का योग ~ विषम स्थानों पर अंकों का योग

$(8 + 3 + 0) \sim (9 + 0 + 2) = 11 - 11 = 0$

$\therefore$ यह संख्या, 11 से विभाजित है।

$\therefore$ संख्या 893002, 22 से विभाज्य है।

198. (a) प्रश्नानुसार,

$n = 18 \times x + 6 \quad ...(i)$

[$\because$ भाज्य = भाजक × भागफल + शेषफल]

$n = 25 \times y + 15 \quad ...(ii)$

समी (i) और समी (ii) से,

$18x + 6 = 25y + 15$

$18x - 25y = 9$

199. (b) संख्या $= 489y5z6$

यह संख्या 72 से विभाज्य है और $72 = 9 \times 8$

$\therefore$ 8 के विभाज्यता नियम से, $5z6$, 8 से विभाज्य होने के लिए,

$\frac{5z6}{8}$

$z = 7$ रखने पर यह 8 से विभाज्य है।

[z का मान अधिकतम लेने पर]

$\therefore$ संख्या $= 489y576$

अब, 9 से विभाजित होने के लिए अंकों का योग 9 से विभाज्य होगा।

$\therefore \quad 4 + 8 + 9 + y + 5 + 7 + 6 = y + 39$

$y = 6$ रखने पर, यह 9 से विभाजित होगी।

$\therefore \quad y \times z = 7 \times 6 = 42$

200. (a) $\dfrac{179 \times 172 \times 173}{17}$ का शेषफल

$= \dfrac{9 \times 2 \times 3}{17}$ का शेषफल $= \dfrac{54}{17}$ का शेषफल = 3

201. (c) ∵ 8-अंकीय संख्या 99 से विभाज्य है, इसलिए यह 11 व 9 से भी विभाजित होगी।
अब, संख्या के अंकों में परिवर्तन करने पर अंकों के योग पर कोई प्रभाव नहीं पड़ता है।
अत: संख्या हमेशा 9 से विभाज्य होगी।

202. (d) ∵ 512, 32 से पूर्णत: विभाजित है।
∴ 67 को 32 से विभाजित करने पर 3 शेषफल बचता है।
अत: अभीष्ट शेषफल = 3

203. (c) 1 से 9 तक अंक $\rightarrow 1 \times 9 = 9$ अंक
10 से 99 तक अंक $\rightarrow 2 \times 90 = 180$ अंक
100 से 428 तक अंक $\rightarrow 3 \times 329 = 987$ अंक
1 से 428 तक अंक (कुल अंक)
$= 9 + 180 + 987 = 1176$

204. (a) माना संख्या = x
भाज्य = भाजक × भागफल + शेषफल
$\Rightarrow \quad x = 304 \times$ भागफल $+ 43$
पुन: 16 से विभक्त करने पर,
$x = 16 \times 19 \times$ भागफल $+ 16 \times 2 + 11$
$= 16(19$ भागफल $+ 2) + 11$
अत: अभीष्ट शेषफल 11 है।

205. (a) माना 5 क्रमागत सम संख्याएँ क्रमश: $x - 4, x - 2, x, x + 2$ व $x + 4$ हैं।
$\therefore \; (x - 4) + (x - 2) + x + (x + 2) + (x + 4) = 2720$
$\Rightarrow \; 5x = 2720 \Rightarrow x = \dfrac{2720}{5} = 544$
अत: तीसरी और पाँचवी संख्याओं का योग
$= x + x + 4 = 2x + 4$
$= 2\,(544) + 4 = 1092$

206. (d) 2000 और 2020 के बीच ऐसी 2 संख्याएँ हैं, जो 8 से विभाज्य हैं अर्थात् 2008, 2016

207. (c) हम जानते है, यदि किसी संख्या को 12 से विभाजित किया जाता है, तो उसके अन्तिम दो अंक 4 से विभाज्य होने चाहिए तथा अंकों का योग 3 से विभाज्य होना चाहिए।
दी गई संख्या = $17386 9c$
∵ $9c$, 4 से विभाज्य है।
∴ c का मान = 6
अब, संख्या के अंकों का योग
$= 1 + 7 + 3 + 8 + b + 9 + 6 = 34 + b$
$\therefore \quad b = 5$
अत: $c - b$ का मान $= 6 - 5 = 1$

208. (a) प्रश्नानुसार,
भाज्य = भाजक × भागफल + शेषफल
संख्या $= [\{(7 \times 1 + 5) \times 5 + 0\} \times 3 + 4] \times 2 + 1$
$= (60 \times 3 + 4) \times 2 + 1 = 184 \times 2 + 1 = 369$
अब, $369 = 7 \times 52 + 5,\; 52 = 5 \times 10 + 2$
$\Rightarrow \quad 10 = 3 \times 3 + 1$
$\Rightarrow \quad 3 = 2 \times 1 + 1$
अत: अभीष्ट शेषफल का योग $= 5 + 2 + 1 + 1 = 9$

209. (b) ∵ $1234567y$, 11 से विभाज्य है।
∴ सम स्थानों और विषम स्थानों पर आए अंकों के योग का अन्तर 0 या 11 का गुणज होगा।
$\therefore (1 + 3 + 5 + 7) \sim (2 + 4 + 6 + y) = 0$ या 11 का गुणज
$16 \sim (12 + y) = 0$ या 11 का गुणज
$y = 4$ रखने पर अन्तर 0 आएगा।
∴ y का अभीष्ट मान = 4

210. (a) अन्तिम भागफल = 3
∵ भाज्य = भाजक × भागफल + शेषफल
जब 7 से भाग दिया जाए, तो 3 शेषफल प्राप्त होता है।
भाज्य $= 7 \times 3 + 3 = 24$
पुन: 24 को 5 से भाग देने पर 1 शेषफल प्राप्त होता है।
भाज्य $= 5 \times 24 + 1 = 121$
पुन: 121 को 3 से भाग देने पर 2 शेषफल प्राप्त होता है।
भाज्य $= 121 \times 3 + 2 = 363 + 2 = 365$
अत: अभीष्ट संख्या 365 है।

211. (b) ∵ यदि कोई संख्या 9 से विभाज्य है, तो उसके अंकों का योग भी 9 से विभाज्य होगा।
$\therefore 627x\,5 = 6 + 2 + 7 + x + 5 = 20 + x$
अत: x का मान 7 रखने पर, यह 9 से विभाज्य होगा।

212. (a) $24 = 2 \times 3 \times 4$
दी गई संख्याओं में 35751 का इकाई अंक 1 है। अत: यह संख्या 35751, '4' से कभी भी विभाज्य नहीं होगी।

213. (c) $12 = 3 \times 4$
4 के विभाज्यता नियम से,
⇒ 3 * 7440 में अन्तिम दो अंक 4 से विभाजित है, तो यह संख्या 4 से पूर्णत: विभाजित होगी।
3 के विभाज्यता नियम से,
अंकों का योग = 3 + * + 7 + 4 + 4 + 0 = 18 + *
अत: यहाँ * का न्यूनतम मान 0 होगा क्योंकि 18, 3 से विभाजित है।

214. (a) $1000 = 55 \times 18 + 10$
∴ अभीष्ट संख्या $= 55 - 10 = \boxed{45}$

215. (a) माना $n = 7k + 2$
$\therefore \quad 9n = 9 \times 7k + 2 \times 9 = 9 \times 7k + 18$
$= 9 \times 7k + 7 \times 2 + 4$
$9n = 7\,(9k + 2) + 4$
अत: $9n$ को 7 से भाग देने पर शेष 4 बचता है।

216. (b) $\dfrac{3^8}{7} - \dfrac{3^6 \times 3^2}{7}$
$= \dfrac{1 \times 3^2}{7} \quad \{\because \dfrac{a^{p-1}}{p} = 1$ (शेषफल)$\}$
$= \dfrac{9}{7} = 2$ (शेषफल)
अत: 3^8 को 7 से भाग देने पर शेषफल 2 बचता है।

217. (c) प्रश्नानुसार, भाजक = 5 × शेषफल
$= 5 \times 44 = 220$
तब, भागफल $= \dfrac{\text{भाजक}}{11} = \dfrac{220}{11} = 20$
∴ भाज्य = भाजक × भागफल + शेषफल
$= 220 \times 20 + 44 = 4400 + 44 = 4444$

218. (b) 11 के विभाज्यता के नियम से,
$\dfrac{(7 + 2 + 6) - (5 + 5 + 3)}{11} = \dfrac{2}{11}$
≠ पूर्णत: विभाज्य
अत: संख्या '752563' 11 से विभाज्य नहीं है।

219. (a) दो अंकों की संख्याएँ जो 9 से विभाज्य हैं, 18, 27, 36, ... 99 जोकि समान्तर श्रेढ़ी में है।
$\Rightarrow \quad 99 = 18 + (n - 1) \times 9$
$\Rightarrow \quad 81 = 9n - 9$
$\Rightarrow \quad 9n = 90 \Rightarrow n = 10$
तब, सभी संख्याओं का योग
$S_n = \dfrac{10}{2}[2 \times 18 + (10 - 1) \times 9]$
$= 5\,[36 + 81] = 5 \times 117 = 585$

220. (d) प्रश्नानुसार,
I. $\dfrac{5}{11} > \dfrac{5}{6} \Rightarrow \dfrac{30}{66} > \dfrac{55}{66}$ (असत्य)
II. $\dfrac{5}{9} > \dfrac{8}{9}$ (असत्य)
III. $\dfrac{5}{6} > \dfrac{4}{5} \Rightarrow \dfrac{25}{30} > \dfrac{24}{30}$ (सत्य)
अत: केवल कथन III सत्य है।

221. (a) 20 से विभाज्य तीन अंकों की संख्याओं का योग = 100 + 120 + ... + 980 जोकि समान्तर श्रेणी है।
$\Rightarrow \quad 980 = 100 + (n - 1)\,20$
$\Rightarrow \quad (n - 1) = \dfrac{980 - 100}{20}$
$\Rightarrow \quad n - 1 = \dfrac{880}{20} = 44$
$\Rightarrow \quad n = 44 + 1 = 45$
अत: अभीष्ट योग $(s_{45}) = \dfrac{45}{2}[100 + 980] = 24300$

222. (b) 11 के विभाज्यता नियम से,
$(6 + 6) \sim (m + 1) = 0$ या 11 का गुणज
$\Rightarrow \quad 12 - m - 1 = 0$ या 11 का गुणज
$\Rightarrow \quad 11 - m = 0$ या 11 का गुणज
$\therefore \quad m = 0$

223. (a) 501 और 701 के बीच की वे संख्याएँ, जो 10 से विभाज्य हैं लेकिन 3 से विभाज्य नहीं हैं
520, 530, 550, 560, 580, 590, 610, 620, 640, 650, 670, 680, 700
∴ अभीष्ट संख्याएँ 13 हैं।

224. (b) दिया है, $\dfrac{6}{5}, \dfrac{11}{15}, \dfrac{4}{7}, \dfrac{5}{13}$
∵ $\dfrac{6}{5} = 1.2, \dfrac{11}{15} = 0.73$
$\dfrac{4}{7} = 0.57, \dfrac{5}{13} = 0.38$
∴ सबसे बड़ी भिन्न $= \dfrac{6}{5}$
तथा सबसे छोटी भिन्न $= \dfrac{5}{13}$
∴ अभीष्ट योग $= \dfrac{6}{5} + \dfrac{5}{13} = \dfrac{78 + 25}{65} = \dfrac{103}{65}$

225. (a) 23 और 43 के बीच भाज्य संख्याएँ
= 24, 25, 26, 27, 28, 30, 32, 33, 34, 35, 36, 38, 39, 40, 42
= 15

226. (a) 20 और 50 के बीच अभाज्य संख्याएँ
= 23,29,31,37,41,43,47 = 7

227. (d) छ: अंकों की सबसे बड़ी संख्या = 999999
$999999 = 81 \times 12345 + 54$
∴ अभीष्ट संख्या $= 999999 - 54$
$= \boxed{999945}$

228. (d) 100 और 1000 के बीच 17 से विभाजित संख्याओं की श्रेढ़ी निम्न हैं
102, 119, 136, ... 986

$$986 = 102 + (n - 1) \times 17$$

$$\Rightarrow (n-1) = \frac{986 - 102}{17} = \frac{884}{17} = 52 \Rightarrow n = 53$$

229. (c) $\because$ $8127 = 1015 \times 8 + 7$
अत: 8127 को 8 से भाग देने पर 7 शेषफल प्राप्त होगा।

230. (c) अभीष्ट शेषफल = $\frac{11+38}{44}$ में शेषफल

$= \frac{49}{44}$ में शेषफल = 5

231. (c) $33 = 11 \times 3$
3 से विभाज्यता नियम से,
164461 के अंकों का योग
$= 1+6+4+4+6+1 = 22$
171116 के अंकों का योग
$= 1+7+1+1+1+6 = 17$
185592 के अंकों का योग
$= 1+8+5+5+9+2 = 30$
(3 से विभाज्य)
तथा 11 के विभाज्यता नियम से,
$= (1+5+9) - (8+5+2) = 0$
$\therefore$ यह 11 से भी विभाज्य है।
178750 के अंकों का योग
$= 1+7+8+7+5+0 = 28$
अत: संख्या 185592, 33 से विभाज्य होगी।

232. (b) $\because$ $99 = 9 \times 11$
11 विभाज्यता नियम से,
अन्तर $= (8+7+6+9+B) - (4+5+3+A)$
$= (30+B) - (12+A)$
$= 18 + B - A$ ...(i)
अब 9 के विभाज्यता नियम से,
योग $= 8+7+6+9+4+5+3+A+B$
$= 42 + A + B$
अत: विकल्प (b) से,
$A = 4, B = 8$
समी (i) में रखने पर,
$18 + 8 - 4 = 22$ (11 से विभाज्य है)
समी (ii) में रखने पर,
$42 + 8 + 4 = 54$ (9 से विभाज्य है)
$\therefore$ $A = 4, B = 8$

233. (a) 3 के विभाज्यता नियम से,
अंकों का योग $= 2+3+k+5+6+7+k$
$= 23 + 2k$
$2k + 23$, 3 से विभाज्य होगी
यदि $k = 2, 5, 8$
$\therefore$ सम्भावित मानों का योग $= 2+5+8 = 15$

234. (c) यहाँ, भाज्य = 12401, भागफल = 76
तथा शेषफल = 13
हम जानते हैं कि
भाज्य = भाजक × भागफल + शेषफल

$$\Rightarrow \text{भाजक} = \frac{\text{भाज्य} - \text{शेषफल}}{\text{भागफल}} = \frac{12401 - 13}{76} = 163$$

235. (a) माना संख्या $M = 7k + 6$
अब संख्या का वर्ग
$\Rightarrow$ $M^2 = (7k+6)^2$
$\Rightarrow$ $= 49k^2 + 36 + 84k$
$\Rightarrow$ $M^2 = 7(7k^2 + 12k + 5) + 1$
अत: M के वर्ग को 7 से विभाजित करने पर 1 शेषफल प्राप्त होगा।

236. (c) 11 के विभाज्यता नियम से,
अन्तर $= (A+2+7+6+4) \sim (9+5+B+8)$
$= (A+19) \sim (B+22)$
$= A \sim (B+3)$
$\Rightarrow B = 11 - 3 = 8$
यहाँ $A = 0$ और $B = 8$ होने पर अन्तर 11 से विभाज्य होगा।
$\therefore$ $A - B = 0 - 8 = -8$

237. (b) म. स. (374, 418) = 22

$$\therefore \frac{374}{418} \text{ का न्यूनतम रूप} = \frac{374 \div 22}{418 \div 22} = \frac{17}{19}$$

238. (d) 4 के विभाज्यता नियम से
विकल्प (d) की संख्या = 4348
$\because$ 48, 4 से विभाज्य है।
$\therefore$ संख्या 4348, 4 से पूर्णत: विभाजित होगी।

239. (d) 8 के विभाज्यता नियमानुसार,
संख्या 6044 के अन्तिम तीन अंक (044), 8 से पूर्णत: विभाजित नहीं है, अत: संख्या 6044, 8 से विभाज्य नहीं है।

240. (c) 8 से विभाज्य (दो अंकीय संख्या)
= 16, 24, 32, 40, 48, 56, 64, 72, 80, 88, 96
8 से विभाज्य होने वाली (दो अंकीय) कुल संख्या 11 है।

241. (a) विकल्प (a) से, संख्या = 4131
अंकों का योग $= 4+1+3+1 = 9$ (9 से विभाज्य है)
अत: 4131 भी 9 से विभाज्य है।

242. (d) अंकों का योग $= 5+8+5+2+4+M$
$= (24 + M)$
M का मान = 3 रखने से संख्या '9' से विभाज्य होगी।

243. (a) संख्या = 3658
अंकों का योग $= 3+6+5+8 = 22$
जोकि 9 से विभाज्य नहीं है।
अत: दी गई संख्याओं में से 3658, 9 से विभाज्य नहीं है।

244. (d) $(58)^{29} = (55+3)^{29}$
$\because$ 55, 5 से विभाज्य है, तो
$3^{29} = 3^{28} \times 3 = (9)^{14} \times 3 = (10-1)^{14} \times 3$
$\because$ 10, 5 से विभाज्य है, तो शेषफल = (–1)
$\therefore (-1)^{14} \Rightarrow (1 \times 3)$ को 5 से विभाजित करने पर शेषफल = 3

स्पीडी विधि

$(58)^{29}$ का इकाई अंक $= 8^{7 \times 4 + 1}$ का इकाई अंक
$= 8^1$ का इकाई अंक = 8
अत: 8 को 5 से भाग देने पर 3 शेषफल आएगा।

245. (b) 11 के विभाज्यता नियम से
विकल्प (b) से,
अन्तर $= (6+8) - (9+5) = 0$
अत: 6589, 11 से विभाज्य है।

246. (d) 11 के विभाज्यता नियम से,
विकल्प (d) से, 2763
अन्तर $= (7+3) - (6+2) = 10 - 8 = 2$
अत: संख्या 2763, 11 से विभाज्य नहीं है।

247. (c) $\frac{(35)^{29}}{10} = \frac{(30+5)^{29}}{10} = \frac{5^{29}}{10} = \frac{5 \times 5^{28}}{10}$
$\because$ जब संख्या का इकाई अंक 5 हो तो सदैव इकाई अंक 5 ही रहता है।
अत: अभीष्ट शेषफल = 5

248. (d) स्पष्टतया a और b का योग 6 नहीं हो सकता क्योंकि a और b का योग 6 तभी सम्भव हैं जब $a = b = 3$ पर प्रश्न में हमें ये भिन्न संख्याएँ दी हैं। अत: a और b का योग 6 नहीं हो सकता है।

249. (a) 9 के विभाज्यता नियम से
प्रश्नानुसार,

$$\frac{7+2+5+x+3}{9} = (\text{पूर्णत: विभाजित})$$

$$\Rightarrow \frac{17+x}{9} = \text{पूर्णत: विभाजित}$$

$\therefore$ $x = 1$ (न्यूनतम मान)

250. (c) 12, 25 व 18 से विभाजित 3 अंकीय सबसे बड़ी संख्या = 12, 25 व 18 का ल.स. = 900
12, 25 व 18 से विभाजित 4 अंकीय सबसे छोटी संख्या = 1800
$\therefore$ अभीष्ट अन्तर = 1800 – 900 = 900

251. (c) 11 के विभाज्य नियम से,
संख्याओं की जाँच करने पर,
(i) 29435417
$\Rightarrow (2+4+5+1) \sim (9+3+4+7)$
$12 \sim 23 = 11$
अत: संख्या 11 से विभाज्य है।
(iii) 57463824 $\Rightarrow (5+4+3+2)$
$\sim (7+6+8+4) = 14 \sim 25 = 11$
अत: संख्या 11 से विभाज्य है।

252. (a) संख्या = 34 PQ
यह संख्या 3, 5 और 7 से विभाज्य है।
$\therefore$ संख्या = 105 [3, 5, 7 का ल.स.]
तथा P और Q को 9 मान लेते हैं
$\therefore$ संख्या = 3499

$$\Rightarrow \frac{3499}{105} = 33\frac{34}{105}$$

अत: 3499 में से 34 घटाएगे तो संख्या पूर्ण विभाजित हो जाएगी।
$\Rightarrow$ $3499 - 34 = 3465$
$\therefore$ $P + Q$ का मान $= 6 + 5 = 11$

253. (a) संख्या = $389x6378y$
$\because$ संख्या 72 से विभाज्य है
$\therefore$ संख्या 9 और 8 से भी विभाज्य होगी
8 से विभाज्य होने के लिए,
$78y$, 8 से विभाज्य होगी
$\therefore y = 4$ [$\because$ 784, 8 से विभाज्य है]

9 से विभाज्य होने के लिए,
अंकों का योग = 3+ 8+ 9+ x+ 6+ 3+ 7+ 8+ y, 9 से विभाज्य होगा।
= 44+ x+ 4, 9 से विभाज्य होगा।
= 48+ x, 9 से विभाज्य होगा। ($\because y = 4$)
$\therefore x = 6$
अब, $6x + 7y = 6(6) + 7(4)$
$= 36 + 28 = 64$

254. (d) विकल्प (d) से,
संख्या = 553986
अंकों का योग = 5+ 5+ 3+ 9+ 8+ 6 = 36
जोकि 9 से विभाज्य है।

255. (b) दिया है, शेषफल = 39
भाजक = 39 × 6
तब, भागफल = $\frac{39 \times 6}{13} = 6 \times 3$
∴ भाज्य = भाजक × भागफल + शेषफल
$= 39 \times 6 \times 6 \times 3 + 39 = 4212 + 39 = 4251$

256. (b) माना 6 अंकों की संख्या = x
हम जानते हैं कि
भाज्य = भाजक × भागफल + शेषफल
$x = 33 \times q + 0 = 33q$
यदि संख्या में 21 जोड़ा जाता है, तब
नई संख्या = $33q + 21 = 3(11q + 7)$
अत: हम कह सकते हैं कि नई संख्या 3 से विभाज्य होगी।

257. (c) संख्या = $7864K3$
विकल्प (c) से $K = 4$ रखने पर
$\therefore \frac{786443}{7} = 112349$
∴ यह संख्या 7 से पूर्णत: विभाजित है।
अत: K का न्यूनतम मान 4 होगा।

258. (c) 30 सप्ताह में, राम द्वारा विज्ञान अनुसन्धान के लिए जुटाए गए धन = ₹ $\left(\frac{2170}{46.5} \times 30\right)$ = ₹ 1400

259. (b) $(11^7 + 9) \div 10$
शेषफल = $\frac{11}{10} = 1$
$\therefore \frac{\{(1)^7 + 9\}}{10} = \frac{10}{10} = 0$
∴ शेषफल = 0

260. (c) विकल्प (c) से, संख्या = 56783294
4 के विभाज्यता नियम से,
संख्या के अन्तिम दो अंकों से बनी संख्या = 94 जो 4 से विभाज्य नहीं है
∴ संख्या 56783294, 4 से विभाज्य नहीं है।

261. (c) माना भाजक x है।
∴ भाज्य = भाजक × भागफल + शेषफल
⇒ $18935 = x \times 102 + 65$
⇒ $102x = 18935 - 65$
⇒ $x = \frac{18870}{102} = 185$

262. (d) हम जानते हैं कि जो संख्या 72 से विभाजित नहीं होती वह संख्या 8 तथा 9 से भी विभाजित नहीं होगी।
विकल्प (d) से, संख्या = 486280
संख्या के अंकों का योग
$= 4+ 6+ 8+ 2+ 8+ 0 = 28$
∵ 28, 9 से विभाजित नहीं है।
∴ संख्या 486280, 72 से विभाज्य नहीं है।

263. (c) दो संख्याओं का योग
$= 10373 + 24871 = 35244$
अब, संख्या के अंकों का योग
$= 3+ 5+ 2+ 4+ 4 = 18$
∵ 18, संख्या 2 और 3 दोनों से विभाजित होता है।
∴ संख्या, 6 से विभाजित होगी।

264. (b) दिया है, x और y का समान्तर माध्य = 8
⇒ $\frac{x + y}{2} = 8$
⇒ $x + y = 16$
तथा x और y का गुणोत्तर माध्य = $3\sqrt{7}$
⇒ $\sqrt{xy} = 3\sqrt{7}$
⇒ $xy = 63$
अब, $x^3 + y^3 = (x + y)^3 - 3xy(x + y)$
$= (16)^3 - 3 \times 63 \times 16$
$= 16(16^2 - 3 \times 63)$
$= 16 \times 67 = 1072$

265. (d) हम जानते हैं कि ऐसी दो या दो से अधिक संख्याएँ जिनमें 1 के अतिरिक्त अन्य कोई गुणनखण्ड न हो, सह-अभाज्य संख्याएँ कहलाती है।
∴ (22, 24) सह-अभाज्य संख्याएँ नहीं है क्योंकि इनमें 1 के अतिरिक्त गुणनखण्ड 2 भी उपस्थित है।

266. (a) प्रश्नानुसार, $x = 49a + 9$
$x = 49a + 7 + 2$
$x = 7(7a + 1) + 2$
अत: संख्या x को 7 से विभाजित करने पर 2 शेष बचेगा।

267. (d) नई संख्या = $58828 + (5 + 2 \times 11)$
$= 58828 + 5 + 22 = 58855$
हम जानते हैं कि एक संख्या 5 से विभाज्य होगी यदि उसका अन्तिम अंक 0 या 5 हो।
अत: परिणामी संख्या 5 से विभाज्य होगी।

268. (b) संख्या = 5702718 अंकों को अवरोही क्रम में व्यवस्थित करने पर बनी संख्या = 8775210
∴ परिणामी संख्या = $8775210 - (4 + 3 \times 17)$
$= 8775210 - 55 = 8775155$
∵ परिणामी संख्या का अन्तिम अंक 5 है।
∴ परिणामी संख्या 5 से विभाज्य होगी।

02

म.स. एवं ल.स.

महत्तम समापवर्तक (HCF)

दी गई संख्याओं का सबसे बड़ा उभयनिष्ठ भाजक म.स. कहलाता है।

उदाहरण 1. 3888 और 3969 का म.स. ज्ञात कीजिए।

हल $3888 = 81 \times 12 \times 4$,
$3969 = 81 \times 7 \times 7$

$\therefore$ 3888 और 3969 का म.स. = 81

लघुत्तम समापवर्त्य (LCM)

दी गई संख्याओं का सबसे छोटा उभयनिष्ठ गुणज (भाज्य) ल.स. कहलाता है।

उदाहरण 2. 24, 36, 72 का ल.स. ज्ञात कीजिए।

हल $24 = 2 \times 2 \times 2 \times 3$,
$36 = 2 \times 2 \times 3 \times 3$,
$72 = 2 \times 2 \times 2 \times 3 \times 3$

$\therefore$ अभीष्ट ल.स. $= 2 \times 2 \times 2 \times 3 \times 3 = 72$

भिन्नों का म.स. एवं ल.स.

- भिन्नों का म.स. (HCF of fractions) $= \dfrac{\text{अंशों का म.स.}}{\text{हरों का ल.स.}}$
- भिन्नों का ल.स. (LCM of fractions) $= \dfrac{\text{अंशों का ल.स.}}{\text{हरों का म.स.}}$

उदाहरण 3. 22 और 16 के व्युत्क्रम का लघुत्तम समापवर्त्य (LCM) ज्ञात कीजिए।

हल 22 और 16 के व्युत्क्रम का ल.स. $= \dfrac{1}{22}$ और $\dfrac{1}{16}$ का ल.स.

$$\frac{1, 1 \text{ का ल.स.}}{22 \text{ और } 16 \text{ का म.स.}} = \frac{1}{2}$$

दो संख्याओं तथा उनके म.स. और ल.स. के बीच सम्बन्ध

दो संख्याओं का गुणनफल = संख्याओं का म.स. × संख्याओं का ल.स.

अर्थात् $a \times b$ = म.स. (a, b) × ल.स. (a, b)

यहाँ, a और b दो वास्तविक संख्याएँ हैं।

म.स. और ल.स. पर आधारित प्रश्न

म.स. और ल.स. पर आधारित अनेक प्रकार के प्रश्न SSC की परीक्षाओं में पूछे जाते हैं, जो मुख्यत: निम्नलिखित सूत्रों से हल किए जा सकते हैं

- n अंकों की बड़ी-से-बड़ी संख्या जो $x, y, z, \ldots\ldots$ से पूर्णत: विभाजित हो

$= N - \dfrac{N}{x, y, z \text{ का ल.स.}}$ से प्राप्त शेषफल **> M. Imp**

[जहाँ, $N = n$ अंकों की सबसे बड़ी संख्या]

उदाहरण 4. चार अंकों की वह बड़ी-से-बड़ी संख्या ज्ञात कीजिए, जो 17 और 36 से पूर्णत: विभाज्य है।

हल 17 और 36 का ल.स. = 612

$\therefore$ अभीष्ट संख्या $= 9999 - \dfrac{9999}{612}$ से प्राप्त शेषफल $= 9999 - 207 = 9792$

- बड़ी-से-बड़ी संख्या, जिससे x, y, z को भाग देने पर क्रमश: a, b और c शेष बचे $= (x - a), (y - b), (z - c)$ का म.स.
- बड़ी-से-बड़ी संख्या, जिसमें x, y, z को भाग देने पर समान शेष बचे

$= |x - y|, |y - z|, |z - x|$ का म.स.

- छोटी-से-छोटी संख्या, जिसे x, y, z से विभाजित करने पर समान शेषफल k बचे $= x, y, z$ का ल.स. $+ k$ *[M. Imp]*
- छोटी-से-छोटी संख्या, जिसे x, y, z से विभाजित करने पर प्राप्त शेषफल क्रमश: a, b, c बचे $= (x, y, z)$ का ल.स. $- k$

[जहाँ, $k = (x - a) = (y - b) = (z - c)$]

- बड़ी-से-बड़ी संख्या, जिससे x, y, z को भाग देने पर समान शेषफल k बचे $= (x - k), (y - k), (z - k)$ का म.स.
- n अंको की सबसे छोटी संख्या, जो x, y, z .... से पूर्णत: विभाजित हो $= k \times (x, y, z$ का ल.स.) *[M. Imp]*

[जहाँ, $k = 1, 2, 3 \ldots\ldots n$ अंकों की सबसे छोटी संख्या के लिए]

उदाहरण 5. पाँच अंकों की वह छोटी-से-छोटी संख्या कौन-सी है, जो 9, 12, 15, 25 और 27 से पूर्णत: विभाजित है?

हल 9, 12, 15, 25, 27 का ल.स. = 2700

$\therefore$ अभीष्ट संख्या $= k \times 2700 = 4 \times 2700 = 10800$

[पाँच अंकों की सबसे छोटी संख्या के लिए, $k = 4$]

SSC एग्जाम स्कैनर

SSC CGL 2024-2020 (Tier I & II)

1. $2^3 \times 9^2 \times 13, 2^2 \times 13^2 \times 19$ और $9^3 \times 13^2 \times 19^2$ का ल.स. (LCM) क्या है? SSC CGL (Tier II) 20/01/2025 Shift-I
(a) $2^3 \times 9^2 \times 13^2 \times 19$
(b) $2^3 \times 9^3 \times 13^2 \times 19^2$
(c) $2^2 \times 9^2 \times 13^2 \times 19^3$
(d) $2^2 \times 9^3 \times 13 \times 19^2$

2. तीन अंकों की सबसे बड़ी संख्या जो 3, 5 और 9 से विभाजित होने पर समान शेषफल 2 देती है, ... है। SSC CGL (Tier II) 7/3/2023
(a) 984 (b) 998 (c) 999 (d) 992

3. दो संख्याओं का गुणनफल 1500 है और उनका म.स. (HCF) 10 है। ऐसे सम्भावित युग्मों की संख्या .... है/हैं। SSC CGL (Tier II) 2/3/2023
(a) 3 (b) 4 (c) 2 (d) 1

4. 2, 3, 5, 6, 9 और 18 से विभाज्य सबसे छोटी संख्या ज्ञात कीजिए, जो एक पूर्ण वर्ग है। SSC CGL (Tier I) 24/7/2023 Shift-II
(a) 144 (b) 3600 (c) 400 (d) 900

5. दो संख्याओं का अनुपात 6 : 7 है और उनका महत्तम समापवर्तक (HCF), 3 है। उनका लघुत्तम समापवर्त्य (LCM) .... है। SSC CGL (Tier I) 13/12/2022 Shift-IV
(a) 126 (b) 124 (c) 122 (d) 128

6. तीन संख्याओं 72, 108 और 2010 का महत्तम समापवर्तक (HCF) क्या है? SSC CGL (Tier I) 13/12/2022 Shift-III
(a) 6 (b) 5
(c) 12 (d) 18

7. दो संख्याओं का महत्तम समापवर्तक (HCF) 17 हैं और उनके लघुत्तम समापवर्त्य (LCM) के अन्य दो गुणनखण्ड 11 और 19 हैं। दो संख्याओं में से छोटी संख्या .... हैं। SSC CGL (Tier I) 13/12/2022 Shift-II
(a) 323 (b) 306 (c) 187 (d) 209

8. दो संख्याओं का लघुत्तम समापवर्त्य (LCM) ज्ञात कीजिए, यदि उनका महत्तम समापवर्तक (HCF) 9 है और उनका अनुपात 14 : 19 है। SSC CGL (Tier I) 13/12/2022 Shift-I
(a) 3990 (b) 2394 (c) 3192 (d) 1596

9. 60, 148 और 382 का महत्तम समापवर्तक (HCF) ज्ञात कीजिए। SSC CGL (Tier I) 12/12/2022 Shift-IV
(a) 24 (b) 6 (c) 4 (d) 2

10. तीन संख्याओं 98, 175 और 210 का महत्तम समापवर्तक (HCF) ज्ञात करें। SSC CGL (Tier I) 12/12/2022 Shift-III
(a) 7 (b) 3 (c) 5 (d) 6

11. 1.2 और 2.7 का लघुत्तम समापवर्त्य (LCM) ज्ञात करें। SSC CGL (Tier I) 12/12/2022 Shift-II
(a) 5.4 (b) 10.8 (c) 32.4 (d) 1.08

12. 35460 में कौन-सी सबसे छोटी संख्या जोड़ी जानी चाहिए ताकि योगफल 3, 4, 5 और 7 द्वारा पूर्णत: विभाज्य हो? SSC CGL (Tier I) 12/12/2022 Shift-I
(a) 420 (b) 180 (c) 240 (d) 84

13. दो संख्याओं का महत्तम समापवर्तक (HCF) 21 है और उनका लघुत्तम समापवर्त्य (LCM) 840 है। यदि इनमें से एक संख्या 49 है, तो दूसरी संख्या क्या होगी? SSC CGL (Tier I) 12/12/2022 Shift-I
(a) 360 (b) 540 (c) 810 (d) 650

14. $\frac{3}{8}, \frac{5}{16}$ और $\frac{7}{2}$ का लघुत्तम समापवर्त्य (LCM) क्या है? SSC CGL (Tier I) 9/12/2022 Shift-IV
(a) $52\frac{1}{2}$ (b) $101\frac{1}{2}$
(c) $25\frac{1}{4}$ (d) $28\frac{1}{2}$

15. $\frac{1}{2}, \frac{3}{4}, \frac{5}{6}$ और $\frac{7}{8}$ का महत्तम समापवर्तक (HCF) ज्ञात करें। SSC CGL (Tier I) 9/12/2022 Shift-III
(a) $\frac{1}{24}$ (b) $\frac{105}{2}$
(c) $\frac{1}{48}$ (d) $\frac{7}{24}$

16. 144, 360 और 450 का लघुत्तम समापवर्त्य (LCM) ज्ञात कीजिए। SSC CGL (Tier I) 9/12/2022 Shift-II
(a) 2400 (b) 3600 (c) 4800 (d) 7200

17. 96, 136 और 504 का लघुत्तम समापवर्तक (LCM) क्या है? SSC CGL (Tier I) 9/12/2022 Shift-I
(a) 25872 (b) 28564
(c) 34272 (d) 36548

18. 4.08 और 6.63 का महत्तम समापवर्तक (HCF) ज्ञात करें। SSC CGL (Tier I) 8/12/2022 Shift-III
(a) 0.50 (b) 0.53
(c) 0.52 (d) 0.51

19. 222, 642 और 1062 का महत्तम समापवर्तक (HCF)... है। SSC CGL (Tier I) 8/12/2022 Shift-II
(a) 2 (b) 4
(c) 6 (d) 8

20. तीन संख्याओं 105, 335 और 465 का महत्तम समापवर्तक (HCF) ज्ञात करें। SSC CGL (Tier I) 8/12/2022 Shift-I
(a) 11 (b) 3 (c) 7 (d) 5

21. यदि दो संख्याओं का महत्तम समापवर्तक (HCF) 8 है, तो निम्न में से कौन-सा उनका लघुत्तम समापवर्त्य (LCM) कभी नहीं हो सकता है? SSC CGL (Tier I) 7/12/2022 Shift-IV
(a) 40 (b) 56 (c) 48 (d) 42

22. 186.6 और 373.2 का लघुत्तम समापवर्त्य (LCM) ज्ञात करें। SSC CGL (Tier I) 7/12/2022 Shift-III
(a) 276.6 (b) 398.2
(c) 373.2 (d) 186.6

23. वह छोटी-से-छोटी संख्या ज्ञात करें, जो 9, 24 और 36 से पूर्णत: विभाज्य हो। SSC CGL (Tier I) 7/12/2022 Shift-II
(a) 72 (b) 24 (c) 36 (d) 9

24. दो संख्याओं का योग 18 है और उनका महत्तम समापवर्तक (HCF) और लघुत्तम समापवर्त्य (LCM) क्रमश: 3 और 54 है। उनके व्युत्क्रमों का योग क्या होगा? SSC CGL (Tier I) 6/12/2022 Shift-IV
(a) $\frac{1}{7}$ (b) $\frac{1}{11}$
(c) $\frac{1}{9}$ (d) $\frac{1}{6}$

25. वह सबसे छोटा पूर्ण वर्ग कौन-सा है, जो 16, 18 और 36 में प्रत्येक से पूर्णत: विभाज्य है? SSC CGL (Tier I) 6/12/2022 Shift-III
(a) 81 (b) 196 (c) 169 (d) 144

26. निम्नलिखित में से सही कथन का चयन कीजिए। SSC CGL (Tier I) 6/12/2022 Shift-II
(a) म.स. को लघुत्तम समापवर्त्य भी कहा जाता है।
(b) म.स. की अभाज्य गुणनखण्ड विधि में, सभी दी गई संख्याओं के गुणजों की सूची होती है।
(c) म.स. दी गई संख्याओं का ल.स. होता है।
(d) दो या अधिक संख्याओं का म.स. वह सबसे बड़ी संख्या होती है, जो सभी दी गई संख्याओं को पूर्णतया विभाजित करती है।

27. वह बड़ी-से-बड़ी संख्या ज्ञात कीजिए, जिससे 49, 147 और 322 को विभाजित करने पर प्रत्येक स्थिति में समान शेषफल प्राप्त हो। SSC CGL (Tier I) 6/12/2022 Shift-I
(a) 7 (b) 9 (c) 8 (d) 5

28. दो संख्याओं का ल. स. (LCM) 4104 और म.स. (HCF) 9 है। यदि संख्याओं में से एक संख्या 171 है, तो दूसरी संख्या ज्ञात कीजिए। SSC CGL (Tier I) 5/12/2022 Shift-IV
(a) 215 (b) 218 (c) 220 (d) 216

29. दो संख्याओं 110 और 1980 का महत्तम समापवर्तक (HCF) क्या है? SSC CGL (Tier I) 5/12/2022 Shift-I
(a) 120 (b) 110 (c) 180 (d) 140

30. 4 और 7 से विभाज्य 3 अंकों वाली सबसे बड़ी संख्या ज्ञात करें।
SSC CGL (Tier I) 3/12/2022 Shift-IV
(a) 960 (b) 970 (c) 990 (d) 980

31. दो संख्याओं का लघुत्तम समापवर्त्य (LCM) 120 है और संख्याएँ 3 : 8 के अनुपात में हैं। संख्याओं का योग ज्ञात करें।
SSC CGL (Tier I) 3/12/2022 Shift-III
(a) 55 (b) 60 (c) 45 (d) 48

32. 36 और 198 का महत्तम समापवर्तक (HCF) ज्ञात करें। SSC CGL (Tier I) 3/12/2022 Shift-II
(a) 36 (b) 22 (c) 18 (d) 9

33. $\frac{12}{5}, \frac{14}{15}$ और $\frac{16}{17}$ के महत्तम समापवर्तक (HCF) की गणना करें। SSC CGL (Tier I) 3/12/2022 Shift-I
(a) $\frac{1}{255}$ (b) $\frac{2}{255}$
(c) $\frac{3}{255}$ (d) $\frac{4}{255}$

34. तीन संख्याएँ 2 : 3 : 5 के अनुपात में हैं और उनका लघुत्तम समापवर्त्य (LCM) 90 है। उनका महत्तम समापवर्तक (HCF) ज्ञात कीजिए। SSC CGL (Tier I) 2/12/2022 Shift-IV
(a) 9 (b) 1 (c) 6 (d) 3

35. दो संख्याओं 2040 और 391 का महत्तम समापवर्तक (HCF) क्या है?
SSC CGL (Tier I) 2/12/2024 Shift-III
(a) 21 (b) 17 (c) 16 (d) 18

36. वह छोटी-से-छोटी संख्या क्या होगी, जिसे दोगुना करने पर वह 15, 18, 25 और 32 से पूर्णत: विभाज्य हो जाएगी?
SSC CGL (Tier I) 2/12/2022 Shift-II
(a) 7200 (b) 3200 (c) 3600 (d) 6400

37. संख्या 1026, 2268 और 2430 का महत्तम समापनर्तक क्या है?
SSC CGL (Tier I) 2/12/2022 Shift-I
(a) 27 (b) 81 (c) 108 (d) 54

38. दो संख्याओं का अनुपात 5 : 4 हैं और उनका महत्तम समापवर्तक (HCF) 4 है। उनका लघुत्तम समापवर्त्य (LCM) क्या है?
SSC CGL (Tier I) 1/12/2022 Shift-IV
(a) 80 (b) 60 (c) 46 (d) 36

39. दो संख्याएँ 6 : 5 के अनुपात में हैं। यदि उनका महत्तम समापवर्तक (HCF) 3 है, तो दोनों संख्याओं का लघुत्तम समापवर्त्य (LCM) कितना होगा?
SSC CGL (Tier I) 1/12/2022 Shift-III
(a) 80 (b) 64
(c) 110 (d) 90

40. उन संख्याओं के महत्तम समापवर्तक (HCF) और लघुत्तम समापवर्त्य (LCM) के बीच का अनुपात क्या है जिनका लघुत्तम समापवर्त्य (LCM) 48 है और संख्याओं का गुणनफल 384 है? SSC CGL (Tier I) 1/12/2022 Shift-II
(a) 1 : 6 (b) 1 : 3 (c) 1 : 4 (d) 2 : 5

41. दो संख्याओं का महत्तम समापवर्तक (HCF) 12 है। निम्नलिखित में से कौन-सा उनका लघुत्तम समापवर्त्य (LCM) कभी नहीं हो सकता है?
SSC CGL (Tier I) 1/12/2022 Shift-I
(a) 72 (b) 84 (c) 60 (d) 90

42. 5, 35, 39 और 65 से विभाज्य, पाँच अंकों वाली सबसे बड़ी संख्या के अंकों का योगफल ज्ञात करें। SSC CGL (Tier I) 20/8/2021 Shift-II
(a) 30 (b) 35 (c) 33 (d) 27

43. 3, 7 और 18 से विभाज्य सबसे छोटा पूर्णांक कौन-सा है? SSC CGL (Tier I) 6/3/2020 Shift-III
(a) 72 (b) 126
(c) 252 (d) 63

SSC CPO SI 2023-2020

44. 125, 250 और 750 का महत्तम समापवर्तक (HCF) ज्ञात कीजिए।
SSC CPO 5/10/2023 Shift-III
(a) 125 (b) 75 (c) 25 (d) 50

45. दो संख्याओं का लघुत्तम समापवर्त्य (LCM), उनके महत्तम समापवर्तक (HCF) का पाँच गुना है। यदि दोनों संख्याओं का गुणनफल 20480 है, तो उनका महत्तम समापवर्तक (HCF) और लघुत्तम समापवर्त्य (LCM) क्रमश: ज्ञात कीजिए। SSC CPO 5/10/2023 Shift-III
(a) 48 और 240 (b) 64 और 320
(c) 46 और 230 (d) 56 और 280

46. पाँच अंकों की वह छोटी-से-छोटी संख्या कौन-सी है, जो 9, 12, 15, 25 और 27 से पूर्णत: विभाज्य है? SSC CPO 5/10/2023 Shift-III
(a) 10800 (b) 10700
(c) 10250 (d) 10600

47. दो संख्याओं का महत्तम समापवर्तक और लघुत्तम समापवर्त्य क्रमश: 9 और 126 है। यदि संख्याओं का अनुपात 2 : 7 है, तो बड़ी संख्या ज्ञात कीजिए। SSC CPO 5/10/2023 Shift-III
(a) 21 (b) 63
(c) 77 (d) 42

48. चार अंकों की वह बड़ी-से-बड़ी संख्या ज्ञात कीजिए, जो 15, 25, 40 और 75 से विभाज्य है। SSC CPO 5/10/2023 Shift-III
(a) 9200 (b) 9500
(c) 9600 (d) 9000

49. 8, 12 और 18 का लघुत्तम समापवर्त्य ज्ञात कीजिए। SSC CPO 5/10/2023 Shift-III
(a) 36 (b) 72 (c) 24 (d) 80

50. यदि दो संख्याओं का योग 60 है और उनके महत्तम समापवर्तक (HCF) और लघुत्तम समापवर्त्य (LCM) क्रमश: 5 और 60 हैं, तो संख्याओं के व्युत्क्रमों का योग क्या होगा?
SSC CPO 5/10/2023 Shift-III
(a) $\frac{1}{11}$ (b) $\frac{1}{4}$
(c) $\frac{1}{6}$ (d) $\frac{1}{5}$

51. 240, 280 और 560 का महत्तम समापवर्तक ज्ञात कीजिए। SSC CPO 4/10/2023 Shift-II
(a) 30 (b) 40 (c) 10 (d) 20

52. 3888 और 3969 का महत्तम समापवर्तक ज्ञात कीजिए। SSC CPO 4/10/2023 Shift-II
(a) 83 (b) 81 (c) 73 (d) 71

53. दो संख्याओं का लघुत्तम समापवर्त्य और महत्तम समापवर्तक 1105 और 5 है। यदि लघुत्तम समापवर्त्य पहली संख्या का 17 गुना है, तो दोनों संख्याएँ ज्ञात कीजिए।
SSC CPO 4/10/2023 Shift-II
(a) 65 और 85 (b) 60 और 80
(c) 55 और 85 (d) 65 और 75

54. एक व्यक्ति के पास लोहे की तीन छड़ें हैं, जिनकी लम्बाइयाँ क्रमश: 20 मी, 30 मी और 40 मी हैं। वह तीनों छड़ों में से प्रत्येक से समान लम्बाई के टुकड़े काटना चाहता है। यदि वह बिना किसी अपव्यय के टुकड़े काटता है, तो कुल टुकड़ों की न्यूनतम संख्या कितनी है?
SSC CPO 4/10/2023 Shift-II
(a) 8 (b) 11 (c) 9 (d) 10

55. वह छोटी-से-छोटी प्राकृत संख्या कौन-सी है जो 96, 108 और 144 में से प्रत्येक से पूरी तरह से विभाज्य है? SSC CPO 4/10/2023 Shift-II
(a) 864 (b) 1728 (c) 2592 (d) 1296

56. दो संख्याओं का लघुत्तम समापवर्त्य 660 है और महत्तम समापवर्तक 5 है। यदि इनमें से एक संख्या 55 है, तो दूसरी संख्या ज्ञात कीजिए।
SSC CPO 4/10/2023 Shift-II
(a) 60 (b) 12 (c) 275 (d) 110

57. दो संख्याओं के महत्तम समापवर्तक (HCF) और लघुत्तम समापवर्त्य (LCM) क्रमश: 5 और 175 है। यदि दोनों संख्याओं का अनुपात 5 : 7 हैं, तो दोनों संख्याओं में से बड़ी संख्या है।
SSC CPO 3/10/2023 Shift-I
(a) 25 (b) 75
(c) 35 (d) 45

58. दो संख्याएँ 3 : 4 के अनुपात में हैं। उनके महत्तम समापवर्तक (HCF) और लघुत्तम समापवर्त्य (LCM) का गुणनफल 2700 है। उन संख्याओं का योगफल ज्ञात कीजिए। SSC CPO 3/10/2023 Shift-I
(a) 45 (b) 60 (c) 105 (d) 15

59. 15, 24, 35 और 54 का लघुत्तम समापवर्त्य (LCM) ज्ञात कीजिए। **SSC CPO 3/10/2023 Shift-I**

(a) 5670 (b) 7650
(c) 6570 (d) 7560

60. यदि दो संख्याओं का गुणनफल 726 है, और उनका महत्तम समापवर्तक (HCF) 11 है, तो उनका लघुत्तम समापवर्त्य (LCM) क्या होगा? **SSC CPO 3/10/2023 Shift-I**

(a) 76 (b) 66
(c) 68 (d) 58

61. 69, 96 और 99 का महत्तम समापवर्तक ज्ञात कीजिए। **SSC CPO 11/11/2022**

(a) 9 (b) 1 (c) 3 (d) 6

62. 28 और 92 का लघुत्तम समापवर्त्य ज्ञात कीजिए। **SSC CPO 11/11/2022**

(a) 322 (b) 464 (c) 644 (d) 161

63. एक त्रिभुजाकार मैदान की भुजाएँ 62 मी, 186 मी और 279 मी हैं। उस टेप की अधिकतम लम्बाई ज्ञात कीजिए, जो इनमें से प्रत्येक को बिना कोई टुकड़ा किए सटीकता से मापने में सक्षम हो। **SSC CPO 10/11/2022**

(a) 62 मी (b) 93 मी
(c) 30 मी (d) 31 मी

64. दो संख्याओं के ल.स. (LCM) और म. स. (HCF) क्रमश: 126 और 9 हैं। यदि एक संख्या 18 है, तो दूसरी संख्या कौन-सी है? **SSC CPO 10/11/2022**

(a) 36 (b) 63 (c) 24 (d) 84

65. 48 और 64 का लघुत्तम समापवर्त्य, 12 और 18 के महत्तम समापवर्तक का ...... गुना है। **SSC CPO 10/11/2022**

(a) 32 (b) 24 (c) 16 (d) 28

66. 238 और 832 का महत्तम समापवर्तक ज्ञात कीजिए। **SSC CPO 10/11/2022**

(a) 2 (b) 16 (c) 8 (d) 14

67. दो संख्याओं का म.स. (HCF) 29 है, तो उनके ल.स. (LCM) के दो गुणनखण्ड 15 और 13 हैं। उन दो संख्याओं में छोटी संख्या ज्ञात करें। **SSC CPO 25/11/2020 Shift-II**

(a) 464 (b) 377 (c) 406 (d) 435

68. 300 और 700 के बीच ऐसी कितनी संख्याएँ हैं, जो 5, 6 और 8 से विभाज्य हैं? **SSC CPO 25/11/2020 Shift-II**

(a) 5 (b) 2 (c) 20 (d) 3

69. उस छोटी-से-छोटी संख्या के अंकों का योग क्या होगा, जिसे 15, 18 और 36 से विभाजित करने पर प्रत्येक स्थिति में 9 शेष बचे, और वह 11 से विभाज्य हो? **SSC CPO 25/11/2020 Shift-II**

(a) 17 (b) 16 (c) 18 (d) 15

70. दो संख्याओं का अनुपात 7 : 11 है। यदि उनका महत्तम समापवर्तक (HCF) 28 है, तो दोनों संख्याओं का योग ज्ञात करें। **SSC CPO 25/11/2020 Shift-II**

(a) 308 (b) 196 (c) 112 (d) 504

71. पाँच घण्टियाँ 3, 5, 8, 9 और 10 सेकण्ड के अन्तराल पर एकसाथ बजती हैं। सभी घण्टियाँ एक समय पर एकसाथ बजती हैं। वे कितने समय के बाद पुन: एकसाथ बजेंगी? **SSC CPO 25/11/2020 Shift-II**

(a) 8 मिनट (b) 9 मिनट
(c) 6 मिनट (d) 4 मिनट

72. वह छोटी-से-छोटी संख्या ज्ञात करें, जो 4, 5, 8, 10 और 12 से पूर्णत: विभाज्य हैं। **SSC CPO 24/11/2020 Shift-I**

(a) 150 (b) 180
(c) 120 (d) 240

73. दो संख्याओं का अनुपात 7 : 11 है। यदि उनका महत्तम समापवर्तक (HCF) 28 है, तो दोनों संख्याओं के बीच अन्तर ज्ञात करें। **SSC CPO 23/11/2020 Shift-I**

(a) 112 (b) 28 (c) 196 (d) 308

SSC CHSL 2024 (Tier I & II)

74. तीन संख्याओं का अनुपात 5 : 7 : 9 है और उनका लघुत्तम समापवर्त्य 1260 है। सबसे बड़ी और सबसे छोटी संख्या के बीच का अन्तर कितना है? **SSC CHSL (Tier II) 18/11/2024 Shift-I**

(a) 20 (b) 24
(c) 32 (d)16

75. एक दूध विक्रेता के पास 75 लीटर गाय का दूध, 45 लीटर टोण्ड दूध और 30 लीटर फुल क्रीम दूध है। इन्हें अलग-अलग ट्रे में इस प्रकार रखना चाहिए कि प्रत्येक ट्रे में समान मात्रा में दूध हो और एक ट्रे में दो प्रकार का दूध नहीं मिलना चाहिए। सारा दूध रखने के लिए कम-से-कम कितनी ट्रे की आवश्यकता होगी? **SSC CHSL (Tier II) 18/11/2024 Shift-I**

(a) 10 (b) 25
(c) 15 (d) 20

SSC MTS 2024

76. 513, 1134 और 1215 का महत्तम समापवर्तक ज्ञात करें। **SSC MTS 14/11/2024 Shift-III**

(a) 3 (b) 19
(c) 81 (d) 27

77. दो संखाओं के ल.स. (LCM) और म.स. (HCF) का गुणनफल 24 है। यदि दोनों संख्याओं के बीच का अन्तर 2 है, तो संख्याएँ ज्ञात कीजिए। **SSC MTS 13/11/2024 Shift III**

(a) 2 और 4 (b) 8 और 6
(c) 6 और 4 (d) 5 और 3

78. म.स. (HCF) की गुणनखण्ड विधि का प्रयोग करते हुए, निम्नलिखित में से 160 और 256 का म.स. (HCF) क्या होगा? **SSC MTS 12/11/2024 Shift-III**

(a) 40 (b) 16
(c) 32 (d) 64

79. वह सबसे बड़ी संख्या कौन-सी है, जो 38, 95 और 171 को पूर्णत: विभाजित करती है। **SSC MTS 11/11/2024 Shift-III**

(a) 13 (b) 9 (c) 19 (d) 21

80. दो संख्याओं का अनुपात 3 : 4 है और उनका महत्तम समापवर्तक (HCF) 4 है। तो उनका लघुत्तम समापवर्त्य (LCM) होगा **SSC MTS 05/11/2024 Shift-III**

(a) 28 (b) 38 (c) 48 (d) 24

81. दो संख्याओं का म.स. (HCF) और ल.स. (LCM) क्रमश: 11 और 3465 है। यदि दोनों संख्याओं में से एक संख्या 693 है, तो दूसरी संख्या क्या है? **SSC MTS 04/11/2024 Shift-III**

(a) 65 (b) 55 (c) 75 (d) 315

82. तीन घण्टियाँ क्रमश: 12, 15 और 18 मिनट के अन्तराल पर बजती हैं। यदि तीनों घण्टियाँ 8 am पर एकसाथ बजती हैं, तो वे अगली बार एकसाथ कब बजेगी? **SSC MTS 30/10/2024 Shift-III**

(a) 3 pm (b) 8 am
(c) 10 am (d) 11 am

83. $2^3 \times 3^3 \times 5^2 \times 7^2$, $2^4 \times 3^2 \times 5^3 \times 7^2$ और $3 \times 5 \times 7 \times 11$ का महत्तम समापवर्तक (HCF) ज्ञात करें। **SSC MTS 29/10/2024 Shift-III**

(a) 105 (b) 1155
(c) 360 (d) 1260

84. यदि 156 और 96 का महत्तम समापवर्तक (HCF), $156 \times 12 + 96A$ के प्रारूप में व्यक्त किया जा सकता है, तो A का मान क्या है? **SSC MTS 23/10/2024 Shift-II**

(a) – 19.375 (b) 19.735
(c) – 19.735 (d) 19.375

85. निम्नलिखित में से कौन-सा विकल्प 12, 36, 72, 144, 288 और 576 के लघुत्तम समापवर्त्य (LCM) के बराबर है? **SSC MTS 22/10/2024 Shift-II**

(a) 72 (b) 144 (c) 576 (d) 288

86. 576, 324 और 360 का महत्तम समापवर्तक (HCF) ज्ञात कीजिए। **SSC MTS 21/10/2024 Shift-II**

(a) 144 (b) 36 (c) 108 (d) 72

87. 36 और 84 का महत्तम समापवर्तक (HCF) ज्ञात करें। **SSC MTS 18/10/2024 Shift-II**

(a) 18 (b) 6
(c) 12 (d) 4

88. चार अंकों की वह सबसे बड़ी संख्या कौन-सी है, जो 15, 25, 40 और 75 में से प्रत्येक से विभाज्य है? **SSC MTS 17/10/2024 Shift-II**
(a) 9800 (b) 9400
(c) 9500 (d) 9600

89. एक पैमाने की अधिकतम सम्भव लम्बाई कितनी है, जो 250 सेमी, 420 सेमी और 710 सेमी लम्बाई के कपड़े को सटीक रूप से माप सकती है? **SSC MTS 15/10/2024 Shift-I**
(a) 460 सेमी (b) 170 सेमी
(c) 71 सेमी (d) 10 सेमी

90. $\frac{1}{7}, \frac{2}{5}$ और $\frac{3}{15}$ का लघुत्तम समापवर्त्य (LCM) ज्ञात कीजिए। **SSC MTS 09/10/2024 Shift-I**
(a) 3 (b) 4
(c) 5 (d) 6

91. 70 और 90 का महत्तम समापवर्तक (HCF) ज्ञात कीजिए। **SSC MTS 08/10/2024 Shift-I**
(a) 10 (b) 7
(c) 2 (d) 5

92. 84 और 108 का महत्तम समापवर्तक .... है। **SSC MTS 07/10/2024 Shift-I**
(a) 16 (b) 12
(c) 6 (d) 8

93. 525 सेमी लम्बे और 378 सेमी चौड़े कमरे की छत को ढकने के लिए आवश्यक वर्गाकार टाइलों की न्यूनतम संख्या कितनी है? **SSC MTS 01/01/2024 Shift-I**
(a) 450 (b) 380
(c) 178 (d) 150

94. तीन संख्याएँ 6 : 7 : 3 के अनुपात में हैं और उनका लघुत्तम समापवर्त्य (LCM) 3654 है। उनका महत्तम समापवर्तक (HCF)...... है। **SSC MTS 30/09/2024 Shift-I**
(a) 87 (b) 28
(c) 29 (d) 27

SSC MTS 2023-2021

95. दो संख्याओं का अनुपात 7 : 11 है और उनका लघुत्तम समापवर्त्य 462 है। इन दोनों संख्याओं के बीच का अन्तर क्या है? **SSC MTS 14/9/2023 Shift-I**
(a) 30 (b) 24
(c) 28 (d) 26

96. दो संख्याओं का अनुपात 13 : 15 है। यदि उनका महत्तम समापवर्तक 3 है, तो इन दोनों संख्याओं के बीच का अन्तर कितना है? **SSC MTS 13/9/2023 Shift-I**
(a) 2 (b) 8 (c) 6 (d) 4

97. संजय एक ही मापने वाले टेप का उपयोग करके 7000 मिमी, 3850 मिमी और 12950 मिमी की लम्बाई सटीक रूप से मापना चाहता है। मापने वाले टेप की अधिकतम सम्भव लम्बाई (सेमी में) कितनी होगी? **SSC MTS 11/9/2023 Shift-II**
(a) 40 (b) 35 (c) 30 (d) 45

98. 1288, 230, 276 का लघुत्तम समापवर्त्य ज्ञात कीजिए। **SSC MTS 11/9/2023 Shift-I**
(a) 6440 (b) 19230
(c) 9660 (d) 19320

99. 230, 276 और 322 का महत्तम समापवर्तक ज्ञात कीजिए। **SSC MTS 8/9/2023 Shift-II**
(a) 12 (b) 23
(c) 46 (d) 14

100. दो संख्याओं का अनुपात 2 : 5 है। उनका लघुत्तम समापवर्त्य 80 है। संख्याएँ ज्ञात कीजिए। **SSC MTS 6/9/2023 Shift-I**
(a) 14, 36 (b) 16, 38
(c) 18, 38 (d) 16, 40

101. तीन संख्याओं का महत्तम समापवर्तक (HCF) 57 है। यदि इन संख्याओं का अनुपात 4 : 5 : 6 है, तो संख्याएँ ज्ञात कीजिए। **SSC MTS 5/9/2023 Shift-II**
(a) 232, 290, 348 (b) 240, 300, 360
(c) 236, 295, 354 (d) 228, 285, 342

102. p और q का लघुत्तम समापवर्त्य r है। p^2q और pq^2 का लघुत्तम समापवर्त्य .... है। **SSC MTS 4/9/2023 Shift-II**
(a) pq (b) pqr^3
(c) pqr (d) pqr^2

103. दो अंकों की वह सबसे बड़ी संख्या ज्ञात कीजिए, जिससे 219, 365, 511 को भाग देने पर क्रमशः 3, 5, 7 शेषफल बचता है। **SSC MTS 1/9/2023 Shift-III**
(a) 63 (b) 72 (c) 82 (d) 53

104. दो व्यक्ति क्रमशः 77 सेमी और 88 सेमी के कदम बढ़ाते हैं। यदि वे दोनों कदम बढ़ाते हुए साथ में चलना शुरू करते हैं, तो उन्हें न्यूनतम कितनी दूरी (सेमी में) तय करनी चाहिए, ताकि वे दोनों फिर से हम कदम (पूरे कदमों में दूरी तय कर सकें) हो जाएँ? **SSC MTS 1/9/2023 Shift-I**
(a) 616 (b) 968 (c) 828 (d) 560

105. $P = 2^5 \times 3^8$ और $Q = 2^3 \times 3^K$ है। यदि P और Q का महत्तम समापवर्तक (म. स.) $2^3 \times 3^3$ है, तो K का मान ज्ञात कीजिए। **SSC MTS 15/7/2022 Shift-I**
(a) 5 (b) 3 (c) 2 (d) 1

106. दो संख्याओं के लघुत्तम समापवर्त्य (ल.स.) और उन संख्याओं के योग का अनुपात 12 : 7 है। यदि उनका महत्तम समापवर्तक (म.स.) 4 है, तो इन दोनों संख्याओं का गुणनफल ज्ञात कीजिए। **SSC MTS 14/7/2022 Shift-I**
(a) 172 (b) 196 (c) 192 (d) 169

107. दो संख्याओं का गुणनफल 432 है और महत्तम समापवर्तक (म.स.) 6 है। इनका लघुत्तम समापवर्त्य (ल.स.) कितना होगा? **SSC MTS 13/7/2022 Shift-I**
(a) 72 (b) 78 (c) 48 (d) 68

108. निम्न में से वह सबसे बड़ी संख्या कौन-सी है जिससे 342 और 480 को विभाजित करने पर शेषफल क्रमशः 6 और 4 बचते हैं? **SSC MTS 11/7/2022 Shift-I**
(a) 14 (b) 4 (c) 7 (d) 28

109. 2-अंकों वाली दो संख्याओं का म.स. (HCF) 19 है और उनका योगफल 152 है। उनके बीच के अन्तर की गणना करें। **SSC MTS 2/11/2021 Shift-III**
(a) 76 (b) 57 (c) 38 (d) 19

110. वह बड़ी-से-बड़ी संख्या कौन-सी है, जिससे 1992 और 233 को विभाजित करने पर शेषफल क्रमशः 12 और 13 प्राप्त होते हैं? **SSC MTS 2/11/2021 Shift-II**
(a) 220 (b) 242 (c) 186 (d) 246

111. वह छोटी-से-छोटी संख्या ज्ञात करें, जिसे 5, 6 और 8 से विभाजित करने पर प्रत्येक स्थिति में 3 शेषफल प्राप्त होता हो। **SSC MTS 2/11/2021 Shift-I**
(a) 792 (b) 243 (c) 117 (d) 123

SSC GD Constable 2024

112. 18, 24 और 36 का लघुत्तम समापवर्त्य ज्ञात कीजिए। **SSC GD 26/2/2024 Shift-I**
(a) 36 (b) 64 (c) 72 (d) 24

113. यदि दो संख्याओं का महत्तम समापवर्तक 47 है और उनका योग 188 है, तो वे दोनों संख्याएँ ज्ञात कीजिए। **SSC GD 26/2/2024 Shift-I**
(a) 47 और 141 (b) 47 और 51
(c) 141 और 138 (d) 215 और 211

114. तीन अलग-अलग संख्याओं का लघुत्तम समापवर्त्य 120 हैं। निम्नलिखित में से कौन-सा, उन संख्याओं का महत्तम समापवर्तक नहीं हो सकता है? **SSC GD 26/2/2024 Shift-I**
(a) 16 (b) 20
(c) 40 (d) 15

115. वह सबसे बड़ी संख्या ज्ञात कीजिए, जिससे 60 और 90 को भाग देने पर क्रमशः 2 और 3 शेषफल बचे। **SSC GD 24/2/2024 Shift-III**
(a) 23 (b) 29
(c) 17 (d) 19

116. 27/50, 9/20, 6/25 का महत्तम समापवर्तक ज्ञात कीजिए। **SSC GD 24/2/2024 Shift-III**
(a) $\frac{47}{5}$ (b) $\frac{3}{100}$
(c) $\frac{56}{5}$ (d) $\frac{68}{5}$

117. 120, 240 और 480 का लघुत्तम समापवर्त्य क्या है? SSC GD 24/2/2024 Shift-III
(a) 960 (b) 240
(c) 1800 (d) 480

118. निम्नलिखित में से कौन-सी संख्या 4, 7 और 23 से विभाज्य है? SSC GD 24/2/2024 Shift-II
(a) 6490 (b) 6245
(c) 6440 (d) 6457

119. 84, 126 और 168 का महत्तम समापवर्तक ज्ञात कीजिए। SSC GD 24/2/2024 Shift-I
(a) 49 (b) 47
(c) 40 (d) 42

120. दो अभाज्य संख्याओं x और y, $(x<y)$ का लघुत्तम समापवर्त्य 141 है, तो $(y-5x)$ का मान कितना है? SSC GD 24/2/2024 Shift-I
(a) 38 (b) 30
(c) 32 (d) 40

121. दो संख्याओं का महत्तम समापवर्तक 14 है और उनका लघुत्तम समापवर्त्य 490 है। यदि पहली संख्या 70 है, तो दूसरी संख्या ज्ञात कीजिए। SSC GD 23/2/2024 Shift-III
(a) 78 (b) 65
(c) 74 (d) 98

122. वह न्यूनतम मान क्या है, जिसे यदि 140 में जोड़ा जाए, तो यह 5 और 6 दोनों से पूर्णत: विभाज्य होगा? SSC GD 23/2/2024 Shift-III
(a) 12 (b) 15
(c) 20 (d) 10

123. 9/4, 21/10, 63/20 का लघुत्तम समापवर्त्य ज्ञात कीजिए। SSC GD 23/2/2024 Shift-I
(a) 85/7 (b) 63/2
(c) 21/2 (d) 2/63

124. दो अभाज्य संख्याओं x और y, $(x<y)$ का लघुत्तम समापवर्त्य 145 है, तो $(10x - y)$ का मान क्या है? SSC GD 22/2/2024 Shift-IV
(a) 21 (b) 27
(c) 18 (d) 11

125. 12, 8 और 24 का महत्तम समापवर्तक क्या है? SSC GD 22/2/2024 Shift-II
(a) 4 (b) 12
(c) 6 (d) 8

126. निम्न में से वह न्यूनतम संख्या कौन-सी है, जो 27, 36, 56, 12 और 10 से पूरी तरह विभाज्य हो? SSC GD 22/2/2024 Shift-II
(a) 7560 (b) 5953
(c) 7694 (d) 8584

127. 258, 301 और 387 का महत्तम समापवर्तक ज्ञात कीजिए। SSC GD 22/2/2024 Shift-I
(a) 43 (b) 27
(c) 22 (d) 29

128. दो संख्याओं का गुणनफल 1408 है, और उनका लघुत्तम समापवर्त्य 352 है। उनका महत्तम समापवर्तक ज्ञात कीजिए। SSC GD 21/2/2024 Shift-I
(a) 7 (b) 4
(c) 5 (d) 2

129. $2^4 \times 3^3$, $2^5 \times 3^2$ और $2^5 \times 3^6$ का लघुत्तम समापवर्त्य क्या है? SSC GD 21/2/2024 Shift-IV
(a) $2^5 \times 3^6$ (b) $2^3 \times 3^5$
(c) $2^5 \times 3^5$ (d) 2^5

130. 4 घंटियाँ 6, 8, 9 और 10 सेकण्ड के अन्तराल पर बजती हैं। सभी घंटियाँ एक ही समय पर बजती हैं। कितने मिनट के बाद वे पुन: एकसाथ बजेंगी? SSC GD 21/2/2024 Shift-IV
(a) 6 मिनट (b) 8 मिनट
(c) 15 मिनट (d) 10 मिनट

131. $2^3 \times 3^5$ और $2^4 \times 3^6$ का महत्तम समापवर्तक क्या है? SSC GD 21/2/2024 Shift-III
(a) 2×3^2 (b) $2^2 \times 3^2$
(c) $2^3 \times 3^5$ (d) $2^3 \times 3^3$

132. दो संख्याएँ 11 : 13 के अनुपात में हैं। यदि उनका महत्तम समापवर्तक 7 है, तो संख्याएँ ज्ञात कीजिए। SSC GD 20/2/2024 Shift-III
(a) 70 और 80 (b) 21 और 28
(c) 63 और 70 (d) 77 और 91

133. विद्यार्थियों की वह अधिकतम संख्या ज्ञात कीजिए, जिनके बीच 1003 चॉकलेट और 2703 कैण्डी इस प्रकार बाँटी जा सकती है कि प्रत्येक विद्यार्थी को प्रत्येक (चॉकलेट और कैण्डी) की समान संख्या मिले। SSC GD 20/2/2024 Shift-II
(a) 17 (b) 33
(c) 19 (d) 29

134. दो संख्याओं का गुणनफल 720 और उनका महत्तम समापवर्तक 4 है। इन संख्याओं का लघुत्तम समापवर्त्य कितना है? SSC GD 20/2/2024 Shift-II
(a) 240 (b) 120
(c) 180 (d) 480

135. 44 आम, 121 केले और 11 सेब हैं, उन्हें कई पंक्तियों में इस प्रकार व्यवस्थित करना है कि प्रत्येक पंक्ति में समान संख्या में फल हो और प्रत्येक पंक्ति में एक प्रकार का फल हो। पंक्तियों की न्यूनतम संख्या कितनी है? SSC GD 20/2/2024 Shift-I
(a) 13 (b) 14
(c) 16 (d) 15

SSC GD Constable 2023

136. 0.25, 2.08 और 8.1 का महत्तम समापवर्तक ज्ञात कीजिए। SSC GD 13/2/2023 Shift-IV
(a) 0.01 (b) 0.02 (c) 0.05 (d) 0.1

137. वह सबसे बड़ी संख्या ज्ञात करें, जिससे संख्या 47, 95 और 187 को विभाजित करने पर प्रत्येक स्थिति में समान शेषफल प्राप्त होता है। SSC GD 13/2/2023 Shift-IV
(a) 4 (b) 2 (c) 8 (d) 6

138. सबसे बड़ी संख्या के अंकों के बीच अन्तर ज्ञात करें, जो 144 और 216 को पूर्णत: विभाजित कर सकती है? SSC GD 13/2/2023 Shift-II
(a) 3 (b) 5 (c) 2 (d) 4

139. दो अलग-अलग रोड क्रॉसिंग पर ट्रैफिक लाइट क्रमश: प्रत्येक 54 सेकण्ड और 76 सेकण्ड के बाद बदल जाती है। यदि वे 10:15:00 बजे एकसाथ बदलते हैं, तो पता करें कि अगली बार वे एकसाथ किस समय बदलेंगी? SSC GD 9/2/2023 Shift-II
(a) 10:59:12 बजे (b) 10:49:12 बजे
(c) 10:52:34 बजे (d) 10:34:12 बजे

140. 36 और 45 से विभाज्य 4-अंकीय सबसे बड़ी संख्या को 10000 में से घटाया जाता है। परिणाम ज्ञात करें। SSC GD 9/2/2023 Shift-II
(a) 180 (b) 100 (c) 120 (d) 150

141. 2 प्राकृत संख्याओं का योग 140 है और उनका महत्तम समापवर्तक और लघुत्तम समापवर्त्य क्रमश: 28 और 168 है। संख्याओं के बीच पूर्ण अन्तर ज्ञात करें। SSC GD 9/2/2023 Shift-I
(a) 14 (b) 7 (c) 28 (d) 21

142. वह सबसे बड़ी संख्या कौन-सी है, जो 187, 233 और 279 को विभाजित करके प्रत्येक स्थिति में समान शेषफल प्रदान करेगी? SSC GD 8/2/2023 Shift-I
(a) 46 (b) 36 (c) 30 (d) 56

143. 16 के घन और 48 के वर्ग का महत्तम समापवर्तक ज्ञात करें। SSC GD 7/2/2023 Shift-I
(a) 256 (b) 128
(c) 512 (d) 768

144. 12 से विभाज्य 2 अंकीय सबसे बड़ी संख्या और 8 से विभाज्य 2 अंकीय सबसे छोटी संख्या का लघुत्तम समापवर्त्य ज्ञात करें। SSC GD 2/2/2023 Shift-I
(a) 192 (b) 48
(c) 96 (d) 384

SSC Selection Post 2024

145. यदि दो संख्याओं का योग 126 है और उनका एचसीएफ (HCF) और एलसीएम (LCM) क्रमश 7 और 180 है, तो दोनों संख्याओं के व्युत्क्रमों का योग क्या है? Higher Secondary Level 01/08/2024 Shift-II
(a) $\frac{1}{12}$ (b) $\frac{1}{11}$
(c) $\frac{1}{9}$ (d) $\frac{1}{10}$

सही उत्तर

1 (b)	2 (d)	3 (c)	4 (d)	5 (a)	6 (a)	7 (c)	8 (b)	9 (d)	10 (a)
11 (b)	12 (c)	13 (a)	14 (a)	15 (a)	16 (b)	17 (c)	18 (d)	19 (c)	20 (d)
21 (d)	22 (c)	23 (a)	24 (c)	25 (d)	26 (d)	27 (a)	28 (d)	29 (b)	30 (d)
31 (a)	32 (c)	33 (b)	34 (d)	35 (b)	36 (c)	37 (d)	38 (a)	39 (d)	40 (a)
41 (d)	42 (c)	43 (b)	44 (a)	45 (b)	46 (a)	47 (b)	48 (c)	49 (b)	50 (d)
51 (b)	52 (b)	53 (a)	54 (c)	55 (a)	56 (a)	57 (c)	58 (c)	59 (d)	60 (b)
61 (c)	62 (c)	63 (d)	64 (b)	65 (a)	66 (a)	67 (b)	68 (d)	69 (c)	70 (d)
71 (c)	72 (c)	73 (a)	74 (d)	75 (a)	76 (d)	77 (c)	78 (c)	79 (c)	80 (c)
81 (b)	82 (d)	83 (a)	84 (a)	85 (c)	86 (b)	87 (c)	88 (d)	89 (d)	90 (d)
91 (a)	92 (b)	93 (a)	94 (a)	95 (b)	96 (c)	97 (b)	98 (d)	99 (c)	100 (d)
101 (d)	102 (c)	103 (b)	104 (a)	105 (b)	106 (c)	107 (a)	108 (d)	109 (c)	110 (a)
111 (d)	112 (c)	113 (a)	114 (a)	115 (b)	116 (b)	117 (d)	118 (c)	119 (d)	120 (c)
121 (d)	122 (d)	123 (b)	124 (a)	125 (a)	126 (a)	127 (a)	128 (b)	129 (a)	130 (a)
131 (c)	132 (d)	133 (a)	134 (c)	135 (c)	136 (a)	137 (a)	138 (b)	139 (b)	140 (b)
141 (c)	142 (a)	143 (a)	144 (c)	145 (d)					

उत्तर सहित हल

1. (b) ल. स. $= 2^3 \times 9^3 \times 13^2 \times 19^2$

2. (d) 3, 5 तथा 9 का ल.स. = 45
तीन अंकों की सबसे बड़ी संख्या = 999
∵ 999 को 45 से भाग देने पर शेष 9 बचता है।
अत: तीन अंकों की सबसे बड़ी संख्या जो 45 से पूर्णत विभाजित होती है = 999 − 9 = 990
∴ अभीष्ट संख्या = 990 + 2 = 992

3. (c) माना पहली संख्या = $10x$
तथा दूसरी संख्या = $10y$
∴ $10x \times 10y = 1500$
⇒ $xy = \frac{1500}{100} = 15$
x तथा y के सम्भावित युग्म = (1, 15) तथा (3, 5)
अत: अभीष्ट युग्मों की संख्या = 2

4. (d) 2, 3, 5, 6, 9 और 18 से विभाज्य होने वाली छोटी पूर्ण वर्ग संख्या = k (2, 3, 5, 6, 9 और 18 का ल.स.)

2	2, 3, 5, 6, 9, 18
3	1, 3, 5, 3, 9, 9
3	1, 1, 5, 1, 3, 3
	1, 1, 5, 1, 1, 1

$= k\,(2 \times 3 \times 3 \times 5) = 90k$
अब, $k = 10$ रखने पर
∴ अभीष्ट पूर्ण वर्ग संख्या = 90 × 10 = 900

5. (a) माना संख्याएँ $6x$ और $7x$ हैं।
∴ संख्याओं का म.स. = 3 ⇒ $x = 3$
तथा संख्याओं का ल.स. = $6 \times 7 \times x$
$= 42x = 42 \times 3 = 126$

6. (a) प्रश्नानुसार,
$72 = 2 \times 2 \times 2 \times 3 \times 3$
$108 = 2 \times 2 \times 3 \times 3 \times 3$
और $2010 = 2 \times 3 \times 5 \times 67$
अत: म.स. (HCF) = 2 × 3 = 6

7. (c) ∵ म.स. = 17
तथा ल.स. के अन्य दो गुणनखण्ड = 11 और 19
∴ छोटी संख्या = 17 × 11 = 187

8. (b) माना संख्याएँ $14x$ और $19x$ हैं।
∴ संख्याओं का म. स. = x ⇒ $x = 9$
अत: संख्याओं का ल. स. = $14 \times 19 \times x$
$= 14 \times 19 \times 9 = 2394$

9. (d) ∵ $60 = (2) \times 2 \times 3 \times 5$
$148 = (2) \times 2 \times 37$
$382 = (2) \times 191$
∴ अभीष्ट म.स. = 2

10. (a) प्रश्नानुसार, म. स. (98, 175, 210)

```
175) 210 (1
     175
     ----
      35) 175 (5
          175
          ---
           ×
```

और

```
35) 98 (2
    70
    --
    28) 35 (1
        28
        --
         7) 28 (4
            28
            --
             ×
```

∴ अभीष्ट म.स. = 7

11. (b) यहाँ, $1.2 = \frac{12}{10}$ और $2.7 = \frac{27}{10}$
∴ (1.2, 2.7) का ल.स.
$= \frac{(12, 27) \text{ का ल. स.}}{(10, 10) \text{ का म. स.}}$
$= \frac{108}{10} = 10.8$

12. (c) 3, 4, 5 और 7 का ल.स.
$= 3 \times 4 \times 5 \times 7 = 420$
अब,

```
420) 35460 (84
     3360
     ----
     1860
     1680
     ----
      180 = शेषफल
```

∴ जोड़े जाने वाली सबसे छोटी अभीष्ट संख्या
= 420 − 180 = 240

13. (a) हम जानते हैं, कि
म.स. × ल.स. = पहली संख्या × दूसरी संख्या
⇒ 21 × 840 = 49 × दूसरी संख्या
∴ दूसरी संख्या $= \frac{21 \times 840}{49} = 360$

14. (a) $\left(\frac{3}{8}, \frac{5}{16}, \frac{7}{2}\right)$ का ल.स. $= \frac{105}{2} = 52\frac{1}{2}$

15. (a) $\frac{1}{2}, \frac{3}{4}, \frac{5}{6}$ और $\frac{7}{8}$ का म.स. $= \frac{1}{24}$

16. (b) 144, 360, 450 का ल. स.

2	144, 360, 450
2	72, 180, 225
2	36, 90, 225
2	18, 45, 225
3	9, 45, 225
3	3, 15, 75
5	1, 5, 25
5	1, 1, 5
	1, 1, 1

$= 2 \times 2 \times 2 \times 2 \times 3 \times 3 \times 5 \times 5$
$= 3600$

स्पीडी विधि
$144 = 2 \times 2 \times 2 \times 2 \times 3 \times 3 = 2^4 \times 3^2$
$360 = 2 \times 2 \times 2 \times 3 \times 3 \times 5 = 2^3 \times 3^2 \times 5^1$
$450 = 2 \times 3 \times 3 \times 5 \times 5 = 2^1 \times 3^2 \times 5^2$
अत: अभीष्ट ल.स. $= 2^4 \times 3^2 \times 5^2 = 3600$

17. (c) $96 = 2^5 \times 3$

$136 = 2^3 \times 17$

$504 = 2^3 \times 3^2 \times 7$

$\therefore$ अभीष्ट ल.स. $= 2^5 \times 3^2 \times 7 \times 17$

$= 34272$

18. (d) 4.08 और 6.63 का म.स.

$= \frac{408}{100}$ और $\frac{663}{100}$ का म.स.

$= \frac{408 \text{ और } 663 \text{ का म.स.}}{100 \text{ और } 100 \text{ का ल.स.}}$

$= \frac{3 \times 17}{100} = \frac{51}{100} = 0.51$

19. (c) $\because$ $222 = 2 \times 3 \times 37$

$642 = 2 \times 3 \times 107$

$1062 = 2 \times 3 \times 177$

अत: 222, 642 और 1062 का म. स. $= 2 \times 3 = 6$

20. (d) $\because$ $105 = 3 \times 5 \times 7$

$335 = 5 \times 67$

$465 = 3 \times 5 \times 31$

$\therefore$ 105, 335 और 465 का म.स. = 5

21. (d) हम जानते है कि किन्हीं दो संख्याओं का ल.स. उनके म.स. से सदैव पूर्णतया विभाजित होता है। दिए गए विकल्पों में 42 के अतिरिक्त अन्य सभी 8 से पूर्णतया विभाज्य हैं।

अत: 42 उनका ल.स. कभी नहीं हो सकता है।

22. (c) $186.6 = \frac{1866}{10}$; $373.2 = \frac{3732}{10}$

अभीष्ट ल.स. $= \frac{(1866, 3732) \text{ का ल.स.}}{(10, 10) \text{ का म.स.}}$

$= \frac{3732}{10}$

$= 373.2$

23. (a) $9 \to 3^2$, $24 \to 2^3 \times 3$, $36 \to 2^2 \times 3^2$

ल.स. $= 2^3 \times 3^2 = 72$

$\therefore$ (9, 24, 36 से पूर्णत: विभाजित होने वाली संख्या 72 है।)

24. (c) दिया है, म.स. = 3

माना दोनों संख्याएँ $3x$ और $3y$ हैं।

प्रश्नानुसार, $3x + 3y = 18$

$\Rightarrow$ $3(x + y) = 18$

$\Rightarrow$ $x + y = 6$ ...(i)

हम जानते है कि

दो संख्याओं का गुणनफल = म. स × ल. स.

$\Rightarrow$ $3x \times 3y = 3 \times 54$

$\Rightarrow$ $xy = \frac{3 \times 54}{9}$

$\therefore$ $xy = 18$ ...(ii)

$\therefore$ समी (i) को (ii) से भाग देने पर,

$\frac{x + y}{xy} = \frac{6}{18}$

$\Rightarrow$ $\frac{1}{y} + \frac{1}{x} = \frac{1}{3}$

$\Rightarrow$ $\frac{1}{3}\left(\frac{1}{y} + \frac{1}{x}\right) = \frac{1}{9}$

$\Rightarrow$ $\frac{1}{3x} + \frac{1}{3y} = \frac{1}{9}$

$\therefore$ उनके व्युत्क्रमों का योग $\frac{1}{9}$ है।

स्पीडी विधि

माना संख्या x और y है। योगफल $= (x + y) = 18$

दो संख्याओं का गुणनफल $(x \times y)$ = ल.स. × म.स.

संख्याओं का गुणनफल $= 3 \times 54$

व्युत्क्रमों का योग $= \frac{1}{x} + \frac{1}{y}$

$= \frac{x + y}{xy} = \frac{18}{3 \times 54} = \frac{1}{9}$

25. (d) 16, 18, 36 का ल. स. = 144

जोकि 12 का वर्ग होता है।

$\therefore$ अभीष्ट संख्या = 144

26. (d) दो या अधिक संख्याओं का म.स. वह सबसे बड़ी संख्या होती है, जो सभी दी गई संख्याओं को पूर्णतया विभाजित करती है।

27. (a) दी गई संख्या = 49, 147 और 322

$\therefore$ अभीष्ट संख्या

$= |147 - 49|, |322 - 49| |322 - 147|$ का म.स.

= 98, 273, 175 का म.स. = 7

28. (d) दूसरी संख्या $= \frac{4104 \times 9}{171} = 216$

29. (b) $\because$ $110 = ② \times ⑤ \times ⑪$

तथा $1980 = 2 \times ② \times 3 \times 3 \times ⑤ \times ⑪$

$\therefore$ 110 और 1980 का म.स. $= 2 \times 5 \times 11 = 110$

30. (d) $\because$ 4 और 7 का ल.स. = 28

तथा 3 अंकों की सबसे बड़ी संख्या = 999

```
28)999(35
   84
   159
   140
    19
```

$\therefore$ अभीष्ट संख्या $= 999 - 19 = 980$

31. (a) माना संख्याएँ क्रमश: $3x$ तथा $8x$ हैं।

संख्याओं का ल.स. $= 3 \times 8 \times x$

$\therefore$ $3 \times 8 \times x = 120 \Rightarrow$

$x = \frac{120}{24} = 5$

अत: इन संख्याओं का योग $= 3x + 8x = 11 \times 5 = 55$

32. (c) $\because 36 = 2 \times 2 \times 3 \times 3$

तथा $198 = 2 \times 3 \times 3 \times 11$

$\therefore$ म.स. $= 2 \times 3 \times 3 = 18$

33. (b) $\frac{12}{5}, \frac{14}{15}$ और $\frac{16}{17}$ का म.स.

$= \frac{(12, 14, 16) \text{ का म.स.}}{(5, 15, 17) \text{ का ल.स.}} = \frac{2}{255}$

34. (d) माना संख्याओं का म.स. $= x$

तब, संख्याएँ क्रमश: $2x$, $3x$ और $5x$ हैं।

दिया है, संख्याओं का ल.स. = 90

$\therefore$ $2 \times 3 \times 5 \times x = 90$

$\Rightarrow$ $x = \frac{90}{30}$

$\Rightarrow$ $x = 3$

35. (b) $\because$ $2040 = 120 \times 17$

तथा $391 = 23 \times 17$

$\therefore$ अभीष्ट म.स. = 17

36. (c) $15 = 3 \times 5$, $18 = 2 \times 3^2$

$25 = 5^2$, $32 = 2^5$

ल.स. $= 2^5 \times 3^2 \times 5^2 = 7200$

माना वह छोटी-से-छोटी संख्या x है।

तब, $2x = 7200$

$\Rightarrow$ $x = 3600$

37. (d) $\because$ $1026 = 19 \times 2 \times 3^3$

$2268 = 2^2 \times 3^4 \times 7$

तथा $2430 = 2 \times 3^5 \times 5$

अत: म.स. (1026, 2268 व 2430)

$= 2 \times 3^3 = 2 \times 27 = 54$

38. (a) माना दोनों संख्याएँ क्रमश: $5x$ व $4x$ हैं।

$\therefore$ म.स. $x = 4$

तथा ल.स. $= 4 \times 5 \times 4 = 80$

39. (d) माना संख्याएँ $6x$ व $5x$ है।

म.स. $= x$

ल.स. $= 6 \times 5 \times x$

$\therefore$ $x = 3$ [दिया है]

अत: ल.स. $= 6 \times 5 \times 3 = 90$

40. (a) $\because$ $384 = 48 \times$ म.स. $\Rightarrow$ म.स. = 8

$\therefore$ अभीष्ट अनुपात $= \frac{8}{48} = \frac{1}{6} = 1 : 6$

41. (d) हम जानते हैं, कि किन्हीं भी दो संख्याओं का ल.स. उनके म.स. से सदैव विभाजित होता है।

अत: 90 उनका ल.स. नहीं हो सकता है, जिनका म.स. 12 है। क्योंकि 90, 12 से पूर्णतया विभाजित नहीं है।

42. (c) $5 \to 5$, $35 \to 5 \times 7$

$39 \to 3 \times 13$, $65 \to 5 \times 13$

ल.स. $= 3 \times 5 \times 7 \times 13 = 1365$

अब 5 अंकों की सबसे बड़ी संख्या, जो 5, 35, 39 और 65 से विभाज्य होगी

$= 1365 \times 73 = 99645$

$\therefore$ संख्या के अंकों का योग

$= 9 + 9 + 6 + 4 + 5 = 33$

43. (b) 3, 7 और 18 से विभाज्य सबसे छोटा पूर्णांक

= 3, 7 और 18 का ल.स. = 126

44. (a) म.स. (125, 250, 750)

$125 = \boxed{5} \times \boxed{5} \times \boxed{5}$

$250 = \boxed{5} \times \boxed{5} \times \boxed{5} \times 2$

$750 = \boxed{5} \times \boxed{5} \times \boxed{5} \times 3 \times 2$

$\therefore$ (125, 250, 750) का म.स. $= 5 \times 5 \times 5 = 125$

45. (b) माना म.स. $= x$

तब, ल.स. $= 5x$

$\therefore$ $20480 = x \times 5x$

$\Rightarrow$ $5x^2 = 20480$

$\Rightarrow$ $x^2 = \frac{20480}{5}$

$\Rightarrow$ $x^2 = 4096$

$\Rightarrow$ $x = 64$

अत: म.स. $= x = 64$

ल.स. $= 5x = 5 \times 64 = 320$

46. (a) $\because 9 \to 3^2$; $12 \to 2^2 \times 3$

$15 \to 3 \times 5$; $25 \to 5^2$; $27 \to 3^3$

$\therefore$ ल.स. $= 2^2 \times 3^3 \times 5^2 = 2700$

अब सभी विकल्पों की जाँच करने पर यह ज्ञात होता है कि 10800 ही 2700 का गुणज है अर्थात् 10800 ही पाँच अंकों की वह छोटी-से-छोटी संख्या है जो 9, 12, 15, 25, 27 से पूर्णत: विभाज्य होगी।

47. (b) माना संख्याएँ $2x$ तथा $7x$ हैं।

$\therefore \quad 2x \times 7x = 9 \times 126$

$\Rightarrow \quad x^2 = \frac{9 \times 126}{14} = 9 \times 9 \Rightarrow x = 9$

$\therefore$ बड़ी संख्या $= 7 \times 9 = 63$

48. (c) $15 \to 3 \times 5,\ 25 \to 5^2$

$40 \to 2^3 \times 5,\ 75 \to 3 \times 5^2$

$\therefore$ ल.स. $= 2^3 \times 3^1 \times 5^2 = 600$

चार अंकों की सबसे बड़ी संख्या = 9999

जब 9999 को 600 से विभाजित करेंगे, तब शेषफल 399 प्राप्त होगा।

अत: अभीष्ट संख्या $= 9999 - 399$

$= 9600$

49. (b) $\because 8 \to 2^3,\ 12 \to 2^2 \times 3,\ 18 \to 2 \times 3^2$

$\therefore$ ल.स. $= 2^3 \times 3^2 = 72$

50. (d) माना दो संख्याएँ क्रमश: a तथा b हैं।

$\therefore \quad ab = 5 \times 60$

$ab = 300 \quad$ ...(i)

दोनों संख्याओं का योग

$a + b = 60 \quad$ ..(ii)

प्रश्नानुसार, संख्याओं के व्युत्क्रमों का योग

$= \frac{1}{a} + \frac{1}{b} = \frac{a+b}{ab} = \frac{60}{300} = \frac{1}{5}$

51. (b) यहाँ, 240 = ②×②×②× 2 × 3 ×⑤

280 = ②×②×②×⑤× 7

560 = ②×②×②× 2 ×⑤× 7

$\therefore$ (240, 280, 560) का म.स. $= 2 \times 2 \times 2 \times 5 = 40$

52. (b) 3888, 3969 का म.स.

```
3888) 3969 (1
      3888
      ----
        81) 3888 (48
            324
            ---
             648
             648
             ---
              ×
```

$\therefore$ अभीष्ट म.स. = 81

53. (a) माना पहली संख्या $= x$

तब, ल. स. $= x \times 17 = 17x$

प्रश्नानुसार, $17x = 1105 \Rightarrow x = 65$

$\therefore$ पहली संख्या = 65

अत: $65 \times$ दूसरी संख्या $= 1105 \times 5$

$\therefore$ दूसरी संख्या = 85

54. (c) $\because$ 20, 30 और 40 का म.स. = 10

प्रश्नानुसार, छड़ों को समान लम्बाई के टुकड़ो में काटा जाता है तब, कुल टुकड़ों की संख्या $= \frac{20}{10} + \frac{30}{10} + \frac{40}{10}$

$= 2 + 3 + 4 = 9$

55. (a) $\because \quad 96 = 12 \times 2 \times 2 \times 2$

$108 = 12 \times 3 \times 3$

$144 = 12 \times 2 \times 2 \times 3$

ल.स. $= 12 \times 2 \times 2 \times 2 \times 3 \times 3 = 864$

56. (a) प्रश्नानुसार, $660 \times 5 = 55 \times$ दूसरी संख्या

$\therefore$ दूसरी संख्या = 60

57. (c) माना संख्याएँ क्रमश: $5x$ और $7x$ हैं।

$\Rightarrow \quad 5 \times 175 = 5x \times 7x$

$\Rightarrow \quad x^2 = 25 \Rightarrow x = 5$

$\therefore$ बड़ी संख्या $= 7 \times 5 = 35$

58. (c) माना संख्याए क्रमश $3x$ और $4x$ हैं।

$2700 = 3x \times 4x \Rightarrow x^2 = \frac{2700}{12}$

$\Rightarrow \quad x = \sqrt{225} = 15$

$\therefore$ संख्याओं का योगफल $= 3x + 4x = 7x$

$= 7 \times 15 = 105$

59. (d) $15 = 3 \times 5,\ 24 = 2^3 \times 3$

$35 = 5 \times 7,\ 54 = 2 \times 3^3$

$\therefore$ ल.स. $= 2^3 \times 3^3 \times 5 \times 7 = 7560$

60. (b) $\because$ म.स. × ल.स. = पहली संख्या × दूसरी संख्या

$\therefore \quad 11 \times$ ल.स. $= 726 \Rightarrow$ ल.स. = 66

61. (c) $\because 69 = 3 \times 23$

$96 = 2 \times 2 \times 2 \times 2 \times 2 \times 3$

$99 = 3 \times 3 \times 11$

$\therefore$ अभीष्ट म. स. = 3

62. (c) यहाँ, $28 = 2^2 \times 7,\ 92 = 2^2 \times 23$

$\therefore$ अभीष्ट ल.स. $= 2^2 \times 7 \times 23 = 644$

63. (d) $\because \quad 62 = 2 \times 31$

$186 = 2 \times 3 \times 31$

$279 = 3 \times 3 \times 31$

$\therefore$ अभीष्ट टेप की लम्बाई

= 62, 186 और 279 का म.स. = 31 मी

64. (b) प्रश्नानुसार, $18 \times$ दूसरी संख्या $= 126 \times 9$

$\therefore$ दूसरी संख्या = 63

65. (a) $\because$ 48 और 64 का ल.स. = 192

तथा 12 और 18 का म.स. = 6

$\therefore$ अभीष्ट मान $= \frac{192}{6} = 32$

66. (a) $\because 238 = 2 \times 7 \times 17$

तथा $832 = 2 \times 2 \times 2 \times 2 \times 2 \times 2 \times 13$

अत: 238 और 832 का म. स. = 2

67. (b) यहाँ बड़ी संख्या $= 29 \times 15 = 435$

तथा छोटी संख्या $= 29 \times 13 = 377$

अत: अभीष्ट संख्या = 377

68. (d) 5,6 और 8 का ल.स. $= 5 \times 3 \times 8 = 120$

300 और 700 के बीच 120 से विभाज्य संख्याएँ – 360, 480, 600 = 3 संख्याएँ हैं।

69. (c) यहाँ, $15 \to 3 \times 5,\ 18 \to 2 \times 3^2,$

$36 \to 2^2 \times 3^2$

$\therefore$ अभीष्ट ल.स. $= 2^2 \times 3^3 \times 5 = 180$

$\therefore$ अभीष्ट संख्या $= 180k + 9$

जब, $k = 6$, तब,

अभीष्ट संख्या $= 180 \times 6 + 9$

= 1089 (जोकि 11 से पूर्णतया विभाज्य है)

$\therefore$ संख्या के अंकों का योग $= 1 + 0 + 8 + 9 = 18$

70. (d) माना संख्याएँ $7x$ और $11x$ हैं

तब उनका म.स. $= x = 28$

$\therefore$ संख्याओं का योग $= 7x + 11x = 18x$

$= 18 \times 28 = 504$

71. (c) 3, 5, 8, 9 और 10 का ल.स.

$= 8 \times 5 \times 9 = 360$ सेकण्ड $= \frac{360}{60}$ मिनट = 6 मिनट

अत: सभी घण्टियाँ दोबारा 6 मिनट बाद बजेंगी।

72. (c) यहाँ, $4 \to 2^2,\ 5 \to 5,\ 8 \to 2^3,\ 12 \to 2^2 \times 3$

$\therefore$ अभीष्ट ल.स. $= 2^3 \times 3 \times 5 = 120$

73. (a) दो संख्याओं का अनुपात = 7 : 11

म.स. = 28

$\therefore$ संख्याएँ क्रमश: $28 \times 7 = 196$

और $\quad 28 \times 11 = 308$ होंगी।

$\therefore$ दोनों संख्याओं के बीच अन्तर $= 308 - 196 = 112$

74. (d) माना तीन संख्याएँ क्रमश: $5x$, $7x$ तथा $9x$ हैं।

$5x$, $7x$ तथा $9x$ का ल.स. $= 5 \times 7 \times 9 \times x = 315x$

प्रश्नानुसार,

$315x = 1260 \Rightarrow x = 4$

अत: सबसे बड़ी संख्या तथा सबसे छोटी संख्या का अन्तर

$= 9x - 5x = 4x = 4 \times 4 = 16$

75. (a) प्रश्नानुसार,

आवश्यक ट्रे की संख्या $= \frac{75}{\text{75, 45 तथा 30 का म.स.}} + \frac{45}{\text{75, 45 तथा 30 का म.स.}} + \frac{30}{\text{75, 45 तथा 30 का म.स.}}$

$= \frac{75}{15} + \frac{45}{15} + \frac{30}{15} = 5 + 3 + 2 = 10$

76. (d) $513 = 3^3 \times 19;\ 1134 = 7 \times 2 \times 3^4$

$1215 = 3^5 \times 5$

अब, म.स. (513, 1134, 1215) $= 3^3 = 27$

77. (c) माना दो संख्याएँ क्रमश: x और y हैं।

$\because \quad x - y = 2 \quad$ ...(i)

संख्याओं का गुणनफल = ल.स. × म.स.

$x \times y = 24 \quad$ ...(ii)

प्रश्नानुसार, $(x - y)^2 = (2)^2$

$\Rightarrow \quad (x + y)^2 - 4xy = 4$

[समी (ii) से मान रखने पर]

$\Rightarrow \quad (x + y)^2 = 100$

$\Rightarrow \quad (x + y) = 10 \quad$ ...(iii)

समी (i) व (iii) को हल करने पर,

$x = 6,\ y = 4$

78. (c) 160 तथा 256 के म.स. के लिए,

$160 \to 2 \times 2 \times 2 \times 2 \times 2 \times 5 \to 2^5 \times 5$

$256 \to 2 \times 2 \times 2 \times 2 \times 2 \times 2 \times 2 \times 2 \to 2^8$

अभीष्ट म. स. $= 2^5 = 32$

79. (c) 38, 95, 175 के म. स. के लिए,

38 ⟶ 2 × ⑲

95 ⟶ 5 × ⑲

171 ⟶ 3 × 3 × ⑲

अभीष्ट बड़ी-से-बड़ी संख्या = 19

80. (c) माना दो संख्या क्रमश: $3x$ तथा $4x$ है।

$3x$ और $4x$ का ल. स. $= 3 \times 4 \times x = 12x$

पहली संख्या × दूसरी संख्या = ल.स. × म.स.

$\Rightarrow \quad 3x \times 4x = 12x \times 4$

$\Rightarrow \quad x = 4$

$\therefore$ ल.स. $= 12 \times 4 = 48$

81. (b) पहली संख्या × दूसरी संख्या = ल.स. × म.स.

$\Rightarrow 693 \times$ दूसरी संख्या $= 3465 \times 11$

$\therefore$ दूसरी संख्या $= \frac{3465 \times 11}{693} = 55$

82. (d) 12,15 तथा 18 मिनट का ल. स. = 180 मिनट = 3 घण्टे

अत: अगली बार एकसाथ बजने का समय = 8 am + 3 घण्टे = 11 am

83. (a) अभीष्ट म.स. = 3 × 5 × 7 = 105

84. (a) $156 = 2^2 \times 3 \times 13 \Rightarrow 96 = 2^5 \times 3$

म.स. (HCF) = $2^2 \times 3 = 12$

प्रश्नानुसार, $12 = 156 \times 12 + 96A$

$\Rightarrow 12 - 1872 = 96A$

$\Rightarrow -1860 = 96A$

$\Rightarrow A = \frac{-1860}{96} = -19.375$

85. (c) 12, 36, 72, 144, 288 का ल.स.

12	12, 36, 72, 144, 288
2	1, 3, 6, 12, 24,
2	1, 3, 3, 6, 12
2	1, 3, 3, 3, 6
3	1, 3, 3, 3, 3
	1, 1, 1, 1, 1

∴ अभीष्ट ल.स. = 12 × 2 × 2 × 2 × 2 × 3 = 576

86. (b) $576 = 2^6 \times 3^2$

$324 = 2^2 \times 3^4$

$360 = 2^3 \times 3^2 \times 5$

576, 324 और 360 का म.स. = $2^2 \times 3^2$ = 4 × 9 = 36

87. (c) प्रश्नानुसार,

36 ⟶ [2]×[2]×[3]×3

84 ⟶ [2]×[2]×[3]×7

अत: 36, 84 का म. स. = 2 × 2 × 3 = 12

88. (d) 15, 25, 40, 75 के ल.स. के लिए,

3	15, 25, 40, 75
5	5, 25, 40, 25
5	1, 5, 8, 5
2	1, 1, 8, 1
2	1, 1, 4, 1
	1, 1, 2, 1

ल.स. = $3 \times 5^2 \times 2^3 = 600 = 6 \times 100$

600 का गुणज = 600, 1200, ... 9000, 9600

सबसे बड़ी चार अंकों की संख्या = 9600

89. (d) पैमाना की अधिकतम सम्भव लम्बाई = 250, 420 तथा 710 का म.स. = 10 सेमी

90. (d) ल.स. $\left(\frac{1}{7}, \frac{2}{5}, \frac{3}{15}\right)$

$= \frac{(1, 2, 3) \text{ का ल.स.}}{(7, 5, 15) \text{ का म.स.}} = \frac{6}{1} = 6$

91. (a) 70 = 7 × 2 × 5

90 = 2 × 5 × 3 × 3

म.स. (70, 90) = 2 × 5 = 10

92. (b) 84 = 2 × 2 × 3 × 7

108 = 2 × 2 × 3 × 3 × 3

∴ म. स. (84, 108) = 2 × 2 × 3 = 12

93. (a)
```
378)525(1
    378
    147)378(2
        294
         84)147(1
             84
             63)84(1
                63
                21)63(3
                   63
                    ×
```

वर्गाकार टाइलों की भुजा की लम्बाई = 378 और 525 का म.स. = 21

∴ कुल टाइलों की संख्या = $\frac{525 \times 378}{21 \times 21}$ = 25 × 18 = 450

94. (a) माना तीन संख्या क्रमश: 6x, 7x तथा 3x हैं।

प्रश्नानुसार,

6x, 7x तथा 3x का ल. स. = 2 × 3 × 7 × x

$\Rightarrow 3654 = 42x$

$\therefore x = 87$

6x, 7x तथा 3x का म.स. = x = 87

95. (b) माना दो संख्याएँ क्रमश: 7x तथा 11x हैं।

7x तथा 11x का ल. स. = 7 × 11 × x = 77x

प्रश्नानुसार, $77x = 462 \Rightarrow x = \frac{462}{77} = 6$

∴ दोनों संख्याओं के बीच अन्तर = (11x − 7x) = 4x = 4 × 6 = 24

96. (c) माना दो संख्याएँ क्रमश: 13x तथा 15x हैं।

13x और 15x का म.स. = x = 3

∴ दोनों संख्याओं के बीच का अन्तर = 15x − 13x = 2x = 2 × 3 = 6

97. (b) ∵ 100 मिमी = 10 सेमी

∴ 7000 मिमी = $\frac{7000}{10}$ = 700 सेमी

3850 मिमी = 385 सेमी; 12950 मिमी = 1295 सेमी

टेप की अधिकतम लम्बाई के लिए तीनों का महत्तम समापवर्तक ज्ञात करना आवश्यक है।

700, 385, 1295 का म.स.

$700 = 2^2 \times 5^2 \times 7$

385 = 5 × 7 × 11

1295 = 5 × 7 × 37

अत: म.स. = 5 × 7 = 35

अत: मापने वाले टेप की अधिकतम लम्बाई = 35 सेमी

98. (d) 1288 = 2 × 2 × 2 × 7 × 23

230 = 2 × 5 × 23

276 = 2 × 2 × 3 × 23

1288, 230 तथा 276 का ल.स.

= 2 × 2 × 2 × 3 × 5 × 7 × 23

= 19320

99. (c) 230 = 2 × 5 × 23

276 = 2 × 2 × 3 × 23

322 = 2 × 7 × 23

230, 276 तथा 322 का महत्तम समापवर्तक

= 2 × 23 = 46

100. (d) माना प्रथम संख्या = 2x

तथा द्वितीय संख्या = 5x

$\therefore 2x \times 5x = 80 \times x \Rightarrow x = \frac{80}{10} \Rightarrow x = 8$

∴ प्रथम संख्या = 2x = 2(8) = 16

तथा द्वितीय संख्या = 5x = 5(8) = 40

101. (d) माना प्रथम, द्वितीय तथा तृतीय संख्याएँ क्रमश: 4x, 5x तथा 6x हैं।

∴ तीनों संख्याओं का म.स. = x = 57

तब प्रथम संख्या = 4 × 57 = 228

द्वितीय संख्या = 5 × 57 = 285

तथा तृतीय संख्या = 6 × 57 = 342

102. (c) प्रश्नानुसार, $p \times q = r$ ...(i)

p^2q और pq^2 का ल.स.

$= p^2q^2 = pq \times pq$ ((i) से)

$= pqr$

103. (b) अभीष्ट संख्या = (219 − 3), (365 − 5) और (511 − 7) का म.स.

∵ $216 = 2^3 \times 3^3$;

$360 = 2^3 \times 3^2 \times 5^1$

$504 = 2^3 \times 3^2 \times 7^1$

म.स. = 2 × 2 × 2 × 3 × 3 = 72

104. (a) दोनों के फिर से हम कदम होने के लिए तय की गई दूरी = 77 और 88 का ल. स.

= 11 × 7 × 8 = 616 सेमी

अत: 616 सेमी के बाद दोनों हम कदम हो जाँएगे।

105. (b) दिया है, $P = 2^5 \times 3^8, Q = 2^3 \times 3^K$

म.स. = $2^3 \times 3^3$

इस तरह की संख्याओं का महत्तम समापवर्तक (म.स.) निकालने के लिए संख्या की न्यूनतम घात लेते हैं।

अत: Q को म.स. की घातों से तुलना करने पर,

$3^K = 3^3 \Rightarrow K = 3$

106. (c) महत्तम समापवर्तक (म.स.) = 4

माना दोनों संख्याएँ क्रमश: 4a और 4b हैं।

प्रश्नानुसार, $\frac{4ab}{4(a+b)} = \frac{12}{7} \Rightarrow \frac{ab}{a+b} = \frac{12}{7}$

$\Rightarrow ab = 12, a + b = 7 \Rightarrow b = 7 - a$

$\therefore a(7 - a) = 12 \Rightarrow 7a - a^2 = 12$

$\Rightarrow a^2 - 7a + 12 = 0$

$\Rightarrow a^2 - 3a - 4a + 12 = 0$

$\Rightarrow a(a - 3) - 4(a - 3) = 0$

$(a - 3)(a - 4) = 0; a = 3, 4$

यदि a = 3, तब b = 4

अत: संख्याएँ, 4a = 4 × 3 = 12 ⇒ 4b = 4 × 4 = 16

∴ अभीष्ट मान = 12 × 16 = 192

107. (a) 432 = ल.स. × 6 ⇒ ल.स. = $\frac{432}{6}$ = 72

108. (d) प्रश्नानुसार,

अभीष्ट संख्या = (342 − 6) और (480 − 4) का म.स.

= 336 और 476 का म.स. = 28

[∵ 336 = 12 × 28 तथा 476 = 17 × 28]

109. (c) माना संख्याएँ 19a और 19b हैं।

$\therefore 19a + 19b = 152 \Rightarrow a + b = 8$

(a, b) के सम्भव मान = (5, 3)

[∵ संख्याएँ केवल दो अंकों की हैं]

$\therefore$ पहली संख्या $= 19 \times 5 = 95$
तथा दूसरी संख्या $= 19 \times 3 = 57$
$\therefore$ अभीष्ट अन्तर $= 95 - 57 = 38$

110. (a) अभीष्ट संख्या = (1992 − 12) और (233 − 13) का म.स.
1980, 220 का म.स. = 220
अत: बड़ी-से-बड़ी संख्या = 220

111. (d) 5, 6 और 8 का ल.स. = 120
अभीष्ट संख्या = 120 + 3 = 123

112. (c) $18 \rightarrow 2 \times 3^2,\ 24 \rightarrow 2^3 \times 3,$
$36 \rightarrow 2^2 \times 3^2$
$\therefore$ अभीष्ट ल.स. $= 2^3 \times 3^2 = 72$

113. (a) माना संख्याएँ $47x$ व $47y$ हैं।
$47x + 47y = 188 \Rightarrow x + y = \frac{188}{47} = 4$
x और y का सम्भव मान = 1 और 3
पहली संख्या = 47×1 = 47
दूसरी संख्या = 47×3 = 141

114. (a) हम जानते हैं कि,
ल.स., म.स. से सदैव पूर्णत: विभाजित होता हैं लेकिन, 120, 16 से पूर्णत: विभाजित नहीं है। अत: उन संख्याओं का महत्तम समापवर्तक 16 नहीं हो सकता है।

115. (b) अभीष्ट संख्या = [(60 − 2), (90 − 3)] का म.स. = [58, 87] का म.स. = 29

116. (b) $\frac{27}{50}, \frac{9}{20}, \frac{6}{25}$ का म.स.
$= \frac{(27, 9, 6) \text{ का म.स.}}{(50, 20, 25) \text{ का ल.स.}} = \frac{3}{100}$

117. (d) $120 \rightarrow 2^3 \times 3 \times 5$
$240 \rightarrow 2^4 \times 3 \times 5$
$480 \rightarrow 2^5 \times 3 \times 5$
$\therefore$ अभीष्ट ल.स. $= 2^5 \times 3 \times 5 = 480$

118. (c) ल.स. (4, 7, 23) = 4 × 7 × 23 = 644
सभी संख्याओं से विभाज्य होने वाली संख्या
= 644 का गुणज
$\therefore$ अभीष्ट संख्या = n × ल.स. (4, 7, 23)
जहाँ, n = 1, 2, 3.... = 10 × 644 = 6440

119. (d) $\because$ 84 = 2 × 2 × 3 × 7
126 = 2 × 3 × 3 × 7
168 = 2 × 2 × 2 × 3 × 7
अत: अभीष्ट महत्तम समापवर्तक = 2 × 3 × 7 = 42

120. (c) हम जानते हैं, अभाज्य संख्याओं का लघुत्तम समापवर्तक उनके गुणनफल के बराबर होता है।
$\therefore x \times y = 141 \Rightarrow x \times y = 3 \times 47\ (x < y)$
$\therefore\ x = 3, y = 47$
अब, $y - 5x = 47 - 5 \times 3 = 32$

121. (d) प्रश्नानुसार, 70 × दूसरी संख्या = 14 × 490
$\therefore$ दूसरी संख्या = 14 × 7 = 98

122. (d) 5 और 6 का ल.स. (LCM) = 30
140 से अगली संख्या जो 30 से पूर्णत: विभाजित हो जाए वह 150 है।
$\therefore$ न्यूनतम मान = 150 − 140 = 10

123. (b) $\frac{9}{4}, \frac{21}{10}, \frac{63}{20}$ का ल.स.
$= \frac{(9, 21, 63) \text{ का ल.स.}}{(4, 10, 20) \text{ का म.स.}} = \frac{63}{2}$

124. (a) प्रश्नानुसार, $x \times y = 145 = 5 \times 29$
$\therefore\ x = 5, y = 29$
अत: $(10x - y) = 10 \times 5 - 29 = 50 - 29 = 21$

125. (a) $\because$ 12 = 2 × 2 × 3
8 = 2 × 2 × 2 तथा 24 = 2 × 2 × 2 × 3
$\therefore$ 12, 8 और 24 का म.स. = 2 × 2 = 4

126. (a) $27 \rightarrow 3^3, 36 \rightarrow 2^2 \times 3^2$
$56 \rightarrow 2^3 \times 7, 12 \rightarrow 2^2 \times 3, 10 \rightarrow 2 \times 5$
$\therefore$ अभीष्ट न्यूनतम संख्या = (27, 36, 56, 12, 10) का ल.स. $= 2^3 \times 3^3 \times 5 \times 7$
= 7560

127. (a) 258 = 43 × 2×3, 301 = 43 × 7
तथा 387 = 43 × 3×3
$\therefore$ 258, 301 और 387 का म. स. = 43

128. (b) प्रश्नानुसार, 1408 = 352 × म.स.
$\therefore$ म.स. $= \frac{1408}{352} = 4$

129. (a) $2^4 \times 3^5, 2^5 \times 3^3$ और $2^5 \times 3^6$ के ल.स. के लिए, अधिकतम घात वाला गुणनखण्ड $= 2^5 \times 3^6$

130. (a) 6, 8, 9 और 10 का ल.स. = 360 सेकण्ड
360 सेकण्ड $= \frac{360}{60}$ मिनट = 6 मिनट
$\therefore$ अत: चारों घण्टियाँ 6 मिनट बाद पुन: एकसाथ बजेंगी।

131. (c) $2^3 \times 3^5$ तथा $2^4 \times 3^6$ का म.स.
$= 2^3 \times 3^5$

132. (d) माना पहली संख्या = $11x$
तथा दूसरी संख्या = $13x \Rightarrow x = 7$
दिया है, म.स. = 7
$\therefore$ पहली संख्या = $11x = 11 \times 7 = 77$
तथा दूसरी संख्या = $13x = 13 \times 7 = 91$

133. (a) $\because$ 1003 = 17 × 59
2703 = 17 × 3 × 53
$\therefore$ अभीष्ट संख्या (HCF) = 17

134. (c) लघुत्तम समापवर्त्य $= \frac{720}{4} = 180$

135. (c) पंक्तियों में समान फल और न्यूनतम पंक्ति के लिए एक पंक्ति में फलों की संख्या = (44,121,11) का म.स. = 11
$\therefore$ पंक्तियों की कुल संख्या $= \frac{44}{11} + \frac{121}{11} + \frac{11}{11}$
= 4 + 11 + 1 = 16

136. (a) $0.25 = \frac{1}{4}, 2.08 = \frac{208}{100} = \frac{52}{25}, 8.1 = \frac{81}{10}$
$\frac{1}{4}, \frac{52}{25}$ का $\frac{81}{10}$ का म.स.
$= \frac{1, 52 \text{ तथा } 81 \text{ का म.स.}}{4, 25 \text{ तथा } 10 \text{ का ल.स.}} = \frac{1}{100} = 0.01$

137. (a) (187 − 95), (95 − 47) तथा (187 − 47) का म.स. = 140, 48 तथा 92 का म.स. = 4
अत: अभीष्ट संख्या = 4

138. (b) 144 = 2 × 2 × 2 × 2 × 3 × 3
216 = 2 × 2 × 2 × 3 × 3 × 3
144 तथा 216 का म.स. = 2 × 2 × 2 × 3 × 3 = 72
अत: अभीष्ट अन्तर = 7 − 2 = 5

139. (b) अगली बार वे (ट्रैफिक लाइट) एकसाथ बदलेगी = 10:15:00 + 54 और 76 सेकण्ड का ल.स.
= 10 : 15 : 00 + 2052 सेकण्ड
= 10 : 15 : 00 + 00 : 34 : 12 = 10 : 49 : 12 बजे

140. (b) प्रश्नानुसार, 36, 45 का ल.स. = 180
$\therefore$ 180 से विभाजित, 4-अंकीय सबसे बड़ी संख्या = 180 × 55 = 9900
$\therefore$ अभीष्ट अन्तर = 10000 − 9900 = 100

141. (c) माना दोनों संख्याएँ क्रमश: a और b हैं।
$\Rightarrow (a + b) = 140$
$\Rightarrow$ म.स. = 28 और ल.स. = 168
$\because$ म.स. × ल.स. = $a \times b \Rightarrow 28 \times 168 = a \times b$
$\Rightarrow a \times b = 4704 \Rightarrow a + b = 140$
4704 के गुणक = 56 × 84 = 4704
= 56 + 84 = 140
अत: दोनों संख्याओं का अन्तर = 84 − 56 = 28

142. (a) 233 − 187 = 46
279 − 233 = 46; 279 − 187 = 92
म.स. (46, 46, 92) = 46
अत: 46 वह सबसे बड़ी संख्या जो 187, 233 और 279 को विभाजित करके प्रत्येक स्थिति में समान शेषफल प्रदान करेगी।

143. (a) $(16)^3 = (2^4)^3 = 2^{12}$
$(48)^2 = (2^4 \times 3)^2 = 2^8 \times 3$
$\therefore 16^3, 48^2$ का म.स. $= 2^8 = 256$

144. (c) प्रश्नानुसार,
12 से विभाज्य 2-अंकीय सबसे बड़ी संख्या = 96
तथा 8 से विभाज्य 2-अंकीय सबसे छोटी संख्या = 16
अब दोनों संख्याओं 16 व 96 का ल.स = 96

145. (d) माना दो संख्याएँ x और y हैं।
तब, $x + y = 126$
$\because$ दोनों संख्याओं का गुणनफल = म.स. × ल.स.
$\Rightarrow xy = 7 \times 180 \Rightarrow xy = 1260$
$\therefore$ संख्याओं का व्युत्क्रम का योग
$= \frac{1}{x} + \frac{1}{y} = \frac{x + y}{xy} = \frac{126}{1260} = \frac{1}{10}$

03

सरलीकरण

सरलीकरण का अर्थ है दिए गए व्यंजक को सरल रूप में प्रस्तुत करना।

BODMAS नियम

दिए गए व्यंजकों को सरल करने के लिए गणितीय संक्रियाओं के BODMAS नियम का प्रयोग किया जाता है। इस नियम के अनुसार, गणितीय संक्रियाओं को हल करने का क्रम निम्न है

(i) Bracket (कोष्ठक) (ii) Of (का)
(iii) Division (भाग) (iv) Multiplication (गुणा)
(v) Addition (जोड़) (vi) Subtraction (घटाव)

कोष्ठक चार प्रकार के होते हैं और इन्हें हल करने का क्रम निम्न है

- रेखा कोष्ठक —
- छोटा कोष्ठक ( )
- मंझला कोष्ठक { }
- बड़ा कोष्ठक [ ]

नोट Of (का) की संक्रिया में गुणा का प्रयोग होता है, लेकिन इसे सदैव भाग से पहले हल करते हैं।

उदाहरण 1. $240 \div 10 [2 + \{7 \times 3 + 2 (75 - 4 \times \overline{13 + 12 \div 6})\}]$ को हल कीजिए।

हल $240 \div 10 [2 + \{7 \times 3 + 2 (75 - 4 \times \overline{13 + 12 \div 6})\}]$

$$= 240 \div 10 \left[2 + \left\{7 \times 3 + 2\left(75 - 4 \times \overline{13 + \frac{12}{6}}\right)\right\}\right]$$

$= 240 \div 10 [2 + \{7 \times 3 + 2 (75 - 4 \times \overline{13 + 2})\}]$

$= 240 \div 10 [2 + \{7 \times 3 + 2 (75 - 4 \times 15)\}]$ [बार कोष्ठक हटाने पर]

$= 240 \div 10 [2 + \{7 \times 3 + 2 (75 - 60)\}]$

$= 240 \div 10 [2 + \{7 \times 3 + 2 \times 15\}]$ [छोटा कोष्ठक हटाने पर]

$= 240 \div 10 [2 + \{21 + 30\}]$

$= 240 \div 10 [2 + 51]$ [मंझला कोष्ठक हटाने पर]

$= 240 \div 10 \times 53$ [बड़ा कोष्ठक हटाने पर]

$= \frac{240}{10} \times 53 = 24 \times 53 = 1272$

बीजगणितीय सूत्र

नीचे दिए गए बीजगणितीय सूत्रों की सहायता से विभिन्न प्रकार के व्यंजकों का सरलीकरण सरलता से किया जा सकता है।

(i) $a^2 - b^2 = (a + b)(a - b)$

(ii) $(a + b)^2 = a^2 + 2ab + b^2$

(iii) $(a - b)^2 = a^2 - 2ab + b^2$

(iv) $(a + b)^2 + (a - b)^2 = 2(a^2 + b^2)$

(v) $(a + b)^2 - (a - b)^2 = 4ab$

(vi) $(a + b)^3 = a^3 + b^3 + 3ab(a + b)$

(vii) $(a - b)^3 = a^3 - b^3 - 3ab(a - b)$

(viii) $a^3 + b^3 = (a + b)(a^2 - ab + b^2)$

(ix) $a^3 - b^3 = (a - b)(a^2 + ab + b^2)$

(x) $(a + b + c)^2 = a^2 + b^2 + c^2 + 2(ab + bc + ca)$

(xi) $a^3 + b^3 + c^3 - 3abc = (a + b + c)(a^2 + b^2 + c^2 - ab - bc - ca)$

$$= \frac{1}{2}(a + b + c)[(a - b)^2 + (b - c)^2 + (c - a)^2]$$

(xii) यदि $a + b + c = 0$,

तब $a^3 + b^3 + c^3 = 3abc$

उदाहरण 2. $\dfrac{(0.67 \times 0.67 \times 0.67) - (0.33 \times 0.33 \times 0.33)}{(0.67 \times 0.67) + (0.67 \times 0.33) + (0.33 \times 0.33)}$ का मान है

हल $\dfrac{(0.67 \times 0.67 \times 0.67) - (0.33 \times 0.33 \times 0.33)}{(0.67 \times 0.67) + (0.67 \times 0.33) + (0.33 \times 0.33)}$

$$= \frac{(0.67)^3 - (0.33)^3}{(0.67)^2 + (0.67 \times 0.33) + (0.33)^2}$$

$$= \frac{(0.67 - 0.33)[(0.67)^2 + (0.67 \times 0.33) + (0.33)^2]}{(0.67)^2 + (0.67 \times 0.33) + (0.33)^2}$$

$[\because a^3 - b^3 = (a - b)(a^2 + ab + b^2)]$

$= 0.67 - 0.33 = 0.34$

वर्ग एवं वर्गमूल

वर्ग किसी संख्या को स्वयं से गुणा करना संख्या का वर्ग कहलाता है।

वर्गमूल वर्गमूल वर्ग की प्रतिलोम संक्रिया है। हम कह सकते है कि, किसी संख्या का वर्गमूल वह संख्या है, जिसे स्वयं से गुणा करने पर दी गई संख्या प्राप्त होती है।

जैसे- 3 का वर्ग $= 3^2 = 3 \times 3 = 9$ तथा 9 का वर्गमूल $= \sqrt{9} = \sqrt{3 \times 3} = 3$

गुणनखण्ड विधि द्वारा वर्गमूल ज्ञात करना

जैसे- 1764 ⇒

2	1764
2	882
3	441
3	147
7	49
	7

$\therefore \ 1764 = \underline{2 \times 2} \times \underline{3 \times 3} \times \underline{7 \times 7}$

$\therefore \ \sqrt{1764} = 2 \times 3 \times 7 = 42$

भाग विधि द्वारा वर्गमूल ज्ञात करना

जैसे- 142884 का वर्गमूल ज्ञात करना

भाजक ↓	③ ⑦ ⑧ ← भागफल
3	$\overline{14}\ \overline{28}\ \overline{84}$ ← भाज्य
+③	−9
67	5 28
+⑦	−4 69
748	59 84
⑧	59 84
	× ×

$\therefore$ 142884 का वर्गमूल $= \sqrt{142884}$
$= 378$

घन एवं घनमूल

घन किसी संख्या को स्वयं से दो बार गुणा करना उस संख्या का घन कहलाता है।

घनमूल किसी संख्या का घनमूल वह संख्या है, जिसे स्वयं से दो बार गुणा करने पर दी गई संख्या प्राप्त होती है।

जैसे- 3 का घन $= 3^3 = 3 \times 3 \times 3 + 27$

तथा 27 का घनमूल $= \sqrt[3]{27}$
$= \sqrt{3 \times 3 \times 3}$
$= 3$

संख्याओं के घनमूल ज्ञात करने की अभाज्य गुणनखण्ड विधि

जैसे- 46656 का घनमूल

$= \underline{2 \times 2 \times 2} \times \underline{2 \times 2 \times 2} \times \underline{3 \times 3 \times 3} \times \underline{3 \times 3 \times 3}$

$= 2 \times 2 \times 3 \times 3$

$= 36$

महत्त्वपूर्ण सूत्र

1. यदि $\sqrt{x\sqrt{x\sqrt{x\sqrt{x \ldots\ldots \infty}}}}$ हो, तब उसका मान x होता है।

जैसे- $\sqrt{7\sqrt{7\sqrt{7 \ldots\ldots \infty}}}$ का मान 7 होगा।

2. यदि $\sqrt{x\sqrt{x\sqrt{x\sqrt{x}}}}$ हो, तब उसका मान $x^{\frac{2^{n-1}}{2^n}}$ होता है।

जहाँ n = वर्गमूल की संख्या ***जैसे-*** $\sqrt{5\sqrt{5\sqrt{5\sqrt{5}}}}$ का मान बताइए।

यहाँ, $x = 5$ तथा $n = 4 = 5^{\frac{2^4-1}{2^4}} = 5^{\frac{16-1}{16}} = 5^{\frac{15}{16}}$

3. यदि $\sqrt{x+\sqrt{x+\sqrt{x+\sqrt{x+\ldots\ldots \infty}}}}$ हो, तब उसका मान ज्ञात करने के लिए x के ऐसे दो गुणनखण्ड करते हैं। जिनके बीच का अन्तर 1 हो, तब बड़ा गुणनखण्ड x का मान होगा।

जैसे- $\sqrt{12+\sqrt{12+\sqrt{12+\ldots\ldots \infty}}}$ का मान ज्ञात कीजिए।

12 के दो गुणनखण्ड जिनका अन्तर 1 हो $= \overset{-1}{\overbrace{4 \times 3}}$ बड़ा गुणनखण्ड

$\therefore \sqrt{12+\sqrt{12+\sqrt{12+\ldots\ldots \infty}}}$ का मान 4 होगा।

4. यदि $\sqrt{x-\sqrt{x-\sqrt{x \ldots\ldots \infty}}}$ हो, तब उसका मान ज्ञात करने के लिए x के ऐसे दो गुणनखण्ड करते हैं जिनके बीच का अन्तर 1 हो, तब छोटा गुणनखण्ड x का मान होगा।

जैसे- $\sqrt{12-\sqrt{12-\sqrt{12-\sqrt{12 \ldots\ldots \infty}}}}$ का मान ज्ञात कीजिए।

12 के दो गुणनखण्ड जिनका अन्तर 1 हो $= \overset{-1}{\overbrace{4 \times 3}}$ छोटा गुणनखण्ड

$\therefore \sqrt{12-\sqrt{12-\sqrt{12-\sqrt{12 \ldots\ldots \infty}}}}$ का मान 3 होगा।

SSC एग्जाम स्कैनर

SSC CGL 2024 (Tier I & II)

1. $\frac{\sqrt[3]{6859}}{\sqrt[4]{1296}} \times \frac{3}{57} \times 42 = ?$

SSC CGL (Tier-II) 18/01/2025 Shift I

(a) 16 (b) 7 (c) 17 (d) – 3

2. $4^3 - 0^2 + \left(\frac{22}{2}\right)^2 - 8 + 7 \times 6$ का मान ज्ञात कीजिए। **SSC CGL (Tier-II) 18/01/2025 Shift I**

(a) 219 (b) 224 (c) 229 (d) 218

3. निम्नलिखित को सरल कीजिए।

$626 \times 2912 \div 8138$

SSC CGL (Tier-I) 26/09/2024 Shift III

(a) 310 (b) 224 (c) 285 (d) 364

4. निम्नलिखित व्यंजक को सरल कीजिए।

$(60 + 64 \div 4$ का $4) \times \{1000 \div ((10$ का $(3 + 2)) \times 2$ का $5)\} - 28 + (100 \times 3$ का $3)$

SSC CGL (Tier-I) 26/09/2024 Shift II

(a) 600 (b) 1000 (c) 500 (d) 100

5. समीकरण $9 \times N$ का $4 \div 4 - 15 \times 4 = 12$ में N का मान क्या है?.

SSC CGL (Tier-I) 25/09/2024 Shift III

(a) 0 (b) 12 (c) 9 (d) 8

6. निम्नलिखित को सरल कीजिए।

$[25 - 48 \div 6 + 12 \times 2] + 78 - [5 + 3$ का $(25 - 2 \times 10)]$

SSC CGL (Tier-I) 25/09/2024 Shift II

(a) 90 (b) 99 (c) 89 (d) 98

7. $9 \div \left[1 + \left\{4 \times \left(\frac{5}{6} - \frac{1}{3} + \frac{1}{2}\right)\right\}\right]$ किसके बराबर है?

SSC CGL (Tier-I) 25/09/2024 Shift I

(a) 1 (b) 9 (c) 0 (d) 9/5

8. निम्नलिखित व्यंजक का सरलीकृत मान ज्ञात कीजिए। $133 \div 19 \times 3 - 48 \times 2 \div 24 + 841 \div [\{45 - 16\}]$

SSC CGL (Tier-I) 24/09/2024 Shift II

(a) 21 (b) 12 (c) 42 (d) 46

9. $\frac{(453 \times 453 \times 453 - 383 \times 383 \times 383)}{(453 \times 383 + 383 \times 383 + 453 \times 453)}$ का मान ज्ञात कीजिए।

SSC CGL (Tier-I) 24/09/2024 Shift II

(a) 60 (b) 70 (c) 80 (d) 50

10. $11 - \{(3 \div 4)$ का $8 - 4 - 8\}$ का मान ज्ञात कीजिए। **SSC CGL (Tier-I) 24/09/2024 Shift I**

(a) 1 (b) 3 (c) –1 (d) 2

11. दिए गए व्यंजक का सरलीकरण करें।

$0.07 \times 0.28 \div 0.04 + 0.64 - 1.64 \div 0.04$

SSC CGL (Tier-I) 23/09/2024 Shift III

(a) 38.56 (b) –46.48
(c) 36.78 (d) –39.87

12. निम्नलिखित को सरल कीजिए।

$$\frac{(232)^3 + (140)^3 + (353)^3 - 3 \times 232 \times 140 \times 353}{(232)^2 + (140)^2 + (353)^2 - 232 \times 140 - 140 \times 353 - 353 \times 232}$$

SSC CGL (Tier-I) 23/09/2024 Shift I

(a) 445 (b) 261 (c) 725 (d) 596

13. सरल कीजिए
$6 \times [28 \div 84 \times \{36 \times 49 \div (6 \times 7)]$
SSC CGL (Tier-I) 23/09/2024 Shift I
(a) 94 (b) 74 (c) 84 (d) 64

14. $\dfrac{(25)^4 + 1250 + 1 - (25)^2}{(25)^2 + 25 + 1}$ को सरल कीजिए।
SSC CGL (Tier-I) 19/09/2024 Shift III
(a) 603 (b) 601
(c) 602 (d) 604

15. निम्नलिखित व्यंजक का मान ज्ञात कीजिए।
$25 \div 5 + 3$ का $2 - 4 + 6$ का $3 \div 2 - 8 + 4$
SSC CGL (Tier-I) 19/09/2024 Shift II
(a) 4 (b) 8 (c) 16 (d) 12

16. $4\frac{1}{6} \div 25 \times 75 \div \frac{1}{5}$ का 125 का मान कितना होगा?
SSC CGL (Tier-I) 19/09/2024 Shift I
(a) $\frac{1}{4}$ (b) $\frac{1}{2}$ (c) $\frac{1}{3}$ (d) $\frac{1}{6}$

17. $9 - 5 \times 6 + \{29 - (7 - 2)\} \div 8$ का मान ज्ञात करें।
SSC CGL (Tier-I) 18/09/2024 Shift III
(a) –18 (b) –8 (c) 8 (d) 18

18. निम्नलिखित का सरलीकरण करें
$\left[\left(5\frac{1}{2} - 3\frac{1}{3}\right)\right.$ का $\left.1\frac{15}{13} + 1 - 2 \times 3\frac{5}{2} \div 2\frac{3}{4}\right]$
SSC CGL (Tier-I) 18/09/2024 Shift I
(a) $3\frac{1}{2}$ (b) – 2 (c) 0 (d) $\frac{11}{2}$

19. सरलीकरण करें।
$\left[\left(\frac{1}{6} \div \frac{1}{9} \times \frac{2}{3}\right) \times 18 + 5\right]$
SSC CGL (Tier-I) 17/09/2024 Shift I
(a) 23 (b) 15 (c) 9 (d) 27

20. $\dfrac{1.5 \times 1.5 + 2.5 \times 2.5 + 3.5 \times 3.5 + 2 \times 1.5 \times 2.5 + 2 \times 2.5 \times 3.5 + 2 \times 1.5 \times 3.5}{1.5 + 2.5 + 3.5}$ को सरल कीजिए।
SSC CGL (Tier-I) 13/09/2024 Shift III
(a) 6.5 (b) 8.5 (c) 7.5 (d) 9.5

21. निम्नलिखित का सरलीकरण करें।
$16 \div 2 - 7 \times 15 \div 3 + 5 \times 5 + 4 \times 3 - 10$
SSC CGL (Tier-I) 13/09/2024 Shift III
(a) 0 (b) 1 (c) 2 (d) – 1

22. निम्नलिखित को सरल कीजिए।
$1\frac{1}{3} + 1\frac{3}{4} \times 1\frac{2}{3} \div 3\frac{1}{2}$
SSC CGL (Tier-I) 13/09/2024 Shift II
(a) $3\frac{1}{4}$ (b) $2\frac{1}{5}$ (c) $2\frac{1}{6}$ (d) $2\frac{1}{3}$

23. निम्नलिखित व्यंजक को सरल कीजिए।
$[\{70 - 60 \div 2$ का $6\}] + \{20 - 10\} \div 10]$
$+ 600 \div 25$ का $(2 \times 3) \times (2$ का $3) + 2$ का 5
SSC CGL (Tier-I) 13/09/2024 Shift I
(a) 99 (b) 110 (c) 100 (d) 90

24. निम्नलिखित को हल कीजिए।
$\left[(2.5 + 1.5)^2 + 4\right.$ का $\left.\frac{1}{2} \times 8 - 1\right]$
SSC CGL (Tier-I) 12/09/2024 Shift II
(a) 81 (b) 63 (c) 27.1 (d) 0

25. सरल कीजिए
$4\frac{4}{5} \times \frac{3}{8} + \left(3\frac{1}{2} + \frac{2}{3}\right) \times \frac{4}{5}$
SSC CGL (Tier-I) 11/09/2024 Shift III
(a) $\frac{3}{10}$ (b) $\frac{77}{15}$ (c) $\frac{10}{3}$ (d) $\frac{15}{77}$

26. व्यंजक $(1.55^2 + 0.55^2 + 1.55 \times 0.55)$ का मान ...... के बराबर है।
SSC CGL (Tier-I) 11/09/2024 Shift II
(a) $1.55^2 - 0.55^2$ (b) $1.55^2 + 0.55^2$
(c) $1.55^3 + 0.55^3$ (d) $1.55^3 - 0.55^3$

27. सरल कीजिए $\dfrac{(4.2)^3 - (1.2)^3}{(4.2)^2 + 5.04 + (1.2)^2}$
SSC CGL (Tier-I) 11/09/2024 Shift II
(a) 3 (b) 2 (c) 1 (d) 5

28. निम्नलिखित को सरल कीजिए।
$1020 \div \left[\frac{4}{3}\right.$ का $\left.(26 + 4) - 11\frac{2}{3}\right]$
SSC CGL (Tier-I) 11/09/2024 Shift II
(a) 28 (b) 36 (c) 17 (d) 31

29. यदि $45 \div 3 + 4 \times A - 48 \div 24 + 4 = 1$ है, तो A का मान क्या होगा?
SSC CGL (Tier-I) 10/09/2024 Shift III
(a) – 4 (b) – 2 (c) 4 (d) 2

30. सरल कीजिए
$21 - [6 + 7 - \{3.22 - (11 \times 0.2)\}$
SSC CGL (Tier-I) 10/09/2024 Shift II
(a) 11 (b) 12 (c) 13 (d) 10

31. निम्नलिखित को सरल करें।
$\dfrac{0.58 \times 0.58 \times 0.58 - 0.001}{0.58 \times 0.58 + 0.058 + 0.01}$
SSC CGL (Tier-I) 10/09/2024 Shift II
(a) 0.48 (b) 0.28 (c) 0.37 (d) 0.42

32. निम्नलिखित को सरल कीजिए।
$13 - [7 - (4 + 7) - \{7 - (7 - 4 + 7)\} + 14]$
SSC CGL (Tier-I) 09/09/2024 Shift III
(a) 0 (b) 9 (c) 13 (d) 26

33. निम्नलिखित का सरलीकरण करें
$21 - 4.9 \div 7 + 3.9 \times 0.4 + 0.9$
SSC CGL (Tier-I) 09/09/2024 Shift II
(a) 18.23 (b) 22.76
(c) 26.32 (d) 24.12

34. निम्नलिखित को सरल कीजिए।
$\dfrac{(8.3)^3 + (9.2)^3 + (6.1)^3 - 3 \times 8.3 \times 9.2 \times 6.1}{(8.3)^2 + (9.2)^2 + (6.1)^2 - 8.3 \times 9.2 - 9.2 \times 6.1 - 6.1 \times 8.3}$
SSC CGL (Tier-I) 09/09/2024 Shift II
(a) 28.7 (b) 23.6 (c) 30.2 (d) 25.5

35. यदि $\dfrac{(88 \div 8 \times k - 3 \times 3)}{(6^2 - 7 \times 5 + k^2)} = 1$ है, तो निम्नलिखित में से k का मान क्या हो सकता है?
SSC CGL (Tier-I) 09/09/2024 Shift I
(a) 4,7 (b) 3,10 (c) 1,10 (d) 2,7

SSC CGL 2023 (Tier I & II)

36. $\left[\frac{1}{8} + \left\{\frac{1}{6} \times \left(\frac{36}{45} \div \frac{24}{25}\right) - \left(\frac{12}{21} \times \frac{14}{15} \div \frac{24}{45}\right)\right\} + \frac{27}{36}\right]$ का मान क्या है?
SSC CGL (Tier II) 26/10/2023 Shift-I
(a) $\frac{1}{36}$ (b) $\frac{1}{72}$ (c) $\frac{1}{108}$ (d) $\frac{1}{27}$

37. निम्नलिखित का मान ज्ञात कीजिए।
$\dfrac{\sqrt{1.24} \times \sqrt{2.79}}{\sqrt{2.64} \times \sqrt{5.94}}$
SSC CGL (Tier II) 26/10/2023 Shift-I
(a) $\frac{31}{66}$ (b) $\frac{31}{44}$ (c) $\frac{33}{64}$ (d) $\frac{33}{31}$

38. $\dfrac{0.7 \times 0.7 \times 0.7 + 0.3 \times 0.3 \times 0.3}{0.7 \times 0.7 - 0.7 \times 0.3 + 0.3 \times 0.3}$ का मान .... है।
SSC CGL (Tier II) 07/03/2023 Shift-I
(a) – 1 (b) 1 (c) 2 (d) 3

39. यदि $x = \sqrt{64} + \sqrt{121} - \sqrt{169}$ है, तो x^2 का मान ज्ञात करें।
SSC CGL (Tier II) 07/03/2023 Shift-I
(a) 25 (b) 16 (c) 36 (d) 49

40. दिए गए व्यंजक का मान बताइए।
SSC CGL (Tier II) 06/03/2023 Shift-I
$3 - (-6)\{-2 - 9 - 3\} \div 7\{1 + (-2)(-1)\}$
(a) 15 (b) 7 (c) –1 (d) 1

41. निम्नलिखित को सरल (हल) कीजिए।
$\dfrac{\sqrt{10 + \sqrt{25 + \sqrt{108 + \sqrt{154 + \sqrt{225}}}}}}{\sqrt{16 + 19.25 \times 4^2}}$
SSC CGL (Tier II) 06/03/2023 Shift-I
(a) $\frac{5}{18}$ (b) $\frac{2}{9}$ (c) $\frac{7}{18}$ (d) $\frac{1}{9}$

42. दिए गए व्यंजक का मान ज्ञात कीजिए
$\sqrt{20 - \sqrt{20 - \sqrt{20 - \sqrt{20 - \ldots \infty}}}}$
SSC CGL (Tier II) 03/03/2023 Shift-I
(a) 5 (b) 2 (c) 6 (d) 4

43. दिए गए व्यंजक का मान बताइए।
SSC CGL (Tier II) 03/03/2023 Shift-I
$[76 - \{90 \div 5 \times (24 - 36 \div 3) \div 3\}]$
(a) 4 (b) 75.5 (c) 77.5 (d) 71.5

44. दिए गए व्यंजक का मान बताइए।
SSC CGL (Tier II) 02/03/2023 Shift-I
$30 - [40 - \{56 - (25 - 13 - 12)\}]$
(a) 14 (b) 22 (c) 38 (d) 46

45. $1\frac{3}{4}+1\frac{5}{7}\div2\frac{3}{7}\times2\frac{3}{7}$ का मान ज्ञात कीजिए।
SSC CGL (Tier I) 27/07/2023 Shift-II
(a) $3\frac{13}{28}$ (b) $2\frac{13}{28}$ (c) $1\frac{11}{28}$ (d) $4\frac{23}{28}$

46. दिए गए व्यंजक का मान ज्ञात कीजिए।
SSC CGL (Tier I) 27/07/2023 Shift-II
$$\frac{[120\times120\times120-100\times100\times100]}{[120\times120+120\times100+100\times100]}$$
(a) 10 (b) 25 (c) 20 (d) 15

47. निम्नलिखित का मान ज्ञात कीजिए।
SSC CGL (Tier I) 27/07/2023 Shift-I
$80.40\div20-(-4.02)+2.06=$ ....
(a) 9.8 (b) 10.1 (c) 8.2 (d) 10.2

48. दिए गए व्यंजक का मान ज्ञात कीजिए
SSC CGL (Tier I) 26/07/2023 Shift-IV
$14\div7\times1+3-[18-\{15-(7-7-2)\}]$
(a) 4 (b) 5 (c) 6 (d) 3

49. $\frac{2}{3}-\frac{5}{6}\times\frac{4}{5}\div\frac{4}{3}+\frac{1}{2}$ का मान क्या है?
SSC CGL (Tier I) 26/07/2023 Shift-III
(a) $\frac{2}{3}$ (b) $\frac{2}{5}$ (c) $-\frac{11}{60}$ (d) 0

50. $6-(6\div2-3+7-2)\times[\{3-2\div2\}\times5-6]$ का मान क्या है?
SSC CGL (Tier I) 26/07/2023 Shift-II
(a) –14 (b) –16 (c) –4 (d) –12

51. $100\div10-[-2+\{-9+(3-6 \text{ का } 2)\}]=$ ...... होगा।
SSC CGL (Tier I) 25/07/2023 Shift-III
(a) 30 (b) –6 (c) 0 (d) 20

52. यदि $13-[10-\{16+8\div(k-2)\}+2]=20$, तो k का मान ज्ञात कीजिए।
SSC CGL (Tier I) 24/07/2023 Shift-IV
(a) $\frac{31}{3}$ (b) $\frac{23}{13}$ (c) $\frac{14}{3}$ (d) $\frac{40}{13}$

53. निम्न का मान ज्ञात कीजिए
SSC CGL (Tier I) 24/07/2023 Shift-IV
$220+80\div[63-\{7\times8+(13-2\times4)\}]$
(a) 260 (b) 240
(c) 270 (d) 250

54. निम्नलिखित व्यंजक को हल कीजिए।
SSC CGL (Tier I) 24/07/2023 Shift-III
$2+(30-26)^2\div8^{3-2}\times0.5$
(a) 0 (b) 3 (c) 2 (d) 1

55. दिए गए व्यंजक का मान ज्ञात कीजिए।
SSC CGL (Tier I) 24/07/2023 Shift-III
$15-(-5)\times\{4-(7-3)\}\div[3\times\{5+(-3)\times(-6)\}]$
(a) 125 (b) 21 (c) 15 (d) 88

56. निम्नलिखित का सरलीकरण कीजिए।
SSC CGL (Tier I) 24/07/2023 Shift-III
$$\frac{0.01\times0.01\times0.01+0.003\times0.003\times0.003}{0.05\times0.05-0.015\times0.05+0.015\times0.015}$$
(a) $\frac{13}{15}\times10^3$ (b) $\frac{13}{25}\times10^{-3}$
(c) $\frac{13}{25}\times10^3$ (d) $\frac{13}{15}\times10^{-3}$

57. यदि $720\div8+915\div15-m+32\times5=1104\div16\times111\div37$ है, तो m का मान क्या होगा?
SSC CGL (Tier I) 24/07/2023 Shift-I
(a) 311 (b) 104 (c) 518 (d) 207

58. निम्नलिखित को हल कीजिए।
SSC CGL (Tier I) 24/07/2023 Shift-I
$22-[9-\{6-(10-4+3)\}]\div2\times3$
(a) 3 (b) 4 (c) 12 (d) 20

59. $(16+14)\div2-12+16\times4-28+13(-16+13)$ का मान क्या होगा?
SSC CGL (Tier I) 21/07/2023 Shift-III
(a) 0 (b) –3 (c) 3 (d) 6

60. $\frac{3}{2}\div\frac{1}{7}\times\left[\left(\frac{1}{2}-\frac{1}{3}\right)\div\frac{1}{42}\right]$ का मान ज्ञात कीजिए।
SSC CGL (Tier I) 21/07/2023 Shift-III
(a) $72\frac{1}{2}$ (b) $72\frac{1}{3}$
(c) $73\frac{1}{2}$ (d) $71\frac{2}{3}$

61. $(3^2)^2+3\times3\div3-3$ का मान क्या होगा?
SSC CGL (Tier I) 21/07/2023 Shift-II
(a) 9^2 (b) 3^2 (c) 3^0 (d) 2^3

62. निम्न का मान ज्ञात कीजिए
SSC CGL (Tier I) 21/07/2023 Shift-II
$$264-\left[142-\left\{75+\left(38-\left(\frac{5}{4}+\frac{11}{4}\right)\right)\right\}\right]$$
(a) 232 (b) 234 (c) 230 (d) 231

63. निम्न व्यंजक का मान ज्ञात कीजिए।
SSC CGL (Tier I) 21/07/2023 Shift-I
$10\div5\times1+3-[8-\{5-(7-7-9)\}]$
(a) 8 (b) 11 (c) 10 (d) 9

64. $[0.08-\{3.5-4.9-(12.5-7.8-4.6)\}]$ का मान ज्ञात कीजिए।
SSC CGL (Tier I) 20/07/2023 Shift-IV
(a) 12.58 (b) 0.08 (c) 1.58 (d) 2.58

65. निम्नलिखित व्यंजक का मान ज्ञात कीजिए।
SSC CGL (Tier I) 20/07/2023 Shift-III
$8+(-9-3)-(-12-5)$
(a) 13 (b) 16 (c) 14 (d) 15

66. निम्न का मान ज्ञात करें।
SSC CGL (Tier I) 20/07/2023 Shift-III
$325+276\div[150-\{9\times9+(83-4\times15)\}]$
(a) 331 (b) 334 (c) 333 (d) 332

67. $7.5\times17.2\div8.6+(59.5)$ का $\frac{1}{17}-\frac{7}{2}$ का 5 का मान ज्ञात करें।
SSC CGL (Tier I) 20/07/2023 Shift-II
(a) 2 (b) 3
(c) 4 (d) 1

68. निम्न व्यंजक का मान ज्ञात कीजिए।
SSC CGL (Tier I) 19/07/2023 Shift-II
$$\frac{\left(12+5-\frac{48}{16}+71\right)+\left(\frac{\frac{72}{36}+6\times7}{11}\right)\times\{(51+4-13)+(13-12\times7)\}}{232}$$
(a) $\frac{31}{232}$ (b) $\frac{-31}{232}$ (c) $\frac{-31}{233}$ (d) $\frac{41}{232}$

69. दिए गए व्यंजक का सरलीकरण करें।
SSC CGL (Tier I) 19/07/2023 Shift-I
$$\frac{432\times432+247\times247-432\times247}{432\times432\times432+247\times247\times247}$$
(a) $\frac{1}{679}$ (b) $\frac{1}{259}$ (c) $\frac{1}{450}$ (d) $\frac{1}{185}$

70. निम्नलिखित व्यंजक को सरल कीजिए।
SSC CGL (Tier I) 18/07/2023 Shift-IV
$$\left[\sqrt{25}+12\div3-\left\{20+(16 \text{ का } 8\div16)-\left(54\div18 \text{ का } \frac{1}{2}\right)\right\}\right]$$
(a) 22 (b) – 13 (c) 12 (d) 0

71. निम्नलिखित का मान ज्ञात करें।
SSC CGL (Tier I) 18/07/2023 Shift-III
$51\div\{25+(25 \text{ का } 12\div30)-(5^4\div5 \text{ का } 125)\}$
(a) $\frac{2}{3}$ (b) $-\frac{3}{2}$ (c) $\frac{3}{2}$ (d) $-\frac{2}{3}$

72. दिए गए व्यंजक का सरलीकरण करें।
SSC CGL (Tier I) 18/07/2023 Shift-I
$$\frac{(326+222)^2-(326-222)^2}{(326\times222)}$$
(a) 1 (b) 4 (c) 2 (d) 3

73. $18\div\{(6 \text{ का } 2-4)\}\times5(6-3)=$ ......
SSC CGL (Tier I) 17/07/2023 Shift-IV
(a) $\frac{145}{4}$ (b) $\frac{153}{4}$ (c) $\frac{154}{4}$ (d) $\frac{135}{4}$

74. व्यंजक को सरल कीजिए।
SSC CGL (Tier I) 17/07/2023 Shift-IV
$$\frac{3.35^2-1.25^2}{3.35+1.25}=?$$
(a) 4.60 (b) 3.10 (c) 4.10 (d) 2.1

75. 277 और 323 का गुणनफल ज्ञात कीजिए।
SSC CGL (Tier I) 17/07/2023 Shift-III
(a) 88471 (b) 91371
(c) 89471 (d) 89391

76. निम्नलिखित व्यंजक का मान ज्ञात कीजिए।
SSC CGL (Tier I) 17/07/2023 Shift-III
$(-25)\times8+(-25)\times2$
(a) –250 (b) –210
(c) 210 (d) 250

77. निम्न का मान ज्ञात करें।
SSC CGL (Tier I) 17/07/2023 Shift-I
$2.5\times[144\div198\times\{121\times81\div(11\times9)\}]$
(a) 175 (b) 185
(c) 190 (d) 180

78. निम्नलिखित व्यंजक को हल कीजिए।

SSC CGL (Tier I) 14/07/2023 Shift-IV

$(2\times7-5+9\div3)\div(4+2)^2\times2$

(a) $\frac{3}{2}$ (b) $\frac{2}{3}$ (c) 2 (d) 1.5

79. दिए गए व्यंजक का मान ज्ञात कीजिए।

SSC CGL (Tier I) 14/07/2023 Shift-IV

$18\div3$ का $2\times5+72\div18$ का $2\times3-4\div8\times2$

(a) 25 (b) 20 (c) $\frac{20}{3}$ (d) $\frac{25}{3}$

80. निम्नलिखित व्यंजक का मान ज्ञात कीजिए।

SSC CGL (Tier I) 14/07/2023 Shift-III

$\left[\frac{85}{34}\times\frac{1}{18}-\left\{\left(\frac{46}{69}\div\frac{27}{135}\right)-\left(\frac{86}{129}\times\frac{91}{14}\right)\right\}\right]$ का $\frac{112}{36}$

(a) $3\frac{1}{5}$ (b) $3\frac{1}{4}$ (c) $3\frac{1}{2}$ (d) $3\frac{3}{4}$

81. दिए गए व्यंजक का सरलीकृत मान ज्ञात कीजिए। SSC CGL (Tier I) 14/07/2023 Shift-II

$4\frac{4}{5}\div\frac{3}{5}$ का $5+\frac{4}{5}\times\frac{3}{10}-\frac{1}{5}$

(a) $1\frac{16}{25}$ (b) 6

(c) 5 (d) $1\frac{4}{5}$

SSC CGL 2022-2020 (Tier I)

82. $\frac{16\times16\times16-0.6\times0.6\times0.6}{16\times16+16\times0.6+0.6\times0.6}$ का मान ... है।

SSC CGL (Tier I) 12/12/2022 Shift-III

(a) 0 (b) 1

(c) −1 (d) 2

83. निम्नलिखित को सरल करें।

SSC CGL (Tier I) 05/12/2022 Shift-III

$25^3-75^3+50^3$

(a) 281350 (b) −281450

(c) −281250 (d) 271250

84. $\frac{428\times428\times428+348\times348\times348}{428\times428-428\times348+348\times348}$ का मान क्या होगा?

SSC CGL (Tier I) 01/12/2022 Shift-IV

(a) 62080 (b) 80

(c) 776 (d) 40

85. यदि $\frac{4[(17)^3-(7)^3]}{(17^2+7^2+p)}=40$ है, तो p का मान क्या है? SSC CGL (Tier I) 01/12/2022 Shift-I

(a) −129 (b) −119

(c) 119 (d) 129

86. निम्न व्यंजक का मान ज्ञात करें।

SSC CGL (Tier I) 24/08/2021 Shift-III

$\left(\frac{3}{4}-\frac{1}{4}\div\frac{1}{4}\text{ का }\frac{2}{5}\right)\div\left(\frac{3}{4}\div\frac{2}{3}\text{ का }\frac{3}{5}\right)$

(a) $-\frac{14}{15}$ (b) $-\frac{70}{27}$ (c) $\frac{14}{75}$ (d) $\frac{32}{75}$

87. $3\frac{1}{5}\div4\frac{1}{2}$ का $5\frac{1}{3}-\frac{1}{8}\div\frac{1}{2}$ का $\frac{1}{4}+\frac{1}{4}\left(\frac{1}{2}\div\frac{1}{8}\times\frac{1}{4}\right)$ का मान ज्ञात करें।

SSC CGL (Tier I) 24/08/2021 Shift-I

(a) $-\frac{17}{60}$ (b) $\frac{17}{60}$ (c) $\frac{37}{60}$ (d) $-\frac{37}{60}$

88. निम्न व्यंजक का मान ज्ञात करें।

SSC CGL (Tier I) 23/08/2021 Shift-I

$7\times4\div21$ का $4-5\div4\times(9-13)+2-2\div8$

(a) $5\frac{1}{3}$ (b) $5\frac{1}{16}$ (c) $7\frac{1}{12}$ (d) $12\frac{1}{2}$

89. निम्न व्यंजक का मान ज्ञात करें।

SSC CGL (Tier I) 20/08/2021 Shift-I

$3\times8\div9$ का

$6-2\div3\times(5-2)\times2+18\div3$ का 3

(a) $-1\frac{5}{9}$ (b) $2\frac{12}{13}$ (c) $2\frac{1}{3}$ (d) −4

90. $441\div\left[270\div\frac{3}{7}+\left(17\div\frac{1}{3}\right)-\left(8\frac{1}{2}-\frac{5}{2}\right)\right]$

SSC CGL (Tier I) 18/08/2021 Shift-III

व्यंजक को सरल करें।

(a) $\frac{19}{75}$ (b) $\frac{39}{75}$ (c) $\frac{29}{75}$ (d) $\frac{49}{75}$

91. $18\div[26-\{25-(15-5)\div2\}]$ का $12+2-2\div4\times16$ का मान ज्ञात करें।

SSC CGL (Tier I) 18/08/2021 Shift-I

(a) $-\frac{23}{4}$ (b) $\frac{3}{2}$ (c) $-\frac{25}{2}$ (d) $\frac{9}{4}$

92. निम्न व्यंजक का मान ज्ञात करें।

SSC CGL (Tier I) 18/08/2021 Shift-I

$\frac{(375+125)^2-(125-375)^2}{375\times375-125\times125}$

(a) $\frac{3}{4}$ (b) $\frac{27}{28}$ (c) $\frac{15}{8}$ (d) $\frac{3}{2}$

93. निम्न व्यंजक का मान ज्ञात करें।

SSC CGL (Tier I) 17/08/2021 Shift-III

$\left(\frac{7}{16}\div\frac{1}{2}\text{ का }\frac{1}{5}\right)\times\frac{4}{5}-\frac{1}{3}\times\frac{5}{8}\div\frac{1}{2}+\frac{3}{4}$

(a) $\frac{23}{6}$ (b) $\frac{317}{96}$ (c) $\frac{71}{150}$ (d) $\frac{10}{3}$

94. $32\div12$ का $3\times[5-(15-12)\div9]$ का $\frac{3}{7}+4-8\div2$ का 4 का मान ज्ञात करें।

SSC CGL (Tier I) 17/08/2021 Shift-I

(a) $3\frac{1}{6}$ (b) $3\frac{1}{3}$ (c) $4\frac{7}{9}$ (d) $1\frac{7}{9}$

95. $\frac{52-1170\div26+13\times2}{2+1\frac{1}{8}\text{ का }2-1\frac{1}{4}}$ का मान ज्ञात करें।

SSC CGL (Tier I) 16/08/2021 Shift-I

(a) 41 (b) 11 (c) 12 (d) 27

96. $90\div20$ का $6\times[11\div4$ का $\{3\times2-(3-8)\}]$ $\div(9\div3\times2)$ का मान ज्ञात करें।

SSC CGL (Tier I) 13/08/2021 Shift-III

(a) $\frac{1}{36}$ (b) $\frac{9}{8}$ (c) $\frac{3}{8}$ (d) $\frac{1}{32}$

97. $1\frac{1}{8}\div\left(4\frac{1}{4}\div\frac{3}{5}\text{ का }8\frac{1}{2}\right)-\frac{2}{5}\times1\frac{1}{3}\div\frac{4}{5}$ का $1\frac{2}{3}+\frac{11}{20}$ का मान ज्ञात कीजिए।

SSC CGL (Tier I) 07/03/2020 Shift-II

(a) $1\frac{1}{4}$ (b) $1\frac{1}{2}$ (c) $3\frac{1}{8}$ (d) $3\frac{1}{2}$

98. 151^2-149^2 का मान बताइए।

SSC CGL (Tier I) 07/03/2020 Shift-I

(a) 600 (b) 2^2 (c) 400 (d) 300

99. $3-(9-3\times8\div2)$ का मान बताइए।

SSC CGL (Tier I) 07/03/2020 Shift-I

(a) −21 (b) 6 (c) $\frac{21}{2}$ (d) 0

100. $\frac{[54-(5\div2)\times8]+13}{48-4\div3\times8-2}$ का मान ज्ञात कीजिए।

SSC CGL (Tier I) 06/03/2020 Shift-III

(a) $\frac{141}{127}$ (b) $\frac{89}{127}$ (c) $\frac{141}{106}$ (d) $\frac{89}{106}$

101. निम्न समीकरण को हल करें।

SSC CGL (Tier I) 06/03/2020 Shift-II

$\frac{4}{3}\div\frac{1}{6}\times2-1=?$

(a) 15 (b) −2 (c) 8 (d) 3

102. $40-[3-\{4-(6-\overline{6-4})\}]$ का मान बताइए।

SSC CGL (Tier I) 06/03/2020 Shift-I

(a) 47 (b) 100 (c) 300 (d) 37

103. $-1+\frac{1}{4}\div\frac{1}{2}\times2+5$ का मान .... है।

SSC CGL (Tier I) 05/03/2020 Shift-III

(a) 5 (b) $\frac{17}{4}$ (c) 2 (d) $-\frac{7}{2}$

104. $\frac{3}{5}\times1\frac{7}{8}\div1\frac{1}{3}$ का $\frac{3}{16}-\left(3\frac{1}{5}\div4\frac{1}{2}\text{ का }5\frac{1}{3}\right)\times2\frac{1}{2}+\frac{1}{2}+\frac{1}{8}\div\frac{1}{4}$ का मान ज्ञात कीजिए।

SSC CGL (Tier I) 05/03/2020 Shift-II

(a) $4\frac{1}{3}$ (b) $4\frac{1}{8}$ (c) $5\frac{5}{6}$ (d) $5\frac{1}{6}$

SSC CPO SI 2024

105. $[16\div2-7\times15\div3+\{(1+4)\times5\}+4\times3-10]$ का मान ज्ञात कीजिए।

SSC CPO 29/06/2024 Shift III

(a) 4 (b) 2 (c) −2 (d) 0

106. दिए गए व्यंजक को सरल कीजिए।

$55\frac{1}{3}\div\left[3\frac{1}{5}+\left\{2\frac{1}{2}-\left(2\frac{1}{3}+\frac{3}{5}\right)\right\}\right]$

SSC CPO 29/06/2024 Shift III

(a) 20 (b) 35

(c) 15 (d) 25

107. $45\div5\times5+10-5$ को सरल कीजिए।

SSC CPO 29/06/2024 Shift III

(a) 50 (b) 40

(c) 60 (d) 30

108. निम्नलिखित को सरल कीजिए।
$8.16 \times 5.35 + 17.9 - 19.5$ का $\frac{1}{15} + \frac{1}{5}$
SSC CPO 29/06/2024 Shift III
(a) 57.426 (b) 70.225
(c) 60.456 (d) 65.234

109. निम्नलिखित व्यंजक $3\frac{1}{7} \div 1\frac{4}{7} + 3$ का $2\frac{2}{3} + 2.5 \times 2.4 \div 3\frac{1}{3} - 4$ का 3 को सरल कीजिए। SSC CPO 29/06/2024 Shift III
(a) $-\frac{1}{5}$ (b) $-\frac{4}{5}$ (c) $-\frac{3}{5}$ (d) $-\frac{2}{5}$

110. दिए गए व्यंजक को सरल कीजिए।
$$\frac{53 - \frac{2}{7} \text{ का } 63 - 9}{72 - \frac{2}{5} \text{ का } (96 - 31)}$$
SSC CPO 29/06/2024 Shift III
(a) $\frac{7}{23}$ (b) $\frac{26}{23}$ (c) $\frac{11}{23}$ (d) $\frac{13}{23}$

111. $264 \div 8 - 1 - 32 \times 2 + 80 \div 5 \times 40 \div 20$ का मान ज्ञात कीजिए। SSC CPO 29/06/2024 Shift II
(a) 1 (b) 2 (c) 0 (d) 3

112. $63 - [15 + \{17 - (9 - 7 + 1)\}]$ को सरल कीजिए। SSC CPO 29/06/2024 Shift II
(a) 34 (b) 44 (c) 40 (d) 30

113. $(12 + 18) \div 2 - 11 + 16 \times 4 - 28 + 13(-18 + 15)$ का मान ज्ञात कीजिए।
SSC CPO 29/06/2024 Shift II
(a) 1 (b) 0 (c) 2 (d) 3

114. $\frac{(275 \times 275 \times 275 + 725 \times 725 \times 725)}{(275 \times 275 + 725 \times 725 - 725 \times 275)} \times \frac{(275 \times 275 \times 275 - 725 \times 725 \times 725)}{(275 \times 275 + 725 \times 725 + 725 \times 275)}$ का मान ज्ञात करें। SSC CPO 29/06/2024 Shift II
(a) 45000 (b) –450000
(c) 450000 (d) –45000

115. $\frac{7 + 8 \times 8 \div 8 \text{ का } 8 + 8 \div 8 \times 5}{4 \div 4 \text{ का } 4 + 4 \times 4 \div 4 - 4 \div 4}$ का मान ज्ञात कीजिए SSC CPO 29/06/2024 Shift II
(a) 3 (b) 4 (c) 2 (d) 1

116. यदि $x + \cfrac{1}{1 + \cfrac{1}{3 + \cfrac{1}{2}}} = 1$ है, तो x का मान कितना होगा? SSC CPO 29/06/2024 Shift II
(a) $\frac{7}{9}$ (b) $\frac{3}{7}$ (c) $\frac{2}{9}$ (d) $\frac{1}{7}$

117. दिए गए व्यंजक को सरल कीजिए।
$12.3 - [7 + 0.8$ का $(5.6 - 3.8 \times 1.03)]$
SSC CPO 29/06/2024 Shift II
(a) 3.9512 (b) 7.8539
(c) 5.2314 (d) 1.2368

118. $\frac{1}{2^2} + \frac{1}{2^3} \div \left(\frac{1}{2} + \frac{1}{2} \div 1\right) + 3\frac{1}{3} \div \frac{5}{2} \times \frac{3}{4} \div 6\frac{2}{3} \times \frac{7}{6}$ का मान क्या है? SSC CPO 29/06/2024 Shift II
(a) $\frac{11}{30}$ (b) $\frac{21}{20}$ (c) $\frac{11}{20}$ (d) $\frac{7}{40}$

119. $\left(\frac{3}{4} + \frac{5}{4}\right) \times \left(\frac{9}{5} - \frac{4}{5}\right) \div \left(\frac{3}{2} + \frac{1}{2}\right)$ को सरल कीजिए। SSC CPO 29/06/2024 Shift I
(a) – 2 (b) – 1 (c) 1 (d) 2

120. दिए गए व्यंजक को सरल कीजिए।
$$\left(7.2 \times 4.1 \div 12.3 + 22.5 \text{ का } \frac{1}{25} - \frac{1}{10}\right)$$
SSC CPO 29/06/2024 Shift I
(a) 4.9 (b) 3.2 (c) 7.4 (d) 9.6

121. यदि $m \times 7 + 4 - 6 \div 3 - 7 + 45 \div 5 \times 4 + 49 = 87$ है, तो m का मान ज्ञात कीजिए।
SSC CPO 29/06/2024 Shift I
(a) 0 (b) 14 (c) 7 (d) 1

122. निम्नलिखित को सरल कीजिए।
$$\left[\left(7\frac{1}{4}\right)^2 - \left(5\frac{4}{5}\right)^2\right] \div 5\frac{4}{5} \times \frac{16}{9}$$
SSC CPO 29/06/2024 Shift I
(a) 5.8 (b) 7.4 (c) 9.3 (d) 3.1

123. निम्नलिखित व्यंजक को हल कीजिए।
$$\frac{\left(2\frac{1}{7} + 6\frac{1}{7}\right) \div \frac{9}{7}}{1\frac{1}{9} \div \left\{\frac{7}{9} + \left(\frac{4}{9} \div \frac{4}{3}\right)\right\}}$$
SSC CPO 29/06/2024 Shift I
(a) $\frac{53}{9}$ (b) $\frac{58}{9}$ (c) $\frac{56}{9}$ (d) $\frac{55}{9}$

124. $\left(2\frac{1}{2} + 1\frac{3}{4} - \frac{1}{6}\right) \times 16 \div 49$ का मान ज्ञात कीजिए। SSC CPO 29/06/2024 Shift I
(a) $\frac{3}{9}$ (b) $\frac{4}{7}$ (c) $2\frac{3}{4}$ (d) $1\frac{1}{3}$

125. सरल कीजिए। $13.5 - [5 + 0.5 \times (9 - 3 \times 2)]$
SSC CPO 28/06/2024 Shift III
(a) 5 (b) 6 (c) 7 (d) 8

126. $22.0625 - [15 + 0.25 \times (4.78 - 1.5 \times 3.02)]$ को हल कीजिए। SSC CPO 28/06/2024 Shift III
(a) 7.0 (b) 7.2 (c) 7.1 (d) 7.3

127. $72 \div 8 - 210 \div 15 - 5 + 2 \times 5$ का मान ज्ञात कीजिए। SSC CPO 28/06/2024 Shift III
(a) 2 (b) 1 (c) 0 (d) 3

128. निम्नांकित मान ज्ञात कीजिए।
$$\frac{2\left\{3 + 3\left(\frac{1}{4} \div \frac{15}{20} + 2\right) - 18 \times \frac{1}{3}\right\}}{2\,(4 + 20 \div 4)}$$
SSC CPO 28/06/2024 Shift III
(a) $\frac{11}{18}$ (b) $\frac{7}{18}$ (c) $\frac{5}{9}$ (d) $\frac{4}{9}$

129. $\frac{3 \div 3 \times 2 - 6 \div 3 + 7}{5 \div 5 \times 6 \div 6 + 3 + 3}$ का मान ज्ञात कीजिए।
SSC CPO 28/06/2024 Shift III
(a) $\frac{8}{7}$ (b) 2 (c) 1 (d) $\frac{6}{7}$

130. यदि $56 \div 4 + p \times 3 - 24 \div 12 + 4 = 21 \div 3 + 3$ है, तो p का मान ज्ञात कीजिए।
SSC CPO 28/06/2024 Shift III
(a) – 2 (b) – 1 (c) 1 (d) 2

131. $\left[\begin{matrix} 9 + 3 - 2 \times \left\{\left(4 \div \frac{1}{4}\right) - 4\right\} \\ + 81 \div 9 + 81 \div 9 + 3 - 9 \end{matrix}\right] + 9$ का मान ज्ञात कीजिए। SSC CPO 28/06/2024 Shift III
(a) 0 (b) 9 (c) 3 (d) 6

132. दिए गए व्यंजक को सरल कीजिए।
$$\frac{13 \div \{6 - 6 \div (7 - 9) \times 8 + 9\}}{5 + 5 \times 5 \div 5 \text{ का } 5}$$
SSC CPO 28/06/2024 Shift III
(a) 39 (b) $\frac{1}{2}$ (c) 13 (d) $\frac{1}{18}$

133. निम्नलिखित व्यंजक को सरल कीजिए।
$(4.2$ का $2.5 \div 3.5) - (3.6 \div 2.4 + 2.5$ का $3 \div 7.5) + (6 - 3$ का $2 + 4$ का $3 \div 6)$
SSC CPO 28/06/2024 Shift III
(a) 4.5 (b) 1.5 (c) 2.5 (d) 3.5

134. दिए गए व्यंजक को सरल कीजिए।
$[\{9 \times 81 + (142 \div 2)\} + 350 - 155 + 5] \div [(25 \times 25) - 125]$ SSC CPO 28/06/2024 Shift II
(a) 2 (b) –2 (c) –1 (d) 1

135. दिए गए व्यंजक को सरल कीजिए।
$1000 \times 100 - 1000 + 4000 \div 200$
SSC CPO 28/06/2024 Shift II
(a) 99999 (b) 99980
(c) 99020 (d) 99235

136. निम्नलिखित व्यंजक को सरल कीजिए।
$(6 + 6$ का $5 \div 5) \div 6$ का $5 + (24 \div 2$ का $3 - 6$ का $5 + 4)$
SSC CPO 28/06/2024 Shift II
(a) $-21\frac{3}{5}$ (b) $-17\frac{2}{5}$ (c) $-23\frac{1}{5}$ (d) $-26\frac{2}{5}$

137. $66 \div [34 - (32$ का $2 - 4) \div (4 \times 15)]$ का मान निम्न में से किसके बराबर होगा?
SSC CPO 28/06/2024 Shift II
(a) 3 (b) 1 (c) 2 (d) 0

138. निम्नलिखित को सरल कीजिए।
$$\left[3\frac{2}{5} \times \left\{2\frac{3}{4} + 3.3\left(5\frac{1}{3} + 3\frac{1}{3} - 2\frac{1}{3}\right)\right\}\right]$$
SSC CPO 28/06/2024 Shift II
(a) 53.25 (b) 70.25 (c) 46.29 (d) 80.41

139. $5055 - (1002 \div 20.04)$ का सरलीकृत मान ज्ञात कीजिए। SSC CPO 28/06/2024 Shift II
(a) 50.05 (b) 5050
(c) 4050 (d) 5005

140. यदि $855 \div 15 - k + 32 \times 5 = 1152 \div 16 \times 111 \div 37$ हो, तो k का मान ज्ञात कीजिए।
SSC CPO 28/06/2024 Shift II
(a) 3 (b) 0 (c) 2 (d) 1

141. यदि $x[-5\{-4(-a)\}] + 6[-3\{-3(-a)\}] = 6a$ है, तो x का मान ज्ञात कीजिए।
SSC CPO 28/06/2024 Shift I
(a) 2 (b) −3 (c) −1 (d) 0

142. $29 - [(48 \div 12) + 2 \times (8 \div 4 + 4)]$ का मान निम्न में से किसके बराबर होगा?
SSC CPO 28/06/2024 Shift I
(a) 13 (b) 15 (c) 21 (d) 19

143. निम्नलिखित व्यंजक को सरल कीजिए
$$\frac{3.2 \times 3.2 - 0.2 \times 0.2}{0.2 \times 0.2 - 2 \times 0.2 \times 3.2 + 3.2 \times 3.2}$$
SSC CPO 28/06/2024 Shift I
(a) $\frac{11}{15}$ (b) $\frac{13}{15}$ (c) $\frac{19}{15}$ (d) $\frac{17}{15}$

144. $20 \div 5$ का $4 \times 8 + 6 \div 24$ का $3 \times 48 - 6 \div 18 \times 9$ को सरल कीजिए।
SSC CPO 28/06/2024 Shift I
(a) 1.125 (b) 6 (c) 4 (d) 9

145. $[\{(82 + 48 \div 8 \times 3) + 5 \times 6\} - 7.5 \times 2]$ का मान ज्ञात कीजिए।
SSC CPO 28/06/2024 Shift I
(a) 115 (b) 125 (c) 121 (d) 130

146. सरल कीजिए $1898 \div \left[\frac{13}{4} \times (35 + 45) - \frac{91}{4}\right]$
SSC CPO 28/06/2024 Shift I
(a) 12 (b) 4 (c) 16 (d) 8

147. $[25 - (-4)\{9 - (6 - 2)\}] \div [3 \times \{6 + (-3) \times (-3)\}]$ को सरल कीजिए।
SSC CPO 28/06/2024 Shift I
(a) 6 (b) 4 (c) 1 (d) 2

148. $1 - \cfrac{1}{1 + \cfrac{1}{2 - \cfrac{1}{2 + \cfrac{1}{3}}}}$ का मान कितना होगा?
SSC CPO 28/06/2024 Shift I
(a) $\frac{3}{11}$ (b) $\frac{3}{16}$ (c) $\frac{7}{15}$ (d) $\frac{7}{18}$

149. $5\frac{1}{4} - \left[3\frac{1}{2} - \left\{\frac{5}{6} - \left(\frac{3}{5} \times \frac{1}{10} \div \frac{4}{15}\right)\right\}\right]$ का मान कितना होगा?
SSC CPO 28/06/2024 Shift I
(a) $1\frac{97}{120}$ (b) $2\frac{47}{120}$ (c) $2\frac{43}{120}$ (d) $1\frac{81}{120}$

150. $64 \div [44 - (8$ का $3 - 16) \div 4 \times 20]$ का मान निम्न में किसके बराबर होगा?
SSC CPO 28/06/2024 Shift I
(a) 18 (b) 16
(c) 15 (d) 12

151. $9 \times 9 + 9 \div 9 - 9 \times 9 + 9 + 9 \times 9 - 9 - 9 \times 9$ का मान ज्ञात कीजिए।
SSC CPO 27/06/2024 Shift III
(a) 81 (b) 9 (c) 0 (d) 1

152. $22 \times 10 \div 5 \times 2 + 12$ को सरल कीजिए।
SSC CPO 27/06/2024 Shift III
(a) 101 (b) 100 (c) 102 (d) 103

153. $\frac{1}{4} + \frac{2}{5} \div \left[\left\{2\frac{1}{5} - 2\right\} \times 5\right] - \frac{2}{3}$ का $\frac{3}{5}$ का मान ज्ञात कीजिए।
SSC CPO 27/06/2024 Shift III
(a) $\frac{1}{4}$ (b) $\frac{2}{3}$ (c) $\frac{3}{5}$ (d) $\frac{5}{6}$

154. $[\{38 - (-6)\} \times \{9 - (8 - 1)\}] \div [4 \times \{6 + (-4)\}]$ को सरल कीजिए।
SSC CPO 27/06/2024 Shift III
(a) 11 (b) 14 (c) 22 (d) 18

155. $(4^2)^2 + 4 \times 4 \div 4 - 4$ का मान ज्ञात कीजिए।
SSC CPO 27/06/2024 Shift III
(a) 4^2 (b) 4^4 (c) 4^3 (d) 4^0

156. $5 + [6 + (3 + 5) \div 2] \div 2$ का मान निम्न में से किसके बराबर होगा?
SSC CPO 27/06/2024 Shift III
(a) 8 (b) 14 (c) 10 (d) 12

157. निम्नलिखित व्यंजक को सरल कीजिए।
$$\frac{(525 + 175)^2 - (525 - 175)^2}{(525 \times 175)}$$
SSC CPO 27/06/2024 Shift III
(a) 2 (b) 4 (c) 350 (d) 700

158. $35 - [30 + \{10 + (12 - 10 - 4)\}]$ को सरल कीजिए।
SSC CPO 27/06/2024 Shift III
(a) 3 (b) − 3 (c) 2 (d) − 2

159. निम्नलिखित को सरल कीजिए।
$$\frac{92736}{(274 + 830) \text{ का } \frac{7}{4}} + 513$$
SSC CPO 27/06/2024 Shift III
(a) 574 (b) 546 (c) 526 (d) 561

160. $8.2 + 2.6 + 3.2 - 4.5 \div 0.9 \times 1.2$ को सरल कीजिए।
SSC CPO 27/06/2024 Shift II
(a) 10 (b) 6 (c) 4 (d) 8

161. निम्नलिखित व्यंजकों को सरल कीजिए।
$25 \times 25 + 9 \times 9 + 6 \times 6 + 2 \times 25 \times 9 + 2 \times 9 \times 6 + 2 \times 25 \times 6$
SSC CPO 27/06/2024 Shift II
(a) 1600 (b) 1200 (c) 900 (d) 2500

162. $$\frac{12 + 3\frac{2}{3} \div \left[1\frac{3}{4} \div \left\{5\frac{1}{4} \times \left(3\frac{3}{5} \div 4\frac{1}{2}\right)\right\}\right]}{1\frac{1}{3} \times 5\frac{1}{3}}$$ का मान ज्ञात कीजिए।
SSC CPO 27/06/2024 Shift II
(a) 1 (b) 3 (c) 2 (d) 5

163. $30 + 180 \div 30 \times 6 \quad 15 \quad 16 \quad 60 \div 3 - 15$ का मान ज्ञात कीजिए।
SSC CPO 27/06/2024 Shift II
(a) 0 (b) 3 (c) 1 (d) 2

164. $1 - \cfrac{7}{1 - \cfrac{1}{1 + \cfrac{7}{1 - 7}}}$ का मान कितना होगा?
SSC CPO 27/06/2024 Shift II
(a) −1 (b) 0 (c) 2 (d) 1

165. $(13.49 + 12.51) \times 13$ का मान ज्ञात कीजिए।
SSC CPO 27/06/2024 Shift II
(a) 138 (b) 238 (c) 438 (d) 338

166. निम्नलिखित को सरल कीजिए।
$9^{18} \div 3^{14}$ का $27^3 \times \sqrt{6561}$
SSC CPO 27/06/2024 Shift II
(a) 3^{18} (b) 3^{16} (c) 3^{15} (d) 3^{17}

167. सरल कीजिए।
$5 \times [14 \div 13 \times \{13 \times 14 \div (14 \times 14)\}]$
SSC CPO 27/06/2024 Shift II
(a) 5 (b) 20 (c) 15 (d) 10

168. निम्नलिखित व्यंजक $3\frac{1}{5}$ का
$2\frac{3}{4} \div \frac{11}{3} + \left(2\frac{1}{5} \div 1\frac{2}{5} \text{ का } 1\frac{3}{7} - 2\frac{1}{3}\right)$
SSC CPO 27/06/2024 Shift I
(a) $2\frac{1}{6}$ (b) $3\frac{1}{6}$
(c) $4\frac{1}{6}$ (d) $1\frac{1}{6}$

169. दिए गए व्यंजक को सरल कीजिए।
$25 \div 5 \times 7$ का $(5 + 7) - 13\,(6 \times 4)$
SSC CPO 27/06/2024 Shift I
(a) 112 (b) 108 (c) 138 (d) 126

170. $12 + 24 \div 2 - 7 \times 30 \div 6 + (5 + 4) \times 8 + 8 \div 8 - 8$ का मान ज्ञात कीजिए।
SSC CPO 27/06/2024 Shift I
(a) 58 (b) 45 (c) 85 (d) 54

171. $3\frac{2}{3} \div 2\frac{1}{5} \times \frac{1}{4} \times \left(1 + \cfrac{3}{1 - \cfrac{2}{5}}\right)$ का मान ज्ञात कीजिए।
SSC CPO 27/06/2024 Shift I
(a) $1\frac{3}{4}$ (b) $3\frac{1}{2}$
(c) $2\frac{1}{4}$ (d) $2\frac{1}{2}$

172. $$\left[18 - 3 \times \left\{\frac{3 - 3 \times \left(3 \div \frac{1}{3} - 3\right)}{+3 \div \frac{1}{3} + 3}\right\} - 4 \times 2\right]$$ का मान ज्ञात कीजिए।
SSC CPO 27/06/2024 Shift I
(a) 18 (b) 15
(c) 19 (d) 12

173. $35 - [28 - (60 \div 4 + 26 \div 13)]$ का मान निम्न में से किसके बराबर होगा?
SSC CPO 27/06/2024 Shift I
(a) 26 (b) 22
(c) 27 (d) 24

SSC CPO SI 2023-2020

174. $\frac{(157\times157)+(157\times133)+(133\times133)}{(157\times157\times157)-(133\times133\times133)}$ का मान क्या .... होगा?
SSC CPO 04/10/2023 Shift-II
(a) 24 (b) 290 (c) $\frac{1}{24}$ (d) $\frac{1}{290}$

175. निम्नलिखित का मान ज्ञात कीजिए।
SSC CPO 04/10/2023 Shift-II
$19\div5(27-\overline{15-21})+37$
(a) $\frac{6124}{165}$ (b) $\frac{6142}{165}$
(c) $\frac{37}{165}$ (d) $\frac{19}{165}$

176. $\frac{0.04}{0.05}$ का $\frac{\left(3\frac{1}{3}-2\frac{1}{2}\right)\div\frac{1}{2}\text{ का }1\frac{1}{4}}{\frac{1}{3}+\frac{1}{5}\text{ का }\frac{1}{9}}$
SSC CPO 03/10/2023 Shift-I
का मान ज्ञात कीजिए।
(a) 5 (b) 0.3 (c) 3 (d) 0.03

177. निम्नलिखित व्यंजक को सरल कीजिए।
$\frac{8.8\text{ का }\left[\frac{5}{8}-\left\{\frac{3}{8}-\left(\frac{5}{8}-\frac{3}{8}\right)\right\}\right]-12}{4\frac{1}{6}\div2.5\times2\div\frac{1}{6}\text{ का }60+\left(\frac{3}{4}-\frac{3}{8}\right)}$
SSC CPO 11/11/2022 Shift-II
(a) $4\frac{4}{5}$ (b) $3\frac{23}{67}$ (c) $4\frac{44}{85}$ (d) $5\frac{22}{43}$

178. $(0.2)^3\times400\div2000$ का $(0.2)^2$ का सरलीकृत मान .... है। SSC CPO 10/11/2022 Shift-II
(a) $\frac{1}{25}$ (b) $\frac{2}{25}$ (c) $\frac{1}{50}$ (d) $\frac{3}{25}$

179. $(0.00243)^{(0.2)}$ का सरलीकृत मान कितना होगा? SSC CPO 10/11/2022 Shift-II
(a) 0.03 (b) 0.3 (c) 0.003 (d) 0.0003

180. $\frac{2}{3}\div\frac{3}{10}$ का $\frac{4}{9}-\frac{4}{5}\times1\frac{1}{9}\div\frac{8}{15}+\frac{3}{4}\div\frac{1}{2}$ का मान ज्ञात करें। SSC CPO 25/11/2020 Shift-II
(a) $\frac{29}{6}$ (b) $\frac{14}{3}$
(c) $\frac{49}{12}$ (d) $\frac{17}{9}$

181. $\frac{427\times427\times427+325\times325\times325}{42.7\times42.7+32.5\times32.5-42.7\times32.5}$ का मान ज्ञात करें। SSC CPO 25/11/2020 Shift-II
(a) 7520 (b) 752
(c) 75200 (d) 75.2

182. $7\div[5+1\div2-\{4+(4\text{ का }2\div4)+5\div5\text{ का }2)\}]$ का मान ज्ञात करें।
SSC CPO 25/11/2020 Shift-II
(a) $-\frac{7}{2}$ (b) 7
(c) − 7 (d) $\frac{7}{2}$

183. $\frac{0.325\times0.325+0.175\times0.175+25\times0.00455}{5\times0.0065\times3.25-7\times0.175\times0.025}+\frac{0.5}{15}$ का मान ज्ञात करें।
SSC CPO 24/11/2020 Shift-I
(a) $\frac{11}{3}$ (b) $\frac{7}{3}$ (c) 3 (d) 0

184. $2\frac{1}{3}\div2\frac{1}{2}$ का $1\frac{3}{5}+\left(\frac{3}{8}+\frac{1}{7}\times1\frac{3}{4}\right)$ का मान ज्ञात करें। SSC CPO 24/11/2020 Shift-I
(a) $\frac{35}{24}$ (b) $\frac{29}{24}$
(c) $\frac{25}{24}$ (d) $\frac{5}{24}$

185. $\frac{40-32\text{ का }\frac{3}{4}}{37-(34-6)\text{ का }\frac{3}{4}}$ का मान ज्ञात करें।
SSC CPO 23/11/2020 Shift-I
(a) $\frac{1}{2}$ (b) 0 (c) 1 (d) $-\frac{1}{2}$

186. $8-3\div6$ का $2+\left(4\div4\text{ का }\frac{1}{4}\right)\div8+\left(4\times8\div\frac{1}{4}\right)\times\frac{1}{8}$ का मान ज्ञात करें।
SSC CPO 23/11/2020 Shift-I
(a) $-\frac{7}{4}$ (b) $\frac{97}{4}$ (c) $-\frac{97}{4}$ (d) $\frac{7}{4}$

SSC CHSL 2024 (Tier I & II)

187. $5+24\times8\div8$ का $8-8\div8\times4$ का 4 का मान ज्ञात कीजिए।
SSC CHSL (Tier-II) 18/11/2024 Shift I
(a) 8 (b) 9
(c) − 8 (d) − 9

188. यदि $\frac{15}{8}+\left[\left[\left\{\frac{4}{5}\text{ का }\frac{5}{12}\div\left(1\frac{1}{15}\right)\right\}\times1\frac{7}{12}\right]\right]$ को $\frac{a}{b}$ के प्रारूप में व्यक्त किया जाए, जहाँ a और b पूर्णांक हैं और एक-दूसरे के लिए सापेक्षत: अभाज्य हैं, तो मान $4b-a$ का मान क्या है?
SSC CHSL (Tier-I) 11/07/2024 Shift IV
(a) 164 (b) 313
(c) 225 (d) 189

189. यदि $640\div8+930\div15-k+32\times5=1104\div16\times148\div37$ है, तो k का मान क्या है? SSC CHSL (Tier-I) 11/07/2024 Shift III
(a) 302 (b) 35 (c) 26 (d) 276

190. $[3^3\{(40\times5)+(7\times6)\}\div11]+(2^3\times15\div24)$ का मान क्या है?
SSC CHSL (Tier-I) 10/07/2024 Shift III
(a) 599 (b) 559 (c) 595 (d) 959

191. यदि $42\div3+k\times3-22\div11+4=28$, तो k का मान क्या है?
SSC CHSL (Tier-I) 10/07/2024 Shift III
(a) 4 (b) 2 (c) 0 (d) 1

192. यदि
$A=60\left[\frac{6}{25}\div\left(\frac{16}{15}\text{ का }\frac{3}{8}\right)+5-\left(1-2\frac{1}{12}\right)\right]$,
तो A के अंकों का योग ....है।
SSC CHSL (Tier-I) 10/07/2024 Shift II
(a) 5 (b) 3 (c) 6 (d) 7

193. यदि $A=\frac{9}{16}\div\frac{25}{36}, B=9\div[(16\div25)\div36]$,
$C=[9\div(16\div25)]\div36$,
$D=(9\div16)\div(25\div36)$, तो निम्नलिखित में से कौन-सा कथन सत्य है?
SSC CHSL (Tier-I) 10/07/2024 Shift II
(a) B और D बराबर हैं।
(b) A और B बराबर हैं।
(c) C और D बराबर हैं।
(d) A और D बराबर हैं।

194. निम्नलिखित को सरल कीजिए।
$12\div4$ का $3\times6+8\div16$ का $4\times8-4\div6\times9$
SSC CHSL (Tier-I) 10/07/2024 Shift I
(a) −1 (b) 1 (c) $6\frac{1}{4}$ (d) 13

195. सरल कीजिए
$\left[6-2\left\{3-4\left(4\div\frac{1}{4}-1\right)+2\div\frac{1}{3}\right\}-3\times2\right]$
SSC CHSL (Tier-I) 09/07/2024 Shift IV
(a) 92 (b) 102 (c) 98 (d) 96

196. $\frac{5+7\times5\div8\text{ का }5+3\div3\times5}{6\div6\text{ का }4+9\times9\div3\times2\times2}$ का मान क्या है? SSC CHSL (Tier-I) 09/07/2024 Shift III
(a) $\frac{67}{859}$ (b) $\frac{97}{881}$ (c) $\frac{87}{866}$ (d) $\frac{77}{861}$

197. निम्नलिखित व्यंजक का मान ज्ञात कीजिए।
$\left(24\div3\text{ का }\frac{1}{6}\right)\times\left(\frac{4}{5}\div\frac{9}{8}\times\frac{3}{5}\right)\div\left(\frac{4}{7}\div\frac{3}{14}\text{ का }\frac{3}{14}\right)$
SSC CHSL (Tier-I) 09/07/2024 Shift II
(a) $\frac{363}{553}$ (b) $\frac{288}{175}$
(c) $\frac{379}{179}$ (d) $\frac{579}{459}$

198. व्यंजक $720+48\div8\times5-6\times3$ को सरल कीजिए। SSC CHSL (Tier-I) 08/07/2024 Shift IV
(a) 732 (b) 242
(c) $\frac{112}{5}$ (d) 161

199. $\frac{2\times2+2}{2\div2\times2}\div\frac{\frac{1}{2}\div\frac{1}{2}\text{ का }\frac{1}{2}}{\frac{1}{2}+\frac{1}{2}\text{ का }\frac{1}{2}}$ को हल कीजिए।
SSC CHSL (Tier-I) 08/07/2024 Shift IV
(a) $4\frac{1}{8}$ (b) $1\frac{1}{8}$
(c) $2\frac{1}{8}$ (d) $3\frac{1}{8}$

200. निम्नलिखित व्यंजक का मान ज्ञात कीजिए।

$$420 \div \left[\frac{4}{9} \times \left(1 + \frac{4}{5}\right) \times 5\right] + \left[\frac{5}{7} \text{ का } \frac{21}{25} \div \frac{3}{4} \text{ का } \frac{2}{5}\right]$$

SSC CHSL (Tier-I) 08/07/2024 Shift III

(a) 139 (b) 127
(c) 107 (d) 89

201. निम्नलिखित व्यंजक को सरल कीजिए।

$4 \times 7 - 3\{7 \times 4 \div (6 \times 2)\}$

SSC CHSL (Tier-I) 08/07/2024 Shift I

(a) 4 (b) 12 (c) 21 (d) 19

202. सरल कीजिए

$$\frac{\frac{1}{2} \div \frac{3}{4} \text{ का } \frac{5}{6}}{\frac{1}{2} \div \frac{3}{4} \times \frac{5}{6}} + \frac{2 + 2 \times 2}{2 \div 2 \times 2}$$

SSC CHSL (Tier-I) 05/07/2024 Shift II

(a) $\frac{111}{25}$ (b) $\frac{121}{25}$ (c) 4 (d) $\frac{75}{36}$

203. निम्नलिखित व्यंजक को सरल कीजिए।

$99 - [169 \div (13 \times 13) - (-4) - \{3 - 17 + 10\}]$

SSC CHSL (Tier-I) 05/07/2024 Shift I

(a) 90 (b) 87 (c) 107 (d) 80

204. दिए गए व्यंजक को सरल कीजिए।

$$\left[3 \times 6 - 3\left\{2\left(2 \div \frac{1}{2} - 2\right) + 2 \div \frac{1}{2}\right\} - 18\right]$$

SSC CHSL (Tier-I) 04/07/2024 Shift IV

(a) −18 (b) −24
(c) 24 (d) 18

205. $10 + 3\frac{3}{5} \div \left[2\frac{2}{3} \div \left\{7\frac{1}{6} - \left(2\frac{1}{2} + \frac{2}{3}\right)\right\}\right]$ का मान बराबर है SSC CHSL (Tier-I) 04/07/2024 Shift II

(a) $\frac{5}{77}$ (b) $\frac{77}{5}$
(c) $\frac{55}{27}$ (d) $\frac{27}{55}$

206. निम्नलिखित व्यंजक को सरल कीजिए।

$$8 - 5 \div 2^3 \times 3 + (7 \div 7 \times 7) \div 7 + \left(3 \times 6 \div \frac{1}{3}\right) \times \frac{1}{3^3}$$

SSC CHSL (Tier-I) 03/07/2024 Shift III

(a) $\frac{73}{9}$ (b) $\frac{73}{21}$
(c) $\frac{73}{27}$ (d) $\frac{73}{8}$

207. $(17 + 15) \div 2 - 11 + 16 \times 4 - 28 + 13(-16 + 13)$ का मान क्या है?

SSC CHSL (Tier-I) 03/07/2024 Shift II

(a) 1 (b) 2 (c) 0 (d) 3

208. निम्नलिखित व्यंजक को सरल कीजिए।

$[40 - 48 \div 4 \text{ का } 3] \div \{(6 + 4) - 4 \text{ का } 4 + 4 + (6 - 4) + (4 \times 4) \div 4\} \times 3$

SSC CHSL (Tier-I) 02/07/2024 Shift III

(a) 30 (b) 27 (c) 26 (d) 25

209. सरल कीजिए।

$$\left\{(3^3 + 2^3) \times \frac{22}{7}\right\} \times \left\{(6^2 + 3^2 - 4^2) \div \left(14\frac{1}{2}\right)\right\}$$

SSC CHSL (Tier-I) 02/07/2024 Shift III

(a) 145 (b) 220 (c) 198 (d) 110

210. निम्नलिखित व्यंजक को सरल कीजिए।

$(3 - 3 \times 3 + 3 \div 3 + 3 \times 5) \times 2$ का $5 + (2 + 2 \div 2 + 2 \times 2 - 2)$

SSC CHSL (Tier-I) 02/07/2024 Shift II

(a) 105 (b) 106 (c) 102 (d) 100

211. $18 \div (7 \times 2 - 5) \times 5 \times 24 \div 30$ को सरल कीजिए। SSC CHSL (Tier-I) 02/07/2024 Shift I

(a) 0.5 (b) 8 (c) 6 (d) 10

212. निम्नलिखित व्यंजक का मान ज्ञात कीजिए।

$$\frac{4}{7} \times 4\frac{1}{2} \div 5\frac{1}{3} \text{ का } 2\frac{1}{2} - \left(7\frac{7}{8} \div 5\frac{1}{9} \text{ का } 9\frac{9}{20}\right) + \frac{1}{2}$$

SSC CHSL (Tier-I) 01/07/2024 Shift II

(a) $\frac{1113}{856}$ (b) $\frac{1093}{111}$
(c) $\frac{1759}{3250}$ (d) $\frac{853}{1610}$

213. निम्नलिखित व्यंजक को सरल कीजिए।

$3 + 28 \div 35 \times 15 + 4 - 3 \times 4$

SSC CHSL (Tier-I) 01/07/2024 Shift I

(a) 26 (b) 64 (c) 7 (d) 10

214. $\sqrt{625} + \sqrt{\frac{625}{100}} + \sqrt{\frac{625}{10000}} + \sqrt{\frac{625}{1000000}}$ का मान ज्ञात कीजिए।

SSC CHSL (Tier II) 10/01/2024 Shift-I

(a) 27.025 (b) 27.775
(c) 27.075 (d) 27.75

215. $(\sqrt[3]{\sqrt[3]{343}})^3 \times (\sqrt[3]{\sqrt[3]{216}})^3$ का मान ज्ञात कीजिए। SSC CHSL (Tier II) 10/01/2024 Shift-I

(a) 42 (b) 56 (c) 42 (d) $\sqrt[3]{42}$

SSC CHSL 2023-2021 (Tier I)

216. $\left(\frac{2 + 7 \times 7 \div 9 \text{ का } 9 + 6 \div 6 \times 2}{4 \div 4 \text{ का } 5 + 7 \times 7 \div 7 - 6 + 4}\right)$ का मान क्या है? SSC CHSL (Tier I) 17/08/2023 Shift-I

(a) $\frac{1734}{2407}$ (b) $\frac{1865}{2106}$ (c) $\frac{1664}{2305}$ (d) $\frac{1857}{2507}$

217. निम्नलिखित व्यंजक को सरल कीजिए।

SSC CHSL (Tier I) 07/08/2023 Shift-II

$$\frac{(0.96 \times 0.96 \times 0.96 + 0.04 \times 0.04 \times 0.04)}{(0.96 \times 0.96 - 0.96 \times 0.04 + 0.04 \times 0.04)}$$

(a) 2 (b) 0 (c) 1 (d) 0.82

218. यदि $(2^2 + 4)^2 \times (3 - 5) + 400$ का 20% + 30 का $x\%$ − 30 का 30%, तो x का मान ज्ञात कीजिए। SSC CHSL (Tier I) 04/08/2023 Shift-I

(a) 150 (b) 190 (c) 160 (d) 120

219. $$\frac{\frac{3}{4} \div \frac{9}{64} + \frac{7}{11} \times \frac{121}{14} - \frac{9}{13} \times \frac{65}{36}}{\frac{1}{2} \div \frac{4}{5} + \frac{3}{4} \times \frac{16}{15}}$$ का मान क्या है? SSC CHSL (Tier I) 21/03/2023 Shift-II

(a) $\frac{1413}{157}$ (b) $\frac{1169}{143}$ (c) $\frac{1150}{171}$ (d) $\frac{1216}{141}$

220. $[(24 - 12) \div 4] + [81 - 48 \div 12$ का $2]$ का मान है SSC CHSL (Tier I) 20/03/2023 Shift-III

(a) 35 (b) 82 (c) 67 (d) 73

221. $\frac{8 \times 5 \div 25}{7 \div 14 \times 2} - \frac{14 \div 7 - 5}{7 \div 14 - 25}$ का मान क्या है?

SSC CHSL (Tier I) 16/03/2023 Shift-I

(a) $\frac{115}{245}$ (b) $\frac{106}{245}$ (c) $\frac{362}{245}$ (d) $\frac{306}{245}$

222. $2160 \times 3 \div 144 + 13 - 2$ का मान क्या है?

SSC CHSL (Tier I) 15/03/2023 Shift-IV

(a) 59 (b) 57 (c) 56 (d) 54

223. $$\frac{\frac{5}{3} \text{ का } \frac{1}{4} \times \frac{24}{5} - \frac{1}{5} \text{ का } \frac{25}{8} \times \frac{24}{5}}{\frac{5}{12} \text{ का } \frac{3}{4} \times \frac{4}{3} + \frac{3}{4} \text{ का } \frac{12}{5} \times \frac{5}{6}}$$ का मान क्या है? SSC CHSL (Tier I) 15/03/2023 Shift-IV

(a) $-\frac{28}{23}$ (b) $-\frac{25}{46}$
(c) $-\frac{12}{23}$ (d) $-\frac{24}{23}$

224. $(1665 \div 37) + (42 \times 5)$ का मान क्या है?

SSC CHSL (Tier I) 13/03/2023 Shift-III

(a) 285 (b) 255
(c) 270 (d) 295

225. x का मान क्या है? यदि $x = 0.05 \times 0.36 \div 0.4 + 0.055 + 1.50 \div 0.03$

SSC CHSL (Tier I) 13/03/2023 Shift-III

(a) 55.1 (b) 49.9
(c) 50.1 (d) 45.9

226. $1200 \div 15 \times [45 \div (17 - 2)]$ का $2 + [-2(1 + 2)]$ का मान ज्ञात करो।

SSC CHSL (Tier I) 10/03/2023 Shift-II

(a) 486 (b) 474 (c) 484 (d) 0

227. $44 \times 12 - (25 + 13 \times 10)$ का मान क्या है?

SSC CHSL (Tier I) 09/03/2023 Shift-I

(a) 613 (b) 633
(c) 373 (d) 573

228. निम्नलिखित व्यंजक को हल कीजिए।

SSC CHSL (Tier I) 02/06/2022 Shift-I

$$\frac{(777 \times 777 \times 777) + (423 \times 423 \times 423)}{(777 \times 777) - (777 \times 423) + (432 \times 423)} \times \frac{1}{(77 - 47)}$$

(a) 400 (b) 40
(c) 1200 (d) 30

229. निम्न का मान ज्ञात कीजिए।

SSC CHSL (Tier I) 02/06/2022 Shift-I

$178.01 - [86.23 - \{40.22 + (28 - 24)\}]$

(a) 136 (b) 120 (c) 130 (d) 125

230. $\left(\dfrac{9^3+9^4+9^5+9^6+9^7}{9^1+9^2+9^3+9^4+9^5}\right)^{\frac{1}{2}}$ SSC CHSL (Tier I) 01/06/2022 Shift-I

का मान ज्ञात करें।

(a) 729 (b) 3 (c) 81 (d) 9

231. $8+[16-\{7+4-(9$ का $3+6-4\times 7)\}]=?$ SSC CHSL (Tier I) 31/05/2022 Shift-I

(a) 18 (b) 16 (c) 21 (d) 23

232. $\dfrac{[(5.4)^3-0.064]}{[(5.4)^2+2.16+0.16]}$ का मान ...... है।

SSC CHSL (Tier I) 30/05/2022 Shift-I

(a) 1 (b) 7 (c) 3 (d) 5

233. $9\div[5+7\div\{9+9\div(9+9\div4)\}]=?$

SSC CHSL (Tier I) 27/05/2022 Shift-I

(a) $\frac{63}{40}$ (b) $\frac{59}{40}$ (c) $\frac{48}{40}$ (d) $\frac{37}{40}$

234. $16\frac{1}{4}\div\left[2\frac{1}{6}+\left\{4\frac{1}{3}-\left(2\frac{1}{2}+\frac{3}{4}\right)\right\}\right]$ का मान ज्ञात करें। SSC CHSL (Tier I) 10/08/2021 Shift-I

(a) 4 (b) 3 (c) 5 (d) 6

235. $[\{(232\div29$ का $2)+77\times10\}\div18]$ $-\dfrac{18\times8\div4 \text{ का } 3-4}{2\times(8-6)+1-2\times3\div4 \text{ का } \frac{1}{2}}$ का मान ज्ञात करें। SSC CHSL (Tier I) 04/08/2021 Shift-I

(a) 39 (b) 33 (c) 47 (d) 44

SSC MTS 2024-2021

236. दिए गए व्यंजक को सरल कीजिए।

SSC MTS 28/10/2024 Shift-II

$(5\times5+5-5\times5+5-5\times5)+(5\times5)\div5\times(2+3)$

(a) 25 (b) 5 (c) 20 (d) 10

237. $5+32\div2+6\times2.5$ का मान ज्ञात कीजिए।

SSC MTS 14/10/2024 Shift-I

(a) 36 (b) 40 (c) 34 (d) 15

238. यदि $6\frac{1}{2}\times2\frac{4}{5}\div x=\frac{7}{10}$, तो x का मान ज्ञात कीजिए। SSC MTS 13/09/2023 Shift-I

(a) 32 (b) 26
(c) 6 (d) 12

239. यदि $10(8+4R)\div(12\times5)-5\times2^3=6$, तो R का मान क्या है? SSC MTS 11/09/2023 Shift-II

(a) 67 (b) 68
(c) 86 (d) 76

240. $3\frac{1}{2}-\left[2\frac{1}{4}\div\left\{1\frac{1}{4}-\frac{3}{4}\left(1\frac{1}{2}-\frac{1}{2}-2\frac{1}{2}\right)\right\}\right]$ का मान ज्ञात कीजिए। SSC MTS 11/09/2023 Shift-I

(a) $1\frac{21}{38}$ (b) $2\frac{19}{18}$
(c) $2\frac{21}{38}$ (d) $\frac{47}{38}$

241. निम्नलिखित व्यंजक को सरल करने पर, हमें ...... प्राप्त होता है। SSC MTS 08/09/2023 Shift-II

$\dfrac{24\sqrt{45}-16\sqrt{20}+\sqrt{245}-47\sqrt{5}}{3\frac{1}{5}+1\frac{2}{5}-2\frac{1}{6}-2\frac{1}{5}-5\frac{2}{5}+3\frac{1}{6}}$

(a) 0 (b) 3 (c) 2 (d) 1

242. निम्नलिखित व्यंजक को सरल कीजिए।

SSC MTS 06/09/2023 Shift-I

$45-22\div2+12+70\div35+0.4\div0.8+15\div3+1$

(a) 50.5 (b) 50 (c) 54.5 (d) 48.5

243. निम्नलिखित में से किस व्यंजक का मान 0 के बराबर है? SSC MTS 04/09/2023 Shift-II

(a) $[2\times3-5-\{1+2(3-2\times2)\}]$
(b) $[2\times3-5-\{1-2(3-2\times2)\}]$
(c) $[2\times3-5+\{1+2(3-2\times2)\}]$
(d) $[2\times3+5-\{1-2(3-2\times2)\}]$

244. सरल कीजिए। SSC MTS 01/09/2023 Shift-III

$24\div6\times\left(\frac{3}{4} \text{ का } \frac{1}{3}+\frac{5}{3} \text{ का } \frac{3}{4}\right)=?$

(a) 6 (b) 8 (c) 9 (d) 3

245. सरल कीजिए। SSC MTS 01/09/2023 Shift-I

$\dfrac{(13\div13 \text{ का } 13+13)}{(13\div13\times13+13)}$

(a) $\frac{13}{96}$ (b) $\frac{15}{26}$ (c) $\frac{85}{169}$ (d) $\frac{1}{26}$

246. $(256)^{1/2}-(1331)^{1/3}+23\times13$ का मान क्या होगा? SSC MTS 15/07/2022 Shift-I

(a) 305 (b) 304 (c) 302 (d) 309

247. निम्न समीकरण में प्रश्न चिह्न (?) के स्थान पर कौन-सी संख्या आ सकती है?

SSC MTS 14/07/2022 Shift-I

$\sqrt{19\times650\div13+18.5\times4}\times13=?$

(a) 415 (b) 416 (c) 418 (d) 413

248. यदि $A=3+7\times2$, $B=12\div4-6$ और $C=6\times5+2$ है, तो $A\times B+C$ का मान कितना है? SSC MTS 14/07/2022 Shift-I

(a) −25 (b) −19 (c) −26 (d) −22

249. $\frac{7}{8}+\frac{8}{11}$ का $\left[\frac{33}{16}-\frac{5}{12}+\left(\frac{6}{11}-\frac{5}{12}+\frac{7}{22}\right)\right]$ का मान ज्ञात कीजिए। SSC MTS 13/07/2022 Shift-I

(a) $\frac{6805}{2987}$ (b) $\frac{6961}{2904}$
(c) $\frac{6907}{3971}$ (d) $\frac{6871}{3605}$

250. $[7\div14\times8+(5\div15\times6-4\times3)]$ का मान क्या होगा? SSC MTS 12/07/2022 Shift-I

(a) −5 (b) −6 (c) −4 (d) −2

251. यदि $p=(5\div6)$ का $54-40\div10-41-22$ है, तो p का मान ज्ञात कीजिए।

SSC MTS 12/07/2022 Shift-I

(a) −23 (b) −18 (c) −11 (d) −22

252. निम्न समीकरण में प्रश्न चिह्न (?) के स्थान पर कौन-सी संख्या आ सकती है?

SSC MTS 11/07/2022 Shift-I

$8^2+16^2-19^2=?^3-257$

(a) 6 (b) 8 (c) 9 (d) 2

253. निम्न समीकरण को सन्तुलित करने के लिए इसमें प्रश्नचिह्न (?) के स्थान पर कौन-सी संख्या आ सकती है? SSC MTS 11/07/2022 Shift-I

$(9576\div21)\times(462\div42)-563\times8=(?)^3$

(a) 3 (b) 8 (c) 7 (d) 5

254. $120\div\left[\frac{2}{3}\times\left(1-\frac{2}{5}\right)\times5\right]+\left[\frac{9}{8} \text{ का } \frac{4}{3}\div\frac{3}{4} \text{ का } \frac{2}{3}\right]$

का मान ज्ञात करें। SSC MTS 02/11/2021 Shift-III

(a) 62 (b) 60 (c) 63 (d) 65

255. निम्न व्यंजक का मान ज्ञात करें।

SSC MTS 02/11/2021 Shift-I

$108\div18\times3-64\times2\div32+80\div5$ का 4

(a) 62 (b) 18 (c) 2 (d) 78

256. $16+[0.2\div0.004+5.2$ का $2\div(0.7\times2+0.84\div0.7)]$ का मान ज्ञात कीजिए।

SSC MTS 02/11/2021 Shift-I

(a) 75 (b) 65 (c) 60 (d) 70

SSC GD Constable 2024 & 2023

257. $750-350\div7+43\times5$ का मान कितना है?

SSC GD 26/02/2024 Shift-I

(a) 915 (b) 935 (c) 795 (d) 812

258. $\frac{2}{1\times3}+\frac{2}{3\times5}+\frac{2}{5\times7}+.....+\frac{2}{45\times47}$ का मान कितना है? SSC GD 24/02/2024 Shift-III

(a) $\frac{45}{46}$ (b) $\frac{47}{48}$ (c) $\frac{49}{50}$ (d) $\frac{46}{47}$

259. $1100\div5+420\div2+550\div5$ का मान कितना है? SSC GD 24/02/2024 Shift-II

(a) 500 (b) 540 (c) 460 (d) 510

260. $3[4+2\{42-4(9-1)\}]$ का मान कितना है?

SSC GD 24/02/2024 Shift-II

(a) 48 (b) 81 (c) 69 (d) 72

261. $12\times5\times3\div[129-69]$ का मान ज्ञात कीजिए।

SSC GD 23/02/2024 Shift-IV

(a) 2 (b) 6 (c) 9 (d) 3

262. $\frac{144}{33}$ का $\frac{11}{12}-\frac{132}{13}$ का $\frac{52}{12}$ का मान ज्ञात कीजिए। SSC GD 23/02/2024 Shift-IV

(a) 40 (b) 1/40 (c) −40 (d) −1/40

263. $14\times14+12\times12+13\times13$ का मान कितना है? SSC GD 23/02/2024 Shift-II

(a) 8.19 (b) 5.09 (c) 9.29 (d) 2.19

264. $58-25\div5+\{55+25-(30+20-10+30)\}$ का मान ज्ञात कीजिए। SSC GD 23/02/2024 Shift-II

(a) 66 (b) 56 (c) 63 (d) 68

265. $14-3\times(5+2)\div4$ का मूल्यांकन कीजिए।
SSC GD 23/02/2024 Shift-II
(a) 6.29 (b) 8.75 (c) 5.72 (d) 11.36

266. $0.\bar{5}+0.\bar{3}$ का मान क्या है?
SSC GD 23/02/2024 Shift-II
(a) $\frac{3}{4}$ (b) $\frac{8}{9}$ (c) $\frac{2}{3}$ (d) $\frac{7}{9}$

267. $[36-(48\times7\div16)-(19+3-24)]$ का मान कितना है?
SSC GD 23/02/2024 Shift-I
(a) 15 (b) 13 (c) 11 (d) 17

268. $\frac{2}{1\times3}+\frac{2}{3\times5}+\frac{2}{5\times7}+\ldots\ldots\frac{2}{99\times101}$ का मान कितना है?
SSC GD 22/02/2024 Shift-IV
(a) 101/102 (b) 99/101
(c) 99/100 (d) 100/101

269. $4500\div9+1800\times2-310\times7$ का मान कितना है?
SSC GD 22/02/2024 Shift-III
(a) 1930 (b) 1941 (c) 1935 (d) 1825

270. $\frac{0.5\div(0.5\times0.5)}{(0.5\div0.5)\times0.5}$ का मान कितना है?
SSC GD 22/02/2024 Shift-III
(a) 4 (b) 2 (c) 0.4 (d) 0.2

271. $13\times12+12\times11-14\times15-9\times13+19\times15$ का मान कितना है? **SSC GD 22/02/2024 Shift-III**
(a) 246 (b) 146 (c) 346 (d) 546

272. $0.4\bar{1}$ को भिन्न में परिवर्तित कीजिए।
SSC GD 22/02/2024 Shift-I
(a) $\frac{3}{7}$ (b) $\frac{37}{90}$ (c) $\frac{4}{9}$ (d) $\frac{5}{9}$

273. $\sqrt{0.000081}$ का मान कितना है?
SSC GD 22/02/2024 Shift-IV
(a) 0.9 (b) 9.9 (c) 0.009 (d) 0.09

274. $[289\div\{68\div4\times(14+2\times6-9)\}]$ का मान कितना है?
SSC GD 21/02/2024 Shift III
(a) 0 (b) 17
(c) 289 (d) 1

275. $4400-(3200\div16)+32\times4$ का मान कितना है?
SSC GD 21/02/2024 Shift-II
(a) 4328 (b) 4164
(c) 3924 (d) 4068

276. $2.\bar{3}+4.\bar{3}$ का मान क्या है?
SSC GD 21/02/2024 Shift-I
(a) $\frac{18}{7}$ (b) $\frac{21}{4}$ (c) $\frac{22}{7}$ (d) $\frac{20}{3}$

277. $(0.5)^2+(0.05)^2$ का मान कितना है?
SSC GD 21/02/2024 Shift-I
(a) 0.255 (b) 0.5025 (c) 0.2525 (d) 2.5

278. $(27\times50)\div25\times5\ (15-14)+800\div25$ का मान ज्ञात कीजिए। **SSC GD 21/02/2024 Shift-I**
(a) 302 (b) 366 (c) 420 (d) 312

279. $443-226\div2\times5$ का मान कितना है?
SSC GD 20/02/2024 Shift-IV
(a) –119 (b) –122 (c) –127 (d) –121

280. $2016\div4+32\times6-26\times3$ का मान कितना है?
SSC GD 20/02/2024 Shift-IV
(a) 628 (b) 618 (c) 624 (d) 626

281. $[19\times\{24\div4$ का $(24\times4\div16)\}]$ का मान कितना है? **SSC GD 20/02/2024 Shift-III**
(a) 76 (b) 38 (c) 1 (d) 19

282. $\frac{16\times(9+4)-13\times14}{50-(12+12)}$ का मान कितना है?
SSC GD 20/02/2024 Shift-III
(a) 2 (b) 1 (c) 26 (d) 13

283. $\{41\times\{36$ का $4\div(96$ का $2\div24)\}\}$ का मान कितना है? **SSC GD 20/02/2024 Shift-I**
(a) 656 (b) 779 (c) 738 (d) 697

284. यदि $\frac{5}{8}$ का $184\times15\div5+k$ $=513\div9+435$ है, तो, k का मान ज्ञात कीजिए। **SSC GD 13/02/2023 Shift-II**
(a) 136 (b) 192 (c) 239 (d) 147

285. निम्नलिखित को सरल कीजिए।
SSC GD 07/02/2023 Shift-I
30% का [{(820% का 40) – 28}] % का 600
(a) 200 (b) 540 (c) 500 (d) 250

286. निम्नलिखित को हल कीजिए।
SSC GD 06/02/2023 Shift-I
$15.2625-[5.2+0.25\times(4.78-1.5\times3.02)]$
(a) 8 (b) 11 (c) 9 (d) 10

287. यदि $3\frac{1}{3}\div6\frac{3}{7}\times1\frac{1}{2}\times3\frac{1}{7}=(p)^{1/2}$ है, तो 'p' का मान क्या है? **SSC GD 02/02/2023 Shift-I**
(a) $\frac{484}{3}$ (b) $\frac{484}{81}$
(c) $\frac{22}{9}$ (d) $\frac{22}{3}$

288. $\frac{5}{16}$ का $\frac{7}{8}\times6+15-10$ का सरलीकृत मान क्या है? **SSC GD 01/02/2023 Shift-I**
(a) $\frac{850}{64}$ (b) $\frac{425}{128}$
(c) $\frac{425}{64}$ (d) $\frac{525}{64}$

SSC Selection Post 2024-2022

289. निम्नलिखित व्यंजक को सरल कीजिए
$$\frac{0.7^2+(0.4+0.2)(0.7)+(0.4\times0.2)}{(0.7+0.4)}$$
Graduate Level 20/06/2024 Shift-III
(a) 0.7 (b) 0.9
(c) 0.3 (d) 0.4

290. $(0.3-0.2)(0.3^2+0.3\times0.2+0.2^2)$ व्यंजक को सरल कीजिए।
Graduate Level 20/06/2024 Shift-III
(a) 0.019
(b) 0.027
(c) 0.053
(d) 0.035

291. यदि $\frac{9^m\times3^5\times27^3}{3\times81}=3^9$ है, तो m का मान ज्ञात कीजिए।
Higher Secondary Level 20/06/2024 Shift-II
(a) 5 (b) 7
(c) 6 (d) 12

292. $52\times52-48\times48$ को सरल करें।
Higher Secondary Level 27/06/2023 Shift-III
(a) 424 (b) 400
(c) 386 (d) 326

293. $13^3+(-8)^3+(-5)^3$ का मान ज्ञात कीजिए।
Higher Secondary Level 20/06/2022 Shift-II
(a) 1052 (b) 1560
(c) 1152 (d) 1562

सही उत्तर

1	(b)	2	(a)	3	(b)	4	(b)	5	(d)	6	(b)	7	(b)	8	(d)	9	(b)	10	(a)
11	(d)	12	(c)	13	(c)	14	(b)	15	(d)	16	(b)	17	(a)	18	(c)	19	(a)	20	(c)
21	(a)	22	(c)	23	(c)	24	(b)	25	(b)	26	(d)	27	(a)	28	(b)	29	(a)	30	(a)
31	(a)	32	(a)	33	(b)	34	(b)	35	(c)	36	(b)	37	(a)	38	(b)	39	(c)	40	(c)
41	(b)	42	(d)	43	(a)	44	(d)	45	(a)	46	(c)	47	(b)	48	(a)	49	(a)	50	(a)
51	(a)	52	(c)	53	(a)	54	(b)	55	(c)	56	(b)	57	(b)	58	(b)	59	(a)	60	(c)
61	(a)	62	(d)	63	(b)	64	(c)	65	(a)	66	(a)	67	(d)	68	(b)	69	(a)	70	(b)
71	(c)	72	(b)	73	(d)	74	(d)	75	(c)	76	(a)	77	(d)	78	(b)	79	(b)	80	(b)
81	(a)	82	(b)	83	(c)	84	(c)	85	(c)	86	(a)	87	(d)	88	(c)	89	(a)	90	(d)
91	(a)	92	(d)	93	(a)	94	(c)	95	(b)	96	(d)	97	(b)	98	(a)	99	(b)	100	(c)
101	(a)	102	(d)	103	(a)	104	(d)	105	(d)	106	(a)	107	(a)	108	(c)	109	(a)	110	(d)
111	(c)	112	(a)	113	(a)	114	(b)	115	(b)	116	(c)	117	(a)	118	(c)	119	(c)	120	(b)
121	(d)	122	(a)	123	(b)	124	(d)	125	(c)	126	(a)	127	(c)	128	(d)	129	(c)	130	(a)
131	(b)	132	(d)	133	(c)	134	(a)	135	(c)	136	(a)	137	(c)	138	(d)	139	(d)	140	(d)
141	(b)	142	(a)	143	(d)	144	(d)	145	(a)	146	(d)	147	(c)	148	(d)	149	(c)	150	(b)
151	(d)	152	(b)	153	(a)	154	(a)	155	(b)	156	(c)	157	(b)	158	(b)	159	(d)	160	(d)
161	(a)	162	(b)	163	(a)	164	(b)	165	(d)	166	(d)	167	(a)	168	(d)	169	(b)	170	(d)
171	(d)	172	(c)	173	(d)	174	(c)	175	(a)	176	(c)	177	(c)	178	(a)	179	(b)	180	(a)
181	(c)	182	(c)	183	(a)	184	(b)	185	(c)	186	(b)	187	(c)	188	(b)	189	(c)	190	(a)
191	(a)	192	(a)	193	(d)	194	(b)	195	(b)	196	(c)	197	(b)	198	(a)	199	(b)	200	(c)
201	(c)	202	(a)	203	(a)	204	(b)	205	(b)	206	(d)	207	(b)	208	(b)	209	(b)	210	(a)
211	(b)	212	(d)	213	(c)	214	(b)	215	(c)	216	(b)	217	(c)	218	(b)	219	(c)	220	(b)
221	(c)	222	(c)	223	(c)	224	(b)	225	(c)	226	(b)	227	(c)	228	(b)	229	(a)	230	(d)
231	(a)	232	(d)	233	(a)	234	(c)	235	(a)	236	(d)	237	(a)	238	(b)	239	(a)	240	(c)
241	(a)	242	(b)	243	(c)	244	(a)	245	(c)	246	(b)	247	(b)	248	(b)	249	(b)	250	(b)
251	(d)	252	(a)	253	(b)	254	(c)	255	(b)	256	(d)	257	(a)	258	(d)	259	(b)	260	(d)
261	(d)	262	(c)	263	(b)	264	(c)	265	(b)	266	(b)	267	(d)	268	(d)	269	(a)	270	(a)
271	(a)	272	(b)	273	(c)	274	(d)	275	(a)	276	(d)	277	(c)	278	(a)	279	(b)	280	(b)
281	(d)	282	(b)	283	(c)	284	(d)	285	(b)	286	(d)	287	(b)	288	(c)	289	(b)	290	(a)
291	(c)	292	(b)	293	(b)														

उत्तर सहित हल

1. (b) $\frac{\sqrt[3]{6859}}{\sqrt[4]{1296}} \times \frac{3}{57} \times 42 = \frac{19}{6} \times \frac{3}{57} \times 42 = 7$

2. (a) $4^3 - 0^2 + \left(\frac{22}{2}\right)^2 - 8 + 7 \times 6$

$= 64 + 121 - 8 + 42 = 219$

3. (b) $626 \times 2912 \div 8138 = 626 \times \frac{2912}{8138} = 224$

4. (b) (60 + 64 ÷ 4 का 4) × {1000 ÷ ((10 का (3 + 2)) × 2 का 5)} − 28 + (100 × 3 का 3)

= (60 + 64 ÷ 16) × {1000 ÷ ((10 का 5) × 2 का 5))} − 28 + (100 × 9)

$= (60 + 4) \times \{1000 \div (50 \times 10)\} - 28 + 900$

$= 64 \times \{1000 \div 500\} - 28 + 900$

$= 64 \times 2 - 28 + 900$

$= 128 - 28 + 900$

$= 1028 - 28 = 1000$

5. (d) 9 × N का 4 ÷ 4 − 15 × 4 = 12

$\Rightarrow \quad 9 \times 4N \div 4 - 15 \times 4 = 12$

$\Rightarrow \quad 9 \times 4N \times \frac{1}{4} - 60 = 12$

$\Rightarrow \quad 9N = 12 + 60 \Rightarrow 9N = 72$

$\therefore \quad N = \frac{72}{9} = 8$

6. (b) [25 − 48 ÷ 6 + 12 × 2] + 78 − [5 + 3 का (25 − 2 × 10)]

= [25 − 8 + 12 × 2] + 78 − [5 + 3 का 5]

$= [49 - 8] + 78 - [5 + 15] = 41 + 78 - 20 = 99$

7. (b) $9 \div \left[1 + \left\{4 \times \left(\frac{5}{6} - \frac{1}{3} + \frac{1}{2}\right)\right\}\right]$

$= 9 \div \left[1 + \left\{4 \times \left(\frac{5}{6} - \frac{5}{6}\right)\right\}\right]$

$= 9 \div [1 + \{4 \times 0\}] = 9 \div [1 + 0]$

$= 9 \div 1 = 9$

8. (d) $133 \div 19 \times 3 - 48 \times 2 \div 24 + 841 \div [\{\overline{45 - 16}\}]$

$= 133 \div 19 \times 3 - 48 \times 2 \div 24 + 841 \div 29$

$= 7 \times 3 - \frac{48 \times 2}{24} + 29 = 21 - 4 + 29 = 50 - 4 = 46$

9. (b) $\frac{453 \times 453 \times 453 - 383 \times 383 \times 383}{453 \times 453 + 383 \times 383 + 453 \times 383}$

$= \frac{(453)^3 - (383)^3}{(453)^2 + (383)^2 + 453 \times 383}$

$= \frac{(453 - 383)[(453)^2 + (383)^2 + 453 \times 383]}{(453)^2 + (383)^2 + 453 \times 383}$

$= 453 - 383 = 70$

10. (a) 11 − {(3 ÷ 4) का 8 − $\overline{4 - 8}$}

= 11 − {3 ÷ 4 का 8 + 4} = 11 − {$\frac{3}{4}$ × 8 + 4}

$= 11 - \{6 + 4\} = 11 - 10 = 1$

11. (d) $0.07 \times 0.28 \div 0.04 + 0.64 - 1.64 \div 0.04$

$= 0.07 \times \frac{0.28}{0.04} + 0.64 - \frac{1.64}{0.04}$

$= 0.07 \times 7 + 0.64 - 41$
$= 0.49 + 0.64 - 41$
$= 1.13 - 41 = -39.87$

12. (c) माना $232 = a;\ 140 = b$
$353 = c$
$\therefore$ दिया गया व्यंजक
$$= \frac{a^3 + b^3 + c^3 - 3 \times a \times b \times c}{a^2 + b^2 + c^2 - ab - bc - ca}$$
$$\therefore \frac{a^3 + b^3 + c^3 - 3abc}{a^2 + b^2 + c^2 - (ab + bc + ca)}$$
$$= \frac{(a + b + c)\{a^2 + b^2 + c^2 - (ab + bc + ca)\}}{a^2 + b^2 + c^2 - (ab + bc + ca)}$$
$= (a + b + c)$
a, b, c का मान रखने पर,
$= 232 + 140 + 353 = 725$

13. (c) $6 \times [28 \div 84 \times \{36 \times 49 \div (6 \times 7)\}]$
$$= 6 \times \left[\frac{28}{84} \times \left\{36 \times 49 \times \frac{1}{42}\right\}\right]$$
$$= 6 \times \left\{\frac{28}{84} \times 6 \times 7\right\} = 6 \times 14 = 84$$

14. (b) $\frac{(25)^4 + 1250 + 1 - (25)^2}{(25)^2 + 25 + 1}$
$$= \frac{[(25)^2]^2 + 2 \cdot (25)^2 .1 + 1 - (25)^2}{(25)^2 + 25 + 1}$$
$$= \frac{[(25)^2 + 1]^2 - 25^2}{(25)^2 + 25 + 1}$$
$[\because a^2 + b^2 + 2ab = (a + b)^2]$
$$= \frac{[(25)^2 + 1 + 25][(25)^2 + 1 - 25]}{(25)^2 + 25 + 1}$$
$[\because a^2 - b^2 = (a + b)(a - b)]$
$= 625 + 1 - 25 = 601$

15. (d) $25 \div 5 + 3$ का $2 - 4 + 6$ का $3 \div 2 - 8 + 4$
$= 25 \div 5 + 6 - 4 + 18 \div 2 - 8 + 4$
$= 5 + 6 - 4 + 9 - 8 + 4 = 24 - 12 = 12$

16. (b) $4\frac{1}{6} \div 25 \times 75 \div \frac{1}{5}$ का 125
$$= \frac{25}{6} \div 25 \times 75 \div 25 = \frac{25}{6} \times \frac{1}{25} \times 75 \times \frac{1}{25} = \frac{1}{2}$$

17. (a) $9 - 5 \times 6 + \{29 - (7 - 2)\} \div 8$
$= 9 - 5 \times 6 + \{29 - 5\} \div 8$
$= 9 - 5 \times 6 + 24 \div 8 = 9 - 5 \times 6 + 3$
$= 9 - 30 + 3 = 12 - 30 = -18$

18. (c) $\left[\left(5\frac{1}{2} - 3\frac{1}{3}\right) \text{ का } 1\frac{5}{13} + 1 - 2 \times 3\frac{5}{2} \div 2\frac{3}{4}\right]$
$$= \left[\left(\frac{11}{2} - \frac{10}{3}\right) \text{ का } \frac{18}{13} + 1 - 2 \times \frac{11}{2} \div \frac{11}{4}\right]$$
$$= \left[\frac{13}{6} \text{ का } \frac{18}{13} + 1 - 2 \times \frac{11}{2} \times \frac{4}{11}\right]$$
$= [3 + 1 - 4] = 4 - 4 = 0$

19. (a) $\left[\left(\frac{1}{6} \div \frac{1}{9} \times \frac{2}{3}\right) \times 18 + 5\right]$
$$= \left[\left(\frac{1}{6} \times \frac{9}{1} \times \frac{2}{3}\right) \times 18 + 5\right]$$
$= 1 \times 18 + 5 = 18 + 5 = 23$

20. (c) $$\frac{1.5 \times 1.5 + 2.5 \times 2.5 + 3.5 \times 3.5 + 2 \times 1.5 \times 2.5 + 2 \times 2.5 \times 3.5 + 2 \times 1.5 \times 3.5}{1.5 + 2.5 + 3.5}$$
$$= \frac{(1.5 + 2.5 + 3.5)^2}{(1.5 + 2.5 + 3.5)}$$
$= 1.5 + 2.5 + 3.5 = 7.5$

21. (a) $16 \div 2 - 7 \times 15 \div 3 + 5 \times 5 + 4 \times 3 - 10$
$= 8 - 7 \times 5 + 25 + 12 - 10$
$= 8 - 35 + 25 + 12 - 10 = 45 - 45 = 0$

22. (c) $1\frac{1}{3} + 1\frac{3}{4} \times 1\frac{2}{3} \div 3\frac{1}{2} = \frac{4}{3} + \frac{7}{4} \times \frac{5}{3} \div \frac{7}{2}$
$$= \frac{4}{3} + \frac{7}{4} \times \frac{5}{3} \times \frac{2}{7} = \frac{4}{3} + \frac{5}{6} = \frac{8 + 5}{6} = \frac{13}{6} = 2\frac{1}{6}$$

23. (c) $[\{70 - 60 \div 2 \text{ का } 6\} + (20 - 10) \div 10] + 600 \div 25 \text{ का } (2 \times 3) \times (2 \text{ का } 3) + 2 \text{ का } 5$
$= [\{70 - 60 \div 12\} + 10 \div 10] + 600 \div 25 \text{ का } 6 \times 6 + 10 = [65 + 1] + 600 \div 150 \times 6 + 10$
$= 66 + 4 \times 6 + 10 = 66 + 24 + 10 = 100$

24. (b) $\left[(2.5 + 1.5)^2 \div 4 \text{ का } \frac{1}{2} \times 8 - 1\right]$
$$= \left[16 \div 4 \text{ का } \frac{1}{2} \times 8 - 1\right]$$
$= [16 \div 2 \times 8 - 1]$
$= [8 \times 8 - 1] = [64 - 1] = 63$

25. (b) $4\frac{4}{5} \times \frac{3}{8} + \left(3\frac{1}{2} + \frac{2}{3}\right) \times \frac{4}{5}$
$$= \frac{24}{5} \times \frac{3}{8} + \left(\frac{7}{2} + \frac{2}{3}\right) \times \frac{4}{5}$$
$$= \frac{9}{5} + \frac{25}{6} \times \frac{4}{5} = \frac{9}{5} + \frac{10}{3} = \frac{77}{15}$$

26. (d) $(1.55^2 + 0.55^2 + 1.55 \times 0.55)$
$= (1.55 - 0.55)\ (1.55^2 + 0.55^2 + 1.55 \times 0.55)$
$= 1.55^3 - 0.55^3$

27. (a) $\frac{(4.2)^3 - (1.2)^3}{(4.2)^2 + 5.04 + (1.2)^2}$
$$= \frac{(4.2 - 1.2)\ ((4.2)^2 + 4.2 \times 1.2 + (1.2)^2)}{(4.2)^2 + 4.2 \times 1.2 + (1.2)^2} = 3$$

28. (b) $1020 \div \left[\frac{4}{3} \text{ का } (26 + 4) - 11\frac{2}{3}\right]$
$$= 1020 \div \left[\frac{4}{3} \times 30 - \frac{35}{3}\right]$$
$$= 1020 \div \left[\frac{85}{3}\right] = \frac{1020 \times 3}{85} = 36$$

29. (a) $45 \div 3 + 4 \times A - 48 \div 24 + 4 = 1$
$\Rightarrow\ 15 + 4A - 2 + 4 = 1$
$\Rightarrow\ 4A = -16 \Rightarrow A = -\frac{16}{4} = -4$

30. (a) $21 - [6 + 7 - \{3.22 - (1.1 \times 0.2)\}]$
$= 21 - [6 + 7 - \{3.22 - 0.22\}]$
$= 21 - [6 + 7 - 3] = 21 - 10 = 11$

31. (a) $\frac{0.58 \times 0.58 \times 0.58 - 0.001}{0.58 \times 0.58 + 0.058 + 0.01}$
$$= \frac{(0.58)^3 - (0.1)^3}{(0.58)^2 + 0.58 \times 0.1 + (0.1)^2}$$
$$= \frac{(0.58 - 0.1)[0.58^2 + 0.58 \times 0.1 + 0.1^2]}{0.58^2 + 0.58 \times 0.1 + 0.1^2}$$
$= 0.58 - 0.1 = 0.48$

32. (a) $13 - [7 - (4 + 7) - \{7 - (7 - 4 + 7)\} + 14]$
$= 13 - [7 - 11 - \{7 - 10\} + 14]$
$= 13 - [7 - 11 + 3 + 14]$
$= 13 - [24 - 11] = 13 - 13 = 0$

33. (b) $21 - 4.9 \div 7 + 3.9 \times 0.4 + 0.9$
$= 21 - 0.7 + 1.56 + 0.9 = 23.46 - 0.7 = 22.76$

34. (b) $$\frac{(8.3)^3 + (9.2)^3 + (6.1)^3 - 3 \times 8.3 \times 9.2 \times 6.1}{(8.3)^2 + (9.2)^2 + (6.1)^2 - 8.3 \times 9.2 - 9.2 \times 6.1 - 6.1 \times 8.3}$$
$$= \frac{(8.3 + 9.2 + 6.1)\ [(8.3)^2 + (9.2)^2 + (6.1)^2 - 8.3 \times 9.2 - 9.2 \times 6.1 - 6.1 \times 8.3]}{(8.3)^2 + (9.2)^2 + (6.1)^2 - 8.3 \times 9.2 - 9.2 \times 6.1 - 6.1 \times 8.3}$$
$[\because (a^3 + b^3 + c^3 - 3abc = (a + b + c)(a^2 + b^2 + c^2 - ab - bc - ca)]$
$= (8.3 + 9.2 + 6.1) = 23.6$

35. (c) $\frac{88 \div 8 \times k - 3 \times 3}{6^2 - 7 \times 5 + k^2} = 1$
$$\Rightarrow \frac{\frac{88}{8} \times k - 9}{36 - 35 + k^2} = 1$$
$\Rightarrow\ 11k - 9 = 1 + k^2$
$\Rightarrow\ k^2 - 11k + 10 = 0$
$\Rightarrow\ k^2 - 10k - 1k + 10 = 0$
$\Rightarrow\ k\ (k - 10) - 1\ (k - 10) = 0$
$\Rightarrow\ (k - 10)\ (k - 1) = 0$
$\Rightarrow\ k - 10 = 0,\ k - 1 = 0$
$k = 10,\ k = 1$

36. (b) दिया गया व्यंजक,
$$\left[\frac{1}{8} + \left\{\frac{1}{6} \times \left(\frac{36}{45} \div \frac{24}{25}\right) - \left(\frac{12}{21} \times \frac{14}{15} \div \frac{24}{45}\right)\right\} + \frac{27}{36}\right]$$
$$= \left[\frac{1}{8} + \left\{\frac{1}{6} \times \frac{5}{6} - \left(\frac{12}{21} \times \frac{7}{4}\right)\right\} + \frac{27}{36}\right]$$
$$= \left[\frac{1}{8} + \left\{\frac{5}{36} - 1\right\} + \frac{27}{36}\right]$$
$$= \frac{1}{8} - \frac{31}{36} + \frac{27}{36} = \frac{9 - 62 + 54}{72} = \frac{1}{72}$$

37. (a) $\frac{\sqrt{1.24} \times \sqrt{2.79}}{\sqrt{2.64} \times \sqrt{5.94}} = \sqrt{\frac{1.24 \times 2.79}{2.64 \times 5.94}}$
$$= \sqrt{\frac{31 \times 31}{66 \times 66}} = \frac{31}{66}$$

38. (b) माना $0.7 = a$ तथा $0.3 = b$
$\therefore$ दिया गया व्यंजक $= \frac{a \times a \times a + b \times b \times b}{a \times a - a \times b + b \times b}$
$$= \frac{a^3 + b^3}{a^2 - ab + b^2}$$
$$= \frac{(a + b)\ (a^2 - ab + b^2)}{(a^2 - ab + b^2)}$$
$[\because a^3 + b^3 = (a + b)\ (a^2 - ab + b^2]$
$= (a + b) = (0.7 + 0.3) = 1$

39. (c) दिया है, $x = \sqrt{64} + \sqrt{121} - \sqrt{169}$
$= 8 + 11 - 13 = 6$
$\therefore\ x^2 = (6)^2 = 36$

40. (c) दिया गया व्यंजक

$= 3 - (-6)\{-2 - 9 - 3\} \div 7\{1 + (-2)(-1)\}$

$= 3 + 6\{-14\} \div 7\{1 + 2\}$

$= 3 - 84 \div 21 = 3 - 4 = -1$

41. (b) $\dfrac{\sqrt{10+\sqrt{25+\sqrt{108+\sqrt{154+\sqrt{225}}}}}}{\sqrt{16+19.25\times 4^2}}$

$= \dfrac{\sqrt{10+\sqrt{25+\sqrt{108+\sqrt{154+15}}}}}{\sqrt{16+19.25\times 16}}$

$= \dfrac{\sqrt{10+\sqrt{25+\sqrt{108+\sqrt{169}}}}}{\sqrt{16+308}}$

$= \dfrac{\sqrt{10+\sqrt{25+\sqrt{108+13}}}}{\sqrt{324}}$

$= \dfrac{\sqrt{10+\sqrt{25+\sqrt{121}}}}{18} = \dfrac{\sqrt{10+\sqrt{25+11}}}{18}$

$= \dfrac{\sqrt{10+\sqrt{36}}}{18} = \dfrac{\sqrt{10+6}}{18} = \dfrac{\sqrt{16}}{18} = \dfrac{4}{18} = \dfrac{2}{9}$

42. (d) $\sqrt{20-\sqrt{20-\sqrt{20-\sqrt{20-\ldots\infty}}}}$

माना $x = \sqrt{20-\sqrt{20-\sqrt{20-\ldots\infty}}}$

दोनों पक्षों का वर्ग करने पर,

$x^2 = 20 - \sqrt{20-\sqrt{20-\sqrt{20-\ldots\infty}}}$

$\Rightarrow x^2 = 20 - x \Rightarrow x^2 + x - 20 = 0$

$\Rightarrow x^2 + 5x - 4x - 20 = 0$

$\Rightarrow x(x+5) - 4(x+5) = 0$

$\Rightarrow (x+5)(x-4) = 0$

$x + 5 = 0$

$\therefore x = -5$ या $x - 4 = 0 \therefore x = 4$

अतः व्यंजक का मान = 4

स्पीडी विधि

20 के गुणनखण्ड $= 4 \times 5$

व्यंजक में ऋणात्मक चिह्न प्रयुक्त हुआ है, अतः छोटा गुणनखण्ड व्यंजक का मान होगा।

$\therefore$ व्यंजक का मान = 4

43. (a) $[76 - \{90 \div 5 \times (24 - 36 \div 3) \div 3\}]$

$= [76 - \{90 \div 5 \times (24 - 12) \div 3\}]$

$= [76 - \{90 \div 5 \times 12 \div 3\}]$

$= [76 - \{18 \times 4\}] = 76 - 72 = 4$

44. (d) $30 - [40 - \{56 - (25 - 13 - 12)\}]$

$= 30 - [40 - \{56 - 0\}]$

$= 30 - [40 - 56] = 30 + 16 = 46$

45. (a) $1\frac{3}{4} + 1\frac{5}{7} \div 2\frac{3}{7} \times 2\frac{3}{7}$

$= \frac{7}{4} + \frac{12}{7} \div \frac{17}{7} \times \frac{17}{7}$

$= \frac{7}{4} + \frac{12}{7} \times \frac{7}{17} \times \frac{17}{7}$

$= \frac{7}{4} + \frac{12}{7}$

$= \left(\frac{49+48}{28}\right) = \frac{97}{28} = 3\frac{13}{28}$

46. (c) $\dfrac{[120\times120\times120 - 100\times100\times100]}{[120\times120 + 120\times100 + 100\times100]}$

यहाँ, $a = 120$ और $b = 100$

$= \left(\dfrac{a^3 - b^3}{a^2 + ab + b^2}\right) = \dfrac{(a-b)(a^2+ab+b^2)}{(a^2+ab+b^2)}$

$= a - b = 120 - 100 = 20$

47. (b) $80.40 \div 20 - (-4.02) + 2.06$

$= 4.02 + 4.02 + 2.06 = 10.1$

48. (a) $14 \div 7 \times 1 + 3 - [18 - \{15 - (7 - 7 - 2)\}]$

$= 14 \div 7 \times 1 + 3 - [18 - \{15 + 2\}]$

$= 14 \div 7 \times 1 + 3 - [18 - 17]$

$= 2 \times 1 + 3 - 1 = 2 + 3 - 1$

$= 5 - 1 = 4$

49. (a) $\frac{2}{3} - \frac{5}{6} \times \frac{4}{5} \div \frac{4}{3} + \frac{1}{2}$

$= \frac{2}{3} - \frac{5}{6} \times \frac{4}{5} \times \frac{3}{4} + \frac{1}{2}$

$= \frac{2}{3} - \frac{1}{2} + \frac{1}{2} = \frac{2}{3}$

50. (a) $6 - (6 \div 2 - 3 + 7 - 2) \times [\{3 - 2 \div 2\} \times 5 - 6]$

$= 6 - (10 - 5) \times [2 \times 5 - 6] = 6 - 5 \times 4 = -14$

51. (a) $100 \div 10 - [-2 + \{-9 + (3 - 6$ का $2)\}]$

$= 10 - [-2 + \{-9 + (3 - 12)\}]$

$= 10 - [-2 - 18] = 30$

52. (c) $13 - [10 - \{16 + 8 \div (k-2)\} + 2] = 20$

$\Rightarrow 13 - \left[10 - \left\{16 + \dfrac{8}{k-2}\right\} + 2\right] = 20$

$\Rightarrow 13 - \left[10 - \dfrac{16k - 32 + 8}{k-2} + 2\right] = 20$

$\Rightarrow 13 - \left[12 - \dfrac{16k - 24}{k-2}\right] = 20$

$\Rightarrow 13 - \left[\dfrac{12k - 24 - 16k + 24}{k-2}\right] = 20$

$\Rightarrow 13 + \dfrac{4k}{k-2} = 20$

$\Rightarrow \dfrac{4k}{k-2} = 7$

$\Rightarrow 4k = 7k - 14$

$\Rightarrow 3k = 14 \Rightarrow k = \dfrac{14}{3}$

53. (a) $220 + 80 \div [63 - \{7 \times 8 + (13 - 2 \times 4)\}]$

$= 220 + 80 \div [63 - \{7 \times 8 + (13 - 8)\}]$

$= 220 + 80 \div [63 - \{56 + 5\}]$

$= 220 + 80 \div [63 - 61]$

$= 220 + 80 \div 2 = 220 + 40 = 260$

54. (b) $2 + (30 - 26)^2 \div 8^{3-2} \times 0.5$

$= 2 + (4)^2 \div 8^1 \times 0.5 = 2 + \frac{16}{8} \times 0.5$

$= 2 + (2 \times 0.5) = 2 + 1 = 3$

55. (c) $15 - (-5) \times \{4 - (7 - 3)\} \div [3 \times \{5 + (-3) \times (-6)\}]$

$= 15 - (-5) \times \{4 - 4\} \div [3 \times \{5 + 18\}]$

$= 15 - \{(-5) \times 0\} \div [3 \times 23]$

$= 15 - \{0 \div 69\}$

$= 15 - 0 = 15$

56.(b) $\dfrac{(0.01\times0.01\times0.01) + (0.003\times0.003\times0.003)}{(0.05\times0.05 - 0.015\times0.05 + 0.015\times0.015)}$

$= \dfrac{(0.01)^3 + (0.003)^3}{25\{(0.01)^2 - (0.003)\times(0.01) + (0.003)^2\}}$

$= \dfrac{(0.01 + 0.003)}{25} \quad \left[\because \dfrac{a^3+b^3}{a^2 - ab + b^2} = a + b\right]$

$= \dfrac{0.013}{25} = \dfrac{13}{25} \times 10^{-3}$

57. (b) $720 \div 8 + 915 \div 15 - m + 32 \times 5$

$= 1104 \div 16 \times 111 \div 37$

BODMAS के नियम से,

$\left(\frac{720}{8}\right) + \left(\frac{915}{15}\right) - m + (32 \times 5)$

$= \left(\frac{1104}{16}\right) \times \left(\frac{111}{37}\right)$

$\Rightarrow 90 + 61 - m + 160 = 69 \times 3$

$\Rightarrow m = 90 + 61 + 160 - (69 \times 3)$

$\Rightarrow m = 90 + 61 + 160 - 207$

$\therefore m = 311 - 207 = 104$

58. (b) $22 - [9 - \{6 - (10 - 4 + 3)\}] \div 2 \times 3$

$= 22 - [9 - \{6 - 9\}] \div 2 \times 3$

$= 22 - 12 \div 2 \times 3 = 22 - 18 = 4$

59. (a) $(16 + 14) \div 2 - 12 + 16 \times 4 - 28 + 13(-16 + 13)$

$= 30 \div 2 - 12 + 64 - 28 + 13(-3)$

$= 15 - 12 + 64 - 28 - 39 = 0$

60. (c) $\frac{3}{2} \div \frac{1}{7} \times \left[\left(\frac{1}{2} - \frac{1}{3}\right) \div \frac{1}{42}\right]$

$= \frac{3}{2} \times 7 \times \left[\left(\frac{3-2}{6}\right) \div \frac{1}{42}\right]$

$= \frac{21}{2} \times \left[\frac{1}{6} \times 42\right] = \frac{21}{2} \times 7 = \frac{147}{2} = 73\frac{1}{2}$

61. (a) व्यंजक $= (3^2)^2 + 3 \times 3 \div 3 - 3$

$= 81 + 3 - 3 = 81 = 9^2$

62. (d) $264 - \left[142 - \left\{75 + \left(38 - \left(\frac{5}{4} + \frac{11}{4}\right)\right)\right\}\right]$

$= 264 - \left[142 - \left\{75 + \left(38 - \frac{16}{4}\right)\right\}\right]$

$= 264 - [142 - \{75 + (38 - 4)\}]$

$= 264 - 33 = 231$

63. (b) $10 \div 5 \times 1 + 3 - [8 - \{5 - (7 - 7 - 9)\}]$

$= 2 \times 1 + 3 - [8 - (5 + 9)]$

$= 2 + 3 - (8 - 14)$

$= 5 + 6 = 11$

64. (c) $[0.08 - \{3.5 - 4.9 - (12.5 - 7.8 - 4.6)\}]$

$= [0.08 - \{3.5 - 4.9 - 0.1\}]$

$= [0.08 + 1.5] = 1.58$

65. (a) $8 + (-9 - 3) - (-12 - 5)$

$= 8 - 12 + 17 = 25 - 12 = 13$

66. (a) $325 + 276 \div [150 - \{9 \times 9 + (83 - 4 \times 15)\}]$

$= 325 + 276 \div [150 - \{9 \times 9 + (83 - 60)\}]$

$= 325 + 276 \div [150 - \{9 \times 9 + 23\}]$

$= 325 + 276 \div [150 - \{81 + 23\}]$

$= 325 + 276 \div 46 = 325 + 6 = 331$

67. (d) $7.5\times17.2\div8.6+(59.5)$ का $\frac{1}{17}-\frac{7}{2}$ का 5

$=7.5\times\frac{17.2}{8.6}+3.5-\frac{35}{2}$

$=7.5\times2+3.5-17.5$

$=15.0+3.5-17.5=18.5-17.5=1$

68. (b) $\left(12+5-\frac{48}{16}+71\right)+\left(\frac{\frac{72}{36}+6\times7}{11}\right)$

$\frac{\times\{(51+4-13)+(13-12\times7)\}}{232}$

$=\frac{(12+5-3+71)+\left(\frac{2+42}{11}\right)\times[42+(13-84)]}{232}$

$=\frac{85+4\times(-29)}{232}=\frac{85-116}{232}=\frac{-31}{232}$

69. (a) $\frac{432\times432+247\times247-432\times247}{432\times432\times432+247\times247\times247}$

$=\frac{a^2+b^2-ab}{a^3+b^3}=\frac{a^2+b^2-ab}{(a+b)(a^2+b^2-ab)}=\frac{1}{a+b}$

यहाँ, $a=432$ तथा $b=247$

$=\frac{1}{432+247}=\frac{1}{679}$

70. (b) $[\sqrt{25}+12\div3-\{20+(16$ का $8\div16)-(54\div18$ का $\frac{1}{2})\}]$

$=[5+12\div3-\{20+8-6\}]$

$=[5+4-22]=9-22=-13$

71. (c) $51\div\{25+(25$ का $12\div30)-(5^4\div5$ का $125)\}$

$=51\div\{25+(300\div30)-(625\div625)\}$

$=51\div\{25+10-1\}=51\div\{35-1\}=\frac{51}{34}=\frac{3}{2}$

72. (b) $\frac{(326+222)^2-(326-222)^2}{326\times222}$

$=\frac{4\times326\times222}{326\times222}=4$

73. (d) $18\div\{(6$ का $2-4)\}\times5(6-3)$

$=18\div\{12-4\}\times5\times3=18\div8\times5\times3$

$=\frac{18}{8}\times5\times3=\frac{135}{4}$

74. (d) $\frac{3.35^2-1.25^2}{3.35+1.25}=?$

$?=\frac{(3.35+1.25)(3.35-1.25)}{(3.35+1.25)}$

$=(3.35-1.25)=2.1$

75. (c) $277\times323=(300-23)\times(300+23)$

माना, $a=300$ तथा $b=23$

$=(300)^2-(23)^2=90000-529=89471$

76. (a) $(-25)\times8+(-25)\times2$

$=-200-50=-250$

77. (d) $2.5\times[144\div198\times\{121\times81\div(11\times9)\}]$

$=2.5\times\left[144\div198\times\left\{121\times\frac{81}{99}\right\}\right]$

$=2.5\times[144\div198\times99]$

$=2.5\times\left[\frac{144}{198}\times99\right]=2.5\times72=180$

78. (b) $(2\times7-5+9\div3)\div(4+2)^2\times2$

$=(14-5+3)\div6^2\times2$

$=(17-5)\div36\times2=\frac{12}{36}\times2=\frac{2}{3}$

79. (b) $18\div3$ का $2\times5+72\div18$ का $2\times3-4\div8\times2$

$=18\div6\times5+72\div36\times3-4\div8\times2$

$=3\times5+2\times3-\frac{1}{2}\times2$

$=15+6-1=21-1=20$

80. (b) $\left[\frac{85}{34}\times\frac{1}{18}-\left\{\left(\frac{46}{69}\div\frac{27}{135}\right)-\left(\frac{86}{129}\times\frac{91}{14}\right)\right\}\text{ का }\frac{112}{36}\right]$

$=\left[\frac{85}{34}\times\frac{1}{18}-\left\{\left(\frac{46}{69}\times\frac{135}{27}\right)-\frac{13}{3}\right\}\text{ का }\frac{112}{36}\right]$

$=\left[\frac{85}{34}\times\frac{1}{18}-\left\{\left(\frac{10}{3}-\frac{13}{3}\right)\right\}\text{ का }\frac{112}{36}\right]$

$=\left[\frac{85}{34}\times\frac{1}{18}-\left(-1\times\frac{112}{36}\right)\right]$

$=\left[\frac{85}{34}\times\frac{1}{18}+\frac{28}{9}\right]=\left[\frac{5}{36}+\frac{28}{9}\right]$

$=\frac{5+112}{36}=\frac{117}{36}=\frac{13}{4}=3\frac{1}{4}$

81. (a) $4\frac{4}{5}\div\frac{3}{5}$ का $5+\frac{4}{5}\times\frac{3}{10}-\frac{1}{5}$

$=\frac{24}{5}\div3+\frac{4}{5}\times\frac{3}{10}-\frac{1}{5}=\frac{8}{5}+\frac{6}{25}-\frac{1}{5}$

$=\frac{40+6-5}{25}=\frac{41}{25}=1\frac{16}{25}$

82. (b) $\frac{1.6\times1.6\times1.6-0.6\times0.6\times0.6}{1.6\times1.6+1.6\times0.6+0.6\times0.6}$

$=\frac{(1.6)^3-(0.6)^3}{1.6\times1.6+1.6\times0.6+0.6\times0.6}$

$=\frac{(1.6-0.6)(1.6\times1.6+0.6\times0.6+1.6\times0.6)}{(1.6\times1.6+1.6\times0.6+0.6\times0.6)}$

$=1.6-0.6=1$

83. (c) $25^3-75^3+50^3$

$=15625-421875+125000$

$=140625-421875$

$=-281250$

स्पीडी विधि

हम जानते हैं,

$a+b+c=0$, तब $a^3+b^3+c^3=3abc$

यहाँ $a=25, b=-75, c=50$

$\therefore\ a+b+c=25-75+50=0$

$\therefore\ 25^3-75^3+50^3=3(25)(-75)(50)=-281250$

84. (c) $\frac{428\times428\times428+348\times348\times348}{428\times428-428\times348+348\times348}$

$=\frac{(428)^3+(348)^3}{(428)^2-428\times348+(348)^2}$

$=\frac{(428+348)[(428)^2-428\times348+(348)^2]}{(428)^2-428\times348+(348)^2}$

$=428+348=776$

85. (c) $\frac{4[(17)^3-(7)^3]}{[17^2+7^2+p]}=40$

$\Rightarrow4(17-7)(17^2+7^2+17\times7)$

$=40(17^2+7^2+p)$

$\Rightarrow4\times10(17^2+7^2+119)=40(17^2+7^2+p)$

$\Rightarrow17^2+7^2+119=17^2+7^2+p\Rightarrow p=119$

86. (a) $\left(\frac{3}{4}-\frac{1}{4}\div\frac{1}{4}\text{ का }\frac{2}{5}\right)\div\left(\frac{3}{4}\div\frac{2}{3}\text{ का }\frac{3}{5}\right)$

$=\left(\frac{3}{4}-\frac{1}{4}\div\frac{1}{10}\right)\div\left(\frac{3}{4}\div\frac{2}{5}\right)$

$=\left(\frac{3}{4}-\frac{1}{4}\times10\right)\div\left(\frac{3}{4}\times\frac{5}{2}\right)$

$=\left(\frac{3}{4}-\frac{5}{2}\right)\div\frac{15}{8}=\left(\frac{3-10}{4}\right)\times\frac{8}{15}=-\frac{7}{4}\times\frac{8}{15}$

$=-\frac{14}{15}$

87. (d) $3\frac{1}{5}\div4\frac{1}{2}$ का $5\frac{1}{3}-\frac{1}{8}\div\frac{1}{2}$ का $\frac{1}{4}+\frac{1}{4}$

$\left(\frac{1}{2}\div\frac{1}{8}\times\frac{1}{4}\right)=\frac{16}{5}\div\frac{9}{2}$ का $\frac{16}{3}-\frac{1}{8}\div\frac{1}{2}$ का $\frac{1}{4}+\frac{1}{4}(1)$

$=\frac{16}{5}\div24-\frac{1}{8}\div\frac{1}{8}+\frac{1}{4}$

$=\frac{16}{5}\times\frac{1}{24}-1+\frac{1}{4}=\frac{2}{15}-1+\frac{1}{4}$

$=\frac{8-60+15}{60}=-\frac{37}{60}$

88. (c) $7\times4\div21$ का $4-5\div4\times(9-13)+2-2\div8$

$=7\times4\div21$ का $4-5\div4\times(-4)+2-2\div8$

$=7\times4\div(21\times4)-5\div4\times(-4)+2-2\div8$

$=7\times4\div84-5\div4\times(-4)+2-2\div8$

$=7\times\frac{4}{84}-\frac{5}{4}\times(-4)+2-\frac{2}{8}=\frac{1}{3}+5+2-\frac{1}{4}$

$=\frac{4+60+24-3}{12}=\frac{85}{12}=7\frac{1}{12}$

89. (a) $3\times8\div9$ का $6-2\div3\times(5-2)\times2+18\div3$ का 3

$=3\times8\div9$ का $6-2\div3\times3\times2+18\div3$ का 3

$=3\times8\div54-2\div3\times3\times2+18\div9$

$=3\times\frac{8}{54}-\frac{2}{3}\times3\times2+\frac{18}{9}=\frac{4}{9}-\frac{4}{1}+\frac{18}{9}$

$=\frac{4-36+18}{9}=-\frac{14}{9}=-1\frac{5}{9}$

90. (d) $441\div\left[270\div\frac{3}{7}+\left(17\div\frac{1}{3}\right)-\left(8\frac{1}{2}-\frac{5}{2}\right)\right]$

$=441\div\left[270\div\frac{3}{7}+(17\times3)-\left(\frac{17}{2}-\frac{5}{2}\right)\right]$

$=441\div\left[270\div\frac{3}{7}+51-\frac{12}{2}\right]$

$=441\div\left[270\times\frac{7}{3}+51-6\right]$

$=441\div[90\times7+51-6]$

$=441\div[630+45]=\frac{441}{675}=\frac{49}{75}$

91. (a) $18\div[26-\{25-(15-5)\div2\}]$ का $12+2-2\div4\times16$

$=18\div[26-\{25-10\div2\}]$ का $12+2-\frac{1}{2}\times16$

$=18\div[26-\{25-5\}]$ का $12+2-8$

$=18\div[26-20]$ का $12-6$

$= 18 \div 6$ का $12 - 6$

$= 18 \div 72 - 6$

$= \frac{1}{4} - 6 = \frac{1-24}{4} = -\frac{23}{4}$

92. (d) $\frac{(375+125)^2 - (125-375)^2}{375 \times 375 - 125 \times 125}$

$= \frac{(500)^2 - (-250)^2}{(375)^2 - (125)^2}$

$= \frac{(500-250)(500+250)}{(375-125)(375+125)}$

$= \frac{250 \times 750}{250 \times 500} = \frac{3}{2}$

93. (a) $\left(\frac{7}{16} \div \frac{1}{2} \text{ का } \frac{1}{5}\right) \times \frac{4}{5} - \frac{1}{3} \times \frac{5}{8} \div \frac{1}{2} + \frac{3}{4}$

$= \left(\frac{7}{16} \div \frac{1}{10}\right) \times \frac{4}{5} - \frac{1}{3} \times \frac{5}{8} \times 2 + \frac{3}{4}$

$= \frac{7}{16} \times 10 \times \frac{4}{5} - \frac{5}{12} + \frac{3}{4}$

$= \frac{7}{2} - \frac{5}{12} + \frac{3}{4} = \frac{42-5+9}{12}$

$= \frac{51-5}{12} = \frac{46}{12} = \frac{23}{6}$

94. (c) $32 \div 12$ का $3 \times [5 - (15-12) \div 9]$ का $\frac{3}{7} + 4 - 8 \div 2$ का 4

$= 32 \div 36 \times [5 - 3 \div 9]$ का $\frac{3}{7} + 4 - 8 \div 8$

$= \frac{32}{36} \times \left[5 - \frac{1}{3}\right]$ का $\frac{3}{7} + 4 - 1$

$= \frac{8}{9} \times \frac{14}{3}$ का $\frac{3}{7} + 3 = \frac{16}{9} + 3$

$= \frac{16+27}{9} = \frac{43}{9} = 4\frac{7}{9}$

95. (b) $\frac{52 - 1170 \div 26 + 13 \times 2}{2 + 1\frac{1}{8} \text{ का } 2 - 1\frac{1}{4}}$

$= \frac{52 - 45 + 26}{2 + \frac{9}{8} \text{ का } 2 - \frac{5}{4}} = \frac{78-45}{2 + \frac{9}{4} - \frac{5}{4}}$

$= \frac{33}{2 + \frac{4}{4}} = \frac{33}{2+1} = \frac{33}{3} = 11$

96. (d) $90 \div 20$ का $6 \times [11 \div 4$ का $\{3 \times 2 - (3-8)\}] \div (9 \div 3 \times 2)$

$= 90 \div 120 \times [11 \div 4$ का $\{6 + 5\}] \div (3 \times 2)$

$= \frac{90}{120} \times [11 \div 4$ का $11] \div 6$

$= \frac{3}{4} \times [11 \div 44] \div 6$

$= \frac{3}{4} \times \frac{11}{44} \times \frac{1}{6} = \frac{1}{32}$

97. (b) $1\frac{1}{8} \div \left(4\frac{1}{4} \div \frac{3}{5} \text{ का } 8\frac{1}{2}\right) - \frac{2}{5} \times 1\frac{1}{3} \div \frac{4}{5} \text{ का } 1\frac{2}{3} + \frac{11}{20}$

$= \frac{9}{8} \div \left(\frac{17}{4} \div \frac{3}{5} \text{ का } \frac{17}{2}\right) - \frac{2}{5} \times \frac{4}{3} \div \frac{4}{5} \text{ का } \frac{5}{3} + \frac{11}{20}$

$= \frac{9}{8} \div \left(\frac{17}{4} \div \frac{51}{10}\right) - \frac{2}{5} \times \frac{4}{3} \div \frac{4}{3} + \frac{11}{20}$

$= \frac{9}{8} \div \left(\frac{17}{4} \times \frac{10}{51}\right) - \frac{2}{5} \times \frac{4}{3} \times \frac{3}{4} + \frac{11}{20}$

$= \frac{9}{8} \div \frac{5}{6} - \frac{2}{5} + \frac{11}{20} = \frac{9}{8} \times \frac{6}{5} - \frac{2}{5} + \frac{11}{20}$

$= \frac{27}{20} - \frac{2}{5} + \frac{11}{20} = \frac{38}{20} - \frac{2}{5}$

$= \frac{38-8}{20} = \frac{30}{20} = \frac{3}{2} = 1\frac{1}{2}$

98. (a) $(151)^2 - (149)^2$

$= (151+149)(151-149)$

$[\because a^2 - b^2 = (a+b)(a-b)]$

$= 300 \times 2 = 600$

99. (b) $3 - (9 - 3 \times 8 \div 2)$

$= 3 - (9 - 3 \times 4)$

$= 3 - (9 - 12) = 3 + 3 = 6$

100. (c) $\frac{[54 - (5 \div 2) \times 8] + 13}{48 - 4 \div 3 \times 8 - 2}$

$= \frac{\left[54 - \frac{5}{2} \times 8\right] + 13}{48 - \frac{4}{3} \times 8 - 2} = \frac{54 - 20 + 13}{48 - \frac{32}{3} - 2} = \frac{67 - 20}{46 - \frac{32}{3}}$

$= \frac{47}{46 \times 3 - 32} \times 3 = \frac{141}{138 - 32} = \frac{141}{106}$

101. (a) $\frac{4}{3} \div \frac{1}{6} \times 2 - 1 = ? \Rightarrow ? = \frac{4}{3} \times 6 \times 2 - 1$

$= 4 \times 2 \times 2 - 1 = 16 - 1 = 15$

102. (d) $40 - [3 - \{4 - (6 - 6 - 4)\}]$

$= 40 - [3 - \{4 - (6-2)\}]$

$= 40 - [3 - \{4 - 4\}]$

$= 40 - [3 - 0] = 40 - 3 = 37$

103. (a) $-1 + \frac{1}{4} \div \frac{1}{2} \times 2 + 5$

$= -1 + \frac{1}{4} \times 2 \times 2 + 5 = -1 + 1 + 5 = 5$

104. (d) $\frac{3}{5} \times 1\frac{7}{8} \div 1\frac{1}{3} \text{ का } \frac{3}{16} - \left(3\frac{1}{5} \div 4\frac{1}{2} \text{ का } 5\frac{1}{3}\right) \times 2\frac{1}{2} + \frac{1}{2} + \frac{1}{8} \div \frac{1}{4}$

$= \frac{3}{5} \times \frac{15}{8} \div \frac{4}{3} \text{ का } \frac{3}{16} - \left(\frac{16}{5} \div \frac{9}{2} \text{ का } \frac{16}{3}\right) \times \frac{5}{2} + \frac{1}{2} + \frac{1}{8} \times 4$

$= \frac{3}{5} \times \frac{15}{8} \div \frac{1}{4} - \left(\frac{16}{5} \div 24\right) \times \frac{5}{2} + \frac{1}{2} + \frac{1}{2}$

$= \frac{3}{5} \times \frac{15}{8} \times 4 - \left(\frac{16}{5} \times \frac{1}{24}\right) \times \frac{5}{2} + 1$

$= \frac{9}{2} - \frac{2}{15} \times \frac{5}{2} + 1 = \frac{9}{2} - \frac{1}{3} + 1 = \frac{27 - 2 + 6}{6}$

$= \frac{33-2}{6} = \frac{31}{6} = 5\frac{1}{6}$

105. (d) $[16 \div 2 - 7 \times 15 \div 3 + \{(1+4) \times 5\} + 4 \times 3 - 10]$

$= [8 - 7 \times 5 + \{5 \times 5\} + 12 - 10]$

$= [8 - 35 + 25 + 2] = 35 - 35 = 0$

106. (a) $55\frac{1}{3} \div \left[3\frac{1}{5} + \left\{2\frac{1}{2} - \left(2\frac{1}{3} + \frac{3}{5}\right)\right\}\right]$

$= \frac{166}{3} \div \left[\frac{16}{5} + \left\{\frac{5}{2} - \left(\frac{7}{3} + \frac{3}{5}\right)\right\}\right]$

$= \frac{166}{3} \div \left[\frac{16}{5} + \left\{\frac{5}{2} - \left(\frac{35+9}{15}\right)\right\}\right]$

$= \frac{166}{3} \div \left[\frac{16}{5} + \left\{\frac{5}{2} - \frac{44}{15}\right\}\right]$

$= \frac{166}{3} \div \left[\frac{16}{5} + \frac{75-88}{30}\right]$

$= \frac{166}{3} \div \left[\frac{16}{5} - \frac{13}{30}\right]$

$= \frac{166}{3} \div \left(\frac{96-13}{30}\right)$

$= \frac{166}{3} \div \frac{83}{30} = \frac{166}{3} \times \frac{30}{83} = 20$

107. (a) $45 \div 5 \times 5 + 10 - 5$

$= \frac{45}{5} \times 5 + 10 - 5 = 9 \times 5 + 5 = 45 + 5 = 50$

108. (c) $8.16 \times 5.35 + 17.9 - 19.5$ का $\frac{1}{15} + \frac{1}{5}$

$= 8.16 \times 5.35 + 17.9 - \frac{19.5}{15} + \frac{1}{5}$

$= 8.16 \times 5.35 + 17.9 - \frac{6.5}{5} + \frac{1}{5}$

$= 8.16 \times 5.35 + 17.9 - 1.1$

$= 8.16 \times 5.35 + 16.8$

$= 43.656 + 16.8 = 60.456$

109. (a) $3\frac{1}{7} \div 1\frac{4}{7} + 3$ का $2\frac{2}{3} + 2.5 \times 2.4 \div 3\frac{1}{3} - 4$ का 3

$= \frac{22}{7} \div \frac{11}{7} + 3 \times \frac{8}{3} + 6.00 \times \frac{3}{10} - 12$

$= \frac{22}{7} \times \frac{7}{11} + 8 + \frac{9}{5} - 12 = 2 + 8 + \frac{9}{5} - 12$

$= 10 - 12 + \frac{9}{5} = \frac{9}{5} - 2 = \frac{9-10}{5} = -\frac{1}{5}$

110. (d) $\frac{53 - \frac{2}{7} \text{ का } 63 - 9}{72 - \frac{2}{5} \text{ का } (96-31)} = \frac{53 - \frac{2}{7} \times 63 - 9}{72 - \frac{2}{5} \times 65}$

$= \frac{53 - 18 - 9}{72 - 26} = \frac{26}{46} = \frac{13}{23}$

111. (c) $264 \div 8 - 1 - 32 \times 2 + 80 \div 5 \times 40 \div 20$

$= 33 - 1 - 64 + 16 \times 2$

$= 32 - 64 + 32 = 64 - 64 = 0$

112. (a) $63 - [15 + \{17 - (9 - 7 + 1)\}]$

$= 63 - [15 + (17 - 3)]$

$= 63 - (15 + 14)$

$= 63 - 29 = 34$

113. (a) $(12 + 18) \div 2 - 11 + 16 \times 4 - 28 + 13(-18 + 15)$

$= \frac{30}{2} - 11 + 64 - 28 + 13(-3)$

$= 15 - 11 + 64 - 28 - 39$

$= 4 + 64 - 67$

$= 68 - 67 = 1$

114. (b) $\left(\frac{275 \times 275 \times 275 + 725 \times 725 \times 725}{275 \times 275 + 725 \times 725 - 725 \times 275}\right) \times \left(\frac{275 \times 275 \times 275 - 725 \times 725 \times 725}{275 \times 275 + 725 \times 725 + 725 \times 275}\right)$

$= \left[\frac{(275)^3 + (725)^3}{275^2 + 725^2 - 725 \times 275}\right] \times \left[\frac{275^3 - 725^3}{275^2 + 725^2 + 725 \times 275}\right]$

$= (275 + 725) \times (275 - 725)$

$= 1000 \times (-450)$

$[\because a^3 - b^3 = (a-b)(a^2 + b^2 + ab)$

$a^3 + b^3 = (a+b)(a^2 + b^2 - ab)]$

$= -450000$

115. (b) $\dfrac{7 + 8 \times 8 \div 8 \text{ का } 8 + 8 \div 8 \times 5}{4 \div 4 \text{ का } 4 + 4 \times 4 \div 4 - 4 \div 4}$

$= \dfrac{7 + 8 \times 8 \div (8 \times 8) + \frac{8}{8} \times 5}{4 \div (4 \times 4) + 4 \times \frac{4}{4} - \frac{4}{4}}$

$= \dfrac{7 + 1 + 5}{\frac{4}{16} + 4 - 1} = \dfrac{13}{\frac{1}{4} + 3} = \dfrac{13 \times 4}{13} = 4$

116. (c) $x + \dfrac{1}{1 + \dfrac{1}{3 + \frac{1}{2}}} = 1 \Rightarrow x + \dfrac{1}{1 + \dfrac{1}{\frac{6+1}{2}}} = 1$

$\Rightarrow \quad x + \dfrac{1}{1 + \frac{2}{7}} = 1 \Rightarrow \quad x + \dfrac{1}{\frac{7+2}{7}} = 1$

$x + \dfrac{7}{9} = 1 \Rightarrow x = 1 - \dfrac{7}{9} = \dfrac{9-7}{9} \Rightarrow x = \dfrac{2}{9}$

117. (a) $12.3 - [7 + 0.8 \text{ का } (5.6 - 3.8 \times 1.03)]$

$= 12.3 - [7 + 0.8 \times (5.6 - 3.914)]$

$= 12.3 - [7 + 0.8 \times 1.686]$

$= 12.3 - (7 + 1.3488)$

$= 12.3 - 8.3488 = 3.9512$

118. (c) $\dfrac{1}{2^2} + \dfrac{1}{2^3} \div \left(\dfrac{1}{2} + \dfrac{1}{2} \div 1\right) + 3\dfrac{1}{3} \div \dfrac{5}{2} \times \dfrac{3}{4} \div 6\dfrac{2}{3} \times \dfrac{7}{6}$

$= \dfrac{1}{4} + \dfrac{1}{8} \div \left(\dfrac{1}{2} + \dfrac{1}{2}\right) + \dfrac{10}{3} \times \dfrac{2}{5} \times \dfrac{3}{4} \times \dfrac{3}{20} \times \dfrac{7}{6}$

$= \dfrac{1}{4} + \dfrac{1}{8} \div 1 + \dfrac{2}{3} \times 2 \times \dfrac{3}{4} \times \dfrac{1}{20} \times \dfrac{7}{2}$

$= \dfrac{1}{4} + \dfrac{1}{8} + \dfrac{7}{40} = \dfrac{10 + 5 + 7}{40}$

$= \dfrac{22}{40} = \dfrac{11}{20}$

119. (c) $\left(\dfrac{3}{4} + \dfrac{5}{4}\right) \times \left(\dfrac{9}{5} - \dfrac{4}{5}\right) \div \left(\dfrac{3}{2} + \dfrac{1}{2}\right)$

$= \dfrac{8}{4} \times \dfrac{5}{5} \times \dfrac{2}{4} = 2 \times 1 \times \dfrac{1}{2} = 1$

120. (b) $7.2 \times 41 \div 12.3 + 22.5 \text{ का } \dfrac{1}{25} - \dfrac{1}{10}$

$= \dfrac{7.2 \times 4.1}{12.3} + 22.5 \times \dfrac{1}{25} - \dfrac{1}{10}$

$= \dfrac{7.2}{3} + 0.9 - 0.1 = 2.4 + 0.8 = 3.2$

121. (d) $m \times 7 + 4 - 6 \div 3 - 7 + 45 \div 5 \times 4 + 49 = 87$

$7m + 4 - 2 - 7 + 9 \times 4 + 49 = 87$

$\Rightarrow \quad 7m + 4 - 9 + 36 + 49 = 87$

$\Rightarrow \quad 7m + 4 + 27 + 49 = 87$

$\Rightarrow 7m + 80 = 87 \Rightarrow 7m = 7 \Rightarrow m = 1$

122. (a) $\left[\left(7\dfrac{1}{4}\right)^2 - \left(5\dfrac{4}{5}\right)^2\right] \div 5\dfrac{4}{5} \times \dfrac{16}{9}$

$= \left[\left(\dfrac{29}{4}\right)^2 - \left(\dfrac{29}{5}\right)^2\right] \div \dfrac{29}{5} \times \dfrac{16}{9}$

$= \left(\dfrac{29}{4} - \dfrac{29}{5}\right)\left(\dfrac{29}{4} + \dfrac{29}{5}\right) \div \dfrac{29}{5} \times \dfrac{16}{9}$

$= \left(\dfrac{29}{20}\right)\left(\dfrac{29 \times 9}{20}\right) \times \dfrac{5}{29} \times \dfrac{16}{9}$

$= \dfrac{29 \times 9}{20 \times 4} \times \dfrac{16}{9} = \dfrac{29 \times 4}{20} = \dfrac{29}{5} = 5.8$

123. (b) $\dfrac{\left(2\frac{1}{7} + 6\frac{1}{7}\right) \div \frac{9}{7}}{1\frac{1}{9} \div \left\{\frac{7}{9} + \left(\frac{4}{9} \div \frac{4}{3}\right)\right\}}$

$= \dfrac{\left(\frac{15}{7} + \frac{43}{7}\right) \times \frac{7}{9}}{\frac{10}{9} \div \left\{\frac{7}{9} + \left(\frac{4}{9} \times \frac{3}{4}\right)\right\}}$

$= \dfrac{\frac{58}{9}}{\frac{10}{9} \div \left(\frac{7+3}{9}\right)} = \dfrac{\frac{58}{9}}{\frac{10}{9} \div \frac{10}{9}} = \dfrac{58}{9}$

124. (d) $\left(2\dfrac{1}{2} + 1\dfrac{3}{4} - \dfrac{1}{6}\right) \times 16 \div 49$

$= \left(\dfrac{5}{2} + \dfrac{7}{4} - \dfrac{1}{6}\right) \times 16 \div 49$

$= \left(\dfrac{10 + 7}{4} - \dfrac{1}{6}\right) \times 16 \div 49$

$= \left(\dfrac{17}{4} - \dfrac{1}{6}\right) \times 16 \div 49$

$= \dfrac{(102 - 4)}{4 \times 6} \times \dfrac{16}{49} = \dfrac{98}{6} \times \dfrac{4}{49} = \dfrac{4}{3} = 1\dfrac{1}{3}$

125. (c) $13.5 - [5 + 0.5 \times (9 - 3 \times 2)]$

$= 13.5 - [5 + 0.5 \times 3]$

$= 13.5 - (5 + 1.5) = 13.5 - 6.5 = 7$

126. (a) $22.0625 - [15 + 0.25 \times (4.78 - 1.5 \times 3.02)]$

$= 22.0625 - [15 + 0.25 \times (4.78 - 4.53)]$

$= 22.0625 - [15 + 0.25 \times 0.25]$

$= 22.0625 - [15 + 0.0625]$

$= 22.0625 - 15.0625 = 7$

127. (c) $72 \div 8 - 210 \div 15 - 5 + 2 \times 5$

$= 9 - 14 - 5 + 10 = 19 - 19 = 0$

128. (d) $\dfrac{2\left\{3 + 3\left(\frac{1}{4} \div \frac{15}{20} + 2\right) - 18 \times \frac{1}{3}\right\}}{2(4 + 20 \div 4)}$

$= \dfrac{\left[3 + 3\left(\frac{1}{4} \times \frac{20}{15} + 2\right) - 6\right]}{4 + 5} = \dfrac{3 + 3\left(\frac{1}{3} + 2\right) - 6}{9}$

$= \dfrac{3 \times \frac{7}{3} - 3}{9} = \dfrac{7 - 3}{9} = \dfrac{4}{9}$

129. (c) $\dfrac{3 \div 3 \times 2 - 6 \div 3 + 7}{5 \div 5 \times 6 \div 6 + 3 + 3}$

$= \dfrac{1 \times 2 - 2 + 7}{1 \times 1 + 6} = \dfrac{7}{7} = 1$

130. (a) $56 \div 4 + p \times 3 - 24 \div 12 + 4 = 21 \div 3 + 3$

$\Rightarrow \quad 14 + 3p - 2 + 4 = 7 + 3$

$\Rightarrow \quad 16 + 3p = 10$

$\Rightarrow \quad 3p = -6$

$\Rightarrow \quad p = -2$

131. (b) $\left[9 + 3 - 2 \times \left\{\left(4 \div \dfrac{1}{4}\right) - 4\right\} + 81 \div 9 + 81 \div 9 + 3 - 9\right] + 9$

$= [9 + 3 - 2 \times \{16 - 4\} + 9 + 9 + 3 - 9] + 9$

$= [9 + 3 - 2 \times 12 + 12] + 9$

$= [12 - 24 + 12] + 9 = 24 - 24 + 9 = 9$

132. (d) $\dfrac{13 \div \{6 - 6 \div (7 - 9) \times 8 + 9\}}{5 + 5 \times 5 \div 5 \text{ का } 5}$

$= \dfrac{13 \div \{6 - 6 \div (-2) \times 8 + 9\}}{5 + 5 \times 5 \div 25}$

$= \dfrac{13 \div \{6 + 3 \times 8 + 9\}}{5 + 1} = \dfrac{13 \div 39}{6} = \dfrac{1}{3 \times 6} = \dfrac{1}{18}$

133. (c) $(4.2 \text{ का } 2.5 \div 3.5) - (3.6 \div 2.4 + 2.5 \text{ का } 3 \div 7.5) + (6 - 3 \text{ का } 2 + 4 \text{ का } 3 \div 6)$

$= \dfrac{10.5}{3.5} - \left(1.5 + \dfrac{7.5}{7.5}\right) + \left(6 - 6 + \dfrac{12}{6}\right)$

$= 3 - 2.5 + 2 = 3 - 0.5 = 2.5$

134. (a) $[\{9 \times 81 + (142 \div 2)\} + 350 - 155 + 5] \div [(25 \times 25) - 125]$

$= [\{9 \times 81 + 71\} + 350 - 155 + 5] \div [625 - 125]$

$= [\{729 + 71\} + 200] \div 500$

$= [800 + 200] \div 500 = 1000 \div 500 = 2$

135. (c) $1000 \times 100 - 1000 + 4000 \div 200$

$= 1000 \times 100 - 1000 + 20$

$= 100000 - 1000 + 20 = 99020$

136. (a) $(6 + 6 \text{ का } 5 \div 5) \div 6 \text{ का } 5 + (24 \div 2 \text{ का } 3 - 6 \text{ का } 5 + 4)$

$= (6 + 30 \div 5) \div 30 + (24 \div 6 - 30 + 4)$

$= (6 + 6) \div 30 + (4 - 30 + 4)$

$= 12 \div 30 - 22 = \dfrac{12}{30} - 22 = \dfrac{4}{10} - 22$

$= \dfrac{4 - 220}{10} = -\dfrac{216}{10} = -\dfrac{108}{5} = -21\dfrac{3}{5}$

137. (c) $66 \div [34 - (32 \text{ का } 2 - 4) \div (4 \times 15)]$

$= 66 \div [34 - (64 - 4) \div 60]$

$= 66 \div [34 - 60 \div 60]$

$= 66 \div [34 - 1] = 66 \div 33 = 2$

138. (d) $\left[3\dfrac{2}{5} \times \left\{2\dfrac{3}{4} + 3.3\left(5\dfrac{1}{3} + 3\dfrac{1}{3} - 2\dfrac{1}{3}\right)\right\}\right]$

$= \left[\dfrac{17}{5} \times \left\{\dfrac{11}{4} + 3.3\left(\dfrac{16}{3} + \dfrac{10}{3} - \dfrac{7}{3}\right)\right\}\right]$

$= \left[\dfrac{17}{5} \times \left\{\dfrac{11}{4} + 3.3\left(\dfrac{16 + 10 - 7}{3}\right)\right\}\right]$

$= \left[\dfrac{17}{5} \times \left\{\dfrac{11}{4} + 3.3 \times \dfrac{19}{3}\right\}\right] = \left[\dfrac{17}{5} \times \left\{\dfrac{11}{4} + 20.9\right\}\right]$

$= \left[\dfrac{17}{5} \times \left\{\dfrac{11 + 83.6}{4}\right\}\right] = \left[\dfrac{17}{5} \times \dfrac{94.6}{4}\right] = 80.41$

139. (d) $5055 - (1002 \div 20.04)$

$= 5055 - 50 = 5005$

140. (d) $855 \div 15 - k + 32 \times 5 = 1152 \div 16 \times 111 \div 37$

$\Rightarrow 57 - k + 32 \times 5 = 72 \times 3$

$\Rightarrow \quad 57 - k + 160 = 216 \Rightarrow 217 - k = 216$

$\Rightarrow -k = 216 - 217 \Rightarrow -k = -1 \Rightarrow k = 1$

141. (b) $x[-5\{-4(-a)\}]+6[-3\{-3(-a)\}]=6a$

$\Rightarrow x[-5\{4a\}]+6[-3\{3a\}]=6a$

$\Rightarrow x\times[-20a]+6[-9a]=6a$

$\Rightarrow -20ax-54a=6a \Rightarrow -20ax=60a$

$\Rightarrow x=-\dfrac{60a}{20a}=-3$

142. (a) $29-[(48\div12)+2\times(8\div4+4)]$

$=29-[4+2\times(2+4)]$

$=29-[4+2\times6]$

$=29-[4+12]=29-16=13$

143. (d) $\dfrac{3.2\times3.2-0.2\times0.2}{0.2\times0.2-2\times0.2\times3.2+3.2\times3.2}$

$\Rightarrow \dfrac{(3.2)^2-(0.2)^2}{(0.2)^2-2\times0.2\times3.2+(3.2)^2}$

$\Rightarrow \dfrac{(3.2+0.2)(3.2-0.2)}{(3.2-0.2)^2}$

$[\because a^2-b^2=(a+b)(a-b)]$

$=\dfrac{3.4}{3}=\dfrac{17}{15}$

144. (d) $20\div5$ का $4\times8+6\div24$ का $3\times48-6\div18\times9$

$=20\div20\times8+6\div72\times48-6\div18\times9$

$=\dfrac{20}{20}\times8+\dfrac{6}{72}\times48-\dfrac{6}{18}\times9$

$=8+4-3=12-3=9$

145. (a) $[\{82+48\div8\times3]+5\times6\}-7.5\times2]$

$=[\{(82+18)+30\}-7.5\times2]$

$=[\{(100+30\}-15]=[130-15]=115$

146. (d) $1898\div\left[\dfrac{13}{4}\times(35+45)-\dfrac{91}{4}\right]$

$=1898\div\left[\dfrac{13}{4}\times80-\dfrac{91}{4}\right]$

$=1898\div\left[260-\dfrac{91}{4}\right]$

$=1898\div\left[\dfrac{1040-91}{4}\right]=1898\times\dfrac{4}{949}=8$

147. (c) $[25-(-4)\{(9-(6-2)\}]\div[3\times\{6+(-3)\times(-3)\}]$

$=[25-(-4)\{9-4\}]\div[3\times\{6+9\}]$

$=[25-(-4)(5)]\div[3\times15]$

$=[25+20]\div45=45\div45=1$

148. (d) $1-\dfrac{1}{1+\dfrac{1}{2-\dfrac{1}{2+\dfrac{1}{3}}}}=1-\dfrac{1}{1+\dfrac{1}{2-\dfrac{3}{7}}}$

$=1-\dfrac{1}{1+\dfrac{7}{11}}=1-\dfrac{1}{\dfrac{11+7}{11}}$

$=1-\dfrac{11}{18}=\dfrac{18-11}{18}=\dfrac{7}{18}$

149. (c) $5\dfrac{1}{4}-\left[3\dfrac{1}{2}-\left\{\dfrac{5}{6}-\left(\dfrac{3}{5}\times\dfrac{1}{10}\div\dfrac{4}{15}\right)\right\}\right]$

$=\dfrac{21}{4}-\left[\dfrac{7}{2}-\left\{\dfrac{5}{6}-\left(\dfrac{3}{5}\times\dfrac{1}{10}\times\dfrac{15}{4}\right)\right\}\right]$

$=\dfrac{21}{4}-\left[\dfrac{7}{2}-\left\{\dfrac{5}{6}-\dfrac{9}{40}\right\}\right]$

$=\dfrac{21}{4}-\left[\dfrac{7}{2}-\left\{\dfrac{100-27}{120}\right\}\right]$

$=\dfrac{21}{4}-\left[\dfrac{7}{2}-\dfrac{73}{120}\right]=\dfrac{21}{4}-\left[\dfrac{420-73}{120}\right]$

$=\dfrac{21}{4}-\dfrac{347}{120}=\dfrac{630-347}{120}=\dfrac{283}{120}=2\dfrac{43}{120}$

150. (b) $64\div[44-(8$ का $3-16)\div4\times20]$

$=64\div[44-(24-16)\div4\times20]$

$=64\div[44-8\div4\times20]$

$=64\div[44-2\times20]$

$=64\div[44-40]=64\div4=16$

151. (d) $9\times9+9\div9-9\times9+9+9\times9-9-9\times9$

$=9\times9+1-9\times9+9+9\times9-9-9\times9$

$=81+1-81+9+81-9-81=1+9-9=1$

152. (b) $22\times10\div5\times2+12=22\times\dfrac{10}{5}\times2+12$

$=22\times2\times2+12=88+12=100$

153. (a) $\dfrac{1}{4}+\dfrac{2}{5}\div\left[\left\{2\dfrac{1}{5}-2\right\}\times5\right]-\dfrac{2}{3}$ का $\dfrac{3}{5}$

$=\dfrac{1}{4}+\dfrac{2}{5}\div\left[\left\{\dfrac{11}{5}-2\right\}\times5\right]-\dfrac{2}{3}$ का $\dfrac{3}{5}$

$=\dfrac{1}{4}+\dfrac{2}{5}\div\left[\dfrac{1}{5}\times5\right]-\dfrac{2}{3}$ का $\dfrac{3}{5}$

$=\dfrac{1}{4}+\dfrac{2}{5}\div1-\dfrac{2}{3}$ का $\dfrac{3}{5}$

$=\dfrac{1}{4}+\dfrac{2}{5}\div1-\dfrac{2}{5}=\dfrac{1}{4}+\dfrac{2}{5}-\dfrac{2}{5}=\dfrac{1}{4}$

154. (a) $[\{38-(-6)\}\times\{9-(8-1)\}]\div[4\times\{6+(-4)\}]$

$=[\{38+6\}\times\{9-7\}]\div[4\times\{6-4\}]$

$=[44\times2]\div[4\times2]=88\div8=11$

155. (b) $(4^2)^2+4\times4\div4-4$

$=(16)^2+4\times4\div4-4$

$=256+4\times1-4=256+4-4$

$=260-4=256=4^4$

156. (c) $5+[6+(3+5)\div2]\div2$

$=5+[6+8\div2]\div2=5+[6+4]\div2$

$=5+10\div2=5+5=10$

157. (b) $\dfrac{(525+175)^2-(525-175)^2}{(525\times175)}$

माना $a=525$ तथा $b=175$

अब, व्यंजक $=\dfrac{(a+b)^2-(a-b)^2}{ab}$

$=\dfrac{a^2+2ab+b^2-a^2+2ab-b^2}{ab}=\dfrac{4ab}{ab}=4$

158. (b) $35-[30+\{10+(12-10-4)\}]$

$=35-[30+\{10+(-2)\}]$

$=35-[30+\{10-2\}]$

$=35-[30+8]=35-38=-3$

159. (d) $\dfrac{92736}{(274+830)\text{ का }\dfrac{7}{4}}+513$

$=\dfrac{92736}{(1104)\times\dfrac{7}{4}}+513=\dfrac{92736\times4}{1104\times7}+513$

$=48+513=561$

160. (d) $8.2+2.6+3.2-4.5\div0.9\times1.2$

$=8.2+2.6+3.2-5\times1.2$

$=8.2+2.6+3.2-6=14-6=8$

161. (a) $25\times25+9\times9+6\times6+2\times25\times9+2\times9\times6+2\times25\times6$

माना $a=25$, $b=9$ तथा $c=6$

$\therefore a^2+b^2+c^2+2ab+2bc+2ca$

$=(a+b+c)^2=(25+9+6)^2=(40)^2=1600$

162. (b) $\dfrac{12+3\dfrac{2}{3}\div\left[1\dfrac{3}{4}\div\left\{5\dfrac{1}{4}\times\left(3\dfrac{3}{5}\div4\dfrac{1}{2}\right)\right\}\right]}{1\dfrac{1}{3}\times5\dfrac{1}{5}}$

$=\dfrac{12+\dfrac{11}{3}\div\left[\dfrac{7}{4}\div\left\{\dfrac{21}{4}\times\left(\dfrac{18}{5}\div\dfrac{9}{2}\right)\right\}\right]}{\dfrac{4}{3}\times\dfrac{26}{5}}$

$=\dfrac{12+\dfrac{11}{3}\div\left[\dfrac{7}{4}\div\left\{\dfrac{21}{4}\times\dfrac{18}{5}\times\dfrac{2}{9}\right\}\right]}{\dfrac{104}{15}}$

$=\dfrac{12+\dfrac{11}{3}\div\left[\dfrac{7}{4}\div\dfrac{21}{5}\right]}{\dfrac{104}{15}}$

$=\dfrac{12+\dfrac{11}{3}\div\left[\dfrac{7}{4}\times\dfrac{5}{21}\right]}{\dfrac{104}{15}}$

$=\dfrac{\left(12+\dfrac{11}{3}\div\dfrac{5}{12}\right)\times15}{104}$

$=\dfrac{\left(12+\dfrac{11}{3}\times\dfrac{12}{5}\right)\times15}{104}$

$=\dfrac{\left(12+\dfrac{44}{5}\right)\times15}{104}=\dfrac{104\times15}{5\times104}=3$

163. (a) $30+180\div30\times6-15-16-60\div3-15$

$=30+6\times6-15-16-20-15$

$=30+36-66=66-66=0$

164. (b) $1-\dfrac{7}{1-\dfrac{1}{1+\dfrac{7}{1-7}}}=1-\dfrac{7}{1-\dfrac{1\times(-6)}{-6+7}}$

$=1-\dfrac{7}{1-\dfrac{(-6)}{1}}=1-\dfrac{7}{1+6}=1-\dfrac{7}{7}=1-1=0$

165. (d) $(13.49+12.51)\times13=26\times13=338$

166. (d) $9^{18}\div3^{14}$ का $27^3\times\sqrt{6561}$

$=9^{18}\div3^{14}$ का $3^9\times\sqrt{6561}$

$=9^{18}\div3^{23}\times\sqrt{6561}$ $(\because a^m\div a^n=a^{m-n})$

$=3^{36}\div3^{23}\times\sqrt{6561}$

$=3^{13}\times81$ $(\because a^m.a^n=a^{m+n})$

$=3^{13}\times3^4=3^{17}$

167. (a) $5\times[14\div13\times\{13\times14\div(14\times14)\}]$

$=5\times[14\div13\times\{13\times14\div196\}]$

$=5\times\left[14\div13\times\dfrac{13}{14}\right]=5\times\left[\dfrac{14}{13}\times\dfrac{13}{14}\right]=5\times1=5$

168. (d) $3\frac{1}{5}$ का $2\frac{3}{4} \div \frac{11}{3} + \left(2\frac{1}{5} \div 1\frac{2}{5}\text{ का } 1\frac{3}{7} - 2\frac{1}{3}\right)$

$= \frac{16}{5}$ का $\frac{11}{4} \div \frac{11}{3} + \left(\frac{11}{5} \div \frac{7}{5}\text{ का } \frac{10}{7} - \frac{7}{3}\right)$

$= \frac{16 \times 11}{20} \div \frac{11}{3} + \left(\frac{11}{5} \div 2 - \frac{7}{3}\right)$

$= \frac{16 \times 11}{20} \times \frac{3}{11} + \left(\frac{11}{10} - \frac{7}{3}\right)$

$= \frac{48}{20} + \left(\frac{33 - 70}{30}\right) = \frac{48}{20} - \frac{37}{30}$

$= \frac{144 - 74}{60} = \frac{70}{60} = 1\frac{1}{6}$

169. (b) $25 \div 5 \times 7$ का $(5 + 7) - 13\ (6 \times 4)$

$= 25 \div 5 \times 7$ का $12 - 13 \times 24$

$= 25 \div 5 \times 84 - 13 \times 24$

$= 5 \times 84 - 13 \times 24 = 420 - 312 = 108$

170. (d) $12 + 24 \div 2 - 7 \times 30 \div 6 + (5 + 4) \times 8 + 8 \div 8 - 8$

$= 12 + 12 - 7 \times 5 + 9 \times 8 + 1 - 8$

$= 12 + 12 - 35 + 72 + 1 - 8 = 97 - 43 = 54$

171. (d) $3\frac{2}{3} \div 2\frac{1}{5} \times \frac{1}{4} \times \left(1 + \frac{3}{1 - \frac{2}{5}}\right)$

$= \frac{11}{3} \div \frac{11}{5} \times \frac{1}{4} \times \left(1 + \frac{15}{3}\right)$

$= \frac{11}{3} \div \frac{11}{5} \times \frac{1}{4} \times 6 = \frac{11}{3} \times \frac{5}{11} \times \frac{1}{4} \times 6 = \frac{5}{2} = 2\frac{1}{2}$

172. (c) $[18 - 3 \times \{3 - 3 \times \left(3 \div \frac{1}{3} - 3\right) + 3 \div \frac{1}{3} + 3\} - 4 \times 2]$

$= \left[18 - 3 \times \left\{3 - 3 \times 6 + 3 \div \frac{1}{3} + 3\right\} - 4 \times 2\right]$

$= [18 - 3 \times \{3 - 18 + 9 + 3\} - 4 \times 2]$

$= [18 - 3 \times \{-3\} - 4 \times 2]$

$= [18 + 9 - 4 \times 2] = [18 + 9 - 8] = 19$

173. (d) $35 - [28 - (60 \div 4 + 26 \div 13)]$

$= 35 - [28 - (15 + 2)]$

$= 35 - [28 - 17] = 35 - 11 = 24$

174. (c) $\frac{(157 \times 157) + (157 \times 133) + (133 \times 133)}{(157 \times 157 \times 157) - (133 \times 133 \times 133)}$

हम जानते हैं, $a^3 - b^3 = (a - b)(a^2 + ab + b^2)$

यदि $a = 157$ तथा $b = 133$

$= \frac{a^2 + ab + b^2}{a^3 - b^3} = \frac{a^2 + ab + b^2}{(a - b)(a^2 + ab + b^2)}$

$= \frac{1}{a - b}$ $\quad [\because a = 157$ और $b = 133]$

$= \frac{1}{157 - 133} = \frac{1}{24}$

175. (a) $19 \div 5(27 - \overline{15 - 21}) + 37$

$= 19 \div 5(27 - (-6)) + 37$

$= 19 \div 5(33) + 37 = \frac{19}{165} + 37$

$= \frac{19 + 6105}{165} = \frac{6124}{165}$

176. (c) $\frac{0.04}{0.05}$ का $\frac{\left(\frac{10}{3} - \frac{5}{2}\right) \div \frac{1}{2}\text{ का }\frac{5}{4}}{\frac{1}{3} + \frac{1}{5}\text{ का }\frac{1}{9}}$

$= \frac{0.04}{0.05} \times \frac{\frac{5}{6} \times \frac{8}{5}}{\frac{1}{3} + \frac{1}{45}} = \frac{4}{5} \times \frac{\frac{40}{30}}{\frac{16}{45}} = \frac{4}{5} \times \frac{40 \times 45}{30 \times 16} = 3$

177. (c) $\frac{8.8\text{ का }\left[\frac{5}{8} - \left\{\frac{3}{8} - \left(\frac{5}{8} - \frac{3}{8}\right)\right\}\right] - 12}{4\frac{1}{6} \div 2.5 \times 2 \div \frac{1}{6}\text{ का } 60 + \left(\frac{3}{4} - \frac{3}{8}\right)}$

$= \frac{8.8 \times \left[\frac{5}{8} - \left\{\frac{3}{8} - \frac{2}{8}\right\}\right] - 12}{\frac{25}{6} \times \frac{1}{2.5} \times 2 \div \left(\frac{1}{6} \times 60\right) + \frac{3}{8}}$

$= \frac{8.8 \times \left[\frac{5}{8} - \frac{1}{8}\right] - 12}{\frac{25}{6} \times \frac{10}{25} \times 2 \times \frac{1}{10} + \frac{3}{8}}$

$= \frac{8.8 \times \frac{4}{8} - 12}{\frac{1}{3} + \frac{3}{8}} = \frac{4.4 - 12}{\frac{17}{24}}$

$= \frac{3.2 \times 24}{17} = \frac{76.8}{17} = \frac{768}{170} = \frac{384}{85} = 4\frac{44}{85}$

178. (a) $(0.2)^3 \times 400 \div 2000$ का $(0.2)^2$

$= 0.008 \times 400 \div 2000$ का $0.04 = 0.008 \times 400 \div 80$

$= 0.008 \times 5 = 0.04$

$= \frac{4}{100} = \frac{1}{25}$

179. (b) $(0.00243)^{(0.2)} = (0.00243)^{\frac{2}{10}}$

$= [(0.3)^5]^{\frac{1}{5}} = (0.3)^{5 \times \frac{1}{5}} = 0.3$

180. (a) $\frac{2}{3} \div \frac{3}{10}$ का $\frac{4}{9} - \frac{4}{5} \times 1\frac{1}{9} \div \frac{8}{15} + \frac{3}{4} \div \frac{1}{2}$

$= \frac{2}{3} \div \frac{2}{15} - \frac{4}{5} \times \frac{10}{9} \times \frac{15}{8} + \frac{3}{4} \times 2$

$= 5 - \frac{5}{3} + \frac{3}{2} = \frac{30 - 10 + 9}{6} = \frac{29}{6}$

181. (c) $\frac{427 \times 427 \times 427 + 325 \times 325 \times 325}{42.7 \times 42.7 + 32.5 \times 32.5 - 42.7 \times 32.5}$

माना $a = 427$ तथा $b = 325$

$\therefore \frac{a^3 + b^3}{a^2 \times 0.01 + b^2 \times 0.01 - ab \times 0.01}$

$= \frac{(a + b)(a^2 + b^2 - ab)}{0.01(a^2 + b^2 - ab)}$

$= \frac{a + b}{0.01} = \frac{427 + 325}{0.01} = 75200$

182. (c) $7 \div [5 + 1 \div 2 - \{4 + (4\text{ का } 2 \div 4) + 5 \div 5\text{ का } 2)\}]$

$= 7 \div [5 + 1 \div 2 - \{4 + (8 \div 4) + (5 \div 10)\}]$

$= 7 \div \left[5 + \frac{1}{2} - \left\{4 + 2 + \frac{1}{2}\right\}\right]$

$= 7 \div \left[5 + \frac{1}{2} - \frac{13}{2}\right]$

$= 7 \div \left[\frac{11}{2} - \frac{13}{2}\right] = 7 \div \left(-\frac{2}{2}\right) = -7$

183. (a) माना दिए गए व्यंजक में,

$a = 0.325$ तथा $b = 0.175$

$\therefore$ अभीष्ट व्यंजक

$= \frac{a^2 + b^2 + 2ab}{a^2 - b^2} + \frac{0.5}{1.5}$

$= \frac{(a + b)^2}{(a + b)(a - b)} + \frac{1}{3} = \frac{a + b}{a - b} + \frac{1}{3}$

$= \frac{0.325 + 0.175}{0.325 - 0.175} + \frac{1}{3} = \frac{0.5}{0.15} + \frac{1}{3}$

$= \frac{10}{3} + \frac{1}{3} = \frac{11}{3}$

184. (b) $2\frac{1}{3} \div 2\frac{1}{2}$ का $1\frac{3}{5} + \left(\frac{3}{8} + \frac{1}{7} \times 1\frac{3}{4}\right)$

$= \frac{7}{3} \div \frac{5}{2}$ का $\frac{8}{5} + \left(\frac{3}{8} + \frac{1}{7} \times \frac{7}{4}\right)$

$= \frac{7}{3} \div 4 + \left(\frac{3}{8} + \frac{1}{4}\right)$

$= \frac{7}{3} \times \frac{1}{4} + \frac{5}{8} = \frac{7}{12} + \frac{5}{8} = \frac{14 + 15}{24} = \frac{29}{24}$

185. (c) $\frac{40 - 32\text{ का }\frac{3}{4}}{37 - (34 - 6)\text{ का }\frac{3}{4}} = \frac{40 - 24}{37 - 21} = \frac{16}{16} = 1$

186. (b) $8 - 3 \div 6$ का $2 + \left(4 \div 4\text{ का }\frac{1}{4}\right) \div 8 + \left(4 \times 8 \div \frac{1}{4}\right) \times \frac{1}{8}$

$= 8 - 3 \div 12 + (4 \div 1) \div 8 + (4 \times 8 \times 4) \times \frac{1}{8}$

$= 8 - \frac{3}{12} + 4 \div 8 + 16$

$= 8 - \frac{1}{4} + \frac{1}{2} + 16 = 24 + \frac{1}{4} = \frac{97}{4}$

187. (c) $5 + 24 \times 8 \div 8$ का $8 - 8 \div 8 \times 4$ का 4

$= 5 + 24 \times 8 \div 64 - 8 \div 8 \times 16$

$= 5 + \frac{24}{8} - 1 \times 16 = 5 + 3 - 16 = -8$

188. (b) $\frac{a}{b} = \frac{15}{8} + \left[\left\{\frac{4}{5}\text{ का }\frac{5}{12} \div \left(1\frac{1}{15}\right)\right\} \times 1\frac{7}{12}\right]$

$= \frac{15}{8} + \left[\left\{\frac{4}{5}\text{ का }\frac{5}{12} \div \left(\frac{16}{15}\right)\right\} \times \frac{19}{12}\right]$

$= \frac{15}{8} + \left[\frac{1}{3} \times \frac{15}{16} \times \frac{19}{12}\right] = \frac{15}{8} + \left[\frac{5}{16} \times \frac{19}{12}\right]$

$= \frac{15}{8} + \frac{95}{192} = \frac{24 \times 15 + 95}{192} = \frac{360 + 95}{192}$

$\therefore \frac{a}{b} = \frac{455}{192}$

$\therefore 4b - a = 4 \times 192 - 455 = 768 - 455 = 313$

189. (c) $640 \div 8 + 930 \div 15 - k + 32 \times 5 = 1104 \div 16 \times 148 \div 37$

$\Rightarrow \frac{640}{8} + \frac{930}{15} - k + 160 = \frac{1104}{16} \times \frac{148}{37}$

$\Rightarrow \quad 80 + 62 - k + 160 = 69 \times 4$

$\Rightarrow \quad 302 - k = 276$

$\therefore \quad k = 302 - 276 \Rightarrow k = 26$

190. (a) $[3^3\{(40 \times 5) + (7 \times 6)\} \div 11] + (2^3 \times 15 \div 24)$

$= [3^3\{200 + 42\} \div 11] + (8 \times 15 \div 24)$

$= [3^3\{242 \div 11\}] + 8 \times \frac{15}{24}$

$= 27 \times 22 + 5 = 594 + 5 = 599$

191. (a) $42 \div 3 + k \times 3 - 22 \div 11 + 4 = 28$

$\Rightarrow 14 + 3k - 2 + 4 = 28 \Rightarrow 3k + 16 = 28$

$\Rightarrow \quad 3k = 28 - 16 = 12 \Rightarrow k = \frac{12}{3} = 4$

192. (a) $A = 60\left[\frac{6}{25} \div \left(\frac{16}{15} \text{ का } \frac{3}{8}\right) + 5 - \left(1 - 2\frac{1}{12}\right)\right]$

$= 60\left[\frac{6}{25} \div \left(\frac{16}{15} \times \frac{3}{8}\right) + 5 - \left(1 - \frac{25}{12}\right)\right]$

$= 60\left[\frac{6}{25} \div \frac{2}{5} + 5 + \frac{13}{12}\right]$

$= 60\left[\frac{6}{25} \times \frac{5}{2} + \frac{73}{12}\right] = 60\left[\frac{3}{5} + \frac{73}{12}\right]$

$= 60\left[\frac{36 + 365}{60}\right] = 60 \times \frac{401}{60} = 401$

∴ अंकों का योग = 4 + 0 + 1 = 5

193. (d) $A = \frac{9}{16} \div \frac{25}{36} = \frac{9}{16} \times \frac{36}{25} = \frac{81}{100}$

$B = 9 \div [(16 \div 25) \div 36]$

$= 9 \div \left[\frac{16}{25} \times \frac{1}{36}\right] = 9 \times \frac{25 \times 36}{16} = \frac{2025}{4}$

$C = [9 \div (16 \div 25)] \div 36$

$= \left[9 \div \frac{16}{25}\right] \div 36 = \left(9 \times \frac{25}{16}\right) \div 36$

$= 9 \times \frac{25}{16} \times \frac{1}{36} = \frac{25}{64}$

$D = (9 \div 16) \div (25 \div 36)$

$= \frac{9}{16} \div \frac{25}{36} = \frac{9}{16} \times \frac{36}{25} = \frac{81}{100}$

∴ स्पष्टतः A और D बराबर है।

194. (b) $12 \div 4 \text{ का } 3 \times 6 + 8 \div 16 \text{ का } 4 \times 8 - 4 \div 6 \times 9$

$= 12 \div 12 \times 6 + 8 \div 64 \times 8 - 4 \div 6 \times 9$

$= 1 \times 6 + 1 - 6$

$= 6 + 1 - 6 = 1$

195. (b) $\left[6 - 2\left\{3 - 4\left(4 \div \frac{1}{4} - 1\right) + 2 \div \frac{1}{3}\right\} - 3 \times 2\right]$

$= \left[6 - 2\left\{3 - 4(16 - 1) + 2 \div \frac{1}{3}\right\} - 6\right]$

$= [6 - 2\{3 - 60 + 6\} - 6]$

$= 6 + 102 - 6 = 102$

196. (c) $\frac{5 + 7 \times 5 \div 8 \text{ का } 5 + 3 \div 3 \times 5}{6 \div 6 \text{ का } 4 + 9 \times 9 \div 3 \times 2 \times 2}$

$= \frac{5 + 7 \times 5 \div 40 + 1 \times 5}{6 \div 24 + 9 \times 3 \times 2 \times 2}$

$= \frac{10 + \frac{35}{40}}{\frac{1}{4} + 108} = \frac{(400 + 35) \times 4}{40(1 + 432)} = \frac{435}{4330} = \frac{87}{866}$

197. (b) $\left(24 \div 3 \text{ का } \frac{1}{6}\right) \times \left(\frac{4}{5} \div \frac{9}{8} \times \frac{3}{5}\right) \div \left(\frac{4}{7} \div \frac{3}{14} \text{ का } \frac{3}{14}\right)$

$= \left(24 \div \frac{1}{2}\right)\left(\frac{32}{75}\right) \div \left(\frac{4}{7} \times \frac{14 \times 14}{3 \times 3}\right)$

$= 24 \times 2 \times \frac{32}{75} \times \frac{7 \times 3 \times 3}{4 \times 14 \times 14} = \left(\frac{288}{175}\right)$

198. (a) $720 + 48 \div 8 \times 5 - 6 \times 3$

$= 720 + 6 \times 5 - 6 \times 3$

$= 720 + 30 - 18 = 750 - 18 = 732$

199. (b) $\frac{2 \times 2 + 2}{2 \div 2 \times 2} \div \frac{\frac{1}{2} \div \frac{1}{2} \text{ का } \frac{1}{2}}{\frac{1}{2} + \frac{1}{2} \text{ का } \frac{1}{2}}$

$= \frac{4 + 2}{1 \times 2} \div \frac{\left(\frac{1}{2} \div \frac{1}{4}\right)}{\left(\frac{1}{2} + \frac{1}{4}\right)}$

$= \frac{6}{2} \div \frac{2}{3} \times 4 = \frac{6}{2} \times \frac{3}{8} = \frac{9}{8} = 1\frac{1}{8}$

200. (c) $420 \div \left[\frac{4}{9} \times \left(1 + \frac{4}{5}\right) \times 5\right] + \left[\frac{5}{7} \text{ का } \frac{21}{25} \div \frac{3}{4} \text{ का } \frac{2}{5}\right]$

$= 420 \div \left[\frac{4}{9} \times \frac{9}{5} \times 5\right] + \left[\frac{5}{7} \text{ का } \frac{21}{25} \div \frac{3}{4} \text{ का } \frac{2}{5}\right]$

$= 420 \div \left[\frac{4}{9} \times \frac{9}{5} \times 5\right] + \left[\frac{3}{5} \div \frac{3}{10}\right]$

$= 420 \div 4 + \left[\frac{3}{5} \times \frac{10}{3}\right] = 105 + 2 = 107$

201. (c) $4 \times 7 - 3\{7 \times 4 \div (6 \times 2)\}$

$= 4 \times 7 - 3\{7 \times 4 \div 12\}$

$= 4 \times 7 - 3\left\{7 \times \frac{4}{12}\right\}$

$= 4 \times 7 - 3 \times \frac{7}{3} = 28 - 7 = 21$

202. (a) $\frac{\frac{1}{2} \div \frac{3}{4} \text{ का } \frac{5}{6}}{\frac{1}{2} \div \frac{3}{4} \times \frac{5}{6}} + \frac{2 + 2 \times 2}{2 \div 2 \times 2}$

$= \frac{\frac{1}{2} \div \left(\frac{3}{4} \times \frac{5}{6}\right)}{\frac{1}{2} \div \frac{3}{4} \times \frac{5}{6}} + \left(\frac{2 + 4}{1 \times 2}\right)$

$= \frac{\frac{1}{2} \div \left(\frac{5}{8}\right)}{\frac{1}{2} \times \frac{4}{3} \times \frac{5}{6}} + \left(\frac{6}{2}\right) = \left(\frac{\frac{1}{2} \times \frac{8}{5}}{\frac{1}{2} \times \frac{4}{3} \times \frac{5}{6}}\right) + 3$

$= \left(\frac{4/5}{5/9}\right) + 3 = \frac{36}{25} + 3 = \frac{111}{25}$

203. (a) $99 - [169 \div (13 \times 13) - (-4) - \{3 - 17 + 10\}]$

$= 99 - [169 \div 169 + 4 + 4]$

$= 99 - [1 + 4 + 4] = 99 - 9 = 90$

204. (b) $\left[3 \times 6 - 3\left\{2\left(2 \div \frac{1}{2} - 2\right) + 2 \div \frac{1}{2}\right\} - 18\right]$

$= [3 \times 6 - 3\{2(4 - 2) + 4\} - 18]$

$= [3 \times 6 - 3\{4 + 4\} - 18]$

$= [3 \times 6 - 24 - 18] = 18 - 24 - 18 = -24$

205. (b) $10 + 3\frac{3}{5} \div \left[2\frac{2}{3} \div \left\{7\frac{1}{6} - \left(2\frac{1}{2} + \frac{2}{3}\right)\right\}\right]$

$= 10 + \frac{18}{5} \div \left[\frac{8}{3} \div \left\{\frac{43}{6} - \left(\frac{5 \times 3 + 2 \times 2}{6}\right)\right\}\right]$

$= 10 + \frac{18}{5} \div \left[\frac{8}{3} \div \left\{\frac{43 - 19}{6}\right\}\right]$

$= 10 + \frac{18}{5} \div \left[\frac{8}{3} \times \frac{6}{24}\right] = 10 + \frac{18}{5} \div \frac{2}{3}$

$= 10 + \frac{18}{5} \times \frac{3}{2} = 10 + \frac{27}{5} = \frac{77}{5}$

206. (d) $8 - 5 \div 2^3 \times 3 + (7 \div 7 \times 7) \div 7 + \left(3 \times 6 \div \frac{1}{3}\right) \times \frac{1}{3^3}$

$= 8 - 5 \div 2^3 \times 3 + \frac{7}{7} \times 7 \div 7 + 3 \times 6 \times 3 \times \frac{1}{3^3}$

$= 8 - \frac{5}{8} \times 3 + 1 \times \frac{7}{7} + 2$

$= 8 - \frac{15}{8} + 3 = 11 - \frac{15}{8} = \frac{73}{8}$

207. (b) $(17 + 15) \div 2 - 11 + 16 \times 4 - 28 + 13(-16 + 13)$

$= 32 \div 2 - 11 + 16 \times 4 - 28 + 13 \times (-3)$

$= 16 - 11 + 64 - 28 - 39 = 80 - 78 = 2$

208. (b) व्यंजक $[40 - 48 \div 4 \text{ का } 3] \div \{(6 + 4) - 4 \text{ का } 4 + 4 + (6 - 4) + (4 \times 4) \div 4] \times 3$

$= [40 - 48 \div 12] \div [10 - 16 + 4 + (6 - 4) + 16 \div 4] \times 3$

$= \left(40 - \frac{48}{12}\right) \div (10 - 16 + 4 + 2 + 4) \times 3$

$= \left(\frac{36}{4}\right) \times 3 = 27$

209. (b) $\left\{(3^3 + 2^3) \times \frac{22}{7}\right\} \times \left\{(6^2 + 3^2 - 4^2) \div \left(14\frac{1}{2}\right)\right\}$

$= \left\{(27 + 8) \times \frac{22}{7}\right\} \times \left\{(36 + 9 - 16) \div \frac{29}{2}\right\}$

$= \left(35 \times \frac{22}{7}\right) \times \left(29 \div \frac{29}{2}\right) = 110 \times 2 = 220$

210. (a) $(3 - 3 \times 3 + 3 \div 3 + 3 \times 5) \times 2 \text{ का } 5 + (2 + 2 \div 2 + 2 \times 2 - 2)$

$= (3 - 9 + 1 + 15) \times 2 \text{ का } 5 + (2 + 1 + 4 - 2)$

$= (19 - 9) \times 10 + (7 - 2)$

$= 100 + 5 = 105$

211. (b) $18 \div (7 \times 2 - 5) \times 5 \times 24 \div 30$

$= 18 \div (14 - 5) \times 5 \times \frac{24}{30}$

$= 18 \div 9 \times 5 \times \frac{24}{30} = 2 \times 5 \times \frac{24}{30} = 8$

212. (d) $\frac{4}{7} \times 4\frac{1}{2} \div 5\frac{1}{3} \text{ का } 2\frac{1}{2} - \left(7\frac{7}{8} \div 5\frac{1}{9} \text{ का } 9\frac{9}{20}\right) + \frac{1}{2}$

$= \frac{4}{7} \times \frac{9}{2} \div \frac{16}{3} \times \frac{5}{2} - \left(\frac{63}{8} \div \frac{46}{9} \times \frac{189}{20}\right) + \frac{1}{2}$

$= \frac{4}{7} \times \frac{9}{2} \div \frac{40}{3} - \left(\frac{63}{8} \div \frac{46 \times 21}{20}\right) + \frac{1}{2}$

$= \frac{27}{140} - \frac{60}{368} + \frac{1}{2}$

$= \frac{27}{140} - \frac{15}{92} + \frac{1}{2} = \frac{1706}{3220} = \frac{853}{1610}$

213. (c) $3 + 28 \div 35 \times 15 + 4 - 3 \times 4$

$= 3 + \frac{28}{35} \times 15 + 4 - 12 = 3 + 12 + 4 - 12 = 7$

214. (b) $\sqrt{625}+\sqrt{\frac{625}{100}}+\sqrt{\frac{625}{10000}}+\sqrt{\frac{625}{1000000}}$

$=25+\frac{25}{10}+\frac{25}{100}+\frac{25}{1000}$

$=25+2.5+0.25+0.025=27.775$

215. (c) $(\sqrt[3]{\sqrt[3]{343}})^3\times(\sqrt[3]{\sqrt[3]{216}})^3$

$=343^{\frac{3}{3\times3}}\times216^{\frac{3}{3\times3}}$

$=343^{1/3}\times216^{1/3}=7\times6=42$

216. (b) $\frac{2+7\times7\div9 \text{ का } 9+6\div6\times2}{4\div4 \text{ का } 5+7\times7\div7-6+4}$

$=\frac{2+7\times7\div81+6\div6\times2}{4\div20+7\times7\div7-6+4}=\frac{2+\frac{49}{81}+2}{\frac{1}{5}+7-6+4}$

$=\frac{162+49+162}{81}\times\frac{5}{1+35-30+20}$

$=\frac{373\times5}{81\times26}=\frac{1865}{2106}$

217. (c) $\frac{(0.96\times0.96\times0.96+0.04\times0.04\times0.04)}{(0.96\times0.96-0.96\times0.04+0.04\times0.04)}$

$=\frac{(0.96)^3+(0.04)^3}{(0.96)^2-(0.96\times0.04)+(0.04)^2}$

$\left[\because \frac{a^3+b^3}{a^2-ab+b^2}=a+b\right]$

$=0.96+0.04=1$

218. (b) $(2^2+4)^2\times(3-5)+400$ का $20\%+30$ का $x\%=30$ का 30%

$\Rightarrow (4+4)^2\times(-2)+80+30\times\frac{x}{100}=9$

$\Rightarrow 8^2\times(-2)+80+\frac{3}{10}x=9$

$\Rightarrow 64\times(-2)+80+\frac{3}{10}x=9$

$\Rightarrow -128+80+\frac{3}{10}x=9$

$\Rightarrow \frac{3}{10}x=9+48=57$

$\Rightarrow x=57\times\frac{10}{3}\Rightarrow x=190$

219. (c) $\frac{\frac34\div\frac{9}{64}+\frac{7}{11}\times\frac{121}{14}-\frac{9}{13}\times\frac{65}{36}}{\frac12\div\frac45+\frac34\times\frac{16}{15}}$

$=\frac{\left(\frac34\times\frac{64}{9}\right)+\left(\frac{7}{11}\times\frac{121}{14}\right)-\left(\frac{9}{13}\times\frac{65}{36}\right)}{\left(\frac12\times\frac54\right)+\left(\frac34\times\frac{16}{15}\right)}$

$=\frac{\left(\frac{16}{3}+\frac{11}{2}-\frac54\right)}{\left(\frac58+\frac45\right)}=\frac{\left(\frac{64+66-15}{12}\right)}{\left(\frac{25+32}{40}\right)}$

$=\frac{115}{12}\times\frac{40}{57}=\frac{1150}{171}$

220. (b) $[(24-12)\div4]+[81-48\div12$ का $2]$

$=[12\div4]+[81-48\div24]$

$=3+[81-2]$

$=3+79=82$

221. (c) $\frac{8\times5\div25}{7\div14\times2}-\frac{14\div7-5}{7\div14-25}$

$=\frac{8\times5\times\frac{1}{25}}{7\times\frac{1}{14}\times2}-\frac{2-5}{\frac12-25}$

$=\frac85-\frac{3}{\frac{49}{2}}=\frac85-\frac{6}{49}$

$=\frac{392-30}{245}=\frac{362}{245}$

222. (c) $2160\times3\div144+13-2$

$=\frac{2160\times3}{144}+13-2$

$=45+13-2=56$

223. (c) $\frac{\frac53 \text{ का } \frac14\times\frac{24}{5}-\frac15 \text{ का } \frac{25}{8}\times\frac{24}{5}}{\frac{5}{12} \text{ का } \frac34\times\frac43+\frac34 \text{ का } \frac{12}{5}\times\frac56}$

$=\frac{\frac53\times\frac14\times\frac{24}{5}-\frac15\times\frac{25}{8}\times\frac{24}{5}}{\frac{5}{12}\times\frac34\times\frac43+\frac34\times\frac{12}{5}\times\frac56}$

$=\frac{(2-3)}{\left(\frac{5}{12}+\frac32\right)}=\frac{-1}{23}\times12=-\frac{12}{23}$

224. (b) $(1665\div37)+(42\times5)=45+210=255$

225. (c) $x=0.05\times0.36\div0.4+0.055+150\div0.03$

$=0.05\times0.9+0.055+50$

$=0.045+0.055+50=50.1$

226. (b) $1200\div15\times[45\div(17-2)]$ का $2+[-2(1+2)]$

$=80[45\div15]\times2+[-2\times3]$

$=80\times3\times2-6=480-6=474$

227. (c) $44\times12-(25+13\times10)$

$=44\times12-(25+130)=528-155=373$

228. (b) $\frac{(777\times777\times777)+(423\times423\times423)}{(777\times777)-(777\times423)+(423\times423)}\times\frac{1}{(77-47)}$

$=\frac{(777)^3+(423)^3}{(777)^2-(777\times423)+(423)^2}\times\frac{1}{(77-47)}$

यहाँ $a=777$ और $b=423=(777+423)\times\frac{1}{30}$

$[\because a^3+b^3=(a+b)(a^2+b^2-ab)]$

$=\frac{1200}{30}=40$

229. (a) $178.01-[86.23-\{40.22+(28-24)\}]$

$=178.01-[86.23-\{40.22+4\}]$

$=178.01-[86.23-44.22]$

$=178.01-42.01=136$

230. (d) $\left(\frac{9^3+9^4+9^5+9^6+9^7}{9^1+9^2+9^3+9^4+9^5}\right)^{\frac12}$

$=\left[\frac{9^2(9^1+9^2+9^3+9^4+9^5)}{9^1+9^2+9^3+9^4+9^5}\right]^{\frac12}=[9^2]^{\frac12}=9$

231. (a) $8+[16-\{7+4-(9$ का $3+6-4\times7)\}]=?$

$\Rightarrow ?=8+[16-\{7+4-(27+6-28)\}]$

$\Rightarrow ?=8+[16-\{7+4-(33-28)\}]$

$\Rightarrow ?=8+[16-\{11-5\}]\Rightarrow ?=8+10$

$\therefore ?=18$

232. (d) $\left[\frac{(5.4)^3-0.064}{(5.4)^2+2.16+0.16}\right]$

$=\frac{(5.4)^3-(0.4)^3}{(5.4)^2+5.4\times0.4+(0.4)^2}$

यहाँ, $a=5.4$ तथा $b=0.4$

तब, $\frac{a^3-b^3}{a^2+ab+b^2}=\frac{(a-b)(a^2+ab+b^2)}{a^2+ab+b^2}$

$=a-b$

$\therefore a-b=5.4-0.4=5$

233. (a) $9\div[5+7\div\{9+9\div(9+9\div4)\}]=?$

$?=9\div[5+7\div\{9+9\div\left(9+\frac94\right)\}]$

$=9\div\left[5+7\div\left\{9+9\div\frac{45}{4}\right\}\right]$

$=9\div\left[5+7\div\left\{9+9\times\frac{4}{45}\right\}\right]$

$=9\div\left[5+7\div\left\{9+\frac45\right\}\right]$

$=9\div\left[5+7\div\frac{49}{5}\right]=9\div\left[5+7\times\frac{5}{49}\right]$

$=9\div\left[5+\frac57\right]=9\div\frac{40}{7}=9\times\frac{7}{40}=\frac{63}{40}$

234. (c) $16\frac14\div\left[2\frac16+\left\{4\frac13-\left(2\frac12+\frac34\right)\right\}\right]$

$=\frac{65}{4}\div\left[\frac{13}{6}+\left\{\frac{13}{3}-\left(\frac52+\frac34\right)\right\}\right]$

$=\frac{65}{4}\div\left[\frac{13}{6}+\left\{\frac{13}{3}-\frac{13}{4}\right\}\right]$

$=\frac{65}{4}\div\left[\frac{13}{6}+\left\{\frac{13}{12}\right\}\right]=\frac{65}{4}\div\left[\frac{26+13}{12}\right]$

$=\frac{65}{4}\div\frac{39}{12}=\frac{65}{4}\times\frac{12}{39}=5$

235. (a) $[\{(232\div29$ का $2)+77\times10\}\div18]-\frac{18\times8\div4 \text{ का } 3-4}{2\times(8-6)+1-2\times3\div4 \text{ का } \frac12}$

$=[\{(232\div58)+770\}\div18]-\frac{18\times8\div12-4}{2\times2+1-2\times3\div2}$

$=\left[\left\{\frac{232}{58}+770\right\}\div18\right]-\frac{\frac{18\times8}{12}-4}{4+1-2\times\frac32}$

$=[\{4+770\}\div18]-\frac{12-4}{4+1-3}=\left[\frac{774}{18}\right]-\frac82$

$=43-4=39$

236. (d) $(5\times5+5-5\times5+5-5\times5)+(5\times5)\div5\times(2+3)$

$=(30-20-25)+(25)\div5\times(5)$

$=-15+\frac{25}{5}\times5$

$=-15+25=10$

237. (a) $5+32\div2+6\times2.5=5+16+15=36$

238. (b) $6\frac12\times2\frac45\div x=\frac{7}{10}$

$\Rightarrow \frac{13}{2}\times\frac{14}{5}\times\frac1x=\frac{7}{10}\Rightarrow\frac{13\times14}{10x}=\frac{7}{10}$

$\Rightarrow \quad 70x = 13 \times 14 \times 10$

$\therefore \quad x = \dfrac{13 \times 14 \times 10}{70} = 26$

239. (a) $10(8 + 4R) \div (12 \times 5) - 5 \times 2^3 = 6$

$\Rightarrow \quad 10(8 + 4R) \div 60 - 5 \times 8 = 6$

$\Rightarrow (8 + 4R) \times \dfrac{10}{60} - 40 = 6 \Rightarrow \dfrac{8 + 4R}{6} = 46$

$\Rightarrow \quad 8 + 4R = 46 \times 6 = 276$

$\Rightarrow \quad 4R = 276 - 8 = 268$

$\therefore \quad R = \dfrac{268}{4} = 67$

240. (c) $3\frac{1}{2} - \left[2\frac{1}{4} \div \left\{1\frac{1}{4} - \frac{3}{4}\left(1\frac{1}{2} - \frac{1}{2} - 2\frac{1}{2}\right)\right\}\right]$

$= \dfrac{7}{2} - \left[\dfrac{9}{4} \div \left\{\dfrac{5}{4} - \dfrac{3}{4}\left(\dfrac{3}{2} - \dfrac{1}{2} - \dfrac{5}{2}\right)\right\}\right]$

$= \dfrac{7}{2} - \left[\dfrac{9}{4} \div \left\{\dfrac{5}{4} - \dfrac{3}{4}\left(\dfrac{-3}{2}\right)\right\}\right]$

$= \dfrac{7}{2} - \left[\dfrac{9}{4} \div \left\{\dfrac{5}{4} + \dfrac{9}{8}\right\}\right]$

$= \dfrac{7}{2} - \left[\dfrac{9}{4} \div \left\{\dfrac{10 + 9}{8}\right\}\right] = \dfrac{7}{2} - \left[\dfrac{9}{4} \div \dfrac{19}{8}\right]$

$= \dfrac{7}{2} - \left[\dfrac{9}{4} \times \dfrac{8}{19}\right] = \dfrac{7}{2} - \dfrac{18}{19}$

$= \dfrac{133 - 36}{38} = \dfrac{97}{38} = 2\dfrac{21}{38}$

241. (a) $\dfrac{24\sqrt{45} - 16\sqrt{20} + \sqrt{245} - 47\sqrt{5}}{3\frac{1}{5} + 1\frac{2}{5} - 2\frac{1}{6} - 2\frac{1}{5} - 5\frac{2}{5} + 3\frac{1}{6}}$

$= \dfrac{24\sqrt{9 \times 5} - 16\sqrt{4 \times 5} + \sqrt{49 \times 5} - 47\sqrt{5}}{\frac{16}{5} + \frac{7}{5} - \frac{13}{6} - \frac{11}{5} - \frac{27}{5} + \frac{19}{6}}$

$= \dfrac{72\sqrt{5} - 32\sqrt{5} + 7\sqrt{5} - 47\sqrt{5}}{\frac{6}{6} - \frac{15}{5}}$

$= \dfrac{79\sqrt{5} - 79\sqrt{5}}{1 - 3} = \dfrac{0}{-2} = 0$

242. (b) $45 - 22 \div 2 + 12 + 70 \div 35 + 0.4 \div 0.8 + 1.5 \div 3 + 1$

$= 45 - \left(\dfrac{22}{2}\right) + 12 + \left(\dfrac{70}{35}\right) + \left(\dfrac{0.4}{0.8}\right) + \left(\dfrac{1.5}{3}\right) + 1$

$= 45 - 11 + 12 + 2 + \dfrac{1}{2} + \dfrac{1}{2} + 1$

$= 45 - 11 + 14 + 1 + 1 = 45 + 5 = 50$

243. (c) विकल्प (c) से,

$[2 \times 3 - 5 + \{1 + 2(3 - 2 \times 2)\}]$

$= [6 - 5 + (1 - 2)] = (6 - 5 - 1) = 6 - 6 = 0$

244. (a) $24 \div 6 \times \left(\dfrac{3}{4} \text{ का } \dfrac{1}{3} + \dfrac{5}{3} \text{ का } \dfrac{3}{4}\right) = ?$

$\Rightarrow \quad ? = 4 \times \left(\dfrac{1}{4} + \dfrac{5}{4}\right) = 4 \times \dfrac{6}{4} = 6$

245. (c) $(13 \div 13 \text{ का } 13 + 13)/(13 \div 13 \times 13 + 13)$

$= \dfrac{\left(\frac{13}{13 \times 13} + 13\right)}{(1 \times 13 + 13)} = \dfrac{\left(\frac{1 + 169}{13}\right)}{26} = \dfrac{170}{13 \times 26} = \dfrac{85}{169}$

246. (b) $(256)^{1/2} - (1331)^{1/3} + 23 \times 13$

$= 16 - 11 + 299$

$= 315 - 11 = 304$

247. (b) $\sqrt{19 \times 650 \div 13 + 18.5 \times 4} \times 13 = ?$

$\Rightarrow \sqrt{950 + 74} \times 13 = ? \Rightarrow \sqrt{1024} \times 13 = ?$

$\Rightarrow \quad 32 \times 13 = ? \Rightarrow ? = 416$

248. (b) $A = 3 + 7 \times 2 = 17$

$B = 12 \div 4 - 6 = -3$

$C = 6 \times 5 + 2 = 32$

प्रश्नानुसार, $A \times B + C = 17 \times (-3) + 32$

$= -51 + 32 = -19$

249. (b) $\dfrac{7}{8} + \dfrac{8}{11} \text{ का } \left[\dfrac{33}{16} - \dfrac{5}{12} + \left(\dfrac{6}{11} - \dfrac{5}{12} + \dfrac{7}{22}\right)\right]$

$= \dfrac{7}{8} + \dfrac{8}{11} \times \left[\dfrac{33}{16} - \dfrac{5}{12} + \left(\dfrac{72 - 55 + 42}{132}\right)\right]$

$= \dfrac{7}{8} + \dfrac{8}{11} \times \left[\dfrac{33}{16} - \dfrac{5}{12} + \dfrac{59}{132}\right]$

$= \dfrac{7}{8} + \dfrac{8}{11} \times \left[\dfrac{1089 - 220 + 236}{528}\right]$

$= \dfrac{7}{8} + \dfrac{8}{11} \times \dfrac{1105}{528}$

$= \dfrac{7}{8} + \dfrac{1105}{726} = \dfrac{2541 + 4420}{2904} = \dfrac{6961}{2904}$

250. (b) $[7 \div 14 \times 8 + (5 \div 15 \times 6 - 4 \times 3)]$

$= \left[\dfrac{7}{14} \times 8 + \left(\dfrac{5}{15} \times 6 - 12\right)\right]$

$= [4 + 2 - 12] = 6 - 12 = -6$

251. (d) $p = (5 \div 6) \text{ का } 54 - 40 \div 10 - 41 - 22$

$= \dfrac{5}{6} \times 54 - \dfrac{40}{10} - 41 - 22$

$= 45 - 4 - 41 - 22 = -22$

252. (a) $8^2 + 16^2 - 19^2 = ?^3 - 257$

$\Rightarrow \quad 64 + 256 - 361 = ?^3 - 257$

$\Rightarrow \quad ?^3 = 577 - 361 = 216 = (6)^3$

$\therefore \quad ? = 6$

253. (b) $(9576 \div 21) \times (462 \div 42) - 563 \times 8 = (?)^3$

$\Rightarrow \quad (?)^3 = 456 \times 11 - 4504$

$\Rightarrow \quad (?)^3 = 5016 - 4504$

$\Rightarrow \quad (?)^3 = 512 = (8)^3$

$\Rightarrow \quad ? - 8$

254. (c) $120 \div \left[\dfrac{2}{3} \times \left(1 - \dfrac{2}{5}\right) \times 5\right] + \left[\dfrac{9}{8} \text{ का } \dfrac{4}{3} \div \dfrac{3}{4} \text{ का } \dfrac{2}{3}\right]$

$= 120 \div \left[\dfrac{2}{3} \times \dfrac{3}{5} \times 5\right] + \left[\dfrac{9}{8} \times \dfrac{4}{3} \div \left(\dfrac{3}{4} \times \dfrac{2}{3}\right)\right]$

$= 120 \div 2 + \left[\dfrac{3}{2} \div \dfrac{1}{2}\right]$

$= 60 + \left[\dfrac{3}{2} \times 2\right]$

$= 60 + 3 = 63$

255. (b) $108 \div 18 \times 3 - 64 \times 2 \div 32 + 80 \div 5 \text{ का } 4$

$= 108 \times \dfrac{1}{18} \times 3 - 64 \times 2 \times \dfrac{1}{32} + 80 \div 20$

$= 18 - 4 + 4 = 18$

256. (d) $16 + [0.2 \div 0.004 + 5.2 \text{ का } 2 \div (0.7 \times 2 + 0.84 \div 0.7)]$

$= 16 + \left[0.2 \times \dfrac{1}{0.004} + 5.2 \times 2 \div \left(14 + 0.84 \times \dfrac{1}{0.7}\right)\right]$

$= 16 + [50 + 10.4 \div (1.4 + 1.2)]$

$= 16 + [50 + 4] = 70$

257. (a) $750 - 350 \div 7 + 43 \times 5$

$= 750 - 50 + 215 = 915$

258. (d) $\left[\dfrac{2}{1 \times 3} + \dfrac{2}{3 \times 5} + \dfrac{2}{5 \times 7} + \ldots\ldots \dfrac{2}{45 \times 47}\right]$

$= \left[1 - \dfrac{1}{3} + \dfrac{1}{3} - \dfrac{1}{5} + \dfrac{1}{5} - \dfrac{1}{7} + \ldots\ldots \dfrac{1}{45} - \dfrac{1}{47}\right]$

$= 1 - \dfrac{1}{47} = \dfrac{46}{47}$

259. (b) $1100 \div 5 + 420 \div 2 + 550 \div 5$

$= 220 + 210 + 110 = 540$

260. (d) $3[4 + 2\{42 - 4(9 - 1)\}]$

$= 3[4 + 2 \times 10]$

$= 3 \times 24 = 72$

261. (d) $12 \times 5 \times 3 \div [129 - 69]$

$= 12 \times 5 \times \dfrac{3}{60} = 3$

262. (c) $\dfrac{144}{33} \text{ का } \dfrac{11}{12} - \dfrac{132}{13} \text{ का } \dfrac{52}{12}$

$= \dfrac{144}{33} \times \dfrac{11}{12} - \dfrac{132}{13} \times \dfrac{52}{12} = 4 - 44 = -40$

263. (b) $14 \times 14 + 12 \times 12 + 13 \times 13$

$= 196 + 144 + 169 = 5.09$

264. (c) $58 - 25 \div 5 + \{55 + 25 - (30 + 20 - 10 + 30)\}$

$58 - 5 + \{80 - (80 - 10)\}$

$= 58 - 5 + \{80 - 70\}$

$= 58 - 5 + 10 = 68 - 5 = 63$

265. (b) $14 - 3 \times (5 + 2) \div 4$

$= 14 - 3 \times 1.75 = 14 - 5.25 = 8.75$

266. (b) $0.\bar{5} + 0.\bar{3} = \dfrac{5}{9} + \dfrac{3}{9} = \dfrac{8}{9}$

267. (d) $[36 - (48 \times 7 \div 16) - (19 + 3 - 24)]$

$[36 - \dfrac{48 \times 7}{16} - (22 - 24)]$

$= [36 - 21 - (-2)] = [38 - 21] = 17$

268. (d) $\dfrac{2}{1 \times 3} + \dfrac{2}{3 \times 5} + \ldots + \dfrac{2}{99 \times 101} = ?$

$= 1 - \dfrac{1}{3} + \dfrac{1}{3} - \dfrac{1}{5} + \ldots + \dfrac{1}{99} - \dfrac{1}{101}$

$= 1 - \dfrac{1}{101} = \dfrac{100}{101}$

269. (a) $4500 \div 9 + 1800 \times 2 - 310 \times 7$

$= 500 + 3600 - 2170 = 4100 - 2170 = 1930$

270. (a) $\dfrac{0.5 \div (0.5 \times 0.5)}{(0.5 \div 0.5) \times 0.5} = \dfrac{\frac{0.5}{0.25}}{1 \times 0.5}$

$= \dfrac{0.5}{0.5} \times \dfrac{1}{0.25} = \dfrac{1}{0.25} = \dfrac{100}{25} = 4$

271. (a) $13 \times 12 + 12 \times 11 - 14 \times 15 - 9 \times 13 + 19 \times 15$

$= 12(13 + 11) - 9 \times 13 + 19 \times 15 - 14 \times 15$

$= 12 \times 24 - 117 + 15(19 - 14)$

$= 288 - 117 + 15 \times 5$

$= 363 - 117 = 246$

272. (b) $0.4\bar{1} = \frac{41-4}{90} = \frac{37}{90}$

273. (c) $\sqrt{0.000081} = ?$

$\Rightarrow \quad ? = \sqrt{\frac{81}{1000000}}$

$= \frac{9}{1000} = 0.009$

274. (d) $[289 \div \{68 \div 4 \times (14 + 2 \times 6 - 9)\}]$

$= [289 \div \{17 \times 17\}] = [289 \div 289] = 1$

275. (a) $4400 - (3200 \div 16) + 32 \times 4$

$= 4400 - 200 + 128 = 4528 - 200 = 4328$

276. (d) दिया गया व्यंजक

$= 2.\bar{3} + 4.\bar{3} = 2 + 0.\bar{3} + 4 + 0.\bar{3}$

$= 6 + \frac{3}{9} + \frac{3}{9} = 6 + \frac{1}{3} + \frac{1}{3} = 6 + \frac{2}{3} = \frac{20}{3}$

277. (c) दिया गया व्यंजक

$= (0.5)^2 + (0.05)^2 = 0.25 + 0.0025 = 0.2525$

278. (a) दिया गया व्यंजक

$= (27 \times 50) \div 25 \times 5(15 - 14) + 800 \div 25$

$= 1350 \div 25 \times 5 \times 1 + 32 = 54 \times 5 + 32$

$= 270 + 32 = 302$

279. (b) $443 - 226 \div 2 \times 5$

$= 443 - 113 \times 5$

$= 443 - 565 = -122$

280. (b) $2016 \div 4 + 32 \times 6 - 26 \times 3$

$= 504 + 192 - 78$

$= 696 - 78 = 618$

281. (d) $[19 \times \{24 \div 4$ का $(24 \times 4 \div 16)\}]$

$= \left[19 \times \left\{24 \div 4 \text{ का} \left(24 \times \frac{4}{16}\right)\right\}\right]$

$= [19 \times \{24 \div 4$ का $6\}]$

$= [19 \times 24 \div 24\}]$

$= 19 \times 1 = 19$

282. (b) $\frac{16 \times (9 + 4) - 13 \times 14}{50 - (12 + 12)}$

$= \frac{16 \times 13 - 13 \times 14}{50 - 24} = \frac{13 \times 2}{26} = 1$

283. (c) $[41 \times \{36$ का $4 \div (96$ का $2 \div 24)\}]$

$= [41 \times \{144 \div (192 \div 24)\}]$

$= [41 \times \{144 \div 8\}] = [41 \times 18] = 738$

284. (d) $\frac{5}{8}$ का $184 \times 15 \div 5 + k = 513 \div 9 + 435$

$\Rightarrow \quad \frac{5}{8} \times 184 \times 3 + k = 57 + 435$

$\Rightarrow \quad 5 \times 23 \times 3 + k = 492$

$\Rightarrow \quad 345 + k = 492 \Rightarrow k = 147$

285. (b) 30% का [{(820% का 40) − 28}] % का 600

$= 30\%$ का $\left[\left(\frac{820}{100} \times 40\right) - 28\right]$ % का 600

$= 30\%$ का 300% का $600 = 90 \times \frac{600}{100} = 540$

286. (d) $15.2625 - [5.2 + 0.25 \times (4.78 - 1.5 \times 3.02)]$

$= 15.2625 - [5.2 + 0.25 \times (4.78 - 4.53]$

$= 15.2625 - [5.2 + 0.25 \times 0.25]$

$= 15.2625 - [5.2 + 0.0625]$

$= 15.2625 - 5.2625 = 10$

287. (b) $3\frac{1}{3} \div 6\frac{3}{7} \times 1\frac{1}{2} \times 3\frac{1}{7} = (p)^{1/2}$

$\Rightarrow \quad \frac{10}{3} \div \frac{45}{7} \times \frac{3}{2} \times \frac{22}{7} = (p)^{1/2}$

$\Rightarrow \quad \frac{10}{3} \times \frac{7}{45} \times \frac{3}{2} \times \frac{22}{7} = (p)^{1/2}$

$\Rightarrow \quad (p)^{1/2} = \frac{22}{9}$

$\Rightarrow \quad p = \frac{22}{9} \times \frac{22}{9} = \frac{484}{81}$

288. (c) $\frac{5}{16}$ का $\frac{7}{8} \times 6 + 15 - 10$

$= \frac{7}{8} \times \frac{5}{16} \times 6 + 15 - 10$

$= \frac{35}{128} \times 6 + 15 - 10 = \frac{425}{64}$

289. (b) $\frac{0.7^2 + (0.4 + 0.2)(0.7) + (0.4 \times 0.2)}{(0.7 + 0.4)}$

$= \frac{0.49 + 0.28 + 0.14 + 0.08}{1.1}$

$= \frac{0.99}{1.1} = 0.9$

290. (a) $(0.3 - 0.2)(0.3^2 + 0.3 \times 0.2 + 0.2^2)$

$= (0.3)^3 - (0.2)^3$

$[\because a^3 - b^3 = (a - b)(a^2 + ab + b^2)]$

$= 0.027 - 0.008 = 0.019$

291. (c) $\frac{a^m \times 3^5 \times 27^3}{3 \times 81} = 3^9$

$\Rightarrow \quad \frac{3^{2m} \times 3^5 \times 3^9}{3 \times 3^{16}} = 3^9 \Rightarrow \frac{3^{14+2m}}{3^{17}} = 3^9$

$\Rightarrow \quad 3^{14+2m} = 3^{26}$

अब, तुलना करने पर,

$14 + 2m = 26$

$m = 6$

292. (b) $52 \times 52 - 48 \times 48$

$= (52 + 48)(52 - 48)$

$[\because a^2 - b^2 = (a + b)(a - b)]$

$= 100 \times 4 = 400$

293. (b) यदि $a + b + c = 0$

तब, $a^3 + b^3 + c^3 = 3abc$

$\because \quad 13 - 8 - 5 = 13 - 13 = 0$

$\therefore \quad 13^3 + (-8)^3 + (-5)^3$

$= 3 \times 13 \times (-8) \times (-5)$

$= 1560$

04

औसत

दी गई समान प्रकृति की राशियों के कुल योग को उन राशियों की कुल संख्या से भाग देने पर प्राप्त परिणाम को दी गई राशियों का औसत कहते हैं

$$\text{औसत} = \frac{\text{राशियों का कुल योग}}{\text{राशियों की कुल संख्या}} = \frac{x_1 + x_2 + x_3 + \ldots\ldots + x_n}{n}$$

संख्याओं के औसत सम्बन्धी महत्त्वपूर्ण गुण एवं सूत्र

(i) यदि दी गई प्रत्येक संख्याओं में 'x' की वृद्धि या कमी की जाती है, तब उन संख्याओं के औसत में भी 'x' की वृद्धि या कमी होगी।

(ii) यदि दी गई प्रत्येक संख्याओं में 'x' का गुणा/भाग किया जाता है, तब उन संख्याओं के औसत में भी 'x' की गुणा/भाग होगी।

(iii) प्रथम 'n' प्राकृतिक संख्याओं का औसत $= \left(\frac{n+1}{2}\right)$

(iv) प्रथम 'n' सम संख्याओं का औसत $= (n + 1)$

या $\frac{\text{पहली सम संख्या + अन्तिम सम संख्या}}{2}$

(v) प्रथम 'n' विषम संख्याओं का औसत $= n$

(vi) प्रथम 'n' प्राकृतिक संख्याओं के वर्गों का औसत $= \frac{(n+1)(2n+1)}{6}$

(vii) प्रथम 'n' प्राकृतिक संख्याओं के घनों का औसत $= \frac{n(n+1)^2}{4}$

(viii) यदि दी गई संख्याएँ एक श्रृंखला में हों तथा उसके किन्हीं भी दो क्रमागत पदों के बीच अन्तर समान हों, तो सम्पूर्ण श्रृंखला का

$$\text{औसत} = \frac{\text{प्रथम संख्या + अन्तिम संख्या}}{2}$$

(ix) संख्या x के प्रथम n गुणजों का औसत $= \frac{x \times (n+1)}{2}$

संयुक्त औसत पर आधारित प्रश्न

यदि n_1 संख्याओं का औसत x_1 तथा n_2 संख्याओं का औसत x_2 है, तो सभी संख्याओं का औसत $= \frac{n_1x_1 + n_2x_2}{n_1 + n_2}$

उदाहरण 1. एक वर्ग में क्रमशः 40 और 44 विद्यार्थियों के दो वर्ग A और B हैं यदि वर्ग A का औसत भार 35 किग्रा है और वर्ग B का औसत भार 37 किग्रा है, तो पूरे वर्ग का औसत भार ज्ञात कीजिए।

हल औसत $= \frac{40 \times 35 + 44 \times 37}{40 + 44} = \frac{1400 + 1628}{84} = \frac{3028}{84} = 36.04$

[यहाँ, $n_1 = 40$, $x_1 = 35$ किग्रा, $n_2 = 44$, $x_2 = 37$ किग्रा]

व्यक्ति/राशि को समूह में शामिल किए जाने पर आधारित प्रश्न

उदाहरण 2. चार भाइओं की औसत आयु 25 वर्ष है यदि उनके पिता को शामिल किया जाता है, तो औसत आयु 5 वर्ष बढ़ जाती है पिता की आयु (वर्षों में) ज्ञात कीजिए।

हल पिता की आयु = औसत + कुल व्यक्ति × औसत में वृद्धि

$= 25 + (4 + 1) \times 5$

$= 25 + 25 = 50$ वर्ष

व्यक्ति/राशि को समूह से निकाल दिए जाने पर आधारित प्रश्न

उदाहरण 3. संख्याओं का औसत 55 वर्ष है, एक संख्या को हटा दिया जाता है और 14 संख्याओं का औसत अब 57 हो जाता है। कौन-सी संख्या हटाई गई?

हल हटाई गई संख्या = औसत − शेष संख्या × (औसत में परिवर्तन)

$= 55 - 14 \times (57 - 55) = 55 - 28 = 27$

समूह में किसी व्यक्ति या कुछ राशियों के प्रतिस्थापित पर आधारित प्रश्न

उदाहरण 4. तीन पुरुषों का औसत वजन 4 किग्रा बढ़ जाता है, जब उनमें से एक, जिसका वजन 200 किग्रा है, को दूसरे पुरुष से प्रतिस्थापित किया जाता है। नए पुरुष का वजन क्या है?

हल नए पुरुष का वजन = जाने वाले व्यक्ति का वजन + औसत में वृद्धि × व्यक्तियों की संख्या

$= 200 + 4 \times 3 = 200 + 12$

$= 212$ किग्रा

SSC एग्जाम स्कैनर

SSC CGL 2024 (Tier I & II)

1. प्रथम 92 सम संख्याओं का औसत कितना है?
SSC CGL (Tier II) 20/01/2025 Shift-I
(a) 93 (b) 91 (c) 94 (d) 92

2. प्रथम 91 सम संख्याओं का औसत कितना है?
SSC CGL (Tier II) 18/01/2025 Shift-I
(a) 90 (b) 91 (c) 93 (d) 92

3. 150 विद्यार्थियों (केवल लड़के और लड़कियाँ) की एक कक्षा में 60 लड़कियाँ हैं लड़कों का औसत वजन 52 किग्रा है और लड़कियों का औसत वजन 48 किग्रा है। पूरी कक्षा का औसत वजन (किग्रा में) क्या है?
SSC CGL (Tier I) 26/09/2024 Shift-III
(a) 51.2 (b) 48.8 (c) 50.4 (d) 49.6

4. 30 छात्रों वाली एक कक्षा के सभी छात्रों ने एक टेस्ट दिया। 12 छात्रों का औसत स्कोर 60 है और शेष छात्रों का औसत स्कोर 80 है। कक्षा का औसत स्कोर ज्ञात करें।
SSC CGL (Tier I) 25/09/2024 Shift-III
(a) 73 (b) 72 (c) 70 (d) 71

5. 30 विद्यार्थियों वाली 8वीं कक्षा में, गणित की परीक्षा ली गई। 10 विद्यार्थियों का औसत स्कोर 90 था। अन्य विद्यार्थियों का औसत स्कोर 75 था। पूरी कक्षा का औसत स्कोर ज्ञात करें।
SSC CGL (Tier I) 25/09/2024 Shift-II
(a) 76 (b) 80 (c) 78 (d) 74

6. प्रथम 48 प्राकृतिक संख्याओं के वर्गों का औसत ज्ञात कीजिए। SSC CGL (Tier I) 25/09/2024 Shift-I
(a) 792.17 (b) 793.17
(c) 794.17 (d) 791.17

7. 30 छात्रों वाली एक कक्षा के सभी छात्रों ने एक टेस्ट दिया। 12 छात्रों का औसत स्कोर 62 है और बाकी छात्रों का औसत स्कोर 78 है। कक्षा का औसत स्कोर ज्ञात करें।
SSC CGL (Tier I) 24/09/2024 Shift-III
(a) 70.6 (b) 71.6 (c) 72.6 (d) 69.6

8. 30 छात्रों वाली एक कक्षा के सभी छात्रों ने एक टेस्ट दिया। 12 छात्रों का औसत स्कोर 62 है, और बाकी छात्रों का औसत स्कोर 60 है। कक्षा का औसत स्कोर ज्ञात करें।
SSC CGL (Tier I) 23/09/2024 Shift-III
(a) 59.8 (b) 60.8
(c) 58.8 (d) 61.8

9. सात सदस्यों की एक टीम में, छः सदस्यों की औसत आयु 42 वर्ष है जबकि टीम के सातवें सदस्य की आयु, सभी सात सदस्यों की औसत आयु से 36 वर्ष अधिक है। टीम के सातवें सदस्य की आयु (वर्ष में) ज्ञात करें।
SSC CGL (Tier I) 23/09/2024 Shift-III
(a) 84 (b) 80 (c) 90 (d) 78

10. 30 छात्रों वाली एक कक्षा के सभी छात्रों ने एक टेस्ट दिया। 12 छात्रों का औसत स्कोर 62 है और बाकी छात्रों का औसत स्कोर 68 है। कक्षा का औसत स्कोर ज्ञात करें।
SSC CGL (Tier I) 19/09/2024 Shift-III
(a) 64.6 (b) 63.6
(c) 66.6 (d) 65.6

11. एक बल्लेबाज का बीस मैचों में औसत स्कोर 15 है और पच्चीस अन्य मैचों में औसत स्कोर 24 है। सभी पैंतालीस मैचों में औसत स्कोर ज्ञात कीजिए। SSC CGL (Tier I) 19/09/2024 Shift-II
(a) 22 (b) 19.5 (c) 20 (d) 21

12. प्रथम 125 प्राकृत संख्याओं का औसत ज्ञात कीजिए। SSC CGL (Tier I) 18/09/2024 Shift-III
(a) 62 (b) 63.5 (c) 62.5 (d) 63

13. 51 किग्रा वजन वाले एक छात्र के स्थान पर नया छात्र आ जाने पर 10 छात्रों का औसत वजन आधा किग्रा बढ़ जाता है। नए छात्र का वजन ज्ञात करें।
SSC CGL (Tier I) 18/09/2024 Shift-II
(a) 75 किग्रा (b) 45 किग्रा
(c) 66 किग्रा (d) 56 किग्रा

14. 30 छात्रों के एक समूह ने एक टेस्ट दिया। 12 छात्रों का औसत स्कोर 62 है और बाकी छात्रों का औसत स्कोर 76 है। समूह का औसत स्कोर ज्ञात करें।
SSC CGL (Tier I) 17/09/2024 Shift-II
(a) 69.4 (b) 70.4 (c) 71.4 (d) 68.4

15. प्रथम 47 प्राकृतिक संख्याओं के वर्गों का औसत ज्ञात कीजिए।
SSC CGL (Tier I) 17/09/2024 Shift-I
(a) 760 (b) 762 (c) 761 (d) 759

16. 30 छात्रों वाली एक कक्षा के सभी छात्रों ने एक टेस्ट दिया। 12 छात्रों का औसत स्कोर 62 है और बाकी छात्रों का औसत स्कोर 72 है। कक्षा का औसत स्कोर ज्ञात करें।
SSC CGL (Tier I) 13/09/2024 Shift-III
(a) 68 (b) 67 (c) 69 (d) 66

17. प्रथम 46 प्राकृतिक संख्याओं के वर्गों का औसत ज्ञात कीजिए।
SSC CGL (Tier I) 12/09/2024 Shift-II
(a) 727.5 (b) 729.5 (c) 728.5 (d) 730.5

18. 12 संख्याओं का औसत 48 है। पहली 5 संख्याओं का औसत 45 है और अगली 4 संख्याओं का औसत 52 है। यदि 10वीं संख्या, 11वीं संख्या से 10 कम है और 12वीं संख्या से 5 अधिक है, तो 11वीं संख्या और 12वीं संख्या का औसत क्या है?
SSC CGL (Tier I) 12/09/2024 Shift-I
(a) 50.5 (b) 47.5 (c) 48.5 (d) 46.5

19. 30 छात्रों वाली एक कक्षा के सभी छात्रों ने एक टेस्ट दिया। 12 छात्रों का औसत स्कोर 62 है और बाकी छात्रों का औसत स्कोर 74 है। कक्षा का औसत स्कोर ज्ञात करें।
SSC CGL (Tier I) 11/09/2024 Shift-III
(a) 69.2 (b) 70.2 (c) 68.2 (d) 67.2

20. 50 और 76 के बीच आने वाली अभाज्य संख्याओं का औसत ज्ञात करें।
SSC CGL (Tier I) 11/09/2024 Shift-II
(a) 62 (b) 64 (c) 66 (d) 60

21. 30 छात्रों के एक समूह ने एक टेस्ट दिया। 12 छात्रों का औसत स्कोर 62 है और बाकी छात्रों का औसत स्कोर भी 62 है। समूह का औसत स्कोर ज्ञात करें।
SSC CGL (Tier I) 11/09/2024 Shift-I
(a) 61 (b) 63 (c) 60 (d) 62

22. प्रथम 45 प्राकृतिक संख्याओं के वर्गों का औसत ज्ञात कीजिए।
SSC CGL (Tier I) 10/09/2024 Shift-III
(a) 698.67 (b) 696.67
(c) 697.67 (d) 699.67

23. जनवरी के पहले सोलह दिनों के लिए एक शहर का औसत तापमान 22°C रहा, और उसी महीने के अन्तिम सोलह दिनों का औसत तापमान 26°C रहा। यदि पूरे महीने का औसत तापमान 24°C रहा, तो सोलहवें दिन का तापमान कितना रहा? SSC CGL (Tier I) 09/09/2024 Shift-II
(a) 23°C (b) 25°C (c) 22°C (d) 24°C

SSC CGL 2023 (Tier I & II)

24. चौदह व्यक्तियों में से पहले तेरह व्यक्तियों का औसत वजन 78 किग्रा है। 14वें व्यक्ति का वजन सभी चौदह व्यक्तियों के औसत वजन से 39 किग्रा अधिक है। 14वें व्यक्ति का वजन ज्ञात कीजिए।
SSC CGL (Tier II) 26/10/2023 Shift-I
(a) 118 किग्रा (b) 98 किग्रा
(c) 110 किग्रा (d) 120 किग्रा

25. निम्नलिखित संख्या समुच्चयों का औसत ज्ञात करें। SSC CGL (Tier II) 07/03/2023 Shift-I
693, 456, 876, 532, 934, 691, 596, 398, 682
(a) 550.50 (b) 750.80
(c) 725.90 (d) 650.89

26. सलोनी द्वारा चार पेपरों में प्राप्त औसत अंक 51 है, और पाँचवें पेपर में उसे 56 अंक प्राप्त हुए हैं। सभी पाँच पेपरों में उसका नया औसत ज्ञात कीजिए। SSC CGL (Tier II) 06/03/2023 Shift-I
(a) 50 (b) 51 (c) 52 (d) 49

27. तीन व्यक्तियों के औसत वजन में तब 4 किग्रा की वृद्धि होती है, जब उनमें से एक व्यक्ति, जिसका वजन 100 किग्रा है, को दूसरे व्यक्ति द्वारा प्रतिस्थापित किया जाता है। नए व्यक्ति का वजन क्या है?
SSC CGL (Tier II) 03/03/2023 Shift-I
(a) 103 किग्रा (b) 112 किग्रा
(c) 107 किग्रा (d) 104 किग्रा

28. 20 संख्याओं का औसत 32 है। यदि दो संख्याएँ 29 और 31 है, तो शेष संख्याओं का औसत क्या है (दशमलव के दो स्थानों तक सही उत्तर दें)?
SSC CGL (Tier II) 03/03/2023 Shift-I
(a) 32.22 (b) 30.22
(c) 31.24 (d) 34.44

29. प्रथम पाँच प्राकृतिक संख्याओं के घनों का औसत ज्ञात कीजिए।
SSC CGL (Tier II) 02/03/2023 Shift-I
(a) 35 (b) 45 (c) 40 (d) 50

30. 32 और 69 के बीच की सभी अभाज्य संख्याओं का औसत ······ होगा।
SSC CGL (Tier I) 27/07/2023 Shift-I
(a) 52.5 (b) 56.5
(c) 60 (d) 51

31. 7 पेपरों (प्रत्येक 100 अंकों का) की एक परीक्षा में गणित के 3 पेपर, अंग्रेजी के 2 पेपर और हिन्दी के 2 पेपर थे। D को गणित, अंग्रेजी और हिंदी में क्रमश: 45, 55 और 60 औसत अंक प्राप्त होते हैं। प्रति पेपर औसत अंक क्या है? SSC CGL (Tier I) 26/07/2023 Shift-IV
(a) 56.5 (b) 54.1
(c) 55.6 (d) 52.1

32. 60 विद्यार्थियों की एक कक्षा में 35 लड़के हैं। लड़कों का औसत भार 42 किग्रा तथा पूरी कक्षा का औसत भार 46.5 किग्रा है। कक्षा में लड़कियों का औसत भार ज्ञात करें।
SSC CGL (Tier I) 26/07/2023 Shift-II
(a) 48.7 किग्रा (b) 52.8 किग्रा
(c) 56.7 किग्रा (d) 49.7 किग्रा

33. राम की क्रिकेट मैचों की 19 पारियों में औसत स्कोर 65 रन है। ज्ञात करें कि औसत स्कोर 67 तक बढ़ाने के लिए उसे 20वीं पारी में कितने रन बनाने होंगे?
SSC CGL (Tier I) 25/07/2023 Shift-I
(a) 105 (b) 195 (c) 115 (d) 135

34. 60 विद्यार्थियों की एक कक्षा में 20 लड़कियाँ हैं। कक्षा में लड़कों का औसत भार 40 किग्रा है, जबकि सभी लड़कियों का औसत भार 35 किग्रा है। सम्पूर्ण कक्षा का औसत भार (किग्रा में) (दो दशमलव स्थानों तक सही) क्या है?
SSC CGL (Tier I) 24/07/2023 Shift-II
(a) 40.67 (b) 38.33
(c) 33.33 (d) 36.67

35. एक स्कूल भ्रमण के दौरान जूनियर स्कूल के प्रत्येक छात्र से ₹ 325 शुल्क लिया गया और सीनियर स्कूल के प्रत्येक छात्र से ₹ 400 शुल्क लिया गया। यदि जूनियर स्कूल के 80 छात्र थे और प्रति छात्र संयुक्त औसत शुल्क ₹ 352 था, तो सीनियर स्कूल के कितने छात्र भ्रमण के लिए गए थे? SSC CGL (Tier I) 24/07/2023 Shift-I
(a) 45 (b) 50
(c) 55 (d) 40

36. कॉलेज P में 180 छात्र हैं जिनके अंकों का औसत 88 है और कॉलेज Q में 320 छात्र हैं जिनके अंकों का औसत 72 है। दोनों कॉलेजों के औसत अंक ज्ञात करें।
SSC CGL (Tier I) 21/07/2023 Shift-IV
(a) 77.76 (b) 75.25
(c) 80.00 (d) 82.00

37. एक कक्षा में 15 विद्यार्थी हैं। उनका औसत भार 40 किग्रा है। जब एक विद्यार्थी कक्षा छोड़ देता है, तो औसत भार 39.5 किग्रा हो जाता है। कक्षा छोड़ने वाले विद्यार्थी का भार कितना है (जहाँ किग्रा का अर्थ किलोग्राम है)?
SSC CGL (Tier I) 21/07/2023 Shift-III
(a) 52 किग्रा (b) 47 किग्रा
(c) 48 किग्रा (d) 42 किग्रा

38. एक कक्षा की पाँच लड़कियों का वजन (किग्रा में) 49, 42, 61, 55 और 58 हैं। इन पाँच लड़कियों का औसत वजन (किग्रा में) ज्ञात करें। SSC CGL (Tier I) 21/07/2023 Shift-I
(a) 51 (b) 53
(c) 54 (d) 52

39. पिता और माता की औसत मासिक आय ₹ 5000 है। माता और उसके बेटे की औसत मासिक आय ₹ 6000 है। पिता और उसके पुत्र की औसत मासिक आय ₹10000 है। पिता की मासिक आय (₹ में) ज्ञात कीजिए।
SSC CGL (Tier I) 20/07/2023 Shift-IV
(a) 8000 (b) 12000
(c) 10000 (d) 9000

40. 15 व्यक्तियों का औसत भार तब 1.2 किग्रा बढ़ जाता है, जब उनमें से एक व्यक्ति जिसका भार 51 किग्रा है, को एक नए व्यक्ति से बदल दिया जाता है। नए व्यक्ति का भार कितना है?
SSC CGL (Tier I) 20/07/2023 Shift-II
(a) 59 किग्रा (b) 69 किग्रा
(c) 70 किग्रा (d) 65 किग्रा

41. मित्रों के एक समूह की औसत आयु 27 वर्ष है। यदि 4 नए मित्र जिनकी औसत आयु 25 वर्ष है, उनमें शामिल हो जाते हैं, तो पूरे समूह की औसत आयु 26 वर्ष हो जाती है। शुरू में समूह में कितने लोग थे?
SSC CGL (Tier I) 20/07/2023 Shift-I
(a) 6 (b) 4
(c) 3 (d) 5

42. 8 संख्याओं का औसत 18 है। यदि इन संख्याओं में से एक संख्या निकाल दी जाए, तो औसत 20 हो जाता है। निकाली गई संख्या ज्ञात करें। SSC CGL (Tier I) 19/07/2023 Shift-IV
(a) 6 (b) 8
(c) 4 (d) 10

43. B, ₹ 150 में ₹ 8 प्रति पेन के मूल्य से 10 पेन, ₹ 5 प्रति रबड़ के मूल्य से 10 रबड़ और ₹ 4 प्रति कटर के मूल्य से कुछ कटर खरीदता है। प्रत्येक वस्तु का औसत (मूल्य ₹) में क्या है?
SSC CGL (Tier I) 19/07/2023 Shift-III
(a) 6 (b) 10 (c) 7 (d) 8

44. 32 छात्रों के एक समूह में, औसत वजन 18.5 किग्रा था। जब 4 छात्रों ने समूह छोड़ दिया, तो औसत घटकर 15.5 किग्रा रह गया। उन 4 छात्रों का औसत वजन (किग्रा में) क्या था?
SSC CGL (Tier I) 19/07/2023 Shift-II
(a) 27.5 (b) 39.5 (c) 36.5 (d) 37.5

45. राघव के अनुसार उसका वजन 64 किग्रा से ज्यादा लेकिन 74 किग्रा से कम है। उसकी बहन, राघव की बात से सहमत नहीं है और वह सोचती है कि उसका वजन 60 किग्रा से ज्यादा है लेकिन 69 किग्रा से कम है। उसकी माँ का मानना है कि उसका वजन 68 किग्रा से ज्यादा नहीं हो सकता। उसके पिता का मानना है कि उसका वजन 67 किग्रा से ज्यादा नहीं हो सकता। यदि वे सभी अपने अनुमान में सही हैं, तो राघव के मापे गए विभिन्न सम्भावित वजनों का औसत (किग्रा में) क्या है?
SSC CGL (Tier I) 18/07/2023 Shift-III
(a) 68 (b) 66 (c) 65 (d) 67

46. 20 लोगों की एक टीम का औसत भार 59.8 किग्रा परिकलित किया गया और बाद में पता चला कि एक भार को गलती से 77 किग्रा के बजाय 68 किग्रा पढ़ लिया गया है। सही औसत भार क्या है?
SSC CGL (Tier I) 18/07/2023 Shift-I
(a) 70.25 किग्रा (b) 61.25 किग्रा
(c) 60.50 किग्रा (d) 60.25 किग्रा

47. एक कॉलेज के 20 विद्यार्थी एक होटल में गए। उनमें से 19 में से प्रत्येक ने अपने भोजन पर ₹175 खर्च किए और 20वें विद्यार्थी ने सभी 20 के औसत से ₹ 19 अधिक खर्च किए। उनके द्वारा खर्च की गई कुल राशि ज्ञात करें।
SSC CGL (Tier I) 17/07/2023 Shift-IV
(a) ₹ 3540 (b) ₹ 3490
(c) ₹ 3500 (d) ₹ 3520

48. 36 संख्याओं का औसत 45 पाया गया। बाद में यह पाया गया कि 84 को गलती से 48 पढ़ लिया गया था। दी गई संख्याओं का सही औसत ज्ञात करें। SSC CGL (Tier I) 14/07/2023 Shift-III
(a) 46 (b) 58 (c) 48 (d) 56

SSC CGL 2022 (Tier I)

49. क्रिकेट की नौ पारियों में एक बल्लेबाज का औसत 58 रन होता है। 61 का औसत स्कोर प्राप्त करने के लिए उसे दसवीं पारी में कितने रन बनाने होंगे? SSC CGL (Tier I) 13/12/2022 Shift-IV

(a) 69 (b) 88 (c) 79 (d) 100

50. राम, श्याम, रोहन, रीता और मुकेश एक परिवार के पाँच सदस्य हैं, जिनका क्रमिक रूप से भार तोला जाता है और प्रत्येक सदस्य का भार तोलने के बाद उनके औसत भार की गणना की जाती है। यदि प्रत्येक बार औसत भार में 2 किग्रा की वृद्धि होती है, तो राम से मुकेश कितना भारी है? SSC CGL (Tier I) 13/12/2022 Shift-I

(a) 14 किग्रा (b) 12 किग्रा
(c) 16 किग्रा (d) 18 किग्रा

51. एक परिवार के छ: सदस्यों की औसत आयु 40 वर्ष है। यदि इसमें एक अतिथि की आयु सम्मिलित कर ली जाए, तो औसत आयु में 12.5% की वृद्धि होती है। अतिथि की आयु (वर्षों में) कितनी है? SSC CGL (Tier I) 12/12/2022 Shift-IV

(a) 69 (b) 65 (c) 59 (d) 75

52. छ: संख्याओं का औसत 3.52 है। उनमें से दो का औसत 3.7 है, जबकि अन्य दो का औसत 2.5 है। शेष दो संख्याओं का औसत कितना है? SSC CGL (Tier I) 12/12/2022 Shift-I

(a) 3.7 (b) 4.36
(c) 3.52 (d) 2.5

53. यदि s संख्याओं का औसत r^4 और r संख्याओं का औसत s^4 है, तो सभी $r + s$ संख्याओं का औसत ज्ञात कीजिए। SSC CGL (Tier I) 09/12/2022 Shift-IV

(a) rs (b) $rs\,(r^2 + s^2)$
(c) $r^2 + s^2$ (d) $rs(r^2 + s^2 - rs)$

54. एक होटल में 120 कर्मचारी सदस्य हैं। इनका औसत भार 62.5 किग्रा है। जब उन कर्मचारी सदस्यों में से कोई एक होटल छोड़ता है, तो औसत भार 250 ग्राम कम हो जाता है। उस कर्मचारी सदस्य का भार ज्ञात कीजिए, जिसने होटल छोड़ दिया। SSC CGL (Tier I) 09/12/2022 Shift-I

(a) 92.25 किग्रा (b) 90.50 किग्रा
(c) 64.25 किग्रा (d) 78.75 किग्रा

55. एक कक्षा के औसत अंक ज्ञात करते समय, विकास के अंक 89 के स्थान पर गलती से 98 के रूप में दर्ज हो गए थे। इस त्रुटि के कारण, कक्षा के औसत अंक, वास्तविक औसत से 0.25 अधिक थे। कक्षा में छात्रों की संख्या क्या है? SSC CGL (Tier I) 08/12/2022 Shift-IV

(a) 38 (b) 36
(c) 32 (d) 34

56. एक छात्र के अंक 45 के स्थान पर गलती से 65 दर्ज कर दिए गए। इसके कारण कक्षा के औसत अंक में 1/3 की वृद्धि हो गई। कक्षा में छात्रों की संख्या …… है। SSC CGL (Tier I) 08/12/2022 Shift-III

(a) 60 (b) 30
(c) 40 (d) 20

57. किसी टोकरी में रखे सेबों का औसत भार 50 किग्रा है। उस टोकरी में 60 किग्रा औसत भार वाले 6 और सेब मिलाए जाते हैं। यदि टोकरी के सेबों के औसत भार में 5 किग्रा की वृद्धि होती है, तो टोकरी में प्रारम्भ में रखे सेबों की संख्या ज्ञात कीजिए। SSC CGL (Tier I) 07/12/2022 Shift-IV

(a) 2 (b) 4
(c) 6 (d) 8

58. 17 के पहले 7 गैर-शून्य गुणांकों का औसत क्या है? SSC CGL (Tier I) 07/12/2022 Shift-III

(a) 66 (b) 68 (c) 67 (d) 69

59. जब 12 व्यक्तियों के एक समूह में 58 किग्रा वजन वाले व्यक्ति को एक नए व्यक्ति से प्रतिस्थापित किया जाता है, तो इनके औसत वजन में 3.5 किग्रा की वृद्धि होती है। नए व्यक्ति का वजन क्या होगा? SSC CGL (Tier I) 07/12/2022 Shift-II

(a) 16 किग्रा (b) 100 किग्रा
(c) 42 किग्रा (d) 70 किग्रा

60. आठ क्रमागत विषम संख्याओं का औसत 48 हैं। पाँचवीं और सातवीं संख्याओं का योग ज्ञात कीजिए। SSC CGL (Tier I) 06/12/2022 Shift-III

(a) 90 (b) 102 (c) 89 (d) 86

61. सोनाली ने एक स्कूल में साइंस टीचर की नौकरी के लिए अप्लाई किया था। नौकरी के लिए परीक्षा में, उसने भौतिकी में 8, रसायन विज्ञान में 8, जीव विज्ञान में 6 और साक्षात्कार में 6.5 अंक प्राप्त किए। फाइनल स्कोर की गणना के लिए क्रमशः 2, 3, 3 और 4 का वेटेज भौतिकी, रसायन विज्ञान, जीव विज्ञान और साक्षात्कार को दिया गया था। सोनाली का भारित (वेटेज) औसत अंक क्या है? SSC CGL (Tier I) 06/12/2022 Shift-I

(a) 7 (b) 8.4 (c) 21 (d) 7.2

62. 5 पुरुषों का औसत वजन 3 किग्रा कम हो जाता हैं, जब उनमें से एक 150 किग्रा वजन वाले एक व्यक्ति की जगह दूसरे व्यक्ति को रखा जाता है। नए व्यक्ति का वजन ज्ञात करें। SSC CGL (Tier I) 05/12/2022 Shift-II

(a) 120 किग्रा (b) 135 किग्रा
(c) 125 किग्रा (d) 100 किग्रा

63. एक कम्पनी ने 700 पुरुषों और 300 महिलाओं को रोजगार दिया और औसत वेतन ₹450 प्रति दिन था। यदि एक पुरुष को एक महिला की तुलना में ₹50 अधिक प्राप्त होते हैं, तो एक महिला का दैनिक वेतन क्या होगा? SSC CGL (Tier I) 03/12/2022 Shift-III

(a) ₹415 (b) ₹375 (c) ₹435 (d) ₹350

64. एक कक्षा में 60 छात्रों के औसत अंक 62 हैं। उस विषय में लड़के और लड़कियों के औसत अंक क्रमश: 60 और 65 हैं। कक्षा में लड़कों की संख्या है SSC CGL (Tier I) 03/12/2022 Shift-I

(a) 25 (b) 31 (c) 36 (d) 41

65. एक परीक्षा में एक कक्षा में 25 छात्रों के अंकों का औसत 19 था। बाद में, शिक्षक ने महसूस किया कि दो छात्रों के अंक 14 और 15 के बजाय गलती से क्रमश: 18 और 19 लिए गए थे। कक्षा का नया वास्तविक औसत अंक ज्ञात कीजिए। SSC CGL (Tier I) 01/12/2022 Shift-II

(a) 17.43 (b) 16.56
(c) 18.68 (d) 17.65

66. 27 पारियों के लिए किसी क्रिकेट खिलाड़ी का बल्लेबाजी औसत 47 रन है। एक पारी में उसका उच्चतम स्कोर, उसके निम्नतम स्कोर से 157 रन अधिक है। यदि ये दो पारियाँ हटा दी जाएँ, तो शेष 25 पारियों का औसत स्कोर 42 रन है। एक पारी में उसका उच्चतम स्कोर ज्ञात कीजिए। SSC CGL (Tier I) 01/12/2022 Shift-I

(a) 186 (b) 176 (c) 188 (d) 174

SSC CGL 2021 & 2020 (Tier I)

67. 1 से 50 तक की उन संख्याओं का औसत (दशमलव के एक स्थान तक सही) ज्ञात करें, जो 2 या 5 की गुणज है। SSC CGL (Tier I) 24/08/2021 Shift-III

(a) 25.9 (b) 25.4
(c) 26.4 (d) 25.8

68. प्रथम दस धनात्मक विषम संख्याओं के औसत और प्रथम पन्द्रह धनात्मक सम संख्याओं के औसत का गुणनफल ज्ञात करें। SSC CGL (Tier I) 24/08/2021 Shift-II

(a) 85.25 (b) 150
(c) 160 (d) 44

69. 23 संख्याओं का औसत 51 है। पहली 12 संख्याओं का औसत 49 है और अन्तिम 12 संख्याओं का औसत 54 है। यदि बारहवीं संख्या को निकाल दिया जाए, तो शेष संख्याओं का औसत (ठीक दो दशमलव स्थानों तक) ज्ञात करें। SSC CGL (Tier I) 24/08/2021 Shift-I

(a) 52.65 (b) 51.75
(c) 53.25 (d) 50.45

70. सेक्शन A और B के छात्रों का औसत वजन क्रमश: 45.5 किग्रा और 44.2 किग्रा है, प्रत्येक सेक्शन में 40 छात्र हैं। सेक्शन A के 48.75 किग्रा औसत वजन वाले दो छात्रों को सेक्शन B में स्थानान्तरित किया जाता है और सेक्शन B

के 2 छात्रों को सेक्शन A में स्थानान्तरित किया जाता हैं, जिससे दोनों वर्गों का औसत वजन बराबर हो जाए। सेक्शन B से सेक्शन A में स्थानान्तरित किए गए छात्रों का औसत वजन ज्ञात करें। **SSC CGL (Tier I) 23/08/2021 Shift-II**

(a) 35 किग्रा (b) 34.50 किग्रा
(c) 34.25 किग्रा (d) 35.75 किग्रा

71. किसी परीक्षा में, किसी छात्र के औसत अंक 67.6 थे। यदि उसे गणित में 27 अधिक अंक, कम्प्यूटर विज्ञान में 10 अधिक अंक, इतिहास में 18 अधिक अंक मिलते, और अन्य विषयों में समान अंक मिलते, तो उसके औसत अंक 72.6 होते। परीक्षा में कुल कितने पेपर थे?
SSC CGL (Tier I) 23/08/2021 Shift-I

(a) 12 (b) 9
(c) 10 (d) 11

72. किसी कारखाने के 60 कर्मचारियों का औसत मासिक वेतन ₹ 29900 है। यदि दो अधिकारियों में से प्रत्येक अधिकारी को ₹ 90000 मिलता है और 8 सुपरवाइजरों का औसत वेतन ₹ 65000 है, तो शेष कर्मचारियों का औसत वेतन कितना होगा? **SSC CGL (Tier I) 20/08/2021 Shift-II**

(a) ₹ 22680 (b) ₹ 21080
(c) ₹ 29080 (d) ₹ 21880

73. पाँच क्रमागत विषम प्राकृतिक संख्याओं के वर्गों का औसत 233 है। सबसे बड़ी संख्या और सबसे छोटी संख्या का औसत ज्ञात करें।
SSC CGL (Tier I) 20/08/2021 Shift-I

(a) 17 (b) 15
(c) 13 (d) 11

74. दिसम्बर महीने में, किसी कारखाने में खिलौनों का औसत दैनिक उत्पादन 512 है। यदि पहले 20 दिन के दौरान औसत उत्पादन 515 है और पिछले 13 दिन के दौरान औसत उत्पादन 510 है, तो 19 और 20 दिसम्बर के उत्पादन का औसत कितना होगा?
SSC CGL (Tier I) 18/08/2021 Shift-III

(a) 513 (b) 512
(c) 1058 (d) 529

75. x की पुनरुक्ति 5 बार और y की पुनरुक्ति 7 बार होने पर औसत 37 है। साथ ही, x की पुनरुक्ति 7 बार और y की पुनरुक्ति 5 बार होने पर औसत 35 हैं। y का मान ज्ञात करें।
SSC CGL (Tier I) 18/08/2021 Shift-I

(a) 27 (b) 45 (c) 42 (d) 30

76. किसी कक्षा की परीक्षा में 40 छात्रों के औसत अंक 45 हैं। बाद में, यह पाया गया कि दो स्थानों पर 25 को 35 पढ़ा गया और एक स्थान पर 38 को 32 पढ़ा गया था। कक्षा के वास्तविक औसत अंक ज्ञात करें।
SSC CGL (Tier I) 17/08/2021 Shift-III

(a) 43.80 (b) 39.69
(c) 44.65 (d) 45.35

77. आरोही क्रम में लिखी गई 8 क्रमागत सम संख्याओं का औसत 17 है। अन्तिम तीन संख्याओं, 36 और 53 का औसत ज्ञात करें।
SSC CGL (Tier I) 17/08/2021 Shift-I

(a) 31 (b) 32.2 (c) 29.8 (d) 31.6

78. एक समूह के कुछ छात्रों की औसत ऊँचाई 156 सेमी है। यदि 160 सेमी औसत ऊँचाई वाले 5 छात्र समूह में शामिल होते हैं, तो समूह के सभी छात्रों की औसत ऊँचाई में 0.8 सेमी की वृद्धि होती है। आरम्भ में समूह में कितने छात्र थे? **SSC CGL (Tier I) 16/08/2021 Shift-III**

(a) 15 (b) 20 (c) 10 (d) 25

79. 22 संख्याओं का औसत 37.5 है। पहली 12 संख्याओं का औसत 40.6 है, और अन्तिम 12 संख्याओं का औसत 35.4 है। यदि 11 वीं और 12 वीं संख्या को निकाल दिया जाए, तो शेष संख्याओं का औसत ज्ञात करें।
SSC CGL (Tier I) 16/08/2021 Shift-I

(a) 37.8 (b) 36.4 (c) 37.4 (d) 36.9

80. 11 संख्याओं का औसत 56 है। पहली तीन संख्याओं का औसत 52 है और अगली पाँच संख्याओं का औसत 60 है। नौवी और दसवीं संख्या, ग्यारहवीं संख्या से क्रमश: 3 और 1 अधिक है। नौवीं और ग्यारहवीं संख्याओं का औसत ज्ञात करें।
SSC CGL (Tier I) 13/08/2021 Shift-III

(a) 54 (b) 53.5 (c) 52.5 (d) 52

81. 28 संख्याओं का औसत 77 है। पहली 14 संख्याओं का औसत 74 और अन्तिम 15 संख्याओं का औसत 84 है। 14वीं संख्या को हटा दिए जाने पर शेष संख्याओं का औसत (एक दशमलव स्थान तक सही) ज्ञात करें।
SSC CGL (Tier I) 13/08/2021 Shift-I

(a) 76.9 (b) 73.1 (c) 77.0 (d) 74.7

82. पाँच क्रमागत विषम संख्याओं का औसत m है। यदि अगली तीन विषम संख्याएँ भी शामिल की जाती हैं, तो औसत में कितनी वृद्धि होगी?
SSC CGL (Tier I) 07/03/2020 Shift-I

(a) 8 (b) 17 (c) 0 (d) 3

83. 60 छात्रों के परिणामों का औसत 38 है। यदि पहले 22 छात्रों का औसत 36 है और पिछले 32 छात्रों का औसत 32 है, तो शेष छात्रों का औसत परिणाम .... है।
SSC CGL (Tier I) 06/03/2020 Shift-III

(a) 65.30 (b) 52.12
(c) 81.9 (d) 77.33

84. 24 छात्रों ने दान के लिए धन एकत्र किया। औसत योगदान ₹ 50 था। बाद में, उनके शिक्षक ने भी कुछ धन का योगदान दिया। अब औसत योगदान ₹ 56 है। शिक्षक का योगदान कितना है? **SSC CGL (Tier I) 06/03/2020 Shift-II**

(a) ₹ 56 (b) ₹ 200
(c) ₹ 194 (d) ₹ 106

85. 30 लड़कों के प्राप्तांकों का औसत 88 है, और जब शीर्ष दो प्राप्तांकों को निकाल दिया गया, तो औसत प्राप्तांक घटकर 87.5 हो गया। यदि शीर्ष दो प्राप्तांकों में 2 का अन्तर है, तो उच्चतम प्राप्तांक ...... है।
SSC CGL (Tier I) 06/03/2020 Shift-I

(a) 90 (b) 94
(c) 96 (d) 92

86. एक समूह में 5 लड़कों की औसत ऊँचाई 175 सेमी है। एक छठा लड़का उस समूह में शामिल हो गया और अब समूह में सभी लड़कों की औसत ऊँचाई 1 सेमी बढ़ गई। छठे लड़के की ऊँचाई ज्ञात कीजिए।
SSC CGL (Tier I) 05/03/2020 Shift-III

(a) 175 सेमी (b) 179 सेमी
(c) 180 सेमी (d) 181 सेमी

87. कुछ संख्याओं का औसत 54.6 है। यदि 75% संख्याओं में से प्रत्येक में 5.6 की वृद्धि कर दी जाए और शेष में से प्रत्येक में 8.4 की कमी कर दी जाए, तो इस तरह प्राप्त संख्याओं का औसत क्या होगा?
SSC CGL (Tier I) 05/03/2020 Shift-II

(a) 55.8 (b) 55.6
(c) 56.3 (d) 56.7

88. 24 संख्याओं का औसत 56 है। पहली 10 संख्याओं का औसत 71.7 है और अगली 11 संख्याओं का औसत 42 है अगली तीन संख्याएँ (अर्थात् 22वीं, 23वीं और 24वीं) $\frac{1}{2}:\frac{1}{3}:\frac{5}{12}$ के अनुपात में हैं। 22वीं और 24वीं संख्याओं का औसत क्या है?
SSC CGL (Tier I) 05/03/2020 Shift-I

(a) 58 (b) 49.5 (c) 55 (d) 60.5

SSC CPO SI 2024-2020

89. एक कक्षा में 60 विद्यार्थी हैं। सम्पूर्ण कक्षा का औसत वजन 42 किग्रा है। यदि कक्षा में 36 लड़के हैं और सभी लड़कों का औसत वजन 50 किग्रा है, तो सभी लड़कियों का औसत वजन (किग्रा में) कितना है?
SSC CPO 28/06/2024 Shift-II

(a) 30 (b) 34 (c) 32 (d) 36

90. संस्कृत के एक कक्षा पाठ में अन्वेषा के अंक गलती से 66 के बजाय 99 दर्ज कर दिए गए थे। यदि कक्षा में 55 छात्र है, तो इस टाइपिंग त्रुटि के कारण संस्कृत में कक्षा के औसत अंकों में कितनी वृद्धि हुई है?
SSC CPO 28/06/2024 Shift-I

(a) 0.2 (b) 0.8
(c) 0.4 (d) 0.6

91. प्रथम छ: अभाज्य संख्याओं का औसत ज्ञात करें। **SSC CPO 05/10/2023 Shift-III**

(a) $6\frac{1}{3}$ (b) $6\frac{2}{3}$ (c) $6\frac{5}{6}$ (d) $6\frac{1}{6}$

92. राकेश 50 संकाय सदस्यों वाले एक कोचिंग संस्थान को संचालित करता है। 35 संकाय सदस्यों का औसत मासिक वेतन ₹ 37500 है। यदि सभी 50 संकाय सदस्यों का औसत मासिक वेतन ₹ 30000 पाया गया हो, तो अन्य 15 संकाय सदस्यों का औसत मासिक वेतन (₹ में) कितना होगा?
SSC CPO 05/10/2023 Shift-III
(a) 12500 (b) 13000
(c) 13500 (d) 12000

93. 12 संख्याओं का औसत 39 है। अन्तिम पाँच संख्याओं का औसत 35 है और पहली चार संख्याओं का औसत 40 है। पाँचवीं संख्या छठी संख्या से 6 कम और सातवीं संख्या से 5 अधिक है। छठी और सातवीं संख्याओं का औसत क्या होगा? SSC CPO 25/11/2020 Shift-I
(a) 50 (b) 39
(c) 47.5 (d) 44.5

94. A, B और C का औसत वजन 65 किग्रा है। यदि C और B का औसत वजन 61.5 किग्रा और A और C का औसत वजन 68.5 किग्रा है, तो C का वजन (किग्रा में) ज्ञात करें। SSC CPO 25/11/2020 Shift-I
(a) 65 (b) 68
(c) 60 (d) 67

95. 3 व्यक्तियों A, B और C वाले समूह का औसत वजन 70 किग्रा है। जब इस समूह में D शामिल होता है, तो औसत 60 किग्रा हो जाता है। एक व्यक्ति E जिसका वजन D के वजन से 5 किग्रा अधिक है, A का स्थान ले लेता है और अब B, C, D और E का औसत वजन 59 किग्रा हो जाता है। A, D और E का औसत वजन ज्ञात करें। (निकटतम पूर्णांक तक शुद्ध)
SSC CPO 24/11/2020 Shift-I
(a) 40 किग्रा
(b) 30 किग्रा
(c) 39 किग्रा
(d) 35 किग्रा

96. A, B और C का औसत वजन 65 किग्रा है। यदि A और B का औसत वजन 63.5 किग्रा है, और A और C का औसत वजन 67.5 किग्रा है, तो A का वजन (किग्रा में) ज्ञात करें।
SSC CPO 23/11/2020 Shift-I
(a) 65 (b) 68
(c) 67 (d) 60

97. 12 संख्याओं का औसत 39 है। अन्तिम पाँच संख्याओं का औसत 35 है और पहली चार संख्याओं का औसत 40 है। पाँचवीं संख्या छठी संख्या से 6 कम और सातवीं संख्या से 5 अधिक है। पाँचवीं और छठी संख्या का औसत ज्ञात करें। SSC CPO 23/11/2020 Shift-I
(a) 50 (b) 44
(c) 47 (d) 39

SSC CHSL 2024 (Tier I & II)

98. 11 परिणामों का औसत 59 है और पहले 10 परिणामों का औसत 58 है। 11वाँ परिणाम क्या है? SSC CHSL (Tier II) 18/11/2024 Shift-I
(a) 69 (b) 68 (c) 59 (d) 58

99. 11 परिणामों का औसत 60 है और पहले 10 परिणामों का औसत 59 है। 11वाँ परिणाम क्या है? SSC CHSL (Tier II) 18/11/2024 Shift-I
(a) 60 (b) 70 (c) 69 (d) 59

100. पाँच पूर्णांकों का औसत 48 है। प्रथम चार पूर्णांकों का औसत, पाँचवें पूर्णांक का 50% है। पाँचवाँ पूर्णांक ज्ञात कीजिए।
SSC CHSL (Tier II) 18/11/2024 Shift-I
(a) 80 (b) 78 (c) 74 (d) 82

101. 50 संख्याओं का औसत 23 है। यदि प्रत्येक संख्या को 13 से गुणा किया जाए, तो नया औसत क्या होगा?
SSC CHSL (Tier I) 11/07/2024 Shift-IV
(a) 299 (b) 88 (c) 219 (d) 650

102. यदि 40 सेबों का औसत भार 33 किग्रा और 32 सेबों का औसत भार 60 किग्रा है, तो सभी सेबों का औसत भार (किग्रा में) कितना है?
SSC CHSL (Tier I) 10/07/2024 Shift-IV
(a) 45 (b) 45.2
(c) 46.5 (d) 44

103. एक सार्वजनिक पुस्तकालय में रविवार को औसत उपस्थिति 410 और शेष दिनों में 230 होती है। रविवार से शुरू होने वाले 30 दिनों के महीने की प्रतिदिन औसत उपस्थिति क्या होगी?
SSC CHSL (Tier I) 10/07/2024 Shift-III
(a) 260 (b) 320 (c) 230 (d) 254

104. छात्रों की एक निश्चित संख्या वाली कक्षा में, यदि 30 किग्रा भार वाले एक छात्र को शामिल कर लिया जाता है, तो कक्षा के औसत भार में 1 किग्रा की वृद्धि हो जाती है। यदि 30 किग्रा भार वाले एक और छात्र को शामिल कर लिया जाता है, तो कक्षा के औसत भार में मूल औसत से 1.5 किग्रा की वृद्धि हो जाती है। कक्षा का मूल औसत भार (किग्रा में) कितना है?
SSC CHSL (Tier I) 09/07/2024 Shift-IV
(a) 26.5 (b) 24
(c) 25.5 (d) 27

105. एक संस्थान में 12 कर्मचारियों के समूह का औसत वेतन ₹ 3950 प्रति माह और कर्मचारियों के एक-दूसरे समूह का औसत वेतन ₹ 1850 है प्रति माह है। यदि सभी कर्मचारियों का औसत वेतन ₹ 2150 है, तो कर्मचारियों की कुल संख्या ज्ञात कीजिए।
SSC CHSL (Tier I) 09/07/2024 Shift-II
(a) 72 (b) 88
(c) 84 (d) 100

106. एक कक्षा के 35 विद्यार्थियों का औसत भार 40 किग्रा है। इस कक्षा के पाँच विद्यार्थी, जिनका औसत भार 42 किग्रा है, कक्षा छोड़ देते हैं। शेष 30 विद्यार्थियों का औसत भार ज्ञात कीजिए।
SSC CHSL (Tier I) 08/07/2024 Shift-IV
(a) $29\frac{2}{3}$ किग्रा (b) $39\frac{2}{3}$ किग्रा
(c) $19\frac{2}{3}$ किग्रा (d) $49\frac{2}{3}$ किग्रा

107. प्रथम 10 प्राकृतिक संख्याओं का औसत .... है। SSC CHSL (Tier I) 08/07/2024 Shift-II
(a) 6 (b) 6.5 (c) 5.5 (d) 5

108. पाँच दोस्तों का भार 67 किग्रा, 85 किग्रा, 70 किग्रा, 90 किग्रा और 103 किग्रा हैं। उनके भार का औसत (किग्रा में) ज्ञात कीजिए।
SSC CHSL (Tier I) 08/07/2024 Shift-I
(a) 80 (b) 90 (c) 87 (d) 83

109. गणित में अभिषेक के अंक गलती से 63 के बजाय 93 दर्ज कर दिए जाते है। जिसके कारण, गणित में कक्षा के औसत अंकों में 0.5 की वृद्धि हो जाती है। कक्षा में कितने छात्र थे?
SSC CHSL (Tier I) 05/07/2024 Shift-I
(a) 55 (b) 50 (c) 60 (d) 45

110. एक व्यक्ति ने ₹ 50 प्रति पुस्तक के मूल्य से 4 पुस्तकें, ₹ 60 प्रति पुस्तक के मूल्य से 5 पुस्तकें और ₹ 70 प्रति पुस्तक के मूल्य से 6 पुस्तकें खरीदी। व्यक्ति के लिए एक पुस्तक का औसत मूल्य क्या है (दशमलव के दो स्थानों तक सन्निकटित)?
SSC CHSL (Tier I) 04/07/2024 Shift-IV
(a) ₹ 60.33 (b) ₹ 50.33
(c) ₹ 36.33 (d) ₹ 61.33

111. एक कॉलेज में, 72 छात्रों के एक समूह में से 40 लड़कों का औसत भार 33 किग्रा है और शेष छात्रों का औसत भार 15 किग्रा है। समूह के सभी छात्रों का औसत भार कितना है?
SSC CHSL (Tier I) 04/07/2024 Shift-II
(a) 22 किग्रा (b) 24 किग्रा
(c) 18 किग्रा (d) 25 किग्रा

112. 1 से 69 तक की प्राकृत संख्याओं का औसत ज्ञात कीजिए। (दोनों का मिलाकर)
SSC CHSL (Tier I) 04/07/2024 Shift-I
(a) 33 (b) 31 (c) 37 (d) 35

113. 25 छात्रों की एक कक्षा ने अंग्रेजी की परीक्षा दी। 15 छात्रों के औसत प्राप्तांक 80 थे। अन्य छात्रों के औसत प्राप्तांक 60 थे। पूरी कक्षा का औसत प्राप्तांक क्या है?
SSC CHSL (Tier I) 03/07/2024 Shift-IV
(a) 72 (b) 80 (c) 76 (d) 74

114. यदि 50 संख्याओं N_1, N_2,......, N_{50} का औसत M है, तो संख्याओं N_1-100, N_2-100,..., $N_{50}-100$ का औसत ज्ञात कीजिए। SSC CHSL (Tier I) 03/07/2024 Shift-III
(a) 50 M (b) 100 M
(c) $M-50$ (d) $M-100$

115. एक वर्ष के बारह माह में T का वेतन इस प्रकार है, ₹ 12000, ₹ 12000, ₹ 12000, ₹ 15000, ₹ 15000, ₹ 15000, ₹ 21000, ₹ 21000, ₹ 21000, ₹ 30000, ₹ 30000, ₹ 30000, T का प्रति माह औसत वेतन (₹ में) कितना है?
SSC CHSL (Tier I) 03/07/2024 Shift-II
(a) 18000 (b) 19500
(c) 18500 (d) 19000

116. जून में, रोहित के बैंक खाते का बैलेंस 25 दिनों के लिए ₹ 5000, 2 दिनों के लिए ₹ 20000 और 3 दिनों के लिए ₹ 1500 है। जून में रोहित के बैंक खाते में औसत बैलेंस (₹ में) कितना है?
SSC CHSL (Tier I) 02/07/2024 Shift-IV
(a) 5575 (b) 5650
(c) 6000 (d) 5200

117. एक परिवार का औसत मासिक खर्च पहले 4 माह के दौरान ₹ 2500, अगले 5 माह के दौरान ₹ 2750 और वर्ष के अन्तिम 3 माह के दौरान ₹ 3550 था। यदि वर्ष के दौरान कुल बचत ₹ 5500 थी, तो परिवार की औसत मासिक आय कितनी थी?
SSC CHSL (Tier I) 02/07/2024 Shift-II
(a) ₹ 7355 (b) ₹ 3325
(c) ₹ 4375 (d) ₹ 5790

118. एक कार्यालय में 12 कर्मचारी हैं और सभी कर्मचारियों की औसत आयु $35\frac{1}{2}$ वर्ष है। एक नया कर्मचारी कार्यालय में शामिल होता है, तो औसत 37 वर्ष हो जाता है। नए शामिल हुए कर्मचारी की वर्तमान आयु क्या है?
SSC CHSL (Tier I) 01/07/2024 Shift-IV
(a) 55 वर्ष (b) $57\frac{1}{2}$ वर्ष
(c) $55\frac{1}{2}$ वर्ष (d) $47\frac{1}{2}$ वर्ष

119. 69 और 92 के बीच आने वाली अभाज्य संख्याओं का औसत ज्ञात कीजिए।
SSC CHSL (Tier II) 10/01/2024 Shift-I
(a) 82 (b) 79 (c) 80 (d) 81

120. 6 के प्रथम आठ गुणजों का औसत ज्ञात कीजिए। SSC CHSL (Tier II) 10/01/2024 Shift-I
(a) 25 (b) 24 (c) 27 (d) 30

121. एक विद्यालय के 35 गैर-शिक्षण स्टाफ सदस्यों सहित सभी 40 कर्मचारियों का औसत वेतन ₹4000 हैं। यदि गैर-शिक्षण स्टाफ सदस्यों का औसत वेतन ₹4200 है, तो विद्यालय के शेष स्टाफ का औसत वेतन ज्ञात कीजिए।
SSC CHSL (Tier II) 10/01/2024 Shift-I
(a) ₹2800 (b) ₹2300
(c) ₹2600 (d) ₹3600

SSC CHSL 2023-2021 (Tier I & II)

122. एक विद्यालय के 40 विद्यार्थियों का औसत भार 52 किग्रा है। यदि शिक्षक का भार शामिल कर लिया जाए, तो औसत भार में 500 ग्राम की वृद्धि हो जाती है। शिक्षक का भार (किग्रा में) ज्ञात कीजिए। SSC CHSL (Tier II) 02/11/2023 Shift-I
(a) 72.5 (b) 73.5 (c) 74.5 (d) 71.5

123. 64 छात्रों का औसत भार 48 किग्रा है और 32 छात्रों की एक अन्य कक्षा का औसत भार 24 किग्रा है। दोनों कक्षाओं का संयुक्त औसत भार ज्ञात कीजिए। SSC CHSL (Tier I) 17/08/2023 Shift-I
(a) 32 किग्रा (b) 40 किग्रा
(c) 36 किग्रा (d) 34 किग्रा

124. एक कक्षा के 30 विद्यार्थियों का औसत भार 45 किग्रा है। एक विद्यार्थी जिसका भार 48.5 किग्रा है, के स्थान पर एक दूसरा विद्यार्थी आ जाता है और औसत भार में 200 ग्राम की वृद्धि हो जाती है। नए विद्यार्थी का भार ज्ञात कीजिए। SSC CHSL (Tier I) 11/08/2023 Shift-I
(a) 50 किग्रा (b) 51 किग्रा
(c) 54.5 किग्रा (d) 55 किग्रा

125. एक परीक्षा में 80 छात्रों द्वारा प्राप्त किए गए औसत अंक 50 है। यदि उत्तीर्ण छात्रों के औसत अंक 55 हैं और परीक्षा में अनुत्तीर्ण होने वाले छात्रों की संख्या 30 है, तो परीक्षा में अनुत्तीर्ण छात्रों के औसत अंक क्या हैं?
SSC CHSL (Tier II) 21/03/2023 Shift-IV
(a) 41.66 (b) 46.66 (c) 40.33 (d) 52.33

126. 5 क्रमागत सम संख्याओं का औसत A है। यदि अगली 5 सम संख्याओं को भी शामिल कर लिया जाए, तो इन 10 संख्याओं का औसत कितना होगा?
SSC CHSL (Tier I) 21/03/2023 Shift-II
(a) $A + 7$ (b) $A + 9$ (c) $A + 5$ (d) $A + 2$

127. 10 व्यक्तियों का औसत भार 40 किग्रा है। एक नया व्यक्ति समूह में शामिल हो जाता है और 11 व्यक्तियों का औसत भार 42 किग्रा हो जाता है। नए व्यक्ति का भार कितना होगा?
SSC CHSL (Tier I) 21/03/2023 Shift-II
(a) 60 किग्रा (b) 62 किग्रा
(c) 64 किग्रा (d) 58 किग्रा

128. एक आदमी पहले चार महीनों में प्रति माह औसतन ₹ 2300 खर्च करता है और अगले आठ महीनों में प्रति माह औसतन ₹ 1800 खर्च करता है और वार्षिक बचत ₹ 12400 है। उसकी मासिक आय ज्ञात कीजिए।
SSC CHSL (Tier I) 20/03/2023 Shift-III
(a) ₹ 3000 (b) ₹ 2100
(c) ₹ 2400 (d) ₹ 2200

129. 15 संख्याओं का औसत 53 है। एक संख्या को निकाल दिया जाता है और अब 14 संख्याओं का औसत 55 हो जाता है। निम्न में से कौन-सी संख्या निकाली गई?
SSC CHSL (Tier I) 16/03/2023 Shift-I
(a) 26 (b) 23
(c) 25 (d) 24

130. एक बल्लेबाज द्वारा 7 मैचों में बनाए गए औसत रन 49 हैं और अन्य 9 मैचों में औसत रन 27 हैं। इन 16 मैचों में बल्लेबाज द्वारा बनाए गए औसत रन क्या हैं?
SSC CHSL (Tier I) 15/03/2023 Shift-IV
(a) 40.25 (b) 28.475
(c) 36.625 (d) 35.725

131. यदि किसी कम्पनी के विक्रय विभाग में, औसत वेतन ₹350 प्रति कर्मचारी है, 10 वरिष्ठ कर्मचारियों का औसत वेतन ₹ 450 प्रति कर्मचारी है और शेष कर्मचारियों का औसत वेतन ₹250 प्रति कर्मचारी है, तो विक्रय विभाग में कार्यरत् कर्मचारियों की कुल संख्या कितनी है? SSC CHSL (Tier I) 10/03/2023 Shift-II
(a) 30 (b) 20
(c) 15 (d) 25

132. 32, 34, 38, 21, 26 और x का औसत 30 है, तो x का मान क्या होगा?
SSC CHSL (Tier I) 9/03/2023 Shift-I
(a) 31 (b) 27
(c) 29 (d) 28

133. 30 छात्रों की औसत आयु 15 वर्ष है। यह पाया गया कि औसत आयु की गणना करते समय एक छात्र की आयु 9 वर्ष के बजाय 15 वर्ष ली गई थी। सही औसत आयु क्या होगी?
SSC CHSL (Tier I) 9/03/2023 Shift-I
(a) 14.2 वर्ष
(b) 14.8 वर्ष
(c) 16.4 वर्ष
(d) 15.6 वर्ष

134. A, B और C का औसत वजन 65 किग्रा है। यदि A और B का औसत वजन 62 किग्रा हैं तथा B और C का औसत वजन 66 किग्रा है, तो B का वजन (किग्रा में) कितना है?
SSC CHSL (Tier I) 30/05/2022 Shift-I
(a) 62 (b) 64
(c) 61 (d) 63

135. 45 विद्यार्थियों की एक कक्षा में 20 लड़कियाँ हैं, जिन्होंने 50 अंकों की एक परीक्षा में औसत 42 अंक प्राप्त किए हैं। यदि कक्षा के अंकों का औसत 36 है, तो लड़कों के औसत अंक क्या है? SSC CHSL (Tier I) 27/05/2022 Shift-I
(a) 32.10 (b) 30.80
(c) 32.50 (d) 31.20

136. 52 लड़कियों का औसत वजन 47 किग्रा है। उनके वजनों का योग क्या होगा?
SSC CHSL (Tier I) 27/05/2022 Shift-I
(a) 2544 किग्रा (b) 2444 किग्रा
(c) 2458 किग्रा (d) 2454 किग्रा

137. A, B, C और D चार ऐसी धनात्मक संख्याएँ हैं कि A, B की $\frac{3}{4}$ गुनी है, B, C की $\frac{4}{5}$ गुनी है और C, D की $\frac{3}{8}$ गुनी है। यदि A के चार गुना और D के 7 गुना का औसत 316 है, तो इन सभी चार संख्याओं A, B, C और D का औसत ज्ञात करें।
SSC CHSL (Tier I) 12/08/2021 Shift-III
(a) 28 (b) 36
(c) 38 (d) 34

138. व्यक्तियों के तीन समूह हैं—पुरुष, महिला और बच्चे। पुरुष 20 हैं तथा महिलाओं और बच्चों की कुल संख्या, पुरुषों की संख्या से 4 अधिक है। पुरुषों का औसत वजन 54 किग्रा, महिलाओं का औसत वजन 49 किग्रा, और बच्चों का औसत वजन 30 किग्रा है। अगर तीनों समूहों का औसत वजन 48.25 किग्रा हो, तो महिलाओं की संख्या और बच्चों की संख्या में कितना अन्तर है?
SSC CHSL (Tier I) 10/08/2021 Shift-I
(a) 14 (b) 17
(c) 7 (d) 10

139. 5 संख्याओं का औसत 26.4 है। पहली संख्या, शेष 4 संख्याओं के योग के पाँचवें हिस्से के बराबर है। पहली संख्या ज्ञात कीजिए।
SSC CHSL (Tier I) 19/04/2021 Shift-I
(a) 21 (b) 22 (c) 23 (d) 20

140. एक डिनर पार्टी के लिए 30 लोग किसी रेस्टोरेन्ट में गए। उनमें से प्रत्येक 20 ने ₹ 880 का भुगतान किया और शेष लोगों में से प्रत्येक ने कुल खर्चों के औसत से ₹ 110 अधिक भुगतान किया। डिनर के लिए कुल खर्च (₹ में) कितना था?
SSC CHSL (Tier I) 12/04/2021 Shift-II
(a) 27840 (b) 28050
(c) 24580 (d) 29360

SSC MTS 2024

141. एक स्कूल के 41 छात्रों का औसत वजन 52 किग्रा है। जब शिक्षक का वजन भी जोड़ लिया जाता है तो औसत वजन 500 ग्राम बढ़ जाता है। शिक्षक का वजन ज्ञात कीजिए।
SSC MTS 14/11/2024 Shift-III
(a) 71 किग्रा (b) 72 किग्रा
(c) 73 किग्रा (d) 74 किग्रा

142. दो संख्याओं का औसत 13.5 है और इनके गुणनफल का वर्गमूल $6\sqrt{5}$ है। संख्याएँ ज्ञात कीजिए।
SSC MTS 14/11/2024 Shift-III
(a) 13 और 14
(b) 12 और 15
(c) 11 और 16
(d) 10 और 17

143. 40 किग्रा, 49 किग्रा, 56 किग्रा, 68 किग्रा और 38 किग्रा वजन के पाँच सदस्यों वाले परिवार का औसत वजन (किग्रा में) ज्ञात कीजिए।
SSC MTS 14/11/2024 Shift-III
(a) 50.2 (b) 51.2
(c) 52.2 (d) 49.2

144. खिलाड़ियों के एक समूह में, 20 पहलवानों का औसत वजन 90 किग्रा है, जबकि कुछ एथलीटों का औसत वजन 68 किग्रा है। यदि सभी खिलाड़ियों का औसत वजन 78 किग्रा हो, तो एथलीटों की संख्या ज्ञात कीजिए।
SSC MTS 13/11/2024 Shift-III
(a) 24 (b) 52
(c) 30 (d) 39

145. 40 किग्रा, 49 किग्रा, 56 किग्रा, 69 किग्रा और 39 किग्रा वजन के पाँच सदस्यों वाले परिवार का औसत वजन (किग्रा में) ज्ञात कीजिए।
SSC MTS 13/11/2024 Shift-III
(a) 50.6 (b) 52.6
(c) 51.6 (d) 49.6

146. एक स्कूल में एक परीक्षा में लड़कों का औसत स्कोर 71 है और लड़कियों का औसत स्कोर 73 है। स्कूल का औसत स्कोर 71.8 है। परीक्षा देने वाले लड़कों की संख्या और लड़कियों की संख्या का अनुपात ज्ञात करें।
SSC MTS 13/11/2024 Shift-III
(a) 3 : 2 (b) 3 : 4
(c) 4 : 3 (d) 2 : 3

147. 40 किग्रा, 49 किग्रा, 56 किग्रा, 68 किग्रा और 37 किग्रा वजन के पाँच सदस्यों वाले परिवार का औसत वजन (किग्रा में) ज्ञात कीजिए।
SSC MTS 13/11/2024 Shift-III
(a) 52 (b) 50
(c) 49 (d) 51

148. एक कक्षा टेस्ट में 30 विद्यार्थियों (केवल लड़के और लड़कियों) के औसत अंक 16.2 थे और उसी टेस्ट में 18 लड़कों के औसत अंक 16 थे। उस टेस्ट में लड़कियों के औसत अंक ज्ञात कीजिए।
SSC MTS 12/11/2024 Shift-III
(a) 16.7 (b) 16.1
(c) 16.5 (d) 16.3

149. हर्षा ने गणित, भौतिकी और रसायन विज्ञान में क्रमश: 72, 63 और 81 अंक (100 में से) प्राप्त किए। उसके अंकों का औसत कितना है?
SSC MTS 12/11/2024 Shift-III
(a) 63 (b) 84
(c) 72 (d) 81

150. एक अस्पताल में, 60% मरीज पुरुष हैं, 25% मरीज महिलाएँ हैं और 15% मरीज बच्चे हैं। यदि पुरुषों की औसत आयु 40 वर्ष है, महिलाओं की औसत आयु 36 वर्ष है और बच्चों की औसत आयु 8 वर्ष है, तो सभी मरीजों की औसत आयु ज्ञात करें।
SSC MTS 12/11/2024 Shift-III
(a) 24.3 वर्ष (b) 34.2 वर्ष
(c) 23.4 वर्ष (d) 32.4 वर्ष

151. एक कम्पनी के 5 अधिकारियों सहित सभी 50 कर्मचारियों का औसत वेतन ₹ 855 है। यदि अधिकारियों का औसत वेतन ₹ 2550 है, तो कम्पनी के शेष कर्मचारियों का औसत वेतन ज्ञात कीजिए।
(निकटतम पूर्णांक तक पूर्णांकित कीजिए।)
SSC MTS 12/11/2024 Shift-III
(a) ₹ 657 (b) ₹ 667
(c) ₹ 677 (d) ₹ 637

152. पाँच टोकरियाँ- A, B, C, D और E हैं। प्रत्येक टोकरी में छल्ले हैं और सभी पाँच टोकरियों में छल्लों की औसत संख्या 42 है। यदि टोकरी D को हटा दिया जाए, तो शेष टोकरियों में छल्लों की औसत संख्या 38 हो जाती है। टोकरी D में कितने छल्ले हैं? SSC MTS 11/11/2024 Shift-III
(a) 64 (b) 58
(c) 38 (d) 42

153. किसी परीक्षा में, एक कक्षा में विद्यार्थी के औसत अंक 85.4 थे। यदि विद्यार्थी को इतिहास में 8 अंक अधिक मिलते, विज्ञान में 12 अंक अधिक मिलते, कम्प्यूटर विज्ञान में 10 अंक अधिक मिलते, हिन्दी में 15 अंक कम मिलते और अन्य विषयों में समान बरकरार रहते, तो औसत 87.9 होता। परीक्षा में कितने विषय थे?
SSC MTS 11/11/2024 Shift-III
(a) 6 (b) 7 (c) 8 (d) 5

154. 60 विद्यार्थियों के औसत अंक 48 पाए गए। बाद में, यह पाया गया कि 68 अंक को गलती से 56 पढ़ लिया गया था। सही अंक के अनुरूप सही औसत ज्ञात कीजिए।
SSC MTS 11/11/2024 Shift-III
(a) 44.2 (b) 48.2
(c) 54.2 (d) 40.8

155. तीन क्रमागत विषम संख्याओं का योग, इन संख्याओं के औसत से 58 अधिक है। सबसे बड़ी संख्या ज्ञात कीजिए। SSC MTS 11/11/2024 Shift-III

(a) 27 (b) 31
(c) 33 (d) 37

156. किसी कारखाने में, 25 अकुशल श्रमिकों का औसत मासिक वेतन ₹ 11950 है, 20 मैकेनिकों का औसत मासिक वेतन ₹ 24000 है और 5 सुपरवाइजरों का औसत मासिक वेतन ₹ 35000 है। सभी कर्मचारियों का औसत मासिक वेतन कितना है? SSC MTS 05/11/2024 Shift-III

(a) ₹ 19180 (b) ₹ 19075
(c) ₹ 19055 (d) ₹ 19225

157. एक शून्येत्तर संख्या और उसके वर्ग का औसत उस संख्या का 7 गुना है। वह संख्या कौन-सी है? SSC MTS 05/11/2024 Shift-III

(a) 14 (b) 91
(c) 13 (d) 7

158. एक पुस्तकालय में सोमवार को औसतन 768 आगंतुक आते हैं और अन्य दिनों में 258 आगंतुक आते हैं। मंगलवार से शुरू होने वाले 30 दिन के महीने में प्रतिदिन आगंतुकों की औसत संख्या ज्ञात करें। SSC MTS 05/11/2024 Shift-III

(a) 236 (b) 263
(c) 362 (d) 326

159. 11 के प्रथम बारह गुणजों का औसत क्या होगा? SSC MTS 05/11/2024 Shift-III

(a) 68.5 (b) 71.5
(c) 69.5 (d) 70.5

160. X, Y और Z का औसत वजन 67 किग्रा है। X और Y का औसत वजन 64 किग्रा है तथा Y और Z का औसत वजन 52 किग्रा है। Y का वजन (किग्रा में) ...... है। SSC MTS 04/11/2024 Shift-III

(a) 31 (b) 30
(c) 33 (d) 28

161. गणित, अंग्रेजी और जीव विज्ञान में A द्वारा प्राप्त किए गए अंक क्रमशः 100 में से 71, 150 में से 82 और 200 में से 177 हैं। औसत प्राप्तांक क्या है? SSC MTS 04/11/2024 Shift-III

(a) $\frac{12}{13}$ (b) $\frac{13}{21}$ (c) $\frac{11}{16}$ (d) $\frac{11}{15}$

162. कक्षा I में 20 वर्ष की औसत आयु के 12 विद्यार्थी हैं और कक्षा II में 23 वर्ष की औसत आयु के 16 विद्यार्थी हैं। दोनों कक्षाओं की औसत आयु (लगभग) कितनी है? SSC MTS 30/10/2024 Shift-III

(a) 21.7 वर्ष (b) 17.6 वर्ष
(c) 20.7 वर्ष (d) 15.3 वर्ष

163. कक्षा VIII के दो वर्गों (sections) A और B में क्रमशः 42 और 38 विद्यार्थी हैं। यदि वर्ग A के औसत अंक 400 हैं और वर्ग B के औसत अंक 320 हैं, तो पूरी कक्षा के औसत अंक ज्ञात कीजिए। SSC MTS 30/10/2024 Shift-III

(a) 310 (b) 576
(c) 362 (d) 360

164. यदि नौ संख्याओं का औसत 360 है, तो इन नौ संख्याओं का योग क्या है? SSC MTS 30/10/2024 Shift-III

(a) 40 (b) 3240 (c) 1620 (d) 3420

165. राम और श्याम की औसत मासिक पॉकेट मनी ₹ 2460 है। श्याम और मनोहर की औसत मासिक पॉकेट मनी ₹ 2380 है और, मनोहर और राम की औसत मासिक पॉकेट मनी ₹ 2760 है। अकेले राम की मासिक पॉकेट मनी ज्ञात कीजिए। SSC MTS 30/10/2024 Shift-III

(a) ₹ 2840 (b) ₹ 2048
(c) ₹ 2408 (d) ₹ 2480

166. शुरुआती 24 मैचों में एक क्रिकेट खिलाड़ी औसतन 60 रन बनाता है। सभी 32 मैचों का कुल औसत 80 है। अन्तिम 8 मैचों का औसत ज्ञात कीजिए। SSC MTS 29/10/2024 Shift-III

(a) 140 (b) 110
(c) 120 (d) 130

167. एक गणित की परीक्षा में दो छात्रों ने 95, छः छात्रों ने 90, तीन छात्रों ने 80 और एक छात्र ने 50 अंक प्राप्त किए। कक्षा का औसत अंक क्या था? SSC MTS 29/10/2024 Shift-III

(a) 96.25 (b) 82
(c) 78.75 (d) 85

168. एक बल्लेबाज अपनी 15वीं पारी में 152 रन बनाता है, जिससे उसके औसत स्कोर में 5 रन की वृद्धि होती है। 15वीं पारी के बाद बल्लेबाज की प्रति पारी औसत स्कोर ज्ञात कीजिए। SSC MTS 28/10/2024 Shift-II

(a) 77 (b) 82 (c) 41 (d) 85

169. 40 किग्रा, 49 किग्रा, 56 किग्रा, 71 किग्रा और 37 किग्रा वजन के पाँच सदस्यों वाले परिवार का औसत वजन (किग्रा में) ज्ञात कीजिए। SSC MTS 28/10/2024 Shift-II

(a) 52.6 (b) 49.6 (c) 50.6 (d) 51.6

170. एक छात्र पहले तीन महीनों में प्रति माह औसतन ₹ 4000 बचाता है। उसे अगले 9 महीनों तक प्रतिमाह औसतन कितनी बचत (₹ में) करनी चाहिए ताकि पूरे वर्ष में प्रति माह औसतन बचत ₹ 4375 हो? SSC MTS 23/10/2024 Shift-II

(a) 4187.5 (b) 4200
(c) 4000 (d) 4500

171. यदि 9 के पहले 15 गुणजों का औसत x है, तो x का मान कितना है? SSC MTS 23/10/2024 Shift-II

(a) 68 (b) 72 (c) 114 (d) 78

172. 40 किग्रा, 49 किग्रा, 56 किग्रा, 66 किग्रा और 36 किग्रा वजन वाले पाँच सदस्यों के एक परिवार का औसत वजन (किग्रा में) कितना होगा? SSC MTS 23/10/2024 Shift-II

(a) 48.4 (b) 51.4
(c) 50.4 (d) 49.4

173. एक कक्षा में 50 विद्यार्थियों की औसत लम्बाई 105 सेमी थी। 95 सेमी की औसत लम्बाई वाले पाँच विद्यार्थियों का एक समूह इस कक्षा में शामिल हो जाता है। 55 विद्यार्थियों की कक्षा की औसत लम्बाई (सेमी में) क्या है? (निकटतम पूर्णांक तक सही) SSC MTS 22/10/2024 Shift-II

(a) 102 (b) 104
(c) 100 (d) 105

174. ₹ 60 प्रति किग्रा वाले 15 किग्रा चावलों और ₹ 55 प्रति किग्रा मूल्य वाले 8 किग्रा चावलों को ₹ 40 प्रति किग्रा मूल्य वाले 7 किग्रा चावलों के साथ मिलाया जाता है। मिश्रित चावल का प्रति किग्रा औसत मूल्य ज्ञात कीजिए। SSC MTS 22/10/2024 Shift-III

(a) ₹ 56 (b) ₹ 54
(c) ₹ 45 (d) ₹ 48

175. जॉन ने सांख्यिकी में 60% और गणित में 70% अंक प्राप्त किए हैं। सांख्यिकी को 2 की भारिता (weightage) दी जाती है और गणित को 4 की भारिता दी जाती है। निम्नलिखित में से कौन-सा व्यंजक दो प्राप्तांकों के भारिता औसत को निरूपित करता है? SSC MTS 22/10/2024 Shift-II

(a) $\frac{2 + 60\% \times 4 + 70\%}{2 + 4}$

(b) $\frac{2 \times 60\% \times 40 \times 70\%}{2 \times 4}$

(c) $\frac{2 \times 60\% + 4 \times 70\%}{2 \times 4}$

(d) $\frac{2 \times 60\% + 4 \times 70\%}{2 + 4}$

176. नौ क्रमागत संख्याओं का औसत 45 है। इन संख्याओं में सबसे बड़ी संख्या कौन-सी है? SSC MTS 21/10/2024 Shift-II

(a) 50 (b) 48
(c) 41 (d) 49

177. यदि 53 क्रमागत सम संख्याओं का औसत 1280 है, तो सबसे छोटी संख्या और सबसे बड़ी संख्या के बीच अन्तर ज्ञात कीजिए। SSC MTS 21/10/2024 Shift-II

(a) 34 (b) 24
(c) 104 (d) 124

178. एक कक्षा में 30 लड़के और 20 लड़कियाँ हैं। भौतिक विज्ञान में लड़कों के औसत अंक 92 है, जबकि भौतिक विज्ञान में लड़कियों के औसत अंक 83 है। भौतिक विज्ञान में पूरी कक्षा के औसत अंक ज्ञात कीजिए।

SSC MTS 18/10/2024 Shift-II

(a) 89.3 (b) 96.2
(c) 92.6 (d) 88.4

179. 40 किग्रा, 49 किग्रा, 56 किग्रा, 72 किग्रा और 36 किग्रा वजन के पाँच सदस्यों वाले परिवार का औसत वजन (किग्रा में) ज्ञात कीजिए।

SSC MTS 18/10/2024 Shift-II

(a) 52.6 (b) 50.6
(c) 51.6 (d) 49.6

180. एक कार्यालय में, 22 स्टाफ सदस्यों का औसत वेतन ₹ 81400 था। यदि स्टाफ और वाइस चेयरमैन का औसत वेतन ₹ 89600 था, तो वाइस चेयरमैन का वेतन (₹ में) कितना है?

SSC MTS 18/10/2024 Shift-II

(a) 270000 (b) 217000
(c) 300000 (d) 197300

181. 40 किग्रा, 49 किग्रा, 56 किग्रा, 71 किग्रा और 38 किग्रा वजन के पाँच सदस्यों वाले परिवार का औसत वजन (किग्रा में) ज्ञात कीजिए।

SSC MTS 17/10/2024 Shift-II

(a) 50.8 (b) 49.8
(c) 52.8 (d) 51.8

182. पाँच एथलीटों का क्रमागत रूप से वजन लिया जाता है और प्रत्येक माप के बाद उनके औसत वजन की गणना की जाती है। यदि हर बार औसत वजन 1.5 किग्रा बढ़ जाता हो, तो अन्तिम खिलाड़ी पहले खिलाड़ी की तुलना में कितना भारी है? **SSC MTS 17/10/2024 Shift-II**

(a) 18 किग्रा (b) 10 किग्रा
(c) 15.5 किग्रा (d) 12 किग्रा

183. 39 विद्यार्थियों की किसी कक्षा की औसत आयु 20 वर्ष है। यदि शिक्षक की आयु को शामिल कर लिया जाए, जो औसत 6 माह बढ़ जाता है। शिक्षक की आयु (वर्षों में) ज्ञात कीजिए।

SSC MTS 17/10/2024 Shift-II

(a) 30 (b) 50
(c) 45 (d) 40

184. दो कक्षाओं ने एक समान परीक्षा दी। 20 छात्रों की एक कक्षा को 85% औसत अंक प्राप्त हुए, 30 छात्रों की दूसरी कक्षा को 70% औसत अंक प्राप्त हुए। दोनों कक्षाओं के सभी छात्रों के औसत अंक ज्ञात करें।

SSC MTS 16/10/2024 Shift-II

(a) 76% (b) 75%
(c) 74% (d) 72%

185. 12 छात्रों और दो शिक्षकों का औसत वजन 55 किग्रा है। जब समूह में 68 किग्रा वजन वाले एक शिक्षक को शामिल किया जाता है, तो समूह का औसत वजन (किग्रा में) कितना हो जाएगा? **SSC MTS 11/10/2024 Shift-II**

(a) 56 (b) 54.5
(c) 55 (d) 56.5

186. 260 लोगों के एक समूह में एक-चौथाई महिलाएँ, $\frac{2}{5}$ पुरुष और शेष बच्चे हैं। महिलाओं की औसत आयु पुरुषों की औसत आयु का $\frac{5}{6}$ है, बच्चों की औसत आयु पुरुषों की औसत आयु की एक-तिहाई है। यदि पुरुषों की औसत आयु 48 वर्ष है, तो समूह की औसत आयु वर्ष में ज्ञात करें। **SSC MTS 16/10/2024 Shift-II**

(a) 34.8 (b) 38.4
(c) 32.7 (d) 42.7

187. 14 विद्यार्थियों और उनके शिक्षक की औसत आयु 18 वर्ष है। यदि शिक्षक की आयु को हटा दिया जाए, तो औसत में 1 की कमी आ जाती है। शिक्षक की आयु क्या है?

SSC MTS 15/10/2024 Shift-I

(a) 37 (b) 34
(c) 35 (d) 32

188. जब 40 विद्यार्थियों वाली कक्षा विज्ञान की परीक्षा देती है, तो 25 विद्यार्थियों का औसत स्कोर 80 था और शेष विद्यार्थियों का औसत स्कोर 90 था। पूरी कक्षा का औसत स्कोर कितना था? **SSC MTS 15/10/2024 Shift-I**

(a) 82.75 (b) 83.75
(c) 81.75 (d) 80.75

189. एक क्रिकेट खिलाड़ी का 40 पारियों में बल्लेबाजी का औसत 60 रन है। एक पारी में उसका उच्चतम स्कोर उसके न्यूनतम स्कोर से 110 रन अधिक है। यदि इन दोनों पारियों को हटा दिया जाए तो शेष 38 पारियों का औसत स्कोर 58 है। उसका उच्चतम स्कोर ज्ञात कीजिए। **SSC MTS 15/10/2024 Shift-I**

(a) 290 (b) 220 (c) 153 (d) 310

190. यदि 40, 50 और 60 विद्यार्थियों के तीन बैचों के औसत अंक क्रमशः 50, 60 और 75 हैं, तो सभी विद्यार्थियों के औसत अंक कितने हैं?

SSC MTS 15/10/2024 Shift-I

(a) 70.00 (b) 61.25
(c) 63.33 (d) 65.50

191. 68 और 91 के बीच स्थित अभाज्य संख्याओं का औसत ज्ञात कीजिए।

SSC MTS 14/10/2024 Shift-I

(a) 78 (b) 77 (c) 79 (d) 76

192. 40 किग्रा, 49 किग्रा, 56 किग्रा, 67 किग्रा और 37 किग्रा वजन के पाँच सदस्यों वाले परिवार का औसत वजन (किग्रा में) ज्ञात कीजिए।

SSC MTS 14/10/2024 Shift-I

(a) 49.8 (b) 51.8 (c) 48.8 (d) 50.8

193. एक विद्यालय में, 12 शिक्षकों का औसत वेतन ₹ 71400 था। यदि शिक्षकों, प्रधानाचार्य और उप प्रधानाचार्य का औसत वेतन ₹ 89500 था, तो प्रधानाचार्य और उप प्रधानाचार्य का औसत वेतन (₹ में) कितना था?

SSC MTS 14/10/2024 Shift-I

(a) 176800 (b) 198100
(c) 211000 (d) 118900

194. चार लड़कियों की औसत आयु 12 वर्ष है। इनमें से तीन की आयु 7, 12 और 13 वर्ष हैं। चौथी लड़की की आयु ज्ञात करें।

SSC MTS 09/10/2024 Shift-I

(a) 14 वर्ष (b) 16 वर्ष
(c) 15 वर्ष (d) 17 वर्ष

195. 40 किग्रा, 49 किग्रा, 56 किग्रा, 71 किग्रा और 39 किग्रा वजन के पाँच सदस्यों वाले परिवार का औसत वजन (किग्रा में) ज्ञात कीजिए।

SSC MTS 09/10/2024 Shift-I

(a) 51 (b) 53
(c) 52 (d) 50

196. एक क्रिकेट टीम के 11 खिलाड़ियों की औसत आयु में तब 2 महीने की वृद्धि हो जाती है, जब टीम के क्रमशः 20 वर्ष और 21 वर्ष की आयु वाले दो खिलाड़ियों के स्थान पर दो नए खिलाड़ी टीम में आ जाते हैं। दोनों नए खिलाड़ियों की औसत आयु (वर्षों में) ज्ञात कीजिए। **SSC MTS 08/10/2024 Shift-I**

(a) $20\frac{1}{2}$ (b) $18\frac{5}{12}$ (c) $21\frac{5}{12}$ (d) $18\frac{1}{4}$

197. 40 किग्रा, 49 किग्रा, 56 किग्रा, 70 किग्रा और 39 किग्रा वजन के पाँच सदस्यों वाले परिवार का औसत वजन (किग्रा में) ज्ञात कीजिए।

SSC MTS 08/10/2024 Shift-I

(a) 50.8 (b) 52.8 (c) 49.8 (d) 51.8

198. 7 के प्रथम छः गुणजों का औसत .... है।

SSC MTS 08/10/2024 Shift-I

(a) 24.5 (b) 23.2 (c) 22.4 (d) 25.1

199. 12 पुरुषों की औसत आयु में 6 वर्ष की वृद्धि तब हो जाती है, जब उनमें से 36, 40 और 44 वर्ष आयु वाले तीन पुरुषों के स्थान पर 3 अन्य व्यक्ति आ जाते हैं। 3 व्यक्तियों की औसत आयु कितनी है? **SSC MTS 07/10/2024 Shift-I**

(a) 50 वर्ष (b) 58 वर्ष
(c) 64 वर्ष (d) 67 वर्ष

200. राहुल 101 से कम प्रत्येक पूर्ण वर्ग संख्या में से 5 घटाता है। राहुल द्वारा इस प्रकार प्राप्त संख्याओं का औसत ज्ञात कीजिए। **SSC MTS 07/10/2024 Shift-I**

(a) 37.5 (b) 38 (c) 33.5 (d) 11.5

201. 300, 129, 49, 120 और 102 का औसत ज्ञात कीजिए। **SSC MTS 01/10/2024 Shift-I**

(a) 130 (b) 140 (c) 150 (d) 120

202. 9 संख्याओं का औसत 3 है। यदि इनमें से प्रथम 8 संख्याओं का औसत 2 है, तो 9वीं संख्या ज्ञात कीजिए। **SSC MTS 01/10/2024 Shift-I**

(a) 12 (b) 15 (c) 14 (d) 11

203. एक समूह में कुछ छात्रों का औसत वजन 72 किग्रा था। यदि प्रत्येक 76 किग्रा औसत वजन वाले 11 छात्र समूह छोड़ देते हैं और प्रत्येक 79 किग्रा औसत वजन वाले 5 छात्र समूह में शामिल हो जाते हैं, तो समूह में छात्रों का औसत वजन 0.6 किग्रा कम हो जाता है। समूह में शुरूआत में कितने छात्र थे? **SSC MTS 01/10/2024 Shift-I**

(a) 21 (b) 19 (c) 25 (d) 17

204. एक परिवार का वर्ष के पहले तीन महीनों के दौरान औसत मासिक व्यय ₹ 8600 था, अगले चार महीनों के दौरान ₹ 9750 था और आखिरी पाँच महीनों के दौरान ₹ 9920 था। यदि वर्ष के दौरान कुल बचत ₹ 65300 थी, तो परिवार की औसत मासिक आय (₹ में) कितनी थी? **SSC MTS 30/09/2024 Shift-I**

(a) 14975 (b) 15794 (c) 15479 (d) 14597

205. A और B की औसत मासिक आय ₹ 3590 है। B और C की औसत मासिक आय ₹ 4250 है। A और C की औसत मासिक आय ₹ 6500 है। C की मासिक आय क्या है? **SSC MTS 30/09/2024 Shift-I**

(a) ₹ 7545 (b) ₹ 6984
(c) ₹ 8190 (d) ₹ 7160

206. 100 अंकों की एक परीक्षा में, 50 विद्यार्थियों द्वारा प्राप्त अंकों का औसत 65 पाया गया। बाद में, यह ज्ञात होता है कि 88 के प्राप्तांक को गलती से 68 पढ़ लिया गया था। सही औसत ज्ञात कीजिए। **SSC MTS 30/09/2024 Shift-I**

(a) 65.50 (b) 65.60 (c) 65.40 (d) 65.70

SSC MTS 2023-2021

207. एक कक्षा में 20 विद्यार्थियों का औसत भार 55 किग्रा है। यदि इसमें कक्षा शिक्षक का भार शामिल कर लिया जाए, तो औसत में 0.5 किग्रा की वृद्धि हो जाती है। कक्षा शिक्षक का भार क्या है? **SSC MTS 13/09/2023 Shift-I**

(a) 67.2 किग्रा (b) 63.5 किग्रा
(c) 68.4 किग्रा (d) 65.5 किग्रा

208. 15 पार्सल का औसत भार 20 किग्रा है। एक और नए पार्सल को जोड़ने से औसत भार में 250 ग्राम की वृद्धि हो जाती है। नए पार्सल का भार कितना है? **SSC MTS 11/09/2023 Shift-II**

(a) 24 किग्रा (b) 28 किग्रा
(c) 22 किग्रा (d) 26 किग्रा

209. 12वीं कक्षा के कुछ विद्यार्थियों का औसत भार 56 किग्रा है। जब सात विद्यार्थी जिनका औसत भार 58 किग्रा है, कक्षा में शामिल हुए तो सभी विद्यार्थियों के औसत भार में 200 ग्राम की वृद्धि हो गई। शुरूआत में कक्षा में विद्यार्थियों की संख्या ज्ञात कीजिए। **SSC MTS 11/09/2023 Shift-I**

(a) 63 (b) 56
(c) 49 (d) 77

210. यदि दो संख्याओं का औसत 12 है और उन्हीं दो संख्याओं का गुणनफल 119 है, तो उन दोनों संख्याओं का अन्तर कितना है? **SSC MTS 11/09/2023 Shift-I**

(a) 7 (b) 10
(c) 6 (d) 8

211. 20 पारियों में एक बल्लेबाज का औसत 41 रन है। अगली पारी में उसने 41 रन बनाए। उसका नया औसत क्या होगा? **SSC MTS 8/09/2023 Shift-II**

(a) 38 (b) 39
(c) 36 (d) 41

212. एक बल्लेबाज 13 वीं पारी में 96 रन बनाता है और इस प्रकार उसके औसत में 3 की वृद्धि हो जाती है। 13 पारियों के बाद उसका औसत ज्ञात कीजिए। **SSC MTS 6/09/2023 Shift-I**

(a) 70 (b) 60
(c) 50 (d) 65

213. एक कक्षा के 20 छात्रों का औसत भार 30.5 किग्रा था। कक्षा में 6 नए छात्रों के शामिल होने के बाद, इसका औसत भार 2 किग्रा बढ़ जाता है। कक्षा में शामिल होने वाले 6 नए छात्रों का औसत भार ज्ञात कीजिए (दशमलव के एक स्थान तक सन्निकटित)। **SSC MTS 06/09/2023 Shift-I**

(a) 38.5 किग्रा (b) 30.5 किग्रा
(c) 39.2 किग्रा (d) 32.5 किग्रा

214. एक क्रिकेटर का 10 मैचों का औसत स्कोर 40 रन है। यदि पहले छः मैचों का औसत 44 है, तो अन्तिम चार मैचों के रनों का औसत ज्ञात कीजिए? **SSC MTS 06/09/2023 Shift-I**

(a) 20 (b) 38 (c) 42 (d) 34

215. एक स्कूल में एक कक्षा के दो वर्ग हैं। वर्ग A में 30 छात्र हैं और वर्ग B में 20 छात्र हैं। वर्ग A में छात्रों का औसत प्राप्तांक 85 है और वर्ग B में छात्रों का औसत प्राप्तांक 70 है। कक्षा का कुल औसत प्राप्तांक क्या है? **SSC MTS 05/09/2023 Shift-II**

(a) 79 (b) 78 (c) 80 (d) 81

216. 17 पुरुषों का औसत भार 63 किग्रा है और 36 महिलाओं का औसत भार 54 किग्रा है। सभी पुरुषों और महिलाओं का मिलाकर औसत भार (किग्रा में) कितना है? (निकटतम पूर्णांक तक सन्निकटित) **SSC MTS 04/09/2023 Shift-II**

(a) 59 (b) 62 (c) 52 (d) 57

217. 37 विद्यार्थियों की एक कक्षा में 22 लड़कियाँ हैं। इन लड़कियों का औसत भार 46 किग्रा है और पूरी कक्षा का औसत भार 50 किग्रा है। उस कक्षा में लड़कों का औसत भार (किग्रा में) कितना है? (दशमलव के 2 स्थानों तक सन्निकटित) **SSC MTS 01/09/2023 Shift-I**

(a) 58.25 (b) 61.35 (c) 60.74 (d) 55.87

218. पहली 10 अभाज्य संख्याओं का औसत कितना होगा? **SSC MTS 15/07/2022 Shift-I**

(a) 11.9 (b) 10.9 (c) 12.9 (d) 13.9

219. 9 और 22 के बीच सभी अभाज्य संख्याओं का औसत कितना होगा? **SSC MTS 15/07/2022 Shift-I**

(a) 10 (b) 12 (c) 14 (d) 15

220. 15 संख्याओं के एक समुच्चय का औसत 41 है। यदि उपरोक्त समुच्चय में से पाँच संख्याएँ 21, 24, 39, 47 और 97 हटा दी जाए, तो शेष 10 संख्याओं का औसत क्या होगा? **SSC MTS 15/07/2022 Shift-I**

(a) 36.4 (b) 39.2 (c) 38.7 (d) 37.6

221. 14 और 61 के बीच की उन सभी संख्याओं का औसत क्या होगा, जो 5 द्वारा विभाज्य हैं। **SSC MTS 14/07/2022 Shift-I**

(a) 44 (b) 40 (c) 37.5 (d) 38

222. रोहित ने अपनी पिछली पाँच पारियों में 58 रन की औसत से रन बनाए हैं। पिछली चार पारियों में रोहित द्वारा बनाए गए रन 42, 56, 72 और 40 हैं। इन पाँच पारियों में से पहली पारी में रोहित ने कितने रन बनाए? **SSC MTS 14/07/2022 Shift-I**

(a) 90 (b) 80 (c) 60 (d) 40

223. प्रथम पाँच प्राकृतिक संख्याओं के वर्गों का औसत ज्ञात कीजिए। **SSC MTS 14/07/2022 Shift-I**

(a) 11 (b) 10 (c) 11.5 (d) 12.5

224. 32 क्रमागत प्राकृत संख्याएँ हैं। पहली 13 संख्याओं का औसत x है। अगली 19 संख्याओं का औसत क्या होगा? **SSC MTS 13/07/2022 Shift-I**

(a) $x+18$ (b) $x+15$
(c) $x+17$ (d) $x+16$

225. एक परीक्षा में तीन छात्रों द्वारा प्राप्त औसत अंक x हैं। यदि एक नए छात्र के अंकों को भी उनमें शामिल कर लिया जाता है, तो औसत अंकों में 2 की वृद्धि हो जाती है। नए छात्र द्वारा परीक्षा में प्राप्त अंक ज्ञात कीजिए। **SSC MTS 13/07/2022 Shift-I**

(a) $x+4$ (b) $x+6$ (c) $x+2$ (d) $x+8$

226. दो संख्याएँ इस प्रकार हैं कि पहली संख्या दूसरी संख्या की चार गुनी है। यदि उनका औसत 65 है, तो दूसरी संख्या क्या है?
SSC MTS 12/07/2022 Shift-I
(a) 14 (b) 26 (c) 24 (d) 28

227. दस संख्याओं का औसत 24 है। यदि प्रत्येक संख्या को 2 से विभाजित कर दिया जाए, तो नया औसत क्या होगा? **SSC MTS 11/07/2022 Shift-I**
(a) 12 (b) 6 (c) 20 (d) 5

228. एक कक्षा की आठ लड़कियों की औसत आयु y वर्ष है। $y+3, y-6, y+15, y+8$ और $y+6$ आयु (वर्ष में) वाली 5 नई लड़कियाँ कक्षा में शामिल होती हैं। अब कक्षा की लड़कियों की औसत आयु कितनी है?
SSC MTS 11/07/2022 Shift-I
(a) $(y+3)$ वर्ष (b) $(y+6)$ वर्ष
(c) $(y+1)$ वर्ष (d) $(y+2)$ वर्ष

229. छः पुरुषों और कुछ महिलाओं के एक परिवार में, प्रति व्यक्ति अनाज की औसत मासिक खपत 14.4 किग्रा है। यदि पुरुषों के मामले में प्रति व्यक्ति औसत मासिक खपत 20 किग्रा और महिलाओं के मामले में 6 किग्रा हो, तो परिवार में महिलाओं की संख्या ज्ञात कीजिए।
SSC MTS 11/07/2022 Shift-I
(a) 6 (b) 8 (c) 4 (d) 7

230. दस संख्याओं का औसत A है। यदि दसवीं संख्या को छोड़कर प्रत्येक संख्या से c घटाया जाता है और दसवीं संख्या से $(c-1)$ घटाया जाता है, तो नया औसत क्या होगा?
SSC MTS 02/11/2021 Shift-III
(a) $A-c+1$ (b) $A-c$
(c) $A-c+0.1$ (d) $A-(0.1)c+0.1$

231. किसी वर्ष में एक परिवार का औसत मासिक व्यय वर्ष के पहले तीन महीनों में ₹ 10000, अगले चार महीनों में ₹ 12500 और अन्तिम पाँच महीनों में ₹ 13500 था। यदि उस वर्ष उनकी बचत ₹ 32500 थी, तो औसत मासिक आय का 70% कितना (₹ में) होगा?
SSC MTS 02/11/2021 Shift-II
(a) ₹ 15000 (b) ₹ 10500
(c) ₹ 11250 (d) ₹ 12250

232. प्रथम चार अभाज्य संख्याओं और प्रथम चार भाज्य संख्याओं के औसतों का अनुपात ज्ञात करें।
SSC MTS 02/11/2021 Shift-I
(a) 13 : 10 (b) 17 : 27
(c) 17 : 19 (d) 11 : 27

233. तीन संख्याओं का औसत 45 है। पहली संख्या, दूसरी संख्या से तीन गुनी है और दूसरी संख्या, तीसरी संख्या से दोगुनी है। पहली संख्या और दूसरी संख्या के बीच अन्तर ज्ञात करें।
SSC MTS 02/11/2021 Shift-I
(a) 60 (b) 15 (c) 45 (d) 75

234. प्रथम सात प्राकृतिक संख्याओं के वर्गों का औसत ज्ञात करें। **SSC MTS 02/11/2021 Shift-I**
(a) 20 (b) 25
(c) 29 (d) 16

SSC GD Constable 2024

235. 28 प्रेक्षणों का औसत 53 है। प्रथम 11 प्रेक्षणों का औसत 54 है। अंतिम 18 प्रेक्षणों का औसत 52.5 है। 11 वें प्रेक्षण का मान कितना है?
SSC GD 26/02/2024 Shift-I
(a) 63 (b) 55
(c) 59 (d) 57

236. 25 संख्याओं का औसत 150 है। इसमें एक और संख्या जोड़ने पर नया औसत 160 हो जाता है वह नई संख्या क्या है?
SSC GD 26/02/2024 Shift-I
(a) 400 (b) 410 (c) 420 (d) 415

237. 18 छात्रों के औसत अंक 190 थे। लेकिन बाद में यह पाया गया, कि एक छात्र के अंक गलती से 64 के स्थान पर 46 दर्ज कर दिए गए थे। उन छात्रों के अंकों का सही औसत कितना है?
SSC GD 24/02/2024 Shift-III
(a) 193.4 (b) 191.25
(c) 191 (d) 192.27

238. 25 क्रमागत प्राकृत संख्याओं में, अन्तिम 13 संख्याओं का औसत 39 है। सभी 25 संख्याओं का औसत कितना है?
SSC GD 24/02/2024 Shift-III
(a) 33 (b) 31 (c) 34 (d) 37

239. एक मुर्गी फार्म में 120 मुर्गियाँ हैं। फार्म में 140 अतिरिक्त मुर्गियाँ शामिल करने पर, मुर्गी फार्म का व्यय ₹ 4050 बढ़ जाता है। जबकि प्रति मुर्गी औसत व्यय ₹ 3 कम हो जाता है। मुर्गी फार्म का मूल व्यय कितना था?
SSC GD 24/02/2024 Shift-II
(a) ₹ 4540 (b) ₹ 4140
(c) ₹ 4350 (d) ₹ 4780

240. 17 संख्याओं का औसत 47 है। यदि प्रत्येक संख्या को 6 से गुणा किया जाए, तो नया औसत ज्ञात कीजिए। **SSC GD 24/02/2024 Shift-II**
(a) 282 (b) 270 (c) 280 (d) 265

241. 16.5, 9, 10.5, 12.5 और Y का औसत 12.5 है। Y का मान कितना है?
SSC GD 23/02/2024 Shift-IV
(a) 11 (b) 14 (c) 16 (d) 17

242. 11 छात्रों के एक समूह द्वारा प्राप्त औसत अंक 53 हैं और 13 छात्रों के दूसरे समूह द्वारा प्राप्त औसत अंक 48 है। सभी 24 छात्रों द्वारा प्राप्त औसत अंक (लगभग) कितने हैं?
SSC GD 23/02/2024 Shift-IV
(a) 48.14 (b) 46.32
(c) 52.45 (d) 50.29

243. 5 विषयों में से पहले 3 विषयों में राकेश के औसत अंक 80 हैं और अन्तिम 3 विषयों में औसत अंक 92 हैं। यदि तीसरे विषय में उसके अंक 51 हैं, तो सभी 5 विषयों में उसके औसत अंक कितने हैं? **SSC GD 23/02/2024 Shift-III**
(a) 97 (b) 102 (c) 90 (d) 93

244. 90 परिणामों का औसत 38 है। यदि प्रत्येक परिणाम से 4 घटा दिया जाए, तो परिणामों का नया औसत कितना होगा?
SSC GD 23/02/2024 Shift-III
(a) 37 (b) 36 (c) 32 (d) 34

245. यदि 24, 28, 27, 23, D और E का औसत 29 है, तो D और E का औसत क्या है?
SSC GD 23/02/2024 Shift-II
(a) 37 (b) 36
(c) 35 (d) 38

246. तीन संख्याओं X, Y और Z का औसत 54 है। X, Y और Z के औसत से 10 अधिक है। Y, Y और Z के औसत से 12 अधिक है। X और Z के बीच का अन्तर कितना है?
SSC GD 23/02/2024 Shift-II
(a) 22 (b) 24
(c) 26 (d) 18

247. 28 संख्याओं का औसत 110 है। यदि हम प्रत्येक संख्या में एक संख्या 'B' जोड़ते हैं, तो औसत 128 हो जाता है। B का मान कितना है?
SSC GD 23/02/2024 Shift-I
(a) 18 (b) 14 (c) 24 (d) 12

248. छात्रों के एक समूह का औसत भार 44 किग्रा है। 40 किग्रा भार वाला एक छात्र समूह छोड़ देता है और उसके स्थान पर 34 किग्रा भार वाला दूसरा छात्र समूह में शामिल हो जाता है। यदि समूह का नया औसत भार 43.4 किग्रा हो जाता है, तो समूह में कितने छात्र हैं?
SSC GD 23/02/2024 Shift-I
(a) 10 (b) 13 (c) 14 (d) 12

249. प्रथम 17 प्राकृत संख्याओं के वर्गों का औसत कितना है? **SSC GD 22/02/2024 Shift-IV**
(a) 94 (b) 113 (c) 105 (d) 124

250. S_1 और S_2 द्वारा प्राप्त अंकों का औसत, S_2 और S_3 द्वारा प्राप्त अंकों के औसत से 35 अधिक है। यदि S_3 द्वारा प्राप्त अंक 75 है, तो S_1 द्वारा प्राप्त अंक कितने हैं?
SSC GD 22/02/2024 Shift-II
(a) 170 (b) 165 (c) 155 (d) 145

251. 12 संख्याओं का औसत 60 है। यदि प्रथम पाँच संख्याओं में से 12 घटा दिया जाए और अगली सात संख्याओं में 10 जोड़ दिया जाए तो संख्याओं का नया औसत कितना होगा?
SSC GD 22/02/2024 Shift-III
(a) 59.25 (b) 60.83
(c) 61.83 (d) 59.75

252. P, Q और R का औसत 40 है। यदि P और Q का औसत 35 है तथा Q और R का औसत 45 है, तो Q का मान कितना है? SSC GD 22/02/2024 Shift-I

(a) 40 (b) 48
(c) 28 (d) 32

253. पाँच संख्याओं का औसत 36 है। प्रथम दो संख्याओं का औसत अन्तिम तीन संख्याओं के औसत का 1.5 गुना है। प्रथम दो संख्याओं का योग कितना है? SSC GD 21/02/2024 Shift-IV

(a) 90 (b) 79
(c) 78 (d) 85

254. प्रथम 31 विषम संख्याओं का औसत कितना है? SSC GD 21/02/2024 Shift-IV

(a) 37 (b) 32
(c) 31 (d) 33

255. T, U और V का औसत भार 42 किग्रा है। यदि T और U का औसत भार 40 किग्रा है, U और V का औसत भार 36 किग्रा है, तो U का भार कितना है? SSC GD 21/02/2024 Shift-III

(a) 22 किग्रा (b) 24 किग्रा
(c) 26 किग्रा (d) 29 किग्रा

256. 4 संख्याओं का औसत 24 है। प्रथम 2 संख्याओं का औसत अन्तिम 2 संख्याओं के औसत से दोगुना है। अन्तिम 2 संख्याओं को योग क्या है? SSC GD 21/02/2024 Shift-III

(a) 32 (b) 56 (c) 48 (d) 72

257. एक विद्यार्थी के 6 विषयों में प्राप्त औसत अंक 75 है यदि उस विद्यार्थी को एक विषय में 80 अंक प्राप्त होते है, तो शेष विषयों में प्राप्त कुल अंक कितने होंगे? SSC GD 21/02/2024 Shift-II

(a) 380 (b) 340
(c) 350 (d) 370

258. दो संख्याएँ इस प्रकार दी गई हैं कि पहली संख्या, दूसरी संख्या की आधी है। यदि उनका औसत 15 है, तो पहली संख्या क्या है? SSC GD 21/02/2024 Shift-II

(a) 12 (b) 14 (c) 10 (d) 8

259. 35 कर्मचारियों की औसत आय ₹ K है। यदि प्रबन्धक की आय भी शामिल कर ली जाए, तो औसत आय ₹ 19000 हो जाती है। यदि प्रबन्धक की आय ₹ 54000 है, तो K का मान कितना है? SSC GD 21/02/2024 Shift-I

(a) ₹ 18000 (b) ₹ 17700
(c) ₹ 19200 (d) ₹ 18800

260. 4 संख्याओं का औसत 52 है। प्रथम दो संख्याओं का औसत अन्तिम दो संख्याओं के औसत का तीन गुना है। प्रथम दो संख्याओं का योग कितना है? SSC GD 20/02/2024 Shift-III

(a) 147 (b) 174
(c) 156 (d) 148

261. छः मित्रों की औसत ऊँचाई 144 सेमी है। 150 सेमी की ऊँचाई वाला एक लड़का समूह छोड़ देता है। समूह की नई औसत ऊँचाई ज्ञात कीजिए। SSC GD 20/02/2024 Shift-III

(a) 108.6 सेमी (b) 142.8 सेमी
(c) 155.5 सेमी (d) 160.5 सेमी

262. 13 विद्यार्थियों के औसत अंक 130 थे। लेकिन बाद में यह पाया गया कि एक विद्यार्थी के अंक गलती से 32 के स्थान पर 23 दर्ज कर लिए गए थे। उनके अंक का सही औसत क्या है? SSC GD 20/02/2024 Shift-III

(a) 130.88 (b) 131.72
(c) 130.69 (d) 132.28

263. 22 विद्यार्थियों की एक कक्षा का औसत भार 42 किग्रा है। यदि कक्षा में 33 किग्रा और 39 किग्रा भार के 2 नए विद्यार्थी शामिल हो जाते हैं, तो 24 विद्यार्थियों का नया औसत भार कितना होगा? SSC GD 20/02/2024 Shift-II

(a) 41.5 किग्रा (b) 39.5 किग्रा
(c) 43 किग्रा (d) 42 किग्रा

264. पाँच संख्याओं का औसत 32 है। यदि एक संख्या हटा दी जाए, तो औसत 28 हो जाता है। हटाई गई संख्या कितनी है? SSC GD 20/02/2024 Shift-II

(a) 48 (b) 49 (c) 47 (d) 52

265. 32 से पहले की सभी अभाज्य संख्याओं का औसत कितना है? SSC GD 20/02/2024 Shift-II

(a) 14.54 (b) 13.26 (c) 17.82 (d) 15.60

266. एक वर्ष में, सपना का औसत मासिक व्यय वर्ष के प्रथम 3 महीनों के लिए ₹ 1100, अगले 5 महीनों के लिए ₹ 1000 और अन्तिम 4 महीनों के लिए ₹ 1200 था। यदि कुल वार्षिक बचत ₹ 1300 थीं, तो सपना की औसत मासिक आय कितनी थी? SSC GD 20/02/2024 Shift-I

(a) ₹ 1210 (b) ₹ 1200
(c) ₹ 1250 (d) ₹ 1270

SSC GD Constable 2023

267. 34 व्यक्तियों के समूह में 90 किग्रा वजन वाले एक व्यक्ति के स्थान पर एक नए व्यक्ति के शामिल होने पर उनका औसत वजन 3 किग्रा बढ़ जाता है। नए व्यक्ति का वजन ज्ञात कीजिए। SSC GD 13/02/2023 Shift-II

(a) 192 (b) 196 (c) 190 (d) 202

268. आठ व्यक्तियों का औसत भार 40 किग्रा है। यदि एक व्यक्ति को हटा दिया जाए, तो औसत भार 38 किग्रा हो जाता है। हटाए गए व्यक्ति का भार कितना है? SSC GD 13/02/2023 Shift-II

(a) 33.35 किग्रा (b) 78 किग्रा
(c) 38 किग्रा (d) 54 किग्रा

269. एक कक्षा में 80 विद्यार्थी हैं। लड़कियों का औसत वजन 40 किग्रा है तथा लड़कों का औसत वजन 50 किग्रा है। यदि लड़कों की संख्या 50 है, तो कक्षा का औसत वजन क्या होगा? SSC GD 09/02/2023 Shift-II

(a) 47.75 किग्रा
(b) 48.25 किग्रा
(c) 45.5 किग्रा
(d) 46.25 किग्रा

270. ऐसे 45 डिब्बे हैं जिनका औसत भार 52 ग्राम है। कुछ डिब्बे नीले हैं, जबकि अन्य हरे हैं। यदि 40 ग्राम के औसत भार वाले पाँच नीले डिब्बे और 43 ग्राम के औसत भार वाले आठ हरे डिब्बे शामिल किए जाते हैं, तो अब औसत भार (ग्राम में) क्या है? SSC GD 09/02/2023 Shift-II

(a) 49.72 (b) 51.25 (c) 52.5 (d) 52.25

271. यदि 45 और 50 छात्रों वाले दो बैचों के औसत अंक क्रमशः 78 और 65 हैं, तो सभी छात्रों के औसत अंक ...... है। SSC GD 09/02/2023 Shift-I

(a) $\frac{1252}{13}$ (b) $\frac{1152}{19}$
(c) $\frac{1352}{19}$ (d) $\frac{1052}{13}$

272. 10 किग्रा बेहतर किस्म वाले चावल में 5 किग्रा घटिया किस्म का चावल मिला दिया जाता है। बेहतर किस्म और घटिया किस्म वाले चावल की कीमते क्रमशः ₹ 85 और ₹ 46 हैं। मिश्रण का प्रति किग्रा औसत मूल्य ज्ञात कीजिए। SSC GD 08/02/2023 Shift-I

(a) ₹ 73 (b) ₹ 74
(c) ₹ 75 (d) ₹ 72

273. आठ विद्यार्थियों के औसत अंक 7 हैं। यह पाया गया कि एक विद्यार्थी के अंक 6 के स्थान पर 10 लिए गए हैं। सही औसत ज्ञात कीजिए। SSC GD 06/02/2023 Shift-I

(a) 7 (b) 6.8
(c) 6.5 (d) 7.5

SSC Selection Post 2024-2022

274. v संख्याओं का औसत w^2 है और w संख्याओ का औसत v^2 है। तो सभी संख्याओं का औसत .... है। Matric Level 20/06/2024 Shift-IV

(a) $v^2 + w^2$ (b) $v + w$
(c) vw^2 (d) vw

275. एक कक्षा के सभी विद्यार्थियों की औसत आयु 18 वर्ष है। कक्षा के लड़कों की औसत आयु 19 वर्ष और लड़कियों की औसत आयु 14 वर्ष है। यदि कक्षा में लड़कियों की संख्या 30 है, तो कक्षा में लड़कों की संख्या कितनी है? Matric Level 20/06/2024 Shift-IV

(a) 100 (b) 120
(c) 140 (d) 110

276. 12 संख्याओं का औसत 47 है। पहली 5 संख्याओं का औसत 45 है और अगली 4 संख्याओं का औसत 52 है। यदि 10 वीं संख्या, 11वीं संख्या से 10 कम है और 12वीं संख्या से 5 अधिक है, तो 11वीं और 12वीं संख्याओं का औसत क्या होगा?
Graduate Level 20/06/2024 Shift-III

(a) 42.5 (b) 44.5
(c) 46.5 (d) 47.5

277. एक कक्षा में 30 विद्यार्थियों का औसत भार 60 किग्रा है। यदि कक्षा के शिक्षक का भार भी शामिल कर लिया जाए, तो औसत में 0.5 किग्रा की वृद्धि हो जाती है। शिक्षक का भार (किग्रा में) ज्ञात कीजिए। **Graduate Level 27/06/2023 Shift-IV**

(a) 76.5 (b) 74.5 (c) 72.5 (d) 75.5

278. एक टेस्ट में 50 छात्रों का औसत स्कोर 44 है। कुल छात्रों में से 40% छात्र लड़कियाँ हैं और शेष लड़के हैं। लड़कों का औसत स्कोर, लड़कियों के औसत स्कोर की तुलना में 20% कम है। लड़कियों का औसत स्कोर क्या है?
Higher Secondary Level 27/06/2023 Shift-III

(a) 52 (b) 54
(c) 50 (d) 48

279. कक्षा A में 20 छात्रों ने औसतन 75 अंक प्राप्त किए और कक्षा B में 30 छात्रों ने औसतन 60 अंक प्राप्त किए। दोनों कक्षाओं का औसत क्या होगा? **Matric Level 27/06/2023 Shift-I**

(a) 66 (b) 62 (c) 64 (d) 68

280. एक विद्यालय में 32 विद्यार्थियों का माध्य भार 50 किग्रा है। यदि शिक्षक के भार को शामिल कर लिया जाए, तो माध्य 500 ग्राम बढ़ जाता है। शिक्षक का भार ज्ञात कीजिए।
Matric Level 27/06/2023 Shift-I

(a) 63.5 किग्रा (b) 64.5 किग्रा
(c) 66.5 किग्रा (d) 65.5 किग्रा

281. पहली आठ विषम प्राकृत संख्याओं का औसत ज्ञात कीजिए। **Graduate Level 01/08/2022 Shift-IV**

(a) 8 (b) 11
(c) 10 (d) 9

282. यदि P संख्याओं का औसत Q^2 है और Q संख्याओं का औसत P^2 है, तो $(P+Q)$ संख्याओं का औसत क्या होगा?
Graduate Level 01/08/2022 Shift-IV

(a) PQ (b) $P-Q$
(c) $P+Q$ (d) $2PQ$

283. पिछले पाँच महीनों में, एक व्यापारी ने ₹ 6435, ₹ 6927, ₹ 6855, ₹ 7230 और ₹ 6562 की बिक्री की है। ₹ 6500 की औसत बिक्री प्राप्त करने के लिए छठें महीने में उसे कितनी बिक्री करने की आवश्यकता है?
Higher Secondary Level 01/08/2022 Shift-II

(a) ₹ 4781 (b) ₹ 4991
(c) ₹ 4810 (d) ₹ 5021

सही उत्तर

1	(a)	2	(d)	3	(c)	4	(b)	5	(b)	6	(a)	7	(b)	8	(b)	9	(a)	10	(d)
11	(c)	12	(d)	13	(d)	14	(b)	15	(a)	16	(a)	17	(c)	18	(c)	19	(a)	20	(b)
21	(d)	22	(c)	23	(d)	24	(d)	25	(d)	26	(c)	27	(b)	28	(a)	29	(b)	30	(d)
31	(d)	32	(b)	33	(a)	34	(b)	35	(a)	36	(a)	37	(b)	38	(b)	39	(d)	40	(b)
41	(b)	42	(c)	43	(a)	44	(b)	45	(b)	46	(d)	47	(d)	48	(a)	49	(b)	50	(c)
51	(d)	52	(b)	53	(d)	54	(a)	55	(b)	56	(a)	57	(c)	58	(b)	59	(b)	60	(b)
61	(a)	62	(b)	63	(a)	64	(c)	65	(c)	66	(c)	67	(d)	68	(c)	69	(d)	70	(d)
71	(d)	72	(d)	73	(b)	74	(d)	75	(c)	76	(c)	77	(a)	78	(b)	79	(d)	80	(b)
81	(d)	82	(d)	83	(d)	84	(b)	85	(c)	86	(d)	87	(d)	88	(d)	89	(a)	90	(d)
91	(c)	92	(a)	93	(d)	94	(a)	95	(d)	96	(c)	97	(c)	98	(a)	99	(b)	100	(a)
101	(a)	102	(a)	103	(a)	104	(d)	105	(c)	106	(b)	107	(c)	108	(d)	109	(c)	110	(d)
111	(d)	112	(d)	113	(a)	114	(d)	115	(b)	116	(b)	117	(b)	118	(a)	119	(b)	120	(c)
121	(c)	122	(a)	123	(b)	124	(c)	125	(a)	126	(c)	127	(b)	128	(a)	129	(c)	130	(c)
131	(b)	132	(c)	133	(b)	134	(c)	135	(d)	136	(b)	137	(c)	138	(d)	139	(b)	140	(b)
141	(c)	142	(b)	143	(a)	144	(a)	145	(a)	146	(a)	147	(b)	148	(c)	149	(c)	150	(b)
151	(b)	152	(b)	153	(a)	154	(b)	155	(b)	156	(b)	157	(c)	158	(d)	159	(b)	160	(a)
161	(d)	162	(a)	163	(c)	164	(b)	165	(a)	166	(a)	167	(d)	168	(b)	169	(c)	170	(d)
171	(b)	172	(d)	173	(b)	174	(b)	175	(d)	176	(d)	177	(c)	178	(d)	179	(b)	180	(a)
181	(a)	182	(d)	183	(d)	184	(a)	185	(a)	186	(a)	187	(d)	188	(b)	189	(c)	190	(c)
191	(c)	192	(a)	193	(b)	194	(b)	195	(a)	196	(c)	197	(a)	198	(a)	199	(c)	200	(c)
201	(b)	202	(d)	203	(a)	204	(a)	205	(d)	206	(c)	207	(d)	208	(a)	209	(a)	210	(b)
211	(d)	212	(b)	213	(c)	214	(d)	215	(a)	216	(d)	217	(d)	218	(c)	219	(d)	220	(c)
221	(c)	222	(b)	223	(a)	224	(d)	225	(d)	226	(b)	227	(a)	228	(d)	229	(c)	230	(c)
231	(b)	232	(b)	233	(a)	234	(a)	235	(b)	236	(b)	237	(c)	238	(a)	239	(b)	240	(a)
241	(b)	242	(d)	243	(d)	244	(d)	245	(b)	246	(a)	247	(a)	248	(a)	249	(c)	250	(d)
251	(b)	252	(a)	253	(a)	254	(c)	255	(c)	256	(a)	257	(d)	258	(c)	259	(a)	260	(c)
261	(b)	262	(c)	263	(a)	264	(a)	265	(a)	266	(b)	267	(a)	268	(d)	269	(d)	270	(a)
271	(c)	272	(d)	273	(c)	274	(d)	275	(b)	276	(b)	277	(d)	278	(c)	279	(a)	280	(c)
281	(a)	282	(a)	283	(b)														

उत्तर सहित हल

1. (a) प्रथम n सम संख्याओं का औसत $= n + 1$

$\therefore$ प्रथम 92 सम संख्याओं का औसत

$= 92 + 1 = 93$

2. (d) प्रथम 91 सम संख्याओं का औसत

$= (91 + 1) = 92$

3. (c) छात्रों की कुल संख्या = 150

लड़कियों की कुल संख्या = 60

$\therefore$ लड़कों की कुल संख्या $= 150 - 60 = 90$

पूरी कक्षा का औसत $= \dfrac{60 \times 48 + 90 \times 52}{150}$

$= \dfrac{2880 + 4680}{150}$

$= \dfrac{7560}{150} = 50.4$

अत: पूरी कक्षा का औसत 50.4 होगा।

4. (b) कक्षा का औसत स्कोर

$= \dfrac{12 \times 60 + 18 \times 80}{30}$

$= \dfrac{720 + 1440}{30} = \dfrac{2160}{30} = 72$

5. (b) पूरी कक्षा का औसत स्कोर

$= \dfrac{10 \times 90 + 20 \times 75}{30}$

$= \dfrac{900 + 1500}{30} = \dfrac{2400}{30} = 80$

6. (a) $\because$ प्रथम n प्राकृतिक संख्याओं के वर्गों का औसत

$= \dfrac{(n+1)(2n+1)}{6}$

यहाँ, $n = 48$

$\therefore$ प्रथम 48 प्राकृतिक संख्याओं के वर्गों का औसत

$= \dfrac{(48+1)(2 \times 48 + 1)}{6} = \dfrac{49 \times 97}{6}$

$= 792.166 = 792.17$

7. (b) कक्षा का कुल स्कोर $= 12 \times 62 + 18 \times 78$

$= 744 + 1404 = 2148$

अत: अभीष्ट औसत $= \dfrac{2148}{30} = 71.6$

8. (b) कक्षा का औसत स्कोर

$= \dfrac{12 \times 62 + 18 \times 60}{30}$

$= \dfrac{744 + 1080}{30} = 60.8$

अत: कक्षा का औसत स्कोर = 60.8

9. (a) माना सभी 7 सदस्यों की औसत आयु = x वर्ष

$\therefore$ सभी 7 सदस्यों की आयु का योग $= 7x$

6 सदस्यों की आयु का योग $= 42 \times 6 = 252$

7 वें सदस्य की आयु $= x + 36$

$\Rightarrow \quad 252 + x + 36 = 7x$

$\Rightarrow \quad 288 = 6x$

$\Rightarrow \quad x = \dfrac{288}{6} = 48$

अत: टीम के 7वें सदस्य की आयु $= 48 + 36 = 84$ वर्ष

10. (d) कक्षा का औसत स्कोर

$= \dfrac{12 \times 62 + 68(30 - 12)}{30}$

$= \dfrac{744 + 1224}{30} = \dfrac{1968}{30} = 65.6$

11. (c) बल्लेबाज के सभी मैचों का औसत स्कोर

$= \dfrac{20 \times 15 + 25 \times 24}{20 + 25}$

$= \dfrac{300 + 600}{45} = \dfrac{900}{45} = 20$

12. (d) प्रथम 125 प्राकृत संख्याओं का औसत

$= \dfrac{n+1}{2} = \dfrac{125+1}{2} = 63$

13. (d) माना नए छात्र का वजन = x किग्रा

तथा प्रारम्भिक औसत = y किग्रा

प्रश्नानुसार, $10y - 51 + x = (y + 0.5) \times 10$

$10y - 51 + x = 10y + 5$

$x = 51 + 5 = 56$ किग्रा

> **स्पीडी विधि**
>
> नए छात्र का वजन
>
> = औसत + छात्रों की संख्या × औसत वृद्धि
>
> $= 51 + 10 \times 0.5 = 51 + 5 = 56$ किग्रा

14. (b) औसत स्कोर $= \dfrac{12 \times 62 + 18 \times 76}{30}$

$= \dfrac{744 + 1368}{30} = \dfrac{2112}{30} = 70.4$

15. (a) $\because$ प्रथम n प्राकृतिक संख्याओं के वर्गों का औसत

$= \dfrac{(n+1)(2n+1)}{6}$

यहाँ, $n = 47$

$\therefore$ प्रथम 47 प्राकृतिक संख्याओं के वर्गों का औसत

$= \dfrac{(47+1)(2 \times 47 + 1)}{6}$

$= \dfrac{48 \times 95}{6} = 760$

16. (a) अभीष्ट औसत $= \dfrac{12 \times 62 + 18 \times 72}{30}$

$= \dfrac{744 + 1296}{30} = \dfrac{2040}{30} = 68$

17. (c) प्रथम n प्राकृतिक संख्याओं के वर्गों का औसत

$= \dfrac{(n+1)(2n+1)}{6}$

यहाँ, $n = 46$

$\therefore$ प्रथम 46 प्राकृतिक संख्याओं का औसत

$= \dfrac{(46+1)(2 \times 46 + 1)}{6}$

$= \dfrac{47 \times 93}{6} = \dfrac{4371}{6} = 728.5$

18. (c) माना 10वीं संख्या = x

11वीं संख्या $= x + 10$

$\therefore$ 12वीं संख्या $= x - 5$

प्रश्नानुसार, 12 संख्याओं का औसत

$= \dfrac{5 \times 45 + 4 \times 52 + x + x + 10 + x - 5}{12}$

$\Rightarrow \quad \dfrac{225 + 208 + 3x + 5}{12} = 48$

$\Rightarrow \quad 438 + 3x = 576$

$\Rightarrow \quad 3x = 576 - 438$

$\therefore \quad x = \dfrac{138}{3} = 46$

$\therefore$ 11वीं संख्या और 12वीं संख्या का औसत

$= \dfrac{x + 10 + x - 5}{2} = \dfrac{2 \times 46 + 5}{2} = 48.5$

19. (a) औसत स्कोर $= \dfrac{12 \times 62 + 18 \times 74}{30}$

$= \dfrac{744 + 1332}{30} = \dfrac{2076}{30} = 69.2$

20. (b) 50 और 76 के बीच अभाज्य संख्या

$= 53, 59, 61, 67, 71, 73$

$\therefore$ औसत $= \dfrac{53 + 59 + 61 + 67 + 71 + 73}{6}$

$= \dfrac{384}{6} = 64$

21. (d) अभीष्ट औसत $= \dfrac{12 \times 62 + 18 \times 62}{30}$

$= \dfrac{62 \times (12 + 18)}{30}$

$= \dfrac{62 \times 30}{30} = 62$

22. (c) प्रथम 45 प्राकृतिक संख्याओं के वर्गों का औसत

$= \dfrac{(n+1)(2n+1)}{6}$

$= \dfrac{(45+1)(2 \times 45 + 1)}{6}$

$= \dfrac{46 \times 91}{6} = 697.67$

23. (d) पहले सोलह दिनों का कुल तापमान

$= 22 \times 16 = 352°C$

तथा अन्तिम सोलह दिनों का कुल तापमान

$= 26 \times 16 = 416°C$

तथा 1 महीने का कुल तापमान

$= 24 \times 31 = 744°C$

$\therefore$ सोलहवें दिन का तापमान $= (352 + 416) - 744$

$= 768 - 744 = 24°C$

24. (d) 13 व्यक्तियों का औसत वजन = 78 किग्रा

$\because$ 14 वें व्यक्ति का अधिक वजन है

$\therefore$ 13 व्यक्तियों के औसत वजन को पूरा करने के लिए

औसत $= \dfrac{39}{13} = 3$

$\therefore$ 14 व्यक्तियों का औसत वजन $= 78 + 3 = 81$ किग्रा

अत: 14 वें व्यक्ति का वजन $= 81 + 39 = 120$ किग्रा

> **स्पीडी विधि**
>
> माना 14 व्यक्तियों का औसत वजन x किग्रा है।
>
> मिश्रण नियम से,
>
> 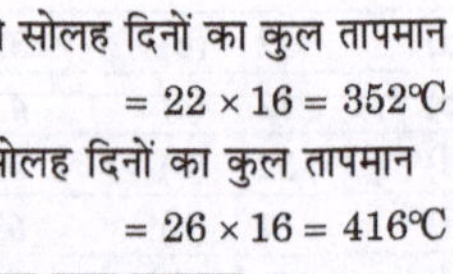
>
>
> $\therefore \quad \dfrac{39}{x - 78} = \dfrac{13}{1}$
>
> $\Rightarrow \quad x - 78 = 3$
>
> $\therefore \quad x = 81$ किग्रा
>
> अत: 14वें व्यक्ति का वजन $= 81 + 39$
>
> $= 120$ किग्रा

25. (d) औसत $= \frac{693 + 456 + 876 + 532 + 934 + 691 + 596 + 398 + 682}{9}$

$= \frac{5858}{9} = 650.89$

26. (c) चार पेपरों का कुल अंक = 4 × 51 = 204

पाँचवें पेपर में प्राप्त अंक = 56

∴ औसत अंक $= \frac{260}{5} = 52$

27. (b) नए व्यक्ति का वजन = 100 + 3 × 4 = 112 किग्रा

28. (a) 20 संख्याओं का कुल योग = 20 × 32 = 640

दो संख्याएँ 29 तथा 31 को हटाने के बाद औसत

$= \frac{640 - (29 + 31)}{(20 - 2)}$

$= \frac{640 - 60}{18} = \frac{580}{18} = 32.22$

29. (b) ∵ प्रथम 'n' संख्याओं के घनों का औसत

$= n\left[\frac{(n+1)}{2}\right]^2$

यहाँ, $n = 5$

∴ अभीष्ट औसत $= 5\left(\frac{5+1}{2}\right)^2 = 5 \times 9 = 45$

30. (d) अभीष्ट औसत

$= \frac{37 + 41 + 43 + 47 + 53 + 59 + 61 + 67}{8}$

$= \frac{408}{8} = 51$

31. (d) D के गणित के 3 पेपर में प्राप्त कुल अंक = 45 × 3 = 135

D के अंग्रेजी के 2 पेपर में प्राप्त कुल अंक = 55 × 2 = 110

D के हिन्दी के 2 पेपर में प्राप्त कुल अंक = 60 × 2 = 120

∴ अभीष्ट औसत $= \frac{135 + 110 + 120}{7}$

$= \frac{365}{7} = 52.14$

32 (b) विद्यार्थियों की कुल संख्या = 60

लड़कों की कुल संख्या = 35

∴ लड़कियों की कुल संख्या = 60 − 35 = 25

कक्षा में लड़कों का कुल भार = 35 × 42 = 1470 किग्रा

पूरी कक्षा में लड़के और लड़कियों का कुल भार = 46.5 × 60 = 2790 किग्रा

कक्षा में लड़कियों का कुल भार = (2790 − 1470) किग्रा = 1320 किग्रा

∴ कक्षा में लड़कियों का औसत भार $= \frac{1320}{25} = 52.8$ किग्रा

33. (a) 19 पारियों में बनाए गए कुल रन = 19 × 65 = 1235

और 20 पारियों में बनाए गए कुल रन = 20 × 67 = 1340

∴ 20वीं पारी में बनाए गए रन = 1340 − 1235 = 105

स्पीडी विधि

∴ 20वीं पारी में बनाए गए रन
= 67 + (67 − 65) × 19
= 67 + 2 × 19 = 67 + 38 = 105

34. (b) कुल विद्यार्थियों की संख्या = 60

लड़कों की संख्या = 40

लड़कियों की संख्या = 20

∴ लड़कियों का कुल भार = 20 × 35 = 700 किग्रा

इसी प्रकार, लड़कों का कुल भार = 40 × 40 = 1600 किग्रा

अब, सम्पूर्ण कक्षा का औसत भार $= \frac{(1600 + 700)}{60}$

$= \frac{2300}{60} = 38.33$ किग्रा

35. (a) माना सीनियर स्कूल से x छात्र भ्रमण करने गए थे।

प्रश्नानुसार, $(325 \times 80) + (400 \times x) = 352\,(x + 80)$

$\Rightarrow 48x = 2160 \Rightarrow x = \frac{2160}{48} = 45$

36. (a) दोनों कॉलेज के छात्रों का औसत अंक

$= \frac{180 \times 88 + 320 \times 72}{180 + 320} = \frac{38880}{500} = 77.76$

37. (b) माना कक्षा छोड़ने वाले विद्यार्थी का भार x किग्रा है।

प्रश्नानुसार, $\frac{40 \times 15 - x}{14} = 39.5$

$\Rightarrow 600 - x = 14 \times 39.5$

∴ $x = 47$ किग्रा

38. (b) अभीष्ट औसत वजन

$= \frac{(49 + 42 + 61 + 55 + 58)}{5} = \frac{265}{5} = 53$ किग्रा

39. (d) पिता और माता की कुल मासिक आय = ₹ 5000 × 2 = ₹ 10000

माता और बेटे की कुल मासिक आय = ₹ 6000 × 2 = ₹ 12000

पिता और पुत्र की कुल मासिक आय = ₹ 10000 × 2 = ₹ 20000

∴ पिता, माता और पुत्र की कुल मासिक आय

$= \frac{10000 + 12000 + 20000}{2}$

$= \frac{42000}{2} =$ ₹ 21000

अतः पिता की मासिक आय = 21000 − 12000 = ₹ 9000

40. (b) माना 15 व्यक्तियों का औसत भार = x किग्रा

पुनः माना, नए व्यक्ति का भार = y किग्रा

15 व्यक्तियों का कुल भार = $15x$ किग्रा

नए व्यक्ति से 51 किग्रा वाले व्यक्ति को बदलने पर,

प्रश्नानुसार, $15x - 51 + y = 15(x + 1.2)$

$\Rightarrow 15x - 51 + y = 15x + 18$

$\Rightarrow y = 51 + 18$

$\Rightarrow y = 69$

अतः नए व्यक्ति का भार = 69 किग्रा

स्पीडी विधि

वजन में वृद्धि = 15 × 1.2 = 18 किमी
∴ नए व्यक्ति का भार = 51 + 18 = 69 किग्रा

41. (b) माना समूह में आरम्भ में लोगों की संख्या = x

पूरे समूह की कुल आयु = $27x$ वर्ष

4 नए मित्रों की कुल आयु = 4 × 25 = 100 वर्ष

समूह में अब लोगों की कुल संख्या = $(x + 4)$

अब, पूरे समूह की कुल आयु = $(x + 4) \times 26$ वर्ष

प्रश्नानुसार, $26(x + 4) = 27x + 100$

$\Rightarrow 26x + 104 = 27x + 100$

∴ $x = 4$

42. (c) प्रश्नानुसार,

निकाली गई संख्या = 8 × 18 − 20 × 7 = 144 − 140 = 4

43. (a) B के पास कुल धन = ₹ 150

प्रश्नानुसार, 10 पेन का कुल मूल्य = 10 × 8 = ₹ 80

और 10 रबड़ का कुल मूल्य = 10 × 5 = ₹ 50

∴ 10 पेन और 10 रबड़ का कुल मूल्य = ₹ (80 + 50) = ₹ 130

अब, कटर की संख्या $= \frac{(150 - 130)}{4} = \frac{20}{4} = 5$

अतः प्रत्येक वस्तु का औसत मूल्य

$= \frac{80 + 50 + 20}{10 + 10 + 5} = \frac{150}{25} =$ ₹ 6

44. (b) प्रश्नानुसार, 32 छात्रों के वजन का योग = 32 × 18.5 = 592 किग्रा

28 छात्रों के वजन का योग = 28 × 15.5 = 434 किग्रा

4 छात्रों के वजन का योग = 592 − 434 किग्रा = 158 किग्रा

∴ 4 छात्रों का औसत वजन $= \frac{158}{4} = 39.5$ किग्रा

45. (b) माना राघव का वजन = x किग्रा

∴ राघव के अनुसार, $64 < x < 74$

राघव की बहन के अनुसार, $60 < x < 69$

राघव की माँ के अनुसार $64 < x \le 68$

राघव के पिता के अनुसार, $64 < x \le 67$

∴ सम्भावित वजन = 65, 66, 67

∴ अभीष्ट औसत $= \frac{65 + 66 + 67}{3} = 66$ किग्रा

अतः सभी अनुमान सही है, तब राघव का वजन = 66 किग्रा

46. (d) यदि m राशियों का औसत a है तथा एक राशि b को गलती से c पढ़ लिया जाता है, तब, सही औसत भार

$= a + \frac{b - c}{m}$

∴ सही औसत भार $= 59.8 + \frac{9}{20} = 60.25$ किग्रा

47. (d) माना विद्यार्थियों द्वारा खर्च कुल राशि = ₹ x

प्रश्नानुसार, $19 \times 175 + \frac{x}{20} + 19 = x$

$\Rightarrow x = 3344 \times \frac{20}{19}$

= ₹ 3520

48. (a) सही औसत $= \frac{36 \times 45 + 84 - 48}{36}$

$= \frac{1656}{36} = 46$

49. (b) नौ पारियों में बनाए गए कुल रन = 58 × 9 = 522

61 का औसत प्राप्त करने के लिए 10वीं पारी में बनाए गए रन = 61 × 10 − 522 = 610 − 522 = 88

50. (c) माना राम का भार = x किग्रा
प्रश्न में क्रमिक रूप से भार जोड़ने पर औसत में 2 की वृद्धि होती है
$\therefore$ प्रत्येक व्यक्ति के भार में 4 किग्रा की वृद्धि होगी।
$\therefore$ राम, श्याम, रोहन, रीता, मुकेश का भार क्रमशः:
$= x, x + 4, x + 8, x + 12, x + 16$
अतः मुकेश का भार राम से
$= x + 16 - x = 16$ किग्रा अधिक है।

51. (d) परिवार के 6 सदस्यों की आयु का योग
$= 6 \times 40 = 240$ वर्ष
7 सदस्यों की औसत आयु $= 40 \times \frac{112.5}{100} = 45$ वर्ष
तब, 7 सदस्यों की आयु का योग
$= 7 \times 45 = 315$ वर्ष
$\therefore$ अतिथि की आयु $= 315 - 240 = 75$ वर्ष

52. (b) शेष 2 संख्याओं का योग
$= (6 \times 3.52) - (2 \times 3.7) - (2 \times 2.5)$
$= 2112 - 7.4 - 5.0$
$= 2112 - 12.4 = 8.72$
$\therefore$ शेष 2 संख्याओं का औसत $= \frac{8.72}{2} = 4.36$

53. (d) s संख्याओं का योग $= s \times r^4$
$\Rightarrow r$ संख्याओं का योग $= r \times s^4$
$\Rightarrow r$ और s का औसत $= \frac{sr^4 + rs^4}{r + s}$
$= \frac{sr(r^3 + s^3)}{r + s}$
$= \frac{sr(r + s)(r^2 + s^2 - rs)}{(r + s)}$
$= sr(r^2 + s^2 - rs)$

54. (a) माना होटल छोड़कर जाने वाले कर्मचारी का भार $= x$ किग्रा
120 कर्मचारियों के भार का योग $= 120 \times 62.5$
$= 7500$ किग्रा
प्रश्नानुसार,
1 कर्मचारी के होटल छोड़ने पर कुल भार
$= 119 \times \left[62.5 - \frac{250}{1000}\right] = 119 \times 62.25$
$= 7407.75$ किग्रा
$\therefore \quad x = 7500 - 7407.75 = 92.25$ किग्रा

55. (b) माना कक्षा में छात्रों की संख्या $= x$
तथा कक्षा के छात्रों के औसत अंक $= y$
प्रश्नानुसार, $xy - 89 + 98 = x(y + 0.25)$
$\Rightarrow \quad xy + 9 = xy + 0.25x$
$\Rightarrow \quad x = \frac{9}{0.25} = 36$

56. (a) माना कक्षा में छात्रों की संख्या $= x$
औसत में वृद्धि $= \frac{1}{3}$
प्रश्नानुसार, $\frac{(65 - 45)}{x} = \frac{1}{3}$
$x = 20 \times 3 = 60$

57. (c) माना टोकरी में प्रारम्भ में रखे सेबों की कुल संख्या $= x$
$\because$ सभी सेबों का औसत भार = 50 किग्रा
$\Rightarrow x$ सेबों का कुल भार $= 50x$
प्रश्नानुसार, $55 \times (x + 6) = [50x + (60 \times 6)]$
$\Rightarrow \quad x = \frac{30}{5} = 6$ सेब

58. (b) 17 के पहले 7 गैर शून्य गुणांक क्रमशः:
$= 17, 34, 51, 68, 85, 102, 119$
$\therefore$ औसत $= \frac{\text{प्रथम पद + अन्तिम पद}}{2}$
$= \frac{17 + 119}{2} = \frac{136}{2} = 68$

59. (b) नए व्यक्ति का वजन
$= 58 + 12 \times 3.5$
$= 58 + 42 = 100$ किग्रा

60. (b) क्रमागत/लगातार संख्याओं का औसत हमेशा बीच का मान होता है।
$\therefore$ औसत = 41 43 45 47 $\boxed{48}$, 49, 51, 53, 57
$\therefore$ पाँचवीं संख्या = 49 तथा सातवीं संख्या = 53
अतः अभीष्ट योग = 49 + 53 = $\boxed{102}$

61. (a) प्रश्नानुसार,
$\therefore$ अभीष्ट औसत $= \frac{8 \times 2 + 8 \times 3 + 6 \times 3 + 6.5 \times 4}{2 + 3 + 3 + 4}$
$= \frac{16 + 24 + 18 + 26}{12} = \frac{84}{12} = 7$

62. (b) नए व्यक्ति का वजन $= 150 - 5 \times 3$
$= 150 - 15$
$= 135$ किग्रा

63. (a) माना महिलाओं और पुरुषों का वेतन क्रमशः W और M रुपये प्रतिदिन था।
प्रश्नानुसार, $\frac{(700M + 300W)}{(700 + 300)} = 450$
$\Rightarrow 700M + 300W = 450 \times 1000$
$\Rightarrow 700M + 300W = 450000$ ...(i)
अब, $M - W = 50$ ...(ii)
समी (i) तथा (ii) से,
$W =$ ₹ 415 और $M =$ ₹ 465

64. (c) माना लड़कों की संख्या $= x$
तब लड़कियों की संख्या $= 60 - x$
प्रश्नानुसार,
$x \times 60 + (60 - x) \times 65 = 60 \times 62$
$\Rightarrow \quad 60x + 3900 - 65x = 3720$
$\Rightarrow \quad 5x = 180$
$\Rightarrow \quad x = 36$

स्पीडी विधि

	लड़के	लड़कियाँ
औसत	60	65

62

(65 − 62) : (62 − 60)

संख्या = 3 : 2
माना लड़के और लड़कियों की संख्या क्रमशः $3x$ और $2x$ हैं
$\Rightarrow \quad 3x + 2x = 60 \Rightarrow 5x = 60$
$x = 12$
अतः कक्षा में लड़कों की संख्या $= 3x = 3 \times 12$
$= 36$

65. (c) 25 छात्रों के कुल अंक $= 25 \times 19 = 475$
अब 18 और 19 के स्थान पर पुनः 14 और 15 रखने पर,
कुल अंक $= 475 - 18 - 19 + 14 + 15 = 467$
$\therefore$ नया वास्तविक औसत $= \frac{467}{25} = 18.68$

66. (c) 27 पारियों में कुल रन $= 27 \times 47 = 1269$
माना उसका उच्चतम स्कोर $= x$ रन
$\therefore$ निम्नतम स्कोर $= x - 157$
प्रश्नानुसार, उच्चतम पारी और न्यूनतम पारी हटाने के बाद 25 पारियों का योग $= 25 \times 42 = 1050$
$\therefore \quad x + x - 157 = 1269 - 1050$
$\Rightarrow \quad 2x = 219 + 157 = 376$
$\Rightarrow \quad x = 188$

67. (d) 2 की गुणज संख्याएँ $= 2, 4, 6, 8, ... 46, 48, 50$
5 की गुणज संख्याएँ $= 5, 10, 15, 20, 25, 30, 35, 40, 45, 50$
उपरोक्त संख्याओं में संख्या '10', '20', '30', '40' और '50' पहले ही 2 की गुणज में ली जा चुकी है।
अब, 2 की गुणज संख्याओं का योग,
$S_n = \frac{n}{2}[a + l]$
यहाँ, $a = 2, l = 50, n = 25$
$S_n = \frac{25}{2}[2 + 50]$
$= \frac{25}{2} \times 52 = 650$
तथा 5 की गुणज संख्याओं का योग (उभयनिष्ठ संख्या हटाने के बाद)
$S_m = \frac{n}{2}(a + l)$
यहाँ, $a = 5, l = 45, n = 5$
$S_m = \frac{5}{2}(5 + 45) = 50 \times \frac{5}{2} = 125$
$\therefore$ अभीष्ट औसत $= \frac{650 + 125}{30} = 25.8$

68. (c) प्रथम दस धनात्मक विषम संख्याओं का औसत
$= \frac{(1 + 3 + 5 + 7 + 9 + 11 + 13 + 15 + 17 + 19)}{10}$
$= \frac{100}{10} = 10$
प्रथम पन्द्रह धनात्मक सम संख्याओं का औसत
$= \frac{(2 + 4 + 6 + 8 + 10 + 12 + 14 + 16 + 18 + 20 + 22 + 24 + 26 + 28 + 30)}{15}$
$= \frac{240}{15} = 16$
$\therefore$ अभीष्ट गुणनफल $= 16 \times 10 = 160$

69. (d) प्रश्नानुसार,
23 संख्याओं का योगफल $= 23 \times 51 = 1173$
पहली 12 संख्याओं का योगफल $= 12 \times 49 = 588$
अन्तिम 12 संख्याओं का योगफल $= 12 \times 54 = 648$
तब, 12वीं संख्या $= (588 + 648) - 1173$
$= 1236 - 1173 = 63$
12वीं संख्या को निकालने के बाद शेष संख्याओं का योगफल $= 1173 - 63 = 1110$
$\therefore$ अभीष्ट औसत $= \frac{1110}{22} = 50.45$

70. (d) सेक्शन A के छात्रों का कुल वजन

$= 40 \times 45.5 = 1820$ किग्रा

सेक्शन B के छात्रों का कुल वजन

$= 44.2 \times 40 = 1768$ किग्रा

माना सेक्शन B से A में स्थानान्तरित किए गए दो बच्चों का कुल वजन x किग्रा है।

प्रश्नानुसार, $\frac{1820 - 48.75 \times 2 + x}{40}$

$= \frac{1768 + (48.75 \times 2) - x}{40}$

$\Rightarrow 1820 - 97.5 + x = 1768 + 97.5 - x$

$\Rightarrow \quad x = \frac{143}{2} \Rightarrow x = 71.5$

अत: दोनों छात्रों का औसत वजन $= \frac{x}{2} = \frac{71.5}{2}$

$= 35.75$ किग्रा

71. (d) माना परीक्षा में पेपरों की कुल संख्या x है।

कुल अंक $= 67.6 \times x$

प्रश्नानुसार, $\frac{67.6x + 27 + 10 + 18}{x} = 72.6$

$\Rightarrow 67.6x + 55 = 72.6x \Rightarrow 5x = 55 \Rightarrow x = 11$

अत: परीक्षा में कुल 11 पेपर थे।

72. (d) प्रश्नानुसार, 60 कर्मचारियों का कुल वेतन

$= ₹ (60 \times 29900) = ₹ 1794000$

दो अधिकारियों का कुल वेतन

$= ₹ (2 \times 90000) = ₹ 180000$

और 8 सुपरवाइजरों का कुल वेतन

$= ₹ (8 \times 65000) = ₹ 520000$

शेष 50 कर्मचारियों का कुल वेतन

$= 1794000 - (180000 + 520000)$

$= ₹ 1094000$

$\therefore$ शेष 50 कर्मचारियों का औसत वेतन

$= \frac{1094000}{50} = ₹ 21880$

73. (b) माना पाँच क्रमागत प्राकृतिक विषम संख्याएँ, $(x-4)$, $(x-2)$, x, $(x+2)$ और $(x+4)$ हैं।

प्रश्नानुसार,

इन संख्याओं के वर्गों का औसत = 233

$\frac{(x-4)^2 + (x-2)^2 + x^2 + (x+2)^2 + (x+4)^2}{5} = 233$

$\Rightarrow x^2 + 16 - 8x + x^2 + 4 - 4x + x^2 + x^2 + 4 + 4x + x^2 + 16 + 8x = 1165$

$\Rightarrow \quad 5x^2 + 40 = 1165$

$\Rightarrow \quad 5x^2 = 1125 \Rightarrow \quad x^2 = 225$

$\therefore \quad x = 15$

अत: सबसे बड़ी और सबसे छोटी संख्याओं का औसत

$= \frac{(x-4) + (x+4)}{2} = \frac{2x}{2} = x = 15$

74. (d) महीने का कुल उत्पादन $= 31 \times 512 = 15872$

($\because$ दिसम्बर माह में 31 दिन होते हैं।)

पिछले 13 दिन का कुल उत्पादन $= 13 \times 510 = 6630$

पहले 20 दिन का कुल उत्पादन $= 515 \times 20 = 10300$

19 और 20 दिसम्बर का औसत उत्पादन

$= \frac{10300 + 6630 - 15872}{2} = \frac{1058}{2} = 529$

75. (c) प्रश्नानुसार, $\frac{5x + 7y}{5 + 7} = 37$

$5x + 7y = 444 \quad$ ...(i)

तथा $\frac{7x + 5y}{7 + 5} = 35$

$7x + 5y = 420 \quad$ ...(ii)

समी (i) व (ii) को हल करने पर,

$y = 42$

76. (c) $45 \times 40 = 1800$

$\therefore$ वास्तविक कुल अंक

$= 1800 - 35 \times 2 - 32 + 25 \times 2 + 38$

$= 1888 - 102 = 1786$

$\therefore$ वास्तविक औसत $= \frac{1786}{40} = 44.65$

स्पीडी विधि

सही अंक $= 2\,(25) + 38 = 88$

गलत अंक $= 2\,(35) + 32 = 102$

$\therefore$ अन्तर $= 102 - 88 = 14$

$\therefore$ औसत में अन्तर $= \frac{14}{40} = 0.35$

$\therefore$ अभीष्ट औसत $= 45 - 0.35 = 44.65$

77. (a) माना आठ क्रमागत संख्याएँ निम्न हैं

$x, x+2, x+4, x+6, x+8, x+10, x+12, x+14$

प्रश्नानुसार,

$\frac{x + x + 2 + x + 4 + x + 6 + x + 8 + x + 10 + x + 12 + x + 14}{8} = 17$

$\Rightarrow \quad 8x + 56 = 136$

$\Rightarrow \quad 8x = 136 - 56 = 80$

$x = \frac{80}{8} = 10$

$\therefore$ अन्तिम तीन संख्याओं, 36 और 53 का औसत

$= \frac{x + 10 + x + 12 + x + 14 + 36 + 53}{5}$

$= \frac{3 \times 10 + 125}{5} = 31$

78. (b) माना आरम्भ में समूह में छात्रों की संख्या $= x$

प्रश्नानुसार, $\frac{x \times 156 + 5 \times 160}{x + 5} = (156 + 0.8)$

$\Rightarrow 156x + 800 = 156x + 780 + 0.8x + 4$

$\Rightarrow \quad 0.8x = 800 - 784 = 16$

$\therefore \quad x = \frac{16}{0.8} = 20$

स्पीडी विधि

प्रारम्भ में छात्रों की औसत ऊँचाई		शामिल होने वाले 5 छात्रों की औसत ऊँचाई
156		160
	156.8	
3.2	:	0.8

छात्रों की संख्या का अनुपात $= 4 \quad : \quad 1$

$\because$ 1 इकाई = 5

$\therefore$ 4 इकाई $= \frac{5 \times 4}{1} = 20$ छात्र

79. (d) प्रश्नानुसार,

22 संख्याओं का कुल योग $= 22 \times 37.5 = 825$

पहली 12 संख्याओं का योग $= 12 \times 40.6 = 487.2$

अन्तिम 12 संख्याओं का योग

$= 12 \times 35.4 = 424.8$

$\therefore$ 11वीं और 12वीं संख्या का योग

$= 487.2 + 424.8 - 825 = 912 - 825 = 87$

$\therefore$ 11वीं और 12वीं संख्या को छोड़कर शेष संख्याओं का औसत $= \frac{825 - 87}{20} = \frac{738}{20} = 36.9$ किग्रा

80. (b) प्रश्नानुसार,

11 संख्याओं का कुल योग $= 11 \times 56 = 616$

पहली तीन संख्याओं का योग $= 3 \times 52 = 156$

अगली पाँच संख्याओं का योग $= 5 \times 60 = 300$

माना ग्यारहवीं संख्या $= x$

$\therefore$ नौवीं संख्या $= x + 3$ तथा दसवीं संख्या $= x + 1$

तब, $156 + 300 + x + 3 + x + 1 + x = 616$

$\Rightarrow \quad 3x = 616 - 460 = 156 \Rightarrow \quad x = 52$

$\therefore$ नौवीं और ग्यारहवीं संख्याओं का औसत

$= \frac{x + 3 + x}{2} = \frac{2x + 3}{2}$

$= \frac{2 \times 52 + 3}{2} = \frac{104 + 3}{2} = \frac{107}{2} = 53.5$

81. (d) प्रश्नानुसार, 28 संख्याओं का कुल योग

$= 28 \times 77 = 2156$

पहली 14 संख्याओं का योग $= 14 \times 74 = 1036$

अन्तिम 15 संख्याओं का योग $= 15 \times 84 = 1260$

$\therefore$ 14वीं संख्या $= 1036 + 1260 - 2156 = 140$

$\therefore$ 14वीं संख्या हटाने के बाद शेष संख्याओं का औसत

$= \frac{2156 - 140}{27} = \frac{2016}{27} = 74.66 \approx 74.7$

82. (d) माना पाँच क्रमागत विषम संख्याएँ

$= m - 4, m - 2, m, m + 2, m + 4$

अब अगली तीन विषम संख्याएँ

$= m + 6, m + 8, m + 10$

$\therefore$ आठ क्रमागत संख्याओं का औसत

$\frac{m - 4 + m - 2 + m + m + 2 + m + 4 + m + 6 + m + 8 + m + 10}{8}$

$= \frac{8m + 24}{8} = m + 3$

अत: औसत में 3 की वृद्धि होगी।

83. (d) प्रश्नानुसार,

60 छात्रों के कुल परिणाम $= 38 \times 60 = 2280$

पहले 22 छात्रों के कुल परिणाम $= 36 \times 22 = 792$

पिछले 32 छात्रों के कुल परिणाम $= 32 \times 32 = 1024$

तब, शेष छात्र $= 60 - 22 - 32 = 6$

$\therefore$ शेष छात्रों का औसत परिणाम

$= \frac{2280 - 792 - 1024}{6} = \frac{464}{6} = 77.33$

84. (b) प्रश्नानुसार,

24 छात्रों द्वारा एकत्र किया गया कुल धन

= औसत × छात्रों की संख्या

$= 24 \times 50 = ₹ 1200$

अब शिक्षक के धन को मिलाने के बाद एकत्र कुल धन

$= 25 \times 56 = 1400$

$\therefore$ शिक्षक का योगदान $= 1400 - 1200 = ₹ 200$

स्पीडी विधि

शिक्षक का योगदान $= 50 + 25 \times (56 - 50)$
$= 50 + 25 \times 6 =$ ₹ 200

85. (c) माना उच्चतम प्राप्तांक $= x$
$\therefore$ दूसरा प्राप्तांक $= x - 2$
प्रश्नानुसार, 30 लड़कों का औसत प्राप्तांक $= 88$
$\therefore 30 \times 88 - [x + (x - 2)] = (30 - 2) \times 87.5$
$\Rightarrow \quad 2x = 192$
$\therefore \quad x = 96$

86. (d) प्रश्नानुसार, 5 लड़कों की कुल ऊँचाई
= औसत ऊँचाई × लड़कों की संख्या
$= 175 \times 5 = 875$ सेमी
माना छठे लड़के की ऊँचाई $= x$ सेमी
$\therefore \frac{875 + x}{6} = 175 + 1 = 176$
$\Rightarrow \quad 875 + x = 1056$
$\therefore \quad x = 1056 - 875 = 181$ सेमी

स्पीडी विधि

छठें लड़के की ऊँचाई $= 175 + 1 \times 6 = 181$ सेमी

87. (d) माना कुल संख्याएँ n हैं।
तब, कुल संख्याओं का योग $= 54.6n$
प्रश्नानुसार, 75% संख्याओं में से प्रत्येक में 5.6 की वृद्धि करने पर उनके औसत में भी 5.6 की वृद्धि होगी।
अर्थात् 75% संख्याओं का औसत $= 54.6 + 5.6 = 60.2$
शेष संख्याओं में से प्रत्येक में 8.4 की कमी करने पर उनके औसत में भी 8.4 की कमी होगी।
तब, शेष 25% संख्याओं का औसत
$= 54.6 - 8.4 = 46.2$
$\therefore$ अभीष्ट औसत
$= \frac{1}{n}\left(n \times \frac{75}{100} \times 60.2 + n \times \frac{25}{100} \times 46.2\right)$
$= \frac{45.15n + 11.55n}{n} = 56.7$

88. (d) प्रश्नानुसार, 24 संख्याओं का योग
$= 24 \times 56 = 1344$
पहली 10 संख्याओं का योग $= 10 \times 71.7 = 717$
अगली 11 संख्याओं का योग $= 11 \times 42 = 462$
अब चूँकि 22वीं, 23वीं और 24वीं संख्या का अनुपात
$= \frac{1}{2} : \frac{1}{3} : \frac{5}{12} = 6 : 4 : 5$
माना 22वीं, 23वीं और 24वीं संख्या क्रमशः $6x$, $4x$ और $5x$ है।
तब प्रश्नानुसार, $717 + 462 + 6x + 4x + 5x = 1344$
$\Rightarrow \quad 15x = 1344 - 1179$
$x = \frac{165}{15} = 11$
$\therefore$ 22वीं और 24वीं संख्या का औसत $= \frac{11x}{2}$
$= \frac{11 \times 11}{2} = \frac{121}{2} = 60.5$

89. (a) प्रश्नानुसार,
लड़कियों की संख्या $= 60 - 36 = 24$
माना लड़कियों का औसत वजन $= x$ किग्रा
प्रश्नानुसार, $60 \times 42 = 36 \times 50 + 24 \times x$
$\Rightarrow \quad 1800 + 24x = 2520$
$\Rightarrow \quad 24x = 2520 - 1800$
$\Rightarrow \quad 24x = 720$
$\Rightarrow \quad x = \frac{720}{24} = 30$

90. (d) अंक की त्रुटि $= 99 - 66 = 33$
कुछ छात्र $= 55$
अतः औसत अंक में वृद्धि $= \frac{33}{55} = 0.6$

91. (c) $\frac{2 + 3 + 5 + 7 + 11 + 13}{6} = \frac{41}{6} = 6\frac{5}{6}$

92. (a) 15 संकाय सदस्यों का औसत मासिक
वेतन $= \frac{50 \times 30000 - 35 \times 37500}{15} = \frac{187500}{15}$
$\therefore$ औसत $= 12500$

93. (d) 12 संख्याओं का कुल योग $= 12 \times 39$
अन्तिम 5 संख्याओं का योग $= 35 \times 5$
पहली 4 संख्याओं का योग $= 40 \times 4$
अब माना पाँचवीं संख्या $= x$
$\therefore$ छठी संख्या $= x + 6$
तथा सातवीं संख्या $= x - 5$
प्रश्नानुसार,
$12 \times 39 = 35 \times 5 + 40 \times 4 + x + x + 6 + x - 5$
$\Rightarrow \quad 468 = 175 + 160 + 3x + 1$
$\Rightarrow \quad 3x = 468 - 336 = 132 \Rightarrow x = 44$
अतः छठी संख्या $= x + 6 = 44 + 6 = 50$
तथा सातवीं संख्या $= x - 5 = 44 - 5 = 39$
अब, छठी और सातवीं संख्या का औसत
$= \frac{50 + 39}{2} = \frac{89}{2} = 44.5$

94. (a) $A + B + C$ का कुल वजन
$= 65 \times 3 = 195$ किग्रा ...(i)
$B + C$ का कुल वजन
$= 61.5 \times 2 = 123$ किग्रा ...(ii)
$A + C$ का कुल वजन
$= 68.5 \times 2 = 137$ किग्रा ...(ii)
समी (ii) और (iii) के योग में से समी (i) को घटाने पर,
$C = (123 + 137) - 195 = 65$ किग्रा

95. (d) $A + B + C$ का कुल वजन
$= 70 \times 3 = 210$ किग्रा ...(i)
$A + B + C + D$ का कुल वजन
$= 60 \times 4 = 240$ किग्रा ...(ii)
समी (ii) में से समी (i) को घटाने पर,
$\therefore \quad D = 30$ किग्रा
$E = 30 + 5 = 35$ किग्रा
$B + C + D + E$ का कुल वजन
$= 59 \times 4 = 236$ ...(iii)
समी (ii) में से समी (iii) को घटाने पर,
$A - E = 4$
$A = 4 + 35 = 39$
अतः A, D, E का औसत
$= \frac{39 + 30 + 35}{3} = \frac{104}{3} = 34.66$
≈ 35 किग्रा

96. (c) $A + B + C$ का कुल वजन
$= 65 \times 3 = 195$ किग्रा ...(i)
$A + B$ का कुल वजन
$= 63.5 \times 2 = 127$ किग्रा ...(ii)
$A + C$ का कुल वजन
$= 67.5 \times 2 = 135$ किग्रा ...(ii)
समी (ii) और (iii) के योग में से समी (i) को घटाने पर,
$A = (127 + 135) - 195 = 67$ किग्रा

97. (c) प्रश्नानुसार, 12 संख्याओं का कुल योग $= 12 \times 39$
अन्तिम पाँच संख्याओं का योग $= 5 \times 35$
पहली चार संख्याओं का योग $= 4 \times 40$
अब, माना पाँचवीं संख्या $= x$
छठी संख्या $= x + 6$
सातवीं संख्या $= x - 5$
$\because \quad 4 \times 40 + x + x + 6 + x - 5 + 5 \times 35 = 12 \times 39$
$160 + 3x + 1 + 175 = 468$
$3x = 468 - 336 = 132$
$x = 44$
$\therefore$ पाँचवीं और छठी संख्या का औसत
$= \frac{x + x + 6}{2} = \frac{44 + 44 + 6}{2} = \frac{94}{2} = 47$

98. (a) प्रश्नानुसार,
11वाँ परिणाम $= 11 \times 59 - 10 \times 58$
$= 649 - 580 = 69$

99. (b) 11 परिणामों का कुल योग $= 11 \times 60 = 660$
पहले 10 परिणामों का कुल योग $= 10 \times 59 = 590$
$\therefore$ 11वाँ परिणाम $= 660 - 590 = 70$

100. (a) पाँच पूर्णांकों का कुल योग $= 48 \times 5 = 240$
माना पाँचवाँ पूर्णांक $= x$
प्रथम चार पूर्णांकों का योग $= \frac{x}{2} \times 4 = 2x$
अतः पाँचवाँ पूर्णांक $= 240 \times \frac{x}{3x} = 80$

101. (a) 50 संख्याओं का औसत $= 23$
हम जानते हैं यदि सभी संख्याओं में x से गुणा किया जाए, तो नया औसत $= x \times$ पुराना औसत
$\therefore$ नया औसत $= 13 \times 23 = 299$

102. (a) 40 सेबों का कुल भार $= 40 \times 33$
$= 1320$ किग्रा
32 सेबों का कुल भार $= 32 \times 60 = 1920$ किग्रा
$\therefore$ सभी सेबों का औसत भार $= \frac{(1320 + 1920)}{(40 + 32)}$
$= \frac{3240}{72} = 45$ किग्रा

103. (a) 30 दिनों के महीने में,
रविवार का दिन $= 1, 8, 15, 22$ तथा 29
रविवारों की कुल संख्या $= 5$
शेष दिनों की संख्या $= 30 - 5 = 25$
$\therefore$ अभीष्ट औसत $= \frac{5 \times 410 + 25 \times 230}{30}$
$= \frac{2050 + 5750}{30} = \frac{7800}{30} = 260$

104. (d) माना कक्षा में छात्रों की संख्या $= y$
तथा भार का मूल औसत $= x$ किग्रा
$\therefore$ कक्षा का कुल भार $= xy$ किग्रा
प्रश्नानुसार, $xy + 30 = (x + 1)(y + 1)$
$xy + 30 = xy + x + y + 1$

$x + y = 29$ ...(i)

तथा $xy + 30 + 30 = (x + 1.5)(y + 2)$

$xy + 60 = xy + 2x + 1.5y + 3$

$2x + 1.5y = 57$ ...(ii)

समी (i) व (ii) से, $x = 27$ किग्रा

अत: कक्षा का मूल औसत भार 27 किग्रा है।

105. (c) माना कर्मचारियों की संख्या $= x$

$\therefore 12 \times 3950 + x \times 1850$

$= (12 + x) \times 2150$

$\Rightarrow 47400 + 1850x = 25800 + 2150x$

$\Rightarrow \quad 300x = 21600$

$\Rightarrow \quad x = 72$

$\therefore$ कुल कर्मचारी $= 12 + 72 = 84$

106. (b) कक्षा के 35 विद्यार्थियों का कुल भार

$= 35 \times 40 = 1400$ किग्रा

पाँच विद्यार्थी, जो कक्षा छोड़ के जाते हैं,

उनका कुल भार $= 5 \times 42 = 210$ किग्रा

$\therefore$ शेष 30 विद्यार्थियों का कुल भार

$= 1400 - 210 = 1190$ किग्रा

अत: 30 विद्यार्थियों का औसत भार $= \frac{1190}{30}$

$= \frac{119}{3} = 39\frac{2}{3}$ किग्रा

107. (c) प्रथम 'n' प्राकृतिक संख्याओं का औसत

$= \frac{(n+1)}{2}$

$\therefore$ प्रथम 10 प्राकृतिक संख्याओं का औसत

$= \left(\frac{10+1}{2}\right) = 5.5$

108. (d) पाँच दोस्तों का कुल भार

$= (67 + 85 + 70 + 90 + 103) = 415$ किग्रा

$\therefore$ औसत भार $= \frac{415}{5}$ किग्रा $= 83$ किग्रा

109. (c) गलती से अंकों में वृद्धि $(x) = 93 - 63$

$= 30$

तथा औसत में वृद्धि $(a) = 0.5$

अत: कक्षा में छात्रों की संख्या $= \frac{x}{a} = \frac{30}{0.5} = 60$

स्पीडी विधि

अभीष्ट छात्र $= \frac{93-63}{0.5} = \frac{30}{0.5} = 60$

110. (d) पुस्तकों का कुल मूल्य

$= 50 \times 4 + 60 \times 5 + 70 \times 6$

$= 200 + 300 + 420 = ₹\ 920$

कुल पुस्तकें $= 4 + 5 + 6 = 15$

$\therefore$ औसत मूल्य $= \frac{920}{15} = ₹\ 61.33$

111. (d) 40 लड़कों का कुल भार $= 40 \times 33$

$= 1320$ किग्रा

32 लड़कों का कुल भार $= 15 \times 32 = 480$ किग्रा

$\therefore$ सभी का औसत भार $= \frac{(1320 + 480)}{72}$

$= \frac{1800}{72} = 25$ किग्रा

112. (d) $\because n$ प्राकृत संख्याओं का औसत $= \frac{(n+1)}{2}$

$\therefore$ 69 प्राकृत संख्याओं का औसत $= \frac{(69+1)}{2} = 35$

113. (a) 15 छात्रों के कुल प्राप्तांक $= 80 \times 15$

$= 1200$

10 छात्रों के कुल प्राप्तांक $= 60 \times 10 = 600$

$\therefore$ 25 छात्रों के कुल प्राप्तांक $= 1200 + 600 = 1800$

$\therefore$ औसत $= \frac{1800}{25} = 72$

114. (d) 50 संख्याओं $(N_1, N_2, \ldots\ldots, N_{50})$ का योग $= 50M$

50 संख्याओं $(N_1 - 100, N_2 - 100 \ldots N_{50} - 100)$ का योग $= (N_1 + N_2 + N_3 + \ldots\ldots + N_{50})$

$- 50 \times 100 = 50M - 5000$

$\therefore$ अभीष्ट औसत $= \frac{50M - 5000}{50} = M - 100$

स्पीडी विधि

$\because$ प्रत्येक संख्या में 100 घटाया जाता है

$\because$ अभीष्ट औसत $= (M - 100)$

115. (b) T का प्रतिमाह औसत वेतन

$= \frac{12000 \times 3 + 21000 \times 3 + 15000 \times 3 + 30000 \times 3}{12}$

$= \frac{36000 + 63000 + 45000 + 90000}{12}$

$= \frac{234000}{12} = ₹\ 19500$

116. (b) औसत

$= \frac{25 \times 5000 + 2 \times 20000 + 3 \times 1500}{30}$

$= \frac{125000 + 40000 + 4500}{30} = \frac{169500}{30} = 5650$

117. (b) परिवार की औसत मासिक आय

$= \frac{(4 \times 2500) + (5 \times 2750) + (3 \times 3550) + (5500)}{12}$

$= \frac{(10000 + 13750 + 10650 + 5500)}{12}$

$= \frac{39900}{12} = ₹\ 3325$

118. (a) 12 कर्मचारियों की कुल आयु $= 12 \times \frac{71}{2}$

$= 426$ वर्ष

तथा नया कर्मचारी शामिल होने पर सभी कर्मचारियों की कुल आयु $= 13 \times 37 = 481$ वर्ष

अत: नए कर्मचारी की आयु $= 481 - 426 = 55$ वर्ष

स्पीडी विधि

नए कर्मचारी की आयु $= 35\frac{1}{2} + 1\frac{1}{2} \times 13$

$= 35.5 + \frac{39}{2} = 35.5 + 19.5 = 55$ वर्ष

119. (b) अभीष्ट औसत

$= \frac{71 + 73 + 79 + 83 + 89}{5} = \frac{395}{5} = 79$

120. (c) 6 के प्रथम आठ गुणजों का औसत

$= \frac{6 + 12 + 18 + 24 + 30 + 36 + 42 + 48}{8}$

$= \frac{216}{8} = 27$

121. (c) माना विद्यालय के शेष स्टाफ का औसत वेतन

$= ₹x$

प्रश्नानुसार, $35 \times 4200 + 5x = 40 \times 4000$

$\Rightarrow \quad 5x = 160000 - 147000$

$\Rightarrow \quad x = \frac{13000}{5} = ₹2600$

122. (a) माना शिक्षक का भार $= x$ किग्रा प्रश्नानुसार,

$40 \times 52 + x = 52.5 \times 41$

$x = 2152.5 - 2080 = 72.5$ किग्रा

अत: शिक्षक का भार 72.5 किग्रा है।

123. (b) 64 छात्रों का कुल भार $= 64 \times 48$

$= 3072$ किग्रा

तथा 32 छात्रों का कुल भार $= 32 \times 24 = 768$ किग्रा

अत: दोनों कक्षाओं का संयुक्त औसत भार

$= \frac{3072 + 768}{64 + 32} = \frac{3840}{96} = 40$ किग्रा

स्पीडी विधि

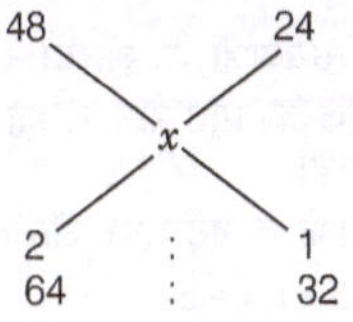

$x = \frac{2 \times 48 + 1 \times 24}{2 + 1} = \frac{96 + 24}{3} = \frac{120}{3} = 40$

$\therefore$ औसत भार $= 40$ किग्रा

124. (c) शुरुआत में 30 विद्यार्थीयों का कुल भार

$= 30 \times 45 = 1350$ किग्रा

तथा एक नए विद्यार्थी को पुराने विद्यार्थी से बदलने पर कक्षा का औसत भार $= 45 + 0.2 = 45.2$ किग्रा

अब, कक्षा का कुल भार $= 45.2 \times 30 = 1356$ किग्रा

अत: नए विद्यार्थी का भार $= 48.5 + (1356 - 1350)$

$= 48.5 + 6 = 54.5$ किग्रा

स्पीडी विधि

नए विद्यार्थी का भार $= \left(48.5 + \frac{200}{1000} \times 30\right)$ किग्रा

$= (48.5 + 6)$ किग्रा $= 54.5$ किग्रा

125. (a) कुल छात्रों की संख्या $= 80$

अनुत्तीर्ण होने वाले छात्रों की संख्या $= 30$

$\therefore$ उत्तीर्ण होने वाले छात्रों की संख्या $= 80 - 30 = 50$

माना अनुत्तीर्ण होने वाले छात्रों के औसत अंक $= x$

प्रश्नानुसार, $50 \times 55 + 30 \times x = 80 \times 50$

$\Rightarrow \quad 2750 + 30x = 4000$

$\Rightarrow \quad 30x = 4000 - 2750$

$\Rightarrow \quad 30x = 1250 \Rightarrow x = \frac{1250}{30}$

$\therefore \quad x = 41.66$

स्पीडी विधि

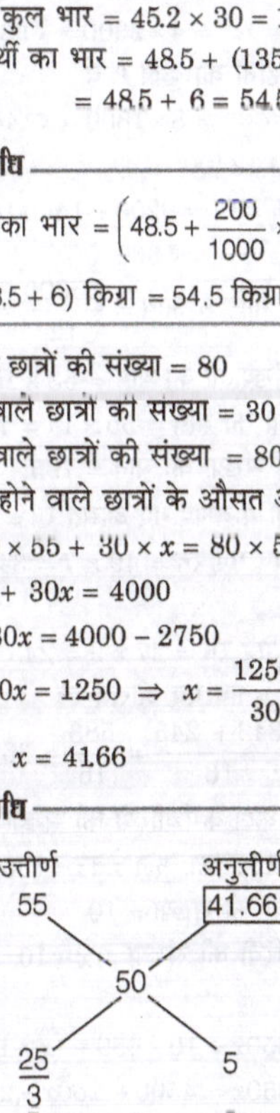

126. (c) माना 5 क्रमागत सम संख्याएँ $x-4, x-2, x, x+2$, और $x+4$ हैं।

$\therefore$ 5 क्रमागत संख्याओं का औसत (A)

$$= \frac{(x-4)+(x-2)+x+(x+2)+(x+4)}{5}$$

$\Rightarrow \quad 5A = 5x \Rightarrow A = x$

अब, अगली 5 संख्याओं को शामिल करने पर, 10 क्रमागत संख्याओं का औसत

$$= \frac{(A-4)+(A-2)+A+(A+2)+(A+4)+(A+6)+(A+8)+(A+10)+(A+12)+(A+14)}{10}$$

$$= \frac{10A+50}{10} = A+5$$

स्पीडी विधि

5 क्रमागत सम संख्याओं का औसत = A

हम जानते हैं एक क्रमागत सम संख्या के बढ़ने पर औसत 1 बढ़ता है।

$\therefore$ 5 सम संख्याओं के बढ़ने पर औसत में वृद्धि $= +5\times1 = +5$

$\therefore$ नया औसत (10 संख्याओं का) $= (A+5)$

127. (b) 10 व्यक्तियों का कुल भार $= 40 \times 10 = 400$ किग्रा

नए व्यक्ति आने के पश्चात,

11 व्यक्तियों का कुल भार $= 42 \times 11 = 462$ किग्रा

$\therefore$ नए व्यक्ति का भार $= 462 - 400 = 62$ किग्रा

128. (a) आदमी का पहले चार महीनों का कुल खर्च $= 4\times2300 =$ ₹9200

तथा अगले 8 महीनों का कुल खर्च $= 8\times1800 =$ ₹14400

वार्षिक बचत = ₹12400

तब, कुल वार्षिक आय $= 9200 + 14400 + 12400 =$ ₹36000

अत: व्यक्ति की मासिक आय $= \frac{36000}{12} =$ ₹3000

129. (c) 15 संख्याओं का योग $= 53 \times 15 = 795$

तथा 14 संख्याओं का योग $= 55 \times 14 = 770$

तब, निकाली गई संख्या का मान $= 795 - 770 = 25$

130. (c) 7 मैचों में बनाए गए औसत रन = 49

$\therefore$ 7 मैचों में बनाए गए रन $= 49 \times 7 = 343$

इसी प्रकार,

9 मैचों में बनाए गए रन $= 27 \times 9 = 243$

तब, 16 मैचों में बनाए गए औसत रन

$$= \frac{343+243}{16} = \frac{586}{16} = 36.625$$

131. (b) माना कुल कर्मचारियों की संख्या = x

तब, सभी कर्मचारियों का कुल वेतन = ₹$350x$

वरिष्ठ कर्मचारियों की संख्या = 10

तब, शेष कर्मचारियों की संख्या $= x - 10$

प्रश्नानुसार,

$350x = 10\times450 + (x-10)\times250$

$\Rightarrow \quad 350x = 4500 + 250x - 2500$

$\Rightarrow \quad 350x - 250x = 2000$

$\Rightarrow \quad 100x = 2000 \Rightarrow x = 20$

132. (c) प्रश्नानुसार,

$$30 = \frac{32+34+38+21+26+x}{6}$$

$\Rightarrow \quad 180 = 151 + x$

$\Rightarrow \quad x = 180 - 151 = 29$

133. (b) 30 छात्रों की कुल आयु का योग $= 30 \times 15 = 450$ वर्ष

कुल 30 छात्रों की सही आयु का योग $= 450 - 15 + 9 = 444$

$\therefore$ कुल 30 छात्रों की सही औसत आयु $= \frac{444}{30} = 14.8$ वर्ष

स्पीडी विधि

सही औसत $= 15 - \frac{(15-9)}{30}$

$= 15 - \frac{1}{5} = 15 - 0.2 = 14.8$ वर्ष

134. (c) प्रश्नानुसार वजन के आधार पर,

$A + B + C = 65 \times 3 = 195$ ...(i)

$A + B = 62 \times 2 = 124$ ...(ii)

$B + C = 66 \times 2 = 132$ ...(iii)

समी (ii) व (iii) के योग में से समी (iii) को घटाने पर,

$B = 124 + 132 - 195$

$\therefore \quad B = 256 - 195 = 61$

135. (d) कुल विद्यार्थी = 45

लड़कियाँ = 20

$\therefore$ लड़के $= 45 - 20 = 25$

अब माना लड़कों के औसत अंक = x

प्रश्नानुसार, $20 \times 42 + 25 \times x = 45 \times 36$

$\Rightarrow \quad 25x = 1620 - 840 = 780$

$\Rightarrow \quad x = \frac{780}{25} = 3120$

136. (b) प्रश्नानुसार,

वजनों का कुल योग $= 52 \times 47 = 2444$ किग्रा

137. (c) माना संख्या $D = x$ है।

$\therefore \quad C = \frac{3}{8}x, B = \frac{4}{5}\times\frac{3}{8}x = \frac{3}{10}x$

$A = \frac{3}{4}\times\frac{3}{10}x = \frac{9}{40}x$

प्रश्नानुसार, $\frac{4A+7D}{2} = 316$

$\Rightarrow \quad \frac{4\times\frac{9}{40}x + 7\times x}{2} = 316$ [$\because$ A और D का मान रखने पर]

$\Rightarrow \quad \frac{9}{10}x + 7x = 632$

$\Rightarrow \quad \frac{79x}{10} = 632$

$\Rightarrow \quad x = \frac{632\times10}{79} = 80$

$\therefore$ चारों संख्याओं का औसत

$$= \frac{A+B+C+D}{4}$$

$$= \frac{\frac{9}{40}x + \frac{3}{10}x + \frac{3}{8}x + x}{4}$$

$$= \frac{\frac{9}{40}\times80 + \frac{3}{10}\times80 + \frac{3}{8}\times80 + 80}{4}$$

$$= \frac{18+24+30+80}{4} = 38$$

138. (d) माना महिलाओं की संख्या = x

तथा बच्चों की संख्या = y

दिया है, पुरुषों की संख्या = 20

प्रश्नानुसार, $x + y = 20 + 4 = 24$ ...(i)

पुरुषों का कुल वजन $= 54 \times 20 = 1080$

महिलाओं का कुल वजन $= 49x$

बच्चों का कुल वजन $= 30y$

तथा सभी का मिलाकर औसत वजन = 48.25

$\therefore \quad \frac{1080 + 49x + 30y}{20 + x + y} = 48.25$

$\Rightarrow 1080 + 49x + 30y = 48.25 \times (20 + 24)$ [$\because x + y = 24$]

$\Rightarrow 49x + 30y = 2123 - 1080 = 1043$ ...(ii)

समी (i) व (ii) को हल करने पर,

$49x - 30x = 1043 - 24 \times 30$

$\Rightarrow \quad 19x = 323 \Rightarrow x = 17$

$\therefore \quad y = 24 - 17 = 7$

$\therefore \quad x - y = 17 - 7 = 10$

139. (b) माना पहली संख्या = x

प्रश्नानुसार,

5 संख्याओं का योग $= 5 \times 26.4 = 132$

$\therefore$ 4 संख्याओं का योग $= 132 - x$

पुन: प्रश्नानुसार, $x = (132 - x)\times\frac{1}{5}$

$\Rightarrow \quad 5x = 132 - x \Rightarrow 6x = 132 \Rightarrow x = 22$

140. (b) माना डिनर के लिए कुल खर्च = ₹x

$\therefore$ कुल खर्च का औसत = ₹$\frac{x}{30}$

प्रश्नानुसार, $(20\times880) + 10\times\left(\frac{x}{30} + 110\right) = x$

$\Rightarrow \quad 17600 + \frac{x}{3} + 1100 = x$

$\Rightarrow \quad x - \frac{x}{3} = 18700 \Rightarrow \frac{2}{3}x = 18700$

$\Rightarrow \quad x = 18700 \times \frac{3}{2} =$ ₹28050

141. (c) माना शिक्षक का वजन = x किग्रा

$\therefore \quad 42 \times 52.5 = 41 \times 52 + x$

$\Rightarrow \quad 2205 = 2132 + x \Rightarrow x = 73$

$\therefore$ शिक्षक का वजन = 73 किग्रा

142. (b) माना संख्याएँ x तथा y हैं।

$\therefore \quad x + y = 2 \times 13.5 = 27$ ...(i)

तथा $\sqrt{xy} = 6\sqrt{5}$

$\Rightarrow \quad xy = 36 \times 5 = 180$ ...(ii)

समी (i) व (ii) से,

$x = 12$ तथा $y = 15$

143. (a) औसत वजन $= \frac{\text{कुल वजन}}{\text{कुल संख्या}}$

$$= \frac{40+49+56+68+38}{5}$$

$$= \frac{251}{5} = 50.2 \text{ किग्रा}$$

144. (a) माना एथलीटों की संख्या x है।
प्रश्नानुसार,
$$\text{औसत} = \frac{20 \times 90 + x \times 68}{20 + x} \Rightarrow 78 = \frac{1800 + 68x}{20 + x}$$
$$\Rightarrow 1560 + 78x = 1800 + 68x$$
$$\Rightarrow 10x = 240 \Rightarrow x = 24$$

145. (a) औसत वजन
$$= \frac{40 + 49 + 56 + 69 + 39}{5} = \frac{253}{5} = 50.6 \text{ किग्रा}$$

146. (a) मिश्रण के नियम से,

लड़कों का औसत   लड़कियों का औसत

71   73

71.8

73-71.8 : 71.8-71

=1.2 : 0.8

अभीष्ट अनुपात = 3 : 2

147. (b) औसत वजन
$$= \frac{40 + 49 + 56 + 68 + 37}{5} = \frac{250}{5} = 50 \text{ किग्रा}$$

148. (c) कुल विद्यार्थियों की संख्या = 30
लड़कों की संख्या = 18
∴ लड़कियों की संख्या = 30 − 18 = 12
कक्षा टेस्ट में लड़कियों के औसत अंक
$$= \frac{30 \times 16.2 - 18 \times 16}{12}$$
$$= \frac{486 - 288}{12} = \frac{198}{12} = 16.5$$

149. (c) अभीष्ट औसत अंक
$$= \frac{(72 + 63 + 81)}{3} = \frac{216}{3} = 72$$

150. (b) सभी मरीजों की औसत आयु
$$= \frac{(60 \times 40 + 25 \times 36 + 15 \times 8)}{(60 + 25 + 15)}$$
$$= \frac{2400 + 900 + 120}{100} = \frac{3420}{100} = 34.2 \text{ वर्ष}$$

151. (b) 50 कर्मचारियों का कुल वेतन = 50 × 855
5 अधिकारियों का कुल वेतन = 5 × 2550
शेष अधिकारियों का औसत वेतन
$$= \frac{50 \times 855 - 5 \times 2550}{(50 - 5)}$$
$$= \frac{5 \times 25(2 \times 171 - 1 \times 102)}{45}$$
$$= \frac{25 \times 240}{9} = ₹\, 667$$

152. (b) टोकरी 'D' में छल्ले की कुल संख्या
$$= 42 \times 5 - 38 \times 4 = 210 - 152 = 58$$

153. (a) विद्यार्थियों का औसत अंक = 85.4
माना परीक्षा में विषयों की कुल संख्या = x
प्रश्नानुसार, $\frac{(8 + 12 + 10 - 15)}{x} + 85.4 = 87.9$
$$\Rightarrow \frac{15}{x} = 2.5 \Rightarrow x = \frac{15}{2.5} = 6$$
विषयों की कुल संख्या = 6

154. (b) 60 विद्यार्थियों का औसत = 48
त्रुटि का औसत = $\frac{68 - 56}{60} = \frac{12}{60} = 0.2$
सही औसत = 48 + 0.2 = 48.2

155. (b) माना पहली विषय संख्या x है।
प्रश्नानुसार,
$$x + (x + 2) + (x + 4) - \frac{x + x + 2 + x + 4}{3} = 58$$
$$\Rightarrow \frac{3(3x + 6) - 3x - 6}{3} = 58$$
$$\Rightarrow 9x + 18 - 3x - 6 = 174$$
$$\Rightarrow 6x = 174 - 12 = 162$$
$$\therefore x = \frac{162}{6} = 27$$
सबसे बड़ी संख्या = $x + 4 = 27 + 4 = 31$

156. (b) सभी कर्मचारियों का औसत
$$\text{वेतन} = \frac{25 \times 11950 + 20 \times 24000 + 5 \times 35000}{50}$$
$$= \frac{298750 + 480000 + 175000}{50}$$
$$= \frac{953750}{50} = ₹\, 19075$$

157. (c) माना शून्येत्तर संख्या = x
प्रश्नानुसार, $\frac{x + x^2}{2} = 7x$
$$\Rightarrow x(x + 1) = 14x \Rightarrow x^2 - 13x = 0$$
$$\Rightarrow x(x - 13) = 0 \Rightarrow x = 13, x \neq 0$$

158. (d) मंगलवार से शुरू होने वाले 30 दिन के महीने में कुल सोमवार = 4
$$\therefore \text{अभीष्ट औसत} = \frac{768 \times 4 + 258 \times 26}{30}$$
$$= \frac{3072 + 6708}{30} = \frac{9780}{30} = 326$$

159. (b) अभीष्ट औसत
$$= \frac{11(1 + 2 + 3 + 4 + \ldots + 12)}{12}$$
$$= \frac{11 \times 12 \times 13}{2 \times 12} = \frac{143}{2} = 71.5$$

160. (a) X, Y और Z का कुल वजन
$= 67 \times 3 = 201$ किग्रा
X और Y का कुल वजन = $64 \times 2 = 128$ किग्रा
∴ Z का वजन = $(201 - 128) = 73$ किग्रा
Y और Z का कुल वजन = $52 \times 2 = 104$ किग्रा
∴ Y का वजन = $(104 - 73) = 31$ किग्रा

161. (d) A द्वारा प्राप्त किए अंक का औसत प्राप्तांक
$$= \frac{71 + 82 + 177}{100 + 150 + 200} = \frac{330}{450} = \frac{11}{15}$$

162. (a) प्रश्नानुसार,
$$\text{दोनों कक्षाओं की औसत आयु} = \frac{20 \times 12 + 23 \times 16}{12 + 16}$$
$$= \frac{240 + 368}{28} = \frac{608}{28}$$
= 21.7 वर्ष (लगभग)

163. (c) पूरी कक्षा के औसत अंक
$$= \frac{42 \times 400 + 38 \times 320}{42 + 38}$$
$$= \frac{16800 + 12160}{80} = \frac{28960}{80} = 362$$

164. (b) नौ संख्याओं का योग = 360 × 9 = 3240

165. (a) राम + श्याम = 2460 × 2 = ₹ 4920 ...(i)
श्याम + मनोहर = 2380 × 2 = ₹ 4760 ...(ii)
मनोहर + राम = 2760 × 2 = ₹ 5520 ...(iii)
समी (i), (ii) तथा (iii) से,
राम + श्याम + मनोहर
$$= \frac{4920 + 4760 + 5520}{2} = \frac{15200}{2} = ₹\, 7600$$
अत: अकेले राम की मासिक पॉकेट मनी
= 7600 − 4760 [समी (i) से]
= ₹ 2840

166. (a) शुरुआती 24 मैचों में कुल रन
= 24 × 60 = 1440
सभी 32 मैचों में कुल रन = 32 × 80 = 2560
अत: अन्तिम 8 मैचों का औसत = $\frac{2560 - 1440}{8} = 140$

167. (d) प्रश्नानुसार,
कक्षा का औसत अंक
$$= \frac{2 \times 95 + 6 \times 90 + 3 \times 80 + 50 \times 1}{2 + 6 + 3 + 1}$$
$$= \frac{190 + 540 + 240 + 50}{12} = \frac{1020}{12} = 85$$

168. (b) माना बल्लेबाज की 14 पारी का औसत x रन है।
∴ 14 पारियों के कुल रन = $14 \times x = 14x$
15वीं पारी के रन = 152
15वीं पारी के बाद औसत = $x + 5$
प्रश्नानुसार, $x + 5 = \frac{14x + 152}{15}$
$$15x + 75 = 14x + 152 \Rightarrow x = 77$$
अत: 15वीं पारी के बाद बल्लेबाज का औसत
= 77 + 5 = 82

169. (c) परिवार का औसत वजन
$$= \frac{40 + 49 + 56 + 71 + 37}{5} = \frac{253}{5} = 50.6 \text{ किग्रा}$$

170. (d) माना अगले 9 महीनों तक प्रतिमाह औसतन बचत = x
$$\because \text{औसत बचत} = \frac{3 \times 4000 + 9 \times x}{12}$$
$$\Rightarrow 4375 = \frac{12000 + 9x}{12} \Rightarrow 52500 - 12000 = 9x$$
$$\therefore x = \frac{40500}{9} = 4500$$

171. (h) 9 के पहले 15 गुणज क्रमश: 9, 18, 27, ..., 135 हैं।
$$\therefore \text{अभीष्ट औसत} = \frac{9 + 135}{2} = \frac{144}{2} = 72$$
$$\therefore x = 72$$

172. (d) $\text{औसत} = \frac{40 + 49 + 56 + 66 + 36}{5}$
$$= \frac{247}{5} = 49.4 \text{ किग्रा}$$

173. (b) सभी 55 विद्यार्थियों की औसत लम्बाई
$$= \frac{105 \times 50 + 95 \times 5}{50 + 5}$$
$$= \frac{5250 + 475}{55} = \frac{5725}{55}$$
= 104.09 ≈ 104 सेमी

174. (b) औसत मूल्य
$$= \frac{60 \times 15 + 55 \times 8 + 40 \times 7}{15 + 8 + 7}$$
$$= \frac{900 + 440 + 280}{30} = \frac{1620}{30} = ₹\, 54$$
अत: मिश्रित चावल का प्रति किग्रा औसत मूल्य ₹ 54 है।

175. (d) भारिता औसत

$$= \frac{2 \text{ सांख्यिकी } 60\% + 4 \text{ गणित } 70\%}{2+4}$$

भारिता औसत $= \frac{2 \times 60\% + 4 \times 70\%}{2+4}$

176. (d) 9 क्रमागत संख्याओं का औसत = 45

∴ 5वीं संख्या = 45

[क्रमागत संख्याओं का औसत हमेशा बीच का मान होता है]

अत: सबसे बड़ी संख्या = 45 + 4 = 49

177. (c) 53 क्रमागत सम संख्या का औसत = 1280

∴ 27वीं सम संख्या = 1280

[क्रमागत संख्याओं का औसत हमेशा बीच का मान होता है]

प्रथम सम संख्या = 1280 − (26 × 2)

= 1280 − 52 = 1228

अन्तिम सम संख्या/सबसे बड़ी संख्या

= 1280 + (26 × 2) = 1332

अत: सबसे बड़ी और सबसे छोटी संख्या के बीच अन्तर

= 1332 − 1228 = 104

178. (d) भौतिक विज्ञान में पूरी कक्षा का औसत अंक

$$= \frac{30 \times 92 + 20 \times 83}{30 + 20}$$

$$= \frac{2760 + 1660}{50}$$

$$= \frac{4420}{50} = 88.4$$

179. (b) पाँच सदस्यों का कुल वजन

= (40 + 49 + 56 + 72 + 36) = 253 किग्रा

परिवार का औसत वजन $= \frac{253}{5} = 50.6$ किग्रा

180. (a) 22 स्टाफों का कुल वेतन

= 81400 × 22 = ₹ 1790800

वाइस चेयरमैन सहित 23 व्यक्तियों का कुल वेतन

= 89600 × 23 = ₹ 2060800

वाइस चेयरमैन का वेतन

= ₹ (2060800 − 1790800) = ₹ 270000

181. (a) परिवार का कुल वजन

= 40 + 49 + 56 + 71 + 38 = 254 किग्रा

परिवार का औसत वजन $= \frac{254}{5} = 50.8$ किग्रा

182. (d) माना पहले खिलाड़ी का वजन x किग्रा है।

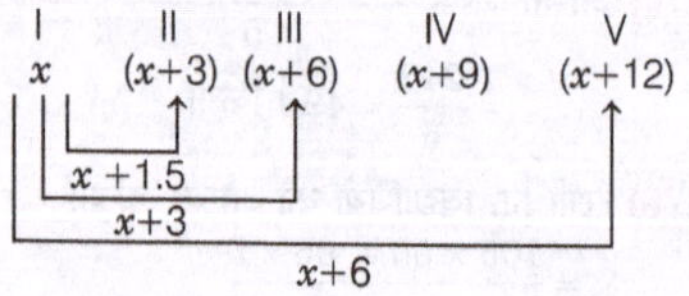

अन्तिम खिलाड़ी का वजन = $(x + 12)$ किग्रा

भार में अभीष्ट कमी = $(x + 12) - x = 12$ किग्रा

183. (d) किसी कक्षा के 39 विद्यार्थियों की औसत आयु = 20 वर्ष

शिक्षक के आने पर औसत 6 माह अर्थात् $\frac{6}{12} = 0.5$ बढ़ जाता है।

∴ शिक्षक की आयु = 40 (20.5) − 39 × 20

= 820 − 780

= 40 वर्ष

184. (a) माना सभी छात्रों के औसत अंक x% हैं।

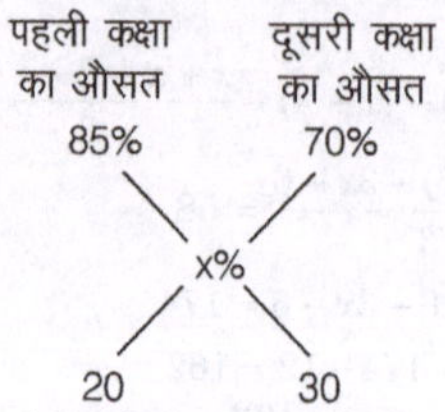

(x%–70%) : (85%–x%)

∴ $\frac{x\% - 70\%}{85\% - x\%} = \frac{20}{30}$

⇒ $3x\% - 210\% = 170\% - 2x\%$

⇒ $5x\% = 380\%$

⇒ $x = \frac{380}{5} = 76$

अत: सभी छात्रों के औसत अंक 76% हैं।

185. (a) 12 छात्रों और 2 शिक्षकों का कुल वजन

= 55 × 14 = 770 किग्रा

एक और शिक्षक शामिल होने के बाद कुल वजन

= 770 + 68 = 838 किग्रा

∴ समूह का औसत $= \frac{838}{15} = 55.8 \approx 56$ किग्रा

186. (a) प्रश्नानुसार,

महिलाओं की संख्या $= 260 \times \frac{1}{4} = 65$

पुरुषों की संख्या $= 260 \times \frac{2}{5} = 104$

∴ बच्चों की संख्या = 260 − (104 + 65) = 91

महिलाओं की औसत आयु $= 48 \times \frac{5}{6} = 40$ वर्ष

बच्चों की औसत आयु $= 48 \times \frac{1}{3} = 16$ वर्ष

∴ समूह का औसत

$$= \frac{104 \times 48 + 65 \times 40 + 91 \times 16}{260}$$

$$= \frac{4992 + 2600 + 1456}{260} = \frac{9048}{260} = 34.8$$

187. (d) (14 विद्यार्थी + शिक्षक) की औसत आयु = 18 वर्ष

∴ सभी की कुल आयु = 18 × 15 = 270 वर्ष

शिक्षक की आयु हटाने के बाद

14 विद्यार्थियों की औसत आयु = 18 − 1 = 17 वर्ष

∴ 14 विद्यार्थी की कुल आयु = 17 × 14 = 238 वर्ष

अत: शिक्षक की आयु = 270 − 238 = 32 वर्ष

188. (b) पूरी कक्षा का औसत स्कोर

$$= \frac{25 \times 80 + 15 \times 90}{40}$$

$$= \frac{2000 + 1350}{40} = \frac{3350}{40} = 83.75$$

189. (c) 40 पारियों में बल्लेबाज के कुल रन

= 60 × 40 = 2400

उच्चतम स्कोर और न्यूनतम हटाने के बाद शेष 38 पारियों में बल्लेबाज के कुल रन

= 38 × 58 = 2204

प्रश्नानुसार, H + L = 2400 − 2204 = 196

H + L = 196 ...(i)

[H = उच्चतम स्कोर, L = न्यूनतम स्कोर]

H − L = 110 ...(ii)

समी (i) व (ii) को हल करने पर,

∴ अत: उच्चतम स्कोर (H) = 153 रन

190. (c) सभी विद्यार्थियों के औसत अंक

$$= \frac{40 \times 50 + 50 \times 60 + 75 \times 60}{40 + 50 + 60}$$

$$= \frac{2000 + 3000 + 4500}{150} = \frac{9500}{150} = 63.33$$

191. (c) 68 और 91 के बीच अभाज्य संख्या

= 71, 73, 79, 83, 89

∴ औसत $= \frac{71 + 73 + 79 + 83 + 89}{5} = \frac{395}{5} = 79$

192. (a) परिवार का औसत वजन

$$= \frac{40 + 49 + 56 + 67 + 37}{5}$$

$$= \frac{249}{5} = 49.8 \text{ किग्रा}$$

193. (b) 12 शिक्षकों का कुल वेतन

= 71400 × 12 = ₹ 856800

12 शिक्षक, प्रधानाचार्य और उप प्रधानाचार्य का कुल वेतन

= 89500 × 14 = ₹ 1253000

∴ प्रधानाचार्य और उप प्रधानाचार्य का औसत वेतन

$$= \frac{1253000 - 856800}{2}$$

$$= \frac{396200}{2} = ₹\ 198100$$

194. (b) माना चौथी लड़की की आयु = x वर्ष

∴ $7 + 12 + 13 + x = 4 \times 12$

⇒ $x = 48 - 32 = 16$ वर्ष

∴ चौथी लड़की की आयु = 16 वर्ष

195. (a) औसत वजन

$$= \frac{(40 + 49 + 56 + 71 + 39)}{5} = \frac{255}{5} = 51 \text{ किग्रा}$$

196. (c) माना 11 खिलाड़ियों की आयु का औसत = x वर्ष

∴ माना दो नए खिलाड़ियों की कुल आयु = y वर्ष

$$11x - (20 + 21) + y = 11 \times \left(x + \frac{2}{12}\right)$$

⇒ $11x - 41 + y - 11x + \frac{11}{6}$

⇒ $y = \frac{11}{6} + 41 = \frac{257}{6}$

∴ नए खिलाड़ियों का औसत $= \frac{y}{2}$

$$= \frac{257}{2 \times 6} = \frac{257}{12} = 21\frac{5}{12} \text{ वर्ष}$$

197. (a) औसत वजन

$$= \frac{40 + 49 + 56 + 70 + 39}{5} \text{ किग्रा}$$

$$= \frac{254}{5} = 50.8 \text{ किग्रा}$$

198. (a) 7 के प्रथम छ: गुणज

⇒ 7, 14, 21, 28, 35, 42

∴ अभीष्ट औसत

$$= \frac{(7 + 14 + 21 + 28 + 35 + 42)}{6} = \frac{147}{6} = 24.5$$

199. (c) माना 12 पुरुषों का औसत = x वर्ष

माना आने वाले 3 नये व्यक्तियों की कुल आयु = y वर्ष

∴ $12x - (36 + 40 + 44) + y = 12(x + 6)$

$\Rightarrow \quad 12x - 120 + y = 12x + 72$

$\Rightarrow \quad y = 192$

$\therefore$ औसत $= \frac{192}{3} = 64$ वर्ष

200. (c) 'n' प्राकृत संख्याओं के वर्गों का योग

$= \frac{n \times (n+1)(2n+1)}{6}$

$\therefore$ 1 से 10 वर्गों का योग

$= \frac{10 \times (10+1)(20+1)}{6}$

$= \frac{10 \times 11 \times 21}{6} = 385$

$\therefore$ औसत $= \frac{385}{10} = 38.5$

जब हम प्रत्येक संख्या में से 5 घटाते हैं, तो औसत भी 5 घट जाएगा

$\therefore$ आवश्यक औसत $= 38.5 - 5 = 33.5$

201. (b) औसत

$= \frac{300 + 129 + 49 + 120 + 102}{5}$

$= \frac{700}{5} = 140$

202. (d) 9वीं संख्या $= (9 \times 3) - (8 \times 2)$

$= 27 - 16 = 11$

203. (a) माना समूह में कुल छात्रों की संख्या $= x$

प्रश्नानुसार,

$72 \times x + 79 \times 5 - 76 \times 11 = (72 - 0.6)(x - 11 + 5)$

$\Rightarrow \quad 72x + 395 - 836 = 71.4 \times (x - 6)$

$\Rightarrow \quad 72x - 441 = 71.4x - 428.4$

$\Rightarrow \quad 0.6x = 12.6$

$\therefore \quad x = \frac{12.6}{0.6} = 21$

204. (a) परिवार की औसत मासिक आय

$= \frac{3 \times 8600 + 4 \times 9750 + 5 \times 9920 + 65300}{12}$

$= \frac{25800 + 39000 + 49600 + 65300}{12}$

$= \frac{179700}{12} =$ ₹ 14975

205. (d) A और B की कुल मासिक आय

$= 3590 \times 2 =$ ₹ 7180

B और C की कुल मासिक आय $= 4250 \times 2 =$ ₹ 8500

A और C की कुल मासिक आय $= 6500 \times 2 =$ ₹ 13000

$2(A + B + C)$ की कुल मासिक आय

$=$ ₹ $(7180 + 8500 + 13000) =$ ₹ 28680

$\therefore (A + B + C)$ की कुल मासिक आय

$= \frac{28680}{2} = 14340$

$\therefore C$ की मासिक आय $= (14340 - 7180) =$ ₹ 7160

206. (c) 50 विद्यार्थियों के कुल अंक

$= 65 \times 50 = 3250$

$\therefore$ 50 विद्यार्थियों के सही औसत अंक

$= \frac{3250 + (88 - 68)}{50}$

$= \frac{3250 + 20}{50} = \frac{3270}{50} = 65.4$

207. (d) कक्षा में विद्यार्थियों का कुल वजन

$= 55 \times 20 = 1100$ किग्रा

कक्षा में शिक्षक का भार शामिल करने पर कक्षा का औसत भार $= (55 + 0.5) = 55.5$ किग्रा

(शिक्षक + विद्यार्थियों) का कुल वजन

$= 55.5 \times 21 = 1165.5$ किग्रा

$\therefore$ कक्षा शिक्षक का भार $= 1165.5 - 1100 = 65.5$ किग्रा

स्पीडी विधि

शिक्षक का भार = औसत भार + कुल विद्यार्थी × औसत में वृद्धि

$= 55 + 21 \times 0.5$

$= 55 + 10.5 = 65.5$ किग्रा

208. (a) नए पार्सल का भार = औसत भार + कुल पार्सल × औसत में वृद्धि

$= 20 + 16 \times \frac{250}{1000}$ (किग्रा) $= 24$ किग्रा

209. (a) माना शुरुआत में कक्षा में विद्यार्थियों की संख्या $= x$

छात्रों का कुल भार $= 56x$ किग्रा

सात नए विद्यार्थियों के आने पर,

कुल छात्रों की संख्या $= (x + 7)$

7 विद्यार्थियों का कुल भार $= 7 \times 58 = 406$ किग्रा

$(x + 7)$ विद्यार्थियों का कुल भार $= 56x + 406$

प्रश्नानुसार,

$\frac{56x + 406}{x + 7} - 56 = \frac{200}{1000}$

$\Rightarrow \quad \frac{56x + 406 - 56x - 392}{x + 7} = \frac{1}{5}$

$\Rightarrow \quad 14 \times 5 = x + 7$

$\Rightarrow \quad x = 70 - 7 = 63$

210. (b) माना दोनों संख्याएँ क्रमशः x तथा y हैं।

प्रश्नानुसार, $\frac{x + y}{2} = 12$

$\therefore \quad x + y = 24 \quad \ldots(i)$

पुन: $\quad xy = 119 \quad \ldots(ii)$

अब, $\quad (x - y)^2 = (x + y)^2 - 4xy$ (सूत्र द्वारा)

$\Rightarrow \quad (x - y)^2 = (24)^2 - 4 \times 119$ [समी (i) तथा (ii) से]

$= 576 - 476 = 100$

$\therefore \quad x - y = \sqrt{100} = 10$

211. (d) 20 पारियों में बल्लेबाज द्वारा बनाए गए कुल रनों की संख्या $= 20 \times 41 = 820$ रन

21वीं पारी तक बनाए गए कुल रनों की संख्या

$= 820 + 41 = 861$ रन

$\therefore$ अभीष्ट औसत $= \frac{861}{21} = 41$ रन

212. (b) माना 12 पारियों का औसत $= x$

प्रश्नानुसार, $\frac{12x + 96}{13} = (x + 3)$

$\Rightarrow \quad 12x + 96 = 13x + 39$

$\Rightarrow \quad 13x - 12x = 96 - 39 \Rightarrow \quad x = 57$

अत: 13 पारियों के बाद का औसत $= 57 + 3 = 60$

213. (c) कक्षा में 20 छात्रों का कुल भार

$= 30.5 \times 20 = 610$ किग्रा

अब, कक्षा में 26 छात्रों का औसत भार

$= (30.5 + 2)$ किग्रा $= 32.5$ किग्रा

कक्षा में 26 छात्रों का कुल भार

$= 32.5 \times 26 = 845$ किग्रा

$\therefore$ कक्षा में 6 छात्रों का कुल भार

$= (845 - 610)$ किग्रा

$= 235$ किग्रा

अत: कक्षा में शामिल 6 नए छात्रों का औसत भार $= \frac{235}{6} = 39.16$ किग्रा ≈ 39.2 किग्रा

214. (d) 10 मैच के स्कोर का कुल योग

$= 40 \times 10 = 400$

तथा पहले 6 मैच के स्कोर का कुल योग

$= 44 \times 6 = 264$

$\therefore$ अभीष्ट औसत $= \frac{400 - 264}{4} = \frac{136}{4} = 34$

215. (a) कक्षा में कुल औसत प्राप्तांक

$= \frac{\text{वर्ग } A \text{ के कुल प्राप्तांक} + \text{वर्ग } B \text{ के कुल प्राप्तांक}}{\text{वर्ग } A \text{ के छात्र} + \text{वर्ग } B \text{ के छात्र}}$

$= \frac{(30 \times 85) + (20 \times 70)}{30 + 20}$

$= \frac{2550 + 1400}{50} = \frac{3950}{50} = 79$

216. (d) कुल औसत भार $= \frac{17 \times 63 + 36 \times 54}{53}$

$= \frac{3015}{53} = 56.88 \approx 57$ किग्रा

217. (d) माना लड़कों का औसत भार x है।

कुल औसत भार $50 = \frac{15 \times x + 22 \times 46}{37}$

$\Rightarrow \quad 1850 = 15x + 1012$

$\Rightarrow \quad x = \frac{838}{15} = 55.87$ किग्रा

218. (c) औसत

$= \frac{2 + 3 + 5 + 7 + 11 + 13 + 17 + 19 + 23 + 29}{10}$

$= \frac{129}{10} = 12.9$

219. (d) औसत $= \frac{11 + 13 + 17 + 19}{4} = \frac{60}{4} = 15$

220. (c) 15 संख्याओं का योग

$= 41 \times 15 = 615$

5 संख्याओं का योग $= 21 + 24 + 39 + 47 + 97$

$= 228$

शेष 10 संख्याओं का योग $= 615 - 228 = 387$

अत: 10 संख्याओं का औसत $= \frac{387}{10} = 38.7$

221. (c) अभीष्ट औसत

$= \frac{15 + 20 + 25 + 30 + 35 + 40 + 45 + 50 + 55 + 60}{10}$

$= \frac{375}{10} = 37.5$

222. (b) पाँच पारियों में औसत रन $= 58$

पाँच पारियों के रनों का कुल योग $= 5 \times 58 = 290$

चार पारियों में रनों की संख्या

$= 42 + 56 + 72 + 40 = 210$

अत: पहली पारी में रनों की संख्या

$= 290 - 210 = 80$

223. (a) $\because$ प्रथम n प्राकृतिक संख्याओं के वर्गों का औसत

$$= \frac{(n+1)(2n+1)}{6}$$

यहाँ, $n = 5$

$\therefore$ प्रथम 5 प्राकृतिक संख्याओं के वर्गों का औसत

$$= \frac{(5+1)(2\times5+1)}{6} = \frac{6\times11}{6} = 11$$

224. (d) माना 32 क्रमागत संख्याएँ

$a, a+1, a+2, \ldots\ldots, a+31$ हैं।

प्रथम 13 संख्याओं का औसत $= x$

$\Rightarrow \quad \frac{a+a+12}{2} = x$

[$\because$ n क्रमागत संख्याओं का औसत $= \frac{\text{पहली संख्या + अन्तिम संख्या}}{2}$]

$\Rightarrow \quad a + 6 = x$

$\Rightarrow \quad a = x - 6 \quad \ldots(i)$

अगली 19 संख्याओं का औसत

$$= \frac{\text{14वीं संख्या + 32वीं संख्या}}{2}$$

$$= \frac{a+13+a+31}{2} = a + 22$$

$$= x - 6 + 22 = x + 16$$

225. (d) 3 छात्रों द्वारा प्राप्त औसत अंक $= x$

अंकों का योग $= 3 \times x = 3x$

नया छात्र आने के बाद औसत अंक $= x + 2$

अंकों का योग $= 4 \times (x+2)$

$\therefore$ नए छात्र द्वारा परीक्षा में प्राप्त अंक

$$= 4(x+2) - 3x$$

$$= 4x + 8 - 3x = x + 8$$

226. (b) माना दूसरी संख्या $= x$

$\therefore \quad$ पहली संख्या $= 4x$

प्रश्नानुसार, $\quad \frac{x+4x}{2} = 65$

$\Rightarrow \quad 5x = 130$

$\Rightarrow \quad x = 26$

227. (a) दिया है, दस संख्याओं का औसत = 24

चूँकि प्रत्येक संख्या को 2 से विभाजित किया जाता है।

तब, नया औसत $= \frac{24}{2} = 12$

228. (d) प्रश्नानुसार,

कक्षा की आठ लड़कियों की कुल आयु $= 8y$ वर्ष

अब नई 5 लड़कियाँ शामिल होने पर कुल आयु

$= 8y + y + 3 + y - 6 + y + 15 + y + 8 + y + 6$

$= 13y + 26$

$\therefore$ अभीष्ट औसत आयु $= \frac{13y+26}{8+5} = \frac{13(y+2)}{13}$

$= y + 2$

229. (c) माना परिवार में महिलाओं की संख्या $= x$

दिया है, पुरुषों की संख्या = 6

प्रश्नानुसार,

$$(x+6)\times 14.4 = 6\times20 + x\times6$$

$\Rightarrow \quad 14.4x + 86.4 = 120 + 6x$

$\Rightarrow \quad 8.4x = 33.6 \Rightarrow x = 4$

230. (c) 10 संख्याओं का योग $= 10A$

9 संख्याओं से c तथा 10वीं संख्या से $c-1$ घटाने पर

नया योग $= 10A - 9c - (c-1)$

$= 10A - 10c + 1$

$= 10(A - c) + 1$

$\therefore$ नया औसत $= \frac{10(A-c)+1}{10} = A - c + 0.1$

231. (b) पहले तीन महीनों का कुल व्यय

$= 3 \times 10000 =$ ₹ 30000

चार महीनों का कुल व्यय

$= 4 \times 12500 =$ ₹ 50000

पाँच महीनों का कुल व्यय

$= 5 \times 13500 =$ ₹ 67500

परिवार की बचत = ₹ 32500

परिवार की कुल वार्षिक आय = कुल व्यय + कुल बचत

$= 30000 + 50000 + 67500 + 32500$

= ₹ 180000

औसत मासिक व्यय $= \frac{180000}{12} =$ ₹ 15000

मासिक आय का 70% $= \frac{15000\times70}{100} =$ ₹ 10500

232. (b) प्रथम चार अभाज्य संख्याओं का औसत : प्रथम चार भाज्य संख्याएँ

$$= \frac{2+3+5+7}{4} : \frac{4+6+8+9}{4}$$

अभीष्ट अनुपात = 17:27

233. (a) माना तीसरी संख्या x है,

प्रश्नानुसार, संख्याएँ क्रमशः $6x, 2x, x$ होगी

$\therefore$ औसत $= \frac{6x+2x+x}{3} \Rightarrow 45 = \frac{9x}{3}$

$\therefore \quad x = 15$

अतः अभीष्ट अन्तर $= 6x - 2x$

$= 4x = 4 \times 15 = 60$

234. (a) प्रथम n प्राकृतिक संख्याओं के वर्गों का औसत

$$= \frac{(n+1)(2n+1)}{6}$$

यहाँ, $\quad n = 7$

$$= \frac{(7+1)(2\times7+1)}{6} = \frac{8\times15}{6} = 20$$

235. (b) 11 वाँ प्रेक्षण

= (11 प्रेक्षणों का योग + अन्तिम 18 प्रेक्षणों का योग) − 28 प्रेक्षणों का योग

$= (54\times11 + 18\times52.5) - 53\times28 = 55$

236. (b) 25 संख्याओं का योग $= 150 \times 25 = 3750$

26 संख्याओं का योग $= 160 \times 26 = 4160$

$\therefore$ नई संख्या $= 4160 - 3750 = 410$

> **स्पीडी विधि**
>
> यहाँ, $x = 160, n = 25, a = 160 - 150 = 10$
>
> अतः नई संख्या $= x + na = 160 + 25\times10 = 410$

237. (c) 18 छात्रों के अंकों का योग

$= 190 \times 18 = 3420$

तथा त्रुटि सही करने पर योग

$= 3420 - 46 + 64 = 3438$

$\therefore$ वास्तविक औसत $= \frac{3438}{18} = 191$

238. (a) माना 25 क्रमागत संख्याएँ क्रमशः:

$(x-12), (x-11), (x-10), (x-9)\ldots\ldots x,$

$(x+1)\ldots\ldots(x+12)$ हैं।

$\because$ अन्तिम 13 संख्याओं का औसत = 39

$\therefore \quad \frac{x+(x+1)+\ldots+(x+12)}{13} = 39$

$\Rightarrow \quad \frac{13x + \frac{12\times13}{2}}{13} = 39$

$\Rightarrow \quad 13x + 78 = 507$

$\Rightarrow \quad x = 33$

$\therefore$ 25 संख्याओं का औसत

$$= \frac{(x-12)+(x-11)\ldots+x+\ldots(x+12)}{25}$$

$$= \frac{25x}{25} = x = 33$$

> **स्पीडी विधि**
>
> $\because$ मध्य संख्या = औसत
>
> $\therefore$ अन्तिम 13 संख्याओं का औसत
>
> = अन्तिम 13 में से 7वीं संख्या
>
> अर्थात् 25 में से 19वीं संख्या = 39
>
> $\therefore$ औसत = 13वीं संख्या $= 39 - 6 = 33$

239. (b) माना 120 मुर्गियों का औसत व्यय = ₹ x

तब कुल मूल व्यय $= 120x$

अब, मुर्गियों की संख्या $= 120 + 140 = 260$

प्रश्नानुसार,

$$120x + 4050 = 260(x - 3)$$

$\Rightarrow \quad x = \frac{4830}{140}$

$\therefore$ मूल व्यय $= \frac{4830}{140} \times 120 =$ ₹ 4140

240. (a) यदि सभी संख्याओं में 'a' की गुणा की जाती है, तो उनके औसत में भी 'a' की गुणा होगी।

$\therefore$ प्रत्येक संख्या में 6 से गुणा करने पर नया औसत

$= 6 \times 47 = 282$

241. (b) $12.5 = \frac{16.5 + 9 + 10.5 + 12.5 + Y}{5}$

$\Rightarrow \quad 62.5 = 48.5 + Y$

$\because \quad Y = 14$

242. (d) अभीष्ट औसत अंक

$$= \frac{(11\times53)+(13\times48)}{24}$$

$$= \frac{583+624}{24} = \frac{1207}{24} = 50.29$$

243. (d) माना पाँचों विषय क्रमशः a, b, c, d, e हैं।

प्रथम तीन विषय $(a + b + c)$ में कुल अंक

$= 80 \times 3 = 240$

अन्तिम तीन विषय $(c + d + e)$ में कुल अंक

$= 92 \times 3 = 276$

तीसरे विषय (c) में अंक = 51

$\therefore \quad a + b = 240 - 51 = 189$

$d + e = 276 - 51 = 225$

सभी 5 विषयों के औसत अंक

$$= \frac{189+51+225}{5} = \frac{465}{5} = 93$$

244. (d) हम जानते हैं, यदि प्रत्येक संख्या में से a घटा दिया जाए, तो औसत में भी a की कमी होगी।
दिया है,
90 परिणामों का औसत = 38
प्रत्येक में से 4 घटाने पर,
नया औसत = 38 − 4 = 34

245. (b) $\because \frac{24+28+27+23+D+E}{6} = 29$
$\Rightarrow 102 + D + E = 29 \times 6$
$\Rightarrow D + E + 102 = 174$
$\Rightarrow D + E = 72$
अतः D और E का औसत $= \frac{72}{2} = 36$

246. (a) दिया है, X, Y और Z का औसत = 54
$X = \frac{Y+Z}{2} + 10$ ...(i)
$\Rightarrow Y = \frac{Y+Z}{2} + 12$
$\Rightarrow 2Y = Y + Z + 24$
$\Rightarrow Y = Z + 24$
Y का मान समी (i) में रखने पर,
$X = \frac{Z+24+Z}{2} + 10$
$\Rightarrow X = Z + 12 + 10$
$\therefore (X - Z) = 22$

247. (a) 28 संख्याओं का औसत = 110
प्रत्येक संख्या में B जोड़ने पर औसत = 128
हम जानते हैं,
प्रत्येक संख्या में यदि x जोड़ा जाए, तो औसत में भी x की वृद्धि होगी।
$\therefore 110 + B = 128$
$\Rightarrow B = 128 - 110 = 18$

248. (a) माना समूह में छात्रों की संख्या = n
n छात्रों का औसत भार = 44 किग्रा
तथा n छात्रों का कुल भार = $(44 \times n)$ किग्रा
प्रश्नानुसार,
नया औसत भार $= \frac{44n - 40 + 34}{n} = 43.4$
$\Rightarrow 44n - 6 = 43.4 \times n$
$\Rightarrow 44n - 43.4n = 6$
$\Rightarrow 0.6n = 6$
$\therefore n = 10$
अतः समूह में 10 छात्र हैं।

249. (c) प्रथम n प्राकृत संख्याओं के वर्गों का औसत
$= \frac{(n+1)(2n+1)}{6}$ [यहाँ, $n = 17$]
$= \frac{(17+1)(17 \times 2 + 1)}{6} = 105$

250. (d) प्रश्नानुसार, $\frac{S_1 + S_2}{2} = \frac{S_2 + S_3}{2} + 35$
$\Rightarrow S_1 + S_2 = S_2 + S_3 + 70$
$\Rightarrow S_1 = S_3 + 70$
$\therefore S_1 = 75 + 70 = 145$

251. (b) 12 संख्याओं का औसत = 60
12 संख्याओं का योग = 60 × 12 = 720
प्रथम 5 संख्याओं में से 12 घटा दिया तो कुल कमी
= 12 × 5 = 60
तथा अन्तिम संख्याओं में 10 जोड़ा
तो कुल योग = 10 × 7 = 70
$\therefore$ 12 संख्याओं का नया योग = 720 − 60 + 70 = 730
अतः नया औसत $= \frac{730}{12} = 60.83$

252. (a) $P + Q + R$ का योग
$= 40 \times 3 = 120$ ...(i)
$P + Q$ का योग $= 35 \times 2 = 70$ ...(ii)
$Q + R$ का योग $= 45 \times 2 = 90$ ...(iii)
समी (ii) व (iii) के योग में से समी (i) को घटाने पर,
$Q = (70 + 90) - 120 = 40$

253. (a) माना पाँच संख्या क्रमशः a, b, c, d और e हैं,
तब $a + b + c + d + e$ का योग
$= 36 \times 5 = 180$ ...(i)
अब $\frac{(a+b)}{2} = 1.5 \times \frac{(c+d+e)}{3}$
$\Rightarrow (a + b) = (c + d + e)$
$(a + b)$ का मान समी (i) में रखने पर,
$(a + b) + (a + b) = 180$
$\Rightarrow 2(a + b) = 180$
$\therefore (a + b) = 90$

254. (c) प्रथम n विषम संख्याओं का औसत = n
यहाँ $n = 31$
$\therefore$ प्रथम 31 विषम संख्याओं का औसत = 31

255. (c) T, U, V का कुल भार
= 42 × 3 = 126 किग्रा ...(i)
T और U का कुल भार
= 40 × 2 = 80 किग्रा ...(ii)
U और V का कुल भार
= 36 × 2 = 72 किग्रा ...(iii)
समी (ii) व (iii) के योग में से समी (i) को घटाने पर,
$U = (80 + 72) - 126 = 26$ किग्रा

256. (a) माना चार संख्याएँ क्रमशः a, b, c और d हैं,
तब $a + b + c + d$ का योग
$= 24 \times 4 = 96$ ...(i)
पुनः $\frac{a+b}{2} = 2 \times \frac{c+d}{2}$
$a + b = 2(c + d)$
$(a + b)$ का मान समी (i) में रखने पर,
$2(c + d) + (c + d) = 96$
$\Rightarrow 3(c + d) = 96$
$\Rightarrow (c + d) = 32$
$\therefore$ अन्तिम दो संख्याओं का योग = 32

257. (d) 6 विषयों में कुल अंक = 75 × 6 = 450
$\because$ एक विषय में प्राप्त अंक = 80
तो शेष 5 विषयों के अंक = 450 − 80 = 370

258. (c) माना दोनों संख्याएँ क्रमशः a और b हैं।
प्रश्नानुसार, $a = \frac{b}{2}$
$\Rightarrow b = 2a$ ...(i)
और, $\frac{a+b}{2} = 15$
$\Rightarrow a + b = 30$ ...(ii)
$\Rightarrow a + 2a = 30$ [समी (i) से]
$\Rightarrow 3a = 30 \Rightarrow a = 10$
$\therefore$ पहली संख्या 10 है।

259. (a) 35 कर्मचारियों के आय का योग
$= K \times 35 = 35K$
अब, 36 लोगों की आय का योग
= 19000 × 36 = ₹ 684000
प्रश्नानुसार, $35K + 54000 = 684000$
$\Rightarrow 35K = 684000 - 54000$
$\Rightarrow 35K = 630000$
$\therefore K =$ ₹ 18000

260. (c) 4 संख्याओं का योग = 52 × 4 = 208
माना अन्तिम दो संख्याओं का औसत = x
तो योग $= 2 \times x = 2x$
तब, प्रथम दो संख्याओं का औसत = $3x$
तो योग $= 2 \times 3x = 6x$
प्रश्नानुसार, $2x + 6x = 208$
$\Rightarrow 8x = 208$
$\therefore x = 26$
$\therefore$ प्रथम दो संख्याओं का योग
$= 6x = 26 \times 6 = 156$

261. (b) छः मित्रों की ऊँचाई का योग
= 144 × 6 = 864
150 सेमी ऊँचाई वाले लड़के के जाने के बाद बचे लड़कों की कुल ऊँचाई = 864 − 150 = 714 सेमी
$\therefore$ अभीष्ट औसत $= \frac{714}{5} = 142.8$ सेमी

262. (c) 13 विद्यार्थियों के कुल अंक
= 130 × 13 = 1690
सही योग = 1690 − 23 + 32 = 1699
$\therefore$ सही औसत $= \frac{1699}{13} = 130.69$

263. (a) 22 विद्यार्थियों के कुल भार का योग
= 42 × 22 = 924 किग्रा
33 किग्रा और 39 किग्रा के दो विद्यार्थी आने पर कुल भार = 924 + 33 + 39 = 996 किग्रा
$\therefore$ नया औसत $= \frac{996}{24} = 41.5$ किग्रा

264. (a) पाँच संख्याओं का योग = 32 × 5 = 160
4 संख्याओं का योग = 28 × 4 = 112
$\therefore$ हटाई गई संख्या = 160 − 112 = 48

265. (a) अभीष्ट औसत
$= \frac{2+3+5+7+11+13+17+19+23+29+31}{11}$
$= \frac{160}{11} = 14.54$

266. (b) प्रथम 3 महीनों के लिए कुल व्यय का योग
= 1100 × 3 = ₹ 3300
अगले 5 महीनों का व्यय = 1000 × 5 = ₹ 5000
अन्तिम 4 महीनों का व्यय = 1200 × 4 = ₹ 4800
कुल व्यय = 3300 + 5000 + 4800 = ₹ 13100
कुल बचत = ₹ 1300
$\therefore$ कुल आय = 13100 + 1300 = ₹ 14400
$\therefore$ औसत मासिक आय $= \frac{14400}{12} =$ ₹ 1200

267. (a) माना 34 व्यक्तियों का औसत वजन = x किग्रा
तथा नए व्यक्ति का वजन = y किग्रा
$\frac{34x - 90 + y}{34} = x + 3$
$\Rightarrow 34x - 90 + y = 34x + 102$
$\Rightarrow y = 192$ किग्रा

268. (d) माना हटाए गए व्यक्ति का भार = x किग्रा

प्रश्नानुसार, $8 \times 40 - x = 7 \times 38$

$\Rightarrow \quad 320 - x = 266$

$\Rightarrow \quad x = 54$ किग्रा

269. (d) कक्षा का औसत वजन

$= \dfrac{(40 \times 30) + (50 \times 50)}{80}$

$= \dfrac{1200 + 2500}{80}$

$= \dfrac{3700}{80} = 46.25$ किग्रा

270. (a) 45 डिब्बों का कुल भार = 52×45

= 2340 ग्राम

5 नीले डिब्बों का कुल भार = 5×40 = 200 ग्राम

तथा 8 हरे डिब्बों का कुल भार = 8×43 = 344 ग्राम

$\therefore$ आवश्यक औसत $= \dfrac{2340 + 200 + 344}{45 + 5 + 8}$

$= \dfrac{2884}{58} = 49.72$ ग्राम

271. (c) प्रश्नानुसार, सभी छात्रों के औसत अंक

$= \dfrac{(45 \times 78) + (50 \times 65)}{45 + 50} = \dfrac{3510 + 3250}{95}$

$= \dfrac{6760}{95} = \dfrac{1352}{19}$

272. (d) मिश्रण का औसत मूल्य

$= \dfrac{\text{बेहतर चावल का कुल मूल्य + घटिया चावल का कूल मूल्य}}{\text{(बेहतर चावल + घटिया चावल)}}$

$= \dfrac{10 \times 85 + 5 \times 46}{10 + 5} = \dfrac{1080}{15} = ₹ 72$

273. (c) अभीष्ट औसत $= \dfrac{(8 \times 7) - 10 + 6}{8}$

$= \dfrac{56 - 10 + 6}{8} = \dfrac{52}{8} = 6.5$

274. (d) v संख्याओं का कुल योग $= w^2 \times v = w^2 v$

w संख्याओं का कुल योग $= v^2 \times w = v^2 w$

$\therefore$ सभी संख्याओं का औसत $= \dfrac{w^2 v + v^2 w}{v + w}$

$= \dfrac{vw\,(w + v)}{w + v} = vw$

275. (b) माना कक्षा में लड़कों की संख्या = x

$19 \times x + 14 \times 30 = 18\,(x + 30)$

$\Rightarrow \quad 19x + 420 = 18x + 540$

$\Rightarrow \quad x = 540 - 420$

$\therefore \quad x = 120$

अतः कक्षा में लड़कों की संख्या = 120

स्पीडी विधि

लड़कों का औसत   लड़कियों का औसत

19   14

18

(18 – 14) : (19 – 18)

4 : 1

लड़कियों की संख्या = 1 इकाई = 30

लड़कों की संख्या = 4 इकाई = 30×4 = 120

276. (b) 12 संख्याओं का योग = 12×47 = 564

पहली 5 संख्याओं का योग = 5×45 = 225

अगली 4 संख्याओं का योग = 4×52 = 208

माना 10वीं संख्या = x

$\therefore$ 11वीं संख्या = $x + 10$

12वीं संख्या = $x - 5$

प्रश्नानुसार, $564 = 225 + 208 + x + x + 10 + x - 5$

$\Rightarrow 564 = 438 + 3x \Rightarrow 3x = 564 - 438$

$\therefore \quad x = \dfrac{126}{3} = 42$

11वीं और 12वीं संख्याओं का औसत

$= \dfrac{x + 10 + x - 5}{2} = \dfrac{2x + 5}{2} = \dfrac{2(42) + 5}{2}$

$= \dfrac{89}{2} = 44.5$

277. (d) कक्षा मे 30 विद्यार्थियों का कुल भार

= (60×30) किग्रा = 1800 किग्रा

कक्षा में 30 विद्यार्थियों + 1 शिक्षक का कुल भार

= (60.5×31) = 1875.5 किग्रा

$\therefore$ शिक्षक का भार = $(1875.5 - 1800)$

= 75.5 किग्रा

278. (c) 50 छात्रों के कुल स्कोर = 50×44 = 2200

माना लड़कियों का औसत स्कोर x है।

$\therefore$ लड़कों का औसत स्कोर $= x \times \dfrac{80}{100} = \dfrac{4x}{5}$

प्रश्नानुसार, $50 \times \dfrac{40x}{100} + 50 \times \dfrac{60}{100} \times \dfrac{4x}{5} = 2200$

$\Rightarrow \quad 20x + 24x = 2200$

$\Rightarrow \quad 44x = 2200$

$\Rightarrow \quad x = \dfrac{2200}{44} = 50$

279. (a) अभीष्ट औसत $= \dfrac{20 \times 75 + 30 \times 60}{20 + 30}$

$= \dfrac{1500 + 1800}{50}$

$= \dfrac{3300}{50} = 66$

280. (c) प्रश्नानुसार,

32 विद्यार्थियों का कुल भार = 32×50

= 1600 किग्रा

माना शिक्षक का भार x किग्रा है।

$\therefore \quad 1600 + x = 33 \times (50 + 0.5)$

$\Rightarrow \quad 1600 + x = 1650 + 16.5$

$\Rightarrow \quad x = 1666.5 - 1600$

$\Rightarrow \quad x = 66.5$ किग्रा

स्पीडी विधि

शिक्षक का भार = $50 + 33 \times 0.5$ = 66.5 किग्रा

281. (a) हम जानते हैं कि प्रथम n प्राकृत विषम संख्याओं का औसत = n

$\therefore$ प्रथम 8 प्राकृत विषम संख्याओं का औसत = 8

282. (a) $(P + Q)$ का औसत

$= \dfrac{PQ^2 + QP^2}{P + Q} = \dfrac{PQ\,(Q + P)}{P + Q} = PQ$

283. (b) छः महीनों में कुल बिक्री

= 6500×6 = ₹ 39000

पाँच महीनों में बिक्री

= 6435 + 6927 + 6855 + 7230 + 6562

= ₹ 34009

$\therefore$ छठे महीने में बिक्री = 39000 – 34009

= ₹ 4991

05

अनुपात और समानुपात

अनुपात

अनुपात एक ही प्रकार की दो मात्राओं की तुलना या एकसमान मात्रा का दूसरी मात्रा से सम्बन्ध है। अनुपात को '':'' से प्रदर्शित किया जाता है।

यदि दो संख्याएँ a और b हैं, तो दोनों का अनुपात $a:b$ या $\frac{a}{b}$ से प्रदर्शित किया जाता है तथा a को पूर्ववर्ती तथा b को अनुवर्ती कहा जाता है।

अनुपात के प्रकार

1. **वर्गानुपात** $a:b$ का वर्गानुपात $a^2:b^2$ होगा।
2. **वर्गमूलानुपात** $a:b$ का वर्गमूलानुपात $\sqrt{a}:\sqrt{b}$ होगा।
3. **घनानुपात** $a:b$ का घनानुपात $a^3:b^3$ होगा।
4. **घनमूलानुपात** $a:b$ का घनमूलानुपात $\sqrt[3]{a}:\sqrt[3]{b}$ होगा।
5. **व्युत्क्रम अनुपात** $a:b$ का व्युत्क्रम अनुपात $b:a$ होगा।
6. **मिश्रित अनुपात** यदि दो अनुपात $a:b$ और $c:d$ हो, तो मिश्रित अनुपात
$$=\frac{a}{b}\times\frac{c}{d}=ac:bd$$

उदाहरण 1. यदि $a:b=1:2$ और $b:c=3:2$, तो $a:b:c$ ज्ञात कीजिए।

हल
$$a:b=1:2$$
$$b:c=3:2$$
$$a:b:c=3:6:4$$

राशि का अनुपातिक विभाजन

यदि किसी राशि Z को तीन व्यक्तियों A, B और C के बीच $P_1:P_2:P_3$ के अनुपात में बाँटा जाता है, तो

$$A \text{ का हिस्सा} = \frac{P_1}{(P_1+P_2+P_3)}\times Z$$

उदाहरण 2. यदि एक धनराशि A, B और C में $1:3:5$ के अनुपात में बाँटने पर A को कुल ₹ 500 प्राप्त हुए, तो कुल धनराशि ज्ञात कीजिए।

हल माना कुल धनराशि = ₹ x

प्रश्नानुसार, A का हिस्सा $=\frac{1}{(1+3+5)}\times x=500$

$\Rightarrow \frac{x}{9}=500$

$\Rightarrow x=4500$

समानुपात

जब दो अनुपात एक-दूसरे के बराबर होते हैं, तो उन्हें समानुपाती कहते हैं। इसे '':::'' से प्रदर्शित करते हैं।

जैसे— $a:b=c:d \Rightarrow a:b::c:d$

महत्वपूर्ण नियम

1. यदि $x\propto y$ है, तब $x=ky$ होता है जहाँ, k स्थिरांक है।
2. यदि $x\propto\frac{1}{y}$ है, तब $x=\frac{k}{y}$ होता है जहाँ, k स्थिरांक है।
3. **योगान्तरानुपात नियम** यदि $w:x::y:z$ तथा $\frac{w}{x}=\frac{y}{z}$
तब, $\frac{w+x}{w-x}=\frac{y+z}{y-z}$
4. यदि $\frac{a}{b}=\frac{c}{d}=\frac{e}{f}=k$ जहाँ, k स्थिरांक है। तब, $k=\frac{a+c+e}{b+d+f}$

उदाहरण 3. $\frac{2+x}{4-x}=\frac{8-x}{1+x}=k$, तो k का मान ज्ञात कीजिए।

हल $k=\frac{2+x+8-x}{4-x+1+x}=\frac{10}{5}=2$

समानुपात के प्रकार

1. **पहला समानुपातिक** यदि a और b का पहला समानुपातिक z हो, तो
$$z:a::a:b\Rightarrow\frac{z}{a}=\frac{a}{b}\Rightarrow z=\frac{a^2}{b}$$
2. **मध्यानुपाती** यदि a और b का मध्यानुपाती z है, तो
$$a:z::z:b\Rightarrow\frac{a}{z}=\frac{z}{b}\Rightarrow z=\sqrt{ab}$$
3. **तृतीयानुपाती** यदि a और b का तृतीयानुपाती z है, तो
$$a:b::b:z\Rightarrow\frac{a}{b}=\frac{b}{z}\Rightarrow z=\frac{b^2}{a}$$
4. **चतुर्थानुपाती** यदि a, b, c का चतुर्थानुपाती z है, तो
$$a:b::c:z\Rightarrow\frac{a}{b}=\frac{c}{z}\Rightarrow z=\frac{b\times c}{a}$$

उदाहरण 4. 3 और 27 का मध्यानुपाती ज्ञात कीजिए।

हल प्रश्नानुसार, मध्यानुपाती $=\sqrt{3\times27}=\sqrt{81}=9$

SSC एग्जाम स्कैनर

SSC CGL 2024 (Tier I & II)

1. आदि और दीया के पास कुल मिलाकर ₹ 1440 हैं। यदि आदि की राशि का $\frac{3}{10}$ भाग, दीया की राशि के $\frac{3}{5}$ भाग के बराबर है, तो दीया के पास कितनी राशि है?
SSC CGL (Tier-II) 20/01/2025 Shift-I
(a) ₹ 480 (b) ₹ 540 (c) ₹ 464 (d) ₹ 512

2. यदि $a: b = 2:3$, $b: c = 5:7$ है, तो $c:a$ का अनुपात ज्ञात कीजिए।
SSC CGL (Tier-II) 20/01/2025 Shift-I
(a) 15 : 21 (b) 10 : 21
(c) 20 : 21 (d) 21 : 10

3. किसी धनराशि को 3 दोस्त P, Q और R के बीच 5 : 3 : 4 के अनुपात में बाँटना है। यदि P को R से ₹ 1500 अधिक मिलते हैं, तो Q का हिस्सा कितना है?
SSC CGL (Tier-II) 18/01/2025 Shift-I
(a) ₹ 5100 (b) ₹ 4680
(c) ₹ 4500 (d) ₹ 4950

4. A, B और C की मासिक आय 2 : 9 : 3 के अनुपात में है और उनके खर्चे 3 : 9 : 5 के अनुपात में हैं। यदि A की बचत उसकी कुल आय की आधी है, तो A, B और C की बचत क्रमश: ………… अनुपात में होगी।
SSC CGL (Tier-I) 26/09/2024 Shift-III
(a) 1 : 2 : 1 (b) 2 : 5 : 2
(c) 3 : 18 : 4 (d) 3 : 9 : 2

5. यदि $a : b = c : d = e : f = 5 : 7$ है, तो $(3a + 5c + 11e) : (3b + 5d + 11f)$ का अनुपात क्या है?
SSC CGL (Tier-1) 26/09/2024 Shift-II
(a) 3 : 7 (b) 11 : 7
(c) 7 : 11 (d) 5 : 7

6. यदि $A : B = 6:8$ और $B : C = 5:11$ है, तो $A : B : C$ का मान ज्ञात कीजिए।
SSC CGL (Tier-1) 25/09/2024 Shift-II
(a) 11 : 23 : 14 (b) 14 : 31 : 25
(c) 15 : 20 : 44 (d) 15 : 32 : 44

7. P और Q का कुल वेतन ₹ 960000 है। P और Q अपने-अपने वेतन के क्रमश: 64% और 44% की बचत करते हैं। यदि P का व्यय Q के व्यय का 1.5 गुना है, तो P के वेतन और Q के वेतन का अनुपात ज्ञात करें।
SSC CGL (Tier-1) 25/09/2024 Shift-I
(a) 7 : 3 (b) 3 : 7 (c) 2 : 3 (d) 3 : 2

8. दो संख्याओं का अनुपात 2 : 5 है और उनका अन्तर 210 है। छोटी संख्या ………. है।
SSC CGL (Tier-1) 24/09/2024 Shift-III
(a) 60 (b) 350 (c) 140 (d) 150

9. यदि p और q के बीच का मध्यानुपाती 12 है, तो क्रमश: p और q के सम्भावित मान क्या हैं?
SSC CGL (Tier-1) 24/09/2024 Shift-II
(a) 3, 28 (b) 3, 38 (c) 24, 6 (d) 24, 16

10. 4, 9 और 16 का चतुर्थानुपाती ज्ञात कीजिए।
SSC CGL (Tier-I) 23/09/2024 Shift-II
(a) 16 (b) 27 (c) 18 (d) 36

11. 18 और A का मध्यानुपाती 30 है। A का मान ज्ञात कीजिए। **SSC CGL (Tier-I) 23/09/2024 Shift-I**
(a) 60 (b) 40 (c) 50 (d) 45

12. एक कॉलेज में लड़कों और लड़कियों का अनुपात 5 : 6 है। यदि 40 लड़के कॉलेज छोड देते हैं और 50 लड़कियाँ कॉलेज में शामिल हो जाती है, तो अनुपात 8 : 11 हो जाता है। कॉलेज में लड़कियों की संख्या ज्ञात कीजिए।
SSC CGL (Tier-I) 19/09/2024 Shift-III
(a) 720 (b) 860 (c) 640 (d) 740

13. एक हीरे की कीमत उसके वजन के वर्ग के अनुक्रमानुपाती है। एक बार, यह हीरा वजन के 4 : 3 : 2 : 1 के अनुपात में चार टुकड़ों में टूट गया। जब टुकड़ों को बेचा गया, तो व्यापारी को उस हीरे के एक नग की कीमत से ₹ 63000 कम मिले। हीरे की मूल कीमत ज्ञात कीजिए।
SSC CGL (Tier-I) 19/09/2024 Shift-I
(a) ₹ 80000 (b) ₹ 90000
(c) ₹ 75000 (d) ₹ 86000

14. यदि $A : B = 6 : 8$ और $B : C = 7 : 12$ हैं, तो $A : B : C$ का मान ज्ञात कीजिए।
SSC CGL (Tier-I) 18/09/2024 Shift-III
(a) 21 : 28 : 48 (b) 14 : 31 : 20
(c) 21 : 32 : 40 (d) 11 : 23 : 40

15. $4a^2$ और x का मध्यानुपाती $\frac{1}{5a}$ है, जहाँ a धनात्मक संख्या है, तो x का मान …… है।
SSC CGL (Tier-I) 18/09/2024 Shift-II
(a) $\frac{1}{25a^4}$ (b) $\frac{1}{100a^2}$
(c) $\frac{1}{25a^2}$ (d) $\frac{1}{100a^4}$

16. 36 और 100 का मध्यानुपाती ज्ञात कीजिए।
SSC CGL (Tier-I) 18/09/2024 Shift-I
(a) 55 (b) 65 (c) 70 (d) 60

17. एक कम्पनी में, पुरुषों और महिलाओं का अनुपात क्रमश: 5 : 3 है। जब कम्पनी में 150 अतिरिक्त महिलाओं को नियोजित किया जाता है, तो अनुपात 5 : 4 हो जाता है। कम्पनी में कितने पुरुष कार्यरत हैं?
SSC CGL (Tier-I) 17/09/2024 Shift-II
(a) 750 (b) 550 (c) 950 (d) 850

18. यदि $A : B = 6 : 8$ और $B : C = 7 : 10$ है, तो $A : B : C$ का मान ज्ञात कीजिए।
SSC CGL (Tier-I) 17/09/2024 Shift-I
(a) 23:32:40 (b) 21:23:40
(c) 21:28:40 (d) 14:31:20

19. दुर्लभ सिक्कों के संग्रह में, प्रत्येक चार गैर-सोने के सिक्कों के लिए एक सोने का सिक्का है। यदि संग्रह में 20 और सोने के सिक्के जोड़े जाते हैं, तो सोने के सिक्कों की संख्या और गैर-सोने के सिक्कों की संख्या का अनुपात 2 : 3 होगा। संग्रह में सिक्कों की कुल संख्या अब ……… हो जाएगी।
SSC CGL (Tier-I) 17/09/2024 Shift-I
(a) 80 (b) 100 (c) 48 (d) 60

20. 12.96 और 0.16 का माध्यानुपाती ज्ञात करें।
SSC CGL (Tier-I) 13/09/2024 Shift-III
(a) 1.96 (b) 1.69
(c) 1.21 (d) 1.44

21. यदि $A:B = 6:8$ और $B:C = 5 : 10$ है, तो $A : B: C$ का मान ज्ञात कीजिए।
SSC CGL (Tier-I) 13/09/2024 Shift-I
(a) 4 : 3 : 2 (b) 3 : 4 : 8
(c) 1 : 3 : 4 (d) 1 : 2 : 4

22. 2 और 32 का मध्यानुपाती है।
SSC CGL (Tier-I) 12/09/2024 Shift-III
(a) 8 (b) 6 (c) 16 (d) 12

23. एक क्लब में पुरुष और महिला सदस्यों के बीच अनुपात 2:3 है। यदि पुरुष सदस्यों की संख्या 200 बढ़ा दी जाए, तो अनुपात 5:6 हो जाता है। क्लब में कितनी महिला सदस्य हैं?
SSC CGL (Tier-I) 12/09/2024 Shift-II
(a) 1400 (b) 1200 (c) 1000 (d) 900

24. यदि $28.9 : x :: x : 36.1$ और $x > 0$ है, तो x का मान ज्ञात करें।
SSC CGL (Tier-I) 12/09/2024 Shift-I
(a) 32.3 (b) 35 (c) 38.3 (d)30.4

25. राज ₹ 1200 को अपने तीन मित्रों के बीच 2 : 1 : 3 के अनुपात में बाँटता है। सबसे बड़े हिस्से के तीन गुना और सबसे छोटे हिस्से के दो गुना के योग के बराबर धनराशि ज्ञात करें।
SSC CGL (Tier-I) 12/09/2024 Shift-I
(a) ₹ 2000 (b) ₹ 2400
(c) ₹ 2200 (d) ₹ 1800

26. P, Q और R की आय का अनुपात 10 : 12 : 9 है और उनके व्यय का अनुपात 12 : 15: 8 है। यदि Q अपनी आय का 25% भाग बचाता है, तो P, Q और R की बचत का अनुपात क्या है?
SSC CGL (Tier-I) 12/09/2024 Shift-I
(a) 21 : 15 : 14 (b) 21 : 14 :15
(c) 15 : 14 : 21 (d) 14 : 15 : 21

27. 1.21 और 0.09 के मध्यानुपाती तथा 0.16 और 0.36 के मध्यानुपाती का अनुपात क्या है?
SSC CGL (Tier-I) 11/09/2024 Shift-III
(a) 13 : 8 (b) 13 : 12
(c) 11 : 8 (d) 11 : 13

28. 245 और $7\frac{1}{5}$ के मध्यानुपाती को एक सम अभाज्य संख्या से विभाजित किए जाने पर प्राप्त भागफल ज्ञात करें।
SSC CGL (Tier-I) 11/09/2024 Shift-II
(a) 42 (b) 36 (c) 21 (d) 49

29. एक धनराशि को P, Q, R और S के बीच 4 : 9 : 2 : 3 के अनुपात में विभाजित किया जाता है। यदि Q को R से ₹ 560 अधिक प्राप्त होते हैं, तो S का हिस्सा ज्ञात कीजिए।
SSC CGL (Tier-I) 11/09/2024 Shift-I
(a) ₹340 (b) ₹240
(c) ₹440 (d) ₹140

30. यदि $A : B = 6 : 8$ और $B : C = 5 : 12$ है, तो $A : B : C$ का मान ज्ञात कीजिए।
SSC CGL (Tier-I) 10/09/2024 Shift-II
(a) 10 : 23 : 14 (b) 11 : 32 : 44
(c) 15 : 20 : 48 (d) 14 : 31 : 28

31. दी गई तालिका में यदि $A : C = B : D$ है, तो D का मान कितना होगा?
SSC CGL (Tier-I) 10/09/2024 Shift-I

A	B	C	D
25	40	30	?

(a) 48 (b) 56 (c) 42 (d) 45

32. एक मनी बैग में क्रमशः ₹ 1, ₹ 5 और ₹ 10 के सिक्के 3 : 5 : 7 के अनुपात में हैं। यदि उस बैग में कुल राशि ₹ 980 हो, तो ₹ 10 के सिक्कों की संख्या ज्ञात कीजिए।
SSC CGL (Tier-I) 10/09/2024 Shift-I
(a) 71 (b) 70 (c) 69 (d) 68

33. $8a^2$ और $\frac{18}{a^4}$ का मध्यानुपाती क्या है, जहाँ a एक धनात्मक संख्या है।
SSC CGL (Tier-I) 09/09/2024 Shift-III
(a) $\frac{12}{a^2}$ (b) $12a$ (c) $\frac{12}{a}$ (d) $12a^2$

34. यदि x, y के व्युत्क्रमानुपाती है और $y = 6$ होने पर $x = 2$ है, तो $x = 3$ होने पर y का मान क्या होगा?
SSC CGL (Tier-I) 09/09/2024 Shift-II
(a) 2 (b) 3 (c) 6 (d) 4

35. एक परीक्षा में लड़कों और लड़कियों के औसत अंक (100 में से) क्रमशः 75 और 80 हैं। यदि उस परीक्षा में सभी विद्यार्थियों के औसत अंक 78 हों, तो लड़कों की संख्या और लड़कियों की संख्या का अनुपात ज्ञात कीजिए।
SSC CGL (Tier-I) 09/09/2024 Shift-I
(a) 2 : 3 (b) 1 : 3 (c) 3 : 4 (d) 1 : 2

SSC CGL 2023 (Tier I & II)

36. 25 पैसे, 50 पैसे, ₹ 2 और ₹ 5 के सिक्कों की संख्याओं का अनुपात क्रमशः 5 : 4 : 3 : 1 है। यदि सिक्कों की कुल राशि ₹ 285 है, तो 25 पैसे और ₹ 5 के सिक्कों की संख्या के बीच अन्तर क्या होगा?
SSC CGL (Tier II) 06/03/2023 Shift-I
(a) 30 (b) 60
(c) 80 (d) 40

37. एक परीक्षा में राजेश, राकेश और रमेश द्वारा प्राप्त अंकों का अनुपात 2 : 4 : 9 है। यदि राजेश ने परीक्षा में 30 अंक प्राप्त किए हैं, तो राकेश और रमेश द्वारा प्राप्त अंक क्या हैं?
SSC CGL (Tier II) 03/03/2023 Shift-I
(a) राकेश = 120, रमेश = 180
(b) राकेश = 60, रमेश = 135
(c) राकेश = 90, रमेश = 40
(d) राकेश = 40, रमेश = 90

38. दो कर्मचारियों की आय का अनुपात 7 : 4 है और उनके व्यय का अनुपात 3 : 1 है। यदि उनमें से प्रत्येक ₹ 4800 की प्रति माह बचत करता है, तो उनकी मासिक आय का योग (₹ में) ज्ञात कीजिए।
SSC CGL (Tier II) 02/03/2023 Shift-I
(a) 18150 (b) 21120
(c) 20120 (d) 21150

39. दो संख्याएँ, तीसरी संख्या से क्रमशः 10% और 25% अधिक हैं। उन दोनों संख्याओं का अनुपात ...... है। **SSC CGL (Tier II) 02/03/2023 Shift-I**
(a) 22 : 25 (b) 19 : 25
(c) 23 : 25 (d) 18 : 25

40. अविनाश का मासिक वेतन ₹ 50000 है और उसका मासिक व्यय ₹ 18000 है। राधा का मासिक वेतन ₹ 60000 है और उसका मासिक व्यय ₹ 24000 है। राधा की बचत और अविनाश की बचत का अनुपात ज्ञात करें।
SSC CGL (Tier I) 27/07/2023 Shift-III
(a) 9 : 8 (b) 6 : 5
(c) 9 : 7 (d) 8 : 7

41. 7 और 63 का तृतीयानुपाती क्या है?
SSC CGL (Tier I) 27/07/2023 Shift-III
(a) 441 (b) 567
(c) 625 (d) 576

42. यदि $3x^2$ और $4xy$ का तृतीयानुपाती 48 है, तो y का धनात्मक मान ज्ञात करें।
SSC CGL (Tier I) 27/07/2023 Shift-II
(a) 2 (b) 5
(c) 4 (d) 3

43. वह छोटी-से-छोटी धनात्मक संख्या कौन-सी है, जिसे 2 और 3 में से घटाए जाने पर उनका तृतीय अनुपात 4 होगा
SSC CGL (Tier I) 26/07/2023 Shift-IV
(a) 3 (b) 4
(c) 2 (d) 1

44. एक स्कूल में लड़कों की संख्या का उस स्कूल में लड़कें और लड़कियों की कुल संख्या का अनुपात 7 : 17 है। यदि उस स्कूल में लड़कों की संख्या 1099 है, तो उस स्कूल में कितनी लड़कियाँ हैं?
SSC CGL (Tier I) 26/07/2023 Shift-II
(a) 1560 (b) 1580 (c) 1550 (d) 1570

45. 8, 32 और 13 का चतुर्थानुपाती क्या है?
SSC CGL (Tier I) 25/07/2023 Shift-III
(a) 40 (b) 52 (c) 39 (d) 26

46. निम्नलिखित में से कौन-सा अनुपात सबसे कम है? **SSC CGL (Tier I) 25/07/2023 Shift-II**
(a) 13 : 19 (b) 8 : 19
(c) 15 : 38 (d) 17 : 38

47. एक खम्भा 9030 सेमी लम्बा है। यह 6 : 7 : 8 के अनुपात में केसरिया, सफेद और हरे रंग से रंगा गया है। खम्भे के हरे भाग की लम्बाई ज्ञात करें। **SSC CGL (Tier I) 24/07/2023 Shift-IV**
(a) 3480 सेमी (b) 2580 सेमी
(c) 3010 सेमी (d) 3440 सेमी

48. तीन संख्याएँ $\frac{4}{5} : \frac{5}{6} : \frac{9}{10}$ के अनुपात में हैं। सबसे छोटी और सबसे बड़ी संख्या के बीच का अन्तर 12 है। वह संख्या ज्ञात करें, जो न तो सबसे छोटी है और न ही सबसे बड़ी।
SSC CGL (Tier I) 24/07/2023 Shift-II
(a) 96 (b) 100 (c) 108 (d) 104

49. यदि 28:98::98:y है, तो y का मान ज्ञात कीजिए। **SSC CGL (Tier I) 21/07/2023 Shift-IV**
(a) 338 (b) 333 (c) 348 (d) 343

50. 8, 12 और 14 संख्याओं का चतुर्थानुपाती .... है। **SSC CGL (Tier I) 21/07/2023 Shift-III**
(a) 24 (b) 15 (c) 21 (d) 16

51. X, Y और Z ने ₹ 3400 की लागत वाला एक कार्य पूरा किया। X ने 5 दिन के लिए, Y ने 7 दिन के लिए और Z ने 10 दिन के लिये कार्य किया। यदि उनकी दैनिक मजदूरी 4 : 5 : 3 के अनुपात में है, तो X को कितनी राशि प्राप्त होगी? **SSC CGL (Tier I) 20/07/2023 Shift-IV**
(a) ₹ 900 (b) ₹ 800 (c) ₹ 600 (d) ₹ 700

52. यदि $a : b :: b : c$ और $b = 96$ है, तो निम्नलिखित में से कौन-सा, a और c के मानों का एक सम्भावित युग्म हो सकता है?
SSC CGL (Tier I) 20/07/2023 Shift-II
(a) $a = 32, c = 288$ (b) $a = 48, c = 168$
(c) $a = 16, c = 586$ (d) $a = 24, c = 374$

53. राधिका के पास पालतू पशुओं के रूप में 2 कुत्ते, 3 खरगोश और 4 तोते हैं। राधिका के खरगोशों की संख्या और पालतू पशुओं की कुल संख्या का अनुपात क्या होगा?
SSC CGL (Tier I) 20/07/2023 Shift-I
(a) 3 : 1 (b) 1 : 3 (c) 2 : 3 (d) 3 : 2

54. 25 और 35 के बीच तृतीयानुपाती क्या है?
SSC CGL (Tier I) 19/07/2023 Shift-III
(a) 40 (b) 49 (c) 35 (d) 25

55. एक स्कूल में गणित, अंग्रेजी और रसायन विज्ञान की सीटों का अनुपात 6 : 4 : 7 है। यदि इन सीटों में क्रमश: 20%, 40% और 60% की वृद्धि की जाती है, तो बढ़ी हुई सीटों का अनुपात क्या होगा? SSC CGL (Tier I) 19/07/2023 Shift-II
(a) 7 : 9 : 14 (b) 9 : 7 : 14
(c) 1 : 2 : 3 (d) 9 : 7 : 8

56. A, $(B+18)$ के अनुक्रमानुपाती है और $B=36$ होने पर, $A=108$ होता है। A का मान ज्ञात कीजिए, जब $B=68$ हो।
SSC CGL (Tier I) 19/07/2023 Shift-I
(a) 127 (b) 75 (c) 172 (d) 86

57. 144, 192 और 216 का चतुर्थानुपाती ज्ञात करें।
SSC CGL (Tier I) 18/07/2023 Shift-IV
(a) 361 (b) 289 (c) 324 (d) 288

58. यदि $405 : y :: y : 125$, और $y > 0$, तो y का मान ज्ञात कीजिए।
SSC CGL (Tier I) 18/07/2023 Shift-II
(a) 205 (b) 235 (c) 225 (d) 215

59. एक कारखाने में, पुरूष श्रमिकों की संख्या का 48%, महिला श्रमिकों की संख्या के दो-तिहाई के बराबर है। कारखाने में पुरूषों की संख्या का महिलाओं की संख्या से अनुपात कितना है?
SSC CGL (Tier I) 18/07/2023 Shift-II
(a) 25 : 18 (b) 25 : 12
(c) 12 : 25 (d) 18 : 25

60. $(x^2 - y^2)$ और $(x - y)$ का तृतीयानुपाती ज्ञात करें। SSC CGL (Tier I) 18/07/2023 Shift-I
(a) $\frac{x+y}{x-y}$ (b) $\frac{x-y}{x+y}$ (c) $(x-y)$ (d) $(x+y)$

61. एक थैले में 2 : 3 : 5 के अनुपात में 50 पैसे, 25 पैसे और 20 पैसे के सिक्के शामिल हैं जिनकी राशि ₹ 550 है। 50 पैसे के सिक्कों और 20 पैसे के सिक्कों से बनी धनराशियों के बीच का अन्तर .... है।
SSC CGL (Tier I) 17/07/2023 Shift-III
(a) ₹ 0 (b) ₹ 20 (c) ₹ 10 (d) ₹ 30

62. एक बैग में लाल, हरे और नीले पेन हैं, लाल, नीले और हरे पेन का दिए गए क्रम में अनुपात 7 : 4 : 9 है। यदि बैग मे पेनों की कुल संख्या 320 थी, तो उनमें से कितने पेन लाल थे?
SSC CGL (Tier I) 17/07/2023 Shift-II
(a) 119 (b) 112 (c) 105 (d) 126

63. यदि दो संख्याओं का लघुत्तम समापवर्त्य (LCM) और महत्तम समापवर्तक (HCF) क्रमश: 12 और 2 हैं, तो इन संख्याओं का मध्यानुपाती ज्ञात करें।
SSC CGL (Tier I) 17/07/2023 Shift-I
(a) 2 (b) $\sqrt{14}$
(c) $\sqrt{6}$ (d) $2\sqrt{6}$

64. एक स्कूल में लड़कों की संख्या का लड़कियों की संख्या से अनुपात 11 : 15 है। यदि स्कूल में लड़कों की तुलना में लड़कियों की संख्या 200 अधिक है, तो उस स्कूल में लड़कों की संख्या कितनी है? SSC CGL (Tier I) 14/07/2023 Shift-IV
(a) 605 (b) 506 (c) 750 (d) 550

65. 7 और 112 के मध्य मध्यानुपाती ज्ञात कीजिए।
SSC CGL (Tier I) 14/07/2023 Shift-II
(a) 21 (b) 42 (c) 28 (d) 14

66. यदि चार संख्याएँ 39, 117, 17 और y समानुपात में हैं, तो y का मान ज्ञात कीजिए।
SSC CGL (Tier I) 14/07/2023 Shift-I
(a) 49 (b) 51 (c) 85 (d) 57

SSC CGL 2022 (Tier I)

67. 25 और 225 के बीच मध्यानुपाती ज्ञात कीजिए।
SSC CGL (Tier I) 13/12/2022 Shift-IV
(a) 75 (b) 85 (c) 65 (d) 25

68. X,Y के वर्ग के अनुक्रमानुपाती है। जब X,12 है, तो Y, 2 है। X का मान ज्ञात कीजिए, जब Y, 3 है। SSC CGL (Tier I) 12/12/2022 Shift-IV
(a) 27 (b) 30 (c) 9 (d) 18

69. एक समानुपात में पहला, दूसरा और चौथा पद क्रमश: 51, 68 और 108 हैं। तीसरा पद क्या है? SSC CGL (Tier I) 12/12/2022 Shift-III
(a) 83 (b) 81 (c) 82 (d) 84

70. 7, 15 और 21 का चतुर्थ समानुपाती क्या है?
SSC CGL (Tier I) 09/12/2022 Shift-IV
(a) 29 (b) 48 (c) 45 (d) 30

71. तीन धनात्मक संख्याएँ 4 : 5 : 7 के अनुपात में हैं और उनके वर्गों का योग 15210 है। तीनों संख्याओं का योग ज्ञात कीजिए।
SSC CGL (Tier I) 09/12/2022 Shift-III
(a) 156 (b) 208 (c) 126 (d) 148

72. यदि $36 : 81 :: X : 63$ है, तो X का मान क्या है? SSC CGL (Tier I) 09/12/2022 Shift-II
(a) 30 (b) 29 (c) 28 (d) 31

73. a और $\frac{b^4}{4a}$ का तृतीय समानुपाती क्या है?
SSC CGL (Tier I) 09/12/2022 Shift-I
(a) $\frac{b^8}{8a^2}$ (b) $\frac{b^8}{8a^3}$
(c) $\frac{b^8}{16a^3}$ (d) $\frac{b^8}{16a^2}$

74. यदि $a : b = 4 : 5$ और $b : c = 3 : 10$, तो $a : c$ ... है। SSC CGL (Tier I) 08/12/2022 Shift-IV
(a) 5 : 3 (b) 25 : 6 (c) 4 : 10 (d) 6 : 25

75. संख्याओं 17, 272 और 19 का चतुर्थानुपाती ज्ञात कीजिए।
SSC CGL (Tier I) 08/12/2022 Shift-III
(a) 332 (b) 403
(c) 304 (d) 323

76. 16, 26 और 32 का चतुर्थानुपाती क्या है?
SSC CGL (Tier I) 08/12/2022 Shift-II
(a) 24 (b) 54 (c) 16 (d) 52

77. 27 और 300 के बीच मध्यानुपाती ज्ञात कीजिए।
SSC CGL (Tier I) 07/12/2022 Shift-IV
(a) 180 (b) 45 (c) 135 (d) 90

78. संख्याओं 24, 192 और 27 का चतुर्थानुपाती ज्ञात कीजिए।
SSC CGL (Tier I) 07/12/2022 Shift-III
(a) 170.67 (b) 216 (c) 162 (d) 108

79. यदि $14 : 30 :: 7 : x$ है, तो x का मान क्या है?
SSC CGL (Tier I) 07/12/2022 Shift-II
(a) 21 (b) 09 (c) 12 (d) 15

80. 6 और 54 का मध्यानुपाती 15 से ...... अधिक है। SSC CGL (Tier I) 07/12/2022 Shift-I
(a) 5 (b) 6 (c) 4 (d) 3

81. रोहन ने अंग्रेजी में विज्ञान से दोगुने अंक प्राप्त किए। अंग्रेजी, विज्ञान और गणित में उसके कुल अंक 126 हैं। यदि अंग्रेजी और गणित में उसके अंकों का अनुपात 2 : 3 है, तो अंग्रेजी में उसके अंक कितने हैं?
SSC CGL (Tier I) 06/12/2022 Shift-IV
(a) 42 (b) 21 (c) 20 (d) 63

82. $\frac{a^3+b^3}{a-b}$ और $\frac{a^2-b^2}{a^2-ab+b^2}$ का मध्यानुपाती ज्ञात कीजिए।
SSC CGL (Tier I) 06/12/2022 Shift-III
(a) $a+b$ (b) $\frac{a+b}{a-b}$ (c) $\sqrt{a+b}$ (d) 1

83. यदि x, 12.8 और 64.8 का मध्यानुपाती है, तो x का मान है
SSC CGL (Tier I) 06/12/2022 Shift-II
(a) 26.4 (b) 34 (c) 32 (d) 28.8

84. a और b का मध्यानुपाती c है, तो बताइए a^2c और b^2c का मध्यानुपाती क्या होगा?
SSC CGL (Tier I) 06/12/2022 Shift-I
(a) c^3 (b) c (c) c^2 (d) $3c$

85. दो संख्याएँ 5:7 के अनुपात में हैं। यदि प्रत्येक संख्या में 6 जोड़ दिया जाए, तो अनुपात 3:4 हो जाता है। संख्याएँ ...... हैं।
SSC CGL (Tier I) 05/12/2022 Shift-IV
(a) 55, 88 (b) 30, 42 (c) 10, 16 (d) 25, 40

86. 12, 24 और 27 का चतुर्थानुपात, A और 36 के तृतीयानुपात के बराबर है। A का मान ज्ञात कीजिए। SSC CGL (Tier I) 05/12/2022 Shift-III
(a) 26 (b) 22 (c) 24 (d) 20

87. A, B के धनात्मक वर्गमूल के अनुक्रमानुपाती है और C के घन के व्युत्क्रमानुपाती है। यदि $B = 27$ और $C = 2$ होने पर $A = 15$ है, तो $A = 9$ और $C = 2$ होने पर, B ज्ञात कीजिए।
SSC CGL (Tier I) 05/12/2022 Shift-II
(a) $\frac{281}{42}$ (b) $\frac{243}{25}$ (c) $\frac{275}{51}$ (d) $\frac{264}{37}$

88. 9 और 13 में प्रत्येक से सबसे छोटी धनात्मक कौन-सी संख्या घटाई जानी चाहिए, ताकि उसका तृतीयानुपात 18 हो?
SSC CGL (Tier I) 03/12/2022 Shift-III
(a) 4 (b) 3 (c) 1 (d) 2

89. हीरे के एक टुकड़े का मूल्य उसके वजन के वर्ग के साथ बदलता रहता है। ₹ 6084 मूल्य के एक हीरे को 3 टुकड़ों में काटा जाता है, जिसका वजन 3:2:1 के अनुपात में होता है। काटने में होने वाली हानि ज्ञात कीजिए।
SSC CGL (Tier I) 03/12/2022 Shift-II
(a) ₹ 3768 (b) ₹ 3718
(c) ₹ 3518 (d) ₹ 3168

90. $(6+\sqrt{8})$ और $(3-\sqrt{2})$ के बीच मध्यानुपाती ज्ञात कीजिए।
SSC CGL (Tier I) 03/12/2022 Shift-II
(a) $\sqrt{14}$ (b) $(6-\sqrt{8})$
(c) $\sqrt{15}-7$ (d) $2\sqrt{12}$

91. यदि $a:b=c:d$ है, तो निम्नलिखित में से कौन-सा अनुपात $a:c$ के बराबर है?
SSC CGL (Tier I) 03/12/2022 Shift-I
(a) $b:c$ (b) $a:d$
(c) $a+b:c+d$ (d) $a+d:b+c$

92. 2, 5, 6 के चतुर्थानुपाती और 6, 8, 9 के चतुर्थानुपाती का अनुपात क्या है?
SSC CGL (Tier I) 02/12/2022 Shift-III
(a) 5 : 3 (b) 3 : 4 (c) 3 : 2 (d) 5 : 4

93. A, B, C और D, ₹ 93100 की सम्पत्ति साझा करते हैं। यदि $A:B=1:2$, $B:C=3:4$ और $C:D=5:6$ है, तो C का हिस्सा ज्ञात कीजिए।
SSC CGL (Tier I) 02/12/2022 Shift-II
(a) ₹ 34000 (b) ₹ 28000
(c) ₹ 25000 (d) ₹ 31000

94. 1.6 और 3.6 के बीच मध्यानुपाती तथा 5 और 8 के तृतीयानुपाती का अनुपात क्या है?
SSC CGL (Tier I) 01/12/2022 Shift-II
(a) 5 : 16 (b) 4 : 15 (c) 2 : 15 (d) 3 : 16

95. 169 और 144 का मध्यानुपाती .... है।
SSC CGL (Tier I) 01/12/2022 Shift-I
(a) 126 (b) 156 (c) 165 (d) 147

SSC CGL 2021 & 2020 (Tier I)

96. A, B, C और D के बीच किसी निश्चित राशि को इस प्रकार विभाजित किया गया है, कि भागों का अनुपात $A:B:C:D=4:12:30:45$ है। यदि A और D के भागों के बीच अन्तर ₹ 5535 है, तो कुल राशि (₹ में) ज्ञात करें।
SSC CGL (Tier I) 24/08/2021 Shift-III
(a) 12785 (b) 12285
(c) 13550 (d) 11000

97. अनिल और कुमुद के मासिक वेतन का अनुपात 19 : 17 है। यदि अनिल और कुमुद के वेतन में क्रमश: ₹2000 और ₹1000 की वृद्धि होती है, तो उनके वेतन का अनुपात 8 : 7 हो जाता है। कुमुद का वर्तमान वेतन (₹ में) ज्ञात करें।
SSC CGL (Tier I) 24/08/2021 Shift-II
(a) 34000 (b) 38000
(c) 35000 (d) 18000

98. यदि 3, 9 का तृतीयानुपात p है, तो 6, p, 4 का चतुर्थानुपात ज्ञात करें।
SSC CGL (Tier I) 24/08/2021 Shift-I
(a) 10 (b) $2\sqrt{3}$ (c) $\frac{3}{2}$ (d) 18

99. 24, 40, 33 और 57 में प्रत्येक से x घटाने पर, प्राप्त संख्याएँ समानुपात में हैं। $(5x+12)$ और $(4x+15)$ का अनुपात ज्ञात करें।
SSC CGL (Tier I) 23/08/2021 Shift-II
(a) 4 : 3 (b) 7:4 (c) 7 : 5 (d) 14 : 13

100. 12, 18, 6 का चतुर्थानुपात, 4, k के तृतीयानुपात के बराबर है। k का मान ज्ञात करें।
SSC CGL (Tier I) 23/08/2021 Shift-I
(a) 6 (b) 4 (c) $4\sqrt{3}$ (d) 6.5

101. A और B की मासिक आय का अनुपात 4 : 5 है और उनके मासिक व्यय का अनुपात 3 : 8 है। यदि A की आय B के व्यय के बराबर हो, तो A और B की बचत का अनुपात ज्ञात करें।
SSC CGL (Tier I) 20/08/2021 Shift-II
(a) 8 : 3 (b) 2 : 5 (c) 3 : 8 (d) 5 : 2

102. दो संख्याओं A और B का अनुपात 5 : 8 है। यदि A और B प्रत्येक में 5 जोड़ा जाता है, तो अनुपात 2 : 3 हो जाता है। A और B में अन्तर ज्ञात करें।
SSC CGL (Tier I) 20/08/2021 Shift-I
(a) 12 (b) 20 (c) 15 (d) 10

103. 12, 16, 6 के चतुर्थानुपात और 4, 6 के तृतीयानुपात के मध्य अनुपात ज्ञात करें।
SSC CGL (Tier I) 18/08/2021 Shift-I
(a) 11 : 5 (b) 8 : 9 (c) 3 : 2 (d) 4 : 3

104. A, B और C के बीच ₹ 31866 की राशि को इस प्रकार विभाजित किया गया है कि A और B के भागों का अनुपात 9 : 8 और A और C के भागों का अनुपात 4 : 5 है। B का भाग (₹ में) ज्ञात करें।
SSC CGL (Tier I) 17/08/2021 Shift-I
(a) 9024 (b) 8460 (c) 12690 (d) 10152

105. 12, 18 और 6 का चतुर्थानुपात, k और 6 के तृतीयानुपात के बराबर है। k का मान ज्ञात करें।
SSC CGL (Tier I) 16/08/2021 Shift-III
(a) 4 (b) 3 (c) 13.5 (d) $3\sqrt{6}$

106. अतुल, ₹ 20 क्रय मूल्य वाला ब्रेड खरीदता है और दुकानदार को ₹ 100 का नोट देता है। दुकानदार ₹ 2, ₹ 5 और ₹ 10 मूल्य वर्ग के सिक्कों में शेष धन देता है। यदि इन सिक्कों का अनुपात 5 : 4 : 1 है, तो दुकानदार ₹ 5 के कितने सिक्के देता है?
SSC CGL (Tier I) 13/08/2021 Shift-III
(a) 8 (b) 6 (c) 5 (d) 4

107. जब x को 19, 28, 55 और 91 में से प्रत्येक से घटाया जाता है, तो इस क्रम में प्राप्त संख्याएँ समानुपात में होती हैं। x का मान ज्ञात करें।
SSC CGL (Tier I) 13/08/2021 Shift-I
(a) 5 (b) 8 (c) 9 (d) 7

108. यदि $A:B=3:5$ और $B:C=2:3$ है, तो $A:B:C$ का मान .... होगा।
SSC CGL (Tier I) 07/03/2020 Shift-I
(a) 3 : 7 : 3 (b) 6 : 15 : 10
(c) 6 : 10 : 15 (d) 3 : 8 : 6

109. 3 धन पूर्णांक संख्याओं के वर्गों का योग 1029 है और वे 1 : 2 : 4 के अनुपात में हैं। सबसे बड़ी संख्या और सबसे छोटी संख्या के बीच अन्तर .... है।
SSC CGL (Tier I) 06/03/2020 Shift-III
(a) 21 (b) 15 (c) 18 (d) 31

110. एक वॉलेट में, ₹ 10 और ₹ 50 मूल्यवर्ग के नोट हैं। नोटों की कुल संख्या 12 है। ₹ 10 और ₹ 50 के नोटों की संख्या 1 : 2 के अनुपात में है। वॉलेट में कुल कितने रुपये हैं?
SSC CGL (Tier I) 06/03/2020 Shift-II
(a) ₹ 280 (b) ₹ 110 (c) ₹ 360 (d) ₹ 440

111. यदि ₹1180 की राशि A, B और C में इस प्रकार बाँटी जानी है, कि A के हिस्से का 2 गुना, B के हिस्से का 5 गुना और C के हिस्से का 7 गुना बराबर हो, तो A का हिस्सा ज्ञात कीजिए।
SSC CGL (Tier I) 06/03/2020 Shift-I
(a) ₹ 750 (b) ₹ 500 (c) ₹ 650 (d) ₹ 700

112. एक निश्चित राशि सुनीता, अमित और विभा के बीच 2 : 3 : 4 के अनुपात में बाँटी जाती है। यदि विभा को ₹ 14416 मिलते हैं, तो कुल राशि .... है।
SSC CGL (Tier I) 05/03/2020 Shift-III
(a) ₹ 43248 (b) ₹ 32436
(c) ₹ 3604 (d) ₹ 16219

113. 10, 16, 22 और 32 में से प्रत्येक में x का क्या मान जोड़ा गया है, कि इस क्रम में प्राप्त संख्याएँ समानुपात में हैं? संख्याओं $(x+1)$ और $(3x+1)$ के बीच मध्यानुपाती क्या है?
SSC CGL (Tier I) 05/03/2020 Shift-II
(a) 12 (b) 10 (c) 9 (d) 15

114. ₹x राशि $\frac{1}{3}:\frac{1}{5}:\frac{1}{6}:\frac{1}{9}$ के अनुपात में A, B, C और D में विभाजित की जाती है। यदि B और D के भागों के बीच का अन्तर ₹832 है, तो x का मान ज्ञात कीजिए।
SSC CGL (Tier I) 04/03/2020 Shift-III
(a) ₹7384 (b) ₹7488 (c) ₹7696 (d) ₹7592

SSC CPO SI 2024-2020

115. यदि $\frac{5x+3y}{5x-3y}=\frac{7}{3}$ है, तो $x:y$ का मान ज्ञात कीजिए।
SSC CPO 29/06/2024 Shift-II
(a) 3 : 2 (b) 3 : 5 (c) 2 : 3 (d) 5 : 3

116. यदि S, T का 75% है, तो S और T के बीच का अनुपात कितना है?
SSC CPO 28/06/2024 Shift-III
(a) 4 : 3 (b) 75 : 1 (c) 3 : 4 (d) 2 : 3

117. निम्नलिखित अनुपातों को आरोही क्रम में व्यवस्थित कीजिए। SSC CPO 28/06/2024 Shift-III
3 : 4, 3 : 5, 2 : 11, 7 : 2
(a) 3 : 5 < 2 : 11 < 3 : 4 < 7 : 2
(b) 2 : 11 < 3 : 5 < 3 : 4 < 7 : 2
(c) 3 : 4 < 3 : 5 < 2 : 11 < 7 : 2
(d) 7 : 2 < 3 : 4 < 3 : 5 < 2 : 11

118. यदि a एक धनात्मक संख्या है और $b = \frac{4}{a}$ है, तो a और b का माध्यानुपाती क्या होगा?
SSC CPO 28/06/2024 Shift-III
(a) 2 (b) a (c) 4 (d) 3

119. यदि चार अलग-अलग धनात्मक संख्याएँ a, b, c और d दिए गए क्रम में समानुपात में हैं, तो निम्नलिखित में से कौन-सा विकल्प सही नहीं है?
SSC CPO 28/06/2024 Shift-II
(a) a, c, b और d दिए गए क्रम में समानुपात में हैं
(b) c, d, b और a दिए गए क्रम में समानुपात में हैं
(c) b, a, d और c दिए गए क्रम में समानुपात में हैं
(d) d, c, b और a दिए गए क्रम में समानुपात में हैं

120. जब संख्या 13 को 75 और 12 के माध्यानुपाती से घटाया जाता है, तो प्राप्त प्राकृतिक संख्या ज्ञात कीजिए। SSC CPO 28/06/2024 Shift-I
(a) 27 (b) 30 (c) 14 (d) 17

121. जीवन, प्रवीण और कानन के बीच ₹ 17600 की राशि इस प्रकार विभाजित की गई कि जीवन और प्रवीण को प्राप्त राशि का अनुपात 5 : 8 था, जबकि प्रवीण और कानन द्वारा प्राप्त राशि का अनुपात 3 : 2 था। जीवन को उसके हिस्से के रूप में कितनी राशि प्राप्त हुई? SSC CPO 28/06/2024 Shift-I
(a) ₹ 4800 (b) ₹ 4900
(c) ₹ 4750 (d) ₹ 4850

122. A और B के अंकों का अनुपात 3 : 4 है और B और C के अंकों का अनुपात 4 : 5 है। यदि C और A के अंकों के बीच का अन्तर 30 है, तो B को कितने अंक प्राप्त हुए?
SSC CPO 27/06/2024 Shift-III
(a) 64 (b) 60 (c) 52 (d) 56

123. यदि A का 40% = B का 60% = C का 1/6 है, तो $A : B : C$ का अनुपात ज्ञात करें।
SSC CPO 27/06/2024 Shift-III
(a) 10:15:36 (b) 15:10:36
(c) 36:10:15 (d) 15:10:18

124. एक कक्षा में लड़कों और लड़कियों की संख्या का अनुपात 3 : 5 हैं। कक्षा में लड़कों का प्रतिशत कितना है? SSC CPO 27/06/2024 Shift-II
(a) 12.5% (b) 37.5%
(c) 42.5% (d) 60%

125. 10, 12 और 15 का चतुर्थानुपाती ज्ञात कीजिए।
SSC CPO 27/06/2024 Shift-II
(a) 18 (b) 20 (c) 22 (d) 16

126. दो संख्याएँ 3 : 7 के अनुपात में हैं। यदि प्रत्येक में से 11 घटा दिया जाए, तो संख्याओं के बीच का अनुपात 7 : 20 हो जाता है। छोटी संख्या ज्ञात कीजिए।
SSC CPO 27/06/2024 Shift-I
(a) 39 (b) 21 (c) 36 (d) 27

127. 4, a और 16a का चतुर्थानुपाती 81 है। a का मान क्या है? SSC CPO 27/06/2024 Shift-I
(a) $\frac{5}{2}$ (b) $\frac{13}{2}$ (c) $\frac{11}{2}$ (d) $\frac{9}{2}$

128. 22, 66 और 11 का चतुर्थानुपाती ज्ञात कीजिए।
SSC CPO 05/10/2023 Shift-III
(a) 17 (b) 23 (c) 39 (d) 33

129. 720 विद्यार्थियों वाले एक स्कूल में लड़कों और लड़कियों का अनुपात 3 : 5 है। यदि 18 नई लड़कियों को स्कूल में प्रवेश दिया जाता है, तो कितने नये लड़कों को स्कूल में प्रवेश दिया जाना चाहिए, जिससे लड़कों और लड़कियों का अनुपात बदलकर 2 : 3 हो जाए?
SSC CPO 05/10/2023 Shift-III
(a) 38 (b) 42 (c) 50 (d) 44

130. एक व्यक्ति की मासिक आय और व्यय का अनुपात 7 : 3 है। यदि उसका व्यय ₹ 5400 है, तो उसकी मासिक आय ज्ञात कीजिए। SSC CPO 05/10/2023 Shift-III
(a) ₹ 12600 (b) ₹ 13300
(c) ₹ 11500 (d) ₹ 10400

131. 0.3, 0.8 और 0.108 का चतुर्थानुपाती क्या होगा? SSC CPO 04/10/2023 Shift-II
(a) 0.124 (b) 0.482
(c) 0.144 (d) 0.288

132. दो संख्याएँ 5 : 3 के अनुपात में है और इन दोनों संख्याओं के बीच का अन्तर 34 है। दोनों संख्याओं में से छोटी संख्या ज्ञात कीजिए।
SSC CPO 03/10/2023 Shift-I
(a) 34 (b) 68 (c) 85 (d) 51

133. यदि किसी समानुपात के पहले तीन पद 42, 36, और 35 हैं, तो चौथा पद क्या होगा?
SSC CPO 03/10/2023 Shift-I
(a) 30 (b) 32 (c) 27 (d) 28

134. 0.024 और 0.12 का तृतीयानुपाती क्या होगा?
SSC CPO 11/11/2022 Shift-I
(a) 6.000 (b) 0.600
(c) 0.006 (d) 0.060

135. 16 और 40 के तृतीयानुपाती तथा 10 और 40 के बीच मध्यानुपाती का अनुपात क्या हैं?
SSC CPO 11/11/2022 Shift-I
(a) 5 : 1 (b) 1 : 4
(c) 1 : 5 (d) 4 : 1

136. तीन बच्चों की औसत लम्बाई 56 सेमी है और उनकी लम्बाइयों का अनुपात 7 : 8 : 9 है। तीनों की लम्बाई ज्ञात कीजिए। SSC CPO 11/11/2022 Shift-I
(a) 56 सेमी, 64 सेमी, 72 सेमी
(b) 35 सेमी, 40 सेमी, 45 सेमी
(c) 49 सेमी, 56 सेमी, 63 सेमी
(d) 42 सेमी, 48 सेमी, 54 सेमी

137. निम्नलिखित में से सबसे छोटा अनुपात कौन-सा है? SSC CPO 10/11/2022 Shift-I
(a) 33 : 41 (b) 42 : 49
(c) 35 : 47 (d) 41 : 92

138. यदि तीन कुर्सियों का कुल मूल्य ₹ 14014 और उनके मूल्यों का अनुपात 3 : 4 : 7 है, तो कुर्सी का सर्वाधिक मूल्य ज्ञात करें।
SSC CPO 24/11/2020 Shift-I
(a) ₹ 1001 (b) ₹ 7007
(c) ₹ 5005 (d) ₹ 3003

SSC CHSL 2024 (Tier I & II)

139. अनुपात 5 : 11 के प्रत्येक पद में क्या जोड़ा जाए, ताकि अनुपात 3 : 5 हो जाए?
SSC CHSL (Tier-I) 11/07/2024 Shift-IV
(a) 2 (b) 4 (c) 6 (d) 5

140. 0.72 और 2.85 का मध्यानुपाती ज्ञात कीजिए (दशमलव के एक स्थान तक सन्निकटित)।
SSC CHSL (Tier-I) 11/07/2024 Shift-III
(a) 1.4 (b) 0.7 (c) 2.8 (d) 0.4

141. एक बैग में लाल और हरी मिठाइयों का अनुपात 3 : 4 है। यदि हरी मिठाइयों की संख्या 120 है, तो बैग में कितनी लाल मिठाइयाँ हैं?
SSC CHSL (Tier-I) 11/07/2024 Shift-I
(a) 90 (b) 80 (c) 100 (d) 70

142. निम्नलिखित में से कौन-सा अनुपात अधिक है?
SSC CHSL (Tier-I) 10/07/2024 Shift-III
(a) 2 : 3 (b) 1 : 5 (c) 8 : 3 (d) 7 : 4

143. यदि $x : y = 5 : 6$ है, तो $2x + 3y : 3x + 5y$ का मान क्या होगा?
SSC CHSL (Tier-I) 10/07/2024 Shift-II
(a) 18 : 45 (b) 18 : 35
(c) 28 : 48 (d) 28 : 45

144. राजू और रामू के पास सोनू से क्रमशः 15% और 25% अधिक भूमि है। राजू और रामू के स्वामित्व वाली भूमि का अनुपात कितना है?
SSC CHSL (Tier-I) 10/07/2024 Shift-I
(a) 21 : 23 (b) 15 : 25
(c) 25 : 23 (d) 23 : 25

145. एक स्कूल में विद्यार्थियों की संख्या 640 हैं, जिसमें लड़कों की संख्या 400 है। लड़कियों की संख्या और लड़कों की संख्या का अनुपात ज्ञात कीजिए।
SSC CHSL (Tier-I) 09/07/2024 Shift-IV
(a) 5 : 6 (b) 3 : 5 (c) 8 : 5 (d) 4 : 5

146. यदि $A:B=5:8$ और $B:C=7:8$, तो $A:C$ का मान ज्ञात कीजिए।
SSC CHSL (Tier-I) 09/07/2024 Shift-III
(a) 55 : 30 (b) 35 : 64
(c) 34 : 64 (d) 35 : 56

147. एक वृक्ष की आयु उसके तने में मौजूद छल्लों की संख्या पर निर्भर करती है। ऐसे वृक्ष का मूल्य उसकी आयु के समानुपाती होता है। यदि 40 छल्लों और 50 वर्ष की आयु वाले वृक्ष का मूल्य ₹ 50000 है, तो 30 छल्लों वाले वृक्ष की आयु ……… और इसका मूल्य ……… है
SSC CHSL (Tier-I) 09/07/2024 Shift-II
(a) 37.5 वर्ष, ₹ 37500
(b) 37.5 वर्ष, ₹ 57500
(c) 57.5 वर्ष, ₹ 37500
(d) 57.5 वर्ष, ₹ 57500

148. यदि $A:B=2:3$ और $B:C=7:8$ हों, तो $A:C$ ज्ञात कीजिए।
SSC CHSL (Tier-I) 08/07/2024 Shift-IV
(a) 7 : 2 (b) 4 : 7 (c) 12 : 7 (d) 7 : 12

149. 25 और 81 के बीच का मध्यानुपाती ज्ञात कीजिए। SSC CHSL (Tier-I) 08/07/2024 Shift-III
(a) 45 (b) 81 (c) 12 (d) 36

150. दो संख्याएँ 2 : 3 के अनुपात में हैं। उनका योग 135 है। संख्याएँ ज्ञात कीजिए।
SSC CHSL (Tier-I) 08/07/2024 Shift-II
(a) 45, 90 (b) 60, 75
(c) 54, 81 (d) 50, 85

151. 1.25, 5.75 और 3.5 का चतुर्थ समानुपाती ज्ञात कीजिए। SSC CHSL (Tier-I) 05/07/2024 Shift-IV
(a) 16.1 (b) 12.5 (c) 6.5 (d) 4.5

152. 0.14 और 2.24 का मध्यानुपाती ज्ञात कीजिए।
SSC CHSL (Tier-I) 05/07/2024 Shift-III
(a) 0.56 (b) 1.02 (c) –2.39 (d) 1.12

153. R अपने पास मौजूद टॉफी का $\frac{3}{8}$ भाग S को देता है। यदि अब R के पास S के पास मौजूद टॉफी का $k\%$ है, तो k का मान ज्ञात कीजिए।
SSC CHSL (Tier-I) 05/07/2024 Shift-III
(a) $\frac{200}{3}$ (b) $\frac{500}{3}$ (c) 140 (d) 200

154. यदि $\frac{1}{M}:\frac{1}{N}:\frac{1}{O}=3:4:5$ है, तो $M:N:O$ का मान क्या होगा?
SSC CHSL (Tier-I) 05/07/2024 Shift-II
(a) 20 : 15 : 12 (b) 15 : 20 : 12
(c) 12 : 15 : 20 (d) 20 : 12 : 15

155. यदि $a:b=3:4$, $b:c=2:3$ और $c:d=5:6$ है, तो $a:b:c:d$ क्या होगा? SSC CHSL (Tier-I) 05/07/2024 Shift-I
(a) 10: 20 : 30 : 36 (b) 15 : 20 : 35 : 36
(c) 15 : 20 : 30 : 36 (d) 15 : 35 : 30 : 36

156. 36 और 48 का तृतीय समानुपाती ज्ञात कीजिए। SSC CHSL (Tier-I) 04/07/2024 Shift-III
(a) 54 (b) 36 (c) 48 (d) 64

157. 2, 6, 8 का चतुर्थ समानुपाती ज्ञात कीजिए।
SSC CHSL (Tier-I) 04/07/2024 Shift-II
(a) 36 (b) 48 (c) 12 (d) 24

158. उपहार वस्तुओं से भरे एक बॉक्स का वजन 25 किग्रा है। यदि बॉक्स और उपहार वस्तुओं का वजन क्रमश: 1 : 9 के अनुपात में है, तो वस्तुओं का वजन (ग्राम में) क्या है?
SSC CHSL (Tier-I) 04/07/2024 Shift-I
(a) 24500 (b) 23500 (c) 21500 (d) 22500

159. जब संख्या 7, 11, 18 और 23 में प्रत्येक में x जोड़ा जाता है, तो इस प्रकार प्राप्त संख्याएँ समानुपात में होती है। $(x-1)$ और $(2x-10)$ का माध्यानुपाती क्या है?
SSC CHSL (Tier-I) 03/07/2024 Shift-IV
(a) 78 (b) 48 (c) 68 (d) 98

160. निम्नलिखित में से सबसे बड़ा अनुपात कौन-सा है?
SSC CHSL (Tier-I) 03/07/2024 Shift-III
$\frac{8}{11}, \frac{4}{5}, \frac{1}{2}$ और $\frac{1}{11}$
(a) $\frac{4}{5}$ (b) $\frac{1}{11}$ (c) $\frac{8}{11}$ (d) $\frac{1}{2}$

161. यदि $a:b=3:7$ और $b:c=4:9$, तो $a:b:c$ का मान ज्ञात कीजिए।
SSC CHSL (Tier-I) 03/07/2024 Shift-II
(a) 12 : 28 : 63 (b) 12 : 28 : 9
(c) 3 : 28 : 9 (d) 3 : 28 : 63

162. 3 : 4, 5 : 8, 1 : 2, 6 : 9 अनुपात में सबसे बड़ा कौन-सा अनुपात होगा?
SSC CHSL (Tier-I) 03/07/2024 Shift-I
(a) 6 : 9 (b) 1 : 2 (c) 5 : 8 (d) 3 : 4

163. कुछ धनराशि को रवि, रीता और राहुल के बीच इस अनुपात में बाँटिए कि 5 (रवि का हिस्सा) = 3 (रीता का हिस्सा) = 11 (राहुल का हिस्सा) हो। रवि : रीता : राहुल की धनराशि का अनुपात .... के बराबर है।
SSC CHSL (Tier-I) 02/07/2024 Shift-IV
(a) 11: 5 : 3 (b) 5 : 11 : 3
(c) 33 : 55 : 15 (d) 11 : 33 : 15

164. दो राशियाँ 3 : 5 के अनुपात में हैं। यदि पहली राशि 155 किग्रा है, तो दूसरी राशि (लगभग) ज्ञात कीजिए।
SSC CHSL (Tier-I) 02/07/2024 Shift-III
(a) 150.5 किग्रा (b) 240.6 किग्रा
(c) 258.3 किग्रा (d) 200.4 किग्रा

165. यदि 25 और x का मध्यानुपाती 35 है, तो x का मान ज्ञात कीजिए।
SSC CHSL (Tier-I) 02/07/2024 Shift-II
(a) 46 (b) 49 (c) 47 (d) 48

166. M, (N^2+3) का व्युत्क्रमानुपाती है। यदि $N=3$ होने पर $M=3$ होता है, तो $N^2=69$ होने पर M का मान क्या होगा?
SSC CHSL (Tier-I) 01/07/2024 Shift-IV
(a) $\frac{1}{2}$ (b) $\frac{1}{4}$ (c) 1 (d) $\sqrt{69}$

167. दो संख्याओं के बीच का अन्तर 48 है। इन दोनों संख्याओं का अनुपात 7 : 3 है। इन दोनों संख्याओं का योग क्या है?
SSC CHSL (Tier-I) 01/07/2024 Shift-IV
(a) 100 (b) 90
(c) 110 (d) 120

168. P, Q को ₹ 2, ₹ 5 और ₹ 10 के सिक्कों का उपयोग करके ₹ 150 का भुगतान करता है। वह कुल 50 सिक्कों का उपयोग करता है। यदि उपयोग किए गए ₹ 2 और ₹ 5 के सिक्कों का अनुपात 5 : 2 है, तो भुगतान में ₹ 10 के कितने सिक्के उपयोग किए गए हैं?
SSC CHSL (Tier-I) 01/07/2024 Shift-III
(a) 2 (b) 5 (c) 1 (d) 4

169. यदि $A:B=3:7$ और $B:C=2:5$ है, तो $A:B:C$ का मान ज्ञात कीजिए।
SSC CHSL (Tier-I) 01/07/2024 Shift-III
(a) 6 : 14 : 35 (b) 4 : 10 : 3
(c) 10 : 3 : 4 (d) 4 : 3 : 10

170. यदि $2^3 : 8^{5.06} :: 8^{-4.06} : x$, तो x का मान ज्ञात कीजिए। SSC CHSL (Tier-I) 01/07/2024 Shift-II
(a) $\frac{1}{2^3}$ (b) 1
(c) 2^3 (d) 0

171. राधिका ने एक बैंक के कैशियर से अनुरोध किया कि वह उसके ₹ 1845 के चेक के बदले में उसे सिक्के दे दे। कैशियर ने उसे ₹ 5, ₹ 10 और ₹ 20 के सिक्कों का एक पैकेट 3 : 5 : 7 के अनुपात में दिया। उसके द्वारा प्राप्त सबसे छोटे सिक्के का कुल मूल्य कितना है?
SSC CHSL (Tier-I) 01/07/2024 Shift-I
(a) ₹ 125 (b) ₹ 135
(c) ₹ 145 (d) ₹ 105

172. कॉफी और चाय के मूल्य का अनुपात 3 : 4 है और एक परिवार द्वारा उपभोग की जाने वाली उनकी मात्रा का अनुपात 4 : 7 है। कॉफी और चाय पर होने वाले व्यय का अनुपात ज्ञात कीजिए। SSC CHSL (Tier II) 10/01/2024 Shift-I
(a) 7 : 4 (b) 3 : 7
(c) 4 : 7 (d) 7 : 3

173. ऋचा के व्यय और बचत का अनुपात 2 : 1 है। यदि उसकी आय और व्यय में क्रमश: 20% और 15% की वृद्धि होती है, तो उसकी बचत में प्रतिशतता वृद्धि ज्ञात कीजिए।
SSC CHSL (Tier II) 10/01/2024 Shift-I
(a) 20% (b) 35%
(c) 25% (d) 30%

SSC CHSL 2023-2021 (Tier I)

174. यदि $a:b=3:7$ है, तो
$(2a+3b):(3a+2b)$ का मान क्या है?
SSC CHSL (Tier I) 17/08/2023 Shift-I
(a) 21 : 29 (b) 21 : 23
(c) 23 : 29 (d) 27 : 23

175. 12 और $6\sqrt{5}$ का तृतीय समानुपाती क्या है?
SSC CHSL (Tier I) 14/08/2023 Shift-IV
(a) 12 (b) 15 (c) 18 (d) 21

176. 15 के $\frac{1}{3}$ भाग, 25 के $\frac{4}{5}$ भाग, 35 के $\frac{3}{7}$ भाग का चतुर्थ समानुपाती ज्ञात कीजिए।
SSC CHSL (Tier I) 09/08/2023 Shift-I
(a) 65 (b) 50 (c) 60 (d) 55

177. यदि $2:9::4:x$ है, तो x का मान ज्ञात कीजिए। SSC CHSL (Tier I) 08/08/2023 Shift-II
(a) 18 (b) 42 (c) 36 (d) 22

178. 24 तथा 7 और 63 के मध्यानुपाती के बीच का अन्तर कितना है?
SSC CHSL (Tier I) 07/08/2023 Shift-IV
(a) 3 (b) 2 (c) 4 (d) 5

179. 25 और 45 का तृतीय समानुपाती ज्ञात कीजिए।
SSC CHSL (Tier I) 02/08/2023 Shift-I
(a) 81 (b) 65 (c) 85 (d) 76

180. एक स्कूल में कुल 414 विद्यार्थी हैं। लड़कों और लड़कियों का अनुपात 5 : 4 है। यदि अधिक 46 लड़कों को स्कूल में प्रवेश दिया जाता है, तो लड़कों और लड़कियों का नया अनुपात कितना होगा?
SSC CHSL (Tier I) 21/03/2023 Shift-II
(a) 3 : 2 (b) 4 : 3 (c) 3 : 1 (d) 5 : 2

181. यदि $A:B=2:3$, $B:C=6:7$, $C:D=14:3$, तो $A:B:C:D$ का मान ज्ञात कीजिए। SSC CHSL (Tier I) 20/03/2023 Shift-III
(a) 12:12:4:6 (b) 7:2:10:4
(c) 8:5:14:6 (d) 8:12:14:3

182. ₹ 13000 को X, Y और Z में इस प्रकार विभाजित किया गया है, कि X के हिस्से का 2 गुना Y के हिस्से के 3 गुना के बराबर है, जो Z के हिस्से के 4 गुना के बराबर है। Y का हिस्सा कितना है? SSC CHSL (Tier I) 17/03/2023 Shift-II
(a) ₹ 4800 (b) ₹ 4000
(c) ₹ 5600 (d) ₹ 3200

183. यदि $p:q=3:5$ और $p:r=2:3$, तो $3p:4q:3r$ का मान क्या है?
SSC CHSL (Tier I) 16/03/2023 Shift-I
(a) 18 : 40 : 27 (b) 12 : 8 : 9
(c) 9 : 5 : 4 (d) 10 : 5 : 4

184. A का 50%, B के 80% के बराबर है। A और B के बीच का अनुपात क्या है?
SSC CHSL (Tier I) 13/03/2023 Shift-III
(a) 4 : 5 (b) 5 : 8 (c) 8 : 5 (d) 5 : 4

185. 7, 13 और 21 का चतुर्थानुपाती ज्ञात कीजिए।
SSC CHSL (Tier I) 02/06/2022 Shift-I
(a) 14 (b) 21 (c) 39 (d) 26

186. कुछ कंचे A और B के बीच 4 : 5 के अनुपात में बाँटे जाते हैं। यदि B को A से 10 कंचे अधिक मिलते हैं, तो A को कितने कंचे मिलेंगे? SSC CHSL (Tier I) 01/06/2022 Shift-I
(a) 42 (b) 8 (c) 12 (d) 40

187. यदि $a:b=2:3$ और $b:c=6:8$ है, तो $a:b:c$ ज्ञात करें।
SSC CHSL (Tier I) 31/05/2022 Shift-I
(a) 2 : 3 : 6 (b) 2 : 3 : 4
(c) 2 : 3 : 5 (d) 1 : 2 : 3

188. एक बैग में, काले टैबलेट कवर और सफेद टैबलेट कवर 5 : 9 के अनुपात में हैं। यदि उसमें 450 सफेद टैबलेट कवर है, तो बैग में काले टैबलेट कवर्स की संख्या कितनी होगी?
SSC CHSL (Tier I) 30/05/2022 Shift-I
(a) 250 (b) 275 (c) 200 (d) 225

189. 5, 8 और 30 का चौथा समानुपाती क्या होगा?
SSC CHSL (Tier I) 27/05/2022 Shift-I
(a) 48 (b) 60 (c) 50 (d) 90

190. दो संख्याओं A और B का अनुपात 13 : 17 है। यदि A में 15% की वृद्धि और B में 30% की वृद्धि होती है, तो A का B से नया अनुपात ज्ञात करें। SSC CHSL (Tier I) 12/08/2021 Shift-III
(a) 21 : 31 (b) 23 : 33
(c) 23 : 34 (d) 21 : 29

191. यदि $A:B=11:7$ और $B:C=5:19$ है, तो $A:B:C$ का मान ज्ञात करें।
SSC CHSL (Tier I) 04/08/2021 Shift-I
(a) 35 : 133 : 55 (b) 55 : 133 : 35
(c) 35 : 55 : 133 (d) 55 : 35 : 133

192. एक स्कूल में लड़कों और लड़कियों की संख्या का अनुपात 6 : 7 है। यदि स्कूल में कुल विद्यार्थियों की संख्या 3289 है, तो लड़कियों की संख्या ज्ञात कीजिए।
SSC CHSL (Tier I) 19/04/2021 Shift-I
(a) 1984 (b) 1876 (c) 1569 (d) 1771

193. A के वेतन में 8:11 के अनुपात से बढ़ोतरी हुई। यदि अब उसका नया वेतन ₹ 33000 है, तो उसका मूल वेतन (में) कितना था?
SSC CHSL (Tier I) 12/04/2021 Shift-II
(a) 20000 (b) 24000 (c) 22000 (d) 18000

SSC MTS 2024

194. चार दिवसीय समारोह के पहले, दूसरे, तीसरे और चौथे दिन ऑर्डर किए गए दूध की मात्रा क्रमश: 30 लीटर, 24 लीटर, 35 लीटर और 'x' लीटर के समानुपात में है। चौथे दिन ऑर्डर किए गए दूध की मात्रा (लीटर में) ज्ञात कीजिए। SSC MTS 14/11/2024 Shift-III
(a) 32 (b) 28 (c) 26 (d) 30

195. यदि $49:x::x:81$ और $64:y::y:169$ है, जहाँ x और y दोनों प्राकृत संख्याएँ हैं, तो $2x+3y$ का मान ज्ञात कीजिए।
SSC MTS 13/11/2024 Shift-III
(a) 126 (b) 348 (c) 312 (d) 438

196. $(6-2\sqrt{2})$ और $(9+3\sqrt{2})$ के बीच माध्यानुपाती क्या है?
SSC MTS 12/11/2024 Shift-III
(a) $\sqrt{66}$ (b) $\sqrt{54}$ (c) $\sqrt{52}$ (d) $\sqrt{42}$

197. P की मासिक आय और Q की मासिक आय के बीच का अनुपात 7 : 6 है और उनके व्ययों के बीच का अनुपात 6 : 5 है। यदि उनमें से प्रत्येक ₹ 480 की बचत करता है, तो P की मासिक आय ज्ञात कीजिए। SSC MTS 11/11/2024 Shift-III
(a) ₹ 2400 (b) ₹ 3360
(c) ₹ 2880 (d) ₹ 6240

198. एक व्यक्ति ने एक निश्चित राशि को अपने तीन पुत्रों में 3 : 4 : 5 के अनुपात में विभाजित किया। यदि वह राशि को $\frac{1}{3}:\frac{1}{4}:\frac{1}{5}$ के अनुपात में विभाजित करता, तो वह पुत्र, जिसे पहले सबसे कम हिस्सा मिलता, उसे ₹ 1188 अधिक मिलते। राशि की गणना करें (₹ में)।
SSC MTS 05/11/2024 Shift-III
(a) 6678 (b) 6687 (c) 6876 (d) 6768

199. यदि $\sqrt{5}:\sqrt{42}::\sqrt{7}:X$ है, तो X का मान ज्ञात कीजिए। SSC MTS 05/11/2024 Shift-III
(a) $\frac{6}{5}\sqrt{30}$ (b) $\frac{6}{5}\sqrt{42}$ (c) $\frac{7}{5}\sqrt{42}$ (d) $\frac{7}{5}\sqrt{30}$

200. एक बैग में 5 : 6 : 8 के अनुपात में ₹ 1, ₹ 0.5 और ₹ 0.25 के सिक्के हैं। यदि बैग में कुल धनराशि ₹ 420 है, तो ₹ 1, ₹ 0.5 और ₹ 0.25 के प्रकार के सिक्कों की संख्या क्रमश: ज्ञात कीजिए। SSC MTS 30/10/2024 Shift-III
(a) 210,252,336 (b) 216,252,292
(c) 208,272,352 (d) 212,232,312

201. यदि $P(P>0)$ वह न्यूनतम सम्भव संख्या है जिसे 7,9 और 12 में से घटाए जाने पर परिणामी संख्या सतत् अनुपात में होगी, तो P^2+1 का मान ज्ञात कीजिए।
SSC MTS 29/10/2024 Shift-III
(a) 8 (b) 12 (c) 10 (d) 3

202. दो स्टेशनों के बीच श्रेणी I और श्रेणी II एसी ट्रेन कोच के किराए का अनुपात 5 : 3 है, और श्रेणी I और श्रेणी II एसी कोच में दो स्टेशनों के बीच यात्रा कर रहे यात्रियों की संख्या का अनुपात 3:10 है। यदि किसी दिन दोनों स्टेशनों के बीच यात्रा कर रहे यात्रियों से ₹ 37080 वसूल किए जाते हैं, तो श्रेणी II एसी कोच के यात्रियों से वसूल की गई धनराशि की गणना कीजिए। SSC MTS 28/10/2024 Shift-II
(a) ₹ 22047 (b) ₹ 24720
(c) ₹ 20247 (d) ₹ 27420

203. यदि P का 30% = Q का 0.6 = R का $\frac{1}{3}$ है, तो $P:Q:R$ है SSC MTS 28/10/2024 Shift-II
(a) 10 : 5 : 9 (b) 5 : 10 : 7
(c) 10 : 5 : 7 (d) 5 : 10 : 9

204. गेहूँ की कीमत और चावल की कीमत का अनुपात 9 : 11 है, जबकि घरेलू खपत (गेहूँ और चावल की) का अनुपात 11 : 13 है। गेहूँ और चावल पर खर्च के अनुपात का परिकलन कीजिए। SSC MTS 23/10/2024 Shift-II
(a) 7 : 13 (b) 13 : 7
(c) 9 : 13 (d) 13 : 9

205. शंकर, एक शोरूम में टी-शर्ट खरीदने आता हैं। वह एक शर्ट खरीदता है, जिसकी कीमत छूट के बाद ₹ 1020 है। वह अपने बिल का भुगतान 50 पैसे, 20 पैसे और 10 पैसे के सिक्कों के रूप में करता है, जिनका अनुपात 2 : 3 : 4 है (प्रश्न के लिए मान लीजिए)। उसके द्वारा अपने बिल का भुगतान करने के लिए उपयोग किए गए 10 पैसे के सिक्कों की संख्या कितनी है? SSC MTS 17/10/2024 Shift-II
(a) 510 (b) 1020
(c) 2040 (d) 1530

206. यदि 12 : x : : x : 27 और 25 : y : : y : 36 है, जहाँ x और y दोनों धनात्मक संख्याएँ हैं, तो $x:y$ ज्ञात कीजिए। SSC MTS 16/10/2024 Shift-II
(a) 3 : 5 (b) 7 : 9 (c) 4 : 7 (d) 5 : 6

207. एक कॉलेज में लड़कों की संख्या का 20% लड़कियों की संख्या के तीन-चौथाई के बराबर है। उस कॉलेज के लड़कों और लड़कियों का अनुपात ज्ञात कीजिए। SSC MTS 30/09/2024 Shift-I
(a) 15 : 4 (b) 13 : 4
(c) 7 : 6 (d) 5 : 3

SSC MTS 2023-2021

208. लड़के और लड़कियों की एक कक्षा में, लड़कियों की संख्या लड़कों की संख्या से दोगुनी है। यदि 20 और लड़के कक्षा में शामिल हो जाते हैं, तो लड़कियों और लड़कों का अनुपात 1 : 1 हो जाता है। शुरुआत में कक्षा में कुल कितने विद्यार्थी थे? SSC MTS 14/09/2023 Shift-I
(a) 60 (b) 45 (c) 90 (d) 75

209. तीन संख्याएँ 1 : 2 : 3 के अनुपात में हैं। प्रत्येक संख्या में 5 जोड़ने पर अनुपात 2 : 3 : 4 हो जाता है। सबसे छोटी संख्या कौन-सी है? SSC MTS 14/09/2023 Shift-I
(a) 15 (b) 20 (c) 12 (d) 5

210. 1650 विद्यार्थियों वाले एक स्कूल में लड़कों की संख्या और लड़कियों की संख्या का अनुपात 6 : 5 है। यदि 124 नए लड़कों और कुछ नई लड़कियों को प्रवेश दिया जाता है, तो अनुपात 4 : 3 हो जाता है। प्रवेश लेने वाली नई लड़कियों और नए लड़कों का अनुपात क्या होगा? SSC MTS 13/09/2023 Shift-I
(a) 3 : 4 (b) 9 : 62
(c) 62 : 9 (d) 4 : 3

211. यदि $A:B = 3:4$ और $B:C = 6:5$, तो $A:B:C$ बराबर होगा SSC MTS 11/09/2023 Shift-I
(a) 9 : 12 : 10 (b) 9 : 10 : 12
(c) 9 : 10 : 20 (d) 9 : 12 : 20

212. 2, a और $5a$ का चतुर्थ समानुपाती ······ है। SSC MTS 11/09/2023 Shift-I
(a) $\frac{2a^2}{5}$ (b) $\frac{5a^2}{2}$ (c) $\frac{2a^2}{3}$ (d) $\frac{5a^2}{3}$

213. चार संख्याओं में सबसे छोटी और सबसे बड़ी संख्या का योग बीच की दो संख्याओं के योग से 72 अधिक है। यदि संख्याएँ 6 : 7 : 15 : 19 के अनुपात में हैं, तो सबसे छोटी संख्या है SSC MTS 08/09/2023 Shift-II
(a) 168 (b) 144 (c) 216 (d) 72

214. तीन संख्याएँ 5 : 2 : 7 के अनुपात में हैं। उनके वर्गों का योग 3822 है। सबसे बड़ी संख्या क्या है? SSC MTS 08/09/2023 Shift-II
(a) 35 (b) 78 (c) 38 (d) 49

215. 1.5, 4.8 और 8 का चतुर्थ समानुपाती ··········· है। SSC MTS 06/09/2023 Shift-I
(a) 26.5 (b) 24.5 (c) 25.6 (d) 22.6

216. एक निश्चित धनराशि को A, B और C के बीच 2 : 5 : 7 के अनुपात में बाँटा जाना था, लेकिन गलती से इसे 5 : 2 : 7 के अनुपात में बाँट दिया गया और इस प्रकार B को ₹ 150 की हानि हुई। धनराशि ज्ञात कीजिए। SSC MTS 06/09/2023 Shift-I
(a) ₹ 850 (b) ₹ 900
(c) ₹ 700 (d) ₹ 625

217. a और $\frac{a}{b^2}$ का मध्यानुपाती ····· है। SSC MTS 05/09/2023 Shift-II
(a) $\frac{b}{a}$ (b) $\frac{a}{2b}$
(c) $\frac{a}{b}$ (d) ab

218. दो संख्याएँ 6 : 7 के अनुपात में है। यदि इन संख्याओं के बीच का अन्तर 16 है, तो वे संख्याएँ ज्ञात कीजिए। SSC MTS 04/09/2023 Shift-II
(a) 80, 96 (b) 96, 112
(c) 104, 120 (d) 120, 136

219. यदि $A:B = 7:9$ और $B:C = 5:6$ है, तो C और A का क्रमशः अनुपात ज्ञात कीजिए। SSC MTS 04/09/2023 Shift-II
(a) 54 : 35 (b) 15 : 14
(c) 35 : 54 (d) 14 : 15

220. यदि $A:B = 3:4$ और $A:C = 9:8$, तो $A:B:C$ बराबर ······ होगा। SSC MTS 01/09/2023 Shift-III
(a) 9 : 8 : 8 (b) 9 : 8 : 12
(c) 3 : 4 : 6 (d) 9 : 12 : 8

221. 9.61 और 3.61 का मध्यानुपाती क्या है? SSC MTS 01/09/2023 Shift-I
(a) 5.89 (b) 4.87
(c) 6.78 (d) 3.17

222. दो संख्याओं का अनुपात 3 : 7 और उनका योग 180 है। दोनों संख्याओं का धनात्मक अन्तर ज्ञात कीजिए। SSC MTS 13/07/2022 Shift-I
(a) 72 (b) 78 (c) 85 (d) 80

223. यदि 16 : x : : x : 196 है, तो x का धनात्मक मान ज्ञात कीजिए। SSC MTS 12/07/2022 Shift-I
(a) 60 (b) 56 (c) 64 (d) 62

224. यदि ₹ 1000 को 2 : 3 : 5 के अनुपात में तीन भागों में विभाजित किया जाता है, तो सबसे छोटे भाग का मान ज्ञात कीजिए। SSC MTS 12/07/2022 Shift-I
(a) ₹ 200 (b) ₹ 300
(c) ₹ 100 (d) ₹ 400

225. एक बल्लेबाज एक पारी में चार रनों से शतक से चूक गया, इस पारी में उसने छक्के, चौके, तीन, दो और एक रन के रूप में 1 : 3 : 2 : 7 : 10 के अनुपात में स्कोरिंग शॉट लगाए थे। गणना करें, कि उसने एक रन के रूप में कुल कितने रन बनाए? SSC MTS 02/11/2021 Shift-III
(a) 16 (b) 12 (c) 10 (d) 20

226. 18, 27, 68 का चौथा समानुपाती (fourth proportional) क्या होगा? SSC MTS 02/11/2021 Shift-III
(a) 170 (b) 204
(c) 102 (d) 136

227. दो संख्याओं का अनुपात 4 : 5 है। यदि पहली संख्या में से एक घटाया जाता है, और दूसरी संख्या में दो जोड़ा जाता है, तो अनुपात 3 : 4 हो जाता है। यदि पहली और दूसरी संख्या में क्रमशः आठ और चार जोड़ दिया जाए, तो यह अनुपात क्या हो जाएगा? SSC MTS 02/11/2021 Shift-III
(a) 2 : 3 (b) 8 : 9
(c) 1 : 5 (d) 6 : 7

228. एक परीक्षा में उन अभ्यर्थियों का अनुपात जो पास हुए तथा जो फेल हुए, 5 : 2 था। यदि फेल होने वाले अभ्यर्थियों की संख्या 14 अधिक होती, तब पास और फेल होने वाले अभ्यर्थियों का अनुपात 4 : 3 होता। परीक्षा में कितने अभ्यर्थी पास हुए? SSC MTS 02/11/2021 Shift II
(a) 100 (b) 70
(c) 126 (d) 98

229. A और B की आय का अनुपात 1 : 2 और उनके व्यय का अनुपात 2 : 3 है। यदि B के व्यय का 80% A की आय के बराबर है, तो B और A की बचतों का अनुपात क्या होगा? **SSC MTS 02/11/2021 Shift-II**

(a) 9 : 2 (b) 7 : 3 (c) 2 : 9 (d) 3 : 7

230. यदि $x : y = 5 : 7$ है, तो $(6x - y) : (5x + 3y)$ का मान ज्ञात करें। **SSC MTS 02/11/2021 Shift-I**

(a) 1 : 2 (b) 1 : 4
(c) 4 : 1 (d) 11 : 2

SSC GD Constable 2024 & 2023

231. ₹ 7400 को A, B और C के बीच में क्रमश: 9 : 12 : 16 के अनुपात में बाँटा जाता है। B का हिस्सा कितना है? **SSC GD 26/02/2024 Shift-I**

(a) ₹ 2400 (b) ₹ 2600
(c) ₹ 9200 (d) ₹ 1800

232. दो संख्याओं का अनुपात 3 : 5 है। यदि उनका गुणनफल 3375 है, तो दोनों संख्याओं का योग कितना है? **SSC GD 26/02/2024 Shift-I**

(a) 75 (b) 135
(c) 120 (d) 90

233. अनिल और विकास की आय का अनुपात 8 : 5 है। यदि विकास की आय, अनिल की आय से ₹ 3000 कम है, तो अनिल और विकास की कुल आय कितनी है? **SSC GD 24/02/2024 Shift-III**

(a) ₹ 8000 (b) ₹ 13000
(c) ₹ 14000 (d) ₹ 5000

234. यदि $x : y = 3 : 5$ और $z : w = 2x : 5y$ हैं, तो $xz : yw$ का मान कितना है? **SSC GD 24/02/2024 Shift-III**

(a) 19 : 75 (b) 18 : 65
(c) 18 : 125 (d) 18 : 75

235. एक बैग में काली गेंदों और सफेद गेंदों का अनुपात 7 : 4 है। यदि उस बैग में 44 सफेद गेंदे हैं, तो बैग में गेंदों की कुल संख्या ज्ञात कीजिए। **SSC GD 24/02/2024 Shift-II**

(a) 112 (b) 128
(c) 121 (d) 110

236. ₹9900 को X, Y और Z के बीच क्रमश: 7 : 12 : 14 के अनुपात मे बाँटा जाता है, Y का हिस्सा कितना है? **SSC GD 24/02/2024 Shift-I**

(a) ₹ 2100 (b) ₹ 4200
(c) ₹ 3600 (d) ₹ 900

237. किसी हीरे की कीमत उसके भार के वर्ग के अनुक्रमानुपाती है। हीरे की कीमत ₹87880 है। यह दो टुकड़ों मे टूट गया जिनका भार 5 : 8 के अनुपात में है। हीरे के टूटने से कितने की हानि हुई? **SSC GD 24/02/2024 Shift-I**

(a) ₹41600 (b) ₹52600
(c) ₹32600 (d) ₹36400

238. यदि $P : Q = 6 : 5$ और $Q : R = 3 : 4$ है, तो $Q : (P + R)$ का मान कितना है? **SSC GD 23/02/2024 Shift-III**

(a) 15 : 37 (b) 15 : 38
(c) 14 : 37 (d) 13 : 38

239. ₹ 17600 को राजा, राम और मोहन के बीच क्रमशः 6 : 7 : 9 के अनुपात में बाँटा जाता है। इसमें मोहन का हिस्सा कितना है? **SSC GD 23/02/2024 Shift-II**

(a) ₹ 5600 (b) ₹ 7200
(c) ₹ 4800 (d) ₹ 4000

240. यदि $x : y = 7 : 2$ है, तो $(7x + 4y) : (7x - 4y)$ का मान कितना है? **SSC GD 23/02/2024 Shift-I**

(a) 57 : 41 (b) 54 : 43
(c) 39 : 29 (d) 40 : 31

241. यदि $x = 2$ है, तो $4x$, $x + 4$, $3x - 1$ का चतुर्थ समानुपाती ज्ञात कीजिए। **SSC GD 23/02/2024 Shift-I**

(a) 11/4 (b) 14/4
(c) 21/4 (d) 15/4

242. स्मूदी की एक रेसिपी में, फल और दही का अनुपात 5 : 2 है, तथा दही और शहद का अनुपात 3 : 1 है। रेसिपी में फल और शहद का अनुपात कितना है? **SSC GD 22/02/2024 Shift-IV**

(a) 15 : 2 (b) 16 : 3
(c) 3 : 14 (d) 2 : 11

243. P, Q और R का अनुपात क्रमश: 6 : 5 : 9 है। यदि उनका योग 400 है, तो P और R के बीच में कितना अन्तर है? **SSC GD 22/02/2024 Shift-IV**

(a) 80 (b) 70
(c) 60 (d) 100

244. तीनों संख्याओं का योग 123 है। यदि पहली और दूसरी संख्या के बीच का अनुपात 3 : 4 है और दूसरी और तीसरी संख्या के बीच का अनुपात 3 : 5 है, तो दूसरी संख्या ज्ञात कीजिए। **SSC GD 22/02/2024 Shift-II**

(a) 36 (b) 42
(c) 46 (d) 33

245. तीन संख्याओं का अनुपात 6 : 8 : 9 है। यदि तीनों संख्याओं का योग 460 है, तो तीनों संख्याओं में सबसे बड़ी संख्या कौन-सी है? **SSC GD 22/02/2024 Shift-II**

(a) 100 (b) 180 (c) 120 (d) 160

246. यदि $4T = 5U$ है, तो $(T + U) / T$ का मान कितना है? **SSC GD 22/02/2024 Shift-III**

(a) 5/4 (b) 9/5 (c) 4/9 (d) 7/4

247. यदि दो संख्याओं के बीच का अन्तर उन संख्याओं के योग का 30% है, तो बड़ी संख्या और छोटी संख्या का अनुपात क्या है? **SSC GD 22/02/2024 Shift-I**

(a) 14 : 3 (b) 12 : 5
(c) 13 : 7 (d) 15 : 7

248. यदि $X : Y = 11 : 5$ है, तो $(X - Y) : (X + Y)$ का मान कितना है? **SSC GD 22/02/2024 Shift-I**

(a) 3 : 8 (b) 6 : 15
(c) 5 : 16 (d) 8 : 3

249. यदि $M : N : P = 3 : 7 : 5$ और $P : Q = 1 : 2$ है, तो $M : Q$ का मान कितना है? **SSC GD 22/02/2024 Shift-I**

(a) 2 : 1 (b) 1 : 3 (c) 3 : 10 (d) 2 : 3

250. यदि ₹ 70000 को A, B और C के बीच इस प्रकार से बाँटा जाता है कि $A : B = 2 : 3$ और $B : C = 4 : 5$ होता है, तो इसमें A का हिस्सा कितना होगा? **SSC GD 21/02/2024 Shift-IV**

(a) ₹ 14500 (b) ₹ 18500
(c) ₹ 15800 (d) ₹ 16000

251. यदि $4M = 5N = 20C$ है, तो $M : N : C$ का मान कितना है? **SSC GD 21/02/2024 Shift-IV**

(a) 5 : 4 : 3 (b) 7 : 5 : 4
(c) 5 : 4 : 1 (d) 9 : 3 : 1

252. एक विद्यालय में कुल 560 विद्यार्थी हैं। विद्यालय में लड़के और लड़कियों का अनुपात 13 : 15 है। यदि विद्यालय में 40 और लड़कों का दाखिला हो जाता है, तो लड़के और लड़कियों का नया अनुपात कितना होगा? **SSC GD 21/02/2024 Shift-III**

(a) 1 : 1 (b) 2 : 3
(c) 3 : 1 (d) 2 : 1

253. यदि A का $\frac{4}{5}$ वाँ भाग B, के $\frac{2}{5}$ वाँ भाग के बराबर है, तो $A : B$ का मान ज्ञात कीजिए। **SSC GD 21/02/2024 Shift-II**

(a) 2 : 3 (b) 2 : 1
(c) 3 : 4 (d) 1 : 2

254. 30, 120 और 15 का चतुर्थ समानुपाती ज्ञात कीजिए। **SSC GD 21/02/2024 Shift-II**

(a) 100 (b) 120
(c) 60 (d) 90

255. एक परिवार की आय और व्यय का अनुपात 19 : 13 है। यदि परिवार का व्यय ₹ 29510 है, तो उस परिवार की बचत ज्ञात कीजिए। **SSC GD 21/02/2024 Shift-I**

(a) ₹ 15550 (b) ₹ 12240
(c) ₹ 14440 (d) ₹ 13620

256. पीतल में ताँबे और जस्ते का अनुपात 25 : 12 है। 370 किग्रा पीतल में ताँबे की कितनी मात्रा होगी? **SSC GD 20/02/2024 Shift-III**

(a) 350 किग्रा (b) 150 किग्रा
(c) 50 किग्रा (d) 250 किग्रा

257. यदि $P : Q : R = 9 : 10 : 11$ है, तो $(P + Q) : (Q + R) : (R + P)$ का मान कितना है? **SSC GD 20/02/2024 Shift-III**

(a) 19 : 21 : 20 (b) 19 : 21 : 22
(c) 19 : 21 : 19 (d) 19 : 21 : 23

258. पृथ्वी के पास नाशपाती और आड़ू 10 : 13 के अनुपात में हैं। सेलीन के पास नाशपाती और आड़ू 7 : 9 के अनुपात में हैं। विक्रम के पास नाशपाती और आड़ू 5 : 7 के अनुपात में हैं। किसके पास नाशपाती और आड़ू अधिक अनुपात में हैं? **SSC GD 20/02/2024 Shift-II**

(a) विक्रम
(b) पृथ्वी
(c) सेलीन
(d) सभी के पास समान अनुपात में हैं

259. P, Q और R के बीच ₹ 8400 को क्रमशः $\frac{2}{3}: 3: \frac{1}{3}$ के अनुपात में बाँटा जाता है। R का हिस्सा कितना है? **SSC GD 20/02/2024 Shift-II**

(a) ₹ 18000 (b) ₹ 900
(c) ₹ 700 (d) ₹ 1400

260. यदि $M : N = 9 : 6$ है, तो $(M + N) : (M - N)$ का मान कितना है? **SSC GD 20/02/2024 Shift-I**

(a) 1 : 5 (b) 5 : 1
(c) 5 : 2 (d) 5 : 4

261. ₹ 7200 को P, Q और R के बीच में क्रमशः 1/2:4: 3/2 के अनुपात में बाँटा जाता है। R का हिस्सा कितना है? **SSC GD 20/02/2024 Shift-I**

(a) ₹ 1800
(b) ₹ 2400
(c) ₹ 600
(d) ₹ 4800

262. एक कक्षा में 50 विद्यार्थी हैं। यदि लड़कों की संख्या और लड़कियों की सख्या का अनुपात 16 : 9 है, तो स्कूल में लड़कों और लड़कियों की संख्या के बीच का मध्यानुपाती क्या है? **SSC GD 13/02/2023 Shift-IV**

(a) 36 (b) 24
(c) 16 (d) 22

263. 2 घण्टे 40 मिनट, 1 घण्टा 20 मिनट और 10 घण्टे का चतुर्थ अनुपातिक .... है। **SSC GD 13/02/2023 Shift-II**

(a) 5 घण्टे (b) 6 घण्टे
(c) 2 घण्टे (d) 4 घण्टे

264. 121 और 169 का मध्यानुपात क्या है? **SSC GD 09/02/2023 Shift-II**

(a) 153 (b) 157
(c) 143 (d) 147

265. $(a^4 - b^4), (a^2 - ab)$ और $(a^2 + b^2)$ का चतुर्थानुपाती ज्ञात कीजिए। **SSC GD 09/02/2023 Shift-I**

(a) $(a + b)$ (b) $\frac{a}{a+b}$
(c) $\frac{b}{a+b}$ (d) $(a - b)$

266. $a^3 + a^2b + ab^2, a + b$ और $a^2 + ab + b^2$ का चतुर्थ अनुपातिक .... है। **SSC GD 09/02/2023 Shift-I**

(a) $\frac{b}{a+b}$ (b) $\frac{a}{a+b}$ (c) $1+\frac{b}{a}$ (d) $1+\frac{a}{b}$

267. ₹ 936 को P, Q और R में गलती से $\frac{1}{2}:\frac{1}{3}:\frac{1}{4}$ के अनुपात को 2 : 3 : 4 के अनुपात में विभाजित कर दिया जाता है। वितरण में R का लाभ .... है। **SSC GD 07/02/2023 Shift-I**

(a) ₹ 24 (b) ₹ 200
(c) ₹ 216 (d) ₹ 1240

268. वह सबसे छोटी धनात्मक संख्या कौन-सी है, जिसे 12 और 21 दोनों में से घटाए जाने पर उनका तृतीयानुपात 36 होता है? **SSC GD 07/02/2023 Shift-I**

(a) 5 (b) 4 (c) 3 (d) 2

269. A, B और C एक क्रिकेट टीम के तीन बल्लेबाज हैं। एक निश्चित मैच में उनके द्वारा बनाए गए रनों का अनुपात दिया गया है। $A : B = 6 : 7$ और $B : C = 5 : 6$ है। मैच के अंत में, A, B और C ने मिलकर 856 रन बनाए। B ने कितने रन बनाए? **SSC GD 06/02/2023 Shift-I**

(a) 216 (b) 224 (c) 265 (d) 280

270. यदि 8 एवं 24 का तीसरा समानुपाती 'A' है और 4 एवं 16 का मध्यानुपाती 'B' है, तो $\frac{A}{B}$ का मान .... है। **SSC GD 02/02/2023 Shift-I**

(a) 10 (b) 8 (c) 9 (d) 12

271. 0.1 और 0.12 का तृतीयानुपाती ज्ञात करें। **SSC GD 02/02/2023 Shift-I**

(a) 0.122 (b) 0.144
(c) 0.24 (d) 0.124

272. $\frac{x}{y}$ और $\frac{y}{z}$ के वर्गों का मध्यानुपाती ज्ञात करें। **SSC GD 01/02/2023 Shift-I**

(a) $\left(\frac{x}{z}\right)^2$ (b) $\left(\frac{x}{z}\right)^{3/2}$ (c) $\sqrt{\frac{x}{z}}$ (d) $\frac{x}{z}$

SSC Selection Post 2024-2022

273. यदि कक्षा A में 11 लड़के और 18 लड़कियाँ हैं, कक्षा B में 13 लड़के और 17 लड़कियाँ हैं, और कक्षा C में 20 लड़के और 9 लड़कियाँ है, तो किस कक्षा में लड़कों का लड़कियों से अनुपात सर्वाधिक है? **Matric Level 20/06/2024 Shift-IV**

(a) कक्षा A
(b) कक्षा B
(c) कक्षा C
(d) कक्षा A और कक्षा B दोनों

274. यदि $A : B = 8 : 13, B : C = 5 : 8$ और $C : D = 4 : 5$ है, तो $A : B : C : D$ किसके बराबर होगा? **Graduate Level 20/06/2024 Shift-III**

(a) 38 : 65 : 111 : 120
(b) 40 : 65 : 104 : 130
(c) 40 : 60 : 103 : 112
(d) 20 : 50 : 105 : 119

275. दो संख्याएँ 4 : 5 के अनुपात में हैं। यदि छोटी संख्या में 3 जोड़ दिया जाए और बड़ी संख्या में से 7 घटा दिया जाए, तो उनका अनुपात 1 : 1 हो जाता है। तो संख्याएँ ज्ञात कीजिए। **Higher Secondary Level 20/06/2024 Shift-II**

(a) 40, 50 (b) 55, 44
(c) 60, 75 (d) 20, 25

276. एक पिज्जा बनाने के लिए चीज और सॉस का अनुपात 1 : 1/2 कप है। यदि रमा एक निश्चित संख्या में पिज्जा बनाने के लिए 15 कप सॉस का उपयोग करती है, तो उन पिज्जे के लिए कितने कप चीज का उपयोग किया जाएगा? **Graduate Level 27/06/2023 Shift-IV**

(a) 40 कप (b) 20 कप
(c) 10 कप (d) 30 कप

277. एक परिवार अपनी कुल आय में से 15% की बचत करता है और शेष राशि तीन प्रकार के व्यय-स्वास्थ्य, शिक्षा और भोजन पर 1 : 2 : 2 के अनुपात में व्यय करता है। आय, शिक्षा पर किए गए व्यय के तीन गुने से ₹ 300 कम है। बचत और स्वास्थ्य पर किए गए व्यय में कितना अन्तर है? **Graduate Level 27/06/2023 Shift-IV**

(a) ₹ 2250 (b) ₹ 300
(c) ₹ 500 (d) ₹ 350

278. रोहन और सोहम का वेतन 2 : 3 के अनुपात में है। यदि प्रत्येक के वेतन में ₹ 2000 की वृद्धि होती है, तो नया अनुपात 40 : 57 हो जाता है। सोहम का वर्तमान वेतन क्या है? **Higher Secondary Level 27/06/2023 Shift-III**

(a) ₹ 34000 (b) ₹ 25500
(c) ₹ 17000 (d) ₹ 20000

279. A, B के अनुक्रमानुपाती है। जब $A = 52$, $B = 91$ है, तो $B = 126$ होने पर A का मान ज्ञात कीजिए। **Higher Secondary Level 27/06/2023 Shift-III**

(a) 70 (b) 76 (c) 84 (d) 72

280. एक नृत्य कक्षा के तीन बैंचों में छात्रों का अनुपात 2 : 3 : 5 है। यदि प्रत्येक बैंच में 20 छात्र बढ़ते हैं तो अनुपात बदलकर 4 : 5 : 7 हो जाता है। वृद्धि से पहले तीनों बैंचों में छात्रों की कुल संख्या ज्ञात कीजिए। **Matric Level 27/06/2023 Shift-I**

(a) 80 (b) 120 (c) 150 (d) 100

281. यदि $C = D$ का $\frac{2}{3}$ और $D = E$ का $\frac{3}{8}$ है, तो $C : E$ का अनुपात ज्ञात कीजिए।

Matric Level 27/06/2023 Shift-I

(a) 1 : 4 (b) 4 : 1 (c) 3 : 4 (d) 1 : 3

282. 16 और 24 का तीसरा समानुपाती......होगा।

Matric Level 27/06/2023 Shift-I

(a) 30 (b) 40 (c) 36 (d) 32

283. 0.9 और 1.5 का तृतीयानुपाती ज्ञात कीजिए।

Graduate Level 01/08/2022 Shift-IV

(a) 2.8 (b) 1.5
(c) 2.5 (d) 1.7

284. यदि $\frac{a}{2} = \frac{b}{3} = \frac{c}{4} = \frac{2a - 3b + 5c}{k}$ है, तो k का मान क्या है?

Higher Secondary Level 01/08/2022 Shift-II

(a) 18 (b) 15 (c) 10 (d) 12

285. 5 और 125 के बीच माध्य अनुपात (mean proportion) क्या है?

Higher Secondary Level 01/08/2022 Shift-II

(a) 60 (b) 25 (c) 65 (d) 4.8

286. 18 और 50 का मध्यानुपाती ज्ञात कीजिए।

Matric Level 01/08/2022 Shift-I

(a) 40 (b) 33 (c) 30 (d) 35

287. 30 और a का मध्यानुपाती 15 है। a का मान ज्ञात कीजिए।

Matric Leve 01/08/2022 Shift-I

(a) $\frac{15}{2}$ (b) $\frac{15}{4}$
(c) $\frac{2}{15}$ (d) $\frac{13}{2}$

288. दो संख्याएँ 5 : 9 के अनुपात में हैं। यदि प्रत्येक संख्या में से 25 घटा दिया जाए, तो अनुपात 25 : 49 हो जाता है। संख्याएँ ज्ञात कीजिए।

Matric Level 01/08/2022 Shift-I

(a) 55, 77 (b) 40, 56
(c) 150,270 (d) 45, 63

सही उत्तर

1	(a)	2	(d)	3	(c)	4	(c)	5	(d)	6	(c)	7	(a)	8	(c)	9	(c)	10	(d)
11	(c)	12	(a)	13	(b)	14	(a)	15	(d)	16	(d)	17	(a)	18	(c)	19	(a)	20	(d)
21	(b)	22	(a)	23	(b)	24	(a)	25	(c)	26	(d)	27	(c)	28	(c)	29	(b)	30	(c)
31	(a)	32	(b)	33	(c)	34	(d)	35	(a)	36	(c)	37	(b)	38	(b)	39	(a)	40	(a)
41	(b)	42	(d)	43	(d)	44	(d)	45	(b)	46	(c)	47	(d)	48	(b)	49	(d)	50	(c)
51	(b)	52	(a)	53	(b)	54	(b)	55	(b)	56	(c)	57	(d)	58	(c)	59	(a)	60	(b)
61	(a)	62	(b)	63	(d)	64	(d)	65	(c)	66	(b)	67	(a)	68	(a)	69	(b)	70	(c)
71	(b)	72	(c)	73	(c)	74	(d)	75	(c)	76	(d)	77	(d)	78	(b)	79	(d)	80	(d)
81	(a)	82	(a)	83	(d)	84	(a)	85	(b)	86	(c)	87	(b)	88	(c)	89	(b)	90	(a)
91	(c)	92	(d)	93	(b)	94	(d)	95	(b)	96	(b)	97	(a)	98	(d)	99	(d)	100	(a)
101	(d)	102	(c)	103	(b)	104	(a)	105	(a)	106	(a)	107	(d)	108	(c)	109	(a)	110	(d)
111	(d)	112	(b)	113	(d)	114	(d)	115	(a)	116	(c)	117	(b)	118	(a)	119	(b)	120	(d)
121	(a)	122	(b)	123	(b)	124	(b)	125	(a)	126	(a)	127	(d)	128	(d)	129	(b)	130	(a)
131	(d)	132	(d)	133	(a)	134	(b)	135	(a)	136	(c)	137	(d)	138	(b)	139	(b)	140	(a)
141	(a)	142	(c)	143	(d)	144	(d)	145	(b)	146	(b)	147	(a)	148	(d)	149	(a)	150	(c)
151	(a)	152	(a)	153	(b)	154	(a)	155	(c)	156	(d)	157	(d)	158	(d)	159	(b)	160	(a)
161	(a)	162	(d)	163	(c)	164	(c)	165	(b)	166	(a)	167	(d)	168	(c)	169	(a)	170	(b)
171	(b)	172	(b)	173	(d)	174	(d)	175	(b)	176	(c)	177	(a)	178	(a)	179	(a)	180	(a)
181	(d)	182	(b)	183	(a)	184	(c)	185	(c)	186	(d)	187	(b)	188	(a)	189	(a)	190	(c)
191	(d)	192	(d)	193	(b)	194	(b)	195	(d)	196	(d)	197	(b)	198	(d)	199	(d)	200	(a)
201	(c)	202	(b)	203	(a)	204	(c)	205	(c)	206	(a)	207	(a)	208	(a)	209	(d)	210	(b)
211	(a)	212	(b)	213	(b)	214	(d)	215	(c)	216	(c)	217	(c)	218	(b)	219	(a)	220	(d)
221	(a)	222	(a)	223	(b)	224	(a)	225	(d)	226	(c)	227	(b)	228	(b)	229	(a)	230	(a)
231	(a)	232	(c)	233	(b)	234	(c)	235	(c)	236	(c)	237	(a)	238	(b)	239	(b)	240	(a)
241	(d)	242	(a)	243	(c)	244	(a)	245	(b)	246	(b)	247	(c)	248	(a)	249	(c)	250	(d)
251	(c)	252	(a)	253	(d)	254	(c)	255	(d)	256	(d)	257	(a)	258	(c)	259	(c)	260	(b)
261	(a)	262	(b)	263	(a)	264	(c)	265	(b)	266	(c)	267	(b)	268	(c)	269	(d)	270	(c)
271	(b)	272	(d)	273	(c)	274	(b)	275	(a)	276	(d)	277	(b)	278	(c)	279	(d)	280	(d)
281	(a)	282	(c)	283	(c)	284	(b)	285	(b)	286	(c)	287	(a)	288	(c)				

उत्तर सहित हल

1. (a) प्रश्नानुसार,

$$\text{आदि} \times \frac{3}{10} = \text{दीया} \times \frac{3}{5}$$

$$\frac{\text{आदि}}{\text{दीया}} = \frac{2}{1}$$

$\therefore$ दीया की राशि $= \frac{1}{3} \times 1440 = ₹ 480$

2. (d) $a : b = 2 : 3$

$b : c = 5 : 7$

$\Rightarrow \quad \frac{a}{c} = \frac{a}{b} \times \frac{b}{c} = \frac{2}{3} \times \frac{5}{7} = \frac{10}{21}$

$\Rightarrow \quad c : a = 21 : 10$

3. (c) Q का हिस्सा $= \frac{3 \times 1500}{(5-4)} = \frac{4500}{1} = 4500$

$\therefore$ अभीष्ट हिस्सा = ₹4500

4. (c) माना A, B और C का मासिक आय क्रमशः $2x$, $9x$ तथा $3x$ हैं।

तथा उनके खर्च क्रमशः $3y$, $9y$ और $5y$ हैं।

प्रश्नानुसार, $(2x - 3y) = \frac{1}{2} \times 2x$

$\Rightarrow \quad 2x - 3y = x \Rightarrow x = 3y \Rightarrow \frac{x}{y} = \frac{3}{1}$

$\therefore A, B$ और C की बचत का अनुपात

$= (2x - 3y) : (9x - 9y) : (3x - 5y)$

$= (2 \times 3 - 3) : (9 \times 3 - 9) : (3 \times 3 - 5)$

$= 3 : 18 : 4$

5. (d) दिया है, $\frac{a}{b} = \frac{c}{d} = \frac{e}{f} = \frac{5}{7}$

$$\therefore \quad \frac{3a + 5c + 11e}{3b + 5d + 11f} = \frac{3 \times 5 + 5 \times 5 + 11 \times 5}{3 \times 7 + 5 \times 7 + 11 \times 7}$$

$$= \frac{15 + 25 + 55}{21 + 35 + 77} = \frac{95}{133} = \frac{5}{7} = 5 : 7$$

6. (c) दिया है, $A : B = 6 : 8$

तथा $\quad B : C = 5 : 11$

B का मान बराबर करने पर,

$A : B = 30 : 40$

$B : C = 40 : 88$

$\therefore A : B : C = 30 : 40 : 88 = 15 : 20 : 44$

7. (a) माना P और Q का वेतन क्रमशः ₹ P तथा ₹ Q है।

$$\therefore \quad \frac{P \text{ का व्यय}}{Q \text{ का व्यय}} = \frac{15}{1} = \frac{3}{2}$$

$$\Rightarrow \quad \frac{P \times \frac{(100-64)}{100}}{Q \times \frac{(100-44)}{100}} = \frac{3}{2}$$

$$\Rightarrow \quad \frac{P \times 36}{Q \times 56} = \frac{3}{2} \Rightarrow \frac{P}{Q} = \frac{3}{2} \times \frac{56}{36} = \frac{7}{3}$$

$\therefore \quad P : Q = 7 : 3$

8. (c) छोटी संख्या $= \frac{210}{(5-2)} \times 2 = 140$

9. (c) p और q का मध्यानुपाती $= \sqrt{p \times q}$

$\therefore \quad \sqrt{p \times q} = 12$

$\Rightarrow \quad p \times q = 144 = 24 \times 6$

अतः p और q के सम्भावित मान 24 और 6 हैं।

10. (d) अभीष्ट चतुर्थानुपाती $= \frac{9 \times 16}{4} = 36$

11. (c) 18 और A का मध्यानुपाती = 30

हम जानते हैं,

मध्यानुपाती $= \sqrt{ab}$ $\quad$ यहाँ $\left\{ \begin{matrix} a = 18 \\ b = A \end{matrix} \right\}$

$30 = \sqrt{18A}$

दोनो तरफ वर्ग करने पर,

$900 = 18 \times A \Rightarrow A = 50$

अतः $A = 50$

12. (a) माना कॉलेज में लड़कों तथा लड़कियों की संख्या क्रमशः $5x$ तथा $6x$ है।

प्रश्नानुसार, $\frac{5x - 40}{6x + 50} = \frac{8}{11}$

$\Rightarrow \quad 55x - 440 = 48x + 400 \Rightarrow 7x = 840$

$\therefore \quad x = \frac{840}{7} = 120$

$\therefore$ कॉलेज में लड़कियों की संख्या

$= 6x = 6 \times 120 = 720$

13. (b) दिया है, हीरे की कीमत $\propto$ (हीरे का वजन)^2

माना हीरे का कुल वजन, 10 किग्रा है

$\therefore$ हीरे की कीमत = ₹ 100

हीरे के चार टुकड़ों के वजन का अनुपात $= 4 : 3 : 2 : 1$

$\therefore$ हीरे के चार टुकड़ों का मूल्य का अनुपात

$= 16 : 9 : 4 : 1$

प्रश्नानुसार, $100 - (16 + 9 + 4 + 1) \equiv 63000$

$\Rightarrow \quad 70 \equiv 6300$

$\therefore \quad 100 \equiv \frac{63000}{70} \times 100 = ₹ 90000$

अतः हीरे का मूल्य = ₹ 90000

14. (a) $A : B - 6 : 8$

$B : C = 7 : 12$

$A : B : C = 6 \times 7 : 8 \times 7 : 8 \times 12$

$= 42 : 56 : 96 = 21 : 28 : 48$

15. (d) $4a^2$ और x का मध्यानुपाती $= \sqrt{4a^2 \times x}$

$\therefore \quad \sqrt{4a^2 \times x} = \frac{1}{5a}$

दोनों तरफ का वर्ग करने पर,

$4a^2 \times x = \frac{1}{25a^2} \quad \Rightarrow \quad x = \frac{1}{100a^4}$

16. (d) अभीष्ट मध्यानुपाती $= \sqrt{a \times b}$

$= \sqrt{36 \times 100} = 60$

17. (a) माना प्रारम्भ में पुरुष $= 5x$

तथा $\quad$ महिला $= 3x$

प्रश्नानुसार,

$$\frac{5x}{3x + 150} = \frac{5}{4}$$

$\Rightarrow \quad 4x = 3x + 150$

$\Rightarrow \quad x = 150$

$\therefore$ पुरुषों की संख्या $= 5x = 5 \times 150 = 750$

18. (c) $A : B = 6 : 8] \times 7$

$B : C = 7 : 10] \times 8$

$\therefore \quad A : B : C = 42 : 56 : 80 = 21 : 28 : 40$

19. (a) माना गैर-सोने तथा सोने की सिक्कों की संख्या क्रमशः $4x$ तथा x है।

प्रश्नानुसार, $\frac{x + 20}{4x} = \frac{2}{3}$

$\Rightarrow \quad 3x + 60 = 8x \Rightarrow 5x = 60$

$\therefore \quad x = \frac{60}{5} = 12$

$\therefore$ संग्रह में अब सिक्कों की कुल संख्या

$= (x + 4x) + 20$

$= 5 \times 12 + 20$

$= 60 + 20 = 80$

20. (d) माना 12.96 तथा 0.16 का मध्यानुपाती x है।

$\therefore \quad x = \sqrt{12.96 \times 0.16}$

$$= \sqrt{\frac{1296}{100} \times \frac{16}{100}} = \frac{36 \times 4}{100} = 144$$

21. (b) $A : B = 6 : 8$

$B : C = 5 : 10$

$A : B : C = 6 \times 5 : 8 \times 5 : 8 \times 10 = 3 : 4 : 8$

22. (a) माना 2, 32 का मध्यानुपाती x है।

$x = \sqrt{ab}$ $\quad$ {यहाँ $a = 2$, $b = 32$}

$= \sqrt{2 \times 32} = \sqrt{64} = 8$

अतः 2, 32 का मध्यानुपाती 8 है।

23. (b) माना क्लब में पुरुष और महिला सदस्यों की संख्या क्रमशः $2x$ तथा $3x$ हैं।

प्रश्नानुसार, $\frac{2x + 200}{3x} = \frac{5}{6}$

$\Rightarrow 12x + 1200 = 15x \Rightarrow 3x = 1200$

$\therefore \quad x = \frac{1200}{3} = 400$

$\therefore$ क्लब में महिला सदस्यों की संख्या

$= 3 \times 400 = 1200$

24. (a) $28.9 : x :: x : 36.1$

$\Rightarrow \quad \frac{28.9}{x} = \frac{x}{36.1} \Rightarrow x^2 = 28.9 \times 36.1$

$$\therefore \quad x = \sqrt{\frac{289 \times 361}{100}} = \frac{17 \times 19}{10} = 32.3$$

25. (c) सबसे बड़ा हिस्सा

$= 1200 \times \frac{3}{2 + 1 + 3} = ₹ 600$

सबसे छोटा हिस्सा $= 1200 \times \frac{1}{2 + 1 + 3} = ₹ 200$

$\therefore$ अभीष्ट धनराशि = 3 × सबसे बड़ा हिस्सा + 2 × सबसे छोटा हिस्सा

$= 3 \times 600 + 2 \times 200$

$= 1800 + 400$

$= ₹ 2200$

26. (d) माना P, Q और R की आय क्रमशः $10x$, $12x$ तथा $9x$ है।

तथा P, Q और R का व्यय क्रमशः $12y$, $15y$ तथा $8y$ है।

प्रश्नानुसार, $12x - 15y = 12x \times \frac{25}{100}$

$\Rightarrow \quad 12x - 3x = 15y \Rightarrow \frac{x}{y} = \frac{15}{9}$

$\therefore P, Q$ और R की बचत का अनुपात

$= (10x - 12y) : (12x - 15y) : (9x - 8y)$

$= (150 - 108) : (180 - 135) : (135 - 72)$

$= 42 : 45 : 63 = 14 : 15 : 21$

27. (c) अभीष्ट अनुपात

$= \sqrt{121 \times 0.09} : \sqrt{0.16 \times 0.36}$

$= 11 \times 0.3 : 0.4 \times 0.6 = 11 : 8$

28. (c) मध्यानुपाती $= \sqrt{245 \times \frac{36}{5}}$

$= \sqrt{49 \times 36} = 7 \times 6$

$\therefore$ अभीष्ट संख्या $= \frac{7 \times 6}{2} = 21$

29. (b) प्रश्नानुसार, $P : Q : R : S = 4 : 9 : 2 : 3$

$\because$ 7 इकाई → ₹ 560

3 इकाई → $\frac{560 \times 3}{7}$ = ₹ 240

30. (c) $\because A : B = 6 : 8$

$B : C = 5 : 12$

$\therefore A : B : C = 30 : 40 : 96 = 15 : 20 : 48$

31. (a) $\because \frac{A}{C} = \frac{B}{D}$

$\therefore \quad \frac{25}{30} = \frac{40}{D} \Rightarrow D = \frac{40 \times 30}{25} = 48$

32. (b) माना बैग में क्रमशः ₹ 1, ₹ 5 तथा ₹ 10 के सिक्कों की संख्या क्रमशः $3x$, $5x$ तथा $7x$ हैं।

प्रश्नानुसार, $3x \times 1 + 5x \times 5 + 7x \times 10 = 980$

$\Rightarrow \quad 3x + 25x + 70x = 980$

$x = \frac{980}{98} = 10$

अतः ₹ 10 के सिक्कों की संख्या $= 7x$

$= 7 \times 10 = 70$

33. (c) $8a^2$ और $\frac{18}{a^4}$ का मध्यानुपाती

$= \sqrt{8a^2 \times \frac{18}{a^4}} = \sqrt{\frac{144}{a^2}} = \frac{12}{a}$

34. (d) प्रश्नानुसार, $x \propto \frac{1}{y}$

$xy = k$ ...(i)

(जहाँ, k एक स्थिर मान है)

$\therefore \quad x = 2, y = 6$

$\Rightarrow \quad 2 \times 6 = k$ ...(ii)

अब, $x = 3$

$\therefore \quad 3 \times y = 2 \times 6$ (समी (i) और समी (ii) से)

$y = 4$

35. (a) प्रश्नानुसार,

लड़कियों का औसत | लड़कों का औसत

80   75

78

(78–75) : (80–78)

= 3 : 2

अतः लड़के और लड़कियों का अनुपात = 2 : 3 होगा।

36. (c) सिक्के का मूल्य (₹ में) = 0.25, 0.5, 2, 5

तथा सिक्कों की संख्या का अनुपात = 5 : 4 : 3 : 1

कुल मूल्य = 1.25, 2, 6, 5

सभी मूल्य का योग = 1.25 + 2 + 6 + 5

= 14.25

अतः 25 पैसे और ₹ 5 के सिक्कों की संख्या के बीच अन्तर $= \frac{285}{14.25}(5 - 1) = 20 \times 4 = 80$

37. (b) राकेश द्वारा प्राप्त अंक $= \frac{30}{2} \times 4 = 60$

तथा रमेश द्वारा प्राप्त अंक $= \frac{30}{2} \times 9 = 135$

38. (b) माना दोनों कर्मचारियों की वार्षिक आय क्रमशः $7x$ व $4x$ है।

तब, $\frac{7x - 4800}{4x - 4800} = \frac{3}{1}$

$7x - 4800 = 12x - 14400$

$\Rightarrow \quad 12x - 7x = 14400 - 4800$

$\Rightarrow \quad 5x = 9600$

$\Rightarrow \quad x = 1920$

$\therefore$ दोनों कर्मचारियों की मासिक आय का योग

$= 7x + 4x = 11x = 11 \times 1920 =$ ₹ 21120

39. (a) माना तीसरी संख्या $= x$

$\therefore$ पहली संख्या $= x \times \frac{110}{100} = \frac{11x}{10}$

तथा दूसरी संख्या $= x \times \frac{125}{100} = \frac{5}{4}x$

अतः अभीष्ट अनुपात $= \frac{11x}{10} : \frac{5x}{4} = 22 : 25$

स्पीडी विधि

माना पहली संख्या = 100

अभीष्ट अनुपात = 110 : 125 = 22 : 25

40. (a) दोनों की बचत का अभीष्ट अनुपात

$= \frac{60000 - 24000}{50000 - 18000} = \frac{9}{8} = 9 : 8$

41. (b) माना तृतीयानुपाती x है।

$\therefore 7 : 63 :: 63 : x$

$\Rightarrow \quad \frac{7}{63} = \frac{63}{x} \Rightarrow 7x = 63 \times 63$

$\therefore \quad x = \frac{63 \times 63}{7} = 63 \times 9 = 567$

42. (d) $\frac{3x^2}{4xy} = \frac{4xy}{48} \Rightarrow 144x^2 = 16x^2y^2$

$\Rightarrow \quad y^2 = \frac{144x^2}{16x^2} = 9 \Rightarrow y = \sqrt{9} = 3$

43. (d) माना घटाई गई छोटी संख्या $= x$

तृतीय अनुपात $= \frac{(\text{दूसरी संख्या})^2}{\text{पहली संख्या}} \Rightarrow \frac{(3 - x)^2}{(2 - x)} = 4$

$\Rightarrow \quad 9 - 6x + x^2 = 8 - 4x$

$\Rightarrow x^2 - 2x + 1 = 0 \Rightarrow (x - 1)^2 = 0 \Rightarrow x = 1$

44. (d) माना स्कूल में लड़कों की संख्या $= 7x$ तथा स्कूल में (लड़के + लड़कियों) की कुल संख्या $= 17x$

$\therefore$ स्कूल में लड़कियों की संख्या $= 17x - 7x = 10x$

प्रश्नानुसार, लड़कों की संख्या = 1099

$\Rightarrow 7x = 1099 \Rightarrow x = \frac{1099}{7} = 157$

अतः स्कूल में लड़कियों की संख्या

$= 10x = 10 \times 157 = 1570$

स्पीडी विधि

लड़के : लड़की = 7 : 10

7 इकाई → 1099

10 इकाई → $\frac{1099 \times 10}{7} = 1570$

लड़कियों की संख्या = 1570

45. (b) माना 8, 32 और 13 का चतुर्थानुपाती x है।

$\frac{8}{32} = \frac{13}{x} \Rightarrow x = \frac{13 \times 32}{8} = 52$

46. (c) $\because \frac{13}{19} = \frac{26}{38} \Rightarrow \frac{8}{19} = \frac{16}{38}$

$\therefore \frac{26}{38}, \frac{16}{38}, \frac{15}{38}$ और $\frac{17}{38}$ में सबसे कम अनुपात = 15 : 38

47. (d) हरे भाग की लम्बाई $= \frac{9030}{6 + 7 + 8} \times 8$

$= \frac{9030}{21} \times 8$

= 3440 सेमी

48. (b) माना पहली, दूसरी तथा तीसरी संख्या क्रमशः $\frac{4}{5}x, \frac{5}{6}x$ तथा $\frac{9}{10}x$ हैं।

प्रश्नानुसार, $\frac{9}{10}x - \frac{4}{5}x = 12$

$\Rightarrow \left(\frac{9x - 8x}{10}\right) = 12 \Rightarrow x = 10 \times 12 = 120$

अब, मध्य संख्या $= \frac{5}{6}x = 120 \times \frac{5}{6} = 100$

स्पीडी विधि

संख्याओं का अनुपात $= \frac{4}{5} : \frac{5}{6} : \frac{9}{10}$

$= 24 : 25 : 27$

3

$\because$ 3 इकाई = 12

$\therefore$ 25 इकाई $= \frac{12 \times 25}{3} = 100$

49. (d) दिया है, $\frac{28}{98} = \frac{98}{y}$

$\Rightarrow \quad y = \frac{98 \times 98}{28} = 343$

50. (c) माना चतुर्थानुपाती x है।

प्रश्नानुसार, $\frac{8}{12} = \frac{14}{x} \Rightarrow x = \frac{14 \times 12}{8} = 21$

51. (b) माना X, Y तथा Z की दैनिक मजदूरी क्रमशः ₹ $4a$, ₹ $5a$ तथा ₹ $3a$ हैं।

प्रश्नानुसार, $5 \times 4a + 7 \times 5a + 10 \times 3a = 3400$

$\Rightarrow \quad 20a + 35a + 30a = 3400$

$\Rightarrow \quad 85a = 3400 \Rightarrow a = \frac{3400}{85} = 40$

अतः X को प्राप्त राशि $= 5 \times 4 \times 40 =$ ₹ 800

52. (a) दिया है, $a : b :: b : c$

$\Rightarrow \quad \frac{a}{b} = \frac{b}{c} \Rightarrow b^2 = ac$

$\Rightarrow \quad (96)^2 = ac \quad (\because b = 96)$

$\Rightarrow \quad ac = 96 \times 96 = 3 \times 32 \times 96$

$\Rightarrow \quad ac = 32 \times 288$

तुलना करने से,

$\therefore \quad a = 32$ तथा $c = 288$

53. (b) पालतू पशुओं की कुल संख्या = 2 + 3 + 4 = 9

खरगोशों की संख्या = 3

$\therefore$ अभीष्ट अनुपात = 3 : 9 = 1 : 3

54. (b) माना 25 और 35 का तृतीयानुपाती x है।

$\frac{25}{35} = \frac{35}{x} \Rightarrow x = 35 \times \frac{35}{25} = 49$

स्पीडी विधि

25 और 35 का तृतीयानुपाती

$= \frac{b^2}{a} = \frac{35 \times 35}{25} = \frac{1225}{25} = 49$

55. (b) माना स्कूल में गणित, अंग्रेजी और रसायन विज्ञान की सीटों की संख्या क्रमश: $6x$, $4x$ तथा $7x$ हैं।

वृद्धि के बाद, गणित की सीटों की संख्या

$= 6x \times \frac{120}{100} = \frac{720x}{100}$

अंग्रेजी की सीटों की संख्या $= 4x \times \frac{140}{100} = \frac{560x}{100}$

रसायन विज्ञान की सीटों की संख्या

$= 7x \times \frac{160}{100} = \frac{1120x}{100}$

$\therefore$ अभीष्ट अनुपात $= \frac{720x}{100} : \frac{560x}{100} : \frac{1120x}{100}$

$= 9 : 7 : 14$

स्पीडी विधि

अभीष्ट अनुपात

$= 6 \times \frac{120}{100} : 4 \times \frac{140}{100} : 7 \times \frac{160}{100}$

$= 72 : 56 : 112 = 9 : 7 : 14$

56. (c) दिया है, A, $(B + 18)$ के अनुक्रमानुपाती है।

$\Rightarrow A \propto (B + 18)$

$\Rightarrow A = k(B + 18)$ ...(i)

जब $A = 108$ तथा $B = 36$ हो

तब, $108 = k(36 + 18)$ [समी (i) से]

$\Rightarrow k = \frac{108}{54} = 2$

अब, समी (i) से,

$A = 2(B + 18)$

जब $B = 68$ हो, तब $A = 2(68 + 18)$

$\therefore A = 2\,(86) = 172$

स्पीडी विधि

प्रश्नानुसार,

$A \propto (B + 18)$

$\therefore 108 = k\,(36 + 18)$ ...(i)

और $A = k\,(68 + 18)$ ...(ii)

समी (ii) को समी (i) से भाग देने पर,

$\frac{A}{108} = \frac{86}{54} \Rightarrow A = 172$

57. (d) चतुर्थानुपात $= \frac{192 \times 216}{144} = 288$

58. (c) प्रश्नानुसार, $\frac{405}{y} = \frac{y}{125}$

$\Rightarrow y^2 = 50625 \Rightarrow y = 225$

59. (a) माना कारखाने में पुरुषों की संख्या $= x$ तथा महिलाओं की संख्या $= y$

प्रश्नानुसार, $x \times \frac{48}{100} = y \times \frac{2}{3}$

$\frac{x}{y} = \frac{2}{3} \times \frac{100}{48} = \frac{25}{18} = 25 : 18$

60. (b) $(x^2 - y^2)$ और $(x - y)$ का तृतीयानुपाती

$= \frac{(x - y)^2}{(x^2 - y^2)} = \frac{(x - y)\,(x - y)}{(x - y)\,(x + y)} = \frac{x - y}{x + y}$

61. (a) माना 50 पैसे, 25 पैसे और 20 पैसे के सिक्कों की संख्या क्रमश: $2x$, $3x$ तथा $5x$ हैं।

प्रश्नानुसार, $\frac{50}{100} \times 2x + \frac{25}{100} \times 3x + \frac{20}{100} \times 5x = 550$

$\Rightarrow x + \frac{3x}{4} + x = 550$

$\Rightarrow 4x + 3x + 4x = 550 \times 4$

$\therefore x = \frac{550 \times 4}{11} = 200$

50 पैसे के सिक्कों से बनी धनराशि

$= 2 \times 200 \times \frac{50}{100} =$ ₹ 200

20 पैसे के सिक्कों से बनी धनराशि

$= 5 \times 200 \times \frac{20}{100} =$ ₹ 200

$\therefore$ अभीष्ट अन्तर = ₹ (200 − 200) = ₹ 0

62. (b) माना बैग में लाल, हरे और नीले पेन की संख्या क्रमश: $7x$, $4x$ और $9x$ हैं।

प्रश्नानुसार, $7x + 4x + 9x = 320$

$\Rightarrow x = \frac{320}{20} = 16$

$\therefore$ बैग में लाल पेनों की संख्या $= 7x = 7\,(16) = 112$

स्पीडी विधि

लाल पेनों की संख्या $= \frac{320}{7 + 4 + 9} \times 7 = 112$

63. (d) माना संख्याएँ $2a$ और $2b$ हैं।

ल. स. $= 2ab$

$\Rightarrow 12 = 2ab \Rightarrow ab = 6$

संख्याओं का मध्यानुपाती $= \sqrt{2a \times 2b} = \sqrt{4 \times 6}$

$= \sqrt{24} = 2\sqrt{6}$

64. (d) माना स्कूल में लड़कों और लड़कियों की संख्या क्रमश: $11x$ और $15x$ हैं।

तब प्रश्नानुसार, $15x - 11x = 200$

$\Rightarrow 4x = 200 \Rightarrow x = 50$

$\therefore$ लड़कों की संख्या $= 11 \times 50 = 550$

स्पीडी विधि

लड़कों की संख्या $= \frac{200}{4} \times 11 = 550$

65. (c) 7 और 112 का मध्यानुपाती

$= \sqrt{7 \times 112} = \sqrt{7 \times 7 \times 4 \times 4} = 28$

66. (b) प्रश्नानुसार,

$\frac{39}{117} = \frac{17}{y}$

$\Rightarrow y = \frac{17 \times 117}{39} = 51$

67. (a) 25 और 225 के बीच मध्यानुपाती

$= \sqrt{25 \times 225} = 5 \times 15 = 75$

68. (a) प्रश्नानुसार, $X \propto Y^2$

$\therefore X = KY^2$ ...(i)

$\Rightarrow 12 = k(2)^2$

$\Rightarrow k = \frac{12}{4} = 3$

समी (i) में $Y = 3$ रखने पर,

$X = 3(3)^2$

$\therefore X = 3 \times 9 = 27$

69. (b) माना तीसरा पद x है।

प्रश्नानुसार, $\frac{51}{68} = \frac{x}{108} \Rightarrow x = \frac{51 \times 108}{68} = 81$

70. (c) माना चतुर्थ समानुपाती x है।

तब, $\frac{7}{15} = \frac{21}{x} \Rightarrow x = \frac{15 \times 21}{7} = 45$

71. (b) माना पहली, दूसरी व तीसरी संख्या क्रमश: $4x$, $5x$ और $7x$ है

प्रश्नानुसार, $(4x)^2 + (5x)^2 + (7x)^2 = 15210$

$\Rightarrow x^2[16 + 25 + 49] = 15210$

$\Rightarrow x^2 = \frac{15210}{90} = 169 \Rightarrow x = 13$

तब, तीनों संख्याओं का योग $= 4x + 5x + 7x$

$= 16x = 16 \times 13 = 208$

72. (c) $36 : 81 :: X : 63$

$\Rightarrow 36 \times 63 = 81 \times X$

$\Rightarrow X = \frac{36 \times 63}{81} = 28$

73. (c) माना तृतीय समानुपाती 'c' है।

$\Rightarrow a \times c = \frac{b^4}{4a} \times \frac{b^4}{4a} \Rightarrow c = \frac{b^8}{16a^3}$

74. (d) दिया है, $a : b = 4 : 5$

और $b : c = 3 : 10$

तब, $\frac{a}{b} \times \frac{b}{c} = \frac{4}{5} \times \frac{3}{10} \Rightarrow \frac{a}{c} = \frac{6}{25}$

अत: $a : c = 6 : 25$

75. (c) माना चतुर्थानुपाती $= x$

$\Rightarrow \frac{17}{272} = \frac{19}{x} \Rightarrow x = \frac{19 \times 272}{17} = 304$

76. (d) माना चतुर्थानुपाती $= x$

$\Rightarrow \frac{16}{26} = \frac{32}{x} \Rightarrow x = \frac{32 \times 26}{16} = 52$

77. (d) माना 27 और 300 का मध्यानुपाती $= x$

$\Rightarrow x^2 = 27 \times 300 = 81 \times 100$

$\Rightarrow x = 9 \times 10 = 90$

78. (b) माना चतुर्थानुपाती x है, तब

$\frac{24}{192} = \frac{27}{x} \Rightarrow x = \frac{192 \times 27}{24}$

$\therefore x = 216$

79. (d) दिया है, $14 : 30 :: 7 : x$

$\Rightarrow 14 \times x = 30 \times 7 \Rightarrow x = \frac{30 \times 7}{14} = 15$

80. (d) माना मध्यानुपाती $= b$

तब, $6 : b :: b : 54 \Rightarrow b^2 = 6 \times 54$

$\Rightarrow b^2 = 324 \Rightarrow b = 18$

$\therefore$ अभीष्ट अन्तर $= 18 - 15 = 3$

81. (a) माना रोहन के अंग्रेजी में अंक x हैं।

तब, विज्ञान के अंक $\frac{x}{2}$ होंगे।

माना रोहन ने गणित में y अंक प्राप्त किए हैं।

प्रश्नानुसार, $\frac{x}{y} = \frac{2}{3} \Rightarrow y = \frac{3x}{2}$

अंग्रेजी, विज्ञान और गणित में कुल अंक = 126

$x + \frac{x}{2} + \frac{3x}{2} = 126$

$\Rightarrow \frac{2x + x + 3x}{2} = 126$

$\Rightarrow \frac{6x}{2} = 126 \Rightarrow x = 42$

स्पीडी विधि

माना अंग्रेजी और गणित में अंक क्रमशः $2x$ और $3x$ है।

$\therefore$ विज्ञान में प्राप्त अंक $= \frac{\text{अंग्रेजी}}{2} = \frac{2x}{2} = x$

प्रश्नानुसार,

$x + 2x + 3x = 126$

$\Rightarrow 6x = 126 \Rightarrow x = 21$

अतः अंग्रेजी में प्राप्त अंक $= 2x = 2 \times 21 = 42$ अंक

82. (a) मध्यानुपाती

$= \sqrt{\frac{a^3 + b^3}{(a-b)} \times \frac{a^2 - b^2}{a^2 - ab + b^2}}$

$= \sqrt{\frac{(a+b)(a^2 - ab + b^2) \times (a+b)(a-b)}{(a-b)(a^2 - ab + b^2)}}$

$= \sqrt{(a+b)(a+b)} = a + b$

83. (d) $x = \sqrt{12.8 \times 64.8} = \sqrt{829.44} = 28.8$

84. (a) $\because c^2 = ab$

अब a^2c और b^2c का मध्यानुपाती

$= \sqrt{a^2c \times b^2c} = \sqrt{a^2b^2c^2} = \sqrt{c^4 \times c^2} = c^3$

85. (b) माना संख्याएँ क्रमशः $5x$ और $7x$ हैं।

प्रश्नानुसार, $\frac{5x+6}{7x+6} = \frac{3}{4}$

$\Rightarrow 20x + 24 = 21x + 18$

$\Rightarrow x = 6$

$\therefore$ पहली संख्या $= 5x = 5 \times 6 = 30$

तथा दूसरी संख्या $= 7x = 7 \times 6 = 42$

86. (c) 12, 24 और 27 का चतुर्थानुपाती

$= \frac{27 \times 24}{12} = 54$

A और 36 का तृतीयानुपाती $= \frac{36 \times 36}{A}$

प्रश्नानुसार, $54 = \frac{36 \times 36}{A}$

$\Rightarrow A = \frac{36 \times 36}{54} = 24$

87. (b) प्रश्नानुसार, $A \propto \sqrt{B}$

$\Rightarrow A = k\sqrt{B}$ ...(i)

तथा $A \propto \frac{1}{C^3} \Rightarrow A = \frac{l}{C^3}$ ...(ii)

यहाँ, k और l अचर पद हैं।

जब, $B = 27$ और $C = 2$ होने पर $A = 15$

तब, समी (i) व (ii) से,

$15 = k\sqrt{27} \Rightarrow k = \frac{15}{\sqrt{27}} = \frac{5}{\sqrt{3}} = \frac{5\sqrt{3}}{3}$

तथा $15 = \frac{l}{2^3} \Rightarrow l = 15 \times 8 = 120$

अब, यदि $A = 9$

तब, $9 = \frac{5\sqrt{3}}{3}\sqrt{B} \Rightarrow \sqrt{B} = \frac{27}{5\sqrt{3}}$

दोनों पक्षों का वर्ग करने पर,

$B = \frac{27 \times 27}{5 \times 5 \times 3} = \frac{243}{25}$

88. (c) माना घटाई जाने वाली वह संख्या $= x$

प्रश्नानुसार,

$(13 - x)(13 - x) = (9 - x) \times 18$

$\Rightarrow 169 + x^2 - 26x = 162 - 18x$

$\Rightarrow x^2 - 8x + 7 = 0$

$\Rightarrow (x - 7)(x - 1) = 0$

$\Rightarrow x = 1, 7$

अतः विकल्प (c) सही उत्तर होगा।

89. (b) माना हीरे के टुकड़ों का वजन क्रमशः $3x, 2x$ व x हैं।

तब, उनका मूल्य क्रमशः $9x^2, 4x^2, x^2$

प्रारम्भिक वजन $= 3x + 2x + x = 6x$

प्रारम्भिक मूल्य $= (6x)^2$

प्रश्नानुसार, $(6x)^2 = 6084 \Rightarrow 36x^2 = 6084$

$\Rightarrow x^2 = 169 \Rightarrow x = 13$

काटने पर हुई हानि = प्रारम्भिक मूल्य − नया मूल्य

$= (6x)^2 - (9x^2 + 4x^2 + x^2)$

$= 36x^2 - 14x^2 = 22x^2$

$= 22 \times 169 = ₹ 3718$

90. (a) माना मध्यानुपाती $= b$

$(6 + \sqrt{8}) : b :: b : (3 - \sqrt{2})$

$\Rightarrow b \times b = (3 - \sqrt{2}) \times (6 + \sqrt{8})$

$\Rightarrow b^2 = 18 + 3\sqrt{8} - 6\sqrt{2} - \sqrt{16}$

$\Rightarrow b^2 = 18 + 6\sqrt{2} - 6\sqrt{2} - 4$

$\Rightarrow b^2 = 18 - 4 \Rightarrow b = \sqrt{14}$

91. (c) $a : b = c : d$

$\Rightarrow \frac{a}{b} = \frac{c}{d}$

$\Rightarrow \frac{a}{c} = \frac{b}{d}$ ...(i)

$\Rightarrow \frac{a}{b} + 1 = \frac{c}{d} + 1$

$\Rightarrow \frac{a+b}{b} = \frac{c+d}{d} \Rightarrow \frac{a+b}{c+d} = \frac{b}{d}$

$\Rightarrow \frac{a+b}{c+d} = \frac{a}{c}$ [समी (i) से]

$\therefore a : c = a + b : c + d$

92. (d) 2, 5, 6 का चतुर्थानुपाती $= \frac{5 \times 6}{2} = 15$

6, 8, 9 का चतुर्थानुपाती $= \frac{8 \times 9}{6} = 12$

$\therefore$ अभीष्ट अनुपात $= \frac{15}{12} = \frac{5}{4} = 5 : 4$

93. (b) $A : B = 1 : 2, B : C = 3 : 4$

और $C : D = 5 : 6$

A	B	C	D
1	2	②	②
③	3	4	④
⑤	⑤	5	6
15	30	40	48

$\Rightarrow A : B : C : D = 15 : 30 : 40 : 48$

$\therefore C$ का हिस्सा $= \frac{93100}{15 + 30 + 40 + 48} \times 40$

$= ₹ 28000$

94. (d) माना 1.6 और 3.6 के बीच मध्यानुपाती x है, तब

$x^2 = 1.6 \times 3.6$

$\Rightarrow x = \sqrt{5.76} = 2.4$

तथा माना 5 और 8 का तृतीयानुपाती y है। तब,

$5y = 8 \times 8 \Rightarrow y = \frac{8 \times 8}{5} = 12.8$

$\therefore$ अभीष्ट अनुपात $= \frac{2.4}{12.8} = \frac{3}{16} = 3 : 16$

95. (b) 169 और 144 का मध्यानुपाती

$= \sqrt{169 \times 144} = 13 \times 12 = 156$

96. (b) माना A, B, C और D के भागों के अनुपात ₹ $4x$, ₹ $12x$, ₹ $30x$ तथा ₹ $45x$ हैं।

प्रश्नानुसार, $45x - 4x = 5535 \Rightarrow 41x = 5535$

$\Rightarrow x = \frac{5535}{41} \Rightarrow x = 135$

$\therefore$ कुल राशि $= 4x + 12x + 30x + 45x$

$= 91x = 91 \times 135 = ₹ 12285$

स्पीडी विधि

$A : B : C : D = 4 : 12 : 30 : 45$

प्रश्नानुसार,

$\because (45 - 4)$ इकाई = ₹ 5535

91 इकाई $= \frac{₹ 5535 \times 91}{41} = ₹ 12285$

97. (a) माना अनिल और कुमुद का मासिक वेतन क्रमशः ₹ $19x$ और ₹ $17x$ हैं।

प्रश्नानुसार, $\frac{19x + 2000}{17x + 1000} = \frac{8}{7}$

$\Rightarrow 133x + 14000 = 136x + 8000$

$\Rightarrow 3x = 6000 \Rightarrow x = 2000$

$\therefore$ कुमुद का वर्तमान वेतन = ₹ $17x$ = ₹ (17×2000)

= ₹ 34000

98. (d) दिया है, 3, 9 का तृतीयानुपात p है।

तब, $\frac{3}{9} = \frac{9}{p} \Rightarrow p = \frac{81}{3} = 27$

माना $6, p, 4$ का चतुर्थानुपात x है।

तब, $\frac{6}{p} = \frac{4}{x}$

$\Rightarrow x = \frac{27 \times 4}{6}$ $(\because p = 27)$

$\therefore x = 18$

99. (d) प्रश्नानुसार,

$\frac{24 - x}{40 - x} = \frac{33 - x}{57 - x}$

$\Rightarrow (24 - x)(57 - x) = (40 - x)(33 - x)$

$\Rightarrow 1368 - 24x - 57x + x^2$

$= 1320 - 40x - 33x + x^2$

$\Rightarrow 1368 - 1320 = -40x - 33x + 57x + 24x$

$\Rightarrow 48 = 8x$

$\Rightarrow x = 6$

$\therefore \frac{5x + 12}{4x + 15} = \frac{(5 \times 6) + 12}{(4 \times 6) + 15}$

$= \frac{42}{39} = \frac{14}{13} = 14 : 13$

100. (a) माना 12, 18, 6 का चतुर्थानुपात x है।

$\therefore \frac{12}{18} = \frac{6}{x} \Rightarrow x = \frac{18 \times 6}{12} = 9$

अब, $4, k, x$ अनुपात में हैं।

$\therefore \frac{4}{k} = \frac{k}{x} \Rightarrow k^2 = 4x$

$\Rightarrow k^2 = 4 \times 9$ $(\because x = 9)$

$\therefore k = 6$

101. (d) माना A और B की आय क्रमशः ₹ $4x$ और ₹ $5x$ है और उनका व्यय क्रमशः ₹ $3y$ और ₹ $8y$ है।

दिया है, A की आय $= B$ का व्यय

$\Rightarrow 4x = 8y \Rightarrow x = 2y$

तब, A की बचत $= 4x - 3y = 4(2y) - 3y$
$= 8y - 3y = 5y$
तथा, B की बचत $= 5x - 8y = 5(2y) - 8y$
$= 10y - 8y = 2y$
$\therefore$ अभीष्ट अनुपात $= \frac{5y}{2y} = \frac{5}{2} = 5:2$

102. (c) माना संख्या A और B क्रमश: $5x$ और $8x$ है।
प्रश्नानुसार, $\frac{5x+5}{8x+5} = \frac{2}{3}$
$\Rightarrow 15x + 15 = 16x + 10 \Rightarrow x = 5$
$\therefore A$ और B का अन्तर $= 8x - 5x = 3x = 3 \times 5 = 15$

स्पीडी विधि
$A:B = 5:8$
$A:B = 2:3 = 6:9$
$(6-5)$ इकाई $= 5$
3 इकाई $= \frac{5 \times 3}{1} = 15$

103. (b) माना 12, 16 और 6 का चतुर्थानुपाती x है।
$\Rightarrow \frac{12}{16} = \frac{6}{x} \Rightarrow x = \frac{6 \times 16}{12} = 8$
4 और 6 का तृतीयानुपाती $= \frac{6^2}{4} = 9$
$\therefore$ अभीष्ट अनुपात $= 8:9$

104. (a) दिया है, $A:B = 9:8$
$A:C = 4:5$
$\therefore A:B:C = 36:32:45$
कुल राशि = ₹ 31866
$\therefore B$ का भाग $= 31866 \times \frac{32}{36+32+45}$
$= 31866 \times \frac{32}{113} =$ ₹ 9024

105. (a) 12, 18 और 6 का चतुर्थानुपाती $= \frac{18 \times 6}{12} = 9$
तथा k और 6 का तृतीयानुपाती $= \frac{6^2}{k} = \frac{36}{k}$
प्रश्नानुसार, $9 = \frac{36}{k}$
$\Rightarrow k = 4$

106. (a) शेष धनराशि = 100 − 20 = ₹ 80
माना ₹ 2, ₹ 5 और ₹ 10 मूल्य वर्ग के सिक्कों की संख्या क्रमश: $5x, 4x$ और x हैं।
तब, $5x \times 2 + 4x \times 5 + x \times 10 = 80$
$\Rightarrow 40x = 80$
$x = 2$
$\therefore$ ₹ 5 के सिक्कों की संख्या $= 4x = 4 \times 2 = 8$

107. (d) प्रश्नानुसार, $\frac{19-x}{28-x} = \frac{55-x}{91-x}$
$\Rightarrow 1729 - 91x - 19x + x^2$
$= 1540 - 55x - 28x + x^2$
$\Rightarrow 110x - 83x = 1729 - 1540$
$\Rightarrow 27x = 189$
$\Rightarrow x = 7$

108. (c) $A:B = 3:5$
$B:C = 2:3$
$A:B:C = 3 \times 2 : 5 \times 2 : 5 \times 3$
$= 6:10:15$

109. (a) माना संख्याएँ क्रमश: x, $2x$ और $4x$ हैं।
प्रश्नानुसार, $x^2 + (2x)^2 + (4x)^2 = 1029$
$\Rightarrow x^2 + 4x^2 + 16x^2 = 1029$
$\Rightarrow 21x^2 = 1029 \Rightarrow x^2 = 49 \Rightarrow x = 7$
$\therefore$ सबसे बड़ी और सबसे छोटी संख्या के बीच अन्तर
$= 4x - x = 3x = 3 \times 7 = 21$

110. (d) माना वॉलेट में ₹ 10 और ₹ 50 के नोटों की संख्या क्रमश: x और $2x$ हैं।
प्रश्नानुसार, $x + 2x = 12 \Rightarrow 3x = 12 \Rightarrow x = 4$
$\therefore$ वॉलेट में कुल रुपए $= x \times 10 + 2x \times 50$
$= 4 \times 10 + 2 \times 4 \times 50$
$= 40 + 400 =$ ₹ 440

111. (d) प्रश्नानुसार, $2A = 5B = 7C$
$\therefore A, B$ और C के हिस्सों का अनुपात
$= \frac{1}{2} : \frac{1}{5} : \frac{1}{7} = 35:14:10$
$\therefore A$ का हिस्सा $= 1180 \times \frac{35}{35+14+10}$
$= 1180 \times \frac{35}{59} =$ ₹ 700

112. (b) माना कुल राशि = ₹x
तथा विभा को मिली राशि = ₹ 14416
$\therefore x \times \frac{4}{2+3+4} = 14416$
$x = 14416 \times \frac{9}{4} =$ ₹ 32436

113. (d) प्रश्नानुसार, $\frac{10+x}{16+x} = \frac{22+x}{32+x}$
$\Rightarrow 320 + 32x + 10x + x^2 = 352 + 22x + 16x + x^2$
$\Rightarrow 4x = 352 - 320 = 32$
$x = 8$
अब, $x + 1 = 8 + 1 = 9$
तथा $(3x+1) = 3 \times 8 + 1 = 25$
$\therefore (x+1)$ और $(3x+1)$ का मध्यानुपाती
$= \sqrt{9 \times 25} = 3 \times 5 = 15$

114. (d) A, B, C और D का अनुपात
$= \frac{1}{3} : \frac{1}{5} : \frac{1}{6} : \frac{1}{9} = 30:18:15:10$
प्रश्नानुसार, $x \times \frac{18-10}{30+18+15+10} = 832$
$\therefore x = 832 \times \frac{73}{8} =$ ₹7592

115. (a) $\because \frac{5x+3y}{5x-3y} = \frac{7}{3}$
$\Rightarrow 3(5x+3y) = 7(5x-3y)$
$\Rightarrow 15x + 9y = 35x - 21y$
$\Rightarrow 9y + 21y = 35x - 15x$
$\Rightarrow 30y = 20x \Rightarrow 3y = 2x$
$x:y = 3:2$

116. (c) $\because S = T \times 75\%$
$S = T \times \frac{75}{100} \Rightarrow S = T \times \frac{3}{4}$
$\therefore \frac{S}{T} = \frac{3}{4} = 3:4$

117. (b) $\frac{3}{4} \times \frac{55}{55} = \frac{165}{220}$
$\frac{3}{5} \times \frac{44}{44} = \frac{132}{220}$
$\frac{2}{11} \times \frac{20}{20} = \frac{40}{220}$
$\frac{7}{2} \times \frac{110}{110} = \frac{770}{220}$
आरोही क्रम $\frac{40}{220} < \frac{132}{220} < \frac{165}{220} < \frac{770}{220}$
$\therefore \frac{2}{11} < \frac{3}{5} < \frac{3}{4} < \frac{7}{2}$
$\therefore 2:11 < 3:5 < 3:4 < 7:2$

118. (a) दिया है, $b = \frac{4}{a}$
a व b का मध्यानुपाती $= \sqrt{a \cdot b}$
$= \sqrt{a \cdot \frac{4}{a}} = 2$

119. (b) यदि चार अलग-अलग धनात्मक संख्याएँ a, b, c और d दिए गए प्रश्न में समानुपात में है।
अत: c, d, b और a दिए गए क्रम में समानुपात में नही होगा।
अत: विकल्प (b) सही नहीं है।

120. (d) 75 और 12 का मध्यानुपाती $= \sqrt{75 \times 12}$
$= \sqrt{900} = 30$
अभीष्ट प्राकृतिक संख्या = 30 − 13 = 17

121. (a) दिया है,
कुल राशि = ₹17600
प्राप्त राशि का अनुपात,
जीवन : प्रवीण = 5 : 8 (× 3)
प्रवीण : कानन = 3 : 2 (× 8)
जीवन : प्रवीण : कानन = 15 : 24 : 16
आनुपातिक योग = 15 + 24 + 16 = 55
जीवन का हिस्सा $= \frac{17600}{55} \times 15 =$ ₹4800

122. (b) दिया है,
$A:B = 3:4$
$B:C = 4:5$
$\therefore A:B:C = 3:4:5$
C और A के अंकों का अन्तर = 30
अर्थात् $5 - 3 = 2 \equiv 30$
$\therefore B$ का प्राप्तांक $= \frac{30}{2} \times 4 = 60$

123. (b) A का 40% = B का 60% = C का $\frac{1}{6}$
$\Rightarrow A \times \frac{40}{100} = B \times \frac{60}{100} = C \times \frac{1}{6}$
$\Rightarrow A \times \frac{2}{5} = B \times \frac{3}{5} = \frac{c}{6}$
$\Rightarrow \frac{2A}{5} = \frac{3B}{5} = \frac{C}{6}$
अब, $\frac{2A}{5} = \frac{3B}{5}$
$\Rightarrow \frac{A}{B} = \frac{3}{2}$
$\Rightarrow A:B = 3:2$
उसी प्रकार, $B:C = 5:18$
$\therefore A:B:C = 3 \times 5 : 2 \times 5 : 2 \times 18$
$= 15:10:36$

124. (b) माना कक्षा में लड़कों व लड़कियों की संख्या क्रमश: $3x$ तथा $5x$ हैं।
कुल विद्यार्थियों की संख्या $= 3x + 5x = 8x$
लड़कों का प्रतिशत $= \frac{3x}{8x} \times 100 = 37.5\%$

125. (a) माना चतुर्थानुपाती = x

$\therefore$ $10:12::15:x$

$\Rightarrow \frac{10}{12} = \frac{15}{x} \Rightarrow x = \frac{15 \times 12}{10} = \frac{180}{10} = 18$

126. (a) माना संख्याएँ, क्रमशः $3x$ तथा $7x$ है।

प्रश्नानुसार, $\frac{3x-11}{7x-11} = \frac{7}{20}$

$\Rightarrow 60x - 220 = 49x - 77$

$\Rightarrow 11x = 220 - 77 = 143$

$\therefore x = \frac{143}{11} = 13$

अत: छोटी संख्या = $3x = 3 \times 13 = 39$

127. (d) प्रश्नानुसार,

$4 : a :: 16a : 81$

$\Rightarrow \frac{4}{a} = \frac{16a}{81} \Rightarrow 16a^2 = 4 \times 81$

$\Rightarrow a^2 = \frac{4 \times 81}{16} = \frac{81}{4}$

$\therefore a = \sqrt{\frac{81}{4}} = \frac{9}{2}$

128. (d) चतुर्थानुपाती = $\frac{66 \times 11}{22} = 33$

129. (b) माना लड़कों की संख्या = $3x$

व लड़कियों की संख्या = $5x$

$\therefore 3x + 5x = 720$

$\therefore x = 90$

लड़कों की संख्या = $3x = 3 \times 90 = 270$

लड़कियों की संख्या = $5x = 5 \times 90 = 450$

माना नए लड़कों की संख्या, जिन्हें स्कूल में प्रवेश देना चाहिए, 'y' है।

तब, $\frac{270 + y}{450 + 18} = \frac{2}{3}$

$\Rightarrow 3y + 810 = 936$

$\Rightarrow 3y = 936 - 810$

$\Rightarrow 3y = 126 \Rightarrow y = \frac{126}{3} = 42$

130. (a) माना व्यक्ति की मासिक आय = ₹ $7x$

व्यक्ति का मासिक व्यय = ₹ $3x$

प्रश्नानुसार, $3x = 5400 \Rightarrow x = 1800$

अत: व्यक्ति की मासिक आय

$= 7x = 7 \times 1800 =$ ₹ 12600

स्पीडी विधि

व्यक्ति की मासिक आय = $\frac{5400}{3} \times 7 =$ ₹ 12600

131. (d) माना 0.3, 0.8 और 0.108 का चतुर्थानुपाती = x

$0.3 : 0.8 :: 0.108 : x$

$x \times 0.3 = 0.8 \times 0.108$

$\Rightarrow x = 0.288$

132. (d) माना पहली संख्या = $5x$

तथा दूसरी संख्या = $3x$

प्रश्नानुसार,

$5x - 3x = 34$

$\therefore x = 17$

$\therefore$ पहली संख्या = $5 \times 17 = 85$

तथा दूसरी संख्या = $3 \times 17 = 51$

$\therefore$ छोटी संख्या = 51

स्पीडी विधि

छोटी संख्या = $\frac{34}{5-3} \times 3 = 51$

133. (a) माना चौथा पद x है।

तब, $42 : 36 :: 35 : x \Rightarrow x = \frac{36 \times 35}{42} = 30$

134. (b) माना तीसरा अनुपात = x

तब, $0.024 : 0.12 :: 0.12 \times x$

$\Rightarrow 0.024 \times x = 0.12 \times 0.12$

$\Rightarrow x = \frac{0.12 \times 0.12}{0.024} \Rightarrow x = 0.600$

स्पीडी विधि

तृतीय अनुपात, $c = \frac{b^2}{a} = \frac{0.12 \times 0.12}{0.024}$

$= 0.6 = 0.600$

135. (a) माना 16 और 40 का तृतीयानुपाती = x

तब, $16 : 40 :: 40 : x$

$\Rightarrow 16 \times x = 40 \times 40 \Rightarrow x = 100$

पुन: माना 10 और 40 का मध्यानुपाती = y

तब, $10 : y :: y : 40$

$\Rightarrow y \times y = 40 \times 10 \Rightarrow y^2 = 400 \Rightarrow y = 20$

$\therefore$ अभीष्ट अनुपात = $x : y = 100 : 20 = 5 : 1$

136. (c) माना तीनों बच्चों की लम्बाई क्रमशः $7x$, $8x$ व $9x$ है।

प्रश्नानुसार, $\frac{7x + 8x + 9x}{3} = 56$

$\Rightarrow \frac{24x}{3} = 56 \Rightarrow x = \frac{56 \times 3}{24} \Rightarrow x = 7$

पहले बच्चे की लम्बाई = $7x = 7 \times 7 = 49$ सेमी

दूसरे बच्चे की लम्बाई = $8x = 8 \times 7 = 56$ सेमी

तीसरे बच्चे की लम्बाई = $9x = 9 \times 7 = 63$ सेमी

137. (d) $\because \frac{33}{41} = 0.80$

$\frac{42}{49} = 0.86$

$\frac{35}{47} = 0.74$

$\frac{41}{92} = 0.44$

अत: सबसे छोटा अनुपात 41:92 है।

138. (b) सर्वाधिक मूल्य वाली कुर्सी का मूल्य

$= 14014 \times \frac{7}{3+4+7}$

$= 14014 \times \frac{7}{14}$

$=$ ₹ 7007

139. (b) माना प्रत्येक पद में x जोड़ा जाए।

$\therefore \frac{5+x}{11+x} = \frac{3}{5}$

$\Rightarrow 25 + 5x = 33 + 3x$

$\Rightarrow 2x = 8 \Rightarrow x = 4$

$\therefore$ प्रत्येक पद में 4 जोड़ा जाए।

140. (a) अभीष्ट मध्यानुपाती = $\sqrt{0.72 \times 2.85}$

$= \sqrt{2.052} = 1.4$

(दशमलव के एक स्थान तक सन्निकटित)

141. (a) (लाल : हरी) मिठाइयाँ = 3 : 4

हरी मिठाइयों की संख्या = 120

$\therefore$ लाल मिठाइयों की संख्या = $\frac{120}{4} \times 3 = 90$

142. (c) $2 : 3 = \frac{2}{3} = 0.66$

$1 : 5 = \frac{1}{5} = 0.2 \Rightarrow 8 : 3 = \frac{8}{3} = 2.66$

$7 : 4 = \frac{7}{4} = 1.75$

अत: (8 : 3) का मान सबसे अधिक है।

143. (d) $x : y = 5 : 6$

$\therefore \frac{2x + 3y}{3x + 5y} = \frac{2 \times 5 + 3 \times 6}{3 \times 5 + 5 \times 6} = \frac{10 + 18}{15 + 30} = \frac{28}{45}$

144. (d) माना सोनू के पास भूमि = $100x$

$\therefore$ राजू के पास भूमि = $100x \times \frac{115}{100} = 115x$

तथा रामू के पास भूमि = $100x \times \frac{125}{100} = 125x$

अत: अभीष्ट अनुपात = $115x : 125x = 23 : 25$

स्पीडी विधि

राजू : रामू = 115 : 125 = 23 : 25

145. (b) स्कूल में लड़कियों की संख्या

$= 640 - 400 = 240$

अत: अभीष्ट अनुपात = 240 : 400 = 3 : 5

146. (b) $\frac{A}{C} = \frac{A}{B} \times \frac{B}{C} = \frac{5}{8} \times \frac{7}{8} = \frac{35}{64}$

$\therefore A : C = 35 : 64$

147. (a) $\because$ वृक्ष की आयु $\propto$ छल्लों की संख्या

$\therefore$ माना दूसरे वृक्ष की आयु = x वर्ष

$\therefore \frac{x}{50} = \frac{30}{40} \Rightarrow x = \frac{30 \times 50}{40} = 37.5$

$\therefore$ 30 छल्लों वाले वृक्ष की आयु = 37.5 वर्ष

अब, मूल्य $\propto$ आयु

माना 30 छल्लों वाले वृक्ष का मूल्य = ₹ y

$\therefore \frac{y}{50000} = \frac{37.5}{50} \Rightarrow y = 37500$

$\therefore$ 30 छल्लों वाले वृक्ष का मूल्य ₹ 37500 है।

148. (d) $\frac{A}{C} = \frac{A}{B} \times \frac{B}{C} = \frac{2}{3} \times \frac{7}{8} = \frac{7}{12}$

$\Rightarrow A : C = 7 : 12$

149. (a) माना 25 और 81 का मध्यानुपाती x है।

$\therefore x = \sqrt{25 \times 81} = 5 \times 9 = 45$

150. (c) पहली संख्या = $\frac{2}{5} \times 135 = 54$

$\therefore$ दूसरी संख्या = $\frac{3}{5} \times 135 = 81$

151. (a) माना चतुर्थ समानुपाती = x

$\therefore x = \frac{3.5 \times 5.74}{1.25} = 16.1$

152. (a) माना 0.14 और 2.24 का मध्यानुपाती x है।

$\therefore x^2 = 0.14 \times 2.24 \Rightarrow x = 0.56$

153. (b) प्रश्नानुसार,

$\left(R - \frac{R \times 3}{8}\right) = R \times \frac{3}{8} \times k\%$

$\Rightarrow \frac{5 \times R}{8} = R \times \frac{3}{8} \times \frac{k}{100}$

$\therefore k = \frac{5 \times 100}{3} = \left(\frac{500}{3}\right)$

154. (a) $\frac{1}{M}:\frac{1}{N}:\frac{1}{O} = 3:4:5$

$\Rightarrow \quad M:N:O = \frac{1}{3}:\frac{1}{4}:\frac{1}{5} = 20:15:12$

155. (c) $a:b = (3:4)\times 5 = 15:20$

$b:c = (2:3)\times 10 = 20:30$

$c:d = (5:6)\times 6 = 30:36$

$\therefore a:b:c:d = 15:20:30:36$

156. (d) माना 36 और 48 का तृतीय समानुपाती x है।

$\therefore \quad x = \frac{48\times 48}{36} \Rightarrow x = 64$

157. (d) माना 2, 6, 8, a समानुपात में हैं।

$\therefore \quad a = \frac{8\times 6}{2} \Rightarrow a = 24$

158. (d) प्रश्नानुसार,

वजन [बॉक्स : उपहार] $= 1:9 = x:9x$

$\therefore \quad x + 9x = 10x$

$\Rightarrow \quad 10x = 25\times 1000$

$\Rightarrow \quad 9x = \frac{25\times 1000}{10}\times 9 = 22500$ ग्राम

159. (b) प्रश्नानुसार,

$$\frac{(11+x)}{(7+x)} = \frac{(23+x)}{(18+x)}$$

$\Rightarrow \quad 11\times 18 + 11x + 18x + x^2 = 7\times 23 + 7x + 23x + x^2$

$\Rightarrow \quad 198 + 29x = 161 + 30x$

$x = 37$

$\therefore \quad (x-1) = (37-1) = 36$

और $\quad (2x-10) = (2\times 37 - 10) = 64$

अब, माना 36 और 64 का मध्यानुपाती a है।

तब, $\quad a = \sqrt{36\times 64} = 6\times 8 = 48$

$\therefore$ 36 और 64 का मध्यानुपाती 48 है।

160. (a) $\because \frac{8}{11} = 0.72, \frac{4}{5} = 0.8$

$\frac{1}{2} = 0.5, \frac{1}{11} = 0.09$

$\therefore$ सबसे बड़ा अनुपात $= \left(\frac{4}{5}\right)$

161. (a) $a:b = 3:7$

$b:c = 4:9$

$\therefore a:b:c = 12:28:63$

162. (d) $\because \frac{3}{4} = 0.75, \frac{5}{8} = 0.625$

$\frac{1}{2} = 0.5, \frac{6}{9} = 0.66$

अत: सबसे बड़ा अनुपात $\frac{3}{4}$ है।

163. (c) माना $5\times$ रवि का हिस्सा $= 3\times$ रीता का हिस्सा $= 11\times$ राहुल का हिस्सा $= K$

$\therefore$ रवि का हिस्सा $= \frac{K}{5}$

रीता का हिस्सा $= \frac{K}{3}$

तथा राहुल का हिस्सा $= \frac{K}{11}$

अब, धनराशि (रवि : रीता : राहुल)

$= \frac{K}{5}:\frac{K}{3}:\frac{K}{11}$

$= 33:55:15$

164. (c) दूसरी राशि $= \left(\frac{155}{3}\right)\times 5 = 258.3$ किग्रा

165. (b) 25 और x का मध्यानुपाती 35 है।

$25:35::35:x$

$\Rightarrow \quad \frac{25}{35} = \frac{35}{x} \Rightarrow x = \frac{35\times 35}{25} = 49$

166. (a) $\because \quad M \propto \frac{1}{N^2+3}$

$M = \frac{K}{N^2+3}$

M और N के मान रखने पर,

$3 = \frac{K}{3^2+3} \Rightarrow K = 36$

अब, $\quad M = \frac{K}{N^2+3} = \frac{36}{69+3} = \frac{36}{72} = \frac{1}{2}$

अत: M का मान $\frac{1}{2}$ है।

167. (d) माना दो संख्याएँ क्रमश: $7x$ व $3x$ हैं।

$\therefore \quad 7x - 3x = 48 \Rightarrow x = \frac{48}{4} = 12$

अत: अभीष्ट योगफल $= 7x + 3x$

$= 10x = 10\times 12 = 120$

168. (c) प्रश्नानुसार,

₹ 2 और ₹ 5 के सिक्कों की संख्या

$= 5x : 2x$ (माना)

माना ₹ 10 के सिक्कों की संख्या $= y$

तब, $\quad 5x + 2x + y = 50$

$7x + y = 50 \quad \ldots(i)$

तथा कुल रुपये,

$2\times 5x + 5\times 2x + y\times 10 = 150$

$\Rightarrow \quad 10x + 10x + 10y = 150$

$\Rightarrow \quad 2x + y = 15 \quad \ldots(ii)$

समी (i) से समी (ii) घटाने पर,

$5x = 35$

$\Rightarrow \quad x = 7$

$\therefore$ समी (ii) से,

$2\times 7 + y = 15$

$\Rightarrow \quad y = 1$

$\therefore$ ₹ 10 के सिक्कों की संख्या = 1

169. (a) $\quad A:B = 3:7$

$B:C = 2:5$

$\therefore \quad A:B:C = 3\times 2 : 7\times 2 : 7\times 5$

$= 6:14:35$

170. (b) $2^3 : 8^{5.06} :: 8^{-4.06} : x$

$\Rightarrow \quad \frac{2^3}{(8)^{5.06}} = \frac{(8)^{-4.06}}{x}$

$\Rightarrow \quad x = \frac{8^{5.06-4.06}}{2^3}$

$\Rightarrow \quad x = \frac{8}{2^3}$

$\Rightarrow \quad x = \frac{8}{8} \Rightarrow x = 1$

171. (b) माना ₹ 5, ₹ 10 और ₹ 20 के सिक्कों की संख्या क्रमश: $3x$, $5x$ और $7x$ हैं।

$\therefore 3x\times 5 + 5x\times 10 + 7x\times 20 = 1845$

$\Rightarrow \quad 205x = 1845$

$\therefore \quad x = \frac{1845}{205} = 9$

अत: सबसे छोटे सिक्के का कुल मूल्य

$= 3x\times 5 = 3\times 9\times 5 =$ ₹ 135

172. (b) माना कॉफी और चाय का मूल्य क्रमश: $3x$ और $4x$ है तथा कॉफी और चाय का उपभोग क्रमश: $4y$ तथा $7y$ है।

$\therefore \quad$ कॉफी का व्यय $= 3x\times 4y = 12xy$

तथा चाय का व्यय $= 4x\times 7y = 28xy$

अत: अभीष्ट अनुपात $= 12xy : 28xy = 3:7$

173. (d) माना ऋचा का व्यय और बचत क्रमश: $2x$ और x हैं।

$\therefore$ ऋचा की आय $= 2x + x = 3x$

ऋचा की नई आय $= \frac{3x\times 120}{100} = 3.6x$

तथा ऋचा का नया व्यय

$= \frac{2x\times 115}{100} = 2.3x$

$\therefore$ ऋचा की नई बचत $= 3.6x - 2.3x$

$= 1.3x$

अत: अभीष्ट % $= \frac{1.3x - x}{x}\times 100 = 30\%$

174. (d) दिया है, $a:b = 3:7$

$\therefore (2a+3b):(3a+2b)$

$= (2\times 3 + 3\times 7):(3\times 3 + 2\times 7)$

$= (6+21):(9+14)$

$= 27:23$

175. (b) माना तृतीय समानुपाती x है।

$\therefore 12 : 6\sqrt{5} :: 6\sqrt{5} : x$

$\Rightarrow \quad 12x = (6\sqrt{5})^2$

$\therefore \quad x = \frac{36\times 5}{12} = 15$

अत: 12 और $6\sqrt{5}$ का तृतीय समानुपाती 15 है।

176. (c) 15 का $\frac{1}{3}$ भाग $= 15\times\frac{1}{3} = 5$

25 का $\frac{4}{5}$ भाग $= 25\times\frac{4}{5} = 20$

35 का $\frac{3}{7}$ भाग $= 35\times\frac{3}{7} = 15$

माना चतुर्थ समानुपाती x है।

तब, $5:20::15:x \Rightarrow \frac{5}{20} = \frac{15}{x}$

$\therefore \quad x = \frac{15\times 20}{5} = 60$

177. (a) दिया है, $2:9::4:x$

$\Rightarrow \quad \frac{2}{9} = \frac{4}{x} \Rightarrow 2x = 4\times 9$

$\therefore \quad x = \frac{4\times 9}{2} = 18$

178. (a) माना 7 और 63 का मध्यानुपाती x है।

$\Rightarrow \quad x = \sqrt{7\times 63}$

$\Rightarrow \quad x = 7\times 3 = 21$

अत: अभीष्ट अन्तर $= 24 - 21 = 3$

179. (a) माना 25 और 45 का तृतीयानुपाती x है।

$\therefore 25:45::45:x$

$\Rightarrow \quad \frac{25}{45} = \frac{45}{x}$

$\Rightarrow \quad x = \frac{45\times 45}{25} = 81$

180. (a) लड़कों की संख्या $= \frac{414}{(5+4)} \times 5 = 230$

और लड़कियों की संख्या $= 414 - 230 = 184$

अतः अभीष्ट अनुपात $= (230 + 46) : 184$

$= 276 : 184 = 3 : 2$

181. (d) दिया है,

$A : B = 2 : 3, B : C = 6 : 7$

$C : D = 14 : 3$

तब, $A : B : C = 2 \times 2 : 3 \times 2 : 7$

$= 4 : 6 : 7$

$A : B : C : D = 4 \times 2 : 6 \times 2 : 7 \times 2 : 3$

$= 8 : 12 : 14 : 3$

182. (b) प्रश्नानुसार,

$X \times 2 = Y \times 3 = Z \times 4$

$X : Y : Z = \frac{1}{2} : \frac{1}{3} : \frac{1}{4} = 6 : 4 : 3$

अनुपातिक योग $= 6 + 4 + 3 = 13$

अतः Y का हिस्सा $= \frac{13000}{13} \times 4$

$=$ ₹ 4000

183. (a) दिया है,

$p : q = 3 : 5$

अर्थात् $q : p = 5 : 3$

तथा $p : r = 2 : 3$

$q : p : r = 5 \times 2 : 2 \times 3 : 3 \times 3$

$\Rightarrow q : p : r = 10 : 6 : 9$

$\Rightarrow p : q : r = 6 : 10 : 9$

अब, $3p : 4q : 3r = 3 \times 6 : 4 \times 10 : 3 \times 9$

$= 18 : 40 : 27$

184. (c) A का 50% $= B$ का 80%

$\Rightarrow A \times \frac{50}{100} = B \times \frac{80}{100}$

$\Rightarrow \frac{A}{B} = \frac{80 \times 100}{50 \times 100} = \frac{8}{5}$

$\therefore A : B = 8 : 5$

185. (c) माना 7, 13 और 21 का चतुर्थानुपाती x है।

$\frac{7}{13} = \frac{21}{x}$

$\Rightarrow x = \frac{21 \times 13}{7} = 39$

186. (d) माना A और B को मिले कंचे क्रमशः $4x$ और $5x$ हैं।

प्रश्नानुसार, $5x - 4x = 10$

$\Rightarrow x = 10$

$\therefore A$ को मिले कंचे $= 4x = 4 \times 10 = 40$

187. (b) दिया है, $a : b = 2 : 3$

$b : c = 6 : 8$

$\therefore a : b : c = 2 \times 6 : 3 \times 6 : 3 \times 8$

$= 12 : 18 : 24 = 2 : 3 : 4$

188. (a) काले टैबलेट कवर की संख्या

$= \frac{450}{9} \times 5 = 250$

189. (a) माना 5, 8 और 30 का चौथा समानुपाती x है।

तब $\frac{5}{8} = \frac{30}{x}$

$\Rightarrow x = 30 \times \frac{8}{5} = 48$

190. (c) दिया है, $\frac{A}{B} = \frac{13}{17}$ ...(i)

वृद्धि के बाद नया अनुपात

$= \frac{\frac{115}{100} \times A}{\frac{130}{100} \times B} = \frac{115}{130} \times \frac{A}{B}$

$= \frac{115}{130} \times \frac{13}{17} = \frac{23}{34} = 23 : 34$

191. (d) दिया है $A : B = 11 : 7$

तथा $B : C = 5 : 19$

$\therefore A : B : C = 11 \times 5 : 7 \times 5 : 7 \times 19$

$= 55 : 35 : 133$

192. (d) माना स्कूल में लड़कों और लड़कियों की संख्या क्रमशः $6x$ और $7x$ हैं।

$\Rightarrow 6x + 7x = 3289 \Rightarrow 13x = 3289$

$\Rightarrow x = 253$

$\therefore$ लड़कियों की संख्या $= 7x = 7 \times 253 = 1771$

193. (b) A का मूल वेतन $= 33000 \times \frac{8}{11} =$ ₹ 24000

194. (b) प्रश्नानुसार, $30 : 24 :: 35 : x$

$\Rightarrow x = \frac{24 \times 35}{30} = 28$ लीटर

195. (d) $49 : x :: x : 81$

$\frac{49}{x} = \frac{x}{81}$

$x^2 = 49 \times 81$

$x = 7 \times 9 = 63$

इसी प्रकार, $\frac{64}{y} = \frac{y}{169}$

$\Rightarrow y^2 = 64 \times 169$

$\Rightarrow y = 8 \times 13 = 104$

$\therefore 2x + 3y = 2 \times 63 + 3 \times 104$

$= 126 + 312 = 438$

196. (d) माना $(6 - 2\sqrt{2}) : x :: x : (9 + 3\sqrt{2})$

$\Rightarrow x^2 = (6 - 2\sqrt{2}) \times (9 + 3\sqrt{2})$

$\Rightarrow x^2 = 54 - 18\sqrt{2} + 18\sqrt{2} - 12$

$\Rightarrow x^2 = 42$

$\therefore x = \sqrt{42}$

197. (b) $P : Q$

आय $\rightarrow 7 : 6$

व्यय $\rightarrow 6 : 5$

P तथा Q की बचत $= 7 - 6 = 6 - 5 = 1$ इकाई

$\therefore P$ की मासिक आय $= 7 \times 480 =$ ₹ 3360

198. (d) माना पहले, दूसरे और तीसरे पुत्र को प्राप्त धनराशि क्रमशः $3x$, $4x$ तथा $5x$ हैं।

कुल राशि $= 3x + 4x + 5x = 12x$

पुनः पहले, दूसरे और तीसरे पुत्र का

अनुपात $= \frac{1}{3} \times 60 : \frac{1}{4} \times 60 : \frac{1}{5} \times 60 = 20 : 15 : 12$

पहले पुत्र का हिस्सा $= 12x \times \frac{20}{47} = \frac{240x}{47}$

प्रश्नानुसार, $\frac{240x}{47} - 3x = 1188$

$\Rightarrow 240x - 141x = 1188 \times 47$

$\therefore x = \frac{1188 \times 47}{99} = 564$

$\therefore$ कुल राशि $= 12 \times 564 =$ ₹ 6768

199. (d) $\sqrt{5} : \sqrt{42} :: \sqrt{7} : x$

$\Rightarrow \frac{\sqrt{5}}{\sqrt{42}} = \frac{\sqrt{7}}{x}$

$\Rightarrow \sqrt{5}x = \sqrt{7} \times \sqrt{7} \times \sqrt{6}$

$\therefore x = \frac{7 \times \sqrt{6} \times \sqrt{5}}{\sqrt{5} \times \sqrt{5}} = \frac{7}{5}\sqrt{30}$

200. (a) माना बैग में ₹ 1, ₹ 0.5 तथा ₹ 0.25 के सिक्कों की संख्या क्रमशः $5x$, $6x$ तथा $8x$ हैं।

प्रश्नानुसार, $5x \times 1 + 6x \times 0.5 + 8x \times 0.25 = 420$

$\Rightarrow 5x + 3x + 2x = 420$

$\Rightarrow 10x = 420 \Rightarrow x = 42$

अतः ₹ 1 के सिक्कों की संख्या $= 42 \times 5 = 210$

₹ 0.5 के सिक्कों की संख्या $= 42 \times 6 = 252$

₹ 0.25 के सिक्कों की संख्या $= 42 \times 8 = 336$

201. (c) सतत् अनुपात का अर्थ है कि पहले और दूसरे के बीच का अनुपात, दूसरे और तीसरे के बीच के अनुपात के बराबर हो।

माना घटाई जाने वाली संख्या $= x$

प्रश्नानुसार, $\frac{7-x}{9-x} = \frac{9-x}{12-x}$

$\Rightarrow (7-x)(12-x) = (9-x)(9-x)$

$\Rightarrow 84 - 7x - 12x + x^2 = 81 - 9x - 9x + x^2$

$\Rightarrow x = 3$

अतः $P^2 + 1 = 3^2 + 1 = 10$

202. (b) किराए का अनुपात श्रेणी I : श्रेणी II

$= 5 : 3$

यात्रियों की संख्या का अनुपात $= 3 : 10$

वसूल की गई धनराशि का अनुपात $= 15 : 30 = 1 : 2$

$\therefore$ कुल धनराशि $=$ ₹ 37080

$\therefore$ श्रेणी II एसी कोच से वसूल की गई धनराशि

$= \frac{37080}{3} \times 2 =$ ₹ 24720

203. (a) $P \times 30\% = Q \times 0.6 = R \times \frac{1}{3}$

$\Rightarrow P \times \frac{30}{100} = Q \times \frac{6}{10} = R \times \frac{1}{3}$

$\Rightarrow \frac{3P}{10} = \frac{3Q}{5} = \frac{1}{3}R$

[प्रत्येक में 30 की गुणा करने पर]

$\Rightarrow 9P = 18Q = 10R$

$\therefore P : Q : R = \frac{1}{9} : \frac{1}{18} : \frac{1}{10}$

$= 18 \times 10 : 9 \times 10 : 9 \times 18 = 10 : 5 : 9$

204. (c) गेहूँ : चावल

कीमत का अनुपात $= 9 : 11$

खपत का अनुपात $= 11 : 13$

$\therefore$ खर्च का अनुपात $= 9 \times 11 : 11 \times 13 = 9 : 13$

205. (c) टी-शर्ट का विक्रय मूल्य $=$ ₹ 1020

माना सिक्कों की संख्या क्रमशः $2x$, $3x$ तथा $4x$ है।

प्रश्नानुसार, $\frac{2x}{2} + \frac{3x}{5} + \frac{4x}{10} = 1020$

$\Rightarrow \frac{10x + 6x + 4x}{10} = 1020$

$\Rightarrow 20x = 1020 \times 10$

$\therefore x = \frac{1020}{2} = 510$

अतः 10 पैसे के सिक्कों की संख्या $= 4x$

$= 4 \times 510 = 2040$

206. (a) $12 : x :: x : 27$

$\Rightarrow \quad \frac{12}{x} = \frac{x}{27} \Rightarrow x^2 = 12 \times 27$

$\Rightarrow \quad x = \sqrt{324} \Rightarrow x = 18$

इसी प्रकार, $\frac{25}{y} = \frac{y}{36}$

$\Rightarrow \quad y^2 = 25 \times 36 \Rightarrow y = 5 \times 6 = 30$

अतः $x : y = 18 : 30 = 3 : 5$

207. (a) माना कॉलेज में लड़कों तथा लड़कियों की संख्या क्रमशः x और y हैं।

प्रश्नानुसार, x का 20% $= y \times \frac{3}{4}$

$\Rightarrow \quad x \times \frac{20}{100} = \frac{3y}{4} \Rightarrow \frac{x}{5} = \frac{3y}{4} \Rightarrow \frac{x}{y} = \frac{15}{4}$

$\therefore \quad x : y = 15 : 4$

208. (a) माना कक्षा में लड़कों की संख्या $= x$

कक्षा में लड़कियों की संख्या $= 2x$

प्रश्नानुसार, $\frac{x + 20}{2x} = \frac{1}{1}$

$\Rightarrow \quad x + 20 = 2x \Rightarrow x = 20$

शुरुआत में कक्षा में कुल विद्यार्थियों की संख्या

$= (x + 2x) = 3x = 3 \times 20 = 60$

209. (d) माना तीनों संख्याएँ क्रमशः x, $2x$ तथा $3x$ हैं।

प्रश्नानुसार, $\frac{x + 5}{2x + 5} = \frac{2}{3}$

$\Rightarrow \quad 3x + 15 = 4x + 10 \Rightarrow x = 5$

अतः सबसे छोटी संख्या 5 है।

210. (b) कुल विद्यार्थियों की संख्या = 1650

लड़कों की संख्या $= 1650 \times \frac{6}{11} = 900$

लड़कियों की संख्या $= 1650 - 900 = 750$

माना प्रवेश लेने वाली नई लड़कियों की संख्या $= x$

प्रश्नानुसार,

$\frac{900 + 124}{750 + x} = \frac{4}{3}$

$\Rightarrow \quad 3072 = 3000 + 4x$

$\Rightarrow \quad 4x = 3072 - 3000$

$\therefore \quad x = \frac{72}{4} = 18$

$\therefore$ अभीष्ट अनुपात $= \frac{18}{124} = 9 : 62$

211. (a) $A : B = 3 : 4$

$B : C = 6 : 5$

$\therefore \quad A : B : C = 3 \times 6 : 4 \times 6 : 4 \times 5$

$= 18 : 24 : 20$

$\therefore \quad A : B : C = 9 : 12 : 10$

212. (b) माना चतुर्थ समानुपाती $= x$

$\Rightarrow \quad \frac{2}{a} = \frac{5a}{x} \Rightarrow 2x = 5a^2$

$\therefore \quad x = \frac{5a^2}{2}$

213. (b) माना चारों संख्याएँ क्रमशः $6x$, $7x$, $15x$ तथा $19x$ हैं।

प्रश्नानुसार, $(6x + 19x) - (7x + 15x) = 72$

$\Rightarrow \quad 25x - 22x = 72$

$\therefore \quad x = \frac{72}{3} = 24$

सबसे छोटी संख्या $= 6x = 6 \times 24 = 144$

214. (d) माना तीनों संख्याएँ क्रमशः $5x$, $2x$ तथा $7x$ हैं।

प्रश्नानुसार,

$(5x)^2 + (2x)^2 + (7x)^2 = 3822$

$\Rightarrow \quad (25 + 4 + 49)\, x^2 = 3822$

$\Rightarrow \quad 78x^2 = 3822$

$\Rightarrow \quad x^2 = \frac{3822}{78} = 49$

$\therefore \quad x = \sqrt{49} = 7$

अतः सबसे बड़ी संख्या $= 7x = 7 \times 7 = 49$

215. (c) माना चतुर्थ समानुपाती x है।

$\Rightarrow \quad \frac{15}{4.8} = \frac{8}{x} \Rightarrow x = \frac{4.8 \times 8}{15} = 25.6$

216. (c) माना कुल धनराशि = ₹ x

प्रश्नानुसार,

$x \times \left(\frac{5}{2 + 5 + 7}\right) - x \times \left(\frac{2}{5 + 2 + 7}\right) = 150$

$\Rightarrow \quad \left(x \times \frac{5}{14}\right) - \left(x \times \frac{2}{14}\right) = 150$

$\Rightarrow \quad x \times \frac{3}{14} = 150$

$\Rightarrow \quad x = 150 \times \frac{14}{3}$

$\therefore \quad x =$ ₹ 700

217. (c) माना a और $\frac{a}{b^2}$ का मध्यानुपाती x है।

$a : x :: x : \frac{a}{b^2}$

$\Rightarrow \quad \frac{a}{x} = \frac{x}{\frac{a}{b^2}} \quad \Rightarrow x^2 = \frac{a^2}{b^2} \Rightarrow x = \frac{a}{b}$

218. (b) माना दोनों संख्याएँ क्रमशः $6x$ और $7x$ हैं।

प्रश्नानुसार, $7x - 6x = 16 \Rightarrow x = 16$

पहली संख्या $= 6 \times 16 = 96$

दूसरी संख्या $= 7 \times 16 = 112$

219. (a) $A : B = 7 : 9$

$B : C = 5 : 6$

$\frac{A}{C} = \frac{A}{B} \times \frac{B}{C} = \frac{7}{9} \times \frac{5}{6} \Rightarrow \frac{A}{C} = \frac{35}{54}$

$\therefore \quad C : A = 54 : 35$

220. (d) दिया है, $A : B = 3 : 4 = 9 : 12$

और $A : C = 9 : 8$

$\therefore \quad A : B : C = 9 : 12 : 8$

221. (a) 9.61 और 3.61 का मध्यानुपाती

$= \sqrt{9.61 \times 3.61} = 5.89$

222. (a) माना दोनों संख्याएँ क्रमशः $3x$ और $7x$ हैं।

प्रश्नानुसार, $3x + 7x = 180$

$\Rightarrow \quad 10x = 180$

$\Rightarrow \quad x = 18$

$\therefore$ अभीष्ट अन्तर $= (7x - 3x)$

$= 4x = 4 \times 18 = 72$

223. (b) प्रश्नानुसार, $\frac{16}{x} = \frac{x}{196}$

$\Rightarrow \quad x^2 = 16 \times 196$

$\Rightarrow \quad x = 4 \times 14 = 56$

224. (a) सबसे छोटा भाग $= 1000 \times \frac{2}{2 + 3 + 5}$

$= \frac{2000}{10} =$ ₹200

225. (d) रनों का अनुपातिक स्कोर

छक्के	चौके	तीन	दो	एक
1 :	3 :	2 :	7 :	10
↓×6	↓×4	↓×3	↓×2	↓×1
6 :	12 :	6 :	14 :	10

प्रश्नानुसार,

$6x + 12x + 6x + 14x + 10x = 96$

$\Rightarrow \quad 48x = 96$

$\Rightarrow \quad x = 2$

अतः खिलाड़ी द्वारा एक रन के रूप में बनाए गए रन

$= 10 \times 2 = 20$

226. (c) चौथा समानुपाती $= \frac{bc}{a}$

$= \frac{27 \times 68}{18} = 102$

227. (b) माना संख्याएँ $4x$ व $5x$ हैं।

प्रश्नानुसार,

$\frac{4x - 1}{5x + 2} = \frac{3}{4}$

$\Rightarrow \quad 16x - 4 = 15x + 6$

$x = 10$

अतः संख्याएँ $= 4 \times 10 = 40$

$5 \times 10 = 50$

अभीष्ट अनुपात $= (40 + 8) : (50 + 4)$

$= 48 : 54 = 8 : 9$

228. (b) माना उत्तीर्ण छात्र $5x$ और अनुत्तीर्ण छात्र $2x$ हैं।

प्रश्नानुसार,

$\frac{5x - 14}{2x + 14} = \frac{4}{3}$

$\Rightarrow \quad 15x - 42 = 8x + 56$

$\Rightarrow \quad 15x - 8x = 56 + 42$

$\Rightarrow \quad 7x = 98 \Rightarrow x = 14$

उत्तीर्ण छात्र $= 14 \times 5 = 70$

229. (a) माना A की आय x व व्यय $2y$ है।

तथा B की आय $2x$ व व्यय $3y$ है।

प्रश्नानुसार, $3y \times \frac{80}{100} = x$

$\frac{x}{y} = \frac{12}{5} = K$ (माना)

A की आय $= 12K$

A की बचत $= 12K - 2 \times 5K = 2K$

B की आय $= 12 \times 2K = 24K$

B की बचत $= 24K - 3 \times 5K = 9K$

अभीष्ट अनुपात $= 9K : 2K = 9 : 2$

230. (a) माना $x = 5K$, $y = 7K$

$\therefore \quad (6x - y) : (5x + 3y)$

$= (6 \times 5K - 7K) : (5 \times 5K + 3 \times 7K)$

$= 23 : 46 = 1 : 2$

231. (a) माना A, B और C का हिस्सा क्रमशः $9x$, $12x$ और $16x$ है।

$9x + 12x + 16x = 7400$

$\Rightarrow \quad 37x = 7400$

$x = \frac{7400}{37} = 200$

$\therefore B$ का हिस्सा $= 12x = 12 \times 200$

$=$ ₹ 2400

स्पीडी विधि

B का हिस्सा $= \frac{12}{9+12+16} \times 7400$

$= \frac{12 \times 7400}{37} = ₹ 2400$

232. (c) माना पहली संख्या $= 3x$

दूसरी संख्या $= 5x$

प्रश्नानुसार, $3x \times 5x = 3375$

$\Rightarrow x^2 = \frac{3375}{15} = 225$

$\therefore x = 15$

अत: दोनों संख्याओं का योग

$= 3x + 5x = 8x = 8 \times 15 = 120$

233. (b) माना अनिल की आय = ₹ $8x$

तथा विकास की आय = ₹ $5x$

प्रश्नानुसार, $8x - 5x =$ ₹ 3000

$\Rightarrow 3x =$ ₹ 3000

$\Rightarrow x =$ ₹ 1000

$\therefore$ दोनों की कुल आय $= 8x + 5x =$ ₹ $13x$

$= 13 \times 1000 =$ ₹ 13000

स्पीडी विधि

$\because 8 - 5 \equiv 3000$

$\therefore (8+5) \equiv \frac{3000}{3} \times 13 =$ ₹ 13000

234. (c) प्रश्नानुसार,

$\Rightarrow \frac{x}{y} = \frac{3}{5}$ $\left[\begin{array}{l}\text{माना } x = 3P \\ y = 5P\end{array}\right]$

और $\frac{z}{w} = \frac{2x}{5y}$

$\Rightarrow \frac{z}{w} = \frac{2 \times 3P}{5 \times 5P} = \frac{6}{25}$ $\left[\begin{array}{l}\text{माना } z = 6q \\ w = 25q\end{array}\right]$

प्रश्नानुसार,

$\frac{x \times z}{y \times w} = \frac{3P \times 6q}{5P \times 25q} = \frac{18}{125} = 18:125$

स्पीडी विधि

$x : y = 3 : 5$

$z : w = 2x : 5y$

$\Rightarrow \frac{xz}{yw} = \frac{3 \times 2x}{5 \times 5y} = \frac{6}{25} \times \frac{x}{y} = \frac{6}{25} \times \frac{3}{5} = \frac{18}{125}$

$\therefore xz : yw = 18:125$

235. (c) माना काली गेंदों की संख्या और सफेद गेंदों की संख्या क्रमश: $7x$ और $4x$ हैं।

प्रश्नानुसार, $4x = 44$

$x = 11$

गेंदों की कुल संख्या $= 7x + 4x = 11x$

$= 11 \times 11 = 121$

236. (c) Y का हिस्सा $= \frac{12}{7+12+14} \times 9900$

$= \frac{12 \times 9900}{33} =$ ₹ 3600

237. (a) माना हीरे के टुकड़ों का भार $5x$ और $8x$ है।

बिना टूटे हुए हीरे का भार $= 5x + 8x = 13x$

तो हीरे का वास्तविक मूल्य $= (13x)^2 = 169x^2$

टूटने के बाद मूल्य $= (5x)^2 + (8x)^2$

$= 25x^2 + 64x^2 = 89x^2$

प्रश्नानुसार, $169x^2 = 87880 \Rightarrow x^2 = 520$

$\therefore$ अभीष्ट हानि $= 169x^2 - 89x^2$

$= 80x^2 = 80 \times 520$

$=$ ₹ 41600

238. (b) दिया है, $P:Q = 6:5, Q:R = 3:4$,

$\therefore P:Q:R = 18:15:20$

$\therefore Q:(P+R) = 15:(18+20) = 15:38$

239. (b) मोहन का हिस्सा $= \frac{17600}{(6+7+9)} \times 9$

$= \frac{17600}{22} \times 9$

$=$ ₹ 7200

240. (a) दिया है, $x:y = 7:2$

$\therefore x = 7, y = 2$ रखने पर,

$\frac{(7x+4y)}{(7x-4y)} = \frac{(7 \times 7 + 4 \times 2)}{(7 \times 7 - 4 \times 2)}$

$= \frac{49+8}{49-8}$

$= \frac{57}{41} = 57:41$

241. (d) माना चतुर्थ समानुपाती $= a$

दिया है, $x = 2$

$\therefore 4x : x + 4 :: 3x - 1 : a$

$\Rightarrow \frac{4 \times 2}{4+2} = \frac{3 \times 2 - 1}{a}$

$\Rightarrow \frac{8}{6} = \frac{6-1}{a} \Rightarrow \frac{4}{3} = \frac{5}{a}$

$\therefore a = \frac{15}{4}$

242. (a) दिया है,

फल : दही = 5 : 2

दही : शहद = 3 : 1

$\because$ फल : दही : शहद = 15 : 6 : 2

अत: फल : शहद = 15 : 2

243. (c) माना P, Q और R का मान क्रमश: $6x$, $5x$ और $9x$ हैं।

प्रश्नानुसार, $6x + 5x + 9x = 400$

$\Rightarrow 20x = 400$

$x = \frac{400}{20} = 20$

P और R के बीच अन्तर $= 9x - 6x = 3x$

$= 3 \times 20 = 60$

स्पीडी विधि

दिया है,

P, Q और R का अनुपात = 6 : 5 : 9

(योग) 20 इकाई = 400

1 इकाई = 20

3 इकाई = 20 × 3 = 60

244. (a) माना तीन संख्या a, b और c हैं।

$a:b = 3:4$

$b:c = 3:5$

तो $a:b:c = 9:12:20$

अत: दूसरी संख्या (b) $= \frac{123}{41} \times 12 = 36$

245. (b) अनुपातिक योग $= 6 + 8 + 9 = 23$

$\therefore$ सबसे बड़ी संख्या $= \frac{460}{23} \times 9 = 180$

246. (b) दिया है, $4T = 5U \Rightarrow \frac{T}{U} = \frac{5}{4}$

माना, $T = 5k$ तथा $U = 4k$ रखने पर,

$\frac{T+U}{T} = \left(\frac{5+4}{5}\right)\frac{k}{k} = \frac{9}{5}$

247. (c) माना संख्याएँ क्रमश: a और b हैं,

प्रश्नानुसार, $a - b = (a+b) \times \frac{30}{100}$

$\Rightarrow 10(a-b) = 3(a+b)$

$\Rightarrow 10a - 10b = 3a + 3b$

$\Rightarrow 7a = 13b$

$\Rightarrow \frac{a}{b} = \frac{13}{7}$

$\therefore a:b = 13:7$

248. (a) दिया है,

$X:Y = 11:5 \Rightarrow \frac{X}{Y} = \frac{11}{5}$

अब, $\left(\frac{X-Y}{X+Y}\right) = \frac{\left(\frac{X}{Y}-1\right)}{\left(\frac{X}{Y}+1\right)} = \frac{\left(\frac{11}{5}-1\right)}{\left(\frac{11}{5}+1\right)}$

$= \frac{\frac{6}{5}}{\frac{16}{5}} = \frac{3}{8} = 3:8$

$\therefore (X-Y):(X+Y) = 3:8$

स्पीडी विधि

$X:Y = 11:5$

$(X-Y):(X+Y) = (11-5):(11+5)$

$= 6:16 = 3:8$

249. (c) $M:N:P = 3:7:5$ और $P:Q = 1:2$

$\therefore M:N:P:Q = 3:7:5:10$

अत: $M:Q = 3:10$

250. (d) $A:B = 2:3$ तथा $B:C = 4:5$

तो $A:B:C = 8:12:15$

अनुपातिक योग $= 8 + 12 + 15 = 35$

$\therefore A$ का हिस्सा $= \frac{70000}{35} \times 8 =$ ₹ 16000

251. (c) $\because 4M = 5N = 20C$

$\therefore M:N = 5:4$

$N:C = 20:5 = 4:1$

$\therefore M:N:C = 5:4:1$

252. (a) माना विद्यालय में लड़को और लड़कियों की संख्या क्रमश: $13x$ और $15x$ हैं।

प्रश्नानुसार,

$13x + 15x = 560$

$\Rightarrow 28x = 560$

$\Rightarrow x = 20$

लड़कों की संख्या $= 13x = 13 \times 20 = 260$

लड़कियों की संख्या $= 15x = 15 \times 20 = 300$

लड़कों की नई संख्या $= 260 + 40 = 300$

लड़कों और लड़कियों की संख्या का नया अनुपात

$= \frac{300}{300} = 1:1$

स्पीडी विधि

अनुपातिक योग = 13 + 15 = 28

लड़कों की संख्या $= \frac{560}{28} \times 13 = 260$

लड़कियों की संख्या = 560 − 260 = 300

अभीष्ट अनुपात = (260 + 40) : 300 = 1 : 1

253. (d) $A \times \frac{4}{5} = B \times \frac{2}{5}$

$\Rightarrow \quad \frac{A}{B} = \frac{2}{4} \Rightarrow \frac{A}{B} = \frac{1}{2}$

$\therefore \quad A : B = 1 : 2$

254. (c) माना 30, 120 और 15 का चतुर्थ समानुपाती 'a' है।

$\Rightarrow \quad \frac{30}{120} = \frac{15}{a}$

$\therefore \quad a = 60$

255. (d) माना परिवार की आय = ₹19x

तो परिवार का व्यय = ₹13x

प्रश्नानुसार, $13x = 29510$

$\Rightarrow \quad x = 2270$

$\therefore$ बचत $= 19x - 13x = 6x$

$= 6 \times 2270 =$ ₹13620

स्पीडी विधि

$\because$ 13 इकाई ≡ 29510

$\therefore$(19 − 13) इकाई $\equiv \frac{29510}{13} \times 6 =$ ₹ 13620

256. (d) माना पीतल में ताँबे की मात्रा = $25x$,

तथा जस्ते की मात्रा = $12x$

प्रश्नानुसार,

$25x + 12x = 370$

$\Rightarrow \quad 37x = 370$

$\therefore \quad x = 10$

$\therefore$ पीतल में ताँबे की मात्रा

$= 25x = 25 \times 10 = 250$ किग्रा

257. (a) माना $P = 9x, Q = 10x, R = 11x$

$\therefore \quad (P + Q) : (Q + R) : (R + P)$

$= 19x : 21x : 20x$

$= 19 : 21 : 20$

258. (c) पृथ्वी, सेलीन और विक्रम के पास नाशपाती और आड़ू क्रमश: $\frac{10}{13}, \frac{7}{9}, \frac{5}{7}$ के अनुपात में है।

अनुपातों की तुलना करने पर,

$\frac{7}{9} > \frac{10}{13} > \frac{5}{7}$

इसलिए, सेलीन के पास नाशपाती और आड़ू अधिक अनुपात में हैं।

259. (c) P, Q और R के हिस्सों का अनुपात

$= \left(\frac{2}{3} : 3 : \frac{1}{3}\right) \times 3 = 2 : 9 : 1$

अत: R का हिस्सा $= \frac{8400}{2 + 9 + 1} \times 1 =$ ₹ 700

260. (b) माना $M = 9x, N = 6x$

$\frac{M + N}{M - N} = \frac{9x + 6x}{9x - 6x} = \frac{15x}{3x} = \frac{5}{1}$

$\therefore (M + N) : (M - N) = 5 : 1$

261. (a) P, Q और R के हिस्सों का अनुपात

$= \frac{1}{2} : 4 : \frac{3}{2} = 1 : 8 : 3$

माना P, Q और R के हिस्से क्रमशः x, $8x$ और $3x$ हैं।

प्रश्नानुसार,

$x + 8x + 3x = 7200$

$\Rightarrow \quad 12x = 7200$

$\Rightarrow \quad x = 600$

$\therefore R$ का हिस्सा $= 3x = 3 \times 600 =$ ₹ 1800

स्पीडी विधि

$P : Q : R = \frac{1}{2} : 4 : \frac{3}{2} = 1 : 8 : 3$

$\therefore R$ का हिस्सा $= \frac{3}{12} \times 7200 =$ ₹ 1800

262. (b) प्रश्नानुसार, कक्षा में लड़कों की संख्या

$= 50 \times \frac{16}{25} = 32$

कक्षा में लड़कियों की संख्या $= 50 \times \frac{9}{25} = 18$

अत: स्कूल में लड़कों और लड़कियों की संख्या के बीच मध्यानुपाती $= \sqrt{32 \times 18} = 24$

263. (a) 2 घण्टे 40 मिनट $= \frac{8}{3}$ घण्टे

1 घण्टा 20 मिनट $= \frac{4}{3}$ घण्टे

माना चतुर्थ अनुपातिक = x घण्टे

प्रश्नानुसार, $\frac{8}{3} : \frac{4}{3} :: 10 : x$

$\Rightarrow \quad \frac{\frac{8}{3}}{\frac{4}{3}} = \frac{10}{x} \quad \Rightarrow \quad \frac{8}{4} = \frac{10}{x}$

$\Rightarrow \quad x = \frac{10 \times 4}{8}$

$\Rightarrow \quad x = 5$ घण्टे

264. (c) अभीष्ट मध्यानुपाती $= \sqrt{121 \times 169}$

$= 11 \times 13 = 143$

265. (b) माना चतुर्थानुपाती = x

तब, $\frac{a^4 - b^4}{a^2 - ab} = \frac{a^2 + b^2}{x}$

$\Rightarrow \quad x = \frac{(a^2 - ab) \times (a^2 + b^2)}{(a^4 - b^4)}$

$\Rightarrow \quad x = \frac{(a^2 - ab)(a^2 + b^2)}{(a^2 - b^2)(a^2 + b^2)}$

$\Rightarrow \quad x = \frac{a(a - b)}{(a - b)(a + b)} = \frac{a}{a + b}$

$\therefore \quad x = \frac{a}{a + b}$

266. (c) माना चतुर्थानुपाती 'x' है।

$\Rightarrow \quad \frac{a^3 + a^2b + ab^2}{a + b} = \frac{a^2 + ab + b^2}{x}$

$\Rightarrow \quad x = \frac{(a + b)(a^2 + ab + b^2)}{(a^3 + a^2b + ab^2)}$

$\Rightarrow \quad x = \frac{(a + b)(a^2 + ab + b^2)}{a(a^2 + ab + b^2)}$

$\Rightarrow \quad x = \frac{a + b}{a} = 1 + \frac{b}{a}$

267. (b) पहला अनुपात $= \frac{1}{2} : \frac{1}{3} : \frac{1}{4} = 6 : 4 : 3$

दूसरा अनुपात = 2 : 3 : 4

R का लाभ $= \frac{4}{(2 + 3 + 4)} \times 936$

$- \frac{3}{(6 + 4 + 3)} \times 936$

$= \frac{4}{9} \times 936 - \frac{3}{13} \times 936$

$= 416 - 216$

= ₹ 200

268. (c) माना अभीष्ट धनात्मक संख्या x है।

प्रश्नानुसार, $\frac{12 - x}{21 - x} = \frac{21 - x}{36}$

$\Rightarrow \quad 432 - 36x = x^2 - 42x + 441$

$\Rightarrow \quad x^2 - 6x + 9 = 0$

$\Rightarrow \quad (x - 3)^2 = 0$

$\Rightarrow \quad x = 3$

269. (d) प्रश्नानुसार,

$A : B : C$

$6 : 7 : 7$

$5 : 5 : 6$

$30 : 35 : 42$

$\therefore B$ द्वारा बनाए गए रन $= \frac{856}{(30 + 35 + 42)} \times 35$

$= \frac{856}{107} \times 35 = 280$

270. (c) प्रश्नानुसार,

$8 : 24 :: 24 : A$

$\Rightarrow \quad A = \frac{24 \times 24}{8} = 72$

$4 : B :: B : 16$

$\Rightarrow \quad B^2 = 4 \times 16$

$\Rightarrow \quad B = 2 \times 4 = 8$

$\therefore \quad \frac{A}{B}$ का मान $= \frac{72}{8} = \frac{9}{1} = 9$

271. (b) माना तृतीयानुपाती = x

$0.1 : 0.12 :: 0.12 : x$

$\Rightarrow \quad (0.1 \times x) = 0.12 \times 0.12$

$\Rightarrow \quad x = \frac{0.0144}{0.1} = 0.144$

272. (d) $\frac{x}{y}$ और $\frac{y}{z}$ के वर्गों का मध्यानुपाती मान

$= \sqrt{\frac{x^2}{y^2} \times \frac{y^2}{z^2}}$

$= \sqrt{\frac{x^2}{z^2}} = \frac{x}{z}$

273. (c) कक्षा A में,

लड़का और लड़की का अनुपात $= \frac{11}{18} = 0.61$

कक्षा B में,

लड़का और लड़की का अनुपात $= \frac{13}{17} = 0.76$

कक्षा C में,

लड़का और लड़की का अनुपात $= \frac{20}{9} = 2.22$

अत: कक्षा C में लड़कों का लड़कियों से अनुपात सर्वाधिक है।

274. (b) $\because A:B = 8:13 = 40:65$
(5 से गुणा करने पर)
$B:C = 5:8 = 65:104$ (13 से गुणा करने पर)
$C:D = 4:5 = 104:130$ (26 से गुणा करने पर)
$\therefore A:B:C:D = 40:65:104:130$

275. (a) माना दो संख्याएँ $4x$ व $5x$ हैं।
तब प्रश्नानुसार, $\frac{4x+3}{5x-7} = \frac{1}{1}$
$\Rightarrow 4x + 3 = 5x - 7$
$\Rightarrow 5x - 4x = 3 + 7$
$\therefore x = 10$
तब, दो संख्याएँ $= 4 \times 10$ और $5 \times 10 = 40$ और 50

276. (d) चीज और सॉस का अनुपात $= 1 : \frac{1}{2} = 2 : 1$
$\therefore$ पिज्जा बनाने के लिए कुल चीज का कप
$= 15 \times \frac{2}{1} = 30$ कप

277. (b) माना परिवार की कुल आय = ₹ $100x$
परिवार द्वारा की गई कुल बचत = ₹ $15x$
$\therefore$ कुल व्यय $= (100x - 15x) =$ ₹ $85x$
स्वास्थ्य, शिक्षा और भोजन पर किया गया कुल व्यय का अनुपात $= 1:2:2$
$\therefore$ शिक्षा पर किया गया व्यय $= 85x \times \frac{2}{5} = 34x$
प्रश्नानुसार, $34x \times 3 - 300 = 100x$
$\Rightarrow 102x - 100x = 300 \Rightarrow 2x = 300$
$\therefore x = \frac{300}{2} = 150$
$\therefore$ परिवार की कुल आय
$= 100x = 100 \times 150 =$ ₹ 15000
परिवार की कुल बचत $= 15 \times 150 =$ ₹ 2250
स्वास्थ्य पर किया गया व्यय
$= 85 \times 150 \times \frac{1}{5} =$ ₹ 2550
$\therefore$ अभीष्ट अन्तर $= 2550 - 2250 =$ ₹ 300

278. (c) माना रोहन और सोहम का वर्तमान वेतन क्रमशः $2x$ और $3x$ है।
प्रश्नानुसार, $\frac{2x+2000}{3x+2000} = \frac{40}{57}$
$\Rightarrow 114x + 114000 = 120x + 80000$
$\Rightarrow 6x = 34000$
$\Rightarrow x = \frac{34000}{6}$
अतः सोहम का वर्तमान वेतन $= 3x$
$= 3 \times \frac{34000}{6} =$ ₹17000

279. (d) प्रश्नानुसार, $A \propto B$
$\Rightarrow A = KB \Rightarrow 52 = K \times 91$
$\Rightarrow K = \frac{52}{91}$
जब $B = 126$, तब
$A = \frac{52}{91} \times 126 = 72$

280. (d) माना शुरू में नृत्य कक्षा के तीनों बैचों में छात्रों की संख्या $2x$, $3x$ तथा $5x$ हैं।
तथा बाद में छात्रों की संख्या $4y$, $5y$ तथा $7y$ है।
प्रश्नानुसार,
$4y - 2x = 20$ ...(i)
$5y - 3x = 20$ ...(ii)
तथा $7y - 5x = 20$ ...(iii)
समी (i) व (ii) को हल करने पर,
$x = 10$ तथा $y = 10$
$\therefore$ वृद्धि से पहले तीनों बैचों में छात्रों की कुल संख्या $= 10 \times x = 10 \times 10 = 100$

281. (a) $C = D \times \frac{2}{3}$
$\frac{C}{D} = \frac{2}{3}$ तथा $D = E \times \frac{3}{8}$
$\frac{D}{E} = \frac{3}{8}$
$\therefore \frac{C}{E} = \frac{C}{D} \times \frac{D}{E}$
$= \frac{2}{3} \times \frac{3}{8} = \frac{2}{8} = 1:4$

282. (c) 16 और 24 का तीसरा समानुपाती
$= \frac{b^2}{a} = \frac{24 \times 24}{16} = 36$

283. (c) माना 0.9 और 1.5 का तृतीयानुपाती $= x$
तब, $0.9 : 1.5 :: 1.5 : x$
$\Rightarrow \frac{0.9}{1.5} = \frac{1.5}{x}$
$\Rightarrow x = \frac{1.5 \times 1.5}{0.9}$
$\therefore x = 2.5$

284. (b) दिया है,
$\frac{a}{2} = \frac{b}{3} = \frac{c}{4} = \frac{2a - 3b + 5c}{k}$
$\frac{a}{2} = \frac{b}{3} = \frac{c}{4} = x$ (माना)
तब, $a = 2x$, $b = 3x$, $c = 4x$
$\therefore \frac{c}{4} = \frac{2a - 3b + 5c}{k}$
$\Rightarrow \frac{4x}{4} = \frac{2 \times 2x - 3 \times 3x + 5 \times 4x}{k}$
$\Rightarrow k = \frac{4x - 9x + 20x}{x} = \frac{24x - 9x}{x}$
$\therefore k = \frac{15x}{x} = 15$

285. (b) 5 और 125 का मध्य अनुपात $= \sqrt{bc}$
$= \sqrt{5 \times 125} = \sqrt{5 \times 5^3}$
$= \sqrt{5^4} = 5^2 = 25$

286. (c) 18 और 50 का मध्यानुपाती $= \sqrt{ab}$
$= \sqrt{18 \times 50} = \sqrt{900} = 30$

287. (a) हम जानते हैं,
मध्यानुपाती $= \sqrt{xy} \Rightarrow 15 = \sqrt{30 \times a}$
दोनों पक्षों का वर्ग करने पर,
$225 = 30a$
$\Rightarrow a = \frac{225}{30} = \frac{45}{6}$
$\therefore a = \frac{15}{2}$

288. (c) माना संख्याएँ $5x$ और $9x$ हैं।
प्रश्नानुसार, $\frac{5x - 25}{9x - 25} = \frac{25}{49}$
$\Rightarrow 245x - 1225 = 225x - 625$
$\Rightarrow 245x - 225x = 1225 - 625$
$\Rightarrow 20x = 600$
$\therefore x = 30$
अतः संख्याएँ $= 5 \times 30, 9 \times 30 = 150, 270$

06

आयु सम्बन्धित समस्याएँ

किसी व्यक्ति के जन्म से वर्तमान तक व्यतीत हुई अवधि को आयु कहा जाता है। आयु की गणना दिन, महीने, वर्ष या दशक में की जाती है।

महत्त्वपूर्ण तथ्य

- यदि किसी व्यक्ति की वर्तमान आयु x वर्ष हो, तो n वर्ष बाद उसकी आयु $(x + n)$ वर्ष होगी।
- यदि किसी व्यक्ति की वर्तमान आयु x वर्ष हो, तो n वर्ष पहले उसकी आयु $(x - n)$ वर्ष होगी।
- दो व्यक्तियों की आयु का अन्तर, जितना आज है, n वर्ष बाद/पूर्व में उतना ही होगा।
- यदि दो व्यक्तियों की आयु का अनुपात $a:b$ हैं, तब उन व्यक्तियों की आयु क्रमशः ax वर्ष तथा bx वर्ष मानते है।

अनुपात पर आधारित

उदाहरण 1. अमित और राहुल की वर्तमान आयु का अनुपात 4 : 3 है। यदि उनकी आयु का योग 70 वर्ष है, तो 5 वर्ष बाद, उनकी आयु का अनुपात क्या होगा?

हल माना अमित और राहुल की वर्तमान आयु क्रमशः $4x$ और $3x$ हैं।
प्रश्नानुसार,

$$4x + 3x = 70$$

$$\Rightarrow \quad x = 10$$

$\therefore$ अभीष्ट अनुपात $= 4 \times 10 + 5 : 3 \times 10 + 5 = 45 : 35 = 9 : 7$

उदाहरण 2. 10 वर्ष पूर्व, राम और रहीम की आयु का अनुपात 1 : 3 था। 5 वर्ष पश्चात्, उनकी आयु का अनुपात 2 : 3 होगा। तब, उनकी वर्तमान आयु का अनुपात क्या है?

हल माना 10 वर्ष पूर्व, राम तथा रहीम की आयु क्रमशः x तथा $3x$ वर्ष थी।
तब, राम की वर्तमान आयु $= (x + 10)$ वर्ष
तथा रहीम की वर्तमान आयु $= (3x + 10)$ वर्ष

प्रश्नानुसार, $\dfrac{(x + 10) + 5}{(3x + 10) + 5} = \dfrac{2}{3}$

$$\Rightarrow \quad 3x + 30 + 15 = 6x + 20 + 10$$

$$\Rightarrow \quad 3x = 15 \Rightarrow x = 5$$

$\therefore$ अभीष्ट अनुपात $= \dfrac{5 + 10}{3 \times 5 + 10} = \dfrac{15}{25} = 3 : 5$

आयु के 'm' गुना पर आधारित

उदाहरण 3. एक व्यक्ति अपने पुत्र से 25 वर्ष बड़ा है। 5 वर्ष बाद, उसकी आयु अपने पुत्र से 2 गुनी हो जाएगी। पुत्र की वर्तमान आयु क्या है?

हल माना पुत्र की आयु $= x$ वर्ष
तथा व्यक्ति की आयु $= (x + 25)$ वर्ष

$$\therefore \quad (x + 25 + 5) = 2(x + 5) \Rightarrow x + 30 = 2x + 10 \Rightarrow x = 20$$

$\therefore$ पुत्र की वर्तमान आयु = 20 वर्ष

उदाहरण 4. 4 वर्ष पहले, गर्वित की आयु, युवंश से तीन गुना थी, लेकिन 1 वर्ष पहले, गर्वित की आयु, युवंश से दोगुनी थी। गर्वित तथा युवंश की आयु के बीच अन्तर क्या है?

हल माना गर्वित तथा युवंश की वर्तमान आयु क्रमशः G तथा Y वर्ष हैं।
प्रश्नानुसार, 4 वर्ष पहले,

$$(G - 4) = 3(Y - 4)$$

$$\Rightarrow \quad G - 3Y = -8 \quad \ldots(i)$$

1 वर्ष पहले, $(G - 1) = 2(Y - 1)$

$$\Rightarrow \quad G - 2Y = -1 \quad \ldots(ii)$$

समी (i) व (ii) को हल करने पर,

$$Y = 7 \text{ वर्ष तथा } G = 13 \text{ वर्ष}$$

$\therefore$ अभीष्ट अन्तर = 13 − 7 = 6 वर्ष

SSC एग्जाम स्कैनर

SSC CGL 2024 (Tier I & II)

1. स्वीटा और सुमन की वर्तमान आयु 4 : 5 के अनुपात में है। छः वर्ष पहले, उनकी आयु का अनुपात 2 : 3 था। स्वीटा की वर्तमान आयु क्या है? **SSC CGL (Tier-II) 20/01/2025 Shift-I**

(a) 8 वर्ष (b) 16 वर्ष
(c) 20 वर्ष (d) 12 वर्ष

2. दो मित्रों की आयु का अनुपात 4 : 3 है, जो 4 वर्ष बाद 6 : 5 हो जाएगा। अब से 22 वर्ष बाद उनकी आयु का योग (वर्ष में) कितना होगा? **SSC CGL (Tier-II) 20/01/2025 Shift-I**

(a) 52 (b) 50 (c) 58 (d) 56

3. यदि तीन व्यक्तियों की औसत आयु 56 वर्ष है और उनकी आयु का अनुपात 2 : 5 : 7 है, तो सबसे छोटे व्यक्ति की आयु ज्ञात कीजिए। **SSC CGL (Tier-II) 18/01/2025 Shift-I**

(a) 20 वर्ष (b) 26 वर्ष
(c) 22 वर्ष (d) 24 वर्ष

4. दो मित्र, अनिल और बीना की वर्तमान आयु का अन्तर 5 वर्ष है। अनिल के पिता दिनेश की आयु अनिल की आयु की तीन गुनी तथा बीना की आयु उसकी बहन चारु की आयु की दोगुनी है। दिनेश और चारु की आयु का अन्तर 45 वर्ष है। यदि बीना, अनिल से बड़ी है, तो दिनेश और चारु की वर्तमान आयु का योगफल ज्ञात कीजिए। **SSC CGL (Tier-II) 18/01/2025 Shift-I**

(a) 69 वर्ष (b) 100 वर्ष
(c) 91 वर्ष (d) 78 वर्ष

5. निहिरा 25 वर्ष की हैं और पुनीथ 30 वर्ष का है। कितने वर्ष पहले उनकी आयु का अनुपात 3 : 4 था? **SSC CGL (Tier-I) 25/09/2024 Shift-I**

(a) 15 वर्ष (b) 20 वर्ष (c) 10 वर्ष (d) 5 वर्ष

6. एक वर्ष पहले, B की आयु, A की आयु की दोगुनी थी। 9 वर्ष बाद, यदि B और A की आयु का अनुपात 4 : 3 होगा, तो उनकी वर्तमान आयु का योग वर्ष .... है। **SSC CGL (Tier-I) 24/09/2024 Shift-III**

(a) 17 (b) 15
(c) 21 (d) 30

7. घनश्याम की आयु, आकाश की आयु की तीन गुना है। 10 वर्ष पहले, घनश्याम की आयु, आकाश की आयु की चार गुना थी। उनकी वर्तमान आयु (वर्ष में) के बीच कितना अन्तर है? **SSC CGL (Tier-I) 24/09/2024 Shift-II**

(a) 55 (b) 65 (c) 50 (d) 60

8. अमित के पिता की आयु, अमित की आयु से पाँच गुना अधिक है। 6 वर्ष बाद, उनकी आयु अमित की आयु की साढ़े तीन गुना होगी। उसके 9 और वर्ष बाद, उनकी आयु अमित की आयु की कितनी गुना होगी? **SSC CGL (Tier-I) 24/09/2024 Shift-I**

(a) $2\frac{1}{4}$ गुना (b) $2\frac{3}{7}$ गुना
(c) $2\frac{3}{4}$ गुना (d) $3\frac{2}{7}$ गुना

9. 3 वर्ष पहले, A और B की आयु का अनुपात 5 : 7 था। अब से 13 वर्ष बाद, उनकी आयु का अनुपात 9 : 11 होगा। यदि C की वर्तमान आयु B की वर्तमान आयु से 11 वर्ष कम है, तो C की वर्तमान आयु (वर्ष में) क्या है? **SSC CGL (Tier-I) 23/09/2024 Shift-III**

(a) 23 (b) 36 (c) 20 (d) 31

10. हेमा 20 वर्ष की है और उनकी बहन नेहा 30 वर्ष की है। कितने वर्ष पहले उनकी आयु 3 : 5 के अनुपात में थी? **SSC CGL (Tier-I) 23/09/2024 Shift-II**

(a) 3 (b) 2 (c) 7 (d) 5

11. 10 वर्ष पूर्व सुनीता की आयु उसकी पुत्री तान्या की आयु की तीन गुना थी। अब से 10 वर्ष बाद, सुनीता की आयु, तान्या की आयु की दोगुनी होगी। उनकी वर्तमान आयु का अनुपात क्या है? **SSC CGL (Tier-I) 23/09/2024 Shift-I**

(a) 7 : 3 (b) 2 : 7
(c) 7 : 2 (d) 3 : 7

12. दो वर्षों के अन्तराल पर पैदा हुए 6 बच्चों की आयु का योग 90 वर्ष है। सबसे बड़े बच्चे की आयु (वर्ष में) क्या है? **SSC CGL (Tier-I) 19/09/2024 Shift-II**

(a) 10 (b) 20 (c) 14 (d) 16

13. तीन वर्ष पहले, एक व्यक्ति की आयु उसके छोटे भाई की आयु की छः गुनी थी। आठ वर्ष बाद, व्यक्ति की आयु उसके छोटे भाई की आयु के दोगुने से तीन वर्ष कम होगी। व्यक्ति और उसके छोटे भाई की वर्तमान आयु ज्ञात करें। **SSC CGL (Tier-I) 19/09/2024 Shift-II**

(a) 15 वर्ष और 5 वर्ष (b) 12 वर्ष और 4 वर्ष
(c) 5 वर्ष और 15 वर्ष (d) 4 वर्ष और 12 वर्ष

14. एक परिवार में पति, पत्नी और एक पुत्र की संयुक्त आयु (combined age) 90 वर्ष है। पति सबसे बड़ा है। पति और पत्नी की आयु में अन्तर उनके पुत्र की आयु का $\frac{1}{3}$ है। 10 वर्ष बाद पुत्र की आयु उसके पिता की आयु की आधी होगी। उसकी माता की वर्तमान आयु (वर्षों में) कितनी है? **SSC CGL (Tier-I) 19/09/2024 Shift-I**

(a) 30 (b) 45 (c) 35 (d) 40

15. A और B की वर्तमान आयु (वर्षों में) 3 : 4 के अनुपात में है। पाँच वर्ष पूर्व, उनकी आयु का अनुपात 2 : 3 था। A की वर्तमान आयु (वर्षों में) कितनी है? **SSC CGL (Tier-I) 18/09/2024 Shift-II**

(a) 21 (b) 15 (c) 28 (d) 20

16. दो मित्रों, राम और रवि की आयु में 7 वर्ष का अन्तर है। राम की माता मायादेवी की आयु, राम की आयु की तीन गुनी है और रवि की आयु अपने भाई सोहम की आयु की चार गुनी है। मायादेवी और सोहम की आयु में 65 वर्ष का अन्तर है। मायादेवी की आयु (वर्षों में) ज्ञात कीजिए। **SSC CGL (Tier-I) 10/09/2024 Shift-I**

(a) 85 (b) 69 (c) 45 (d) 36

17. सात वर्ष पूर्व, प्राची की आयु, उस समय उसकी पुत्री की आयु की चार गुनी थी। अब से चार वर्ष बाद प्राची अपनी पुत्री की आयु की ढाई गुनी हो जाएगी। प्राची और उसकी पुत्री की वर्तमान आयु (वर्ष में) का योग ज्ञात करें। **SSC CGL (Tier-I) 09/09/2024 Shift-II**

(a) 72 (b) 77 (c) 49 (d) 69

18. वर्तमान में, A की आयु B की आयु की तीन गुनी है। C, B से 5 वर्ष बड़ा है। A, B, C की आयु का योग 75 वर्ष है। पाँच वर्ष पहले B की आयु का, अब से तीन वर्ष बाद A की आयु से अनुपात क्या होगा? **SSC CGL (Tier-I) 09/09/2024 Shift-II**

(a) 1 : 4 (b) 2 : 3 (c) 1 : 5 (d) 4 : 7

SSC CGL 2023-2020 (Tier I & II)

19. छह वर्ष पहले, A और B की आयु का अनुपात 7 : 5 था। अब से 4 वर्ष बाद, उनकी आयु का अनुपात 11 : 9 होगा। वर्तमान में A की आयु कितनी है? **SSC CGL (Tier II) 06/03/2023 Shift-II**

(a) $24\frac{1}{2}$ वर्ष (b) $23\frac{1}{2}$ वर्ष
(c) $21\frac{1}{2}$ वर्ष (d) $22\frac{1}{2}$ वर्ष

20. मीनू की आयु 38 वर्ष है। उसकी पुत्री की आयु 8 वर्ष है। कितने वर्षों में मीनू अपनी पुत्री की आयु की दोगुनी हो जाएगी? **SSC CGL (Tier I) 18/07/2023 Shift-IV**

(a) 20 (b) 24 (c) 22 (d) 25

21. सुधीर और आशीष की वर्तमान आयु का अनुपात 5 : 7 है। बारह वर्ष पूर्व उनकी आयु का अनुपात 1 : 2 था। अब से पाँच वर्ष बाद सुधीर की आयु क्या होगी? **SSC CGL (Tier I) 14/07/2023 Shift-III**

(a) 25 वर्ष (b) 33 वर्ष
(c) 28 वर्ष (d) 20 वर्ष

22. रहीम की वर्तमान आयु, उसकी पुत्री सविता की वर्तमान आयु की पाँच गुना है। अब से सात वर्ष बाद रहीम की आयु, सविता की आयु की तीन गुनी होगी। रहीम की वर्तमान आयु (वर्ष में) क्या है? **SSC CGL (Tier I) 14/07/2023 Shift-II**

(a) 40 (b) 35 (c) 45 (d) 30

23. पिता की वर्तमान आयु का उसके पुत्र की वर्तमान आयु से अनुपात 7 : 2 है। यदि 10 वर्ष बाद उनकी आयु का अनुपात 9 : 4 हो जाता है, तो पिता की वर्तमान आयु है

SSC CGL (Tier I) 13/12/2022 Shift-III

(a) 35 वर्ष (b) 40 वर्ष
(c) 37 वर्ष (d) 43 वर्ष

24. एक व्यक्ति और उसके पुत्र की औसत आयु 55 वर्ष हैं। उनकी आयु का अनुपात क्रमशः 7 : 4 है। 6 वर्ष बाद उनकी आयु का अनुपात क्या होगा? **SSC CGL (Tier I) 12/12/2022 Shift-II**

(a) 12 : 7 (b) 25 : 17
(c) 1 : 2 (d) 38 : 23

25. A और B की वर्तमान आयु के बीच का अनुपात क्रमशः 2 : 3 हैं। 5 वर्ष बाद, उनकी आयु के बीच का अनुपात 3 : 4 होगा। वर्तमान में B की आयु क्या है?

SSC CGL (Tier I) 02/12/2021 Shift-IV

(a) 20 वर्ष (b) 25 वर्ष (c) 15 वर्ष (d) 10 वर्ष

26. A और B की वर्तमान आयु का अनुपात 7:8 है। अब से 6 वर्ष बाद, उनकी आयु का अनुपात 8 : 9 होगा। यदि C की वर्तमान आयु, A की वर्तमान आयु से 10 वर्ष अधिक है, तो C की वर्तमान आयु ज्ञात करें।

SSC CGL (Tier I) 17/08/2021 Shift-III

(a) 45 वर्ष (b) 52 वर्ष
(c) 56 वर्ष (d) 59 वर्ष

27. एक माँ और उसकी बेटी की वर्तमान आयु का अनुपात 7 : 1 है। 5 वर्ष बाद यह अनुपात 4 : 1 हो जाएगा। उनकी वर्तमान आयु में अन्तर (वर्ष में) ज्ञात करें।

SSC CGL (Tier I) 16/08/2021 Shift-I

(a) 31 (b) 29 (c) 30 (d) 28

28. A और B की आयु का अनुपात 8 वर्ष पहले 2 : 3 था। 4 वर्ष पहले उनकी आयु का अनुपात 5 : 7 था। अब से 8 वर्ष बाद उनकी आयु का अनुपात क्या होगा?

SSC CGL (Tier I) 05/03/2020 Shift-I

(a) 5 : 6 (b) 3 : 4 (c) 7 : 8 (d) 4 : 5

29. किसी समूह के व्यक्तियों की औसत आयु 35 वर्ष है, जो सही औसत से 2.5 वर्ष अधिक थी, क्योंकि दो व्यक्तियों की आयु क्रमशः 29 वर्ष और 22 वर्ष के बजाय त्रुटिवश क्रमशः 38.5 वर्ष और 40 वर्ष दर्ज की गई थी। समूह में व्यक्तियों की संख्या .... थी।

SSC CGL (Tier I) 04/03/2020 Shift-III

(a) 11 (b) 15 (c) 12 (d) 13

SSC CPO SI 2024-2020

30. तीन लड़कों की औसत आयु 25 वर्ष हैं और उनकी आयु का अनुपात 3 : 5 : 7 है। सबसे छोटे लड़के की आयु ज्ञात कीजिए।

SSC CPO 27/06/2024 Shift-II

(a) 12 वर्ष (b) 15 वर्ष (c) 24 वर्ष (d) 21 वर्ष

31. सात वर्ष पहले A और B की आयु का अनुपात 4 : 5 था। आठ वर्ष बाद A और B की आयु का अनुपात 9 : 10 होगा। उनकी वर्तमान आयु में कितना अन्तर (वर्ष में) है?

SSC CPO 25/11/2020 Shift-I

(a) 3 (b) 6 (c) 4 (d) 2

32. 5 वर्ष पहले, रोहन के पिता की आयु, रोहन की आयु की 8 गुनी थी। 5 वर्ष बाद रोहन के पिता और रोहन की आयु का अनुपात 10 : 3 होगा। रोहन की वर्तमान आयु है।

SSC CPO 25/11/2020 Shift-II

(a) 15 वर्ष (b) 8 वर्ष
(c) 10 वर्ष (d) 12 वर्ष

33. किसी कक्षा के 40 छात्रों की औसत आयु 16 वर्ष है। कक्षा में 10 नए छात्रों के प्रवेश के बाद, औसत 15 वर्ष हो जाता है। यदि नए छात्रों में से 5 की औसत आयु 11 वर्ष है, तो शेष 5 नए छात्रों की औसत आयु ज्ञात करें।

SSC CPO 25/11/2020 Shift-II

(a) 15 वर्ष (b) 11 वर्ष (c) 10 वर्ष (d) 16 वर्ष

34. सात वर्ष पहले, A और B की आयु का अनुपात 4 : 5 था। आठ वर्ष बाद, A और B की आयु का अनुपात 9 : 10 होगा। उनकी वर्तमान आयु का योगफल (वर्ष में) ज्ञात करें।

SSC CPO 23/11/2020 Shift-I

(a) 56 (b) 41 (c) 32 (d) 82

SSC CHSL 2024 (Tier I & II)

35. यदि एक व्यक्ति की आयु उसके तीन बच्चों की आयु के योग की चार गुना है और 6 वर्ष बाद उसकी आयु उसके तीनों बच्चों की आयु के योग की दोगुनी हो जाएगी, तो उस व्यक्ति की वर्तमान आयु कितनी है?

SSC CHSL (Tier-II) 18/11/2024 Shift-I

(a) 56 वर्ष (b) 60 वर्ष (c) 45 वर्ष (d) 30 वर्ष

36. मेरे पिता वर्तमान में मुझसे 25 वर्ष बड़े हैं। 5 वर्ष पूर्व हमारी आयु का योग 39 वर्ष था। मेरी वर्तमान आयु ज्ञात कीजिए।

SSC CHSL (Tier-I) 11/07/2024 Shift-IV

(a) 15 वर्ष (b) 13 वर्ष (c) 20 वर्ष (d) 12 वर्ष

37. एक पिता और बेटे की वर्तमान आयु का योग 50 वर्ष है। यदि 5 वर्ष बाद पिता की आयु बेटे की आयु की 5 गुना होगी, तो 5 वर्ष पहले पिता की आयु क्या थी?

SSC CHSL (Tier-I) 11/07/2024 Shift-III

(a) 47 (b) 43 (c) 36 (d) 40

38. रूबी और सोनी की औसत आयु 40 वर्ष है। उनकी आयु का अनुपात क्रमशः 11 : 5 है। सोनी की आयु (वर्षों में) कितनी है?

SSC CHSL (Tier-I) 11/07/2024 Shift-I

(a) 15 (b) 55 (c) 30 (d) 25

39. P की शादी 15 वर्ष पहले हुई थी। आज उसकी आयु उसके विवाह के समय की आयु का $1\frac{3}{5}$ गुना है। वर्तमान में उसके पुत्र की आयु उसकी आयु का $\frac{1}{5}$ है। 4 वर्ष पूर्व उसके पुत्र की आयु उस समय P की आयु के भिन्न के रूप में कितनी थी? **SSC CHSL (Tier-I) 10/07/2024 Shift-II**

(a) $\frac{1}{9}$ (b) $\frac{1}{8}$ (c) $\frac{5}{9}$ (d) $\frac{1}{10}$

40. चार वर्ष पूर्व, रवि की आयु काव्या की आयु की चार गुनी थी। अब से सात वर्ष बाद, रवि की आयु, काव्या की आयु की तीन गुनी होगी। उनकी वर्तमान आयु का योग ज्ञात कीजिए।

SSC CHSL (Tier-I) 10/07/2024 Shift-I

(a) 117 वर्ष (b) 122 वर्ष
(c) 118 वर्ष (d) 115 वर्ष

41. राम, राहुल से 20 वर्ष बड़ा है। 'n' वर्ष पहले राम की आयु, राहुल की आयु से तीन गुना थी। अब से '$2n$' वर्ष बाद राम और राहुल की आयु का अनुपात 15 : 11 होगा, तो 'n' का मान ज्ञात करें। **SSC CHSL (Tier-I) 08/07/2024 Shift-IV**

(a) 30 (b) 15 (c) 10 (d) 20

42. एक पिता की वर्तमान आयु, उसकी पुत्री की आयु की 3 गुनी है। 10 वर्ष बाद उसकी आयु उसकी पुत्री की आयु की दोगुनी होगी। पुत्री की वर्तमान आयु ज्ञात कीजिए।

SSC CHSL (Tier-I) 08/07/2024 Shift-I

(a) 10 वर्ष (b) 15 वर्ष (c) 20 वर्ष (d) 5 वर्ष

43. 24 कर्मचारियों और उनके सुपरवाइज़र की औसत आयु 41 वर्ष है। यदि सुपरवाइज़र की आयु को हटा दिया जाए, तो औसत 0.75 वर्ष कम हो जाता है। सुपरवाइज़र की आयु कितनी है? **SSC CHSL (Tier-I) 05/07/2024 Shift-II**

(a) 40 वर्ष 9 महीने (b) 59 वर्ष
(c) 41 वर्ष 9 महीने (d) 49 वर्ष

44. दस वर्ष बाद एक पिता की आयु उसके बेटे की आयु से दोगुनी हो जाएगी। 10 वर्ष पहले, पिता की आयु बेटे की आयु से छः गुनी थी। अब से कितने वर्ष बाद उनकी आयु का अनुपात 3 : 2 होगा? **SSC CHSL (Tier-I) 04/07/2024 Shift-III**

(a) 35 (b) 20 (c) 25 (d) 30

45. 10 वर्ष पहले, एक व्यक्ति की आयु उसके पुत्र की आयु की 5 गुनी थी। 2 वर्ष बाद, उसकी आयु का दोगुना, उसके पुत्र की आयु के 4 गुने के बराबर होगा। पुत्र की वर्तमान आयु (वर्षों में) क्या है? **SSC CHSL (Tier-I) 04/07/2024 Shift-II**

(a) 18 (b) 20 (c) 16 (d) 14

46. वर्ष 2000 में, मोनू की आयु, उसकी बहन की आयु की 3 गुनी थी। वर्ष 2010 में उसकी आयु, उसकी बहन की आयु से 24 वर्ष अधिक थी। वर्ष 2010 में मोनू की आयु ज्ञात कीजिए।
SSC CHSL (Tier-I) 04/07/2024 Shift-I
(a) 38 वर्ष (b) 52 वर्ष
(c) 46 वर्ष (d) 62 वर्ष

47. एक पिता की आयु और उसके पुत्र की आयु का अनुपात 7 : 4 है। उनकी आयु को दर्शाने वाली संख्याओं का गुणनफल 1372 है। 8 वर्ष बाद उनकी आयु का अनुपात क्या होगा?
SSC CHSL (Tier-I) 02/07/2024 Shift-I
(a) 19 : 13 (b) 19 : 12
(c) 19 : 11 (d) 19 : 14

48. दो लड़कों में से बड़े की आयु, छोटे की आयु की तीन गुनी है। 9 वर्ष पहले यह छोटे की आयु से पाँच गुना थी । प्रत्येक की वर्तमान आयु ज्ञात कीजिए। SSC CHSL (Tier-I) 01/07/2024 Shift-II
(a) 18 वर्ष, 54 वर्ष (b) 12 वर्ष, 36 वर्ष
(c) 17 वर्ष, 51 वर्ष (d) 15 वर्ष, 45 वर्ष

49. एक पुत्र और पिता की आयु का योग 52 वर्ष है, चार वर्ष बाद पिता की आयु पुत्र की आयु की चार गुना हो जाएगी। पुत्र की वर्तमान आयु (वर्षों में) क्या है?
SSC CHSL (Tier II) 10/01/2024 Shift-I
(a) 9 वर्ष (b) 12 वर्ष
(c) 10 वर्ष (d) 8 वर्ष

50. 10 वर्ष पहले पिता की आयु उसके पुत्र की आयु की तीन गुनी थी। दस वर्ष बाद, पिता की आयु उसके पुत्र की आयु की दोगुनी होगी। उनकी वर्तमान आयु का अनुपात क्या है?
SSC CHSL (Tier II) 10/01/2024 Shift-I
(a) 7 : 3 (b) 5 : 2
(c) 3 : 2 (d) 5 : 3

SSC CHSL 2023 & 2022 (Tier I & II)

51. एक योग केन्द्र में 60% सदस्य पुरुष हैं और 40% सदस्य महिलाएँ हैं। यदि पुरुषों की औसत आयु 55 वर्ष और महिलाओं की औसत आयु 45 वर्ष है, तो सभी सदस्यों की औसत आयु (वर्षों में) क्या है?
SSC CHSL (Tier II) 02/11/2023 Shift-I
(a) 49 (b) 48
(c) 50 (d) 51

52. पिता की आयु और उसके पुत्र की आयु का अनुपात 5 : 3 है। उनकी आयु निरूपित करने वाली संख्याओं का गुणनफल 960 है। 6 वर्ष के बाद उनकी आयु का अनुपात क्या होगा?
SSC CHSL (Tier I) 11/08/2023 Shift-I
(a) 21 : 15 (b) 23 : 17
(c) 21 : 17 (d) 23 : 15

53. एक परिवार के 6 सदस्यों की औसत आयु 25 वर्ष है। यदि सबसे छोटे सदस्य की आयु 4 वर्ष है तो सबसे छोटे सदस्य के जन्म से ठीक पहले परिवार की औसत आयु कितनी थी?
SSC CHSL (Tier I) 02/08/2023 Shift-I
(a) 27.2 वर्ष (b) 32.8 वर्ष
(c) 24.8 वर्ष (d) 25.2 वर्ष

54. रुस्तम और प्रीतम की औसत आयु 30 वर्ष है। प्रीतम और गीतम की औसत आयु 20 वर्ष है। रुस्तम और गीतम की औसत आयु 26 वर्ष है। 5 वर्षों के बाद तीनों में सबसे छोटे की आयु कितनी होगी?
SSC CHSL (Tier I) 13/03/2023 Shift-III
(a) 21 वर्ष (b) 22 वर्ष
(c) 25 वर्ष (d) 26 वर्ष

55. एक पति, पत्नी और बच्चे की औसत आयु 2 वर्ष पूर्व 28 वर्ष थी तथा पति और बच्चे की 5 वर्ष पूर्व औसत आयु 21 वर्ष थी। पत्नी की वर्तमान आयु कितनी है?
SSC CHSL (Tier I) 10/03/2023 Shift-II
(a) 38 वर्ष (b) 36 वर्ष
(c) 42 वर्ष (d) 40 वर्ष

56. एक परिवार में एक पिता, माता और एक बेटा है। उनकी वर्तमान आयु का अनुपात 8 : 5 : 2 है और पिता की वर्तमान आयु 48 वर्ष है। 3 वर्ष पश्चात् परिवार की औसत आयु क्या होगी ?
SSC CHSL (Tier I) 10/03/2023 Shift-II
(a) 31 वर्ष (b) 35 वर्ष
(c) 33 वर्ष (d) 30 वर्ष

57. एक समूह में 24 वर्ष की आयु वाले व्यक्ति को 66 वर्ष की आयु वाले एक व्यक्ति द्वारा प्रतिस्थापित किए जाने पर समूह की औसत आयु में 6 वर्ष की वृद्धि हो जाती है। समूह में व्यक्तियों की संख्या ज्ञात करें।
SSC CHSL (Tier I) 02/06/2022 Shift-I
(a) 8 (b) 6 (c) 9 (d) 7

58. दो मित्रों की आयु का अनुपात 7 : 9 है, जबकि 10 वर्ष बाद यह 19 : 23 हो जाएगा। अब से 7 वर्ष बाद उनकी औसत आयु कितनी होगी?
SSC CHSL (Tier I) 01/06/2022 Shift-I
(a) 36 वर्ष (b) 33 वर्ष (c) 39 वर्ष (d) 35 वर्ष

59. एक परिवार में दो दादा-दादी, दो माता-पिता और चार पोते-पोतियाँ हैं। दादा-दादी की औसत आयु 67 वर्ष, माता-पिता की औसत आयु 35 वर्ष और पोते-पोतियों की औसत आयु 9 वर्ष हैं। परिवार की औसत आयु क्या है? SSC CHSL (Tier I) 30/05/2022 Shift-I
(a) 45 वर्ष (b) 40 वर्ष
(c) 30 वर्ष (d) 36 वर्ष

60. एक व्यक्ति और उसके पुत्र की औसत आयु 56 वर्ष है। उनकी आयु का अनुपात 11 : 5 है। पुत्र की आयु ज्ञात कीजिए।
SSC CHSL (Tier I) 27/05/2022 Shift-I
(a) 35 वर्ष (b) 30 वर्ष
(c) 32 वर्ष (d) 40 वर्ष

SSC MTS 2024-2021

61. राम और श्याम की वर्तमान आयु का अनुपात 3 : 4 है और 4 वर्ष पहले यह अनुपात 2 : 3 था। अब से 4 वर्ष बाद राम और श्याम की आयु का अनुपात क्या होगा?
SSC MTS 01/10/2024 Shift-I
(a) 4 : 5 (b) 2 : 5
(c) 1 : 5 (d) 3 : 5

62. A और B की वर्तमान आयु का अनुपात 3 : 1 है। पाँच वर्ष पहले, उनकी आयु का अनुपात 5 : 1 था। आठ वर्ष बाद A की आयु (वर्ष में) कितनी होगी? SSC MTS 30/09/2024 Shift-I
(a) 40 (b) 30 (c) 22 (d) 38

63. तीन सदस्यों (माता, पिता और पुत्र) के एक परिवार की औसत आयु 44 वर्ष है। पुत्र की शादी के बाद परिवार की औसत आयु 39 वर्ष हो जाती है। बहू की आयु क्या होगी?
SSC MTS 05/09/2023 Shift-II
(a) 23 वर्ष (b) 24 वर्ष
(c) 22 वर्ष (d) 25 वर्ष

64. अब से पाँच वर्ष बाद, A, B और C की आयु का अनुपात 3 : 5 : 2 होगा। उनकी वर्तमान आयु के वर्गों का योग 525 है। B की वर्तमान आयु क्या है? SSC MTS 14/07/2022 Shift-I
(a) 20 वर्ष (b) 25 वर्ष
(c) 15 वर्ष (d) 10 वर्ष

65. A और B की वर्तमान आयु का अनुपात 3 : 5 है। यदि A की वर्तमान आयु 33 वर्ष है, तो 5 वर्ष बाद B की आयु (वर्षों में) क्या होगी? SSC MTS 14/07/2022 Shift-I
(a) 65 (b) 50 (c) 60 (d) 55

66. एक लड़की का पिता उसकी माता से तीन वर्ष बड़ा है। छः वर्ष पहले, लड़की और उसके माता-पिता की औसत आयु 32 वर्ष थी, और पिता की आयु उसकी बेटी की वर्तमान आयु से दोगुनी थी। माता की वर्तमान आयु (वर्षों में) क्या होगी? SSC MTS 02/11/2021 Shift-III
(a) 49 (b) 45 (c) 48 (d) 42

SSC GD Constable 2024 & 2023

67. 22 पुरुषों के एक समूह में, दो पुरुष, जिनकी औसत आयु 58 वर्ष है, के स्थान पर दो नए पुरुष आ जाते हैं। यदि समूह की औसत आयु 2 वर्ष कम हो जाती है, तो दो नए पुरुषों की औसत आयु कितनी है?
SSC GD 24/02/2024 Shift-I
(a) 37 वर्ष (b) 32 वर्ष
(c) 35 वर्ष (d) 36 वर्ष

68. 20 लड़कों के एक समूह की औसत आयु 25 वर्ष है। 15 वर्ष की आयु वाला एक लड़का समूह छोड़ देता है। एक नया लड़का समूह में

शामिल होता है और समूह की औसत आयु 2 वर्ष बढ़ जाती है। नए लड़के की आयु कितनी है? SSC GD 24/02/2024 Shift-I

(a) 57 वर्ष (b) 52 वर्ष
(c) 50 वर्ष (d) 55 वर्ष

69. 11 पुरुषों के एक समूह की औसत आयु 53 वर्ष है। 2 पुरुष समूह छोड़ देते हैं और समूह की औसत आयु में 1 वर्ष की वृद्धि हो जाती है। समूह छोड़ने वाले 2 पुरुषों की औसत आयु कितनी है? SSC GD 22/02/2024 Shift-IV

(a) 49 वर्ष (b) 53 वर्ष
(c) 51 वर्ष (d) 48.5 वर्ष

70. एक कक्षा के 19 विद्यार्थियों की औसत आयु 22 वर्ष है। यदि 42 वर्ष की आयु का एक नया विद्यार्थी कक्षा में शामिल होता है, तो इन 20 विद्यार्थियों की औसत आयु कितनी होगी? SSC GD 22/02/2024 Shift-III

(a) 24 वर्ष (b) 23 वर्ष
(c) 28 वर्ष (d) 26 वर्ष

71. एक कक्षा के 14 विद्यार्थियों की औसत आयु 17 वर्ष है। यदि उस कक्षा में 32 वर्ष की आयु का एक नया विद्यार्थी शामिल होता है, तो इन 15 विद्यार्थियों की औसत आयु कितनी होगी? SSC GD 22/02/2024 Shift-II

(a) 21 वर्ष (b) 19 वर्ष
(c) 22 वर्ष (d) 18 वर्ष

72. यदि कक्षा में 30 छात्रों की औसत आयु 20 वर्ष है। यदि प्रत्येक छात्र की आयु में 5 वर्ष की वृद्धि की जाती है, तो औसत आयु में कितनी वृद्धि होगी? SSC GD 22/02/2024 Shift-I

(a) 5 (b) 6
(c) 7 (d) 8

73. 22 शिक्षकों की औसत आयु 64 वर्ष है। उस समूह में एक नए शिक्षक को शामिल करने के बाद औसत में 1 वर्ष की वृद्धि हो जाती है। नए शिक्षक की आयु कितनी है? SSC GD 21/02/2024 Shift-I

(a) 87 वर्ष (b) 93 वर्ष
(c) 91 वर्ष (d) 98 वर्ष

74. 3 व्यक्तियों की वर्तमान आयु का अनुपात 3 : 5 : 7 है। छः वर्ष पहले, उनकी आयु का योग 87 था। उनकी वर्तमान आयु (वर्षों में) ज्ञात कीजिए। SSC GD 20/02/2024 Shift-IV

(a) 18 वर्ष, 30 वर्ष, 42 वर्ष
(b) 27 वर्ष, 45 वर्ष, 63 वर्ष
(c) 21 वर्ष, 35 वर्ष, 49 वर्ष
(d) 24 वर्ष, 40 वर्ष, 56 वर्ष

75. एक पिता और उसकी पुत्री की वर्तमान आयु का योग 80 वर्ष है। आठ वर्ष पूर्व, पिता की आयु, उसकी पुत्री की आयु की 7 गुनी थी। अब से 8 वर्ष बाद पुत्री की आयु होगी SSC GD 20/02/2024 Shift-I

(a) 18 वर्ष (b) 20 वर्ष (c) 24 वर्ष (d) 22 वर्ष

76. 30 पुरुषों की औसत आयु 25 वर्ष है। उनके साथ 30 वर्ष की औसत आयु के 5 नए पुरुष शामिल हुए। सभी पुरुषों की एक साथ औसत आयु ज्ञात कीजिए। SSC GD 13/02/2023 Shift-IV

(a) $28\frac{5}{7}$ वर्ष (b) $25\frac{5}{7}$ वर्ष
(c) $26\frac{5}{7}$ वर्ष (d) $27\frac{5}{7}$ वर्ष

77. जॉन और तन्वी की आयु का अनुपात 8 : 15 है। 9 वर्ष बाद, उनकी आयु का अनुपात 11 : 18 हो जाएगा। उनकी आयु के बीच कितना अन्तर (वर्षों में) है? SSC GD 09/02/2023 Shift-I

(a) 45 वर्ष (b) 24 वर्ष
(c) 7 वर्ष (d) 21 वर्ष

78. माता-पिता की औसत आयु 24 वर्ष है। उनके पुत्र की आयु पति की आयु की $\frac{1}{9}$ है। पत्नी पति से 6 वर्ष छोटी है। परिवार के तीनों सदस्यों की औसत आयु ज्ञात करें। SSC GD 09/02/2023 Shift-I

(a) 17 वर्ष (b) 15 वर्ष
(c) 18 वर्ष (d) 16 वर्ष

SSC Selection Post 2023

79. वर्तमान में ऋतिका की आयु विपुल की आयु की 3 गुना है। 7 वर्ष बाद ऋतिका की आयु विपुल की आयु की दोगुनी होगी। ऋतिका की वर्तमान आयु (वर्षों में) ज्ञात करें। Graduate Level 27/06/2023 Shift-IV

(a) 47 (b) 21
(c) 35 (d) 53

80. राहुल की उम्र और उसके पुत्र अमन की उम्र का अनुपात 9 : 1 है और उनकी उम्रों का गुणनफल 144 है। चार वर्ष बाद उनकी उम्रों का योग कितना होगा? Higher Secondary Level 27/06/2023 Shift-III

(a) 40 (b) 48
(c) 46 (d) 44

81. कक्षा I में, औसत आयु 20 वर्ष के 12 छात्र हैं और कक्षा II में औसत आयु 23 वर्ष के 16 छात्र हैं। इन दोनों कक्षाओं के सभी छात्रों के लिए लगभग औसत आयु क्या होगी? Matric Level 27/06/2023 Shift-I

(a) 53 वर्ष (b) 43 वर्ष
(c) 20.7 वर्ष (d) 21.7 वर्ष

सही उत्तर

1 (d)	2 (c)	3 (d)	4 (a)	5 (c)	6 (a)	7 (d)	8 (b)	9 (c)	10 (d)
11 (a)	12 (b)	13 (a)	14 (c)	15 (b)	16 (b)	17 (d)	18 (c)	19 (b)	20 (c)
21 (a)	22 (b)	23 (a)	24 (d)	25 (c)	26 (b)	27 (c)	28 (d)	29 (a)	30 (b)
31 (a)	32 (c)	33 (b)	34 (b)	35 (b)	36 (d)	37 (d)	38 (d)	39 (a)	40 (c)
41 (b)	42 (a)	43 (b)	44 (a)	45 (d)	46 (c)	47 (b)	48 (a)	49 (d)	50 (a)
51 (d)	52 (d)	53 (d)	54 (a)	55 (a)	56 (c)	57 (d)	58 (c)	59 (c)	60 (a)
61 (a)	62 (d)	63 (b)	64 (a)	65 (c)	66 (b)	67 (d)	68 (d)	69 (d)	70 (b)
71 (d)	72 (a)	73 (a)	74 (c)	75 (c)	76 (b)	77 (d)	78 (a)	79 (b)	80 (b)
81 (d)									

उत्तर सहित हल

1. (d) माना स्वीटा और सुमन की वर्तमान आयु क्रमशः $4x$ तथा $5x$ हैं।

$\therefore \quad \frac{4x-6}{5x-6}=\frac{2}{3}$

$\Rightarrow \quad 12x-18=10x-12$

$\Rightarrow \quad 2x=6 \Rightarrow x=3$

$\therefore$ स्वीटा की वर्तमान आयु $= 4\times3 = 12$ वर्ष

2. (c) माना मित्रों की आयु क्रमशः $4x$ तथा $3x$ है।

$\therefore \quad \frac{4x+4}{3x+4}=\frac{6}{5}$

$\Rightarrow \quad 20x+20=18x+24$

$\Rightarrow \quad 2x=4$

$x=2$

$\therefore$ वर्तमान आयु का योग $= 4x+3x = 7x$

$= 7\times2 = 14$

22 वर्ष बाद आयु का योग $= 14+2\times22$

$= 14+44 = 58$ वर्ष

3. (d) सबसे छोटे व्यक्ति की आयु

$= \frac{2}{14}\times3\times56 = 24$ वर्ष

4. (a) माना चारु की उम्र $= x$ वर्ष

$\therefore$ बीना की उम्र $= 2x$ वर्ष

माना अनिल की उम्र $= y$

$\therefore$ दिनेश की उम्र $= 3y$ वर्ष

अब, $\quad 3y-x=45$

$6y-2x=90 \quad$ ...(i)

$\Rightarrow \quad -y+2x=5 \quad$ ...(ii)

समी (i) और (ii) से,

$5y=95 \Rightarrow y=19$

$\therefore \quad x=12$

$\therefore$ दिनेश की उम्र $= 3\times19 = 57$

चारू की उम्र $= 12$ वर्ष

$\therefore$ आयु का योग $= 57+12 = 69$ वर्ष

5. (c) निहिरा की आयु $= 25$ वर्ष

पुनीथ की आयु $= 30$ वर्ष

माना x वर्ष पहले उनकी आयु का अनुपात 3 : 4 था।

$\therefore \quad \frac{25-x}{30-x}=\frac{3}{4}$

$\Rightarrow 100-4x=90-3x \Rightarrow x=10$ वर्ष

$\therefore$ अभीष्ट समय $= 10$ वर्ष

6. (a) माना 1 वर्ष पहले A की आयु $= x$ वर्ष

तथा 1 वर्ष पहले B की आयु $= 2x$ वर्ष

प्रश्नानुसार, $\frac{2x+10}{x+10}=\frac{4}{3} \Rightarrow 6x+30=4x+40$

$x=\frac{40-30}{2}=5$

अतः दोनों की वर्तमान आयु का योग $= x+1+2x+1$

$= 3x+2 = 3\times5+2 = 17$ वर्ष

7. (d) माना आकाश की आयु $= x$ वर्ष

तथा घनश्याम की आयु $= 3x$ वर्ष

प्रश्नानुसार, $3x-10=4(x-10)$

$\Rightarrow \quad 3x-10=4x-40 \Rightarrow x=30$

अतः अभीष्ट अन्तर $= 3x-x$

$= 2x = 2\times30 = 60$ वर्ष

8. (b) माना अमित की वर्तमान आयु $= x$ वर्ष

पिता की वर्तमान आयु $= 6x$ वर्ष

प्रश्नानुसार, $\quad 6x+6=3.5(x+6)$

$\Rightarrow 6x+6=3.5x+21 \Rightarrow 2.5x=15 \Rightarrow x=6$

अतः अभीष्ट गुना $= \frac{6x+15}{x+15}=\frac{51}{21}=\frac{17}{7}=2\frac{3}{7}$

9. (c) माना 3 वर्ष पहले A और B की आयु क्रमशः $5x$ और $7x$ थी।

$\therefore A$ और B की वर्तमान आयु $= (5x+3), (7x+3)$

अब से 13 वर्ष बाद,

A की आयु $= 5x+3+13 = 5x+16$

B की आयु $= 7x+3+13 = 7x+16$

$\therefore \quad \frac{5x+16}{7x+16}=\frac{9}{11} \Rightarrow 55x+176=63x+144$

$8x=32 \Rightarrow x=4$

B की वर्तमान आयु $= 7x+3 = 7\times4+3 = 31$ वर्ष

अतः C की वर्तमान आयु $= 31-11 = 20$ वर्ष

10. (d) माना n वर्ष पहले हेमा और नेहा की आयु का अनुपात 3 : 5 होगा।

प्रश्नानुसार, $\quad \frac{20-n}{30-n}=\frac{3}{5}$

$\Rightarrow \quad 100-5n=90-3n$

$\Rightarrow \quad 10=2n \Rightarrow n=5$ वर्ष

11. (a) माना 10 वर्ष पूर्व सुनीता की आयु $= 3x$ वर्ष

तथा 10 वर्ष पूर्व तान्या की आयु $= x$ वर्ष

प्रश्नानुसार, $\quad 3x+10+10=2(x+10+10)$

$\Rightarrow \quad 3x+20=2x+40 \Rightarrow x=20$

अतः अभीष्ट अनुपात

$= 3\times20+10 : 20+10 = 70:30$

$= 7:3$

12. (b) माना 6 बच्चों की आयु क्रमशः $x-4, x-2, x, x+2, x+4, x+6$

प्रश्नानुसार, $x-4+x-2+x+x+2+x+4+x+6=90$

$\Rightarrow 6x+6=90 \Rightarrow x+1=15 \Rightarrow x=14$

$\therefore$ सबसे बड़े बच्चे की आयु $= x+6$

$= 14+6 = 20$ वर्ष

13. (a) माना व्यक्ति तथा उसके छोटे भाई की वर्तमान आयु क्रमशः x वर्ष तथा y वर्ष है।

तीन वर्ष पहले, व्यक्ति की आयु $= (x-3)$ वर्ष

छोटे भाई की आयु $= (y-3)$ वर्ष

प्रश्नानुसार, $\quad x-3=6(y-3)$

$\Rightarrow \quad 6y-x=15 \quad$ ...(i)

पुनः आठ वर्ष बाद,

व्यक्ति की आयु $= 2\times$ छोटे भाई की आयु

$\Rightarrow \quad x+8=2(y+8)-3$

$x-2y=5 \quad$ ...(ii)

समी (i) व (ii) से,

$4y=20$

$\therefore \quad y=\frac{20}{4}=5$ वर्ष

y मान समी (i) में रखने पर,

$6\times5-x=15 \Rightarrow x=15$ वर्ष

14. (c) माना पिता, माता तथा पुत्र की आयु क्रमशः x, y और z वर्ष है।

प्रश्नानुसार, $\quad x+y+z=90 \quad$ ...(i)

$x-y=\frac{1}{3}z$

$\Rightarrow \quad 3(x-y)-z=0$

$\Rightarrow \quad 3x-3y-z=0 \quad$ ...(ii)

समी (i) $\times$ 3+ समी (ii) से,

$6x+2z=270 \quad$ ...(iii)

अब, 10 वर्ष बाद $\frac{x+10}{2}=z+10$

$\Rightarrow \quad x=2z+10 \quad$ ...(iv)

समी (iv) से x का मान समी (iii) में रखने पर,

$12z+60+2z=270 \Rightarrow 14z=210$

$\therefore \quad z=\frac{210}{14}=15$

$\Rightarrow \quad x=2\times15+10=40$

तथा $y=90-(40+15)=90-55=35$ वर्ष

15. (b) माना A और B की वर्तमान आयु क्रमशः $3x$ और $4x$ वर्ष हैं।

प्रश्नानुसार, $\frac{3x-5}{4x-5}=\frac{2}{3}$

$9x-15=8x-10 \Rightarrow x=5$

अतः A की वर्तमान आयु $= 3x = 3\times5 = 15$ वर्ष

16. (b) माना राम की आयु $= x$ वर्ष

$\therefore$ माया देवी की आयु $= 3x$ वर्ष

तथा सोहम की आयु $= (3x-65)$ वर्ष

$\therefore$ रवि की आयु $= 4(3x-65)$ वर्ष

प्रश्नानुसार, $x-4(3x-65)=7; x-12x+260=7$

$11x=253$

$\Rightarrow \quad x=23$ वर्ष

अतः माया देवी की आयु $= 3x = 3\times23 = 69$ वर्ष

17. (d) माना प्राची और उसकी पुत्री की वर्तमान आयु क्रमशः x वर्ष तथा y वर्ष हैं।

प्रश्नानुसार, $\quad x-7=4(y-7)$

$x-4y=-21 \quad$ ...(i)

तथा $\quad (x+4)=\frac{5}{2}(y+4)$

$2x+8=5y+20$

$2x-5y=12 \quad$ ...(ii)

समी (i) और समी (ii) से,

$-8y+5y=-42-12; -3y=-54 \Rightarrow y=18$

$\therefore$ समी (ii) से, $2x=12+90=102 \Rightarrow x=51$

$\therefore$ अभीष्ट योग $= x+y = 51+18 = 69$ वर्ष

18. (c) दिया है, $A+B+C=75$ वर्ष

माना B की आयु $= x$ वर्ष

$\therefore \quad A$ की आयु $= 3x$ वर्ष ....(i)

तथा C की आयु $= (x+5)$ वर्ष ....(ii)

समी (i) और समी (ii) से,

$3x+x+x+5=75 \Rightarrow 5x=70 \Rightarrow x=14$

$\therefore B$ की आयु $= x = 14$ वर्ष

A की आयु $= 3x = 3\times14 = 42$

$\therefore$ अभीष्ट अनुपात $= (14-5):(42+3)$

$= 9:45 = 1:5$

19. (b) माना छह वर्ष पहले A तथा B की आयु क्रमशः $7x$ व $5x$ थी।

प्रश्नानुसार, $\frac{7x+10}{5x+10} = \frac{11}{9}$

$\Rightarrow 63x + 90 = 55x + 110$

$\Rightarrow 8x = 20 \Rightarrow x = \frac{20}{8} = 2.5$ वर्ष

अतः A की वर्तमान आयु $= 7x + 6 = 7 \times 2.5 + 6$

$= 23.5 = 23\frac{1}{2}$ वर्ष

20. (c) माना x वर्ष बाद मीनू अपनी पुत्री की आयु की दोगुनी हो जाएगी।

प्रश्नानुसार, $\frac{38+x}{8+x} = \frac{2}{1} \Rightarrow 38 + x = 16 + 2x$

$\therefore x = 38 - 16 = 22$ वर्ष

21. (a) माना सुधीर और आशीष की वर्तमान आयु क्रमशः $5x$ वर्ष तथा $7x$ वर्ष हैं।

$\therefore \frac{5x-12}{7x-12} = \frac{1}{2}$

$\Rightarrow 10x - 24 = 7x - 12 \Rightarrow x = 4$

सुधीर की वर्तमान आयु $= 5 \times 4 = 20$ वर्ष

5 वर्ष बाद सुधीर की आयु $= 20 + 5 = 25$ वर्ष

स्पीडी विधि

Su Aa   Su Aa

12 वर्ष पहले = (1 : 2)×2 = 2 : 4

↓+3 ↓+3

वर्तमान आयु = (5 : 7)×1 = 5 : 7

यहाँ, 3 इकाई = 12 वर्ष

1 = 4 ⇒ 5 = 20

$\therefore$ अब से 5 वर्ष बाद सुधीर की आयु

= 20 + 5 = 25 वर्ष

22. (b) माना सविता की वर्तमान आयु $= x$ वर्ष

$\therefore$ रहीम की वर्तमान आयु $= 5x$ वर्ष

प्रश्नानुसार, $\frac{x+7}{5x+7} = \frac{1}{3}$

$\Rightarrow 3x + 21 = 5x + 7 \Rightarrow x = 7$

अतः रहीम की वर्तमान आयु $= 5 \times 7 = 35$ वर्ष

23. (a) माना पिता और पुत्र की वर्तमान आयु क्रमशः $7x$ वर्ष और $2x$ वर्ष हैं।

प्रश्नानुसार, $\frac{7x+10}{2x+10} = \frac{9}{4} \Rightarrow 28x + 40 = 18x + 90$

$\Rightarrow 10x = 50 \Rightarrow x = \frac{50}{10} = 5$

$\therefore$ पिता की वर्तमान आयु $= 7x = 7 \times 5 = 35$ वर्ष

24. (d) व्यक्ति और उसके पुत्र की आयु का योग

$= 2 \times 55 = 110$ वर्ष

माना व्यक्ति की आयु $7x$ वर्ष और पुत्र की आयु $4x$ वर्ष हैं।

तब प्रश्नानुसार, $4x + 7x = 110 \Rightarrow x = 10$

$\therefore$ 6 वर्ष बाद उनकी आयु का अनुपात

$= \frac{7x+6}{4x+6} = \frac{7\times10+6}{4\times10+6}$

$= \frac{76}{46} = \frac{38}{23} = 38 : 23$

25. (c) माना A और B की वर्तमान आयु क्रमशः $2x$ और $3x$ वर्ष हैं।

प्रश्नानुसार, $\frac{2x+5}{3x+5} = \frac{3}{4}$

$\Rightarrow 8x + 20 = 9x + 15 \Rightarrow x = 5$

$\therefore$ वर्तमान में B की आयु $= 3 \times 5 = 15$ वर्ष

26. (b) माना A की वर्तमान आयु $= 7a$ वर्ष

तथा B की वर्तमान आयु $= 8a$ वर्ष

प्रश्नानुसार, $\frac{7a+6}{8a+6} = \frac{8}{9}$

$\Rightarrow 63a + 54 = 64a + 48 \Rightarrow a = 6$

अतः C की वर्तमान आयु $= 7a + 10$

$= 7 \times 6 + 10 = 52$ वर्ष

27. (c) माना माँ और उसकी बेटी की वर्तमान आयु क्रमशः $7x$ और x वर्ष है।

प्रश्नानुसार, $\frac{7x+5}{x+5} = \frac{4}{1}$

$\Rightarrow 7x + 5 = 4x + 20 \Rightarrow 3x = 15 \Rightarrow x = 5$

$\therefore$ उनकी वर्तमान आयु में अन्तर $= 7x - x = 6x$

$= 6 \times 5 = 30$ वर्ष

28. (d) माना 8 वर्ष पहले A और B की आयु क्रमशः $2x$ और $3x$ वर्ष थी।

प्रश्नानुसार, $\frac{2x+4}{3x+4} = \frac{5}{7}$

$\Rightarrow 14x + 28 = 15x + 20 \Rightarrow x = 8$

$\therefore$ 8 वर्ष बाद उनकी आयु का अनुपात

$= \frac{2x+8+8}{3x+8+8} = \frac{2\times8+16}{3\times8+16} = \frac{4}{5}$

29. (a) माना व्यक्तियों की संख्या $= x$

प्रश्नानुसार, $x \times 2.5 = (38.5 + 40) - (29 + 22)$

$\therefore x = \frac{78.5 - 51}{2.5} = \frac{27.5}{2.5} = 11$

30. (b) तीन लड़कों की कुल आयु $= 25 \times 3 = 75$ वर्ष

तीनों की आयु का अनुपात $= 3 : 5 : 7$

अनुपातिक योग $= 3 + 5 + 7 = 15$

सबसे छोटे लड़के की आयु $= \frac{3}{15} \times 75 = 15$ वर्ष

31. (a) माना सात वर्ष पहले A और B की आयु क्रमशः $4x$ और $5x$ वर्ष थी।

प्रश्नानुसार, $\frac{4x+7+8}{5x+7+8} = \frac{9}{10}$

$\Rightarrow 40x + 150 = 45x + 135 \Rightarrow 5x = 15 \Rightarrow x = 3$

$\therefore A$ और B की वर्तमान आयु का अन्तर

$= (5x + 7) - (4x + 7) = x = 3$ वर्ष

32. (c) माना 5 वर्ष पहले, रोहन की आयु $= x$ वर्ष

तब रोहन के पिता की आयु $= 8x$ वर्ष

प्रश्नानुसार,

$\frac{8x+5+5}{x+5+5} = \frac{10}{3} \Rightarrow \frac{8x+10}{x+10} = \frac{10}{3}$

$\Rightarrow 24x + 30 = 10x + 100$

$\Rightarrow 14x = 70$

$\therefore x = 5$

अतः रोहन की वर्तमान आयु $= x + 5$

$= 5 + 5 = 10$ वर्ष

33. (b) प्रश्नानुसार, 40 छात्रों की कुल आयु

$= 16 \times 40 = 640$ वर्ष

10 नए छात्र आने के बाद कक्षा की कुल आयु

$= 15 \times (40 + 10) = 15 \times 50 = 750$ वर्ष

5 नए छात्रों की कुल आयु $= 5 \times 11 = 55$ वर्ष

$\therefore$ शेष 5 नए छात्रों की औसत आयु

$= \frac{750 - (640 + 55)}{5}$

$= \frac{750 - 695}{5} = \frac{55}{5} = 11$ वर्ष

34. (b) माना A और B की वर्तमान आयु क्रमशः a और b वर्ष हैं।

प्रश्नानुसार, $\frac{a-7}{b-7} = \frac{4}{5}$

$\Rightarrow 5a - 35 = 4b - 28$

$5a - 4b = 7$ ...(i)

तथा $\frac{a+8}{b+8} = \frac{9}{10}$

$\Rightarrow 10a + 80 = 9b + 72$

$10a - 9b = -8$ ...(ii)

समी (i) × 2 − समी (ii),

$b = 22 \Rightarrow a = 19$

अतः A और B की आयु का योग $= a + b = 22 + 19$

$= 41$ वर्ष

स्पीडी विधि

प्रश्नानुसार, $\frac{4x+7+8}{5x+7+8} = \frac{9}{10} \Rightarrow x = 3$

वर्तमान आयु का योगफल $= 4x + 5x + 14$

$= 9 \times 3 + 14 = 41$ वर्ष

35. (b) माना व्यक्ति की वर्तमान आयु $= x$

तथा तीन बच्चों की वर्तमान आयु का योग $= y$

प्रश्नानुसार,

$x = 4y$ ...(i)

$x + 6 = (y + 6 + 6 + 6)\,2$

$\Rightarrow x + 6 = 2y + 36$

समी (i) से,

$4y + 6 = 2y + 36$

$\Rightarrow y = 15$

y का मान समी (i) में रखने पर,

$x = 15 \times 4 = 60$

अतः व्यक्ति की वर्तमान आयु $= 60$ वर्ष

36. (d) माना मेरी वर्तमान आयु $= x$ वर्ष

$\therefore$ पिता की वर्तमान आयु $= (x + 25)$ वर्ष

5 वर्ष पूर्व, दोनों की आयु का योग $= 39$ वर्ष

$\therefore (x - 5) + (x + 25 - 5) = 39$

$\Rightarrow 2x + 15 = 39 \Rightarrow 2x = 24 \Rightarrow x = 12$

$\therefore$ मेरी वर्तमान आयु $= 12$ वर्ष

37. (d) माना पिता की वर्तमान आयु x वर्ष और बेटे की वर्तमान आयु $(50 - x)$ वर्ष है।

$\therefore x + 5 = 5\,(50 - x + 5)$

$\Rightarrow x + 5 = 5\,(55 - x) \Rightarrow x + 5 = 275 - 5x$

$\Rightarrow 6x = 270 \Rightarrow x = 45$

$\therefore$ 5 वर्ष पहले पिता की आयु $= 45 - 5 = 40$ वर्ष

38. (d) रूबी तथा सोनी की कुल आयु
$= 2 \times 40 = 80$ वर्ष
सोनी का आयु $= \frac{5}{16} \times 80 = 25$ वर्ष

39. (a) माना शादी के समय P की आयु $= x$ वर्ष
अब, वर्तमान आयु $= x + 15 = x \times \frac{8}{5}$
$15 = \frac{8x}{5} - x \Rightarrow 15 = \frac{3x}{5} \Rightarrow x = 25$ वर्ष
$\therefore P$ की वर्तमान आयु $= x + 15 = 25 + 15 = 40$ वर्ष
$\therefore$ पुत्र की आयु $= 40 \times \frac{1}{5} = 8$ वर्ष
$\therefore$ अभीष्ट मान $= \frac{(8-4)}{(40-4)} = \frac{4}{36} = \frac{1}{9}$

40. (c) माना चार वर्ष पूर्व काव्या की आयु $= x$ वर्ष
$\therefore$ चार वर्ष पूर्व रवि की आयु $= 4x$ वर्ष
प्रश्नानुसार,
$4x + 4 + 7 = 3(x + 4 + 7)$
$\Rightarrow 4x + 11 = 3x + 33$
$\Rightarrow x = 22$
अत: वर्तमान आयु का योग $= x + 4 + 4x + 4$
$= 5x + 8 = 22 \times 5 + 8$
$= 118$ वर्ष

41. (b) माना राहुल की वर्तमान आयु $= x$ वर्ष
$\therefore$ राम की वर्तमान आयु $= (x + 20)$ वर्ष
प्रश्नानुसार,
$(x + 20) - n = 3(x - n)$
$\Rightarrow 20 - n = 3x - 3n - x$
$\Rightarrow 2x - 2n = 20$
$\therefore x = \frac{20 + 2n}{2} = 10 + n$ ...(i)
पुन: प्रश्नानुसार, $\frac{x + 20 + 2n}{x + 2n} = \frac{15}{11}$
$\Rightarrow 11x + 220 + 22n = 15x + 30n$
$\Rightarrow 220 = 8n + 4x$
$\Rightarrow x = \frac{220 - 8n}{4} = 55 - 2n$ ...(ii)
समी (i) तथा (ii) से,
$10 + n = 55 - 2n$
$\Rightarrow 3n = 55 - 10 = 45$
$\therefore n = \frac{45}{3} = 15$

42. (a) माना पुत्री की वर्तमान आयु $= x$ वर्ष
$\therefore$ पिता की वर्तमान आयु $= 3x$ वर्ष
प्रश्नानुसार, 10 वर्ष बाद
$3x + 10 = 2(x + 10)$
$\Rightarrow 3x + 10 = 2x + 20$
$\Rightarrow x = 10$
अत: पुत्री की वर्तमान आयु = 10 वर्ष

43. (b) प्रश्नानुसार, सुपरवाइजर की आयु
$= (24 + 1) \times 41 - 24 \times (41 - 0.75)$
$= 1025 - 966 = 59$ वर्ष

स्पीडी विधि
सुपरवाइजर की आयु $= 41 + \frac{75}{100} \times 24$
$= (41 + 18) = 59$ वर्ष

44. (a) माना पिता की वर्तमान आयु $= x$ वर्ष
तथा बेटे की वर्तमान आयु $= y$ वर्ष
प्रश्नानुसार, $(x + 10) = 2(y + 10)$
$\Rightarrow x + 10 = 2y + 20$
$\Rightarrow x - 2y = 10$ ...(i)
तथा $(x - 10) = 6(y - 10)$
$\Rightarrow x - 10 = 6y - 60$
$\Rightarrow x - 6y = -50$ ...(ii)
समी (i) तथा (ii) से,
$x = 40$ तथा $y = 15$
माना a वर्ष बाद उनकी आयु का अनुपात 3 : 2 होगा।
$\therefore \frac{40 + a}{15 + a} = \frac{3}{2}$
$\Rightarrow 80 + 2a = 45 + 3a \Rightarrow a = 35$ वर्ष

45. (d) माना व्यक्ति की वर्तमान आयु $= y$ वर्ष
पुत्र की वर्तमान आयु $= x$ वर्ष
प्रश्नानुसार, 10 वर्ष पहले,
$y - 10 = 5(x - 10)$
$\Rightarrow y - 10 = 5x - 50$
$\Rightarrow 5x - y = 40$ ...(i)
2 वर्ष बाद, $2(y + 2) = 4(x + 2)$
$y + 2 = 2x + 4$
$y - 2x = 2$ ...(ii)
समी (i) और (ii) को जोड़ने पर,
$3x = 42 \Rightarrow x = 14$
$\therefore$ पुत्र की वर्तमान आयु = 14 वर्ष

46. (c) माना वर्ष 2000 में,
बहन की आयु $= x$ वर्ष
$\therefore$ मोनू की आयु $= 3x$ वर्ष
$\therefore (3x + 10) - (x + 10) = 24$
$2x = 24 \Rightarrow x = 12$ वर्ष
$\therefore$ वर्ष 2000 में मोनू की आय $= 3x = 3 \times 12 = 36$ वर्ष
वर्ष 2010 में मोनू की आय $= (36 + 10)$ वर्ष $= 46$ वर्ष

47. (b) माना पिता की आयु $= 7x$ वर्ष
तथा पुत्र की आयु $= 4x$ वर्ष
$\therefore 7x \times 4x = 1372$
$\Rightarrow x^2 = \frac{1372}{28} = 49 \Rightarrow x = 7$
8 वर्ष बाद, पिता व पुत्र की आयु का अनुपात
$= (7x + 8) : (4x + 8)$
$= (7 \times 7 + 8) : (4 \times 7 + 8)$
$= 57 : 36 = 19 : 12$

48. (a) माना छोटे लड़के की वर्तमान आयु $= x$ वर्ष
तब, बड़े लड़के की वर्तमान आयु $= 3x$ वर्ष
9 वर्ष पहले, $\frac{3x - 9}{x - 9} = \frac{5}{1}$
$\Rightarrow 3x - 9 = 5x - 45$
$\Rightarrow 2x = 36 \Rightarrow x = 18$
अत: उन दोनों की आयु क्रमश: 18 वर्ष और 54 वर्ष हैं।

49. (d) माना पिता और पुत्र की वर्तमान आयु क्रमश: x और y हैं।
$x + y = 52$
$\therefore y = 52 - x$ .... (i)
प्रश्नानुसार, $x + 4 = 4(y + 4)$
$\Rightarrow x + 4 = 4(52 - x + 4)$
$\Rightarrow x + 4 = 224 - 4x$
$\therefore x = \frac{220}{5} = 44$ वर्ष
अत: पुत्र की आयु $= 52 - 44 = 8$ वर्ष

50. (a) माना दस वर्ष पहले पुत्र की आयु $= x$ वर्ष
$\therefore$ दस वर्ष पहले पिता की आयु $= 3x$ वर्ष
$\therefore$ 10 वर्ष बाद,
$3x + 10 + 10 = 2(x + 10 + 10)$
$\Rightarrow 3x + 20 = 2x + 40 \Rightarrow x = 20$
अत: अभीष्ट अनुपात $= \frac{3x + 10}{x + 10} = \frac{3 \times 20 + 10}{20 + 10}$
$= \frac{70}{30} = 7 : 3$

51. (d) माना योग केन्द्र में कुल 10 सदस्य हैं।
$\therefore$ पुरुषों की संख्या $= \frac{10 \times 60}{100} = 6$
तथा महिलाओं की संख्या $= 10 - 6 = 4$
अत: सभी सदस्यों की औसत आयु
$= \frac{55 \times 6 + 45 \times 4}{10} = \frac{330 + 180}{10} = 51$ वर्ष

52. (d) माना पिता की आयु और उसके पुत्र की आयु क्रमश: $5x$ और $3x$ वर्ष हैं।
प्रश्नानुसार, $5x \times 3x = 960$
$\Rightarrow 15x^2 = 960 \Rightarrow x = 8$
अत: अभीष्ट अनुपात $= \frac{5x + 6}{3x + 6} = \frac{5 \times 8 + 6}{3 \times 8 + 6}$
$= 23 : 15$

53. (d) परिवार के 6 सदस्यों की औसत आयु = 25 वर्ष
$\Rightarrow$ परिवार के 6 सदस्यों की कुल आयु $= 25 \times 6$
$= 150$ वर्ष
$\because$ परिवार के सबसे छोटे सदस्य की आयु = 4 वर्ष
$\therefore$ सबसे छोटे सदस्य के जन्म से पहले परिवार की औसत आयु $= \frac{(150 - 4 \times 6)}{(6 - 1)} = \frac{126}{5} = 25.2$ वर्ष

54. (a) यदि रुस्तम $= R$, प्रीतम $= P$, गीतम $= G$
$R + P = 30 \times 2 = 60$ ...(i)
$P + G = 20 \times 2 = 40$ ...(ii)
$G + R = 26 \times 2 = 52$ ...(iii)
तीनों समीकरण को जोड़ने पर,
$2(R + P + G) = 60 + 40 + 52$
$\Rightarrow R + P + G = \frac{152}{2} = 76$
तब, उनकी वर्तमान आयु
$R = 76 - 40 = 36$ वर्ष
$P = 76 - 52 = 24$ वर्ष
$G = 76 - 60 = 16$ वर्ष
अत: 5 वर्ष बाद सबसे छोटे व्यक्ति (गीतम) की आयु
$= 16 + 5 = 21$ वर्ष

55. (a) 2 वर्ष पूर्व पति, पत्नी और बच्चे की कुल आयु
$= 28 \times 3 = 84$ वर्ष
तब, पति, पत्नी और बच्चे की वर्तमान आयु का योग
$= 84 + 3 \times 2 = 90$ वर्ष
5 वर्ष पूर्व पति व बच्चे की कुल आयु $= 21 \times 2 = 42$ वर्ष
$\therefore$ पति व बच्चे की वर्तमान आयु का योग
$= 42 + 5 \times 2 = 52$ वर्ष
अत: पत्नी की वर्तमान आयु $= 90 - 52 = 38$ वर्ष

56. (c) माना पिता, माता और बेटा की वर्तमान आयु क्रमशः $8x$, $5x$ व $2x$ हैं।

प्रश्नानुसार, $8x = 48 \Rightarrow x = 6$ वर्ष

तब, परिवार की वर्तमान आयु का योग

$$= 8x + 5x + 2x = 15x$$
$$= 15 \times 6 = 90 \text{ वर्ष}$$

अब, 3 वर्ष बाद परिवार की कुल आयु

$$= 90 + 3 \times 3 = 99 \text{ वर्ष}$$

$\therefore$ 3 वर्ष बाद परिवार की औसत आयु

$$= \frac{\text{परिवार की आयु}}{\text{कुल सदस्य}} = \frac{99}{3} = 33 \text{ वर्ष}$$

57. (d) माना समूह में व्यक्तियों की संख्या $= x$

औसत आयु $= y$

प्रश्नानुसार, $xy - 24 + 66 = x(y + 6)$

$\Rightarrow \quad xy + 42 = xy + 6x \Rightarrow x = 7$

58. (c) माना दो मित्रों की आयु क्रमशः $7x$ और $9x$, हैं।

प्रश्नानुसार, $\frac{7x + 10}{9x + 10} = \frac{19}{23}$

$\Rightarrow \quad 161x + 230 = 171x + 190 \Rightarrow x = 4$

$\therefore$ 7 वर्ष बाद उनकी औसत आयु $= \frac{7x + 9x + 2 \times 7}{2}$

$$= \frac{7 \times 4 + 9 \times 4 + 14}{2} = \frac{78}{2} = 39 \text{ वर्ष}$$

59. (c) प्रश्नानुसार,

परिवार की औसत आयु $= \frac{2 \times 67 + 2 \times 35 + 4 \times 9}{2 + 2 + 4}$

$$= \frac{134 + 70 + 36}{8} = \frac{240}{8} = 30 \text{ वर्ष}$$

60. (a) माना व्यक्ति और उसके पुत्र की आयु क्रमशः $11x$ और $5x$ हैं।

$\therefore \frac{11x + 5x}{2} = 56 \Rightarrow 16x = 112 \Rightarrow x = 7$

$\therefore$ पुत्र की आयु $= 5x = 5 \times 7 = 35$ वर्ष

61. (a) माना राम और श्याम की वर्तमान आयु क्रमशः $3x$ वर्ष तथा $4x$ वर्ष है।

प्रश्नानुसार,

$$\frac{3x - 4}{4x - 4} = \frac{2}{3}$$

$\Rightarrow \quad 9x - 12 = 8x - 8$

$\Rightarrow \quad x = 4$

$\therefore$ 4 वर्ष बाद राम और श्याम की आयु का अनुपात

$$= \frac{3x + 4}{4x + 4} = \frac{3 \times 4 + 4}{4 \times 4 + 4} = \frac{16}{20} = 4 : 5$$

62. (d) माना A और B की वर्तमान आयु क्रमशः $3x$ तथा x वर्ष हैं।

प्रश्नानुसार, $\frac{3x - 5}{x - 5} = \frac{5}{1}$

$\Rightarrow \quad 3x - 5 = 5x - 25$

$\therefore \quad x = \frac{20}{2} = 10$

$\therefore$ आठ वर्ष बाद A की आयु $= (3x + 8)$

$$= (3 \times 10 + 8) = 38 \text{ वर्ष}$$

63. (b) माता, पिता और पुत्र की औसत आयु $= 44$ वर्ष

माता, पिता और पुत्र की कुल आयु $= 44 \times 3 = 132$ वर्ष

अब, पुत्र की शादी के बाद परिवार की औसत आयु $= 39$ वर्ष

$\therefore$ माता, पिता, पुत्र और बहू की कुल आयु

$$= 39 \times 4 = 156 \text{ वर्ष}$$

$\therefore$ बहू की आयु $= (156 - 132)$ वर्ष $= 24$ वर्ष

64. (a) माना अब से पाँच वर्ष बाद A, B और C की आयु क्रमशः $3x$, $5x$ और $2x$ हैं।

$\therefore A, B$ और C की वर्तमान आयु $3x - 5, 5x - 5$ और $2x - 5$ वर्ष है।

प्रश्नानुसार,

$(3x - 5)^2 + (5x - 5)^2 + (2x - 5)^2 = 525$

$\Rightarrow 9x^2 + 25 - 30x + 25x^2 + 25 - 50x + 4x^2 + 25 - 20x = 525$

$\Rightarrow \quad 38x^2 - 100x + 75 - 525 = 0$

$\Rightarrow \quad 38x^2 - 100x - 450 = 0$

$\Rightarrow \quad 19x^2 - 50x - 225 = 0$

$\Rightarrow \quad 19x^2 - 95x + 45x - 225 = 0$

$\Rightarrow \quad 19x(x - 5) + 45(x - 5) = 0$

$\Rightarrow \quad (x - 5)(19x + 45) = 0$

$\therefore \quad x = 5 \quad \left[\because x \neq -\frac{45}{19}\right]$

$\therefore B$ की वर्तमान आयु $= 5 \times 5 - 5 = 25 - 5 = 20$ वर्ष

65. (c) माना A और B की वर्तमान आयु क्रमशः $3x$ और $5x$ वर्ष हैं।

$3x = 33 \Rightarrow x = 11$ वर्ष

$\therefore B$ की वर्तमान आयु $= 5x = 5 \times 11 = 55$ वर्ष

अतः 5 वर्ष बाद B की आयु $= 55 + 5 = 60$ वर्ष

66. (b) 6 वर्ष पूर्व पुत्री, माता और पिता की औसत आयु $= 32$ वर्ष

कुल आयु $= 32 \times 3 = 96$ वर्ष

माना माता की वर्तमान आयु $= x$ वर्ष

पिता की वर्तमान आयु $= x + 3$ वर्ष

पुत्री की वर्तमान आयु $= \frac{x + 3 - 6}{2} = \frac{x - 3}{2}$ वर्ष

प्रश्नानुसार,

$x + x + 3 + \frac{x - 3}{2} = 96 + 6 \times 3$

$\Rightarrow \quad 2x + 3 + \frac{x - 3}{2} = 114$

$\Rightarrow \quad 4x + 6 + x - 3 = 114 \times 2$

$\Rightarrow \quad 5x = 228 - 3 \Rightarrow x = 45$ वर्ष

अतः माता की वर्तमान आयु $= 45$ वर्ष

67. (d) माना आरम्भिक औसत आयु $= x$ वर्ष

नया औसत आयु $= x - 2$ वर्ष

2 पुराने पुरुषों के आयु का योग $= 58 \times 2 = 116$ वर्ष

22 पुराने लोगों की आयु का योग $= 22 \times x = 22x$ वर्ष

2 नए पुरुषों के प्रतिस्थापन के बाद आयु का योग

$$= 22 \times (x - 2) = 22x - 44$$

माना 2 नए पुरुषों की आयु का योग y है।

$$22x - 116 + y = 22x - 44$$

$\Rightarrow \quad y = 72$

अतः 2 नए पुरुषों का औसत $= \frac{72}{2} = 36$ वर्ष

स्पीडी विधि

अभीष्ट औसत $= \frac{2 \times 58 - 2 \times 22}{2} = 36$ वर्ष

68. (d) 20 लड़कों की आयु का योग

$$= 25 \times 20 = 500 \text{ वर्ष}$$

नए लड़के के आने के बाद आयु का योग

$$= 27 \times 20 = 540 \text{ वर्ष}$$

प्रश्नानुसार, माना नए लड़के की आयु $= x$ वर्ष

$\Rightarrow \quad 500 - 15 + x = 540$

$\Rightarrow \quad x = 55$ वर्ष

स्पीडी विधि

नए लड़के की आयु $= 25 + 2 \times 15 = 55$ वर्ष

69. (d) 11 पुरुषों की औसत आयु $= 53$ वर्ष

2 पुरुषों के छोड़ने पर,

9 पुरुषों की औसत आयु $= 53 + 1 = 54$ वर्ष

दोनों पुरुषों की कुल आयु $= 53 \times 11 - 54 \times 9$

$$= 583 - 486 = 97$$

अतः दोनों पुरुषों की औसत आयु $= \frac{97}{2} = 48.5$ वर्ष

70. (b) 19 विद्यार्थियों की औसत आयु $= 22$ वर्ष

$\therefore$ 19 विद्यार्थियों की आयु का योग $= 22 \times 19 = 418$

जब 42 वर्ष का नया विद्यार्थी शामिल हुआ तब योग

$$= 418 + 42 = 460$$

$\therefore$ नया औसत $= \frac{460}{(19 + 1)} = 23$ वर्ष

स्पीडी विधि

अभीष्ट औसत $= 22 + \frac{(42 - 22)}{20} = 23$ वर्ष

71. (d) 14 विद्यार्थियों की औसत आयु $= 17$ वर्ष

14 विद्यार्थियों की कुल आयु $= 17 \times 14$

$$= 238 \text{ वर्ष}$$

32 वर्ष का नया विद्यार्थी शामिल होने पर

नया औसत $= \frac{238 + 32}{14 + 1}$

$$= \frac{270}{15} = 18 \text{ वर्ष}$$

स्पीडी विधि

अभीष्ट औसत $= 17 + \frac{(32 - 17)}{15} = 18$ वर्ष

72. (a) प्रश्नानुसार, 30 छात्रों की औसत आयु $= 20$ वर्ष

30 छात्रों की कुल आयु $= 30 \times 20 = 600$

जब प्रत्येक छात्र की आयु में 5 वर्ष की वृद्धि होती है तो 30 छात्रों की कुल आयु में वृद्धि $= 30 \times 5 = 150$

अब, 30 छात्रों की कुल नई आयु $= 600 + 150 = 750$

$\therefore$ 30 छात्रों की नई औसत आयु $= \frac{750}{30} = 25$ वर्ष

अतः औसत आयु में वृद्धि $= (25 - 20)$

$$= 5 \text{ वर्ष}$$

स्पीडी विधि

यदि किसी समूह के प्रत्येक व्यक्ति की आयु में n जोड़ा जाए तो औसत आयु में भी n की वृद्धि होगी।

$\because$ प्रत्येक छात्र की आयु में वृद्धि $= 5$ वर्ष

अतः औसत आयु में वृद्धि $= 5$ वर्ष

73. (a) 22 शिक्षकों की आयु का योग

$= 64 \times 22 = 1408$

नए शिक्षक के आने के बाद 23 शिक्षकों के आयु का योग $= 65 \times 23 = 1495$

$\therefore$ नए शिक्षक की आयु $= 1495 - 1408 = 87$ वर्ष

स्पीडी विधि

नए शिक्षक की आयु $= 64 + 23 \times 1 = 87$ वर्ष

74. (c) माना तीनों व्यक्तियों की वर्तमान आयु क्रमशः $3x$, $5x$ और $7x$ हैं।

प्रश्नानुसार, $(3x - 6) + (5x - 6) + (7x - 6) = 87$

$\Rightarrow 15x = 105 \Rightarrow x = 7$

पहले व्यक्ति की आयु $= 3x = 3 \times 7 = 21$ वर्ष

दूसरे व्यक्ति की आयु $= 5x = 5 \times 7 = 35$ वर्ष

तीसरे व्यक्ति की आयु $= 7x = 7 \times 7 = 49$ वर्ष

75. (c) माना पुत्री की वर्तमान आयु $= x$ वर्ष

तथा पिता की वर्तमान आयु $= (80 - x)$ वर्ष

प्रश्नानुसार, $(80 - x - 8) = 7(x - 8)$

$\Rightarrow 72 - x = 7x - 56$

$\Rightarrow 7x + x = 72 + 56$

$\Rightarrow 8x = 128 \Rightarrow x = 16$

तब, आठ वर्ष बाद पुत्री की आयु $= 16 + 8 = 24$ वर्ष

76. (b) सभी पुरुषों की औसत आयु

$$= \frac{30 \times 25 + 30 \times 5}{30 + 5}$$

$$= \frac{750 + 150}{35} = \frac{900}{35} = 25\frac{5}{7} \text{ वर्ष}$$

77. (d) माना जॉन की आयु $= 8x$

तथा तन्वी की आयु $= 15x$

प्रश्नानुसार, $\frac{8x + 9}{15x + 9} = \frac{11}{18}$

$\Rightarrow 144x + 162 = 165x + 99$

$\Rightarrow x = \frac{63}{21} = 3$

अतः दोनों की आयु का अन्तर $= 15x - 8x = 7x$

$= 7 \times 3 = 21$ वर्ष

78. (a) माना पति की आयु $= x$ वर्ष

पत्नी की आयु $= (x - 6)$ वर्ष

प्रश्नानुसार, $\frac{x + x - 6}{2} = 24 \Rightarrow x = 27$ वर्ष

$\therefore$ पुत्र की आय $= \frac{1}{9} \times 27 = 3$ वर्ष

पत्नी की आयु $= (27 - 6) = 21$ वर्ष

अतः तीनों सदस्यों की औसत आयु

$$= \frac{27 + 3 + 21}{3} = 17 \text{ वर्ष}$$

79. (b) माना ऋतिका की वर्तमान आयु $= 3x$ वर्ष

$\therefore$ विपुल की आयु $= x$ वर्ष

7 वर्ष बाद ऋतिका की आयु $= (3x + 7)$ वर्ष

तथा विपुल की आयु $= (x + 7)$ वर्ष

$3x + 7 = 2(x + 7)$

$\Rightarrow 3x + 7 = 2x + 14$

$\Rightarrow x = 7$

$\therefore$ ऋतिका की वर्तमान आयु $= 3x = 3 \times 7 = 21$ वर्ष

80. (b) माना राहुल और उसके पुत्र की उम्र क्रमशः $9x$ और x हैं।

$(9x)(x) = 144 \Rightarrow x^2 = 16 \Rightarrow x = 4$

$\therefore$ चार वर्ष बाद उनकी उम्रों का योग

$= 9x + 4 + x + 4 = 10x + 8$

$= 10 \times 4 + 8$

$= 48$ वर्ष

81. (d) कक्षा I में, छात्रों की कुल आयु

$= 20 \times 12 = 240$ वर्ष

तथा कक्षा II में, छात्रों की कुल आयु

$= 23 \times 16 = 368$ वर्ष

$\therefore$ अभीष्ट औसत $= \frac{240 + 368}{12 + 16}$

$= \frac{608}{28} = 21.7$ वर्ष

07

प्रतिशतता

- प्रतिशत का शाब्दिक अर्थ है- 'प्रति सौ' अर्थात् 19% का मतलब 100 में से 19 या $\frac{19}{100}$ है। प्रतिशत को % चिह्न से दर्शाया जाता है।
- प्रतिशत एक ऐसी भिन्न होती है, जिसका हर 100 और अंश एक निश्चित संख्या होती है। जैसे- $x\% = \frac{x}{100}$

प्रतिशत से सम्बन्धित महत्त्वपूर्ण सूत्र

- यदि किसी एक राशि A को राशि B के प्रतिशत के रूप में व्यक्त करना हो, तब अभीष्ट प्रतिशत $= \frac{A}{B} \times 100\%$
- यदि हमें ज्ञात करना है कि A, B से कितना % कम या ज्यादा है, तो अभीष्ट प्रतिशत $= \frac{(A \sim B)}{B} \times 100\%$
- यदि किसी वस्तु के मूल्य में $A\%$ की वृद्धि/कमी होती है, तो खर्च पहले जितना ही रखने के लिए उस वस्तु की खपत में $\left(\frac{A}{100 \pm A}\right) \times 100\%$ की कमी/वृद्धि करनी होगी।
- यदि किसी संख्या में $A\%$ तथा $B\%$ का परिवर्तन (वृद्धि या कमी) किया जाता है, तो उस संख्या में कुल परिवर्तन $= \left(\pm A \pm B \pm \frac{A \times B}{100}\right)\%$

(यहाँ, $+ \rightarrow$ वृद्धि, $- \rightarrow$ कमी)

उदाहरण 1. चावल की कीमत में 20% की वृद्धि हुई है, तो फिर उपभोग में कितने प्रतिशत कमी की जाए ताकि व्यय समान रहे?

हल प्रश्नानुसार, अभीष्ट प्रतिशत $= \frac{20}{(100+20)} \times 100\% = \frac{20}{120} \times 100\% = 16\frac{2}{3}\%$

भिन्न का प्रतिशत व दशमलव में रूपान्तर

भिन्न	प्रतिशत		भिन्न	प्रतिशत	
1	100%	100%	$\frac{1}{13}$	7.69%	$7\frac{9}{13}\%$
$\frac{1}{2}$	50%	50%	$\frac{1}{14}$	7.14%	$7\frac{1}{7}\%$
$\frac{1}{3}$	33.33%	$33\frac{1}{3}\%$	$\frac{1}{15}$	6.66%	$6\frac{2}{3}\%$
$\frac{1}{4}$	25%	25%	$\frac{1}{16}$	6.25%	$6\frac{1}{4}\%$
$\frac{1}{5}$	20%	20%	$\frac{1}{17}$	5.88%	$5\frac{15}{17}\%$

भिन्न	प्रतिशत		भिन्न	प्रतिशत	
$\frac{1}{6}$	16.66%	$16\frac{2}{3}\%$	$\frac{1}{18}$	5.55%	$5\frac{5}{9}\%$
$\frac{1}{7}$	14.28%	$14\frac{2}{7}\%$	$\frac{1}{19}$	5.26%	$5\frac{5}{19}\%$
$\frac{1}{8}$	12.5%	$12\frac{1}{2}\%$	$\frac{1}{20}$	5%	5%
$\frac{1}{9}$	11.11%	$11\frac{1}{9}\%$	$\frac{1}{25}$	4%	4%
$\frac{1}{10}$	10%	10%	$\frac{1}{40}$	2.5%	$2\frac{1}{2}\%$
$\frac{1}{11}$	9.09%	$9\frac{1}{11}\%$	$\frac{1}{80}$	1.25%	$1\frac{1}{4}\%$
$\frac{1}{12}$	8.33%	$8\frac{1}{3}\%$	$\frac{1}{100}$	1%	1%

परीक्षा में उत्तीर्ण/अनुत्तीर्ण अंक पर आधारित

उदाहरण 2. एक छात्र ने 42% अंक प्राप्त किए और 5 अंकों से फेल हो जाता है। यदि उसने 46% अंक प्राप्त किए होते, तो वह 3 अंकों से उत्तीर्ण हो गया होता। ज्ञात करो कि परीक्षा के अधिकतम अंक कितने थे?

हल प्रश्नानुसार, उत्तीर्ण अंक $= 42\% + 5 = 46\% - 3 \Rightarrow 4\% = 8$

$$\Rightarrow \quad 100\% = \frac{8 \times 100}{4} = 200$$

$\therefore$ अधिकतम अंक = 200

चुनाव पर आधारित

उदाहरण 3. एक चुनाव में दो उम्मीदवारों ने भाग लिया। 10% मतदाताओं ने अपने वोट नहीं डाले और 500 वोट अवैध घोषित किए गए। विजेता उम्मीदवार को 60% वैध मत मिले और वह 800 वोटों से जीत गया। कुल मतों की संख्या ज्ञात कीजिए।

हल माना कुल मतों की संख्या $100x$ है।

डाले गए वैध मतों की संख्या $= 90x - 500$

प्रश्नानुसार,

$$(90x - 500) \times \frac{20}{100} = 800$$

$$\Rightarrow \quad 90x - 500 = 4000$$

$$\Rightarrow \quad 90x = 4000 + 500$$

$$\Rightarrow \quad x = \frac{450}{9} = 50$$

अतः कुल मतों की संख्या $= 100 \times 50 = 5000$

जनसंख्या पर आधारित

- यदि किसी शहर की जनसंख्या/किसी वस्तु का मूल्य P है तथा इसमें प्रतिवर्ष $R\%$ की दर से वृद्धि/कमी हो रही है, तब

(i) n वर्ष बाद जनसंख्या/वस्तु का मूल्य $= P\left(1 \pm \frac{R}{100}\right)^n$

(ii) n वर्ष पहले जनसंख्या/वस्तु का मूल्य $= \frac{P}{\left(1 \pm \frac{R}{100}\right)^n}$

- यदि किसी शहर की वर्तमान जनसंख्या/किसी वस्तु का मूल्य P है तथा इसमें पहले, दूसरे तथा तीसरे वर्ष क्रमशः $R_1\%$, $R_2\%$ तथा $R_3\%$ की दर से वृद्धि या कमी होती है, तब 3 वर्ष बाद

शहर की जनसंख्या/वस्तु का मूल्य $= P\left(1 \pm \frac{R_1}{100}\right)\left(1 \pm \frac{R_2}{100}\right)\left(1 \pm \frac{R_3}{100}\right)$

उदाहरण 4. एक कस्बे की वर्तमान जनसंख्या 15625 है। यह दो क्रमागत वर्षों में 8% तथा 12% बढ़ जाती है। लेकिन तीसरे वर्ष 22% कम हो जाती है। तीसरे वर्ष के अन्त में जनसंख्या ज्ञात कीजिए।

हल अभीष्ट जनसंख्या $= 15625 \times \left(1 + \frac{8}{100}\right)\left(1 + \frac{12}{100}\right)\left(1 - \frac{22}{100}\right)$

$= 15625 \times \frac{27}{25} \times \frac{28}{25} \times \frac{39}{50} = 14742$

आय, व्यय और बचत पर आधारित

उदाहरण 5. एक व्यक्ति ₹ 13500 आय में से ₹ 9000 व्यय करता है। यदि आय और व्यय में 13% तथा 9% की वृद्धि की जाती है, तो बचत में प्रतिशत परिवर्तन ज्ञात कीजिए।

हल प्रश्नानुसार, आय : व्यय

13500 : 9000

3 : 2

300 : 200 (माना)

∴ आय − व्यय = बचत

300 − 200 = 100

+13%↓ ↓+9%

39 − 18 = 21 ⇒ अभीष्ट प्रतिशत $= \frac{21}{100} \times 100\% = \boxed{21\%}$

SSC एग्जाम स्कैनर

SSC CGL 2024 (Tier I & II)

1. अमित को पहले वर्ष में 'अपनी बिक्री राशि में 6% और दूसरे वर्ष में 20% की वृद्धि प्राप्त होती है, यदि उसकी वर्तमान बिक्री ₹ 254400 है, तो दो वर्ष पहले उसकी बिक्री (रू में) कितनी थी?

SSC CGL (Tier-II) 20/01/2025 Shift-I

(a) 212000 (b) 240000
(c) 180000 (d) 200000

2. दो वर्ष पूर्व, एक कस्बे की जनसंख्या 9487500 थी। बड़े शहरों में प्रवास के कारण यह प्रतिवर्ष 8% की दर से घटती जाती है। कस्बे की वर्तमान जनसंख्या क्या होगी?

SSC CGL (Tier-II) 20/01/2025 Shift-I

(a) 8030220 (b) 7060320
(c) 9060110 (d) 8070120

3. 75 का 60%, 25 के $\frac{1}{5}$ से कितना अधिक है?

SSC CGL (Tier-II) 18/01/2025 Shift-I

(a) 37 (b) 38
(c) 40 (d) 34

4. किसी स्थान की जनसंख्या 2016 से 2018 तक 6% वार्षिक दर से बढ़कर 50000 हो गई और अगले 3 वर्षों तक वृद्धि इसी तरह जारी रही। यदि A, 2016 की जनसंख्या है और B, 2020 की जनसंख्या है, दोनों अगले सम्भावित पूर्णांकों के सन्निकट किए गए हैं, तो $B - A$ का मान ज्ञात कीजिए ।

SSC CGL (Tier-II) 18/01/2025 Shift-I

(a) 11680 (b) 12850
(c) 16270 (d) 13220

5. राम की आय श्याम की आय से 2.5% अधिक है। श्याम की आय राम की आय से कितने प्रतिशत कम है?

SSC CGL (Tier-I) 26/09/2024 Shift-III

(a) 4.43% (b) 1.43%
(c) 2.43% (d) 3.43%

6. सुरेश के खर्च और बचत का अनुपात 3 : 1 है। उसका वेतन 25% बढ़ जाता है। यदि उसकी बचत 20% बढ़ जाए तो उसका खर्च कितने प्रतिशत बढ़ेगा?

SSC CGL (Tier-I) 26/09/2024 Shift-II

(a) $25\frac{2}{3}\%$ (b) $27\frac{2}{3}\%$
(c) $26\frac{2}{3}\%$ (d) $28\frac{2}{3}\%$

7. 25% प्रत्येक की दो क्रमिक प्रतिशत कमी, 25% प्रत्येक की दो क्रमिक प्रतिशत वृद्धि से कितने प्रतिशत कम है? (दशमलव के दो स्थानों तक पूर्णांकित करें।)

SSC CGL (Tier-I) 26/09/2024 Shift-I

(a) 22.22% (b) 56.25%
(c) 50% (d) 43.75%

8. वर्ष 2021 में रमेश की मासिक आय 18600 थी और उसका मासिक खर्च 12400 था। वर्ष 2022 में उसकी आय 15% और खर्च 8% बढ़ गया। उसकी बचत में प्रतिशत वृद्धि की गणना करें। SSC CGL (Tier-I) 25/09/2024 Shift-III

(a) 27% (b) 29% (c) 32% (d) 25%

9. एक व्यक्ति की आय ₹ 16500 है और उसका व्यय ₹ 12000 है। अगले वर्ष उसकी आय 24% बढ़ती है लेकिन उसका व्यय 10% कम हो जाता है, तो उसकी बचत में प्रतिशत वृद्धि (निकटतम पूर्णांक तक पूर्णांकित) कितनी होगी? SSC CGL (Tier-I) 24/09/2024 Shift-III

(a) 115% (b) 90% (c) 95% (d) 120%

10. विपुल अपनी मासिक आय का 30% किराए पर, शेष का 60% किराने के सामान पर और शेष का 40% अन्य पर खर्च करता है। यदि वह एक महीने में ₹ 7056 बचाता है, तो वह किराने के सामान पर कितना (₹ में) खर्च करता है?

SSC CGL (Tier-I) 24/09/2024 Shift-II

(a) 18323 (b) 17640
(c) 22386 (d) 15230

11. दो उम्मीदवारों के बीच हुए एक चुनाव में 80% मतदाताओं ने मत डाले, जिनमें से 4% मत अवैध घोषित कर दिए गए। एक उम्मीदवार को 15360 मत मिले, जो वैध मतों का 80% थे। मतों की कुल संख्या ज्ञात करें।

SSC CGL (Tier-I) 24/09/2024 Shift-I

(a) 18000 (b) 25000
(c) 20000 (d) 23000

12. यदि किसी कर्मचारी की आय ₹ 72000 है, वह जो राशि खर्च करता है वह उसकी बचत से 40% अधिक है। उसकी बचत (₹ में) है

SSC CGL (Tier-I) 23/09/2024 Shift-III

(a) 30000 (b) 32000
(c) 34000 (d) 28000

13. दो उम्मीदवारों के बीच हुए एक चुनाव में, P को कुल पड़े वैध मतों के 42% मत मिले और Q ने 45360 मतों से जीत हासिल की। 20% लोगों ने मत नहीं डाला। यदि डाले गए 10%

मत अवैध पाए गए, तो मतदान केन्द्र में पंजीकृत मतों की कुल संख्या ज्ञात कीजिए।
SSC CGL (Tier-I) 23/09/2024 Shift-II

(a) 353790 (b) 359000
(c) 393600 (d) 393750

14. R का लक्ष्य परीक्षा में 85% अंक प्राप्त करना है। उसने 450 अंक प्राप्त किए और अपने लक्ष्य से 35% से चूक गया। लक्ष्य को पूरा करने के लिए उसके द्वारा प्राप्त अंकों के प्रतिशत में कितनी वृद्धि होनी चाहिए?
SSC CGL (Tier-I) 23/09/2024 Shift-I

(a) 70% (b) 53% (c) 45% (d) 35%

15. तीन उम्मीदवारों X, Y और Z ने एक चुनाव में भाग लिया। X को Y से 30% अधिक वोट मिले, जबकि Z को Y से 25% अधिक वोट मिले। X ने Z को भी 5000 वोटों से पीछे छोड़ दिया। यदि 71% मतदाताओं ने मतदान किया और कोई अवैध वोट नहीं डाला गया, तो मतदान सूची में मतदाताओं की कुल संख्या क्या थी?
SSC CGL (Tier-I) 19/09/2024 Shift-III

(a) 355000 (b) 405000
(c) 500000 (d) 450000

16. किसी वस्तु की कीमत लगातार दो बार बढ़ाई जाती है। अन्तिम कीमत ₹ 2295 है और प्रारम्भिक कीमत ₹ 1000 थी। दूसरी बार प्रतिशत वृद्धि, पहली बार प्रतिशत वृद्धि से दोगुनी थी। दूसरी बार कीमत में कितने प्रतिशत की वृद्धि की गई?
SSC CGL (Tier-I) 19/09/2024 Shift-II

(a) 35% (b) 25% (c) 70% (d) 65%

17. प्रति किलोग्राम टमाटर के मूल्य में 300% की वृद्धि होती है, तो एक गृहिणी टमाटर का उपभोग 70% कम कर देती है। इस प्रकार टमाटर पर उसका व्यय कितने प्रतिशत बढ़ा या घटा है? SSC CGL (Tier-I) 19/09/2024 Shift-II

(a) 30% घटा (b) 20% बढ़ा
(c) 20% घटा (d) 30% बढ़ा

18. एक निवेशक ने शेयरों में ₹ 200000 का निवेश किया। पहले दिन शेयर 18% बढ़े, दूसरे दिन 15% गिरे और फिर तीसरे दिन 3% गिरे। निवेशक के शेयरों के मूल्य में निवल प्रतिशत वृद्धि या कमी क्या है?
(एक दशमलव स्थान तक पूर्णांकित
SSC CGL (Tier-I) 18/09/2024 Shift-III

(a) 2.7% की वृद्धि (b) 2.2% की वृद्धि
(c) 2.2% की कमी (d) 2.7% की कमी

19. दो उम्मीदवारों के बीच चुनाव में, 88% मत पाने वाला उम्मीदवार 684 मतों के बहुमत से जीत जाता है। डाले गए मतों की कुल संख्या कितनी है? (डाले गए सभी मत वैध हैं)
SSC CGL (Tier-I) 18/09/2024 Shift-II

(a) 800 (b) 900
(c) 750 (d) 850

20. एक निर्वाचन क्षेत्र में कुल मतदाताओं में से 45% पुरुष हैं और शेष महिलाएँ हैं। यदि 60% पुरुष निरक्षर हैं और 60% महिलाएँ साक्षर हैं, तो निरक्षर महिलाओं की संख्या, साक्षर पुरुषों की तुलना में कितने प्रतिशत अधिक है?
(दशमलव के दो स्थानों तक पूर्णांकित)
SSC CGL (Tier-I) 18/09/2024 Shift-I

(a) 27.23% (b) 30.24%
(c) 22.22% (d) 19.11%

21. अजय अपनी आय का $66\frac{2}{3}\%$ विभिन्न घरेलू मदों पर खर्च करता है। यदि उसकी आय 25% बढ़ जाती है और व्यय 20% बढ़ जाता है, तो उसकी बचत पर कितना प्रभाव पड़ेगा?
SSC CGL (Tier-I) 17/09/2024 Shift-III

(a) 28% (b) 49%
(c) 61% (d) 35%

22. एक चुनाव में दो उम्मीदवारों ने चुनाव लड़ा। 80% मतदाताओं ने अपने मत डाले, जिनमें से 5% मत अवैध पाए गए। विजयी उम्मीदवार को 70% वैध मत मिले और वह 36480 मतों से चुनाव जीत गया। मतदाताओं की कुल संख्या की गणना करें।
SSC CGL (Tier-I) 17/09/2024 Shift-II

(a) 115000 (b) 118000
(c) 125000 (d) 120000

23. एक कम्पनी में सभी कर्मचारियों को समान वेतन मिल रहा है। यदि कर्मचारियों की संख्या 20% बढ़ जाती है और प्रति व्यक्ति उनका वेतन 18% कम हो जाता है, तो कुल वेतन में कितने प्रतिशत की कमी होगी?
SSC CGL (Tier-I) 17/09/2024 Shift-I

(a) 1.6% (b) 2.4% (c) 1% (d) 1.4%

24. P और Q एक-दूसरे से 10 सेमी की दूरी पर दो नियत बिन्दु हैं, और R, PQ पर ऐसा बिन्दु है कि, $PR = 6$ सेमी है। जब PR की लम्बाई 5% बढ़ाई जाती है, तो QR की लम्बाई कितने प्रतिशत कम हो जाती है?
SSC CGL (Tier-I) 13/09/2024 Shift-II

(a) 7.5% (b) 7%
(c) 8% (d) 8.5%

25. R और S के बीच एक चुनाव में, R को S को मिले मतों के 110% मत मिले और उसने S को 770 मतों से हरा दिया। यदि कोई अवैध मत नहीं थे, तो डाले गए मतों की कुल संख्या कितनी है? SSC CGL (Tier-I) 13/09/2024 Shift-I

(a) 17610 (b) 17160
(c) 16170 (d) 16710

26. सुरेश के खर्च और बचत का अनुपात 3 : 1 है। उसका वेतन 25% बढ़ जाता है। यदि उसकी बचत 10% बढ़ जाए, तसे उसके खर्च में कितने प्रतिशत की वृद्धि होगी?
SSC CGL (Tier-I) 12/09/2024 Shift-III

(a) 20% (b) 10% (c) 30% (d) 40%

27. एक आदमी प्रत्येक माह 20 किग्रा चावल और 8 किग्रा गेहूँ का उपभोग करता है। चावल का मूल्य, गेहूँ के मूल्य का 20% है, जिसके परिणामस्वरूप चावल और गेहूँ को मिलाकर प्रति माह कुल ₹ 300 का व्यय होता है। यदि गेहूँ के मूल्य में 20% की वृद्धि हो जाती है, तो ₹ 300 के समान व्यय को बनाए रखने के लिए चावल के उपभोग में कितने प्रतिशत की कमी करने की आवश्यकता है? (मान लें कि चावल का मूल्य और गेहूँ का उपभोग स्थिर है।)
SSC CGL (Tier-I) 12/09/2024 Shift-II

(a) 38% (b) 40%
(c) 22% (d) 24%

28. एक महिला अपनी आय का $\frac{2}{3}$ व्यय करती है। यदि उसकी आय में 18% की वृद्धि होती है और व्यय में 24% की वृद्धि होती है, तो उसकी बचत में कितने प्रतिशत की वृद्धि होगी?
SSC CGL (Tier-I) 11/09/2024 Shift-III

(a) 6% (b) 3%
(c) 5% (d) 4%

29. एक कर्मचारी के वेतन में पहले 25% की वृद्धि की जाती है, फिर 12% की कमी की जाती है। उसके वेतन में प्रतिशत परिवर्तन कितना है?
SSC CGL (Tier-I) 11/09/2024 Shift-II

(a) 13% कमी (b) 10% वृद्धि
(c) 13% वृद्धि (d) 10% कमी

30. दो उम्मीदवारों P और Q के बीच हुए एक चुनाव में, P को कुल वैध मतों के 78% मत प्राप्त हुए। यदि निर्वाचन क्षेत्र में कुल मतों की संख्या 7560000 थी और 10% मतदाताओं ने अपने मत नहीं डाले और डाले गए 15% मत अवैध घोषित कर दिए गए, तो Q को प्राप्त वैध मतों की संख्या क्या थी?
SSC CGL (Tier-I) 11/09/2024 Shift-I

(a) 147312
(b) 1272348
(c) 141732
(d) 141372

31. सुनीता और ममता के बीच एक चुनाव में, 85% मतदाताओं ने अपने मत डाले लेकिन 2% मत अवैध थे। यदि सुनीता को 64974 मत मिले जो वैध मतों का 78% है, तो चुनाव में नामांकित मतदाताओं की कुल संख्या कितनी थी?
SSC CGL (Tier-I) 10/09/2024 Shift-III

(a) 165000 (b) 125000
(c) 180000 (d) 100000

32. एक संख्या में पहले 12% की वृद्धि की जाती है और फिर 23% की वृद्धि की जाती है। इस प्रकार प्राप्त संख्या में, अब 34% की कमी की जाती है। मूल संख्या में कुल वृद्धि या कमी प्रतिशत (निकटतम पूर्णांक में) ज्ञात कीजिए।
SSC CGL (Tier-I) 09/09/2024 Shift-III

(a) 9% कमी (b) 10% वृद्धि
(c) 9% वृद्धि (d) 10% कमी

33. एक स्टॉक पोर्टफोलियों में चार स्टॉक हैं। स्टॉक A, पोर्टफोलियों के 20% को निरूपित करता है और इसका रिटर्न 6% है। स्टॉक B पोर्टफोलियो के 30% को निरूपित करता है और इसका रिटर्न 8% है। स्टॉक C, पोर्टफोलियो के 20% को निरुपित करता है और इसका रिटर्न 4% है। स्टॉक D, पोर्टफोलियो के शेष 30% को निरुपित करता है और इसका निगेटिव-रिटर्न 5% है। पोर्टफोलियो का औसत रिटर्न कितना है? **SSC CGL (Tier-I) 09/09/2024 Shift-III**

(a) 3.4% (b) 2.6% (c) 3.2% (d) 2.9%

34. दो उम्मीदवारों के बीच हुए एक चुनाव में, y% मतदाताओं ने मत नहीं डाला। डाले गए मतों में से 10% मत अवैध घोषित कर दिए गए, जबकि सभी वैध मत दोनों उम्मीदवारों में से किसी एक के पक्ष में पड़े। जिस उम्मीदवार को कुल वैध मतों में से 59.375% मत मिले, उसे 2484 मतों से निर्वाचित घोषित किया गया। यदि उस चुनाव में मतदान करने के पात्र लोगों की संख्या 16,000 थी, तो y का मान ज्ञात करें। **SSC CGL (Tier-I) 09/09/2024 Shift-I**

(a) 8 (b) 8.4 (c) 7.2 (d) 7.5

SSC CGL 2023 (Tier I & II)

35. यदि $(A + B)$ का 20% = $(A - B)$ का 30% है, तो B का कितना प्रतिशत A के बराबर है? **SSC CGL (Tier II) 7/03/2023 Shift-I**

(a) 300% (b) 100%
(c) 500% (d) 400%

36. श्रीमती दीपा देवी अपने वेतन का 30% बचाती है। यदि उन्हें वेतन के रूप में प्रति माह ₹ 42000 मिलते हैं, तो उनका मासिक व्यय क्या है? **SSC CGL (Tier II) 6/03/2023 Shift-I**

(a) ₹ 29200 (b) ₹ 29400
(c) ₹ 29300 (d) ₹ 29100

37. दो प्रत्याशियों ने एक चुनाव लड़ा। उनमें से एक ने 64% मत प्राप्त किए और 434 मतों से जीत गया। कुल पड़े मतों की संख्या ज्ञात कीजिए। **SSC CGL (Tier II) 3/03/2023 Shift-I**

(a) 1680 (b) 1550
(c) 1684 (d) 1345

38. एक टोकरी में 350 अण्डे हैं। यदि 12% अण्डे सड़े हुए हैं, तो कितने अण्डे बेचे जाने के लिए बचे हैं? **SSC CGL (Tier II) 2/03/2023 Shift-I**

(a) 210 (b) 310 (c) 308 (d) 408

39. सोहम का प्रारम्भिक व्यय और बचत क्रमशः 5 : 3 के अनुपात में था। उसकी आय में 25% की वृद्धि होती है। यदि उसकी आरम्भिक बचत ₹ 4500 थी, तो वृद्धि के बाद उसकी आय (₹ में) ज्ञात कीजिए। **SSC CGL (Tier I) 27/07/2023 Shift-II**

(a) 15000 (b) 9375
(c) 16000 (d) 12000

40. यदि पेट्रोल की कीमत में 81% की वृद्धि हो जाती है, तो पेट्रोल पर होने वाले व्यय के अपरिवर्तित रहने के लिए उपभोक्ता द्वारा पेट्रोल की खपत में कितने प्रतिशत की कमी की जानी चाहिए? (दो दशमलव स्थानों तक सही) **SSC CGL (Tier I) 27/07/2023 Shift-I**

(a) 41.25% (b) 44.75%
(c) 40.45% (d) 43.12%

41. एक पिता अपनी मासिक आय का 8% अपने दोनों बेटों को पॉकेट मनी के रूप में देता है। बड़े बेटे को दोनों बेटों को दी जाने वाली कुल राशि का 85% मिलता है। वह राशि का 90% खर्च करता है और ₹ 17 बचाता है। पिता की मासिक आय कितनी है? **SSC CGL (Tier I) 26/07/2023 Shift-III**

(a) ₹ 3500 (b) ₹ 4500
(c) ₹ 5000 (d) ₹ 2500

42. यदि, एक प्रतियोगी परीक्षा में, सैम द्वारा प्राप्त अंक, पीटर द्वारा प्राप्त अंकों से 19% कम हैं, तो ज्ञात कीजिए कि पीटर द्वारा प्राप्त अंक, सैम द्वारा प्राप्त अंकों से कितने प्रतिशत अधिक है? (दो दशमलव स्थानों तक सही होगा) **SSC CGL (Tier I) 26/07/2023 Shift-II**

(a) 21.50% (b) 22.25%
(c) 28.64% (d) 23.46%

43. निम्न में से कौन सबसे कम है? **SSC CGL (Tier I) 26/07/2023 Shift-I**

625 का 12% 555 का 15%
720 का 10% 845 का 9%

(a) 625 का 12%
(b) 845 का 9%
(c) 555 का 15%
(d) 720 का 10%

44. रवि शुरू में अपनी मासिक आय का 20% बचाता था। हाल ही में उसकी मासिक आय में 25% की वृद्धि हुई। उसकी नॉमिनल बचत में भी 5% की वृद्धि हुई। रवि वर्तमान में अपनी वर्तमान नॉमिनल आय का कितना प्रतिशत बचाता है? **SSC CGL (Tier I) 26/07/2023 Shift-I**

(a) 20% (b) 25% (c) 15% (d) 16.8%

45. पहले महीने में मोहन की आय में 30% की वृद्धि होती है। दूसरे महीने में उसकी आय 30% घट जाती है। दो महीने बाद आय में कितने प्रतिशत वृद्धि या कमी होगी? **SSC CGL (Tier I) 25/07/2023 Shift-III**

(a) 15% वृद्धि (b) 9% वृद्धि
(c) 15% कमी (d) 9% कमी

46. एक वस्तु के क्रय मूल्य में 10% की कमी की जाती है और फिर 20% की वृद्धि की जाती है। यदि अन्तिम मूल्य ₹ 540 है, तो वास्तविक क्रय मूल्य ...... है। **SSC CGL (Tier I) 25/07/2023 Shift-III**

(a) ₹ 600 (b) ₹ 550
(c) ₹ 500 (d) ₹ 650

47. एक परिवार की मासिक आय ₹ 35000 है। परिवार आय को विभिन्न व्ययों जैसे कि भोजन, स्वास्थ्य, शिक्षा, मनोरंजन और किराए पर खर्च करता हैं। सभी व्यय के बाद हर महीने 8% की बचत होती है। स्वास्थ्य पर भोजन की तुलना में 50% अधिक व्यय होता है।
जबकि भोजन पर व्यय, मनोरंजन पर व्यय का तीन गुना होता है, वहीं स्वास्थ्य पर होने वाला व्यय शिक्षा पर होने वाले व्यय का आधा है। किराए पर व्यय भोजन, स्वास्थ्य और शिक्षा पर संयुक्त व्यय का एक तिहाई है। शिक्षा पर कितना व्यय (₹ में) किया जाता है? **SSC CGL (Tier I) 25/07/2023 Shift-II**

(a) 13200 (b) 7700
(c) 12600 (d) 8400

48. कुल टॉफियों में से $\frac{1}{10}$ खराब हो जाती है। शेष का 35% S को दिया जाता है और कुल टॉफियों का $\frac{1}{8}$, N को दिया जाता है। यदि N वाली टॉफियाँ खराब टॉफियों से 10 अधिक है, तो S को कितनी टॉफियाँ दी गयी? **SSC CGL (Tier I) 25/07/2023 Shift-I**

(a) 135 (b) 126 (c) 150 (d) 110

49. एक परीक्षा में एक परीक्षार्थी को तीन पेपर A, B और C में बैठना था। परीक्षार्थी ने पेपर A में 75% अंक, पेपर B में 80% अंक और पेपर C में 60% अंक प्राप्त किए। यदि पेपर A, B और C को क्रमशः 40%, 50% और 10% भारांक दिए गए थे, तो तीनों पेपरों में एकसाथ परीक्षार्थी द्वारा प्राप्त अंकों का भारित प्रतिशत ज्ञात कीजिए। **SSC CGL (Tier I) 24/07/2023 Shift-IV**

(a) 72% (b) 74% (c) 77% (d) 76%

50. एक व्यक्ति अपनी आय का 25% दैनिक उपयोग की वस्तुओं पर खर्च करता है। इसके अतिरिक्त, वह शेष आय का 18% घर के किराए पर और फिर शेष आय का 16% यात्रा पर खर्च करता है। उसके बाद उसके पास केवल ₹ 861 बचते हैं। उसका वेतन कितना है? **SSC CGL (Tier I) 24/07/2023 Shift-III**

(a) ₹ $1666\frac{2}{3}$ (b) ₹ $1852\frac{1}{3}$
(c) ₹ $1426\frac{1}{3}$ (d) ₹ $1563\frac{1}{3}$

51. दो उम्मीदवारों के बीच हुए एक चुनाव में, मतदाता सूची के 10% मतदाताओं ने अपना मत नहीं डाला, जबकि डाले गए मतों में से 10% मत अवैध पाए गए। जीतने वाले उम्मीदवार को वैध मतों के 56% मत प्राप्त हुए और वह 1458 मतों के अन्तर से चुनाव जीत गया। मतदाता सूची में नामांकित मतदाताओं की कुल संख्या क्या है? **SSC CGL (Tier I) 24/07/2023 Shift-II**

(a) 13000 (b) 16000
(c) 15000 (d) 14000

52. जनवरी 2022 में, कृति ने EMI का भुगतान किया, जो उसके मासिक वेतन का 22% था। उसने शेष वेतन को किराने का सामान और कपड़ों की खरीदारी पर 7 : 5 के अनुपात में खर्च किया। उसने कपड़ों की खरीदारी पर ₹ 18200 खर्च किए। यदि, फरवरी 2022 में, उसके वेतन में 16% की वृद्धि हुई, तो फरवरी में उसका वेतन (₹ में) कितना था?

SSC CGL (Tier I) 24/07/2023 Shift-I

(a) 64960 (b) 68520
(c) 66350 (d) 70250

53. जॉन को एक परीक्षा में 20% अंक प्राप्त हुए और वह 10 अंकों से अनुत्तीर्ण हो गया। उसी परीक्षा में, जैक को 35% अंक प्राप्त हुए जो न्यूनतम उत्तीर्ण अंकों से 20 अधिक थे। उत्तीर्ण होने के लिए आवश्यक न्यूनतम अंकों का प्रतिशत ज्ञात कीजिए।

SSC CGL (Tier II) 21/07/2023 Shift-III

(a) 20 (b) 30
(c) 35 (d) 25

54. एक व्यक्ति की मासिक आय ₹12000 थी और उसकी मासिक व्यय ₹8000 थी। अगले वर्ष उसकी आय में 10% और उसके व्यय में 8% की वृद्धि हुई। उसकी बचत में प्रतिशत वृद्धि ज्ञात कीजिए।

SSC CGL (Tier I) 21/07/2023 Shift-I

(a) 10% (b) 12%
(c) 14% (d) 15%

55. एक परीक्षा में उत्तीर्ण प्रतिशत 35% है। यदि 210 अंक प्राप्त करने वाला एक छात्र 14 अंको से अनुत्तीर्ण हो जाता है, तो परीक्षा के अधिकतम अंक क्या है?

SSC CGL (Tier I) 20/07/2023 Shift-IV

(a) 660 (b) 600
(c) 640 (d) 620

56. एक वस्तु के मूल्य में $r\%$ की वृद्धि की जाती है। बाद में इस नए मूल्य में $r\%$ की कमी कर दी जाती है। अब नवीनतम मूल्य ₹ 1 है। उस वस्तु का प्रारम्भिक मूल्य कितना था?

SSC CGL (Tier I) 20/07/2023 Shift-III

(a) $\frac{10000-r^2}{10000}$ (b) $\frac{100}{1-r^2}$
(c) $\frac{10000}{10000-r^2}$ (d) $\frac{100}{100-r^2}$

57. एक निश्चित वर्ष में, एक शहर की जनसंख्या 18000 थी। यदि अगले वर्ष, पुरुषों की जनसंख्या में 5% की वृद्धि हुई और महिलाओं की जनसंख्या में 7% की वृद्धि हुई और कुल जनसंख्या बढ़कर 19200 हो गई, तो उस दिए गए वर्ष में पुरुषों और महिलाओं की जनसंख्या का अनुपात क्या था?

SSC CGL (Tier I) 20/07/2023 Shift-I

(a) 4 : 3 (b) 1 : 5
(c) 3 : 5 (d) 2 : 5

58. यदि 350 का 65% – 250 का ?% + 120 का 40% = 158 हो, तो? का मान ज्ञात करें।

SSC CGL (Tier I) 19/07/2023 Shift-III

(a) 54 (b) 47 (c) 63 (d) 57

59. एक निर्वाचन क्षेत्र की निर्वाचक नामावली में शामिल कुल लोगों में से 85% ने चुनाव के दौरान अपने मत डाले। डाले गए मतों में से 10% अवैध घोषित कर दिए गए। यदि मतदाता सूची में 300000 लोग शामिल थे और धरम ने 137700 वैध मत प्राप्त किए, तो धरम को वैध मतों की कुल संख्या के कितने प्रतिशत मत प्राप्त हुए? **SSC CGL (Tier I) 18/07/2023 Shift-III**

(a) 50.5% (b) 70.2%
(c) 45.9% (d) 60.0%

60. राज की आय ₹ 45000 है और उसका व्यय ₹ 33000 है। यदि उसकी आय में 20% और व्यय में 12% की वृद्धि कर दी जाए, तो बचत में कितने प्रतिशत की वृद्धि होगी?

SSC CGL (Tier I) 18/07/2023 Shift-I

(a) 56% (b) 42% (c) 48% (d) 36%

61. एक निर्वाचन क्षेत्र की मतदाता सूची में शामिल कुल लोगों में से 90% लोगों ने एक चुनाव के दौरान मत डाले। डाले गए मतों में से 15% अवैध घोषित कर दिए गए। जीता ने वैध मतों के 60% मत प्राप्त किए। यदि जीता ने 91800 वैध मत प्राप्त किए, तो मतदाता सूची में कुल कितने लोग शामिल थे?

SSC CGL (Tier I) 17/07/2023 Shift-III

(a) 216000 (b) 180000
(c) 225000 (d) 200000

62. सुहानी ₹ 90000 की अपनी पूरी आय पर 30% की दर से कर भुगतान करती है और ऋतिका ₹ y की अपनी पूरी आय पर 40% की दर से कर का भुगतान करती है। यदि उनकी संयुक्त आय पर कर की कुल दर 37% हो जाती है, तो y का मान क्या है?

SSC CGL (Tier I) 17/07/2023 Shift-II

(a) ₹ 216000 (b) ₹ 213000
(c) ₹ 204000 (d) ₹ 210000

63. यदि 280 का $x\%$ = 240 का 15% + 310 का 20% है, तो x का मान .... है।

SSC CGL (Tier I) 17/07/2023 Shift-I

(a) 35 (b) 38
(c) 30 (d) 40

64. वैदिक की मासिक आय और व्यय के बीच का अनुपात 8 : 5 है। यदि उसकी आय में 20% की वृद्धि होती है और उसके व्यय में 30% की वृद्धि होती है, तो उसकी मासिक बचत में प्रतिशत वृद्धि या कमी ज्ञात कीजिए।

SSC CGL (Tier I) 14/07/2023 Shift-IV

(a) $3\frac{1}{3}\%$ वृद्धि (b) $5\frac{2}{3}\%$ वृद्धि
(c) $3\frac{1}{3}\%$ कमी (d) $5\frac{2}{3}\%$ कमी

65. एक चुनाव में मतदाता सूची में नामांकित 2% व्यक्तियों ने वोटिंग में भाग नहीं लिया और 500 वोट अवैध थे। दो उम्मीदवार A और B चुनाव लड़े और A ने B को 200 वोट से हरा दिया। यदि मतदाता सूची में नामांकित व्यक्तियों में से 43% ने A के पक्ष में अपना वोट डाला, तो डाले गए कुल वोटों की संख्या कितनी है?

SSC CGL (Tier I) 14/07/2023 Shift-II

(a) 2800 (b) 2450
(c) 3000 (d) 3250

66. तीन प्रत्याशियों के बीच हुए चुनाव में अर्जुन, भास्कर और सरल ने एक पद के लिए चुनाव लड़ा। अर्जुन को सरल से 50% अधिक वोट मिले और सरल को भास्कर से 2% कम वोट मिले। भास्कर और सरल के मतों के बीच का अन्तर 1296 है। अर्जुन और भास्कर के मतों के बीच के अन्तर का आधा कितना है?

SSC CGL (Tier I) 14/07/2023 Shift-I

(a) 13988 (b) 7766
(c) 3888 (d) 15228

67. यदि A, B का 95% है, तो A का कितना प्रतिशत B है?

SSC CGL (Tier I) 14/07/2023 Shift-I

(a) $104\frac{7}{19}\%$ (b) $105\frac{5}{19}\%$
(c) $110\frac{3}{19}\%$ (d) $108\frac{17}{19}\%$

SSC CGL 2022 (Tier I)

68. शिव का मासिक वेतन ₹ 75000 है। वह घरेलू सामानों पर ₹ 12000, एलआईसी और म्यूचुअल फण्ड पर ₹ 14000, अपने बच्चों की शिक्षा पर ₹ 15000 खर्च करता है और फुटकर खर्चों के लिए ₹ 10000 रखता है। उसकी बचत ₹ 21000 प्रति माह है और वह शेष राशि एक अनाथालय को दान कर देता है। उसकी आय का प्रतिशत, जो वह दान करता है वह है

SSC CGL (Tier I) 13/12/2022 Shift-III

(a) 3% (b) 6%
(c) 4% (d) 8%

69. एक आदमी और उसके परिवार का निर्वाह व्यय, उसके वेतन का 60% है। वह अपने वेतन में 30% और 60% की दो वृद्धि प्राप्त करता है। यदि उसकी बचत उसकी प्रारंभिक बचत के 250% से बढ़ जाती है, तो नया निर्वाह व्यय, बढ़े हुए वेतन का कितना प्रतिशत (निकटतम पूर्णांक तक पूर्णांकित) है?

SSC CGL (Tier I) 12/12/2022 Shift-IV

(a) 36.6 प्रतिशत (b) 43.6 प्रतिशत
(c) 32.7 प्रतिशत (d) 29.5 प्रतिशत

70. एक संख्या को, दूसरी संख्या प्राप्त करने के लिए 20% कम किया जाता है। तीसरी संख्या प्राप्त करने के लिए, प्राप्त संख्या में 200% की वृद्धि की जाती है। तीसरी संख्या और मूल

संख्या का अन्तर, दूसरी और तीसरी संख्या के अन्तर से कितने प्रतिशत अधिक या कम है?
SSC CGL (Tier I) 12/12/2022 Shift-II

(a) कम, 15.7% (b) अधिक, 12.5%
(c) कम, 12.5% (d) अधिक, 15.7%

71. पहले वर्ष के दौरान, एक विद्यालय में विद्यार्थियों की संख्या में 12% की वृद्धि हुई, दूसरे वर्ष में 12% की कमी हुई और तीसरे वर्ष में 10% की वृद्धि हुई। तीसरे वर्ष के अन्त में इसमें विद्यार्थियों की संख्या लगभग 10842 थी। पहले वर्ष की शुरुआत में यह संख्या क्या थी?
SSC CGL (Tier I) 9/12/2022 Shift-III

(a) 8000 (b) 6500
(c) 12000 (d) 10000

72. पहले वर्ष में कोरोना वायरस की पहली लहर के कारण एक शहर की आबादी 5% कम हो गई। अगले वर्ष दूसरी लहर के कारण यह आबादी फिर से 5% कम हो गई और तीसरे वर्ष में यह आबादी 5% बढ़ गई। तीसरे वर्ष के अन्त में आबादी 947625 थी। पहले वर्ष की शुरुआत में आबादी कितनी थी?
SSC CGL (Tier I) 8/12/2022 Shift-III

(a) 700000 (b) 1000000
(c) 992519 (d) 897993

73. दो उम्मीदवारों के बीच एक चुनाव में, एक उम्मीदवार जिसे कुल डाले गए मतों का 76% प्राप्त होता है, 1480 मतों के बहुमत से निर्वाचित होता है। डाले गए मतों की कुल संख्या कितनी है? (उत्तर पूर्ण संख्या तक ज्ञात कीजिए) SSC CGL (Tier I) 8/12/2022 Shift-I

(a) 1800 (b) 2800 (c) 1846 (d) 2846

74. एक चुनाव में तीन उम्मीदवार भाग ले रहे थे। तीसरे स्थान पर रहने वाले व्यक्ति को कुल मतों का 20% प्राप्त हुआ जबकि विजेता और प्रथम उपविजेता के मतों का अन्तर कुल मतों का 20% था। यदि प्रथम उपविजेता और द्वितीय उपविजेता के मतों का अन्तर 37000 था, तो विजेता को कितने मत प्राप्त हुए?
SSC CGL (Tier I) 07/12/2022 Shift-IV

(a) 185000 (b) 175000
(c) 195000 (d) 180000

75. एक गाँव के 20% निवासियों की मलेरिया से मृत्यु हो गई, एक दहशत पैदा हो गई, जिसके दौरान, बचे हुए निवासियों में से 30% निवासियों ने गाँव छोड़ दिया। तब गाँव की जनसंख्या 12000 हो गई। प्रारम्भ में निवासियों की संख्या क्या थी। (उत्तर पूर्ण संख्या तक ज्ञात कीजिए) SSC CGL (Tier I) 7/12/2022 Shift-II

(a) 21000 (b) 21500
(c) 30428 (d) 21428

76. एक मास्क निर्माण कम्पनी ने 2018 में 'X' संख्या के मास्क का निर्माण किया। इसने 2019 में अपनी निर्माण क्षमता में 30% की वृद्धि की और उसके बाद 2020 में इसके निर्माण में 15% की और वृद्धि की। 2021 में, मशीनरी के खराब होने के कारण इसके निर्माण में 40% की गिरावट आई। यदि 2021 में 179400 मास्क का निर्माण किया जाता है। तो 'X' का मान क्या होगा? SSC CGL (Tier I) 7/12/2022 Shift-I

(a) 180000 (b) 230000
(c) 210000 (d) 200000

77. वर्ष 2020 से 2021 तक देश A की जनसंख्या में p% की कमी हुई और देश B की जनसंख्या में q% की कमी हुई। यहाँ 'p, 'q' से बड़ा है। माना 'x' दिए गए वर्ष में देश A की जनसंख्या का देश B की जनसंख्या से अनुपात है। 2020 से 2021 तक 'x' में कितने प्रतिशत की कमी है? SSC CGL (Tier II) 6/12/2022 Shift-II

(a) $\frac{100(p-q)}{100-p}$ (b) $\frac{100(p-q)}{100+p}$
(c) $\frac{100(p-q)}{(100-q)}$ (d) $\frac{100(p-q)}{100+q}$

78. दो उम्मीदवार P और Q ने एक चुनाव लड़ा। पंजीकृत मतदाताओं में से 70% मतदाता P के समर्थक हैं। यदि P के 60% समर्थकों और Q के 30% समर्थकों से उम्मीद की जाती है कि वे उम्मीदवार P को वोट देंगे, तो कितने प्रतिशत पंजीकृत मतदाताओं से उम्मीदवार P को वोट देने की उम्मीद है?
SSC CGL (Tier I) 6/12/2022 Shift-I

(a) 47% (b) 26%
(c) 30% (d) 51%

79. मिस्टर X की मासिक आय \$26500 है और उनका मासिक व्यय \$20500 है। अगले वर्ष उनकी आय में 12% की वृद्धि होती है और व्यय में 6% की वृद्धि होती है, तब उसकी बचत में कितने प्रतिशत की वृद्धि होती है?
SSC CGL (Tier I) 5/12/2022 Shift-III

(a) 34.7% (b) 27.3%
(c) 32.0% (d) 32.5%

80. 0.5, 20 का कितना प्रतिशत है?
SSC CGL (Tier I) 5/12/2022 Shift-I

(a) 25% (b) 2.5%
(c) 0.025% (d) 0.25%

81. सेब की कीमत में 20% की वृद्धि की जाती है और फिर 20% की कमी की जाती है। शुद्ध प्रतिशत कमी क्या है?
SSC CGL (Tier I) 3/12/2022 Shift-IV

(a) 6% (b) 3%
(c) 4% (d) 5%

82. यदि नमक का मूल्य 20% कम हो जाता है, तो व्यय को समान रखने के लिए खपत में कितने प्रतिशत की वृद्धि की जानी चाहिए?
SSC CGL (Tier I) 3/12/2022 Shift-III

(a) 26% (b) 24%
(c) 25% (d) 27%

83. संख्या p, 150 से 15% अधिक है। यदि k,p से 15% कम है, तो k किसके बराबर है?
SSC CGL (Tier I) 3/12/2022 Shift-II

(a) 136.324 (b) 116.328
(c) 146.625 (d) 166.625

84. राम के पास जितना धन था उसका $12\frac{1}{2}$% खो गया और शेष धन का 75% खर्च करने के बाद उसके पास ₹ 630 शेष बचते हैं। राम के पास शुरू में कितने रूपये थे?
SSC CGL (Tier I) 3/12/2022 Shift-I

(a) ₹ 2080 (b) ₹ 2205
(c) ₹ 2808 (d) ₹ 2880

85. दो उम्मीदवारों के बीच एक चुनाव में 12% मतदाताओं ने अपना वोट नहीं दिया। विजेता ने कुल मतों का 68% प्राप्त कर विरोधी को 2880 वोट से हराया। चुनाव में अपना वोट डालने वाले मतदाताओं की कुल संख्या क्या है?
SSC CGL (Tier I) 2/12/2022 Shift-III

(a) 4000 (b) 8000
(c) 5280 (d) 6000

86. एक जिले में 1024000 निवासी हैं। यदि जनसंख्या 2.5% प्रतिवर्ष की दर से बढ़ती है, तो तीन वर्षों के अन्त में निवासियों की संख्या ज्ञात कीजिए। SSC CGL (Tier I) 2/12/2022 Shift-II

(a) 1075840 (b) 1102736
(c) 1120736 (d) 1064850

87. चावल की कीमत में 20% की कमी एक व्यक्ति को ₹450 में 50 किग्रा अधिक चावल प्राप्त करने में सक्षम बनाती है। चावल का मूल मूल्य प्रति किग्रा ज्ञात कीजिए।
SSC CGL (Tier I) 2/12/2022 Shift-II

(a) ₹ 1.25 (b) ₹ 2.25
(c) ₹ 2 (d) ₹ 1

88. दो उम्मीदवारों के बीच एक चुनाव में, पराजित उम्मीदवार ने पड़ें हुए वैध मतों का 42% हासिल किया और वह 768400 मतों से चुनाव हार गया। यदि 82560 मतों को अमान्य घोषित कर दिया गया था और 20% लोगों ने अपना मत नहीं डाला, तो अमान्य मत, लोगों द्वारा नहीं डाले गए मतों के कितने प्रतिशत (दशमलव के बाद एक अंक तक) थे?
SSC CGL (Tier I) 2/12/2022 Shift-II

(a) 12.9% (b) 10.6%
(c) 9.8 % (d) 6.8 %

89. एक चुनाव में 8% मतदाताओं ने अपना मत नहीं डाला। दो उम्मीदवारों ने चुनाव लड़ा, जिसमें जीतने वाले उम्मीदवार को कुल मतों के 48% मत मिले और वह 1100 मतों से चुनाव जीत गया। चुनाव में मतदाताओं की कुल संख्या ज्ञात कीजिए, यह देखते हुए कि डाले गए सभी मत वैध थे। SSC CGL (Tier I) 2/12/2022 Shift-I

(a) 28500 (b) 26500
(c) 25500 (d) 27500

90. राजू, रवि और अशोक में चुनावी मुकाबला हुआ। डाले गए 5% मत अवैध मिले। राजू को कुल मतों का 30% मिला। रवि को कुल मतों के 32% मत मिले। विजेता को सबसे कम मत प्राप्त करने वाले व्यक्ति से 5136 मत अधिक प्राप्त हुए। डाले गए मतों की कुल संख्या ज्ञात कीजिए। **SSC CGL (Tier I) 1/12/2022 Shift-IV**

(a) 172100 (b) 64200
(c) 171200 (d) 171220

91. एक महिला का व्यय और बचत का अनुपात 5:1 है। यदि उसकी आय और व्यय में क्रमश: 10% और 20% की वृद्धि की जाती है, तो उसकी बचत में प्रतिशत परिवर्तन ज्ञात कीजिए। **SSC CGL (Tier I) 1/12/2022 Shift-III**

(a) 60% (b) 55%
(c) 50% (d) 40%

SSC CGL 2021 & 2020 (Tier I)

92. अविनाश के पास, गौरव की तुलना में विभिन्न देशों के 20% कम सिक्कें हैं। गौरव के पास, चेतन की तुलना में ऐसे ही 40% अधिक सिक्के हैं। चेतन के पास सिक्कों की संख्या, अविनाश के पास सिक्कों की संख्या से कितने प्रतिशत कम है (दशमलव के एक स्थान तक सही)? **SSC CGL (Tier I) 24/08/2021 Shift-II**

(a) 10.7 (b) 10.6 (c) 10.5 (d) 12

93. एक विद्यालय में छात्रों की कुल संख्या 1400 है, जिसमें से 35% छात्र लड़कियाँ हैं और शेष लड़के हैं। यदि वार्षिक परीक्षा में 80% लड़के और 90% लड़कियाँ उत्तीर्ण हुई, तो अनुत्तीर्ण होने वाले छात्रों का प्रतिशत ज्ञात करें। **SSC CGL (Tier I) 24/08/2021 Shift-I**

(a) 17.4 (b) 16.5 (c) 15.8 (d) 21.5

94. राधा अपनी आय का x% बचाती है। यदि उसकी आय में 28% की वृद्धि तथा व्यय में 20% की वृद्धि हो जाती है, तो उसकी बचत में 40% की वृद्धि हो जाती है। x का मान ज्ञात करें। **SSC CGL (Tier I) 23/08/2021 Shift-I**

(a) 40 (b) 50 (c) 25 (d) 35

95. किसी गाँव की वर्तमान जनसंख्या 15280 है। यदि पुरुषों की संख्या में 25% की वृद्धि होती है और महिलाओं की संख्या में 15% की वृद्धि होती है, तो जनसंख्या 18428 हो जाएगी। गाँव में पुरुषों और महिलाओं की वर्तमान जनसंख्या के बीच का अन्तर ज्ञात करें। **SSC CGL (Tier I) 20/08/2021 Shift-II**

(a) 920 (b) 2760 (c) 1840 (d) 1380

96. A का वजन, B के वजन से 20% अधिक है, जिसका वजन C के वजन से 30% अधिक है। A का वजन, C के वजन से कितना प्रतिशत अधिक है? **SSC CGL (Tier I) 20/08/2021 Shift-I**

(a) 44 (b) 35.89
(c) 69 (d) 56

97. किसी परीक्षा में उपस्थित होने वाले सभी छात्रों में से 45% छात्र लड़के हैं और शेष लड़कियाँ हैं। यदि 60% लड़के और 70% लड़कियाँ उत्तीर्ण हुईं हो, तो अनुत्तीर्ण होने वाले छात्रों का प्रतिशत ज्ञात करें। **SSC CGL (Tier I) 18/08/2021 Shift-I**

(a) 36 (b) 35.4 (c) 40 (d) 34.5

98. किसी खेल-कूद के सामान वाली दुकान में, लाल, हरे और सफेद, 3 रंगों के टेनिस गेन्द मौजूद हैं। सफेद गेन्दों की संख्या, लाल गेन्दों की संख्या से 60% अधिक है और हरे गेन्दों की संख्या, सफेद गेन्दों की संख्या से 12.5% कम है। यदि गेन्दों की कुल संख्या 120 है, तो हरी गेन्दें कितनी हैं? **SSC CGL (Tier I) 17/08/2021 Shift-III**

(a) 42 (b) 30 (c) 48 (d) 40

99. किसी परीक्षा में विद्यालय X से निश्चित संख्या में छात्र उपस्थित हुए और 20% छात्र अनुत्तीर्ण हो गए। उसी परीक्षा में, विद्यालय X की तुलना में विद्यालय Y से 130% अधिक छात्र उपस्थित हुए। यदि दोनों विद्यालयों से उपस्थित हुए कुल छात्रों में से 90% छात्र उत्तीर्ण हुए, तो विद्यालय Y के अनुत्तीर्ण छात्रों का प्रतिशत (एक दशमलव स्थान तक) ज्ञात करें। **SSC CGL (Tier I) 17/08/2021 Shift-I**

(a) 5.7% (b) 6.4%
(c) 10% (d) 8.3%

100. यदि किसी संख्या में पहले 15% की वृद्धि होती है, फिर 15% की कमी होती है, तो इसका परिणाम 782 होगा। यदि उसी संख्या में पहले 25% की कमी हो, फिर 25% की वृद्धि हो और फिर से 20% की कमी हो, तो परिणामी संख्या ज्ञात करें। **SSC CGL (Tier I) 16/08/2021 Shift-III**

(a) 150 (b) 712 (c) 750 (d) 600

101. A, B और C, किसी निश्चित राशि को आपस में वितरित करते हैं। उनके पास की राशियों का औसत ₹ 4520 है। A का हिस्सा, B के हिस्से से $10\frac{2}{3}$% अधिक है और C के हिस्से से $33\frac{1}{3}$% कम है। B का हिस्सा ज्ञात करें। **SSC CGL (Tier I) 13/08/2021 Shift-III**

(a) ₹ 3500 (b) ₹ 3984
(c) ₹ 3600 (d) ₹ 5976

102. A की आय, B की आय से 45% अधिक है और C की आय A और B की आय के योगफल से 60% कम है। D की आय C की आय से 20% अधिक है। यदि B और D की आय के बीच अन्तर ₹ 13200 है, तो C की आय (₹ में) ज्ञात करें। **SSC CGL (Tier I) 13/08/2021 Shift-I**

(a) 73500 (b) 75000
(c) 72500 (d) 72000

103. एक परीक्षा में अनिता को 31% अंक मिले और वह 16 अंकों से अनुत्तीर्ण हो गई। सुनीता ने 40% अंक प्राप्त किए और उसे आवश्यक उत्तीर्णांक से 56 अंक अधिक मिले। उत्तीर्ण होने के लिए न्यूनतम आवश्यक अंक ज्ञात करें। **SSC CGL (Tier I) 7/03/2020 Shift-I**

(a) 3944 (b) 7100 (c) 3116 (d) 264

104. एक स्कूल में, 4% छात्र वार्षिक परीक्षा के लिए उपस्थित नहीं हुए। कुल उपस्थित छात्रों में से 10% छात्र परीक्षा में उत्तीर्ण नहीं हो सके। शेष छात्रों में से, 50% ने डिस्टिंक्शन अंक प्राप्त किए और 432 छात्रों ने परीक्षा उत्तीर्ण की, लेकिन उन्हें डिस्टिंक्शन अंक नहीं मिल सके। स्कूल में छात्रों की कुल संख्या कितनी है? **SSC CGL (Tier I) 6/03/2020 Shift-II**

(a) 960 (b) 878
(c) 1000 (d) 1200

105. एक शहर की जनसंख्या पहले वर्ष में 30% बढ़ी और अगले वर्ष 15% कम हो गई। यदि वर्तमान जनसंख्या 11050 है, तो 2 वर्ष पहले जनसंख्या कितनी थी? **SSC CGL (Tier I) 6/03/2020 Shift-I**

(a) 10050 (b) 99000
(c) 10000 (d) 99500

106. चीनी की कीमत में 20% की वृद्धि की गई है। चीनी की खपत में कितने प्रतिशत की कटौती की जानी चाहिए, जिससे चीनी पर हुए व्यय में कोई अतिरिक्त वृद्धि न हो? **SSC CGL (Tier I) 5/03/2020 Shift-III**

(a) 80% (b) $16\frac{2}{3}$%
(c) 20% (d) $83\frac{1}{3}$%

107. A और B अपनी आय का क्रमश: 60% और 75% खर्च करते हैं। यदि A की बचत, B की बचत की तुलना में 20% अधिक है, तो A की आय B की आय से कितने प्रतिशत कम है? **SSC CGL (Tier I) 5/03/2020 Shift-II**

(a) 10% (b) 15% (c) 25% (d) 20%

108. एक परीक्षा, जिसमें पूर्णांक 500 था, A को B की तुलना में 25% अधिक अंक प्राप्त हुए, B को C की तुलना में 60% अधिक अंक प्राप्त हुए और C को D की तुलना में 20% कम अंक प्राप्त हुए। यदि A को 80% अंक मिले हों, तो D को कितने प्रतिशत अंक मिले? **SSC CGL (Tier I) 5/03/2020 Shift-I**

(a) 65% (b) 54% (c) 50% (d) 60%

109. A, B और C अपने वेतन का क्रमश: 8%, 7% और 9% किसी धर्मार्थ ट्रस्ट को दान करते हैं। A और B का वेतन समान है और उनके दान के बीच का अन्तर ₹259 है। A और B का कुल दान, C की तुलना में ₹1185 अधिक है। A और C का कुल दान A, B और C के कुल वेतन का कितना प्रतिशत है? (दशमलव के एक स्थान तक राही करें) **SSC CGL (Tier I) 4/03/2020 Shift-III**

(a) 7.1% (b) 5.8% (c) 6.2% (d) 6.4%

SSC CPO SI 2024

110. एक चुनाव में कुल मतदाताओं में से 95% ने मतदान किया। इस चुनाव में केवल दो उम्मीदवार A और B थे। विजेता A ने कुल मतों का 75% मत प्राप्त करके अपने प्रतियोगी B को 5500 मतों से हरा दिया। चुनाव में मतदाताओं की कुल संख्या ज्ञात करें।
SSC CPO 29/06/2024 Shift-III
(a) 12000 (b) 13000
(c) 11000 (d) 10000

111. किसी शहर की जनसंख्या 15000 है। यदि जनसंख्या में पहले वर्ष में 15%, दूसरे वर्ष में 25% की वृद्धि होती हो और तीसरे वर्ष में प्रदूषणवश जनसंख्या 6% घट जाती हो, तो 3 वर्षों के बाद इसकी जनसंख्या कितनी (पूर्णांकित संख्या में उत्तर दीजिए) होगी?
SSC CPO 29/06/2024 Shift-III
(a) 28269 (b) 15269
(c) 20269 (d) 25269

112. एक मिठाई में एक तिहाई चीनी है। यदि चीनी की कीमत अब पिछले कीमत की $\frac{7}{6}$ है, तो मिठाई की लागत में प्रभावी प्रतिशत वृद्धि कितनी है? SSC CPO 29/06/2024 Shift-III
(a) $\frac{200}{9}\%$ (b) $\frac{100}{3}\%$
(c) $\frac{100}{9}\%$ (d) $\frac{100}{18}\%$

113. स्वाति ₹ 40000 कमाती है, जिसमें से वह 25% बचाती है। वह शेष राशि भोजन और शिक्षा पर 3:2 के अनुपात में खर्च करती है। उसकी कुल आय में शिक्षा पर किए गए व्यय का प्रतिशत कितना है? SSC CPO 29/06/2024 Shift-II
(a) 20% (b) 40%
(c) 30% (d) 60%

114. एक शहर की जनसंख्या में प्रति वर्ष 20% की वृद्धि होती है। यदि उसकी वर्तमान जनसंख्या 80 लाख हो, तो 3 वर्ष पूर्व की, और 2 वर्ष पूर्व की जनसंख्या के बीच का अंतर ज्ञात कीजिए।
SSC CPO 29/06/2024 Shift-II
(a) 65592.6 (b) 85592.6
(c) 75592.6 (d) 925925.93

115. A, B से 25% अधिक है और B, C से 30% कम है। यदि C, D से 20% अधिक हो, तो A, D से कितना प्रतिशत अधिक है?
SSC CPO 29/06/2024 Shift-I
(a) 3% (b) 6%
(c) 2% (d) 5%

116. रनिता की साप्ताहिक आय का 42% भास्कर की साप्ताहिक आय के 56% के बराबर है। यदि भास्कर की साप्ताहिक आय में ₹ 200 की वृद्धि होती, जबकि रनिता की साप्ताहिक आय में कोई परिवर्तन नहीं होता, तो रनिता और भास्कर की साप्ताहिक आय का अनुपात क्रमशः 5 : 4 है। रनिता की साप्ताहिक आय (₹ में) क्या है? SSC CPO 29/06/2024 Shift-I
(a) 3000 (b) 4000
(c) 3600 (d) 4200

117. एक स्कूल में लड़कों की कुल संख्या, लड़कियों की कुल संख्या से 20% अधिक है। स्कूल में लड़कों की संख्या और लड़कियों की संख्या का अनुपात कितना है? SSC CPO 29/06/2024 Shift-I
(a) 6 : 5 (b) 5 : 6
(c) 5 : 3 (d) 4 : 5

118. यदि किसी नगर में स्कूल जाने वाले बच्चों की संख्या 64000 है और इसमें प्रतिवर्ष 10% की वृद्धि हो रही है, तो 3 वर्ष के अन्त में नगर में स्कूल जाने वाले बच्चों की संख्या कितनी होगी? SSC CPO 28/06/2024 Shift-III
(a) 85100 (b) 85000
(c) 80000 (d) 85184

119. संपीडित प्राकृतिक गैस (CNG) का मूल्य प्रति लीटर 65% बढ़ गया है। मनीष को CNG का उपभोग कितने प्रतिशत कम करना चाहिए, ताकि उसका व्यय न बढ़े? (दो दशमलव स्थानों तक) SSC CPO 28/06/2024 Shift-III
(a) 25.39% (b) 39.39%
(c) 30.13% (d) 45.13%

120. P, R और S के बीच एक चुनाव में डाले गए कुल मतों में से $\frac{1}{10}$ मत अमान्य हैं। R और S के पक्ष में डाले गए मत कुल डाले गए मतों के आधे हैं और उन्हें बराबर मत मिलते हैं। मशीन में खराबी के कारण, S के आधे मत और अमान्य मतों के आधे अतिरिक्त रूप से R पक्ष में गिने जाते हैं। गलती के कारण R द्वारा प्राप्त मतों का कुल प्रतिशत कितना है?
SSC CPO 28/06/2024 Shift-III
(a) 37.55% (b) 38.50%
(c) 42.50% (d) 41.55%

121. रामनारायण के वेतन में $3\frac{1}{8}\%$ की कमी की गई और फिर, कम किए गए वेतन में $7\frac{2}{5}\%$ की वृद्धि की गई। उसका नया वेतन उसके मूल वेतन की तुलना में कितने प्रतिशत (दशमलव के दो स्थानों तक पूर्णांकित) अधिकतम है?
SSC CPO 28/06/2024 Shift-II
(a) 4.04% अधिक (b) 4.04% कम
(c) 3.03% कम (d) 3.03% अधिक

122. शिया म्यूचुअल फण्ड में ₹ 153000 का निवेश करती है, जो उसकी वार्षिक आय का 30% है। उसकी मासिक आय (₹ में) ज्ञात करें।
SSC CPO 28/06/2024 Shift-II
(a) 45800 (b) 52300
(c) 42500 (d) 55600

123. एक शहर की जनसंख्या में 5% की वार्षिक दर से वृद्धि होती है। यदि शहर की जनसंख्या 16000 है, तो 2 वर्ष बाद जनसंख्या कितनी होगी? SSC CPO 28/06/2024 Shift-II
(a) 17640 (b) 17700 (c) 17600 (d) 17000

124. A और B के बीच एक चुनाव में, डाले गए प्रत्येक पाँचवें मत को मशीन द्वारा अमान्य के रूप में चिह्नित किया गया। शेष मतों में, A, 2500 मतों के अन्तर से या डाले गए कुल मतों के 10% के अन्तर से B से चुनाव जीत जाता है। यदि अमान्य मतों में से 90 %, B के पक्ष में होते, तो निम्नलिखित में से कौन-सा विकल्प चुनाव का नतीजा होता?
SSC CPO 28/06/2024 Shift-II
(a) A, 3% से जीत जाता
(b) B, 3% से जीत जाता
(c) A, 8% से जीत जाता
(d) B, 8% से जीत जाता

125. एक संख्या पहले 10% घटाई जाती है, फिर 30% बढ़ाई जाती है और फिर 20% घटाई जाती है। संख्या में शुद्ध कमी प्रतिशत कितना है? SSC CPO 28/06/2024 Shift-I
(a) $5\frac{3}{5}\%$ (b) $6\frac{2}{5}\%$ (c) $4\frac{1}{5}\%$ (d) $3\frac{4}{5}\%$

126. भवानी अपनी आय का 68% खर्च करती है। उसकी आय में 15% की वृद्धि होती है और उसके व्यय में 10% की वृद्धि होती है। उसकी बचत में कितने प्रतिशत की वृद्धि हुई? (दो दशमलव अंकों तक ज्ञात कीजिए।)
SSC CPO 28/06/2024 Shift-I
(a) 25.62% (b) 24.80%
(c) 28.42% (d) 20.57%

127. एक चुनाव में A को 27% और B को 1,25,982 वोट प्राप्त हुए। 19% ने मतदान नहीं किया। A द्वारा प्राप्त कुल वोटों की संख्या ज्ञात कीजिए।
SSC CPO 27/06/2024 Shift-III
(a) 57827 (b) 88973
(c) 62991 (d) 44327

128. कोरोना वायरस के कारण एक गाँव की 5% जनसंख्या की मृत्यु हो गई। शेष जनसंख्या में से 20% भय के कारण भाग गई। यदि वर्तमान जनसंख्या 4655 है, तो कोरोना आक्रमण से पहले गाँव की जनसंख्या कितनी थी?
SSC CPO 27/06/2024 Shift-II
(a) 6125 (b) 5985 (c) 5995 (d) 6000

129. एक स्कूल की छात्र संख्या प्रत्येक एकान्तर वर्ष में 15% बढ़ती और घटती है। यदि वृद्धि की शुरुआत 2012 में हुई, तो 2012 की तुलना में, 2015 की शुरुआत में स्कूल की छात्र संख्या में .... (दो दशमलव स्थान तक सही) हुई।
SSC CPO 27/06/2024 Shift-II
(a) 13.85 % की कमी (b) 13.85 % की वृद्धि
(c) 12.41% की कमी (d) 12.41 % की वृद्धि

130. एक चुनाव में सूची में सभी मतदाताओं के 46% द्वारा विजेता का समर्थन किया गया था और उसे अपने एकमात्र प्रतिद्वन्द्वी से 410 वोट अधिक मिले। मतदाता सूची के 10% मतदाताओं ने वोट नहीं डाले और 60 मतदाताओं ने अपने मतपत्र खाली डाल दिए। सूची में कितने मतदाता थे?
SSC CPO 27/06/2024 Shift-II
(a) 15750 (b) 17445
(c) 16550 (d) 17500

131. दो उम्मीदवारों के बीच एक चुनाव में, एक को कुल वैध मतों का 60% प्राप्त हुआ। 25% मत अवैध थे। यदि कुल मतों की संख्या 15000 थी, तो दूसरे उम्मीदवार को मिले वैध मतों की संख्या ज्ञात करें। **SSC CPO 27/06/2024 Shift-I**
(a) 4500 (b) 5000 (c) 6750 (d) 5500

132. एक चुनाव में, मतदाता सूची में शामिल 12% मतदाताओं ने अपना वोट नहीं डाला, जबकि 84 मतदाताओं ने अपने मतपत्र खाली डाले। केवल दो उम्मीदवार, रामाज्ञा और श्रवण थे। विजेता रामाज्ञा को सूची के सभी मतदाताओं में से 54% का समर्थन प्राप्त हुआ। उसे अपने प्रतिद्वंदी श्रवण से 1456 वोट अधिक मिले। सूची में मतदाताओं की कुल संख्या ज्ञात कीजिए। **SSC CPO 27/06/2024 Shift-I**
(a) 7860 (b) 6860
(c) 5690 (d) 6670

SSC CPO SI 2023-2020

133. एक वॉशिंग मशीन का मूल्य 3 वर्ष में ₹ 40960 से घटकर ₹ 21970 हो गया। मूल्यह्रास की वार्षिक दर ज्ञात कीजिए।
SSC CPO 5/10/2023 Shift-III
(a) 25% (b) 18.75%
(c) 16.25% (d) 20%

134. आयुष एक राशि का 25% बीमा पॉलिसी पर, 26% भोजन पर, 23% बच्चों की शिक्षा पर और 10% मनोरंजन पर खर्च करता है। वह शेष ₹ 26600 बैंक में जमा करता है। वह भोजन और मनोरंजन पर कुल कितनी राशि (₹ में) खर्च करता है? **SSC CPO 5/10/2023 Shift-III**
(a) ₹ 171000 (b) ₹ 195000
(c) ₹ 183000 (d) ₹ 162000

135. एक स्टॉक का मूल्य पहले वर्ष में 30% बढ़ जाती है और दूसरे वर्ष में 20% घट जाता है। यदि एक निवेशक ने ₹ 1000 में उस स्टॉक के 100 शेयर खरीदे, तो 2 वर्ष बाद निवेश का अन्तिम मूल्य कितना होगा?
SSC CPO 4/10/2023 Shift-II
(a) ₹ 960 (b) ₹ 1040
(c) ₹ 1020 (d) ₹ 1400

136. एक संख्या में पहले 28% की कमी की जाती है और फिर 28% वृद्धि की जाती है। इस प्रकार प्राप्त संख्या, मूल संख्या से 784 कम है। मूल संख्या ज्ञात करें। **SSC CPO 4/10/2023 Shift-II**
(a) 15000 (b) 1500
(c) 1000 (d) 10000

137. एक व्यक्ति अपने वेतन का 72% खर्च कर देता है और प्रति महीने ₹ 5740 की बचत करता है। उसके वार्षिक वेतन का 10% कितना होगा?
SSC CPO 3/10/2023 Shift-I
(a) ₹ 20500 (b) ₹ 28400
(c) ₹ 21600 (d) ₹ 24600

138. किसी संख्या में पहले 10% की वृद्धि की जाती है, और फिर 20% की वृद्धि की जाती है। इस प्रकार प्राप्त संख्या में अब 12% की कमी की जाती है। मूल संख्या में निवल वृद्धि या कमी का प्रतिशत कितना है? **SSC CPO 3/10/2023 Shift-I**
(a) 12.12% वृद्धि (b) 11.11% कमी
(c) 16.16% वृद्धि (d) 14.14% कमी

139. एक व्यक्ति अपनी आय का 65% खर्च करता है। उसकी आय में 20% की वृद्धि होती है और उसके खर्च में भी 10% की वृद्धि होती है। उसकी बचत में कितने प्रतिशत की वृद्धि हुई?
SSC CPO 11/11/2022 Shift-I
(a) 10% (b) 20%
(c) 35.3% (d) 38.5%

140. जन शक्ति में हुई कमी के कारण, एक कम्पनी में उत्पादन में 35% की कमी आती है। मूल उत्पादन को बहाल करने के लिए काम के घण्टों को कितने प्रतिशत तक बढ़ाया जाना चाहिए? **SSC CPO 11/11/2022 Shift-I**
(a) 55.38% (b) 53.85%
(c) 58.35% (d) 55.83%

141. महामारी के कारण एक शहर की जनसंख्या 2% प्रतिवर्ष की दर से घटती है। यदि शहर की वर्तमान जनसंख्या 45000 है, 2 वर्ष बाद इसकी कुल जनसंख्या क्या होगी?
SSC CPO 11/11/2022 Shift-I
(a) 40538 (b) 41568
(c) 43218 (d) 44521

142. राजू की आय, मंजू की आय से 25% अधिक है। राजू की आय में 25% की वृद्धि हुई और मंजू की आय में 40% की वृद्धि हुई, उनकी संयुक्त आय में कितने प्रतिशत वृद्धि हुई?
SSC CPO 11/11/2022 Shift-I
(a) 22.43% (b) 31.67%
(c) 41.26% (d) 51.72%

143. यदि राम की आय श्याम की आय से 70% अधिक है और श्याम की आय सोहन की आय से 30% कम है, तो राम और सोहन की आय का अनुपात ज्ञात कीजिए।
SSC CPO 10/11/2022 Shift-I
(a) 120 : 101 (b) 121 : 102
(c) 119 : 100 (d) 118 : 99

144. एक स्कूल में लड़कों की संख्या और लड़कियों की संख्या का अनुपात 5 : 2 है। यदि वार्षिक परीक्षा में 87% लड़के और 80% लड़कियाँ उत्तीर्ण हुई, तो वार्षिक परीक्षा में अनुत्तीर्ण होने वाले विद्यार्थियों का प्रतिशत ज्ञात कीजिए।
SSC CPO 10/11/2022 Shift-I
(a) 15% (b) 16%
(c) 17 % (d) 18%

145. एक चुनाव में, एक उम्मीदवार को डाले गए मतों का 42% प्राप्त होता है, परन्तु 1400 अवैध मतों के कारण, अपने एकमात्र प्रतिद्वन्द्वी द्वारा 3080 मतों के बहुमत से हार जाता है। अवैध मतों का प्रतिशत ……… है।
SSC CPO 10/11/2022 Shift-I
(a) 4% (b) 3%
(c) 5% (d) 6%

146. अलग-अलग केन्द्रों पर प्रवेश परीक्षा में कुल 25, 30, 40, 45, 60 और 100 छात्र उपस्थित हुए। अलग-अलग केन्द्रों का उत्तीर्णता-प्रतिशत क्रमश: 20%, 30%, 35%, 40%, 50% और 75% है। उस प्रवेश परीक्षा का उत्तीर्णता-प्रतिशत (निकटतम पूर्णांक तक सही) ज्ञात करें। **SSC CPO 25/11/2020 Shift-II**
(a) 50% (b) 53%
(c) 43% (d) 49%

147. A का वेतन B के वेतन से 35% अधिक है। B का वेतन A के वेतन से कितना प्रतिशत कम है? (निकटतम पूर्णांक तक सही)
SSC CPO 25/11/2020 Shift-II
(a) 26% (b) 20%
(c) 17.5% (d) 35%

148. यदि किसी भिन्न के अंश में 60% की वृद्धि और हर में 40% की वृद्धि होती है, तो परिणामी भिन्न $\frac{16}{63}$ हो जाता है। मूल भिन्न ज्ञात करें।
SSC CPO 25/11/2020 Shift-II
(a) $\frac{5}{9}$ (b) $\frac{4}{9}$ (c) $\frac{2}{9}$ (d) $\frac{2}{11}$

149. डीजल की कीमत में 26% की वृद्धि होती है। एक व्यक्ति अपने डीजल के व्यय में केवल 15% की वृद्धि करना चाहता है। उसे अपनी खपत को कितने प्रतिशत (दशमलव के एक स्थान तक शुद्ध) कम करना होगा?
SSC CPO 25/11/2020 Shift-I
(a) 6.5% (b) 8.7%
(c) 9.5% (d) 7.2%

150. यदि 110 को x% कम करने पर प्राप्त परिणाम 50 को x% बढ़ाने पर प्राप्त परिणाम के समान है, तो 650 का x%, 780 के $(x - 10)$% से कितने प्रतिशत अधिक होगा? (निकटतम पूर्णांक तक शुद्ध) **SSC CPO 25/11/2020 Shift-I**
(a) 12% (b) 14%
(c) 17% (d) 18%

151. एक व्यक्ति का मासिक वेतन ₹ 75000 था, जिसे वह पारिवारिक खर्चा (E), करों (T), दान (C) पर व्यय किया करता था और शेष राशि बचाता था। E आय का 60% था, T, E का 20% था और C, T का 15% था। जब उसके वेतन में 40% की वृद्धि हुई, तो उसने E का प्रतिशत स्तर तो बनाए रखा, लेकिन T, E का 30% और C, T का 20% हो गया। उसके पूर्व वेतन की बचत और उसके वर्तमान वेतन की बचत का अनुपात ज्ञात करें।
SSC CPO 24/11/2020 Shift-I

(a) 337 : 325 (b) 655 : 644
(c) 644 : 655 (d) 325 : 337

152. एक व्यक्ति अपनी आय का 75% व्यय करता है। यदि उसकी आय में 28% की वृद्धि के साथ ही उसके व्यय में 20% की वृद्धि हो जाती है, तो उसकी बचत में कितने प्रतिशत की वृद्धि या कमी हुई? SSC CPO 24/11/2020 Shift-I

(a) 13% वृद्धि (b) 13% कमी
(c) 52% कमी (d) 52% वृद्धि

153. एक व्यक्ति का वेतन ₹ 7000 से बढ़कर ₹ 12000 हो गया। उसके वेतन में कितने प्रतिशत की वृद्धि हुई?
SSC CPO (Tier II) 24/11/2020 Shift-I

(a) $61\frac{1}{7}$% (b) $76\frac{4}{7}$% (c) $71\frac{3}{7}$% (d) $69\frac{1}{7}$%

154. डीजल की कीमत में 16% की वृद्धि होती है। एक व्यक्ति अपने डीजल के व्यय में केवल 10% की वृद्धि करना चाहता है। उसे अपनी खपत को कितने प्रतिशत (दशमलव के एक स्थान तक शुद्ध) कम करना होगा?
SSC CPO 23/11/2020 Shift-I

(a) 3.7% (b) 4.5% (c) 6.5% (d) 5.2%

155. यदि A का वेतन B के वेतन से 60% अधिक है, तो B का वेतन A के वेतन से कितने प्रतिशत कम है? SSC CPO 23/11/2020 Shift-I

(a) 47.7% (b) 37.5%
(c) 33.3% (d) 45%

156. यदि 110 को x% कम करने पर प्राप्त परिणाम, 50 को x% बढ़ाने पर प्राप्त परिणाम के समान है, तो 650 का x%, 180 के $(x + 20)$% से कितने प्रतिशत अधिक होगा?
SSC CPO 23/11/2020 Shift-I

(a) 80% (b) 154% (c) 136% (d) 90%

SSC CHSL 2024 (Tier I & II)

157. पहले तीन वर्षों के दौरान एक इलेक्ट्रॉनिक मशीन के मूल्य में 5%, 10% और 15% की कमी हुई। तीन वर्ष बाद मशीन का मूल्य कितना होगा, यदि प्रारम्भ में मशीन का मूल्य ₹ 8000 था? SSC CHSL (Tier-II) 18/11/2024 Shift-I

(a) ₹ 7000 (b) ₹ 5814
(c) ₹ 5000 (d) ₹ 6721

158. दो उम्मीदवारों के बीच एक चुनाव होता है। जीतने वाला उम्मीदवार वैध मतों के 54% मत प्राप्त करता है और 88 मतों से विजयी होता है। यदि 58 मत अवैध घोषित किए जाते हैं, तो चुनाव में डाले गए मतों की कुल संख्या ज्ञात कीजिए। SSC CHSL (Tier-I) 11/07/2024 Shift-IV

(a) 1156 (b) 1158 (c) 1850 (d) 2000

159. आर्थिक संकट के कारण एक कारखाने में कर्मचारियों के वेतन में 20% की कमी कर दी जाती है। उनके वेतन को मूल राशि पर वापस लाने के लिए, उसमें कितनी वृद्धि की जानी चाहिए? SSC CHSL (Tier-I) 11/07/2024 Shift-IV

(a) 25% (b) 20%
(c) 40% (d) 12.5%

160. यदि किसी वस्तु के मूल्य में 36% की वृद्धि की जाती है, तो उसके उपभोग में कितने प्रतिशत (दशमलव के 1 स्थान तक सन्निकटित) की कमी करनी होगी, ताकि वस्तु का व्यय समान रहे? SSC CHSL (Tier-I) 11/07/2024 Shift-IV

(a) 32% (b) 29.5% (c) 36% (d) 26.5%

161. एक उत्पाद के मूल्य में पहले वर्ष में 10% और दूसरे वर्ष में 20% की वृद्धि होती है। दो वर्षों में उत्पाद के मूल्य में कुल प्रतिशत वृद्धि कितनी है? SSC CHSL (Tier-I) 11/07/2024 Shift-III

(a) 28% (b) 32% (c) 30% (d) 36%

162. शांतनु की आय ₹ 42800 से घटकर ₹ 37236 हो गई। उसकी आय में प्रतिशत कमी ज्ञात कीजिए। SSC CHSL (Tier-I) 11/07/2024 Shift-III

(a) 13% (b) 14% (c) 11% (d) 12%

163. दो क्रमिक वर्षों में एक कम्पनी के 75 और 50 कर्मचारी विभागीय परीक्षा में उपस्थित हुए। उनमें से क्रमश: 84% और 52% उत्तीर्ण हुए। उत्तीर्ण प्रतिशत की औसत दर कितनी है?
SSC CHSL (Tier-I) 11/07/2024 Shift-III

(a) $41\frac{1}{5}$% (b) 41% (c) 71% (d) $71\frac{1}{5}$%

164. एक चुनाव में दो उम्मीदवारों के बीच, 30% मतदाताओं ने अपना मत नहीं डाला और 200 मतों को अवैध घोषित कर दिया गया। विजेता को वैध मतों का 65% मत प्राप्त हुए। यदि वह 1200 मतों से जीता, तो कुल मत ज्ञात कीजिए। SSC CHSL (Tier-I) 11/07/2024 Shift-II

(a) 9000 (b) 6000 (c) 7000 (d) 8000

165. एक चुनाव में, केवल दो उम्मीदवार थे। एक उम्मीदवार को 44% मत मिले और वह दूसरे उम्मीदवार से 1440 मतों से हार गया। यदि कोई अवैध मत नहीं था, तो डाले गए मतों की कुल संख्या ज्ञात कीजिए।
SSC CHSL (Tier-I) 11/07/2024 Shift-II

(a) 14000 (b) 12000
(c) 15000 (d) 13000

166. श्याम की आय, राम की आय से 20% कम है। प्रतिशत के पदों में राम की आय, श्याम की आय से कितनी अधिक है?
SSC CHSL (Tier-I) 11/07/2024 Shift-II

(a) 25% (b) 20%
(c) 80% (d) 30%

167. एक गाँव की जनसंख्या 400000 थी। पहले वर्ष में इसमें 20% की वृद्धि हुई और दूसरे वर्ष में 30% की वृद्धि हुई। दो वर्ष बाद इसकी जनसंख्या .... हो जाएगी।
SSC CHSL (Tier-I) 11/07/2024 Shift-I

(a) 540000 (b) 625000
(c) 624000 (d) 520000

168. दो संख्याएँ, एक तीसरी संख्या से क्रमश: 61% और 35% कम हैं। पहली संख्या, दूसरी संख्या का कितना प्रतिशत है?
SSC CHSL (Tier-I) 10/07/2024 Shift-IV

(a) 60% (b) 24%
(c) 48% (d) 30%

169. दो उम्मीदवारों, अनन्त और अरविन्द के बीच एक चुनाव में, अनन्त को कुल वैध मतों के 55% मत प्राप्त हुए और 20% मत अवैध थे। यदि मतों की कुल संख्या 30000 थी, तो अरविन्द को मिले वैध मतों की संख्या ज्ञात कीजिए। SSC CHSL (Tier-I) 10/07/2024 Shift-IV

(a) 10800 (b) 1080
(c) 13200 (d) 24000

170. दो उम्मीदवारों के बीच एक चुनाव में, 15% मत अवैध थे और एक उम्मीदवार को कुल वैध मतों का 52% मत मिला। यदि मतों की कुल संख्या 8000 थी, तो दूसरे उम्मीदवार को मिले वैध मतों की संख्या क्या थी?
SSC CHSL (Tier-I) 10/07/2024 Shift-IV

(a) 3840 (b) 3536
(c) 6800 (d) 3264

171. किसी चुनाव में, एक उम्मीदवार को 40% मत प्राप्त होते हैं, लेकिन वह अन्य उम्मीदवार से केवल 298 मतों के बहुमत से पराजित हो जाता है। दर्ज मतों की कुल संख्या ज्ञात करें।
SSC CHSL (Tier-I) 10/07/2024 Shift-III

(a) 1470 (b) 1490
(c) 1270 (d) 1290

172. दो संख्याएँ तीसरी संख्या से क्रमश: 30% और 40% अधिक हैं। दूसरी संख्या का पहली संख्या से अनुपात है।
SSC CHSL (Tier-I) 10/07/2024 Shift-III

(a) 26:28 (b) 14:13
(c) 39:42 (d) 13:14

173. वेतन में 9% की वृद्धि के बाद, एक व्यक्ति को ₹ 6300 प्राप्त हुए। वृद्धि से पहले उसका वेतन कितना था (केवल पूर्णांक मान मानिए)?
SSC CHSL (Tier-I) 10/07/2024 Shift-II

(a) ₹ 5000 (b) ₹ 5779
(c) ₹ 3879 (d) ₹ 4000

174. किसी संख्या में से 12 घटाने पर वह संख्या घटकर संख्या का 40% रह जाती है। उस संख्या का दो–पाँचवा (Two-fifth) भाग ज्ञात कीजिए।
SSC CHSL (Tier-I) 10/07/2024 Shift-II
(a) 12 (b) 50 (c) 8 (d) 20

175. राम अपने वेतन का 30% भोजन पर, 10% घर के किराए पर, 7% मनोरंजन पर और 6% परिवहन पर खर्च करता है। यदि एक महीने के अन्त में उसकी बचत ₹ 1880 है, तो उसके मासिक वेतन की गणना करें।
SSC CHSL (Tier-I) 10/07/2024 Shift-I
(a) ₹ 4000 (b) ₹ 4500
(c) ₹ 5000 (d) ₹ 5500

176. दो उम्मीदवारों के बीच एक चुनाव में, A को कुल वैध मतों का 63% प्राप्त होता है। यदि डाले गए कुल मत 8750 थे, यदि कुल मतों का 20% अवैध घोषित किया गया था, तो अन्य उम्मीदवार B को मिले वैध मतों की संख्या क्या है? **SSC CHSL (Tier-I) 10/07/2024 Shift-I**
(a) 4410 (b) 2590
(c) 3560 (d) 6450

177. 30% की कमी करने के बाद, किसी वस्तु का मूल्य ₹ 3500 होता है। इसका वास्तविक मूल्य ज्ञात कीजिए।
SSC CHSL (Tier-I) 09/07/2024 Shift-IV
(a) ₹ 5000 (b) ₹ 4500
(c) ₹ 5500 (d) ₹ 6500

178. यदि किसी संख्या के 35% का 20%, 240.8 है, तो संख्या का 18% (दशमलव स्थान तक पूर्णांकित) ज्ञात कीजिए।
SSC CHSL (Tier-I) 09/07/2024 Shift-IV
(a) 621.2 (b) 619.2
(c) 623.2 (d) 618.2

179. एक इलेक्ट्रॉनिक घड़ी का मूल्य पहले 25% कम किया जाता है और फिर 50% बढ़ा दिया जाता है। यदि इलेक्ट्रॉनिक घड़ी का परिणामी मूल्य ₹ 7650 है, तो इसका मूल्य (₹ में) क्या था?
SSC CHSL (Tier-I) 09/07/2024 Shift-IV
(a) 6900 (b) 6800
(c) 6500 (d) 6600

180. यदि किसी व्यक्ति का वेतन ₹ 200 प्रतिदिन से बढ़कर ₹ 234 प्रतिदिन हो जाता है, तो व्यक्ति के वेतन में .... प्रतिशत वृद्धि है।
SSC CHSL (Tier-I) 09/07/2024 Shift-III
(a) 15% (b) 17%
(c) 14% (d) 15%

181. एक चुनाव में केवल दो उम्मीदवार थे। एक उम्मीदवार को 35% मत मिले और वह दूसरे उम्मीदवार से 381 मतों से हार गया। डाले गए मतों की कुल संख्या कितनी है?
SSC CHSL (Tier-I) 09/07/2024 Shift-III
(a) 1270 (b) 1028
(c) 635 (d) 514

182. एक कार को ₹ 500000 में बेचा जाता है, जो कार के मूल मूल्य से 20% कम है। कार का मूल मूल्य क्या था?
SSC CHSL (Tier-I) 09/07/2024 Shift-III
(a) ₹ 625000 (b) ₹ 650000
(c) ₹ 675000 (d) ₹ 600000

183. यदि रामू का वेतन सोमू के वेतन से 30% कम है, तो सोमू का वेतन रामू के वेतन से कितने प्रतिशत अधिक है?
SSC CHSL (Tier-I) 09/07/2024 Shift-II
(a) 45.47% (b) 42.86%
(c) 42.67% (d) 34.56%

184. तीन परिवारों की कुल आय ₹ 72000 है। उनके व्यय क्रमश: 80%, 85% और 75% हैं। यदि उनकी बचतों का अनुपात 8 : 9 : 20 है, तो दूसरे परिवार की आय कितनी है?
SSC CHSL (Tier-I) 09/07/2024 Shift-II
(a) ₹ 40000 (b) ₹ 32000
(c) ₹ 24000 (d) ₹ 16000

185. एक संख्या में पहले 18% की कमी की जाती है और फिर परिणामी संख्या में 25% की वृद्धि की जाती है। मूल संख्या में कुल प्रतिशत परिवर्तन कितना है? **SSC CHSL (Tier-I) 09/07/2024 Shift-II**
(a) 3.5% की वृद्धि (b) 3.5% की कमी
(c) 2.5% की वृद्धि (d) 2.5% की कमी

186. दो उम्मीदवारों के बीच एक चुनाव में, 10% मतदाताओं ने अपना वोट नहीं डाला और 5% वोट अवैध पाए गए। सफल उम्मीदवार को वैध मतों का 52.5% प्राप्त हुआ और वह 1710 मतों के बहुमत से जीता। मतदाता सूची में नामांकित मतदाताओं की संख्या ज्ञात करें।
SSC CHSL (Tier-I) 09/07/2024 Shift-I
(a) 48000 (b) 40000
(c) 42000 (d) 36000

187. एक व्यक्ति अपनी आय का 45% बचाता है। अगले वर्ष, उसकी आय में 200% की वृद्धि होती है। वह अपनी बचत को पिछले वर्ष की बचत के मुकाबले पाँच गुना बढ़ा देता है। उसने अपने व्यय में कितने प्रतिशत (दशमलव के एक स्थान तक सही) की वृद्धि/कमी की है?
SSC CHSL (Tier-I) 09/07/2024 Shift-I
(a) कमी, 63.4% (b) कमी, 36.4%
(c) वृद्धि, 36.4% (d) वृद्धि, 63.4%

188. संख्या 3 के 2% का 5% किसके बराबर होगा?
SSC CHSL (Tier-I) 08/07/2024 Shift-IV
(a) 0.03 (b) 0.3 (c) 3 (d) 0.003

189. एक मशीन का मूल्य प्रत्येक वर्ष 5% घट जाता है। यदि मशीन का वर्तमान मूल्य ₹ 80000 है, तो 2 वर्ष बाद इसका मूल्य क्या होगा?
SSC CHSL (Tier-I) 08/07/2024 Shift-IV
(a) ₹72200 (b) ₹ 72000
(c) ₹ 74400 (d) ₹ 74000

190. एक चुनाव में दो उम्मीदवार भाग लेते हैं। एक उम्मीदवार को कुल मतों के 42% मत प्राप्त हुए और फिर भी वह 800 मतों से चुनाव हार गया। डाले गए मतों की कुल संख्या ज्ञात करें।
SSC CHSL (Tier-I) 08/07/2024 Shift-IV
(a) 2000 (b) 5000
(c) 8000 (d) 7000

191. रमेश की पॉकेट मनी में 25% की कमी की गई और फिर कम की गई पॉकेट मनी में 20% की वृद्धि की गई है। उसकी मूल पॉकेट मनी में निवल वृद्धि या कमी का प्रतिशत ज्ञात कीजिए।
SSC CHSL (Tier-I) 08/07/2024 Shift-III
(a) 10% वृद्धि (b) 12% वृद्धि
(c) 10% कमी (d) 12% कमी

192. दो उम्मीदवारों के चुनाव में 68 मत अवैध घोषित किए गए। जीतने वाले उम्मीदवार को वैध मतों का 52% प्राप्त होता है और वह 98 मतों से जीत जाता है। डाले गए मतों की कुल संख्या है
SSC CHSL (Tier-I) 08/07/2024 Shift-III
(a) 2518 (b) 2500 (c) 2475 (d) 2250

193. सुरेश एक दुकान की दैनिक ब्रिक्री के पैटर्न का अध्ययन करता है। उसे पता चलता है कि सोमवार को बिक्री रविवार की बिक्री की तुलना में 10% कम हुई। मंगलवार को बिक्री में सोमवार की बिक्री की तुलना में 10% की वृद्धि हुई। यदि मंगलवार को बिक्री ₹1485 की थी, तो रविवार को बिक्री कितनी थी?
SSC CHSL (Tier-I) 08/07/2024 Shift-II
(a) ₹ 1495 (b) ₹ 1485
(c) ₹ 1475 (d) ₹ 1500

194. प्रणव ने अपने पास मौजूद धन का 30% अपनी पत्नी को दिया और शेष का 86% अपने दो बच्चों को दिया। बची हुई राशि का आधा हिस्सा अन्य चीजों पर खर्च किया गया और शेष ₹ 98000 बैंक में जमा किए गए। शुरुआत में उसके पास कितना धन था?
SSC CHSL (Tier-I) 08/07/2024 Shift-II
(a) ₹ 3000000 (b) ₹ 2000000
(c) ₹ 1000000 (d) ₹ 4000000

195. A की आय, B की आय के 125% के बराबर है, जबकि B की बचत, A की बचत का 120% है। यदि B का व्यय, A के व्यय का 75% है, तो B की बचत उसके व्यय के प्रतिशत के रूप में कितनी है?
SSC CHSL (Tier-I) 08/07/2024 Shift-II
(a) $16\frac{2}{3}\%$ (b) 20%
(c) $22\frac{1}{2}\%$ (d) $18\frac{3}{4}\%$

196. किसी कार का मूल्य दो क्रमागत वर्षों में क्रमश: 15% और 20% कम हो जाता है।
दो वर्ष बाद कार के मूल्य में कितने प्रतिशत की कमी हुई? **SSC CHSL (Tier-I) 08/07/2024 Shift-I**
(a) 32% (b) 15% (c) 46% (d) 25%

197. 2 घण्टे 25 मिनट के अन्तराल को गलती से 2 घण्टे 30.5 मिनट आकलित कर लिया गया। त्रुटि प्रतिशत ज्ञात कीजिए।
SSC CHSL (Tier-I) 08/07/2024 Shift-I
(a) $2\frac{21}{29}\%$ (b) $3\frac{19}{29}\%$
(c) $3\frac{23}{29}\%$ (d) $2\frac{27}{29}\%$

198. यदि चावल की कीमत में 24% की कमी होती है, तो इससे आलोक ₹ 2500 में 10 किग्रा चावल अधिक खरीद पाता है। चावल की प्रति किग्रा घटी हुई दर क्या है?
SSC CHSL (Tier-I) 08/07/2024 Shift-I
(a) ₹ 75 (b) ₹ 50
(c) ₹ 25 (d) ₹ 60

199. एक व्यक्ति अपने वेतन का 60% पारिवारिक व्यय पर, 10% चिकित्सा व्यय पर, 5% दान खर्च करता है, और शेष धनराशि बचाता है। यदि बचत राशि ₹ 4000 है, तो उसका मासिक वेतन ज्ञात कीजिए।
SSC CHSL (Tier-I) 05/07/2024 Shift-IV
(a) ₹ 16000 (b) ₹ 15000
(c) ₹ 14000 (d) ₹ 12000

200. एक मोटरसाइकिल का कीमत पिछले वर्ष $750 थी। इस वर्ष कीमत में 20% की वृद्धि हुई। इस वर्ष मोटरसाइकिल की कीमत क्या है?
SSC CHSL (Tier-I) 05/07/2024 Shift-IV
(a) $ 600 (b) $ 750
(c) $ 900 (d) $ 790

201. एक विधानसभा चुनाव में एक उम्मीदवार को कुल वैध मतों का 60% प्राप्त हुआ। कुल मतों का 3% अवैध घोषित किया गया। यदि मतदाताओं की कुल संख्या 240000 है, तो उम्मीदवार के पक्ष में डाले गए वैध मतों की संख्या ज्ञात कीजिए।
SSC CHSL (Tier-I) 05/07/2024 Shift-III
(a) 139680 (b) 139860
(c) 139608 (d) 193680

202. एक भिन्न $\frac{4}{5}$ को परिवर्तित करके $\frac{5}{6}$ कर दिया जाता है। भिन्न में कितना प्रतिशत परिवर्तन किया गया है?
SSC CHSL (Tier-I) 05/07/2024 Shift-III
(a) 4.73% (b) 4.71%
(c) 4.17% (d) 4.37%

203. एक संख्या में पहले 44% की वृद्धि की जाती है और फिर उसमें 30% की कमी की जाती है। मूल संख्या में निवल प्रतिशत परिवर्तन (निकटतम पूर्णांक तक सन्निकटित) कितना है?
SSC CHSL (Tier-I) 05/07/2024 Shift-II
(a) 4% की कमी (b) 1% की कमी
(c) 4% की वृद्धि (d) 1% की वृद्धि

204. दो उम्मीदवारों के बीच एक चुनाव में एक उम्मीदवार को डाले गए कुल मतों का 72% प्राप्त होता है। यदि कुल मत 1000 हैं, तो विजेता कितने मतों से चुनाव जीतता है?
SSC CHSL (Tier-I) 05/07/2024 Shift-II
(a) 250 (b) 440
(c) 720 (d) 360

205. एक ही पार्टी को अलग-अलग स्थानों पर प्राप्त मतों में 31% और 26% मतों के बीच का अन्तर 2350 है। इन मतों का 7% कितना है?
SSC CHSL (Tier-I) 05/07/2024 Shift-I
(a) 2270 (b) 3090
(c) 4090 (d) 3290

206. दिसम्बर 2020 में जित्विक का मासिक वेतन ₹ 24800 था। हर साल उनके वेतन में जनवरी के महीने से 5% की वृद्धि होती है। फरवरी 2022 के महीने में उसका वेतन (₹ में) कितना था?
SSC CHSL (Tier-I) 05/07/2024 Shift-I
(a) 27342 (b) 27180
(c) 27486 (d) 26485

207. यदि नेहा की आय मोनिका की आय से 5% अधिक है, तो मोनिका की आय नेहा की आय से कितने प्रतिशत कम है?
SSC CHSL (Tier-I) 04/07/2024 Shift-IV
(a) $4\frac{13}{21}\%$ (b) $4\frac{16}{21}\%$
(c) $4\frac{11}{21}\%$ (d) $4\frac{5}{21}\%$

208. यदि चाय की कीमतों में 40% की वृद्धि होती है, तो चाय की खपत को कितने प्रतिशत कम किया जाना चाहिए, ताकि व्यय में कोई वृद्धि न हो?
SSC CHSL (Tier-I) 04/07/2024 Shift-IV
(a) $15\frac{2}{9}\%$ (b) $31\frac{3}{5}\%$
(c) $35\frac{9}{2}\%$ (d) $28\frac{4}{7}\%$

209. रामू अपनी आय का 72% खर्च करता है। उसकी आय में 12% की वृद्धि होती है और वह अपने खर्च में 5% की वृद्धि करता है। यदि रामू पहले ₹y बचत करता था और वृद्धि के बाद, अब वह ₹x बचत करता है, तो $\left(\frac{x-y}{y}\times 100\right)\%$ का मान क्या है?
SSC CHSL (Tier-I) 04/07/2024 Shift-IV
(a) 27% (b) 22%
(c) 25% (d) 30%

210. निम्नलिखित को क्रमश: दशमलव रूप में व्यक्त कीजिए। SSC CHSL (Tier-I) 04/07/2024 Shift-III
20%, 0.5%, 0.03%
(a) 0.2,0.0005,0.0003
(b) 0.02,0.005,0.003
(c) 0.2,0.005,0.0003
(d) 0.02,0.005,0.0003

211. गत वर्ष, गीता का मासिक वेतन ₹ 12000 था और सीता का मासिक वेतन ₹ 10000 था। इस वर्ष, गीता का मासिक वेतन ₹ 14400 है, जबकि सीता का मासिक वेतन ₹ 12500 है। यदि इस वर्ष सीता के मासिक वेतन में पिछले वर्ष के मासिक वेतन की तुलना में प्रतिशत वृद्धि को $x\%$ से निरूपित किया जाता है और इस वर्ष गीता के मासिक वेतन में पिछले वर्ष के मासिक वेतन की तुलना में प्रतिशत वृद्धि को $y\%$ से निरूपित किया जाता है, तो $\left(\frac{x-y}{y}\times 100\right)\%$ का मान क्या है?
SSC CHSL (Tier-I) 04/07/2024 Shift-III
(a) 25 (b) 22
(c) 20 (d) 24

212. चावल के मूल्य में 25% की वृद्धि की जाती है। लेकिन इसकी खपत में 30% की कमी हो जाती है। धन के व्यय में प्रतिशत वृद्धि या कमी ज्ञात कीजिए। SSC CHSL (Tier-I) 04/07/2024 Shift-II
(a) $12\frac{1}{2}\%$ वृद्धि (b) $12\frac{1}{2}\%$ कमी
(c) $13\frac{1}{3}\%$ कमी (d) $13\frac{1}{3}\%$ वृद्धि

213. राहुल अपनी आय का 70% खर्च करता है। उसकी आय में 15% की वृद्धि हुई और उसके व्यय में 7.5% की वृद्धि हुई। इसकी बचत में प्रतिशत वृद्धि कितनी है?
SSC CHSL (Tier-I) 04/07/2024 Shift-II
(a) 50% (b) 30.5%
(c) 25.5% (d) 32.5%

214. पिछले वर्ष, रंजन का मासिक वेतन ₹ 34500 था और इस वर्ष उसका मासिक वेतन ₹ 38640 है। इस वर्ष रंजन के मासिक वेतन में, पिछले वर्ष के मासिक वेतन की तुलना में कितने प्रतिशत की वृद्धि हुई है?
SSC CHSL (Tier-I) 04/07/2024 Shift-II
(a) 15% (b) 13%
(c) 12% (d) 20%

215. दो दलों के बीच एक राज्य के चुनाव में, 83% मतदाताओं ने अपने मत डाले, जिनमें से 4% मतों को अवैध घोषित कर दिया गया। दल A को 156611 मत मिलें, जो कुल वैध मतों का 83% था। उस चुनाव में नामांकित मतों की कुल संख्या ज्ञात कीजिए। (केवल पूर्णांक भाग पर विचार कीजिए)
SSC CHSL (Tier-I) 04/07/2024 Shift-I
(a) 2346807 (b) 234888
(c) 236807 (d) 258233

216. एक व्यक्ति अपनी आय का 10% किराने के सामान पर, 10% दवाओं पर, 20% बच्चों की शिक्षा पर, 15% घर के किराए पर खर्च करता है, और वह शेष राशि बचाता है। यदि उसकी मासिक आय ₹ 30000 है, तो उसकी बचत ज्ञात कीजिए।
SSC CHSL (Tier-I) 04/07/2024 Shift-I
(a) ₹ 15500 (b) ₹ 13500
(c) ₹ 16500 (d) ₹ 12500

217. 28% को अनुपात के रूप में परिवर्तित कीजिए।
SSC CHSL (Tier-I) 04/07/2024 Shift-I
(a) 7 : 18 (b) 7 : 25
(c) 25 : 7 (d) 18 : 7

218. दो उम्मीदवारों के बीच एक चुनाव में पन्जीकृत मतदाताओं में से 10% ने अपना मत नहीं डाला। जीतने वाले उम्मीदवार ने डाले गए कुल मतों का 60% प्राप्त किया और दूसरे उम्मीदवार को 1242 मतों से हराया। पन्जीकृत मतदाताओं की कुल संख्या ज्ञात कीजिए।
SSC CHSL (Tier-I) 03/07/2024 Shift-III
(a) 8640 (b) 9600
(c) 6200 (d) 6900

219. 12.75% समतुल्य है
SSC CHSL (Tier-I) 03/07/2024 Shift-III
(a) $\frac{17}{200}$ (b) $\frac{41}{400}$ (c) $\frac{51}{400}$ (d) $\frac{37}{400}$

220. यदि P की आय Q से 40% कम है, तो P और Q की संयुक्त आय, P की आय से कितने प्रतिशत अधिक है?
SSC CHSL (Tier-I) 03/07/2024 Shift-III
(a) $166\frac{2}{3}$ (b) $164\frac{1}{3}$
(c) $166\frac{1}{3}$ (d) $164\frac{2}{3}$

221. एक भिन्न $\frac{3}{5}$ में से $\frac{2}{5}$ घटाया जाता है। परिणामी भिन्न को फिर 20% बढ़ा दिया जाता है। मूल भिन्न के मान में हुई प्रतिशत कमी/वृद्धि ज्ञात कीजिए। SSC CHSL (Tier-I) 03/07/2024 Shift-II
(a) वृद्धि , 60% (b) कमी, 60%
(c) कमी, 50% (d) वृद्धि , 50%

222. रमण अपनी आय का 75% खर्च करता है। उसकी आय में 25% की वृद्धि होती है और वह अपने व्यय में 10% की वृद्धि करता है। उसकी बचत में कितने प्रतिशत की वृद्धि हुई है?
SSC CHSL (Tier-I) 04/03/2024 Shift-II
(a) 70% (b) 40%
(c) 60% (d) 50%

223. एक व्यक्ति 10 कुर्सियाँ खरीदना चाहता है। 10 कुर्सियों का कुल मूल्य ₹4500 है। सौदेबाजी के बाद, दुकानदार प्रत्येक कुर्सी के मूल्य में 20% की कमी करने के लिए सहमत होता है जिसके बाद व्यक्ति ने 10% कुर्सियाँ अधिक खरीदी। उसके द्वारा खरीदी गई कुर्सियों का मूल्य क्या होगा? SSC CHSL (Tier-I) 03/07/2024 Shift-II
(a) ₹ 3260 (b) ₹ 3960
(c) ₹ 4100 (d) ₹ 3900

224. ऋत्विक का मासिक व्यय ₹12800 से घटकर ₹ 11712 हो गया। उसके व्यय में प्रतिशत कमी ज्ञात कीजिए।
SSC CHSL (Tier-I) 03/07/2024 Shift-I
(a) 9.25% (b) 6.25%
(c) 7.7% (d) 8.5%

225. दो उम्मीदवारों के बीच हुए एक चुनाव में, 78% मत प्राप्त करने वाला उम्मीदवार 448 मतों के बहुमत से निर्वाचित होता है। डाले गए मतों की कुल संख्या ज्ञात करें।
SSC CHSL (Tier-I) 03/07/2024 Shift-I
(a) 800 (b) 750
(c) 850 (d) 700

226. दो उम्मीदवारों के बीच एक चुनाव में, पराजित उम्मीदवार ने डाले गए वैध मतों का 42% हासिल किया और 2545800 मतों से चुनाव हार गया। यदि 365500 मतों को अवैध घोषित कर दिया गया और 30% लोगों ने अपना मत नहीं डाला, तो मतदाताओं में मत न डालने वाले लोगों की लगभग संख्या (मिलियन में) कितनी थी? SSC CHSL (Tier-I) 03/07/2024 Shift-I
(a) 6 (b) 8
(c) 7 (d) 5

227. दो उम्मीदवारों के बीच एक चुनाव में एक उम्मीदवार को कुल वैध मतों के 65% मत प्राप्त हुए। 20% मत अवैध थे। यदि मतों की कुल संख्या 7500 थी, तो दूसरे उम्मीदवार को मिले वैध मतों की संख्या थी
SSC CHSL (Tier-I) 02/07/2024 Shift-IV
(a) 4300 (b) 1700
(c) 1900 (d) 2100

228. एक व्यक्ति अपनी मासिक आय का 35% भोजन पर और शेष आय का 4/13 भाग परिवहन पर खर्च करता है। वह कुछ अन्य खर्च करता है, लेकिन प्रति गाह ₹ 6300 बचाता है, जो कि भोजन और परिवहन पर खर्च करने के बाद शेष राशि के 20% के बराबर है। उसकी मासिक आय (₹ में) कितनी है?
SSC CHSL (Tier-I) 02/07/2024 Shift-IV
(a) 70000 (b) 72000
(c) 67500 (d) 63000

229. एक महीने के पहले दिन की शुरुआत में राजेश के पास 500 अण्डे हैं। वह दिन के अन्त तक 20% अण्डे बेच देता है और अगले दिन की शुरुआत में उपलब्ध अण्डों के b% अण्डे और मिला लेता है और अगले दिन के अन्त तक 20% अण्डे बेच देता है। यह पैटर्न महीने के तीसरे दिन के अन्त तक जारी रहता है और तब उसके पास 1024 अण्डे बचते हैं। निम्न में से b का मान किसके बराबर है?
SSC CHSL (Tier-I) 02/07/2024 Shift-IV
(a) 500 (b) 20 (c) 100 (d) 10

230. किसी वस्तु की कीमत में पहले 40% की वृद्धि की जाती है और फिर बिक्री में कमी होने के कारण, 45% की कमी की जाती है। वस्तु के अन्तिम मूल्य में कुल प्रतिशत परिवर्तन ज्ञात कीजिए। SSC CHSL (Tier-I) 02/07/2024 Shift-III
(a) –13% (b) 13%
(c) –23% (d) 23%

231. वह संख्या कौन-सी है, जिसे 460 के 20% में जोड़ने पर योग 920 के 70% के बराबर हो जाए?
SSC CHSL (Tier-I) 02/07/2024 Shift-III
(a) 335 (b) 762 (c) 926 (d) 552

232. जब किसी संख्या में 8 की वृद्धि की जाती है, तो वह स्वयं की 120% हो जाती है। वह संख्या ज्ञात कीजिए। SSC CHSL (Tier-I) 02/07/2024 Shift-II
(a) 30 (b) 60 (c) 40 (d) 50

233. एक सॉफ्टवेयर इन्जीनियर के वेतन में से, यदि 15% मकान के किराए पर खर्च किया जाता है, शेष का 25% घरेलू सामान पर, शेष का 25% आयकर के रूप में और शेष का 15% कपड़ों पर खर्च किया जाता है, तो उसके पास ₹ 10404 शेष बचते हैं। उसका कुल वेतन ज्ञात कीजिए। SSC CHSL (Tier-I) 02/07/2024 Shift-II
(a) ₹ 25600 (b) ₹ 24600
(c) ₹ 23600 (d) ₹ 22600

234. पहले वर्ष के दौरान एक गाँव की जनसंख्या में 5% की वृद्धि हुई और दूसरे वर्ष के दौरान यह 5% कम हो गई। दूसरे वर्ष के अन्त में इसकी जनसंख्या 47880 थी। पहले वर्ष की शुरुआत में जनसंख्या कितनी थी?
SSC CHSL (Tier-I) 02/07/2024 Shift-I
(a) 48000 (b) 43500 (c) 53000 (d) 45000

235. 250 लोगों के एक समूह में 40% पुरुष और 60% महिलाएँ हैं। यदि समूह में 30 और महिलाएँ शामिल हो जाती हैं, तो नए समूह में महिलाओं का प्रतिशत कितना होगा? (दशमलव के 2 स्थानों तक सही)
SSC CHSL (Tier-I) 02/07/2024 Shift-I
(a) 72.25% (b) 90.25%
(c) 64.29% (d) 62.58%

236. वर्ष 2020 में सुमित की आय ₹ 21000 थी। उसकी आय में प्रत्येक वर्ष 10% की वृद्धि होती है। वर्ष 2022 में उसकी आय कितनी थी?
SSC CHSL (Tier-I) 01/07/2024 Shift-IV
(a) ₹25410 (b) ₹ 26530
(c) ₹ 23100 (d) ₹29100

237. एक चुनाव में, एक उम्मीदवार को डाले गए कुल मतों का 41% मत प्राप्त हुआ और वह 97632 मतों से चुनाव हार गया। विजयी उम्मीदवार को प्राप्त मतों की संख्या ज्ञात करें।
SSC CHSL (Tier-I) 01/07/2024 Shift-IV
(a) 320016 (b) 542400
(c) 360072 (d) 222384

238. यदि किसी वस्तु के मूल्य में 35% की वृद्धि होती है, तो एक परिवार को उस वस्तु की खपत में कितने प्रतिशत की कमी करनी होगी, ताकि उसके व्यय में वृद्धि न हो?
SSC CHSL (Tier-I) 01/07/2024 Shift-III
(a) $25\frac{23}{27}$% (b) $25\frac{22}{27}$%
(c) $25\frac{24}{27}$% (d) $25\frac{25}{27}$%

239. दो उम्मीदवारों A और B के बीच हुए एक चुनाव में A को डाले गए कुल मतों के 33% मत मिले और फिर भी वह 55522 मतों से चुनाव हार गया। B को कुल कितने मत मिले?
SSC CHSL (Tier-I) 01/07/2024 Shift-III
(a) 109411 (b) 104911
(c) 109114 (d) 109141

240. यदि 75 खिलौनों में से 18 खिलौने लड़कों के लिए हैं और शेष लड़कियों के लिए हैं, तो लड़कियों के खिलौनों का प्रतिशत क्या है?
SSC CHSL (Tier-I) 01/07/2024 Shift-II
(a) 18% (b) 67% (c) 57% (d) 76%

241. तीन व्यक्ति एक पद के लिए चुनाव लड़ते हैं और उन्हें क्रमशः 1136, 7636 और 11628 मत मिले। जीतने वाले उम्मीदवार का कुल मतों का प्रतिशत कितना था?
SSC CHSL (Tier-I) 01/07/2024 Shift-II
(a) 57% (b) 59% (c) 52% (d) 61%

242. पिछले वर्ष एक इलेक्ट्रिक बाइक का मूल्य ₹ 125000 था। इस वर्ष इसके मूल्य में 30% की कमी आई है। इस वर्ष इलेक्ट्रिक बाइक का मूल्य (₹ में) क्या है?
SSC CHSL (Tier-I) 01/07/2024 Shift-II
(a) 87000 (b) 86000 (c) 87500 (d) 86500

243. मोहन को पहले वर्ष में उसकी बिक्री राशि में 12% की वृद्धि प्राप्त होती है और दूसरे वर्ष में 15% की वृद्धि प्राप्त होती है, और अब उसकी वर्तमान बिक्री ₹ 128800 है। दो वर्ष पूर्व उसकी बिक्री कितनी थी?
SSC CHSL (Tier-I) 01/07/2024 Shift-I
(a) ₹ 175000 (b) ₹ 125000
(c) ₹ 150000 (d) ₹ 100000

244. एक व्यक्ति ने अपने वेतन का 60% घर के खर्च पर, अपने वेतन का 20% किराए पर और शेष वेतन में से 80% एक ट्रस्ट को दान कर दिया। यदि उसके पास ₹ 20000 शेष हैं, तो उसका वेतन कितना है?
SSC CHSL (Tier-I) 01/07/2024 Shift-I
(a) ₹ 400000 (b) ₹ 500000
(c) ₹ 50000 (d) ₹ 550000

245. एक चुनाव में, 90% मत पाने वाला उम्मीदवार 800 मतों के अन्तर से चुना जाता है। डाले गए कुल मतों की संख्या कितनी है?
SSC CHSL (Tier II) 10/01/2024 Shift-I
ध्यान दें चुनाव में केवल दो उम्मीदवार भाग लें रहे हैं और मान लीजिए सभी मत वैध हैं।
(a) 900 (b) 1000
(c) 1050 (d) 950

SSC CHSL 2023 (Tier I & II)

246. दो उम्मीदवारों के बीच हुए चुनाव में 64% मतदाताओं ने मत डाले, जिनमें से 4% मत अवैध घोषित कर दिए गए। एक उम्मीदवार को 12288 मत मिले, जो कुल वैध मतों के 64% थे। उस चुनाव में नामांकित मतों की कुल संख्या ज्ञात कीजिए।
SSC CHSL (Tier II) 02/11/2023 Shift-I
(a) 20152 (b) 30250
(c) 31250 (d) 32152

247. एक संख्या में 25% की वृद्धि की जाती है, और फिर 16% की कमी की जाती है। संख्या का अन्तिम मान क्या होगा?
SSC CHSL (Tier II) 02/11/2023 Shift-I
(a) कोई बदलाव नहीं (b) 5% की कमी
(c) 5% की वृद्धि (d) 13% की कमी

248. एक निश्चित गाँव की जनसंख्या प्रतिवर्ष 5% बढ़ जाती है। इसकी वर्तमान जनसंख्या 8200 है। दो वर्ष के बाद जनसंख्या कितनी होगी? (लगभग) **SSC CHSL (Tier I) 14/08/2023 Shift-IV**
(a) 9161 (b) 9246
(c) 9200 (d) 9040

249. एक संख्या में पहले 16% की वृद्धि की जाती है और फिर उसी संख्या में पुनः 20% की वृद्धि की जाती है। इस प्रकार, प्राप्त संख्या में, अब 40% की कमी की जाती है। मूल संख्या में निवल कमी प्रतिशत कितना है?
SSC CHSL (Tier I) 14/08/2023 Shift-IV
(a) $15\frac{9}{25}\%$ (b) $11\frac{13}{25}\%$
(c) $13\frac{7}{25}\%$ (d) $16\frac{12}{25}\%$

250. एक शहर की जनसंख्या वर्ष 2010 में 1250000 थी। वर्ष 2011 और 2012 के दौरान इसमें 2% वार्षिक की दर से बढ़ोतरी हुई। वर्ष 2013 में इसमें 1% की कमी आई। 2013 के अन्त में शहर की जनसंख्या ज्ञात कीजिए।
SSC CHSL (Tier I) 11/08/2023 Shift-I
(a) 1387495 (b) 1287495
(c) 1350000 (d) 12854952

251. यदि एक निश्चित संख्या के आठवें भाग के पाँच-छठे भाग का चार-पाँचवाँ भाग 4365 है, तो उस संख्या का 65% क्या है?
SSC CHSL (Tier I) 11/08/2023 Shift-I
(a) 34047 (b) 52380
(c) 36375 (d) 53280

252. एक संख्या में पहले 8% की वृद्धि की जाती हैं और फिर 3% की कमी की जाती है, ताकि संख्या 2619 प्राप्त की जा सके। उस संख्या का 5% कितना है? **SSC CHSL (Tier I) 10/08/2023 Shift-III**
(a) 125 (b) 130 (c) 135 (d) 140

253. A अपनी मासिक आय का 68% खर्च करता है। यदि A की मासिक आय में 25% की वृद्धि होती है और उसकी मासिक बचत में 15% की वृद्धि होती है, तो उसके मासिक व्यय में कितने प्रतिशत वृद्धि होगी?
SSC CHSL (Tier I) 09/08/2023 Shift-I
(a) $29\frac{12}{17}\%$ (b) $33\frac{7}{17}\%$
(c) $31\frac{6}{17}\%$ (d) $27\frac{13}{17}\%$

254. हर्षा का व्यय, उसकी आय का 45% है। यदि उसकी आय में अगले माह से 15% की वृद्धि होती है और वृद्धि के पश्चात् भी प्रत्येक माह उसके द्वारा की जाने वाली बचत की राशि समान रहती है, तो उसके व्यय में हुई वृद्धि का प्रतिशत ज्ञात कीजिए। (दशमलव के 2 स्थानों तक सन्निकटित कीजिए)
SSC CHSL (Tier I) 07/08/2023 Shift-IV
(a) 15.00% (b) 45.00%
(c) 33.33% (d) 27.50%

255. प्रकाश अपने वेतन का 27% बच्चों की शिक्षा पर खर्च करता है और एक विशेष महीने में 4% एक ट्रस्ट को दान करता है। वह इन पर ₹ 3038 खर्च करता है, जो महीने का कुल वेतन है। **SSC CHSL (Tier I) 04/08/2023 Shift-II**
(a) ₹ 4402 (b) ₹ 13200
(c) ₹ 9800 (d) ₹ 11251

256. भूषण की मासिक आय ₹ 45000 है और उसका मासिक खर्च ₹ 33000 है। यदि उसकी मासिक आय में 22% की वृद्धि होती है, जबकि उसके मासिक खर्च में 11% की वृद्धि होती है, तो उसकी नई मासिक बचत (₹ में) कितनी होगी?
SSC CHSL (Tier I) 02/08/2023 Shift-I
(a) 18690 (b) 18000
(c) 19000 (d) 18270

257. यदि चावल के मूल्य में 25% की वृद्धि की जाती है, तो चावल की खपत में कितने प्रतिशत की कमी की जानी चाहिए कि चावल पर होने वाला खर्च 40% कम हो जाए?
SSC CHSL (Tier I) 21/03/2023 Shift-IV
(a) 52% (b) 43.33%
(c) 48% (d) 42%

258. P, Q से 20% अधिक है और Q, R से 30% कम है। यदि P, 420 है, तो R का मान कितना है? **SSC CHSL (Tier I) 21/03/2023 Shift-II**
(a) 500 (b) 700
(c) 625 (d) 600

259. एक पंखे की कीमत 30% कम करने पर उसकी बिक्री 40% बढ़ जाती है। उसकी आय में कितने प्रतिशत की कमी होगी?
SSC CHSL (Tier I) 17/03/2023 Shift-II
(a) 3% की कमी (b) 5% की कमी
(c) 2% की कमी (d) 8% की कमी

260. यदि 15 कुर्सियों का मूल्य 8 मेजों के मूल्य से 20 प्रतिशत अधिक है। यदि 2 मेजों का मूल्य ₹ 2400 है, तो 15 कुर्सियों का मूल्य कितना है? **SSC CHSL (Tier I) 16/03/2023 Shift-I**
(a) ₹ 12380 (b) ₹ 10780
(c) ₹ 11520 (d) ₹ 10320

261. राजीव ने एक परीक्षा में 20 प्रतिशत अंक प्राप्त किए और 25 अंकों से अनुत्तीर्ण हो गया। यदि वह 50 प्रतिशत अंक प्राप्त करता, तो उसे उत्तीर्ण अंकों से 20 अंक अधिक प्राप्त होते। परीक्षा में उत्तीर्ण होने के लिए कितने अंक आवश्यक हैं? **SSC CHSL (Tier I) 14/03/2023 Shift-I**

(a) 45 (b) 40 (c) 55 (d) 35

262. एक लोकसभा चुनाव में, दल A को कुल मतों के 30% मत प्राप्त हुए। दल B को कुल मतों के 25% मत प्राप्त हुए। दल C को शेष मत प्राप्त हुए और उन्हें दल A से 9000 अधिक मत प्राप्त हुए। दल B को प्राप्त हुए मतों की संख्या ज्ञात कीजिए। **SSC CHSL (Tier I) 10/03/2023 Shift-II**

(a) 12000 (b) 21000
(c) 15000 (d) 18000

263. यदि P का 20% Q के 40% में जोड़ा जाए, तो परिणाम Q का 80% आता है। P, Q का कितना प्रतिशत है? **SSC CHSL (Tier I) 09/03/2023 Shift-I**

(a) 225% (b) 125% (c) 200% (d) 150%

SSC CHSL 2022 & 2021 (Tier I & II)

264. एक परिवार का गेहूँ, सब्जियों और तेल पर व्यय 12 : 8 : 5 के अनुपात में है। इन वस्तुओं के मूल्य में क्रमशः 50%, 25% और 40% की वृद्धि हो गई। इन वस्तुओं पर परिवार के व्यय में कितने प्रतिशत की वृद्धि होगी? **SSC CHSL (Tier I) 02/06/2022 Shift-I**

(a) 38% (b) 40% (c) 44% (d) 42%

265. एक परिवार अपनी मासिक आय का 8% दान पर खर्च करता है। एक विशेष महीने में, परिवार ने दान पर ₹ 1200 खर्च किए। उस महीने में परिवार की आय कितनी है? **SSC CHSL (Tier I) 01/06/2022 Shift-I**

(a) ₹ 15000 (b) ₹ 12000
(c) ₹ 16000 (d) ₹ 18000

266. भानु अपने मासिक वेतन का 20% किराए पर, 10% स्टेशनरी पर, 14% यातायात पर, 18% बिजली पर और बचे हुए ₹ 1520 अन्य वस्तुओं पर व्यय करता है। भानु का मासिक वेतन कितना है? **SSC CHSL (Tier I) 01/06/2022 Shift-I**

(a) ₹ 10000 (b) ₹ 2000
(c) ₹ 6000 (d) ₹ 4000

267. एक मशीन के मूल्य में प्रतिवर्ष 10% का मूल्यह्रास होता है। यदि इसका वर्तमान मूल्य ₹ 35000 है, तो 2 वर्ष बाद मशीन का मूल्य क्या होगा? **SSC CHSL (Tier I) 30/05/2022 Shift-I**

(a) ₹ 27750 (b) ₹ 27225
(c) ₹ 28350 (d) ₹ 28000

268. एक संख्या में 10% की वृद्धि की जाती है और फिर बढ़ी हुई संख्या में 20% की कमी की जाती है। शुद्ध वृद्धि या कमी कितनी हुई है? **SSC CHSL (Tier I) 27/05/2022 Shift-I**

(a) 12% की वृद्धि (b) 2% की कमी
(c) 18% की कमी (d) 12% की कमी

269. किसी विश्वविद्यालय के वाणिज्य पाठ्यक्रम में प्रवेश लेने वाले छात्रों की संख्या में प्रति वर्ष 5 % की वृद्धि होती है। यदि वर्तमान में उस पाठ्यक्रम में प्रवेश लेने वाले छात्रों की संख्या 2400 है, तो तीन वर्षों के बाद, प्रवेश लेने वाले छात्रों की संख्या कितनी होगी (निकटतम पूर्णांक में) **SSC CHSL (Tier I) 27/05/2022 Shift-I**

(a) 2775 (b) 2770 (c) 2780 (d) 2778

270. रीना का 24% वेतन, सुनीता के 38% वेतन के बराबर है। वीना का वेतन, रीना और सुनीता के कुल वेतन का दो-तिहाई है। यदि वीना का वेतन ₹ 62000 है, तो सुनीता का वेतन ज्ञात करें। **SSC CHSL (Tier I) 12/08/2021 Shift-III**

(a) ₹ 36000 (b) ₹ 35000
(c) ₹ 32000 (d) ₹ 38000

271. एक व्यक्ति अपनी आय का 25% बचत करता है। अगर उसकी आय में 20% की वृद्धि हो जाती है और उसकी बचत समान रहती है, तो उसके व्यय में कितने प्रतिशत की वृद्धि हुई? **SSC CHSL (Tier I) 10/08/2021 Shift-I**

(a) $26\frac{2}{3}$ (b) 26
(c) 20 (d) 30

272. A, B का 150% और B, C का 40% है। यदि $A + B + C = 20$ है, तो $2B + 3C - 4A$ का मान ज्ञात कीजिए। **SSC CHSL (Tier I) 04/08/2021 Shift-I**

(a) 16 (b) 15
(c) 20 (d) 14

273. एक संख्या और इसके तीन-पाँचवें (3/5वें) भाग के मध्य अन्तर 274 है। उस संख्या का 20% ज्ञात कीजिए। **SSC CHSL (Tier I) 19/04/2021 Shift-III**

(a) 144 (b) 150
(c) 165 (d) 137

274. यदि 480 का 25% + 500 का 30% + 90 का x% = 900 का 35% है, तो x का मान ज्ञात कीजिए। **SSC CHSL (Tier I) 12/04/2021 Shift-II**

(a) 45 (b) 40
(c) 55 (d) 50

SSC MTS 2024

275. यदि किसी भिन्न का अंश 12% बढ़ जाता है और उसका हर 8% कम हो जाता है, तो भिन्न का मान $\frac{56}{69}$ हो जाता है। मूल भिन्न ज्ञात कीजिए। **SSC MTS 14/11/2024 Shift-III**

(a) $\frac{4}{3}$ (b) $\frac{3}{2}$ (c) $\frac{3}{4}$ (d) $\frac{2}{3}$

276. आर्यन की लम्बाई 120 सेमी थी। 1 वर्ष बाद, उसकी लम्बाई 15% बढ़ जाती है और अगले 1 वर्ष में, उसकी लम्बाई 16% बढ़ जाती है। दूसरे वर्ष के अन्त में आर्यन की लम्बाई (सेमी में) क्या होगी? **SSC MTS 13/11/2024 Shift-III**

(a) 150.56 (b) 138
(c) 160.08 (d) 161.08

277. एक चुनाव में गीता और श्यामा केवल दो प्रत्याशी थीं। गीता को कुल मतों का 15% प्राप्त हुआ तथा श्यामा को 8700 मत प्राप्त हुए। 60% मतदाताओं ने दोनों प्रत्याशियों में से किसी को भी मत नहीं दिया। यह मानते हुए कि डाले गए सभी मत वैध थे, श्यामा को प्राप्त मतों का कुल प्रतिशत ज्ञात कीजिए। **SSC MTS 12/11/2024 Shift-III**

(a) 25% (b) 23% (c) 22% (d) 24%

278. एक व्यक्ति के वेतन में 20% की कमी होती है। उसके कम किए गए वेतन में कितने प्रतिशत की वृद्धि करनी चाहिए ताकि उसे उसके मूल वेतन के बराबर लाया जा सके? **SSC MTS 19/11/2024 Shift-III**

(a) 20% (b) 30% (c) 25% (d) 22%

279. यदि मोहन की आय अरविन्द की आय से 20% कम है, तो अरविन्द की आय मोहन की आय से कितने प्रतिशत अधिक है? **SSC MTS 04/11/2024 Shift-III**

(a) 30% (b) 15%
(c) 25% (d) 20%

280. यदि किसी वस्तु की कीमत में क्रमशः 10% और 20% की वृद्धि होती है, तो इसकी कीमत में निवल प्रतिशत वृद्धि/कमी क्या है, यदि इसमें 25% की कमी और की जाए? **SSC MTS 30/10/2024 Shift-III**

(a) 5% की कमी (b) 1% की वृद्धि
(c) 1% की कमी (d) 5% की वृद्धि

281. एक आदमी के प्रतिदिन काम के घण्टों में 10% की वृद्धि कर दी गई और उसके प्रति घण्टा वेतन में 5% की वृद्धि कर दी गई। उसकी दैनिक आय (daily earnings) में कितने प्रतिशत की वृद्धि हुई। **SSC MTS 29/10/2024 Shift-III**

(a) 15.5% (b) 10.3%
(c) 5% (d) 12.2%

282. एक वस्तु की कीमत 40% कम हो जाती है और इसकी बिक्री 80% बढ़ जाती है। आमदनी पर इसका निवल प्रभाव ज्ञात कीजिए। **SSC MTS 23/10/2024 Shift-II**

(a) 10% कमी (b) 10% वृद्धि
(c) 8% वृद्धि (d) 8% कमी

283. राजीव अपनी मासिक आय का 75% बचत करता है। यदि उसका मासिक व्यय ₹ 37500 है, तो उसकी मासिक बचत (₹ में) .... है। **SSC MTS 22/10/2024 Shift-II**

(a) ₹ 112500 (b) ₹ 110500
(c) ₹ 120250 (d) ₹ 111500

284. किसी वस्तु की कीमत में 20% और फिर 25% की वृद्धि की जाती है। शुरुआती कीमत पर वापस आने के लिए बढ़ी हुई कीमत को कितने प्रतिशत कम किया जाना चाहिए?
SSC MTS 21/10/2024 Shift-II
(a) $22\frac{1}{2}$% (b) 45% (c) 25% (d) $33\frac{1}{3}$%

285. एक चुनाव में दो प्रत्याशियों भारती और मान्या को 750 मत मिले। भारती ने मान्या को 16% मतों से हराया। यदि कोई भी अवैध मत नहीं डाला गया था, तो मान्या को कितने मत मिले?
SSC MTS 18/10/2024 Shift-II
(a) 315 (b) 335
(c) 120 (d) 430

286. जब एक लैपटॉप के मूल्य में 15% की कमी कर दी जाती है, तो उसकी बिक्री में 10% की वृद्धि हो जाती है। बिक्री पर निवल प्रभाव कितना पड़ा?
SSC MTS 17/10/2024 Shift-II
(a) 3.5% की वृद्धि
(b) 3.5% की कमी
(c) 6.5% की वृद्धि
(d) 6.5% की कमी

287. अनिरुद्ध, किसी कम्पनी के शेयरों में ₹ 15000 का निवेश करता है। एक दिन शेयर में 15% की वृद्धि होती है और दूसरे दिन 10% की गिरावट होती है। अनिरुद्ध के निवेश का वर्तमान मूल्य (₹ में) कितना है?
SSC MTS 16/10/2024 Shift-II
(a) 15525 (b) 15500
(c) 15450 (d) 15750

288. एक निवेश में पहले महीने में 15% की वृद्धि होती है, दूसरे महीने में 20% की वृद्धि होती है और फिर तीसरे महीने में 10% की कमी होती है। यदि प्रारम्भिक निवेश ₹ 5000 था, तो अन्तिम राशि (₹ में) ज्ञात कीजिए।
SSC MTS 15/10/2024 Shift-I
(a) 6210 (b) 6420
(c) 6602 (d) 6340

289. एक छात्रावास में लड़कों और लड़कियों की संख्या का अनुपात 5 : 7 है। यदि 40% लड़कों और 50% लड़कियों को उनकी पढ़ाई के लिए छात्रवृत्ति मिल रही है, तो छात्रावास के उन विद्यार्थियों का प्रतिशत क्या है, जिन्हें कोई छात्रवृत्ति नहीं मिल रही है?
SSC MTS 14/10/2024 Shift-I
(a) $35\frac{1}{7}$% (b) $45\frac{1}{5}$%
(c) $59\frac{1}{8}$% (d) $54\frac{1}{6}$%

290. यदि दो संख्याएँ, तीसरी संख्या से क्रमश: 6.25% और 25% अधिक हैं, तो पहली संख्या, दूसरी संख्या की कितने प्रतिशत है?
SSC MTS 14/10/2024 Shift-I
(a) 85% (b) 95%
(c) 90% (d) 80%

291. 2016 में रेफ्रिजरेटर की कीमत में 5% की वृद्धि हुई और 2017 में इसमें 5% की कमी आई। वर्ष 2017 के अन्त में इसकी कीमत ₹ 47880 थी। वर्ष 2016 की शुरुआत में इसकी कीमत क्या थी?
SSC MTS 09/10/2024 Shift-I
(a) ₹ 54050 (b) ₹ 48560
(c) ₹ 48000 (d) ₹ 46000

292. एक कम्प्यूटर के मूल्य में पहले वर्ष 10% की वृद्धि होती है, दूसरे वर्ष 5% की कमी हो जाती है और तीसरे वर्ष में 8% की वृद्धि होती है। यदि वास्तविक मूल्य ₹ 50000 था, तो अन्तिम मूल्य (₹ में) ज्ञात कीजिए। SSC MTS 08/10/2024 Shift-I
(a) 56430 (b) 55100
(c) 55830 (d) 54120

293. विद्यार्थी परिषद के चुनाव में तीन प्रत्याशी थे। सभी मतदाताओं ने मतदान में भाग लिया और 10% मत अवैध घोषित कर दिए गए। प्रत्याशियों को 8 : 7 : 5 के अनुपात में मत मिले। यदि सूची में दूसरे उम्मीदवार को 4725 मत मिले, तो वैध मतों की कुल संख्या क्या है?
SSC MTS 07/10/2024 Shift-I
(a) 11500 (b) 10000
(c) 9000 (d) 13500

SSC MTS 2023-2021

294. एक परिवार अपनी मासिक आय का 20% घर के किराए पर खर्च करता है। शेष राशि में से परिवार 50% घरेलू खर्च और 20% बच्चों की शिक्षा पर खर्च करता है। यदि ऐसा करने के बाद परिवार की मासिक बचत ₹ 6600 है, तो परिवार की कुल मासिक आय कितनी है?
SSC MTS 13/09/2023 Shift-I
(a) ₹ 27500 (b) ₹ 30000
(c) ₹ 28000 (d) ₹ 25000

295. एक बिस्तर के मूल्य में पहले 32% की वृद्धि की जाती है और बाद में बिक्री में कमी के कारण इसके मूल्य में 20% की कमी की जाती है। बिस्तर के अन्तिम मूल्य में निवल प्रतिशत परिवर्तन ज्ञात कीजिए।
SSC MTS 11/09/2023 Shift-II
(a) 5.6% (b) 4.9% (c) 6.2% (d) 7.5%

296. यदि रीता के वेतन में पहले वर्ष में 5% और अगले वर्ष में 2% की वृद्धि होती है, तो दो वर्ष बाद उसके वेतन में निवल प्रतिशत वृद्धि कितनी है?
SSC MTS 11/09/2023 Shift-I
(a) 8.1% (b) 5.1% (c) 6.1% (d) 7.1%

297. एक कम्पनी की आय में 25% की वार्षिक वृद्धि होती है। यदि वर्ष 1999 में कम्पनी की आय ₹ 2664000 है, तो वर्ष 1997 में उसकी आय क्या थी? SSC MTS 08/09/2023 Shift-II
(a) ₹ 1550000 (b) ₹ 1704960
(c) ₹ 1650000 (d) ₹ 1750000

298. A अपनी दैनिक आय का 20% खर्च करता है। यदि व्यय ₹ 250 है, तो उसकी दैनिक आय कितनी होगी? SSC MTS 06/09/2023 Shift-I
(a) ₹ 2500 (b) ₹ 800 (c) ₹ 1500 (d) ₹ 1250

299. एक स्कूल में छात्रों की संख्या में प्रत्येक एकान्तर वर्ष में 20% की वृद्धि और कमी होती है। यह वर्ष 2015 में वृद्धि के साथ शुरू हुई और शुरुआत में छात्रों की संख्या 3000 थी। वर्ष 2017 में स्कूल में छात्रों की संख्या और छात्रों की संख्या में वृद्धि का प्रतिशत क्रमश: ज्ञात कीजिए। SSC MTS 05/09/2023 Shift-II
(a) 4556, 17.2% (b) 3556, 16.2%
(c) 3456, 15.2% (d) 4456, 14.2%

300. विक्रम अपने मासिक वेतन का 13% बचाता है। यदि उसका मासिक व्यय ₹ 5220 है, तो उसकी मासिक बचत कितनी है?
SSC MTS 04/09/2023 Shift-II
(a) ₹ 580 (b) ₹ 680
(c) ₹ 349 (d) ₹ 780

301. X की आय, Y की आय से 12% अधिक है। Y की आय, X की आय से कितने प्रतिशत कम है? SSC MTS 01/09/2023 Shift-III
(a) $10\frac{2}{7}$% (b) $10\frac{4}{7}$% (c) $10\frac{3}{7}$% (d) $10\frac{5}{7}$%

302. दो संख्याएँ A और B इस प्रकार हैं कि A के 6% और B के 4% का योग, A के 7% और B के 11% के योग का $\frac{2}{5}$ है, तो अनुपात A : B का मान क्या है?
SSC MTS 01/09/2023 Shift-I
(a) 1 : 7 (b) 5 : 8
(c) 1 : 8 (d) 3 : 7

303. यदि पहली संख्या, तीसरी संख्या से 20% कम है तथा दूसरी और तीसरी संख्या का अनुपात 7:10 है, तो पहली और तीसरी संख्या का औसत, दूसरी संख्या से कितने प्रतिशत अधिक है? SSC MTS 01/09/2023 Shift-I
(a) $26\frac{4}{7}$ (b) $28\frac{2}{7}$ (c) $24\frac{2}{7}$ (d) $28\frac{4}{7}$

304. Q प्राप्त करने के लिए P में क्रमश: 15% और 20% की वृद्धि की जाती है। यदि P = 200 है, तो Q का मान क्या होगा?
SSC MTS 15/07/2022 Shift-I
(a) 284 (b) 292 (c) 276 (d) 266

305. 2 उम्मीदवारों के बीच एक चुनाव में विजयी उम्मीदवार को 2940 वैध मत प्राप्त होते हैं, जबकि पराजित उम्मीदवार को वैध मतों का 40% प्राप्त होता है। यदि डाले गए मतों का 2% अवैध घोषित कर दिया गया, तो डाले गए मतों की कुल संख्या कितनी है?
SSC MTS 15/07/2022 Shift-I
(a) 4500 (b) 6000
(c) 5500 (d) 5000

306. एक टोपी के मूल्य में 15% की वृद्धि की जाती है। यदि इसके परिणामस्वरूप टोपी के मूल्य में ₹ 27 की वृद्धि होती है, तो टोपी का बढ़ा हुआ मूल्य कितना है? **SSC MTS 14/07/2022 Shift-I**
(a) ₹ 170 (b) ₹ 207
(c) ₹ 180 (d) ₹ 197

307. रवि की मासिक आय ₹ 16000 है। वह अपनी आय का 30% घर के किराये पर, अपनी आय का 20% शिक्षा पर, शेष का 60% म्यूचुअल फण्ड में निवेश करता है। वह एक माह में कितना धन म्यूचुअल फण्ड में निवेश करता है? **SSC MTS 14/07/2022 Shift-I**
(a) ₹ 4500 (b) ₹ 4200
(c) ₹ 4800 (d) ₹ 5000

308. अंजलि ने अपने वेतन का 45% खरीददारी पर खर्च करने का फैसला किया। अपनी खरीददारी पूरी होने पर, उसने महसूस किया कि उसने केवल ₹ 11475 खर्च किए थे, जो कि उसके द्वारा खर्च किए जाने के निर्णय के 60% ही थे। अंजलि का वेतन कितना है? **SSC MTS 13/07/2022 Shift-I**
(a) ₹ 29600 (b) ₹ 42500
(c) ₹ 38400 (d) ₹ 40800

309. यदि 480 के 12.5% का $E\% = 72$ है, तो E का मान क्या होगा? **SSC MTS 13/07/2022 Shift-I**
(a) 120 (b) 95 (c) 110 (d) 105

310. 900 कर्मचारियों वाले एक कार्यालय में, किसी विशेष दिन, 10% महिला कर्मचारियों को छोड़कर सभी कर्मचारी मौजूद थे। अगले दिन 8 % पुरुष कर्मचारियों को छोड़कर सभी कर्मचारी मौजूद थे। इन दोनों दिनों में से प्रत्येक में उपस्थित कर्मचारियों की संख्या समान थी। इस कार्यालय में पुरुष कर्मचारियों की कुल संख्या ज्ञात कीजिए। **SSC MTS 12/07/2022 Shift-I**
(a) 450 (b) 550
(c) 800 (d) 500

311. यदि एक शहर की वर्तमान जनसंख्या 12,000 है और जनसंख्या में प्रतिवर्ष 10% की दर से वृद्धि हो रही है, तो 3 वर्ष बाद उस शहर की जनसंख्या कितनी होगी? **SSC MTS 12/07/2022 Shift-I**
(a) 12200 (b) 11200
(c) 15972 (d) 10200

312. $600 - A = 200$ का 65% है। A का मान ज्ञात कीजिए। **SSC MTS 11/07/2022 Shift-I**
(a) 490 (b) 470
(c) 450 (d) 460

313. CONSONANT शब्द में स्वरों की संख्या का प्रतिशत, इसमें व्यंजनों की संख्या के प्रतिशत से कितने प्रतिशत कम है? **SSC MTS 02/11/2021 Shift-III**
(a) 200 (b) 33.33
(c) 66.67 (d) 50

314. जब चीनी के मूल्य में 50% की वृद्धि होती है, तो एक व्यक्ति चीनी पर अपने व्यय को केवल 25% बढ़ाता है। उसे चीनी के उपभोग में कितने प्रतिशत (दशमलव के दो स्थानों तक) की कमी करनी होगी? **SSC MTS 02/11/2021 Shift-II**
(a) 15.75% (b) 12.75%
(c) 11.54% (d) 16.67%

SSC GD Constable 2024

315. यदि A_1, A_2 से 19 गुना अधिक है, तो A_2, A_1 से कितने प्रतिशत कम है? **SSC GD 26/02/2024 Shift-I**
(a) 105% (b) 85% (c) 95% (d) 100%

316. L की आय, M की आय से 30% अधिक है और M की आय, N की आय से 20% अधिक है। N की आय, L की आय से (लगभग) कितने प्रतिशत कम है? **SSC GD 26/02/2024 Shift-I**
(a) 44% (b) 36%
(c) 39% (d) 32%

317. यदि A का A प्रतिशत 9604 है, तो A का मान क्या है? **SSC GD 24/02/2024 Shift-II**
(a) 1020 (b) 980
(c) 880 (d) 920

318. जब किसी संख्या में क्रमिक रूप से 10%, 15% तथा 56% की कमी की जाती है, तो वह संख्या 20196 हो जाती है। वह संख्या क्या है? **SSC GD 24/02/2024 Shift-II**
(a) 80000 (b) 60000
(c) 40000 (d) 50000

319. 40 विद्यार्थियों की एक कक्षा में 30 लड़कियाँ हैं। कक्षा में लड़कों का प्रतिशत कितना है? **SSC GD 24/02/2024 Shift-I**
(a) 13% (b) 25% (c) 24% (d) 18%

320. कार का मूल्य 50% की वार्षिक दर से घटता है। यदि इसका वर्तमान मूल्य ₹ 75000 है, तो 3 वर्ष पहले इसका मूल्य क्या था? **SSC GD 24/02/2024 Shift-I**
(a) ₹ 750000 (b) ₹ 600000
(c) ₹ 300000 (d) ₹ 450000

321. एक आदमी अपनी आय का 58% खर्च करता है। उसकी आय में 30% की वृद्धि की जाती है और उसके व्यय में भी 25% की वृद्धि की जाती है। उसकी बचत में होने वाली वृद्धि का प्रतिशत ज्ञात कीजिए। **SSC GD 23/02/2024 Shift-IV**
(a) 55.7% (b) 36.9%
(c) 66.2% (d) 42.5%

322. एक कक्षा में, 38% लड़के हैं और लड़कियों की संख्या 31 है। कक्षा में लड़कों की संख्या कितनी है? **SSC GD 23/02/2024 Shift-IV**
(a) 15 (b) 17
(c) 16 (d) 19

323. एक कार का प्रारम्भिक मूल्य ₹150000 है। कार के मूल्य में प्रत्येक वर्ष उसके प्रारम्भिक मूल्य से 20% की कमी होती है। 2 वर्ष के बाद इसका मूल्य कितना होगा? **SSC GD 23/02/2024 Shift-IV**
(a) ₹ 84000 (b) ₹ 82000
(c) ₹ 78000 (d) ₹ 96000

324. मोनिल की मासिक आय में 18% की कमी हो जाती है। उसकी मासिक आय में लगभग कितने प्रतिशत की वृद्धि होनी चाहिए ताकि वह फिर से उसकी वास्तविक मासिक आय के बराबर हो जाए? **SSC GD 23/02/2024 Shift-III**
(a) 22% (b) 18% (c) 15% (d) 20%

325. यदि P, Q से 15% कम है, तो Q, P से कितने प्रतिशत अधिक है? **SSC GD 23/02/2024 Shift-II**
(a) 15.46% (b) 18.44%
(c) 16.64% (d) 17.64%

326. एक परीक्षा में नवीन को 21% अंक प्राप्त हुए और वह 25 अंकों से अनुत्तीर्ण हो गया। यदि उसे 46% अंक मिलते हैं, तो वह 5 अंकों से अनुत्तीर्ण हो जाता है। परीक्षा के अधिकतम अंक कितने है? **SSC GD 23/02/2024 Shift-II**
(a) 60 (b) 100 (c) 120 (d) 80

327. किसी निश्चित राशि से 10% घटाने और शेष राशि से 70% घटाने पर 1188 बचता है। वह राशि कितनी थी? **SSC GD 23/02/2024 Shift-I**
(a) 3300 (b) 5500 (c) 2200 (d) 4400

328. 21.84 के 66.67% के 7.14% का मान कितना है? **SSC GD 22/02/2024 Shift-IV**
(a) 1.04 (b) 1.07 (c) 2.02 (d) 1.09

329. किसी वस्तु पर लगाए गए कर में 17 % की कमी की जाती है और उसकी खपत में 17 % की वृद्धि होती है। राजस्व में प्रतिशत परिवर्तन ज्ञात कीजिए। **SSC GD 22/02/2024 Shift-IV**
(a) 17% की वृद्धि (b) 2.89 % की वृद्धि
(c) 17 % की कमी (d) 2.89 % की कमी

330. एक कक्षा में 40% लड़के हैं और लड़कियों की संख्या 54 है। कक्षा में लड़कों की संख्या कितनी है? **SSC GD 22/02/2024 Shift-II**
(a) 34 (b) 33 (c) 36 (d) 37

331. X, Y और Z तीन छात्र हैं। X को Y से 40% अधिक और Z से 20% कम अंक प्राप्त हुए हैं। यदि Y को 480 अंक प्राप्त हुए, तो Z को कितने अंक प्राप्त हुए हैं? **SSC GD 22/02/2024 Shift-II**
(a) 820 (b) 840 (c) 800 (d) 850

332. यदि P का $P\%$, 225 है, तो P^2 का मान कितना है? **SSC GD 22/02/2024 Shift-II**
(a) 20500 (b) 20050
(c) 22500 (d) 22550

333. यदि P का 35%, Q के 60% के बराबर है और Q, P का $(z/3)$% है, तो z का मान कितना है? **SSC GD 22/02/2024 Shift-II**
(a) 185 (b) 155 (c) 175 (d) 165

334. 1 किग्रा गेहूँ के मूल्य में 50% की वृद्धि हुई है और वृद्धि ₹ 25 है। प्रति किलोग्राम गेहूँ का नया मूल्य क्या है? **SSC GD 22/02/2024 Shift-I**
(a) ₹ 45 (b) ₹ 75 (c) ₹ 60 (d) ₹ 55

335. एक निश्चित शहर की जनसख्या में पहले वर्ष में 5% और दूसरे वर्ष में 8% की वृद्धि होती है। जनसंख्या में कुल प्रतिशत वृद्धि कितनी है? **SSC GD 21/10/2024 Shift-IV**
(a) 15.2% (b) 13.4%
(c) 13.0% (d) 18.3%

336. 2022 में, शहर A की जनसंख्या 62500 थी। एक वर्ष बाद शहर A की जनसंख्या बढ़कर 75000 हो गई। जनसंख्या में प्रतिशत वृद्धि कितनी है? **SSC GD 21/10/2024 Shift-IV**
(a) 25% (b) 15% (c) 30% (d) 20%

337. यदि किसी घड़ी का वास्तविक मूल्य ₹ 500 है और इसमें पहले 10% की वृद्धि की जाती है, फिर 15% की कमी की जाती है, तो घड़ी का अन्तिम मूल्य कितना है? **SSC GD 21/02/2024 Shift-III**
(a) ₹ 405.67 (b) ₹ 456.70
(c) ₹ 467.50 (d) ₹ 476.60

338. किसी संख्या का 27% उसी संख्या के 13% से 56 अधिक है। संख्या का मान कितना है? **SSC GD 21/02/2024 Shift-III**
(a) 360 (b) 420
(c) 380 (d) 400

339. A में पहले 20% की वृद्धि की जाती है और फिर उसमें 30% की कमी की जाती है। A का अन्तिम मान, A के प्रारम्भिक मान का कितना प्रतिशत है? **SSC GD 21/02/2024 Shift-II**
(a) 156% (b) 74%
(c) 94% (d) 84%

340. यदि U को V से 5% अधिक अंक मिलते हैं, तो V के अंक U के अंकों से कितने प्रतिशत कम हैं? **SSC GD 21/02/2024 Shift-II**
(a) 2.7% (b) 5.7%
(c) 3.7% (d) 4.7%

341. 512 का 64% + 215 का 46% का मान कितना है? **SSC GD 21/02/2024 Shift-I**
(a) 428.58 (b) 426.58
(c) 424.58 (d) 427.58

342. एक मूवी टिकट के मूल्य में 18% की वृद्धि की गई। टिकट के मूल्य में वृद्धि होने से दर्शकों की संख्या 25% कम हो गई। आय पर कितना प्रभाव पड़ेगा? **SSC GD 20/02/2024 Shift-III**
(a) 11.5% की कमी (b) 9.5% की कमी
(c) 10% की वृद्धि (d) 14% की कमी

343. यदि किसी ड्रेस का मूल्य ₹ 800 से घटाकर ₹ 720 कर दिया जाता है, तो ड्रेस के मूल्य में हुई प्रतिशत कमी कितनी है? **SSC GD 20/02/2024 Shift-III**
(a) 6% (b) 9% (c) 10% (d) 8%

344. किसी संख्या के 20% का 25%, 250 के बराबर है। उस संख्या का 35% कितना है? **SSC GD 20/02/2024 Shift-II**
(a) 1650 (b) 1750 (c) 1570 (d) 1560

345. एक विद्यार्थी ने एक परीक्षा में 75% अंक प्राप्त किए और उसे 60% अंक प्राप्त करने वाले दूसरे विद्यार्थी के अंक से 30 अंक अधिक प्राप्त हुए। परीक्षा के अधिकतम अंक कितने हैं? **SSC GD 20/02/2024 Shift-I**
(a) 150 (b) 200 (c) 120 (d) 100

346. एक परीक्षा में, उपस्थित होने वाले विद्यार्थियों की कुल संख्या में से 93% विद्यार्थी उत्तीर्ण हुए और 9275 विद्यार्थी अनुत्तीर्ण रहे। परीक्षा में उपस्थित होने वाले विद्यार्थियों की कुल संख्या कितनी है? **SSC GD 20/02/2024 Shift-I**
(a) 132550 (b) 135550
(c) 132500 (d) 135500

SSC GD Constable 2023

347. एक गाँव की जनसंख्या में पहले वर्ष में 5% की वृद्धि होती है और दूसरे वर्ष में यह 5% घट जाती है। दूसरे वर्ष के अन्त में इसकी जनसंख्या 9975 थी। पहले वर्ष की शुरुआत में जनसंख्या कितनी थी? **SSC GD 13/02/2023 Shift-IV**
(a) 9500 (b) 10500
(c) 9000 (d) 10000

348. दो उम्मीदवारों के बीच एक चुनाव में, 80% मतदाताओं ने अपना मत दिया, जिसमें से 5% मत अवैध घोषित कर दिए गए। एक उम्मीदवार को 285000 मत मिले जो कुल वैध मतों का 75% था। उस चुनाव के लिए नामांकित मतदाताओं की कुल संख्या कितनी थी? **SSC GD 13/02/2023 Shift-II**
(a) 550000 (b) 500000
(c) 450000 (d) 400000

349. किसी गाँव की जनसंख्या 68000 है। इसमें पहले वर्ष में 5 प्रतिशत की दर से वृद्धि होती है और अगले 2 वर्ष में 10 प्रतिशत वार्षिक दर से कमी होती है। 3 वर्ष बाद गाँव की जनसंख्या कितनी होगी? **SSC GD 09/02/2023 Shift-II**
(a) 62823 (b) 57834
(c) 60832 (d) 56840

350. जब किसी संख्या के 40 प्रतिशत में से 40 घटाया जाता है तो शेषफल 40 प्राप्त होता है। वह संख्या ज्ञात करें। **SSC GD 09/02/2023 Shift-II**
(a) 100 (b) 150
(c) 300 (d) 200

351. एक संख्या के 110% और समान संख्या के 94.5% के बीच का अन्तर 34.1 है। वास्तविक संख्या क्या है? **SSC GD 09/02/2023 Shift-II**
(a) 134 (b) 220 (c) 190 (d) 110

352. यदि y का $x\%$, 90 के $\frac{2}{3}$ के बराबर है, तो xy का मान .... है। **SSC GD 09/02/2023 Shift-I**
(a) 60 (b) 100 (c) 90 (d) 6000

353. एक मोटरबाइक के मूल्य में प्रतिवर्ष 10% का ह्रास होता है। यदि मोटरबाइक का वर्तमान मूल्य ₹ 1,00,000 है, तो 36 महीने बाद इसका मूल्य (₹ में) क्या होगा? **SSC GD 08/02/2023 Shift-I**
(a) 70900 (b) 72900 (c) 71900 (d) 73900

354. एक सरकारी कर्मी अपनी आय का 76% खर्च कर देता है। यदि उसकी आय में 14% की वृद्धि हो और उसके खर्च में 10% की वृद्धि हो, तो उसकी बचत की वृद्धि-प्रतिशत (दशमलव के 2 स्थान तक शुद्ध) ज्ञात कीजिए। **SSC GD 08/02/2023 Shift-I**
(a) 26.67% (b) 27.66%
(c) 28.33% (d) 24.33%

355. एक मकान का वर्तमान मूल्य ₹ 4640000 है। यदि इसके मूल्य में 5% प्रतिवर्ष की दर से अवमूल्यन होता है, तो 3 वर्ष बाद मकान का मूल्य क्या होगा? **SSC GD 07/02/2023 Shift-I**
(a) ₹ 3978220 (b) ₹ 4408000
(c) ₹ 4187600 (d) ₹ 4070520

356. एक पेण्टिंग की कीमत ₹ 140000 से बढ़कर ₹ 182000 हो गई। पेण्टिंग की कीमत में प्रतिशत वृद्धि है **SSC GD 07/02/2023 Shift-I**
(a) 50 प्रतिशत (b) 10 प्रतिशत
(c) 30 प्रतिशत (d) 40 प्रतिशत

357. यदि चाय के मूल्य में 20% की वृद्धि की जाती है, तो चाय की खपत में कितने प्रतिशत की कमी की जानी चाहिए, ताकि चाय पर खर्च में वृद्धि न हो? **SSC GD 07/02/2023 Shift-I**
(a) $16\frac{2}{3}\%$ (b) $33\frac{2}{3}\%$
(c) 20% (d) 25%

358. एक शहर में 12000 मतदाता हैं। उनमें से 30% ने A को, 25% ने B और 40% ने C को मत दिया। उन मतदाताओं की संख्या निर्धारित कीजिए, जिन्होंने इन तीन उम्मीदवारों में से किसी को भी मत नहीं दिया। **SSC GD 06/02/2023 Shift-I**
(a) 500 (b) 800 (c) 400 (d) 600

359. 2010 में एक देश की जनसंख्या 256080000 थी। 2020 तक जनसंख्या में 10 प्रतिशत की वृद्धि हो गई थी। 2020 में जनसंख्या है **SSC GD 02/02/2023 Shift-I**
(a) 275040000 (b) 281688000
(c) 266050000 (d) 291475000

360. एक गाँव की वर्तमान जनसंख्या 50,000 है। शहरों की ओर पलायन के कारण जनसंख्या में प्रतिवर्ष 5% की दर से कमी आती है। 2 वर्ष के बाद गाँव की जनसंख्या ज्ञात कीजिए।

SSC GD 02/02/2023 Shift-I

(a) 45125 (b) 48475
(c) 41525 (d) 44875

361. एक मोबाइल की कीमत में पहले क्रमिक रूप से 5%, 2% की कमी होती है और उसके बाद कीमत में क्रमिक रूप से क्रमश: 10%, 20% की वृद्धि होती है। मोबाइल की कीमत में अन्तिम परिवर्तन क्या है?

SSC GD 01/02/2023 Shift-I

(a) $22\frac{223}{250}\%$ (b) $22\frac{123}{250}\%$
(c) $17\frac{153}{250}\%$ (d) $21\frac{113}{250}\%$

362. वर्तमान जन्म दर प्रति दस हजार 450 है, जबकि संगत मृत्यु दर प्रति दस हजार 120 है। प्रतिशत में जनसंख्या वृद्धि के सन्दर्भ में शुद्ध संवृद्धि दर ज्ञात करें। **SSC GD 01/02/2023 Shift-I**

(a) 3% (b) 3.3% (c) 2.3% (d) 2%

363. दो व्यक्तियों A और B के भार का अनुपात क्रमश: 5 : 3 हैं यदि A के भार में 5% की वृद्धि हो जाए और A और B का कुल भार 15% बढ़कर 92 किग्रा हो जाए, तो B के भार में हुई प्रतिशत-वृद्धि (दशमलव के 2 स्थान तक शुद्ध) ज्ञात कीजिए। **SSC GD 01/02/2023 Shift-I**

(a) 31.67 प्रतिशत (b) 36.66 प्रतिशत
(c) 32.66 प्रतिशत (d) 30.66 प्रतिशत

364. एक कॉलेज में दो कोर्स होते हैं। एम.कॉम. में 500 में से 450 छात्र पास हुए, जबकि एम.ए. में 2000 छात्रों में से 1500 छात्र पास हुए। कॉलेज का संयुक्त पास प्रतिशत क्या है?

SSC GD 01/02/2023 Shift-I

(a) 76.75% (b) 75.5%
(c) 78% (d) 79%

SSC Selection Post 2024-2022

365. रोशन के पास एक भूखण्ड है जिसका क्षेत्रफल सुसान के स्वामित्व वाले भूखण्ड के क्षेत्रफल से 20% अधिक है, जबकि जैकब के स्वामित्व वाले भूखण्ड का क्षेत्रफल रोशन के स्वामित्व वाले भूखण्ड के क्षेत्रफल से 30% अधिक है। यदि सुसान के भूखण्ड का क्षेत्रफल 1250 वर्ग फुट था, तो जैकब के स्वामित्व वाले भूखण्ड का क्षेत्रफल (वर्ग फुट में) कितना था?

Matric Level 20/06/2024 Shift-IV

(a) 1875 (b) 1950 (c) 2050 (d) 2020

366. दो उम्मीदवारों के बीच हुए एक चुनाव में, 75% मतदाताओं ने अपने मत डाले, जिनमें से 4% मत अवैध घोषित कर दिए गए। एक उम्मीदवार को 9504 मत प्राप्त हुए, जो वैध मतों के 80% थे। उस चुनाव में नामांकित मतों की कुल संख्या ज्ञात कीजिए। **Matric Level 20/06/2024 Shift-IV**

(a) 12672 (b) 13200
(c) 16500 (d) 12375

367. एक चुनाव में, केवल दो उम्मीदवार थे। 12% मतदाताओं ने मत नहीं डाला। विजयी उम्मीदवार ने कुल मतों का 60% प्राप्त करके अपने विरोधी उम्मीदवार को 1200 मतों से हराया। कुल मतों की संख्या ज्ञात कीजिए।

Graduate Level 20/06/2024 Shift-III

(a) 5730 (b) 3750
(c) 4000 (d) 3570

368. अनीता अपनी आय का 20% बचाती है। यदि उसकी आय में 30% की वृद्धि होती है और वह अपनी नई आय का 25% बचाती है, तो उसकी वास्तविक बचत में कितने प्रतिशत की वृद्धि होगी? **Higher Secondary Level 20/06/2024 Shift-II**

(a) 62.50% (b) 83%
(c) 70% (d) 62.20%

369. दो उम्मीदवारों के बीच हुए एक चुनाव में, पहले उम्मीदवार को कुल वैध मतों के 75% मत मिलते हैं। यदि 248000 मतों में से 20% मत अमान्य हैं, तो दूसरे उम्मीदवार के पक्ष में कितने मत पड़े?

Higher Secondary Level 20/06/2024 Shift-II

(a) 46800 (b) 49600
(c) 56600 (d) 53800

370. यदि किसी संख्या के 20% को, दूसरी संख्या से घटाया जाता है और दूसरी संख्या घटकर 70% हो जाती है, तो पहली संख्या और दूसरी संख्या का अनुपात क्या होगा?

Matric Level 27/06/2023 Shift-I

(a) 3 : 2 (b) 4 : 3
(c) 2 : 3 (d) 3 : 4

371. वेंकट अपनी आय का 65% खर्च करता है और प्रतिमाह ₹ 1100 बचाने में सक्षम हैं। उसका मासिक खर्च (दो दशमलव अंक तक सही) ज्ञात कीजिए। **Matric Level 27/06/2023 Shift-I**

(a) ₹ 2402.85 (b) ₹ 2042.85
(c) ₹ 2240.85 (d) ₹ 2024.85

372. मतदान करने के लिए पात्र लोगों में से 28% लोग 20 से 25 वर्ष के बीच के हैं। एक चुनाव में मतदान करने के लिए पात्र 20 से 25 वर्ष के बीच की उम्र वाले लोगों में से 75% ने वास्तव में मतदान किया। उस चुनाव में 20 से 25 वर्ष के बीच के व्यक्तियों की संख्या, जिन्होंने वास्तव में मतदान किया था, मतदान हेतु पात्र लोगों की संख्या का कितना प्रतिशत थी?

Graduate Level 01/08/2022 Shift-IV

(a) 28% (b) 25%
(c) 22% (d) 21%

373. एक चुनाव में दो उम्मीदवार राम सिंह और सोहन लाल थे। निर्वाचन क्षेत्र में कुल मतदाताओं की संख्या 80000 थी और कुल मतों का 80% मतदान हुआ था। यदि मतदान किए गए मतों के 60% मत राम सिंह को प्राप्त हुए, तो सोहन लाल को कितने मत प्राप्त हुए?

Higher Secondary Level 01/08/2022 Shift-II

(a) 28000 (b) 26700
(c) 38400 (d) 25600

374. 1894 का 74%, उसी संख्या के 39% से कितने प्रतिशत अधिक है (दशमलव के दो स्थानों तक सही उत्तर दीजिए)?

Higher Secondary Level 01/08/2022 Shift-II

(a) 79.65% (b) 89.74%
(c) 76.65% (d) 83.53%

375. A की आय B की आय से 40% अधिक है और B की आय C की आय से 20% कम है। यदि C की आय ₹ 2500 हो, तो A की आय ज्ञात कीजिए। **Matric Level 01/08/2022 Shift-I**

(a) ₹ 2200 (b) ₹ 2800
(c) ₹ 2700 (d) ₹ 2500

376. रमेश अपने वेतन का 28% बचाता है, जबकि नरेश 32% बचाता है। यदि दोनों को समान वेतन मिलता है और नरेश ₹ 1736 बचाता है, तो रमेश का व्यय कितना है?

Matric Level 01/08/2022 Shift-I

(a) ₹ 4906 (b) ₹ 3906
(c) ₹ 3736 (d) ₹ 4736

377. यदि एक व्यक्ति का वेतन ₹ 200 प्रति दिन से बढ़कर ₹ 234 प्रतिदिन हो जाता है, तो व्यक्ति के वेतन में प्रति दिन कितने प्रतिशत की वृद्धि हुई? **Matric Level 01/08/2022 Shift-I**

(a) 16% (b) 14%
(c) 17% (d) 15%

378. अंजलि का वजन 60 किग्रा है। तीन महीने बाद उसका वजन 20% बढ़ जाता है और अगले तीन महीनों में 25% बढ़ जाता है। छह महीने बाद अंजलि का वजन (किग्रा में) कितना होगा? **Matric Level 01/08/2022 Shift-I**

(a) 80 (b) 75
(c) 100 (d) 90

सही उत्तर

1 (d)	2 (a)	3 (c)	4 (a)	5 (c)	6 (c)	7 (a)	8 (b)	9 (a)	10 (b)
11 (b)	12 (a)	13 (d)	14 (a)	15 (c)	16 (c)	17 (b)	18 (d)	19 (b)	20 (c)
21 (d)	22 (d)	23 (a)	24 (a)	25 (c)	26 (c)	27 (b)	28 (a)	29 (b)	30 (b)
31 (d)	32 (a)	33 (d)	34 (a)	35 (c)	36 (b)	37 (b)	38 (c)	39 (a)	40 (b)
41 (d)	42 (d)	43 (d)	44 (d)	45 (d)	46 (c)	47 (c)	48 (b)	49 (d)	50 (a)
51 (c)	52 (a)	53 (d)	54 (c)	55 (c)	56 (c)	57 (b)	58 (b)	59 (d)	60 (b)
61 (d)	62 (d)	63 (a)	64 (a)	65 (b)	66 (d)	67 (b)	68 (c)	69 (c)	70 (c)
71 (d)	72 (b)	73 (d)	74 (a)	75 (d)	76 (d)	77 (c)	78 (d)	79 (d)	80 (b)
81 (c)	82 (c)	83 (c)	84 (d)	85 (c)	86 (b)	87 (b)	88 (d)	89 (d)	90 (c)
91 (d)	92 (a)	93 (b)	94 (a)	95 (c)	96 (d)	97 (d)	98 (a)	99 (a)	100 (d)
101 (c)	102 (a)	103 (d)	104 (c)	105 (c)	106 (b)	107 (c)	108 (c)	109 (b)	110 (d)
111 (c)	112 (d)	113 (c)	114 (d)	115 (d)	116 (b)	117 (a)	118 (d)	119 (b)	120 (c)
121 (a)	122 (c)	123 (a)	124 (d)	125 (b)	126 (a)	127 (c)	128 (a)	129 (d)	130 (d)
131 (a)	132 (b)	133 (b)	134 (a)	135 (b)	136 (d)	137 (d)	138 (c)	139 (d)	140 (b)
141 (c)	142 (b)	143 (c)	144 (a)	145 (c)	146 (a)	147 (a)	148 (c)	149 (b)	150 (b)
151 (b)	152 (d)	153 (c)	154 (d)	155 (b)	156 (c)	157 (b)	158 (b)	159 (a)	160 (d)
161 (b)	162 (a)	163 (d)	164 (b)	165 (b)	166 (a)	167 (c)	168 (a)	169 (a)	170 (d)
171 (b)	172 (b)	173 (b)	174 (c)	175 (a)	176 (b)	177 (a)	178 (b)	179 (b)	180 (b)
181 (a)	182 (a)	183 (b)	184 (c)	185 (c)	186 (b)	187 (c)	188 (d)	189 (a)	190 (b)
191 (c)	192 (a)	193 (d)	194 (b)	195 (b)	196 (a)	197 (c)	198 (d)	199 (a)	200 (c)
201 (a)	202 (c)	203 (d)	204 (b)	205 (d)	206 (a)	207 (b)	208 (d)	209 (d)	210 (c)
211 (a)	212 (b)	213 (d)	214 (c)	215 (c)	216 (b)	217 (b)	218 (d)	219 (c)	220 (a)
221 (b)	222 (a)	223 (b)	224 (d)	225 (a)	226 (c)	227 (d)	228 (a)	229 (c)	230 (c)
231 (d)	232 (c)	233 (a)	234 (a)	235 (c)	236 (a)	237 (a)	238 (d)	239 (a)	240 (d)
241 (a)	242 (c)	243 (d)	244 (b)	245 (b)	246 (c)	247 (c)	248 (d)	249 (d)	250 (b)
251 (a)	252 (a)	253 (a)	254 (c)	255 (c)	256 (d)	257 (a)	258 (a)	259 (c)	260 (c)
261 (c)	262 (c)	263 (c)	264 (b)	265 (a)	266 (d)	267 (c)	268 (d)	269 (d)	270 (a)
271 (a)	272 (d)	273 (d)	274 (d)	275 (d)	276 (c)	277 (a)	278 (c)	279 (c)	280 (c)
281 (a)	282 (c)	283 (a)	284 (d)	285 (a)	286 (d)	287 (a)	288 (a)	289 (d)	290 (a)
291 (c)	292 (a)	293 (d)	294 (a)	295 (a)	296 (d)	297 (b)	298 (d)	299 (c)	300 (d)
301 (d)	302 (c)	303 (d)	304 (c)	305 (d)	306 (b)	307 (c)	308 (b)	309 (a)	310 (d)
311 (c)	312 (b)	313 (d)	314 (d)	315 (c)	316 (b)	317 (b)	318 (b)	319 (b)	320 (b)
321 (b)	322 (d)	323 (d)	324 (a)	325 (d)	326 (d)	327 (d)	328 (a)	329 (d)	330 (c)
331 (b)	332 (c)	333 (c)	334 (b)	335 (b)	336 (d)	337 (c)	338 (d)	339 (d)	340 (d)
341 (b)	342 (a)	343 (c)	344 (b)	345 (b)	346 (c)	347 (d)	348 (b)	349 (b)	350 (d)
351 (b)	352 (d)	353 (b)	354 (a)	355 (a)	356 (c)	357 (a)	358 (d)	359 (b)	360 (a)
361 (a)	362 (b)	363 (a)	364 (c)	365 (b)	366 (c)	367 (b)	368 (a)	369 (b)	370 (a)
371 (b)	372 (d)	373 (d)	374 (b)	375 (b)	376 (b)	377 (c)	378 (d)		

उत्तर सहित हल

1. (d) माना प्रारम्भ में बिक्री = ₹ x

∴ $x \times \frac{106}{100} \times \frac{120}{100} = 254400$

⇒ $x = \frac{254400 \times 100 \times 100}{106 \times 120} = 200000$

∴ अभीष्ट बिक्री = 200000

2. (a) अभीष्ट जनसंख्या

$= \frac{9487500 \times 92 \times 92}{100 \times 100} = 8030220$

3. (c) $75 \times 60\% - 25 \times \frac{1}{5}$

$= \frac{75 \times 60}{100} - 25 \times \frac{1}{5}$

$= 45 - 5 = 40$

4. (a) $A \times \frac{106}{100} \times \frac{106}{100} = 50000$

$A = \frac{50000 \times 100 \times 100}{106 \times 106}$

= 44500 (लगभग)

तथा $B = 50000 \times \frac{106}{100} \times \frac{106}{100} = 56180$

∴ $B - A = 56180 - 44500 = 11680$

5. (c) अभीष्ट कमी % $= \frac{2.5}{(100 + 2.5)} \times 100$

$= 2.43\%$

6. (c) माना सुरेश का कुल वेतन = ₹100

सुरेश का कुल खर्च = $100 \times \frac{3}{4}$ = ₹75

सुरेश की कुल बचत = $100 \times \frac{1}{4}$ = ₹25

वृद्धि के बाद, सुरेश का वेतन = $100 \times \frac{125}{100}$ = ₹125

तथा सुरेश की बचत = $25 \times \frac{120}{100}$ = ₹30

∴ सुरेश का वृद्धि के बाद खर्च = (125 − 30) = 95

∴ खर्च में % वृद्धि = $\frac{(95 - 75)}{75} \times 100$

$= \frac{80}{3} = 26\frac{2}{3}\%$

7. (a) 25% की दो क्रमिक कमी प्रतिशत

$= \left[-25\% - 25\% + \frac{(-25\%) \times (-25\%)}{100}\right]$

$= -50\% + 6.25\% = 43.75\%$

25% की दो क्रमिक वृद्धि प्रतिशत

$= \left[+25\% + 25\% + \frac{25\% + 25\%}{100}\right]$

$= \left[50\% + \frac{625}{100}\%\right] = 56.25\%$

कमी प्रतिशत $= \frac{(56.25\% - 43.75\%)}{56.25\%} \times 100$

$= \frac{12.5\%}{56.25\%} \times 100 = \frac{1250}{5625} \times 100 = 22.22\%$

8. (b) वर्ष 2021 में रमेश की मासिक आय = ₹ 18600

मासिक खर्च = ₹ 12400

∴ रमेश की मासिक बचत = 18600 − 12400 = ₹6200

15% वृद्धि के बाद रमेश की मासिक आय

$= 18600 \times \frac{(100 + 15)}{100}$ = ₹ 21390

8% वृद्धि के बाद रमेश का मासिक खर्च

$= 12400 \times \frac{(100 + 8)}{100}$ = ₹13392

अब, रमेश की नई मासिक बचत

= 21390 − 13392 = ₹ 7998

बचत में वृद्धि प्रतिशत $= \frac{(7998 - 6200)}{6200} \times 100$

$= \frac{1798}{6200} \times 100 = 29\%$

अत: बचत में वृद्धि 29% होगी।

9. (a) व्यक्ति की बचत = 16500 − 12000 = ₹ 4500

व्यक्ति की नई आय = $\frac{16500 \times 124}{100}$ = ₹ 20460

व्यक्ति का नया व्यय = $\frac{12000 \times 90}{100}$ = ₹ 10800

व्यक्ति की नई बचत = 20460 − 10800 = ₹ 9660

अत: अभीष्ट % $= \frac{9660 - 4500}{4500} \times 100 \approx 115\%$

10. (b) माना विपुल की मासिक आय = ₹ x

प्रश्नानुसार, $x \times \frac{70}{100} \times \frac{40}{100} \times \frac{60}{100} = 7056$

⇒ $x = \frac{7056000}{28 \times 6}$ = ₹ 42000

अत: किराने के सामान पर खर्च

$= 42000 \times \frac{70}{100} \times \frac{60}{100}$ = ₹ 17640

11. (b) माना मतों की कुल संख्या = x

प्रश्नानुसार, $x \times \frac{80}{100} \times \frac{96}{100} \times \frac{80}{100} = 15360$

⇒ $x = \frac{15360 \times 100 \times 100}{64 \times 96} = 25000$

12. (a) माना कर्मचारी की बचत ₹ x है।

∴ कर्मचारी का खर्च $= x \times \frac{(100 + 40)}{100} = x \times \frac{140}{100}$

कर्मचारी की आय = ₹ 72000

⇒ $72000 = x + x \times \frac{140}{100}$ ⇒ $72000 = \frac{240x}{100}$

⇒ $x = \frac{72000 \times 100}{240}$

⇒ x = ₹ 30000

अत: कर्मचारी की बचत ₹ 30000 है।

13. (d) माना मतदान केन्द्र में पंजीकृत मतों की कुल संख्या = x

∴ डाले गए वैध मत $= x \times \frac{(100 - 20)}{100} \times \frac{(100 - 10)}{100}$

$= x \times \frac{4}{5} \times \frac{9}{10}$

P को कुल वैध मत मिलें = 42%

∴ Q को कुल वैध मत मिलें = 58%

प्रश्नानुसार,

$x \times \frac{4}{5} \times \frac{9}{10} \times \frac{(58 - 42)}{100} = 45360$

⇒ $x \times \frac{4}{5} \times \frac{9}{10} \times \frac{16}{100} = 45360$

⇒ $x = \frac{45360 \times 5 \times 1000}{4 \times 9 \times 16}$ ⇒ $x = 393750$

अत: मतदान केन्द्र में पंजीकृत मतों की कुल संख्या

= 393750

14. (a) प्रश्नानुसार,

$R \times 85\% = R \times 35\% + 450$

⇒ $R(85\% - 35\%) = 450$

⇒ $R \times 50\% = 450$

⇒ $R = \frac{450}{50} \times 100 = 900$ (पूर्णांक)

R को लक्ष्य प्राप्ति के लिए अंक = 900 × 85% = 765

अत: लक्ष्य को पूरा करने के लिए प्राप्त अंकों में प्रतिशत वृद्धि $= \frac{765 - 450}{450} \times 100 = \frac{315}{450} \times 100 = 70\%$

15. (c) माना मतदान सूची में मतदाताओं की कुल संख्या = 100

X, Y और Z को मिले वोट का अनुपात

= 130 : 100 : 125 = 26 : 20 : 25

प्रश्नानुसार, ∵ (26 − 25) ≡ 5000

∴ 1 ≡ 5000

∴ 100 ≡ 5000 × 100 = 500000

अत: मतदाताओं सूची में कुल मतदाता की संख्या

= ₹ 500000

16. (c) माना पहली बार की प्रतिशत वृद्धि = x

∴ दूसरी बार की प्रतिशत वृद्धि = $2x$

प्रश्नानुसार,

⇒ $1000 \times \frac{(100 + x)}{100} \times \left(\frac{100 + 2x}{100}\right) = 2295$

⇒ $(100 + x)(100 + 2x) = 2295 \times 10$

⇒ $2x^2 + 300x + 10000 = 22950$

⇒ $x^2 + 150x - 6475 = 0$

⇒ $x^2 + 185x - 35x - 6475 = 0$

⇒ $x(x + 185) - 35(x + 185) = 0$

⇒ $(x - 35)(x + 185)$ ∴ $x = 35$

∴ दूसरी बार कीमत में प्रतिशत वृद्धि = 2 × 35 = 70%

17. (b) माना प्रारम्भिक टमाटर का मूल्य = ₹ 100

और प्रारम्भिक टमाटर की खपत = 100 किग्रा

∴ प्रारम्भिक टमाटर पर कुल खर्च = ₹ 10000

वृद्धि के बाद टमाटर का मूल्य = $100 \times \frac{400}{100}$ = ₹ 400

कमी के बाद, टमाटर की खपत

$= 100 \times \frac{30}{100} = 30$ किग्रा

∴ टमाटर पर कुल खर्च = 400 × 30 = ₹ 12000

अभीष्ट प्रतिशत $= \frac{(12000 - 10000)}{10000} \times 100$

$= \frac{2000}{100} = 20\%$

स्पीडी विधि

∵ $300\% = \frac{3}{1}$ ↑ तथा $70\% = \frac{7}{10}$ ↓

	प्रारम्भिक	अन्तिम
मूल्य →	1	4
खपत →	10	3
खर्च →	10	12

अत: अभीष्ट प्रतिशत वृद्धि $= \frac{2}{10} \times 100$

= 20%

18. (d) माना शेयर की कीमत = ₹ 100

प्रश्नानुसार, तीन दिन बाद शेयर की कीमत

$= 100 \times \frac{118}{100} \times \frac{85}{100} \times \frac{97}{100} =$ ₹ 97.3

अतः निवल प्रतिशत कमी = 100 − 97.3 = 2.7%

19. (b) माना डाले गए मतों की संख्या = x

प्रश्नानुसार, $\frac{x \times 88}{100} - \frac{x \times 12}{100} = 684$

$76x = 68400 \Rightarrow x = \frac{68400}{76} = 900$

20. (c) माना मतदाताओं की संख्या = 100

∴ निरक्षर महिलाओं की संख्या

$= 100 \times \frac{55}{100} \times \frac{40}{100} = 22$

तथा साक्षर पुरुषों की संख्या $= 100 \times \frac{45}{100} \times \frac{40}{100} = 18$

अतः अभीष्ट % $= \frac{22-18}{18} \times 100$

$= \frac{4}{18} \times 100 = 22.22\%$

21. (d) $66\frac{2}{3}\% = \frac{2}{3}$

माना अजय की आय = 300

∴ आय = खर्च + बचत

300 = 200 + 100

↓ +25% ↓ +20% ↓ ?

375 = 240 + 135

∴ बचत में वृद्धि $= \frac{(135-100)}{100} \times 100\%$

$= \frac{35}{100} \times 100\% = 35\%$

22. (d) माना कुल मत = $100x$

डाले गए मत $= 100x \times \frac{80}{100} = 80x$

वैध मत $= 80x \times \frac{95}{100} = 76x$

∴ $76x \times (70\% - 30\%) = 36480$

⇒ $76x \times \frac{40}{100} = 36480$

⇒ $100x = \frac{36480 \times 100 \times 100}{76 \times 40}$

= 120000

∴ कुल मत = 120000

23. (a) माना, कम्पनी मे कुल कर्मचारी = 100

तथा प्रति कर्मचारी वेतन = ₹ 100

∴ कम्पनी में सभी कर्मचारियों का कुल वेतन

= 100 × 100 = ₹ 10000

वृद्धि के बाद कम्पनी में कर्मचारी की संख्या

$= 100 \times \frac{120}{100} = 120$

कमी के बाद प्रति कर्मचारी वेतन $= 100 \times \frac{82}{100} =$ ₹ 82

अब, कम्पनी के सभी कर्मचारियों का कुल वेतन

= 120 × 82 = ₹ 9840

∴ अभीष्ट प्रतिशत कमी $= \frac{(10000-9840)}{10000} \times 100$

= 1.6%

24. (a) प्रश्नानुसार,

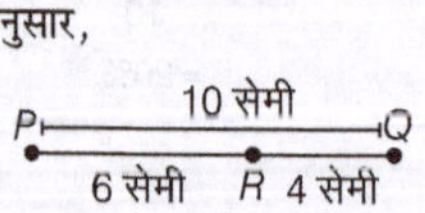

$PQ = 10$ सेमी; $RP = 6$ सेमी

∴ $RQ = 4$ सेमी

अब, $PR : RQ = 6 : 4 = 300 : 200$

PR की नई लम्बाई $= 300 \times \frac{105}{100} = 315$

∴ QR की नई लम्बाई = 500 − 315 = 185

∴ अभीष्ट प्रतिशत $= \frac{(200-185)}{200} \times 100\%$

$= \frac{15}{200} \times 100\% = 7.5\%$

25. (c) माना S को मिले मत = $100x$

∴ R को मिले मत $= 100x \times \frac{110}{100} = 110x$

⇒ $110x - 100x = 770$

⇒ $10x = 770 \Rightarrow x = 77$

∴ S को मिले मत = 100 × 77 = 7700

R को मिले मत = 110 × 77 = 8470

अतः डाले गए मतों की कुल संख्या

= 7700 + 8470 = 16170

26. (c) दिया है,

सुरेश के खर्च और बचत का अनुपात = 3:1

वेतन = खर्च + बचत

4 = 3 + 1

+1 25%↑ ↓ 0.1 10%↑

5 = 3.9 1.1

अतः खर्च में वृद्धि प्रतिशत $= \frac{(3.9-3)}{3} \times 100$

$= \frac{9}{30} \times 100 = 30\%$

27. (b) माना गेहूँ का मूल्य = ₹ x/किग्रा

चावल का मूल्य $= x \times \frac{20}{100} =$ ₹ $\frac{x}{5}$/किग्रा

20 किग्रा चावल का मूल्य $= 20 \times \frac{x}{5} = 4x$

8 किग्रा गेहूँ का मूल्य $= x \times 8 = 8x$

कुल मासिक खर्च $= 4x + 8x = 12x$

प्रश्नानुसार, $12x = 300 \Rightarrow x = \frac{300}{12} = 25$

गेहूँ का आरम्भिक मूल्य = ₹ 25/किग्रा

चावल का आरम्भिक मूल्य $= \frac{25}{5} =$ ₹ 5/किग्रा

गेहूँ का बढ़ा हुआ मूल्य $= 25 \times \frac{120}{100} =$ ₹ 30/किग्रा

पुनः माना चावल का उपभोग y किग्रा है।

प्रश्नानुसार, $30 \times 8 + 5y = 300$

⇒ $5y = 300 - 240 = 60$

∴ $y = 12$

चावल के उपभोग में कमी = 20 − 12 = 8 किग्रा

प्रतिशत कमी $= \frac{8 \times 100}{20} = 40\%$

28. (a) माना महिला की आय = 300

∴ व्यय $= \frac{2}{3} \times 300 = 200$

∴ आय = व्यय + बचत

300 = 200 + 100

↓ +18% ↓ +24% ↓ ?

354 = 248 + 106

अभीष्ट % $= \frac{106-100}{100} \times 100$

$= \frac{6}{100} \times 100 = 6\%$

29. (b) माना कर्मचारी का प्रारम्भिक वेतन = $100x$

कर्मचारी का अन्तिम वेतन

$= 100x \times \frac{125}{100} \times \frac{88}{100} = 110x$

∴ अभीष्ट % $= \frac{110x - 100x}{100x} \times 100 = 10\%$ (वृद्धि)

30. (b) Q को प्राप्त कुल मत

$= 7560000 \times \frac{90}{100} \times \frac{85}{100} \times \frac{22}{100} = 1272348$

31. (d) माना नामांकित मतदाताओं की संख्या = x

प्रश्नानुसार, $x \times \frac{85}{100} \times \frac{98}{100} \times \frac{78}{100} = 64974$

$x = \frac{64974 \times 100 \times 100 \times 100}{85 \times 98 \times 78} = 100000$

अतः नामांकित मतदाताओं की संख्या 100000 है।

32. (a) माना, मूल संख्या = 100

कुल वृद्धि के बाद संख्या

$= 100 \times \frac{112}{100} \times \frac{123}{100} = 137.76$

अब, 34% कमी के बाद संख्या $= 137.76 \times \frac{66}{100}$

$= 90.92 \approx 91$

∴ अभीष्ट कमी % $= \frac{(100-91)}{100} \times 100 = 9\%$

33. (d) माना कुल पोर्टफोलियो = 100

स्टॉक A का पोर्टफोलियों $= 100 \times \frac{20}{100} = 20$

स्टॉक A का रिटर्न $= 20 \times \frac{6}{100} = 1.2$

स्टॉक B का पोर्टफोलियो $= 100 \times \frac{30}{100} = 30$

स्टॉक B का रिटर्न $= 30 \times \frac{8}{100} = 2.4$

स्टॉक C का पोर्टफोलियों $= 100 \times \frac{20}{100} = 20$

स्टॉक C का रिटर्न $= 20 \times \frac{4}{100} = 0.8$

स्टॉक D का पोर्टफोलियो $= 100 \times \frac{30}{100} = 30$

स्टॉक D का रिटर्न $= 30 \times \frac{-5}{100} = -1.5$

∴ पोर्टफोलियों का औसत रिटर्न

= 1.2 + 2.4 + 0.8 − 1.5 = 2.9%

34. (a) कुल मतदाता = 16000

अवैध मत = 10%

जीतने वाले उम्मीदवार को मिले वैध मत = 59.375%

वोट न डालने वाले मतदाता = y%

हारने वाले उम्मीदवार को मिले वैध मत

= (100% − 59.375%) = 40.625%

प्रश्नानुसार, $16000 \times \frac{(100-y)}{100} \times \frac{(100-10)}{100} \times \frac{(59.375-40.625)}{100} = 2484$

⇒ $16000 \times \frac{(100-y)}{100} \times \frac{90}{100} \times \frac{18.75}{100} = 2484$

⇒ $(100 - y) = \frac{2484 \times 100}{16 \times 9 \times 18.75}$

⇒ $(100 - y) = 92$ ⇒ $-y = 92 - 100$ ⇒ $y = 8$

35. (c) $(A+B)\times\frac{20}{100}=(A-B)\times\frac{30}{100}$

$\Rightarrow \quad 20(A+B)=30(A-B)$

$\Rightarrow \quad 10A=50B$

$\therefore \quad \frac{A}{B}=\frac{50}{10}=\frac{5}{1}$

प्रश्नानुसार, B का $x\%=A$

$\Rightarrow \quad 1\times\frac{x}{100}=5 \Rightarrow x=500\%$

36. (b) व्यय = 100 − 30 = 70%

व्यय $=42000\times\frac{70}{100}=₹\,29400$

37. (b) माना कुल मतों की संख्या $=x$

जीते गए प्रत्याशी द्वारा प्राप्त मत प्रतिशत = 64%

तथा हारे गए प्रत्याशी द्वारा प्राप्त मत प्रतिशत

$=(100-64)\%=36\%$

प्रश्नानुसार, $x\times\frac{64}{100}-x\times\frac{36}{100}=434$

$\Rightarrow \frac{64x-36x}{100}=434 \Rightarrow \frac{28x}{100}=434$

$\therefore \quad x=\frac{434\times100}{28}=1550$

स्पीडी विधि

$\because (64-36)\%=434$

$\therefore \quad 100\%=\frac{434}{28}\times100=1550$

38. (c) बचे हुए अण्डे $=350\times\left(\frac{100-12}{100}\right)$

$=350\times\frac{88}{100}=308$

39. (a) माना सोहम का प्रारम्भिक व्यय $=5x$

तथा बचत $=3x$

$\therefore$ सोहम की कुल आय $=5x+3x=8x$

आय में 25% वृद्धि होने पर,

सोहम की नई आय $=8x\times\left(1+\frac{25}{100}\right)=8x\times\frac{125}{100}$

$=10x$

नई आय $=\frac{4500}{3x}\times10x=1500\times10=₹\,15000$

स्पीडी विधि

3 इकाई = ₹ 4500

8 इकाई $=₹\,\frac{4500\times8}{3}=₹\,12000$

नई आय $=12000\times\frac{125}{100}=₹\,15000$

40. (b) माना पेट्रोल का आरम्भिक मूल्य $=₹x$/लीटर

वृद्धि के बाद,

पेट्रोल की कीमत $=x\times\frac{181}{100}=1.81x$

वृद्धि $=1.81x-x=0.81x$

खपत मे कमी $\%=\frac{0.81x}{1.81x}\times100$

$=\frac{81}{181}\times100=\frac{8100}{181}=44.75\%$

स्पीडी विधि

अभीष्ट $\%=\frac{81}{(100+81)}\times100\%=44.75\%$

41. (d) माना पिता की मासिक आय $=₹x$

$\therefore$ दोनों बेटों को दी गई पॉकेट मनी $=x\times\frac{8}{100}=\frac{2}{25}x$

$\therefore$ बड़े बेटे को दी जाने वाली राशि $=\frac{2}{25}x\times\frac{85}{100}$

$=\frac{17}{250}x$

बचत $=\frac{17}{250}x\times\frac{10}{100}=17$

$x=\frac{17\times100\times250}{17\times10}=₹\,2500$

स्पीडी विधि

माता पिता की मासिक आय $=₹\,x$

प्रश्नानुसार, $x\times\frac{8}{100}\times\frac{85}{100}\times\frac{10}{100}=17$

$x=\frac{17\times100\times100\times100}{8\times85\times10}=₹\,2500$

42. (d) माना पीटर का प्राप्तांक $=x$

सैम का प्राप्तांक $=x-x\times\frac{19}{100}=\frac{81x}{100}$

अधिक $=x-\frac{81x}{100}=\frac{19x}{100}$

अधिक प्रतिशत $=\frac{19x}{100}\times\frac{100}{81x}\times100=\frac{1900}{81}\%$

$=23.46\%$

स्पीडी विधि

अभीष्ट $\%=\frac{19}{(100-19)}\times100\%=23.46\%$

43. (d) 625 का 12% $=625\times\frac{12}{100}=75$

555 का 15% $=555\times\frac{15}{100}=83.25$

720 का 10% $=720\times\frac{10}{100}=72$

845 का 9% $=845\times\frac{9}{100}=76.05$

अतः 720 का 10% सबसे कम है।

44. (d) माना शुरू में रवि की आय $=₹\,x$

$\therefore$ उसकी बचत $=x\times\frac{20}{100}=\frac{x}{5}$

प्रश्नानुसार, नई आय $=x\times\frac{125}{100}=\frac{5}{4}x$

तथा नई बचत $=\frac{x}{5}\times\frac{105}{100}=\frac{21}{100}x$

$\therefore$ अभीष्ट प्रतिशत $=\frac{\frac{21}{100}x}{\frac{5}{4}x}\times100=\frac{21}{100}\times\frac{4}{5}\times100$

$=16.8\%$

स्पीडी विधि

माना रवि की आय = ₹100

तथा बचत = ₹20

प्रश्नानुसार, नई आय = ₹125

तथा नई बचत $=20\times\frac{105}{100}=₹\,21$

$\therefore$ अभीष्ट प्रतिशत $=\frac{21}{125}\times100$

$=16.8\%$

45. (d) माना प्रारम्भ में मोहन की आय $=₹\,x$

$\therefore$ पहले महीने में 30% वृद्धि के बाद आय

$=x\times\frac{130}{100}=\frac{13}{10}x$

और दूसरे महीने 30% कमी के बाद आय

$=\frac{13}{10}x\times\frac{70}{100}=\frac{91}{100}x$

अतः अभीष्ट प्रतिशत कमी $=\frac{x-\frac{91}{100}x}{x}\times100$

$=\frac{100-91}{100}\times100=9\%$

स्पीडी विधि

माना मोहन की आय = ₹ 100

मोहन की नई आय $=100\times\frac{130}{100}\times\frac{70}{100}=₹\,91$

अतः अभीष्ट % = 100 − 91 = 9%

46. (c) माना वस्तु का वास्तविक क्रय मूल्य $=₹\,x$

प्रश्नानुसार, $x\times\frac{90}{100}\times\frac{120}{100}=₹\,540$

$\Rightarrow \quad x=\frac{540\times100}{9\times12}$

$\therefore \quad x=₹\,500$

47. (c) व्यय $=35000\times\frac{92}{100}=₹\,32200$

अब माना भोजन पर व्यय $=2x$

$\therefore$ स्वास्थ्य पर व्यय $=3x$

मनोरंजन पर व्यय $=\frac{2x}{3}$

शिक्षा पर व्यय $=6x$

किराए पर व्यय $=(2x+3x+6x)\times\frac{1}{3}=\frac{11}{3}x$

$\therefore \quad 2x+3x+\frac{2x}{3}+6x+\frac{11}{3}x=32.200$

$x=2100$

$\therefore$ शिक्षा पर व्यय $=6x=6\times2100=₹\,12600$

स्पीडी विधि

माना मनोरंजन पर व्यय $=x$

प्रश्नानुसार,

व्यय [मनोरंजन : भोजन : स्वास्थ्य : शिक्षा : किराया]

$=x:3x:4.5x:9x:5.5x$

शिक्षा पर व्यय $=\frac{9x}{23x}\times35000\times\frac{92}{100}=₹\,12600$

48. (b) माना कुल टॉफियाँ $=x$

$\therefore$ खराब टॉफियाँ $=\frac{x}{10}$

शेष टॉफियाँ $=\frac{9}{10}x$

$\therefore \quad S$ को दी गई टॉफियाँ $=\frac{9x}{10}\times\frac{35}{100}=\frac{63}{200}x$

तथा N को दी गयी टॉफियाँ $=\frac{x}{8}$

प्रश्नानुसार, $\frac{x}{8}=\frac{x}{10}+10$

$\Rightarrow \quad 10x=8x+800 \Rightarrow x=400$

$\therefore S$ को दी गई टॉफियाँ $=\frac{63}{200}\times400=63\times2$

$=126$

स्पीडी विधि

माना कुल टॉफी = 100x

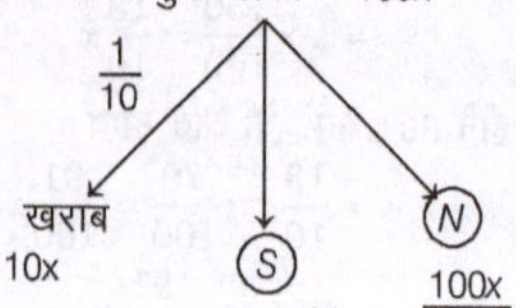

$90x \times \frac{35}{100}$

$\therefore \frac{100x}{8} - 10x = 10 \Rightarrow \frac{20x}{8} = 10 \Rightarrow x = 4$

$\therefore \quad 90 \times \frac{35}{100} = 90 \times 4 \times \frac{35}{100} = 126$

49. (d) माना तीनों पेपर के अधिकतम अंक = 100

पेपर A में प्राप्त अंक $= \frac{100 \times 75}{100} = 75$

पेपर B में प्राप्त अंक $= 100 \times \frac{80}{100} = 80$

पेपर C में प्राप्त अंक $= 100 \times \frac{60}{100} = 60$

पेपर A में प्राप्त भारांक $= 75 \times \frac{40}{100} = 30$

पेपर B में प्राप्त भारांक $= 80 \times \frac{50}{100} = 40$

पेपर C में प्राप्त भारांक $= 60 \times \frac{10}{100} = 6$

कुल भारांक = 30 + 40 + 6 = 76

भारांक प्रतिशत $= \frac{76}{100} \times 100 = 76\%$

50. (a) माना व्यक्ति का वेतन = ₹x

$\therefore \quad x \times \frac{75}{100} \times \frac{82}{100} \times \frac{84}{100} = 861$

$\Rightarrow x = \frac{861 \times 100 \times 100 \times 100}{75 \times 82 \times 84} =$ ₹ $1666\frac{2}{3}$

51. (c) माना मतदाता सूची में नामांकित मतदाताओं की कुल संख्या = x

वैध मतों की संख्या $= x \times \frac{90}{100} \times \frac{90}{100} = \frac{81x}{100}$

प्रश्नानुसार, $\frac{81x}{100} \times \left(\frac{56}{100} - \frac{44}{100}\right) = 1458$

$\Rightarrow \quad \frac{81x}{100} \times \frac{12}{100} = 1458$

$\Rightarrow \quad x = \frac{1458 \times 100 \times 100}{81 \times 12} = 15000$

स्पीडी विधि

माना कुल मतदाता = 100 इकाई

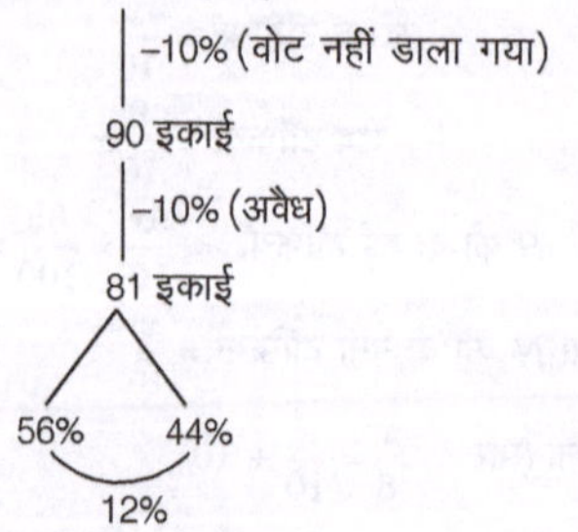

$\therefore 81 \times \frac{12}{100}$ इकाई = 1458

$\Rightarrow 100$ इकाई $= \frac{1458 \times 100 \times 100}{81 \times 12} = 15000$

52. (a) माना जनवरी में कृति का मासिक वेतन = ₹ x

$\Rightarrow$ EMI का भुगतान $= x \times \frac{22}{100} = \frac{22x}{100}$

$\therefore$ शेष वेतन $= \frac{78x}{100}$

प्रश्नानुसार,

$\left(\frac{78x}{100}\right) \times \left(\frac{5}{5+7}\right) = 18200$

$\Rightarrow \quad \left(\frac{78x}{100} \times \frac{5}{12}\right) = 18200$

$\Rightarrow \quad x = \frac{18200 \times 12 \times 100}{78 \times 5} =$ ₹ 56000

अब, वेतन में 16% वृद्धि होने पर फरवरी माह का वेतन

$= 56000 \times \frac{116}{100} =$ ₹ 64960

53. (d) माना परीक्षा में अधिकतम अंक = x

$\therefore \quad \frac{20}{100}x + 10 = \frac{35}{100}x - 20$

$\Rightarrow \quad \frac{15}{100}x = 30$

$\Rightarrow \quad x = 200$

उत्तीर्ण होने के लिए आवश्यक अंक

$= \frac{20}{100} \times 200 + 10 = 50$

$\therefore$ उत्तीर्ण होने के लिए न्यूनतम अंक प्रतिशत

$= \frac{50}{200} \times 100 = 25\%$

स्पीडी विधि

प्रश्नानुसार, $20\% + 10 = 35\% - 20$

$\Rightarrow \quad 30 = 15\% \Rightarrow 10 = 5\%$

$\therefore \quad$ अभीष्ट % = 20% + 5% = 25%

54. (c) व्यक्ति की पहले बचत

= ₹ (12000 – 8000) = ₹ 4000

व्यक्ति की नई आय $= \frac{(100+10)}{100} \times 12000$

= ₹ 13200

व्यक्ति की नई व्यय $= \frac{(100+8)}{100} \times 8000 =$ ₹ 8640

नई बचत = ₹ (13200 – 8640) = ₹ 4560

$\therefore$ बचत में प्रतिशत वृद्धि $= \frac{4560 - 4000}{4000} \times 100$

$= \frac{560}{4000} \times 100 = 14\%$

स्पीडी विधि

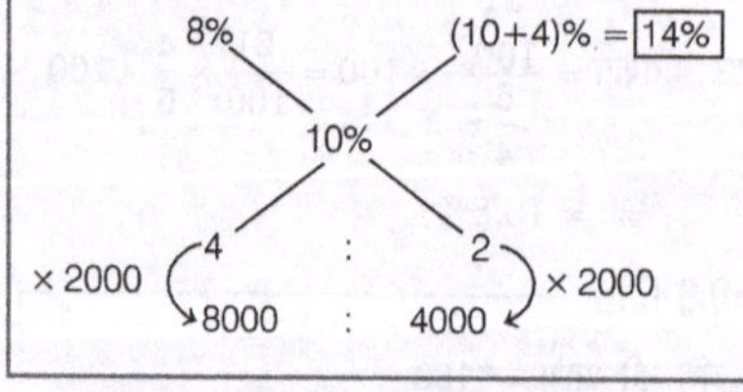

55. (c) माना परीक्षा के अधिकतम अंक = x

$x \times \frac{35}{100} = 210 + 14 \Rightarrow x = \frac{224 \times 100}{35} = 640$

56. (c) माना आरम्भिक मूल्य = ₹ x

r% वृद्धि के बाद मूल्य $= x \times \left(\frac{100+r}{100}\right)$

r% की कमी के बाद का मूल्य

$= x \times \left(\frac{100+r}{100}\right)\left(\frac{100-r}{100}\right)$

प्रश्नानुसार, $x \times \frac{(100+r)}{100} \times \left(\frac{100-r}{100}\right) = 1$

$\therefore \quad x = \frac{10000}{10000 - r^2}$

57. (b) माना पुरुषों की जनसंख्या = x

$\therefore$ महिलाओं की जनसंख्या = 18000 – x

प्रश्नानुसार, $x \times \frac{105}{100} + (18000 - x) \times \frac{107}{100} = 19200$

$\Rightarrow 105x + 1926000 - 107x = 1920000$

$\Rightarrow \quad x = 3000$

$\therefore$ महिलाओं की जनसंख्या = 18000 – 3000 = 15000

अत: अभीष्ट अनुपात = 3000 : 15000 = 1 : 5

स्पीडी विधि

संयुक्त वृद्धि दर $= \frac{1200}{18000} \times 100\% = \frac{20}{3}\%$

$\therefore$

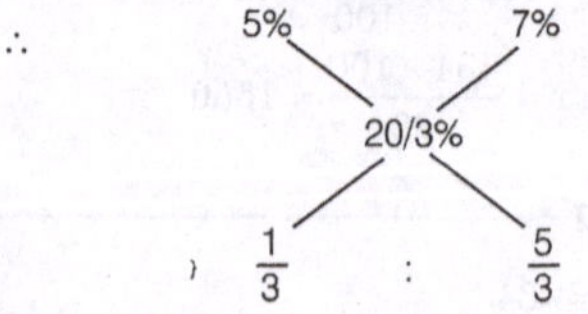

पुरुष : महिला = 1 : 5

58. (b) 350 का 65% – 250 का ?% + 120 का 40% = 158

$\Rightarrow \quad \left(350 \times \frac{65}{100}\right) - \left(250 \times \frac{?}{100}\right) + \left(120 \times \frac{40}{100}\right) = 158$

$\Rightarrow \quad \left(250 \times \frac{?}{100}\right) = \left(350 \times \frac{65}{100}\right) + \left(120 \times \frac{40}{100}\right) - 158$

$\Rightarrow \quad 250 \times \frac{?}{100} = 227.50 + 48 - 158$

$\therefore \quad ? = 117.50 \times \frac{100}{250} = 47$

59. (d) वैध मत $= 300000 \times \frac{85}{100} \times \frac{90}{100}$

= 229500

अब धरम को प्राप्त मत = 137700

$\therefore$ अभीष्ट प्रतिशत $= \frac{137700}{229500} \times 100 = 60\%$

60. (b) बचत = 45000 – 33000 = ₹ 12000

नई आय $= 45000 \times \frac{120}{100} =$ ₹ 54000

नया व्यय $= 33000 \times \frac{112}{100} = 36960$

$\therefore$ नई बचत = 54000 – 36960 = ₹ 17040

$\therefore$ बचत में प्रतिशत वृद्धि $= \frac{17040 - 12000}{12000} \times 100$

= 42%

61. (d) माना मतदाता सूची में शामिल कुल लोगों की संख्या = 100

मत डालने वाले लोगों की संख्या = 90

वैध मतों की संख्या $= 90 \times \frac{85}{100} = 76.5$

जीता को प्राप्त मत $= 76.5 \times \frac{60}{100} = 45.9$

मतदाता सूची के लोगों की संख्या

$$= \frac{91800}{45.9} \times 100 = 200000$$

62. (d) सुहानी द्वारा कर भुगतान की राशि

$$= ₹\ \frac{90000 \times 30}{100} = ₹\ 27000$$

तथा ऋतिका द्वारा कर भुगतान की राशि

$$= ₹\ y \times \frac{40}{100} = ₹\ \frac{40y}{100}$$

प्रश्नानुसार,

$$\left(27000 + \frac{40y}{100}\right) = (90000 + y) \times \frac{37}{100}$$

$$\Rightarrow \left(\frac{40y}{100} - \frac{37y}{100}\right) = 33300 - 27000$$

$$\Rightarrow y = 6300 \times \frac{100}{3}$$

$$\therefore y = ₹\ 210000$$

स्पीडी विधि

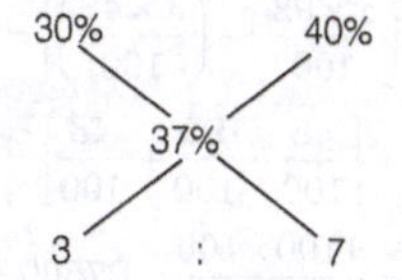

3 इकाई = 90000

7 इकाई $= \frac{90000 \times 7}{3} = 210000$

63. (a) 280 का x% = 240 का 15% + 310 का 20%

$$\Rightarrow 280 \times \frac{x}{100} = 240 \times \frac{15}{100} + 310 \times \frac{20}{100}$$

$$\Rightarrow \frac{28x}{10} = 36 + 62 \Rightarrow x = \frac{98 \times 10}{28} = 35$$

64. (a) माना वैदिक की मासिक आय और व्यय क्रमशः $8x$ और $5x$ है।

$\therefore$ बचत $= 8x - 5x = 3x$

प्रश्नानुसार,

नई आय $= 8x \times \frac{120}{100} = \frac{48}{5}x$

तथा नया व्यय $= 5x \times \frac{130}{100} = \frac{65}{10}x$

$\therefore$ नई बचत $= \frac{48}{5}x - \frac{65}{10}x = \frac{31}{10}x$

$\therefore$ मासिक बचत में प्रतिशत वृद्धि $= \frac{\frac{31}{10}x - 3x}{3x} \times 100$

$$= \frac{31 - 30}{30} \times 100 = \frac{10}{3} = 3\frac{1}{3}\%\ \text{वृद्धि}$$

65. (b) माना कुल नामांकित वोटर की संख्या $= x$

डाले गए कुल वोटों की संख्या $= \frac{98x}{100}$

कुल वैध वोट $= \frac{98x}{100} - 500$

A को प्राप्त कुल वोट $= \frac{43x}{100}$

B को प्राप्त कुल वोट $= \frac{98x}{100} - 500 - \frac{43x}{100}$

$$= \frac{55x}{100} - 500$$

प्रश्नानुसार, $\frac{43x}{100} - \frac{55x}{100} + 500 = 200$

$$\Rightarrow \frac{12x}{100} = 300$$

$$\Rightarrow x = \frac{30000}{12} = 2500$$

अतः डाले गए कुल वोटों की संख्या

$$= 2500 \times \frac{98}{100} = 2450$$

66. (d) माना भास्कर को प्राप्त वोट $= x$

तथा सरल को प्राप्त वोट $= x \times \frac{98}{100} = \frac{98x}{100}$

व अर्जुन को प्राप्त वोट

$$= \frac{98x}{100} \times \frac{150}{100} = \frac{147x}{100}$$

प्रश्नानुसार, $x - \frac{98x}{100} = 1296$

$$\Rightarrow \frac{2x}{100} = 1296 \Rightarrow x = 64800$$

अब, भास्कर और अर्जुन को प्राप्त वोट का अन्तर

$$= \frac{147x}{100} - x = \frac{47x}{100} = \frac{47 \times 64800}{100} = 30456$$

अतः अभीष्ट मतों के अन्तर का आधा

$$= \frac{30456}{2} = ₹\ 15228$$

स्पीडी विधि

प्रश्नानुसार,

अर्जुन : सरल : भास्कर = 147 : 98 : 100

(98 और 100 का अन्तर = 2; 147 और 100 का अन्तर = 47)

2 इकाई = 1296

$\frac{47}{2}$ इकाई $= \frac{1296 \times 47}{2 \times 2} = 15228$

$\therefore$ अभीष्ट अन्तर = 15228

67. (b) $A = \frac{B \times 95}{100} \Rightarrow \frac{A}{B} = \frac{95}{100}$

$\therefore$ अभीष्ट प्रतिशत $= \frac{B}{A} \times 100 = \frac{100}{95} \times 100$

$$= 105\frac{5}{19}\%$$

अर्थात् A का $105\frac{5}{19}$%, B है।

68. (c) उसका मासिक खर्च

= 12000 + 14000 + 15000 + 10000 = ₹ 51000

अनाथालय को दान दी गई राशि

= 75000 − (51000 + 21000) = ₹ 3000

$\therefore$ अभीष्ट प्रतिशत $= \frac{3000 \times 100}{75000} = 4\%$

69. (c) माना आदमी का वेतन $= ₹100x$

तब, उसका व्यय $= \frac{100x \times 60}{100} = ₹60x$

बचत $= 100x - 60x = ₹\ 40x$

नया वेतन $= 100x \times \frac{(100 + 30)}{100} \times \frac{(100 + 60)}{100}$

$$= ₹\ 208x$$

नई बचत $= 40x \times \frac{(100 + 250)}{100} = ₹\ 140x$

नया व्यय $= 208x - 140x = ₹\ 68x$

$\therefore$ अभीष्ट प्रतिशत $= \frac{68x}{208x} \times 100 \approx 32.7\%$

70. (c) माना पहली संख्या 100 है।

तब, दूसरी संख्या = 80

तीसरी संख्या $= 80 \times \frac{300}{100} = 240$

तीसरी संख्या और मूल संख्या का अन्तर

= 240 − 100 = 140

दूसरी संख्या और तीसरी संख्या का अन्तर

= 240 − 80 = 160

$\therefore$ कमी प्रतिशत $= \frac{160 - 140}{160} \times 100 = 12.5\%$

71. (d) माना शुरुआत में संख्या $= x$

$$\Rightarrow x \times \frac{112}{100} \times \frac{88}{100} \times \frac{110}{100} = 10842$$

$$\Rightarrow x = \frac{10842 \times 100 \times 100 \times 100}{112 \times 88 \times 110} \Rightarrow x = 10000$$

72. (b) माना पहले वर्ष की शुरुआत में आबादी $= x$

प्रश्नानुसार, $x \times \frac{95}{100} \times \frac{95}{100} \times \frac{105}{100} = 947625$

$$\Rightarrow x = \frac{947625 \times 100 \times 100 \times 100}{95 \times 95 \times 105} = 1000000$$

73. (d) माना डाले गए मतों की संख्या $= x$

$$\Rightarrow x \times \frac{76 - 24}{100} = 1480$$

$$\Rightarrow x = 1480 \times \frac{100}{52} = 2846.15 \approx 2846$$

74. (a) माना कुल मत $= x$

तीसरे स्थान को मिले मत $= x \times \frac{20}{100} = \frac{x}{5}$

$\therefore$ शेष मत $= x - \frac{x}{5} = \frac{4x}{5}$

प्रश्नानुसार, विजेता तथा प्रथम उपविजेता के मतों का अन्तर $= x \times \frac{20}{100} = \frac{x}{5}$

तथा विजेता तथा प्रथम उपविजेता के मतों का योग $= \frac{4x}{5}$

$\Rightarrow$ विजेता को मिले मत $= \frac{\frac{x}{5} + \frac{4x}{5}}{2} = \frac{x}{2}$

तथा प्रथम उपविजेता को मिले मत

$$= -\frac{x}{5} + \frac{x}{2} = \frac{-2x + 5x}{10} = \frac{3x}{10}$$

पुनः प्रश्नानुसार, (प्रथम उपविजेता − द्वितीय उपविजेता के मतों का अन्तर = 37000)

$$\Rightarrow \frac{3x}{10} - \frac{x}{5} = 37000 \Rightarrow \frac{3x}{10} - \frac{2x}{10} = 37000$$

$$\Rightarrow \frac{x}{10} = 37000 \Rightarrow x = 370000$$

तब, विजेता को मिले मत $= \frac{x}{2} = \frac{370000}{2} = 185000$

स्पीडी विधि

माना कुल मत $= 100x$

$\therefore$ तीसरे स्थान को मिले मत $= 20x$

$\Rightarrow$ (पहले + दूसरे) को मिले मत

$= (100 - 20)x = 80x$ ...(i)

और (पहले − दूसरे) मतो का अन्तर $= 20x$ ...(ii)

$\therefore$ समी (i) और (ii) से,

पहले स्थान वाले के मत $= 50x$

दूसरे स्थान वाले के मत $= 30x$

अब, $30x - 20x = 37000$

$$\Rightarrow 50x = \frac{37000 \times 50}{10} = 185000$$

75. (d) माना प्रारम्भ में निवासियों की संख्या = x

प्रश्नानुसार,

$$x\left[\frac{100-20}{100}\right]\times\frac{(100-30)}{100}=12000$$

$$\Rightarrow \quad x\times\frac{80}{100}\times\frac{70}{100}=12000$$

$$\Rightarrow \quad x=21428$$

अत: गाँव की जनसंख्या 21428 थी।

76. (d) कम्पनी ने वर्ष 2018 में मास्क का निर्माण किया = X

तब, वर्ष 2019 में मास्क उत्पादन

$$=X\times\frac{130}{100}=\frac{13X}{10}$$

वर्ष 2020 में मास्क उत्पादन

$$=\frac{13X}{10}\times\frac{115}{100}=\frac{299X}{200}$$

वर्ष 2021 में मास्क उत्पादन

$$=\frac{299X}{200}\times\frac{60}{100}=\frac{299X}{200}\times\frac{3}{5}$$

प्रश्नानुसार, $\frac{299X}{200}\times\frac{3}{5}=179400$

$$\Rightarrow \quad X=\frac{179400\times200\times5}{3\times299}$$

$$=200\times200\times5=200000$$

स्पीडी विधि

2018 में मास्क का निर्माण = x

$$x\times130\%\times115\%\times60\%=179400$$

$$x\times\frac{130}{100}\times\frac{115}{100}\times\frac{60}{100}=179400$$

$$x=\frac{179400\times100\times100\times100}{130\times115\times60}\Rightarrow x=200000$$

77. (c) माना देश A की जनसंख्या = a

देश B की जनसंख्या = b

तब, 2020 में $x=\frac{a}{b}$

$$\text{तब, } x=\frac{a\times\frac{100-p}{100}}{b\times\frac{100-q}{100}}=\frac{a}{b}\times\frac{100-p}{100-q}$$

$$\therefore x \text{ के मान में कमी }=\frac{\frac{a}{b}-\frac{a}{b}\times\frac{100-p}{100-q}}{\frac{a}{b}}\times100$$

$$=\frac{100-q-100+p}{100-q}\times100$$

$$=\frac{100\,(p-q)}{100-q}$$

78. (d) माना कुल मतदाता = 100

तब, P के समर्थक = $100\times\frac{70}{100}=70$

$\therefore Q$ के समर्थक = 30

उम्मीदवार P को वोट देने की उम्मीद

$$=70\times\frac{60}{100}+30\times\frac{30}{100}=42+9=51$$

$\therefore$ अभीष्ट प्रतिशत = $\frac{51}{100}\times100=51\%$

79. (d) बचत = 26500 − 20500 = \$ 6000

प्रश्नानुसार, नई आय = $26500\times\frac{112}{100}$ = \$ 29680

नया व्यय = $20500\times\frac{106}{100}$ = \$ 21730

$\therefore$ नई बचत = 29680 − 21730 = \$ 7950

$\therefore$ बचत में प्रतिशत वृद्धि

$$=\frac{7950-6000}{6000}\times100=32.5\%$$

80. (b) अभीष्ट % = $\frac{0.5}{20}\times100\%=2.5\%$

81. (c) शुद्ध प्रतिशत कमी

$$=20-20-\frac{20\times20}{100}=-4\%$$

82. (c) अभीष्ट वृद्धि प्रतिशत = $\frac{20}{100-20}\times100\%$

$$=\frac{20\times100}{80}=25\%$$

83. (c) प्रश्नानुसार,

$$p=\frac{150\times115}{100}=172.5$$

तथा $k=172.5\times\frac{85}{100}=146.625$

84. (d) $12\frac{1}{2}\%=\frac{1}{8}$

माना राम के पास धन = ₹ $8x$

$$\Rightarrow \quad 8x\times\frac{7}{8}\times\frac{25}{100}=630$$

$$\Rightarrow \quad x=₹\,360$$

$$\Rightarrow \quad 8x=₹\,2880$$

85. (c) माना कुल वोट = x

डाले गए वोट = $x\times\frac{100-12}{100}=\frac{88}{100}x$

विजेता को मिले वोट = $x\times\frac{68}{100}=\frac{68}{100}x$

$\therefore$ हारने वाले को मिले वोट

$$=\frac{88}{100}x-\frac{68}{100}x=\frac{20}{100}x$$

प्रश्नानुसार, $\frac{68}{100}x-\frac{20}{100}x=2880$

$$\Rightarrow \quad \frac{48}{100}x=2880 \Rightarrow x=\frac{2880\times100}{48}$$

$$\Rightarrow \quad x=6000$$

$\therefore$ डाले गए मतों की संख्या = $6000\times\frac{88}{100}=5280$

86. (b) तीन वर्षों के अन्त में निवासियों की संख्या

$$=1024000\times\frac{102.5}{100}\times\frac{102.5}{100}\times\frac{102.5}{100}$$

$$=1102736$$

87. (b) माना आरम्भ में चावल की कीमत = ₹x कमी के पश्चात् चावल की कीमत = $\frac{80x}{100}=₹\frac{4}{5}x$

प्रश्नानुसार, $-\left(\frac{450}{x}\right)+\left(\frac{450}{\frac{4}{5}x}\right)=50$

$$\Rightarrow \quad 450\left[-\frac{1}{x}+\frac{5}{4x}\right]=50$$

$$\Rightarrow \quad \frac{450}{x}\left[\frac{1}{4}\right]=50 \Rightarrow \frac{1}{x}=\frac{4\times50}{450}$$

$$\Rightarrow \quad x=₹\,2.25 \text{ प्रति किग्रा}$$

88. (d) माना कुल मतों की संख्या = x

20% लोगों ने मत नहीं डालने के पश्चात् मतों की सख्या

$$=\frac{x\times80}{100}$$

तब, वैद्य मतों की संख्या = $\left(\frac{x\times80}{100}-82560\right)$

प्रश्नानुसार,

$$\left(\frac{x\times80}{100}-82560\right)\left[\frac{58}{100}-\frac{42}{100}\right]=768400$$

$$\Rightarrow \left[\frac{x\times4}{5}-82560\right]\times\frac{16}{100}=768400$$

$$\Rightarrow \left(\frac{4x-412800}{5}\right)=4802500$$

$$\Rightarrow \quad 4x=24425300 \Rightarrow x=6106325$$

लोगों द्वारा नहीं डाला गया मत

$$=6106325\times\frac{20}{100}=1221265$$

$\therefore$ अभीष्ट % = $\frac{82560}{1221265}\times100$

अभीष्ट % = 6.76% = 6.8%

89. (d) माना कुल मतों की संख्या = x

8% उम्मीदवारों ने मत नहीं डाला तब, वैध मत = $\frac{92x}{100}$

प्रश्नानुसार,

$$\left(x\times\frac{48}{100}\right)-\left\{\left(\frac{x\times92}{100}\right)-\left(\frac{x\times48}{100}\right)\right\}=1100$$

$$\Rightarrow \quad x\times\left\{\frac{48}{100}-\frac{92}{100}+\frac{48}{100}\right\}=1100$$

$$\Rightarrow \quad x=\frac{1100\times100}{4}=27500 \text{ मत}$$

90. (c) माना डाले गए मतों की संख्या 100% है।

अशोक को मिला मत प्रतिशत

$$=95-(30+32)=33\%$$

प्रश्नानुसार,

$$(33\%-30\%)=5136$$

$$\Rightarrow \quad 3\%=5136$$

$$\Rightarrow \quad 100\%=\frac{5136\times100}{3}$$

$$\therefore \quad 100\%=171200$$

91. (d)

	आय	व्यय	बचत
वास्तविक	$6x$	$5x$	x
नई	$6.6x$	$6x$	$0.6x$

$\therefore$ अभीष्ट प्रतिशत परिवर्तन = $\frac{(x-0.6x)}{x}\times100$

$$=\frac{0.4x}{x}\times100=40\%$$

92. (a) माना चेतन के पास सिक्कों की संख्या = 100

गौरव के पास सिक्कों की संख्या = 140

अविनाश के पास सिक्कों की संख्या

$$=140\times\frac{80}{100}=112$$

$\therefore$ अभीष्ट प्रतिशत = $\frac{12}{112}\times100\%=10.7\%$

93. (b) अनुत्तीर्ण होने वाली लड़कियों की संख्या

$$=\frac{35}{100}\times\frac{10}{100}\times1400=49$$

अनुत्तीर्ण होने वाले लड़कों की संख्या

$$=\left(\frac{100-35}{100}\right)\times\frac{20}{100}\times1400=182$$

अनुत्तीर्ण होने वाले छात्रों की संख्या = 49 + 182 = 231

$\therefore$ अनुत्तीर्ण छात्रों का प्रतिशत

$$=\frac{231}{1400}\times100=16.5\%$$

94. (a) माना आय ₹ y है और बचत = ₹ $\frac{x}{100}y$

तब व्यय = ₹ $\left(y - \frac{xy}{100}\right)$

28% वृद्धि के बाद नई आय = ₹ $\frac{128}{100}y$

20% वृद्धि के बाद नया व्यय

$$= ₹\frac{120}{100}\left(y - \frac{xy}{100}\right)$$

प्रश्नानुसार,

$$\frac{128}{100}y - \frac{120}{100}\left(y - \frac{xy}{100}\right) = \frac{xy}{100} \times \frac{140}{100}$$

$$\Rightarrow \quad 128y - 120y + \frac{120}{100}xy = \frac{140}{100}xy$$

$$\Rightarrow \quad 8y = \frac{20}{100}xy$$

$$\Rightarrow \quad x = 40$$

स्पीडी विधि

20%   40%

28%

12 : 8

3 : 2

(व्यय)   (बचत)

बचत % = $\frac{2}{5} \times 100\% =$ **40%**

95. (c) माना गाँव में पुरुषों की संख्या x है, और महिलाओं की संख्या $(15280 - x)$ है।

प्रश्नानुसार,

$$\frac{125}{100}x + \frac{115}{100}(15280 - x) = 18428$$

$$\Rightarrow 125x + 1757200 - 115x = 1842800$$

$$\Rightarrow \quad x = 8560$$

महिलाओं की संख्या = 15280 − 8560 = 6720

∴ पुरुषों व महिलाओं की वर्तमान जनसंख्या का अन्तर

= 8560 − 6720 = 1840

96. (d) माना C का वजन 100 किग्रा है।

तब, B का वजन = 130 किग्रा

A का वजन = $\frac{120}{100} \times 130$ किग्रा = 156 किग्रा

अभीष्ट प्रतिशत = $\frac{(156 - 100)}{100} \times 100\%$

$$= \frac{56}{100} \times 100\% = 56\%$$

97. (d) माना कुल छात्र = ₹ x

∴ लड़के = $x \times \frac{45}{100} = \frac{9x}{20}$

लड़कियाँ = $x \times \frac{55}{100} = \frac{11x}{20}$

कुल उत्तीर्ण लड़के और लड़कियाँ

$$= \frac{9x}{20} \times \frac{60}{100} + \frac{11x}{20} \times \frac{70}{100} = \frac{54}{200}x + \frac{77}{200}x$$

$$= \frac{131}{200}x$$

∴ अनुत्तीर्ण होने वाले छात्रों की संख्या

$$= x - \frac{131}{200}x = \frac{69}{200}x$$

∴ अभीष्ट प्रतिशत = $\frac{\frac{69}{200}x}{x} \times 100 = \frac{69}{2} = 34.5\%$

98. (a) सफेद : लाल : हरी

$$= 160 : 100 : 160 \times \frac{7}{8} = 8 : 5 : 7$$

20 इकाई = 120

7 इकाई = $\frac{120 \times 7}{20} = 42$

99. (a) माना विद्यालय X में उपस्थित हुए छात्रों की संख्या = 100

∴ विद्यालय X में अनुत्तीर्ण छात्रों की संख्या

$$= 100 \times \frac{20}{100} = 20$$

विद्यालय Y में उपस्थित हुए छात्रों की संख्या = 230

∴ कुल अनुत्तीर्ण छात्र = $330 \times \frac{10}{100} = 33$

∴ विद्यालय Y के अनुत्तीर्ण छात्रों की संख्या

= 33 − 20 = 13

∴ अभीष्ट प्रतिशत = $\frac{13}{230} \times 100\% = 5.65\% = 5.7\%$

100. (d) माना संख्या = x

प्रश्नानुसार, $x \times \frac{115}{100} \times \frac{85}{100} = 782$

$$x = \frac{782 \times 100 \times 100}{115 \times 85} = 800$$

अभीष्ट परिणामी संख्या = $800 \times \frac{75}{100} \times \frac{125}{100} \times \frac{80}{100}$

= 600

101. (c) A, B और C के पास कुल धनराशि

= 4520 × 3 = ₹ 13560

प्रश्नानुसार, $A = B \times \frac{100 + \frac{32}{3}}{100} \Rightarrow \frac{A}{B} = \frac{83}{75}$

तथा $\quad A = C \times \frac{100 - \frac{100}{3}}{100}$

$$\frac{A}{C} = \frac{2}{3}$$

अब, $\quad A : B : C = 166 : 150 : 249$

∴ B का हिस्सा = $13560 \times \frac{150}{166 + 150 + 249}$

$$= 13560 \times \frac{150}{565} = ₹\ 3600$$

102. (a) माना B की आय = ₹ x

तब, A की आय = $x \times \frac{145}{100} = ₹\ \frac{29}{20}x$

तथा C की आय = $\left(x + \frac{29}{20}x\right) \times \frac{40}{100}$

$$= \frac{49}{20}x \times \frac{2}{5} = ₹\ \frac{49}{50}x$$

तथा D की आय = $\frac{49}{50}x \times \frac{120}{100}$

$$= \frac{49}{50}x \times \frac{6}{5} = ₹\ \frac{147x}{125}$$

$$\Rightarrow \quad \frac{147}{125}x - x = 13200$$

$$\Rightarrow \quad x = 13200 \times \frac{125}{(147 - 125)}$$

= ₹ 75000

∴ C की आय = $\frac{49}{50}x = \frac{49}{50} \times 75000 =$ ₹ 73500

स्पीडी विधि

A   B   C   D

145   100   98   117.6

17.6 → 13200 ⇒ C 98 → $\frac{13200}{17.6}$

= 73500

103. (d) माना परीक्षा का पूर्णांक = x

$$x \times \frac{31}{100} + 16 = x \times \frac{40}{100} - 56$$

$$\Rightarrow \quad 31x + 1600 = 40x - 5600$$

$$x = 800$$

∴ उत्तीर्ण होने के लिए आवश्यक न्यूनतम अंक

$$= 800 \times \frac{31}{100} + 16$$

= 248 + 16 = 264

स्पीडी विधि

उत्तीर्णांक = 31% + 16 = 40% − 56

9% = 72

31% = $\frac{72 \times 31}{9} = 248$

∴ उत्तीर्णांक = 248 + 16 = 264

104. (c) माना स्कूल में छात्रों की कुल संख्या = x

∴ परीक्षा में उपस्थित छात्र = $x \times \frac{96}{100} = \frac{24}{25}x$

परीक्षा में उत्तीर्ण छात्र = $\frac{24}{25}x \times \frac{90}{100} = \frac{216}{250}x$

∴ डिस्टिंक्शन अंक प्राप्त न करने वाले छात्रों की संख्या

$$= \frac{216}{250}x \times \frac{50}{100} = \frac{54}{125}x$$

प्रश्नानुसार, $\quad \frac{54}{125}x = 432 \Rightarrow x = \frac{432 \times 125}{54}$

∴ $\quad x = 1000$

105. (c) माना दो वर्ष पहले जनसंख्या = x

प्रश्नानुसार, $x \times \frac{130}{100} \times \frac{85}{100} = 11050$

$$x = \frac{11050 \times 100 \times 100}{130 \times 85} = 10000$$

106. (b) खपत में कटौती = $\frac{20}{120} \times 100 = 16\frac{2}{3}\%$

107. (c) बचत [$A : B$] = 120 : 100 = 6 : 5

A [आय : बचत] = 100 : 40 = (5 : 2) × 3 = 15 : 6

B [आय : बचत] = 100 : 25 = (4 : 1) × 5 = 20 : 5

∴ आय ($A : B$) = 15 : 20 = 3 : 4

∴ अभीष्ट % = $\frac{1}{4} \times 100\% = 25\%$

108. (c) A को मिले अंक = $500 \times \frac{80}{100} = 400$

B को मिले अंक = $400 \times \frac{100}{125} = 320$

C को मिले अंक = $320 \times \frac{100}{160} = 200$

D को मिले अंक = $200 \times \frac{100}{80} = 250$

D को मिले अंक = $\frac{250}{500} \times 100 = 50\%$

109. (b) माना A का वेतन = ₹x = B का वेतन

$\Rightarrow \quad x \times \frac{8}{100} - x \times \frac{7}{100} = 259 \Rightarrow x =$ ₹25900

माना C का वेतन = ₹y

$\Rightarrow x \times \frac{8}{100} + x \times \frac{7}{100} = y \times \frac{9}{100} + 1185$

$\Rightarrow x \times \frac{15}{100} = y \times \frac{9}{100} + 1185$

$\Rightarrow 25900 \times \frac{15}{100} = y \times \frac{9}{100} + 1185$

$\Rightarrow 3885 - 1185 = y \times \frac{9}{100}$

$\Rightarrow y = 2700 \times \frac{100}{9} =$ ₹ 30000

$\therefore A$ और C का कुल दान

$= 25900 \times \frac{8}{100} + 30000 \times \frac{9}{100}$

$= 2072 + 2700 = 4772$

तथा A, B और C का कुल वेतन

$= 25900 + 25900 + 30000 =$ ₹81800

$\therefore$ अभीष्ट प्रतिशत $= \frac{4772}{81800} \times 100 = 5.8\%$

110. (d) माना चुनाव में कुल मतदाता $= 100x$

चुनाव में मतदान करने वाले मतदाता

$= 100x \times \frac{95}{100} = 95x$

विजेतो A को प्राप्त मत $= 100x \times \frac{75}{100} = 75x$

$\therefore B$ को प्राप्त मत $= 95x - 75x = 20x$

$\Rightarrow 75x - 20x = 5500$

$\Rightarrow 55x = 5500 \Rightarrow x = 100$

अत: चुनाव में कुल मतदाता $= 100 \times 100 = 10000$

111. (c) तीन वर्ष बाद शहर की जनसंख्या

$= 15000 \times \frac{(100+15)}{100}\left(\frac{100+25}{100}\right) \times \left(\frac{100-6}{100}\right)$

$= 15000 \times \frac{115}{100} \times \frac{125}{100} \times \frac{94}{100}$

$= 20268.75 \approx 20269$

112. (d) माना चीनी की पिछली कीमत = ₹ x

$\frac{1}{3}$ भाग चीनी की पिछली कीमत $= \frac{1}{3} \times x = \frac{x}{3}$

चीनी के मूल्य में वृद्धि % $= \frac{7-6}{6} \times 100 = \frac{100}{6}$

$\therefore$ मिठाई की कीमत में वृद्धि % $= \frac{100}{6} \times \frac{1}{3} = \frac{100}{18}\%$

113. (c) स्वाति द्वारा व्यय धनराशि

$= 40000 - 40000 \times \frac{25}{100} =$ ₹30000

भोजन व शिक्षा पर खर्च में अनुपात = 3:2

शिक्षा पर व्यय $= \frac{2}{3+2} \times 30000 = \frac{2}{5} \times 30000$

$=$ ₹12000

शिक्षा पर व्यय (प्रतिशत में) $= \frac{12000}{40000} \times 100$

$= \frac{120}{4} = 30\%$

स्पीडी विधि

शिक्षा पर व्यय $= \frac{2}{(3+2)} \times (100-25)\%$

$= \frac{2}{5} \times 75\% = 30\%$

114. (d) वर्तमान जनसंख्या = 8000000

माना 3 वर्ष पहले जनसंख्या $= x$

$\therefore x\left(1+\frac{20}{100}\right)^3 = 8000000$

$\Rightarrow x = 8000000 \times \frac{125}{216}$

माना 2 वर्ष पहले जनसंख्या $= y$

$\therefore y\left(1+\frac{20}{100}\right)^2 = 8000000$

$\Rightarrow y = 8000000 \times \frac{25}{36}$

$\therefore -x + y = 8000000 \times \left(-\frac{125}{216} + \frac{25}{36}\right)$

$= 8000000 \times \left(\frac{150-125}{216}\right)$

$= 8000000 \times \frac{25}{216} = 925925.92$

115. (d) $\frac{A}{B} = \frac{125}{100} = \frac{5}{4}$

$A:B = 5:4$

$\frac{B}{C} = \frac{70}{100} = \frac{7}{10}$

$B:C = 7:10$

$\frac{C}{D} = \frac{120}{100} = \frac{6}{5}$

$\Rightarrow C:D = 6:5$

$\therefore A:D = 5 \times 7 \times 6 : 4 \times 10 \times 5 = 210:200$

अत: अभीष्ट प्रतिशत $= \frac{210-200}{200} \times 100 = 5\%$

116. (b) माना रनिता की साप्ताहिक आय = ₹ x

माना भास्कर की साप्ताहिक आय = ₹ y

प्रश्नानुसार, $x \times \frac{42}{100} = y \times \frac{56}{100}$

$3x = 4y \quad$ ...(i)

तथा $\frac{y+200}{x} = \frac{4}{5}$

$5y + 1000 = 4x$

$4x - 5y = 1000 \quad$ ...(ii)

समी (i) व (ii) से,

$x =$ ₹ 4000

117. (a) माना लड़कों की संख्या $= x$

तथा लड़कियों की संख्या $= y$

$\therefore x = y \times \left(\frac{100+20}{100}\right)$

$\Rightarrow x = y \times \frac{120}{100}$

$\Rightarrow x = y \times \frac{6}{5} \Rightarrow \frac{x}{y} = \frac{6}{5}$

$x:y = 6:5$

118. (d) 3 वर्ष के अन्त में स्कूल जाने वाले बच्चों की संख्या

$= 64000 \times \left(\frac{100+10}{100}\right)\left(\frac{100+10}{100}\right) \times \left(\frac{100+10}{100}\right)$

$= 64000 \times \frac{110}{100} \times \frac{110}{100} \times \frac{110}{100} = 85184$

119. (b) माना CNG का प्रति लीटर मूल्य = ₹ x

मनीष द्वारा CNG उपभोग की मात्रा $= y$

कुल व्यय = ₹ xy

माना CNG का उपभोग कम करना $= a\%$

नया व्यय $= x \times \frac{165}{100} \times y \times \left(\frac{100-a}{100}\right)$

प्रश्नानुसार, $xy = \frac{165}{100} x \times y \left(\frac{100-a}{100}\right)$

$\Rightarrow 100 \times 100 = 165(100-a)$

$\Rightarrow 20 \times 100 = 33(100-a)$

$\Rightarrow 2000 = 3300 - 33a$

$\Rightarrow 33a = 3300 - 2000$

$\Rightarrow 33a = 1300$

$\Rightarrow a = \frac{1300}{33}$

$\Rightarrow a = 39.39\%$

स्पीडी विधि

CNG के मूल्य में प्रति लीटर वृद्धि $(R) = 65\%\uparrow$

$\therefore$ CNG के उपभोग कमी प्रतिशत

$= \frac{R\%}{(100+R)\%} \times 100$

$= \frac{65\%}{(100+65)\%} \times 100$

[यहाँ $R = 65\%$ मूल्य में प्रतिशत वृद्धि]

$= \frac{65}{165} \times 100 = 39.39\%$

120. (c) माना कुल वोट $= 100x$

अमान्य वोट $= 100x \times \frac{1}{100} = 10x$

$\therefore$ माना / वैद्य वोट $= 90x$

$(R+S)$ को मिले वोट $= \frac{1}{2}(100x) = 50x$

R और S को बराबर मत मिले

$\therefore R = 25x, S = 25x$

R को गलती से प्राप्त मत

$= 25x + \frac{1}{2}(25x) + \frac{1}{2}(10x)$

$= 25x + 12.5x + 5x = 42 \cdot 5x$

$\therefore R$ द्वारा प्राप्त मत $= \frac{42 \cdot 5x}{100x} \times 100 = 42 \cdot 5\%$

121. (a) माना रामनारायण का वेतन = ₹ 100

$3\frac{1}{8}\%$ कमी के बाद रामनारायण का वेतन

$= \frac{100 - \frac{25}{8}}{100} \times 100 =$ ₹ $\frac{775}{8}$

$7\frac{2}{5}\%$ वृद्धि के बाद रामनारायण का वेतन

$= \left(\frac{775}{8} \times \left(100 + \frac{37}{5}\right) \times \frac{1}{100}\right)$

$= \left(\frac{775}{8} \times \frac{537}{500}\right) =$ ₹ 104.043

मूल वेतन में वृद्धि ₹(104·04 − 100) = ₹ 4·04

अभीष्ट प्रतिशत वृद्धि $= \frac{4 \cdot 04}{100} \times 100 = 4 \cdot 04\%$

122. (c) माना शिया की वार्षिक आय = ₹ x

$x \times \frac{30}{100} = 153000$

$x = \frac{153000 \times 10}{3} = 510000$

शिया की वार्षिक आय = ₹ 510000

मासिक आय $= \frac{510000}{12} =$ ₹ 42500

123. (a) शहर की जनसंख्या = 16000

2 वर्ष बाद शहर की जनसंख्या

$$= 16000 \times \frac{105}{100} \times \frac{105}{100} = 17640$$

124. (d) A ने B को 2500 मतों से या कुल मतों के 10% से हराया है।

$\therefore$ कुल मतों की संख्या $= 2500 \times \frac{100}{10} = 25000$

$\therefore$ कुल अमान्य मतों की संख्या $= \frac{25000}{5} = 5000$

कुल मान्य मतों की संख्या $= 25000 - 5000 = 20000$

माना B को प्राप्त मत $= x$

तो A को प्राप्त मत $= x + 2500$

$$x + x + 2500 = 20000$$

$\Rightarrow \quad 2x = 17500$

$\Rightarrow \quad x = 8750$

B को प्राप्त मत = 8750

तो B को अमान्य मतों का 90% प्राप्त करने के बाद कुल मतों की संख्या $= 8750 + 5000 \times \frac{90}{100}$

$$= 8750 + 4500 = 13250$$

अत: अभीष्ट प्रतिशत $= \frac{13250 - 11250}{25000} \times 100 = 8\%$

स्पीडी विधि

माना Total मत = 100

अमान्य 20

45

B 35 + 20 × 90% = 53

B जीता $= \frac{8}{100} \times 100\% = 8\%$

अत: B, 8% मतों से जीत जाता है।

125. (b) माना संख्या = x

तो नई संख्या $= x \times \frac{90}{100} \times \frac{130}{100} \times \frac{80}{100} = \frac{936x}{1000}$

संख्या के शुद्ध कमी $= x - \frac{936x}{1000} = \frac{64x}{1000}$

शुद्ध % कमी $= \frac{64x}{1000} \times \frac{1}{x} \times 100 = \frac{32}{5} = 6\frac{2}{5}\%$

126. (a) पहली स्थिति,

माना भवानी की आय = ₹100

तो उसका खर्च $= 100 \times \frac{68}{100} = 68$

बचत = ₹ (100 – 68) = ₹ 32

दूसरी स्थिति,

आय में 15 वृद्धि के बाद,

आय $= 100 \times \frac{115}{100} =$ ₹115

10% वृद्धि के बाद खर्च $= 68 \times \frac{110}{100} =$ ₹74.8

$\therefore$ बचत = (115 – 74.8) = ₹ 40.2

बचत में वृद्धि = (40.2 – 32) = ₹ 8.2

बचत वृद्धि प्रतिशत $= \frac{8.2}{32} \times 100 = 25.62\%$

127. (c) माना कुल मतों की संख्या = x

डाले गए मतों की संख्या $= x \times \frac{81}{100} = \frac{81x}{100}$

A द्वारा प्राप्त मत $= \frac{27x}{100}$

B द्वारा प्राप्त मत $= \frac{81x}{100} - \frac{27x}{100} = \frac{54x}{100}$

प्रश्नानुसार, $\frac{54x}{100} = 125982$

$\therefore \quad x = \frac{125982 \times 100}{54} = 233300$

$\therefore$ A द्वारा प्राप्त मतों की संख्या

$$= 233300 \times \frac{27}{100} = 62991$$

स्पीडी विधि

माना कुल मत = 100%

मतदान नहीं 19%

A 27 %

A 54% ⟶ 125982

27% ⟶ 62991

128. (a) माना कोरोना से पहले गाँव की जनसंख्या = x

$$x \times \left(\frac{100-5}{100}\right) \times \left(\frac{100-20}{100}\right) = 4655$$

$$\therefore x = \frac{4655 \times 100 \times 100}{95 \times 80} = 6125$$

129. (d) वर्ष 2012 से 2015 तक जनसंख्या में परिवर्तन क्रमश: 15% –15%

+15% तथा – 15% के लिए,

समतुल्य प्रतिशत $= \left(15 - 15 - \frac{15 \times 15}{100}\right)\%$

$$= -2.25\%$$

अब, – 2.25% तथा 15% के लिए,

समतुल्य प्रतिशत

$$= \left(-2.25 + 15 - \frac{2.25 \times 15}{100}\right)\%$$

$$= (15 - 2.25 - 0.3375)\%$$

$$= (15 - 2.5875)\% = 12.4125\% \approx 12.41\%$$

अत: 2015 की शुरुआत में छात्रों की संख्या में 12.41% की वृद्धि हुई।

130. (d) माना कुल मतों की संख्या = 100%

10% मतदाताओं ने मत नहीं डाले,

अर्थात् शेष मतों की संख्या = 100 – 10 = 90%

जीतने वाले उम्मीदवार के मतों की संख्या = 46%

$\therefore$ हारने वाले उम्मीदवार के मतो की संख्या

(90 – 46)% – 60 = 44% – 60

($\because$ 60 मतदाताओं ने खाली मतपत्र डाले)

प्रश्नानुसार, 46% – (44% – 60) = 410

46% – 44% = 410 – 60 $\Rightarrow$ 2% = 350

$\therefore \quad 100\% = \frac{350}{2} \times 100 = 17500$

अत: सूची में मतदाताओं की संख्या = 17500

131. (a) मतों की कुल संख्या = 15000

वैध मतों की संख्या $= 15000 \times \frac{75}{100} = 11250$

हारने वाले उम्मीदवार को प्राप्त वैध मतों की संख्या

$$= 11250 \times \frac{40}{100} = 4500$$

132. (b) वोट डालने वाले मतदाताओं की संख्या = 100 – 12 = 88%

खाली मतपत्र वाले मतदाताओं की संख्या = 84

वैध मतों की संख्या = 88% – 84

प्रतिद्वन्दी को मिले मत

$$= (88 - 54)\% - 84 = 34\% - 84$$

प्रश्नानुसार, 54% – (34% – 84) = 1456

$\therefore$ 20% = 1456 – 84 = 1372

$\therefore$ कुल मतों की संख्या $= \frac{1372 \times 100}{20} = 6860$

133. (b) $21970 = 40960\left(1 - \frac{r}{100}\right)^3$

$\Rightarrow \quad \sqrt[3]{\frac{21970}{40960}} = 1 - \frac{r}{100}$

$\Rightarrow \quad 1 - \frac{13}{16} = \frac{r}{100} \Rightarrow \frac{3}{16} \times 100 = r$

$$r = 18.75\%$$

134. (a) माना कुल आय = ₹ 100

आयुष द्वारा कुल किया गया खर्च =

$$26 + 23 + 19 + 25 = ₹\ 93$$

तब, आयुष द्वारा कुल बचत = (100 – 93) = ₹ 7

भोजन व मनोरंजन पर कुल खर्च राशि

$$= \frac{26600}{7} \times 45 = ₹\ 171000$$

135. (b) अभीष्ट मूल्य

$$= 1000 \times \frac{130}{100} \times \frac{80}{100} = ₹\ 1040$$

136. (d) माना मूल संख्या = x

$\Rightarrow \quad x - x \times \frac{72}{100} \times \frac{128}{100} = 784$

$\Rightarrow x - 0.9216\,x = 784 \Rightarrow 0.0784x = 784$

$\therefore \quad x = 10000$

137. (d) माना वेतन = ₹100

बचत = ₹ 28

$\therefore$ कुल वेतन $= \frac{5740}{28} \times 100 = 20500$

वार्षिक वेतन = 20500 × 12 = ₹ 246000

$\therefore$ वार्षिक वेतन का 10% $= 246000 \times \frac{10}{100}$

$$= ₹\ 24600$$

138. (c) माना मूल संख्या x है

प्राप्त संख्या $= x \times \frac{110}{100} \times \frac{120}{100} \times \frac{88}{100} = \frac{726}{625}x$

$\therefore$ अभीष्ट प्रतिशत वृद्धि $= \frac{\frac{726}{625}x - x}{x} \times 100$

$$= \frac{726 - 625}{625} \times 100$$

$$= \frac{101 \times 4}{25} = 16.16\%$$

139. (d) माना व्यक्ति की कुल आय = ₹ $100x$

तब, खर्च $= \frac{100x \times 65}{100} =$ ₹ $65x$

बचत = ₹ $35x$

20% वृद्धि के बाद,

उसकी आय $= \frac{100x \times 120}{100} =$ ₹ $120x$

खर्च $= \frac{65x \times 110}{100} =$ ₹ $71.5x$

$\therefore$ बचत = $120x - 71.5x$ = ₹ $48.5x$

$\therefore$ बचत में वृद्धि $= \frac{48.5x - 35x}{35x} \times 100$

$$= \frac{13.5}{35} \times 100 = 38.5\%$$

स्पीडी विधि

	आय	खर्च	बचत
पुरानी	100	65	35
	↓ +20%	↓ +10%	↓
नई	120	715	48.5

$\therefore$ बचत में वृद्धि % $= \frac{13.5}{35} \times 100\% = 38.5\%$

140. (b) अभीष्ट % $= \frac{35}{(100-35)} \times 100 = 53.85\%$

141. (c) 2 वर्ष बाद शहर की जनसंख्या

$$= 45000\left(1 - \frac{2}{100}\right)^2$$

$$= 45000 \times \frac{49}{50} \times \frac{49}{50} = 43218$$

142. (b) माना मंजू की आय = ₹ $100x$

तब, राजू की आय $= \frac{100x \times 125}{100} =$ ₹ $125x$

वृद्धि के बाद,

राजू की आय $= \frac{125x \times 125}{100} =$ ₹ $156.25x$

तथा मंजू की आय $= \frac{100x \times 140}{100} =$ ₹ $140x$

दोनों की प्रारम्भिक संयुक्त आय

$= 100x + 125x =$ ₹ $225x$

वृद्धि के बाद दोनों की संयुक्त आय

$= 156.25x + 140x =$ ₹ $296.25x$

$\therefore$ अभीष्ट वृद्धि $= \frac{296.25x - 225x}{225x}$

$$= \frac{71.25x}{225x} \times 100$$

$$= \frac{7125}{225} = 31.67\%$$

स्पीडी विधि

25%   40%

x

125 : 100

5 : 4

(राजू की आय) (मंजू की आय)

$\therefore \quad x = \frac{25 \times 5 + 40 \times 4}{5 + 4} = \frac{285}{9} = 31.67\%$

143. (c) माना सोहन की आय = 100

$\therefore$ श्याम की आय = 70

तब राम की आय $= 70 \times \frac{170}{100} = 119$

$\therefore$ राम और सोहन की आय का अनुपात = 119 : 100

144. (a) माना स्कूल में लड़कों और लड़कियों की संख्या क्रमशः $5x$ और $2x$ हैं।

तब परीक्षा में उत्तीर्ण विद्यार्थी

$$= 5x \times \frac{87}{100} + 2x \times \frac{80}{100} = \frac{595x}{100}$$

$\therefore$ परीक्षा में अनुत्तीर्ण विद्यार्थी $= 7x - \frac{595}{100}x = \frac{105}{100}x$

$\therefore$ अभीष्ट प्रतिशत $= \frac{\frac{105}{100}x}{7x} \times 100 = \frac{105}{7} = 15\%$

स्पीडी विधि

	लड़के	लड़किया
	5	2
अनुत्तीर्ण	13%	20%

अनुत्तीर्ण

$$= \frac{(5 \times 13 + 2 \times 20)}{5+2}\% = \frac{105\%}{7} = 15\%$$

145. (c) माना डाले गए कुल मत $= x$

$\therefore$ वैध मत $= x - 1400$

हारने वाले उम्मीदवार को प्राप्त मत

$$= x \times \frac{42}{100} = \frac{42}{100}x$$

$\therefore$ जीतने वाले उम्मीदवार को प्राप्त मत

$$= (x - 1400) - \frac{42}{100}x$$

प्रश्नानुसार, $\left[(x-1400) - \frac{42}{100}x\right] - \frac{42}{100}x = 3080$

$\Rightarrow \quad x - \frac{84}{100}x = 3080 + 1400$

$\Rightarrow \quad \frac{16x}{100} = 4480 \Rightarrow x = 28000$

$\therefore$ अवैध मतों का प्रतिशत $= \frac{1400}{28000} \times 100 = 5\%$

146. (a) प्रवेश परीक्षा में उपस्थित कुल छात्र

$$= 25 + 30 + 40 + 45 + 60 + 100 = 300$$

परीक्षा में उत्तीर्ण छात्र

$$= 25 \times \frac{20}{100} + 30 \times \frac{30}{100} + 40 \times \frac{35}{100} + 45 \times \frac{40}{100} + 60 \times \frac{50}{100} + 100 \times \frac{75}{100}$$

$$= 5 + 9 + 14 + 18 + 30 + 75 = 151$$

$\therefore$ अभीष्ट प्रतिशत $= \frac{151}{300} \times 100 = 50.33\% \approx 50\%$

147. (a) अभीष्ट % $= \frac{35}{100 + 35} \times 100$

$$= \frac{35}{135} \times 100 \approx 26\%$$

148. (c) माना मूल भिन्न $= \frac{x}{y}$

प्रश्नानुसार, $\frac{x \times \frac{160}{100}}{y \times \frac{140}{100}} = \frac{16}{63} \Rightarrow \frac{x}{y} = \frac{14}{63} = \frac{2}{9}$

149. (b) माना डीजल की कीमत $= x$

तथा खपत $= y$

$\therefore$ व्यय $= xy$

प्रश्नानुसार, नई कीमत $= x \times \frac{126}{100}$

नया व्यय $= xy \times \frac{115}{100}$

अब माना खपत में कमी $= a\%$

नई खपत $= y \times \frac{100 - a}{100}$

$\therefore x \times \frac{126}{100} \times y \times \frac{100 - a}{100} = xy \times \frac{115}{100}$

$\Rightarrow \quad 100 - a = 115 \times \frac{100}{126}$

$$a = \frac{12600 - 11500}{126} = \frac{1100}{126} = 8.73\%$$

150. (b) $110 \times \frac{(100 - x)}{100} = 50 \times \frac{(100 + x)}{100}$

$\Rightarrow 11000 - 110x = 5000 + 50x$

$\Rightarrow \quad x = \frac{75}{2}$

$\therefore$ 650 का $x\% = 650 \times \frac{75}{2} \times \frac{1}{100} = 243.75$

तथा 780 का $(x - 10)\%$

$$= 780 \times \left(\frac{75}{2} - 10\right) \times \frac{1}{100}$$

$$= 780 \times \frac{55}{2} \times \frac{1}{100} = 214.5$$

$\therefore$ अभीष्ट प्रतिशत $= \frac{243.75 - 214.5}{214.5} \times 100$

$$= \frac{29.25}{214.5} \times 100 = 13.63 \approx 14\%$$

151. (b) अब, $E = 75000 \times \frac{60}{100} =$ ₹ 45000

$T = 45000 \times \frac{20}{100} =$ ₹ 9000

$C = 9000 \times \frac{15}{100} =$ ₹ 1350

$\therefore$ बचत $(S) = 75000 - (45000 + 9000 + 1350)$

$= 75000 - 55350 =$ ₹ 19650

नई आय $= 75000 \times \frac{140}{100} =$ ₹ 105000

अब, $E = 105000 \times \frac{60}{100} =$ ₹ 63000

$T = 63000 \times \frac{30}{100} =$ ₹ 18900

$C = 18900 \times \frac{20}{100} =$ ₹ 3780

नई बचत

$= 105000 - (63000 + 18900 + 3780)$

$= 105000 - 85680 =$ ₹ 19320

$\therefore$ अभीष्ट अनुपात = 19650 : 19320 = 655 : 644

152. (d) माना व्यक्ति की आय = ₹ x

$\therefore$ व्यय $= x \times \frac{75}{100} =$ ₹ $\frac{3}{4}x$

तथा बचत $= x - \frac{x}{4} =$ ₹ $\frac{1}{4}x$

प्रश्नानुसार, नई आय = ₹ $\left(x \times \frac{128}{100}\right)$

नई व्यय $= \frac{3}{4}x \times \frac{120}{100} =$ ₹ $\left(\frac{90}{100}x\right)$

$\therefore$ नई बचत $= \frac{128}{100}x - \frac{90}{100}x =$ ₹ $\left(\frac{38}{100}x\right)$

$\therefore$ बचत में वृद्धि $= \frac{\frac{38}{100}x - \frac{x}{4}}{\frac{x}{4}} \times 100$

$$= \frac{38 - 25}{100} \times 100 \times 4 = 13 \times 4 = 52\%$$

153. (c) अभीष्ट प्रतिशत वृद्धि

$$= \frac{12000 - 7000}{7000} \times 100 = 71\frac{3}{7}\%$$

154. (d) माना प्रारम्भिक खपत x और अन्तिम खपत y है।

$\Rightarrow \quad 100 : 116$

$x : y$

$10 : 11$

$\Rightarrow \quad x : y = \frac{10}{100} : \frac{11}{116} = 116 : 110$

अभीष्ट कमी % $= \frac{6}{116} \times 100\% = 5.17\% \approx 5.2\%$

155. (b) अभीष्ट प्रतिशत $= \frac{60}{(100+60)} \times 100$

$= \frac{60}{160} \times 100 = 37.5\%$

156. (c) $110 \times \frac{(100-x)}{100} = 50 \times \frac{(100+x)}{100}$

$\Rightarrow \quad 1100 - 11x = 500 + 5x$

$x = \frac{75}{2}$

$\therefore$ 650 का $x\%$ $= 650 \times \frac{75}{2} \times \frac{1}{100} = \frac{975}{4}$

तथा 180 का $(x+20)\%$ $= 180 \times \frac{\frac{75}{2}+20}{100}$

$= \frac{180}{100} \times \frac{115}{2} = \frac{207}{2}$

$\therefore$ अभीष्ट प्रतिशत $= \frac{\frac{975}{4} - \frac{207}{2}}{\frac{207}{2}} \times 100$

$= \frac{975-414}{2 \times 207} \times 100 = \frac{561}{207} \times 50$

$= 135.507 \approx 136\%$

157. (b) प्रश्नानुसार,
तीन वर्ष बाद मशीन का मूल्य

$= 8000 \times \frac{95}{100} \times \frac{90}{100} \times \frac{85}{100} =$ ₹ 5814

158. (b) माना कुल मत $= 100x$

$\therefore$ वैध मत $= (100x - 58)$

जीतने वालों को प्राप्त वोट $= (100x - 58) \times 54\%$

हारने वालों को प्राप्त वोट $= (100x - 58) \times 46\%$

जीत का अन्तर $= (100x - 58) \times 8\%$

$\therefore (100x - 58) \times \frac{8}{100} = 88$

$\Rightarrow 100x - 58 = \frac{88 \times 100}{8} = 1100$

$\Rightarrow 100x = 1100 + 58 = 1158$

$\therefore$ कुल मतों की संख्या $= 1158$

159. (a) अभीष्ट वृद्धि% $= \left(\frac{a}{100-a}\right) \times 100\%$

$= \frac{20}{(100-20)} \times 100\% = 25\%$

160. (d) अभीष्ट कमी % $= \frac{36}{(100+36)} \times 100\%$

$= \frac{36 \times 100\%}{136} = 26.47\%$

$\approx 26.5\%$

161. (b) दो वर्षों में उत्पाद के मूल्य में कुल प्रतिशत वृद्धि $= \left(10 + 20 + \frac{10 \times 20}{100}\right)\% = (30 + 2)\%$

$= 32\%$

162. (a) आय में प्रतिशत कमी

$= \frac{42800 - 37236}{42800} \times 100 = \frac{5564}{42800} \times 100 = 13\%$

163. (d) पिछले दो क्रमिक वर्षों में विभागीय परीक्षा में उपस्थित हुए कर्मचारियों की संख्या = 75 + 50 = 125

परीक्षा में उत्तीर्ण हुए छात्रों की संख्या

$= \frac{84}{100} \times 75 + \frac{52}{100} \times 50 = 63 + 26 = 89$

$\therefore$ उत्तीर्ण प्रतिशत की औसत दर $= \frac{89}{125} \times 100$

$= 71\frac{1}{5}\%$

164. (b) माना कुल मतों की संख्या $= 100x$

डाले गए वोट $= 100x \times 70\% = 70x$

अवैध वोट = 200

$\therefore$ वैध वोट $= (70x - 200)$

प्रश्नानुसार, $(70x - 200)(65\% - 35\%) = 1200$

$\Rightarrow \quad (70x - 200) \times \frac{30}{100} = 1200$

$\Rightarrow \quad 70x - 200 = 4000 \Rightarrow 70x = 4200$

$100x = \frac{4200 \times 100}{70} = 6000$

$\therefore$ कुल मतों की संख्या = 6000

165. (b) माना कुल मत $= 100x$

A उम्मीदवार को मिले मत $= 100x \times 44\% = 44x$

$\therefore B$ उम्मीदवार को मिले मत $= 100x - 44x = 56x$

अब, $(56x - 44x) = 1440$

$\Rightarrow \quad 12x = 1440$

$\Rightarrow \quad 100x = \frac{1440 \times 100}{12} = 12000$

$\therefore$ कुल मत = 12000

स्पीडी विधि

माना कुल मत $= x$

$x \times 56\% - x \times 44\% = 1440$

$\Rightarrow \quad x\left(\frac{12}{100}\right) = 1440$

$\Rightarrow \quad x = \frac{1440 \times 100}{12} \Rightarrow x = 12000$

166. (a) माना राम की आय = 100%

$\therefore$ श्याम की आय = 80%

अभीष्ट प्रतिशत $= \frac{20}{(100-20)} \times 100\% = 25\%$

167. (c) गाँव की जनसंख्या = 400000

दो वर्ष बाद गाँव की जनसंख्या

$= 400000 \times \frac{120}{100} \times \frac{130}{100}$

$= 40 \times 120 \times 130$

$= 624000$

168. (a) माना तीसरी संख्या x है।

पहली संख्या $= x \times \left(\frac{100-61}{100}\right) = \frac{39x}{100}$

दूसरी संख्या $= x \times \left(\frac{100-35}{100}\right) = \frac{65x}{100}$

अभीष्ट प्रतिशत $= \frac{39x}{65x} \times 100 = \frac{3}{5} \times 100 = 60\%$

169. (a) मतों की कुल संख्या = 30000

अवैध मतों की संख्या $= 30000 \times \frac{20}{100} = 6000$

$\therefore$ वैध मतों की संख्या = 30000 − 6000 = 24000

अनन्त को प्राप्त वैध मतों की संख्या

$= 24000 \times \frac{55}{100} = 13200$

$\therefore$ अरविन्द को प्राप्त वैध मतों की संख्या

$= 24000 - 13200 = 10800$

170. (d) अभीष्ट मत $= 8000 \times \frac{85}{100} \times \frac{48}{100} = 3264$

171. (b) हारे हुए उम्मीदवार को प्राप्त मतों की संख्या = 40%

जीते हुए उम्मीदवार को प्राप्त मतों की संख्या = 100% − 40% = 60%

प्रश्नानुसार, $(60-40)\% = 298$

$\Rightarrow \quad 20\% = 298$

$\therefore 100\% = \frac{298}{20} \times 100 = 1490$

172. (b) माना तीसरी संख्या $= x$

पहली संख्या $= \frac{x \times 130}{100} = \frac{13x}{10}$

दूसरी संख्या $= x \times \frac{140}{100} = \frac{14x}{10}$

$\therefore$ दूसरी संख्या : पहली संख्या = 14 : 13

173. (b) माना प्रारम्भिक वेतन = ₹ x

प्रश्नानुसार, $x \times \frac{109}{100} = 6300$

$x = \frac{6300 \times 100}{109} = 5779.8$

$\therefore$ प्रारम्भिक वेतन = ₹ 5779

स्पीडी विधि

$109\% \rightarrow 6300$

$100\% \rightarrow \frac{6300 \times 100}{109} =$ ₹ 5779

174. (c) माना संख्या $= x$

प्रश्नानुसार, $x - 12 = x \times \frac{40}{100}$

$x - \frac{2x}{5} = 12 \Rightarrow \frac{3x}{5} = 12$

$\Rightarrow \quad x = \frac{12 \times 5}{3}$

$\therefore \quad x \times \frac{2}{5} = \frac{12 \times 5}{3} \times \frac{2}{5} = 8$

175. (a) माना राम का मासिक वेतन = ₹ $100x$

राम की बचत $= 100x - (30x + 10x + 7x + 6x)$

$= 47x$

$\Rightarrow \quad 1880 = 47x \Rightarrow x = 40$

अत: राम का मासिक वेतन = 100 × 40 = ₹ 4000

176. (b) दिया है, कुल मतों की संख्या = 8750

कुल वैध मतों की संख्या $= 8750 \times \frac{80}{100} = 7000$

$\therefore B$ को मिले वैध मतों की संख्या

$= 7000 \times \frac{(100-63)}{100} = 7000 \times \frac{37}{100} = 2590$

स्पीडी विधि

B को मिले वैध मत $= 8750 \times 80\% \times 37\%$

$= 8750 \times \frac{80}{100} \times \frac{37}{100} = 2590$

177. (a) वास्तविक मूल्य $= \frac{3500}{70} \times 100 =$ ₹ 5000

178. (b) माना संख्या $= x$

प्रश्नानुसार, $x \times \frac{35}{100} \times \frac{20}{100} = 240.8$

$x = \frac{240.8 \times 100 \times 100}{35 \times 20} = 3440$

अत: संख्या का 18% $= \frac{3440 \times 18}{100} = 619.2$

179. (b) माना घड़ी का मूल मूल्य = ₹ x

प्रश्नानुसार, $x \times \frac{75}{100} \times \frac{150}{100} = 7650$

$x = \frac{7650 \times 100 \times 100}{75 \times 150} = ₹\ 6800$

180. (b) अभीष्ट वृद्धि प्रतिशत $= \frac{234-200}{200} \times 100$

$= \frac{34}{200} \times 100 = 17\%$

181. (a) कुल मतों की संख्या $= \frac{381}{65-35} \times 100$

$= \frac{38100}{30} = 1270$

182. (a) कार का विक्रय मूल्य = ₹ 500000

कार का मूल मूल्य $= \frac{500000 \times 100}{80} = ₹\ 625000$

183. (b) अभीष्ट अधिक %

$= \frac{30}{(100-30)} \times 100\% = \frac{30}{70} \times 100\% = 42.86\%$

184. (c) दिया है, A B C

खर्च क्रमशः 80% 85% 75%

∴ बचत क्रमशः 20% 15% 25%

∴ आय क्रमशः 100% 100% 100%

किन्तु प्रश्न में, बचत का अनुपात क्रमशः = 8 : 9 : 20

∴ A की बचत = 20% = 8

A की आय $= \frac{8}{20} \times 100 = 40$

इसी प्रकार,

∴ B की आय $= \frac{9}{15} \times 100 = 60$

C की आय $= \frac{20}{25} \times 100 = 80$

∴ A, B, C की आय का अनुपात

= 40 : 60 : 80 = 2 : 3 : 4

कुल आय = 72000

अतः B की आय $= \frac{3}{9} \times 72000 = 24000$

185. (c) माना प्रारम्भिक संख्या = 100

प्रश्नानुसार, अन्तिम संख्या

$= 100 \times \frac{(100-18)}{100} \times \frac{(100+25)}{100}$

$= 100 \times \frac{82}{100} \times \frac{125}{100} = 102.5$

∴ वृद्धि % $= \frac{102.5-100}{100} \times 100 = 2.5\%$

186. (b) माना कुल मतदाताओं की संख्या = $100x$

∴ डाले गये वोट $= 100x \times \frac{90}{100} = 90x$

वैध वोटो की संख्या $= 90x \times \frac{95}{100} = 85.5x$

जीतने वाले को प्राप्त वोट = $85.5x \times 52.5\%$

हारने वाले को प्राप्त वोट = $85.5x \times 47.5\%$

प्रश्नानुसार, $85.5x \times 52.5 - 85.5x \times 47.5\% = 1710$

⇒ $85.5x\ (52.5-47.5)\% = 1710$

⇒ $85.5x \times 5\% = 1710$

⇒ $x = \frac{1710 \times 100}{85.5 \times 5}$

$\therefore 100x = \frac{1710 \times 100 \times 100}{85.5 \times 5} = 40000$

∴ कुल मतदाताओं की संख्या = 40000

187. (c) माना व्यक्ति की आय = ₹ 100

व्यक्ति की बचत = ₹ 45

व्यक्ति का व्यय = ₹ 55

व्यक्ति की नई आय $= ₹\ 100 \times \frac{300}{100} = ₹\ 300$

व्यक्ति की नई बचत = ₹ 45 × 5 = ₹ 225

∴ व्यक्ति का नया व्यय = 300 − 225 = ₹ 75

∴ अभीष्ट वृद्धि प्रतिशत $= \frac{(75-55)}{55} \times 100\%$

$= \frac{20}{55} \times 100\% = 36.4\%$

188. (d) 3 का 2% का 5% $= 3 \times \frac{2}{100} \times \frac{5}{100}$

$= \frac{30}{10000} = \frac{3}{1000} = 0.003$

189. (a) 2 वर्षों बाद मशीन का मूल्य

$= 80000 \times \frac{95}{100} \times \frac{95}{100} = ₹\ 72200$

190. (b) हारने वाले उम्मीदवार को प्राप्त मत = 42%

जीतने वाले उम्मीदवार को प्राप्त मत

= (100 − 42)% = 58%

प्रश्नानुसार, (58% − 42%) = 800

⇒ 16% = 800

$\therefore 100\% = \frac{800}{16} \times 100 = 5000$

अतः डाले गए मतों की कुल संख्या = 5000

स्पीडी विधि

16% = 800

$100\% = \frac{800 \times 100}{16}$

= 5000

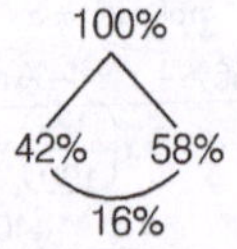

191. (c) अभीष्ट प्रतिशत परिवर्तन

$= \left(-25+20-\frac{25 \times 20}{100}\right)\%$

$= (-5-5)\% = -10\%$

अतः रमेश की मूल पॉकेट मनी में 10% की कमी हुई है।

192. (a) अवैध मतों की संख्या = 68

माना वैध मतों की संख्या = x

जीतने वाले उम्मीदवार को प्राप्त मत $= x \times \frac{52}{100} = \frac{52x}{100}$

हारने वाले उम्मीदवार को प्राप्त मत $= x - \frac{52x}{100} = \frac{48x}{100}$

प्रश्नानुसार, $\frac{52x}{100} - \frac{48x}{100} = 98 \Rightarrow 4x = 98 \times 100$

∴ $x = \frac{98 \times 100}{4} = 2450$

अतः डाले गए कुल मतों की संख्या

= 2450 + 68 = 2518

स्पीडी विधि

माना कुल वैध मत = 100%

4% = 98

$100\% = \frac{98 \times 100}{4} = 2450$

∴ कुल वोट = 2450 + 68 = 2518

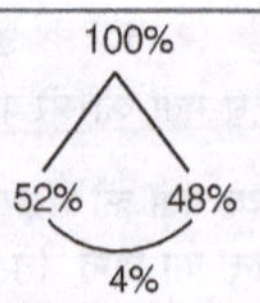

193. (d) मंगलवार की बिक्री = ₹ 1485

∴ सोमवार की बिक्री $= 1485 \times \frac{100}{110} = ₹\ 1350$

रविवार की बिक्री $= 1350 \times \frac{100}{90} = ₹\ 1500$

स्पीडी विधि

माना रविवार की बिक्री = x

$\therefore x \times \frac{90}{100} \times \frac{110}{100} = 1485$

$x = \frac{1485 \times 100 \times 100}{90 \times 110} = 1500$

194. (b) माना प्रणव के पास शुरुआत में धन = ₹ x

$\therefore x \times \frac{(100-30)}{100} \times \frac{(100-86)}{100} \times \frac{(100-50)}{100} = 98000$

$\Rightarrow x \times \frac{70}{100} \times \frac{14}{100} \times \frac{50}{100} = 98000$

$\Rightarrow x = \frac{98000 \times 100 \times 100 \times 100}{70 \times 14 \times 50}$

∴ x = ₹ 2000000

अतः अभीष्ट धन = ₹ 2000000

195. (b) माना B की आय = ₹ x

∴ A की आय $= x \times \frac{125}{100} = ₹\ \frac{5x}{4}$

पुनः माना A का व्यय = ₹ y

∴ B का व्यय $= y \times \frac{75}{100} = ₹\ \frac{3y}{4}$

अब, प्रश्नानुसार, B की बचत = A की बचत $\times \frac{120}{100}$

$\Rightarrow x - \frac{3y}{4} = \left(\frac{5x}{4} - y\right) \times \frac{6}{5}$

$\Rightarrow \frac{4x-3y}{4} = \frac{(5x-4y)}{4} \times \frac{6}{5}$

$\Rightarrow 20x - 15y = 30x - 24y \Rightarrow 10x = 9y$

∴ $x = \frac{9y}{10}$

B की बचत $= x - \frac{3y}{4} = \frac{9y}{10} - \frac{3y}{4}$

$= \frac{18y-15y}{20} = ₹\ \frac{3y}{20}$

अभीष्ट प्रतिशत $= \frac{3y/20}{3y/4} \times 100 = 20\%$

196. (a) माना कार का मूल्य = ₹ $100x$

प्रथम वर्ष बाद मूल्य $= 100x \times \frac{(100-15)}{100}$

$= 100x \times \frac{85}{100} = 85x$

द्वितीय वर्ष बाद मूल्य $= 85x \times \frac{(100-20)}{100}$

$= 85x \times \frac{80}{100} = 68x$

∴ अभीष्ट कमी% $= \frac{(100x-68x)}{100x} \times 100\%$

$= \frac{32x}{100x} \times 100\% = 32\%$

स्पीडी विधि

अभीष्ट कमी % $= \left(-15-20+\frac{15 \times 20}{100}\right)\%$

$= (-35+3)\% = -32\%$

197. (c) प्रश्नानुसार,

सही समय = 2 घण्टे 25 मिनट = 145 मिनट

गलत समय = 2 घण्टे 30.5 मिनट = 150.5 मिनट

$\therefore$ अभीष्ट प्रतिशत त्रुटि $= \frac{(150.5 - 145)}{145} \times 100\%$

$= \frac{5.5 \times 100\%}{145} = \frac{550}{29 \times 5}\%$

$= \frac{110}{29}\% = 3\frac{23}{29}\%$

198. (d) माना चावल की प्रारम्भिक कीमत = ₹ x/किग्रा

प्रश्नानुसार,

चावल की नई कीमत $= x \times \frac{(100 - 24)}{100} =$ ₹ $\frac{76x}{100}$

$\therefore \frac{2500}{\frac{76x}{100}} - \frac{2500}{x} = 10$

$\Rightarrow 2500\left(\frac{100}{76x} - \frac{1}{x}\right) = 10$

$\Rightarrow 2500\frac{(100 - 76)}{76x} = 10 \Rightarrow \frac{2500 \times 24}{10} = 76x$

$\Rightarrow \frac{76x}{100} = \frac{2500 \times 24}{10 \times 100} = 60$

$\therefore$ चावल की घटी कीमत = ₹ 60

स्पीडी विधि

अभीष्ट मूल्य $= 2500 \times \frac{24}{100} \times \frac{1}{10} =$ ₹ 60

199. (a) माना मासिक आय = ₹ x

प्रश्नानुसार,

कुल व्यय = 60% + 10% + 5% = 75%

$\therefore$ बचत = (100 − 75)% = 25%

प्रश्नानुसार, $\therefore$ $x \times 25\%$ = ₹ 4000

$\Rightarrow x = \frac{₹ 4000 \times 100}{25} =$ ₹ 16000

200. (c) नई कीमत $= \$ 750 \times \frac{120}{100} = \$ 900$

201. (a) उम्मीदवार के पक्ष में डाले गए वैध मतों की संख्या = 240000 × 97% × 60%

$= 240000 \times \frac{97}{100} \times \frac{60}{100} = 139680$

202. (c) अभीष्ट प्रतिशत $= \frac{\left(\frac{5}{6} - \frac{4}{5}\right)}{\left(\frac{4}{5}\right)} \times 100$

$= \frac{(25 - 24) \times 5}{30 \times 4} \times 100$

$= \frac{5}{30 \times 4} \times 100 = 4.17$

203. (d) अभीष्ट वृद्धि %

$= \left(44 - 30 + \frac{44 \times (-30)}{100}\right)\%$

$= (14 - 13.2)\% = 0.8\% \simeq 1\%$ (वृद्धि)

204. (b) कुल मत = 1000

प्रथम उम्मीदवार को कुल प्राप्त मतों की संख्या

= 1000 का 72% $= 1000 \times \frac{72}{100} = 720$

तथा द्वितीय उम्मीदवार को कुल प्राप्त मतों की संख्या

= 1000 का 28%

$= 1000 \times \frac{28}{100} = 280$

$\therefore$ विजेता द्वारा चुनाव जीतने पर प्राप्त मतों की संख्या

= 720 − 280 = 440

स्पीडी विधि

अभीष्ट मत $= 1000 \times \frac{(72 - 28)}{100}$

$= 1000 \times \frac{44}{100} = 440$

205. (d) अभीष्ट मत $= \frac{2350}{(31 - 26)} \times 7$

$= \frac{2350 \times 7}{5} = 3290$

206. (a) फरवरी 2022 में, जित्विक का मासिक वेतन

$= \frac{24800 \times 105 \times 105}{100 \times 100} =$ ₹ 27342

207. (b) माना मोनिका की आय = 100 इकाई

$\therefore$ नेहा की आय $= \frac{100 \times 105}{100} = 105$ इकाई

$\therefore$ अभीष्ट प्रतिशत $= \frac{105 - 100}{105} \times 100$

$= \frac{500}{105} = \frac{100}{21} = 4\frac{16}{21}\%$

208. (d) अभीष्ट % कमी $= \frac{40}{(100 + 40)} \times 100$

$= \frac{4000}{140} = 28\frac{4}{7}\%$

209. (d) माना रामू की आय = ₹ 100

$\therefore$ रामू का खर्च $= \frac{100 \times 72}{100} =$ ₹ 72

$\therefore$ रामू की बचत (y) = 100 − 72 = ₹ 28

अब, रामू की नई आय $= \frac{100 \times 112}{100} =$ ₹112

तथा रामू का नया खर्च $= \frac{72 \times 105}{100} =$ ₹75.6

$\therefore$ रामू की नई बचत (x) = 112 − 75.6

= ₹36.4

$\therefore \left(\frac{x - y}{y} \times 100\right)\%$ का मान

$= \left(\frac{36.4 - 28}{28} \times 100\right)\% = \frac{840}{28} = 30\%$

210. (c) $20\% = \frac{20}{100} = 0.2$

$0.5\% = \frac{0.5}{100} = 0.005$

तथा $0.03\% = \frac{0.03}{100} = 0.0003$

211. (a) दिया है,

पिछले वर्ष गीता का मासिक वेतन = ₹ 12000

पिछले वर्ष सीता का मासिक वेतन = ₹ 10000

इस वर्ष गीता का मासिक वेतन = ₹ 14400

इस वर्ष सीता का मासिक वेतन = ₹ 12500

$\therefore y\% = \frac{14400 - 12000}{12000} \times 100$

$= \frac{240000}{12000} = 20\%$

तथा $x\% = \frac{12500 - 10000}{10000} \times 100$

$= \frac{250000}{10000} = 25\%$

$\therefore \left(\frac{x - y}{y} \times 100\right)\% = \left(\frac{25 - 20}{20} \times 100\right)\%$

$= 25\%$

212. (b) अभीष्ट प्रतिशत

$= \left(25 - 30 + \frac{25 \times (-30)}{100}\right)\%$

$= (-5 - 7.5)$

$= -12.5\% = -12\frac{1}{2}\%$

$\therefore$ धन के व्यय में $12\frac{1}{2}\%$ की कमी आएगी।

213. (d) माना आय = ₹ 100

$\therefore$ खर्च = ₹ 70

बचत = ₹ 30

आय में वृद्धि = 15%

$\therefore$ नई आय = ₹ 115

खर्च में वृद्धि = 7.5%

$\therefore$ नया खर्च $= 70 \times \frac{107.5}{100} =$ ₹75.25

$\therefore$ बचत = ₹ 39.75

$\therefore$ बचत में वृद्धि प्रतिशत $= \frac{(39.75 - 30)}{30} \times 100$

$= \frac{9.75 \times 100}{30} = 32.5\%$

214. (c) अभीष्ट वृद्धि प्रतिशत

$= \frac{(38640 - 34500)}{34500} \times 100$

$= \frac{4140}{34500} \times 100 = 12\%$

215. (c) माना कुल मतों की संख्या = x

$\therefore x \times 83\% \times 96\% \times 83\% = 156611$

$\Rightarrow x \times \frac{83}{100} \times \frac{96}{100} \times \frac{83}{100} = 156611$

$\Rightarrow x = \frac{156611 \times 100 \times 100 \times 100}{83 \times 96 \times 83} = 236807$

$\therefore$ कुल मतों की संख्या 236807 है।

216. (b) व्यक्ति का कुल खर्च

= (10 + 10 + 20 + 15)% = 55%

$\therefore$ व्यक्ति की बचत = (100 − 55)% = 45%

$\therefore$ व्यक्ति की बचत $= 30000 \times \frac{45}{100}$

= 13500

217. (b) $28\% = \frac{28}{100} = \frac{7}{25} = 7 : 25$

218. (d) माना कुल मतदाताओं की संख्या = $100x$

मतदाताओं, जिसने मत नहीं डाला, की संख्या = 10%

$\therefore$ डाले गए कुल मत $= 100x \times 90\% = 90x$

जीतने वाले को मिले मत $= 90x \times 60\%$

$= 54x$

$\therefore$ हारने वाले को मिले वोट $= 90x - 54x = 36x$

$\therefore 54x - 36x = 1242$

$18x = 1242$

$100x = \frac{1242 \times 100}{18} = 6900$

$\therefore$ कुल मतदाताओं की संख्या = 6900

219. (c) $12.75\% = \frac{12.75}{100} = \frac{1275}{100 \times 100} = \frac{51}{400}$

220. (a) आय $[P : Q] = 60 : 100 = 3 : 5$

अभीष्ट प्रतिशत

$= \frac{(8 - 3)}{3} \times 100\% = \frac{500}{3}\% = 166\frac{2}{3}\%$

221. (b) भिन्न $= \frac{3}{5}$

घटाने के बाद, भिन्न $= \frac{3}{5} - \frac{2}{5} = \frac{1}{5}$

20% बढ़ाने के बाद भिन्न $= \frac{1}{5} \times \frac{120}{100} = \frac{6}{25}$

अत: अभीष्ट प्रतिशत कमी $= \dfrac{\frac{3}{5} - \frac{6}{25}}{3/5} \times 100$

$= \frac{9}{25} \times \frac{5}{3} \times 100 = 60\%$ (कमी)

222. (a) माना रमण की आय = ₹100

रमण का खर्च = ₹75

∴ रमण की बचत = 100 − 75 = ₹25

रमण की नई आय $= \frac{100 \times 125}{100} =$ ₹125

तथा रमण का नया खर्च $= \frac{75 \times 110}{100} =$ ₹82.5

∴ रमण की नई बचत = 125 − 82.5 = 42.5

अत: अभीष्ट प्रतिशत $= \frac{42.5 - 25}{25} \times 100 = 70\%$

223. (b) 10 कुर्सियों का कुल मूल्य = ₹ 4500

मूल्य में कमी के बाद,

10 कुर्सियों का मूल्य $= \frac{4500 \times 80}{100} =$ ₹ 3600

∴ 1 कुर्सी का मूल्य $= \frac{3600}{10} =$ ₹ 360

वृद्धि के बाद, कुर्सियों की संख्या $= \frac{10 \times 110}{100} = 11$

अत: 11 कुर्सियों का कुल मूल्य = 360 × 11 = ₹ 3960

224. (d) अभीष्ट व्यय प्रतिशत में कमी

$= \frac{12800 - 11712}{12800} \times 100$

$= \frac{1088}{12800} \times 100 = 8.5\%$

225. (a) माना डाले गए मतों की संख्या = x

प्रश्नानुसार, $\frac{78x}{100} - \frac{22x}{100} = 448$

$56x = 448 \times 100$

$x = \frac{448 \times 100}{56} = 800$

स्पीडी विधि

कुल मत = 100%

78, 22 → 56

$56 \rightarrow 448$

$100 \rightarrow \frac{448 \times 100}{56}$

$= 800$

226. (c) माना वैध मतों की संख्या = x

प्रश्नानुसार,

$\frac{58x}{100} - \frac{42x}{100} = 2545800$

∴ $x = \frac{254580000}{16} = 15911250$

दिया है, अवैध मतों की संख्या = 365500

∴ डाले गए मतों की संख्या

= 15911250 + 365500 = 16276750

पुन: प्रश्नानुसार,

मत न डालने वाले व्यक्तियों की संख्या

$= \frac{16276750}{70} \times 30$

= 6975750 ≈ 7 मिलियन

227. (d) कुल मतों की संख्या = 7500

अवैध मत $= 7500 \times \frac{20}{100} = 1500$

∴ वैध मत = 7500 − 1500 = 6000

पहले उम्मीदवार को प्राप्त वैध मत

$= 6000 \times \frac{65}{100} = 3900$

∴ दूसरे उम्मीदवार को मिले वैध मत

= 6000 − 3900 = 2100

स्पीडी विधि

अभीष्ट मत $= 7500 \times \frac{80}{100} \times \frac{35}{100} = 2100$

228. (a) माना मासिक आय = ₹ x

भोजन पर खर्च = 35%

∴ भोजन पर खर्च के बाद शेष आय = $x \times 65\%$

परिवहन पर खर्च $= (x \times 65\%) \times \frac{4}{13}$

अब, परिवहन पर खर्च के बाद शेष आय

$= (x \times 65\%) \times \frac{9}{13}$

अब, $(x \times 65\%) \times \frac{9}{13} \times \frac{20}{100} =$ ₹ 6300

$x = \frac{6300 \times 100 \times 100 \times 13}{65 \times 9 \times 20} =$ ₹ 70000

229. (c) प्रश्नानुसार,

$500 \times \frac{80}{100} \times \frac{(100+b)}{100} \times \frac{80}{100} \times \frac{(100+b)}{100} \times \frac{80}{100} = 1024$

$(100+b)^2 = \frac{1024 \times 100 \times 100 \times 100 \times 100 \times 100}{500 \times 80 \times 80 \times 80}$

⇒ $(100+b)^2 = 40000$

⇒ $100 + b = 200$

∴ $b = 100$

230. (c) कुल प्रतिशत परिवर्तन

$= 40 - 45 - \frac{40 \times 45}{100} = (-5 - 18) = -23\%$

231. (d) माना वह संख्या = x

प्रश्नानुसार, $x + \frac{460 \times 20}{100} = \frac{920 \times 70}{100}$

⇒ $x + 92 = 644$ ⇒ $x = 644 - 92 = 552$

232. (c) माना वह संख्या = x

प्रश्नानुसार, $x + 8 = \frac{x \times 120}{100}$

⇒ $x + 8 = \frac{6}{5}x \Rightarrow \frac{6}{5}x - x = 8$

∴ $\frac{x}{5} = 8 \Rightarrow x = 40$

स्पीडी विधि

120% = 100% + 8

20% = 8 ⇒ 100% = 40

233. (a) माना कुल वेतन = ₹ x

∴ $x \times \left(100 - \frac{15}{100}\right) \times \left(100 - \frac{25}{100}\right) \times \left(100 - \frac{25}{100}\right) \times \left(100 - \frac{15}{100}\right) = 10404$

$x \times \frac{85}{100} \times \frac{75}{100} \times \frac{75}{100} \times \frac{85}{100} = 10404$

$x = \frac{10404 \times 100 \times 100 \times 100 \times 100}{85 \times 75 \times 75 \times 85} = 25600$

∴ कुल वेतन = ₹ 25600

234. (a) पहले वर्ष की शुरुआत में जनसंख्या

$= 47880 \times \frac{100}{(100+5)} \times \frac{100}{(100-5)}$

$= 47880 \times \frac{100}{105} \times \frac{100}{95} = 48000$

235. (c) कुल व्यक्तियों की संख्या = 250

∴ महिलाओं की संख्या $= 250 \times \frac{60}{100} = 150$

यदि समूह में 30 और महिलाएँ सम्मिलित होती हैं, तो नए समूह में महिलाओं का प्रतिशत

$= \left(\frac{150 + 30}{250 + 30}\right) \times 100 = 64.29\%$

236. (a) वर्ष 2022 में सुमित की आय

$= \frac{21000 \times 110 \times 110}{100 \times 100} =$ ₹ 25410

237. (a) माना कुल मतों की संख्या = x

प्रश्नानुसार, $\frac{x \times 59}{100} - \frac{x \times 41}{100} = 97632$

⇒ $\frac{x \times 18}{100} = 97632$

∴ $x = \frac{97632 \times 100}{18} = 542400$

अत: विजयी उम्मीदवार को प्राप्त मत

$= \frac{542400 \times 59}{100} = 320016$

स्पीडी विधि

माना कुल मत = 100% → 41%, 59% → 18%

18% = 97632

$100\% = \frac{97632 \times 100}{18} = 542400$

विजयी उम्मीदवार को प्राप्त मत

$= \frac{542400 \times 59}{100} = 320016$

238. (d) अभीष्ट प्रतिशत कमी

$= \frac{35}{(100+35)} \times 100\%$

$= \frac{35}{135} \times 100 = \frac{700}{27} = 25\frac{25}{27}\%$

239. (a) माना कुल मत = $100x$

A को मिले मत $= 100x \times 33\% = 33x$

तब, B को मिले मत $= 100x \times 67\% = 67x$

∴ $(67x - 33x) = 34x = 55522$

⇒ $67x = \frac{55522 \times 67}{34} = 109411$

स्पीडी विधि

कुल मत = 100% → 33%, 67% → 34%

34% = 55522

$67\% = \frac{55522 \times 67}{34} = 109411$

240. (d) कुल खिलौने = 75

लड़कों के लिए खिलौने = 18

∴ लड़कियों के लिए खिलौने = 75 − 18 = 57

लड़कियों के खिलौनों का प्रतिशत $= \frac{57}{75} \times 100$

$= \frac{57 \times 4}{3} = 76\%$

241. (a) जीतने वाले उम्मीदवार के कुल मतों का प्रतिशत $= \frac{11628}{(1136 + 7636 + 11628)} \times 100 = 57\%$

242. (c) इस वर्ष बाइक का मूल्य

$= \frac{125000 \times (100 - 30)}{100} = \frac{125000 \times 70}{100}$

= ₹ 87500

243. (d) माना 2 वर्ष पूर्व, मोहन की बिक्री = ₹ x

प्रश्नानुसार,

$\therefore \quad x \times \frac{112}{100} \times \frac{115}{100} = 128800$

$\therefore \quad x = \frac{128800 \times 100 \times 100}{112 \times 115}$ = ₹ 100000

244. (b) माना व्यक्ति का वेतन = ₹ x

$x \times \frac{(100 - 60 - 20)}{100} \times \frac{(100 - 80)}{100} = 20000$

$\therefore \quad x \times \frac{20}{100} \times \frac{20}{100} = 20000$

$x = \frac{20000 \times 100 \times 100}{20 \times 20} = 500000$

∴ व्यक्ति का वेतन = ₹ 500000

245. (b) माना डाले गये कुल मतों की संख्या x है।

$\frac{90x}{100} - \frac{10x}{100} = 800$

$\therefore \quad x = 1000$

246. (c) माना चुनाव में नामांकित मतों की संख्या = x

$x \times \frac{64}{100} \times \frac{96}{100} \times \frac{64}{100} = 12288$

$\Rightarrow \quad x = \frac{12288 \times 100 \times 100 \times 100}{64 \times 96 \times 64} = 31250$

247. (c) अभीष्ट मान $= 25 - 16 - \frac{25 \times 16}{100}$

= 5% (वृद्धि)

248. (d) 2 वर्ष बाद, गाँव की जनसंख्या

$= 8200 \times \frac{105}{100} \times \frac{105}{100} = 9040.5 \approx 9040$

249. (d) माना मूल संख्या = x

नई संख्या $= \frac{x \times 116 \times 120 \times 60}{100 \times 100 \times 100} = \frac{2088x}{2500}$

∴ निवल कमी $= x - \frac{2088}{2500}x = \frac{412x}{2500}$

अतः अभीष्ट % कमी

$\frac{412x \times 100}{2500 \times x} = \frac{412}{25}\% = 16\frac{12}{25}\%$

250. (b) वर्ष 2013 में शहर की जनसंख्या

$= \frac{1250000 \times 102 \times 102 \times 99}{100 \times 100 \times 100} = 1287495$

251. (a) माना संख्या x है

$\Rightarrow \quad \frac{x}{8} \times \frac{5}{6} \times \frac{4}{5} = 4365$

$\therefore \quad x = 4365 \times 12 = 52380$

अतः संख्या का 65% $= \frac{52380 \times 65}{100} = 34047$

252. (a) माना संख्या = x

$= x \times \frac{108}{100} \times \frac{97}{100} = 2619$

$x = \frac{2619 \times 100 \times 100}{108 \times 97} = 2500$

अतः 2500 का 5% $= 2500 \times \frac{5}{100} = 125$

253. (a) माना मासिक आय = ₹ x

∴ खर्च $= \frac{68}{100}x = \frac{17}{25}x$

तथा बचत $= x - \frac{17}{25}x = \frac{8}{25}x$

प्रश्नानुसार,

नई मासिक आय $= x \times \frac{125}{100} = \frac{5}{4}x$

नई मासिक बचत $= \frac{8}{25}x \times \frac{115}{100} = \frac{46}{125}x$

∴ नया खर्च $= \frac{5}{4}x - \frac{46}{125}x = \frac{441}{500}x$

∴ मासिक व्यय में वृद्धि % $= \frac{\frac{441}{500}x - \frac{17}{25}x}{\frac{17}{25}x} \times 100$

$= \frac{441 - 340}{500} \times \frac{25}{17} \times 100$

$= \frac{101 \times 5}{17} = \frac{505}{17} = 29\frac{12}{17}\%$

स्पीडी विधि

आय	−	खर्च	=	बचत
100		68		32
↓ +25%		↓		↓ +15%
125		88.2		36.8

प्रतिशत वृद्धि $= \frac{(882 - 68)}{68} \times 100$

$= \frac{202}{68} \times 100 = 29\frac{12}{17}\%$

254. (c) खर्च = E, I = आय

S = बचत

$E = I \times \frac{45}{100} \Rightarrow \frac{I}{E} = \frac{100}{45}$

I	−	E	=	S
100		45		55
↓ +15%		↓		↓
115		60		55

प्रतिशत वृद्धि $= \frac{(60 - 45)}{45} \times 100$

$= \frac{15}{45} \times 100 = 33.33\%$

255. (c) माना प्रकाश की कुल मासिक आय = ₹ x

$\Rightarrow \quad x \times \frac{(27 + 4)}{100}$ = ₹ 3038

$\therefore \quad x = 3038 \times \frac{100}{31}$ = ₹ 9800

256. (d) मासिक आय में 22% की वृद्धि करने पर,

$= 45000 \times \left(1 + \frac{22}{100}\right)$

$= 45000 \times \frac{122}{100}$ = ₹ 54900

तथा मासिक खर्च में 11% की वृद्धि करने पर,

$= 33000 \times \frac{111}{100}$ = ₹ 36630

∴ नई मासिक बचत = ₹ 54900 − ₹ 36630

= ₹18270

257. (a) माना चावल का प्रारम्भिक मूल्य = ₹ x/किग्रा

तब, 25% वृद्धि के पश्चात् मूल्य

$= x \times \frac{125}{100}$ = ₹ $\frac{5}{4}x$

तथा खर्च में 40% की कमी होने पर,

नया खर्च $= x \times \frac{60}{100}$ = ₹ $\frac{3x}{5}$

∴ अभीष्ट खपत में कमी प्रतिशत

$= \frac{\frac{5}{4}x - \frac{3x}{5}}{\frac{5}{4}x} \times 100$

$= \frac{\frac{13x}{20}}{\frac{5}{4}x} \times 100$

$= \frac{13}{20} \times \frac{4}{5} \times 100 = 52\%$

स्पीडी विधि

$P \rightarrow 4 : 5$

$C \rightarrow a : b$

$E \rightarrow 5 \;\; 3 \quad [\because P \times C = E]$

$a = \frac{5}{4} \quad b = \frac{3}{5}$

$C = 25 : 12$

−13

$= \frac{-13}{25} \times 100 = -52\%$

258. (a) $P = Q\left(1 + \frac{20}{100}\right) = 420$

$\Rightarrow \quad Q = \frac{420 \times 100}{120}$

$\Rightarrow \quad Q = 350$

क्योंकि Q, R से 30% कम है।

$\Rightarrow \quad Q = R\left(1 - \frac{30}{100}\right) = 350$

$\Rightarrow \quad R = 350 \times \frac{100}{70}$

$\Rightarrow \quad R = 500$

स्पीडी विधि

$P : Q : R$

84 : 70 : 100 (माना)

$R = \frac{420}{84} \times 100$

$R = \boxed{500}$

259. (c) माना पंखें का विक्रय मूल्य = ₹ x

तथा बिक्री = y इकाई

∴ आय = xy

30% कीमत करने पर विक्रय मूल्य $= x \times \frac{70}{100} = \frac{7x}{10}$

तब, बिक्री $= y \times \frac{140}{100} = \frac{7y}{5}$

$\therefore$ नई आय $= \frac{7x}{10} \times \frac{7y}{5} = \frac{49}{50}xy$

$\therefore$ आय में प्रतिशत कमी $= \frac{xy - \frac{49}{50}xy}{xy} \times 100$

$= \frac{1}{50} \times 100 = 2\%$

स्पीडी विधि

P = कीमत, S = बिक्री, I = आय

$I = P \times S$

$30\% = \frac{3}{10}$ $40\% = \frac{2}{5}$

$P \rightarrow 10 : 7$

$S \rightarrow 5 : 7$

$I \rightarrow 50 : 49$

-1

कमी% $= \frac{-1}{50} \times 100 = -2\%$

260. (c) 1 मेज का मूल्य $= \frac{2400}{2} =$ ₹ 1200

माना एक कुर्सी का मूल्य = ₹ x

$\Rightarrow \quad 15x = 8 \times 1200 \times \frac{120}{100}$

$\Rightarrow \quad x = \frac{8 \times 12 \times 120}{15} \Rightarrow x =$ ₹ 768

अत: 15 कुर्सियों का कुल मूल्य

$= 15 \times 768 =$ ₹ 11520

261. (c) माना परीक्षा के अधिकतम अंक $= x$

$\Rightarrow \quad x \times \frac{20}{100} + 25 = x \times \frac{50}{100} - 20$

$\Rightarrow \quad \frac{5x - 2x}{10} = 45$

$\Rightarrow \quad x = 150$

अत: परीक्षा में उत्तीर्ण होने के लिए आवश्यक अंक

$= 150 \times \frac{20}{100} + 25 = 30 + 25 = 55$

स्पीडी विधि

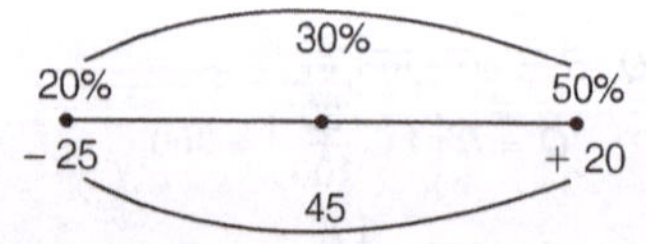

$30\% \rightarrow 45$

$20\% \rightarrow \frac{45}{30} \times 20 = 30$

परीक्षा में उत्तीर्ण होने के लिए आवश्यक अंक

$= 20\% + 25 = 30 + 25 = \boxed{55}$

262. (c) माना कुल मतों की संख्या $= 100x$

तब, दल A को प्राप्त मत $= 30x$

दल B को प्राप्त मत $= 25x$

तथा दल C को प्राप्त मत $= 100x - (30x + 25x)$

$= 45x$

$\Rightarrow \quad 45x - 30x = 9000$

$\Rightarrow \quad 15x = 9000 \Rightarrow x = 600$

अत: दल B को प्राप्त मत $= 25x$

$= 25 \times 600 = 15000$

263. (c) प्रश्नानुसार,

P का 20% + Q का 40% = Q का 80%

$\Rightarrow$ P का 20% = Q का (80 – 40)%

$\Rightarrow$ P का 20% = Q का 40%

$\Rightarrow \quad \frac{P}{Q} = \frac{40}{100} \times \frac{100}{20} = 2$

$\therefore$ अभीष्ट प्रतिशत $= \frac{P}{Q} = \frac{2 \times 100}{1} = 200\%$

$= 2 \times 100 = 200\%$

अत: P, Q का 200% है।

264. (b) माना गेहूँ, सब्जियों और तेल पर व्यय क्रमश: $12x$, $8x$ और $5x$ हैं।

$\therefore$ कुल व्यय $= 12x + 8x + 5x$

$= 25x$

प्रश्नानुसार, वृद्धि के बाद

नया व्यय

$= 12x \times \frac{150}{100} + 8x \times \frac{125}{100} + 5x \times \frac{140}{100}$

$= 18x + 10x + 7x = 35x$

$\therefore$ अभीष्ट प्रतिशत वृद्धि $= \frac{35x - 25x}{25x} \times 100$

$= 10 \times 4 = 40\%$

265. (a) माना परिवार की आय = ₹ x

$\Rightarrow \quad x \times \frac{8}{100} = 1200$

$\therefore \quad x = 1200 \times \frac{100}{8} =$ ₹ 15000

266. (d) माना भानु का मासिक वेतन = ₹ x

अन्य वस्तुओं पर किया गया खर्च

$= (100 - 20 - 10 - 14 - 18)\ \% = 38\%$

$\therefore \quad x \times \frac{38}{100} = 1520$

$x = \frac{1520 \times 100}{38} =$ ₹ 4000

267. (c) 2 वर्ष बाद मशीन का मूल्य

$= 35000 \left(1 - \frac{10}{100}\right)^2$

$= 35000 \times \frac{9}{10} \times \frac{9}{10} =$ ₹ 28350

268. (d) अभीष्ट वृद्धि/कमी

$= 10\% - 20\% - \frac{(10 \times 20)\%}{100}$

$= -10\% - 2\%$

$= -12\% = 12\%$ कमी

269. (d) 3 वर्ष बाद छात्रों की संख्या

$= 2400 \times \frac{21}{20} \times \frac{21}{20} \times \frac{21}{20}$

$= 2778.3$

≈ 2778

270. (a) माना रीना और सुनीता का वेतन क्रमश: ₹ x और ₹ y हैं।

$\Rightarrow \quad \frac{24}{100}x = \frac{38}{100}y \Rightarrow \quad x = \frac{19}{12}y$

और, $\quad \frac{2}{3}(x + y) = 62000$

$\Rightarrow \quad \frac{2}{3}\left(y + \frac{19}{12}y\right) = 62000$

$\Rightarrow \quad \frac{2}{3} \times \frac{31}{12}y = 62000$

$\Rightarrow \quad y = \frac{62000 \times 12 \times 3}{2 \times 31}$

$\Rightarrow \quad y =$ ₹ 36000

स्पीडी विधि

$R \times 24\% = S \times 38\%$

$\frac{R}{S} = \frac{38}{24} = \frac{19}{12}$

$V = (R + S) \times \frac{2}{3}$

$V = (19 + 12) \times \frac{2}{3} = \frac{62}{3}$

सुनीता का वेतन $= \frac{62000 \times 3}{62} \times 12 = 36000$

271. (a) माना प्रारम्भ में व्यक्ति की आय = ₹ x

$\therefore \quad$ बचत $= x \times \frac{25}{100} = \frac{1}{4}x$

तथा व्यय $= x - \frac{x}{4} = \frac{3}{4}x$

प्रश्नानुसार, नई आय $= x \times \frac{120}{100} = \frac{6}{5}x$

$\because$ बचत समान है, इसलिए व्यय

$= \frac{6}{5}x - \frac{x}{4} = \frac{24x - 5x}{20} = \frac{19}{20}x$

$\therefore$ व्यय में प्रतिशत वृद्धि

$= \frac{\frac{19}{20}x - \frac{3}{4}x}{\frac{3}{4}x} \times 100 = \frac{19 - 15}{20} \times \frac{4}{3} \times 100$

$= \frac{4 \times 4 \times 5}{3} = \frac{80}{3} = 26\frac{2}{3}\%$

स्पीडी विधि

आय – खर्च = बचत

100 – 75 = 25

↓ +20% ↓ समान

120 – 95 = 25

व्यय में वृद्धि $= \frac{95 - 75}{75} \times 100$

$= \frac{20}{75} \times 100 = 26\frac{2}{3}\%\ (\uparrow)$

272. (d) प्रश्नानुसार, $A = B \times \frac{150}{100} \Rightarrow \frac{A}{B} = \frac{3}{2}$

तथा $B = C \times \frac{40}{100} \Rightarrow \frac{B}{C} = \frac{2}{5}$

$\therefore \quad A : B : C = 3 : 2 : 5$

माना $A = 3x$, $B = 2x$, तथा $C = 5x$

$\Rightarrow \quad 3x + 2x + 5x = 20$

$\Rightarrow \quad 10x = 20$

$x = 2$

$\therefore 2B + 3C - 4A$

$= 2 \times 2 \times 2 + 3 \times 5 \times 2 - 4 \times 3 \times 2$

$= 8 + 30 - 24 = 38 - 24 = 14$

273. (d) माना संख्या $= x$

$\Rightarrow \quad x - x \times \frac{3}{5} = 274$

$x = 274 \times \frac{5}{2} = 685$

$\therefore$ संख्या का 20% $= 685 \times \frac{20}{100} = 685 \times \frac{1}{5} = 137$

274. (d) 480 का 25% + 500 का 30% + 90 का x% = 900 का 35%

$\Rightarrow 480 \times \frac{25}{100} + 500 \times \frac{30}{100} + 90 \times \frac{x}{100} = 900 \times \frac{35}{100}$

$\Rightarrow 120 + 150 + \frac{9}{10}x = 315$

$\Rightarrow \frac{9}{10}x = 315 - 270 = 45$

$\Rightarrow x = 45 \times \frac{10}{9}$

$\therefore x = 50$

275. (d) माना मूल भिन्न $= \frac{x}{y}$

प्रश्नानुसार, $\frac{x \times 112}{y \times 92} = \frac{56}{69}$

$\therefore \frac{x}{y} = \frac{56}{69} \times \frac{92}{112} = \frac{2}{3}$

276. (c) 2 वर्ष के अन्त में आर्यन की लम्बाई

$= 120 \times \frac{(100 + 15)}{100} \times \frac{(100 + 16)}{100}$

$= 120 \times \frac{115}{100} \times \frac{116}{100}$

$= \frac{1600800}{10000} = 160.08$ सेमी

277. (a) माना कुल मतों का भाग = 100%

60% मतदाताओं में किसी को भी वोट नहीं दिया।

डाले गए मतों का भाग

= (100 − 60)% = 40%

गीता को प्राप्त मत = 15%

∴ श्यामा को प्राप्त मत = (40 − 15)% = 25%

278. (c) वेतन में कमी = 20%

अभीष्ट प्रतिशत वृद्धि $= \frac{20}{100 - 20} \times 100\%$

$= \frac{20}{80} \times 100\% = 25\%$

279. (c) अभीष्ट प्रतिशत अधिक

$= \left(\frac{20}{100 - 20}\right) \times 100 = \frac{20}{80} \times 100 = 25\%$

280. (c) 10% और 20% के समतुल्य वृद्धि

$= 10 + 20 + \frac{10 \times 20}{100}$

= 32% वृद्धि

32% वृद्धि और 25% कमी के समतुल्य

$= 32 - 25 - \frac{32 \times 25}{100}$

= − 1%

अतः वस्तु की कीमत में 1% की कमी होगी।

281. (a) दैनिक आय में प्रतिशत वृद्धि

$= 10 + 5 + \frac{10 \times 5}{100}$

= 10 + 5 + 0.5

= 15.5%

282. (c) आमदनी पर निवल प्रभाव

$= -40 + 80 + \frac{(-40) \times (80)}{100}$

= 40 − 32 = 8% वृद्धि

अतः आमदनी में 8% की वृद्धि होगी।

स्पीडी विधि

$40\% = \frac{2}{5}$, $80\% = \frac{4}{5}$

I 5 : 3

II 5 : 9

25 : 27

अभीष्ट प्रतिशत = 2 × 100 = 8% वृद्धि

283. (a) दिया है,

बचत = 75%

∴ खर्च = 100% − 75% = 25%

25% = ₹ 37500

[दिया है मासिक व्यय]

$75\% = \frac{37500}{25} \times 75 = 112500$

अतः मासिक बचत ₹ 112500 है।

284. (d) माना वस्तु की कीमत = 100

$\therefore 100 \times \frac{120}{100} \times \frac{125}{100} = 150$

शुरूआती कीमत पर वापस आने के लिए कमी प्रतिशत

$= \frac{150 - 100}{150} \times 100$

$= \frac{50}{150} \times 100$

$= 33\frac{1}{3}\%$

285. (a) माना मान्या को प्राप्त मतों की संख्या = x

भारती को प्राप्त मतों की संख्या = 750 − x

प्रश्नानुसार, $(750 - x) - x = 750 \times \frac{16}{100}$

$\Rightarrow 750 - 2x = 120$

$\Rightarrow 2x - 630$

$\therefore x = \frac{630}{2} = 315$

अतः मान्या को प्राप्त मतों की संख्या = 315

286. (d) अभीष्ट प्रभाव प्रतिशत

$= \left(a + b + \frac{ab}{100}\right)\%$

$= \left[-15 + 10 + \frac{(-15) \times 10}{100}\right]\%$

= (− 15 + 10 − 1.5)%

= (− 16.5 + 10)% = − 6.5%

अतः कुल प्रभाव में 6.5% की कमी हुई।

287. (a) अनिरुद्ध के निवेश का वर्तमान मूल्य

$= 15000 \times \frac{(100 + 15)}{100} \times \frac{(100 - 10)}{100}$

$= 15000 \times \frac{115}{100} \times \frac{90}{100}$

= ₹ 15525

288. (a) प्रश्नानुसार,

अन्तिम राशि

$= 5000 \times \frac{(100 + 15)}{100} \times \frac{(100 + 20)}{100} \times \frac{(100 - 10)}{100}$

$\Rightarrow 5000 \times \frac{115}{100} \times \frac{120}{100} \times \frac{90}{100} =$ ₹ 6210

289. (d) माना छात्रावास में लड़कों और लड़कियों की संख्या क्रमशः $5x$ और $7x$ है।

छात्रवृत्ति नहीं मिलने वाले लड़कों की संख्या

$= 5x \times \frac{60}{100} = 3x$

छात्रवृत्ति नहीं मिलने वाली लड़कियों की संख्या

$= 7x \times \frac{50}{100} = 3.5x$

∴ छात्रवृत्ति नहीं मिलने वालो का प्रतिशत

$= \frac{3x + 3.5x}{5x + 7x} \times 100$

$= \frac{6.5x}{12x} \times 100 = \frac{325}{6} = 54\frac{1}{6}\%$

290. (a) माना तीसरी संख्या 100 है।

∴ पहली संख्या $= 100 \times \frac{(100 + 6.25)}{100}$

= 106.25

दूसरी संख्या $= 100 \times \frac{(100 + 25)}{100} = 125$

अभीष्ट प्रतिशत $= \frac{106.25}{125} \times 100 = 85\%$

291. (c) माना 2016 में रेफ्रिजरेटर की कीमत = ₹ x

$\therefore x \times \frac{(100 + 5)}{100} \times \frac{(100 - 5)}{100} = 47880$

$\Rightarrow x \times \frac{105}{100} \times \frac{95}{100} = 47880$

$\Rightarrow x = \frac{47880 \times 100 \times 100}{105 \times 95} =$ ₹ 48000

292. (a) अन्तिम मूल्य $= 50000 \times \frac{(100 + 10)}{100} \times \frac{(100 - 5)}{100} \times \frac{(100 + 8)}{100}$

$= 50000 \times \frac{110}{100} \times \frac{95}{100} \times \frac{108}{100}$

= ₹ 56430

293. (d) प्रश्नानुसार, 7 इकाई = 4725

(8 + 7 + 5) इकाई $= \frac{4725 \times 20}{7} = 13500$

∴ अभीष्ट वैध मत = 13500

294. (a) माना परिवार की कुल मासिक आय = ₹ x

घर के किराए पर किया गया खर्च

$= x \times \frac{20}{100} = \frac{x}{5}$

शेष राशि $= \left(x - \frac{x}{5}\right) = \frac{4x}{5}$

घरेलू खर्च और बच्चों की शिक्षा पर खर्च की गई राशि का प्रतिशत = (50 + 20) = 70%

प्रश्नानुसार, $\frac{4x}{5} \times \left(\frac{100 - 70}{100}\right) = 6600$

$\Rightarrow \frac{4x}{5} \times \frac{30}{100} = 6600$

$\Rightarrow \frac{12x}{50} = 6600$

$\Rightarrow x = \frac{6600 \times 50}{12}$

$\therefore x =$ ₹ 27500

अतः परिवार की कुल मासिक आय = ₹ 27500

स्पीडी विधि

माना मासिक आय = ₹ x

$\therefore x \times \frac{(100 - 20)}{100} \times \frac{(100 - 70)}{100} = 6600$

$x = \frac{6600 \times 100 \times 100}{80 \times 30} =$ ₹ 27500

295. (a) निवल प्रतिशत $= 32\% - 20\% + \frac{32(-20)\%}{100}$

$= (12 - 6.4)\% = 5.6\%$

296. (d) निवल प्रतिशत वृद्धि $= 5 + 2 + \frac{5 \times 2}{100}$

$= 7 + \frac{10}{100}$

$= 7 + 0.1 = 7.1\%$

297. (b) माना वर्ष 1997 में कम्पनी की आय $= x$

$\Rightarrow \quad x \times \frac{125}{100} \times \frac{125}{100} = 2664000$

$\Rightarrow \quad x \times \frac{5}{4} \times \frac{5}{4} = 2664000$

$\Rightarrow \quad x = \frac{2664000 \times 16}{25}$

$\therefore \quad x = 1704960$

298. (d) माना A की दैनिक आय $=$ ₹ x

$\Rightarrow \quad x \times \frac{20}{100} = 250$

$\Rightarrow \quad x = 250 \times \frac{100}{20} =$ ₹ 1250

299. (c) एकान्तर क्रम में 20% वृद्धि और कमी के पश्चात्, वर्ष 2017 में छात्रों की कुल संख्या

$= 3000 \times \frac{120}{100} \times \frac{80}{100} \times \frac{120}{100}$

$= \frac{96 \times 30 \times 12}{10} = \frac{2880 \times 12}{10}$

$= \frac{34560}{10} = 3456$

अब, छात्रों की संख्या में वृद्धि %

$= \left(\frac{3456 - 3000}{3000}\right) \times 100$

$= \left(\frac{456}{3000} \times 100\right) = 15.2\%$

300. (d) माना विक्रम की मासिक आय $=$ ₹ x

मासिक व्यय $=$ ₹$\left(x \times \frac{100 - 13}{100}\right) =$ ₹ $\frac{87}{100}x$

प्रश्नानुसार, $\frac{87x}{100} = 5220$

$\Rightarrow \quad x = \frac{5220 \times 100}{87} =$ ₹ 6000

मासिक बचत $= \frac{13 \times 6000}{100} =$ ₹ 780

301. (d) माना Y की आय $= a$

$\therefore \quad X$ की आय $= a \times \frac{112}{100} = \frac{28}{25}a$

$\therefore$ अभीष्ट प्रतिशत $= \frac{\frac{28}{25}a - a}{\frac{28}{25}a} \times 100$

$= \frac{3}{25} \times \frac{25}{28} \times 100$

$= \frac{300}{28} = \frac{75}{7}$

$= 10\frac{5}{7}\%$

स्पीडी विधि

अभीष्ट % $= \frac{12\%}{100\% + 12\%} = \frac{12\%}{112\%} \times 100$

$= \frac{300}{28} = \frac{75}{7} = 10\frac{5}{7}\%$

302. (c) $A \times \frac{6}{100} + B \times \frac{4}{100}$

$= \left(A \times \frac{7}{100} + B \times \frac{11}{100}\right) \times \frac{2}{5}$

$\Rightarrow \quad 30A + 20B = 14A + 22B$

$\therefore \quad \frac{A}{B} = \frac{2}{16} = \frac{1}{8} = 1:8$

303. (d) माना दूसरी संख्या $= 7x$

तथा तीसरी संख्या $= 10x$

$\therefore$ पहली संख्या $= 10x \times \frac{80}{100} = 8x$

$\therefore$ पहली और तीसरी संख्या का औसत

$= \frac{8x + 10x}{2} = 9x$

$\therefore$ अभीष्ट प्रतिशत $= \frac{9x - 7x}{7x} \times 100 = \frac{200}{7} = 28\frac{4}{7}\%$

304. (c) Q का मान $= 200 \times \frac{115}{100} \times \frac{120}{100}$

$= \frac{2 \times 115 \times 6}{5}$

$= 2 \times 23 \times 6 = 276$

305. (d) माना कुल मतों की संख्या $= x$

वैध मत $= \frac{x \times 98}{100} = \frac{49x}{50}$

$\therefore \quad \frac{49x}{50} \times \frac{60}{100} = 2940$

$\Rightarrow \quad x = \frac{2940 \times 50 \times 100}{49 \times 60}$

$\therefore \quad x = 5000$

306. (b) माना टोपी का क्रय मूल्य $=$ ₹ x

प्रश्नानुसार, $\frac{x \times 15}{100} = 27$

$\therefore \quad x =$ ₹ 180

अतः वृद्धि के बाद टोपी का मूल्य $= 180 + 27$

$=$ ₹ 207

307. (c) घर के किराये और शिक्षा पर खर्च

$= \frac{16000 \times 50}{100} =$ ₹ 8000

शेष वेतन $= 16000 - 8000 =$ ₹ 8000

अतः म्यूचुअल फण्ड में निवेश

$= \frac{8000 \times 60}{100} =$ ₹ 4800

308. (b) माना अंजलि का वेतन ₹ x है।

सम्भावित खर्च $= \frac{x \times 45}{100} =$ ₹$\frac{9x}{20}$

प्रश्नानुसार, $\frac{9x}{20} \times \frac{60}{100} = 11475$

$\Rightarrow \quad x = \frac{11475 \times 100}{9 \times 3}$

$\therefore \quad x =$ ₹42500

309. (a) 480 के 12.5% का $E\% = 72$

$\Rightarrow \quad 480 \times \frac{12.5}{100} \times \frac{E}{100} = 72$

$\Rightarrow \quad E = \frac{72 \times 100 \times 100}{480 \times 12.5}$

$\therefore \quad E = 120$

310. (d) माना पुरुष कर्मचारियों की संख्या $= x$

तथा महिला कर्मचारियों की संख्या $= y$

तब $\quad x + y = 900 \quad$ ...(i)

प्रश्नानुसार, $\quad y \times \frac{10}{100} = x \times \frac{8}{100}$

$y = \frac{4x}{5}$

समी (i) से, $\quad x + \frac{4}{5}x = 900$

$\Rightarrow \quad x = 900 \times \frac{5}{9} = 500$

311. (c) प्रतिवर्ष वृद्धि जनसंख्या में $= 10\%$

$\therefore$ 3 वर्ष बाद जनसंख्या

$= 12000 \times \frac{110}{100} \times \frac{110}{100} \times \frac{110}{100}$

$= 15972$

312. (b) $600 - A = 200$ का 65%

$\Rightarrow \quad 600 - A = 200 \times \frac{65}{100}$

$\Rightarrow \quad A = 600 - 130 \Rightarrow A = 470$

313. (d) शब्द CONSONANT में,

स्वर $= 3$

तथा व्यंजन $= 6$

स्वरों का प्रतिशत $= \frac{3}{9} \times 100 = \frac{100}{3}\%$

व्यजनों का प्रतिशत $= \frac{6}{9} \times 100 = \frac{200}{3}\%$

$\therefore$ अभीष्ट प्रतिशत $= \frac{\frac{200}{3} - \frac{100}{3}}{\frac{200}{3}} \times 100$

$= \frac{\frac{100}{3}}{\frac{200}{3}} \times 100 = 50\%$

314. (d) माना चीनी का प्रारम्भिक उपभोग x और अन्तिम उपभोग y है।

$\therefore \quad 2:3 \quad \left[\because 25\% = \frac{1}{4}, 50\% = \frac{1}{2}\right]$

$x : y$

$4 : 5$

$x : y = \frac{4}{2} : \frac{5}{3} = 6 : 5$

अभीष्ट % $= \frac{1}{6} \times 100\% = 16.67\%$

315. (c) अभीष्ट प्रतिशत $= \frac{19}{(19 + 1)} \times 100\% = 95\%$

316. (b) माना N की आय $=$ ₹ $100x$

तो M की आय $=$ ₹$120x$

तथा L की आय $= 120x \times \frac{130}{100} =$ ₹ $156x$

अतः अभीष्ट % $= \frac{156x - 100x}{156x} \times 100$

$= \frac{56x}{156x} \times 100 = 35.89\%$

$= 36\%$ (लगभग)

317. (b) $A \times \frac{A}{100} = 9604$

$\Rightarrow \quad A^2 = 9604 \times 100$

$\therefore \quad A = \sqrt{9604 \times 100} = 980$

318. (b) माना वह संख्या $= x$

$\Rightarrow \quad x \times \frac{90}{100} \times \frac{85}{100} \times \frac{44}{100} = 20196$

$\Rightarrow \quad x = \frac{20196 \times 100 \times 100 \times 100}{90 \times 85 \times 44}$

$\therefore \quad x = 60000$

319. (b) अभीष्ट प्रतिशत $= \frac{(40-30)}{40} \times 100 = 25\%$

320. (b) माना 3 वर्ष पहले कार का मूल्य ₹ x था।

$\Rightarrow x \times \frac{50}{100} \times \frac{50}{100} \times \frac{50}{100} = 75000$

$\Rightarrow \quad x = \frac{75000 \times (100)^3}{(50)^3}$

$\therefore \quad x =$ ₹ 600000

321. (b) माना व्यक्ति की आय = ₹$100x$

$\therefore$ व्यय = ₹$58x$ तथा बचत = ₹$42x$

अब, 30% वृद्धि के बाद आय $= 100x \times \frac{130}{100}$

= ₹$130x$

तथा व्यय में 25% की वृद्धि करने के बाद नया व्यय

$= 58x \times \frac{125}{100} =$ ₹$72.5x$

$\therefore$ नई बचत $= 130x - 72.5x =$ ₹$57.5x$

अत: बचत में वृद्धि

$\% = \frac{57.5x - 42x}{42x} \times 100$

$= \frac{15.5x}{42x} \times 100 = 36.9\%$

322. (d) कक्षा में लड़के = 38%

तब लड़कियाँ = 62%

माना कुल विद्यार्थी $= x$

प्रश्नानुसार, $x \times \frac{62}{100} = 31 \Rightarrow \quad x = 50$

अत: कक्षा में लड़कों की संख्या $= \frac{50 \times 38}{100} = 19$

> **स्पीडी विधि**
>
> कक्षा में लड़कों की संख्या $= \frac{31}{62} \times 38 = 19$

323. (d) 2 वर्ष बाद कार का मूल्य

$= 150000 \times \frac{80}{100} \times \frac{80}{100}$

= ₹96000

324. (a) माना मोनिल की मासिक आय = ₹ 100

18% की कमी के बाद

मासिक आय $= 100 \times \frac{(100-18)}{100} =$ ₹ 82

प्रतिशत वृद्धि $= \frac{18}{82} \times 100 = 21.95\%$

$\therefore$ अभीष्ट प्रतिशत वृद्धि = 22% लगभग

> **स्पीडी विधि**
>
> अभीष्ट वृद्धि $= \frac{18}{(100-18)} \times 100\%$
>
> $= \frac{18}{82} \times 100\%$
>
> $= 21.95\% \approx 22\%$

325. (d) प्रश्नानुसार,

$P = Q \times \frac{(100-15)}{100}$

$\Rightarrow \quad \frac{P}{Q} = \frac{85}{100}$

अभीष्ट % $= \frac{15}{85} \times 100$

$= \frac{3}{17} \times 100 = 17.64\%$

> **स्पीडी विधि**
>
> अभीष्ट वृद्धि प्रतिशत $= \frac{15}{(100-15)} \times 100\%$
>
> $= \frac{15}{85} \times 100\% = 17.64\%$

326. (d) माना परीक्षा में अधिकतम अंक $= x$

प्रश्नानुसार, $x \times \frac{21}{100} + 25 = x \times \frac{46}{100} + 5$

$\therefore \quad x \times \frac{25}{100} = 20 = 80$

अत: परीक्षा में अधिकतम अंक 80 है।

> **स्पीडी विधि**
>
> माना परीक्षा में अधिकतम अंक = 100%
>
> $\because \quad (46-21)\% \rightarrow 25-5$
>
> $\therefore \quad 100\% \rightarrow \frac{20}{25} \times 100 = 80$

327. (d) माना संख्या $= x$

प्रश्नानुसार, $x \times \frac{90}{100} \times \frac{30}{100} = 1188$

$\Rightarrow \quad x = \frac{1188 \times 100}{9 \times 3} \Rightarrow x = 4400$

328. (a) 21.84 का 66.67% का 7.14%

$= 21.84 \times \frac{2}{3} \times \frac{1}{14} = 1.039 \approx 1.04$

329. (d) राजस्व में प्रतिशत परिवर्तन

$= -17 + 17 - \frac{17 \times 17}{100} = -2.89\%$

$\therefore$ राजस्व में 2.89% की कमी आएगी।

330. (c) प्रश्नानुसार, लड़कियों की संख्या = 54

लड़कों की संख्या का % = 40%

$\therefore$ लड़कों की संख्या $= \frac{54}{60} \times 40 = 36$

331. (b) प्रश्नानुसार, $x = y \times \frac{140}{100}$ ...(i)

तथा $\quad x = z \times \frac{80}{100}$ ...(ii)

समी (i) व (ii) से,

$y \times \frac{140}{100} = z \times \frac{80}{100}$

$\Rightarrow \quad 480 \times 140 = z \times 80 \quad (\because y = 480)$

$\therefore \quad z = 840$

332. (c) $P \times P\% = 225$

$\Rightarrow \quad P \times \frac{P}{100} = 225$

$\therefore \quad P^2 = 22500$

333. (c) $P \times 35\% = Q \times 60\%$

$\Rightarrow \quad \frac{P}{Q} = \frac{60}{35} = \frac{12}{7} \Rightarrow Q = P \times \frac{z}{3}\%$

$\therefore \quad 7 = 12 \times \frac{z}{3 \times 100}$

$\Rightarrow \quad z = 7 \times 25$

$\therefore \quad z = 175$

334. (b) गेहूँ के मूल्य में वृद्धि = ₹ 25

तथा प्रतिशत वृद्धि = 50%

$\therefore$ पुराना मूल्य $= \frac{25}{50} \times 100 =$ ₹ 50

अब, नया मूल्य = 50 + 25 = ₹ 75

> **स्पीडी विधि**
>
> गेहूँ का नया मूल्य $= \frac{25}{50} \times 150 =$ ₹ 75

335. (b) माना प्रारम्भ में कुल जनसंख्या $= x$

2 वर्ष बाद कुल जनसंख्या $= x \times \frac{105}{100} \times \frac{108}{100}$

$\therefore$ जनसंख्या में वृद्धि %

$= \frac{\left(x \times \frac{105}{100} \times \frac{108}{100}\right) - x}{x} \times 100$

$= \left(\frac{11340x - 10000x}{10000x}\right) \times 100$

$= \frac{1340x}{100x} = 13.4\%$

> **स्पीडी विधि**
>
> $\therefore$ कुल प्रतिशत वृद्धि $= 5 + 8 + \frac{5 \times 8}{100}$
>
> $= 13 + 0.4 = 13.4\%$

336. (d) प्रतिशत वृद्धि $= \frac{(75000 - 62500)}{62500} \times 100$

$= 20\%$

337. (c) 10% वृद्धि तथा 15% की कमी के बाद, घड़ी का अंतिम मूल्य $= 500 \times \frac{110}{100} \times \frac{85}{100} =$ ₹ 467.5

338. (d) माना संख्या $= n$

$\Rightarrow \quad n \times \frac{27}{100} = n \times \frac{13}{100} + 56$

$\Rightarrow \quad 14n = 5600$

$\Rightarrow \quad n = 400$

अभीष्ट संख्या = 400

339. (d) माना A का प्रारम्भिक मान = 100

20% वृद्धि तथा 30% कमी के बाद,

$A = 100 \times \frac{120}{100} \times \frac{70}{100} = 84$

अभीष्ट % $= \frac{84}{100} \times 100 = 84\%$

> **स्पीडी विधि**
>
> कुल वृद्धि/कमी प्रतिशत $= 20 - 30 - \frac{600}{100} = -16\%$
>
> अभीष्ट प्रतिशत = 100 − 16 = 84%

340. (d) माना V को मिलने वाले अंक = 100

तब, U के अंक $= 100 \times \frac{105}{100} = 105$

V के अंकों का U के अंकों से कमी प्रतिशत

$= \frac{5}{105} \times 100 = 4.7\%$

> **स्पीडी विधि**
>
> अभीष्ट कमी प्रतिशत $= \frac{5}{105} \times 100\%$
>
> $= \frac{100}{21}\% = 4.7\%$

341. (b) $512 \times \frac{64}{100} + 215 \times \frac{46}{100}$

$= \frac{32768 + 9890}{100} = \frac{42658}{100}$

$= 426.58$

342. (a) माना पहले टिकट का मूल्य = ₹ $100x$
नया मूल्य = ₹$118x$
माना पहले दर्शकों की संख्या = $100y$
तथा अब दर्शकों की संख्या = $75y$
आरम्भिक आय
= टिकट का मूल्य × दर्शकों की संख्या
$= 100x \times 100y = 10000xy$
नई आय = $118x \times 75y = 8850xy$
∴ आय में कमी
$$= \left(\frac{10000xy - 8850yx}{10000xy}\right) \times 100$$
$$= \frac{1150xy}{100xy} = 11.5\%$$

343. (c) मूल्य में प्रतिशत कमी
$$= \frac{800 - 720}{800} \times 100 = 10\%$$

344. (b) माना संख्या = x
$$\Rightarrow \quad x \times \frac{20}{100} \times \frac{25}{100} = 250 \Rightarrow x = ₹\ 5000$$
∴ संख्या का 35% = $5000 \times \frac{35}{100} = 1750$

345. (b) पहले विद्यार्थी द्वारा प्राप्त अंक = 75%
दूसरे विद्यार्थी द्वारा प्राप्त अंक = 60%
माना अधिकतम अंक = x
प्रश्नानुसार, $x \times \frac{75}{100} = x \times \frac{60}{100} + 30$
$\Rightarrow \quad 15x = 3000$
$\therefore \quad x = 200$
अत: परीक्षा के अधिकतम अंक = 200

स्पीडी विधि
प्रश्नानुसार,
$\because \quad 75\% = 60\% + 30$
$\Rightarrow \quad 15\% = 30$
$\therefore \quad 100\% = 200$ अंक

346. (c) उत्तीर्ण विद्यार्थी = 93%
अनुत्तीर्ण विद्यार्थी = 7%
माना कुल विद्यार्थी = x
$$\Rightarrow \quad x \times \frac{7}{100} = 9275$$
$$\Rightarrow \quad x = \frac{9275 \times 100}{7}$$
$\therefore \quad x = 132500$

347. (d) माना पहले वर्ष की शुरुआत में जनसंख्या = x
$$x \times \frac{105}{100} \times \frac{95}{100} = 9975$$
$$\Rightarrow \quad x = \frac{9975 \times 100 \times 100}{95 \times 105}$$
$\Rightarrow \quad x = 10000$

348. (b) माना चुनाव के लिए नामांकित मतदाताओं की कुल संख्या = $100x$
मत डालने वाले मतदाताओं की संख्या
$$= 100x \times \frac{80}{100} = 80x$$
वैध मतों की संख्या = $80x \times \frac{95}{100} = 76x$
प्रश्नानुसार,
$$76x \times \frac{75}{100} = 285000$$
$$\Rightarrow \quad x = \frac{285000 \times 100}{76 \times 75} \Rightarrow \quad x = 5000$$
अत: चुनाव के लिए नामांकित मतदाताओं की कुल संख्या = $100x = 100 \times 5000 = 500000$

349. (b) 3 वर्ष बाद गाँव की जनसंख्या
$$= 68000 \times \frac{105}{100} \times \frac{90}{100} \times \frac{90}{100} = 57834$$

350. (d) माना वह संख्या = x
$$\Rightarrow \quad x \times \frac{40}{100} - 40 = 40$$
$$\Rightarrow \quad x = \frac{80 \times 100}{40}$$
$\Rightarrow \quad x = 200$

351. (b) माना वास्तविक संख्या = a
$$\left(a \times \frac{110}{100}\right) - \left(a \times \frac{94.5}{100}\right) = 341$$
$$\Rightarrow \quad \frac{110a}{100} - \frac{94.5a}{100} = 341$$
$$\Rightarrow \quad a = \frac{341 \times 100}{15.5} = 220$$

352. (d) प्रश्नानुसार,
$$y \times \frac{x}{100} = 90 \times \frac{2}{3}$$
$$\Rightarrow \quad y \times \frac{x}{100} = 60$$
$\Rightarrow \quad xy = 60 \times 100$
$\therefore \quad xy = 6000$

353. (b) 3 वर्ष बाद मोटरबाइक का मूल्य
$$= ₹\ 100000 \times \frac{90}{100} \times \frac{90}{100} \times \frac{90}{100}$$
= ₹ 72900

354. (a) माना सरकारी कर्मचारी की आय ₹ 1000 है।
∴ कर्मचारी का खर्च = ₹ $1000 \times \frac{76}{100}$ = ₹ 760
बचत = ₹ (1000 − 760) = ₹ 240
वृद्धि के बाद
नई आय = $1000 \times \frac{114}{100}$ = ₹ 1140
नया खर्च = $760 \times \frac{110}{100} = 836$
नई बचत = ₹ (1140 − 836) = ₹ 304
बचत में बढ़त = ₹ (304 − 240) = ₹ 64
अभीष्ट प्रतिशत वृद्धि = $\frac{64}{240} \times 100 = 26.6\%$

355. (a) 3 वर्ष बाद मकान का मूल्य
$$= 4640000 \times \frac{95}{100} \times \frac{95}{100} \times \frac{95}{100}$$
= ₹ 3978220

356. (c) पेण्टिंग की कीमत में प्रतिशत वृद्धि
$$= \frac{182000 - 140000}{140000} \times 100$$
$$= \frac{42000}{140000} \times 100 = 30\%$$

357. (a) माना चाय की मूल मूल्य = ₹ 100
चाय का नया मूल्य = ₹ $100 \times \frac{120}{100}$ = ₹ 120
चाय के मूल्य में वृद्धि = ₹ (120 − 100) = ₹ 20
चाय की खपत में प्रतिशत कमी = $\frac{20}{120} \times 100$
$$= 16\frac{2}{3}\%$$

358. (d) A के मत = $12000 \times \frac{30}{100} = 3600$
B के मत = $12000 \times \frac{25}{100} = 3000$
तथा C के मत = $12000 \times \frac{40}{100} = 4800$
∴ उन मतदाताओं की संख्या जिन्होंने इन तीन उम्मीदवारों में से किसी को भी मत नहीं दिया
$= 12000 - [3600 + 3000 + 4800]$
$= 12000 - [11400] = 600$

स्पीडी विधि
अभीष्ट मत = $12000 \times \frac{(100 - 95)}{100} = 600$

359. (b) 2020 में जनसंख्या
$$= 256080000 \times \frac{110}{100} = 281688000$$

360. (a) 2 वर्ष बाद गाँव की जनसंख्या
$$= 50000 \times \frac{95}{100} \times \frac{95}{100}$$
= 45125

361. (a) माना मोबाइल की प्रारम्भिक कीमत = ₹ 100
मोबाइल की अन्तिम कीमत
$$= 100 \times \frac{95}{100} \times \frac{98}{100} \times \frac{110}{100} \times \frac{120}{100}$$
= ₹ 122.892
∴ अभीष्ट परिवर्तन
$$= \left(\frac{122.892 - 100}{100}\right) \times 100$$
= 22.892%
$$= 22\frac{223}{250}\%$$

362. (b) जनसंख्या वृद्धि के सन्दर्भ में शुद्ध संवृद्धि दर
$$= \frac{(450 - 120)}{10000} \times 100$$
$$= \frac{330}{10000} \times 100 = 3.30\%$$

363. (a) A का भार + B का भार = $92 \times \frac{100}{115}$
∴ A का भार = $92 \times \frac{100}{115} \times \frac{5}{8} = 50$ किग्रा
और B का भार = $92 \times \frac{100}{115} \times \frac{3}{8} = 30$ किग्रा
जब A के भार में 5% वृद्धि की जाए तब A का भार = $50 \times \frac{105}{100} = 52.5$ किग्रा
B का भार में वृद्धि = (92 − 52.5) किग्रा
= 39.5 किग्रा
∴ आवश्यक % = $\left(\frac{39.5 - 30}{30}\right) \times 100 = 31.67\%$

364. (c) आवश्यक पास %
$$= \frac{(450 + 1500)}{(500 + 2000)} \times 100$$
$$= \frac{1950}{2500} \times 100 = 78\%$$

365. (b) सुसान के भूखण्ड का क्षेत्रफल
= 1250 वर्ग फुट
∴ रोशन के भूखण्ड का क्षेत्रफल
$$= 1250 \times \frac{120}{100} = 1500 \text{ वर्ग फुट}$$

∴ जैकब के स्वामित्व वाले भूखण्ड का क्षेत्रफल

$= 1500 \times \frac{130}{100} = 1950$ वर्ग फुट

366. (c) माना कुल मतों की संख्या $= 100x$

कुल डाले गए मत $= 100 \times x \times \frac{75}{100} = 75x$

∴ कुल वैध मतों की संख्या $= 75x \times \frac{96}{100} = 72x$

प्रश्नानुसार, $72x \times \frac{80}{100} = 9504$

∴ $x = \frac{9504 \times 100}{80 \times 72} = 165$

∴ कुल मतों की संख्या $= 100x$

$= 100 \times 165 = 16500$

367. (b) माना कुल मतों की संख्या $= x$

∴ कुल डाले गये मत = x का 88%

विजेता को मिले मत = x का 60%

हारने वाले को मिले मत= x का 88% $-x$ का 60%

= x का 28%

प्रश्नानुसार,

x का 60% $-x$ का 28% = 1200

⇒ x का 32% = 1200

⇒ $x \times \frac{32}{100} = 1200$

∴ $x = \frac{1200 \times 100}{32} = 3750$

368. (a) माना अनीता की आय = ₹ 100

अनीता की बचत $= 100 \times \frac{20}{100} =$ ₹ 20

अब नई आय $= 100 \times \frac{130}{100} =$ ₹ 130

नई बचत $= 130 \times \frac{25}{100} =$ ₹ 32.5

∴ उसकी बचत में प्रतिशत वृद्धि

$= \frac{32.5 - 20}{20} \times 100 = 12.5 \times 5$

$= 62.50\%$

369. (b) कुल डाले गए मत = 248000

वैध मत $= 248000 \times \frac{80}{100} = 198400$

∴ दूसरे उम्मीदवार को मिले मत

$= 198400 \times \frac{(100 - 75)}{100} = 49600$

370. (a) माना पहली तथा दूसरी संख्या क्रमशः x तथा y हैं।

प्रश्नानुसार, $y - \frac{20x}{100} = \frac{70y}{100}$

⇒ $y - \frac{70y}{100} = \frac{20x}{100}$

⇒ $\frac{100y - 70y}{100} = \frac{20x}{100}$

⇒ $30y = 20x$

⇒ $\frac{x}{y} = \frac{3}{2}$

∴ अभीष्ट अनुपात = 3 : 2

371. (b) माना उसका मासिक वेतन 100 है।

∵ 35% → 1100

∴ 65% $\rightarrow \frac{1100}{35} \times 65 = 2042.85$

372. (d) माना मतदान करने वाले लोगों की संख्या = 100

20 से 25 वर्ष के लोगों की संख्या $= 100 \times \frac{28}{100} = 28$

20 से 25 वर्ष की आयु के लोग जिन्होंने वास्तव में मतदान किया $= 28 \times \frac{75}{100} = 21$

∴ अभीष्ट प्रतिशत $= \frac{21}{100} \times 100 = 21\%$

373. (d) कुल मतदाता = 80000

मतदान किए गए मत

$= 80000 \times \frac{80}{100} = 64000$

राम सिंह को प्राप्त मत

$= 64000 \times \frac{60}{100} = 38400$

अतः सोहन लाल को प्राप्त मत

$= 64000 - 38400 = 25600$

374. (b) 1894 का 74% $= 1894 \times \frac{74}{100}$

$= 1401.56$

1894 का 39% $= 1894 \times \frac{39}{100} = 738.66$

∴ अभीष्ट प्रतिशत $= \frac{140156 - 738.66}{738.66} \times 100$

$= \frac{662.9}{738.66} \times 100$

$= 89.74\%$

375. (b) दिया है, C की आय = ₹ 2500

B की आय $= 2500 \times \frac{80}{100} =$ ₹ 2000

∴ A की आय $= 2000 \times \frac{140}{100} =$ ₹ 2800

376. (b) माना नरेश का वेतन = ₹ x

नरेश की बचत = ₹ 1736

प्रश्नानुसार, $x \times \frac{32}{100} = 1736$

∴ $x = \frac{1736 \times 100}{32} =$ ₹ 5425

रमेश का वेतन = नरेश का वेतन = 5425

रमेश की बचत $= 5425 \times \frac{28}{100} =$ ₹ 1519

∴ रमेश का व्यय = 5425 − 1519 = ₹ 3906

377. (c) व्यक्ति के वेतन में प्रतिशत वृद्धि

$= \frac{234 - 200}{200} \times 100$

$= \frac{34}{2} = 17\%$

378. (d) छः महीने बाद अंजली का वजन

$= 60 \times \frac{(100 + 20)}{100} \times \frac{(100 + 25)}{100}$

$= 60 \times \frac{120}{100} \times \frac{125}{100}$

= 90 किग्रा

08

लाभ तथा हानि

- **क्रय मूल्य** वह मूल्य जिस पर कोई वस्तु खरीदी जाती है।
- **विक्रय मूल्य** वह मूल्य जिस पर कोई वस्तु बेची जाती है।

लाभ तथा हानि से सम्बन्धित मूल सूत्र

- यदि विक्रय मूल्य > क्रय मूल्य, तब लाभ = विक्रय मूल्य − क्रय मूल्य
- यदि क्रय मूल्य > विक्रय मूल्य, तब हानि = क्रय मूल्य − विक्रय मूल्य
- $\text{लाभ\%} = \frac{\text{लाभ}}{\text{क्रय मूल्य}} \times 100\%$ • $\text{हानि\%} = \frac{\text{हानि}}{\text{क्रय मूल्य}} \times 100\%$
- $\text{विक्रय मूल्य} = \text{क्रय मूल्य} \times \frac{(100 + \text{लाभ\%})}{100}$
- $\text{विक्रय मूल्य} = \text{क्रय मूल्य} \times \frac{(100 - \text{हानि\%})}{100}$

उदाहरण 1. किसी वस्तु को ₹ 3200 में बेचने से एक आदमी को 20% की हानि हुई। 10% लाभ प्राप्त करने के लिए उसे इस वस्तु को कितने रूपये में बेचना चाहिए?

हल प्रश्नानुसार, $\text{क्रय मूल्य} = \frac{3200 \times 100}{(100-20)} = \frac{3200 \times 100}{80} = ₹\,4000$

$\therefore \quad \text{विक्रय मूल्य} = \frac{4000 \times 110}{100} = ₹\,4400$

जब दो वस्तु/उत्पाद समान मूल्य पर बेचे जाए

यदि दो वस्तुओं का विक्रय मूल्य समान हो और इनमें से एक वस्तु को x% के लाभ पर तथा दूसरी वस्तु को x% की हानि पर बेचा जाए, तो इस लेन-देन में हमेशा $\left(\frac{x^2}{100}\right)$% की हानि होती है।

उदाहरण 2. एक मेज और एक झूला प्रत्येक ₹ 9936 में बेचा गया। मेज को 8% के लाभ पर बेचा गया और झूले को 8% की हानि पर बेचा गया। पूरे लेन-देन में लाभ या हानि प्रतिशत क्या है?

हल यहाँ, $x = 8\%$; $\text{हानि\%} = \frac{x^2}{100} = \frac{8^2}{100} = \frac{64}{100} = 0.64\%$

जब एक वस्तु को एक से अधिक बार खरीदा और बेचा जाए

यदि P ने एक वस्तु Q को r_1% के लाभ या हानि पर बेचा और Q ने इस वस्तु को R को r_2% के लाभ या हानि पर बेचा, तो R के लिए वस्तु का क्रय मूल्य

$$= P \times \left(1 \pm \frac{r_1}{100}\right)\left(1 \pm \frac{r_2}{100}\right) \ldots$$

नोट लाभ → (+) तथा हानि → (−)

उदाहरण 3. रवि एक कुर्सी मोहन को 10% लाभ पर बेचता है और मोहन उसे गोविन्द को 20% लाभ पर बेचता है। यदि गोविन्द इसके लिए ₹ 1320 का भुगतान करता है, तो रवि के लिए क्रय मूल्य है।

हल यहाँ, $r_1 = 10\%$ तथा $r_2 = 20\%$

माना रवि के लिए कुर्सी का क्रय मूल्य = ₹ x

$\therefore$ गोविन्द के लिए कुर्सी का क्रय मूल्य $= x \times \left(1 + \frac{10}{100}\right)\left(1 + \frac{20}{100}\right)$

$\Rightarrow \quad 1320 = \frac{x \times 110 \times 120}{100 \times 100}$

$\Rightarrow \quad x = ₹\,1000$

जब a वस्तुओं का क्रय मूल्य, b वस्तुओं के विक्रय मूल्य के बराबर हो

यदि a वस्तुओं का क्रय मूल्य, b वस्तुओं के विक्रय मूल्य के बराबर हो तब

$\text{लाभ/हानि प्रतिशत} = \frac{a-b}{b} \times 100\%$ [+ = लाभ, − = हानि]

उदाहरण 4. यदि 12 वस्तुओं का विक्रय मूल्य, 15 वस्तुओं के क्रय मूल्य के बराबर हो, तब लाभ/हानि प्रतिशत क्या होगा?

हल $a = 15, b = 12$

$\text{लाभ/हानि \%} = \frac{a-b}{b} \times 100 = \frac{15-12}{12} \times 100 = +25\%$ [लाभ]

अतः 25% का लाभ होगा।

अशुद्ध वजन पर आधारित

- यदि एक बेईमान व्यापारी अपना सामान क्रय मूल्य पर बेचने का दावा करता है, लेकिन गलत/त्रुटिपूर्ण वजन का उपयोग करता है, तब

$$\text{लाभ \%} = \frac{\text{त्रुटि}}{\text{सही वजन} - \text{त्रुटि}} \times 100\%$$

$$\text{या लाभ \%} = \frac{\text{सही वजन} - \text{गलत वजन}}{\text{गलत वजन}} \times 100\%$$

- यदि दो वस्तुओं का विक्रय मूल्य बराबर हो तथा पहली वस्तु $\pm a$% के लाभ/हानि पर और दूसरी वस्तु $\pm b$% के लाभ/हानि पर बेची जाए, तो

$$\text{कुल प्रतिशत परिवर्तन} = \frac{100(a+b) + 2ab}{200 + a + b}$$

[लाभ होने पर → +ve चिह्न; हानि होने पर − ve चिह्न]

उदाहरण 5. एक बेईमान व्यापारी क्रय मूल्य पर चावल बेचता है, लेकिन वह 1000 ग्राम के बजाय 900 ग्राम के त्रुटिपूर्ण वजन का उपयोग करता है। उसका लाभ प्रतिशत ज्ञात कीजिए।

हल यहाँ, त्रुटि = 1000 − 900 = 100 ग्राम, सही वजन = 1000 ग्राम

$\therefore \text{लाभ \%} = \frac{\text{त्रुटि}}{\text{सही वजन} - \text{त्रुटि}} \times 100\% = \frac{100}{1000-100} \times 100\%$

$= \frac{10000}{900}\% = 11\frac{1}{9}\%$

SSC एग्जाम स्कैनर

SSC CGL 2024 (Tier I & II)

1. एक आदमी ₹ 680 में एक मोबाइल फोन बेचता है और कुछ हानि उठाता है। यदि उसने इसे ₹ 1070 में बेचा होता, तो उसका लाभ, पूर्व की हानि का दोगुना होता। मोबाइल फोन का लागत मूल्य (₹ में) ज्ञात कीजिए।
SSC CGL (Tier-II) 20/01/2025 Shift-I
(a) 800 (b) 830
(c) 810 (d) 820

2. एक व्यक्ति कुल ₹15 में 10 एकसमान वस्तुएँ खरीदता है । यदि वह उनमें से प्रत्येक वस्तु को ₹1.7 में बेचता है, तो उसका लाभ प्रतिशत .... % होगा (दो दशमलव स्थानों तक पूर्णांकित मान दीजिए)।
SSC CGL (Tier-II) 18/01/2025 Shift-I
(a) 14.33 (b) 12.76
(c) 11.76 (d) 13.33

3. एक दुकानदार के 3 किग्रा के वजन (बांट) में 100 ग्राम कम है। उसने इसी गलत वजन (बांट) का उपयोग करके चारू को 3 किग्रा आलू ₹ 46 में बेच दिए। विक्रेता के लिए आलू का क्रय मूल्य ₹ 12 प्रति किग्रा था। उसने आलू पर कितना लाभ (₹ में) कमाया?
SSC CGL (Tier-I) 26/09/2024 Shift-III
(a) 10 (b) 11.2
(c) 10.2 (d) 11.6

4. रमन अपनी वस्तुओं का अंकित मूल्य, क्रय मूल्य से 16% अधिक पर निर्धारित करता है। वह अपनी वस्तुएँ निर्धारित मूल्य से 12% कम पर बेचता है। दो दशमलव स्थान तक सही लाभ प्रतिशत ज्ञात कीजिए।
SSC CGL (Tier-I) 26/09/2024 Shift II
(a) 1.07% (b) 3.01%
(c) 0.08% (d) 2.08%

5. यदि ₹ 200 से ₹ 260 तक की कीमतों पर खरीदी गई पुस्तकों को ₹ 250 से ₹ 300 तक की कीमतों पर बेचा जाता है, तो 25 पुस्तकों को बेचने पर अधिकतम सम्भावित लाभ क्या होगा?
SSC CGL (Tier-I) 20/09/2024 Shift-I
(a) ₹ 2700 (b) ₹ 2500
(c) ₹ 1800 (d) ₹ 2300

6. अदिति अपने स्कूटर को ₹ 40620 में बेचकर, विक्रय मूल्य के $\frac{1}{5}$ भाग के बराबर लाभ अर्जित करती है। उसका लाभ प्रतिशत ज्ञात कीजिए।
SSC CGL (Tier-I) 25/09/2024 Shift-III
(a) 10% (b) 20%
(c) 25% (d) 35%

7. एक व्यक्ति को ₹ 144 में एक वस्तु बेचने पर 28% की हानि होती है। यदि वह इसे ₹ 288 में बेचता है, तो उसकी लाभ/हानि प्रतिशत कितना होगा?
SSC CGL (Tier-I) 25/09/2024 Shift-II
(a) हानि, 43% (b) हानि, 46%
(c) लाभ, 41% (d) लाभ, 44%

8. रमेश ने 130 पुस्तकें ₹ 200 प्रति पुस्तक की दर से खरीदीं और उनमें से आधी पुस्तकें ₹ 300 प्रति पुस्तक की दर से बेच दी, उनमें से $\frac{1}{5}$ पुस्तकें ₹ 350 प्रति पुस्तक की दर से और शेष पुस्तकें क्रय मूल्य पर बेच दी। उसका लाभ प्रतिशत ज्ञात कीजिए।
SSC CGL (Tier-I) 25/09/2024 Shift-I
(a) 35% (b) 40% (c) 44% (d) 38%

9. समरीन एक की-बोर्ड को ₹ 1260 में 25% के लाभ पर और दूसरे की-बोर्ड को ₹ 1440 में 10% की हानि पर बेचती है। उसका कुल लाभ या हानि प्रतिशत ज्ञात करें।
SSC CGL (Tier-I) 24/09/2024 Shift-I
(a) $3\frac{86}{163}$% हानि (b) $3\frac{86}{163}$% लाभ
(c) $3\frac{11}{27}$% हानि (d) $3\frac{11}{27}$% लाभ

10. 55 वस्तुओं का अंकित मूल्य 99 वस्तुओं के क्रय मूल्य के बराबर था। 56 वस्तुओं का विक्रय मूल्य 35 वस्तुओं के अंकित मूल्य के बराबर था। प्रत्येक वस्तु की बिक्री से होने वाले लाभ या हानि प्रतिशत की गणना करें।
SSC CGL (Tier-I) 23/09/2024 Shift-II
(a) 12.5% लाभ (b) 12.5% हानि
(c) 15% लाभ (d) 12.25% लाभ

11. एक दुकानदार ₹ 44 प्रति किग्रा की दर से चावल बेचता है, जिसका क्रय मूल्य ₹ 40 प्रति किग्रा है। इससे सन्तुष्ट नहीं होने पर वह हर पैकेट से 200 ग्राम चावल निकालकर अपना लाभ बढ़ाने की कोशिश करता है । दुकानदार के कुल लाभ प्रतिशत की गणना करें।
SSC CGL (Tier-I) 19/09/2024 Shift-II
(a) 35% (b) 37% (c) 37.5% (d) 35.5%

12. एक विक्रेता ने ₹ 10 प्रति किग्रा के हिसाब से सब्जियाँ बेचना शुरू किया, लेकिन इस दर पर खरीदार नहीं मिला। इसलिए उसने कीमत घटाकर ₹ 7.2 प्रति किग्रा कर दी, लेकिन 1 किग्रा के बजाय 900 ग्राम के दोषपूर्ण वजन का उपयोग किया। वास्तविक मूल्य में प्रतिशत परिवर्तन ज्ञात कीजिए।
SSC CGL (Tier-I) 19/09/2024 Shift-I
(a) 10% (b) 25% (c) 20% (d) 15%

13. एक विक्रेता ने एक ग्राहक को धोखा देकर एक किग्रा में 20 कुकीज के स्थान पर 19 कुकीज देकर ₹ 95 में बेच दीं, यदि विक्रेता ने ₹ 76 में कुकीज खरीदी, तो लाभ (₹ में) क्या होगा?
SSC CGL (Tier-I) 18/09/2024 Shift-III
(a) 28.2 (b) 22.8
(c) 25.8 (d) 26.2

14. सिद्धि अपने स्कूटर को ₹ 71785 में बेचकर, विक्रय मूल्य के $\frac{1}{5}$ भाग के बराबर लाभ अर्जित करती है। उसका लाभ प्रतिशत ज्ञात कीजिए।
SSC CGL (Tier-I) 18/09/2024 Shift-II
(a) 25% (b) 10%
(c) 20% (d) 15%

15. एक दुकानदार ने अपनी $\frac{5}{8}$ वस्तुओं को 20% के लाभ पर और शेष को क्रय मूल्य पर बेचा। पूरे सौदे में उसका लाभ प्रतिशत कितना है?
SSC CGL (Tier-I) 18/09/2024 Shift-I
(a) $16\frac{1}{2}$% (b) $12\frac{1}{2}$%
(c) $13\frac{1}{2}$% (d) $14\frac{1}{2}$%

16. दो हाथों से गुजरने वाली एक वस्तु को मूल लागत मूल्य के 40% के कुल लाभ पर बेचा जाता है। यदि पहला व्यापारी 30% का लाभ कमाता है, तो दूसरे व्यापारी द्वारा अर्जित लाभ प्रतिशत कितना होगा?
SSC CGL (Tier-I) 17/09/2024 Shift-II
(a) $7\frac{1}{13}$% (b) $7\frac{9}{13}$%
(c) $6\frac{3}{13}$% (d) $8\frac{6}{13}$%

17. यदि एक दुकानदार चीनी को ₹ 44.8 प्रति किग्रा की दर से बेचता है, तो वह 12% लाभ अर्जित करता है। पानी के रिसाव के कारण चीनी का $\frac{1}{5}$ हिस्सा खराब हो जाता है। 5% लाभ प्राप्त करने के लिए शेष चीनी का प्रति किग्रा विक्रय मूल्य क्या होना चाहिए?
SSC CGL (Tier-I) 17/09/2024 Shift-I
(a) ₹ 51.5 (b) ₹ 52.5
(c) ₹ 48.5 (d) ₹ 49.5

18. एक बेईमान फल-विक्रेता 20% लाभ पर फल बेचता है लेकिन वह 1 किग्रा के स्थान पर 950 ग्राम बाट का उपयोग करता है। लाभ प्रतिशत क्या है?
SSC CGL (Tier-I) 13/09/2024 Shift-III
(a) $\frac{700}{19}$% (b) $\frac{500}{19}$%
(c) $\frac{500}{32}$% (d) $\frac{500}{17}$%

19. रमेश ₹ 36 प्रति किग्रा की दर से चावल बेचता है, जिसे उसने ₹ 30 प्रति किग्रा की दर से खरीदा था। इसके अतिरिक्त, वह बेचते समय 1 किग्रा की जगह केवल 800 ग्राम चावल देता है। रमेश का वास्तविक लाभ प्रतिशत ज्ञात कीजिए। **SSC CGL (Tier-I) 13/09/2024 Shift-II**

(a) 52% (b) 50% (c) 48% (d) 46%

20. एक वस्तु को 250% के लाभ पर बेचा जाता है। इसके क्रय मूल्य और विक्रय मूल्य का अनुपात कितना है?
SSC CGL (Tier-I) 13/09/2024 Shift-I

(a) 2 : 5 (b) 5 : 2
(c) 2 : 7 (d) 7 : 2

21. एक निश्चित उत्पाद को बेचने पर प्राप्त लाभ लागत का 320% है। यदि लागत में 10% की वृद्धि होती है, लेकिन विक्रय मूल्य स्थिर रहता है। तो विक्रय मूल्य का कितना प्रतिशत लाभ (एक दशमलव स्थान तक) होगा?
SSC CGL (Tier-I) 12/09/2024 Shift-III

(a) 75.5% (b) 63.8%
(c) 73.8% (d) 70.2%

22. एक बेईमान व्यापारी अपने किराने का सामान वास्तविक बाँट से 12% कम बाँट का उपयोग करके बेचता है और 10% का लाभ अर्जित करता है। उसका कुल लाभ प्रतिशत ज्ञात करें।
SSC CGL (Tier-I) 11/09/2024 Shift-I

(a) 25% (b) 20% (c) 10% (d) 15%

23. एक व्यापारी के पास 1000 किग्रा चीनी है, जिसका एक भाग वह 10% लाभ पर और शेष 40% लाभ पर बेचता है। उसे पूरे सौदे में 20% का लाभ होता है। 40% लाभ पर बेची गई मात्रा की गणना करें।
SSC CGL (Tier-I) 10/09/2024 Shift-II

(a) $333\frac{1}{3}$ किग्रा (b) $383\frac{1}{3}$ किग्रा
(c) $443\frac{1}{3}$ किग्रा (d) $543\frac{1}{3}$ किग्रा

24. प्रिया अपने स्कूटर को ₹ 42564 में बेचकर, विक्रय मूल्य के $\frac{1}{6}$ भाग के बराबर लाभ अर्जित करती है। उसका लाभ प्रतिशत ज्ञात कीजिए।
SSC CGL (Tier-I) 10/09/2024 Shift-I

(a) 20% (b) 40%
(c) 15% (d) 30%

25. माधव ने ₹ 42000 में एक वस्तु खरीदी और उसे 20% की हानि पर बेच दिया। उस राशि से उसने एक और वस्तु खरीदी और उसे 30% के लाभ पर बेच दिया। कुल लाभ (₹ में) कितना है? **SSC CGL (Tier-I) 09/09/2024 Shift-II**

(a) 2520 (b) 1680 (c) 6720 (d) 4200

26. एक पंसारी लागत मूल्य पर चावल बेचने का दावा करता है, लेकिन 1 किग्रा के लिए 870 ग्राम के नकली वजन का उपयोग करता है। उसका लाभ प्रतिशत (दो दशमलव स्थानों तक सही) ज्ञात कीजिए।
SSC CGL (Tier-I) 09/09/2024 Shift-I

(a) 18.21% (b) 15.11%
(c) 11.11% (d) 14.94%

SSC CGL 2023 (Tier I & II)

27. कोई माल तीन व्यापारियों के हाथों से क्रमिक रूप से गुजरता है और उनमें से प्रत्येक व्यापारी अपने माल को अपने क्रय मूल्य के 30% के लाभ पर बेचता है। यदि अन्तिम व्यापारी ने माल को ₹ 300 में बेचा, तो पहले व्यापारी ने इसे कितने में खरीदा था? **SSC CGL (Tier II) 03/03/2023 Shift-I**

(a) ₹ 137.55 (लगभग)
(b) ₹ 330.55 (लगभग)
(c) ₹ 136.55 (लगभग)
(d) ₹ 240.55 (लगभग)

28. एक आदमी ₹ 5000 में एक मशीन खरीदता है। एक वर्ष के बाद, वह इसे ₹ 6000 में बेचता है। दो वर्ष बाद, वह फिर से उसी मशीन को ₹ 8000 में खरीदता है और ₹ 10000 में बेचता है। दोनों लेन-देन के लिए उसका समग्र लाभ प्रतिशत ज्ञात कीजिए।
SSC CGL (Tier II) 02/03/2023 Shift-I

(a) 18.75% (b) 15.23%
(c) 20.23% (d) 23.08%

29. यदि 28 संतरों का क्रय मूल्य 24 संतरों के विक्रय मूल्य के बराबर है, तो लाभ प्रतिशत .... है। **SSC CGL (Tier I) 27/07/2023 Shift-III**

(a) $16\frac{1}{3}\%$ (b) $18\frac{2}{3}\%$
(c) $18\frac{1}{3}\%$ (d) $16\frac{2}{3}\%$

30. एक बेईमान व्यापारी किसी वस्तु को क्रय मूल्य से 15% हानि पर बेचता है, लेकिन 25 ग्राम के स्थान पर 20 ग्राम वजन का उपयोग करता है। उसका लाभ या हानि प्रतिशत क्या होगा?
SSC CGL (Tier I) 27/07/2023 Shift-II

(a) 7.55% हानि (b) 5.25% हानि
(c) 6.25% लाभ (d) 6.50% लाभ

31. एक पेंटिंग को ₹ 1498 में बेचने पर, इसे ₹ 1300 पर बेचने पर हुई हानि से 25% अधिक लाभ होता है। 25% का लाभ प्राप्त करने के लिए, विक्रय मूल्य क्या होगा?
SSC CGL (Tier I) 27/07/2023 Shift-I

(a) ₹ 1735 (b) ₹ 1388
(c) ₹ 1755 (d) ₹ 1335

32. एक घड़ी ₹ 3200 में खरीदी जाती है और ₹ 2700 में बेची जाती है। दशमलव के दो स्थानों तक प्रतिशत हानि की गणना कीजिए।
SSC CGL (Tier I) 26/07/2023 Shift-IV

(a) 16.50% (b) 15.18%
(c) 16.12% (d) 15.62%

33. राम ने एक सेल फोन खरीदा और इसकी मूल कीमत से 30% कम भुगतान किया। उसने इसे अपने द्वारा भुगतान किए गए मूल्य पर 50% लाभ पर बेच दिया। राम द्वारा मूल कीमत पर अर्जित लाभ का प्रतिशत कितना था?
SSC CGL (Tier I) 26/07/2023 Shift-IV

(a) 15% (b) 5%
(c) 50% (d) 25%

34. सीता ने एक व्हाइटबोर्ड मार्कर सेट को 10% लाभ पर बेचा। उसे ₹ 20 अधिक में बेचने पर उसे 15% का लाभ होता है। व्हाइटबोर्ड मार्कर सेट का क्रय मूल्य क्या है?
SSC CGL (Tier I) 26/07/2023 Shift-III

(a) ₹ 350 (b) ₹ 450
(c) ₹ 400 (d) ₹ 300

35. *R* की तौल मशीन 400 ग्राम भार दिखाती है जबकि वास्तविक भार 350 ग्राम होता है। बादाम का क्रय मूल्य ₹ 880 प्रति किग्रा है और खराब मशीन से 200 ग्राम के पैकेट बनाए जाते हैं। 25% का लाभ प्राप्त करने के लिए प्रत्येक पैकेट का विक्रय मूल्य (₹ में) क्या होना चाहिए?
SSC CGL (Tier I) 26/07/2023 Shift-I

(a) 192.50 (b) 197.50
(c) 175.50 (d) 182.50

36. एक दुकानदार ने ₹ 120 प्रति दर्जन की दर से 1600 आम खरीदे। इनमें से उसने 900 आम ₹ 15 प्रति आम और शेष आम ₹ 14 प्रति आम की दर से बेचे। उसका लाभ प्रतिशत .... है।
SSC CGL (Tier I) 25/07/2023 Shift-IV

(a) 38.265% (b) 35.625%
(c) 45.625% (d) 48.765%

37. मोना ने आभूषणों के दो सेट प्रत्येक ₹ 4000 में खरीदे। उसने आभूषणों के इन सेटों में से एक को 8% लाभ पर और दूसरे को 6% की हानि पर बेचा। इस पूरे लेन-देन में उसे होने वाले कुल हानि या लाभ की गणना कीजिए।
SSC CGL (Tier I) 25/07/2023 Shift-II

(a) ₹ 120 लाभ (b) ₹ 80 लाभ
(c) ₹ 80 हानि (d) ₹ 120 हानि

38. एक दुकानदार ने ₹ 3600 में एक निश्चित संख्या में सेब खरीदे। उसने उनमें से $\frac{1}{5}$ भाग को 10% की हानि पर, शेष के एक-चौथाई सेबों को 5% की हानि पर, और शेष के दो-तिहाई भाग को 15% के लाभ पर बेचा। कुल मिलाकर 27% का लाभ अर्जित करने के लिए उसे शेष सेबों को किस कीमत पर (₹ में) बेचना चाहिए?
SSC CGL (Tier I) 25/07/2023 Shift-I

(a) 1548 (b) 1845
(c) 1864 (d) 1584

39. एक नोटबुक 12% के लाभ पर ₹ 28 में बेची गई। यदि इसे ₹ 26.25 में बेचा जाता, तो लाभ प्रतिशत क्या होता?
SSC CGL (Tier I) 24/07/2023 Shift-III
(a) 4% (b) 5% (c) 6% (d) 7%

40. एक दुकानदार ने ₹ 18000 में '20' कुर्सियाँ खरीदी। उन्हें बेचने पर उसे चार कुर्सियों के विक्रय मूल्य के बराबर लाभ हुआ। प्रत्येक कुर्सी का विक्रय मूल्य क्या है?
SSC CGL (Tier I) 21/07/2023 Shift-IV
(a) ₹ 1125 (b) ₹ 1200
(c) ₹ 1250 (d) ₹ 1175

41. 12% लाभ अर्जित करने के लिए, एक दुकानदार एक टेलीविजन को ₹ 22400 में बेचता है। यदि वह दोगुना लाभ चाहता है, तो टेलीविजन का विक्रय मूल्य (₹ में) क्या होना चाहिए? **SSC CGL (Tier I) 21/07/2023 Shift-II**
(a) 24000 (b) 24600
(c) 25000 (d) 24800

42. A ने एक वस्तु B को 25% लाभ पर बेची और B ने एक निश्चित लाभ अर्जित करते हुए इसे C को बेच दिया। यदि C का क्रय मूल्य A के क्रय मूल्य से 30% अधिक है, तो B द्वारा अर्जित लाभ प्रतिशत ज्ञात कीजिए।
SSC CGL (Tier I) 21/07/2023 Shift-I
(a) 4% (b) $4\frac{1}{2}$% (c) 5% (d) $5\frac{1}{2}$%

43. चावल का क्रय मूल्य और विक्रय मूल्य समान है। तौलने की मशीन में खराबी के कारण विक्रेता को 15% का लाभ होता है। यदि 1000 ग्राम चावल का क्रय मूल्य ₹ x है और मशीन को बदल दिया जाता है जो 950 किग्रा के बजाय 1000 ग्राम दिखती है, तो समान लाभ प्रतिशत प्राप्त करने के लिए अब विक्रय मूल्य (₹ में) क्या होना चाहिए?
SSC CGL (Tier I) 20/07/2023 Shift-IV
(a) $1.0295x$ (b) $1.0925x$
(c) $1.0259x$ (d) $1.0950x$

44. 50 दर्जन केलों का मूल्य ₹ 2400 है और प्रति केले की परिवहन लागत ₹ 0.25 है। एक जोड़ी केले का विक्रय मूल्य ₹ 10 है। लाभ प्रतिशत क्या है (एक दशमलव स्थान तक पूर्णांकित)?
SSC CGL (Tier I) 20/07/2023 Shift-III
(a) 17.6% (b) 14.5%
(c) 15.4% (d) 16.7%

45. एक विक्रेता अपने फलों को क्रय मूल्य पर बेचने का दावा करता है, लेकिन फिर भी $5\frac{5}{19}$% का लाभ प्राप्त करता है। वह 1 किग्रा के बजाए कितने फल देता है?
SSC CGL (Tier I) 20/07/2023 Shift-II
(a) 950 ग्राम (b) 905 ग्राम
(c) 900 ग्राम (d) 5 ग्राम

46. एक दुकानदार ने 20% के लाभ पर हेडफोन की एक जोड़ी ₹ 5520 में बेची। यदि इसे ₹ 4370 में बेचा जाता, तो लाभ या हानि प्रतिशत क्या होता? **SSC CGL (Tier I) 20/07/2023 Shift-I**
(a) 10% हानि (b) 15% लाभ
(c) 2% लाभ (d) 5% हानि

47. एक दुकानदार ₹ 100 में कोल्ड ड्रिंक की छः छोटी बोतलें खरीदता है। 20% का लाभ प्राप्त करने के लिए उसे ऐसी एक बोतल को कितने में बेचना चाहिए?
SSC CGL (Tier I) 18/07/2023 Shift-IV
(a) ₹ 23 (b) ₹ 22 (c) ₹ 20 (d) ₹ 21

48. एक घड़ी को ₹ 2000 में बेचने पर एक दुकानदार को 20% की हानि होती है। इसे ₹ 3000 में बेचने पर उसे कितना लाभ या हानि होगी? **SSC CGL (Tier I) 18/07/2023 Shift-III**
(a) 25% हानि (b) 25% लाभ
(c) 15% लाभ (d) 20% लाभ

49. एक वस्तु को ₹ 2000 में बेचने पर अर्जित प्रतिशत लाभ उसी वस्तु को ₹ 1200 में बेचने पर हुई प्रतिशत हानि के बराबर है। 20% का लाभ प्राप्त करने के लिए उस वस्तु को किस मूल्य पर बेचा जाना चाहिए?
SSC CGL (Tier I) 18/07/2023 Shift-II
(a) ₹ 1800 (b) ₹ 1840
(c) ₹ 1920 (d) ₹ 2000

50. राम, मोहन को एक सूटकेस 20% लाभ पर बेचता है। मोहन इसे श्याम को 40% लाभ पर बेचता है। यदि श्याम इसके लिए ₹ 1430 का भुगतान करता है, तो राम ने इसे .... में खरीदा है। **SSC CGL (Tier I) 17/07/2023 Shift-II**
(a) ₹ 875 (b) ₹ 870
(c) ₹ 851.19 (d) ₹ 880

51. एक दुकानदार एक वस्तु को 15% लाभ पर बेचता है और ऐसे बाट का उपयोग करता है, जो 20% कम है। उसका वास्तविक लाभ प्रतिशत ज्ञात करें। **SSC CGL (Tier I) 17/07/2023 Shift-I**
(a) 43.75% (b) 42.5% (c) 40% (d) 50%

52. यदि वस्तु के विक्रय मूल्य में ₹ 324 की वृद्धि की जाती है, तो एक दुकानदार को 16% हानि के स्थान पर 20% का लाभ होता है। वस्तु का क्रय मूल्य क्या है?
SSC CGL (Tier I) 14/07/2023 Shift-IV
(a) ₹ 750 (b) ₹ 60 (c) ₹ 900 (d) ₹ 1350

53. एक डीलर अपने माल को क्रय मूल्य पर बेचने का दावा करते हुए 1 किग्रा के लिए 950 ग्राम बाट का उपयोग करता है। उसका लाभ प्रतिशत .... है। (दो दशमलव स्थान तक पूर्णांकित) **SSC CGL (Tier I) 14/07/2023 Shift-III**
(a) 5.86 % (b) 5.96 %
(c) 5.35 % (d) 5.26 %

54. एक दुकानदार 1 किग्रा बाट के स्थान पर 940 ग्राम बाट का उपयोग करता है। इस वजन का उपयोग करके वह माल 4% लाभ पर बेचता है। वास्तविक लाभ प्रतिशत क्या होगा? (दो दशमलव स्थान तक पूर्णांकित)
SSC CGL (Tier I) 14/07/2023 Shift-II
(a) 9.25% (b) 10.32%
(c) 10.96% (d) 10.64%

SSC CGL 2022 (Tier I)

55. एक वस्तु को ₹ 33000 में बेचने पर एक व्यक्ति को 10% का लाभ होता है। 20% का लाभ प्राप्त करने के लिए उसे इसे किस मूल्य पर बेचना होगा?
SSC CGL (Tier I) 13/12/2022 Shift-IV
(a) ₹ 30000 (b) ₹ 36600
(c) ₹ 36000 (d) ₹ 35000

56. राम ने ₹ 1250 की एक वस्तु रमेश को 18% के लाभ पर बेची। इसे रमेश द्वारा श्याम को फिर से 10% की हानि पर बेच दिया गया। रमेश का विक्रय मूल्य ज्ञात कीजिए।
SSC CGL (Tier I) 13/12/2022 Shift-III
(a) ₹ 1427.50 (b) ₹ 1428.50
(c) ₹ 1327.50 (d) ₹ 1328.50

57. एक लड़की ₹ 90 में 9 आम खरीदती हैं और ₹ 95 में 10 आम बेचती है। लाभ या हानि प्रतिशत ज्ञात कीजिए।
SSC CGL (Tier I) 13/12/2022 Shift-II
(a) 2.5% लाभ (b) 2.5% हानि
(c) 5% लाभ (d) 5% हानि

58. रमेश ₹ 3900 में एक मेज और एक कुर्सी खरीदता है। वह मेज को 8% के लाभ पर और कुर्सी को 16% के लाभ पर बेचता है। उसे ₹ 540 का लाभ होता है। मेज और कुर्सी के मूल मूल्य में कितना अन्तर है?
SSC CGL (Tier I) 13/12/2022 Shift-I
(a) ₹ 1800 (b) ₹ 1700
(c) ₹ 1900 (d) ₹ 2000

59. एक घड़ी को 25% के लाभ पर बेचा गया है। यदि इसे ₹ 120 कम में बेचा जाता तो 15% हानि होती है। रुपयों में क्रय मूल्य क्या है?
SSC CGL (Tier I) 12/12/2022 Shift-III
(a) ₹ 300 (b) ₹ 200
(c) ₹ 350 (d) ₹ 400

60. एक ठग डीलर अपने माल को क्रय मूल्य पर बेचने का खुलेआम दावा करता है, लेकिन एक गलत बाट का उपयोग करके 15% लाभ लेता है। एक किलोग्राम के लिए, वह ...... (दशमलव के बाद एक अंक तक पूर्णांकित) वाले बाट का उपयोग करता है।
SSC CGL (Tier I) 12/12/2022 Shift-II
(a) 876.7 ग्राम (b) 869.6 ग्राम
(c) 896.33 ग्राम (d) 833.3 ग्राम

61. एक वस्तु के क्रय-मूल्य और विक्रय-मूल्य का अनुपात 10 : 11 है। लाभ प्रतिशत ज्ञात कीजिए।
SSC CGL (Tier I) 12/12/2022 Shift-I
(a) 8% (b) 5% (c) 15% (d) 10%

62. हैदराबाद में एक माइक्रोवेव ओवन ₹ M में बेचा जाता है। एक खुदरा विक्रेता, इलाही हैदराबाद से मद्रास गया और इसे 25% कम में खरीदा (जब हैदराबाद की कीमत से तुलना की जाती है)। वह इसे मद्रास से हैदराबाद लाने के लिए परिवहन पर ₹ 1000 खर्च करता है। उसने इसे हैदराबाद में ₹ M में बेच दिया और 10% का लाभ अर्जित किया। M का मान (₹ में) ज्ञात कीजिए।
SSC CGL (Tier I) 12/12/2022 Shift-I
(a) 6258.8 (b) 6305.8
(c) 6527.9 (d) 6285.7

63. एक आदमी दो गायों को ₹ 15640 प्रत्येक में बेचता है, एक पर 15% का लाभ और दूसरी पर 15% की हानि होती है। उसका कुल लाभ या हानि ज्ञात कीजिए।
SSC CGL (Tier I) 09/12/2022 Shift-IV
(a) ₹ 360 का लाभ (b) ₹ 720 का लाभ
(c) ₹ 720 की हानि (d) ₹ 360 की हानि

64. एक निश्चित दुकान में, लाभ क्रय मूल्य का 130% है। यदि क्रय मूल्य में 28% की वृद्धि होती है और विक्रय मूल्य स्थिर रहता है, तो निकटतम पूर्ण संख्या में लाभ प्रतिशत क्या है?
SSC CGL (Tier I) 09/12/2022 Shift-III
(a) 59% (b) 80%
(c) 75% (d) 60%

65. सोफिया ने 12% की हानि पर ₹ 46068 की कीमत पर एक आई फोन बेचा। 18% का लाभ प्राप्त करने के लिए, उसे इसे किस कीमत पर बेचना होगा?
SSC CGL (Tier I) 09/12/2022 Shift-II
(a) ₹ 61773 (h) ₹ 52350
(c) ₹ 58350 (d) ₹ 65773

66. एक डीलर अपने सामान को 20% के लाभ पर बेचता है, लेकिन 1 किग्रा के स्थान पर मात्र 800 ग्राम ही वजन करता है। उसका वास्तविक लाभ प्रतिशत ज्ञात कीजिए।
SSC CGL (Tier I) 09/12/2022 Shift-I
(a) 40% (b) 44%
(c) 42% (d) 50%

67. यदि 20 पुस्तकों का क्रय मूल्य 18 पुस्तकों के विक्रय-मूल्य के बराबर है, तो लाभ प्रतिशत .... है।
SSC CGL (Tier I) 08/12/2022 Shift-IV
(a) $11\frac{1}{3}\%$ (b) $11\frac{2}{9}\%$
(c) $11\frac{1}{9}\%$ (d) $10\frac{1}{9}\%$

68. मोहित ने एक मेज ₹ 1260 में खरीदी और उसके ऊपर कुछ खरोंच लगने के कारण उसने उसे ₹ 1197 में बेच दिया। उसका हानि प्रतिशत क्या है?
SSC CGL (Tier I) 08/12/2022 Shift-III
(a) 4% (b) 6% (c) 5% (d) 7%

69. एक दुकानदार 7% हानि पर कपड़ा बेचने का विज्ञापन करता है। लेकिन वास्तव में वह 1 मी लम्बाई के गलत स्केल का उपयोग करके 24% लाभ प्राप्त कमाता है। 1 मी के स्केल के स्थान पर, वह किस लम्बाई का स्केल उपयोग कर रहा है?
SSC CGL (Tier I) 08/12/2022 Shift-I
(a) 93 सेमी (b) 76 सेमी
(c) 75 सेमी (d) 31 सेमी

70. रमेश का दावा है कि वह ₹ 36 प्रति किग्रा प्याज बेच रहा है, जिसकी कीमत ₹ 40 प्रति किग्रा है, लेकिन वह 1 किग्रा के बजाय 800 ग्राम देता है। रमेश का प्रतिशत लाभ या हानि ज्ञात कीजिए।
SSC CGL (Tier I) 07/12/2022 Shift-IV
(a) 12.5% का लाभ (b) 12.5% की हानि
(c) 13.5% की हानि (d) 13.5% का लाभ

71. एक दुकानदार ने ₹ 1200 में एक साइकिल खरीदी और उसे ₹ 1500 में बेच दिया। उसका लाभ/हानि प्रतिशत ज्ञात कीजिए।
SSC CGL (Tier I) 07/12/2022 Shift-III
(a) 3% लाभ (b) 25% लाभ
(c) 30% हानि (d) 15% लाभ

72. एक दुकानदार एक वस्तु को $13\frac{1}{2}\%$ हानि पर बेचता है। यदि वह इसे ₹ 1274 अधिक में बेचता है, तो उसे 11% का लाभ होता है। वस्तु का क्रय-मूल्य क्या है?
SSC CGL (Tier I) 07/12/2022 Shift-II
(a) ₹ 4874 (b) ₹ 5200
(c) ₹ 4800 (d) ₹ 5274

73. किसी वस्तु की बिक्री पर प्रारम्भिक लाभ प्रतिशत 55% था। यदि उस वस्तु के क्रय मूल्य में 24% की वृद्धि होती है, लेकिन विक्रय मूल्य वही रहता है, तो नया लाभ प्रतिशत ज्ञात कीजिए।
SSC CGL (Tier I) 07/12/2022 Shift-I
(a) 36% (b) 28% (c) 33% (d) 25%

74. 28 वस्तुओं का विक्रय मूल्य 17 वस्तुओं के क्रय मूल्य के बराबर है। लाभ या हानि का प्रतिशत क्या है?
SSC CGL (Tier I) 06/12/2022 Shift-III
(a) $39\frac{2}{7}\%$ लाभ (b) $33\frac{2}{7}\%$ हानि
(c) $39\frac{2}{7}\%$ हानि (d) $33\frac{2}{7}\%$ लाभ

75. एक दुकानदार के पास 2220 किग्रा चावल हैं। चावलों के एक भाग को वह 20% लाभ पर तथा शेष को 12% लाभ पर बेचता है। उसे कुल मिलाकर 18% का लाभ प्राप्त होता है। 12% लाभ पर बेची गई मात्रा (किग्रा में) क्या होगी?
SSC CGL (Tier I) 06/12/2022 Shift-II
(a) 1210 (b) 425 (c) 555 (d) 1665

76. पीयूष ने अनुज को 16% लाभ पर एक गिटार बेचा और अनुज ने इसे 32% लाभ पर मयंक को बेच दिया। यदि मयंक ने गिटार के लिए ₹ 3828 का भुगतान किया, तो पीयूष ने उसके लिए कितनी राशि का भुगतान किया था?
SSC CGL (Tier I) 06/12/2022 Shift-II
(a) ₹ 2500 (b) ₹ 3200
(c) ₹ 2800 (d) ₹ 1600

77. सेब को ₹ 350 में 100 की दर से खरीदा गया और ₹ 48 प्रति दर्जन के हिसाब से बेचा गया। लाभ या हानि प्रतिशत क्या है?
SSC CGL (Tier I) 05/12/2022 Shift-IV
(a) $18\frac{3}{5}\%$ हानि (b) $14\frac{2}{7}\%$ लाभ
(c) 12% लाभ (d) 10% हानि

78. एक बेईमान डीलर एक उत्पाद को क्रय मूल्य पर 11% की हानि पर बेचता है, लेकिन 22% कम वजन का उपयोग करता है। उसका प्रतिशत लाभ या हानि क्या है?
SSC CGL (Tier I) 05/12/2022 Shift-II
(a) 11.4% लाभ
(b) 14.1% लाभ
(c) 11.4% हानि
(d) 14.1% हानि

79. राम ने एक प्लॉट को 20% हानि पर ₹ 400000 में बेचा। 5% लाभ प्राप्त करने के लिए उस प्लॉट को किस कीमत पर बेचना चाहिए?
SSC CGL (Tier I) 05/12/2022 Shift-I
(a) ₹ 525000 (b) ₹ 500000
(c) ₹ 520000 (d) ₹ 505000

80. एक बेईमान व्यापारी ग्राहकों से कहता है कि वह अपनी वस्तुएँ क्रय-मूल्य पर बेचता है, लेकिन वह गलत वजन का उपयोग करता है और लाभ के रूप में 12.5% लाभ अर्जित करता है। 1 किग्रा वजन करने के लिए वह कितने ग्राम का उपयोग करता है?
SSC CGL (Tier I) 03/12/2022 Shift-IV
(a) 880.5 ग्राम
(b) 888.8 ग्राम
(c) 850 ग्राम
(d) 900 ग्राम

81. यदि क्रय-मूल्य, विक्रय-मूल्य का 72% है, तो लाभ का प्रतिशत क्या है? (2 दशमलव स्थानों तक सही)
SSC CGL (Tier I) 03/12/2022 Shift-III
(a) 32.25% (b) 38.89%
(c) 35.75% (d) 28.75%

82. एक व्यापारी के पास एक वजन तराजू है, जो एक किग्रा के लिए 1300 ग्राम दिखाता है। वह आगे अपने क्रय-मूल्य में 15% की वृद्धि करता है। शुद्ध लाभ प्रतिशत .... है।
SSC CGL (Tier I) 03/12/2022 Shift-I
(a) 45% (b) 49.5%
(c) 48.5% (d) 50%

83. एक कार को ₹ 278000 में बेचने पर एक डीलर को 25% का लाभ होता है। यदि लाभ को घटाकर 18% कर दिया जाता है, तो विक्रय मूल्य होगा SSC CGL (Tier I) 02/12/2022 Shift-IV

(a) ₹ 265432 (b) ₹ 272432
(c) ₹ 260432 (d) ₹ 262432

84. कुछ लकड़ी के फर्नीचर की कीमत तीन हाथों से गुजरने पर 65% बढ़ जाती है। यदि पहले और दूसरे विक्रेता ने क्रमश: 20% और 25% का लाभ कमाया, तो तीसरे विक्रेता का लाभ प्रतिशत ज्ञात कीजिए। SSC CGL (Tier I) 02/12/2022 Shift-III

(a) 10% (b) 8% (c) 12.5% (d) 16%

85. एक पेन 14% के लाभ के साथ ₹ 166.44 में बेचा गया। यदि इसे ₹ 154.76 में बेचा जाता, तो लाभ या हानि का प्रतिशत क्या होता?

SSC CGL (Tier I) 02/12/2022 Shift-I

(a) 5% लाभ (b) 6% लाभ
(c) 5% हानि (d) 6% हानि

86. कपिल एक मोबाइल सचिन को 15% लाभ लेकर बेचता है और सचिन पुन: उसे रोहित को 12% के लाभ पर बेचता है। यदि रोहित ₹ 322 का भुगतान करता है, तो कपिल के लिए उस मोबाइल का क्रय मूल्य कितना है?

SSC CGL (Tier I) 01/12/2022 Shift-III

(a) ₹ 450 (b) ₹ 325
(c) ₹ 250 (d) ₹ 350

87. एक जोड़ी जूते के क्रय-मूल्य और विक्रय-मूल्य के बीच का अन्तर ₹ 1200 है। यदि लाभ 15% है, तो विक्रय मूल्य है?

SSC CGL (Tier I) 01/12/2022 Shift-II

(a) ₹ 8000 (b) ₹ 9200
(c) ₹ 8200 (d) ₹ 9000

88. एक बेईमान व्यापारी क्रय मूल्य पर 12.5% की हानि पर माल बेचता है, लेकिन 36 ग्राम के बजाय 28 ग्राम वजन का उपयोग करता है। उसका प्रतिशत लाभ या हानि क्या है? SSC CGL (Tier I) 01/12/2022 Shift-I

(a) 18.75% का लाभ (b) 12.5% का लाभ
(c) 6.25% की हानि (d) 10.5% की हानि

SSC CGL 2021 & 2020 (Tier I)

89. कोई दुकानदार (₹ में) हानि पर, ₹ 455 में कोई वस्तु बेचता है। यदि वह इस वस्तु को ₹ 490 में बेचता है, तो उसे हुई हानि की चार गुना धनराशि के बराबर लाभ होता है। 25% लाभ प्राप्त करने के लिए, उसे वस्तु को किस कीमत पर (₹ में) बेचना चाहिए?

SSC CGL (Tier I) 24/08/2021 Shift-III

(a) 115.50 (b) 577.50
(c) 570.50 (d) 575

90. एक दुकानदार किसी वस्तु को, अंकित मूल्य के $\frac{4}{5}$ वें भाग पर बेचता है और उसे $3\frac{1}{3}$% की हानि होती है। यदि वह वस्तु को अंकित मूल्य पर बेचता है, तो प्रतिशत लाभ ज्ञात करें। (निकटतम पूर्णांक तक)

SSC CGL (Tier I) 24/08/2021 Shift-II

(a) 22 (b) 18 (c) 20 (d) 21

91. राधा ने ₹ 57300 में फ्रिज और वांशिग मशीन खरीदी। उसने फ्रिज को 15% लाभ और वांशिग मशीन को 24% हानि पर बेचा, और दोनों को समान कीमत पर बेचा। वांशिग मशीन का क्रय मूल्य ज्ञात करें।

SSC CGL (Tier I) 23/08/2021 Shift-II

(a) ₹ 34500 (b) ₹ 24500
(c) ₹ 28650 (d) ₹ 22800

92. कोई फल व्यापारी, कुछ केले खरीदता है। उनमें से $\frac{1}{5}$ भाग केले सड़े निकल गए और इसलिए उसने इन्हें फेंक दिया। उसने अपने पास के केलों में से $\frac{2}{5}$ भाग को 15% लाभ पर बेचा और शेष केलों को 10% के लाभ पर बेचा। उसका समग्र प्रतिशत हानि या प्रतिशत लाभ ज्ञात करें।

SSC CGL (Tier I) 23/08/2021 Shift-I

(a) हानि, 10.4% (b) लाभ, 9.6%
(c) लाभ, 10.4% (d) हानि, 9.6%

93. A ने B को कोई वस्तु 25% लाभ पर बेची। B ने C को यह वस्तु 15% लाभ पर बेची। B का लाभ, A के लाभ से ₹ 40 कम है। A के लिए वस्तु का क्रय मूल्य (₹ में) ज्ञात करें।

SSC CGL (Tier I) 20/08/2021 Shift-I

(a) 640 (b) 400
(c) 240 (d) 546

94. यदि 63 वस्तुओं का क्रय मूल्य 54 वस्तुओं के विक्रय मूल्य के बराबर है तब लाभ/हानि प्रतिशत क्या होगा।

SSC CGL (Tier I) 18/08/2021 Shift-III

(a) $16\frac{2}{3}$% हानि (b) $15\frac{1}{3}$% हानि
(c) $16\frac{2}{3}$% लाभ (d) $15\frac{1}{3}$% लाभ

95. एक TV को 8% लाभ पर बेचा गया। अगर इसे ₹ 2553 कम में बेचा गया होता, तो 15% की हानि होती। 18% लाभ कमाने के लिए इस TV का विक्रय मूल्य (₹ में) कितना होना चाहिए? SSC CGL (Tier I) 18/08/2021 Shift-III

(a) 11100 (b) 9102
(c) 15000 (d) 13098

96. एक विक्रेता, एक वस्तु को उसके क्रय मूल्य से 16% कम मूल्य पर बेचता है। यदि वह इस वस्तु को ₹ 192.20 अधिक में बेचता, तो उसे 15% लाभ होता। वस्तु का क्रय मूल्य (₹ में) ज्ञात करें। SSC CGL (Tier I) 18/08/2021 Shift-I

(a) 640 (b) 620 (c) 720 (d) 680

97. कोई वस्तु ₹640 में बेचकर किसी व्यक्ति को वस्तु के विक्रय मूल्य पर 15% की हानि होती है। वस्तु के क्रय मूल्य पर 15% लाभ प्राप्त करने के लिए उसे वस्तु को किस मूल्य (₹ में) पर बेचना चाहिए।

SSC CGL (Tier I) 17/08/2021 Shift-I

(a) 832 (b) 846.40
(c) 835 (d) 836.60

98. एक विक्रेता ने ₹ 490 में दो वस्तुएँ खरीदीं। उसने एक वस्तु को 20% हानि पर बेचा और दूसरी वस्तु को 16% लाभ पर बेचा। यदि दोनों वस्तुओं के विक्रय मूल्य समान हों, तो 20% हानि पर बेची गई वस्तु का क्रय मूल्य (₹ में) ज्ञात करें। SSC CGL (Tier I) 16/08/2021 Shift-III

(a) 310 (b) 300
(c) 280 (d) 290

99. किसी वस्तु को ₹ 246.80 में बेचने पर प्राप्त लाभ, वस्तु को ₹ 216 में बेचने पर होने वाली हानि की राशि से 20% अधिक है। यदि वस्तु को ₹ 220.75 में बेचा जाता है, तो प्रतिशत लाभ/हानि (निकटतम पूर्णांक तक) ज्ञात करें।

SSC CGL (Tier I) 16/08/2021 Shift-I

(a) लाभ 7%
(b) हानि 4%
(c) लाभ 3%
(d) हानि 5%

100. ₹ 140 में 15 की दर से कुछ फल खरीदे गए और उतने ही फल ₹ 120 में 10 की दर से खरीदे गए। यदि सभी फलों को ₹ 132 प्रति दर्जन की दर से बेचा जाए, तो पूरे लेन-देन में लाभ का प्रतिशत ज्ञात करें।

SSC CGL (Tier I) 13/08/2021 Shift-I

(a) $3\frac{1}{8}$ (b) $2\frac{1}{4}$
(c) $4\frac{1}{2}$ (d) 3

101. एक आदमी ₹ 800 के कुल मूल्य में 'A' और 'B' दो घड़ियाँ खरीदता है। वह दोनों घड़ियों को सामान विक्रय मूल्य पर बेचता है, और उसे घड़ी 'A' पर 18% का लाभ होता है और घड़ी 'B' पर 22% की हानि होती है। दोनों घड़ियों का अलग-अलग क्रय मूल्य ज्ञात करें। (दशमलव के दो स्थान तक सही)

SSC CGL (Tier I) 07/03/2020 Shift-II

(a) A = ₹ 350.32 और B = ₹ 450.68
(b) A = ₹ 317 और B = ₹ 483
(c) A = ₹ 220 और B = ₹ 580
(d) A = ₹ 318.37 और B = ₹ 481.63

102. ₹ 11664 में 18 टेबल पंखे बेचने पर एक व्यक्ति को 10% की हानि होती है। 10% लाभ कमाने के लिए उसे ₹ 17424 में कितने पंखे बेचने चाहिए?

SSC CGL (Tier I) 07/03/2020 Shift-I

(a) 20 (b) 18 (c) 23 (d) 22

103. कोई वस्तु 16% के लाभ पर बेची गई। यदि उसे ₹ 36 अधिक दाम पर बेचा गया होता, तो 20% का लाभ होता। उस वस्तु का क्रय मूल्य ज्ञात कीजिए।
SSC CGL (Tier I) 06/03/2020 Shift-III
(a) ₹ 810 (b) ₹ 862
(c) ₹ 720 (d) ₹ 900

104. एक विनिर्माता गैस स्टोव दुकानदारों को 10% लाभ पर बेचता है, और बदले में वे गैस स्टोव ग्राहक को 15% लाभ पर बेचते हैं। यदि किसी ग्राहक को ₹ 7590 में एक गैस स्टोव मिलता है, तो उसकी उत्पादन लागत क्या है?
SSC CGL (Tier I) 06/03/2020 Shift-II
(a) ₹ 5000 (b) ₹ 5090
(c) ₹ 6500 (d) ₹ 6000

105. सुधीर ने ₹ 42000 में एक लैपटॉप और ₹ 8000 में एक स्कैनर-कम-प्रिण्टर खरीदा। उसने 10% के लाभ पर लैपटॉप और 5% के लाभ पर स्कैनर-कम-प्रिण्टर को बेच दिया। उसका लाभ प्रतिशत कितना है?
SSC CGL (Tier I) 05/03/2020 Shift-III
(a) 15% (b) $9\frac{2}{5}\%$ (c) $9\frac{1}{5}\%$ (d) $7\frac{1}{2}\%$

106. रीमा ने ₹ 2160 में 48 वस्तुएँ बेचीं और 10% की हानि उठाई। 12% का लाभ कमाने के लिए उसे ₹ 2016 में कितनी वस्तुएँ बेचनी चाहिए?
SSC CGL (Tier I) 05/03/2020 Shift-II
(a) 28 (b) 40 (c) 32 (d) 36

107. सुधा ने रेनू को एक वस्तु 20% की हानि पर ₹576 में बेची। रेनू ने उसके परिवहन पर ₹224 की राशि खर्च की और इसे रघु को ऐसी कीमत पर बेचा जिससे सुधा को 24% का लाभ प्राप्त हुआ होता। रेनू के लिए लाभ का प्रतिशत ज्ञात कीजिए।
SSC CGL (Tier I) 05/03/2020 Shift-I
(a) 10.5% (b) 11.6% (c) 12.9% (d) 13.2%

108. A, 20% की हानि पर B को कोई वस्तु बेचता है, B इसे 12.5% के लाभ पर C को बेचता है और C इसे 8% की हानि पर D को बेचता है। यदि D इसे ₹ 248.40 में खरीदता है, तो A और C को हुई हानियों के बीच कितना अन्तर है?
SSC CGL (Tier I) 04/03/2020 Shift-III
(a) ₹36.80 (b) ₹38.40
(c) ₹42.60 (d) ₹39.20

SSC CPO SI 2024

109. एक दुकानदार ने ₹ 2800 प्रत्येक घड़ी के हिसाब से 3 कलाई घड़ियाँ बेची। यदि उसने ये घड़ियाँ क्रमशः 40%, 25% और 12% लाभ पर बेची है, तो उसका कुल लाभ प्रतिशत ज्ञात करें (दशमलव के बाद दो स्थानों तक गणना करें)।
SSC CPO 29/06/2024 Shift-III
(a) 24.55% (b) 24.63%
(c) 24.19% (d) 24.75%

110. एक बेईमान डीलर अपने उत्पादों को क्रय मूल्य पर 24% हानि पर बेचने का दावा करता है, लेकिन 200 ग्राम वजन के बजाय 100 ग्राम वजन का उपयोग करता है। उसका लाभ प्रतिशत ज्ञात कीजिए।
SSC CPO 29/06/2024 Shift-III
(a) 40% (b) 52%
(c) 55% (d) 48%

111. एक व्यक्ति ने ₹ 11520 में दो भैंसें खरीदीं। एक भैंस को 15% की हानि पर बेचा और दूसरी भैंस को 19% के लाभ पर बेचा। यदि दोनों भैंसों का विक्रय मूल्य बराबर है, तो पहली भैस का क्रय मूल्य ज्ञात कीजिए।
SSC CPO 29/06/2024 Shift-II
(a) ₹ 6700 (b) ₹ 6720
(c) ₹ 6710 (d) ₹ 6715

112. एक व्यापारी किसी वस्तु को उसके क्रय मूल्य से 16% कम मूल्य पर बेचता है। यदि उसने इसे ₹ 192.20 अधिक में बेचा होता, तो उसे 15% का लाभ प्राप्त होता। वस्तु का नया विक्रय मूल्य (₹ में) क्या है?
SSC CPO 29/06/2024 Shift-I
(a) 713 (b) 742
(c) 724 (d) 731

113. दो वस्तुओं का क्रय मूल्य बराबर है। एक वस्तु को 12% के लाभ पर और दूसरी वस्तु को पहली वस्तु से ₹ 3600 अधिक में बेचा जाता है। यदि कुल लाभ $15\frac{27}{51}\%$ है, तो प्रत्येक वस्तु का क्रय मूल्य क्या है?
SSC CPO 29/06/2024 Shift-I
(a) ₹ 50990 (b) ₹ 50000
(c) ₹ 51000 (d) ₹ 52150

114. एक व्यापारी 32% लाभ पर दाल बेचता है और वास्तविक वजन से 20% कम वजन का उपयोग करता है। उसका लाभ प्रतिशत ज्ञात करें।
SSC CPO 28/06/2024 Shift-III
(a) 62% (b) 58%
(c) 72% (d) 65%

115. एक सब्जी विक्रेता ने ₹ 19 प्रति क्रिग्रा की दर से 100 किग्रा आलू खरीदे ओर गाड़ी-भाड़े पर ₹ 100 खर्च किए। उसने 60 किग्रा आलू 50% लाभ पर और शेष माल का आधा हिस्सा 40% लाभ पर बेचा। इसके बाद उसने बचे हुए आलुओं में से आधे आलू 25% लाभ पर बेच दिए। 42% का समग्र लाभ प्राप्त करने के लिए उसने बचे आलुओं को बेचते समय कितने लाभ प्रतिशत का लक्ष्य रखना होगा?
SSC CPO 28/06/2024 Shift-III
(a) 12% (b) 16%
(c) 15% (d) 10%

116. एक बेईमान डीलर, अपने माल को क्रय मूल्य पर बेचने का दावा करता है, लेकिन 1 किग्रा के बजाय 950 ग्राम के गलत वजन का उपयोग करता है। उसका लाभ प्रतिशत क्या होगा?
SSC CPO 28/06/2024 Shift-II
(a) $7\frac{5}{19}\%$ (b) $5\frac{5}{19}\%$
(c) $6\frac{5}{19}\%$ (d) $4\frac{5}{19}\%$

117. किसी वस्तु के लागत मूल्य में 7.5% की कमी होने पर एक दुकानदार ₹ 7400 की राशि से पहले की खरीदी जाने वाली वस्तु की तुलना में 15 किग्रा अधिक वस्तु खरीद सकता है। वस्तु के कटौती से पूर्व के क्रय मूल्य पर 32.5% का लाभ प्राप्त करने के लिए, वस्तु को किस मूल्य (₹ में) प्रति किग्रा पर बेचना होगा?
SSC CPO 28/06/2024 Shift-I
(a) 52 (b) 54 (c) 53 (d) 51

118. एक दुकानदार ₹ 50 में 10 सन्तरे की दर से सन्तरे खरीदता है और उन्हें ₹ 74 में 12 सन्तरे की दर से बेचता है। उसका लाभ या हानि प्रतिशत ज्ञात कीजिए।
SSC CPO 28/06/2024 Shift-I
(a) $23\frac{1}{3}\%$ लाभ (b) $25\frac{1}{3}\%$ हानि
(c) 30% हानि (d) 25% लाभ

119. एक पंसारी ने ₹ 700 में 10 किग्रा चावल खरीदे। वह परिवहन पर कुछ राशि व्यय करता है और फिर इसे ₹ 1400 में बेच देता है। यदि पंसारी द्वारा अर्जित लाभ प्रतिशत 30% है, तो वह परिवहन पर कितनी राशि (₹ में) व्यय करता है? (निकटतम पूर्णांक तक पूर्णांकित कीजिए)
SSC CPO 27/06/2024 Shift-III
(a) 377 (b) 350
(c) 380 (d) 300

120. आरव के पास ₹ 10000 की कीमत की एक घड़ी है। वह इसे 15% के लाभ पर भाविन को बेचता है। कुछ दिनों के बाद, भाविन इसे 15% हानि पर आरव को वापस बेच देता है। आरव को होने वाला प्रतिशत लाभ या हानि ज्ञात करें।
SSC CPO 27/06/2024 Shift-II
(a) 17.25% हानि (b) 17.25% लाभ
(c) 18.75% हानि (d) 18.25% लाभ

121. एक व्यापारी ने ₹ 9000 प्रत्येक में दो घड़ियाँ खरीदीं। उसने एक घड़ी 10% की हानि पर बेची। कुल मिलाकर 18% का लाभ अर्जित करने के लिए उसे दूसरी घड़ी किस कीमत पर (₹ में) बेचनी चाहिए?
SSC CPO 27/06/2024 Shift-II
(a) 14130 (b) 13410
(c) 13140 (d) 14310

122. 36 वस्तुओं का क्रय मूल्य N वस्तुओं के विक्रय मूल्य के बराबर है। यदि लाभ 20% है, तो N का मान ज्ञात कीजिए।
SSC CPO 27/06/2024 Shift-I
(a) 42 (b) 40 (c) 25 (d) 30

SSC CPO SI 2023-2020

123. एक दुकानदार चीनी को ₹ 40/किग्रा की दर से बेचता है, जिसे उसने ₹ 36/किग्रा की दर से खरीदा था। उसकी तौल मशीन खराब है और बेचते समय उसका वजन मात्र 800 ग्राम तौलती है। उसका प्रतिशत लाभ (2 दशमलव स्थानों तक) .... है।
SSC CPO 05/10/2023 Shift-III
(a) 38.89% (b) 37.58%
(c) 40% (d) 39.28%

124. अंकिता ने तीन खिलौने बेचे। पहला खिलौना 25% के लाभ पर ₹ 1500 में बेचा गया; दूसरा खिलौना 50% की हानि पर ₹ 2800 में बेचा गया और तीसरा खिलौना 25% के लाभ पर ₹ 3500 में बेचा गया। उसका कुल प्रतिशत लाभ या हानि ज्ञात कीजिए।
SSC CPO 05/10/2023 Shift-III
(a) 15.25% हानि (b) 18.75% लाभ
(c) 15.25% लाभ (d) 18.75% हानि

125. एक विक्रेता ने एक मेज के क्रय मूल्य में 35% लाभ जोड़ने के बाद उसका विक्रय मूल्य ₹5670 अंकित किया। चूँकि इस मूल्य स्तर पर बिक्री बहुत कम थी, इसलिए उसने मेज को 12% लाभ पर बेचने का फैसला किया। नया विक्रय मूल्य (₹ में) ज्ञात कीजिए।
SSC CPO 04/10/2023 Shift-II
(a) 4810 (b) 4750 (c) 4608 (d) 4704

126. तीन विक्रेताओं से गुज़रने वाली एक ज़मीन का मूल्य में कुल मिलाकर 65% की वृद्धि होती है। पहले और दूसरे विक्रेता ने क्रमश: 20% और 25% लाभ अर्जित किया। तीसरे विक्रेता द्वारा अर्जित प्रतिशत लाभ ज्ञात कीजिए।
SSC CPO 04/10/2023 Shift-II
(a) 10% (b) 20% (c) 25% (d) 15%

127. पहली कमीज को दूसरी कमीज के विक्रय मूल्य के दोगुने पर बेचा जाता है। पहली कमीज को 8% लाभ पर और दूसरी कमीज को 3% हानि पर बेचा जाता है। कमीजों पर कुल प्रतिशत लाभ कितना है (दो दशमलव स्थान तक पूर्णांकित)? **SSC CPO 03/10/2023 Shift-I**
(a) 4.86% (b) 4.07%
(c) 4.60% (d) 3.86%

128. एक बेईमान डीलर अपने सामान को 22% हानि पर बेचने की घोषणा करता है, लेकिन 35% हल्के बाटों का उपयोग करता है। उसके लाभ या हानि का प्रतिशत ज्ञात कीजिए।
SSC CPO 03/10/2023 Shift-I
(a) 13% हानि (b) 13% लाभ
(c) 20% हानि (d) 20% लाभ

129. एक दुकानदार ₹ 23 प्रति किग्रा क्रय मूल्य वाली वस्तुओं को ₹ 20 प्रति किग्रा पर बेचने का दावा करता है। लेकिन बेचते समय, वह तौल में गड़बड़ी करता है और 1 किग्रा के बजाय केवल 800 ग्राम तौलता है उसका लाभ प्रतिशत क्या होगा? **SSC CPO 11/11/2022**
(a) $8\frac{17}{23}\%$ (b) $8\frac{16}{23}\%$
(c) $8\frac{14}{23}\%$ (d) $8\frac{15}{23}\%$

130. एक व्यक्ति ने ₹ 3000 प्रत्येक के हिसाब से दो साइकिलें खरीदीं। यदि वह एक साइकिल को 10% के लाभ पर बेचता है, तो उसे दूसरी साइकिल को कितने प्रतिशत लाभ पर बेचना चाहिए, ताकि उसे कुल मिलाकर 20% का लाभ हो? **SSC CPO 10/11/2022**
(a) 10% (b) 30%
(c) 25% (d) 15%

131. स्वाति ने अंकिता को एक बैग 15% के लाभ पर बेचा। आशी ने यह बैग अंकिता से ₹ 24840 में खरीदा था। अंकिता ने 20% का लाभ अर्जित किया। स्वाति ने बैग किस कीमत पर खरीदा होगा? **SSC CPO 10/11/2022**
(a) ₹ 18000 (b) ₹ 18500
(c) ₹ 16000 (d) ₹ 20000

132. किसी वस्तु को 13.5% की हानि पर बेचा जाता है। यदि उस वस्तु को ₹ 1104 अधिक में बेचा जाता है, तो उसे 9.5% का लाभ होता। उस वस्तु का क्रय मूल्य ज्ञात करें।
SSC CPO 25/11/2020 Shift-II
(a) ₹ 4200 (b) ₹ 4600
(c) ₹ 4800 (d) ₹ 4400

133. कोई व्यक्ति, किसी वस्तु को 16% की हानि पर बेचता है। यदि वह इस वस्तु को ₹ 660 अधिक में बेचता, तो उसे 8% का लाभ होता है। 12% का लाभ प्राप्त करने के लिए विक्रय मूल्य (₹ में) कितना होना चाहिए?
SSC CPO 23/11/2020 Shift-I
(a) ₹ 3200 (b) ₹ 2970
(c) ₹ 2750 (d) ₹ 3080

SSC CHSL 2024 (Tier I & II)

134. सन्दीप एक ओवरकोट को ₹ 8540 में बेचकर 22% लाभ अर्जित करता है। ओवरकोट का क्रय मूल्य ज्ञात कीजिए।
SSC CHSL (Tier-II) 18/11/2024 Shift-I
(a) ₹ 7500 (b) ₹ 6000
(c) ₹ 6500 (d) ₹ 7000

135. एक दुकानदार एक वस्तु 26% के लाभ पर बेचता है। इसे ₹ 2250 अधिक में बेचने पर उसे 41% का लाभ मिलेगा। यदि यह वस्तु 12% लाभ पर बेची जाती है, तो विक्रय मूल्य कितना है?
SSC CHSL (Tier-I) 11/07/2024 Shift-III
(a) ₹ 16800
(b) ₹ 16120
(c) ₹ 15000
(d) ₹ 15800

136. एक पंखे का क्रय मूल्य ₹ 4400 है। एक व्यापारी इसे बेचकर 24% लाभ कमाना चाहता है। बिक्री के समय, व्यापारी अंकित मूल्य पर 12% की छूट की घोषणा करता है। अंकित मूल्य ज्ञात कीजिए।
SSC CHSL (Tier-I) 11/07/2024 Shift-III
(a) ₹ 2060 (b) ₹ 6200
(c) ₹ 6020 (d) ₹ 2600

137. एक दुकानदार अपना सामान वास्तविक भार से 27% कम भार के बाट का उपयोग करके बेचता है और क्रय मूल्य पर अपना सामान बेचने का दावा करता है। उसका लाभ प्रतिशत (दशमलव के 1 स्थान तक सन्निकटित) कितना है?
SSC CHSL (Tier-I) 11/07/2024 Shift-II
(a) 40.0 (b) 47.9
(c) 39.8 (d) 37.0

138. A का मूल्य B से तीन गुना है। A को 10% की हानि पर बेचा जाता है और B को इसके मूल्य के $\frac{5}{4}$ भाग पर बेचा जाता है। यदि A का विक्रय मूल्य B के विक्रय मूल्य से ₹ 5800 अधिक है, तो A का क्रय मूल्य कितना है?
SSC CHSL (Tier-I) 10/07/2024 Shift-IV
(a) ₹ 9600 (b) ₹ 4000
(c) ₹ 15000 (d) ₹ 12000

139. एक व्यापारी 195 किग्रा गेहूँ ₹ 4.50 प्रति किलोग्राम गेहूँ के लाभ पर ₹ 10260 में बेचता है। 15 किग्रा गेहूँ का क्रय मूल्य (₹ में, निकटतम पूर्णांक तक) क्या है?
SSC CHSL (Tier-I) 10/07/2024 Shift-III
(a) 722 (b) 750 (c) 682 (d) 595

140. एक विक्रेता 20 दर्जन केले ₹ 1200 में खरीदता है और 5 दर्जन केले ₹ 350 में बेचता है, तो उसका लाभ प्रतिशत कितना है?
SSC CHSL (Tier-I) 10/07/2024 Shift-II
(a) $21\frac{1}{3}\%$ (b) $15\frac{1}{3}\%$
(c) $13\frac{2}{3}\%$ (d) $16\frac{2}{3}\%$

141. एक विक्रेता वास्तविक भार वाले बाट से 10% कम भार के बाट का उपयोग करके अपना माल बेचता है और 35% का लाभ अर्जित करता है। उसका निवल लाभ प्रतिशत (दशमलव के 2 स्थानों तक सन्निकटित) क्या है? **SSC CHSL (Tier-I) 10/07/2024 Shift-I**
(a) 66.33% (b) 81.67%
(c) 81.33% (d) 66.67%

142. 22 वस्तुओं को बेचकर, रोहित को 6 वस्तुओं का विक्रय मूल्य प्राप्त होता है। उसका लाभ प्रतिशत कितना है?
SSC CHSL (Tier-I) 09/07/2024 Shift-IV
(a) $37\frac{1}{3}\%$ (b) $33\frac{1}{3}\%$
(c) $37\frac{1}{2}\%$ (d) $33\frac{1}{2}\%$

143. एक बेईमान व्यापारी अपने माल को क्रय मूल्य पर बेचने का दावा करता है, परन्तु वह 1 किग्रा के स्थान पर 850 ग्राम के खोटे बाट का उपयोग करता है। उसके लाभ का प्रतिशत ज्ञात कीजिए। (दशमलव के दो स्थानों तक सही)

SSC CHSL (Tier-I) 09/07/2024 Shift-II

(a) 17.65% (b) 17.54%
(c) 17.56% (d) 17.45%

144. एक व्यापारी ₹8000 में 500 किग्रा कपास खरीदता है। यदि बारिश के कारण इस कपास का 10% खराब हो जाता है, तो 20% लाभ अर्जित करने के लिए उसे शेष कपास को किस दर (₹/किग्रा) पर बेचना चाहिए?

SSC CHSL (Tier-I) 09/07/2024 Shift-I

(a) $25\frac{1}{3}$ (b) $21\frac{1}{3}$ (c) $22\frac{1}{3}$ (d) $23\frac{1}{3}$

145. A, B को एक वस्तु 10% लाभ पर बेचता है, B उसी वस्तु को C को 60% लाभ पर बेचता है और C उसी वस्तु को D को $12\frac{1}{2}$% लाभ पर बेचता है। यदि D ने उस वस्तु के लिए ₹ 59.40 का भुगतान किया, तो A ने उसे किस मूल्य पर खरीदा?

SSC CHSL (Tier-I) 08/07/2024 Shift-IV

(a) ₹ 30 (b) ₹ 28 (c) ₹ 32 (d) ₹ 34

146. प्रदीप प्रत्येक ₹ 480 के मूल्य से दो पंखे बेचता है और ऐसा करके वह एक पंखे पर 20% का लाभ कमाता है और दूसरे पर उसे 20% की हानि होती है। कुल मिलाकर उसे कितनी हानि (₹ में) हुई?

SSC CHSL (Tier-I) 08/07/2024 Shift-III

(a) 30 (b) 40 (c) 20 (d) 10

147. किसी वस्तु को ₹ 86 में बेचने पर अर्जित लाभ, उसी वस्तु को ₹ 53 में बेचने पर हुई हानि का दोगुना है। क्रय मूल्य ज्ञात कीजिए।

SSC CHSL (Tier-I) 08/07/2024 Shift-II

(a) ₹ 64 (b) ₹ 75
(c) ₹ 22 (d) ₹ 33

148. एक दुकानदार अपने ग्राहक से क्रय मूल्य से 14% अधिक शुल्क लेता है। यदि एक ग्राहक ने एक मोबाइल फोन के लिए ₹ 18240 का भुगतान किया, तो मोबाइल फोन का क्रय मूल्य क्या था? SSC CHSL (Tier-I) 08/07/2024 Shift-I

(a) ₹ 20793.60 (b) ₹ 16000
(c) ₹ 16600 (d) ₹ 15686.40

149. एक दुकानदार चावल खरीदते समय भार में 25% की बेईमानी करता है और बेचते समय 25% की बेईमानी करता है। यदि वह चावल को $12\frac{1}{2}$% लाभ पर बेचता है, तो उसका निवल लाभ प्रतिशत ज्ञात कीजिए।

SSC CHSL (Tier-I) 05/07/2024 Shift-IV

(a) 87.5% (b) 82.5%
(c) 92.5% (d) 62.5%

150. एक मोबाइल फोन व्यापारी, एक फोन को ₹ 10000 में खरीदता है और ₹ 12000 में बेचता है। बाद में, उसे ज्ञात होता है कि वह इसे ₹ 13000 में बेच सकता था। उसे कितने प्रतिशत हानि होती है।

SSC CHSL (Tier-I) 05/07/2024 Shift-III

(a) 10% (b) 20% (c) 15% (d) 25%

151. रामेन्द्र ने कुछ तरबूज ₹ 1500 में खरीदे। उसने उनमें से एक-चौथाई तरबूज 12% की हानि पर बेच दिए। शेष तरबूजों को कितने लाभ प्रतिशत पर बेचा जाना चाहिए ताकि पूरे लेनदेन पर 25% का लाभ हो (दशमलव के दो स्थानों तक सही)?

SSC CHSL (Tier-I) 05/07/2024 Shift-II

(a) 37.33% (b) 37.65%
(c) 33.43% (d) 33.73%

152. मौसम की स्थिति के कारण रावथ को ₹ 4960 की सब्जियाँ ₹ 4712 में बेचनी पड़ती है। उसे कितने प्रतिशत की हानि हुई?

SSC CHSL (Tier-I) 05/07/2024 Shift-I

(a) 10% (b) 15% (c) 5% (d) 20%

153. एक दुकानदार ₹ 32400 में 1800 किग्रा गेहूँ खरीदता है। यदि इस गेहूँ का 20% बारिश के कारण खराब हो जाता है, तो उसे 20% लाभ अर्जित करने के लिए शेष गेहूँ को किस दर (₹/किग्रा में) पर बेचना चाहिए?

SSC CHSL (Tier-I) 04/07/2024 Shift-IV

(a) 25 (b) 26 (c) 27 (d) 29

154. एक खुदरा विक्रेता ₹ 5000 में सामान का एक बैच खरीदता है। विनिर्माण दोष के कारण 5% सामान क्षतिग्रस्त हो जाता है। यदि खुदरा विक्रेता शेष सामान पर 20% का लाभ अर्जित करना चाहता है, तो अक्षतिग्रस्त सामान को किस मूल्य पर बेचा जाना चाहिए?

SSC CHSL (Tier-I) 04/07/2024 Shift-III

(a) ₹ 5700 (b) ₹ 6000
(c) ₹ 5900 (d) ₹ 5800

155. यदि किसी वस्तु के क्रय मूल्य का 70%, उसके विक्रय मूल्य के 40% के बराबर है, तो लाभ प्रतिशत क्या है?

SSC CHSL (Tier-I) 04/07/2024 Shift-I

(a) 75% (b) 70% (c) 85% (d) 80%

156. एक विक्रेता ने अपनी प्रत्येक वस्तु का विक्रय मूल्य ₹ 5000 से घटाकर ₹ 4680 कर दिया, जिससे उसके हानि प्रतिशत में 4% की वृद्धि हुई। यदि उसे 4% लाभ अर्जित करना है, तो वस्तु का विक्रय मूल्य क्या होना चाहिए?

SSC CHSL (Tier-I) 03/07/2024 Shift-IV

(a) ₹ 8320 (b) ₹ 7280
(c) ₹ 7800 (d) ₹ 8840

157. 30 मी कपड़ा बेचकर एक दुकानदार 10 मी कपड़े के विक्रय मूल्य के बराबर लाभ अर्जित करता है। 1 मी कपड़े का विक्रय मूल्य ज्ञात कीजिए, जब 1 मी कपड़े का क्रय मूल्य ₹ 480 है। SSC CHSL (Tier-I) 03/07/2024 Shift-III

(a) ₹ 520 (b) ₹ 820
(c) ₹ 960 (d) ₹ 720

158. एक वस्तु को उसके अंकित मूल्य के 66% पर बेचकर, एक व्यापारी 10% का लाभ अर्जित करता है। यदि वह वस्तु को उसके अंकित मूल्य के 80% पर बेचता है, तो उसका लाभ प्रतिशत कितना होगा?

SSC CHSL (Tier-I) 03/07/2024 Shift-II

(a) $33\frac{1}{3}$% (b) 25%
(c) $33\frac{2}{3}$% (d) 20%

159. A, B को 45% लाभ पर एक बाइक बेचता है। फिर B इसे C को 30% लाभ पर बेच देता है। यदि C, ₹ 43355 का भुगतान करता है, तो A के लिए बाइक का क्रय मूल्य क्या है?

SSC CHSL (Tier-I) 03/07/2024 Shift-II

(a) ₹ 29000 (b) ₹ 23000
(c) ₹ 27000 (d) ₹ 21000

160. एक खुदरा फल विक्रेता ₹ 400 में एक स्कोर सेब खरीदता है और एक दर्जन सेब ₹ 264 में बेचता है। उसका हानि/लाभ प्रतिशत क्या था? (एक स्कोर = 20 सेब)

SSC CHSL (Tier-I) 03/07/2024 Shift-I

(a) 10% लाभ (b) 20% लाभ
(c) 10% हानि (d) 5% हानि

161. एक वस्तु के क्रय मूल्य और विक्रय मूल्य के बीच का अन्तर ₹ 1800 है। यदि 20% का लाभ होता है, तो वस्तु का क्रय मूल्य क्या है?

SSC CHSL (Tier-I) 02/07/2024 Shift-IV

(a) ₹ 9000 (b) ₹ 8000
(c) ₹ 11000 (d) ₹ 7000

162. एक दुकानदार ने ₹ 115.20 में 288 सन्तरे खरीदे। उसने उनमें से 50 को 70 पैसे प्रति सन्तरे की दर से और शेष ₹ 46.20 में बेच दिए। उसका लाभ या हानि ज्ञात कीजिए।

SSC CHSL (Tier-I) 02/07/2024 Shift-III

(a) ₹ 25 का लाभ (b) ₹ 34 की हानि
(c) ₹ 37 का लाभ (d) ₹ 36 की हानि

163. एक व्यापारी प्रत्येक ₹ 10000 में दो रेफ्रिजरेटर बेचता है। एक रेफ्रिजरेटर पर उसे 20% की हानि होती है और दूसरे पर उसे 20% का लाभ होता है। पूरे लेन-देन में उसका लाभ/हानि प्रतिशत क्या था?

SSC CHSL (Tier-I) 02/07/2024 Shift-I

(a) 4% का लाभ (b) 2% की हानि
(c) 4% की हानि (d) 2% का लाभ

164. यदि 40 वस्तुओं का विक्रय मूल्य, 50 वस्तुओं के क्रय मूल्य के बराबर है, तो लाभ प्रतिशत क्या है? SSC CHSL (Tier-I) 01/07/2024 Shift-IV

(a) 30% (b) 20%
(c) 35% (d) 25%

165. एक वस्तु का क्रय मूल्य ₹ 2500 से बढ़कर ₹ 3000 हो गया। प्रतिशत वृद्धि ज्ञात करें।
SSC CHSL (Tier-I) 01/07/2024 Shift-III
(a) 15% (b) 20% (c) 30% (d) 25%

166. रवि अपने माल को क्रय मूल्य पर 25% की हानि पर बेचता है, लेकिन 45% कम भार का उपयोग करता है। उसका लाभ या हानि प्रतिशत क्या है? **SSC CHSL (Tier-I) 01/07/2024 Shift-II**
(a) हानि, $47\frac{9}{10}\%$ (b) लाभ, $47\frac{9}{10}\%$
(c) हानि, $36\frac{4}{11}\%$ (d) लाभ, $36\frac{4}{11}\%$

167. सोहन क्रय मूल्य पर चीनी बेचता है लेकिन वह खराब बाँटों का प्रयोग करता है और इस प्रकार 28% का लाभ अर्जित करता है। वह 3.2 किग्रा चीनी के बदले कितने ग्राम चीनी दे रहा है?
SSC CHSL (Tier-II) 10/01/2024 Shift-I
(a) 1900 (b) 1500
(c) 2500 (d) 2200

SSC CHSL 2023-2021 (Tier I)

168. एक दुकानदार ने अपना माल अंकित मूल्य से आधे दाम पर बेचा और इस प्रकार उसे 17% की हानि हुई। यदि उसने अपना माल अंकित मूल्य पर बेचा होता, तो उसकी लाभ प्रतिशतता कितनी होती?
SSC CHSL (Tier-II) 02/11/2023 Shift-I
(a) 66% (b) 17% (c) 41% (d) 83%

169. एक विक्रेता ने एक बैग को 12% के लाभ पर बेचा। यदि उसने इसे ₹ 900 अधिक में बेचा होता, तो उसे 27% का लाभ होता। बैग का क्रय मूल्य (CP) कितना है?
SSC CHSL (Tier I) 17/08/2023 Shift-I
(a) ₹ 5560 (b) ₹ 6500
(c) ₹ 6000 (d) ₹ 7000

170. यदि 11 सन्तरे ₹ 10 में खरीदे जाते हैं और ₹ 11 में 10 सन्तरे की दर से बेचे जाते हैं, तो लाभ या हानि प्रतिशत क्या है?
SSC CHSL (Tier I) 14/08/2023 Shift-IV
(a) हानि = 11%
(b) लाभ = 21%
(c) लाभ = 11%
(d) हानि = 21%

171. एक दुकानदार एक वस्तु का 1 किग्रा के स्थान पर 930 ग्राम का गलत तौल करता है और उसे उसके क्रय मूल्य पर बेच देता है। 15 किग्रा वस्तु बेचने पर उसका लाभ प्रतिशत ज्ञात कीजिए।
SSC CHSL (Tier I) 11/08/2023 Shift-I
(a) $7\frac{49}{93}\%$ (b) $6\frac{19}{93}\%$
(c) $5\frac{21}{93}\%$ (d) $8\frac{79}{93}\%$

172. एक व्यक्ति किसी वस्तु को 5% लाभ पर बेचता है। यदि उसने इसे 10% लाभ पर बेचा होता, तो उसे ₹ 175 अधिक प्राप्त होते। वस्तु का विक्रय मूल्य क्या है? **SSC CHSL (Tier I) 09/08/2023 Shift-I**
(a) ₹ 3675 (b) ₹ 3750
(c) ₹ 3850 (d) ₹ 3500

173. एक व्यापारी समान मूल्य पर दो एलईडी सेट बेचता है। उसे एक एलईडी पर 20% का लाभ और दूसरी एलईडी पर 20% की हानि होती है। निम्नलिखित कथनों में से कौन-सा कथन सत्य है? **SSC CHSL (Tier I) 08/08/2023 Shift-II**
(a) व्यापारी 4% का लाभ अर्जित करता है
(b) व्यापारी को न कोई लाभ होता है और न कोई हानि
(c) व्यापारी 2% का लाभ अर्जित करता है
(d) व्यापारी को 4% की हानि होती है

174. एक व्यक्ति ने ₹ 2000 प्रति पेटी के मूल्य से अंगूर की दस पेटियाँ खरीदी। प्रत्येक पेटी में 20 किलो अंगूर थे। उसने प्रत्येक पेटी को ₹ 2500 प्रति पेटी की दर से बेच दिया, लेकिन कुल मिलाकर 10 किलो अंगूर खराब हो गए। इसके अतिरिक्त उसने परिवहन शुल्क के रूप में ₹ 1000 का भुगतान किया। उसका लाभ या हानि ज्ञात कीजिए।
SSC CHSL (Tier I) 07/08/2023 Shift-IV
(a) लाभ ₹ 2050 (b) लाभ ₹ 2750
(c) हानि ₹ 1500 (d) हानि ₹ 1000

175. एक दुकानदार ₹ 40/किग्रा की चीनी को ₹ 42/किग्रा के मूल्य पर बेचने का दावा करता है। लेकिन खराब तराजू का उपयोग करके 600 ग्राम के स्थान पर केवल 550 ग्राम चीनी देता है। उसका लाभ प्रतिशत (दशमलव के 2 स्थानों तक) कितना है?
SSC CHSL (Tier I) 04/08/2023 Shift-II
(a) 14.54% (b) 15.45%
(c) 16.45% (d) 15.54%

176. 44 वस्तुओं का क्रय मूल्य, x वस्तुओं के विक्रय मूल्य के समान है। यदि लाभ 10% है, तो x का मान क्या है?
SSC CHSL (Tier I) 21/03/2023 Shift-IV
(a) 60 (b) 50 (c) 55 (d) 40

177. एक महिला ₹ 4000 में एक घड़ी खरीदती है और उसे 13% की हानि पर बेचती है। घड़ी का विक्रय मूल्य क्या है?
SSC CHSL (Tier I) 21/03/2023 Shift-II
(a) ₹ 3500 (b) ₹ 3840
(c) ₹ 3620 (d) ₹ 3480

178. शिवम ने दो घड़ियाँ खरीदी, पहली ₹ 12000 में और दूसरी ₹ 20000 में। उसने दोनों घड़ियाँ बेची, पहली को 10% के लाभ पर और दूसरी को 20% की हानि पर। कुल लाभ या हानि क्या है? **SSC CHSL (Tier I) 20/03/2023 Shift-IV**
(a) लाभ = ₹ 2200 (b) हानि = ₹ 2800
(c) हानि = ₹ 2400 (d) लाभ = ₹ 2600

179. एक मेज को ₹ 210 और ₹ 420 में बेचने पर क्रमशः $L_1\%$ और $L_2\%$ की हानि होगी। यदि $L_1 - L_2 = 7$, तो मेज की कीमत क्या है?
SSC CHSL (Tier I) 17/03/2023 Shift-II
(a) ₹ 7000 (b) ₹ 3000
(c) ₹ 4000 (d) ₹ 5000

180. मनोज ने ₹ 2280 में दो टीवी खरीदें। उसने एक को 20% की हानि पर और दूसरे को 10% के लाभ पर बेचा। यदि प्रत्येक TV को समान मूल्य पर बेचा गया था। तो उस TV का क्रय मूल्य क्या है, जिसे हानि पर बेचा गया था? **SSC CHSL (Tier I) 16/03/2023 Shift-I**
(a) ₹ 1050 (b) ₹ 1440
(c) ₹ 1320 (d) ₹ 1380

181. एक घड़ी का विक्रय मूल्य ₹ 1056 है और लाभ 10% है। यदि विक्रय मूल्य ₹ 800 है, तो हानि प्रतिशत कितना होगा?
SSC CHSL (Tier I) 15/03/2023 Shift-IV
(a) 16.66% (b) 15%
(c) 25% (d) 12.5%

182. 18 पेन को ₹ 360 में बेचने पर, 3 पेन की लागत के बराबर हानि होती है। एक पेन का क्रय मूल्य कितना है?
SSC CHSL (Tier I) 14/03/2023 Shift-I
(a) ₹ 20 (b) ₹ 10 (c) ₹ 24 (d) ₹ 12

183. एक व्यापारी एक वस्तु को 20% लाभ पर बेचता है। यदि वह इसे क्रय मूल्य के आधे दाम पर खरीदता है और इसे पहले वाले विक्रय मूल्य पर ही बेचता है, तो लाभ प्रतिशत क्या होगा?
SSC CHSL (Tier I) 13/03/2023 Shift-III
(a) 60% (b) 140%
(c) 40% (d) 240%

184. जानकी ने ₹ 180 प्रति दर्जन के मूल्य पर 10 दर्जन भुट्टे खरीदें। उसने प्रत्येक भुट्टे को ₹ 22 प्रति भुट्टे के मूल्य पर बेच दिया। उसका लाभ प्रतिशत क्या था?
SSC CHSL (Tier I) 10/03/2023 Shift-II
(a) 18.8 % (b) 46.6 %
(c) 37.7 % (d) 25.5 %

185. एक व्यक्ति 25% के लाभ पर गेहूँ बेचता है। यदि वह इसका विक्रय मूल्य ₹ 40 से घटा देता है, तो उसे 25% की हानि होती है। गेहूँ का प्रारम्भिक विक्रय मूल्य क्या था?
SSC CHSL (Tier I) 09/03/2023 Shift-I
(a) ₹ 80 (b) ₹ 120
(c) ₹ 60 (d) ₹ 100

186. A एक वस्तु B को 10% लाभ पर बेचता है। B इसे 25% लाभ पर C को बेचता है। यदि C इसके लिए ₹ 6875 का भुगतान करता है, तो A ने इसे किस मूल्य पर खरीदा था?
SSC CHSL (Tier-I) 02/06/2022 Shift-I
(a) ₹ 5500 (b) ₹ 4665
(c) ₹ 5000 (d) ₹ 4850

187. यदि विक्रय मूल्य दोगुना कर दिया जाए, तो लाभ तीन गुना हो जाता है। लाभ प्रतिशत क्या है? **SSC CHSL (Tier-I) 01/06/2022 Shift-I**

(a) 50% (b) 110%
(c) 28% (d) 100%

188. एक कलम को 15% लाभ पर ₹ 28.75 में बेचा गया। यदि इसे ₹ 25.75 में बेचा जाता है, तो लाभ प्रतिशत क्या होगा? **SSC CHSL (Tier-I) 31/05/2022 Shift-II**

(a) 1% (b) 3% (c) 4% (d) 2%

189. तराजू में हुई खराबी के कारण 1 किग्रा के बजाय 900 ग्राम तौलने की वजह से एक दुकानदार एक निश्चित लेन-देन में सामान्यत: 20% का लाभ होता है। यदि वह वस्तु के मूल्य को सामान्य मूल्य से 10% कम कर देता है, तो उसका वास्तविक लाभ या हानि प्रतिशत ज्ञात कीजिए। **SSC CHSL (Tier-I) 27/05/2022 Shift-I**

(a) 20% (b) 30% (c) 28% (d) 25%

190. कोई दुकानदार, किसी वस्तु को ₹ 3750 में बेचता है। यदि वह इस वस्तु को 24% कम में बेचता, तब भी उसे 14% का लाभ होता। वस्तु का वास्तविक क्रय मूल्य ज्ञात करें। **SSC CHSL (Tier-I) 12/08/2021 Shift-III**

(a) ₹ 2500 (b) ₹ 2850
(c) ₹ 3289 (d) ₹ 2217

191. किसी वस्तु को एक निश्चित मूल्य पर बेचा जाता है। यदि यह वस्तु इस निश्चित मूल्य के $33\frac{1}{3}$% पर बेची जाती, तो $33\frac{1}{3}$% की हानि होती। यदि इसे मूल विक्रय मूल्य के 40% पर बेचा जाता है, तो प्रतिशत लाभ या प्रतिशत हानि ज्ञात करें। **SSC CHSL (Tier-I) 10/08/2021 Shift-I**

(a) हानि 12% (b) लाभ 18%
(c) लाभ 15% (d) हानि 20%

192. ₹ 1170 में किसी वस्तु को बेचने से, एलिसा को उतनी ही हानि होती है, जितना उसे इस वस्तु को 22% लाभ पर बेचने से लाभ होता। यदि वह इसे ₹ 1450 में बेचती है, तो उसका लाभ/हानि प्रतिशत (ठीक एक दशमलव स्थान तक) ज्ञात करें। **SSC CHSL (Tier-I) 04/08/2021 Shift-I**

(a) लाभ, 3.3 (b) लाभ, 26.2
(c) हानि, 3.3 (d) हानि, 26.2

193. कोई दुकानदार 840 किग्रा चावल खरीदता है। इसका कुछ हिस्सा 25% लाभ पर और शेष 10% हानि पर बेचता है और उसे पूरे सौदे में 15% का लाभ होता है। 10% हानि पर बेची गई चावल की मात्रा ज्ञात करें। **SSC CHSL (Tier-I) 19/04/2021 Shift-III**

(a) 260 किग्रा
(b) 340 किग्रा
(c) 220 किग्रा
(d) 240 किग्रा

194. एक दुकानदार दो रेफ्रिजरेटर सेट समान मूल्य पर बेचता है। उसे एक पर 40% का लाभ तथा दूसरे पर 40% की हानि होती है। पूरे लेन-देन में उसे कितने प्रतिशत की हानि हुई? **SSC CHSL (Tier-I) 12/04/2021 Shift-II**

(a) 16% (b) 14%
(c) 18% (d) 12%

SSC MTS 2024

195. निम्नलिखित में से कौन-सा समीकरण सही है? **SSC MTS 14/11/2024 Shift-III**

(a) लाभ % = क्रय मूल्य/(लाभ × 100)
(b) विक्रय मूल्य = (100 – हानि %) × $\frac{\text{क्रय मूल्य}}{100}$
(c) हानि = विक्रय मूल्य – क्रय मूल्य
(d) विक्रय मूल्य = (100 – लाभ%) × $\frac{\text{क्रय मूल्य}}{100}$

196. एक डीलर अपना माल क्रय मूल्य पर 5% हानि पर बेचता है, लेकिन $12\frac{1}{2}$% कम वजन का उपयोग करता है। उसका हानि या लाभ प्रतिशत ज्ञात कीजिए। **SSC MTS 14/11/2024 Shift-III**

(a) हानि $8\frac{4}{7}$% (b) लाभ $7\frac{4}{7}$%
(c) लाभ $8\frac{4}{7}$% (d) हानि $7\frac{8}{7}$%

197. कोमल ने अपना स्कूटर ₹ 1980 में बेचा, जिससे उसे विक्रय मूल्य के $\frac{1}{5}$ भाग के बराबर लाभ प्राप्त हुआ। लाभ प्रतिशत ज्ञात कीजिए। **SSC MTS 13/11/2024 Shift-III**

(a) 20% (b) 25%
(c) 45% (d) 40%

198. रमेश ने एक घड़ी ₹ 460 में खरीदी और उसे ₹ 414 में बेच दिया। उसका हानि प्रतिशत ज्ञात कीजिए। **SSC MTS 13/11/2024 Shift-III**

(a) 20% (b) 10% (c) 5% (d) 11%

199. मिहिर एक खिलौना ₹ 70 में खरीदता है और उसे ₹ 90 में बेचता है। उसका लाभ प्रतिशत क्या है? **SSC MTS 12/11/2024 Shift-III**

(a) 20% (b) 35.62%
(c) 25.25% (d) 28.57%

200. अमर एक दीवार घड़ी ₹ 300 में खरीदता है और उसे ₹ 200 में बेचता है। उसका हानि प्रतिशत ज्ञात करें। **SSC MTS 11/11/2024 Shift-III**

(a) 30.33% हानि (b) 32.33% लाभ
(c) 33.33% हानि (d) 31.33% लाभ

201. एक बेईमान दुकानदार अपने सामान को क्रय मूल्य पर बेचने का दावा करता है। हालाँकि, वह एक ऐसे बाट का उपयोग करता है जिसका वजन वास्तव में उस पर लिखे बाट से 33% कम है। उसका लाभ प्रतिशत ज्ञात कीजिए। **SSC MTS 11/11/2024 Shift-III**

(a) $51\frac{34}{67}$% (b) $48\frac{17}{67}$%
(c) $49\frac{17}{67}$% (d) $50\frac{18}{67}$%

202. एक व्यापारी ने एक लैपटॉप को ₹ 88000 में बेचकर कुछ लाभ अर्जित किया, जो उसी लैपटॉप को ₹ 72000 में बेचने पर हुई हानि के बराबर है। यदि वह लैपटॉप को ₹ 96000 में बेचता, तो उसका लाभ प्रतिशत कितना होता? **SSC MTS 05/11/2024 Shift-III**

(a) 25% (b) 20%
(c) 37.5% (d) 31.7%

203. कोई दुकानदार, 21% हानि के साथ ₹ 450.30 में एक वस्तु बेचता है। वस्तु का क्रय मूल्य (₹ में) कितना है? **SSC MTS 05/11/2024 Shift-III**

(a) 521 (b) 485 (c) 429 (d) 570

204. मिस्टर राव ने ₹ 45000 में एक लैपटॉप खरीदा। कुछ महीनों बाद, जब उनके कार्यालय ने उन्हें दूसरा लैपटॉप दिया, तो उन्होंने अपना पुराना लैपटॉप 12% की हानि पर मिसेज शर्मा को बेच दिया। एक वर्ष बाद, मिसेज शर्मा ने इसे 12% के लाभ पर एक इंजीनियरिंग विद्यार्थी को बेच दिया। विद्यार्थी को कितनी राशि का भुगतान करना पड़ा? **SSC MTS 04/11/2024 Shift-III**

(a) ₹ 44352 (b) ₹ 34848
(c) ₹ 56448 (d) ₹ 45000

205. ₹ 1280 प्रति सैकड़े की दर पर 400 चीकू खरीदे गए और ₹ 980 के लाभ पर बेचे गए। प्रति दर्जन चीकू का विक्रय मूल्य (₹ में) ज्ञात करें। **SSC MTS 04/11/2024 Shift-III**

(a) 193 (b) 173 (c) 198 (d) 183

206. ₹ 19.5 में एक वस्तु को बेचकर, एक विक्रेता 25% का लाभ अर्जित करता है। उसे अपना विक्रय मूल्य (₹ में) कितना बढ़ाना चाहिए, ताकि 50% का लाभ अर्जित कर सके? **SSC MTS 30/10/2024 Shift-III**

(a) 3.9 (b) 5.9 (c) 4.9 (d) 6.9

207. राहुल एक वस्तु को उसके क्रय मूल्य से 8% अधिक पर बेचता है। यदि राहुल ने वस्तु के लिए जो भुगतान किया था, उससे 5% कम पर वस्तु को खरीदा होता और ₹ 8 कम पर बेचा होता, तो उसे 12% का लाभ होता। वस्तु का क्रय मूल्य ज्ञात कीजिए। **SSC MTS 30/10/2024 Shift-III**

(a) ₹ 500 (b) ₹ 650
(c) ₹ 550 (d) ₹ 700

208. एक विक्रेता ने ₹ 5 प्रति टॉफी की दर से टॉफियाँ खरीदी। 20% का लाभ कमाने के लिए उसे टॉफी किस कीमत पर बेचनी चाहिए? **SSC MTS 29/10/2024 Shift-III**

(a) ₹ 5.50 (b) ₹ 6.00
(c) ₹ 5.25 (d) ₹ 5.75

209. ₹20 में एक वस्तु को बेचकर, एक विक्रेता 10% का लाभ अर्जित करता है। उसे अपना विक्रय मूल्य (₹ में, दो दशमलव स्थान तक सन्निकटित) कितना बढ़ाना चाहिए, ताकि 30% का लाभ अर्जित कर सके?

SSC MTS 29/10/2024 Shift-III

(a) 6.64 (b) 4.64
(c) 3.64 (d) 5.64

210. एक दुकानदार ने रेफ्रिजरेटर और गीजर सेट को एकसाथ ₹30400 में बेचा, जिससे रेफ्रिजरेटर पर 25% और गीजर पर 10% का लाभ हुआ। उन्हें एकसाथ ₹30700 में बेचने पर, उसे रेफ्रिजरेटर पर 10% और गीजर पर 25% का लाभ होता। अब, यदि गीजर को 17% लाभ पर बेचा जाता है, तो गीजर का विक्रय मूल्य (₹ में) ज्ञात करें।

SSC MTS 28/10/2024 Shift-II

(a) 14380 (b) 12130
(c) 17510 (d) 16380

211. निधि ने अपना स्कूटर ₹ 80442 में बेचा, जिससे उसे विक्रय मूल्य के $\frac{1}{6}$ भाग के बराबर लाभ प्राप्त हुआ। लाभ प्रतिशत ज्ञात कीजिए।

SSC MTS 23/10/2024 Shift-II

(a) 10% (b) 35% (c) 15% (d) 20%

212. रीना ₹ 900 में एक आयरन खरीदती है और उसे 12% हानि पर बेचती है। आयरन का विक्रय मूल्य कितना है?

SSC MTS 23/10/2024 Shift-II

(a) ₹ 825 (b) ₹ 763
(c) ₹ 792 (d) ₹ 658

213. ₹ 19 में एक वस्तु को बेचकर, एक विक्रेता 10% का लाभ अर्जित करता है। उसे अपना विक्रय मूल्य (₹ में, दो दशमलव स्थान तक सन्निकटित) कितना बढ़ाना चाहिए, ताकि 40% का लाभ अर्जित कर सके?

SSC MTS 22/10/2024 Shift-II

(a) 6.18 (b) 7.18 (c) 8.18 (d) 5.18

214. एक दुकानदार 15 मोबाइल खरीदता है और 12 मोबाइल 15 मोबाइल के क्रय मूल्य पर बेचता है। यदि दुकानदार सभी मोबाइलों को उसी मूल्य पर बेचता है जिस मूल्य पर उसने पहली स्थिति में 12 मोबाइल बेचे थे, तो लाभ प्रतिशत क्या है?

SSC MTS 21/10/2024 Shift-II

(a) 20% (b) 22.5%
(c) 25% (d) 27.5%

215. एक बेईमान व्यापारी क्रय मूल्य पर किराने का सामान बेचने का दावा करता है और फिर भी $2\frac{22}{39}$% का लाभ कमाता है। एक किग्रा के लिए, वह ..... वजन उपयोग करता है।

SSC MTS 21/10/2024 Shift-II

(a) 975 ग्राम (b) 978 ग्राम
(c) 981 ग्राम (d) 985 ग्राम

216. P ने एक वस्तु Q को 11% लाभ पर बेची और Q ने इसे R को 11% हानि पर बेची। यदि R ने इसके लिए ₹ 19758 का भुगतान किया, तो P द्वारा वह वस्तु किस कीमत (₹ में) पर खरीदी गई थी?

SSC MTS 18/10/2024 Shift-II

(a) 22500 (b) 19750
(c) 19500 (d) 20000

217. A एक वस्तु B को 40% लाभ पर बेचता है और B इसे C को 15% लाभ पर बेचता है। यदि C वस्तु के लिए ₹ 4914 का भुगतान करता है, तो A इसके लिए कितना (₹ में, निकटतम पूर्णांक तक पूर्णांकित) भुगतान करता है?

SSC MTS 18/10/2024 Shift-II

(a) 3052 (b) 3250
(c) 2576 (d) 3520

218. अदिति ने अपना स्कूटर ₹ 40675 में बेचा, जिससे उसे विक्रय मूल्य के $\frac{1}{5}$ भाग के बराबर लाभ प्राप्त हुआ। लाभ प्रतिशत ज्ञात कीजिए।

SSC MTS 17/10/2024 Shift-II

(a) 15% (b) 5%
(c) 35% (d) 25%

219. यदि 30 पुस्तकों का क्रय मूल्य 20 पुस्तकों के विक्रय मूल्य के बराबर है, तो लाभ प्रतिशत ज्ञात करें।

SSC MTS 16/10/2024 Shift-II

(a) 15% (b) 50%
(c) 40% (d) 25%

220. एक व्यक्ति ने एक वस्तु को ₹ 500 में खरीदा और ₹ 600 में बेच दिया। उसका लाभ प्रतिशत ज्ञात कीजिए।

SSC MTS 16/10/2024 Shift-II

(a) 40% (b) 30% (c) 10% (d) 20%

221. एक बेईमान दुकानदार अपने सामान को क्रय मूल्य पर बेचने का दावा करता है। हालाँकि, वह एक ऐसे बाट का उपयोग करता है जिसका वजन वास्तव में उस पर लिखे वजन से 19% कम है। उसका लाभ प्रतिशत ज्ञात कीजिए।

SSC MTS 15/10/2024 Shift-I

(a) $23\frac{37}{81}$% (b) $25\frac{74}{81}$%
(c) $24\frac{38}{81}$% (d) $22\frac{37}{81}$%

222. 25 गेंदों का क्रय मूल्य 20 गेंदों के विक्रय मूल्य के बराबर है। लाभ प्रतिशत ज्ञात कीजिए।

SSC MTS 15/10/2024 Shift-I

(a) 18% (b) 15%
(c) 16.66% (d) 25%

223. यदि किसी वस्तु का क्रय मूल्य उसके विक्रय मूल्य का 75% है, तो लाभ प्रतिशत कितना है?

SSC MTS 14/10/2024 Shift-I

(a) $25\frac{1}{3}$% (b) $33\frac{1}{3}$%
(c) 25% (d) 33%

224. एक बेईमान डीलर अपने माल को क्रय मूल्य पर बेचने का दावा करता है, लेकिन वह गलत वजन (false weight) का उपयोग करता है और इस प्रकार 15% का लाभ कमाता है। एक किलोग्राम के लिए वह ..... ग्राम के वजन का उपयोग करता है।

SSC MTS 14/10/2024 Shift-I

(a) 1130.43 (b) 830.43
(c) 869.57 (d) 930.43

225. दो विक्रेता क्रमश: क्रय मूल्य और विक्रय मूल्य पर अपने प्रतिशत लाभ की गणना करते हैं। यदि दोनों विक्रेता ₹ 3200 में बेचे गए माल पर 28% के लाभ की घोषणा करते हैं, तो लाभों के बीच का अन्तर (₹ में) ज्ञात करें।

SSC MTS 09/10/2024 Shift-I

(a) 896 (b) 196 (c) 700 (d) 548

226. एक व्यक्ति ने एक वस्तु बेची और उसे 9% की हानि हुई। यदि वह इसे ₹51 अधिक में बेचता तो उसे 8% का लाभ होता। क्रय मूल्य ज्ञात करें।

SSC MTS 09/10/2024 Shift-I

(a) ₹ 300 (b) ₹ 350
(c) ₹ 250 (d) ₹ 400

227. लक्ष्मण द्वारा भरत को ₹950000 का एक फ्लैट 8% लाभ पर बेचा जाता है। यदि भरत इसे वापस लक्ष्मण को 3% हानि पर बेचता है, तो पूरे लेन-देन में लक्ष्मण का लाभ/हानि (₹ में) ज्ञात कीजिए।

SSC MTS 08/10/2024 Shift-I

(a) लक्ष्मण को ₹ 50200 का लाभ
(b) लक्ष्मण को ₹ 45220 की हानि
(c) लक्ष्मण को ₹ 45220 का लाभ
(d) लक्ष्मण को ₹ 30780 का लाभ

228. अल्फ्रेड एक पुराना स्कूटर ₹4700 में खरीदता है और इसकी मरम्मत पर ₹800 खर्च करता है। यदि वह स्कूटर को ₹5800 में बेचता है, तो उसका लाभ प्रतिशत कितना होगा?

SSC MTS 08/10/2024 Shift-I

(a) $6\frac{5}{11}$% (b) 4.5%
(c) $5\frac{5}{11}$% (d) $5\frac{4}{11}$%

229. यदि 3% और 6% के लाभ पर किसी वस्तु के विक्रय मूल्य के बीच नकद अन्तर ₹9 है, तो निम्नलिखित में से कौन-सा विकल्प विक्रय मूल्यों के बीच सही अनुपात है?

SSC MTS 07/10/2024 Shift-I

(a) 101 : 105 (b) 103 : 100
(c) 103 : 106 (d) 101 : 103

230. राजू ने 4 लैपटॉप को कुल मिलाकर ₹154005 में बेचा और उसे 25% की हानि हुई। 25% का लाभ अर्जित करने के लिए उसे लैपटॉप को कितने में बेचना चाहिए?

SSC MTS 07/10/2024 Shift-I

(a) ₹ 231007.5 (b) ₹ 256675
(c) ₹ 205340 (d) ₹ 225820

231. सुरेन्द्र ने ₹2500 में एक पुरानी साइकिल खरीदी और उसकी मरम्मत पर ₹300 खर्च किए। उसने इसे ₹3000 में बेच दिया। उसका लाभ प्रतिशत ज्ञात कीजिए।

SSC MTS 07/10/2024 Shift-I

(a) $11\frac{2}{3}$% (b) $7\frac{1}{7}$%
(c) $7\frac{5}{9}$% (d) $13\frac{4}{11}$%

232. ₹20 में एक वस्तु को बेचकर, एक विक्रेता 10% का लाभ अर्जित करता है। उसे अपना विक्रय मूल्य (₹ में, दो दशमलव स्थान तक सन्निकटित) कितना बढ़ाना चाहिए, ताकि 20% का लाभ अर्जित कर सके?

SSC MTS 01/10/2024 Shift-I

(a) 3.82 (b) 1.82
(c) 4.82 (d) 2.82

233. अतुल ने ₹19200 प्रति बोरी की दर से दो बोरी चावल बेचे। एक पर उसे 20% का लाभ हुआ और दूसरे पर उसे 20% की हानि हुई। पूरे सौदे में उसका लाभ या हानि प्रतिशत ज्ञात करें।

SSC MTS 30/09/2024 Shift-I

(a) 5% हानि (b) 7% लाभ
(c) 8% लाभ (d) 4% हानि

234. एक व्यक्ति एक वस्तु को एक निश्चित मूल्य पर बेचता है और उसे 20% की हानि होती है। यदि वह वस्तु को ₹100 अधिक पर बेचे, तो उसे 30% का लाभ प्राप्त होता है। वस्तु का क्रय मूल्य (₹ में) ज्ञात कीजिए।

SSC MTS 30/09/2024 Shift-I

(a) 300 (b) 250
(c) 400 (d) 200

SSC MTS 2023-2021

235. एक गहना 3 बार बेचा गया और कुल मिलाकर इसके मूल्य में 80% की वृद्धि हुई। पहला विक्रेता क्रमश: 20% का लाभ अर्जित करता है और दूसरा विक्रेता 25% का लाभ अर्जित करता है, तीसरे विक्रेता द्वारा अर्जित लाभ का प्रतिशत ज्ञात कीजिए।

SSC MTS 14/09/2023 Shift-I

(a) 15% (b) 20% (c) 10% (d) 5%

236. अतुल एक ग्राहक को P% लाभ पर माल बेचता है। यदि ग्राहक के लिए माल का क्रय मूल्य ₹150000 है और अतुल ₹30000 का लाभ अर्जित करता है, तो P का मान क्या है? SSC MTS 14/09/2023 Shift-I

(a) 25% (b) 22% (c) 28% (d) 20%

237. कुछ सन्तरे ₹150 प्रति सौ की दर से खरीदे गए और ₹24 प्रति दर्जन की दर पर बेचे गए। इससे ₹1000 का लाभ हुआ। कुल कितने सन्तरे खरीदे गए? SSC MTS 13/09/2023 Shift-I

(a) 2500 (b) 2000 (c) 1500 (d) 3000

238. एक कैलकुलेटर को ₹1080 में बेचने पर 10% की हानि होती है। यदि कैलकुलेटर को ₹1350 में बेचा जाता है, तो लेन-देन का निवल परिणाम क्या है? SSC MTS 13/09/2023 Shift-I

(a) 12% लाभ (b) $12\frac{1}{2}$% हानि
(c) $12\frac{1}{2}$% लाभ (d) 12% हानि

239. एक योजना में ₹12000 का निवेश करने पर, R को बदले में ₹15500 वापस मिलते हैं। उसका लाभ प्रतिशत क्या है?

SSC MTS 11/09/2023 Shift-II

(a) 27.19% (b) 29.17%
(c) 17.92% (d) 19.17%

240. रॉबिन ₹2000 में एक पंखा खरीदता है और बाद में इसे 15% की हानि पर बेच देता है। उसने पंखे को किस मूल्य पर बेचा?

SSC MTS 11/09/2023 Shift-II

(a) ₹1900 (b) ₹1800
(c) ₹1700 (d) ₹2100

241. यदि निर्माता को 10% का लाभ होता है, थोक व्यापारी को 12% का लाभ होता है और खुदरा विक्रेता को 15% का लाभ होता है, तो एक मेज की उत्पादन लागत ज्ञात कीजिए, जिसका खुदरा मूल्य ₹1771 है।

SSC MTS 11/09/2023 Shift-I

(a) ₹1150 (b) ₹1050
(c) ₹1350 (d) ₹1250

242. यदि 16 बल्बों का विक्रय मूल्य 24 बल्बों के क्रय मूल्य के बराबर है, तो लाभ प्रतिशत क्या है? SSC MTS 11/09/2023 Shift-I

(a) 25% (b) 40% (c) 20% (d) 50%

243. एक व्यक्ति ने अपनी साइकिल 17% हानि पर बेची। यदि उसने इसे ₹1056 अधिक में बेचा होता, तो उसे 5% का लाभ होता। साइकिल का क्रय मूल्य क्या होगा?

SSC MTS 08/09/2023 Shift-II

(a) ₹3800 (b) ₹4800
(c) ₹4700 (d) ₹5100

244. एक व्यापारी ₹3600 में कुछ सामान खरीदता है। यदि उसका अतिरिक्त व्यय क्रय मूल्य का 5% है, तो 15% लाभ अर्जित करने के लिए सामान को किस मूल्य पर बेचा जाना चाहिए?

SSC MTS 08/09/2023 Shift-II

(a) ₹4734 (b) ₹4437
(c) ₹4347 (d) ₹4743

245. एक किताब को किसी मूल्य पर बेचने पर अंकिता को 10% का लाभ होता है। यदि किताब को दोगुने मूल्य पर बेचा जाता है, तो अंकिता के लिए लाभ प्रतिशत (%) क्या होगा?

SSC MTS 06/09/2023 Shift-I

(a) 140% (b) 120% (c) 100% (d) 125%

246. एक विक्रेता द्वारा अपने माल को ₹3200 में बेचने पर प्राप्त होने वाला लाभ, उसी माल को ₹3000 में बेचने पर प्राप्त होने वाले लाभ के $\frac{7}{5}$वें भाग के बराबर है। माल का क्रय मूल्य (₹ में) क्या होगा? SSC MTS 06/09/2023 Shift-I

(a) 2400 (b) 2900 (c) 2700 (d) 2500

247. दिव्या ने ₹ 1 में छ: कैण्डी खरीदी। 50% लाभ प्राप्त करने के लिए उसे ₹ 1 में कितनी कैण्डियाँ बेचनी होगी? SSC MTS 05/09/2023 Shift-II

(a) चार (b) तीन (c) दो (d) एक

248. निकिता ने दो निवेश किए, वह एक निवेश पर 10% लाभ अर्जित करती है और दूसरे निवेश पर उसे 20% की हानि होती है। यदि निवेश 2 : 3 के अनुपात में थे, तो उसका लाभ या हानि प्रतिशत कितना होगा?

SSC MTS 05/09/2023 Shift-II

(a) 8% की हानि (b) 8% का लाभ
(c) 15% का लाभ (d) 15% की हानि

249. एक पंसारी ने ₹ 40 प्रति किग्रा मूल्य वाली 50 किग्रा चीनी खरीदी और उसे ₹ 30 प्रति किग्रा मूल्य वाली 70 किग्रा चीनी के साथ मिला दिया। 20% का लाभ प्राप्त करने के लिए उसे मिश्रण को (प्रति किग्रा) किस मूल्य पर बेचना चाहिए? SSC MTS 04/09/2023 Shift-II

(a) ₹ 41 (b) ₹ 20
(c) ₹ 60 (d) ₹ 35

250. एक वस्तु को ₹1980 में बेचने पर अर्जित प्रतिशत लाभ उसी वस्तु को ₹1620 में बेचने पर हुई हानि प्रतिशत के बराबर है। 15% लाभ अर्जित करने के लिए वस्तु को किस मूल्य पर बेचा जाना चाहिए?

SSC MTS 01/09/2023 Shift-III

(a) ₹ 1800 (b) ₹ 2277
(c) ₹ 2070 (d) ₹ 1863

251. राजू ने रवि को 10% के लाभ पर एक वस्तु बेची। रवि ने रामू को 10% हानि पर यह वस्तु बेच दी। यदि रामू ने रवि को ₹1485 का भुगतान किया, तो राजू ने रवि को किस मूल्य पर वस्तु बेची? SSC MTS 01/09/2023 Shift-I

(a) ₹1500 (b) ₹1600
(c) ₹1200 (d) ₹1650

252. एक वस्तु का क्रय मूल्य ₹4350 है। यदि इसे ₹5680 में बेचा जाता है, तो लाभ प्रतिशत (दशमलव के 1 स्थान तक सन्निकटित) क्या है? SSC MTS 01/09/2023 Shift-I

(a) 40.7% (b) 28.5%
(c) 30.6% (d) 36.8%

253. एक डेस्कटॉप का विक्रय मूल्य इस डेस्कटॉप को बेचने पर अर्जित लाभ का 9 गुना है। लाभ प्रतिशत ज्ञात कीजिए।

SSC MTS 15/07/2022 Shift-I

(a) 8.33% (b) 10%
(c) 11.11% (d) 12.5%

254. विनय ने दो बोतलें कुल ₹100 में खरीदीं और वह इन दोनों बोतलों को ₹100 प्रति बोतल की दर से बेचता है। विनय को दोनों बोतलें बेचने पर हुआ कुल लाभ प्रतिशत कितना है?
SSC MTS 15/07/2022 Shift-I
(a) 50% (b) 80%
(c) 200% (d) 100%

255. एक पेन और एक नोटबुक का क्रय मूल्य क्रमशः ₹ 600 और ₹ 4000 हैं। यदि पेन और नोटबुक क्रमशः 20% तथा 32% हानि से बेचे जाते हैं, तो की गई दो ब्रिकी से हुई कुल हानि का लगभग प्रतिशत कितना होगा?
SSC MTS 14/07/2022 Shift-I
(a) 30.43% (b) 21.40%
(c) 26.07% (d) 28.42%

256. एक दुकानदार एक वस्तु को 8% की हानि पर बेचता है। हालांकि, यदि वह विक्रय मूल्य में ₹ 36 की वृद्धि करता है, तो उसे 12% का लाभ होता है। वस्तु का क्रय मूल्य (₹ में) ज्ञात कीजिए।
SSC MTS 14/07/2022 Shift-I
(a) 180 (b) 150
(c) 270 (d) 360

257. सन्दीप एक खिलौना गाड़ी ₹500 में खरीदता है और उसे ₹625 में बेच देता है। उसका लाभ या हानि प्रतिशत कितना है?
SSC MTS 13/07/2022 Shift-I
(a) 25% लाभ (b) 25% हानि
(c) 20% हानि (d) 20% लाभ

258. एक आदमी कुल ₹ 15 में एक जैसी 15 वस्तुएँ खरीदता है। यदि वह उनमें से प्रत्येक को ₹ 1.23 में बेचता है, तो उसका लाभ प्रतिशत ज्ञात कीजिए।
SSC MTS 13/07/2022 Shift-I
(a) 23% (b) 32%
(c) 50% (d) 8%

259. दो वस्तुओं का विक्रय मूल्य समान है। यदि पहली वस्तु को 20% के लाभ पर बेचा जाता है और दूसरी वस्तु को 20% की हानि पर बेचा जाता है, तो कुल हानि प्रतिशत कितना होगा?
SSC MTS 12/07/2022 Shift-I
(a) 3.5% (b) 4% (c) 2% (d) 2.5%

260. विशाल एक बैग को 40% के लाभ पर बेचता है। यदि उसे ₹ 880 का लाभ प्राप्त होता है, तो बैग का क्रय मूल्य ज्ञात कीजिए।
SSC MTS 12/07/2022 Shift-I
(a) ₹ 2000 (b) ₹ 2200
(c) ₹ 1900 (d) ₹ 2450

261. प्रकाश ने 2 वस्तुएँ खरीदीं, जिनमें से प्रत्येक का मूल्य समान था। उसने एक वस्तु को 20% के लाभ पर और दूसरी वस्तु को 25% के लाभ पर बेचा। उसे कुल कितने प्रतिशत लाभ प्राप्त हुआ?
SSC MTS 11/07/2022 Shift-I
(a) 16.5% (b) 22.5%
(c) 24.5% (d) 37.5%

262. एक कपड़ा विक्रेता 65 मी कपड़ा ₹ 11 प्रति मी के लाभ पर ₹ 5850 में बेचता है। 1 मी कपड़े का क्रय मूल्य कितना है?
SSC MTS 11/07/2022 Shift-I
(a) ₹ 79 (b) ₹ 70 (c) ₹ 89 (d) ₹ 80

263. यदि कोई दुकानदार एक निश्चित राशि देकर निश्चित संख्या में वस्तुओं की खरीद करता है और उसी राशि में उस संख्या का कुछ भाग बेच देता है, तो उसका लाभ 300% आता है। उस भाग की गणना करें।
SSC MTS 02/11/2021 Shift-III
(a) $\frac{1}{2}$ (b) $\frac{1}{6}$ (c) $\frac{1}{3}$ (d) $\frac{1}{4}$

264. एक खुदरा विक्रेता ने 250 किग्रा अनाज खरीदा और इसे इस प्रकार बेचा। कि उसे अपने द्वारा 160 किग्रा के लिए किए गए भुगतान के बराबर लाभ प्राप्त हुआ। उसका लाभ प्रतिशत क्या होगा?
SSC MTS 02/11/2021 Shift-III
(a) 36% (b) 18%
(c) 64% (d) 32%

265. A एक वस्तु, B को 12% के लाभ पर बेचता है। B इसे, C को 9% की हानि पर बेचता है। यदि C इसके लिए ₹ 15288 का भुगतान करता है, तो A द्वारा उस वस्तु को किस मूल्य (₹ में) पर बेचा गया?
SSC MTS 02/11/2021 Shift-II
(a) 14250 (b) 16800
(c) 15000 (d) 16000

266. एक वस्तु का क्रय मूल्य, इसके विक्रय मूल्य का $\frac{7}{6}$ गुना है। लाभ/हानि प्रतिशत (दशमलव के दो स्थानों तक) ज्ञात कीजिए।
SSC MTS 02/11/2021 Shift-II
(a) 16.67% लाभ (b) 19.54% लाभ
(c) 14.29% हानि (d) 16.67% हानि

267. कोई दुकानदार, ₹190 प्रति दर्जन की दर से 20 दर्जन पेन खरीदता है और थोक बाजार तक आने-जाने में ₹200 खर्च करता है। वह ₹22 प्रति पेन की दर से बेचता है। उसका लाभ प्रतिशत ज्ञात करें।
SSC MTS 02/11/2021 Shift-I
(a) $38\frac{18}{19}\%$ (b) 32%
(c) 22% (d) 20%

SSC GD Constable 2024 & 2023

268. यदि किसी वस्तु का क्रय मूल्य उसके विक्रय मूल्य का 5/8 है, तो लाभ प्रतिशत कितना है?
SSC GD 26/02/2024 Shift-I
(a) 45% (b) 60% (c) 75% (d) 30%

269. रमेश एक वस्तु को ₹ 236 मे बेचकर ₹ 46 का लाभ कमाता है। लाभ प्रतिशत कितना है?
SSC GD 24/02/2024 Shift-III
(a) 30.03% (b) 24.21%
(c) 27.27% (d) 26.66%

270. 1 किग्रा टमाटर के मूल्य में 120% की वृद्धि हुई है और वृद्धि ₹ 720 की है। प्रति किलोग्राम टमाटर का नया मूल्य कितना है?
SSC GD 24/02/2024 Shift-III
(a) ₹ 590 (b) ₹ 720
(c) ₹ 600 (d) ₹ 1320

271. एक घड़ी के क्रय मूल्य और विक्रय मूल्य के बीच का अन्तर ₹ 560 है। यदि लाभ 35% है, तो विक्रय मूल्य क्या है?
SSC GD 24/02/2024 Shift-III
(a) ₹ 2240 (b) ₹ 2160
(c) ₹ 2340 (d) ₹ 2200

272. एक वस्तु को ₹ 4550 में बेचने पर अर्जित लाभ, उसी वस्तु को ₹ 3290 में बेचने पर हुई हानि का 5 गुना है। 20% का लाभ अर्जित करने के लिए वस्तु का विक्रय मूल्य कितना होगा?
SSC GD 24/02/2024 Shift-II
(a) ₹ 4500 (b) ₹ 4200
(c) ₹ 3900 (d) ₹ 4000

273. एक व्यक्ति एक वस्तु खरीदता है और उसे 10 % की हानि पर बेच देता है। यदि वह उस वस्तु को 30% कम मूल्य पर खरीदता है और उसे ₹20 अधिक मूल्य पर बेचता है, तो वह 40% लाभ अर्जित करता है। वस्तु का क्रय मूल्य कितना है?
SSC GD 24/02/2024 Shift-I
(a) ₹ 200 (b) ₹ 300 (c) ₹ 350 (d) ₹ 250

274. एक वस्तु ₹4400 में, 20% की हानि पर बेची जाती है। वस्तु का क्रय मूल्य कितना है?
SSC GD 24/02/2024 Shift-I
(a) ₹6200 (b) ₹5500
(c) ₹5000 (d) ₹5200

275. P, Q को 40% के लाभ पर एक कुर्सी बेचता है, और Q इसे R को 80% के लाभ पर बेचता है। P और R क्रय मूल्यों का अनुपात कितना है?
SSC GD 23/02/2024 Shift-IV
(a) 25 : 36 (b) 25 : 63
(c) 13 : 12 (d) 12 : 25

276. एक दुकानदार एक फूलदान को ₹ 3500 में बेचता है। यदि फूलदान का क्रय मूल्य ₹ 2800 है, तो लाभ प्रतिशत ज्ञात कीजिए।
SSC GD 23/02/2024 Shift-IV
(a) 25% (b) 30% (c) 20% (d) 15%

277. एक बल्ब के क्रय मूल्य और विक्रय मूल्य का अनुपात 20 : 25 है। लाभ प्रतिशत कितना है?
SSC GD 23/02/2024 Shift-III
(a) 15% (b) 20% (c) 30% (d) 25%

278. अनिल एक मेज को 20% की हानि पर बेचता है। यदि वह इसे ₹ 160 अधिक में बेचता है, तो वह 20% का लाभ अर्जित करता है। 25% का लाभ अर्जित करने के लिए मेज का विक्रय मूल्य कितना होना चाहिए?
SSC GD 23/02/2024 Shift-III
(a) ₹ 700 (b) ₹ 800
(c) ₹ 500 (d) ₹ 750

279. पंकज ने दो बाइक खरीदी, पहली बाइक ₹ 24000 में और दूसरी बाइक ₹ 20000 में, उसने पहली बाइक को 20% के लाभ पर और दूसरी बाइक को 30% की हानि पर बेचा। कुल लाभ या हानि क्या है?
SSC GD 23/02/2024 Shift-II
(a) लाभ ₹ 1400 (b) हानि ₹ 1200
(c) हानि ₹ 1400 (d) लाभ ₹ 1200

280. रिया 25% का लाभ अर्जित करते हुए ₹ 35000 में एक लैपटॉप बेचती है। यदि वह 30% का लाभ अर्जित करना चाहती थी, तो उसे लैपटॉप किस मूल्य पर बेचना चाहिए था?
SSC GD 23/02/2024 Shift-I
(a) ₹ 36400 (b) ₹ 34600
(c) ₹ 38400 (d) ₹ 37200

281. मोहन ₹ 4000 में एक पुराना मोबाइल खरीदता है और उसकी मरम्मत पर ₹ 500 खर्च करता है। यदि वह मोबाइल को ₹ 5000 में बेचता है, तो उसका लाभ प्रतिशत कितना है?
SSC GD 23/02/2024 Shift-I
(a) 11.11% (b) 12.5%
(c) 9.09% (d) 13.5%

282. एक बैग का विक्रय मूल्य ₹ 1056 और लाभ प्रतिशत 20% है। यदि विक्रय मूल्य ₹ 800 है, तो हानि प्रतिशत कितना होगा?
SSC GD 22/02/2024 Shift-IV
(a) 9.09% (b) 4.25%
(c) 8.08% (d) 11.11%

283. एक बैग को ₹ 5688 में बेचने पर, एक व्यक्ति को 10% की हानि हुई। 20% का लाभ कमाने के लिए उसे बैग को किस मूल्य पर बेचना चाहिए था?
SSC GD 22/02/2024 Shift-III
(a) ₹ 7216 (b) ₹ 7584
(c) ₹ 6816 (d) ₹ 7554

284. यदि कोई वस्तु 20% की हानि पर बेची जाती है, तो वस्तु के क्रय मूल्य और विक्रय मूल्य का क्रमशः अनुपात कितना है?
SSC GD 22/02/2024 Shift-III
(a) 7 : 4 (b) 5 : 4
(c) 4 : 5 (d) 7 : 8

285. एक व्यक्ति एक वस्तु खरीदता है और उसे 20% की हानि पर बेच देता है। यदि वह उस वस्तु को 30% कम मूल्य पर खरीदता और उसे ₹ 125 अधिक मूल्य पर बेचता, तो वह 50% का लाभ अर्जित करता है। वस्तु का क्रय मूल्य कितना है?
SSC GD 22/02/2024 Shift-II
(a) ₹ 620 (b) ₹ 600
(c) ₹ 500 (d) ₹ 450

286. एक व्यक्ति ने ₹ 1 में 20 पेन की दर से कुछ पेन खरीदें और उन्हे ₹ 1 में 15 पेन की दर से बेच दिया। लाभ प्रतिशत कितना है?
SSC GD 22/02/2024 Shift-II
(a) 40% (b) 15%
(c) 35% (d) 33.33%

287. ₹ 28000 में एक रेफ्रिजरेटर बेचने पर अनुराग को 30% की हानि होती है। यदि वह 25% का लाभ अर्जित करना चाहता है, तो उसे रेफ्रिजरेटर किस मूल्य पर बेचना चाहिए था?
SSC GD 22/02/2024 Shift-I
(a) ₹ 52000 (b) ₹ 52700
(c) ₹ 50000 (d) ₹ 51500

288. एक घड़ी ₹ 6000 में खरीदी जाती है और ₹ 5500 में बेची जाती है। हानि प्रतिशत कितना है?
SSC GD 22/02/2024 Shift-I
(a) 8.08% (b) 11.11%
(c) 8.33% (d) 7.28%

289. क्रय मूल्य और विक्रय मूल्य के बीच का अन्तर ₹ 132 है। यदि लाभ प्रतिशत 20% है, तो विक्रय मूल्य कितना है?
SSC GD 21/02/2024 Shift-IV
(a) ₹ 792 (b) ₹ 760
(c) ₹ 822 (d) ₹ 802

290. सुरेश एक कार को 36% की हानि पर बेचता है। क्रय मूल्य और विक्रय मूल्य का अनुपात कितना होगा?
SSC GD 21/02/2024 Shift-III
(a) 16 : 25 (b) 15 : 16
(c) 25 : 16 (d) 4 : 5

291. यदि 5 शर्ट का क्रय मूल्य, 3 शर्ट के विक्रय मूल्य के समान है, तो लाभ प्रतिशत ज्ञात कीजिए।
SSC GD 21/02/2024 Shift-II
(a) 55.33% लाभ (b) 63.33% लाभ
(c) 33.66% लाभ (d) 66.66% लाभ

292. एक मेज ₹ 11480 में बेचने पर 18% की हानि होती है। जब वही मेज ₹ 15540 में बेची जाती है। तो हानि या लाभ प्रतिशत की गणना कीजिए।
SSC GD 21/02/2024 Shift-II
(a) 10% की हानि (b) 12% की हानि
(c) 12% की लाभ (d) 11% की लाभ

293. एक आदमी ₹ 1 में 35 कलम खरीदता है। 40% का लाभ अर्जित करने के लिए उसे ₹ 1 में कितने कलम बेचने चाहिए?
SSC GD 21/02/2024 Shift-I
(a) 27 (b) 25 (c) 37 (d) 34

294. यदि कुल वस्तुओं का 70%, 20% के लाभ पर बेचा जाता है और शेष वस्तुओं को 10% की हानि पर बेचा जाता है, तो कुल लाभ प्रतिशत कितना होगा?
SSC GD 21/02/2024 Shift-I
(a) 15% (b) 11% (c) 8% (d) 12%

295. यदि किसी टेबल का विक्रय मूल्य उसके क्रय मूल्य का 25% है, तो हानि प्रतिशत कितना है?
SSC GD 20/02/2024 Shift-IV
(a) 55% (b) 75% (c) 45% (d) 35%

296. एक व्यक्ति ₹ 1 में 35 आम खरीदता है। ₹ 1 में कितने आम बेचने पर उसे 30% की हानि होगी?
SSC GD 20/02/2024 Shift-III
(a) 50 (b) 33 (c) 27 (d) 45

297. अंकित एक वस्तु को 10% की हानि पर बेचता है। यदि वह इसे 30% कम मूल्य पर खरीदता है और इसे ₹ 26 कम में बेचता है, तो उसे 10% का लाभ होगा। वस्तु का क्रय मूल्य कितना है?
SSC GD 20/02/2024 Shift-III
(a) ₹ 200 (b) ₹ 320
(c) ₹ 300 (d) ₹ 250

298. यदि 6 पेन का क्रय मूल्य, 5 पेन के विक्रय मूल्य के समान है, तो लाभ/हानि प्रतिशत ज्ञात कीजिए।
SSC GD 20/02/2024 Shift-II
(a) 10% हानि (b) 20% हानि
(c) 20% लाभ (d) 10% लाभ

299. एक मेज का विक्रय मूल्य ₹ 6875 है। यदि लाभ ₹ 25% है, तो मेज का क्रय मूल्य कितना है?
SSC GD 20/02/2024 Shift-II
(a) ₹ 6400 (b) ₹ 5200
(c) ₹ 5000 (d) ₹ 5500

300. A और B दोनों ₹ 5000 प्रति घड़ी की दर से अपनी घड़ियाँ बेचते हैं। A, 25% का लाभ अर्जित करता है, जबकि B को 10% की हानि होती है। A और B के क्रय मूल्यों का अनुपात कितना है?
SSC GD 20/02/2024 Shift-I
(a) 9 : 10 (b) 16 : 25
(c) 17 : 20 (d) 18 : 25

301. रोहित ₹ 2320 में एक पुराना बल्ला खरीदता है और उसकी मरम्मत में ₹ 180 खर्च करता है। यदि वह इसे ₹ 2400 में बेचता है, तो हानि प्रतिशत कितना है?
SSC GD 20/02/2024 Shift-I
(a) 10% (b) 4%
(c) 8% (d) 5%

302. यदि सामान ₹ 600 में खरीदा जाता है और उसका पाँचवाँ हिस्सा 20% की हानि पर बेचा जाता है, तो शेष को कितने प्रतिशत लाभ पर बेचा जाना चाहिए ताकि पूरे लेन-देन पर 30% का लाभ हो?
SSC GD Constable 13/02/2023 Shift-IV
(a) 40% (b) 22.5%
(c) 42.5% (d) 22%

303. एक वस्तु को ₹ 900 में बेचने पर अर्जित लाभ उसी वस्तु को ₹ 450 में बेचने पर हुई का दोगुना है। 25% लाभ कमाने के लिए वस्तु को किस मूल्य पर बेचा जाना चाहिए?
SSC GD Constable 13/02/2023 Shift-IV
(a) ₹ 750 (b) ₹ 850
(c) ₹ 650 (d) ₹ 950

304. एक फल व्यापारी एक निश्चित मूल्य पर आम बेचकर 25% का लाभ कमाता है। यदि वह प्रत्येक आम पर ₹ 3 अधिक मूल्य लेता है, तो उसे 40% का लाभ होगा। एक आम का क्रय मूल्य ज्ञात कीजिए।
SSC GD Constable 13/02/2023 Shift-II
(a) ₹ 25 (b) ₹ 20
(c) ₹ 15 (d) ₹ 30

305. किसी उत्पाद का विक्रय मूल्य ऐसा है कि विक्रेता को क्रय मूल्य पर 20% का लाभ होता है। विक्रय मूल्य का क्रय मूल्य से अनुपात ज्ञात कीजिए। **SSC GD Constable 13/02/2023 Shift-II**

(a) $\frac{4}{3}$ (b) $\frac{5}{6}$
(c) $\frac{3}{4}$ (d) $\frac{6}{5}$

306. एक डीलर ₹ 50000 में 50 कुर्सियाँ खरीदता है, लेकिन उनमें से 20 कुर्सियाँ खराब निकल जाती है। वह प्रत्येक खराब कुर्सी को उसकी सामान्य कीमत के $\frac{3}{4}$ पर बेचने का फैसला करता है। कुर्सी की सामान्य कीमत होनी चाहिए जिससे उसे पूरे लेन-देन में 35% का लाभ है **SSC GD Constable 09/02/2023 Shift-II**

(a) ₹ 5000 (b) ₹ 6750
(c) ₹ 1500 (d) ₹ 1125

307. एक दूधवाले ने ₹ 1630 में 90 लीटर दूध खरीदा और उसमें 15 लीटर पानी मिलाया। यदि वह इसे ₹ 19.00 प्रति लीटर पर बेचता है, तो उसका लाभ प्रतिशत कितना होगा? **SSC GD Constable 09/02/2023 Shift-I**

(a) $22\frac{64}{163}$% (b) $22\frac{14}{163}$%
(c) $12\frac{64}{163}$% (d) $20\frac{64}{163}$%

308. किसी वस्तु का क्रय मूल्य और विक्रय मूल्य 5 : 3 के अनुपात में होने पर प्रतिशत हानि कितनी होगी? **SSC GD Constable 09/02/2023 Shift-I**

(a) 60% (b) 30%
(c) 50% (d) 40%

309. एक थोक व्यापारी के पास 1000 किग्रा चीनी है, जिसका एक भाग वह 6% लाभ पर और शेष 12% लाभ पर बेचता है। उसका लाभ कुल मिलाकर 10% है। 6% लाभ पर बेची गई मात्रा कितनी है? **SSC GD 07/02/2023 Shift-I**

(a) 666.66 किग्रा
(b) 333.33 किग्रा
(c) 663.66 किग्रा
(d) 336.33 किग्रा

310. एक बेईमान दुकानदार क्रय मूल्य पर चावल बेचता है लेकिन वह 1000 ग्राम की जगह 925 ग्राम के गलत वजन का उपयोग करता है। उसका लाभ प्रतिशत ज्ञात कीजिए। **SSC GD 07/02/2023 Shift-I**

(a) 8.11% (b) 5.3%
(c) 6.01% (d) 7.0%

311. किसी वस्तु के 5% और 10% के लाभ पर विक्रय मूल्यों के बीच का नकद अन्तर ₹ 5 है। दोनों विक्रय मूल्यों का अनुपात ज्ञात कीजिए। **SSC GD Constable 06/02/2023 Shift-I**

(a) 5 : 10 (b) 21 : 22
(c) 23 : 25 (d) 10 : 5

312. कोई किराना व्यापारी 15% के लाभ पर चावल बेचता है और बाजार के वजन से 20% कम वजन को उपयोग में लाता है। उसके द्वारा अर्जित कुल लाभ .... होगा। **SSC GD 02/02/2023 Shift-I**

(a) 45.37% (b) 47.35%
(c) 53.74% (d) 43.75%

313. एक दुकानदार दो तरह से अपने ग्राहक को धोखा देता है। वह शुद्ध शहद में 20% पानी मिला देता है और शहद की कीमत 15% बढ़ा देता है। वह 40 किग्रा शुद्ध शहद के लिए ₹ 30/किग्रा की दर से भुगतान करता है। वह इसे बेचकर कुल कितना लाभ कमाता है? **SSC GD 02/02/2023 Shift-I**

(a) ₹ 422 (b) ₹ 456
(c) ₹ 435 (d) ₹ 468

314. सोनी ने एक मोबाइल फोन राजू को 10% के लाभ पर बेचा, राजू ने इसे आलोक को 5% की हानि पर बेच दिया और आलोक ने इसे सोहन को 20% के लाभ पर बेच दिया। यदि सोहन ने इसे ₹ 6270 में खरीदा, तो सोनी के लिए मोबाइल का क्रय मूल्य (₹ में) क्या था? **SSC GD Constable 01/02/2023 Shift-I**

(a) ₹ 4650 (b) ₹ 5000
(c) ₹ 4500 (d) ₹ 5500

315. एक व्यापारी ने अपने माल का तीन-पाँचवाँ भाग 25% लाभ पर और शेष लागत मूल्य पर बेचा। पूरे सौदे में उसका हानि या लाभ प्रतिशत क्या है? **SSC GD Constable 01/02/2023 Shift-I**

(a) 15% लाभ (b) 18% हानि
(c) 18% लाभ (d) 15% हानि

316. ₹ 100000 का एक घर A द्वारा B को 6% के लाभ पर बेचा जाता है। B घर वापस A को 3% हानि पर बेचता है। पूरे लेन-देन में A का लाभ/हानि क्या है? **SSC GD Constable 01/02/2023 Shift-I**

(a) ₹ 2280 की हानि
(b) ₹ 3280 की हानि
(c) ₹ 2802 का लाभ
(d) ₹ 2820 का लाभ

SSC Selection Post 2024-2022

317. एक सेल्समैन ₹ 1250 में सामान खरीदता है और उसे ₹ 1000 में बेचने के लिए मजबूर किया जाता है। उसका हानि प्रतिशत ज्ञात कीजिए। **Matric Level 20/06/2024 Shift-IV**

(a) 30% (b) 20%
(c) 15% (d) 25%

318. एक दुकानदार अपने क्रय मूल्य पर 36% लाभ की उम्मीद करता है। यदि एक महीने में उसकी बिक्री ₹ 614856 थी, तो उसका लाभ (₹ में) कितना था? **Matric Level 20/06/2024 Shift-IV**

(a) 162756 (b) 162800
(c) 161235 (b) 163900

319. रेयान ने ₹ 56000 में एक लैपटॉप और ₹ 22000 में एक स्कैनर-कम-प्रिण्टर खरीदा। उसने लैपटॉप को 20% लाभ पर और स्कैनर-कम-प्रिण्टर को 15% लाभ पर बेच दिया। उसके लाभ प्रतिशत की गणना करें। **Graduate Level 20/06/2024 Shift-III**

(a) $12\frac{21}{37}$% (b) $18\frac{21}{37}$%
(c) $18\frac{23}{39}$% (d) $12\frac{23}{39}$%

320. सोनम ने ₹ 27000 में एक मोबाइल फोन खरीदा और उसे 19% की हानि पर बेच दिया। उस पैसे से उसने एक टैबलेट खरीदा और उसे 20% के लाभ पर बेच दिया। उसके कुल लाभ या हानि की गणना करें। **Graduate Level 27/06/2023 Shift-IV**

(a) ₹ 756 की हानि
(b) ₹ 856 की हानि
(c) ₹ 870 का लाभ
(d) ₹ 756 का लाभ

321. दूध का क्रय मूल्य ₹ 60 से बढ़ाकर ₹ 62 कर दिया गया है। दूधवाले ने पहले दूध को 10% लाभ पर बेचा। यदि वह उसी दर पर दूध बेचता है, तो अब उसका लाभ प्रतिशत क्या है? **Graduate Level 27/06/2023 Shift-IV**

(a) 5.46% (b) 6.45%
(c) 6.54% (d) 5.64%

322. राम ने दो बैग, प्रत्येक ₹1260 की दर से बेचे। एक पर उसे 20% का लाभ हुआ और दूसरे पर उसे 20% की हानि हुई। पूरे लेन-देन में उसका लाभ या हानि प्रतिशत ज्ञात करें। **Graduate Level 27/06/2023 Shift-IV**

(a) 4% हानि (b) 5% हानि
(c) 4% लाभ (d) 5% लाभ

323. A एक वस्तु, B को 16% के लाभ पर बेचता है, B इसे C को 15% की हानि पर बेचता है, और C इसे D को 20% के लाभ पर बेचता है। यदि C और A द्वारा अर्जित लाभ के बीच का अन्तर ₹ 248 है, तो B को हुई हानि की गणना करें (₹ में)। **Higher Secondary Level 27/06/2023 Shift-III**

(a) 1160 (b) 1025
(c) 1250 (d) 1075

324. यदि क्रय मूल्य विक्रय मूल्य का 94% है, तो लाभ प्रतिशत ज्ञात कीजिए। **Matric Level 27/06/2023 Shift-I**

(a) 4.6% (b) 6.5%
(c) 5.6% (d) 6.4%

325. एक पंसारी 13% के लाभ पर दालें बेचता है और ऐसे बाट का उपयोग करता है, जो बाजार के बाट से 24% कम है। उसके द्वारा अर्जित लाभ का प्रतिशत (2 दशमलव के दो स्थान तक सही)...... होगा। **Matric Level 27/06/2023 Shift-I**

(a) 37.75% (b) 45.56%
(c) 48.68% (d) 42.35%

326. दिनेश ने किताब का एक सेट ₹ 1200 में खरीदा और उसे ₹ 900 में ही बेच दिया। उसके द्वारा हुई हानि का प्रतिशत ज्ञात कीजिए।
Graduate Level 01/8/2022 Shift-IV

(a) 25% (b) 20%
(c) 35% (d) 30%

327. सोहन एक पुरानी कार ₹ 247000 में खरीदता है और उसकी मरम्मत पर ₹ 18000 खर्च करता है। यदि वह कार को ₹ 278250 में बेचता है, तो उसका लाभ प्रतिशत कितना होगा?
Graduate Level 01/8/2022 Shift-II

(a) 5% (b) 3% (c) 6% (d) 4%

328. एक विक्रेता दो कमीजे ₹ 3360 में बेचता है। विक्रेता के लिए ऐसी चार कमीजों की लागत ₹ 5600 थी। एक कमीज पर लाभ/हानि प्रतिशत कितना है?
Graduate Level 01/8/2022 Shift-II

(a) 10% लाभ
(b) 5% हानि
(c) 25% लाभ
(d) 20% लाभ

329. 15% के लाभ के साथ एक नोटबुक ₹ 23 में बेची गई। यदि इसे ₹ 21.25 में बेचा जाता, तो लाभ का प्रतिशत क्या होगा?
Matric Level 01/08/2022 Shift-I

(a) 6.25% (b) 4.25%
(c) 7.25% (d) 5.25%

330. एक वस्तु को ₹ 360 में बेचने पर एक महिला को 10% की हानि हुई। उसे इसे किस कीमत पर बेचना चाहिए ताकि उसे 20% का लाभ हो?
Matric Level 01/08/2022 Shift-I

(a) ₹ 520 (b) ₹ 450
(c) ₹ 410 (d) ₹ 480

सही उत्तर

1	(c)	2	(d)	3	(b)	4	(d)	5	(b)	6	(c)	7	(d)	8	(b)	9	(b)	10	(a)
11	(c)	12	(c)	13	(b)	14	(a)	15	(b)	16	(b)	17	(b)	18	(b)	19	(b)	20	(c)
21	(c)	22	(a)	23	(a)	24	(a)	25	(b)	26	(d)	27	(c)	28	(d)	29	(d)	30	(c)
31	(a)	32	(d)	33	(b)	34	(c)	35	(a)	36	(c)	37	(b)	38	(d)	39	(b)	40	(a)
41	(d)	42	(a)	43	(b)	44	(a)	45	(a)	46	(d)	47	(c)	48	(d)	49	(c)	50	(c)
51	(a)	52	(c)	53	(d)	54	(d)	55	(c)	56	(c)	57	(d)	58	(a)	59	(a)	60	(b)
61	(d)	62	(d)	63	(c)	64	(b)	65	(a)	66	(d)	67	(c)	68	(c)	69	(c)	70	(a)
71	(b)	72	(b)	73	(d)	74	(c)	75	(c)	76	(a)	77	(b)	78	(b)	79	(a)	80	(b)
81	(b)	82	(b)	83	(d)	84	(a)	85	(b)	86	(c)	87	(b)	88	(b)	89	(b)	90	(d)
91	(a)	92	(a)	93	(a)	94	(c)	95	(d)	96	(b)	97	(b)	98	(d)	99	(b)	100	(a)
101	(d)	102	(d)	103	(d)	104	(d)	105	(c)	106	(d)	107	(b)	108	(b)	109	(b)	110	(b)
111	(b)	112	(a)	113	(c)	114	(d)	115	(c)	116	(b)	117	(c)	118	(a)	119	(a)	120	(b)
121	(c)	122	(d)	123	(a)	124	(d)	125	(d)	126	(a)	127	(b)	128	(d)	129	(b)	130	(b)
131	(a)	132	(c)	133	(d)	134	(d)	135	(a)	136	(b)	137	(d)	138	(d)	139	(a)	140	(d)
141	(d)	142	(c)	143	(a)	144	(b)	145	(a)	146	(b)	147	(a)	148	(b)	149	(a)	150	(a)
151	(a)	152	(c)	153	(c)	154	(a)	155	(a)	156	(a)	157	(d)	158	(a)	159	(b)	160	(a)
161	(a)	162	(b)	163	(c)	164	(d)	165	(b)	166	(d)	167	(c)	168	(a)	169	(c)	170	(b)
171	(a)	172	(a)	173	(d)	174	(b)	175	(a)	176	(d)	177	(d)	178	(b)	179	(b)	180	(c)
181	(a)	182	(c)	183	(b)	184	(b)	185	(d)	186	(c)	187	(d)	188	(b)	189	(a)	190	(a)
191	(d)	192	(c)	193	(d)	194	(a)	195	(b)	196	(c)	197	(b)	198	(b)	199	(d)	200	(c)
201	(c)	202	(b)	203	(d)	204	(a)	205	(d)	206	(a)	207	(a)	208	(b)	209	(c)	210	(d)
211	(d)	212	(c)	213	(d)	214	(c)	215	(a)	216	(d)	217	(a)	218	(d)	219	(b)	220	(d)
221	(a)	222	(d)	223	(b)	224	(c)	225	(b)	226	(a)	227	(d)	228	(c)	229	(c)	230	(b)
231	(b)	232	(b)	233	(d)	234	(d)	235	(b)	236	(a)	237	(b)	238	(c)	239	(b)	240	(c)
241	(d)	242	(d)	243	(b)	244	(c)	245	(b)	246	(d)	247	(a)	248	(a)	249	(a)	250	(c)
251	(d)	252	(c)	253	(d)	254	(d)	255	(a)	256	(a)	257	(a)	258	(a)	259	(b)	260	(b)
261	(b)	262	(a)	263	(d)	264	(c)	265	(b)	266	(c)	267	(b)	268	(b)	269	(b)	270	(d)
271	(b)	272	(b)	273	(d)	274	(b)	275	(b)	276	(a)	277	(d)	278	(c)	279	(b)	280	(a)
281	(a)	282	(a)	283	(b)	284	(b)	285	(c)	286	(d)	287	(c)	288	(c)	289	(a)	290	(c)
291	(d)	292	(d)	293	(b)	294	(b)	295	(b)	296	(a)	297	(a)	298	(c)	299	(d)	300	(d)
301	(b)	302	(c)	303	(a)	304	(b)	305	(d)	306	(c)	307	(a)	308	(d)	309	(b)	310	(a)
311	(b)	312	(d)	313	(b)	314	(b)	315	(a)	316	(d)	317	(b)	318	(a)	319	(c)	320	(a)
321	(b)	322	(a)	323	(a)	324	(d)	325	(c)	326	(a)	327	(a)	328	(d)	329	(a)	330	(d)

उत्तर सहित हल

1. (c) माना लागत मूल्य = ₹ x

प्रश्नानुसार,

$$2(x-680)=(1070-x)$$
$$\Rightarrow \quad 2x-1360=1070-x$$
$$\Rightarrow \quad 3x=2430$$
$$\Rightarrow \quad x=810$$

∴ क्रय मूल्य = ₹810

2. (d) प्रश्नानुसार,

एक वस्तु का क्रय मूल्य : विक्रय मूल्य = $\frac{15}{10}:1.7$

$= 15:17$

∴ लाभ % = $\frac{(17-15)}{15}\times 100\%$

$= \frac{200}{15}\% = 13.33\%$

3. (b) 3 किग्रा आलू का क्रय मूल्य = 12 × 3 = ₹ 36

∴ 2.9 किग्रा आलू का क्रय मूल्य = $\frac{36}{3}\times 2.9$ = ₹ 34.8

2.9 किग्रा आलू का विक्रय मूल्य = ₹ 46

∴ आलू पर कुल लाभ = (46 − 34.8) = ₹ 11.2

4. (d) माना वस्तु का क्रय मूल्य = ₹100

∴ वस्तु का अंकित मूल्य = $100\times\frac{116}{100}$ = ₹116

∴ वस्तु का विक्रय मूल्य = $116\times\frac{88}{100}$ = ₹102.08

∴ लाभ % = $\frac{(102.08-100)}{100}\times 100 = 2.08\%$

5. (b) खरीदी गई पुस्तकों की कीमत

= ₹ 200 से 260 तक

बेची गई पुस्तकों की कीमत = ₹ 250 से ₹ 300 तक

∵ अधिकतम लाभ कमाने के लिए वस्तु को कम-से-कम कीमत पर खरीदना पड़ेगा और अधिकतम कीमत पर बेचना पड़ेगा तब अधिकतम लाभ सम्भव है।

∴ 1 पुस्तक का क्रय मूल्य = ₹ 200

1 पुस्तक का विक्रय मूल्य = ₹ 300

1 पुस्तक पर लाभ = 300 − 200 = 100

∴ 25 पुस्तक पर अधिकतम लाभ

= 25 × 100 = ₹ 2500

6. (c) स्कूटर का विक्रय मूल्य = ₹ 40620

लाभ = विक्रय मूल्य × $\frac{1}{5}$

$= 40620\times\frac{1}{5}$ = ₹ 8124

∴ स्कूटर का क्रय मूल्य = 40620 − 8124 = ₹ 32496

लाभ प्रतिशत = $\frac{8124}{32496}\times 100 = 25\%$

7. (d) वस्तु का विक्रय मूल्य = ₹144

हानि = 28%

∴ वस्तु का क्रय मूल्य = $144\times\frac{100}{(100-28)}$

$= 144\times\frac{100}{72}$ = ₹ 200

जब विक्रय मूल्य ₹ 288 हो, तब लाभ

= 288 − 200 = ₹ 88

लाभ % = $\frac{88}{200}\times 100 = 44\%$

8. (b) पुस्तकों का क्रय मूल्य = 130 × 200 = ₹ 26000

पुस्तकों का विक्रय मूल्य

$= 65\times 300 + 130\times\frac{1}{5}\times 350 + \left(65-130\times\frac{1}{5}\right)\times 200$

$= 65\times 300 + 26\times 350 + 39\times 200$

$= 19500 + 9100 + 7800 = 36400$

∴ लाभ = 36400 − 26000 = 10400

∴ लाभ % = $\frac{10400\times 100\%}{26000} = 40\%$

9. (b) पहले की-बोर्ड का क्रय मूल्य

$= \frac{1260}{125}\times 100$ = ₹ 1008

तथा दूसरे की-बोर्ड का क्रय मूल्य

$= \frac{1440}{90}\times 100$ = ₹ 1600

कुल क्रय मूल्य = 1008 + 1600 = ₹ 2608

तथा कुल विक्रय मूल्य = 1260 + 1440 = ₹ 2700

अत: अभीष्ट लाभ प्रतिशत = $\frac{(2700-2608)}{2608}\times 100$

$= \frac{92}{2608}\times 100 = \frac{575}{163} = 3\frac{86}{163}\%$

10. (a) 55 वस्तुओं का अंकित मूल्य

= 99 वस्तुओं का क्रय मूल्य

$\frac{\text{अंकित मूल्य}}{\text{क्रय मूल्य}} = \frac{99}{55} = \frac{9}{5}$

56 वस्तुओं का विक्रय मूल्य

= 35 वस्तुओं का अंकित मूल्य

$\frac{\text{विक्रय मूल्य}}{\text{अंकित मूल्य}} = \frac{35}{56} = \frac{5}{8}$

अंकित मूल्य : क्रय मूल्य = (9:5) × 8 = 72 : 40

विक्रय मूल्य: अंकित मूल्य = (5: 8) × 9 = 45: 72

⇒ क्रय मूल्य : अंकित मूल्य : विक्रय मूल्य

⇒ 40 : 72 : 45

⇒ लाभ = 45 − 40 = 5

लाभ प्रतिशत = $\frac{5}{40}\times 100 = 12.5\%$

11. (c) चावल का प्रति किग्रा क्रय मूल्य = ₹ 40

चावल का प्रति किग्रा विक्रय मूल्य

$= \frac{44}{(1000-200)}\times 1000 = \frac{44}{800}\times 1000$ = ₹ 55

∴ लाभ % = $\frac{(55-40)}{40}\times 100 = \frac{15}{40}\times 100 = 37.5\%$

12. (c) सब्जियों का वास्तविक मूल्य = ₹ 10 प्रति किग्रा

∵ 900 ग्राम सब्जी का विक्रय मूल्य = ₹7.2

∴ 1000 ग्राम सब्जी का विक्रय मूल्य

$= \frac{7.2}{900}\times 1000$ = ₹ 8

∴ अभीष्ट % = $\frac{10-8}{10}\times 100 = 20\%$

13. (b) 19 कुकीज का विक्रय मूल्य = ₹ 95

तथा 19 कुकीज का क्रय मूल्य = $\frac{76}{20}\times 19$ = ₹ 72.2

अत: लाभ = 95 − 72.2 = ₹ 22.8

14. (a) माना स्कूटर का विक्रय मूल्य = 5 इकाई

तथा लाभ = $5\times\frac{1}{5}$ = 1 इकाई

∴ स्कूटर का क्रय मूल्य = 5 − 1 = 4 इकाई

अत: अभीष्ट लाभ % = $\frac{1}{4}\times 100 = 25\%$

15. (b) माना 8 वस्तुओं का क्रय मूल्य = ₹ 8

तथा 8 वस्तुओं का विक्रय मूल्य

$= \frac{5\times 120}{100} + 3 = 6 + 3$ = ₹ 9

अत: अभीष्ट लाभ % = $\frac{9-8}{8}\times 100 = \frac{25}{2} = 12\frac{1}{2}\%$

16. (b) माना वस्तु का लागत मूल्य = ₹ $100x$

∴ प्रथम व्यापारी का विक्रय मूल्य

$= 100x\times\frac{130}{100}$ = ₹ $130x$

वस्तु का अन्तिम विक्रय मूल्य

= ₹ $100x\times\frac{140}{100}$ = ₹ $140x$

अब, द्वितीय व्यापारी का लाभ

$= \frac{(140x-130x)}{130x}\times 100\%$

$= \frac{10x\times 100}{130x}\% = \frac{100}{13}\% = 7\frac{9}{13}\%$

17. (b) चीनी का क्रय मूल्य = $44.8\times\frac{100}{112}$ = ₹ 40

माना, कुल चीनी = 1 किग्रा

शेष चीनी = $1-\frac{1}{5} = \frac{4}{5}$ किग्रा

$\frac{4}{5}$ किग्रा चीनी का नया विक्रय मूल्य

$= 40\times\frac{105}{100}$ = ₹ 42

∴ 1 किग्रा चीनी नया विक्रय मूल्य = $42\times\frac{5}{4}$ = ₹ 52.5

18. (b) $20\% = \frac{1}{5}$

∴ क्रय मूल्य : विक्रय मूल्य

5 : 6

$\frac{950}{5\times 950} : \frac{1000}{1000\times 6}$

19 : 24

लाभ% = $\frac{(24-19)}{19}\times 100\% = \frac{500}{19}\%$

19. (b) प्रश्नानुसार,

क्रय मूल्य : विक्रय मूल्य

30 : 36

$\frac{800 : 1000}{30\times 800 : 36\times 1000}$

2 : 3

∴ लाभ प्रतिशत = $\frac{(3-2)}{2}\times 100 = \frac{1}{2}\times 100 = 50\%$

20. (c) माना वस्तु का क्रय मूल्य = 100

लाभ = $100\times\frac{250}{100} = 250$

∴ विक्रय मूल्य = 100 + 250 = 350

क्रय मूल्य और विक्रय मूल्य का अनुपात

= 100 : 350 = 2 : 7

21. (c) माना वस्तु का लागत मूल्य = ₹100

लाभ $= 100 \times \frac{320}{100} = ₹320$

∴ विक्रय मूल्य = 100 + 320 = ₹420

10% वृद्धि के बाद लागत मूल्य $= 100 \times \frac{110}{100} = ₹110$

अत: लाभ = 420 − 110 = ₹310

विक्रय मूल्य का प्रतिशत $= \frac{310}{420} \times 100$

$= \frac{3100}{42} = 73.80\%$

22. (a) प्रश्नानुसार,

क्रय मूल्य		विक्रय मूल्य
10	:	11
88	:	100
88	:	110

(22)

अभीष्ट लाभ % $= \frac{22}{88} \times 100\% = 25\%$

23. (a) प्रश्नानुसार,

पहला भाग 10% दूसरा भाग 40%

20

20 : 10 ⇒ 2 : 1

अत: 40% लाभ पर बेची गयी चीनी की मात्रा

$= \frac{1000}{(2+1)} \times 1 = 333\frac{1}{3}$ किग्रा

24. (a) स्कूटर पर लाभ $= \frac{42564}{6} = ₹7094$

∴ स्कूटर का क्रय मूल्य = 42564 − 7094

= ₹35470

अत: अभीष्ट लाभ % $= \frac{7094}{35470} \times 100 = 20\%$

25. (b) क्रय मूल्य = ₹42000

प्रश्नानुसार, विक्रय मूल्य

$= 42000 \times \frac{(100-20)}{100} \times \frac{(100+30)}{100} = ₹43680$

∴ लाभ = ₹ (43680 − 42000) = ₹1680

26. (d) माना 1 किग्रा चावल का मूल्य = ₹1000

∴ CP = 870 ग्राम का क्रय मूल्य = ₹870

SP = 870 ग्राम का विक्रय मूल्य = ₹1000

लाभ = 130

∴ लाभ % $= \frac{130}{870} \times 100 = \frac{1300}{87} = 14.94\%$

27. (c) प्रारम्भिक क्रय मूल्य

$= 300 \times \frac{100}{130} \times \frac{100}{130} \times \frac{100}{130} = \frac{3000000}{21970} = 136.55$

28. (d) प्रश्नानुसार,

क्रय मूल्य	विक्रय मूल्य	लाभ
5000	6000	1000
8000	10000	2000

समग्र लाभ = 1000 + 2000 = 3000

∴ समग्र लाभ प्रतिशत $= \frac{3000}{5000+8000} \times 100$

$= \frac{3000}{13000} \times 100 = 23.08\%$

29. (d) दिया है,

24 संतरों का विक्रय मूल्य = 28 संतरों का क्रय मूल्य

∴ लाभ प्रतिशत $= \frac{28-24}{24} \times 100$

$= \frac{4}{24} \times 100 = \frac{50}{3}\%$

$= 16\frac{2}{3}\%$

30. (c) प्रश्नानुसार,

बेईमान व्यापारी का वस्तु पर हानि % = 15%

अब, 25 ग्राम के स्थान पर 20 ग्राम अर्थात् 1000 ग्राम के स्थान पर 800 ग्राम तौलने पर व्यापारी को हुआ लाभ%

$= \frac{(1000-800)}{800} \times 100 = \frac{200}{800} \times 100 = 25\%$

∴ कुल लाभ % $= \left(25 - 15 - \frac{25 \times 15}{100}\right)\%$

$\left[\because \text{लाभ\%} = \left\{\left(a + b + \frac{ab}{100}\right)\%\right\}\right]$

= (10 − 3.75)% = 6.25%

स्पीडी विधि

क्रय मूल्य		विक्रय मूल्य
100	:	85
20	:	25
100 × 20		85 × 25
16	:	17

∴ अभीष्ट लाभ% $= \frac{(17-16)}{16} \times 100 = 6.25\%$

31. (a) माना क्रय मूल्य = ₹x

प्रश्नानुसार, $(1498 - x) = (x - 1300) \times \frac{125}{100}$

⇒ $1498 - x = (x - 1300) \times \frac{5}{4}$

⇒ $5992 - 4x = 5x - 6500$

⇒ $9x = 6500 + 5992 = 12492$

∴ $x = \frac{12492}{9} = ₹1388$

अभीष्ट विक्रय मूल्य $= 1388 \times \frac{125}{100} = ₹1735$

32. (d) हानि प्रतिशत $= \frac{(3200-2700)}{3200} \times 100$

= 15.62%

33. (b) माना फोन की मूल कीमत = ₹100

राम के लिए फोन का क्रय मूल्य $= 100 \times \frac{70}{100} = ₹70$

राम के लिए फोन का विक्रय मूल्य

$= 70 \times \frac{150}{100} = ₹105$

अभीष्ट लाभ प्रतिशत $= \frac{(105-100)}{100} \times 100 = 5\%$

34. (c) माना व्हाइटबोर्ड मार्कर सेट का क्रय मूल्य = ₹x

प्रश्नानुसार,

$x \times \frac{110}{100} + 20 = x \times \frac{115}{100}$

⇒ $x\left(\frac{115}{100} - \frac{110}{100}\right) = 20$

⇒ $x \times \frac{5}{100} = 20$

⇒ $x = ₹400$

स्पीडी विधि

क्रय मूल्य (100) —(+10%)→ 110; —(+15%)→ 115; अन्तर 5

5 इकाई = ₹20

⇒ 100 इकाई $= \frac{20 \times 100}{5} = ₹400$

35. (a) प्रश्नानुसार, तौल मशीन 400 ग्राम भार दिखाता है।

जबकि वास्तविक भार 350 ग्राम है।

∴ 200 ग्राम भार दिखाएगी जब वास्तविक भार = 175 ग्राम होगा।

∵ 1 किग्रा बादाम का क्रय मूल्य = ₹880

∴ 175 ग्राम का क्रय मूल्य $= \frac{880}{1000} \times 175 = ₹154$

तथा 200 ग्राम के पैकेट का विक्रय मूल्य

$= 154 \times \frac{125}{100} = 192.50$

36. (c) प्रश्नानुसार, क्रय मूल्य $= ₹\frac{120}{12} \times 1600$

= ₹16000

विक्रय मूल्य = (900 × 15) + (700 × 14)

= ₹ (13500 + 9800) = ₹23300

अभीष्ट लाभ % $= \left[\frac{23300 - 16000}{16000}\right] \times 100$

$= \left(\frac{7300}{16000}\right) \times 100 = 45.625\%$

37. (b) अभीष्ट लाभ $= 4000 \times \frac{8-6}{100}$

= 40 × 2 = ₹80

38. (d) प्रश्नानुसार, सेबों का कुल मूल्य = ₹3600

चूँकि पूरे में उसे कुल मिलाकर 27% का लाभ होता है।

∴ कुल विक्रय मूल्य $= 3600 \times \frac{127}{100} = ₹4572$

अब $\frac{1}{5}$ भाग को 10% हानि पर बेचने पर विक्रय मूल्य

$= 3600 \times \frac{1}{5} \times \frac{90}{100} = ₹648$

तथा शेष के एक-चौथाई सेबों को 5% हानि पर बेचने पर उनका विक्रय मूल्य

$= 3600 \times \frac{4}{5} \times \frac{1}{4} \times \frac{95}{100} = ₹684$

इसके पश्चात् शेष के दो-तिहाई सेबों को 15% के लाभ पर बेचने पर उनका विक्रय मूल्य

$= 3600 \times \frac{4}{5} \times \frac{3}{4} \times \frac{2}{3} \times \frac{115}{100} = ₹1656$

∴ शेष सेबों का विक्रय मूल्य

= 4572 − (648 + 684 + 1656)

= 4572 − 2988

= ₹1584

39. (b) नोटबुक का क्रय मूल्य

$= \frac{28}{(100+12)} \times 100$

$= \frac{28}{112} \times 100 = ₹25$

∴ लाभ % $= \frac{(26.25-25)}{25} \times 100 = 5\%$

40. (a) माना एक कुर्सी का विक्रय मूल्य = ₹ x

प्रश्नानुसार, $20x - 18000 = 4x;\ x = \frac{18000}{16} =$ ₹1125

41. (d) टेलीविजन का क्रय मूल्य

$= \left(\frac{100}{100+12} \times 22400\right) =$ ₹ 20000

तथा नया लाभ प्रतिशत $= 2 \times 12 = 24\%$

टेलीविजन का विक्रय मूल्य $= \frac{(100+24)}{100} \times 20000$

$= \frac{124}{100} \times 20000 =$ ₹ 24800

42. (a) माना A के लिए वस्तु का क्रय मूल्य ₹ 100 है।

तब, C के लिए वस्तु का क्रय मूल्य = ₹ 130

B के लिए वस्तु का विक्रय मूल्य = ₹ 130

अब B के लिए वस्तु का क्रय मूल्य = ₹ 125

B का लाभ प्रतिशत $= \frac{(130-125)}{125} \times 100 = 4\%$

43. (b) दिया है, 1000 ग्राम का क्रय मूल्य = ₹ x

950 ग्राम का क्रय मूल्य $= \frac{x \times 950}{1000} =$ ₹ $\frac{95x}{100}$

∴ 15% लाभ पर विक्रय मूल्य $= \frac{95x}{100} \times \frac{115}{100}$

$= 10925\ x$

44. (a) प्रश्नानुसार,

कुल क्रय मूल्य $= 2400 + 50 \times 0.25 \times 12$

$= 2400 + 150 =$ ₹ 2550

∵ 2 केले का विक्रय मूल्य = ₹ 10

तो, 600 केले का विक्रय मूल्य $= \frac{10}{2} \times 600 =$ ₹ 3000

∴ लाभ % $= \frac{(3000-2550) \times 100}{2550}$

$= 17.64\% \approx 17.6\%$

45. (a) माना वह x ग्राम फल कम देता है।

हम जानते हैं,

लाभ % $= \frac{\text{कमी}}{1000 - \text{कमी}} \times 100$

$\Rightarrow \frac{100}{19} = \frac{x}{1000-x} \times 100\ [\because 5\frac{5}{19}\% = \frac{100}{19}\%]$

$\Rightarrow 1000 - x = 19x$

$\Rightarrow 20x = 1000$

$\therefore x = \frac{1000}{20} = 50$ ग्राम

∴ अभीष्ट उत्तर = (1000 − 50) ग्राम = 950 ग्राम

स्पीडी विधि

प्रश्नानुसार, $100 + \frac{100}{19} \rightarrow 1000$

$100 \rightarrow \frac{1000 \times 19 \times 100}{2000} = 950$ ग्राम

46. (d) क्रय मूल्य $= \frac{5520}{120} \times 100 =$ ₹ 4600

नया विक्रय मूल्य = ₹ 4370

हानि % $= \frac{230 \times 100}{4600} = 5\%$

47. (c) 1 कोल्ड ड्रिंक की बोतल का क्रय मूल्य = ₹ $\frac{100}{6}$

1 कोल्ड ड्रिंक की बोतल का विक्रय मूल्य

$= \frac{100}{6} \times \frac{120}{100} =$ ₹ 20

48. (d) घड़ी का क्रय मूल्य $= \frac{2000}{80} \times 100$

= ₹ 2500

∴ लाभ प्रतिशत $= \frac{(3000-2500) \times 100}{2500} = 20\%$

49. (c) माना वस्तु का क्रय मूल्य = ₹x

प्रश्नानुसार, $\frac{2000-x}{x} \times 100 = \frac{x-1200}{x} \times 100$

$\Rightarrow 2000 - x = x - 1200$

$\Rightarrow 2x = 3200 \Rightarrow x = 1600$

∴ 20% लाभ पर वस्तु का मूल्य

$= 1600 \times \frac{120}{100} =$ ₹ 1920

50. (c) माना राम के लिए क्रय मूल्य = ₹ x

$\therefore x \times \frac{120}{100} \times \frac{140}{100} =$ ₹ 1430

$x = \frac{1430 \times 100 \times 100}{120 \times 140} =$ ₹ 851.19

∴ क्रय मूल्य (राम के लिए) = ₹ 851.19

51. (a) माना 1000 ग्राम वस्तु का क्रय मूल्य = ₹ 1000

विक्रय मूल्य $= 1000 \times \frac{115}{100} =$ ₹ 1150

20% कम वजन इस्तेमाल करने पर वास्तविक क्रय मूल्य

$= 1000 \times \frac{80}{100} =$ ₹ 800

∴ लाभ प्रतिशत $= \frac{(1150-800)}{800} \times 100 = 43.75\%$

स्पीडी विधि

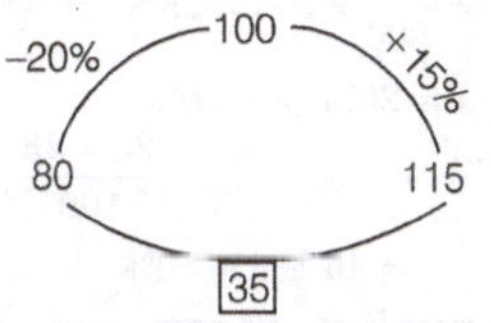

∴ लाभ % $= \frac{35}{80} \times 100\% = 43.75\%$

52. (c) माना वस्तु का क्रय मूल्य = ₹ x

प्रश्नानुसार, $x \times \frac{84}{100} + 324 = x \times \frac{120}{100}$

$x \times \frac{36}{100} = 324$

$\Rightarrow x = \frac{324 \times 100}{36} =$ ₹ 900

53. (d) माना 1 किग्रा माल का क्रय मूल्य = ₹ 1000

तब, 950 ग्राम माल का क्रय मूल्य = ₹ 950

∵ 950 ग्राम माल का विक्रय मूल्य = ₹ 1000

∴ लाभ = ₹ (1000 − 950) = ₹ 50

अत: लाभ % $= \frac{50}{950} \times 100 = 5.26\ \%$

स्पीडी विधि

वस्तु पर लाभ प्रतिशत $= \frac{\text{त्रुटि}}{(1000 - \text{त्रुटि})} \times 100$

$= \frac{50}{(1000-50)} \times 100 = \frac{50}{950} \times 100 = 5.26\%$

54. (d) माना 1000 ग्राम वस्तु का क्रय मूल्य = ₹1000

940 ग्राम वस्तु का विक्रय मूल्य

= ₹ 1000 $\times \frac{104}{100} =$ ₹ 1040

940 ग्राम वस्तु का क्रय मूल्य = ₹ 940

वास्तविक लाभ प्रतिशत $= \frac{1040-940}{940} \times 100 = 10.64\%$

स्पीडी विधि

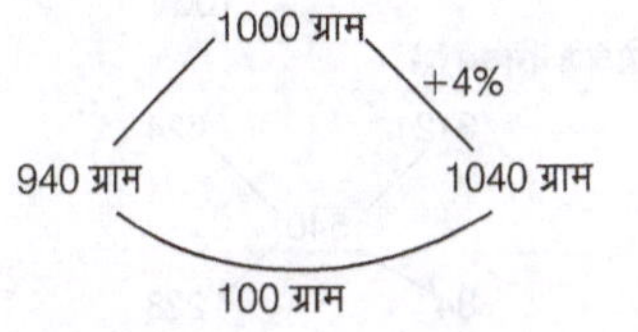

∴ लाभ% $= \frac{100}{940} \times 100\% = 10.64\%$

55. (c) प्रश्नानुसार,

क्रय मूल्य $= \frac{33000 \times 100}{110} =$ ₹ 30000

20% लाभ पर, विक्रय मूल्य

$= 30000 \times \frac{120}{100} =$ ₹ 36000

स्पीडी विधि

∵ 110% → ₹ 33000

∴ 120% $\rightarrow \frac{33000}{11} \times 12 =$ ₹ 36000

56. (c) प्रश्नानुसार, रमेश का विक्रय मूल्य

$= \frac{1250 \times 118 \times 90}{100 \times 100} =$ ₹ 1327.50

57. (d) 9 आम का क्रय मूल्य = ₹ 90

∴ 1 आम का क्रय मूल्य = ₹ $\frac{90}{9} =$ ₹ 10

10 आम का विक्रय मूल्य = ₹ 95

∴ 1 आम का विक्रय मूल्य = ₹ $\frac{95}{10} =$ ₹ 9.5

∴ हानि प्रतिशत $= \frac{10-9.5}{10} \times 100 = 5\%$

स्पीडी विधि

मूल्य	वस्तु
90	9
95	10

$\frac{95}{95 \times 9} : \frac{10}{90 \times 10}$

= 855 : 900

∴ हानि प्रतिशत $= \frac{(900-855)}{900} \times 100 = 5\%$

58. (a) माना मेज और कुर्सी के मूल्य क्रमश: x और y हैं।

प्रश्नानुसार,

$x + y = 3900$ ...(i)

तथा $540 = x \times \frac{108}{100} + y \times \frac{116}{100} - 3900$

$\Rightarrow 540 = \frac{27x}{25} + \frac{29y}{25} - 3900$

$\Rightarrow \frac{27x}{25} + \frac{29y}{25} = 4440$

$\Rightarrow 27x + 29y = 111000$ ...(ii)

समी (i) और (ii) को हल करने पर,

$x = 1050,\ y = 2850$

∴ अभीष्ट अन्तर = 2850 − 1050 = 1800

स्पीडी विधि

8% से कुल लाभ $= 3900 \times \frac{8}{100} = ₹ 312$

16% से कुल लाभ $= 3900 \times \frac{16}{100} = ₹ 624$

सममिश्रण नियम से,

312 624

540

84 : 228

7 : 19

अतः अभीष्ट अन्तर $= \frac{3900}{7+19} \times (19-7) = ₹ 1800$

59. (a) माना घड़ी का क्रय मूल्य ₹ x है।

प्रश्नानुसार, $\frac{x - \left(\frac{125}{100}x - 120\right)}{x} \times 100 = 15$

$\Rightarrow \frac{(100x - 125x + 12000)}{x \times 100} \times 100 = 15$

$\Rightarrow -25x + 12000 = 15x \Rightarrow 40x = 12000$

$\Rightarrow x = \frac{12000}{40}$

$\Rightarrow x = 300$

60. (b) माना ठग डीलर 1 किग्रा (1000 ग्राम) के बदले x ग्राम का बाट उपयोग करता है।

हम जानते हैं,

लाभ % $= \frac{\text{सही वजन} - \text{गलत वजन}}{\text{गलत वजन}} \times 100$

$\Rightarrow 15 = \frac{1000 - x}{x} \times 100$

$\Rightarrow 15x = 100000 - 100x \Rightarrow 115x = 100000$

$\Rightarrow x = \frac{100000}{115} \Rightarrow x = 869.6$ ग्राम

61. (d) माना वस्तु के क्रय मूल्य और विक्रय मूल्य क्रमशः $10x$ और $11x$ हैं।

$\therefore$ लाभ प्रतिशत $= \frac{11x - 10x}{10x} \times 100$

$= \frac{x}{10x} \times 100 = 10\%$

62. (d) मद्रास में माइक्रोवेव का क्रय मूल्य

$= M \times \frac{75}{100} = \frac{3M}{4}$

प्रश्नानुसार, $\left(\frac{3M}{4} + 1000\right) \times \frac{110}{100} = M$

$\Rightarrow \frac{3M}{4} + 1000 = \frac{10}{11}M$

$\Rightarrow \frac{10M}{11} - \frac{3M}{4} = 1000$

$\Rightarrow \frac{40M - 33M}{44} = 1000$

$\Rightarrow 7M = 44000 \Rightarrow M = \frac{44000}{7}$

$\Rightarrow M = ₹ 6285.7$

63. (c) पहली गाय का क्रय मूल्य

$= \frac{100}{100+15} \times 15640 = ₹ 13600$

दूसरी गाय का क्रय मूल्य $= \frac{100}{100-15} \times 15640$

$= \frac{100}{85} \times 15640 = ₹ 18400$

कुल क्रय मूल्य $= ₹ (18400 + 13600) = ₹ 32000$

कुल विक्रय मूल्य $= ₹ 2 \times 15640 = 31280$

हानि = क्रय मूल्य − विक्रय मूल्य

$= 32000 - 31280 = ₹ 720$

स्पीडी विधि

हानि % $= 15 - 15 - \frac{225}{100} = -2.25\%$

$(100 - 2.25)\% \rightarrow 15640 \times 2$

$100\% \rightarrow \frac{31280}{97.75} \times 100 = ₹ 32000$

अभीष्ट हानि $= 32000 - 2 \times 15640 = ₹ 720$

64. (b) माना क्रय मूल्य = ₹ 100

लाभ $= \frac{100 \times 130}{100} = ₹ 130$

विक्रय मूल्य $= 100 + 130 = ₹ 230$

नया क्रय मूल्य $= \frac{100 \times 128}{100} = ₹ 128$

$\therefore$ लाभ % $= \frac{(230 - 128)}{128} \times 100 = 79.68 \cong 80\%$

65. (a) अभीष्ट विक्रय मूल्य

$= 46068 \times \frac{118}{88} = ₹ 61773$

66. (d) 1 किग्रा = 1000 ग्राम

बेचते वक्त वजन = 800 ग्राम

लाभ प्रतिशत $= \frac{1000 - 800}{800} \times 100$

$= \frac{200}{800} \times 100 = 25\%$

$\therefore x = 20\%, y = 25\%$

$\therefore$ अभीष्ट लाभ % $= 20 + 25 + \frac{20 \times 25}{100}$

$= 45 + 5 = 50\%$

67. (c) 20 पुस्तकों का क्रय मूल्य

= 18 पुस्तकों का विक्रय मूल्य

$\frac{\text{1 पुस्तक का क्रय मूल्य}}{\text{1 पुस्तक का विक्रय मूल्य}} = \frac{18}{20} = \frac{9}{10}$

$\because$ लाभ % $= \left(\frac{10-9}{9}\right) \times 100 = 11\frac{1}{9}\%$

68. (c) हानि प्रतिशत $= \frac{1260 - 1197}{1260} \times 100$

$= \frac{63}{1260} \times 100 = 5\%$

69. (c) माना 1 मी या 100 सेमी कपड़े का मूल्य

= ₹ 100

7% हानि पर कपड़े का विक्रय मूल्य

$= 100 \times \left(\frac{100-7}{100}\right) = ₹ 93$

माना 1 मी या 100 सेमी के स्थान पर वह x सेमी लम्बाई का स्केल प्रयोग करता है।

तब 24% लाभ पर विक्रय मूल्य

$= x \times \left[\frac{100 + 24}{100}\right] = \frac{124x}{100}$

प्रश्नानुसार, $\frac{124x}{100} = 93 \Rightarrow x = \frac{93 \times 100}{124} = 75$ सेमी

70. (a) दिया है, 1 किग्रा प्याज का क्रय मूल्य = ₹ 40

तथा विक्रय मूल्य = ₹ 36

प्रश्नानुसार,

$\therefore$ 800 ग्राम प्याज का क्रय मूल्य $= \frac{40 \times 800}{1000} = ₹ 32$

$\therefore$ लाभ प्रतिशत $= \frac{36 - 32}{32} \times 100\%$

$= \frac{4}{32} \times 100\% = 12.5\%$

71. (b) लाभ प्रतिशत $= \frac{(1500 - 1200)}{1200} \times 100$

$= 25\%$

72. (b) माना वस्तु का क्रय मूल्य = ₹ x

प्रश्नानुसार,

$-\frac{x \times (100 - 13.5)}{100} + \frac{x \times (100 + 11)}{100} = ₹ 1274$

$\Rightarrow \frac{x}{100}[111 - 86.5] = ₹1274$

$\Rightarrow x = \frac{1274 \times 100}{24.5} = ₹ 5200$

73. (d) माना वस्तु का प्रारम्भिक क्रय मूल्य = ₹ 100

तब, विक्रय मूल्य $= \frac{100 \times 155}{100} = ₹ 155$

वृद्धि के पश्चात् क्रय मूल्य $= 100 \times \frac{124}{100} = ₹ 124$

$\therefore$ अभीष्ट लाभ प्रतिशत $= \frac{(155 - 124)}{124} \times 100 = 25\%$

74. (c) $28 \times$ विक्रय मूल्य $= 17 \times$ क्रय मूल्य

$\Rightarrow \frac{\text{क्रय मूल्य}}{\text{विक्रय मूल्य}} = \frac{28}{17}$

$\therefore$ अभीष्ट हानि $= \frac{28 - 17}{28} \times 100$

$= \frac{11}{28} \times 100 = 39\frac{2}{7}\%$

75. (c) मिश्रण के नियम से,

20% 12%

18%

6 : 2

$\therefore$ 12% लाभ पर बेचे गए चावल की मात्रा

$= 2220 \times \frac{2}{6+2} = \frac{4440}{8} = 555$ किग्रा

76. (a) गाना पीयूष ने गिटार के लिए ₹ x भुगतान किया।

प्रश्नानुसार, $x \times \frac{116}{100} \times \frac{132}{100} = 3828$

$\Rightarrow x = \frac{3828 \times 100 \times 100}{116 \times 132} = ₹ 2500$

77. (b) एक सेब का क्रय मूल्य $= \frac{350}{100} = ₹ 3.5$

एक सेब का विक्रय मूल्य $= \frac{48}{12} = 4$

अतः लाभ प्रतिशत $= \frac{4 - 3.5}{3.5} \times 100$

$= \frac{0.5}{3.5} \times 100 = 14\frac{2}{7}\%$

78. (b) माना क्रय मूल्य = ₹ x

$\therefore$ विक्रय मूल्य $= x \times \frac{89}{100} = ₹ 0.89$

प्रश्नानुसार, 22% कम वजन का उपयोग करता है

$\therefore$ वास्तविक वजन $= \frac{100 - 22}{100} = 0.78$ किग्रा

$\therefore$ 0.78 किग्रा का क्रय मूल्य $= ₹ 0.78x$

$\therefore$ अभीष्ट लाभ $= \frac{0.89x - 0.78x}{0.78x} \times 100 = 14.1\%$

स्पीडी विधि

क्रय मूल्य	विक्रय मूल्य	वास्तविक मूल्य
78	89	100

89 ← 100 : −11%

78 ← 100 : −22%

$\therefore$ लाभ % $= \frac{89-78}{78} \times 100 = 14.1\%$

79. (a) क्रय मूल्य $= \frac{400000 \times 100}{80} =$ ₹ 500000

$\therefore$ 5% लाभ पर विक्रय मूल्य

$= 500000 \times \frac{105}{100} =$ ₹ 525000

स्पीडी विधि

$\because (100-20)\% \rightarrow$ ₹ 400000

$\therefore (100+5)\% \rightarrow \frac{400000}{80} \times 105 =$ ₹ 525000

80. (b) वस्तु का वास्तविक वजन = 1000 ग्राम

लाभ = 12.5%

$\therefore$ 1 किग्रा वजन के लिए उपयोग किया गया वजन

$= \frac{1000}{112.5} \times 100 = 888.8$ ग्राम

81. (b) माना विक्रय मूल्य = ₹ 100

तब, क्रय मूल्य $= \frac{100 \times 72}{100} = 72$

लाभ % $= \left(\frac{100-72}{72}\right) \times 100 = \frac{28}{72} \times 100 = 38.89\%$

82. (b) $\because$ 1 किग्रा = 1000 ग्राम

तराजू द्वारा 1 किग्रा का दर्शाया गया वजन = 1300 ग्राम

लाभ = 1300 − 1000 = 300 ग्राम

लाभ प्रतिशत $= \frac{300}{1000} \times 100 = 30\%$

क्रय मूल्य में वृद्धि = 15%

$\therefore$ शुद्ध लाभ $= 30 + 15 + \frac{30 \times 15}{100}$

$= 45 + 4.5 = 49.5\%$

83. (d) माना कार का क्रय मूल्य = ₹ x

$\therefore \quad x \times \frac{125}{100} = 278000$

$\Rightarrow \quad x = 278000 \times \frac{4}{5} =$ ₹ 222400

विक्रय मूल्य $= 222400 \times \frac{118}{100} =$ ₹ 262432

84. (a) माना वस्तु का क्रय मूल्य = ₹ x

20% और 25% के लाभ के बाद विक्रय मूल्य

$= x \times \frac{120}{100} \times \frac{125}{100}$

$=$ ₹ $\frac{3}{2}x$

65% लाभ पर विक्रय मूल्य $= x \times \frac{165}{100} =$ ₹ $\frac{33}{20}x$

$\therefore$ तीसरे विक्रेता का लाभ $= \frac{\frac{33}{20}x - \frac{3}{2}x}{\frac{3}{2}x} \times 100$

$= \frac{33-30}{20} \times \frac{2}{3} \times 100 = 10\%$

85. (b) पेन का क्रय मूल्य $= \frac{166.44 \times 100}{(100+14)} =$ ₹ 146

अभीष्ट लाभ % $= \frac{(154.76 - 146)}{146} \times 100$

$= \frac{8.76}{146} \times 100 = 6\%$

86. (c) माना मोबाइल का क्रय मूल्य = ₹ x

प्रश्नानुसार,

$x \times \frac{115}{100} \times \frac{112}{100} = 322 \Rightarrow x \times \frac{23}{20} \times \frac{28}{25} = 322$

$\Rightarrow \quad x = \frac{322 \times 20 \times 25}{23 \times 28} =$ ₹ 250

87. (b) माना वस्तु का क्रय मूल्य = ₹ x

प्रश्नानुसार, $x \times \frac{115}{100} = x + 1200$

$\Rightarrow \quad x = 1200 \times \frac{100}{15}$

$\Rightarrow \quad x =$ ₹ 8000

$\therefore$ वस्तु का विक्रय मूल्य = 8000 + 1200 = ₹ 9200

88. (b) माना 36 ग्राम का क्रय मूल्य $= 36x$

तथा 36 ग्राम का विक्रय मूल्य $= 36x \times \frac{100 - 12.5}{100}$

$= 36x \times \frac{87.5}{100} = \frac{63}{2}x$

अब क्योंकि 36 ग्राम के बजाय 28 ग्राम वजन का उपयोग करता है।

$\therefore$ 28 ग्राम का क्रय मूल्य $= 28x$

$\therefore$ अभीष्ट लाभ $= \frac{\frac{63}{2}x - 28x}{28x} \times 100$

$= \frac{63-56}{2 \times 28} \times 100 = \frac{7 \times 100}{2 \times 28} = 12.5\%$

स्पीडी विधि

क्रय मूल्य		विक्रय मूल्य
100	:	87.5
28	:	36
100 × 28	:	87.5 × 36
4	:	4.5

$\therefore$ लाभ % $= \frac{(4.5-4)}{4} \times 100 = 12.5\%$

89. (b) माना हानि ₹ x है।

प्रश्नानुसार, $(490) - (455 + x) = 4x$

$\Rightarrow \quad 5x = 35 \Rightarrow x = 7$

अब, क्रय मूल्य = ₹ $(455 + x)$ = ₹ $(455 + 7)$

= ₹ 462

नया विक्रय मूल्य $= \frac{125}{100} \times 462 =$ ₹ 577.5

90. (d) माना वस्तु का अंकित मूल्य = ₹ 500

अंकित मूल्य के $\frac{4}{5}$ वें भाग पर बेचने पर मूल्य

$= \frac{500 \times 4}{5} =$ ₹ 400

प्रश्नानुसार, वस्तु का क्रय मूल्य

$= \frac{400 \times 100}{\left(100 - 3\frac{1}{3}\right)} = \frac{400 \times 100}{\frac{290}{3}}$

$=$ ₹ $\frac{12000}{29}$

वस्तु को अंकित मूल्य पर बेचने पर,

लाभ प्रतिशत $= \frac{500 - \frac{12000}{29}}{\left(\frac{12000}{29}\right)} \times 100$

$= \frac{2500}{12000} \times 100 = 20.83\% \approx 21\%$

91. (a) माना वाशिंग मशीन का क्रय मूल्य ₹ x है।

तब फ्रिज का क्रय मूल्य ₹ $(57300 - x)$ है।

प्रश्नानुसार, $\frac{115}{100} \times (57300 - x) = \frac{76}{100}(x)$

$\Rightarrow \quad 115(57300 - x) = 76x$

$\Rightarrow \quad 6589500 - 115x = 76x$

$\Rightarrow \quad 191x = 6589500$

$\Rightarrow \quad x = \frac{6589500}{191}$

$\Rightarrow \quad x =$ ₹ 34500

92. (a) माना फल व्यापारी के पास कुल 100 केले थे और एक केले का क्रय मूल्य ₹ 1 है।

तब 100 केलों का क्रय मूल्य = ₹ 100

सड़े हुए केले निकालने के बाद बचे शेष केले

$= 100 - \frac{1}{5} \times 100 = 80$

अब शेष केलों का विक्रय मूल्य

$\Rightarrow \quad \frac{2}{5} \times 80 \times \frac{115}{100} + \frac{3}{5} \times 80 \times \frac{110}{100}$

$= 36.8 + 52.8$

$=$ ₹ 89.6

$\therefore$ हानि % $= \left(\frac{100 - 89.6}{100}\right) \times 100 = 10.4\%$

93. (a) माना वस्तु का क्रय मूल्य ₹ x है।

A का विक्रय मूल्य = ₹ $\frac{125}{100}x$

A का लाभ $= \frac{125}{100}x - x =$ ₹ $\frac{25}{100}x -$ ₹ $\frac{x}{4}$

B का विक्रय मूल्य = ₹ $\frac{115}{100} \times \frac{125}{100}x =$ ₹ $\frac{23}{16}x$

B का लाभ = ₹ $\left(\frac{23}{16}x - \frac{125}{100}x\right) =$ ₹ $\frac{3}{16}x$

प्रश्नानुसार,

$\frac{x}{4} - \frac{3}{16}x = 40$

$\Rightarrow \quad \frac{4x - 3x}{16} = 40$

$\Rightarrow \quad x = 16 \times 40 \Rightarrow x =$ ₹ 640

स्पीडी विधि

A	B	C
100	125	143.75

A → B : +25% (25); B → C : +15% (18.75)

$\therefore (25 - 18.75) \rightarrow 40$

$\Rightarrow 100 \rightarrow \frac{40}{625} \times 100 =$ ₹ 640

94. (c) दिया है,

63 वस्तुओं का क्रय मूल्य = 54 वस्तुओं का विक्रय मूल्य

$\frac{\text{क्रय मूल्य}}{\text{विक्रय मूल्य}} = \frac{54}{63} = \frac{6}{7}$

$\therefore$ लाभ प्रतिशत $= \frac{1}{6} \times 100 = \frac{100}{6} = 16\frac{2}{3}\%$

95. (d) माना TV का क्रय मूल्य ₹ x है

प्रश्नानुसार, $x \times \frac{108}{100} - 2553 = x \times \frac{85}{100}$

$\frac{23x}{100} = 2553 \Rightarrow x = ₹\,11100$

$\therefore$ 18% लाभ पर विक्रय मूल्य $= 11100 \times \frac{118}{100}$

$= ₹\,13098$

स्पीडी विधि

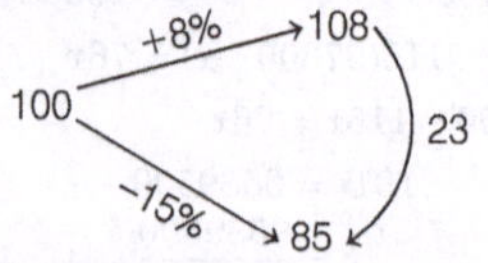

23 इकाई = 2553

118 इकाई $= \frac{2553 \times 118}{23} = ₹\,13098$

96. (b) माना वस्तु का क्रय मूल्य = ₹ x

प्रश्नानुसार, $x \times \frac{115}{100} - x \times \frac{84}{100} = 192.20$

$\Rightarrow x \times \frac{31}{100} = 192.20 \Rightarrow x = 192.20 \times \frac{100}{31} = ₹\,620$

97. (b) हानि $= 640 \times \frac{15}{100} = 96$

$\therefore$ क्रय मूल्य = 640 + 96 = 736

$\therefore$ अभीष्ट विक्रय मूल्य $= 736 \times \frac{115}{100} = ₹\,846.4$

98. (d) माना 20% हानि पर बेची गई वस्तु का क्रय मूल्य = ₹ x

$\therefore$ 16% लाभ पर बेची गई वस्तु का क्रय मूल्य

$= ₹\,490 - x$

प्रश्नानुसार, $x \times \frac{80}{100} = (490 - x) \times \frac{116}{100}$

$\Rightarrow 80x = 56840 - 116x \Rightarrow 196x = 56840$

$x = \frac{56840}{196} = ₹\,290$

99. (b) माना वस्तु का क्रय मूल्य = ₹ x

प्रश्नानुसार, $(x - 216) \times \frac{120}{100} = (246.80 - x)$

$\Rightarrow \quad 6x - 1296 = 1234 - 5x$

$\Rightarrow \quad 11x = 2530 \Rightarrow x = 230$

$\therefore$ अभीष्ट हानि प्रतिशत

$= \frac{230 - 220.75}{230} \times 100 = \frac{9.25}{23} \times 10$

$= 4.02 \approx 4\%$ (हानि)

100. (a) माना ₹ 140 में 15 की दर से खरीदे गए फलों की संख्या = x

तब, x फलों का क्रय मूल्य $= \frac{140}{15} \times x = ₹\,\frac{28}{3}x$

अब, ₹ 120 में 10 की दर से x फलों का क्रय मूल्य

$= \frac{120}{10} \times x = ₹\,12x$

अब, कुल क्रय मूल्य $= \frac{28}{3}x + 12x = \frac{64}{3}x$

तथा कुल फल = $2x$

तथा कुल विक्रय मूल्य $= \frac{132}{12} \times 2x = ₹\,22x$

$\therefore$ अभीष्ट लाभ प्रतिशत $= \frac{22x - \frac{64}{3}x}{\frac{64}{3}x} \times 100$

$= \frac{66 - 64}{64} \times 100$

$= \frac{2}{64} \times 100 = \frac{25}{8} = 3\frac{1}{8}\%$

स्पीडी विधि

कीमत	वस्तु		
(140	15) × 2 ⇒	280	30
(120	10) × 3 ⇒	360	30
		640	60

$\therefore$ 1 दर्जन फलों की कीमत $= \frac{640}{60} \times 12 = ₹\,128$

$\therefore$ अभीष्ट प्रतिशत लाभ $= \frac{(132 - 128)}{128} \times 100$

$= \frac{400}{128} = 3\frac{1}{8}\%$

101. (d) माना घड़ी A का क्रय मूल्य = ₹ x

$\therefore$ घड़ी B का क्रय मूल्य = ₹ $800 - x$

प्रश्नानुसार, $x \times \frac{118}{100} = (800 - x) \times \frac{78}{100}$

$\Rightarrow \quad 118x = 62400 - 78x$

$\Rightarrow \quad 196x = 62400 \Rightarrow x = ₹\,318.37$

$\therefore$ घड़ी A का क्रय मूल्य = ₹ 318.37

तथा घड़ी B का क्रय मूल्य = 800 − 318.37 = ₹ 481.63

102. (d) प्रश्नानुसार,

1 पंखे का विक्रय मूल्य $= \frac{11664}{18} = ₹\,648$

$\therefore$ 1 पंखे का क्रय मूल्य $= 648 \times \frac{100}{90} = ₹\,720$

$\therefore$ 10% लाभ पर पंखे का मूल्य $= 720 \times \frac{110}{100} = ₹\,792$

$\therefore$ ₹ 17424 में बेचे जाने वाले पंखों की संख्या

$= \frac{17424}{792} = 22$

103. (d) माना वस्तु का क्रय मूल्य = ₹ x

तब, 16% लाभ पर विक्रय मूल्य $= ₹\,\frac{116}{100}x$

तथा 20% लाभ पर विक्रय मूल्य $= ₹\,\frac{120}{100}x$

प्रश्नानुसार, $\frac{116x}{100} + 36 = \frac{120}{100}x$

$\Rightarrow \frac{4x}{100} = 36 \Rightarrow x = \frac{3600}{4} = ₹\,900$

स्पीडी विधि

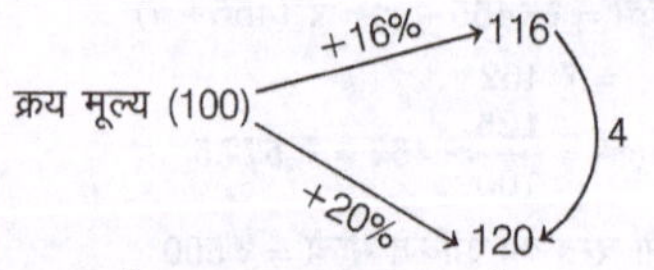

4 इकाई = ₹ 36 ⇒ 100 इकाई

$= \frac{36 \times 100}{4} = ₹\,900$

104. (d) माना गैस स्टोव की उत्पादन लागत = ₹ x

प्रश्नानुसार, $x \times \frac{110}{100} \times \frac{115}{100} = 7590$

$x = \frac{7590 \times 100 \times 100}{110 \times 115} = ₹\,6000$

105. (c) प्रश्नानुसार,

कुल क्रय मूल्य = 42000 + 8000 = ₹ 50000

कुल विक्रय मूल्य $= 42000 \times \frac{110}{100} + 8000 \times \frac{105}{100}$

= 46200 + 8400 = ₹ 54600

$\therefore$ अभीष्ट प्रतिशत लाभ

$= \frac{54600 - 50000}{50000} \times 100$

$= \frac{4600}{500} = \frac{46}{5} = 9\frac{1}{5}\%$

स्पीडी विधि

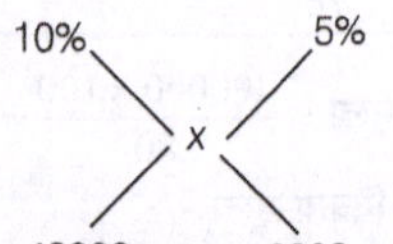

42000 : 8000

21 : 4

$x = \frac{21 \times 10 + 4 \times 5}{25} = \frac{230}{25} = \frac{46}{5} = 9\frac{1}{5}$

$\therefore$ लाभ % $= 9\frac{1}{5}\%$

106. (d) प्रश्नानुसार, 1 वस्तु का विक्रय मूल्य

$= \frac{2160}{48} = ₹45$

तथा 1 वस्तु का क्रय मूल्य $= 45 \times \frac{100}{90} = ₹50$

तथा, 12% लाभ पर 1 वस्तु का विक्रय मूल्य

$= 50 \times \frac{112}{100} = ₹\,56$

$\therefore$ ₹ 2016 में बेची गई वस्तुओं का संख्या

$= \frac{2016}{56} = 36$

107. (b) सुधा के लिए क्रय मूल्य

$= 576 \times \frac{100}{80} = ₹\,720$

रेनू की कुल लागत राशि = 576 + 224 = ₹ 800

रेनु के लिए विक्रय मूल्य $= 720 \times \frac{124}{100} = ₹\,892.8$

$\therefore$ अभीष्ट लाभ प्रतिशत

$= \frac{892.8 - 800}{800} \times 100 = 11.6\%$

108. (b) माना वस्तु का प्रारम्भिक मूल्य = ₹ x

तब, A के लिए विक्रय मूल्य = B के लिए क्रय मूल्य

$= x \times \frac{80}{100} = ₹\,\frac{4}{5}x$

B के लिए विक्रय मूल्य = C के लिए क्रय मूल्य

$= \frac{4}{5}x \times \frac{112.5}{100} = ₹\,\frac{9}{10}x$

C के लिए विक्रय मूल्य = D के लिए क्रय मूल्य

$= \frac{9}{10}x \times \frac{92}{100} = ₹\,\frac{207}{250}x$

प्रश्नानुसार, $\frac{207}{250}x = 248.40$

$\Rightarrow \quad x = 248.40 \times \frac{250}{207} = ₹\,300$

तब, वस्तु का A के लिए क्रय मूल्य = ₹ 300

वस्तु का A के लिए विक्रय मूल्य $= \frac{4}{5} \times 300 = ₹\,240$

$\therefore$ A को हुई हानि = 300 − 240 = 60

वस्तु का C के लिए क्रय मूल्य $= \frac{9}{10} \times 300$

= ₹ 270

वस्तु का C के लिए विक्रय मूल्य

$$= \frac{207}{250} \times 300 = ₹ 248.4$$

तब, C को हुई हानि $= 270 - 248.4 = ₹ 21.6$

अत: A और C को हुई हानियों में अभीष्ट अन्तर

$$= 60 - 21.6 = ₹ 38.4$$

स्पीडी विधि

A	B	C	D
100	80	90	82.8

82.8 इकाई $\rightarrow$ 248.40

1 इकाई $\rightarrow$ 3

A को हुई हानि = (100 – 80) इकाई

$= 20 \times 3 = ₹ 60$

C को हुई हानि = (90 – 82.8) इकाई

$= 7.2 \times 3 = ₹ 21.6$

अत: अभीष्ट अन्तर $= 60 - 21.6 = ₹ 38.4$

109. (b) 3 कलाई घड़ियों का कुल विक्रय मूल्य

$$= 3 \times 2800 = ₹ 8400$$

तीनों कलाई घड़ियों का कुल क्रय मूल्य

$$= \left(\frac{2800 \times 100}{140} + \frac{2800 \times 100}{125} + \frac{2800 \times 100}{112}\right)$$

$= ₹ (2000 + 2240 + 2500) = ₹ 6740$

लाभ $= ₹ (8400 - 6740) = ₹ 1660$

लाभ प्रतिशत $= \frac{1660 \times 100}{6740} = 24.63\%$

110. (b) हानि प्रतिशत = 24%

गलत भार = 100 ग्राम

सही भार = 200 ग्राम

माना 200 ग्राम का क्रय मूल्य = ₹ x

$\Rightarrow$ 100 ग्राम का क्रय मूल्य $= ₹ \frac{x}{200} \times 100 = ₹ \frac{x}{2}$

100 ग्राम का विक्रय मूल्य $= x \times \frac{(100 - 24)}{100}$

$$= x \times \frac{76}{100} = \frac{76}{100}x$$

लाभ $= \frac{76x}{100} - \frac{x}{2} = \frac{76x}{100} - \frac{50x}{100} = \frac{26x}{100}$

लाभ प्रतिशत $= \frac{\frac{26x}{100}}{\frac{x}{2}} \times 100 = 26 \times 2 = 52\%$

स्पीडी विधि

जब हानि 24% है $\Rightarrow$ क्रय मूल्य विक्रय मूल्य

100	: 76
100	: 200
10000	: 15200

लाभ = 5200

लाभ % $= \frac{5200}{10000} \times 100 = 52\%$

111. (b) माना 15% हानि पर बेची गई भैंस का क्रय मूल्य = ₹ x

तथा 19% लाभ पर बेची गई भैंस का क्रय मूल्य

$$= ₹ (11520 - x)$$

प्रश्नानुसार, $x \times \frac{85}{100} = (11520 - x) \times \frac{119}{100}$

$$85x = 11520 \times 119 - 119x$$

$\Rightarrow \quad 204x = 11520 \times 119$

$\Rightarrow \quad x = \frac{11520 \times 119}{204} = ₹ 6720$

112. (a) माना वस्तु का क्रय मूल्य = ₹ x

वस्तु का विक्रय मूल्य $= x \times \left(\frac{100 - 16}{100}\right) = ₹ \frac{84x}{100}$

प्रश्नानुसार, $\frac{84x}{100} + 192.20 = x \times \frac{115}{100}$

$\Rightarrow \quad \frac{115x}{100} - \frac{84x}{100} = 192.20$

$\Rightarrow \quad \frac{31x}{100} = 192.20 \Rightarrow 31x = 19220$

$$x = ₹ 620$$

$\therefore$ वस्तु का नया विक्रय मूल्य $= 115 \times \frac{620}{100} = ₹ 713$

113. (c) माना प्रत्येक वस्तु का क्रय मूल्य = ₹ x

पहली वस्तु का लाभ $(P_1) = \frac{12x}{100}$

दूसरी वस्तु का विक्रय मूल्य $= x \times \frac{112}{100} + 3600$

$$= \frac{112x + 360000}{100}$$

दूसरी वस्तु का लाभ

$$(P_2) = \frac{112x + 360000}{100} - x$$

$$= \frac{12x + 360000}{100}$$

कुल लाभ $= P_1 + P_2$

$\Rightarrow 2x \times \frac{792}{5100} = \frac{12x}{100} + \frac{12x + 360000}{100}$

$\Rightarrow \quad \frac{792x}{51} = 6x + 6x + 180000$

$\Rightarrow \quad \frac{264x}{17} = 12x + 180000$

$\Rightarrow \quad 264x = 204x + 3060000$

$\Rightarrow \quad 60x = 3060000$

$\Rightarrow \quad x = ₹ 51000$

114. (d) माना 100 ग्राम दाल का क्रय मूल्य = ₹ 100

32% लाभ पर 100 ग्राम दाल का विक्रय मूल्य

$$= 100 \times \frac{132}{100} = ₹ 132$$

अगर वजन में 20% की कमी की गई है, तो वास्तविक वजन = 80 ग्राम

वास्तविक दाल का क्रय मूल्य = ₹ 80

लाभ = ₹ (132 – 80) = ₹ 52

अत: अभीष्ट लाभ % $= \frac{52}{80} \times 100 = 65\%$

115. (c) आलू का क्रय मूल्य $= 19 + \frac{100}{100}$

$$= ₹ 20 \text{ प्रति किग्रा}$$

आलू की कुल मात्रा = 100 किग्रा

60 किग्रा आलू का विक्रय मूल्य

$$= 60 \times 20 \times \frac{150}{100} = ₹ 1800$$

20 किग्रा आलू का विक्रय मूल्य

$$= 20 \times 20 \times \frac{140}{100} = ₹ 560$$

10 किग्रा आलू का विक्रय मूल्य

$$= 10 \times 20 \times \frac{125}{100}$$

$$= ₹ 250$$

शेष 10 किग्रा आलू का विक्रय मूल्य = ₹ $10x$

100 किग्रा आलू का समग्र 42% लाभ पर

विक्रय मूल्य $= 100 \times 20 \times \frac{142}{100} = ₹ 2840$

$\therefore \quad 2840 = 1800 + 560 + 250 + 10x$

$2840 - 2610 = 10x$

$230 = 10x$

$\Rightarrow \quad x = 23$

आलू के लिए प्रतिशल लाभ $= \frac{23 - 20}{20} \times 100 = 15\%$

116. (b) माना 1000 ग्राम माल का क्रय मूल्य

$$= ₹ 1000$$

प्रश्नानुसार,

डीलर ने ₹ 950 का माल ₹ 1000 में बेचा है।

लाभ = ₹ (1000 – 950) = ₹ 50

लाभ प्रतिशत $= \frac{50}{950} \times 100 = \frac{100}{19} = 5\frac{5}{19}\%$

117. (c) माना ₹ 7400 में कुल x किग्रा वस्तु खरीद सकते हैं। वस्तु की प्रति किग्रा मूल्य $= ₹ \frac{7400}{x}$

प्रश्नानुसार, $\left(\frac{7400}{x} \times \frac{92.5}{100}\right) \times (x + 15) = 7400$

$\Rightarrow \quad \frac{6845}{x} \times (x + 15) = 7400$

$\Rightarrow \quad 6845x + 6845 \times 15 = 7400x$

$\Rightarrow \quad 7400x - 6845x = 6845 \times 15$

$\Rightarrow \quad 555x = 6845 \times 15$

$\Rightarrow \quad x = \frac{6845 \times 15}{555} = 185$

वस्तु का प्रति किग्रा मूल्य $= \frac{7400}{185} = ₹ 40$

32.5% लाभ, पर वस्तु प्रति किग्रा विक्रय मूल्य

$$= \left(40 \times \frac{132.5}{100}\right) = ₹ 53$$

118. (a) दिया है,

1 सन्तरे का क्रय मूल्य $= \frac{50}{10} = ₹ 5$

1 सन्तरे का विक्रय मूल्य $= \frac{74}{12} = ₹ \frac{37}{6}$

लाभ $= \left(\frac{37}{6} - 5\right) = \left(\frac{37 - 30}{6}\right) = ₹ \frac{7}{6}$

लाभ% $= \frac{\frac{7}{6}}{5} \times 100 = \frac{7}{30} \times 100 = \frac{70}{3} = 23\frac{1}{3}\%$

119. (a) दिया है,

चावल का क्रय मूल्य = ₹ 700

चावल का विक्रय मूल्य = ₹ 1400

लाभ = 30%

$\therefore$ परिवहन व्यय के साथ चावल का मूल्य

$$= 1400 \times \frac{100}{130} = ₹ 1076.92 \simeq ₹ 1077$$

$\therefore$ परिवहन व्यय = (1077 – 700) = ₹ 377

120. (b) आरव की घड़ी की कीमत = ₹ 10000

भाविन का क्रय मूल्य $= 10000 \times \frac{115}{100} = ₹ 11500$

आरव का पुन: क्रय मूल्य $= 11500 \times \frac{85}{100} = ₹ 9775$

अत: आरव का लाभ = ₹ (11500 – 9775) = ₹ 1725

लाभ प्रतिशत $= \frac{1725 \times 100}{10000} = 17.25\%$

121. (c) दोनों घड़ियों का कुल क्रय मूल्य

$= ₹\ 9000 \times 2 = ₹\ 18000$

10% हानि पर,

एक घड़ी का विक्रय मूल्य $= 9000 \times \frac{90}{100} = ₹ 8100$

कुल पर 18% लाभ के बाद,

विक्रय मूल्य $= 18000 \times \frac{118}{100} = ₹\ 21240$

दूसरी घड़ी का विक्रय मूल्य

$= ₹(21240 - 8100) = ₹\ 13140$

122. (d) 36 वस्तुओं का क्रय मूल्य = N वस्तुओं का विक्रय मूल्य

$\Rightarrow\ 36 \times CP = N \times SP \Rightarrow \frac{CP}{SP} = \frac{N}{36}$

लाभ $= 36 - N$

लाभ प्रतिशत $= \frac{(36 - N) \times 100}{N}$

$\Rightarrow\ 20 = \frac{(36 - N) \times 100}{N}$

$\Rightarrow 20N = 3600 - 100N \Rightarrow 120\,N = 3600$

$\therefore\ N = \frac{360}{12} = 30$

123. (a) प्रश्न को अनुपात द्वारा हल करेंगे।

चीनी का क्रय मूल्य/मात्रा	:	चीनी का विक्रय मूल्य/मात्रा
मूल्य-36		40
मात्रा- 800 ग्राम	:	1000 ग्राम
36 × 8	:	40 × 10
72	:	100

लाभ% $= \frac{100 - 72}{72} \times 100 = \frac{28}{72} \times 100$

$= \frac{2800}{72}\% = 38.89\%$

124. (d) प्रश्नानुसार,

पहले खिलौने का क्रय मूल्य $= \frac{1500}{125} \times 100 = ₹\ 1200$

दूसरे खिलौने का क्रय मूल्य $= \frac{2800}{50} \times 100 = ₹\ 5600$

तीसरे खिलौने का क्रय मूल्य $= \frac{3500 \times 100}{125} = ₹\ 2800$

तीनों खिलौनों का कुल क्रय मूल्य

$= 1200 + 5600 + 2800 = ₹\ 9600$

तीनों खिलौनों का कुल विक्रय मूल्य

$= ₹\ 1500 + 2800 + 3500 = ₹\ 7800$

$\therefore$ हानि % $= \frac{9600 - 7800}{9600} \times 100 = \frac{1800}{9600} \times 100\%$

हानि % = 18.75%

125. (d) प्रश्नानुसार,

वस्तु का क्रय मूल्य $= 5670 \times \frac{100}{135} = ₹ 4200$

$\therefore$ 12% लाभ पर बेचने पर वस्तु का नया विक्रय मूल्य

$= 4200 \times \frac{112}{100} = ₹\ 4704$

126. (a) माना जमीन का मूल्य = ₹ 100

यदि मूल्य 65% बढ़ता है, तब मूल्य

$= 100 \times \frac{165}{100} = ₹\ 165$

अब, पहले विक्रेता का विक्रय मूल्य

$= 100 + 100 \times \frac{20}{100} = ₹\ 120$

दूसरे विक्रेता का विक्रय मूल्य

$= 120 + \frac{25}{100} \times 120 = ₹\ 150$

तब, तीसरे विक्रेता का लाभ प्रतिशत

$= \frac{165 - 150}{150} \times 100$

$= \frac{15}{150} \times 100 = 10\%$

127. (b) माना पहली कमीज का क्रय मूल्य = ₹ x

दूसरी कमीज का क्रय मूल्य = ₹ y

प्रश्नानुसार, $x \times \frac{108}{100} = y \times \frac{97}{100} \times 2$

$\Rightarrow\ \frac{x}{y} = \frac{97 \times 2}{108} = \frac{97}{54}$

अब, पुन: माना $x = 97a$ और $y = 54a$

$\therefore$ कुल लाभ % $= \frac{97a \times \frac{8}{100} - 54a \times \frac{3}{100}}{97a + 54a} \times 100$

$= \frac{776 - 162}{151}$

$= \frac{614}{151} = 4.0662 \approx 4.07\%$

128. (d) माना वस्तु का क्रय मूल्य = ₹ 100

वस्तु को 22% हानि पर बेचता है तब विक्रय मूल्य = ₹ 78

$\because$ 35% हल्के बाटों का प्रयोग करके 1000 ग्राम के स्थान पर 650 ग्राम देता है।

तब, 650 ग्राम का क्रय मूल्य = ₹ 65

इस प्रकार वह ₹ 65 की वस्तु को ₹ 78 में बेचता है।

$\therefore$ अभीष्ट प्रतिशत लाभ $= \frac{78 - 65}{65} \times 100 = 20\%$

129. (b) वस्तु का क्रय मूल्य = ₹ 23 प्रति किग्रा

दावा किया गया विक्रय मूल्य = ₹ 20 प्रति किग्रा

हानि = 23 − 20 = ₹ 3 प्रति किग्रा

वस्तु का वास्तविक वजन = 1 किग्रा = 1000 ग्राम

तौला गया वजन = 800 ग्राम

लाभ = 1000 − 800 = 200 ग्राम

लाभ प्रतिशत $= \frac{200}{800} \times 100 = 25\%$

₹ 20 प्रति किग्रा में बेचने पर हानि प्रतिशत

$= \frac{3}{23} \times 100 = \frac{300}{23}\%$

$\therefore$ अभीष्ट लाभ प्रतिशत $= 25\% - \frac{300}{23}\% - \frac{300 \times 25}{23 \times 100}$

$= \frac{275}{23} - \frac{75}{23} = \frac{200}{23} = 8\frac{16}{23}\%$

स्पीडी विधि

प्रश्न को अनुपात विधि से हल करने पर

क्रय मूल्य	:	विक्रय मूल्य
मूल्य 23	:	20
मात्रा 800	:	1000
23 × 8	:	20 × 10
184	:	200

लाभ% $= \frac{200 - 184}{184} \times 100 = \frac{200}{23} = 8\frac{16}{23}\%$

130. (b) एक साइकिल का मूल्य = ₹ 3000

$\therefore$ दो साइकिल का मूल्य − ₹ 6000

पहली साइकिल पर लाभ $= 3000 \times \frac{10}{100} = ₹ 300$

तथा कुल लाभ $= 6000 \times \frac{20}{100} = ₹ 1200$

$\therefore$ दूसरी साइकिल पर लाभ = 1200 − 300 = ₹ 900

$\therefore$ दूसरी साइकिल पर लाभ % $= \frac{900}{3000} \times 100 = 30\%$

131. (a) माना स्वाति ने बैग ₹ x कीमत पर खरीदा।

प्रश्नानुसार, $x \times \frac{115}{100} \times \frac{120}{100} = 24840$

$x = 24840 \times \frac{100}{115} \times \frac{100}{120}$

$= ₹ 18000$

132. (c) माना वस्तु का क्रय मूल्य = x; हानि = 13.5%

विक्रय मूल्य $= \frac{x \times (100 - 13.5)}{100}$

$= \frac{x \times 86.5}{100} = 0.865\,x$

प्रश्नानुसार,

$0.865x + 1104 = x \times \frac{109.5}{100} = 1.095x$

$\Rightarrow\ 0.23x = 1104\ \Rightarrow\ x = \frac{1104}{0.23} = ₹ 4800$

स्पीडी विधि

क्रय मूल्य (100) —(−13.5%)→ 86.5; —(+9.5%)→ 109.5; अंतर 23

23 इकाई = 1104

100 इकाई $= \frac{1104}{23} \times 100 = ₹ 4800$

133. (d) माना वस्तु का क्रय मूल्य = ₹ x

16% की हानि पर, विक्रय मूल्य $= \frac{84x}{100}$

8% के लाभ पर, विक्रय मूल्य $= \frac{108x}{100}$

प्रश्नानुसार, $x \times \frac{108}{100} - x \times \frac{84}{100} = 660$

$\Rightarrow\ x \times \frac{24}{100} = 660 \Rightarrow x = \frac{660 \times 100}{24} = ₹\ 2750$

$\therefore$ 12% लाभ पर विक्रय मूल्य $= 2750 \times \frac{112}{100}$

$= ₹\ 3080$

134. (d) प्रश्नानुसार,

ओवरकोट का क्रय मूल्य $= 8540 \times \frac{100}{122} = ₹ 7000$

135. (a) माना वस्तु का क्रय मूल्य ₹ x है।

वस्तु का विक्रय मूल्य $= ₹\ \frac{126}{100}x$

वस्तु का नया विक्रय मूल्य $= ₹\left(\frac{126}{100}x + 2250\right)$

प्रश्नानुसार,

$\frac{\left(\frac{126}{100}x + 2250 - x\right)}{x} \times 100 = 41$

$\Rightarrow\ 126x + 225000 - 100x = 41x$

$\Rightarrow\ 26x + 225000 = 41x$

$\Rightarrow\ 15x = 225000$

$\therefore\ x = 15000$

यदि वस्तु को 12% लाभ पर बेचा जाए, तब नया विक्रय मूल्य $= \frac{112}{100} \times 15000 = ₹\ 16800$

स्पीडी विधि

माना क्रय मूल्य = ₹ 100 इकाई

+26% लाभ, +41% लाभ

126 141

15 इकाई

15 इकाई = ₹ 2250

112 इकाई = $\frac{₹2250 \times 112}{15}$

∴ अभीष्ट विक्रय मूल्य = ₹ 16800

136. (b) माना पंखे का अंकित मूल्य ₹x है।

प्रश्नानुसार, $4400 \times \frac{124}{100} = x \times \left(\frac{100-12}{100}\right)$

$\Rightarrow \quad 44 \times 124 = x \times \frac{88}{100}$

$\Rightarrow \quad x = \frac{44 \times 124 \times 100}{88} \Rightarrow x = 6200$

स्पीडी विधि

अंकित मूल्य : क्रय मूल्य

(100 + 24) : (100 − 12)

124 : 88

62 : 44

↓×100 ↓×100

₹6200 4400

137. (d) प्रश्नानुसार, क्रय मूल्य = ₹ 73

विक्रय मूल्य = ₹ 100

∴ लाभ प्रतिशत = $\frac{27}{73} \times 100\% = 36.986\%$

= 37.0% (लगभग)

138. (d) माना B का क्रय मूल्य = ₹ x

∴ A का क्रय मूल्य = ₹ $3x$

10% की हानि पर,

A का विक्रय मूल्य = $3x \times \frac{(100-10)}{100}$ = ₹ $\frac{27x}{10}$

B का विक्रय मूल्य = ₹$\frac{5}{4}x$

प्रश्नानुसार, $\frac{27x}{10} - \frac{5x}{4}$ = ₹ 5800

$\Rightarrow \frac{54x - 25x}{20} = 5800 \Rightarrow x = \frac{5800 \times 20}{29} = 4000$

अत: A का क्रय मूल्य = $3x = 3 \times 4000$ = ₹ 12000

139. (a) 195 किग्रा गेहूँ पर कुल लाभ

= 195 × 4.5 = ₹ 877.5

विक्रय मूल्य = ₹ 10260

क्रय मूल्य = 10260 − 877.5 = ₹ 9382.5

∵ 195 किग्रा गेहूँ का क्रय मूल्य = 9382.5

∴ 15 किग्रा गेहूँ का क्रय मूल्य = $\frac{9382.5}{195} \times 15$

= ₹ 721.73 ≈ 722

140. (d) 1 दर्जन केले का क्रय मूल्य = $\frac{1200}{20} = 60$

1 दर्जन केले का विक्रय मूल्य = $\frac{350}{5} = 70$

∴ लाभ प्रतिशत = $\frac{70-60}{60} \times 100\%$

$= \frac{10}{60} \times 100\% = 16\frac{2}{3}\%$

141. (d) माना 100 ग्राम वस्तु का क्रय मूल्य = ₹ 100

100 ग्राम वस्तु का विक्रय मूल्य

$= 100 \times \frac{135}{100}$ = ₹ 135

81 ग्राम वस्तु का क्रय मूल्य = ₹ 81

अत: निवल लाभ प्रतिशत = $\frac{135-81}{81} \times 100$

= 66.67%

142. (c) प्रश्नानुसार,

∵ 6 विक्रय मूल्य = 22 विक्रय मूल्य − 22 क्रय मूल्य

∴ 22 क्रय मूल्य = 16 विक्रय मूल्य

$\Rightarrow \frac{\text{क्रय मूल्य}}{\text{विक्रय मूल्य}} = \frac{16}{22}$

∴ अभीष्ट लाभ % = $\frac{22-16}{16} \times 100$

$= \frac{6}{16} \times 100 = \frac{300}{8} = 37\frac{1}{2}\%$

143. (a) चावल का क्रय मूल्य = 850 ग्राम

चावल का विक्रय मूल्य = 1000 ग्राम

लाभ % = $\frac{150}{850} \times 100\% = 17.65\%$

144. (b) 500 किग्रा का क्रय मूल्य = ₹ 8000

10% कपास खराब होने पर शेष कपास

$= 500 \times \frac{90}{100} = 450$ किग्रा

अब, विक्रय मूल्य = ₹ $\left(8000 \times \frac{120}{100}\right)$

∴ कपास का मूल्य = $\left(\frac{8000 \times 120}{450 \times 100}\right)$ ₹/किग्रा

$= \frac{64}{3}$ ₹/किग्रा

$= 21\frac{1}{3}$ ₹/किग्रा

145. (a) D का क्रय मूल्य = ₹ 59.40

C का क्रय मूल्य = $\frac{59.40}{112.5} \times 100$ = ₹ 52.8

B का क्रय मूल्य = $\frac{52.8}{160} \times 100$ = ₹ 33

A का क्रय मूल्य = $\frac{33}{110} \times 100$ = ₹ 30

स्पीडी विधि

क्रय मूल्य : विक्रय मूल्य

10 : 11

5 : 8

8 : 9

50 : 99

↓×0.6 ↓×0.6

₹30 ₹59.40

$\left[\because 10\% = \frac{1}{10},\ 60\% = \frac{3}{5},\ 12\frac{1}{2}\% = \frac{1}{8}\right]$

146. (b) प्रत्येक पंखे का विक्रय मूल्य = ₹ 480

∴ दोनों पंखों का कुल विक्रय मूल्य = 2 × 480

= ₹ 960

पहले पंखे का क्रय मूल्य = $\frac{480}{120} \times 100$ = ₹ 400

दूसरे पंखे का क्रय मूल्य = $\frac{480}{80} \times 100$ = ₹ 600

दोनों पंखों का कुल क्रय मूल्य = 400 + 600 = ₹ 1000

∴ हानि = क्रय मूल्य − विक्रय मूल्य

= 1000 − 960 = ₹ 40

147. (a) माना वस्तु का क्रय मूल्य = ₹x

प्रश्नानुसार, $(86 - x) = (x - 53) \times 2$

$\Rightarrow \quad 86 - x = 2x - 106$

$\Rightarrow \quad 3x = 86 + 106 = 192$

$\therefore \quad x = \frac{192}{3} = 64$

अत: वस्तु का क्रय मूल्य = ₹ 64

148. (b) प्रश्नानुसार,

मोबाइल फोन का विक्रय मूल्य = ₹ 18240

दुकानदार का लाभ प्रतिशत = 14%

∴ क्रय मूल्य = $\frac{18240 \times 100}{(100+14)}$

$= \frac{18240 \times 100}{114} = 16000$

∴ मोबाइल फोन का क्रय मूल्य = ₹ 16000

स्पीडी विधि

क्रय मूल्य = $\frac{18240 \times 100}{114}$ = ₹ 16000

149. (a) प्रश्नानुसार,

100

75 (क्रय मूल्य) 125

+12.5%

140.625 (विक्रय मूल्य)

लाभ प्रतिशत = $\frac{(140.625 - 75)}{75} \times 100\%$

= 87.5%

150. (a) क्रय मूल्य = ₹ 10000

प्रथम विक्रय मूल्य = ₹ 12000

∴ लाभ % = $\frac{(12000 - 10000)}{10000} \times 100$

$= \frac{2000}{10000} \times 100 = 20$

द्वितीय विक्रय मूल्य = ₹ 13000

∴ लाभ % = $\frac{(13000 - 10000)}{10000} \times 100$

$= \frac{3000}{10000} \times 100\% = 30\%$

∴ अभीष्ट हानि % = (30% − 20%) = 10%

151. (a) माना शेष तरबूजों को x% लाभ पर बेचा जाना चाहिए।

मिश्रण विधि से,

प्रथम प्रकार द्वितीय प्रकार

−12% +x%

+25%

1/4 : 3/4

$\Rightarrow \frac{(25+12)\%}{(x-25)\%} = \frac{3/4}{1/4} \Rightarrow \frac{37}{x-25} = \frac{3}{1}$

$\Rightarrow 3x - 75 = 37 \Rightarrow x = \frac{37+75}{3} \Rightarrow x = 37.33\%$

अत: शेष तरबूजों को 37.33% लाभ पर बेचा जाना चाहिए।

152. (c) अभीष्ट हानि प्रतिशत

$= \frac{4960-4712}{4960} \times 100$

$= \frac{248}{4960} \times 100 = 5\%$

153. (c) गेहूँ का कुल विक्रय मूल्य

$= \frac{32400 \times 120}{100} =$ ₹ 38880

सही गेहूँ की मात्रा $= \frac{1800 \times 80}{100} = 1440$ किग्रा

अत: अभीष्ट गेहूँ की दर $= \frac{38880}{1440} =$ ₹ 27 प्रति किग्रा

154. (a) माना सामानों की संख्या = 100

शेष सामान $= 100 \times \frac{95}{100} = 95$

प्रश्नानुसार, शेष सामान का क्रय मूल्य

$= \frac{5000}{100} \times 95 =$ ₹ 4750

अत: अभीष्ट विक्रय मूल्य $= 4750 \times \frac{120}{100} =$ ₹ 5700

155. (a) प्रश्नानुसार,

क्रय मूल्य × 70% = विक्रय मूल्य × 40%

$\frac{\text{क्रय मूल्य}}{\text{विक्रय मूल्य}} = \frac{4}{7}$

लाभ प्रतिशत $= \frac{(7-4)}{4} \times 100 = \frac{3}{4} \times 100 = 75\%$

156. (a) प्रश्नानुसार,

हानि ⇒ 4% = 5000 − 4680 = ₹ 320

∵ 4% लाभ अर्जित करना चाहता है।

अभीष्ट विक्रय मूल्य $= \frac{320 \times 104}{4} =$ ₹ 8320

157. (d) ∵ 30 × (विक्रय मूल्य − क्रय मूल्य)

= 10 × विक्रय मूल्य

20 × विक्रय मूल्य = 30 × क्रय मूल्य

∴ विक्रय मूल्य = क्रय मूल्य $\times \frac{3}{2} = 480 \times \frac{3}{2} =$ ₹ 720

158. (a) माना वस्तु का क्रय मूल्य = 100 इकाई

∴ वस्तु का विक्रय मूल्य $= \frac{100 \times 110}{100} = 110$ इकाई

वस्तु का अंकित मूल्य $= \frac{110 \times 100}{66} = \frac{500}{3}$ इकाई

नया विक्रय मूल्य $= \frac{500 \times 80}{3 \times 100} = \frac{400}{3}$ इकाई

अत: अभीष्ट लाभ % $= \frac{\frac{400}{3} - 100}{100} \times 100$

$= \frac{100}{3} = 33\frac{1}{3}\%$

159. (b) माना A के लिए बाइक का क्रय मूल्य = ₹x

प्रश्नानुसार,

$x \times \frac{145}{100} \times \frac{130}{100} = 43355$

$x = \frac{43355 \times 100 \times 100}{145 \times 130}$

= ₹ 23000

160. (a) 1 स्कोर अर्थात् 20 सेबों का क्रय मूल्य = ₹ 400

∴ 1 सेब का क्रय मूल्य $= \frac{400}{20} =$ ₹ 20

12 सेबों का विक्रय मूल्य = ₹ 264

∴ 1 सेब का विक्रय मूल्य $= \frac{264}{12} =$ ₹ 22

अत: लाभ प्रतिशत $= \frac{22-20}{20} \times 100 = 10\%$

161. (a) विक्रय मूल्य − क्रय मूल्य = लाभ

⇒ 1800 = क्रय मूल्य $\times \frac{20}{100}$

क्रय मूल्य $= 1800 \times \frac{100}{20} =$ ₹ 9000

162. (b) 288 सन्तरों का क्रय मूल्य = ₹ 115.20

तथा 288 सन्तरों का विक्रय मूल्य

$= 50 \times \frac{70}{100} + 46.20 = 35 + 46.20 =$ ₹ 81.20

∴ कुल हानि = 115.20 − 81.20 = ₹ 34

163. (c) व्यापारी का पूरे लेन-देन में हानि प्रतिशत

$= \left(-20 + 20 - \frac{20 \times 20}{100}\right)\%$

= − 4% अर्थात् 4% हानि

164. (d) 40 वस्तुओं का विक्रय मूल्य = 50

= वस्तुओं का क्रय मूल्य

⇒ $\frac{\text{क्रय मूल्य}}{\text{विक्रय मूल्य}} = \frac{40}{50}$

अत: अभीष्ट लाभ % $= \frac{50-40}{40} \times 100 = 25\%$

165. (b) अभीष्ट वृद्धि प्रतिशत

$= \frac{(3000-2500)}{2500} \times 100\%$

$= \frac{500}{2500} \times 100 = 20\%$

166. (d) माना क्रय मूल्य = ₹ 100

विक्रय मूल्य $= \frac{100 \times 75}{100} =$ ₹ 75

∵ 45% कम वजन प्रयोग करता है।

∴ 55% का वास्तविक क्रय मूल्य $= 100 \times \frac{55}{100} = 55$

∴ लाभ % $= \frac{75-55}{55} \times 100\%$

$= \frac{20 \times 100}{55}\% = \frac{400}{11}\% = 36\frac{4}{11}\%$

167. (c) माना सोहन x किग्रा चीनी दे रहा है।

∴ लाभ % $= \frac{\text{वास्तविक वजन} - \text{गलत वजन}}{\text{गलत वजन}} \times 100$

∴ $28 = \frac{3.2 - x}{x} \times 100 \Rightarrow 28x = 320 - 100x$

⇒ $x = \frac{320}{128} = 2.5$ किग्रा = 2500 ग्राम

168. (a) माना माल का अंकित मूल्य = ₹ y

तथा माना क्रय मूल्य = ₹ 100 ⇒ $\frac{y}{2} = 83 \Rightarrow y = 166$

अंकित मूल्य पर बेचने पर लाभ

$= \left(\frac{166-100}{100}\right) \times 100 = 66\%$

169. (c) माना बैग का क्रय मूल्य = 100%

∴ (27 − 12)% → ₹ 900

∴ 100% → $\frac{900}{15} \times 100 =$ ₹ 6000

170. (b) 11 सन्तरों का क्रय मूल्य = ₹ 10

∴ 1 सन्तरे का क्रय मूल्य = ₹$\frac{10}{11}$

अब, 10 सन्तरों का विक्रय मूल्य = ₹ 11

∴ 1 सन्तरे का विक्रय मूल्य = ₹ $\frac{11}{10}$

लाभ = ₹$\left(\frac{11}{10} - \frac{10}{11}\right) = \frac{121-100}{110} =$ ₹ $\frac{21}{110}$

लाभ % $= \frac{21}{110} \times \frac{100}{10} \times 11 = 21\%$

स्पीडी विधि

विक्रय मूल्य		क्रय मूल्य
10	╳	11
11		10
121	:	100

∴ लाभ % $= \frac{21}{100} \times 100 = 21\%$

171. (a) अभीष्ट लाभ % $= \frac{1000-930}{930} \times 100$

$= \frac{70 \times 100}{930} = \frac{700}{93} = 7\frac{49}{93}\%$

172. (a) माना वस्तु का क्रय मूल्य = ₹ x

प्रश्नानुसार, $\frac{110}{100}x - \frac{105}{100}x = 175$

⇒ $\frac{11}{10}x - \frac{21}{20}x = 175 \Rightarrow \frac{1}{20}x = 175$

⇒ $x = 3500$

∴ अभीष्ट विक्रय मूल्य $= 3500 \times \frac{21}{20} =$ ₹ 3675

173. (d) जब किसी वस्तु को समान मूल्य पर बेचा जाता है और एक पर $a\%$ लाभ तथा दूसरे पर $a\%$ की हानि होती है, तो अन्तत: पूरे लेन-देन में हानि ही होती है।

अभीष्ट हानि % $= \frac{a^2}{100}$

यहाँ, $a = 20\%$

अभीष्ट हानि % $= \frac{20 \times 20}{100} = 4\%$ (हानि)

174. (b) प्रश्नानुसार,

अंगूर का कुल क्रय मूल्य = 2000 × 10 = ₹ 20000

अंगूर का कुल विक्रय मूल्य = 2500 × 9.5 = ₹ 23750

∵ परिवहन शुल्क − ₹ 1000

अत: लाभ = ₹ [(23750) − (20000 + 1000)]

= ₹ 23750 − 21000 = ₹ 2750

175. (a) प्रश्नानुसार,

दुकानदार के लिए 550 ग्राम का क्रय मूल्य

$= \frac{40}{1000} \times 550 =$ ₹ 22

और 600 ग्राम का विक्रय मूल्य

$= \frac{42}{1000} \times 600 =$ ₹ 25.2

∴ अभीष्ट लाभ प्रतिशत

$= \frac{25.2 - 22}{22} \times 100 = 14.54\%$

176. (d) प्रश्नानुसार,

44 वस्तुओं का क्रय मूल्य = x वस्तुओं का विक्रय मूल्य

⇒ $\frac{\text{1वस्तु का क्रय मूल्य}}{\text{1वस्तु का विक्रय मूल्य}} = \frac{x}{44}$

∴ $x \times \frac{110}{100} = 44 \Rightarrow x \times \frac{110}{100} = 44 \Rightarrow x = 40$

$x = 40$

177. (d) घड़ी का विक्रय मूल्य

$= 4000 \times \frac{87}{100}$

$= ₹\ 3480$

178. (b) पहली घड़ी का क्रय मूल्य = ₹ 12000

लाभ = 10%

तब, विक्रय मूल्य $= \frac{12000 \times 110}{100}$

$= ₹\ 13200$

तथा दूसरी घड़ी का क्रय मूल्य = ₹ 20000

हानि = 20%

तब, विक्रय मूल्य $= 20000 \times \frac{80}{100}$

$= ₹\ 16000$

∴ दोनों घड़ियों का कुल क्रय मूल्य

$= 12000 + 20000$

$= ₹\ 32000$

तथा कुल विक्रय मूल्य

$= 13200 + 16000 = ₹\ 29200$

∴ हानि = क्रय मूल्य – विक्रय मूल्य

$= 32000 - 29200 = ₹\ 2800$

179. (b) दिया है, $L_1 - L_2 = 7$ ...(i)

प्रश्नानुसार, $\frac{100}{100 - L_1} \times 210 = \frac{100}{100 - L_2} \times 420$

$\Rightarrow \quad 200 - 2L_1 = 100 - L_2$

$2L_1 - L_2 = 100$ ...(ii)

समी (ii) से समी (i) को घटाने पर,

$L_1 = 93$

मेज की कीमत $= \frac{100}{100 - L_1} \times 210$

$= \frac{100}{100 - 93} \times 210 = \frac{100}{7} \times 210$

$= 100 \times 30 = ₹\ 3000$

180. (c) माना एक टीवी का मूल्य = ₹ x

तब, दूसरे टीवी का मूल्य = ₹ $(2280 - x)$

प्रश्नानुसार, $\frac{x \times 110}{100} = \frac{(2280 - x) \times 80}{100}$

$\Rightarrow \quad \frac{11x}{10} = \frac{(2280 - x) \times 4}{5}$

$\Rightarrow \quad 55x = 4 \times 22800 - 40x$

$\Rightarrow 55x + 40x = 91200$

$\Rightarrow \quad 95x = 91200$

$\Rightarrow \quad x = ₹\ 960$

तब, हानि पर बेचे गए टीवी का क्रय मूल्य

$= 2280 - x = 2280 - 960$

$= ₹\ 1320$

181. (a) प्रश्नानुसार,

क्रय मूल्य $= 1056 \times \frac{100}{(100 + 10)}$

$= 1056 \times \frac{100}{110} = ₹\ 960$

अब, नया विक्रय मूल्य = ₹ 800

∴ हानि % $= \left(\frac{960 - 800}{960}\right) \times 100$

$= \left(\frac{160}{960}\right) \times 100 = 16.66\%$

स्पीडी विधि

SP = ₹ 1056 ; लाभ $= 10\% = \frac{1}{10}$

CP : SP

10 : 11

$11 \rightarrow 1056$

$CP = 10 \rightarrow \frac{1056}{11} \times 10 = ₹\ 960$

CP	SP
960	800

(960 → 800 : – 160)

हानि % $= \frac{160}{960} \times 100 = 16.66\%$

182. (c) माना एक पेन का क्रय मूल्य = ₹ x

प्रश्नानुसार, $18x - 360 = 3x$

$\Rightarrow 18x - 3x = 360 \Rightarrow 15x = 360 \Rightarrow x = ₹\ 24$

183. (b) माना वस्तु का क्रय मूल्य = ₹ x

20% लाभ पर बेचने पर वस्तु का विक्रय मूल्य

$= x \times \frac{120}{100} = ₹\ \frac{6x}{5}$

प्रश्नानुसार, आधे मूल्य पर खरीदने पर क्रय मूल्य = ₹ $\frac{x}{2}$

तथा पूर्व विक्रय मूल्य पर बेचने पर लाभ प्रतिशत

$= \frac{\frac{6x}{5} - \frac{x}{2}}{\frac{x}{2}} \times 100 = \frac{\frac{12x - 5x}{10}}{\frac{x}{2}} \times 100$

$= \frac{7x \times 2}{10 \times x} \times 100 = 7 \times 2 \times 10 = 140\%$

स्पीडी विधि

माना CP = 100

20% लाभ पर बेचे = 120

प्रश्नानुसार, CP = 50, SP = 120 (+70)

लाभ = 70; लाभ % $= \frac{70}{50} \times 100 = 140\%$

184. (b) प्रश्नानुसार, 12 भुट्टे का मूल्य = ₹180

∴ 1 भुट्टे का मूल्य $= \frac{180}{12} = ₹15$

एक भुट्टे का विक्रय मूल्य = ₹22

∴ अभीष्ट लाभ प्रतिशत $= \frac{7}{15} \times 100 = 46.67\%$

185. (d) माना गेहूँ का आरम्भिक क्रय मूल्य = ₹ x

प्रश्नानुसार, $x \times \frac{75}{100} = x \times \frac{125}{100} - 40$

$\Rightarrow x \times \left(\frac{125 - 75}{100}\right) = 40 \Rightarrow x \times \frac{50}{100} = 40$

$\Rightarrow \quad x = ₹\ 80$

तब, गेहूँ का प्रारम्भिक विक्रय मूल्य $= 80 \times \frac{125}{100} = ₹\ 100$

स्पीडी विधि

नया विक्रय मूल्य	क्रय मूल्य	प्रारम्भिक विक्रय मूल्य
75	100	125

(75 से 125 तक का अंतर : 50)

50 इकाई = 40

125 इकाई $= \frac{40 \times 125}{50} = ₹\ 100$

186. (c) दिया है, C द्वारा B को भुगतान राशि

= ₹ 6875

∴ B द्वारा A को भुगतान राशि

$= 6875 \times \frac{100}{125} = ₹\ 5500$

∴ A के लिए क्रय मूल्य $= 5500 \times \frac{100}{110} = ₹\ 5000$

स्पीडी विधि

$A \times \frac{110}{100} \times \frac{125}{100} = 6875$

$A = \frac{6875 \times 100 \times 100}{110 \times 125} \Rightarrow A = ₹5000$

187. (d) माना क्रय मूल्य = ₹ x

लाभ = ₹ y

तब, विक्रय मूल्य = ₹ $(x + y)$

प्रश्नानुसार, $(x + y) \times 2 = x + 3y$

$\Rightarrow \quad 2x + 2y = x + 3y \Rightarrow \quad x = y$

अत: लाभ % $= \frac{y}{x} \times 100 = \frac{x}{x} \times 100 = 100\%$

188. (b) कलम का विक्रय मूल्य = ₹ 28.75

∴ क्रय मूल्य $= 28.75 \times \frac{100}{100 + 15} = \frac{2875}{115} = ₹\ 25$

∴ ₹ 25.75 में बेचने पर लाभ % $= \frac{25.75 - 25}{25} \times 100$

$= \frac{0.75}{25} \times 100 = \frac{75}{25} = 3\%$

स्पीडी विधि

$115\% \rightarrow 28.75$

$CP = 100\% \rightarrow \frac{2875}{100 \times 115} \times 100 = 25$

CP = 25, SP = 25.75 (+0.75)

लाभ% $= \frac{0.75}{25} \times 100 = 3\%$

189. (a) माना 1 किग्रा का क्रय मूल्य = ₹ x

∴ 1 किग्रा का विक्रय मूल्य $= x \times \frac{120}{100} = \frac{6}{5}x$

प्रश्नानुसार, 1 किग्रा की बजाय 900 ग्राम तौलता है।

तब नया क्रय मूल्य $= x \times \frac{900}{1000} = \frac{9}{10}x$

तथा सामान्य मूल्य से 10% कम कर देता है।

तब नया विक्रय मूल्य $= \frac{6}{5}x \times \frac{90}{100} = \frac{27}{25}x$

∴ अभीष्ट प्रतिशत लाभ $= \frac{\frac{27}{25}x - \frac{9}{10}x}{\frac{9}{10}x} \times 100$

$= \frac{54 - 45}{50} \times \frac{10}{9} \times 100$

$= \frac{9}{50} \times \frac{10}{9} \times 100 = 20\%$

स्पीडी विधि

1080 ← (–10%) 1200 ← (+20%) 1000 900

अभीष्ट लाभ % $= \frac{(1080 - 900)}{900} \times 100$

$= \frac{180 \times 100}{900} = 20\%$

190. (a) माना वस्तु का क्रय मूल्य ₹ x है।

प्रश्नानुसार, $x \times \left(\frac{100+14}{100}\right) = 3750 \times \left(\frac{100-24}{100}\right)$

$\Rightarrow 114x = 3750 \times 76 \Rightarrow x = \frac{3750 \times 76}{114}$

$\Rightarrow \quad x = ₹\, 2500$

191. (d) माना वस्तु का क्रय मूल्य = ₹ x

तथा विक्रय मूल्य = ₹ y

प्रश्नानुसार, $y \times \frac{100}{3} \times \frac{1}{100} = x \times \frac{100 - \frac{100}{3}}{100}$

$\Rightarrow \quad y \times \frac{100}{3} = x \times \frac{200}{3} \Rightarrow y = 2x$

अब, नया विक्रय मूल्य

$= y \times \frac{40}{100} = \frac{2y}{5} = \frac{2 \times 2x}{5} = \frac{4x}{5}$

$\therefore$ अभीष्ट हानि % $= \frac{x - \frac{4x}{5}}{x} \times 100 = \frac{1}{5} \times 100 = 20\%$

192. (c) माना वस्तु का क्रय मूल्य = ₹ x

प्रश्नानुसार, $x - 1170 = x \times \frac{22}{100}$

$100x - 1170 \times 100 = 22x$

$\Rightarrow \quad 78x = 117000 = ₹\, 1500$

अब वस्तु ₹ 1450 में बेचने पर हानि

$= 1500 - 1450 = ₹\, 50$

$\therefore$ अभीष्ट हानि प्रतिशत $= \frac{50}{1500} \times 100 = \frac{10}{3} = 3.3\%$

193. (d) माना 10% हानि पर बेची गई चावल की मात्रा = x किग्रा

$\therefore$ 25% लाभ पर बेची गई चावल की मात्रा

$= 840 - x$ किग्रा

प्रश्नानुसार,

$x \times \frac{90}{100} + (840 - x) \times \frac{125}{100} = 840 \times \frac{115}{100}$

$\Rightarrow \frac{9}{10}x + 840 \times \frac{5}{4} - \frac{5}{4}x = 840 \times \frac{23}{20}$

$\Rightarrow \quad \frac{9}{10}x - \frac{5}{4}x = 840\left(\frac{23}{20} - \frac{5}{4}\right)$

$\Rightarrow x\left(\frac{18-25}{20}\right) = 840\left(\frac{23-25}{20}\right)$

$\Rightarrow \ -\frac{7}{20}x = -840 \times \frac{2}{20} \Rightarrow x = \frac{840 \times 2}{7}$

$x = 240$ किग्रा

194. (a) हम जानते हैं कि जब दो वस्तुओं को समान मूल्य पर बेचा जाता है और एक पर $a\%$ लाभ तथा दूसरे पर $a\%$ हानि होती है, तो इस प्रकार के सौदे में सदैव हानि ही होती है।

कुल हानि प्रतिशत $= \frac{a^2}{100}$

$\therefore$ अभीष्ट हानि प्रतिशत $= \frac{40 \times 40}{100} = 16\%$ हानि

195. (b) विक्रय मूल्य = (100 − हानि %) × $\frac{\text{क्रय मूल्य}}{100}$

196. (c) क्रय मूल्य : विक्रय मूल्य

100 : 95

7 : 8

700 : 760

$\left[\because 5\% = \frac{5}{100}, 12\frac{1}{2}\% = \frac{1}{8}\right]$

लाभ % $= \frac{760 - 700}{700} \times 100\%$

$= \frac{60}{7}\% = 8\frac{4}{7}\%$

197. (b) विक्रय मूल्य = ₹ 1980

$\therefore$ लाभ $= 1980 \times \frac{1}{5} = 396$

$\therefore$ क्रय मूल्य = 1980 − 396 = 1584

$\therefore$ लाभ प्रतिशत $= \frac{396}{1584} \times 100 = 25\%$

> **स्पीडी विधि**
>
> लाभ = विक्रय मूल्य × $\frac{1}{5}$
>
> $\frac{\text{लाभ}}{\text{विक्रय मूल्य}} = \frac{1}{5}$
>
> $\therefore$ क्रय मूल्य = 5 − 1 = 4
>
> लाभ प्रतिशत $= \frac{1}{4} \times 100 = 25\%$

198. (b) हानि % $= \frac{460 - 414}{460} \times 100$

$= \frac{46}{460} \times 100 = 10\%$

199. (d) लाभ प्रतिशत $= \frac{(90-70)}{70} \times 100\%$

$= \frac{2000}{70}\% = 28.57\%$

200. (c) हानि प्रतिशत $= \frac{(300-200)}{300} \times 100\%$

$= \frac{100}{3}\% = 33.33\%$

201. (c) सही वजन = गलत वजन

100 = (100 − 33)

100 = 67

33 = लाभ

$\therefore$ लाभ % $= \frac{33}{67} \times 100 = \frac{3300}{67}\% = 49\frac{17}{67}$

202. (b) माना लैपटॉप का क्रय मूल्य = ₹ x

प्रश्नानुसार,

88000 $x = x$ 72000

$\Rightarrow \quad 2x = 160000$

$\therefore \quad x = \frac{160000}{2} = ₹\, 80000$

$\therefore$ लाभ प्रतिशत $= \frac{(96000 - 80000)}{80000} \times 100$

$= \frac{16000}{80000} \times 100 = 20\%$

203. (d) वस्तु का क्रय मूल्य

$= 450.30 \times \frac{100}{(100-21)}$

$= \frac{45030}{79} = ₹\, 570$

204. (a) मिस्टर राव द्वारा खरीदे गए लैपटॉप का मूल्य = ₹ 45000

$\because$ मिसेज शर्मा द्वारा खरीदे गए

लैपटॉप का मूल्य $= 45000 \times \frac{(100-12)}{100}$

$= 450 \times 88$

$= ₹\, 39600$

$\therefore$ इंजीनियरिंग विद्यार्थी द्वारा भुगतान की गई राशि

$= 39600 \times \left(\frac{100+12}{100}\right)$

$= 396 \times 112 = ₹\, 44352$

205. (d) $\because$ 400 चीकू का क्रय मूल्य

$= \frac{1280}{100} \times 400 = ₹\, 5120$

लाभ राशि = 980

$\therefore$ 400 चीकू का विक्रय मूल्य

= ₹ (5120 + 980) = 6100

$\therefore$ प्रति दर्जन चीकू का विक्रय मूल्य

$= \frac{6100}{400} \times 12 = ₹\, 183$

206. (a) प्रश्नानुसार,

50% लाभ अर्जित करने के लिए बढ़ाया हुआ विक्रय मूल्य

$= \frac{19.5}{125} \times 150 - 19.5$

$= 23.4 - 19.5 = ₹\, 3.9$

207. (a) माना वस्तु का क्रय मूल्य = ₹ $100x$

विक्रय मूल्य $= 100x \times \frac{108}{100} = ₹\, 108x$

प्रश्नानुसार, $95x \times \frac{112}{100} = 108x - 8$

$\Rightarrow \quad 106.4x = 108x - 8$

$\Rightarrow \quad 1.6x = 8 \Rightarrow x = 5$

अतः क्रय मूल्य $= 100x = 100 \times 5 = ₹\, 500$

208. (b) प्रश्नानुसार,

20% लाभ पर टॉफी की कीमत $= \frac{5 \times 120}{100} = ₹\, 6.00$

209. (c) प्रश्नानुसार,

विक्रेता द्वारा बढ़ाया गया विक्रय मूल्य

$= 20 \times \frac{130}{110} - 20$

$= 23.64 - 20 = ₹\, 3.64$

210. (d) माना रेफ्रिजरेटर का क्रय मूल्य ₹ R है।

गीजर का क्रय मूल्य ₹ G है।

प्रश्नानुसार,

$R \times 125\% + G \times 110\% = 30400$

$25R + 22G = 608000 \quad \ldots(i)$

$R \times 110\% + G \times 125\% = 30700$

$22R + 25G = 614000 \quad \ldots(ii)$

समी (ii) में 25 की गुणा और समी (i) में 22 की गुणा करके घटाने पर,

$(625G - 484G) = 15350000 - 13376000$

$141G = 1974000$

$G = 14000$

लाभ = 17%

$\because$ गीजर का विक्रय मूल्य $= 14000 \times \frac{117}{100}$

$= ₹\, 16380$

211. (d) विक्रय मूल्य = ₹ 80442

लाभ $= 80442 \times \frac{1}{6} = ₹\, 13407$

$\therefore$ क्रय मूल्य = 80442 − 13407 = ₹ 67035

अभीष्ट लाभ प्रतिशत $= \frac{13407}{67035} \times 100$

$= 20\%$

स्पीडी विधि

लाभ = विक्रय मूल्य $\times \frac{1}{6}$

$\Rightarrow \frac{\text{लाभ}}{\text{विक्रय मूल्य}} = \frac{1}{6}$

$\therefore$ क्रय मूल्य = 6 − 1 = 5

लाभ प्रतिशत = $\frac{1}{5} \times 100 = 20\%$

212. (c) विक्रय मूल्य = $900 \times \frac{(100-12)}{100}$

$= 900 \times \frac{88}{100} =$ ₹ 792

213. (d) वस्तु का क्रय मूल्य = $\frac{19}{110} \times 100$

$\therefore$ 40% लाभ पर विक्रय मूल्य

$= \frac{19}{110} \times 100 \times \frac{140}{100}$

$= \frac{19 \times 14}{11} = 24.18$

अत: विक्रय मूल्य में वृद्धि = 24.18 − 19

= ₹ 5.18

214. (c) $\because$ 12 मोबाइल का विक्रय मूल्य = 15 मोबाइल का क्रय मूल्य

$\therefore \frac{\text{विक्रय मूल्य}}{\text{क्रय मूल्य}} = \frac{15}{12} = \frac{5}{4}$

$\therefore$ अभीष्ट लाभ % = $\frac{1}{4} \times 100 = 25\%$

215. (a) $\because$ लाभ = $2\frac{22}{39}\% = \frac{100}{39 \times 100} = \frac{1}{39}$

जब, सही वजन = 40 ग्राम

गलत वजन = 39 ग्राम

1 किग्रा में गलत वजन = $\frac{39}{40} \times 1000 = 975$ ग्राम

स्पीडी विधि

$2\frac{22}{39}\% = \frac{100}{3900} = \frac{1}{39}$

लाभ = 1:39

वजन = 39 : 1

गलत वजन = $\frac{39}{40} \times 1000 = 975$ ग्राम

अत: व्यापारी 1 किग्रा के स्थान पर 975 ग्राम वजन का प्रयोग करेगा।

216. (d) R का क्रय मूल्य = 19758

Q का क्रय मूल्य = $\frac{19758}{89} \times 100 =$ ₹ 22200

P का क्रय मूल्य = $\frac{22200}{111} \times 100 =$ ₹ 20000

217. (a) 'C' के लिए वस्तु का क्रय मूल्य = ₹ 4914

B का क्रय मूल्य = $\frac{4914}{115} \times 100$

= ₹ 4273.04 ≈ ₹ 4273

A का क्रय मूल्य = $\frac{4273}{140} \times 100$

= ₹ 3052.14 ≈ ₹ 3052

218. (d) स्कूटर का विक्रय मूल्य = ₹ 40675

लाभ = $40675 \times \frac{1}{5} =$ ₹ 8135

क्रय मूल्य = (40675 − 8135)

= ₹ 32540

लाभ प्रतिशत = $\frac{8135 \times 100}{32540} = 25\%$

219. (b) 30 पुस्तकों का क्रय मूल्य

= 20 पुस्तकों का विक्रय मूल्य

$\therefore \frac{\text{क्रय मूल्य}}{\text{विक्रय मूल्य}} = \frac{20}{30} = \frac{2}{3}$

लाभ = 3 − 2 = 1

$\therefore$ लाभ प्रतिशत = $\frac{1}{2} \times 100 = 50\%$

220. (d) लाभ प्रतिशत = $\frac{600-500}{500} \times 100$

$= \frac{100}{500} \times 100 = 20\%$

221. (a) माना बाट का वास्तविक वजन = 100 ग्राम

वजन में कमी = 19%

$\therefore$ उपयोग करने वाले बाट का वजन

$= 100 \times \frac{(100-19)}{100} = 81$ ग्राम

लाभ = 100 − 81 = 19

$\therefore$ लाभ % = $\frac{19}{81} \times 100 = 23\frac{37}{81}\%$

222. (d) 25 गेंदों का क्रय मूल्य

= 20 गेंदों का विक्रय मूल्य

$\therefore \frac{\text{क्रय मूल्य}}{\text{विक्रय मूल्य}} = \frac{20}{25} = \frac{4}{5}$

$\therefore$ लाभ = 5 − 4 = 1

$\therefore$ अभीष्ट लाभ % = $\frac{1}{4} \times 100 = 25\%$

223. (b) माना वस्तु का विक्रय मूल्य ₹ 100 है।

$\therefore$ वस्तु का क्रय मूल्य = $100 \times \frac{75}{100} = 75$

लाभ = 100 − 75 = 25

लाभ % = $\frac{25}{75} \times 100 = 33\frac{1}{3}\%$

224. (c) गलत वजन का प्रयोग करके दुकानदार का लाभ = $15\% = \frac{3}{20}$

क्योंकि दुकानदार वजन पर लाभ कमाता है इसलिए 23 ग्राम के स्थान पर 20 ग्राम वजन का प्रयोग करता है।

$\therefore$ 23 ग्राम सही वजन $\Rightarrow$ 20 ग्राम गलत वजन

[1 ग्राम = $\frac{20}{23}$ ग्राम का प्रयोग]

1000 ग्राम सही वजन $\Rightarrow \frac{20}{23} \times 1000$

= 869.57 ग्राम गलत वजन

अत: दुकानदार 1 किग्रा के स्थान पर 869.57 ग्राम वजन का प्रयोग करता है।

225. (b) $28\% = \frac{28\ (\text{लाभ})}{100\ (\text{विक्रय मूल्य})}$

$\therefore$ 100 इकाई = ₹ 3200

$\Rightarrow$ 28 इकाई = ₹ 896 ...(i)

पुन: $28\% = \frac{28\ (\text{लाभ})}{100\ (\text{क्रय मूल्य})}$

अब, (100 + 28) इकाई = ₹ 3200

$\Rightarrow$ 28 इकाई = $\frac{3200 \times 28}{128} =$ ₹ 700 ...(ii)

$\therefore$ अभीष्ट अन्तर = 896 − 700 = ₹ 196

226. (a) माना वस्तु का क्रय मूल्य = 100 इकाई

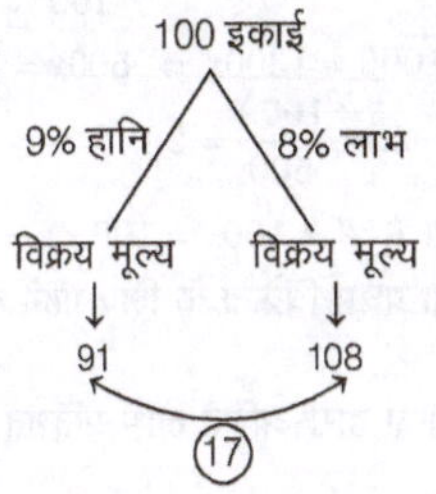

17 इकाई = ₹ 51

100 इकाई = $\frac{51 \times 100}{17} =$ ₹ 300

$\therefore$ क्रय मूल्य = ₹ 300

227. (d) लक्ष्मण के लिए फ्लैट का विक्रय मूल्य

$= \frac{950000 \times 108}{100} =$ ₹ 1026000

भरत के लिए विक्रय मूल्य = $\frac{1026000 \times 97}{100}$

= ₹ 995220

$\therefore$ लाभ = 1026000 − 995220

= ₹ 30780 (लक्ष्मण का)

228. (c) स्कूटर का कुल क्रय मूल्य

= 4700 + 800 = ₹ 5500

स्कूटर का विक्रय मूल्य = ₹ 5800

$\therefore$ लाभ = ₹ (5800 − 5500) = ₹ 300

लाभ प्रतिशत = $\frac{300}{5500} \times 100\% = \frac{60}{11}\% = 5\frac{5}{11}\%$

229. (c) माना क्रय मूल्य = ₹100

$\therefore$ विक्रय मूल्यों का अनुपात = (100 + 3) : (100 + 6)

= 103 : 106

230. (b) माना क्रय मूल्य = 100 इकाई

$\therefore$ (100 − 25) इकाई = ₹154005

$\Rightarrow$ 75 इकाई = ₹154005

$\Rightarrow$ (100 + 25) इकाई = $\frac{154005 \times 125}{75} =$ ₹ 256675

$\therefore$ अभीष्ट विक्रय मूल्य = ₹ 256675

231. (b) साइकिल का क्रय मूल्य

= 2500 + 300 = ₹ 2800

साइकिल का विक्रय मूल्य = ₹ 3000

$\therefore$ लाभ = 3000 − 2800 = ₹ 200

$\therefore$ लाभ प्रतिशत = $\frac{200}{2800} \times 100\%$

$= \frac{100}{14}\% = \frac{50}{7}\% = 7\frac{1}{7}\%$

232. (b) वस्तु का क्रय मूल्य = $20 \times \frac{100}{110} =$ ₹ $\frac{200}{11}$

20% लाभ के वस्तु का विक्रय मूल्य

$= \frac{200}{11} \times \frac{120}{100} =$ ₹ $\frac{240}{11}$

$\therefore$ अभीष्ट वृद्धि = $\left(\frac{240}{11} - 20\right)$

$= \frac{240-220}{11} = \frac{20}{11} = 1.82$

233. (d) अभीष्ट हानि प्रतिशत = $\frac{(20)^2}{100} = \frac{400}{100} = 4\%$

234. (d) माना वस्तु का क्रय मूल्य = ₹ $100x$

$\therefore$ वस्तु का विक्रय मूल्य = $100x \times \frac{80}{100} =$ ₹ $80x$

प्रश्नानुसार, $80x + 100 = 100x \times \frac{130}{100}$

$\Rightarrow \quad 800x + 1000 = 1300x \Rightarrow \; 500x = 1000$

$\therefore \qquad x = \frac{1000}{500} = 2$

$\therefore$ वस्तु का क्रय मूल्य $= 100x = 100 \times 2 =$ ₹ 200

235. (b) माना प्रथम विक्रेता के लिए गहने का क्रय मूल्य = ₹ 100

तथा तीसरे विक्रेता द्वारा अर्जित लाभ प्रतिशत $= x$

प्रश्नानुसार,

$100 \times \frac{120}{100} \times \frac{125}{100} \times \frac{(100+x)}{100} = 100 \times \frac{180}{100}$

$\Rightarrow 150 \times \frac{(100+x)}{100} = 180 \Rightarrow \frac{100+x}{100} = \frac{180}{150}$

$\Rightarrow \; 100 + x = \frac{6}{5} \times 100 \Rightarrow 100 + x = 120$

$\therefore \qquad x = 120 - 100 = 20\%$

236. (a) प्रश्नानुसार,

$(150000 - 30000) \times \frac{P}{100} = 30000$

$\Rightarrow P = \frac{30000 \times 100}{120000} \Rightarrow P = 25\%$

237. (b) माना खरीदे गए कुल सन्तरों की संख्या $= x$

सन्तरों का कुल क्रय मूल्य $= \frac{150}{100} \times x =$ ₹ $1.50x$

$\therefore$ सन्तरों का कुल विक्रय मूल्य $= \frac{24}{12} \times x =$ ₹ $2x$

प्रश्नानुसार, $2x - 1.5x = 1000$

$0.5x = 1000 \Rightarrow \; x = 2000$

238. (c) प्रश्नानुसार, कैलकुलेटर का क्रय मूल्य

$= 1080 \times \frac{100}{90} =$ ₹ 1200

कैलकुलेटर का नया विक्रय मूल्य = ₹ 1350

$\therefore$ लाभ % $= \frac{(1350 - 1200)}{1200} \times 100$

$= \frac{150}{1200} \times 100 = 12\frac{1}{2}\%$

239. (b) लाभ % $= \frac{(15500 - 12000)}{12000} \times 100$

$= \frac{3500 \times 100}{12000}$

$= 29.166\%$

$\approx 29.17\%$

240. (c) पंखे का विक्रय मूल्य $= 2000 \times \frac{(100 - 15)}{100}$

$= 2000 \times \frac{85}{100} =$ ₹ 1700

241. (d) माना मेज की उत्पादन लागत = ₹ x

प्रश्नानुसार, $x \times \frac{110}{100} \times \frac{112}{100} \times \frac{115}{100} = 1771$

$\Rightarrow \qquad x \times \frac{11}{10} \times \frac{28}{25} \times \frac{23}{20} = 1771$

$\Rightarrow \qquad x = \frac{1771 \times 25 \times 20 \times 10}{11 \times 28 \times 23} =$ ₹ 1250

242. (d) $\because$ 16 बल्बों का विक्रय मूल्य

= 24 बल्बों का क्रय मूल्य

$\therefore \frac{\text{बल्बों का विक्रय मूल्य}}{\text{बल्बों का क्रय मूल्य}} = \frac{24}{16} = \frac{3}{2}$

$\therefore$ लाभ % $= \frac{(3-2) \times 100}{2} = 50\%$

243. (b) माना साइकिल का क्रय मूल्य = ₹ $100x$

प्रश्नानुसार, $105x - 83x = 1056 \Rightarrow 22x = 1056$

$\therefore \qquad x = \frac{1056}{22} = 48$

अत: साइकिल का क्रय मूल्य $= 48 \times 100 =$ ₹ 4800

244. (c) सामान का मूल क्रय मूल्य = ₹ 3600

अतिरिक्त व्यय $= 3600 \times \frac{5}{100} =$ ₹ 180

कुल क्रय मूल्य $= 3600 + 180 =$ ₹ 3780

अत: 15% लाभ अर्जित करने के लिए,

विक्रय मूल्य $= 3780 \times \frac{115}{100} =$ ₹ 4347

245. (b) माना किताब का क्रय मूल्य = ₹ x

10% लाभ पर,

किताब का विक्रय मूल्य = ₹ $\frac{110}{100}x$

अब, किताब को दोगुने मूल्य पर बेचने पर,

किताब का नया विक्रय मूल्य $= 2 \times \frac{110x}{100} =$ ₹ $\frac{220x}{100}$

$\therefore \qquad$ लाभ % $= \left(\frac{\frac{220}{100}x - x}{x}\right) \times 100$

$= \frac{120}{100} \times 100 = 120\%$

246. (d) प्रश्नानुसार,

(3200 – क्रय मूल्य) = (3000 – क्रय मूल्य) $\times \frac{7}{5}$

$\Rightarrow$ 16000 – 5 क्रय मूल्य = 21000 – 7 क्रय मूल्य

$\Rightarrow \qquad$ 2 क्रय मूल्य = 21000 – 16000

$\Rightarrow \qquad$ क्रय मूल्य $= \frac{5000}{2} =$ ₹ 2500

247. (a) $\because$ एक कैंडी का क्रय मूल्य = ₹ $\frac{1}{6}$

50% लाभ प्राप्त करने के लिए,

एक कैंडी का विक्रय मूल्य

= क्रय मूल्य (100% + लाभ%)

$= \frac{1}{6} \times (150\%)$

$= \frac{1}{6} \times \frac{150}{100} = \frac{1}{6} \times \frac{3}{2} = \frac{1}{4}$

$\therefore$ अत: ₹ 1 की 4 कैंडी बेचनी होगी।

248. (a) माना निकिता का प्रथम निवेश $= 200x$

तथा द्वितीय निवेश $= 300x$

अब, प्रथम निवेश के पश्चात् राशि

$= 200x \times \frac{110}{100} = 220x$

तथा द्वितीय निवेश के पश्चात् राशि

$= 300x \times \frac{80}{100} = 240x$

$\therefore$ हानि % $= \frac{500x - (240x + 220x)}{500x} \times 100$

$= \frac{40x}{500x} \times 100 = 8\%$

249. (a) ₹ 40 प्रति किग्रा मूल्य वाली 50 किग्रा चीनी का कुल मूल्य $= 40 \times 50 =$ ₹ 2000

₹ 30 प्रति किग्रा मूल्य वाली 70 किग्रा चीनी का कुल मूल्य $= 30 \times 70 =$ ₹2100

कुल क्रय मूल्य = ₹ (2000 + 2100)

= ₹ 4100

20% लाभ पर कुल विक्रय मूल्य

$= \frac{4100 \times 120}{100} =$ ₹ 4920

$\therefore$ प्रति किलोग्राम विक्रय मूल्य $= \frac{4920}{120} =$ ₹ 41

250. (c) माना क्रय मूल्य = ₹ x

प्रश्नानुसार, $1980 - x = x - 1620$

$\Rightarrow \; 2x = 3600 \; \Rightarrow \; x = 1800$

$\therefore$ 15% लाभ पर मूल्य $= 1800 \times \frac{115}{100} =$ ₹ 2070

251. (d) प्रश्नानुसार,

रामू ने रवि को भुगतान किया = ₹ 1485

रवि की हानि = 10%

$\therefore$ रवि ने वस्तु खरीदी $= 1485 \times \frac{100}{90} =$ ₹ 1650

252. (c) लाभ % $= \frac{5680 - 4350}{4350} \times 100$

$= 30.57\%$ या 30.6%

253. (d) माना डेस्कटॉप पर लाभ ₹ x है।

$\therefore$ डेस्कटॉप का विक्रय मूल्य = ₹ $9x$

तब, क्रय मूल्य $= 9x - x =$ ₹ $8x$

$\therefore$ अभीष्ट लाभ प्रतिशत $= \frac{x}{8x} \times 100 = \frac{1}{8} \times 100 = 12.5\%$

254. (d) 2 बोतलों का क्रय मूल्य = ₹100

2 बोतलों का विक्रय मूल्य $= 2 \times 100 =$ ₹ 200

अत: लाभ प्रतिशत $= \frac{200 - 100}{100} \times 100 = 100\%$

255. (a) पेन का क्रय मूल्य = ₹ 600

पेन का विक्रय मूल्य $= \frac{600 \times 80}{100} =$ ₹ 480

नोटबुक का क्रय मूल्य = ₹ 4000

नोट बुक का विक्रय मूल्य $= \frac{4000 \times 68}{100} =$ ₹ 2720

हानि $= (600 + 4000) - (480 + 2720)$

$= 4600 - 3200 =$ ₹ 1400

$\therefore$ हानि प्रतिशत $= \frac{1400}{4600} \times 100 = 30.43\%$

256. (a) माना वस्तु का क्रय मूल्य ₹ x है।

प्रश्नानुसार, $x \times \frac{92}{100} + 36 = \frac{x \times 112}{100}$

$\Rightarrow \quad \frac{23x}{25} + 36 = x \times \frac{112}{100} \; \Rightarrow \; \frac{28x}{25} - \frac{23x}{25} = 36$

$\Rightarrow \quad \frac{5x}{25} = 36 \Rightarrow \quad x = \frac{36 \times 25}{5} =$ ₹180

257. (a) लाभ प्रतिशत $= \frac{625 - 500}{500} \times 100$

$= \frac{125}{500} \times 100 = 25\%$

258. (a) 1 वस्तु का क्रय मूल्य = ₹ 1

1 वस्तु का विक्रय मूल्य = ₹ 1.23

$\therefore \quad$ लाभ % $= \frac{123 - 1}{1} \times 100 = 23\%$

259. (b) कुल हानि % $= 20 - 20 - \frac{20 \times 20}{100}$

$= -4\% = 4\%$ हानि

260. (b) माना बैग का क्रय मूल्य = ₹x

प्रश्नानुसार, $x \times \frac{40}{100} = 880$

$x = 880 \times \frac{100}{40} =$ ₹ 2200

261. (b) माना प्रत्येक वस्तु का क्रय मूल्य = ₹x

∴ 20% लाभ पर बेची गई वस्तु का विक्रय मूल्य

$$= x \times \frac{120}{100} = \frac{6}{5}x$$

तथा 25% लाभ पर बेची गई वस्तु का विक्रय मूल्य

$$= \frac{125}{100}x = \frac{5}{4}x$$

$$\therefore \text{कुल विक्रय मूल्य} = \frac{6}{5}x + \frac{5}{4}x$$

$$= \frac{24x + 25x}{20} = \frac{49x}{20}$$

$$\therefore \text{ अभीष्ट लाभ \%} = \frac{\frac{49}{20}x - 2x}{2x} \times 100$$

$$= \frac{49 - 40}{20 \times 2} \times 100 = \frac{9}{2} \times 5 = 22.5\%$$

262. (a) 1 मी कपड़े का विक्रय मूल्य

$$= ₹\,\frac{5850}{65} = ₹90$$

लाभ = ₹ 11 प्रति मी

∴ 1 मी कपड़े का क्रय मूल्य = 90 − 11 = ₹ 79

263. (d) माना दुकानदार ने x वस्तु ₹ P में खरीदी उसी x वस्तु से y वस्तु को ₹ P में बेच दी।

$$\therefore \text{ प्रत्येक वस्तु का क्रय मूल्य} = ₹\frac{P}{x}$$

$$\therefore \text{ प्रत्येक वस्तु का विक्रय मूल्य} = ₹\frac{P}{y};\ \text{लाभ} = \frac{P}{y} - \frac{P}{x}$$

$$\text{प्रश्नानुसार, } \frac{\frac{P}{y} - \frac{P}{x}}{\frac{P}{x}} \times 100 = 300$$

$$\Rightarrow \frac{\frac{Px - Py}{xy}}{\frac{P}{x}} = 3 \Rightarrow \frac{Px(x-y)}{Pxy} = 3$$

$$\Rightarrow \frac{x}{y} - 1 = 3 \Rightarrow \frac{x}{y} = \frac{4}{1}$$

$$\therefore \text{ बेचा गया भाग} = \frac{1}{4}$$

264. (c) माना 1 किग्रा अनाज का क्रय मूल्य ₹ x है।

∴ अनाज का कुल क्रय मूल्य = ₹ $250x$

लाभ = ₹ $160x$

$$\therefore \text{ लाभ प्रतिशत} = \frac{160x}{250x} \times 100 = 64\%$$

265. (b) माना वस्तु का क्रय मूल्य = $100x$

$$\text{प्रश्नानुसार, } 100x \times \frac{112}{100} \times \frac{91}{100} = 15288$$

$$x = \frac{15288 \times 100}{112 \times 91} = 150$$

वस्तु का क्रय मूल्य = 150 × 100 = ₹ 15000

अतः A द्वारा बेचने पर प्राप्त मूल्य

$$= 15000 \times \frac{112}{100} = ₹\,16800$$

266. (c) प्रश्नानुसार, क्रय मूल्य = विक्रय मूल्य $\times \frac{7}{6}$

$$\frac{\text{क्रय मूल्य}}{\text{विक्रय मूल्य}} = \frac{7}{6};\ \text{हानि} = 7 - 6 = 1$$

$$\text{हानि \%} = \frac{1}{7} \times 100 = 14.285\% \approx 14.29\%$$

267. (b) 1 दर्जन पेन की कीमत = ₹190

∴ 20 दर्जन पेन की कीमत = 20 × 190 = ₹ 3800

आने-जाने का खर्च = ₹ 200

कुल कीमत = 3800 + 200 = ₹4000

तब, 240 पेन की कीमत = ₹ 4000

$$\therefore 1 \text{ पेन की कीमत} = \frac{4000}{240} = ₹\frac{50}{3}$$

1 पेन का विक्रय मूल्य = ₹ 22

$$\text{लाभ} = 22 - \frac{50}{3} = ₹\frac{16}{3}$$

$$\therefore \text{ लाभ प्रतिशत} = \frac{\frac{16}{3}}{\frac{50}{3}} \times 100 = \frac{16}{50} \times 100 = 32\%$$

268. (b) माना वस्तु का विक्रय मूल्य = ₹ x

$$\therefore \text{ वस्तु का क्रय मूल्य} = ₹\,\frac{5x}{8}$$

$$\therefore \text{ लाभ} = x - \frac{5x}{8} = ₹\,\frac{3x}{8}$$

$$\text{अतः अभीष्ट लाभ \%} = \frac{\frac{3x}{8}}{\frac{5x}{8}} \times 100 = 60\%$$

269. (b) क्रय मूल्य = 236 − 46 = ₹ 190

$$\text{अतः लाभ \%} = \frac{46}{190} \times 100 = 24.21\%$$

270. (d) माना 1 किग्रा टमाटर का मूल्य = ₹ $100x$

$$120\% \text{ वृद्धि करने पर मूल्य} = 100x \times \frac{220}{100} = 220x$$

प्रश्नानुसार, $220x - 100x = 720$

$$\Rightarrow 120x = 720 \Rightarrow x = 6$$

अतः नया मूल्य = $220x$ = 220 × 6 = ₹ 1320

271. (b) प्रश्नानुसार, $35 = \frac{560}{\text{क्रय मूल्य}} \times 100$

क्रय मूल्य = ₹ 1600

∴ विक्रय मूल्य = 1600 + 560 = ₹ 2160

272. (b) माना क्रय मूल्य = ₹ x

प्रश्नानुसार, $(4550 - x) = 5(x - 3290)$

$$\Rightarrow 4550 - x = 5x - 16450$$

$$\Rightarrow 6x = 21000$$

$$\Rightarrow x = ₹\,3500$$

∴ 20% लाभ पर विक्रय मूल्य

$$= 3500 \times \frac{120}{100} = ₹\,4200$$

273. (d) माना वस्तु का क्रय मूल्य = $100x$

तब, वस्तु का विक्रय मूल्य = $90x$

वस्तु का नया क्रय मूल्य = $70x$

$$\therefore \text{ वस्तु का नया विक्रय मूल्य} = 70x \times \frac{140}{100} = 98x$$

प्रश्नानुसार, $98x - 90x = 20$

$$\Rightarrow 8x = 20 \Rightarrow x = 2.5$$

अतः वस्तु का क्रय मूल्य = $100x$ = 100 × 2.5

= ₹ 250

$$\textbf{274. (b)}\ \text{क्रय मूल्य} = \frac{4400}{80} \times 100 = ₹\,5500$$

275. (b) माना P ने कुर्सी ₹$100x$ में खरीदी।

∴ Q के लिए कुर्सी का खरीद मूल्य

$$= 100x \times \frac{140}{100} = ₹140x$$

तथा R के लिए कुर्सी का खरीद मूल्य

$$= 140x \times \frac{180}{100} = ₹252x$$

अतः P और R के क्रय मूल्य का अनुपात

$$= 100x : 252x = 25 : 63$$

$$\textbf{276. (a)}\ \text{लाभ \%} = \frac{3500 - 2800}{2800} \times 100$$

$$= \frac{700}{2800} \times 100 = 25\%$$

277. (d) क्रय मूल्य : विक्रय मूल्य = 20 : 25

$$\text{लाभ प्रतिशत} = \frac{(25 - 20)}{20} \times 100$$

$$= \frac{5}{20} \times 100 = 25\%$$

स्पीडी विधि

CP	:	SP
20	:	25
4	:	5

$$\therefore \text{ लाभ \%} = \frac{(5-4)}{4} \times 100 = 25\%$$

278. (c) माना वस्तु का क्रय मूल्य = $100x$

जब वस्तु 20% हानि पर बेची जाए

तब, विक्रय मूल्य = $80x$

जब वस्तु 20% लाभ पर बेची जाए

तब, विक्रय मूल्य = $120x$

प्रश्नानुसार, $120x - 80x = 160$

$$40x = 160$$

$$\therefore \text{ क्रय मूल्य} = \frac{160}{40x} \times 100x = ₹\,400$$

25% लाभ पर,

$$\text{विक्रय मूल्य} = 400 \times \frac{125}{100} = ₹500$$

279. (b) दिया है,

पहली बाइक का क्रय मूल्य = ₹ 24000

प्रश्नानुसार, पहली बाइक का विक्रय मूल्य

$$= 24000 \times \frac{(100 + 20)}{100} = ₹\,28800$$

दूसरी बाइक का क्रय मूल्य = ₹ 20000

दूसरी बाइक का विक्रय मूल्य

$$= 20000 \times \frac{(100 - 30)}{100} = ₹14000$$

कुल क्रय मूल्य = 24000 + 20000 = ₹ 44000

कुल विक्रय मूल्य = 28800 + 14000 = ₹ 42800

∴ हानि = 44000 − 42800 = ₹ 1200

280. (a) लैपटॉप का 25% लाभ पर विक्रय मूल्य

= ₹ 35000

$$\text{तो लैपटॉप का क्रय मूल्य} = \frac{35000}{125} \times 100 = ₹\,28000$$

30% लाभ के लिए,

$$\text{लैपटॉप का विक्रय मूल्य} = \frac{28000}{100} \times 130 = ₹\,36400$$

281. (a) कुल क्रय मूल्य = 4000 + 500 = ₹ 4500

विक्रय मूल्य = ₹ 5000

$$\therefore \text{ लाभ प्रतिशत} = \frac{(5000 - 4500)}{4500} \times 100 = 11.11\%$$

282. (a) विक्रय मूल्य (SP) = ₹ 1056,

लाभ = 20%

$$\text{क्रय मूल्य (CP)} = \frac{1056}{120} \times 100 = ₹\,880$$

हानि = ₹ (880 − 800) = ₹ 80

$$\therefore \text{ हानि प्रतिशत} = \frac{80}{880} \times 100 = 9.09\%$$

283. (b) क्रय मूल्य $= \frac{5688}{(100-10)} \times 100 = ₹ 6320$

∴ 20% लाभ पर बेचने के लिए विक्रय मूल्य

$= \frac{6320}{100} \times 120 = ₹ 7584$

284. (b) माना वस्तु का क्रय मूल्य $= ₹ x$

20% हानि पर,

वस्तु का विक्रय मूल्य $= x \times \left(\frac{100-20}{100}\right)$

$= x \times \frac{80}{100} = \frac{80x}{100} = \frac{4x}{5}$

∴ क्रय मूल्य : विक्रय मूल्य $= x : \frac{4x}{5} = 5 : 4$

स्पीडी विधि

हानि $= 20\% = \frac{20}{100} = \frac{1}{5}$

CP = 5 तथा SP = 5 − 1 = 4

∴ CP : SP = 5 : 4

285. (c) माना वस्तु का क्रय मूल्य (CP) $= ₹100x$

तो विक्रय मूल्य (SP) $= \frac{100x}{100} \times 80 = ₹80x$

प्रश्नानुसार, नया CP $= ₹ 70x$, नया SP

$= ₹(80x + 125)$

पुन: प्रश्नानुसार, $\frac{70x}{100} \times 150 = ₹(80x + 125)$

$\Rightarrow \quad 105x = 80x + 125 \Rightarrow 25x = 125$

$\therefore \quad x = 5$

अत: क्रय मूल्य $= 100x = ₹ 500$

286. (d) 100 पैसे में = 20 पेन

1 पेन का क्रय मूल्य $= \frac{100}{20} = 5$ पैसे

तथा 1 पेन का विक्रय मूल्य $= \frac{100}{15}$ या $\frac{20}{3}$ पैसे

∴ लाभ प्रतिशत $= \frac{\frac{20}{3}-5}{5} \times 100 = \frac{\frac{5}{3}}{5} \times 100 =$ 33.33%

स्पीडी विधि

लाभ % $= \frac{(20-15)}{15} \times 100 = \frac{100}{3}\% = 33.33\%$

287. (c) विक्रय मूल्य = ₹ 28000

तथा हानि = 30%

तब, क्रय मूल्य $= \frac{28000}{70} \times 100 = ₹ 40000$

अब, 25% के लाभ पर विक्रय मूल्य

$= \frac{40000}{100} \times 125 = ₹ 50000$

स्पीडी विधि

अभीष्ट विक्रय मूल्य $= \frac{28000}{70} \times 125 = ₹ 50000$

288. (c) हानि प्रतिशत $= \left(\frac{6000-5500}{6000}\right) \times 100$

$= \frac{500}{6000} \times 100 = 8.33\%$

289. (a) माना क्रय मूल्य $= ₹ x$

प्रश्नानुसार, $x \times \frac{20}{100} = 132$

$\Rightarrow \quad x = ₹ 660$

अत: विक्रय मूल्य $= 660 \times \frac{120}{100} = ₹ 792$

स्पीडी विधि

$20\% \rightarrow 132$

$120\% \rightarrow \frac{132 \times 120}{20} = ₹ 792$

अत: विक्रय मूल्य = ₹ 792

290. (c) दिया है, हानि = 36%

माना क्रय मूल्य = ₹ 100

तो विक्रय मूल्य $= \left[100 \times \frac{64}{100}\right] = ₹ 64$

$\therefore \quad CP : SP = 100 : 64 = 25 : 16$

291. (d) दिया है, $5 \times CP = 3 \times SP$

$\Rightarrow \quad \frac{CP}{SP} = \frac{3}{5}$

∴ लाभ प्रतिशत $= \frac{5-3}{3} \times 100$

$= 66.66\%$

292. (d) प्रश्नानुसार, क्रय मूल्य $= \frac{11480}{82} \times 100$

$= ₹ 14000$

₹ 15540 में बेचने पर लाभ

$= 15540 - 14000 = ₹ 1540$

∴ लाभ प्रतिशत $= \frac{1540}{14000} \times 100 = 11\%$

293. (b) 35 कलम का क्रय मूल्य = ₹1

35 कलम को ही 40% लाभ पर बेचने पर,

विक्रय मूल्य $= 1 \times \frac{140}{100} = ₹ 1.4$

∴ अभीष्ट पेन की संख्या $= \frac{35}{1.4} = 25$

294. (b) माना वस्तुओं की कुल संख्या $= y$

तथा एक वस्तु का मूल्य $= ₹ x$

कुल वस्तुओं का क्रय मूल्य $= ₹ xy$

प्रश्नानुसार, कुल वस्तुओं का विक्रय मूल्य

$= \left(y \times \frac{70}{100} \times x \times \frac{120}{100}\right) + \left(y \times \frac{30}{100} \times x \times \frac{90}{100}\right)$

$= \left(\frac{84xy}{100} + \frac{27xy}{100}\right) = \frac{111xy}{100}$

∴ लाभ % $= \left(\frac{\frac{111xy}{100} - xy}{xy}\right) \times 100$

$= \left(\frac{111xy - 100xy}{100\,xy}\right) \times 100$

$= \frac{11xy}{xy} = 11\%$

स्पीडी विधि

70% $\left(\frac{7}{10}\text{वाँ हिस्सा}\right)$ = 20% लाभ पर

शेष 30% $\left(\frac{3}{10}\text{वाँ हिस्सा}\right)$ = 10% हानि पर

∴ कुल लाभ % $= \frac{7}{10} \times 20 + \frac{3}{10} \times (-10)$

$= 14 - 3 = 11\%$

295. (b) माना क्रय मूल्य $= ₹100x$

तथा विक्रय मूल्य $= ₹ 25x$

∴ हानि % $= \frac{100x - 25x}{100x} \times 100 = 75\%$

स्पीडी विधि

$SP = CP \times \frac{25}{100}$

$\therefore \quad \frac{SP}{CP} = \frac{1}{4}$

हानि% $= \frac{3}{4} \times 100 = 75\%$

296. (a) 35 आम का क्रय मूल्य = ₹ 1

35 आम को 30% हानि पर बेचने पर विक्रय मूल्य

$= 1 \times \frac{70}{100} = ₹ 0.70$

अर्थात् 30% हानि के लिए,

₹ 0.7 में = 35 आम

₹ 1 में $= \frac{35}{0.7} = 50$ आम

स्पीडी विधि

1 आम का क्रय मूल्य $= \frac{1}{35}$

30% हानि पर, विक्रय मूल्य

$= \frac{1}{35} \times \frac{70}{100} = \frac{2}{100} = \frac{1}{50}$

अत: ₹ 1 में 50 आम बेचने पर 30% की हानि होगी

297. (a) माना वस्तु का क्रय मूल्य $= ₹ 100x$

10% हानि पर विक्रय मूल्य $= ₹ 90x$

30% कम पर क्रय मूल्य $= ₹ 70x$

10% लाभ पर बेचने पर नया विक्रय मूल्य

$= 70x \times \frac{110}{100} = ₹ 77x$

प्रश्नानुसार, नए और पुराने विक्रय मूल्य का अन्तर

$90x - 77x = 26$

$\Rightarrow \quad 13x = 26 \Rightarrow x = 2$

∴ वस्तु का क्रय मूल्य $= 100x = 100 \times 2 = ₹ 200$

स्पीडी विधि

नया CP	नया SP	SP	CP
70	77	90	100

70 → 77: +10%; 90 → 100: −10%; 70 → 100: −30%

प्रश्नानुसार, (90 − 77) इकाई = 26

13 इकाई = 26

100 इकाई $= \frac{26}{13} \times 100 = ₹ 200$

298. (c) 6 पेन का क्रय मूल्य = 5 पेन का विक्रय मूल्य

$\Rightarrow \quad \frac{1 \text{ पेन का क्रय मूल्य}}{1 \text{ पेन का विक्रय मूल्य}} = \frac{5}{6}$

∴ लाभ % $= \frac{6-5}{5} \times 100 = \frac{1}{5} \times 100 = 20\%$

299. (d) मेज का क्रय मूल्य $= \frac{6875}{125} \times 100$

$= ₹ 5500$

300. (d) प्रश्नानुसार,

A का क्रय मूल्य $= 5000 \times \frac{100}{125} =$ ₹ 4000

B का क्रय मूल्य $= 5000 \times \frac{100}{90} =$ ₹ $\frac{50000}{9}$

अत: अभीष्ट अनुपात $= 4000 : \frac{50000}{9}$

$= 36000 : 50000 = 18 : 25$

301. (b) बल्ले की कुल लागत मूल्य

$= 2320 + 180 =$ ₹ 2500

विक्रय मूल्य = ₹ 2400 (दिया है)

$\therefore$ हानि % $= \frac{2500-2400}{2500} \times 100$

$= \frac{100}{2500} \times 100 = 4\%$

302. (c) सामान का कुल क्रय मूल्य = ₹ 600

माना शेष सामान को $x\%$ लाभ पर बेचा गया।

प्रश्नानुसार,

$600 \times \frac{1}{5} \times \frac{80}{100} + 600 \times \frac{4}{5} \times \frac{(100+x)}{100}$

$= 600 \times \frac{130}{100}$

$\Rightarrow 96 + 480 + 4.8x = 780$

$\Rightarrow 4.8x = 204 \Rightarrow x = 42.5\%$

303. (a) माना वस्तु का क्रय मूल्य = ₹ x

$900 - x = 2(x - 450) \Rightarrow 900 - x = 2x - 900$

$\Rightarrow 3x = 1800 \Rightarrow x =$ ₹ 600

अत: 25% लाभ पर वस्तु का विक्रय मूल्य

$= 600 \times \frac{125}{100} =$ ₹ 750

304. (b) माना एक आम का क्रय मूल्य = ₹ x

25% लाभ पर एक आम का विक्रय मूल्य

$= x \times \frac{125}{100} =$ ₹ $\frac{5x}{4}$

प्रश्नानुसार, $x \times \frac{140}{100} - \frac{5x}{4} + 3 \Rightarrow \frac{7x}{5} - \frac{5x}{4} = 3$

$\Rightarrow \frac{28x - 25x}{20} = 3 \Rightarrow 3x = 60 \Rightarrow x =$ ₹ 20

स्पीडी विधि

प्रश्नानुसार, $(40-25)\% = 3 \Rightarrow 15\% = 3$

$100\% = \frac{3}{15} \times 100 =$ ₹ 20

अत: आम का क्रय मूल्य = ₹ 20

305. (d) माना उत्पाद का क्रय मूल्य = ₹ 100

उत्पाद का विक्रय मूल्य $= 100 \times \frac{120}{100} =$ ₹ 120

$\therefore$ अभीष्ट अनुपात $= 120 : 100 = 6 : 5 = \frac{6}{5}$

306. (c) 50 कुर्सियों का क्रय मूल्य = ₹ 50000

तथा 50 कुर्सियों का विक्रय मूल्य

$=$ ₹ $\frac{50000 \times 135}{100}$

$=$ ₹ 67500

माना 1 कुर्सी की सामान्य कीमत = ₹ x

प्रश्नानुसार, $30x + \frac{20x \times 3}{4} = 67500$

$\Rightarrow 30x + 15x = 67500 \Rightarrow 45x = 67500$

$\Rightarrow x =$ ₹ 1500

307. (a) अब, दूध में 15 लीटर पानी मिलाने पर,

प्रति लीटर क्रय मूल्य

$= \frac{1630}{(90+15)} =$ ₹ 15.52 प्रति लीटर

तथा प्रति लीटर दूध का विक्रय मूल्य = ₹ 19 प्रति लीटर

$\therefore$ लाभ % $= \left(\frac{19 - 15.52}{15.52}\right) \times 100 = 22\frac{64}{163}\%$

308. (d) हानि % = क्रय मूल्य – विक्रय मूल्य

$= \frac{(5-3)}{5} \times 100 = \frac{2}{5} \times 100 = 40\%$

309. (b) दिया है, चीनी की कुल मात्रा = 1000 किग्रा

प्रश्नानुसार,

6% 12%

10%

2% 4%

1 : 2

3 इकाई = 1000 किग्रा; 1 इकाई = 333.33 किग्रा

अत: वह 333.33 किग्रा चीनी को 6% लाभ पर बेचेगा।

310. (a) गलत वजन = 925 ग्राम

सही वजन = 1000 ग्राम

अन्तर = 100 – 925 = 75 ग्राम

लाभ प्रतिशत $= \frac{75}{925} \times 100$

$= 8.11\%$

311. (b) माना वस्तु का क्रय मूल्य = ₹ x

प्रश्नानुसार, $x \times \left(1 + \frac{10}{100}\right) - x \times \left(1 + \frac{5}{100}\right) = 5$

$\Rightarrow \left(x \times \frac{110}{100}\right) - \left(\frac{x \times 105}{100}\right) = 5$

$\Rightarrow x \times \frac{5}{100} = 5 \Rightarrow x = 100$

अत: अभीष्ट अनुपात $= \left(100 \times \frac{105}{100}\right) : \left(\frac{100 \times 110}{100}\right)$

$= 21 : 22$

स्पीडी विधि

$(10-5)\% = 5;\ 5\% = 5;\ 100\% = 100$

$\therefore$ अभीष्ट अनुपात $= 100 \times \frac{105}{100} : 100 \times \frac{110}{100}$

$= 21 : 22$

312. (d) माना 1000 ग्राम चावल का क्रय मूल्य

= ₹ 1000

20% कम वजन का उपयोग करने पर,

800 ग्राम चावल का विक्रय मूल्य = ₹ 1000

15% के लाभ पर,

800 ग्राम चावल का विक्रय मूल्य

$= 1000 \times \frac{115}{100} =$ ₹ 1150

$\therefore$ लाभ % $= \frac{\left(\frac{1150}{800} \times 1000 - 1000\right)}{1000} \times 100$

$= \left(\frac{\frac{11500}{8} - 1000}{1000}\right) \times 100$

$= \frac{3500}{8} \times \frac{1}{10} = 43.75\%$

313. (b) शहद का कुल मूल्य $= 40 \times 30 =$ ₹ 1200

20% पानी मिलाने पर शहद की मात्रा

$= 40 \times \left(1 + \frac{20}{100}\right) = 40 \times \frac{120}{100} = 48$ ग्राम

15% कीमत बढ़ाने पर शहद का मूल्य

$= 30 \times \left(1 + \frac{15}{100}\right) = 30 \times \frac{115}{100} =$ ₹ 34.5 किग्रा

कुल विक्रय मूल्य $= 48 \times 34.5 =$ ₹ 1656

अत: लाभ $= 1656 - 1200 =$ ₹ 456

314. (b) माना सोनी के लिए मोबाइल का क्रय मूल्य = ₹ x

प्रश्नानुसार, $x \times \frac{110}{100} \times \frac{95}{100} \times \frac{120}{100} =$ ₹ 6270

$\Rightarrow x = \frac{6270 \times 100 \times 100 \times 100}{110 \times 95 \times 120}$

$\Rightarrow x =$ ₹ 5000

315. (a) माना 100 माल का क्रय मूल्य ₹ 100 है उसने 60 माल को बेचा 25% लाभ पर विक्रय मूल्य ₹ 75 और क्रय मूल्य पर 40 सामान, विक्रय मूल्य = ₹ 40

लाभ % $= \frac{75 + 40 - 100}{100} \times 100 = 15\%$

316. (d) दिया है, घर की कीमत = ₹ 100000

A द्वारा B को 6% के लाभ पर बेचने पर विक्रय मूल्य

$= 100000 \times \left(1 + \frac{6}{100}\right)$

$=$ ₹ 106000

B द्वारा A को 3% के हानि पर बेचने पर विक्रय मूल्य

$= 106000 \times \left(1 - \frac{3}{100}\right)$

$= 106000 \times \frac{97}{100} =$ ₹ 102820

$\therefore$ पूरे लेन-देन में लाभ

$= 102820 - 100000 =$ ₹ 2820

317. (b) सेल्समैन द्वारा खरीदे गए सामान का क्रय मूल्य

= ₹ 1250

तथा इसी सामान का विक्रय मूल्य = ₹ 1000

$\therefore$ हानि % $= \frac{(1250 - 1000)}{1250} \times 100$

$= \frac{250 \times 100}{1250} = 20\%$

318. (a) माना दुकानदार के एक महीने का कुल क्रय मूल्य = ₹ x

प्रश्नानुसार, $x \times \frac{136}{100} = 614856$

$\Rightarrow 136x = 614856 \times 100$

$\therefore x = \frac{614856 \times 100}{136}$

$=$ ₹ 452100

$\therefore$ दुकानदार का कुल लाभ

$= (614856 - 452100)$

$=$ ₹ 162756

319. (c) कुल क्रय मूल्य = ₹ (56000 + 22000)

= ₹ 78000

कुल विक्रय मूल्य $= 56000 \times \frac{120}{100} + 22000 \times \frac{115}{100}$

$= 67200 + 25300 =$ ₹ 92500

लाभ प्रतिशत $= \left[\frac{92500 - 78000}{78000}\right] \times 100\%$

$= \frac{14500}{780}\% = \frac{725}{39}\% = 18\frac{23}{39}\%$

320. (a) मोबाइल फोन का क्रय मूल्य = ₹ 27000

तथा हानि = 19%

∴ मोबाइल फोन का विक्रय मूल्य

$= 27000 \times \frac{(100-19)}{100}$

$= 27000 \times \frac{81}{100} =$ ₹ 21870

प्रश्नानुसार, टैबलेट का क्रय मूल्य = ₹ 21870

तथा लाभ = 20%

∴ टैबलेट का विक्रय मूल्य $= 21870 \times \frac{120}{100}$

= ₹ 26244

∴ कुल क्रय मूल्य = (27000 + 21870) = ₹ 48870

कुल विक्रय मूल्य = 21870 + 26244 = ₹ 48114

अत: क्रय मूल्य > विक्रय मूल्य

∴ कुल हानि = ₹ (48870 − 48114) = ₹ 756

स्पीडी विधि

कुल प्रतिशत $= \left\{x\% + y\% + \frac{x\%\, y\%}{100}\right\}$

यहाँ $x\% = -19\%$

$y = +20\%$

$= \left[-19\% + 20\% + \frac{(-19\% + 20\%)}{100}\right]$

= [1% − 3.8%]

= − 2.8% [∴ यहाँ − कुल हानि प्रतिशत है।]

∴ कुल हानि $= 27000 \times \frac{2.8}{100} = 756$

321. (b) दूध का क्रय मूल्य = ₹ 60

दूध का विक्रय मूल्य $= 60 \times \frac{110}{100} =$ ₹ 66

दूध का नया क्रय मूल्य = ₹ 62

अब, दूध वाले का नया लाभ प्रतिशत

$= \frac{(66-62)}{62} \times 100 = \frac{4}{62} \times 100 = 6.45\%$

322. (a) प्रत्येक बैग का विक्रय मूल्य = ₹ 1260

∴ 20% लाभ पर बेचे गए बैग का क्रय मूल्य

$= 1260 \times \frac{100}{120} =$ ₹ 1050

20% हानि पर बेचे गए बैग का क्रय मूल्य

$= 1260 \times \frac{100}{80} =$ ₹ 1575

∴ कुल विक्रय मूल्य = 1260 × 2 = ₹ 2520

∴ कुल क्रय मूल्य = ₹ 1050 + 1575 = ₹ 2625

अत: क्रय मूल्य > विक्रय मूल्य

∴ हानि % $= \frac{(2625-2520)}{2625} \times 100$

$= \frac{105}{2625} \times 100 = 4\%$

स्पीडी विधि

जब दो वस्तुओं का विक्रय मूल्य समान हो तथा एक वस्तु पर 'a%' का लाभ व दूसरे पर 'a%' की हानि हुई हो तब,

हर बार पूरे लेन-देन में $\frac{a^2}{100}$% की हानि होती है।

अत: कुल हानि % $= \frac{20^2}{100} = \frac{400}{100} = 4\%$

323. (a) माना A के लिए वस्तु का क्रय मूल्य = $100x$

∴ B के लिए, क्रय मूल्य = $116x$

A का लाभ = $116x - 100x = 16x$

C के लिए क्रय मूल्य या B के लिए विक्रय मूल्य

$= 116x \times \frac{85}{100} = 116x \times \frac{17}{20}$

B को हुई हानि $= 116x - 116x \times \frac{17}{20}$

$= 116x\left(1 - \frac{17}{20}\right) = 116x \times \frac{3}{20}$

C का लाभ $= 116x \times \frac{17}{20} \times \frac{20}{100} = 116x \times \frac{17}{100}$

प्रश्नानुसार, $116x \times \frac{17}{100} - 16x = 248$

$\Rightarrow \frac{x}{100}(1972 - 1600) = 248$

$x = \frac{248 \times 100}{372}$

B को हुई हानि $= 116 \times \frac{248 \times 100}{372} \times \frac{3}{20} =$ ₹ 1160

324. (d) माना विक्रय मूल्य ₹ 100 है।

तब, क्रय मूल्य = 94

∴ लाभ प्रतिशत $= \frac{100-94}{94} \times 100$

$= \frac{6}{94} \times 100 = \frac{600}{94} = 6.4\%$

325. (c) माना सही वजन का मूल्य ₹ 100 है।

∴ क्रय मूल्य $= 100 \times \frac{76}{100} = 76$

तथा विक्रय मूल्य $= 100 \times \frac{113}{100} = 113$

∴ लाभ प्रतिशत $= \frac{113-76}{76} \times 100$

$= \frac{37 \times 100}{76}$

$= 48.68\%$

326. (a) क्रय मूल्य = ₹ 1200,

विक्रय मूल्य = ₹ 900

तब, हानि प्रतिशत $= \frac{1200-900}{1200} \times 100$

$= \frac{300}{12} = 25\%$

327. (a) कार का क्रय मूल्य = ₹ 247000

मरम्मत पर खर्च = ₹ 18000

प्रभावी क्रय मूल्य = 247000 + 18000

= ₹ 265000

कार का विक्रय मूल्य = ₹ 278250

∴ लाभ = 278250 − 265000 = ₹ 13250

∴ अभीष्ट लाभ प्रतिशत $= \frac{13250}{265000} \times 100 = 5\%$

328. (d) दो कमीज का विक्रय मूल्य = ₹ 3360

चार कमीज का क्रय मूल्य = ₹ 5600

दो कमीज का क्रय मूल्य $= \frac{5600}{4} \times 2 =$ ₹ 2800

∴ लाभ = 3360 − 2800 = ₹ 560

∴ अभीष्ट लाभ प्रतिशत $= \frac{560}{2800} \times 100 = 20\%$

329. (a) क्रय मूल्य

$= 23 \times \left(\frac{100}{100+15}\right) = 23 \times \frac{100}{115}$

क्रय मूल्य = ₹ 20

नया विक्रय मूल्य = ₹ 2125

लाभ = 2125 − 20 = ₹ 125

∴ लाभ प्रतिशत $= \frac{125}{20} \times 100 = 6.25\%$

330. (d) वस्तु का क्रय मूल्य

$= 360 \times \frac{100}{100-10} = \frac{36000}{90} =$ ₹ 400

वस्तु का 20% लाभ पर विक्रय मूल्य

$= 400 \times \left(\frac{100+20}{100}\right) = 4 \times 120 =$ ₹ 480

स्पीडी विधि

नया विक्रय मूल्य $= 360 \times \frac{100}{90} \times \frac{120}{100} =$ ₹ 480

09

बट्टा/छूट

बट्टा का सामान्य अर्थ छूट है। अंकित मूल्य में की गई कमी ही **बट्टा/छूट** कहलाती है।

- **अंकित मूल्य** किसी वस्तु पर मुद्रित मूल्य उस वस्तु का अंकित मूल्य कहलाता है। अंकित मूल्य को **सूची मूल्य** भी कहा जाता है।
- **विक्रय मूल्य** किसी वस्तु के अंकित मूल्य से बट्टे/छूट की राशि निकालने या कम करने के बाद दुकानदार/विक्रेता वस्तु को जिस मूल्य पर बेचता है, वस्तु का **विक्रय मूल्य** कहलाता है।

  विक्रय मूल्य = अंकित मूल्य − बट्टा

  छूट/बट्टा = अंकित मूल्य − विक्रय मूल्य

  $$\text{बट्टा/छूट प्रतिशत} = \frac{\text{बट्टा/छूट}}{\text{अंकित मूल्य}} \times 100\%$$

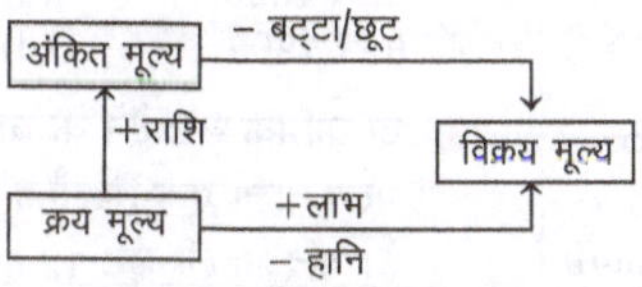

बट्टे से सम्बन्धित महत्त्वपूर्ण सूत्र

- $\text{विक्रय मूल्य} = \text{अंकित मूल्य} \times \left(\frac{100 - \text{बट्टा \%}}{100}\right)$
- $\text{अंकित मूल्य} = \left(\frac{\text{विक्रय मूल्य}}{100 - \text{बट्टा \%}}\right) \times 100$
- $\text{बट्टा/छूट प्रतिशत} = \left(\frac{\text{अंकित मूल्य} - \text{विक्रय मूल्य}}{\text{अंकित मूल्य}}\right) \times 100\%$
- a वस्तु खरीदने पर b वस्तु मुफ्त दी जाये, तो $\text{छूट \%} = \frac{b}{(a+b)} \times 100\%$
- यदि किसी वस्तु पर $r\%$ छूट देकर भी $R\%$ का लाभ/हानि प्राप्त करना हो, तो $\text{अंकित मूल्य} = \text{क्रय मूल्य} \times \left(\frac{100 \pm R}{100 - r}\right)$

क्रमागत बट्टा

यदि किसी वस्तु के अंकित मूल्य पर व्यापारी/विक्रेता द्वारा दो या दो से अधिक लगातार/क्रमशः छूट दी जाती है, तो यह छूट **क्रमागत बट्टा/छूट** कहलाता है। यदि अंकित मूल्य दिया गया हो और क्रमिक बट्टा $x_1\%, x_2\%, \ldots$ हों, तो

$$\text{विक्रय मूल्य} = \text{अंकित मूल्य} \times \left(\frac{100 - x_1\%}{100}\right) \times \left(\frac{100 - x_2\%}{100}\right) \times \ldots$$

उदाहरण 1. एक साइकिल का अंकित मूल्य ₹ 29500 है। यदि इसे 22% और 10% की दो क्रमागत छूट पर बेचा जाता है, तब साइकिल का विक्रय मूल्य ज्ञात कीजिए।

हल दिया है, साइकिल का अंकित मूल्य = ₹ 29500

22% और 10% की दो क्रमागत छूट के बाद विक्रय मूल्य

$$= 29500 \times \left(\frac{100-22}{100}\right) \times \left(\frac{100-10}{100}\right)$$

$$= 29500 \times \frac{78}{100} \times \frac{90}{100} = 20709$$

समतुल्य बट्टा

किसी विक्रेता अथवा व्यापारी द्वारा अंकित मूल्य पर दी जाने वाली दो या दो से अधिक छूट के समतुल्य एकल छूट को **समतुल्य बट्टा/छूट** कहा जाता है।

- यदि दो बट्टे क्रमशः $x\%$ तथा $y\%$ हों, तब

  $$\text{समतुल्य एकल बट्टा} = \left(x + y - \frac{xy}{100}\right)\%$$

उदाहरण 2. 30% और 20% का एकल समतुल्य बट्टा ज्ञात कीजिए।

हल $\text{एकल समतुल्य बट्टा} = \left(30 + 20 - \frac{30 \times 20}{100}\right)\% = 44\%$

- यदि तीन बट्टे क्रमशः $x\%$, $y\%$ तथा $z\%$ हों, तब

  $$\text{समतुल्य एकल बट्टा} = \left[1 - \left(1 - \frac{x}{100}\right)\left(1 - \frac{y}{100}\right)\left(1 - \frac{z}{100}\right)\right] \times 100\%$$

उदाहरण 3. 15%, 20% और 25% के तीन क्रमागत छूट के समतुल्य छूट क्या होगी?

हल $\text{अभीष्ट समतुल्य छूट} = \left[1 - \left(1 - \frac{15}{100}\right)\left(1 - \frac{20}{100}\right)\left(1 - \frac{25}{100}\right)\right] \times 100$

$$= \left[1 - \frac{85}{100} \times \frac{80}{100} \times \frac{75}{100}\right] \times 100$$

$$= \left[1 - \frac{17}{20} \times \frac{4}{5} \times \frac{3}{2}\right] \times 100 = \frac{196}{400} \times 100 = 49\%$$

SSC एग्जाम स्कैनर

SSC CGL 2024 (Tier I & II)

1. एक किराने की दुकान का मालिक, मुरलीधर अपने ग्राहकों को एक छूट स्कीम 5 पानी की बोतलें खरीदें और 1 बोतल मुफ्त पाएँ प्रदान करता है। मुरलीधर द्वारा दी गई प्रभावी प्रतिशत छूट कितनी है?। (दो दशमलव स्थानों तक मान दीजिए) SSC CGL (Tier-II) 20/01/2025 Shift-I

(a) 13.67% (b) 20.00%
(c) 13.33% (d) 16.67%

2. गणतन्त्र दिवस के अवसर पर एक खुदरा स्टोर एक स्कीम देता है, जहाँ ग्राहक अपनी कुल खरीद पर 26% की छूट का लाभ उठा सकते हैं। यदि मनीष ₹2050 की वस्तुएँ खरीदता है, तो वह स्कीम छूट के द्वारा कितनी राशि (₹ में) बचाएगा ? SSC CGL (Tier-II) 18/01/2025 Shift-I

(a) 511 (b) 522
(c) 544 (d) 533

3. एक सेल्समैन के लिए एक वस्तु की लागत ₹ 1000 है। वह इसका अंकित मूल्य ₹ 1500 निर्धारित करता है। वह इसे एक ग्राहक को 20% की छूट पर बेचता है। वह प्रत्येक नकद भुगतान पर 10% की अतिरिक्त छूट देता है। सेल्समैन को बिक्री पर होने वाला हानि या लाभ प्रतिशत ज्ञात कीजिए। SSC CGL (Tier-I) 26/09/2024 Shift-III

(a) हानि 10% (b) लाभ 10%
(c) लाभ 8% (d) हानि 8%

4. किसी स्टोर में एक इलेक्ट्रॉनिक घड़ी का अंकित मूल्य ₹ 15620 है और यह 27% की छूट पर उपलब्ध है। यदि कोई ग्राहक स्टोर से खरीदारी करता है, तो उसके द्वारा चुकाया गया मूल्य (₹ में, निकटतम दहाई स्थान तक) कितना है? SSC CGL (Tier-I) 26/09/2024 Shift-II

(a) 10800 (b) 12500
(c) 11400 (d) 9880

5. एक व्यक्ति पहले किसी वस्तु की कीमत में 8% की वृद्धि करता है और फिर वह 18% की छूट की घोषणा करता है मूल कीमत पर वास्तविक छूट (% में) कितनी है? SSC CGL (Tier-I) 26/09/2024 Shift-I

(a) 11.44 (b) 14.44
(c) 9.44 (d) 8.44

6. 15%, 20% और 5% की क्रमिक छूट के तुल्य एकल छूट क्या है? SSC CGL (Tier-I) 25/09/2024 Shift-III

(a) 20% (b) 35.4% (c) 32.5% (d) 32%

7. नए वर्ष की सेल के दौरान, एक दुकानदार अपने ग्राहकों को 5 स्वेटर खरीदें, 2 स्वेटर मुफ्त पाएं छूट योजना की पेशकश करता है। दुकानदार द्वारा दिया जाने वाला प्रभावी छूट-प्रतिशत ज्ञात कीजिए। SSC CGL (Tier-I) 25/09/2024 Shift-II

(a) $22\frac{2}{9}\%$ (b) 30%
(c) $28\frac{4}{7}\%$ (d) 25%

8. रोहिणी एक थोक दुकान से ₹ 1700 में ब्लूटूथ हेडफोन सेट खरीदती है और उसका अंकित मूल्य ₹ 2000 निर्धारित करती है। बाद में, वह इसकी बिक्री पर 40% की छूट देती है। उसका हानि या लाभ प्रतिशत क्या है (दो दशमलव स्थानों तक सही)? SSC CGL (Tier-I) 25/09/2024 Shift-I

(a) 29.41% लाभ (b) 25.19% लाभ
(c) 29.41% हानि (d) 25.19% हानि

9. यदि किसी बैग का अंकित मूल्य क्रय मूल्य से 25% अधिक है, और उस पर 18% की छूट घोषित की गई है, तो लाभ प्रतिशत ज्ञात कीजिए। SSC CGL (Tier-I) 24/09/2024 Shift-III

(a) 2.5% (b) 1.5%
(c) 2.0% (d) 3.0%

10. एक वस्तु 17% और x% की क्रमिक छूटों के बाद ₹ 747 में बेची जाती है। यदि वस्तु का अंकित मूल्य ₹ 1600 है, तो x का मान क्या है? SSC CGL (Tier-I) 24/09/2024 Shift-II

(a) ₹ 40.28 (b) ₹ 32.26
(c) ₹ 22.12 (d) ₹ 43.75

11. 60%, 70% और 80% की क्रमिक छूट किस एकल छूट के बराबर है? SSC CGL (Tier-I) 23/09/2024 Shift-III

(a) 97.6% (b) 70%
(c) 95.5% (d) 85%

12. एक बेडशीट का अंकित मूल्य ₹ 500 है। इसकी बिक्री के समय, इस पर 10% और 5% की दो क्रमिक छूट उपलब्ध हैं। बेडशीट का विक्रय मूल्य (₹ में) ज्ञात कीजिए। SSC CGL (Tier-I) 23/09/2024 Shift-II

(a) 430.00 (b) 432.50
(c) 445.00 (d) 427.50

13. अमित और बिलाल क्रमश: ₹ 1500 और ₹ 2000 का सामान खरीदते हैं। अमित अपनी वस्तुओं पर y% अधिक मूल्य अंकित करता है, जबकि बिलाल अपनी वस्तुओं पर $2y$% अधिक मूल्य अंकित करता है और y% की छूट प्रदान करता है। यदि दोनों समान लाभ कमाते हैं, तो y का मान ज्ञात कीजिए। SSC CGL (Tier-I) 23/09/2024 Shift-I

(a) 11.5 (b) 10.5
(c) 12 (d) 12.5

14. एक व्यापारी रेफ्रिजरेटर की खरीद पर निम्नलिखित छूट-योजना प्रदान करता है। SSC CGL (Tier-I) 23/09/2024 Shift-I

(i) 10% की छूट के बाद 8% की छूट
(ii) 12% और 10% की क्रमिक छूट
(iii) 12% की दो क्रमिक छूट
(iv) 20% की छूट

किस योजना में विक्रय मूल्य सबसे कम है?

(a) (iii) (b) (ii)
(c) (i) (d) (iv)

15. एक कुकर पर ₹ 12500 अंकित है। विक्रेता इस पर 6%, 6% और 4% की क्रमिक छूट प्रदान करता है। कुकर का शुद्ध विक्रय मूल्य क्या है? SSC CGL (Tier-I) 19/09/2024 Shift-III

(a) ₹ 10306 (b) ₹ 12230
(c) ₹ 10603.20 (d) ₹ 12320.60

16. ₹ 275 अंकित मूल्य वाली एक वस्तु को 5% छूट पर बेचा जाता है। विक्रेता अभी भी 4.5% लाभ प्राप्त करता है। उसने इसके लिए कितना भुगतान किया था? SSC CGL (Tier-I) 19/09/2024 Shift-II

(a) ₹ 200 (b) ₹ 250
(c) ₹ 125 (d) ₹ 225

17. एक पर्स की खरीद पर 10% एवं 20% की क्रमागत छूट दी जाती है। यदि पर्स का अंकित मूल्य ₹ 2250 है, विक्रय मूल्य ज्ञात करें। SSC CGL (Tier-I) 19/09/2024 Shift-I

(a) ₹ 1620 (b) ₹ 1320
(c) ₹ 1290 (d) ₹ 1520

18. दो क्रमिक छूट देने के बाद ₹ 150 अंकित मूल्य वाला एक खिलौना ₹ 105 में बेचा जाता है। यदि पहली छूट 12.5% है, तो दूसरी छूट कितनी है? SSC CGL (Tier-I) 18/09/2024 Shift-II

(a) 18% (b) 21%
(c) 20% (d) 22%

19. एक दुकानदार खरीदारों के लिए निम्नलिखित छूट योजनाएँ प्रदान करता है।

I. 15% और 20% की दो क्रमिक छूट
II. 25% और 10% की क्रमिक छूट
III. 33% की छूट

किस योजना के तहत विक्रय मूल्य न्यूनतम होगा? SSC CGL (Tier-I) 18/09/2024 Shift-I

(a) II (b) III
(c) I (d) I या II

20. एक टीवी सेट का अंकित मूल्य ₹ 18500 है। यदि डीलर 20% और 5% की दो क्रमिक छूटें देता है, तो टीवी कितने में उपलब्ध है? SSC CGL (Tier-I) 17/09/2024 Shift-III

(a) ₹ 14000 (b) ₹ 15060
(c) ₹ 15000 (d) ₹ 14060

21. एक दुकानदार अपने माल पर 40% की छूट देता है। वह 20% की अतिरिक्त छूट भी देता है। इन दो क्रमिक छूटों के बराबर एकल छूट कितनी है? SSC CGL (Tier-I) 17/09/2024 Shift-II
(a) 50% (b) 60%
(c) 62% (d) 52%

22. एक दुकानदार अपने क्रय मूल्य से 20% अधिक मूल्य अंकित करता है। यदि वह 30% की छूट देता है, तो उसका हानि प्रतिशत ज्ञात कीजिए। SSC CGL (Tier-I) 17/09/2024 Shift-I
(a) 25% (b) 16%
(c) 15% (d) 20%

23. एक निर्माता अपने डीलरों को अपने उत्पाद पर 30% की व्यापार छूट प्रदान करता है। एक डीलर ₹ 25000 प्रत्येक की दर से कम्पनी द्वारा निर्मित 6 स्मार्ट फोन खरीदता है। व्यापार छूट की राशि क्या होगी?
SSC CGL (Tier-I) 13/09/2024 Shift-III
(a) ₹ 55000 (b) ₹ 105000
(c) ₹ 50000 (d) ₹ 45000

24. किसी इन्वॉइस पर 10% और 16% की क्रमिक छूटें .... की एकल छूट के बराबर है।
SSC CGL (Tier-I) 13/09/2024 Shift-II
(a) 22.4% (b) 23.4%
(c) 24.4% (d) 21.4%

25. एक निश्चित बिल पर 25% की छूट तथा 15% और 20% की दो क्रमिक छूटों के बीच का अन्तर ₹ 28 था। बिल की राशि ज्ञात कीजिए। SSC CGL (Tier-I) 12/09/2024 Shift-III
(a) ₹ 550 (b) ₹ 500
(c) ₹ 450 (d) ₹ 400

26. एक वस्तु का अंकित मूल्य (MP) ₹ 180 था और इसे 15% की छूट पर बेचा गया, ₹ में छूट ज्ञात करें। SSC CGL (Tier-I) 12/09/2024 Shift-II
(a) 18 (b) 15
(c) 27 (d) 12

27. एक दुकानदार ने एक वस्तु पर ₹ 5000 मूल्य अंकित किया। दुकानदार 20%, 15% और 10% की क्रमिक छूट देता है। वस्तु का विक्रय मूल्य क्या है? SSC CGL (Tier-I) 12/09/2024 Shift-I
(a) ₹ 3060 (b) ₹ 3000
(c) ₹ 2800 (d) ₹ 2750

28. यदि राम एक पंखा खरीदता है, तो उसे 8% की छूट मिलती है, हालाँकि, यदि वह तीन पंखे खरीदता है, तो उसे पहले पर 6%, दूसरे पर 10% और तीसरे पर 12% की छूट मिलती है। यदि राम द्वारा तीन पंखों के लिए भुगतान की गई राशि 6800 है, तो प्रत्येक पंखे का अंकित मूल्य क्या होगा?
SSC CGL (Tier-I) 11/09/2024 Shift-III
(a) ₹ 2500 (b) ₹ 2450
(c) ₹ 2400 (d) ₹ 2550

29. एक बल्ले का क्रय मूल्य उसके अंकित मूल्य का 75% है। 15% की छूट देने के बाद लाभ प्रतिशत की गणना करें।
SSC CGL (Tier-I) 11/09/2024 Shift-II
(a) 21.33% (b) 18.16%
(c) 13.33% (d) 25.6%

30. एक दुकानदार किसी वस्तु के अंकित मूल्य पर 20% की छूट देता है और इस प्रकार 10% का लाभ प्राप्त करता है। वस्तु के क्रय मूल्य और अंकित मूल्य का अनुपात ज्ञात करें।
SSC CGL (Tier-I) 10/09/2024 Shift-III
(a) 8 : 11 (b) 9 : 13
(c) 7 : 10 (d) 11 : 14

31. फेस्टिवल सीजन में बिक्री के दौरान ₹1000 के अंकित मूल्य वाली कॉंस्य की एक वस्तु, 20% और 30% और 10% की तीन क्रमागत छूटों के बाद बेची जाती है। एक महिला ग्राहक द्वारा फेस्टिवल सीजन के दौरान वस्तु खरीदने पर भुगतान की जाने वाली राशि (₹ में) क्या होगी? SSC CGL (Tier-I) 10/09/2024 Shift-III
(a) 564 (b) 504
(c) 496 (d) 508

32. 40% और 30% की दो क्रमिक छूट .... की एकल छूट के बराबर हैं।
SSC CGL (Tier-I) 10/09/2024 Shift-II
(a) 35% (b) 70%
(c) 60% (d) 58%

33. यदि अंकित मूल्य पर 65% की छूट और 30% और 40% की दो क्रमिक छूट के बाद विक्रय मूल्य के बीच का अन्तर ₹ 105 है, तो अंकित मूल्य (₹ में) क्या है?
SSC CGL (Tier-I) 10/09/2024 Shift-I
(a) 1320 (b) 1500
(c) 1650 (d) 1050

34. रमेश ने 19 नवम्बर, 2019 को एक डीलर से कुछ सामान खरीदा। बिल ₹ 5480 का हुआ। उसने 10 नवम्बर, 2019 को भी कुछ सामान खरीदा था, जिसका बिल मूल्य ₹ 9800 था। उन्होंने इस बार दोनों बिलों का भुगतान किया और कुल राशि का नकद भुगतान किया यदि डीलर 10 दिनों के भीतर किए गए भुगतान पर 2% छूट और खरीद के समय नकद भुगतान के लिए 5% छूट की योजना देता है, तो रमेश द्वारा 19 नवम्बर, 2019 को भुगतान की गई राशि ज्ञात कीजिए।
SSC CGL (Tier-I) 10/09/2024 Shift-I
(a) ₹ 14850 (b) ₹ 14890
(c) ₹ 14810 (d) ₹ 14950

35. एक वस्तु का अंकित मूल्य उसके क्रय मूल्य से 26% अधिक है। यदि 32% की छूट दी जाती है, तो हानि प्रतिशत क्या होगा?
SSC CGL (Tier-I) 09/09/2024 Shift-II
(a) 15.25% (b) 18.64%
(c) 14.32% (d) 12.26%

36. एक वस्तु पर ₹ 550 अंकित है। यदि इसे 40% की छूट पर बेचा जाता है, तो विक्रय मूल्य इसके क्रय मूल्य से 10% अधिक हो जाता है। क्रय मूल्य (₹ में) ज्ञात करें।
SSC CGL (Tier-I) 09/09/2024 Shift-I
(a) 300 (b) 200
(c) 330 (d) 220

SSC CGL 2023 (Tier I & II)

37. एक क्लियरेन्स सेल में, एक दुकानदार 45% की छूट देता है। यदि किसी ग्राहक ने सेल के दौरान ₹ 330 में एक शर्ट खरीदी, तो उस शर्ट का अंकित मूल्य क्या है? SSC CGL (Tier II) 7/3/2023 Shift-I
(a) ₹ 550 (b) ₹ 500
(c) ₹ 650 (d) ₹ 600

38. एक बेईमान व्यापारी अपने माल पर 50% अधिक मूल्य अंकित करता है और फिर उसके अंकित मूल्य पर 20% की छूट देता है। इसके अतिरिक्त, वह एक दोषपूर्ण तराजू का उपयोग करता है। जो 900 ग्राम के लिए 1 किग्रा दिखाता है। उसका शुद्ध लाभ प्रतिशत (निकटतम पूर्णांक तक) क्या होगा?
SSC CGL (Tier II) 6/3/2023 Shift-I
(a) 36 (b) 33
(c) 27 (d) 24

39. एक कार के अंकित मूल्य पर दी गई 12%, 18% और 25% की क्रमिक छूट किस एकल छूट के समतुल्य है?
SSC CGL (Tier II) 3/3/2023 Shift-I
(a) 42.65% (b) 45.88%
(c) 35.28% (d) 40.25%

40. एक मोटर साइकिल को उसके अंकित मूल्य पर 44% की छूट देकर ₹ 87500 में बेचा जाता है। मोटर साइकिल का अंकित मूल्य (₹ में) कितना है? SSC CGL (Tier II) 2/3/2023 Shift-I
(a) 156100 (b) 158225
(c) 155500 (d) 156250

41. एक लैपटॉप को 20% की छूट देने के बाद ₹ 54000 में बेचा जाता है। लैपटॉप का सूची/अंकित मूल्य (₹ में) ज्ञात करें।
SSC CGL (Tier I) 27/7/2023 Shift-II
(a) 67500 (b) 64800
(c) 70000 (d) 69500

42. एक रेडियो के अंकित मूल्य पर 25% की प्रारम्भिक छूट देने के बाद, एक दुकानदार बट्टाकृत मूल्य पर 12% अतिरिक्त छूट देता है। यदि रेडियो का अन्तिम विक्रय मूल्य ₹ 792 है, तो इसका अंकित मूल्य (₹ में) क्या है?
SSC CGL (Tier I) 27/7/2023 Shift-I
(a) 2330 (b) 1980 (c) 1320 (d) 1200

43. ₹7500 पर निम्न में से किससे अधिकतम छूट मिलेगी?
1. 5% और 5% की दो क्रमिक छूट

2. 10% की एकल छूट
3. 8% और 2% की दो क्रमिक छूट
(a) 3 SSC CGL (Tier I) 26/7/2023 Shift-II
(b) 1
(c) सभी में समान छूट मिलेगी
(d) 2

44. एक दुकानदार अपना माल 18% की छूट देकर बेचता है और फिर भी 30% का लाभ कमाता है। यदि वह अंकित मूल्य पर 12% की छूट देकर अपना माल बेचता है, तो उसका लाभ प्रतिशत (2 दशमलव स्थानों तक सही) क्या होगा? SSC CGL (Tier I) 26/7/2023 Shift-I
(a) 42.62% (b) 39.51%
(c) 35.45% (d) 40.35%

45. एक माइक्रोवेव ओवन का अंकित मूल्य ₹15990 है और इसे ₹ 12792 में बेचा जाता है। दी जाने वाली छूट की दर ज्ञात करें। SSC CGL (Tier I) 25/7/2023 Shift-IV
(a) 20% (b) 24% (c) 25% (d) 21%

46. एक निश्चित बिल पर 40% की छूट तथा 30% की दो क्रमिक छूटों का अन्तर ₹ 220 था। बिल की राशि (₹ में) ज्ञात कीजिए। SSC CGL (Tier I) 25/7/2023 Shift-III
(a) 2000 (b) 1000 (c) 2200 (d) 1100

47. ₹ 50000 के बिल पर लागू 40% की एकल छूट और 36% और 4% की दो क्रमिक छूट के बीच का अन्तर ज्ञात करें। SSC CGL (Tier I) 25/7/2023 Shift-I
(a) ₹ 1440 (b) ₹ 1250
(c) ₹ 720 (d) ₹ 875

48. एक दुकान एक कमीज पर फ्लैट 50% की छूट प्रदान करती है, जबकि दूसरी दुकान 30% और 30% की दो क्रमागत छूट प्रदान करती है। यदि बिल का अन्तर ₹ 43 है, तो कमीज का मूल्य ज्ञात कीजिए। SSC CGL (Tier I) 21/7/2023 Shift-IV
(a) ₹ 3580 (b) ₹ 3260
(c) ₹ 4300 (d) ₹ 3850

49. रामलाल अपने माल पर 40% अधिक मूल्य अंकित करता है और इस पर 10% की छूट देता है। उसका शुद्ध लाभ प्रतिशत क्या है? SSC CGL (Tier I) 21/7/2023 Shift-IV
(a) 32% (b) 28% (c) 24% (d) 26%

50. 9% और 17% की दो क्रमिक छूटों के समतुल्य छूट प्रतिशत ज्ञात करें। SSC CGL (Tier I) 21/7/2023 Shift-III
(a) 27.53% (b) 26.47%
(c) 24.47% (d) 26.00%

51. एक दुकानदार अपने माल पर इस प्रकार मूल्य अंकित करता है कि 22% छूट देने के बाद उसे 20% का लाभ होता है। यदि वस्तु का क्रय मूल्य ₹ 650 है, तो उसका अंकित मूल्य .... है। SSC CGL (Tier I) 21/7/2023 Shift-III
(a) ₹ 1000 (b) ₹ 900
(c) ₹ 950 (d) ₹ 850

52. किसी वस्तु के अंकित मूल्य पर 25% प्रत्येक की तीन क्रमिक छूटें, किस एकल छूट (2 दशमलव स्थानों तक सही) के बराबर होंगी? SSC CGL (Tier I) 21/7/2023 Shift-II
(a) 60.25% (b) 56.45%
(c) 57.81% (d) 62.35%

53. यदि 5%, 10% और p% की क्रमिक छूटें 316% की एकल छूट के बराबर हैं, तो p का मान क्या होगा? SSC CGL (Tier I) 21/7/2023 Shift-I
(a) 30 (b) 15 (c) 20 (d) 25

54. एक दुकानदार एक विशेष प्रकार के उत्पादन को बेचने के लिए नीचे दी गई तीन योजनाओं की पेशकश करता है। निम्नलिखित में से कौन-सी योजना अधिकतम छूट प्रतिशत प्रदान करती है? SSC CGL (Tier I) 20/07/2023 Shift-II
A. 6 खरीदिए, 4 मुफ्त पाइए
B. 5 खरीदिए, 5 मुफ्त पाइए
C. 18% और 24% की दो क्रमागत छूटें
(a) B और C (b) A और C
(c) केवल B (d) केवल A.

55. एक फ्रॉक का अंकित मूल्य ₹ 4500 है। इसे दो क्रमिक छूटों पर ₹ 2400 में बेचा जाना है। यदि पहली छूट 20% है, तो दूसरी छूट ज्ञात करें SSC CGL (Tier I) 20/7/2023 Shift-I
(a) $66\frac{1}{3}$% (b) 30% (c) 40% (d) $33\frac{1}{3}$%

56. एक डीलर एक वस्तु पर क्रय मूल्य से 60% अधिक मूल्य अंकित करता है और उसे अंकित मूल्य पर 10% और 20% की दो क्रमिक छूटे देकर एक ग्राहक को बेचता है। यदि उसे लेन-देन में ₹ 1064 का लाभ होता है, तो वस्तु का क्रय मूल्य (₹ में) ज्ञात करें। SSC CGL (Tier I) 19/7/2023 Shift-IV
(a) 8400 (b) 7000 (c) 6300 (d) 7200

57. एक गीज़र का अंकित मूल्य ₹ 9400 है और दुकानदार इस पर 4% की छूट देता है। गीज़र का विक्रय मूल्य ज्ञात कीजिए। SSC CGL (Tier I) 19/7/2023 Shift-III
(a) ₹ 9324 (b) ₹ 9224
(c) ₹ 9124 (d) ₹ 9024

58. एक दुकानदार अपने माल के मुद्रित मूल्य पर 10% छूट प्रदान करता है और इस प्रकार 20% का लाभ अर्जित करता है। वस्तु के क्रय मूल्य और मुद्रित मूल्य के बीच का अनुपात क्या है? SSC CGL (Tier I) 19/7/2023 Shift-II
(a) 3 : 4 (b) 4 : 5 (c) 1 : 2 (d) 2 : 3

59. ₹ 500 में खरीदी गई एक साड़ी पर अंकित मूल्य इस तरह से डाला जाता है कि 16% का लाभ हो और बाद में इसे अंकित मूल्य पर x% की सेल छूट देकर बेचा जाता है। यदि साड़ी का विक्रय मूल्य ₹ 493 है, तो x का मान ज्ञात करें। SSC CGL (Tier I) 19/7/2023 Shift-II
(a) 16 (b) 18 (c) 15 (d) 17

60. एक डीलर ने ₹ 9000 में एक वाशिंग मशीन खरीदी। वह इसके अंकित मूल्य पर 10% की छूट देता है और फिर भी 10% का लाभ अर्जित करता है। मशीन का अंकित मूल्य ज्ञात करें। SSC CGL (Tier I) 19/7/2023 Shift-I
(a) ₹ 11000 (b) ₹ 12000
(c) ₹ 13000 (d) ₹ 10000

61. एक पुस्तक पर अंकित मूल्य ₹ 1000 है। एक पुस्तक मेले में, यह 12% और 8% की दो क्रमिक छूट देने वाली योजना के साथ बिक्री के लिए उपलब्ध है। एक ग्राहक के लिए पुस्तक का अन्तिम विक्रय मूल्य (₹ में) क्या होगा (निकटतम पूर्णांक तक पूर्णांकित करें)? SSC CGL (Tier I) 18/7/2023 Shift-IV
(a) 810 (b) 800 (c) 825 (d) 790

62. ₹ 3600 पर 35% की छूट और इसी राशि पर 30% और 5% की दो क्रमिक छूटों के बीच का अन्तर (₹ में) ज्ञात करें। SSC CGL (Tier I) 18/7/2023 Shift-II
(a) 54 (b) 52 (c) 82 (d) 78

63. ₹ 10000 मूल्य की वस्तुएँ खरीदने पर एक दुकानदार अपने ग्राहकों को ₹ 500 की फ्लैट छूट प्रदान करता है। इसके अलावा, क्रेडिट कार्ड का उपयोग करके खरीदारी करने पर, वह 7% की अतिरिक्त छूट देता है। यदि कोई ग्राहक क्रेडिट कार्ड का उपयोग कर ₹ 10000 का सामान खरीदता है, तो उसे कितना भुगतान करना होगा? SSC CGL (Tier I) 18/7/2023 Shift-I
(a) ₹ 8835 (b) ₹ 9000
(c) ₹ 9300 (d) ₹ 8815

64. एक दुकानदार नीचे दी गई दो छूट सम्बन्धी योजनाओं की पेशकश करता है।
(A) 10% और 15% की दो क्रमिक छूट।
(B) 5 वस्तुओं की खरीद पर 2 वस्तु मुफ्त पाएँ।
किस योजना में छूट प्रतिशत अधिकतम है? SSC CGL (Tier I) 18/7/2023 Shift-I
(a) (A) और (B) दोनों योजनाओं में छूट प्रतिशत समान है
(b) केवल (B)
(c) केवल (A)
(d) योजना (B) में कोई छूट नहीं दी गई है

65. 15% की छूट देने के बाद, एक वाशिंग मशीन का मूल्य ₹ 29750 है। यदि कोई छूट नहीं दी जाती है, तो दुकानदार को 12% का लाभ होता है। वाशिंग मशीन का क्रय मूल्य ज्ञात करें। SSC CGL (Tier I) 17/7/2023 Shift-III
(a) ₹ 32000
(b) ₹ 31250
(c) ₹ 31750
(d) ₹ 31500

66. एक दुकानदार एक वस्तु पर खरीदारों के लिए निम्नलिखित छूट योजनाएँ ऑफर करता है

I. प्रत्येक 15% की दो क्रमिक छूटें
II. 25% की छूट के बाद 5% की छूटें
III. 20% और 10% की दो क्रमिक छूटें
IV. 30% की छूट

किस योजना में विक्रय मूल्य अधिकतम होगा? SSC CGL (Tier I) 17/7/2023 Shift-I

(a) योजना III (b) योजना II
(c) योजना IV (d) योजना I

67. 15%, 20% और 25% की तीन क्रमिक छूटें प्रदान की जाती है। प्रतिशत में निवल छूट क्या होगी? SSC CGL (Tier I) 14/7/2023 Shift-IV

(a) 40% (b) 49% (c) 52% (d) 46%

68. एक व्यापारी 20% की व्यापारिक छूट और 30% की नकदी छूट देता है। यदि सूची मूल्य ₹ 1200 है, तो विक्रय मूल्य (₹ में) क्या होगा? SSC CGL (Tier I) 14/7/2023 Shift-III

(a) 762 (b) 720
(c) 627 (d) 672

69. एक इलेक्ट्रॉनिक स्टोर मालिक प्रत्येक वस्तु पर 20% और 25% की दो क्रमिक छूट देता है। स्टोर में एक रिवॉर्ड पॉइण्ट स्कीम है, जो ग्राहक को स्टोर से पिछली खरीदारी पर ग्राहक के खाते में जमा किए गए प्रत्येक 1 रिवार्ड पॉइण्ट पर ₹ 0.10 की मुफ्त खरीदारी करने में सक्षम बनाती है। एक ग्राहक एक लैपटॉप खरीदने का फैसला करता है जिसका अंकित मूल्य ₹ 72000 है। यदि उसके खाते में 2850 रिवार्ड पॉइण्ट है,तो लैपटॉप का निवल विक्रय मूल्य क्या होगा?

SSC CGL (Tier I) 14/7/2023 Shift-II

(a) ₹ 42215 (b) ₹ 42915
(c) ₹ 42942 (d) ₹ 43200

70. एक दुकानदार नीचे दी गई दो छूट सम्बन्धी योजनाओं की पेशकश करता है।

A. 3 वस्तुओं की खरीद पर 4 वस्तु मुफ्त पाएँ।
B. 5 वस्तुओं की खरीद पर 6 वस्तु मुफ्त पाएँ।

किस योजना में छूट प्रतिशत अधिकतम है? SSC CGL (Tier I) 14/7/2023 Shift-I

(a) योजना A में कोई छूट नहीं दी गई है
(b) A
(c) B
(d) A और B दोनों योजनाओं में छूट प्रतिशत समान है

71. सरसों के तेल का अंकित मूल्य उसके क्रय मूल्य से 25% अधिक है। यदि इसे बिना किसी लाभ या हानि के बेचा जाना है, तो इसे अंकित मूल्य से कितने प्रतिशत कम पर बेचा जाना चाहिए? SSC CGL (Tier I) 14/7/2023 Shift-I

(a) 22% (b) 18% (c) 20% (d) 15%

SSC CGL 2022 (Tier I)

72. एक दुकानदार अपने ग्राहकों को 12% की छूट देता है और फिर भी 18% का लाभ प्राप्त करता है। एक वस्तु का अंकित मूल्य ज्ञात कीजिए जिसकी क्रय दुकानदार के लिए ₹ 528 है। (निकटतम रुपए में अपना उत्तर दीजिए) SSC CGL (Tier I) 13/12/2022 Shift-IV

(a) ₹ 708 (b) ₹ 798
(c) ₹ 728 (d) ₹ 695

73. ₹ 3000 के जूसर मिक्सर मशीन पर सीता को 20% की छूट मिलती है। चूँकि वह नकद भुगतान करती है, इसलिए उसे अतिरिक्त 5% की छूट भी मिलती है। वह कितने रूपये का भुगतान करती है? SSC CGL (Tier I) 13/12/2022 Shift-II

(a) ₹ 2282 (b) ₹ 2280
(c) ₹ 2276 (d) ₹ 2278

74. एक दुकानदार के लिए एक वस्तु की कीमत ₹ 4000 है, जो इसकी कीमत ₹ 8400 अंकित करता है। दुकानदार इसे ग्राहक को 25% की छूट पर बेचता है। यदि ग्राहक स्टोर द्वारा पहले से जारी किए गए कूपन को भुनाता है, तो ग्राहक को रियायती मूल्य पर 15% की और छूट प्राप्त होती है। इस सौदे में दुकानदार द्वारा अर्जित लाभ प्रतिशत (निकटतम पूर्णांक तक) कितना है? SSC CGL (Tier I) 13/12/2022 Shift-I

(a) 34% (b) 42% (c) 36% (d) 51%

75. राघव एक शॉपिंग मॉल में कपड़े खरीदने गया था। उसके पास दो कूपन थे, लेकिन एक दिन में केवल एक ही प्रयोग किया जा सकता है। पहले कूपन का उपयोग करके कुल राशि पर 30% की कुल छूट प्राप्त की जा सकती है। दूसरे कूपन का उपयोग करते हुए, यदि वह कम-से-कम 3 शर्ट खरीदता है, तो उसे सबसे महँगी शर्ट की कीमत पर 80% की छूट मिलेगी। यदि तीन शर्ट की कीमत ₹ 1250, ₹ 1540 और ₹ 1375 है, तो राघव न्यूनतम कीमत पर 3 शर्टे किस कीमत पर खरीद सकता है? SSC CGL (Tier I) 12/12/2022 Shift-IV

(a) ₹ 2915.50 (b) ₹ 2933
(c) ₹ 2760 (d) ₹ 2775

76. एक टीवी सेट का मुद्रित मूल्य ₹ 14500 है। इसे लगातार दो छूट के साथ ₹10000 में बेचा जाता है। यदि पहली छूट 10% है, तो दूसरी छूट कितनी है? SSC CGL (Tier I) 12/12/2022 Shift-II

(a) 25.37% (b) 20.37%
(c) 27.37% (d) 23.37%

77. एक किराने की दुकान ₹ 500 और उससे अधिक की खरीद पर 10% की छूट दे रही है। ₹ 250 से अधिक लेकिन ₹ 500 से कम मूल्य की खरीदारी पर 5% की छूट दी जाती है। तत्काल नकद भुगतान करने पर अतिरिक्त 1% की छूट दी जाती है। यदि कोई ग्राहक ₹ 30 प्रति पैकेट की दर से 25 पैकेट बिस्कुट खरीदता है तो उसे कितना नकद द्वारा भुगतान करना होगा? SSC CGL (Tier I) 9/12/2022 Shift-IV

(a) ₹ 668.25 (b) ₹ 667.05
(c) ₹ 670.25 (d) ₹ 675

78. एक मेगास्टोर सभी किराना सामानों पर 20% की छूट दे रहा है। साक्षी ने ₹ 400 अंकित मूल्य का एक किराना सामान खरीदा। यदि छूट देने के बाद स्टोर ने 25% का लाभ अर्जित किया, तो उसका क्रय मूल्य क्या है? SSC CGL (Tier I) 9/12/2022 Shift-III

(a) ₹ 380 (b) ₹ 280 (c) ₹ 320 (d) ₹ 256

79. एक दुकानदार एक पंखे के अंकित मूल्य पर पहले ₹ 85 की नकद छूट देता है और फिर 10% और 2% की क्रमागत दो छूट देता है। यदि पंखे का अंकित मूल्य ₹ 1285 है, तो उसका विक्रय मूल्य (₹ में) क्या है? SSC CGL (Tier I) 9/12/2022 Shift-II

(a) 1058.4 (b) 1000.4
(c) 958.4 (d) 1100

80. 10% की क्रमागत तीन छूट किस एकल छूट के बराबर है? SSC CGL (Tier I) 9/12/2022 Shift-I

(a) 25.1% (b) 19.0% (c) 27.1% (d) 26.2%

81. एक डीलर एक पैकेट पर 45% की छूट देता है। वह नकद भुगतान पर रियायती कीमत पर 25% की और छूट प्रदान करता है। दोनों का लाभ उठाने के लिए ग्राहक को ₹2800 के पैकेट के लिए नकद में कितना भुगतान करना होगा? SSC CGL (Tier I) 8/12/2022 Shift-IV

(a) ₹ 1350 (b) ₹ 1230
(c) ₹ 1155 (d) ₹ 1480

82. एक दुकानदार अपनी वस्तु को 10% की छूट पर बेचने का दावा करता है, लेकिन वह अपनी वस्तु पर प्रत्येक के मूल्य में 20% की वृद्धि करके अंकित करता है। उसका लाभ प्रतिशत ……… है। SSC CGL (Tier I) 8/12/2022 Shift-III

(a) 12% (b) 18% (c) 8% (d) 16%

83. एक व्यापारी अपनी वस्तुओं को क्रय मूल्य से 15% अधिक पर अंकित करता है और नकद भुगतान के लिए 5% की छूट देता है। उसका लाभ प्रतिशत कितना होगा? SSC CGL (Tier I) 8/12/2022 Shift-I

(a) 7.25% (b) 10.25%
(c) 11.25% (d) 9.25%

84. क्रिसमस की बिक्री पर एक दुकान में सभी वस्तुएँ 30% छूट पर उपलब्ध हैं। यदि जैस्मीन ₹ 800 अंकित मूल्य वाली स्कर्ट खरीदती है, तो उसे कितना भुगतान करना होगा? SSC CGL (Tier I) 7/12/2022 Shift-IV

(a) ₹ 400 (b) ₹ 770
(c) ₹ 476 (d) ₹ 560

85. एक पुस्तक विक्रेता ग्राहकों को दो पुस्तकें खरीदने पर 20% की छूट और दो से अधिक पुस्तकें खरीदने पर 25% की छूट देता है। एक पुस्तक खरीदने वाले सभी ग्राहकों को 10% की छूट दी जा रही है। छात्रों को अलग से 5% की और छूट दी जाएगी। एक कॉलेज में एम.कॉम. की पढ़ाई करने वाले छात्र, सोहन ने ₹ 513 की पुस्तक खरीदी। पुस्तक का अंकित मूल्य क्या था? **SSC CGL (Tier I) 7/12/2022 Shift-II**

(a) ₹ 540 (b) ₹ 650
(c) ₹ 605 (d) ₹ 600

86. एक दुकान में 5 प्रतिशत की छूट प्रदान की जाती है और यदि छूट के बाद कुल देय राशि ₹ 2000 से अधिक है, तो 10 प्रतिशत की अतिरिक्त छूट प्रदान की जाती है। यदि एक ग्राहक ₹500 प्रत्येक की कीमत के पाँच उत्पाद खरीदता है, तो उसके द्वारा भुगतान की जाने वाली अन्तिम राशि (₹ में) ज्ञात कीजिए।

SSC CGL (Tier I) 7/12/2022 Shift-I

(a) ₹2500 (b) ₹2375.5
(c) ₹2137.5 (d) ₹2225.5

87. रोहन ने ₹55000 का सामान अंकित को 15% व्यापारिक छूट पर बेचा। अंकित ने रोहन को कितना पैसा दिया?

SSC CGL (Tier I) 6/12/2022 Shift-IV

(a) ₹46750 (b) ₹22550
(c) ₹8250 (d) ₹12550

88. एक डीलर ₹ 3000 अंकित मूल्य की एक वस्तु खरीदता है और 15% एवं 15% की क्रमागत छूटें प्राप्त करता है। वह परिवहन पर ₹ 250 खर्च करता है और इसे 20% के लाभ पर बेचता है। वस्तु का विक्रय मूल्य ज्ञात करें।

SSC CGL (Tier I) 6/12/2022 Shift-III

(a) ₹ 2901 (b) ₹ 3250
(c) ₹ 3300 (d) ₹ 3200

89. यदि ₹ 25 प्रत्येक की कीमत वाले 12 नारियल खरीदने पर 3 नारियल मुफ्त दिए जाते हैं, तो प्रत्येक नारियल पर प्रभावी छूट क्या है?

SSC CGL (Tier I) 6/12/2022 Shift-II

(a) 20.83% (b) 15%
(c) 20% (d) 24%

90. ₹90 के अंकित मूल्य वाली एक टोपी ₹68 में बेची जाती है। छूट की प्रतिशत दर क्या है (दो दशमलव स्थान तक सही)?

SSC CGL (Tier I) 5/12/2022 Shift-IV

(a) 24.44% (b) 25.37%
(c) 23.22% (d) 22.00%

91. एक दुकानदार खरीदारों के लिए तीन प्रकार की छूट स्कीम प्रदान करता है। इनमें से किस स्कीम का छूट प्रतिशत सबसे अधिक है?

I. 10% की दो क्रमिक छूट।
II. 15% और 5% की क्रमिक छूट।
III. 20% छूट।

SSC CGL (Tier I) 5/12/2022 Shift-III

(a) केवल छूट स्कीम III
(b) केवल छूट स्कीम II
(c) केवल छूट स्कीम I
(d) सभी समान छूट प्रदान करते हैं

92. एक होटल 2 या अधिक कमरों की बुकिंग पर 12% की छूट दे रहा है। इसके अलावा, होटल केवल एसबीआई के किसी भी कार्ड का उपयोग करके भुगतान करने पर 5% की छूट दे रहा है। राकेश ने होटल में एक दिन के लिए ₹ 1500 प्रति कमरा प्रति दिन की दर से 2 कमरे बुक किए। चेक आउट करते समय उसने एसबीआई सिल्वर कार्ड से बिल का भुगतान किया। उसे कितनी राशि का भुगतान करना पड़ा? **SSC CGL (Tier I) 5/12/2022 Shift-I**

(a) ₹ 2618 (b) ₹ 1254
(c) ₹ 2508 (d) ₹ 2498

93. एक आदमी ने 12% की छूट पर एक घड़ी खरीदी। यदि उसने इसे 24% की छूट पर खरीदा होता, तो उसे घड़ी ₹2400 कम में मिलती। घड़ी का अंकित मूल्य कितना है?

SSC CGL (Tier I) 3/12/2022 Shift-III

(a) ₹25000 (b) ₹30000
(c) ₹20000 (d) ₹22500

94. एक वस्तु का अंकित मूल्य ₹10927 है। त्योहारों के मौसम के कारण, एक निश्चित प्रतिशत में छूट घोषित की जाती है। राजू एक वस्तु को कम की गई कीमत पर खरीदता है और उसे ₹10927 पर बेचता है और 11.5% का लाभ कमाता है। तो बताइए कि कितने प्रतिशत की छूट दी गई थी?

SSC CGL (Tier I) 3/12/2022 Shift-II

(a) 10.3% (b) 10.9% (c) 11.3% (d) 11.5%

95. एक दुकानदार ₹ 2750 के अंकित मूल्य वाली घड़ी पर दो क्रमिक छूट देता है। दी गई पहली छूट 10% है। यदि ग्राहक घड़ी के लिए ₹ 2103.75 का भुगतान करता है, तो दूसरी छूट कितनी है? **SSC CGL (Tier I) 2/12/2022 Shift-IV**

(a) 15% (b) 30% (c) 12% (d) 10%

96. सुनील ने एक पंखा अंकित मूल्य पर 10% की छूट पर खरीदा। यदि उसने इसे 15% की छूट पर खरीदा होता, तो उसे ₹ 400 की बचत होती। पंखे का अंकित मूल्य ज्ञात कीजिए।

SSC CGL (Tier I) 2/12/2022 Shift-III

(a) ₹800 (b) ₹7500
(c) ₹8000 (d) ₹8400

97. एक लैपटॉप 25% की छूट के बाद ₹65520 में बेचा जाता है। लैपटॉप का अंकित मूल्य क्या था? **SSC CGL (Tier I) 2/12/2022 Shift-II**

(a) ₹ 87360 (b) ₹83760
(c) ₹87630 (d) ₹87370

98. 15% और 5% की दो क्रमिक छूटों के बराबर एकल छूट प्रतिशत क्या है?

SSC CGL (Tier I) 2/12/2022 Shift-I

(a) 19.25% (b) 18.00%
(c) 19.00% (d) 18.25%

99. एक दुकानदार एक वस्तु को 10% और 20% की क्रमिक छूट पर बेचने पर 44% का शुद्ध लाभ अर्जित करता है। यदि दुकानदार उसी वस्तु को 15% की छूट पर बेचता है, तो शुद्ध लाभ प्रतिशत ज्ञात कीजिए।

SSC CGL (Tier I) 1/12/2022 Shift-II

(a) 70% (b) 30% (c) 40% (d) 50%

100. रिया 30% की छूट या 25% और 5% की दो क्रमिक छूटों के बीच निर्णय नहीं ले पा रही थी, दोनों को ₹ 3840 की खरीदारी पर दिया जा रहा था। दोनों छूटों में क्या अन्तर है?

SSC CGL (Tier I) 1/12/2022 Shift-I

(a) ₹ 46 (b) ₹ 44 (c) ₹ 48 (d) ₹ 42

SSC CGL 2021 (Tier I)

101. कोई दुकानदार, किसी वस्तु की कीमत इस प्रकार अंकित करता है, कि x% की छूट देने के बाद, उसे 20% का लाभ होता है। यदि वस्तु का क्रय मूल्य और अंकित मूल्य क्रमश: ₹ 920 और ₹ 1472 है, तो x का मान ज्ञात करें। **SSC CGL (Tier I) 24/8/2021 Shift-III**

(a) 18 (b) 30 (c) 25 (d) 20

102. समान वस्तु पर, ट्रेडर A, 25% की एकल छूट देता है और ट्रेडर B, 20% और 5% की दो क्रमागत छूट देता है। यदि A द्वारा दी गई छूट, B द्वारा दी गई छूट से ₹ 320 अधिक है, तो वस्तु का अंकित मूल्य (₹ में) ज्ञात करें।

SSC CGL (Tier I) 24/8/2021 Shift-II

(a) 25000 (b) 32000
(c) 3200 (d) 30000

103. कोई ग्राहक ₹10000 के अंकित मूल्य वाली वस्तु को खरीदना चाहता था। दुकानदार दो प्रकार की छूट देता है, 25% की एकल छूट या 14% और 12% की दो क्रमागत छूट। ग्राहकों के लिए कौन-सी छूट बेहतर है और कितनी बेहतर है? **SSC CGL (Tier I) 24/8/2021 Shift-I**

(a) दूसरी, ₹ 68 (b) पहली, ₹ 68
(c) दूसरी, ₹ 100 (d) पहली, ₹ 32

104. त्यौहार के मौसम के दौरान, कोई दुकानदार प्रत्येक वस्तु पर 10% की छूट देता है। छूट देने के बाद भी, उसे 20% का लाभ होता है। यदि वह कोई छूट नहीं देता, तो उसका प्रतिशत लाभ (दशमलव के 2 स्थान तक सही) कितना होता? **SSC CGL (Tier I) 23/8/2021 Shift-I**

(a) 33.43 (b) 33.33
(c) 33 (d) 25

105. राधा को ₹ 1680 क्रय मूल्य वाले बैग पर कितना मूल्य (₹ में) अंकित करना चाहिए, ताकि अंकित मूल्य पर 16% छूट देने के बाद 25% लाभ प्राप्त हो सके?
SSC CGL (Tier I) 20/8/2021 Shift-II
(a) ₹ 2000 (b) ₹ 2100
(c) ₹ 2800 (d) ₹ 2500

106. किसी वस्तु पर इसके क्रय मूल्य से 27% अधिक अंकित किया गया है। यदि अंकित मूल्य पर x% की छूट देने पर भी 6.68% का लाभ हो, तो x का मान ज्ञात करें।
SSC CGL (Tier I) 20/8/2021 Shift-I
(a) 16 (b) 15 (c) 20 (d) 12.5

107. कोई दुकानदार, प्रत्येक वस्तु पर क्रय मूल्य से 25% अधिक मूल्य अंकित करता है और उस पर 10% की छूट देता है। नियमित ग्राहक होने के कारण श्रुति को बिल पर 5% की अतिरिक्त छूट मिलती है और खरीदी गई एक वस्तु के लिए वह ₹ 2394 का भुगतान करती है। उस वस्तु का क्रय मूल्य ज्ञात करें।
SSC CGL (Tier I) 18/8/2021 Shift-I
(a) ₹ 2420 (b) ₹ 2220
(c) ₹ 2240 (d) ₹ 2440

108. एक वस्तु का अंकित मूल्य ₹ 1500 है। कोई दुकानदार, वस्तु के अंकित मूल्य पर 20% की छूट देने के बाद वस्तु को बेचता है। यदि वस्तु का क्रय मूल्य ₹ 991 है, तो उसका लाभ (₹ में) ज्ञात करें।
SSC CGL (Tier I) 17/8/2021 Shift-I
(a) 209 (b) 189 (c) 229 (d) 319

109. कोई दुकानदार, प्रत्येक वस्तु पर 16% छूट देता है। छूट देने के बाद भी, उसे 8% का लाभ होता है। यदि वह ₹ 1800 अंकित मूल्य वाली वस्तु पर 16% के बजाय, 8% की छूट देता है, तो उसका प्रतिशत लाभ (दशमलव के दो स्थान तक सही) ज्ञात करें।
SSC CGL (Tier I) 16/8/2021 Shift-III
(a) 18 (b) 18.31 (c) 18.29 (d) 19

110. 20%, 10% और k% की तीन छूट देने के बाद, ₹ 10000 अंकित मूल्य वाली वस्तु का विक्रय मूल्य ₹ 6120 है। यदि उस वस्तु पर $(k + 20)$% की एकल छूट दी जाए, तो उसका विक्रय मूल्य (₹ में) ज्ञात करें।
SSC CGL (Tier I) 16/8/2021 Shift-I
(a) 8500 (b) 6500 (c) 8000 (d) 6800

111. कोई दुकानदार अपनी सामग्री पर उनके क्रय मूल्य से 30% अधिक मूल्य अंकित करता है और अंकित मूल्य पर 10% की छूट देता है। 6.5% अधिक लाभ प्राप्त करने के लिए, उसे अंकित मूल्य पर कितनी छूट प्रतिशत देनी चाहिए?
SSC CGL (Tier I) 13/8/2021 Shift-III
(a) 4% (b) 5%
(c) 6% (d) 5.5%

SSC CGL 2020 (Tier I)

112. एक दुकानदार किसी वस्तु की कीमत इस तरह तय करता है कि 32% की छूट देने के बाद वह 14% का लाभ चाहता है। यदि अंकित मूल्य ₹ 342 है, तो उस वस्तु का क्रय मूल्य ज्ञात करें।
SSC CGL (Tier I) 6/3/2020 Shift-III
(a) ₹ 212 (b) ₹ 204
(c) ₹ 218 (d) ₹ 196

113. एक दुकानदार ने एक कम्प्यूटर टेबल पर ₹ 7200 का मूल्य अंकित किया। वह इस पर 10% की छूट देता है और फिर भी 8% का लाभ कमाता है। यदि वह कोई छूट नहीं देता है, तो उसका लाभ प्रतिशत क्या होगा?
SSC CGL (Tier I) 6/3/2020 Shift-II
(a) 18% (b) 20%
(c) 9% (d) 2%

114. कोई दुकानदार एक वस्तु की कीमत को इस तरह से अंकित करता है कि 22% की छूट देने के बाद, उसे 11% का लाभ मिलता है। यदि अंकित मूल्य ₹ 888 है, तो उस वस्तु का क्रय मूल्य ज्ञात कीजिए।
SSC CGL (Tier I) 6/3/2020 Shift-II
(a) ₹ 550 (b) ₹ 895
(c) ₹ 624 (d) ₹ 782

115. एक फर्नीचर दुकानदार अपने ग्राहकों को सामान के अंकित मूल्य पर 16% की छूट देता है और फिर भी उसे 20% लाभ मिलता है। उस डाइनिंग टेबल का अंकित मूल्य कितना है, जिसका क्रय मूल्य ₹ 11900 है?
SSC CGL (Tier I) 5/3/2020 Shift-III
(a) ₹ 15000 (b) ₹ 12376
(c) ₹ 16000 (d) ₹ 17000

116. किसी वस्तु का अंकित मूल्य उसके क्रय मूल्य से 25% अधिक है। एक दुकानदार अंकित मूल्य पर x% की छूट देकर इसे बेचता है। यदि वह 8% की हानि उठाता है, तो x का मान ज्ञात कीजिए।
SSC CGL (Tier I) 5/3/2020 Shift-II
(a) 25.2% (b) 25.6%
(c) 26.4% (d) 26.8%

117. एक दुकानदार ने 10% की छूट पर 80 किग्रा चावल खरीदा। इसके अलावा हर 20 किग्रा चावल की खरीद पर उसे 1 किग्रा चावल मुफ्त दिया गया था। यदि वह अंकित मूल्य पर चावल बेचता है, तो उसका लाभ प्रतिशत ज्ञात कीजिए।
SSC CGL (Tier I) 5/3/2020 Shift-I
(a) $16\frac{2}{3}$%
(b) $14\frac{2}{7}$%
(c) $15\frac{1}{3}$%
(d) $15\frac{3}{7}$%

118. यदि किसी वस्तु का विक्रय मूल्य उसके क्रय मूल्य से 8% अधिक है और प्रस्तावित छूट उस वस्तु के अंकित मूल्य की 10% है, तो उसके क्रय मूल्य का उसके अंकित मूल्य से क्या अनुपात है?
SSC CGL (Tier-I) 04/03/2020 Shift-III
(a) 5 : 6 (b) 8 : 9
(c) 4 : 5 (d) 3 : 4

SSC CPO SI 2024

119. एक विक्रेता एक वस्तु पर ₹ 500 का मूल्य अंकित करता है और उसे 25% की छूट पर बेचता है। वह ₹ 65 का उपहार भी देता है। यदि वह फिर भी 24% लाभ कमाता है, तो वस्तु का लागत मूल्य/क्रय मूल्य (₹ में) ज्ञात करें।
SSC CPO 29/06/2024 Shift-III
(a) 320 (b) 250 (c) 270 (d) 280

120. एक दुकानदार डेयरी उत्पादों पर 10% की छूट देता है और फिर भी 20% लाभ कमाता है। ₹ 420 के अंकित मूल्य वाले डेयरी उत्पाद की दुकानदार के लिए वास्तविक कीमत (₹ में) कितनी है?
SSC CPO 29/06/2024 Shift-III
(a) 325 (b) 340 (c) 315 (d) 350

121. एक व्यापारी अपने सामान पर 40% की छूट देता है। इसके अतिरिक्त, वह उस सामान पर 20% की अतिरिक्त छूट देता है। इन दो क्रमिक छूटों के समतुल्य एकल छूट ज्ञात कीजिए।
SSC CPO 29/06/2024 Shift-II
(a) 50% (b) 30%
(c) 60% (d) 52%

122. एक दुकानदार अंकित मूल्य पर 24% की छूट देता है। एक विशेष बिक्री दिवस पर, वह पहली छूट के बाद अतिरिक्त 30% छूट का कूपन प्रदान करता है। यदि वस्तु ₹ 7700.70 में बेची गई, तो वस्तु का अंकित मूल्य (₹ में) कितना है?
SSC CPO 29/06/2024 Shift-I
(a) 17745 (b) 14745
(c) 17475 (d) 14475

123. एक दुकानदार ₹ 2000 मूल्य वाले उत्पाद बेचना चाहता था। लेकिन उसके पास दो विकल्प थे, प्रत्येक 10% की तीन क्रमिक छूट देना या 28% की एकल छूट देना। छूट के दोनों विकल्पों में कितना अन्तर था (₹ में)?
SSC CPO 29/06/2024 Shift-I
(a) 22 (b) 16
(c) 28 (d) 18

124. एक वस्तु की बिक्री पर 15% और x% की दो क्रमागत छूट 23.5% की एकल छूट के समतुल्य है। x% का मान क्या है?
SSC CPO 29/06/2024 Shift I
(a) 11% (b) 12%
(c) 10% (d) 9%

125. एक दुकानदार ने एक वस्तु का अंकित मूल्य ₹ 500 रखा। उसने इसे 10% और 20% की छूट स्कीम पर बेचा और 25% का लाभ प्राप्त किया। वस्तु का क्रय मूल्य क्या था? SSC CPO 28/06/2024 Shift-III
(a) ₹ 384 (b) ₹ 482
(c) ₹ 288 (d) ₹ 188

126. किसी मेज का अंकित मूल्य ₹ 5980 है। यदि दुकानदार 18% की छूट प्रदान करता है, तो उसका विक्रय मूल्य (₹ में, निकटतम रुपये तक पूर्णांकित) कितना है? SSC CPO 28/06/2024 Shift-III
(a) 4094 (b) 4490 (c) 4904 (d) 4940

127. एक विक्रेता अंकित मूल्य पर 10% छूट और ₹ 250 का कैशबैक प्रदान करता है। वह अभी भी 10% लाभ अर्जित करता है। यदि क्रय मूल्य ₹1200 है, तो अंकित मूल्य (दशमलव के दो स्थानों तक पूर्णांकित) ₹ ...... है। SSC CPO 28/06/2024 Shift-II
(a) 1774.44 (b) 1777.44
(c) 1447.44 (d) 1744.44

128. ₹ 1000 के बिल पर लागू होने वाली, 40% की छूट और 36% तथा 4% की दो क्रमागत छूट के बीच का अन्तर कितना है? SSC CPO 28/06/2024 Shift-II
(a) ₹ 14.40 (b) ₹ 144
(c) ₹ 15.40 (d) ₹ 154

129. एक दुकानदार 10 किग्रा चीनी खरीदने पर 12% की छूट देता है। चीनी का क्रय मूल्य ₹ 30/किग्रा है और अंकित मूल्य ₹ 38/किग्रा है। दुकानदार की तौल मशीन खराब है और जब वास्तविक भार 900 ग्राम होता है, तो वह 1 किग्रा भार बताती है। दुकानदार का लाभ प्रतिशत (दशमलव के दो अंकों तक पूर्णांकित) ज्ञात करें। SSC CPO 28/06/2024 Shift-II
(a) 12.5% (b) 30.18%
(c) 23.85% (d) 22.25%

130. यदि ग्राहक द्वारा खरीदे गए विभिन्न उत्पादों का कुल विक्रय मूल्य ₹ 3000 से कम है, तो एक विक्रेता 12% की छूट प्रदान करता है, और यदि सभी उत्पादों का कुल विक्रय मूल्य ₹ 3000 से अधिक है तो 15% की छूट प्रदान करता है। आनन्द को ₹ 900 मूल्य की एक शर्ट और 9% का मार्जिन अर्जित करने के बाद बेची गई और साथ ही ₹ 1900 क्रय मूल्य वाली एक जैकेट भी उसे 6% के मार्जिन के बाद बेची गई। बिल के निपटान के लिए आनन्द को कितना (₹ में) भुगतान करना होगा? SSC CPO 28/06/2024 Shift-I
(a) 2645.60 (b) 3005.40
(c) 2635.60 (d) 2953.60

131. एक खुदरा विक्रेता अपने सामान का मूल्य 130% बढ़ाकर अंकित करता है और 25% की छूट देता है। यदि क्रय मूल्य ₹ 1600 है, तो विक्रय मूल्य (₹ में) क्या होगा? SSC CPO 28/06/2024 Shift-I
(a) 3680 (b) 1765 (c) 2760 (d) 1980

132. किसी उत्पाद को अंकित मूल्य पर 10% की व्यापारिक छूट देकर बेचा जाता है। 10% की नकद छूट देने के बाद, उत्पाद को ₹ 7290 में बेचा गया। अंकित मूल्य (₹ में) क्या है? SSC CPO 27/06/2024 Shift-III
(a) 8.510 (b) 900
(c) 720 (d) 9000

133. एक गुड़िया पर ₹ 2500 अंकित है। एक ग्राहक इसके लिए ₹ 1800 का भुगतान करता है। यदि ग्राहक को दो छूट की एक श्रृंखला मिली है और पहली छूट की दर 10% है, तो दूसरी छूट की दर ज्ञात करें। SSC CPO 27/06/2024 Shift-II
(a) 20% (b) 15% (c) 25% (d) 18%

134. किसी वस्तु का अंकित मूल्य उसके क्रय मूल्य से 35% अधिक है। यदि 15% की छूट दी जाती है, तो लाभ प्रतिशत कितना होगा? SSC CPO 27/06/2024 Shift-II
(a) $10\frac{1}{4}\%$ (b) $13\frac{2}{3}\%$
(c) $12\frac{3}{4}\%$ (d) $14\frac{3}{4}\%$

135. 10%, 20% और 20% की क्रमागत छूट के समतुल्य एकल छूट की दर प्रतिशत ज्ञात कीजिए। SSC CPO 27/06/2024 Shift-I
(a) 42.4% (b) 50%
(c) 40% (d) 54.6%

136. रमन्ना ने एक उत्पाद के निर्माण के लिए एक निश्चित कीमत पर कच्चा माल खरीदा। हालाँकि, कामगारों की कमी के कारण, 22.5% कच्चे माल का उपयोग नहीं किया जा सका और वह खराब हो गया। उपयोग किए गए कच्चे माल की लागत का 80% निर्माण लागत के रूप में जोड़ा गया था। यदि रमन्ना 20% की छूट देने के बाद 20% का समग्र लाभ अर्जित करने के लिए अपना उत्पाद बेच सकता है, तो उत्पाद का अंकित मूल्य, खरीदे गए कच्चे माल की कुल लागत का कितना गुना था? SSC CPO 27/06/2024 Shift-I
(a) 2.44 गुना (b) 2.40 गुना
(c) 2.43 गुना (d) 2.42 गुना

137. एक दुकानदान अपने ग्राहकों को छूट की 3 योजनाएँ प्रदान करता है। निम्नलिखित में से किस योजना से न्यूनतम छूट प्रतिशत प्राप्त होगी?
A. 24% और 27% की दो क्रमिक छूट।
B. 5 खरीदें, तीन मुफ्त पाएँ।
C. 6 खरीदें और 10 पाएँ।
SSC CPO 27/06/2024 Shift-I
(a) A (b) A और C दोनों
(c) B (d) C

SSC CPO SI 2023-2020

138. एक वस्तु 25% की छूट पर बेची जाती है और नकद भुगतान पर 28% की अतिरिक्त छूट अनुमन्य है। यदि रामेन्द्र ने ₹ 10800 नकद देकर वह वस्तु खरीदी, तो उस वस्तु का अंकित मूल्य कितना था? SSC CPO 5/10/2023 Shift-III
(a) ₹ 20000 (b) ₹ 20800
(c) ₹ 18000 (d) ₹ 19800

139. एक दुकानदार ने एक वस्तु पर ₹ 15000 मूल्य अंकित किया और उस पर 5%, 10% और 20% की क्रमिक छूटें दी गई। विक्रय मूल्य कितना होगा? SSC CPO 5/10/2023 Shift-III
(a) ₹ 13520
(b) ₹ 11520
(c) ₹ 9850
(d) ₹ 10260

140. यदि एक दुकानदार अपने ग्राहकों को 10% की छूट देता है और फिर भी 30% का लाभ कमाता है, तो उस वस्तु का अंकित मूल्य ज्ञात करें, जिसका क्रय मूल्य ₹ 450 है। SSC CPO 04/10/2023 Shift-II
(a) ₹ 750 (b) ₹ 650
(c) ₹ 500 (d) ₹ 700

141. ₹ 700 पर 35% की एकल छूट और समान राशि पर 18% और 12% की दो क्रमिक छूटों के बीच का अन्तर ज्ञात कीजिए (दशमलव के दो स्थानों तक पूर्णांकित करें)। SSC CPO 4/10/2023 Shift-II
(a) ₹ 52.10 (b) ₹ 50.12
(c) ₹ 49.80 (d) ₹ 51.20

142. ₹ 3800 के अंकित मूल्य वाली एक वस्तु को y% की छूट देने के बाद ₹ 3496 में बेचा गया। y का मान क्या था? SSC CPO 3/10/2023 Shift-I
(a) 8% (b) 7%
(c) 8.5% (d) 7.5%

143. एक वस्तु के मूल्य में 70% की वृद्धि की जाती है, और फिर इस अंकित मूल्य पर 5% और 20% की योजनागत छूट प्रदान की जाती है। यदि मूल्य का भुगतान नकद में किया जाता है और 20% की अतिरिक्त छूट दी जाती है, तो उसका प्रतिशत लाभ कितना होगा? SSC CPO 3/10/2023 Shift-I
(a) 3.25% (b) 2.25%
(c) 3.36% (d) 4.36%

144. राजकुमार अपने घड़ी को 5% की छूट पर बेचने का निर्णय लेता हैं। यद्यपि, उसका भाई उससे इसे खरीदता है और 8% की छूट प्राप्त करता है। इसके परिणामस्वरूप राज को लाभ में ₹ 45 की हानि होती हैं। घड़ी का अंकित मूल्य क्या था? SSC CPO 11/11/2022
(a) ₹ 1400 (b) ₹ 1500
(c) ₹ 1400 (d) ₹ 1560

145. एक सुपरमार्केट खरीदारों के लिए निम्नलिखित छूट योजनाओं का ऑफर देती हैं।
I. 25% और 15% की दो क्रमिक छूट
II. 35% और 15% की क्रमिक छूट
III. 38% की छूट
कौन-सा ऑफर ग्राहक के लिए बेहतर है?
SSC CPO 11/11/2022
(a) केवल I (b) केवल III
(c) I या III (d) केवल II

146. एक शोरूम में एक वाशिंग मशीन का मूल्य ₹ 65000 है। ग्राहक को ₹ 2000 की नकद छूट मिलती हैं और एक स्क्रैच कार्ड मिलता है जिसमें 10% से 15% की छूट का वादा किया जाता है। वाशिंग मशीन के न्यूनतम और अधिकतम विक्रय मूल्य के बीच का अन्तर ज्ञात कीजिए। SSC CPO 10/11/2022
(a) ₹ 3200 (b) ₹ 3570
(c) ₹ 3650 (d) ₹ 3150

147. इस योजना के लिए प्रभावी छूट की गणना करें — 5 खरीदें और 3 मुफ्त प्राप्त करें।
SSC CPO 10/11/2022
(a) 36.5% (b) 36% (c) 37.5% (d) 37%

148. यदि एक वस्तु के अंकित मूल्य ₹ 1250 पर, 5%, 15% और 20% की तीन छूट दी जाती है, तो ग्राहक को कुल कितनी छूट मिली?
SSC CPO 25/11/2020 Shift-II
(a) ₹ 807.50 (b) ₹ 450
(c) ₹ 442.50 (d) ₹ 950.25

149. किसी अंकित मूल्य पर, 35% की छूट वाले विक्रय तथा 20% और 15% के दो क्रमिक छूटों वाले विक्रय मूल्य में ₹ 504 का अन्तर है। वस्तु का अंकित मूल्य ज्ञात करें।
SSC CPO 25/11/2020 Shift-II
(a) ₹ 18000 (b) ₹ 16000
(c) ₹ 15500 (d) ₹ 16800

150. 12%, 13% और 11% की तीन क्रमागत छूटें निम्न में से लगभग किस एक एकल छूट के बराबर होंगी? SSC CPO 25/11/2020 Shift I
(a) 40% (b) 32%
(c) 42% (d) 35%

151. नियत तिथि से पूर्व, गृहकर का भुगतान करने वाले को बिल की राशि पर 12% की छूट मिलती है। एक व्यक्ति को नियत तिथि से पूर्व भुगतान करने पर ₹ 2100 की छूट मिली। भुगतान की गई गृहकर की राशि ज्ञात करें।
SSC CPO 24/11/2020 Shift-I
(a) ₹ 25000 (b) ₹ 21000
(c) ₹ 17500 (d) ₹ 15400

152. 6%, 15% और 14% की तीन क्रमागत छूट के समतुल्य एकल छूट ज्ञात करें।
SSC CPO 24/11/2020 Shift-I
(a) 17.5% (b) 34.357%
(c) 31.286% (d) 68.714%

153. किसी वस्तु के अंकित मूल्य पर प्राप्त प्रत्येक x% की दो क्रमागत छूट, ₹ 331.20 की एकल छूट के बराबर है। यदि वस्तु का अंकित मूल्य ₹ 920 है, तो x का मान ज्ञात करें।
SSC CPO 23/11/2020 Shift-I
(a) 18 (b) 15 (c) 20 (d) 25

SSC CHSL 2024 (Tier I & II)

154. एक वस्तु का अंकित मूल्य ₹ 2800 है। इसे 15%, 8% और 5% की तीन क्रमिक छूटों पर बेचा जाता है। वस्तु का विक्रय मूल्य (₹ में) ज्ञात कीजिए।
SSC CHSL (Tier-I) 18/11/2024 Shift-I
(a) 1890.20 (b) 1997.26
(c) 1923.56 (d) 2080.12

155. एक टेबल लैम्प का अंकित मूल्य ₹ 2165 है। त्योहारी सीजन के दौरान इसे ₹ 1710.35 में बेचा जाता है। इस पर दी गई प्रतिशत छूट ज्ञात कीजिए। SSC CHSL (Tier-I) 11/07/2024 Shift-IV
(a) 20.5% (b) 21% (c) 22.5% (d) 18%

156. ₹ 145 अंकित मूल्य का एक कोट ₹ 127.6 में बेचा जाता है। दी गई खुदरा छूट की दर क्या है? SSC CHSL (Tier-I) 10/07/2024 Shift-III
(a) 11% (b) 12% (c) 10% (d) 13%

157. दुकानदार A का वस्तु का मूल्य 25% अधिक अंकित करता है और 15% की छूट देता है। उसी वस्तु पर एक-दूसरे दुकानदार B द्वारा 20% अधिक मूल्य अंकित किया जाता है और 12% की छूट पर बेचा जाता है। % लाभ के मामले में किसे एक बेहतर डील मिलती हैं और वह उस वस्तु को कितने प्रतिशत लाभ से बेचता है? SSC CHSL (Tier-I) 10/07/2024 Shift-II
(a) B द्वारा 5.6% (b) A द्वारा 0.55%
(c) B द्वारा 0.65% (d) A द्वारा 6.25%

158. एक दुकानदार अंकित मूल्य पर 20% छूट पर एक वस्तु बेचता है और 90% का लाभ अर्जित करता है। यदि वह उसी वस्तु को 40% छूट पर बेचता है, तो उसका नया लाभ प्रतिशत क्या होगा? SSC CHSL (Tier-I) 09/07/2024 Shift-IV
(a) 48.2% (b) 42.5%
(c) 45.8% (d) 41.8%

159. अंकित मूल्य पर 18% की छूट देने के बाद रमेश एक वस्तु को ₹ 34440 में बेचता है और फिर भी 40% लाभ कमाता है। यदि रमेश अंकित मूल्य पर 12% की छूट के साथ वस्तु बेचता है, तो दशमलव के दो स्थानों तक उसका लाभ कितना होगा?
SSC CHSL (Tier-I) 09/07/2024 Shift-III
(a) 48.24% (b) 48.42%
(c) 50.24% (d) 50.42%

160. एक दुकानदार अपने ग्राहकों को 22% की छूट देता है और फिर भी 36% का लाभ अर्जित करता है। यदि दुकानदार के लिए वस्तु की लागत ₹ 1092 है, तो वस्तु का अंकित मूल्य (₹ में) ज्ञात कीजिए।
SSC CHSL (Tier-I) 09/07/2024 Shift-II
(a) 1792 (b) 2024
(c) 1872 (d) 1904

161. किसी वस्तु का अंकित मूल्य, उसके क्रय मूल्य का 1.4 गुना है। 23.2% का लाभ अर्जित करने के लिए एक दुकानदार कितने प्रतिशत की छूट दे सकता है? SSC CHSL (Tier-I) 09/07/2024 Shift-I
(a) 12% (b) 15% (c) 13% (d) 17%

162. 24 चूड़ियाँ खरीदने पर मीना को 6 चूड़ियाँ मुफ्त मिलती हैं। मीना को कितने प्रतिशत की छूट मिलती है?
SSC CHSL (Tier-I) 08/07/2024 Shift-IV
(a) 15% (b) 5% (c) 20% (d) 10%

163. बैटरी चालित रिक्शा का अंकित मूल्य ₹ 90000 है। यदि 10% और 5% की दो क्रमागत छूट पर बिक्री के लिए उपलब्ध है। बैटरी चालित रिक्शा का विक्रय मूल्य (₹ में) क्या है? SSC CHSL (Tier-I) 08/07/2024 Shift-III
(a) 78950 (b) 77850
(c) 76950 (d) 75850

164. पुराने स्टॉक को खत्म करने के लिए, अरशद अपने ग्राहकों को एक छूट योजना के अन्तर्गत 24 गिलास खरीदने पर 12 गिलास मुफ्त देता है। अरशद द्वारा अपने ग्राहकों को दी गई प्रभावी प्रतिशत छूट क्या है?
SSC CHSL (Tier-I) 08/07/2024 Shift-II
(a) $32\frac{2}{3}$% (b) $30\frac{1}{3}$%
(c) $34\frac{2}{3}$% (d) $33\frac{1}{3}$%

165. एक शोरूम में एक हैंड मिक्सर का अंकित मूल्य ₹ 2000 है और इसे 15% और 10% की क्रमिक छूट पर बेचा जा सकता है। रुपए में इसका निवल विक्रय मूल्य क्या है?
SSC CHSL (Tier-I) 08/07/2024 Shift-I
(a) 1530 (b) 1560 (c) 1440 (d) 1600

166. ₹ 2635 की धनराशि पर 37% की छूट और समान धनराशि पर 23% और 7% की दो क्रमागत छूटों के बीच का अन्तर (₹ में) कितना है? (दशमलव के 2 स्थानों तक सन्निकटित)
SSC CHSL (Tier-I) 05/07/2024 Shift-IV
(a) 226.87 (b) 248.36
(c) 235.65 (d) 242.25

167. एक खुदरा विक्रेता को एक वस्तु के अंकित मूल्य पर 40% की छूट मिलती है। यदि खुदरा विक्रेता इसे अंकित मूल्य पर बेचता है, तो उसका लाभ प्रतिशत कितना है?
SSC CHSL (Tier-I) 05/07/2024 Shift-III
(a) $66\frac{1}{3}$% (b) $37\frac{2}{3}$%
(c) $66\frac{2}{3}$% (d) $33\frac{1}{3}$%

168. एक दुकानदार अपने माल पर क्रय मूल्य से 32% अधिक मूल्य अंकित करता है और अंकित मूल्य पर 21% की छूट देता है। माल पर उसका लाभ प्रतिशत ज्ञात कीजिए।
SSC CHSL (Tier-I) 05/07/2024 Shift-II
(a) 4.28% (b) 8.42% (c) 4.82% (d) 8.24%

169. किसी वस्तु के अंकित मूल्य पर 35% की छूट देने पर 35% का लाभ होता है। छूट 45% होने पर लाभ प्रतिशत क्या होगा?
SSC CHSL (Tier-I) 04/07/2024 Shift-IV
(a) $14\frac{3}{13}\%$ (b) $13\frac{3}{17}\%$
(c) $11\frac{3}{13}\%$ (d) $17\frac{1}{13}\%$

170. एक वस्तु का अंकित मूल्य, उसके क्रय मूल्य से 25% अधिक है। यदि किसी योजना में वस्तु पर 40% की छूट दी जाती है, तो हानि प्रतिशत ज्ञात कीजिए।
SSC CHSL (Tier-I) 04/07/2024 Shift-III
(a) 15% (b) 25% (c) 20% (d) 30%

171. एक कम्पनी क्रय मूल्य से 25% अधिक पर सामान बेचती है। सेल के दौरान, कम्पनी अंकित मूल्य पर 10% की छूट देती है। यदि ग्राहक छूट के बाद ₹ 540 का भुगतान करता है, तो सामान का क्रय मूल्य क्या था?
SSC CHSL (Tier-I) 04/07/2024 Shift-II
(a) ₹ 460 (b) ₹ 450 (c) ₹ 470 (d) ₹ 480

172. कमलेश अपने ग्राहकों को एक वस्तु की ब्रिकी पर निम्नलिखित दो छूट योजनाएँ प्रदान करता है।
(i) 25% और 5% की दो क्रमिक छूट
(ii) 20% और 10% की दो क्रमिक छूट
यदि वस्तु का अंकित मूल्य ₹ 1000 है, तो इन दो छूट योजनाओं के तहत वस्तु के विक्रय मूल्य (₹ में) के बीच का अन्तर क्या है? SSC CHSL (Tier-I) 04/07/2024 Shift-II
(a) 6.5 (b) 8.0 (c) 7.5 (d) 7.0

173. रोहन को ₹ 48000 के मूल्य वाले लैपटॉप के शेष ₹ 8000 पर कितनी छूट देनी होगी, यदि वह पहले ₹ 28000 के भुगतान पर 12% की छूट और अगले ₹ 12000 के भुगतान पर 8% की छूट पहले ही दे चुका है ताकि लैपटॉप के कुल मूल्य पर दी गई 9.5% की छूट की बराबरी की जा सके?
SSC CHSL (Tier-I) 03/07/2024 Shift-IV
(a) ₹ 420 (b) ₹ 204
(c) ₹ 240 (d) ₹ 402

174. एक विक्रेता ₹ 100 अंकित मूल्य वाली एक वस्तु खरीदता है और 10% और 20% की क्रमिक छूट प्राप्त करता है। वह क्रय मूल्य का 10% परिवहन पर खर्च करता है। 15% का लाभ अर्जित करने के लिए उसे वस्तु को किस मूल्य पर बेचना चाहिए?
SSC CHSL (Tier-I) 03/07/2024 Shift-III
(a) ₹ 81.07 (b) ₹ 76.07
(c) ₹ 89.08 (d) ₹ 91.08

175. एक वस्तु का अंकित मूल्य ₹600 है। एक दुकानदार ने इसे 10% और 20% की दो क्रमागत छूटों पर खरीदा। उसने परिवहन पर ₹ 68 खर्च किए और वस्तु को ₹ 600 में बेच दिया। उसका लाभ या हानि प्रतिशत ज्ञात कीजिए। SSC CHSL (Tier-I) 03/07/2024 Shift-I
(a) 15% लाभ (b) 25% हानि
(c) 20% लाभ (d) 18% हानि

176. स्वरूप को ₹ 1600 अंकित मूल्य वाली एक घड़ी के लिए दो ऑफर दिए जाते हैं। या तो वह 20% की दो क्रमिक छूट ले सकता है, या एक के बाद एक 30% और 10% की दो छूट ले सकता है। यदि स्वरूप उनमें से बेहतर योजना का चुनाव करता है, तो वह कितनी अधिक बचत कर सकता है?
SSC CHSL (Tier-I) 02/07/2024 Shift-IV
(a) ₹ 22 (b) ₹ 30
(c) ₹ 16 (d) ₹ 35

177. एक दुकानदार एक वस्तु पर ₹ 150 मूल्य अंकित करता है और उसे 25% की छूट पर बेचता है। साथ ही वह वस्तु की खरीद पर ₹ 2.5 का गिफ्ट भी देता है। यदि वह फिर भी 10% का लाभ अर्जित करता है, तो वस्तु का क्रय मूल्य (₹ में) क्या है?
SSC CHSL (Tier-I) 02/07/2024 Shift-III
(a) 112 (b) 100
(c) 175 (d) 125

178. यदि एक दुकानदार 'पाँच खरीदें, एक मुफ्त पाएँ', की एक छूट योजना की घोषणा करता है, तो प्रभावी छूट प्रतिशत कितना होगा?
SSC CHSL (Tier-I) 02/07/2024 Shift-II
(a) 16.33% (b) 16.67%
(c) 15.33% (d) 15.67%

179. ₹ 180 के एक दर्जन दस्तानों की जोड़ियाँ 10% की छूट पर उपलब्ध है। ₹ 54 में कितने जोड़ी दस्तानें खरीदे जा सकते हैं?
SSC CHSL (Tier-I) 02/07/2024 Shift-I
(a) 2 (b) 8 (c) 4 (d) 6

180. एक कम्पनी किसी खास उत्पादन पर 25% की छूट दे रही है। अनुराग स्टोर पर गया। वह एक ऐसा सौदा खोजने की कोशिश कर रहा था, जिससे वह कम-से-कम ₹ 390 की बचत कर सके। यदि प्रत्येक वस्तु का मूल्य ₹ 340 है, तो उसे न्यूनतम कितनी वस्तुएँ खरीदनी चाहिए?
SSC CHSL (Tier-I) 01/07/2024 Shift-IV
(a) 6 (b) 7 (c) 5 (d) 4

181. एक दुकानदार 10% की छूट देता है और फिर भी 10% का लाभ अर्जित करता है। वस्तु का अंकित मूल्य, वस्तु के क्रय मूल्य का कितना गुना (दशमलव के 2 स्थानों तक सही) है?
SSC CHSL (Tier-I) 01/07/2024 Shift-III
(a) 1.22 (b) 1.24 (c) 1.28 (d) 1.20

182. एक दुकानदार एक वस्तु के अंकित मूल्य में 40% की वृद्धि करने का निर्णय लेता है। वस्तु को मूल अंकित मूल्य पर बेचने के लिए उसे कितने प्रतिशत की छूट देनी चाहिए?
SSC CHSL (Tier-I) 01/07/2024 Shift-I
(a) $28\frac{4}{7}\%$ (b) $31\frac{2}{7}\%$ (c) $24\frac{3}{7}\%$ (d) $26\frac{3}{7}\%$

183. एक दुकानदार तेल का मूल्य 40% अधिक अंकित करता है और एक खराब तराजू का उपयोग करता है, जो 15% कम मापती है। यदि दुकानदार 32% की छूट देता है, तो उसका लाभ/हानि प्रतिशत ज्ञात कीजिए।
SSC CHSL (Tier-I) 01/07/2024 Shift-I
(a) 15% हानि (b) 25% लाभ
(c) 18% हानि (d) 12% लाभ

184. एक निश्चित बिल पर 27% की छूट, और 20% तथा 10% की दो क्रमिक छूटों के बीच का अन्तर ₹56 था। बिल की धनराशि ज्ञात कीजिए। SSC CHSL (Tier II) 10/01/2024 Shift-I
(a) ₹5600 (b) ₹1120
(c) ₹1866 (d) ₹5500

SSC CHSL 2023 (Tier I & II)

185. एक बेईमान दुकानदार क्रय मूल्य पर चावल बेचता है। लेकिन दोषपूर्ण बाँटों का प्रयोग करके 25% लाभ अर्जित करता है। उसने अधिक ग्राहकों को आकर्षित करने के लिए छूट देने का निर्णय लिया। 10% लाभ अर्जित करने के लिए उसे कितने प्रतिशत की छूट देनी चाहिए? SSC CHSL (Tier II) 02/11/2023 Shift-I
(a) 12% (b) 11% (c) 10% (d) 9%

186. ₹ 50000 के बिजली बिल के लिए, 30% की छूट और 26% एवं 5% की दो क्रमिक छूटों के बीच अन्तर ज्ञात कीजिए।
SSC CHSL (Tier II) 02/11/2023 Shift-I
(a) ₹120 (b) ₹150
(c) ₹ 130 (d) ₹ 140

187. एक वस्तु को उसके अंकित मूल्य पर प्रत्येक 25% की दो क्रमागत समान छूट के बाद ₹ 864 में बेचा जाता है। वस्तु पर दी गई छूट (₹ में) कितनी है?
SSC CHSL (Tier I) 17/8/2023 Shift-I
(a) 698 (b) 672
(c) 584 (d) 612

188. एक दुकानदार एक वस्तु पर 5% की अतिरिक्त छूट देता है, जिस पर पहले से ही अंकित मूल्य पर 15% की छूट दी जाती है। यदि क्रेता वस्तु के लिए ₹ 3068.5 का भुगतान करता है, तो वस्तु का अंकित मूल्य ज्ञात कीजिए।
SSC CHSL (Tier I) 17/8/2023 Shift-I
(a) ₹ 3500 (b) ₹ 3780
(c) ₹ 3700 (d) ₹ 3800

189. एक वस्तु का अंकित मूल्य ₹ 2500 है और विक्रय मूल्य ₹ 1800 है, तो छूट प्रतिशत क्या होगी? SSC CHSL (Tier I) 14/8/2023 Shift-IV
(a) 28% (b) 34% (c) 32% (d) 27%

190. एक दुकानदार अपने माल को क्रय मूल्य से 35% अधिक मूल्य पर अंकित करता है। फिर वह उस पर कुछ छूट देता है। यदि वह 14% का लाभ अर्जित करता है, तो छूट की दर क्या है? **SSC CHSL (Tier I) 14/8/2023 Shift-IV**

(a) 14.44% (b) 15.55%
(c) 16.66% (d) 17.77%

191. एक वस्तु का क्रय मूल्य उसके अंकित मूल्य का 72% है। अंकित मूल्य पर 6% की छूट देने के बाद लाभ प्रतिशत ……… है। (दशमलव के दो स्थानों तक सन्निकटित) **SSC CHSL (Tier I) 11/8/2023 Shift-I**

(a) 32.50% (b) 35.65%
(c) 28.23% (d) 30.56%

192. 20%, 25% और 20% के तीन क्रमागत बट्टे के समतुल्य एक एकल बट्टा क्या होगा? **SSC CHSL (Tier I) 10/8/2023 Shift-III**

(a) 52% (b) 58% (c) 42% (d) 38%

193. एक निर्माता ने एक वस्तु का मूल्य ₹ 75 अंकित किया और उसे 14% की छूट देकर बेच दिया। यदि उसका लाभ 29% था, तो वस्तु का क्रय मूल्य (₹ में) क्या था? **SSC CHSL (Tier I) 10/8/2023 Shift-III**

(a) 45 (b) 64 (c) 57 (d) 50

194. एक व्यापारी अपनी वस्तुओं पर क्रय मूल्य से 25% अधिक मूल्य अंकित करता है और अपने ग्राहकों को उनके बिल पर 12% की छूट देता है। व्यापारी को कितने प्रतिशत लाभ होता है? **SSC CHSL (Tier I) 9/8/2023 Shift-I**

(a) 13% (b) 12% (c) 10% (d) 11%

195. श्याम ने 16 कलमों का एक पैकेट खरीदा, जिसके साथ उसे 4 कलम मुफ्त मिले। उसने उसका मूल्य, क्रय मूल्य से 20% अधिक अंकित किया। यदि उसने कोई छूट नहीं दी और सभी 20 कलमों को उसी मूल्य पर बेच दिया, तो उसका लाभ प्रतिशत क्या था? **SSC CHSL (Tier I) 8/8/2023 Shift-II**

(a) 36% (b) $37\frac{1}{2}$% (c) 48% (d) 50%

196. एक दुकानदार अंकित मूल्य पर 25% की छूट के साथ एक मेज बेचता है और 70% का लाभ अर्जित करता है। यदि वह उसी मेज को 50% छूट पर बेचता है, तो उसका नया लाभ प्रतिशत ज्ञात कीजिए। **SSC CHSL (Tier I) 8/8/2023 Shift-II**

(a) $11\frac{1}{3}$% (b) $13\frac{1}{2}$%
(c) $12\frac{1}{2}$% (d) $13\frac{1}{3}$%

197. एक दुकानदार ने ₹ 24000 में एक एयर कण्डीशनर खरीदा। वह इसका मूल्य ₹ 30000 अंकित करता है। वह इसे एक ग्राहक को बट्टागत मूल्य पर बेचता है और फिर भी 9% का लाभ अर्जित करता है। दुकानदार द्वारा ग्राहक को दिए जाने वाले बट्टे की दर क्या है। **SSC CHSL (Tier I) 7/8/2023 Shift-IV**

(a) 10.8% (b) 13.8% (c) 12.8% (d) 14.8%

198. इतिका ने वॉलपेपर पर एक सेट ₹ 700 में खरीदा और सेट का अंकित मूल्य ₹ 850 था। छूट की अनुमानित दर ज्ञात कीजिए। **SSC CHSL (Tier I) 4/8/2023 Shift-II**

(a) 22.5% (b) 12.65%
(c) 17.64% (d) 25.34%

199. एक फुटकर विक्रेता 44 कलमों के अंकित मूल्य पर 50 कलम खरीदता है। यदि वह इन कलमों को अंकित मूल्य पर 1% की छूट पर बेचता है, तो लाभ प्रतिशत क्या है? **SSC CHSL (Tier I) 4/8/2023 Shift-II**

(a) 10% (b) 12% (c) 15% (d) 12.5%

200. एक व्यापारी अपने स्टोर से खरीदी गई वस्तुओं पर 10% की छूट की घोषणा करता है। ₹ 560 का बैग, ₹ 90 की एक अभ्यास पुस्तिका और ₹ 45 का एक पैन खरीदने वाले एक ग्राहक को मिली छूट ज्ञात कीजिए। **SSC CHSL (Tier I) 4/8/2023 Shift-II**

(a) ₹ 65 (b) ₹ 67.50
(c) ₹ 69.50 (d) ₹ 59

201. एक शोरूम में, विभिन्न वस्तुओं के अंकित मूल्यों को इस तरह से प्रदर्शित किया जाता है कि ग्राहकों को 10% की छूट देने के बाद, शोरूम के मालिक को 20% का लाभ होता है। प्रत्येक वस्तु के अंकित मूल्य और क्रय मूल्य का अनुपात क्या है? **SSC CHSL (Tier I) 2/8/2023 Shift-I**

(a) 5 : 2 (b) 4 : 3 (c) 2 : 5 (d) 3 : 4

202. एक बेईमान दुकानदार क्रय मूल्य पर अनाज बेचने का दावा करता है, लेकिन वह 1 किग्रा के बाट के स्थान पर 920 ग्राम के वाट का उपयोग करता है। उसका लाभ प्रतिशत ज्ञात कीजिए। (दशमलव के दो स्थानों तक सन्निकटित करें।) **SSC CHSL (Tier I) 2/8/2023 Shift-I**

(a) 7.90% (b) 7.80%
(c) 8.50% (d) 8.70%

203. एक दुकानदार अपने माल को क्रय मूल्य से 80% अधिक मूल्य पर अंकित करता है और अंकित मूल्य पर 48% की छूट देता है। उसका हानि प्रतिशत ज्ञात कीजिए। **SSC CHSL (Tier I) 2/8/2023 Shift-I**

(a) $7\frac{3}{5}$% (b) $2\frac{1}{5}$%
(c) $3\frac{1}{5}$% (d) $6\frac{2}{5}$%

204. 40% की छूट के बाद एक वस्तु को ₹ 1260 में बेचा गया है। वस्तु का अंकित मूल्य क्या है? **SSC CHSL (Tier I) 21/3/2023 Shift-II**

(a) ₹ 2200 (b) ₹ 2100
(c) ₹ 1800 (d) ₹ 2000

205. एक कम्प्यूटर का अंकित मूल्य ₹ 80000 है। यह दो क्रमिक छूटों के बाद ₹ 65280 में बेचा जाता है। यदि एक छूट 15% है, तो दूसरी छूट का मान क्या है? **SSC CHSL (Tier I) 20/3/2023 Shift-III**

(a) 5% (b) 7%
(c) 4% (d) 6%

206. मनोज ने एक वस्तु को ₹ 13000 के अंकित मूल्य पर बेचा। यदि उसने अंकित मूल्य पर 10% का बट्टा दिया होता, तो उसे 30% का लाभ अर्जित होता। वस्तु का क्रय मूल्य कितना है? **SSC CHSL (Tier I) 17/3/2023 Shift-II**

(a) ₹ 10000 (b) ₹ 9900
(c) ₹ 9000 (d) ₹ 11000

207. एक पतलून और एक जैकेट का अंकित मूल्य 1 : 3 के अनुपात में है। दुकानदार पतलून पर 20% का बट्टा देता है। यदि उन दोनों पर दिया गया कुल बट्टा 30% है, तो जैकेट पर कितने प्रतिशत बट्टा दिया गया? **SSC CHSL (Tier I) 16/3/2023 Shift-I**

(a) 16.66% (b) 28.56%
(c) 33.33% (d) 41.25%

208. एक वस्तु का अंकित मूल्य उसके क्रय मूल्य का 150% है। यदि 20% की छूट दी जाती है, तो लाभ प्रतिशत कितना होगा? **SSC CHSL (Tier I) 15/3/2023 Shift-IV**

(a) 25% (b) 10%
(c) 12.5% (d) 20%

209. ₹ 20000 पर सूचीबद्ध एक साइकिल को बट्टे के बाद खुदरा व्यापारी को ₹ 14000 में बेचा जाता है। खुदरा व्यापारी को दिया गया बट्टा-प्रतिशत कितना है? **SSC CHSL (Tier I) 14/3/2023 Shift-I**

(a) 30% (b) 40%
(c) 10% (d) 20%

210. अंकित मूल्य का 20% क्रय मूल्य के 50% के बराबर है। यदि कोई बट्टा (छूट) नहीं दिया जाता है, तो लाभ प्रतिशत क्या होगा? **SSC CHSL (Tier I) 13/3/2023 Shift-III**

(a) 125% (b) 120%
(c) 150% (d) 100%

211. अंकित मूल्य का $\frac{2}{5}$ भाग विक्रय मूल्य के $\frac{5}{8}$ भाग के बराबर है। छूट प्रतिशत क्या है? **SSC CHSL (Tier I) 9/3/2023 Shift-I**

(a) 40% (b) 50% (c) 42% (d) 36%

SSC CHSL 2022 & 2021 (Tier I)

212. एक दुकानदार एक बोतल के अंकित मूल्य पर 35% की छूट देता है। यदि बोतल का विक्रय मूल्य ₹ 1755 है, तो बोतल का अंकित मूल्य ज्ञात कीजिए। **SSC CHSL (Tier I) 02/6/2022 Shift-I**

(a) ₹ 2800 (b) ₹ 2700
(c) ₹ 3500 (d) ₹ 2500

213. एक मोबाइल फोन का अंकित मूल्य ₹ 35600 था। दुकान के मालिक ने अंकित मूल्य पर 10% व्यापारिक छूट का प्रस्ताव दिया, परन्तु ग्राहक के और अनुरोध करने पर उसने नकद छूट देकर ₹ 30000 में मोबाइल फोन बेच दिया। व्यापारिक छूट के बाद दी गई नकद छूट प्रतिशत में (दशमलव के 2 स्थानों तक पूर्णांकित) कितनी है?
SSC CHSL (Tier I) 01/06/2022 Shift-I
(a) 5.25% (b) 6.37%
(c) 5.75% (d) 4.95%

214. किसी वस्तु के अंकित मूल्य ₹ 2900 पर 37% की छूट प्रदान की गई। उस वस्तु का विक्रय मूल्य ज्ञात कीजिए।
SSC CHSL (Tier I) 01/06/2022 Shift-I
(a) ₹ 1823 (b) ₹ 1827
(c) ₹ 1829 (d) ₹ 1073

215. जब अंकित मूल्य पर 25% की छूट दी जाती है, तो 25% लाभ कमाया जाता है। जब 35% छूट हो, तो लाभ होगा (पूर्णांकित मान का संज्ञान लें)। **SSC CHSL (Tier I) 31/05/2022 Shift-I**
(a) 8% (b) 13%
(c) 9% (d) 11%

216. एक रेफ्रिजरेटर का अंकित मूल्य ₹ 60000 है। दुकानदार पूर्ण नकद भुगतान करने पर ₹ 12000 की एक सीधी छूट देता है। इसके अलावा वह अपने नियमित ग्राहकों को अंकित मूल्य पर 5% की अतिरिक्त छूट प्रदान करता है। एक नियमित ग्राहक को रेफ्रिजरेटर के लिए कितना भुगतान करना पड़ेगा?
SSC CHSL (Tier I) 31/05/2022 Shift-I
(a) ₹ 47000 (b) ₹ 48000
(c) ₹ 44000 (d) ₹ 45000

217. एक जूता निर्माण कम्पनी बिक्री के लिए विभिन्न चरणों में अपने ग्राहकों को 3 प्रकार की छूट योजनाएँ प्रदान करती हैं
(i) 20% और 12%
(ii) 25% और 5%
(iii) 30% और 3%
ग्राहक के लिए सबसे अच्छी योजना ज्ञात कीजिए। **SSC CHSL (Tier I) 30/05/2022 Shift-I**
(a) केवल योजना (ii)
(b) केवल योजना (i)
(c) केवल योजना (iii)
(d) दोनों परियोजनाएँ (i) और (ii)

218. अनिल अपने ग्राहक को एक टी-शर्ट पर 15% की छूट देता है और फिर भी उसे 25% का लाभ होता है। ₹ 500 अंकित मूल्य वाली टी-शर्ट का वास्तविक मूल्य (क्रय मूल्य) ज्ञात करें। **SSC CHSL (Tier I) 30/05/2022 Shift-I**
(a) ₹ 360 (b) ₹ 350
(c) ₹ 330 (d) ₹ 340

219. एक मोबाइल पर उसके क्रय मूल्य से 25% अधिक मूल्य अंकित किया गया है। 10% का लाभ कमाने के लिए इसे कितने प्रतिशत छूट पर बेचा जाना चाहिए?
SSC CHSL (Tier I) 27/05/2022 Shift-I
(a) 13% (b) 12% (c) 11% (d) 10%

220. एक मोबाइल का अंकित मूल्य ₹ 36000 है। एक दुकानदार अंकित मूल्य पर 11% की छूट देता है। यदि ग्राहक इसे खरीदने के लिए क्रेडिट कार्ड का प्रयोग करता है, तो छूट बढकर 15% हो जाती है पूजा ने इसे क्रेडिट कार्ड के द्वारा खरीदा है। उसने कितना भुगतान किया? **SSC CHSL (Tier-I) 27/05/2022 Shift-I**
(a) ₹ 32000 (b) ₹ 30600
(c) ₹ 31000 (d) ₹ 30880

221. किसी वस्तु का विक्रय मूल्य ज्ञात करें, यदि इसके ₹ 25500 के अंकित मूल्य पर 15% और 12% के दो क्रमागत छूट दिए जाते हैं।
SSC CHSL (Tier I) 27/05/2022 Shift-I
(a) ₹ 19074 (b) ₹ 21165
(c) ₹ 18615 (d) ₹ 25041

222. किसी वस्तु के अंकित मूल्य पर 15% की छूट देने के बाद, इसे ₹ 425 में बेचा गया। यदि छूट नहीं दी जाती, तो 25% लाभ होता। वस्तु का क्रय मूल्य (₹ में) ज्ञात करें।
SSC CHSL (Tier I) 10/8/2021 Shift-I
(a) 500 (b) 450 (c) 400 (d) 325

223. ₹ 125 पर क्वोट की गई एक दर्जन नोटबुक 20% छूट पर उपलब्ध हैं। ₹ 75 में कितने नोटबुक खरीदे जा सकते हैं?
SSC CHSL (Tier I) 04/8/2021 Shift-I
(a) 9 (b) 8 (c) 10 (d) 6

224. कोई दुकानदार, कागज़ के शीट की फोटोकॉपी के लिए ₹ 1.50 लेता है और 400 शीट के बाद सभी फोटोकॉपी पर 5.5% की छूट देता है। कागज की 800 शीट की फोटोकॉपी पर कितना खर्च आएगा? **SSC CHSL (Tier I) 19/4/2021 Shift-I**
(a) ₹ 1167 (b) ₹ 1160
(c) ₹ 1176 (d) ₹ 1276

SSC MTS 2024

225. एक दुकान में दो प्रकार के प्रचार ऑफर दिए जा रहे हैं, तीन शर्ट खरीदें, एक शर्ट मुफ्त पाएँ या अंकित मूल्य पर 25% की छूट। यदि कोई ग्राहक दोनों ऑफर का उपयोग करके पाँच शर्ट खरीदता है, तो उसे कुल मिलाकर कितनी छूट मिलेगी? **SSC MTS 14/11/2024 Shift-III**
(a) 27.5% (b) 25%
(c) 30% (d) 50%

226. एक किताब को अंकित मूल्य पर ₹ 480 में बेचने पर एक दुकानदार को 20% का लाभ होता है। रियायती बिक्री के दौरान, दुकानदार अंकित मूल्य पर 10% की छूट देता है। बिक्री के दौरान उसका लाभ प्रतिशत क्या है?
SSC MTS 13/11/2024 Shift-III
(a) 8% (b) 12% (c) 18% (d) 16%

227. एक शोरूम में एक मोबाइल फोन का अंकित मूल्य ₹ 25000 है और इसे 20%, 15% और 10% की क्रमिक छूटों पर बेचा जाता है। इसका विक्रय मूल्य ज्ञात कीजिए।
SSC MTS 12/11/2024 Shift-III
(a) ₹ 15300 (b) ₹ 14960
(c) ₹ 14000 (d) ₹ 15000

228. एक स्पीकर का अंकित मूल्य ₹ 520 है और दुकानदार 10% की छूट प्रदान करता है और फिर भी उसे 17% का लाभ होता है। यदि कोई छूट नहीं दी जाती है, तो लाभ प्रतिशत ज्ञात करें। **SSC MTS 12/11/2024 Shift-III**
(a) 27% (b) 30% (c) 20% (d) 25%

229. किसी वस्तु का अंकित मूल्य ₹ 1680 है और इसे 19% की छूट पर बेचा जाता है। यदि इसमें 8% का लाभ होता है, तो वस्तु पर क्रय मूल्य से कितने प्रतिशत अधिक मूल्य अंकित किया गया है? **SSC MTS 11/11/2024 Shift-III**
(a) $32\frac{1}{3}\%$ (b) $31\frac{1}{3}\%$
(c) $33\frac{1}{3}\%$ (d) $35\frac{1}{3}\%$

230. एक सुपरमार्केट ₹ 19000 अंकित मूल्य वाले मोबाइल फोन पर दो क्रमिक छूट प्रदान करता है। दी जाने वाली पहली छूट 14% है। यदि ग्राहक फोन के लिए ₹ 15048 का भुगतान करता है, तो दूसरी छूट (दो दशमलव अंक तक पूर्णांकित) कितनी थी?
SSC MTS 05/11/2024 Shift-III
(a) 8.00% (b) 7.51%
(c) 7.91% (d) 9.26%

231. एक कपड़े की दुकान ने एक छूट योजना की घोषणा की – 'एक शर्ट खरीदें और उसी कीमत की दूसरी शर्ट पर 40% की छूट पाएँ'। यदि प्रत्येक शर्ट का क्रय मूल्य, अंकित मूल्य से 60% कम है, तो दुकान का लाभ प्रतिशत ज्ञात करें। **SSC MTS 04/11/2024 Shift-III**
(a) 120% (b) 100%
(c) 80% (d) 60%

232. एक वॉशिंग मशीन का अंकित मूल्य ₹ 15000 है। एक खुदरा विक्रेता इसे 15% और एक दूसरी अस्पष्ट दर की दो क्रमिक छूट प्राप्त करने के बाद इसे ₹ 11250 में खरीदता है। दूसरी छूट की दर क्या है?
SSC MTS 30/10/2024 Shift-III
(a) $8\frac{3}{7}\%$ (b) $12\frac{4}{9}\%$
(c) $10\frac{11}{13}\%$ (d) $11\frac{13}{17}\%$

233. एक खुदरा विक्रेता किसी वस्तु की खरीद पर निम्नलिखित छूट योजनाएँ प्रदान करता है। कौन-सी योजना ग्राहक के लिए सबसे कम फायदेमन्द होगी? **SSC MTS 29/10/2024 Shift-III**

(i) 30% की छूट।
(ii) 22% की छूट के बाद 8% की छूट।
(iii) 25% और 5% की क्रमिक छूट।

(a) योजना (ii) और योजना (iii)
(b) योजना (iii)
(c) योजना (ii)
(d) योजना (i)

234. एक दुकानदार एक निश्चित वस्तु पर 38% की छूट देता है। वह नकद भुगतान करने पर ग्राहक को 15% की अतिरिक्त छूट देने की घोषणा करता है। एक ग्राहक ने उस वस्तु के लिए ₹ 2108 की नकद राशि का भुगतान किया। वस्तु का अंकित मूल्य (₹ में) कितना है?
SSC MTS 28/10/2024 Shift-II

(a) 3800 (b) 3560
(c) 4000 (d) 4200

235. एक दुकानदार, एक वस्तु पर खरीदारों के लिए निम्नलिखित चार अलग-अलग छूट योजनाएँ प्रदान करता है। **SSC MTS 23/10/2024 Shift-II**

A. 8% की दो क्रमागत छूट
B. 11% की छूट के बाद 5% की छूट
C. 13% और 3% की क्रमागत छूट
D. 16% की छूट

यदि राजीव इस दुकान से न्यूनतम मूल्य पर वस्तु खरीदना चाहता है, तो उसे किस छूट योजना का चयन करना होगा?

(a) C (b) B
(c) D (d) A

236. एक योजना में, यदि आप तीन या उससे अधिक उत्पाद खरीदते हैं, तो एक दुकानदार 4% की छूट देता है। रितु ने ₹ 330 में अमरूद के रस की तीन बोतलें खरीदीं। यदि दुकानदार फिर भी 10% का लाभ कमाता है। यदि उसने इन्हें बिना किसी छूट के बेचा होता तो उसे कितना लाभ होता (2 दशमलव स्थानों तक पूर्णांकित)? **SSC MTS 22/10/2024 Shift-II**

(a) 15% (b) 15.28%
(c) 15.74% (d) 14.58%

237. एक व्यापारी अपने माल पर इसके क्रय मूल्य से 40% अधिक मूल्य अंकित करता है और फिर ग्राहकों को 15% की छूट देता है। व्यापारी का लाभ प्रतिशत क्या है?
SSC MTS 21/10/2024 Shift-II

(a) 25% (b) 21%
(c) 19% (d) 15%

238. एक दुकानदार एक ऑफर देता है- तीन खरीदों, एक मुफ्त पाओ; इस योजना में दुकानदार द्वारा कितने प्रतिशत की छूट दी जा रही है? **SSC MTS 18/10/2024 Shift II**

(a) 33.33% (b) 30%
(c) 25% (d) 20%

239. रमेश ने ₹ 18000 अंकित मूल्य वाले एक पियानो को क्रमशः 12% और 15% की क्रमिक छूट पर खरीदा। रमेश ने परिवहन शुल्क के रूप में ₹ 536 दिए और इसे ₹ 21000 में बेच दिया। उसका लाभ प्रतिशत क्या है? **SSC MTS 17/10/2024 Shift-II**

(a) 40% (b) 48%
(c) 35% (d) 50%

240. 40% की छूट तथा 36% और 4% की दो क्रमिक छूटों की दो योजनाओं के तहत् ₹ 22500 के बिल पर छूटों के बीच का अन्तर ज्ञात कीजिए। **SSC MTS 16/10/2024 Shift-II**

(a) ₹ 324 (b) ₹ 356
(c) ₹ 342 (d) ₹ 365

241. त्योहारी सीजन के दौरान एक थोक व्यापारी घोषणा करता है कि वे '4 शर्ट खरीदें, एक मुफ्त पाएँ' की योजना की पेशकश कर रहे हैं, तो व्यापारी द्वारा दिया गया निवल छूट प्रतिशत ज्ञात कीजिए। **SSC MTS 15/10/2024 Shift-II**

(a) 20% (b) 10%
(c) 15% (d) 5%

242. रमन ने 12% की एकल छूट के बाद एक मोबाइल फोन के लिए ₹ 18656 का भुगतान किया। यदि रमन को 4% और 8% की क्रमिक छूटें दी जाती हैं, तो रमन कितना भुगतान करेगा? **SSC MTS 14/10/2024 Shift-I**

(a) ₹ 18723.84 (b) ₹ 17238.84
(c) ₹ 13728.84 (d) ₹ 17283.84

243. यदि 25% और 15% की दो क्रमागत छूटें दी जाती है, तो निवल छूट प्रतिशत क्या होगा?
SSC MTS 08/10/2024 Shift-I

(a) 36.10% (b) 36.25%
(c) 36.20% (d) 36.15%

244. एक फोल्डिंग बेड का अंकित मूल्य ₹18000 है। आगन ने इसे 15% और 10% की दो क्रमिक छूट के बाद खरीदा। उसने परिवहन पर ₹ 830 व्यय किए और इसे ₹ 18440 में बेच दिया। उसका लाभ ज्ञात कीजिए।
SSC MTS 07/10/2024 Shift-I

(a) ₹ 3148 (b) ₹ 3840
(c) ₹ 2869 (d) ₹ 3539

245. एक खुदरा विक्रेता अपने उत्पादों के अंकित मूल्य पर 25% की व्यापार छूट और 8% की अतिरिक्त छूट देता है, यदि भुगतान उसकी दुकान के सदस्यता कार्ड (membership card) के साथ किया जाता है। वह लागत पर 15% का निवल लाभ अर्जित करता है। उसके द्वारा उत्पादों का अंकित मूल्य कितने प्रतिशत अधिक रखा गया है?
SSC MTS 01/10/2024 Shift-I

(a) $84\frac{1}{3}\%$ (b) $46\frac{1}{3}\%$
(c) $59\frac{2}{3}\%$ (d) $66\frac{2}{3}\%$

246. रिया अपनी सभी वस्तुओं पर 12% की छूट प्रदान करती है और नकद भुगतान करने वाले ग्राहकों को 6% की अतिरिक्त छूट प्रदान करती है। एक ग्राहक को ₹ 2400 अंकित मूल्य वाले पंखे के लिए कितना भुगतान करना होगा यदि वह नकद भुगतान करता है?
SSC MTS 30/09/2024 Shift-I

(a) ₹ 2300.50 (b) ₹ 1900
(c) ₹ 2122.50 (d) ₹ 1985.28

SSC MTS 2023-2021

247. एक वस्तु का क्रय मूल्य ₹ 1120 है। ₹ 205 की छूट देने के बाद 15% का लाभ होता है, तो वस्तु का अंकित मूल्य कितना है?
SSC MTS 01/09/2023 Shift-III

(a) ₹ 1350 (b) ₹ 1580
(c) ₹ 1493 (d) ₹ 1760

248. किसी वस्तु के अंकित मूल्य का 15% उसके क्रय मूल्य के 25% के बराबर है। यदि वस्तु की बिक्री पर 25% की छूट दी जाती है, तो लाभ प्रतिशत ज्ञात कीजिए।
SSC MTS 15/07/2022 Shift-III

(a) 20% (b) 25% (c) 22.5% (d) 17.5%

249. 12% और 8% की दो क्रमागत छूटों के बराबर एकल छूट ज्ञात कीजिए।
SSC MTS 14/7/2022 Shift-I

(a) 18.8% (b) 19.04%
(c) 19.8% (d) 19.4%

250. अक्षय के पास 30 वस्तुएँ हैं, जिनमें से प्रत्येक का क्रय मूल्य समान है। उसने प्रत्येक वस्तु का मूल्य उसके क्रय मूल्य से 30% अधिक अंकित किया। 15 वस्तुओं को उसने प्रत्येक पर 20% की छूट पर और शेष 15 वस्तुओं को प्रत्येक पर 10% की छूट पर बेचा, जिससे कुल ₹ 630 का लाभ प्राप्त हुआ। प्रत्येक वस्तु का क्रय मूल्य ज्ञात कीजिए। **SSC MTS 12/7/2022 Shift-I**

(a) ₹ 200 (b) ₹ 240 (c) ₹ 280 (d) ₹ 180

251. किसी वस्तु को 25% की छूट पर बेचने से 15% की हानि होती है। यदि वस्तु को उसके अंकित मूल्य पर बेचा जाता, तो कितने प्रतिशत लाभ प्राप्त होता? (2 दशमलव स्थान तक पूर्णांकित उत्तर दीजिए।) **SSC MTS 11/7/2022 Shift-I**

(a) 13.33% (b) 15.66%
(c) 12.66% (d) 10.22%

252. ₹ 720 सूची मूल्य वाली एक वस्तु पर, 20% और 10% की दो क्रमिक छूटे दी गई। इस वस्तु को खरीदने पर ग्राहक को मिलने वाली कुल छूट राशि (₹ में) की गणना करें।
SSC MTS 2/11/2021 Shift-III

(a) 201.6 (b) 216 (c) 190.8 (d) 198

253. किसी वस्तु को उसके अंकित मूल्य पर 10% छूट देने के बाद ₹ 450 में बेचा जाता है। यदि उस पर छूट नहीं दी जाती, तो 25% लाभ प्राप्त होता। वस्तु के क्रय मूल्य का 50% कितना (₹ में) होगा? **SSC MTS 2/11/2021 Shift-II**

(a) 250 (b) 150 (c) 200 (d) 175

254. त्यौहार के दौरान, किसी दुकान पर लगे बैनर पर लिखा था, 3 के लिए भुगतान करें और 5 पाएँ। छूट प्रतिशत ज्ञात करें। **SSC MTS 2/11/2021 Shift-I**

(a) 40% (b) $166\frac{2}{3}$% (c) $66\frac{2}{3}$% (d) 60%

255. किसी दुकानदार को 25% लाभ होता है, यदि वह ₹ 2500 अंकित मूल्य पर 10% छूट के साथ कोई वस्तु बेचता है। उसका लाभ ज्ञात करें। **SSC MTS 2/11/2021 Shift-I**

(a) ₹ 375 (b) ₹ 450 (c) ₹ 350 (d) ₹ 400

256. सुशांत, ₹8000 का सामान खरीदता है। उसे, उस सामान पर 10% की छूट मिलती है। छूट मिलने के बाद, वह 7.5% की दर से कर का भुगतान करता है। वह राशि ज्ञात करें, जो उसे अपने आवास पर प्राप्त इस सामान के लिए चुकानी होगी, यदि दुकानदार होम डिलिवरी के लिए ₹ 200 लेता है। **SSC MTS 2/11/2021 Shift-I**

(a) ₹ 6851 (b) ₹ 7940
(c) ₹ 8155 (d) ₹ 9660

SSC GD Constable 2024

257. एक व्यापारी अपनी वस्तु का मूल्य, क्रय मूल्य से 40% अधिक अंकित करता है। वह इस पर कुछ छूट देता है और 10% का लाभ अर्जित करता है। छूट प्रतिशत कितना है? **SSC GD 26/2/2024 Shift-I**

(a) 20% (b) 25%
(c) 21.42% (d) 14.28%

258. 15% और 10% की दो क्रमिक छूटों के समतुल्य एकल छूट ज्ञात कीजिए। **SSC GD 26/2/2024 Shift-I**

(a) 24.5 % (b) 21.8 %
(c) 22.5 % (d) 23.5 %

259. ₹ 3800 अंकित मूल्य वाली एक पुस्तक को ₹ 2128 में बेचने पर दिया जाने वाला छूट प्रतिशत कितना है? **SSC GD 24/2/2024 Shift-III**

(a) 56% (b) 44%
(c) 50% (d) 45%

260. एक वस्तु का अंकित मूल्य, उसके क्रय मूल्य का 250% है। यदि वस्तु पर 50% छूट दी जाती है, तो लाभ प्रतिशत कितना होगा? **SSC GD 24/2/2024 Shift-III**

(a) 25% (b) 15%
(c) 10% (d) 20%

261. अभिषेक अपने लैपटॉप का मूल्य क्रय मूल्य से 80% अधिक अंकित करता है। वह अपने ग्राहक को अंकित मूल्य पर 25% की छूट देता है। लाभ प्रतिशत कितना है? **SSC GD 24/2/2024 Shift-II**

(a) 25% (b) 55% (c) 35% (d) 40%

262. यदि किसी वस्तु के अंकित मूल्य और विक्रय मूल्य का अनुपात 13 : 9 है, तो छूट प्रतिशत कितना है? **SSC GD 24/2/2024 Shift-II**

(a) 28.76% (b) 30.77%
(c) 25% (d) 32.77%

263. एक वस्तु 30% और 10% की दो क्रमिक छूट के बाद ₹ 4964 में बेची जाती हैं। वस्तु का अंकित मूल्य कितना है? **SSC GD 24/2/2024 Shift-I**

(a) ₹ 7120.46 (b) ₹ 7200.47
(c) ₹ 6600 (d) ₹ 7879.36

264. एक साइकिल का अंकित मूल्य ₹ 2700 है। यदि इस पर 10% की छूट दी जाती है, तो साइकिल का विक्रय मूल्य कितना होगा? **SSC GD 24/2/2024 Shift-I**

(a) ₹ 2560 (b) ₹ 2500
(c) ₹ 2430 (d) ₹ 2400

265. एक कार का विक्रय मूल्य ₹ 640 है यदि कार को 60% की छूट पर बेचा जाता है, तो कार का अंकित मूल्य कितना होगा? **SSC GD 23/2/2024 Shift-IV**

(a) ₹1600 (b) ₹1800
(c) ₹2400 (d) ₹2000

266. एक वस्तु का अंकित मूल्य ₹ 1850 है। यदि वस्तु पर 60% की छूट दी जाती है, तो वस्तु का विक्रय मूल्य कितना होगा? **SSC GD 23/2/2024 Shift-III**

(a) ₹ 740 (b) ₹ 860
(c) ₹ 840 (d) ₹ 750

267. एक वस्तु पर अंकित मूल्य ₹ 4800 था, लेकिन दुकानदार उस वस्तु पर 18% और 20% की दो छूट की पेशकश करता है, अन्ततः वह वस्तु को किस मूल्य पर बेचता है? **SSC GD 23/2/2024 Shift-III**

(a) ₹ 3258.8 (b) ₹ 3148.8
(c) ₹ 2976 (d) ₹ 3642

268. एक विक्रेता अपने माल को क्रय मूल्य से 40% अधिक मूल्य पर अंकित करता है। यदि वह 30% की छूट देता है, तो हानि प्रतिशत कितना है? **SSC GD 23/2/2024 Shift-II**

(a) 2.5% (b) 2% (c) 1.5% (d) 3%

269. अंकित मूल्य का $\frac{1}{4}$, विक्रय मूल्य के $\frac{2}{3}$ के बराबर है। छूट प्रतिशत कितना है? **SSC GD 23/2/2024 Shift-II**

(a) 50% (b) 60% (c) 65% (d) 62.5%

270. एक वस्तु का अंकित मूल्य ₹ 9600 है और इसका विक्रय मूल्य ₹ 6336 है। छूट प्रतिशत कितनी है? **SSC GD 23/2/2024 Shift-I**

(a) 34% (b) 38% (c) 30% (d) 25%

271. एक वस्तु का अंकित मूल्य उसके क्रय मूल्य से 25% अधिक है। दुकानदार अपनी वस्तु को लाभ पर बेचने के लिए अधिकतम कितने प्रतिशत की छूट दे सकता है? **SSC GD 23/2/2024 Shift-I**

(a) 20% (b) 16.67%
(c) 25% (d) 12.5%

272. अभिषेक अपने लैपटॉप का मूल्य क्रय मूल्य से 50% अधिक अंकित करता है। वह अपने ग्राहक को अंकित मूल्य पर 30% की छूट देता है। लाभ प्रतिशत कितना है? **SSC GD 22/2/2024 Shift-IV**

(a) 8% (b) 5% (c) 10% (d) 20%

273. एक व्यापारी अपनी वस्तु का मूल्य क्रय मूल्य से 50% अधिक अंकित करता है। यदि वह 20% की छूट देता है, तो लाभ या हानि प्रतिशत कितना होगा? **SSC GD 22/2/2024 Shift-III**

(a) 30% लाभ (b) 10% हानि
(c) 20% लाभ (d) 40% हानि

274. एक वस्तु का अंकित मूल्य और विक्रय मूल्य क्रमशः ₹ 7600 और ₹ 6688 हैं। छूट प्रतिशत कितनी है? **SSC GD 22/2/2024 Shift-II**

(a) 10% (b) 8% (c) 16% (d) 12%

275. किसी वस्तु पर 10% की छूट प्रदान करने के बाद भी 10% का लाभ होता है। यदि कोई छूट न दी जाए, तो लाभ प्रतिशत कितना होगा? **SSC GD 22/2/2024 Shift-II**

(a) 66.67% (b) 22.22%
(c) 35% (d) 33.33%

276. किसी वस्तु पर 50% की छूट देने के बाद भी 50% का लाभ होता है। वस्तु पर कोई भी छूट न देने पर लाभ प्रतिशत कितना होगा? **SSC GD 22/2/2024 Shift-I**

(a) 100% (b) 200%
(c) 150% (d) 300%

277. एक खिलौने का वास्तविक मूल्य $25 है, लेकिन यह 30% की छूट के साथ सेल में बेचा जाता है। खिलौने का विक्रय मूल्य कितना है? **SSC GD 21/2/2024 Shift-IV**

(a) $14.6 (b) $17.5
(c) $13.8 (d) $19.3

278. एक वस्तु का अंकित मूल्य ₹ 640 है। यदि उस वस्तु पर 37.5% की छूट दी जाती है, तो वस्तु का विक्रय मूल्य कितना होगा? **SSC GD 21/2/2024 Shift-IV**

(a) ₹ 600 (b) ₹ 400
(c) ₹ 450 (d) ₹ 550

279. एक वस्तु 40% और 50% की दो क्रमिक छूट के बाद ₹ 204 में बेची जाती हैं। वस्तु का अंकित मूल्य कितना है? **SSC GD 21/2/2024 Shift-III**

(a) ₹ 840 (b) ₹ 680
(c) ₹ 720 (d) ₹ 540

280. एक कुर्सी का अंकित मूल्य उसके क्रय मूल्य से 10% अधिक है। यदि ₹ 11 की छूट देने के बाद कुर्सी ₹ 132 में बेची जाती है, तो लाभ प्रतिशत कितना होगा? SSC GD 21/2/2024 Shift-III

(a) 2% (b) 1.78% (c) 1.21% (d) 1.53%

281. एक वस्तु का अंकित मूल्य और विक्रय मूल्य क्रमश: ₹ 6600 और ₹ 4752 है। छूट प्रतिशत कितना है? SSC GD 21/2/2024 Shift-II

(a) 28% (b) 25% (c) 34% (d) 32%

282. एक पुस्तक को उसके अंकित मूल्य के 5/12 पर बेचने पर 50% की हानि होती है। पुस्तक के अंकित मूल्य और क्रय मूल्य का अनुपात कितना होगा? SSC GD 21/2/2024 Shift-II

(a) 3 : 8 (b) 2 : 5 (c) 5 : 6 (d) 6 : 5

283. एक पुस्तक को उसके अंकित मूल्य के 16/25 पर बेचने पर हानि होती है। पुस्तक के अंकित मूल्य और विक्रय मूल्य का अनुपात कितना होगा? SSC GD 21/2/2024 Shift-I

(a) 25 : 16 (b) 3 : 8
(c) 16 : 15 (d) 8 : 3

284. एक वस्तु का विक्रय मूल्य ₹ 1690 है। यदि 35% की छूट दी जाती है, तो वस्तु का अंकित मूल्य कितना था? SSC GD 21/2/2024 Shift-I

(a) ₹ 2600 (b) ₹ 2700
(c) ₹ 2500 (d) ₹ 2800

285. एक कुर्सी का अंकित मूल्य, उसके क्रय मूल्य से 20% अधिक है। यदि ₹ 20 की छूट के बाद कुर्सी ₹ 220 में बेंची जाती है, तो लाभ प्रतिशत कितना होगा? SSC GD 20/2/2024 Shift-IV

(a) 10% (b) 20% (c) 15% (d) 30%

286. एक वस्तु का अंकित मूल्य ₹ 11800 और इसका विक्रय मूल्य ₹ 7788 है। वस्तु पर छूट प्रतिशत कितना है? SSC GD 20/2/2024 Shift IV

(a) 30% (b) 35% (c) 34% (d) 32%

287. एक कुर्सी का अंकित मूल्य ₹ 5000 है। 10% और और x%की दो क्रमागत छूट देने के बाद, कुर्सी ₹ 3150 में बेची जाती है। x का मान क्या है? SSC GD 20/2/2024 Shift-III

(a) 40% (b) 30% (c) 25% (d) 20%

288. एक कुर्सी का अंकित मूल्य ₹ 2000 है। 20% और x% की दो क्रमिक छूट देने के बाद वह कुर्सी ₹ 1400 में बेची जाती है। x का मान कितना है? SSC GD 20/2/2024 Shift-I

(a) 10% (b) 25% (c) 12.5% (d) 20%

289. किसी वस्तु का विक्रय मूल्य ₹ 5175 है और उस पर 25% की छूट दी गई है। वस्तु का अंकित मूल्य कितना है? SSC GD 20/2/2024 Shift-I

(a) ₹ 6900 (b) ₹ 7000
(c) ₹ 6600 (d) ₹ 8500

SSC GD Constable 2023

290. दिनेश अपने ग्राहकों को रेनकोट पर 15% की छूट प्रदान करता है और वह फिर भी 25% का लाभ कमाता है। ₹ 800 के अंकित मूल्य वाले रेनकोट की वास्तविक कीमत क्या है? SSC GD 13/02/2023 Shift-IV

(a) ₹ 542 (b) ₹ 546
(c) ₹ 540 (d) ₹ 544

291. 5%, 10%, 15%, और 20% के बराबर एक एकल छूट कितनी है? SSC GD 13/02/2023 Shift-IV

(a) 42.76% (b) 41.86%
(c) 32.88% (d) 36.92%

292. एक वस्तु का अंकित मूल्य ₹ 1600 है लेकिन रोहन को 20 प्रतिशत की छूट मिलती है। वह ₹ 1600 में वस्तु बेचता है। रोहन का लाभ प्रतिशत है। SSC GD 13/02/2023 Shift-II

(a) 25% (b) 22% (c) 20% (d) 18%

293. एक वस्तु का क्रय मूल्य, अंकित मूल्य का 64% है। 20% की छूट देने के बाद लाभ प्रतिशत की गणना कीजिए। SSC GD 13/02/2023 Shift-II

(a) 20% (b) 25% (c) 30% (d) 35%

294. एक व्यापारी ने 20% की छूट देने के बाद, 20% का लाभ प्राप्त करने के लिए अपने माल पर मूल्य अंकित किया। अंकित मूल्य, क्रय मूल्य से कितना प्रतिशत अधिक है? SSC GD 09/02/2023 Shift-II

(a) 50% (b) 35% (c) 40% (d) 20%

295. 10%, 30% और 25% की क्रमिक छूट कितनी एकल छूट के बराबर है? (निकटतम पूर्ण संख्या तक पूर्णांकित) SSC GD 09/02/2023 Shift-II

(a) 47% (b) 53%
(c) 55% (d) 65%

296. अक्षित 10% की छूट देकर ₹ 5000 अंकित मूल्य वाला एक सूटकेस बेच रहा है, और यदि भुगतान नकद में किया जाता है, तो आगे 10% की छूट और प्रदान करता है। एक ग्राहक ने अक्षित से सूटकेस खरीदा और उसे नकद में भुगतान किया। उसने अक्षित को कितनी धनाशि (₹ में) का भुगतान किया? SSC GD 09/02/2023 Shift-I

(a) 4500 (b) 4050
(c) 4150 (d) 4200

297. एक दुकानदार अपने स्टोर की प्रत्येक वस्तु पर 18% की छूट देने की घोषणा करता है। ₹ 5583 लागत वाली एक वस्तु के लिए ग्राहक को कितने मूल्य (₹ में, निकटतम पूर्णांक में पूर्णांकित) का भुगतान करना चाहिए? SSC GD 09/02/2023 Shift-I

(a) 3980 (b) 3650
(c) 4275 (d) 4578

298. एक वीआईपी बैग पर 20% की छूट थी। अनुपम ने एक बैग खरीदा। उसे नगद भुगतान पर 8% की अतिरिक्त छूट मिली। यदि उसने ₹ 2208 का भुगतान किया हो, तो बैग पर टैग मूल्य कितना अंकित था? SSC GD 08/02/2023 Shift-I

(a) ₹ 2300 (b) ₹ 3000
(c) ₹ 2500 (d) ₹ 2600

299. एक व्यक्ति ने अंकित मूल्य ₹ 500 वाली एक मेज को दो क्रमागत छूटों क्रमश: 8% और 25% पर क्रय किया। उसने परिवहन पर ₹ 32 खर्च किए और मेज को ₹ 500 में बेच दिया। उसे कितने रुपये का लाभ हुआ? SSC GD 08/02/2023 Shift-I

(a) ₹ 120 (b) ₹ 130
(c) ₹ 123 (d) ₹ 124

300. एक विक्रेता ने किसी वस्तु का अंकित मूल्य, इसके क्रय मूल्य से 25% अधिक अंकित किया। यदि वह 42% की छूट देता है, तो उसका हानि-प्रतिशत ज्ञात कीजिए। SSC GD 08/02/2023 Shift-I

(a) 33.5% (b) 8.5%
(c) 30% (d) 27.5%

301. बलवेंद्र सीसीटीवी कैमरे की बिक्री पर पहले 9% और 4% की दो क्रमिक छूट देता है और फिर वह ₹ 268 की नकद छूट भी देता है। यदि सीसीटीवी कैमरे का अंकित मूल्य ₹ 5000 है, तो किसी ग्राहक के लिए सीसीटीवी कैमरे का अंतिम मूल्य क्या होगा? SSC GD 07/02/2023 Shift-I

(a) ₹ 4000 (b) ₹ 4636
(c) ₹ 4368 (d) ₹ 4100

302. अंकित मूल्य पर 10% की छूट देने के बाद, एक वाशिंग मशीन का मूल्य ₹ 28800 है। यदि कोई छूट नहीं दी जाती है, तो दुकानदार को 25% लाभ होता है। वाशिंग मशीन का क्रय मूल्य .... है। SSC GD 06/02/2023 Shift-I

(a) ₹ 26600 (b) ₹ 25600
(c) ₹ 26200 (d) ₹ 28600

303. एक स्टोर '4 खरीदें 1 मुफ्त पाएँ' प्रमोशन स्कीम चला रहा है। शुद्ध छूट प्रतिशत क्या है? SSC GD 06/02/2023 Shift-I

(a) 15% (b) 20%
(c) 18.5% (d) 22%

304. एक व्यापारी ₹ 85000 मूल्य पर अंकित एक पुरानी कार खरीदता है और 20% और 10% की क्रमिक छूट प्राप्त करता है। वह इसकी मरम्मत पर ₹ 3800 खर्च करता है और इसे 20% के लाभ पर बेच देता है। कार का विक्रय मूल्य ज्ञात कीजिए। SSC GD 06/02/2023 Shift-I

(a) ₹ 75000 (b) ₹ 100000
(c) ₹ 80000 (d) ₹ 78000

305. एक मोबाइल फोन का अंकित मूल्य ₹ 16500 है। इस पर 8% की त्योहार छूट दी जाती है। इसके अलावा, नकद भुगतान के लिए 5% की दूसरी छूट दी जाती है। मोबाइल फोन खरीदने के लिए किया जाने वाला नकद भुगतान, रुपये में कितना है? **SSC GD 02/02/2023 Shift-I**

(a) ₹ 14872 (b) ₹ 14421
(c) ₹ 14512 (d) ₹ 14671

306. एक व्यापारी 18% और 20% की दो क्रमिक छूट देता है। यदि अंकित मूल्य ₹ 11000 है, तो विक्रय मूल्य .... है। **SSC GD 02/02/2023 Shift-I**

(a) ₹ 6716
(b) ₹ 7926
(c) ₹ 7216
(d) ₹ 6926

307. यदि आप ₹ 2500 में एक जैकेट खरीद रहे हों और ₹ 4500 में वैसे ही दो जैकेट खरीद रहे हों, तो छूट प्रतिशत ज्ञात कीजिए। (एक जैकेट का अंकित मूल्य ₹ 2500 है) **SSC GD 01/02/2023 Shift-I**

(a) 15% (b) 10%
(c) 12% (d) 15%

308. एक दुकानदार किसी वस्तु की खरीद पर निम्नलिखित तीन छूट योजनाओं की घोषणा करता है। इनमें से कौन-सी योजना ग्राहक के लिए सबसे अच्छी योजना है?

A. 15% और 18% की दो क्रमागत छूट
B. 6 वस्तुएँ खरीदें और 2 मुफ्त पाएँ
C. 30% की एक एकल छूट

SSC GD 01/02/2023 Shift-I

(a) A और C दोनों योजनाएँ समान छूट प्रदान करती है।
(b) योजना A
(c) योजना B
(d) योजना C

SSC Selection Post 2024-2022

309. यदि नियत तारीख से पहले बिजली बिल का भुगतान किया जाता है, तो बिल की राशि पर 5% की छूट दी जाती है। नियत तारीख से पहले बिल का भुगतान करने पर एक व्यक्ति को ₹ 250 की छूट प्राप्त हुई। उसके बिजली बिल की मूल राशि (₹ में) कितनी थी? **Matric Level 20/06/2024 Shift-IV**

(a) 5000 (b) 4500
(c) 5500 (d) 4000

310. निम्नलिखित में में कौन-सी योजना ₹ x की खरीद पर अधिकतम छूट देगी?

1. 25% और 15% की 2 क्रमिक छूट
2. 20% की एकल छूट
3. 3 वस्तुओं की खरीद पर 2 वस्तुएँ मुफ्त
4. 7 वस्तुओं की खरीद पर 3 वस्तुएँ मुफ्त

Graduate Level 20/06/2024 Shift-III

(a) योजना 1 (b) योजना 4
(c) योजना 3 (d) योजना 2

311. एक ग्राइंडर का अंकित मूल्य ₹ 3000 था और डीलर ने उस पर 20% और 15% की क्रमिक छूट की पेशकश की। उसने ग्राइंडर कितने में बेचा? **Higher Secondary Level 20/06/2024 Shift-II**

(a) ₹ 2040 (b) ₹ 2200
(c) ₹ 2000 (d) ₹ 2400

312. एक खुदरा विक्रेता थोक विक्रेता से 198 वस्तुओं के अंकित मूल्य पर 220 चॉकलेट खरीदता है फिर वह प्रत्येक चॉकलेट को 3.7% की छूट पर बेचता है। उसका लाभ प्रतिशत क्या है? **Higher Secondary Level 20/06/2024 Shift-II**

(a) 6% (b) 7%
(c) 7.2% (d) 6.3%

313. एक व्यापारी ने एक मेज पर ₹ 37062 का मूल्य अंकित किया और उसे 33% की छूट देकर बेच दिया। यदि उसका लाभ 42% था, तो मेज का क्रय मूल्य (₹ में) क्या था? **Graduate Level 27/06/2023 Shift-IV**

(a) 16487 (b) 13487
(c) 17487 (d) 15487

314. यदि एक दुकानदार एक कैलकुलेटर के ₹ 500 के अंकित मूल्य पर 7% प्रत्येक की दो क्रमिक छूट देता है, तो कैलकुलेटर का विक्रय मूल्य क्या है? **Higher Secondary Level 27/06/2023 Shift-III**

(a) ₹ 440.85 (b) ₹ 435.00
(c) ₹ 432.45 (d) ₹ 430.25

315. मोहन एक मेज को ₹ 800 के एमआरपी (MRP) पर 10% की छूट पर खरीदता है। यदि वह इसे ₹ 900 में बेचता है, तो लाभ प्रतिशत .... होगा। **Higher Secondary Level 27/06/2023 Shift-III**

(a) 20% लाभ (b) 15% लाभ
(c) 25% लाभ (d) 30% लाभ

316. चाँदी की एक पूजा की थाली के सेट को ₹ 10000 के अंकित मूल्य पर 10% और 5% की क्रमिक छूट के साथ बेचा जाता है। भुगतान नकद किए जाने पर, अतिरिक्त 5% की छूट दी जाती है। नकद भुगतान पर वस्तु का विक्रय मूल्य ज्ञात करें। **Higher Secondary Level 27/06/2023 Shift-III**

(a) ₹ 8122.50 (b) ₹ 8100.50
(c) ₹ 8200.50 (d) ₹ 8212.50

317. सोमेश एक दुकानदार है जो ₹ 560 अंकित मूल्य वाली छतरी पर दो क्रमिक छूट प्रदान करता है। दी गई प्रथम छूट 17% है। यदि ग्राहक महेश छतरी के लिए ₹ 420 का भुगतान करता है, तो दी गई द्वितीय छूट (दशमलव के दो स्थान तक सही) ज्ञात करें। **Matric Level 27/06/2023 Shift-I**

(a) 6.94% (b) 6.49%
(c) 9.64% (d) 4.69%

318. एक टीवी का अंकित मूल्य ₹ 24500 है। यदि इसका विक्रय मूल्य ₹ 20090 है, तो छूट प्रतिशत क्या है? **Matric Level 27/06/2023 Shift-I**

(a) 22% (b) 20%
(c) 15% (d) 18%

319. एक एयर कण्डीशनर का अंकित मूल्य ₹ 45000 है और इस पर 15% और 20% की दो क्रमिक छूटें उपलब्ध हैं। एयर कण्डीशनर का विक्रय मूल्य ज्ञात कीजिए। **Graduate Level 01/08/2022 Shift-IV**

(a) ₹ 32000 (b) ₹ 31600
(c) ₹ 30000 (d) ₹ 30600

320. एक टीवी का अंकित मूल्य ₹ 50000 है। इस की डील पर 30% की एक छूट तथा 25% और 6% की दो क्रमागत छूटों में कितना अन्तर होगा? **Higher Secondary Level 01/08/2022 Shift-II**

(a) ₹ 500 (b) ₹ 250
(c) ₹ 300 (d) ₹ 125

321. एक सेल के दौरान वस्तुओं पर 45% की छूट दी जाती है। यदि रमा ₹ 600 अंकित मूल्य का स्कर्ट खरीदती है, तो उसे कितना भुगतान करना होगा? **Matric Level 01/08/2022 Shift-I**

(a) ₹ 150 (b) ₹ 270
(c) ₹ 330 (d) ₹ 450

322. किसी वस्तु का क्रय मूल्य इसके अंकित मूल्य का 80% है। डीलर उस अंकित मूल्य पर 15% छूट अनुमान्य करता है। उसका लाभ प्रतिशत ज्ञात कीजिए। **Matric Level 01/08/2022 Shift-I**

(a) 25% (b) 9%
(c) $6\frac{1}{4}\%$ (d) 10%

सही उत्तर

1 (d)	2 (d)	3 (c)	4 (c)	5 (a)	6 (b)	7 (c)	8 (c)	9 (a)	10 (d)
11 (a)	12 (d)	13 (d)	14 (a)	15 (c)	16 (b)	17 (a)	18 (c)	19 (b)	20 (d)
21 (d)	22 (b)	23 (d)	24 (c)	25 (d)	26 (c)	27 (a)	28 (a)	29 (c)	30 (a)
31 (b)	32 (d)	33 (b)	34 (c)	35 (c)	36 (a)	37 (d)	38 (b)	39 (b)	40 (d)
41 (a)	42 (d)	43 (d)	44 (b)	45 (a)	46 (a)	47 (c)	48 (c)	49 (d)	50 (c)
51 (a)	52 (c)	53 (c)	54 (c)	55 (d)	56 (b)	57 (d)	58 (a)	59 (c)	60 (a)
61 (a)	62 (a)	63 (a)	64 (b)	65 (b)	66 (d)	67 (b)	68 (d)	69 (b)	70 (b)
71 (c)	72 (a)	73 (b)	74 (a)	75 (a)	76 (d)	77 (a)	78 (d)	79 (a)	80 (c)
81 (c)	82 (c)	83 (d)	84 (d)	85 (d)	86 (c)	87 (a)	88 (a)	89 (c)	90 (a)
91 (a)	92 (c)	93 (c)	94 (a)	95 (a)	96 (c)	97 (a)	98 (a)	99 (a)	100 (c)
101 (c)	102 (b)	103 (b)	104 (b)	105 (d)	106 (a)	107 (c)	108 (a)	109 (c)	110 (b)
111 (b)	112 (b)	113 (b)	114 (c)	115 (d)	116 (c)	117 (a)	118 (a)	119 (b)	120 (c)
121 (d)	122 (d)	123 (d)	124 (c)	125 (c)	126 (c)	127 (d)	128 (a)	129 (c)	130 (c)
131 (c)	132 (d)	133 (a)	134 (d)	135 (a)	136 (c)	137 (c)	138 (a)	139 (d)	140 (b)
141 (b)	142 (a)	143 (c)	144 (b)	145 (d)	146 (d)	147 (c)	148 (c)	149 (d)	150 (b)
151 (d)	152 (c)	153 (c)	154 (d)	155 (b)	156 (b)	157 (d)	158 (b)	159 (c)	160 (d)
161 (a)	162 (c)	163 (c)	164 (d)	165 (a)	166 (a)	167 (c)	168 (a)	169 (a)	170 (b)
171 (d)	172 (c)	173 (c)	174 (d)	175 (c)	176 (c)	177 (b)	178 (b)	179 (c)	180 (c)
181 (a)	182 (a)	183 (d)	184 (a)	185 (a)	186 (b)	187 (b)	188 (d)	189 (a)	190 (b)
191 (d)	192 (a)	193 (d)	194 (c)	195 (d)	196 (d)	197 (c)	198 (c)	199 (d)	200 (c)
201 (b)	202 (d)	203 (d)	204 (b)	205 (c)	206 (c)	207 (c)	208 (d)	209 (a)	210 (c)
211 (d)	212 (b)	213 (b)	214 (b)	215 (a)	216 (d)	217 (c)	218 (d)	219 (b)	220 (b)
221 (a)	222 (c)	223 (a)	224 (a)	225 (b)	226 (a)	227 (a)	228 (b)	229 (c)	230 (c)
231 (b)	232 (d)	233 (c)	234 (c)	235 (c)	236 (d)	237 (c)	238 (c)	239 (d)	240 (a)
241 (a)	242 (a)	243 (b)	244 (b)	245 (d)	246 (d)	247 (c)	248 (b)	249 (b)	250 (a)
251 (a)	252 (a)	253 (c)	254 (a)	255 (b)	256 (b)	257 (c)	258 (d)	259 (b)	260 (a)
261 (c)	262 (b)	263 (d)	264 (c)	265 (a)	266 (a)	267 (b)	268 (b)	269 (d)	270 (a)
271 (a)	272 (b)	273 (c)	274 (d)	275 (b)	276 (b)	277 (b)	278 (b)	279 (b)	280 (d)
281 (a)	282 (d)	283 (a)	284 (a)	285 (a)	286 (c)	287 (b)	288 (c)	289 (a)	290 (d)
291 (b)	292 (a)	293 (b)	294 (a)	295 (b)	296 (b)	297 (d)	298 (b)	299 (c)	300 (d)
301 (d)	302 (b)	303 (b)	304 (d)	305 (b)	306 (c)	307 (b)	308 (b)	309 (a)	310 (c)
311 (a)	312 (b)	313 (c)	314 (c)	315 (c)	316 (a)	317 (c)	318 (d)	319 (d)	320 (b)
321 (c)	322 (c)								

उत्तर सहित हल

1. (d) छूट प्रतिशत

$$= \frac{1}{(1+5)} \times 100\%$$

$$= \frac{50}{3}\% = 16.67\%$$

2. (d) छूट $= 2050 \times \frac{26}{100} = ₹\,533$

3. (c) वस्तु का क्रय मूल्य = ₹1000

वस्तु का अंकित मूल्य = ₹1500

∴ वस्तु का विक्रय मूल्य $= 1500 \times \frac{80}{100} \times \frac{90}{100}$

= ₹1080

∴ लाभ % $= \frac{(1080-1000)}{1000} \times 100 = 8\%$

4. (c) इलेक्ट्रॉनिक घड़ी का अंकित मूल्य = ₹15620

छूट = 27%

∴ इलेक्ट्रॉनिक घड़ी का विक्रय मूल्य

$$= 15620 \times \frac{73}{100} = ₹11402.60 \simeq ₹11400$$

5. (a) वस्तु की कीमत में वृद्धि = 8%

वस्तु की कीमत पर छूट = 18%

∴ मूल कीमत पर वास्तविक छूट

$$= \left\{x\% + y\% + \frac{x\% y\%}{100}\right\}$$

$$= 8\% - 18\% + \frac{(8\%) \times (-18\%)}{100}$$

$$= -10\% - \frac{144\%}{100}$$

$$= -10\% - 1.44\% = -11.44\%$$

अत: मूल कीमत पर वास्तविक छूट = ₹ 11.44%

6. (b) माना वस्तु का अंकित मूल्य = ₹ 100

∴ क्रमिक छूट = 15%, 20%, 5%

विक्रय मूल्य $= 100 \times \left(\frac{100-15}{100}\right) \times \frac{(100-20)}{100} \times \frac{(100-5)}{100}$

$$= 100 \times \frac{85}{100} \times \frac{80}{100} \times \frac{95}{100} = ₹\,64.6$$

एकल छूट प्रतिशत $= \frac{(100-64.6)}{100} \times 100 = 35.4\%$

अत: एकल छूट प्रतिशत = 35.4%

7. (c) ग्राहक ने स्वेटर खरीदे = 5

मुफ्त पाए स्वेटर = 2

कुल स्वेटर = 7

प्रभावी छूट प्रतिशत $= \frac{2}{5+2} \times 100 = \frac{200}{7} = 28\frac{4}{7}\%$

8. (c) प्रश्नानुसार, हेडफोन का क्रय मूल्य = ₹ 1700

हेडफोन का अंकित मूल्य = ₹ 2000

हेडफोन का विक्रय मूल्य $= ₹\,2000 \times \frac{(100-40)}{100}$

$$= 2000 \times \frac{60}{100} = 1200$$

∴ हानि% $= \frac{1700-1200}{1700} \times 100\%$

$$= \frac{500}{1700} \times 100\%$$

$$= 29.41\%$$

9. (a) माना बैग का क्रय मूल्य = ₹ 100

अंकित मूल्य $= 100 \times \frac{125}{100} =$ ₹ 125

विक्रय मूल्य $= \frac{125 \times 82}{100} =$ ₹ 102.5

अत: अभीष्ट लाभ % $= 102.5 - 100 = 2.5\%$

10. (d) वस्तु का अंकित मूल्य = ₹ 1600

$\therefore 1600 \times \frac{83}{100} \times \frac{(100-x)}{100} = 747$

$\Rightarrow 100 - x = \frac{747 \times 100}{16 \times 83}$

$\Rightarrow 100 - x = 56.25$

$\therefore x = 100 - 56.25 =$ ₹ 43.75

11. (a) माना वस्तु का अंकित मूल्य = ₹ 100

क्रमिक छूट क्रमशः = 60%, 70%, 80%

$\therefore 100 \times \left(\frac{100-60}{100}\right) \times \left(\frac{100-70}{100}\right) \times \left(\frac{100-80}{100}\right)$

$= 100 \times \frac{40}{100} \times \frac{30}{100} \times \frac{20}{100} = 2.4$

अत: एकल छूट $= \frac{100 - 2.4}{100} \times 100$

$= \frac{97.6}{100} \times 100 = 97.6\%$

12. (d) बेडशीट का अंकित मूल्य = ₹ 500

$\therefore$ बेडशीट का विक्रय मूल्य $= 500 \times \frac{90}{100} \times \frac{95}{100}$

$= \frac{5 \times 9 \times 95}{10} =$ ₹ 427.50

अत: बेडशीट का विक्रय मूल्य = ₹ 427.50

13. (d) दिया है, अमित का क्रय मूल्य = 1500

बिलाल का क्रय मूल्य = 2000

अमित का अंकित मूल्य

$= 1500 \times \left(\frac{100 + y}{100}\right) = 1500 + 15y$

बिलाल का अंकित मूल्य $= 2000 \times \left(\frac{100 + 2y}{100}\right)$

$y\%$ छूट देने के बाद बिलाल का विक्रय मूल्य

$= 2000 \times \left(\frac{100+2y}{100}\right)\left(\frac{100-y}{100}\right)$

$= \frac{(100+2y)(100-y)}{5}$

अमित का लाभ = बिलाल का लाभ

$\Rightarrow (1500 + 15y - 1500)$

$= \frac{(100+2y)(100-y)}{5} - 2000$

$\Rightarrow 15y = \frac{100y - 2y^2}{5}$

$\Rightarrow 75y = 100y - 2y^2$

$\Rightarrow 2y^2 = 25y \Rightarrow y = 12.5$

अत: $y = 12.5\%$

14. (a) योजना (i) से,

10% और 8% की छूट के बराबर एकल छूट

$= \left\{-10\% - 8\% + \frac{(-10\%) \times (-8\%)}{100}\right\}$

$= \{-17.2\%\}$

योजना (ii) से,

12% और 10% की क्रमिक छूट के बराबर एकल छूट

$= \left\{-12\% - 10\% + \frac{(-12\%) + (-10\%)}{100}\right\}$

$= [-20.8\%]$

योजना (iii) से,

12% की दो क्रमिक छूट के बराबर एकल छूट

$= \left\{-12\% - 12\% + \frac{(-12\%)(-12\%)}{100}\right\}$

$= \{-22.56\%\}$

योजना (iv) से, 20% छूट

अत: जिसकी एकल छूट सबसे अधिक होगी, उसका विक्रय मूल्य सबसे कम होगा। इसलिए विकल्प (a) सही है।

15. (c) कुकर का अंकित मूल्य = ₹ 12500

$\therefore$ कुकर का विक्रय मूल्य

$= 12500 \times \frac{94}{100} \times \frac{94}{100} \times \frac{96}{100} =$ ₹ 10603.20

16. (b) वस्तु का अंकित मूल्य = ₹ 275

छूट = 5%

वस्तु का विक्रय मूल्य $= 275 \times \frac{95}{100} =$ ₹ 261.25

लाभ = 4.5%

$\therefore$ वस्तु का क्रय मूल्य $= 261.25 \times \frac{100}{104.5} =$ ₹ 250

17. (a) पर्स का अंकित मूल्य = ₹ 2250

$\therefore$ पर्स का विक्रय मूल्य

$= 2250 \times \frac{90}{100} \times \frac{80}{100} =$ ₹ 1620

18. (c) माना दूसरी छूट = x %

प्रश्नानुसार, $150 \times \frac{87.5}{100} \times \frac{(100-x)}{100} = 105$

$\Rightarrow 100 - x = \frac{105 \times 100 \times 100}{150 \times 87.5} = 80$

$\therefore x = 100 - 80 = 20\%$

19. (b) I. 15% और 20% की प्रभावी छूट

$= 15 + 20 - \frac{15 \times 20}{100} = 32\%$

II. 25% और 10% की प्रभावी छूट

$= 25 + 10 - \frac{25 \times 10}{100} = 32.5\%$

III. 33% की छूट

$\because$ अधिकतम छूट पर विक्रय मूल्य न्यूनतम होगा।

अत: योजना- III के तहत विक्रय मूल्य न्यूनतम होगा।

20. (d) टीवी का अंकित मूल्य = ₹ 18500

छूट = 20%, 5%

$\therefore$ टीवी का विक्रय मूल्य

$= 18500 \times \frac{(100-20)}{100} \times \frac{(100-5)}{100}$

$= 18500 \times \frac{80}{100} \times \frac{95}{100} =$ ₹ 14060

21. (d) कुल एकल छूट

$= \left(40 + 20 - \frac{40 \times 20}{100}\right)\% = 52\%$

22. (b) माना वस्तु का क्रय मूल्य = ₹ 100

$\therefore$ वस्तु का अंकित मूल्य $= 100 \times \frac{120}{100} =$ ₹ 120

$\therefore$ वस्तु का विक्रय मूल्य $= 120 \times \frac{70}{100} =$ ₹ 84

$\therefore$ हानि % $= \frac{(100-84)}{100} \times 100 = \frac{16}{100} \times 100 = 16\%$

23. (d) एक स्मार्ट फोन पर छूट

$= 25000 \times \frac{30}{100} = 7500$

$\therefore$ 6 स्मार्ट फोन पर छूट

$= 7500 \times 6 =$ ₹ 45000

24. (c) एकल छूट $= \left(10 + 16 - \frac{10 \times 16}{100}\right)\%$

$= (26 - 1.6)\% = 24.4\%$

25. (d) माना बिल की राशि ₹ x है।

छूट = 25%

दो क्रमिक छूट = 15% और 20%

दो क्रमिक छूट = एकल छूट

$= \left[-15\% - 20\% + \frac{15 \times 20}{100}\%\right]$

$= \{-35\% + 3\%\} = -32\%$

छूट का अन्तर = 28

$\therefore x \times 32\% - x \times 25\% = 28$

$x \times 7\% = 28 \Rightarrow x \times \frac{7}{100} = 28$

$x = \frac{28 \times 100}{7} \Rightarrow x = 400$

अत: बिल की राशि ₹ 400 है।

26. (c) वस्तु का अंकित मूल्य = ₹ 180

$\therefore$ वस्तु पर कुल छूट $= 180 \times \frac{15}{100} =$ ₹ 27

27. (a) वस्तु का अंकित मूल्य = ₹ 5000

$\therefore$ वस्तु का विक्रय मूल्य

$= 5000 \times \frac{80}{100} \times \frac{85}{100} \times \frac{90}{100} =$ ₹ 3060

28. (a) माना प्रत्येक पंखे का अंकित मूल्य = ₹ $100x$

$\therefore$ कुल विक्रय मूल्य

$= 100x \times \frac{94}{100} + 100x \times \frac{90}{100} + 100x \times \frac{88}{100}$

$= 94x + 90x + 88x = 272x$

प्रश्नानुसार, $272x = 6800$

$\therefore x = \frac{6800}{272} = 25$

प्रत्येक पंखे का अंकित मूल्य $= 100x$

$= 25 \times 100$

= ₹ 2500

29. (c) माना बल्ले का अंकित मूल्य = ₹ $100x$

$\therefore$ क्रय मूल्य = ₹ $100 \times \frac{75}{100} x =$ ₹ $75x$

अब, विक्रय मूल्य $= 100x \times \frac{85}{100} =$ ₹ $85x$

$\therefore$ लाभ % $= \frac{(85x - 75x)}{75x} \times 100$

$= \frac{10x}{75x} \times 100 = 13.33\%$

30. (a) प्रश्नानुसार, $CP \times \frac{110}{100} = MP \times \frac{80}{100}$

$\therefore \frac{CP}{MP} = \frac{80}{110} = 8:11$

अत: अभीष्ट अनुपात = 8 : 11

31. (b) भुगतान की जाने वाली राशि

$= 1000 \times \frac{80}{100} \times \frac{70}{100} \times \frac{90}{100}$

= ₹ 504

32. (d) अभीष्ट एकल छूट

$= 40 + 30 - \frac{40 \times 30}{100}$

$= 70 - 12 = 58\%$

33. (b) माना अंकित मूल्य = ₹ x

प्रश्नानुसार, $x \times \frac{70}{100} \times \frac{60}{100} - x \times \frac{35}{100} = 105$

$\Rightarrow \quad 0.42x - 0.35x = 105$

$x = \frac{105}{0.07} = ₹\, 1500$

अत: अभीष्ट अंकित मूल्य = ₹ 1500 है।

34. (c) प्रश्नानुसार,

भुगतान की गई अभीष्ट राशि

$= \frac{9800 \times 98}{100} + \frac{5480 \times 95}{100}$

$= 9604 + 5206 = ₹\, 14810$

35. (c) माना क्रय मूल्य = $100x$

$\therefore$ अंकित मूल्य $= 100x \times \frac{126}{100} = 126x$

विक्रय मूल्य $= 126x \times \frac{(100-32)}{100}$

$= 126x \times \frac{68}{100} = 85.68x$

$\therefore$ हानि % $= \frac{\text{हानि}}{\text{क्रय मूल्य}} \times 100\%$

$= \frac{(100x - 85.68x)}{100x} \times 100\% = 14.32\%$

36. (a) अंकित मूल्य = ₹ 550

छूट = 40%

$\therefore$ विक्रय मूल्य $= 550 \times \frac{60}{100} = 330$

प्रश्नानुसार, 330 = क्रय मूल्य $\times \frac{110}{100}$

$\frac{330 \times 100}{110}$ = क्रय मूल्य

क्रय मूल्य = ₹ 300

37. (d) माना अंकित मूल्य = ₹ x

प्रश्नानुसार, $x \times \left(\frac{100-45}{100}\right) = 330$

$\Rightarrow \quad x \times \frac{55}{100} = 330$

$\Rightarrow \quad x = \frac{330 \times 100}{55} = ₹\, 600$

38. (b) माना वस्तु का क्रय मूल्य = ₹ x

तब, अंकित मूल्य $= x \times \frac{150}{100} = ₹ \frac{3x}{2}$

छूट के बाद विक्रय मूल्य $= \frac{3x}{2} \times \frac{80}{100} = ₹ \frac{6x}{5}$

लाभ $= \frac{6x}{5} - x = ₹ \frac{x}{5}$

$\therefore$ लाभ प्रतिशत $= \frac{\frac{x}{5}}{x} \times 100 = 20\%$

$\because$ 1000 ग्राम के स्थान पर तौला गया वजन = 900 ग्राम

$\therefore$ पुन: लाभ % $= \frac{100}{900} \times 100 = 11.11\%$

अत: कुल लाभ $= 20 + 11.11 + \frac{20 \times 11.11}{100}$

$= 31.11 + 2.22$

$= 33.33 \simeq 33\%$

स्पीडी विधि

	CP	MP	SP
कीमत →	100	150	120
वजन →	900		1000
	90000		120000

$\Rightarrow \quad 9 : 12$

अत: अभीष्ट लाभ % $= \frac{12-9}{9} \times 100 \approx 33\%$

39. (b) माना कि वस्तु का अंकित मूल्य = ₹ 100

तीनों क्रमिक छूट के बाद विक्रय मूल्य

$= 100 \times \left(\frac{100-12}{100}\right) \times \left(\frac{100-18}{100}\right) \times \left(\frac{100-25}{100}\right)$

$= 100 \times \frac{88}{100} \times \frac{82}{100} \times \frac{75}{100} = 54.12$

तीनों क्रमिक छूट के बराबर एकल छूट

$= 100 - 54.12 = 45.88\%$

40. (d) माना कि मोटर साइकिल का अंकित मूल्य = ₹x

प्रश्नानुसार, $x \times \left(\frac{100-44}{100}\right) = 87500$

$\Rightarrow \quad x \times \frac{56}{100} = 87500$

$\therefore \quad x = \frac{87500 \times 100}{56} = ₹\, 156250$

41. (a) लैपटॉप का अंकित मूल्य

$= \frac{\text{विक्रय मूल्य}}{(100 - \text{छूट \%})} \times 100$

$= \frac{54000}{(100-20)} \times 100$

= ₹ 67500

स्पीडी विधि

80% = ₹ 54000

$100\% = \frac{₹ 54000 \times 100}{80} = ₹\, 67500$

42. (d) 25% तथा 12% के बट्टे का एकल छूट

$= 25 + 12 - \frac{25 \times 12}{100} = 37 - 3 = 34\%$

$\therefore$ अंकित मूल्य $= \frac{792 \times 100}{66} = ₹\, 1200$

43. (d) पहली स्कीम की कुल छूट $= 5 + 5 - \frac{5 \times 5}{100}$

$= 10 - 0.25 = 9.75\%$

दूसरी स्कीम की कुल छूट = 10%

तीसरी स्कीम की कुल छूट $= 8 + 2 - \frac{8 \times 2}{100}$

$= 10 - \frac{16}{100}$

$= 10 - 0.16 = 9.84\%$

स्पष्टत: स्कीम '2' में अधिकतम छूट मिलेगी।

44. (b) माना वस्तु का क्रय मूल्य = ₹ x

तब विक्रय मूल्य $= \frac{130}{100}x$

$\therefore$ अंकित मूल्य $= \frac{130}{100}x \times \frac{100}{82} = \frac{130x}{82}$

तब, विक्रय मूल्य $= \frac{130}{82}x \times \frac{88}{100} = \frac{286x}{205}$

लाभ प्रतिशत $= \frac{\frac{286}{205}x - x}{x} \times 100\%$

$= \frac{286-205}{205} \times 100\%$

$= \frac{81}{205} \times 100\% = 39.51\%$

45. (a) छूट = 15990 − 12792 = ₹ 3198

अत: छूट % $= \left(\frac{3198}{15990}\right) \times 100 = 20\%$

46. (a) माना बिल की राशि = ₹ x

प्रश्नानुसार, $x \times \frac{60}{100} - x \times \frac{70}{100} \times \frac{70}{100} = 220$

$x\left(\frac{60-49}{100}\right) = 220 \Rightarrow x = 220 \times \frac{100}{11} = ₹\, 2000$

47. (c) अभीष्ट अन्तर

$= 50000 \times \frac{60}{100} \sim 50000 \times \frac{64}{100} \times \frac{96}{100}$

$= 30000 \sim 30720 = ₹\, 720$

स्पीडी विधि

$\because$ एकल छूट = 40%

तथा दो क्रमिक छूट 36% और 4% के समतुल्य

समतुल्य छूट% $= 36 + 4 - \frac{36 \times 4}{100}$

$= 40 - 1.44 = 38.56\%$

$\therefore$ दोनों प्रकार की छूटों में अन्तर

$= 40 - 38.56 = 1.44\%$

$\therefore$ अभीष्ट अन्तर $= 50000 \times \frac{1.44}{100} = ₹720$

48. (c) पहली छूट (d_1) = 50%

दूसरी छूट (d_2) $= -30 - 30 + \frac{30 \times 30}{100} = -51\%$

माना कमीज का मूल्य = ₹x

$\therefore \frac{51}{100}x - \frac{50}{100}x = 43 \Rightarrow \frac{1}{100}x = 43$

$\therefore \quad x = 4300$

49. (d) माना क्रय मूल्य = ₹ 100

तो, अंकित मूल्य $= ₹\, 100 \times \frac{140}{100} = ₹\, 140$

विक्रय मूल्य $= 140 \times \frac{90}{100} = ₹\, 126$

$\therefore$ लाभ = 126 − 100 = 26%

50. (c) माना मूल्य = ₹ 100

दोनों छूट के बाद मूल्य $= 100 \times \frac{91}{100} \times \frac{83}{100}$

= ₹ 75.53

छूट = ₹ (100 − 75.53) = ₹ 24.47

छूट % $= \frac{24.47}{100} \times 100 = 24.47\%$

51. (a) माना वस्तु का अंकित मूल्य ₹ x है।

वस्तु का विक्रय मूल्य $= 650 \times \frac{120}{100} = ₹\, 780$

अत: वस्तु का अंकित मूल्य $= \frac{780}{78} \times 100 = ₹\, 1000$

स्पीडी विधि

अंकित मूल्य : क्रय मूल्य

$= (100+20) : (100-22)$

$= 120 : 78 = 20 : 13$

$\because$ 13 इकाई = ₹ 650

$\therefore$ 20 इकाई $= ₹ \frac{650 \times 20}{13} = ₹\, 1000$

$\therefore$ अंकित मूल्य = ₹ 1000

52. (c) माना वस्तु का अंकित मूल्य = ₹ 100

∴ वस्तु का विक्रय मूल्य

$= 100 \times \frac{75}{100} \times \frac{75}{100} \times \frac{75}{100}$

= ₹ 42.19

अत: एकल छूट % $= \frac{(100 - 42.19)}{100} \times 100$

= 57.81%

स्पीडी विधि

∵ $25\% = \frac{1}{4}$

4 : 3

4 : 3

4 : 3

64 : 27

∴ छूट % $= \frac{64-27}{64} \times 100 = \frac{37 \times 100}{64}$

= 57.81%

53. (c) माना ₹x पर क्रमिक छूट दी गई है।

प्रश्नानुसार, $\left(\frac{100-5}{100}\right)\left(\frac{100-10}{100}\right)\left(\frac{100-p}{100}\right)x = \left(\frac{100-31.6}{100}\right)x$

⇒ $\frac{95}{100} \times \frac{90}{100} \times \frac{100-p}{100} = \frac{68.4}{100}$

⇒ $100 - p = \frac{68.4 \times 100 \times 100}{95 \times 90}$

⇒ $100 - p = 80$

⇒ $p = 20\%$

54. (c) योजना A की छूट % $= \frac{4}{10} \times 100 = 40\%$

योजना B की छूट % $= \frac{5}{10} \times 100 = 50\%$

योजना 'C' की छूट % $= 18 + 24 - \frac{18 \times 24}{100}$

= 42 – 4.32 = 37.68%

अत: सबसे ज्यादा छूट प्रतिशत योजना 'B' प्रदान करती है।

55. (d) माना, दूसरी छूट = x%

$4500 \times \left(\frac{100-20}{100}\right) \times \left(\frac{100-x}{100}\right) = 2400$

⇒ $3600 \times \frac{(100-x)}{100} = 2400$

⇒ $3600 - 36x = 2400$

⇒ $36x = 3600 - 2400 = 1200$

∴ $x = \frac{1200}{36} = \frac{100}{3}\% = 33\frac{1}{3}\%$

56. (b) माना वस्तु का क्रय मूल्य = ₹ x

∴ अंकित मूल्य $= \frac{160}{100}x = ₹\ \frac{8}{5}x$

∴ विक्रय मूल्य $= \frac{8}{5}x \times \frac{90}{100} \times \frac{80}{100} = ₹\ \frac{144}{125}x$

प्रश्नानुसार, $\frac{144}{125}x - x = 1064$

⇒ $144x - 125x = 133000$

⇒ $19x = 133000$

∴ x – ₹ 7000

स्पीडी विधि

माना, क्रय मूल्य = ₹ 100

∴ विक्रय मूल्य $= 100 \times \frac{160}{100} \times \frac{90}{100} \times \frac{80}{100}$ = ₹ 115.2

∴ लाभ = 115.2 – 100 = ₹ 15.2

∵ 15.2 → 1064

∴ $100 \to \frac{1064}{152} \times 100$ = ₹ 7000

57. (d) गीजर का विक्रय मूल्य $= \frac{9400 \times (100-4)}{100}$

$= 9400 \times \frac{96}{100}$ = ₹ 9024

58. (a) माना वस्तु का क्रय मूल्य = ₹ 100

वस्तु का विक्रय मूल्य $= 100 \times \frac{120}{100}$ = ₹ 120

वस्तु का मुद्रित मूल्य $= 120 \times \frac{100}{90} = ₹\ \frac{400}{3}$

∴ क्रय मूल्य : मुद्रित मूल्य $= 100 : \frac{400}{3} = 3 : 4$

स्पीडी विधि

क्रय मूल्य : अंकित मूल्य

= (100 – 10) : (100 + 20) = 90 : 120 = 3 : 4

59. (c) अंकित मूल्य $= 500 \times \frac{116}{100}$ = ₹ 580

अंकित मूल्य $\times \frac{(100 - \text{छूट}\ \%)}{100}$ = विक्रय मूल्य

प्रश्नानुसार, $\frac{580\,(100-x)}{100} = 493$

⇒ $5800 - 58x = 4930$

⇒ $58x = 870$ ⇒ $x = \frac{870}{58} = 15$

60. (a) माना मशीन का अंकित मूल्य = ₹ x

प्रश्नानुसार, $x \times \frac{90}{100} \times \frac{100}{110} = 9000$

⇒ $x = 9000 \times \frac{110}{90}$ = ₹ 11000

स्पीडी विधि

अंकित मूल्य : क्रय मूल्य

= (100 + 10) : (100 – 90) = 110 : 90 = 11 : 9

9 इकाई → ₹ 9000

11 इकाई → ₹ $\frac{9000 \times 11}{9}$ = ₹ 11000

61. (a) पुस्तक का विक्रय मूल्य $= 1000 \times \frac{88}{100} \times \frac{92}{100}$

= ₹809.6 = ₹ 810 (लगभग)

62. (a) 35% छूट पर राशि $= 3600 \times \frac{65}{100}$ = ₹ 2340

30% और 5% की क्रमिक छूट के बाद राशि

$= 3600 \times \frac{70}{100} \times \frac{95}{100}$ = ₹ 2394

अभीष्ट अन्तर = 2394 – 2340 = ₹ 54

63. (a) अभीष्ट भुगतान राशि

$= (10000 - 500) \times \frac{(100-7)}{100}$

$= 9500 \times \frac{93}{100}$ = ₹ 8835

64. (b) (A) 10% और 15% की क्रमिक छूट के समतुल्य छूट $= 10 + 15 - \frac{10 \times 15}{100}$

= 25 – 1.5 = 23.5%

(B) 5 वस्तुओं की खरीद पर 2 वस्तु मुफ्त पर,

तब, छूट % $= \frac{2}{7} \times 100 = 28.57\%$

अत: योजना B पर छूट प्रतिशत अधिकतम है।

65. (b) वाशिंग मशीन का अंकित मूल्य

$= 29750 \times \frac{100}{85}$ = ₹ 35000

अब, वाशिंग मशीन का क्रय मूल्य

$= 35000 \times \frac{100}{112}$ = ₹ 31250

66. (d) योजना I से, एकल छूट

$= 15 + 15 - \frac{15 \times 15}{100}$

= 30 – 2.25 = 27.75%

योजना II से, एकल छूट $= 25 + 5 - \frac{25 \times 5}{100}$

= 30 – 1.25 = 28.75%

योजना III से, एकल छूट $= 20 + 10 - \frac{20 \times 10}{100}$

= 30 – 2 = 28%

योजना IV से, छूट = 30%

छूट कम होने पर विक्रय मूल्य अधिक होगा। अत: योजना I में विक्रय मूल्य अधिक होगा।

67. (b) 15% और 20% के समतुल्य छूट

$= 15 + 20 - \frac{15 \times 20}{100}$

= 35 – 3 = 32%

अब 32% और 25% के साथ समतुल्य छूट

$= 32 + 25 - \frac{32 \times 25}{100}$

= 57 – 8 = 49%

अत: 15%, 20% और 25% की तीन क्रमिक छूट के समतुल्य छूट 49% है।

स्पीडी विधि

माना अंकित मूल्य = 100 इकाई

प्रश्नानुसार,

विक्रय मूल्य $= \frac{100 \times 85}{100} \times \frac{80}{100} \times \frac{75}{100} = 51$

अत: अभीष्ट छूट % = 100 – 51 = 49%

68. (d) विक्रय मूल्य $= 1200 \times \frac{80}{100} \times \frac{70}{100}$ = ₹ 672

69. (b) ∵ 1 रिवार्ड पॉइण्ट = ₹ 0.10

∴ 2850 रिवार्ड पॉइण्ट = ₹ (2850 × 0.1) = ₹ 285

लैपटॉप का विक्रय मूल्य

$= 72000 \times \frac{80}{100} \times \frac{75}{100} - 285$

= 43200 – 285 = ₹ 42915

70. (b) A. छूट % $= \frac{4}{7} \times 100 = 57.14\%$

B. छूट % $= \frac{6}{11} \times 100 = 54.54\%$

अत: 'योजना A' में छूट % अधिकतम है।

71. (c) माना सरसों के तेल का क्रय मूल्य = ₹ x

$\therefore$ अंकित मूल्य $= \frac{125x}{100} =$ ₹ $\frac{5}{4}x$

बिना लाभ या हानि के विक्रय मूल्य = ₹ x

$$\therefore \text{ अभीष्ट कम \%} = \frac{\left(\frac{5}{4}x - x\right)}{\left(\frac{5}{4}x\right)} \times 100$$

$$= \frac{\left(\frac{x}{4}\right)}{\left(\frac{5}{4}x\right)} \times 100 = \frac{1}{5} \times 100 = 20\%$$

स्पीडी विधि

अंकित मूल्य : क्रय मूल्य = 125 : 100 = 5 : 4

$\therefore$ अंकित मूल्य : विक्रय मूल्य = 5 : 4

अभीष्ट % $= \frac{1}{5} \times 100\% = 20\%$

72. (a) प्रश्नानुसार, अंकित मूल्य $\times \frac{88}{100} = 528 \times \frac{118}{100}$

$\therefore$ अंकित मूल्य $= \frac{528 \times 118}{88} =$ ₹ 708

73. (b) सीता द्वारा किया गया भुगतान

$= 3000 \times \frac{80}{100} \times \frac{95}{100} =$ ₹ 2280

74. (a) वस्तु का विक्रय मूल्य

$= 8400 \times \frac{75}{100} \times \frac{85}{100} =$ ₹ 5355

$\therefore$ लाभ प्रतिशत $= \frac{5355 - 4000}{4000} \times 100 = 33.87\%$

= 34% (निकटतम पूर्णांक तक)

75. (a) तीनों शर्टों की कुल कीमत

= 1250 + 1540 + 1375 = ₹4165

30% छूट पर तीनों शर्टों की कुल कीमत

$= \frac{4165 \times 70}{100} =$ ₹2915.50

सबसे महँगी शर्ट पर 80% छूट के बाद तीनों शर्ट का कुल मूल्य $= 1250 + 1540 \times \frac{20}{100} + 1375 =$ ₹2933

अत: न्यूनतम कीमत ₹ 2915.5 है।

76. (d) माना दूसरी छूट x% है।

प्रश्नानुसार, $14500 \times \frac{90}{100} \times \left(\frac{100 - x}{100}\right) = 10000$

$\Rightarrow \quad (100 - x) = 76.63$

$\Rightarrow \quad x = 100 - 76.63$

$\therefore \quad x = 23.37\%$

77. (a) 25 पैकेटों का मूल्य = ₹ 25 × 30 = ₹ 750

चूँकि राशि ₹500 से अधिक है और नगद भुगतान है।

अत: भुगतान की गई राशि

$= 750 \times \frac{90}{100} \times \frac{99}{100} =$ ₹ 668.25

78. (d) सामान का विक्रय मूल्य $= \frac{400 \times 80}{100} =$ ₹320

$\therefore$ क्रय मूल्य $= \frac{320 \times 100}{(100 + 25)} = \frac{320 \times 100}{125} =$ ₹256

79. (a) ₹ 85 की छूट के बाद मूल्य

= 1285 − 85 = ₹ 1200

$\therefore$ पंखे का विक्रय मूल्य $= 1200 \times \frac{90}{100} \times \frac{98}{100}$

$= \frac{12 \times 9 \times 98}{10} =$ ₹ 1058.4

80. (c) पहली दो छूट क्रमागत छूटों पर एकल छूट

$= 10 + 10 - \frac{10 \times 10}{100} = 19\%$

19% और 10% की क्रमागत छूटों पर एकल छूट

$= 19 + 10 - \frac{19 \times 10}{100} = 29 - 19 = 27.1\%$

स्पीडी विधि

अभीष्ट छूट

$\% = 100 - \left(100 \times \frac{90}{100} \times \frac{90}{100} \times \frac{90}{100}\right)$

$= 100 - 72.9 = 27.1\%$

81. (c) माना नगद में किया गया भुगतान = ₹ x

प्रश्नानुसार, $2800 \times \frac{(100 - 45)}{100} \times \frac{(100 - 25)}{100} = x$

$\Rightarrow \quad x = 2800 \times \frac{55}{100} \times \frac{75}{100} =$ ₹ 1155

82. (c) माना वस्तु का क्रय मूल्य = 100 इकाई

अंकित मूल्य = 120 इकाई

विक्रय मूल्य $= \frac{120 \times 90}{100} = 108$ इकाई

$\therefore$ अभीष्ट लाभ % = 108 − 100 = 8%

83. (d) माना वस्तु का क्रय मूल्य = ₹ x

$\therefore$ अंकित मूल्य = ₹ $x \times \frac{115}{100}$

तथा विक्रय मूल्य $= \frac{115}{100}x \times \frac{95}{100}$

$= \frac{23}{20} \times \frac{19}{20}x = \frac{437}{400}x$

$$\therefore \text{ अभीष्ट लाभ \%} = \frac{\frac{437}{400}x - x}{x} \times 100$$

$= \frac{437 - 400}{400} \times 100$

$= \frac{37}{4} = 9.25\%$

स्पीडी विधि

माना वस्तु का क्रय मूल्य = ₹ 100

$\therefore$ अंकित मूल्य = ₹ 115

तथा विक्रय मूल्य $= \frac{115 \times 95}{10} =$ ₹ 109.25

अत: लाभ % = 109.25 − 100 = 9.25%

84. (d) भुगतान किया गया मूल्य

$= 800 \times \frac{70}{100} =$ ₹ 560

85. (d) पुस्तक का अंकित मूल्य

$= 513 \times \frac{100}{(100 - 10)} \times \frac{100}{(100 - 5)}$

$= 513 \times \frac{100}{90} \times \frac{100}{95} =$ ₹ 600

86. (c) $\because$ 1 उत्पाद की कीमत = ₹500

$\therefore$ 5 उत्पाद की कीमत = ₹2500

पाँचों उत्पादों का विक्रय मूल्य $= \frac{2500 \times 95}{100} =$ ₹2375

$\because$ देय राशि ₹2375 > ₹2000

$\therefore$ 10% अतिरिक्त छूट देने पर विक्रय मूल्य

$= \frac{2375 \times 90}{100} =$ ₹2137.5

87. (a) अंकित द्वारा रोहन को दिया गया पैसा

$= 55000 \times \left(\frac{100 - 15}{100}\right)$

$= 55000 \times \frac{85}{100} =$ ₹ 46750

88. (a) वस्तु का अंकित मूल्य = ₹ 3000

तब, डीलर के लिए वस्तु का क्रय मूल्य

$= 3000 \times \frac{85}{100} \times \frac{85}{100} =$ ₹ 2167.5

परिवहन पर खर्च = ₹ 250

$\therefore$ कुल क्रय मूल्य = 2167.5 + 250 = ₹ 2417.5

अत: वस्तु का विक्रय मूल्य $= \frac{2417.5 \times 120}{100} =$ ₹ 2901

89. (c) 12 नारियल की कुल कीमत = 12 × 25 = ₹ 300

चूँकि 3 नारियल मुफ्त दिए जाते हैं।

तब, 15 नारियल की कीमत = 15 × 25 = ₹ 375

$\therefore$ अभीष्ट छूट % $= \frac{375 - 300}{375} \times 100$

$= \frac{75 \times 100}{375} = 20\%$

स्पीडी विधि

अभीष्ट छूट % $= \frac{3}{12 + 3} \times 100 = \frac{3}{15} \times 100 = 20\%$

90. (a) छूट प्रतिशत $= \frac{90 - 68}{90} \times 100 = 24.44\%$

91. (a) स्कीम I से, एकल छूट $= 10 + 10 - \frac{10 \times 10}{100}$

= 19%

स्कीम II से, एकल छूट $= 15 + 5 - \frac{15 \times 5}{100}$

= 20 − 0.75 = 19.25

स्कीम III से, 20% छूट

अत: स्कीम III का छूट प्रतिशत सबसे अधिक है।

92. (c) 2 कमरों का 1 दिन का किराया

= 2 × 1500 = ₹ 3000

अत: अभीष्ट राशि $= 3000 \times \frac{100 - 12}{100} \times \frac{100 - 5}{100}$

$= 3000 \times \frac{88}{100} \times \frac{95}{100} =$ ₹ 2508

93. (c) माना घड़ी का आरम्भिक मूल्य = x

प्रश्नानुसार, $x \times 24\% - x \times 12\% =$ ₹ 2400

$\Rightarrow \quad x \times 12\% = 2400 \Rightarrow x \times \frac{12}{100} = 2400$

$\Rightarrow \quad x =$ ₹ 20000

94. (a) माना, छूट प्रतिशत = x%

प्रश्नानुसार, $\frac{10927 \times (100 - x)}{100} = \frac{10927}{1115} \times 100$

$\Rightarrow \quad \frac{100 - x}{100} = \frac{100}{1115}$

$\Rightarrow \quad 11150 - 1115x = 10000$

$\Rightarrow \quad 1115x = 1150$

$\Rightarrow \quad x = \frac{1150}{1115} = 10.3\%$

95. (a) माना, दूसरी छूट = x%

प्रश्नानुसार, $2750 \times \frac{90}{100} \times \frac{100 - x}{100} = 2103.75$

$100 - x = \frac{210375}{275 \times 9} = 85$

$\Rightarrow \quad x = 100 - 85 = 15\%$

96. (c) माना पंखे का अंकित मूल्य = ₹ x

प्रश्नानुसार, $\frac{x\times 90}{100}-\frac{x\times 85}{100}=400$

$\therefore \quad x=\frac{400\times 100}{5}=₹\ 8000$

97. (a) लैपटॉप का अंकित मूल्य

$=\frac{65520\times 100}{75}=₹\ 87360$

98. (a) एकल छूट $=15+5-\frac{15\times 5}{100}$

$=20-0.75=19.25\%$

99. (a) माना वस्तु का अंकित मूल्य = ₹ 100

वस्तु का विक्रय मूल्य $=100\times\frac{90}{100}\times\frac{80}{100}=₹\ 72$

$\therefore$ वस्तु का क्रय मूल्य $=72\times\frac{100}{144}=₹\ 50$

अब 15% की छूट पर वस्तु का विक्रय मूल्य

$=100\times\frac{85}{100}=₹\ 85$

अत: अभीष्ट लाभ % $=\frac{85-50}{50}\times 100=70\%$

100. (c) 30% छूट पर मूल्य $=3840\times\frac{70}{100}$

$=₹\ 2688$

और 25% और 5% छूट पर मूल्य

$=3840\times\frac{75}{100}\times\frac{95}{100}=₹\ 2736$

$\therefore$ अभीष्ट अन्तर = 2736 − 2688 = ₹ 48

101. (c) वस्तु का विक्रय मूल्य $=\frac{120}{100}\times 920$

$=₹\ 1104$

तथा वस्तु का अंकित मूल्य = ₹ 1472

छूट %(x) $=\frac{1472-1104}{1472}\times 100=\frac{36800}{1472}=25\%$

102. (b) माना वस्तु का अंकित मूल्य ₹ x है।

$\therefore B$ द्वारा दी गई कुल छूट प्रतिशत

$=\left(20+5-\frac{20\times 5}{100}\right)\%=24\%$

प्रश्नानुसार, x का 25% − x का 24% = 320

$\Rightarrow \quad \frac{x}{100}=320 \Rightarrow x=₹32000$

103. (b) एकल छूट = 25%

क्रमागत छूट, $a=14\%$, $b=12\%$

कुल क्रमागत छूट $=\left(14+12-\frac{14\times 12}{100}\right)\%$

$=24.32\%$

अत: एकल छूट बेहतर है।

$\therefore$ छूट में अन्तर $=\frac{25-24.32}{100}\times 10000$

$=0.68\times 100=₹\ 68$

104. (b) माना वस्तु का अंकित मूल्य ₹ x है

तब विक्रय मूल्य $=₹\frac{90}{100}x,$

क्रय मूल्य $=\frac{100}{100+20}\times\frac{90}{100}x=₹\ \frac{90}{120}x$

यदि वह कोई छूट नहीं देता तब विक्रय मूल्य = ₹ x

लाभ % $=\frac{\left(x-\frac{90}{120}x\right)}{\left(\frac{90}{120}x\right)}\times 100=\frac{30x}{90x}\times 100$

$=33.33\%$

स्पीडी विधि

$\frac{\text{CP}}{\text{MP}}=\frac{100-10}{100+20}=\frac{90}{120}=\frac{3}{4}$

$\therefore$ बिना छूट पर लाभ $=\frac{1}{3}\times 100\%=33.33\%$

105. (d) माना बैग का अंकित मूल्य ₹ x है।

बैग का विक्रय मूल्य $=\frac{100+25}{100}\times 1680=₹\ 2100$

प्रश्नानुसार, $x\times\left(\frac{100-16}{100}\right)=2100$

$\Rightarrow \quad x=\frac{2100\times 100}{84}\Rightarrow x=₹\ 2500$

स्पीडी विधि

अंकित मूल्य : क्रय मूल्य

$=(100+25):(100-16)=125:84$

$\because$ 84 इकाई $\rightarrow$ ₹ 1680

$\therefore$ 125 इकाई $\rightarrow ₹\ \frac{1680\times 125}{84}=₹\ 2500$

106. (a) माना वस्तु का क्रय मूल्य ₹ y है।

तब वस्तु का अंकित मूल्य $=₹\left(\frac{127}{100}y\right)$

छूट = x%

वस्तु का विक्रय मूल्य $=\frac{(100-x)}{100}\times\frac{127}{100}y$

प्रश्नानुसार, $\frac{(100-x)}{100}\times\frac{127}{100}y=\frac{(100+6.68)}{100}\times y$

$\Rightarrow 100-x=\frac{10668}{127}\Rightarrow 100-x=84\Rightarrow x=16$

107. (c) माना वस्तु का क्रय मूल्य = ₹ x

$\therefore$ अंकित मूल्य $=\frac{125}{100}x=₹\ \frac{5}{4}x$

प्रश्नानुसार, विक्रय मूल्य = ₹ 2394

$\therefore \quad \frac{5}{4}x\times\frac{90}{100}\times\frac{95}{100}=2394$

$\Rightarrow \quad x=\frac{2394\times 100\times 100\times 4}{5\times 90\times 95}=₹\ 2240$

108. (a) वस्तु का विक्रय मूल्य $=1500\times\frac{80}{100}=₹\ 1200$

$\therefore \quad$ लाभ = 1200 − 991 = ₹ 209

109. (c) 16% छूट के बाद विक्रय मूल्य

$=1800\times\frac{84}{100}=₹\ 1512$

क्रय मूल्य $=1512\times\frac{100}{108}=₹\ 1400$

अब, 8% छूट पर विक्रय मूल्य $=1800\times\frac{92}{100}=₹\ 1656$

अत: अभीष्ट लाभ % $=\frac{1656-1400}{1400}\times 100$

$=\frac{256}{14}=18.29\%$

110. (b) दिया है, वस्तु का अंकित मूल्य = ₹10000

प्रश्नानुसार, $10000\times\frac{80}{100}\times\frac{90}{100}\times\frac{(100-k)}{100}=6120$

$100-k=\frac{6120}{72}=85\Rightarrow k=100-85=15\%$

$\therefore$ छूट (k +20)% = 15 + 20 = 35%

$\therefore$ 35% छूट पर विक्रय मूल्य $=10000\times\frac{100-35}{100}$

$=100\times 65=₹\ 6500$

111. (b) माना क्रय मूल्य = ₹ x

$\therefore$ अंकित मूल्य $=₹\ \frac{130}{100}x=₹\ \frac{13}{10}x$

$\therefore$ विक्रय मूल्य $=\frac{13}{10}x\times\frac{90}{100}=₹\ \frac{117}{100}x$

$\therefore$ लाभ प्रतिशत $=\frac{\frac{117}{100}x-x}{x}\times 100$

$=\frac{117-100}{100}\times 100=17\%$

नया लाभ प्रतिशत = 17 + 6.5% = 23.5%

$\therefore$ विक्रय मूल्य $=x\times\frac{123.5}{100}=₹\ \frac{123.5x}{100}$

$\therefore$ छूट प्रतिशत $=\frac{\frac{13}{10}x-\frac{123.5}{100}x}{\frac{13}{10}x}\times 100$

$=\frac{130-123.5}{100}\times\frac{10}{13}\times 100$

$=6.5\times\frac{10}{13}=\frac{65}{13}=5\%$

स्पीडी विधि

माना, क्रय मूल्य = ₹ 100

$\therefore$ अंकित मूल्य = ₹ 130

विक्रय मूल्य $=\frac{130\times 90}{100}=₹\ 117$

नया विक्रय मूल्य = 117 + 6.5 = ₹ 123.5

अभीष्ट छूट % $=\frac{130-123.5}{130}\times 100$

$=\frac{6.5\times 100}{130}=5\%$

112. (b) वस्तु का विक्रय मूल्य $=\frac{342\times 68}{100}$

$=₹\ 232.56$

$\therefore$ वस्तु का क्रय मूल्य $=232.56\times\frac{100}{114}=₹\ 204$

113. (b) विक्रय मूल्य $=7200\times\frac{90}{100}=₹\ 6480$

$\therefore$ क्रय मूल्य $=6480\times\frac{100}{108}=₹\ 6000$

यदि कोई छूट न दी जाए

तब, लाभ = 7200 − 6000 = 1200

$\therefore$ अभीष्ट लाभ प्रतिशत $=\frac{1200}{6000}\times 100\%=20\%$

114. (c) विक्रय मूल्य $=888\times\frac{78}{100}=₹\ 692.64$

$\therefore$ वस्तु का क्रय मूल्य $=692.64\times\frac{100}{111}=₹\ 624$

स्पीडी विधि

अंकित मूल्य : क्रय मूल्य

$=(100+11):(100-22)=111:78$

$\because$ 111 इकाई = ₹ 888

$\therefore$ 78 इकाई $=₹\ \frac{888\times 78}{111}=₹\ 624$

115. (d) विक्रय मूल्य $=11900\times\frac{120}{100}=₹\ 14280$

माना अंकित मूल्य = ₹ x

प्रश्नानुसार, $\quad x\times\frac{84}{100}=14280$

$\Rightarrow \quad x=14280\times\frac{100}{84}=₹\ 17000$

116. (c) माना वस्तु का क्रय मूल्य = ₹ P

तब, अंकित मूल्य $= \frac{125}{100}P = ₹\frac{5}{4}P$

x% छूट पर विक्रय मूल्य $= ₹\left[\frac{5}{4}P \times \frac{(100-x)}{100}\right]$

तथा 8% हानि पर विक्रय मूल्य $= ₹\left[P \times \left(\frac{100-8}{100}\right)\right]$

प्रश्नानुसार, $\frac{5}{4}P \times \left(\frac{100-x}{100}\right) = P \times \left(\frac{100-8}{100}\right)$

$\Rightarrow 100 - x = 92 \times \frac{4}{5} = \frac{368}{5}$

$\therefore x = 100 - \frac{368}{5} = \frac{132}{5} = 26.4\%$

117. (a) माना 1 किग्रा चावल का अंकित मूल्य = ₹x

∴ 80 किग्रा चावल का अंकित मूल्य = ₹ $80x$

∴ 80 किग्रा चावल का क्रय मूल्य

$= 80x \times \frac{90}{100} = ₹ 72x$

अब उसे 20 किग्रा चावल पर 1 किग्रा मुफ्त दिया गया।

∴ कुल चावल की मात्रा = 80 + 4 = 84 किग्रा

अब 1 किग्रा चावल का विक्रय मूल्य = अंकित मूल्य = ₹ x

∴ 84 किग्रा चावल का विक्रय मूल्य = ₹ $84x$

∴ लाभ प्रतिशत

$= \frac{84x - 72x}{72x} \times 100 = \frac{12}{72} \times 100 = 16\frac{2}{3}\%$

118. (a) माना वस्तु का क्रय मूल्य = ₹x

तब, विक्रय मूल्य $= x \times \frac{108}{100} = ₹\frac{27}{25}x$

अंकित मूल्य $\times \left(\frac{100-10}{100}\right) = \frac{27x}{25}$

अंकित मूल्य $= \frac{27x}{25} \times \frac{100}{90} = ₹\frac{6x}{5}$

∴ अभीष्ट अनुपात $= x : \frac{6}{5}x = 5 : 6$

स्पीडी विधि

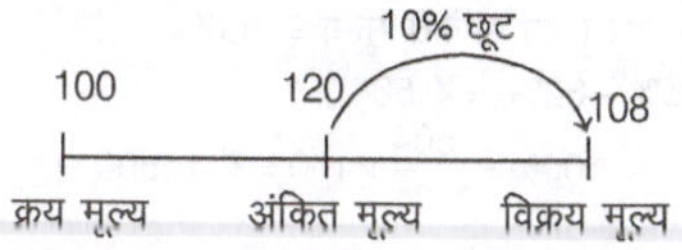

अंकित मूल्य $= 108 \times \frac{100}{90} = 120$

∴ क्रय मूल्य : अंकित मूल्य = 100 : 120 = 5 : 6

119. (b) छूट की दर = 25%

अत: छूट $= 500 \times \frac{25}{100} = ₹ 125$

उपहार का मूल्य = ₹ 65

लाभ प्रतिशत = 24%

माना वस्तु का लागत मूल्य = ₹ x

$\Rightarrow$ वस्तु का विक्रय मूल्य $= x \times \frac{124}{100}$

$= \frac{62}{50}x = ₹\frac{31x}{25}$

प्रश्नानुसार, $\frac{31x}{25} = 500 - 125 - 65$

$\frac{31x}{25} = 310$

$\Rightarrow x = ₹ 250$

वस्तु का लागत मूल्य = ₹ 250

120. (c) माना उत्पाद की वास्तविक कीमत = ₹ x

प्रश्नानुसार, $x \times \left(\frac{100+20}{100}\right) = 420 - 420 \times \frac{10}{100}$

$\Rightarrow \frac{120x}{100} = 420 - 42 \Rightarrow \frac{6x}{5} = 378$

$\Rightarrow x = 63 \times 5 = 315$

वस्तु की वास्तविक कीमत = ₹ 315

121. (d) समतुल्य छूट

$= \left[1 - \left(\frac{100-40}{100}\right) \times \left(\frac{100-20}{100}\right)\right] \times 100$

$= \left[1 - \frac{60}{100} \times \frac{80}{100}\right] \times 100 = \left[1 - \frac{48}{100}\right] \times 100$

$= \left(\frac{100-48}{100}\right) \times 100 = \frac{52}{100} \times 100 = 52\%$

स्पीडी विधि

यहाँ, $a = -40\%$ $b = -20\%$

दोनों कृमिक छूटों के समतुल्य एकल छूट

$= \left[-40\% - 20\% + \frac{(-40\%) \times (-20\%)}{100}\right]$

$= \left[-60\% + \frac{800\%}{100}\right]$

= [– 52%] एकल छूट

अत: 52% एकल छूट है।

122. (d) माना अंकित मूल्य = ₹ x

विक्रय मूल्य $= x \times \left(\frac{100-24}{100}\right) \times \left(\frac{100-30}{100}\right)$

$7700.70 = x \times \frac{76}{100} \times \frac{70}{100}$

$77007000 = 76x \times 70 \Rightarrow x = ₹ 14475$

123. (d) जब प्रत्येक क्रमिक छूट = 10%

इस प्रकार उत्पाद का विक्रय मूल्य

$(S_1) = 2000 \times \left[\frac{90}{100} \times \frac{90}{100} \times \frac{90}{100}\right] = ₹ 1458$

जब, 28% की एकल छूट के बाद उत्पाद का विक्रय मूल्य

$(S_2) = 2000 \times \frac{(100-28)}{100}$

$= 2000 \times \frac{72}{100} = ₹ 1440$

अत: अभीष्ट अन्तर = 1458 – 1440 = ₹ 18

124. (c) यहाँ $d_1 = 15\%$, $d_2 = x\%$

$\therefore 23.5 = \left(15 + x - \frac{15 \times x}{100}\right)\%$

$\Rightarrow 23.5 = 15 + \frac{100x - 15x}{100}$

$\Rightarrow 8.5 = \frac{85}{100}x$

$\therefore x = 10\%$

125. (c) अंकित मूल्य = ₹ 500

क्रमिक छूट = 10% तथा 20%

लाभ प्रतिशत = 25%

माना वस्तु का क्रय मूल्य = ₹ x

प्रश्नानुसार, $x \times \frac{125}{100} = 500 \times \frac{90}{100} \times \frac{80}{100}$

$\Rightarrow \frac{5}{4}x = 5 \times 9 \times 8$

$\Rightarrow x = 4 \times 9 \times 8$

$\therefore x = ₹ 288$

126. (c) अत: मेज का विक्रय मूल्य

$= 5980 \times \frac{(100-18)}{100}$

$= \frac{5980 \times 82}{100}$

$= 4903.6 \approx ₹4904$

127. (d) विक्रय मूल्य $= ₹ 1200 \times \frac{110}{100} = ₹ 1320$

कैशबैक के साथ विक्रय मूल्य = (1320 + 250)

= ₹ 1570

अंकित मूल्य $= 1570 \times \frac{100}{90} = ₹ 1744.44$

128. (a) बिल पर 40% छूट का विक्रय मूल्य

$= 1000 \times \frac{40}{100} = ₹ 400$

बिल पर 36% तथा 4% की क्रमागत छूट के बाद

विक्रय बिल $= 1000 \times \frac{64}{100} \times \frac{96}{100} = ₹ 614.4$

छूट = (1000 – 614.4) = ₹ 385.6

छूट का अन्तर = (400 – 385.6) = ₹ 14.40

129. (c) दिया है,

चीनी का क्रय मूल्य = ₹ 30/किग्रा

अंकित मूल्य = ₹ 38/किग्रा

900 ग्राम चीनी का क्रय मूल्य $= 30 \times \frac{900}{1000} = ₹ 27$

1 किग्रा चीनी का विक्रय मूल्य $= 38 \times \frac{88}{100} = ₹ 33.44$

लाभ प्रतिशत $= \frac{33.44 - 27}{27} \times 100$

$= \frac{6.44}{27} \times 100 = 23.85\%$

130. (c) 9% मार्जिन के बाद शर्ट का विक्रय मूल्य

$= \left(900 \times \frac{109}{100}\right) = ₹ 981$

9% मार्जिन के बाद जैकेट का विक्रय मूल्य

$= \left(1900 \times \frac{106}{100}\right) = ₹ 2014$

कुल बिल = ₹ (981 + 2014) = ₹ 2995 < ₹ 3000

प्रश्न में दिया गया है,

बिल ₹ 3000 से कम हो तो छूट = 12%

आनन्द द्वारा भुगतान की गई राशि

$= 2995 \times \frac{88}{100}$

= ₹ 2635.60

131. (c) अंकित मूल्य $= 1600 \times \frac{(100+130)}{100}$

$= 1600 \times \frac{230}{100} = ₹ 3680$

25% छूट के बाद,

विक्रय मूल्य $= 3680 \times \frac{75}{100} = ₹ 2760$

132. (d) 10% तथा 10% की छूट के पश्चात्

एकल समतुल्य छूट

$= \left(10 + 10 - \frac{10 \times 10}{100}\right)\%$

= (20 – 1)% = 19%

उत्पाद का अंकित $= \frac{7290}{(100-19)} \times 100$

$= \frac{7290}{81} \times 100 = 90 \times 100 = ₹ 9000$

स्पीडी विधि

माना अंकित मूल्य = ₹x

$\therefore \quad x \times \frac{90}{100} \times \frac{90}{100} = 7290$

$x = \frac{7290 \times 100 \times 100}{90 \times 90} = ₹\ 9000$

133. (a) माना दूसरी छूट की दर x% है।

प्रश्नानुसार, $2500 \times \frac{90}{100} \times \frac{(100 - x)}{100} = 1800$

$\Rightarrow \quad 225(100 - x) = 18000$

$\Rightarrow \quad 22500 - 225x = 18000$

$\Rightarrow \quad 225x = 22500 - 18000 = 4500$

$\therefore \quad x = \frac{4500}{225} = 20\%$

अत: दूसरी छूट की दर = 20%

134. (d) माना वस्तु का क्रय मूल्य = 100

वस्तु का अंकित मूल्य = (100 + 35) = 135

15% छूट के बाद,

वस्तु का विक्रय मूल्य = $135 \times \frac{85}{100}$ = ₹ 114.75

लाभ = ₹(114.75 − 100) = ₹14.75

लाभ प्रतिशत = 14.75%

$= \frac{1475}{100} = \frac{59}{4}\% = 14\frac{3}{4}\%$

135. (a) 10% तथा 20% का एकल छूट

$= \left(a + b - \frac{ab}{100}\right)\%$

$= \left(10 + 20 - \frac{10 \times 20}{100}\right)\%$

= 30 − 2 = 28%

पुन: 28% तथा 20% का एकल समतुल्य छूट

$= \left(28 + 20 - \frac{28 \times 20}{100}\right)\%$

= (48 − 5.6)% = 42.4%

136. (c) माना रमन्ना ने ₹ 100 में 100 किग्रा कच्चा माल खरीदा।

22.5% कच्चे माल का उपयोग नहीं हुआ।

∴ शेष कच्चे माल की मात्रा

= 100 − 22.5 = 77.5 किग्रा

77.5 किग्रा कच्चे माल का क्रय मूल्य = ₹ 77.5

निर्माण की लागत = $77.5 \times \frac{80}{100}$ = ₹ 62

कुल क्रय मूल्य = 100 + 62 = ₹ 162

20% लाभ के लिए विक्रय मूल्य

= $162 \times \frac{120}{100}$ = ₹ 194.4

अंकित मूल्य = $194.4 \times \frac{100}{80}$ = ₹ 243

$\therefore \quad \frac{\text{अंकित मूल्य}}{\text{कुल लागत}} = \frac{243}{100} = 2.43$

अत: उत्पाद का अंकित मूल्य, कुल लागत का 2.43 गुना था।

137. (c) योजना (A) से,

एकल छूट = $\left(24 + 27 - \frac{24 \times 27}{100}\right)\%$

= (51 − 6.48)% = 44.52%

योजना (B) से, छूट प्रतिशत = $\frac{3}{(5 + 3)} \times 100\%$

$= \frac{3}{8} \times 100\% = 37.5\%$

योजना (c) से, छूट प्रतिशत = $\frac{4}{10} \times 100 = 40\%$

अत: न्यूनतम छूट योजना 'B' में प्राप्त होगा।

138. (a) माना वस्तु का अंकित मूल्य = ₹ 100

वस्तु का मूल्य = $100 \times \frac{75}{100} \times \frac{72}{100}$ = ₹ 54

अत: वस्तु का अंकित मूल्य = $\frac{10800}{54} \times 100$

= ₹ 20000

139. (d) वस्तु का विक्रय मूल्य,

$= 15000 \times \frac{95}{100} \times \frac{90}{100} \times \frac{80}{100}$

= ₹ 10260

140. (b) वस्तु का विक्रय मूल्य = ₹450 × $\frac{130}{100}$

= ₹585

अत: वस्तु का अंकित मूल्य = ₹ 585 × $\frac{100}{90}$ = ₹650

141. (b) 35% की छूट के बाद मूल्य

$= 700 \times \frac{100 - 35}{100} = 7 \times 65$ = ₹455

तथा समान राशि पर 18% और 12% की क्रमिक छूट के बाद मूल्य = $700 \times \frac{100 - 18}{100} \times \frac{100 - 12}{100}$ = ₹ 505.12

अत: अभीष्ट अन्तर = 505.12 − 455 = ₹50.12

142. (a) छूट %(y) = $\frac{3800 - 3496}{3800} \times 100$

$= \frac{304}{38} = 8\%$

143. (c) माना वस्तु का क्रय मूल्य = ₹100

∴ अंकित मूल्य = ₹ 170

वस्तु का विक्रय मूल्य

= $170 \times \frac{95}{100} \times \frac{80}{100} \times \frac{80}{100}$ = ₹ 103.36

अत: अभीष्ट प्रतिशत लाभ

$= \frac{103.36 \quad 100}{100} \times 100 = 3.36\%$

144. (b) माना घड़ी का अंकित मूल्य = ₹ $100x$

5% छूट पर घड़ी का विक्रय मूल्य

$= \frac{100x \times 95}{100}$ = ₹ $95x$

8% छूट पर घड़ी का विक्रय मूल्य

$= \frac{100x \times 92}{100}$ = ₹ $92x$

प्रश्नानुसार, $95x - 92x = 45$

$\Rightarrow \quad 3x = 45 \Rightarrow x$ = ₹ 15

∴ घड़ी का अंकित मूल्य = $100x$

= 100 × 15 = ₹ 1500

स्पीडी विधि

माना, घड़ी का अंकित मूल्य = 100%

$\because \quad (8\% - 5\%) \rightarrow$ ₹ 45

$\therefore \quad 100\% \rightarrow \frac{45}{3} \times 100$ = ₹ 1500

145. (d) I. एकल छूट = $25 + 15 - \frac{25 \times 15}{100}$

= 40 − 3.75 = 36.25%

II. ∴ एकल छूट = $35 + 5 - \frac{35 \times 5}{100}$

= 40 − 175 = 38.25%

III. 38% की छूट

अत: केवल ऑफर II ग्राहक के लिए बेहतर है।

146. (d) 2000 की नकद छूट के बाद वाशिंग मशीन का मूल्य = 65000 − 2000 = ₹63000

∴ वाशिंग मशीन के न्यूनतम और अधिकतम विक्रय मूल्यों का अन्तर = $63000 \times \frac{15 - 10}{100}$ = ₹3150

147. (c) अभीष्ट छूट % = $\frac{3}{5 + 3} \times 100 = 37.5\%$

148. (c) 5%, 15% और 20% की छूट के बाद मूल्य

= $1250 \times \frac{95}{100} \times \frac{85}{100} \times \frac{80}{100}$ = ₹ 807.5

∴ अभीष्ट छूट = 1250 − 807.5 = ₹ 442.5

149. (d) माना वस्तु का अंकित मूल्य = ₹ x

∴ 35% छूट पर विक्रय मूल्य = $x \times \frac{100 - 35}{100} = \frac{65}{100}x$

अब, 20% और 15% के समतुल्य छूट

$= 20 + 15 - \frac{20 \times 15}{100} = 35 - 3 = 32\%$

∴ 32% छूट पर विक्रय मूल्य = $x \times \frac{100 - 32}{100} = \frac{68}{100}x$

प्रश्नानुसार, $\frac{68}{100}x - \frac{65}{100}x = 504$

$\Rightarrow \quad \frac{3x}{100} = 504 \Rightarrow x$ = ₹ 16800

स्पीडी विधि

20% और 15% समतुल्य छूट

$= 20 + 15 - \frac{20 \times 15}{100} = 32\%$

माना, वस्तु का अंकित मूल्य = 100%

∵ (35% − 32%) = ₹ 504

$\therefore \quad 100\% = \frac{504}{3} \times 100$ = ₹ 16800

150. (b) 12% और 13% के समतुल्य छूट

$= 12 + 13 - \frac{12 \times 13}{100} = 25 - 1.56 = 23.44\%$

अब 23.44% और 11% के समतुल्य छूट

$= 23.44 + 11 - \frac{23.44 \times 11}{100}$

= 34.44 − 2.5784 = 31.86% ≈ 32%

151. (d) माना बिल की राशि = ₹ x

प्रश्नानुसार, $x \times \frac{12}{100} = 2100$

$\Rightarrow \quad x = 2100 \times \frac{100}{12}$

= ₹ 17500

∴ भुगतान की गई राशि = 17500 − 2100

= ₹ 15400

152. (c) 6% और 15% के समतुल्य छूट

$= 6 + 15 - \frac{6 \times 15}{100}$

= 21 − 0.90 = 20.10%

अब, 20.10% और 14% के समतुल्य छूट

$= 20.10 + 14 - \frac{20.10 \times 14}{100}$

$= 34.10 - 2.814 = 31.286\%$

153. (c) $x\%$ की दो क्रमागत छूट के समतुल्य छूट

$= 2x - \frac{x^2}{100}$

माना एकल छूट = $y\%$

$\therefore \quad 920 \times \frac{y}{100} = 33120 \Rightarrow y = \frac{33120}{920} = 36\%$

प्रश्नानुसार, $2x - \frac{x^2}{100} = 36 \Rightarrow 200x - x^2 = 3600$

$\Rightarrow \quad x^2 - 200x + 3600 = 0$

$\Rightarrow \quad (x - 180)(x - 20) = 0$

$\Rightarrow \quad x = 20, 180$

$\because$ 180% छूट नहीं हो सकती है।

$\therefore \quad x = 20\%$

154. (d) प्रश्नानुसार,

वस्तु का विक्रय मूल्य

$= 2800 \times \frac{85}{100} \times \frac{92}{100} \times \frac{95}{100}$

$=$ ₹ 2080.12

155. (b) $\therefore$ छूट % $= \frac{(2165 - 1710.35)}{2165} \times 100\%$

$= 21\%$

156. (b) छूट की दर

$= \frac{(145 - 127.6) \times 100}{145} = 12\%$

157. (d) माना वस्तु का क्रय मूल्य = ₹ 100

प्रश्नानुसार,

$\therefore A$ के लिए विक्रय मूल्य

$= 100 \times \frac{125}{100} \times \frac{85}{100} = 106.25$

$\therefore$ लाभ प्रतिशत = 6.25%

और B के लिए विक्रय मूल्य

$= 100 \times \frac{120}{100} \times \frac{88}{100} = 105.6$

$\therefore B$ का लाभ = 5.6%

इस प्रकार, दुकानदार A के लिए बेहतर डील मिलती है। और 6.25% का लाभ प्राप्त करता है।

158. (b) माना अंकित मूल्य = ₹100

$\therefore$ विक्रय मूल्य = ₹80

तथा क्रय मूल्य $= \frac{80 \times 100}{190} =$ ₹$\frac{800}{19}$

नया विक्रय मूल्य $= \frac{100 \times 60}{100} =$ ₹60

अभीष्ट लाभ % $= \frac{60 - \frac{800}{19}}{\frac{800}{19}} \times 100$

$= \frac{1140 - 800}{800} \times 100$

$= \frac{340}{800} \times 100 = 42.5\%$

159. (c) वस्तु का विक्रय मूल्य = ₹ 34440

$\therefore$ अंकित मूल्य $= \frac{34440}{82} \times 100 =$ ₹ 42000

क्रय मूल्य $= \frac{34440}{140} \times 100 =$ ₹ 24600

नया विक्रय मूल्य $= \frac{42000 \times 88}{100} =$ ₹ 36960

अत: अभीष्ट लाभ प्रतिशत

$= \frac{36960 - 24600}{24600} \times 100$

$= \frac{12360}{246} = 50.24\%$

160. (d) अंकित मूल्य $\times \frac{(100 - \text{छूट}\%)}{100}$

$=$ क्रय मूल्य $\times \frac{(100 + \text{लाभ}\%)}{100}$

$\Rightarrow$ अंकित मूल्य $\times \frac{(100 - 22)}{100}$

$= 1092 \times \frac{(100 + 36)}{100}$

$\Rightarrow$ अंकित मूल्य $\times \frac{78}{100} = 1092 \times \frac{136}{100}$

$\Rightarrow$ अंकित मूल्य $= \frac{1092 \times 136}{78}$

$=$ ₹ 1904

$\therefore$ अंकित मूल्य = ₹ 1904

स्पीडी विधि

अंकित मूल्य : क्रय मूल्य

= (100 + लाभ %) : (100 – छूट %)

= (100 + 36):(100 – 22)

= 136 : 78

= 68 : 39

↓ ×28 ↓ ×28

₹ 1904 ₹ 1092

161. (a) माना क्रय मूल्य = ₹ 100

$\therefore$ अंकित मूल्य = 100 × 1.4 = ₹ 140

विक्रय मूल्य $= 100 \times \frac{(100 + 23.2)}{100}$

$= 100 \times \frac{123.2}{100} =$ ₹ 123.2

$\therefore$ छूट प्रतिशत $= \frac{140 - 123.2}{140} \times 100\%$

$= \frac{16.8 \times 100}{140}\% = 12\%$

162. (c) कुल चूड़ियों की संख्या = 24 + 6 = 30

मुफ्त चूड़ियों की संख्या = 6

छूट प्रतिशत $= \frac{6}{30} \times 100 = 20\%$

163. (c) रिक्शे का विक्रय मूल्य

$= 90000 \times \frac{(100 - 10)}{100} \times \frac{(100 - 5)}{100}$

$=$ ₹ 76950

164. (d) प्रभावी छूट प्रतिशत

$= \frac{12}{(12 + 24)} \times 100 = 33\frac{1}{3}\%$

165. (a) विक्रय मूल्य

$= 2000 \times \frac{(100 - 15)}{100} \times \frac{(100 - 10)}{100}$

$= 2000 \times \frac{85}{100} \times \frac{90}{100} = 1530$

$\therefore$ अभीष्ट विक्रय मूल्य = ₹ 1530

166. (a) प्रश्नानुसार,

23% और 7% के समतुल्य छूट

$= \left(23 + 7 - \frac{23 \times 7}{100}\right)\%$

$= 28.39\%$

अब, छूट में अन्तर = 37% – 28.39% = 8.61%

$\therefore$ अभीष्ट छूट = ₹ $2635 \times \frac{8.61}{100} =$ ₹ 226.87

167. (c) माना अंकित मूल्य = ₹ 100

खुदरा विक्रेता के लिए क्रय मूल्य

$= 100 \times \frac{(100 - 40)}{100} = 100 \times \frac{60}{100} =$ ₹ 60

खुदरा विक्रेता के लिए विक्रय मूल्य = ₹ 100

$\therefore$ लाभ % $= \frac{(100 - 60)}{60} \times 100$

$= \frac{40}{60} \times 100 = \frac{200}{3}\% = 66\frac{2}{3}\%$

168. (a) माना क्रय मूल्य = ₹ 100

$\therefore$ अंकित मूल्य $= 100 \times \frac{132}{100} =$ ₹ 132

तथा विक्रय मूल्य $= 132 \times \frac{(100 - 21)}{100}$

$= 132 \times \frac{79}{100} =$ ₹ 104.28

$\therefore$ लाभ % $= \frac{104.28 - 100}{100} \times 100\%$

$= \frac{4.28 \times 100\%}{100} = 4.28\%$

169. (a) माना वस्तु का अंकित मूल्य = 100 इकाई

$\therefore$ विक्रय मूल्य $= \frac{100 \times 65}{100} = 65$ इकाई

क्रय मूल्य $= \frac{65}{135} \times 100 = \frac{1300}{27}$ इकाई

नया विक्रय मूल्य $= \frac{100 \times 55}{100} = 55$ इकाई

अभीष्ट लाभ प्रतिशत $= \frac{55 - \frac{1300}{27}}{\frac{1300}{27}}$

$= \frac{1485 - 1300}{1300} \times 100$

$= \frac{185}{13} = 14\frac{3}{13}\%$

170. (b) माना वस्तु का क्रय मूल्य = ₹ 100

वस्तु का अंकित मूल्य = ₹ 125

$\therefore$ वस्तु का विक्रय मूल्य $= 125 \times \frac{60}{100} =$ ₹ 75

अत: हानि प्रतिशत $= \frac{100 - 75}{100} \times 100 = 25\%$

171. (d) माना क्रय मूल्य = ₹ x

प्रश्नानुसार, $x \times \frac{(100 + 25)}{100} \times \frac{(100 - 10)}{100} = 540$

$x \times \frac{125}{100} \times \frac{90}{100} = 540$

$x = \frac{540 \times 100 \times 100}{125 \times 90} = 480$

$\therefore$ क्रय मूल्य = ₹ 480

172. (c) योजना I में एकल समतुल्य छूट

$= \left(25 + 5 - \frac{25 \times 5}{100}\right)\% = 28.75\%$

योजना II में एकल समतुल्य छूट

$= \left(20 + 10 - \frac{20 \times 10}{100}\right) = 28\%$

अन्तर = 28.75% – 28% = 0.75%

$\therefore$ अभीष्ट अन्तर $= 1000 \times \frac{0.75}{100} =$ ₹ 7.5

173. (c) प्रश्नानुसार,

कुल छूट $= 48000 \times \frac{9.5}{100} =$ ₹ 4560

₹ 28000 पर छूट $= 28000 \times \frac{12}{100} =$ ₹ 3360

₹ 12000 पर छूट $= 12000 \times \frac{8}{100} =$ ₹ 960

₹ 40000 पर कुल छूट $= 3360 + 960 = 4320$

$\therefore$ ₹ 8000 पर छूट $= 4560 - 4320$

$=$ ₹ 240

174. (d) प्रश्नानुसार, अंकित मूल्य = ₹ 100

क्रय मूल्य $= 100 \times \frac{90}{100} \times \frac{80}{100} \times \frac{110}{100} =$ ₹ 79.2

$\because$ लाभ = 15%

$\therefore$ विक्रय मूल्य $= 79.2 \times \frac{115}{100} =$ ₹ 91.08

175. (c) वस्तु का अंकित मूल्य = ₹ 600

$\therefore$ वस्तु का क्रय मूल्य $= 600 \times \frac{90}{100} \times \frac{80}{100} =$ ₹ 432

वस्तु का वास्तविक मूल्य $= 432 + 68 =$ ₹ 500

अतः लाभ प्रतिशत $= \frac{600 - 500}{500} \times 100 = 20\%$

176. (c) प्रश्नानुसार,

योजना I $\rightarrow$ 20% की दो क्रमिक छूट के समतुल्य

एकल छूट $= \left(20 + 20 - \frac{20 \times 20}{100}\right)\% = 36\%$

योजना II $\rightarrow$ 30% और 10% के समतुल्य एकल छूट

$= \left(30 + 10 - \frac{30 \times 10}{100}\right)\% = 37\%$

यहाँ पर स्वरूप दूसरी योजना का चुनाव करता है।

$\therefore$ स्वरूप की बचत $= 1600 \times (37 - 36)\%$

$= 1600 \times 1\% =$ ₹ 16

177. (b) वस्तु का अंकित मूल्य = ₹ 150

तथा छूट $= 150 \times \frac{25}{100} + 2.5$

$= 37.5 + 2.5 =$ ₹ 40

$\therefore$ विक्रय मूल्य $= 150 - 40 =$ ₹ 110

अब, क्रय मूल्य $= 110 \times \frac{100}{(100 + 10)} =$ ₹ 100

178. (b) $\therefore$ छूट प्रतिशत $= \frac{1}{6} \times 100 = 16.67\%$

179. (c) प्रश्नानुसार,

एक दर्जन दस्तानों की जोड़ियों का मूल्य

$= 180 \times \left(\frac{100 - 10}{100}\right)$

$= 180 \times \frac{90}{100} =$ ₹ 162

₹ 162 में खरीदी जा सकने वाली दस्तानों की जोड़ी = 12

$\therefore$ ₹ 54 में खरीदी जा सकने वाली दस्तानों की जोड़ी

$= \frac{12}{162} \times 54 = 4$ जोड़ी

180. (c) माना न्यूनतम वस्तुओं की कीमत = ₹ x

प्रश्नानुसार, $x \times \frac{25}{100} = 390$

$\therefore$ $x = 390 \times 4 =$ ₹ 1560

दिया है, एक वस्तु की कीमत = ₹ 340

अतः न्यूनतम वस्तुओं की संख्या $= \frac{1560}{340} \approx 5$

181. (a) $\because \frac{\text{अंकित मूल्य}}{\text{क्रय मूल्य}} = \frac{(100 + \text{लाभ}\%)}{(100 - \text{छूट}\%)}$

$\therefore \frac{\text{अंकित मूल्य}}{\text{क्रय मूल्य}} = \frac{(100 + 10)}{(100 - 10)} = \frac{110}{90} = \frac{11}{9}$

$\therefore$ अभीष्ट मान $= \frac{11}{9} = 1.22$

182. (a) माना वस्तु का अंकित मूल्य = ₹ 100

वृद्धि के बाद, अंकित मूल्य $= 100 \times \frac{140}{100} =$ ₹ 140

अतः अभीष्ट छूट % $= \frac{140 - 100}{140} \times 100$

$= \frac{40}{140} \times 100 = 28\frac{4}{7}\%$

183. (d) माना तेल का क्रय मूल्य = ₹ 100

$\therefore$ तेल का अंकित मूल्य $= \frac{100 \times 140}{100} =$ ₹ 140

तथा तेल का विक्रय मूल्य $= \frac{140 \times 68}{100} =$ ₹ 95.2

खराब तराजू का उपयोग करने पर तेल का क्रय मूल्य

$= \frac{100 \times (100 - 15)}{100} =$ ₹ 85

अतः अभीष्ट लाभ % $= \frac{95.2 - 85}{85} \times 100 = 12\%$

184. (a) माना बिल की धनराशि = ₹ x

20% और 10% की समतुल्य छूट

$= 20 + 10 - \frac{20 \times 10}{100} = 28\%$

प्रश्नानुसार, $\frac{x \times 28}{100} - \frac{x \times 27}{100} = 56$

$\Rightarrow$ $x =$ ₹ 5600

185. (a) माना चावल का वास्तविक भार = 1000 ग्राम

तथा चावल का त्रुटिपूर्ण भार = x ग्राम

प्रश्नानुसार, $25 = \frac{(1000 - x)}{x} \times 100$

$25x = 100000 - 100x \Rightarrow x = \frac{100000}{125} = 800$ ग्राम

$\therefore$ 10% लाभ के लिए त्रुटिपूर्ण भार

$= \frac{800 \times 110}{100} = 880$ ग्राम

अतः अभीष्ट छूट % $= \frac{(1000 - 880)}{1000} \times 100 = 12\%$

स्पीडी विधि

माना क्रय मूल्य = 100

$\therefore$ विक्रय मूल्य = 125

तथा नया विक्रय मूल्य = 110

अतः अभीष्ट छूट % $= \frac{125 - 110}{125} \times 100 = 12\%$

186. (b) 26% और 5% की समतुल्य छूट

$= 26 + 5 - \frac{26 \times 5}{100} = 31 - 13 = 29.7\%$

अतः अभीष्ट अन्तर $= 50000 \times (30 - 29.7)\%$

$= \frac{50000 \times 0.3}{100} =$ ₹150

187. (b) माना वस्तु का अंकित मूल्य = ₹ x

प्रश्नानुसार, $\frac{x \times 75 \times 75}{100 \times 100} = 864$

$\Rightarrow$ $x = \frac{864 \times 100 \times 100}{75 \times 75} \Rightarrow x =$ ₹ 1536

अतः वस्तु पर दी गई छूट $= (1536 - 864) =$ ₹ 672

स्पीडी विधि

$25\% = \frac{1}{4}$

MP : SP

4 : 3

4 : 3

16 9

$\because$ $9 \longrightarrow 864$

$\therefore$ $16 \longrightarrow \frac{864}{9} \times 16 = 1536$

छूट $= 1536 - 864 =$ ₹ 672

188. (d) माना वस्तु का अंकित मूल्य = ₹ x

प्रश्नानुसार, $\frac{x \times 85 \times 95}{100 \times 100} = 3068.5$

$x = \frac{3068.5 \times 100 \times 100}{85 \times 95} =$ ₹ 3800

189. (a) छूट $= 2500 - 1800 =$ ₹ 700

छूट% $= \frac{700 \times 100}{2500} = 28\%$

190. (b) माना, माल का क्रय मूल्य = 100

$\therefore$ माल का अंकित मूल्य = 135

तथा माल का विक्रय मूल्य = 114

अतः अभीष्ट छूट% $= \frac{135 - 114}{135} \times 100 = 15.55\%$

191. (d) माना वस्तु का अंकित मूल्य = ₹ x

$\therefore$ वस्तु का विक्रय मूल्य $= \frac{x \times 94}{100} =$ ₹ $0.94x$

तथा वस्तु का क्रय मूल्य $= \frac{x \times 72}{100} =$ ₹ $0.72x$

अतः अभीष्ट लाभ % $= \frac{0.94x - 0.72x}{0.72x} \times 100$

$= \frac{0.22}{0.72} \times 100$

$= 30.56\%$

192. (a) 20% और 25% का एकल बट्टा

$= 20 + 25 - \frac{20 \times 25}{100}$

$= 45 - 5 = 40\%$

40% और 20% का एकल बट्टा

$= 40 + 20 - \frac{40 \times 20}{100}$

$= 60 - 8 = 52\%$

अतः समतुल्य एकल बट्टा = 52%

193. (d) वस्तु का विक्रय मूल्य $= 75 \times \frac{86}{100} =$ ₹64.5

अतः क्रय मूल्य $= 64.5 \times \frac{100}{129} =$ ₹50

194. (c) माना क्रय मूल्य = ₹ x

$\therefore$ अंकित मूल्य $= x \times \frac{125}{100} = \frac{5}{4}x$

$\therefore$ विक्रय मूल्य $= \frac{5}{4}x \times \frac{88}{100} = \frac{11}{10}x$

$\therefore$ लाभ % $= \frac{\frac{11}{10}x - x}{x} \times 100$

$= \frac{11 - 10}{10} \times 100 = 10\%$

स्पीडी विधि

CP = 100

MP = 125

$SP = 125 \times \frac{88}{100} = 110$

$\text{लाभ\%} = \frac{(110-100)}{100} \times 100 = 10\%$

195. (d) माना 1 कलम का क्रय मूल्य = x

16 कलम का क्रय मूल्य = $16x$

∵ 4 कलम मुफ्त मिलते हैं।

∴ 20 कलमों का क्रय मूल्य = $16x$

1 कलम का विक्रय मूल्य $= x \times \frac{120}{100} = 1.2x$

20 कलम का विक्रय मूल्य $= 1.2x \times 20 = 24x$

∴ अभीष्ट लाभ प्रतिशत $= \frac{24x-16x}{16x} \times 100$

$= \frac{8x}{16} \times 100 = 50\%$

196. (d) माना मेज का अंकित मूल्य = ₹ x

25% छूट पर, विक्रय मूल्य $= x \times \frac{75}{100} = ₹\ \frac{3x}{4}$

अत: क्रय मूल्य $= \frac{3x}{4 \times 170} \times 100 = \frac{30x}{68} = ₹\ \frac{15x}{34}$

50% छूट पर, मेज का विक्रय मूल्य $= x \times \frac{50}{100} = ₹\ \frac{x}{2}$

नया लाभ $= \frac{x}{2} - \frac{15x}{34} = \frac{17x-15x}{34} = \frac{x}{17}$

लाभ % $= \frac{x}{17} \times \frac{100}{15x} \times 34 = \frac{200}{15} = \frac{40}{3} = 13\frac{1}{3}\%$

197. (c) विक्रय मूल्य $= 24000\left[\frac{100+9}{100}\right]$

= ₹26160

∴ छूट % $= \left(\frac{30000-26160}{30000}\right) \times 100$

$= \frac{3840}{300} = 12.8\%$

198. (c) ∴ छूट प्रतिशत $= \frac{850-700}{850} \times 100$

$= \frac{150}{850} \times 100 = 17.64\%$

199. (d) माना 1 कलम का अंकित मूल्य = ₹ x

∴ 50 कलम का क्रय मूल्य = ₹ $44x$

तथा 50 कलम का विक्रय मूल्य $= 50x \times \frac{99}{100} = \frac{99}{2}x$

∴ लाभ प्रतिशत $= \frac{\frac{99}{2}x - 44x}{44x} \times 100$

$= \frac{99-88}{88} \times 100 = \frac{11}{88} \times 100 = \frac{100}{8} = 12.5\%$

200. (c) कुल छूट $= (560 + 90 + 45) \times \frac{10}{100}$

$= \frac{695}{10} = ₹\ 69.5$

201. (b) माना, प्रत्येक वस्तु का अंकित मूल्य = ₹ x

क्रय मूल्य $= \frac{x \times (100-10)}{100} \times \frac{(100)}{(100+20)}$

$= x \times \frac{90}{100} \times \frac{100}{120} = \frac{9x}{12}$

अब, वस्तु के अंकित मूल्य तथा क्रय मूल्य का अनुपात,

$= x : \frac{9x}{12} = 12 : 9 = 4 : 3$

स्पीडी विधि

$MP(100 - D\%) = CP\ (100 + P\%)$

$MP\ (100 - 10) = CP\ (100 + 20)$

$\frac{MP}{CP} = \frac{120}{90} = \frac{4}{3}$

⇒ MP : CP = 4 : 3

202. (d) बेईमान दुकानदार द्वारा 1 किग्रा की जगह 920 किग्रा बाट का उपयोग करने पर प्राप्त लाभ %

$= \frac{(1000-920)}{920} \times 100 = 8.70\%$

203. (d) माना वस्तु का क्रय मूल्य = ₹ x

अंकित मूल्य $= x \times \frac{180}{100}$

विक्रय मूल्य $= x \times \frac{180}{100} \times \frac{52}{100}$

∴ हानि % $= \left(\frac{x - \left(x \times \frac{180}{100} \times \frac{52}{100}\right)}{x}\right) \times 100$

$= \left(1 - \frac{936}{1000}\right) \times 100$

$= \frac{64}{1000} \times 100 = 6.4\%$ या $6\frac{2}{5}\%$

स्पीडी विधि

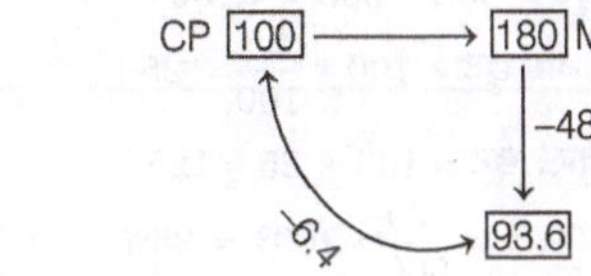

हानि % $= \frac{6.4}{100} \times 100 = 6.4\%$

204. (b) अंकित मूल्य $= 1260 \times \frac{100}{(100-40)}$

$= 1260 \times \frac{100}{60} = ₹\ 2100$

205. (c) माना, दूसरी छूट = x%

प्रश्नानुसार, $80000 \times \frac{85}{100} \times \frac{(100-x)}{100} = 65280$

⇒ $680 \times 100 - 680x = 65280$

⇒ $680x = 68000 - 65280$ ⇒ $680x = 2720$

∴ $x = \frac{2720}{680} = 4\%$

206. (c) माना वस्तु का क्रय मूल्य = ₹ x

प्रश्नानुसार,

$13000 \times \frac{90}{100} = \frac{x \times 130}{100}$

⇒ $x = \frac{13000 \times 90}{130} = ₹\ 9000$

207. (c) माना एक पतलून और एक जैकेट का अंकित मूल्य क्रमश: ₹ x व ₹ $3x$ हैं।

तथा जैकेट पर दिया गया बट्टा = y%

प्रश्नानुसार,

$(x + 3x) \times \frac{70}{100} - \frac{x \times 80}{100} = \frac{3x \times (100-y)}{100}$

⇒ $4x \times \frac{7}{10} - \frac{x \times 8}{10} = \frac{3x\ (100-y)}{100}$

⇒ $\frac{28x - 8x}{10} = \frac{3x\ (100-y)}{100}$

⇒ $\frac{20x}{10} = \frac{3x(100-y)}{100}$

⇒ $200x = 300x - 3xy$ ⇒ $100x = 3xy$

⇒ $\frac{x}{xy} = \frac{3}{100}$ ⇒ $y = \frac{100}{3} = 33.33\%$

स्पीडी विधि

माना, जैकेट का बट्टा x% है

मिश्रण के नियमानुसार,

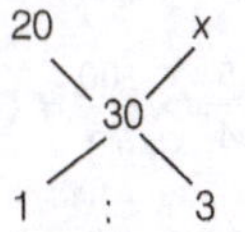

∴ $\frac{x-30}{30-20} = \frac{1}{3} \Rightarrow 3x = 100 \Rightarrow x = 33.33\%$

208. (d) माना वस्तु का क्रय मूल्य = ₹ x

तब, अंकित मूल्य $= x \times \frac{150}{100} = ₹\frac{3}{2}x$

विक्रय मूल्य $= \frac{3}{2}x \times \frac{80}{100} = \frac{6}{5}x$

अब, लाभ प्रतिशत

$= \frac{\left(\frac{6}{5}x - x\right)}{x} \times 100 = \frac{1}{5} \times 100 = 20\%$

स्पीडी विधि

CP : SP : MP

(2 :   : 3) × 5

(: 4 : 5) × 3

10 : 12 : 15

लाभ % $= \frac{2}{10} \times 100 = 20\%$

209. (a) बट्टा प्रतिशत $= \frac{20000-14000}{20000} \times 100$

$= \frac{6000}{20000} \times 100 = 30\%$

210. (c) माना वस्तु का क्रय मूल्य ₹ x तथा अंकित मूल्य ₹ y है।

तब, $x \times \frac{50}{100} = y \times \frac{20}{100}$

⇒ $\frac{x}{y} = \frac{20}{50} \Rightarrow \frac{x}{y} = \frac{2}{5}$

लाभ प्रतिशत $= \frac{5-2}{2} \times 100 = \frac{3}{2} \times 100 = 150\%$

211. (d) दिया है,

अंकित मूल्य $\times \frac{2}{5} =$ विक्रय मूल्य $\times \frac{5}{8}$

∴ $\frac{\text{अंकित मूल्य}}{\text{विक्रय मूल्य}} = \frac{5}{8} \times \frac{5}{2} = \frac{25}{16}$

छूट % $= \frac{25-16}{25} \times 100 = 36\%$

212. (b) माना बोतल का अंकित मूल्य = ₹ x

प्रश्नानुसार, $x \times \frac{65}{100} = 1755$

∴ $x = \frac{1755 \times 100}{65} = ₹\ 2700$

213. (b) 10% छूट पर विक्रय मूल्य

$= 35600 \times \frac{90}{100} = ₹\ 32040$

∴ व्यापारिक छूट के बाद दी गई नकद छूट प्रतिशत

$= \frac{32040 - 30000}{32040} \times 100$

$= \frac{2040}{32040} \times 100 = 6.37\%$

214. (b) विक्रय मूल्य $= 2900 \times \frac{100 - 37}{100}$

$= 29 \times 63 = ₹ 1827$

215. (a) माना क्रय मूल्य = ₹ x

25% लाभ पर विक्रय मूल्य = ₹ $\frac{5}{4}x$

जब, छूट = 25%

तब, अंकित मूल्य $= \frac{5}{4}x \times \frac{100}{75} = ₹ \frac{5}{3}x$

जब, छूट = 35%

तब, विक्रय मूल्य $= \frac{5}{3}x \times \frac{65}{100} = \frac{13}{12}x$

∴ अभीष्ट प्रतिशत लाभ $= \frac{\frac{13}{12}x - x}{x} \times 100$

$= \frac{1}{12} \times 100 = 8.3 \approx 8\%$

216. (d) नियमित ग्राहक को रेफ्रिजरेटर के लिए किया गया भुगतान $= 60000 - 12000 - 60000 \times \frac{5}{100}$

$= 60000 - 12000 - 3000$

$= 60000 - 15000 = ₹ 45000$

217. (c) (i) 20% और 12% के समतुल्य छूट

$= 20 + 12 - \frac{20 \times 12}{100} = 32 - 2.4 = 29.6\%$

(ii) 25% और 5% के समतुल्य $= 25 + 5 - \frac{25 \times 5}{100}$

$= 30 - 1.25 = 28.75\%$

(iii) 30% और 3% के समतुल्य $= 30 + 3 - \frac{30 \times 3}{100}$

$= 33 - 0.9 = 32.1\%$

अत: सबसे अच्छी योजना (iii) है।

218. (d) विक्रय मूल्य $= 500 \times \frac{85}{100} = ₹ 425$

∴ क्रय मूल्य $= 425 \times \frac{100}{125} = ₹ 340$

219. (b) गाना मोबाइल का क्रय मूल्य = ₹ x

∴ अंकित मूल्य $= x \times \frac{125}{100} = ₹ \frac{5}{4}x$

तथा विक्रय मूल्य $= x \times \frac{110}{100} = ₹ \frac{11}{10}x$

∴ प्रतिशत छूट $= \frac{\frac{5}{4}x - \frac{11}{10}x}{\frac{5}{4}x} \times 100$

$= \frac{25 - 22}{20} \times \frac{4}{5} \times 100$

$= 3 \times 4 = 12\%$

220. (b) भुगतान की गई राशि $= 36000 \times \frac{100 - 15}{100}$

$= 360 \times 85 = ₹ 30600$

221. (a) विक्रय मूल्य

$= 25500 \left(1 - \frac{15}{100}\right)\left(1 - \frac{12}{100}\right)$

$= 25500 \times \frac{85}{100} \times \frac{88}{100}$

$= ₹ 19074$

222. (c) माना वस्तु का क्रय मूल्य = ₹ x

∴ वस्तु का अंकित मूल्य $= x \times \frac{125}{100} = \frac{5}{4}x$

प्रश्नानुसार, $\frac{5}{4}x \times \frac{85}{100} = 425$

$x = \frac{425 \times 100 \times 4}{5 \times 85} = ₹ 400$

223. (a) 1 दर्जन नोटबुक का मूल्य

$= 125 \times \frac{(100 - 20)}{100} = 125 \times \frac{80}{100} = ₹ 100$

∴ 1 नोटबुक का मूल्य $= \frac{100}{12} = ₹ \frac{25}{3}$

∴ ₹ 75 में खरीदी गई नोटबुक $= \frac{75}{\frac{25}{3}} = \frac{75}{25} \times 3 = 9$

224. (a) 1 शीट की फोटो कॉपी का मूल्य = ₹ 1.50

∴ 400 शीट की फोटो कॉपी का मूल्य

$= 400 \times 1.50 = ₹ 600$

प्रश्नानुसार, 800 शीट की फोटो कॉपी का मूल्य

$= 600 + 600 \times \frac{100 - 5.5}{100} = 600\left(1 + \frac{94.5}{100}\right)$

$= 6 \times 194.5 = ₹ 1167$

225. (b) माना 1 शर्ट का अंकित मूल्य = ₹ 100

चार शर्ट का अंकित मूल्य = ₹ 400

तथा चार शर्ट का विक्रय मूल्य $= 3 \times 100 = ₹ 300$

∴ चार शर्ट पर छूट $= 400 - 300 = ₹ 100$

अब, पाँचवीं शर्ट पर छूट $= 100 \times \frac{25}{100} = 25$

∴ पाँच शर्ट पर कुल छूट $= 100 + 25 = 125$

∴ अभीष्ट छूट प्रतिशत $= \frac{125}{500} \times 100\% = 25\%$

226. (a) किताब का क्रय मूल्य $= \frac{480 \times 100}{(100 + 20)} = ₹ 400$

∵ किताब का अंकित मूल्य = ₹ 480

तथा छूट = 10%

∴ किताब का विक्रय मूल्य $= 480 \times \frac{(100 - 10)}{100}$

$= ₹ 432$

∴ लाभ $= 432 - 400 = ₹ 32$

लाभ प्रतिशत $= \frac{32}{400} \times 100 = 8\%$

227. (a) मोबाइल फोन का विक्रय मूल्य

$= 25000 \times \frac{80}{100} \times \frac{85}{100} \times \frac{90}{100} = ₹ 15300$

228. (b) स्पीकर का विक्रय मूल्य $= 520 \times \frac{90}{100}$

$= ₹ 468$

स्पीकर का क्रय मूल्य $= \frac{468}{117} \times 100 = ₹ 400$

यदि छूट न दी गई हो, तब

विक्रय मूल्य = ₹ 520

लाभ प्रतिशत $= \frac{(520 - 400)}{400} \times 100\%$

$= \frac{120}{4}\% = 30\%$

229. (c) वस्तु का विक्रय मूल्य

$= 1680 \times \frac{81}{100} = ₹ 1360.8$

लाभ प्रतिशत = 8%

क्रय मूल्य $= \frac{1360.8}{108} \times 100 = ₹ 1260$

अभीष्ट प्रतिशत $= \frac{(1680 - 1260)}{1260} \times 100\%$

$= \frac{420}{1260} \times 100\% = 33\frac{1}{3}\%$

230. (c) माना दूसरी छूट = x%

ग्राहक द्वारा भुगतान की गई राशि

$= 19000 \times \frac{(100 - 14)}{100} \times \frac{(100 - x)}{100}$

$\Rightarrow 19000 \times \frac{86}{100} \times \frac{100 - x}{100} = 15048$

$\Rightarrow 1634 \times (100 - x) = 150480$

$\Rightarrow 163400 - 1634x = 150480$

$\Rightarrow 1634x = 12920$

$\therefore x = \frac{12920}{1634} = 7.91\%$

231. (b) माना एक शर्ट का अंकित मूल्य = ₹ 100

∴ शर्ट का क्रय मूल्य $= 100 \times \frac{(100 - 60)}{100} = ₹ 40$

∴ दो शर्ट का कुल विक्रय मूल्य

$= 100 + 100 \times \frac{(100 - 40)}{100} = ₹ 160$

दो शर्ट का क्रय मूल्य $= 40 \times 2 = ₹ 80$

∴ लाभ % $= \frac{(160 - 80)}{80} \times 100 = 100\%$

232. (d) माना दूसरी छूट = x%

प्रश्नानुसार,

$15000 \times \frac{85}{100} \times \frac{(100 - x)}{100} = 11250$

$\Rightarrow (100 - x) = \frac{11250 \times 100 \times 100}{15000 \times 85}$

$\Rightarrow 100 - x = \frac{7500}{85} \Rightarrow x = 100 - \frac{1500}{17}$

$\Rightarrow x = \frac{200}{17} = 11\frac{13}{17}\%$

233. (c) (i) छूट = 30%

(ii) छूट% $= 22 + 8 - \frac{22 \times 8}{100} = 28.24\%$

(iii) छूट% $= 25 + 5 - \frac{25 \times 5}{100} = 28.75\%$

अत: योजना (ii) ग्राहक के लिए सबसे कम फायदेमन्द होगी।

234. (c) माना वस्तु का अंकित मूल्य ₹ x है।

प्रश्नानुसार,

$x \times (100\% - 38\%) \times (100\% - 15\%) = 2108$

$x \times \frac{62}{100} \times \frac{85}{100} = 2108$

$x = \frac{2108 \times 10000}{62 \times 85} = ₹ 4000$

235. (c) A की 8% की दो क्रमागत छूट के बराबर एकल छूट

$= 8 + 8 - \frac{8 \times (8)}{100} = 16 - 0.64 = 15.36\%$

B की एकल छूट $= 11 + 5 - \frac{(11) \times (5)}{100}$

$= 16 - 0.55 = 15.45\%$

C की एकल छूट $= 13 + 3 - \frac{(13) \times (3)}{100}$

$= 16 - 0.39 = 15.61\%$

D की एकल छूट = 16%

अत: राजीव को न्यूनतम मूल्य पर वस्तु खरीदने के लिए D छूट योजना का चयन करना होगा।

236. (d) प्रश्नानुसार,

अमरूद का क्रय मूल्य (CP) $= 330 \times \frac{100}{110} = ₹\, 300$

$\because$ छूट = 4%

$\therefore$ अमरूद का अंकित मूल्य $= \frac{330 \times 100}{(100-4)}$

$= \frac{330 \times 100}{96} = \frac{1375}{4}$

पुनः प्रश्नानुसार,

बिना छूट के बेचने पर लाभ $= \frac{1375}{4} - 300 = ₹\, \frac{175}{4}$

$\therefore$ अभीष्ट लाभ प्रतिशत $= \frac{\frac{175}{3}}{300} \times 100$

$= \frac{175}{1200} \times 100 = 14.58\%$

स्पीडी विधि

क्रय मूल्य : अंकित मूल्य

= (100% – छूट%) : (100% + लाभ%)

= (100% – 4%) : (100% + 10%) = 96 : 110

लाभ = 110 – 96 = 14

लाभ % $= \frac{14}{96} \times 100 = \frac{175}{12} = 14.58\%$

237. (c) माना व्यापारी के माल का क्रय मूल्य = 100

$\therefore$ व्यापारी के माल का अंकित मूल्य

$= \frac{100 \times (100+40)}{100} = 140$

छूट के बाद विक्रय मूल्य $= 140 \times \frac{(100-15)}{100}$

$= 140 \times \frac{85}{100} = 119$

$\therefore$ अभीष्ट लाभ % $= \frac{119-100}{100} \times 100 = 19\%$

स्पीडी विधि

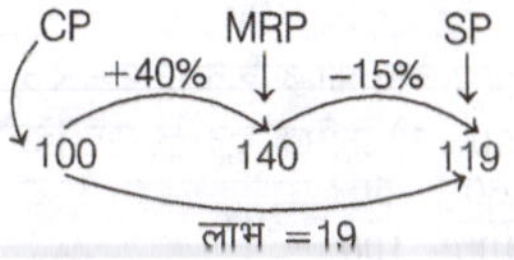

लाभ % $= \frac{19}{100} \times 100 = 19\%$

238. (c) तीन खरीदों एक गुपत पाओं अर्थात्

कुल वस्तुओं की संख्या = 3 + 1 = 4

छूट प्रतिशत $= \frac{1}{4} \times 100 = 25\%$

239. (d) दो क्रमिक छूट के बाद रमेश का क्रय मूल्य

$= 18000 \times \frac{88}{100} \times \frac{85}{100} = ₹\, 13464$

परिवहन शुल्क के बाद,

कुल क्रय मूल्य = (13464 + 536) = ₹ 14000

पियानो का विक्रय मूल्य = ₹ 21000

लाभ = ₹ (21000 – 14000) = ₹ 7000

लाभ प्रतिशत $= \frac{7000 \times 100}{14000} = 50\%$

240. (a) 36% और 4% की छूट के बराबर एकल छूट

$= -36\% - 4\% + \frac{(-36\%) \times (-4\%)}{100}$

= – 40% + 1.44% = – 38.56%

छूटों के बीच अन्तर = 40% – 38.56% = 1.44%

$\therefore$ ₹ 22500 के बिल पर छूटों का अन्तर

$= 22500 \times \frac{1.44}{100} = ₹\, 324$

241. (a) व्यापारी द्वारा खरीदी गई शर्ट = 4 + 1 = 5

मुफ्त शर्ट = 1

$\therefore$ निवल छूट % $= \frac{1}{5} \times 100 = 20\%$

242. (a) मोबाइल का अंकित मूल्य

$= \frac{18656}{(100-12)} \times 100 = \frac{18656}{88} \times 100 = 21200$

$\therefore$ रमन भुगतान करेगा

$= 21200 \times \frac{(100-4)}{100} \times \frac{(100-8)}{100}$

$= 21200 \times \frac{96}{100} \times \frac{92}{100}$

= ₹ 18723.84

243. (b) अभीष्ट छूट प्रतिशत

$= \left(25 + 15 - \frac{25 \times 15}{100}\right)\%$

= (40 – 3.75)% = 36.25%

244. (b) अंकित मूल्य = ₹18000

क्रय मूल्य $= 18000 \times \frac{85}{100} \times \frac{90}{100} = ₹13770$

कुल क्रय मूल्य = 13770 + 830 = ₹14600

विक्रय मूल्य = ₹18440

$\therefore$ लाभ = 18440 – 14600 = ₹ 3840

245. (d) माना वस्तु का अंकित मूल्य = ₹ 100

वस्तु का विक्रय मूल्य

$= 100 \times \frac{(100-25)}{100} \times \frac{(100-8)}{100}$

$= 100 \times \frac{75}{100} \times \frac{92}{100} = ₹\, 69$

$\therefore$ वस्तु का क्रय मूल्य $= 69 \times \frac{100}{(100+15)}$

$= 69 \times \frac{100}{115} = ₹\, 60$

$\therefore$ अभीष्ट प्रतिशत अधिक $= \frac{(100-60)}{60} \times 100$

$= \frac{40 \times 100}{60} = \frac{200}{3} = 66\frac{2}{3}\%$

246. (d) पंखे का अंकित मूल्य = ₹ 2400

$\therefore$ ग्राहक द्वारा नकद भुगतान करने पर पंखे के लिए किया गया कुल भुगतान

$= 2400 \times \frac{(100-12)}{100} \times \frac{(100-6)}{100}$

$= 2400 \times \frac{88}{100} \times \frac{94}{100} = ₹\, 1985.28$

247. (c) माना वस्तु का अंकित मूल्य = ₹ x

प्रश्नानुसार, $x - 205 = 1120 \times \frac{115}{100}$

$\Rightarrow \quad x = 1288 + 205 = ₹\, 1493$

248. (b) माना वस्तु का क्रय मूल्य, विक्रय मूल्य और अंकित मूल्य क्रमशः ₹ x, ₹ y और ₹ z हैं।

प्रश्नानुसार,

$x \times 25\% = z \times 15\% \Rightarrow \frac{x}{z} = \frac{15}{25} = \frac{3}{5}$

विक्रय मूल्य $= \frac{5 \times (100-25)}{100} = \frac{5 \times 75}{100} = \frac{15}{4}$

तब, $x : y : z = 3 : \frac{15}{4} : 5 = 12 : 15 : 20$

अतः लाभ प्रतिशत $= \frac{(15-12)}{12} \times 100$

$= \frac{3}{12} \times 100 = 25\%$

249. (b) एकल छूट $= 12 + 8 - \frac{12 \times 8}{100}$

= 20 – 0.96 = 19.04%

250. (a) माना प्रत्येक वस्तु का क्रय मूल्य = ₹x

तथा अंकित मूल्य $= x \times \frac{130}{100} = ₹\, \frac{13}{10}x$

20% छूट पर बेची गई 15 वस्तुओं का विक्रय मूल्य

$= 15 \times \frac{13}{10}x \times \frac{80}{100} = ₹\, \frac{78}{5}x$

10% छूट पर बेची गई 15 वस्तुओं का विक्रय मूल्य

$= 15 \times \frac{13}{10}x \times \frac{90}{100} = ₹\, \frac{351}{20}x$

$\therefore$ कुल विक्रय मूल्य $= \frac{78}{5}x + \frac{351}{20}x$

$= \frac{312x + 351x}{20} = ₹\, \frac{663}{20}x$

प्रश्नानुसार, $\frac{663}{20}x - 30x = 630$

$\Rightarrow \quad 663x - 600x = 630 \times 20$

$\Rightarrow \quad 63x = 630 \times 20$

$\Rightarrow \quad x = ₹200$

251. (a) माना वस्तु का अंकित मूल्य = ₹x

$\therefore$ वस्तु का विक्रय मूल्य $= x \times \frac{75}{100} = ₹\, \frac{3}{4}x$

$\therefore$ वस्तु का लागत मूल्य $= \frac{3}{4}x \times \frac{100}{85} = ₹\, \frac{15}{17}x$

अतः अभीष्ट लाभ % $= \frac{x - \frac{15}{17}x}{\frac{15}{17}x} \times 100$

$= \frac{2}{17} \times \frac{17}{15} \times 100 = \frac{200}{15} = \frac{40}{3} = 13.33\%$

252. (a) वस्तु का विक्रय मूल्य

$= 720 \times \frac{80}{100} \times \frac{90}{100} = ₹\, 518.4$

$\therefore$ कुल छूट = 720 – 518.4 = ₹ 201.6

253. (c) माना वस्तु का अंकित मूल्य ₹ x है।

प्रश्नानुसार, $\frac{x \times (100-10)}{100} = 450$

$x \times \frac{90}{100} = 450 \Rightarrow x = ₹\, 500$

$\therefore$ वस्तु का क्रय मूल्य $= \frac{500}{125} \times 100 = ₹\, 400$

अतः वस्तु के क्रय मूल्य का 50%

$= 400 \times \frac{50}{100} = ₹\, 200$

254. (a) छूट प्रतिशत $= \frac{\text{छूट}}{\text{अंकित मूल्य}} \times 100$

$= \frac{2}{5} \times 100 = 40\%$

255. (b) विक्रय मूल्य $= \frac{2500 \times (100-10)}{100}$

$= \frac{2500 \times 90}{100} = ₹2250$

$\therefore$ क्रय मूल्य $= \frac{2250 \times 100}{(100+25)} = \frac{2250 \times 100}{125} = ₹1800$

लाभ = 2250 – 1800 = ₹ 450

256. (b) छूट के बाद कीमत $= \frac{8000 \times (100-10)}{100}$

$= \frac{8000 \times 90}{100} = ₹7200$

कर के बाद सामान की कीमत

$= \frac{7200 \times (100+7.5)}{100}$

$= \frac{7200 \times 107.5}{100} = ₹7740$

होम डिलीवरी चार्ज = ₹ 200

∴ समान की अन्तिम कीमत = 7740 + 200 = ₹7940

257. (c) माना वस्तु का क्रय मूल्य = ₹100x

तो वस्तु का अंकित मूल्य $= 100x \times \frac{140}{100} = ₹140x$

तथा 10% लाभ पर बेचे तो वस्तु का विक्रय मूल्य

$= 100x \times \frac{110}{100} = ₹110x$

छूट = $140x - 110x$ = ₹ $30x$

छूट % $= \frac{30x}{140x} \times 100$

$= \frac{300}{14} = 2142\%$

258. (d) समतुल्य छूट

$= -15 - 10 + \frac{(-15) \times (-10)}{100}$

$= -25 + 15 = -23.5\%$

259. (b) छूट% $= \frac{3800 - 2128}{3800} \times 100$

$= \frac{1672}{3800} \times 100 = 44\%$

260. (a) माना क्रय मूल्य = ₹ $100x$

तो, अंकित मूल्य $= 100x \times \frac{250}{100} = ₹250x$

50% छूट पर विक्रय मूल्य $= 250x \times \frac{50}{100} = ₹125x$

∴ लाभ% $= \frac{125x - 100x}{100x} \times 100 = 25\%$

261. (c) माना क्रय मूल्य = ₹$100x$

तब, अंकित मूल्य $= 100x \times \frac{180}{100} = ₹180x$

25% छूट पर विक्रय मूल्य $= 180x \times \frac{75}{100} = ₹135x$

∴ लाभ % $= \frac{135x - 100x}{100x} \times 100 = 35\%$

स्पीडी विधि

माना क्रय मूल्य = 100
अंकित मूल्य = 180

25% छूट पर, विक्रय मूल्य $= 180 \times \frac{75}{100} = 135$

लाभ % = 135 − 100 = 35%

262. (b) माना अंकित मूल्य = ₹$13x$

विक्रय मूल्य = ₹$9x$

छूट% $= \frac{13x - 9x}{13x} \times 100$

$= \frac{4x \times 100}{13x} = 30.77\%$

263. (d) माना वस्तु का अंकित मूल्य = ₹ x

प्रश्नानुसार, $x \times \frac{70}{100} \times \frac{90}{100} = 4964$

⇒ $x = \frac{4964 \times 100}{63} = ₹7879.36$

स्पीडी विधि

30% और 10% की समतुल्य छूट

$= 30 + 10 - \frac{30 \times 10}{100} = 37\%$

अतः वस्तु का अंकित मूल्य

$= \frac{4964}{(100-37)} \times 100 = \frac{4964}{63} \times 100$

= ₹ 7879.36

264. (c) साइकिल का विक्रय मूल्य

$= 2700 \times \frac{90}{100} = ₹2430$

265. (a) माना अंकित मूल्य = ₹ x

प्रश्नानुसार,

$x \times \frac{40}{100} = 640 \Rightarrow x = 1600$

266. (a) विक्रय मूल्य (SP) $= \frac{1850}{100} \times (100-60)$

$= \frac{1850}{100} \times 40 = ₹740$

267. (b) समतुल्य छूट $= 18 + 20 + \frac{18 \times 20}{100}$

$= 38 - 3.6 = -34.4\%$

∴ विक्रय मूल्य $= 4800 \times \frac{(100 - 34.4)}{100}$

$= 48 \times 65.6$

= ₹ 3148.8

268. (b) माना वस्तु का क्रय मूल्य = ₹ 100

तो वस्तु का अंकित मूल्य $= \frac{100 \times 140}{100} = ₹140$

वस्तु का विक्रय मूल्य $= 140 \times \frac{70}{100} = ₹98$

हानि = 100 − 98 = ₹ 2

∴ हानि प्रतिशत $= \frac{2}{100} \times 100 = 2\%$

269. (d) अंकित मूल्य (MP) $\times \frac{1}{4}$

= विक्रय मूल्य (SP) $\times \frac{2}{3}$

⇒ $\frac{\text{अंकित मूल्य}}{\text{विक्रय मूल्य}} = \frac{8}{3}$

छूट = (8 − 3) = 5 इकाई

∴ छूट प्रतिशत $= \frac{5}{8} \times 100 = 62.5\%$

270. (a) कुल छूट = 9600 − 6336

= ₹ 3264

∴ छूट प्रतिशत $= \frac{3264}{9600} \times 100 = 34\%$

271. (a) माना वस्तु का क्रय मूल्य = ₹ 100

तो वस्तु का अंकित मूल्य = ₹ 125

∴ अधिकतम छूट = 125 − 100 = ₹ 25

अधिकतम छूट प्रतिशत $= \frac{25}{125} \times 100 = 20\%$

272. (b) माना लैपटॉप का क्रय मूल्य (CP) = ₹ 100

तो अंकित मूल्य (MP) $= 100 \times \frac{150}{100} = ₹150$

विक्रय मूल्य (SP) $= 150 \times \frac{70}{100} = ₹105$

∴ लाभ प्रतिशत $= \frac{(105-100)}{100} \times 100 = 5\%$

273. (c) माना, क्रय मूल्य (CP) = ₹ 100

तो, अंकित मूल्य $= 100 \times \frac{150}{100} = ₹150$

यदि 20% छूट हो, तो

विक्रय मूल्य (SP) $= 150 \times \frac{80}{100} = ₹120$

∴ लाभ प्रतिशत $= \left(\frac{120-100}{100}\right) \times 100 = 20\%$

274. (d) छूट प्रतिशत $= \frac{7600 - 6688}{7600} \times 100$

$= \frac{912}{7600} \times 100 = 12\%$

275. (b) माना क्रय मूल्य (CP) = ₹100

तब, विक्रय मूल्य (SP) = ₹110

अंकित मूल्य (MP) $= \frac{110}{90} \times 100 = ₹\frac{1100}{9}$

यदि वस्तु को अंकित मूल्य पर बेचा जाए

तब, लाभ प्रतिशत $= \frac{\frac{1100}{9} - 100}{100} \times 100$

$= \frac{200}{9} = 22.22\%$

276. (b) माना वस्तु का क्रय मूल्य (CP) = ₹100

तो विक्रय मूल्य (SP) $= 100 \times \frac{150}{100} = ₹150$

∵ छूट = 50%

अंकित मूल्य (MP) $= \frac{150}{50} \times 100 = ₹300$

यदि कोई छूट ना दी जाए, तो

लाभ % $= \frac{300-100}{100} \times 100 = 200\%$

277. (b) विक्रय मूल्य $= \frac{25}{100} \times 70 = \$17.5$

278. (b) विक्रय मूल्य $= \frac{640}{100} \times (100 - 37.5)$

$= \frac{640}{100} \times 62.5 = ₹400$

279. (b) माना वस्तु का अंकित मूल्य = ₹ x

40% और 50% दो क्रमिक छूट के बाद विक्रय मूल्य,

$x \times \frac{60}{100} \times \frac{50}{100} = 204$

⇒ $x = 680$

स्पीडी विधि

कुल छूट = 40 + 50 − 20 = 70%

अंकित मूल्य $= \frac{204 \times 100}{(100-70)} = \frac{204 \times 100}{30} = ₹680$

280. (d) दिया है, अंकित मूल्य = क्रय मूल्य $\times \frac{110}{100}$

∵ विक्रय मूल्य = ₹ 132, छूट = ₹ 11

अंकित मूल्य = 132 + 11 = ₹ 143

$143 = \text{क्रय मूल्य} \times \frac{110}{100}$

क्रय मूल्य $= \frac{143}{110} \times 100 = ₹130$

∴ लाभ % $= \frac{132-130}{130} \times 100 = 153\%$

281. (a) छूट प्रतिशत $= \frac{6600 - 4752}{6600} \times 100$

$= \frac{1848}{66} = 28\%$

282. (d) दिया है, विक्रय मूल्य (SP)

$= \text{अंकित मूल्य (MP)} \times \frac{5}{12}$

$\Rightarrow \frac{SP}{MP} = \frac{5}{12}$

माना SP = ₹ $5x$, और MP = ₹ $12x$

क्रय मूल्य CP $= \frac{5x}{50} \times 100 =$ ₹ $10x$

$\therefore$ MP : CP = $12x : 10x = 6 : 5$

283. (a) माना अंकित मूल्य = ₹ x

तो, विक्रय मूल्य = ₹ $x \times \frac{16}{25}$

$\therefore$ अभीष्ट अनुपात $= x : \frac{16x}{25} = 25 : 16$

284. (a) माना अंकित मूल्य = ₹ x

प्रश्नानुसार, $x \times \frac{65}{100} = 1690 \Rightarrow x =$ ₹ 2600

285. (a) माना कुर्सी का क्रय मूल्य = ₹ $100x$

तो, कुर्सी का अंकित मूल्य = ₹ $120x$

प्रश्नानुसार, $120x - 20 = 220$

$\Rightarrow 120x = 240$

$\therefore x = 2$

कुर्सी का क्रय मूल्य = $100x = 100 \times 2 =$ ₹ 200

विक्रय मूल्य = ₹ 220

$\therefore$ लाभ प्रतिशत $= \frac{220 - 200}{200} \times 100 = \frac{20}{2} = 10\%$

286. (c) छूट% $= \frac{11800 - 7788}{11800} \times 100$

$= \frac{4012}{118} = 34\%$

287. (b) एकल छूट प्रतिशत

$= \frac{5000 - 3150}{5000} \times 100$

$= \frac{1850}{5000} \times 100 = 37\%$

दो क्रमागत छूट 10% और x% है

$\therefore 10 + x - \frac{10x}{100} = 37 \Rightarrow \frac{90x}{100} = 27$

$\therefore x = \frac{27 \times 100}{90} = 30\%$

288. (c) समतुल्य एकल छूट $= \frac{2000 - 1400}{2000} \times 100$

$= \frac{600}{2000} \times 100 = 30\%$

प्रश्नानुसार, $20 + x - \frac{20x}{100} = 30$

$\Rightarrow 80x = 10 \times 100$

$\therefore x = \frac{10 \times 100}{80} = 12.5\%$

289. (a) माना अंकित मूल्य = ₹ x

छूट = 25%, विक्रय मूल्य = ₹ 5175

प्रश्नानुसार, $x \times \frac{75}{100} =$ ₹ 5175

$\therefore x = \frac{5175 \times 100}{75} =$ ₹ 6900

290. (d) रेनकोट का वास्तविक मूल्य

$= 800 \times \frac{85}{100} \times \frac{100}{125} =$ ₹ 544

291. (b) एकल छूट%

$= \left[100 - 100 \times \frac{95}{100} \times \frac{90}{100} \times \frac{85}{100} \times \frac{80}{100}\right]\%$

$= (100 - 58.14)\% = 41.86\%$

292. (a) रोहन के लिए वस्तु का क्रय मूल्य

$= 1600 \times \frac{80}{100} =$ ₹ 1280

विक्रय मूल्य = ₹ 1600

$\therefore$ लाभ % $= \frac{1600 - 1280}{1280} \times 100$

$= \frac{320}{1280} \times 100 = 25\%$

293. (b) माना वस्तु का अंकित मूल्य = ₹ 100

वस्तु का क्रय मूल्य $= 100 \times \frac{64}{100} =$ ₹ 64

वस्तु का विक्रय मूल्य $= 100 \times \frac{80}{100} =$ ₹ 80

$\therefore$ लाभ % $= \frac{80 - 64}{64} \times 100 = 25\%$

294. (a) माना माल का क्रय मूल्य = ₹ 100

माल का विक्रय मूल्य $= \frac{100 \times 120}{100} =$ ₹ 120

माल का अंकित मूल्य = ₹ $\frac{120}{80} \times 100 =$ ₹ 150

$\therefore$ अभीष्ट % $= \left(\frac{150 - 100}{100}\right) \times 100 = 50\%$

295. (b) माना अंकित मूल्य = ₹ 100

10%, 30% और 25% की क्रमिक छूट के उपरान्त

विक्रय मूल्य = ₹ $100 \times \frac{90}{100} \times \frac{70}{100} \times \frac{75}{100} =$ ₹ 47

$\therefore$ एकल छूट % $= \left(\frac{100 - 47}{100}\right) \times 100 = 53\%$

296. (b) सूटकेस का अंकित मूल्य = ₹ 5000

सूटकेस का विक्रय मूल्य

$= 5000 \times \frac{90}{100} \times \frac{90}{100} =$ ₹ 4050

297. (d) अत: ग्राहक द्वारा किया गया भुगतान

$= 5583 \times \frac{82}{100} =$ ₹ 4578.06

$\approx$ ₹ 4578

298. (b) बैग का अंकित मूल्य

$= \left(2208 \times \frac{100}{92} \times \frac{100}{80}\right) =$ ₹ 3000

299. (c) मेज का अंकित मूल्य = ₹ 500

मेज का क्रय मूल्य = ₹ $\left(500 \times \frac{92}{100} \times \frac{75}{100} + 32\right)$

= ₹ 377

मेज का विक्रय मूल्य = ₹ 500

$\therefore$ लाभ = ₹ (500 − 377) = ₹ 123

300. (d) माना वस्तु का क्रय मूल्य ₹ 100 है।

वस्तु का अंकित मूल्य = ₹ $\frac{100 \times 125}{100} =$ ₹ 125

वस्तु का विक्रय मूल्य $= \frac{125 \times 58}{100} =$ ₹ 72.5

हानि = (100 − 72.5) = ₹ 27.5

हानि प्रतिशत $= \frac{27.5}{100} \times 100 = 27.5\%$

301. (d) कैमरे का दो क्रमिक छूट के बाद मूल्य

$= 5000 \times \frac{91}{100} \times \frac{96}{100} =$ ₹ 4368

नकद छूट = ₹ 268

$\therefore$ सीसीटीवी का अन्तिम मूल्य

= ₹ 4368 − 268

= ₹ 4100

302. (b) वांशिग मशीन का क्रय मूल्य

$= 28800 \times \frac{100}{(100 - 10)} \times \frac{(100)}{(100 + 25)}$

$= 28800 \times \frac{100}{90} \times \frac{100}{125} =$ ₹ 25600

303. (b) शुद्ध छूट % $= \frac{1}{5} \times 100 = 20\%$

304. (d) कार का विक्रय मूल्य

$= \left[85000 \times \frac{80}{100} \times \frac{90}{100} + 3800\right]\left[\frac{120}{100}\right]$

= [₹ (61200 + 3800)] $\times \frac{120}{100}$

= ₹ $\left[65000 \times \frac{120}{100}\right] =$ ₹ 78000

305. (b) मोबाइल का नकद भुगतान मूल्य

= ₹ $16500 \times \frac{92}{100} \times \frac{95}{100} =$ ₹ 14421

306. (c) विक्रय मूल्य

$= 11000 \times \frac{82}{100} \times \frac{80}{100} =$ ₹ 7216

307. (b) छूट%

$= \frac{[2500 \times 2 - 4500]}{(2500 \times 2)} \times 100$

$= \left(\frac{5000 - 4500}{5000}\right) \times 100$

$= \frac{500}{5000} \times 100 = 10\%$

308. (b) A. 15% व 18% की दो क्रमागत छूटों पर

एकल छूट $= 15 + 18 - \frac{(15 \times 18)}{100}$

$= 33 - \frac{270}{100} = 30.3\%$

B. अभीष्ट छूट % $= \frac{2}{8} \times 100 = 25\%$

C. 30% की एकल छूट

अत: स्पष्ट रूप से ग्राहक के लिए योजना A सबसे उत्तम है।

309. (a) माना बिजली बिल की मूल राशि = ₹ x

प्रश्नानुसार,

x का 5% = 250

$\Rightarrow x \times \frac{5}{100} = 250$

$\therefore x = \frac{250 \times 100}{5} =$ ₹ 5000

310. (c) विकल्प (a) की छूट

$= \left(25 + 15 - \frac{25 \times 15}{100}\right)\%$

$= (40 - 3.75)\%$

$= 36.25\%$

विकल्प (b) की छूट = 20%

विकल्प (c) की छूट $= \frac{2}{5} \times 100\% = 40\%$

विकल्प (d) की छूट $= \frac{3}{10} \times 100\% = 30\%$

अत: विकल्प (c) की छूट अधिकतम छूट देगी।

311. (a) यहाँ, $d_1 = 20\%$, $d_2 = 15\%$

अंकित मूल्य = ₹ 3000

$\therefore$ विक्रय मूल्य = अंकित मूल्य

$\times \left(\frac{100 - d_1}{100}\right) \times \left(\frac{100 - d_2}{100}\right)$

$= 3000 \times \left(\frac{100-20}{100}\right) \times \left(\frac{100-15}{100}\right)$

$= 3000 \times \frac{80}{100} \times \frac{85}{100}$

$=$ ₹ 2040

312. (b) 220 चॉकलेट का क्रय मूल्य = 198

220 चॉकलेट का अंकित मूल्य = 220

220 चॉकलेट का विक्रय मूल्य

$= 220 \times \frac{(100-3.7)}{100}$

$= 211.86$

$\therefore$ अभीष्ट प्रतिशत $= \frac{211.86-198}{198} \times 100$

$= 7\%$

313. (c) $\therefore$ मेज का विक्रय मूल्य

$= 37062 \times \frac{(100-33)}{100}$

$= 37062 \times \frac{67}{100}$

$=$ ₹ 24831.54

लाभ = 42%

$\therefore$ मेज का क्रय मूल्य $= 24831.54 \times \frac{100}{142}$

$=$ ₹ 17487

314. (c) कैलकुलेटर का विक्रय मूल्य

$= 500 \times \frac{93}{100} \times \frac{93}{100}$

$=$ ₹ 432.45

315. (c) CP $= 800 \times \frac{90}{100} =$ ₹ 720

$\therefore$ लाभ प्रतिशत $= \frac{SP - CP}{CP} \times 100\%$

$= \frac{900-720}{720} \times 100\%$

$= \frac{180}{720} \times 100\% = 25\%$

316. (a) वस्तु का विक्रय मूल्य

$= 10000 \times \frac{90}{100} \times \frac{95}{100} \times \frac{95}{100}$

$=$ ₹ 8122.50

317. (c) $\because$ $SP = MP \times \frac{100-d_1\%}{100} \times \frac{100-d_2\%}{100}$

$\therefore \quad 420 = 560 \times \frac{100-17}{100} \times \frac{100-d_2}{100}$

$\Rightarrow \quad 100 - d_2 = \frac{420 \times 100 \times 100}{560 \times 83}$

$\Rightarrow \quad 100 - d_2 = 90.36$

$\Rightarrow \quad d_2 = 100 - 90.36 = 9.64\%$

318. (d) छूट प्रतिशत

$= \frac{\text{अंकित मूल्य} - \text{विक्रय मूल्य}}{\text{अंकित मूल्य}} \times 100$

$= \frac{24500-20090}{24500} \times 100 = 18\%$

319. (d) विक्रय मूल्य

$= 45000 \times \left(\frac{100-15}{100}\right) \times \left(\frac{100-20}{100}\right)$

$= \frac{45}{10} \times 85 \times 80 =$ ₹ 30600

320. (b) अंकित मूल्य पर 30% की छूट

$= 50000 \times \frac{30}{100} =$ ₹ 15000

अब, 25% और 6% की एकल छूट

$= \left(25 + 6 - \frac{25 \times 6}{100}\right)\%$

$= (31 - 1.5)\% = 29.5\%$

अंकित मूल्य पर 29.5% की छूट

$= 50000 \times \frac{29.5}{100}$

$=$ ₹ 14750

$\therefore$ अभीष्ट अन्तर = 15000 − 14750

$=$ ₹ 250

321. (c) वस्तु का विक्रय मूल्य

$= 600 \times \frac{(100\ 45)}{100}$

$= 6 \times 55 =$ ₹ 330

322. (c) माना वस्तु का अंकित मूल्य = ₹ 100

वस्तु का क्रय मूल्य $= 100 \times \frac{80}{100} =$ ₹ 80

वस्तु का विक्रय मूल्य $= 100 \times \frac{(100-15)}{100} =$ ₹ 85

$\therefore$ अभीष्ट लाभ प्रतिशत $= \frac{85-80}{80} \times 100$

$= 6\frac{1}{4}\%$

10

साझेदारी

जब दो या दो से अधिक व्यक्ति मिलकर व्यापार करते है, साझेदारी कहलाती है।

सरल साझेदारी पर आधारित प्रश्न

यदि सभी साझेदार एक ही समय अवधि के लिए अलग-अलग पूँजी का निवेश करते हैं या समान पूँजी अलग-अलग समय अवधि के लिए निवेश करते हैं, तो उसे सरल साझेदारी कहा जाता है।

$$P_1 : P_2 : P_3 = I_1 : I_2 : I_3$$

तथा

$$P_1 : P_2 : P_3 = t_1 : t_2 : t_3$$

पूँजी, लाभ और समय में सम्बन्ध

लाभ = पूँजी × समय

उदाहरण 1. दो साझेदार A और B क्रमशः ₹ 50000 और ₹ 70000 का निवेश करके एक व्यवसाय शुरू करते हैं। वर्ष के अन्त में लाभ का अनुपात ज्ञात कीजिए।

हल प्रश्नानुसार, लाभ $[A : B] = 50000 \times 12 : 70000 \times 12 = 5 : 7$

मिश्रित (जटिल) साझेदारी पर आधारित प्रश्न

यदि साझेदारी द्वारा एक व्यवसाय में भिन्न-भिन्न धनराशि I_1, I_2, I_3 भिन्न-भिन्न समयावधि t_1, t_2, t_3 ..... के लिए निवेश की जाती है, तब

लाभ का अनुपात = निवेश की गई धनराशि और सम्बन्धित समयावधि के गुणनफल का अनुपात

$$P_1 : P_2 : P_3 ..... = I_1 \times t_1 : I_2 \times t_2 : I_3 \times t_3$$

उदाहरण 2. नमन, नेहा और नितिन ने एक व्यवसाय में क्रमशः ₹ 4000, ₹ 6000 और ₹ 7000 का निवेश किया। उन्होंने क्रमशः 3, 2 और 4 वर्षों के लिए राशि निवेश की। यदि कुल लाभ ₹ 65000 है, तो लाभ में नेहा का हिस्सा क्या है?

हल नमन, नेहा तथा नितिन के लाभ का अनुपात $(P_1 : P_2 : P_3)$

$$= I_1 \times t_1 : I_2 \times t_2 : I_2 \times t_3$$

$$= 4000 \times 3 : 6000 \times 2 : 7000 \times 4 = 3 : 3 : 7$$

$\therefore$ लाभ में नेहा का हिस्सा $= \frac{3}{13} \times 65000 =$ ₹ 15000

साझेदार के शामिल होने या निकलने पर आधारित प्रश्न

यहाँ पर हम उन प्रश्नों का अध्ययन करेंगे जिसमें एक साझेदार कुछ समय के निवेश के कुछ हिस्से में शामिल होता है या निकल जाता है।

उदाहरण 3. नमन किसी व्यवसाय में ₹ 9000 की धनराशि लगाती है जबकि अमन 5 महीने बाद ₹ 8000 लगाकर उस व्यवसाय में शामिल हो जाता है यदि एक वर्ष बाद कुल लाभ ₹ 6970 हो, तो उसमें अमन का हिस्सा क्या होगा?

हल नमन की पूँजी = 9000, समय = 12 माह

$\because$ अमन 5 महीने बाद शामिल हुआ।

$\therefore$ अमन की पूँजी = 8000, समय = 7 माह

नमन अमन

लाभ का अनुपात $= 9000 \times 12 : 8000 \times 7$

$= 27 : 14$

कुल लाभ = 6970

$\therefore$ अमन का लाभ में हिस्सा $= \frac{14}{27 + 14} \times 6970 =$ ₹ 2380

उदाहरण 4. A और B निश्चित पूँजी के साथ 5 : 6 के अनुपात में साझेदारी करते हैं। 4 महीने बाद, A अपनी पूँजी का $\frac{1}{5}$ वापस ले लेता है, जबकि B अपनी पूँजी में $33\frac{1}{3}\%$ की वृद्धि करता है। ₹ 6.3 लाख के वार्षिक लाभ में B का हिस्सा (₹ लाख में) क्या है?

हल माना A और B का प्रारम्भिक निवेश क्रमशः ₹ $5x$ तथा $6x$ है।

A और B के लाभों का अनुपात

= A और B के निवेशों का अनुपात

$$= 5x \times 4 + 5x \times \frac{4}{5} \times 8 : 6x \times 4 + 6x \times \frac{4}{3} \times 8$$

$$= 20x + 32x : 24x + 64x = 52x : 88x = 13 : 22$$

$\therefore B$ का लाभ $= \frac{22}{35} \times 630000$

= ₹ 396000

$\therefore B$ का लाभ ₹ 3.96 लाख है।

SSC एग्जाम स्कैनर

SSC CGL 2024-2022 (Tier I & II)

1. तीन व्यक्ति, A, B और C, एक व्यवसाय में 2 : 3 : 5 के अनुपात में निवेश करते हैं। यह निर्णय लिया गया कि लाभ का 9% दान में दिया जाएगा। यदि कुल लाभ ₹ 250000 हुआ, तो लाभ में C का हिस्सा (₹ में) ज्ञात कीजिए।
SSC CGL (Tier I) 26/09/2024 Shift-I
(a) 121850 (b) 111650
(c) 113750 (d) 126950

2. A, B और C ने एक व्यवसाय में धनराशि का निवेश इस प्रकार किया कि A के हिस्से का 2 गुना, B के हिस्से का 4 गुना और C के हिस्से का 6 गुना सभी बराबर हैं। यदि उन्होंने ₹ 44000 अर्जित किए, तो A का हिस्सा ज्ञात कीजिए। **SSC CGL (Tier I) 24/09/2024 Shift-I**
(a) ₹ 22000 (b) ₹ 20000
(c) ₹ 24000 (d) ₹ 12000

3. दो मित्रों A और B ने क्रमशः ₹ 150000 और ₹ 250000 का निवेश करके एक व्यवसाय शुरू किया। वे अपनी आय को अपने निवेश के समान अनुपात में वितरित करने के लिए सहमत हुए। एक वर्ष के बाद, अर्जित लाभ ₹ 600000 था। उनमें से प्रत्येक ने अपने सम्बन्धित लाभ में ₹ 50000 जोड़कर एक अलग परियोजना में निवेश किया। यदि इस परियोजना से ₹ 420000 की आय हुई थी, तो अर्जित लाभ में A का हिस्सा कितना होगा?
SSC CGL (Tier II) 26/10/2023 Shift-I
(a) ₹ 235000 (b) ₹ 165000
(c) ₹ 355000 (d) ₹ 155000

4. A ने ₹ 75000 के निवेश के साथ एक व्यवसाय शुरू किया और 5 महीने बाद ₹ 80000 के निवेश के साथ B भी इस व्यवसाय में शामिल हो जाता है। 1 वर्ष के बाद उन्हें ₹ 408800 का लाभ प्राप्त होता है। A और B का हिस्सा (₹ में) ज्ञात कीजिए।
SSC CGL (Tier II) 07/03/2023 Shift-II
(a) 248000 और 160800
(b) 252000 और 156800
(c) 249500 और 159300
(d) 250000 और 158800

5. A, B और C ने 3 : 4 : 8 के अनुपात में पूँजी निवेश की। व्यापार अवधि के अन्त में, उन्हें 2 : 3 : 5 के अनुपात में लाभ प्राप्त हुआ। उनके निवेशित समय का अनुपात क्या है?
SSC CGL (Tier II) 06/03/2023 Shift-II
(a) 16 : 21 : 18
(b) 16 : 18 : 15
(c) 15 : 16 : 13
(d) 13 : 18 : 15

6. सुरेश, दिनेश और रमेश 3 : 6 : 8 के अनुपात में धनराशि का निवेश करके एक व्यवसाय में साझेदार बनते हैं। यदि उनके निवेश में क्रमशः 5%, 15% और 20% की वृद्धि की जाती है, तो एक वर्ष के लिए उनके लाभ का अनुपात क्या हो जाएगा? **SSC CGL (Tier II) 03/03/2023 Shift-I**
(a) 35 : 46 : 64 (b) 7 : 46 : 64
(c) 21 : 46 : 64 (d) 19 : 46 : 64

7. A, B और C ने निश्चित निवेश किए तथा उनकी कालावधि का अनुपात क्रमशः 3 : 2 : 7 है। A, B और C के लाभ का अनुपात क्रमशः 4 : 3 : 14 है। A, B और C के निवेश का अनुपात क्या है?
SSC CGL (Tier II) 02/03/2023 Shift-I
(a) 7 : 9 : 11 (b) 2 : 3 : 11
(c) 1 : 3 : 4 (d) 8 : 9 : 12

8. A और B ने एक व्यवसाय में 7 : 5 के अनुपात में धन निवेश किया। यदि कुल लाभ का 15% दान के लिए जाता है और लाभ में A का हिस्सा ₹ 5950 है, तो कुल लाभ कितना है?
SSC CGL (Tier I) 18/07/2023 Shift-IV
(a) ₹ 10500 (b) ₹ 11750
(c) ₹ 12000 (d) ₹ 12500

9. निहित ₹ 700 से एक व्यवसाय शुरू करता है। 5 महीने के बाद अमित और पटेल क्रमशः ₹ 300 और ₹ 400 के साथ उसके साथ शामिल हो जाते हैं। वर्ष के अन्त में, व्यवसाय से ₹ 627 का लाभ प्राप्त हुआ। लाभ में पटेल का हिस्सा ज्ञात कीजिए।
SSC CGL (Tier I) 08/12/2022 Shift-IV
(a) ₹ 127 (b) ₹ 156 (c) ₹ 132 (d) ₹ 145

10. A और B ने अपने धन का 9 : 5 के अनुपात में एक व्यवसाय में निवेश किया। यदि कुल लाभ का 10% दान में चला जाता है और A का हिस्सा ₹ 29840 है, तो कुल लाभ (₹ में, निकटतम पूर्णांक तक) कितना है?
SSC CGL (Tier I) 08/12/2022 Shift-II
(a) ₹ 51575 (b) ₹ 55715
(c) ₹ 51745 (d) ₹ 57545

SSC CPO SI 2020

11. A, B, C किसी व्यवसाय में ₹ 75500 की धनराशि लगाना स्वीकार करते हैं। A, B से ₹ 3500 अधिक लगाता है और B, C से ₹ 4500 अधिक लगाता है। कुल लाभ ₹ 45300 में से A को कितनी धनराशि (₹ में) मिलेगी? **SSC CPO 25/11/2020 Shift-II**
(a) ₹ 15000 (b) ₹ 12600
(c) ₹ 17400 (d) ₹ 14700

12. ₹ 8200 की राशि को A, B और C में इस प्रकार विभाजित किया गया कि A को B से ₹ 500 अधिक और C को A से ₹ 300 अधिक मिले। C का हिस्सा ज्ञात करें।
SSC CPO 24/11/2020 Shift-I
(a) ₹ 2300 (b) ₹ 2800
(c) ₹ 3100 (d) ₹ 2000

13. A और B ने क्रमशः ₹ 92500 और ₹ 112500 के निवेश से व्यवसाय शुरू किया। यदि उनके द्वारा अर्जित लाभ में B का हिस्सा ₹ 9000 है, तो A द्वारा अर्जित लाभ ज्ञात करें। **SSC CPO 24/11/2020 Shift-I**
(a) ₹ 7400 (b) ₹ 10000
(c) ₹ 9000 (d) ₹ 11240

14. A, B और C क्रमशः ₹ 13750, ₹ 16250 और ₹ 18750 निवेशित करके कोई व्यवसाय शुरू करते हैं। यदि उनके द्वारा प्राप्त लाभ में B का हिस्सा ₹ 5200 है, तो एकसाथ तीनों को प्राप्त कुल लाभ (₹ में) ज्ञात करें।
SSC CPO 23/11/2020 Shift-I
(a) ₹ 15600 (b) ₹ 18200
(c) ₹ 16600 (d) ₹ 17500

SSC CHSL 2024 & 2023 (Tier I & II)

15. A, B और C ने साथ मिलकर एक व्यवसाय शुरू किया जिसमें A ने 12 महीने के लिए ₹ 7000 का निवेश किया, B ने 10 महीने के लिए ₹ 8000 का निवेश किया और C ने 6 महीने के लिए ₹ 12000 का निवेश किया। A कार्यकारी सदस्य था जिसके लिए उसे अपने पारिश्रमिक के रूप में लाभ का 20% प्राप्त हुआ। एक वर्ष के अन्त में अर्जित कुल लाभ ₹ 14750 था। इस लाभ में C का हिस्सा (₹ में) कितना है?
SSC CHSL (Tier II) 18/11/2024 Shift-I
(a) 3600 (b) 4200
(c) 4000 (d) 2950

16. ₹ 7786 की धनराशि को A, B और C के बीच इस प्रकार बाँटा जाता है कि A की धनराशि और B की धनराशि का अनुपात 3 : 4 है तथा B की धनराशि और C की धनराशि का अनुपात 12 : 13 है। B को प्राप्त होने वाली धनराशि कितनी है?
SSC CHSL (Tier II) 10/01/2024 Shift-I
(a) ₹2977 (b) ₹5038
(c) ₹2748 (d) ₹7138

17. A और B क्रमशः ₹25000 और ₹50000 की धनराशि के साथ एक कम्पनी में एक वर्ष के लिए साझेदारी की शुरुआत करते हैं। 7 महीने बाद ₹30000 की धनराशि के साथ C उनके साथ साझेदारी में शामिल हो जाता है और 9 महीने बाद

A अपना योगदान (धनराशि) वापस ले लेता है। यह मानते हुए कि, वर्ष के अन्त में कुल लाभ ₹3900 है, तो उस लाभ में C का हिस्सा कितना होगा? **SSC CHSL (Tier II) 02/11/2023 Shift-I**

(a) ₹ 1200 (b) ₹ 800
(c) ₹ 600 (d) ₹ 1000

18. एक धनराशि को A, B और C के बीच $4 : 3 : 6$ के अनुपात में बांटा जाता है। यदि C का हिस्सा B से ₹600 अधिक है, तो A को B से कितनी धनराशि अधिक मिलेगी? **SSC CHSL (Tier II) 02/11/2023 Shift-I**

(a) ₹150 (b) ₹200
(c) ₹250 (d) ₹100

19. A, B और C ने क्रमशः ₹9000, ₹18000 और ₹ 21000 का निवेश करके एक व्यवसाय शुरू किया। यदि उनके द्वारा अर्जित लाभ में B का हिस्सा ₹ 759 है, तो उनके द्वारा मिलकर अर्जित किया गया कुल लाभ कितना है? **SSC CHSL (Tier I) 10/08/2023 Shift-III**

(a) ₹ 2808 (b) ₹ 2024
(c) ₹ 2208 (d) ₹ 2504

20. अनम और विकास एक व्यवसाय में $3 : 2$ के अनुपात में निवेश करते हैं। यदि किसी एक विशेष महीने में, अनम को लाभ के रूप में ₹ 3840 प्राप्त होते हैं, तो कुल लाभ कितना है? **SSC CHSL (Tier I) 04/08/2023 Shift-II**

(a) ₹ 6300 (b) ₹ 5800
(c) ₹ 6400 (d) ₹ 6550

21. ₹ 12029 की राशि को P, Q और R में इस प्रकार विभाजित किया गया है कि P का हिस्सा Q के हिस्से का 5 गुना है और R का हिस्सा P के हिस्से का एक तिहाई है। R का हिस्सा कितना है? **SSC CHSL (Tier I) 15/03/2023 Shift-IV**

(a) ₹ 2615 (b) ₹ 2718
(c) ₹ 2518 (d) ₹ 2312

22. P ने एक वर्ष के लिए ₹ 4000 का निवेश किया। कुछ महीनों के बाद Q, ₹ 6000 के निवेश के साथ P के साथ शामिल हो गया। यदि एक वर्ष के अन्त में P और Q के लाभ का अनुपात $4 : 3$ है, तो Q कितने महीनों के बाद शामिल हुआ? **SSC CHSL (Tier I) 14/03/2023 Shift-I**

(a) 8 महीने (b) 6 महीने
(c) 4 महीने (d) 3 महीने

SSC MTS 2023 & 2022

23. अरविंद, बिलाल, कारमेन एक व्यवसाय में ₹ 49000 का निवेश करते हैं। अरविंद, बिलाल से ₹ 5000 अधिक का निवेश करता है और बिलाल, कारमेन से ₹ 4000 अधिक का निवेश करता है। ₹ 98000 के कुल लाभ में से बिलाल को कितनी धनराशि प्राप्त होगी? **SSC MTS 11/09/2023 Shift-I**

(a) ₹ 30500 (b) ₹ 33200
(c) ₹ 34400 (d) ₹ 32000

24. ₹ 29120 के लाभ को A, B और C के बीच इस प्रकार बाँटा जाता है, कि A का हिस्सा B के हिस्से का $2\frac{1}{2}$ गुना हो और B का हिस्सा C के हिस्से का $1\frac{1}{5}$ गुना हो। B का हिस्सा ज्ञात कीजिए। **SSC MTS 05/09/2023 Shift-II**

(a) ₹ 6940 (b) ₹ 7140
(c) ₹ 6720 (d) ₹ 7820

25. स्वाति ₹ 4200 के साथ एक व्यवसाय शुरू करती है और 5 माह बाद, बानी, स्वाति के साथ उसकी भागीदार के रूप में जुड़ जाती है। एक वर्ष के बाद, लाभ को स्वाति और बानी के बीच $2 : 5$ के अनुपात में बाँटा जाता है। बानी ने कितनी धनराशि का योगदान दिया? **SSC MTS 01/09/2023 Shift-III**

(a) ₹ 19000 (b) ₹ 17050
(c) ₹ 16500 (d) ₹ 18000

26. एक साझे व्यवसाय में, A और B ने $5 : 6$ के अनुपात में निवेश किया। 8 महीने के अन्त में A ने अपनी पूँजी वापस ले ली। यदि अन्तिम लाभ में उनके हिस्सों का अनुपात $5 : 9$ है, तो B ने अपनी पूँजी कितने महीनों के लिए निवेश की थी? **SSC MTS 13/07/2022 Shift-I**

(a) 12 महीने (b) 11 महीने
(c) 6 महीने (d) 10 महीने

SSC GD Constable 2023

27. मोहन और सोहन ने एक साथ एक सम्पत्ति में क्रमशः ₹ 6000 और ₹ 8000 का निवेश किया और 6 महीने के बाद सोहन अपनी निवेश की गई राशि वापस ले लेता है। एक वर्ष के अन्त में मोहन और सोहन द्वारा प्राप्त धन का अनुपात क्या है? **SSC GD 13/02/2023 Shift-IV**

(a) 4 : 3 (b) 3 : 2 (c) 2 : 3 (d) 3 : 4

28. A, B और C ने क्रमशः ₹ 10000, ₹ 15000 और ₹ 20000 का निवेश किया। एक वर्ष बाद A और B प्रत्येक ने ₹ 5000 अधिक निवेश किए, जबकि C ने ₹ 10000 निकाल लिए। शुरू होने के 3 वर्ष बाद A, B और C के लाभ का अनुपात क्या होगा? **SSC GD 06/02/2023 Shift-I**

(a) 8 : 8 : 11
(b) 2 : 2 : 4
(c) 8 : 11 : 8
(d) 2 : 3 : 4

सही उत्तर

1 (c)	2 (c)	3 (b)	4 (b)	5 (b)	6 (c)	7 (d)	8 (c)	9 (c)	10 (a)
11 (c)	12 (c)	13 (a)	14 (a)	15 (a)	16 (c)	17 (c)	18 (b)	19 (b)	20 (c)
21 (a)	22 (b)	23 (d)	24 (c)	25 (d)	26 (a)	27 (b)	28 (c)		

उत्तर सहित हल

1. (c) माना A, B, C के निवेश क्रमशः $2x$, $3x$ और $5x$ है।

कुल लाभ = ₹ 250000

कुल लाभ में से दान किया गया भाग

$= 250000 \times \frac{9}{100} = 22500$

शेष लाभ = 250000 − 22500 = 227500

शेष लाभ में C का हिस्सा $= \frac{227500}{10x} \times 5x = 113750$

अतः लाभ में C का हिस्सा = 113750

2. (c) प्रश्नानुसार, $2A = 4B = 6C$

$A : B : C = \frac{1}{2} : \frac{1}{4} : \frac{1}{6} = 6 : 3 : 2$

अतः A का हिस्सा $= \frac{44000}{(6+3+2)} \times 6 =$ ₹ 24000

3. (b) A और B के लाभ का अनुपात

$= 150000 : 250000 = 3 : 5$

$\therefore$ A का लाभ में हिस्सा $= \frac{3}{3+5} \times 600000$

= ₹ 225000

तथा B का लाभ में हिस्सा = 600000 − 225000

= ₹ 375000

A का नया निवेश = 225000 + 50000

= ₹ 275000

तथा B का नया निवेश = 375000 + 50000

= ₹ 425000

अब, A और B का नए लाभ का अनुपात

$= 275000 : 425000$

$= 11 : 17$

अतः A का अभीष्ट हिस्सा $= \frac{11}{11+17} \times 420000$

= ₹ 165000

4. (b) प्रश्नानुसार,

A का निवेश = 75000 × 12 = ₹ 900000

तथा B का निवेश = 80000 × (12 − 5) = ₹ 560000

अतः A तथा B का पूँजी का अनुपात

$= 900000 : 560000$

$= 45 : 28$

कुल लाभ की राशि = ₹ 408800

A का हिस्सा $= \frac{45}{73} \times 408800 =$ ₹ 252000

तथा B का हिस्सा $= \frac{28}{73} \times 408800 =$ ₹ 156800

स्पीडी विधि

	A		B
लाभ का अनुपात			
	= 75000 × 12	:	80000 × 7
	= 45	:	28

A का हिस्सा $= \frac{45}{73} \times 408800 = 252000$

तथा B का हिस्सा = 408800 − 252000

= 156800

5. (b) लाभ = पूँजी × समय

पूँजी = 3 : 4 : 8

लाभ = 2 : 3 : 5

अतः समय का अनुपात $= \frac{2}{3} : \frac{3}{4} : \frac{5}{8}$

$= \frac{2}{3} \times \frac{8}{8} : \frac{3}{4} \times \frac{6}{6} : \frac{5}{8} \times \frac{3}{3}$

$= \frac{16}{24} : \frac{18}{24} : \frac{15}{24} = 16 : 18 : 15$

6. (c) माना सुरेश, दिनेश तथा रमेश की धनराशि क्रमशः $3x$, $6x$ और $8x$ हैं।

प्रश्नानुसार,

लाभ का अनुपात $= 3x\left(\frac{105}{100}\right) : 6x\left(\frac{115}{100}\right) : 8x\left(\frac{120}{100}\right)$

$= 315 : 690 : 960 = 21 : 46 : 64$

7. (d) कालावधि का अनुपात = 3 : 2 : 7

तथा लाभ का अनुपात = 4 : 3 : 14

$\therefore$ निवेश का अनुपात $= \frac{4}{3} : \frac{3}{2} : \frac{14}{7} = \frac{4}{3} : \frac{3}{2} : 2$

प्रत्येक अनुपात में 6 की गुणा करने पर, = 8 : 9 : 12

8. (c) दिया है, लाभ में A का हिस्सा = ₹ 5950

लाभ में A और B दोनों का हिस्सा

$= 5950 \times \frac{(7+5)}{7} =$ ₹ 10200

$\therefore$ कुल लाभ $= 10200 \times \frac{100}{85} =$ ₹ 12000

9. (c) निहित, अमित और पटेल के लाभ का अनुपात

$= 700 \times 12 : 300 \times 7 : 400 \times 7$

$= 84 : 21 : 28 = 12 : 3 : 4$

$\therefore$ पटेल का हिस्सा $= 627 \times \frac{4}{(12+3+4)} =$ ₹ 132

10. (a) माना कुल लाभ = ₹ x

$\therefore A$ का हिस्सा $= \frac{9}{9+5} \times x$

$\therefore$ $29840 = \frac{9}{14} \times x \Rightarrow x = 29840 \times \frac{14}{9}$

अब चूँकि 10% दान दिया जाता है।

$\therefore$ अभीष्ट कुल लाभ $= 29840 \times \frac{14}{9} \times \frac{100}{90}$

= 51575.30

≈ ₹ 51575

11. (c) माना C द्वारा व्यापार में लगाई धनराशि ₹ x है।

$\therefore B = x + 4500$

$A = x + 4500 + 3500 = x + 8000$

प्रश्नानुसार,

$x + x + 4500 + x + 8000 = 75500$

$\Rightarrow$ $3x = 63000$

$\Rightarrow$ $x = 21000$

$\because A, B, C$ की धनराशि का अनुपात/लाभ का अनुपात

$A : B : C = (21000 + 8000) : (21000 + 4500) : 21000$

$= 58 : 51 : 42$

$\therefore$ लाभ में A का हिस्सा $= 45300 \times \frac{58}{151} =$ ₹ 17400

12. (c) माना A की राशि ₹ x है।

$\therefore B = x - 500, C = x + 300$

प्रश्नानुसार,

$x + x - 500 + x + 300 = 8200$

$\Rightarrow$ $3x = 8400$

$\Rightarrow$ $x = 2800$

अतः C का हिस्सा = 2800 + 300 = 3100

13. (a) A और B के लाभों का अनुपात

$= 92500 : 112500 = 37 : 45$

प्रश्नानुसार, लाभ में B का हिस्सा = ₹ 9000

अतः लाभ में A का हिस्सा

$= 9000 \times \frac{37}{45} =$ ₹ 7400

14. (a) A, B और C के लाभों का अनुपात

$= 13750 : 16250 : 18750$

$= 11 : 13 : 15$

माना कुल लाभ = ₹ x

$\therefore$ लाभ में B का हिस्सा = 5200

$\Rightarrow$ $x \times \frac{13}{11 + 13 + 15} = 5200$

$\Rightarrow$ $x = 5200 \times \frac{39}{13}$

$\Rightarrow$ $x =$ ₹ 15600

15. (a) प्रश्नानुसार,

A, B और C के लाभों का अनुपात

$= 12 \times 7000 : 10 \times 8000 : 6 \times 12000$

$= 21 : 20 : 18$

A को पारिश्रमिक रूप में मिला लाभ

$= 14750 \times \frac{20}{100} =$ ₹ 2950

शेष लाभ = 14750 − 2950 = ₹ 11800

अतः लाभ में C का हिस्सा $= 11800 \times \frac{18}{59} =$ ₹ 3600

16. (c) $A : B = 3 : 4$

$B : C = 12 : 13$

$A : B : C = 36 : 48 : 52 = 9 : 12 : 13$

अतः B को प्राप्त होने वाली धनराशि

$= \frac{7786 \times 12}{9 + 12 + 13} = \frac{7786 \times 12}{34}$

= ₹ 2748

17. (c) A, B और C के लाभ का अनुपात

$= 25000 \times 9 : 50000 \times 12 : 30000 \times 5$

$= 3 : 8 : 2$

अतः C का लाभ में हिस्सा $= \frac{3900}{(3+8+2)} \times 2$

= ₹600

18. (b) माना A, B और C को प्राप्त धनराशि क्रमशः $4x$, $3x$ और $6x$ हैं।

प्रश्नानुसार, $6x - 3x = 600$

$\therefore$ $x = \frac{600}{3} =$ ₹ 200

अतः A को B से अधिक प्राप्त धनराशि $= 4x - 3x$

$\therefore$ $x =$ ₹ 200

19. (b) $A : B : C$

निवेश ⇒ 9000 : 18000 : 21000

लाभ ⇒ 3 : 6 : 7

अनुपातिक योग = 3 + 6 + 7 = 16

कुल लाभ $= \frac{759}{6} \times 16 =$ ₹2024

20. (c) माना कुल लाभ = ₹ x

लाभ का अनुपात = उनके निवेशों का अनुपात = 3 : 2

प्रश्नानुसार,

$$x \times \frac{3}{(3+2)} = 3840$$

$$\Rightarrow x = 3840 \times \frac{5}{3}$$

$$\Rightarrow x = ₹\ 6400$$

21. (a) $P = 5Q$ तथा $R = \frac{P}{3} = \frac{5Q}{3}$

$\therefore P : Q : R = 5Q : Q : \frac{5Q}{3} = 15 : 3 : 5$

तब, R का हिस्सा $= \frac{5}{(3+15+5)} \times 12029$

$= \frac{5}{23} \times 12029$

= ₹ 2615

22. (b) माना Q व्यापार में x महीने के लिए शामिल हुआ।

प्रश्नानुसार,

P और Q के निवेश का अनुपात

= उनके लाभ का अनुपात

$\Rightarrow 4000 \times 12 : 6000 \times x = 4 : 3$

$$\Rightarrow \frac{4 \times 2}{x} = \frac{4}{3}$$

$$\Rightarrow x = \frac{4 \times 2 \times 3}{4}$$

$$\Rightarrow x = 6 \text{ महीने}$$

$\therefore$ अभीष्ट समय = 12 − 6 = 6 महीने

स्पीडी विधि

निवेश	P	:	Q
	2	:	3
समय	12	:	x
लाभ	4	:	3

[निवेश × समय = लाभ]

$$\Rightarrow \frac{24}{3x} = \frac{3}{3} \Rightarrow 24 \times 3 = 12x$$

$$\Rightarrow x = 6 \text{ महीने}$$

23. (d) माना कारमेन की निवेशित राशि = ₹ x

बिलाल की निवेशित राशि = ₹ $(x + 4000)$

अरविंद की निवेशित राशि = ₹ $(x + 9000)$

प्रश्नानुसार, $x + (x + 4000) + (x + 9000) = 49000$

$\Rightarrow 3x + 13000 = 49000$

$$\therefore x = \frac{36000}{3} = 12000$$

(अरविंद : बिलाल : कारमेन) लाभ का अनुपात

= (12000 + 9000) : (12000 + 4000) : 12000

= 21 : 16 : 12

अनुपातिक योग = 21 + 16 + 12 = 49

बिलाल को मिली लाभ धनराशि

$= \frac{16}{49} \times 98000 =$ ₹ 32000

24. (c) $\frac{A \text{ का हिस्सा}}{B \text{ का हिस्सा}} = \frac{2\frac{1}{2}}{1} \Rightarrow \frac{A}{B} = \frac{5}{2}$

तथा $\frac{B \text{ का हिस्सा}}{C \text{ का हिस्सा}} = \frac{1\frac{1}{5}}{1} \Rightarrow \frac{B}{C} = \frac{6}{5}$

$\therefore A : B : C = 15 : 6 : 5$

अत: B का हिस्सा $= \frac{29120}{15 + 6 + 5} \times 6$

$= \frac{29120}{26} \times 6 =$ ₹ 6720

25. (d) माना बानी की धनराशि = ₹ x

प्रश्नानुसार,

निवेशों का अनुपात = लाभों का अनुपात

$$\therefore 4200 \times 12 : x \times 7 = 2 : 5$$

$$\Rightarrow \frac{7200}{x} = \frac{2}{5}$$

$$\Rightarrow x = 7200 \times \frac{5}{2}$$

$$\therefore x = ₹18000$$

26. (a) A और B द्वारा निवेशित राशि का अनुपात

= 5 : 6

लाभ में उनके हिस्सों का अनुपात = 5 : 9

माना B ने अपनी पूँजी x महीनों के लिए निवेशित की थी।

प्रश्नानुसार,

उनके निवेशों का अनुपात = उनके लाभों का अनुपात

$$\frac{5 \times 8}{6 \times x} = \frac{5}{9}$$

$$\Rightarrow x = \frac{5 \times 8 \times 9}{6 \times 5} = 12 \text{ महीने}$$

27. (b) प्रश्नानुसार,

1 वर्ष के अन्त में मोहन और सोहन द्वारा प्राप्त धन का अनुपात

= 6000 × 12 : 8000 × 6

= 72000 : 48000 = 3 : 2

28. (c) प्रश्नानुसार,

A का निवेश = (10000 × 3) + (2 × 5000)

= ₹ 40000

B का निवेश = (15000 × 3) + (2 × 5000)

= ₹ 55000

तथा C का निवेश = (20000 × 1) + (2 × 10000)

= ₹ 40000

अत: A, B व C के लाभों का अनुपात

= 40000 : 55000 : 40000

= 8 : 11 : 8

11

मिश्रण

जब दो या दो से अधिक पदार्थों को मिलाकर एक नया उत्पाद या पदार्थ बनाया जाता है, तब इस प्रकार बना उत्पाद **मिश्रण** कहलाता है।

मिश्रण का नियम

माना ₹ c तथा ₹ d वाली सस्ती तथा महँगी वस्तुओं को किसी मात्रा में मिलाया गया है। यदि मिश्रण का मूल्य ₹ m हो, तब

$$\frac{\text{सस्ती वस्तु की मात्रा}}{\text{महँगी वस्तु की मात्रा}} = \frac{\text{महँगी वस्तु का मूल्य} - \text{मिश्रण का मूल्य}}{\text{मिश्रण का मूल्य} - \text{सस्ती वस्तु का मूल्य}}$$

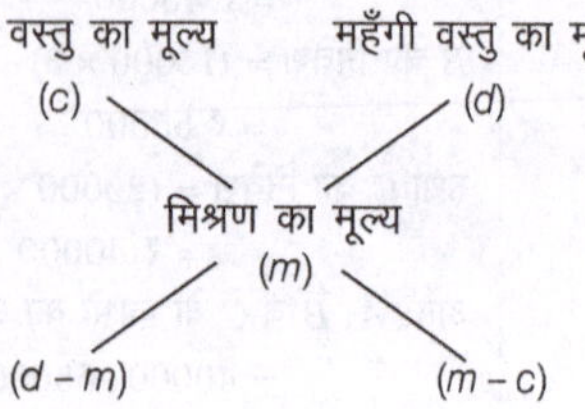

अतः सस्ती वस्तु की मात्रा : महँगी वस्तु की मात्रा

$= (d - m) : (m - c)$

उदाहरण 1. 28% इथेनॉल घोल प्राप्त करने के लिए 20% इथेनॉल घोल को 40% इथेनॉल घोल के साथ किस अनुपात में मिश्रित किया जाना चाहिए?

हल मिश्रण के निगम से,

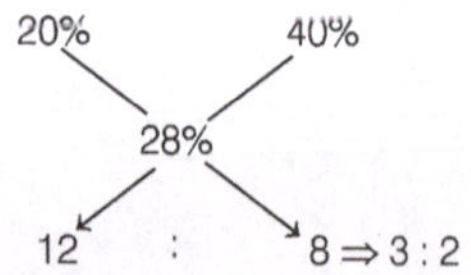

मिश्रण की कुछ मात्रा को मिश्रण के एक पदार्थ से बदलने पर आधारित प्रश्न

किसी बर्तन में किसी द्रव की मात्रा x लीटर है। अब इस बर्तन में से उस द्रव की a लीटर मात्रा निकाल कर अन्य द्रव की a लीटर मात्रा को मिला दिया जाता है। यदि यह प्रक्रिया n बार दोहराई जाती है, तब

बर्तन में बचे शेष द्रव की मात्रा $= x\left(1 - \frac{a}{x}\right)^n$

यहा, x = आरम्भिक द्रव की मात्रा; a = हटाए गए या निकाले गए द्रव की मात्रा

n = प्रयोग में लायी प्रक्रियाओं की संख्या

उदाहरण 2. 50 लीटर शुद्ध दूध के एक कण्टेनर से 10 लीटर दूध निकाला जाता है और उसके स्थान पर 10 लीटर पानी डाला जाता है यदि यह प्रक्रिया तीन बार दोहराई जाएँ, तो अन्त में दूध की मात्रा क्या होगी?

हल यहाँ, $x = 50$ लीटर, $a = 10$ लीटर, $n = 3$

$\therefore$ दूध की अभीष्ट मात्रा $= 50\left(1 - \frac{10}{50}\right)^3$

$= 50\left(\frac{4}{5}\right)^3 = 50 \times \frac{4}{5} \times \frac{4}{5} \times \frac{4}{5} = 25.6$ लीटर

दो या दो से अधिक मिश्रणों को मिलाकर नया मिश्रण बनाने पर आधारित प्रश्न

किसी बर्तन में दूध तथा पानी $a : b$ के अनुपात में है तथा दूसरे बर्तन में दूध तथा पानी $c : d$ के अनुपात में है। यदि दोनों बर्तनों का द्रव किसी तीसरे बर्तन में डाल दिया जाता है, तो दूध तथा पानी का अनुपात निम्न होगा,

$$\text{दूध : पानी} = \left[\frac{a}{a+b} + \frac{c}{c+d}\right] : \left[\frac{b}{a+b} + \frac{d}{c+d}\right]$$

उदाहरण 3. दो बीकरों में अम्ल और जल के अनुपात क्रमशः 3 : 2 और 4 : 3 हैं। यदि इन दोनों बीकरों में समान मात्रा में मिश्रण को एक अन्य उभयनिष्ठ बीकर में डाला जाता है, तो उभयनिष्ठ बीकर के मिश्रण में अम्ल और जल का परिणामी अनुपात ज्ञात कीजिए।

हल यहाँ, $a = 3, b = 2, c = 4$ तथा $d = 3$

अतः अभीष्ट अनुपात $= \left[\frac{a}{a+b} + \frac{c}{c+d}\right] : \left[\frac{b}{a+b} + \frac{d}{c+d}\right]$

$= \left[\frac{3}{5} + \frac{4}{7}\right] : \left[\frac{2}{5} + \frac{3}{7}\right] = (21 + 20) : (14 + 15) = 41 : 29$

उदाहरण 4. दो प्रकार की चाय का लागत मूल्य क्रमशः ₹ 8 प्रति किग्रा और ₹ 10 प्रति किग्रा को 5 : 3 में मिलाया जाता है, तब परिणामी मिश्रण का प्रति किग्रा लागत मूल्य ज्ञात कीजिए।

हल परिणामी मिश्रण का लागत मूल्य $= \frac{ax + by}{a + b}$

$= \frac{5 \times 8 + 3 \times 10}{5 + 3}$

$= \frac{70}{8} =$ ₹ 8.7 प्रति किग्रा

SSC एग्जाम स्कैनर

SSC CGL 2024 (Tier I & II)

1. ₹ 51 प्रति किग्रा मूल्य वाले 8 किग्रा मक्के को ₹ 68 प्रति किग्रा मूल्य वाले 9 किग्रा मक्के के साथ मिलाया जाता है। मिश्रित मक्के का प्रति किलोग्राम औसत मूल्य कितना है?
SSC CGL (Tier-II) 20/01/2025 Shift-I
(a) ₹ 59 (b) ₹ 60 (c) ₹ 61 (d) ₹ 58

2. बर्तन A में दूध और पानी 4 : 5 के अनुपात में है। बर्तन B में दूध और पानी 2 : 1 के अनुपात में है। यदि A का x लीटर मिश्रण B के y लीटर मिश्रण के साथ मिलाया जाता है, तो नए मिश्रण में दूध और पानी का अनुपात 8 : 5 हो जाता है। अनुपात $x : y$ ज्ञात कीजिए।
SSC CGL (Tier-II) 18/01/2025 Shift-I
(a) 3 : 10 (b) 5 : 6 (c) 2 : 5 (d) 3 : 4

3. ₹ 4 प्रति किग्रा मूल्य वाले कितने चावल को ₹ 10 प्रति किग्रा वाले 15 किग्रा चावल में मिलाया जाए, ताकि ₹ 6.50 प्रति किग्रा मूल्य वाला मिश्रण बन जाए?, **SSC CGL (Tier-I) 26/9/2024 Shift-III**
(a) 40 किग्रा (b) 30 किग्रा
(c) 15 किग्रा (d) 21 किग्रा

4. एक घोल के आधे लीटर में 15% एल्कोहॉल है। एल्कोहॉल की सांद्रता को 50% में बदलने के लिए, मिश्रित की जाने वाली एल्कोहॉल की मात्रा ज्ञात कीजिए।
SSC CGL (Tier-I) 26/9/2024 Shift-II
(a) 175 मिली (b) 350 मिली
(c) 400 मिली (d) 250 मिली

5. एक व्यक्ति ₹ 26/किग्रा की दर से 10 किग्रा गेहूँ खरीदता है। ₹ 35/किग्रा की कीमत वाला मिश्रण प्राप्त करने के लिए गेहूँ को 6 किग्रा अन्य अच्छी गुणवत्ता वाले गेहूँ के साथ मिलाया जाता है। अच्छी गुणवत्ता वाले गेहूँ की कीमत प्रति किग्रा (₹ में) कितनी है?
SSC CGL (Tier-I) 24/9/2024 Shift-II
(a) 50 (b) 38 (c) 42 (d) 46

6. एक मिश्रण की 10 लीटर मात्रा में दूध और पानी का अनुपात 3 : 2 है। यदि यह अनुपात 2 : 3 करना हो, तो मिश्रण में कितना पानी मिलाया जाना चाहिए। **SSC CGL (Tier-I) 24/9/2024 Shift-II**
(a) 10 लीटर (b) 8 लीटर
(c) 5 लीटर (d) 12 लीटर

7. ₹ 78 प्रति किग्रा कीमत वाली चीनी को ₹ 46 प्रति किग्रा कीमत वाली चीनी के साथ किस अनुपात में मिलाया जाए, ताकि मिश्रण को ₹ 75 प्रति किग्रा में बेचने पर 20% का लाभ हो? **SSC CGL (Tier-I) 24/9/2024 Shift-I**
(a) 33 : 37 (b) 33 : 31
(c) 37 : 31 (d) 31 : 29

8. पानी और आम के सान्द्रण को 9 : 7 के अनुपात में मिलाकर आम का जूस बनाया जाता है। यदि 160 लीटर आम के जूस में x लीटर पानी और $3x$ लीटर आम के सान्द्रण को मिलाया जाता है, तो नया अनुपात 13 : 14 हो जाता है। आम के नए जूस की मात्रा (लीटर में) क्या है?
SSC CGL (Tier-I) 23/9/2024 Shift-II
(a) 197 (b) 216
(c) 212 (d) 206

9. दूध और पानी का 32 लीटर मिश्रण है। इस मिश्रण में दूध और पानी का अनुपात 5 : 3 है। इस मिश्रण में कितने लीटर पानी मिलाया जाना चाहिए, ताकि परिणामी मिश्रण में 50% पानी हो जाए? **SSC CGL (Tier-I) 23/9/2024 Shift-I**
(a) 5 (b) 4
(c) 8 (d) 6

10. ₹ 10 प्रति किग्रा मूल्य वाले 15 किग्रा गेहूँ को 5 किग्रा दूसरे प्रकार के गेहूँ के साथ मिलाकर ₹ 30 प्रति किग्रा मूल्य वाला मिश्रण प्राप्त किया जाता है। महँगे गेहूँ का मूल्य (प्रति किग्रा) ज्ञात कीजिए। **SSC CGL (Tier-I) 19/09/2024 Shift-I**
(a) ₹ 80 (b) ₹ 90
(c) ₹ 60 (d) ₹ 70

11. ₹ 25 प्रति लीटर वाले 42 लीटर दूध को ₹ 40 प्रति लीटर वाले 28 लीटर दूध के साथ मिश्रित किया जाता है। मिश्रण का औसत मूल्य ज्ञात कीजिए।
SSC CGL (Tier-I) 17/09/2024 Shift-III
(a) ₹ 31 (b) ₹ 31.5
(c) ₹ 32 (d) ₹ 32.5

12. सामग्रियों A और B वाले समान विलयन को दो भिन्न मात्राओं को दो भिन्न पात्रों में रखा जाता है। पहले पात्र में 252 लीटर A और 441 लीटर B है। दूसरे पात्र में विलयन की कुल मात्रा 1188 लीटर थी। दूसरे पात्र का कितना विलयन सामग्री B से बनाया गया था?
SSC CGL (Tier-I) 13/09/2024 Shift-II
(a) 756 लीटर (b) 760 लीटर
(c) 752 लीटर (d) 765 लीटर

13. ₹ 250/किग्रा और ₹ 300/किग्रा मूल्य के दो प्रकार के चाय के पाउडरों को तीसरे प्रकार के चाय के पाउडर के साथ 1 : 1 : 2 के अनुपात में मिलाया जाता है। यदि मिश्रण का मूल्य ₹ 350/किग्रा है, तो तीसरे प्रकार के चाय के पाउडर का मूल्य ज्ञात कीजिए।
SSC CGL (Tier-I) 13/09/2024 Shift-II
(a) ₹ 500/किग्रा (b) ₹ 425/किग्रा
(c) ₹ 450/किग्रा (d) ₹ 400/किग्रा

14. एक दुकानदार दो प्रकार के चावल जिनकी कीमत ₹ 250/5 किग्रा और ₹ 280/5 किग्रा है को 7 : 8 के अनुपात में मिलाता है। परिणामी मिश्रण की शुद्ध लागत (प्रति किग्रा) ज्ञात कीजिए।
SSC CGL (Tier-I) 13/09/2024 Shift-I
(a) ₹ 25.30 (b) ₹ 32.60
(c) ₹ 52.30 (d) ₹ 53.20

15. एक व्यापारी क्रमश: ₹ 4 और ₹ 6 प्रति क्रिग्रा मूल्य वाली दो प्रकार की चीनी की 5 किग्रा और 3 किग्रा मात्रा मिलता है। प्रति किग्रा मिश्रण का लागत मूल्य (₹ में) ज्ञात करें।
SSC CGL (Tier-I) 12/09/2024 Shift-III
(a) 4.45 (b) 4.21
(c) 4.75 (d) 4.35

16. यदि एक आदमी 10 लीटर दूध में 6 लीटर पानी मिलाता है और दूसरा आदमी 8 लीटर दूध में 4 लीटर पानी मिलाता है। दोनों मिश्रणों में दूध का अनुपात ज्ञात कीजिए।
SSC CGL (Tier-I) 10/09/2024 Shift-III
(a) 16 : 15 (b) 16 : 17
(c) 15 : 16 (d) 12 : 11

17. तीन अम्लों, A, B और C की सांद्रता क्रमश: 20%, 30% और 40% के रूप में निर्दिष्ट की गई है। इन्हें 3 : 5 : a के अनुपात में मिश्रित किया जाता है, जिससे 30% सांद्रता वाला विलयन प्राप्त होता है। 'a' का मान क्या है?
SSC CGL (Tier-I) 10/09/2024 Shift-II
(a) 4 (b) 2 (c) 1 (d) 3

SSC CGL 2023-2020 (Tier I & II)

18. ₹ 60 प्रति किग्रा की लागत वाले कितने किग्रा चावल को ₹ 42 प्रति किग्रा की लागत वाले 24 किग्रा चावल के साथ मिलाया जाना चाहिए, ताकि परिणामी मिश्रण को ₹ 56 प्रति किग्रा की दर से बेचने पर 12% का लाभ हो सके?
SSC CGL (Tier II) 07/03/2023 Shift-II
(a) 21.2 किग्रा
(b) 19.2 किग्रा
(c) 22 किग्रा
(d) 20 किग्रा

19. यदि 80 लीटर दूध के विलयन में 60% दूध है, तो विलयन में दूध को 80% बनाने के लिए कितना दूध मिलाना चाहिए?
SSC CGL (Tier II) 06/03/2023 Shift-II
(a) 80 लीटर (b) 50 लीटर
(c) 60 लीटर (d) 70 लीटर

20. किसी पात्र में 40 लीटर दूध रखा है। इस पात्र से 4 लीटर दूध निकाल लिया गया और उतना ही पानी उसमें मिला दिया गया। यह प्रक्रिया दो बार और की गई। पात्र में अब कितना दूध शेष है? **SSC CGL (Tier II) 02/03/2023 Shift-I**
(a) 34.23 लीटर (b) 32 लीटर
(c) 29.16 लीटर (d) 30 लीटर

21. रिनी ने दो रंगों 'C_1' और 'C_2' को 2 : 3 के अनुपात में मिलाया है। यदि रंग 'C_1' का मूल्य ₹ 500 प्रति इकाई है और वह दोनों रंगों के मिश्रण को ₹ 650 प्रति इकाई की दर से बेचती है जिस पर उसे न तो कोई लाभ होता है और न ही कोई हानि, तो दूसरे रंग अर्थात् 'C_2' का प्रति इकाई मूल्य (₹ में) क्या है?
SSC CGL (Tier I) 27/07/2023 Shift-I
(a) 750 (b) 760
(c) 725 (d) 765

22. एक बर्तन में तरल भरा जाता है, जिसमें से 5 भाग जल और 11 भाग चाशनी है। मिश्रण के कितने भाग को निकाल कर जल से प्रतिस्थापित कर देना चाहिए ताकि मिश्रण में 3 : 2 के अनुपात में चाशनी और जल हो जाए?
SSC CGL (Tier I) 26/07/2023 Shift-I
(a) $\frac{7}{55}$ (b) $\frac{36}{65}$ (c) $\frac{14}{45}$ (d) $\frac{27}{35}$

23. एक 40 लीटर मिश्रण में 25% एल्कोहॉल और 75% पानी है। यदि मिश्रण में 10 लीटर पानी मिलाया जाता है, तो नए मिश्रण में एल्कोहॉल का प्रतिशत क्या होगा?
SSC CGL (Tier I) 25/07/2023 Shift-IV
(a) 20% (b) 18% (c) 25% (d) 27%

24. ₹ 35 प्रति किग्रा और ₹ 38 प्रति किग्रा के चावलों को एक तीसरी किस्म के साथ 2 : 1 : 2 के अनुपात में मिलाया जाता है। यदि मिश्रण का मूल्य ₹ 42 प्रति किग्रा है, तो तीसरी किस्म के चावल का प्रति किग्रा मूल्य क्या है?
SSC CGL (Tier I) 25/07/2023 Shift-III
(a) ₹ 53 (b) ₹ 54 (c) ₹ 52 (d) ₹ 51

25. यदि ₹ 100 और ₹ 150 प्रति किग्रा मूल्य वाली दो प्रकार की दालों 'x' और 'y' को 7 : 20 के अनुपात में मिलाया जाता है, तो दालों के इस मिश्रण का प्रति किग्रा मूल्य (₹ में) (निकटतम रुपये तक सही) क्या होगा?
SSC CGL (Tier I) 18/07/2023 Shift-II
(a) 137 (b) 134
(c) 135 (d) 136

26. ₹ 45 प्रति किग्रा के मूल्य वाली चावल की एक किस्म के साथ एक निश्चित मूल्य वाली चावल की एक दूसरी किस्म 3 : 2 के अनुपात की मिलाई जाती है। यदि इस प्रकार बने मिश्रण का मूल्य ₹ 50 प्रति किग्रा है, तो दूसरे किस्म के चावल के प्रति किग्रा मूल्य की गणना करें।
SSC CGL (Tier I) 17/07/2023 Shift-III
(a) ₹ 57.5 (b) ₹ 58
(c) ₹ 57 (d) ₹ 58.5

27. ₹ 32 प्रति लीटर की कीमत वाले दूध में किस अनुपात में पानी मिलाया जाए, ताकि ₹ 28 प्रति लीटर वाला मिश्रण प्राप्त हो सके?
SSC CGL (Tier I) 14/07/2023 Shift-II
(a) 8 : 1 (b) 7 : 1
(c) 1 : 7 (d) 1 : 8

28. P और Q एल्युमीनियम और कॉपर की दो मिश्रधातु हैं। P और Q में एल्युमीनियम और कॉपर का अनुपात क्रमश: 5 : 11 और 3 : 5 है। यदि मिश्रधातु P और Q को 1 : 3 के अनुपात में मिलाकर एक तीसरी मिश्रधातु बनाई जाती है, तो एल्युमीनियम तीसरी मिश्रधातु में कॉपर का कितना प्रतिशत (निकटतम पूर्णांक तक पूर्णांकित) है?
SSC CGL (Tier I) 13/12/2022 Shift-IV
(a) 63 प्रतिशत (b) 52 प्रतिशत
(c) 48 प्रतिशत (d) 56 प्रतिशत

29. पानी और दूध के मिश्रण की एक कैन में 60% दूध है। इस मिश्रण के एक भाग को 50% दूध वाले दूसरे मिश्रण से बदल दिया जाता है और दूध का प्रतिशत 52% हो जाता है। प्रतिस्थापित मिश्रण की मात्रा क्या होगी?
SSC CGL (Tier I) 13/12/2022 Shift-II
(a) $\frac{3}{5}$ (b) $\frac{2}{5}$ (c) $\frac{1}{5}$ (d) $\frac{4}{5}$

30. 20% की सान्द्रता वाले H_2SO_4 के 100 मिली घोल को 50% सान्द्र x मिली मिश्रण के साथ इस तरह मिलाया जाता है, कि शुद्ध मिश्रण (net mixture) 30% सांद्र हो।
x का मान ज्ञात कीजिए।
SSC CGL (Tier I) 8/12/2022 Shift-I
(a) 50 मिली (b) 60 मिली
(c) 80 मिली (d) 70 मिली

31. एक मिश्रण में दूध और पानी का अनुपात क्रमश: 5 : 3 हैं। 7 लीटर पानी मिलाने पर दूध का पानी से अनुपात 1 : 2 हो जाता है। मिश्रण में दूध की मात्रा ज्ञात कीजिए।
SSC CGL (Tier II) 08/12/2022 Shift-I
(a) 3 लीटर (b) 7 लीटर
(c) 10 लीटर (d) 5 लीटर

32. ₹ 80 प्रति किग्रा और ₹50 प्रति किग्रा की गेहूँ को 1 : 2 : 3 के अनुपात में तीसरी किस्म की गेहूँ के साथ मिलाया जाता है। यदि मिश्रण का मूल्य ₹75 प्रति क्रिग्रा है, तो तीसरी किस्म की गेहूँ का प्रति किग्रा मूल्य क्या होगा?
SSC CGL (Tier I) 07/12/2022 Shift-I
(a) ₹ 85 (b) ₹ 95 (c) ₹ 80 (d) ₹ 90

33. दूध और पानी के मिश्रण का परिमाण 60 लीटर हैं। इसमें 10% पानी है। इसमें और कितना पानी मिलाया जाना चाहिए ताकि पानी 25% हो जाए।
SSC CGL (Tier I) 02/12/2022 Shift-I
(a) 18 लीटर (b) 12 लीटर
(c) 14 लीटर (d) 16 लीटर

34. किसी बर्तन में 25 लीटर दूध है। इस बर्तन से 5 लीटर दूध निकाल कर उसके स्थान पर पानी मिला दिया जाता है। यह प्रक्रिया पुन: दो बार दोहराई जाती है। अब उस बर्तन में कितना दूध है?
SSC CGL (Tier I) 01/12/2022 Shift-III
(a) 13.5 लीटर (b) 14.8 लीटर
(c) 11.5 लीटर (d) 12.8 लीटर

35. मिश्रधातु A में, धातु x और y का अनुपात 5 : 2 है और मिश्रधातु B में, धातु x और y का अनुपात 3 : 4 है। A और B को 4 : 5 के अनुपात में मिलाकर मिश्रधातु C तैयार की जाती है। मिश्रधातु C में y का प्रतिशत ज्ञात करें।
SSC CGL (Tier I) 18/08/2021 Shift-III
(a) $44\frac{4}{9}\%$ (b) $33\frac{4}{9}\%$
(c) $66\frac{4}{9}\%$ (d) $55\frac{5}{9}\%$

36. 25 लीटर वाले एक मिश्रण में 30% मदिरा और बाकी पानी है। यदि इसमें 5 लीटर पानी मिलाया जाए, तो नए मिश्रण में मदिरा का प्रतिशत ज्ञात कीजिए। **SSC CGL (Tier I) 06/03/2020 Shift-III**
(a) $12\frac{1}{2}\%$ (b) $33\frac{1}{3}\%$
(c) 25% (d) 45%

SSC CPO SI 2024

37. दूध और जल के मिश्रण में दूध की मात्रा मिश्रण के आयतन का $\frac{4}{5}$ है। 5 लीटर मिश्रण में 1 लीटर दूध मिलाने के बाद, मिश्रण में जल का प्रतिशत कितना होगा?
SSC CPO 29/06/2024 Shift-III
(a) $\frac{100}{6}\%$ (b) 17.5%
(c) $\frac{200}{6}\%$ (d) 15%

38. एक मिश्रधातु में धातु A, B और C का अनुपात 2 : 3 : 1 हैं और दूसरी मिश्रधातु में धातु B, C और D का अनुपात 5 : 4 : 3 है। यदि दोनों मिश्र धातुओं के बराबर वजन को एक साथ मिलाकर एक तीसरी मिश्रधातु बनाई जाती है, तो नई मिश्रधातु में धातु B का कितना भाग होगा?
SSC CPO 29/06/2024 Shift-III
(a) $\frac{1}{8}$ (b) $\frac{1}{6}$ (c) $\frac{3}{24}$ (d) $\frac{11}{24}$

39. पानी और जूस को 9:7 के अनुपात में मिलाकर एक पेय बनाया जाता है। यदि 160 लीटर पेय में x लीटर पानी और $2x$ लीटर जूस मिलाया जाता है, तो नया अनुपात 13 : 15 हो जाता है। पेय की मात्रा (लीटर में) ज्ञात करें।
SSC CPO 29/06/2024 Shift-II
(a) 240 (b) 280 (c) 300 (d) 260

40. ₹ 25 प्रति किग्रा और ₹ 40 प्रति किग्रा कीमत वाले दो प्रकार के चावलों को 3 : 2 के अनुपात में मिलाया जाता है, तो परिणामी मिश्रण की प्रति किग्रा कीमत की गणना करें।
SSC CPO 29/06/2024 Shift-I
(a) ₹ 30 (b) ₹ 31
(c) ₹ 33 (d) ₹ 32

41. एक बर्तन में 5 : 1 के अनुपात में दूध और पानी का 18 लीटर मिश्रण है। यदि बर्तन में 3 लीटर दूध मिलाया जाता है, तो बर्तन में कितना पानी

(लीटर में) मिलाया जाना चाहिए, ताकि दूध और पानी का अनुपात 9 : 2 हो जाए?
SSC CPO 28/06/2024 Shift-III

(a) 0.5 (b) 1
(c) 2 (d) 1.5

42. मिश्रधातु A और B में, लेड और टिन का अनुपात क्रमशः 5 : 3 और 3 : 1 है। एक नई मिश्रधातु बनाने के लिए, 80 किग्रा मिश्रधातु A और 100 किग्रा मिश्र धातु B को एक साथ मिलाया जाता है। नई मिश्रधातु में टिन की मात्रा (किग्रा में) कितनी होगी?
SSC CPO 27/06/2024 Shift-III

(a) 90 (b) 55 (c) 68 (d) 81.3

43. ताँबे और टिन के 750 किग्रा मिश्रधातु के मिश्रण में 25% टिन है। कितना टिन मिलाया जाना चाहिए, ताकि यह मिश्रण का 70% हो जाए? **SSC CPO 27/06/2024 Shift-III**

(a) 1097 किग्रा (b) 895 किग्रा
(c) 1125 किग्रा (d) 956 किग्रा

44. एसिड और जल के 12 लीटर विलयन में 30% एसिड है। 20% एसिड वाला विलयन प्राप्त करने के लिए कितना जल (लीटर में) मिलाना होगा? **SSC CPO 27/06/2024 Shift-I**

(a) 6 (b) 4 (c) 3 (d) 5

SSC CHSL 2024-2022 (Tier I & II)

45. अनार के रस में 10% शर्करा विलयन होता है और सन्तरे के रस में 30% शर्करा विलयन होता है। दो लीटर अनार के रस और तीन लीटर सन्तरे के रस के मिश्रण में शर्करा विलयन का प्रतिशत कितना है?
SSC CHSL (Tier-I) 11/07/2024 Shift-II

(a) 20% (b) 22%
(c) 25% (d) 40%

46. एक बाल्टी में दूध और पानी का मिश्रण 7 : 5 के अनुपात में है। यदि 9 लीटर दूध को पानी से बदल दिया जाए, तो अनुपात 7 : 9 हो जाता है। प्रारम्भ में बाल्टी में कितना दूध था?
SSC CHSL (Tier-I) 10/07/2024 Shift-IV

(a) 35 लीटर (b) 25 लीटर
(c) 30 लीटर (d) 36 लीटर

47. रत्न ने ₹ 88 प्रति किग्रा मूल्य से 10 किग्रा चावल और ₹ 187 प्रति किग्रा मूल्य से 20 किग्रा चावल और खरीदे। उसके लिए चावल के कुल मिश्रण का प्रति किलोग्राम मूल्य (₹ में) क्या है?
SSC CHSL (Tier-I) 10/07/2024 Shift-II

(a) 150 (b) 154 (c) 158 (d) 148

48. ₹27 और ₹31 प्रति किग्रा मूल्य वाली चाय को किस अनुपात में मिलाया जाना चाहिए, ताकि मिश्रण को ₹36 प्रति किग्रा के मूल्य पर बेचने पर 25% का लाभ हो?
SSC CHSL (Tier-I) 09/07/2024 Shift-I

(a) 9 : 11 (b) 2 : 11
(c) 11 : 9 (d) 3 : 7

49. एक मिश्रण में एल्कोहॉल और पानी का अनुपात 12 : 5 है। इस मिश्रण में 14 लीटर पानी मिलाने पर एल्कोहॉल और पानी का अनुपात 4 : 3 हो जाता है। मिश्रण में एल्कोहॉल की मात्रा कितनी है? **SSC CHSL (Tier-I) 04/07/2024 Shift-IV**

(a) 18 लीटर (b) 30 लीटर
(c) 28 लीटर (d) 42 लीटर

50. एक रुपये में $1\frac{1}{2}$ लीटर की दर वाले 60 लीटर दूध में कितना पानी मिलाया जाए, ताकि मिश्रण का मूल्य एक रुपये में $1\frac{7}{8}$ लीटर हो जाए?
SSC CHSL (Tier-I) 02/07/2024 Shift-I

(a) 20 लीटर (b) 27 लीटर
(c) 15 लीटर (d) 12 लीटर

51. एक पंसारी को क्रमशः ₹ 60 और ₹ 75 प्रति किग्रा मूल्य वाली दो प्रकार की दालों को किस अनुपात में मिलाना चाहिए, ताकि ₹ 65 प्रति किग्रा मूल्य का मिश्रण प्राप्त हो?
SSC CHSL (Tier-I) 01/07/2024 Shift-III

(a) 3 : 4 (b) 1 : 2 (c) 2 : 3 (d) 2 : 1

52. तीन वाइन A, B और C की सान्द्रता क्रमशः 10%, 20% और 30% हैं। उन्हें 2 : 3 : x के अनुपात में मिलाया जाता है, जिसके परिणामस्वरूप 23% सान्द्रता वाला घोल बनता है। x का मान ज्ञात कीजिए।
SSC CHSL (Tier II) 02/11/2023 Shift-I

(a) 5 (b) 7 (c) 6 (d) 8

53. वाइन और पानी के 70 लीटर मिश्रण में 10% पानी है। परिणामी मिश्रण में पानी की मात्रा $12\frac{1}{2}$% करने के लिए कितना पानी मिलाना होगा? **SSC CHSL (Tier I) 14/08/2023 Shift-IV**

(a) 5 लीटर (b) 4 लीटर
(c) 2 लीटर (d) 3 लीटर

54. एक पीपे में मौजूद मिश्रित चाय में असम, दार्जिलिंग और नीलगिरि पहाड़ियों की चाय 2 : 3 : 1 के अनुपात में हैं। एक दूसरे पीपे में दार्जिलिंग, नीलगिरी पहाडियों और कांगडा घाटी की चाय 5 : 4 : 3 के अनुपात में हैं। यदि दोनों मिश्रित चाय को बराबर भार (मात्रा) में एक साथ मिलाकर एक नया ब्राण्ड बनाया जाए, तो नए ब्राण्ड में कांगड़ा घाटी की चाय का प्रति किग्रा भार कितना है?
SSC CHSL (Tier I) 10/08/2023 Shift-III

(a) 100 ग्राम (b) 250 ग्राम
(c) 500 ग्राम (d) 125 ग्राम

55. एक पंसारी ₹ 80/किग्रा और ₹ 85/किग्रा मूल्य वाली दो किस्मों की चाय को एक निश्चित अनुपात में मिलाकर ₹82/किग्रा मूल्य वाली एक नई किस्म तैयार करता है। नई किस्म प्राप्त करने के लिए दोनों किस्मों को किस अनुपात में मिलाया गया था? **SSC CHSL (Tier I) 10/08/2023 Shift-III**

(a) 4 : 4 (b) 2 : 5 (c) 1 : 3 (d) 3 : 2

56. ₹ 23 प्रति किग्रा के गेहूँ को ₹ 14 प्रति किग्रा के गेहूँ के साथ किस अनुपात में मिलाया जाए ताकि मिश्रण को ₹ 20 प्रति किग्रा की दर से बेचने पर 25% का लाभ हो?
SSC CHSL (Tier I) 09/08/2023 Shift-I

(a) 3 : 5 (b) 2 : 7
(c) 5 : 7 (d) 2 : 3

57. एक पंसारी को ₹ 26 प्रति किग्रा और ₹ 32 प्रति किग्रा मूल्य वाली चाय को किस अनुपात में मिलाना चाहिए, ताकि मिश्रण को ₹ 30 प्रति किग्रा पर बेचने पर उसे 10% का लाभ हो सके?
SSC CHSL (Tier I) 08/08/2023 Shift-II

(a) 26 : 7 (b) 7 : 16
(c) 7 : 26 (d) 16 : 7

58. दो मिश्र धातुओं में एल्युमीनियम और ज़िंक का अनुपात 5 : 6 और 3 : 5 है। यदि पहली मिश्रधातु के 242 किग्रा और दूसरी मिश्रधातु के 144 किग्रा को आपस में मिलाया जाए, तो नई मिश्रधातु में एल्युमीनियम और ज़िंक का अनुपात क्या है? **SSC CHSL (Tier I) 07/08/2023 Shift-IV**

(a) 82 : 111 (b) 68 : 125
(c) 76 : 117 (d) 93 : 100

59. समान क्षमता वाले दो बर्तनों में रस और पानी क्रमशः 3 : 5 और 3 : 1 के अनुपात में भरे हैं। दोनों बर्तनों के मिश्रण को मिलाकर एक बड़े बर्तन में डाल दिया जाता है। नए मिश्रण में रस और पानी का अनुपात क्या है?
SSC CHSL (Tier I) 21/03/2023 Shift-IV

(a) 7 : 3 (b) 8 : 9
(c) 13 : 9 (d) 9 : 7

60. एक बीकर में द्रव भरा हुआ है, जिसका 3 भाग पानी और 7 भाग औषधि है। इस मिश्रण का कितना भाग पानी से बदलने पर परिणामी मिश्रण में पानी और औषधि का अनुपात 1 : 1 हो जाएगा? **SSC CHSL (Tier I) 02/06/2022 Shift-I**

(a) $\frac{2}{5}$ (b) $\frac{1}{7}$
(c) $\frac{2}{7}$ (d) $\frac{1}{5}$

61. दुकानदार द्वारा ₹ 75 प्रति किग्रा और ₹ 90 प्रति किग्रा वाली दाल की दो किस्मों को किस अनुपात में मिलाया जाना चाहिए जिससे बनने वाले मिश्रण का मूल्य ₹ 80 प्रति किग्रा हो? **SSC CHSL (Tier I) 02/06/2022 Shift-I**

(a) 2 : 1 (b) 3 : 2
(c) 2 : 3 (d) 1 : 2

62. एक किराना व्यापारी को क्रमशः ₹ 15 और ₹ 20 प्रति किग्रा की दाल की दो किस्मों को किस अनुपात में मिलाना चाहिए, ताकि ₹ 18 प्रति किग्रा का मिश्रण प्राप्त हो सके?
SSC CHSL (Tier I) 31/05/2022 Shift-I

(a) 2 : 5 (b) 2 : 3 (c) 3 : 2 (d) 3 : 4

63. एक बीकर में दो तरल पदार्थ X और Y का मिश्रण 5: 3 के अनुपात में है। जब 6 लीटर मिश्रण निकाला जाता है और इसके स्थान पर Y मिला दिया जाता है तो X और Y का अनुपात 5: 7 हो जाता है। बीकर में प्रारम्भ में कितने लीटर तरल X था?
SSC CHSL (Tier I) 30/05/2022 Shift-I
(a) 11.25 (b) 15.5
(c) 22.5 (d) 18.25

SSC MTS 2024

64. अर्जुन ने ₹ 25 प्रति लीटर के मूल्य वाला मिश्रण बनाने के लिए तीन भिन्न-भिन्न तेलों को मिलाया। तेल की तीनों किस्मों का अनुपात 1: 5: 2 था। दूसरी किस्म का मूल्य (प्रति लीटर ₹ में) कितना है, यदि पहली और तीसरी किस्म का प्रति लीटर मूल्य क्रमशः ₹ 20 और ₹ 30 था? **SSC MTS 29/10/2024 Shift-III**
(a) 25 (b) 28
(c) 24 (d) 26

65. एक पंसारी चावल की दो किस्मों का मिश्रण ₹ 48 प्रति किलोग्राम पर बेचना चाहता है। इस विक्रय मूल्य तक पहुँचने के लिए उसे चावल को किस अनुपात में मिलाना चाहिए, यदि चावल की एक किस्म का मूल्य ₹ 42/किग्रा और दूसरी किस्म का मूल्य ₹ 60/किग्रा है? **SSC MTS 29/10/2024 Shift-III**
(a) 3: 2 (b) 2: 1
(c) 1: 2 (d) 2: 3

66. एक दुकानदार को ₹ 30/किग्रा और ₹ 32.5/किग्रा भाव की चीनी किस अनुपात में मिलानी चाहिए, ताकि मिश्रण कों ₹ 34.1 किग्रा के भाव पर बेचकर वह 10% का लाभ कमा सके? **SSC MTS 28/10/2024 Shift-II**
(a) 4 : 3 (b) 5 : 4
(c) 3 : 2 (d) 2 : 1

67. वह अनुपात ज्ञात कीजिए जिसमें ₹ 45/किग्रा मूल्य के टमाटरों को ₹ 60/किग्रा मूल्य के टमाटरों के साथ मिलाया जा सकता है, जिससे कि मिश्रण का मूल्य ₹54/किग्रा हो जाए।
SSC MTS 28/10/2024 Shift-II
(a) 2 : 3 (b) 3 : 5 (c) 2 : 5 (d) 3 : 7

68. एक जार में 45% सिरप वाला मिश्रण है। इस मिश्रण के एक हिस्से को 30% सिरप वाले दूसरे मिश्रण से बदल दिया जाता है। नए मिश्रण में 34% सिरप पाया जाता है। नया मिश्रण प्राप्त करने के लिए इन मिश्रणों को किस अनुपात में मिलाया जाना चाहिए?
SSC MTS 23/10/2024 Shift-II
(a) 4 : 11
(b) 3 : 14
(c) 7 : 10
(d) 5 : 13

69. राज दो सामग्रियों X और Y को मिलाकर 60 ग्राम मिश्रण तैयार करता है। सामग्री X की कीमत ₹ 80 प्रति 5 ग्राम है और सामग्री Y की कीमत ₹ 80 प्रति 10 ग्राम है। सामग्री X और Y को इस प्रकार मिश्रित किया जाता है कि परिणामी मिश्रण की कीमत ₹ 14 प्रति ग्राम हो। मिश्रण में सामग्री X की मात्रा (ग्राम में) क्या है? **SSC MTS 22/10/2024 Shift-II**
(a) 45 (b) 60 (c) 30 (d) 15

70. एक कैन में दो तरल पदार्थ, अँगूर के रस और अनानास के रस का मिश्रण 13 : 11 के अनुपात में है। जब कैन से 8 लीटर मिश्रण निकालकर, कैन को अनानास के रस से भर दिया जाता है, तो अनुपात 13 : 14 हो जाता है। कैन में प्रारम्भ में अनानास का रस कितने लीटर था?
SSC MTS 21/10/2024 Shift-II
(a) 14 लीटर (b) 28 लीटर
(c) 33 लीटर (d) 11 लीटर

71. एक शेफ के पास अम्ल और पानी के मिश्रण के दो कैन हैं। वह दोनों कैन की सामग्री को एक बीकर में मिला देता है। परिणामी मिश्रण में आधा पानी और आधा अम्ल है। उसने कैन 1 और कैन 2 की सामग्री को किस मात्रा में मिलाया, यदि कैन 2 में अम्ल और पानी का अनुपात 2 : 3 है और कैन 1 में अम्ल और पानी का अनुपात 5 : 3 है? **SSC MTS 18/10/2024 Shift-II**
(a) 3 : 7 (b) 4 : 5
(c) 4 : 7 (d) 2 : 3

72. एक आदमी को ₹ 3.3 प्रति लीटर मूल्य वाले दूध को ₹ 1.8 प्रति लीटर मूल्य वाले दूध के साथ किस अनुपात में मिलाना चाहिए ताकि मिश्रण का मूल्य ₹ 2.4 प्रति लीटर हो जाए?
SSC MTS 17/10/2024 Shift-II
(a) 3 : 2 (b) 4 : 5
(c) 2 : 3 (d) 1 : 3

73. एक दुकानदार को ₹ 80 प्रति किग्रा और ₹ 100 प्रति किग्रा मूल्य वाले 2 प्रकार के चावल को किस अनुपात में मिलाना चाहिए, ताकि मिश्रण का औसत मूल्य ₹ 95 प्रति किग्रा हो जाए? **SSC MTS 16/10/2024 Shift-II**
(a) 1 : 2 (b) 1 : 3
(c) 2 : 3 (d) 1 : 4

74. एक मिश्रण में 8 किग्रा ऐसी चाय है जिसका मूल्य ₹ 295 प्रति किग्रा है और 10 किग्रा ऐसी चाय है जिसका मूल्य ₹ 250 प्रति किग्रा है। मिश्रण का प्रति किलोग्राम औसत मूल्य (₹ में) ...... है। **SSC MTS 14/10/2024 Shift-I**
(a) 259.60 (b) 273
(c) 270 (d) 250.70

75. कोई केमिस्ट, दो अवयवों X और Y को मिश्रित करके 100 ग्राम औषधि तैयार करता है। X का मूल्य ₹ 1500 प्रति 100 ग्राम है और Y का मूल्य ₹ 50 प्रति 10 ग्राम है। X और Y को इस प्रकार मिश्रित किया जाता है कि परिणामी औषधि का मूल्य ₹ 13 प्रति ग्राम होता है। औषधि में X की मात्रा (ग्राम में) कितनी है?
SSC MTS 09/10/2024 Shift-I
(a) 80 (b) 10
(c) 20 (d) 30

76. एक वस्तु दो धातुओं A और B से मिलकर बनी है, जिनका मूल्य क्रमशः ₹ 35 प्रति किग्रा और ₹ 40 प्रति किग्रा है और जो क्रमशः 2 : 3 के अनुपात में है। इस वस्तु के 12 किग्रा का मूल्य (₹ में) क्या होगा?
SSC MTS 09/10/2024 Shift-I
(a) 456 (b) 38
(c) 228 (d) 152

77. दूध और पानी का 21 लीटर मिश्रण है। मिश्रण में दूध और पानी का अनुपात 4 : 3 है। इस मिश्रण में पानी की कितनी मात्रा (लीटर में) मिलायी जानी चाहिए, जिससे कि परिणामी मिश्रण में 50% पानी हो।
SSC MTS 08/10/2024 Shift-I
(a) 4 (b) 1
(c) 2 (d) 3

78. दो बर्तन, A और B में स्पिरिट और पानी का अनुपात क्रमशः 3: 4 और 5: 3 है। बर्तन C में 4: 3 के अनुपात में स्पिरिट और पानी युक्त एक नया मिश्रण प्राप्त करने के लिए इन दोनों मिश्रणों को किस अनुपात में मिलाया जाना चाहिए? **SSC MTS 07/10/2024 Shift-I**
(a) 3: 7 (b) 3: 8
(c) 5: 8 (d) 4 : 7

79. एक विक्रेता दूध में पानी मिलाकर और इस मिश्रण को क्रय मूल्य पर बेचकर 25% लाभ प्राप्त करना चाहता है। मिश्रण में पानी और दूध का अनुपात ज्ञात करें। **SSC MTS 07/10/2024 Shift-I**
(a) 2 : 7 (b) 2 : 5
(c) 1 : 4 (d) 1 : 5

80. एक पंसारी ₹ 120/किग्रा और ₹ 125/किग्रा मूल्य की दो किस्मों की चाय को एक अनुपात में मिलाकर ₹ 122/किग्रा मूल्य वाली एक नई किस्म तैयार करता है। नई किस्म प्राप्त करने के लिए मिश्रित की जाने वाली किस्मों का अनुपात कितना है? **SSC MTS 01/10/2024 Shift-I**
(a) 3 : 2 (b) 4 : 4
(c) 2 : 5 (d) 1 : 3

81. ₹ 43 प्रति किग्रा और ₹ 67 प्रति किग्रा मूल्य वाले चावलों को तीसरी किस्म के चावल के साथ 2 : 1 : 5 के अनुपात में मिलाया जाता है। यदि मिश्रण का मूल्य ₹ 96 प्रति किग्रा है, तो तीसरी किस्म के चावल का प्रति किग्रा मूल्य (₹ में) ज्ञात कीजिए। **SSC MTS 30/09/2024 Shift-I**
(a) 131 (b) 123
(c) 159 (d) 142

SSC MTS 2023-2021

82. 8 लीटर की मात्रा वाले मिश्रण 1 में 80% दूध है और 6 लीटर की मात्रा वाले मिश्रण 2 में 60% दूध है। दोनों मिश्रण मिला दिए जाते हैं। अन्तिम मिश्रण में दूध का प्रतिशत ज्ञात कीजिए। **SSC MTS 14/09/2023 Shift-I**

(a) $\frac{800}{9}\%$ (b) $\frac{600}{7}\%$ (c) $\frac{500}{7}\%$ (d) $\frac{500}{9}\%$

83. एक दूधवाले के पास दूध और पानी के मिश्रण के 2 बर्तन हैं। पहले में 80% दूध और बाकी पानी है। दूसरे में 50% दूध है। उसे प्रत्येक बर्तन में से कितना मिश्रण (लीटर में) मिलाना चाहिए, ताकि 9 लीटर मिश्रण इस प्रकार प्राप्त हों, जिसमें पानी और दूध का अनुपात 1 : 2 हो? (अपना उत्तर बर्तन 1 और बर्तन 2 के क्रम में लिखें)। **SSC MTS 13/09/2023 Shift-I**

(a) 5, 4 (b) 6, 3
(c) 4, 5 (d) 3, 6

84. एक दूध विक्रेता दूध में पानी मिलाता है और मिश्रण को क्रय मूल्य पर बेचकर $16\frac{1}{4}\%$ का लाभ कमाता है। मिश्रण में दूध और पानी का अनुपात ज्ञात कीजिए। **SSC MTS 11/09/2023 Shift-II**

(a) 13: 80 (b) 80: 13
(c) 40 : 7 (d) 7: 40

85. किसी मिश्रण में पानी की मात्रा के चार गुने दूध की मात्रा मिलाई जाती है और अब मिश्रण की मात्रा 7.5 लीटर हो जाती है। मिश्रण में 90% दूध होने के लिए मिश्रण में कितना और दूध मिलाया जाना चाहिए? **SSC MTS 11/09/2023 Shift-I**

(a) 7.5 लीटर (b) 9.5 लीटर
(c) 6 लीटर (d) 9 लीटर

86. ₹ 185 प्रति किग्रा वाले चावल को ₹ 95 प्रति किग्रा वाले चावल के साथ किस अनुपात में मिलाया जाए, ताकि मिश्रण को ₹ 140 प्रति किग्रा की दर से बेचने पर 40% का लाभ हो? **SSC MTS 08/09/2023 Shift-II**

(a) 2 : 13 (b) 3 : 23
(c) 2 : 19 (d) 1 : 17

87. एक बर्तन में द्रव A और द्रव B का अनुपात 4:9 है। यदि बर्तन में 8 लीटर द्रव A मिलाया जाता है, तो नया अनुपात 8 : 9 हो जाता है। मूल मिश्रण में द्रव A की मात्रा (लीटर में) ज्ञात कीजिए। **SSC MTS 04/09/2023 Shift-II**

(a) 6 (b) 9 (c) 8 (d) 12

88. एक किराना विक्रेता ₹ 300 प्रति किग्रा और ₹ 160 प्रति किग्रा की दो किस्मों की चाय को इस अनुपात में मिलाता है कि मिश्रण को ₹ 187 प्रति किग्रा की दर से बेचने पर दुकानदार 10% का लाभ अर्जित करता है। किराना विक्रेता दोनों किस्म की चाय को क्रमशः किस अनुपात में मिलाता है? **SSC MTS 04/09/2023 Shift-II**

(a) 13 : 2 (b) 1 : 13
(c) 2 : 13 (d) 13 : 3

89. एक पंसारी को क्रमशः ₹ 18 प्रति किग्रा और ₹ 22 प्रति किग्रा की दो किस्मों की दालों को किस अनुपात में मिलाना चाहिए, ताकि ₹ 19.50 प्रति किग्रा का मिश्रण प्राप्त हो सके? **SSC MTS 01/09/2023 Shift-III**

(a) 1 : 5 (b) 5 : 2
(c) 5 : 1 (d) 5 : 3

90. शुद्ध दूध वाले एक पात्र में से, 35% दूध निकालकर उसके स्थान पर पानी डाल दिया जाता है और इस प्रक्रिया को तीन बार दोहराया जाता है। तीसरी प्रक्रिया के अन्त में दूध की शुद्धता कितनी होगी? **SSC MTS 01/09/2023 Shift-III**

(a) $21\frac{23}{80}\%$ (b) $23\frac{37}{80}\%$
(c) $27\frac{37}{80}\%$ (d) $37\frac{21}{80}\%$

91. एक पंसारी को क्रमशः ₹ 128 और ₹ 143 प्रति किग्रा मूल्य के चावल की दो किस्मों को किस अनुपात में मिलाना चाहिए, ताकि ₹ 137.75 प्रति किग्रा मूल्य वाला चावल का मिश्रण प्राप्त हो? **SSC MTS 01/09/2023 Shift-I**

(a) 12 : 5 (b) 5 : 4
(c) 7 : 13 (d) 6 : 7

92. दो बीकरों में अम्ल और जल के अनुपात क्रमशः 2 : 3 और 3 : 4 हैं। यदि इन दोनों बीकरों में समान मात्रा में मिश्रण को एक अन्य उभयनिष्ठ बीकर में डाला जाता है, तो उभयनिष्ठ बीकर के मिश्रण में अम्ल और जल का परिणामी अनुपात ज्ञात कीजिए। **SSC MTS 12/07/2022 Shift-I**

(a) 7 : 5 (b) 29: 41
(c) 5 : 7 (d) 21: 29

93. ऐल्कोहॉल और जल के 80 लीटर मिश्रण में 60% ऐल्कोहॉल है। यदि इस मिश्रण में 'X' लीटर जल मिलाया जाता है, तो नए बने मिश्रण में ऐल्कोहॉल का प्रतिशत 40% हो जाता है। 'X' का मान ज्ञात कीजिए। **SSC MTS 12/07/2022 Shift-I**

(a) 60 (b) 20 (c) 80 (d) 40

94. चावल की दो किस्में एक साथ मिश्रित की जाती हैं पहली किस्म की कीमत ₹ 65 प्रति किग्रा और दूसरी किस्म की कीमत ₹ 95 प्रति किग्रा हैं। वह अनुपात ज्ञात करें, जिसमें चावल की दोनों किस्मों को मिश्रित किया जाए, ताकि मिश्रण की कीमत ₹ 83 प्रति किग्रा हो जाए। **SSC MTS 02/11/2021 Shift-I**

(a) 19 : 13 (b) 13 : 19
(c) 2 : 3 (d) 3 : 2

95. एक कण्टेनर में 30 लीटर दूध है, जिसमें से 3 लीटर दूध निकाला जाता है और उसके स्थान पर पानी मिलाया जाता है। यह प्रक्रिया तीन बार की जाती है। कण्टेनर में पानी और दूध का अन्तिम अनुपात ज्ञात करें। **SSC MTS 02/11/2021 Shift-I**

(a) 271 : 729 (b) 729 : 271
(c) 19 : 81 (d) 81 :19

SSC GD Constable 2024

96. एक मिश्रण में, दूध और पानी का अनुपात 7 : 9 है। मिश्रण में कुछ दूध मिलाया जाता है। जिसके कारण दूध और पानी का अनुपात 11 : 9 हो जाता है। प्रारम्भिक मिश्रण के प्रतिशत के रूप में, मिश्रण में कितना दूध मिलाया गया? **SSC GD 24/02/2024 Shift-II**

(a) 30% (b) 25%
(c) 60% (d) 10%

97. 220 लीटर के मिश्रण में पानी और दूध का अनुपात क्रमशः 6 : 5 है। पानी और दूध का अनुपात क्रमशः 5 : 4 करने के लिए मिश्रण में कितना पानी मिलाना होगा? **SSC GD 23/02/2024 Shift-IV**

(a) 2 लीटर (b) 10 लीटर
(c) 5 लीटर (d) 3 लीटर

98. एक मिश्रण में पानी और दूध का अनुपात 8 : 21 है। यदि इसमें दूध, पानी से 26 लीटर अधिक है, तो मिश्रण मे दूध की मात्रा कितनी होगी? **SSC GD 23/02/2024 Shift-III**

(a) 46 लीटर (b) 26 लीटर
(c) 42 लीटर (d) 16 लीटर

99. 120 लीटर के एक मिश्रण में पानी और दूध का अनुपात क्रमशः 5 : 7 है। मिश्रण में पानी और दूध का अनुपात क्रमशः 1 : 1 करने के लिए मिश्रण में कितना पानी मिलाना होगा? **SSC GD 23/02/2024 Shift-II**

(a) 15 लीटर (b) 10 लीटर
(c) 20 लीटर (d) 25 लीटर

100. 110 लीटर के एक मिश्रण में पानी और दूध का अनुपात क्रमशः 4 : 7 है। पानी और दूध का अनुपात क्रमशः 8 : 7 करने के लिए मिश्रण में कितना पानी मिलाना होगा? **SSC GD 22/02/2024 Shift-III**

(a) 10 लीटर (b) 20 लीटर
(c) 40 लीटर (d) 30 लीटर

101. एक मिश्रण में अम्ल और पानी का अनुपात 7 : 4 है। यदि इसमें 2 लीटर पानी मिला दिया जाए तो अम्ल और पानी का अनुपात 7 : 5 हो जाता है। मिश्रण में अम्ल की मात्रा कितनी है? **SSC GD 21/02/2024 Shift-III**

(a) 7 लीटर
(b) 14 लीटर
(c) 20 लीटर
(d) 21 लीटर

102. एक मिश्रण में दूध और पानी का अनुपात 2 : 3 है। मिश्रण में कुछ मात्रा में दूध मिलाया जाता है, जिसके कारण दूध और पानी का अनुपात 10 : 3 हो जाता है। प्रारम्भिक मिश्रण के प्रतिशत के रूप में कितना दूध मिलाया गया? **SSC GD 21/01/2024 Shift-I**

(a) 120% (b) 100%
(c) 160% (d) 140%

SSC Selection Post 2023

103. ₹ 80 प्रति किग्रा की लागत वाले 20 किग्रा चावल को ₹100 प्रति किग्रा की लागत वाले y किग्रा चावल के साथ मिलाया जाता है। यदि इस मिश्रित चावल का मूल्य ₹ 84 प्रति किग्रा है, तो y का मान क्या है? **Graduate Level 27/6/2023 Shift-IV**

(a) 5 (b) 6 (c) 4 (d) 3

104. यदि 20% दूध वाले 36 लीटर विलयन को 10% दूध वाले 48 लीटर विलयन में मिलाया जाता है, तो परिणामी विलयन में दूध की प्रतिशत मात्रा क्या होगी? **Higher Secondary Level 27/6/2023 Shift-III**

(a) 13.36%
(b) 15.48%
(c) 12.38%
(d) 14.28%

सही उत्तर

1 (b)	2 (a)	3 (d)	4 (b)	5 (a)	6 (c)	7 (b)	8 (b)	9 (c)	10 (b)
11 (a)	12 (a)	13 (b)	14 (d)	15 (c)	16 (c)	17 (d)	18 (b)	19 (a)	20 (c)
21 (a)	22 (a)	23 (a)	24 (d)	25 (a)	26 (a)	27 (c)	28 (d)	29 (d)	30 (a)
31 (d)	32 (d)	33 (b)	34 (d)	35 (a)	36 (c)	37 (a)	38 (d)	39 (b)	40 (b)
41 (b)	42 (b)	43 (c)	44 (a)	45 (b)	46 (d)	47 (b)	48 (c)	49 (d)	50 (c)
51 (d)	52 (a)	53 (c)	54 (d)	55 (d)	56 (b)	57 (a)	58 (a)	59 (d)	60 (c)
61 (a)	62 (b)	63 (a)	64 (c)	65 (b)	66 (c)	67 (a)	68 (a)	69 (a)	70 (c)
71 (b)	72 (c)	73 (b)	74 (c)	75 (a)	76 (a)	77 (d)	78 (b)	79 (c)	80 (a)
81 (b)	82 (c)	83 (a)	84 (b)	85 (a)	86 (d)	87 (c)	88 (b)	89 (d)	90 (c)
91 (c)	92 (b)	93 (d)	94 (c)	95 (a)	96 (b)	97 (c)	98 (c)	99 (c)	100 (c)
101 (b)	102 (c)	103 (a)	104 (d)						

उत्तर सहित हल

1. (b) औसत मूल्य $= \dfrac{51\times8+68\times9}{8+9}$

$= \dfrac{408+612}{17}$

$= \dfrac{1020}{17} =$ ₹ 60 प्रति किग्रा

2. (a) मिश्रण के नियम से,

$\frac{4}{9}$ $\quad\quad$ $\frac{2}{3}$

$\frac{8}{13}$

$\frac{2}{3\times13}$: $\frac{20}{9\times13}$

$\Rightarrow$ 3 : 10

$\therefore$ $x : y = 3 : 10$

3. (d) प्रश्नानुसार,

चावल I $\quad$ चावल II
4 $\quad$ 10

₹ 6.50

3.50 : 2.50

चावल I और II का अनुपात $= \dfrac{3.50}{2.50} = 7 : 5$

$\therefore$ 4 किग्रा चावल की मात्रा $= \dfrac{15}{5} \times 7 = 21$ किग्रा

4. (b) 1 लीटर = 1000 मिली

माना मिश्रित की जाने वाली एल्कोहॉल की मात्रा = x मिली

प्रश्नानुसार,

$\dfrac{\frac{1}{2}\times1000\times\frac{15}{100}+x}{500+x} = \dfrac{50}{100}$

$\Rightarrow \dfrac{75+x}{500+x} = \dfrac{1}{2} \Rightarrow 150+2x = 500+x$

$\therefore$ $x = 350$ मिली

5. (a) माना अच्छी गुणवत्ता वाले गेहूँ की कीमत = ₹ x प्रति किग्रा

प्रश्नानुसार, $26\times10+6\times x = (10+6)\times35$

$\Rightarrow 260+6x = 560$

$\Rightarrow x = \dfrac{560-260}{6} =$ ₹ 50 प्रति किग्रा

6. (c) यहाँ, दूध = 6 लीटर तथा पानी = 4 लीटर

माना x लीटर पानी मिलाया जाना चाहिए।

प्रश्नानुसार, $\dfrac{6}{4+x} = \dfrac{2}{3}$

$\Rightarrow 18 = 8+2x \Rightarrow 2x = 10$

$\Rightarrow x = 5$ लीटर

7. (b) मिश्रण का क्रय मूल्य $= \dfrac{75}{120}\times100 =$ ₹ 62.5

मिश्रण के नियमानुसार,

78 $\quad$ 46

62.5

16.5 : 15.5 ⇒ 33 : 31

अत: अभीष्ट अनुपात 33 : 31 है।

8. (b) दिया है, पानी और आम का मिश्रण = 9 : 7

कुल मिश्रण = 160 लीटर

मिश्रण में पानी की मात्रा $= 160\times\dfrac{9}{16} = 90$ लीटर

मिश्रण में आम की मात्रा = 160 − 90 = 70 लीटर

प्रश्नानुसार, $\dfrac{90+x}{70+3x} = \dfrac{13}{14}$

$\Rightarrow 1260+14x = 910+39x$

$\Rightarrow 350 = 25x \Rightarrow x = \dfrac{350}{25} = 14$

आम के नए जूस की मात्रा $= 160+x+3x$

$= 160+14+3\times14$

$= 160+14+42$

= 216 लीटर

9. (c) मिश्रण = 32 लीटर

दूध और पानी का अनुपात = 5 : 3

$\therefore$ दूध की मात्रा $= 32\times\dfrac{5}{8} = 20$ लीटर

पानी की मात्रा = 32 − 20 = 12 लीटर

माना मिलाए गए पानी की मात्रा = L लीटर

प्रश्नानुसार,

$\dfrac{20}{12+L} = \dfrac{50\%}{50\%}$

$\Rightarrow \dfrac{20}{12+L} = \dfrac{1}{1}$

$\Rightarrow 20 = 12+L$

$\Rightarrow L = 8$ लीटर

अत: मिश्रण में 8 लीटर पानी मिलाया जाए।

10. (b) माना महँगे गेहूँ का मूल्य = ₹x

सस्ते तथा महँगे गेहूँ का अनुपात $= \frac{15}{5} = 3:1$

सस्ते गेहूँ — 10   महँगे गेहूँ — x

30

$(x-30)$ $(30-10) = 20$

प्रश्नानुसार, $\frac{x-30}{20} = \frac{3}{1}$

$\Rightarrow x - 30 = 60$

$\therefore x = 90$

∴ महँगे गेहूँ का मूल्य = ₹ 90

11. (a) माना मिश्रण का औसत मूल्य ₹ x प्रति लीटर है।

$\therefore x \times (42+28) = 25 \times 42 + 40 \times 28$

$\Rightarrow 70 \times x = 1050 + 1120$

$\Rightarrow 70 \times x = 2170$

$x = \frac{2170}{70} = 31$

∴ मिश्रण का औसत मूल्य ₹ 31/ लीटर है।

12. (a) पहले पात्र में $(A:B) = 252:441$

∴ दूसरे पात्र में B की मात्रा $= \frac{441}{693} \times 1188 = \frac{523908}{693}$

= 756 लीटर

13. (b) माना तीसरे प्रकार की चाय का मूल्य ₹ x किग्रा है।

प्रश्नानुसार,

$250 \times 1 + 300 \times 1 + 2 \times x = (1+1+2) \times 350$

$250 + 300 + 2x = 1400$

$2x = 850 \Rightarrow x = 425$

∴ अभीष्ट मूल्य = ₹ 425/किग्रा

14. (d) परिणामी मिश्रण की लागत (प्रति किग्रा)

$$= \frac{\frac{250}{5} \times 7 + \frac{280}{5} \times 8}{15}$$

$$= \frac{350 + 448}{15} = \frac{798}{15} = ₹\ 53.2$$

15. (c) पहले प्रकार की चीनी का कुल मूल्य

$= 4 \times 5 = ₹\ 20$

दूसरे प्रकार की चीनी का कुल मूल्य $= 6 \times 3 = ₹\ 18$

∴ मिश्रण का लागत मूल्य $= \frac{20+18}{5+3} = \frac{38}{8} = ₹\ 4.75$

16. (c) दोनों मिश्रणों में दूध का अनुपात

$$= \frac{10}{10+6} : \frac{8}{8+4} = \frac{10}{16} : \frac{8}{12} = 30:32 = 15:16$$

17. (d) माना तीनों अम्लों की मात्रा क्रमशः $3x$, $5x$ और ax इकाई है।

प्रश्नानुसार,

$$\frac{3x \times 20}{100} + \frac{5x \times 30}{100} + \frac{ax \times 40}{100} = (3x + 5x + ax) \times \frac{30}{100}$$

$\Rightarrow 60x + 150x + 40ax = 90x + 150x + 30ax$

$\Rightarrow 10a = 30$

$\therefore a = \frac{30}{10} = 3$ इकाई

18. (b) माना ₹ 60 प्रति किग्रा वाले चावल की मात्रा $= x$ किग्रा

प्रश्नानुसार,

$(60x + 42 \times 24) \times \frac{(100+12)}{100} = 56(x+24)$

$\Rightarrow \frac{(60x + 1008)\,112}{100} = 56x + 1344$

$\Rightarrow 6720x + 112896 = 5600x + 134400$

$\Rightarrow 1120x = 21504$

$\therefore x = \frac{21504}{1120} = 19.2$ किग्रा

19. (a) दूध के विलयन की मात्रा = 80 लीटर

∴ दूध की मात्रा $= 80 \times \frac{60}{100} = 48$ लीटर

अतः पानी की मात्रा = 80 − 48 = 32 लीटर

माना मिलाया गया दूध = x लीटर

प्रश्नानुसार, $\frac{48 + x}{32} = \frac{80}{20} = \frac{4}{1}$

$\Rightarrow 48 + x = 128 \Rightarrow x = 80$ लीटर

20. (c) दूध की प्रारम्भिक मात्रा $(N) = 40$ लीटर

पात्र से निकाले गए प्रत्येक बार दूध की मात्रा $(P) = 4$ लीटर; प्रक्रिया $(n) = 3$ बार

अतः पात्र में शेष दूध $(V) = N\left(1 - \frac{P}{N}\right)^n$

$$= 40\left(1 - \frac{4}{40}\right)^3 = 40\left(1 - \frac{1}{10}\right)^3$$

$$= 40 \times \frac{9}{10} \times \frac{9}{10} \times \frac{9}{10} = 29.16 \text{ लीटर}$$

21. (a) माना दूसरे रंग C_2 प्रति इकाई मूल्य ₹ x है।

$\therefore 500 \times 2 + 3 \times x = (2+3) \times 650$

$\Rightarrow 1000 + 3x = 3250 \Rightarrow 3x = 2250$

$\Rightarrow x = ₹\ 750$

स्पीडी विधि

500   750

650

$\times 50\left(\frac{100}{2}\right. : \left.\frac{150}{3}\right)\times 50$

22. (a) प्रश्नानुसार,

बर्तन में $\frac{5}{16}$ भाग जल और $\frac{11}{16}$ भाग चाशनी है।

अब माना मिश्रण के x भाग को निकालकर चाशनी में बदला जाता है।

तब, $\frac{\frac{5}{16} - \frac{5}{16}x + x}{\frac{11}{16} - \frac{11}{16}x} = \frac{2}{3} \Rightarrow \frac{5 - 5x + 16x}{11 - 11x} = \frac{2}{3}$

$\Rightarrow 15 + 33x = 22 - 22x \Rightarrow x = \frac{7}{55}$

23. (a) कुल मिश्रण की मात्रा = 40 लीटर

एल्कोहॉल की मात्रा $= 40 \times \frac{25}{100} = 10$ लीटर

पानी की मात्रा = 40 − 10 = 30 लीटर

प्रश्नानुसार, मिश्रण में 10 लीटर पानी मिलाने पर नए मिश्रण में एल्कोहॉल का प्रतिशत $= \frac{(10)}{(40+10)} \times 100$

$= \frac{10}{50} \times 100 = 20\%$

स्पीडी विधि

ऐल्कोहॉल की मात्रा $= 40 \times \frac{25}{100} = 50 \times \frac{x}{100}$

$x = 20\%$

24. (d) माना तीसरी किस्म के चावलों की कीमत = ₹ x प्रति किग्रा

प्रश्नानुसार,

$2 \times 35 + 1 \times 38 + 2 \times x = (2 + 1 + 2) \times 42$

$\Rightarrow 70 + 38 + 2x = 210$

$\Rightarrow 2x = 210 - 108$

$\Rightarrow x = \frac{102}{2} = ₹\ 51$

25. (a) माना दोनों प्रकार की दालों x और y की मात्रा क्रमशः $7x$ और $20x$ किग्रा हैं।

तब प्रश्नानुसार,

दालों के मिश्रण का प्रति किग्रा मूल्य

$$= \frac{7x \times 100 + 20x \times 150}{7x + 20x}$$

$$= \frac{700 + 3000}{27} = \frac{3700}{27} \approx 137$$

26. (a) माना दूसरे किस्म के चावल का मूल्य ₹x प्रति किग्रा है।

$45 \times 3 + x \times 2 = 5 \times 50$

$\Rightarrow 2x = 250 - 135$

$\Rightarrow x = \frac{115}{2} = ₹57.5$

27. (c) पानी का मूल्य = ₹ 0

दूध का मूल्य = ₹ 32

पानी 0   दूध 32

28

4 : 28

अभीष्ट अनुपात = 1 : 7

28. (d) माना P और Q मिश्रधातुओं की x और $3x$ मात्राएँ मिलाई जाती हैं।

∴ तीसरी मिश्रधातु में एल्युमीनियम की मात्रा

$$= x \times \frac{5}{16} + 3x \times \frac{3}{8} = \frac{5x + 18x}{16} = \frac{23x}{16}$$

तीसरी मिश्रधातु में कॉपर की मात्रा

$$= x \times \frac{11}{16} + 3x \times \frac{5}{8}$$

$$= \frac{11x + 30x}{16} = \frac{41x}{16}$$

∴ अभीष्ट प्रतिशत $= \frac{\frac{23x}{16}}{\frac{41x}{16}} \times 100 = \frac{23}{41} \times 100$

= 56.09%

≈ 56%

स्पीडी विधि

Al Cu

$P \to (5:11) \times 1 = 5:11$

$Q \to (3:5) \times 2 \times 3 = 18:30$

$\Rightarrow 23:41$

अतः अभीष्ट % $= \frac{23}{41} \times 100 \approx 56\%$

29. (d) माना दूध और पानी का कुल मिश्रण 100 लीटर है।

$\therefore$ मिश्रण में दूध $= 100 \times \frac{60}{100} = 60$ लीटर

माना मिश्रण से x लीटर प्रतिस्थापित किया जाता है।

$\therefore$ x लीटर में दूध $= x \times \frac{60}{100} = \frac{6x}{10}$ लीटर

x लीटर में आने वाला दूध $= x \times \frac{50}{100} = \frac{x}{2}$ लीटर

प्रश्नानुसार,

$$60 - \frac{6x}{10} + \frac{x}{2} = 100 \times \frac{52}{100}$$

$$\Rightarrow 60 - 52 = \frac{6x}{10} - \frac{x}{2}$$

$$\Rightarrow 8 = \frac{6x - 5x}{10}$$

$\Rightarrow$ $x = 80$ लीटर

$\therefore$ अभीष्ट भाग $= \frac{80}{100} = \frac{4}{5}$ भाग

स्पीडी विधि

पहले मिश्रण में दूध   दूसरे मिश्रण में दूध

60%   50%

52%

(52% − 50%) : (60% − 52%)

2% : 8%

1 : 4

अतः प्रतिस्थापित मिश्रण की मात्रा $= \frac{4}{1+4} = \frac{4}{5}$

30. (a) 20% सान्द्रता वाले H_2SO_4 के 100 मिली घोल में शुद्ध H_2SO_4 की मात्रा $= 100 \times \frac{20}{100} = 20$ मिली

50% सान्द्रता वाले x मिली मिश्रण में H_2SO_4 की मात्रा $= x \times \frac{50}{100} = \frac{x}{2}$ मिली

प्रश्नानुसार, $(100 + x) \times \frac{30}{100} = 20 + \frac{x}{2}$

$\Rightarrow$ $300 + 3x = 200 + 5x$

$\Rightarrow$ $2x = 100$

$\Rightarrow$ $x = 50$ मिली

स्पीडी विधि

$H_2SO_4 = 100$ मिली, $H_2SO_4 = x$ मिली

20%   50%

30%

20% : 10%

2 : 1

$\times 50$ (2 → 100) : (1 → 50) $\times 50$

अभीष्ट मात्रा, $x = 50$ मिली

31. (d) माना मिश्रण में दूध और पानी की मात्रा क्रमशः $5x$ और $3x$ हैं।

प्रश्नानुसार, 7 लीटर पानी मिलाने पर,

$$\frac{5x}{3x+7} = \frac{1}{2}$$

$\Rightarrow$ $10x = 3x + 7$ $\Rightarrow$ $7x = 7 \Rightarrow x = 1$

$\therefore$ मिश्रण में दूध की मात्रा $= 5x = 5$ लीटर

32. (d) माना तीसरे किस्म का मूल्य ₹ x/किग्रा है।

$80 \times 1 + 50 \times 2 + x \times 3 = 75 \times (1 + 2 + 3)$

$\Rightarrow$ $80 + 100 + 3x = 450$

$\Rightarrow$ $3x = 270$

$\Rightarrow$ $x =$ ₹ 90 प्रति किग्रा

33. (b) मिश्रण में पानी की मात्रा $= \frac{60 \times 10}{100} = 6$ लीटर

$\therefore$ दूध की मात्रा $= 60 - 6 = 54$ लीटर

मिलाए जाने वाले पानी की मात्रा $= x$ लीटर

प्रश्नानुसार, $\frac{6+x}{60+x} = \frac{25}{100} = \frac{1}{4}$

$\Rightarrow$ $3x = 60 - 24 = 36$

$\Rightarrow$ $x = 12$ लीटर

स्पीडी विधि

मिश्रण में पानी मिलाया जा रहा है। इसलिए दूध की मात्रा स्थिर होगी।

$60 \times 90\% = x \times 75\%$ $\Rightarrow$ $x = 72$

अतः मिश्रण में पानी मिलाया गया

$= 72 - 60 = 12$ लीटर

34. (d) बर्तन में दूध की मात्रा $(x) = 25$ लीटर

निकाला गया दूध की मात्रा $(a) = 5$ लीटर

प्रक्रिया की संख्या $(n) = 3$

$\because$ बर्तन में शेष दूध की मात्रा $= x\left(1 - \frac{a}{x}\right)^n$

$$= 25\left(1 - \frac{5}{25}\right)^3 = 25 \times \left(\frac{4}{5}\right)^3$$

$= 25 \times \frac{64}{125} = 12.8$ लीटर

35. (a) माना मिश्रधातु C में A की मात्रा $= 4x$ किग्रा और B की मात्रा $= 5x$ किग्रा

मिश्रधातु C में दोनों धातुओं A और B से आए धातु 'Y' की मात्रा $= \frac{2}{7} \times 4x + \frac{4}{7} \times 5x = \left(\frac{28}{7}x\right) = 4x$ किग्रा

मिश्रधातु C में 'Y' का प्रतिशत $= \frac{4x}{5x + 4x} \times 100$

$= \frac{4}{9} \times 100 = 44\frac{4}{9}\%$

36. (c) 25 लीटर मिश्रण में मदिरा की मात्रा

$= 25 \times \frac{30}{100} = \frac{15}{2} = 7.5$ लीटर

तथा 5 लीटर पानी मिलाने के बाद कुल मिश्रण

$= 25 + 5 = 30$ लीटर

$\therefore$ नए मिश्रण में मदिरा का प्रतिशत $= \frac{7.5}{30} \times 100 = 25\%$

37. (a) दूध व मिश्रण का अनुपात $= 4 : 5$

5 लीटर में दूध की मात्रा $= \frac{4}{5} \times 5 = 4$ लीटर

5 लीटर में पानी की मात्रा $= \frac{1}{5} \times 5 = 1$ लीटर

प्रश्नानुसार, 1 लीटर दूध मिलाने पर मिश्रण की कुल मात्रा

$= 5 + 1 = 6$ लीटर

$\therefore$ जल का प्रतिशत $= \frac{1}{6} \times 100 = \frac{100}{6}\%$

स्पीडी विधि

दूध   जल

शुरुआत मिश्रण $= 4$ लीटर 1 लीटर $= 5$ लीटर

↓+1

नये मिश्रण $= 5$ लीटर 1 लीटर

$\therefore$ नये मिश्रण में जल का प्रतिशत

$$= \frac{1}{1+5} \times 100 = \frac{1}{6} \times 100 = \frac{100}{6}\%$$

38. (d) एक मिश्रधातु में $A : B : C = 2 : 3 : 1$

दूसरी मिश्रधातु में, $B : C : D = 5 : 4 : 3$

माना प्रत्येक मिश्रधातु का वजन $= 12$ इकाई

$\therefore$ पहले मिश्रधातु में B का भाग $= \frac{3}{6} \times 12 = 6$ इकाई

दूसरे मिश्रधातु में B का भाग $= \frac{5}{12} \times 12 = 5$ इकाई

नई मिश्रधातु में B का भाग $= \frac{6+5}{12+12} = \frac{11}{24}$ भाग

39. (b) 160 लीटर पेय में पानी की मात्रा

$= 160 \times \frac{9}{16} = 10 \times 9 = 90$ लीटर

160 लीटर पेय में जूस की मात्रा $= 160 - 90 = 70$ लीटर

प्रश्नानुसार, $\frac{90 + x}{70 + 2x} = \frac{13}{15}$

$\Rightarrow$ $1350 + 15x = 910 + 26x$

$\Rightarrow$ $1350 - 910 = 26x - 15x$

$\Rightarrow$ $440 = 11x \Rightarrow 40 = x$

पेय में मिलाए गए पानी की मात्रा $= x = 40$ लीटर

पेय में मिलाए गए जूस की मात्रा $= 2x = 80$ लीटर

कुल पेय की मात्रा $= 160 + 40 + 80 = 280$ लीटर

40. (b) परिणामी मिश्रण की कीमत

$$= \frac{25 \times 3 + 40 \times 2}{3 + 2} = \frac{75 + 80}{5} = \frac{155}{5}$$

$=$ ₹ 31 प्रति किग्रा

41. (b) दूध की मात्रा $= \frac{5}{6} \times 18 = 15$ लीटर

पानी की मात्रा $= \frac{1}{6} \times 18 = 3$ लीटर

माना, मिलाए गए पानी की मात्रा $= x$ लीटर

प्रश्नानुसार, $\frac{15 + 3}{3 + x} = \frac{9}{2}$ $\Rightarrow$ $\frac{18}{3 + x} = \frac{9}{2}$

$\Rightarrow$ $4 = 3 + x$ $\Rightarrow$ $x = 1$ लीटर

42. (b) मिश्रधातु A में, लेड : टिन $= 5 : 3$

$\therefore$ टिन की मात्रा $= \frac{80}{8} \times 3 = 30$ किग्रा

मिश्रधातु B में, लेड : टिन $= 3 : 1$

टिन की मात्रा $= \frac{100}{4} \times 1 = 25$ किग्रा

दोनों मिश्रधातु को मिलाने पर,

टिन की कुल मात्रा $= (30 + 25) = 55$ किग्रा

43. (c) मिश्रधातु का वजन $= 750$ किग्रा

टिन की मात्रा $= 750 \times \frac{25}{100} = 187.5$ किग्रा

ताँबे की मात्रा $= 750 - 187.5 = 562.5$ किग्रा

माना मिलाई गई टिन की मात्रा $= x$ किग्रा

मिश्रण का 70% टिन $= 750 \times \frac{70}{100} = 525$ किग्रा

ताँबा की मात्रा $= 750 - 525 = 225$ किग्रा

प्रश्नानुसार, $\frac{562.5}{187.5 + x} = \frac{225}{525}$

$\Rightarrow 42187.5 + 225x = 295312.5$

$\Rightarrow 225x = 295312.5 - 42187.5 = 253125$

$\therefore \quad x = \frac{253125}{225} = 1125$ किग्रा

स्पीडी विधि

$25\% = \frac{1}{4}$ और $70\% = \frac{7}{10}$

ताँबा टिन

शुरूआत में मिश्रण = 3 : 1 =750 किग्रा

+6

अन्तिम में मिश्रण = 3 : 7

$\because \quad 4 \rightarrow 750$

$\therefore \quad 6 \rightarrow \frac{750}{4} \times 6 = 1125$ किग्रा

44. (a) विलयन की मात्रा = 12 लीटर

एसिड की मात्रा $= 12 \times \frac{30}{100} = 3.6$ लीटर

जल की मात्रा = 12 − 3.6 = 8.4 लीटर

माना, मिलाए गए जल की मात्रा = x लीटर

प्रश्नानुसार,

$$\frac{3.6}{8.4 + x} = \frac{20}{80} = \frac{1}{4}$$

$\Rightarrow \quad 14.4 = 8.4 + x$

$\therefore \quad x = 14.4 - 8.4 = 6$

अतः मिलाए गए जल की मात्रा = 6 लीटर

45. (b) मिश्रण के नियम से,

10% 30%

x

2 : 3

$$x = \frac{10 \times 2 + 30 \times 3}{(2 + 3)}\%$$

$$= \frac{110}{5}\% = 22\%$$

46. (d) दिया है, दूध : पानी = 7 : 5

माना प्रारम्भ में दूध व पानी की मात्रा क्रमशः $7x$ तथा $5x$ थी।

प्रश्नानुसार,

$$\frac{7x - 9}{5x + 9} = \frac{7}{9}$$

$\Rightarrow \quad 63x - 35x = 81 + 63$

$\Rightarrow \quad 28x = 144$

$\therefore \quad x = \frac{144}{28}$

अब, प्रारम्भ में बाल्टी में दूध की मात्रा

$= 7x = 7 \times \frac{144}{28}$

= 36 लीटर

47. (b) मिश्रण के नियम से,

88 187

x

10 : 20

1 : 2

$$x = \frac{88 \times 1 + 187 \times 2}{3}$$

$$= \frac{88 + 374}{3} = \frac{462}{3} = 154$$

∴ मिश्रण का मूल्य = ₹ 154/किग्रा

48. (c) प्रश्नानुसार,

मिश्रण का क्रय मूल्य $= \frac{36 \times 100}{125}$

$= \frac{144}{5} =$ ₹ 28.8

अब, मिश्रण के नियम से,

₹ 27 ₹ 31

₹ 28.8

(31−28.81) : (28.8 − 27)

2.2 : 1.8

11 : 9

∴ अभीष्ट अनुपात = 11 : 9

49. (d) माना मिश्रण में एल्कोहॉल और पानी की मात्रा क्रमशः $12x$ और $5x$ लीटर हैं।

$$\therefore \quad \frac{12x}{5x + 14} = \frac{4}{3}$$

$\Rightarrow \quad 36x = 20x + 56$

$\Rightarrow \quad 16x = 56$

$\therefore \quad x = \frac{56}{16}$

अतः मिश्रण में एल्कोहॉल की मात्रा $= 12x$

$= 12 \times \frac{56}{16} = 42$ लीटर

50. (c) $1\frac{1}{2}$ लीटर दूध का मूल्य = ₹ 1

∴ 60 लीटर दूध का मूल्य = ₹ $\frac{60}{3/2}$ = ₹40

₹ 1 में मिश्रण में (दूध + पानी) की मात्रा = $1\frac{7}{8}$ लीटर

∴ ₹ 40 में (दूध + पानी) की मात्रा $= 40 \times \frac{15}{8}$

= 75 लीटर

∴ पानी की मात्रा = (75 − 60) = 15 लीटर

51. (d) मिश्रण के नियम से,

60 75

65

10 : 5

∴ अभीष्ट अनुपात = 2 : 1

52. (a) प्रश्नानुसार,

$$\frac{2 \times 10}{100} + \frac{3 \times 20}{100} + \frac{x \times 30}{100} = (2 + 3 + x) \times \frac{23}{100}$$

$\Rightarrow 20 + 60 + 30x = 115 + 23x$

$\Rightarrow \quad 30x - 23x = 115 - 80$

$\therefore \quad x = \frac{35}{7} = 5$

53. (c) मिश्रण में पानी की मात्रा $= 70 \times \frac{10}{100} = 7$ लीटर

मिश्रण में वाइन की मात्रा = 70 − 7 = 63 लीटर

माना मिश्रण में x लीटर पानी मिलाया जाता है।

प्रश्नानुसार,

$$\frac{63}{7 + x} = \frac{(100 - 12.5)}{(12.5)}$$

$$\Rightarrow \quad \frac{63}{7 + x} = \frac{87.5}{12.5}$$

$$\Rightarrow \quad \frac{63}{7 + x} = 7$$

$\Rightarrow \quad 49 + 7x = 63$

$\Rightarrow \quad 7x = 63 - 49 = 14$

$\therefore \quad x = \frac{14}{7} = 2$

स्पीडी विधि

वाइन की मात्रा $= 70 \times \frac{90}{100} = x \times \frac{87.5}{100}$

$x = \frac{70 \times 90}{87.5} = 72$

∴ मिलाया गया पानी = 72 − 70 = 2 लीटर

54. (d) माना दोनों चाय का बराबर भार 60 ग्राम है।

∴ कांगड़ा घाटी की चाय $= \frac{3}{12} \times 60 = 15$ ग्राम

∴ कुल मिश्रण में कांगड़ा घाटी की चाय

$= \frac{15}{60 + 60} = \frac{15}{120}$

∴ कांगड़ा घाटी की चाय का प्रति किग्रा भार

$= \frac{15}{120} \times 1000 = 125$ ग्राम

55. (d) चाय किस्म I चाय किस्म II

80 85

82

85–82 : 82–80

अभीष्ट अनुपात = 3 : 2

56. (b) मिश्रण का विक्रय मूल्य = ₹ 20 प्रति किग्रा

∴ मिश्रण का लागत मूल्य $= 20 \times \frac{100}{125}$

= ₹ 16 प्रति किग्रा

मिश्रण के नियम से,

₹ 20 ₹ 14

₹ 16

16 − 14 = 2 : 23 − 16 = 7

∴ अभीष्ट अनुपात $= \frac{2}{7} = 2 : 7$

57. (a) मिश्रण का विक्रय मूल्य = ₹ 30 प्रति किग्रा

मिश्रण का क्रय मूल्य $= 30 \times \frac{100}{110} =$ ₹ $\frac{300}{11}$

मिश्रण के नियम से,

I II

26 32

$\frac{300}{11}$

$32 - \frac{300}{11}$: $\frac{300}{11} - 26$

$\frac{52}{11}$: $\frac{14}{11}$

अभीष्ट अनुपात $= \frac{52}{11} : \frac{14}{11} = 26 : 7$

58. (a) प्रथम मिश्रण में = 242 किग्रा

एल्युमीनियम : जिंक

5 : 6

$\because \quad \frac{5}{11} \times 242 \quad \frac{6}{11} \times 242$

110 किग्रा 132 किग्रा

द्वितीय मिश्रण में = 144 किग्रा

एल्युमीनियम : जिंक

3 : 5

$\because \quad \frac{3}{8} \times 144 \quad \frac{5}{8} \times 144$

54 किग्रा 90 किग्रा

दोनों मिश्रण को मिलाने के बाद नए मिश्रण में अनुपात

एल्युमीनियम : जिंक

$= (110 + 54) : (132 + 90)$

$= 164 : 222$

$= 82 : 111$

59. (d) दोनों बर्तनों में रस व पानी का अनुपात

$= 3 : 5$ व $3 : 1$

तीसरे बर्तन में डालने पर रस व पानी का नया अनुपात

$= \left(\frac{3}{8} + \frac{3}{4}\right) : \left(\frac{5}{8} + \frac{1}{4}\right) = \left(\frac{3+6}{8}\right) : \left(\frac{5+2}{8}\right)$

$= 9 : 7$

60. (c) माना बीकर में पानी = 30 लीटर

और औषधि = 70 लीटर

$\therefore$ कुल मिश्रण = 100 लीटर

माना मिश्रण के x लीटर को पानी से बदला गया है

प्रश्नानुसार, $\frac{30 - \frac{3}{10}x + x}{70 - \frac{7}{10}x} = \frac{1}{1}$

$\Rightarrow \quad 30 + \frac{7}{10}x = 70 - \frac{7}{10}x \Rightarrow \frac{7}{5}x = 40$

$\Rightarrow \quad x = \frac{200}{7} = \frac{2}{7} \times 100$

अत: अभीष्ट भाग $= \frac{2}{7}$

61. (a) प्रश्नानुसार,

75 90

80

90 − 80 : 80 − 75

10 : 5

$\therefore$ अभीष्ट अनुपात $= \frac{10}{5} = 2 : 1$

62. (b) प्रश्नानुसार,

पहली किस्म की दाल दूसरी किस्म की दाल

15 20

18

20 − 18=2 : 18 − 15=3

$\therefore$ अभीष्ट अनुपात = 2 : 3

63. (a) माना मिश्रण में X और Y की मात्रा क्रमश: $5x$ और $3x$ है

6 लीटर मिश्रण में X की मात्रा $= 6 \times \frac{5}{5+3} = \frac{30}{8}$

= 3.75 लीटर

Y की मात्रा = 6 − 3.75 = 2.25 लीटर

प्रश्नानुसार,

$\frac{5x - 3.75}{3x - 2.25 + 6} = \frac{5}{7}$

$\Rightarrow \quad 35x - 26.25 = 15x - 11.25 + 30$

$\Rightarrow \quad 20x = 45$

$\Rightarrow \quad x = 2.25$

$\therefore$ प्रारम्भ में X की मात्रा = 5 × 2.25 = 11.25 लीटर

स्पीडी विधि

6 लीटर निकालने के बाद, X : Y = 5 : 3

6 लीटर Y मिलाने पर, X : Y = 5 : 7 (अन्तर 4)

4 इकाई = 6 लीटर

8 इकाई = 12 लीटर

$\therefore$ प्रारम्भ में कुल मिश्रण = 12 + 6 = 18 लीटर

प्रारम्भ में X की मात्रा $= \frac{5}{8} \times 18 = 11.25$ लीटर

64. (c) मिश्रण का कुल मूल्य

= 25 × (1+ 5 + 2) = ₹ 200

पहली किस्म का कुल मूल्य = 20 × 1 = ₹ 20

तीसरी किस्म का कुल मूल्य = 30 × 2 = ₹ 60

$\therefore$ दूसरी किस्म का कुल मूल्य = 200 − (20 + 60)

= ₹ 120

अत: दूसरी किस्म का प्रति लीटर मूल्य $= \frac{120}{5} =$ ₹ 24

65. (b) प्रश्नानुसार,

42 60

48

12 : 6

2 : 1

अत: अभीष्ट अनुपात = 2 : 1

66. (c) मिश्रण का विक्रय मूल्य = ₹ 34.1/किग्रा

लाभ = 10%

मिश्रण का क्रय मूल्य $= \frac{34.1}{110} \times 100 = 31$

मिश्रण के नियम से,

30 32.5

31

32.5 − 31=1.5 31− 30=1

अभीष्ट अनुपात = 1.5 : 1 = 3 : 2

67. (a) मिश्रण के नियम से,

45 60

54

60−54=6 54−45=9

$\therefore$ अभीष्ट अनुपात = 6 : 9 = 2 : 3

68. (a) मिश्रण नियम से,

मिश्रण 1 मिश्रण 2

45% 30%

34%

34% − 30%=4% 45% − 34%=11%

$\therefore$ अभीष्ट अनुपात = 4 : 11

69. (a) माना सामग्री x की मात्रा = p ग्राम

$\therefore$ सामग्री y की मात्रा = $(60 - p)$ ग्राम

प्रश्नानुसार, $\frac{p \times \frac{80}{5} + (60 - p) \times \frac{80}{10}}{60} = 14$

$\Rightarrow \quad 16p + 480 - 8p = 840$

$\Rightarrow \quad 8p = 360$

$p = \frac{360}{8} = 45$

अत: मिश्रण में सामग्री x की मात्रा 45 ग्राम है।

स्पीडी विधि

मिश्रण नियम से,

X Y

$\frac{80}{5}$ $\frac{80}{10}$

14

(14 − 8) (16 − 14)

6 इकाई : 2 इकाई

8 इकाई = 60 ग्राम

1 इकाई $= \frac{60}{8}$

6 इकाई $= \frac{60}{8} \times 6 = 45$ ग्राम

70. (c) माना कैन में अँगूर रस की मात्रा = $13x$

अनानास के रस की मात्रा = $11x$

8 लीटर मिश्रण में अंगूर के रस की मात्रा

$= 8 \times \frac{13x}{24x}$

$= \frac{13}{3}$ लीटर

अनानास के रस की मात्रा $= \frac{8 \times 11x}{24x}$

$= \frac{11}{3}$ लीटर

प्रश्नानुसार, $\frac{13x - \frac{13}{3}}{11x - \frac{11}{3} + 8} = \frac{13}{14}$

$\Rightarrow \quad \frac{39x - 13}{33x + 13} = \frac{13}{14}$

$\Rightarrow \quad 546x - 182 = 429x + 169$

$\Rightarrow \quad 117x = 351 \Rightarrow x = \frac{351}{117} = 3$

अत: कैन में प्रारम्भ में अनानास के रस की मात्रा

= 11 × 3 = 33 लीटर

71. (b) मिश्रण के नियम से,

I II

$\frac{5}{8}$ $\frac{2}{5}$

$\frac{1}{2}$

$\left(\frac{1}{2} - \frac{2}{5}\right) : \left(\frac{5}{8} - \frac{1}{2}\right)$

$= \left(\frac{5-4}{10}\right) : \left(\frac{5-4}{8}\right)$

$= \frac{1}{10} \times 40 : \frac{1}{8} \times 40 = 4 : 5$

$\therefore$ अभीष्ट अनुपात = 4 : 5

72. (c) मिश्रण के नियम से,

I 3.3   II 1.8

2.4

(2.4–1.8)   (3.3–2.4)

अभीष्ट अनुपात = 0.6 : 0.9 = 6 : 9 = 2 : 3

73. (b) मिश्रण नियम से,

पहले प्रकार के चावल ₹ 80/किग्रा   दूसरे प्रकार के चावल ₹ 100/किग्रा

₹ 95/किग्रा

(100–95)=5 : (95–80)=15

∴ अभीष्ट अनुपात = 1: 3

74. (c) मिश्रण का औसत मूल्य

$$= \frac{8 \times 295 + 10 \times 250}{8 + 10}$$

$$= \frac{2360 + 2500}{18} = ₹ 270 \text{ प्रति किग्रा}$$

75. (a) प्रश्नानुसार,

प्रत्येक की 50 ग्राम मात्रा का मूल्य निकालने पर,

X का 50 ग्राम का मूल्य $= \frac{1500}{2} = ₹ 750$

Y का 50 ग्राम का मूल्य $= 50 \times 5 = ₹ 250$

$(X + Y)$ का 50 ग्राम का मूल्य $= 13 \times 50 = ₹ 650$

(X) ₹ 750   (Y) ₹ 250

₹650

400 : 100

⇒ 4 : 1

∴ X की मात्रा $= \frac{4}{5} \times 100 = 80$ ग्राम

76. (a) माना 1 किग्रा का मूल्य = ₹ x

$$\therefore \quad x = \frac{(2 \times 35 + 3 \times 40)}{(2 + 3)}$$

$$= \frac{(70 + 120)}{5} = \frac{190}{5} = ₹ 38$$

अब, 12 किग्रा का मूल्य = 38 × 12 = ₹ 456

77. (d) माना मिलाया गया पानी = x लीटर

$$\therefore \quad 21 \times \frac{4}{7} = (x + 21) \times \frac{1}{2}$$

$24 = x + 21 \Rightarrow x = 3$ लीटर

78. (b) प्रश्नानुसार,

स्पिरिट $\frac{3}{7}$ स्पिरिट $\frac{5}{8}$

स्पिरिट $\frac{4}{7}$

$\frac{5}{8} - \frac{4}{7} = \frac{3}{7 \times 8}$ $\frac{4}{7} - \frac{3}{7} = \frac{1}{7}$

अत: अभीष्ट अनुपात = 3 : 8

79. (c) माना दूध का क्रय मूल्य = ₹100

लाभ = 25%

∴ मिलाया गया पानी $= 100 \times \frac{25}{100} = 25$

∴ अभीष्ट अनुपात = 25 : 100 = 1: 4

80. (a) प्रश्नानुसार,

चाय I 120   चाय II 125

122

(125 –122)=3 : (122–120)= 2

∴ अभीष्ट अनुपात = 3 : 2

81. (b) माना तीसरे किस्म के चावल का प्रति किग्रा मूल्य = ₹ x

प्रश्नानुसार, $43 \times 2 + 67 \times 1 + 5x = 96(2 + 1 + 5)$

$\Rightarrow \quad 86 + 67 + 5x = 96 \times 8$

$\Rightarrow \quad 5x = 768 - 153$

$\therefore \quad x = \frac{615}{5} = ₹ 123$

82. (c) मिश्रण 1 में दूध की मात्रा

$= 8 \times \frac{80}{100} = \frac{64}{10}$ लीटर

मिश्रण 2 में दूध की मात्रा $= 6 \times \frac{60}{100} = \frac{36}{10}$ लीटर

∴ अन्तिम मिश्रण में दूध की मात्रा $= \frac{64}{10} + \frac{36}{10}$

$= \frac{64 + 36}{10} = \frac{100}{10} = 10$ लीटर

अन्तिम मिश्रण की कुल मात्रा = 8 + 6 = 14

∴ अन्तिम मिश्रण में दूध का प्रतिशत

$= \frac{10}{14} \times 100 = \frac{500}{7}\%$

83. (a) पहले बर्तन में दूध और पानी का अनुपात

$= \frac{80}{20} = 4 : 1$

दूसरे बर्तन में दूध और पानी का अनुपात $= \frac{50}{50} = 1 : 1$

9 लीटर मिश्रण में दूध और पानी का अनुपात = 2 : 1

बर्तन 1 $\frac{4}{5}$ बर्तन 2 $\frac{1}{2}$

$\frac{2}{3}$

$\left(\frac{2}{3} - \frac{1}{2}\right) = \frac{1}{6}$ $\left(\frac{4}{5} - \frac{2}{3}\right) = \frac{2}{15}$

अनुपात = 5 : 4

पहले बर्तन से मिश्रण की मिलाई गई मात्रा

$= 9 \times \frac{5}{5 + 4}$

= 5 लीटर

दूसरे बर्तन से मिश्रण की मिलाई गई मात्रा

$= 9 \times \frac{4}{9} = 4$ लीटर

84. (b) लाभ $= 16\frac{1}{4}\% = \frac{65}{4 \times 100} = \frac{13}{80}$

दूध का क्रय मूल्य   दूध का विक्रय मूल्य

80   80 + 13 = 93

अत: मिश्रण में दूध और पानी का अनुपात = 80 : 13

85. (a) माना पानी की मात्रा = x लीटर

दूध की मात्रा $= x \times 4 = 4x$

कुल मिश्रण $= x + 4x = 5x$

प्रश्नानुसार, $5x = 7.5$

$\therefore \quad x = \frac{75}{5 \times 10} = 1.5$

पानी की मात्रा = 1.5 लीटर

दूध की भाग = 4 × 1.5 = 6 लीटर

माना मिश्रण में मिलाए गए दूध की मात्रा = y

प्रश्नानुसार,

$$\frac{6 + y}{7.5 + y} = \frac{9}{10}$$

$\Rightarrow \quad 60 + 10y = 67.5 + 9y$

$\therefore \quad y = 7.5$

अत: मिलाई गई दूध की मात्रा = 7.5 लीटर

86. (d) 1 किग्रा मिश्रण का क्रय मूल्य

$= \frac{100}{140} \times 140 = ₹100$

185   95

100

5 : 85

अत: अभीष्ट अनुपात = 5 : 85 = 1: 17

87. (c) माना बर्तन में द्रव A और B क्रमश: $4x$ और $9x$ लीटर है।

प्रश्नानुसार, $\frac{4x + 8}{9x} = \frac{8}{9}$

$\Rightarrow \quad 4x + 8 = 8x \Rightarrow x = 2$

मूल मिश्रण में द्रव A की मात्रा = 4 × 2 = 8 लीटर

88. (b) मिश्रण का क्रय मूल्य $= 187 \times \frac{100}{110} = ₹ 170$

किस्म I 300   किस्म II 160

170

170–160=10   300–170=130

अभीष्ट अनुपात = 10 : 130 = 1 : 13

89. (d) प्रश्नानुसार,

18   22

19.50

2.5 : 1.5

5 : 3

अभीष्ट अनुपात = 5 : 3

90. (c) प्रश्नानुसार,

प्रत्येक बार 35% दूध या मिश्रण निकालकर समान मात्रा में पानी डाला जाता है।

∴ तीन बार यह प्रक्रिया दोहराने के बाद मिश्रण में शुद्ध

दूध की मात्रा $= \left(\frac{100 - 35}{100}\right)^3 \times 100$

$= \left(\frac{65}{100}\right)^3 \times 100$

$= \frac{2197}{80}$

$= 27\frac{37}{80}\%$

91. (c) प्रश्नानुसार,

₹128 ₹143

₹137.75

143–137.75 = 5.25 137.75–128 = 9.75

$\therefore$ अभीष्ट अनुपात $= \frac{5.25}{9.75} = \frac{7}{13} = 7:13$

92. (b) पहले बीकर में अम्ल और जल का अनुपात $= 2:3$

दूसरे बीकर में अम्ल और जल का अनुपात $= 3:4$

$\therefore$ अभीष्ट अनुपात $= \left(\frac{2}{5}+\frac{3}{7}\right):\left(\frac{3}{5}+\frac{4}{7}\right)$

$= \frac{14+15}{35} : \frac{21+20}{35}$

$\therefore = 29:41$

93. (d) 80 लीटर मिश्रण में एल्कोहॉल

$= 80 \times \frac{60}{100} = 48$ लीटर

माना, मिलाया गया जल $= x$ लीटर

$\Rightarrow (80 + x) \times \frac{40}{100} = 48$

$\Rightarrow 3200 + 40x = 4800$

$\Rightarrow 40x = 1600$

$\Rightarrow x = 40$ लीटर

94. (c) प्रश्नानुसार,

पहली किस्म दूसरी किस्म

65 95

83

12 18

अभीष्ट अनुपात $= 2:3$

95. (a) कण्टेनर में दूध की मात्रा, $x = 30$ लीटर

एक बार में निकाला गया दूध, $a = 3$ लीटर

दोहराई गई प्रक्रिया = 3 बार (n)

बर्तन में बचे शेष मूलद्रव की मात्रा

$= x\left(1-\frac{a}{x}\right)^n$

$= 30\left(1-\frac{3}{30}\right)^3 = 30\left(\frac{9}{10}\right)^3$

$\Rightarrow 30 \times \frac{9}{10} \times \frac{9}{10} \times \frac{9}{10} = 21.87$

पानी की मात्रा $= 30 - 21.87 = 8.13$

पानी और दूध का अन्तिम अनुपात

$= 8.13 : 21.87 = 271 : 729$

96. (b) माना प्रारम्भ में दूध और पानी की मात्रा क्रमशः $7x$ लीटर व $9x$ लीटर है।

माना 'a' लीटर दूध मिलाया गया।

प्रश्नानुसार, $\frac{7x + a}{9x} = \frac{11}{9}$

$\Rightarrow 63x + 9a = 99x \Rightarrow a = 4x$

प्रारम्भिक मिश्रण के रूप में मिलाये गए दूध का प्रतिशत

$= \frac{a}{16x} \times 100\%$

$= \frac{4x}{16x} \times 100\% = 25\%$

97. (c) माना पानी $= 6x$ लीटर तथा दूध $= 5x$ लीटर

प्रश्नानुसार,

$6x + 5x = 220$

$\Rightarrow 11x = 220$

$\Rightarrow x = 20$

प्रारम्भ में पानी $= 6 \times 20 = 120$ लीटर

तथा दूध $= 5 \times 20 = 100$ लीटर

माना 'l' लीटर पानी मिलाना पड़ेगा।

प्रश्नानुसार, $\frac{120 + l}{100} = \frac{5}{4}$

$\Rightarrow 120 + l = 125$

$\therefore l = 5$ लीटर

98. (c) माना मिश्रण में पानी और दूध की मात्रा क्रमशः $8x$ लीटर और $21x$ लीटर हैं।

प्रश्नानुसार,

$21x - 8x = 26$

$\Rightarrow 13x = 26$

$\Rightarrow x = \frac{26}{13} = 2$ लीटर

$\therefore$ मिश्रण में दूध की मात्रा $= 21x = 21 \times 2 = 42$ लीटर

99. (c) मिश्रण में पानी की शुरुआती मात्रा

$= \frac{5}{12} \times 120 = 50$

तथा मिश्रण में दूध की शुरुआती मात्रा

$= 120 - 50 = 70$ लीटर

माना मिश्रण में x लीटर पानी मिलाया जाता है।

$\frac{50 + x}{70} = \frac{1}{1}$

$\Rightarrow 50 + x = 70$

$\therefore x = 20$ लीटर

स्पीडी विधि

पानी दूध

शुरुआती मात्रा → $(5 : 7) \times 1 = 5:7$

अन्तिम मात्रा → $(1 : 1) \times 7 = 7:7$

दिया है, $(5 + 7) \rightarrow 120$ लीटर

$\therefore (7 - 5) \rightarrow \frac{120}{12} \times 2 = 20$ लीटर

अतः मिश्रण में 20 लीटर पानी मिलाया गया है।

100. (c) मिश्रण की कुल मात्रा $= 110$ लीटर

पानी की मात्रा $= \frac{4}{(4+7)} \times 110 = 40$ लीटर

तथा दूध की मात्रा $= 110 - 40 = 70$ लीटर

माना मिश्रण में मिलाए गए पानी की नई मात्रा $= x$ लीटर

$\therefore \frac{40 + x}{70} = \frac{8}{7}$

$\Rightarrow 280 + 7x = 560$

$\Rightarrow x = \frac{280}{7} = 40$ लीटर

स्पीडी विधि

पानी : दूध

पुरानी मात्रा का अनुपात → 4 : 7 = 110 लीटर

+4

नई मात्रा का अनुपात → 8 : 7

$\therefore$ मिलाई गई पानी की मात्रा

$= \frac{110}{11} \times 4 = 40$ लीटर

101. (b) माना मिश्रण में अम्ल और पानी क्रमशः $7x$ लीटर और $4x$ लीटर हैं।

प्रश्नानुसार, $\frac{7x}{4x + 2} = \frac{7}{5}$

$\Rightarrow 5x = 4x + 2$

$\Rightarrow x = 2$ लीटर

अतः अम्ल की मात्रा $= 7x = 14$ लीटर

102. (c) माना प्रारम्भिक मिश्रण में दूध और पानी की मात्रा क्रमशः $2x$ और $3x$ थी।

तथा मिलाई गई दूध की मात्रा $= k$ लीटर

प्रश्नानुसार, $\frac{2x + k}{3x} = \frac{10}{3}$

$\Rightarrow 6x + 3k = 30x$

$\Rightarrow k = \frac{24x}{3} = 8x$

अभीष्ट प्रतिशत $= \frac{8x}{(2x + 3x)} \times 100$

$= \frac{8x}{5x} \times 100 = 160\%$

103. (a) प्रश्नानुसार,

चावल I चावल II

80 100

84

(100–84) (84–80)

16 : 4

चावल I : चावल II $= 4:1$

$\therefore$ चावल II $(y) = \frac{20}{4} \times 1 = 5$ किग्रा

104. (d) दूध की अभीष्ट प्रतिशत मात्रा

$= \frac{36 \times \frac{20}{100} + 48 \times \frac{10}{100}}{36 + 48} \times 100\%$

$= \frac{720 + 480}{84}\%$

$= \frac{1200}{84}\% = 14.28\%$

12

साधारण ब्याज

उधार ली गई राशि के अतिरिक्त, ऋणदाता को चुकायी जाने वाली राशि **ब्याज** कहलाती है।

ब्याज से सम्बन्धित महत्त्वपूर्ण पद

- **मूलधन** एक निश्चित समय के लिए उधार लिया गया या जमा किया धन, **मूलधन** कहलाता है। इसे '*P*' से निरूपित करते हैं।
- **मिश्रधन** ब्याज सहित ऋणदाता को समय अवधि के उपरान्त चुकायी गई कुल राशि **मिश्रधन** कहलाती है। इसे '*A*' द्वारा निरूपित किया जाता है।
- **ब्याज की दर** प्रति ₹ 100 मूलधन पर प्रतिवर्ष दी जाने वाली ब्याज की राशि को **ब्याज की दर** कहा जाता है। इसे '*r*' से निरूपित करते हैं।
- **समय** ब्याज के प्रश्नों में समय का अर्थ उस समयान्तराल से है अर्थात् जिस अवधि के लिए धन उधार लिया या दिया जाता है। इसे '*t*' से निरूपित करते हैं।
- **साधारण ब्याज** जब ब्याज की गणना केवल उधार ली गई धनराशि पर निश्चित अवधि के लिए प्रतिवर्ष समान रूप से की जाती है, तो इस प्रकार प्राप्त ब्याज को **साधारण ब्याज** कहते हैं। सामान्यतः साधारण ब्याज को 'SI' से निरूपित करते हैं।

साधारण ब्याज से सम्बन्धित मूल सूत्र

- साधारण ब्याज $= \dfrac{\text{मूलधन} \times \text{दर} \times \text{समय}}{100}$ या $SI = \dfrac{P \times r \times t}{100}$

  यहाँ, P = मूलधन, t = समय तथा r = वार्षिक दर

  $SI = P \times (rt)\%$, ब्याज $= (rt)\%$, मिश्रधन $= 100 + (rt)\%$

  (मूलधन हमेशा 100% के समतुल्य होता है)
- मिश्रधन = मूलधन + साधारण ब्याज या $A = P + SI$
- किसी राशि पर साधारण ब्याज, मूलधन का $\dfrac{m}{n}$ है तथा यदि ब्याज दर व समय समान हो, तो ब्याज दर = समय $= \sqrt{\dfrac{m}{n} \times 100}$

उदाहरण 1. ₹ 50000 की राशि पर 10% ब्याज की दर से 4 वर्ष का साधारण ब्याज ज्ञात कीजिए।

हल साधारण ब्याज $= \dfrac{50000 \times 10 \times 4}{100} = ₹\ 20000$

राशि के *n* गुना होने पर आधारित

- जब कोई धनराशि t वर्षों में n गुना हो जाती है, तब ब्याज की दर

  $$r = \frac{100(n-1)}{t}\%$$
- जब कोई धनराशि t_1 वर्षों में n गुना हो जाती है, उसी धनराशि को m गुना होने में लगा समय, $t_2 = \dfrac{(m-1)}{(n-1)} \times t_1$

नोट यदि r दिया हो, तब t को r से बदल लेते हैं।

उदाहरण 2. कोई धनराशि साधारण ब्याज की किसी दर से 5 वर्ष में 3 गुना हो जाती है। उसी धनराशि को 8 गुना होने में कितना समय लगेगा?

हल दिया है, $n = 3, t_1 = 5$ वर्ष, $m = 8$

$$\therefore \quad t_2 = \frac{(m-1)}{(n-1)} \times t_1 = \frac{(8-1)}{(3-1)} \times 5$$

$$= \frac{7}{2} \times 5 = 17.5 \text{ वर्ष}$$

किस्त पर आधारित

यदि t वर्ष बाद देय राशि (A) को समान किस्तों में जमा किया जाता है, तो

$$\text{प्रत्येक किस्त की राशि} = \frac{A \times 100}{100 \times t + \dfrac{r \times t(t-1)}{2}}$$

जहाँ, $P \longrightarrow$ राशि; $t \longrightarrow$ समय तथा $r \longrightarrow$ ब्याज दर

उदाहरण 3. 2 साल में 4% प्रतिवर्ष दर से ₹ 1632 के ऋण का वार्षिक भुगतान के लिए प्रत्येक किस्त का मान ज्ञात कीजिए।

हल $$\text{किस्त} = \frac{1632 \times 200}{100 \times 2 + \dfrac{4 \times 2(2-1)}{2}} = \frac{163200}{200+4} = ₹\ 800$$

SSC एग्जाम स्कैनर

SSC CGL 2024 (Tier I & II)

1. ₹ 2000 पर 6.5% वार्षिक ब्याज दर पर, 13 फरवरी 2023 से 27 अप्रैल 2023 की अवधि के लिए साधारण ब्याज (₹ में) की गणना करें। SSC CGL (Tier II) 20/01/2025 Shift-I

(a) 24 (b) 26 (c) 25 (d) 27

2. ₹ 2000 पर, 6.5% वार्षिक ब्याज दर पर, 14 फरवरी, 2023 से 28 अप्रैल 2023 की अवधि के लिए साधारण ब्याज (₹ में) की गणना करें। SSC CGL (Tier II) 18/01/2025 Shift-I

(a) 26 (b) 24 (c) 25 (d) 27

3. कितने वर्षों में ₹ 5000 की धनराशि पर 4% वार्षिक साधारण ब्याज दर पर प्राप्त ब्याज, ₹ 8000 की धनराशि पर 8% वार्षिक साधारण ब्याज दर पर $2\frac{1}{2}$ वर्ष में प्राप्त ब्याज के बराबर हो जाएगा?

SSC CGL (Tier I) 26/09/2024 Shift-II

(a) 8 वर्ष (b) 4 वर्ष
(c) 5 वर्ष (d) 2 वर्ष

4. 9.5% वार्षिक साधारण ब्याज की दर से 2 वर्षों में कितना मूलधन ₹21420 हो जाएगा?

SSC CGL (Tier I) 26/09/2024 Shift-II

(a) ₹11273 (b) ₹18000
(c) ₹12000 (d) ₹16000

5. यदि ₹ 1875 की राशि 4 वर्षों में ₹ 2625 हो जाती है, तो उसी ब्याज दर पर साधारण ब्याज पर 9 वर्षों में ₹ 24000 की राशि कितनी हो जाएगी?

SSC CGL (Tier I) 26/09/2024 Shift-I

(a) ₹ 34800 (b) ₹ 45600
(c) ₹ 21600 (d) ₹ 43200

6. प्रणव ने 13% वार्षिक साधारण ब्याज की दर से ₹ 335180 की राशि उधार ली। प्रथम वर्ष की समाप्ति पर, वह उधार ली गई मूल राशि की वापसी के लिए ₹ 23060 चुकाता है। यदि प्रणव दूसरे वर्ष की समाप्ति पर सभी लंबित बकाया राशि का भुगतान करता है, जिसमें प्रथम वर्ष के दौरान अर्जित ब्याज भुगतान भी शामिल है, तो वह दूसरे वर्ष की समाप्ति पर कितना भुगतान (₹ में) करेगा?

SSC CGL (Tier I) 25/09/2024 Shift-III

(a) 396269 (b) 393949
(c) 388076 (d) 398876

7. नमन ने 8% वार्षिक साधारण ब्याज की दर से ₹ 348020 की राशि उधार ली। प्रथम वर्ष की समाप्ति पर, वह उधार ली गई मूल राशि की वापसी के लिए ₹ 15090 चुकाता है। यदि नमन दूसरे वर्ष की समाप्ति पर सभी लंबित बकाया राशि का भुगतान करता है, जिसमें प्रथम वर्ष के दौरान अर्जित ब्याज भुगतान भी शामिल है, तो वह दूसरे वर्ष की समाप्ति पर कितना भुगतान (₹ में) करेगा?

SSC CGL (Tier I) 25/09/2024 Shift-II

(a) 392733 (b) 387406
(c) 388931 (d) 379386

8. एक निश्चित राशि पर 6 वर्षों के लिए साधारण ब्याज उस राशि का 3/5 भाग है। इसके लिए वार्षिक ब्याज दर कितनी होगी?

SSC CGL (Tier I) 25/09/2024 Shift-I

(a) 7% (b) 5% (c) 10% (d) 3%

9. रामू ने एक ही समय पर 8% प्रति वर्ष की साधारण ब्याज की समान दर पर राजू को ₹ 3000 और रवि को एक निश्चित राशि उधार दी। 5 वर्षों के बाद, उसे राजू और रवि से ब्याज के रूप में ₹ 1600 की राशि प्राप्त हुई। रवि को उधार दी गई राशि ज्ञात कीजिए।

SSC CGL (Tier I) 24/09/2024 Shift-III

(a) ₹ 1500 (b) ₹ 1200
(c) ₹ 1250 (d) ₹ 1000

10. एक सेल फोन ₹ 600 या ₹ 300 नकद तत्काल भुगतान के साथ-साथ दो महीने के बाद ₹ 360 का भुगतान करने पर उपलब्ध है। इस योजना के तहत ब्याज दर कितनी है?

SSC CGL (Tier I) 24/09/2024 Shift-II

(a) 20% (b) 120%
(c) 60% (d) 50%

11. यदि ₹ 10800 की राशि को 15.5% वार्षिक दर से साधारण ब्याज पर निवेश किया जाता है, तो कितने समय में (वर्षों में, 2 दशमलव स्थानों तक पूर्णांकित) यह राशि ₹24800 हो जाएगी? SSC CGL (Tier I) 24/09/2024 Shift-I

(a) 7.72 (b) 9.54 (c) 6.89 (d) 8.36

12. किसी राशि पर 8 वर्षों का साधारण ब्याज उस राशि का तीन-पाँचवाँ भाग है। इसके लिए प्रति वर्ष ब्याज दर कितनी होगी?

SSC CGL (Tier I) 23/09/2024 Shift-II

(a) 6% (b) $7\frac{1}{2}$% (c) $5\frac{1}{2}$% (d) 9%

13. ₹ 500 के मूलधन पर 3 वर्ष के लिए 5% वार्षिक ब्याज की दर से प्राप्त साधारण ब्याज और इसी मूलधन पर 4 वर्षों के लिए 4% वार्षिक ब्याज की दर से प्राप्त साधारण ब्याज के बीच कितना अन्तर है?

SSC CGL (Tier I) 23/09/2024 Shift-I

(a) ₹ 15 (b) ₹ 7.5 (c) ₹ 10 (d) ₹ 5

14. प्रणव ने 20% वार्षिक साधारण ब्याज की दर से ₹ 598397 की राशि उधार ली। प्रथम वर्ष की समाप्ति पर, वह उधार ली गई मूल राशि की वापसी के लिए ₹24284 चुकाता है। यदि प्रणव दूसरे वर्ष की समाप्ति पर सभी लम्बित बकाया राशि का भुगतान करता है, जिसमें प्रथम वर्ष के दौरान अर्जित ब्याज भुगतान भी शामिल है, तो वह दूसरे वर्ष की समाप्ति पर कितना भुगतान (₹ में) करेगा?

SSC CGL (Tier I) 19/09/2024 Shift-III

(a) 818513 (b) 808615
(c) 817567 (d) 812514

15. ₹ 1456 की राशि, जब दस वर्षों के लिए निवेश की जाती है, तो यह परिपक्वता पर ₹ 2366 हो जाती है। साधारण ब्याज की वार्षिक दर ज्ञात कीजिए जिसे निवेश की गई राशि पर भुगतान किया जाना था।

SSC CGL (Tier I) 19/09/2024 Shift-II

(a) 6.15% (b) 6.25% (c) 5.75% (d) 6.5%

16. अमन ने योजना A में साधारण ब्याज पर 5 वर्ष की अवधि के लिए 8% वार्षिक दर से एक धनराशि निवेश की। उसने साधारण ब्याज पर योजना A की राशि का चार गुना 5% वार्षिक दर से 7 वर्ष के लिए योजना B में निवेश किया। उसे कुल ब्याज राशि के रूप में ₹ 1620 प्राप्त हुए। उसने योजना B में कितनी राशि (₹ में) निवेश की थी?

SSC CGL (Tier I) 19/09/2024 Shift-I

(a) 3200 (b) 2400 (c) 3600 (d) 900

17. अमन ने 15% वार्षिक साधारण ब्याज की दर से ₹ 192208 की राशि उधार ली। प्रथम वर्ष की समाप्ति पर, वह उधार ली गई मूल राशि की वापसी के लिए ₹ 20196 चुकाता है। यदि अमन दूसरे वर्ष की समाप्ति पर सभी लम्बित बकाया राशि का भुगतान करता है, जिसमें प्रथम वर्ष के दौरान अर्जित ब्याज भुगतान भी शामिल है, तो वह दूसरे वर्ष की समाप्ति पर कितना भुगतान (₹ में) करेगा?

SSC CGL (Tier I) 18/09/2024 Shift-III

(a) 230028 (b) 221777
(c) 226645 (d) 221757

18. साधारण ब्याज पर विभिन्न बैंकों में निवेश के लिए कुल ₹ 200000 को दो भागों में बांटा गया। एक पर 4% वार्षिक ब्याज प्राप्त होता है। जबकि दूसरे पर 6% वार्षिक ब्याज प्राप्त होता है। यदि एक वर्ष के अन्त में पूर्ण राशि पर कुल ब्याज 4.7% वार्षिक दर के बराबर है, तो प्रत्येक बैंक में निवेश की गई राशि (₹ में) क्रमश: है SSC CGL (Tier I) 18/09/2024 Shift-II

(a) 120000 और 80000
(b) 145000 और 55000
(c) 130000 और 70000
(d) 160000 और 40000

19. एक निश्चित मूलधन 6 वर्षों के लिए साधारण ब्याज की एक निश्चित दर पर दिया जाता है। यदि इसे 7% अधिक दर पर दिया जाता, तो

₹ 1512 अधिक प्राप्त होते। वह मूलधन (₹ में) ज्ञात कीजिए।

SSC CGL (Tier I) 18/09/2024 Shift-I

(a) 3100 (b) 3600 (c) 4200 (d) 3200

20. एक बैंक में जमा राशि पर 6% ब्याज दिया जाता है। बैंक फिर शेयर बाजार में पैसा निवेश करता है और प्रत्येक ₹ 300000 पर ₹ 30000 अर्जित करता है। यदि बैंक में कुल जमा राशि ₹ 6000000 है, तो बैंक अन्त में कितना लाभ अर्जित कर रहा है?

SSC CGL (Tier I) 17/09/2024 Shift-III

(a) ₹ 300000 (b) ₹ 640000
(c) ₹ 240000 (d) ₹ 360000

21. 8% प्रति वर्ष की साधारण ब्याज दर पर कितने वर्षों में ₹ 7200 की राशि ₹ 8928 हो जाएगी?

SSC CGL (Tier I) 17/09/2024 Shift-III

(a) दो (b) पाँच
(c) चार (d) तीन

22. साधारण ब्याज पर प्रति वर्ष ब्याज की दर कितनी है, जिस पर $1\frac{1}{2}$ वर्षों में ₹ 1040 का मूलधन ₹ 1230 हो जाता है?

SSC CGL (Tier I) 17/09/2024 Shift-II

(a) $12\frac{7}{39}\%$ (b) $11\frac{7}{39}\%$
(c) $10\frac{7}{39}\%$ (d) $13\frac{7}{39}\%$

23. यदि ₹ 7200 पर 16% प्रति वर्ष की दर से 3 वर्षों का साधारण ब्याज, ₹ 9600 पर $x\%$ प्रति वर्ष की दर से 4 वर्षों के साधारण ब्याज के बराबर है। तो x का मान किसके बराबर होगा? SSC CGL (Tier I) 17/09/2024 Shift-I

(a) 10% (b) 8%
(c) 11% (d) 9%

24. राजेश द्वारा ₹ 10000 की राशि 2 वर्षों के लिए 15% साधारण ब्याज की दर पर ऋण के रूप में ली जाती है। लेकिन राजेश इसे तय समय पर नहीं चुका सका और उसने दो और वर्ष का समय मांगा। इसलिए, ऋणदाता ने उस अवधि की ब्याज राशि को उसी ब्याज दर पर अगले दो वर्षों के लिए मूलधन के रूप में शामिल किया। 4 वर्ष के अन्त में राजेश द्वारा भुगतान की गई कुल राशि ज्ञात करें।

SSC CGL (Tier I) 13/09/2024 Shift-III

(a) ₹ 15630 (b) ₹ 18590
(c) ₹ 17650 (d) ₹ 16900

25. एक बनिया पर एक व्यापारी का 1 वर्ष में ₹ 9810 बकाया है, लेकिन बनिया 6 महीने के बाद हिसाब चुका देना चाहता है। यदि साधारण ब्याज दर 9% वार्षिक है, तो उसे कितना नकद (₹ में) भुगतान करना चाहिए?

SSC CGL (Tier I) 13/09/2024 Shift-II

(a) 9540 (b) 9405
(c) 9450 (d) 9550

26. प्रणव ने 10% वार्षिक साधारण ब्याज की दर से ₹ 623305 की राशि उधार ली। प्रथम वर्ष की समाप्ति पर, वह उधार ली गई मूल राशि की वापसी के लिए ₹ 16390 चुकाता है। यदि प्रणव दूसरे वर्ष की समाप्ति पर सभी लम्बित बकाया राशि का भुगतान करता है, जिसमें प्रथम वर्ष के दौरान अर्जित ब्याज भुगतान भी शामिल है, तो वह दूसरे वर्ष की समाप्ति पर कितना भुगतान (₹ में) करेगा?

SSC CGL (Tier I) 13/09/2024 Shift-I

(a) 729025 (b) 729937
(c) 738700 (d) 725903

27. 12% प्रति वर्ष ब्याज दर से 13 महीनों में ₹ 6700 पर कितना साधारण ब्याज अर्जित होगा? SSC CGL (Tier I) 12/09/2024 Shift-III

(a) ₹ 821 (b) ₹ 871
(c) ₹ 813 (d) ₹ 889

28. एक व्यक्ति ने साधारण ब्याज पर कुछ धन उधार लिया। 4 वर्षों के बाद उसने ऋणदाता को धन का 9/5 भाग वापस कर दिया। ब्याज की दर कितनी थी?

SSC CGL (Tier I) 12/09/2024 Shift-II

(a) 19% प्रतिवर्ष (b) 18% प्रतिवर्ष
(c) 20% प्रतिवर्ष (d) 17% प्रतिवर्ष

29. साधारण ब्याज की एक निश्चित दर पर निवेश करने पर एक निश्चित धनराशि 14 वर्षों में स्वयं की सात गुना हो जाती है। इसे उसी ब्याज दर पर स्वयं की 18 गुना होने में कितना समय (वर्षों में, 2 दशमलव स्थानों तक पूर्णांकित) लगेगा? SSC CGL (Tier I) 12/09/2024 Shift-I

(a) 27.33 (b) 35.5
(c) 42.78 (d) 39.67

30. सोहन ने 11% वार्षिक साधारण ब्याज की दर से ₹ 141545 की राशि उधार ली। प्रथम वर्ष की समाप्ति पर, वह उधार ली गई मूल राशि की वापसी के लिए ₹ 25490 चुकाता है। यदि सोहन दूसरे वर्ष की समाप्ति पर सभी लम्बित बकाया राशि का भुगतान करता है, जिसमें प्रथम वर्ष के दौरान अर्जित ब्याज भुगतान भी शामिल है, तो वह दूसरे वर्ष की समाप्ति पर कितना भुगतान (₹ में) करेगा?

SSC CGL (Tier I) 11/09/2024 Shift-II

(a) 141222 (b) 144391
(c) 136453 (d) 137407

31. ₹ 8400 की राशि को साधारण ब्याज की 7% वार्षिक दर पर ₹ 11928 होने में कितने वर्ष लगेंगे? SSC CGL (Tier I) 11/09/2024 Shift-II

(a) 6 (b) 2 (c) 5 (d) 8

32. S ने R से कुछ राशि उधार ली और उसे 8% ब्याज देने का वादा किया। फिर S ने उधार दी गई राशि को एक योजना में निवेश किया, जिससे उसने ब्याज समेत R के मूलधन का भुगतान करने के बाद 5% का लाभ अर्जित किया। यदि R ने सीधे ऐसी योजना में निवेश किया होता, तो उसको कितने प्रतिशत लाभ होता? SSC CGL (Tier I) 11/09/2024 Shift-II

(a) 14% (b) 13.4% (c) 14.4% (d) 13%

33. उन कई वर्षों में 14% की साधारण ब्याज की दर पर उधार दी गई ₹16000 की राशि पर अर्जित ब्याज कितना होगा, जितने वर्षों में 10% पर एक निश्चित राशि का 3/5 भाग साधारण ब्याज के रूप में प्राप्त होता है?'

SSC CGL (Tier I) 26/09/2024 Shift-I

(a) ₹12970 (b) ₹14280
(c) ₹13440 (d) ₹15360

34. एक निश्चित धनराशि पर साधारण ब्याज, धनराशि का पाँचवाँ हिस्सा है और प्रतिवर्ष ब्याज की दर वर्षों की संख्या की 5 गुनी है। यदि ब्याज की दर में 3% की वृद्धि हो जाती है, तो 6 वर्षों के लिए ₹5600 पर साधारण ब्याज (₹ में) कितना होगा?

SSC CGL (Tier I) 10/09/2024 Shift-III

(a) 4368 (b) 4668
(c) 4168 (d) 4268

35. 6% वार्षिक साधारण ब्याज़ पर 4 वर्षों में देय ₹ 26160 के ऋण को चुकता करने के लिए आवश्यक वार्षिक किस्त क्या होगी?

SSC CGL (Tier I) 10/09/2024 Shift-II

(a) ₹ 4500 (b) ₹ 5500
(c) ₹ 6000 (d) ₹ 5800

36. किरण ने दो व्यक्तियों को ₹ 4000 का एक भाग 8% प्रति वर्ष की दर से और शेष भाग 10% प्रति वर्ष की दर से उधार दिए। उसे ₹ 352 का वार्षिक साधारण ब्याज मिला। तो 10% पर उधार दी गई राशि ज्ञात करें।

SSC CGL (Tier I) 10/09/2024 Shift-I

(a) ₹ 2200 (b) ₹ 2400
(c) ₹ 1800 (d) ₹ 1600

37. रमेश के पास ₹ 18000 है। उसने एक बैंक में 5% वार्षिक साधारण ब्याज की दर से ₹ 7000 और दूसरे बैंक में 6% वार्षिक साधारण ब्याज की दर से ₹ 6000 जमा किए। यदि उसे एक वर्ष के अंत में साधारण ब्याज के रूप में ₹ 1160 प्राप्त हुए, तो शेष पूँजी पर वार्षिक ब्याज की दर किसके बराबर होगी?

SSC CGL (Tier I) 09/09/2024 Shift-III

(a) 11% (b) 10% (c) 9% (d) 8%

38. यदि ₹ 5000 की राशि 3 वर्षों के लिए 15% वार्षिक साधारण ब्याज दर पर ली जाती है और ₹ 8000 की अन्य राशि 4 वर्षों के लिए 12% वार्षिक साधारण ब्याज पर ली जाती है, तो भुगतान किए गए ब्याज का धनात्मक अन्तर ज्ञात करें। SSC CGL (Tier I) 09/09/2024 Shift-II

(a) ₹ 1378 (b) ₹ 1643
(c) ₹ 1286 (d) ₹ 1590

39. मोहन ने 20% वार्षिक साधारण ब्याज की दर से ₹ 422092 की राशि उधार ली। प्रथम वर्ष की समाप्ति पर, वह उधार ली गई मूल राशि की वापसी के लिए ₹ 21679 चुकाता है। यदि मोहन दूसरे वर्ष की समाप्ति पर सभी लंबित बकाया राशि का भुगतान करता है, जिसमें प्रथम वर्ष के दौरान अर्जित ब्याज भुगतान भी शामिल है, तो वह दूसरे वर्ष की समाप्ति पर कितना भुगतान (₹ में) करेगा?
SSC CGL (Tier I) 09/09/2024 Shift-I
(a) 558380 (b) 556367
(c) 561347 (d) 564914

SSC CGL 2023 (Tier I & II)

40. एक राशि साधारण ब्याज पर 9 वर्ष में स्वत: की तीन गुनी हो जाती है। ब्याज की वार्षिक दर ज्ञात कीजिए।
SSC CGL (Tier II) 07/03/2023 Shift-IV
(a) $38\frac{2}{9}\%$ (b) $22\frac{2}{9}\%$
(c) $27\frac{1}{9}\%$ (d) $33\frac{1}{3}\%$

41. 5 वर्षों में, ₹ x की राशि पर साधारण ब्याज, मूलधन का $\frac{2}{5}$ है। ब्याज की वार्षिक दर क्या है? **SSC CGL (Tier II) 06/03/2023 Shift-IV**
(a) 10% (b) 8% (c) 5% (d) 12%

42. एक निश्चित धनराशि पर 8 वर्ष में 21% वार्षिक दर से अर्जित साधारण ब्याज का उसी धनराशि पर 21 वर्ष में समान दर से अर्जित साधारण ब्याज से अनुपात क्या है?
SSC CGL (Tier II) 03/03/2023 Shift-IV
(a) 8 : 21 (b) 21 : 5
(c) 21 : 8 (d) 5 : 21

43. 3 वर्ष में ₹ 8000 पर दो बैंकों के साधारण ब्याज का अन्तर ₹ 800 है। यदि दो बैंकों में ब्याज की प्रतिवर्ष दर R_1 तथा R_2 हैं, तो $R_1 - R_2$ का मान क्या है? (जहाँ $R_1 > R_2$)
SSC CGL (Tier II) 02/03/2023 Shift-I
(a) $5\frac{1}{3}\%$ (b) $2\frac{1}{3}\%$ (c) $3\frac{1}{3}\%$ (d) $1\frac{1}{3}\%$

44. 12% वार्षिक साधारण ब्याज की दर से कितने समय में ₹ 3720 की राशि पर प्राप्त मिश्रधन ₹ 5282.4 होगा?
SSC CGL (Tier I) 27/07/2023 Shift-III
(a) 5 वर्ष (b) $3\frac{1}{2}$ वर्ष
(c) $5\frac{1}{2}$ वर्ष (d) 3 वर्ष

45. किसी राशि पर 4% की वार्षिक दर से 6 वर्षों का साधारण ब्याज, उसी राशि पर 11 वर्षों के साधारण ब्याज से ₹ 7500 कम है। वह राशि ज्ञात कीजिए। **SSC CGL (Tier I) 27/07/2023 Shift-II**
(a) ₹ 37500 (b) ₹ 37000
(c) ₹ 38000 (d) ₹ 38500

46. ₹ 27000 पर $14\frac{2}{3}\%$ प्रति वर्ष की दर से 8 महीने का साधारण ब्याज ज्ञात कीजिए।
SSC CGL (Tier I) 27/07/2023 Shift-I
(a) ₹ 2600 (b) ₹ 2640
(c) ₹ 2610 (d) ₹ 2630

47. एक धनराशि पर साधारण ब्याज की दर से 3 वर्ष में प्राप्त मिश्रधन ₹ 1200 और 4 वर्ष में प्राप्त मिश्रधन ₹1350 है। वह धनराशि ज्ञात करें। **SSC CGL (Tier I) 26/07/2023 Shift-IV**
(a) ₹ 850 (b) ₹ 750
(c) ₹ 450 (d) ₹ 650

48. 5% की वार्षिक साधारण ब्याज दर पर 2 वर्षों में देय ₹ 1100 का वर्तमान मूल्य कितना होगा?
SSC CGL (Tier I) 26/07/2023 Shift-III
(a) ₹ 3000 (b) ₹ 2000
(c) ₹ 1500 (d) ₹ 1000

49. ₹ 21000 की राशि पर साधारण ब्याज की दर से 3 वर्षों में अर्जित ब्याज ₹ 6400 है। वार्षिक ब्याज दर ज्ञात करें।
SSC CGL (Tier I) 26/07/2023 Shift-II
(a) $10\frac{2}{63}\%$ (b) $10\frac{10}{63}\%$
(c) $10\frac{13}{63}\%$ (d) $10\frac{5}{63}\%$

50. कितने प्रतिशत वार्षिक साधारण ब्याज की दर से कोई धनराशि 16 वर्षों में स्वयं की तीन गुनी हो जाएगी? **SSC CGL (Tier I) 26/07/2023 Shift-I**
(a) 12% (b) 12.5%
(c) 11.5% (d) 11%

51. S दो खातों में कुल ₹ 50000 की धनराशि जमा करता है, जिन पर क्रमश: 8% और 12% वार्षिक दर से साधारण ब्याज प्राप्त होता है। एक वर्ष बाद उसे ब्याज के रूप में कुल ₹ 5200 प्राप्त होते हैं। उसने 12% ब्याज की दर पर कितनी धनराशि खाते में जमा करवाई थी? **SSC CGL (Tier I) 25/07/2023 Shift-IV**
(a) ₹ 25000 (b) ₹ 32000
(c) ₹ 30000 (d) ₹ 20000

52. साधारण ब्याज की किस दर पर ₹ 9000 की राशि पर 4 वर्षों में प्राप्त मिश्रधन ₹ 10200 होगा? **SSC CGL (Tier I) 25/07/2023 Shift-III**
(a) $4\frac{2}{3}\%$ (b) $7\frac{1}{3}\%$
(c) $3\frac{1}{3}\%$ (d) $5\frac{1}{2}\%$

53. ₹ 8500 साधारण ब्याज की एक निश्चित दर पर 6 वर्षों में ₹ 11050 हो जाता है। यदि दर स्वयं की 1.8 गुनी हो जाती हैं, तो 5 वर्ष में उसी मूलधन पर प्राप्त होने वाला मिश्रधन ज्ञात करें। **SSC CGL (Tier I) 25/07/2023 Shift-II**
(a) ₹ 14350 (b) ₹ 13550
(c) ₹ 15625 (d) ₹ 12325

54. एक निश्चित राशि पर 6 वर्ष के लिए 12.5% वार्षिक दर से साधारण ब्याज मूलधन से ₹ 13500 कम है। साधारण ब्याज ज्ञात करें।
SSC CGL (Tier I) 25/07/2023 Shift-I
(a) ₹ 40500 (b) ₹ 54000
(c) ₹ 40000 (d) ₹ 13500

55. कोई धनराशि 8% की वार्षिक साधारण ब्याज की दर से कितने समय में स्वयं की तीन गुनी हो जाएगी। **SSC CGL (Tier I) 24/07/2023 Shift-IV**
(a) 30 वर्ष (b) 20 वर्ष
(c) 25 वर्ष (d) 35 वर्ष

56. एक निश्चित जमा राशि पर 4.5% वार्षिक दर से एक वर्ष में ₹135 ब्याज प्राप्त होता है। उसी जमा राशि पर 5% वार्षिक दर से एक वर्ष में कितना अतिरिक्त ब्याज प्राप्त होगा?
SSC CGL (Tier I) 24/07/2023 Shift-III
(a) ₹ 14 (b) ₹ 18
(c) ₹ 16 (d) ₹ 15

57. ₹ 800 की राशि पर 6 वर्षों में 5.5% की वार्षिक दर से प्राप्त साधारण ब्याज, एक निश्चित समयावधि में ₹ 600 की राशि पर 4% की वार्षिक दर से प्राप्त साधारण ब्याज के बराबर है। समयावधि ज्ञात करें।
SSC CGL (Tier I) 24/07/2023 Shift-II
(a) 11 वर्ष (b) 12 वर्ष
(c) 10 वर्ष (d) 9 वर्ष

58. साधारण ब्याज की किस दर पर कोई राशि 12 वर्षों में स्वयं की चार गुनी हो जाएगी?
SSC CGL (Tier I) 24/07/2023 Shift-I
(a) 30% (b) 25% (c) 35% (d) 20%

59. R एक वर्ष के लिए बैंक में ₹ 80000 जमा करना चाहता है। उसके खाते में बैंक 12% वार्षिक दर से साधारण ब्याज देता है, लेकिन खाते के प्रोसेसिंग शुल्क के रूप में ₹ 3000 का शुल्क लेता है। खाते में उसका लाभ प्रतिशत क्या होगा? **SSC CGL (Tier I) 21/07/2023 Shift-IV**
(a) 8.25% (b) 8.5% (c) 8.75% (d) 9%

60. एक निश्चित राशि 3 वर्ष के लिए $x\%$ वार्षिक दर से साधारण ब्याज पर उधार दी जाती है। इसके अलावा, यदि राशि $3x\%$ वार्षिक दर से साधारण ब्याज पर y अधिक वर्षों के लिए उधार दी जाती है, तो साधारण ब्याज पहले वाले ब्याज का सात गुना हो जाता है। y का मान क्या है?
SSC CGL (Tier I) 21/07/2023 Shift-III
(a) 4 (b) 5
(c) 6 (d) 3

61. एक व्यक्ति ने साधारण ब्याज पर कुछ राशि उधार ली। 4 वर्षों के बाद, उसने ऋणदाता को $\frac{9}{5}$ राशि वापस कर दी। ब्याज की दर क्या थी?
SSC CGL (Tier I) 21/07/2023 Shift-II
(a) 20% वार्षिक (b) 15% वार्षिक
(c) 25% वार्षिक (d) 10% वार्षिक

62. साधारण ब्याज पर ₹ 6400 की राशि 3 वर्षों में ₹ 8320 हो जाती है। उसी दर पर 5 वर्ष में ₹ 7200 की राशि कितनी हो जाएगी?
SSC CGL (Tier I) 21/07/2023 Shift-I
(a) ₹ 10800 (b) ₹ 10400
(c) ₹ 10200 (d) ₹ 10600

63. 8% की वार्षिक साधारण ब्याज दर पर निवेश की गई ₹ 30000 की राशि कितने वर्षों में ₹ 38400 हो जाएगी ?
SSC CGL (Tier I) 20/07/2023 Shift-IV
(a) 3 (b) 4 (c) 3.5 (d) 2.5

64. एक व्यक्ति ₹ 12300 की कुल राशि प्राप्त करने के लिए 5% की वार्षिक साधारण ब्याज दर पर ₹ 9840 का निवेश करता है। उसे राशि का निवेश कितने वर्षों के लिए करना होगा?
SSC CGL (Tier I) 20/07/2023 Shift-III
(a) 3 वर्ष (b) 4.5 वर्ष
(c) 3.5 वर्ष (d) 5 वर्ष

65. किसी धनराशि पर पहले आठ वर्षों के लिए 7.25% प्रति वर्ष, अगले छः वर्षों के लिए 8.5% और अन्तिम चार वर्षों के लिए 6.5% की दर से साधारण ब्याज मिलता है। यदि इन अठारह वर्षों के दौरान अर्जित कुल ब्याज ₹ 35100 था, तो निवेश की गई मूल राशि (₹ में) क्या थी?
SSC CGL (Tier I) 20/07/2023 Shift-II
(a) 26000 (b) 26400
(c) 25800 (d) 25500

66. साधारण ब्याज की एक निश्चित दर पर कोई राशि 2 वर्ष में स्वयं की $\frac{8}{7}$ गुना हो जाती है। वार्षिक ब्याज दर ज्ञात करें।
SSC CGL (Tier I) 20/07/2023 Shift-I
(a) $8\frac{1}{7}$% (b) $7\frac{3}{7}$% (c) $6\frac{3}{7}$% (d) $7\frac{1}{7}$%

67. साधारण ब्याज की एक निश्चित दर पर एक धनराशि 3 वर्षों में प्राप्त मिश्रधन ₹ 1630 और 4 वर्षों में प्राप्त मिश्रधन ₹ 1708 है। वह धनराशि (₹ में) ज्ञात करें।
SSC CGL (Tier I) 19/07/2023 Shift-IV
(a) 1448 (b) 1132 (c) 1396 (d) 1296

68. अर्चना ने 24 जनवरी, 2012 को एक बैंक से $8\frac{3}{4}$% वार्षिक साधारण ब्याज पर ₹ 78000 का ऋण लिया और इसे 18 जून 2012 को वापस चुका दिया। अर्चना द्वारा भुगतान की गई कुल राशि ज्ञात कीजिए। (निकटतम पूर्णांक में सन्निकट) **SSC CGL (Tier I) 19/07/2023 Shift-III**
(a) ₹ 88730 (b) ₹ 90730
(c) ₹ 85733 (d) ₹ 80723

69. एक आदमी ने वार्षिक साधारण ब्याज की एक निश्चित दर पर ₹ 32400 का ऋण लिया। ब्याज की दर उन वर्षों की संख्या का एक चौथाई है, जितने अवधि के लिए ऋण लिया गया। यदि उसने ऋण अवधि के अन्त में ₹ 11664 ब्याज का भुगतान किया, तो ब्याज की दर थी **SSC CGL (Tier I) 19/07/2023 Shift-II**
(a) 3% (b) 5%
(c) 8% (d) 12%

70. 8% वार्षिक दर से 21 माह में ₹ 6000 पर कितना साधारण ब्याज अर्जित होगा?
SSC CGL (Tier I) 19/07/2023 Shift-I
(a) ₹ 840 (b) ₹ 880
(c) ₹ 750 (d) ₹ 620

71. साधारण ब्याज पर एक राशि 8 वर्षों में दोगुनी हो जाती है। समान ब्याज दर पर ₹ 25000 की राशि कितने वर्षों में ₹ 100000 हो जाएगी?
SSC CGL (Tier I) 18/07/2023 Shift-IV
(a) 32 (b) 28 (c) 16 (d) 24

72. ₹ 9500 की राशि पर साधारण ब्याज की 8% वार्षिक दर से कितने वर्षों में प्राप्त मिश्रधन ₹ 11780 होगा?
SSC CGL (Tier I) 18/07/2023 Shift-III
(a) 5 (b) 4 (c) 3 (d) 2

73. यदि 5 वर्ष का साधारण ब्याज मूलधन के 25% के बराबर है, तो कितने वर्षों बाद ब्याज मूलधन के बराबर होगा?
SSC CGL (Tier I) 18/07/2023 Shift-I
(a) 30 (b) 25 (c) 22 (d) 20

74. कोई धन साधारण ब्याज दर पर दिया जाता है। जिसका 12 वर्ष बाद, साधारण ब्याज धन का 3/5 हो जाता है, ब्याज की दर ज्ञात कीजिए।
SSC CGL (Tier I) 17/07/2023 Shift-IV
(a) 5% वार्षिक (b) 4% वार्षिक
(c) 2% वार्षिक (d) 3% वार्षिक

75. एक व्यक्ति ने पहले वर्ष में 5% की वार्षिक साधारण ब्याज पर ऋण लिया। जिसमें दूसरे वर्ष से आगे के प्रत्येक वर्ष में 0.5% के साधारण ब्याज की वृद्धि की जाती है। 4 वर्ष बाद उसने ऋण को पूरी तरह से चुकाने के लिए ब्याज के रूप में कुल ₹ 4600 का भुगतान किया। कुल ऋण कितना था?
SSC CGL (Tier I) 17/07/2023 Shift-III
(a) ₹ 20000 (b) ₹ 18000
(c) ₹ 21000 (d) ₹ 19000

76. यदि वार्षिक साधारण ब्याज की एक निश्चित दर पर निवेश की गई राशि पर सात वर्षों में प्राप्त मिश्रधन ₹ 14522 और 11 वर्षों में प्राप्त मिश्रधन ₹ 18906 है, तो निवेश की गई राशि (₹ में) ज्ञात कीजिए।
SSC CGL (Tier I) 17/07/2023 Shift-II
(a) 6850 (b) 6840 (c) 6900 (d) 6750

77. एक व्यक्ति ने 3 साल के लिए ₹ 500, 5 साल के लिए ₹ 650 और 7 साल के लिए ₹ 1250 जमा किए। उसे कुल ₹ 1620 का साधारण ब्याज प्राप्त हुआ। वार्षिक ब्याज दर ज्ञात करें।
SSC CGL (Tier I) 17/07/2023 Shift-I
(a) 11% (b) 12%
(c) 10.8% (d) 13%

78. यदि ₹ 72 की राशि पर 3 वर्ष में प्राप्त मिश्रधन ₹ 104.4 है, तो ₹ 120 की राशि पर समान प्रतिशत वार्षिक दर से 5 वर्ष में प्राप्त मिश्रधन कितना होगा?
SSC CGL (Tier I) 14/07/2023 Shift-IV
(a) ₹ 330 (b) ₹ 450
(c) ₹ 215 (d) ₹ 210

79. एक व्यक्ति किसी कम्पनी में कुल ₹ 10000 की राशि निवेश करता है। राशि का एक हिस्सा 10% वार्षिक साधारण ब्याज पर और शेष भाग 15% वार्षिक साधारण ब्याज पर निवेश किया जाता है। यदि उसे दो वर्षों में अर्जित कुल ब्याज ₹ 2400 है,तो 15% वार्षिक साधारण ब्याज पर निवेश की गई राशि है
SSC CGL (Tier I) 14/07/2023 Shift-III
(a) ₹ 4000 (b) ₹ 8000
(c) ₹ 6000 (d) ₹ 5000

80. यदि समान ब्याज दर पर ₹ 500 का 4 वर्ष और ₹ 700 का 2 वर्ष का साधारण ब्याज मिलाकर ₹ 280 है, तो ब्याज की दर कितनी होगी? **SSC CGL (Tier I) 14/07/2023 Shift-II**
(a) $8\frac{4}{17}$% (b) $6\frac{5}{17}$%
(c) $9\frac{3}{17}$% (d) $7\frac{3}{17}$%

81. कितने समय में 4% वार्षिक दर से ₹ 10000 पर उतना ही ब्याज प्राप्त होगा, जितना 5% साधारण ब्याज दर पर 4 वर्ष में ₹ 8000 पर प्राप्त होता है?
SSC CGL (Tier I) 14/07/2023 Shift-I
(a) 3 वर्ष (b) 5 वर्ष (c) 6 वर्ष (d) 4 वर्ष

SSC CGL 2022-2020 (Tier I)

82. साधारण ब्याज पर उधार दी गई एक निश्चित राशि 2 वर्षों में ₹ 1200 और 4 वर्षों में ₹ 1600 हो जाती है। वार्षिक दर कितने प्रतिशत है? **SSC CGL (Tier I) 13/12/2022 Shift-IV**
(a) 25% (b) 16% (c) 30% (d) 20%

83. एक व्यक्ति ने 3 समान वार्षिक किस्तों में प्रतिदेय 5% वार्षिक साधारण ब्याज पर ₹ 2000 उधार लिए। वार्षिक किस्त क्या होगी? **SSC CGL (Tier I) 13/12/2022 Shift-III**
(a) ₹ $250\frac{10}{63}$ (b) ₹ $730\frac{10}{63}$
(c) ₹ $640\frac{11}{63}$ (d) ₹ $840\frac{9}{61}$

84. रॉय की मासिक आय ₹ 18000 है। उसने 5% की वार्षिक दर से 3 वर्ष के लिए साधारण ब्याज पर ₹ 30000 का ऋण लिया। वह 3 वर्षों में साधारण ब्याज के रूप में जिस राशि का भुगतान करेगा, यह उसके मासिक वेतन की कितनी प्रतिशत है?
SSC CGL (Tier I) 13/12/2022 Shift-I
(a) 20% (b) 25% (c) 35% (d) 30%

85. कोई धनराशि साधारण ब्याज पर 7 वर्ष में दोगुनी हो जाती है। कितने समय में यह राशि 5 गुनी हो जाएगी?
SSC CGL (Tier I) 12/12/2022 Shift-IV
(a) 21 वर्ष (b) 25 वर्ष (c) 23 वर्ष (d) 28 वर्ष

86. एक व्यक्ति ने सावधि जमा में 10% वार्षिक साधारण ब्याज पर ₹ 15600 जमा किए। प्रत्येक दूसरे वर्ष के बाद वह अर्जित ब्याज को मूलधन में जोड़ता है। 4 वर्ष के अन्त में ब्याज ......है। SSC CGL (Tier I) 12/12/2022 Shift-III
(a) ₹ 6655 (b) ₹ 3975
(c) ₹ 6864 (d) ₹ 3744

87. साधारण ब्याज के लिए वार्षिक ब्याज दर क्या होगी, जिस पर ₹ 880 की राशि $1\frac{1}{2}$ वर्षों में ₹ 913 हो जाती है।
SSC CGL (Tier I) 12/12/2022 Shift-II
(a) $2\frac{1}{2}\%$ (b) $2\frac{2}{3}\%$
(c) $2\frac{1}{4}\%$ (d) $2\frac{1}{3}\%$

88. एक व्यक्ति एक बैंक से 10% वार्षिक साधारण ब्याज पर ₹ 100000 उधार लेता है और पाँच वर्षों में ऋण का भुगतान करता है। यदि ऋण चुकाने के लिए पहले, दूसरे, तीसरे और चौथे वर्ष के अन्त में भुगतान की गई किस्त क्रमशः ₹ 10000, ₹ 20000, ₹ 30000 और ₹ 40000 है, तो ऋण चुकाने के लिए पाँचवें वर्ष के अन्त में कितनी राशि का भुगतान किया जाना चाहिए? SSC CGL (Tier I) 12/12/2022 Shift-I
(a) ₹ 39490 (b) ₹ 38250
(c) ₹ 40450 (d) ₹ 36450

89. एक राशि 50 प्रतिशत प्रतिवर्ष की दर से साधारण ब्याज पर कम-से-कम कितने पूर्ण वर्षों में स्वयं के चार गुना से अधिक हो जाती है? SSC CGL (Tier I) 09/12/2022 Shift-IV
(a) 5 वर्ष (b) 6 वर्ष
(c) 7 वर्ष (d) 9 वर्ष

90. मोटी ने 2 वर्ष बाद एक निश्चित राशि पर ₹ 480 के साधारण ब्याज का भुगतान किया। दर 8% वार्षिक थी। राशि ज्ञात कीजिए।
SSC CGL (Tier I) 09/12/2022 Shift-III
(a) ₹ 2200 (b) ₹ 2500
(c) ₹ 3000 (d) ₹ 2000

91. ₹ 10200 की एक राशि 12.5% प्रतिवर्ष की दर से कितने समय में साधारण ब्याज पर ₹ 19125 हो जाएगी?
SSC CGL (Tier I) 09/12/2022 Shift-I
(a) 6 वर्ष (b) 7 वर्ष (c) 5 वर्ष (d) 8 वर्ष

92. कोई निश्चित राशि, एक निश्चित दर पर 3 वर्षों के लिए दी जाती है। यदि यह 5% अधिक दर पर दी गई होती, यह ₹ 600 अधिक अर्जित करती। वह राशि ज्ञात कीजिए।
SSC CGL (Tier I) 08/12/2022 Shift-IV
(a) ₹ 8000 (b) ₹ 5000
(c) ₹ 4000 (d) ₹ 6000

93. एक निश्चित राशि 20 वर्षों में छह गुना हो जाएगी। उसी राशि को 5 गुना होने में कितना समय लगता है? प्रत्येक मामले में साधारण ब्याज की समान दर मान लें।
SSC CGL (Tier I) 08/12/2022 Shift-III
(a) 16 वर्ष
(b) 16 वर्ष 8 महीने
(c) 15 वर्ष
(d) 15 वर्ष 8 महीने

94. अनुराधा अपना पैसा एक फर्म में निवेश करती है, जहाँ मूल राशि 10 वर्षों में 3 गुना हो जाती है। फर्म द्वारा दी जाने वाली साधारण ब्याज की वार्षिक दर क्या है?
SSC CGL (Tier I) 08/12/2022 Shift-II
(a) 25% (b) 18%
(c) 22% (d) 20%

95. एक निश्चित समयावधि में, एक राशि 5% वार्षिक साधारण ब्याज की दर से स्वयं की 2 गुनी हो जाती है। यदि उतनी ही राशि उतनी ही अवधि में स्वयं की 5 गुनी हो जाती है, तो ब्याज दर क्या होगी?
SSC CGL (Tier I) 08/12/2022 Shift-I
(a) 10% (b) 18%
(c) 20% (d) 16%

96. ₹ 2700 पर 8 महीने के लिए 5 पैसे प्रति रुपये प्रति माह की दर से साधारण ब्याज ज्ञात कीजिए। SSC CGL (Tier I) 07/12/2022 Shift-IV
(a) ₹ 950 (b) ₹ 720
(c) ₹ 1080 (d) ₹ 540

97. 5 वर्षों में 10% साधारण ब्याज पर देय ₹ 9600 के ऋण को कितनी वार्षिक किश्त से चुकता किया जाएगा?
SSC CGL (Tier I) 07/12/2022 Shift-III
(a) ₹ 1450 (b) ₹ 1550
(c) ₹ 1600 (d) ₹ 1500

98. एक राशि एक बैंक में जमा की जाती है जो साधारण ब्याज देता है। राशि 3 वर्षों में 1.25 गुना हो जाती है। यदि सात वर्षों के बाद ₹ 760000 की आवश्यकता हो, तो उस आवश्यकता को पूरा करने के लिए किसी व्यक्ति को कितनी राशि (₹ में) जमा करनी चाहिए? SSC CGL (Tier I) 07/12/2022 Shift-II
(a) 480000 (b) 600000
(c) 570000 (d) 520000

99. एक व्यक्ति किसी निश्चित राशि को 7% की वार्षिक दर से साधारण ब्याज पर उधार देता है तथा 11 वर्षों में प्राप्त किया गया ब्याज उधार दी गई राशि से ₹ 920 कम है। उधार दी गई राशि क्या है? SSC CGL (Tier I) 07/12/2022 Shift-I
(a) ₹ 52000 (b) ₹ 41200
(c) ₹ 2400 (d) ₹ 4000

100. एक व्यक्ति ने B को 3 वर्षों के लिए ₹ 23000 तथा C को 4 वर्षों के लिए ₹ 19000 ब्याज की समान दर से साधारण ब्याज पर उधार दिए तथा दोनों से कुल ₹ 3625 ब्याज के रूप में प्राप्त किए। ब्याज की वार्षिक दर क्या है?
SSC CGL (Tier I) 06/12/2022 Shift-IV
(a) 1.5% (b) 3% (c) 2.5% (d) 4%

101. एक धनराशि 6% वार्षिक साधारण ब्याज दर पर 3 वर्ष में ₹ 767 और 4 वर्ष मे ₹ 806 हो जाती है। धनराशि कितनी है?
SSC CGL (Tier I) 06/12/2022 Shift-III
(a) ₹ 600 (b) ₹ 675 (c) ₹ 560 (d) ₹ 650

102. ₹ 650000 की कीमत वाली कार कुछ डाउन पेमेण्ट (तत्काल भुगतान) करके खरीदी जाती है। शेष राशि पर, एकमुश्त 10% का साधारण ब्याज लगाया जाता है और राशि का भुगतान ₹ 25000 की 20 समान वार्षिक किस्तों में किया जाना है। डाउन पेमेन्ट (तत्काल भुगतान) की राशि कितनी है?
SSC CGL (Tier I) 06/12/2022 Shift-II
(a) ₹ 155945 (b) ₹ 195455
(c) ₹ 194555 (d) ₹ 145955

103. एक राशि पर प्राप्त किया गया साधारण ब्याज, राशि का 25/36 है। वर्षों की संख्या ब्याज की वार्षिक दर के बराबर है। ब्याज की वार्षिक दर क्या है? SSC CGL (Tier I) 06/12/2022 Shift-I
(a) 9.25% (b) 6.62%
(c) 8.33% (d) 10.25%

104. एक निश्चित राशि साधारण ब्याज पर 2 वर्षों में ₹ 3640 और 8 वर्षों में ₹ 4060 हो जाती है। वार्षिक अनुमानित दर प्रतिशत ज्ञात कीजिए। SSC CGL (Tier I) 05/12/2022 Shift-IV
(a) 4% (b) 3% (c) 2% (d) 1%

105. एक राशि साधारण ब्याज पर निवेश करने पर 2 वर्ष तथा 6 महीने में स्वयं की 17/10 गुना हो जाती है। ब्याज की वार्षिक दर क्या है?
SSC CGL (Tier I) 05/12/2022 Shift-III
(a) 34% (b) 16% (c) 28% (d) 22%

106. एक राशि साधारण ब्याज पर 30% प्रतिवर्ष की दर से 7 वर्षों में ₹ 15500 हो जाती है। 7 वर्षों का कुल ब्याज कितना है?
SSC CGL (Tier I) 03/12/2022 Shift-IV
(a) ₹ 147000 (b) ₹ 10500
(c) ₹ 11500 (d) ₹ 12200

107. 26 वर्षों में एक निश्चित राशि साधारण ब्याज पर स्वयं की तीन गुना हो जाती है। कितने वर्षों में वह स्वयं की पाँच गुना हो जाएगी?
SSC CGL (Tier I) 05/12/2022 Shift-II
(a) 64 वर्ष (b) 52 वर्ष
(c) 56 वर्ष (d) 60 वर्ष

108. ₹ 5250 की एक राशि 11 प्रतिशत प्रतिवर्ष की दर से कितने समय में साधारण ब्याज पर ₹ 9870 हो जाएगी? SSC CGL (Tier I) 05/12/2022 Shift-I
(a) 12 वर्ष (b) 15 वर्ष
(c) 8 वर्ष (d) 14 वर्ष

109. सुमन ने 5 वर्ष पहले 16% की साधारण ब्याज दर पर लिए गए एक ऋण पर ब्याज के रूप में ₹9600 का भुगतान किया। उसने कितना ऋण लिया था? **SSC CGL (Tier I) 03/12/2022 Shift-II**

(a) ₹12000 (b) ₹13250
(c) ₹12500 (d) ₹11750

110. ₹ 5000 को दो भागों में इस प्रकार विभाजित किया जाता है कि यदि एक भाग को 4% की दर से और दूसरे को 5% की दर से निवेश किया जाता है, तो दोनों राशियों से प्राप्त कुल वार्षिक ब्याज ₹ 223 है। 4% पर कितना निवेश किया गया था?
SSC CGL (Tier I) 03/12/2022 Shift-I

(a) ₹ 2300 (b) ₹ 2700
(c) ₹ 2600 (d) ₹ 2400

111. साधारण ब्याज पर ₹ 640 की धनराशि 2 वर्ष में ₹ 832 हो जाती है। साधारण ब्याज की समान दर पर 4 वर्ष में ₹ 860 कितने हो जाएँगे? **SSC CGL (Tier I) 02/12/2022 Shift-IV**

(a) ₹ 1426 (b) ₹ 1150
(c) ₹ 1376 (d) ₹ 1250

112. दमानी ने ₹ 7500 की लागत वाली एक वस्तु खरीदी और उसी के लिए डाउन पेमेंट के रूप में ₹ 3500 का भुगतान किया। यदि शेष राशि के लिए लिया गया साधारण ब्याज 9% प्रतिवर्ष है और दमानी ने खरीद के 4 महीने बाद सभी बकाया राशि का भुगतान किया, तो दमानी ने 4 महीने के बाद ब्याज के रूप में कितना भुगतान किया?
SSC CGL (Tier I) 01/12/2022 Shift-IV

(a) ₹ 100 (h) ₹ 120
(c) ₹ 132 (d) ₹ 125

113. एक निश्चित राशि पर 3 वर्ष के लिए 14% वार्षिक की दर से साधारण ब्याज, समान राशि पर समान दर पर 5 वर्षों के साधारण ब्याज से ₹ 4200 कम है। राशि ज्ञात कीजिए।
SSC CGL (Tier I) 01/12/2022 Shift-III

(a) ₹ 12000 (b) ₹ 15000
(c) ₹ 10000 (d) ₹ 16000

114. एक व्यक्ति किसी निश्चित राशि को 25% की वार्षिक दर से साधारण ब्याज पर उधार देता है। 6 वर्षों में ब्याज, उधार दी गई राशि से ₹ 360 अधिक हो जाता है। उधार दी गई राशि क्या है? **SSC CGL (Tier I) 01/12/2022 Shift-II**

(a) ₹ 540 (b) ₹ 720
(c) ₹ 600 (d) ₹ 360

115. जब ₹ 2500 प्रतिवर्ष साधारण ब्याज की दी गई दर पर 8 वर्षों के लिए निवेश किए जाते हैं, तो परिपक्वता पर ₹ 3725 की राशि प्राप्त होती है। प्रतिवर्ष भुगतान किए जाने वाले साधारण ब्याज की दर क्या थी?
SSC CGL (Tier I) 01/12/2022 Shift-I

(a) 6% (b) 6.25%
(c) 6.125% (d) 5.875%

116. ₹25600 की धनराशि के एक भाग को 7% वार्षिक और शेष को 9 % वार्षिक साधारण ब्याज पर निवेश किया जाता है। 3 वर्षों के अन्त में कुल ब्याज ₹5832 होता है। कितनी धनराशि को 9 %वार्षिक पर निवेशित किया गया था?
SSC CGL (Tier I) 23/08/2021 Shift-I

(a) ₹ 16000 (b) ₹ 18000
(c) ₹ 9600 (d) ₹ 7600

117. x% वार्षिक साधारण ब्याज की दर पर, कोई निश्चित राशि 3 वर्ष में ₹ 81840 और 5 वर्ष में ₹ 92400 हो जाती है। यदि ब्याज दर $(x + 2)$% हो जाती है, तो कितने वर्ष में वही राशि स्वयं की दोगुनी हो जाएगी?
SSC CGL (Tier I) 20/08/2021 Shift-I

(a) 10 (b) 20
(c) 8 (d) $12\frac{1}{2}$

118. 4 : 5 के अनुपात में कोई धनराशि दो भागों में क्रमशः 4 वर्ष और 5 वर्ष के लिए उधार दी गई, दोनों भाग को 8% वार्षिक साधारण ब्याज की दर पर दिया गया है। यदि दोनों भागों से प्राप्त ब्याज के बीच अन्तर ₹ 4680 था, तो उधार दी गई कुल राशि (₹ में) ज्ञात करें।
SSC CGL (Tier I) 18/08/2021 Shift-III

(a) 58500 (b) 65000
(c) 42120 (d) 46800

119. दो समान राशियाँ, क्रमशः 6% और 10% वार्षिक साधारण ब्याज पर उधार ली जाती हैं। पहली राशि, दूसरी राशि की तुलना में दो वर्ष बाद वापस की गई और प्रत्येक स्थिति में राशि ₹ 1105 थी। प्रत्येक योजना में कितनी राशि उधार ली गई थी?
SSC CGL (Tier I) 13/08/2021 Shift-III

(a) ₹ 900 (b) ₹ 936
(c) ₹ 891 (d) ₹ 850

120. यदि एक निश्चित धनराशि साधारण ब्याज की दर पर 13 वर्ष में दोगुनी हो जाती है, तो वार्षिक ब्याज की दर ज्ञात करें। (दशमलव के दो स्थान तक सही)
SSC CGL (Tier I) 07/03/2020 Shift-II

(a) 7.29% (b) 7.69%
(c) 7.92% (d) 8.69%

121. किसी धनराशि पर साधारण ब्याज की दर पहले 4 वर्षों के लिए 5% वार्षिक है, अगले 3 वर्षों के लिए 8% वार्षिक है और 7 साल से अधिक की अवधि के लिए 10% वार्षिक है। यदि 10 वर्षों की अवधि में उस धनराशि से अर्जित साधारण ब्याज ₹ 1850 है, तो वह धनराशि क्या है?
SSC CGL (Tier I) 06/03/2020 Shift-III

(a) ₹ 1650 (b) ₹ 2750
(c) ₹ 2500 (d) ₹ 1500

SSC CPO SI 2024-2020

122. एक व्यक्ति ने साधारण ब्याज की समान दर पर 3 वर्ष के लिए ₹ 29000 और 5 वर्ष के लिए ₹ 45000 उधार लिए। यदि उसने ब्याज के रूप में कुल ₹ 62400 का भुगतान किया, तो ब्याज दर कितनी थी?
SSC CPO 29/06/2024 Shift-III

(a) 20% (b) 18% (c) 27% (d) 25%

123. यदि एक निश्चित धनराशि पर 20 महीने के लिए 19.2% की वार्षिक दर से प्राप्त साधारण ब्याज, उसी राशि पर 15 महीने के लिए 11.2% की वार्षिक दर से प्राप्त साधारण ब्याज से ₹ 2920 अधिक है, तो धनराशि (₹ में, निकटतम सैकड़े तक पूर्णांकित) कितनी है?
SSC CPO 29/06/2024 Shift-II

(a) 16620 (b) 12660
(c) 16660 (d) 16200

124. ₹ 48500 का एक हिस्सा 15% प्रति वर्ष के साधारण ब्याज पर निवेश किया जाता है। पहले निवेश के 2 वर्ष बाद, शेष धनराशि 10% वार्षिक साधारण ब्याज की दर से निवेश की जाती है। पहली धनराशि के निवेश के समय से 5 वर्ष बाद, ब्याज का अनुपात 5: 3 है। 10% साधारण ब्याज की दर पर निवेश किया गया दूसरा हिस्सा (₹ में) कितना है?
SSC CPO 29/06/2024 Shift-I

(a) 20940 (b) 19400
(c) 29100 (d) 24900

125. एक निश्चित राशि पर 4 वर्षों के लिए 14% प्रतिवर्ष की दर से साधारण ब्याज समान राशि पर 8 वर्षों के लिए समान दर से साधारण ब्याज से ₹ 6160 कम है। राशि ज्ञात कीजिए।
SSC CPO 28/06/2024 Shift-III

(a) ₹ 12000 (b) ₹ 11000
(c) ₹ 9000 (d) ₹ 10000

126. एक निश्चित धनराशि 4 वर्षों के लिए एक निश्चित साधारण ब्याज दर पर दी जाती है। यदि इसे समान समय के लिए 11% अधिक दर पर दिया जाता, तो ₹ 1320 अधिक प्राप्त होते। धनराशि (₹ में) ज्ञात कीजिए।
SSC CPO 28/06/2024 Shift-II

(a) 2500 (b) 3000 (c) 3240 (d) 4580

127. कितने वर्षों के लिए ₹ 2500 का निवेश 12% वार्षिक साधारण ब्याज की दर से किया जाए, कि मिश्रधन ₹ 4900 के बराबर हो जाए? **SSC CPO 28/06/2024 Shift-I**

(a) 2 (b) 4 (c) 8 (d) 6

128. एक व्यक्ति ने साधारण ब्याज पर कुछ धनराशि बैंक में जमा की। 20 वर्षों के बाद, धनराशि जमा की गई धनराशि से नौ गुना हो गई। यदि ब्याज दर समान रहे तो कितने वर्षों में धनराशि 13 गुना हो जाएगी? **SSC CPO 27/06/2024 Shift-III**

(a) 23 (b) 25 (c) 28 (d) 30

129. 3 वर्षों में 10% साधारण ब्याज पर देय ₹ 10192 के ऋण को कितने रूपये की वार्षिक किस्त से चुकाया जाएगा? **SSC CPO 27/06/2024 Shift-II**
(a) ₹ 3088.48 (b) ₹ 3044.48
(c) ₹ 3144.48 (d) ₹ 3188.48

130. एक व्यक्ति ने 6% वार्षिक दर से ₹ 1760 और 9% वार्षिक दर से ₹ 2240 समान अवधि के लिए साधारण ब्याज पर उधार लिए। उसे ब्याज के रूप में कुल मिलाकर ₹ 1536 चुकाने पड़े। समय (वर्ष में) ज्ञात कीजिए। **SSC CPO 27/06/2024 Shift-I**
(a) 4 (b) 2
(c) 3 (d) 5

131. एक स्टोर में, अरुण के पास मोबाइल फोन खरीदने के लिए दो विकल्प हैं, या तो वह ₹ 2500 की पूरी राशि का भुगतान कर सकता है, या वह एक किश्त योजना यानी ₹ 520 की डाउन पेमेण्ट और चार समान किश्तों में मोबाइल खरीद सकता है, जिसमें 25% वार्षिक की दर से साधारण ब्याज वसूल किया जा रहा है। अरुण किश्त योजना पर एक मोबाइल फोन खरीदता है। अरुण की मासिक किश्त कितनी है? **SSC CPO 05/10/2023 Shift-III**
(a) ₹ 510 (b) ₹ 550
(c) ₹ 520 (d) ₹ 530

132. रमेश ने एक बैंक से साधारण ब्याज की एक निश्चित दर पर ₹ 15000 उधार लिए। उसने 5 वर्षों के बाद ₹ 6000 (मूलधन है, लेकिन ब्याज नहीं होगा) चुकाए और इसके बाद 5 और वर्षों के बाद उसने ₹ 18600 का भुगतान किया और अपना खाते का निपटान किया, तो साधारण ब्याज की वार्षिक दर ज्ञात कीजिए। **SSC CPO 04/10/2023 Shift-II**
(a) 12% (b) 8% (c) 10% (d) 6%

133. राजेश ने ₹10000 की राशि को विभाजित करके क्रमशः 8% और 10% की साधारण ब्याज दरों पर दो अलग-अलग निवेश योजनाओं, A और B में निवेश किया। यदि 2 वर्षों में अर्जित कुल ब्याज ₹1680 है, तो योजना A में निवेश की गई राशि ज्ञात कीजिए। **SSC CPO 03/10/2023 Shift-I**
(a) ₹ 4000 (b) ₹ 8000
(c) ₹ 6000 (d) ₹ 2000

134. ₹ 36000 की धनराशि को दो भागों A और B में इस प्रकार विभाजित किया जाता है कि 15% वार्षिक दर पर A और B पर क्रमशः दो वर्ष और चार वर्ष बाद प्राप्त साधारण ब्याज बराबर बनता है। A से प्राप्त कुल ब्याज ज्ञात करें। **SSC CPO 25/11/2020 Shift-II**
(a) ₹ 3600 (b) ₹ 1800
(c) ₹ 5400 (d) ₹ 7200

135. एक व्यक्ति ने साधारण ब्याज की दर से 7 वर्षों में ₹ 20400 प्राप्त करने के लिए ₹ 12000 की राशि को एक निश्चित वार्षिक ब्याज दर पर निवेश किया। उक्त राशि प्राप्त करने के लिए ब्याज की दर क्या होगी? **SSC CPO 25/11/2020 Shift-I**
(a) 8% (b) 7% (c) 9% (d) 10%

136. यदि साधारण ब्याज की वार्षिक दर 11% से बढ़कर $17\frac{1}{2}$% हो जाती है, तो एक व्यक्ति की वार्षिक आय ₹ 1071.20 तक बढ़ जाती है। उसी राशि पर 5 वर्ष के लिए 10% की दर से साधारण ब्याज ज्ञात करें। **SSC CPO 24/11/2020 Shift-I**
(a) ₹ 8240 (b) ₹ 9120
(c) ₹ 7250 (d) ₹ 16480

137. सुनीता, किसी निश्चित अवधि के बाद ₹ 20400 प्राप्त करने के लिए ₹ 12000 की राशि को 10% वार्षिक साधारण ब्याज पर निवेशित करती है। उपरोक्त राशि प्राप्त करने के लिए वह कितने वर्ष के लिए निवेश करती है? **SSC CPO 23/11/2020 Shift-I**
(a) 6 (b) 8 (c) 9 (d) 7

SSC CHSL 2024 (Tier I & II)

138. 5% वार्षिक साधारण ब्याज दर से एक राशि 6 वर्षों में ₹ 4160 हो जाती है। राशि ज्ञात कीजिए। **SSC CHSL (Tier II) 18/11/2024 Shift-I**
(a) ₹ 3200 (b) ₹ 3100
(c) ₹ 2800 (d) ₹ 2900

139. 12% वार्षिक ब्याज दर पर 14 महीनों में ₹ 5000 पर कितना साधारण ब्याज मिलेगा? **SSC CHSL (Tier I) 11/07/2024 Shift-IV**
(a) ₹ 700 (b) ₹ 600
(c) ₹ 800 (d) ₹ 500

140. कितने वर्षों में ₹ 4250 की धनराशि पर 6% वार्षिक दर से ₹ 510 का साधारण ब्याज मिलेगा? **SSC CHSL (Tier I) 11/07/2024 Shift-III**
(a) 3 वर्ष (b) $3\frac{1}{2}$ वर्ष
(c) $2\frac{1}{2}$ वर्ष (d) 2 वर्ष

141. ₹ 5000 की धनराशि दो लोगों को ऋण पर दी गई, एक को 16% की दर पर और दूसरे को 24% की दर पर। यदि एक वर्ष के बाद साधारण ब्याज ₹ 960 है, तो उच्च दर पर ऋण पर दी गई धनराशि कितनी है? **SSC CHSL (Tier I) 11/07/2024 Shift-II**
(a) ₹ 1500 (b) ₹ 2000
(c) ₹ 3000 (d) ₹ 2500

142. एक लैपटॉप चार्जर को ₹ 2540 नकद में या ₹ 1340 नकद और एक महीने के बाद ₹ 1205 के भुगतान पर बेचा जाता है। किश्त योजना में लिए जाने वाले ब्याज की दर ज्ञात कीजिए। **SSC CHSL (Tier I) 11/07/2024 Shift-I**
(a) 20% प्रति वर्ष (b) 10% प्रति वर्ष
(c) 5% प्रति वर्ष (d) 15% प्रति वर्ष

143. रामू ने 8% वार्षिक साधारण ब्याज पर कुछ धनराशि का निवेश किया और यह 8 वर्षों में बढ़कर ₹ 820 हो गई। यदि समान राशि का 10 वर्ष की अवधि के लिए 20% वार्षिक साधारण ब्याज पर निवेश किया जाता है, तो वह धनराशि ज्ञात कीजिए। **SSC CHSL (Tier I) 10/07/2024 Shift-IV**
(a) ₹ 1500 (b) ₹ 1000
(c) ₹ 1320 (d) ₹ 1200

144. साधारण ब्याज पर एक निश्चित धनराशि 2 वर्षों में ₹ 1860 और $3\frac{1}{2}$ वर्षों में ₹ 2130 हो जाती है। क्रमशः धनराशि (मूलधन) और ब्याज दर ज्ञात कीजिए। **SSC CHSL (Tier I) 10/07/2024 Shift-III**
(a) ₹ 1200, 10%
(b) ₹ 1200, 12%
(c) ₹ 1500, 12%
(d) ₹ 1500, 15%

145. साधारण ब्याज की एक निश्चित धनराशि ऋण पर दी जाती है। वह धनराशि 2 वर्षों में ₹ 24000 और 4 वर्षों में ₹ 32000 हो जाती है, तो वार्षिक ब्याज दर क्या है? **SSC CHSL (Tier I) 10/07/2024 Shift-II**
(a) 16% (b) 25%
(c) 20% (d) 30%

146. ₹ 2430 की धनराशि पर 3 वर्षों में ₹ 1093.50 का साधारण ब्याज प्राप्त होता है। वार्षिक ब्याज दर कितनी है? **SSC CHSL (Tier I) 10/07/2024 Shift-I**
(a) 15% (b) 10% (c) 20% (d) 25%

147. 2 वर्षों में ₹ 36000 पर देय राशि क्या होगी, जब क्रमिक वर्षों के लिए साधारण ब्याज की दर क्रमश 8% और 6% हैं? **SSC CHSL (Tier I) 09/07/2024 Shift-IV**
(a) ₹ 41760 (b) ₹ 38880
(c) ₹ 41040 (d) ₹ 40320

148. निवेश की गई एक धनराशि पर 9% वार्षिक की दर से 5 वर्षों में कुल ₹4050 का साधारण ब्याज प्राप्त हुआ। निवेश की गई धनराशि (₹ में) क्या है? **SSC CHSL (Tier I) 09/07/2024 Shift-III**
(a) 8300 (b) 7500
(c) 9050 (d) 9000

149. यदि साधारण ब्याज पर ₹ 3260 की धनराशि 6 वर्ष में ₹ 5420 हो जाती है, तो यह धनराशि समान ब्याज दर पर 4 वर्ष में कितनी होगी? **SSC CHSL (Tier I) 09/07/2024 Shift-II**
(a) ₹ 4500 (b) ₹ 3700
(c) ₹ 3900 (d) ₹ 4700

150. ₹7200 की धनराशि 8% वार्षिक दर से साधारण ब्याज पर कितने समय में (वर्षों में) ₹8928 हो जाएगी?
SSC CHSL (Tier I) 09/07/2024 Shift-I
(a) 4 (b) 5 (c) 3 (d) 2

151. राम ने साधारण ब्याज पर एक निश्चित धनराशि निवेश की। 3 वर्षों में वह अपने आप का $\frac{5}{4}$ गुना हो जाती है। इसकी वार्षिक प्रतिशत दर क्या होगी?
SSC CHSL (Tier I) 08/07/2024 Shift-IV
(a) 7.25% (b) 9.12%
(c) 8.33% (d) 8.20%

152. एक निश्चित साधारण ब्याज दर पर निवेश करने पर एक धनराशि 15 वर्षों में अपने मूल मूल्य से पाँच गुना हो जाती है। यदि धनराशि को समान ब्याज दर पर दोगुने समय के लिए निवेश किया जाए, तो अन्तिम धनराशि क्या होगी?
SSC CHSL (Tier I) 08/07/2024 Shift-III
(a) धनराशि अपने मूल मूल्य से 8 गुना हो जाएगी
(b) धनराशि अपने मूल मूल्य से 6 गुना हो जाएगी
(c) धनराशि अपने मूल मूल्य से 9 गुना हो जाएगी
(d) धनराशि अपने मूल मूल्य से 7 गुना हो जाएगी

153. 2 वर्षों में ₹ 12000 पर देय धनराशि क्या होगी, जब क्रमिक वर्षों में साधारण ब्याज की दर क्रमशः 9% और 10% है?
SSC CHSL (Tier I) 08/07/2024 Shift-II
(a) ₹ 14280 (b) ₹ 14350
(c) ₹ 14250 (d) ₹ 14150

154. एक व्यक्ति ने पहले दो वर्षों के लिए 8% वार्षिक की दर से, अगले तीन वर्षों के लिए 11% वार्षिक की दर से और पाँच वर्षों से अधिक की अवधि के लिए 16% वार्षिक की दर से कुछ धनराशि ऋण पर ली थी। यदि वह 9 वर्ष के अन्त में ब्याज के रूप में कुल ₹ 21400 का भुगतान करता है, तो उसने कितनी धनराशि ऋण पर ली थी (निकटतम इकाई तक पूर्णांकित)?
SSC CHSL (Tier I) 08/07/2024 Shift-I
(a) ₹ 11938 (b) ₹ 18938
(c) ₹ 15938 (d) ₹ 18738

155. यदि ₹ 4500 की धनराशि का 8% वार्षिक साधारण ब्याज की दर से 4 वर्षों की अवधि के लिए निवेश किया जाता है, तो अवधि के अन्त में भुगतान की जाने वाली धनराशि ज्ञात कीजिए। SSC CHSL (Tier I) 05/07/2024 Shift-IV
(a) ₹ 6300 (b) ₹ 5940
(c) ₹ 6080 (d) ₹ 5490

156. यदि 5 वर्ष के लिए मूलधन और साधारण ब्याज का अनुपात 10 : 7 है, तो वार्षिक ब्याज की दर क्या है? SSC CHSL (Tier I) 05/07/2024 Shift-IV
(a) 10% (b) 15%
(c) 11% (d) 14%

157. P और Q को समान धनराशि क्रमशः 7 वर्ष और 8 वर्ष की अवधि के लिए 8.6% वार्षिक दर पर ऋण पर दी गई थी। यदि उनके द्वारा भुगतान किए गए ब्याज में ₹ 172 का अन्तर था, तो प्रत्येक को ऋण पर दी गई धनराशि कितनी थी?
SSC CHSL (Tier I) 05/07/2024 Shift-IV
(a) ₹ 3000 (b) ₹ 2150
(c) ₹ 185 (d) ₹ 2000

158. ₹ 18000 की धनराशि पर 2 वर्ष और 3 माह में ₹ 3240 का साधारण ब्याज प्राप्त होता है। वार्षिक ब्याज दर कितनी है?
SSC CHSL (Tier I) 05/07/2024 Shift-I
(a) 12% (b) 7% (c) 8% (d) 10%

159. ₹ 8000 की धनराशि का आंशिक रूप से 2 वर्ष के लिए योजना I में 5% साधारण ब्याज की दर से और शेष धनराशि का योजना II में 4% साधारण ब्याज की दर से निवेश किया जाता है। अवधि के अन्त में प्राप्त कुल ब्याज ₹ 720 था। योजना I में निवेश की गई धनराशि कितनी है?
SSC CHSL (Tier I) 04/07/2024 Shift-IV
(a) ₹ 4400 (b) ₹ 7200
(c) ₹ 3640 (d) ₹ 4000

160. राहना ने एक स्कूटी खरीदने का फैसला किया, जिसका मूल्य ₹ 40000 है। दुकानदार ₹ 25000 के नकद भुगतान और चार महीने तक हर महीने ₹ 4000 के किश्त के भुगतान की शर्त के अन्तर्गत स्कूटी बेचने पर सहमत हुआ। किश्त योजना के अन्तर्गत दुकानदार ने जिस ब्याज दर पर स्कूटी बेची, वह ज्ञात कीजिए। SSC CHSL (Tier I) 04/07/2024 Shift-III
(a) $10\frac{1}{3}$% (b) 33%
(c) $18\frac{1}{2}$% (d) $16\frac{1}{2}$%

161. ₹ 450000 की धनराशि पर 5% वार्षिक ब्याज दर पर साधारण ब्याज के रूप में ₹ 45000 प्राप्त करने में कितना समय (वर्षों में) लगेगा?
SSC CHSL (Tier I) 04/07/2024 Shift-II
(a) 5 (b) 3 (c) 2 (d) 4

162. एक घड़ी ₹ 550 नकद या किश्त योजना में ₹ 250 नकद डाउन पेमेन्ट और एक महीने बाद ₹ 310 में बेची जाती है। किश्त योजना में लिए जाने वाले ब्याज की दर ज्ञात कीजिए।
SSC CHSL (Tier I) 04/07/2024 Shift-I
(a) 20% (b) 45% (c) 40% (d) 35%

163. किसी धनराशि पर 8 वर्षों के लिए साधारण ब्याज उस धनराशि का $\frac{4}{5}$ है। वार्षिक ब्याज दर ज्ञात कीजिए।
SSC CHSL (Tier I) 03/07/2024 Shift-IV
(a) 20% (b) 10% (c) 5% (d) 15%

164. साधारण ब्याज दर पर ₹ 50000 की धनराशि 4 वर्षों में ₹ 72000 हो जाती है। वार्षिक ब्याज दर ज्ञात कीजिए।
SSC CHSL (Tier I) 03/07/2024 Shift-III
(a) 10% (b) 9%
(c) 12% (d) 11%

165. एक व्यक्ति ₹ 5000 की धनराशि को 5 वर्षों के लिए साधारण ब्याज पर इस प्रकार निवेश करता है, कि पहले 2 वर्षों के लिए ब्याज दर 10% वार्षिक है, अगले 3 वर्षों के लिए यह 12% वार्षिक है। 5 वर्ष के अन्त में वह कितना ब्याज (₹ में) अर्जित करेगा?
SSC CHSL (Tier I) 03/07/2024 Shift-II
(a) ₹ 2450 (b) ₹ 2800
(c) ₹ 3000 (d) ₹ 3180

166. 5% वार्षिक साधारण ब्याज की दर से 4 वर्षों में ₹ 2400 की देय धनराशि का वर्तमान मूल्य क्या है?
SSC CHSL (Tier I) 03/07/2024 Shift-I
(a) ₹ 2000 (b) ₹ 2240
(c) ₹ 2200 (d) ₹ 2456

167. एक धनराशि 5% प्रति वर्ष की वार्षिक ब्याज दर पर साधारण ब्याज पर 4 वर्षों में ₹ 6600 हो जाती है। वह धनराशि क्या है? SSC CHSL (Tier I) 02/07/2024 Shift-IV
(a) ₹ 6000 (b) ₹ 4400
(c) ₹ 5500 (d) ₹ 3300

168. ऋण की वह राशि ज्ञात कीजिए, जो प्रत्येक ₹ 200 की 5 बराबर किस्तों में चुकाई जाएगी, यदि ऋण 5% वार्षिक साधारण ब्याज की दर से 5 वर्षों में देय है।
SSC CHSL (Tier I) 02/07/2024 Shift-III
(a) ₹ 1200 (b) ₹ 1400
(c) ₹ 1100 (d) ₹ 1255

169. किसी धनराशि पर $1\frac{1}{2}$ वर्ष के लिए 10% वार्षिक दर से साधारण ब्याज, उसी धनराशि पर 1 वर्ष के लिए 12% वार्षिक दर से साधारण ब्याज से ₹ 30 अधिक है। धनराशि (मूलधन) ज्ञात कीजिए।
SSC CHSL (Tier I) 02/07/2024 Shift-II
(a) ₹ 1000 (b) ₹ 1050
(c) ₹ 1250 (d) ₹ 1200

170. एक बैंक ₹ K पर n^2 वर्षों के लिए $r^{\frac{1}{2}}$% की दर से साधारण ब्याज लगाता है। एक अन्य बैंक ₹ L पर n^3 वर्षों के लिए $r^{\frac{3}{2}}$% की दर से साधारण ब्याज लगाता है और समान ब्याज देता है। K और L के बीच का अनुपात क्या है?
SSC CHSL (Tier I) 02/07/2024 Shift-I
(a) $rn:1$ (b) $\frac{1}{r}:\frac{1}{n}$
(c) $r^2:n^2$ (d) $r^{\frac{1}{2}}:n^{\frac{1}{2}}$

171. 12 वर्षों के लिए एक धनराशि पर साधारण ब्याज, धनराशि का तीन-पाँचवाँ भाग है। वार्षिक ब्याज दर क्या है?
SSC CHSL (Tier I) 01/07/2024 Shift-IV
(a) 3% (b) 6% (c) 4% (d) 5%

172. साधारण ब्याज पर एक धनराशि 7 वर्ष में दोगुनी हो जाती है। साधारण ब्याज की समान दर पर धनराशि कितने वर्षों में चार गुना हो जाएगी? SSC CHSL (Tier I) 01/07/2024 Shift-III
(a) 14 (b) 28
(c) 21 (d) 18

173. रेशमा ने साधारण ब्याज पर ₹ 1200000 का ऋण उतने ही वर्षों के लिए लिया जितनी ब्याज की दर है। यदि उसने ऋण अवधि के अन्त में ब्याज के रूप में ₹ 972000 का भुगतान किया, तो वार्षिक ब्याज की दर क्या थी?
SSC CHSL (Tier I) 01/07/2024 Shift-II
(a) 9% (b) 7.5%
(c) 8% (d) 8.7%

174. कितने वर्षों में किसी धनराशि पर $2\frac{6}{7}$% वार्षिक की दर से साधारण ब्याज मूलधन के बराबर हो जाएगा?
SSC CHSL (Tier I) 01/07/2024 Shift-I
(a) 34 वर्ष (b) 33 वर्ष
(c) 37 वर्ष (d) 35 वर्ष

175. 16% वार्षिक साधारण ब्याज की दर से निवेश की गई ₹2500 की धनराशि कितने वर्षों में ₹4100 हो जाएगी?
SSC CHSL (Tier-II) 10/01/2024 Shift-I
(a) 3 (b) 5 (c) 4 (d) 6

SSC CHSL 2023-2021 (Tier I & II)

176. एक व्यक्ति ने साधारण ब्याज पर कुछ धनराशि उधार ली। 3 वर्षों के बाद, उसने ऋणदाता को $\frac{4}{3}$ धनराशि वापस कर दी। ब्याज दर ज्ञात कीजिए।
SSC CHSL (Tier-II) 02/11/2023 Shift-I
(a) $11\frac{4}{9}$ % वार्षिक (b) $11\frac{2}{9}$ % वार्षिक
(c) $11\frac{1}{9}$ % वार्षिक (d) $11\frac{3}{9}$ % वार्षिक

177. साधारण ब्याज पर एक धनराशि 3 वर्षों में ₹ 750 और 4 वर्षों में ₹ 825 हो जाती है। वह धनराशि ज्ञात कीजिए।
SSC CHSL (Tier-I) 17/08/2023 Shift-I
(a) ₹ 525 (b) ₹ 550 (c) ₹ 500 (d) ₹ 475

178. 't' वर्षों में, एक निश्चित धनराशि पर 10% वार्षिक दर से अर्जित साधारण ब्याज मूलधन का 5/8वाँ हिस्सा है। यदि ब्याज की दर 10% की तीन-चौथाई कर दी जाए और साधारण ब्याज वही रहे, तो समय के परिवर्तित मान के बारे में निम्नलिखित में से कौन-सा कथन सत्य है?
SSC CHSL (Tier-I) 14/08/2023 Shift-IV
(a) यह 't' के समान ही रहता है
(b) यह घटकर $5\frac{1}{2}$ वर्ष रह जाता है
(c) यह बढ़कर $8\frac{1}{3}$ वर्ष हो जाता है
(d) यह समय 't' का तीन-चौथाई हो जाता है

179. एक व्यक्ति 10% वार्षिक की दर से ₹ 4400 को और 8% वार्षिक दर से ₹ 7500 को साधारण ब्याज पर निवेश करता है। 12 वर्षों के बाद उसे अपने निवेश से कितनी धनराशि (₹ में) प्राप्त होगी?
SSC CHSL (Tier-I) 11/08/2023 Shift-I
(a) 28380 (b) 28840
(c) 24380 (d) 24830

180. साधारण ब्याज की किस वार्षिक दर (निकटतम पूर्णांक तक सन्निकटित) पर कोई धनराशि 18 वर्षों में अपने प्रारम्भिक मूल्य से पाँच गुना हो जाएगी?
SSC CHSL (Tier-I) 10/08/2023 Shift-I
(a) 24% (b) 18% (c) 20% (d) 22%

181. एक निश्चित धनराशि पर साधारण ब्याज, धनराशि का एक-चौथाई है और वार्षिक ब्याज दर वर्षों की संख्या की चार गुना है। यदि ब्याज की दर में 2% की वृद्धि हो जाती है, तो 6 वर्षों के लिए ₹ 3600 पर साधारण ब्याज (₹ में) कितना होगा?
SSC CHSL (Tier-I) 09/08/2023 Shift-I
(a) 2592 (b) 2562 (c) 2514 (d) 2642

182. यदि कोई धनराशि समान साधारण ब्याज दर पर 3 वर्ष में ₹ 6000 तथा 7 वर्ष और 6 महीने में ₹ 10500 हो जाती है, तब उसकी ब्याज दर क्या होगी? SSC CHSL (Tier-I) 07/08/2023 Shift-IV
(a) $45\frac{2}{3}$% (b) $66\frac{1}{3}$%
(c) $33\frac{1}{3}$% (d) $25\frac{1}{2}$%

183. 6% वार्षिक साधारण ब्याज पर किसी धनराशि को। कितने समय (वर्षों में) के लिए निवेश किया जाए, ताकि उसके मूल्य में 40% की वृद्धि हो जाए? SSC CHSL (Tier-I) 02/08/2023 Shift-I
(a) $4\frac{1}{3}$ (b) $6\frac{2}{3}$ (c) $6\frac{1}{3}$ (d) $5\frac{2}{3}$

184. एक व्यक्ति 6% वार्षिक दर पर साधारण ब्याज पर 3 वर्ष के लिए ₹ 20000 उधार लेता है। वह इसे तुरन्त किसी अन्य व्यक्ति को 3 वर्ष के लिए 8.5% वार्षिक साधारण ब्याज दर पर उधार दे देता है। प्रतिवर्ष प्राप्त लाभ का मूल्य क्या है? SSC CHSL (Tier-I) 21/03/2023 Shift-IV
(a) ₹ 1500 (b) ₹ 500
(c) ₹ 200 (d) ₹ 800

185. साधारण ब्याज पर 8% वार्षिक दर पर कितने समय में ₹ 12500 की राशि ₹ 20000 हो जाएगी? SSC CHSL (Tier-I) 21/03/2023 Shift-II
(a) 7.5 वर्ष (b) 12.5 वर्ष
(c) 10 वर्ष (d) 8 वर्ष

186. एक व्यक्ति को ₹ 7500 के मूलधन पर 2 वर्ष बाद 7% वार्षिक साधारण ब्याज दर से कितनी धनराशि प्राप्त होती?
SSC CHSL (Tier-I) 16/03/2023 Shift-I
(a) ₹ 8400 (b) ₹ 7600
(c) ₹ 8550 (d) ₹ 7400

187. एक व्यक्ति ने B को तीन वर्ष के लिए ₹ 12000 और C को 4 वर्ष के लिए ₹ 10000 साधारण ब्याज पर समान ब्याज दर पर उधार दिए और उन दोनों से ब्याज के रूप में कुल ₹ 6080 प्राप्त किए। वार्षिक ब्याज दर क्या है?
SSC CHSL (Tier-I) 14/03/2023 Shift-I
(a) 5% (b) 15%
(c) 8% (d) 11%

188. साधारण ब्याज की एक निश्चित दर पर दो साल में ₹ 2000 की राशि ₹ 3120 हो जाती है। वार्षिक ब्याज दर कितनी है?
SSC CHSL (Tier-I) 13/03/2023 Shift-III
(a) 33% प्रति वर्ष (b) 34% प्रति वर्ष
(c) 30% प्रति वर्ष (d) 28% प्रति वर्ष

189. कोई व्यक्ति अपने बेटे, बेटी और अपनी पत्नी के नाम, ₹ 105750 की राशि साधारण ब्याज पर इस प्रकार निवेशित करता है कि उन्हें क्रमश: 3, 4 और 5 वर्ष बाद समान ब्याज प्राप्त होता है। यदि ब्याज दर 5% वार्षिक है, तो पत्नी के लिए निवेश की गई राशि ज्ञात करें।
SSC CHSL (Tier-I) 12/08/2021 Shift-III
(a) ₹ 25000 (b) ₹ 27000
(c) ₹ 28000 (d) ₹ 30000

SSC MTS 2024

190. 4 वर्षों के लिए 7% प्रतिवर्ष की ब्याज दर पर उधार ली गई राशि ₹ 3500 पर साधारण ब्याज (₹ में) ज्ञात कीजिए।
SSC MTS 14/11/2024 Shift-III
(a) 980 (b) 940
(c) 1020 (d) 920

191. किस राशि (₹ में) पर 12% प्रति वर्ष की ब्याज दर से 3 वर्षों में ₹ 360 का साधारण ब्याज अर्जित होगा?
SSC MTS 14/11/2024 Shift-III
(a) 2000 (b) 1500
(c) 1000 (d) 500

192. ₹ 15000 की धनराशि पर 8.5% वार्षिक साधारण ब्याज की दर से, 5 वर्ष 3 महीने में अर्जित ब्याज (₹ में) ज्ञात कीजिए।
SSC MTS 14/11/2024 Shift-III
(a) 21375 (b) 21693.75
(c) 6375 (d) 6693.75

193. किस राशि (₹ में) पर 20% प्रतिवर्ष की ब्याज दर से 3 वर्षों में ₹ 240 का साधारण ब्याज अर्जित होगा? SSC MTS 13/11/2024 Shift-III
(a) 400 (b) 600
(c) 200 (d) 800

194. एक निश्चित धनराशि पर, 6 वर्षों के लिए 6% की वार्षिक दर से और 8 वर्षों के लिए 8% की वार्षिक दर से अर्जित साधारण ब्याज में अन्तर ₹ 1176 है। धनराशि ज्ञात करें।
SSC MTS 13/11/2024 Shift-III
(a) ₹ 3800 (b) ₹ 4000
(c) ₹ 4200 (d) ₹ 4400

195. किस राशि (₹ में) पर 20% प्रतिवर्ष की ब्याज दर से 2 वर्षों में ₹ 360 का साधारण ब्याज अर्जित होगा? **SSC MTS 13/11/2024 Shift-III**
(a) 1800 (b) 1200
(c) 900 (d) 450

196. 3 वर्षों के लिए 3% वार्षिक की ब्याज दर पर उधार ली गई राशि ₹ 2500 पर साधारण ब्याज (₹ में) ज्ञात कीजिए।
SSC MTS 12/11/2024 Shift-III
(a) 165 (b) 265 (c) 185 (d) 225

197. 6 वर्षों के लिए 6% प्रतिवर्ष की ब्याज दर पर उधार ली गई राशि ₹ 3500 पर साधारण ब्याज (₹ में) ज्ञात कीजिए।
SSC MTS 12/11/2024 Shift-III
(a) 1260 (b) 1200
(c) 1220 (d) 1300

198. साधारण ब्याज पर एक धनराशि तीन वर्षों में ₹ 2500 और पाँच वर्षों में ₹ 3000 हो जाती है। ब्याज दर कितनी है (दो दशमलव स्थान तक सही)? **SSC MTS 12/11/2024 Shift-III**
(a) 14.25% (b) 13.56%
(c) 14.29% (d) 15%

199. 5 वर्षों के लिए 8% वार्षिक की ब्याज दर पर उधार ली गई राशि ₹ 2000 पर साधारण ब्याज (₹ में) ज्ञात कीजिए।
SSC MTS 11/11/2024 Shift-III
(a) 800 (b) 840 (c) 760 (d) 740

200. एक राशि 4 वर्ष के लिए साधारण ब्याज की एक निश्चित दर पर जमा की गई थी। यदि ब्याज दर 5% अधिक होती, तो यह राशि ₹ 5200 अधिक होती। जमा की गई राशि ज्ञात कीजिए। **SSC MTS 11/11/2024 Shift-III**
(a) ₹ 10400 (b) ₹ 26000
(c) ₹ 13000 (d) ₹ 25000

201. साधारण ब्याज पर 4% वार्षिक दर से निवेश की गई किसी धनराशि का मूल्य 30% तक बढ़ने में कितना समय (वर्ष में) लगेगा?
SSC MTS 11/11/2024 Shift-III
(a) $7\frac{1}{2}$ (b) $4\frac{1}{2}$
(c) $5\frac{1}{2}$ (d) $8\frac{1}{2}$

202. 5 वर्षों के लिए 9% वार्षिक की ब्याज दर पर उधार ली गई राशि ₹ 2500 पर साधारण ब्याज (₹ में) ज्ञात कीजिए।
SSC MTS 05/11/2024 Shift-III
(a) 1165 (b) 1085
(c) 1125 (d) 1065

203. 5 वर्षों के लिए 4% वार्षिक की ब्याज दर पर उधार ली गई राशि ₹ 3500 पर साधारण ब्याज (₹ में) ज्ञात कीजिए।
SSC MTS 05/11/2024 Shift-III
(a) 740 (b) 660
(c) 700 (d) 640

204. साधारण ब्याज की किस दर पर कोई धनराशि 12 वर्षों में स्वयं की दोगुनी हो जाएगी?
SSC MTS 05/11/2024 Shift-III
(a) 18% (b) $16\frac{2}{3}\%$
(c) 12% (d) $8\frac{1}{3}\%$

205. 3 वर्षों के लिए 8% वार्षिक की ब्याज दर पर उधार ली गई राशि ₹ 2500 पर साधारण ब्याज (₹ मे) ज्ञात कीजिए।
SSC MTS 04/11/2024 Shift-III
(a) 540 (b) 640
(c) 600 (d) 560

206. राम ने समान अवधि के लिए ₹ 20000, 6% वार्षिक दर से और 25000, 8% वार्षिक दर से उधार लिए। उसे ब्याज के रूप में कुल मिलाकर ₹ 9600 चुकाने पड़े। समयावधि क्या है? **SSC MTS 04/11/2024 Shift-III**
(a) 3 वर्ष (b) 5 वर्ष
(c) 2 वर्ष (d) 4 वर्ष

207. 2 वर्षों के लिए 6% वार्षिक की ब्याज दर पर उधार ली गई राशि ₹ 2500 पर साधारण ब्याज (₹ में) ज्ञात कीजिए।
SSC MTS 04/11/2024 Shift-III
(a) 260 (b) 300
(c) 340 (d) 240

208. किस राशि (₹ में) पर 4% प्रति वर्ष की ब्याज दर से 2 वर्षों में ₹ 240 का साधारण ब्याज अर्जित होगा? **SSC MTS 30/10/2024 Shift-III**
(a) 3000 (b) 1500
(c) 6000 (d) 4000

209. एक साहूकार ने ₹ 40000 को दो भागों में उधार दिया, एक भाग 7% वार्षिक पर और दूसरा भाग 6% वार्षिक पर। यदि धनराशि पर कुल वार्षिक साधारण ब्याज ₹ 2550 है, तो 7% पर उधार दी गई धनराशि कितनी है?
SSC MTS 30/10/2024 Shift-III
(a) ₹ 15000 (b) ₹ 18000
(c) ₹ 21000 (d) ₹ 26000

210. 6 वर्षों के लिए 8% वार्षिक की ब्याज दर पर उधार ली गई राशि ₹ 2000 पर साधारण ब्याज (₹ में) ज्ञात कीजिए।
SSC MTS 30/10/2024 Shift-III
(a) 960 (b) 900
(c) 1000 (d) 920

211. 2 वर्षों के लिए 4% वार्षिक की ब्याज दर पर उधार ली गई राशि ₹ 2500 पर साधारण ब्याज (₹ में) ज्ञात कीजिए।
SSC MTS 29/10/2024 Shift-III
(a) 200 (b) 160
(c) 240 (d) 140

212. किस राशि (₹ में) पर 16% प्रति वर्ष की ब्याज दर से 4 वर्षों में ₹ 240 का साधारण ब्याज अर्जित होगा? **SSC MTS 29/10/2024 Shift-III**
(a) 500 (b) 800
(c) 750 (d) 375

213. साधारण ब्याज पर गोपाल द्वारा निवेश की गई धनराशि 3 वर्षों में ₹ 16150 और 4 वर्षों में ₹ 16540 हो जाती है। उसके द्वारा निवेश किया गया मूलधन क्या था?
SSC MTS 29/10/2024 Shift-III
(a) ₹ 16150 (b) ₹ 14980
(c) ₹ 18150 (d) ₹ 11150

214. अरुण ने 6 वर्षों के लिए साधारण ब्याज पर कुछ धनराशि ऋण कें रूप में ली। साहूकार ने पहले 2 वर्षों के लिए 4% वार्षिक, अगले 3 वर्षों के लिए 8% वार्षिक और 5 वर्षों से अधिक की अवधि के लिए 12% वार्षिक दर से ब्याज लगाया। यदि अरुण ₹ 5472 का भुगतान करके अपना ऋण चुकाता है, तो उसने ऋण के रूप में कितनी धनराशि (₹ में) ली थी? **SSC MTS 28/10/2024 Shift-II**
(a) 3040 (b) 6840
(c) 3800 (d) 12436

215. 4 वर्षों के लिए 8% वार्षिक ब्याज की दर पर उधार ली गई राशि ₹3000 पर साधारण ब्याज (₹ में) ज्ञात कीजिए।
SSC MTS 28/10/2024 Shift-II
(a) 900 (b) 1000
(c) 960 (d) 920

216. किस राशि (₹ में) पर 4% प्रति वर्ष की ब्याज दर से 2 वर्षों में ₹ 360 का साधारण ब्याज अर्जित होगा? **SSC MTS 28/10/2024 Shift-II**
(a) 6000 (b) 9000
(c) 2250 (d) 4500

217. एक निश्चित धनराशि पर समान ब्याज दर पर 12 वर्ष के लिए अर्जित साधारण ब्याज और 15 वर्ष के लिए अर्जित साधारण ब्याज का अनुपात क्या होगा? **SSC MTS 23/10/2024 Shift-II**
(a) 2 : 5 (b) 2 : 3
(c) 4 : 5 (d) 3 : 4

218. 2 वर्षों के लिए 8% वार्षिक की ब्याज दर पर उधार ली गई राशि ₹ 3000 पर साधारण ब्याज (₹ में) ज्ञात कीजिए।
SSC MTS 23/10/2024 Shift-II
(a) 420 (b) 440
(c) 520 (d) 480

219. 4 वर्षों के लिए 9% वार्षिक ब्याज की दर पर उधार ली गई राशि ₹ 2000 पर साधारण ब्याज (₹ में) ज्ञात कीजिए।
SSC MTS 23/10/2024 Shift-II
(a) 720 (b) 760
(c) 660 (d) 680

220. 5 वर्षों के लिए 3% वार्षिक की ब्याज दर पर उधार ली गई राशि ₹ 3500 पर साधारण ब्याज (₹ में) ज्ञात कीजिए।
SSC MTS 22/10/2024 Shift-II
(a) 565 (b) 485
(c) 525 (d) 465

221. एक व्यक्ति ने साधारण ब्याज पर कुछ धनराशि उधार ली। 15 वर्षों के बाद, अर्जित साधारण ब्याज उधार ली गई धनराशि का $\frac{19}{15}$ होगा। वार्षिक ब्याज दर क्या है?
SSC MTS 22/10/2024 Shift-II
(a) $5\frac{4}{9}\%$ (b) $6\frac{4}{9}\%$
(c) $7\frac{4}{9}\%$ (d) $8\frac{4}{9}\%$

222. 6 वर्षों के लिए 3% वार्षिक की ब्याज दर पर उधार ली गई राशि ₹ 3500 पर साधारण ब्याज (₹ में) ज्ञात कीजिए।
SSC MTS 21/10/2024 Shift-II
(a) 570 (b) 630
(c) 590 (d) 670

223. एक धनराशि, समान साधारण ब्याज दर पर 6 वर्ष बाद ₹7436 और 10 वर्ष बाद ₹9460 हो जाती है। वार्षिक ब्याज दर ज्ञात करें।
SSC MTS 21/10/2024 Shift-II
(a) 13% (b) 12%
(c) 12.5% (d) 11.5%

224. 6 वर्षों के लिए 5% वार्षिक ब्याज की दर पर उधार ली गई राशि ₹2500 पर साधारण ब्याज (₹ में) ज्ञात कीजिए।
SSC MTS 21/10/2024 Shift-II
(a) 750 (b) 690
(c) 710 (d) 790

225. 6 वर्षों के लिए 4% प्रति वर्ष की ब्याज दर पर उधार ली गई राशि ₹ 4000 पर साधारण ब्याज (₹ में) ज्ञात कीजिए।
SSC MTS 18/10/2024 Shift-II
(a) 1000 (b) 920
(c) 960 (d) 900

226. 6 वर्षों के लिए 3% प्रति वर्ष की ब्याज दर पर उधार ली गई राशि ₹ 3000 पर साधारण ब्याज (₹ में) ज्ञात कीजिए।
SSC MTS 18/10/2024 Shift-II
(a) 480 (b) 540
(c) 500 (d) 580

227. ₹ 4200 की राशि पर 3 वर्ष के अन्त में प्राप्त होने वाला साधारण ब्याज ₹ 756 है। समान दर पर समान अवधि के लिए ₹ 5400 पर प्राप्त होने वाला साधारण ब्याज (₹ में) कितना होगा?
SSC MTS 18/10/2024 Shift-II
(a) 987 (b) 980 (c) 972 (d) 998

228. राकेश को 15% वार्षिक दर से 6 वर्षों में एक निश्चित मूलधन पर ₹ 3195 का साधारण ब्याज प्राप्त हुआ। यदि वह समान ब्याज दर पर 3 वर्षों के लिए पिछले मूलधन से ₹ 1250 अधिक निवेश करता है तो उसे कितना साधारण ब्याज मिलता?
SSC MTS 17/10/2024 Shift-II
(a) ₹ 2400 (b) ₹ 2160
(c) ₹ 2050 (d) ₹ 2255

229. 6 वर्षों के लिए 7% वार्षिक की ब्याज दर पर उधार ली गई राशि ₹ 2000 पर साधारण ब्याज (₹ में) ज्ञात कीजिए।
SSC MTS 17/10/2024 Shift-II
(a) 800 (b) 780
(c) 840 (d) 880

230. 3 वर्षों के लिए 5% वार्षिक की ब्याज दर पर उधार ली गई राशि ₹ 2500 पर साधारण ब्याज (₹ में) ज्ञात कीजिए।
SSC MTS 17/10/2024 Shift-II
(a) 315 (b) 375
(c) 415 (d) 335

231. ₹ 940 पर 3 वर्ष के लिए 5% वार्षिक दर से साधारण ब्याज (₹ में) ज्ञात कीजिए।
SSC MTS 16/10/2024 Shift-II
(a) ₹ 140 (b) ₹ 141
(c) ₹ 142 (d) ₹ 143

232. 2 वर्षों के लिए 5% वार्षिक की ब्याज दर पर उधार ली गई राशि ₹ 3500 पर साधारण ब्याज (₹ में) ज्ञात कीजिए।
SSC MTS 16/10/2024 Shift-II
(a) 290 (b) 390
(c) 310 (d) 350

233. 4 वर्षों के लिए 6% प्रतिवर्ष की ब्याज दर पर उधार ली गई राशि ₹ 3500 पर साधारण ब्याज (₹ में) ज्ञात कीजिए।
SSC MTS 16/10/2024 Shift-II
(a) 780 (b) 800
(c) 840 (d) 880'

234. 3 वर्षों के लिए 7% वार्षिक की ब्याज दर पर उधार ली गई राशि ₹ 2000 पर साधारण ब्याज (₹ में) ज्ञात कीजिए।
SSC MTS 15/10/2024 Shift-I
(a) 460 (b) 420 (c) 360 (d) 380

235. विपुल, आशिमा और प्रिया ने साधारण ब्याज पर क्रमशः 3%, 6% और 5% वार्षिक दर से कुल ₹ 21000 का निवेश किया। यदि वर्ष के अन्त में, तीनों व्यक्तियों को ब्याज की बराबर राशि प्राप्त हुई, तो आशिमा द्वारा निवेश की गई राशि (₹ में) ज्ञात कीजिए।
SSC MTS 15/10/2024 Shift-I
(a) 3000 (b) 2000 (c) 4000 (d) 5000

236. 6 वर्षों के लिए 8% वार्षिक की ब्याज दर पर उधार ली गई राशि ₹ 3000 पर साधारण ब्याज (₹ में) ज्ञात कीजिए।
SSC MTS 15/10/2024 Shift-I
(a) 1400 (b) 1480 (c) 1380 (d) 1440

237. एक निश्चित धनराशि पर 4 वर्षों के लिए 23% की वार्षिक दर पर साधारण ब्याज, उसी धनराशि पर 8 वर्षों के साधारण ब्याज से ₹ 11960 कम है। धनराशि ज्ञात कीजिए।
SSC MTS 14/10/2024 Shift-I
(a) ₹ 12000 (b) ₹ 13500
(c) ₹ 13000 (d) ₹ 12500

238. 3 वर्षों के लिए 6% प्रतिवर्ष की ब्याज दर पर उधार ली गई राशि ₹ 3500 पर साधारण ब्याज (₹ में) ज्ञात कीजिए।
SSC MTS 14/10/2024 Shift-I
(a) 570 (b) 670 (c) 630 (d) 590

239. 5 वर्षों के लिए 6% वार्षिक की ब्याज दर पर उधार ली गई राशि ₹ 2500 पर साधारण ब्याज (₹ में) ज्ञात कीजिए।
SSC MTS 14/10/2024 Shift-I
(a) 710 (b) 690 (c) 790 (d) 750

240. 3 वर्षों के लिए 7% वार्षिक ब्याज दर पर उधार ली गई राशि ₹2500 पर साधारण ब्याज (₹ में) ज्ञात कीजिए।
SSC MTS 09/10/2024 Shift-I
(a) 485 (b) 565 (c) 525 (d) 465

241. 4 वर्षों के लिए 9% वार्षिक की ब्याज दर पर उधार ली गई राशि ₹2500 पर साधारण ब्याज (₹ में) ज्ञात कीजिए।
SSC MTS 09/10/2024 Shift-I
(a) 900 (b) 860 (c) 940 (d) 840

242. साधारण ब्याज की एक निश्चित दर पर, कोई राशि 3 वर्षों में ₹ 9430 और 7 वर्षों में ₹ 11070 हो जाती है। राशि ज्ञात कीजिए।
SSC MTS 09/10/2024 Shift-I
(a) ₹ 7800 (b) ₹ 8350
(c) ₹ 8000 (d) ₹ 8200

243. राकेश ने समर्थ को 6 वर्ष के लिए साधारण ब्याज दर पर एक राशि ब्याज पर दी। छठे वर्ष के अन्त में, समर्थ ने राशि चुकाने के लिए राकेश को राशि के $\frac{8}{7}$ भाग का भुगतान किया। वार्षिक साधारण ब्याज की दर कितनी थी?
SSC MTS 08/10/2024 Shift-I
(a) $2\frac{7}{21}\%$ (b) $2\frac{8}{21}\%$
(c) $2\frac{3}{20}\%$ (d) $2\frac{1}{12}\%$

244. 4 वर्षों के लिए 3% वार्षिक की ब्याज दर पर उधार ली गई राशि ₹3000 पर साधारण ब्याज (₹ में) ज्ञात कीजिए।
SSC MTS 08/10/2024 Shift-I
(a) 400 (b) 360
(c) 320 (d) 300

245. 6 वर्षों के लिए 3% वार्षिक की ब्याज दर पर उधार ली गई राशि ₹ 2500 पर साधारण ब्याज (₹ में) ज्ञात कीजिए।
SSC MTS 08/10/2024 Shift-I
(a) 390 (b) 410
(c) 490 (d) 450

246. 4 वर्षों के लिए 6% वार्षिक की ब्याज दर पर उधार ली गई राशि ₹3000 पर साधारण ब्याज (₹ में) ज्ञात कीजिए।
SSC MTS 07/10/2024 Shift-I
(a) 760 (b) 660
(c) 720 (d) 680

247. 6 वर्षों के लिए 9% वार्षिक की ब्याज दर पर उधार ली गई राशि ₹2500 पर साधारण ब्याज (₹ में) ज्ञात कीजिए।
SSC MTS 07/10/2024 Shift-I
(a) 1310 (b) 1290
(c) 1390 (d) 1350

248. ₹2380 की राशि को दो भागों में उधार दिया जाता है, एक 25% वार्षिक पर और दूसरी 20% वार्षिक पर। यदि कुल वार्षिक आय ₹ 500 है, तो 25% की दर पर उधार दी गई राशि (₹ में) ज्ञात कीजिए।
SSC MTS 07/10/2024 Shift-I
(a) 240 (b) 480
(c) 560 (d) 320

249. किस राशि (₹ में) पर 12% प्रतिवर्ष की ब्याज दर से 4 वर्षों में ₹ 240 का साधारण ब्याज अर्जित होगा? SSC MTS 01/10/2024 Shift-I
(a) 250 (b) 750
(c) 1000 (d) 500

250. 5 वर्षों के लिए 7% वार्षिक की ब्याज दर पर उधार ली गई राशि ₹ 2500 पर साधारण ब्याज (₹ में) ज्ञात कीजिए।
SSC MTS 01/10/2024 Shift-I
(a) 835 (b) 915
(c) 815 (d) 875

251. A ने 3 वर्षों के लिए 7% वार्षिक साधारण ब्याज पर ₹ 89500 की धनराशि उधार ली। B ने साधारण ब्याज पर समान धनराशि पहले वर्ष के लिए 9% दूसरे वर्ष के लिए 8% और तीसरे वर्ष के लिए 7% की दर पर उधार ली। A और B द्वारा भुगतान किए गए कुल साधारण ब्याज (₹ में) की गणना कीजिए।
SSC MTS 01/10/2024 Shift-I
(a) 45027 (b) 42075
(c) 40275 (d) 47025

252. 5% वार्षिक साधारण ब्याज की दर पर निवेश की गई एक धनराशि 6 वर्षों में बढ़कर ₹ 806 हो जाती है। यदि धनराशि समान रहे, तो 12% साधारण ब्याज की दर से 5 वर्षों में यह कितनी हो जाएगी? SSC MTS 30/09/2024 Shift-I
(a) ₹ 992 (b) ₹ 1000
(c) ₹ 1120 (d) ₹ 985

253. 6 वर्षों के लिए 7% प्रतिवर्ष की ब्याज दर पर उधार ली गई राशि ₹ 3500 पर साधारण ब्याज (₹ में) ज्ञात कीजिए।
SSC MTS 30/09/2024 Shift-I
(a) 1510 (b) 1470
(c) 1430 (d) 1410

254. 5 वर्षों के लिए 7% वार्षिक की ब्याज दर पर उधार ली गई राशि ₹ 3000 पर साधारण ब्याज (₹ में) ज्ञात कीजिए।
SSC MTS 30/09/2024 Shift-I
(a) 1050 (b) 1090
(c) 990 (d) 1010

SSC MTS 2023

255. एक निश्चित धनराशि का एक निश्चित अवधि के लिए 12% वार्षिक साधारण ब्याज की दर पर निवेश किया जाता है। यदि अवधि के अन्त में धनराशि मूलधन की चार गुना हो जाती है, तो निवेश की अवधि क्या है?
SSC MTS 14/9/2023 Shift-I
(a) 20 वर्ष (b) 25 वर्ष
(c) 24 वर्ष (d) 22 वर्ष

256. 11% वार्षिक साधारण ब्याज की दर पर निवेश की गई ₹ 2000 की धनराशि कितने वर्षों में ₹ 3100 हो जाएगी? SSC MTS 13/09/2023 Shift-I
(a) 4 (b) 3 (c) 5 (d) 2

257. साधारण ब्याज दर पर तीन वर्षों में ₹ 8000 की धनराशि ₹ 9800 हो जाती है। यदि ब्याज की दर स्वयं की दोगुनी हो जाए, तो चार वर्ष में उसी मूलधन की धनराशि क्या होगी?
SSC MTS 11/09/2023 Shift-II
(a) ₹ 12800 (b) ₹ 10800
(c) ₹ 11800 (d) ₹ 13500

258. कितनी धनराशि (₹ में) पाँच वर्षों में 6% वार्षिक साधारण ब्याज की दर से ₹ 1800 का ब्याज अर्जित करेगी?
SSC MTS 11/09/2023 Shift-I
(a) 8000 (b) 5000 (c) 18000 (d) 6000

259. एक निश्चित समय में एक राशि साधारण ब्याज पर 6% वार्षिक दर से 5 गुनी हो जाती है। किस ब्याज दर पर समान अवधि में समान राशि 8 गुना हो जाती है?
SSC MTS 08/09/2023 Shift-II
(a) 10.5% (b) 12.5%
(c) 8.5% (d) 5.5%

260. ₹ 5400 पर 7 वर्ष के लिए 4% वार्षिक की दर से साधारण ब्याज (₹ में) ज्ञात कीजिए।
SSC MTS 06/09/2023 Shift-I
(a) 1380 (b) 1172 (c) 1230 (d) 1512

261. 12% वार्षिक दर से 15 माह में ₹ 6000 का साधारण ब्याज कितना होगा?
SSC MTS 05/09/2023 Shift-II
(a) ₹ 600 (b) ₹ 900
(c) ₹ 800 (d) ₹ 750

262. 6% वार्षिक साधारण ब्याज पर निवेश की गई धनराशि 5 वर्षों में बढ़कर ₹ 113880 हो जाती है। यदि समान धनराशि 9% वार्षिक दर से 8 वर्षों के लिए निवेश की जाती है, तो साधारण ब्याज कितना होगा?
SSC MTS 04/09/2023 Shift-II
(a) ₹ 63072 (b) ₹ 65392
(c) ₹ 60565 (d) ₹ 58050

263. यदि साधारण ब्याज पर 3 वर्ष में ₹ 3650 की धनराशि ₹ 4526 हो जाती है, तो वार्षिक ब्याज की दर क्या है? SSC MTS 01/09/2023 Shift-III
(a) 6% (b) 10%
(c) 12% (d) 8%

264. दिशा ने वार्षिक साधारण ब्याज पर 9 वर्षों के लिए ₹ 20000 की राशि का निवेश किया और ₹ 33500 की कुल धनराशि प्राप्त की। ब्याज की दर क्या है? SSC MTS 01/09/2023 Shift-I
(a) 9% (b) 7.5%
(c) 8.5% (d) 8%

SSC MTS 2022 & 2021

265. यदि एक निश्चित राशि पर 4 वर्षों में प्राप्त साधारण ब्याज ₹2000 है, तो उसी राशि पर 6 वर्षों में प्राप्त साधारण ब्याज कितना होगा?
SSC MTS 15/07/2022 Shift-I
(a) ₹3500 (b) ₹3000
(c) ₹2800 (d) ₹4000

266. 18% की वार्षिक साधारण ब्याज दर पर 8 वर्षों के लिए निवेश की गई एक निश्चित राशि पर प्राप्त मिश्रधन ₹ 1220 है। निवेश की गई मूल राशि कितनी थी?
SSC MTS 14/07/2022 Shift-I
(a) ₹420 (b) ₹480
(c) ₹450 (d) ₹500

267. शशि ने साधारण ब्याज पर ₹ 700 का ऋण लिया। ऋण उतने ही वर्षों के लिए लिया गया था, जितनी वार्षिक ब्याज की दर थी। यदि उसने ऋण की अवधि के अन्त में ब्याज के रूप में ₹ 343 का भुगतान किया, तो ब्याज की दर क्या थी? SSC MTS 14/07/2022 Shift-I
(a) 6% (b) 7%
(c) 4% (d) 10%

268. वार्षिक साधारण ब्याज की किस दर से कोई धनराशि 30 वर्ष में स्वयं तीन गुनी हो जाएगी? (2 दशमलव स्थान तक पूर्णांकित उत्तर दीजिए।) SSC MTS 11/07/2022 Shift-I
(a) 6.67% (b) 8.33%
(c) 4.75% (d) 3.33%

269. एक निश्चित राशि का सात वर्षों की अवधि के लिए साधारण ब्याज पर निवेश किया गया था। छठे और सातवें वर्ष की अवधि के दौरान दोनों वर्षों का अर्जित ब्याज ₹ 292 था। यदि

परिपक्वता राशि ₹ 3942 है, तो ब्याज की दर की गणना करें। SSC MTS 02/11/2021 Shift-III

(a) 5 (b) 2 (c) 2.5 (d) 6.25

270. एक पुस्तक की 6 प्रतियाँ एक निश्चित मूल्य पर खरीदी जा सकती है, जिनका भुगतान वर्ष के अन्त में करना है और उसी पुस्तक की 7 प्रतियाँ, उसी मूल्य पर नकद भुगतान करके खरीदी जा सकती है। साधारण ब्याज की वार्षिक दर (दशमलव के एक स्थान तक) कितनी होगी? SSC MTS 02/11/2021 Shift-II

(a) 10.9% (b) 15.5%
(c) 16.7% (d) 30.4%

271. 5 वर्ष के अन्त में ₹15000 की राशि पर प्राप्त साधारण ब्याज ₹9750 है। यदि ब्याज की दर 3% कम हो, तो ब्याज कितना होगा? SSC MTS 02/11/2021 Shift-I

(a) ₹ 5850 (b) ₹ 3250
(c) ₹ 7500 (d) ₹ 7950

SSC GD Constable 2024

272. साधारण ब्याज पर एक धनराशि 2 वर्ष में ₹1320 और 3 वर्ष में ₹1380 हो जाती है। वार्षिक ब्याज दर कितनी है? SSC GD 26/02/2024 Shift-I

(a) 10% (b) 5% (c) 8% (d) 4%

273. साधारण ब्याज की किस दर पर कोई धनराशि 24 वर्षों में स्वयं की तीन गुनी हो जाएगी? SSC GD 24/02/2024 Shift-III

(a) 10.28% (b) 8.68%
(c) 8.33% (d) 9.28%

274. एक निश्चित धनराशि पर 10% की वार्षिक दर से 7 वर्ष और 8 वर्ष के लिए साधारण ब्याज का अन्तर ₹57 है। वह धनराशि कितनी है? SSC GD 24/02/2024 Shift-II

(a) ₹ 610 (b) ₹ 550 (c) ₹ 590 (d) ₹ 570

275. एक निश्चित धनराशि पर 8 वर्ष और 9 वर्ष के लिए, 11% की वार्षिक दर से साधारण ब्याज के बीच का अन्तर ₹132 है। वह धनराशि कितनी है? SSC GD 24/02/2024 Shift-I

(a) ₹ 1100 (b) ₹ 1200
(c) ₹ 1300 (d) ₹ 1450

276. साधारण ब्याज की वह दर कितनी होगी, जिस पर कोई धनराशि 34 वर्षों में स्वयं की तीन गुनी हो जाती है? SSC GD 23/02/2024 Shift-IV

(a) 5.68% (b) 5.88%
(c) 5.29% (d) 6.82%

277. एक व्यक्ति ने साधारण ब्याज पर 3% की वार्षिक दर पर एक निश्चित धनराशि उधार दी। 25 वर्षों में प्राप्त ब्याज, उधार दी गई धनराशि से ₹ 600 कम है। उधार दी गई धनराशि कितनी है? SSC GD 23/02/2024 Shift-III

(a) ₹ 1200 (b) ₹ 800
(c) ₹ 1600 (d) ₹ 2400

278. साधारण ब्याज पर एक निश्चित धनराशि 2.5 वर्षों में ₹ 1060 और 1 वर्ष में ₹ 1000 हो जाती है। वार्षिक ब्याज दर कितनी है? SSC GD 23/02/2024 Shift-II

(a) 5.28% (b) 5.45%
(c) 4.17% (d) 6.28%

279. जॉन ने एक बैंक खाते में $1200 जमा किए। 4 वर्षों के बाद, उस खाते में कुल धनराशि $1400 है। उस धनराशि पर साधारण ब्याज की वार्षिक दर ज्ञात कीजिए। SSC GD 23/02/2024 Shift-I

(a) 4.17% (b) 5.13 %
(c) 5.83 % (d) 6.23 %

280. एक व्यक्ति ने 24% की वार्षिक दर पर साधारण ब्याज पर कुछ धनराशि ऋण पर दी। यदि 5 वर्षों में प्राप्त ब्याज, ऋण पर दी गई धनराशि से ₹ 1200 अधिक हो जाता है, तो ऋण पर दी गई धनराशि कितनी है? SSC GD 22/02/2024 Shift-IV

(a) ₹ 3600 (b) ₹ 2400
(c) ₹ 3000 (d) ₹ 6000

281. एक निश्चित धनराशि, साधारण ब्याज की किसी दर पर, 14 वर्षों में स्वयं की 3.5 गुना हो जाती है। समान साधारण ब्याज दर पर वह धनराशि 28 वर्षों में स्वयं की कितनी गुनी हो जाएगी? SSC GD 22/02/2024 Shift-III

(a) 4 (b) 8 (c) 6 (d) 10

282. किसी धनराशि पर 5 वर्षों के लिए साधारण ब्याज, मूलधन के 20% के बराबर है। कितने वर्षों में ब्याज मूलधन के बराबर हो जाएगा? SSC GD 22/02/2024 Shift-II

(a) 30 वर्ष (b) 40 वर्ष
(c) 25 वर्ष (d) 35 वर्ष

283. एक निश्चित धनराशि पर, 3 वर्षों के लिए प्राप्त साधारण ब्याज ₹ 1782 है। उसी धनराशि पर समान ब्याज दर पर 10 वर्ष के लिए प्राप्त साधारण ब्याज कितना होगा? SSC GD 22/02/2024 Shift-I

(a) ₹ 6940 (b) ₹ 6840
(c) ₹ 5940 (d) ₹ 6800

284. किसी धनराशि पर, 7% की वार्षिक साधारण ब्याज दर से ₹ 350 का मासिक ब्याज अर्जित करने के लिए आवश्यक धनराशि ज्ञात कीजिए। SSC GD 21/02/2024 Shift-IV

(a) ₹ 55000 (b) ₹ 50000
(c) ₹ 60000 (d) ₹ 65000

285. एक निश्चित धनराशि पर 13% की वार्षिक दर से, 5 वर्षों में ₹ 2275 साधारण ब्याज प्राप्त होता है। वह धनराशि ज्ञात कीजिए। SSC GD 21/02/2024 Shift-III

(a) ₹ 4200 (b) ₹ 4000
(c) ₹ 3500 (d) ₹ 5600

286. जॉन ने एक बैंक खाते में $ 1000 जमा किए जो 5% वार्षिक की साधारण ब्याज दर प्रदान करता है। 2 वर्षों के बाद उसे कितना ब्याज मिलेगा? SSC GD 21/02/2024 Shift-II

(a) $ 120 (b) $ 115
(c) $ 100 (d) $ 110

287. किसी धनराशि पर 20 वर्षों के लिए प्राप्त साधारण ब्याज उस धनराशि का 2/5 है। वार्षिक ब्याज दर कितनी है? SSC GD 21/02/2024 Shift-I

(a) 4% (b) 2% (c) 3% (d) 2.5%

288. एक निश्चित धनराशि साधारण ब्याज की दर पर 10 वर्षों में स्वयं की 7 गुना हो जाती है। 20 वर्षों में समान साधारण ब्याज दर पर स्वंय की कितने गुनी हो जाएगी? SSC GD 20/02/2024 Shift-IV

(a) 13 (b) 12 (c) 14 (d) 10

289. यदि एक निश्चित धनराशि साधारण ब्याज पर 8 वर्ष 6 माह में स्वयं की तीन गुना हो जाती है, तो वार्षिक ब्याज की दर कितनी होगी? SSC GD 20/02/2024 Shift-III

(a) 24.48% (b) 24.78%
(c) 23.52% (d) 21.28%

290. किसी धनराशि पर 5 वर्षों के लिए प्राप्त साधारण ब्याज उस धनराशि का 2/5 है। वार्षिक ब्याज दर क्या है? SSC GD 20/02/2024 Shift-II

(a) 9% (b) 12% (c) 10% (d) 8%

291. किसी धनराशि पर 40 वर्षों तक प्राप्त साधारण ब्याज, उस धनराशि का 2/5 है। वार्षिक ब्याज दर कितनी है? SSC GD 20/02/2024 Shift-I

(a) 1% (b) 1.5%
(c) 3% (d) 2%

SSC Selection Post 2024-2022

292. ₹ 1380 का भुगतान 4 वर्ष बाद करना है। यदि प्रत्येक किस्त पर 10% साधारण ब्याज वाली चार समान किस्तों की आवश्यकता है, तो प्रत्येक किस्त का मूल्य क्या है? Matric Level 20/06/2024 Shift-IV

(a) ₹ 300 (b) ₹ 200
(c) ₹ 500 (d) ₹ 400

293. संजना 24% के वार्षिक साधारण ब्याज पर ₹ 16000 उधार लेती है और सावित्री 20% के वार्षिक साधारण ब्याज पर ₹ 18200 उधार लेती है। कितने वर्षों में उनकी ऋण राशि बराबर हो जाएगी? Matric Level 20/06/2024 Shift-IV

(a) 11 (b) 12 (c) 15 (b) 10

294. ₹ 2400 की राशि पर 2 वर्ष 4 माह में ₹ 378 का साधारण ब्याज मिलता है। प्रति-वर्ष ब्याज दर कितनी है? Matric Level 20/06/2024 Shift-IV

(a) 6.95% (b) 7.05%
(c) 6.85% (d) 6.75%

295. ₹ 1250 की धनराशि, $5\frac{1}{2}$% वार्षिक साधारण ब्याज की दर पर तीन वर्ष के लिए उधार दी जाती है। ब्याज (₹ में) ज्ञात कीजिए।
Graduate Level 20/06/2024 Shift-III
(a) 215.75 (b) 206.25
(c) 210.25 (d) 200.00

296. कितनी वार्षिक किस्त चार वर्षों में 12% साधारण ब्याज प्रति वर्ष पर देय ₹ 3658 के ऋण को समाप्त करेगी?
Higher Secondary Level 20/06/2024 Shift-II
(a) ₹ 775 (b) ₹ 825
(c) ₹ 725 (d) ₹ 750

297. ₹ 1 लाख के मूलधन पर 2 वर्ष के लिए 12 प्रतिशत वार्षिक की दर से साधारण ब्याज (₹ में) कितना होगा?
Graduate Level 27/06/2023 Shift-IV
(a) ₹ 12000 (b) ₹ 25000
(c) ₹ 24000 (d) ₹ 30000

298. ₹ 16875 की राशि साधारण ब्याज पर उधार दी गई थी, और 1 वर्ष 8 महीने के अन्त में, कुल राशि ₹ 18000 थी। वार्षिक ब्याज दर ज्ञात कीजिए। **Graduate Level 27/06/2023 Shift-IV**
(a) 5% (b) 3.7% (c) 6.66% (d) 4%

299. एक बैंक में ₹ 84000 की राशि 15% साधारण ब्याज की दर से 3 वर्ष की अवधि के लिए जमा की जाती है। कितना साधारण ब्याज (₹ में) प्राप्त होगा?
Higher Secondary Level 27/06/2023 Shift-III
(a) ₹ 39800 (b) ₹ 38700
(c) ₹ 37800 (d) ₹ 37200

300. ₹ 2 लाख के मूलधन पर 3 वर्ष के लिए 8% वार्षिक की दर से साधारण ब्याज कितना होगा?
Higher Secondary Level 27/06/2023 Shift-III
(a) ₹ 40000 (b) ₹ 36000
(c) ₹ 48000 (d) ₹ 32000

301. अरविन्द ने साधारण ब्याज पर 5 वर्ष के लिए ₹ 18500 जमा किए। 5 वर्षों के बाद, उसे ब्याज के रूप में ₹ 4625 प्राप्त हुए। वार्षिक ब्याज की दर क्या थी?
Matric Level 27/06/2023 Shift-I
(a) 5% (b) 7% (c) 6.5% (d) 6%

302. ₹ 7000 पर R% वार्षिक दर से 2 वर्षों में अर्जित साधारण ब्याज, ₹ 5000 पर 5% वार्षिक दर से 14 वर्षों में अर्जित साधारण ब्याज के बराबर है। R का मान (प्रतिशत में) क्या है?
Matric Level 27/06/2023 Shift-I
(a) 25% (b) 28%
(c) 15% (d) 20%

303. एक व्यक्ति ने साधारण ब्याज पर कुछ धन ऋण पर लिया। 5 वर्ष के बाद उसने ऋणदाता को धन का $\frac{7}{5}$ भाग लौटाया। ब्याज की दर क्या थी? **Higher Secondary Level 01/08/2022 Shift-II**
(a) 4% प्रति वर्ष (b) 6% प्रति वर्ष
(c) 8% प्रति वर्ष (d) 9% प्रति वर्ष

304. एक निश्चित राशि पर 15 वर्ष के अन्त में साधारण ब्याज राशि का $\frac{3}{10}$ हो जाता है। प्रतिवर्ष ब्याज दर क्या है?
Higher Secondary Level 01/08/2022 Shift-I
(a) 10% (b) 2%
(c) 15% (d) 3%

सही उत्तर

1	(b)	2	(a)	3	(a)	4	(b)	5	(b)	6	(a)	7	(b)	8	(c)	9	(d)	10	(b)
11	(d)	12	(b)	13	(d)	14	(b)	15	(b)	16	(c)	17	(c)	18	(c)	19	(b)	20	(c)
21	(d)	22	(a)	23	(d)	24	(d)	25	(b)	26	(b)	27	(b)	28	(c)	29	(d)	30	(b)
31	(a)	32	(d)	33	(c)	34	(a)	35	(c)	36	(d)	37	(c)	38	(d)	39	(d)	40	(b)
41	(b)	42	(a)	43	(c)	44	(b)	45	(a)	46	(b)	47	(b)	48	(d)	49	(b)	50	(b)
51	(c)	52	(c)	53	(d)	54	(a)	55	(c)	56	(d)	57	(a)	58	(b)	59	(a)	60	(a)
61	(a)	62	(a)	63	(c)	64	(d)	65	(a)	66	(d)	67	(c)	68	(d)	69	(a)	70	(a)
71	(d)	72	(c)	73	(d)	74	(a)	75	(a)	76	(a)	77	(b)	78	(d)	79	(a)	80	(a)
81	(d)	82	(a)	83	(b)	84	(b)	85	(d)	86	(c)	87	(a)	88	(a)	89	(c)	90	(c)
91	(b)	92	(c)	93	(a)	94	(d)	95	(c)	96	(c)	97	(c)	98	(a)	99	(d)	100	(c)
101	(d)	102	(b)	103	(c)	104	(c)	105	(c)	106	(b)	107	(b)	108	(c)	109	(a)	110	(b)
111	(c)	112	(b)	113	(b)	114	(b)	115	(c)	116	(d)	117	(a)	118	(a)	119	(d)	120	(b)
121	(c)	122	(a)	123	(d)	124	(c)	125	(b)	126	(b)	127	(c)	128	(d)	129	(a)	130	(d)
131	(c)	132	(b)	133	(b)	134	(d)	135	(d)	136	(a)	137	(d)	138	(a)	139	(a)	140	(d)
141	(b)	142	(c)	143	(a)	144	(c)	145	(b)	146	(a)	147	(c)	148	(d)	149	(d)	150	(c)
151	(c)	152	(c)	153	(a)	154	(b)	155	(b)	156	(d)	157	(d)	158	(c)	159	(d)	160	(b)
161	(c)	162	(c)	163	(b)	164	(d)	165	(b)	166	(a)	167	(c)	168	(c)	169	(a)	170	(a)
171	(d)	172	(c)	173	(a)	174	(d)	175	(c)	176	(c)	177	(a)	178	(c)	179	(c)	180	(d)
181	(a)	182	(c)	183	(b)	184	(b)	185	(a)	186	(c)	187	(c)	188	(d)	189	(b)	190	(a)
191	(c)	192	(d)	193	(a)	194	(c)	195	(c)	196	(d)	197	(a)	198	(c)	199	(a)	200	(b)
201	(a)	202	(c)	203	(c)	204	(d)	205	(c)	206	(a)	207	(b)	208	(a)	209	(a)	210	(a)
211	(a)	212	(d)	213	(b)	214	(c)	215	(c)	216	(d)	217	(c)	218	(d)	219	(a)	220	(c)
221	(d)	222	(b)	223	(d)	224	(a)	225	(c)	226	(b)	227	(c)	228	(b)	229	(c)	230	(b)
231	(b)	232	(d)	233	(c)	234	(b)	235	(d)	236	(d)	237	(c)	238	(c)	239	(d)	240	(c)
241	(a)	242	(d)	243	(b)	244	(b)	245	(d)	246	(c)	247	(d)	248	(b)	249	(d)	250	(d)
251	(c)	252	(a)	253	(b)	254	(a)	255	(b)	256	(c)	257	(a)	258	(d)	259	(a)	260	(d)
261	(b)	262	(a)	263	(d)	264	(b)	265	(b)	266	(d)	267	(b)	268	(a)	269	(a)	270	(c)
271	(c)	272	(b)	273	(c)	274	(d)	275	(b)	276	(b)	277	(d)	278	(c)	279	(a)	280	(d)
281	(c)	282	(c)	283	(c)	284	(c)	285	(c)	286	(c)	287	(b)	288	(a)	289	(c)	290	(d)
291	(a)	292	(a)	293	(a)	294	(d)	295	(b)	296	(a)	297	(c)	298	(d)	299	(c)	300	(c)
301	(a)	302	(a)	303	(c)	304	(b)												

उत्तर सहित हल

1. (b) प्रश्नानुसार,
मूलधन = ₹ 2000
दर = 6.5%
समय = 13 फरवरी, 2023 से 27 अप्रैल, 2023 तक
दिनों की संख्या = 73 दिन = $\frac{73}{365} = \frac{1}{5}$ वर्ष
$\therefore$ साधारण ब्याज = $\frac{2000 \times 6.5}{100} \times \frac{1}{5}$ = ₹ 26

2. (a) प्रश्नानुसार,
समय = 73 दिन
साधारण ब्याज = $\frac{2000 \times 6.5 \times 73}{100 \times 365}$ = ₹ 26

3. (a) माना अभीष्ट समय = x वर्ष
प्रश्नानुसार,
$\frac{5000 \times 4 \times x}{100} = \frac{8000 \times 8 \times 5}{100 \times 2}$
$\Rightarrow \quad 5x = 40$
$\therefore \quad x = \frac{40}{5} = 8$ वर्ष

4. (b) माना, मूलधन = ₹ x
साधारण ब्याज = $\frac{\text{मूलधन} \times \text{समय} \times \text{दर}}{100}$
प्रश्नानुसार,
मिश्रधन = मूलधन + साधारण ब्याज
$\Rightarrow \quad 21420 = x + \frac{x \times 9.5 \times 2}{100}$
$\Rightarrow \quad 21420 = \frac{100x + 19x}{100}$
$\therefore \quad x = \frac{21420 \times 100}{119}$ = ₹18000

5. (b) दिया है, P = ₹ 1875; t = 4 वर्ष
मिश्रधन = ₹ 2625
$\therefore$ साधारण ब्याज = 2625 − 1875 = ₹ 750
$\therefore$ साधारण ब्याज = $\frac{P \times r \times t}{100}$
$\Rightarrow \quad 750 = \frac{1875 \times 4 \times r}{100}$
$\Rightarrow \quad \frac{750 \times 100}{1875 \times 4} = r \Rightarrow r = 10\%$
अब धनराशि P = ₹24000, r = 10%, t = 9 वर्ष
SI = $\frac{24000 \times 10 \times 9}{100}$ = ₹ 21600
अत: अभीष्ट धनराशि = 24000 + 21600 = ₹ 45600

6. (a) प्रणव का प्रथम वर्ष का साधारण ब्याज
= $\frac{335180 \times 13 \times 1}{100}$ = ₹ 43573.40
प्रथम वर्ष में भुगतान की गई राशि = 23060
अब शेष बची राशि = 335180 − 23060 = ₹ 312120
शेष बची राशि पर दूसरे वर्ष का साधारण ब्याज
= $\frac{312120 \times 13 \times 1}{100}$ = ₹ 40575.60
अत: दूसरे वर्ष की समाप्ति पर भुगतान राशि
= 312120 + 40575.60 + 43573.40
= ₹ 396269

7. (b) नमन के प्रथम वर्ष का साधारण ब्याज
= $\frac{348020 \times 8 \times 1}{100}$ = ₹ 27841.60
प्रथम वर्ष बाद वापिस की गई राशि = ₹15090
शेष बची राशि = (348020 − 15090) = ₹ 332930
शेष बची राशि पर दूसरे वर्ष का साधारण ब्याज
= $\frac{332930 \times 8 \times 1}{100}$ = ₹ 26634.4
अत: दूसरे वर्ष की समाप्ति पर भुगतान
= 332930 + 27841.60 + 26634.4
= ₹ 387406

8. (c) माना राशि = P
साधारण ब्याज = ₹ $\frac{3P}{5}$
समय = 6 वर्ष
$\therefore$ दर = $\frac{\text{साधारण ब्याज} \times 100}{\text{मूलधन} \times \text{समय}}$
= $\frac{\frac{3P}{5} \times 100}{P \times 6} = \frac{3 \times 100}{5 \times 6} = 10\%$

9. (d) माना रवि को उधार दी गई राशि = ₹ x
प्रश्नानुसार, $\frac{3000 \times 8 \times 5}{100} + \frac{x \times 8 \times 5}{100} = 1600$
$\frac{4x}{10} = 1600 - 1200$
$x = \frac{400 \times 10}{4}$ = ₹ 1000

10. (b) मूलधन = 600 − 300 = ₹ 300
माना, दर = r% प्रति वर्ष
तथा ब्याज = 360 − 300 = ₹ 60
अब, $60 = \frac{300 \times 2 \times r}{100 \times 12}$
$r = \frac{60 \times 100 \times 12}{300 \times 2}$ = 120% प्रति वर्ष

11. (d) साधारण ब्याज = 24800 − 10800
= ₹ 14000
$\because \quad SI = \frac{Prt}{100}$
$\Rightarrow \quad 14000 = \frac{10800 \times 15.5 \times t}{100}$
$\Rightarrow \quad t = \frac{14000}{108 \times 15.5}$ = 8.36 वर्ष
अत: अभीष्ट समय 8.36 वर्ष है।

12. (b) माना धनराशि (P) = ₹100
$\therefore$ साधारण ब्याज (SI) = $100 \times \frac{3}{5}$ = ₹60
अब $\quad 60 = \frac{100 \times r \times 8}{100}$
$\Rightarrow \quad r = \frac{60}{8} = 7\frac{1}{2}\%$

13. (d) साधारण ब्याज = $\frac{P \times r \times t}{100}$
$\therefore$ साधारण ब्याज में अन्तर
= $\frac{500 \times 4 \times 4}{100} - \frac{500 \times 3 \times 5}{100}$
= 80 − 75 = ₹ 5

14. (b) मूलधन = ₹ 598397
दर = 20%
समय = 1 वर्ष
साधारण ब्याज = $\frac{598397 \times 20 \times 1}{100}$
= ₹ 119679.4
दूसरे वर्ष के लिए,
मूलधन = (598397 − 24284) = ₹ 574113
साधारण ब्याज = $\frac{574113 \times 20 \times 1}{100}$ = ₹ 114822.6
अत: प्रणव द्वारा दूसरे वर्ष की समाप्ति पर भुगतान की गई कुल राशि
= 574113 + 119679.4 + 114822.6
= ₹ 808615

15. (b) मूलधन = ₹ 1456
समय = 10 वर्ष
मिश्रधन = ₹ 2366
साधारण ब्याज = (2366 − 1456) = ₹ 910
$\therefore$ दर = $\frac{\text{ब्याज} \times 100}{\text{मूलधन} \times \text{समय}}$
= $\frac{910 \times 100}{1456 \times 10}$ = 6.25%

16. (c) माना अमन द्वारा योजना A में निवेश राशि = ₹x
$\therefore$ अमन द्वारा योजना B में निवेश राशि = ₹ $4x$
प्रश्नानुसार, $\frac{x \times 5 \times 8}{100} + \frac{4x \times 5 \times 7}{100} = 1620$
$\Rightarrow \quad \frac{4x}{10} + \frac{14x}{10} = 1620$
$\Rightarrow \quad 18x = 1620 \times 10$
$\therefore \quad x = \frac{1620 \times 10}{18}$ = ₹900
$\therefore$ योजना B में निवेश राशि = $4x$ = 4 × 900 = ₹ 3600

17. (c) साधारण ब्याज
= $\frac{192208 \times 1 \times 15}{100} + \frac{172012 \times 1 \times 15}{100}$
= 28831.2 + 25801.8 = ₹ 54633
अत: दूसरे वर्ष भुगतान की गई राशि
= 172012 + 54633 = ₹ 226645

18. (c) मिश्रण के नियमानुसार,

पहला भाग दूसरा भाग
4% 6%
4.7%
1.3 : 0.7 ⇒ 13 : 7

अत: पहला भाग = $\frac{200000}{13 + 7} \times 13$ = ₹ 130000
तथा दूसरा भाग = ₹ 200000 − 130000 = ₹ 70000

19. (b) माना, मूलधन = ₹ P
प्रश्नानुसार, $\frac{P \times 6 \times (r + 7)}{100} - \frac{P \times 6 \times r}{100} = 1512$
$6Pr + 42P - 6Pr = 151200$
$\therefore \quad P = \frac{151200}{42}$ = ₹ 3600

स्पीडी विधि
माना मूलधन = 100%
दर बढ़ाने पर, अधिक प्राप्त ब्याज = 7 × 6 = 42%
$\because \quad 42\% \rightarrow 1512$
$\therefore \quad 100\% \rightarrow \frac{1512}{42} \times 100$ = ₹ 3600

20. (c) बैंक में जमा करने पर ब्याज दर = 6%
तथा शेयर बाजार में ब्याज दर = r% (माना)

$\therefore \quad r = \dfrac{30000 \times 100}{300000} = 10\%$

$\therefore$ बैंक को प्राप्त लाभ % = 10% − 6% = 4%

$\therefore$ बैंक को प्राप्त अभीष्ट लाभ

$= \dfrac{6000000 \times 4 \times 1}{100} =$ ₹ 240000

21. (d) $P =$ ₹ 7200; $A =$ ₹ 8928

$\therefore$ SI = ₹ (8928 − 7200) = ₹ 1728, $r = 8\%$

$\therefore \quad t = \dfrac{SI \times 100}{P \times r} = \dfrac{1728 \times 100}{7200 \times 8} = 3$

$\therefore$ समय = 3 वर्ष

22. (a) प्रश्नानुसार, $P =$ ₹ 1040, $A =$ ₹ 1230

SI = ₹ (1230 − 1040) = ₹ 190

$\therefore \quad r = \dfrac{SI \times 100}{P \times t} = \dfrac{190 \times 100}{1040 \times \frac{3}{2}}$

$= \dfrac{190 \times 100 \times 2}{1040 \times 3} = \dfrac{19 \times 25}{39}$

$= \dfrac{475}{39} = 12\dfrac{7}{39}\%$

23. (d) साधारण ब्याज $= \dfrac{\text{मूलधन} \times \text{समय} \times \text{दर}}{100}$

प्रश्नानुसार, $\dfrac{7200 \times 16 \times 3}{100} = \dfrac{9600 \times 4 \times x}{100}$

$\Rightarrow \quad 96 \times 4x = 72 \times 16 \times 3$

$\therefore \quad x = \dfrac{72 \times 16 \times 3}{96 \times 4} = 9\%$

24. (d) मूलधन = ₹ 10000, दर = 15%, समय = 2 वर्ष

$\therefore$ मिश्रधन $= 10000 + \dfrac{10000 \times 15 \times 2}{100}$

$= 10000 + 3000 = 13000$

$\therefore$ नया मूलधन = ₹ 13000

$\therefore$ नया मिश्रधन $= 13000 + \dfrac{13000 \times 15 \times 2}{100}$

$= 13000 + 3900 = 16900$

$\therefore$ अभीष्ट राशि = ₹ 16900

25. (b) दिया है, मिश्रधन (A) = ₹ 9810

$\therefore \quad$ मूलधन $= \dfrac{9810 \times 100}{(100 + 9)} =$ ₹ 9000

$\therefore$ 6 माह का ब्याज $= \dfrac{9000 \times 9}{100 \times 2} =$ ₹ 405

$\therefore$ अभीष्ट राशि = 9000 + 405 = ₹ 9405

26. (b) प्रणव ने धनराशि उधार ली = ₹ 623305

$r = 10\%,\ t = 1$ वर्ष

1 वर्ष का साधारण ब्याज $= \dfrac{623305 \times 10 \times 1}{100}$

= ₹ 62330.5

भुगतान के बाद शेष बची राशि = 623305 − 16390

= ₹ 606915

शेष राशि पर दूसरे वर्ष का साधारण ब्याज

$= \dfrac{606915 \times 10 \times 1}{100} =$ ₹ 60691.5

दूसरे वर्ष बाद कुल भुगतान करना पडेगा

= 606915 + 606915 + 62330.5

= ₹ 729937

27. (b) साधारण ब्याज (SI) $= \dfrac{P \times r \times t}{100}$

$= \dfrac{6700 \times 12 \times 13}{100 \times 12}$

SI = 67 × 13 = ₹ 871

28. (c) माना ऋण राशि = x

मिश्रधन $= \dfrac{9x}{5}$

साधारण ब्याज $= \dfrac{9x}{5} - x = \dfrac{4x}{5}$

समय = 4 वर्ष

दर $= \dfrac{\text{ब्याज} \times 100}{\text{मूलधन} \times \text{समय}} = \dfrac{\frac{4x}{5} \times 100}{x \times 4} = 20\%$

29. (d) माना निवेश राशि = ₹x

मिश्रधन = ₹$7x$

साधारण ब्याज = ($7x - x$) = ₹ $6x$

समय = 14 वर्ष

$\therefore \quad$ दर $= \dfrac{\text{ब्याज} \times 100}{\text{मूलधन} \times \text{समय}}$

$= \dfrac{6x \times 100}{x \times 14} = \dfrac{300}{7}\%$

पुन: मिश्रधन = $18x$

साधारण ब्याज = $18x - x = 17x$

$\therefore \quad$ समय $= \dfrac{17x \times 100}{x \times \frac{300}{7}}$

$= \dfrac{17 \times 100 \times 7}{300} = 39.67$ वर्ष

30. (b) मूलधन = ₹ 141545, दर = 11%

प्रथम वर्ष का ब्याज $= \dfrac{141545 \times 11 \times 1}{100}$

= ₹ 15569.95

अब, दूसरे वर्ष का मूलधन

= (141545 − 25490) − ₹ 116055

$\therefore$ दूसरे वर्ष का ब्याज $= \dfrac{116055 \times 11 \times 1}{100}$

= ₹ 12766.05

$\therefore$ दूसरे वर्ष की समाप्ति पर कुल भुगतान की गई राशि

= (15569.95 + 116055 + 12766.05)

= ₹ 144391

31. (a) $P =$ ₹ 8400; $A =$ ₹ 11928

SI = 11928 − 8400 = ₹ 3528

$\therefore \quad$ समय $= \dfrac{\text{ब्याज} \times 100}{\text{मूलधन} \times \text{दर}}$

$= \dfrac{3528 \times 100}{8400 \times 7} = 6$ वर्ष

32. (d) S द्वारा R को दिया ब्याज = 8%

S को प्राप्त लाभ = 5%

$\therefore S$ को योजना से हुआ कुल लाभ = 8 + 5 = 13%

यदि R ने सीधे ऐसी योजना में निवेश किया होता तो उसको 13% का लाभ होता।

33. (c) माना मूलधन = P

$\therefore \quad$ साधारण ब्याज $= P \times \dfrac{3}{5}$

समय $= \dfrac{P \times 3 \times 100}{10 \times 5 \times P} = 6$ वर्ष

$\therefore$ अभीष्ट साधारण ब्याज $= \dfrac{16000 \times 14 \times 6}{100}$

= ₹ 13440

34. (a) माना धनराशि = ₹ x

$\therefore \quad$ साधारण ब्याज = ₹ $\dfrac{x}{5}$ तथा दर = $r\%$

$\therefore \quad$ समय $= \dfrac{r}{5}$ वर्ष

अब, $\quad \dfrac{x}{5} = \dfrac{x \times r \times r}{5 \times 100}$

$\Rightarrow \quad r^2 = 100 \Rightarrow r = 10\%$

अत: अभीष्ट साधारण ब्याज

$= \dfrac{5600 \times (10 + 3) \times 6}{100}$

= 56 × 13 × 6 = ₹ 4368

35. (c) आवश्यक वार्षिक किस्त

$= \dfrac{100A}{100 \times t + \dfrac{r \times t(t-1)}{2}}$

$= \dfrac{26160 \times 100}{100 \times 4 + \dfrac{6 \times 4 \times 3}{2}}$

$= \dfrac{26160 \times 100}{436} =$ ₹ 6000

स्पीडी विधि

माना प्रत्येक किस्त की राशि = 100 इकाई

किस्त	राशि
I	118 (100 + 18)
II	112 (100 + 12)
III	106 (100 + 6)
IV	+ 100
	436

दिया है, 436 → 26160

$\therefore \quad 100 \rightarrow \dfrac{26160}{436} \times 100 =$ ₹ 6000

36. (d) माना 10% पर उधार दी गई राशि = ₹ x

$\therefore$ 8% पर उधार दी गई राशि = ₹ (4000 − x)

प्रश्नानुसार,

$\dfrac{x \times 10 \times 1}{100} + \dfrac{(4000 - x) \times 8 \times 1}{100} = 352$

$\Rightarrow \quad 10x + 32000 - 8x = 35200$

$\Rightarrow \quad 2x = 3200$

$\Rightarrow \quad x =$ ₹ 1600

37. (c) माना शेष पूँजी की दर = $r\%$

साधारण ब्याज $= \dfrac{P \times r \times t}{100}$

प्रश्नानुसार, $\dfrac{7000 \times 5 \times 1}{100} + \dfrac{6000 \times 6 \times 1}{100}$

$+ \dfrac{[18000 - (7000 + 6000)] \times r \times 1}{100}$

= 1160

$\Rightarrow 350 + 360 + \dfrac{5000 \times r \times 1}{100} = 1160$

$\Rightarrow \quad 710 + 50r = 1160$

$\Rightarrow \quad 50r = 450$

$\therefore \quad r = \dfrac{450}{50} = 9\%$

38. (d) अभीष्ट धनात्मक अन्तर

$= \dfrac{8000 \times 4 \times 12}{100} - \dfrac{5000 \times 3 \times 15}{100}$

= 80 × 48 − 50 × 45

= 3840 − 2250 = ₹ 1590

39. (d) दिया है, मूलधन $(P) = ₹\,422092$

समय $(t) = 2$ वर्ष

दर $(r) = 20\%$

$\therefore$ 2 वर्ष बाद मिश्रधन $= 422092 \times 140\%$

$$= 422092 \times \frac{140}{100} = ₹\,590928.8$$

1 वर्ष बाद भुगतान की गई राशि $= ₹\,21679$

भुगतान राशि का 1 वर्ष बाद मिश्रधन

$$= 21679 \times \frac{120}{100} = 26014.8$$

$\therefore$ अभीष्ट भुगतान राशि

$$= 590928.8 - 26014.8 = ₹\,564914$$

40. (b) माना मूलधन $(P) = ₹\,100$

प्रश्नानुसार, मिश्रधन $(A) = 100 \times 3 = ₹\,300$

तथा समय $(t) = 9$ वर्ष

$\because$ साधारण ब्याज $= 300 - 100 = 200$

अब, दर $= \frac{200 \times 100}{100 \times 9} = \frac{200}{9} = 22\frac{2}{9}\%$

स्पीडी विधि

दर $= \frac{(3-1)}{9} \times 100 = \frac{200}{9}\% = 22\frac{2}{9}\%$

41. (b) समय $(t) = 5$ वर्ष; मूलधन $(P) = ₹\,x$

तथा साधारण ब्याज $=$ मूलधन $\times \frac{2}{5} = x \times \frac{2}{5} = ₹\frac{2x}{5}$

प्रश्नानुसार, दर $= \frac{\frac{2x}{5} \times 100}{x \times 5} = 8\%$ वार्षिक

42. (a) प्रश्नानुसार,

अभीष्ट अनुपात $= \dfrac{\frac{P \times 8 \times 21}{100}}{\frac{P \times 21 \times 21}{100}} = 8 : 21$

43. (c) प्रश्नानुसार, $800 = \frac{8000 \times 3 \times (r_1 - r_2)}{100}$

$\therefore \quad r_1 - r_2 = \frac{800}{240} = \frac{10}{3} = 3\frac{1}{3}\%$

44. (b) साधारण ब्याज, (SI) $= 5282.4 - 3720$

$= ₹\,1562.4$

अब, $1562.4 = \frac{3720 \times 12 \times t}{100}$

$\Rightarrow \quad t = \frac{1562.4 \times 100}{3720 \times 12} = \frac{7}{2}$

$\therefore \quad$ समय $= 3\frac{1}{2}$ वर्ष

45. (a) माना वह राशि $= ₹x$

प्रश्नानुसार, $\left(\frac{x \times 4 \times 11}{100}\right) - \left(\frac{x \times 4 \times 6}{100}\right) = 7500$

$\Rightarrow \quad \left(\frac{x \times 44}{100}\right) - \left(\frac{x \times 24}{100}\right) = 7500$

$\Rightarrow \quad \frac{x \times 20}{100} = 7500 \Rightarrow \frac{x}{5} = 7500$

$\therefore \quad x = 7500 \times 5 = ₹37500$

स्पीडी विधि

$(11 \times 4\% - 6 \times 4\%) = ₹\,7500$

$\Rightarrow \quad 20\% = ₹\,7500$

$\therefore 100\% = \frac{7500 \times 100}{20} = ₹\,37500$

46. (b) दर $= r = 14\frac{2}{3}\% = \frac{44}{3}\%$

समय, $(t) = 8$ महीने $= \frac{8}{12}$ वर्ष $= \frac{2}{3}$ वर्ष

तथा मूलधन $(P) = ₹\,27000$

साधारण ब्याज $= \frac{27000}{100} \times \frac{44}{3} \times \frac{2}{3} = ₹\,2640$

47. (b) 1 वर्ष का ब्याज $= (1350 - 1200) = ₹150$

$\Rightarrow$ 3 वर्ष का ब्याज $= 3 \times 150 = ₹\,450$

अतः धनराशि $= ₹\,(1200 - 450) = ₹\,750$

48. (d) माना धनराशि, $(P) = ₹\,x$

$\therefore \quad$ साधारण ब्याज, (SI) $= \frac{Prt}{100}$ से,

$1100 - x = \frac{x \times 5 \times 2}{100} \Rightarrow 11000 - 10x = x$

$\Rightarrow \quad 11x = 11000 \quad \Rightarrow x = ₹\,1000$

स्पीडी विधि

$110\% = ₹\,1100 \Rightarrow 100\% = \frac{1100 \times 100}{110} = ₹\,1000$

$\therefore$ वर्तमान मूल्य $= ₹\,1000$

49. (b) $\because \quad SI = \frac{P \times r \times t}{100}$

$\Rightarrow \quad 6400 = \frac{21000 \times r \times 3}{100}$

$\Rightarrow \quad r = \frac{6400 \times 100}{21000 \times 3} = \frac{640}{63}\% \Rightarrow r = 10\frac{10}{63}\%$

50. (b) माना धनराशि $= P$

तब साधारण ब्याज (SI) $= 3P - P = 2P$

दर $= r\%$ तथा समय $(t) = 16$ वर्ष

अब, SI $= \frac{Prt}{100}$ से, $\quad 2P = \frac{P \times r \times 16}{100}$

$\therefore \quad r = \frac{100}{8} = 12.5\%$

51. (c) माना S द्वारा 8% की दर पर जमा धन $= ₹\,x$

तथा 12% की दर पर जमा धन $= ₹\,(50000 - x)$

प्रश्नानुसार, $\left(\frac{x \times 8 \times 1}{100}\right) + \left\{\frac{(50000 - x) \times 12 \times 1}{100}\right\} = 5200$

$\Rightarrow \quad \frac{8x}{100} + 6000 - \frac{12x}{100} = 5200$

$\Rightarrow \quad -\frac{4x}{100} = 5200 - 6000$

$\Rightarrow \quad x = \frac{800 \times 100}{4} = ₹\,20000$

$\therefore$ 12% की दर पर जमा धन

$= ₹\,(50000 - 20000)$

$= ₹\,30000$

स्पीडी विधि

संयुक्त दर $= \frac{5200 \times 100\%}{50000} = 10.4\%$

$\therefore$

12%   8%

10.4%

2.4 : 1.6

3 : 2

अतः 12% ब्याज वाली राशि $= \frac{3}{5} \times 50000 = ₹\,30000$

52. (c) माना दर $= r\%$

साधारण ब्याज, (SI) $= 10200 - 9000 = ₹1200$

अब SI $= \frac{Prt}{100}$ से,

$1200 = \frac{9000 \times r \times 4}{100}$

$\therefore \quad r = \frac{1200}{90 \times 4} = \frac{10}{3} = 3\frac{1}{3}\%$

53. (d) माना दर $= r\%$

प्रश्नानुसार, 6 वर्षों में मिश्रधन $= ₹\,11050$

$\therefore$ साधारण ब्याज (SI) $= 11050 - 8500 = ₹\,2550$

अब, (SI) $= \frac{Prt}{100}$ से,

$2550 = \frac{8500 \times r \times 6}{100} \Rightarrow r = \frac{2550}{85 \times 6} = 5\%$

पुनः प्रश्नानुसार, दर $(r) = 1.8 \times 5 = 9\%$

समय $(t) = 5$ वर्ष

तब, ब्याज $= \frac{8500 \times 9 \times 5}{100} = ₹\,3825$

अतः कुल मिश्रधन $= 8500 + 3825 = ₹12325$

54. (a) माना मूलधन राशि $= ₹P$

समय, $(t) = 6$ वर्ष तथा दर, $(r) = 12.5\%$

$\therefore$ साधारण ब्याज, (SI) $= \frac{Prt}{100} = \frac{P \times 12.5 \times 6}{100} = \frac{3}{4}P$

प्रश्नानुसार, $\quad P - \frac{3}{4}P = 13500 \Rightarrow \frac{P}{4} = 13500$

$\therefore$ साधारण ब्याज $= \frac{3P}{4} = 3 \times 13500 = ₹\,40500$

55. (c) माना धनराशि $= ₹\,x$

मिश्रधन $= ₹\,3x$; ब्याज $= ₹\,(3x - x) = ₹\,2x$

$\therefore$ समय $= \frac{\text{ब्याज} \times 100}{\text{मूलधन} \times \text{दर}} = \frac{2x \times 100}{x \times 8} = 25$ वर्ष

स्पीडी विधि

अभीष्ट समय $= \frac{3-1}{8} \times 100 = \frac{2}{8} \times 100 = 25$ वर्ष

56. (d) माना जमा राशि $= ₹P$

$\because \quad SI = \frac{P \times r \times t}{100} \Rightarrow 135 = \frac{P \times 4.5 \times 1}{100}$

$\Rightarrow \quad P = \frac{135 \times 100}{4.5} = ₹\,3000$

अब, $P = ₹\,3000$, $t = 1$ वर्ष तथा $r = 5\%$

$\therefore$ नया साधारण ब्याज (SI) $= \frac{3000 \times 5 \times 1}{100} = 150$

अतः अतिरिक्त साधारण ब्याज $= (150 - 135) = ₹\,15$

स्पीडी विधि

प्रश्नानुसार, $\quad 4.5\% = ₹\,135$

$100\% = \frac{135 \times 100}{4.5} = ₹\,3000$

$\therefore$ अतिरिक्त ब्याज $= 3000 \times (5 - 4.5)\%$

$= 3000 \times 0.5\% = 3000 \times \frac{0.5}{100} = ₹\,15$

57. (a) प्रश्नानुसार, $SI_1 = SI_2$

$\Rightarrow \quad \frac{800 \times 5.5 \times 6}{100} = \frac{600 \times 4 \times t_2}{100}$

$\Rightarrow \quad t_2 = \frac{800 \times 5.5 \times 6}{100} \times \frac{100}{600 \times 4}$

अतः $\quad t_2 = 2 \times 5.5 = 11$ वर्ष

58. (b) माना धनराशि $(P) = ₹\ x$

मिश्रधन, $(A) = ₹\ 4x$, समय, $(t) = 12$ वर्ष

माना दर $= r\%$

$\because \quad SI = (A - P) = \frac{P \times r \times t}{100}$

$\Rightarrow \quad (4x - x) = \frac{x \times r \times 12}{100}$

$\Rightarrow \quad r = \frac{3x \times 100}{x \times 12} = \frac{300}{12} = 25\%$

59. (a) साधारण ब्याज (SI) $= \frac{\text{मूलधन} \times \text{दर} \times \text{समय}}{100}$

साधारण ब्याज $= \frac{80000 \times 12 \times 1}{100}$

$\Rightarrow$ साधारण ब्याज $= ₹\ 9600$

खाते में आयी राशि $= 9600 -$ प्रोसेसिंग शुल्क

$= 9600 - 3000 = ₹\ 6600$

$\therefore$ लाभ प्रतिशत $= \frac{6600}{80000} \times 100 = 8.25\%$

60. (a) माना मूलधन ₹ P है।

प्रश्नानुसार,

$\frac{P \times 3x \times (y+3)}{100} = \frac{7 \times P \times x \times 3}{100}$

$\Rightarrow \quad y + 3 = 7 \quad \Rightarrow \quad y = 4$

61. (a) माना ऋण ली गई राशि ₹x हैं।

तब, साधारण ब्याज (SI) $= \frac{9}{5}x - x = ₹\frac{4x}{5}$

माना ब्याज दर $r\%$ प्रति वर्ष है।

प्रश्नानुसार, $\frac{4x}{5} = \frac{x \times r \times 4}{100} \Rightarrow r = 20\%$

62. (a) माना ब्याज दर $r\%$ प्रति वर्ष है।

प्रश्नानुसार, 3 वर्ष का साधारण ब्याज

$= ₹\ (8320 - 6400) = ₹\ 1920$

$\Rightarrow \quad 1920 = \frac{6400 \times r \times 3}{100}$

$\Rightarrow \quad r = \frac{1920 \times 100}{3 \times 6400} = 10\%$

अब, समय = 5 वर्ष, ब्याज दर $(r) = 10\%$

मूलधन $= ₹\ 7200$

$\therefore$ साधारण ब्याज $= \frac{7200 \times 10 \times 5}{100} = ₹\ 3600$

$\therefore$ 5 वर्ष बाद राशि $= ₹\ (7200 + 3600) = ₹\ 10800$

63. (c) ब्याज $= ₹\ (38400 - 30000) = ₹\ 8400$

तथा दर $= 8\% \Rightarrow$ समय $= \frac{8400 \times 100}{30000 \times 8} = 3.5$ वर्ष

64. (d) मिश्रधन $= ₹12300$ तथा मूलधन $= ₹\ 9840$

तो साधारण ब्याज $= ₹\ (12300 - 9840) = ₹\ 2460$

दर $(r) = 5\% \Rightarrow$ समय $= \frac{2460 \times 100}{9840 \times 5} = 5$ वर्ष

65. (a) माना मूलधन $= ₹\ P$

प्रश्नानुसार, $\frac{P \times 8 \times 7.25}{100} + \frac{P \times 6 \times 8.5}{100} + \frac{P \times 4 \times 6.5}{100} = 35100$

$\Rightarrow \quad P\left(\frac{58}{100} + \frac{51}{100} + \frac{26}{100}\right) = 35100$

$\Rightarrow \quad P \times \frac{135}{100} = 35100$

$\therefore \quad P = \frac{35100 \times 100}{135} = ₹\ 26000$

66. (d) माना मूलधन $= x$ तथा मिश्रधन $= \frac{8x}{7}$

[$\because$ ब्याज = मिश्रधन – मूलधन]

$\therefore$ ब्याज $= \frac{8x}{7} - x = \frac{8x - 7x}{7} = \frac{x}{7}$

समय = 2 वर्ष $\Rightarrow$ दर $= \frac{x}{7} \times \frac{100}{x \times 2} = \frac{50}{7}\% = 7\frac{1}{7}\%$

67. (c) प्रश्नानुसार,

$\therefore$ 1 वर्ष में प्राप्त ब्याज $= 1708 - 1630 = ₹\ 78$

$\therefore$ 3 वर्षों में प्राप्त ब्याज $= 78 \times 3 = ₹\ 234$

$\therefore$ मूल धनराशि $= 1630 - 234 = ₹\ 1396$

68. (d) उधार ली गई राशि, $(P) = ₹\ 78000$

दर, $(r) = 8\frac{3}{4}\%$

तथा समय, $(t) =$ 24 जनवरी, 2012 से 18 जून, 2012

$= 7 + 29 + 31 + 30 + 31 + 18$

$= 146$ दिन अर्थात् $\frac{146}{366}$ वर्ष

अब, अर्चना द्वारा भुगतान की गई कुल राशि

$= \left(\frac{78000 \times \frac{35}{4} \times \frac{146}{366}}{100} + 78000\right)$

$= ₹\ (78000 + 2722.54) = ₹\ 80722.54 \sim ₹\ 80723$

69. (a) माना समय $= x$ वर्ष

तो, ब्याज दर $= \frac{x}{4}\%$ वार्षिक

दिया है, मूलधन $= ₹\ 32400$

$\Rightarrow \quad$ ब्याज $= ₹\ 11664$

प्रश्नानुसार, $\frac{32400 \times x^2}{400} = 11664$

$\Rightarrow \quad x^2 = \frac{11664 \times 4}{324} = 144$

$\Rightarrow \quad x = \sqrt{144} = 12$

$\therefore$ ब्याज दर $= \frac{12}{4} = 3\%$ वार्षिक

70. (a) साधारण ब्याज $= \frac{6000 \times 8}{100} \times \frac{21}{12} = ₹\ 840$

71. (d) माना मूलधन $= ₹\ 100$

मिश्रधन $= 2 \times 100 = ₹\ 200$

$\therefore$ ब्याज $= 200 - 100 = ₹\ 100$

अब, दर $= \frac{100 \times 100}{8 \times 100} = 12.5\%$

जब, मूलधन $= ₹\ 25000$, मिश्रधन $= ₹\ 100000$

ब्याज $= ₹\ (100000 - 25000) = ₹\ 75000$

अतः $\quad$ समय $= \frac{75000 \times 100}{25000 \times 12.5} = 24$ वर्ष

72. (c) साधारण ब्याज (SI) $= 11780 - 9500$

$= ₹\ 2280$

माना समय $= t$ वर्ष

प्रश्नानुसार,

$2280 = \frac{9500 \times 8 \times t}{100} \Rightarrow t = \frac{2280}{95 \times 8} = 3$ वर्ष

73. (d) माना मूलधन $= ₹\ P$

$\therefore$ 5 वर्ष का साधारण ब्याज $= P \times \frac{25}{100} = \frac{1}{4}P$

समय $(t) = 5$ वर्ष तथा दर $= r\%$

प्रश्नानुसार,

$\therefore \quad \frac{1}{4}P = \frac{P \times r \times 5}{100} \Rightarrow r = 5\%$

अब, ब्याज $= P$ तथा समय $= t$

$P = \frac{P \times 5 \times t}{100} \Rightarrow t = 20$ वर्ष

74. (a) माना धनराशि $= P$; दर $= r\%$

समय, $(t) = 12$ वर्ष

साधारण ब्याज (SI) $= \frac{3}{5}P$

$\because \quad SI = \frac{Prt}{100}$ से,

$\frac{3}{5}P = \frac{P \times r \times 12}{100}$

$\Rightarrow \quad r = \frac{3}{5} \times \frac{100}{12} = 5\%$ वार्षिक

75. (a) माना ऋण की राशि $= ₹\ x$

प्रश्नानुसार, $SI = \frac{Prt}{100}$

तथा दर में प्रत्येक वर्ष 0.5% की वृद्धि होती है।

$\therefore \frac{x \times 5}{100} + \frac{x \times 5.5}{100} + \frac{x \times 6}{100} + \frac{x \times 6.5}{100} = ₹\ 4600$

$\Rightarrow \quad x\left(\frac{5 + 5.5 + 6 + 6.5}{100}\right) = ₹\ 4600$

$\Rightarrow \quad x \times \frac{23}{100} = ₹\ 4600$

$\therefore \quad x = ₹\ \frac{4600 \times 100}{23} = ₹\ 20000$

76. (a) 4 वर्षों का ब्याज $= 18906 - 14522$

$= ₹\ 4384$

7 वर्ष का ब्याज $= \frac{4384}{4} \times 7 = ₹\ 7672$

$\therefore$ निवेश की गई राशि $= 14522 - 7672 = ₹\ 6850$

77. (b) माना वार्षिक ब्याज दर $= r\%$

प्रश्नानुसार, $\frac{500 \times 3 \times r}{100} + \frac{650 \times 5 \times r}{100} + \frac{1250 \times 7 \times r}{100} = 1620$

$\Rightarrow \quad 15r + 32.5r + 87.5r = 1620$

$\Rightarrow \quad 135r = 1620$

$\therefore \quad r = \frac{1620}{135} = 12\%$

78. (d) मूलधन राशि, $(P) = ₹\ 72$

तथा मिश्रधन $= ₹\ 104.4$

$\therefore$ 3 वर्ष में साधारण ब्याज, (SI) $= 104.4 - 72$

$= ₹\ 32.4$

समय, $(t) = 3$ वर्ष

माना दर $= r\%$

अब, $SI = \frac{Prt}{100}$ से, $32.4 = \frac{72 \times r \times 3}{100}$

$\Rightarrow \quad r = \frac{32.4 \times 100}{72 \times 3} = 15\%$

अब प्रश्नानुसार,

धनराशि, $(P) = ₹\ 120$; समय $(t) = 5$ वर्ष

तब साधारण ब्याज, (SI) $= \frac{120 \times 15 \times 5}{100} = ₹\ 90$

$\therefore$ अभीष्ट मिश्रधन $= 120 + 90 = ₹\ 210$

79. (a) माना 15% वार्षिक ब्याज पर निवेश की गई राशि $= ₹\ x$

तथा 10% वार्षिक ब्याज पर निवेश की गई राशि $= ₹\ (10000 - x)$

प्रश्नानुसार,

$$\frac{x \times 2 \times 15}{100} + \frac{(10000 - x) \times 2 \times 10}{100} = 2400$$

$$\Rightarrow \frac{30x}{100} + \frac{200000 - 20x}{100} = 2400$$

$$\Rightarrow 10x = 240000 - 200000$$

$$\Rightarrow 10x = 40000$$

$$\Rightarrow x = \frac{40000}{10} = ₹\ 4000$$

स्पीडी विधि

संयुक्त दर $= \frac{2400}{2 \times 10000} \times 100 = 12\%$

∴ 15% 10%

12%

2 : 3

∴ 15% की दर पर राशि $= \frac{2}{5} \times 10000 = ₹\ 4000$

80. (a) माना ब्याज दर $= r\%$

प्रश्नानुसार, $500 \times r \times \frac{4}{100} + 700 \times 2 \times \frac{r}{100} = 280$

$\Rightarrow 20r + 14r = 280$

$\Rightarrow 34r = 280$

$\Rightarrow r = \frac{280}{34} = \frac{140}{17} = 8\frac{4}{17}\%$

81. (d) माना वह अभीष्ट समय $= t$ वर्ष

प्रश्नानुसार, $\frac{10000 \times 4 \times t}{100} = \frac{8000 \times 5 \times 4}{100}$

$\Rightarrow t = \frac{8000 \times 5 \times 4}{100} \times \frac{100}{10000 \times 4}$

$\Rightarrow t = \frac{40000 \times 4}{10000 \times 4} = 4$ वर्ष

अत: अभीष्ट समय = 4 वर्ष

82. (a) 2 वर्षों का ब्याज = 1600 – 1200 = ₹ 400

$\Rightarrow$ 1 वर्ष का ब्याज = ₹ 200

∴ मूलधन = 1200 – 400 = ₹ 800

$200 = \frac{800 \times \text{दर} \times 1}{100}$ (सूत्र से)

$\Rightarrow$ दर $= \frac{200}{8} = 25\%$

83. (b) माना प्रत्येक समान किश्त की राशि ₹ x है

तब, प्रश्नानुसार, $\left(2000 + \frac{2000 \times 3 \times 5}{100}\right)$

$$= \left[x + \left(x + \frac{x \times 5 \times 1}{100}\right) + \left(x + \frac{x \times 5 \times 2}{100}\right)\right]$$

$\Rightarrow (2000 + 300) = x \times \left[1 + \frac{21}{20} + \frac{11}{10}\right]$

$\Rightarrow 2300 = x \times \frac{63}{20}$

∴ $x = \frac{20 \times 2300}{63} = \frac{46000}{63} = ₹\ 730\frac{10}{63}$

84. (b) रॉय की मासिक आय = ₹ 18000

साधारण ब्याज $= \frac{30000 \times 5 \times 3}{100} = 4500$

∴ अभीष्ट प्रतिशत $= \frac{4500}{18000} \times 100 = 25\%$

85. (d) माना धनराशि = ₹x

7 वर्ष बाद = ₹$2x$

∴ 7 वर्ष का ब्याज $= 2x - x = ₹x$

7×4 वर्ष बाद ब्याज $= 4 \times x = ₹4x$

∴ 28 वर्ष बाद मिश्रधन $= 4x + x = ₹5x$

अत: अभीष्ट समय = 28 वर्ष

86. (c) प्रश्नानुसार, दो वर्ष के अन्त में ब्याज

$$= \frac{15600 \times 10 \times 2}{100} = ₹\ 3120$$

अगले दो वर्ष के लिए मूलधन (P)

= ₹ (15600 + 3120) = ₹ 18720

∴ अगले दो वर्ष का साधारण ब्याज

$$= \frac{18720 \times 2 \times 10}{100} = ₹\ 3744$$

अत: चार वर्षों के अन्त में कुल ब्याज

= ₹ (3120 + 3744) = ₹ 6864

87. (a) साधारण ब्याज (SI) = ₹ (913 – 880) = ₹ 33

माना ब्याज दर $r\%$ प्रतिवर्ष है।

तब, $33 = \frac{880 \times r \times \frac{3}{2}}{100} \Rightarrow r = \frac{33 \times 100}{440 \times 3}$

$\Rightarrow r = 2.5\% \Rightarrow r = 2\frac{1}{2}\%$

88. (a) 1 वर्ष बाद देय राशि

$$= 100000 + \frac{100000 \times 10 \times 1}{100} = ₹\ 110000$$

1 वर्ष बाद बकाया राशि

= 110000 – 10000 = ₹ 100000

2 वर्ष बाद देय राशि

$$= 100000 + \frac{100000 \times 10 \times 1}{100} = ₹\ 110000$$

2 वर्ष बाद बकाया राशि

= 110000 – 20000 = ₹ 90000

3 वर्ष बाद देय राशि

$$= 90000 + \frac{90000 \times 10 \times 1}{100} = ₹\ 99000$$

3 वर्ष बाद बकाया राशि

= 99000 – 30000 = ₹ 69000

4 वर्ष बाद देय राशि $= 69000 + \frac{69000 \times 10 \times 1}{100}$

= ₹ 75900

4 वर्ष बाद बकाया राशि

= 75900 – 40000 = ₹ 35900

5 वर्ष बाद या 5वें वर्ष के अन्त में देय राशि

$$= 35900 + \frac{35900 \times 10 \times 1}{100}$$

= 35900 + 3590 = ₹ 39490

89. (c) माना राशि ₹ x है।

4 वर्ष का मिश्रधन $= 4x$

$\Rightarrow$ साधारण ब्याज $= 4x - x =$ ₹ $3x$ होगा

ब्याज दर (r) = 50% प्रतिवर्ष

माना राशि 't' वर्षों में चार गुना हो जाएगी।

प्रश्नानुसार, $3x = \frac{x \times 50 \times t}{100} \Rightarrow t = 6$ वर्ष

अत: राशि 6 वर्षों में 4 गुना हो जाएगी।

तब, वह 7 वर्षों में 4 गुना से अधिक हो जाएगी।

90. (c) प्रश्नानुसार,

$$\text{राशि}\ (P) = \frac{\text{SI} \times 100}{r \times t} = \frac{480 \times 100}{2 \times 8}$$

$$= \frac{480 \times 100}{16} = ₹3000$$

91. (b) साधारण ब्याज = 19125 – 10200 = ₹ 8925

प्रश्नानुसार, $8925 = \frac{10200 \times 12.5 \times t}{100}$

$\Rightarrow t = \frac{8925 \times 100}{10200 \times 12.5} = 7$ वर्ष

92. (c) माना वह राशि = ₹ P

समय (t) = 3 वर्ष और दर (r) = $x\%$

तब, प्रश्नानुसार,

$$P + \frac{3P\ (x + 5)}{100} - P\left(1 + \frac{3x}{100}\right) = 600$$

$\Rightarrow \frac{15P}{100} = 600 \Rightarrow P = ₹\ 4000$

स्पीडी विधि

माना राशि = 100%

∵ (5×3)% → ₹ 600

∴ 100% → $\frac{600}{15} \times 100 = ₹\ 4000$

93. (a) माना राशि $= P$

∴ साधारण ब्याज (SI) $= 6P - P = 5P$

प्रश्नानुसार, $5P = \frac{P \times r \times 20}{100} \Rightarrow r = 25\%$

अब, $\text{SI} = 5P - P = 4P$

माना समय $= t$

तब, $4P = \frac{P \times 25 \times t}{100} \Rightarrow t = 16$ वर्ष

स्पीडी विधि

दिया है, $t_1 = 20, n_1 = 6, t_2 = ?, n_2 = 5$

∴ $\frac{t_1}{t_2} = \frac{n_1 - 1}{n_2 - 1} \Rightarrow \frac{20}{t_2} = \frac{6 - 1}{5 - 1}$

$\Rightarrow t_2 = \frac{20 \times 4}{5} \Rightarrow t_2 = 16$ वर्ष

94. (d) माना मूल राशि $= P$; दर $= r\%$

समय (t) = 10 वर्ष

प्रश्नानुसार राशि 3 गुना हो जाती है, तब

$3P - P = \frac{Pr \times 10}{100} \Rightarrow r = 2 \times 10 = 20\%$

95. (c) ब्याज की दर (r) = 5% वार्षिक

माना समय $= t$ वर्ष; राशि = ₹ P

∴ साधारण ब्याज (SI) $= 2P - P =$ ₹ P

तब प्रश्नानुसार, $P = \frac{P \times 5 \times t}{100} \Rightarrow t = 20$ वर्ष

अब SI $= 5P - P =$ ₹ $4P$

तब, $4P = \frac{P \times r \times 20}{100}$

$\Rightarrow r = 20\%$ वार्षिक

96. (c) अभीष्ट साधारण ब्याज

$$= \frac{2700 \times 5 \times 8}{100}$$

= ₹ 1080

97. (c) माना एक किश्त की राशि ₹ x है।

$$9600 = x + \left(x + \frac{x \times r \times 1}{100}\right) + \left(x + \frac{x \times r \times 2}{100}\right) + \left(x + \frac{x \times r \times 3}{100}\right) + \left(x + \frac{x \times r \times 4}{100}\right)$$

$$\Rightarrow 9600 = 5x + \frac{x \times 10}{100} + \frac{x \times 10 \times 2}{100} + \frac{x \times 10 \times 3}{100} + \frac{x \times 10 \times 4}{100}$$

$$\Rightarrow 9600 = 5x + \frac{10x + 20x + 30x + 40x}{100}$$

$$\Rightarrow 9600 = \frac{600x}{100} \Rightarrow x = \frac{9600}{6} \Rightarrow x = ₹\ 1600$$

98. (a) माना वह राशि = ₹ x

प्रश्नानुसार, $(125x - x) = \frac{x \times \text{दर} \times 3}{100}$

$\Rightarrow \quad x \times \frac{25}{100} = \frac{x \times \text{दर} \times 3}{100} \Rightarrow$ दर $= \frac{25}{3}\%$

पुन: प्रश्नानुसार, $(760000 - x) = \frac{x \times 25 \times 7}{3 \times 100}$

$\Rightarrow \quad x = (760000 - x) \times \frac{12}{7}$

$\Rightarrow \quad 19x = 760000 \times 12$

$\Rightarrow \quad x = 40000 \times 12 = ₹\ 480000$

99. (d) माना उधार दी गई राशि = ₹P

तब, ब्याज = ₹$(P - 920)$

प्रश्नानुसार, $(P - 920) = \frac{P \times 7 \times 11}{100}$

$\Rightarrow \quad 77P = 100P - 92000$

$\Rightarrow \quad 23P = 92000 \Rightarrow \quad P = ₹4000$

100. (c) माना ब्याज की वार्षिक दर r % है।

प्रश्नानुसार,

$$\frac{23000 \times 3 \times r}{100} + \frac{19000 \times 4 \times r}{100} = 3625$$

$\Rightarrow \quad 690r + 760r = 3625 \Rightarrow 1450r = 3625$

$\Rightarrow \quad r = \frac{3625}{1450} \Rightarrow r = 2.5\%$

101. (d) 1 वर्ष का साधारण ब्याज

$= 806 - 767 = ₹\ 39$

$\therefore$ 3 वर्ष का साधारण ब्याज $= 39 \times 3 = ₹\ 117$

अत: मूलधन $= 767 - 117 = ₹\ 650$

102. (b) कार की कीमत = ₹ 650000

माना कार की डाउन पेमेण्ट = ₹ x

तब, शेष भुगतान राशि = ₹ $650000 - x$

अब प्रश्नानुसार,

शेष भुगतान राशि ₹ 25000 की 20 किस्तों में दी जाती है तथा शेष राशि पर एक मुश्त (इकट्ठा) 10% ब्याज लगाया जाता है।

तब, $(650000 - x) \times \frac{100 + 10}{100} = 20 \times 25000$

$\Rightarrow 650000 - x = 500000 \times \frac{100}{110}$

$\Rightarrow \quad x = 650000 - \frac{5000000}{11}$

$\Rightarrow \quad x = \frac{7150000 - 5000000}{11}$

$\Rightarrow \quad x = \frac{2150000}{11} = 195454.54$

$\Rightarrow x \approx ₹\ 195455$

103. (c) माना राशि = ₹ P

$\therefore$ साधारण ब्याज (SI) $= P \times \frac{25}{36}$

तथा दर $(r) = x\% \Rightarrow$ समय $(t) = x$ वर्ष

प्रश्नानुसार, $P \times \frac{25}{36} = \frac{P \times x \times x}{100}$

$\Rightarrow \quad x^2 = \frac{25 \times 100}{36} \Rightarrow x = \frac{5 \times 10}{6}$

$\Rightarrow \quad x = \frac{25}{3} = 8.33\%$

104. (c) 6 वर्षों का ब्याज = ₹$(4060 - 3640)$

$= ₹\ 420$

$\therefore$ 1 वर्ष का ब्याज $= ₹\frac{420}{6} = ₹\ 70$

$\Rightarrow$ 2 वर्ष का ब्याज $= ₹\ 2 \times 70 = ₹140$

$\therefore$ मूल राशि $= ₹(3640 - 140) = ₹3500$

माना ब्याज दर r% प्रतिवर्ष है।

$\therefore 140 = \frac{3500 \times r \times 2}{100} \Rightarrow r = \frac{140 \times 100}{3500 \times 2} = 2\%$

105. (c) माना राशि = P

$\therefore \text{SI} = \frac{17}{10}P - P = \frac{7}{10}P$

समय $(t) = 2$ वर्ष 6 महीने $= \frac{5}{2}$ वर्ष

माना दर = r%

प्रश्नानुसार, $\frac{7}{10}P = \frac{P \times r}{100} \times \frac{5}{2} \Rightarrow r = 28\%$

106. (b) माना धनराशि = ₹ P

प्रश्नानुसार, $(15500 - P) = \frac{P \times 30 \times 7}{100}$

$\Rightarrow \quad 210P = (15500 - P) \times 100$

$\Rightarrow \quad 210P = 1550000 - 100P$

$\Rightarrow \quad 310P = 1550000 \Rightarrow P = ₹\ 5000$

$\therefore$ अभीष्ट ब्याज $= 15500 - 5000 = ₹\ 10500$

107. (b) माना मूलधन राशि = P

$\therefore$ साधारण ब्याज (SI) $= 2P$, दर $= r\%$

समय $(t) = 26$ वर्ष

तब, $2P = \frac{P \times r \times 26}{100} \Rightarrow r = \frac{200}{26} = \frac{100}{13}$

अब, SI $= 4P$, समय $t = ?$

तब, $4P = \frac{P \times \frac{100}{13} \times t}{100}$

$\Rightarrow \quad t = 4 \times 13 = 52$ वर्ष

108. (c) माना समय t वर्ष है।

प्रश्नानुसार, $\frac{Prt}{100} = 9870 - 5250$

$\Rightarrow \quad \frac{5250 \times 11 \times t}{100} = 4620$

$\Rightarrow \quad t = \frac{4620 \times 100}{5250 \times 11} = 8$ वर्ष

109. (a) माना लिया गया ऋण = ₹ P

तब, $9600 = \frac{P \times 16 \times 5}{100} \Rightarrow P = \frac{9600 \times 100}{16 \times 5}$

$= ₹\ 12000$

110. (b) माना धनराशि का पहला भाग = ₹ x

तब, दूसरा भाग = ₹ $(5000 - x)$

प्रश्नानुसार, $\frac{x \times 4}{100} + \frac{(5000 - x) \times 5}{100} = 223$

$\Rightarrow \quad 4x + 25000 - 5x = 223 \times 100$

$\Rightarrow \quad -x = 22300 - 25000 \Rightarrow x = ₹\ 2700$

स्पीडी विधि

कुल ब्याज % $= \frac{223}{5000} \times 100 = 4.46\%$

मिश्रण नियम से,

5		4
	4.46	
0.46	:	0.54
23	:	27

अत: अभीष्ट भाग $= \left(\frac{5000}{23 + 27}\right) \times 27 = ₹2700$

111. (c) साधारण ब्याज (SI) $= 832 - 640 = ₹\ 192$

प्रश्नानुसार, $192 = \frac{640 \times r \times 2}{100}$

$\Rightarrow \quad r = \frac{192 \times 100}{640 \times 2} = 15\%$

अब मूलधन $(P) = ₹\ 860$

समय $(t) = 4$ वर्ष

$\therefore \quad \text{SI} = \frac{860 \times 15 \times 4}{100} = 516$

अत: अभीष्ट धनराशि $(A) = 860 + 516 = ₹\ 1376$

112. (b) वस्तु की लागत मूल्य = ₹ 7500

डाउन पेमेण्ट = ₹ 3500

$\therefore$ शेष राशि $= 7500 - 3500 = ₹\ 4000$

अब, समय = 4 महीने, दर = 9% वार्षिक

साधारण ब्याज $= \frac{4000 \times 9 \times 4}{100 \times 12} = 40 \times 3 = ₹\ 120$

113. (b) 5 वर्ष और 3 वर्ष के साधारण ब्याज का अन्तर = ₹ 4200

$\therefore$ 2 वर्ष का साधारण ब्याज = ₹ 4200

$\therefore$ 1 वर्ष का ब्याज = ₹ 2100

माना धनराशि = ₹ P

तब, $P = \frac{2100 \times 100}{14}$ $\quad [\because r = 14\%]$

$= ₹\ 15000$

114. (b) माना उधार दी गई राशि (P) = ₹ x

6 वर्षों में ब्याज (SI) = ₹ $(x + 360)$

समय $(t) = 6$ वर्ष

दर $(r) = 25\%$

$x + 360 = \frac{x \times 25 \times 6}{100}$ (सूत्र से)

$\Rightarrow \frac{3}{2}x - x = 360 \Rightarrow \frac{1}{2}x = 360 \Rightarrow x = ₹\ 720$

अत: उधार दी गई राशि ₹ 720 है।

115. (c) साधारण ब्याज (SI) $= 3725 - 2500 = 1225$

माना दर = r% वार्षिक

प्रश्नानुसार, $1225 = \frac{2500 \times r \times 8}{100}$

$\Rightarrow \quad r = \frac{1225}{25 \times 8} = 6.125\%$

116. (d) माना 9 % ब्याज दर पर निवेशित राशि ₹ x है।

तब 7% ब्याज दर पर निवेशित राशि = ₹ $(25600 - x)$

प्रश्नानुसार, $\frac{x \times 9 \times 3}{100} + \frac{(25600 - x) \times 3 \times 7}{100} = 5832$

$\Rightarrow \quad \frac{3}{100}(9x + 179200 - 7x) = 5832$

$\Rightarrow \quad 2x + 179200 = 194400$

$\Rightarrow \quad 2x = 15200 \Rightarrow x = ₹ 7600$

117. (a) माना मूलधन ₹ P है।

प्रश्नानुसार, $P + \frac{P \times x \times 3}{100} = 81840$

$\Rightarrow \quad P\left[1 + \frac{3x}{100}\right] = 81840 \quad$ ...(i)

तथा $\quad P + \frac{P \times x \times 5}{100} = 92400$

$\Rightarrow \quad P\left[1 + \frac{5x}{100}\right] = 92400 \quad$ ...(ii)

समी (i) और (ii) को भाग करने पर,

$\frac{100 + 3x}{100 + 5x} = \frac{341}{385}$

$\Rightarrow 38500 + 1155x = 34100 + 1705x$

$\Rightarrow \quad 550x = 4400 \Rightarrow x = 8$

अब नई ब्याज दर = 8 + 2 = 10%

अत: राशि को यदि दोगुना होना है तो, ब्याज ₹ P होगा।

$P = \frac{P \times 10 \times t}{100}$

$\therefore \quad t = 10$ वर्ष

118. (a) माना 4 वर्ष के लिए उधार दी गई राशि ₹ $4x$ है, और 5 वर्ष के लिए उधार दी गई राशि ₹ $5x$ है।

प्रश्नानुसार, $\frac{5x \times 5 \times 8}{100} - \frac{4x \times 4 \times 8}{100} = 4680$

$\Rightarrow \frac{200x}{100} - \frac{128x}{100} = 4680 \Rightarrow 72x = 468000$

$\Rightarrow \quad x = \frac{468000}{72} \Rightarrow x = 6500$

उधार दी गई कुल राशि = $4x + 5x$ = ₹ $9x$

$= 9 \times 6500 = ₹ 58500$

119. (d) माना प्रत्येक योजना में उधार ली गई राशि = ₹ P

प्रश्नानुसार पहली स्थिति से,

$1105 - P = \frac{P \times 6 \times (t+2)}{100} \quad$ ...(i)

तथा दूसरी स्थिति से,

$1105 - P - \frac{P \times 10 \times t}{100} \quad$ ...(ii)

समी (i) में समी (ii) से भाग करने पर,

$1 = \frac{6 \times (t+2)}{10t} \Rightarrow 10t = 6t + 12$

$\Rightarrow \quad 4t = 12 \Rightarrow t = 3$ वर्ष

समी (ii) में t का मान रखने पर,

$1105 - P = \frac{P \times 10 \times 3}{100} \Rightarrow 11050 - 10P = 3P$

$\Rightarrow \quad 13P = 11050 \Rightarrow P = ₹ 850$

120. (b) माना धनराशि = ₹ P

प्रश्नानुसार, $P = \frac{P \times r \times 13}{100}$

$\therefore \quad r = \frac{100}{13} = 7.69\%$

121. (c) माना धनराशि = ₹ P

प्रश्नानुसार, $\frac{P \times r_1 \times t_1}{100} + \frac{P \times r_2 \times t_2}{100} + \frac{P \times r_3 \times t_3}{100} = 1850$

$\Rightarrow P\left[\frac{5 \times 4}{100} + \frac{8 \times 3}{100} + \frac{10 \times 3}{100}\right] = 1850$

$\Rightarrow \quad P\left(\frac{20 + 24 + 30}{100}\right) = 1850$

$\therefore \quad P = 1850 \times \frac{100}{74} = ₹ 2500$

स्पीडी विधि

प्रश्नानुसार, $4 \times 5\% + 3 \times 8\% + 3 \times 10\%$

$= 20\% + 24\% + 30\% = 74\%$

$\because 74\% = ₹ 1850 \Rightarrow 100\% = \frac{1850}{74} \times 100 = ₹ 2500$

122. (a) प्रश्नानुसार,

$62400 = \frac{29000 \times 3 \times r}{100} + \frac{45000 \times 5 \times r}{100}$

$\Rightarrow 62400 = 290 \times 3r + 450 \times 5 \times r$

$\Rightarrow 2080 = 29r + 15 \times 5r \Rightarrow 2080 = 29r + 75r$

$\Rightarrow 2080 = 104r \Rightarrow r = 20\%$

123. (d) हम जानते हैं,

साधारण ब्याज $= \frac{P \times r \times t}{100}$

माना राशि = ₹ P

तब, $\left[P \times \frac{20}{12} \times \frac{19.2}{100} - P \times \frac{15}{12} \times \frac{11.2}{100}\right] = 2920$

$\Rightarrow \quad \left[\frac{384P}{1200} - \frac{168P}{1200}\right] = 2920$

$\Rightarrow \quad 0.32P - 0.14P = 2920$

$\Rightarrow \quad 0.18P = 2920$

$P = \frac{2920}{0.18} = 16222.22$

अत: मूलधन = ₹ 16200

124. (c) माना 10% साधारण ब्याज की दर पर निवेश धनराशि = ₹x

$\therefore$ 15% साधारण ब्याज की दर पर निवेश धनराशि $= (48500 - x)$

प्रश्नानुसार, $\frac{\frac{(48500 - x) \times 5 \times 15}{100}}{\frac{x \times 10 \times 3}{100}} = \frac{5}{3}$

$\Rightarrow \quad \frac{(48500 - x) \times 5 \times 15}{x \times 10 \times 3} = \frac{5}{3}$

$\Rightarrow \quad \frac{(48500 \quad x) \times 3}{x \times 2} = 1$

$\Rightarrow \quad 145500 - 3x = 2x$

$\Rightarrow \quad 145500 = 5x \Rightarrow x = ₹ 29100$

125. (b) प्रश्नानुसार, $S_1 - S_2 = 6160$

$\Rightarrow \quad \frac{P \times 8 \times 14}{100} - \frac{P \times 14 \times 4}{100} = 6160$

$\Rightarrow \quad \frac{P \times 14 \times 2}{100} - \frac{P \times 14}{100} = 1540$

$\Rightarrow \quad \frac{2P}{100} - \frac{P}{100} = 110$

$P = 110 \times 100 = ₹ 11000$

स्पीडी विधि

$14\% \times 8 - 14\% \times 4 = 6160$

$\Rightarrow \quad 112\% - 56\% = 6160$

$\because \quad 56\% = 6160$

$\therefore \quad 100\% = \frac{6160}{56} \times 100 = ₹ 11000$

अत: राशि ₹ 11000 है।

126. (b) माना धनराशि = ₹ x

माना दर = r

प्रश्नानुसार, $\frac{x \times (r + 11) \times 4}{100} - \frac{x \times r \times 4}{100} = 1320$

$\Rightarrow \quad \frac{4rx + 44x - 4rx}{100} = 1320$

$\Rightarrow \quad \frac{44x}{100} = 1320$

$\Rightarrow \quad x = \frac{1320 \times 100}{44} = 3000$

अत: मूलधन = ₹ 3000

स्पीडी विधि

$4 \times 11\% = 1320$

$44\% = 1320$

$1\% = \frac{1320}{44}$

$\therefore$ 100% = 30 × 100 = ₹ 3000

अत: धनराशि ₹ 3000 है।

127. (c) ब्याज = ₹ (4900 − 2500) = ₹ 2400

माना समय = t वर्ष

$\Rightarrow \quad \frac{2500 \times 12 \times t}{100} = 2400$

$\Rightarrow \quad t = \frac{2400}{25 \times 12} = 8$

अभीष्ट समय = 8 वर्ष

128. (d) माना जमा राशि अर्थात् मूलधन = P

20 वर्षों बाद, मिश्रधन = $9P$

ब्याज = $9P - P = 8P$

दर $= \frac{8P \times 100}{P \times 20} = 40\%$

पुन: राशि का 13 गुना = $P \times 13 = 13P$

ब्याज = $13P - P = 12P$

समय $= \frac{12P \times 100}{P \times 40} = 12 \times \frac{5}{2} = 30$ वर्ष

स्पीडी विधि

$n_1 = 9, t_1 = 20, n_2 = 13, t_2 = ?$

हम जानते हैं $\frac{n_1 - 1}{t_1} = \frac{n_2 - 1}{t_2}$

$\Rightarrow \quad \frac{9-1}{20} = \frac{13-1}{t_2} \Rightarrow \frac{8}{20} = \frac{12}{t_2}$

$t_2 = 30$ वर्ष

129. (a) मिश्रधन (A) = ₹ 10192

समय (t) = 3 वर्ष

दर (r) = 10%

किस्त $(I) = \frac{100 \times A}{100t + \frac{rt(t-1)}{2}}$

$= \frac{100 \times 10192}{300 + 30 \times \frac{2}{2}} = \frac{100 \times 10192}{300 + 30}$

$= \frac{100 \times 10192}{330} = ₹ 3088.48$

अत: वार्षिक किस्त = ₹ 3088.48

130. (d) माना समयावधि = x वर्ष

ब्याज $= \frac{Prt}{100}$

प्रश्नानुसार, $\frac{1760 \times 6 \times x}{100} + \frac{2240 \times 9 \times x}{100} = 1536$

$\Rightarrow \quad 1056x + 2016x = 15360$

$\Rightarrow \quad 3072x = 15360$

$\therefore \quad x = \frac{15360}{3072} = 5$

अतः समयावधि = 5 वर्ष

131. (c) मोबाइल फोन का कुल मूल्य = ₹ 2500

डाउन पेमेण्ट = ₹ 520

∴ शेष भुगतान राशि = 2500 − 520 = 1980

चूँकि शेष राशि चार समान मासिक किस्तों में भुगतान करता है

अब $P = 1980$, $r = 25\%$ वार्षिक दर

$= \frac{25}{12}\%$ मासिक, $t = 4$ माह

∴ चार माह में देय राशि $= 1980 + \frac{1980 \times 25 \times 4}{100 \times 12}$

$= 1980 + 165 = ₹\ 2145$

अब माना प्रत्येक मासिक किस्त राशि = ₹ x

तब $x + \left(x + \frac{x \times \frac{25}{12} \times 1}{100}\right) + \left(x + \frac{x \times \frac{25}{12} \times 2}{100}\right) + \left(x + \frac{x \times \frac{25}{12} \times 3}{100}\right) = 2145$

$\Rightarrow x + x + \frac{x}{48} + x + \frac{x}{24} + x + \frac{x}{16} = 2145$

$\Rightarrow 4x + \frac{x + 2x + 3x}{48} = 2145$

$\Rightarrow \quad 4x + \frac{6x}{48} = 2145$

$\Rightarrow \quad \frac{32x + x}{8} = 2145 \Rightarrow x = \frac{2145 \times 8}{33} = ₹\ 520$

132. (b) राशि = ₹ 15000

पहले 5 वर्ष का साधारण ब्याज

$= \frac{15000 \times 5 \times r}{100} = 750r$

तथा दूसरे 5 वर्ष का साधारण ब्याज

$= \frac{(15000 - 6000) \times 5 \times r}{100} = 450r$

प्रश्नानुसार, शेष मूलधन + पहले 5 वर्ष का साधारण ब्याज + दूसरे 5 वर्ष का साधारण ब्याज = 18600

$\therefore 9000 + 750r + 450r = 18600$

$1200r = 9600 \Rightarrow r = 8\%$

133. (b) योजना A में निवेश की गई राशि = ₹ x

योजना B में निवेश की गई राशि = ₹ $10000 - x$

प्रश्नानुसार, $1680 = \frac{x \times 8 \times 2}{100} + \frac{(10000 - x) \times 10 \times 2}{100}$

$\Rightarrow 1680 = \frac{16x}{100} + \frac{20 \times 10000}{100} - \frac{20x}{100}$

$\Rightarrow 1680 - 2000 = \frac{-4x}{100} \Rightarrow 320 = \frac{4x}{100}$

$\therefore \quad x = ₹\ 8000$

134. (d) माना $A = ₹\ x$ तथा $B = ₹\ (36000 - x)$

प्रश्नानुसार, $\frac{x \times 15 \times 2}{100} = \frac{(36000 - x) \times 15 \times 4}{100}$

$\Rightarrow x = (36000 - x) \times 2 \Rightarrow x = 72000 - 2x$

$\Rightarrow \quad 3x = 72000 \Rightarrow x = ₹\ 24000$

∴ A से प्राप्त ब्याज $= \frac{24000 \times 15 \times 2}{100} = ₹\ 7200$

135. (d) माना दर = $r\%$

साधारण ब्याज (SI) = 20400 − 12000 = ₹ 8400

$\therefore \quad \frac{Prt}{100} = 8400$

$\frac{12000 \times r \times 7}{100} = 8400 \Rightarrow r = \frac{8400}{120 \times 7} = 10\%$

136. (a) प्रश्नानुसार,

$\frac{P \times 17\frac{1}{2} \times 1}{100} - \frac{P \times 11 \times 1}{100} = 1071.20$

$\left\{\because \text{SI} = \frac{P \times r \times t}{100}\right\}$

$\Rightarrow \quad \frac{35P}{200} - \frac{11P}{100} = 1071.20$

$\Rightarrow \quad \frac{35P - 22P}{200} = 1071.20$

$\Rightarrow \quad P = \frac{1071.20 \times 200}{13}$

$= ₹\ 16480$

अब $P = ₹\ 16480$, $r = 10\%$ समय, $t = 5$ वर्ष

∴ साधारण ब्याज (SI) $= \frac{Prt}{100}$

$= \frac{16480 \times 10 \times 5}{100} = ₹\ 8240$

स्पीडी विधि

दोनों ब्याजों में अन्तर $= \left(17\frac{1}{2} - 11\right)\% = \frac{13}{2}\%$

ब्याज $= r \times t\% = 10 \times 5 = 50\%$

$\because \frac{13}{2}\% \rightarrow ₹\ 1071.20$

$\therefore 50\% \rightarrow \frac{107120 \times 2}{13} \times 50 = ₹\ 8240$

137. (d) माना समय = t वर्ष

साधारण ब्याज (SI) = 20400 − 12000

= ₹ 8400

$\Rightarrow \quad 8400 = \frac{12000 \times 10 \times t}{100}$ (सूत्रानुसार)

$\therefore \quad t = \frac{8400}{1200} = 7$ वर्ष

138. (a) प्रश्नानुसार,

$4160 = \frac{P \times 5 \times 6}{100} + P$

$\Rightarrow \quad 4160 = \frac{13P}{10}$

$\Rightarrow \quad P = \frac{4160 \times 10}{13}$

$\therefore \quad P = ₹\ 3200$

139. (a) समय $= \frac{14}{12} = \frac{7}{6}$ वर्ष

∴ साधारण ब्याज $= \frac{5000 \times 12 \times 7}{100 \times 6} = ₹\ 700$

140. (d) $\text{SI} = \frac{P \times r \times t}{100}$

$\Rightarrow \quad 510 = \frac{4250 \times 6 \times t}{100}$

$\Rightarrow \quad t = \frac{510 \times 100}{4250 \times 6}$

$\therefore \quad t = 2$ वर्ष

141. (b) माना उच्च दर पर दी गई राशि = ₹ x

और निम्न दर पर दी गई राशि = ₹ $(5000 - x)$

$\therefore \frac{x \times 24}{100} + \frac{(5000 - x) \times 16}{100} = 960$

$\Rightarrow 24x + 5000 \times 16 - 16x = 96000$

$\Rightarrow \quad 8x = 96000 - 80000$

$\Rightarrow \quad 8x = 16000 \Rightarrow x = 2000$

∴ उच्च दर पर दी गई राशि = ₹ 2000

142. (c) लैपटॉप चार्जर का नकद मूल्य = ₹ 2540

किस्त के लिए नकद भुगतान = ₹ 1340

शेष राशि = ₹ (2540 − 1340) = ₹ 1200

तथा 1 महीने बाद ₹ 1205 में बेचा जाता है।

ब्याज की दर (वार्षिक)

$= \frac{(1205 - 1200) \times 100}{1200} \times 12$

$= \frac{5}{1200} \times 1200 = 5\%$ वार्षिक

(∵ 1 वर्ष = 12 माह)

143. (a) माना मूलधन ₹ x है।

ब्याज = मिश्रधन − मूलधन = ₹ $(820 - x)$

ब्याज $= \frac{P \times r \times t}{100}$

$\therefore \quad 820 - x = \frac{x \times 8 \times 8}{100} \left[\because \text{SI} = \frac{P \times r \times t}{100}\right]$

$\Rightarrow 82000 - 100x = 64x$

$\Rightarrow \quad 164x = 82000$

$\therefore \quad x = \frac{82000}{164} = ₹\ 500$

अतः मूलधन = ₹ 500

पुनः 10 वर्ष के लिए 20% पर राशि के लिए,

ब्याज $= \frac{500 \times 20 \times 10}{100} = ₹\ 1000$

∴ धनराशि/मिश्रधन = 500 + 1000 = ₹ 1500

144. (c) $1\frac{1}{2}$ वर्ष का साधारण ब्याज = 2130 − 1860

$\frac{3}{2}$ वर्ष = ₹ 270

1 वर्ष का ब्याज = ₹ 180

2 वर्ष का ब्याज = 360

∴ मूलधन, $P = 1860 - 360 = 1500$

दर $= \frac{360 \times 100}{1500 \times 2} = 12\%$

145. (b) 2 वर्षों का ब्याज = 32000 − 24000

= ₹ 8000

∴ मूलधन = 24000 − 8000 = ₹ 16000

∴ दर $= \frac{8000 \times 100}{16000 \times 2} = 25\%$

146. (a) $1093.50 = \frac{2430 \times r \times 3}{100}$

$\Rightarrow \quad r = \frac{1093.50 \times 100}{2430 \times 3} \Rightarrow r = 15\%$

147. (c) 2 वर्षों का साधारण ब्याज

$= \frac{36000 \times 8 \times 1}{100} + \frac{36000 \times 6 \times 1}{100}$

$= \frac{36000}{100} \times (8 + 6)$

$= 360 \times 14 = ₹\ 5040$

अतः अभीष्ट राशि = 36000 + 5040 = ₹ 41040

148. (d) माना धनराशि = P

$\because \quad 4050 = \dfrac{P \times 9 \times 5}{100}$

$\therefore \quad P = \dfrac{4050 \times 100}{45} = ₹\ 9000$

149. (d) 6 वर्ष का ब्याज = (5420 – 3260)

= ₹2160

4 वर्ष का ब्याज $= \dfrac{2160 \times 4}{6} = ₹1440$

∴ 4 वर्ष बाद धनराशि = ₹(1440 + 3260) = ₹4700

150. (c) साधारण ब्याज = ₹ 8928 – ₹ 7200

= ₹ 1728

समय $= \dfrac{1728 \times 100}{7200 \times 8} = 3$ वर्ष

151. (c) माना निवेशित मूल्य राशि = ₹ P

3 वर्षों बाद मिश्रधन $= ₹\dfrac{5P}{4}$

∴ साधारण ब्याज = मिश्रधन – मूलधन

$= \dfrac{5P}{4} - P = \dfrac{P}{4}$

दर $= \dfrac{P \times 100}{4 \times P \times 3} = \dfrac{25}{3}\% = 8.33\%$

152. (c) माना मूल धनराशि = ₹ P

15 वर्षों में, मिश्रधन = ₹ $5P$

∴ ब्याज = $5P - P$ = ₹ $4P$

दर $= \dfrac{4P \times 100}{P \times 15} = \dfrac{400}{15}\%$

नया समय = 30 वर्ष

∴ ब्याज $= P \times \dfrac{400}{15} \times \dfrac{30}{100} = ₹\dfrac{120P}{15}$

नया मिश्रधन $= P + \dfrac{120P}{15} = \dfrac{135P}{15} = ₹\ 9P$

अत: नई धनराशि, मूल राशि से 9 गुना हो जाएगी।

153. (a) दो वर्षों का ब्याज $= 12000\left(\dfrac{9+10}{100}\right)$

$= 12000 \times \dfrac{19}{100} = ₹\ 2280$

दो वर्षों बाद देय धनराशि

= (12000 + 2280) = ₹ 14280

154. (b) माना धनराशि = ₹ x

प्रश्नानुसार,

$\dfrac{P \times 8 \times 2}{100} + \dfrac{P \times 11 \times 3}{100} + \dfrac{P \times 16 \times 4}{100} = 21400$

$\Rightarrow \dfrac{16P}{100} + \dfrac{33P}{100} + \dfrac{64P}{100} = 21400$

$\Rightarrow \dfrac{113P}{100} = 21400$

$\Rightarrow \quad P = \dfrac{21400 \times 100}{113}$

$\Rightarrow \quad P = ₹\ 18938.05 \Rightarrow P = ₹\ 18938$

∴ अभीष्ट धनराशि = ₹ 18938

155. (b) $A = 4500 \times \dfrac{(100 + 8 \times 4)}{100}$

$= 4500 \times \dfrac{132}{100} = ₹\ 5940$

156. (d) माना मूलधन (P) = ₹ $10x$

साधारण ब्याज (SI) = ₹ $7x$

∴ दर $= \dfrac{7x \times 100}{10x \times 5} = 14\%$

157. (d) माना प्रत्येक को ऋण पर दी गई धनराशि = ₹ x

$\therefore \left(\dfrac{x \times 8 \times 8.6}{100}\right) - \left(\dfrac{x \times 7 \times 8.6}{100}\right) = 172$

$\Rightarrow \dfrac{x \times 8.6}{100} = 172$

$\Rightarrow \quad x = \dfrac{172 \times 100}{8.6} = ₹\ 2000$

अत: प्रत्येक को ऋण पर दी गई धनराशि = ₹ 2000

158. (c) 2 वर्ष 3 माह $= 2\dfrac{1}{4}$ वर्ष $= \dfrac{9}{4}$ वर्ष

$\because \quad \text{SI} = \dfrac{Prt}{100}$

$\Rightarrow \quad 3240 = \dfrac{18000 \times r \times 9}{100 \times 4}$

$r = \dfrac{3240 \times 100 \times 4}{18000 \times 9} = 8\%$

अत: अभीष्ट ब्याज की दर 8% है।

159. (d) माना योजना I में निवेश की गई धनराशि = ₹ x

∴ योजना II में निवेश की गई धनराशि = $(8000 - x)$

$\therefore \dfrac{x \times 5 \times 2}{100} + \dfrac{(8000 - x) \times 4 \times 2}{100} = 720$

$\Rightarrow \quad 10x + 64000 - 8x = 72000$

$\Rightarrow \quad 2x = 8000 \Rightarrow x = 4000$

अत: योजना I में निवेश की गई धनराशि ₹ 4000 है।

160. (b) दिया है, स्कूटी का मूल्य = ₹ 40000

नकद भुगतान = ₹ 25000

शेष राशि = 40000 – 25000 = ₹ 15000

कुल ब्याज = 4 × 4000 – 15000 = ₹ 1000

प्रश्नानुसार,

$1000 = \dfrac{15000 \times r \times 1}{12 \times 100} + \dfrac{11000 \times r \times 1}{12 \times 100} + \dfrac{7000 \times r \times 1}{12 \times 100} + \dfrac{3000 \times r \times 1}{12 \times 100}$

$\Rightarrow \quad 1000 = \dfrac{r}{12 \times 100}[36000]$

$\Rightarrow \quad r = \dfrac{1000 \times 12 \times 100}{36000}$

$\therefore \quad r = 33.33\% \approx 33\%$

161. (c) समय $= \dfrac{45000 \times 100}{450000 \times 5} = 2$ वर्ष

$\left[\because \text{समय} = \dfrac{\text{साधारण ब्याज} \times 100}{\text{मूलधन} \times \text{दर}}\right]$

162. (c) मूलधन = ₹ 550

मिश्रधन = (250 + 310) = ₹ 560

∴ साधारण ब्याज = (560 – 550) = ₹ 10

समय = 1 माह $= \dfrac{1}{12}$ वर्ष

₹ 250 नकद डाउन पैमेण्ट करने पर, मूलधन

= ₹ 550 – 250) = ₹ 300

दर $= \dfrac{10 \times 100 \times 12}{300 \times 1} = 40\%$

$\left[\because \text{दर} = \dfrac{\text{साधारण ब्याज} \times 100}{\text{मूलधन} \times \text{समय}}\right]$

163. (b) माना धनराशि = ₹ P

तब, साधारण ब्याज $= ₹\ P \times \dfrac{4}{5}$

दर $= \dfrac{\frac{4}{5} \times P \times 100}{P \times 8} = 10\%$

$\left[\because \text{दर} = \dfrac{\text{साधारण ब्याज} \times 100}{\text{मूलधन} \times \text{समय}}\right]$

∴ दर = 10%

164. (d) साधारण ब्याज

= 72000 – 50000 = ₹ 22000

दर $= \dfrac{22000 \times 100}{50000 \times 4} = 11$

$\left[\because \text{दर} = \dfrac{\text{साधारण ब्याज} \times 100}{\text{मूलधन} \times \text{समय}}\right]$

∴ दर = 11%

165. (b) साधारण ब्याज

$= \dfrac{5000 \times 10 \times 2}{100} + \dfrac{5000 \times 12 \times 3}{100}$

= 1000 + 1800 = ₹ 2800

166. (a) मिश्रधन = ₹ 2400

तथा वर्तमान मूल्य (P) = ₹ x

∴ SI = ₹ $(2400 - x)$

$\Rightarrow \quad 2400 - x = \dfrac{x \times 5 \times 4}{100} \quad \left[\because \text{SI} = \dfrac{Prt}{100}\right]$

$\Rightarrow \quad 240000 - 100x = 20x$

$\Rightarrow \quad x = \dfrac{240000}{120} = ₹\ 2000$

अत: धनराशि का वर्तमान मूल्य ₹ 2000 है।

167. (c) माना धनराशि = ₹ P

$\therefore \quad P + \dfrac{P \times 5 \times 4}{100} = ₹\ 6600$

$\Rightarrow \quad \dfrac{P(100 + 20)}{100} = ₹\ 6600$

$P = \dfrac{6600 \times 100}{120} = ₹\ 5500$

∴ धनराशि = ₹ 5500

168. (c) माना ऋण की राशि = ₹ P

प्रश्नानुसार, $P = (200 \times 5) + \left(200 \times \dfrac{5}{100} \times 4\right) + \left(200 \times \dfrac{5}{100} \times 3\right) + \left(200 \times \dfrac{5}{100} \times 2\right) + \left(200 \times \dfrac{5}{100} \times 1\right)$

$\Rightarrow \quad P = 1000 + 40 + 30 + 20 + 10$

$\therefore \quad P = ₹\ 1100$

स्पीडी विधि

माना प्रत्येक किस्त = 100 इकाई

100 100 100 100 100

→ 100

→ 105

→ 110

→ 115

+ 120

550 इकाई

$\because$ 100 इकाई ⟶ 200

$\therefore$ 550 इकाई $\longrightarrow \dfrac{200 \times 550}{100} = ₹\ 1100$

169. (a) माना धनराशि = ₹ x

$$\therefore \left(x \times \frac{3}{2} \times \frac{10}{100}\right) - \left(\frac{x \times 1 \times 12}{100}\right) = 30$$

$$\Rightarrow \frac{x \times 3}{100} = 30$$

$$\Rightarrow x = ₹\ 1000$$

अत: मूलधन = ₹ 1000

170. (a) प्रश्नानुसार, दोनों बैंक समान ब्याज देते हैं।

$$\therefore \frac{K \times n^2 \times r^{1/2}}{100} = \frac{L \times n^3 \times r^{3/2}}{100}$$

$$\Rightarrow \frac{K}{L} = \frac{r^{3/2} \times n^3}{r^{1/2} \times n^2} = \frac{r \times n}{1}$$

अत: K और L के बीच का अनुपात = $rn : 1$

171. (d) माना धनराशि = ₹ P

$\therefore$ साधारण ब्याज = ₹ $\frac{3P}{5}$

$$\Rightarrow \frac{3P}{5} = \frac{P \times r \times 12}{100} \quad \left[\because SI = \frac{Prt}{100}\right]$$

$$\therefore r = \frac{3 \times 100}{5 \times 12} = 5\%$$

अत: ब्याज की दर 5% प्रतिवर्ष है।

172. (c) माना मूलधन = ₹ P

प्रश्नानुसार, मिश्रधन = ₹ $2P$, समय = 7 वर्ष

$$\Rightarrow (2P - P) = \frac{P \times \text{दर} \times 7}{100}$$

$$\left[\because \text{साधारण ब्याज} = \frac{\text{मूलधन} \times \text{दर} \times \text{समय}}{100}\right]$$

$$\Rightarrow P = \frac{P \times \text{दर} \times 7}{100} \quad \ldots(i)$$

माना धनराशि n वर्षों में चार गुना हो जाएगी।

$\therefore$ नया मिश्रधन = ₹ $4P$

$$\therefore (4P - P) = \frac{P \times \text{दर} \times n}{100}$$

$$\Rightarrow 3P = \frac{P \times \text{दर} \times n}{100} \quad \ldots(ii)$$

समी (ii) को समी (i) से भाग देने पर,

$$3 = \frac{n}{7}$$

$$n = 3 \times 7 = 21$$

$\therefore$ समय = 21 वर्ष

173. (a) साधारण ब्याज = $\frac{P \times r \times t}{100}$

$$\Rightarrow 972000 = \frac{1200000 \times x \times x}{100}$$

($\because$ समय तथा दर समान है।)

$$\Rightarrow x^2 = 81$$

$$\therefore x = 9\%$$

अत: दर 9% है।

174. (d) माना t वर्ष में साधारण ब्याज, मूलधन के बराबर हो जाता है।

दिया है, दर = $2\frac{6}{7}\% = \frac{20}{7}\%$ प्रतिवर्ष

$$\Rightarrow P = \frac{P \times 20 \times t}{7 \times 100} \quad \left[\because SI = \frac{P \times r \times t}{100}\right]$$

$$\therefore t = \frac{700}{20} = 35 \text{ वर्ष}$$

175. (c) साधारण ब्याज(SI) = 4100 − 2500 = ₹ 1600

माना समय = t वर्ष

$$\Rightarrow 1600 = \frac{2500 \times 16 \times t}{100}$$

$$t = \frac{1600 \times 100}{2500 \times 16} = 4 \text{ वर्ष} \quad \text{(सूत्र से)}$$

176. (c) माना उधार ली गई धनराशि = ₹ x

तथा वापिस की गई धनराशि = ₹ $\frac{4x}{3}$

$$\therefore \text{साधारण ब्याज} = \left[\frac{4x}{3} - x\right] = ₹\ \frac{x}{3}$$

अब, $\frac{x}{3} = \frac{x \times \text{दर} \times 3}{100}$

$$\text{दर} = \frac{100}{9} = 11\frac{1}{9}\%$$

177. (a) प्रश्नानुसार,

1 वर्ष का साधारण ब्याज = 825 − 750 = ₹ 75

$\therefore$ 3 वर्षों का साधारण ब्याज = 75 × 3 = ₹ 225

अत: अभीष्ट धनराशि = 750 − 225 = ₹ 525

178. (c) समय = t वर्ष; दर (r_1) = 10%

माना मूलधन = ₹ P

साधारण ब्याज = $P \times \frac{5}{8} = ₹\ \frac{5P}{8}$

$$\therefore t = \frac{SI \times 100}{P \times r_1} \Rightarrow t = \frac{5P}{8} \times \frac{100}{P \times 10} = \frac{25}{4} \text{ वर्ष}$$

पुन: नई दर (r_2) = $10 \times \frac{3}{4} = \frac{15}{2}\%$

साधारण ब्याज समान रहता है,

$$\therefore SI = \frac{5P}{8}$$

$$\text{नया समय} = \frac{SI \times 100}{P \times r_2} = \frac{5P}{8} \times \frac{100}{P \times 15} \times 2$$

$$= \frac{25}{3} \text{ वर्ष} = 8\frac{1}{3} \text{ वर्ष}$$

179. (c) पहली राशि पर साधारण ब्याज

$$= \frac{4400 \times 10 \times 12}{100} = ₹\ 5280$$

तथा दूसरी राशि पर साधारण ब्याज

$$= \frac{7500 \times 8 \times 12}{100} = ₹\ 7200$$

अत: अभीष्ट धनराशि

= 4400 + 5280 + 7500 + 7200 = ₹ 24380

180. (d) माना मूलधन = ₹ x; मिश्रधन = ₹ $5x$

तो, ब्याज = $5x - x$ = ₹ $4x$

समय = 18 वर्ष

$$\text{ब्याज दर} = \frac{4x \times 100}{x \times 18} = \frac{400}{18} = 22\% \text{ (लगभग)}$$

181. (a) माना धनराशि = ₹ P

$\therefore$ साधारण ब्याज (SI) = $\frac{P}{4}$ तथा समय = t वर्ष

$\therefore$ दर (r) = $4t\%$

$$\frac{P}{4} = \frac{P \times 4t \times t}{100} \quad \text{(सूत्र से)}$$

$$t^2 = \frac{25}{4} \Rightarrow t = \frac{5}{2}$$

दर (r) = $4 \times \frac{5}{2} = 10\%$

प्रश्नानुसार, नई दर (r) = 10 + 2 = 12%

धनराशि (P) = ₹ 3600; समय (t) = 6 वर्ष

$$\text{तब, साधारण ब्याज (SI)} = \frac{3600 \times 12 \times 6}{100}$$

$$= ₹\ 2592$$

182. (c) माना मूलधन की सरल ब्याज की दर = $r\%$ प्रति वार्षिक और मूलधन = ₹ P

प्रश्नानुसार, $(6000 - P) = \frac{Pr(3)}{100}$

$$\Rightarrow 6000 = P\left(1 + \frac{3r}{100}\right) \quad \ldots(i)$$

इसी प्रकार, पुन:

$$10500 - P = \frac{Pr(15)}{200}$$

$$\Rightarrow 10500 = P\left(1 + \frac{15r}{200}\right) \quad \ldots(ii)$$

अब, समी (ii) को समी (i) से भाग करने पर,

$$\frac{10500}{6000} = \left(1 + \frac{15r}{200}\right) \Big/ \left(1 + \frac{3r}{100}\right)$$

$$\Rightarrow \frac{7}{4} = \frac{\left(1 + \frac{15r}{200}\right)}{\left(1 + \frac{3r}{100}\right)} \Rightarrow 7 + \frac{21r}{100} = 4 + \frac{60r}{200}$$

$$\Rightarrow 7 - 4 = \frac{60}{200}r - \frac{21r}{100} \Rightarrow 3 = \frac{18r}{200}$$

$$\Rightarrow r = \frac{200}{6} = 33\frac{1}{3}\%$$

183. (b) माना निवेश की गई धनराशि = ₹ P

40% वृद्धि के पश्चात् मिश्रधन (A) = $P \times \frac{40}{100} + P$

$$= P\left(1 + \frac{40}{100}\right) = P\left(1 + \frac{2}{5}\right) = ₹\ \frac{7}{5}P$$

साधारण ब्याज की दर ($r\%$) = 6% तथा समय = t (माना)

अब, मिश्रधन (A) = $P\left(1 + \frac{rt}{100}\right)$

$$\Rightarrow \frac{7}{5}P = P\left(1 + \frac{6t}{100}\right) \Rightarrow 1 + \frac{6t}{100} = \frac{7}{5}$$

$$\Rightarrow \frac{6t}{100} = \frac{7}{5} - 1 = \frac{2}{5} \Rightarrow t = \frac{2}{5} \times \frac{100}{6} = 6\frac{2}{3} \text{ वर्ष}$$

184. (b) ब्याज दर का अन्तर

= 8.5 − 6 = 2.5% वार्षिक

तब, प्राप्त कुल लाभ का मूल्य

$$= \frac{20000 \times 2.5 \times 3}{100} \quad \left[\because SI = \frac{Prt}{100}\right]$$

= ₹ 1500

$\therefore$ प्रतिवर्ष प्राप्त लाभ का मूल्य = 1500 ÷ 3 = ₹ 500

185. (a) माना समय = t वर्ष

$$\text{प्रश्नानुसार, } 20000 = 12500 + \frac{12500 \times 8 \times t}{100}$$

$$\Rightarrow 7500 = \frac{12500 \times 8 \times t}{100}$$

$$\therefore \text{समय } (t) = \frac{7500 \times 100}{12500 \times 8} = 7.5 \text{ वर्ष}$$

186. (c) $\because$ साधारण ब्याज

$$= \frac{7500 \times 7 \times 2}{100} = ₹\ 1050$$

अत: मिश्रधन = 7500 + 1050 = ₹ 8550

स्पीडी विधि

$$\text{मिश्रधन} = \frac{7500}{100\%} \times 114\% = 75 \times 114 = ₹\ 8550$$

187. (c) माना ब्याज दर = r% वार्षिक

प्रश्नानुसार,

$$\frac{12000 \times r \times 3}{100} + \frac{10000 \times r \times 4}{100} = ₹ 6080$$

$\Rightarrow$ $360r + 400r = 6080$

$\Rightarrow$ $760r = 6080 \Rightarrow r = 8\%$

188. (d) माना वार्षिक दर = r%

$$3120 - 2000 = \frac{2000 \times r \times 2}{100} \text{ (सूत्रानुसार)}$$

$\Rightarrow$ $1120 = 40 \times r \Rightarrow r = 28\%$

189. (b) माना पत्नी की निवेशित राशि ₹ x है और बेटे की निवेशित राशि ₹ y है, तब बेटी की निवेशित राशि ₹ $(105750 - x - y)$ है।

प्रश्नानुसार, $\frac{5 \times 5 \times x}{100} = \frac{3 \times 5 \times y}{100} = \frac{(105750 - x - y) \times 5 \times 4}{100}$

अब, $\frac{5 \times 5 \times x}{100} = \frac{3 \times 5}{100} y \Rightarrow 25x = 15y$

$\Rightarrow$ $y = \frac{5x}{3}$

अब, $\frac{25x}{100} = \left(\frac{105750 - x - y}{100}\right) \times 20$

$\Rightarrow$ $\frac{25x}{20} = 105750 - x - \frac{5x}{3}$

$\Rightarrow$ $\frac{25}{20}x + x + \frac{5x}{3} = 105750$

$\Rightarrow$ $\frac{75x + 60x + 100x}{60} = 105750$

$\Rightarrow$ $\frac{235x}{60} = 105750 \Rightarrow x = \frac{105750 \times 60}{235}$

$\therefore$ $x = ₹ 27000$

190. (a) साधारण ब्याज $= \frac{3500 \times 7 \times 4}{100} = ₹ 980$

191. (c) मूलधन/राशि $= \frac{360 \times 100}{3 \times 12} = ₹ 1000$

192. (d) समय $= \left(5 + \frac{3}{12}\right) = \frac{21}{4}$ वर्ष

$$\text{साधारण ब्याज} = \frac{15000 \times 8.5 \times \frac{21}{4}}{100}$$

$= ₹ 6693.75$

193. (a) माना वह धनराशि ₹ x है।

$\therefore$ साधारण ब्याज $= \frac{x \times 20 \times 3}{100}$

$\Rightarrow$ $240 = \frac{x \times 60}{100} \Rightarrow x = \frac{240 \times 100}{60}$

$\Rightarrow$ $x = 400$

194. (c) माना धनराशि ₹ x है।

$\therefore$ $\frac{x \times 8 \times 8}{100} - \frac{x \times 6 \times 6}{100} = 1176$

$\Rightarrow$ $64x - 36x = 1176 \times 100$

$\Rightarrow$ $x = \frac{1176 \times 100}{28} \Rightarrow x = ₹ 4200$

195. (c) माना वह धनराशि ₹ x है।

साधारण ब्याज $= \frac{x \times 20 \times 2}{100}$

$\Rightarrow 360 = \frac{x \times 40}{100} \Rightarrow x = \frac{360 \times 100}{40} \Rightarrow x = 900$

196. (d) साधारण ब्याज (SI) $= \frac{Prt}{100}$

$= \frac{2500 \times 3 \times 3}{100} = ₹ 225$

197. (a) साधारण ब्याज (SI) $= \frac{P \times r \times t}{100}$

$= \frac{3500 \times 6 \times 6}{100} = ₹ 1260$

198. (c) 3 वर्षों का मिश्रधन = ₹ 2500

5 वर्षों का मिश्रधन = ₹ 3000

2 वर्षों का ब्याज = (3000 – 2500) = ₹ 500

$\therefore$ 1 वर्ष का ब्याज $= \frac{500}{2} = ₹ 250$

3 वर्ष का ब्याज = 250 × 3 = ₹ 750

मूलधन = 2500 – 750 = ₹ 1750

दर $= \frac{750 \times 100}{1750 \times 3} = \frac{100}{7}\% = 14.29\%$

199. (a) साधारण ब्याज $= \frac{\text{मूलधन} \times \text{समय} \times \text{दर}}{100}$

$= \frac{2000 \times 5 \times 8}{100} = ₹ 800$

200. (b) माना दर = r% वार्षिक

प्रश्नानुसार,

$$\frac{P \times (r + 5) \times 4}{100} - \frac{P \times r \times 4}{100} = 5200$$

$\Rightarrow$ $P \times 4r + 20P - 4Pr = 5200 \times 100$

$\Rightarrow$ $20P = 5200 \times 100$

$\therefore$ $P = \frac{5200 \times 100}{20} = 26000$

अतः जमा की गई राशि = ₹ 26000

201. (a) माना मूलधन = P

30% मूल्य बढ़ाने पर,

मिश्रधन $= P \times \frac{130}{100} = \frac{13P}{10}$

साधारण ब्याज $= \frac{13P}{10} - P = \frac{3P}{10}$

समय $= \frac{3P \times 100}{10 \times P \times 4} = 7\frac{1}{2}$ वर्ष

202. (c) साधारण ब्याज $= \frac{2500 \times 5 \times 9}{100} = ₹ 1125$

203. (c) साधारण ब्याज $= \frac{3500 \times 5 \times 4}{100} = ₹ 700$

204. (d) माना राशि = P

मिश्रधन = $2P$

साधारण ब्याज = $2P - P = P$

दर $= \frac{\text{ब्याज} \times 100}{\text{मूलधन} \times \text{समय}} = \frac{P \times 100}{P \times 12} = 8\frac{1}{3}\%$

205. (c) साधारण ब्याज $= \frac{2500 \times 3 \times 8}{100}$

$= ₹ 600$

206. (a) माना समयावधि = x वर्ष

प्रश्नानुसार,

$$\frac{20000 \times 6 \times x}{100} + \frac{25000 \times 8 \times x}{100} = 9600$$

$\left[\text{SI} = \frac{Prt}{100}\right]$

$\Rightarrow$ $1200x + 2000x = 9600$

$\Rightarrow$ $3200x = 9600$

$\therefore$ $x = \frac{9600}{3200} = 3$ वर्ष

207. (b) साधारण ब्याज $= \frac{2500 \times 6 \times 2}{100}$

$= ₹ 300$

208. (a) साधारण ब्याज $= \frac{\text{मूलधन} \times \text{दर} \times \text{समय}}{100}$

$240 = \frac{\text{मूलधन} \times 4 \times 2}{100}$

$\Rightarrow$ मूलधन $= \frac{240 \times 100}{4 \times 2}$

$\therefore$ मूलधन = ₹ 3000

209. (a) माना 7% वार्षिक पर उधार दी गई धनराशि = ₹ x

तथा 6% वार्षिक पर उधार दी गई धनराशि = ₹ $(40000 - x)$

प्रश्नानुसार,

$$\frac{x \times 7 \times 1}{100} + \frac{(40000 - x) \times 6 \times 1}{100} = 2550$$

$\Rightarrow$ $7x - 6x + 240000 = 255000$

$\Rightarrow x = ₹ 15000$

210. (a) साधारण ब्याज $= \frac{2000 \times 8 \times 6}{100} = ₹ 960$

211. (a) साधारण ब्याज $= \frac{2500 \times 2 \times 4}{100} = ₹ 200$

212. (d) साधारण ब्याज $= \frac{\text{मूलधन} \times \text{दर} \times \text{समय}}{100}$

$240 = \frac{\text{मूलधन} \times 16 \times 4}{100}$

$\Rightarrow$ मूलधन = ₹ 375

अतः अभीष्ट राशि = ₹ 375

213. (b) 1 वर्ष का साधारण ब्याज

= 16540 – 16150 = ₹ 390

3 वर्ष का साधारण ब्याज = 390 × 3 = ₹ 1170

$\therefore$ मूलधन = 16150 – 1170 = ₹ 14980

214. (c) माना अरुण ने ऋण के रूप में x धनराशि उधार ली।

$\therefore \frac{x \times 2 \times 4}{100} + \frac{x \times 3 \times 8}{100} + \frac{x \times 1 \times 12}{100}$

$= \frac{8x}{100} + \frac{24x}{100} + \frac{12x}{100} = \frac{44x}{100}$

6 वर्ष बाद ऋण चुकाने के लिए भुगतान राशि

$= x + \frac{44x}{100}$

प्रश्नानुसार,

$x + \frac{44x}{100} = 5472$

$\Rightarrow$ $144x = 5472 \times 100$

$\Rightarrow$ $x = 3800$

215. (c) साधारण ब्याज $= \frac{3000 \times 4 \times 8}{100}$

$= ₹ 960$

216. (d) साधारण ब्याज $= \frac{\text{मूलधन} \times \text{दर} \times \text{समय}}{100}$

$\Rightarrow$ $360 = \frac{\text{मूलधन} \times 4 \times 2}{100}$

मूलधन $= \frac{360 \times 100}{8} = 4500$

217. (c) समय का अनुपात = 12 : 15

∵ मूलधन तथा दर समान है इसलिए समय का अनुपात और ब्याज का अनुपात बराबर होगा।

∴ साधारण ब्याज का अनुपात = 12 : 15 = 4 : 5

218. (d) साधारण ब्याज $= \frac{3000 \times 2 \times 8}{100}$

$= ₹\ 480$

219. (a) साधारण ब्याज $= \frac{2000 \times 4 \times 9}{100} = ₹\ 720$

220. (c) साधारण ब्याज $= \frac{3500 \times 3 \times 5}{100} = ₹\ 525$

अतः साधारण ब्याज ₹ 525 है।

221. (d) समय = 15 वर्ष

माना उधार दी गई धनराशि ₹ x है।

∴ साधारण ब्याज $= x \times \frac{19}{15}$

साधारण ब्याज $= \frac{\text{मूलधन} \times \text{दर} \times \text{समय}}{100}$

$\frac{19x}{15} = \frac{x \times \text{दर} \times 15}{100}$

दर $= \frac{19x \times 100}{15 \times 15 \times x} = \frac{76}{9}$

$= 8\frac{4}{9}\%$

222. (b) साधारण ब्याज

$= \frac{Prt}{100} = \frac{3500 \times 3 \times 6}{100} = ₹630$

223. (d) 4 वर्ष का साधारण ब्याज

$= 9460 - 7436 = 2024$

1 वर्ष का साधारण ब्याज $= \frac{2024}{4} = 506$

∴ 6 वर्ष का साधारण ब्याज $= 506 \times 6 = 3036$

मूलधन $= 7436 - 3036 = 4400$

∴ दर $= \frac{3036 \times 100}{4400 \times 6} = \frac{3036}{44 \times 6} = 115\%$

224. (a) साधारण ब्याज

$= \frac{Prt}{100} = \frac{2500 \times 5 \times 6}{100} = ₹750$

225. (c) साधारण ब्याज (SI) $= \frac{Prt}{100}$

$= \frac{4000 \times 4 \times 6}{100} = ₹\ 960$

226. (b) साधारण ब्याज (SI)

$= \frac{3000 \times 3 \times 6}{100} = ₹\ 540$

227. (c) दर $(r) = \frac{756 \times 100}{4200 \times 3} = 6\%$

पुनः मूलधन = ₹ 5400

∴ नया ब्याज $= \frac{5400 \times 6 \times 3}{100} = ₹\ 972$

228. (b) मूलधन $= \frac{3195 \times 100}{6 \times 15} = ₹\ 3550$

नया मूलधन = ₹ (3550 + 1250)

= ₹ 4800

नया साधारण ब्याज $= \frac{4800 \times 3 \times 15}{100} = ₹\ 2160$

229. (c) साधारण ब्याज (SI) $= \frac{Prt}{100}$

$= \frac{2000 \times 7 \times 6}{100} = ₹\ 840$

230. (b) साधारण ब्याज (SI) $= \frac{Prt}{100}$

$= \frac{2500 \times 5 \times 3}{100} = ₹\ 375$

231. (b) साधारण ब्याज $= \frac{940 \times 3 \times 5}{100} = ₹\ 141$

232. (d) साधारण ब्याज $= \frac{3500 \times 2 \times 5}{100} = ₹\ 350$

233. (c) साधारण ब्याज $= \frac{3500 \times 6 \times 4}{100} = ₹\ 840$

234. (b) साधारण ब्याज $= \frac{2000 \times 3 \times 7}{100} = ₹\ 420$

235. (d) माना विपुल, आशिमा, प्रिया द्वारा निवेश की गई राशि क्रमशः x, y, z हैं।

∴ प्रश्नानुसार,

$\frac{x \times 3 \times 1}{100} = \frac{y \times 6 \times 1}{100} = \frac{z \times 5 \times 1}{100}$

$\Rightarrow \quad 3x = 6y = 5z$

$\therefore \quad x : y : z = 10 : 5 : 6$

कुल निवेश = ₹ 21000

∴ आशिमा द्वारा निवेश की गई राशि

$y = \frac{5}{21} \times 21000 = ₹\ 5000$

236. (d) साधारण ब्याज $= \frac{3000 \times 8 \times 6}{100}$

= ₹ 1440

237. (c) माना धनराशि ₹ P है।

$\therefore \quad \frac{P \times 8 \times 23}{100} - \frac{P \times 4 \times 23}{100} = 11960$

$\Rightarrow \quad P \times \frac{92}{100} = 11960$

$\Rightarrow \quad P = \frac{11960 \times 100}{92}$

$P = ₹\ 13000$

238. (c) साधारण ब्याज $= \frac{3500 \times 3 \times 6}{100} = ₹\ 630$

239. (d) साधारण ब्याज $= \frac{2500 \times 6 \times 5}{100} = ₹\ 750$

240. (c) साधारण ब्याज

$= \frac{\text{मूलधन} \times \text{दर} \times \text{समय}}{100}$

$= \frac{2500 \times 7 \times 3}{100} = ₹\ 525$

241. (a) साधारण ब्याज

$= \frac{\text{मूलधन} \times \text{दर} \times \text{समय}}{100}$

$= \frac{2500 \times 9 \times 4}{100} = ₹\ 900$

242. (d) 3 वर्षों में राशि = ₹ 9430

7 वर्षों में राशि = ₹ 11070

∴ 4 वर्षों में ब्याज = ₹ 1640

⇒ 3 वर्षों का ब्याज $= \frac{1640 \times 3}{4} = ₹\ 1230$

∴ राशि = ₹ (9430 − 1230) = ₹ 8200

243. (b) राकेश की राशि (मूलधन) = 7

समर्थ की राशि (मिश्रधन) = 8

∴ साधारण ब्याज = मिश्रधन − मूलधन

= 8 − 7 = 1

समय = 6 वर्ष

∴ दर $= \frac{\text{साधारण ब्याज} \times 100}{\text{मूलधन} \times \text{समय}}$

$= \frac{1 \times 100}{7 \times 6} = \frac{50}{21}\% = 2\frac{8}{21}\%$

244. (b) साधारण ब्याज $= \frac{\text{मूलधन} \times \text{दर} \times \text{समय}}{100}$

$= \frac{3000 \times 3 \times 4}{100} = ₹\ 360$

245. (d) साधारण ब्याज $= \frac{\text{मूलधन} \times \text{दर} \times \text{समय}}{100}$

$= \frac{2500 \times 3 \times 6}{100}$

= ₹ 450

246. (c) साधारण ब्याज $= \frac{\text{मूलधन} \times \text{दर} \times \text{समय}}{100}$

$= \frac{3000 \times 6 \times 4}{100} = ₹\ 720$

247. (d) साधारण ब्याज $= \frac{\text{मूलधन} \times \text{दर} \times \text{समय}}{100}$

$= \frac{2500 \times 9 \times 6}{100} = ₹\ 1350$

248. (b) माना 25% पर दी गई राशि = ₹ x

20% पर दी गई राशि = ₹ $(2380 - x)$

$\therefore \frac{x \times 25}{100} + \frac{(2380 - x) \times 20}{100} = 500$

$\Rightarrow \quad 25x - 20x = 50000 - 47600$

$\Rightarrow \quad 5x = 2400 \Rightarrow x = 480$

∴ अभीष्ट राशि = ₹ 480

249. (d) मूलधन $= \frac{\text{ब्याज} \times 100}{\text{समय} \times \text{दर}} = \frac{240 \times 100}{12 \times 4}$

= ₹ 500

250. (d) साधारण ब्याज $= \frac{2500 \times 5 \times 7}{100} = ₹\ 875$

251. (c) A के लिए कुल साधारण ब्याज

$= \frac{89500 \times 3 \times 7}{100} = ₹\ 18795$

B के लिए कुल साधारण ब्याज

$= 89500\left(\frac{9}{100} + \frac{8}{100} + \frac{7}{100}\right)$

$= 89500 \times \frac{24}{100} = ₹\ 21480$

∴ A और B द्वारा भुगतान किए गए कुल साधारण ब्याज

= (18795 + 21480) = ₹ 40275

252. (a) माना धनराशि = ₹ x

मिश्रधन = ₹ 806

∴ साधारण ब्याज = ₹ $(806 - x)$

प्रश्नानुसार,

∴ मूलधन $= \frac{\text{साधारण ब्याज} \times 100}{\text{समय} \times \text{दर}}$

$\Rightarrow \quad x = \frac{(806 - x) \times 100}{5 \times 6}$

$\Rightarrow \quad 3x = 8060 - 10x \Rightarrow 13x = 8060$

$\therefore \quad x = \frac{8060}{13} = ₹\ 620$

पुनः नया साधारण ब्याज $= \frac{620 \times 12 \times 5}{100} = 372$

∴ मिश्रधन = ₹ (620 + 372) = ₹ 992

253. (b) साधारण ब्याज $= \frac{3500 \times 6 \times 7}{100}$

= ₹ 1470

254. (a) साधारण ब्याज = $\frac{3000 \times 5 \times 7}{100}$ = ₹ 1050

255. (b) माना मूलधन = ₹ x; मिश्रधन = ₹ $4x$

∴ साधारण ब्याज = $(4x - x) = 3x$

अत: समय = $\frac{3x \times 100}{x \times 12}$ = 25 वर्ष

256. (c) ब्याज = (3100 – 2000) = ₹ 1100

∴ समय = $\frac{1100 \times 100}{2000 \times 11}$ = 5 वर्ष

257. (a) ∵ साधारण ब्याज = $A - P$

= 9800 – 8000 = ₹ 1800

दर, $r_1 = \frac{1800 \times 100}{8000 \times 3} = \frac{180}{24}\% = 7.5\%$

दर दोगुनी होने पर, नई दर $(r_2) = 2r_1$

= 2 × 7.5 = 15%

नया समय = 4 वर्ष ; मूलधन = ₹ 8000

साधारण ब्याज = $\frac{8000 \times 4 \times 15}{100}$ = ₹ 4800

मिश्रधन/कुल धनराशि = ₹ (8000 + 4800) = ₹ 12800

258. (d) प्रश्नानुसार,

मूलधन = $\frac{1800 \times 100}{6 \times 5}$ = ₹ 6000

259. (a) माना मूलधन = ₹P; मिश्रधन = $P \times 5$ = ₹$5P$

साधारण ब्याज = $5P - P$ = ₹$4P$

सूत्र, समय = $\frac{4P \times 100}{P \times 6} = \frac{200}{3}$ वर्ष

पुन: मूलधन = ₹P; मिश्रधन = ₹$8P$

∴ साधारण ब्याज = $8P - P$ = ₹$7P$

नई दर $(r) = \frac{7P \times 100}{P \times 200} \times 3 = \frac{21}{2} = 10.5\%$

260. (d) प्रश्नानुसार,

साधारण ब्याज = $\frac{Prt}{100} = \frac{5400 \times 4 \times 7}{100}$

= 54 × 28 = ₹ 1512

261. (b) प्रश्नानुसार, साधारण ब्याज

= $\frac{6000 \times 12 \times 15}{100 \times 12}$ = ₹ 900

262. (a) माना मूलधन = ₹ x

दर = 6%, समय = 5 वर्ष

प्रश्नानुसार, $\frac{x \times 5 \times 6}{100} + x = 113880$

⇒ $\frac{130x}{100} = 113880 \Rightarrow x = \frac{113880 \times 100}{130}$ = ₹ 87600

पुन: साधारण ब्याज = $\frac{87600 \times 9 \times 8}{100}$

= ₹ 63072

263. (d) ∵ P = ₹ 3650; t = 3 वर्ष

∴ SI = 4526 – 3650 = ₹ 876

⇒ $876 = \frac{3650 \times r \times 3}{100}$ (सूत्रानुसार)

∴ $r = \frac{876 \times 100}{3650 \times 3} = 8\%$

264. (b) माना दर = r%

⇒ $13500 = \frac{20000 \times r \times 9}{100}$ (सूत्रानुसार)

⇒ $r = \frac{135}{18} = 7.5\%$

265. (b) 4 वर्षों में प्राप्त साधारण ब्याज = ₹2000

∴ 1 वर्ष में प्राप्त साधारण ब्याज = $\frac{2000}{4}$ = ₹500

अत: 6 वर्षों में प्राप्त कुल ब्याज = 500 × 6 = ₹3000

266. (d) माना मूल राशि = ₹ P,

प्रश्नानुसार, $A - P = \frac{P \times r \times t}{100}$

⇒ $1220 - P = \frac{P \times 18 \times 8}{100}$

⇒ $122000 - 100P = 144P$

⇒ $244P = 122000 \Rightarrow P = \frac{122000}{244}$

⇒ P = ₹ 500

267. (b) प्रश्नानुसार, $343 = \frac{700 \times r \times r}{100}$

⇒ $343 = 7 \times r \times r \Rightarrow r^2 = \frac{343}{7}$

⇒ $r^2 = 49 \Rightarrow r = 7$

अत: वार्षिक ब्याज की दर = 7%

268. (a) माना धनराशि, $P = x$; समय, t = 30 वर्ष

दर, r = ?, मिश्रधन $(A) = 3x$

साधारण ब्याज (SI) = $3x - x = 2x$

∴ SI = $\frac{Prt}{100}$ से, $2x = \frac{x \times r \times 30}{100} \Rightarrow r = 6.67\%$

269. (a) परिपक्वता राशि = ₹3942

2 वर्षों का ब्याज (6 वें तथा 7वें) = ₹292

1 वर्ष का ब्याज = $\frac{292}{2}$ = ₹146

∴ 7 वर्षों का ब्याज = 146 × 7 = ₹1022

मूलधन = 3942 – 1022 = ₹2920

ब्याज दर = $\frac{146 \times 100}{2920 \times 1} = 5\%$

270. (c) माना पुस्तक की एक प्रति की कीमत ₹ x है।

∴ 6 प्रतियों की कीमत = $6 \times x$ = ₹ $6x$

∴ 7 प्रतियों की कीमत = $7 \times x$ = ₹ $7x$

साधारण ब्याज = $7x - 6x$ = ₹ x

ब्याज दर = $\frac{x \times 100}{6x \times 1} = 16.66 \simeq 16.7\%$

271. (c) प्रश्नानुसार,

$9750 = \frac{15000 \times r \times 5}{100} \Rightarrow r = \frac{9750 \times 100}{15000 \times 5} = 13\%$

प्रश्नानुसार, 3% कम होने पर; $r = 13 - 3 = 10\%$

∴ ब्याज = $\frac{Prt}{100} = \frac{15000 \times 10 \times 5}{100}$ = ₹ 7500

272. (b) 1 वर्ष का साधारण ब्याज

= 1380 – 1320 = ₹ 60

∴ 2 वर्ष में साधारण ब्याज = ₹ 120

∵ 2 वर्ष का मिश्रधन = ₹ 1320

⇒ मूलधन = 1320 – 120 = ₹ 1200

माना दर $(r) = R\%$ वार्षिक

⇒ $120 = \frac{1200 \times R \times 2}{100}$ (सूत्रानुसार)

∴ R = 5% वार्षिक

273. (c) माना मूलधन (P) = ₹ x; मिश्रधन = ₹ $3x$

∴ साधारण ब्याज = ₹ $2x$

माना दर $(r) = R\%$ वार्षिक तथा समय (t) = 24 वर्ष

⇒ $2x = \frac{x \times R \times 24}{100}$ (सूत्रानुसार)

∴ $R = \frac{100}{12} = 8.33\%$

> **स्पीडी विधि**
>
> माना, मूलधन (P) = ₹ 100; ब्याज = 300 – 100 = ₹200
>
> दर = $\frac{200 \times 100}{100 \times 24} = 8.33\%$

274. (d) दर (r) = 10% वार्षिक,

माना मूलधन = ₹ P

7वें और 8वें वर्ष के साधारण ब्याज का अन्तर = ₹ 57

∴ 1 वर्ष का साधारण ब्याज = ₹ 57

$57 = \frac{P \times 10 \times 1}{100}$ (सूत्रानुसार)

∴ P = ₹ 570

> **स्पीडी विधि**
>
> 1 वर्ष का ब्याज = ₹ 57
>
> ∴ मूलधन = $\frac{57 \times 100}{10 \times 1}$ = ₹ 570

275. (b) माना मूलधन (P) = ₹ x

प्रश्नानुसार, $132 = \frac{x \times 11 \times 1}{100} \Rightarrow x$ = ₹ 1200

> **स्पीडी विधि**
>
> 1 वर्ष का ब्याज = ₹ 132
>
> मूलधन = $\frac{132 \times 100}{1 \times 11}$ = ₹ 1200

276. (b) माना मूलधन (P) = ₹ x,

तो मिश्रधन = ₹$3x$

∴ साधारण ब्याज = $3x - x = 2x$; समय (t) = 34 वर्ष

माना दर $(r) = R\%$ वार्षिक

⇒ $\frac{x \times R \times 34}{100} = 2x$ (सूत्रानुसार)

∴ $R = \frac{100}{17}\% = 5.88\%$

277. (d) माना उधार दी गई धनराशि ₹ x है।

प्रश्नानुसार, $x - 600 = \frac{x \times 3 \times 25}{100}$

⇒ $x - 600 = x \times \frac{3}{4} \Rightarrow x - \frac{3}{4}x = 600$

⇒ $\frac{x}{4} = 600 \Rightarrow x$ = ₹ 2400

> **स्पीडी विधि**
>
> ब्याज प्रतिशत = 3 × 25 = 75%
>
> प्रश्नानुसार, (100 – 75)% = ₹ 600
>
> ⇒ 25% = ₹600 ⇒ 1% = $\frac{600}{25}$
>
> ∴ 100% = $\frac{600}{25} \times 100$ = ₹ 2400
>
> अत: धनराशि = ₹ 2400

278. (c) 1.5 वर्ष में ब्याज = 1060 – 1000 = ₹ 60

∴ 1 वर्ष में ब्याज = $\frac{60}{15} \times 1$ = ₹ 40

∴ मूलधन = 1000 – 40 = ₹ 960

अत: अभीष्ट ब्याज दर = $\frac{40}{960} \times 100 = 4.166 \approx 4.17\%$

279. (a) प्रश्नानुसार, कुल प्राप्त ब्याज (4 वर्षों में)

= $(1400 – 1200) = $ 200

1 वर्ष का ब्याज = $ 50

तो, ब्याज दर = $\frac{50}{1200} \times 100 = 4.166\%$

अत: अभीष्ट ब्याज दर = 4.17%

280. (d) माना ऋण पर दी गई धनराशि ₹ x है।

तब, साधारण ब्याज (SI) = ₹ $(1200 + x)$

$\because \quad SI = \frac{x \times 24 \times 5}{100} \Rightarrow 1200 + x = \frac{24}{20}x$

$\Rightarrow \quad 1200 = \frac{24}{20}x - x \Rightarrow 1200 = \frac{4}{20}x$

$\Rightarrow \quad x = 1200 \times 5 \Rightarrow \quad x = ₹\, 6000$

281. (c) माना मूलधन = ₹ 1, दर = $r\%$

तथा समय = 14 वर्ष; मिश्रधन = 3.5

साधारण ब्याज = ₹ 2.5

$\Rightarrow \quad 2.5 = \frac{1 \times r \times 14}{100} \Rightarrow r = \frac{125}{7}\%$

यदि समय = 28 वर्ष

साधारण ब्याज $= \frac{1 \times \frac{125}{7} \times 28}{100} = ₹\, 5$

$\therefore$ 28 वर्षों में धनराशि स्वयं की (5 + 1) अर्थात् 6 गुना हो जाएगी।

282. (c) माना मूलधन = ₹ x; दर = $r\%$ तथा समय = 5 वर्ष

प्रश्नानुसार, $x \times \frac{20}{100} = \frac{x \times r \times 5}{100} \Rightarrow r = 4\%$

अत: अभीष्ट वर्षों की संख्या $= \frac{x \times 100}{4 \times x} = 25$ वर्ष

स्पीडी विधि

5 वर्षों में साधारण ब्याज = मूलधन × 20%

$\Rightarrow$ मूलधन × 20% = 5 वर्ष

$\Rightarrow$ मूलधन × 100% = 5 × 5 = 25 वर्ष

अत: 25 वर्षों में ब्याज मूलधन के बराबर हो जाएगा।

283. (c) प्रश्नानुसार, 1 वर्ष में प्राप्त साधारण ब्याज

$= \frac{1782}{3} = ₹\, 594$

तो 10 वर्ष में प्राप्त ब्याज = ₹ 5940

284. (c) प्रश्नानुसार, धनराशि $= \frac{350 \times 12 \times 100}{7 \times 1}$

$= 50 \times 12 \times 100 = ₹\, 60000$

अत: आवश्यक धनराशि = ₹ 60000

स्पीडी विधि

दर = 7% वार्षिक

1 माह का ब्याज = ₹ 350

1 वर्ष का ब्याज = 350 × 12 = ₹ 4200 ⇒ 7% = 4200

तो, $100\% = \frac{4200}{7} \times 100 = ₹\, 60000$

$\therefore$ मूलधन = ₹ 60000

285. (c) माना मूलधन = ₹ P

प्रश्नानुसार, $2275 = \frac{P \times 13 \times 5}{100}$

$P = 35 \times 100 = ₹\, 3500$

स्पीडी विधि

ब्याज दर = 13 × 5 = 65%

$\therefore$ धनराशि $= \frac{2275}{65} \times 100 = ₹\, 3500$

286. (c) मूलधन (P) = \$ 1000, दर (r) = 5%

समय (t) = 2 वर्ष

साधारण ब्याज (SI) $= \frac{1000 \times 5 \times 2}{100} = \$\, 100$

287. (b) माना मूलधन (P) = ₹ x

तो साधारण ब्याज = ₹ $\frac{2}{5}x$

माना दर $(r) = R\%$ वार्षिक तथा समय (t) = 20 वर्ष

$\Rightarrow \quad \frac{2}{5}x = \frac{x \times R \times 20}{100}$ (सूत्रानुसार)

$\Rightarrow \quad R = \frac{2}{5} \times \frac{100}{20} \Rightarrow R = 2\%$

288. (a) माना मूलधन = ₹ x

10 वर्ष में मिश्रधन = ₹ $7x$

10 वर्ष में साधारण ब्याज = $7x - x$ = ₹ $6x$

तो, 20 वर्ष में साधारण ब्याज = ₹ $12x$

($\because$ साधारण ब्याज हर वर्ष समान होता है)

20 वर्ष बाद मिश्रधन = $12x + x = 13x$

20 वर्ष बाद धनराशि स्वयं की 13 गुना हो जाएगी।

289. (c) माना मूलधन = ₹ x तो मिश्रधन = ₹ $3x$

साधारण ब्याज = $3x - x$ = ₹ $2x$

समय (t) = 8 वर्ष 6 माह $= \left(8 + \frac{1}{2}\right)$ वर्ष $= \frac{17}{2}$ वर्ष

$\Rightarrow \quad 2x = \frac{x \times r \times 17}{100 \times 2}$ (सूत्रानुसार)

$\Rightarrow \quad r = 23.52\%$

290. (d) माना मूलधन (P) = ₹ x, समय (t) = 5 वर्ष, दर $(r) = R\%$

प्रश्नानुसार, साधारण ब्याज = ₹ $\frac{2}{5}x$

$\Rightarrow \quad \frac{2}{5}x = \frac{x \times R \times 5}{100}$ (सूत्रानुसार)

$\therefore \quad R = 8\%$

291. (a) माना मूलधन (P) = ₹ x

तब, साधारण ब्याज $= x \times \frac{2}{5} = ₹\, \frac{2}{5}x$

समय (t) = 40 वर्ष

माना दर $(r) = R\%$ वार्षिक

$\Rightarrow \quad \frac{2}{5}x = \frac{x \times R \times 40}{100}$ (सूत्रानुसार)

$\therefore \quad R = 1\%$

292. (a) वार्षिक किस्त

$= \frac{\text{देय ऋण} \times 100}{100 \times \text{समय} + \frac{\text{समय} \times \text{दर} \times (\text{समय} - 1)}{2}}$

$= \frac{1380 \times 100}{100 \times 4 + \frac{4 \times 10 \times 3}{2}}$

$= \frac{1380 \times 100}{400 + 60} = \frac{1380 \times 100}{460} = ₹\, 300$

अत: प्रत्येक किस्त का मूल्य ₹ 300 है।

293. (a) माना x वर्ष में उनकी ऋण राशि बराबर हो जाएगी

संजना द्वारा ली गई उधार राशि पर ब्याज,

साधारण ब्याज $= \frac{16000 \times 24 \times x}{100} = ₹\, 3840x$

सावित्री द्वारा ली गई उधार राशि पर

साधारण ब्याज $= \frac{18200 \times 20 \times x}{100} = ₹\, 3640x$

प्रश्नानुसार, $18200 + 3640x = 16000 + 3840x$

$\Rightarrow \quad 200x = 2200$

$\therefore \quad x = 11$ वर्ष

294. (d) समय = 2 वर्ष 4 माह

$= 2\frac{4}{12} = 2\frac{1}{3}$ वर्ष $= \frac{7}{3}$ वर्ष

माना दर = $r\%$

$\therefore$ दर $= \frac{\text{ब्याज} \times 100}{\text{मूलधन} \times \text{समय}} = \frac{378 \times 100}{2400 \times \frac{7}{3}} = \frac{378 \times 3}{24 \times 7}$

$= 6.75\%$

295. (b) $r = 5\frac{1}{2}\%$ वार्षिक $= \frac{11}{2}\%$, t = 3 वर्ष

$\therefore \quad SI = \frac{1250 \times 11 \times 3}{2 \times 100} = \frac{41250}{200} = ₹\, 206.25$

296. (a) $A = 3658$, $r = 12\%$, t = 4 वर्ष

$\therefore$ वार्षिक किस्त $= \frac{100A}{100t + \frac{rt}{2}(t-1)}$

$= \frac{100 \times 3658}{100 \times 4 + \frac{12 \times 4}{2} \times (4-1)}$

$= \frac{365800}{400 + 72} = \frac{365800}{472} = ₹\, 775$

297. (c) साधारण ब्याज $= \frac{100000 \times 2 \times 12}{100}$

$= ₹\, 24000$

298. (d) समय = 1 वर्ष 8 महीने $= 1\frac{8}{12}$ वर्ष $= 1\frac{2}{3}$ वर्ष

तथा मिश्रधन = ₹ 18000

$\therefore$ साधारण ब्याज = मिश्रधन – मूलधन

= 18000 – 16875 = ₹ 1125

$\therefore$ दर $= \frac{\text{ब्याज} \times 100}{\text{मूलधन} \times \text{समय}} = \frac{1125 \times 100}{16875 \times \frac{5}{3}}$

$= \frac{1125 \times 100 \times 3}{16875 \times 5} = 4\%$

299. (c) साधारण ब्याज $= \frac{84000 \times 15 \times 3}{100}$

$= ₹\, 37800$

300. (c) $SI = \frac{200000 \times 8 \times 3}{100} = ₹\, 48000$

301. (a) माना दर $r\%$ है।

$\therefore 4625 = \frac{18500 \times r \times 5}{100} \Rightarrow r = \frac{4625 \times 100}{5 \times 18500} = 5\%$

302. (a) प्रश्नानुसार,

$\frac{7000 \times r \times 2}{100} = \frac{5000 \times 5 \times 14}{100}$

$\Rightarrow r = \frac{5000 \times 5 \times 14}{7000 \times 2} \Rightarrow r = 25\%$

303. (c) माना धन, $P = x$, $r = ?$, t = 5 वर्ष, $A = \frac{7x}{5}$

साधारण ब्याज $= A - P = \frac{7x}{5} - x = \frac{2x}{5}$

$\therefore$ साधारण ब्याज $= \frac{P \times r \times t}{100} \Rightarrow \frac{2x}{5} = \frac{x \times r \times 5}{100}$

$\Rightarrow \quad r = 8\%$

304. (b) माना राशि = P

तब, साधारण ब्याज $= \frac{3P}{10}$ तथा समय = 15 वर्ष

$\therefore$ साधारण ब्याज $= \frac{P \times r \times t}{100}$

$\Rightarrow \frac{3P}{10} = \frac{P \times r \times 15}{100} \Rightarrow r = \frac{3 \times 100}{10 \times 15} = \frac{300}{150} = 2\%$

13

चक्रवृद्धि ब्याज

जब मूलधन के साथ ब्याज जुड़कर उस धन पर भी ब्याज लगाया जाता है, तो वह चक्रवृद्धि ब्याज कहलाता है अर्थात् मिश्रधन पर ब्याज लगता है

चक्रवृद्धि ब्याज से सम्बन्धित महत्त्वपूर्ण सूत्र

- यदि राशि ₹ P के मूलधन पर R% वार्षिक ब्याज की दर से n वर्षों में प्राप्त चक्रवृद्धि ब्याज CI तथा मिश्रधन A हो, तो
  $$A = P\left(1+\frac{R}{100}\right)^n \Rightarrow A = P + \text{CI} \Rightarrow \text{CI} = P\left[\left(1+\frac{R}{100}\right)^n - 1\right]$$
- यदि ब्याज अर्द्धवार्षिक या छमाही संयोजित होता है, तब समय (n वर्ष) $= 2n$ अर्द्धवर्ष तथा दर (r% वार्षिक) $= \frac{r}{2}$% अर्द्धवार्षिक
- यदि ब्याज तिमाही संयोजित होता है, तब समय (n वर्ष) $= 4n$ तिमाही तथा दर (r% वार्षिक) $= \frac{r}{4}$% तिमाही
- यदि $n = a\frac{c}{d}$ वर्ष, तब $A = P\left(1+\frac{R}{100}\right)^a \left(1+\frac{R\times\frac{c}{d}}{100}\right)$
- यदि ब्याज की दरें 3 वर्षों में क्रमशः R_1, R_2, R_3 वार्षिक हों, तो मिश्रधन
  $$A = P\left(1+\frac{R_1}{100}\right)\left(1+\frac{R_2}{100}\right)\left(1+\frac{R_3}{100}\right)$$

उदाहरण 1. ₹ 5000 की राशि पर 3 वर्ष के लिए 10% प्रतिवर्ष चक्रवृद्धि ब्याज पर निवेश किया गया मिश्रधन ज्ञात कीजिए।

हल $A = 5000\times\left(1+\frac{10}{100}\right)^3 = 5000\times\frac{11}{10}\times\frac{11}{10}\times\frac{11}{10} = ₹\ 6655$

साधारण ब्याज और चक्रवृद्धि ब्याज के अन्तर पर आधारित

यदि मूलधन = ₹ P, ब्याज की दर = r%, तब
साधारण ब्याज और चक्रवृद्धि ब्याज का अन्तर (D),

(i) 2 वर्ष के लिए, $D = P\left(\frac{r}{100}\right)^2$

(ii) 3 वर्ष के लिए, $D = P\left(\frac{r}{100}\right)^2\left(\frac{r}{100}+3\right)$

उदाहरण 2. ₹ 56000 की राशि पर 15% प्रतिवर्ष की दर से 2 वर्षों का वार्षिक रूप से संयोजित चक्रवृद्धि ब्याज और साधारण ब्याज का अन्तर ज्ञात करें।

हल ∵ $D = P\left(\frac{r}{100}\right)^2$

∴ $D = 56000\left(\frac{15}{100}\right)^2 = \frac{56000\times 9}{400} = ₹\ 1260$

जब मिश्रधन, मूलधन का गुणज हो

जब चक्रवृद्धि ब्याज की दर से एक निश्चित राशि n_1 वर्ष में a गुना और n_2 वर्ष में b गुना हो जाती है, तो $a^{\frac{1}{n_1}} = b^{\frac{1}{n_2}}$

उदाहरण 3. यदि कोई राशि चक्रवृद्धि ब्याज की दर से 10 वर्षों में 5 गुनी हो जाती है। यह कितने वर्षों में 125 गुना हो जाएगी?

हल $5^{\frac{1}{10}} = 125^{\frac{1}{n_2}} = 5^{\frac{3}{n_2}}$

दोनों पक्षों की तुलना करने पर, $\frac{1}{10} = \frac{3}{n_2} \Rightarrow n_2 = 10\times 3 = 30$ वर्ष

किस्तों पर आधारित

जब एक ऋणी राशि P को n किस्तों में भुगतान करता है, तब

$$P = xy + xy^2 + xy^3 + \ldots\ldots + xy^n$$

जहाँ, $y = \frac{100}{100+R}$; x = प्रत्येक किस्त का मान तथा n = किस्तों की संख्या

उदाहरण 4. ₹ 6000 की राशि को दो समान वार्षिक किस्तों में भुगतान किया जाता है, प्रत्येक किस्त का भुगतान प्रत्येक वर्ष के अन्त में किया जाता है। यदि ब्याज 2% प्रतिवर्ष की दर से चक्रवृद्धि हो, तब प्रत्येक किस्त कितनी होगी?

हल यहाँ, P = ₹ 6000

माना प्रत्येक किस्त का मान = ₹ x; R = 2% प्रतिवर्ष

∴ $y = \frac{100}{100+2} = \frac{50}{51} \Rightarrow P = xy + xy^2$

⇒ $6000 = x\left[\frac{50}{51} + \frac{50\times 50}{51\times 51}\right]$

⇒ $x = \frac{6000\times 51\times 51}{5050} = ₹\ 3090.3$

SSC एग्जाम स्कैनर

SSC CGL 2023 & 2022 (Tier I & II)

1. रजनीश ने एक बैंक से ₹ 1500 की राशि उधार ली और दो समान वार्षिक किस्तों में ब्याज सहित पूरी राशि चुका दी, जहाँ रजनीश ने बैंक से उधार लेने के एक वर्ष बाद पहली किस्त का भुगतान किया। यदि ब्याज की दर 40% वार्षिक थी और ब्याज वार्षिक रूप से चक्रवृद्धि होता था, तो रजनीश द्वारा भुगतान की गई प्रत्येक किस्त का मूल्य (₹ में) ज्ञात करें। **SSC CGL (Tier II) 7/3/2023 Shift-I**
(a) 1125 (b) 1225
(c) 1470 (d) 1350

2. यदि ₹ 6500 की राशि अर्द्धवार्षिक रूप से चक्रवृद्धि होने वाले 10% वार्षिक चक्रवृद्धि ब्याज पर 2 वर्षों के लिए उधार ली जा रही है, तो मिश्रधन (केवल पूर्णांक मान) ज्ञात कीजिए। **SSC CGL (Tier II) 06/3/2023 Shift-I**
(a) ₹ 7900 (b) ₹ 7650
(c) ₹ 8150 (d) ₹ 8250

3. ₹ 25000 की राशि पर तीन वर्ष बाद 12% वार्षिक दर से चक्रवृद्धि ब्याज कितना होगा, जब ब्याज वार्षिक रूप से चक्रवृद्धि होता है? **SSC CGL (Tier II) 03/03/2023 Shift-I**
(a) ₹ 9824.00 (b) ₹ 10520.00
(c) ₹ 10123.20 (d) ₹ 9956.86

4. यदि ब्याज अर्द्धवार्षिक रूप से चक्रवृद्धि होता है, तो ₹ 8000 की राशि पर 20% वार्षिक की दर से 1 वर्ष का चक्रवृद्धि ब्याज ज्ञात करें। **SSC CGL (Tier II) 02/03/2023 Shift-I**
(a) ₹ 1680 (b) ₹ 1675
(c) ₹ 1690 (d) ₹ 1685

5. कोई धन 2 वर्ष में ₹ 10000 हो जाता है। यदि ब्याज दर 12% वार्षिक हो और ब्याज अर्द्धवार्षिक देय हो, तो मूलधन ज्ञात कीजिए। **SSC CGL (Tier I) 09/12/2022 Shift-I**
(a) ₹ 7900.94 (b) ₹ 7920.90
(c) ₹ 7920.94 (d) ₹ 7020.94

6. यदि ब्याज अर्द्धवार्षिक रूप से देय है, तो दो वर्षों में ₹ 15750 पर 20% वार्षिक की दर से चक्रवृद्धि ब्याज क्या होगा? **SSC CGL (Tier I) 03/12/2022 Shift-III**
(a) ₹ 7309.575
(b) ₹ 7305.975
(c) ₹ 5213.25
(d) ₹ 3307.5

7. ₹6000 की राशि दो समान वार्षिक किस्तों में चुकाई जानी है, प्रत्येक किस्त का भुगतान प्रत्येक वर्ष के अन्त में किया जाना है। यदि ब्याज 2% प्रतिवर्ष की दर से वार्षिक रूप से चक्रवृद्धि किया जाता है, तो प्रत्येक किस्त कितनी होगी? (दशमलव के दो स्थानों तक पूर्णांकित) **SSC CGL (Tier I) 02/12/2022 Shift-I**
(a) ₹3589.30 (b) ₹3090.30
(c) ₹2092.29 (d) ₹2291.29

SSC CGL 2021 (Tier I)

8. ब्याज की गणना वार्षिक और अर्द्धवार्षिक चक्रवृद्धि आधार पर की जाती है, तो प्रति वर्ष 20% की दर से, ₹ 12000 की राशि पर 18 महीने में प्राप्त चक्रवृद्धि ब्याज के बीच अन्तर (₹ में) ज्ञात करें। **SSC CGL (Tier I) 24/08/2021 Shift-III**
(a) 145 (b) 121 (c) 132 (d) 165

9. अतुल, ₹ 12000 की राशि उधार लेता है और पहले वर्ष के अन्त में ₹ 4800 और दूसरे वर्ष के अन्त में ₹9240 का भुगतान करके इसे चुकाने के लिए तैयार होता है। वार्षिक चक्रवृद्धि ब्याज की दर ज्ञात करें। **SSC CGL (Tier I) 24/08/2021 Shift-II**
(a) $\frac{8}{5}$% (b) 12% (c) 10% (d) 8%

10. ब्याज वार्षिक रूप में संयोजित होने पर एक निश्चित वार्षिक चक्रवृद्धि ब्याज दर पर ₹9500 की राशि 2 वर्ष में ₹11495 हो जाती है। उसी अवधि में उसी राशि पर दोगुनी ब्याज दर पर, साधारण ब्याज (₹ में) ज्ञात करें। **SSC CGL (Tier I) 24/08/2021 Shift-I**
(a) 3990 (b) 4560 (c) 3420 (d) 3800

11. कितने प्रतिशत वार्षिक चक्रवृद्धि ब्याज दर पर ₹ 7200 एक वर्ष में ₹ 7938 हो जाएगा, यदि ब्याज अर्द्धवार्षिक रूप से संयोजित होता है? **SSC CGL (Tier I) 23/08/2021 Shift-II**
(a) 5 (b) 10 (c) 8 (d) 12

12. ₹ 30000 की राशि पर 15% वार्षिक दर से $2\frac{2}{3}$ वर्ष में भुगतान किया जाने वाला चक्रवृद्धि ब्याज ज्ञात करें। **SSC CGL (Tier I) 20/08/2021 Shift-II**
(a) ₹ 16342.50 (b) ₹ 14362.50
(c) ₹ 13642.50 (d) ₹ 12364.50

13. ₹ 8000 की राशि पर 10% वार्षिक दर से $2\frac{2}{5}$ वर्ष में प्राप्त साधारण ब्याज और चक्रवृद्धि ब्याज के बीच अन्तर (₹ में) ज्ञात करें। **SSC CGL (Tier I) 18/08/2021 Shift-I**
(a) 155 (b) 150
(c) 147.20 (d) 152.80

14. किसी व्यक्ति ने कोई निश्चित राशि उधार ली और पहले वर्ष के अन्त में ₹ 4000 तथा दूसरे वर्ष के अन्त में ₹ 7700 का भुगतान करके इसे चुकाने के लिए तैयार हुआ। यदि वार्षिक रूप से चक्रवृद्धि होने वाली ब्याज दर 10% वार्षिक है, तो उधार ली गई राशि ज्ञात करें। **SSC CGL (Tier I) 17/08/2021 Shift-III**
(a) ₹ 11500 (b) ₹ 9000
(c) ₹ 11000 (d) ₹ 10000

15. 15% वार्षिक साधारण ब्याज की दर पर, एक निश्चित राशि 2 वर्ष बाद ₹13650 हो जाती है। समान अर्द्धवार्षिक चक्रवृद्धि ब्याज दर पर, वही राशि 1 वर्ष बाद कितनी हो जाएगी (₹ में, निकटतम ₹ तक)? **SSC CGL (Tier I) 17/08/2021 Shift-I**
(a) 13625 (b) 12134
(c) 11000 (d) 10500

16. वार्षिक रूप से चक्रवृद्धि होने वाली चक्रवृद्धि ब्याज दर पर, कोई निश्चित राशि 2 वर्ष में ₹ 291600 और 3 वर्ष में ₹ 314928 हो जाती है। ₹ 40000 की राशि के लिए समान ब्याज दर पर, 2 वर्ष में प्राप्त साधारण ब्याज (₹ में) ज्ञात करें। **SSC CGL (Tier I) 16/08/2021 Shift-III**
(a) 7500 (b) 9600 (c) 8000 (d) 6400

17. ₹ 7500 की राशि 10% वार्षिक चक्रवृद्धि ब्याज दर पर एक निश्चित समय में ₹ 9075 हो जाती है। उसी दर से, उसी राशि पर उसी अवधि में प्राप्त साधारण ब्याज (₹ में) ज्ञात करें। **SSC CGL (Tier I) 16/08/2021 Shift-I**
(a) 1530 (b) 1500 (c) 1480 (d) 1520

SSC CGL 2020 (Tier I)

18. यदि ब्याज की गणना 5 मासिक चक्रवृद्धि आधार पर होती है, तो प्रति वर्ष 15% की दर से ₹ 8192 की राशि पर $1\frac{1}{4}$ वर्ष में प्राप्त चक्रवृद्धि ब्याज (₹ में) ज्ञात करें। **SSC CGL (Tier I) 13/08/2020 Shift-I**
(a) 1735 (b) 1640 (c) 1634 (d) 1740

19. चक्रवृद्धि ब्याज पर उधार दी गई कोई धनराशि एक निश्चित वार्षिक ब्याज दर पर एक वर्ष में ₹ 1250 और 3 वर्ष में ₹ 1458 हो जाती है। उसी धनराशि का, उसी ब्याज दर पर $5\frac{2}{5}$ वर्षों का साधारण ब्याज क्या होगा? **SSC CGL (Tier I) 07/03/2020 Shift-II**
(a) ₹ 600 (b) ₹ 480
(c) ₹ 500 (d) ₹ 520

20. ₹ 50000 की एक राशि पर दो वर्ष के अन्त में साधारण ब्याज ₹ 4000 प्राप्त होता है। उसी राशि पर समान अवधि के लिए समान ब्याज दर पर चक्रवृद्धि ब्याज क्या होगा? **SSC CGL (Tier I) 07/03/2020 Shift-I**
(a) ₹ 8000 (b) ₹ 4008
(c) ₹ 4080 (d) ₹ 4040

21. अमित ने साधारण ब्याज पर ₹ 25000 की राशि उधार ली। भोला ने उतनी ही राशि चक्रवृद्धि ब्याज (वार्षिक आधार पर चक्रवृद्धि होने वाले) पर उधार ली। 2 वर्ष के अन्त में, भोला को अमित की तुलना में ₹ 160 अधिक ब्याज देना पड़ा। वार्षिक ब्याज दर ज्ञात कीजिए। SSC CGL (Tier I) 06/03/2020 Shift-II

(a) $\frac{16}{25}$% (b) $\frac{8}{25}$%
(c) 8% (d) $3\frac{1}{8}$%

22. जब ब्याज का, वार्षिक और छमाही आधार पर भुगतान किया जाता हो, तो ₹7800 पर 8% वार्षिक ब्याज की दर पर 1 वर्ष के चक्रवृद्धि ब्याजों में क्या अन्तर होगा? SSC CGL (Tier I) 06/03/2020 Shift-I

(a) ₹ 19.46 (b) ₹ 12.48
(c) ₹ 29.18 (d) ₹ 24.72

23. एक निश्चित धनराशि चक्रवृद्धि ब्याज पर 3 वर्ष में ₹ 66550 और 4 वर्ष में ₹ 73205 हो जाती है। वार्षिक ब्याज दर प्रतिशत कितनी है? SSC CGL (Tier I) 05/03/2020 Shift-III

(a) 5% (b) 10%
(c) 9% (d) 11%

24. *A* और *B* ने मिलकर 7% वार्षिक चक्रवृद्धि ब्याज दर पर ₹ 51750 की राशि इस तरह से उधार ली कि ऋण का निपटान करने के लिए, *A* ने तीन वर्ष के बाद उतनी राशि चुकाई जितनी *B* ने उधार की तारीख से 4 वर्ष बाद चुकाई। *A* द्वारा उधार ली गई राशि (₹ में) की गणना कीजिए। SSC CGL (Tier I) 05/03/2020 Shift-II

(a) 24860 (b) 25000
(c) 26750 (d) 25650

25. एक निश्चित राशि पर $16\frac{2}{3}$% प्रतिवर्ष की दर से 3 वर्ष के लिए चक्रवृद्धि ब्याज ₹ 6350 है। उसी राशि का उसी दर पर $5\frac{2}{3}$ वर्ष के लिए साधारण ब्याज क्या होगा? SSC CGL (Tier I) 05/03/2020 Shift-I

(a) ₹ 11400
(b) ₹ 7620
(c) ₹ 9600
(d) ₹ 10200

26. 10% वार्षिक ब्याज की दर पर निवेश की गई ₹ 8000 की राशि, ब्याज को छमाही आधार पर चक्रवृद्धि किए जाने पर एक निश्चित अवधि में ₹ 9261 हो जाती है। उसी धनराशि पर पूर्व की ब्याज दर से दोगुनी दर पर उतनी ही अवधि का चक्रवृद्धि ब्याज कितना होगा, यदि ब्याज को वार्षिक आधार पर चक्रवृद्धि किया जाता हो? SSC CGL (Tier I) 04/03/2020 Shift-III

(a) ₹ 2520 (b) ₹ 2480
(c) ₹ 2500 (d) ₹ 2560

SSC CPO SI 2024-2020

27. सीता ₹ 35000 का ऋण, वार्षिक रूप से चक्रवृद्धि होने वाली 10% वार्षिक चक्रवृद्धि ब्याज दर पर लेती है। वह 2 वर्षों में दो समान किश्तों में अर्थात् प्रत्येक वर्ष के अन्त में एक किश्त का भुगतान करने के लिए सहमत है। प्रत्येक किश्त की राशि ज्ञात कीजिए। (उत्तर को निकटतम पूर्णांक तक पूर्णांकित करें। SSC CPO 29/06/2024 Shift-I

(a) ₹ 30167 (b) ₹ 40167
(c) ₹ 10167 (d) ₹ 20167

28. एक निश्चित धनराशि चक्रवृद्धि ब्याज पर 5 वर्षों में तीन गुना हो जाती है। उसे 9 गुना होने में कितने वर्ष लगेंगे? SSC CPO 28/06/2024 Shift-I

(a) 8 वर्ष (b) 10 वर्ष
(c) 15 वर्ष (d) 25 वर्ष

29. एक धनराशि चक्रवृद्धि ब्याज पर 4 वर्ष में दोगुनी हो जाती है। समान ब्याज दर पर कितने वर्षों में धनराशि 8 गुना हो जाएगी? SSC CPO 27/06/2024 Shift-I

(a) 15 (b) 10
(c) 8 (d) 12

30. पीटर ने 10% वार्षिक साधारण ब्याज देने वाली एक योजना में एक निश्चित राशि का निवेश किया, जबकि रेचल ने वार्षिक चक्रवृद्धि ब्याज आधार पर गणनीय 10% वार्षिक ब्याज दर वाली एक योजना में पीटर से आधी राशि का निवेश किया। पीटर ने 2 वर्ष के लिए निवेश किया तथा रेचल ने 3 वर्ष के लिए निवेश किया। यदि उनके द्वारा अर्जित ब्याजों में ₹ 897 का अन्तर था, तो रेचल ने कितनी राशि का निवेश किया था? SSC CPO 04/10/2023 Shift-II

(a) ₹12900 (b) ₹12960
(c) ₹13100 (d) ₹13000

31. जोनाथन ने 3 वर्ष पहले वार्षिक चक्रवृद्धि आधार पर गणनीय 10% वार्षिक ब्याज की दर पर एक राशि 5 वर्षों के लिए उधार ली। इस अवधि के अन्त में भुगतान की जाने वाली ₹ 161051 थी। हालाँकि, कोई पूर्व भुगतान दण्ड (प्री-पेमेण्ट पेनल्टी) नहीं था, और जोनाथन को अभी कुछ बोनस भुगतान प्राप्त हुआ, जिससे उसने अपना ऋण चुकाने का फैसला किया है। जोनाथन को अभी कितना भुगतान करना होगा? SSC CPO 03/10/2023 Shift-II

(a) ₹ 133200 (b) ₹ 133000
(c) ₹ 132900 (d) ₹ 133100

32. एक व्यक्ति ने बैंक से 10% प्रति वर्ष की दर से ₹ 50000 ऋण लिया, जिसका ब्याज वार्षिक रूप से चक्रवृद्धि होता है। प्रत्येक वर्ष के अन्त में, वह ऋण और ब्याज के आंशिक भुगतान के रूप में ₹ 15000 का भुगतान करता है। ऐसी तीन किस्तों के बाद उसे बैंक को कितनी धनराशि का भुगतान करना बाकी है? SSC CPO 10/11/2022 Shift-II

(a) ₹ 15200 (b) ₹ 15800
(c) ₹ 16900 (d) ₹ 16200

33. किसी धनराशि पर 10% वार्षिक दर से 2 वर्ष का साधारण ब्याज ₹ 8100 है। ब्याज की गणना वार्षिक चक्रवृद्धि आधार पर करते हुए, समान राशि पर, समान अवधि के लिए 15% की दर से चक्रवृद्धि ब्याज ज्ञात करें। SSC CPO 25/11/2020 Shift-II

(a) ₹ 14671 (b) ₹ 8100
(c) ₹ 13061 (d) ₹ 12751

34. जब ब्याज की गणना वार्षिक चक्रवृद्धि आधार पर होती है, तो एक राशि किसी निश्चित वार्षिक ब्याज दर पर 4 वर्षों में ₹ 7562 और 5 वर्षों में ₹ 8469.44 हो जाती है। यदि समान ब्याज दर पर ₹ 10000 का ऋण 2 वर्षों के लिए लिया जाता है, तो चक्रवृद्धि ब्याज की गणना (₹ में) ज्ञात करें। SSC CPO 25/11/2020 Shift-I

(a) 2764 (b) 2544
(c) 1736 (d) 1965

35. यदि किसी धनराशि का 17% वार्षिक दर से (वार्षिक चक्रवृद्धि के आधार पर) 2 वर्ष के लिए चक्रवृद्धि ब्याज और साधारण ब्याज का अन्तर ₹ 433.50 है, तो चक्रवृद्धि ब्याज ज्ञात करें। SSC CPO 24/11/2020 Shift-I

(a) ₹ 5100
(b) ₹ 5533.50
(c) ₹ 2500
(d) ₹ 2735.50

36. जब ब्याज की गणना वार्षिक चक्रवृद्धि आधार पर होती है, तो कोई राशि किसी निश्चित वार्षिक ब्याज दर पर 4 वर्ष में ₹ 7562 और 5 वर्ष में ₹ 8469.44 हो जाती है। ब्याज दर ज्ञात करें। SSC CPO 23/11/2020 Shift-I

(a) 15% (b) 12%
(c) 20% (d) 8%

SSC CHSL 2024 & 2023 (Tier I & II)

37. यदि किसी राशि में साधारण ब्याज पर 4 वर्ष में 40% की वृद्धि होती है, तो समान ब्याज दर पर 4 वर्ष बाद ₹ 80000 पर चक्रवृद्धि ब्याज क्या होगा? SSC CHSL (Tier II) 18/11/2024 Shift-I

(a) ₹ 39724 (b) ₹ 37128
(c) ₹ 29728 (d) ₹ 17128

38. यदि ब्याज दर पहले वर्ष के लिए 2.5% प्रतिवर्ष और दूसरे वर्ष के लिए 2% प्रतिवर्ष है, तो दो वर्षों में ₹6000 का चक्रवृद्धि ब्याज ज्ञात करें। SSC CHSL (Tier II) 10/01/2024 Shift-I

(a) ₹240 (b) ₹270
(c) ₹273 (d) ₹135

39. अर्द्धवार्षिक रूप से संयोजित 10% वार्षिक दर से 1.5 वर्ष के लिए निवेश की गई एक निश्चित धनराशि पर चक्रवृद्धि ब्याज ₹ 5044 है। वह धनराशि कितनी है?
SSC CHSL (Tier I) 17/08/2023 Shift-I

(a) ₹ 33000 (b) ₹ 22000
(c) ₹ 32000 (d) ₹ 37044

40. ₹ 6400 पर 1 वर्ष के लिए 5% वार्षिक दर से, वार्षिक और अर्द्धवार्षिक रूप से संयोजित चक्रवृद्धि ब्याज के बीच कितना अंतर है?
SSC CHSL (Tier I) 10/08/2023 Shift-III

(a) ₹ 9 (b) ₹ 8
(c) ₹ 7 (d) ₹ 4

41. एक निश्चित धनराशि पर 9% वार्षिक की दर से दो वर्ष के साधारण ब्याज और चक्रवृद्धि ब्याज का अन्तर ₹ 162 है। मूलधन क्या है?
SSC CHSL (Tier I) 09/08/2023 Shift-I

(a) ₹ 19000
(b) ₹ 19700
(c) ₹ 19500
(d) ₹ 20000

42. राधा ने दो वर्ष के लिए वार्षिक चक्रवृद्धि ब्याज की 10% दर पर ₹ 160000 जमा किए। यदि ब्याज अर्द्धवार्षिक रूप से संयोजित होता है, तो चक्रवृद्धि ब्याज (₹ में) कितना है?
SSC CHSL (Tier I) 07/08/2023 Shift-IV

(a) 34481 (b) 16400
(c) 33600 (d) 74256

43. ₹ 25000 पर 3 वर्षों के लिए 10% वार्षिक दर से वार्षिक रूप से संयोजित चक्रवृद्धि ब्याज कितना होगा?
SSC CHSL (Tier I) 04/08/2023 Shift-II

(a) ₹ 8125 (b) ₹ 8275
(c) ₹ 8000 (d) ₹ 8200

44. एक निश्चित धनराशि 1 वर्ष 9 माह की अवधि के लिए 10% वार्षिक चक्रवृद्धि दर से ऋण पर दी गई थी। यदि चक्रवृद्धि ब्याज ₹1460 है, तो ऋण दी गई धनराशि ज्ञात कीजिए।
SSC CHSL (Tier I) 02/08/2023 Shift-I

(a) ₹ 8000 (b) ₹ 6000
(c) ₹ 7500 (d) ₹ 8200

45. 10% वार्षिक दर पर ऋण दी गई एक निश्चित धनराशि पर 1 वर्ष के लिए चक्रवृद्धि ब्याज (अर्द्धवार्षिक रूप से संयोजित) और 1 वर्ष के लिए साधारण ब्याज के बीच का अन्तर ₹ 25 है। वह धनराशि क्या है?
SSC CHSL (Tier I) 20/03/2023 Shift-III

(a) ₹ 12000 (b) ₹ 6000
(c) ₹ 8000 (d) ₹ 10000

46. ₹ 18000 की धनराशि पर 20% प्रति वर्ष वार्षिक दर पर अर्द्धवार्षिक रूप से संयोजित होने पर 1 वर्ष का चक्रवृद्धि ब्याज क्या है?
SSC CHSL (Tier I) 17/03/2023 Shift-II

(a) ₹ 4500 (b) ₹ 3650
(c) ₹ 2450 (d) ₹ 3780

47. राजीव ने एक कम्पनी में चक्रवृद्धि ब्याज (वार्षिक रूप से संयोजित) पर 2 वर्ष के लिए ₹ 3000 का निवेश किया, इस पर उस कम्पनी ने उसे ₹ 1320 का ब्याज दिया। राजीव द्वारा निवेश की गई राशि पर वार्षिक ब्याज दर कितना होगा?
SSC CHSL (Tier I) 15/03/2023 Shift-II

(a) 16% (b) 24%
(c) 30% (d) 20%

48. 2 वर्षों के लिए ₹ 6000, 10 प्रतिशत वार्षिक दर पर उधार दिया जाता है। निम्नलिखित में से कौन-सा/ से कथन सही है/ हैं?

I. इस राशि पर प्राप्त होने वाला साधारण ब्याज ₹ 1200 है।

II. इस राशि पर प्राप्त होने वाला चक्रवृद्धि ब्याज (वार्षिक रूप से संयोजित) ₹ 1260 है।
SSC CHSL (Tier I) 10/03/2023 Shift-II

(a) उनमें से कोई भी सही नहीं है
(b) कथन I और II दोनों सही हैं
(c) कथन I सही है
(d) कथन II सही है

49. वार्षिक रूप से संयोजित 10% वार्षिक दर पर 2 वर्षों के लिए ₹ 14000 पर चक्रवृद्धि ब्याज क्या होगा? SSC CHSL (Tier I) 09/03/2023 Shift-I

(a) ₹ 1490 (b) ₹ 2940
(c) ₹ 6940 (d) ₹ 3490

SSC CHSL 2022 & 2021 (Tier I)

50. किसी राशि पर चक्रवृद्धि ब्याज की 23% वार्षिक दर से 2 वर्ष में प्राप्त मिश्रधन ₹ 90774 होगा। राशि ज्ञात कीजिए।
SSC CHSL (Tier I) 02/06/2022 Shift-I

(a) ₹ 65000 (b) ₹ 62950
(c) ₹ 60850 (d) ₹ 60000

51. एक निश्चित राशि को 26% की वार्षिक ब्याज दर पर निवेश किया जाता है, जिस पर ब्याज वार्षिक रूप में चक्रवृद्धि होता है। यह राशि कितने वर्षों (लगभग) में दोगुनी हो जाएगी?
SSC CHSL (Tier I) 01/06/2022 Shift-I

(a) 5 (b) 4 (c) 2 (d) 3

52. यदि ब्याज छमाही आधार पर चक्रवृद्धि होता है, तो ₹ 40000 की राशि पर 20% की वार्षिक दर से 2 वर्ष 6 महीने का चक्रवृद्धि ब्याज ज्ञात कीजिए। SSC CHSL (Tier I) 30/05/2022 Shift-II

(a) ₹ 25520
(b) ₹ 24920.40
(c) ₹ 24820.40
(d) ₹ 24420.40

53. एक ऋण को दो समान वार्षिक किश्तों में चुकाया जाना है। यदि ब्याज की दर 10% वार्षिक है, जो वार्षिक रूप से चक्रवृद्धि होती है और प्रत्येक किश्त ₹ 6897 की है, तो लिया जाने वाला कुल ब्याज ज्ञात कीजिए।
SSC CHSL (Tier I) 27/05/2022 Shift-I

(a) ₹ 1824 (b) ₹ 1914
(c) ₹ 1734 (d) ₹ 1644

54. ₹ 12000 की धनराशि पर 5 वर्षों के अन्त में साधारण ब्याज ₹ 6000 होता है। इसी धनराशि पर 3 वर्षों में समान दर से वार्षिक रूप से चक्रवृद्धि होने वाला चक्रवृद्धि ब्याज कितना होगा? SSC CHSL (Tier I) 10/08/2021 Shift-I

(a) ₹ 3972 (b) ₹ 3600
(c) ₹ 3970 (d) ₹ 2520

55. एक आदमी ₹ 7000 को 8% प्रतिवर्ष की दर से 2 वर्षों के लिए साधारण ब्याज पर निवेश करता है तथा ₹ 10000 की राशि को समान समय और समान दर पर चक्रवृद्धि ब्याज के रूप में निवेश करता है, तो उसका कुल ब्याज और कुल धनराशि (₹ में) क्या होगी?
SSC CHSL (Tier I) 04/08/2021 Shift-I

(a) 2784 और 19784
(b) 2748 और 19784
(c) 19784 और 2784
(d) 19748 और 2874

56. कितने वर्षों में, वार्षिक रूप से चक्रवृद्धि होने वाली ₹ 60000 की धनराशि पर 8% वार्षिक ब्याज दर पर, ब्याज के रूप में ₹ 9984 प्राप्त होगी? SSC CHSL (Tier I) 19/04/2021 Shift-III

(a) 4 (b) 2
(c) 3 (d) 1

57. ₹ 8950 की राशि पर 2 वर्ष के लिए 9% प्रतिवर्ष के हिसाब से चक्रवृद्धि ब्याज (₹ में, निकटतम पूर्णांक तक) कितना होगा, अगर इसकी वार्षिक रूप से गणना की जाती है? SSC CHSL (Tier I) 12/04/2021 Shift-II

(a) 1683 (b) 1523
(c) 1468 (d) 1685

SSC MTS 2023

58. श्री कालरा ने अपने बेटे की शिक्षा के खर्चों को पूरा करने के लिए ₹ 135000 ऋण पर लिए। यदि वार्षिक रूप से संयोजित ब्याज की दर 12% वार्षिक है, तो 2 वर्ष 3 माह के बाद उन्हें ऋण चुकता करने के लिए कितनी धनराशि कमानी होगी? SSC MTS 14/9/2023 Shift-I

(a) ₹ 174424.32
(b) ₹ 149920.32
(c) ₹ 150640.40
(d) ₹ 174760

59. किस धनराशि पर 5% वार्षिक की दर से 3 वर्ष के साधारण ब्याज और चक्रवृद्धि ब्याज (वार्षिक रूप से संयोजित) के बीच का अन्तर ₹ 15.25 होगा? SSC MTS 13/09/2023 Shift-I

(a) ₹ 4000 (b) ₹ 2500
(c) ₹ 1000 (d) ₹ 2000

60. यदि ब्याज वार्षिक रूप से संयोजित होता है, तो ₹ 20500 पर 2 वर्ष के लिए 10% वार्षिक दर से चक्रवृद्धि ब्याज (₹ में) कितना होगा? **SSC MTS 11/09/2023 Shift-II**

(a) 5403 (b) 4305
(c) 4350 (d) 4530

61. ₹ 2000 की धनराशि 2 वर्षों में ₹ 2880 हो जाती है। वार्षिक रूप से संयोजित होने पर ब्याज की दर क्या होगी? **SSC MTS 11/09/2023 Shift-I**

(a) 10% (b) 20% (c) 12% (d) 28%

62. यदि ₹ 10200 का $1\frac{1}{2}$ वर्ष के लिए 8% वार्षिक चक्रवृद्धि ब्याज की दर से निवेश किया जाता है और जब ब्याज अर्द्धवार्षिक रूप से संयोजित होता है, तो परिपक्वता के बाद धनराशि ज्ञात कीजिए। (दशमलव के दो स्थानों तक) **SSC MTS 08/09/2023 Shift-II**

(a) ₹ 11743.61 (b) ₹ 11764.28
(c) ₹ 11473.61 (d) ₹ 1134728

63. ₹ 72000 की धनराशि पर 1.5 वर्ष के लिए 10% वार्षिक दर से अर्द्धवार्षिक रूप से संयोजित चक्रवृद्धि ब्याज और समान धनराशि पर 5% वार्षिक दर से 3 वर्ष के लिए साधारण ब्याज के बीच का अन्तर कितना होगा? **SSC MTS 06/09/2023 Shift-I**

(a) ₹ 540 (b) ₹ 449 (c) ₹ 559 (d) ₹ 549

64. यदि ब्याज त्रैमासिक रूप से संयोजित किया जाता है, तो ₹ 75000 की धनराशि 16% वार्षिक दर से एक वर्ष में कितनी हो जाएगी? (दशमलव के दो स्थानों तक सन्निकटित) **SSC MTS 05/09/2023 Shift-II**

(a) ₹ 87379.40 (b) ₹ 87739.40
(c) ₹ 89773.40 (d) ₹ 87937.40

65. ₹ 2000 पर $2\frac{1}{2}$ वर्ष के लिए 10% वार्षिक दर से चक्रवृद्धि ब्याज (वार्षिक रूप से संयोजित) ज्ञात कीजिए। **SSC MTS 04/09/2023 Shift-II**

(a) ₹ 500 (b) ₹ 561
(c) ₹ 521 (d) ₹ 541

66. क्रमशः अर्द्धवार्षिक और वार्षिक रूप से ब्याज संयोजित होने पर एक वर्ष में 8% वार्षिक ब्याज की दर पर ₹ 150000 की धनराशि पर अर्जित ब्याज का अन्तर ₹ .... होगा। **SSC MTS 01/09/2023 Shift-III**

(a) 240 (b) 420 (c) 360 (d) 120

67. गीता ने अपने बैंक खाते में एक निश्चित धनराशि जमा की, जो 3 वर्ष में 5% वार्षिक दर से ₹ 27783 हो गई, ब्याज वार्षिक रूप से संयोजित हो रहा है। उसने कितनी धनराशि जमा की थी? **SSC MTS 01/09/2023 Shift-I**

(a) ₹ 26000 (b) ₹ 25000
(c) ₹ 24000 (d) ₹ 25500

SSC MTS 2022 & 2021

68. एक निश्चित राशि पर 10% की वार्षिक दर से 2 वर्षों के चक्रवृद्धि ब्याज और साधारण ब्याज का अन्तर ₹ 200 है। यदि चक्रवृद्धि ब्याज की स्थिति में, ब्याज वार्षिक रूप से संयोजित किया जाता है, तो वह राशि ज्ञात कीजिए। **SSC MTS 15/07/2022 Shift-I**

(a) ₹ 12000 (b) ₹ 20000
(c) ₹ 25000 (d) ₹ 15000

69. यदि ब्याज की दर पहले वर्ष के लिए 4%, दूसरे वर्ष के लिए 5% और तीसरे वर्ष के लिए 6% है, तो ब्याज वार्षिक रूप से चक्रवृद्धि होने की स्थिति में ₹ 10000 की राशि पर इन 3 वर्षों का चक्रवृद्धि ब्याज ज्ञात कीजिए। **SSC MTS 13/07/2022 Shift-I**

(a) ₹ 1570.50 (b) ₹ 1575.20
(c) ₹ 1580.25 (d) ₹ 1500.00

70. ब्याज वार्षिक रूप में संयोजित होने पर ₹20000 की राशि पर 5% की वार्षिक दर से प्राप्त चक्रवृद्धि ब्याज ₹2050 है। समय अवधि ज्ञात कीजिए। **SSC MTS 13/07/2022 Shift-I**

(a) 2 वर्ष (b) 4 वर्ष
(c) 2.5 वर्ष (d) 3 वर्ष

71. रचित ₹ 12000 की राशि का निवेश वार्षिक साधारण ब्याज की एक निश्चित दर पर 2 वर्ष की अवधि के लिए करता है। प्रसाद ₹ 12000 की राशि का निवेश रचित के समान वार्षिक ब्याज दर पर 2 वर्ष की अवधि के लिए करता है। लेकिन प्रसाद के ब्याज की वार्षिक गणना चक्रवृद्धि आधार पर होती है। यदि 2 वर्ष की अवधि के अन्त में प्रसाद को ब्याज के रूप में रचित से ₹ 172.80 अधिक मिलते हैं, तो वार्षिक ब्याज की दर ज्ञात कीजिए। **SSC MTS 12/07/2022 Shift-I**

(a) 8% (b) 12% (c) 10% (d) 5%

72. ₹ 12000 की राशि 1 वर्ष के लिए 15% की वार्षिक ब्याज दर से उधार दी जाती है, जिस पर ब्याज वार्षिक रूप से चक्रवृद्धि किया जाता है। यदि ब्याज अर्द्ध-वार्षिक रूप से चक्रवृद्धि किया जाए, तो एक वर्ष की अवधि के अन्त में उसी प्रारम्भिक राशि पर कितना अधिक ब्याज प्राप्त होगा? **SSC MTS 12/07/2022 Shift-I**

(a) ₹ 72.5 (b) ₹ 60.5
(c) ₹ 82.5 (d) ₹ 67.5

73. ₹ 32000 की राशि पर समान वार्षिक दर से 2 वर्षों में प्राप्त साधारण ब्याज और चक्रवृद्धि ब्याज का अन्तर ₹ 80 है। ब्याज वार्षिक रूप से संयोजित होने की स्थिति में चक्रवृद्धि ब्याज की दर ज्ञात कीजिए। **SSC MTS 11/07/2022 Shift-I**

(a) 8% वार्षिक (b) 12% वार्षिक
(c) 5% वार्षिक (d) 2% वार्षिक

74. ₹ 3240 की राशि पर, दो वर्ष के बाद, वार्षिक रूप से चक्रवृद्धि ब्याज ₹ 370 है। दशमलव के बाद दो स्थानों तक ब्याज की दर की गणना करें। **SSC MTS 02/11/2021 Shift-III**

(a) 5.56% (b) 4.05%
(c) 5.26% (d) 4.67%

75. एक किसान ने अपने खेत में फसल उगाने के लिए साहूकार से ₹ 132000 उधार लिए। ब्याज की दर 12.5% वार्षिक है, जिसकी गणना वार्षिक चक्रवृद्धि के आधार पर होती है। 2 वर्ष के अन्त में उसने ₹ 107062.50 और अपना स्कूटर देकर ऋण का भुगतान किया। स्कूटर की कीमत (₹ में) कितनी है? **SSC MTS 02/11/2021 Shift-II**

(a) 50000 (b) 60000
(c) 45000 (d) 75000

76. यदि किसी राशि में 2 वर्ष बाद 21% की वृद्धि होती है, तो ब्याज की गणना वार्षिक रूप से किए जाने पर वार्षिक चक्रवृद्धि ब्याज की दर ज्ञात करें। **SSC MTS 02/11/2021 Shift-I**

(a) 10% (b) 11.5%
(c) 10.5% (d) 11%

SSC GD Constable 2024

77. एक मूलधन चक्रवृद्धि ब्याज की एक निश्चित दर (वार्षिक चक्रवृद्धि) पर ऋण पर दी जाती है। 1 वर्ष के अन्त में धनराशि ₹ 1150 और 2 वर्ष के अन्त में ₹ 1322.5 है। मूलधन कितना है? **SSC GD 26/02/2024 Shift-I**

(a) ₹ 1600 (b) ₹ 1750
(c) ₹ 1450 (d) ₹ 1000

78. कोई मूलधन चक्रवृद्धि ब्याज की एक निश्चित दर (वार्षिक रूप से संयोजित) पर उधार दिया जाता है। वह धनराशि 3 वर्ष के अन्त में ₹ 13310 और 4 वर्ष के अन्त में ₹ 14641 है। मूलधन कितना है? **SSC GD 24/02/2024 Shift-III**

(a) ₹ 14500 (b) ₹ 12200
(c) ₹ 10700 (d) ₹ 10000

79. ₹ 9000 की धनराशि पर 2 वर्ष के लिए 32% की वार्षिक दर से चक्रवृद्धि ब्याज (वार्षिक रूप से संयोजित) कितना होगा? **SSC GD 24/02/2024 Shift-II**

(a) ₹ 6790.7
(b) ₹ 6681.6
(c) ₹ 6908.3
(d) ₹ 6400.4

80. ₹2200 पर 1.5 वर्ष के लिए प्राप्त चक्रवृद्धि ब्याज (अर्द्धवार्षिक रूप से संयोजित) ₹3836.8 है। वार्षिक ब्याज की दर कितनी है? **SSC GD 24/02/2024 Shift-I**

(a) 80% (b) 60% (c) 75% (d) 65%

81. ₹ 30000 का मूलधन 7% वार्षिक की दर से चक्रवृद्धि ब्याज (वार्षिक रूप से संयोजित) पर उधार लिया जाता है। 2 वर्ष के बाद धनराशि कितनी हो जाएगी? **SSC GD 23/02/2024 Shift-III**

(a) ₹ 31247 (b) ₹ 33248
(c) ₹ 34347 (d) ₹ 35687

82. ₹ 72000 के मूलधन पर 3 वर्षों के लिए 16% वार्षिक की दर से चक्रवृद्धि ब्याज (वार्षिक रूप से संयोजित) कितना होगा?
SSC GD 23/02/2024 Shift-II

(a) ₹ 36574.31 (b) ₹ 40384.51
(c) ₹ 38245.22 (d) ₹ 42248.64

83. एक व्यक्ति ने 30% वार्षिक चक्रवृद्धि ब्याज की दर पर ₹ 15000 ऋण पर लिए। यदि ब्याज अर्द्धवार्षिक रूप से संयोजित किया जाता है, तो 1 वर्ष के बाद भुगतान की जाने वाली धनराशि कितनी होगी?
SSC GD 23/02/2024 Shift-I

(a) ₹ 18282.5 (b) ₹ 20428.5
(c) ₹ 17482.5 (d) ₹ 19837.5

84. किसी धनराशि पर 2 वर्षों के लिए चक्रवृद्धि ब्याज (वार्षिक रूप से संयोजित) ₹967.5 है। यदि ब्याज की दर 15% वार्षिक है, तो वह धनराशि कितनी है? **SSC GD 22/02/2024 Shift-IV**

(a) ₹ 2700 (b) ₹ 3000
(c) ₹ 2800 (d) ₹ 2400

85. किसी धनराशि पर 8 वर्षों के लिए 10% वार्षिक की दर से साधारण ब्याज ₹ 8000 है। उसी धनराशि पर 3 वर्षों के लिए 10% वार्षिक की दर (वार्षिक रूप से संयोजित) से चक्रवृद्धि ब्याज कितना होगा?
SSC GD 22/02/2024 Shift-II

(a) ₹ 3450 (b) ₹ 3220
(c) ₹ 3750 (d) ₹ 3310

86. ₹ 15000 की धनराशि को 2 वर्षों के लिए 12% की वार्षिक दर से चक्रवृद्धि ब्याज (वार्षिक रूप से संयोजित) पर निवेश किया जाता है। उस धनराशि पर चक्रवृद्धि ब्याज ज्ञात कीजिए। **SSC GD 22/02/2024 Shift-III**

(a) ₹ 4024 (b) ₹ 3668
(c) ₹ 3816 (d) ₹ 4124

87. एक निश्चित धनराशि पर 6% वार्षिक की ब्याज दर पर, 2 वर्षों के लिए साधारण ब्याज ₹ 960 है। समान अवधि और समान ब्याज दर पर समान धनराशि पर चक्रवृद्धि ब्याज (वार्षिक रूप से संयोजित) कितना होगा?
SSC GD 22/02/2024 Shift-I

(a) ₹ 988.8
(b) ₹ 1122.2
(c) ₹ 1025.1
(d) ₹ 985.4

88. 30% की वार्षिक दर से ऋण पर दी गई एक निश्चित धनराशि पर 1 वर्ष के लिए चक्रवृद्धि ब्याज (अर्द्धवार्षिक रूप से संयोजित) और 1 वर्ष के लिए साधारण ब्याज के बीच का अन्तर ₹ 337.5 है। वह धनराशि कितनी है?
SSC GD 21/02/2024 Shift-IV

(a) ₹ 18500 (b) ₹ 17000
(c) ₹ 17700 (d) ₹ 15000

89. ₹ 1000 पर 2 वर्ष के लिए प्राप्त चक्रवृद्धि ब्याज (अर्द्धवार्षिक रूप से संयोजित) ₹ 464.1 है। वार्षिक ब्याज दर कितनी है?
SSC GD 21/02/2024 Shift-III

(a) 35% (b) 20% (c) 30% (d) 25%

90. 2 वर्ष के लिए ₹ 22000 पर प्राप्त चक्रवृद्धि ब्याज (अर्द्धवार्षिक रूप से संयोजित) ₹ 10210.2 है। वार्षिक ब्याज दर कितनी है?
SSC GD 21/02/2024 Shift-II

(a) 40% (b) 25% (c) 20% (d) 30%

91. निश्चित ब्याज दर पर 2 वर्षों के लिए एक मूलधन पर साधारण ब्याज और चक्रवृद्धि ब्याज (वार्षिक रूप से संयोजित) क्रमश: ₹ 12000 और ₹ 14400 हैं। मूलधन कितना है? **SSC GD 21/02/2024 Shift-I**

(a) ₹ 17000 (b) ₹ 18000
(c) ₹ 15000 (d) ₹ 22000

92. यदि ब्याज वार्षिक रूप से संयोजित हो रहा है, तो 30% वार्षिक चक्रवृद्धि ब्याज की दर से कितनी धनराशि 2 वर्ष में ₹ 9464 हो जाएगी?
SSC GD 20/02/2024 Shift-III

(a) ₹ 6800 (b) ₹ 5400
(c) ₹ 5600 (d) ₹ 5750

93. 2 वर्षों के लिए एक निश्चित ब्याज दर पर, मूलधन पर साधारण ब्याज और चक्रवृद्धि ब्याज क्रमश: ₹ 12800 और ₹ 14400 है। मूलधन कितना है? **SSC GD 20/02/2024 Shift-IV**

(a) ₹ 24400 (b) ₹ 25600
(c) ₹ 27800 (d) ₹ 29900

94. ₹ 9000, 80% की वार्षिक दर से चक्रवृद्धि ब्याज (अर्द्धवार्षिक रूप से संयोजित) पर उधार दिए जाते हैं। 12 महीने का चक्रवृद्धि ब्याज कितना होगा? **SSC GD 20/02/2024 Shift-II**

(a) ₹ 8640 (b) ₹ 9000
(c) ₹ 8700 (d) ₹ 8760

95. चक्रवृद्धि ब्याज (वार्षिक रूप से संयोजित) पर रखी गई एक धनराशि 10 वर्षों में स्वयं की दोगुनी हो जाती है। वह समय ज्ञात कीजिए, जिसमें धनराशि स्वयं की 4 गुना हो जाएगी।
SSC GD 20/02/2024 Shift-I

(a) 20 वर्ष (b) 10 वर्ष
(c) 15 वर्ष (d) 14 वर्ष

SSC GD Constable 2023

96. एक मूलधन 8 प्रतिशत वार्षिक चक्रवृद्धि ब्याज दर से वार्षिक आधार पर गणना किए जाने पर 3 वर्ष ₹ 19683 हो जाता है। मूलधन क्या है?
SSC GD 13/2/2023 Shift-IV

(a) ₹ 16825 (b) ₹ 13526
(c) ₹ 14825 (d) ₹ 15625

97. विधि ने राधा को चक्रवृद्धि ब्याज पर ₹ 8,000, 2 वर्ष के लिए 5% वार्षिक की दर से वार्षिक चक्रवृद्धि आधार पर दिए। विधि को तब कितनी हानि होती जब उसने राधा को यह धनराशि 5% वार्षिक के साधारण ब्याज पर 2 वर्ष के लिए दी होती?
SSC GD 13/2/2023 Shift-IV

(a) ₹ 18 (b) ₹ 12 (c) ₹ 15 (d) ₹ 20

98. A और B के बीच ₹ 5309 को इस प्रकार विभाजित कीजिए, ताकि 6% प्रति वर्ष की दर से ब्याज चक्रवृद्धि किए जाने पर 4 वर्ष बाद A की राशि, 6 वर्ष बाद B की राशि के बराबर हो जाए, ब्याज का संयोजन वार्षिक रूप से किया गया है। **SSC GD 13/2/2023 Shift-II**

(a) ₹ 2809, ₹ 2500
(b) ₹ 2659, ₹ 2650
(c) ₹ 2709, ₹ 2600
(d) ₹ 2759, ₹ 2550

99. यदि 8% वार्षिक की दर से 2 वर्ष के लिए उधार ली गई एक निश्चित धनराशि पर साधारण ब्याज और वार्षिक चक्रवृद्धि आधार पर गणना किए गए चक्रवृद्धि ब्याज के बीच का अन्तर ₹ 512 है, तो उधार ली गई धनराशि (₹ में) ज्ञात करें। **SSC GD 09/2/2023 Shift-II**

(a) ₹ 1200 (b) ₹ 62100
(c) ₹ 2100 (d) ₹ 80000

100. यदि 12% वार्षिक की दर से 2 वर्ष का चक्रवृद्धि ब्याज ₹ 1908 है, जब ब्याज वार्षिक रूप से चक्रवृद्धि होता है, तो मूलधन ज्ञात कीजिए। **SSC GD 09/2/2023 Shift-I**

(a) ₹ 7500 (b) ₹ 5400
(c) ₹ 6500 (d) ₹ 4500

101. यदि कोई धनराशि 3 वर्षों में $\frac{64}{27}$ गुना हो जाती है, तो प्रतिवर्ष चक्रवृद्धि ब्याज की दर क्या है?
SSC GD 08/2/2023 Shift-I

(a) $33\frac{1}{3}\%$ (b) $21\frac{1}{3}\%$
(c) $16\frac{1}{3}\%$ (d) $25\frac{1}{4}\%$

102. एक निश्चित राशि 6% वार्षिक चक्रवृद्धि ब्याज की दर से 2 वर्षों में ₹ 7200 हो जाती है, जिस पर ब्याज वार्षिक रूप से चक्रवृद्धि किया

जाता है। वह राशि (₹ में, निकटतम पूर्णांक तक) ज्ञात कीजिए। SSC GD 08/2/2023 Shift-I

(a) ₹ 6449 (b) ₹ 6400
(c) ₹ 6408 (d) ₹ 6507

103. चक्रवृद्धि ब्याज की किस दर से कोई धनराशि 3 वर्षों में वार्षिक रूप से चक्रवृद्धि होते हुए 3.375 गुनी हो जाती है? SSC GD 7/2/2023 Shift-I

(a) 50% (b) 150% (c) 100% (d) 200%

104. एक निश्चित राशि पर 2 वर्ष के लिए 10% प्रतिवर्ष की दर से वार्षिक संयोजन पर चक्रवृद्धि ब्याज लिया जाता है। यदि मिश्रधन ₹ 605 हो जाता है, तो मूलधन (₹ में) .... है। SSC GD 06/2/2023 Shift-I

(a) 650 (b) 600 (c) 500 (d) 550

105. ₹ 1000000 पर 3% वार्षिक की दर से वार्षिक चक्रवृद्धि आधार पर गणना किया गया चक्रवृद्धि ब्याज ₹ 92727 है। इसके लिए अपेक्षित वर्षों की संख्या है SSC GD 06/2/2023 Shift-I

(a) 4 (b) 3 (c) 5 (d) 2

106. यदि ब्याज की दर पहले वर्ष के लिए 16% वार्षिक, दूसरे वर्ष के लिए 20% वार्षिक और तीसरे वर्ष के लिए 15% वार्षिक है, तो ₹ 15000 पर तीन वर्षों के लिए चक्रवृद्धि ब्याज ज्ञात कीजिए। SSC GD 02/2/2023 Shift-I

(a) ₹ 9012 (b) ₹ 8012
(c) ₹ 8015 (d) ₹ 9015

107. एक धनराशि वार्षिक रूप से चक्रवृद्धि होकर 3 वर्षों में 20% प्रतिवर्ष की दर से ₹ 14112 हो जाती है। SSC GD 1/2/2023 Shift-I

(a) ₹ 8099.60 (b) ₹ 9166.87
(c) ₹ 7167.70 (d) ₹ 8166.67

SSC Selection Post 2023 & 2022

108. एक वस्तु को इस शर्त पर खरीदा जाता है कि ₹ 3993 की तीन समान किस्तों का 10% चक्रवृद्धि ब्याज की दर से भुगतान किया जाना है जबकि ब्याज वार्षिक रूप से चक्रवृद्धि किया जाता है। वस्तु की कीमत क्या है? Matric Level 27/06/2023 Shift-I

(a) ₹ 9590 (b) ₹ 9050
(c) ₹ 10000 (d) ₹ 9930

109. आरिफ ने वार्षिक रूप से चक्रवृद्धि होने वाली 25% वार्षिक ब्याज दर पर लिया गया ऋण 3 वर्ष के बाद ₹ 15625 का भुगतान करके चुकाया। ऋण की राशि कितनी थी? Graduate Level 01/08/2022 Shift-IV

(a) ₹ 8000 (b) ₹ 9000
(c) ₹ 9500 (d) ₹ 10000

110. ₹ 50000 पर 7% वार्षिक ब्याज दर से एक निश्चित अवधि के लिए वार्षिक रूप से चक्रवृद्धि होने वाला चक्रवृद्धि ब्याज ₹ 7245 है। समयावधि (वर्षों में) ज्ञात कीजिए। Matric Level 01/08/2022 Shift-I

(a) 1 (b) 2
(c) 1.5 (d) 2.5

111. कोई धनराशि 5 वर्षों में एक निश्चित चक्रवृद्धि ब्याज दर पर बढ़कर स्वयं की दोगुनी हो जाती है। उसी दर पर यह कितने वर्षों में 16 गुनी हो जाएगी? Matric Level 01/08/2022 Shift-I

(a) 20 (b) 25 (c) 10 (d) 15

सही उत्तर

1 (b)	2 (a)	3 (c)	4 (a)	5 (c)	6 (a)	7 (b)	8 (c)	9 (c)	10 (d)
11 (b)	12 (c)	13 (c)	14 (d)	15 (b)	16 (d)	17 (b)	18 (c)	19 (c)	20 (c)
21 (c)	22 (b)	23 (b)	24 (c)	25 (d)	26 (d)	27 (d)	28 (b)	29 (d)	30 (d)
31 (d)	32 (c)	33 (c)	34 (b)	35 (b)	36 (b)	37 (b)	38 (c)	39 (c)	40 (d)
41 (d)	42 (a)	43 (b)	44 (a)	45 (d)	46 (d)	47 (d)	48 (b)	49 (b)	50 (d)
51 (d)	52 (d)	53 (a)	54 (a)	55 (a)	56 (b)	57 (a)	58 (a)	59 (d)	60 (b)
61 (b)	62 (c)	63 (d)	64 (b)	65 (d)	66 (a)	67 (c)	68 (b)	69 (b)	70 (a)
71 (b)	72 (d)	73 (c)	74 (a)	75 (b)	76 (a)	77 (d)	78 (d)	79 (b)	80 (a)
81 (c)	82 (b)	83 (d)	84 (b)	85 (d)	86 (c)	87 (a)	88 (d)	89 (b)	90 (c)
91 (c)	92 (c)	93 (b)	94 (a)	95 (a)	96 (d)	97 (d)	98 (a)	99 (d)	100 (a)
101 (a)	102 (c)	103 (a)	104 (c)	105 (b)	106 (a)	107 (d)	108 (d)	109 (a)	110 (b)
111 (a)									

उत्तर सहित हल

1. (b) माना कि प्रत्येक किस्त का मूल्य = ₹ x

$$\therefore \quad 1500 = \frac{x}{\left(1+\frac{40}{100}\right)^1} + \frac{x}{\left(1+\frac{40}{100}\right)^2}$$

$$\Rightarrow 1500 = \frac{x}{\frac{7}{5}} + \frac{x}{\frac{49}{25}} \Rightarrow \frac{5x}{7} + \frac{25x}{49} = 1500$$

$$\Rightarrow \frac{35x + 25x}{49} = 1500$$

$$\Rightarrow x = \frac{1500 \times 49}{60} = ₹\ 1225$$

स्पीडी विधि

$\because 40\% = \frac{2}{5}$

	मूलधन	किस्त	
पहली वर्ष	→(5	7) × 7	⇒ 35 : 49
दूसरी वर्ष	→ 25	49	⇒ 25 : 49

$\because \quad (35+25) \to 1500$

$\therefore \quad 49 \to \frac{1500}{60} \times 49 = ₹\ 1225$

2. (a) दर $(R) = \frac{10\%}{2} = 5\%$ अर्द्धवार्षिक

समय (t) = 2 वर्ष = 2 × 2 = 4 छमाही

मिश्रधन $= P\left(1+\frac{r}{100}\right)^t = 6500\left(1+\frac{5}{100}\right)^4$

$$= 6500 \times \frac{21}{20} \times \frac{21}{20} \times \frac{21}{20} \times \frac{21}{20} \approx ₹7900$$

3. (c) चक्रवृद्धि ब्याज $= P\left(1+\frac{r}{100}\right)^t - P$

$$= 25000\left(1+\frac{12}{100}\right)^3 - 25000$$

$$= 25000 \times \frac{28}{25} \times \frac{28}{25} \times \frac{28}{25} - 25000$$

$$= 35123.2 - 25000 = ₹\ 10123.2$$

4. (a) दिया गया है, मूलधन (P) = ₹ 8000

दर (r) = 20% वार्षिक = 10% अर्द्धवार्षिक

समय (T) = 1 वर्ष = 2 छमाही

चक्रवृद्धि ब्याज $= 8000\left(1+\frac{10}{100}\right)^2 - 8000$

$$= 8000 \times \frac{11}{10} \times \frac{11}{10} - 8000$$

$$= 9680 - 8000 = ₹\ 1680$$

5. (c) माना मूलधन = ₹ P

ब्याज दर (r) = 12% प्रतिवर्ष $= \frac{12}{2} = 6\%$ छमाही

समय = 2 वर्ष = 4 छमाही

तब, $\quad A = P\left(1+\frac{r}{100}\right)^t$

$$\Rightarrow \quad 10000 = P\left(1+\frac{6}{100}\right)^4$$

$$\Rightarrow \quad 10000 = P\left(\frac{53}{50}\right)^4$$

$$\Rightarrow \quad P = \frac{10000 \times 50 \times 50 \times 50 \times 50}{53 \times 53 \times 53 \times 53}$$

$$= ₹\ 7920.94$$

6. (a) $\text{CI} = P\left[\left(1+\frac{R}{100}\right)^T - 1\right]$

$$\Rightarrow \quad \text{CI} = 15750\left[\left(1+\frac{10}{100}\right)^4 - 1\right]$$

$$\Rightarrow \quad \text{CI} = 15750\,[(110)^4 - 1]$$

$$\Rightarrow \quad \text{CI} = 15750 \times 0.4641$$

$$\Rightarrow \quad \text{CI} = ₹\ 7309.575$$

स्पीडी विधि

$\because$ दर (r) = 20% वार्षिक = 10% अर्द्धवार्षिक

$10\% = \frac{1}{10}$

मूलधन	मिश्रधन
10	11
10	11
10	11
10	11
10000	14641

ब्याज = 4641

$\because \quad 10000 \to 15750$

$\therefore \quad 4641 \to \frac{15750}{10000} \times 4641 = ₹\ 7309.575$

7. (b) प्रत्येक किस्त की राशि

$$= \frac{6000}{\left\{\frac{100}{100+2}\right\} + \left\{\frac{100}{100+2}\right\}^2}$$

$$= \frac{6000}{\left\{\frac{100}{102}\right\} + \left\{\frac{100}{102}\right\}^2}$$

$$= \frac{6000}{\left\{\frac{10000+10200}{(102)^2}\right\}}$$

$$= \frac{6000 \times (102)^2}{20200} = ₹3090.30$$

8. (c) मूलधन (P) = ₹ 12000

ब्याज दर = 20% वार्षिक = 10% अर्द्धवार्षिक

अत: ब्याज में अन्तर

$$= 12000\left[\left(1+\frac{10}{100}\right)^3 - 1\right] - 12000\left[\left(1+\frac{20}{100}\right)^1\left(1+\frac{10}{100}\right) - 1\right]$$

$$= 12000\left[\left(\frac{11}{10}\right)^3 - 1 - \left(\frac{6}{5}\right)\left(\frac{11}{10}\right) + 1\right]$$

$$= 12000\left[\frac{1331}{1000} - 1 - \frac{66}{50} + 1\right]$$

$$= 12000\left[\frac{1331 - 1320}{1000}\right] = 12 \times 11 = ₹\ 132$$

9. (c) दूसरे वर्ष का मूलधन

= पहले वर्ष का मिश्रधन – 4800

$$\Rightarrow \left[12000\left(1+\frac{R}{100}\right)^1 - 4800\right]\left(1+\frac{R}{100}\right)^1 = 9240$$

$$\Rightarrow \quad [12000 + 120R - 4800]\left(1+\frac{R}{100}\right) = 9240$$

$$\Rightarrow \quad (120R + 7200)\left(1+\frac{R}{100}\right) = 9240$$

$$\Rightarrow \quad 120R + 7200 + 12R^2 + 72R = 9240$$

$$\Rightarrow \quad 12R^2 + 192R - 2040 = 0$$

$$\Rightarrow \quad R^2 + 160R - 1700 = 0$$

$$\Rightarrow \quad (R-10)(R+170) = 0$$

$$\therefore \quad R = 10$$

$R = -170$ (सम्भव नहीं है)

अत: ब्याज की दर 10% है।

10. (d) माना ब्याज दर $r\%$ प्रतिवर्ष है।

$$\Rightarrow 11495 = 9500\left(1+\frac{r}{100}\right)^2$$

$$\Rightarrow \frac{11495}{9500} = \left(1+\frac{r}{100}\right)^2 \Rightarrow \frac{121}{100} = \left(1+\frac{r}{100}\right)^2$$

$$\Rightarrow 1 + \frac{r}{100} = \frac{11}{10} \Rightarrow \frac{r}{100} = \frac{1}{10} \Rightarrow r = 10\%$$

$\therefore$ साधारण ब्याज $= \frac{P \times r \times t}{100}$

($\because$ यहाँ पर, $r = 2 \times 10 = 20\%$)

$$= \frac{9500 \times 20 \times 2}{100} = ₹\ 3800$$

11. (b) माना ब्याज दर $r\%$ वार्षिक है।

प्रश्नानुसार, $7938 = 7200\left(1+\frac{r}{200}\right)^2$

$$\Rightarrow \quad \frac{7938}{7200} = \left(1+\frac{r}{200}\right)^2$$

$$\Rightarrow \quad \frac{441}{400} = \left(1+\frac{r}{200}\right)^2$$

$$\Rightarrow \quad \frac{21}{20} = 1 + \frac{r}{200} \Rightarrow \frac{r}{200} = \frac{1}{20}$$

$$\Rightarrow \quad r = 10\%$$

12. (c) $A = P\left(1+\frac{r}{100}\right)^n\left(1+\frac{x}{y}\frac{r}{100}\right)$

$$= 30000\left(1+\frac{15}{100}\right)^2\left(1+\frac{2}{3} \times \frac{15}{100}\right)$$

$$= 30000 \times \frac{115}{100} \times \frac{115}{100} \times \frac{330}{300} = ₹\ 43642.5$$

$\therefore$ चक्रवृद्धि ब्याज = मिश्रधन – मूलधन

$= 43642.5 - 30000$

$= ₹\ 13642.5$

13. (c) साधारण ब्याज (SI) $= \frac{8000 \times 10 \times 12}{100 \times 5}$

$= ₹\ 1920$

तथा चक्रवृद्धि ब्याज (CI)

$$= 8000\left[\left(1+\frac{10}{100}\right)^2\left(1+\frac{20}{500}\right) - 1\right]$$

$$= 8000\left[\frac{11}{10} \times \frac{11}{10} \times \frac{52}{50} - 1\right]$$

$$= 8000\left(\frac{6292 - 5000}{5000}\right)$$

$$= \frac{8 \times 1292}{5} = ₹\ 2067.2$$

$\therefore$ अभीष्ट अन्तर = 2067.2 – 1920 = ₹ 147.2

14. (d) माना उधार ली गई राशि = ₹ x

1 वर्ष के बाद,

मिश्रधन $= x + \frac{x \times 10 \times 1}{100} = ₹\ 1.1\ x$

₹ 4000 जमा करने के बाद शेष राशि

$= ₹\ (1.1\ x - 4000)$

अब,

$\frac{(1.1x - 4000) \times 10 \times 1}{100} + (1.1x - 4000) = 7700$

$1.1(1.1x - 4000) = 7700;\ 1.21x - 4400 = 7700$

$x = \frac{12100}{121} = ₹\ 10000$

15. (b) माना धनराशि = ₹ P

$SI = 13650 - P \Rightarrow 13650 - P = \frac{P \times 15 \times 2}{100}$

$\Rightarrow\ 136500 - 10P = 3P$

$\Rightarrow\ 13P = 136500 \Rightarrow P = ₹\ 10500$

अब, ब्याज की दर $= \frac{15}{2}\%$ अर्द्धवार्षिक

समय = 1 वर्ष = 2 अर्द्धवर्ष

∴ चक्रवृद्धि ब्याज पर 1 वर्ष बाद संयोजित धनराशि

$= 10500\left(1 + \frac{15}{200}\right)^2 = 10500 \times \frac{215}{200} \times \frac{215}{200}$

$= 12134.0625 \approx ₹12134$

16. (d) हम जानते है कि, 1 वर्ष का साधारण ब्याज और चक्रवृद्धि ब्याज समान होता है।

∴ ब्याज की दर $(r) = \frac{314928 - 291600}{291600} \times 100 = 8\%$

∴ 2 वर्षों का साधारण ब्याज $= \frac{40000 \times 8 \times 2}{100}$

$= ₹\ 6400$

17. (b) सूत्र $A = P\left(1 + \frac{r}{100}\right)^t$ से,

$9075 = 7500\left(1 + \frac{10}{100}\right)^t$

$\Rightarrow \frac{9075}{7500} = \left(\frac{11}{10}\right)^t \Rightarrow \left(\frac{11}{10}\right)^2 = \left(\frac{11}{10}\right)^t \Rightarrow t = 2$ वर्ष

∴ साधारण ब्याज $= \frac{7500 \times 10 \times 2}{100}$

$= 75 \times 20 = ₹1500$

18. (c) धनराशि P = ₹ 8192

दर % = 15% वार्षिक $= \frac{15}{12} \times 5 = \frac{25}{4}\%$ (5 मासिक)

समय $= 1\frac{1}{4}$ वर्ष $= \frac{5}{4} \times \frac{1}{5} \times 12 = 3$ (5 मासिक)

∴ चक्रवृद्धि ब्याज $= P\left[\left(1 + \frac{r}{100}\right)^t - 1\right]$

$= 8192\left[\left(1 + \frac{25}{400}\right)^3 - 1\right]$

$= 8192\left[\left(\frac{16+1}{16}\right)^3 - 1\right]$

$= 8192\left[\frac{17}{16} \times \frac{17}{16} \times \frac{17}{16} - 1\right]$

$= 8192\left[\frac{4913 - 4096}{4096}\right]$

$= 8192 \times \frac{817}{4096} = ₹\ 1634$

19. (c) माना धनराशि = ₹ P; दर = $r\%$

प्रश्नानुसार,

∴ चक्रवृद्धि ब्याज पर 1 वर्ष में संयोजित राशि = ₹1250

∴ $P\left(1 + \frac{r}{100}\right)^1 = 1250$ ... (i)

तथा 3 वर्ष में संयोजित राशि = ₹1458

$P\left(1 + \frac{r}{100}\right)^3 = 1458$ ... (ii)

समी (ii) को समी (i) से भाग करने पर,

$\left(1 + \frac{r}{100}\right)^2 = \frac{1458}{1250} = \frac{729}{625}$

$\Rightarrow\ 1 + \frac{r}{100} = \frac{27}{25} \Rightarrow \frac{r}{100} = \frac{27}{25} - 1$

∴ $r = \frac{2}{25} \times 100 = 8\%$

समी (i) से, $P\left[1 + \frac{8}{100}\right] = 1250$

$\Rightarrow\ P\left[\frac{100 + 8}{100}\right] = 1250$

$\Rightarrow\ P = 1250 \times \frac{100}{108}$

∴ उसी धनराशि का समान ब्याज दर पर $5\frac{2}{5}$ वर्षों का

साधारण ब्याज $= \frac{1250 \times 100}{108} \times \frac{8 \times 27}{100 \times 5} = ₹\ 500$

20. (c) प्रश्नानुसार, $\frac{50000 \times r \times 2}{100} = 4000$

$r = \frac{4000}{500 \times 2} \Rightarrow r = 4\%$

∴ अभीष्ट चक्रवृद्धि ब्याज $= 50000\left[\left(1 + \frac{4}{100}\right)^2 - 1\right]$

$= 50000\left[\frac{26}{25} \times \frac{26}{25} - 1\right]$

$= 50000\left[\frac{676 - 625}{625}\right]$

$= 50000 \times \frac{51}{625}$

$= ₹\ 4080$

स्पीडी विधि

$4000 = \frac{50000 \times r \times 2}{100}$

$\Rightarrow\ r = \frac{4000 \times 100}{50000 \times 2} \Rightarrow r = 4\%$

∴ चक्रवृद्धि ब्याज $= 2000 + 2000 + 2000 \times \frac{4}{100}$

$= ₹\ 4080$

21. (c) माना ब्याज की दर = $r\%$

प्रश्नानुसार, $25000\left[\left(1 + \frac{r}{100}\right)^2 - \frac{r \times 2}{100} - 1\right] = 160$

$\Rightarrow 25000\left[1 + \frac{r^2}{10000} + \frac{2r}{100} - \frac{2r}{100} - 1\right] = 160$

$\Rightarrow 25000 \times \frac{r^2}{10000} = 160$

$\Rightarrow\ r^2 = \frac{160 \times 10}{25} = 64$

$\Rightarrow\ r - 8\%$

स्पीडी विधि

∵ $d = \frac{Pr^2}{(100)^2}$

∴ $r^2 = \frac{160 \times 100 \times 100}{25000}$

$\Rightarrow\ r^2 = 64 \Rightarrow r = 8\%$

22. (b) वार्षिक आधार पर संयोजित राशि

$= 7800\left(1 + \frac{8}{100}\right)^1$

$= 7800 \times \frac{108}{100} = ₹\ 8424$

तथा छमाही आधार पर संयोजित राशि

$= 7800\left(1 + \frac{4}{100}\right)^2$

$= 7800 \times \frac{26}{25} \times \frac{26}{25} = ₹\ 8436.48$

∴ अभीष्ट अन्तर = 8436.48 − 8424

= ₹12.48

23. (b) माना धनराशि = ₹ $P \Rightarrow$ दर = $r\%$

प्रश्नानुसार, $P\left(1 + \frac{r}{100}\right)^3 = 66550$ ...(i)

$P\left(1 + \frac{r}{100}\right)^4 = 73205$ ...(ii)

समी (ii) में समी (i) से भाग देने पर,

$1 + \frac{r}{100} = \frac{73205}{66550} = \frac{11}{10}$

$\Rightarrow\ \frac{r}{100} = \frac{11}{10} - 1 = \frac{1}{10} \Rightarrow r = 10\%$

स्पीडी विधि

यहाँ, A_1 = ₹ 66550 तथा A_2 = ₹ 73205

∴ अभीष्ट दर $(r) = \frac{A_2 - A_1}{A_1} \times 100$

(केवल क्रमागत वर्षों के लिए)

$= \frac{73205 - 66550}{66550} \times 100$

$= \frac{6655}{66550} \times 100 = 10\%$

24. (c) माना A द्वारा ली गई धनराशि (P_1) = ₹ X

तब, B द्वारा ली गई धनराशि (P_2) = ₹ $(51750 - X)$

प्रश्नानुसार, $P_1\left(1 + \frac{r}{100}\right)^{t_1} = P_2\left(1 + \frac{r}{100}\right)^{t_2}$

$\Rightarrow\ X\left(1 + \frac{7}{100}\right)^3 = (51750 - X)\left(1 + \frac{7}{100}\right)^4$

$\Rightarrow\ X = (51750 - X)\frac{107}{100}$

$\Rightarrow\ 100X = 51750 \times 107 - 107X$

$\Rightarrow\ 207X = 51750 \times 107$

∴ $X = \frac{51750 \times 107}{207} = ₹\ 26750$

25. (d) माना राशि = ₹ P

चक्रवृद्धि ब्याज $= P\left[\left(1 + \frac{r}{100}\right)^t - 1\right]$

$\Rightarrow\ 6350 = P\left[\left(1 + \frac{50}{300}\right)^3 - 1\right]$

$\Rightarrow \quad 6350 = P\left[\left(\frac{7}{6}\right)^3 - 1\right]$

$\Rightarrow \quad 6350 = P\left(\frac{343-216}{216}\right)$

$P = \frac{6350 \times 216}{127} = ₹10800$

$\therefore$ $5\frac{2}{3}$ वर्ष के लिए साधारण ब्याज

$= \frac{10800 \times 50 \times 17}{100 \times 3 \times 3} = ₹10200$

स्पीडी विधि

$\because 16\frac{2}{3}\% = \frac{1}{6}$

	मूलधन	मिश्रधन
वर्ष-I →	6	7
वर्ष-II →	6	7
वर्ष-III →	6	7
	216	343

127 (ब्याज)

$\because$ 127 → 6350

$\therefore$ 216 → $\frac{6350}{127} \times 216 = ₹\ 10800$

अतः साधारण ब्याज $= \frac{10800 \times 50 \times 17}{3 \times 3 \times 100}$

$= ₹\ 10200$

26. (d) दिया है, निवेश की गई राशि $P = ₹\ 8000$

दर $r = 10\%$ वार्षिक $= 5\%$ छमाही

माना समय $= t$ वर्ष $= 2t$ छमाही

प्रश्नानुसार, $A = P\left(1+\frac{r}{100}\right)^t$ से,

$\Rightarrow \quad 9261 = 8000\left(1+\frac{5}{100}\right)^{2t}$

$\Rightarrow \quad \frac{9261}{8000} = \left(\frac{21}{20}\right)^{2t} \Rightarrow \left(\frac{21}{20}\right)^3 = \left(\frac{21}{20}\right)^{2t}$

$\Rightarrow \ t = \frac{3}{2}$ वर्ष $= 1\frac{1}{2}$ वर्ष

अब, नई दर $r = 20\%$

तब, चक्रवृद्धि ब्याज

$= 8000\left[\left(1+\frac{20}{100}\right)\left(1+\frac{10}{100}\right) - 1\right]$

$= 8000\left[\frac{6}{5} \times \frac{11}{10} - 1\right] = 8000\left(\frac{33-25}{25}\right)$

$= 8000 \times \frac{8}{25} = ₹2560$

27. (d) माना प्रत्येक वार्षिक किस्त $= ₹\ x$

कुल वर्तमान मूल्य $= \frac{x}{\left(1+\frac{10}{100}\right)} + \frac{x}{\left(1+\frac{10}{100}\right)^2}$

$\Rightarrow \quad 35000 = \frac{x}{\frac{11}{10}} + \frac{x}{\left(\frac{11}{10}\right)^2}$

$\Rightarrow \quad 35000 = \frac{10x}{11} + \frac{100x}{121}$

$\Rightarrow$ $35000 \times 121 = 110x + 100x$

$\Rightarrow$ $35000 \times 121 = 210x \Rightarrow x = \frac{35000 \times 121}{210}$

$\therefore \quad x = ₹\ 20167$ (लगभग)

28. (b) माना धनराशि $= ₹\ P$

दर $= r\%$ वार्षिक

प्रश्नानुसार, $P\left(1+\frac{r}{100}\right)^5 = 3P$

$\left[\because A = P \times \left(1+\frac{r}{100}\right)^t\right]$

$\Rightarrow \quad \left(1+\frac{r}{100}\right)^5 = 3 \quad$ ....(i)

माना धनराशि को 9 गुना होने में लगा समय $= t$ वर्ष

$P\left(1+\frac{r}{100}\right)^t = 9P \Rightarrow \left(1+\frac{r}{100}\right)^t = 9 = (3)^2$

समी (i) से,

$\left(1+\frac{r}{100}\right)^{5\times 2} = \left(1+\frac{r}{100}\right)^t$

तुलना करने पर, $t = 5 \times 2 = 10$ वर्ष

स्पीडी विधि

5 वर्ष — 3 गुना

? — 9 गुना

$\therefore$ $5 \times 2 = 10$ वर्ष $-(3^2)$ गुना

अतः 9 गुना होने में 10 वर्ष लगेंगे।

29. (d) हम जानते हैं,

$A = P\left(1+\frac{r}{100}\right)^n$

प्रश्नानुसार,

$2P = P\left(1+\frac{r}{100}\right)^4 \quad$ ...(i)

पुनः $\quad 8P = P\left(1+\frac{r}{100}\right)^n \quad$ ...(ii)

$\left(1+\frac{r}{100}\right)^4 = 2$ तथा $\left(1+\frac{r}{100}\right)^n = 8 = 2^3$

अब, $\left(1+\frac{r}{100}\right)^{4\times 3} = \left(1+\frac{r}{100}\right)^n$

$\therefore \quad n = 12$ वर्ष

स्पीडी विधि

4 वर्ष — 2 गुनी

? — 8 गुना

$\therefore$ $4 \times 3 = (2^3)$

अतः 8 गुना होने में 12 वर्ष लगेंगे।

30. (d) माना पीटर की राशि $= ₹100x$

तब, रेचल की राशि $= ₹\ 50x$

पीटर द्वारा अर्जित साधारण ब्याज (SI)

$= \frac{100x \times 10 \times 2}{100} = ₹\ 20x$

रेचल द्वारा अर्जित चक्रवृद्धि ब्याज (CI)

$= 50x\left[\left(1+\frac{10}{100}\right)^3 - 1\right] = ₹\ 16.55x$

प्रश्नानुसार, $20x - 16.55x = 897$

$\Rightarrow \quad 3.45x = 897 \Rightarrow x = \frac{897}{3.45}$

$\therefore$ रेचल द्वारा निवेशित राशि $= 50 \times \frac{897}{3.45}$

$= ₹\ 13000$

31. (d) माना उधार ली गई राशि $= ₹\ P$

प्रश्नानुसार, $P\left(1+\frac{10}{100}\right)^5 = 161051$

$\Rightarrow \ P\left(1+\frac{10}{100}\right)^3 \times \left(\frac{11}{10}\right)^2 = 161051$

$\therefore$ 3 वर्ष बाद भुगतान राशि

$= P\left(1+\frac{10}{100}\right)^3 = \frac{161051}{121} \times 100$

$= ₹\ 133100$

32. (c) पहले वर्ष के बाद देय राशि

$= 50000 \times \frac{110}{100} = ₹\ 55000$

15000 की किस्त के बाद शेष धनराशि

$= 55000 - 15000 = ₹\ 40000$

दूसरे वर्ष के अन्त में देय राशि

$= 40000 \times \frac{110}{100} = ₹\ 44000$

15000 की किस्त के बाद शेष राशि

$= 44000 - 15000 = ₹\ 29000$

तीसरे वर्ष के अन्त में देय राशि

$= 29000 \times \frac{110}{100} = ₹\ 31900$

15000 की किस्त के बाद शेष देय राशि

$= 31900 - 15000 = ₹16900$

33. (c) माना धनराशि $= ₹\ P$

$\frac{P \times 10 \times 2}{100} = 8100 \Rightarrow P = ₹\ 40500$

$\therefore$ 15% की दर से चक्रवृद्धि ब्याज

$= 40500\left[\left(1+\frac{15}{100}\right)^2 - 1\right]$

$= 40500\left[\left(\frac{23}{20}\right)^2 - 1\right]$

$= 40500\left[\frac{529-400}{400}\right] = 40500 \times \frac{129}{400}$

$= 13061.25 \approx ₹\ 13061$

स्पीडी विधि

$SI = r \times t\% = 10 \times 2 = 20\%$

15% की दर पर 2 वर्ष का चक्रवृद्धि ब्याज

$= 15 + 15 + \frac{15 \times 15}{100} = 32.25\%$

$= \frac{8100}{20\%} \times 32.25\%$

$= 13061.25 \approx ₹\ 13061$

34. (b) ब्याज की दर $= \frac{8469.44 - 7562}{7562} \times 100$

$= \frac{907.44 \times 100}{7562} = 12\%$

$\because \quad 12\% = \frac{3}{25}$

वर्ष-I →	25	28
वर्ष-II →	25	28
	625	784

159 (ब्याज)

$\because$ 625 → ₹ 10000

$\therefore$ 159 → $\frac{10000}{625} \times 159 = ₹\ 2544$

35. (b) $\because D = P\left(\frac{r}{100}\right)^2$

$\therefore \quad 433.50 = P\left(\frac{17}{100}\right)^2$

$\Rightarrow P = 433.50 \times \frac{100}{17} \times \frac{100}{17} = ₹ 15000$

$\therefore$ 2 वर्ष का चक्रवृद्धि ब्याज

$= 15000\left[\left(1+\frac{17}{100}\right)^2 - 1\right]$

$= 15000\left[\left(\frac{117}{100}\right)^2 - 1\right]$

$= 15000 \times \left[\frac{13689 - 10000}{10000}\right]$

$= 15 \times \frac{3689}{10} = ₹ 5533.50$

स्पीडी विधि

CI और SI का 2 वर्ष का अन्तर

$= \frac{17 \times 17}{100} = 2.89\%$

तथा 2 वर्ष का चक्रवृद्धि ब्याज

$= 17 + 17 + \frac{17 \times 17}{100} = 36.89\%$

$\because$ 2.89% → ₹ 433.50

$\therefore$ 36.89% → $\frac{433.50}{2.89} \times 36.89 = ₹ 5533.50$

36. (b) अभीष्ट दर $= \frac{A_2 - A_1}{A_1} \times 100$

(दो लगातार वर्षों के लिए)

$= \frac{8469.44 - 7562}{7562} \times 100$

$= \frac{907.44}{7562} \times 100 = 12\%$

37. (b) माना मूलधन = $100x$

प्रश्नानुसार, साधारण ब्याज = $\frac{\text{मूलधन} \times \text{दर} \times \text{समय}}{100}$

$\Rightarrow \quad 40x = \frac{100x \times r \times 4}{100} \quad \Rightarrow \quad r = 10\%$

$\therefore$ चक्रवृद्धि ब्याज $= 80000\left(1 + \frac{10}{100}\right)^4 - 80000$

$= \frac{80000 \times 11 \times 11 \times 11 \times 11}{10000} - 80000$

$= 117128 - 80000 = ₹ 37128$

38. (c) दिया है, मूलधन (P) = ₹6000

पहले वर्ष में ब्याज की दर = 2.5 % $= \frac{1}{40}$

दूसरे वर्ष में ब्याज की दर = 2% $= \frac{1}{50}$

अतः मिश्रधन $= 6000 \times \frac{41}{40} \times \frac{51}{50} = ₹ 6273$

अतः चक्रवृद्धि ब्याज = 6273 − 6000 = ₹ 273

39. (c) दिया है, चक्रवृद्धि ब्याज = ₹ 5044

समय (n) = 1.5 वर्ष = 3 छमाही

दर (r) = 10% प्रतिवर्ष = 5% छमाही

माना धनराशि = ₹ x

$\therefore \quad x + 5044 = x\left(1 + \frac{5}{100}\right)^3$

$\Rightarrow \quad x + 5044 = \frac{x \times 21 \times 21 \times 21}{20 \times 20 \times 20}$

$\Rightarrow \quad 8000x + 5044 \times 8000 = 9261x$

$\Rightarrow \quad 1261x = 5044 \times 8000$

$\Rightarrow \quad x = \frac{5044 \times 8000}{1261} = ₹ 32000$

अतः अभीष्ट धनराशि ₹ 32000 है।

स्पीडी विधि

ब्याज की दर (r) = 10% वार्षिक = 5% छमाही

$\because 5\% = \frac{1}{20}$

छमाही-I → 20 : 21

छमाही-II → 20 : 21

छमाही-III → 20 : 21

8000 : 9261

1261 (ब्याज)

$\because$ 1261 → 5044

$\therefore$ 8000 → $\frac{5044}{1261} \times 8000 = ₹ 32000$

40. (d) जब ब्याज अर्द्धवार्षिक हो

$= 6400\left(1 + \frac{5}{200}\right)^2 - 6400$

$= 6400 \times \frac{41}{40} \times \frac{41}{40} - 6400$

$= 6724 - 6400 = ₹324$

जब ब्याज वार्षिक हो, तब

ब्याज $= \frac{6400 \times 5}{100} = ₹320$

$\therefore$ अभीष्ट ब्याज अन्तर = ₹(324 − 320) = ₹4

स्पीडी विधि

ब्याज की दर = 5% वार्षिक $= \frac{5}{2}$% अर्द्धवार्षिक

अतः अभीष्ट अन्तर $= \frac{6400 \times 5 \times 5 \times 1}{100 \times 2 \times 2 \times 100} = ₹4$

41. (d) प्रश्नानुसार, $162 = P\left(\frac{9}{100}\right)^2$

$\Rightarrow P = \frac{162 \times 100 \times 100}{9 \times 9} \Rightarrow P = ₹ 20000$

42. (a) दिया है, मूलधन (P) = ₹ 160000,

दर $(r\%)$ = 10% वार्षिक $= \frac{10}{2}$% अर्द्धवार्षिक

तथा समय (t) = 2 वर्ष = 4 अर्द्धवर्ष

$\because$ चक्रवृद्धि ब्याज (CI) $= P\left(1 + \frac{r}{100}\right)^t - P$

$= 160000\left(1 + \frac{10}{200}\right)^4 - 160000$

$= 160000\left(1 + \frac{1}{20}\right)^4 - 160000$

$= 160000\left[\left(\frac{21}{20}\right)^4 - 1\right]$

$= 160000\left[\left(\frac{441 \times 441}{400 \times 400}\right) - 1\right]$

$= 160000\left[\frac{194481 - 160000}{160000}\right] = ₹ 34481$

43. (b) संयोजित चक्रवृद्धि ब्याज (CI)

$= 25000\left[\left(1 + \frac{10}{100}\right)^3 - 1\right]$

$= 25000\left[\left(\frac{11}{10}\right)^3 - 1\right]$

$= 25000 \times \left(\frac{1331 - 1000}{1000}\right)$

$= 25 \times 331 = ₹ 8275$

स्पीडी विधि

दर → 10% $= \frac{1}{10}$

वर्ष-I → 10 : 11

वर्ष-II → 10 : 11

वर्ष-III → 10 : 11

1000 : 1331

331 (ब्याज)

$\because$ 1000 → 25000

$\therefore$ 331 → $\frac{25000}{1000} \times 331 = ₹ 8275$

44. (a) समय (t) = 1 वर्ष 9 माह $= 1\frac{9}{12} = 1\frac{3}{4}$ वर्ष

अब, माना ऋण दी गई धनराशि = ₹ P

$\Rightarrow 1460 = P\left(1 + \frac{10}{100}\right)\left(1 + \frac{30}{400}\right) - P$

$\Rightarrow 1460 = P \times \frac{11}{10} \times \frac{43}{40} - P$

$\Rightarrow 1460 = P \times \frac{473}{400} - P \Rightarrow 1460 = P\left(\frac{473}{400} - 1\right)$

$\Rightarrow \quad P = \frac{1460}{73} \times 400 = ₹ 8000$

45. (d) साधारण ब्याज (SI) $= \frac{P \times 10 \times 1}{100} = ₹\frac{P}{10}$

तथा चक्रवृद्धि ब्याज (CI) $= P\left[\left(1 + \frac{5}{100}\right)^2 - 1\right]$

$= P\left[\left(1 + \frac{1}{20}\right)^2 - 1\right] = P \times \frac{41}{400} = ₹\frac{41P}{400}$

प्रश्नानुसार, $\frac{41P}{400} - \frac{P}{10} = 25 \Rightarrow \frac{41P - 40P}{400} = 25$

$\therefore \quad P = 25 \times 400 = ₹10000$

स्पीडी विधि

दर → 10% वार्षिक

अर्द्धवार्षिक → $\frac{10}{2}\% = 5\%$

समय = 1×2 = 2 छमाही

CI (2 छमाही) → $5 + 5 + \frac{5 \times 5}{100} = 10.25\%$

SI (1 वर्ष) → 10%

अन्तर = 10.25% − 10% = 0.25%

अभीष्ट धनराशि $= \frac{25}{0.25} \times 100$

$= \frac{25 \times 100 \times 100}{25} = ₹ 10000$

46. (d) चक्रवृद्धि ब्याज (CI)

$= 18000\left[\left(1 + \frac{10}{100}\right)^2 - 1\right]$

$= 18000\left[\left(\frac{11}{10}\right)^2 - 1\right] = 18000 \times \frac{21}{100}$

= ₹ 3780

स्पीडी विधि

दर $\rightarrow 20\%$ वार्षिक

अर्द्धवार्षिक $\rightarrow \frac{20}{2}\% = 10\%$

समय $= 1\times2 = 2$ छमाही

CI (2 छमाही) $\rightarrow 10+10+\frac{10\times10}{100} = 21\%$

अत: अभीष्ट ब्याज $= \frac{18000}{100\%}\times 21\% = ₹\,3780$

47. (d) प्रश्नानुसार,

$1320 = 3000\left[\left(1+\frac{r}{100}\right)^2 - 1\right]$

$\Rightarrow \frac{1320}{3000} = \left[1+\frac{r}{100}\right]^2 - 1$

$\Rightarrow \frac{44}{100} + 1 = \left[1+\frac{r}{100}\right]^2$

$\Rightarrow \left(1+\frac{r}{100}\right)^2 = \frac{100+44}{100} = \frac{144}{100}$

$\Rightarrow 1+\frac{r}{100} = \frac{12}{10} \Rightarrow 1+\frac{r}{100} = 1+\frac{2}{10}$

$\Rightarrow \frac{r}{100} = \frac{2}{10}$

$\therefore r = 20\%$

48. (b) कथन I से,

साधारण ब्याज $= \frac{6000\times10\times2}{100} = ₹1200$

अत: कथन I सही है।

कथन II से,

चक्रवृद्धि ब्याज $= 6000\left[\left(1+\frac{10}{100}\right)^2 - 1\right]$

$= 6000\left[\left(\frac{11}{10}\right)^2 - 1\right]$

$= 6000 \times \frac{21}{100} = ₹1260$

$\therefore$ कथन II भी सही है।

अत: कथन I और II दोनों सही हैं।

49. (b) चक्रवृद्धि ब्याज (CI)

$= 14000\left[\left(1+\frac{10}{100}\right)^2 - 1\right]$

$= 14000\left[\left(\frac{11}{10}\right)^2 - 1\right] = 14000\left(\frac{121-100}{100}\right)$

$= 14000 \times \frac{21}{100} = ₹\,2940$

50. (d) प्रश्नानुसार,

$90774 = P\left(1+\frac{23}{100}\right)^2$

$\Rightarrow P = \frac{90774\times100\times100}{123\times123} = ₹\,60000$

51. (d) $\because\ 2P = P\left(1+\frac{26}{100}\right)^t$

$\Rightarrow 2 = \left(\frac{126}{100}\right)^t \Rightarrow 2 = (1.26)^t$

जब $t = 2$, तब $(1.26)^2 = 1.5876$

जब $t = 3$, तब $(1.26)^3 = 2.00376$

अत: 3 वर्षों में राशि दोगुनी हो जाएगी।

52. (d) धनराशि $(P) = ₹\,40000$

दर $(r) = 20\%$ वार्षिक $= 10\%$ छमाही

समय $(t) = 2$ वर्ष 6 महीने $= 5$ छमाही

$\therefore$ चक्रवृद्धि ब्याज $= 40000\left[\left(1+\frac{1}{10}\right)^5 - 1\right]$

$= 40000\left[\left(\frac{11}{10}\right)^5 - 1\right]$

$= 40000\left[\frac{161051-100000}{100000}\right]$

$= \frac{4\times61051}{10} = ₹\,24420.40$

53. (a) मूल राशि $P = \frac{x}{\left(1+\frac{r}{100}\right)} + \frac{x}{\left(1+\frac{r}{100}\right)^2}$

$= \frac{6897}{\left(1+\frac{10}{100}\right)} + \frac{6897}{\left(1+\frac{10}{100}\right)^2}$

$= 6897\left(\frac{10}{11}+\frac{100}{121}\right) = 6897\left(\frac{110+100}{121}\right)$

$= 57\times210 = 11970$

$\therefore$ अभीष्ट ब्याज $= 2\times6897 - 11970$

$= 13794 - 11970 = ₹\,1824$

स्पीडी विधि

$\because 10\% = \frac{1}{10}$

मूलधन	किस्त			
(10	11) ×11	⇒	110	121
(100	121) ×1	⇒	100	121
			210	242

32 (ब्याज)

$\because 121 \rightarrow 6897$

$\therefore 32 \rightarrow \frac{6897}{121}\times32 = ₹\,1824$

54. (a) $6000 = \frac{12000\times r\times5}{100}$

$r = 10\%$

$\therefore$ 3 वर्षों का चक्रवृद्धि ब्याज

$= 12000\times\left[\left(1+\frac{10}{100}\right)^3 - 1\right]$

$= 12000\left[\frac{1331-1000}{1000}\right]$

$= 12\times331 = ₹\,3972$

55. (a) संयोजित कुल ब्याज

$= \frac{P_1\times r\times t}{100} + P_2\left[\left(1+\frac{r}{100}\right)^t - 1\right]$

$= \frac{7000\times8\times2}{100} + 10000\left[\left(1+\frac{8}{100}\right)^2 - 1\right]$

$= 1120 + 10000\left[\frac{27}{25}\times\frac{27}{25} - 1\right]$

$= 1120 + 10000\times\frac{(729-625)}{625}$

$= 1120 + 10000\times\frac{104}{625} = 1120 + 1664 = ₹\,2784$

तथा कुल संयोजित धनराशि

$= 7000 + 10000 + 2784 = ₹\,19784$

56. (b) $A = 60000 + 9984 = ₹\,69984$

$\therefore \frac{69984}{60000} = \left(1+\frac{8}{100}\right)^n \Rightarrow \frac{729}{625} = \left(\frac{27}{25}\right)^n$

$\left(\frac{27}{25}\right)^2 = \left(\frac{27}{25}\right)^n \Rightarrow n = 2$ वर्ष

57. (a) चक्रवृद्धि ब्याज $= 8950\left[\left(1+\frac{9}{100}\right)^2 - 1\right]$

$= 8950\left[\frac{109}{100}\times\frac{109}{100} - 1\right]$

$= 8950\left[\frac{11881-10000}{10000}\right]$

$= \frac{8950\times1881}{10000} = 1683.49 \approx ₹\,1683$

58. (a) दिया है, मूलधन $= ₹\,135000$

दर $= 12\%$ वार्षिक

2 वर्ष बाद अगले 3 माह का ब्याज दर $= \frac{12}{4} = 3\%$

मिश्रधन $= 135000\left(1+\frac{12}{100}\right)^2\times\left(1+\frac{3}{100}\right)$

$= 135000\times\frac{28}{25}\times\frac{28}{25}\times\frac{103}{100}$

$= ₹\,174424.32$

स्पीडी विधि

3 माह की दर $= 12\%\times\frac{3}{12} = 3\%$

$\therefore$ मिश्रधन $= 135000\times\frac{112}{100}\times\frac{112}{100}\times\frac{103}{100}$

$= ₹\,174424.32$

59. (d) तीन वर्ष के लिए, $D = P\left(\frac{r}{100}\right)^2\left(\frac{r}{100}+3\right)$

$15.25 = P\left(\frac{5}{100}\right)^2\left(\frac{5}{100}+3\right)$

$\Rightarrow P = \frac{15.25\times20\times20\times20}{61} = ₹\,2000$

60. (b) $A = 20500\left(1+\frac{10}{100}\right)^2$

$= 20500\left(\frac{100+10}{100}\right)^2$

$= 20500\times\frac{110}{100}\times\frac{110}{100} = ₹\,24805$

$\therefore$ चक्रवृद्धि ब्याज $= 24805 - 20500 = ₹\,4305$

61. (b) $A = P\left(1+\frac{r}{100}\right)^n$

$\Rightarrow 2880 = 2000\left(1+\frac{r}{100}\right)^2$

$\Rightarrow \frac{2880}{2000} = \left(1+\frac{r}{100}\right)^2$

$\Rightarrow \frac{144}{100} = \left(1+\frac{r}{100}\right)^2$

$\Rightarrow \left(1+\frac{r}{100}\right)^2 = \left(\frac{12}{10}\right)^2 \Rightarrow 1+\frac{r}{100} = \frac{12}{10}$

$\Rightarrow \frac{r}{100} = \frac{12}{10} - 1 = \frac{2}{10}$

$\therefore r = \frac{100\times2}{10}$

$= 20\%$

62. (c) समय $(t) = 1\frac{1}{2}$ वर्ष = 3 छमाही

दर (r) = 8% वार्षिक = 4% छमाही

$$A = 10200\left(1+\frac{4}{100}\right)^3 = 10200\times\frac{52}{50}\times\frac{52}{50}\times\frac{52}{50}$$

$$= 0.0816\times(52)^3 = ₹\ 11473.61$$

परिपक्वता की राशि = ₹ 11473.61

63. (d) चक्रवृद्धि ब्याज $= 72000\left[\left(1+\frac{5}{100}\right)^3-1\right]$

$$= 72000\times\left[\left(\frac{21}{20}\right)^3-1\right]$$

$$= 72000\times\frac{1261}{8000} = ₹\ 11349$$

$\therefore$ साधारण ब्याज $= \frac{72000\times5\times3}{100} = ₹\ 10800$

अत: चक्रवृद्धि ब्याज और साधारण ब्याज का अन्तर

$$= ₹\ (11349 - 10800) = ₹\ 549$$

64. (b) दिया है, मूलधन (P) = ₹ 75000

दर (r) = 16%

वार्षिक $= \frac{16}{4}$% त्रैमासिक = 4% त्रैमासिक

तथा समय (t) = 1 वर्ष = 4 त्रैमासिक

$\therefore$ 1 वर्ष बाद राशि $= 75000\left[1+\frac{4}{100}\right]^4$

$$= 75000\times\frac{104}{100}\times\frac{104}{100}\times\frac{104}{100}\times\frac{104}{100}$$

$$= ₹\ 87739.392 \approx ₹\ 87739.40$$

65. (d) $2\frac{1}{2}$ वर्ष बाद मिश्रधन

$$= 2000\left(1+\frac{10}{100}\right)^2\times\left(1+\frac{10}{200}\right)$$

$$= 2000\times\frac{11}{10}\times\frac{11}{10}\times\frac{21}{20} = ₹2541$$

$\therefore$ ब्याज = ₹(2541 − 2000) = ₹ 541

66. (a) अभीष्ट अन्तर $= 150000\left(1+\frac{4}{100}\right)^2 - 150000\left(1+\frac{8}{100}\right)^1$

$$= 150000\left[\left(\frac{26}{25}\right)^2 - \frac{27}{25}\right]$$

$$= 150000\left[\frac{676-675}{625}\right] = ₹\ 240$$

67. (c) $\because\ A = P\left(1+\frac{r}{100}\right)^t$

$$\Rightarrow 27783 = P\left(1+\frac{5}{100}\right)^3 \Rightarrow 27783 = P\times\left(\frac{21}{20}\right)^3$$

$$\therefore\quad P = 27783\times\frac{20}{21}\times\frac{20}{21}\times\frac{20}{21} = ₹\ 24000$$

68. (b) माना मूलधन P है।

$$\therefore P = \frac{d(100)^2}{r^2} = \frac{200\times100\times100}{100} = ₹20000$$

69. (b) चक्रवृद्धि ब्याज

$$= 10000\left[\left(\frac{104}{100}\right)\left(\frac{105}{100}\right)\left(\frac{106}{100}\right)-1\right]$$

$$= 10000\left[\frac{1157520-1000000}{1000000}\right]$$

$$= \frac{157520}{100} = ₹1575.20$$

70. (a) मिश्रधन (A) = 20000 + 2050 = ₹ 22050

अब, $22050 = 20000\left(1+\frac{5}{100}\right)^n$

$$\Rightarrow \frac{22050}{20000} = \left(\frac{105}{100}\right)^n$$

$$\Rightarrow \frac{441}{400} = \left(\frac{21}{20}\right)^n \Rightarrow \left(\frac{21}{20}\right)^2 = \left(\frac{21}{20}\right)^n$$

घातों की तुलना करने पर, n = 2 वर्ष

71. (b) हम जानते हैं, कि दो वर्षों के लिए साधारण ब्याज और चक्रवृद्धि ब्याज का अन्तर $= P\left(\frac{r}{100}\right)^2$

जहाँ, P = मूलधन राशि और r = दर

$$\therefore\ 172.80 = 12000\left(\frac{r^2}{10000}\right)$$

$$\frac{1728000}{12000} = r^2 \Rightarrow r^2 = 144 \Rightarrow r = 12\%$$

72. (d) ब्याज में प्राप्त अन्तर

$$= 12000\left(1+\frac{15}{200}\right)^2 - 12000\left(1+\frac{15}{100}\right)^1$$

$$= 12000\left(\frac{43}{40}\times\frac{43}{40}-\frac{23}{20}\right)$$

$$= 12000\left(\frac{1849-1840}{1600}\right) = 12000\times\frac{9}{1600}$$

$$= ₹\ 67.5$$

73. (c) प्रश्नानुसार,

$$\Rightarrow\quad 80 = 32000\left(\frac{r}{100}\right)^2$$

$$\Rightarrow\quad r^2 = \frac{80\times10000}{32000} \Rightarrow r^2 = 25$$

$$\therefore\quad r = 5\%$$

74. (a) $A = 3240 + 370 = ₹3610$

अब, $3610 = 3240\left(1+\frac{r}{100}\right)^2$

$$\Rightarrow \left(1+\frac{r}{100}\right)^2 = \frac{3610}{3240} \Rightarrow 1+\frac{r}{100} = \sqrt{\frac{361}{324}}$$

$$\Rightarrow \frac{r}{100} = \frac{19}{18}-1 \Rightarrow r = \frac{1}{18}\times100 = 5.56\%$$

75. (b) $A = P\left(1+\frac{r}{100}\right)^n$

$$A = 132000\left((1+\frac{12.5}{100}\right)^2$$

$$= 132000\left(\frac{112.5}{100}\right)^2 = 132000\left(\frac{9}{8}\right)^2$$

$$= 132000\times\frac{9}{8}\times\frac{9}{8} = ₹\ 167062.5$$

2 वर्ष के अन्त में किसान द्वारा दिया गया पैसा

= 167062.5

$\therefore$ स्कूटर की कीमत = 167062.5 − 107062.5

= ₹ 60000

76. (a) माना चक्रवृद्धि ब्याज की दर r% वार्षिक तथा राशि ₹ P है।

प्रश्नानुसार, $P\times\frac{121}{100} = P\left(1+\frac{r}{100}\right)^2$

$$\Rightarrow \left(\frac{11}{10}\right)^2 = \left(1+\frac{r}{100}\right)^2 \Rightarrow \frac{11}{10}-1 = \frac{r}{100}$$

$$\Rightarrow \frac{1}{10} = \frac{r}{100} \quad\Rightarrow\quad r = 10\%$$

77. (d) दोनों वर्ष के मिश्रधन का अन्तर

= 1322.5 − 1150 = ₹ 172.5

$\therefore$ ब्याज की दर $= \frac{172.5}{1150}\times100 = 15\%$

प्रश्नानुसार, माना मूलधन = ₹ x

$$\Rightarrow x\times\frac{115}{100} = 1150 \Rightarrow x = ₹\ 1000$$

78. (d) ब्याज दर $= \frac{14641-13310}{13310}\times100$

$$= \frac{1331}{13310}\times100 = 10\%$$

प्रश्नानुसार,

$$P\times\frac{110}{100}\times\frac{110}{100}\times\frac{110}{100} = ₹\ 13310$$

$$\therefore\quad P = ₹\ 10000$$

79. (b) मिश्रधन $(A) = 9000\left(1+\frac{32}{100}\right)^2$

$$= 9000\times\frac{132}{100}\times\frac{132}{100} = ₹156816$$

चक्रवृद्धि ब्याज = मिश्रधन − मूलधन

= 15681.6 − 9000 = ₹ 6681.6

स्पीडी विधि

$\because$ $32\% = \frac{8}{25}$

वर्ष-I → 25 : 33

वर्ष-II → 25 : 33

625 : 1089

464 (ब्याज)

$\because$ 625 → 9000

$\therefore$ 464 → $\frac{9000}{625}\times464 = ₹\ 6681.6$

80. (a) मूलधन (P) = ₹ 2200,

t = 1.5 वर्ष = 3 अर्द्धवार्षिक

माना दर = R% अर्द्धवार्षिक,

चक्रवृद्धि ब्याज = ₹ 3836.8

चक्रवृद्धि ब्याज = मिश्रधन − मूलधन

$$3836.8 = 2200\left(1+\frac{R}{100}\right)^3 - 2200$$

$$\Rightarrow\quad 2200\left(1+\frac{R}{100}\right)^3 = 6036.8$$

$$\Rightarrow \left(1+\frac{R}{100}\right)^3 = \frac{6036.8}{2200} = \frac{2744}{1000} \Rightarrow 1+\frac{R}{100} = \frac{14}{10}$$

$\Rightarrow R$ = 40% अर्द्धवार्षिक

$\therefore$ वार्षिक ब्याज की दर = 80%

81. (c) $A = 30000\times\left(1+\frac{7}{100}\right)^2$

$$= 30000\times\left(\frac{107}{100}\right)^2$$

$$= 3\times11449 = ₹\ 34347$$

स्पीडी विधि

2 वर्ष के लिए,

चक्रवृद्धि ब्याज दर $= 7+7+\frac{7\times7}{100} = 14.49\%$

2 वर्ष बाद की धनराशि

$$= \frac{30000}{100}\times114.49 = ₹\ 34347$$

82. (b) $A = 72000\left(1+\frac{16}{100}\right)^3$

$= 72000 \times \left(\frac{116}{100}\right)^3$

$= 72000 \times \frac{116}{100} \times \frac{116}{100} \times \frac{116}{100}$

$= ₹ 112384.512$

$\therefore$ चक्रवृद्धि ब्याज $= 112384.512 - 72000$

$\approx ₹ 40384.51$

83. (d) हम जानते हैं,

$A = P\left(1+\frac{r}{200}\right)^{2n}$ [जब ब्याज अर्द्धवार्षिक हो]

$= 15000\left(1+\frac{30}{200}\right)^2$

$= \frac{15000 \times 23 \times 23}{20 \times 20} = ₹ 19837.5$

अतः 1 वर्ष बाद भुगतान की जाने वाली राशि ₹ 19837.5 है।

84. (b) $\because CI = P\left[\left(1+\frac{r}{100}\right)^t - 1\right]$

$\Rightarrow 967.5 = P\left[\left(1+\frac{15}{100}\right)^2 - 1\right]$

$\Rightarrow 967.5 = P\left[\left(1+\frac{3}{20}\right)^2 - 1\right]$

$\Rightarrow 967.5 = P\left[\left(\frac{23}{20}\right)^2 - 1\right] \Rightarrow 967.5 = P\left[\frac{529}{400} - 1\right]$

$\Rightarrow 967.5 = P \times \frac{129}{400}$

$\therefore P = \frac{967.5 \times 400}{129} = ₹ 3000$

स्पीडी विधि

कुल ब्याज दर $= 15 + 15 + \frac{15 \times 15}{100} = 32.25\%$

कुल ब्याज $= ₹ 967.5$

$\therefore$ मूलधन $= \frac{967.5}{32.25} \times 100 = ₹ 3000$

85. (d) मूलधन $= \frac{8000}{8 \times 10} \times 100 = ₹ 10000$

3 वर्ष के लिए 10% की दर से चक्रवृद्धि ब्याज

$= 10000 \times \left(1+\frac{10}{100}\right)^3 - 10000$

$= 10000 \times \left(\frac{11}{10}\right)^3 - 10000$

$= 10 \times 1331 - 10000$

$= 13310 - 10000 = ₹ 3310$

86. (c) कुल दर $= \left(12 + 12 + \frac{12 \times 12}{100}\right)\%$

$= (24 + 1.44)\% = 25.44\%$

$\therefore$ 2 वर्ष का चक्रवृद्धि ब्याज

$= 15000 \times \frac{25.44}{100} = ₹ 3816$

87. (a) माना धनराशि $= ₹ x$

$\frac{x \times 6 \times 2}{100} = 960$

$\Rightarrow x = \frac{960 \times 100}{6 \times 2} = ₹ 8000$

चक्रवृद्धि ब्याज $= 8000 \times \left(1+\frac{6}{100}\right)^2 - 8000$

$= 8000 \times \frac{106}{100} \times \frac{106}{100} - 8000$

$= 8988.8 - 8000 = ₹ 988.8$

88. (d) माना मूलधन $= ₹ P$

$\left[P \times \left(1+\frac{15}{100}\right)^2 - P\right] - \left[\frac{P \times 30 \times 1}{100}\right] = 337.5$

$\Rightarrow P\left[\left(\frac{23}{20}\right)^2 - 1 - \frac{3}{10}\right] = 337.5$

$\Rightarrow P\left[\frac{529}{400} - \frac{13}{10}\right] = 337.5$

$\Rightarrow P\left[\frac{529 - 520}{400}\right] = 337.5$

$\Rightarrow P = \frac{337.5 \times 400}{9} \Rightarrow P = ₹ 15000$

89. (b) $A = 1000 + 464.1 = ₹ 1464.1$

जब ब्याज अर्द्धवार्षिक हो तब,

$A = P\left(1+\frac{r}{200}\right)^{2n}$

$\Rightarrow \frac{1464.1}{1000} = \left(1+\frac{r}{200}\right)^{2\times2}$

$\Rightarrow \frac{14641}{10000} = \left(1+\frac{r}{200}\right)^4$

$\Rightarrow \left(\frac{11}{10}\right)^4 = \left(1+\frac{r}{200}\right)^4 \Rightarrow 1+\frac{r}{200} = \frac{11}{10}$

$\Rightarrow r = \frac{1}{10} \times 200 = 20\%$

90. (c) $A = 22000 + 10210.2 = ₹ 32210.2$

$\because \frac{32210.2}{22000} = \left(1+\frac{r}{200}\right)^{2\times2}$

$\Rightarrow \frac{14641}{10000} = \left(1+\frac{r}{200}\right)^4$

$\Rightarrow \left(\frac{11}{10}\right)^4 = \left(1+\frac{r}{200}\right)^4$

$\frac{r}{200} = \frac{11}{10} - 1$

$\therefore r = \frac{1}{10} \times 200 = 20\%$

91. (c) दो वर्ष का साधारण ब्याज = ₹12000

एक वर्ष का साधारण ब्याज $= \frac{12000}{2} = ₹ 6000$

तथा दो वर्ष का चक्रवृद्धि ब्याज = ₹14400

दो वर्ष का चक्रवृद्धि ब्याज और साधारण ब्याज में अन्तर

$= 14400 - 12000 = ₹ 2400$

$\therefore$ वार्षिक दर $= \frac{2400}{6000} \times 100 = 40\%$

माना मूलधन $= ₹ x$

$\because$ साधारण ब्याज $= \frac{\text{मूलधन} \times \text{दर} \times \text{समय}}{100}$

$\Rightarrow 12000 = \frac{x \times 40 \times 2}{100} \Rightarrow x = ₹ 15000$

92. (c) प्रश्नानुसार,

$9464 = x\left(1+\frac{30}{100}\right)^2 \Rightarrow x \times \frac{130}{100} \times \frac{130}{100} = 9464$

$\therefore x = ₹ 5600$

अतः अभीष्ट धनराशि ₹ 5600 है।

93. (b) एक वर्ष का साधारण ब्याज

$= \frac{12800}{2} = ₹ 6400$

दो वर्ष के साधारण और चक्रवृद्धि ब्याज का अन्तर

$= 14400 - 12800 = ₹ 1600$

वार्षिक दर $= \frac{1600}{6400} \times 100 = 25\%$

$\therefore$ मूलधन $= \frac{12800 \times 100}{25 \times 2} = ₹ 25600$

94. (a) 12 माह बाद मिश्रधन $= 9000\left(1+\frac{40}{100}\right)^2$

$= ₹ 17640$

$\therefore$ चक्रवृद्धि ब्याज = मिश्रधन − मूलधन

$= 17640 - 9000 = ₹ 8640$

95. (a) माना मूलधन P और ब्याज दर $r\%$ वार्षिक है तथा धन n वर्षों में चार गुना हो जाता है।

$\therefore 2P = P\left(1+\frac{r}{100}\right)^{10}$

$\Rightarrow (2)^{\frac{1}{10}} = 1+\frac{r}{100}$ ...(i)

तथा $4P = P\left(1+\frac{r}{100}\right)^n$

$\Rightarrow (4)^{\frac{1}{n}} = 1+\frac{r}{100}$ ...(ii)

समी (i) और (ii) से,

$(4)^{\frac{1}{n}} = (2)^{\frac{1}{10}} \Rightarrow (2)^{\frac{2}{n}} = (2)^{\frac{1}{10}}$

तुलना करने पर,

$\frac{2}{n} = \frac{1}{10}$

$\therefore n = 20$ वर्ष

स्पीडी विधि

प्रश्नानुसार,

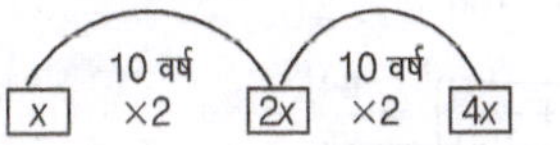

चक्रवृद्धि ब्याज की स्थिति से धनराशि समान समय मे समान अनुपात में बढ़ती जाती है, इसलिए धनराशि 20 वर्ष में 4 गुनी हो जाएगी।

96. (d) प्रश्नानुसार, $19683 = P\left(1+\frac{8}{100}\right)^3$

$\Rightarrow P = \frac{19683 \times 25 \times 25 \times 25}{27 \times 27 \times 27} \Rightarrow P = ₹ 15625$

97. (d) विधि को हुई हानि

= चक्रवृद्धि ब्याज और साधारण ब्याज का अन्तर

$= 8000 \times \left(\frac{5}{100}\right)^2 = \frac{8000 \times 5 \times 5}{100 \times 100} = ₹ 20$

98. (a) माना A की राशि $= ₹ x$

तथा B की राशि $= ₹ (5309 - x)$

प्रश्नानुसार, $x\left(1+\frac{6}{100}\right)^4 = (5309 - x)\left(1+\frac{6}{100}\right)^6$

$\Rightarrow x = (5309 - x)\left(1+\frac{6}{100}\right)^2$

$\Rightarrow x = \frac{(5309 - x) \times 53 \times 53}{2500}$

$\Rightarrow 2500x = 5309 \times 53 \times 53 - 2809x$

$\Rightarrow \quad 5309x = 5309 \times 2809 \Rightarrow x = 2809$

अत: A की राशि = ₹ 2809

तथा B की राशि = 5309 − 2809 = ₹ 2500

99. (d) प्रश्नानुसार, $512 = P\left(\frac{8}{100}\right)^2$

$\Rightarrow P = \frac{512 \times 100 \times 100}{8 \times 8} = ₹\ 80000$

100. (a) माना मूलधन = ₹ P, दर (n) = 12% प्रतिवर्ष

चक्रवृद्धि ब्याज = ₹ 1908

$\because \quad CI = P\left[\left(1+\frac{r}{100}\right)^t - 1\right]$

$\Rightarrow 1908 = P\left[\left(1+\frac{12}{100}\right)^2 - 1\right]$

$\Rightarrow P = \frac{1908}{\left[\left(1+\frac{12}{100}\right)^2 - 1\right]} = \frac{1908}{\left[\frac{784}{625} - 1\right]}$

$\Rightarrow P = \frac{1908 \times 625}{159} = ₹\ 7500$

स्पीडी विधि

$\because 12\% \rightarrow \frac{3}{25}$

25 : 28

25 : 28

625 : 784

159 (ब्याज)

$\because 159 \rightarrow 1908$

$\therefore 625 \rightarrow \frac{1908}{159} \times 625 = ₹\ 7500$

101. (a) माना धनराशि ₹ P है।

और ब्याज दर r% प्रतिवर्ष है।

प्रश्नानुसार, $P\left(1+\frac{r}{100}\right)^3 = \frac{64P}{27}$

$\Rightarrow \quad \left(1+\frac{r}{100}\right)^3 = \frac{64}{27}$

$\Rightarrow \quad 1+\frac{r}{100} = \frac{4}{3}$

$\Rightarrow \quad \frac{r}{100} = \frac{4}{3} - 1$

$\Rightarrow \quad r = \frac{100}{3} = 33\frac{1}{3}\%$

102. (c) प्रश्नानुसार,

$P\left(1+\frac{6}{100}\right)^2 = 7200 \Rightarrow P \times \left(\frac{53}{50}\right)^2 = 7200$

$\Rightarrow \quad P = \frac{7200 \times 50 \times 50}{53 \times 53} \approx ₹\ 6408$

103. (a) माना मूलधन ₹ P है।

मिश्रधन (A) = ₹ $3.375P$

$A = P\left(1+\frac{R}{100}\right)^n \Rightarrow 3.375\,P = P\left(1+\frac{R}{100}\right)^3$

$\Rightarrow \quad \sqrt[3]{3.375} = 1+\frac{R}{100}$

$\Rightarrow \quad 1.5 - 1 = \frac{R}{100} \Rightarrow 0.5 \times 100 = R$

$\Rightarrow \quad R = 50\%$

104. (c) माना मूलधन = ₹ P, दर (r) = 10%

समय (t) = 2 वर्ष

तथा मिश्रधन (A) = ₹ 605

$\because \quad A = P\left(1+\frac{r}{100}\right)^r$

$605 = P\left(1+\frac{10}{100}\right)^2$

$\therefore \quad P = \frac{605 \times 10 \times 10}{11 \times 11} = ₹\,500$

105. (b) प्रश्नानुसार,

$92727 = 1000000\left[\left(1+\frac{3}{100}\right)^n - 1\right]$

$\Rightarrow \quad \left(\frac{92727}{1000000}\right) = \left(\frac{103}{100}\right)^n - 1$

$\Rightarrow \quad \left(\frac{103}{100}\right)^n = \frac{1092727}{1000000}$

$\Rightarrow \quad \left(\frac{103}{100}\right)^n = \left(\frac{103}{100}\right)^3$

$\therefore \quad n = 3$ वर्ष

106. (a) तीन वर्षों का चक्रवृद्धि ब्याज

$= 15000 \times \left[\left(1+\frac{16}{100}\right) \times \left(1+\frac{20}{100}\right) \times \left(1+\frac{15}{100}\right) - 1\right]$

$15000 \times \left[\frac{116}{100} \times \frac{120}{100} \times \frac{115}{100} - 1\right]$

$= 15000 \times [1.6008 - 1]$

$= 15000 \times 0.6008 = ₹\ 9012$

107. (d) माना मूलधन = ₹ P

$\because \quad A = P\left(1+\frac{r}{100}\right)^t$

$\Rightarrow \quad 14112 = P\left(1+\frac{20}{100}\right)^3$

$\Rightarrow \quad P = 14112 \times \frac{100}{120} \times \frac{100}{120} \times \frac{100}{120}$

$\therefore \quad P = ₹\ 8166.67$

108. (d) क्रय मूल्य

$= \frac{3993}{\left(1+\frac{10}{100}\right)^1} + \frac{3993}{\left(1+\frac{10}{100}\right)^2} + \frac{3993}{\left(1+\frac{10}{100}\right)^3}$

$= 3993\left[\frac{10}{11} + \frac{100}{121} + \frac{1000}{1331}\right]$

$= 3993 \times \frac{10}{11}\left[1 + \frac{10}{11} + \frac{100}{121}\right]$

$= 3993 \times \frac{10}{11} \times \left(\frac{121 + 110 + 100}{121}\right)$

$= 3993 \times \frac{10}{11} \times \frac{331}{121}$

$= ₹\,9930$

109. (a) माना ऋण की राशि = ₹ P

तब, $\quad A = P\left(1+\frac{R}{100}\right)^t$

$\Rightarrow \quad 15625 = P\left(1+\frac{25}{100}\right)^3$

$\Rightarrow \quad 15625 = P\left(\frac{125}{100}\right)^3$

$\Rightarrow \quad 15625 = P\left(\frac{5}{4}\right)^3$

$\Rightarrow \quad P = \frac{15625 \times 64}{125}$

$\therefore \quad P = ₹\ 8000$

110. (b) $\therefore CI = P\left[\left(CI + \frac{R}{100}\right)^t - 1\right]$

$\Rightarrow \quad 7245 = 50000\left[\left(1+\frac{7}{100}\right)^t - 1\right]$

$\Rightarrow \quad \frac{7245}{50000} = \left(\frac{107}{100}\right)^t - 1$

$\Rightarrow \quad \left(\frac{107}{100}\right)^t = \frac{7245}{50000} - 1 = \frac{7245 + 50000}{50000}$

$\Rightarrow \quad \left(\frac{107}{100}\right)^t = \frac{57245}{50000} = \frac{11449}{10000}$

$\Rightarrow \quad \left(\frac{107}{100}\right)^t = \left(\frac{107}{100}\right)^2$

$\therefore \quad t = 2$ वर्ष

111. (a) प्रश्नानुसार,

$2P = P\left(1+\frac{R}{100}\right)^5$

$\Rightarrow \quad 2 = \left(1+\frac{R}{100}\right)^5 \quad$ ...(i)

तथा $\quad 16P = P\left(1+\frac{R}{100}\right)^t$

$\Rightarrow \quad 16 = \left(1+\frac{R}{100}\right)^t$

$\Rightarrow \quad 2^4 = \left(1+\frac{R}{100}\right)^t$

$\Rightarrow \left[\left(1+\frac{5}{100}\right)^5\right]^4 = \left(1+\frac{R}{100}\right)^t \quad$ (समी (i) से)

$\Rightarrow \quad \left(1+\frac{5}{100}\right)^{20} = \left(1+\frac{R}{100}\right)^t$

$\therefore \quad t = 20$ वर्ष

स्पीडी विधि

$x^{\frac{1}{n_1}} = y^{\frac{1}{n_2}} \Rightarrow 2^{\frac{1}{5}} = (16)^{\frac{1}{n_2}}$

$\Rightarrow \quad 2^{\frac{1}{5}} = 2^{4 \times \frac{1}{n_2}}$

दोनों पक्षों की घातांकों की तुलना करने पर,

$\frac{1}{5} = \frac{4}{n_2} \quad \Rightarrow \quad n_2 = 20$ वर्ष

14

चाल, समय एवं दूरी

दूरी

किन्ही दो बिन्दुओं/स्थानों के बीच के पथ की लम्बाई को प्रायः उन दो स्थानों के बीच की दूरी कहा जाता है, दूरी को निम्न सूत्र से ज्ञात किया जा सकता है।

दूरी (d) = चाल $(s) \times$ समय (t)

चाल

किसी वस्तु द्वारा किसी इकाई समय में तय की गई दूरी को उस वस्तु की चाल कहते हैं। चाल $(s) = \frac{\text{दूरी } (d)}{\text{समय } (t)}$

नोट चाल, दूरी के अनुक्रमानुपाती तथा समय के व्युत्क्रमानुपाती होती है।

उदाहरण 1. एक कार 5 घण्टे में एक सफर तय करती है। पहले अर्द्ध समय में 42 किमी/घण्टा तथा दूसरे अर्द्ध समय में 48 किमी/घण्टा चलती है। कार कुल कितनी दूरी तय करती है?

हल कार द्वारा तय की गई कुल दूरी $= 42 \times \frac{5}{2} + 48 \times \frac{5}{2}$

$= 21 \times 5 + 24 \times 5$

$= 105 + 120 = 225$ किमी

इकाइयों का रूपान्तरण

(i) 1 किमी/घण्टा $= \frac{5}{18}$ मी/से (ii) 1 मी/से $= \frac{18}{5}$ किमी/घण्टा

औसत चाल

किसी वस्तु द्वारा तय की गई कुल दूरी तथा उस दूरी को तय करने में लगे कुल समय के अनुपात को वस्तु की औसत चाल कहते हैं।

$$\text{औसत चाल} = \frac{\text{कुल तय की गई दूरी}}{\text{कुल लिया गया समय}}$$

उदाहरण 2. कोई व्यक्ति 600 किमी की दूरी रेल द्वारा 80 किमी/घण्टा की चाल से, 800 किमी की दूरी जहाज से 40 किमी/घण्टा की चाल से और 500 किमी की दूरी हवाईजहाज से 400 किमी/घण्टा की चाल से तथा 100 किमी की दूरी कार से 50 किमी/घण्टा की चाल से तय करता है। पूरी दूरी तय करने में उसकी औसत चाल क्या है?

हल औसत चाल $= \frac{\text{कुल दूरी}}{\text{कुल समय}} = \frac{600 + 800 + 500 + 100}{\frac{600}{80} + \frac{800}{40} + \frac{500}{400} + \frac{100}{50}}$

$= \frac{2000}{7.5 + 20 + 1.25 + 2} = \frac{2000}{30.75} = 65\frac{5}{123}$ किमी/घण्टा

सापेक्षिक गति

जब दो वस्तुएँ A तथा B क्रमशः x किमी/घण्टा तथा y किमी/घण्टा की चाल से गतिमान हो, तो उन की सापेक्षिक गति

(i) $(x + y)$ किमी/घण्टा → (यदि वे एक-दूसरे की विपरीत दिशा में गतिमान हो।)

(ii) $(x - y)$ किमी/घण्टा → (यदि वे एक-दूसरे की समान दिशा में गतिमान हो।)

उदाहरण 3. दो व्यक्ति एक-दूसरे से 400 मी की दूरी पर खड़े हैं। पहला व्यक्ति 3 मी/से की चाल से तथा दूसरा व्यक्ति 2 मी/से की चाल से दौड़ सकता है। यदि दोनों व्यक्ति एक-दूसरे की ओर दौड़ना आरम्भ करें, तो कितने समय (सेकण्ड में) के बाद वे एक-दूसरे से टकराएँगे?

हल यहाँ, दूरी = 400 मी तथा दोनों व्यक्ति की सापेक्ष चाल $= 3 + 2 = 5$ मी/से

∴ दोनों व्यक्ति के मिलने का समय $= \frac{\text{दूरी}}{\text{चाल}}$

$= \frac{400}{5} = 80$ सेकण्ड

चाल, समय एवं दूरी से सम्बन्धित महत्त्वपूर्ण सूत्र

- यदि कोई व्यक्ति X से Y तक की दूरी A मी/से की चाल से और Y से X तक की दूरी B मी/से की चाल से तय करें, तो पूरी यात्रा के दौरान औसत चाल $= \left[\frac{2AB}{A+B}\right]$ मी/से
- यदि किसी व्यक्ति की बिना रुके चाल A किमी/घण्टा हो लेकिन स्टॉप पर रुकने के कारण उसी दूरी को तय करने में चाल B किमी/घण्टा हो। $(A > B)$, तो स्टॉप पर रुकने का समय $= \frac{A-B}{A} \times 60$ मिनट
- एक व्यक्ति निश्चित दूरी D तय करता है। यदि वह तेज चाल S_1 से चलता है, तो उसको दूरी तय करने में t समय कम लगता है और यदि वह धीमी चाल S_2 से चलता है, तो उसे उस दूरी को तय करने में t समय ज्यादा लगता है, तब

  $$\text{दूरी} = \frac{S_1 \times S_2}{\Delta S} \times \Delta t$$

  जहाँ, Δs = चाल का अन्तर $= s_1 \sim s_2$ तथा Δt = समय का अन्तर
- दो वस्तुएँ A तथा B विपरीत दिशा में समान समय में एक-दूसरे की तरफ आते है, एक दूसरे को पार करने के बाद उनको अपनी यात्रा पूरी करने में लगा समय क्रमशः t_1 घण्टा व t_2 घण्टा हैं, तब

  A की चाल : B की चाल $= \sqrt{t_2} : \sqrt{t_1}$

  तथा एक-दूसरे से मिलने में लगा समय $= \sqrt{t_1 \times t_2}$

- यदि कोई व्यक्ति अपनी मूल चाल के $\left(\frac{x}{y}\right)$ चाल से चले तथा t मिनट की देरी हो जाए या t मिनट जल्दी पहुँचे, तब उसके द्वारा लिया गया समय $= \frac{tx}{y-x}$, यदि $(y > x)$ तथा $\frac{tx}{x-y}$, यदि $(x > y)$
- जब एक व्यक्ति m किमी/घण्टा के साथ एक निश्चित दूरी तय करता है और n किमी/घण्टा के साथ वापस आता है। वह पूरी यात्रा को पूरी करने में t घण्टा लेता है तो, दूरी $= \left(\frac{m \times n}{m+n}\right) \times t$ किमी
- जब एक व्यक्ति m किमी/घण्टा के साथ एक निश्चित दूरी तय करता है और n किमी/घण्टा के साथ वापस आता है। यदि उसे वापस आने में जाने की तुलना में t घण्टे अधिक लगते है, तब

$$\text{दूरी} = \left(\frac{m \times n}{m-n}\right) \times t \text{ किमी}$$

वृत्ताकार पथ

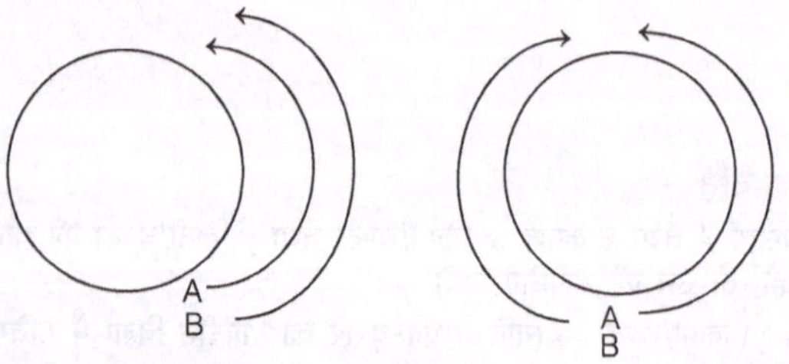

(i) वृत्ताकार पथ पर विपरीत दिशा में पहली बार मिलने का समय $= \frac{L}{x+y}$ सेकण्ड

(ii) वृत्ताकार पथ पर समान दिशा में पहली बार मिलने का समय $= \frac{L}{x-y}$ सेकण्ड

(iii) समान या विपरीत दिशा में एक-दूसरे से शुरूआती बिन्दु पर मिलने में लगा समय $= \left(\frac{L}{x}, \frac{L}{y}\right)$ का ल. स.

(iv) जब तीन व्यक्ति A, B, C एक वृत्ताकार पथ जिसकी लम्बाई L मी है पर क्रमशः x, y तथा z की गति से समान दिशा में चल रहे हो, तब उनके किसी बिन्दु पर मिलने का समय $= \left(\frac{L}{x-y}, \frac{L}{y-z}\right)$ का ल.स.

(जहाँ, L = ट्रैक की लम्बाई तथा x, y तथा z A, B तथा C की गति है)

वृत्ताकार पथ पर मिलने वाली बिन्दुओं की संख्या

माना वृत्ताकार पथ पर दौड़ने वाले दो व्यक्तियों की चाल का सबसे सरल अनुपात $a : b$ है, तब

- जब दो व्यक्ति वृत्ताकार पथ पर विपरीत दिशा में दौड़ रहे हों, तो प्रारम्भिक बिन्दु पर मिलने से पहले, जितने बिन्दुओं पर वो दोनों एक साथ मिले होगें $= a + b$
- वृत्ताकार पथ पर एक ही दिशा में दौड़ने पर प्रारम्भिक स्थान पर मिलने से पहले जितनी बार वो दोनों एक साथ मिलेगें $= (a \sim b)$

उदाहरण 4. A, B और C 30 किमी परिधि वाले एक वृत्ताकार द्वीप के चारों ओर घूमने के लिए एक स्थान से साथ-साथ चलना शुरू करते हैं। A और B एक ही दिशा में चलते हैं और C विपरीत दिशा में चलता है। यदि A, 5 किमी/घण्टा B, 7 किमी/घण्टा और C, 8 किमी/घण्टा चलते हैं, तो वे कितने समय बाद एकसाथ मिलेंगे?

हल A को द्वीप का एक चक्कर घूमने में लगा समय $= \frac{30}{5}$ घण्टे

B को द्वीप का एक चक्कर घूमने में लगा समय $= \frac{30}{7}$ घण्टे

C को द्वीप का एक चक्कर घूमने में लगा समय $= \frac{30}{8}$ घण्टे

$\therefore$ तीनों का दोबारा एकसाथ मिलने का समय $= \left(\frac{30}{5}, \frac{30}{7}, \frac{30}{8}\right)$ का ल.स.

$$= \frac{30, 30, 30 \text{ का ल.स.}}{5, 7, 8 \text{ का म.स.}} = \frac{30}{1} = 30 \text{ घण्टे}$$

दौड़ प्रतियोगिता पर आधारित

माना L मी लम्बी दौड़ में A व B भाग लेते हैं

1. यदि A, B को x मी दूरी से हराता है

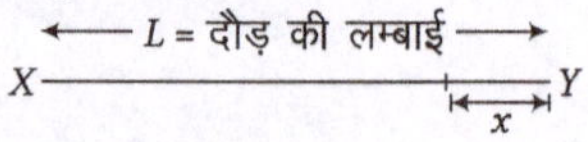

A व B दोनों बिन्दु X से प्रारम्भ करते हैं, तो A (विजेता) द्वारा तय की गई दूरी $= L$ मी तथा B (हारने वाले) द्वारा तय की गई दूरी $= (L - x)$ मी

2. यदि B, A से x मी आगे से शुरू करता है

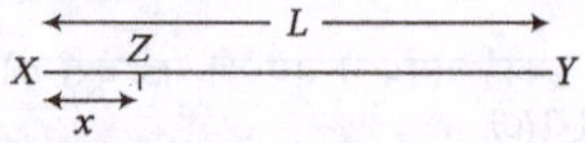

A बिन्दु X से प्रारम्भ करता है तथा B बिन्दु Z से प्रारम्भ करता है। तब, B द्वारा तय की गई दूरी $= (L - x)$ मी

3. यदि A, B को 't' सेकण्ड से हराता है

A व B दोनों बिन्दु X से प्रारम्भ करते हैं, तब A (विजेता) द्वारा लिया गया समय $= B$ (हारने वाले) द्वारा लिया गया समय $-t$ अर्थात् A, B से 't' सेकण्ड पहले दौड़ समाप्त कर लेता है।

4. यदि B, A से 't' सेकण्ड पहले शुरू करता है

तो हम कह सकते है कि A, B से t सेकण्ड बाद दौड़ शुरू करेगा।

उदाहरण 5. A, 5 मिनट में 1 किमी दौड़ सकता है और B, 6 मिनट में समान दूरी दौड़ सकता है। 1 किमी की दौड़ में A, B को कितने मीटर का प्रारम्भ दें ताकि दोनों अन्तिम बिन्दु पर एक साथ पहुँचे?

हल 1 किमी दौड़ पूरा करने में A द्वारा लिया गया समय = 300 सेकण्ड

1 किमी दौड़ पूरा करने में B द्वारा लिया गया समय = 360 सेकण्ड

A, B को प्रारम्भ देता है = (360 − 300) सेकण्ड = 60 सेकण्ड

$\because$ 360 सेकण्ड में B, 1000 मी दौड़ता है।

$\therefore$ 60 सेकण्ड में B दौड़ेगा $= \frac{100}{360} \times 60$

$$= \frac{500}{3} = 166\frac{2}{3} \text{ मी}$$

SSC एग्जाम स्कैनर

SSC CGL 2024 (Tier I & II)

1. P और Q एक 400 मी की दौड़ में भाग लेते हैं। P, 12 किमी/घण्टा की चाल से दौड़ता है P, Q को 20 मी की बढ़त देता है और फिर भी उसे 13 सेकण्ड से हरा देता है। Q की चाल क्या है? (दो दशमलव स्थानों तक पूर्णांकित कीजिए। **SSC CGL (Tier II) 20/01/2025 Shift-I**
(a) 11.38 किमी/घण्टा (b) 10.87 किमी/घण्टा
(c) 11.61 किमी/घण्टा (d) 10.29 किमी/घण्टा

2. 2200 मी लम्बे वृत्ताकार ट्रैक पर, सरिता और कविता ने अपनी साइकिलें एक ही बिन्दु से लेकिन विपरीत दिशा में क्रमशः 20 किमी/घण्टा और 16 किमी/घण्टा की चाल से चलाईं। वे कितने समय बाद पहली बार पुनः मिलेंगी? **SSC CGL (Tier II) 18/01/2025 Shift-I**
(a) 2 मिनट 50 सेकण्ड
(b) 3 मिनट 40 सेकण्ड
(c) 3 मिनट 20 सेकण्ड
(d) 2 मिनट 20 सेकण्ड

3. 1600 मी लम्बी एक वृत्तीय दौड़ में भास्कर और विनय एक ही समय में एक ही स्थान से 27 किमी/घण्टा और 45 किमी/घण्टा की चाल से दौड़ना शुरू करते हैं। वे क्रमशः विपरीत दिशाओं और समान दिशा में दौड़ते हुए पथ पर पहली बार कब मिलेंगे? **SSC CGL (Tier I) 26/09/2024 Shift-III**
(a) 2 मिनट 40 सेकण्ड और 5 मिनट 40 सेकण्ड
(b) 2 मिनट 20 सेकण्ड और 4 मिनट 20 सेकण्ड
(c) 1 मिनट 20 सेकण्ड और 5 मिनट 20 सेकण्ड
(d) 1 मिनट 40 सेकण्ड और 5 मिनट 20 सेकण्ड

4. 250 मी की दूरी पर एक पुलिस कार को देखकर एक चोर एक निश्चित चाल से अपनी बाइक से भागता है। पुलिस की गाड़ी चोर का पीछा करती है और उसे पकड़ लेती है। यदि चोर पकड़े जाने से पहले 1.5 किमी भागता है और पुलिस की कार की चाल 70 किमी/घण्टा है, तो चोर की बाइक की चाल (किमी/घण्टा में) कितनी है? **SSC CGL (Tier I) 26/09/2024 Shift-II**
(a) 65 (b) 55
(c) 50 (d) 60

5. दो एथलीट 220 मी के वृत्ताकार ट्रैक पर एक दौड़ में भाग ले रहे हैं। रवि 22 मी/से की चाल से दौड़ता है, जबकि कपिल 11 मी/से की चाल से दौड़ता है। वे एक ही बिन्दु से, एक ही समय पर और एक ही दिशा में दौड़ना शुरू करते हैं। कितने सेकण्ड के बाद वे पहली बार मिलेंगे? **SSC CGL (Tier I) 26/09/2024 Shift-I**
(a) 15 सेकण्ड (b) 16 सेकण्ड
(c) 20 सेकण्ड (d) 24 सेकण्ड

6. सीमा 3 चक्कर प्रति घण्टे की दर से एक वृत्ताकार मैदान के चारों ओर घूमती है, जबकि प्रिया 8 चक्कर प्रति घण्टे की दर से इसी मैदान के चारों ओर दौड़ती है। वे दोनों 11:54 pm बजे एक ही स्थान से एक ही दिशा में बढ़ना शुरू करती हैं। वे दोनों पहली बार एक-दूसरे को कितने बजे पार करेंगी? **SSC CGL (Tier I) 25/09/2024 Shift-III**
(a) 11:59 pm (b) 12:00 am
(c) 12:06 am (d) 12:06 pm

7. एक पुलिसकर्मी को कुछ दूरी पर एक चोर नजर आया। पुलिसकर्मी उस चोर को पकड़ने के लिए दौड़ने लगा और चोर भी उसी समय दौड़ने लगा। पुलिसकर्मी और चोर दोनों की चाल क्रमशः 12 किमी/घण्टा और 10 किमी/घण्टा थी। चोर को पकड़ने में पुलिस को 30 मिनट लग गए। उनके बीच की प्रारम्भिक दूरी (मीटर में) ज्ञात कीजिए। **SSC CGL (Tier I) 25/09/2024 Shift-II**
(a) 1000 (b) 500 (c) 600 (d) 100

8. मान लीजिए A, 8 किमी/घण्टा की चाल से चलना शुरू करता है। 8 घण्टे के बाद B, 24 किमी/घण्टा की चाल से साइकिल से यात्रा करना शुरू करता है। प्रारम्भिक स्थान से वह दूरी जहाँ B, A से मिल सकता है, कितनी है? **SSC CGL (Tier I) 25/09/2024 Shift-I**
(a) 88 किमी (b) 96 किमी
(c) 64 किमी (d) 72 किमी

9. एक पुलिसकर्मी 82 किमी/घण्टा की चाल से एक चोर का पीछा कर रहा है। चोर 1300 मी दूर है और 64 किमी/घण्टा की चाल से भाग रहा है। यदि दोनों बाइक पर सवार हैं, तो पुलिसकर्मी चोर को कितने समय में पकड़ लेगा? **SSC CGL (Tier I) 24/09/2024 Shift-III**
(a) 260 सेकण्ड (b) 300 सेकण्ड
(c) 350 सेकण्ड (d) 250 सेकण्ड

10. एक पुलिसकर्मी 100 मी की दूरी से एक चोर को देखता है। चोर भागने लगता है और पुलिसकर्मी उसका पीछा करता है। यदि चोर और पुलिसकर्मी की चाल क्रमशः 21 किमी/घण्टा और 23 किमी/घण्टा है, तो पकड़े जाने से पहले चोर कितनी दूर तक भाग पाएगा? **SSC CGL (Tier I) 24/09/2024 Shift-I**
(a) 1090 मी (b) 1080 मी
(c) 1020 मी (d) 1050 मी

11. एक पुलिसकर्मी 92 मी की दूरी से एक चोर देखता है। चोर भागने लगता है और पुलिसकर्मी उसका पीछा करता है। चोर और पुलिसकर्मी क्रमशः 90 किमी/घण्टा और 104.4 किमी/घण्टा की चाल से दौड़ते हैं। कितने समय में पुलिसकर्मी चोर को पकड़ लेगा? **SSC CGL (Tier I) 23/09/2024 Shift-I**
(a) 21 सेकण्ड (b) 23 सेकण्ड
(c) 26 सेकण्ड (d) 22 सेकण्ड

12. एक पुलिसकर्मी 195 मी की दूरी से एक चोर को देखता है। जब पुलिसकर्मी उसका पीछा करना शुरू करता है, तो चोर भी भागने लगता है। यदि चोर की चाल 22 किमी/घण्टा है और पुलिसकर्मी की चाल 27 किमी/घण्टा है, तो पकड़े जाने से पहले चोर कितनी दूरी तक (मी में) भाग चुका होगा? **SSC CGL (Tier I) 19/09/2024 Shift-III**
(a) 958 (b) 858 (c) 825 (d) 951

13. अरविंद और चेतन ने 210 मी लम्बवृत्तीय पथ पर एक ही स्थान से एक ही दिशा में एक साथ दौड़ना शुरू किया। यदि अरविंद को एक चक्कर पूरा करने में 180 सेकण्ड लगते हैं और चेतन को एक चक्कर पूरा करने में 420 सेकण्ड लगते हैं, तो कितने समय के बाद वे पथ पर शुरुआती स्थान पर पहली बार मिलेंगे? **SSC CGL (Tier I) 18/09/2024 Shift-III**
(a) 10 मिनट (b) 28 मिनट
(c) 15 मिनट (d) 21 मिनट

14. अक्षरा और सिद्धार्थ क्रमशः 8 किमी/घण्टा और 10 किमी/घण्टा की दर से स्थल P से Q तक 72 किमी की दूरी तय करते हैं। सिद्धार्थ स्थल Q पर पहले पहुँचता है और तुरन्त लौटता है और अक्षरा से स्थल R पर मिलता है। P से R की दूरी ज्ञात कीजिए। **SSC CGL (Tier I) 17/09/2024 Shift-I**
(a) 66 किमी (b) 65 किमी
(c) 64 किमी (d) 63 किमी

15. P और Q एक ही बिन्दु से एक वृत्ताकार ट्रैक पर विपरीत दिशाओं में दौड़ना शुरू करते हैं। यदि उनकी चाल क्रमशः 10 मी/से और 8 मी/से है, यदि ट्रैक की लम्बाई 1620 मी है, तो वे कितने समय बाद मिलेंगे? **SSC CGL (Tier I) 13/09/2024 Shift-II**
(a) 120 सेकण्ड (b) 110 सेकण्ड
(c) 90 सेकण्ड (d) 70 सेकण्ड

16. एक पुलिसकर्मी द्वारा पीछा किए जाने पर एक चोर शुरुआत में 150 मी आगे था। यदि पुलिसकर्मी की चाल और चोर की चाल का अनुपात 5 : 4 था, तो पुलिसकर्मी द्वारा पकड़े जाने से पहले चोर कितनी दूरी (दूरी मी में) तय कर चुका था? **SSC CGL (Tier I) 12/09/2024 Shift-II**
(a) 600 (b) 400
(c) 350 (d) 200

17. M और N एक वृत्ताकार पथ पर चलते हैं। वे विपरीत दिशाओं में एक ही बिन्दु से 5 : 00 am को चलना शुरू करते हैं। M और N क्रमशः 5 चक्कर प्रति घण्टे और 2 चक्कर प्रति घण्टे की चाल से चलते हैं। वे उसी दिन 6 : 30 am से पहले कितनी बार एक-दूसरे को पार करेंगे? **SSC CGL (Tier I) 12/09/2024 Shift-I**
(a) 5 (b) 7
(c) 3 (d) 10

18. एक पुलिसकर्मी 200 मी की दूरी से एक चोर को देखता है। चोर भागने लगता है और पुलिसकर्मी उसका पीछा करता है। चोर और पुलिसकर्मी क्रमशः 10 किमी/घण्टा और 11 किमी/घण्टा की चाल से भागते हैं। 9 मिनट बाद उनके बीच की दूरी (मी में) कितनी होगी? **SSC CGL (Tier I) 11/09/2024 Shift-II**

(a) 30 (b) 60 (c) 50 (d) 40

19. 900 मी की एक दौड़ में अतुल ने विशु को 20 सेकण्ड की बढ़त दी और उसे 135 मी से हरा दिया। फिर से वही दौड़ लगाते समय अतुल ने 189 मी की बढ़त दी और उसे 8 सेकण्ड से हरा दिया। विशु 900 मी की पूरी दौड़ कितने समय में पूरी कर सकता है?
SSC CGL (Tier I) 11/09/2024 Shift-I

(a) 3 मिनट 20 सेकण्ड
(b) 3 मिनट 10 सेकण्ड
(c) 3 मिनट 30 सेकण्ड
(d) 2 मिनट 50 सेकण्ड

20. राजमार्ग पर स्थान A और B एक-दूसरे से 20 किमी दूर हैं। एक कार A से और दूसरी कार B से एक ही समय पर चलना प्रारम्भ करती है। यदि कारें अलग-अलग चाल से एक ही दिशा में चलती हैं, तो वे एक घण्टे में मिलती हैं। यदि वे एक-दूसरे की ओर चलती हैं, तो वे 12 मिनट में मिलती हैं। दोनों कारों की चाल किमी/घण्टा में क्या है?
SSC CGL (Tier I) 10/09/2024 Shift-II

(a) 51, 49 (b) 52, 48
(c) 60, 40 (d) 55, 45

21. एक पुलिसकर्मी ने 500 मी की दूरी पर एक चोर को देखा। पुलिसकर्मी दौड़ने लगा और चोर भी उसी समय दौड़ने लगा। चोर 15 किमी/घण्टा की चाल से दौड़ रहा है। चोर को पकड़ने में पुलिसकर्मी को 15 मिनट लग गए। पुलिसकर्मी की चाल (किमी/घण्टा में) ज्ञात कीजिए। **SSC CGL (Tier I) 10/09/2024 Shift-II**

(a) 11 (b) 17 (c) 10 (d) 12

22. 750 मी वाली एक वृत्ताकार दौड़ में, X और Y एक ही बिन्दु से और एक ही समय पर क्रमशः 9 किमी/घण्टा और 13.5 किमी/घण्टा की चाल से दौड़ना शुरू करते हैं। यदि वे एक ही दिशा में दौड़ रहे हैं, तो वे पुनः ट्रैक पर पहली बार कब मिलेंगे? **SSC CGL (Tier I) 10/09/2024 Shift-I**

(a) 750 सेकण्ड में (b) 500 सेकण्ड में
(c) 600 सेकण्ड में (d) 900 सेकण्ड में

23. कोई बस, शुरू में किसी दूरी का $\frac{1}{3}$ भाग 40 किमी/घण्टा की चाल से तय करती है, दूरी का अगला $\frac{1}{3}$ भाग 50 किमी/घण्टा की चाल से तय करती है और दूरी का अन्तिम $\frac{1}{3}$ भाग 60 किमी/घण्टा की चाल से तय करती है। पूरी यात्रा के लिए बस की औसत चाल ज्ञात कीजिए। (दो दशमलव स्थान तक पूर्णांकित)
SSC CGL (Tier I) 10/09/2024 Shift-I

(a) 51.43 किमी/घण्टा
(b) 54.13 किमी/घण्टा
(c) 48.65 किमी/घण्टा
(d) 46.85 किमी/घण्टा

24. एक चोर ने 600 मी की दूरी पर एक पुलिसकर्मी को देखा। चोर भागने लगा और पुलिसकर्मी ने उसका पीछा किया। चोर और पुलिसकर्मी क्रमशः 12 किमी/घण्टा और 15 किमी/घण्टा की चाल से दौड़ रहे हैं। पुलिसकर्मी को चोर को पकड़ने में लगने वाला समय (मिनटों में) ज्ञात कीजिए।
SSC CGL (Tier I) 09/09/2024 Shift-III

(a) 8 (b) 15 (c) 10 (d) 12

25. वरुण और सन्दीप ने एक कार रेस के लिए एक ही बिन्दु से, एक ही दिशा में और एक ही समय में 1635 मी लम्बाई के एक वृत्ताकार ट्रैक पर क्रमशः 90 किमी/घण्टा और 108 किमी/घण्टा की चाल से शुरुआत की। कितने समय बाद (सेकण्ड में) वे पहली बार फिर से मिलेंगे?
SSC CGL (Tier I) 09/09/2024 Shift-II

(a) 326 (b) 327 (c) 324 (d) 325

26. 840 मी की एक वृत्ताकार दौड़ में A और B समान समय पर समान दिशा में समान बिन्दु से क्रमशः 6 मी/से और 12 मी/से की चाल से दौड़ना आरम्भ करते हैं। वे अगली बार कितने समय बाद मिलेंगे?
SSC CGL (Tier I) 09/09/2024 Shift-I

(a) 20 सेकण्ड (b) 40 सेकण्ड
(c) 140 सेकण्ड (d) 70 सेकण्ड

SSC CGL 2023 (Tier I & II)

27. विपिन किसी यात्रा की एक तिहाई दूरी 30 किमी/घण्टा की चाल से और शेष दूरी 40 किमी/घण्टा की चाल से तय करता है। यदि उसे यात्रा पूरी करने में कुल 12 घण्टे लगे, तो यात्रा की कुल दूरी (किमी में) कितनी थी?
SSC CGL (Tier II) 26/10/2023 Shift-IV

(a) 432 (b) 450 (c) 445 (d) 412

28. रेशमा साइकिल से 45 किमी की दूरी 15 किमी/घण्टा की चाल से, कार से 80 किमी की दूरी 40 किमी/घण्टा की चाल से और पैदल चलकर बाकी 6 किमी की दूरी 2 किमी/घण्टा से तय करती है। पूरी यात्रा के लिए उसकी औसत चाल ज्ञात कीजिए। (2 दशमलव स्थान तक पूर्णांकित)
SSC CGL (Tier II) 06/03/2023 Shift-I

(a) 15.25 किमी/घण्टा (b) 16.38 किमी/घण्टा
(c) 43.50 किमी/घण्टा (d) 18.36 किमी/घण्टा

29. 600 मी के एक वृत्ताकार पथ में पंकज और रोहित एक ही बिन्दु से विपरीत दिशा में क्रमशः 2.85 मी/से और 5.4 किमी/घण्टा की चाल से चलना शुरू करते हैं। कितने मिनट बाद वे पहली बार मिलेंगे? (एक दशमलव बिन्दु तक सन्निकट) **SSC CGL (Tier I) 27/07/2023 Shift-III**

(a) 4.7 (b) 3.2
(c) 2.3 (d) 2.7

30. एक व्यक्ति एक निश्चित चाल से एक निश्चित दूरी तय करता है। यदि कोई दूसरा व्यक्ति तीन गुना समय में 25% दूरी तय करता है, तो पहले व्यक्ति की चाल और दूसरे व्यक्ति की चाल का अनुपात क्या है?
SSC CGL (Tier I) 27/07/2023 Shift-II

(a) 1 : 12 (b) 6 : 1
(c) 1 : 6 (d) 12 : 1

31. पुलिस से 1150 मी दूर कोई चोर एक दुकान से कीमती धातु लूटता है। चोर 6 किमी/घण्टा की चाल से भागना शुरू करता है और पुलिस उसी समय 11 किमी/घण्टा की चाल से पीछा करना शुरू कर देती है। चोर पकड़े जाने से पहले कितनी दूरी (मी में) दौड़ा होगा?
SSC CGL (Tier I) 27/07/2023 Shift-II

(a) 1485 (b) 1125 (c) 1380 (d) 1280

32. दो मोटर चालक एक निश्चित गंतव्य की यात्रा के लिए एक साथ, एक 4 किमी/घण्टा की चाल से और दूसरा 6 किमी/घण्टा की चाल से चलना शुरू करते हैं। उनके द्वारा तय की गई दूरी (किमी में) ज्ञात कीजिए, यदि 4 किमी/घण्टा की चाल से चलने वाला मोटर चालक, दूसरे मोटर चालक से आधे घण्टे बाद गंतव्य पर पहुँचता है।
SSC CGL (Tier I) 27/07/2023 Shift-I

(a) 8 (b) 6 (c) 4 (d) 5

33. सोहन और अमित ने एक ही बिन्दु से एक ही दिशा में और एक ही समय पर 1125 मी लम्बाई के एक वृत्ताकार ट्रैक पर क्रमशः 36 किमी/घण्टा और 54 किमी/घण्टा की चाल से एक कार रेस की शुरुआत की। रेस शुरू होने के बाद से कितने समय बाद (सेकण्ड में) वे पहली बार मिलेंगे?
SSC CGL (Tier I) 27/07/2023 Shift-I

(a) 225 (b) 220
(c) 210 (d) 215

34. 1 किमी की सीधी दौड़ में, P, Q को 120 मी या 30 सेकण्ड से हरा देता है। P द्वारा दौड़ पूरी करने में कितना समय लिया जाता है?
SSC CGL (Tier I) 26/07/2023 Shift-IV

(a) 240 सेकण्ड (b) 250 सेकण्ड
(c) 220 सेकण्ड (d) 235 सेकण्ड

35. एक साइकिल सवार 120 मिनट में 20 किमी की दूरी तय करता है और 150 मिनट में 25 किमी की दूसरी दूरी तय करता है। साइकिल सवार की औसत चाल किमी/घण्टा में कितनी है? **SSC CGL (Tier I) 26/07/2023 Shift-III**

(a) 11 (b) 15
(c) 10 (d) 12.5

36. राम और श्याम एक वृत्ताकार पथ पर दौड़ रहे हैं। राम की चाल श्याम की चाल से तीन गुनी है। वृत्ताकार पथ की लम्बाई 1440 मी है। एक ही बिन्दु से एक साथ दौड़ शुरू होने के बाद, राम 8वें मिनट के अन्त में पहली बार श्याम से मिलता है। यदि राम और श्याम एक ही प्रारम्भिक बिन्दु से एकसाथ फिर से दौड़ शुरू करते हैं, तो दौड़ समाप्त करने में श्याम द्वारा लिया गया समय

.... है। (ज्ञात है कि दौड़ की लम्बाई, पथ की लम्बाई के समान है।)
SSC CGL (Tier I) 26/07/2023 Shift-II
(a) 22.5 मिनट (b) 30 मिनट
(c) 16 मिनट (d) 7.5 मिनट

37. एक पुलिसकर्मी ने एक चोर को 400 मी की दूरी से देखा। चोर 10 किमी/घण्टा की चाल से दौड़ने लगा और पुलिसकर्मी ने उसी दिशा में 12 किमी/घण्टा की चाल से उसका पीछा किया। प्रारम्भिक बिन्दु से कितनी दूरी पर पुलिसकर्मी चोर को पकड़ लेगा?
SSC CGL (Tier I) 26/07/2023 Shift-I
(a) 3 किमी (b) 2 किमी
(c) 2.8 किमी (d) 2.4 किमी

38. एक चोर एक वस्तु चुराता है और 15 किमी/घण्टा की चाल से वहाँ से भाग जाता है। एक पुलिसकर्मी 4 मिनट के बाद घटना स्थल पर पहुँचता है और तुरन्त चोर का पीछा करना शुरू कर देता है। पुलिसकर्मी द्वारा चोर का पीछा करना शुरू करने के 16 मिनट बाद; दोनों के बीच 200 मी का अन्तर रहता है। घटना स्थल से कितनी दूरी पर पुलिसकर्मी चोर को पकड़ लेगा और पुलिसकर्मी की चाल (किमी/घण्टा में) क्या है?
SSC CGL (Tier I) 25/07/2023 Shift-IV
(a) 6.5 किमी, 19.5 (b) 5.5 किमी, 16.5
(c) 5 किमी, 15 (d) 6 किमी, 18

39. एक ही बिन्दु से और एक ही समय पर दौड़ना शुरू करके, दो धावक P और Q क्रमशः 6 मी/सेकण्ड और 10 मीटर/सेकण्ड की चाल से 500 मीटर लम्बे एक वृत्ताकार ट्रैक के पारित: विपरित दिशाओं में दौड़ रहे हैं। यदि वे पहली बार मिलने के बाद अपनी चाल परस्पर बदल लेते हैं, तो शुरूआती बिन्दु पर सबसे पहले कौन पहुंचेगा?
SSC CGL (Tier I) 25/07/2023 Shift-IV
(a) P और Q में से कोई नहीं
(b) Q
(c) P
(d) P और Q दोनों समान समय पर पहुँचेंगे।

40. रमेश ने अपने गृहनगर जाते समय पहले 250 किमी की दूरी 75 किमी/ घण्टा की चाल से और अगले 250 किमी की दूरी 85 किमी/घण्टा की चाल से तय की। पूरी यात्रा के दौरान उसकी औसत चाल ज्ञात करें (2 दशमलव स्थानों तक सही)। **SSC CGL (Tier I) 25/07/2023 Shift-IV**
(a) 79.69 किमी/घण्टा (b) 79.20 किमी/घण्टा
(c) 80.55 किमी/घण्टा (d) 80.69 किमी/घण्टा

41. एक पुलिसकर्मी एक चोर का पीछा करना शुरू कर देता है जब वह पहले से ही उससे 600 मी आगे था। यदि पुलिसकर्मी 9 किमी/घण्टा की चाल से दौड़ रहा है और चोर 8 किमी/घण्टा की चाल से दौड़ रहा है, तो चोर कितनी दूरी पर पकड़ा जाएगा?
SSC CGL (Tier I) 25/07/2023 Shift-I
(a) 5 किमी (b) 6 किमी
(c) 5.4 किमी (d) 6.5 किमी

42. एक कार 350 किमी की दूरी 5 घण्टे में तय करती है और दूसरी 450 किमी की दूरी 90 किमी/घण्टा की चाल से तय करती है। कार की औसत चाल (किमी/घण्टा में) कितनी है?
SSC CGL (Tier I) 24/07/2023 Shift-III
(a) 85 (b) 80 (c) 82 (d) 72

43. 200 मी की रैखिक दौड़ में, यदि A, B को 25 मी का स्टार्ट (शुरुआती लाभ) देता है, तो A दौड़ को 10 सेकण्ड से जीत जाता है। वैकल्पिक रूप से, यदि A, B को 45 मी का स्टार्ट (शुरुआती लाभ) देता है, तो दौड़ डेड हीट (बराबरी) में समाप्त हो जाती है। A को 200 मी दौड़ने में कितना समय लगता है? **SSC CGL (Tier I) 24/07/2023 Shift-III**
(a) 78 सेकण्ड (b) 77 सेकण्ड
(c) 77.5 सेकण्ड (d) 78.5 सेकण्ड

44. एक हवाई जहाज, बस की तुलना में पाँच गुना तेज चाल से यात्रा करता है। यदि बस 80 मिनट में 60 किमी की दूरी तय करती है, तो हवाई जहाज 25 मिनट में कितनी दूरी (किमी में) तय करेगा? **SSC CGL (Tier I) 24/07/2023 Shift-III**
(a) 95.35 (b) 18.75 (c) 65.35 (d) 93.75

45. 4225 मी की एक वृत्ताकार दौड़ में X और Y एक ही बिन्दु से और एक ही समय में 54 किमी/घण्टा और 63 किमी/घण्टा की चाल से दौड़ना आरम्भ करते हैं। यदि वे विपरीत दिशा में दौड़ रहे हो तो, तो ट्रैक पर फिर से कब मिलेंगे? **SSC CGL (Tier I) 24/07/2023 Shift-II**
(a) 140 सेकण्ड में (b) 130 सेकण्ड में
(c) 150 सेकण्ड में (d) 120 सेकण्ड में

46. दो व्यक्ति एक स्थान से क्रमशः 9 किमी/घण्टा और 12 किमी/घण्टा की चाल से चलते हैं। यात्रा को पूरा करने के लिए पहला व्यक्ति, दूसरे व्यक्ति से 20 मिनट अधिक लेता है। यात्रा की दूरी ज्ञात कीजिए। **SSC CGL (Tier I) 24/07/2023 Shift-II**
(a) 12 किमी (b) 10 किमी
(c) 15 किमी (d) 13 किमी

47. एक चोर को एक पुलिसकर्मी 500 मी की दूरी से देखता है। चोर भागने लगता है और पुलिसकर्मी उसका पीछा करता है। चोर और पुलिसकर्मी क्रमशः 17 किमी/घण्टा और 20 किमी/घण्टा की चाल से दौड़ते हैं। 8 मिनट बाद उनके बीच की दूरी कितनी होगी?
SSC CGL (Tier I) 24/07/2023 Shift-I
(a) 150 मी (b) 100 मी
(c) 200 मी (d) 180 मी

48. एक पुलिसकर्मी चोर का पीछा करता है। पुलिसकर्मी और चोर की चालें क्रमशः 8 किमी/घण्टा और 6 किमी/घण्टा हैं। यदि पुलिसकर्मी 10 मिनट देरी से दौड़ना शुरू करता है, तो वह चोर को कितनी दूरी पर पकड़ लेगा?
SSC CGL (Tier I) 24/07/2023 Shift-I
(a) 8 किमी (b) 6 किमी
(c) 4 किमी (d) 2 किमी

49. अनिल और तीरथ, दो बिन्दुओं A और B जो एक-दूसरे से 192 किमी की दूरी पर है, के बीच गाड़ी चलाते है। अनिल ने प्रातः 8:20 पर बिन्दु A से यात्रा शुरू की; उसने 64 किमी/घण्टा की चाल से गाड़ी चलाई; वह बिन्दु B पर पहुँचा और तुरन्त उसी चाल से A पर वापस आ गया। तीरथ ने प्रातः 9:50 पर बिन्दु A से यात्रा शुरू की; उसने 96 किमी/घण्टा की चाल से गाड़ी चलाई; बिन्दु B पर पहुँचा और तुरन्त उसी चाल से A पर वापस आ गया। अनिल और तीरथ पहली बार एक-दूसरे से किस समय मिले? **SSC CGL (Tier I) 21/07/2023 Shift-IV**
(a) प्रातः 11.33 (b) प्रातः 11.28
(c) प्रातः 11.43 (d) प्रातः 11.38

50. 1600 मी की वृत्ताकार दौड़ में A और B समान बिन्दु से और समान समय पर कमशः 27 किमी/घण्टा और 45 किमी/घण्टा की चाल से शुरू करते हैं। जब वे समान दिशा में दौड़ रहे हैं, तो कितने समय बाद वे ट्रैक पर पहली बार फिर मिलेंगे? **SSC CGL (Tier I) 21/07/2023 Shift-II**
(a) 320 सेकण्ड (b) 180 सेकण्ड
(c) 240 सेकण्ड (d) 90 सेकण्ड

51. एक चोर का पीछा करते हुए एक पुलिसकर्मी चोर से 0.5 किमी पीछे है। चोर की चाल पुलिसकर्मी की चाल की 80% है और पुलिसकर्मी उसे 12 मिनट में पकड़ लेता है। तो बताइए कि चोर की चाल (किमी/घण्टा में) क्या है? **SSC CGL (Tier I) 21/07/2023 Shift-II**
(a) 12.5 (b) 10 (c) 15 (d) 7.5

52. दो कस्बों के बीच की दूरी 72 किमी/घण्टा की चाल से 7 घण्टे 30 मिनट में तय की जाती है। यदि चाल को 25% बढ़ा दिया जाए, तो कितने समय की बचत होगी?
SSC CGL (Tier I) 21/07/2023 Shift-II
(a) 1 घण्टा 30 मिनट (b) 1 घण्टा 20 मिनट
(c) 1 घण्टा 50 मिनट (d) 1 घण्टा 36 मिनट

53. अनुज और अनूप को अपनी-अपनी कारों में स्थान A से स्थान B तक यात्रा करनी है। अनुज 70 किमी/घण्टा की चाल से कार चला रहा है और प्रत्येक 10 मिनट के 3 पड़ाव लेता है, जबकि अनुप 80 किमी/घण्टा की चाल से कार चला रहा है और प्रत्येक 15 मिनट के 4 पड़ाव (halt) लेता है। यदि अनुज को स्थान B तक पहुँचने में 8.5 घण्टे लगते हैं, तो बताइए कि अनूप को स्थान B तक पहुँचने में कितना समय लगेगा? **SSC CGL (Tier I) 21/07/2023 Shift-I**
(a) 8 घण्टे (b) 6 घण्टे (c) 4 घण्टे (d) 7 घण्टे

54. आनंद 5 घण्टे के पहले अन्तराल में 50 किमी/घण्टा की चाल से निश्चित दूरी तय करता है। दूसरे अन्तराल में उसने चाल में 20% की वृद्धि की, जिसके कारण उसने पहलें अन्तराल की तुलना में 20% अधिक दूरी तय की। वह तीसरे अन्तराल को पहले दो अन्तराल की औसत चाल से तय करता है और दूसरे अन्तराल की दूरी की तुलना में 10% अधिक दूरी तय करता है। तीनों अन्तरालो को पूरा करने में उसे कुल कितना समय (घण्टों में) लगा?
SSC CGL (Tier I) 21/07/2023 Shift-I
(a) 16 (b) 15 (c) 14 (d) 18

55. राघव 45 मिनट में 3300 मी की दूरी तय करता है। उसकी चाल (किमी/घण्टा में) क्या है? **SSC CGL (Tier I) 21/07/2023 Shift-I**
(a) 2.25 (b) 3.75 (c) 4.4 (d) 5

56. राम 36 किमी/घण्टा की चाल से गाड़ी चलाता है लकिन प्रत्येक 10 किमी के अन्त में पेय पीने के लिए पाँच मिनट रूकता है। ज्ञात करें कि राम को 84 किमी की दूरी तय करने में कितना समय लगेगा। **SSC CGL (Tier I) 20/07/2023 Shift-IV**
(a) 220 मिनट (b) 120 मिनट
(c) 180 मिनट (d) 60 मिनट

57. P, Q को 400 मी की दौड़ में 2 सेकण्ड की शुरुआत देता है, लेकिन दोनों एक ही समय में दौड़ पूरी करते हैं। यदि Q की चाल 2 मी/से है, तो P द्वारा दौड़ पूरी करने में लिया गया समय ज्ञात कीजिए। **SSC CGL (Tier I) 20/07/2023 Shift-III**
(a) 198 सेकण्ड (b) 199 सेकण्ड
(c) 200 सेकण्ड (d) 195 सेकण्ड

58. एक चोर का एक पुलिसकर्मी द्वारा पीछा किया जाता है और उनके बीच की दूरी 3 किमी है। पुलिसकर्मी की चाल 75 किमी/घण्टा है और चोर की चाल 60 किमी/घण्टा है। पुलिसकर्मी चोर को तब पकड़ पाएगा जब चोर .... किमी की दूरी तय कर चुका होगा। **SSC CGL (Tier I) 20/07/2023 Shift-II**
(a) 15 (b) 18
(c) 12 (d) 10

59. अशोक, भरत से $2\frac{2}{3}$ गुना तेज दौड़ता है। यदि अशोक, भरत को 160 मी की प्रारम्भिक बढ़त देता है, तो लक्ष्य स्तम्भ कितना दूर होना चाहिए, ताकि अशोक और भरत एक ही समय में उस तक पहुँच सकें? **SSC CGL (Tier I) 19/07/2023 Shift-IV**
(a) 240 मी (b) 200 मी
(c) 225 मी (d) 256 मी

60. चोर एक पुलिसकर्मी को 300 मी की दूरी से देखकर 10 किमी/घण्टा की चाल से भागना शुरू करता है। पुलिसकर्मी तुरन्त 12 किमी/घण्टा की चाल से पीछा करता है और चोर पकड़ा जाता है। चोर द्वारा कितनी दूरी तय की गई? **SSC CGL (Tier I) 19/07/2023 Shift-IV**
(a) 2.5 किमी (b) 1.5 किमी
(c) 3.2 किमी (d) 2 किमी

61. एक चोर अपराध करता है और 12 मी/घण्टा की चाल से उस स्थान से भागता है। चोर के भागने के 20 मिनट बाद एक चौकीदार ने उसका पीछा करना शुरू किया और अगले 20 मिनट में उसे पकड़ लिया। चौकीदार की चाल (मी/घण्टा में) क्या है? **SSC CGL (Tier I) 19/07/2023 Shift-II**
(a) 24 (b) 32 (c) 30 (d) 36

62. दो व्यक्ति एक साथ एक वृत्ताकार ट्रैक पर विपरीत दिशाओं में 20 मी/से और 30 मी/से की चाल से दौड़ना शुरू करते हैं। यदि वृत्ताकार पथ की परिधि 100 मी है, तो ज्ञात कीजिए कि वे एक-दूसरे को कितने अलग-अलग बिन्दुओं पर पार करेंगे? **SSC CGL (Tier I) 19/07/2023 Shift-II**
(a) 5 (b) 10 (c) 3 (d) 2

63. R पहले दिन, चाल v से, t समय में x दूरी तय करता है। अगले दिन, वह $0.75t$ समय में $2.5x$ दूरी तय करता है, तो बताइए कि अगले दिन उसकी चाल कितनी है? **SSC CGL (Tier I) 19/07/2023 Shift-I**
(a) $\frac{5}{3}v$ (b) $3.5\,v$ (c) $\frac{10}{3}v$ (d) $4.5\,v$

64. 1170 मी की दौड़ में, रमन 65 सेकण्ड में अन्तिम बिन्दु पर पहुँचता है और मोहन 90 सेकण्ड में अन्तिम बिन्दु पर पहुँचता है। रमन, मोहन को कितनी दूरी से हराता है? **SSC CGL (Tier I) 19/07/2023 Shift-I**
(a) 325 मी (b) 350 मी
(c) 375 मी (d) 300 मी

65. एक व्यक्ति अपनी कार को 24 किमी तक 48 किमी/घण्टा की चाल से चलाता है और अगले 1.5 घण्टों के लिए वह 80 किमी/घण्टा की चाल से चलाता है। पूरी यात्रा के लिए उसकी औसत चाल (किमी/घण्टा में) ज्ञात कीजिए। **SSC CGL (Tier I) 19/07/2023 Shift-I**
(a) 64 (b) 75 (c) 68 (d) 72

66. एक पुलिसकर्मी को 210 मी की दूरी पर एक चोर दिखाई देता है। जब पुलिसकर्मी ने पीछा करना आरम्भ किया तो चोर भी भागने लगा। यदि चोर की चाल 25 किमी/घण्टा है और पुलिसकर्मी की चाल 32 किमी/घण्टा है, तो चोर के पकड़े जाने से पहले चोर कितनी दूर (मी में) भाग चुका होगा? **SSC CGL (Tier I) 18/07/2023 Shift-IV**
(a) 920 (b) 1200 (c) 750 (d) 480

67. सुधीन ने 4 घण्टे के लिए 8.5 किमी/घण्टा की चाल से साइकिल चलाई, फिर एक ऑटो लिया और 1.5 घण्टे के लिए 20 किमी/घण्टा की चाल से यात्रा की, और फिर y घण्टे के लिए 4 किमी/घण्टा की चाल से चला। यदि पूरी यात्रा में सुधीन की कुल औसत चाल 10 किमी/घण्टा थी, तो y का मान क्या है? **SSC CGL (Tier I) 18/07/2023 Shift-IV**
(a) 1.75 (b) 2 (c) 1.5 (d) 1.25

68. 1500 मी की रेस में, X, Y को 100 मी से और Z को 240 मी से हराता है। उसी रेस में Y, Z को कितनी दूरी से हराएगा? **SSC CGL (Tier I) 18/07/2023 Shift-III**
(a) 150 मी (b) 140 मी
(c) 200 मी (d) 160 मी

69. एक पुलिसकर्मी एक चोर का पीछा करता है जो पुलिसकर्मी से 600 मी आगे है। यदि पुलिसकर्मी और चोर क्रमशः 10 किमी/घण्टा और 8 किमी/घण्टा की चाल से दौड़ते हैं, तो पुलिसकर्मी कितने समय (मिनट में) में चोर को पकड़ लेगा? **SSC CGL (Tier I) 18/07/2023 Shift-II**
(a) 14 (b) 16 (c) 12 (d) 18

70. एक पुलिसकर्मी को 400 मी की दूरी पर एक चोर दिखता है। जब पुलिसकर्मी पीछा करने लगता है, तो चोर भी भागने लगता है। यदि चोर की चाल 32 किमी/घण्टा है और पुलिसकर्मी की चाल 40 किमी/घण्टा है, तो पुलिसकर्मी द्वारा पकड़े जाने से पहले तक चोर कितनी दूरी तक भाग चुका होगा? **SSC CGL (Tier I) 18/07/2023 Shift-I**
(a) 1000 मी (b) 1200 मी
(c) 1600 मी (d) 1500 मी

71. धावक A और धावक B, 800 मी लम्बाई के एक वृत्तीय पथ पर 18 किमी की दौड़ दौड़ते हैं। दोनों क्रमशः 200 सेकण्ड और 250 सेकण्ड में एक चक्कर पूरा करते हैं। दौड़ आरम्भ होने के कितने समय बाद तेज व्यक्ति, धीमे व्यक्ति से आखिरी बार मिलेगा? **SSC CGL (Tier I) 17/07/2023 Shift-IV**
(a) 4000 सेकण्ड (b) 2700 सेकण्ड
(c) 1800 सेकण्ड (d) 2250 सेकण्ड

72. किसी यात्रा के एक भाग को 90 किमी/घण्टा की चाल से 37.5 मिनट में और शेष भाग को 80 किमी/घण्टा की चाल से 14 मिनट में तय किया जाता है। यात्रा की कुल दूरी (किमी में) ज्ञात कीजिए। **SSC CGL (Tier I) 17/07/2023 Shift-IV**
(a) $76\frac{5}{12}$ (b) $62\frac{11}{12}$ (c) $78\frac{5}{12}$ (d) $74\frac{11}{12}$

73. सिपाही राम, चोर सोमेश से 225 मी पीछे है। एक मिनट में, राम 50 मी और सोमेश 30 मी दौड़ता है। सिपाही राम, चोर सोमेश को कितने समय में पकड़ लेगा? **SSC CGL (Tier I) 17/07/2023 Shift-III**
(a) 11 मिनट 15 सेकण्ड
(b) 10 मिनट 16 सेकण्ड
(c) 15 मिनट 11 सेकण्ड
(d) 16 मिनट 10 सेकण्ड

74. एक आदमी 14 किमी/घण्टा की चाल से चल रहा है। प्रत्येक किमी के बाद वह 7 मिनट आराम करता है। 7 किमी की दूरी तय करने में उसे कितना समय लगेगा? **SSC CGL (Tier I) 17/07/2023 Shift-III**
(a) $1\frac{1}{3}$ घण्टे (b) $2\frac{1}{3}$ घण्टे
(c) $\frac{1}{5}$ घण्टे (d) $1\frac{1}{5}$ घण्टे

75. एक सिपाही किसी चोर को 200 मी की दूरी से देखता है। जब सिपाही उसका पीछा करना शुरू करता है, तो चोर भी दौड़ने लगता हैं। यदि सिपाही की चाल 8 किमी/घण्टा है और चोर 6 किमी/घण्टा की चाल से दौड़ता है, तो सिपाही के चोर को पकड़ने से पहले चोर कितनी दूरी (मी में) तय कर पाएगा? **SSC CGL (Tier I) 17/07/2023 Shift-II**
(a) 600 (b) 400 (c) 550 (d) 500

76. A, B और C एकसाथ, एक समान बिन्दु से दौड़ना शुरू करते हैं। वे 1200 मी लम्बाई के एक वृत्ताकार ट्रैक के परितः क्रमशः 2, 4 और 6 मी/से की चाल से दौड़ते हैं। A और B एक ही दिशा में दौड़ते हैं, जबकि C अन्य दो के

विपरीत दिशा में दौड़ता है। वे पहली बार कितने समय के बाद मिलेंगे?
SSC CGL (Tier I) 17/07/2023 Shift-II

(a) 11 मिनट (b) 10 मिनट
(c) 9 मिनट (d) 12 मिनट

77. 693 मी के एक वृत्ताकार पथ पर, सुजाता और अंजली समान बिन्दु से लेकिन विपरीत दिशाओं में क्रमश: 2.85 किमी/घण्टा और 1.5 मी/सेकण्ड की चाल से चलना शुरू करती है। वे पहली बार कब मिलेगी? **SSC CGL (Tier I) 17/07/2023 Shift-I**

(a) 6.05 मिनट के बाद
(b) 4.56 मिनट के बाद
(c) 6.75 मिनट के बाद
(d) 5.04 मिनट के बाद

78. एक पुलिसकर्मी ने 300 मी से एक चोर को देखा। चोर भागने लगा और पुलिसकर्मी उसका पीछा कर रहा था। चोर और पुलिसकर्मी क्रमश: 8 किमी/घण्टा और 9 किमी/घण्टा की चाल से भागे। 3 मिनट के बाद उनके बीच की दूरी कितनी थी? **SSC CGL (Tier I) 17/07/2023 Shift-I**

(a) 250 मी (b) 300 मी
(c) 225 मी (d) 200 मी

79. एक पुलिसकर्मी एक चोर का पीछा करता है, जो उससे 1250 मी आगे है। पुलिसकर्मी और चोर क्रमश: 10 किमी/घण्टा और 8 किमी/घण्टा की चाल से दौड़ते हैं। पुलिसकर्मी द्वारा पकड़े जाने से पहले चोर द्वारा तय की गई दूरी (किमी में) कितनी है?
SSC CGL (Tier I) 14/07/2023 Shift-IV

(a) 7 (b) 4 (c) 6 (d) 5

80. जहाँगीर को एक घण्टे में 90 किमी की दूरी तय करनी थी। पहले 25 मिनट के दौरान उसने 15.2 मी/से की चाल से यात्रा की। शेष समय में जहाँगीर ने अपने गंतव्य स्थान पर ठीक समय पर पहुँचने के लिए प्रति सेकण्ड कितने मीटर की दूरी (मी/से में) तय की?
SSC CGL (Tier I) 14/07/2023 Shift-III

(a) 32 (b) 32.5 (c) 31.2 (d) 30.8

81. दो मित्र P और Q एक साथ वृत्ताकार ट्रैक पर एक ही बिन्दु से दौड़ना शुरू करते हैं। वे एक ही दिशा में दौड़ते हैं। P, 6 मी/से की चाल से दौड़ता है और Q, b मी/से की चाल से दौड़ता है। यदि वे वृत्ताकार पथ पर ठीक दो बिन्दुओं पर एक-दूसरे को पार करते हैं और b एक प्राकृतिक संख्या है, जो 6 से कम है, तो b के कितने मान हो सकते हैं?
SSC CGL (Tier I) 14/07/2023 Shift-III

(a) 3 (b) 2 (c) 4 (d) 1

82. 75 किमी के एक वृत्ताकार साइकिल ट्रैक के परित: एक दौड़ में दो साइकिल सवार 30 किमी/घण्टा और 25 किमी/घण्टा की चाल से साइकिल चला रहे हैं। कितने समय (घण्टों में) के बाद वे उस बिन्दु पर मिलेंगे, जहाँ से उन्होनें अपनी यात्रा शुरू की थी?
SSC CGL (Tier I) 14/07/2023 Shift-II

(a) 16 (b) 7 (c) 15 (d) 14

83. एक चोर प्रात: 3 : 00 पर एक वैन चुराता है और उसे 57 किमी/घण्टा की चाल से चलाता है। प्रात: 4 : 00 पर चोर का पता चलता है और मालिक 76 किमी/घण्टा की चाल से एक अन्य वैन से उसका पीछा करना शुरू करता है। वह चोर को कितने बजे पकड़ पाएगा?
SSC CGL (Tier I) 14/07/2023 Shift-II

(a) प्रात: 7:00 (b) प्रात: 7:30
(c) प्रात: 6:00 (d) अपराह्न 7:00

84. दो धाविकाएँ, सोनी और मोनी, एक ही दिशा में क्रमश: 18 और 24 किमी/घण्टा की चाल से 200 मी लम्बाई के एक वृत्ताकार ट्रैक पर दौड़ना शुरू करती हैं। आरम्भ से कितने समय बाद वे फिर से शुरूआती बिन्दु पर मिलेंगी?
SSC CGL (Tier I) 14/07/2023 Shift-I

(a) 110 सेकण्ड (b) 90 सेकण्ड
(c) 100 सेकण्ड (d) 120 सेकण्ड

85. अपनी यात्रा के एक भाग के रूप में, एक व्यक्ति 80 किमी/घण्टा की चाल से 120 किमी की यात्रा करता है, अगले 100 किमी की यात्रा 40 किमी/घण्टा की चाल से करता है, और 75 किमी/घण्टा की चाल से प्रारम्भिक स्थान पर वापस आता है। पूरी यात्रा में व्यक्ति की औसत चाल (लगभग) है।
SSC CGL (Tier I) 14/07/2023 Shift-I

(a) 68.15 किमी/घण्टा
(b) 58.74 किमी/घण्टा
(c) 63.46 किमी/घण्टा
(d) 49.58 किमी/घण्टा

SSC CGL 2022 (Tier I)

86. 1000 मी की दौड़ में अर्जुन, बालाजी और चरण दौड़ रहे हैं। अर्जुन ने बालाजी को 100 मी से और बालाजी ने चरण को 100 मी से हराया। अगली 1000 मी दौड़ में (गति पिछले की तरह ही है) बालाजी, चरण को 100 मी की शुरुआत देते है और अर्जुन, बालाजी को 100 मी की शुरुआत देते हैं। वह दूरी ज्ञात कीजिए, जिससे विजेता उसके ठीक पीछे वाले व्यक्ति से आगे है।
SSC CGL (Tier I) 13/12/2022 Shift-I

(a) 40 मी (b) 30 मी (c) 100 मी (d) 20 मी

87. एक पुलिसकर्मी ने अपने सामने 40 मी की दूरी पर एक चोर देखा। दोनों ने एक-दूसरे को देखते ही एक ही मार्ग पर एक ही दिशा में दौड़ना शुरू कर दिया। चोर 10 मी/से की चाल से दौड़ रहा था और पुलिसकर्मी 12 मी/से की चाल से उसका पीछा कर रहा था। चोर पकड़ने के लिए पुलिसकर्मी को कितनी दूरी (मीटर में) तय करनी होगी?
SSC CGL (Tier I) 12/12/2022 Shift-IV

(a) 180 (b) 200 (c) 225 (d) 240

88. कुछ छात्र अध्ययन यात्रा पर गए थे। 6 किमी/घण्टा की चाल से, उन्होंने 2 घण्टे तक बाइक से यात्रा की; फिर 2 किमी/घण्टा की चाल से, वे एक घण्टे तक चले फिर उन्होंने एक घण्टे आराम किया और आधे घण्टे तक दोपहर का भोजन किया; फिर 1 मी/से की चाल से, वे एक घण्टे तक चलकर एक बगीचे में गए और अन्त में 4 किमी/घण्टा की चाल से वे 3 घण्टे में घर लौट आए। उनकी औसत चाल, किमी/घण्टा में, कितनी (दो दशमलव स्थान तक पूर्णांकित) है?
SSC CGL (Tier I) 12/12/2022 Shift-III

(a) 0.28 (b) 251.62
(c) 129.23 (d) 3.48

89. राम बिन्दु A से 8 am पर चलना शुरू करता है और उसी दिन बिन्दु B पर 2 pm पर पहुँचता है। उसी दिन, राजू बिन्दु B से 8 am पर चलना शुरू करता है और उसी दिन बिन्दु A पर 6 pm पर पहुँचता है। दोनों बिन्दु A और B केवल एक सीधी रेखा वाले ट्रैक द्वारा पृथक् किए गए हैं। वे दोनों कितने बजे मिलते है?
SSC CGL (Tier I) 12/12/2022 Shift-III

(a) 9:42 am (b) 12:42 pm
(c) 11:45 am (d) 10:42 am

90. 'x' किमी/घण्टा की चाल से दौड़ रहे एक चोर का पीछा, 10 किमी/घण्टा की चाल से दौड़ रहे एक पुलिसकर्मी द्वारा किया जाता है। यदि चोर 100 मी आगे है, तो पुलिसकर्मी 3 मिनट के बाद चोर को पकड़ लेता है। तो बताइए कि चोर किस चाल से भाग रहा है। ('x' अज्ञात चाल है।)? **SSC CGL (Tier I) 09/12/2022 Shift-III**

(a) 8 किमी/घण्टा (b) 6 किमी/घण्टा
(c) 4 किमी/घण्टा (d) 10 किमी/घण्टा

91. एक व्यक्ति किसी निश्चित दूरी को बस द्वारा 45 किमी/घण्टा की चाल से तय करता है और तुरन्त कार द्वारा 80 किमी/घण्टा की चाल से प्रारम्भिक बिन्दु पर वापस आता है। पूरी यात्रा के दौरान उसकी औसत चाल कितनी है?
SSC CGL (Tier I) 09/12/2022 Shift-III

(a) 57.6 किमी/घण्टा (b) 45.5 किमी/घण्टा
(c) 63.2 किमी/घण्टा (d) 73.5 किमी/घण्टा

92. मीनू और दया क्रमश: 10 किमी/घण्टा और 25 किमी/घण्टा की चाल से बिन्दु A से B तक 105 किमी की दूरी तय करते हैं। दया पहले बिन्दु B पर पहुँचती है और तुरन्त लौटती है और मीनू से बिन्दु C पर मिलती है। बिन्दु A से बिन्दु C तक की दूरी ज्ञात कीजिए।
SSC CGL (Tier I) 09/12/2022 Shift-II

(a) 45 किमी (b) 62 किमी
(c) 35 किमी (d) 60 किमी

93. दो शहर A और B एक सीधे रास्ते पर 135 किमी की दूरी पर हैं। एक कार A से 8 am पर चलना शुरू करती है और B की ओर 25 किमी/घण्टा की चाल से चलती है। एक अन्य कार 9 am पर B से चलना शुरू करती है और A की ओर 30 किमी/घण्टा की चाल से चलती है। वे किस समय मिलेंगी?
SSC CGL (Tier I) 09/12/2022 Shift-I

(a) 10.45 am (b) 11.30 am
(c) 11 am (d) 10 am

94. एक चोर ने एक दुकान से 8 : 15 अपराह्न पर जेवर चुराए और 60 किमी/घण्टा की चाल पर बाइक से भाग गया। पुलिस को 8:30 अपराह्न पर सूचना दी गई। यदि पुलिस चोर को 9:00 अपराह्न बजे गिरफ्तार करना चाहती है, तो पुलिस जीप की न्यूनतम चाल कितनी होनी चाहिए? **SSC CGL (Tier I) 08/12/2022 Shift-IV**

(a) 60 किमी/घण्टा (b) 90 किमी/घण्टा
(c) 80 किमी/घण्टा (d) 75 किमी/घण्टा

95. 500 मी की एक रेखीय दौड़ में, A, B को 50 मी से हरा सकता है और 600 मी की दौड़ में, B, C को 60 मी से हरा सकता है। 400 मी की दौड़ में A, C को कितने मीटर से हराएगा? **SSC CGL (Tier I) 08/12/2022 Shift-III**

(a) 72 (b) 70 (c) 76 (d) 68

96. जॉन 250 किमी की दूरी 50 किमी/घण्टा की चाल से गाड़ी चलाकर तय करता है और फिर वह 350 किमी की दूरी 70 किमी/घण्टा की चाल से गाड़ी चलाकर तय करता है। पूरी यात्रा के दौरान उसकी औसत चाल (किमी/घण्टा में) ज्ञात कीजिए। **SSC CGL (Tier I) 08/12/2022 Shift-II**

(a) 58 किमी/घण्टा (b) 65 किमी/घण्टा
(c) 55 किमी/घण्टा (d) 60 किमी/घण्टा

97. A एक बिन्दु से 34 मी/से की चाल से दौड़ना आरम्भ करता है। 5 सेकण्ड बाद, B समान बिन्दु से 44 मी/से की चाल से A का पीछा करना आरम्भ करता है। B द्वारा A के पकड़े जाने से पहले B द्वारा तय की गई दूरी क्या होगी? **SSC CGL (Tier I) 07/12/2022 Shift-III**

(a) 549 मी (b) 748 मी
(c) 862 मी (d) 675 मी

98. 1500 मी की रेस में, यदि वाहन P वाहन Q को 200 मी की बढ़त देता है, तो वाहन P, 8 सेकण्ड से रेस जीत जाता है। इसके विपरीत, यदि वाहन P वाहन Q को 400 मी की बढ़त देता है, तो रेस बराबरी पर समाप्त होती है। वाहन P को 1500 मी चलने में कितना समय लगता है? **SSC CGL (Tier I) 07/12/2022 Shift-I**

(a) 40 सेकण्ड (b) 44 सेकण्ड
(c) 60 सेकण्ड (d) 45 सेकण्ड

99. एक दौड़ में एक टीम में 4 सदस्य हैं। प्रत्येक सदस्य को एक के बाद एक 5 किमी की दूरी तय करनी है। यदि कुल 30 मिनट का समय लगा है, तो औसत चाल क्या होगी? **SSC CGL (Tier I) 06/12/2022 Shift-IV**

(a) 50 मी/से (b) 50 किमी/घण्टा
(c) 40 मी/से (d) 40 किमी/घण्टा

100. 1000 मी की रैखिक दौड़ में A, B को 50 मी या 5 सेकण्ड से हरा देता है। A और B की चाल (मी/से में) के बीच कितना अन्तर है? **SSC CGL (Tier I) 06/12/2022 Shift-III**

(a) $\frac{9}{10}$ (b) $\frac{10}{19}$
(c) $1\frac{10}{19}$ (d) $\frac{9}{19}$

101. एक कुत्ते ने एक बिल्ली को 280 मी की दूरी पर देखा। बिल्ली 10 किमी/घण्टा की चाल से दौड़ने लगी और कुत्ता भी 24 किमी/घण्टा की चाल से उसे पकड़ने के लिए दौड़ा। कुत्ता, बिल्ली को पकड़ने में कितना समय लेगा? **SSC CGL (Tier I) 06/12/2022 Shift-II**

(a) 1.5 मिनट (b) 1.2 मिनट
(c) 1.3 मिनट (d) 1.4 मिनट

102. प्रसाद एक बाइक पर 16 किमी/घण्टा की चाल से 96 किमी कार में 31 किमी/घण्टा की चाल से 124 किमी और घोड़ा गाड़ी में 7 किमी/घण्टा की चाल से 105 किमी जाता है। तय की गई पूरी दूरी के लिए उसकी औसत चाल ज्ञात कीजिए। **SSC CGL (Tier I) 05/12/2022 Shift-IV**

(a) 13 किमी/घण्टा (b) 17 किमी/घण्टा
(c) 16 किमी/घण्टा (d) 11 किमी/घण्टा

103. दो पर्यटक बसें एक ही बिन्दु से प्रस्थान करती हैं और समकोण बनाती दो सड़कों पर क्रमश: 48 किमी/घण्टा और 36 किमी/घण्टा की चाल से चलती हैं। 15 सेकण्ड बाद बसों के बीच की दूरी कितनी होगी? **SSC CGL (Tier I) 05/12/2022 Shift-IV**

(a) 150 मी (b) 350 मी
(c) 250 मी (d) 175 मी

104. निम्नलिखित में से कौन-सा सही कथन नहीं हैं? **SSC CGL (Tier I) 05/12/2022 Shift-III**

(a) 20 मी/से की चाल 85 किमी/घण्टा की चाल से कम होती है
(b) दूरी को चाल से विभाजित करके समय की गणना की जा सकती है।
(c) कम समय में समान दूरी तय करने का अर्थ है उच्च चाल।
(d) 99 किमी/घण्टा की चाल 24 मी/से की चाल से कम होती है।

105. एक पुलिसकर्मी ने एक चोर को 450 मी की दूरी से देखा। पुलिसकर्मी ने उसका पीछा करना शुरू किया तो चोर भी भागने लगा। चोर की चाल और पुलिसकर्मी की चाल का अनुपात 7 : 8 हैं। कितनी दूर (किमी में) दौड़ने के बाद पुलिसकर्मी चोर को पकड़ सकता है? **SSC CGL (Tier I) 05/12/2022 Shift-I**

(a) 3.15 (b) 3.4 (c) 3.6 (d) 3.75

106. R चलने की चाल की तुलना में दोगुनी चाल से जॉगिंग करता है और जॉगिंग की तुलना में दोगुनी चाल से दौड़ता है। अपने घर से ऑफिस तक वह आधी दूरी चलकर तय करता है और शेष जॉगिंग करके। वह अपने ऑफिस से घर आते समय आधी दूरी जॉगिंग करके और शेष दूरी दौड़कर तय करता है। घर से ऑफिस तक और ऑफिस से वापस घर आने तक के पूर्ण चक्कर में उसकी औसत चाल (किमी/घण्टा में) कितनी है, अगर उसके कार्यालय और घर के बीच की दूरी 10 किमी है और वह 5 किमी/घण्टा की चाल से चलता है? **SSC CGL (Tier I) 05/12/2022 Shift-I**

(a) $\frac{80}{9}$ (b) $\frac{60}{8}$ (c) $\frac{90}{8}$ (d) $\frac{60}{9}$

107. 1200 मी की दौड़ में बाइक A, बाइक B को 100 मी से हराती है। 600 मी की दौड़ में बाइक B, बाइक C को 100 मी से हराती है। यदि बाइक A, 720 मी की दौड़ में बाइक C को 30 सेकण्ड से हरा देती है, तो बाइक C की चाल की गणना करें। **SSC CGL (Tier I) 03/12/2022 Shift-IV**

(a) $\frac{26}{3}$ मी/से (b) $\frac{17}{9}$ मी/से
(c) $\frac{17}{3}$ मी/से (d) $\frac{26}{9}$ मी/से

108. एक ट्रेन 45 किमी/घण्टा की औसत चाल से, अपने गन्तव्य तक समय पर पहुँचती है। यदि यह 30 किमी/घण्टा की औसत चाल से चलती है, तो 15 मिनट देर से पहुँचती है। कुल यात्रा .... की है। **SSC CGL (Tier I) 03/12/2022 Shift-IV**

(a) 20.5 किमी (b) 30.5 किमी
(c) 40.5 किमी (d) 22.5 किमी

109. एक चोर ने 12:30 अपराह्न पर एक बाइक चुराई और इसे 48 किमी/घण्टा की चाल से चलाता है। लेकिन आधे घण्टे के बाद चोरी का पता चलता है। बाइक का स्वामी 58 किमी/घण्टा की चाल से दूसरी बाइक पर उसका पीछा करना प्रारम्भ कर देता है। चोर कितने समय पर पकड़ लिया जाएगा? **SSC CGL (Tier I) 03/12/2022 Shift-II**

(a) 3:24 अपराह्न (b) 3:54 अपराह्न
(c) 3:10 अपराह्न (d) 3:40 अपराह्न

110. विकास ने एक निश्चित दूरी बाईक से तय की। यदि वह 40% दूरी 40 किमी/घण्टा की चाल से, 50% दूरी 25 किमी/घण्टा की चाल से और शेष 10% दूरी 10 किमी/घण्टा की चाल से तय करता है, तो पूरी दूरी तय करने में उसकी औसत चाल ज्ञात कीजिए। **SSC CGL (Tier I) 03/12/2022 Shift-II**

(a) 30 किमी/घण्टा (b) 26 किमी/घण्टा
(c) 28 किमी/घण्टा (d) 25 किमी/घण्टा

111. एक कार बिन्दु A से बिन्दु B की ओर 20 किमी/घण्टा की चाल से चलना शुरू करती है। $1\frac{1}{2}$ घण्टे बाद, दूसरी कार बिन्दु A से शुरू होती है और 30 किमी/घण्टा की चाल से चलते हुए पहली कार से $2\frac{1}{2}$ घण्टे पहले पहुँचती है। A और B के बीच की दूरी ज्ञात कीजिए। **SSC CGL (Tier I) 03/12/2022 Shift-I**

(a) 300 किमी (b) 260 किमी
(c) 280 किमी (d) 240 किमी

112. यदि एक व्यक्ति यात्रा पर $\frac{1}{x}$ किमी/घण्टा की चाल से चलता है और $\frac{1}{x^2}$ किमी/घण्टा की चाल से लौटता है, तो यात्रा के लिए उसकी औसत चाल क्या है? **SSC CGL (Tier I) 02/12/2022 Shift-III**

(a) $\frac{2}{x+x^2}$ (b) $\frac{x+1}{x^2}$ (c) $\frac{2x^2}{x+1}$ (d) $\frac{1}{x+x^2}$

113. 400 मी की दौड़ में, A 16 मी/से की चाल से दौड़ता है। यदि A, B को 15 मी की शुरुआत देता है और फिर भी उसे 10 सेकण्ड से हरा देता है, तो B की चाल क्या है?
SSC CGL (Tier I) 02/12/2022 Shift-II
(a) 9 मी/से (b) 11 मी/से
(c) 13 मी/से (d) 10 मी/से

114. एक पुलिसकर्मी को 97 मी की दूरी से एक चोर दिखाई देता है। चोर भागने लगता है और पुलिसकर्मी उसका पीछा करता है। चोर और पुलिसकर्मी क्रमश: 21 मी/से और 23 मी/से की चाल से दौड़ते हैं। चोर पकड़ने में पुलिसकर्मी को कितना समय लगेगा?
SSC CGL (Tier I) 02/12/2022 Shift-I
(a) 62.5 सेकण्ड (b) 40 सेकण्ड
(c) 45 सेकण्ड (d) 48.5 सेकण्ड

115. यदि राम एक निश्चित यात्रा अपनी सामान्य चाल की 60% चाल से तय करता है, तो वह 36 मिनट की देरी से गन्तव्य पर पहुँचता है। गंतव्य तक पहुँचने में उसका सामान्य समय (मिनट में) .... है।
SSC CGL (Tier I) 01/12/2022 Shift-IV
(a) 72 (b) 50 (c) 54 (d) 60

116. किसी निश्चित दूरी का दो-तिहाई भाग 45 किमी/घण्टा की चाल से, एक-चौथाई भाग 60 किमी/घण्टा की चाल से और शेष भाग 75 किमी/घण्टा की चाल से तय किया गया। पूरी यात्रा के लिए औसत चाल किमी प्रति घण्टा (दो दशमलव स्थान तक सही) ज्ञात कीजिए। **SSC CGL (Tier I) 01/12/2022 Shift-IV**
(a) 51.25 (b) 58.25 (c) 49.77 (d) 45.75

117. 1500 मी की दौड़ में, अनिल ने बकुल को 150 मी से हराया और उसी दौड़ में बकुल ने चार्ल्स को 75 मी से हराया। अनिल चार्ल्स को कितनी दूरी से हराता है?
SSC CGL (Tier I) 01/12/2022 Shift-I
(a) 200.15 मी (b) 293.50 मी
(c) 313.75 मी (d) 217.50 मी

SSC CGL 2021 & 2020 (Tier I)

118. कोई कार, 144 किमी की दूरी 1.8 घण्टे में तय कर सकती है। 20% अधिक चाल से यह दोगुनी दूरी कितने समय में तय करेगी।
SSC CGL (Tier I) 23/08/2021 Shift-II
(a) 3.2 घण्टे (b) 2.5 घण्टे
(c) 3 घण्टे (d) 2 घण्टे

119. 40 किमी की दूरी तय करने में A, B से 2 घण्टे अधिक लेता है। यदि A अपनी चाल को दोगुनी करता है, तो 80 किमी तय करने में वह B से $1\frac{1}{2}$ घण्टा अधिक लेता है। B को अपनी चाल से 120 किमी की दूरी तय करने में कितना समय (घण्टे में) लगेगा?
SSC CGL (Tier I) 23/08/2021 Shift-I
(a) $1\frac{1}{2}$ (b) $1\frac{2}{3}$ (c) $1\frac{1}{3}$ (d) $1\frac{1}{4}$

120. अखिल यदि अपनी सामान्य चाल की तुलना में 10 किमी/घण्टा धीमी चाल से गाड़ी चलाता है, तो उसे 150 किमी की दूरी तय करने में 30 मिनट अधिक का समय लगता है। यदि वह अपनी सामान्य चाल की तुलना में 15 किमी/घण्टा धीमी चाल से गाड़ी चलाता है, तो उसे 90 किमी की दूरी तय करने में कितना समय लगेगा?
SSC CGL (Tier I) 18/08/2021 Shift-I
(a) 2 घण्टे (b) 2 घण्टे 45 मिनट
(c) 2 घण्टे 30 मिनट (d) 2 घण्टे 15 मिनट

121. दो कारें A और B दिल्ली से क्रमश: सुबह 8:30 बजे और सुबह 9 बजे शिमला के लिए प्रस्थान करती है। वे क्रमश: 40 किमी/घण्टे और 50 किमी/घण्टे की चाल से चलती हैं। दिल्ली में कितने किलोमीटर दूर दोनों कारें एक साथ होंगी? **SSC CGL (Tier I) 07/03/2020 Shift-I**
(a) 45 किमी (b) 100 किमी
(c) 200 किमी (d) 5 किमी

122. दो साइकिल सवार X और Y एक ही समय पर स्थान A से साइकिल चलाना शुरू करते हैं और क्रमश: 6 और 8 किमी/घण्टा की चाल से स्थान B की ओर जाते हैं। यात्रा के दौरान 15 मिनट तक रुकने के बावजूद, Y, X से 10 मिनट पहले पहुँचता है। स्थान A और B के बीच कितनी दूरी है? **SSC CGL (Tier I) 06/03/2020 Shift-II**
(a) 16.5 किमी (b) 8 किमी
(c) 6 किमी (d) 10 किमी

123. एक छात्र को 4 किमी/घण्टा की चाल से घर से स्कूल जाने में 1.25 घण्टा लगता है। स्कूल से घर तक की वही दूरी 25% तक कम समय में तय करने के लिए उसे अपनी चाल को कितने प्रतिशत बढ़ाना होगा? **SSC CGL (Tier I) 06/03/2020 Shift-I**
(a) $33\frac{1}{3}\%$ (b) 45%
(c) 25% (d) 50%

124. स्थान A से स्थान B की दूरी 144 किमी हैं। दो कारें एकसाथ चलना प्रारम्भ करती हैं, एक A से और दूसरी B से। यदि वे एक ही दिशा में चलती हैं, तो वे 12 घण्टे बाद मिलती हैं, लेकिन यदि वे एक-दूसरे की ओर बढ़ती हैं, तो वे $\frac{9}{8}$ घण्टे बाद मिलती हैं। तेज चाल से चलने वाली कार की चाल (किमी/घण्टा में) ज्ञात कीजिए। **SSC CGL (Tier I) 04/03/2020 Shift-III**
(a) 64 (b) 60 (c) 70 (d) 72

SSC CPO SI 2024

125. यदि एक कार 60 किमी/घण्टा की चाल से चलती है और एक निश्चित दूरी तय करने में 180 मिनट का समय लेती है, तो समान दूरी को 40 किमी/घण्टा की चाल से तय करने में उसे कितना समय लगेगा?
SSC CPO 29/06/2024 Shift-III
(a) 4 घण्टे 30 मिनट (b) 3 घण्टे 45 मिनट
(c) 3 घण्टे 15 मिनट (d) 3 घण्टे

126. एक छात्र साइकिल से अपने स्कूल जाता है। उसके घर से स्कूल की दूरी 5 किमी है और वह इस दूरी को 1 घण्टे में तय करता है। जाते समय वह दो बार 5-5 मिनट के लिए रुकता है। उसकी औसत चाल (किमी/घण्टा में) ज्ञात कीजिए। **SSC CPO 29/06/2024 Shift-III**
(a) 5.5 (b) 6 (c) 4.5 (d) 6.5

127. एक व्यक्ति अपने घर से प्रदर्शनी मैदान तक एक ऑटो से 30 किमी/घण्टा की गति से कुछ दूरी तय करता है और 50 किमी/घण्टा की गति से कैब से लौटता है। उसकी औसत गति (किमी/घण्टा में) क्या है? **SSC CPO 29/06/2024 Shift-III**
(a) 28 (b) 37.5 (c) 40 (d) 38

128. 100 किमी की यात्रा में, S की औसत चाल 40 किमी/घण्टा है। वह पहले 60 किमी को 40 मिनट में और अगले 20 किमी को 50 मिनट में तय करता है। तो बताइए कि अन्तिम 20 किमी में उसकी चाल (किमी/घण्टा में) क्या है? **SSC CPO 29/06/2024 Shift-I**
(a) 30 (b) 25 (c) 20 (d) 40

129. आशीष बाइक से 45 किमी/घण्टा की चाल से 72 किमी, साइकिल से 4 किमी/घण्टा की चाल से 28 किमी और कार से 20 किमी/घण्टा की चाल से 160 किमी की दूरी तय करता है। पूरी यात्रा के दौरान उसकी औसत चाल (किमी/घण्टा में) ज्ञात कीजिए। (दो दशमलव स्थानों तक पूर्णांकित)
SSC CPO 28/06/2024 Shift-III
(a) 25.25 (b) 28.33
(c) 27.65 (d) 15.66

130. A द्वारा 4 किमी/घण्टा की चाल से 8 घण्टे और 8 किमी/घण्टा की चाल से 4 घण्टे की यात्रा की गई। यात्रा की औसत चाल (किमी/घण्टा में) क्या है? **SSC CPO 28/06/2024 Shift-III**
(a) $4\frac{2}{3}$ (b) $5\frac{1}{3}$ (c) $4\frac{1}{3}$ (d) $5\frac{2}{3}$

131. एक आदमी, रेलगाड़ी द्वारा 80 किमी/घण्टा की चाल से 1200 किमी की दूरी तय करता है, जहाज द्वारा 40 किमी/घण्टा की चाल से 1600 किमी की दूरी तय करता है, हवाई जहाज द्वारा 400 किमी/घण्टा की चाल से 1000 किमी की दूरी तय करता है और कार द्वारा 50 किमी/घण्टा की चाल से 200 किमी की दूरी तय करता है। सम्पूर्ण दूरी के लिए औसत चाल कितनी है? (दो दशमलव स्थान तक पूर्णांकित)
SSC CPO 28/06/2024 Shift-II
(a) 72.40 किमी/घण्टा
(b) 68.1 किमी/घण्टा
(c) 75.40 किमी/घण्टा
(d) 65.04 किमी/घण्टा

132. दो शहर P और Q परस्पर 275 किमी दूर हैं। एक मोटरसाइकिल सवार 25 किमी/घण्टा की चाल से सुबह 10:00 बजे (10:00 a.m.) P से Q की ओर चलना शुरू करता है। एक अन्य सवार Q से P की ओर उसी दिन दोपहर 12 बजे 20 किमी/घण्टा की चाल से चलना शुरू करता

है। वे किस समय एक-दूसरे को पार करेगा? **SSC CPO 28/06/2024 Shift-II**

(a) 4:30 pm (b) 3:00 pm
(c) 5:00 pm (d) 1:15 pm

133. एक वस्तु द्वारा यात्रा के दौरान तय की गई दूरी (d), समय (t) के अनुक्रमानुपाती है। एक ट्रेन 2 घण्टे में 72 किमी की दूरी तय करती है। d और t के बीच सम्बन्ध दर्शाने वाला समीकरण ज्ञात कीजिए। **SSC CPO 28/06/2024 Shift-II**

(a) $d = t - 36$ (b) $d = t + 36$
(c) $d = \frac{t}{36}$ (d) $d = 36t$

134. S अपनी कार चलाता है और 90 मिनट में 37 किमी और 500 मी की दूरी तय करता है। तो बताइए कि उसकी औसत चाल (किमी/घण्टा में) क्या है? **SSC CPO 28/06/2024 Shift-I**

(a) 20 (b) 40
(c) 25 (d) 22.5

135. R घर से 30 मिनट से कार्यालय पहुँचता है और 20 मिनट से वापस आता है। घर से उसके कार्यालय की दूरी 12.5 किमी है। बताइए कि घर से कार्यालय तक जाने और फिर घर वापस आने में उसकी औसत चाल (किमी/घण्टा में) क्या है? **SSC CPO 27/06/2024 Shift-III**

(a) 25 (b) 30 (c) 20 (d) 60

136. एक व्यक्ति 12 किमी/घण्टा की चाल से कुछ दूरी तय करता है और 8 किमी/घण्टा की चाल से वापस आता है। यदि उसके द्वारा लिया गया कुल समय 3 घण्टे और 45 मिनट है, तो तय की गई कुल दूरी (किमी में) ज्ञात करें। **SSC CPO 27/06/2024 Shift-III**

(a) 24 (b) 32 (c) 42 (d) 36

137. दो कार क्रमश: 45 किमी/घण्टा और 55 किमी/घण्टा की चाल से एक स्थान तक चलती हैं। यदि यात्रा में दूसरी कार, पहली कार से 40 मिनट कम समय लेती है, तो यात्रा की लम्बाई (किमी में) कितनी है? **SSC CPO 27/06/2024 Shift-II**

(a) 180 (b) 145 (c) 165 (d) 99

138. एक बस अपनी यात्रा के पहले 50 किमी की दूरी को 40 मिनट में तय करती है और शेष 75 किमी की दूरी को 40 मिनट में तय करती है। बस की औसत चाल (किमी/घण्टा में) क्या है? **SSC CPO 27/06/2024 Shift-II**

(a) $93\frac{3}{4}$ (b) $105\frac{3}{4}$ (c) $95\frac{1}{4}$ (d) $101\frac{1}{4}$

139. 7 किमी/घण्टा की गति से भाग रहे एक चोर का पीछा एक पुलिसकर्मी करता है, जिसकी गति 12 किमी/घण्टा है। यदि चोर पुलिस वाले से 280 मी आगे है, तो पुलिसकर्मी को चोर को पकड़ने में कितना समय लगेगा? **SSC CPO 27/06/2024 Shift-I**

(a) $4\frac{9}{25}$ मिनट (b) $3\frac{9}{25}$ मिनट
(c) $3\frac{1}{25}$ मिनट (d) $3\frac{2}{25}$ मिनट

140. एक कार एक घण्टे के पहले एक चौथाई भाग में 20 किमी दूसरे एक चौथाई भाग में 25 किमी और तीसरे एक चौथाई भाग में 15 किमी की दूरी तय करती है। पूरी यात्रा के दौरान कार की औसत चाल (किमी/घण्टा में) क्या है? **SSC CPO 27/06/2024 Shift-I**

(a) 65 (b) 75 (c) 80 (d) 70

SSC CPO SI 2023-2020

141. एक व्यक्ति एक निश्चित दूरी को बाइक से तय करता है। यदि वह उस दूरी का 25% भाग 25 किमी/घण्टा की चाल से, उस दूरी का 50% भाग 50 किमी/घण्टा की चाल से, और शेष दूरी 12.5 किमी/घण्टा की चाल से तय करता है, तो पूरी यात्रा के दौरान उसकी औसत चाल ज्ञात कीजिए। **SSC CPO 05/10/2023 Shift-III**

(a) 35 किमी/घण्टा (b) 30 किमी/घण्टा
(c) 25 किमी/घण्टा (d) 20 किमी/घण्टा

142. 1200 मी की दौड़ में, राकेश 36 सेकण्ड में और राजेश 40 सेकण्ड में अन्तिम बिन्दु तक पहुँचता है। राकेश, राजेश को कितनी दूरी से हराता है? **SSC CPO 05/10/2023 Shift-III**

(a) 130 मी (b) 120 मी
(c) 150 मी (d) 140 मी

143. तीन कारों को समान दूरी तय करने में लगने वाले समय का अनुपात 12 : 15 : 10 है। तीनों कारों की चालों का अनुपात ज्ञात करें। **SSC CPO 04/10/2023 Shift-II**

(a) 4 : 5 : 6 (b) 5 : 6 : 4
(c) 5 : 4 : 6 (d) 4 : 6 : 5

144. एक कार, 5 घण्टे की अपनी पूरी यात्रा के दौरान, पहले 45 मिनट एक निश्चित चाल से, अगले 75 मिनट 85 किमी/घण्टा की चाल से और अन्तिम 3 घण्टे 70 किमी/घण्टा की चाल से तय करती है। अपनी पूरी यात्रा के दौरान, कार की औसत चाल 73 किमी/घण्टा पाई जाती है। पहले 45 मिनट के दौरान कार की चाल (किमी/घण्टा में) ज्ञात करें। **SSC CPO 04/10/2023 Shift-II**

(a) 72 (b) 65 (c) 68 (d) 62

145. एक व्यक्ति 40 किमी दौड़ता है। पहले 10 किमी में उसके द्वारा लिया गया समय, दूसरे 10 किमी में उसके द्वारा लिए गए समय से दोगुना है। तीसरे 10 किमी में लिया गया समय, चौथे 10 किमी में लिए गए समय का आधा है, और चौथे 10 किमी में लिया गया समय, पहले 10 किमी में लिए गए समय के बराबर है। यदि पहले 10 किमी में उसकी चाल 40 किमी/घण्टा है, तो 40 किमी के लिए उसकी औसत चाल कितनी होगी? **SSC CPO 03/10/2023 Shift-I**

(a) $\frac{70}{3}$ किमी/घण्टा
(b) 40 किमी/घण्टा
(c) $\frac{160}{3}$ किमी/घण्टा
(d) 50 किमी/घण्टा

146. एक टूरिस्ट वैन देहरादून से मसूरी तक 35 किमी की दूरी 36 किमी/घण्टा की औसत चाल से तय करती है और 60 किमी/घण्टा की चाल से वापस आती है। इस पूरी यात्रा के लिए टूरिस्ट वैन की लगभग औसत चाल (किमी/घण्टा में) कितनी है? **SSC CPO 03/10/2023 Shift-I**

(a) 50 (b) 48 (c) 42 (d) 45

147. एक व्यक्ति एक 900 मी लम्बी सड़क को 6 मिनट में पार करता है। व्यक्ति की चाल (किमी/घण्टा) में ज्ञात कीजिए। **SSC CPO 03/10/2023 Shift-I**

(a) 9 (b) 10 (c) 5 (d) 8

148. 1200 मी की रेस में राम, श्याम को 200 मी या 20 सेकण्ड से हरा सकता है। राम की चाल क्या होनी चाहिए? **SSC CPO 11/11/2022 Shift-I**

(a) 10 मी/से (b) 14 मी/से
(c) 16 मी/से (d) 12 मी/से

149. A और B की चालें 3 : 5 के अनुपात में है। गंतव्य तक पहुँचने में A, B की तुलना में 30 मिनट अधिक समय लेता है। A गंतव्य तक कितने समय में पहुँचता है? **SSC CPO 11/11/2022 Shift-I**

(a) 1 घण्टा (b) 1 घण्टा 10 मिनट
(c) 1 घण्टा 15 मिनट (d) 1 घण्टा 5 मिनट

150. यदि एक व्यक्ति स्थान A से B तक 12 किमी/घण्टा की चाल से जाता है और 18 किमी/घण्टा की चाल से लौटता है, तो पूरी तरह यात्रा के लिए उसकी औसत चाल क्या होगी? **SSC CPO 11/11/2022 Shift-I**

(a) 14.4 किमी/घण्टा (b) 15 किमी/घण्टा
(c) 30 किमी/घण्टा (d) 6 किमी/घण्टा

151. एक कार अपनी यात्रा के पहले 10 मिनट में 21 मी/से की चाल से चलती है, अगले 10 मिनट में 9.0 किमी और अन्तिम 10 मिनट में 10 किमी की यात्रा करती है। अपनी पूरी यात्रा के दौरान कार की औसत चाल किमी/घण्टा में क्या है? **SSC CPO 10/11/2022 Shift-I**

(a) 62.0 किमी/घण्टा (b) 60.0 किमी/घण्टा
(c) 63.2 किमी/घण्टा (d) 65.3 किमी/घण्टा

152. एक कार ने पहले 100 किमी की दूरी 50 किमी/घण्टा की गति से तय की। इसने अगले 140 किमी की दूरी 70 किमी/घण्टा की गति से तय की। इसकी औसत गति क्या है? **SSC CPO 10/11/2022 Shift-I**

(a) 64 किमी/घण्टा (b) 62 किमी/घण्टा
(c) 60 किमी/घण्टा (d) 58 किमी/घण्टा

153. गीता, बबीता से 5/2 गुना तेज दौड़ती है। एक रेस में, यदि गीता, बबीता को 40 मी की बढ़त देती है, तो प्रारम्भिक बिन्दु से उस बिन्दु तक की दूरी ज्ञात कीजिए जहाँ वे दोनों मिलेंगी (दशमलव के बाद दो स्थानों तक पूर्णांकित)। **SSC CPO 10/11/2022 Shift-I**

(a) 65 मी (b) 66 मी
(c) 66.67 मी (d) 65.33 मी

154. 40 किमी की दूरी तय करने में A को B से 2 घण्टा 30 मिनट अधिक समय लगता है। यदि A अपनी चाल दोगुनी तेज कर देता है तो उसे B से 1 घण्टा कम समय लग सकता है। A और B द्वारा 40 किमी की दूरी तय करने में लगने वाला औसत समय (घण्टे में) ज्ञात करें।
SSC CPO 25/11/2020 Shift-I

(a) 6 घण्टे
(b) 7 घण्टे 15 मिनट
(c) 5 घण्टे 15 मिनट
(d) 5 घण्टे 45 मिनट

155. एक बस 1 घण्टे 30 मिनट में 60 किमी की दूरी तय करती है, जबकि उस दूरी को एक कार द्वारा 45 मिनट में तय किया जाता है। कार की चाल और बस की चाल का अनुपात ज्ञात करें।
SSC CPO 24/11/2020 Shift-I

(a) 5 : 3 (b) 3 : 5
(c) 2 : 1 (d) 1 : 2

156. एक व्यक्ति 300 किमी की दूरी तय करता है और फिर आरम्भिक बिन्दु पर लौट आता है। जाने में उसके द्वारा लिया गया समय, वापस आने में लिए गए समय से 5 घण्टे अधिक है। यदि वह जाने की चाल की तुलना में 10 किमी/घण्टा अधिक चाल से लौटा हो, तो जाते समय उसकी चाल क्या थी? **SSC CPO 24/11/2020 Shift-I**

(a) 25 किमी/घण्टा
(b) 30 किमी/घण्टा
(c) 20 किमी/घण्टा
(d) 15 किमी/घण्टा

157. 40 किमी की दूरी तय करने में A को B से 2 घण्टे 30 मिनट अधिक लगते हैं। यदि A अपनी चाल दोगुनी करता है, तो वह इसे B से 1 घण्टा कम समय में तय कर सकता है। A द्वारा 40 किमी की दूरी तय करने में लगने वाला समय (घण्टे में) ज्ञात करें।
SSC CPO 23/11/2020 Shift-I

(a) 5 (b) 9
(c) 6 (d) 7

SSC CHSL 2024 (Tier I & II)

158. 2400 मी की दौड़ में तरुण, हरि को 60 सेकण्ड की शुरुआती बढ़त देता है और फिर भी उसे 40 सेकण्ड से हरा देता है। यदि हरि की चाल 6 मी/से है, तो तरुण की चाल ज्ञात कीजिए।
SSC CHSL (Tier II) 18/11/2024 Shift-I

(a) 7.5 मी/से (b) 8 मी/से
(c) 8.5 मी/से (d) 7 मी/से

159. टॉम ने 6 घण्टे में 285 किमी की यात्रा की। अपनी कुल यात्रा में, वह पहले भाग की यात्रा बस द्वारा 40 किमी/घण्टा की चाल से और शेष भाग की यात्रा रेलगाड़ी द्वारा 55 किमी/घण्टा की चाल से तय करता है। वह रेलगाड़ी द्वारा कितनी दूरी तय करता है?
SSC CHSL (Tier I) 11/07/2024 Shift-IV

(a) 120 किमी (b) 155 किमी
(c) 165 किमी (d) 135 किमी

160. एक निश्चित दूरी को तय करने में लगने वाले समय को 25% कम करने के लिए एक धावक को अपनी चाल में कितने प्रतिशत की वृद्धि करनी चाहिए?
SSC CHSL (Tier I) 11/07/2024 Shift-I

(a) $33\frac{1}{3}\%$ (b) $37\frac{1}{3}\%$
(c) 41% (d) 31%

161. 65 किमी/घण्टा की चाल से दौड़ रहा एक पुलिसकर्मी एक चोर का पीछा कर रहा है, जो उससे 1200 मी दूर है और 41 किमी/घण्टा की चाल से दौड़ रहा है। पुलिसकर्मी द्वारा चोर को पकड़ने में लगने वाला समय ज्ञात कीजिए।
SSC CHSL (Tier I) 11/07/2024 Shift-I

(a) 1 मिनट (b) 2 मिनट
(c) 3 मिनट (d) 4 मिनट

162. एक व्यक्ति 4 किमी/घण्टा की चाल से चलते हुए एक निश्चित दूरी को 6 घण्टे 15 मिनट में तय करता है। यदि वह समान दूरी 5 घण्टे 10 मिनट में साइकिल से तय करता है, तो साइकिल की (किमी/घण्टा में) चाल क्या है?
SSC CHSL (Tier I) 10/07/2024 Shift-IV

(a) $3\frac{21}{31}$ (b) $3\frac{11}{31}$ (c) $2\frac{9}{31}$ (d) $4\frac{26}{31}$

163. एक कार एक समान चाल से किसी दूरी को 16 घण्टे में तय करती है। यदि चाल 20 किमी/घण्टा बढ़ा दी जाती, तो यही दूरी 12 घण्टे में तय की जा सकती है। कार द्वारा तय की गई कुल दूरी कितनी है?
SSC CHSL (Tier I) 10/07/2024 Shift-III

(a) 1080 किमी (b) 960 किमी
(c) 480 किमी (d) 720 किमी

164. एक पुलिसकर्मी को एक चोर का पीछा करने के लिए कहा गया। इससे पहले कि पुलिसकर्मी पीछा करना शुरु करता, उसे ज्ञात होना है कि चोर उससे 200 मी आगे था और 16 किमी/घण्टा की चाल से भाग रहा था। पुलिसकर्मी ने 20 किमी/घण्टा की चाल से पीछा करना शुरु किया। पुलिसकर्मी द्वारा पकड़े जाने से पहले चोर कितनी दूर तक भागेगा?
SSC CHSL (Tier I) 10/07/2024 Shift-II

(a) 600 मी (b) 1000 मी
(c) 800 मी (d) 700 मी

165. एक साइकिल चालक 10 किमी की दूरी 15 किमी/घण्टा की औसत चाल से तय करता है और फिर अगले 15 किमी की दूरी 10 किमी/घण्टा की औसत चाल से तय करता है। पूरी यात्रा की औसत चाल ज्ञात कीजिए।
SSC CHSL (Tier I) 10/07/2024 Shift-I

(a) 12.5 किमी/घण्टा
(b) 11.54 किमी/घण्टा
(c) 10 किमी/घण्टा
(d) 20 किमी/घण्टा

166. एक चोर की चाल एक पुलिसकर्मी की चाल की $\frac{4}{5}$ गुना है। पुलिसकर्मी द्वारा 30 मिनट में पकड़े जाने से पहले चोर 6 किमी की दूरी तय करता है। शुरुआत में पुलिसकर्मी और चोर के बीच (किमी में) दूरी कितनी थी?
SSC CHSL (Tier I) 09/07/2024 Shift-IV

(a) 1.2 (b) 0.8
(c) 1.5 (d) 1.0

167. यात्रा के एक हिस्से को 68 किमी/घण्टा की चाल से 22.5 मिनट में और शेष हिस्से को 72 किमी/घण्टा की चाल से 12 मिनट में तय किया जाता है। यात्रा की कुल दूरी कितनी है? (निकटतम पूर्णांक तक)
SSC CHSL (Tier I) 09/07/2024 Shift-II

(a) 42 किमी (b) 35 किमी
(c) 38 किमी (d) 40 किमी

168. 2 किमी की रैखिक दौड़ में, यदि P, 200 सेकण्ड में और Q, 220 सेकण्ड में दौड़ पूरी करता है, तो P, Q को कितनी दूरी से हराता है? **SSC CHSL (Tier I) 09/07/2024 Shift-I**

(a) $173\frac{7}{11}$ मी (b) $167\frac{6}{11}$ मी
(c) $191\frac{7}{11}$ मी (d) $181\frac{9}{11}$ मी

169. एक पुलिसकर्मी 12 किमी/घण्टा की चाल से एक चोर का पीछा कर रहा है और चोर 8 किमी/घण्टा की चाल से भाग रहा है। यदि पुलिसकर्मी 30 मिनट देरी से पीछा करना शुरू करता है, तो चोर को पकड़ने में पुलिसकर्मी द्वारा लिया गया समय ज्ञात कीजिए।
SSC CHSL (Tier I) 08/07/2024 Shift-I

(a) 100 मिनट (b) 120 मिनट
(c) 90 मिनट (d) 60 मिनट

170. एक व्यक्ति अपनी यात्रा की कुल दूरी को तीन बराबर भागों में बाँटता है और तीनों भागों को क्रमश: 80 किमी/घण्टा, 60 किमी/घण्टा और 30 किमी/घण्टा की चाल से तय करने का निर्णय लेता है। यात्रा के दौरान औसत चाल क्या है? **SSC CHSL (Tier I) 05/07/2024 Shift-IV**

(a) 49 किमी/घण्टा (b) 40 किमी/घण्टा
(c) 48 किमी/घण्टा (d) 45 किमी/घण्टा

171. एक मोटरसाइकिल चालक पहले एक घण्टे में 90 किमी/घण्टा की चाल से और अगले दो घण्टों में 120 किमी./घण्टा की चाल से अपनी मोटरसाइकिल चलाता है। चालक की औसत चाल ज्ञात कीजिए।
SSC CHSL (Tier I) 05/07/2024 Shift-III

(a) 115 किमी/घण्टा
(b) 110 किमी/घण्टा
(c) 105 किमी/घण्टा
(d) 120 किमी/घण्टा

172. यदि D, 60 किमी/घण्टा की चाल से गाड़ी चलाता है, तो किसी गन्तव्य पर पहुँचने के लिए उसे 45 मिनट का समय लगता है। कुछ अत्यावश्यकता के कारण, उसे 30 मिनट में गन्तव्य तक पहुँचना है। किमी/घण्टा में उसकी चाल क्या होनी चाहिए?
SSC CHSL (Tier I) 05/07/2024 Shift-II

(a) 80 (b) 75 (c) 90 (d) 60

173. 9 किमी/घण्टा की चाल से चल रही एक लड़की एक पुल को 45 मिनट में पार करती है। पुल की लम्बाई (मीटर में) ज्ञात कीजिए।
SSC CHSL (Tier I) 05/07/2024 Shift-I
(a) 7532 (b) 6398 (c) 6750 (d) 6349

174. 100 मी की एक दौड़ में, A, B को 20 मी से और B, C को 5 मी से हराता है। उसी दौड़ में, वह दूरी ज्ञात कीजिए, जिससे A, C को हराता है।
SSC CHSL (Tier I) 04/07/2024 Shift-IV
(a) 24 मी (b) 22 मी (c) 25 मी (d) 26 मी

175. यदि एक कार 36 किमी/घण्टा की चाल से चलती है, तो वह 85 मिनट में एक निश्चित दूरी तय करती है। यात्रा के समय को 51 मिनट तक कम करने के लिए कार को किस चाल से चलाना होगा?
SSC CHSL (Tier I) 04/07/2024 Shift-III
(a) 50 किमी/घण्टा (b) 80 किमी/घण्टा
(c) 60 किमी/घण्टा (d) 70 किमी/घण्टा

176. अरुण और भास्कर ने 3 किमी की दौड़ लगाई। अरुण भास्कर को 400 मी की बढ़त देता है और उसे 30 सेकण्ड से हरा देता है वापस आते समय अरुण भास्कर को 2.5 मिनट की बढ़त देता है और 500 मी से हार जाता है। मिनट में, उस समय के बीच का अन्तर कितना है, जिसमें अरुण और भास्कर एक तरफ की दौड़ के लिए अलग-अलग दौड़ लगा सकते हैं?
SSC CHSL (Tier I) 04/07/2024 Shift-II
(a) 2.5 मिनट (b) 3 मिनट
(c) 2 मिनट (d) 1.5 मिनट

177. शंकर कार द्वारा 40 किमी/घण्टा की चाल से एक निश्चित दूरी तय करता है और वह स्कूटर पर सवार होकर 20 किमी/घण्टा की चाल से प्रारम्भिक बिन्दु पर लौटता है। पूरी यात्रा की औसत चाल बताइए।
SSC CHSL (Tier I) 04/07/2024 Shift-I
(a) $22\frac{2}{3}$ किमी/घण्टा (b) $24\frac{2}{3}$ किमी/घण्टा
(c) $29\frac{2}{3}$ किमी/घण्टा (d) $26\frac{2}{3}$ किमी/घण्टा

178. राम और श्याम एक ही स्थान से विपरीत दिशा में चलना शुरू करते हैं। यदि श्याम $5\frac{1}{4}$ किमी/घण्टा की चाल से चलता है और राम 3 किमी/घण्टा की चाल से चलता है, तो कितने समय बाद वे एक-दूसरे से 44 किमी दूर होंगे?
SSC CHSL (Tier I) 03/07/2024 Shift-IV
(a) 5 घण्टे 20 मिनट
(b) 6 घण्टे 20 मिनट
(c) 4 घण्टे 20 मिनट
(d) 3 घण्टे 20 मिनट

179. 800 मी की एक दौड़ में, दो प्रतियोगियों अंकुर और नेहा की चाल का अनुपात 5 : 6 है। यदि अंकुर को 200 मी की बढ़त दी जाती है, तो अंकुर .... से जीत जाएगा।
SSC CHSL (Tier I) 03/07/2024 Shift-III
(a) 89 मी (b) 69 मी (c) 76 मी (d) 80 मी

180. एक पुलिसकर्मी एक चोर का पीछा करता है, जो उससे 500 मी आगे है। चोर की चाल 18 किमी/घण्टा है और पुलिसकर्मी की चाल 36 किमी/घण्टा है। पुलिसकर्मी द्वारा चोर को पकड़ने में लगने वाला समय ज्ञात कीजिए।
SSC CHSL (Tier I) 03/07/2024 Shift-II
(a) 300 सेकण्ड (b) 100 सेकण्ड
(c) 150 सेकण्ड (d) 250 सेकण्ड

181. एक बस चालक को 240 किमी की यात्रा 4 घण्टे में पूरी करनी है। यदि वह अपनी यात्रा के पहले 3 घण्टों में औसत 70 किमी/घण्टा की चाल से चलता है, तो उसे आखिरी/अन्तिम घण्टे में किस चाल से (किमी/घण्टा में) यात्रा करनी होगी?
SSC CHSL (Tier I) 03/07/2024 Shift-I
(a) 60 (b) 35 (c) 50 (d) 30

182. दो स्टेशन T_1 और T_2 एक-दूसरे से 300 किमी की दूरी पर हैं। एक कार स्टेशन T_1 से 8 am पर चलना शुरू करती है और स्टेशन T_2 की ओर 45 किमी/घण्टा की चाल से चलती है। 10 am पर एक दूसरी कार स्टेशन T_2 से T_1 की ओर 60 किमी/घण्टा की चाल से चलना शुरू करती है। दोनों कारें किस समय मिलेंगी?
SSC CHSL (Tier I) 03/07/2024 Shift-I
(a) 10 : 00 am (b) 12 : 00 pm
(c) 1 : 00 pm (d) 11 : 00 am

183. मिथिला बस से 50 किमी की दूरी 90 मिनट में तय करती है। बस से उतरने के बाद, वह 15 मिनट आराम करती है और टैक्सी द्वारा 35 मिनट में 30 किमी की एक और दूरी तय करती है। पूरी यात्रा के लिए औसत चाल (किमी/घण्टा में) ज्ञात कीजिए।
SSC CHSL (Tier I) 02/07/2024 Shift-III
(a) $33\frac{2}{7}$ (b) $34\frac{2}{7}$ (c) $32\frac{2}{7}$ (d) $31\frac{2}{7}$

184. एक पुलिसकर्मी को सूचना मिली कि एक चोर उससे 1.5 किमी की दूरी पर है। चोर कार से चलना शुरू करता है और पुलिसकर्मी कार से उसका पीछा करता है। चोर और पुलिसकर्मी क्रमश: 90 किमी/घण्टा और 120 किमी/घण्टा की चाल से आगे बढ़ रहे हैं। पुलिसकर्मी किस दूरी (किमी में) पर चोर को पकड़ लेगा?
SSC CHSL (Tier I) 02/07/2024 Shift-III
(a) 45.0 किमी (b) 5 किमी
(c) 4.5 किमी (d) 6 किमी

185. अपनी सामान्य चाल की $\frac{6}{7}$ चाल से चलती हुई एक बस 20 मिनट देरी से पहुँचती है। बस का इस यात्रा को पूरा करने का सामान्य समय क्या है?
SSC CHSL (Tier I) 02/07/2024 Shift-II
(a) 2 घण्टे (b) 4 घण्टे (c) 1.5 घण्टे (d) 3 घण्टे

186. एक लुटेरा 5 pm पर एक व्यक्ति का बैग चुराकर 10 किमी/घण्टा की चाल से दौड़ना शुरू करता है। एक पुलिसकर्मी को 5 : 12 pm पर लुटेरे के बारे में सूचित किया जाता है और वह 15 किमी/घण्टा की चाल से साइकिल पर चोर का पीछा करता है। किस समय पुलिसकर्मी लुटेरे को पकड़ेगा?
SSC CHSL (Tier I) 01/07/2024 Shift-IV
(a) 5 : 48 pm (b) 5 : 40 pm
(c) 5 : 36 pm (d) 5 : 12 pm

187. राम ने 40 किमी/घण्टा, 45 किमी/घण्टा और 60 किमी/घण्टा की चाल से समान दूरी तय की। पूरी यात्रा के दौरान राम की औसत चाल क्या थी?(दशमलव के दो स्थानों तक सही है।)
SSC CHSL (Tier I) 01/07/2024 Shift-II
(a) 46.96 किमी/घण्टा (b) 64.96 किमी/घण्टा
(c) 66.94 किमी/घण्टा (d) 94.66 किमी/घण्टा

188. एक व्यक्ति 5 किमी/घण्टा की चाल से चलते हुए एक निश्चित दूरी को 3 घण्टे 45 मिनट में तय करता है। यदि वह समान दूरी को एक साइकिल द्वारा 2 घण्टे 10 मिनट में तय करता है, तो साइकिल की चाल (किमी/घण्टा में) क्या है?
SSC CHSL (Tier I) 01/07/2024 Shift-I
(a) $9\frac{11}{26}$ (b) $5\frac{11}{26}$ (c) $7\frac{16}{26}$ (d) $8\frac{17}{26}$

SSC CHSL 2023-2021 (Tier I & II)

189. एक व्यक्ति अपनी यात्रा का $\frac{1}{4}$ भाग 25 किमी/घण्टा की चाल से, यात्रा का $\frac{1}{2}$ भाग 40 किमी/घण्टा की चाल से और यात्रा का शेष भाग 50 किमी/घण्टा की चाल से तय करता है। पूरी यात्रा के दौरान उसकी प्रति घण्टा औसत चाल (किमी/घण्टा में) ज्ञात कीजिए।
SSC CHSL (Tier II) 02/11/2023 Shift-I
(a) $36\frac{4}{11}$ (b) $36\frac{6}{11}$ (c) $34\frac{4}{11}$ (d) $34\frac{6}{11}$

190. मैं 40 किमी/घण्टा की औसत चाल से कार चलाकर अपने गन्तव्य पर 7 घण्टे में पहुँच जाता हूँ। मैं उसी गन्तव्य पर 5 घण्टे में किस चाल से पहुँच सकता हूँ?
SSC CHSL (Tier I) 17/08/2023 Shift-I
(a) 50 किमी/घण्टा (b) 65 किमी/घण्टा
(c) 56 किमी/घण्टा (d) 55 किमी/घण्टा.

191. A और B, 1400 मी लम्बे एक वृत्ताकार ट्रैक पर दौड़ रहे हैं। A की चाल 33 मी/से है और B की चाल 47 मी/से है। यदि वे एक ही बिन्दु से एक ही समय पर विपरीत दिशा में दौड़ना शुरू करते हैं, तो कितने समय के बाद वे दूसरी बार मिलेंगे? **SSC CHSL (Tier I) 17/08/2023 Shift-I**
(a) 38 सेकण्ड (b) 35 सेकण्ड
(c) 33 सेकण्ड (d) 32 सेकण्ड

192. अनिल और अरुण एक ही बिन्दु से एक ही दिशा में और एक ही समय पर क्रमश: 72 किमी/घण्टे और 90 किमी/घण्टे की चाल से 2575 मी लम्बे एक वृत्ताकार ट्रैक पर कार से रेस लगाना शुरु करते हैं। कितने समय के बाद (सेकण्ड में) वे फिर से पहली बार मिलेंगे?
SSC CHSL (Tier I) 14/08/2023 Shift-IV
(a) 525 (b) 515
(c) 510 (d) 520

193. दो शहर P और Q एक सीधी सड़क पर एक-दूसरे से 181 किमी दूरी पर है। एक व्यक्ति P से 8 : 30 पूर्वाह्न पर चलना शुरू करता है और Q की ओर 30 किमी/घण्टा की चाल से यात्रा करता है। यदि एक अन्य व्यक्ति Q से 8 : 54 पूर्वाह्न पर यात्रा करना शुरू करता है और P की ओर 35 किमी/घण्टा की चाल से यात्रा करता है, तो वे दोनों व्यक्ति किस समय मिलेंगे? **SSC CHSL (Tier I) 11/08/2023 Shift-I**

(a) 10 : 30 पूर्वाह्न (b) 10 : 00 पूर्वाह्न
(c) 11 : 30 पूर्वाह्न (d) 11 : 00 पूर्वाह्न

194. A अपनी साइकिल 15 किमी/घण्टे की चाल से चलाता है, जबकि B, 6 घंटे बाद 25 किमी/घण्टे की चाल से A को पकड़ने के लिए साइकिल से चलना शुरू करता है। A को पकड़ने में B द्वारा लिया गया समय (घण्टों में) ...... है।

SSC CHSL (Tier I) 10/08/2023 Shift-III

(a) 9 (b) 8 (c) 6 (d) 10

195. अनिल ने एक कार से एक निश्चित दूरी तय की। यदि वह 35% दूरी 70 किमी/घण्टा की चाल से, 40% दूरी 80 किमी/घण्टा की चाल से और शेष दूरी 50 किमी/घण्टा की चाल से तय करता है, तो पूरी यात्रा के लिए उसकी औसत चाल (किमी/घण्टा में) कितनी है?

SSC CHSL (Tier I) 09/08/2023 Shift-I

(a) $66\frac{1}{3}$ (b) $66\frac{2}{3}$ (c) $66\frac{4}{3}$ (d) $66\frac{3}{3}$

196. एक कार की चाल 63 किमी/घण्टा है। 10 सेकण्ड में इसके द्वारा तय की गई दूरी कितनी है? **SSC CHSL (Tier I) 08/08/2023 Shift-II**

(a) 185 मी (b) 175 मी
(c) 1.75 किमी (d) 17.5 मी

197. जीनत और नसरीन 1.2 किमी की एक वृत्ताकार दौड़ में भाग लेती हैं। वे एक ही बिन्दु से एक ही समय पर क्रमश: 18 किमी/घण्टा और 27 किमी/घण्टा की चाल से दौड़ शुरू करती हैं। यदि वे एक ही दिशा में दौड़ रही हैं, तो वे कितने समय (मिनटों में) के बाद पहली बार प्रारम्भिक बिन्दु पर मिलेगीं?

SSC CHSL (Tier I) 02/08/2023 Shift-I

(a) 7 (b) 10 (c) 8 (d) 9

198. एक व्यक्ति 80 किमी/घण्टा की चाल से स्कूटर से अपने कार्यालय जाता है और 60 मिनट पहले पहुँच जाता है। यदि वह 50 किमी/घण्टा की चाल से जाए, तो 48 मिनट देर से पहुँचता है। समय पर (न देर से न जल्दी) पहुँचने के लिए स्कूटर की चाल कितनी होनी चाहिए?

SSC CHSL (Tier I) 21/03/2023 Shift-II

(a) 64 किमी/घण्टा (b) 66 किमी/घण्टा
(c) 60 किमी/घण्टा (d) 62 किमी/घण्टा

199. विराम के बिना, एक बस की चाल 60 किमी/घण्टा है और विराम सहित, उसकी चाल 54 किमी/घण्टा है। बस प्रति घण्टा कितने मिनट के लिए रूकती है?

SSC CHSL (Tier I) 20/03/2023 Shift-III

(a) 7 मिनट (b) 6 मिनट
(c) 5 मिनट (d) 4 मिनट

200. एक खास यात्रा का एक तिहाई भाग 10 किमी/घण्टा की चाल से, एक चौथाई भाग 15 किमी/घण्टा की चाल से और शेष भाग 20 किमी/घण्टा की चाल से तय किया जाता है। पूरी यात्रा की औसत चाल कितनी होगी?

SSC CHSL (Tier I) 16/03/2023 Shift-I

(a) 240/17 किमी/घण्टा
(b) 280/17 किमी/घण्टा
(c) 200/17 किमी/घण्टा
(d) 15 किमी/घण्टा

201. एक बस स्टैंड से हर 50 मिनट के बाद एक बस समान दिशा में चलना शुरू करती है। मोहित विपरीत दिशा में 50 किमी/घण्टा की चाल से आगे बढ़ रहा है। यदि मोहित प्रत्येक बस से 10 मिनट में मिलता है, जो बस की चाल क्या है?

SSC CHSL (Tier I) 15/03/2023 Shift-IV

(a) 14.5 किमी/घण्टा (b) 10.5 किमी/घण्टा
(c) 12.5 किमी/घण्टा (d) 15 किमी/घण्टा

202. राम को परीक्षा केन्द्र तक 6 घण्टे में पहुँचना है, परीक्षा केन्द्र 250 किमी की दूरी पर है। यदि राम ने इस दूरी का (3/5) भाग 3.5 घण्टे में तय किया, तो नियत समय से 30 मिनट पहले परीक्षा केन्द्र पहुँचने के लिए आवश्यक चाल कितनी होनी चाहिए?

SSC CHSL (Tier I) 10/03/2023 Shift-II

(a) 50 किमी/घण्टा (b) 60 किमी/घण्टा
(c) 40 किमी/घण्टा (d) 90 किमी/घण्टा

203. एक कार एकसमान चाल से 60 किमी की दूरी तय करती है। यदि कार की चाल में 8 किमी/घण्टा की वृद्धि कर दी जाए, तो यही दूरी तय करने में इसे 2 घण्टे कम लगते हैं। कार की वास्तविक चाल क्या है?

SSC CHSL (Tier I) 09/03/2023 Shift-I

(a) 16 किमी/घण्टा (b) 12 किमी/घण्टा
(c) 10 किमी/घण्टा (d) 15 किमी/घण्टा

204. 2500 मी की एक वृत्ताकार रेस में, एक पुरुष और एक महिला क्रमश: 37 किमी/घण्टा और 35 किमी/घण्टा की चाल से विपरीत दिशाओं की ओर एक ही बिन्दु से दौड़ना शुरू करते हैं। दौड़ शुरू होने के कितने समय बाद वे पहली बार मिलेंगे? **SSC CHSL (Tier I) 02/06/2022 Shift-I**

(a) 2 मिनट 30 सेकण्ड
(b) 2 मिनट 20 सेकण्ड
(c) 2 मिनट 5 सेकण्ड
(d) 2 मिनट 40 सेकण्ड

205. एक आदमी अपनी साइकिल को 12 किमी/घण्टा की चाल से 10 किमी चलाता है, फिर अगले 12 किमी, 10 किमी/घण्टा की चाल से चलाता है। पूरी यात्रा में उसकी औसत चाल लगभग कितनी है?

SSC CHSL (Tier I) 01/06/2022 Shift-I

(a) 10.8 किमी/घण्टा (b) 11.8 किमी/घण्टा
(c) 10 किमी/घण्टा (d) 11.4 किमी/घण्टा

206. रोशनी ने बिन्दु A से बिन्दु B तक जाते समय 66 किमी/घण्टा की चाल से यात्रा की और उसी मार्ग से 92.4 किमी/घण्टा की चाल से वापस आई। दोतरफा यात्रा के दौरान रोशनी की कुल औसत चाल क्या थी?

SSC CHSL (Tier I) 01/06/2022 Shift-I

(a) 79 किमी/घण्टा (b) 79.2 किमी/घण्टा
(c) 78 किमी/घण्टा (d) 77 किमी/घण्टा

207. सुनीता अपनी यात्रा के पहले 75 किमी में 45 किमी/घण्टा की औसत से कार चलाती है। उसके बाद शेष 45 किमी यात्रा में वह 70 किमी/घण्टा की औसत चाल से कार चलाती है। यदि सुनीता यात्रा के दौरान कहीं भी रुकी नहीं है, तो पूरी यात्रा के दौरान उसकी औसत चाल (किमी/घण्टा में) ज्ञात कीजिए।

SSC CHSL (Tier I) 31/05/2022 Shift-I

(a) 51 (b) $51\frac{93}{97}$ (c) 52 (d) $51\frac{3}{7}$

208. कोई कार, 54 किमी/घण्टा की चाल से किसी निश्चित दूरी को 50 मिनट में तय करती है। यदि चाल में 25% की वृद्धि होती है, तो कार उस दूरी के $\frac{3}{4}$ भाग को कितने समय में तय करेगी? **SSC CHSL (Tier I) 12/08/2021 Shift-III**

(a) 35 मिनट (b) 30 मिनट
(c) 25 मिनट (d) 40 मिनट

209. एक यात्रा का पाँचवाँ हिस्सा 30 किमी/घण्टा की चाल से तय किया गया, एक-चौथाई यात्रा 25 किमी/घण्टा की चाल से और शेष 60 किमी/घण्टा की चाल से तय की गई है। पूरी यात्रा में औसत चाल (किमी/घण्टा में, एक दशमलव स्थान तक सही) क्या होगी?

SSC CHSL (Tier I) 04/08/2021 Shift-I

(a) 40.5 (b) 30.6 (c) 25.4 (d) 38.7

210. 4 किमी/घण्टा की चाल से चलने वाला एक व्यक्ति एक सुरंग को 18 मिनट में पार करता है। सुरंग की लम्बाई (मीटर में) ज्ञात कीजिए।

SSC CHSL (Tier I) 09/04/2021 Shift-III

(a) 1600 (b) 1200 (c) 1400 (d) 1800

SSC MTS 2024

211. एक व्यक्ति 21 घण्टे में एक यात्रा पूरी कर सकता है। वह यात्रा का शुरुआती एक तिहाई भाग 40 किमी/घण्टा की चाल से और शेष दूरी 60 किमी/घण्टा की चाल से तय करता है। उसकी यात्रा की कुल दूरी कितनी है?

SSC MTS 13/11/2024 Shift-III

(a) 360 किमी (b) 1140 किमी
(c) 720 किमी (d) 1080 किमी

212. एक आदमी 60 किमी/घण्टा की चाल से कार से 30 किमी की दूरी तय करता है और साइकिल से 20 किमी की एक और दूरी तय करता है। उसकी पूरी यात्रा 3 घण्टे में पूरी होती है। साइकिल की चाल (किमी/घण्टा में) कितनी है? **SSC MTS 13/11/2024 Shift-III**

(a) 8 (b) 12 (c) 6 (d) 10

213. 120 किमी/घण्टा की चाल से चल रहा एक पुलिसकर्मी अपने से 5000 मी दूर और 100 किमी/घण्टा की चाल से चल रहे एक चोर का पीछा करता है। चोर को पकड़ने में पुलिसकर्मी को कितना समय लगेगा?
SSC MTS 12/11/2024 Shift-III

(a) 13.5 मिनट (b) 20 मिनट
(c) 15 मिनट (d) 10 मिनट

214. एक आदमी 10 किमी/घण्टा की चाल से एक निश्चित दूरी तय करता है और 8 किमी/घण्टा की चाल से प्रारम्भिक बिन्दु पर लौटता है। सम्पूर्ण यात्रा में उसे कुल डेढ़ घण्टे का समय लगा। उसके द्वारा तय की गई कुल दूरी (किमी में) कितनी है? **SSC MTS 11/11/2024 Shift-III**

(a) $13\frac{1}{3}$ (b) $14\frac{2}{5}$
(c) $12\frac{2}{3}$ (d) $11\frac{1}{3}$

215. एक चोर एक पुलिसकर्मी से 150 मी की दूरी पर है। यदि चोर की चाल 93 किमी/घण्टा है और पुलिसकर्मी की चाल 108 किमी/घण्टा है, तो पुलिसकर्मी द्वारा चोर को पकड़ने में लिया गया समय ज्ञात कीजिए। **SSC MTS 05/11/2024 Shift-III**

(a) 32 सेकण्ड (b) 40 सेकण्ड
(c) 36 सेकण्ड (d) 38 सेकण्ड

216. एक चोर 525 मी की दूरी से एक पुलिसकर्मी को देखकर 18 किमी/घण्टा की चाल से भागने लगा। पुलिसकर्मी ने तुरन्त 21 किमी/घण्टा की चाल से उसका पीछा किया और चोर पकड़ा गया। पुलिसकर्मी द्वारा पकड़े जाने से पहले चोर कितनी दूरी तक भागा था?
SSC MTS 30/10/2024 Shift-III

(a) 3125 मी (b) 3100 मी
(c) 3150 मी (d) 3175 मी

217. एक पुलिसकर्मी, एक चोर को 400 मी की दूरी से देखता है। चोर 8 किमी/घण्टा की चाल से दौड़ना शुरू करता है और पुलिसकर्मी 9 किमी/घण्टा की चाल से उसका पीछा करता है। 18 मिनट के बाद उनके बीच की दूरी क्या है?
SSC MTS 30/10/2024 Shift-III

(a) 300 मी (b) 150 मी
(c) 100 मी (d) 200 मी

218. दो एथलीट X और Y एक वृत्ताकार पथ पर दौड़ रहे हैं जिसकी परिधि 500 मी है। एथलीट X, 18 किमी/घण्टा की चाल से दौड़ता है और Y विपरीत दिशा में 9 किमी/घण्टा की चाल से दौड़ता है। कितने समय में वे पहली बार मिलेंगे? **SSC MTS 29/10/2024 Shift-III**

(a) 50 सेकण्ड (b) 200 सेकण्ड
(c) 27.77 सेकण्ड (d) 66.66 सेकण्ड

219. 1 किमी की एक गोलाकार दौड़ में, दो व्यक्ति X और Y एक ही बिन्दु से एक ही समय पर क्रमश: 9 किमी/घण्टा और 18 किमी/घण्टा की चाल से दौड़ना शुरू करते हैं। एक ही दिशा में दौड़ते हुए वे पहली बार शुरुआती बिन्दु पर कब मिलेंगे? **SSC MTS 29/10/2024 Shift-III**

(a) 240 सेकण्ड
(b) 360 सेकण्ड
(c) 180 सेकण्ड
(d) 400 सेकण्ड

220. एक कार पहली 12 किमी की दूरी 30 किमी/घण्टा की चाल से, अगली 15 किमी की दूरी 45 किमी/घण्टा की चाल से और अगली 20 किमी की दूरी 60 किमी/घण्टा की चाल से तय करती है। कार की औसत चाल ज्ञात कीजिए। **SSC MTS 28/10/2024 Shift-II**

(a) $39\frac{2}{19}$ किमी/घण्टा
(b) $33\frac{1}{17}$ किमी/घण्टा
(c) $47\frac{3}{26}$ किमी/घण्टा
(d) $44\frac{1}{16}$ किमी/घण्टा

221. यदि एक कार की चाल 81 किमी/घण्टा है। तो कार द्वारा 24 सेकण्ड में तय की गई दूरी कितनी है? **SSC MTS 23/10/2024 Shift-II**

(a) 540 मी (b) 270 मी
(c) 280 मी (d) 560 मी

222. 5.4 किमी/घण्टा की चाल से चलते हुए, रोहित को अपने घर से स्कूल पहुँचने में 40 मिनट लगते हैं। यदि वह 8 किमी/घण्टा की चाल से चलता है, तो उसे कितना समय लगेगा?
SSC MTS 22/10/2024 Shift-II

(a) 27 मिनट (b) 23 मिनट
(c) 25 मिनट (d) 24 मिनट

223. एक व्यक्ति को 1 घण्टे में 8 किमी की दूरी तय करनी है। यदि वह कुल समय के एक-तिहाई समय में एक-चौथाई दूरी तय करता है, तो शेष दूरी को शेष समय में तय करने के लिए उसकी चाल (किमी/घण्टा में) कितनी होनी चाहिए ताकि वह व्यक्ति ठीक समय पर गन्तव्य पर पहुँच जाए? **SSC MTS 22/10/2024 Shift-II**

(a) 7 (b) 9
(c) 6 (d) 8

224. राघव 1 घण्टा 40 मिनट में 45 किमी की दूरी तय करता है। यह मानते हुए कि वह अपनी पूरी यात्रा में एकसमान चाल से चलता है, राघव की चाल (मी/से में) क्या है?
SSC MTS 21/10/2024 Shift-II

(a) 9 (b) 7.5
(c) 7.2 (d) 6

225. A और B के बीच की दूरी 1200 किमी है। यदि वे एक ही समय पर एक-दूसरे की ओर बढ़ना शुरू करते हैं, तो वे 24 घण्टे में मिलेंगे। यदि A, B के 10 घण्टे बाद प्रारम्भ करता है, तो वे 20 घण्टे और अधिक बाद में मिलेंगे। उनकी क्रमश: चाल क्या है?
SSC MTS 21/10/2024 Shift-II

(a) 25 किमी/घण्टा, 35 किमी/घण्टा
(b) 35 किमी/घण्टा, 25 किमी/घण्टा
(c) 40 किमी/घण्टा, 25 किमी/घण्टा
(d) 30 किमी/घण्टा, 20 किमी/घण्टा

226. A और B, 1200 मी के एक वृत्ताकार ट्रैक के चारों ओर एक ही दिशा में क्रमश: 8 मी/से और 12 मी/से की चाल से एकसाथ दौड़ना आरम्भ करते हैं। A और B प्रारम्भिक बिन्दु पर पहली बार ...... बाद मिलेंगे।
SSC MTS 18/10/2024 Shift-II

(a) 150 सेकण्ड (b) 80 सेकण्ड
(c) 300 सेकण्ड (d) 100 सेकण्ड

227. एक चोर एक सीधी सड़क पर 28 मी/से की चाल से बाइक चलाते हुए भाग रहा है। एक पुलिसकर्मी 30 मी/से की चाल से एक कार को चलाते हुए उसका पीछा करता है। यदि कार से बाइक की तात्कालिक दूरी (instantaneous separation) 400 मी है, तो पुलिसकर्मी को चोर को पकड़ने में कितना समय लगेगा?
SSC MTS 18/10/2024 Shift-II

(a) 150 सेकण्ड
(b) 100 सेकण्ड
(c) 200 सेकण्ड
(d) 300 सेकण्ड

228. एक चोर 10 : 30 am पर एक बाइक चोरी करता है और इसे 50 किमी/घण्टा की चाल से चलाता है। लेकिन आधे घण्टे बाद चोर का पता चल जाता है। बाइक मालिक ने 60 किमी/घण्टा की चाल से दूसरी बाइक से उसका पीछा करना शुरू किया। चोर कितने बजे पकड़ा जाएगा?
SSC MTS 17/10/2024 Shift-II

(a) 12 : 30 pm
(b) 2 : 30 pm
(c) 1 : 30 pm
(d) 1 : 00 pm

229. एक कार चालक कुल 120 किमी की दूरी तय करता है। वह पहले 80 किमी की दूरी 50 किमी/घण्टा की एकसमान चाल से और अगले 40 किमी की दूरी 40 किमी/घण्टा की एकसमान चाल से तय करता है। कार की औसत चाल कितनी होगी?
SSC MTS 16/10/2024 Shift-II

(a) $46\frac{2}{13}$ किमी/घण्टा
(b) $46\frac{5}{13}$ किमी/घण्टा
(c) $46\frac{1}{13}$ किमी/घण्टा
(d) $46\frac{3}{13}$ किमी/घण्टा

230. A और B, एक ही दिशा में क्रमश: 9 किमी/घण्टा और 3 किमी/घण्टा की चाल से 27 किमी लम्बे एक वृत्ताकार ट्रैक पर दौड़ रहे हैं। वे ...... बाद दोबारा मिलेंगे?
SSC MTS 16/10/2024 Shift-II

(a) 4 घण्टे (b) 3.5 घण्टे
(c) 4.5 घण्टे (d) 3 घण्टे

231. एक धावक 36 सेकण्ड में 300 मी की दौड़ पूरी करता है। धावक की चाल किमी/घण्टा में कितनी है? **SSC MTS 15/10/2024 Shift-I**

(a) 24 (b) 30
(c) 48 (d) 36

232. एक व्यक्ति 300 मी की दूरी से अन्य व्यक्ति को किसी महिला से चेन छीनते हुए देखता है। वह दौड़ना शुरू करता है और 10 किमी/घण्टा की चाल से कुल 1.5 किमी की दूरी तय करने के बाद चोर को पकड़ लेता है। चोर किस चाल से दौड़ रहा था?
SSC MTS 15/10/2024 Shift-I
(a) 9.5 किमी/घण्टा (b) 8 किमी/घण्टा
(c) 8.5 किमी/घण्टा (d) 9 किमी/घण्टा

233. एक साइकिल चालक 2.5 किमी की दूरी 4 मिनट 10 सेकण्ड में तय करता है। उसी चाल से 6 किमी की दूरी तय करने में उसे कितना समय लगेगा? **SSC MTS 09/10/2024 Shift-I**
(a) 12 मिनट (b) 11 मिनट
(c) 9 मिनट (d) 10 मिनट

234. एक कार 5 घण्टे में 275 किमी की दूरी तय कर सकती है। यदि इसकी चाल 5 किमी/घण्टा कम कर दी जाए, तो कार द्वारा 300 किमी की दूरी को तय करने में कितना समय लगेगा? **SSC MTS 09/10/2024 Shift-I**
(a) 5 घण्टे
(b) 4 घण्टे 30 मिनट
(c) 5 घण्टे 30 मिनट
(d) 6 घण्टे

235. एक व्यक्ति साइकिल चलाकर 12.5 सेकण्ड में 75 मी की दूरी तय करता है। उसकी चाल (किमी/घण्टा में) कितनी है?
SSC MTS 08/10/2024 Shift-I
(a) 6 (b) 11.1
(c) 15.5 (d) 21.6

236. एक चोर ने एक पुलिसकर्मी को देखा और वह 12 मी/से की चाल से भागने लगा। एक निश्चित समय के बाद पुलिसकर्मी 18 मी/से की चाल से चोर के पीछे दौड़ना शुरू करता है। यदि पुलिसकर्मी चोर को पकड़ने के लिए 540 मी की दूरी तय करता है, तो कितने समय (सेकण्ड में) के बाद पुलिसकर्मी दौड़ना शुरू करता है? **SSC MTS 08/10/2024 Shift-I**
(a) 10 (b) 18
(c) 15 (d) 12

237. तीन कारों की चाल का अनुपात 5 : 3 : 4 है। इन कारों द्वारा समान दूरी को तय करने में लिए गए समय का अनुपात ज्ञात कीजिए।
SSC MTS 08/10/2024 Shift-I
(a) 12 : 20 : 15
(b) 12 : 13 : 15
(c) 10 : 13 : 15
(d) 16 : 13 : 15

238. एक व्यक्ति क्रमशः 3 किमी/घण्टा, 4 किमी/घण्टा और 8 किमी/घण्टा की चाल से समान दूरियाँ तय करता है और कुल मिलाकर 425 मिनट लेता है। उसके द्वारा तय की गई कुल दूरी (किमी में) कितनी है?
SSC MTS 07/10/2024 Shift-I
(a) 32 (b) 27
(c) 30 (d) 28

239. रवि अपने गाँव से कॉलेज 5 किमी/घण्टा की चाल से जाता है और 4 किमी/घण्टा की चाल से वापस आता है। यदि उसे कुल मिलाकर 9 घण्टे लगते हैं, तो गाँव और कॉलेज के बीच की दूरी (किमी में) ज्ञात कीजिए।
SSC MTS 01/10/2024 Shift-I
(a) 9 (b) 18
(c) 40 (d) 20

240. एक चोर, एक पुलिसकर्मी को देखता है और वह 18 मी/से की चाल से भागने लगता है। 12 सेकण्ड बाद, पुलिसकर्मी एक निश्चित चाल से चोर के पीछे दौड़ना शुरू करता है। यदि पुलिसकर्मी चोर तक पहुँचने के लिए 864 मी की दूरी तय करता है, तो पुलिसकर्मी की चाल (मी/से में) ज्ञात कीजिए।
SSC MTS 30/09/2024 Shift-I
(a) 15 (b) 24
(c) 30 (d) 28

SSC MTS 2023

241. एक आदमी ने 72 मिनट में 7.5 किमी की दूरी तय करने का निर्णय लिया। उसने दो-तिहाई दूरी 5 किमी/घण्टा की चाल से और शेष दूरी को कुछ अलग चाल से तय करने का निर्णय लिया। दो-तिहाई दूरी तय करने के बाद चाल ज्ञात कीजिए। **SSC MTS 14/09/2023 Shift-I**
(a) 14.3 किमी/घण्टा
(b) 10 किमी/घण्टा
(c) 12.5 किमी/घण्टा
(d) 15.5 किमी/घण्टा

242. दो शहरों के बीच की दूरी 9 घण्टे में 60 किमी/घण्टा की चाल से तय की जाती है। चाल (किमी/घण्टा में) कितनी बढ़ाई जानी चाहिए, जिससे यात्रा के समय में 1 घण्टे की बचत की जा सके? **SSC MTS 14/09/2023 Shift-I**
(a) 15 (b) 12.5
(c) 7.5 (d) 10

243. अमित ने 60 मील/घण्टे की चाल से 6 घण्टे और 40 मील/घण्टे की चाल से 6 घण्टे गाड़ी चलाई। पूरी यात्रा में उसकी औसत चाल (मील/घण्टे में) क्या थी?
SSC MTS 14/09/2023 Shift-I
(a) 48 (b) 50
(c) 46 (d) 44

244. एक पुलिसकर्मी 250 मी की दूरी से एक चोर को देखता है। जब पुलिसकर्मी चोर का पीछा करना शुरू करता है, तो चोर भी भागने लगता है। मान लीजिए कि चोर की चाल 10 किमी/घण्टा है और पुलिसकर्मी की चाल 12.5 किमी/घण्टा है। पकड़े जाने से पहले चोर कितनी दूर भाग चुका होगा?
SSC MTS 14/09/2023 Shift-I
(a) 1 किमी (b) 2 किमी
(c) 3 किमी (d) 4 किमी

245. नेहा 8 किमी/घण्टा की चाल से चलती है और एक पुल को 27 मिनट में पार करती है। मीटर में पुल की लम्बाई कितनी है?
SSC MTS 11/09/2023 Shift-II
(a) 4850 (b) 3000
(c) 2400 (d) 3600

246. यदि तीन कारों द्वारा एक निश्चित दूरी तय करने में लगने वाले समय का अनुपात 2 : 3 : 5 है, तो इन कारों की चालों का अनुपात कितना होगा?
SSC MTS 11/09/2023 Shift-I
(a) 10 : 6 : 15
(b) 15 : 9 : 8
(c) 15 : 10 : 6
(d) 10 : 15 : 8

247. 200 किमी लम्बी सीधी सड़क के विपरीत छोरों से दो साइकिल सवार एक ही समय पर चलना शुरू करते हैं। एक साइकिल सवार 20 किमी/घण्टा की चाल से और दूसरा 30 किमी/घण्टा की चाल से यात्रा करता है। उन्हें मिलने में कितना समय लगेगा? **SSC MTS 11/09/2023 Shift-I**
(a) 5 घण्टे (b) 4 घण्टे
(c) 5.5 घण्टे (d) 4.5 घण्टे

248. एक आदमी 1800 मी लम्बी सड़क को 6 मिनट में पार करता है। उसकी चाल की गणना (मी/से में) कीजिए। **SSC MTS 08/09/2023 Shift-II**
(a) 8 (b) 6
(c) 4 (d) 5

249. एक पुलिसकर्मी 108 मी की दूरी से एक चोर को देखता है। चोर भागने लगता है और पुलिसकर्मी उसका पीछा करता है। यदि चोर और पुलिसकर्मी की चाल क्रमशः 21 किमी/घण्टा और 23 किमी/घण्टा है, तो पुलिसकर्मी द्वारा पकड़े जाने से पहले चोर को कितनी दूर (मी में) भागना होगा?
SSC MTS 08/09/2023 Shift-I
(a) 1216 (b) 3121
(c) 1134 (d) 2534

250. एक सिपाही एक चोर को 185 मी की दूरी से देखता है। चोर भागने लगता है और सिपाही उसका पीछा करता है। चोर और सिपाही क्रमशः 8 मी/से और 9 मी/से की चाल से दौड़ते हैं। 2 मिनट बाद उनके बीच की दूरी कितनी होगी? **SSC MTS 06/09/2023 Shift-II**
(a) 65 मी (b) 92 मी
(c) 120 मी (d) 130 मी

251. एक आदमी साइकिल से एक स्थान तक जाने और वहाँ से स्कूटर से वापस आने में 8 घण्टे 30 मिनट का समय लेता है। यदि वह दोनों ओर की यात्रा साइकिल से करता है, तो उसे 10 घण्टे लगते हैं। उसे स्कूटर से दोनों ओर की यात्रा करने में कितना समय (घण्टों में) लगेगा?
SSC MTS 05/09/2023 Shift-II
(a) $3\frac{1}{2}$ (b) 7
(c) 4 (d) $4\frac{1}{2}$

252. एक यात्रा की कुल दूरी 800 किमी है। यदि एक कार यात्रा के पहले 320 किमी की दूरी 64 किमी/घण्टा की चाल से तय करती है, तो अगले 480 किमी की चाल क्या होनी चाहिए, ताकि औसत चाल 80 किमी/घण्टा हो जाए?
SSC MTS 05/09/2023 Shift-II

(a) 86 किमी/घण्टा (b) 96 किमी/घण्टा
(c) 69 किमी/घण्टा (d) 89 किमी/घण्टा

253. युग $\frac{3}{2}$ घण्टे में 56 किमी/घण्टा की चाल से एक निश्चित दूरी तय करता है। यदि वह वही दूरी 7 घण्टे में तय करना चाहता है, तो उसकी चाल (किमी/घण्टा में) क्या होगी?
SSC MTS 04/09/2023 Shift-II

(a) 16 (b) 20 (c) 12 (d) 14

254. एक व्यक्ति बिन्दु A से बिन्दु B तक 40 किमी/घण्टा की चाल से यात्रा करता है और 60 किमी/घण्टा की चाल से बिन्दु A पर वापस आता है। यदि यात्रा में कुल 5 घण्टे का समय लगता है, तो बिन्दु A और बिन्दु B के बीच की दूरी कितनी है?
SSC MTS 01/09/2023 Shift-III

(a) 120 किमी (b) 130 किमी
(c) 125 किमी (d) 135 किमी

255. एक ट्रक चालक ने तीन घण्टे तक 60 किमी/घण्टा की चाल से गाड़ी चलाई। फिर वह एक घण्टे के लिए रुक गया और कहीं नहीं गया। फिर उसने 60 किमी/घण्टा की चाल से चार घण्टे गाड़ी और चलाई। चालक की औसत चाल(किमी/घण्टा में)क्या थी?
SSC MTS 01/09/2023 Shift-I

(a) 50.5 (b) 62.4 (c) 42.8 (d) 52.5

SSC MTS 2022 & 2021

256. A, स्टेशन P से सुबह 8:00 बजे निकलता है और सुबह 11:00 बजे स्टेशन Q पर पहुँच जाता है। B, स्टेशन Q से सुबह 9:00 बजे निकलता है और सुबह 11:00 बजे स्टेशन P पर पहुँच जाता है। वे एक-दूसरे को कितने बजे पार करेंगे?
SSC MTS 15/07/2022 Shift-II

(a) 9:52 पूर्वाह्न (b) 9:48 पूर्वाह्न
(c) 10:05 पूर्वाह्न (d) 10:00 पूर्वाह्न

257. एक बस, स्कूटर से 20% तेज चाल से चल सकती है। दोनों एक ही समय पर बिन्दु P से चलते हैं और बिन्दु P से 60 किमी दूर स्थित बिन्दु Q पर एक ही समय पर पहुँचते हैं। हालांकि रास्ते में बस स्टेशनों पर बस लगभग 10 मिनट रुकी, जबकि स्कूटर कहीं नहीं रुका। बस की चाल ज्ञात कीजिए।
SSC MTS 15/07/2022 Shift-I

(a) 60 किमी/घण्टा (b) 72 किमी/घण्टा
(c) 68 किमी/घण्टा (d) 80 किमी/घण्टा

258. पीयू और टीटू एक ही जगह से एक ही समय पर विपरीत दिशाओं में चलना शुरू करते हैं। यदि पीयू 5 किमी/घण्टा की चाल से चलता है और टीटू 2 किमी/घण्टा की चाल से चलता है, तो कितने समय बाद उनके बीच की दूरी 10.5 किमी हो जाएगी?
SSC MTS 15/07/2022 Shift-I

(a) 3.5 घण्टे (b) 2 घण्टे
(c) 2.5 घण्टे (d) 1.5 घण्टे

259. एक व्यक्ति 20 किमी/घण्टा की चाल से P से Q तक जाता है। फिर वह q किमी/घण्टा की चाल से Q से R तक जाता है। अन्त में व्यक्ति r किमी/घण्टा की चाल से R से S तक जाता है। P से Q, Q से R और R से S के बीच की दूरी बराबर है। यदि P से R के बीच उसकी औसत चाल $\frac{280}{11}$ किमी/घण्टा है और Q से S के बीच उसकी औसत चाल $\frac{112}{3}$ किमी/घण्टा है, तो r का मान क्या होगा?
SSC MTS 14/07/2022 Shift-I

(a) 37.5 (b) 45
(c) 40 (d) 42.5

260. एक यात्रा के दौरान एक व्यक्ति आधी दूरी 18 किमी/घण्टा की चाल से और शेष आधी दूरी 22 किमी/घण्टा की चाल से तय करता है। पूरी यात्रा के दौरान उसकी औसत चाल ज्ञात कीजिए।
SSC MTS 13/07/2022 Shift-I

(a) 20.2 किमी/घण्टा
(b) 19.8 किमी/घण्टा
(c) 19.2 किमी/घण्टा
(d) 21.4 किमी/घण्टा

261. आशु की चाल विशु की चाल से 15 किमी/घण्टा अधिक है। वे एक ही समय पर एक ही दिशा में चलना शुरू करते हैं, लेकिन आरम्भ में विशु, आशु से कुछ दूरी आगे था। यदि आशु उनके चलने के 6 घण्टे बाद विशु को पार करता है, तो उनके बीच आरम्भिक दूरी ज्ञात कीजिए।
SSC MTS 11/07/2022 Shift-I

(a) 45 किमी (b) 80 किमी
(c) 90 किमी (d) 60 किमी

262. प्रकाश की गति लगभग 3×10^{17} नैनोमीटर प्रति सेकण्ड के बराबर है। प्रकाश को चन्द्रमा से पृथ्वी तक की यात्रा करने में लगभग कितना समय (सेकण्ड में) लगता है। जबकि, इनके बीच की औसत दूरी 384000 किमी है?
(1 नैनोमीटर $= 10^{-9}$ मी)
SSC MTS 02/11/2021 Shift-III

(a) 38.4 (b) 1.28 (c) 12.8 (d) 3.84

263. दो साइकिल चालक दो बिन्दुओं क्रमश: A और B से एक साथ चलना शुरू करते हैं, उनके गंतव्य क्रमश: B और A हैं। एक दूसरे को पार करने के बाद, वे अपने गंतव्य तक पहुँचने के लिए क्रमश: 2 घण्टा 33 मिनट 36 सेकण्ड और 1 घण्टा 26 मिनट 24 सेकण्ड का समय लेते हैं। पहले साइकिल चालक और दूसरे साइकिल चालक की चाल के अनुपात की गणना करें।
SSC MTS 02/11/2022 Shift-III

(a) 3 : 2 (b) 3 : 4 (c) 2 : 3 (d) 4 : 3

264. एक हवाई जहाज एक निश्चित दूरी को 280 किमी/घण्टा की चाल से $4\frac{3}{4}$ घण्टे में तय करता है। उसी दूरी को 7 घण्टे में तय करने के लिए उसकी चाल (किमी/घण्टा में) कितनी होनी चाहिए?
SSC MTS 02/11/2021 Shift-II

(a) 180 (b) 140 (c) 190 (d) 175

265. किसी ट्रक चालक को कुल 260 किमी की दूरी 4 घण्टे में तय करनी है। वह पहले 75 मिनट तक 56 किमी/घण्टा की चाल से ट्रक चलाता है और अगले 90 किमी तक 60 किमी/घण्टा की चाल से ट्रक चलाता है। 4 घण्टे में यात्रा पूरी करने के लिए, उसे किस चाल (किमी/घण्टा) से शेष दूरी को तय करना होगा?
SSC MTS 02/11/2021 Shift-I

(a) 65 (b) 75 (c) 58 (d) 80

SSC GD Constable 2024 & 2023

266. एक आदमी एक निश्चित दूरी का आधा भाग 45 किमी/घण्टा की चाल से तय करता है। वह शेष दूरी का 40% भाग 8 किमी/घण्टा की चाल से तय करता है और अन्त में बाकी दूरी 24 किमी/घण्टा की चाल से तय करता है। पूरी यात्रा के दौरान उसकी औसत चाल कितनी है?
SSC GD Constable 26/02/2024 Shift-I

(a) 144/7 किमी/घण्टा
(b) 164/7 किमी/घण्टा
(c) 128/7 किमी/घण्टा
(d) 156/7 किमी/घण्टा

267. एक बस अपने निर्धारित समय से 60 मिनट देरी से रवाना होती है, लेकिन 150 किमी दूर स्थित अपने गंतव्य तक समय पर पहुँचने के लिए उसकी सामान्य चाल में 5 किमी/घण्टा की वृद्धि की जाती है। बस की सामान्य चाल कितनी है?
SSC GD Constable 24/02/2024 Shift-III

(a) 25 किमी/घण्टा
(b) 15 किमी/घण्टा
(c) 30 किमी/घण्टा
(d) 20 किमी/घण्टा

268. एक चोर 2:00 अपराह्न पर एक कार चुराता है और इसे 70 किमी/घण्टा की चाल से चलाता है। चोरी का पता 3 : 00 अपराह्न पर चलता है और कार मालिक 105 किमी/घण्टे की चाल से दूसरी कार में चोर का पीछा करने निकल पड़ता है। मालिक कितने बजे चोर को पकड़ लेगा?
SSC GD Constable 24/02/2024 Shift-II

(a) 3:45 अपराह्न (b) 4:30 अपराह्न
(c) 5:00 अपराह्न (d) 3:30 अपराह्न

269. अमन कार से 80 किमी/घण्टा की चाल से अपने कार्यालय जाता है और 10 मिनट पहले पहुँचता है। यदि वह 30 किमी/घण्टा की चाल से जाता है, तो वह 10 मिनट देरी से पहुँचता है। समय पर कार्यालय पहुँचने के लिए कार की चाल कितनी होनी चाहिए?

SSC GD Constable 24/02/2024 Shift-I

(a) 480/13 किमी/घण्टा
(b) 240/6 किमी/घण्टा
(c) 450/7 किमी/घण्टा
(d) 480/11 किमी/घण्टा

270. रोहित समान दूरियों की चार यात्राएँ करता है। पहली यात्रा में उसकी चाल 400 किमी/घण्टा थी और प्रत्येक अगली यात्रा में उसकी चाल पिछली यात्रा की चाल से आधी थी। इन चार यात्राओं में रोहित की औसत चाल कितनी है?

SSC GD Constable 23/02/2024 Shift-III

(a) 400/3 किमी/घण्टा (b) 440/3 किमी/घण्टा
(c) 320/3 किमी/घण्टा (d) 100 किमी/घण्टा

271. एक निश्चित दूरी, एक निश्चित चाल से तय की जाती है। यदि इस दूरी की दोगुनी दूरी छः गुना समय में तय की जाती है, तो दोनों चालों का अनुपात ज्ञात कीजिए।

SSC GD Constable 23/02/2024 Shift-II

(a) 3 : 4 (b) 3 : 1 (c) 2 : 1 (d) 4 : 5

272. एक व्यक्ति 6 किमी/घण्टा की चाल से चलता है और 4 घण्टे में एक निश्चित दूरी तय करता है। यदि वह व्यक्ति अपनी चाल को बढ़ाकर 8 किमी/घण्टा कर दे, तो उसे समान दूरी तय करने में कितना समय लगेगा?

SSC GD Constable 22/02/2024 Shift-IV

(a) 4.5 घण्टे (b) 3 घण्टे
(c) 2 घण्टे (d) 5 घण्टे

273. एक कार ने अपने निर्धारित समय से 42 मिनट पहले चलना शुरू किया, लेकिन 210 किमी दूर अपने गन्तव्य तक समय पर पहुँचने के लिए उसे अपनी सामान्य चाल 10 किमी/घण्टा धीमी करनी पड़ी। कार की सामान्य चाल कितनी है?

SSC GD Constable 22/02/2024 Shift-III

(a) 40 किमी/घण्टा (b) 60 किमी/घण्टा
(c) 50 किमी/घण्टा (d) 30 किमी/घण्टा

274. यदि एक कार 50 किमी/घण्टा की चाल से 150 किमी की यात्रा करती है, तो उसे यात्रा पूरी करने में कितना समय लगेगा?

SSC GD Constable 22/02/2024 Shift-I

(a) 4.5 घण्टे (b) 3 घण्टे
(c) 4 घण्टे (d) 3.5 घण्टे

275. दो कारे एक ही बिन्दु से चलना शुरू करती हैं और एक-दूसरे से विपरीत दिशाओं में यात्रा करती है। यदि एक कार 40 किमी/घण्टा और दूसरी कार 50 किमी/घण्टा की चाल से चलती है, तो 5 घण्टे बाद, वे दोनों एक-दूसरे से कितनी दूर होगी?

SSC GD Constable 21/02/2024 Shift-IV

(a) 460 किमी (b) 450 किमी
(c) 480 किमी (d) 410 किमी

276. दो लड़के एक 900 मी लम्बे पुल के विपरीत छोरों पर खड़े हैं। यदि वे क्रमशः 10 मी/मिनट और 8 मी/मिनट की चाल से एक-दूसरे की ओर चलते है, तो वे एक-दूसरे से कितने समय में मिलेंगे? **SSC GD Constable 21/02/2024 Shift-III**

(a) 50 मिनट (b) 38 मिनट
(c) 62 मिनट (d) 25 मिनट

277. X, बिन्दु P से 12 किमी/घण्टा की चाल से चलना शुरू करता है और उसकी शुरुआत के 6 घण्टे बाद, Y भी उसी बिन्दु P से उसकी पीछे अपनी साइकिल पर 16 किमी//घण्टा की चाल से चलना शुरु करता है। Y, X को प्रारम्भिक बिन्दु P से कितनी दूरी पर मिलेगा?

SSC GD Constable 21/02/2024 Shift-II

(a) 224 किमी (b) 324 किमी
(c) 288 किमी (d) 256 किमी

278. एक व्यक्ति पहले 11 किमी की दूरी 60 मिनट में और अगले 22 किमी की दूरी 30 मिनट में तय करता है। पूरी यात्रा के दौरान उसकी औसत चाल कितनी है?

SSC GD Constable 21/02/2024 Shift-I

(a) 22 किमी/घण्टा (b) 27 किमी/घण्टा
(c) 18 किमी/घण्टा (d) 25 किमी/घण्टा

279. एक कार 51 किमी/घण्टा की एक समान चाल से चल रही है। 10 : 40 am से 1 : 00 pm तक कार द्वारा तय की गई दूरी ...... है।

SSC GD Constable 13/02/2023 Shift-IV

(a) 100 किमी (b) 119 किमी
(c) 125 किमी (d) 115 किमी

280. श्लोक पहले 140 किमी 3 घण्टे में और अगले 180 किमी 5 घण्टे में तय करता है। पूरी यात्रा के दौरान उसकी औसत चाल (किमी/घण्टा) में क्या है? **SSC GD Constable 13/02/2023 Shift-II**

(a) 50 (b) 45 (c) 30 (d) 40

281. एक कार यदि 30 किमी/घण्टा की चाल से चलती है, तो एक निश्चित दूरी तय करने में 5 घण्टे का समय लेती है। उसी दूरी को 2.5 घण्टे में तय करने के लिए कार की चाल क्या होनी चाहिए? **SSC GD Constable 09/02/2024 Shift-I**

(a) 40 किमी/घण्टा (b) 60 किमी/घण्टा
(c) 52 किमी/घण्टा (d) 70 किमी/घण्टा

282. अमीषा 2 किमी/घण्टा की चाल से 3 किमी चलती है, 4 किमी/घण्टा की चाल से 7 किमी दौड़ती है और बस द्वारा 32 किमी जाती है। यदि बस की चाल 28 किमी/घण्टा है, तो पूरी यात्रा में अमीषा की औसत चाल ज्ञात कीजिए।

SSC GD Constable 08/02/2024 Shift-I

(a) $\frac{394}{41}$ किमी/घण्टा (b) $\frac{392}{41}$ किमी/घण्टा
(c) $\frac{391}{41}$ किमी/घण्टा (d) $\frac{393}{41}$ किमी/घण्टा

283. राम और रमेश 2 किमी दौड़ते हैं और राम 40 सेकण्ड से जीत जाता है। राम और नरेश 2 किमी दौड़ते हैं और राम 650 मी से जीत जाता है। जब रमेश और नरेश समान दूरी दौड़ते हैं, तो रमेश 25 सेकण्ड से जीत जाता है। राम द्वारा 2 किमी दौड़ने में लिया गया समय ज्ञात कीजिए। **SSC GD Constable 07/02/2023 Shift-I**

(a) 2 मिनट, 35 सेकण्ड
(b) 3 मिनट, 35 सेकण्ड
(c) 3 मिनट, 15 सेकण्ड
(d) 2 मिनट, 15 सेकण्ड

284. एक व्यक्ति 2 किमी/घण्टा, 3 किमी/घण्टा और 4 किमी/घण्टा की चाल से तीन समान दूरियाँ तय करता है और कुल 52 मिनट का समय लेता है। कुल दूरी ज्ञात कीजिए।

SSC GD Constable 07/02/2023 Shift-I

(a) 2.5 किमी (b) 2.5 किमी
(c) 2.8 किमी (d) 2.4 किमी

285. A, B और C क्रमशः $5\frac{m}{s}, 3\frac{m}{s}$ और $8\frac{m}{s}$ की चाल से दोड़ते हैं। वे एक ही समय पर एक ही बिन्दु से दौड़ना शुरू करते हैं। कुछ समय बाद, यह पाया गया कि A और C के बीच की दूरी 6 मी है। A और B के बीच की दूरी ज्ञात कीजिए। **SSC GD Constable 07/02/2023 Shift-I**

(a) 2 मी (b) 5 मी
(c) 4 मी (d) 3 मी

286. एक वस्तु 2.6 मिनट में 15 मी और अगले 26 किमी को 30 किमी/घण्टा की चाल से चलती है। इस पूरी क्रिया के लिए इसकी औसत चाल (मी/से) ज्ञात कीजिए। **SSC GD Constable 07/02/2024 Shift-I**

(a) 8.59 (b) 2.92
(c) 7.94 (d) 3.76

287. 1000 मी की दौड़ में, जॉन ने खान को 120 मी से हराया। यदि जॉन की चाल 40 किमी/घण्टा है, तो खान की चाल क्या होगी?

SSC GD Constable 02/02/2023 Shift-I

(a) 28.5 किमी/घण्टा (b) 35.2 किमी/घण्टा
(c) 27 किमी/घण्टा (d) 38.7 किमी/घण्टा

288. एक यात्रा में किरण ने बाइक से 50 मील प्रति घण्टे की चाल से 3 घण्टे तक यात्रा की। इसके अलावा उसने कार से 65 मील प्रति घण्टे की चाल से 2 घण्टे तक यात्रा की। वह आराम करने के लिए 2 घण्टे रुका। आराम के बाद उसने अपने गंतव्य तक पहुँचने के लिए बाइक से 80 मील प्रति घण्टे की चाल से 4 घण्टे तक यात्रा की। पूरी यात्रा में किरण की औसत चाल ज्ञात करें। (मील प्रति घण्टे में) (दशमलव के दो स्थान तक पूर्णांकित)

SSC GD Constable 02/02/2023 Shift-I

(a) 65.68 (b) 50.44
(c) 54.54 (d) 60.06

289. एक पुलिस अधिकारी एक चोर का पीछा करता है, जो उससे 800 मी की दूरी पर है। यदि वे क्रमशः 8 किमी/घण्टा और 7 किमी/घण्टा की चाल से दौड़ते हैं, तो चोर को पकड़ने के लिए पुलिस अधिकारी को कितनी दूर तक दौड़ना होगा? **SSC GD Constable 01/02/2023 Shift-I**

(a) 4000 मी (b) 6400 मी
(c) 5600 मी (d) 4800 मी

290. एक चोर 15 मी/से की चाल से दौड़ना शुरू करता है, 12 सेकण्ड दौड़ने के बाद एक पुलिसकर्मी उसी दिशा में 20 मी/से की चाल से चोर को पकड़ने के लिए दौड़ना शुरू करता है। पुलिसकर्मी को चोर को पकड़ने के लिए कितने मीटर तक दौड़ना पड़ेगा?

SSC GD Constable 01/02/2023 Shift-I

(a) 754 मी (b) 720 मी
(c) 740 मी (d) 744 मी

SSC Selection Post 2024-2022

291. यदि तन्मय तीन समान दूरी को क्रमश: 2 किमी/घण्टा, 3 किमी/घण्टा और 4 किमी/घण्टा की चाल से तय करता है, तो पूरी यात्रा के दौरान उसकी औसत चाल (किमी/घण्टा में) ज्ञात कीजिए। (दो दशमलव स्थान तक पूर्णांकित)

Matric Level 20/06/2024 Shift-IV

(a) 4.35 (b) 5.75
(c) 2.77 (d) 3.25

292. एक पुलिसमैन ने एक चोर को 500 मी की दूरी से देखा। चोर भागने लगता है और पुलिसमैन उसका पीछा करता है। चोर और पुलिसमैन क्रमश: 12 किमी/घण्टा और 13 किमी/घण्टा की चाल से दौड़ते है। 12 मिनट के बाद दोनों के बीच की दूरी कितनी होगी?

Matric Level 20/06/2024 Shift-IV

(a) 150 मी (b) 200 मी
(c) 300 मी (d)100 मी

293. एक शिक्षक ने 7 घण्टे में 22 किमी की दूरी तय की। उन्होंने आंशिक रूप से 2 किमी/घण्टा की चाल से पैदल यात्रा की और आंशिक रूप से 4 किमी/घण्टा की चाल से साइकिल से यात्रा की। पैदल तय की गई दूरी कितनी है?

Matric Level 20/06/2024 Shift-IV

(a) 8 किमी (b) 6 किमी
(c) 3 किमी (d) 10 किमी

294. एक ट्रक पहले घण्टे में 75 किमी और दूसरे घण्टे में 33 किमी की यात्रा करता है। ट्रक की औसत चाल ज्ञात कीजिए (किमी/घण्टा में)।

Graduate Level 20/06/2024 Shift-III

(a) 42 (b) 108
(c) 54 (d) 60

295. 150 मी की दौड़ में, यदि R को 5 मी की शुरुआती बढ़त मिलती है, तो वह S को 35 मी से हरा देगा। यदि S को 100 मी की दौड़ में 25 मी की शुरुआती बढ़त है, तो .... मी से दौड़ जीत जाएगा।

Graduate Level 20/06/2024 Shift-III

(a) R; 5.44 (b) R; 444
(c) S; 4.44 (d) S; 5.44

296. साहिल 16 किमी/घण्टा की चाल से 96 किमी की दूरी तय करता है और 5 घण्टे में 21 किमी/घण्टा की चाल से अन्य दूरी तय करता है। उसकी औसत चाल किमी/घण्टा में क्या है? (दो दशमलव स्थान तक सन्निकट)

Secondary Level 20/06/2024 Shift-II

(a) 19.45 (b) 18.50
(c) 17.47 (d) 18.27

297. एक बस 30 घण्टे में 1200 किमी की दूरी तय करती है। इसकी औसत चाल (मी/से में) क्या है?

Secondary Level 20/06/2024 Shift-III

(a) $12\frac{1}{9}$ (b) $11\frac{1}{9}$ (c) $12\frac{1}{3}$ (d) $13\frac{1}{9}$

298. दो स्थानों के बीच की दूरी 1200 किमी है। इस दूरी को तय करने के लिए, एक व्यक्ति X दूसरे व्यक्ति Y से 5 घण्टे कम लेता है, जिसकी औसत गति X की तुलना में 40 किमी/घण्टा कम है। यात्रा को पूरा करने के लिए Y द्वारा लिया गया समय क्या है?

Higher Secondary Level 27/06/2023 Shift-III

(a) 16 घण्टे (b) 14 घण्टे
(c) 18 घण्टे (d) 15 घण्टे

299. एक व्यक्ति 48 किमी की दूरी 8 किमी/घण्टे की चाल से, 36 किमी की दूरी 18 किमी/घण्टे की चाल से और 16 किमी की दूरी 8 किमी/घण्टे की चाल से तय करता है। पूरी दूरी तय करने में उसकी औसत चाल क्या है?

Matric Level 27/06/2023 Shift-I

(a) 11 किमी/घण्टे (b) 10 किमी/घण्टे
(c) 10.5 किमी/घण्टे (d) 9 किमी/घण्टे

300. 3600 मी लम्बे ट्रैक के अनुदिश एक वृत्ताकार दौड़ में, X और Y क्रमश: 27 किमी/घण्टा और 45 किमी/घण्टा की गति से दौड़ते हैं। मान लीजिए कि वे एक ही समय और एक ही दिशा में चलना शुरू करते हैं, तो वे फिर से शुरूआती बिन्दु पर कब मिलेंगे?

Matric Level 27/06/2023 Shift-I

(a) 720 सेकण्ड (b) 1440 सेकण्ड
(c) 2200 सेकण्ड (d) 1200 सेकण्ड

301. एक पुलिसकर्मी ने चोर को 80 मी की दूरी से देखा। चोर की चाल 21 किमी/घण्टा है और पुलिसकर्मी की चाल 20 किमी/घण्टा है। 18 सेकण्ड के बाद उनके बीच की दूरी क्या होगी?

Graduate Level 01/06/2022 Shift-III

(a) 90 मी (b) 70 मी
(c) 95 मी (d) 85 मी

302. राहुल 100 मी की दौड़ में 6 किमी/घण्टा की चाल से दौड़ता है। राहुल, भरत को 4 मी की बढ़त देता है और फिर भी उसे 4 सेकण्ड से हरा देता है। भरत की चाल ज्ञात कीजिए।

Higher Secondary Level 01/08/22 Shift-II

(a) 4.5 किमी/घण्टा
(b) 4.9 किमी/घण्टा
(c) 5.4 किमी/घण्टा
(d) 5.8 किमी/घण्टा

303. अतुल 2 किमी/घण्टा की चाल से 4 किमी चलता है, 6 किमी/घण्टा की चाल से 10 किमी दौड़ता है और 45 किमी की दूरी बस से तय करता है। बस की चाल 30 किमी/घण्टा है। अतुल की औसत चाल की गणना करें।

Higher Secondary Level 01/08/2024 Shift-II

(a) $11\frac{31}{13}$ किमी/घण्टा
(b) $11\frac{13}{31}$ किमी/घण्टा
(c) $12\frac{14}{41}$ किमी/घण्टा
(d) $12\frac{41}{14}$ किमी/घण्टा

304. मुंबई से दिल्ली की उड़ान में एक विमान 180 मिनट में 1728 किमी की दूरी तय करता है। विमान की चाल (मी/से में) क्या है?

Matric Level 01/08/2022 Shift-I

(a) 175 (b) 140
(c) 160 (d) 185

305. तेजस्वी ने पहले 35 मील की यात्रा के लिए 35 मील/घण्टा की औसत चाल से गाड़ी चलाई और फिर यात्रा के शेष 35 मील के लिए 65 मील/घण्टा की औसत चाल से गाड़ी चलाई। यदि उसने यात्रा के दौरान कोई विराम नहीं लिया, तो पूरी यात्रा के लिए उसकी औसत चाल (मील/घण्टा में) क्या थी?

Matric Level 01/08/2022 Shift-I

(a) 43.5 (b) 45.5
(c) 46.5 (d) 44.5

सही उत्तर

1 (d)	2 (b)	3 (c)	4 (d)	5 (c)	6 (c)	7 (a)	8 (b)	9 (a)	10 (d)
11 (b)	12 (b)	13 (d)	14 (c)	15 (c)	16 (a)	17 (d)	18 (c)	19 (a)	20 (c)
21 (b)	22 (c)	23 (c)	24 (d)	25 (b)	26 (c)	27 (a)	28 (b)	29 (c)	30 (d)
31 (c)	32 (b)	33 (a)	34 (c)	35 (c)	36 (c)	37 (d)	38 (d)	39 (d)	40 (a)
41 (c)	42 (b)	43 (c)	44 (d)	45 (b)	46 (a)	47 (b)	48 (c)	49 (d)	50 (a)
51 (b)	52 (a)	53 (a)	54 (a)	55 (c)	56 (c)	57 (a)	58 (c)	59 (d)	60 (b)
61 (a)	62 (a)	63 (c)	64 (a)	65 (d)	66 (c)	67 (c)	68 (a)	69 (d)	70 (c)
71 (a)	72 (d)	73 (a)	74 (d)	75 (a)	76 (b)	77 (d)	78 (a)	79 (d)	80 (a)
81 (d)	82 (c)	83 (a)	84 (d)	85 (c)	86 (d)	87 (d)	88 (d)	89 (c)	90 (a)
91 (a)	92 (d)	93 (c)	94 (b)	95 (c)	96 (d)	97 (b)	98 (b)	99 (d)	100 (b)
101 (b)	102 (a)	103 (c)	104 (d)	105 (c)	106 (a)	107 (c)	108 (d)	109 (a)	110 (d)
111 (d)	112 (a)	113 (b)	114 (d)	115 (c)	116 (c)	117 (d)	118 (c)	119 (a)	120 (a)
121 (b)	122 (d)	123 (a)	124 (c)	125 (a)	126 (b)	127 (b)	128 (c)	129 (d)	130 (b)
131 (d)	132 (c)	133 (d)	134 (c)	135 (b)	136 (d)	137 (c)	138 (a)	139 (b)	140 (c)
141 (c)	142 (b)	143 (c)	144 (b)	145 (c)	146 (d)	147 (a)	148 (d)	149 (c)	150 (a)
151 (c)	152 (c)	153 (c)	154 (d)	155 (c)	156 (c)	157 (d)	158 (b)	159 (c)	160 (a)
161 (c)	162 (d)	163 (b)	164 (c)	165 (b)	166 (c)	167 (d)	168 (d)	169 (d)	170 (c)
171 (b)	172 (c)	173 (c)	174 (a)	175 (c)	176 (d)	177 (d)	178 (a)	179 (d)	180 (b)
181 (d)	182 (b)	183 (b)	184 (d)	185 (a)	186 (c)	187 (a)	188 (d)	189 (a)	190 (c)
191 (b)	192 (b)	193 (c)	194 (a)	195 (b)	196 (b)	197 (c)	198 (c)	199 (b)	200 (a)
201 (c)	202 (a)	203 (b)	204 (c)	205 (a)	206 (d)	207 (b)	208 (b)	209 (d)	210 (b)
211 (d)	212 (a)	213 (c)	214 (a)	215 (c)	216 (c)	217 (c)	218 (d)	219 (d)	220 (d)
221 (a)	222 (a)	223 (b)	224 (b)	225 (d)	226 (c)	227 (c)	228 (d)	229 (a)	230 (c)
231 (b)	232 (b)	233 (d)	234 (d)	235 (d)	236 (c)	237 (a)	238 (c)	239 (d)	240 (b)
241 (c)	242 (c)	243 (b)	244 (a)	245 (d)	246 (c)	247 (b)	248 (d)	249 (c)	250 (a)
251 (b)	252 (b)	253 (c)	254 (a)	255 (d)	256 (b)	257 (b)	258 (d)	259 (c)	260 (b)
261 (c)	262 (b)	263 (b)	264 (c)	265 (d)	266 (a)	267 (a)	268 (c)	269 (d)	270 (c)
271 (b)	272 (b)	273 (b)	274 (b)	275 (b)	276 (a)	277 (c)	278 (a)	279 (b)	280 (d)
281 (b)	282 (b)	283 (d)	284 (d)	285 (c)	286 (c)	287 (b)	288 (c)	289 (b)	290 (b)
291 (c)	292 (c)	293 (b)	294 (c)	295 (d)	296 (d)	297 (b)	298 (d)	299 (b)	300 (a)
301 (d)	302 (c)	303 (b)	304 (c)	305 (b)					

उत्तर सहित हल

1. (d) प्रश्नानुसार,

P का समय $= \dfrac{400}{12 \times \frac{5}{18}} = \dfrac{400 \times 18}{12 \times 5} = 120$ सेकण्ड

तथा Q का समय $= (120 + 13) = 133$ सेकण्ड

$\therefore Q$ की चाल $= \dfrac{(400-20)}{133}$ मी/से

$= \dfrac{380}{133} \times \dfrac{18}{5}$ किमी/घण्टा

$= 10.29$ किमी/घण्टा

2. (b) अभीष्ट समय $= \dfrac{2200}{(20+16) \times \frac{5}{18}}$

$= \dfrac{2200 \times 18}{36 \times 5} = 220$ सेकण्ड

$= 3$ मिनट 40 सेकण्ड

3. (c) वृत्तीय दौड़ की कुल लम्बाई = 1600 मी

सापेक्ष चाल (विपरीत दिशा) $= (45 + 27) \times \dfrac{5}{18}$

$= 72 \times \dfrac{5}{18} = 20$ मी/से

विपरीत दिशा में पहली बार मिलने का समय

$= \dfrac{1600}{20} = 80$ सेकण्ड = 1 मिनट 20 सेकण्ड

सापेक्ष चाल (समान दिशा) $= (45 - 27) \times \dfrac{5}{18}$

$= 18 \times \dfrac{5}{18} = 5$ मी/से

समान दिशा में पहली बार मिलने का समय

$= \dfrac{1600}{5} = 320$ सेकण्ड = 5 मिनट 20 सेकण्ड

4. (d) चोर को पकड़ने के लिए पुलिस की कार द्वारा तय की गई कुल दूरी $= \left(1.5 + \dfrac{250}{1000}\right) = 1.75$ किमी

पुलिस की कार की चाल = 70 किमी/घण्टा

$\therefore$ चोर को पकड़ने में लगा समय $= \dfrac{1.75}{70} = 0.025$ घण्टा

चोर द्वारा तय की दूरी = 1.5 किमी

$\therefore$ चोर की बाइक की चाल $= \dfrac{1.5}{0.025} = 60$ किमी/घण्टा

5. (c) सापेक्ष चाल $= (22 - 11)$ ($\because$ समान दिशा)

$= 11$ मी/से

$\therefore$ पहली बार मिलने का समय $= \dfrac{220}{11} = 20$ सेकण्ड

6. (c) सापेक्षिक गति $= 8 - 3 = 5$ चक्कर/घण्टा

एक चक्कर, पूरा करने में लगा समय

$= \dfrac{1}{5} \times 60 = 12$ मिनट

$\therefore$ दोनों पहली बार एक-दूसरे को पार करेंगे।

$= 11:54$ pm + 12 मिनट $= 12:06$ am

7. (a) माना प्रारम्भ में चोर और पुलिस के बीच की दूरी

$= x$ किमी

पुलिस और चोर की समान दिशा में सापेक्षिक चाल

$= (12 - 10) = 2$ किमी/घण्टा

x किमी

पुलिस 12 किमी/घण्टा — चोर 10 किमी/घण्टा

$\therefore$ समय $= \dfrac{x \text{ किमी}}{2 \text{ किमी / घण्टा}} \Rightarrow \dfrac{30}{60} = \dfrac{x}{2}$

$\Rightarrow x = \dfrac{30 \times 2}{60} = 1$ किमी $\Rightarrow x = 1000$ मी

8. (b) A द्वारा 8 घण्टे में चली गई दूरी

$= 8 \times 8 = 64$ किमी

B द्वारा A को पकड़ने में लगा समय $= \frac{\text{दूरी}}{\text{सापेक्ष चाल}}$

$= \frac{64}{(24-8)} = 4$ घण्टे

$\therefore$ अभीष्ट दूरी $= 24 \times 4 = 96$ किमी

9. (a) पुलिसकर्मी द्वारा चोर को पकड़ने में किया गया

समय $= \frac{\text{दूरी}}{\text{सापेक्ष चाल}} = \frac{1300}{(82-64) \times \frac{5}{18}}$

$= \frac{1300 \times 18}{18 \times 5} = 260$ सेकण्ड

10. (d) पुलिसकर्मी द्वारा चोर को पकड़ने में लगा समय

$= \frac{100}{(23-21) \times \frac{5}{18}} = \frac{100 \times 18}{2 \times 5} = 180$ सेकण्ड

अत: चोर द्वारा चली गयी दूरी = चाल × समय

$= 21 \times \frac{5}{18} \times 180 = 1050$ मी

11. (b)

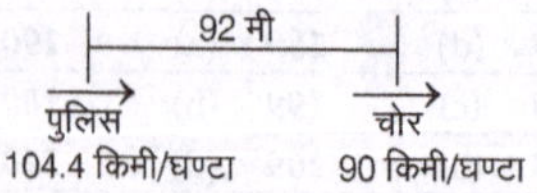

पुलिस और चोर की समान दिशा में सापेक्षिक चाल

$= (104.4 - 90) \times \frac{5}{18} = \frac{72}{18} = 4$ मी/से

पुलिस और चोर के बीच की दूरी = 92 मी

पुलिस द्वारा चोर को पकड़ने में लगा समय

$= \frac{92}{4} = 23$ सेकण्ड

12. (b) चोर तथा पुलिसकर्मी की सापेक्ष चाल

$= (27-22) = 5$ किमी/घण्टा

पुलिसकर्मी द्वारा चोर को पकड़ने में लगा

समय $= \frac{195}{5 \times \frac{5}{18}} = \frac{195 \times 18}{25} = 140.4$ सेकण्ड

$\therefore$ चोर द्वारा भागी गई दूरी

$= \left(27 \times \frac{5}{18} \times 140.4\right) - 195$

$= 1053 - 195 = 858$ मी

13. (d) अभीष्ट समय = (180 सेकण्ड, 420 सेकेण्ड) का ल.स. = 1260 सेकण्ड = 21 मिनट

14. (c) माना, P से R की दूरी $= x$ किमी

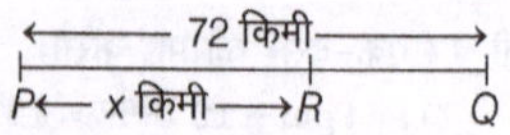

प्रश्नानुसार, $\frac{x}{8} = \frac{72 + 72 - x}{10}$

$\Rightarrow \quad 10x = 144 \times 8 - 8x$

$\Rightarrow \quad 18x = 144 \times 8$

$\therefore \quad x = \frac{144 \times 8}{18} = 64$ किमी

15. (c) समय $= \frac{\text{दूरी}}{\text{सापेक्ष चाल}}$

$\therefore$ अभीष्ट समय $= \frac{1620}{(10+8)}$ सेकण्ड

$= \frac{1620}{18}$ सेकण्ड $= 90$ सेकण्ड

16. (a) प्रश्नानुसार,

चाल [पुलिस : चोर] = 5 : 4

$\therefore$ दूरी [पुलिस : चोर] = 5 : 4 [$\because$ समय स्थिर है]

(1)

1 इकाई = 150 मी

$\therefore$ 4 इकाई $= 4 \times 150 = 600$ मी

17. (d) M की गति = 5 चक्कर/घण्टा

N की गति = 2 चक्कर/घण्टा

M तथा N दोनों विपरीत दिशा में चलते हैं।

$\therefore$ सापेक्षिक गति = 5 + 2 = 7 चक्कर/घण्टा

5 : 00 am से 6 : 30 am के बीच का समय

$= 1 : 30$ घण्टा $= 1\frac{30}{60}$ घण्टा $= \frac{3}{2}$ घण्टा

$\frac{3}{2}$ घण्टे में चक्करों की कुल संख्या

$= 7 \times \frac{3}{2} = \frac{21}{2}$ चक्कर $= 10\frac{1}{2}$ चक्कर ≈ 10 चक्कर

अत: वे दोनों 6 : 30 am से पहले 10 बार एक-दूसरे को पार करेंगे।

18. (c) 9 मिनट बाद चोर और पुलिसकर्मी के बीच की

दूरी $= 200 - \left[(11-10) \times \frac{5}{18} \times 9 \times 60\right]$

$= 200 - 150 = 50$ मी

19. (a) माना विशु की चाल $= x$ मी/से

तथा अतुल की चाल $= y$ मी/से

प्रश्नानुसार, $x = \frac{765}{t_1}$ और $y = \frac{900}{t_1 - 20}$

जहाँ, t_1 = विशु द्वारा 765 मी की दूरी तय करने में लिया गया समय है।

अब, $x = \frac{711}{t_2}$ और $y = \frac{900}{t_2 - 8}$

जहाँ, t_2 = विशु द्वारा 711 मी की दूरी तय करने में लिया गया समय है।

$\therefore \quad \frac{765}{t_1} = \frac{711}{t_2}$

$\Rightarrow \quad t_1 = \frac{85}{79} t_2 \quad$ ...(i)

और $\quad \frac{900}{t_1 - 20} = \frac{900}{t_2 - 8}$

$t_1 - t_2 = 12 \quad$ ...(ii)

समी (i) और (ii) से,

$t_1 = 170$ सेकण्ड $t_2 = 158$ सेकण्ड

$x = \frac{765}{170}$ मी/से

$\therefore$ अभीष्ट समय $= \frac{900 \times 170}{765}$ सेकण्ड

$= 200$ सेकण्ड $= 3$ मिनट 20 सेकण्ड

स्पीडी विधि

विशु की चाल $= \frac{189 - 135}{20 - 8} = \frac{54}{12} = \frac{9}{2}$ मी/से

अत: विशु द्वारा दौड़ पूरी करने में लिया गया समय

$= \frac{900}{9} \times 2 = 200$ सेकण्ड

$= 3$ मिनट 20 सेकण्ड

20. (c) माना पहली और दूसरी कार की चाल क्रमश: x किमी/घण्टा तथा y किमी/घण्टा है।

प्रश्नानुसार,

$\frac{20}{x-y} = 1 \Rightarrow x - y = 20 \quad$ ...(i)

तथा $\quad \frac{20}{x+y} = \frac{12}{60} \Rightarrow x + y = 100 \quad$ ...(ii)

समी (i) व (ii) से,

$x = 60$ किमी/घण्टा तथा $y = 40$ किमी/घण्टा

21. (b) माना पुलिसकर्मी की चाल $= x$ किमी/घण्टा

चोर को पकड़ने में लगा समय $= \frac{\text{दूरी}}{\text{सापेक्ष चाल}}$

$\Rightarrow \frac{15}{60} = \frac{0.5}{x - 15} \Rightarrow 15x - 225 = 30$

$15x = 255 \Rightarrow x = \frac{255}{15} = 17$ किमी/घण्टा

22. (c) दोनों को पुन: ट्रैक पर मिलने का समय

$= \frac{\text{वृत्ताकार की लम्बाई}}{\text{सापेक्ष चाल}} = \frac{750}{(13.5 - 9) \times \frac{5}{18}}$

$= \frac{750 \times 18}{4.5 \times 5} = 600$ सेकण्ड

23. (c) माना यात्रा की कुल दूरी = 90 किमी

औसत चाल $= \frac{\text{कुल दूरी}}{\text{कुल समय}} = \frac{90}{\frac{30}{40} + \frac{30}{50} + \frac{30}{60}}$

$= \frac{90}{\frac{3}{4} + \frac{3}{5} + \frac{3}{6}} = \frac{90 \times 20}{37}$

≈ 48.65 किमी/घण्टा

24. (d) चोर की चाल = 12 किमी/घण्टा

पुलिसकर्मी की चाल = 15 किमी/घण्टा

सापेक्ष चाल = 15 − 12 = 3 किमी/घण्टा

$\therefore$ पुलिसकर्मी को चोर को पकड़ने में लगा समय

$= \frac{600}{\left(3 \times \frac{5}{18}\right)} = \frac{600 \times 18}{3 \times 5}$

$= 720$ सेकण्ड $= \frac{720}{60} = 12$ मिनट

25. (b) समय $= \frac{\text{दूरी}}{\text{सापेक्ष चाल}}$

$\therefore$ अभीष्ट समय $= \frac{1635}{(108 - 90) \times \frac{5}{18}}$ सेकण्ड

$= \frac{1635 \times 18}{18 \times 5}$ सेकण्ड $= 327$ सेकण्ड

26. (c) A को दौड़ पूरा करने में लगा समय

$= \frac{840}{6}$ मी/से $= 140$ सेकण्ड

B को दौड़ पूरा करने में लगा समय

$= \frac{840}{12}$ मी/से $= 70$ सेकण्ड

$\therefore$ वृत्ताकार दौड़ में अगली बार मिलेंगे

= 140 तथा 70 का ल.स. = 140 सेकण्ड

27. (a) माना यात्रा की कुल दूरी $= d$ किमी

प्रश्नानुसार, $\frac{d}{3 \times 30} + \frac{2d}{3 \times 40} = 12$

$\frac{d}{90} + \frac{2d}{120} = 12$

$\Rightarrow \quad \frac{4d + 6d}{360} = 12$

$d = 12 \times 36 = 432$ किमी

28. (b) यात्रा में लगा समय $= \frac{45}{15} + \frac{80}{40} + \frac{6}{2} = 8$ घण्टे

तथा कुल दूरी $= 45 + 80 + 6 = 131$ किमी

औसत चाल $= \frac{\text{कुल दूरी}}{\text{कुल समय}} = \frac{131}{8} = 16.38$ किमी/घण्टा

29. (c) पंकज और रोहित की सापेक्ष चाल

$= 2.85 + 5.4 \times \frac{5}{18}$ मी/से

$= (2.85 + 1.5)$ मी/से $= 4.35$ मी/से

$\therefore$ पहली बार मिलने में लगा समय

$= \frac{600}{4.35} = 137.9$ सेकण्ड

$= \frac{137.9}{60}$ सेकण्ड ≈ 2.3 मिनट

30. (d) माना पहले व्यक्ति द्वारा तय दूरी 'd' किमी तथा उसके द्वारा लिया गया समय t घण्टे हैं।

$\therefore$ पहले व्यक्ति की चाल $= \frac{d}{t}$

अब, दूसरे व्यक्ति द्वारा लिया गया समय '$3t$' तथा दूरी d का 25% हो, तो

उसकी चाल

$= \left(\frac{\frac{d \times 25}{100}}{3t}\right) = \left(\frac{\frac{25}{100}d}{3t}\right) = \left(\frac{1}{12}\right)\left(\frac{d}{t}\right)$ ...(ii)

$\therefore$ अभीष्ट अनुपात $= \frac{\left(\frac{d}{t}\right)}{\left(\frac{1}{12}\right)\left(\frac{d}{t}\right)} = \frac{12}{1} = 12 : 1$

31. (c) पुलिस द्वारा चोर को पकड़ने में लगा समय

$= \frac{1150}{(11-6) \times \frac{5}{18}} = \frac{1150 \times 18}{5 \times 5}$

$= 46 \times 18 = 828$ सेकण्ड

अब, चोर द्वारा तय की गई दूरी

$= 828 \times 6 \times \frac{5}{18} = 1380$ मी

32. (b) माना मोटर चालकों द्वारा तय दूरी $= d$ किमी

तब, प्रश्नानुसार,

$\frac{d}{4} - \frac{d}{6} = \frac{30}{60} \Rightarrow \frac{3d - 2d}{12} = \frac{1}{2}$

$\therefore \quad d = \frac{12}{2} = 6$ किमी

स्पीडी विधि

$\therefore$ अभीष्ट दूरी $= \frac{S_1S_2}{S_1 - S_2} \times T = \frac{6 \times 4}{6-4} \times \frac{1}{2} = 6$ किमी

33. (a) सापेक्ष गति $= (54 - 36)$ किमी/घण्टा

$= 18$ किमी/घण्टा $= 18 \times \frac{5}{18} = 5$ मी/से

सोहन व अमित का पहली बार मिलने का समय

$= \frac{1125}{5} = 225$ सेकण्ड

34. (c) Q की चाल $= \frac{120}{30} = 4$ मी/से

माना P की चाल $= x$ मी/से

$\therefore \quad \frac{1000}{x} = \frac{880}{4} \Rightarrow x = \frac{50}{11}$ मी/से

P द्वारा दौड़ पूरी करने में लगा समय

$= \frac{1000}{50} \times 11 = 220$ सेकण्ड

35. (c) औसत चाल $= \frac{\text{कुल दूरी}}{\text{कुल समय}} = \frac{20 + 25}{\frac{120 + 150}{60}}$

$= \frac{45 \times 60}{270} = 10$ किमी/घण्टा

36. (c) माना श्याम की गति $= x$ मी/मिनट

राम की गति $= 3x$ मी/मिनट

सापेक्षिक गति $= 3x - x = 2x$ मी/मिनट

प्रश्नानुसार, $\frac{1440}{2x} = 8 \Rightarrow x = \frac{1440}{16} = 90$ मी/मिनट

अत: 1440 मी दूरी तय करने में श्याम को लगा समय

$= \frac{1440}{90} = 16$ मिनट

37. (d) सापेक्ष चाल $= 12 - 10 = 2$ किमी/घण्टा

चोर को पकड़ने में लगा समय $= \frac{400}{1000 \times 2} = \frac{1}{5}$

$\therefore$ पुलिसकर्मी द्वारा चोर को पकड़ने में तय की गई दूरी

$= \frac{1}{5} \times 12 = 2.4$ किमी

स्पीडी विधि

यहाँ, $d = 400$ मी, $a = 10$ किमी/घण्टा, $b = 12$ किमी/घण्टा

अभीष्ट दूरी $= \frac{d}{b-a} \times b = \frac{400}{2} \times 12$

$= 2400$ मी $= 2.4$ किमी

38. (d) 4 मिनट में चोर द्वारा तय की गई दूरी

$= 15 \times \frac{4}{60} = 1$ किमी

माना पुलिस की चाल $= x$ किमी/घण्टा

$x - 15 = \frac{1 - 0.2}{16} \times 60$

$x = 3 + 15 = 18$ किमी/घण्टा

$\therefore$ चोर को पकड़ने में लगा समय $= \frac{1}{18-15} = \frac{1}{3}$ घण्टा

$\therefore$ पुलिसकर्मी द्वारा चोर को पकड़ने में तय दूरी की गई

$= 18 \times \frac{1}{3} = 6$ किमी

39. (d) दोनों का मिलने का समय (विपरीत दिशा से)

$= \left(\frac{500}{6 + 10}\right) = 31.25$ सेकण्ड

अब, P द्वारा तय दूरी $= 31.25 \times 6 = 187.5$ मी

तथा Q द्वारा तय दूरी $= 31.25 \times 10 = 312.5$ मी

पुन: P की शेष दूरी $= (500 - 187.5)$ मी $= 312.5$ मी

तथा Q की शेष दूरी $= (500 - 312.5)$ मी $= 187.5$ मी

P तथा Q की नई चाल क्रमश: 10 मी/से तथा 6 मी/से है।

अब, P द्वारा शुरुआती बिन्दु पर पहुँचने में लगा समय

$= \frac{312.5}{10} = 31.25$ से

तथा Q द्वारा शुरुआती बिन्दु पर पहुँचने में लगा समय

$= \frac{187.5}{6} = 31.25$ से

अत: P और Q दोनों समान समय पर पहुँचेंगे।

40. (a) अभीष्ट औसत चाल

$= \frac{250 + 250}{\frac{250}{75} + \frac{250}{85}} = \frac{2 \times 75 \times 85}{75 + 85}$

$= \frac{12750}{160}$

$= 79.69$ किमी/घण्टा

स्पीडी विधि

अत: औसत चाल $= \frac{2xy}{x+y} = \frac{2 \times 75 \times 85}{75 + 85}$

$= 79.68$ किमी/घण्टा

41. (c) चोर और पुलिसकर्मी की सापेक्ष चाल

$= 9 - 8 = 1$ किमी/घण्टा

$\therefore$ चोर को पकड़ने में लगा समय

$= \frac{600}{1 \times 1000} = \frac{6}{10}$ घण्टे

$\therefore$ पकड़े जाने से पहले चोर द्वारा तय की गई दूरी

$= 9 \times \frac{6}{10} = 5.4$ किमी

42. (b) दूसरी कार द्वारा लिया गया समय $= \frac{450}{90} = 5$ घण्टे

औसत चाल $= \frac{350 + 450}{5 + 5} = \frac{800}{10} = 80$ किमी/घण्टा

43. (c) कुल दौड़ की दूरी $= 200$ मी

जब A, B को 25 मी का स्टार्ट देता है।

तब, A दौड़ को 10 सेकण्ड से जीतता हैं।

अर्थात् $\quad \frac{(200-25)}{B} - \frac{200}{A} = 10$

$\Rightarrow \quad \frac{175}{B} - \frac{200}{A} = 10$ ...(i)

इसी प्रकार, जब A, B को 45 मी का स्टार्ट देता है, तो दौड़ बराबरी पर समाप्त हो जाती है।

$\frac{(200-45)}{B} = \frac{200}{A} \Rightarrow \frac{155}{B} = \frac{200}{A} \Rightarrow \frac{A}{B} = \frac{40}{31}$

माना $A = 40x$ तथा $B = 31x$

समी (i) से, $\quad \frac{175}{31x} - \frac{200}{40x} = 10$

$\Rightarrow \left(\frac{7000 - 6200}{31 \times 40 \times x}\right) = 10 \Rightarrow \left(\frac{800}{31 \times 40x}\right) = 10$

$\Rightarrow \quad \left(\frac{20}{31x}\right) = 10 \Rightarrow x = \frac{20}{310}$

अब, A को 200 मी दौड़ने में लगा समय

$= \frac{200}{40x} = \frac{200}{40\left(\frac{20}{310}\right)} = \frac{200 \times 310}{800} = 77.50$ सेकण्ड

44. (d) बस की चाल $= \frac{60}{80} \times 60 = 45$ किमी/घण्टा

$\therefore$ हवाई जहाज की चाल $= 45 \times 5 = 225$ किमी/घण्टा

अत: अभीष्ट दूरी $= 225 \times \frac{25}{60} = 93.75$ किमी

45. (b) X और Y के मिलने का समय (विपरीत दिशा में दौड़ने पर) $= \frac{4225}{(63 + 54) \times \frac{5}{18}}$

$= \frac{4225 \times 18}{117 \times 5} = 130$ सेकण्ड

46. (a) माना यात्रा की दूरी $= d$ किमी

प्रश्नानुसार, $\quad \frac{d}{9} - \frac{d}{12} = \frac{20}{60} \Rightarrow \frac{12d - 9d}{108} = \frac{20}{60}$

$d = \frac{20 \times 108}{3 \times 60} = 12$ किमी

47. (b) 8 मिनट बाद, चोर और पुलिसकर्मी के बीच की कम हुई दूरी $= (20 - 17) \times \frac{5}{18} \times (8 \times 60)$

$= 3 \times \frac{5}{18} \times (8 \times 60) = 400$ मी

अब, चोर और पुलिसकर्मी के बीच की दूरी
$= 500 - 400$ मी $= 100$ मी

48. (c) 10 मिनट में चोर द्वारा चली गई दूरी
$= \frac{6}{60} \times 10 = 1$ किमी

पुलिसकर्मी द्वारा चोर को पकड़ने में लगा समय
$= \frac{1}{(8-6)} = \frac{1}{2}$ घण्टे

$\therefore$ अभीष्ट दूरी $= \frac{1}{2} \times 8 = 4$ किमी

49. (d) अनिल द्वारा बिन्दु B पर पहुँचने में लगा समय
$= \frac{192}{64} = 3$ घण्टे

अनिल का बिन्दु B पर पहुँचने का समय
= प्रातः 8 : 20 + 3 घण्टे = प्रातः 11 : 20

प्रातः 11 : 20 तक तीरथ द्वारा तय दूरी
= (11 : 20 – 9 : 50) घण्टे × 96 किमी/घण्टा
= (1 : 30) घण्टे × 96 किमी/घण्टा
$= \frac{3}{2} \times 96 = 144$ किमी

तीरथ और अनिल के बीच शेष दूरी $= 192 - 144 = 48$
सापेक्ष चाल $= (96 + 64)$ किमी/घण्टा
$= 160$ किमी/घण्टा

दोनों को मिलने में लगा समय $= \frac{48}{160} \times 60 = 18$ मिनट

$\therefore$ दोनों के पहली बार मिलने का समय
= प्रातः 11 : 20 + 18 मिनट = प्रातः 11 : 38

50. (a) A और B की सापेक्ष चाल $= 45 - 27$
$= 18$ किमी/घण्टा $= 18 \times \frac{5}{18} = 5$ मी/से

A और B के ट्रैक पर पहली बार मिलने का समय
$= \frac{1600}{5} = 320$ सेकण्ड

51. (b) माना पुलिस की चाल x किमी/घण्टा है, तब चोर की चाल $\frac{80}{100}x$ किमी/घण्टा है

प्रश्नानुसार, $\left(x - \frac{80x}{100}\right) \times \frac{12}{60} = 0.5$

$\Rightarrow \frac{20x}{100} \times \frac{12}{60} = 0.5 \Rightarrow x = 12.5$ किमी/घण्टा

$\therefore$ चोर की चाल $= \frac{80}{100} \times 12.5 = 10$ किमी/घण्टा

52. (a) दो कस्बों के बीच की दूरी $= 72 \times 7\frac{1}{2}$
$= 72 \times \frac{15}{2} = 540$ किमी

नई चाल $= \frac{125}{100} \times 72 = 90$ किमी/घण्टा

$\therefore$ नई चाल द्वारा चलने में लिया गया समय
$= \frac{540}{90} = 6$ घण्टे

अतः समय की बचत
$= 7\frac{1}{2} - 6 = 1\frac{1}{2}$ घण्टा
= 1 घण्टा 30 मिनट

53. (a) अनुज के तीनों पड़ावों का समय $= 3 \times 10$
= 30 मिनट = 0.5 घण्टा

अनुज द्वारा तय की गई दूरी $= 70 \times (8.5 - 0.5)$
$= 70 \times 8 = 560$ किमी

$\therefore A$ और B के बीच की दूरी = 560 किमी

अनूप द्वारा लिए गए चारों पड़ावों का समय
$= 4 \times 15 = 60$ मिनट = 1 घण्टा

अनूप को कार द्वारा लिया गया समय $= \frac{560}{80} = 7$ घण्टे

अतः अनूप द्वारा लिया गया समय $= 7 + 1 = 8$ घण्टे

54. (a) **पहला अन्तराल**; समय $(t_1) = 5$ घण्टे
चाल = 50 किमी/घण्टा; दूरी $= 50 \times 5 = 250$ किमी

दूसरा अन्तराल

चाल $= \frac{120}{100} \times 50 = 60$ किमी/घण्टा

दूरी $= \frac{120}{100} \times 250 = 300$ किमी

समय $(t_2) = \frac{300}{60} = 5$ घण्टा

तीसरा अन्तराल

चाल = पहले दो अन्तरालों की औसत चाल
$= \frac{250 + 300}{5 + 5} = \frac{550}{10} = 55$ किमी/घण्टा

दूरी $= \frac{110}{100} \times 300 = 330$ किमी

समय $(t_3) = \frac{330}{55} = 6$ घण्टे

$\therefore$ कुल समय $= t_1 + t_2 + t_3 = 5 + 5 + 6 = 16$ घण्टे

55. (c) राघव की चाल $= \frac{\text{दूरी}}{\text{समय}} = \frac{3300}{45 \times 60} = \frac{11}{9}$ मी/से
$= \frac{11}{9} \times \frac{18}{5} = 4.4$ किमी/घण्टा

56. (c) यात्रा पूरी करने में लगा समय
$= \frac{84}{36} + \frac{8 \times 5}{60} = \frac{7}{3} + \frac{40}{60}$ घण्टे
$= \frac{7}{3} \times 60 + 40$ मिनट
$= 140 + 40 = 180$ मिनट

57. (a) दिया है, दूरी = 400 मी; Q की चाल = 2 मी/से
माना, P द्वारा लगा समय $= x$ सेकण्ड
तो, Q द्वारा लगा समय $= (x + 2)$ सेकण्ड
Q द्वारा 400 मी दौड़ने में लगा समय
$= \frac{400}{2} = 200$ सेकण्ड

प्रश्नानुसार,
$x + 2 = 200 \Rightarrow x = 200 - 2 = 198$
अतः P द्वारा दौड़ पूरी करने में लगा समय
= 198 सेकण्ड

58. (c) दोनों की सापेक्षिक चाल
$= 75 - 60 = 15$ किमी/घण्टा

चोर को पकडने में लगा समय $= \frac{3}{15} = \frac{1}{5}$ घण्टा

चोर द्वारा $\frac{1}{5}$ घण्टे में तय दूरी $= 60 \times \frac{1}{5} = 12$ किमी

स्पीडी विधि

चोर द्वारा तय की गई दूरी $= \frac{3}{75-60} \times 60$
$= \frac{3}{15} \times 60 = 12$ किमी

59. (d) अशोक और भरत की चालों का अनुपात $= \frac{8}{3}$

माना अशोक और भरत की चाल क्रमशः $8x$ और $3x$ मी/से है।

तथा लक्ष्य स्तम्भ की दूरी $= d$ मी

प्रश्नानुसार, अशोक भरत को 160 मी की प्रारम्भिक बढ़त देता है।

$\therefore \frac{d}{8x} = \frac{d - 160}{3x} \Rightarrow 3d = 8d - 1280$
$5d = 1280 \Rightarrow d = 256$ मी

60. (b) चोर और पुलिस की सापेक्ष चाल
$= 12 - 10 = 2$ किमी/घण्टा

$\therefore$ चोर को पकड़ने में लगा समय $= \frac{\frac{300}{1000}}{2} = \frac{3}{20}$ घण्टे

$\therefore$ चोर द्वारा तय दूरी $= 10 \times \frac{3}{20} = \frac{3}{2} = 1.5$ किमी

61. (a) प्रश्नानुसार,
चोर द्वारा पहले 20 मिनट में तय दूरी
$= 12 \times \frac{20}{60} = 4$ मी

चोर द्वारा पकड़े जाने तक तय दूरी $= 4 + 4 = 8$ मी

$\therefore$ चौकीदार की चाल $= \frac{8}{20} \times 60 = 24$ मी/घण्टा

62. (a) दोनों व्यक्तियों की सापेक्ष चाल
$= 20 + 30 = 50$ मी/से

दोनों को एक बार मिलने में लगा समय
$= \frac{100}{50} = 2$ सेकण्ड

पहले व्यक्ति द्वारा 2 सेकण्ड में तय दूरी
$= 20 \times 2 = 40$ मी

दूसरे व्यक्ति द्वारा 2 सेकण्ड में तय दूरी
$= 30 \times 2 = 60$ मी

अतः अभीष्ट बिन्दुओं की संख्या $= \frac{100}{60 - 40} = 5$

63. (c) R की पहले दिन की चाल $(v) = \frac{x}{t}$ ...(i)

और R की अगले दिन की चाल
$= \frac{2.5x}{0.75t} = \frac{25x}{75t} \times \frac{100}{10}$
$= \frac{10}{3}\frac{x}{t} = \frac{10}{3}(v)$ [समी (i) से]

अतः R की अगले दिन की चाल $= \frac{10}{3}v$ होगी।

64. (a) दौड़ की कुल दूरी = 1170 मी

रमन की चाल $= \frac{1170}{65} = 18$ मी/से

तथा मोहन की चाल $= \frac{1170}{90} = 13$ मी/से

अब, मोहन द्वारा 65 सेकण्ड में तय दूरी
$= 13 \times 65 = 845$ मी

अतः रमन और मोहन की दूरी में अभीष्ट अन्तर
$= 1170 - 845 = 325$ मी

65. (d) औसत चाल $= \frac{24 + 80 \times 1.5}{\frac{24}{48} + 1.5} = \frac{24 + 120}{2}$
$= \frac{144}{2} = 72$ किमी/घण्टा

66. (c) सापेक्ष चाल $= 32 - 25 = 7$ किमी/घण्टा
$= 7 \times \frac{5}{18} = \frac{35}{18}$ मी/से

चोर को पकड़ने में लगा समय
$= \frac{210}{35} \times 18$
= 108 सेकण्ड

चोर की चाल $= 25 \times \frac{5}{18} = \frac{125}{18}$ मी/से

चोर द्वारा तय की गई दूरी $= \frac{125}{18} \times 108$

$= 125 \times 6 = 750$ मी

स्पीडी विधि

चोर द्वारा तय की गई दूरी $= \frac{210}{32-25} \times 25$

$= \frac{210}{7} \times 25 = 750$ मी

67. (c) सुधीन द्वारा साइकिल से तय दूरी

$= 4 \times 8.5 = 34$ किमी

सुधीन द्वारा ऑटो से तय दूरी $= 1.5 \times 20 = 30$ किमी

सुधीन द्वारा पैदल तय दूरी $= y \times 4 = 4y$ किमी

औसत चाल $= \frac{\text{कुल दूरी}}{\text{कुल समय}}$

$\Rightarrow \frac{34 + 30 + 4y}{4 + 1.5 + y} = 10 \Rightarrow 64 + 4y = 55 + 10y$

$\Rightarrow 6y = 9 \Rightarrow y = \frac{9}{6} = 1.5$ घण्टे

68. (a) दिया है, रेस की दूरी = 1500 मी

अब माना X, t सेकण्ड में रेस पूरी करता है।

तब प्रश्नानुसार,

t सेकण्ड में X द्वारा तय दूरी = 1500 मी

t सेकण्ड में Y द्वारा तय दूरी = 1400 मी

t सेकण्ड में Z द्वारा तय दूरी = 1260 मी

$\therefore$ Y की चाल $= \frac{1400}{t}$ मी/से

तथा Z की चाल $= \frac{1260}{t}$ मी/से

अब Y को 1500 मी रेस पूरी करने में लगा समय

$= \frac{1500}{\frac{1400}{t}} = \frac{15}{14}t$

$\therefore$ $\frac{15}{14}t$ सेकण्ड में Z द्वारा तय दूरी $= \frac{1260}{t} \times \frac{15}{14}t$

$= 1350$ मी.

अत: Y, Z को हराएगा $= 1500 - 1350 = 150$ मी

स्पीडी विधि

X, Y और Z द्वारा तय की गई दूरी का अनुपात

$= 1500 : 1400 : 1260$

अत: Y, Z को हराएगा $= 1500 - \left(\frac{1260}{1400} \times 1500\right)$

$= 1500 - 1350 = 150$ मी

69. (d) पुलिसकर्मी की चोर के सापेक्ष चाल

$= 10 - 8 = 2$ किमी/घण्टा $= 2 \times \frac{5}{18}$ मी/से $= \frac{5}{9}$ मी/से

$\therefore$ चोर को पकड़ने में लगा समय

$= \frac{600}{5/9} = 1080$ सकेण्ड

$= \frac{1080}{60}$ मिनट = 18 मिनट

70. (c) चोर और पुलिस की सापेक्ष चाल

$= 40 - 32 = 8$ किमी/घण्टा $= 8 \times \frac{5}{18} = \frac{20}{9}$ मी/से

$\therefore$ चोर को पकड़ने में लगा समय $= \frac{400 \times 9}{20}$

$= 180$ सेकण्ड

$\therefore$ 180 सेकण्ड में चोर द्वारा तय दूरी

$= 180 \times 32 \times \frac{5}{18} = 1600$ मी

स्पीडी विधि

चोर द्वारा तय की गई दूरी $= \frac{400}{40-32} \times 32$

$= \frac{400}{8} \times 32 = 1600$ मी

71. (a) दोनों के पहली बार पुन: मिलने में लगा समय

= 200 और 250 का ल.स. = 1000 सेकण्ड

$\therefore$ 1000 सेकण्ड में तेज धावक A द्वारा तय दूरी

$= \frac{800}{200} \times 1000 = 4000$ मी = 4 किमी

$\therefore$ 18 किमी की दौड़ में 16 किमी दौड़ने के पश्चात् तेज धावक A, B को आखिरी बार मिलेगा।

$\therefore$ तेज धावक A द्वारा 16 किमी दूरी तय करने में लगा

समय $= \frac{\text{दूरी}}{\text{चाल}} = \frac{16000}{800/200} = 4000$ सेकण्ड

72. (d) यात्रा की कुल दूरी $= 90 \times \frac{37.5}{60} + 80 \times \frac{14}{60}$

$= \frac{3375}{60} + \frac{1120}{60} = \frac{4495}{60} = \frac{899}{12} = 74\frac{11}{12}$ किमी

73. (a) चोर, सोमेश को पकड़ने में लगा समय

$= \frac{225}{50-30} = \frac{225}{20}$ मिनट

$= 11\frac{5}{20} = 11$ मिनट 15 सेकण्ड

74. (d) आदमी की चाल = 14 किमी/घण्टा

$= \frac{14}{60}$ किमी/मिनट $= \frac{7}{30}$ किमी/मिनट

7 किमी दूरी तय करने पर वह 6 बार आराम करेगा।

आराम का कुल समय $= 7 \times 6 = 42$ मिनट

दूरी तय करने में लगा कुल समय

$= \frac{7}{\frac{7}{30}} + 42 = 30 + 42 = 72$ मिनट

$= \frac{72}{60}$ घण्टे $= 1\frac{1}{5}$ घण्टे

75. (a) सापेक्ष चाल $= 8 - 6 = 2$ किमी/घण्टा

$= 2 \times \frac{5}{18} = \frac{5}{9}$ मी/ से

$\therefore$ सिपाही द्वारा चोर को पकड़ने में लिया गया समय

$= \frac{200}{5} \times 9 = 40 \times 9 = 360$ सेकण्ड

पकड़े जाने से पहले चोर द्वारा तय दूरी

$= 6 \times \frac{5}{18} \times 360 = 30 \times 20 = 600$ मी

76. (b) A तथा B के मिलने का समय

$= \frac{1200}{(4-2)} = 600$ सेकण्ड

B तथा C का मिलने का समय

$= \frac{1200}{(4+6)} = 120$ सेकण्ड

इसी प्रकार, A तथा C का मिलने का समय

$= \frac{1200}{(2+6)} = 150$ सेकण्ड

अत: तीनों के मिलने का समय

= (600, 120, 150) का ल.स.

= 600 सेकण्ड = 10 मिनट

77. (d) सुजाता की चाल = 2.85 किमी/घण्टा

$= 2.85 \times \frac{5}{18} = \frac{14.25}{18}$ मी/से

सापेक्ष चाल $= \left(\frac{14.25}{18} + 1.5\right)$ मी/से $= \frac{41.25}{18}$ मी/से

दोनों को पहली बार मिलने में लगा समय

$= \frac{693}{41.25} \times 18 = 302.4$ सेकण्ड

$= \frac{302.4}{60} = 5.04$ मिनट

78. (a) 3 मिनट में सापेक्ष चाल से तय दूरी

$= (9-8) \times \frac{5}{18} \times 3 \times 60 = 50$ मी

अत: 3 मिनट बाद दोनों के बीच शेष दूरी

$= 300 - 50 = 250$ मी

79. (d) चोर और पुलिसकर्मी की सापेक्ष चाल

$= 10 - 8 = 2$ किमी/घण्टा

$= 2 \times \frac{5}{18}$ मी/से $= \frac{5}{9}$ मी/से

$\therefore$ चोर को पकड़ने में लगा समय

$= \frac{1250}{\frac{5}{9}} = 2250$ सेकण्ड

$\therefore$ पकड़े जाने से पहले चोर द्वारा तय की गई दूरी

$= 8 \times \frac{2250}{60 \times 60} = 5$ किमी

80. (a) कुल दूरी = 90 किमी = 90000 मी

तथा कुल समय = 1 घण्टा = 60 मिनट

पहले 25 मिनट में तय दूरी

$= 15.2 \times 25 \times 60 = 22800$ मी

$\therefore$ शेष दूरी $= 90000 - 22800 = 67200$ मी

तथा शेष समय $= 60 - 25 = 35$ मिनट

$= 35 \times 60$ सेकण्ड

$\therefore$ अभीष्ट चाल $= \frac{67200}{35 \times 60} = 32$ मी/से

81. (d) दिया है, $P = 6$ मी/से; $Q = b$ मी/से

यहाँ, $b < 6$

अत: b के सम्भव मान = 1, 2, 3, 4 तथा 5

$\because$ दूरी $= \frac{\text{चाल}}{\text{समय}} \Rightarrow$ दूरी $\propto \frac{1}{\text{समय}} \Rightarrow \frac{S_1}{S_2} = \frac{d_1}{d_2}$

यहाँ, $S_1 = 6$ मी/से

$\frac{S_1}{S_2} = \frac{6}{1}$, अन्तर $= 6 - 1 = 5$

(क्योंकि दी गई जगह मिलता है)

$\frac{S_1}{S_2} = \frac{6}{2} = \frac{3}{1}$, अन्तर $= 3 - 1 = 2$ (सम्भव है)

$\frac{S_1}{S_2} = \frac{6}{3} = \frac{2}{1}$, अन्तर $= 2 - 1 = 1$ (सम्भव नहीं है)

$\frac{S_1}{S_2} = \frac{6}{4} = \frac{3}{2}$, अन्तर $= 3 - 2 = 1$ (सम्भव नहीं है)

$\frac{S_1}{S_2} = \frac{6}{5}$, अन्तर $= 6 - 5 = 1$ (सम्भव नहीं है)

वृत्ताकार पथ पर ठीक दो बिन्दुओं पर मिलने के लिए b का सम्भवत: एक ही मान सम्भव है।

82. (c) सापेक्ष चाल $= 30 - 25 = 5$ किमी/घण्टा

मिलने में लगा समय $= \frac{75}{5} = 15$ घण्टे

83. (a) चोर द्वारा प्रातः 3 : 00 से प्रातः 4 : 00 तक तय की गई दूरी = 57 × 1 = 57 किमी

दोनों की सापेक्ष चाल = 76 − 57

= 19 किमी/घण्टा

चोर को पकड़ने में लगा समय $= \frac{57}{19} = 3$ घण्टे

चोर को पकड़ने का समय

= प्रात 4 : 00+ 3 घण्टे = प्रातः 7 : 00

84. (d) दोनों को मिलने में लगा समय

$$= \frac{200}{(24-18)\times\frac{5}{18}} = \frac{200}{6\times\frac{5}{18}}$$

$$= \frac{200\times3}{5} = \frac{600}{5} = 120 \text{ सेकण्ड}$$

85. (c) औसत चाल

$$= \frac{120+100+(120+100)}{\left(\frac{120}{80}\right)+\left(\frac{100}{40}\right)+\left(\frac{220}{75}\right)}$$

$$= \frac{440}{\left(\frac{9000+15000+17600}{80\times75}\right)}$$

$$= \frac{440\times80\times75}{41600}$$

= 63.46 किमी/घण्टा

86. (d) पहली दौड़ में,

अर्जुन : बालाजी = 1000 : 900

बालाजी : चरण = 1000 : 900

अर्जुन : बालाजी : चरण = 100 : 90 : 81

माना अर्जुन, बालाजी और चरण की चाल क्रमशः $100x$, $90x$, $81x$ मी/से है

दूसरी दौड़ में,

अर्जुन द्वारा चली गई दूरी = 1000 मी

बालाजी द्वारा चली गई दूरी = 900 मी

चरण द्वारा चली गई दूरी = 800 मी

800 मी की दौड़ पूरी करने में चरण को लगा समय

$$= \frac{800}{81x} = \frac{9.8}{x} \text{ सेकण्ड}$$

∴ अर्जुन द्वारा $\frac{9.8}{x}$ सेकण्ड में तय की गई दूरी

$$= 100x\times\frac{9.8}{x} = 980 \text{ मी}$$

तथा बालाजी द्वारा $\frac{9.8}{x}$ सेकण्ड में तय की गई दूरी

$$= 90x\times\frac{9.8}{x} = 882 \text{ मी}$$

∴ विजेता चरण है

अतः अभीष्ट दूरी = 1000 − 980 = 20 मी

87. (d) समान दिशा में सापेक्ष चाल

= 12 − 10 = 2 मी/से

अतः चोर को पकड़ने में लगा समय $= \frac{40}{2} = 20$ सेकण्ड

∴ 20 सेकण्ड में पुलिसकर्मी द्वारा चली गई कुल दूरी

= 20 × 12 = 240 मी

88. (d) प्रश्नानुसार, 1 मी/से $= \frac{18}{5}$ किमी/घण्टा

औसत चाल $= \frac{\text{कुल दूरी}}{\text{कुल समय}}$

$$= \frac{6\times2+2\times1+\frac{18}{5}\times1+4\times3}{2+1+15+1+3}$$

$$= \frac{12+2+\frac{18}{5}+12}{8.5}$$

$$= \frac{60+10+18+60}{5\times8.5} = \frac{148}{42.5}$$

= 3.48 किमी/घण्टा

89. (c) माना A और B के बीच की दूरी D किमी है और वे x घण्टे बाद मिलते हैं।

तब, राम की गति × x + राजू की गति × $x = D$

$$\frac{D}{6}\times x+\frac{D}{10}\times x = D \Rightarrow \frac{x}{6}+\frac{x}{10} = 1$$

$$\Rightarrow \frac{5x+3x}{30} = 1 \Rightarrow \frac{8x}{30} = 1 \Rightarrow x = \frac{30}{8}$$

x = 3 घण्टे 45 मिनट

∴ उनके मिलने का समय

= 8:00 am + 3 घण्टे 45 मिनट = 11 : 45 am

स्पीडी विधि

राम और राजू के समय का अनुपात

= 6 : 10 = 3 : 5

∴ चालों का अनुपात = 5 : 3

माना कुल दूरी = 5×6 = 30 किमी

दोनों का मिलने का समय $= \frac{30}{5+3} = \frac{30}{8} = 3\frac{3}{4}$

= 3 घण्टे 45 मिनट

अतः अभीष्ट समय = 8:00 am + 3 : 45

= 11 : 45 am

90. (a) चोर द्वारा तय दूरी = 100 मी = 0.1 किमी

माना चोर की चाल = x किमी/घण्टा

तथा पुलिसकर्मी की चाल = 10 किमी/घण्टा

∵ सापेक्षिक चाल $= \frac{\text{तय दूरी}}{\text{मिलने का समय / लगा समय}}$

$$\Rightarrow (10-x) = \frac{0.100}{3/60} \Rightarrow (10-x) = \frac{1}{10}\times\frac{60}{3} = 2$$

⇒ x = 10 − 2 = 8 किमी/घण्टा

91. (a) औसत चाल $= \frac{2\times45\times80}{(45+80)}$

$$= \frac{7200}{125} = 57.6 \text{ किमी/घण्टा}$$

92. (d) माना A और C के बीच की दूरी = x किमी

तब,

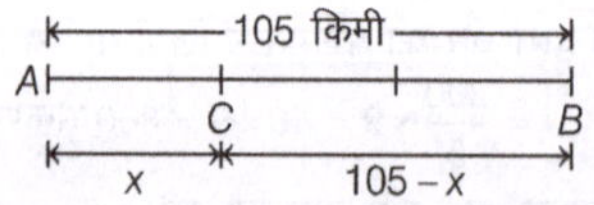

प्रश्नानुसार,

दया द्वारा लिया गया समय = मीनू द्वारा लिया गया समय

$$\Rightarrow \frac{105+105-x}{25} = \frac{x}{10} \Rightarrow \frac{210-x}{5} = \frac{x}{2}$$

⇒ 420 − 2x = 5x ⇒ 7x = 420 ⇒ x = 60 किमी

93. (c) 9 बजे तक C_1 द्वारा चली गई दूरी = 25 किमी

दोनों कार की सापेक्ष चाल = 25 + 30 = 55 किमी/घण्टा

शेष दूरी = 135 − 25 = 110 किमी

शेष दूरी तय करने में लगा समय $= \frac{110}{55}$

$= \frac{10}{5} = 2$ घण्टे

∴ मिलने का समय = 9 : 00 am + 2 घण्टे

= 11 : 00 am

94. (b) 15 मिनट में चोर द्वारा चली गई दूरी

$= 60\times\frac{15}{60} = 15$ किमी

माना पुलिस की चाल = x किमी/घण्टा

प्रश्नानुसार, $0.5 = \frac{15}{x-60} \Rightarrow 0.5x - 30 = 15$

$x = \frac{45}{0.5} = 90$ किमी/घण्टा

95. (c) A, B को 500 मी की दौड़ में 50 मी से हराता है।

तब, A और B की चालों का अनुपात

= 500 : (500 − 50) = 500 : 450 = 10 : 9

तथा 600 मी की दौड़ में B, C को 60 मी से हराता है।

तब, B और C की चालों का अनुपात

= 600 : (600 − 60) = 600 : 540 = 10 : 9

∴ A और C की चालों का अनुपात

= 10 × 10 : 9 × 9 = 100 : 81

∴ 400 मी की दौड़ में A, C को जिस दूरी से हराएगा

$= 400 - \frac{400}{100}\times81 = 400 - 324 = 76$ मी

96. (d) औसत चाल $= \frac{250+350}{\frac{250}{50}+\frac{350}{70}} = \frac{600}{10}$

= 60 किमी/घण्टा

97. (b) A द्वारा 5 सेकण्ड में तय की गई दूरी

= 34 × 5 = 170 मी

A और B की सापेक्ष चाल = 44 − 34 = 10 मी/से

B द्वारा A को पकड़ने में लिया गया समय

$= \frac{170}{10} = 17$ सेकण्ड

17 सेकण्ड में B द्वारा चली गई दूरी

= 17 × 44 = 748 मी

98. (b) P द्वारा चली गई दूरी = 1500 मी

तथा Q द्वारा चली गई दूरी = 1500 − 400 = 1100 मी

∴ Q की चाल $= \frac{400-200}{8} = \frac{200}{8} = 25$ मी/से

∴ Q को 1100 मी चलने में लगा कुल समय

$= \frac{1100}{25} = 44$ सेकण्ड

∴ P को 1500 मी चलने में लगा कुल समय

= 44 सेकण्ड

99. (d) औसत चाल $= \frac{\text{कुल दूरी}}{\text{कुल समय}} = \frac{5\times4}{\frac{1}{2}}$

(∵ 30 मिनट $= \frac{1}{2}$ घण्टा)

= 40 किमी/घण्टा

100. (b) ∵ A, B को 50 मी या 5 सेकण्ड से हराता है

तब, B की चाल $= \frac{50}{5} = 10$ मी/से

(1000 − 50) मी दूरी तय करने में B को लगा समय

$= \frac{950}{10} = 95$ सेकण्ड

∴ A को पूरी दौड़ में लगा समय = 95 सेकण्ड

∴ A की चाल $= \frac{1000}{95} = \frac{200}{19}$ मी/से

∴ अभीष्ट अन्तर $= \frac{200}{19} - 10$

$= \frac{10}{19}$ मी/से

101. (b) कुत्ते और बिल्ली की सापेक्ष चाल

$= 24 - 10 = 14$ किमी/घण्टा

$= 14 \times \frac{5}{18}$ मी/से $= \frac{35}{9}$ मी/से

$\therefore$ कुत्ते को बिल्ली को पकड़ने में लगा समय

$= \frac{280}{\frac{35}{9}} = 280 \times \frac{9}{35}$

$= 72$ सेकण्ड $= \frac{72}{60}$ मिनट $= 1.2$ मिनट

102. (a) औसत चाल $= \frac{96 + 124 + 105}{\frac{96}{16} + \frac{124}{31} + \frac{105}{7}}$

$= \frac{325}{6 + 4 + 15} = \frac{325}{25} = 13$ किमी/घण्टा

103. (c) पहली बस की गति $= 48 \times \frac{5}{18} = \frac{40}{3}$ मी/से

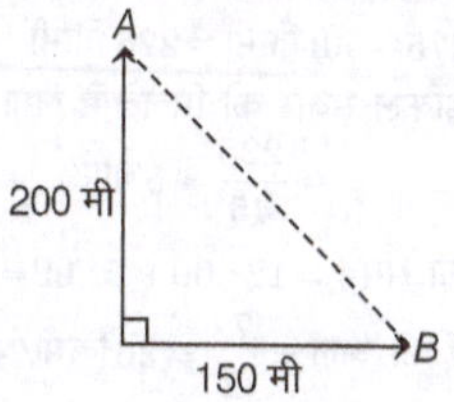

15 सेकण्ड में पहली बस द्वारा तय की गई दूरी

$= \frac{40}{3} \times 15 = 200$ मी

दूसरी बस की गति $= 36 \times \frac{5}{18} = 10$ मी/से

15 सेकण्ड में दूसरी बस द्वारा तय की गई दूरी

$= 10 \times 15 = 150$ मी

15 सेकण्ड बाद बसों के बीच की दूरी

$= AB = \sqrt{(200^2) + (150)^2}$

$= \sqrt{40000 + 22500} = \sqrt{62500} = 250$ मी

104. (d) दिए गए कथनों में से कथन (d) सही नहीं है, क्योंकि 99 किमी/घण्टा $= 99 \times \frac{5}{18}$ मी/से $= 27.5$ मी/से जोकि 24 मी/से से अधिक है।

105. (c) माना चोर और पुलिस कर्मी की चाल क्रमश: $7x$ और $8x$ किमी/घण्टा हैं तथा पुलिसकर्मी चोर को देखने के t घण्टे बाद चोर को पकड़ लेगा।

प्रश्नानुसार, $\frac{450}{1000} + 7xt = 8xt \Rightarrow xt = 0.45$

$\therefore$ अभीष्ट दूरी $= 8xt = 8 \times 0.45 = 3.6$ किमी

स्पीडी विधि

पुलिस कर्मी द्वारा चली गई दूरी

$= \frac{450}{8-7} \times 8 = 3600$ मी $= 3.6$ किमी

106. (a) R के चलने की चाल $= 5$ किमी/घण्टा

$\therefore R$ के जॉगिंग करके चलने की चाल

$= 2 \times 5 = 10$ किमी/घण्टा

R के दौड़ने की चाल $= 2 \times 10 = 20$ किमी/घण्टा

R को घर से ऑफिस जाने में लगा समय

$= \frac{5}{5} + \frac{5}{10} = 1 + \frac{1}{2} = \frac{3}{2}$ घण्टे

R को आफिस से घर आने में लगा समय

$= \frac{5}{10} + \frac{5}{20} = \frac{1}{2} + \frac{1}{4} = \frac{2+1}{4} = \frac{3}{4}$

$\therefore$ अभीष्ट औसत चाल $= \frac{\text{कुल दूरी}}{\text{कुल समय}}$

$= \frac{10 + 10}{\frac{3}{2} + \frac{3}{4}} = \frac{20}{\frac{6+3}{4}} = \frac{80}{9}$ किमी/घण्टा

107. (c) A और B की चाल का अनुपात

$= 1200 : (1200 - 100) = 12 : 11$

B और C की चाल का अनुपात

$= 600 : (600 - 100) = 6 : 5$

$\therefore A : B : C$ की चाल का अनुपात $= 72 : 66 : 55$

$\therefore$ 10 सेकण्ड में चली गई दूरी का अनुपात

$= 72 \times 10 : 66 \times 10 : 55 \times 10 = 720 : 660 : 550$

प्रश्नानुसार, C की चाल $= \frac{720 - 550}{30} = \frac{170}{30} = \frac{17}{3}$ मी/से

108. (d) माना कुल यात्रा d किमी है।

प्रश्नानुसार, $\frac{d}{30} - \frac{d}{45} = 15$ मिनट

$\Rightarrow \quad \frac{3d - 2d}{90} = \frac{15}{60}$ घण्टा

$\Rightarrow \quad d = \frac{1}{4} \times 90 \Rightarrow d = 22.5$ किमी

109. (a) 30 मिनट में चली गई दूरी $= \frac{30}{60} \times 48$

$= 24$ किमी

समान दिशा में सापेक्ष चाल

$= 58 - 48 = 10$ किमी/घण्टा

चोर पकड़ने में लगा समय

$= \frac{24}{10} = 2\frac{2}{5}$ घण्टे $= 2$ घण्टे 24 मिनट

$\therefore$ अभीष्ट समय $= 1:00$ अपराह्न + 2 घण्टे 24 मिनट

$= 3:24$ अपराह्न

110. (d) माना कुल दूरी $= x$ किमी

औसत दूरी $= \frac{x}{\frac{x \times 40}{40 \times 100} + \frac{x \times 50}{25 \times 100} + \frac{x \times 10}{10 \times 100}}$

$= \frac{x}{\frac{x}{100} + \frac{x}{50} + \frac{x}{100}} = \frac{x \times 100}{x + 2x + x}$

$= 25$ किमी/घण्टा

111. (d) माना A तथा B के बीच की दूरी x किमी है।

प्रश्नानुसार, $\frac{x}{20} - \frac{x}{30} = 2\frac{1}{2} + 1\frac{1}{2}$

$\Rightarrow \quad \frac{3x - 2x}{60} = 4 \Rightarrow x = 240$ किमी

112. (a) अभीष्ट औसत चाल $= \frac{2 \times \frac{1}{x} \times \frac{1}{x^2}}{\frac{1}{x} + \frac{1}{x^2}}$

$= \frac{\frac{2}{x^3}}{\frac{x+1}{x^2}} = \frac{2}{x^2 + x}$

113. (b) माना B की चाल $= y$ मी/से

प्रश्नानुसार,

$\left(\frac{400}{16} + 10\right) = \frac{385}{y}$

$\Rightarrow \quad 35 - \frac{385}{y}$

$\Rightarrow \quad y = 11$

अत: B की चाल 11 मी/से होगी।

114. (d) पुलिसकर्मी द्वारा चोर को पकड़ने में लगा

समय $= \frac{97}{(23 - 21)} = \frac{97}{2} = 48.5$ सेकण्ड

115. (c) $60\% = \frac{3}{5}$

तब,	वास्तविक		नई
चाल	5	:	3
समय	3	:	5

माना वास्तविक तथा नया समय क्रमश: $3x$ व $5x$ है।

प्रश्नानुसार, $5x - 3x = 36 \Rightarrow 2x = 36 \Rightarrow x = 18$ मिनट

$\therefore$ वास्तविक समय $= 3x = 3 \times 18 = 54$ मिनट

स्पीडी विधि

$\because 60\% = \frac{3}{5}$

$D = \frac{S_1 S_2}{S_2 - S_1} \times t = \frac{3 \times 5}{2} \times \frac{36}{60} = 4.5$ किमी

अत: अभीष्ट समय $= \frac{4.5}{5}$ घण्टा

$= \frac{4.5 \times 60}{5} = 54$ मिनट

116. (c) माना कुल दूरी $= 12x$

औसत चाल $= \frac{12x}{\frac{8x}{45} + \frac{3x}{60} + \frac{x}{75}}$

$= \frac{12x}{\frac{160x + 45x + 12x}{900}}$

$= \frac{12x \times 900}{217x} = \frac{10800}{217}$

$= 49.77$ किमी/घण्टा

117. (d) प्रश्नानुसार,

अनिल और बकुल की चाल का अनुपात

$= \frac{1500}{1500 - 150} = \frac{1500}{1350} = \frac{10}{9}$

बकुल और चार्ल्स की चाल का अनुपात

$= \frac{1500}{1500 - 75} = \frac{1500}{1425} = \frac{20}{19}$

$\therefore$ अनिल और चार्ल्स की चाल का अनुपात

$= \frac{10 \times 20}{9 \times 19} = \frac{200}{171}$

$\therefore$ अनिल चार्ल्स को हराता है

$= \frac{1500}{200} \times (200 - 171) = 217.5$ मी

118. (c) कार की गति $= \frac{144}{18} = 80$ किमी/घण्टा

कार की नई चाल $= \frac{120}{100} \times 80 = 96$ किमी/घण्टा

नई दूरी $= 2 \times 144 = 288$ किमी

अत: अभीष्ट समय $= \frac{288}{96} = 3$ घण्टे

119. (a) माना B की चाल x किमी/घण्टा है।

तब, B द्वारा लिया गया समय $= \frac{40}{x}$ घण्टे

A द्वारा लिया गया समय $= \left(\frac{40}{x} + 2\right)$ घण्टे

$\therefore A$ की चाल $= \frac{40}{\left(\frac{40}{x} + 2\right)} = \frac{40x}{40 + 2x}$

A की नई चाल $= \frac{2 \times 40x}{40 + 2x} = \frac{40x}{20 + x}$

प्रश्नानुसार, $\frac{80}{\left(\frac{40x}{20+x}\right)} - \frac{80}{x} = \frac{3}{2}$

$\Rightarrow \frac{40 + 2x}{x} - \frac{80}{x} = \frac{3}{2} \Rightarrow \frac{2x - 40}{x} = \frac{3}{2} \Rightarrow x = 80$

अतः B को 120 किमी तय करने में लगा समय

$= \frac{120}{x} = \frac{120}{80} = 1\frac{1}{2}$ घण्टे

120. (a) माना अखिल की सामान्य चाल = x किमी/घण्टा तथा 150 किमी दूरी तय करने में लगा वास्तविक समय = t घण्टा

$\therefore \quad xt = 150 \quad$ ...(i)

प्रश्नानुसार, $(x-10)\left(t + \frac{1}{2}\right) = 150$

$\Rightarrow \quad xt + \frac{x}{2} - 10t - 5 = 150$

$\Rightarrow \quad 150 + \frac{x}{2} - 10t - 5 = 150 \quad (\because xt = 150)$

$\Rightarrow \frac{x}{2} - 10t = 5 \Rightarrow \frac{x}{2} - 10 \times \frac{150}{x} = 5$

$\Rightarrow x^2 - 3000 = 10x \Rightarrow x^2 - 10x - 3000 = 0$

$\Rightarrow (x-60)(x+50) = 0 \therefore x = 60, -50$

$\therefore$ सामान्य चाल = 60 किमी/घण्टा

अब 15 किमी/घण्टा धीमी चाल से 90 किमी दूरी तय करने में लगा समय $= \frac{90}{60-15} = \frac{90}{45} = 2$ घण्टे

स्पीडी विधि

हम जानते हैं कि, $D = \frac{S_1 S_2}{S_2 - S_1} \times t$

$\therefore 150 = \frac{S_1(S_1 - 10)}{10} \times \frac{30}{60}$

$S_1^2 - 10S_1 - 3000 = 0$

$(S_1 - 60)(S_1 + 50) = 0$

$\therefore \quad S_1 = 60$ किमी/घण्टा

अतः अभीष्ट समय $= \frac{90}{60-15} = 2$ घण्टे

121. (b) कार A द्वारा 30 मिनट में तय दूरी

$= 40 \times \frac{30}{60} = 20$ किमी

दोनों कारों की सापेक्ष चाल = 50 − 40 = 10 किमी

$\therefore$ एक-दूसरे से मिलने में लगा समय $= \frac{20}{10} = 2$ घण्टे

$\therefore$ 2 घण्टे में कार B द्वारा तय दूरी

$= 2 \times 50 = 100$ किमी

अतः दोनों कारें दिल्ली से 100 किमी दूरी पर एकसाथ होंगी।

122. (d) माना A और B के बीच की दूरी = x किमी

प्रश्नानुसार, $\frac{x}{6} - \left(\frac{x}{8} + \frac{15}{60}\right) = \frac{10}{60}$

$\Rightarrow \frac{x}{6} - \frac{x}{8} - \frac{15}{60} = \frac{10}{60} \Rightarrow \frac{4x - 3x}{24} = \frac{25}{60}$

$\therefore \quad x = 24 \times \frac{25}{60} = 10$ किमी

123. (a) घर से स्कूल की दूरी = 4 × 1.25 = 5 किमी

अब वापस स्कूल से घर आने में लगा समय

$= 1.25 \times \frac{75}{100} = \frac{5}{4} \times \frac{75}{100} = \frac{15}{16}$ घण्टे

$\therefore$ वापस आते समय चाल $= \frac{5}{\frac{15}{16}} = 5 \times \frac{16}{15}$

$= \frac{16}{3}$ किमी/घण्टा

$\therefore$ चाल में वृद्धि $= \frac{\frac{16}{3} - 4}{4} \times 100 = \frac{16 - 12}{3 \times 4} \times 100$

$= \frac{100}{3} = 33\frac{1}{3}\%$

124. (c) माना तेज और धीमी कार की चाल क्रमशः x और y किमी/घण्टा है

प्रश्नानुसार, $x - y = \frac{144}{12} = 12$

$\Rightarrow \quad x - y = 12 \quad$ ... (i)

तथा $\quad x + y = \frac{144}{9/8} = 144 \times \frac{8}{9}$

$\Rightarrow \quad x + y = 128 \quad$ ... (ii)

समी (i) और (ii) से,

$2x = 140 \Rightarrow x = 70$ किमी/घण्टा

125. (a) माना कार द्वारा चली गई दूरी = x किमी

कार द्वारा दूरी तय करने में लिया गया समय = 180 मिनट $= \frac{180}{60}$ घण्टे = 3 घण्टे

कार की चाल = 60 किमी/घण्टा

$\therefore$ चाल $= \frac{\text{दूरी}}{\text{समय}} \Rightarrow 60 = \frac{x}{3} \Rightarrow x = 180$ किमी

कार की नई चाल = 40 किमी/घण्टा

कार द्वारा 40 किमी/घण्टा की चाल से समान दूरी तय करने में लगा समय $= \frac{180}{40} = \frac{9}{2} = 4\frac{1}{2}$ घण्टे

= 4 घण्टे 30 मिनट

स्पीडी विधि

समय $= \frac{60 \times \frac{180}{60}}{40} = \frac{180}{40} = 4\frac{1}{2}$ घण्टे

= 4 घण्टे 30 मिनट

126. (b) दूरी = 5 किमी

5 किमी की दूरी तय करने का निर्धारित समय

= 60 − 10 = 50 मिनट

अभीष्ट गति/चाल $= \frac{5 \times 60}{50} = 6$ किमी/घण्टा

127. (b) औसत गति $= \frac{2ab}{a+b} = \frac{2 \times 30 \times 50}{30 + 50}$

$= \frac{2 \times 30 \times 50}{80} = 37.5$ किमी/घण्टा

128. (c) 100 किमी की यात्रा को पूरा करने में S द्वारा लिया गया समय $= \frac{100}{40} = 2.5$ घण्टे = 150 मिनट

$\therefore$ अन्तिम 20 किमी में उसकी चाल

$= \frac{20}{\frac{(150 - 40 - 50)}{60}} = \frac{20 \times 60}{60} = 20$ किमी/घण्टा

129. (d) औसत चाल $= \frac{72 + 28 + 160}{\frac{72}{45} + \frac{28}{4} + \frac{160}{20}}$

$= \frac{260}{\frac{8}{5} + 7 + 8} = \frac{260}{16 + 15}$

$= \frac{260}{16.6} = 15.66$ किमी/घण्टा

130. (b) औसत चाल $= \frac{4 \times 8 + 8 \times 4}{4 + 8} = \frac{32 + 32}{12}$

$= \frac{64}{12} = \frac{16}{3} = 5\frac{1}{3}$ किमी/घण्टा

131. (d) कुल समय

$= \left(\frac{1200}{80} + \frac{1600}{40} + \frac{1000}{400} + \frac{200}{50}\right)$ घण्टे

= (15 + 40 + 2.5 + 4) = 61.5 घण्टे

कुल दूरी = (1200 + 1600 + 1000 + 200)

= 4000 किमी

औसत चाल $= \frac{4000}{61.5} = 65.04$ किमी/घण्टा

132. (c) सापेक्ष चाल = (25 + 20) किमी/घण्टा

= 45 किमी/घण्टा

10 बजे से 12 बजे तक पहले मोटरसाइकिल सवार द्वारा तय दूरी = (2 × 25) = 50 किमी

शेष दूरी = (275 − 50) किमी = 225 किमी

दोनों मोटरसाइकिल सवार को मिलने में लगा समय

$= \frac{225}{45} = 5$ घण्टे

अतः मिलने का समय = 12 : 00 + 5 : 00 = 5:00 pm

133. (d) ट्रेन की चाल $= \frac{72}{2} = 36$ किमी/घण्टा

d = चाल × समय

$d = 36t$

134. (c) दिया है, कार द्वारा चली गई दूरी = 37.5 किमी

समय = 90 मिनट = 1.5 घण्टे

औसत चाल $= \frac{37.5}{1.5} = 25$ किमी/घण्टा

135. (b) औसत चाल $= \frac{12.5 + 12.5}{\frac{(30 + 20)}{60}}$

$= \frac{25}{\frac{50}{60}} = \frac{25 \times 60}{50} = 30$ किमी/घण्टा

136. (d) माना, एक ओर की दूरी = x

प्रश्नानुसार, $\frac{x}{12} + \frac{x}{8} = 3\frac{45}{60} = \frac{15}{4}$

$\Rightarrow \quad \frac{2x + 3x}{24} = \frac{15}{4} \Rightarrow \frac{5x}{24} = \frac{15}{4}$

$\therefore \quad x = \frac{15 \times 6}{5} = 18$

कुल दूरी = $x + x = 2x = 2 \times 18 = 36$ किमी

स्पीडी विधि

औसत चाल $= \frac{2 \times 12 \times 8}{12 + 8}$ (दूरी समान है।)

$= \frac{96}{10}$ किमी/घण्टा

$\therefore$ कुल दूरी $= \frac{96}{10} \times \left(3\frac{3}{4}\right) = \frac{96}{10} \times \frac{15}{4} = 36$ किमी

137. (c) माना यात्रा की कुल दूरी = x किमी

प्रश्नानुसार,

$\frac{x}{45} - \frac{x}{55} = \frac{40}{60} = \frac{2}{3}$

$\Rightarrow \quad \frac{55x - 45x}{45 \times 55} = \frac{2}{3}$

$\Rightarrow \quad 10x = \frac{45 \times 55 \times 2}{3}$

$\therefore \quad x = \frac{45 \times 55 \times 2}{3 \times 10}$

$= \frac{45 \times 11}{3} = 165$

अत: यात्रा की लम्बाई = 165 किमी

138. (a) यात्रा की कुल दूरी = 50 + 75 = 125 किमी

कुल समय = 40 + 40 = 80 मिनट = $\frac{80}{60} = \frac{4}{3}$ घण्टे

औसत चाल = $\frac{\text{कुल दूरी}}{\text{कुल समय}}$

$= \frac{125}{4} \times 3 = \frac{375}{4} = 93\frac{3}{4}$ किमी/घण्टा

139. (b) समान दिशा में सापेक्षिक गति

= 12 − 7 = 5 किमी/घण्टा

280 मी जाने में लगा समय = $\frac{60}{5000} \times 280$

$= \frac{3}{25} \times 28 = \frac{84}{25}$ मिनट = $3\frac{9}{25}$ मिनट

अत: अभीष्ट समय = $3\frac{9}{25}$ मिनट

140. (c) कार द्वारा पहले 15 मिनट में तय दूरी

= 20 किमी

कार द्वारा दूसरे 15 मिनट में तय दूरी = 25 किमी

कार द्वारा तीसरे 15 मिनट में तय दूरी = 15 किमी

कुल तय दूरी = 20 + 25 + 15 = 60 किमी

कुल समय = 15 × 3 = 45 मिनट

औसत चाल = $\frac{\text{कुल दूरी}}{\text{कुल समय}}$

$= \frac{60}{45} \times 60$ किमी/घण्टा = 80 किमी/घण्टा

141. (c) माना कुल दूरी = 100 किमी

प्रश्नानुसार, अत: औसत गति = $\frac{100}{\frac{25}{25} + \frac{50}{50} + \frac{25}{12.5}}$

$= \frac{100}{1 + 1 + 2} = \frac{100}{4}$ किमी/घण्टा = 25 किमी/घण्टा

142. (b) यहाँ, दूरी समान है अर्थात्

समय $\propto \frac{1}{\text{चाल}}$ या चाल $\propto \frac{1}{\text{समय}}$ होगा

	राकेश		राजेश
समय =	36 सेकण्ड	:	40 सेकण्ड
चाल =	40	:	36

राकेश से राजेश की दूरी

$= \frac{1200}{40} \times (40 - 36) = 120$ मी

143. (c) माना कुल दूरी x है।

तीनो कारों को लगने वाला समय क्रमश: $12y$, $15y$ और $10y$ हैं।

$\therefore$ तीनों कारों की चाल का अनुपात = $\frac{x}{12y} : \frac{x}{15y} : \frac{x}{10y}$

$= \frac{60}{12y} : \frac{60}{15y} : \frac{60}{10y}$ [∵ 12, 15, 10 का ल.स. = 60]

= 5 : 4 : 6

144. (b) दिया है, कुल समय = 5 घण्टे

समय = $\frac{\text{दूरी}}{\text{चाल}}$

75 मिनट में 85 किमी/घण्टा में तय दूरी

$= \frac{75}{60} \times 85 = 106.25$ किमी

3 घण्टे में 70 किमी/घण्टा से तय दूरी

= 3 × 70 = 210 किमी

माना पहले 45 मिनट में तय दूरी x है।

औसत चाल = $\frac{\text{कुल दूरी}}{\text{कुल समय}}$

$73 = \frac{x + 106.25 + 210}{5}$

$\Rightarrow x + 316.25 = 365 \Rightarrow x = 48.75$

$\therefore$ अभीष्ट चाल = $\frac{\text{दूरी}}{\text{समय}} = \frac{48.75}{45} \times 60$

= 65 किमी/घण्टा

145. (c) पहले 10 किमी में लगा समय

$= \frac{10}{40} = \frac{1}{4}$ घण्टा

$\therefore$ दूसरे 10 किमी में लगा समय = $\frac{1}{8}$ घण्टा

इसी प्रकार, तीसरे और चौथे 10 किमी में लगा समय क्रमश: $\frac{1}{8}$ और $\frac{1}{4}$ घण्टे है।

$\therefore$ 40 किमी तय करने में लगा कुल समय

$= \frac{1}{4} + \frac{1}{8} + \frac{1}{8} + \frac{1}{4} = \frac{3}{4}$

औसत चाल = $\frac{40}{3/4} = \frac{160}{3}$ किमी/घण्टा

146. (d) औसत चाल = $\frac{2 \times 36 \times 60}{60 + 36} = \frac{2 \times 36 \times 60}{96}$

= 45 किमी/घण्टा

147. (a) व्यक्ति की चाल = $\frac{\text{दूरी}}{\text{समय}} = \frac{\frac{900}{1000}}{\frac{6}{60}}$

$= \frac{900 \times 60}{6 \times 1000} = 9$ किमी/घण्टा

148. (d) रेस की कुल दूरी = 1200 मी

राम द्वारा तय की गई दूरी = 1200 मी

समान समय में श्याम द्वारा तय की गई दूरी = 1000 मी

राम और श्याम की चाल का अनुपात

= 1200 : 1000 = 6 : 5

$\therefore$ राम और श्याम लिए गए समय का अनुपात 5 : 6 होगा। माना राम और श्याम द्वारा लिया गया समय क्रमश: $5x$ और $6x$ सेकण्ड है।

प्रश्नानुसार, $6x - 5x = 20$ सेकण्ड $\Rightarrow x = 20$ सेकण्ड

$\therefore$ राम द्वारा लिया गया समय = $5x$

= 5 × 20 = 100 सेकण्ड

अत: राम की चाल = $\frac{1200}{100} = 12$ मी/से

149. (c) माना A और B क्रमश: $5x$ और $3x$ समय में गंतव्य तक पहुँचते हैं।

प्रश्नानुसार, $5x - 3x = 30$ मिनट

$\Rightarrow \quad 2x = 30 \Rightarrow x = 15$ मिनट

$\therefore A$ को गंतव्य तक पहुँचने में लगा समय

$= 5x = 5 \times 15 = 75$ मिनट = 1 घण्टा 15 मिनट

150. (a) औसत चाल = $\frac{2 \times 12 \times 18}{12 + 18}$

$= \frac{2 \times 12 \times 18}{30} = \frac{72}{5} = 14.4$ किमी/घण्टा

151. (c) पहले 10 मिनट में तय दूरी = 10 × 60 × 21

= 12600 मी = 12.6 किमी

अब पूरी यात्रा के दौरान तय दूरी

= 12.6 + 9 + 10 = 31.6 किमी

कुल समय = 10 × 3 = 30 मिनट = 0.5 घण्टे

$\therefore$ अभीष्ट औसत चाल = $\frac{31.6}{0.5} = 63.2$ किमी/घण्टा

152. (c) अभीष्ट औसत गति = $\frac{100 + 140}{\frac{100}{50} + \frac{140}{70}}$

$= \frac{240}{2 + 2} = \frac{240}{4} = 60$ किमी/घण्टा

153. (c) माना बबीता की चाल = $2x$ मी/से

गीता की चाल = $5x$ मी/से

तथा प्रारम्भिक बिन्दु से मिलन बिन्दु की दूरी = y मी

तब प्रश्नानुसार, समय = $\frac{\text{दूरी}}{\text{चाल}} \Rightarrow \frac{y}{5x} = \frac{y - 40}{2x}$

$2y = 5y - 200 \Rightarrow 3y = 200$

$y = 66.666 \approx 66.67$ मी

154. (d) माना A की चाल = A किमी/घण्टा

तथा B की चाल = B किमी/घण्टा

प्रश्नानुसार, $\frac{40}{A} - \frac{40}{B} = 2 + \frac{30}{60} = \frac{5}{2}$ ...(i)

तथा $\frac{40}{B} - \frac{40}{2A} = 1$ ...(ii)

समी (i) और (ii) को जोड़ने पर

$40\left(\frac{1}{A} - \frac{1}{2A}\right) = \frac{5}{2} + 1$

$40 \times \frac{1}{2A} = \frac{7}{2} \Rightarrow A = \frac{40}{7}$ किमी/घण्टा

समी (ii) से,

$\therefore \quad \frac{40}{B} = 1 + \frac{7}{2} = \frac{9}{2} \Rightarrow B = \frac{80}{9}$ किमी/घण्टा

$\therefore A$ को 40 किमी तय करने में लगा समय

$= \frac{40}{\frac{40}{7}} = 7$ घण्टे

B को 40 किमी तय करने में लगा समय = $\frac{40}{\frac{80}{9}} = \frac{9}{2}$ घण्टे

$\therefore$ अभीष्ट औसत समय = $\frac{7 + \frac{9}{2}}{2} = \frac{23}{4} = 5\frac{3}{4}$

= 5 घण्टे 45 मिनट

155. (c) बस की चाल

$= \frac{60}{1 + \frac{30}{60}} = \frac{60 \times 60}{90}$ किमी/घण्टा

कार की चाल = $\frac{60}{\frac{45}{60}} = \frac{60 \times 60}{45}$ किमी/घण्टा

$\therefore$ कार की चाल और बस की चाल में अनुपात

$= \frac{60 \times 60}{45} : \frac{60 \times 60}{90} = \frac{1}{45} : \frac{1}{90} = 2 : 1$

156. (c) माना जाते समय चाल = x किमी/घण्टा

$\therefore$ वापस आते समय चाल = $x + 10$ किमी/घण्टा

प्रश्नानुसार, $\frac{300}{x} - \frac{300}{x + 10} = 5$

$\Rightarrow 300\left(\frac{x + 10 - x}{x^2 + 10x}\right) = 5 \Rightarrow 3000 = 5x^2 + 50x$

$\Rightarrow x^2 + 10x - 600 = 0 \Rightarrow (x - 20)(x + 30) = 0$

$\Rightarrow x - 20 = 0 \Rightarrow x = 20$

अत: जाते समय उसकी चाल = 20 किमी/घण्टा

157. (d) माना A की चाल = A किमी/घण्टा

B की चाल = B किमी/घण्टा

प्रश्नानुसार, $\frac{40}{A} - \frac{40}{B} = \frac{5}{2}$ ...(i)

तथा $\frac{40}{B} - \frac{40}{2A} = 1$ ...(ii)

समी (i) व (ii) से, $A = \frac{40}{7}$ किमी/घण्टा

$\therefore A$ द्वारा 40 किमी की दूरी तय करने में लगा समय

$= \frac{40}{\frac{40}{7}} = 7$ घण्टे

158. (b) 2400 मी की दौड़ में हरि द्वारा लिया गया समय $= \frac{2400}{6} = 400$ सेकण्ड

2400 मी की दौड़ में तरुण द्वारा लिया गया समय

$= 400 - (60 + 40) = 300$ सेकण्ड

अत: तरुण की चाल $= \frac{2400}{300} = 8$ मी/से

159. (c) माना रेलगाड़ी द्वारा तय की गई दूरी = x किमी

तब, प्रश्नानुसार, $\frac{x}{55} + \frac{(285 - x)}{40} = 6$

$\Rightarrow \frac{8x + 3135 - 11x}{440} = 6$

$\Rightarrow 3135 - 3x = 2640 \Rightarrow 3x = 495 \Rightarrow x = 165$

$\therefore$ रेलगाड़ी द्वारा तय की गई दूरी = 165 किमी

160. (a) चाल में अभीष्ट वृद्धि प्रतिशत

$= \left(\frac{25}{100 - 25}\right) \times 100\%$

$= \frac{25}{75} \times 100\% = \frac{100}{3}\% = 33\frac{1}{3}\%$

161. (c) चोर को पकड़ने में लगा समय

$= \frac{1200}{(65 - 41) \times \frac{5}{18}} = \frac{1200}{24 \times \frac{5}{18}}$

$= \frac{1200 \times 18}{120} = 180$ सेकण्ड = 3 मिनट

162. (d) दूरी तय करने में लगा समय

= 6 घण्टे 15 मिनट $= 6\frac{15}{60}$ घण्टे $= \frac{25}{4}$ घण्टे

$\therefore$ दूरी $= 4 \times \frac{25}{4} = 25$ किमी

साइकिल से 25 किमी तय करने में लगा समय

= 5 घण्टे 10 मिनट $= 5\frac{10}{60}$ घण्टे $= \frac{31}{6}$ घण्टे

$\therefore$ साइकिल की चाल $= \frac{25}{31} \times 6 = \frac{150}{31}$

$= 4\frac{26}{31}$ किमी/घण्टा

163. (b) माना कार की सामान्य चाल = x किमी/घण्टा

$\therefore$ दूरी $= 16x$

नई चाल $= (x + 20)$ किमी/घण्टा

प्रश्नानुसार, $\frac{16x}{x + 20} = 12$

$\Rightarrow 16x = 12x + 240$

$\Rightarrow 4x = 240$

$\therefore x = \frac{240}{4} = 60$ किमी/घण्टा

कार द्वारा तय दूरी $= 16x = 16 \times 60$

$= 960$ किमी

164. (c) माना पुलिस चोर को t सेकण्ड बाद पकड़ लेगी।

$t = \frac{200 \times 18}{(20 - 16) \times 5} = \frac{200 \times 18}{4 \times 5} = 180$ सेकण्ड

$\therefore$ चोर द्वारा 18 सेकण्ड में चली गई दूरी

$= 16 \times \frac{5}{18} \times 180 = 800$ मी

165. (b) प्रश्नानुसार,

औसत चाल $= \frac{10 + 15}{\frac{10}{15} + \frac{15}{10}} = \frac{25}{\frac{20 + 45}{30}} = \frac{25 \times 30}{65}$

$= 11.54$ किमी/घण्टा

166. (c) चोर की चाल $= \frac{6}{30} \times 60 = 12$ किमी/घण्टा

$\therefore$ पुलिसकर्मी की चाल $= \frac{12}{4} \times 5 = 15$ किमी/घण्टा

अत: दोनों के बीच की दूरी

$= (15 - 12) \times \frac{30}{60} = 1.5$ किमी

167. (d) दूरी $= \left(68 \times \frac{22.5}{60} + 72 \times \frac{12}{60}\right)$

$= \frac{(1530 + 864)}{60} = \frac{2394}{60} = 39.9 \approx 40$ किमी

168. (d) P दौड़ पूरी करता है = 200 सेकण्ड में

Q दौड़ पूरी करता है = 220 सेकण्ड में

$\therefore P, Q$ को $(220 - 200 = 20)$ सेकण्ड से हरा देता है।

अब, 220 सेकण्ड में Q दौड़ता है = 2000 मी

20 सेकण्ड में Q दौड़ेगा

$= \frac{2000 \times 20}{220} = \frac{2000}{11} = 181\frac{9}{11}$ मी

$\therefore P, Q$ को $181\frac{9}{11}$ मी से हराएगा।

169. (d) चोर द्वारा 30 मिनट में चली गई दूरी

= 4 किमी

$\therefore$ अभीष्ट समय $= \frac{4}{(12 - 8)}$ घण्टे = 1 घण्टे = 60 मिनट

170. (c) माना कुल दूरी = $3d$ किमी

$\therefore$ तीन बराबर भाग $= \frac{3d}{3} = d$ किमी

$\therefore$ औसत चाल $= \frac{3d}{\left[\frac{d}{80} + \frac{d}{60} + \frac{d}{30}\right]}$

$= \frac{3 \times 240}{(3 + 4 + 8)} = \frac{3 \times 240}{15} = 48$ किमी/घण्टा

171. (b) औसत चाल $= \frac{90 \times 1 + 120 \times 2}{1 + 2}$

$= \frac{90 + 240}{3} = \frac{330}{3} = 110$ किमी/घण्टा

172. (c) माना अन्त में व्यक्ति x किमी/घण्टा की चाल से गाड़ी चलाता है तथा कुल दूरी = D किमी

$60 = \frac{D}{45/60} \Rightarrow D = 60 \times \frac{45}{60} = 45$ किमी

अब, व्यक्ति के द्वारा 30 मिनट में गन्तव्य तक पहुँचने के लिए चली गई चाल (x)

$= \frac{45}{30/60} = \frac{45 \times 60}{30} = 90$ किमी/घण्टा

173. (c) लड़की की चाल = 9 किमी/घण्टा

$= \frac{9000}{60}$ मी/मिनट

अत: पुल की लम्बाई $= \frac{9000}{60} \times 45 = 6750$ मी

174. (a) $A : B = 100 : 80 = 5 : 4$

$B : C = 100 : 95 = 20 : 19$

$\therefore A : B : C = 100 : 80 : 76$

अत: अभीष्ट दूरी = 100 − 76 = 24 मी

175. (c) 85 मिनट में तय की गई दूरी

$= 36 \times \frac{85}{60} = 51$ किमी

$\therefore$ अभीष्ट चाल $= \frac{51}{\frac{51}{60}} = \frac{51}{51} \times 60 = 60$ किमी/घण्टा

176. (d) माना अरुण की चाल $= s_A$

भास्कर की चाल $= s_B$

प्रश्नानुसार, प्रथम स्थिति में,

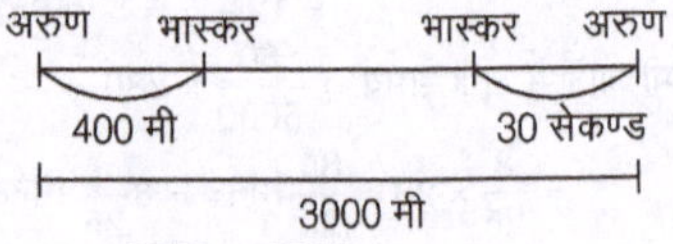

$\frac{3000}{s_A} = \frac{2600}{s_B} - 30$

$\frac{3000}{s_A} = \frac{2600 - 30s_B}{s_B}$ ...(i)

द्वितीय स्थिति में,

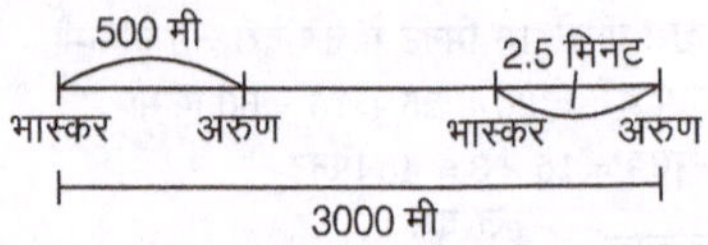

$\frac{2500}{s_A} = \frac{3000 - s_B \times 2.5 \times 60}{s_B}$ ...(ii)

समी (i) को समी (ii) से भाग करने पर,

$\frac{6}{5} = \frac{2600 - 30s_B}{3000 - 150s_B} = \frac{260 - 3s_B}{300 - 15s_B}$

$\Rightarrow 1800 - 90s_B = 1300 - 15s_B$

$\Rightarrow s_B = \frac{500}{75} = \frac{20}{3}$

समी (i) से, $s_A = \frac{25}{3}$

$\therefore t_A = \frac{3000}{25/3} = \frac{3000 \times 3}{25} = 360$ सेकण्ड

$t_B = \frac{3000}{20/3} = \frac{3000 \times 3}{20} = 450$ सेकण्ड

अभीष्ट अन्तर = 450 − 360 = 90 सेकण्ड = 1.5 मिनट

177. (d) माना दूरी = x किमी

$\therefore$ औसत चाल $= \frac{x + x}{\frac{x}{40} + \frac{x}{20}} = \frac{2x}{\frac{x(1 + 2)}{40}}$

$= \frac{2 \times 40}{3} = 26\frac{2}{3}$ किमी/घण्टा

स्पीडी विधि

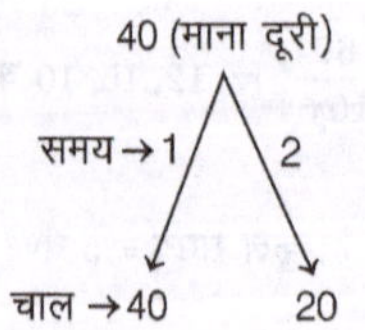

$\therefore$ औसत चाल $= \frac{2 \times 40}{1 + 2} = \frac{80}{3}$

$= 26\frac{2}{3}$ किमी/घण्टा

178. (a) समय $= \frac{44}{\left(\frac{21}{4}+3\right)}$ घण्टे $= \frac{16}{3}$ घण्टे

= 5 घण्टे 20 मिनट

179. (d) प्रश्नानुसार,

अंकुर की चाल : नेहा की चाल = 5 : 6

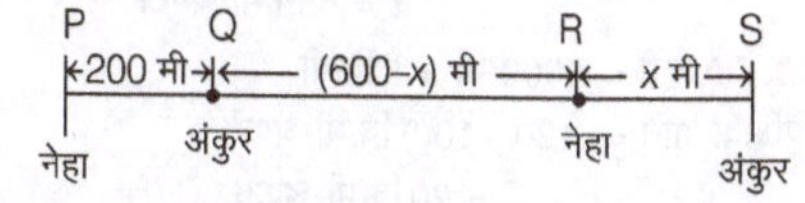

माना अंकुर x मी से जीत जाएगा।

∴ नेहा को P से R तक और अंकुर को Q से S तक जाने में समान समय लगता है।

∴ नेहा का समय = अंकुर का समय

$\frac{800-x}{6} = \frac{600}{5} \Rightarrow 4000 - 5x = 3600$

$\Rightarrow \quad 5x = 400 \Rightarrow x = 80$ मी

∴ अंकुर 80 मी से जीत जाएगा।

180. (b) चोर को पकड़ने में लगा समय

$= \frac{500 \times 18}{(36-18) \times 5} = \frac{500 \times 18}{18 \times 5} = 100$ सेकण्ड

181. (d) बस द्वारा 3 घण्टे में चली गई दूरी $= 3 \times 70 = 210$ किमी

शेष दूरी = 240 − 210 = 30 किमी

तथा शेष समय = 4 − 3 = 1 घण्टा

अत: अभीष्ट चाल $= \frac{30}{1} = 30$ किमी/घण्टा

182. (b) पहली कार द्वारा 2 घण्टे में चली गई दूरी $= 45 \times 2 = 90$ किमी

शेष दूरी = 300 − 90 = 210 किमी

दोनों कारों को मिलने में लगा समय

$= \frac{210}{45+60} = \frac{210}{105} = 2$ घण्टे

अत: अभीष्ट समय = 10 am + 2 घण्टे

= 12 : 00 pm

183. (b) ∵ औसत चाल

$= \frac{(50+30) \text{ किमी}}{(90+15+35) \text{ मिनट}}$

$= \frac{80 \times 60}{140} = 34\frac{2}{7}$ किमी/घण्टा

184. (d) चोर को पुलिसकर्मी द्वारा पकड़ने में लगा समय $= \left(\frac{15}{120-90}\right)$

$= \frac{15}{10 \times 30} = \frac{1}{20}$ घण्टे

∴ पुलिसकर्मी द्वारा चोर को पकड़ने में तय की गई दूरी

$= \frac{120}{20} = 6$ किमी

185. (a) माना बस की सामान्य चाल $= 7x$ किमी/घण्टा

$\Rightarrow$ नई चाल $= 7x \times \frac{6}{7} = 6x$ किमी/घण्टे

तथा बस सामान्य चाल चलते हुए 't' समय में गन्तव्य पर पहुँचती है।

$\therefore \quad 7x \times t = 6x \times \left(t + \frac{20}{60}\right)$

$\Rightarrow \quad 7xt = 6xt + 2x$

$\Rightarrow \quad xt = 2x \Rightarrow t = 2$ घण्टे

अत: सामान्य समय = 2 घण्टे

> **स्पीडी विधि**
>
> अभीष्ट समय $= \frac{20 \times 6}{(7-6)} = 120$ मिनट = 2 घण्टे

186. (c) लुटेरे द्वारा 12 मिनट में चली गई दूरी

$= 10 \times \frac{12}{60} = 2$ किमी

∴ लुटेरे को पकड़ने में लगा समय

$= \frac{2}{15-10} = \frac{2}{5}$ घण्टे $= \frac{2}{5} \times 60 = 24$ मिनट

अत: अभीष्ट समय = 5 : 12 pm + 24 मिनट

= 5 : 36 pm

187. (a) माना कुल दूरी d किमी है।

∴ औसत चाल $= \frac{3d}{\frac{d}{40} + \frac{d}{45} + \frac{d}{60}}$

$= \frac{3d}{\frac{9d+8d+6d}{360}} = \frac{3 \times 360 \times d}{23d}$

= 46.96 किमी/घण्टा

∴ औसत चाल = 46.96 किमी/घण्टा

188. (d) व्यक्ति द्वारा चली गई दूरी

$= 5 \times 3\frac{3}{4} = 5 \times \frac{15}{4} = \frac{75}{4}$ किमी

अत: साइकिल की चाल

$= \frac{75 \times 6}{4 \times 13} = \frac{225}{26} = 8\frac{17}{26}$ किमी/घण्टा

189. (a) माना यात्रा की कुल दूरी

= (4, 2) का ल. स. = 4 किमी

औसत चाल $= \frac{\text{कुल दूरी}}{\text{कुल समय}} = \frac{4}{\left[\frac{1}{25} + \frac{2}{40} + \frac{1}{50}\right]}$

$= \frac{4 \times 200}{(8+10+4)} = \frac{4 \times 200}{22}$

$= \frac{400}{11} = 36\frac{4}{11}$ किमी/घण्टा

190. (c) गन्तव्य तक पहुँचने में चली गई दूरी

$= 40 \times 7 = 280$ किमी

अत: अभीष्ट चाल $= \frac{280}{5} = 56$ किमी/घण्टा

191. (b) सापेक्ष चाल = 33 + 47 = 80 मी/से

पहली बार मिलने का समय $= \frac{\text{दूरी}}{\text{चाल}} = \frac{1400}{80}$

= 17.5 सेकण्ड

अत: दूसरी बार मिलने का समय

$= 17.5 \times 2 = 35$ सेकण्ड

192. (b) सापेक्षिक चाल = 90 − 72 = 18 किमी/घण्टा

$= 18 \times \frac{5}{18} = 5$ मी/से

दोनों के मिलने का समय $= \frac{2575}{5} = 515$ सेकण्ड

193. (c) बिन्दु P से 24 मिनट में पहले व्यक्ति द्वारा चली गई दूरी $= \frac{30 \times 24}{60} = 12$ किमी

∴ शेष दूरी = 181 − 12 = 169 किमी

शेष दूरी को तय करने में लगा समय

$= \frac{169}{30+35} = \frac{169}{65}$

= 2 घण्टे 36 मिनट

अत: अभीष्ट समय = 8 : 54 पूर्वाह्न + 2 घण्टे 36 मिनट

= 11 : 30 पूर्वाह्न

194. (a) 6 घण्टे में A द्वारा तय दूरी

$= 6 \times 15 = 90$ किमी

सापेक्ष चाल = (25 − 15) किमी/घण्टा = 10 किमी/घण्टा

अत: A को पकड़ने में B को लगा समय

$= \frac{90}{10} = 9$ घण्टे

195. (b) माना पूरी यात्रा में तय दूरी = x किमी

अभीष्ट औसत चाल

$= \frac{x}{\frac{x \times \frac{35}{100}}{70} + \frac{x \times \frac{40}{100}}{80} + \frac{x \times \frac{25}{100}}{50}}$

$= \frac{1}{\frac{35}{70 \times 100} + \frac{40}{80 \times 100} + \frac{25}{50 \times 100}}$

$= \frac{1}{\frac{1}{200} + \frac{1}{200} + \frac{1}{200}} = \frac{200}{3} = 66\frac{2}{3}$ किमी/घण्टा

196. (b) कार की चाल = 63 किमी/घण्टा

$= 63 \times \frac{5}{18}$ मी/से

$= 7 \times \frac{5}{2} = \frac{35}{2}$ मी/से

10 सेकण्ड में कार द्वारा तय दूरी $= \frac{35}{2} \times 10 = 175$ मी

197. (c) अत: अभीष्ट मिलने का समय

$= \frac{12}{(27-18)} = \frac{1200}{9 \times \frac{5}{18}}$

$= \frac{1200 \times 2}{5} = \frac{2400}{5}$

= 480 सेकण्ड अर्थात् 8 मिनट

198. (c) माना सही समय t है।

प्रश्नानुसार, $80\left(t - \frac{60}{60}\right) = 50\left(t + \frac{48}{60}\right)$

$\Rightarrow \quad 80t - 80 = 50t + 40$

$\Rightarrow \quad 30t = 120$

$\Rightarrow \quad t = \frac{120}{30} = 4$ घण्टे

∴ वास्तविक चाल $= \frac{80t - 80}{1}$

$= \frac{80(4) - 80}{4}$

$= \frac{240}{4} = 60$ किमी/घण्टा

> **स्पीडी विधि**
>
> $D = \frac{80 \times 50}{80-50} \times \left(\frac{60+48}{60}\right) = 240$ किमी
>
> वास्तविक समय $= \frac{240}{80} + \frac{60}{60} = 4$ घण्टे
>
> अत: अभीष्ट चाल $= \frac{240}{4} = 60$ किमी/घण्टा

199. (b) बस के रूकने का समय $= \frac{60-54}{60} \times 60$

$= \frac{6}{60} \times 60 \qquad$ [∵ 1 घण्टा = 60 मिनट]

= 6 मिनट

200. (a) माना कुल दूरी = x किमी
अभीष्ट औसत चाल

$$= \frac{x}{\frac{x}{3\times10}+\frac{x}{4\times15}+\frac{5x}{12\times20}} = \frac{x}{\frac{x}{30}+\frac{x}{60}+\frac{x}{48}} = \frac{x}{\frac{8x+4x+5x}{240}}$$

$$= \frac{x\times240}{17x} = \frac{240}{17} \text{ किमी/घण्टा}$$

201. (c) माना बस की चाल = x किमी/घण्टा
प्रश्नानुसार, दोनों बसों के मध्य समयान्तर
= 50 मिनट

मोहित की चाल = 50 किमी/घण्टा

द्वितीय बस x किमी/घण्टा — प्रथम बस x किमी/घण्टा

तब, दोनों बसों के मध्य दूरी $= x\times\frac{50}{60} = \frac{5}{6}x$ किमी

$\therefore$ सापेक्ष चाल $= \frac{\text{दूरी}}{\text{समय}} \Rightarrow (x+50) = \frac{\frac{5}{6}x}{\frac{10}{60}}$

$\Rightarrow (x+50)\times\frac{1}{6} = \frac{5}{6}x \Rightarrow x+50 = 5x$

$\Rightarrow 4x = 50 \Rightarrow x = \frac{50}{4} = 12.5$ किमी/घण्टा

स्पीडी विधि

बस और मोहित द्वारा लिए गए समय का अनुपात
$= (50-10) : 10 = 4 : 1$
$\therefore$ बस और मोहित की चाल का अनुपात $= 1 : 4$
अतः बस की चाल $= \frac{50}{4}\times1 = 12.5$ किमी/घण्टा

202. (a) दूरी का $\frac{3}{5}$ भाग $= 250\times\frac{3}{5} = 150$ किमी
अब शेष दूरी = 250 − 150 = 100 किमी
तथा शेष समय = (6 − 0.5) − 3.5 घण्टे
= 5.5 − 3.5 = 2 घण्टे
$\therefore$ अभीष्ट चाल $= \frac{100}{2} = 50$ किमी /घण्टा

203. (b) माना कार की वास्तविक चाल = x किमी/घण्टा
प्रश्नानुसार, $\frac{60}{x} - \frac{60}{x+8} = 2$

$\Rightarrow 60\left[\frac{1}{x}-\frac{1}{x+8}\right] = 2 \Rightarrow \frac{60\times8}{x(x+8)} = 2$

$\Rightarrow x(x+8) = 240 \Rightarrow x^2+8x-240 = 0$

$\Rightarrow (x-12)(x+20) = 0$

$\Rightarrow x = 12, -20 \Rightarrow x = 12$ किमी/घण्टा
(ऋणात्मक मान छोड़ने पर)

स्पीडी विधि

$S_1 \to$ प्रारम्भिक चाल, S_2 = अन्तिम चाल

$S_1\times S_2 = \frac{\text{दूरीचाल में वृद्धि}}{\text{समय में अन्तर}}$

$= \frac{60\times8}{2} = 30\times8 = 12\times20$

$\therefore S_1\times(S_1+8) = 12\times20$

$\therefore S_1 = 12$ किमी/घण्टा

204. (c) वृत्ताकार रेस की लम्बाई = 2500 मी
पुरुष तथा महिला की सापेक्ष चाल
= 37 + 35 = 72 किमी/घण्टा
$\therefore$ दौड़ शुरू होने के बाद मिलने में लगा समय

$$= \frac{2500}{72\times\frac{5}{18}} = \frac{2500\times18}{72\times5} = \frac{500}{4} = 125 \text{ सेकण्ड}$$

= 2 मिनट 5 सेकण्ड

205. (a) औसत चाल $= \frac{\text{कुल तय दूरी}}{\text{कुल समय}}$

$$= \frac{10+12}{\frac{10}{12}+\frac{12}{10}} = 22\times\frac{60}{50+72} = \frac{1320}{122}$$

= 10.8 किमी/घण्टा

206. (d) औसत चाल $= \frac{2xy}{x+y} = \frac{2\times66\times92.4}{66+92.4}$

= 77 किमी/घण्टा

207. (b) अभीष्ट औसत चाल $= \frac{75+45}{\frac{75}{45}+\frac{45}{70}}$

$$= \frac{120}{\frac{5}{3}+\frac{9}{14}} = \frac{120\times3\times14}{5\times14+9\times3}$$

$$= \frac{5040}{70+27} = \frac{5040}{97} = 51\frac{93}{97} \text{ किमी/घण्टा}$$

208. (b) कार की चाल = 54 किमी/घण्टा

$$= \frac{54\times1000}{60} = 900 \text{ मी/मिनट}$$

दूरी = 50 × 900 = 45000 मी

नई चाल $= 900\times\frac{125}{100} = 1125$ मी/मिनट

नई दूरी $= 45000\times\frac{3}{4} = 33750$ मी

नया समय $= \frac{\text{दूरी}}{\text{चाल}} = \frac{33750}{1125} = 30$ मिनट

209. (d) माना तय की गई कुल दूरी = D किमी
पूरी यात्रा की औसत चाल

$$= \frac{D}{\frac{D}{5\times30}+\frac{D}{4\times25}+\frac{11D}{20\times60}}$$

$$= \frac{1}{\frac{1}{150}+\frac{1}{100}+\frac{11}{1200}} = \frac{1200}{8+12+11}$$

$$= \frac{1200}{31}$$

= 38.7 किमी/घण्टा

210. (b) सुरंग की लम्बाई

$$= 4\times\frac{5}{18}\times18\times60$$

= 1200 मी

211. (d) माना कुल दूरी d किमी है।

$\therefore \frac{d\times\frac{1}{3}}{40}+\frac{d\times\frac{2}{3}}{60} = 21$

$\Rightarrow \frac{d}{120}+\frac{2d}{180} = 21$

$\Rightarrow \frac{3d+4d}{360} = 21$

$\Rightarrow d = \frac{21\times360}{7}$

$\therefore d = 1080$ किमी

212. (a) माना साइकिल की चाल x किमी/घण्टा है।
प्रश्नानुसार,

$\frac{30}{60}+\frac{20}{x} = 3 \Rightarrow \frac{1}{2}+\frac{20}{x} = 3$

$\Rightarrow \frac{20}{x} = 3-\frac{1}{2} \Rightarrow 20 = \frac{5}{2}x$

$x = 8$ किमी/घण्टा

213. (c) दूरी = 5000 मी = 5 किमी
सापेक्षिक गति = (120 − 100) किमी/घण्टा
= 20 किमी/घण्टा

चोर को पकड़ने में लगा समय $= \frac{5}{20}$ घण्टा

$= \frac{5}{20}\times60 = 15$ मिनट

214. (a) औसत चाल $= \frac{2ab}{a+b}$

$$= \frac{2\times10\times8}{10+8} = \frac{160}{18} \text{ किमी/घण्टा}$$

डेढ़ घण्टे में तय दूरी $= \frac{160}{18}\times\frac{3}{2} = \frac{40}{3}$ किमी

$= 13\frac{1}{3}$ किमी

215. (c) सापेक्षिक चाल $= (108-93)\times\frac{5}{18}$

$= 15\times\frac{5}{18} = \frac{25}{6}$ मी/से

$\therefore$ पुलिसकर्मी द्वारा चोर को पकड़ने में लिया गया समय

$$= \frac{150}{\frac{25}{6}} = \frac{150\times6}{25} = 36 \text{ सेकण्ड}$$

216. (c) प्रश्नानुसार,
पुलिस द्वारा चोर को पकड़ने में लगा समय

$$= \frac{525\times18}{(21-18)\times5} = 630 \text{ सेकण्ड}$$

पुलिस द्वारा पकड़े जाने से पहले चोर द्वारा तय की गई दूरी

$$= 18\times\frac{5}{18}\times630 = 3150 \text{ मी}$$

217. (c) प्रश्नानुसार,
18 मिनट के बाद उनके बीच की दूरी

$$= 400-(9-8)\times\frac{5}{18}\times18\times60$$

= 400 − 300 = 100 मी

218. (d) पहली बार मिलने में लगा समय

$$= \frac{500\times18}{(18+9)\times5}$$

$$= \frac{500\times18}{27\times5} = 66.66 \text{ सेकण्ड}$$

219. (d) अभीष्ट मिलने का समय

$$= \frac{1000\times18}{(18-9)\times5} = \frac{18000}{45} = 400 \text{ सेकण्ड}$$

220. (d) औसत चाल $= \frac{\text{कुल दूरी}}{\text{कुल समय}}$

$\therefore$ कार की औसत चाल $= \frac{12+15+20}{\frac{12}{30}+\frac{15}{45}+\frac{20}{60}}$

$$= \frac{47}{\frac{2}{5}+\frac{1}{3}+\frac{1}{3}} = \frac{47\times15}{6+5+5}$$

$$= \frac{705}{16} = 44\frac{1}{16} \text{ किमी/घण्टा}$$

221. (a) अभीष्ट दूरी $= 81 \times \frac{5}{18} \times 24 = 540$ मी

222. (a) समय $= \frac{5.4 \times \frac{40}{60}}{8} = \frac{3.6}{8}$ घण्टा

$= \frac{3.6}{8} \times 60 = 27$ मिनट

223. (b) दिया है, कुल दूरी = 8 किमी

कुल समय = 1 घण्टा = 60 मिनट

$\frac{1}{4}$ दूरी तय करने के बाद बची शेष दूरी

$= 8 \times \frac{3}{4} = 6$ किमी

$\frac{1}{3}$ समय के बाद बचा समय $= 60 \times \frac{2}{3} = 40$ मिनट

$\therefore$ चाल $= \frac{6}{40/60}$ किमी/घण्टा

$\Rightarrow \frac{6 \times 60}{40} = 9$ किमी/घण्टा

224. (b) राघव की चाल $= \frac{45}{1 \text{ घण्टा } 40 \text{ मिनट}}$

$= \frac{40}{\left(1 + \frac{40}{60}\right)}$

$= \frac{45 \times 60}{100} = 27$ किमी/घण्टा

$= 27 \times \frac{5}{18}$ मी/से

$= 7.5$ मी/से

225. (d) A और B के बीच की दूरी = 1200 किमी

माना A और B की चाल क्रमश: x किमी/घण्टा और y किमी/घण्टा है।

प्रश्नानुसार, $\frac{1200}{(x+y)} = 24$

$\therefore \quad x + y = 50 \quad \ldots \text{(i)}$

B द्वारा 10 घण्टे में तय की गई दूरी

$= 10 \times y = 10y$

पुन: प्रश्नानुसार,

$\frac{1200 - 10y}{x + y} = 20$

$\Rightarrow \frac{1200 - 10y}{50} = 20$

[समी (i) से मान रखने पर]

$\Rightarrow -10y = -200$

$y = 20$ किमी/घण्टा

$\therefore \quad x = 50 - 20 = 30$ किमी/घण्टा

[समी (i) में रखने पर]

अत: उनकी चाल क्रमश: 30 किमी/घण्टा और 20 किमी/घण्टा है।

226. (c) सापेक्षिक गति (समान दिशा में)

$= (12 - 8) = 4$ मी/से

वृत्ताकार ट्रैक की दूरी = 1200 मी

प्रारम्भिक बिन्दु पर पहली बार मिलने में लगा समय

$= \frac{1200}{4} = 300$ सेकण्ड

227. (c) सापेक्षिक चाल $= (30 - 28) = 2$ मी/से

दूरी = 400 मी

पुलिसकर्मी द्वारा चोर को पकड़ने में लगा समय

$= \frac{400}{2} = 200$ सेकण्ड

228. (d) सापेक्षिक चाल $= 60 - 50 = 10$ किमी/घण्टा

समय $= \frac{1}{2}$ घण्टा

आधे घण्टे में चोर द्वारा तय दूरी $= 50 \times \frac{1}{2} = 25$ किमी

चोर को पकड़ने में मालिक को लगा समय

$= \frac{25}{10} = 2\frac{1}{2}$ घण्टे

चोर को पकड़ने का समय

$= 10:30\,\text{am} + 2:30$ घण्टे $= 1:00\,\text{pm}$

229. (a) कार की औसत चाल $= \frac{\text{कुल दूरी}}{\text{कुल समय}}$

$= \frac{120}{\left(\frac{80}{50} + \frac{40}{40}\right)}$ किमी/घण्टा

$= \frac{120}{\frac{8}{5} + 1} = \frac{120 \times 5}{13}$

$= \frac{600}{13} = 46\frac{2}{13}$ किमी/घण्टा

230. (c) A और B की समान दिशा में चाल

$= 9 - 3 = 6$ किमी/घण्टा

$\therefore$ दोबारा मिलेंगे $= \frac{27}{6}$ घण्टा $= 4.5$ घण्टे

231. (b) धावक की चाल $= \frac{300}{36} = \frac{25}{3}$ मी/से

$= \frac{25}{3} \times \frac{18}{5} = 30$ किमी/घण्टा

232. (b) माना चोर की चाल x किमी/घण्टा है।

पुलिस द्वारा चोर को पकड़ने में लगा समय

$= \frac{15}{10}$ किमी/घण्टा $= 0.15$ घण्टा

चोर द्वारा तय की गई दूरी $= 1.5$ किमी $- \frac{300}{1000}$ किमी

$= 1.2$ किमी

$\therefore$ चोर की चाल $(x) = \frac{1.2}{.15}$ किमी/घण्टा

$x = 8$ किमी/घण्टा

233. (d) साइकिल की चाल

$= \frac{2.5}{4 + \frac{1}{6}}$ किमी/मिनट

$= \frac{2.5 \times 6}{25}$ किमी/मिनट

$\therefore$ अभीष्ट समय $= \frac{6 \times 25}{2.5 \times 6} = 10$ मिनट

234. (d) कार की मूल चाल $= \frac{275}{5}$ किमी/घण्टा

$= 55$ किमी/घण्टा

कार की नई चाल $= (55 - 5)$ किमी/घण्टा

$= 50$ किमी/घण्टा

$\therefore$ अभीष्ट समय $= \frac{300}{50} = 6$ घण्टे

235. (d) व्यक्ति की चाल $= \frac{75}{12.5} \times \frac{18}{5}$ किमी/घण्टा

$= 21.6$ किमी/घण्टा

236. (c) चाल का अनुपात (चोर : पुलिस)

$= 12:18$

दूरी का अनुपात (चोर : पुलिस) $= 2:3$

[$\because$ समय दोनों के लिए समान है]

3 इकाई = 540 मी

2 इकाई = 360 मी

$\therefore$ प्रारम्भिक दूरी $= 540 - 360 = 180$ मी

$\therefore$ अभीष्ट समय $= \frac{180}{12} = 15$ सेकण्ड

$\therefore$ चोर के 15 सेकण्ड के बाद पुलिसकर्मी दौड़ना प्रारम्भ करता है।

237. (a) चाल $(A:B:C) = 5:3:4$

समय $(A:B:C) = \frac{1}{5}:\frac{1}{3}:\frac{1}{4}$

$= \frac{60}{5}:\frac{60}{3}:\frac{60}{4}$

$= 12:20:15$

238. (c) औसत चाल $= \frac{\text{कुल दूरी}}{\text{कुल समय}}$

$= \frac{3 \times d}{\frac{d}{3} + \frac{d}{4} + \frac{d}{8}}$

(माना दूरी $= d$)

$= \frac{3 \times 24}{(8 + 6 + 3)}$ किमी/घण्टा

$= \frac{3 \times 24}{17}$ किमी/घण्टा

$\therefore$ कुल दूरी $= \frac{3 \times 24}{17} \times \frac{425}{60} = 30$ किमी

239. (d) माना रवि के गाँव और कॉलेज के बीच की दूरी $= x$ किमी

प्रश्नानुसार, $\frac{x}{5} + \frac{x}{4} = 9$

$\Rightarrow \frac{4x + 5x}{20} = 9$

$\Rightarrow 9x = 9 \times 20$

$\therefore \quad x = 20$ किमी

240. (b) माना पुलिसकर्मी द्वारा चोर को पकड़ने में लगा समय $= x$ सेकण्ड

प्रश्नानुसार, $18 \times x = 864 - (18 \times 12)$

$\Rightarrow 18x = 864 - 216$

$\therefore \quad x = \frac{648}{18} = 36$ सेकण्ड

$\therefore$ पुलिसकर्मी की चाल $= \frac{864}{36} = 24$ मी/से

241. (c) माना दो-तिहाई दूरी तय करने के बाद चाल $= x$ किमी/घण्टा

प्रश्नानुसार, $\frac{7.5 \times \frac{2}{3}}{5} + \frac{2.5}{x} = \frac{72}{60} \Rightarrow \frac{2.5}{x} = \frac{72}{60} - 1$

$\Rightarrow \frac{2.5}{x} = \frac{72 - 60}{60} \Rightarrow 12x = 60 \times 2.5$

$\therefore \quad x = \frac{60 \times 2.5}{12} = 12.5$ किमी/घण्टा

242. (c) दूरी $= 60 \times 9 = 540$ किमी

अब, नया समय $= (9 - 1) = 8$ घण्टा

$\therefore$ नई चाल $= \frac{540}{8} = 67.5$ किमी/घण्टा

$\therefore$ अभीष्ट चाल $= (67.5 - 60) = 7.5$ किमी/घण्टा

243. (b) पूरी यात्रा की दूरी $= 60 \times 6 + 40 \times 6$

$= 360 + 240 = 600$ मील

कुल समय $= 6 + 6 = 12$ घण्टा

अत: औसत चाल $= \frac{600}{12} = 50$ मील/घण्टा

244. (a) चोर तथा पुलिस की सापेक्षिक चाल

$= (12.5 - 10) = 2.5$ किमी/घण्टा

$\therefore$ चोर को पकड़ने में लगा समय $= \dfrac{250}{2.5 \times \dfrac{5}{18}}$

$= \dfrac{250 \times 18}{12.5} = 360$ सेकण्ड $= \dfrac{1}{10}$ घण्टा

$\therefore$ चोर द्वारा तय की गई दूरी $= \dfrac{1}{10} \times 10 = 1$ किमी

245. (d) पुल की लम्बाई $= 8 \times \dfrac{5}{18} \times 27 \times 60$

$= 3600$ मी

246. (c) हम जानते हैं कि

समय का अनुपात $\propto \dfrac{1}{\text{चाल का अनुपात}}$

$\therefore$ चाल का अनुपात $= \dfrac{1}{2} : \dfrac{1}{3} : \dfrac{1}{5}$

$= \dfrac{1}{2} \times 30 : \dfrac{1}{3} \times 30 : \dfrac{1}{5} \times 30 = 15 : 10 : 6$

247. (b) सापेक्षित चाल $= 20 + 30 = 50$ किमी/घण्टा

दोनों के मिलने का समय $= \dfrac{200}{50} = 4$ घण्टे

248. (d) चाल $= \dfrac{\text{दूरी}}{\text{समय}} = \dfrac{1800}{60 \times 6} = 5$ मी/से

249. (c) पुलिसकर्मी द्वारा चोर को पकड़ने में लगा

समय $= \dfrac{108}{(23-21) \times \dfrac{5}{18}} = \dfrac{108 \times 18}{10} = \dfrac{1944}{10}$ सेकण्ड

$\therefore$ पुलिसकर्मी द्वारा चोर को पकड़ने में तय दूरी

$= \dfrac{1944}{10} \times 21 \times \dfrac{5}{18} = 1134$ मी

250. (a) 2 मिनट में तय की गई दूरी दूरी

$= (9 - 8) \times 120 = 120$ मी

अतः अभीष्ट दूरी $= 185 - 120$ मी $= 65$ मी

251. (b) दिया है,

साइकिल से आने का समय + स्कूटर से जाने का समय

$= 8\dfrac{1}{2} = \dfrac{17}{2}$ घण्टे ... (i)

तथा दोनों ओर साइकिल से लिया गया समय = 10 घण्टे

$\Rightarrow$ एक तरफ से साइकिल द्वारा लिया गया समय

$= \dfrac{10}{2} = 5$ घण्टे

अब समी (i) से,

स्कूटर से जाने में लिया गया समय

$= \left(\dfrac{17}{2} - 5\right)$ घण्टे $= \dfrac{7}{2}$ घण्टे

$\therefore$ स्कूटर से दोनों ओर यात्रा करने में लिया गया समय

$= 2 \times \dfrac{7}{2} = 7$ घण्टे

252. (b) दिया है, यात्रा की कुल दूरी = 800 किमी

माना द्वितीय यात्रा की चाल = x किमी/घण्टा

प्रश्नानुसार, औसत चाल

$80 = \dfrac{320 + 480}{\dfrac{320}{64} + \dfrac{480}{x}} \Rightarrow 80 = \dfrac{800}{5 + \dfrac{480}{x}}$

$\Rightarrow 5 + \dfrac{480}{x} = 10 \Rightarrow \dfrac{480}{x} = 5$

$\Rightarrow x = \dfrac{480}{5}$

$= 96$ किमी/घण्टा

253. (c) युग द्वारा तय दूरी $= \dfrac{3}{2} \times 56 = 84$ किमी

अतः अभीष्ट चाल $= \dfrac{84}{7} = 12$ किमी/घण्टा

254. (a) माना A से B के बीच दूरी = D किमी

प्रश्नानुसार, $\dfrac{D}{40} + \dfrac{D}{60} = 5 \Rightarrow D\left(\dfrac{3+2}{120}\right) = 5$

$\Rightarrow D = \dfrac{5 \times 120}{5} \Rightarrow D = 120$ किमी

255. (d) 3 घण्टे में 60 किमी/घण्टा से तय की गई

दूरी $= 60 \times 3 = 180$ किमी

तथा 4 घण्टे में 60 किमी/घण्टा से

तय की गई दूरी $= 60 \times 4 = 240$ किमी

$\therefore$ कुल तय की गई दूरी

$= 180 + 240 = 420$ किमी

चूँकि बीच में 1 घण्टे के लिए रूकता है।

$\therefore$ कुल समय $= 3 + 1 + 4 = 8$ घण्टे

$\therefore$ चालक की औसत चाल $= \dfrac{420}{8} = 52.5$ किमी/घण्टा

256. (b) प्रश्नानुसार,

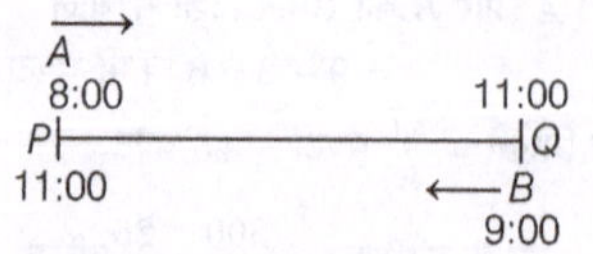

स्टेशन P से Q तक पहुँचने में A को लगा समय

= 3 घण्टे

स्टेशन Q से P तक पहुँचने में B को लगा समय = 2 घण्टे

तब, $A : B$

समय $\rightarrow 3 : 2$

चाल $\rightarrow 2 : 3$ $\quad [\because S \propto \dfrac{1}{T}]$

माना स्टेशन P से Q के बीच की दूरी

$= 2 \times 3 = 6$ इकाई

9 : 00 बजे तक A द्वारा चली गई दूरी

$= 2 \times 1 = 2$ इकाई

शेष दूरी $= 6 - 2 = 4$ इकाई

तब उन दोनों के रास्तें में मिलने का समय

$= \dfrac{4}{(2+3)} \times 60 = \dfrac{4}{5} \times 60 = 48$ मिनट

अतः अभीष्ट समय $= 9:00 + 48$ मिनट $= 9:48$ पूर्वाह्न

257. (b) $\because 20\% = \dfrac{1}{5}$

माना बस की चाल $6x$ किमी/घण्टा तथा स्कूटर की चाल $= 5x$ किमी/घण्टा

पुनः प्रश्नानुसार, $\dfrac{60}{5x} - \dfrac{60}{6x} = \dfrac{10}{60} \Rightarrow 60\left[\dfrac{1}{30x}\right] = \dfrac{10}{60}$

$\Rightarrow \dfrac{1}{x} \times 2 = \dfrac{1}{6} \Rightarrow x = 12$

अतः बस की चाल $= 6x = 12 \times 6 = 72$ किमी/घण्टा

258. (d) विपरीत दिशा में चलने पर सापेक्ष चाल

$= 5 + 2 = 7$ किमी/घण्टा

$\therefore$ अभीष्ट समय $= \dfrac{10.5}{7} = 1.5$ घण्टे

259. (c) प्रश्नानुसार,

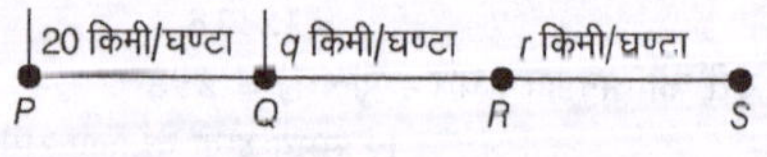

P से R तक औसत चाल $= \dfrac{280}{11}$

$\Rightarrow \dfrac{2 \times 20 \times q}{20 + q} = \dfrac{280}{11}$

$\Rightarrow 40q \times 11 = 5600 + 280q$

$\Rightarrow 440\,q - 280\,q = 5600 \Rightarrow 160\,q = 5600$

$\therefore q = 35$ किमी/घण्टा

पुनः Q से S तक औसत चाल $= \dfrac{112}{3}$

$\Rightarrow \dfrac{2 \times 35 \times r}{35 + r} = \dfrac{112}{3}$

$\Rightarrow 210\,r = 112 \times 35 + 112r$

$\Rightarrow 98r = 112 \times 35 \Rightarrow r = 40$ किमी/घण्टा

260. (b) यात्रा के दौरान औसत चाल

$= \dfrac{2 \times 18 \times 22}{18 + 22} = \dfrac{2 \times 18 \times 22}{40} = 19.8$ किमी/घण्टा

261. (c) प्रश्नानुसार, आशु और विशु की सापेक्ष चाल

= 15 किमी/घण्टा

माना प्रारम्भ में उनके बीच की दूरी = x किमी

$\because$ 6 घण्टे में आशु, विशु को पार कर जाता है।

तब, $15 = \dfrac{x}{6} \Rightarrow x = 90$ किमी

262. (b) प्रकाश की चाल $= 3 \times 10^{17}$ नैनोमीटर/सेकण्ड

$= \dfrac{3 \times 10^{17}}{10^9} = 3 \times 10^{17} \times 10^{-9} = 3 \times 10^8$ मी/से

($\because$ 1 मी $= 10^9$ नैनोमीटर)

औसत दूरी = 384000 किमी

$= 384000 \times 1000 = 384 \times 10^6$ मी

यात्रा में लगा समय $= \dfrac{384 \times 10^6}{3 \times 10^8}$

$= \dfrac{384}{3 \times 10^2} = 128$ सेकण्ड

263. (b) यहाँ, T_1 = 2 घण्टे 33 मिनट 36 सेकण्ड

$= 153\dfrac{3}{5} = \dfrac{768}{5}$ मिनट

T_2 = 1 घण्टे 26 मिनट 24 सेकण्ड $= 86\dfrac{2}{5} = \dfrac{432}{5}$

$S_1 : S_2 = \sqrt{T_2 : T_1} = \sqrt{\dfrac{432}{5} : \dfrac{768}{5}} = \sqrt{9 : 16} = 3 : 4$

264. (c) चली गई दूरी $= 280 \times \dfrac{19}{4} = 1330$ किमी

अतः आवश्यक चाल $= \dfrac{1330}{7} = 190$ किमी/घण्टा

265. (d) पहले 75 मिनट में चली गई दूरी

$= 56 \times \dfrac{75}{60} = 70$ किमी

अगले 90 किमी की दूरी 60 किमी/घण्टा की चाल से तय करने में लगा समय $= \dfrac{90}{60} = 1$ घण्टा 30 मिनट

कुल समय $= 75 + 90 = 165$ मिनट या 2 घण्टा 45 मिनट

शेष समय $= 4:00 - 2:45$

$= 1:15$ या 1 घण्टा 15 मिनट

शेष दूरी $= 260 - (70 + 90)$

$= 260 - 160 = 100$ किमी

शेष दूरी तय करने के लिए आवश्यक चाल

$= \dfrac{100}{\dfrac{75}{60}} = \dfrac{100 \times 60}{75} = 80$ किमी/घण्टा

266. (a) माना कुल दूरी = 100 किमी
आधी दूरी तय करने में लगा समय

$$= \frac{\text{दूरी}}{\text{चाल}} = \frac{50}{45} = \frac{10}{9} \text{ घण्टा}$$

शेष दूरी का 40% $= \frac{50 \times 40}{100} = 20$ किमी

इस दूरी को तय करने में लगा समय $= \frac{20}{8} = \frac{5}{2}$ घण्टा

शेष दूरी = 50 − 20 = 30 किमी

शेष दूरी को तय करने में लगा समय $= \frac{30}{24} = \frac{5}{4}$

औसत चाल $= \frac{\text{कुल दूरी}}{\text{कुल समय}} = \frac{100}{\frac{10}{9}+\frac{5}{2}+\frac{5}{4}} = \frac{100}{\frac{175}{36}}$

$$= \frac{100 \times 36}{175} = \frac{144}{7} \text{ किमी/घण्टा}$$

267. (a) माना बस की सामान्य चाल = x किमी/घण्टा
बस की नयी चाल = $(x + 5)$

प्रश्नानुसार, $\frac{150}{x} - \frac{150}{x+5} = 1$

$\Rightarrow \quad 150\left[\frac{1}{x} - \frac{1}{x+5}\right] = 1$

$\Rightarrow \quad 150\left[\frac{5}{x(x+5)}\right] = 1$

$\Rightarrow \quad x^2 + 5x - 750 = 0$

$\Rightarrow \quad x = \frac{-5 \pm \sqrt{25 + 4(750)}}{2}$

$\Rightarrow \quad x = \frac{-5 \pm \sqrt{25 + 3000}}{2}$

$\Rightarrow x = \frac{-5 \pm 55}{2} = 25, -30$ (सम्भव नहीं है।)

$\therefore \quad x = 25$ किमी/घण्टा

268. (c) चोर द्वारा 1 घण्टे में तय दूरी = 70 किमी
चोर की चाल = 70 किमी/घण्टा
मालिक की चाल = 105 किमी/घण्टा
$\therefore$ सापेक्ष चाल = 105 − 70 = 35 किमी/घण्टा
दोनों के बीच की दूरी = 70 किमी
चोर को पकड़ने में लिया गया समय

$$= \frac{\text{दूरी}}{\text{सापेक्ष चाल}} = \frac{70}{35} = 2 \text{ घण्टे}$$

अत: पकड़ने का समय 3 : 00 (अपराह्न) + 2 घण्टे
= 5 : 00 अपराह्न

269. (d) घर से कार्यालय की दूरी $(D) = \frac{x \times y}{x - y} \times (t)$

$$= \frac{80 \times 30}{50} \times \frac{20}{60} = 16 \text{ किमी}$$

कार्यालय जाने में लगने वाला वास्तविक समय

$$= \frac{16}{80} \times 60 + 10 = 12 \text{ मिनट} + 10 \text{ मिनट}$$

$$= 22 \text{ मिनट} = \frac{22}{60} \text{ घण्टा}$$

वास्तविक चाल $= \frac{16}{\frac{22}{60}} = 16 \times \frac{60}{22}$

$$= \frac{480}{11} \text{ किमी/घण्टा}$$

270. (c) पहली यात्रा की चाल = 400 किमी/घण्टा
∵ दूरी समान है और प्रत्येक अगली यात्रा में चाल आधी है तो समय दोगुना होगा।
माना दूरी = 400 किमी
तो समय क्रमश: 1, 2, 4, 8 घण्टे

औसत चाल $= \frac{\text{कुल दूरी}}{\text{कुल समय}}$

$$= \frac{4 \times 400}{1 + 2 + 4 + 8} = \frac{4 \times 400}{15}$$

$$= \frac{4 \times 80}{3} = \frac{320}{3} \text{ किमी/घण्टा}$$

271. (b) माना तय की गई दूरी = d और समय = t

चाल $= \frac{\text{दूरी}}{\text{समय}} = \frac{d}{t}$

जब, दूरी दोगुना और समय छ: गुना हो, तो चाल $= \frac{2d}{6t}$

$\therefore$ दोनों चालों का अनुपात $= \frac{d}{t} : \frac{2d}{6t} = 1 : \frac{1}{3} = 3 : 1$

272. (b) तय की गई कुल दूरी = 6 × 4 = 24 किमी

$\therefore$ अभीष्ट समय $= \frac{24}{8} = 3$ घण्टे

273. (b) माना कार की चाल x किमी/घण्टा है।

प्रश्नानुसार, $\frac{210}{x - 10} - \frac{210}{x} = \frac{42}{60}$ घण्टा

$\Rightarrow \quad 210\left[\frac{x - x + 10}{x(x-10)}\right] = \frac{42}{60}$

$\Rightarrow \quad \frac{50}{x(x-10)} = \frac{1}{60}$

$\Rightarrow \quad x(x - 10) = 50 \times 60$

$\Rightarrow \quad x \times (x - 10) = 60 \times (60 - 10)$

$\therefore \quad x = 60$ किमी/घण्टा

अत: अभीष्ट चाल = 60 किमी/घण्टा

274. (b) यात्रा में लगा समय $= \frac{150}{50} = 3$ घण्टे

275. (b) कारें विपरीत दिशा में जा रही है,
∴ सापेक्ष चाल = 40 + 50 = 90 किमी/घण्टा
समय = 5 घण्टे
अत: कुल दूरी = चाल × समय
= 90 × 5 = 450 किमी

276. (a) कुल दूरी = 900 मी
दोनों लड़कों की चाल क्रमश: 10 मी/मिनट व 8 मी/मिनट है।
सापेक्ष चाल = 10 + 8 = 18 मी/मिनट

$\therefore$ अभीष्ट समय $= \frac{900}{18} = 50$ मिनट

277. (c) 6 घण्टे में X, द्वारा तय की गई दूरी
= 12 × 6 = 72 किमी

Y और X की सापेक्ष चाल = 16 − 12 = 4 किमी/घण्टा

Y को X तक पहुँचाने में लगा समय $= \frac{72}{4} = 18$ घण्टे

Y को X तक पहुँचने में, तय की गई कुल दूरी
= 18 × 16 = 288 किमी

278. (a) व्यक्ति द्वारा तय कुल दूरी
= 11 + 22 = 33 किमी
लिया गया कुल समय = 60 + 30 = 90 मिनट

$$= \frac{90}{60} = \frac{3}{2} \text{ घण्टा}$$

औसत चाल $= \frac{\text{कुल दूरी}}{\text{कुल समय}} = \frac{33}{\frac{3}{2}}$

$$= 33 \times \frac{2}{3} = 22 \text{ किमी/घण्टा}$$

279. (b) 10:40 am से 1:00 pm तक कुल समय = 2 घण्टा 20 मिनट $= \frac{7}{3}$ घण्टे

अत: अभीष्ट तय की गई दूरी $= \frac{7}{3} \times 51 = 119$ किमी

280. (d) श्लोक की औसत चाल $= \frac{140 + 180}{3 + 5}$

$$= \frac{320}{8} = 40 \text{ किमी/घण्टा}$$

281. (b) 5 घण्टे में तय की गई दूरी
= 30 × 5 = 150 किमी

अभीष्ट चाल $= \frac{150}{2.5} = 60$ किमी/घण्टा

282. (b) कुल समय $= \frac{3}{2} + \frac{7}{4} + \frac{32}{28}$

$$= \frac{84 + 98 + 64}{56} = \frac{246}{56} = \frac{123}{28} \text{ घण्टे}$$

कुल दूरी = 3 + 7 + 32 = 42 किमी

औसत चाल $= \frac{\text{कुल दूरी}}{\text{कुल समय}} = \frac{42}{123} \times 28$

$$= \frac{392}{41} \text{ किमी/घण्टा}$$

283. (d) माना राम 2 किमी 't' सेकण्ड में दौड़ता है।
रमेश और नरेश द्वारा 2 किमी दौड़ने के लिए लगा समय, क्रमश: $(t + 40)$ सेकण्ड और $(t + 40 + 25)$ सेकण्ड है।

नरेश की गति $= \frac{2000}{t + 65}$ मी/से

2 किमी दौड़ में राम रनेश को 650 मी से हरा देता है।
नरेश को 1350 मी दौड़ने में लगा समय

$t = \frac{1350}{2000} \times (t + 65)$

$\Rightarrow \quad 40t = 27t + 27 \times 65$

$\Rightarrow \quad 40t - 27t = 27 \times 65$

$\Rightarrow \quad t = \frac{27 \times 65}{13} = 135$ सेकण्ड

= 2 मिनट 15 सेकण्ड

284. (d) माना कुल दूरी 3 D किमी है।

प्रश्नानुसार, $\frac{D}{2} + \frac{D}{3} + \frac{D}{4} = \frac{52}{60}$

$\Rightarrow \quad \frac{6D + 4D + 3D}{12} = \frac{52}{60}$

$\frac{13D}{12} = \frac{52}{60} \Rightarrow D = 0.8$

∴ कुल दूरी = 3 × 0.8 = 2.4 किमी

285. (c) A और C के मध्य दूरी = 6 मी
A और C की चाल का अन्तर = 8 − 5 = 3 मी/से

6 मी दूरी तय करने में लगा समय $= \frac{6}{3} = 2$ सेकण्ड

A और B की चाल का अन्तर = 5 − 3 = 2 मी/से
A और B के मध्य दूरी = 2 × 2 = 4 मी

286. (c) एक वस्तु 26 किमी, 30 किमी/घण्टा की गति से चल रहा है।

∴ समय $= \frac{26}{30} \times 60 = 52$ मिनट

वस्तु 15 मी की दूरी 2.6 मिनट में तय करता है

∴ औसत गति $= \frac{\text{कुल दूरी}}{\text{कुल समय}}$

$$= \frac{26000 + 15}{54.6 \times 60} = 7.94 \text{ मी/से}$$

287. (b) जॉन द्वारा तय दूरी = 1000 मी

खान द्वारा तय दूरी = (1000 − 120) = 880 मी

∵ जॉन की चाल = 40 किमी/घण्टा

तब, खान की चाल $= \frac{880}{1000/40} = 35.2$ किमी/घण्टा

288. (c) औसत चाल = $\frac{\text{यात्रा में तय की गई दूरी}}{\text{यात्रा में लगा समय}}$

$= \frac{(3\times 50)+(65\times 2)+(80\times 4)}{(3+2+2+4)}$

$= \frac{150+130+320}{11} = \frac{600}{11} = 54.54$ मील/घण्टे

289. (b) पुलिस अधिकारी द्वारा चोर को पकड़ने में लिया गया समय $= \frac{800}{(8-7)\times\frac{5}{18}} = \frac{800\times 18}{5}$ सेकण्ड

अत: पुलिस अधिकारी द्वारा तय की गई दूरी

= चाल × समय

$= 8\times\frac{5}{18}\times\frac{800\times 18}{5} = 6400$ मी

290. (b) पुलिसकर्मी को चोर को पकड़ने के लिए तय की गई दूरी $= \frac{(15\times 12)}{(20-15)}\times 20$

$= \frac{180}{5}\times 20 = 36\times 20 = 720$ मी

291. (c) माना, कुल दूरी = 12 किमी

(2, 3 और 4 का ल.स.)

2 किमी/घण्टा की चाल से दूरी को तय करने में लगा समय $= \frac{12}{2} = 6$ घण्टा

3 किमी/घण्टा की चाल से दूरी को तय करने में लगा समय $= \frac{12}{3} = 4$ घण्टा

4 किमी/घण्टा की चाल से दूरी को तय करने में लगा समय $= \frac{12}{4} = 3$ घण्टा

∴ औसत चाल $= \frac{3\times 12}{6+4+3} = \frac{36}{13} = 2.77$ किमी/घण्टा

292. (c) पुलिसमैन तथा चोर की सापेक्ष चाल

= (13 − 12) किमी/घण्टा = 1 किमी/घण्टा

12 मिनट में दोनों के बीच की सापेक्ष दूरी

$= 1$ किमी/घण्टा $\times \frac{12}{60} = \frac{1}{5}$ किमी

$= \left(\frac{1}{5}\times 1000\right)$ मी = 200 मी

अत: 12 मिनट बाद दोनों के बीच की दूरी

= (500 − 200) मी = 300 मी

293. (b) कुल दूरी की औसत चाल $= \frac{22}{7}$ किमी/घण्टा

पैदल चाल		साइकिल चाल
2 किमी/घण्टा		4 किमी/घण्टा
	$\frac{22}{7}$	
$\left(4-\frac{22}{7}\right)$	:	$\left(\frac{22}{7}-2\right)$
$\frac{6}{7}$	:	$\frac{8}{7}$
3	:	4

⇒ 7 इकाई = 7 घण्टा

∴ 3 इकाई $= \frac{7}{7}\times 3 = 3$ घण्टा

∴ पैदल तय की गई कुल दूरी = 2 × 3 = 6 किमी

294. (c) औसत चाल

$= \frac{75+33}{2} = \frac{108}{2} = 54$ किमी/घण्टा

295. (d) R द्वारा तय की गई दूरी = 150 − 5

= 145 मी

S द्वारा तय की गई दूरी = 150 − 35 = 115 मी

R और S की चालों का अनुपात = 145:115 = 29:23

S द्वारा लिया गया समय $= \frac{75}{23}$

R द्वारा तय की गई दूरी $= 29\times\frac{75}{23}$

S के जीतने के लिए दूरी का अन्तर $= 100 - 29\times\frac{75}{23}$

$= \frac{2300-2175}{23} = \frac{125}{23} \approx 5.44$ मी

296. (d) 96 किमी की दूरी तय करने में लगा समय

$= \frac{\text{दूरी}}{\text{चाल}} = \frac{96}{16} = 6$ घण्टे

21 किमी/घण्टा की चाल से तय दूरी

= 21 × 5 = 105

कुल दूरी = 96 + 105 = 201 किमी

कुल समय = 6 + 5 = 11 घण्टा

∴ औसत चाल $= \frac{\text{कुल दूरी}}{\text{कुल समय}}$

$= \frac{201}{11} = 18.27$ किमी/घण्टा

297. (b) औसत चाल $= \frac{\text{कुल दूरी}}{\text{कुल समय}}$

औसत चाल $= \frac{1200}{30} = 40$ किमी/घण्टा

$= 40\times\frac{5}{18} = \frac{100}{9} = 11\frac{1}{9}$ मी/से

298. (d) माना X की गति = a किमी/घण्टा

∴ Y की गति = $(a - 40)$ किमी/घण्टा

प्रश्नानुसार, $\frac{1200}{a-40} - \frac{1200}{a} = 5$

⇒ $\frac{1200\,(a-a+40)}{a^2-40a} = \frac{5}{1}$

⇒ $a^2 - 40a = 9600$ ⇒ $a^2 - 40a - 9600 = 0$

⇒ $a^2 - 120a + 80a - 9600 = 0$

⇒ $a(a-120) + 80(a-120) = 0$

⇒ $(a-120)(a+80) = 0$

∴ $a = 120$ [∵ $a \neq -80$]

∴ यात्रा को पूरा करने में Y द्वारा लिया गया समय

$= \frac{1200}{a-40} = \frac{1200}{120-40} = \frac{1200}{80} = 15$ घण्टे

299. (b) औसत चाल $= \frac{\text{कुल दूरी}}{\text{कुल समय}}$

$= \frac{48+36+16}{\frac{48}{8}+\frac{36}{18}+\frac{16}{8}}$ $\left[∵ \text{चाल} = \frac{\text{दूरी}}{\text{समय}}\right]$

$= \frac{48+36+16}{6+2+2} = \frac{100}{10}$

= 10 किमी/घण्टा

300. (a) दिया है, ट्रैक की लम्बाई = 3600 मी

X की गति = 27 किमी/घण्टा

तथा Y की गति = 45 किमी/घण्टा

सापेक्ष चाल = 45 − 27

[∵ दोनों एक ही दिशा में दौड़ते हैं]

= 18 किमी/घण्टा

$= 18\times\frac{5}{18}$ मी/से = 5 मी/से

∴ अभीष्ट समय $= \frac{3600}{5} = 720$ सेकण्ड

301. (d) चोर व पुलिसकर्मी के बीच दूरी = 80 मी

चोर की चाल = 21 किमी/घण्टा

पुलिसकर्मी की चाल = 20 किमी/घण्टा

सापेक्ष चाल = 21 − 20 = 1 किमी/घण्टा

$= 1\times\frac{5}{18} = \frac{5}{18}$ मी/से

∴ 18 सेकण्ड बाद दोनों के बीच दूरी

$= 80 + \frac{5}{18}\times 18 = 80 + 5 = 85$ मी

302. (c) राहुल की चाल = 6 किमी/घण्टा

$= 6\times\frac{5}{18} = \frac{5}{3}$ मी/से

माना भरत की चाल = x

तब, प्रश्नानुसार, $\frac{100-4}{x} - \frac{100}{\frac{5}{3}} = 4$

⇒ $\frac{96}{x} - \frac{300}{5} = 4$ ⇒ $\frac{96}{x} = 4 + 60$

⇒ $x = \frac{96}{64}$ मी/से

∴ $x = \frac{96}{64}\times\frac{18}{5} = 5.4$ किमी/घण्टा

303. (b) अतुल की औसत चाल $= \frac{\text{कुल दूरी}}{\text{कुल समय}}$

$= \frac{4+10+45}{\frac{4}{2}+\frac{10}{6}+\frac{45}{30}}$

$= \frac{59}{\frac{60+50+45}{30}} = \frac{59\times 30}{155}$

$= \frac{59\times 6}{31} = \frac{354}{31}$

$= 11\frac{13}{31}$ किमी/घण्टा

304. (c) दूरी = 1728 किमी = 1728 × 1000 मी

समय = 180 मिनट = 180 × 60 सेकण्ड

∴ विमान की चाल

$= \frac{\text{दूरी}}{\text{समय}} = \frac{1728\times 1000}{180\times 60} = 160$ मी/से

305. (b) औसत चाल $= \frac{2xy}{x+y} = \frac{2\times 35\times 65}{35+65}$

$= \frac{2\times 35\times 65}{100}$

= 45.5 मील/घण्टा

15

रेलगाड़ी सम्बन्धी प्रश्न

रेलगाड़ी से सम्बन्धित समस्याएँ प्रायः समय और दूरी से सम्बन्धित संकल्पनाओं का ही एक विशेष रूप हैं, रेलगाड़ी से सम्बन्धित समस्याओं में भी चाल-समय और दूरी के सूत्रों का ही प्रयोग किया जाता है।

रेलगाड़ी द्वारा खम्भे/सिग्नल/खड़े व्यक्ति को पार करने पर आधारित प्रश्न

रेलगाड़ी द्वारा किसी खम्भे या खड़े व्यक्ति या किसी अन्य स्थिर वस्तु (नगण्य लम्बाई की) को पार करने में चली गई दूरी, उस रेलगाड़ी की लम्बाई के बराबर होती है।अर्थात्

किसी खम्भे, खड़े व्यक्ति या अन्य किसी स्थिर वस्तु को पार करने में रेलगाड़ी द्वारा लिया गया समय $= \dfrac{\text{रेलगाड़ी की लम्बाई}}{\text{रेलगाड़ी की चाल}}$

रेलगाड़ी द्वारा प्लेटफॉर्म/पुल को पार करने पर आधारित प्रश्न

- किसी पुल या प्लेटफॉर्म को पार करने में रेलगाड़ी द्वारा तय की गई दूरी, रेलगाड़ी की लम्बाई और पुल/प्लेटफॉर्म की लम्बाई के योग के बराबर होती है।
- अर्थात् पुल या प्लेटफॉर्म को पार करने में रेलगाड़ी द्वारा तय दूरी
  = रेलगाड़ी + पुल/प्लेटफॉर्म की लम्बाई

उदाहरण 1. 45 किमी/घण्टे की चाल से गतिमान 130 मी लम्बी रेलगाड़ी, 245 मी लम्बे किसी प्लेटफॉर्म को पार करती है तब रेलगाड़ी द्वारा चली गई दूरी कितनी होगी?

हल रेलगाड़ी द्वारा कुल चली गई दूरी
= रेलगाड़ी की लम्बाई + प्लेटफॉर्म की लम्बाई
$= 130 + 245$
$= 375$ मी

सापेक्ष चाल

दो ट्रेन जिनकी चाल u और v हो $(u > v)$

- जब वे विपरीत दिशा में हो, तब सापेक्ष चाल $= u + v$
- जब वे समान दिशा में हो, तब सापेक्ष चाल $= u - v$

रेलगाड़ी द्वारा किसी चलते/दौड़ते हुए व्यक्ति या चलती रेलगाड़ी में बैठे व्यक्ति को पार करने पर आधारित प्रश्न

किसी चलते या दौड़ते हुए व्यक्ति/कार को पार करने में रेलगाड़ी द्वारा लिया गया समय $= \dfrac{\text{रेलगाड़ी की लम्बाई}}{\text{सापेक्ष चाल}}$

उदाहरण 2. एक रेलगाड़ी, रेलगाड़ी की विपरीत दिशा में चल रहे दो व्यक्तियों जिनकी चाल क्रमशः 8 मी/से और 20 मी/से हैं, को 20 सेकण्ड और 16 सेकण्ड में पार करती है। रेलगाड़ी की चाल क्या है?

हल माना रेलगाड़ी की लम्बाई और चाल क्रमशः x मी तथा y मी/से है।

प्रश्नानुसार $x = (y + 8) \times 20 = (y + 20) \times 16$

$\Rightarrow 20y + 160 = 16y + 320 \Rightarrow 4y = 160 \Rightarrow y = 40$

$\therefore$ रेलगाड़ी की चाल = 40 मी/से

एक रेलगाड़ी द्वारा दूसरी रेलगाड़ी को पार करने पर आधारित प्रश्न

समान या विपरीत दिशा में एक-दूसरे को पार करने में प्रत्येक रेलगाड़ी द्वारा तय की गई दूरी, दोनों रेलगाड़ियों की लम्बाइयों के योग के बराबर होती है। तेज चाल वाली रेलगाड़ी द्वारा धीमी चाल वाली रेलगाड़ी को पार करने में लगने वाला समय

$= \dfrac{\text{दोनों रेलगाड़ियों की लम्बाइयों का योग}}{\text{सापेक्ष चाल}}$

उदाहरण 3. 300 मी और 325 मी लम्बी दो रेलगाड़ियाँ क्रमशः 98 किमी/घण्टा और 80 किमी/घण्टा की चाल से समानान्तर रेल पटरियों पर चल रही हैं। यदि वे एक ही दिशा में चल रही हों, तो तेज चाल वाली रेलगाड़ी धीमी चाल वाली रेलगाड़ी को कितने समय (सेकण्ड में) में पार कर जाएगी?

हल एक ही दिशा में चलते समय,

सापेक्ष चाल $= 98 - 80 = 18$ किमी/घण्टा $= 18 \times \dfrac{5}{18} = 5$ मी/से

समय $= \dfrac{\text{दोनों रेलगाड़ियों की लम्बाइयों का योग}}{\text{सापेक्ष चाल}}$

$\therefore$ अभीष्ट समय $= \dfrac{300 + 325}{5} = \dfrac{625}{5} = 125$ सेकण्ड

SSC एग्जाम स्कैनर

SSC CGL 2024-2022 (Tier I & II)

1. 132 मी और 108 मी लम्बी दो मालगाड़ियाँ समानान्तर पटरियों पर एक-दूसरे की ओर आ रही हैं। पहली ट्रेन 32 किमी/घण्टा की चाल से चल रही है और दूसरी 40 किमी/घण्टा की गति से चल रही है। मिलने के बाद वे एक-दूसरे को पार करने में कितना समय लेंगी? **SSC CGL (Tier-I) 24/09/2024 Shift-II**

(a) 15 सेकण्ड (b) 12 सेकण्ड
(c) 13 सेकण्ड (d) 10 सेकण्ड

2. 150 मी और 250 मी लम्बाई की दो रेलगाड़ियाँ समानांतर लाइनों पर चलती हैं। जब वे एक ही दिशा में चलती हैं, तो वे एक-दूसरे को पार करने में 20 सेकण्ड का समय लेती हैं और जब वे विपरीत दिशा में चलती हैं, तो वे एक-दूसरे को पार करने में 5 सेकण्ड का समय लेती हैं। दोनों रेलगाड़ियों की चाल क्या है? **SSC CGL (Tier-I) 19/09/2024 Shift-I**

(a) 160 किमी/घण्टा और 106 किमी/घण्टा
(b) 150 किमी/घण्टा और 250 किमी/घण्टा
(c) 180 किमी/घण्टा और 108 किमी/घण्टा
(d) 150 किमी/घण्टा और 105 किमी/घण्टा

3. 350 मी लम्बी एक मालगाड़ी 1250 मी लम्बी सुरंग को 80 सेकण्ड में पार करती है, तो मालगाड़ी की चाल क्या है? **SSC CGL (Tier II) 7/3/2023 Shift-I**

(a) 72 किमी/घण्टा (b) 56 किमी/घण्टा
(c) 64 किमी/घण्टा (d) 78 किमी/घण्टा

4. एक 252 मी लम्बी ट्रेन 125 किमी/घण्टा की चाल से चल रही है। एक व्यक्ति जो इंजन के पास से 17 किमी/घण्टा की चाल से ट्रेन की दिशा में ही दौड़ना आरम्भ करता है, उसको ट्रेन कितने समय (सेकण्ड में) में पार करेगी? **SSC CGL (Tier I) 27/07/2023 Shift-III**

(a) 8 (b) 8.4 (c) 6.4 (d) 7.6

5. 108 मी लम्बी राजधानी एक्सप्रेस ट्रेन 128 किमी/घण्टा की चाल से चल रही है। 148 मी लम्बी एक और ट्रेन स्टेशन पर खड़ी है। राजधानी एक्सप्रेस दूसरी ट्रेन को कितने समय में पार करेगी? **SSC CGL (Tier I) 26/07/2023 Shift-III**

(a) 8 सेकण्ड (b) 7.5 सेकण्ड
(c) 7.2 सेकण्ड (d) 9 सेकण्ड

6. दो स्टेशनों S_1 और S_2 के बीच की दूरी 195 किमी है। एक ट्रेन स्टेशन S_1 से शाम 4 : 00 पर स्टेशन S_2 की ओर 65 किमी/घण्टा की चाल से चलना आरम्भ करती है। एक दूसरी ट्रेन स्टेशन S_2 से शाम 5 : 00 पर स्टेशन S_1 की ओर 35 किमी/घण्टा की चाल से चलना आरम्भ करती है। दोनों ट्रेने एक - दूसरे से किस समय मिलेंगी? **SSC CGL (Tier I) 21/07/2023 Shift-III**

(a) शाम 6 : 15 (b) शाम 6 : 30
(c) शाम 6 : 18 (d) शाम 6 : 06

7. 130 मी और 120 मी लम्बाई की दो रेलगाड़ियाँ समान दिशा में समानान्तर रेखाओं पर क्रमश: 40 किमी/घण्टा और 50 किमी/घण्टा की चाल से चल रही हैं। वे एक-दूसरे को कितने समय में पार करेंगी? **SSC CGL (Tier I) 20/07/2023 Shift-I**

(a) 62 सेकण्ड (b) 63 सेकण्ड
(c) 85 सेकण्ड (d) 90 सेकण्ड

8. 320 मी और 540 मी की लम्बाई वाली दो ट्रेनें P और Q समानान्तर पटरियों पर क्रमश: 108 किमी/घण्टा और 144 किमी/घण्टा की चाल से एक ही दिशा में चल रही हैं। ट्रेनें एक-दूसरे को पूरी तरह से पार करने में कितना समय लेगी? **SSC CGL (Tier I) 18/07/2023 Shift-I**

(a) 68 सेकण्ड (b) 54 सेकण्ड
(c) 32 सेकण्ड (d) 86 सेकण्ड

9. दो स्टेशन R तथा S एक-दूसरे से 400 किमी की दूरी पर हैं। एक रेलगाड़ी R से S के लिए निकलती है तथा उसी समय एक अन्य रेलगाड़ी S से R के लिए निकलती है। 10 घण्टें के पश्चात् दोनों रेलगाड़ियाँ मिलती हैं। यदि पहली रेलगाड़ी की चाल दूसरी रेलगाड़ी से 4 किमी/घण्टा अधिक है, तो धीमी वाली रेलगाड़ी की चाल क्या है? **SSC CGL (Tier I) 13/12/2022 Shift-IV**

(a) 26 किमी/घण्टा (b) 22 किमी/घण्टा
(c) 16 किमी/घण्टा (d) 18 किमी/घण्टा

10. 81 किमी/घण्टा की चाल से चलने वाली ट्रेन A, ट्रेन B से आगे निकलने में 72 सेकण्ड का समय तब लेती है, जब दोनों ट्रेनें एक ही दिशा में चल रही होती हैं, लेकिन यदि ट्रेनें विपरीत दिशा में चल रही हैं, तो एक-दूसरे को पार करने में 36 सेकण्ड का समय लेती हैं। यदि ट्रेन B की लम्बाई 600 मी है, तो ट्रेन A की लम्बाई (मी में) ज्ञात करें। **SSC CGL (Tier I) 13/12/2022 Shift-III**

(a) 600 (b) 590 (c) 900 (d) 480

11. एक ट्रेन पहले 5 मिनट में 18 मी/से की गति से यात्रा करती है, अगले 10 मिनट में 7.5 किमी की दूरी तय करती है और दूसरे 10 मिनट में 12 किमी की दूरी तय करती है। पूरी यात्रा के लिए इसकी औसत गति (किमी/घण्टा में, 1 दशमलव के स्थान तक पूर्णांकित) क्या है? **SSC CGL (Tier I) 13/12/2022 Shift-III**

(a) 64.6 (b) 59.8 (c) 71.2 (d) 45.7

12. एक व्यक्ति कार में 40 किमी की चाल से 3 घण्टे, बाइक पर 30 किमी की चाल से 2 घण्टे और ट्रेन में 80 किमी की चाल से 5 घण्टे यात्रा करता है। उसके द्वारा किस औसत चाल से यात्रा की गई? **SSC CGL (Tier I) 09/12/2022 Shift-II**

(a) 58 किमी/घण्टा
(b) 56 किमी/घण्टा
(c) 62 किमी/घण्टा
(d) 60 किमी/घण्टा

13. दो रेलगाड़ियाँ क्रमश: 48 किमी/घण्टा तथा 60 किमी/घण्टा की चाल से विपरीत दिशा में चल रही है। धीमी चाल वाली रेलगाड़ी द्वारा तेज चाल वाली रेलगाड़ी में बैठे एक व्यक्ति को पार करने में लिया गया समय 12 सेकण्ड है। धीमी चाल वाली रेलगाड़ी की लम्बाई क्या है? **SSC CGL (Tier I) 08/12/2022 Shift-II**

(a) 180 मी (b) 360 मी
(c) 720 मी (d) 480 मी

14. दो रेलगाड़ियाँ 36 किमी/घण्टा तथा 48 किमी/घण्टा की चाल से समान दिशा में चल रही है। तीव्र चाल वाली रेलगाड़ी द्वारा धीमी चाल वाली रेलगाड़ी में बैठे एक पुरुष को पार करने में लिया गया समय 33 सेकण्ड है। तीव्र चाल वाली रेलगाड़ी की लम्बाई क्या होगी? **SSC CGL (Tier I) 07/12/2022 Shift-IV**

(a) 770 मी (b) 180 मी
(c) 110 मी (d) 90 मी

15. बिन्दु H से एक रेलगाड़ी 6 : 30 अपराह्न पर K की ओर 90 किमी/घण्टा की चाल से चलना आरम्भ करती है। एक अन्य रेलगाड़ी 7 : 30 अपराह्न पर बिन्दु K से बिन्दु H की ओर 72 किमी/घण्टा की चाल से चलना आरम्भ करती है। दोनों रेलगाड़ियाँ बिन्दु J पर 11: 30 अपराह्न पर मिलती हैं। HJ तथा KJ दूरी का अनुपात क्या है? **SSC CGL (Tier I) 06/12/2022 Shift-IV**

(a) 5 : 16 (b) 25 : 16
(c) 36 : 25 (d) 31: 19

16. दो ट्रेनें P और Q, स्टेशन S और T से एक-दूसरे की ओर चलना शुरू करती हैं। उनके मिलने के बाद क्रमश: T और S तक पहुँचने में ट्रेन P को 4 घण्टे 48 मिनट और ट्रेन Q को 3 घण्टे 20 मिनट का समय लगता है। यदि ट्रेन P की चाल 45 किमी/घण्टा है, तो ट्रेन Q की चाल क्या है? **SSC CGL (Tier I) 02/12/2022 Shift-IV**

(a) 55 किमी/घण्टा
(b) 50 किमी/घण्टा
(c) 54 किमी/घण्टा
(d) 48 किमी/घण्टा

17. एक रेलगाड़ी द्वारा $(5y - 1)$ घण्टों में तय की गई दूरी $(125y^3 - 1)$ किमी है। रेलगाड़ी की चाल ज्ञात कीजिए।
SSC CGL (Tier I) 02/12/2022 Shift-II
(a) $(5y + 1)$ किमी/घण्टा
(b) $(25y^2 + 5y + 1)$ किमी/घण्टा
(c) $(25y^2 - 5y + 1)$ किमी/घण्टा
(d) $(5y^3 - 1)$ किमी/घण्टा

SSC CGL 2021 & 2020 (Tier I & II)

18. कोई रेलगाड़ी, एकसमान चाल से 450 किमी की दूरी तय करती है। यदि रेलगाड़ी की चाल 5 किमी/घण्टा अधिक होती, तो उसे समान दूरी को तय करने में 1 घण्टा कम समय लगता। अपनी सामान्य चाल से चलते हुए रेलगाड़ी कितने समय में 315 किमी की दूरी तय करेगी?
SSC CGL (Tier I) 24/08/2021 Shift-I
(a) 6 घण्टे 30 मिनट
(b) 7 घण्टे
(c) 7 घण्टे 52 मिनट
(d) 6 घण्टे 18 मिनट

19. यदि कोई रेलगाड़ी 72 किमी/घण्टे की चाल से चलती है, तो यह अपने गन्तव्य स्थान पर 15 मिनट की देरी से पहुँचती है यद्यपि, यदि वह 90 किमी/घण्टे की चाल से चलती है, तो अपने गन्तव्य स्थान पर केवल 5 मिनट की देरी से पहुँचती है। यात्रा तय करने का सही समय (मिनट में) ज्ञात करें।
SSC CGL (Tier I) 18/08/2021 Shift-III
(a) 35 (b) 40 (c) 45 (d) 32

20. एक रेलगाड़ी, पहले 75 किमी की दूरी एक निश्चित एकसमान चाल से तय करती है, और अगले 90 किमी की दूरी सामान्य चाल से 10 किमी/घण्टे अधिक की औसत चाल से तय करती है। यदि यात्रा को पूरा करने में 3 घण्टे का समय लगता है, तो सामान्य चाल से रेलगाड़ी को 300 किमी की दूरी तय करने मे कितना समय लगेगा?
SSC CGL (Tier I) 16/08/2021 Shift-I
(a) 5 घण्टे 25 मिनट (b) 5 घण्टे 15 मिनट
(c) 6 घण्टे (d) 5 घण्टे

21. एकसमान चाल से चलते हुए, किसी रेलगाड़ी को 370 किमी की दूरी तय करनी थी। 100 किमी चलने के बाद, कुछ तकनीकी खराबी के कारण रेलगाड़ी अपनी सामान्य चाल से 5 किमी/घण्टा की कम चाल से चलती है। रेलगाड़ी 36 मिनट देरी से पहुँची। रेलगाड़ी की सामान्य चाल कितनी थी?
SSC CGL (Tier I) 13/08/2021 Shift-III
(a) 50 किमी/घण्टा (b) 45 किमी/घण्टा
(c) 40 किमी/घण्टा (d) 48 किमी/घण्टा

22. दो रेलगाड़ियाँ वाराणसी से लखनऊ के लिए क्रमशः 11:00 पूर्वाह्न और 11:30 पूर्वाह्न पर प्रस्थान करती हैं और क्रमशः 110 किमी/घण्टा और 140 किमी/घण्टा की चाल से चलती हैं। दोनों रेलगाड़ियाँ वाराणसी से कितने किलोमीटर की दूरी पर एक-दूसरे से मिलेंगी?
SSC CGL (Tier I) 07/03/2020 Shift-II
(a) $256\frac{2}{3}$ किमी (b) $255\frac{1}{3}$ किमी
(c) $246\frac{1}{3}$ किमी (d) $238\frac{2}{3}$ किमी

23. एक ट्रेन 72 किमी/घण्टे की चाल से 60 सेकण्ड में 180 मी लम्बे प्लेटफॉर्म को पार करती है। एक बिजली के खम्भे को पार करने में ट्रेन द्वारा लिया गया समय .... है।
SSC CGL (Tier I) 06/03/2020 Shift-III
(a) 51 सेकण्ड (b) 5.1 मिनट
(c) 0.51 मिनट (d) 5.1 सेकण्ड

24. दो स्टेशनों, A और B के बीच की दूरी, 428 किमी है। एक ट्रेन 6:00 पूर्वाह्न पर स्टेशन A से प्रस्थान करती है और 48 किमी/घण्टा की औसत चाल से स्टेशन B की ओर बढ़ती है। दूसरी ट्रेन 6:20 पूर्वाह्न पर स्टेशन B से प्रस्थान करती है और 55 किमी/घण्टा की औसत चाल से स्टेशन A की ओर बढ़ती है। ये ट्रेनें किस समय पर आपस में मिलेंगी?
SSC CGL (Tier I) 05/03/2020 Shift-III
(a) 10 : 20 पूर्वाह्न (b) 10 : 00 पूर्वाह्न
(c) 10 : 40 पूर्वाह्न (d) 9 : 40 पूर्वाह्न

25. अगर एक रेलगाड़ी की चाल उसकी सामान्य चाल से 20 किमी/घण्टा बढ़ा दी जाती है, तो उसे 300 किमी की दूरी तय करने में $2\frac{1}{2}$ घण्टे कम लगते है। रेलगाड़ी को अपनी सामान्य चाल से 192 किमी की दूरी तय करने में कितना समय लगेगा?
SSC CGL (Tier I) 05/03/2020 Shift-I
(a) 2.4 घण्टे (b) 3 घण्टे
(c) 6 घण्टे (d) 4.8 घण्टे

SSC CPO SI 2024-2020

26. 110 मी और 140 मी की लम्बाई वाली दो ट्रेन क्रमशः P और Q विपरीत दिशाओं में समानान्तर पटरियों पर चल रही हैं। ट्रेन P, 70 किमी/घण्टा की चाल से चल रही है और ट्रेन Q को पार करने में 5 सेकण्ड का समय लेती है। ट्रेन Q की चाल ज्ञात कीजिए।
SSC CPO 29/06/2024 Shift-III
(a) 120 किमी/घण्टा (b) 90 किमी/घण्टा
(c) 100 किमी/घण्टा (d) 110 किमी/घण्टा

27. 234 मी लम्बी एक ट्रेन विपरीत दिशा में 9 किमी/घण्टा की चाल से चल रहे एक व्यक्ति को 6 सेकण्ड में पार कर जाती है। ट्रेन समान दिशा में 23.4 किमी/घण्टा की चाल से चल रहे एक अन्य व्यक्ति को कितने समय में (सेकण्ड में) पार कर लेगी? **SSC CPO 29/06/2024 Shift-II**
(a) 8.4 (b) 8
(c) 7.2 (d) 7.8

28. दो स्टेशनों A और B के बीच की दूरी 800 किमी है। एक ट्रेन A से B तक की दूरी 90 किमी/घण्टा की चाल से तय करती है और 65 किमी/घण्टा की एकसमान चाल से A पर वापस आती है। पूरी यात्रा के दौरान ट्रेन की औसत चाल (किमी/घण्टा में) कितनी थी?
SSC CPO 29/06/2024 Shift-II
(a) 75.48 (b) 80.50
(c) 70.45 (d) 82.36

29. एक 320 लम्बी ट्रेन विपरीत दिशा से आ रही 240 मी लम्बी ट्रेन को y सेकण्ड में पूरी तरह से पार कर जाती है। यदि पहली ट्रेन 44 किमी/घण्टा की गति से यात्रा कर रही है, और दूसरी ट्रेन 56.8 किमी/घण्टा की गति से यात्रा कर रही है, तो y का मान क्या है?
SSC CPO 29/06/2024 Shift-I
(a) 18 (b) 22 (c) 21 (d) 20

30. 140 मी और 120 मी लम्बी दो रेलगाड़ियाँ क्रमशः 60 किमी/घण्टा और 78 किमी/घण्टा की चाल से एक ही दिशा में चल रही हैं। कितने समय में वे एक-दूसरे को पूरी तरह से पार कर लेगी? **SSC CPO 29/06/2024 Shift-I**
(a) 48 सेकण्ड (b) 52 सेकण्ड
(c) 65 सेकण्ड (d) 58 सेकण्ड

31. दो रेलगाड़ियाँ 60 किमी/घण्टा और 42 किमी/घण्टा की चाल से एक ही दिशा में चल रही हैं। तेज़ चलने वाली रेलगाड़ी, धीमी चलने वाली रेलगाड़ी में बैठे एक व्यक्ति को 36 सेकण्ड में पार करती है। तेज़ चलने वाली रेलगाड़ी की लम्बाई ज्ञात कीजिए।
SSC CPO 28/06/2024 Shift-III
(a) 185 मी (b) 175 मी
(c) 180 मी (d) 195 मी

32. एक ट्रेन 40 मिनट में 72 किमी की दूरी तय करती है। उसी गति से यात्रा करते हुए ट्रेन 6 सेकण्ड में कितने मीटर की दूरी तय करेगी?
SSC CPO 28/06/2024 Shift-III
(a) 192 (b) 180 (c) 174 (d) 210

33. एक ट्रेन 45 सेकण्ड में 850 मी की दूरी तय करती है। समान गति से यात्रा करते हुए ट्रेन एक घण्टे में कितने किलोमीटर की दूरी तय करेगी? **SSC CPO 28/06/2024 Shift-II**
(a) 67.2 किमी/घण्टा
(b) 68 किमी/घण्टा
(c) 69 किमी/घण्टा
(d) 67.5 किमी/घण्टा

34. 230 मी और 270 मी लम्बी दो रेलगाड़ियाँ क्रमशः 42 किमी/घण्टा और 48 किमी/घण्टा की चाल से विपरीत दिशाओं में चल रहीं हैं। वे एक-दूसरे को .... में पार करेंगी।
SSC CPO 28/06/2024 Shift-I
(a) 20 सेकण्ड (b) 30 सेकण्ड
(c) 22 सेकण्ड (d) 25 सेकण्ड

35. एक ट्रेन 35 मिनट में 56 किमी की दूरी तय करती है। उसी गति से यात्रा करते हुए, ट्रेन कितने सेकण्ड में 720 मी की दूरी तय करेगी?
SSC CPO 27/06/2024 Shift-III
(a) 27 (b) 32
(c) 30 (d) 24

36. 255 मी लम्बी एक रेलगाड़ी 72 किमी/घण्टा की चाल से चल रही है। यह 745 मी लम्बाई के एक प्लेटफॉर्म को ……… में पार करेगी।
SSC CPO 27/06/2024 Shift-II
(a) 40 सेकण्ड (b) 53 सेकण्ड
(c) 50 सेकण्ड (d) 51 सेकण्ड

37. मुम्बई की एक तेज़ लोकल 150 किमी की यात्रा के लिए एक धीमी लोकल की तुलना में 45 मिनट कम समय लेती है। यदि तेज लोकल की चाल, धीमी लोकल की चाल से 10 किमी/घण्टा अधिक है, तो धीमी लोकल ट्रेन की चाल (किमी/घण्टा में) ज्ञात करें।
SSC CPO 5/10/2023 Shift-III
(a) 40 (b) 30 (c) 35 (d) 45

38. 1000 किमी की दूरी तय करने के दौरान, पटरियों की मरम्मत की वजह से एक ट्रेन धीमी हो गई। इस यात्रा के लिए इसकी औसत चाल में 75 किमी/घण्टा की कमी हो जाती है और यात्रा का समय 3 घण्टे बढ़ जाता है। यात्रा की मूल अवधि कितनी है?
SSC CPO 4/10/2023 Shift-II
(a) 6.5 घण्टे (b) 5 घण्टे
(c) 5.5 घण्टे (d) 6 घण्टे

39. एक ट्रेन दो स्टेशनों के बीच 540 किमी की दूरी 240 मिनट में तय करती है। यह 90 किमी/घण्टा की चाल से 5 घण्टे में एक अन्य स्टेशन तक की यात्रा तय करती है। ट्रेन की औसत चाल (किमी/घण्टा में) कितनी है?
SSC CPO 4/10/2023 Shift-II
(a) 100 (b) 110 (c) 120 (d) 112

40. 200 मी और 250 मी लम्बी दो ट्रेनें समानान्तर रेल पटरियों पर क्रमश: 68 किमी/घण्टा और 50 किमी/घण्टा की चाल से चल रही हैं। यदि वे एक ही दिशा में चल रही हैं, तो वे एक-दूसरे को कितने समय में (सेकण्ड में) पार करेंगी?
SSC CPO 4/10/2023 Shift-II
(a) 75 (b) 90 (c) 80 (d) 85

41. क्रमश: 80 किमी/घण्टा और 120 किमी/घण्टा की चाल वाली दो रेलगाड़ियाँ 500 किमी की दूरी पर हैं और एक-दूसरे के आमने-सामने हैं। एक-दूसरे को पार करने से 10 मिनट पहले उनके बीच की दूरी ज्ञात कीजिए।
SSC CPO 11/11/2022 Shift-II
(a) 33.33 किमी (b) 52.74 किमी
(c) 63.33 किमी (d) 72.33 किमी

42. बेंगलुरु और चेन्नई के बीच चलने वाली दो ट्रेनें अपने-अपने स्थानों से एक ही समय पर चलना शुरू करती हैं और क्रमश: 80 किमी/घण्टा और 95 किमी/घण्टा की चाल से एक-दूसरे की ओर बढ़ती हैं। उनके मिलने के समय तक एक ट्रेन दूसरी टेन से 180 किमी अधिक दूरी तय कर चुकी होती है। बेंगलुरु और चेन्नई के बीच की दूरी ज्ञात कीजिए।
SSC CPO 10/11/2022 Shift-II
(a) 1200 किमी (b) 345 किमी
(c) 2100 किमी (d) 400 किमी

43. दो स्टेशन एक सीधी रेखा में 120 किमी की दूरी पर हैं। एक ट्रेन स्टेशन A से सुबह 8 पूर्वाह्न पर चलना शुरू करती है और स्टेशन B की ओर 20 किमी/घण्टा की चाल से चलती है, और दूसरी ट्रेन स्टेशन B से सुबह 9 पूर्वाह्न पर चलना शुरू करती है और स्टेशन A की ओर 30 किमी/घण्टा की चाल से चलती है। वे किस समय मिलेंगी? **SSC CPO 10/11/2022 Shift-I**
(a) 10 : 00 पूर्वाह्न
(b) 11 : 30 पूर्वाह्न
(c) 10 : 30 पूर्वाह्न
(d) 11 : 00 पूर्वाह्न

44. एक ट्रेन 400 किमी की दूरी समान चाल से तय करती है। यदि ट्रेन की चाल 10 किमी/घण्टा बढ़ाई गई होती, तो उसी यात्रा को पूरा करने में यह 2 घण्टे कम समय लेती। यह ट्रेन सामान्य रूप से उस यात्रा को पूरा करने में कितना समय लेगी?
SSC CPO 25/11/2020 Shift-II
(a) 15 घण्टे (b) 10 घण्टे
(c) 12 घण्टे (d) 8 घण्टे

45. 74 किमी/घण्टा की चाल से चल रही एक रेलगाड़ी x, 52 किमी/घण्टा की चाल से विपरीत दिशा से आ रही है एक दूसरी रेलगाड़ी y को 12 सेकण्ड में पार करती है। यदि रेलगाड़ी y की लम्बाई, रेलगाड़ी x की लम्बाई से दो-तिहाई है, तो रेलगाड़ी y की लम्बाई (मी में) कितनी होगी?
SSC CPO 25/11/2020 Shift-I
(a) 210 (b) 252 (c) 168 (d) 200

46. 74 किमी/घण्टा की चाल से चलने वाली रेलगाड़ी x, विपरीत दिशा में 52 किमी/घण्टा की चाल से चलने वाली रेलगाड़ी y को 12 सेकण्ड में पार करती है। यदि रेलगाड़ी y की लम्बाई, रेलगाड़ी x की लम्बाई की दो-तिहाई है, तो रेलगाड़ी x की लम्बाई (मी में) ज्ञात करें।
SSC CPO 23/11/2020 Shift-I
(a) 168 (b) 210
(c) 200 (d) 252

SSC CHSL 2024-2021 (Tier I & II)

47. दो स्टेशन A और B एक-दूसरे से 420 किमी की दूरी पर हैं। एक रेलगाड़ी 11 am पर A से शुरू होती है और 70 किमी/घण्टा की चाल से B की ओर यात्रा करती है। एक दूसरी रेलगाड़ी दोपहर 12 बजे B से शुरू होती है और 30 किमी/घण्टा की चाल से A की ओर यात्रा करती है। दोनों रेलगाड़ियाँ एक-दूसरे से किस समय पर मिलेंगी?
SSC CHSL (Tier-I) 11/07/2024 Shift-II
(a) 2 : 00 pm (b) 3 : 30 pm
(c) 3 : 00 pm (d) 1 : 30 pm

48. यदि तान्या 6 किमी/घण्टा की चाल से चलती है, तो उसकी रेलगाड़ी 2 मिनट से छूट जाती है। हालांकि, यदि वह 8 किमी/घण्टा की चाल से चलती है, तो वह रेलगाड़ी के आगमन से 3 मिनट पहले स्टेशन पर पहुँच जाती है। तान्या द्वारा स्टेशन तक पहुँचने के लिए तय की गई दूरी कितनी है?
SSC CHSL (Tier-I) 09/07/2024 Shift-III
(a) 3 किमी (b) 2 किमी
(c) 2.5 किमी (d) 2.75 किमी

49. 550 मी लम्बी एक ट्रेन 78 किमी/घण्टा की चाल से चल रही है। 30 किमी/घण्टा की चाल से विपरीत दिशा में चल रही 350 मी लम्बी एक, दूसरी ट्रेन को पार करने में इसे कितने सेकण्ड का समय लगेगा?
SSC CHSL (Tier-I) 05/07/2024 Shift-III
(a) 30 सेकण्ड (b) 40 सेकण्ड
(c) 20 सेकण्ड (d) 50 सेकण्ड

50. क्रमश: 310 मी और 330 मी लम्बी दो रेलगाड़ियाँ एक-दूसरे से 160 मी की दूरी पर हैं। वे समान्तर पटरियों पर क्रमश: 130 किमी/घण्टा और 158 किमी/घण्टा की चाल से एक-दूसरे की ओर बढ़ना शुरू करती हैं। दोनों रेलगाड़ियाँ एक-दूसरे को कितने समय में (सेकण्ड में) पार करेंगी?
SSC CHSL (Tier-I) 02/07/2024 Shift-IV
(a) 12 (b) 10
(c) 8 (d) 18

51. एक ट्रेन जो 130 मी लम्बी है एक आदमी जो 12 किमी/घण्टा की रफ्तार से ट्रेन की ओर समान दिशा में चल रहा है, को $6\frac{1}{2}$ सेकण्ड में पार कर जाती है, तो ट्रेन की गति (किमी में) है
SSC CHSL (Tier I) 04/08/2023 Shift-II
(a) 48 (b) 84 (c) 64 (d) 74

52. एक ट्रेन एक स्थान S से सुबह 10:00 बजे चलती है और उसी दिन दूसरे स्थान T पर दोपहर 2:30 बजे पहुँचती है। यदि ट्रेन की

चाल 40 मी/से है, तो ट्रेन द्वारा तय की गई दूरी कितनी होगी? SSC CHSL (Tier I) 21/03/2023 Shift-IV

(a) 726 किमी (b) 616 किमी
(c) 648 किमी (d) 706 किमी

53. P और Q के बीच की दूरी 720 किमी है। एक ट्रेन P सुबह 6 बजे निकलती है और 20 मी/से की गति से चलती है। ट्रेन रास्ते में 1 घण्टा 30 मिनट रुकती है। ट्रेन Q पर किस समय पहुँचेगी? SSC CHSL (Tier I) 17/03/2023 Shift-II

(a) 5:00 pm (b) 5:30 pm
(c) 4:45 pm (d) 5:15 pm

54. एक ट्रेन की चाल एक कार की चाल से 30 प्रतिशत अधिक है। दोनों समान समय में बिन्दु P से प्रारम्भ करके समान समय में बिन्दु Q पर पहुँचते हैं। P और Q एक-दूसरे से 130 किमी दूर है। रास्ते में ट्रेन एक स्टेशन पर 30 मिनट रुकती है। ट्रेन की चाल क्या है? SSC CHSL (Tier I) 14/03/2023 Shift-I

(a) 72 किमी/घण्टा (b) 78 किमी/घण्टा
(c) 60 किमी/घण्टा (d) 70 किमी/घण्टा

55. विरामों सहित एक ट्रेन की चाल 75 किमी/घण्टा है और विरामों के बिना, ट्रेन की चाल 90 किमी/घण्टा है। ट्रेन प्रति घण्टा कितने मिनट के लिए रुकती है? SSC CHSL (Tier I) 13/03/2023 Shift-III

(a) 11 मिनट (b) 10 मिनट
(c) 20 मिनट (d) 15 मिनट

56. एक रेलगाड़ी 400 मी लम्बे प्लेटफॉर्म को 50 सेकण्ड में और एक अन्य 600 मी लम्बे प्लेटफॉर्म को 60 सेकण्ड में पार करती है। रेलगाड़ी की लम्बाई और चाल कितनी-कितनी है? SSC CHSL (10+2) (Tier I) 31/05/2022 Shift-I

(a) 550 मी, 75 किमी/घण्टा
(b) 650 मी, 74 किमी/घण्टा
(c) 500 मी, 70 किमी/घण्टा
(d) 600 मी, 72 किमी/घण्टा

57. एक ट्रेन दो स्टेशनों X और Y के बीच की दूरी 6 घण्टे में तय करती है। यदि ट्रेन की चाल 13 किमी/घण्टा कम कर दी जाती है, तो वह उतनी ही दूरी 9 घण्टे में तय करती है। दोनों स्टेशनों के बीच की दूरी ज्ञात कीजिए। SSC CHSL (Tier I) 30/05/2022 Shift-I

(a) 185 किमी (b) 220 किमी
(c) 234 किमी (d) 215 किमी

58. दो ट्रेनें एक ही समय पर दो अलग-अलग स्टेशनों से यात्रा शुरू करती हैं और क्रमशः 90 किमी/घण्टा और 70 किमी/घण्टा की चाल से एक-दूसरे की ओर बढ़ती हैं। जब वे मिलती हैं, तब तक एक ट्रेन ने दूसरी ट्रेन से 140 किमी अधिक यात्रा कर ली होती है। दोनों स्टेशनों के बीच की दूरी (किमी में) ज्ञात करें। SSC CHSL (Tier I) 12/04/2021 Shift-II

(a) 1100 (b) 1200 (c) 1120 (d) 980

SSC MTS 2024 & 2023

59. एक रेलगाड़ी अपनी नियमित चाल में 12.5% की वृद्धि कर देती है और अपने गन्तव्य पर 20 मिनट पहले पहुँच जाती है। यात्रा में रेलगाड़ी द्वारा लिया जाने वाला वास्तविक समय क्या है? SSC MTS 14/11/2024 Shift-III

(a) 110 मिनट (b) 150 मिनट
(c) 120 मिनट (d) 180 मिनट

60. 110 मी और 100 मी लम्बी दो रेलगाड़ियाँ समानान्तर पटरियों पर क्रमशः 50 किमी/घण्टा और 58 किमी/घण्टा की चाल से एक-दूसरे की ओर बढ़ रही हैं। मिलने के बाद वे एक-दूसरे को पार करने में कितना समय लेंगी? SSC MTS 14/11/2024 Shift-III

(a) 6 सेकण्ड (b) 5 सेकण्ड
(c) 7 सेकण्ड (d) 4 सेकण्ड

61. दो रेलगाड़ियाँ एक ही समय पर दो स्टेशनों से चलना शुरू करती हैं और क्रमशः 120 किमी/घण्टा और 80 किमी/घण्टा की चाल से एक-दूसरे की ओर बढ़ती हैं। जब वे मिलती हैं, तो ज्ञात होता है कि एक रेलगाड़ी, दूसरी रेलगाड़ी से 60 किमी अधिक चल चुकी है। दोनों स्टेशनों के बीच की दूरी (किमी में) कितनी है? SSC MTS 12/11/2024 Shift-III

(a) 268 (b) 387
(c) 300 (d) 452

62. दो ट्रेनें एक ही समय पर दो स्टेशनों से प्रस्थान करती हैं और क्रमशः 72 किमी/घण्टा और 84 किमी/घण्टा की चाल से एक-दूसरे की ओर यात्रा करती हैं। जब वे एक-दूसरे को पार करती हैं, तो पता चलता है कि एक ट्रेन ने दूसरी ट्रेन से 108 किमी अधिक दूरी तय की है। क्रमशः दोनों स्टेशनों के बीच की दूरी (किमी में) क्या है और वे कितने घण्टे बाद मिलेंगी? SSC MTS 11/11/2024 Shift-III

(a) 1440; 10 (b) 1404; 9
(c) 1244; 8 (d) 1084; 7

63. 296 मी लम्बी एक ट्रेन 72 किमी/घण्टा की चाल से चल रही है। यह 144 मी लम्बे पुल को कितने समय में पार करेगी? SSC MTS 05/11/2024 Shift-III

(a) 27.5 सेकण्ड
(b) 25 सेकण्ड
(c) 30 सेकण्ड
(d) 22 सेकण्ड

64. दो ट्रेन समान चाल से विपरीत दिशाओं में चल रही है। यदि प्रत्येक ट्रेन की लम्बाई 150 मी है और वे एक-दूसरे को 15 सेकण्ड में पार करती हैं, तो प्रत्येक ट्रेन की चाल (किमी/घण्टा में) ज्ञात कीजिए। SSC MTS 04/11/2024 Shift-III

(a) 42 (b) 24
(c) 36 (d) 18

65. 36 किमी/घण्टा की चाल से चल रही कोई ट्रेन एक खम्भे को 24 सेकण्ड में पार कर लेती है। ट्रेन की लम्बाई कितनी है? SSC MTS 04/11/2024 Shift-III

(a) 1.5 मी (b) 240 मी
(c) 30 मी (d) 300 मी

66. एक 735 मी लम्बी ट्रेन 225 मी लम्बी सुरंग से 48 सेकण्ड में गुजरती है। ट्रेन की चाल ज्ञात कीजिए। SSC MTS 28/10/2024 Shift-II

(a) 72 किमी/घण्टा (b) 82 किमी/घण्टा
(c) 54 किमी/घण्टा (d) 66 किमी/घण्टा

67. 375 मी लम्बी ट्रेन को एक खम्भा पार करने में 15 सेकण्ड का समय लगता है। 975 मी लम्बे प्लेटफॉर्म को पार करने में कितना समय लगेगा? SSC MTS 17/10/2024 Shift-II

(a) 54 सेकण्ड (b) 90 सेकण्ड
(c) 72 सेकण्ड (d) 60 सेकण्ड

68. क्रमशः 125 मी और 175 मी लम्बी दो ट्रेनें एक ही दिशा में क्रमशः 40 किमी/घण्टा और 22 किमी/घण्टा की चाल से चल रही हैं। उन्हें एक-दूसरे को पूरी तरह से पार करने में कितना समय लगेगा? SSC MTS 14/10/2024 Shift-I

(a) 1 मिनट (b) $12\frac{4}{5}$ सेकण्ड
(c) 55 सेकण्ड (d) 50 सेकण्ड

69. समानान्तर पटरियों पर 45 किमी/घण्टा और 51 किमी/घण्टा की चाल से एक-दूसरे की ओर चल रहीं दो रेलगाड़ियों को एक-दूसरे को पार करने में 21 सेकण्ड का समय लगता है। यदि एक रेलगाड़ी की लम्बाई 290 मी है, तो दूसरी रेलगाड़ी की लम्बाई कितनी (मी में) है? SSC MTS 01/10/2024 Shift-I

(a) 230 (b) 270
(c) 250 (d) 290

70. 148 मी और 152 मी लम्बी दो ट्रेनें समानान्तर पटरियों पर क्रमशः 62 किमी/घण्टा और 46 किमी/घण्टा की चाल से एक-दूसरे की ओर बढ़ रही हैं। जिस क्षण वे आपस में मिलेंगी, उससे कितने समय बाद वे एक-दूसरे को पार कर लेंगी? SSC MTS 30/09/2024 Shift-I

(a) 20 सेकण्ड (b) 15 सेकण्ड
(c) 10 सेकण्ड (d) 5 सेकण्ड

71. समानान्तर पटरियों पर दो रेलगाड़ियाँ एक ही दिशा में चल रही हैं। रेलगाड़ी A, 30 किमी/घण्टा की चाल से यात्रा कर रही है और रेलगाड़ी B, 60 किमी/घण्टा की चाल से यात्रा कर रही है। यदि रेलगाड़ी A की लम्बाई 400 मी है और रेलगाड़ी B को रेलगाड़ी A को पार करने में 2 मिनट का समय लगता है, तो रेलगाड़ी B की लम्बाई कितनी है? SSC MTS 13/9/2023 Shift-I

(a) 500 मी (b) 600 मी
(c) 400 मी (d) 700 मी

72. समान लम्बाई की दो रेलगाड़ियाँ समानान्तर पटरियों पर समान दिशा में 36 किमी/घण्टा और 54 किमी/घण्टा की चाल से चल रही हैं। तेज रेलगाड़ी, धीमी रेलगाड़ी को 48 सेकण्ड में पार कर जाती है। प्रत्येक रेलगाड़ी की लम्बाई (मी में) कितनी है? **SSC MTS 6/9/2023 Shift-I**

(a) 160 (b) 80 (c) 120 (d) 240

73. दो रेलगाड़ियाँ एक स्टेशन से एक ही समय पर एक ही दिशा में 90 किमी/घण्टा और 80 किमी/घण्टा की चाल से चलती है। 5 घण्टे बाद दोनों रेलगाड़ियों के बीच की दूरी क्या होगी? **SSC MTS 4/9/2023 Shift-II**

(a) 50 किमी (b) 40 किमी
(c) 45 किमी (d) 55 किमी

74. 110 मी और 85 मी लम्बाई की दो रेलगाड़ियाँ समान दिशा में क्रमश: 12 मी/से और 7 मी/से की चाल से चल रही हैं। तेज चाल वाली रेलगाड़ी द्वारा धीमी चाल वाली रेलगाड़ी को पार करने में लगने वाला समय (सेकण्ड में) ज्ञात कीजिए। **SSC MTS 1/9/2023 Shift-I**

(a) 19 (b) 35 (c) 39 (d) 29

SSC MTS 2022 & 2021

75. एक ट्रेन पहले 2 घण्टों तक 35 किमी/घण्टा की चाल से चलती है और अगले 4 घण्टों तक 50 किमी/घण्टा की चाल से चलती है। पूरी यात्रा के दौरान ट्रेन की औसत चाल ज्ञात कीजिए। **SSC MTS 12/7/2022 Shift-I**

(a) 50 किमी/घण्टा
(b) 45 किमी/घण्टा
(c) 47 किमी/घण्टा
(d) 35 किमी/घण्टा

76. 480 मी लम्बी एक ट्रेन, एक खम्भे को पार करने में 16 सेकण्ड का समय लेती हैं। 900 मी लम्बे प्लेटफॉर्म को पार करने में उसे कितना समय लगेगा? **SSC MTS 12/7/2022 Shift-I**

(a) 46 सेकण्ड (b) 48 सेकण्ड
(c) 45 सेकण्ड (d) 47 सेकण्ड

77. 900 मी लम्बी एक ट्रेन 1200 मी लम्बे प्लेटफॉर्म को 70 सेकण्ड में पूरी तरह से पार करती है। ट्रेन की चाल कितनी है? **SSC MTS 12/7/2022 Shift-I**

(a) 108 किमी/घण्टा
(b) 90 किमी/घण्टा
(c) 99 किमी/घण्टा
(d) 117 किमी/घण्टा

78. समान लम्बाई वाली दो रेलगाड़ियाँ समानान्तर पटरियों पर एक ही दिशा में 44 किमी/घण्टा और 32 किमी/घण्टा की चाल से चल रही हैं। तेज गति से चलने वाली रेलगाड़ी, दूसरी रेलगाड़ी को 72 सेकण्ड में पार करती है। दोनों रेलगाड़ियों की लम्बाई का योगफल (मी में) कितना होगा? **SSC MTS 02/11/2021 Shift-II**

(a) 240 (b) 190 (c) 250 (d) 200

SSC GD Constable 2024 & 2023

79. दो रेलगाड़ियाँ समान चाल से विपरीत दिशा में चल रही है। यदि प्रत्येक रेलगाड़ी की लम्बाई 160 मी है और वे एक-दूसरे को 32 सेकण्ड में पार करती हैं, तो प्रत्येक रेलगाड़ी की चाल कितनी है? **SSC GD 23/2/2024 Shift-IV**

(a) 72 किमी/घण्टा (b) 36 किमी/घण्टा
(c) 18 किमी/घण्टा (d) 45 किमी/घण्टा

80. दो रेलगाड़ियाँ, एक 390 मी और दूसरी 250 मी लम्बी, समान्तर पटरियों पर क्रमश: 78 किमी/घण्टा और 66 किमी/घण्टा की चाल से विपरीत दिशाओं में चल रही हैं। उन्हें एक-दूसरे को पार करने में कितना समय लगेगा? **SSC GD 23/2/2024 Shift-I**

(a) 24 सेकण्ड (b) 36 सेकण्ड
(c) 30 सेकण्ड (d) 16 सेकण्ड

81. 600 मी लम्बी एक रेलगाड़ी, विपरीत दिशा में चल रहे एक व्यक्ति को 20 सेकण्ड में पार करती है। यदि रेलगाड़ी की चाल, व्यक्ति की चाल की 5 गुना है, तो रेलगाड़ी की चाल कितनी है? **SSC GD 21/2/2024 Shift-I**

(a) 54 किमी/घण्टा (b) 90 किमी/घण्टा
(c) 108 किमी/घण्टा (d) 72 किमी/घण्टा

82. 384 मी लम्बी एक रेलगाड़ी एक बिजली के खम्भे को 12 सेकण्ड में पार करती है और विपरीत दिशा में यात्रा कर रही समान लम्बाई की दूसरी रेलगाड़ी को 12 सेकण्ड में पार करती है। दूसरी रेलगाड़ी की चाल कितनी है? **SSC GD 20/2/2024 Shift-II**

(a) 25 मी/से (b) 39 मी/से
(c) 45 मी/से (d) 32 मी/से

83. दो रेलगाड़ियाँ समान चाल से विपरीत दिशा में चल रही हैं। यदि प्रत्येक रेलगाड़ी की लम्बाई 320 मी है और वे 18 सेकण्ड में एक-दूसरे को पार करती है, तो प्रत्येक रेलगाड़ी की चाल कितनी है? **SSC GD 20/2/2024 Shift-I**

(a) 72 किमी/घण्टा (b) 56 किमी/घण्टा
(c) 48 किमी/घण्टा (d) 64 किमी/घण्टा

84. समान लम्बाई की दो ट्रेनें समानान्तर पटरियों पर एक ही दिशा में 46 किमी/घण्टा और 36 किमी/घण्टा चाल से चल रही हैं। यदि तेज ट्रेन धीमी ट्रेन को 36 सेकण्ड में पार करती है, तो प्रत्येक ट्रेन की लम्बाई की गणना करें। **SSC GD 13/02/2023 Shift-IV**

(a) 50 मी (b) 44 मी
(c) 41 मी (d) 47 मी

85. 257.5 मी और 272.5 मी लम्बाई की दो ट्रेनें विपरीत दिशाओं में यात्रा करते हुए 15.9 सेकण्ड में एक-दूसरे को पार करती हैं। उनकी अनुमानित संयुक्त चाल प्रति घण्टा क्या है? **SSC GD 08/02/2023 Shift-I**

(a) 120 किमी/घण्टा (b) 150 किमी/घण्टा
(c) 145 किमी/घण्टा (d) 136 किमी/घण्टा

86. एक रेलगाड़ी 80 किमी/घण्टा की एकसमान चाल से चल रही है। 30 मिनट में रेलगाड़ी द्वारा कितनी दूरी तय की जाती है? **SSC GD 08/02/2023 Shift-I**

(a) 40 किमी (b) 50 किमी
(c) 60 किमी (d) 70 किमी

87. एक ट्रेन की लम्बाई 150 मी है। यह ट्रेन समान दिशा में 2 किमी/घण्टा की चाल से चल रहे एक व्यक्ति को 3 सेकण्ड में पार कर जाती है। ट्रेन की चाल ज्ञात करें। **SSC GD 08/02/2023 Shift-I**

(a) 182 किमी/घण्टा
(b) 168 किमी/घण्टा
(c) 191 किमी/घण्टा
(d) 176 किमी/घण्टा

88. दो ट्रेनें एक ही समय पर दो स्टेशनों से चलना शुरू करती है, और क्रमश: 40 किमी/घण्टा और 45 किमी/घण्टा की चाल से एक-दूसरे की ओर बढ़ती हैं। जब वे मिलती हैं, तो पता चलता है कि एक ट्रेन ने दूसरी से 20 किमी अधिक दूरी तय की है। दोनों स्टेशनों के बीच की दूरी ज्ञात कीजिए। **SSC GD 06/02/2023 Shift-I**

(a) 400 किमी (b) 340 किमी
(c) 395 किमी (d) 390 किमी

89. एक ट्रेन विपरीत दिशा में समान चाल से चल रही दूसरी ट्रेन को 5 सेकण्ड में पार करती है। यदि पहली ट्रेन की चाल दोगुनी हो जाती है, और दूसरी ट्रेन की चाल आधी हो जाती है, तो दोनों ट्रेनों द्वारा एक-दूसरे को पार करने में लिया गया .... सेकण्ड होगा। **SSC GD 06/02/2023 Shift-I**

(a) 5 (b) 4 (c) 6 (d) 3

90. एक ट्रेन स्टेशन P से चलना आरम्भ होती है, स्टेशनों Q, R, S, T से होती हुई चलती है और स्टेशन U तक पहुँचती है। यह स्टेशनों Q, R, S और T पर क्रमश: 2 मिनट, 4 मिनट, 6 मिनट और 8 मिनट के लिए रुकती है। P और U के बीच की दूरी 50 किमी है। स्टेशन P और U के बीच ट्रेन की औसत चाल (किमी/घण्टा में) क्या है, यदि यह स्टेशनों के बीच 70 मिनट के लिए एकसमान चाल से चलती है? **SSC GD 06/02/2023 Shift-I**

(a) $\frac{100}{3}$ (b) $\frac{110}{3}$
(c) $\frac{100}{6}$ (d) $\frac{110}{4}$

SSC Selection Post 2024

91. एक ट्रेन 500 मी लम्बे प्लेटफॉर्म को 12 सेकण्ड में और प्लेटफॉर्म पर खड़े एक व्यक्ति को 4 सेकण्ड में पार करती है। ट्रेन की चाल ज्ञात करें।
Matric Level 20/06/2024 Shift-IV

(a) 252.5 किमी/घण्टा (b) 152.5 किमी/घण्टा
(c) 225 किमी/घण्टा (d) 125 किमी/घण्टा

92. एक मालगाड़ी, स्थिर चाल से यात्रा करते हुए, एक ही दिशा में (ट्रेन की दिशा में) चल रहे दो व्यक्तियों को क्रमश: 11.6 सेकण्ड और 11.8 सेकण्ड में पार करती है। पहला व्यक्ति 5.85 किमी/घण्टा की चाल से चल रहा था, जबकि दूसरा 6.3 किमी/घण्टा की चाल से चल रहा था। ट्रेन की चाल (किमी/घण्टा में) क्या थी? **Higher Secondary Level 27/06/2024 Shift-III**

(a) 32.5 (b) 32.6
(c) 32.2 (d) 32.4

सही उत्तर

1 (b)	2 (c)	3 (a)	4 (b)	5 (c)	6 (c)	7 (d)	8 (d)	9 (d)	10 (d)
11 (b)	12 (a)	13 (b)	14 (c)	15 (b)	16 (c)	17 (b)	18 (b)	19 (a)	20 (c)
21 (a)	22 (a)	23 (a)	24 (a)	25 (d)	26 (d)	27 (d)	28 (a)	29 (d)	30 (b)
31 (c)	32 (b)	33 (b)	34 (a)	35 (a)	36 (c)	37 (a)	38 (b)	39 (b)	40 (b)
41 (a)	42 (c)	43 (d)	44 (b)	45 (c)	46 (d)	47 (b)	48 (b)	49 (a)	50 (b)
51 (b)	52 (c)	53 (b)	54 (b)	55 (b)	56 (d)	57 (c)	58 (c)	59 (d)	60 (c)
61 (c)	62 (b)	63 (d)	64 (c)	65 (b)	66 (a)	67 (a)	68 (a)	69 (b)	70 (c)
71 (b)	72 (c)	73 (a)	74 (c)	75 (b)	76 (a)	77 (a)	78 (a)	79 (c)	80 (d)
81 (b)	82 (d)	83 (d)	84 (a)	85 (a)	86 (a)	87 (a)	88 (b)	89 (b)	90 (a)
91 (c)	92 (d)								

उत्तर सहित हल

1. (b) एक-दूसरे को पार करने में लगा समय

$$= \frac{\text{दोनों रेलगाड़ियों की लम्बाई का योगफल}}{\text{सापेक्ष चाल}}$$

$$= \frac{132 + 108}{(40 + 32) \times \frac{5}{18}} = \frac{240 \times 18}{72 \times 5} = 12 \text{ सेकण्ड}$$

2. (c) माना दोनों ट्रेन की चाल क्रमश: x मी/से तथा y मी/से है।

प्रश्नानुसार, एक ही दिशा में चलने पर,

$$\frac{150 + 250}{x - y} = 20$$

$\Rightarrow \quad x - y = 20 \quad$ ...(i)

विपरीत दिशा में चलने पर,

$$\frac{150 + 250}{x + y} = 5$$

$\Rightarrow \quad x + y = 80 \quad$ ...(ii)

समी (i) तथा (ii) को जोड़ने पर,

$2x = 100$

$\therefore$ $x = 50$ मी/से तथा $y = 30$ मी/से

अत: पहली ट्रेन की चाल $= 50 \times \frac{18}{5} = 180$ किमी/घण्टा

तथा दूसरी ट्रेन की चाल $= 30 \times \frac{18}{5} = 108$ किमी/घण्टा

3. (a) कुल दूरी $= 350 + 1250 = 1600$ मी

चाल $= \frac{1600}{80} = 20$ मी/से

$= 20 \times \frac{18}{5} = 72$ किमी/घण्टा

4. (b) ट्रेन द्वारा व्यक्ति को पार करने में लगा समय

$$= \frac{252}{(125 - 17) \times \frac{5}{18}} \text{ सेकण्ड} = 8.4 \text{ सेकण्ड}$$

5. (c) दूसरी ट्रेन को पार करने में लगा समय

$$= \frac{108 + 148}{128 \times \frac{5}{18}} = \frac{256 \times 18}{128 \times 5} = 7.2 \text{ सेकण्ड}$$

6. (c) स्टेशन S_1 से चलने वाली ट्रेन द्वारा 1 घण्टे में तय की गई दूरी $= 65 \times 1 = 65$ किमी

शेष दूरी $= 195 - 65 = 130$ किमी

दोनों ट्रेनों की सापेक्ष चाल $= 65 + 35 = 100$ किमी/घण्टा

दोनों ट्रेनों के मिलने का समय $= \frac{130}{100} = 1.3$ घण्टे

= 1 घण्टे 18 मिनट

अत: ट्रेनों के मिलने का समय

$= 5:00 + 1:18 = 6:18$ शाम

7. (d) समय $= \frac{130 + 120}{(50 - 40) \times \frac{5}{18}} = \frac{250 \times 18}{10 \times 5}$

= 90 सेकण्ड

8. (d) एक-दूसरे को पार करने में लगा समय

$$= \frac{320 + 540}{(144 - 108) \times \frac{5}{18}} = 86 \text{ सेकण्ड}$$

9. (d) माना धीमी वाली (दूसरी) रेलगाड़ी की चाल

$= x$ किमी/घण्टा

$\therefore$ तेज वाली (पहली) रेलगाड़ी की चाल

$= (x + 4)$ किमी/घण्टा

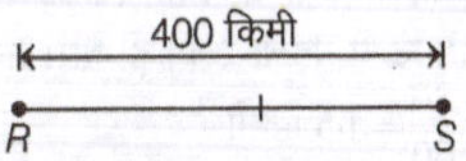

$\therefore \quad 10(x + 4) + 10x = 400$

$\Rightarrow \quad 20x = 400 - 40 \Rightarrow x = 18$

अत: धीमी वाली रेलगाड़ी की चाल 18 किमी/घण्टा है।

10. (d) माना ट्रेन B की गति x मी/से और ट्रेन A की लम्बाई L मी है।

ट्रेन A की गति = 81 किमी/घण्टा

$= \frac{81 \times 5}{18}$ मी/से $= 22.5$ मी/से

$\therefore \quad (22.5 - x) = \frac{(L + 600)}{72} \quad$ ...(i)

और $\quad (22.5 + x) = \frac{(L + 600)}{36} \quad$ ...(ii)

समी (i) व (ii) को जोड़ने पर,

$$\frac{(L + 600)}{72} + \frac{(L + 600)}{36} = 45$$

$\Rightarrow \quad L + 600 + 2L + 1200 = 3240$

$\Rightarrow \quad 3L + 1800 = 3240$

$\Rightarrow \quad 3L = 3240 - 1800$

$\therefore \quad L = \frac{1440}{3} = 480$ मी

11. (b) औसत गति $= \frac{(18 \times 300) + 7500 + 12000}{300 + 600 + 600}$

$= \frac{24900}{1500} \times \frac{18}{5}$

= 59.76 किमी/घण्टा

≈ 59.8 किमी/घण्टा

12. (a) औसत चाल $= \frac{40 \times 3 + 30 \times 2 + 80 \times 5}{3 + 2 + 5}$

$= \frac{120 + 60 + 400}{10} = \frac{580}{10} = 58$ किमी/घण्टा

13. (b) माना धीमी चाल वाली रेलगाड़ी की लम्बाई $= x$ मी

$\therefore \quad (48 + 60) \times \frac{5}{18} = \frac{x}{12}$

$\Rightarrow \quad x = 6 \times 5 \times 12 = 360$ मी

14. (c) माना तीव्र चलने वाली दूसरी रेलगाड़ी की लम्बाई = d मी

$\therefore \quad (48-36)\times\frac{5}{18}=\frac{d}{33}$

$\Rightarrow \quad 12\times\frac{5}{18}\times 33 = d \Rightarrow d = 110$ मी

अत: तीव्र चलने वाली रेलगाड़ी की लम्बाई 110 मी होगी।

15. (b) पहली रेलगाड़ी द्वारा लिया गया समय

$= 6:30 - 11:30 = 5$ घण्टे

पहली रेलगाड़ी द्वारा चली गई दूरी (HJ)

$= 90 \times 5 = 450$ किमी

दूसरी रेलगाड़ी द्वारा लिया गया समय

$= 7:30 - 11:30 = 4$ घण्टे

दूसरी रेलगाड़ी द्वारा चली गई दूरी (KJ)

$= 72 \times 4 = 288$ किमी

$\therefore$ अभीष्ट अनुपात $=\frac{450}{288}=\frac{25}{16}=25:16$

16. (c) ट्रेन P की चाल = 45 किमी/घण्टा

माना ट्रेन Q की चाल = x किमी/घण्टा

प्रश्नानुसार,

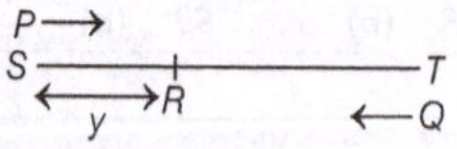

माना दोनों ट्रेन बिन्दु R पर मिलती हैं तथा S से R की दूरी = y किमी

मिलने के बाद ट्रेन P द्वारा तय दूरी

$= 45 \times 4$ घण्टे 48 मिनट $= 45\times\frac{288}{60} = 216$ किमी

दोनों ट्रेन एकसाथ चलना शुरू करती हैं और R पर मिलती है।

R तक पहुँचने में समान समय लेती है।

$\therefore \quad \frac{y}{45}=\frac{216}{x}$ ...(i)

मिलने के बाद Q द्वारा तय R से S की दूरी तय करने में लगा समय = 3 घण्टे 20 मिनट

$\frac{y}{x}=\frac{200}{60}=\frac{10}{3}$

$\Rightarrow \quad 3y = 10x$ ...(ii)

समी (i) व (ii) से,

$x\times\frac{10x}{3}=216\times 45 \Rightarrow x^2 = 216\times 45\times\frac{3}{10}$

$\Rightarrow \quad x^2 = 2916 \Rightarrow \quad x = 54$ किमी/घण्टा

> **स्पीडी विधि**
>
> $\frac{S_1}{S_2}=\sqrt{\frac{t_2}{t_1}} \Rightarrow \frac{45}{S_2}=\sqrt{\frac{\left(3+\frac{20}{60}\right)}{\left(4+\frac{48}{60}\right)}}$
>
> $\Rightarrow \frac{45}{S_2}=\sqrt{\frac{200}{288}}=\frac{10}{12}$
>
> $\Rightarrow S_2=\frac{45\times 12}{10}=54$ किमी/घण्टा

17. (b) $\frac{125y^3-1}{5y-1}=\frac{(5y-1)(25y^2+1+5y)}{(5y-1)}$

रेलगाड़ी की चाल = $(25y^2+5y+1)$ किमी/घण्टा

18. (b) माना रेलगाड़ी की चाल x किमी/घण्टा है।

$\therefore \quad \frac{450}{x}-\frac{450}{x+5}=1 \Rightarrow 450\left[\frac{x+5-x}{x(x+5)}\right]=1$

$\Rightarrow \quad x^2+5x-2250=0 \Rightarrow (x+50)(x-45)=0$

$\Rightarrow \quad x = -50$ (सम्भव नहीं है)

$\Rightarrow \quad x = 45$

रेलगाड़ी की चाल = 45 किमी/घण्टा

$\therefore$ 315 किमी दूरी तय करने में लगा समय

$=\frac{315}{45}=7$ घण्टे

19. (a) माना गन्तव्य स्थान की दूरी D किमी है और रेलगाड़ी की मूल चाल x किमी/घण्टा है।

$\therefore \quad \frac{D}{72}-\frac{D}{x}=\frac{15}{60}$ ...(i)

$\frac{D}{90}-\frac{D}{x}=\frac{5}{60}$ ...(ii)

समी (i) – समी (ii) से,

$\frac{D}{72}-\frac{D}{90}=\frac{15}{60}-\frac{5}{60} \Rightarrow D = 60$ किमी

यात्रा तय करने का सही समय

$\left(\frac{D}{x}\right)=\frac{D}{72}-\frac{15}{60}$

$\Rightarrow \quad \frac{D}{x}=\frac{60}{72}-\frac{1}{4}$ [समी (i) से]

$\Rightarrow \quad \frac{D}{x}=\frac{7}{12}$ घण्टे

$=\frac{7}{12}\times 60 = 35$ मिनट

> **स्पीडी विधि**
>
> यात्रा की दूरी $=\frac{S_1S_2}{S_2-S_1}(t_2-t_1)$
>
> $=\frac{72\times 90}{90-72}\times\frac{(15-5)}{60}=60$ किमी
>
> अत: अभीष्ट समय $=\frac{60}{90}\times 60-5$
>
> $=40-5=35$ मिनट

20. (c) माना रेलगाड़ी की सामान्य चाल = x किमी/घण्टा

$\therefore \quad \frac{75}{x}+\frac{90}{x+10}=3$

$\Rightarrow \quad 75x+750+90x=3(x^2+10x)$

$\Rightarrow \quad 165x+750=3x^2+30x$

$\Rightarrow \quad 3x^2-135x-750=0$

$\Rightarrow x^2-45x-250=0 \Rightarrow (x-50)(x+5)=0$

$\therefore \quad x-50=0 \Rightarrow x=50$ किमी/घण्टा

$\therefore$ सामान्य चाल से रेलगाड़ी को 300 किमी दूरी तय करने में लगा समय $=\frac{300}{50}=6$ घण्टे

21. (a) माना रेलगाड़ी की सामान्य चाल = x किमी/घण्टा

प्रश्नानुसार, $\frac{270}{x-5}-\frac{270}{x}=\frac{36}{60}$

$\Rightarrow \quad \frac{270\,(x-x+5)}{x^2-5x}=\frac{3}{5}$

$\Rightarrow \quad 90\times 5\times 5 = x^2-5x$

$\Rightarrow x^2-5x-2250=0 \Rightarrow (x-50)(x+45)=0$

$\Rightarrow \quad x-50=0 \Rightarrow x=50$

अत: रेलगाड़ी की सामान्य चाल 50 किमी/घण्टा थी।

22. (a) 30 मिनट में पहली रेलगाड़ी द्वारा तय की गई दूरी $=110\times\frac{30}{60}=55$ किमी

$\therefore$ दोनों गाड़ियों को मिलने में लगा समय

$=\frac{55}{140-110}=\frac{11}{6}$ घण्टे

अब $\frac{11}{6}$ घण्टे में दूसरी रेलगाड़ी द्वारा तय दूरी

$=140\times\frac{11}{6}=\frac{770}{3}=256\frac{2}{3}$

$\therefore$ दोनों रेलगाड़ियाँ वाराणसी से $256\frac{2}{3}$ किमी दूरी पर एक-दूसरे से मिलेंगी।

23. (a) माना ट्रेन की लम्बाई = x मी

ट्रेन की चाल = 72 किमी/घण्टा $=72\times\frac{5}{18}=20$ मी/से

$\therefore \quad \frac{180+x}{60}=20 \Rightarrow x = 1200-180 = 1020$ मी

$\therefore$ खम्भे को पार करने में लगा समय

$=\frac{1020}{20}=51$ सेकण्ड

24. (a) 48 किमी/घण्टा की चाल से 20 मिनट में तय दूरी $=48\times\frac{20}{60}=16$ किमी

$\therefore$ शेष दूरी = 428 – 16 = 412 किमी

$\therefore$ मिलने में लगा समय $=\frac{412}{48+55}=4$ घण्टे

अत: दोनों ट्रेन 6:20 पूर्वाह्न के 4 घण्टे बाद अर्थात् 10:20 पूर्वाह्न पर मिलेंगी।

25. (d) माना रेलगाड़ी की सामान्य चाल = S किमी/घण्टे

प्रश्नानुसार, $\frac{300}{S}-\frac{300}{S+20}=\frac{5}{2}$

$\Rightarrow 300\left(\frac{S+20-S}{S(S+20)}\right)=\frac{5}{2} \Rightarrow \frac{300\times 20}{S^2+20S}=\frac{5}{2}$

$\Rightarrow S^2+20S-2400=0 \Rightarrow (S+60)(S-40)=0$

$S=40,\,-60 \Rightarrow \quad S=40$ किमी/घण्टे

$\therefore$ सामान्य चाल से 192 किमी दूरी तय करने में लगा समय $=\frac{192}{40}=4.8$ घण्टे

26. (d) ट्रेन P की चाल $(S_1)=70\times\frac{5}{18}$ मी/से

माना ट्रेन Q की चाल $(S_2)=x$ मी/से

समय $=\frac{\text{कुल दूरी}}{\text{सापेक्ष चाल}}=\frac{D_1+D_2}{S_1+S_2}$

$\Rightarrow \quad 5=\frac{110+140}{\frac{350}{18}+x} \Rightarrow 5=\frac{250\times 18}{350+18x}$

$\Rightarrow \quad 1=\frac{50\times 18}{350+18x} \Rightarrow 350+18x=900$

$\Rightarrow \quad 18x = 900-350 = 550$

$\therefore \quad x=\frac{550}{18}$ मी/से $=\frac{550}{18}\times\frac{18}{5}$ किमी/घण्टा

$=110$ किमी/घण्टा

> **स्पीडी विधि**
>
> माना ट्रेन Q की चाल = x किमी/घण्टा
>
> चाल $=\frac{\text{दूरी}}{\text{समय}} \Rightarrow 70+x=\frac{250}{5}\times\frac{18}{5}$
>
> $\Rightarrow 70+x=180 \Rightarrow x=110$ किमी/घण्टा

27. (d) माना ट्रेन की चाल = x मी/से

विपरीत दिशा में व्यक्ति की चाल = 9 किमी/घण्टा

$=\frac{9\times 5}{18}$ मी/से

प्रश्नानुसार, चाल $=\frac{\text{दूरी}}{\text{समय}} \Rightarrow x+9\times\frac{5}{18}=\frac{234}{6}$

$x + \frac{5}{2} = \frac{78}{2} \Rightarrow x = \frac{78}{2} - \frac{5}{2} = \frac{73}{2}$ मी/से

समान दिशा में व्यक्ति की चाल = 23.4 किमी/घण्टा

$= 23.4 \times \frac{5}{18}$ मी/से

पुन: प्रश्नानुसार, $x - 23.4 \times \frac{5}{18} = \frac{234}{t}$

$\frac{73}{2} - \frac{117}{18} = \frac{234}{t} \Rightarrow 36.5 - 6.5 = \frac{234}{t}$

$30 = \frac{234}{t} \Rightarrow t = \frac{234}{30} = \frac{78}{10} \Rightarrow t = 7.8$ सेकण्ड

28. (a) ∵ औसत चाल $= \frac{\text{कुल दूरी}}{\text{कुल समय}} = \frac{2 \times 800}{\frac{800}{90} + \frac{800}{65}}$

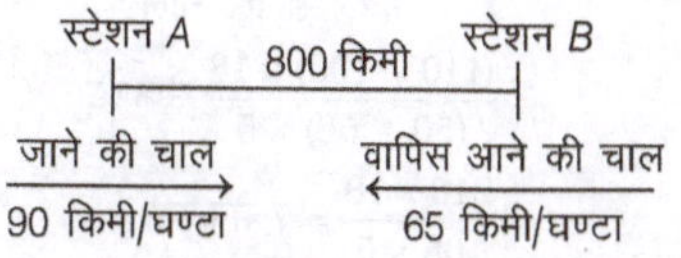

$= \frac{2 \times 800}{\frac{80}{9} + \frac{160}{13}} = \frac{2 \times 800 \times 9 \times 13}{13 \times 80 + 9 \times 160}$

$= \frac{2 \times 800 \times 9 \times 13}{1040 + 1440} = \frac{2 \times 800 \times 9 \times 13}{2480}$

$= \frac{80 \times 9 \times 13}{124} = 75.48$ किमी/घण्टा

स्पीडी विधि

जब दूरी बराबर चली जाए, तब औसत चाल

$= \frac{2s_1s_2}{s_1 + s_2} = \frac{2 \times 90 \times 65}{90 + 65} = \frac{2 \times 90 \times 65}{155} = 75.48$

29. (d) दोनों ट्रेनों की विपरीत दिशा में सापेक्षित चाल

$= (44 + 56.8)$ किमी/घण्टा

∴ समय $= \frac{\text{दूरी}}{\text{चाल}}$

$y = \frac{320 + 240}{(44 + 56.8) \times \frac{5}{18}} = \frac{560 \times 18}{100.8 \times 5} = \frac{10080}{504} = 20$

30. (b) ∵ दोनो रेलगाड़ियों की एक ही दिशा में सापेक्षित चाल = (78 − 60) किमी/घण्टा

∴ समय $= \frac{\text{दूरी}}{\text{चाल}} = \frac{140 + 120}{(78 - 60) \times \frac{5}{18}}$

$= \frac{260}{18 \times \frac{5}{18}} = \frac{260}{5} = 52$ सेकण्ड

31. (c) तेज चलने वाली रेलगाड़ी की लम्बाई

= सापेक्ष चाल × समय $= (60 - 42) \times \frac{5}{18} \times 36$

$= 18 \times 5 \times 2 = 180$ मी

32. (b) $d_1 = 72$ किमी $= 72 \times 1000$ मी

$t_1 = 40$ मिनट $= 40 \times 60$ सेकण्ड

चाल $(s) = \frac{d_1}{t_1} = \frac{72000}{40 \times 60} = \frac{720}{4 \times 6}$

$= \frac{120}{4} = 30$ मी/सेकण्ड

अत: 6 सेकण्ड में तय की गई दूरी = 6 × 30 = 180 मी

33. (b) ट्रेन की चाल $= \frac{850}{45} = \frac{170}{9}$ मी/से

$= \frac{170}{9} \times \frac{18}{5} = 68$ किमी/घण्टा

अत: ट्रेन 1 घण्टे में 68 किमी दूरी तय करेगी।

34. (a) विपरीत दिशा में सापेक्षित चाल

$= (42 + 48)$ किमी/घण्टे $= 90 \times \frac{5}{18} = 25$ मी/से

रेलगाड़ियों को एक-दूसरे को पार करने में

लगा समय $= \frac{230 + 270}{25} = \frac{500}{25} = 20$ सेकण्ड

35. (a) ∵ ट्रेन की गति $= \frac{56 \text{ किमी}}{35 \text{ मिनट}} = \frac{56}{35} \times 60$

= 96 किमी/घण्टा

अब 96 किमी/घण्टा $= 96 \times \frac{5}{18}$ मी/सेकण्ड

∴ 720 मी तय करने में लगा समय

$= \frac{18 \times 720}{96 \times 5} = 27$ सेकण्ड

36. (c) रेलगाड़ी की चाल = 72 किमी/घण्टा

$= 72 \times \frac{5}{18} = 20$ मी/से

∴ अभीष्ट समय $= \frac{255 + 745}{20} = \frac{1000}{20} = 50$ सेकण्ड

37. (a) माना धीमी लोकल ट्रेन की चाल

$= x$ किमी/घण्टा

तेज लोकल ट्रेन की चाल $= (x + 10)$ किमी/घण्टा

प्रश्नानुसार, $\frac{150}{x} - \frac{150}{x + 10} = \frac{45}{60}$

$\Rightarrow \frac{150(x + 10 - x)}{x(x + 10)} = \frac{3}{4} \Rightarrow \frac{50 \times 10}{x^2 + 10x} = \frac{1}{4}$

$\Rightarrow x^2 + 10x - 2000 = 0$

$\Rightarrow x^2 + 50x - 40x - 2000 = 0$

$\Rightarrow x(x + 50) - 40(x + 50) = 0$

$\Rightarrow (x - 40)(x + 50) = 0$

$\Rightarrow x = 40, x = -50$

धनात्मक मान लेने पर, $x = 40$ किमी/घण्टा

38. (b) माना ट्रेन की औसत चाल $= x$ किमी/घण्टा

$\therefore \frac{1000}{x - 75} - \frac{1000}{x} = 3 \Rightarrow 1000\left[\frac{x + 75 - x}{x(x - 75)}\right] = 3$

$\Rightarrow \frac{75 \times 1000}{3} = x(x - 75)$

$\Rightarrow x^2 - 75x - 25000 = 0$

$\Rightarrow x^2 - 200x + 125x - 25000 = 0$

$\Rightarrow x(x - 200) + 125(x - 200) = 0$

$\Rightarrow (x - 200)(x + 125) = 0$

तब, $x = 200$, $x = -125$ (नगण्य)

अत: ट्रेन की औसत चाल = 200 किमी/घण्टा

∴ यात्रा की मूल अवधि $= \frac{1000}{200} = 5$ घण्टे

39. (b) 90 किमी/घण्टे से 5 घण्टे में तय

दूरी = 90 × 5 = 450 किमी

∴ कुल तय दूरी = 450 + 540 = 990 किमी

तथा कुल लगा समय $= \frac{240}{60} + 5 = 4 + 5 = 9$ घण्टे

∴ औसत चाल $= \frac{990}{9} = 110$ किमी/घण्टा

40. (b) एक-दूसरे को पार करने में लगा समय

$= \frac{200 + 250}{(68 - 50) \times \frac{5}{18}} = \frac{450}{18 \times \frac{5}{18}} = 90$ सेकण्ड

41. (a) विपरीत दिशा में चलने पर सापेक्ष चाल

= 80 + 120 = 200 किमी/घण्टा

60 मिनट में चलती है = 200 किमी

∴ 10 मिनट में चलेंगी $= \frac{200}{60} \times 10$

$= \frac{200}{6} = 33.33$ किमी

∴ अभीष्ट दूरी = 33.33 किमी

42. (c)

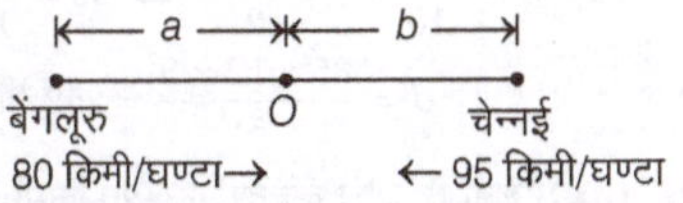

माना दोनों ट्रेन एक-दूसरे से बिन्दु O पर मिलती हैं, तब मिलन बिन्दु से बेंगलुरु की दूरी $= a$ किमी

तथा चेन्नई की दूरी $= b$ किमी

प्रश्नानुसार, $b - a = 180$ ...(i)

तथा $\frac{a}{80} = \frac{b}{95}$

$\frac{a}{b} = \frac{16}{19}$ ...(ii)

समी (i) व (ii) से,

$b - \frac{16}{19}b = 180 \Rightarrow b \times \frac{3}{19} = 180$

$\Rightarrow b = 60 \times 19 = 1140 \Rightarrow a = 1140 - 180 = 960$

∴ बेंगलुरु से चेन्नई के बीच की दूरी

= 1140 + 960 = 2100 किमी

स्पीडी विधि

चाल $[T_1 : T_2] = 80 : 95 = 16 : 19$

∴ दूरी $[T_1 : T_2] = 16 : 19$ (3)

3 इकाई = 180 किमी

35 इकाई $= \frac{180 \times 35}{3}$ किमी = 2100 किमी

43. (d) स्टेशन A से चलने वाली ट्रेन द्वारा 1 घण्टे में तय दूरी = 1 × 20 = 20 किमी

9 बजे दोनों ट्रेनों के बीच की दूरी

= 120 − 20 = 100 किमी

मिलने में लगा समय $= \frac{100}{(20 + 30)} = 2$ घण्टे

∴ ट्रेनों के मिलने का सही समय

= 9:00 पूर्वाह्न + 2 घण्टे = 11:00 पूर्वाह्न

44. (b) माना ट्रेन की सामान्य चाल से तय करने में लगा समय $= t$

प्रश्नानुसार, $\frac{400}{t} + 10 = \frac{400}{t - 2}$

$\Rightarrow \frac{400 + 10t}{t} = \frac{400}{t - 2} \Rightarrow (40 + t)(t - 2) = 40t$

$\Rightarrow 40t + t^2 - 80 - 2t = 40t$

$\Rightarrow t^2 - 2t - 80 = 0$

$\Rightarrow t^2 - 10t + 8t - 80 = 0$

$\Rightarrow t(t - 10) + 8(t - 10) = 0$

$\Rightarrow (t - 10)(t + 8) = 0 \Rightarrow t = 10, -8$

अत: अभीष्ट समय = 10 घण्टे

45. (c) माना रेलगाड़ी x की लम्बाई $= a$ मी

∴ रेलगाड़ी y की लम्बाई $= \frac{2}{3}a$ मी

$(74 + 52) \times \frac{5}{18} = \frac{a + \frac{2a}{3}}{12} \Rightarrow 35 = \frac{5a}{3 \times 12}$

$\Rightarrow \frac{35 \times 12 \times 3}{5} = a \Rightarrow a = 252$

∴ रेलगाड़ी y की लम्बाई $= \frac{2}{3} \times 252 = 168$ मी

46. (d) माना रेलगाड़ी x की लम्बाई = d मी

∴ रेलगाड़ी y की लम्बाई = $\frac{2}{3}d$ मी

$$(74+52)\times\frac{5}{18} = \frac{\left(d+\frac{2d}{3}\right)}{12} \Rightarrow 35 = \frac{\frac{5d}{3}}{12}$$

$$\Rightarrow \quad d = \frac{35\times12\times3}{5} = 252 \text{ मी}$$

47. (b) स्टेशनों के बीच की दूरी = 420 किमी

A से शुरू होने वाली रेलगाड़ी द्वारा 1 घण्टे में चली दूरी = 70 किमी

अब, शेष बची दूरी = (420 − 70) = 350 किमी

अब, मिलने का समय = $\frac{350}{(70+30)} = \frac{350}{100}$ घण्टे

= 3.5 घण्टे = 3 घण्टे 30 मिनट

∴ अभीष्ट समय = 12 : 00 pm + 3 : 30 घण्टे

= 3 : 30 pm

48. (b) यहाँ, S_1 = 6 किमी/घण्टा,

S_2 = 8 किमी/घण्टा

$T = 2 + 3 = 5$ मिनट = $\frac{5}{60}$ घण्टा

तय की गई दूरी $(D) = \frac{S_1S_2}{S_2-S_1}\times T$

$= \frac{6\times8}{2}\times\frac{5}{60} = 2$ किमी

49. (a) अभीष्ट समय

$$= \frac{(550+350)}{(78+30)\times\frac{5}{18}} = \frac{900\times18}{108\times5} = 30 \text{ सेकण्ड}$$

50. (b) प्रश्नानुसार,

दोनों रेलगाड़ियों को एक-दूसरे को पार करने में लगा समय

$$= \frac{(310+330+160)}{(130+158)\times\frac{5}{18}}$$

$$= \frac{800\times18}{288\times5} = 10 \text{ सेकण्ड}$$

51. (b) माना ट्रेन की चाल = x किमी/घण्टा

$$\therefore \quad (x-12)\times\frac{5}{18} = \frac{130}{6\frac{1}{2}}$$

$$\Rightarrow \quad (x-12)\times\frac{5}{18} = 130\times\frac{2}{13} = 20$$

$$\Rightarrow \quad 5x - 60 = 360$$

$$\Rightarrow \quad x = 84 \text{ किमी/घण्टा}$$

52. (c) कुल दूरी तय करने में ट्रेन को लगा समय = 4 घण्टे 30 मिनट = $\frac{9}{2}$ घण्टे

तथा ट्रेन की चाल = 40 मी/से

$= 40\times\frac{18}{5} = 144$ किमी/घण्टा

∴ ट्रेन द्वारा तय दूरी = $144\times\frac{9}{2} = 648$ किमी

53. (b) ट्रेन की चाल = 20 मी/से

$= 20\times\frac{18}{5} = 72$ किमी/घण्टा

ट्रेन को पूरी दूरी तय करने में लगा समय = $\frac{720}{72} = 10$ घण्टे

स्थान Q पर पहुँचने का समय

= 6 : 00 am + 10 घण्टे + 1 घण्टा 30 मिनट

= 5 : 30 pm

54. (b) माना कार की चाल = x किमी/घण्टा

तब, ट्रेन की चाल = $x\times\frac{130}{100} = \frac{13x}{10}$ किमी/घण्टा

∴ कार द्वारा P से Q तक पहुँचने में लगा समय = $\frac{130}{x}$ घण्टे

तथा ट्रेन द्वारा लगा समय = $\frac{130}{\frac{13x}{10}} = \frac{1300}{13x} = \frac{100}{x}$ घण्टे

प्रश्नानुसार, $\frac{130}{x} - \frac{100}{x} = \frac{30}{60} \Rightarrow \frac{30}{x} = \frac{1}{2}$

$\Rightarrow \quad x = 60$ किमी/घण्टा

अत: ट्रेन की चाल

$= \frac{13x}{10} = \frac{13\times60}{10} = 78$ किमी/घण्टा

55. (b) विराम के समय में कम चली गई दूरी

= 90 − 75 = 15 किमी/घण्टा

∴ ट्रेन के रुकने का समय = $\frac{60}{90}\times15 = 10$ मिनट

स्पीडी विधि

ट्रेन का रुकने का समय = $\frac{(90-75)}{90}\times60$ मिनट

$= \frac{15}{90}\times60$ मिनट = 10 मिनट

56. (d) माना रेलगाड़ी की लम्बाई = x मी

तथा रेलगाड़ी की चाल = v मी/से

$$\therefore \quad v = \frac{x+400}{50} = \frac{x+600}{60}$$

$\Rightarrow 6x + 2400 = 5x + 3000 \Rightarrow x = 600$ मी

∴ रेलगाड़ी की लम्बाई = 600 मी

तथा चाल = $\frac{600+400}{50} = \frac{1000}{50} = 20$ मी/से

$= 20\times\frac{18}{5}$ किमी/घण्टा = 72 किमी/घण्टा

57. (c) माना दोनों स्टेशनों के बीच की दूरी = x किमी

तब, ट्रेन की चाल = $\frac{x}{6}$ किमी/घण्टा

अब नई चाल = $\frac{x}{6} - 13$ किमी $\Rightarrow \frac{x}{6} - 13 = \frac{x}{9}$

$\Rightarrow \frac{x}{6} - \frac{x}{9} = 13 \Rightarrow x = 13\times18 = 234$ किमी

58. (c) माना दोनों ट्रेने यात्रा आरम्भ करने के x घण्टे बाद एक-दूसरे से मिलती है।

∴ $90\times x - 70\times x = 140 \Rightarrow x = 7$ घण्टे

∴ दोनों स्टेशनों के बीच की दूरी

= (90 + 70) × 7 = 1120 किमी

स्पीडी विधि

चाल [रेल 1 : रेल 2] = 90 : 70 = 9 : 7

दूरी [रेल 1 : रेल 2] = 9 : 7 (अन्तर 2)

2 इकाई = 140 किमी

16 इकाई = $\frac{140\times16}{2}$ = 1120 किमी

59. (d) माना गंतव्य तक जाने में लगा आरम्भिक समय = t मिनट

प्रश्नानुसार, $100t = 112.5(t-20)$

$\Rightarrow \quad 112.5t - 100t = \frac{1125\times20}{10} = 2250$

$\therefore \quad t = \frac{2250}{12.5} = 180$ मिनट

स्पीडी विधि

चाल = 8 : 9

समय = 9 : 8 (अन्तर 1)

12.5% = $\frac{1}{8}$ [∵ दूरी स्थिर है]

1 इकाई = 20 मिनट

9 इकाई = 20 × 9 = 180 मिनट

60. (c) समय = $\frac{\text{दोनों रेलगाड़ियों की लम्बाई का योग}}{\text{सापेक्ष चाल}}$

$= \frac{(110+100)\times18}{(50+58)\times5}$ सेकण्ड

$= \frac{210\times18}{108\times5} = 7$ सेकण्ड

61. (c) ∵ दूरी = चाल × समय

चाल का अनुपात = 120 : 80

∴ दूरी का अनुपात = 120 : 80 = 3 : 2

प्रश्नानुसार, (3 − 2) इकाई = 60 किमी

∴ (3 + 2) इकाई = 60 × 5 = 300 किमी

स्टेशनों के बीच की दूरी = 300 किमी

62. (b) ∵ चाल = $\frac{\text{दूरी}}{\text{समय}}$

चाल ∝ दूरी

अब, चालों का अनुपात = 72 : 84

∴ दूरी का अनुपात = 72 : 84 = 6 : 7

प्रश्नानुसार, (7 − 6) = 1 इकाई = 108 किमी

∴ कुल दूरी = 7 + 6 = 13 इकाई = 13 × 108

= 1404 किमी

आपेक्षिक चाल = 72 + 84 = 156 किमी/घण्टा

∴ दोनों ट्रेनों के मिलने का समय

$= \frac{1404}{156} = 9$ घण्टे

63. (d) ट्रेन की चाल = $72\times\frac{5}{18} = 20$ मी/से

ट्रेन द्वारा पुल को पार करने में लगा

समय = $\frac{296+144}{20} = \frac{440}{20} = 22$ सेकण्ड

64. (c) माना प्रत्येक ट्रेन की चाल = x किमी/घण्टा

प्रश्नानुसार, ट्रेन को एक-दूसरे को पार करने में

लगा समय = $\frac{150+150}{(x+x)\times\frac{5}{18}} \Rightarrow \frac{300\times18}{2x\times5} = 15$

$$\therefore \quad x = \frac{300\times18}{2\times15\times5} = 36 \text{ किमी/घण्टा}$$

∴ प्रत्येक ट्रेन की चाल = 36 किमी/घण्टा

65. (b) ट्रेन की चाल (मी/से में)

$= 36\times\frac{5}{18} = 10$ मी/से

∴ ट्रेन की लम्बाई = 10 × 24 = 240 मी

66. (a) ट्रेन की चाल = $\frac{735+225}{48}$

$= \frac{960}{48} = 20$ मी/से

$= 20\times\frac{18}{5} = 72$ किमी/घण्टा

67. (a) ट्रेन की चाल $= \frac{375}{15} = 25$ मी/से

कुल दूरी $= 375 + 975 = 1350$ मी

अब, प्लेटफॉर्म को पार करने में लगा समय

$$= \frac{1350}{25} = 54 \text{ सेकण्ड}$$

68. (a) समय $= \frac{125 + 175}{(40 - 22)}$

[समान दिशा में चाल $= 40 - 22$]

$$= \frac{300}{18 \times \frac{5}{18}} = 60 \text{ सेकण्ड} = 1 \text{ मिनट}$$

69. (b) माना दूसरी रेलगाड़ी की लम्बाई $= x$ मी

सापेक्षिक चाल $= (45 + 51) \times \frac{5}{18}$

$$= \frac{96 \times 5}{18} = \frac{80}{3} \text{ मी/से}$$

प्रश्नानुसार, ट्रेनों को एक-दूसरे को पार करने में लगा समय $= \frac{290 + x}{\frac{80}{3}}$

$\Rightarrow \quad 21 = \frac{(290 + x) \times 3}{80}$

$\Rightarrow \quad 1680 = 870 + 3x \Rightarrow 3x = 810$

$\therefore \quad x = \frac{810}{3} = 270$ मी

70. (c) सापेक्षिक चाल $= (62 + 46)$ किमी/घण्टा

$$= 108 \times \frac{5}{18} = 30 \text{ मी/से}$$

$\therefore$ ट्रेन को एक-दूसरे को पार करने में लगा समय

$$= \frac{148 + 152}{30} = \frac{300}{30} = 10 \text{ सेकण्ड}$$

71. (b) माना रेलगाड़ी B की लम्बाई $= x$ मी

$\therefore$ रेलगाड़ी B को, रेलगाड़ी A द्वारा पार करने में लगा समय $= \frac{400 + x}{(60 - 30) \times \frac{5}{18}} \Rightarrow \frac{3(400 + x)}{25} = 2 \times 60$

$\Rightarrow \quad 1200 + 3x = 120 \times 25 \Rightarrow 3x = 3000 - 1200$

$\therefore \quad x = \frac{1800}{3} = 600$ मी

अत: रेलगाड़ी B की लम्बाई $= 600$ मी

72. (c) माना दोनों रेलगाड़ियों की लम्बाई $= l$ मी

$\therefore \quad \frac{l + l}{(54 - 36) \times \frac{5}{18}} = 48$

$\Rightarrow \quad \frac{2l}{\left(18 \times \frac{5}{18}\right)} = 48$

$\Rightarrow \quad l = 24 \times 5 = 120$ मी

73. (a) 5 घण्टे बाद दोनों रेलगाड़ियों के बीच की दूरी

$$= 5 \times (90 - 80) = 50 \text{ किमी}$$

74. (c) एक-दूसरे को पार करने में लगा समय

$$= \frac{(110 + 85)}{(12 - 7)} = 39 \text{ सेकण्ड}$$

75. (b) ट्रेन की औसत चाल

$$= \frac{2 \times 35 + 4 \times 50}{2 + 4} = \frac{270}{6} = 45 \text{ किमी/घण्टा}$$

76. (a) ट्रेन की चाल $= \frac{480}{16} = 30$ मी/से

$\therefore$ 900 मी लम्बे प्लेटफॉर्म को पार करने में लगा समय

$$= \frac{900 + 480}{30} = \frac{1380}{30} = 46 \text{ सेकण्ड}$$

77. (a) ट्रेन की चाल $= \frac{900 + 1200}{70}$

$$= \frac{2100}{70} = 30 \text{ मी/से} = 30 \times \frac{18}{5} = 108 \text{ किमी/घण्टा}$$

78. (a) माना रेलगाड़ियाँ T_1 व T_2 हैं।

T_1 व T_2 की लम्बाई का योगफल

$$= (44 - 32) \times \frac{5}{18} \times 72 = 240 \text{ मी}$$

79. (c) माना रेलगाड़ी की चाल $= x$ किमी/घण्टा

$\therefore (x + x) \times \frac{5}{18} = \frac{320}{32} \Rightarrow x = 18$ किमी/घण्टा

80. (d) अभीष्ट समय $= \frac{(390 + 250)}{(78 + 66) \times \frac{5}{18}} = \frac{640}{144 \times \frac{5}{18}}$

$$= 16 \text{ सेकण्ड}$$

81. (b) माना व्यक्ति की चाल $= x$ किमी/घण्टा

तो रेलगाड़ी की चाल $= 5x$ किमी/घण्टा

$(5x + x) \times \frac{5}{18} = \frac{600}{20} \Rightarrow x = \frac{600}{20} \times \frac{18}{5} \times \frac{1}{6}$

$\Rightarrow \quad x = 18$ किमी/घण्टा

$\therefore$ रेलगाड़ी की चाल $= 5x = 5 \times 18 = 90$ किमी/घण्टा

82. (d) पहली रेलगाड़ी की चाल $= \frac{384}{12} = 32$ मी/से

माना दूसरी रेलगाड़ी की चाल $= x$ मी/से

$\therefore x + 32 = \frac{384 + 384}{12} \Rightarrow x + 32 = 64$

$\Rightarrow \quad x = 32$ मी/से

83. (d) माना पहली और दूसरी रेलगाड़ी की चाल

$= x$ किमी/घण्टा

$(x + x) \times \frac{5}{18} = \frac{320 \times 2}{18} \Rightarrow x = 64$ किमी/घण्टा

84. (a) माना समान लम्बाई की दो ट्रेनों की लम्बाई $= x$ मी

$\therefore \frac{(x + x) \times 18}{(46 - 36) \times 5} = 36 \Rightarrow \frac{2x \times 18}{10 \times 5} = 36$

$\Rightarrow \quad x = \frac{36 \times 10 \times 5}{2 \times 18} \Rightarrow x = 50$ मी

85. (a) संयुक्त चाल

$$= \frac{(257.5 + 272.5)}{15.9} \times \frac{18}{5} \text{ किमी/घण्टा}$$

$$= 120 \text{ किमी/घण्टा}$$

86. (a) दूरी $= 80 \times \frac{1}{2} = 40$ किमी

87. (a) माना ट्रेन की गति x मी/से है।

$\therefore \quad \frac{150}{x - 2 \times \frac{5}{18}} = 3$

$\Rightarrow \quad 9x = 450 + 5 \Rightarrow x = \frac{455}{9}$ मी/से

$\therefore$ ट्रेन की गति $= \frac{455}{9} \times \frac{18}{5} = 182$ किमी/घण्टा

88. (b) माना दोनों ट्रेनें 't' घण्टे में मिलती हैं।

$(45 \times t) - (40 \times t) = 20 \Rightarrow t = 4$ घण्टे

$\therefore$ दोनों स्टेशनों के बीच की दूरी

$$= (40 \times 4) + (45 \times 4)$$

$$= 160 + 180 = 340 \text{ किमी}$$

89. (b) माना पहली और दूसरी ट्रेन की चाल $= x$

दूरी $= 5 \times 2x = 10x$

$\Rightarrow$ आवश्यक समय $= \frac{10x}{\left(\frac{x}{2} + 2x\right)}$

$$= \frac{10x}{\left(\frac{5x}{2}\right)} = \frac{10x \times 2}{5x}$$

$$= 4 \text{ सेकण्ड}$$

90. (a) औसत चाल $= \frac{50 \text{ किमी}}{(2 + 4 + 6 + 8 + 70) \text{ मिनट}}$

$$= \frac{50}{\frac{90}{60}} = 50 \times \frac{2}{3} = \frac{100}{3} \text{ किमी/घण्टा}$$

91. (c) माना ट्रेन की लम्बाई $= x$ सेमी

$\therefore \quad$ ट्रेन की चाल $= \frac{x}{4}$ ...(i)

पुन: ट्रेन की चाल $= \frac{500 + x}{12}$ ...(ii)

समी (i) तथा (ii) से,

$\frac{x}{4} = \frac{500 + x}{12} \Rightarrow 12x = 500 \times 4 + 4x$

$\Rightarrow \quad 8x = 500 \times 4 \Rightarrow x = \frac{500 \times 4}{8} = 250$

x का मान समी (i) में रखने पर,

$\therefore$ ट्रेन की चाल $= \frac{250}{4} \times \frac{18}{5} = 225$ किमी/घण्टा

92. (d) माना ट्रेन की चाल x किमी/घण्टा है तथा ट्रेन की लम्बाई y किमी है।

पहले व्यक्ति के लिए, $\frac{11.6}{3600} = \frac{y}{x - 5.85}$

$\Rightarrow \quad y = \frac{11.6}{3600}(x - 5.85)$ ...(i)

दूसरे व्यक्ति के लिए,

$\frac{11.8}{3600} = \frac{y}{x - 6.3}$

$\Rightarrow \quad y = \frac{11.8}{3600}(x - 6.3)$ ...(ii)

समी (i) और (ii) से,

$11.6(x - 5.85) = 11.8(x - 6.3)$

$\Rightarrow \quad 11.6x - 67.86 = 11.8x - 74.34$

$\Rightarrow \quad 0.2x = 6.48$

$\Rightarrow \quad x = \frac{648}{20} = 32.4$ किमी/घण्टा

16

नाव एवं धारा

- नाव एवं धारा, प्रायः चाल, समय तथा दूरी का ही एक अनुप्रयोग है।
- **स्थिर या शान्त जल** यदि किसी नदी या तालाब के जल की चाल शून्य है, तो ऐसे जल को स्थिर जल कहते हैं।
- **धारा प्रवाह** नदी या तालब के गतिमय जल को धारा प्रवाह कहते है। इसको सामान्यतः धारा की चाल कहते हैं।
- **धारा के अनुकूल प्रवाह** यदि कोई नाव अथवा तैराक धारा के प्रवाह की ही दिशा में गति करता है, तो उसकी गति धारा के अनुकूल गति कहलाती हैं।
- **धारा के प्रतिकूल प्रवाह** यदि कोई नाव अथवा तैराक धारा के प्रवाह के विपरीत गति करता है, तो उसकी गति धारा के प्रतिकूल या ऊर्ध्वप्रवाह गति कहलाती है।

अनुप्रवाह और ऊर्ध्वप्रवाह पर आधारित साधारण प्रश्न

यदि नाव की गति शान्त जल में x किमी/घण्टा है तथा धारा की गति y किमी/घण्टा है, तो

- अनुकूल प्रवाह गति $= (x + y)$ किमी/घण्टा
- प्रतिकूल प्रवाह गति $= (x - y)$ किमी/घण्टा
- शान्त जल में नाव की गति $x = \frac{1}{2}$ (अनुकूल गति + प्रतिकूल गति)
- धारा की गति $y = \frac{1}{2}$ (धारा के अनुकूल गति-धारा के प्रतिकूल गति)

उदाहरण 1. यदि शान्त जल में किसी तैराक की चाल 9 किमी/घण्टा व धारा की चाल 5 किमी/घण्टा है, तो धारा के प्रतिकूल व धारा के अनुकूल तैरते समय तैराक की चाल ज्ञात कीजिए।

हल तैराक की चाल, $x = 9$ किमी/घण्टा तथा धारा की चाल, $y = 5$ किमी/घण्टा

$\therefore$ धारा के प्रतिकूल तैराक की चाल $= x - y = 9 - 5 = 4$ किमी/घण्टा

तथा धारा के अनुकूल तैराक की चाल $= x + y = 9 + 5 = 14$ किमी/घण्टा

कुछ विशेष परिस्थितियों पर आधारित प्रश्न

- शान्त जल में किसी की चाल x किमी/घण्टा व धारा की चाल y किमी/घण्टा है। यदि नाव द्वारा एक स्थान से दूसरे स्थान तक जाने तथा वापस आने में T समय लगता है, तो

  दोनों स्थानों के बीच की दूरी $(d) = \frac{T(x^2 - y^2)}{2x}$ किमी

उदाहरण 2. शान्त जल में किसी नाव की चाल 8 किमी/घण्टा है। यदि 2 किमी/घण्टा की चाल से बहती हुई किसी नदी में नाव A से B तक जाने तथा वापस आने में कुल 32 मिनट का समय लेती है, तो A व B के बीच की दूरी ज्ञात कीजिए।

हल यहाँ, $x = 8$ किमी/घण्टा, $y = 2$ किमी/घण्टा,

$$T = 32 \text{ मिनट} = \frac{32}{60} \text{ घण्टा} = \frac{8}{15} \text{ घण्टा}$$

$$\therefore A \text{ से } B \text{ तक की दूरी} = \frac{T(x^2 - y^2)}{2x} = \frac{8}{15} \times \frac{(8^2 - 2^2)}{2 \times 8}$$

$$= \frac{8}{15} \times \frac{(64 - 4)}{16}$$

$$= \frac{8}{15} \times \frac{60}{16} = 2 \text{ किमी}$$

उदाहरण 3. एक आदमी स्थिर जल में 5 मी/से की चाल से नाव चला सकता है। वह धारा के अनुकूल एक नदी में 200 मी की दूरी उच्च और निम्न बहाव के दौरान क्रमशः 10 सेकण्ड और 25 सेकण्ड में तय करता है। उच्च और निम्न बहाव के दौरान नदी में बहने वाले जल की चाल का अनुपात (मी/से में) क्या है?

हल स्थिर जल में नाव की चाल = 5 मी/से

माना उच्च और निम्न बहाव के दौरान नदी में बहने वाले जल की चाल क्रमशः x और y मी/से हैं।

प्रश्नानुसार,

$$10 = \frac{200}{5 + x} \qquad \left[\because \text{समय} = \frac{\text{दूरी}}{\text{चाल}}\right]$$

$$\Rightarrow \quad 5 + x = 20$$

$$\Rightarrow \quad x = 15 \text{ मी/से}$$

और

$$25 = \frac{200}{5 + y}$$

$$\Rightarrow \quad 5 + y = 8$$

$$\Rightarrow \quad y = 3 \text{ मी/से}$$

$\therefore$ अभीष्ट अनुपात $= x : y = 15 : 3 = 5 : 1$

SSC एग्जाम स्कैनर

SSC CGL 2024 & 2023 (Tier I & II)

1. एक नाव धारा की दिशा में 55 किमी की दूरी 5 घण्टे में तय करती है जबकि धारा के विपरीत दिशा में समान दूरी को तय करने में उसे 11 घण्टे लगते हैं। नाव की चाल क्या है?
SSC CGL (Tier-I) 23/09/2024 Shift-III
(a) 9 किमी/घण्टा (b) 11 किमी/घण्टा
(c) 8 किमी/घण्टा (d) 7 किमी/घण्टा

2. एक मोटरबोट, जिसकी स्थिर जल में चाल 15 किमी/घण्टा है, को धारा के अनुकूल 50 किमी जाने और वापस आने में 7 घण्टे 30 मिनट का समय लगता है। धारा की चाल (किमी/घण्टा में) की गणना कीजिए।
SSC CGL (Tier-I) 23/09/2024 Shift-II
(a) 5 (b) 7 (c) 11 (d) 9

3. एक व्यक्ति स्थिर जल में 6 किमी की दूरी 1 घण्टे में तय कर सकता है। उतनी ही दूरी को वह धारा के अनुकूल 45 मिनट में तय कर सकता है। धारा के अनुकूल 16 किमी की दूरी तय करने और प्रारम्भिक बिन्दु पर लौटने के लिए उसके द्वारा लिया गया कुल समय ज्ञात कीजिए। **SSC CGL (Tier-I) 18/09/2024 Shift-III**
(a) 4 घण्टे 40 मिनट (b) 4 घण्टे
(c) 6 घण्टे (d) 6 घण्टे 40 मिनट

4. किसी चाल से चलती हुई एक मोटरबोट धारा की विपरीत दिशा में 24 किमी और धारा की दिशा में 40 किमी की दूरी 17 घण्टे में तय कर सकती है। समान चाल से यह 10 घण्टे में धारा की दिशा में 32 किमी और धारा की विपरीत दिशा में 12 किमी की यात्रा कर सकती है। धारा की चाल क्या है?
SSC CGL (Tier-I) 18/09/2024 Shift-I
(a) 2 किमी/घण्टा (b) 4 किमी/घण्टा
(c) 5 किमी/घण्टा (d) 3 किमी/घण्टा

5. एक मोटरबोट को धारा के अनुकूल जाने में 18 घण्टे लगते हैं, और समान दूरी तक वापस आने में 36 घण्टे लगते हैं। नाव की, स्थिर जल में चाल और धारा की दिशा में चाल का अनुपात ज्ञात कीजिए।
SSC CGL (Tier-I) 17/09/2024 Shift-II
(a) 3 : 1 (b) 2 : 1 (c) 2 : 3 (d) 3 : 2

6. एक नाविक को नाव से 30 किमी की दूरी तक जाने और वापस आने में 14 घण्टे का समय लगता है। वह पाता है कि वह जितने समय में धारा की दिशा में 10 किमी नाव चला सकता है, उतने ही समय में धारा के विपरीत दिशा में 4 किमी नाव चला सकता है। धारा की चाल (किमी/घण्टा में) ज्ञात कीजिए।
SSC CGL (Tier-I) 13/09/2024 Shift-III
(a) $\frac{9}{4}$ (b) $\frac{4}{9}$ (c) $\frac{9}{2}$ (d) $\frac{2}{9}$

7. एक नाव कुल 32 घण्टों में धारा की विपरीत दिशा में 78 किमी की दूरी तय कर सकती है और वापस आ सकती है। यह कुल 9 घण्टे में 15 किमी की दूरी धारा की विपरीत दिशा में और 52 किमी की दूरी धारा की दिशा में तय कर सकती है। यह नाव स्थिर जल में 12 घण्टे में कितनी दूरी तय करेगी?
SSC CGL (Tier-I) 13/09/2024 Shift-I
(a) 100 किमी (b) 96 किमी
(c) 92 किमी (d) 104 किमी

8. एक नाविक धारा के प्रतिकूल 1 घण्टे में 2 किमी जाता है और धारा के अनुकूल 10 मिनट में 1 किमी जाता है। उसे स्थिर जल में 6 किमी जाने में कितना समय लगेगा?
SSC CGL (Tier-I) 12/09/2024 Shift-III
(a) 1 घण्टा 45 मिनट (b) 2 घण्टे 30 मिनट
(c) 1 घण्टा 30 मिनट (d) 1 घण्टा 15 मिनट

9. एक नाव धारा के विपरीत दिशा में 54 किमी की दूरी 6 घण्टे में तय कर सकती है। यदि धारा की चाल 4.8 किमी/घण्टा है, तो नाव को धारा की दिशा में 279 किमी की दूरी तय करने में कितना समय (घण्टे में) लगेगा?
SSC CGL (Tier-I) 11/09/2024 Shift-III
(a) 16 (b) 18 (c) 20 (d) 15

10. स्थिर जल में एक नाव की चाल 18 किमी/घण्टा है और धारा की चाल 3 किमी/घण्टा है। वह धारा के अनुकूल 105 किमी की दूरी तय करने और वापस आने में कितना समय (घण्टों में) लेगी? **SSC CGL (Tier-I) 10/09/2024 Shift-III**
(a) 15 (b) 9 (c) 10 (d) 12

11. एक नाव धारा के अनुकूल 35 किमी की दूरी 2 घण्टे में तय करती है और धारा के प्रतिकूल समान दूरी 7 घण्टे में तय करती है। शान्त जल में नाव की चाल (किमी/घण्टा में) ज्ञात कीजिए। **SSC CGL (Tier II) 3/3/2023 Shift-IV**
(a) 10.55 (b) 28.75 (c) 18.25 (d) 11.25

12. एक आदमी शान्त जल में 10 किमी/घण्टा की चाल से नाव चला सकता है। यदि नदी 4.5 किमी/घण्टा की चाल से बह रही है, तो उसे एक स्थान तक जाने और आरम्भिक बिन्दु तक वापस आने में 2 घण्टे का समय लगता है। वह स्थान कितनी दूरी (किमी में) पर स्थित है (दो दशमलव स्थान तक पूर्णांकित)?
SSC CGL (Tier II) 2/3/2023 Shift-I
(a) 6.25 (b) 5.50 (c) 7.98 (d) 8.98

13. एक नाव धारा की विपरीत दिशा में एक निश्चित दूरी तय करने में 10 घण्टे का समय लेती है, जबकि धारा की दिशा में उसी दूरी को तय करने में 7 घण्टे का समय लेती है। नाव की चाल और जल धारा की चाल के बीच क्रमशः अनुपात क्या होगा?
SSC CGL (Tier I) 25/7/2023 Shift-I
(a) 17 : 3 (b) 2 : 17 (c) 3 : 17 (d) 17 : 5

14. एक नाव की प्रभावी चाल धारा के विरुद्ध दिशा में 15.2 किमी/घण्टा है और धारा की दिशा में 20.8 किमी/घण्टा है। धारा की चाल क्या होगी? **SSC CGL (Tier I) 25/7/2023 Shift-III**
(a) 2.8 किमी/घण्टा (b) 1.8 किमी/घण्टा
(c) 18 किमी/घण्टा (d) 3 किमी/घण्टा

15. एक नाव धारा के प्रतिकूल 1 घण्टे में और धारा के अनुकूल 45 मिनट में 12 किमी की दूरी तय करती है। नाव और धारा की चाल (किमी/घण्टा में) ज्ञात कीजिए।
SSC CGL (Tier I) 25/7/2023 Shift-II
(a) 16, 2 (b) 14, 2 (c) 12, 4 (d) 16, 4

16. एक नाव धारा के दिशा में 80 किमी की दूरी 8 घण्टे में तय करती है, जबकि धारा के विपरीत दिशा में समान दूरी तय करने में 10 घण्टे का समय लेती है। शान्त जल में नाव की चाल (किमी/घण्टा में) की गणना करें।
SSC CGL (Tier I) 24/7/2023 Shift-IV
(a) 12 (b) 9 (c) 16 (d) 18

17. धर्मेन्द्र 13 घण्टे में धारा के विपरीत दिशा में 80 किमी और धारा के दिशा में 110 किमी नाव चला सकता है। साथ ही, वह 10 घण्टे में धारा के विपरीत दिशा में 60 किमी और धारा के दिशा में 88 किमी नाव चला सकता है। धारा की चाल (किमी/घण्टा में) ज्ञात करें।
SSC CGL (Tier I) 24/7/2023 Shift-IV
(a) 12 (b) 6 (c) 10 (d) 16

18. एक नाव द्वारा धारा की विपरीत दिशा में 120 किमी जाने और वापस आने में कुल 30 घण्टे का समय लगता है, और उस नाव को धारा की विपरीत दिशा में 25 किमी तथा धारा की दिशा में 40 किमी जाने में कुल 7 घण्टे का समय लगता है। वह नाव शान्त जल में 16 घण्टे में कितनी दूरी तय कर लेगी?
SSC CGL (Tier I) 24/7/2023 Shift-I
(a) 180 किमी (b) 175 किमी
(c) 200 किमी (d) 225 किमी

19. शान्त जल में नाव की चाल 45 किमी/घण्टा है, जबकि नदी 15 किमी/घण्टा की चाल से बह रही है। धारा की विपरीत दिशा में एक निश्चित दूरी तय करने में लगा समय, धारा की दिशा में समान दूरी तय करने में लगे समय से 9 घण्टे अधिक है। दूरी (किमी में) की गणना करें।
SSC CGL (Tier I) 20/7/2023 Shift-IV
(a) 480 (b) 450 (c) 540 (d) 320

20. एक मोटर बोट की चाल और जल की धारा की चाल का अनुपात 31 : 6 है मोटर बोट एक बिन्दु से शुरू होती है और 4 घण्टे 10 मिनट में धारा के अनुदिश एक निश्चित दूरी तय करती है। मोटर बोट द्वारा अपने प्रारम्भिक बिन्दु पर वापस आने में लगने वाला समय ज्ञात कीजिए। **SSC CGL (Tier I) 20/7/2023 Shift-IV**

(a) 6 घण्टे 10 मिनट (b) 5 घण्टे 10 मिनट
(c) 5 घण्टे 50 मिनट (d) 4 घण्टे 10 मिनट

21. एक नाव 12 घण्टे 30 मिनट में धारा के अनुकूल 60 किमी और धारा के प्रतिकूल 40 किमी जा सकती है। यह 18 घण्टे 54 मिनट में धारा के अनुकूल 84 किमी और धारा के प्रतिकूल 63 किमी जा सकती है। शान्त जल में नाव की चाल (किमी/घण्टा में, निकटतम पूर्णांक तक) कितनी है? **SSC CGL (Tier I) 20/7/2023 Shift-I**

(a) 9 (b) 7 (c) 10 (d) 8

22. धारा की दिशा में नाव की चाल, स्थिर जल में नाव की चाल की 125% है। यदि स्थिर जल में नाव को 20 किमी की दूरी तय करने में 30 मिनट का समय लगता है, तो बताइए कि उसे धारा के विपरीत दिशा में 15 किमी की दूरी तय करने में कितना समय (घण्टों में) लगेगा? **SSC CGL (Tier I) 19/7/2023 Shift-III**

(a) $\frac{1}{2}$ (b) $\frac{3}{4}$ (c) $\frac{1}{4}$ (d) 1

23. धारा की विपरीत दिशा में 144 किमी की दूरी तय करने के लिए, एक नाविक को 12 घण्टे लगते हैं। जबकि उसे धारा की दिशा में उतनी ही दूरी तय करने में केवल 9 घण्टे लगते हैं। धारा की चाल क्या है? **SSC CGL (Tier I) 18/7/2023 Shift-II**

(a) 2 किमी/घण्टा (b) 1 किमी/घण्टा
(c) 1.5 किमी/घण्टा (d) 3 किमी/घण्टा

24. एक व्यक्ति को धारा की दिशा में 16 किमी नाव चलाने में 15 मिनट लगते हैं, जो धारा के विपरीत दिशा में समान दूरी तय करने में लिए गए समय से 25% कम है। व्यक्ति स्थिर जल में एक घण्टे में कितने किलोमीटर नाव चला सकता है? (निकटतम पूर्ण संख्या तक पूर्णांकित) **SSC CGL (Tier I) 14/7/2023 Shift-IV**

(a) 58 (b) 54 (c) 60 (d) 56

SSC CGL 2022-2020 (Tier I)

25. एक नाव धारा की विपरीत दिशा में, एक निश्चित दूरी को 9 घण्टे 36 मिनट में तय करती है और यह धारा की दिशा में समान दूरी को 6 घण्टे में तय करती है। स्थिर जल में नाव की चाल और धारा की चाल का अनुपात क्या होगा? **SSC CGL (Tier I) 12/12/2022 Shift-II**

(a) 9 : 2 (b) 11 : 6 (c) 13 : 3 (d) 8 : 5

26. एक नौका 8 घण्टे में धारा की विपरीत दिशा में 25 किमी और धारा की दिशा में 39 किमी चलती है। यह 11 घण्टे में धारा की विपरीत दिशा में 35 किमी और धारा की दिशा में 52 किमी की दूरी तय करती है। यदि यह एकसमान चाल से यात्रा करती है, तो धारा की चाल बताइए। **SSC CGL (Tier I) 12/12/2022 Shift-I**

(a) 6 किमी/घण्टा (b) 5 किमी/घण्टा
(c) 3 किमी/घण्टा (d) 4 किमी/घण्टा

27. एक आदमी 48 किमी दूर एक स्थान पर नाव चलाकर जाता है और 14 घण्टे में वापस आता है। वह पाता है कि वह धारा के साथ 4 किमी की दूरी तय कर सकता है, जबकि उसी समय में धारा के विपरीत वह 3 किमी की दूरी तय कर सकता है। धारा की चाल .... है। **SSC CGL (Tier I) 07/12/2022 Shift-II**

(a) 3.5 किमी/घण्टा (b) 1.5 किमी/घण्टा
(c) 1 किमी/घण्टा (d) 1.8 किमी/घण्टा

28. एक बोट रेसर स्थिर जल में $21\frac{3}{2}$ किमी/घण्टा की चाल से बोट चला सकता है। यदि 12.5 किमी/घण्टा की चाल से चलने वाली नदी में, उसे एक स्थान तक जाने और वापस आने में 40 मिनट का समय लगता है, तो वह स्थान कितनी दूर है (दशमलव के दो स्थान तक मान ज्ञात करें।)? **SSC CGL (Tier I) 06/12/2022 Shift-I**

(a) $5\frac{5}{27}$ किमी (b) $3\frac{5}{27}$ किमी
(c) $5\frac{2}{5}$ किमी (d) $4\frac{5}{27}$ किमी

29. शान्त जल में एक नाव की चाल $5\frac{1}{3}$ किमी/घण्टा है। यह पाया गया है कि नाव को धारा की विपरीत दिशा में एक निश्चित दूरी तय करने में लगने वाला समय, धारा की दिशा में वही दूरी तय करने में लगने वाले समय का तीन गुना है। नदी की धारा की चाल ज्ञात कीजिए। **SSC CGL (Tier I) 05/12/2022 Shift-II**

(a) $\frac{20}{27}$ मी/से (b) $\frac{19}{27}$ मी/से
(c) $\frac{22}{27}$ मी/से (d) $\frac{23}{27}$ मी/से

30. एक तैराक एक बिन्दु P से धारा के विपरीत 6 मिनट तक तैरता है और फिर अगले 6 मिनट के लिए धारा के साथ तैरता है और एक बिन्दु Q पर पहुँचता है। यदि P और Q के बीच की दूरी 120 मी है, तो धारा की चाल (किमी/घण्टा में) ········· है। **SSC CGL (Tier I) 01/12/2022 Shift-III**

(a) 0.4 (b) 1 (c) 0.2 (d) 0.6

31. एक आदमी एक नाव को प्रवाह की दिशा में चलाते हुए एक निश्चित दूरी 9 घण्टे में तय करता है, जबकि प्रवाह की विपरीत दिशा में नाव चलाते हुए समान दूरी तय करने में उसे 18 घण्टे का समय लगता है। शान्त जल में समान दूरी के $\frac{3}{5}$ भाग तक नाव चलाने में उसे कितने घण्टे लगेंगे? **SSC CGL (Tier I) 01/12/2022 Shift-II**

(a) 7.2 (b) 12 (c) 9.5 (d) 10

32. स्थिर जल में, किसी मोटरबोट की चाल 20 किमी/घण्टा है। यह धारा की दिशा में 150 किमी की दूरी तय करती है और फिर शुरुआती बिन्दु पर वापस आती है। यदि राउंड ट्रिप में 16 घण्टे का समय लगता है, तो नदी के प्रवाह की चाल (किमी/घण्टा में) ज्ञात करें। **SSC CGL (Tier I) 24/08/2021 Shift-III**

(a) 4 (b) 5 (c) 8 (d) 6

33. कोई नाव, किसी नदी में दो बिन्दुओं A और B के बीच राउण्ड-ट्रिप यात्रा वाली दूरी को T घण्टे में तय करती है। यदि स्थिर जल में इसकी चाल 2 गुनी हो जाती है, तो इसे उसी दूरी को तय करने में $\frac{80}{161}T$ घण्टे लगेंगे। स्थिर जल में इसकी चाल का, नदी की चाल से अनुपात ज्ञात करें। **SSC CGL (Tier I) 23/08/2021 Shift-I**

(a) 2 : 1 (b) 1 : 11 (c) 161 : 40 (d) 11 : 1

34. एक नाव, धारा की विपरीत दिशा में 5 किमी की दूरी और धारा की दिशा में $7\frac{1}{2}$ किमी की दूरी 45 मिनट में तय कर सकती है। यह धारा की दिशा में 5 किमी की दूरी और धारा की विपरीत दिशा में 2.5 किमी की दूरी 25 मिनट में भी तय कर सकती है। इसे धारा की दिशा में 6 किमी की दूरी तय करने में कितना समय लगेगा? **SSC CGL (Tier I) 20/08/2021 Shift-II**

(a) 12 मिनट (b) 20 मिनट
(c) 10 मिनट (d) 15 मिनट

35. एक आदमी, धारा की दिशा में 8 किमी की दूरी एक निश्चित समय में तय कर सकता है और उतने ही समय में धारा की विपरीत दिशा में 6 किमी की दूरी तय कर सकता है। यदि वह धारा की विपरीत दिशा में 24 किमी की दूरी और धारा की दिशा में उतनी ही दूरी $1\frac{3}{4}$ घण्टे में तय करता है, तो धारा की चाल ज्ञात करें। **SSC CGL (Tier I) 17/08/2021 Shift-III**

(a) 3 (b) 4 (c) $4\frac{1}{2}$ (d) $2\frac{1}{2}$

36. कोई नाव 6 घण्टे में धारा की विपरीत दिशा में 27 किमी की दूरी और धारा की दिशा में 33 किमी की दूरी तय करती है। इतने ही समय में, यह नाव धारा की विपरीत दिशा में 36 किमी की दूरी और धारा की दिशा में 22 किमी की दूरी तय कर सकती है। यह नाव धारा की विपरीत दिशा में 36 किमी की दूरी और धारा की दिशा में 44 किमी की दूरी कितने समय में तय करेगी? **SSC CGL (Tier I) 16/08/2021 Shift-III**

(a) 8 घण्टे 10 मिनट (b) 8 घण्टे 30 मिनट
(c) 8 घण्टे (d) 7 घण्टे 50 मिनट

37. X और Y, किसी नदी पर दो बिन्दु हैं। बिन्दु P और Q सीधी रेखा XY को तीन बराबर भागों में विभाजित करते हैं। नदी, XY के समानान्तर बहती है और किसी नाव द्वारा X से Q तक और Y से Q तक की यात्रा में लगने वाले

समय का अनुपात 4 : 5 है। धारा की दिशा में नाव की चाल और नदी की धारा की चाल का अनुपात ज्ञात करें।
SSC CGL (Tier I) 13/08/2021 Shift-I

(a) 4 : 3 (b) 3 : 10 (c) 3 : 4 (d) 10 : 3

38. एक नाव 54 मिनट में धारा-प्रवाह की प्रतिकूल दिशा में 3.6 किमी और धारा-प्रवाह की दिशा में 5.4 किमी जा सकती है, जबकि यह 58.5 मिनट में धारा-प्रवाह की प्रतिकूल दिशा में 5.4 किमी और धारा-प्रवाह की दिशा में 3.6 किमी जा सकती है। नाव को धारा-प्रवाह की दिशा में 10 किमी जाने में कितना समय (मिनट में) लगेगा? **SSC CGL (Tier I) 05/03/2020 Shift-I**

(a) 45 (b) 50 (c) 48 (d) 54

SSC CPO SI 2024-2020

39. एक नाव की गति धारा की गति का अनुपात 35 : 8 है। नाव धारा के अनुकूल 5 घण्टे 10 मिनट में जाती है। नाव को वापस आने में कितना समय लगेगा?
SSC CPO 29/06/2024 Shift-III

(a) 8 घण्टे 13 मिनट (b) 6 घण्टे 45 मिनट
(c) 9 घण्टे 30 मिनट (d) 5 घण्टे 15 मिनट

40. एक आदमी 48 किमी नाव चलाता है और 48 घण्टे में वापस आता है। वह धारा के अनुकूल 4 किमी की दूरी उतने ही समय में तय कर सकता है जितने समय में धारा के विपरीत 3 किमी की दूरी तय करता है। धारा की चाल (किमी/घण्टा मे) ज्ञात करे।
SSC CPO 29/06/2024 Shift-II

(a) $\frac{7}{24}$ (b) $\frac{3}{29}$ (c) $\frac{7}{21}$ (d) $\frac{5}{21}$

41. धारा की दिशा में यात्रा करते समय एक नाव की गति 33 किमी/घण्टा है, जबकि धारा के प्रतिकूल दिशा में यात्रा करते समय यह 27 किमी/घण्टा है। शान्त जल में नाव की गति क्या है? **SSC CPO 29/06/2024 Shift-II**

(a) 12 किमी/घण्टा (b) 60 किमी/घण्टा
(c) 30 किमी/घण्टा (d) 6 किमी/घण्टा

42. एक नाव 52 मिनट में धारा के अनुकूल 16.9 किमी की यात्रा कर सकती है। यदि धारा की गति 3 किमी/घण्टा है, तो नाव को धारा के प्रतिकूल 84 किमी की दूरी तय करने में कितना समय (घण्टों में) लगेगा?
SSC CPO 29/06/2024 Shift-I

(a) 6.22 (b) 7.5
(c) 6 (d) 13.5

43. एक नाव धारा के प्रतिकूल 24 किमी की दूरी और धारा के अनुकूल 36 किमी की दूरी 10 घण्टे में तय करती है, और धारा के प्रतिकूल 30 किमी की दूरी और धारा के अनुकूल 24 किमी की दूरी 12 घण्टे में तय करती है। धारा की चाल ज्ञात करें।
SSC CPO 28/06/2024 Shift-I

(a) $\frac{33}{13}$ किमी/घण्टा (b) $\frac{24}{7}$ किमी/घण्टा
(c) $\frac{26}{9}$ किमी/घण्टा (d) $\frac{25}{8}$ किमी/घण्टा

44. एक नाविक धारा के अनुकूल 10 मिनट में 2 किमी और धारा के प्रतिकूल 2 घण्टे में 12 किमी नाव चलाता है। धारा की चाल ज्ञात कीजिए। **SSC CPO 28/06/2024 Shift-I**

(a) 3 किमी/घण्टा (b) 3.5 किमी/घण्टा
(c) 4 किमी/घण्टा (d) 2.5 किमी/घण्टा

45. शान्त जल में एक व्यक्ति की चाल, धारा की चाल से 4 किमी/घण्टा अधिक है। यदि वह व्यक्ति धारा की अनुकूल दिशा में 45 किमी और धारा की प्रतिकूल दिशा में 35 किमी की दूरी तय करने में कुल 10 घण्टे लेता है, तो शान्त जल में व्यक्ति की चाल कितनी है?
SSC CPO 27/06/2024 Shift-III

(a) 15 किमी/घण्टा (b) 20 किमी/घण्टा
(c) 18 किमी/घण्टा (d) 22 किमी/घण्टा

46. आशु शान्त जल में 7.5 किमी प्रति घण्टा की गति से नाव चला सकता है। वह पाता है कि उसे धारा के प्रतिकूल नाव चलाने में, धारा के अनुकूल नाव चलाने में लगने वाले समय से चार गुना समय लगता है। धारा की गति ज्ञात कीजिए। **SSC CPO 27/06/2024 Shift-II**

(a) 3.5 किमी/घण्टा (b) 2.5 किमी/घण्टा
(c) 1.5 किमी/घण्टा (d) 4.5 किमी/घण्टा

47. एक पुरुष नदी के पानी में 1 किमी की दूरी तय करना चाहता है। शान्त जल में इस दूरी को तय करने में उसे 12 मिनट लेकिन बहती नदी में 13 मिनट लगते हैं। नदी के बहते पानी की चाल ज्ञात करें। **SSC CPO 27/06/2024 Shift-I**

(a) $\frac{7}{12}$ किमी/घण्टा (b) 22 किमी/घण्टा
(c) $\frac{5}{13}$ किमी/घण्टा (d) 25 किमी/घण्टा

48. धारा की विपरीत दिशा में एक नाव की चाल 8 किमी/घण्टा है और धारा की दिशा में उस नाव की चाल 15 किमी/घण्टा है। शान्त जल में नाव की चाल और धारा की चाल (किमी/घण्टा में) क्रमश: ज्ञात कीजिए।
SSC CPO 04/10/2023 Shift-II

(a) 11.5 और 3.5 (b) 3 और 11
(c) 3.5 और 11.5 (d) 11 और 3

49. शान्त जल में नाव की चाल 17 किमी/घण्टा और धारा की चाल 5 किमी/घण्टा है। नाव को धारा की दिशा में 110 किमी/घण्टा जाने में कितना समय लगता है?
SSC CPO 03/10/2023 Shift-I

(a) 5 घण्टे (b) 5.5 घण्टे
(c) 4.5 घण्टे (d) 6 घण्टे

50. स्थिर पानी में किसी नाव की चाल 15 किमी/घण्टा है और धारा की चाल 5 किमी/घण्टा है। कितने समय में (घण्टों में) वह नाव 60 किमी धारा के विपरीत और इतनी ही दूरी धारा की दिशा में तय करेगी?
SSC CPO 25/11/2020 Shift-II

(a) 12 (b) 20 (c) 10 (d) 9

SSC CHSL 2024-2021 (Tier I & II)

51. यदि स्थिर जल में एक नाव की चाल 3 किमी/घण्टा है और यदि धारा के प्रतिकूल इसकी चाल 1 किमी/घण्टा है, तो धारा की चाल ज्ञात कीजिए।
SSC CHSL (Tier-I) 11/07/2024 Shift-III

(a) 0.5 किमी/घण्टा (b) 1 किमी/घण्टा
(c) 0.25 किमी/घण्टा (d) 2 किमी/घण्टा

52. एक व्यक्ति स्थिर जल में 8 किमी/घण्टा की चाल से नाव चला सकता है। यदि उसे धारा के प्रतिकूल जाने में धारा के अनुकूल जाने में लगने वाले समय से तीन गुना समय लगता है। तो धारा की चाल (किमी/घण्टा में) ज्ञात कीजिए।
SSC CHSL (Tier-I) 08/07/2024 Shift-IV

(a) 4 (b) 6 (c) 5 (d) 3

53. स्थिर जल में एक नाव की चाल 12 किमी/घण्टा है, और धारा की चाल 3 किमी/घण्टा है। एक आदमी 45 किमी की दूरी तय करके प्रारम्भिक बिन्दु पर वापस आता है। उसके द्वारा लिया गया कुल समय ज्ञात कीजिए। **SSC CHSL (Tier-I) 08/07/2024 Shift-III**

(a) 6 घण्टे (b) 7 घण्टे (c) 9 घण्टे (d) 8 घण्टे

54. एक नाव की धारा के प्रतिकूल और धारा के अनुकूल जाने की चाल का अनुपात 2 : 3 है और इन दोनों चालों का योग 15 किमी/घण्टा है। धारा की चाल क्या है?
SSC CHSL (Tier-I) 08/07/2024 Shift-II

(a) 1.5 किमी/घण्टा (b) 2.5 किमी/घण्टा
(c) 3.5 किमी/घण्टा (d) 3 किमी/घण्टा

55. एक नौका धारा के अनुकूल 60 किमी की यात्रा 4 घण्टे में कर सकती है। यदि स्थिर जल में नौका की चाल 13 किमी/घण्टा है, तो धारा के प्रतिकूल 30 किमी की यात्रा यह कितने समय में तय करेगी? **SSC CHSL (Tier-I) 02/07/2024 Shift-I**

(a) $2\frac{4}{7}$ घण्टे (b) $2\frac{8}{11}$ घण्टे
(c) $3\frac{4}{7}$ घण्टे (d) $3\frac{5}{7}$ घण्टे

56. एक व्यक्ति स्थिर जल में 18 किमी/घण्टा की चाल से नाव चला सकता है। उसे नदी में धारा के प्रतिकूल नाव चलाने में, धारा के अनुकूल नाव चलाने में लगने वाले समय से दोगुना समय लगता है। धारा की चाल ज्ञात कीजिए।
SSC CHSL (Tier-I) 01/07/2024 Shift-III

(a) 9 किमी/घण्टा (b) 12 किमी/घण्टा
(c) 6 किमी/घण्टा (d) 24 किमी/घण्टा

57. एक नाव धारा की प्रतिकूल दिशा में 1 घण्टे में 3 किमी चलती है और धारा की अनुकूल दिशा में 12 मिनट में 1 किमी चलती है। नाव को

स्थिर जल में 6 किमी जाने में कितना समय लगेगा? SSC CHSL (Tier II) 10/01/2024 Shift-I

(a) 1 घण्टा 30 मिनट (b) 1 घण्टा 25 मिनट
(c) 1 घण्टा 20 मिनट (d) 1 घण्टा 15 मिनट

58. एक जहाज धारा के अनुकूल 18 किमी/घण्टा की चाल से और धारा के प्रतिकूल 16 किमी/घण्टा की चाल से चलता है। स्थिर जल में जहाज की चाल क्या होगी? SSC CHSL (Tier I) 07/08/2023 Shift-IV

(a) 14 किमी/घण्टा (b) 17 किमी/घण्टा
(c) 16 किमी/घण्टा (d) 15 किमी/घण्टा

59. एक जलयान नदी की धारा की दिशा में 4 घण्टे में 32 किमी और नदी की धारा की विपरीत दिशा में 5 घण्टे में 10 किमी की दूरी तय करता है। जलयान और नदी की धारा की चाल ज्ञात कीजिए। SSC CHSL (Tier I) 01/06/2022 Shift-I

(a) 4.5 किमी/घण्टा और 2.5 किमी/घण्टा
(b) 4 किमी/घण्टा और 3 किमी/घण्टा
(c) 3.5 किमी/घण्टा और 1.5 किमी/घण्टा
(d) 5 किमी/घण्टा और 3 किमी/घण्टा

60. सुनील, नाव को धारा के विपरीत 1 घण्टे 15 मिनट में 20 किमी तक ले जा सकता है। यदि नदी की धारा की चाल 2 किमी/घण्टा है, तो धारा की दिशा में नाव को 30 किमी ले जाने में उसे कुल कितना समय लगेगा? SSC CHSL (Tier I) 10/08/2021 Shift-I

(a) 1 घण्टा 20 मिनट (b) 1 घण्टा 10 मिनट
(c) 1 घण्टा 45 मिनट (d) 1 घण्टा 30 मिनट

61. एक नाव स्थिर जल में 19 किमी/घण्टा की चाल से चल सकती है। यदि धारा की चाल 3 किमी/घण्टा है, तो नाव द्वारा 88 किमी धारा की दिशा में और 24 किमी धारा की विपरीत दिशा में जाने में कुल कितना समय (घण्टे में) लगेगा? SSC CHSL (Tier I) 04/08/2021 Shift-I

(a) 5 घण्टे (b) 5.5 घण्टे
(c) 4 घण्टे (d) 4.5 घण्टे

SSC MTS 2024-2022

62. स्थिर जल में एक नाव की चाल 12 किमी/घण्टा है और धारा 3 किमी/घण्टा की चाल से बह रही है। नाव में धारा के अनुकूल 24 मिनट में तय की गई दूरी कितनी है? SSC MTS 23/10/2024 Shift-II

(a) 7 किमी (b) 5 किमी
(c) 6 किमी (d) 4 किमी

63. एक नाव स्थिर जल में 28 किमी/घण्टा की चाल से यात्रा कर सकती है। यदि धारा की चाल 4 किमी/घण्टा है और यदि नाव धारा के अनुकूल 192 किमी की यात्रा करती है, वहाँ एक घण्टे के लिए रुकती है और फिर प्रारम्भिक बिन्दु पर वापस आती है, तो नाव की औसत चाल (किमी/घण्टा में) क्या है? SSC MTS 14/10/2024 Shift-I

(a) 24.8 (b) 36.5 (c) 25.6 (d) 28.5

64. स्थिर जल में एक नाव की चाल 15 किमी/घण्टा है और धारा की चाल 3 किमी/घण्टा है। धारा के अनुकूल 12 मिनट में कितनी दूरी (किमी में) तय की जा सकती है? SSC MTS 07/10/2024 Shift-I

(a) 3.6 (b) 3.5
(c) 3.7 (d) 3.4

65. एक नाव B से A तक धारा के प्रतिकूल और A से B तक धारा के अनुकूल जाने में 3 घण्टे का समय लेती है। यदि स्थिर जल में नाव की चाल 9 किमी/घण्टा है और धारा की चाल 3.5 किमी/घण्टा है, तो A और B के बीच की दूरी कितनी है? (दशमलव के दो स्थानों तक सही)। SSC MTS 13/9/2023 Shift-I

(a) 13.46 किमी (b) 12.46 किमी
(c) 11.46 किमी (d) 14.46 किमी

66. एक आदमी 36 घण्टे में नाव चलाकर 72 किमी की दूरी तक जाता है और वापस आता है। उसे पता चलता है कि वह नाव चलाकर धारा की दिशा में 12 किमी की दूरी उतने ही समय में तय कर सकता है, जितने समय में वह धारा के विपरीत 4 किमी की दूरी तय कर सकता है। धारा की चाल (किमी/घण्टा में, दशमलव के 2 स्थानों तक सन्निकटित) .... है। SSC MTS 11/9/2023 Shift-II

(a) 3.75 (b) 2.33 (c) 2.45 (d) 2.67

67. एक नाव धारा के अनुकूल एक निश्चित दूरी 5 घण्टे में तय करती है, लेकिन धारा के प्रतिकूल प्रारम्भिक बिन्दु पर लौटने में 8 घण्टे का समय लेती है। यदि धारा की चाल 6 किमी/घण्टा है, तो स्थिर जल में नाव की चाल ज्ञात कीजिए। SSC MTS 08/09/2023 Shift-II

(a) 39 किमी/घण्टा (b) 13 किमी/घण्टा
(c) 78 किमी/घण्टा (d) 26 किमी/घण्टा

68. एक नाविक नाव चलाकर 6 घण्टे में धारा के अनुकूल 36 किमी और धारा के प्रतिकूल 24 किमी की दूरी तय करता है। जब वह धारा के अनुकूल 24 किमी और धारा के प्रतिकूल 36 किमी की दूरी तय करता है, तो नाविक को $6\frac{1}{2}$ घण्टे का समय लगता है। धारा की चाल कितनी है? SSC MTS 01/09/2023 Shift-III

(a) 3 किमी/घण्टा (b) 1.5 किमी/घण्टा
(c) 2 किमी/घण्टा (d) 4 किमी/घण्टा

69. एक नाव बिन्दु A से बिन्दु B तक धारा के अनुकूल यात्रा करने तथा A और B के बीच स्थित एक मध्य बिन्दु C पर वापस आने में 20 घण्टे का समय लेती है। धारा की चाल 5 किमी/घण्टा है और स्थिर जल में नाव की चाल 10 किमी/घण्टा है। A और B के बीच की दूरी (किमी में) ज्ञात कीजिए। SSC MTS 01/09/2023 Shift-I

(a) 120 (b) 100 (c) 150 (d) 75

70. एक नाव धारा की विपरीत दिशा में 5 किमी की दूरी 15 मिनट में तय कर सकती है। यदि शान्त जल में नाव की चाल और धारा की चाल का अनुपात 6 : 1 है, तो नाव धारा की दिशा में 19.6 किमी की दूरी तय करने में कितना समय लेगी? SSC MTS 13/07/2022 Shift-I

(a) 42 मिनट (b) 26 मिनट
(c) 31 मिनट (d) 54 मिनट

SSC GD Constable 2024 & 2023

71. एक नाव एकसमान चाल से 54 किमी की दूरी तय करती है। यदि नाव की चाल में 3 किमी/घण्टा की वृद्धि कर दी जाए, तो समान दूरी तय करने मे उसे 3 घण्टे कम लगेंगे। नाव की मूल चाल कितनी है? SSC GD 26/2/2024 Shift-I

(a) 6 किमी/घण्टा
(b) 3 किमी/घण्टा
(c) 9 किमी/घण्टा
(d) 12 किमी/घण्टा

72. एक नाव स्थिर जल में 15 किमी/घण्टा की चाल से चल रही है। धारा की चाल 3 किमी/घण्टा है। नाव को धारा की विपरीत दिशा में 6 किमी की दूरी तय करने में कितना समय लगेगा? SSC GD 13/02/2023 Shift-II

(a) 15 मिनट (b) 45 मिनट
(c) 20 मिनट (d) 30 मिनट

73. एक नाव शान्त जल में 30 किमी/घण्टा की चाल से यात्रा कर सकती है। यदि धारा के प्रवाह की चाल 2 किमी/घण्टा है, तो नाव को धारा के विपरीत दिशा में 56 किमी की दूरी तय करने में कितना समय लगेगा?? SSC GD 09/02/2024 Shift-II

(a) 2 घण्टे (b) $\frac{28}{15}$ घण्टे
(c) 28 घण्टे (d) 3 घण्टे

74. शान्त जल में एक नाव की चाल 8 किमी/घण्टा है और धारा की चाल 2 किमी/घण्टा है। एक व्यक्ति 90 किमी की दूरी पर स्थित एक स्थान पर नाव से जाता है और प्रारम्भिक बिन्दु पर वापस आ जाता है। दोतरफा आवागमन में उसे कुल कितना समय लगा? SSC GD 09/02/2023 Shift-II

(a) 30 घण्टा
(b) 21 घण्टा
(c) 20 घण्टा
(d) 24 घण्टा

75. एक नदी 2 किमी/घण्टा की चाल से बह रही है। एक नाव कुल 10 घण्टों में धारा की विपरीत दिशा में 40 किमी जाती है और B से A तक वापस भी आती है। शान्त जल में नाव की चाल ज्ञात करें। SSC GD 02/02/2023 Shift-I

(a) 7.97 किमी/घण्टा
(b) 6.23 किमी/घण्टा
(c) 8.47 किमी/घण्टा
(d) 7.32 किमी/घण्टा

सही उत्तर

1	(c)	2	(a)	3	(c)	4	(d)	5	(a)	6	(a)	7	(b)	8	(c)	9	(d)	10	(d)
11	(d)	12	(c)	13	(a)	14	(a)	15	(b)	16	(b)	17	(b)	18	(c)	19	(c)	20	(a)
21	(a)	22	(a)	23	(a)	24	(d)	25	(c)	26	(d)	27	(c)	28	(a)	29	(a)	30	(d)
31	(a)	32	(b)	33	(d)	34	(a)	35	(b)	36	(c)	37	(d)	38	(b)	39	(a)	40	(a)
41	(c)	42	(a)	43	(d)	44	(a)	45	(b)	46	(d)	47	(c)	48	(a)	49	(a)	50	(d)
51	(d)	52	(a)	53	(d)	54	(a)	55	(b)	56	(c)	57	(a)	58	(b)	59	(d)	60	(d)
61	(b)	62	(c)	63	(c)	64	(a)	65	(c)	66	(d)	67	(d)	68	(c)	69	(a)	70	(a)
71	(a)	72	(d)	73	(a)	74	(d)	75	(c)										

उत्तर सहित हल

1. (c) माना नाव की चाल = x किमी/घण्टा

धारा का वेग = y किमी/घण्टा

नाव की धारा की दिशा में चाल,

$$(x+y) = \frac{55}{5} = 11 \text{ किमी/घण्टा}$$

$$\Rightarrow \quad x + y = 11 \quad \ldots(i)$$

नाव की धारा की विपरीत दिशा में चाल

$$(x-y) = \frac{55}{11} = 5 \text{ किमी/घण्टा}$$

$$\Rightarrow \quad x - y = 5 \quad \ldots(ii)$$

समी (i) और समी (ii) को हल करने पर,

$$x = \frac{11+5}{2} = \frac{16}{2} = 8 \text{ किमी/घण्टा}$$

अत: नाव की चाल 8 किमी/घण्टा है।

2. (a) माना धारा की चाल = y किमी/घण्टा

धारा के अनुकूल मोटरबोट की चाल

$= (15 + y)$ किमी/घण्टा

धारा के प्रतिकूल मोटरबोट की चाल

$= (15 - y)$ किमी/घण्टा

प्रश्नानुसार, $\frac{50}{(15+y)} + \frac{50}{(15-y)} = 7$ घण्टे 30 मिनट

$$\Rightarrow \frac{750 - 50y + 750 + 50y}{(15)^2 - (y)^2} = 7\frac{1}{2} \text{ घण्टे}$$

$$\Rightarrow \frac{1500}{225 - y^2} = \frac{15}{2} \Rightarrow \frac{100}{225 - y^2} = \frac{1}{2}$$

$$\Rightarrow 225 - y^2 = 200 \Rightarrow y^2 = 25$$

$$\therefore \quad y = 5$$

अत: धारा की चाल = 5 किमी/घण्टा

3. (c) स्थिर जल में

व्यक्ति की चाल = $\frac{6}{1} = 6$ किमी/घण्टा

तथा धारा के अनुकूल दिशा में चाल

$= \frac{6}{45} \times 60 = 8$ किमी/घण्टा

∴ धारा के विपरीत दिशा में व्यक्ति की चाल

$= 6 - (8 - 6) = 4$ किमी/घण्टा

अत: अभीष्ट समय = $\frac{16}{8} + \frac{16}{4} = 2 + 4 = 6$ घण्टे

4. (d) माना मोटरबोट की धारा की दिशा तथा धारा की विपरीत दिशा की चाल क्रमश: D तथा U किमी/घण्टा है।

प्रश्नानुसार,

$$\frac{24}{U} + \frac{40}{D} = 17 \quad \ldots(i)$$

$$\frac{12}{U} + \frac{32}{D} = 10 \quad \ldots(ii)$$

समी (i) व (ii) से,

$D = 8$ किमी/घण्टा तथा $U = 2$ किमी/घण्टा

अत: धारा की चाल = $\frac{D-U}{2} = \frac{8-2}{2} = 3$ किमी/घण्टा

5. (a) माना नाव की चाल = x किमी/घण्टा

धारा की चाल = y किमी/घण्टा

$$\therefore \text{ दूरी} = (x+y) \times 18 = (x-y) \times 36$$

$$\Rightarrow \quad x + y = (x - y) \times 2$$

$$\Rightarrow \quad x = 3y \Rightarrow \frac{x}{y} = \frac{3}{1}$$

$$\therefore \quad x : y = 3 : 1$$

6. (a) माना धारा की चाल = y किमी/घण्टा

नाव की चाल = x किमी/घण्टा

$$\therefore \quad \frac{30}{x+y} + \frac{30}{x-y} = 14 \quad \ldots(i)$$

$$\text{तथा} \quad \frac{10}{x+y} = \frac{4}{x-y}$$

$$\Rightarrow \quad 5x - 5y = 2x + 2y$$

$$\Rightarrow \quad 3x = 7y \Rightarrow x = \frac{7y}{3}$$

समी (i) में x का मान रखने पर,

$$\frac{30}{\frac{7y}{3} + y} + \frac{30}{\frac{7y}{3} - y} = 14 \Rightarrow 90\left[\frac{1}{10y} + \frac{1}{4y}\right] = 14$$

$$\Rightarrow \quad \frac{90}{14} \times \frac{14}{40} = y$$

$$\Rightarrow \quad y = \frac{9}{4} \text{ किमी/घण्टा}$$

अत: धारा की चाल = $\frac{9}{4}$ किमी/घण्टा

7. (b) माना धारा के विपरीत चाल = u किमी/घण्टा

तथा धारा के अनुकूल चाल = v किमी/घण्टा

$$\text{प्रश्नानुसार,} \quad \frac{78}{u} + \frac{78}{v} = 32 \quad \ldots(i)$$

$$\frac{15}{u} + \frac{52}{v} = 9 \quad \ldots(ii)$$

समी (i) व (ii) से, $u = 3$ किमी/घण्टा, $v = 13$

स्थिर जल में नाव की चाल = $\frac{13+3}{2} = 8$ किमी/घण्टा

अत: अभीष्ट दूरी = $12 \times 8 = 96$ किमी

8. (c) नाविक की धारा के प्रतिकूल चाल (U)

$$= \frac{2}{1} = 2 \text{ किमी/घण्टा}$$

तथा नाविक की धारा के अनुकूल चाल (D)

$$= \frac{1}{10} \times 60 = 6 \text{ किमी/घण्टा}$$

∴ स्थिर जल में चाल = $\frac{D+U}{2} = \frac{6+2}{2}$

$= 4$ किमी/घण्टा

अत: अभीष्ट समय = $\frac{6}{4} = 1$ घण्टा 30 मिनट

9. (d) माना नाव की चाल = x किमी/घण्टा

प्रश्नानुसार, $\quad x - 4.8 = \frac{54}{6} \Rightarrow x = 13.8$

∴ अभीष्ट समय = $\frac{279}{x + 4.8}$ घण्टे

$$= \frac{279}{13.8 + 4.8} = \frac{279}{18.6} = 15 \text{ घण्टे}$$

10. (d) धारा के अनुकूल नाव की चाल

$= 18 + 3 = 21$ किमी/घण्टा

तथा धारा के प्रतिकूल नाव की चाल = $18 - 3$

$= 15$ किमी/घण्टा

अत: अभीष्ट समय = $\frac{105}{21} + \frac{105}{15} = 5 + 7 = 12$ घण्टे

11. (d) माना शान्त जल में नाव की चाल = x किमी/घण्टा

तथा धारा की चाल = y किमी/घण्टा

$$\therefore \quad \frac{35}{x+y} = 2$$

$$\Rightarrow \quad 2x + 2y = 35 \quad \ldots(i)$$

$$\text{पुन:} \quad \frac{35}{x-y} = 7 \Rightarrow 7x - 7y = 35$$

$$\Rightarrow \quad x - y = 5 \quad \ldots(ii)$$

समी (i) तथा (ii) से,

$$x = 11.25 \text{ किमी/घण्टा}$$

12. (c) माना कि एक स्थान से दूसरे स्थान की दूरी

$= x$ किमी

$$\therefore \quad \frac{x}{(10+4.5)} + \frac{x}{(10-4.5)} = 2 \Rightarrow \frac{10x}{145} + \frac{10x}{55} = 2$$

$$\Rightarrow \quad \frac{110x + 290x}{1595} = 2 \Rightarrow 400x = 2 \times 1595$$

$$\therefore \quad x = \frac{2 \times 1595}{400}$$

$$= 7.975 \approx 7.98 \text{ किमी}$$

स्पीडी विधि

$$D = \frac{T(x^2 - y^2)}{2x}$$

$$\Rightarrow \quad D = \frac{2[(10)^2 - (4.5)^2]}{2 \times 10}$$

$$D = \frac{2 \times 79.75}{20} = 7.975 \text{ किमी} \sim 7.98 \text{ किमी}$$

13. (a) माना नाव की चाल = x किमी/घण्टा

तथा धारा की चाल = y किमी/घण्टा

प्रश्नानुसार, $\frac{x+y}{x-y}=\frac{10}{7}$ $\left(\because s \propto \frac{1}{t}\right)$

$7(x+y)=10(x-y)$

$\Rightarrow 7x+7y=10x-10y \Rightarrow 3x=17y$

$\Rightarrow \frac{x}{y}=\frac{17}{3} \Rightarrow x:y=17:3$

14. (a) माना धारा की चाल = x किमी/घण्टा

तथा नाव की चाल = y किमी/घण्टा

$\therefore y-x=15.2$ ... (i)

$y+x=20.8$ ... (ii)

समी (ii) में से समी (i) घटाने पर,

$2x=5.6 \Rightarrow x=\frac{5.6}{2}=2.8$ किमी/घण्टा

15. (b) माना नाव की चाल = x किमी/घण्टा

धारा की चाल = y किमी /घण्टा

$\therefore x-y=\frac{12}{1}=12$ ... (i)

तथा $x+y=\frac{12}{\frac{45}{60}}$

$x+y=16$ ...(ii)

समी (i) व (ii) को जोड़ने पर,

$2x=28 \Rightarrow x=14 \Rightarrow y=14-12=2$

16. (b) माना नाव की चाल = x किमी/घण्टा

तथा धारा की चाल = y किमी/घण्टा

$\therefore \frac{80}{x+y}=8$

$x+y=10$ ...(i)

तथा $\frac{80}{x-y}=10$

$\therefore x-y=8$ ...(ii)

समी (i) व समी (ii) को जोड़ने पर, $2x=18$

$x=\frac{18}{2}=9$ किमी/घण्टा

17. (b) माना धारा के विपरीत नाव की चाल = v किमी/घण्टा

धारा की दिशा में नाव की चाल = u किमी/घण्टा

$\frac{80}{v}+\frac{110}{u}=13$ ...(i)

तथा $\frac{60}{v}+\frac{88}{u}=10$ ...(ii)

समी (i) और (ii) को हल करने पर,

$v=10$ किमी/घण्टा; $u=22$ किमी/घण्टा

धारा की चाल $=\frac{u-v}{2}$ किमी/घण्टा

$=\frac{(22-10)}{2}$ किमी/घण्टा = 6 किमी/घण्टा

18. (c) माना नाव की चाल = x किमी/घण्टा

तथा धारा की चाल = y किमी/घण्टा

प्रश्नानुसार, $\frac{120}{x+y}+\frac{120}{x-y}=30$ ...(i)

तथा $\frac{40}{x+y}+\frac{25}{x-y}=7$ ...(ii)

समी (i) − [3 × समी ii] करने पर,

$\left(\frac{120}{x-y}\right)-\left(\frac{75}{x-y}\right)=30-21$

$\Rightarrow \frac{45}{x-y}=9 \Rightarrow x-y=5$ ...(iii)

अब समी (ii) तथा (iii) से,

$\left(\frac{40}{x+y}\right)+\frac{25}{5}=7 \Rightarrow \frac{40}{x+y}=2$

$\Rightarrow x+y=20$ ...(iv)

समी (iii) तथा (iv) से,

$x=\frac{25}{2}$ किमी/घण्टा

अतः 16 घण्टे में नाव द्वारा तय दूरी

$=16\times\frac{25}{2}=200$ किमी

19. (c) माना दूरी = D किमी

$\therefore \frac{D}{45-15}-\frac{D}{45+15}=9$

$\Rightarrow \frac{D}{30}-\frac{D}{60}=9$

$\Rightarrow \frac{2D-D}{60}=9 \Rightarrow D=9\times60=540$ किमी

20. (a) माना मोटरबोट और जल की धारा की चाल क्रमशः $31x$ तथा $6x$ किमी/घण्टे है।

$\therefore$ दूरी $=(31x+6x)\times4\frac{1}{6}=37x\times\frac{25}{6}$ किमी

मोटरबोट को प्रारम्भिक बिन्दु पर वापस आने में लगा

समय $=\frac{37x\times\frac{25}{6}}{31x-6x}=\frac{37\times25}{6\times25}$

$=\frac{37}{6}=6\frac{1}{6}=6$ घण्टे 10 मिनट

21. (a) माना धारा के साथ नाव की गति = x किमी/घण्टा

धारा के विपरीत नाव की गति = y किमी/घण्टा

तथा 12 घण्टे 30 मिनट $=12\frac{1}{2}=\frac{25}{2}$ घण्टे

तथा 18 घण्टा 54 मिनट $=18\frac{54}{60}=\frac{189}{10}$ घण्टे

$\therefore \frac{60}{x}+\frac{40}{y}=\frac{25}{2}$ ...(i)

तथा $\frac{84}{x}+\frac{63}{y}=\frac{189}{10}$ ...(ii)

समी (i) और (ii) को हल करने पर, $x=\frac{40}{3}$, $y=5$

शान्त जल में नाव की गति $=\frac{x+y}{2}=\frac{\frac{40}{3}+5}{2}$

$=\frac{55}{6}=9.1\approx9$ किमी/घण्टा

22. (a) माना स्थिर जल में नाव की चाल = x किमी/घण्टा

तथा धारा की चाल = y किमी/घण्टा

प्रश्नानुसार, $(x+y)=\frac{x\times125}{100}$

$\Rightarrow x+y=\frac{5}{4}x \Rightarrow x=4y$ ...(i)

$\because$ नाव को 20 किमी की दूरी तय करने में 30 मिनट का समय लगता है।

तब, नाव की चाल $(x)=\frac{20}{30}\times60=40$ किमी/घण्टा

अब, समी (i) से, $y=\frac{x}{4}=\frac{40}{4}=10$ किमी/घण्टा

तब, धारा के विपरीत दिशा में 15 किमी दूरी तय करने में लगा समय $=\frac{15}{(40-10)}=\frac{15}{30}=\frac{1}{2}$ घण्टा

23. (a) माना शान्त जल में नाव की चाल = x किमी/घण्टा

तथा धारा की चाल = y किमी/घण्टा

प्रश्नानुसार, $x-y=\frac{144}{12}=12$ ...(i)

तथा $x+y=\frac{144}{9}=16$ ...(ii)

समी (ii) में समी (i) को घटाने पर, $y=2$ किमी/घण्टा

अतः धारा की चाल = 2 किमी/घण्टा

24. (d) धारा की दिशा में लगा समय = 15 मिनट

$\therefore$ धारा के विपरीत दिशा में लगा समय

$=15\times\frac{100}{75}=20$ मिनट

अब माना स्थिर जल में नाव की चाल = x किमी/घण्टा

तथा धारा की चाल = y किमी/घण्टा

$\therefore x+y=\frac{16}{\frac{15}{60}}=64$ ...(i)

तथा $x-y=\frac{16}{\frac{20}{60}}=48$ ...(ii)

समी (i) व (ii) को जोड़ने पर,

$2x=112 \Rightarrow x=56$ किमी/घण्टा

अतः व्यक्ति, स्थिर जल में एक घण्टे में 56 किमी नाव चला सकता है।

25. (c) माना स्थिर जल में नाव की चाल = x किमी/घण्टा

धारा की चाल = y किमी/घण्टा

माना दूरी 'd' किमी है।

प्रश्नानुसार, $\frac{d}{x-y}=9+\frac{36}{60}=\frac{48}{5} \Rightarrow d=\frac{48}{5}(x-y)$

$\frac{d}{x+y}=6 \Rightarrow d=6(x+y)$

$\Rightarrow \frac{48}{5}(x-y)=6(x+y)$

$\Rightarrow 18x=78y$

$\therefore x:y=13:3$

26. (d) माना धारा के अनुकूल चाल = D किमी/घण्टा

तथा धारा के प्रतिकूल चाल = U किमी/घण्टा

प्रश्नानुसार,

$\frac{25}{U}+\frac{39}{D}=8$ ...(i)

$\frac{35}{U}+\frac{52}{D}=11$ ...(ii)

समी (i) 1 × 7 − समी (ii) × 5 करने पर,

$\frac{13}{D}=1 \Rightarrow D=13$ किमी/घण्टा समी (i) में रखने पर,

$\frac{25}{U}+\frac{39}{13}=8 \Rightarrow \frac{25}{U}=5 \Rightarrow U=5$ किमी/घण्टा

$\therefore$ धारा की चाल $=\frac{1}{2}(D-U)=\frac{1}{2}\times8=4$ किमी/घण्टा

27. (c) माना नाव की चाल = x किमी/घण्टा

तथा धारा की चाल = y किमी/घण्टा

$\therefore \frac{48}{x-y}+\frac{48}{x+y}=14$ ...(i)

$\because$ धारा के साथ 4 किमी दूरी और उसी समय विपरीत धारा के 3 किमी दूरी तय करता है।

अत: $\frac{4}{x+y} = \frac{3}{x-y}$

⇒ $x = 7y$ ...(ii)

x का मान समी (i) में रखने पर,

$$\left(\frac{48}{7y-y}\right) + \left(\frac{48}{7y+y}\right) = 14$$

⇒ $\left(\frac{48}{6y}\right)+\left(\frac{48}{8y}\right) = 14 \Rightarrow \frac{8}{y}+\frac{6}{y} = 14$

⇒ $y = 1$ किमी

अत: धारा की चाल 1 किमी प्रति घण्टा होगी।

28. (a) माना स्थान की दूरी = x किमी

$$\left(\because 21\frac{3}{2} = \frac{45}{2} = 22.5\right)$$

∴ $\frac{x}{22.5+12.5}+\frac{x}{22.5-12.5} = \frac{40}{60}$

⇒ $x\left(\frac{1}{35}+\frac{1}{10}\right) = \frac{2}{3} \Rightarrow x\left(\frac{2+7}{70}\right)=\frac{2}{3}$

⇒ $x = \frac{2}{3} \times \frac{70}{9} = \frac{140}{27} = 5\frac{5}{27}$ किमी

29. (a) शान्त जल में नाव की चाल

$= 5\frac{1}{3}$ किमी/घण्टा $= \frac{16}{3}\times\frac{5}{18}$ मी/से $= \frac{40}{27}$ मी/से

माना धारा की चाल = x मी/से

तथा धारा की दिशा में वह दूरी तय करने में लगा समय = t सेकण्ड

∴ $\left(\frac{40}{27}+x\right)t = \left(\frac{40}{27}-x\right)\times 3t$

⇒ $\frac{40}{27}+x = \frac{40}{27}\times 3 - 3x$

⇒ $4x = \frac{80}{27} \Rightarrow x = \frac{20}{27}$ मी/से

30. (d) माना तैराक और धारा की चाल क्रमश: x मी/से और y मी/से है।

तब, धारा के विपरीत चली दूरी $= (x - y) \times 6 \times 60$ ...(i)

धारा के साथ चली दूरी $= (x + y) \times 6 \times 60$ ...(ii)

∴ $(x + y) 360 - (x - y) \times 360 = 120$

⇒ $y = \frac{120}{720} \Rightarrow y = \frac{1}{6}$ मी/से

∴ $y = \frac{1}{6}\times\frac{18}{5} = \frac{3}{5} = 0.6$ किमी/घण्टा

अत: धारा की चाल = 0.6 किमी/घण्टा

31. (a) माना शान्त जल में नाव की चाल = x किमी/घण्टा

धारा की चाल = y किमी/घण्टा

∴ $9(x + y) = 18 (x - y)$

⇒ $9x = 27y \Rightarrow x = 3y$

अब, माना तय समान दूरी = D किमी

∴ $x + y = \frac{D}{9} \Rightarrow 3y + y = \frac{D}{9} \Rightarrow D = 36y$

∴ $\frac{3D}{5} = \frac{3}{5}\times 36y = \frac{108}{5}y$

अब शान्त जल में $\frac{108}{5}y$ किमी दूरी तय करने में नाव को लगा समय $= \frac{108y}{5\times x} = \frac{108y}{5\times 3y} = 7.2$ घण्टे

32. (b) माना नदी के प्रवाह की चाल = x किमी/ घण्टा

⇒ $\frac{150}{20+x}+\frac{150}{20-x} = 16$

⇒ $150\left[\frac{1}{20+x}+\frac{1}{20-x}\right] = 16$

⇒ $150\left[\frac{40}{400-x^2}\right]=16$

⇒ $\frac{750}{400-x^2} = 2$

⇒ $750 = 800-2x^2$

$2x^2 = 50$

⇒ $x^2 = 25$

∴ $x = \sqrt{25} = 5$

33. (d) माना स्थिर जल में नाव की चाल x किमी/घण्टा है और नदी के बहाव की चाल y किमी/घण्टा है।

तब, $\frac{1}{x+y}+\frac{1}{x-y} = T$ ...(i)

यदि हम नाव की चाल को दोगुना कर देते हैं, तब,

$$\frac{1}{2x+y}+\frac{1}{2x-y} = \frac{80}{161}T$$

⇒ $\frac{1}{2x+y}+\frac{1}{2x-y} = \frac{80}{161}\left[\frac{1}{x+y}+\frac{1}{x-y}\right]$ [समी (i) से]

⇒ $\frac{2x-y+2x+y}{(2x+y)(2x-y)} = \frac{80}{161}\left[\frac{x-y+x+y}{(x+y)(x-y)}\right]$

$\frac{4x}{4x^2-y^2} = \frac{80}{161}\left(\frac{2x}{x^2-y^2}\right)$

⇒ $\frac{2}{4x^2-y^2} = \frac{80}{161(x^2-y^2)}$

⇒ $40(4x^2-y^2) = 161(x^2-y^2)$

⇒ $160x^2-40y^2 = 161x^2-161y^2$

⇒ $-x^2 = -121y^2 \Rightarrow \frac{x^2}{y^2} = \frac{121}{1}$

⇒ $\frac{x}{y} = \frac{11}{1} \Rightarrow x:y = 11:1$

स्पीडी विधि

∵ $D = \frac{T(x^2-y^2)}{2x}$ ...(i)

$D = \frac{80T}{161}\frac{[(2x)^2-y^2]}{2(2x)}$

$D = \frac{80T}{161}\frac{(4x^2-y^2)}{4x}$ ...(ii)

समी (i) को समी (ii) से भाग देने पर,

$\frac{x^2-y^2}{4x^2-y^2}\times 2 = \frac{80}{161}$

⇒ $161x^2-161y^2 = 160x^2-40y^2$

⇒ $x^2 = 121y^2 \Rightarrow \left(\frac{x}{y}\right)^2 = \left(\frac{11}{1}\right)^2$

$x : y = 11 : 1$

34. (a) माना नाव और धारा की गति क्रमश: x किमी/मिनट और y किमी/मिनट है।

प्रश्नानुसार, $\frac{5}{x-y}+\frac{15}{2(x+y)} = 45$

⇒ $\frac{1}{x-y}+\frac{3}{2(x+y)} = 9$ ...(i)

और $\frac{5}{x+y}+\frac{2.5}{x-y} = 25$

⇒ $\frac{1}{x+y}+\frac{0.5}{x-y} = 5$ ....(ii)

समी (i) और (ii) को हल करने पर,

$$x+y = \frac{1}{2}$$

अत: धारा की दिशा में नाव की चाल $(x + y)$ $= \frac{1}{2}$ किमी/मिनट

∴ 6 किमी दूरी तय करने में नाव द्वारा लिया गया समय $= \frac{6}{\left(\frac{1}{2}\right)} = 12$ मिनट

35. (b) माना स्थिर जल में व्यक्ति की चाल = x किमी/घण्टा

धारा की चाल = y किमी/घण्टा

∴ $\frac{8}{x+y} = \frac{6}{x-y} \Rightarrow 2x = 14y$

⇒ $\frac{x}{y} = \frac{7}{1} \Rightarrow x = 7y$

और $\frac{24}{x+y}+\frac{24}{x-y} = \frac{7}{4}$

$24\left(\frac{1}{7y+y}+\frac{1}{7y-y}\right) = \frac{7}{4} \Rightarrow \frac{24}{y}\left(\frac{1}{8}+\frac{1}{6}\right) = \frac{7}{4}$

$y = 24\left(\frac{3+4}{24}\right)\times\frac{4}{7} = 24\times\frac{7}{24}\times\frac{4}{7} = 4$ किमी/घण्टा

36. (c) माना धारा की दिशा में नाव की चाल = x किमी/घण्टा

तथा धारा के विपरीत दिशा में नाव की चाल = y किमी/घण्टा

$\frac{33}{x}+\frac{27}{y} = 6$

⇒ $\frac{11}{x}+\frac{9}{y} = 2$ ...(i)

तथा $\frac{22}{x}+\frac{36}{y} = 6 \Rightarrow \frac{11}{x}+\frac{18}{y} = 3$ ...(ii)

समी (ii) में से समी (i) को घटाने पर,

$\frac{9}{y} = 1 \Rightarrow y = 9$ किमी/घण्टा

y का मान समी (i) में रखने पर,

$x = 11$ किमी/घण्टा

अत: अभीष्ट समय $= \frac{44}{11}+\frac{36}{9} = 4+4 = 8$ घण्टे

37. (d) प्रश्नानुसार,

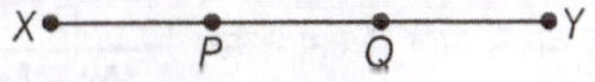

माना X से Y की दूरी = D किमी

∴ $XP = PQ = QY = \frac{D}{3}$ किमी

माना स्थिर जल में नाव की चाल = a किमी/घण्टा

तथा धारा की चाल = b किमी/घण्टा

प्रश्नानुसार, $\frac{X \text{ से } Q \text{ तक यात्रा में लगा समय}}{Y \text{ से } Q \text{ तक यात्रा में लगा समय}} = \frac{4}{5}$

∴ $\frac{\left(\frac{\frac{2D}{3}}{a+b}\right)}{\left(\frac{\frac{D}{3}}{a-b}\right)} = \frac{4}{5}$

⇒ $\frac{2D}{3(a+b)}\times 5 = \frac{D}{3(a-b)}\times 4$

⇒ $10a - 10b = 4a + 4b$

$\Rightarrow \quad \frac{a}{b} = \frac{7}{3}$

अत: धारा की दिशा में नाव की चाल और नदी की धारा की चाल में अनुपात $= \frac{7+3}{3} = \frac{10}{3} = 10:3$

स्पीडी विधि

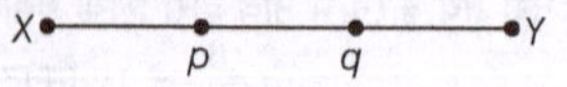

माना $Xp = pq = qY = 1$ यूनिट
तथा धारा की दिशा में चाल D तथा विपरीत U हो, तो धारा की दिशा : धारा के विपरीत

$\frac{2}{4} \quad : \quad \frac{1}{5}$

$\Rightarrow 5 \quad : \quad 2$

प्रश्नानुसार, $\quad$ चाल $= \frac{\text{दूरी}}{\text{समय}}$

$\therefore$ धारा की दिशा में चाल : धारा की चाल

$= 5 : \frac{1}{2}(5-2)$

$= 10:3$

38. (b) माना धारा प्रवाह में नाव की चाल $= x$ किमी/घण्टा
धारा प्रवाह के प्रतिकूल नाव की चाल $= y$ किमी/घण्टा

प्रश्नानुसार, $\frac{5.4}{x} + \frac{3.6}{y} = \frac{54}{60} \quad$ ...(i)

तथा $\frac{3.6}{x} + \frac{5.4}{y} = \frac{58.5}{60} \quad$ ...(ii)

समी (i) × 5.4 − समी (ii) × 3.6 करने पर

$\frac{29.16}{x} - \frac{12.96}{x} = \frac{2916}{60} - \frac{210.6}{60} \Rightarrow \frac{1}{x} \times 16.2 = \frac{81}{60}$

$\Rightarrow \quad x = \frac{60 \times 16.2}{81} = 12$ किमी/घण्टा

$\therefore$ धारा प्रवाह की दिशा में 10 किमी जाने में लगा समय

$= \frac{10}{12}$ घण्टे $= \frac{5}{6} \times 60$ मिनट $= 50$ मिनट

39. (a) माना नाव की गति $= 35x$
धारा की गति $= 8x$ तथा माना दूरी $= D$

प्रश्नानुसार, $\frac{D}{35x+8x} = 5 + \frac{10}{60}$

$\frac{D}{43x} = \frac{31}{6} \Rightarrow D = \frac{31 \times 43x}{6}$

$\therefore$ नाव को वापस आने में लगा समय $= \frac{D}{35x - 8x}$

$= \frac{\frac{31 \times 43x}{6}}{27x} = \frac{31 \times 43}{6 \times 27}$

$= \frac{1333}{162} = 8\frac{37}{162}$

$= 8 + \frac{37}{162} \times 60 = 8$ घण्टे $+ 13\frac{114}{162}$ मिनट

≈ 8 घण्टे + 13 मिनट

40. (a) माना नाव की चाल $= x$ किमी/घण्टा
तथा धारा की चाल $= y$ किमी/घण्टा

पहली स्थिति से, $\frac{48}{x+y} + \frac{48}{x-y} = 48$

$\frac{1}{x+y} + \frac{1}{x-y} = 1$

$\Rightarrow \quad \frac{2x}{x^2 - y^2} = 1$

$2x = x^2 - y^2 \quad$ ...(i)

दूसरी स्थिति से, $\quad \frac{4}{x+y} = \frac{3}{x-y}$

$4x - 4y = 3x + 3y$

$x = 7y$

समी (i) से, $\quad 2 \times 7y = (7y)^2 - y^2$

$\Rightarrow \quad 14y = 49y^2 - y^2$

$\Rightarrow \quad 14y = 48y^2$

$y = \frac{7}{24}$ किमी/घण्टा

41. (c) माना शान्त जल में नाव की चाल $= x$ किमी/घण्टा
तथा धारा की चाल $= y$ किमी/घण्टा
धारा के प्रतिकूल दिशा में चाल

$(x - y) = 27$ किमी/घण्टा $\quad$ ...(i)

धारा के समान दिशा में चाल $(x + y)$

$= 33$ किमी/घण्टा $\quad$ .... (ii)

समी (i) तथा समी (ii) से,

$2x = 60$

$\Rightarrow \quad x = 30$ किमी/घण्टा

42. (a) माना नाव की गति $= x$ किमी/घण्टा
धारा की गति = 3 किमी/घण्टा

प्रश्नानुसार, $\frac{52}{60} = \frac{16.9}{x+3} \Rightarrow 52x + 156 = 1014$

$\Rightarrow \quad 52x = 1014 - 156 \Rightarrow 52x = 858$

$\therefore \quad x = 16.5$ किमी/घण्टा

धारा के प्रतिकूल 84 किमी दूरी तय करने में नाव द्वारा लगा समय $= \frac{84}{16.5 - 3} = \frac{84}{13.5} = 6.22$ घण्टे

43. (d) माना धारा के अनुकूल नाव की चाल

$(x + y) = u$ किमी/घण्टा

तथा धारा के प्रतिकूल नाव की चाल $(x - y) = v$ किमी/घण्टा

प्रश्नानुसार,

$\frac{36}{u} + \frac{24}{v} = 10$

$\frac{18}{u} + \frac{12}{v} = 5 \quad$ ...(i)

तथा $\quad \frac{24}{u} + \frac{36}{v} = 12$

$\Rightarrow \quad \frac{2}{u} + \frac{3}{v} = 1 \quad$ ...(ii)

समी (ii) × 4 से − (i),

$\frac{18}{u} - \frac{8}{u} = 1 \Rightarrow \frac{10}{u} = 1$

$\Rightarrow \quad u = 10$ किमी/घण्टा

समी (i) से,

$\frac{18}{10} + \frac{12}{v} = 5$

$\Rightarrow \quad \frac{12}{v} = 5 - \frac{9}{5} = \frac{16}{5}$

$v = \frac{12 \times 5}{16} = \frac{15}{4}$ किमी/घण्टा

$x + y = 10 \quad$ ...(iii)

$x - y = \frac{15}{4} \quad$ ...(iv)

समी (iii) − (iv) से,

$2y = 10 - \frac{15}{4} = \frac{25}{4}$

$\Rightarrow \quad y = \frac{25}{8}$ किमी/घण्टा

44. (a) माना नाविक की चाल $= x$ किमी/घण्टा
तथा धारा की चाल $= y$ किमी/घण्टा

प्रश्नानुसार, $\quad x + y = \frac{2}{\frac{10}{60}} = 12$ किमी/घण्टा $\quad$ ...(i)

तथा $x - y = \frac{12}{2} = 6$ किमी/घण्टा $\quad$ ...(ii)

समी (i) व (ii) से,

$2x = 18$

$x = 9$ किमी/घण्टा

तो $y = 9 - 6 = 3$ किमी/घण्टा

अत: धारा की चाल = 3 किमी/घण्टा

45. (b) माना शान्त जल में व्यक्ति की चाल

$= x$ किमी/घण्टा

$\therefore$ धारा की चाल $= (x - 4)$ किमी/घण्टा

प्रश्नानुसार,

$\frac{45}{x + (x-4)} + \frac{35}{x - (x-4)} = 10$

$\Rightarrow \quad \frac{45}{2x-4} + \frac{35}{4} = 10$

$\Rightarrow \quad \frac{45}{2x-4} = 10 - \frac{35}{4} = \frac{5}{4}$

$\Rightarrow \quad 10x - 20 = 180$

$\Rightarrow \quad 10x = 200$

$\therefore \quad x = \frac{200}{10} = 20$

अत: शान्त जल में व्यक्ति की चाल = 20 किमी/घण्टा

46. (d) शान्त जल में नाव की गति = 7.5 किमी/घण्टा
माना धारा की गति $= x$ किमी/घण्टा

प्रश्नानुसार, $\frac{d}{7.5 + x} = \frac{d}{(7.5 - x)} \times \frac{1}{4}$

$\Rightarrow \quad (7.5 - x) \times 4 = 7.5 + x$

$\Rightarrow \quad 30 - 4x = 7.5 + x$

$\Rightarrow \quad 5x = 30 - 7.5 = 22.5$

$\Rightarrow \quad x = \frac{22.5}{5} = 4.5$

अत: धारा की गति = 4.5 किमी/घण्टा

47. (c) शान्त जल में पुरुष की गति

$= \frac{1}{12} \times 60 = 5$ किमी/घण्टा

बहती नदी में पुरुष की गति

$= \frac{1}{13} \times 60 = \frac{60}{13}$ किमी/घण्टा

धारा की गति $= \left(5 - \frac{60}{13}\right)$ किमी/घण्टा

$= \frac{65 - 60}{13} = \frac{5}{13}$ किमी/घण्टा

48. (a) माना शान्त जल में नाव की चाल = x किमी/घण्टा
तथा धारा की चाल = y किमी/घण्टा

$$x - y = 8 \quad ...(i)$$
$$x + y = 15 \quad ...(ii)$$

दोनों समीकरणों को जोड़ने पर,

$$2x = 23$$
$$\Rightarrow \quad x = 11.5$$

नाव की चाल = 11.5 किमी/घण्टा
तथा धारा की चाल = 11.5 − 8
= 3.5 किमी/घण्टा

49. (a) धारा की दिशा में 110 किमी जाने में लगा समय

$$= \frac{110}{17+5} = 5 \text{ घण्टे}$$

50. (d) 60 किमी धारा के विपरीत और इतनी ही दूरी धारा की दिशा में तय करने में लगा समय

$$= \frac{60}{(15-5)} + \frac{60}{(15+5)}$$
$$= 6 + 3 = 9 \text{ घण्टे}$$

51. (d) धारा की चाल = 3 − 1 = 2 किमी/घण्टा

52. (a) माना धारा की चाल = x किमी/घण्टा

$$\therefore \quad \frac{d}{8+x} = \frac{d}{8-x} \times \frac{1}{3}$$
$$\Rightarrow \quad 3(8-x) = 8 + x$$
$$\Rightarrow \quad 24 - 3x = 8 + x$$
$$\Rightarrow \quad 4x = 16$$
$$\Rightarrow \quad x = \frac{16}{4} = 4$$

अत: धारा की चाल = 4 किमी/घण्टा

53. (d) दोनों तरफ की दूरी तय करने में लगा समय

$$= \left(\frac{45}{12+3} + \frac{45}{12-3}\right) \text{ घण्टे}$$
$$= (3 + 5) = 8 \text{ घण्टे}$$

54. (a) माना नाव की धारा के प्रतिकूल व धारा के अनुकूल चाल क्रमश: $2x$ तथा $3x$ हैं।

$$\therefore \quad 2x + 3x = 15$$
$$\Rightarrow \quad x = \frac{15}{5} = 3$$

अत: धारा के अनुकूल नाव की चाल
= $3x$ = 9 किमी/घण्टा
धारा के प्रतिकूल नाव की चाल = $2x$ = 6 किमी/घण्टा

$$\therefore \text{ धारा की चाल} = \frac{9-6}{2}$$
$$= \frac{3}{2} = 1.5 \text{ किमी/घण्टा}$$

55. (b) माना धारा की चाल = y किमी/घण्टा

$$\therefore \quad \left(\frac{60}{13+y}\right) = 4$$
$$\Rightarrow \quad y = 2 \text{ किमी/घण्टा}$$

∴ धारा के प्रतिकूल 30 किमी की यात्रा में लगा समय

$$= \left(\frac{30}{13-2}\right)$$
$$= \frac{30}{11} = 2\frac{8}{11} \text{ घण्टे}$$

56. (c) माना धारा की चाल = x किमी/घण्टा
तब, धारा के अनुकूल नाव की चाल
= (18 + x) किमी/घण्टा
धारा के प्रतिकूल नाव की चाल
= (18 − x) किमी/घण्टा
प्रश्नानुसार,

$$\Rightarrow \quad (18 + x) \times 1 = (18 - x) \times 2$$
$$\Rightarrow \quad 18 + x = 36 - 2x$$
$$\Rightarrow \quad 3x = 18$$
$$\therefore \quad x = 6 \text{ किमी/घण्टा}$$

∴ धारा की चाल = 6 किमी/घण्टा

57. (a) नाव की धारा के प्रतिकूल चाल

$$x - y = \frac{3}{1} = 3 \text{ किमी/घण्टा}$$

तथा नाव की धारा के अनुकूल चाल

$$x + y = \frac{1}{12} \times 60 = 5 \text{ किमी/घण्टा}$$

∴ नाव की स्थिर जल में चाल

$$= \frac{1}{2}(5 + 3) = 4 \text{ किमी/घण्टा}$$

$$\text{अत: अभीष्ट समय} = \frac{6}{4} = 1.5 \text{ घण्टा}$$
= 1 घण्टा 30 मिनट

58. (b) माना जहाज की चाल = x किमी/घण्टा
और जल/धारा की चाल = y किमी/घण्टा
धारा की दिशा में, $x + y = 18$ ...(i)
तथा धारा के विपरीत दिशा में,

$$x - y = 16 \quad ...(ii)$$

अब समी (i) व (ii) से,

$$x = \frac{18+16}{2}$$
= 17 किमी/घण्टा

अत: जहाज की चाल 17 किमी/घण्टा है।

59. (d) माना शान्त जल में जलयान की चाल
= x किमी/घण्टा
तथा नदी की धारा की चाल = y किमी/घण्टा

$$\therefore \quad x + y = \frac{32}{4} = 8 \quad ...(i)$$
$$x - y = \frac{10}{5} = 2 \quad ...(ii)$$

समी (i) व (ii) को जोड़ने पर,

$$\therefore \quad x = 5 \text{ किमी/घण्टा}$$

x का मान समी (i) में रखने पर,

$$\therefore \quad y = 3 \text{ किमी/घण्टा}$$

60. (d) माना स्थिर जल में नाव की चाल = x किमी/घण्टा

$$\therefore \quad x - 2 = \frac{20}{1\frac{1}{4}}$$
$$\Rightarrow \quad (x-2) = \frac{20 \times 4}{5} = 16$$
$$x = 18 \text{ किमी/घण्टा}$$

∴ धारा की दिशा में 30 किमी जाने में लगा समय

$$= \frac{30}{x+2} = \frac{30}{18+2}$$
$$= \frac{30}{20} = \frac{3}{2} = 1\frac{1}{2}$$
= 1 घण्टा 30 मिनट

61. (b) अभीष्ट समय $= \frac{88}{(19+3)} + \frac{24}{(19-3)}$
= 4 + 1.5 = 5.5 घण्टे

62. (c) नाव की धारा के अनुकूल चाल
= 12 + 3 = 15 किमी/घण्टा

$$\therefore \text{ दूरी} = 15 \text{ किमी/घण्टा} \times \frac{24}{60} \text{ घण्टा} = 6 \text{ किमी}$$

63. (c) धारा के अनुकूल नाव की चाल
= 28 + 4 = 32 किमी/घण्टा
धारा के अनुकूल यात्रा का समय

$$= \frac{192}{32} = 6 \text{ घण्टा}$$

धारा के प्रतिकूल नाव की चाल
= 28 − 4 = 24 किमी/घण्टा
धारा के प्रतिकूल यात्रा का समय

$$= \frac{192}{24} = 8 \text{ घण्टा}$$

$$\therefore \text{ नाव की औसत चाल} = \frac{\text{कुल दूरी}}{\text{कुल समय}}$$
$$= \frac{192 + 192}{6 + 8 + 1} = \frac{384}{15}$$
= 25.6 किमी/घण्टा

64. (a) नाव की चाल = 15 किमी/घण्टा
धारा की चाल = 3 किमी/घण्टा

$$\text{समय} = 12 \text{ मिनट} = \frac{1}{5} \text{ घण्टे}$$
$$\therefore \text{ अभीष्ट दूरी} = (15 + 3) \times \frac{1}{5} \text{ किमी}$$
$$= 18 \times \frac{1}{5} = 3.6 \text{ किमी}$$

65. (c) माना A और B के बीच की दूरी = x किमी

$$\therefore \quad \frac{x}{(9+3.5)} + \frac{x}{(9-3.5)} = 3$$
$$\Rightarrow \quad \frac{5.5x + 12.5x}{12.5 \times 5.5} = 3$$
$$\Rightarrow \quad 18x = 3 \times 12.5 \times 5.5$$
$$\Rightarrow \quad x = \frac{3 \times 12.5 \times 5.5}{18}$$
$$\Rightarrow \quad x = 11.46 \text{ किमी}$$

स्पीडी विधि

$$D = \frac{[(9)^2 - (3.5)^2] \times 3}{2 \times 9} \Rightarrow \frac{68.75 \times 3}{18}$$
$$D = 11.46 \text{ किमी}$$

66. (d) माना स्थिर जल में नाव की गति = x किमी/घण्टा
धारा गति = y किमी/घण्टा

$$\frac{12}{x+y} = \frac{4}{x-y}$$
$$\Rightarrow 12x - 12y = 4x + 4y \Rightarrow 8x = 16y$$

$\therefore \quad \frac{x}{y} = \frac{2}{1} = k$ (माना)

अत: $x = 2k$ तथा $y = k$

पुन: प्रश्नानुसार, $\frac{72}{2k+k} + \frac{72}{2k-k} = 36$

$\Rightarrow \quad \frac{72}{3k} + \frac{72}{k} = 36 \Rightarrow 72\left(\frac{1+3}{3k}\right) = 36$

$\Rightarrow \quad 3k = 8 \Rightarrow \quad k = \frac{8}{3} = 2.67$

धारा की चाल = $y = k = 2.67$ किमी/घण्टा

67. (d) माना स्थिर जल में नाव की चाल = x किमी/घण्टा

$\therefore (x-6) \times 8 = (x+6) \times 5$

$\Rightarrow \quad 3x = 78 \Rightarrow x = \frac{78}{3} = 26$

68. (c) माना शान्त जल में नाव की चाल = x किमी/घण्टा

तथा धारा की चाल = y किमी/घण्टा

$\frac{36}{x+y} + \frac{24}{x-y} = 6 \quad \ldots(i)$

तथा $\frac{24}{x+y} + \frac{36}{x-y} = 6.5 \quad \ldots(ii)$

अब, माना $\frac{1}{x+y} = a$ तथा $\frac{1}{x-y} = b$

$\therefore \quad 36a + 24b = 6$

$\Rightarrow \quad 6a + 4b = 1 \quad \ldots(iii)$

तथा $\quad 24a + 36b = 6.5 \quad \ldots(iv)$

समी (iv) – समी (iii) × 4 से,

$36b - 16b = 6.5 - 4 \Rightarrow 20b = 2.5 \Rightarrow b = \frac{1}{8}$

समी (iii) से,

$6a + 4 \times \frac{1}{8} = 1 \Rightarrow 6a = 1 - 0.5 = 0.5$

$\Rightarrow \quad a = \frac{1}{12}$

$x + y = 12 \quad \ldots(v)$

तथा $\quad x - y = 8 \quad \ldots(vi)$

समी (v) में से समी (vi) घटाने पर,

$2y = 4$

$\therefore \quad y = 2$ किमी/घण्टा

69. (a) माना A से B की दूरी = x किमी

$\therefore \quad B$ से C की दूरी = $\frac{x}{2}$ किमी

प्रश्नानुसार, A से B तक धारा के अनुकूल जाने और B से C तक धारा के विपरीत आने में 20 घण्टे लगते हैं।

$\therefore \quad \frac{x}{10+5} + \frac{\frac{x}{2}}{10-5} = 20$

$\Rightarrow \quad \frac{x}{15} + \frac{x}{10} = 20$

$\Rightarrow \quad x = 30 \times 4$

$\Rightarrow \quad x = 120$ किमी

70. (a) माना शान्त जल में नाव की चाल = $6x$ किमी/घण्टा

तथा धारा की चाल = x किमी/घण्टा

$\because$ धारा के विपरीत दिशा में 15 मिनट में तय की गई दूरी = 5 किमी

$\therefore$ 1 घण्टे में तय की गई दूरी = $\frac{5}{15} \times 60 = 20$ किमी

$\therefore \quad 6x - x = 20$

$\Rightarrow \quad x = 4$

$\therefore$ अभीष्ट समय = $\frac{19.6}{7 \times 4} \times 60$

$= \frac{196 \times 6}{28}$

= 42 मिनट

71. (a) माना नाव की चाल x किमी/घण्टा थी

तो, $\frac{54}{x} - \frac{54}{x+3} = 3$

$\Rightarrow \quad 54\left[\frac{1}{x} - \frac{1}{x+3}\right] = 3$

$\Rightarrow \quad 54 \times \left[\frac{x+3-x}{x(x+3)}\right] = 3$

$\Rightarrow \quad 54 \times \frac{3}{x(x+3)} = 3$

$\Rightarrow \quad x(x+3) = 54$

$\Rightarrow \quad x(x+3) = 6 \times (6+3)$

$\therefore$ अभीष्ट चाल $x = 6$ किमी/घण्टा

72. (d) अभीष्ट समय = $\frac{6}{15-3} = \frac{6}{12} = \frac{1}{2} = 30$ मिनट

73. (a) धारा के विपरीत दिशा में यात्रा करने में लगा समय = $\frac{56}{(30-2)} = \frac{56}{28} = 2$ घण्टे

74. (d) दोतरफा आवागमन में लगा कुल समय

$= \left(\frac{90}{8-2}\right) + \left(\frac{90}{8+2}\right) = (15+9)$ घण्टा = 24 घण्टे

75. (c) माना नाव की चाल = x किमी/घण्टा

$\therefore \quad \frac{40}{(x+2)} + \frac{40}{(x-2)} = 10$

$\Rightarrow \quad 40\left[\frac{2x}{x^2-4}\right] = 10$

$\Rightarrow \quad 8x = x^2 - 4$

$\Rightarrow \quad x^2 - 8x - 4 = 0$

$\Rightarrow \quad x = \frac{8 \pm \sqrt{64+16}}{2}$

$= \frac{8 \pm \sqrt{80}}{2}$ + लेने पर,

$x = 8.47$ किमी/घण्टा

17

कार्य एवं समय

किसी कार्य को पूरा होने में लगा समय, व्यक्ति की कार्यक्षमता या 1 दिन के कार्य तथा व्यक्तियों की संख्या पर निर्भर करता है।

मूल अवधारणा पर आधारित प्रश्न

- यदि किसी कार्य को पूरा करने में एक व्यक्ति को x दिन लगते हैं, तो व्यक्ति द्वारा 1 दिन में किया गया कार्य $\frac{1}{x}$ होगा।
- यदि A किसी कार्य को 'a' दिन में और B उसी कार्य को 'b' दिन में पूरा करता है। तब, A और B द्वारा एकसाथ कार्य करने में लिया गया समय $= \left(\frac{a \times b}{a+b}\right)$ दिन
- यदि A और B किसी कार्य को x दिन में पूरा कर सकते हैं तथा A अकेला उस कार्य को y दिन में पूरा कर सकता है, तब B द्वारा कार्य पूरा करने में लिए गए दिनों की संख्या $= \frac{xy}{y-x}$ दिन

उदाहरण 1. A किसी काम को 15 दिन में और B उसी काम को 30 दिन में पूरा कर सकता है। यदि दोनों मिलकर एकसाथ काम करें, तो काम कितने दिन में पूरा हो जाएगा?

हल अभीष्ट समय $= \frac{15 \times 30}{(15+30)} = \frac{15 \times 30}{45} = 10$ दिन

कार्यक्षमता एवं समय पर आधारित प्रश्न

- कार्यक्षमता का अर्थ होता है कि एक व्यक्ति एक दिन में कितना कार्य कर सकता है। जब कार्य स्थिर होता है तो कार्यक्षमता समय के व्युत्क्रमानुपाती होती है। कार्यक्षमता $\propto \frac{1}{\text{समय}}$
- यदि X अकेले कार्य करते हुए, $(X+Y)$ द्वारा लिए गए समय से 'a' दिन अधिक लेता है और Y उसी कार्य को करने में $(X+Y)$ द्वारा लिए गए समय से 'b' दिन अधिक लेता है, तो $(X+Y)$ द्वारा कार्य समाप्त करने में $\sqrt{ab}$ दिन लगेंगे।
- यदि A और B की कार्यक्षमता का अनुपात $m:n$ हो, तो उनके द्वारा किसी कार्य को पूरा करने में लिया गया समय का अनुपात $n:m$ होगा।

उदाहरण 2. A तथा B की कार्यक्षमता का अनुपात 2 : 3 है। उनके द्वारा एक निश्चित कार्य को समाप्त करने में लिए गए समय का अनुपात ज्ञात करो

हल प्रश्नानुसार, क्षमता $(A:B) = 2:3$; समय $(A:B) = 3:2$

ऐकिक नियम के सूत्र पर आधारित प्रश्न

यदि M_1 व्यक्ति, H_1 घण्टे प्रतिदिन कार्य करके D_1 दिनों में, W_1 कार्य करते हैं तथा M_2 व्यक्ति, H_2 घण्टे प्रतिदिन कार्य करके D_2 दिनों में W_2 कार्य करते हैं,

तो $\frac{M_1D_1H_1}{W_1} = \frac{M_2D_2H_2}{W_2}$

उदाहरण 3. यदि 30 आदमी 7 घण्टे प्रतिदिन कार्य करके किसी कार्य को 15 दिन में पूरा कर सकते हैं, तो 25 आदमी कितने घण्टे प्रतिदिन कार्य करके उसी कार्य को 12 दिन में समाप्त करेंगे?

हल प्रश्नानुसार, $M_1D_1H_1 = M_2D_2H_2$ से,

$$30 \times 15 \times 7 = 25 \times 12 \times D_2$$

$$D_2 = \frac{30 \times 15 \times 7}{25 \times 12}$$

$$= 10.5 \text{ दिन}$$

वेतन पर आधारित प्रश्न

वेतन/मजदूरी का बँटवारा व्यक्ति की कार्यक्षमता के अनुपात में किया जाता है।

उदाहरण 4. A और B ने एकसाथ काम करके किसी काम को 12 दिन में समाप्त किया और ₹ 24000 प्राप्त किए। A की कार्यक्षमता B से 3 गुनी थी। A का हिस्सा ज्ञात करें।

हल प्रश्नानुसार, कार्यक्षमता $(A:B) = 3:1$

$\therefore$ A का हिस्सा $= \frac{3}{4} \times$ ₹ 24000

= ₹ 18000

SSC एग्जाम स्कैनर

SSC CGL 2024 & 2023 (Tier I & II)

1. रानी और आद्या अलग-अलग कार्य करते हुए एक कार्य को क्रमश: 12 दिन और 16 घण्टे में पूरा कर सकती हैं। वे बारी-बारी से एक-एक दिन कार्य करती हैं। यदि रानी पहले कार्य करना शुरू करती है, तो कार्य कितने दिनों में पूरा हो जाएगा?
SSC CGL (Tier-II) 18/01/2025 Shift-I

(a) $13\frac{1}{3}$ दिन (b) $12\frac{2}{3}$ दिन
(c) $13\frac{2}{3}$ दिन (d) $12\frac{1}{3}$ दिन

2. वरुण और राजू, एकसाथ मिलकर कार्य करते हुए, किसी कार्य को 40 घण्टे में पूरा कर सकते हैं, जबकि अकेले वरुण, उसी कार्य को 50 घण्टे में पूरा कर सकता है। अकेले राजू, कितने घण्टे में कार्य पूरा करेगा?
SSC CGL (Tier-I) 26/09/2024 Shift-II

(a) 200 (b) 150 (c) 170 (d) 190

3. A और B एक काम को क्रमश: 12 दिन और 16 दिन में कर सकते हैं। यदि वे 6 दिन तक एक साथ काम करते हैं, तो कितना भाग काम शेष रहेगा? SSC CGL (Tier-I) 19/09/2024 Shift-II

(a) $\frac{1}{8}$ (b) $\frac{5}{7}$ (c) $\frac{7}{8}$ (d) $\frac{1}{7}$

4. राजेश को उसके प्रिंटिंग प्रेस में कुछ किताबें छापने का ऑर्डर मिला, जिसमें से उसने ऑर्डर के $\frac{17}{27}$ को 34 दिनों में पूरा किया। उसने छपाई का पूरा ऑर्डर कितने दिनों में पूरा किया?
SSC CGL (Tier-I) 09/09/2024 Shift-I

(a) 56 (b) 54
(c) 20 (d) 60

5. प्रतिदिन 10 घण्टे काम करते हुए, 6 व्यक्ति एक निश्चित समय में एक दीवार बना सकते हैं। 12 व्यक्ति प्रतिदिन कितने घण्टे/मिनट काम करके उतने ही समय में दीवार का निर्माण कर सकते हैं? SSC CGL (Tier II) 07/03/2023 Shift-IV

(a) 5 घण्टे (b) 7 घण्टे 30 मिनट
(c) 20 घण्टे (d) 10 घण्टे

6. P, Q और R अकेले कार्य करते हुए किसी कार्य को क्रमश: 5 दिन, 10 दिन और 15 दिन में पूरा कर सकते हैं। P और Q पहले दिन कार्य करते हैं, P और R दूसरे दिन कार्य करते है तथा P और Q तीसरे दिन कार्य करते हैं तथा इसी क्रम में कार्य करते हैं जब तक कार्य पूरा नहीं हो जाता। कार्य कितने दिन में पूरा होगा? SSC CGL (Tier II) 07/03/2023 Shift-IV

(a) $\frac{5}{2}$ (a) $\frac{13}{2}$ (c) $\frac{7}{2}$ (d) $\frac{9}{2}$

7. A और B मिलकर एक कार्य को 48 दिन में पूरा कर सकते हैं। A, B का 4 गुना कार्यकुशल है। B अकेले कार्य को कितने दिन में पूरा कर सकता है?
SSC CGL (Tier II) 06/03/2023 Shift-IV

(a) 240 दिन (b) 220 दिन
(c) 120 दिन (d) 320 दिन

8. A एक काम 8 घण्टे में पूरा कर सकता है और B उसी काम को स्वतन्त्र रूप से 12 घण्टे में पूरा कर सकता है। यदि वे एक साथ कार्य करते हैं, तो वे उसी कार्य को कितने घण्टे में कर सकते हैं?
SSC CGL (Tier I) 27/07/2023 Shift-III

(a) 3.7 (b) 4.5 (c) 4.8 (d) 3.2

9. राम किसी कार्य को 15 दिनों में, रोहन 25 दिनों में और रोहित 30 दिनों में पूरा कर सकता है। रोहन और रोहित ने 2 दिनों तक एकसाथ काम किया और फिर रोहित की जगह राम ने ले ली। कार्य को कुल मिलाकर कितने दिनों में पूरा किया गया?
SSC CGL (Tier I) 27/07/2023 Shift-III

(a) 7 दिन (b) 8 दिन
(c) 12 दिन (d) 10 दिन

10. सारा एक काम को 18 दिनों में पूरा कर सकती है और तारा उसी काम को 15 दिनों में पूरा कर सकती है तारा ने 10 दिन तक काम किया और फिर काम छोड़ दिया। सारा को बचे हुए काम को अकेले पूरा करने में कितने दिनों का समय लगेगा?
SSC CGL (Tier I) 27/07/2023 Shift-III

(a) 7 (b) 5 (c) 6 (d) 8

11. 40 पुरुष एक कार्य को 30 दिन में पूरा कर सकते हैं। यदि 10 पुरुष समूह को छोड़ देते हैं, तो समूह को कार्य पूरा करने में कितने दिन लगेंगे? SSC CGL (Tier I) 27/07/2023 Shift-III

(a) 45 (b) 50 (c) 40 (d) 35

12. बेनी एक कार्य को 24 दिनों में कर सकता है। चेतन और डेविड उसी कार्य को अकेले-अकेले क्रमश: 36 और 48 दिनों में कर सकते हैं। सभी मिलकर कार्य आरम्भ करते हैं। यद्यपि, बेनी कार्य पूरा होने से 4 दिन पहले और चेतन कार्य पूरा होने से 10 दिन पहले कार्य छोड़ देता है। डेविड ने अन्त तक कार्य किया और कार्य को पूरा किया। उन दिनों की संख्या ज्ञात कीजिए जितने दिनों में कार्य पूरा हुआ।
SSC CGL (Tier I) 27/07/2023 Shift-II

(a) 15 (b) 18 (c) 16 (d) 20

13. A, B और C एक काम को क्रमश: 20, 30 और 60 दिन में पूरा कर सकते हैं। यदि B और C दोनों हर तीसरे दिन A की सहायता करते हैं, तो A इस काम को कितने दिन में पूरा कर लेगा? SSC CGL (Tier I) 27/07/2023 Shift-II

(a) 10 (b) 12 (c) 18 (d) 15

14. राम और रमेश एक कार्य 12 दिनों में, रमेश और सोमेश 15 दिनों में और सोमेश और राम 10 दिनों में कर सकते हैं। यदि राम, रमेश और सोमेश मिलकर कार्य करते हैं, तो वे कार्य कितने दिनों में पूरा कर लेंगे?
SSC CGL (Tier I) 27/07/2023 Shift-II

(a) 8 (b) 12 (c) 6 (d) 10

15. P, Q और R एक कार्य को क्रमश: 9, 12 और 18 दिनों में पूरा कर सकते हैं। एक साथ मिलकर कार्य करते हुए वे एक दिन में कितना कार्य पूरा कर सकते हैं?
SSC CGL (Tier I) 27/07/2023 Shift-II

(a) $\frac{1}{2}$ (b) $\frac{2}{3}$ (c) $\frac{1}{4}$ (d) $\frac{1}{3}$

16. अशोक और अनिल एक काम को ₹4500 में करने का ठेका लेते हैं। अशोक अकेले उस काम को 8 दिन में और अनिल अकेले उस काम को 12 दिन में पूरा कर सकता है। अमर की सहायता से उन्होंने 4 दिन में काम पूरा किया। इस राशि में अमर का हिस्सा कितना होगा? SSC CGL (Tier I) 27/07/2023 Shift-I

(a) ₹ 1500 (b) ₹ 750
(c) ₹ 2250 (d) ₹ 2500

17. एक पुरुष, एक महिला और एक लड़का एक कार्य को क्रमश: 3, 5 और 15 दिन में पूरा कर सकते हैं। एक दिन के $\frac{1}{5}$ में कार्य पूरा करने के लिए कितने लड़कों को, 1 पुरुष और 1 महिला की सहायता करनी चाहिए?
SSC CGL (Tier I) 27/07/2023 Shift-I

(a) 47 (b) 56 (c) 35 (d) 67

18. रमेश अकेला एक कार्य 24 दिनों में पूरा कर सकता है। रमेश और सोमेश इसे 8 दिनों में पूरा कर सकते हैं। कार्य पूरा करने में अकेले सोमेश को कितना समय लगेगा?
SSC CGL (Tier I) 26/07/2023 Shift-IV

(a) 10 दिन (b) 14 दिन
(c) 12 दिन (d) 15 दिन

19. 15 पुरुष किसी कार्य को 10 दिन में पूरा कर सकते हैं। 15 महिलाएँ उसी कार्य को 12 दिन में पूरा कर सकती हैं। यदि सभी पुरुष और महिलाएँ एकसाथ मिलकर कार्य करते हैं, तो यह कार्य कितने दिन में पूरा होगा?
SSC CGL (Tier I) 26/07/2023 Shift-IV

(a) $6\frac{4}{11}$ (b) $7\frac{2}{11}$ (c) $4\frac{3}{11}$ (d) $5\frac{5}{11}$

20. 10 महिलाएँ किसी कार्य को पूरा करने में 16 दिन लेती हैं, जिसे 6 पुरुष 8 दिनों में पूरा कर सकते हैं। यदि 12 पुरुषों ने कार्य करना शुरू किया और 2 दिनों के बाद 6 पुरुष कार्य छोड़ देते हैं और 5 महिलाएँ उनके साथ शामिल हो जाती हैं, तो कार्य कितने दिनों में पूरा हो जाएगा?

SSC CGL (Tier I) 26/07/2023 Shift-III

(a) $\frac{16}{5}$ (b) $\frac{3}{2}$ (c) $\frac{26}{5}$ (d) $\frac{5}{2}$

21. A, B और C समान क्रम में एकान्तरित होकर काम करते हुए एक काम को 15 दिनों में पूरा कर सकते हैं। A की दक्षता B के समान है और C की दक्षता A के बराबर है। C, A और B के क्रम में एकान्तरित होकर कार्य करने पर कार्य कितने दिनों में समाप्त हो जाएगा?

SSC CGL (Tier I) 26/07/2023 Shift-III

(a) 14 (b) 16 (c) 12 (d) 15

22. X, Y और Z एक कार्य को क्रमशः 5 दिन, 15 दिन और 30 दिन में पूरा कर सकते हैं। यदि हर दूसरे दिन, Y और Z मिलकर X की सहायता करते हैं, तो कार्य कितने दिन में पूरा किया जा सकता है? **SSC CGL (Tier I) 26/07/2023 Shift-III**

(a) 5 दिन (b) 7 दिन (c) 4 दिन (d) 6 दिन

23. पुरुषों के एक समूह ने 11 दिनों में एक काम करने का फैसला किया लेकिन प्रत्येक दिन के बाद 16 पुरुष काम छोड़ देते थे तथा काम 15 दिनों में पूरा हो गया। तो बताइए कि शुरुआत में समूह में कितने पुरुष थे?

SSC CGL (Tier I) 26/07/2023 Shift-I

(a) 420 (b) 480 (c) 450 (d) 400

24. 4 पुरुषों का कार्य 6 महिलाओं के कार्य के बराबर है, और 4 महिलाओं का कार्य 6 लड़कों के कार्य के बराबर है। एक लड़का कार्य को 60 दिन में पूरा कर सकता है। एक पुरुष और एक महिला द्वारा मिलकर कार्य को कितने दिन में पूरा किया जा सकता है?

SSC CGL (Tier I) 26/07/2023 Shift-I

(a) 12 (b) 24 (c) 20 (d) 16

25. 20 महिलाएँ और 15 पुरुष मिलकर एक कार्य को 6 दिनों में पूरा कर सकते हैं। एक अकेली महिला को काम पूरा करने में 150 दिन लगते है। एक अकेला पुरुष कितने दिनों में काम पूरा कर सकता है?

SSC CGL (Tier I) 25/07/2023 Shift-IV

(a) 450 (b) 350 (c) 210 (d) 225

26. कॉलेज छात्रों के एक समूह ने एक परियोजना को 10 दिन में पूरा करने का फैसला किया। प्रत्येक दिन 2 छात्र बाहर हो जाने के कारण परियोजना 15वें दिन के अन्त में पूरी हो गई। परियोजना की शुरुआत में छात्रों की संख्या ... थी। **SSC CGL (Tier I) 25/07/2023 Shift-IV**

(a) 45 (b) 40 (c) 35 (d) 42

27. A, B से 50% अधिक कुशल है। B समान कार्य को 20 दिनों में पूरा करता है। यदि A और B एकसाथ मिलकर कार्य करते हैं, तो उस कार्य को पूरा करने में उन्हें कितना समय लगेगा? **SSC CGL (Tier I) 25/07/2023 Shift-III**

(a) 9 दिन (b) 8 दिन
(c) 7 दिन (d) 10 दिन

28. A एक कार्य को 14 दिनों में पूरा कर सकता है, जबकि A और B मिलकर इसे $3\frac{1}{2}$ दिनों में पूरा कर सकते हैं। B अकेले इसे पूरा करने में कितना समय लेगा?

SSC CGL (Tier I) 25/07/2023 Shift-III

(a) 5 दिन (b) 4 दिन
(c) $\frac{14}{3}$ दिन (d) $\frac{3}{14}$ दिन

29. 2 पुरुष किसी कार्य को 6 दिनों में पूरा कर सकते हैं और 3 महिलाएँ उसी कार्य को 4 दिनों में पूरा कर सकती हैं। तो, बताइए कि 1 पुरुष और 2 महिलाएँ प्रतिदिन एक साथ मिलकर काम करते हुए उस कार्य को कितने दिनों में पूरा कर लेंगे?

SSC CGL (Tier I) 25/07/2023 Shift-III

(a) 9 (b) 8 (c) 6 (d) 4

30. P और Q मिलकर किसी कार्य को $4\frac{2}{5}$ दिन में पूरा करते हैं। R और S उसी कार्य को $4\frac{8}{9}$ दिन में पूरा करते हैं। यदि P, Q, R और S एक साथ कार्य करते हैं , तो उसी कार्य को पूरा करने के लिए उन्हें कितने दिनों की आवश्यकता होगी ?

SSC CGL (Tier I) 25/07/2023 Shift-II

(a) $1\frac{6}{19}$ (b) $1\frac{7}{18}$ (c) $2\frac{7}{18}$ (d) $2\frac{6}{19}$

31. A किसी कार्य का $\frac{1}{3}$ भाग 7 दिन में पूरा कर सकता है और B उसी कार्य का $\frac{2}{7}$ भाग 10 दिन में पूरा कर सकता है। A और B दोनों मिलकर उस कार्य को कितने दिन में पूरा कर सकते हैं? **SSC CGL (Tier I) 25/07/2023 Shift-II**

(a) $15\frac{1}{7}$ (b) $11\frac{7}{8}$
(c) $13\frac{1}{8}$ (d) $12\frac{3}{8}$

32. A किसी कार्य का $\frac{1}{3}$ भाग 32 दिन में कर सकता है, B उसी कार्य का $37\frac{1}{2}$%कार्य 24 दिन में कर सकता है, जबकि C उसी कार्य का 60% कार्य 48 दिन में कर सकता है। B और C ने मिलकर काम करना शुरू किया और x दिन तक कार्य किया। x दिन के बाद, B ने कार्य छोड़ दिया और A, C के साथ शमिल हुआ और दोनों ने शेष कार्य को $(x+8)$ दिन में पूरा किया। यदि $(B+C)$ द्वारा मिलकर किए गए कार्य और $(A+C)$ द्वारा मिलकर किए गए कार्य का अनुपात 9 : 11 है, तो $3.5x$ दिन अकेले C द्वारा उस कार्य का कितना भाग पूरा किया जा सकता है?

SSC CGL (Tier I) 25/07/2023 Shift-II

(a) $\frac{4}{5}$ (b) $\frac{7}{10}$ (c) $\frac{18}{25}$ (d) $\frac{3}{4}$

33. A किसी कार्य को 60 दिनों में पूरा कर सकता है। वह इस पर 15 दिनों तक काम करता है और फिर B अकेले शेष कार्य को 48 दिनों में पूरा करता है। A और B मिलकर काम करके उस कार्य को कितने समय में पूरा कर सकते हैं? **SSC CGL (Tier I) 25/07/2023 Shift-II**

(a) 45 दिन (b) 51 दिन
(c) $\frac{960}{31}$ दिन (d) $\frac{171}{37}$ दिन

34. पुरुषों के एक समूह ने 13 दिनों में एक कार्य करने का फैसला किया लेकिन प्रत्येक दिन के बाद 9 पुरूष कार्य छोड़ते गए। परिणामतः कार्य 16 दिनों में पूरा हो पाया। प्रारम्भ में समूह में कितने पुरुष थे?

SSC CGL (Tier I) 25/07/2023 Shift-I

(a) 380 (b) 330 (c) 360 (d) 378

35. राजू और रजत एकसाथ कार्य करते हुए एक कार्य को पूरा करने में 5 दिन का समय लेते हैं। यदि राजू अकेला इस कार्य को 7 दिन में कर सकता है, तो रजत उसी कार्य को कितने दिन में पूरा करेगा? **SSC CGL (Tier I) 25/07/2023 Shift-I**

(a) 18 दिन (b) 17 दिन
(c) 16.5 दिन (d) 17.5 दिन

36. 4 पुरुष और 6 महिलाएँ एक काम को 8 दिनों में पूरा कर सकते हैं, जबकि 3 पुरुष और 7 महिलाएँ इसे 10 दिनों में पूरा कर सकते हैं। 25 महिलाएँ इसे कितने दिनों में पूरा करेगी?

SSC CGL (Tier I) 25/07/2023 Shift-I

(a) 20 (b) 25 (c) 18 (d) 16

37. R, S और T एक कार्य को क्रमशः 20, 15 और 10 दिनों में पूरा कर सकते हैं। R शुरू से लेकर अन्त तक कार्य करता है। और S और T एकान्तर दिनों में बारी-बारी से कार्य करते हैं, जिसमें T पहले दिन से कार्य शुरू करता है। कार्य कितने दिनों में पूरा होता है?

SSC CGL (Tier I) 24/07/2023 Shift-III

(a) 52/7 (b) 61/7
(c) 50/7 (d) 57/8

38. 6 मजदूर किसी काम को 16 दिनों में पूरा कर सकते हैं। काम के लिए 10 मजदूर उपलब्ध हैं, लेकिन ये काम 8 दिन में खत्म करना है। इस काम को समय पर पूरा करने के लिए और कितने मजदूरों को बुलाया जाना है?

SSC CGL (Tier I) 24/07/2023 Shift-IV

(a) 4 (b) 0 (c) 2 (d) 1

39. A एक कार्य को 9 दिनों में और B, 12 दिनों में पूरा कर सकता है। यदि वे इस पर 5 दिनों तक एक साथ मिलकर कार्य करते हैं, तो कार्य का शेष भाग ...... है।

SSC CGL (Tier I) 24/07/2023 Shift-III

(a) $\frac{1}{36}$ (b) $\frac{1}{35}$ (c) $\frac{35}{36}$ (d) $\frac{5}{36}$

40. 4 महिलाएँ और 7 पुरुष 7 दिन में कुल ₹ 11480 कमाते हैं, जबकि 10 महिलाएँ और 17 पुरुष 9 दिन में कुल ₹ 36360 कमाते हैं। 11 महिलाएँ और 9 पुरुष मिलकर 13 दिन में कितना (₹ में) कमाएँगे?

SSC CGL (Tier I) 24/07/2023 Shift-III

(a) 42900 (b) 42640
(c) 42510 (d) 42770

41. राम 15 घण्टे में 60 पेज कॉपी कर सकता है। यदि राम और रिया मिलकर 30 घण्टे में 180 पेज कॉपी कर सकते हों, तो रिया 20 पेज कितने घण्टे में कॉपी कर सकती है?

SSC CGL (Tier I) 24/07/2023 Shift-III

(a) 29 घण्टे (b) 10 घण्टे
(c) 12 घण्टे (d) 20 घण्टे

42. P और Q मिलकर एक कार्य को 6 दिनों में पूरा कर सकते हैं यदि P अकेले 18 दिनों में कार्य पूरा कर सकता है, तो Q को कार्य पूरा करने के लिए कितने दिनों की आवश्यकता होगी? **SSC CGL (Tier I) 24/07/2023 Shift-II**

(a) 10 दिन (b) 11 दिन
(c) 9 दिन (d) 8 दिन

43. A एक निश्चित कार्य को B और C द्वारा मिलकर पूरा किए जाने में लगे दिनों की संख्या से 1.5 गुने दिनों में कर सकता है। यदि A और B मिलकर उक्त कार्य को 30 दिन में कर सकते हैं और C अकेले इसे 120 दिन में कर सकता है, तो B इस कार्य को अकेले कितने दिनों में करेगा?

SSC CGL (Tier I) 24/07/2023 Shift-II

(a) 45 (b) 50 (c) 60 (d) 75

44. P एक कार्य को पूरा करने में Q से दोगुना या R से तीन गुना अधिक समय लेता है। यदि वे एकसाथ कार्य करें, तो वे कार्य को दो दिन में पूरा कर सकते हैं। Q को अकेले वह कार्य पूरा करने में कितना समय लगेगा?

SSC CGL (Tier I) 24/07/2023 Shift-I

(a) 8 दिन (b) 5 दिन (c) 6 दिन (d) 7 दिन

45. A, B से 40% अधिक कुशल है। यदि A अकेले किसी काम को 31 दिनों में पूरा कर सकता है, तो दोनों को मिलाकर उस काम को पूरा करने में कितने दिनों का समय लगेगा?

SSC CGL (Tier-I) 21/07/2023 Shift-IV

(a) $\frac{217}{12}$ दिन (b) $\frac{517}{32}$ दिन
(c) $\frac{215}{12}$ दिन (d) $\frac{515}{32}$ दिन

46. A किसी काम को 8 दिनों में कर सकता है, जबकि B उसी काम को 18 दिनों में कर सकता है। B से शुरू करते हुए यदि वे दोनों बारी-बारी से हर दिन काम करते हैं, तो काम कितने दिनों में पूरा होगा?

SSC CGL (Tier-I) 21/07/2023 Shift-IV

(a) 10 (b) $12\frac{1}{3}$ (c) $10\frac{1}{3}$ (d) $11\frac{1}{3}$

47. ऋचा, रीता और रीना स्वतन्त्र रूप से एक कार्य को क्रमशः 8 घण्टे, 12 घण्टे और 24 घण्टे में पूरा कर सकती हैं। यदि वे एकसाथ कार्य करती हैं, तो उस कार्य को पूरा करने में उन्हें कितना समय लगेगा?

SSC CGL (Tier-I) 21/07/2023 Shift-III

(a) 2 घण्टे (b) 3 घण्टे
(c) 5 घण्टे (d) 4 घण्टे

48. रेखा अकेले एक कार्य को 16 दिनों में पूरा कर सकती है और बीना अकेले उसी कार्य को 12 दिनों में पूरा कर सकती है। रेखा से आरम्भ करते हुए वे एकान्तर दिनों में काम करते हैं। कार्य .... दिनों में पूर्ण हो जाएगा।

SSC CGL (Tier-I) 21/07/2023 Shift-III

(a) $12\frac{3}{4}$ दिन (b) 13 दिन
(c) 12 दिन (d) $13\frac{3}{4}$ दिन

49. A किसी काम का 20% भाग 4 दिनों में कर सकता है और B उसी काम का $33\frac{1}{3}$% भाग 10 दिनों में कर सकता है। उन्होंने 9 दिनों तक एकसाथ कार्य किया और फिर C ने शेष कार्य को 6 दिनों में पूरा किया। B और C मिलकर समान कार्य का 75% भाग कितने दिनों में पूरा करेंगे? **SSC CGL (Tier-I) 21/07/2023 Shift-III**

(a) 11 दिन (b) 9 दिन
(c) 10 दिन (d) 12 दिन

50. A, B से 5.4 गुना तेजी से कार्य करता है और जब प्रत्येक अकेले कार्य करता है, तो कार्य पूरा करने में A को B की तुलना में 22 दिन कम लगते हैं। यदि A और B एकसाथ मिलकर कार्य करें, तो उसी कार्य को पूरा करने में लगने वाले दिनों की संख्या ज्ञात कीजिए।

SSC CGL (Tier-I) 21/07/2023 Shift-II

(a) $4\frac{1}{4}$ (b) $4\frac{3}{16}$ (c) $4\frac{5}{32}$ (d) $4\frac{7}{32}$

51. अमित एक काम को 5 घण्टे में पूरा कर सकता है; जीवन और पॉल मिलकर इसे 4 घण्टे में पूरा कर सकते हैं, जबकि अमित और पॉल मिलकर इसे 3 घण्टे में पूरा कर सकते हैं। अकेले जीवन को काम को पूरा करने में लगभग कितने घण्टे लगेंगे (निकटतम पूर्णांक तक पूर्णांकित करें।)?

SSC CGL (Tier-I) 21/07/2023 Shift-II

(a) 9 (b) 5 (c) 8 (d) 6

52. A, B से 3.5 गुना तेजी से कार्य करता है और A किसी कार्य को पूरा करने में B से 45 दिन कम लेता है, जब प्रत्येक अकेले कार्य करता है। यदि A और B एकसाथ कार्य करते हैं, तो उसी कार्य को पूरा करने में लगने वाले दिनों की संख्या ज्ञात कीजिए।

SSC CGL (Tier-I) 21/07/2023 Shift-I

(a) 14 (b) 10.5 (c) 17.5 (d) 21

53. एक श्रमिक 12 दिनों में एक कार्य का $\frac{3}{5}$ भाग पूरा करता है। वह कार्य का $\frac{3}{4}$ भाग कितने दिनों में पूरा करेगा?

SSC CGL (Tier-I) 21/07/2023 Shift-I

(a) 20 (b) 15 (c) 16 (d) 18

54. P और Q एक कार्य को 24 दिनों में पूरा कर सकते हैं, Q और R इसी कार्य को 30 दिनों में पूरा कर सकते हैं, जबकि P और R उस कार्य को 40 दिनों में पूरा कर सकते हैं। X, P से चार गुना कुशल है, Y, Q का आधा कुशल है और Z, R से 2.5 गुना कुशल है। यदि X, Y और Z एक साथ कार्य करते हैं, तो समान कार्य को पूरा करने के लिए आवश्यक दिनों की संख्या ज्ञात कीजिए। **SSC CGL (Tier-I) 20/07/2023 Shift-III**

(a) 8 (b) 9 (c) 12 (d) 10

55. A और B एकसाथ काम करते हुए एक काम को 8 दिनों में पूरा कर सकते हैं, जबकि B अकेला इसे 24 दिनों में कर सकता है, तो A अकेला उस काम को कितने दिनों में पूरा कर सकता है? **SSC CGL (Tier-I) 20/07/2023 Shift-III**

(a) 16 (b) 12 (c) 14 (d) 10

56. सुप्रजा और कौशल्या एक काम को क्रमशः 30 दिन और 20 दिन में पूरा कर सकती हैं। यदि काम की शुरुआत सुप्रजा से होती है और उसके बाद वे बारी-बारी से एक-एक दिन काम करती है, तो 75% काम कितने दिन में पूरा होगा? **SSC CGL (Tier-I) 20/07/2023 Shift-III**

(a) 28 (b) 20 (c) 24 (d) 18

57. A और B एक कार्य को क्रमशः 12 दिनों और 18 दिनों में पूरा कर सकते हैं। A से शुरुआत करते हुए यदि वे बारी-बारी से कार्य करते हैं, तो कितने दिनों में कार्य समाप्त हो जाएगा?

SSC CGL (Tier-I) 20/07/2023 Shift-II

(a) $14\frac{1}{3}$ (b) $15\frac{2}{3}$ (c) $15\frac{1}{3}$ (d) $14\frac{2}{3}$

58. A, B और C एक काम को क्रमशः 10 दिन, 15 दिन और 20 दिन में पूरा कर सकते हैं। उन्होंने उस काम को एकसाथ मिलकर पूरा किया और मजदूरी के रूप में ₹ 2600 प्राप्त कीजिए। C की मजदूरी ज्ञात करें।

SSC CGL (Tier-I) 20/07/2023 Shift-II

(a) ₹ 575 (b) ₹ 550
(c) ₹ 600 (d) ₹ 625

59. A और B अलग-अलग एक कार्य को क्रमशः 18 दिनों और 30 दिनों में पूरा कर सकते हैं। A और B एक साथ कार्य करना शुरू करते हैं लेकिन A कार्य पूरा होने से $16\frac{2}{3}$ दिन पहले काम छोड़ देता है और B अकेले शेष कार्य को पूरा करता है। A ने कितने दिन तक कार्य किया? SSC CGL (Tier-I) 20/07/2023 Shift-I

(a) 6 (b) 3 (c) 4 (d) 5

60. 14 व्यक्ति 60 दिन में एक घर बना सकते हैं। उसी को बनाने में 30 व्यक्तियों को कितना समय लगेगा, बशर्ते वे सभी समान दर पर काम करें? SSC CGL (Tier-I) 19/07/2023 Shift-IV

(a) 30 दिन (b) 56 दिन
(c) 32 दिन (d) 28 दिन

61. $(N+15)$ व्यक्ति, प्रतिदिन 9 घण्टे काम करके, 8 दिनों में किसी कार्य का 36% पूरा कर सकते हैं। $(N+9)$ व्यक्ति शेष कार्य को 20 दिनों में पूरा कर सकते हैं, यदि उनमें से प्रत्येक प्रतिदिन 7 घण्टे कार्य करता है। तब, N का मान ज्ञात कीजिए। SSC CGL (Tier-I) 19/07/2023 Shift-IV

(a) 52 (b) 50
(c) 55 (d) 64

62. 12 पुरुष किसी कार्य को 10 दिनों में पूरा कर सकते हैं। कार्य को 6 दिनों में पूरा करने के लिए और कितने पुरुषों की आवश्यकता होगी? SSC CGL (Tier-I) 19/07/2023 Shift-IV

(a) 8 (b) 20 (c) 10 (d) 24

63. सुसान 6 मिनट में 12 पेज टाइप कर सकती है। मैरी 12 मिनट में 6 पेज टाइप कर सकती है। एकसाथ काम करते हुए, वे 32 मिनट में कितने पेज टाइप कर सकेगी? SSC CGL (Tier-I) 19/07/2023 Shift-III

(a) 80 (b) 65 (c) 75 (d) 70

64. 10 महिलाएँ किसी कार्य को 6 दिन में पूरा कर सकती हैं और 6 पुरुष उसी कार्य को 5 दिन में पूरा कर सकते हैं। यदि सभी पुरुष और महिलाएँ एकसाथ मिलकर कार्य करें, तो उन्हें इस कार्य को पूरा करने में कितने दिन लगेंगे? SSC CGL (Tier-I) 19/07/2023 Shift-III

(a) $1\frac{2}{11}$ (b) $3\frac{4}{11}$
(c) $4\frac{6}{11}$ (d) $2\frac{8}{11}$

65. अनिल और बिपिन एक साथ एक कार्य को 15 दिनों में पूरा कर सकते हैं, जबकि बिपिन अकेले इसे 20 दिनों में पूरा कर सकता है। अनिल अकेले कितने दिनों में कार्य पूरा कर सकता है? SSC CGL (Tier-I) 19/07/2023 Shift-II

(a) 40 (b) 65 (c) 30 (d) 60

66. A किसी काम को 4 दिन में और B उसे 12 दिन में कर सकता है। यदि वे इस पर 2 दिन तक एकसाथ काम करते हैं, तो काम का कितना अंश शेष रह जाएगा? SSC CGL (Tier-I) 19/07/2023 Shift-II

(a) $\frac{1}{5}$ (b) $\frac{2}{5}$ (c) $\frac{2}{3}$ (d) $\frac{1}{3}$

67. मोहित एक काम का $\frac{2}{3}$ भाग 24 दिनों मे कर सकता है, तो वह उस काम का $\frac{1}{9}$ भाग कितने दिनों में करेगा। SSC CGL (Tier-I) 19/07/2023 Shift-I

(a) 4 (b) 8 (c) 5 (d) 6

68. $(N + 18)$ व्यक्ति जिसमें से प्रत्येक हर दिन 7.5 घण्टे कार्य कर रहा है, 20 दिन में 48% कार्य पूरा कर सकते हैं। $(N + 12)$ व्यक्ति शेष कार्य 30 दिनों में पूरा कर सकते हैं, यदि उनमें से प्रत्येक हर दिन 6.5 घण्टे कार्य करता है। N का मान ज्ञात करें। SSC CGL (Tier-I) 19/07/2023 Shift-I

(a) 22 (b) 16 (c) 18 (d) 20

69. एक पुरुष और एक महिला मिलकर एक कार्य को, एक महिला और एक लड़के द्वारा मिलकर लिए गए समय से आधे समय में पूरा कर सकते हैं। एक लड़का अकेले इस कार्य को 20 दिन में पूरा कर सकता है और 2 महिलाएँ मिलकर उसे 30 दिन में पूरा कर सकती है। 4 पुरुष कार्य को कितने दिन में पूरा करेंगे? SSC CGL (Tier-I) 18/07/2023 Shift-IV

(a) 2.5 (b) 2 (c) 2.14 (d) 3

70. सुरेश और अनिल एक विशेष प्रोजेक्ट पर कार्य कर रहे हैं। कम्प्यूटर पर सुरेश को 40 पेज टाइप करने में 5 घण्टे लगते हैं और अनिल को 32 पेज टाइप करने में 6 घण्टे लगते हैं। यदि वे दो अलग-अलग कम्प्यूटरों पर काम करते हैं, तो उन्हें 110 पेज का एक असाइनमेंट टाइप करने में कितना समय लगेगा? SSC CGL (Tier-I) 18/07/2023 Shift-IV

(a) 8 घण्टे 15 मिनट
(b) 8 घण्टे 40 मिनट
(c) 7 घण्टे 35 मिनट
(d) 8 घण्टे

71. एक कम्पनी में अकेले R, S और T द्वारा एक कार्य को क्रमशः 4, 6 और 18 दिनों में पूरा किया जा सकता है। यदि वे एकसाथ कार्य करते हैं, तो कार्य कितने दिनों में पूरा होगा? (दो दशमलव स्थान तक सन्निकट) SSC CGL (Tier-I) 18/07/2023 Shift-IV

(a) 3.21 (b) 2.12 (c) 3.32 (d) 2.42

72. A और B समान रूप से कार्यकुशल है और यदि किसी ने कोई अवकाश नहीं लिया, तो प्रत्येक व्यक्तिगत रूप से 30 दिन में एक कार्य पूरा कर सकता है। A और B ने इस कार्य पर एकसाथ कार्य करना शुरू किया, लेकिन A ने हर चार दिन कार्य करने के बाद एक दिन का अवकाश लिया, जबकि B ने हर पाँच दिन कार्य करने के बाद एक दिन का अवकाश लिया। यदि दोनों ने 01 अगस्त, 2022 को कार्य करना प्रारम्भ किया था, तो कार्य किस तिथि को पूर्ण हुआ? SSC CGL (Tier-I) 18/07/2023 Shift-III

(a) 16 अगस्त, 2022
(b) 18 अगस्त, 2022
(c) 19 अगस्त, 2022
(d) 17 अगस्त, 2022

73. A अकेले किसी कार्य को 15 दिनों में पूरा कर सकता है और वह केवल पहले दो दिन और आखिरी दो दिन के दौरान कार्य करता है। शेष कार्य B द्वारा किया जाता है और कार्य 20 दिनों में पूरा होता है। A और B मिलकर उस कार्य को कितने दिनों में पूरा कर सकते हैं? SSC CGL (Tier-I) 18/07/2023 Shift-III

(a) $\frac{80}{9}$ (b) $\frac{90}{8}$ (c) $\frac{70}{8}$ (d) $\frac{80}{7}$

74. A और B किसी कार्य को 10 दिनों में पूरा कर सकते हैं, B और C उस कार्य को 12 दिनों में पूरा कर सकते हैं और C और A इसे 6 दिनों में पूरा कर सकते हैं। A अकेले इस कार्य को कितने दिनों में पूरा कर सकता है? SSC CGL (Tier-I) 18/07/2023 Shift-III

(a) $\frac{120}{9}$ (b) $\frac{121}{12}$ (c) $\frac{120}{11}$ (d) 12

75. A और B क्रमशः 5 दिनों और 10 दिनों में एक कार्य कर सकते हैं। उन्होंने एकसाथ कार्य करना शुरू किया, लेकिन A ने कुछ दिनों के बाद कार्य छोड़ दिया और B ने शेष कार्य को 8 दिनों में समाप्त कर दिया। A ने कितने दिनों के बाद कार्य छोड़ा? SSC CGL (Tier-I) 18/07/2023 Shift-II

(a) $5\frac{1}{8}$ (b) $\frac{2}{3}$ (c) $3\frac{1}{8}$ (d) $6\frac{1}{8}$

76. राजा और रॉकी मिलकर पेंटिंग का कार्य 5 दिनों में पूरा कर सकते हैं। वे दोनों मिलकर पेंटिंग करना आरम्भ करते हैं, परन्तु 2 दिन बाद, रॉकी बीमार पड़ जाता है और कार्य छोड़ देता है। यदि राजा शेष पेंटिंग को 4 दिनों में पूरा करता है, तो रॉकी अकेले उस कार्य को कितने दिनों में पूरा कर सकता है? SSC CGL (Tier-I) 18/07/2023 Shift-II

(a) 15 दिन (b) 10 दिन
(c) 12 दिन (d) 20 दिन

77. A और B अकेले एक कार्य को क्रमशः 4 और 9 दिनों में पूरा कर सकते हैं। यदि वे दोनों B से शुरू करते हुए एकान्तर दिनों में कार्य करते हैं, तो कार्य कितने दिनों में पूरा होगा? SSC CGL (Tier-I) 18/07/2023 Shift-II

(a) $5\frac{1}{3}$ (b) 5
(c) $5\frac{1}{4}$ (d) $5\frac{2}{3}$

78. A एक काम को 20 दिनों में पूरा कर सकता है और B उसी काम को 15 दिनों में पूरा कर सकता है। B ने 9 दिनों तक काम किया और फिर काम छोड़ दिया। बचे हुए काम को पूरा करने में A को अकेले कितने दिनों का समय लगेगा? SSC CGL (Tier-I) 18/07/2023 Shift-I

(a) 7 दिन (b) 9 दिन
(c) 8 दिन (d) 10 दिन

79. 10 पुरुष किसी कार्य को 25 दिन में पूरा कर सकते हैं। 12 दिन तक कार्य करने के बाद 3 और पुरुषों को इस कार्य को पूरा करने के लिए लगाया जाता है। शेष कार्य कितने दिन में पूरा होगा? SSC CGL (Tier-I) 18/07/2023 Shift-I

(a) 10 (b) 6 (c) 12 (d) 8

80. 30 पुरुष एक काम को 12 दिन में पूरा कर सकते हैं। 6 दिन के बाद, 24 और पुरुष उनके साथ जुड़ गए। शेष काम को पूरा करने में उन्हें अब कितने दिन लगेंगे?
SSC CGL (Tier-I) 18/07/2023 Shift-I

(a) $3\frac{1}{3}$ दिन (b) $3\frac{2}{3}$ दिन
(c) $2\frac{1}{3}$ दिन (d) $3\frac{1}{2}$ दिन

81. 15 पुरुष और 21 महिलाएँ एक साथ मिलकर कार्य करते हुए एक कार्य को 56 दिन में पूरा कर सकते हैं, जबकि 12 पुरुष और 24 महिलाएँ एकसाथ मिलकर कार्य करते हुए उसी कार्य को 64 दिन में पूरा कर सकते हैं। 18 पुरुष और 24 महिलाएँ एकसाथ मिलकर कार्य करते हुए उसी कार्य को कितने दिनों में पूरा कर सकते हैं?
SSC CGL (Tier-I) 17/07/2023 Shift-IV

(a) $47\frac{6}{19}$ (b) $47\frac{9}{19}$
(c) $47\frac{5}{19}$ (d) $47\frac{3}{19}$

82. प्रतिमा और दीक्षा। एक टाइपिंग कार्य को क्रमश: 10 घण्टे और 15 घण्टे में अलग-अलग पूरा कर सकती हैं। 4 घण्टे अकेले टाइप करने के बाद, प्रतिमा काम छोड़ देती है। दीक्षा शेष टाइपिंग कार्य को कितने घण्टे में पूरा करेगी?
SSC CGL (Tier-I) 17/07/2023 Shift-III

(a) 8 (b) 9 (c) 7 (d) 10

83. सार्थक और मोहन को एक समारोह के लिए एक कमरे को सजाने का काम सौंपा गया है। सार्थक पूरे कमरे को 12 दिनों में सजा सकता है, जबकि मोहन पूरे कमरे को 15 दिनों में सजा सकता है। यदि वे एक साथ कार्य करते हैं, तो कार्य कितने दिनों में पूरा होगा? (दो दशमलव स्थान तक सन्निकट)
SSC CGL (Tier-I) 17/07/2023 Shift-III

(a) 7.33 (b) 6.00
(c) 5.67 (d) 6.67

84. 12 पुरुष और 16 लड़के एक कार्य को 5 दिनों में कर सकते हैं, जबकि 13 पुरुष और 24 लड़के उसी कार्य को 4 दिनों में कर सकते हैं। 29 पुरुष और 22 लड़के उस कार्य को कितने दिनों में पूरा कर सकते हैं?
SSC CGL (Tier-I) 17/07/2023 Shift-III

(a) 2.5 (b) 2.4 (c) 2.6 (d) 2.45

85. रवि किसी काम को 40 दिन में कर सकता है और सुधा उसी काम को 60 दिन में कर सकती है। यदि काम की शुरुआत सुधा से होती है और उसके बाद वे बारी-बारी से एक-एक दिन काम करते हैं, तो काम कितने दिन में पूरा होगा? SSC CGL (Tier-I) 17/07/2023 Shift-II

(a) 48 (b) 60
(c) 40 (d) 45

86. A प्रतिदिन 5 घण्टे कार्य करके एक कार्य को 8 दिनों में पूरा कर सकता है और B प्रतिदिन 6 घण्टे कार्य करके उसी कार्य को 10 दिनों में पूरा कर सकता है। यदि वे दोनों मिलकर प्रतिदिन 8 घण्टे कार्य करें, तो उस कार्य को ...... में पूरा कर सकते हैं।
SSC CGL (Tier-I) 14/07/2023 Shift-II

(a) 6 दिन (b) 5 दिन
(c) 3 दिन (d) 4.5 दिन

87. 15 पुरुष किसी काम को 25 दिनों में पूरा कर सकते हैं और 25 महिलाएँ उसी काम को 40 दिनों में पूरा कर सकती है। यदि सभी 15 पुरुष और 25 महिलाएँ एक साथ काम करते है, तो काम कितने दिनों में पूरा होगा?
SSC CGL (Tier-I) 17/07/2023 Shift-II

(a) $15\frac{4}{13}$ दिन (b) $15\frac{5}{13}$ दिन
(c) $10\frac{5}{13}$ दिन (d) $15\frac{5}{12}$ दिन

88. A, B और C अकेले कार्य करते हुए एक कार्य को क्रमश: 16, 24 और 36 दिनों में पूरा करते हैं। यदि वे एक साथ कार्य करते हैं, तो वे कितने दिनों में कार्य पूरा करेंगे?
SSC CGL (Tier-I) 17/07/2023 Shift-I

(a) $5\frac{17}{19}$ (b) $6\frac{7}{19}$ (c) $7\frac{11}{19}$ (d) $4\frac{13}{19}$

89. रक्षित, अजय और सतीश एक नगर निगम में सफाई कर्मचारी हैं। रक्षित अकेले एक नाली को साफ करने में 20 घण्टे लेता है, जबकि अजय अकेले काम करते हुए इसे 12 घण्टे में साफ करता है। तीनों मिलकर नाली की सफाई में केवल 5 घण्टे का समय लेते हैं। सतीश अकेले काम को कितने घण्टे में पूरा कर सकता है?
SSC CGL (Tier-I) 17/07/2023 Shift-I

(a) 15 (b) 12
(c) 18 (d) 10

90. 15 पुरुष और 25 महिलाएँ एक कार्य 9.6 दिन में पूरा कर सकती है। यदि 16 महिलाएँ उसी कार्य को 27 दिनों में पूरा कर सकती है, तो ज्ञात करें कि 16 पुरुष उसी कार्य को कितने दिनों में पूरा कर सकते हैं?
SSC CGL (Tier-I) 17/07/2023 Shift-I

(a) 22.50 (b) 19.20 (c) 21.60 (d) 20.25

91. A, B और C अकेले-अकेले कार्य करते हुए एक कार्य को क्रमशः 12, 15 और 20 दिनों में पूरा कर सकते हैं। यदि वे 4 दिन तक एकसाथ मिलकर कार्य करें, तो कितना कार्य शेष बचेगा?
SSC CGL (Tier-I) 14/07/2023 Shift-IV

(a) $\frac{1}{8}$ (b) $\frac{1}{2}$ (c) $\frac{1}{5}$ (d) $\frac{1}{6}$

92. एक निश्चित कार्य को करने के लिए अजय और भरत एकान्तर दिनों में कार्य करते हैं, भरत पहले दिन से कार्य शुरू करता है। अजय 32 दिनों में अकेला कार्य पूरा कर सकता है। यदि कार्य ठीक 8 दिनों में पूरा हो जाता है, तो भरत अकेला उसी कार्य का 7 गुना .... दिनों में पूरा कर सकता है।
SSC CGL (Tier-I) 14/07/2023 Shift-IV

(a) $\frac{32}{7}$ (b) $\frac{28}{8}$ (c) 4 (d) 32

93. विराट एक कार्य को 30 दिनों में पूरा कर सकता है और डेनियल उसी कार्य को पूरा करने में विराट से 60% अधिक कुशल है। उस कार्य को पूरा करने में डेनियल द्वारा लिया गया कुल समय ज्ञात कीजिए।
SSC CGL (Tier-I) 14/07/2023 Shift-III

(a) $18\frac{3}{4}$ दिन (b) $16\frac{3}{5}$ दिन
(c) $19\frac{5}{3}$ दिन (d) $17\frac{5}{3}$ दिन

94. A की कार्यक्षमता B की कार्यक्षमता से दोगुनी है। A एक दिन में केवल 8 घण्टे कार्य करता है, जबकि B एक दिन में 12 घण्टे कार्य करता है। यदि A किसी कार्य को 12 दिनों में पूरा कर सकता है, तो B उस कार्य को कितने दिनों में पूरा करेगा? SSC CGL (Tier-I) 14/07/2023 Shift-III

(a) 12 (b) 16 (c) 10 (d) 8

95. X और Y एक कार्य को क्रमश: 9 दिन और 36 दिन में पूरा कर सकते हैं। X कार्य करना शुरू करता है और वे बारी-बारी से एक-एक करके एक-एक दिन कार्य करते हैं। सम्पूर्ण कार्य कितने दिन मे पूरा होगा?
SSC CGL (Tier-I) 14/07/2023 Shift-II

(a) $15\frac{1}{5}$ दिन (b) $12\frac{1}{2}$ दिन
(c) $13\frac{1}{3}$ दिन (d) $14\frac{1}{4}$ दिन

96. 4 महिलाएँ या 6 आदमी एक कार्य को समान दिनों में पूरा कर सकते हैं। एक आदमी इसे 60 दिनों में पूरा कर सकता है। प्रतिदिन एक साथ मिलकर कार्य करते हुए 5 महिलाएँ उस कार्य को कितने दिनों में पूरा कर सकती हैं?
SSC CGL (Tier-I) 14/07/2023 Shift-II

(a) 4 (b) 8 (c) 10 (d) 6

97. P, Q से दोगुना अधिक कुशल है। P, Q से 40 दिन कम समय में एक काम को पूरा करने में सक्षम है। एकसाथ काम करते हुए, काम पूरा करने में उनके द्वारा लिए गए दिनों की कुल संख्या है (निकटतम पूर्णांक तक सन्निकट)
SSC CGL (Tier-I) 14/07/2023 Shift-II
(a) 26 (b) 27 (c) 28 (d) 25

98. 5 महिलाएँ और 9 लड़कियाँ 9 दिन में कुल ₹ 18720 कमाती हैं, जबकि 9 महिलाएँ और 16 लड़कियाँ 14 दिन में कुल ₹ 52080 कमाती है। 12 महिलाएँ और 7 लड़कियाँ मिलकर 13 दिन में कितना (₹ में) कमाएँगी?
SSC CGL (Tier-I) 14/07/2023 Shift-II
(a) 42120 (b) 42510
(c) 41990 (d) 42380

99. 8 पुरुष एक कार्य को 45 दिन में पूरा कर सकते हैं। 8 महिलाएँ उसी कार्य को 18 दिन में पूरा कर सकती हैं। 5 पुरुष और 8 महिलाएँ मिलकर उसी कार्य को कितने दिन में पूरा करेंगे?
SSC CGL (Tier-I) 14/07/2023 Shift-I
(a) $14\frac{2}{5}$ (b) $12\frac{4}{5}$ (c) $15\frac{3}{5}$ (d) $13\frac{1}{5}$

100. एक पुरुष, एक लड़का और एक महिला किसी कार्य को क्रमशः 10 दिन, 15 दिन और 30 दिन में पूरा कर सकते हैं। मिलकर कार्य करने पर एक पुरुष, एक महिला और एक लड़का उस कार्य को कितने दिनों में पूरा कर सकते हैं?
SSC CGL (Tier-I) 14/07/2023 Shift-I
(a) 10 (b) 8
(c) 5 (d) 6

101. A एक काम को 25 दिन में पूरा कर सकता है जबकि B उसी काम को 30 दिन में पूरा कर सकता है। वे एकान्तर दिन के आधार पर काम करते हैं, A से शुरू करते हैं। A और B दोनों 5 दिन के लिए इस तरीके का पालन करते हैं और फिर A काम छोड़ देता है। B शेष कार्य को कितने दिन में पूरा करेगा?
SSC CGL (Tier-I) 14/07/2023 Shift-I
(a) $24\frac{2}{5}$ (b) $5\frac{3}{5}$
(c) $24\frac{3}{5}$ (d) $5\frac{2}{5}$

SSC CGL 2022 (Tier I)

102. दो व्यक्ति A और B अलग-अलग काम करके किसी भवन को क्रमशः 6 और 10 घण्टे में स्वच्छ कर सकते हैं। वे बारी-बारी से एक-एक घण्टे के अन्तराल पर काम करते हैं। यदि 8 am पर A कार्य प्रारम्भ करता है, तो वह कार्य कितनी देर में समाप्त होगा?
SSC CGL (Tier-I) 13/12/2022 Shift-III
(a) $7\frac{1}{3}$ घण्टे (b) $6\frac{1}{3}$ घण्टे
(c) $8\frac{1}{3}$ घण्टे (d) $9\frac{1}{3}$ घण्टे

103. A, B और C सभी मिलकर एक कार्य को 10 दिनों में कर सकते हैं, जिसमे B को वह कार्य पूरा करने में लगने वाला समय A और C द्वारा मिलकर उस कार्य को पूरा करने में लगने वाले समय का 3 गुना है। B, अकेला उस कार्य को कितने दिनों में कर सकता है?
SSC CGL (Tier-I) 13/12/2022 Shift-II
(a) 50 दिन (b) 40 दिन
(c) 15 दिन (d) 10 दिन

104. A, B से 20% अधिक दक्ष है। वे एकसाथ कार्य करते हुए उस कार्य को पूरा करने में कितना समय लेंगे, जिसे A अकेले 29 दिन में पूरा कर सकता था? **SSC CGL (Tier-I) 13/12/2022 Shift-I**
(a) $\frac{203}{11}$ (b) $\frac{174}{11}$ (c) $\frac{116}{11}$ (d) $\frac{145}{11}$

105. आरिफ, अरुण और अब्राहम एक कार्य को क्रमशः 12, 20 और 24 दिनों में पूरा कर सकते हैं। आरिफ और अरुण एकसाथ कार्य शुरू करते हैं और 4 दिन बाद अब्राहम उनके साथ जुड़ जाता है। कार्य पूरा होने से 1 दिन पहले आरिफ, 3 दिन पहले अरुण कार्य छोड़ देता है। कार्य कितने दिनों में समाप्त होता है?
SSC CGL (Tier-I) 12/12/2022 Shift-IV
(a) 11 (b) 10 (c) 9 (d) 8

106. A, B से 40% अधिक कुशल है। दोनों मिलकर कार्य करते हुए उस कार्य को पूरा करने में कितना समय लेंगे, जिसे B अकेला 36 दिनों में पूरा कर सकता है?
SSC CGL (Tier-I) 12/12/2022 Shift-III
(a) 18 दिन (b) $9\frac{1}{3}$ दिन
(c) 15 दिन (d) $11\frac{2}{3}$ दिन

107. राजू, शोभा और मोहन एक काम को क्रमशः 15 दिन, 20 दिन और 25 दिन में पूरा कर सकते हैं। यदि वे वैकल्पिक दिनों (एक दिन छोड़कर एक दिन) में काम करते है, तो काम कितने दिनों में पूरा हो जाएगा।
SSC CGL (Tier-I) 12/12/2022 Shift-II
(a) $21\frac{7}{10}$ दिन (b) $18\frac{9}{10}$ दिन
(c) $18\frac{7}{10}$ दिन (d) $15\frac{9}{10}$ दिन

108. एक मशीन 240 औजारों को काटने में 10 घण्टे का समय लेती है। 25 घण्टे में यह कितने औजारों को काटेगी?
SSC CGL (Tier-I) 12/12/2022 Shift-I
(a) 480 (b) 550 (c) 600 (d) 360

109. A, B और C अलग-अलग एक काम को क्रमशः 6, 10 और 15 दिनों में कर सकते हैं। वे एकसाथ काम करना शुरू करते हैं, लेकिन C, 2 दिनों के बाद काम छोड़ देता है। शेष कार्य कितने दिनों मे पूरा होगा?
SSC CGL (Tier-I) 09/12/2022 Shift-IV
(a) $2\frac{7}{4}$ (b) $1\frac{2}{4}$ (c) $1\frac{5}{8}$ (d) $1\frac{1}{4}$

110. दो व्यक्ति P और Q एकसाथ किसी कार्य को 36 दिनों में कर सकते हैं। P, Q से 3 गुना कुशल है। Q अकेले उस कार्य को कितने दिनों में पूरा कर सकता है?
SSC CGL (Tier-I) 09/12/2022 Shift-IV
(a) 146 (b) 144 (c) 148 (d) 140

111. आभा और अनुज एकसाथ मिलकर कार्य करते हुए किसी काम को $\frac{40}{9}$ दिन में पूरा करते हैं। यदि आभा ने अपनी वास्तविक दक्षता से दोगुनी दक्षता से कार्य किया होता और अनुज ने अपनी वास्तविक दक्षता के $\frac{1}{3}$ से कार्य किया होता, तो काम $\frac{60}{17}$ दिन में पूरा हो जाता। आभा द्वारा अकेले काम को पूरा करने में लिया गया समय ज्ञात करें।
SSC CGL (Tier-I) 09/12/2022 Shift-III
(a) 6 दिन (b) 8 दिन
(c) 12 दिन (d) 10 दिन

112. 20 पुरुष एक कार्य को 220 दिनों में समाप्त कर सकते हैं, लेकिन 90 दिनों के पूरे होने पर 20 और पुरुष नियोजित किए जाते हैं। कार्य को समाप्त होने में और कितने दिन लगेंगे?
SSC CGL (Tier-I) 09/12/2022 Shift-II
(a) 55 (b) 50 (c) 60 (d) 65

113. A और B एक काम को क्रमशः 13 और 17 दिन में पूरा कर सकते हैं। A काम करना शुरू करता है और वे बारी-बारी से एक-एक दिन करके कार्य करते हैं। सम्पूर्ण काम कितने दिन में पूरा होगा?
SSC CGL (Tier-I) 08/12/2022 Shift-IV
(a) $14\frac{11}{17}$ दिन (b) $17\frac{11}{17}$ दिन
(c) $11\frac{11}{17}$ दिन (d) $17\frac{17}{19}$ दिन

114. राजू, सुनील और विशाल अलग-अलग एक काम को क्रमशः 20, 30 और 40 दिनों मे पूरा कर सकते हैं। राजू कितने दिनों में यह काम खत्म कर सकता है, यदि सुनील से शुरू करते हुए, सुनील और विशाल द्वारा एकान्तर दिनों में (पहले दिन सुनील और दूसरे दिन विशाल) उसकी सहायता की जाती है?
SSC CGL (Tier-I) 08/12/2022 Shift-III
(a) $11\frac{3}{5}$ (b) $11\frac{1}{20}$ (c) $12\frac{1}{20}$ (d) $12\frac{3}{5}$

115. एक कारखाने में अजय और विजय हीरे काटने के लिए एक ही मशीन पर काम करते हैं, लेकिन बारी-बारी से घण्टे के आधार पर। अजय पहले घण्टे के लिए काम करता है और फिर विजय दूसरे घण्टे के लिए काम करता है और इसी तरह आगे काम करते हैं। अजय काम को 6 घण्टे में पूरा कर सकता है, जबकि विजय उसे 16 घण्टे में पूरा करता है अगर वे अलग-अलग काम करते हैं। यदि वे बारी-बारी

आधार पर मशीन का उपयोग कर रहे हैं, तो वे कार्य को कितने समय में पूरा कर सकते हैं?
SSC CGL (Tier-I) 08/12/2022 Shift-II

(a) 9 घण्टे 30 मिनट (b) 9 घण्टे
(c) 8 घण्टे (d) 8 घण्टे 30 मिनट

116. दस आदमी एक कार्य करना शुरू करते हैं। लेकिन कुछ दिनों बाद उनमें से चार कार्य छोड़ कर चले जाते हैं। इसके परिणामस्वरूप, जो कार्य 40 दिनों में पूरा हो सकता था, वह 50 दिनों में पूरा हुआ। कार्य शुरू होने के कितने दिन बाद चारों आदमी कार्य छोड़कर गए थे?
SSC CGL (Tier-I) 08/12/2022 Shift-I

(a) 20 (b) 25
(c) 35 (d) 30

117. 12 पुरुष और 12 महिलाएँ किसी काम को 9 दिन में पूरा कर सकते हैं। 6 पुरुष और 15 महिलाएँ उसी काम को 12 दिन में पूरा कर सकते हैं। आधा काम पूरा करने में 9 महिलाओं को कितना समय (दिनों में) लगेगा? SSC CGL (Tier-I) 07/12/2022 Shift-IV

(a) 18 (b) 12 (c) 24 (d) 36

118. एक सिविल ठेकेदार ने 600 दिनों में 3 किमी की दूरी का एक ओवर ब्रिज बनाने की योजना बनाई। इस उद्देश्य के लिए, उन्होंने 90 श्रमिकों को नियुक्त किया। 200 दिनों के काम के बाद, यह देखा गया कि पुल का केवल 0.5 किमी भाग ही पूरा हुआ था। कार्य को समय पर पूरा करने के लिए कितने अतिरिक्त कर्मचारियों की आवश्यकता है?
SSC CGL (Tier-I) 07/12/2022 Shift-III

(a) 100 (b) 125 (c) 135 (d) 140

119. एक साझेदारी फर्म में दो साझेदार, विजय और प्रवीण एक असाइनमेंट पर कार्य कर रहे हैं। विजय को अकेले पूरे असाइनमेंट को पूरा करने में 12 सप्ताह लगेंगे, जबकि प्रवीण अकेले इसे पूरा करने में 8 सप्ताह का समय लेगा। कार्य के दबाव के कारण, उन्होंने एकान्तर सप्ताह के आधार पर उस असाइनमेंट पर कार्य करने का फैसला किया। पहले सप्ताह में प्रवीण कार्य करेगा और दूसरे सप्ताह में विजय कार्य करेगा और इसी तरह आगे भी वे काम करेंगे। यदि वे एकान्तर सप्ताह के आधार पर कार्य करते है तो कार्य कितने सप्ताह में पूरा हो जाएगा?
SSC CGL (Tier-I) 07/12/2022 Shift-II

(a) 8 (b) 9.5 (c) 9 (d) 8.5

120. 25 पुरुष और 45 महिलाएँ एक कार्य को 15 दिनों में पूरा कर सकते हैं। जबकि 15 पुरुष और 60 महिलाएँ इसे 20 दिनों में पूरा कर सकते हैं। 69 पुरुष और 67 महिलाएँ उस कार्य को कितने दिनों में पूरा कर सकते हैं? SSC CGL (Tier-I) 07/12/2022 Shift-I

(a) 5 (b) 6 (c) 10 (d) 8

121. 1 पुरुष और 4 महिलाएँ एक कार्य को $\frac{65}{4}$ दिन में पूरा कर सकते हैं, जबकि 3 पुरुष और 4 महिलाएँ इसे $\frac{13}{2}$ दिन में पूरा कर सकते हैं। 13 महिलाएँ इसे कितने दिन में पूरा करेंगी?
SSC CGL (Tier-I) 06/12/2022 Shift-IV

(a) 18 (b) 20 (c) 16 (d) 14

122. पुरुषों के एक समूह ने 6 दिनों में एक काम करने का फैसला किया, लेकिन हर दिन 18 व्यक्ति काम छोड़ते गए। यदि काम 8 दिनों में पूरा किया जाता है, तो प्रारम्भ में कितने पुरुषों ने काम करने का निर्णय लिया था?
SSC CGL (Tier-I) 06/12/2022 Shift-II

(a) 188 (b) 150 (c) 300 (d) 252

123. 40 आदमी एक काम को 15 दिनों में पूरा कर सकते हैं। इनके काम शुरू करने के तीन दिन बाद 20 आदमी उनके साथ जुड़ जाते हैं। यह पूरा काम कितने दिनों में पूरा होगा?
SSC CGL (Tier-I) 05/12/2022 Shift-III

(a) 12 (b) 13 (c) 10 (d) 11

124. एक ठेकेदार ने 80 दिनों में एक काम पूरा करने का फैसला किया और शुरुआत में 60 पुरुषों को और 20 दिनों के बाद अतिरिक्त 20 पुरुषों को नियुक्त किया और काम को समय के अनुसार पूरा किया। यदि उसने अतिरिक्त पुरुषों को नियोजित नहीं किया होता, तो कार्य को पूरा करने के लिए उसे कितने अतिरिक्त दिनों की आवश्यकता होती (निकटतम पूर्णांक तक पूर्णांकित)?
SSC CGL (Tier-I) 05/12/2022 Shift-II

(a) 32 दिन (b) 26 दिन
(c) 30 दिन (d) 20 दिन

125. नुमन 4/5 समय में गगन से आधा काम करता है। यदि वे एकसाथ एक कार्य को पूरा करने में 16 दिन लेते हैं, तो गगन को उस कार्य को पूरा करने में कितना समय लगेगा?
SSC CGL (Tier-I) 05/12/2022 Shift-I

(a) 25 दिन (b) 23 दिन
(c) 26 दिन (d) 24 दिन

126. 5 पुरुष और 8 महिलाएँ एकसाथ काम करते हुए एक काम को 12 दिन में पूरा कर सकते हैं, जबकि 3 पुरुष और 7 महिलाएँ मिलकर उसी काम को 15 दिन में पूरा कर सकते हैं। 11 महिलाएँ उसी काम को कितने दिन में पूरा करेंगी? SSC CGL (Tier-I) 03/12/2022 Shift-III

(a) 12 (b) 8 (c) 16 (d) 6

127. A और B एक निश्चित कार्य को 6 घण्टे में कर सकते हैं और A, B और C मिलकर उसी कार्य को पूरा करने में 4 घण्टे का समय लेते हैं। अकेले C को कार्य पूरा करने में कितना समय (घण्टे में) लगेगा?
SSC CGL (Tier-I) 03/12/2022 Shift-II

(a) 2 (b) 4 (c) 12 (d) 6

128. रुचि, खुशी और तेजू एक कार्य को क्रमशः 30, 40 और 60 दिन में पूरा कर सकते हैं। यदि खुशी और तेजू दोनों हर तीसरे दिन रुचि की सहायता करते हैं, तो रुचि कितने दिन में कार्य पूरा कर सकती है?
SSC CGL (Tier-I) 03/12/2022 Shift-I

(a) $\frac{360}{17}$ दिन (b) $\frac{85}{4}$ दिन
(c) $\frac{71}{2}$ दिन (d) $\frac{550}{12}$ दिन

129. A और B मिलकर किसी कार्य को 50 दिनों में कर सकते हैं। यदि A, B से 40% कम कुशल है, तो A अकेले कार्य करके 60% कार्य को कितने दिनों में पूरा कर सकता है?
SSC CGL (Tier-I) 02/12/2022 Shift-IV

(a) 80 (b) 110 (c) 105 (d) 70

130. यदि एक पुरुष या दो महिलाएँ या चार लड़के या पाँच लड़कियाँ किसी काम को 39 दिन में पूरा कर सकते हैं, तो एक पुरुष, एक महिला, एक लड़का और एक लड़की मिलकर उसी काम को कितने दिन में पूरा करेंगे?
SSC CGL (Tier-I) 02/12/2022 Shift-III

(a) 10 (b) 40 (c) 30 (d) 20

131. यदि 6 महिलाएँ किसी कार्य को 3 दिनों में पूरा कर सकती हैं और 9 लड़कियाँ उसी कार्य को 2 दिनों में पूरा कर सकती हैं, तो 8 महिलाओं और 6 लड़कियों द्वारा उस कार्य को पूरा करने में लिया गया समय ज्ञात कीजिए।
SSC CGL (Tier-I) 02/12/2022 Shift-I

(a) 6 दिन (b) 4 दिन
(c) $\frac{9}{7}$ दिन (d) 3 दिन

132. 6 पुरुष और 8 महिलाएँ एक काम को 10 दिनों में कर सकते हैं, जबकि 26 पुरुष और 48 महिलाएँ उसी काम को 2 दिनों में कर सकते हैं। उसी काम को करने के लिए 15 पुरुषों और 20 महिलाओं को कितना दिन लगेंगे? SSC CGL (Tier-I) 01/12/2022 Shift-IV

(a) 10 (b) 6 (c) 8 (d) 4

133. A किसी कार्य को पूरा करने में B से 4 गुना या C से 5 गुना समय लेता है। एकसाथ काम करते हुए, वे 4 दिन में काम समाप्त कर सकते हैं। B अकेले कितने दिन में काम पूरा कर सकता है? SSC CGL (Tier-I) 01/12/2022 Shift-III

(a) 10 दिन (b) 15 दिन
(c) 12 दिन (d) 20 दिन

134. यदि 450 पुरुष एक अपार्टमेंट का निर्माण 20 दिनों में पूरा कर सकते हैं, तो उसी कार्य को 30 दिनों में पूरा करने के लिए कितने पुरुषों की आवश्यकता होगी?
SSC CGL (Tier-I) 01/12/2022 Shift-III

(a) 250 (b) 150
(c) 400 (d) 300

135. A, B और C एक कार्य को अलग-अलग क्रमशः 10, 20 और 40 दिन में पूरा कर सकते हैं। यदि A को प्रत्येक तीसरे दिन B और C दोनों द्वारा सहायता प्रदान की जाए, तो कार्य कितने दिन में पूरा होगा?

SSC CGL (Tier-I) 01/12/2022 Shift-II

(a) 6 (b) 9
(c) $10\frac{2}{3}$ (d) $8\frac{2}{7}$

136. P और Q एक परियोजना को क्रमशः 15 दिनों और 10 दिनों में पूरा कर सकते हैं। उन्होंने एकसाथ काम शुरू किया, लेकिन 2 दिनों के बाद Q को छोड़ना पड़ा और P ने अकेले शेष काम पूरा किया। पूरा काम कितने दिनों में समाप्त हुआ?

SSC CGL (Tier-I) 01/12/2022 Shift-I

(a) 12 (b) 10 (c) 11 (d) 13

SSC CGL 2021 & 2020 (Tier I)

137. अठारह पुरुष, किसी कार्य को 14 दिन में पूरा कर सकते हैं। तीन महिलाएँ, दो पुरुषों के बराबर कार्य कर सकती हैं। पाँच पुरुष और छः महिलाएँ कार्य शुरू करते हैं और 4 दिन तक कार्य करते हैं। इसके बाद समूह में 3 और पुरुष शामिल होते हैं। कार्य, कुल कितने दिनों में पूरा होगा?

SSC CGL (Tier-I) 24/08/2021 Shift-II

(a) $21\frac{1}{3}$ (b) 18
(c) $17\frac{1}{3}$ (d) 22

138. A एक कार्य को $11\frac{1}{2}$ दिनों में पूरा कर सकता है। B, A से 25% अधिक कुशल है और C, B की तुलना में 50% कुशल है। A, B और C साथ मिलकर उसी कार्य को कितने दिनों में पूरा करेंगे?

SSC CGL (Tier-I) 24/08/2021 Shift I

(a) 8 दिन (b) 4 दिन
(c) 3 दिन (d) 5 दिन

139. एक निश्चित कार्य को पूरा करने के लिए, A और B की कुशलताओं का अनुपात 7 : 5 है। वे एक साथ कार्य को $17\frac{1}{2}$ दिन में पूरा कर सकते हैं। अकेले B, उसी कार्य के 50% भाग को कितने दिन में पूरा करेगा?

SSC CGL (Tier-I) 23/08/2021 Shift-II

(a) 30 (b) 42
(c) 15 (d) 21

140. पाँच पुरुष किसी कार्य को 20 दिन में पूरा कर सकते हैं। दस महिलाएँ उसी कार्य को 15 दिन में पूरा कर सकती हैं। दो पुरुष और छः महिलाएँ मिलकर कार्य शुरु करते हैं। 5 दिन बाद तीन महिलाओं ने कार्य छोड़ दिया और एक नया पुरुष कार्य करने के लिए शामिल हुआ। यह समूह कार्य के अन्त तक कार्य जारी रखता है। शेष कार्य को वे कितने दिन में पूरा कर पाएँगे?

SSC CGL (Tier-I) 18/08/2021 Shift-III

(a) $18\frac{1}{3}$ (b) $16\frac{2}{3}$ (c) 14 (d) 19

141. A और B मिलकर एक निश्चित कार्य को 20 दिन में पूरा कर सकते हैं, जबकि B और C मिलकर उसी कार्य को 24 दिन में पूरा कर सकते हैं। यदि A, C से दोगुना कुशल श्रमिक है, तो B अकेले उस कार्य के 40% भाग को कितने समय में करेगा?

SSC CGL (Tier-I) 18/08/2021 Shift-I

(a) 12 दिन (b) 18 दिन
(c) 10 दिन (d) 15 दिन

142. पाँच में से प्रत्येक व्यक्ति स्वतन्त्र रूप से एक कार्य को 20 दिन में पूरा कर सकता है। एक व्यक्ति द्वारा कार्य शुरू किया जाता है। अगले दिन, एक और व्यक्ति कार्य करने के लिए शामिल होता है और प्रत्येक अगले दिन एक और व्यक्ति कार्य करने के लिए शामिल होता है। पाँचवे दिन से, टीम के रूप में पाँच व्यक्ति कार्य करना जारी रखते हैं। वह कार्य कितने दिनों में पूरा होगा? **SSC CGL (Tier-I) 17/08/2021 Shift-III**

(a) 5 दिन (b) 3 दिन (c) 2 दिन (d) 6 दिन

143. समीर और पुनीत, एक कार्य को क्रमशः 10 दिन और 15 दिन में पूरा कर सकते हैं। इस कार्य के लिए ₹ 4500 की धनराशि आवण्टित की गई थी। समीर और पुनीत ने 3 दिन तक एकसाथ मिलकर कार्य करने के बाद, अशोक को कार्य में शामिल कर लिया। कार्य, कुल 5 दिन में पूरा हुआ। अशोक को भुगतान की गई राशि ज्ञात करें।

SSC CGL (Tier-I) 16/08/2021 Shift-III

(a) ₹ 750 (b) ₹ 1071
(c) ₹ 800 (d) ₹ 1500

144. A एक कार्य को 15 दिन में कर सकता है। B, A से 25% अधिक कुशल है। दोनों ने 4 दिन तक एकसाथ कार्य किया। शेष कार्य को C ने 8 दिनों में पूरा किया। A, B और C मिलकर उसी कार्य को कितने दिन में पूरा कर सकते हैं? **SSC CGL (Tier-I) 16/08/2021 Shift-I**

(a) $6\frac{1}{2}$ दिन (b) $4\frac{1}{2}$ दिन
(c) 4 दिन (d) 5 दिन

145. एक पुरुष और एक महिला, एकसाथ मिलकर किसी कार्य को 66 दिन में पूरा कर सकते हैं। उनकी कार्य क्षमता का अनुपात 3 : 2 है। 6 पुरुष और 2 महिला एकसाथ कार्य करते हुए उसी कार्य को कितने दिन में पूरा कर सकते हैं? **SSC CGL (Tier-I) 13/08/2021 Shift-III**

(a) 10 (b) 12 (c) 14 (d) 15

146. एक निश्चित कार्य करने के लिए, A और B, वैकल्पिक दिन पर कार्य करते हैं, पहले दिन B कार्य शुरू करता है। अकेले A, उस कार्य को 24 दिन में कर सकता है। यदि कार्य $11\frac{1}{3}$ दिन में पूरा होता है, तो अकेले B, मूल कार्य का $\frac{7}{9}$ भाग कितने दिन में पूरा कर सकता है?

SSC CGL (Tier-I) 13/08/2021 Shift-I

(a) $4\frac{1}{2}$ दिन (b) 4 दिन
(c) $5\frac{1}{2}$ दिन (d) 6 दिन

147. यदि 18 पुरुष किसी खेत को 35 दिनों में काट सकते हैं, तो 21 पुरुष उसी खेत को कितने दिन में काट सकते हैं?

SSC CGL (Tier-I) 07/03/2020 Shift-II

(a) 32 (b) 27 (c) 28 (d) 30

148. किसी अनुबन्ध को 75 दिन में पूरा करना है और 187 पुरुष को प्रतिदिन 15 घण्टे कार्य करना है। 65 दिन के बाद, कार्य का $\frac{3}{5}$ भाग पूरा होता है। अब यदि प्रत्येक पुरुष प्रति दिन 17 घण्टे कार्य कर रहा है, तो कार्य को समय पर पूरा करने के लिए, कितने और पुरुष नियुक्त किए जाने चाहिए?

SSC CGL (Tier-I) 07/03/2020 Shift-II

(a) 528 (b) 495 (c) 514 (d) 532

149. 10 पुरुष या 12 महिलाएँ एक ही कार्य को 10 दिनों में पूरा कर सकती हैं। यदि 5 पुरुष और 2 महिलाएँ एक साथ कार्य शुरू करते हैं, तो उन्हें कार्य पूरा करने में कितने दिन लगेंगे?

SSC CGL (Tier-I) 07/03/2020 Shift-I

(a) 60 (b) 20
(c) 15 (d) 40

150. A, B और C अकेले क्रमशः 20 दिन, 16 दिन और 30 दिन में कोई कार्य पूरा कर सकते हैं। यदि A और B ने काम करना प्रारम्भ किया और उन्होंने 4 दिन काम करके छोड़ दिया, तो शेष कार्य को पूरा करने के लिए C को कितना समय चाहिए?

SSC CGL (Tier-I) 06/03/2020 Shift-III

(a) 13 दिन (b) $16\frac{1}{2}$ दिन
(c) $12\frac{1}{2}$ दिन (d) 10 दिन

151. 16 पुरुष एक कार्य को 8 दिन में पूरा कर सकते हैं। एकसाथ मिलकर 8 पुरुष और 9 महिलाएँ उसी कार्य को 10 दिनों में पूरा कर सकते हैं। 20 महिलाएँ उसी कार्य को कितने दिनों में पूरा करेंगी?

SSC CGL (Tier-I) 05/03/2020 Shift-III

(a) 12 (b) 13 (c) 9 (d) 11

152. एक निश्चित कार्य को पूरा करने में X, Y की तुलना में 40% अधिक कुशल है और Z, Y की तुलना में 40% कम कुशल है। एकसाथ कार्य

करने पर, वें 21 दिनों में कार्य पूरा कर सकते हैं। Y और Z ने मिलकर 35 दिनों तक कार्य किया। शेष कार्य अकेले X द्वारा कितने दिनों में पूरा किया जाएगा? SSC CGL (Tier-I) 05/03/2020 Shift-II

(a) 5 दिन (b) 8 दिन (c) 4 दिन (d) 6 दिन

153. चार पुरुष और 6 महिलाएँ 5 दिन में एक निश्चित काम को पूरा कर सकते हैं। जबकि तीन पुरुष और 4 महिलाएँ इसे 7 दिनों में पूरा कर सकते हैं। उस काम का $2\frac{1}{2}$ गुना काम 5 दिनों में पूरा करने के लिए, कितने पुरुषों को 25 महिलाओं की सहायता करनी चाहिए?
SSC CGL (Tier-I) 04/03/2020 Shift-III

(a) 10 (b) 8 (c) 4 (d) 5

SSC CPO SI 2024

154. सुमित और राजीव, मिलकर काम करते हुए, किसी काम को 20 घण्टे में कर सकते हैं, जबकि सुमित अकेले उसी काम को 25 घण्टे में कर सकता है। राजीव अकेले उस काम को कितने घण्टे में पूरा कर सकता है?
SSC CPO 29/06/2024 Shift-III

(a) 90 (b) 100 (c) 70 (d) 80

155. यदि 12 व्यक्ति 540 समान पुस्तकों को 10 दिनों में मुद्रित कर सकते हैं, तो 8 दिनों में ऐसे 720 पुस्तकों को मुद्रित करने के लिए कितने और व्यक्तियों की आवश्यकता होगी?
SSC CPO 29/06/2024 Shift-III

(a) 8 (b) 6 (c) 12 (d) 4

156. राकेश की तुलना में सपना दोगुनी कुशल है। यदि वे दोनों एक परियोजना पर एक साथ कार्य करते हैं और इसे 48 दिन में पूरा करते हैं, तो सपना अकेले उस परियोजना को कितने दिन में पूरा कर सकती है? SSC CPO 29/06/2024 Shift-II

(a) 52 (b) 68 (c) $69\frac{1}{2}$ (d) 72

157. एक छात्रावास में एक महीने के लिए 300 विद्यार्थियों के लिए भोजन की व्यवस्था थी। 20 दिनों के बाद 50 विद्यार्थियों ने छात्रावास छोड़ दिया। बचा हुआ खाना कब तक चलेगा? (1 महीना = 30 दिन)
SSC CPO 29/06/2024 Shift-II

(a) 12 दिन (b) 16 दिन
(c) 10 दिन (d) 14 दिन

158. राजन और रजत किसी कार्य को क्रमश 64 दिन और 48 दिन में पूरा कर सकते हैं। रजत से शुरू करते हुए, दोनों एकान्तर दिनों में बारी-बारी से कार्य करते हैं। कार्य कितने दिनों में पूरा होगा? SSC CPO 29/06/2024 Shift-II

(a) $55\frac{3}{4}$ (b) 54
(c) 55 (d) $54\frac{3}{4}$

159. अमिता उतने ही समय में एक कमरा बना सकती है, जितने समय में बीना और सीता एकसाथ मिलकर उसे बना सकती हैं। यदि अमिता और बीना एकसाथ मिलकर इसे 25 दिन में कर सकती हैं और सीता अकेले 35 दिन में कर सकती हैं, तो बीना को अकेले उसी कार्य को करने में कितने दिन लगेंगे?
SSC CPO 29/06/2024 Shift-I

(a) 175 दिन (b) 152 दिन
(c) 180 दिन (d) 165 दिन

160. P एक काम को 30 दिन में और Q, 40 दिन में कर सकता है। वे 4 दिन तक मिलकर काम करते हैं और फिर Q छोड़ देता है। शेष काम को पूरा करने में P को कितने दिन लगेंगे?
SSC CPO 28/06/2024 Shift-III

(a) 28 दिन (b) 7 दिन
(c) 23 दिन (d) 30 दिन

161. मनीष, नकुल और पिण्टू अकेले किसी काम को क्रमशः 21 दिन, 28 दिन और 15 दिन में पूरा कर सकते हैं। मनीष और पिण्टू ने एक साथ काम शुरू किया जबकि नकुल ने 5 दिन के बाद उनके साथ काम करना शुरू किया और काम पूरा होने तक उनके साथ काम किया। नकुल ने कितने दिन तक काम किया?
SSC CPO 28/06/2024 Shift-II

(a) $5\frac{1}{2}$ (b) $2\frac{1}{2}$ (c) $2\frac{6}{7}$ (d) $3\frac{1}{2}$

162. रौनक और रिया किसी कार्य को क्रमशः 12 और 18 दिनों में कर सकती हैं। उन्होंने 6 दिनों तक साथ कार्य किया और फिर रौनक कार्य छोड़कर चली गई। कार्य को पूरा करने के लिए रिया द्वारा लिया गया समय ज्ञात कीजिए। SSC CPO 28/06/2024 Shift-II

(a) 7 दिन (b) 3 दिन (c) 6 दिन (d) 5 दिन

163. रवि और संजू एकसाथ मिलकर किसी कार्य को 2 दिन में कर सकते हैं, संजू और महेश इसे 4 दिन में कर सकते है, जबकि रवि और महेश इसे 2 दिन में कर सकते हैं। रवि को उसी कार्य को अकेले करने में कितने दिन लगेंगे? SSC CPO 28/06/2024 Shift-I

(a) $\frac{8}{3}$ दिन (b) $\frac{5}{3}$ दिन
(c) 9 दिन (d) 4 दिन

164. A और B मिलकर किसी कार्य को 25 दिनों में पूरा कर सकते हैं, B और C मिलकर उसी कार्य को 36 दिनों में पूरा कर सकते हैं, जबकि C और A मिलकर उसी कार्य को 30 दिनों में पूरा कर सकते हैं। यदि A, B, C और D मिलकर इस कार्य को 18 दिनों में पूरा कर सकते हैं, तो D अकेला इस कार्य को कितने दिनों में पूरा कर सकता है?
SSC CPO 28/06/2024 Shift-I

(a) 225 (b) 200 (c) 210 (d) 180

165. 18 कर्मचारी एक कार्य को 96 दिनों में पूरा कर सकते हैं। वे एक एकसाथ काम करना शुरू करते हैं और 26 दिनों के बाद 10 और कर्मचारी उनके साथ जुड़ जाते हैं। कार्य को कुल मिलाकर कितने दिनों में पूरा किया जाएगा? SSC CPO 27/06/2024 Shift-III

(a) 72 (b) 70 (c) 71 (d) 69

166. यदि 24 व्यक्ति 25 दिनों में 90 समान दीवारें बना सकते हैं, तो ऐसी 162 दीवारों को बनाने में 27 व्यक्तियों को और कितने दिन लगेंगे?
SSC CPO 27/06/2024 Shift-III

(a) 14 (b) 13 (c) 16 (d) 15

167. A और B एक कार्य को क्रमशः 13 दिन और 26 दिन में पूरा कर सकते हैं। यदि A से प्रारम्भ करते हुए वे एकान्तर दिनों (बारी-बारी से एक दिन) में कार्य करते हैं, तो कार्य कितने दिनों में पूरा होगा? SSC CPO 27/06/2024 Shift-II

(a) 13 (b) 16 (c) 14 (d) 17

168. अरविन्द, सुरेश से 4 गुना तेजी से काम करता है। यदि सुरेश स्वतन्त्र रूप से किसी कार्य को 20 दिन में पूरा कर सकता है, तो अरविन्द और सुरेश मिलकर उस कार्य को कितने दिन में पूरा कर सकते हैं?
SSC CPO 27/06/2024 Shift-II

(a) 4 (b) 5 (c) 3 (d) 6

169. A किसी काम को 20 दिन में और B उसी काम को 30 दिन में कर सकता है। यदि वे 2 दिन तक मिलकर इस काम को करते हैं, तो कितना काम शेष रह जाएगा?
SSC CPO 27/06/2024 Shift-I

(a) $\frac{5}{7}$ (b) $\frac{5}{6}$ (c) $\frac{3}{5}$ (d) $\frac{5}{8}$

170. A अकेले किसी कार्य को 200 दिनों में पूरा कर सकता है, जबकि B उसी कार्य को अकेले 100 दिनों में पूरा कर सकता है। प्रत्येक तीन-दिवसीय चक्र में पहले दिन A और B दोनों काम करते हैं, दूसरे दिन केवल A काम करता है और तीसरे दिन केवल काम B करता है। यह चक्र, कार्य पूरा होने तक जारी रहता है। दोनों मिलकर कार्य को पूरा करने में कितने दिन लेते हैं? SSC CPO 27/06/2024 Shift-I

(a) $100\frac{1}{2}$ (b) $99\frac{2}{3}$
(c) 100 (d) $100\frac{1}{3}$

SSC CPO SI 2023-2020

171. A और B समान रूप से कार्यकुशल हैं और प्रत्येक अकेल किसी कार्य को 36 दिन में पूरा कर सकता है, यदि किसी ने कोई अवकाश न लिया हो। A और B ने इस कार्य पर एकसाथ मिलकर कार्य करना शुरू किया, लेकिन A ने

हर पाँच दिन कार्य करने के बाद एक दिन का अवकाश लिया, जबकि B ने हर सात दिन कार्य करने के बाद एक दिन का अवकाश लिया। यदि दोनों ने 1 जुलाई, 2021 को कार्य शुरू किया था, तो कार्य किस तिथि को पूरा हुआ? **SSC CPO 05/10/2023 Shift-III**

(a) 19 जुलाई, 2021
(b) 20 जुलाई, 2021
(c) 22 जुलाई, 2021
(d) 21 जुलाई, 2021

172. यदि अरुण किसी कार्य का $\frac{2}{3}$ भाग 12 दिनों में पूरा कर सकता है, तो वह उसी कार्य का $\frac{1}{6}$ भाग कितने दिनों में पूरा करेगा? **SSC CPO 05/10/2023 Shift-III**

(a) 5 (b) 4
(c) 3 (d) 2

173. A, B और C एक कार्य क्रमश: 11 दिन, 20 दिन और 55 दिन में पूरा करे सकते हैं। यदि B से शुरू करते हुए, एक-एक दिन छोड़कर बारी-बारी से B और C द्वारा A की सहायता की जाती है, तो कार्य कितना जल्दी पूरा किया जा सकता है? **SSC CPO 05/10/2023 Shift-III**

(a) 8 दिन (b) $9\frac{1}{2}$ दिन
(c) 9 दिन (d) $8\frac{1}{2}$ दिन

174. अक्षिता और रैना एक किताब टाइप कर रहे हैं, लेकिन उनके पास कार्य करने के लिए केवल एक लैपटॉप है। उन्होंने तय किया कि वे बारी-बारी से कार्य करेंगे, जैसे कि अक्षिता पहले दिन कार्य करती है, रैना दूसरे दिन कार्य करती है, अक्षिता तीसरे दिन और इसी तरह आगे कार्य चलता रहता है। अक्षिता अकेले इस टाइपिंग कार्य को 16 दिनों में पूरा कर सकती है, जबकि रैना को अकेले पूरी किताब का कार्य करने के लिए 24 दिन लगेंगे। यदि वे बारी-बारी से कार्य करती हैं, तो उन्हें टाइपिंग का कार्य पूरा करने में कितने दिन लगेंगे? **SSC CPO 04/10/2023 Shift-II**

(a) 17 (b) 19
(c) 15 (d) 18

175. एक कार्यालय में, 75 कर्मचारी एक परियोजना को 60 दिनों में पूरा कर सकते हैं। कुछ दिनों के बाद, 15 कर्मचारियों ने कार्य छोड़ दिया और परियोजना 65 दिनों में पूर्ण हुई। 15 कर्मचारियों ने कितने दिनों के बाद कार्य छोड़ दिया था? **SSC CPO 04/10/2023 Shift-II**

(a) 40 (b) 30 (c) 50 (d) 45

176. P, Q और R जब अलग-अलग कार्य करते हैं, तो किसी कार्य को क्रमश: 36 दिन, 48 दिन और 144 दिन में पूरा कर सकते हैं। P, Q और R एक साथ मिलकर कार्य करना शुरू करते हैं। P कार्य पूरा होने से 12 दिन पहले कार्य छोड़ देता है, और Q कार्य पूरा होने से 8 दिन पहले कार्य छोड़ देता है। R कार्य के आरम्भ से अन्त तक कार्य करता है। कार्य पूरा करने में लगने वाले दिनों की कुल संख्या ज्ञात करें। **SSC CPO 03/10/2023 Shift-I**

(a) 24 (b) 27
(c) 25 (d) 30

177. A, B और C एक कार्य को क्रमश: 20 दिन, 30 दिन और 60 दिन में पूरा कर सकते है। यदि A प्रतिदिन कार्य करता है और प्रत्येक तीसरे दिन B और C भी A के साथ कार्य करते हैं, तो कार्य कितने दिनों में पूरा हो जाएगा? **SSC CPO 03/10/2023 Shift-I**

(a) 15 (b) 12 (c) 21 (d) 18

178. यदि 3 बकरियाँ या 5 भेड़ें एक खेत को 54 दिनों में चर सकती है, तो 6 बकरियाँ और 8 भेड़ें उसी खेत को कितने दिनों में चर सकती हैं? **SSC CPO 03/10/2023 Shift-I**

(a) 10 (b) 12 (c) 15 (d) 8

179. पुरुषों का एक समूह एक कार्य को 20 दिनों में पूरा करने के लिए प्रतिबद्ध हैं। काम 40 दिनों में पूरा किया गया क्योंकि 5 कर्मचारी काम पर नहीं आए थे। उन पुरुषों की संख्या निर्धारित कीजिए जो मूल रूप से काम को करने के लिए सहमत हुए थे। **SSC CPO 11/11/2022 Shift-I**

(a) 15 (b) 12 (c) 18 (d) 10

180. P और Q किसी काम को 14 दिनों में कर सकते हैं। Q और R मिलकर इसे 21 दिनों में कर सकते हैं। यदि P, R की तुलना में दोगुना अच्छा कार्मिक है, तो Q अकेले उस काम को कितने दिनों में कर सकता हैं? **SSC CPO 11/11/2022 Shift-I**

(a) 38 दिन (b) 35 दिन
(c) 42 दिन (d) 40 दिन

181. एक निर्माण स्थल पर राजू एक दीवार को 36 घण्टे में पेण्ट कर सकता है, जबकि अंगद उसी काम को 18 घण्टे में कर सकता है। सुमित उसी दीवार को 24 घण्टे में पेण्ट कर सकता है। यदि वे सभी एकसाथ काम करते हैं, तो वे दीवार को कितने समय में पेण्ट कर सकते हैं? **SSC CPO 10/11/2022 Shift-I**

(a) 12 घण्टे (b) 6 घण्टे
(c) 9 घण्टे (d) 8 घण्टे

182. आरुष और माही मिलकर एक कार्य को 10 दिन में कर सकते हैं। यदि आरुष अकेले उसी कार्य को 15 दिन में कर सकता है, तो माही अकेले उसी कार्य को कितने दिन में करेगा? **SSC CPO 10/11/2022 Shift-I**

(a) 15 (b) 25
(c) 20 (d) 30

183. A किसी कार्य को 35 दिनों में पूरा कर सकता है और B उसी कार्य को 15 दिनों में पूरा कर सकता है। उन्होंने 7 दिनों तक एक साथ कार्य किया, फिर B ने कार्य छोड़ दिया। A अकेले शेष कार्य के 60% भाग को कितने दिनों में पूरा करेगा? **SSC CPO 25/11/2020 Shift-II**

(a) 10 (b) 7 (c) 15 (d) 8

184. A और B किसी काम को क्रमश: 10 और 5 दिनों में कर सकते हैं। दोनों दो दिनों तक एक साथ मिलकर काम करते हैं, उसके बाद B के स्थान पर C काम करता है और काम अगले तीन दिनों में पूरा हो जाता है। C अकेले उस काम के 40% हिस्से को कितने दिनों में पूरा कर पाएगा? **SSC CPO 25/11/2020 Shift-I**

(a) 15 दिन (b) 10 दिन
(c) 12 दिन (d) 18 दिन

185. A, B की तुलना में दोगुना कुशल मजदूर है और वे दोनों एक साथ मिलकर किसी काम को 13 दिनों में पूरा करते हैं। A अकेला उस काम को कितने दिनों में पूरा कर पाएगा? **SSC CPO 25/11/2020 Shift-I**

(a) $9\frac{1}{4}$ (b) 41 (c) $19\frac{1}{2}$ (d) 39

186. A और B किसी काम को 25 दिनों में कर सकते हैं। B अकेले उसी काम के $66\frac{2}{3}\%$ भाग को 30 दिनों में कर सकता है। A अकेले उसी काम के $\frac{4}{15}$ भाग को कितने दिनों में कर सकता है? **SSC CPO 24/11/2020 Shift-I**

(a) 15 (b) 18 (c) 12 (d) 20

187. A और B किसी काम को 36 दिनों में कर सकते हैं। B और C उसी काम को 60 दिनों में कर सकते हैं। A और C उसी काम को 45 दिनों में कर सकते हैं। B अकेले उसी काम को कितने दिनों में पूरा कर सकता है? **SSC CPO 24/11/2020 Shift-I**

(a) 45 (b) 120 (c) 90 (d) 60

188. A, B की तुलना में दोगुना कुशल मजदूर है और वे एक साथ मिलकर किसी कार्य को 13 दिन में पूरा करते हैं। अकेले B उसी कार्य को कितने दिन में पूरा कर पाएगा? **SSC CPO 23/11/2020 Shift-I**

(a) 42 (b) 21 (c) 39 (d) 18.5

189. A और B किसी कार्य को क्रमश: 10 और 5 दिन में कर सकते हैं। दोनों एक साथ मिलकर दो दिन तक कार्य करते हैं, उसके बाद B के स्थान पर C कार्य करता है, और कार्य अगले तीन दिन में पूरा हो जाता है। अकेले C उस कार्य का 60% भाग कितने दिन में पूरा करेगा? **SSC CPO 23/11/2020 Shift-I**

(a) 18 दिन (b) 24 दिन
(c) 30 दिन (d) 25 दिन

SSC CHSL 2024 (Tier I & II)

190. रत्लेश और विनीत बारी–बारी से एक दिन छोड़कर काम करते हैं और रत्लेश पहले दिन काम शुरू करता है। सम्पूर्ण काम $54\frac{3}{4}$ दिनों में पूरा हो जाता है। यदि रत्लेश अकेले उस काम को 48 दिनों में पूरा कर सकता है, तो विनीत अकेले उस काम को कितने दिनों में पूरा कर सकता है? **SSC CHSL (Tier-II) 18/11/2024 Shift-I**

(a) 60 (b) 66
(c) 62 (d) 64

191. X, Y और Z एक कार्य को क्रमशः 24 दिन, 5 दिन और 12 दिन में कर सकते हैं। यदि वे साथ मिलकर कार्य करते हैं, तो वे उसी कार्य को कितने दिनों में कर सकते हैं?
SSC CHSL (Tier-I) 11/07/2024 Shift-IV

(a) $\frac{1}{24}$ दिन (b) $3\frac{1}{13}$ दिन
(c) 4 दिन (d) $\frac{7}{24}$ दिन

192. टीना एक काम का आधा भाग 6 दिनों में पूरा करती है। बाद में, श्याम की मदद से, वह शेष काम को 4 दिनों में पूरा करती है। श्याम अकेले सम्पूर्ण काम कितने दिनों में पूरा कर सकता है?
SSC CHSL (Tier-I) 11/07/2024 Shift-III

(a) 18 दिन (b) 21 दिन
(c) 24 दिन (d) 12 दिन

193. मीरा एक काम को 20 दिनों में, नीना 30 दिनों में और सीमा 40 दिनों में पूरा कर सकती है। मीरा और सीमा ने 4 दिनों तक एकसाथ मिलकर काम किया और फिर मीरा की जगह नीना ने ले ली। कुल मिलाकर काम कितने दिनों में पूरा हुआ?
SSC CHSL (Tier-I) 11/07/2024 Shift-II

(a) 14 (b) 16 (c) 18 (d) 20

194. निर्मल ने एक स्कूल प्रोजेक्ट को 45 दिनों में पूरा किया। यदि अमित निर्मल से 25% अधिक कुशल है, तो अमित को इसी काम को पूरा करने में कितने दिन लगेंगे?
SSC CHSL (Tier-I) 11/07/2024 Shift-I

(a) 30 (b) 25 (c) 38 (d) 36

195. P किसी कार्य को 12 दिनों में और Q उसी कार्य को 24 दिनों में पूरा करता है। P और Q साथ मिलकर कार्य करते हुए उसी कार्य को कितने दिनों में पूरा कर सकते हैं?
SSC CHSL (Tier-I) 10/07/2024 Shift-IV

(a) 16 दिन (b) 8 दिन
(c) 6 दिन (d) 12 दिन

196. रीना और रिया साथ मिलकर एक कार्य को 36 दिनों में पूरा कर सकती हैं। रिया और गीता साथ मिलकर इसे 54 दिनों में पूरा कर सकती हैं। रीना और गीता साथ मिलकर इसे 81 दिनों में पूरा कर सकती हैं। रीना अकेले इस कार्य को कितने दिनों में पूरा कर सकती है?
SSC CHSL (Tier-I) 10/07/2024 Shift-III

(a) $87\frac{4}{7}$ दिन (b) $92\frac{4}{7}$ दिन
(c) $97\frac{4}{7}$ दिन (d) $82\frac{4}{7}$ दिन

197. P और Q एक कार्य को क्रमशः 12 दिन और 9 दिन में कर सकते हैं। दोनों ने साथ मिलकर कार्य किया और ₹ 63000 कमाए। इसमें P का हिस्सा (₹ में) कितना है?
SSC CHSL (Tier-I) 10/07/2024 Shift-II

(a) 36000 (b) 21000
(c) 27000 (d) 9000

198. किसी कार्य को पूरा करने के लिए, Q को जितने दिन चाहिए, P उससे आधे दिन लेता है। यदि वे एकसाथ मिलकर कार्य को 36 दिनों में पूरा कर सकते हैं, तो Q को अकेले कार्य पूरा करने में कितने दिन का समय लगेगा?
SSC CHSL (Tier-I) 10/07/2024 Shift-I

(a) 84 (b) 60
(c) 24 (d) 108

199. A अकेले काम करके किसी कार्य को 4 दिनों में पूरा कर सकता है। B अकेले उसी कार्य को 12 दिनों में पूरा कर सकता है। यदि वे दोनों एकसाथ मिलकर कार्य करते हैं, तो कार्य कितने दिनों में पूरा होगा?
SSC CHSL (Tier-I) 09/07/2024 Shift-IV

(a) 8 (b) 3 (c) 4 (d) 6

200. यदि 6 इन्जीनियर एक कार्य को 5 दिनों में पूरा कर सकते हैं और 5 कुशल श्रमिक उसी कार्य को 7 दिनों में पूरा कर सकते हैं, तो उसी कार्य को 7 इन्जीनियरों और 4 कुशल श्रमिकों द्वारा पूरा करने में कितना समय (दिनों में) लगेगा?
SSC CHSL (Tier-I) 09/07/2024 Shift-III

(a) $3\frac{64}{73}$ (b) $2\frac{65}{73}$
(c) $2\frac{64}{73}$ (d) $2\frac{64}{70}$

201. 30 व्यक्ति प्रतिदिन 5 घण्टे कार्य करके एक कार्य को 18 दिनों में पूरा कर सकते हैं। 20 व्यक्ति प्रतिदिन 7 घण्टे कार्य करके उसी कार्य को कितने दिनों में पूरा करेंगे?
SSC CHSL (Tier-I) 09/07/2024 Shift-II

(a) $16\frac{5}{7}$ (b) $13\frac{1}{7}$
(c) $19\frac{2}{7}$ (d) $11\frac{3}{7}$

202. तन्वी एक कार्य को 25 दिनों में पूरा कर सकती है और ताई उसी कार्य को 30 दिनों में पूरा कर सकती है। उन्होंने एकसाथ मिलकर 5 दिनों तक कार्य किया। कार्य का कितना अंश शेष है? **SSC CHSL (Tier-I) 08/07/2024 Shift-IV**

(a) $\frac{11}{30}$ (b) $\frac{11}{12}$ (c) $\frac{1}{12}$ (d) $\frac{19}{30}$

203. यदि R प्रतिदिन 10 घण्टे कार्य करता है, तो वह एक कार्य 6 दिनों में पूरा कर सकता है। यदि S प्रतिदिन 8 घण्टे कार्य करता है, तो वह इसे 5 दिनों में पूरा कर सकता है। यदि दोनों एक साथ मिलकर कार्य शुरू करते हैं और प्रतिदिन 6 घण्टे कार्य करते हैं, तो कार्य कितने दिनों में पूरा हो जाएगा?
SSC CHSL (Tier-I) 08/07/2024 Shift-III

(a) 6 (b) 4
(c) 5 (d) 3

204. रोहन घास के एक बड़े मैदान को काटने में 10 घण्टे लेता है। रोहन और मोहन मिलकर उसी को 4 घण्टे में काट सकते हैं। यदि मोहन अकेले कार्य करता है, तो उसे मैदान की घास काटने में कितना समय लगेगा?
SSC CHSL (Tier-I) 08/07/2024 Shift-II

(a) $\frac{16}{3}$ घण्टे (b) $\frac{40}{3}$ घण्टे
(c) $\frac{10}{3}$ घण्टे (d) $\frac{20}{3}$ घण्टे

205. एण्टनी और जूली एकसाथ मिलकर फर्श की सजावट का काम 15 दिनों में पूरा कर सकते हैं और जूली अकेले इसी काम को 20 दिनों में पूरा कर सकती है। एण्टनी अकेले फर्श की सजावट का काम कितने दिनों में पूरा कर सकता है?
SSC CHSL (Tier-I) 08/07/2024 Shift-I

(a) 55 (b) 60
(c) 45 (d) 50

206. गणित में A के अंक उसके अभ्यास समय के अनुक्रमानुपाती (directly proportional) है। 6 घण्टे के अभ्यास में A को 70 अंक मिलते हैं। 90 अंक प्राप्त करने के लिए उसका अभ्यास समय (लगभग) क्या होना चाहिए?
SSC CHSL (Tier-I) 08/07/2024 Shift-I

(a) 8.3 घण्टे (b) 7 घण्टे
(c) 7.7 घण्टे (d) 8 घण्टे

207. X और Y एक कार्य को 18 दिनों में पूरा कर सकते हैं। Y और Z उसी कार्य को 24 दिनों में पूरा कर सकते हैं। यदि वह तीनों उसी कार्य को 12 दिनों में पूरा कर सकते हैं, तो X और Z कितने दिनों में कार्य पूरा कर सकते हैं?
SSC CHSL (Tier-I) 05/07/2024 Shift-IV

(a) $14\frac{2}{5}$ दिन (b) 7 दिन
(c) $12\frac{3}{5}$ दिन (d) 5 दिन

208. एक पुरुष और एक महिला द्वारा एक कार्य को क्रमशः 12 दिनों और 8 दिनों में किया जा सकता है। 6 पुरुष और 4 महिलाएँ इस कार्य को कितने दिनों में पूरा करेंगे?
SSC CHSL (Tier-I) 05/07/2024 Shift-III

(a) $\frac{1}{2}$ (b) 1
(c) $\frac{3}{4}$ (d) 2

209. शोभिता एक पेण्टिंग का कार्य 20 घण्टे में पूरा कर सकती है, जबकि सरोज उसी कार्य को 15 घण्टे में पूरा कर सकती है। यदि शोभिता और सरोज दोनों साथ मिलकर कार्य करें, तो पेण्टिंग का पूरा काम कितने समय (घण्टों में) में पूरा हो सकता है?
SSC CHSL (Tier-I) 05/07/2024 Shift-II
(a) 8 (b) $7\frac{4}{7}$
(c) $8\frac{4}{7}$ (d) 7

210. सपना अकेले कार्य करते हुए एक कार्य को 12 घण्टे में पूरा करती है। यदि सपना और रिया अपनी-अपनी नियत चाल से एकसाथ मिलकर कार्य करते हुए उसी कार्य को 8 घण्टे में पूरा करती हैं, तो रिया अकेले कार्य करते हुए इसे कितने घण्टों में पूरा कर सकती है?
SSC CHSL (Tier-I) 05/07/2024 Shift-I
(a) 24 (b) 18
(c) 16 (d) 20

211. अखिल एक कार्य 24 दिनों में पूरा कर सकता है। श्याम उसी कार्य को 12 दिनों में पूरा कर सकता है। यदि वे दोनों साथ मिलकर कार्य करते हैं, तो वे उसी कार्य को कितने दिनों में पूरा कर सकते हैं?
SSC CHSL (Tier-I) 04/07/2024 Shift-IV
(a) 6 दिन (b) 8 दिन
(c) 10 दिन (d) 12 दिन

212. किसी कार्य को 12 दिनों में पूरा करने के लिए 8 श्रमिक लगाए जाते हैं। 2 दिनों के बाद, कुछ तात्कालिकता के कारण, कार्य अगले 2 दिनों में समाप्त होना है। इसे समय पर पूरा करने के लिए कितने और श्रमिकों की आवश्यकता होगी? **SSC CHSL (Tier-I) 04/07/2024 Shift-III**
(a) 32 (b) 36
(c) 30 (d) 40

213. A किसी कार्य को 20 दिनों में पूरा कर सकता है और B उसी कार्य को 10 दिनों में पूरा कर सकता है। C की मदद से एकसाथ मिलकर कार्य करते हुए उन्होनें 5 दिनों में वह कार्य पूरा किया। C अकेले उस कार्य को कितने दिनों में पूरा कर सकता है। **SSC CHSL (Tier-I) 04/07/2024 Shift-II**
(a) 15 (b) 10
(c) 25 (d) 20

214. A और B एक कार्य को 15 दिनों में, B और C, 30 दिनों में तथा C और A, 45 दिनों में पूरा कर सकते हैं। यदि वे एक साथ मिलकर कार्य करें, तो वे कितने दिनों में कार्य पूरा करेंगे? **SSC CHSL (Tier-I) 04/07/2024 Shift-I**
(a) $16\frac{4}{11}$ (b) $8\frac{3}{11}$
(c) $11\frac{1}{3}$ (d) $11\frac{2}{3}$

215. रिया और संगीता एक कार्य को क्रमश 6 दिन और 8 दिन में पूरा कर सकती हैं। रिया अकेले कार्य शुरू करती और फिर 3 दिन बाद संगीता रिया के साथ कार्य में शामिल हो जाती है। वे दोनों शेष कार्य पूरा करती हैं। कुल कार्य को पूरा करने में कितने दिन का समय लगा?
SSC CHSL (Tier-I) 03/07/2024 Shift-IV
(a) $4\frac{4}{7}$ दिन (b) $4\frac{2}{7}$ दिन
(c) $4\frac{5}{7}$ दिन (d) $4\frac{3}{7}$ दिन

216. 18 लोग किसी कार्य का $\frac{1}{5}$ भाग 10 दिनों में पूरा कर सकते हैं। उसी कार्य का $\frac{2}{5}$ भाग 5 दिनों में पूरा करने के लिए कितने लोगों की आवश्यकता होगी?
SSC CHSL (Tier-I) 03/07/2024 Shift-II
(a) 90 (b) 36 (c) 72 (d) 54

217. A, B और C एक कार्य को क्रमश: 12, 15 और 20 दिनों में पूरा कर सकते हैं। यदि वे एकसाथ मिलकर कार्य करते हैं, तो कार्य को पूरा करने में उन्हें कितने दिन का समय लगेगा?
SSC CHSL (Tier-I) 02/07/2024 Shift-IV
(a) 5 दिन (b) 4 दिन (c) 6 दिन (d) 3 दिन

218. A और B, एकसाथ कार्य करते हुए, एक कार्य को पूरा करने में 15 दिन लेते हैं। यदि A अकेले इस कार्य को 18 दिनों में पूरा कर सकता है, तो B को उसी कार्य को पूरा करने में कितना समय लगेगा?
SSC CHSL (Tier-I) 02/07/2024 Shift-III
(a) 90 दिन (b) 33 दिन
(c) 15 दिन (d) 8 दिन

219. 47 राजमिस्त्री एक दिन में 35 मी लम्बी खाई खोद सकते हैं। एक दिन में इसी प्रकार की 105 मी लम्बी खाई खोदने के लिए कितने राजमिस्त्रियों की आवश्यकता होगी?
SSC CHSL (Tier-I) 02/07/2024 Shift-II
(a) 128 (b) 94 (c) 141 (d) 70

220. 12 व्यक्ति प्रतिदिन 9 घण्टे कार्य करते हुए एक कार्य को 24 दिनों में पूरा करते हैं। 8 व्यक्ति प्रतिदिन 12 घण्टे कार्य करके उसी कार्य को कितने दिनों में पूरा कर सकते हैं?
SSC CHSL (Tier-I) 02/07/2024 Shift-I
(a) 24 दिन (b) 21 दिन
(c) 27 दिन (d) 28 दिन

221. पन्द्रह व्यक्ति प्रतिदिन 12 घण्टे कार्य करके प्रति सप्ताह ₹ 18000 कमाते हैं। 18 व्यक्ति प्रतिदिन 9 घण्टे कार्य करके प्रति सप्ताह कितने रुपये कमाएँगे?
SSC CHSL (Tier-I) 01/07/2024 Shift-IV
(a) ₹ 16000 (b) ₹ 12600
(c) ₹ 16200 (d) ₹ 12060

222. A और B एक कार्य क्रमश: 9 दिनों और 15 दिनों में कर सकते हैं। यदि वे साथ मिलकर कार्य करते हैं, तो कार्य कितने दिनों में पूरा हो जाएगा?
SSC CHSL (Tier-I) 01/07/2024 Shift-III
(a) $2\frac{1}{8}$ दिन (b) $5\frac{5}{8}$ दिन
(c) $3\frac{3}{8}$ दिन (d) $4\frac{5}{8}$ दिन

223. A और B एक कार्य को 8 दिनों में कर सकते हैं और B अकेले इसे 16 दिनों में कर सकता है। A अकेले इसी कार्य को कितने दिनों में कर सकता है?
SSC CHSL (Tier-I) 01/07/2024 Shift-II
(a) 24 दिन (b) 16 दिन
(c) 18 दिन (d) 10 दिन

SSC CHSL 2023 (Tier I & II)

224. A और B एक काम को 9 दिनों में पूरा कर सकते हैं, जबकि B और C उसी काम को 18 दिनों में पूरा कर सकते हैं। A, B और C साथ मिलकर काम करते हुए उसी काम को 8 दिनों में पूरा कर सकते हैं। A और C को साथ मिलकर काम पूरा करने में कितने दिन लगेंगे?
SSC CHSL (Tier-II) 02/11/2023 Shift-I
(a) 14 (b) 13 (c) 12 (d) 11

225. राजू और अकबर को एक कम्प्यूटर पर क्रमश: 32 पेज और 48 पेज टाइप करने में 4 घण्टे और 6 घण्टे लगते हैं। उन्हें 256 पेज टाइप करने का एक असाइनमेण्ट दिया जाता है। यदि वे दो अलग-अलग कम्प्यूटर पर साथ मिलकर काम करते हैं और एक ही समय पर टाइप करना शुरू करते हैं, तो उन्हें असाइनमेण्ट को पूरा करने में (घण्टों में) कितना समय लगेगा?
SSC CHSL (Tier-I) 17/08/2023 Shift-I
(a) 16 (b) 14 (c) 18 (d) 12

226. राम एक कार्य को 18 दिनों में पूरा कर सकता है, रीना उसी कार्य को 12 दिनों में पूरा कर सकती है, और श्याम की मदद से, वे उसी कार्य को छ: दिनों में पूरा करते हैं। श्याम अकेले उसी कार्य को कितने दिनों में पूरा कर सकता है?
SSC CHSL (Tier-I) 14/08/2023 Shift-IV
(a) 24 दिन (b) 36 दिन
(c) 30 दिन (d) 42 दिन

227. 30 महिलाएँ प्रतिदिन 5 घण्टे काम करके एक काम को 18 दिनों में पूरा कर सकती हैं। 21 महिलाएँ प्रतिदिन 8 घण्टे काम करके उसी काम को कितने दिनों में पूरा करेंगी?
SSC CHSL (Tier-I) 11/08/2023 Shift-I
(a) $18\frac{7}{13}$ दिन (b) $13\frac{3}{14}$ दिन
(c) $16\frac{1}{14}$ दिन (d) $17\frac{11}{13}$ दिन

228. जॉर्ज कुल काम का 35% भाग 6 दिनों में कर सकता है। जिम और जॉर्ज ने साथ मिलकर एक काम को 12 दिनों में पूरा किया। जिम अकेले काम करते हुए, उसी काम को कितने दिनों में पूरा कर सकता था?

SSC CHSL (Tier-I) 10/08/2021 Shift-II

(a) 45 (b) 40 (c) 42 (d) 36

229. X एक काम को 14 दिनों में पूरा कर सकता है, Y उसी काम को 28 दिनों में पूरा कर सकता है और Z उसी काम को 42 दिनों में पूरा कर सकता है। X, Y और Z साथ मिलकर उस काम को कितने दिनों में पूरा कर सकते हैं? **SSC CHSL (Tier-I) 09/08/2023 Shift-I**

(a) $7\frac{7}{11}$ (b) $7\frac{5}{11}$ (c) $7\frac{3}{11}$ (d) $7\frac{9}{11}$

230. 70 लड़कों के एक शिविर में, 36 दिनों के भोजन की व्यवस्था है। यदि शिविर में 50 लड़के और शामिल हो जाते हैं, तो भोजन कितने दिनों तक चलेगा?

SSC CHSL (Tier-I) 08/08/2023 Shift-II

(a) 18 दिन (b) 24 दिन
(c) 21 दिन (d) 25 दिन

231. छात्रों A और B मिलकर किसी कार्य को 15 दिनों में पूरा कर सकते हैं और B अकेले उसी कार्य को 21 दिनों में पूरा कर सकता है। A अकेले उसी कार्य को कितने दिनों में पूरा कर सकता है?

SSC CHSL (Tier-I) 08/08/2023 Shift-II

(a) $57\frac{1}{2}$ दिन (b) $52\frac{1}{2}$ दिन
(c) $31\frac{1}{2}$ दिन (d) $41\frac{1}{2}$ दिन

232. यदि 7 लोग प्रतिदिन 4 घण्टे काम करके एक काम को 14 दिनों में पूरा कर सकते हैं, तो 12 लोगों को प्रतिदिन 8 घण्टे काम करके उसी काम को पूरा करने में कितने दिन लगेंगे?

SSC CHSL (Tier-I) 04/08/2023 Shift-II

(a) 8 दिन (b) $7\frac{1}{4}$ दिन
(c) $4\frac{1}{12}$ दिन (d) $5\frac{1}{8}$ दिन

233. एक दीवार को पूरा करने में X, Y से 50% अधिक समय लेता है। यदि दोनों मिलकर दीवार को 15 दिनों में पूरा करते हैं, तो X अकेला उसे पूरा करने में कितना समय लेगा? **SSC CHSL (Tier-I) 21/03/2023 Shift-IV**

(a) 36.5 दिन (b) 37.5 दिन
(c) 40 दिन (d) 42.5 दिन

234. A और B दोनों मिलकर एक काम को 20 दिन में कर सकते हैं। तथा B और C मिलकर उसी काम को 15 दिन में कर सकते हैं। यदि A, B और C तीनों मिलकर उसी काम को 10 दिन में करते हो तो A और C दोनों मिलकर उसी काम को कितने दिन में करेंगे?

SSC CHSL (Tier-I) 21/03/2023 Shift-II

(a) 8 दिन (b) 10 दिन
(c) 15 दिन (d) 12 दिन

235. रानी एक काम को 10 दिन में कर सकती है, प्रिया उसी काम को 15 दिन में कर सकती है और गुड्डू उसी काम को 12 दिन में कर सकता है। अगर वे उस काम को एकसाथ करते हैं और उन्हें ₹ 9000 का भुगतान किया जाता है, तो प्रिया का हिस्सा कितना है?

SSC CHSL (Tier-I) 17/03/2023 Shift-II

(a) ₹ 3500 (b) ₹ 3000
(c) ₹ 2400 (d) ₹ 3600

236. 4 पुरुष और 7 महिलाएँ किसी कार्य को 8 दिनों में कर सकते हैं। 7 पुरुष और 4 महिलाएँ समान कार्य को 5 दिनों में कर सकते हैं। ज्ञात कीजिए कि 8 महिलाएँ उस कार्य को कितने दिनों में पूरा कर सकती हैं?

SSC CHSL (Tier-I) 16/03/2023 Shift-I

(a) 55 दिनों (b) 60 दिनों
(c) 40 दिनों (d) 45 दिनों

237. P, Q और R अकेले एक कार्य को क्रमशः 12,15 और 20 दिनों में पूरा कर सकते हैं। उन्होंने एकसाथ काम शुरू किया। P ने काम पूरा होने से 8 दिन पहले काम छोड़ दिया और Q ने P के जाने के 5 दिन बाद काम छोड़ दिया। R ने शेष कार्य अकेले पूरा किया। पूरे काम को पूरा करने में कितने दिन लगेंगे?

SSC CHSL (Tier-I) 15/03/2023 Shift-IV

(a) 10 दिन (b) 25/3 दिन
(c) 28/3 दिन (d) 32/3 दिन

238. 10 महिलाएँ कुल काम का आधा 20 दिनों में करती हैं। शेष कार्य को 10 दिनों में पूरा करने के लिए कितनी और महिलाओं की आवश्यकता होगी? **SSC CHSL (Tier-I) 14/03/2023 Shift-I**

(a) 40 (b) 10 (c) 20 (d) 30

239. A किसी कार्य को 9 दिनों में कर सकता है। B, A से 80% अधिक कुशल है। B और A मिलकर समान कार्य को कितने दिनों में पूरा करेंगे? **SSC CHSL (Tier-I) 13/03/2023 Shift-III**

(a) $\frac{54}{13}$ दिन (b) $\frac{44}{13}$ दिन
(c) $\frac{47}{14}$ दिन (d) $\frac{45}{14}$ दिन

240. यदि A अकेला किसी कार्य को 20 दिनों में पूरा कर सकता है और B अकेला उसी कार्य को 30 दिनों में पूरा कर सकता है, तो निम्नलिखित में से कौन-सा/से कथन सही है/हैं? **SSC CHSL (Tier-I) 10/03/2023 Shift-II**

I. A और B की दक्षता का अनुपात 3 : 2 है।
II. A और B एकसाथ कार्य करते हुए उसी कार्य को 12 दिनों में पूरा कर सकते हैं।

(a) न तो I और न ही II (b) केवल II
(c) I और II दोनों (d) केवल I

241. टीना अकेले किसी कार्य को 12 दिनों में कर सकती है और मीना अकेले उसी कार्य को 15 दिनों में कर सकती है। यदि टीना और मीना को ₹ 18000 में इस कार्य को करने की जिम्मेदारी सौंपी जाती है, तो मीना को कितनी धनराशि प्राप्त होगी, यदि वे दोनों एकसाथ मिलकर कार्य करें?

SSC CHSL (Tier-I) 09/03/2023 Shift-I

(a) ₹ 6000 (b) ₹ 8000
(c) ₹ 10000 (d) ₹ 12000

242. A, B से 3 गुना तेज है और इसलिए किसी काम को B से 32 दिन कम समय में पूरा करने में सक्षम है। यदि A और B एकसाथ मिलकर काम करते हैं, तो वे इस काम को कितने दिन में पूरा कर सकेंगे?

SSC CHSL (Tier-I) 02/06/2023 Shift-I

(a) 12 दिन (b) 14 दिन
(c) 10 दिन (d) 16 दिन

SSC CHSL 2022 & 2021 (Tier I)

243. एक पुरुष किसी काम को 20 दिन में पूरा कर सकता है और एक महिला उसी काम को 10 दिन में पूरा कर सकती है। यदि वे उस पर 5 दिन तक एकसाथ कार्य करते हैं, तो महिला को शेष कार्य को पूरा करने में कितने दिन लगेंगे? **SSC CHSL (Tier-I) 01/06/2022 Shift-I**

(a) $2\frac{1}{2}$ (b) $1\frac{1}{2}$ (c) $1\frac{1}{4}$ (d) $3\frac{1}{2}$

244. एक आदमी और एक लड़का मिलकर एक निश्चित मात्रा में खुदाई का काम 24 दिनों में कर सकते हैं। उनकी खुदाई की गति का अनुपात 4 : 3 है। लड़का अकेले वह काम पूरा करने में कितने दिन का समय लगाएगा?

SSC CHSL (Tier-I) 27/05/2022 Shift-I

(a) 56 दिन (b) 52 दिन
(c) 60 दिन (d) 26 दिन

245. अनु, किसी कार्य को 22 दिन में कर सकती है। शमा, अनु से 60% अधिक कुशल है। अकेले शमा, उसी कार्य को कितने दिन में पूरा करेगी? **SSC CHSL (Tier-I) 12/08/2021 Shift-III**

(a) $13\frac{3}{4}$ (b) $35\frac{1}{3}$ (c) $36\frac{2}{3}$ (d) $13\frac{1}{5}$

246. 10 पुरुष या 15 महिलाएँ, किसी कार्य को 30 दिन में पूरा कर सकते हैं। 15 पुरुष और 27 महिलाएँ, उसी कार्य को कितने दिन में पूरा कर सकते हैं? **SSC CHSL (Tier-I) 10/08/2021 Shift-I**

(a) $9\frac{1}{11}$ (b) $5\frac{1}{11}$ (c) $11\frac{1}{11}$ (d) $6\frac{1}{11}$

247. P और Q किसी कार्य को क्रमशः 9 दिन और 15 दिन में पूरा कर सकते हैं। यदि वे एकसाथ मिलकर तीन दिन तक कार्य करते हैं, तो अकेले Q द्वारा शेष कार्य को पूरा करने में कितने दिन लगेंगे? **SSC CHSL (Tier-I) 19/04/2021 Shift-III**

(a) 12 (b) 8 (c) 9 (d) 7

248. वरुण और श्याम किसी कार्य को 3 दिन में पूरा कर सकते हैं, श्याम और अनिल इसे 4 दिनों में पूरा कर सकते हैं तथा अनिल और वरुण उसी कार्य को 6 दिन में पूरा कर सकते हैं। अनिल अकेले इस कार्य को कितने दिन में पूरा कर पाएगा?
SSC CHSL (Tier-I) 12/04/2021 Shift-II
(a) 22 (b) 24 (c) 18 (d) 20

SSC MTS 2024-2021

249. यदि 80 श्रमिकों ने 25 दिनों में एक काम को पूरा किया। यदि उसी काम में 20 और श्रमिकों को लगा दिया जाए, तो वह काम कितने दिन में पूरा हो जाएगा? **SSC MTS 04/11/2024 Shift-III**
(a) 16 (b) 20
(c) 12 (d) 8

250. A प्रति घण्टा ₹ 88 कमाता है और 10 घण्टे कार्य करता है। B प्रति घण्टा ₹ 95 कमाता है और 8 घण्टे कार्य करता है। A और B के प्रतिदिन के वेतन का अनुपात क्या है?
SSC MTS 22/10/2024 Shift-II
(a) 21 : 19 (b) 22 : 19
(c) 19 : 22 (d) 19 : 21

251. 24 पुरुष प्रतिदिन 7 घण्टे कार्य करके किसी कार्य को 10 दिनों में पूरा कर सकते हैं। 21 पुरुष प्रतिदिन 9 घण्टे कार्य करके उसी कार्य को कितने दिनों में पूरा करेंगे?
SSC MTS 21/10/2024 Shift-II
(a) $7\frac{7}{8}$ दिन (b) $6\frac{6}{7}$ दिन
(c) $9\frac{9}{10}$ दिन (d) $8\frac{8}{9}$ दिन

252. एक विद्यालय के खेल शिविर में, 200 विद्यार्थियों के लिए 30 दिनों के भोजन की व्यवस्था है। यदि पहले ही दिन 50 और व्यक्ति खेल शिविर में शामिल हो जाते हैं, तो भोजन कितने दिनों तक चलेगा?
SSC MTS 18/10/2024 Shift-II
(a) 22 (b) 24
(c) 20 (d) 26

253. एक कम्पनी में यदि 40 कर्मचारी 4 दिन में 50 बैग बना सकते हैं, तो 24 कर्मचारी 8 दिन में कितने बैग बनाएँगे?
SSC MTS 09/10/2024 Shift-I
(a) 40 (b) 60
(c) 45 (d) 54

254. 6 कुशल श्रमिक एक काम को 4 दिनों में पूरा कर सकते हैं। तीन दिनों के बाद 3 और कुशल श्रमिक उनके साथ शामिल हो जाते हैं। शेष काम को पूरा करने में उन्हें अब कितने दिन का समय लगेगा? **SSC MTS 14/09/2023 Shift-I**
(a) $\frac{1}{3}$ (b) $\frac{2}{3}$ (c) $\frac{3}{4}$ (d) $\frac{1}{2}$

255. A और B एक काम को क्रमशः 30 दिन और 40 दिन में पूरा कर सकते हैं। वे साथ मिलकर काम करना शुरू करते हैं, लेकिन एक निश्चित समय के बाद, A काम छोड़ देता है और B शेष काम को 25 दिनों में पूरा करता है। A कितने दिनों के बाद काम छोड़ता है?
SSC MTS 14/09/2023 Shift-I
(a) $6\frac{1}{7}$ (b) $5\frac{3}{7}$ (c) $6\frac{3}{7}$ (d) $5\frac{2}{7}$

256. A और B एक काम को 5 दिनों में कर सकते हैं, जबकि C और D उसी काम को 20 दिनों में कर सकते हैं। A, B, C और D एकसाथ मिलकर इसे कितने दिनों में पूरा करेंगे?
SSC MTS 13/09/2023 Shift-I
(a) 3 (b) 6 (c) 5 (d) 4

257. A और B अलग-अलग कार्य करते हुए एक कार्य को क्रमशः 16 दिनों और 28 दिनों में पूरा कर सकते हैं। यदि वे बारी-बारी से एक दिन छोड़कर कार्य करते हैं और B पहले दिन कार्य शुरू करता है, तो कार्य कितने दिनों में पूरा होगा? **SSC MTS 11/09/2023 Shift-II**
(a) $21\frac{1}{2}$ (b) $20\frac{1}{2}$
(c) $19\frac{1}{2}$ (d) $18\frac{1}{2}$

258. एक किले में 160 आदमियों के लिए 94 दिन का भोजन था। 10 दिनों के बाद 20 लोग किले को छोड़कर चले गए। समान उपभोग दर से भोजन कितने समय (दिनों में) चलेगा?
SSC MTS 11/09/2023 Shift-I
(a) 84 (b) 100 (c) 96 (d) 90

259. मोहन एक कार्य को 24 दिनों में पूरा कर सकता है। उसने 6 दिन तक कार्य किया और फिर कार्य छोड़ दिया। इसके बाद सोहन ने शेष कार्य को 21 दिनों में पूरा किया। मोहन और सोहन मिलकर इस कार्य को कितने दिनों में पूरा कर सकते हैं? **SSC MTS 11/09/2023 Shift-I**
(a) $12\frac{9}{13}$ दिन (b) $12\frac{10}{13}$ दिन
(c) $12\frac{12}{13}$ दिन (d) $12\frac{11}{13}$ दिन

260. आयशा और रजिया एक कार्य को क्रमशः 50 दिन और 75 दिन में पूरा कर सकती हैं। यदि दोनों एकसाथ मिलकर कार्य करें, तो कार्य को पूरा करने में कितने दिनों का समय लगेगा?
SSC MTS 08/09/2023 Shift-II
(a) 30 (b) 28
(c) 32 (d) 25

261. सुरजीत अकेले एक कार्य को 8 दिनों में पूरा कर सकता है और मनजीत अकेले उसी कार्य को 6 दिनों में पूरा कर सकता है। सुरजीत और मनजीत ने बारी-बारी से एक दिन छोड़कर कार्य करते हुए इस कार्य को करने का फैसला किया और पहले दिन सुरजीत कार्य शुरू करता है। कार्य कितने दिनों में पूरा होगा?
SSC MTS 06/09/2023 Shift-I
(a) 8 दिन (b) 8.5 दिन
(c) 7.5 दिन (d) 7 दिन

262. X, 3 मिनट में 8 पेज टाइप कर सकता है। Y, 5 मिनट में 3 पेज टाइप कर सकता है। साथ मिलकर काम करते हुए वे 15 मिनट में कितने पेज टाइप कर सकते हैं?
SSC MTS 06/09/2023 Shift-I
(a) 40 (b) 42 (c) 49 (d) 46

263. रीना, रितु और सीता अकेले एक कार्य को क्रमशः 6 घण्टे, 9 घण्टे और 18 घण्टे में पूरा कर सकती हैं। यदि वे साथ मिलकर कार्य करती हैं, तो उस कार्य को पूरा करने में उन्हें कितना समय (घण्टों में) लगेगा?
SSC MTS 05/09/2023 Shift-II
(a) 3 (b) 4 (c) 2 (d) 5

264. A, B और C एक काम को क्रमशः 10, 15 और 20 दिनों में पूरा कर सकते हैं। वे एक दिन छोड़कर इस प्रकार काम करते हैं कि पहले दिन A, दूसरे दिन B और तीसरे दिन C काम करता है। एक बार फिर चौथे दिन A, पाँचवें दिन B भी इसी क्रम में आगे काम करते हैं। यदि वे इसी प्रकार काम करते हैं, तो काम कितने दिनों में पूरा होगा?
SSC MTS 04/09/2023 Shift-II
(a) $13\frac{1}{2}$ (b) $13\frac{1}{4}$
(c) 15 (d) 14

265. 20 पुरुष एक काम को 40 दिनों में पूरा कर सकते हैं, और 40 महिलाएँ उसी काम को 60 दिनों में पूरा कर सकती हैं। यदि 10 पुरुष और 20 महिलाएँ साथ मिलकर काम करते हैं, तो काम कितने दिनों में पूरा होगा?
SSC MTS 04/09/2023 Shift-II
(a) 48 (b) 40 (c) 50 (d) 60

266. एक पुरुष और एक महिला को साथ मिलकर कार्य पूरा करने में 12 दिन लगते हैं। एक पुरुष अकेले उस कार्य को 15 दिनों में पूरा कर सकता है। एक महिला अकेले उस कार्य को कितने दिनों में पूरा कर सकती है?
SSC MTS 01/09/2023 Shift-III
(a) 45 दिन (b) 12 दिन
(c) 60 दिन (d) 30 दिन

267. A और B किसी काम को क्रमशः 9 और 18 दिनों में कर सकते हैं। वे साथ मिलकर काम करने लगते हैं। कुछ दिनों के बाद A ने काम छोड़ दिया और B ने शेष काम को 15 दिनों में पूरा किया। A ने कितने दिनों के बाद काम छोड़ा? **SSC MTS 01/09/2023 Shift-III**
(a) 2 (b) 4
(c) 1 (d) 3

268. A, B और C एक काम को क्रमशः 10,15,12 दिनों में कर सकते हैं। A और B प्रत्येक दिन बारी-बारी से 5 दिनों तक काम करते हैं और फिर काम छोड़ देते हैं। फिर C शामिल होकर शेष काम को पूरा करता है। C ने शेष काम को कितने दिनों में पूरा किया? **SSC MTS 01/09/2023 Shift-I**

(a) 2 (b) 3 (c) 4 (d) 1

269. A, B और C मिलकर एक काम को 6 दिन में पूरा कर सकते हैं। A और B मिलकर उसी काम को 12 दिन में पूरा कर सकते हैं। B अकेले उसी काम को 18 दिन में पूरा कर सकता है। A और C मिलकर उसी काम को कितने दिनों में पूरा कर सकते हैं? **SSC MTS 15/07/2022 Shift-I**

(a) 7.5 दिन (b) 10.5 दिन
(c) 8 दिन (d) 9 दिन

270. A एक काम को अकेले 40 दिन में पूरा कर सकता है। उसी काम को A और B एकसाथ 10 दिन में पूरा कर सकते हैं। C, B की तुलना में 50% कम कार्यकुशल है। A और C मिलकर उसी काम को कितने दिनों में पूरा कर सकते हैं? **SSC MTS 15/07/2022 Shift-I**

(a) 12 दिन (b) 16 दिन
(c) 24 दिन (d) 20 दिन

271. X अकेला एक काम को 16 दिनों में पूरा कर सकता है, जबकि Y अकेला उसी काम को 24 दिनों में पूरा कर सकता है। वे एक-एक दिन छोड़कर काम करते हैं, जिसकी शुरुआत Y करता है। इस प्रकार कुल काम का 50% कितने दिनों में पूरा होगा? **SSC MTS 14/07/2022 Shift-I**

(a) $\frac{32}{3}$ दिन (b) 9 दिन
(c) $\frac{24}{3}$ दिन (d) $\frac{29}{3}$ दिन

272. Zee और Gee एकसाथ किसी कार्य को 24 दिनों में पूरा कर सकते हैं। यदि Zee और Gee की क्षमता क्रमशः 3 : 8 के अनुपात में है, तो Gee अकेले उस काम को कितने दिनों में पूरा कर सकता है? **SSC MTS 14/07/2022 Shift-I**

(a) 33 दिन (b) 55 दिन
(c) 44 दिन (d) 88 दिन

273. एक कार्य में Z_1, Z_2 और Z_3 क्रमशः 8, 10 और 15 दिन काम करते हैं। Z_1, Z_2 और Z_3 की दैनिक मजदूरी का अनुपात क्रमशः 3 : 4 : 4 है। यदि वे किए गए कार्य के लिए कुल ₹ 4960 मजदूरी के रूप में प्राप्त करते हैं, तो प्राप्त कुल मजदूरी में Z_2 और Z_3 का संयुक्त हिस्सा कितना है? **SSC MTS 13/07/2022 Shift-I**

(a) ₹ 4200 (b) ₹ 4400
(c) ₹ 4000 (d) ₹ 4800

274. D_1 और D_2 एकसाथ मिलकर किसी कार्य को 16 दिन में पूरा कर सकते हैं, D_2 और D_3 एकसाथ मिलकर उसी कार्य को 24 दिन में पूरा कर सकते हैं, जबकि D_3 और D_1 एकसाथ मिलकर उसे 48 दिन में पूरा कर सकते हैं। सभी तीनों एकसाथ काम करते हुए, कार्य के 5/6 हिस्से को कितने दिनों में पूरा कर सकते हैं? **SSC MTS 13/07/2022 Shift-I**

(a) $\frac{38}{3}$ दिन (b) $\frac{31}{3}$ दिन
(c) $\frac{35}{3}$ दिन (d) $\frac{40}{3}$ दिन

275. इशिता एक अखबार 'n' मिनट में पढ़ सकती है। वह 7 मिनट में अखबार का कितना भाग पढ़ सकती है? (जहाँ $n > 7$ है।) **SSC MTS 12/07/2022 Shift-I**

(a) $\frac{7}{n}$ (b) $7n^2$
(c) $7n$ (d) $\frac{n}{7}$

276. 24 महिलाएँ और 9 पुरुष एक निश्चित कार्य को 18 दिनों में पूरा कर सकते हैं। प्रत्येक महिला कार्य को पूरा करने में एक पुरुष द्वारा लिए गए समय का दोगुना समय लेती है। केवल 9 आदमी उसी काम को कितने दिनों में पूरा कर सकते हैं? **SSC MTS 11/07/2022 Shift-I**

(a) 48 (b) 42 (c) 39 (d) 35

277. Y किसी काम को पूरा करने में X से पाँच दिन अधिक लेता है। एक साथ काम करते हुए, वे छः दिनों में काम पूरा कर लेते हैं। Y को अकेले, इसी काम को पूरा करने में कितने दिनों का समय लगेगा? **SSC MTS 02/11/2021 Shift-III**

(a) 15 (b) 10
(c) 12 (d) 16

278. A अकेला किसी काम को 10 दिन में और B अकेला उसी काम को 15 दिन में कर सकता है। A और B ने ₹ 42000 में उस काम को पूरा करने का ठेका लिया। C की सहायता से वे इस काम को 5 दिन में पूरा कर लेते हैं। B को कितने रूपये प्राप्त होंगे? **SSC MTS 02/11/2021 Shift-II**

(a) 15000 (b) 21000
(c) 14000 (d) 7000

279. 20 लोग प्रतिदिन 8 घण्टे काम करके किसी काम को 15 दिनों में पूरा करते हैं। प्रतिदिन 10 घण्टे काम करते हुए उसी काम को 4 दिन में पूरा करने के लिए कितने लोगों की आवश्यकता होगी? **SSC MTS 02/11/2021 Shift-II**

(a) 60 (b) 55
(c) 75 (d) 80

280. 6 आदमी और 10 लड़के और इसी प्रकार 2 आदमी और 20 लड़के समान कार्य को 12 दिन में पूरा कर सकते हैं। 10 लड़के उसी कार्य को कितने दिन में पूरा करेंगे? **SSC MTS 02/11/2021 Shift-I**

(a) 26 (b) 16
(c) 24 (d) 30

281. यदि कोई आदमी किसी कार्य का $\frac{3}{7}$ भाग, 6 दिन में पूरा करता है, तो शेष कार्य को पूरा करने के लिए, उसे और कितने दिनों की आवश्यकता होगी? **SSC MTS 02/11/2021 Shift-I**

(a) 8 (b) 9
(c) 7 (d) 14

SSC GD Constable 2024

282. C अकेले एक काम को 50 दिनों में पूरा कर सकता है और D अकेले उसी काम को C द्वारा लिए गए समय के आधे समय में पूरा कर सकता है। वे दोनों साथ मिलकर कुल काम का 3/10 भाग कितने दिनों में पूरा कर सकते हैं? **SSC GD 26/02/2024 Shift-I**

(a) 4 दिन (b) 6 दिन
(c) 6.5 दिन (d) 5 दिन

283. मोहन और रोहन ने ₹ 3300 में एक काम किया। मोहन अकेले उस काम को 10 दिनों मे पूरा कर सकता है और रोहन अकेले उसी काम को 12 दिनों में पूरा कर सकता है। यदि वे दोनों एकसाथ मिलकर काम करते हैं, तो उन्हें प्राप्त होने वाली धनराशि के बीच का अन्तर कितना होगा? **SSC GD 26/02/2024 Shift-I**

(a) ₹ 370 (b) ₹ 400
(c) ₹ 350 (d) ₹ 300

284. 8 दिनों तक कार्य करने के बाद पायल को पता चला कि केवल 10% कार्य पूरा हुआ है। वह पिंकी को कार्य पर रखती है, जो पायल से 50% अधिक कुशल है। शेष कार्य को साथ मिलकर पूरा करने में उन्हें कितने दिन और लगेंगे? **SSC GD 24/02/2024 Shift-III**

(a) 28.8 दिन (b) 27 दिन
(c) 25 दिन (d) 30 दिन

285. B_1 और B_2 मिलकर एक कार्य को 20 दिनों में पूरा कर सकते हैं। B_2 अकेले उसी कार्य को 60 दिनों में पूरा कर सकता है। B_1 अकेले उसी कार्य को कितने दिनों में पूरा कर सकता है? **SSC GD 24/02/2024 Shift-III**

(a) 30 दिन (b) 35 दिन
(c) 25 दिन (d) 10 दिन

286. A, B से चार गुना अच्छा कारीगर है और दोनों साथ मिलकर एक कार्य 84/15 दिनों में पूरा करते हैं। A अकेले वह कार्य कितने दिनों में पूरा कर सकता है? **SSC GD 24/02/2024 Shift-II**

(a) 9 दिन (b) 7 दिन (c) 10 दिन (d) 15 दिन

287. यदि 25 श्रमिक एक दीवार को 10 दिनों में बना सकते हैं, तो 20 श्रमिकों को उसी दीवार को बनाने में कितने दिन लगेंगे?
SSC GD 24/02/2024 Shift-II
(a) 21/2 दिन (b) 25/2 दिन
(c) 23/3 दिन (d) 25/4 दिन

288. T अकेले एक कार्य को 90 दिनों में पूरा कर सकता है। उसी कार्य का 20% भाग T कितने दिनों में पूरा करेगा? SSC GD 24/02/2024 Shift-I
(a) 20 दिन (b) 7 दिन (c) 18 दिन (d) 21 दिन

289. अनिल और करण मिलकर एक कार्य को 20 दिनों में पूरा कर सकते हैं। करण और हिमांशु मिलकर उसी कार्य को 25 दिनों में पूरा कर सकते हैं। हिमांशु और अनिल मिलकर उसी कार्य को 50 दिनों में पूरा कर सकते हैं। हिमांशु को अकेले उसी कार्य को पूरा करने में कितने दिनों का समय लगेगा?
SSC GD 24/02/2024 Shift-I
(a) 200 दिन (b) 240 दिन
(c) 180 दिन (d) 250 दिन

290. A, B से 40% कम कुशल है। यदि B एक हेलमेट 16 दिनों में बना सकता है, तो उसी हेलमेट को बनाने में A को कितने दिनों का समय लगेगा? SSC GD 23/02/2024 Shift-IV
(a) 75/4 दिन (b) 90/7 दिन
(c) 80/7 दिन (d) 80/3 दिन

291. A एक काम को 55 दिनों में पूरा कर सकता है। वह 20 दिनों तक काम करता है और फिर शेष काम को B अकेले 49 दिनों में पूरा करता है। दोनों को एकसाथ मिलकर, उसी काम को पूरा करने में कितने दिन लगेंगे?
SSC GD 23/02/2024 Shift-IV
(a) $\frac{385}{12}$ दिन (b) $\frac{124}{5}$ दिन
(c) $\frac{445}{14}$ दिन (d) $\frac{514}{55}$ दिन

292. यदि 15 आदमी एक घर को 18 दिनों में बना सकते हैं, तो 12 आदमी उसी घर को कितने दिनों में बनाएँगे? SSC GD 23/02/2024 Shift-III
(a) 19 दिन (b) 22.5 दिन
(c) 18 दिन (d) 20 दिन

293. गौरव, शम्भू से चार गुना कुशल है। गौरव को एक कार्य पूरा करने में शम्भू से 67.5 दिन कम लगते हैं। यदि वे दोनों एकसाथ मिलकर कार्य करते हैं, तो वही कार्य कितने दिनों में पूरा होगा? SSC GD 23/02/2024 Shift-II
(a) 90 दिन (b) 25 दिन
(c) 18 दिन (d) 55 दिन

294. P एक कार्य को 14 दिनों में पूरा कर सकता है। 4 दिनों में P द्वारा कुल कार्य का कितना भाग पूरा किया जा सकता है?
SSC GD 23/02/2024 Shift-I
(a) 4/9 (b) 2/7 (c) 3/8 (d) 6/7

295. M_1 अकेले एक कार्य को 14 दिनों में पूरा कर सकता है और M_2 अकेले उसी कार्य को 70 दिनों में पूरा कर सकता है। M_3 की सहायता से वे उसी कार्य को 7 दिनों में पूरा करते हैं। M_3 अकेले उसी कार्य को कितने दिनों में पूरा कर सकता है? SSC GD 23/02/2024 Shift-I
(a) 19 दिन (b) 17.5 दिन
(c) 20 दिन (d) 21 दिन

296. अनिल एक काम 80 दिनों में पूरा कर सकता है। अनिल 30 दिनों में कुल काम का कितना प्रतिशत काम पूरा कर सकता है?
SSC GD 22/02/2024 Shift-IV
(a) 38% (b) 40% (c) 37.5% (d) 42%

297. 22 पुरुष 2 दिन में एक दीवार बना सकते हैं। उसी काम को आधे दिन में पूरा करने के लिए कितने पुरुषों की आवश्यकता होगी?
SSC GD 22/02/2024 Shift-III
(a) 72 (b) 80 (c) 88 (d) 90

298. दिनेश अकेले एक काम को 96 घण्टों में पूरा कर सकता है। दिनेश और राहुल मिलकर उसी काम को 48 घण्टे में कर सकते हैं। राहुल और तरूण मिलकर उसी काम को 16 घण्टे में कर सकते हैं। तरूण अकेले उसी काम को कितने घण्टे में कर सकता है?
SSC GD 22/02/2024 Shift-III
(a) 30 घण्टे (b) 19.2 घण्टे
(c) 28 घण्टे (d) 20 घण्टे

299. राकेश, महेश और पुनीश मिलकर 20 मिनट में एक कुर्सी बना सकते हैं। राकेश और महेश मिलकर इसे 25 मिनट में बना सकते हैं। पुनीश को अकेले उस कुर्सी को बनाने में कितना समय लगेगा? SSC GD 22/02/2024 Shift-II
(a) 110 मिनट (b) 80 मिनट
(c) 100 मिनट (d) 95 मिनट

300. अमर, सचिन से 10% अधिक कुशल है। यदि सचिन अकेले किसी काम को 44 दिनों में पूरा कर सकता है, तो अमर अकेले उसी काम को कितने दिनों में पूरा करेगा? SSC GD 22/02/2024 Shift-I
(a) 47 दिन (b) 45 दिन
(c) 52 दिन (d) 40 दिन

301. Z_1, Z_2 और Z_3 एक काम को क्रमश: 100, 50 और 75 दिनों में पूरा कर सकते हैं। उन तीनों ने एक साथ मिलकर काम शुरु किया लेकिन Z_2 ने काम पूरा होने से 15 दिन पहले काम छोड़ दिया। काम कितने दिनों में पूरा होगा? SSC GD 21/02/2024 Shift-IV
(a) 35 दिन (b) 30 दिन
(c) 45 दिन (d) 40 दिन

302. सीमा एक काम को 120 दिनों में पूरा कर सकती है, अंजलि उसी काम को 144 दिनों में पूरा कर सकती है। और सोनिया उसी काम को 180 दिनों में पूरा कर सकती है। यदि वे तीनों उस काम को एकसाथ मिलकर करते हैं और उन्हें ₹ 3300 का भुगतान किया जाता है, तो भुगतान में से अंजलि का हिस्सा कितना है?
SSC GD 21/02/2024 Shift-III
(a) ₹ 1100 (b) ₹ 2500
(c) ₹ 2000 (d) ₹ 1700

303. S_1 अकेले एक काम को 16 दिनों कर सकता है और S_2 अकेले उसी काम को 80 दिनों में कर सकता है। S_3 की सहायता से वे उसी काम को 6 दिनों में पूरा करते है। S_3 अकेले उसी काम को कितने दिनों मे पूरा कर सकता है? SSC GD 21/02/2024 Shift-III
(a) 7 दिन (b) 12 दिन
(c) 9 दिन (d) 120/11 दिन

304. A एक कार्य को 7 घण्टे में पूरा कर सकता है, B और C इसे 21/4 घण्टे में पूरा कर सकते हैं, और C और A इसे 7/2 घण्टे में पूरा कर सकते हैं। B को अकेले इस कार्य को पूरा करने मे कितना समय लगेगा?
SSC GD 21/02/2024 Shift-II
(a) 24 घण्टे (b) 20 घण्टे
(c) 21 घण्टे (d) 22 घण्टे

305. A और B एक कार्य को 14/3 दिनों में पूरा कर सकते हैं। जबकि B और C उसी कार्य को 12/5 दिनों में पूरा कर सकते हैं तथा C और A उसी कार्य को 16/3 दिनों में पूरा कर सकते हैं। यदि वे तीनों एकसाथ मिलकर कार्य करते हैं, तो वे समान कार्य का कितना हिस्सा 2 दिनों में पूरा कर सकते हैं?
SSC GD 21/02/2024 Shift-II
(a) 277/336 (b) 127/336
(c) 275/336 (d) 225/336

306. अरविन्द एक काम को 20 दिनों में और बख्शी 22 दिनों में पूरा कर सकता है। यदि वे इस पर 5 दिनों तक एकसाथ मिलकर काम करते हैं, तो शेष काम का अंश .... है?
SSC GD 21/02/2024 Shift-I
(a) 63/20 (b) 17/7 (c) 28/15 (d) 23/44

307. x_1, x_2 और x_3 एक कार्य को क्रमश: 90, 45 और 67.5 दिनों में पूरा कर सकते हैं। तीनों ने एकसाथ मिलकर कार्य शुरु किया, लेकिन x_2 ने कार्य पूरा होने से 13.5 दिन पहले ही कार्य छोड़ दिया। कार्य कितने दिनों में पूरा हुआ?
SSC GD 20/02/2024 Shift-IV
(a) 24 दिन (b) 25 दिन
(c) 18 दिन (d) 27 दिन

308. सोनू अकेले एक मेज को 125 दिनों में बना सकता है, जबकि मोनू अकेले इसे 250 दिनों में बना सकता है। मोनू कार्य शुरू करता है और 75 दिनों तक कार्य करता है। सोनू शेष कार्य कितने दिनों मे पूरा कर सकता है?
SSC GD 20/02/2024 Shift-IV
(a) 135 दिन (b) 100 दिन
(c) 120 दिन (d) 87.5 दिन

309. A और B अकेले-अकेले तौर पर एक कार्य को क्रमशः 20 दिन और 60 दिन में पूरा कर सकते हैं। उन्होंने एकसाथ कार्य शुरू किया, लेकिन A ने कुछ दिनों के बाद कार्य छोड़ दिया और B ने शेष कार्य 12 दिनों में पूरा किया। कार्य की शुरुआत से कितने दिनों के बाद A ने कार्य छोड़ दिया?

SSC GD 20/02/2024 Shift-III

(a) 12 दिन (b) 10 दिन
(c) 15 दिन (d) 9 दिन

310. स्वप्रिल 16 दिनों में एक सोफा बना सकता है। रेवती के साथ मिलकर कार्य करते हुए, वह कार्य को 128/17 दिनों में पूरा कर सकता है। यदि रेवती अकेले कार्य करती है, तो कार्य पूरा करने में रेवती को कितने दिन लगेंगे?

SSC GD 20/02/2024 Shift-II

(a) 128/16 दिन (b) 128/9 दिन
(c) 128/17 दिन (d) 6 दिन

311. यदि 72 जिल्दसाज, 720 पुस्तकों की जिल्दबन्दी 22 दिनों में कर सकते हैं, तो 12 दिनों में 660 पुस्तकों की जिल्दबन्दी करने के लिए कितने जिल्दसाजों की आवश्यकता होगी?

SSC GD 20/02/2024 Shift-II

(a) 123 (b) 120 (c) 121 (d) 124

312. 8 दिनों तक काम करने के बाद, राखी को पता चलता है कि अभी तक केवल 10% काम पूरा हुआ है। वह पूनम को काम पर रखती है, जो राखी से 20% अधिक कुशल है। शेष काम को पूरा करने में उन्हें कितने दिन और लगेंगे?

SSC GD 20/02/2024 Shift-I

(a) 360/7 दिन (b) 340/7 दिन
(c) 340/11 दिन (d) 360/11 दिन

313. R एक काम को 90 दिनों में पूरा कर सकता है। कुल काम का कितना प्रतिशत काम R द्वारा 45 दिनों में पूरा किया जा सकता है?

SSC GD 20/02/2024 Shift-I

(a) 65% (b) 50%
(c) 70% (d) 56%

SSC GD Constable 2023

314. अनित एक कार्य को 77 दिनों में कर सकता है। राम उसी कार्य को 11 दिन में कर सकता है। राम और अनित एकसाथ कार्य शुरू करते हैं लेकिन राम कार्य पूरा होने से 3 दिन पहले कार्य छोड़ देता है। दिनों की अनुमानित संख्या ज्ञात करें, जिसमें कार्य पूरा हुआ।

SSC GD 13/02/2023 Shift-IV

(a) 17 दिन (b) 14 दिन
(c) 12 दिन (d) 11 दिन

315. अतुल अकेला एक कार्य को 114 दिनों में पूरा कर सकता है। उसी कार्य को 19 दिनों में पूरा करने के लिए अतुल जैसी दक्षता वाले कितने व्यक्तियों की आवयकता थी?

SSC GD 13/02/2023 Shift-II

(a) 8 (b) 7 (c) 6 (d) 5

316. दो व्यक्ति P और Q एकसाथ कार्य करते हुए एक कार्य को 36 दिनों में पूरा कर सकते हैं। Q अकेले उसे 45 दिनों में पूरा कर सकता है। Q अकेले कार्य शुरू करता है और 5 दिन बाद उसे छोड़ देता है। शेष कार्य को पूरा करने में P को कितने दिन लगेंगे?

SSC GD 13/02/2023 Shift-II

(a) 180 (b) 140 (c) 160 (d) 120

317. R एक पेंटिंग कार्य को 12 दिनों में पूरा कर सकता है। दो सहायकों की मदद से वह इसे 8 दिनों में पूरा कर सकता है। अकेले एक सहायक द्वारा कार्य को कितने दिनों में पूरा किया जाएगा?

SSC GD 09/02/2023 Shift-II

(a) 42 (b) 48 (c) 24 (d) 36

318. P, Q और R अलग-अलग काम करते हुए एक कार्य को क्रमशः 50, 100 और 300 दिनों में पूरा कर सकते हैं। यदि वे बारी-बारी से एक-एक दिन काम करते हैं, P पहले दिन कार्य करता है, Q दूसरे दिन कार्य करता है, R तीसरे दिन कार्य करता है तथा फिर से P चौथे दिन कार्य करता है और इसी क्रम में आगे बढ़ते हैं, तो कार्य कितने दिनों में पूरा होगा?

SSC GD 09/02/2023 Shift-II

(a) 50 दिन (b) 90 दिन
(c) 60 दिन (d) 40 दिन

319. रानू एक कार्य को 10 दिनों में पूरा कर सकती है जबकि रूबी उसी कार्य को 15 दिनों में पूरा कर सकती हैं। रानू से शुरू करते हुए, यदि वे एकांतर आधार पर एक-एक दिन कार्य करते हैं, तो पूरा कार्य कितने दिनों में समाप्त हो जाएगा?

SSC GD 09/02/2023 Shift-I

(a) 11 (b) 12 (c) 14 (d) 13

320. प्रमोद, अखिल और रमन एक कार्य को 14 दिनों में कर सकते हैं। अखिल और रमन समान कार्य 77 दिनों में कर सके हैं। दिनों की संख्या ज्ञात करें, जिसमें प्रमोद उसी कार्य को पूरा कर सकता है।

SSC GD 09/02/2023 Shift-I

(a) 144/9 दिन (b) 164/9 दिन
(c) 177/9 दिन (d) 154/9 दिन

321. पूजा, नेहा और मनोज क्रमशः 16, 22 और 20 दिनों में एक कार्य कर सकते हैं। यदि नेहा और मनोज दोनों हर दूसरे दिन पूजा की सहायता करते हैं, तो कार्य किस दिन समाप्त होगा?

SSC GD 08/02/2023 Shift-I

(a) 7वें दिन (b) 10वें दिन
(c) 9वें दिन (d) 8वें दिन

322. P एक कार्य को 20 दिनों में कर सकता है और Q उसे 25 दिनों में कर सकता है। यदि वे इस पर एकसाथ मिलकर 4 दिनों तक कार्य करते हैं, तो कार्य का कितना प्रतिशत शेष बचेगा?

SSC GD 08/02/2023 Shift-I

(a) 68% (b) 52%
(c) 36% (d) 64%

323. 24 पुरुष एक काम को 9 दिनों में पूरा करते हैं। उनके काम शुरू करने के 3 दिन बाद, 8 और पुरुष उनके साथ जुड़ गए। उन सभी को शेष कार्य को पूरा करने में कितने दिन लगेंगे?

SSC GD 07/02/2023 Shift-I

(a) 5.5 (b) 9
(c) 4.5 (d) 4

324. एक कार्य को P और Q, 8 दिनों में, Q और R, 12 दिनों में तथा R और P, 15 दिनों में पूरा कर सकते हैं। R अकेले कार्य को पूरा करने में कितने दिन लेगा?

SSC GD 06/02/2023 Shift-I

(a) 80 (b) 90 (c) 50 (d) 70

325. अनीश एक कार्य 88 दिनों में कर सकता है। युग यह कार्य 66 दिनों में कर सकता है। अनीश ने अकेले कार्य शुरू किया। कितने दिनों के बाद युग को उसके साथ जुड़ना चाहिए, ताकि कार्य 44 दिनों में समाप्त हो जाए?

SSC GD 06/02/2023 Shift-I

(a) 11 दिन (b) 13 दिन
(c) 15 दिन (d) 12 दिन

326. A एक घण्टे में 11 बेंच की मरम्मत कर सकता है और B एक घण्टे में 5 बेंच की मरम्मत कर सकता है। जब वे मिलकर एकसाथ काम करते हैं, तो निर्धारित करें कि 64 बेंचों की मरम्मत में उन्हें कितना समय लगेगा?

SSC GD 06/02/2023 Shift-I

(a) 3 घण्टा (b) 5 घण्टा
(c) 4 घण्टा (d) 6 घण्टा

327. आकाश एक कार्य को 21 दिनों में कर सकता है और दीया उसी कार्य को 63 दिनों में कर सकती है। समान कार्य को पूरा करने में लगने वाला समय ज्ञात करें, यदि वे एकान्तर दिनों में (बारी बारी से) कार्य करते हैं, और आकाश कार्य आरम्भ करता है।

SSC CD 02/02/2023 Shift I

(a) 27 दिन (b) 29 दिन
(c) 31 दिन (d) 28 दिन

328. एक घण्टे में, A 5 कुर्सियों पर पेंट कर सकता है और B 3 कुर्सियों पर पेंट कर सकता है। निर्धारित कीजिए कि जब वे एकसाथ मिलकर काम करेंगे, तो उन्हें 40 कुर्सियों को पेंट करने में कितना समय लगेगा?

SSC GD 01/02/2023 Shift-I

(a) 10 घण्टे (b) 5 घण्टे
(c) 12 घण्टे (d) 8 घण्टे

329. यदि 12 पुरुष या 9 महिलाएँ किसी काम को 36 दिन में कर सकती हैं, तो 16 पुरुष और 18 महिलाएँ उसी काम को पूरा करने में कितने दिन का समय लेंगी? **SSC GD 01/02/2023 Shift-I**

(a) $13\frac{1}{5}$ (b) $14\frac{3}{5}$
(c) $10\frac{4}{5}$ (d) $12\frac{4}{5}$

SSC Selection Post 2024-2022

330. 140 पुरुषों की एक चौकी में 35 दिन के लिए राशन है। 10 दिन के अन्त में, 35 और पुरुष उनके साथ शामिल हो गए। शेष राशन पर वे कितने दिन तक भरण पोषण कर सकते हैं?

Matric Level 20/06/2024 Shift-IV

(a) 35 (b) 10
(c) 25 (d) 20

331. एक निर्माण स्थल पर, 15 आदमी या 10 मशीनें 66 दिनों में एक कमरे का निर्माण कर सकती हैं। 5 आदमी और 4 मशीनें मिलकर उस कार्य को कितने दिनों में पूरा कर सकती हैं?

Matric Level 20/06/2024 Shift-IV

(a) 75 (b) 90
(c) 80 (d) 85

332. 8 मजदूर प्रतिदिन 10 घण्टे कार्य करके किसी कार्य को 18 दिनों में पूरा करते हैं। यदि केवल 5 मजदूर कार्य कर रहे हैं, तो 24 दिनों में कार्य पूरा करने के लिए उन्हें प्रतिदिन कितने घण्टे कार्य करना चाहिए?

Graduate Level 20/06/2024 Shift-III

(a) 8 घण्टे (b) 12 घण्टे
(c) 9 घण्टे (d) 10 घण्टे

333. P और Q एक कार्य को क्रमश: 4 दिन और 12 दिन में पूरा कर सकते हैं। P से कार्य की शुरूआत करके वे एकांतर दिनों में कार्य करते हैं। कार्य कितने दिनों में पूरा होगा?

Higher Secondary Level 20/06/2024 Shift-II

(a) 4 दिन (b) 6 दिन
(c) 3 दिन (d) 8 दिन

334. यदि 8 पुरुष या 16 महिलाएँ या 32 लड़के एक कार्य को 8 महीने में पूरा कर सकते हैं, तो 4 पुरुष 4 महिलाएँ और 4 लड़के मिलकर उस कार्य को कितने महीने में पूरा कर सकते हैं?

Higher Secondary Level 20/06/2024 Shift-II

(a) $9\frac{1}{7}$ (b) $8\frac{2}{7}$ (c) $10\frac{5}{7}$ (d) $6\frac{3}{7}$

335. अनीता और आनन्द एक काम क्रमश: 12 दिन और 18 दिन में पूरा कर सकते हैं। उन्होंने उस काम को ₹ 48000 में पूरा करने का वादा किया। अरुण की मदद से उन्होंने 6 दिन में काम पूरा किया। अनीता और आनन्द के हिस्से का योग (₹ में) ज्ञात करें।

Graduate Level 27/06/2023 Shift-IV

(a) 8000 (b) 16000
(c) 24000 (d) 40000

336. अभय किसी काम को 22 दिन में कर सकता है। निधि अभय से 28% अधिक कार्यकुशल है। समान काम करने में निधि को .... दिन लगेंगे।

Higher Secondary Level 27/06/2023 Shift-III

(a) $16\frac{3}{17}$ (b) $17\frac{1}{16}$
(c) $16\frac{1}{17}$ (d) $17\frac{3}{16}$

337. एक छात्रावास में 35 विद्यार्थियों के लिए 27 दिन का भोजन उपलब्ध है। 45 विद्यार्थियों के लिए यह भोजन कितने दिन के लिए पर्याप्त होगा?

Matric Level 27/06/2023 Shift-I

(a) 22 (b) 23
(c) 25 (d) 21

338. A, B और C अलग-अलग एक कार्य को क्रमश: 20, 25 और 30 दिनों में पूरा कर सकते हैं। यदि A अकेले पहले दिन कार्य करता है, B अकेले दूसरे दिन और C अकेले तीसरे दिन कार्य करता है और यह क्रम आगे भी चलता है, तो पूरा कार्य कितने दिनों में समाप्त हो जाएगा?

Matric Level 27/06/2023 Shift-I

(a) $25\frac{1}{75}$ (b) $25\frac{4}{15}$
(c) $24\frac{1}{75}$ (d) $24\frac{4}{15}$

339. महेश और सुरेश एक काम को क्रमश: 16 दिन और 12 दिन में समाप्त कर सकते हैं। महेश से शुरू करके, वे एकान्तर आधार पर काम करते हैं। पूरे काम को समाप्त करने में कितने दिन लगेंगे?

Graduate Level 01/08/2022 Shift-IV

(a) $13\frac{3}{4}$ दिन (b) 14 दिन
(c) 13 दिन (d) $13\frac{1}{4}$ दिन

340. A, B और C एक कार्य को क्रमश: 3 दिन, 4 दिन और 6 दिन में पूरा कर सकते हैं। कार्य पूरा करने के लिए उन्हें ₹ 432 मिलते हैं। यदि A, B और C मिलकर कार्य को पूरा करते हैं, तो A का हिस्सा कितना होगा?

Higher Secondary Level 01/08/2022 Shift-II

(a) ₹ 192 (b) ₹ 144 (c) ₹ 108 (d) ₹ 72

341. 20 व्यक्ति एक काम को 10 दिन में पूरा कर सकते हैं। उनके काम शुरू करने के पाँच दिन बाद, 5 और व्यक्ति उनके साथ जुड़ गए। सम्पूर्ण काम कितने दिन में पूरा होगा?

Matric Level 01/08/2022 Shift-I

(a) 11 (b) 10 (c) 9 (d) 12

342. यदि 30 दिनों के लिए 16 पुरुषों का वेतन ₹ 20736 है, तो 1 व्यक्ति का 15 दिनों के लिए वेतन कितना है?

Matric Level) 01/08/2022 Shift-I

(a) ₹ 520 (b) ₹ 812
(c) ₹ 742 (d) ₹ 648

सही उत्तर

1	(c)	2	(a)	3	(a)	4	(b)	5	(a)	6	(c)	7	(a)	8	(c)	9	(d)	10	(c)
11	(c)	12	(c)	13	(d)	14	(a)	15	(c)	16	(b)	17	(d)	18	(c)	19	(d)	20	(c)
21	(d)	22	(c)	23	(a)	24	(d)	25	(a)	26	(d)	27	(b)	28	(c)	29	(d)	30	(d)
31	(c)	32	(b)	33	(c)	34	(c)	35	(d)	36	(d)	37	(a)	38	(c)	39	(a)	40	(b)
41	(b)	42	(c)	43	(c)	44	(c)	45	(a)	46	(d)	47	(d)	48	(d)	49	(c)	50	(d)
51	(a)	52	(a)	53	(b)	54	(d)	55	(b)	56	(d)	57	(a)	58	(c)	59	(d)	60	(d)
61	(c)	62	(a)	63	(a)	64	(d)	65	(d)	66	(d)	67	(a)	68	(c)	69	(c)	70	(a)
71	(b)	72	(b)	73	(a)	74	(c)	75	(b)	76	(d)	77	(d)	78	(c)	79	(a)	80	(a)
81	(d)	82	(b)	83	(d)	84	(a)	85	(a)	86	(c)	87	(b)	88	(c)	89	(a)	90	(d)
91	(c)	92	(d)	93	(a)	94	(b)	95	(d)	96	(b)	97	(b)	98	(a)	99	(a)	100	(c)
101	(a)	102	(a)	103	(b)	104	(b)	105	(d)	106	(c)	107	(b)	108	(c)	109	(d)	110	(b)
111	(b)	112	(d)	113	(a)	114	(d)	115	(d)	116	(b)	117	(a)	118	(c)	119	(b)	120	(b)
121	(b)	122	(d)	123	(d)	124	(d)	125	(d)	126	(a)	127	(c)	128	(b)	129	(a)	130	(d)
131	(c)	132	(d)	133	(a)	134	(d)	135	(d)	136	(a)	137	(d)	138	(b)	139	(d)	140	(c)
141	(a)	142	(d)	143	(a)	144	(d)	145	(d)	146	(d)	147	(d)	148	(a)	149	(c)	150	(b)
151	(a)	152	(a)	153	(d)	154	(b)	155	(d)	156	(d)	157	(a)	158	(d)	159	(a)	160	(c)
161	(c)	162	(b)	163	(a)	164	(b)	165	(c)	166	(d)	167	(d)	168	(a)	169	(b)	170	(b)
171	(d)	172	(c)	173	(a)	174	(b)	175	(a)	176	(b)	177	(a)	178	(c)	179	(d)	180	(c)
181	(d)	182	(d)	183	(b)	184	(c)	185	(c)	186	(a)	187	(c)	188	(c)	189	(a)	190	(d)
191	(b)	192	(c)	193	(b)	194	(d)	195	(b)	196	(b)	197	(c)	198	(d)	199	(b)	200	(c)
201	(c)	202	(d)	203	(b)	204	(d)	205	(b)	206	(c)	207	(a)	208	(b)	209	(c)	210	(a)
211	(b)	212	(a)	213	(d)	214	(a)	215	(c)	216	(c)	217	(a)	218	(a)	219	(c)	220	(c)
221	(c)	222	(b)	223	(b)	224	(c)	225	(a)	226	(b)	227	(c)	228	(b)	229	(a)	230	(c)
231	(b)	232	(c)	233	(b)	234	(d)	235	(c)	236	(a)	237	(c)	238	(b)	239	(d)	240	(c)
241	(b)	242	(a)	243	(a)	244	(a)	245	(a)	246	(a)	247	(d)	248	(b)	249	(b)	250	(b)
251	(d)	252	(b)	253	(b)	254	(b)	255	(c)	256	(d)	257	(b)	258	(c)	259	(c)	260	(a)
261	(d)	262	(c)	263	(a)	264	(a)	265	(a)	266	(c)	267	(c)	268	(a)	269	(d)	270	(b)
271	(d)	272	(a)	273	(c)	274	(d)	275	(a)	276	(b)	277	(a)	278	(c)	279	(a)	280	(d)
281	(a)	282	(d)	283	(d)	284	(a)	285	(a)	286	(b)	287	(b)	288	(c)	289	(a)	290	(d)
291	(a)	292	(b)	293	(c)	294	(b)	295	(b)	296	(c)	297	(c)	298	(b)	299	(c)	300	(d)
301	(b)	302	(a)	303	(d)	304	(c)	305	(c)	306	(d)	307	(d)	308	(d)	309	(a)	310	(b)
311	(c)	312	(d)	313	(b)	314	(c)	315	(c)	316	(c)	317	(b)	318	(b)	319	(b)	320	(d)
321	(b)	322	(d)	323	(c)	324	(a)	325	(a)	326	(c)	327	(c)	328	(b)	329	(c)	330	(d)
331	(b)	332	(b)	333	(b)	334	(a)	335	(d)	336	(d)	337	(d)	338	(d)	339	(a)	340	(a)
341	(c)	342	(d)																

उत्तर सहित हल

1. (c) समय, कुल कार्य, क्षमता

रानी → 12, आद्या → 16 ; कुल कार्य 48 इकाई ; 4 कार्य/दिन, 3 कार्य/दिन

रानी	आद्या
4	3

2 दिन → 7 कार्य

14 दिन → 49 कार्य

$-\frac{1}{3}$ दिन → − 1 कार्य (आद्या)

$13\frac{2}{3}$ दिन → 48 कार्य

∴ अभीष्ट दिन = $13\frac{2}{3}$ दिन

2. (a) वरुण + राजू → 40 (5) ; वरुण → 50 (4) ; कुल कार्य 200 (40 और 50 का ल.स.)

∵ अकेले राजू का 1 घण्टे का काम = (5 − 4) = 1

∴ अकेले राजू को पूरा कार्य करने में लगा समय

$= \frac{200}{1} = 200$ घण्टे

3. (a) A → 12 (4), B → 16 (3) ; (कुल कार्य) 48 (12 और 16 का ल. स.)

(A + B) का 1 दिन का काम = 4 + 3 = 7

(A + B) का 6 दिन का काम = 7 × 6 = 42

शेष काम = (48 − 42) = 6

∴ शेष काम का भाग $= \frac{6}{48} = \frac{1}{8}$ भाग

4. (b) राजेश द्वारा छपाई का $\frac{17}{27}$ भाग को करने में लगा समय = 34 दिन

∴ राजेश को छपाई का पूरा ऑर्डर करने में लगा समय

$= \frac{34 \times 27}{17} = 54$ दिन

5. (a) ∵ $\frac{M_1D_1H_1}{W_1} = \frac{M_2D_2H_2}{W_2}$

⇒ $6 \times 10 = 12 \times H_2$

⇒ $H_2 = \frac{6 \times 10}{12} = 5$ घण्टे

स्पीडी विधि

व्यक्ति	काम	घण्टा
6	1	10
12	1	?

$? = \frac{6}{12} \times 10 = 5$ घण्टे

6. (c) P → 5 (6), Q → 10 (3), R → 15 (2) ; 30 (कुल कार्य)

पहला दिन	दूसरे दिन	तीसरे दिन	कुल काम
P + Q	P + R	P + Q	
6 + 3	6 + 2	6 + 3	26

∴ शेष काम को करने में लगा समय

$= \frac{(30-26)}{(6+2)} = \frac{1}{2}$ दिन

∴ कुल दिन $= 3 + \frac{1}{2} = \frac{7}{2}$ दिन

7. (a) प्रश्नानुसार, A तथा B की क्षमता का अनुपात = 4 : 1

∴ कुल कार्य = (4 + 1) × 48

अत: B का अभीष्ट समय $(t_B) = \frac{5 \times 48}{1} = 240$ दिन

8. (c) A और B दोनों का मिलाकर 1 घण्टे का कार्य

$= \frac{1}{8} + \frac{1}{12} = \frac{3+2}{24} = \frac{5}{24}$

∴ दोनों के द्वारा मिलकर कार्य पूरा करने में लगा समय

$= \frac{24}{5} = 4.8$ घण्टे

स्पीडी विधि

8 तथा 12 का ल.स. = 24

A → 8 (3), B → 12 (2) ; 24 (कुल काम)

A तथा B की कार्यक्षमता = 3 + 2 = 5 भाग/घण्टे

अत: एकसाथ कार्य करने पर, कार्य समाप्ति में लगा समय $= \frac{24}{5} = 4.8$ घण्टे

9. (d) रोहन और रोहित द्वारा मिलकर 2 दिन में किया गया कार्य $= 2\left(\frac{1}{25} + \frac{1}{30}\right) = 2\left(\frac{6+5}{150}\right) = \frac{11}{75}$

शेष कार्य $= 1 - \frac{11}{75} = \frac{64}{75}$

रोहन और राम का 1 दिन का कार्य $= \frac{1}{25} + \frac{1}{15}$

$= \frac{3+5}{75} = \frac{8}{75}$

∴ शेष कार्य को पूरा करने में लगा समय

$= \frac{64}{75} \times \frac{75}{8} = 8$ दिन

अत: कार्य पूरा होने में लगा कुल समय

= 2 + 8 = 10 दिन

10. (c) ∴ तारा का 10 दिन का कार्य $= \frac{10}{15} = \frac{2}{3}$

∴ शेष कार्य $= 1 - \frac{2}{3} = \frac{1}{3}$

∴ शेष $\frac{1}{3}$ कार्य सारा द्वारा करने में लगा समय

$= \frac{1}{3} \times 18 = 6$ दिन

स्पीडी विधि

18 तथा 15 का ल.स. = 90

सारा → 18 (5), तारा → 15 (6) ; 90 (कुल कार्य)

तारा द्वारा 10 दिन में किया गया कार्य

= 10 × 6 = 60

शेष कार्य = 90 − 60 = 30

शेष कार्य करने में सारा द्वारा लगा समय

$= \frac{30}{5} = 6$ दिन

11. (c) $M_1 = 40$ पुरुष, $D_1 = 30$ दिन

$M_2 = 40 - 10 = 30$ पुरुष तथा $D_2 = ?$

⇒ $40 \times 30 = 30 \times D_2$

∴ $D_2 = 40$ दिन

12. (c) माना कुल कार्य 'x दिनों' में पूरा हुआ

प्रश्नानुसार, $\frac{x-4}{24} + \frac{x-10}{36} + \frac{x}{48} = 1$

⇒ $\frac{6(x-4) + 4(x-10) + 3x}{144} = 1$

⇒ $6x - 24 + 4x - 40 + 3x = 144$

⇒ $13x = 144 + 40 + 24 \Rightarrow 13x = 208$

∴ $x = \frac{208}{13} = 16$ दिन

13. (d) प्रश्नानुसार,

	समय		क्षमता
A	20		3
B	30	60	2
C	60		1

A का B और C की सहायता से 3 दिन का कार्य

= 3 + 3 + (3 + 2 + 1) = 12 इकाई

∴ A द्वारा कार्य पूरा होने में लगा समय

$= \frac{60}{12} \times 3 = 15$ दिन

14. (a) यदि वे तीनों मिलकर कार्य करें तो तीनों का एक दिन का कार्य $= \frac{1}{2}\left(\frac{1}{12} + \frac{1}{15} + \frac{1}{10}\right)$

$= \frac{1}{2}\left(\frac{5+4+6}{60}\right) = \frac{1}{8}$

अर्थात् '8 दिन' में तीनों मिलकर कार्य को पूरा करेंगे।

15. (c) अब, यदि वे एकसाथ मिलकर कार्य करे तो एक दिन का कार्य $= \frac{1}{9} + \frac{1}{12} + \frac{1}{18} = \left(\frac{4+3+2}{36}\right)$

$= \frac{9}{36} = \frac{1}{4}$

स्पीडी विधि

प्रश्नानुसार, समय, क्षमता

P 9 (4), Q 12 (3), R 18 (2) → 36

∵ यदि वे तीनों मिलकर कार्य करें, तो एक दिन के कार्य का भाग $= \frac{(4+3+2)}{36} = \frac{9}{36} = \frac{1}{4}$

16. (b) 8 तथा 12 का ल.स. = 24

अशोक → 8 (3), अनिल → 12 (2) ; 24 (कुल कार्य)

अशोक तथा अनिल का 4 दिन का कार्य

= (3 + 2) × 4 = 20

शेष कार्य = 24 − 20 = 4

∴ अमर की कार्यक्षमता $= \frac{4}{4} = 1$

∴ कार्यक्षमताओं का अनुपात = 3 : 2 : 1

अमर का हिस्सा $= \frac{4500}{6} \times 1 =$ ₹ 750

17. (d) $3M = 5W = 15B$

$\therefore \quad 1M = \frac{15}{3}B = 5B, 1W = \frac{15}{5}B = 3B$

माना आवश्यक लड़कों की संख्या $= x$

तब, $\quad (1M + 1W + xB) \times \frac{1}{5} = 1B \times 15$

$\Rightarrow \quad 5B + 3B + xB = 75B$

$\Rightarrow \quad x = 75 - 8 \Rightarrow x = 67$

18. (c) माना रमेश का एक दिन का कार्य $= \frac{1}{24}$

रमेश और सोमेश का 1 दिन का कार्य $= \frac{1}{8}$

सोमेश का 1 दिन का कार्य $= \frac{1}{8} - \frac{1}{24}$

$= \frac{3-1}{24} = \frac{2}{24} = \frac{1}{12}$

सोमेश द्वारा अकेले कार्य करने में लगा समय = 12 दिन

स्पीडी विधि

रमेश → 24 (1)

रमेश और सोमेश → 8 (3)

→ 24

सोमेश का एक दिन का कार्य $= 3 - 1 = 2$

$\therefore$ अभीष्ट समय $= \frac{24}{2} = 12$ दिन

19. (d) माना एक पुरुष का कार्य $= M$

एक महिला का कार्य $= W$

$\therefore \quad 15M \times 10 = 15W \times 12$

$5M = 6W \quad \ldots(i)$

$\Rightarrow \quad 15M = 18W$

माना सभी मिलकर कार्य D दिन में पूरा करेंगे।

$\therefore \; (18W + 15W) \times D = 15W \times 12$

$\Rightarrow \quad 33W \times D = 15W \times 12$

$\Rightarrow \quad D = \frac{15 \times 12}{33} = \frac{60}{11} = 5\frac{5}{11}$ दिन

20. (c) $10W \times 16 = 6M \times 8 \Rightarrow \frac{W}{M} = \frac{3}{10}$

$\therefore$ कुल काम $= 10 \times 3 \times 16 = 480$

12 पुरुष का 2 दिन का काम $= 12 \times 2 \times 10 = 240$

$\therefore$ शेष काम $= 480 - 240 = 240$

$\therefore \quad (6M + 5W) \times D = 240$

$\Rightarrow (6 \times 10 + 5 \times 3) \times D = 240 \Rightarrow D = \frac{240}{75} = \frac{16}{5}$

$\therefore$ कुल दिन $= 2 + \frac{16}{5} = \frac{26}{5}$ दिन

21. (d) A और B की दक्षता का अनुपात $= 1:1$

C और A की दक्षता का अनुपात $= 1:1$

$\therefore A, B$ और C तीनों की दक्षता एक समान है।

$\therefore A, B$ और C तीनों किसी भी कार्य को एकान्तरित होकर करने पर समान समय लगेगा।

अत: अभीष्ट समय = 15 दिन

22. (c) चूँकि हर दूसरे दिन Y और Z मिलकर X की सहायता करते है,

$\therefore$ दो दिनों में किया गया कार्य $= \frac{2}{5} + \frac{1}{15} + \frac{1}{30}$

$= \frac{12 + 2 + 1}{30} = \frac{15}{30} = \frac{1}{2}$

अत: पूरा कार्य होने में लगा समय $= 2 \times 2$

= 4 दिन

23. (a) माना शुरुआत में समूह में x पुरुष थे।

तथा 1 एक पुरुष 1 दिन में 1 इकाई कार्य करता है।

तब, कुल कार्य $= 11x$

प्रश्नानुसार, प्रत्येक दिन के बाद 16 पुरुष कार्य छोड़ते हैं।

$\therefore \; x + (x - 16) + (x - 32) + (x - 48)$

$+ \ldots$ 15 पदों तक $= 11x$

$\Rightarrow \; 15x - (16 + 32 + 48 + \ldots + 14$ पदों तक$)$ $= 11x$

$\Rightarrow \quad 15x - 11x = \frac{14}{2} \; \{2 \times 16 + (14 - 1) \times 16\}$

$\left\{\because S = \frac{n}{2}\{2a + (n-1)d\}\right\}$

$\Rightarrow \; 4x = 7(32 + 208); \; x = \frac{7 \times 240}{4} \Rightarrow x = 420$

24. (d) 4 पुरुष = 6 महिलाएँ

$\Rightarrow$ 1 पुरुष : 1 महिला $= 6:4$

4 महिलाएँ = 6 लड़के

$\Rightarrow$ 1 महिला : 1 लड़का $= 6:4$

$\therefore$ 1 पुरुष, 1 महिला और 1 लड़के की कार्य क्षमता का अनुपात $= 36:24:16 = 9:6:4$

माना कुल कार्य $= 4 \times 60 = 240$ इकाई

$\therefore$ एक पुरुष और एक महिला द्वारा मिलकर कार्य करने में लगा समय $= \frac{240}{9+6} = \frac{240}{15} = 16$ दिन

25. (a) 20 महिला और 15 पुरुष का एक दिन का कार्य

$= \frac{1}{6} \quad \ldots(i)$

तथा एक महिला का एक दिन का कार्य $= \frac{1}{150}$

अब समी (i) से,

15 पुरुष का एक दिन का कार्य $= \frac{1}{6} - 20\left(\frac{1}{150}\right)$

$= \frac{1}{6} - \frac{2}{15} = \left(\frac{5-4}{30}\right) = \frac{1}{30}$

$\therefore$ एक पुरुष का एक दिन का कार्य

$= \left(\frac{1}{15 \times 30}\right) = \frac{1}{450}$

अत: '450 दिनों' में एक अकेला पुरुष इस कार्य को कर सकता है।

स्पीडी विधि

$(20W + 15M) \times 6 = 150W$

$\Rightarrow \quad 120W + 90M = 150W$

$\Rightarrow \quad 90M = 30W \Rightarrow \quad 3M = 1W$

अकेले 1 पुरुष द्वारा लगा समय

$= 150 \times 3 = 450$ दिन

26. (d) माना परियोजना की शुरुआत में छात्रों की संख्या $= x$

$x \times 10 = 1x + (x - 2 \times 1) + (x - 2 \times 2)$

$+ \ldots + (x - 2 \times 14)$

$\Rightarrow \; 10x = 15x - (2 \times 1) - (2 \times 2) + \ldots + (-2 \times 14)$

$\Rightarrow \; 10x = 15x - 2\{1 + 2 + \ldots + 14\}$

$\Rightarrow \; (15x - 10x) = 2(1 + 2 + \ldots + 14)$

$\Rightarrow \; 5x = \frac{2 \times 14 \times 15}{2}$

$\Rightarrow \; x = \frac{14 \times 15}{5} = 42$ छात्र

अत: प्रारम्भ में छात्रों की संख्या = 42

27. (b) A का 1 दिन का कार्य $= \frac{1}{20} \times \frac{3}{2} = \frac{3}{40}$

$\therefore A$ और B का 1 दिन का कार्य $= \frac{1}{20} + \frac{3}{40}$

$= \frac{2+3}{40} = \frac{5}{40} = \frac{1}{8}$

अत: A और B मिलकर उस कार्य को 8 दिनों में पूरा कर लेंगे।

स्पीडी विधि

माना कुल कार्य = 40 इकाई

चूँकि A, B से 50% अधिक कुशल है

$\therefore$ A और B की कार्य क्षमता का अनुपात

$= 150 : 100 = 3 : 2$

$\therefore$ कार्य पूरा होने में लगा कुल समय

$= \frac{40}{3+2} = 8$ दिन

28. (c) माना अकेले B द्वारा कार्य को पूरा करने में लगा समय $= x$ दिन

$\therefore \quad B$ का 1 दिन का कार्य $= \frac{1}{x}$

तथा A का 1 दिन का कार्य $= \frac{1}{14}$

प्रश्नानुसार, $\frac{1}{14} + \frac{1}{x} = \frac{2}{7}$

$\frac{1}{x} = \frac{2}{7} - \frac{1}{14} = \frac{4-1}{14} = \frac{3}{14} \Rightarrow \quad x = \frac{14}{3}$ दिन

29. (d) माना एक पुरुष 1 दिन में x इकाई कार्य करता है तथा एक महिला 1 दिन में y इकाई कार्य करती है।

प्रश्नानुसार, $\; 2x \times 6 = 3y \times 4 \Rightarrow x = y$

$\therefore$ 1 पुरुष और 2 महिलाओं का 1 दिन का कार्य

$= x + 2y = 3x$

$\therefore$ कार्य पूरा होने में लगा अभीष्ट समय $= \frac{12x}{3x} = 4$ दिन

30. (d) P और Q का 1 दिन का कार्य $= \frac{5}{22}$

R और S का 1 दिन का कार्य $= \frac{9}{44}$

$\therefore \quad P, Q, R$ और S का मिलाकर 1 दिन का कार्य

$= \frac{5}{22} + \frac{9}{44} = \frac{10+9}{44} = \frac{19}{44}$

अत: P, Q, R और S मिलकर कार्य को पूरा करेंगे

$= \frac{44}{19}$ दिन में $= 2\frac{6}{19}$ दिन में

31. (c) A का 1 दिन का कार्य $= \frac{1}{3} \times \frac{1}{7} = \frac{1}{21}$

B का 1 दिन का कार्य $= \frac{2}{7} \times \frac{1}{10} = \frac{1}{35}$

$\therefore$ दोनों का मिलाकर 1 दिन का कार्य

$= \frac{1}{21} + \frac{1}{35} = \frac{5+3}{105} = \frac{8}{105}$

$\therefore \; A$ और B उस कार्य को मिलकर पूरा करेंगे

$= \frac{105}{8} = 13\frac{1}{8}$ दिन में

32. (b) A का 1 दिन का कार्य $= \frac{1}{32 \times 3} = \frac{1}{96}$

B का 1 दिन का कार्य $= \frac{1}{24} \times \frac{75}{2} \times \frac{1}{100} = \frac{1}{64}$

C का 1 दिन का कार्य $= \frac{1}{48} \times \frac{3}{5} = \frac{1}{80}$

प्रश्नानुसार, $\dfrac{\left(\dfrac{1}{64}+\dfrac{1}{80}\right)x}{\left(\dfrac{1}{96}+\dfrac{1}{80}\right)(x+8)}=\dfrac{9}{11}$

$\Rightarrow \quad 11x\left(\dfrac{15+12}{960}\right)=9(x+8)\left(\dfrac{10+12}{960}\right)$

$11x\times 27=9(x+8)\times 22 \Rightarrow x=16$

$\therefore$ 3.5x दिन में C द्वारा किया गया कार्य

$=3.5\times 16\times\dfrac{1}{80}=\dfrac{7}{10}$

33. (c) A का 15 दिन का कार्य $=\dfrac{15}{60}=\dfrac{1}{4}$

शेष कार्य $=1-\dfrac{1}{4}=\dfrac{3}{4}$

$\because$ शेष कार्य B, 48 दिन में पूरा करता है

$\therefore$ B का 1 दिन का कार्य $=\dfrac{3}{4}\times\dfrac{1}{48}=\dfrac{1}{64}$

$\therefore$ A और B मिलकर कार्य पूरा करेंगें

$=\dfrac{60\times 64}{60+64}=\dfrac{60\times 64}{124}=\dfrac{960}{31}$ दिन

34. (c) माना प्रारम्भ में व्यक्तियों की संख्या = x
तथा प्रत्येक व्यक्ति 1 दिन में 1 इकाई कार्य करता है
तब, कुल कार्य = 13x
प्रश्नानुसार, प्रत्येक दिन के बाद 9 व्यक्ति कार्य छोड़ते हैं, तब
$x+(x-9)+(x-18)+(x-27)\ldots\ldots+16$ पदों तक $=13x$

$\Rightarrow 16x-(9+18+27+\ldots+15$ पदों तक$)=13x$

$3x=\dfrac{15}{2}[2\times 9+(15-1)9]$

$3x=\dfrac{15}{2}[18+14\times 9]\Rightarrow 6x=15\times 144$

$\therefore \quad x=360$

35. (d) माना रजत अकेले कार्य को पूरा करने में x दिन लेता है।

$\therefore$ रजत का 1 दिन का कार्य $=\dfrac{1}{x}$

प्रश्नानुसार, $\dfrac{1}{7}+\dfrac{1}{x}=\dfrac{1}{5}\Rightarrow$

$\dfrac{1}{x}=\dfrac{1}{5}-\dfrac{1}{7}=\dfrac{7-5}{35}=\dfrac{2}{35}$

$x=\dfrac{35}{2}=17.5$ दिन

36. (d) माना 1 पुरुष और 1 महिला 1 दिन में क्रमशः x इकाई और y इकाई कार्य करते हैं।

$(4x+6y)\times 8=(3x+7y)\times 10$

$\Rightarrow \quad 32x+48y=30x+70y$

$\Rightarrow \quad 2x=22y\Rightarrow x=11y$

तब, कुल कार्य $=(4\times 11y+6y)\times 8$
$=50y\times 8=400\,y$ इकाई

अब 25 महिलाओं का 1 दिन का कार्य = 25y

$\therefore$ वे इस कार्य को समाप्त करने में समय लेंगी

$=\dfrac{400y}{25y}=16$ दिन

37. (a) 20, 15 और 10 का ल.स = 60

R ⟶ 20 — 3
S ⟶ 15 — 4 ⟶ 60 (कुल कार्य)
T ⟶ 10 — 6

R, S तथा T का 2 दिन का कार्य
$=2\times 3+6+4=16$ इकाई

R, S तथा T का 6 दिन का कार्य
$=16\times 3=48$ इकाई

शेष कार्य = 60 − 48 इकाई = 12 इकाई

7वें दिन R और T का कार्य = 3 + 6 = 9 इकाई

अब, शेष कार्य = 12 − 9 = 3 इकाई

R और S द्वारा शेष कार्य करने में लगा समय $=\dfrac{3}{7}$

कुल समय $=7\dfrac{3}{7}=\dfrac{52}{7}$ दिन

38. (c) माना बुलाए गए मजदूरों की संख्या = x

$6\times 16=(10+x)\,8$

$\Rightarrow \quad 80+8x=96\Rightarrow 8x=16\Rightarrow x=2$

39. (a) प्रश्नानुसार,

A → 9 घण्टे — +4
⟶ 36 (कुल कार्य)
B → 12 घण्टे — +3

A और B का 5 दिन का कार्य $=7\times 5=35$

शेष कार्य का भाग $=\dfrac{36-35}{36}=\dfrac{1}{36}$

40. (b) प्रश्नानुसार, 4 महिलाएँ और 7 पुरुष द्वारा 7 दिन में कमाया गया धन = ₹ 11480

$\Rightarrow$ (4 महिला + 7 पुरुष) द्वारा 1 दिन में कमाया गया धन

$=\dfrac{11480}{7}=1640$ ...(i)

इसी प्रकार, 10 महिलाएँ और 17 पुरुष द्वारा 9 दिन में कमाया गया धन = ₹ 36360

$\Rightarrow$ (10 महिला +17 पुरुष) द्वारा 1 दिन में कमाया गया

धन $=\dfrac{36360}{9}=4040$ ...(ii)

समी (i) व (ii) से,
1 महिला द्वारा 1 दिन में कमाया धन = ₹ 200
तथा 1 पुरुष द्वारा 1 दिन में कमाया धन = ₹ 120
अब, 11 महिलाएँ और 9 पुरुष द्वारा 13 दिन में कमाया गया धन $=\{11(200)+9(120)\}\times 13$

$=(2200+1080)\times 13$

$=3280\times 13=$ ₹ 42640

41. (b) राम का एक घण्टे का कार्य $=\dfrac{60}{15}=4$ पेज

तथा राम और रिया का एक घण्टे का कार्य $=\dfrac{180}{30}=6$ पेज

$\therefore$ रिया का एक घण्टे का कार्य = (6 − 4) = 2 पेज

$\Rightarrow$ रिया द्वारा 20 पेज को कॉपी करने का समय

$=\dfrac{20}{2}=10$ घण्टे

42. (c) P और Q का एक दिन का कार्य $=\dfrac{1}{6}$

तथा P का एक दिन का कार्य $=\dfrac{1}{18}$

$\therefore$ Q का एक दिन का कार्य $=\dfrac{1}{6}-\dfrac{1}{18}$

$=\left(\dfrac{3-1}{18}\right)=\dfrac{2}{18}=\dfrac{1}{9}$

अतः Q इस कार्य को '9 दिन' में पूरा करेगा।

43. (c) A + B → 30 — 4
⟶ 120
C → 120 — 1

$\therefore$ (A : B + C) के समय का अनुपात = 15 : 1 = 3 : 2

(A : B + C) की क्षमताओं का अनुपात = 2 : 3

$\therefore$ (A : B : C) की क्षमताओं का अनुपात = 2 : 2 : 1

$\therefore$ अभीष्ट समय $=\dfrac{120}{2}=60$ दिन

44. (c) माना P एक कार्य को x दिन में पूरा करता हैं।

P का एक दिन का कार्य $=\dfrac{1}{x}$

Q का एक दिन का कार्य $=\dfrac{2}{x}$

तथा R का एक दिन का कार्य $=\dfrac{3}{x}$

प्रश्नानुसार, $\left(\dfrac{1}{x}+\dfrac{2}{x}+\dfrac{3}{x}\right)\times 2=1$

$\Rightarrow \quad \dfrac{1}{x}+\dfrac{2}{x}+\dfrac{3}{x}=\dfrac{1}{2}\Rightarrow\dfrac{6}{x}=\dfrac{1}{2}\Rightarrow x=12$

$\therefore$ Q का एक दिन का कार्य $=\dfrac{2}{12}=\dfrac{1}{6}$

अतः Q अकेले कार्य को '6 दिन' में पूरा करेगा।

45. (a) (A का 1 दिन का कार्य) : (B का 1 दिन का कार्य) = 140 : 100 = 7 : 5

कुल कार्य $=31\times 7=217$

अतः कुल कार्य को समाप्त करने में दोनों के द्वारा लिया गया समय $=\dfrac{217}{(7+5)}=\dfrac{217}{12}$ दिन

46. (d) A और B का दो दिन का कार्य $=\dfrac{1}{8}+\dfrac{1}{18}=\dfrac{13}{72}$

A और B को 10 दिनों का कार्य $=\dfrac{13}{72}\times 5=\dfrac{65}{72}$

शेष कार्य $=1-\dfrac{65}{72}=\dfrac{7}{72}$

अब 11वें दिन B कार्य करेगा।

B द्वारा 11वें दिन का कार्य करने के बाद शेष कार्य

$=\dfrac{7}{72}-\dfrac{1}{18}=\dfrac{3}{72}=\dfrac{1}{24}$

A द्वारा शेष कार्य करने में लगा समय $=\dfrac{1}{24}\times 8=\dfrac{1}{3}$ दिन

$\therefore$ कार्य को पूरा करने में लगा समय

$=10+1\dfrac{1}{3}=11\dfrac{1}{3}$ दिन

स्पीडी विधि

(8 और 18 का ल.स.)

A ⟶ 8 — 9
⟶ 72
B ⟶ 18 — 4

B और A का 2 दिन का कार्य = 4 + 9 = 13
B और A का 10 दिन कार्य $=13\times 5=65$
शेष कार्य = 72 − 65 = 7
शेष कार्य पहले B करेगा,
B के करने के बाद शेष कार्य = 7 − 4 = 3

A को शेष कार्य करने में लगा समय $=\dfrac{3}{9}=\dfrac{1}{3}$

कुल समय $=10+1+\dfrac{1}{3}=11\dfrac{1}{3}$ दिन

47. (d) तीनों का एक घण्टे का कार्य

$=\dfrac{1}{8}+\dfrac{1}{12}+\dfrac{1}{24}$

$=\dfrac{3+2+1}{24}=\dfrac{6}{24}=\dfrac{1}{4}$

अतः तीनों मिलकर कार्य को 4 घण्टे में पूरा करेंगी।

48. (d)

क्षमता

रेखा ⟶ 16 — 3

48

बीना ⟶ 12 — 4

दोनों का 2 दिन का कार्य = 3 + 4 = 7

दोनों का 12 दिन का कार्य = 7 × 6 = 42

शेष कार्य = 48 − 42 = 6

रेखा के द्वारा 13वें दिन कार्य करने के बाद शेष कार्य
$= 6 - 3 = 3$

बीना द्वारा शेष कार्य करने में लगा समय = $\frac{3}{4}$

कुल समय = $12 + 1 + \frac{3}{4} = 13\frac{3}{4}$ दिन

49. (c) A द्वारा काम को 100% पूरा करने में लगा समय
$= 4 \times 5 = 20$ दिन

B द्वारा काम को 100% पूरा करने में लगा समय
$= 10 \times 3 = 30$ दिन

ल.स. (20, 30) = 60

A की दक्षता = $\frac{60}{20} = 3$ इकाई/दिन

B की दक्षता = $\frac{60}{30} = 2$ इकाई/दिन

A और B द्वारा एकसाथ 9 दिनों में किया गया कार्य
$= 9 \times (2 + 3) = 45$ इकाई

शेष कार्य = 60 − 45 = 15 इकाई

C, शेष कार्य को 6 दिनों में पूरा करेगा

C की दक्षता = $\frac{15}{6} = 2.5$ इकाई/दिन

B और C की कुल दक्षता = 2 + 2.5 = 4.5 इकाई/दिन

अभीष्ट समय = $\frac{60 \times \frac{75}{100}}{4.5} = \frac{45}{4.5} = 10$ दिन

50. (d) माना B उस कार्य को करने में x दिन लेता है।
तब, A उस कार्य को करने में $\frac{x}{5.4}$ दिन लेगा।

प्रश्नानुसार, $x - \frac{x}{5.4} = 22 \Rightarrow \frac{4.4x}{5.4} = 22$

$\therefore \quad x = 27$

यदि A और B दोनों साथ में कार्य करेंगे।
तब $(A + B)$ का एक दिन का कार्य
$= \frac{1}{27} + \frac{5.4}{27} = \frac{32}{135}$

$\therefore$ कार्य करने में लगा कुल समय = $\frac{135}{32} = 4\frac{7}{32}$ दिन

51. (a) माना जीवन और पॉल काम पूरा करने में क्रमशः x घण्टे और y घण्टे लगेंगे।

$\Rightarrow \frac{1}{5} + \frac{1}{y} = \frac{1}{3} \quad \Rightarrow \frac{1}{y} = \frac{1}{3} - \frac{1}{5}$

$\Rightarrow \frac{1}{y} = \frac{5-3}{15} = \frac{2}{15} \Rightarrow y = \frac{15}{2}$

और $\frac{1}{x} + \frac{1}{y} = \frac{1}{4} \quad \Rightarrow \frac{1}{x} + \frac{2}{15} = \frac{1}{4}$

$\Rightarrow \frac{1}{x} = \frac{1}{4} - \frac{2}{15} \quad \Rightarrow \frac{1}{x} = \frac{15-8}{60}$

$\Rightarrow \frac{1}{x} = \frac{7}{60} \quad \Rightarrow x = \frac{60}{7} \Rightarrow x \approx 9$ घण्टे

52. (a) माना B, कार्य को पूरा करने में x दिन लेता है।

$\Rightarrow x - \frac{x}{3.5} = 45 \Rightarrow \frac{2.5x}{3.5} = 45$

$\Rightarrow \quad x = \frac{45 \times 3.5}{2.5} \Rightarrow x = 63$

अतः A द्वारा कार्य को पूरा करने में लिया गया समय
$= \frac{x}{3.5} = \frac{63}{3.5} = 18$ दिन

A और B का एक दिन का कार्य
$= \frac{1}{63} + \frac{1}{18} = \frac{2+7}{126} = \frac{9}{126} = \frac{1}{14}$

$\therefore A$ और B मिलकर उस कार्य को 14 दिनों में पूरा करेंगे।

53. (b) श्रमिक को काम पूरा करने में लगा समय
$= 12 \times \frac{5}{3} = 20$ दिन

अतः कार्य के $\frac{3}{4}$ भाग को पूरा करने में लगा समय
$= \frac{3}{4} \times 20 = 15$ दिन

54. (d)

P+Q ⟶ 24 — 5

Q+R ⟶ 30 — 4 — 120

P+R ⟶ 40 — 3

$\therefore \quad P + Q + R = 6$

$\therefore P : Q : R = 2 : 3 : 1$

$\therefore X : Y : Z = 8 : 1.5 : 2.5$

$\therefore$ अभीष्ट दिन = $\frac{120}{12} = 10$ दिन

55. (b) A और B का एक दिन का कार्य = $\frac{1}{8}$

B का एक दिन का कार्य = $\frac{1}{24}$

तो, A का एक दिन का कार्य = $\frac{1}{8} - \frac{1}{24}$
$= \frac{3-1}{24} = \frac{2}{24} = \frac{1}{12}$

अतः A द्वारा अकेले कार्य पूरा करने में लगा समय
$= 12$ दिन

स्पीडी विधि

(A+B) → 8 — 3

24 (कुल कार्य)

B → 24 — 1

A की कार्यक्षमता = 3 − 1 = 2 कार्य/दिन

A द्वारा अकेले पूरा कार्य करने में लगा समय
$= \frac{24}{2} = 12$ दिन

56. (d) सुप्रजा और कौशल्या का 2 दिन का कार्य
$= \frac{1}{30} + \frac{1}{20} = \frac{2+3}{60} = \frac{5}{60} = \frac{1}{12}$

दोनों को पूरा करने में लगा समय
$= 12 \times 2 = 24$ दिन

$\therefore$ अतः 75% कार्य करने में लगा समय
$= 24 \times \frac{75}{100} = 18$ दिन

स्पीडी विधि

सुप्रजा → 30 — 2

60 (कुल कार्य)

कौशल्या → 20 — 3

करने योग्य कार्य = $60 \times \frac{75}{100} = 45$

2 दिन का काम = (2 + 3) = 5 काम

×9 ×9

18 दिन 45 काम

57. (a)

A ⟶ 12 — 3

36 (कुल कार्य)

B ⟶ 18 — 2

चूँकि 2 दिन में A तथा B द्वारा 5 कार्य किया जाता है।
अतः 14 दिन में A तथा B मिलकर कार्य करेंगे
$= 7 \times 5 = 35$

शेष कार्य = 36 − 35 = 1

शेष कार्य को पूरा करने में A द्वारा लिया गया समय = $\frac{1}{3}$

$\therefore$ पूरा कार्य समाप्त होने में लगा समय = $14\frac{1}{3}$ दिन

58. (c) A, B तथा C को मिलाकर एकसाथ 1 दिन में किया गया कार्य
$= \frac{1}{10} + \frac{1}{15} + \frac{1}{20} = \frac{6+4+3}{60} = \frac{13}{60}$ भाग

$\therefore C$ की मजूदरी = $2600 \times \frac{60}{13} \times \frac{1}{20} =$ ₹ 600

स्पीडी विधि

A → 10 — 6

B → 15 — 4 — 60 (कुल कार्य)

C → 20 — 3

तीनों की कार्यक्षमता का अनुपात = 6 : 4 : 3

'C' की मजदूरी = $\frac{3}{13} \times 2600 =$ ₹ 600

59. (d) A तथा B द्वारा मिलकर 1 दिन का कार्य
$= \frac{1}{18} + \frac{1}{30} = \frac{5+3}{90} = \frac{8}{90} = \frac{4}{45}$ भाग

A कार्य पूरा होने से $\frac{50}{3}$ दिन पहले कार्य छोड़ देता है।

$\therefore \quad B$ द्वारा $\frac{50}{3}$ दिन में किया गया कार्य
$= \frac{1}{30} \times \frac{50}{3} = \frac{5}{9}$ भाग

शेष कार्य = $1 - \frac{5}{9} = \frac{4}{9}$ कार्य

A द्वारा कार्य करने का समय = $\frac{4}{9} \div \frac{4}{45}$
$= \frac{4}{9} \times \frac{45}{4} = 5$ दिन

अतः A ने 5 दिनों तक कार्य किया।

स्पीडी विधि

18 तथा 30 का ल.स. = 90

A(18) — 5

90 (कुल कार्य)

B(30) — 3

B द्वारा $16\frac{2}{3}$ अर्थात् $\frac{50}{3}$ दिन में किया गया कार्य = $3 \times \frac{50}{3} = 50$; शेष कार्य = 90 − 50 = 40

A द्वारा किए गए कार्य के दिनों की संख्या
$= \frac{40}{5+3} = \frac{40}{8} = 5$ दिन

60. (d) $14 \times 60 = 30 \times D_2 \Rightarrow D_2 = 28$ दिन

61. (c) $\frac{(N + 15) \times 9 \times 8}{36} = \frac{(N + 9) \times 7 \times 20}{64}$

$\Rightarrow \quad 32N + 480 = 35N + 315$

$3N = 165 \Rightarrow N = 55$

62. (a) $12 \times 10 = M_2 \times 6 \Rightarrow M_2 = 20$ पुरुष

$\therefore$ आवश्यक पुरुषों की संख्या $= 20 - 12 = 8$ पुरुष

63. (a) सुसान का एक मिनट का कार्य $= \frac{12}{6} = 2$

तथा मैरी का एक मिनट का कार्य $= \frac{6}{12} = \frac{1}{2}$

$\therefore$ दोनों का एक मिनट का कार्य $= 2 + \frac{1}{2} = \frac{5}{2}$

अब, 32 मिनट का कुल कार्य $= \frac{5}{2} \times 32 = 80$

अत: वे 32 मिनट में कुल 80 पेज टाइप करेंगे।

64. (d) अब, 10 महिलाएँ और 6 पुरुष का एक दिन का कार्य $= \frac{1}{6} + \frac{1}{5} = \left(\frac{5+6}{30}\right) = \frac{11}{30}$

अर्थात् इस कार्य को पूरा करने में लगा समय

$= \frac{30}{11} = 2\frac{8}{11}$ दिन

65. (d) अनिल और बिपिन का 1 दिन का कार्य $= \frac{1}{15}$

तथा बिपिन का 1 दिन का कार्य $= \frac{1}{20}$

तब, अनिल का 1 दिन का कार्य

$= \frac{1}{15} - \frac{1}{20} = \frac{4-3}{60} = \frac{1}{60}$

अनिल द्वारा अकेले कार्य करने में लगा समय = 60 दिन

66. (d) A और B का एक दिन का कार्य

$= \frac{1}{4} + \frac{1}{12} = \frac{4}{12} = \frac{1}{3}$

A और B का 2 दिन का कार्य $= \frac{1}{3} \times 2 = \frac{2}{3}$

शेष कार्य $= 1 - \frac{2}{3} = \frac{1}{3}$

67. (a) मोहित का एक दिन का कार्य $= \frac{2}{3} \times \frac{1}{24} = \frac{1}{36}$

अर्थात् '36 दिन' में मोहित कार्य को पूरा करेगा।

अब, कार्य का $\frac{1}{9}$ भाग को पूरा करने में लगा समय

$= 36 \times \frac{1}{9} = 4$ दिन

68. (c) $\frac{(N+18) \times 7.5 \times 20}{48} = \frac{(N+12) \times 6.5 \times 30}{52}$

$\Rightarrow (N+18) \times 5 = (N+12) \times 6$

$\Rightarrow 5N + 90 = 6N + 72 \Rightarrow N = 18$

69. (c) माना एक पुरुष द्वारा किया गया कार्य $= M$

1 महिला द्वारा किया गया कार्य $= W$

1 लड़के द्वारा किया गया कार्य $= B$

प्रश्नानुसार, $1M + 1W = 2(1W + 1B)$

$\Rightarrow \quad 1M + 1W = 2W + 2B \quad \ldots$(i)

तथा $\quad 1B \times 20 = 2W \times 30 \Rightarrow 1B = 3W$

समी (i) से, $1M + 1W = 2W + 6W \Rightarrow 1M = 7W$

माना पुरुष D दिन में कार्य पूरा करेंगे।

$4M \times D = 2W \times 30 \Rightarrow 28W \times D = 2W \times 30$

$D = \frac{60}{28} = 2.14$ दिन

70. (a) सुरेश द्वारा 1 घण्टे में टाइप की गई पेजों की संख्या $= \frac{40}{5} = 8$ पेज/घण्टा

अनिल द्वारा 1 घण्टे में टाइप की गई पेजों की संख्या $= \frac{32}{6} = \frac{16}{3}$ पेज/घण्टा

दोनों द्वारा 1 घण्टे में टाइप की गई पेज की संख्या

$= 8 + \frac{16}{3} = \frac{40}{3}$ पेज/घण्टा

दोनों को 110 पेज टाइप करने में लगा समय

$= \frac{110}{40} \times 3 = \frac{33}{4} = 8\frac{1}{4}$ घण्टा = 8 घण्टे 15 मिनट

71. (b) 4, 6 तथा 18 का ल. स. = 36

R (4) — 9
S (6) — 6 → 36 (कुल कार्य)
T (18) — 2

R, S तथा T एक साथ कार्य समाप्ति में लगा समय

$= \frac{36}{17} = 2.12$ दिन

72. (b) A का चार दिन का कार्य $= \frac{4}{30} = \frac{2}{15}$

B का पाँच दिन का कार्य $= \frac{5}{30} = \frac{1}{6}$

चूँकि A प्रत्येक 4 दिन बाद और B प्रत्येक 5 दिन बाद 1 दिन का अवकाश लेता है।

तब, दोनों का मिलाकर 15 दिन का कार्य

$= \frac{2}{15} \times 3 + \frac{1}{6} \times 2 + \frac{3}{30} = \frac{2}{5} + \frac{1}{3} + \frac{1}{10}$

$= \frac{12+10+3}{30} = \frac{25}{30} = \frac{5}{6}$

$\therefore$ शेष कार्य $= 1 - \frac{5}{6} = \frac{1}{6}$

अगले दो दिन में किया गया कार्य $= 2\left(\frac{1}{15}\right) = \frac{2}{15}$

$\therefore$ शेष कार्य $= \frac{1}{6} - \frac{2}{15} = \frac{5-4}{30} = \frac{1}{30}$

अब अगले दिन A कार्य करेगा और B अवकाश पर होगा। शेष कार्य को A अकेला पूरा कर देगा।

$\therefore$ कार्य पूरा होने में लगा कुल समय

$= 15 + 2 + 1 = 18$ दिन

अत: कार्य 18 अगस्त, 2022 को पूर्ण हुआ।

73. (a) A का 4 दिन का कार्य $= \frac{4}{15}$

शेष कार्य $= 1 - \frac{4}{15} = \frac{11}{15}$

$\because$ कार्य पूरा होने में 20 दिन लगते हैं।

$\therefore$ शेष कार्य B, 16 दिन में पूरा करेगा।

$\therefore$ B का 1 दिन का कार्य $= \frac{11}{15} \times \frac{1}{16} = \frac{11}{240}$

अब A और B का 1 दिन का कार्य

$= \frac{1}{15} + \frac{11}{240} = \frac{16+11}{240} = \frac{27}{240}$

अत: दोनों मिलकर कार्य पूरा कर सकते हैं

$= \frac{240}{27} = \frac{80}{9}$ दिन में

74. (c) 10, 12 तथा 6 का ल.स. = 60

अब, (A + B) → 10 — 6
(B + C) → 12 — 5 → 60 (कुल कार्य)
(C + A) → 6 — 10

$(A+B+C)$ की कुल क्षमता $= \frac{21}{2}$

$\therefore A$ की कार्यक्षमता $= \frac{21}{2} - 5 = \frac{11}{2}$

A द्वारा अकेले कार्य करने में लगा समय

$= 60 \times \frac{2}{11} = \frac{120}{11}$ दिन

75. (b) माना A ने x दिनों बाद कार्य छोड़ा।

$\therefore \quad \frac{x}{5} + \frac{x+8}{10} = 1 \Rightarrow \frac{2x + x + 8}{10} = 1$

$\Rightarrow \quad 3x + 8 = 10 \Rightarrow 3x = 2 \Rightarrow x = \frac{2}{3}$ दिन

76. (d) माना रॉकी अकेले कार्य को x दिन में पूरा कर सकता है।

प्रश्नानुसार, दोनों मिलकर पेंटिंग कार्य 5 दिन में पूरा कर सकते हैं।

तब, दोनों द्वारा 2 दिन में किया गया कार्य $= \frac{2}{5}$

शेष कार्य $= 1 - \frac{2}{5} = \frac{3}{5}$

चूँकि शेष कार्य राजा 4 दिन में करता है।

$\therefore$ राजा का 1 दिन में किया कार्य $= \frac{3}{5} \times \frac{1}{4} = \frac{3}{20}$

अब, पुन: प्रश्नानुसार $\frac{1}{x} + \frac{3}{20} = \frac{1}{5}$

$\frac{1}{x} = \frac{1}{5} - \frac{3}{20} = \frac{1}{20} \Rightarrow x = 20$ दिन

77. (d) A → 4 — 9
→ 36 (कुल कार्य)
B → 9 — 4

2 दिन का कार्य $= (9 + 4) = 13$

$\therefore$ 4 दिन का कार्य $= 13 \times 2 = 26$

B द्वारा 5 वें दिन किया गया कार्य = 4

शेष कार्य $= 36 - (26 + 4) = 6$

शेष कार्य को करने में A द्वारा लिया गया समय

$= \frac{6}{9} = \frac{2}{3}$

अत: कुल समय $= 5\frac{2}{3}$ दिन

78. (c) B का 9 दिन का काम $= \frac{9}{15}$

शेष कार्य $= 1 - \frac{9}{15} = \frac{6}{15} = \frac{2}{5}$

$\therefore$ शेष काम को A द्वारा करने में लगा समय

$= \frac{2}{5} \times 20 = 8$ दिन

79. (a) माना कुल कार्य $= 10 \times 25 = 250$ इकाई

$\therefore$ 10 पुरुषों का 12 दिन का कार्य

$= 10 \times 12 = 120$ इकाई

अब, शेष कार्य $= 250 - 120 = 130$ इकाई

अब पुरुषों की संख्या $= 10 + 3 = 13$ पुरुष

$\therefore$ शेष कार्य समाप्त होने में लगा समय $= \frac{130}{13} = 10$ दिन

80. (a) माना कुल कार्य $= 30 \times 12 = 360$ इकाई

$\therefore$ 6 दिन का 30 पुरुषों का कार्य $= 6 \times 30 = 180$ इकाई

अब, शेष कार्य $= 360 - 180 = 180$ इकाई

तथा पुरुषों की संख्या $= 30 + 24 = 54$

$\therefore$ शेष कार्य पूरा होने में लगा समय

$= \frac{180}{54} = \frac{10}{3} = 3\frac{1}{3}$ दिन

81. (d) माना 1 पुरुष और 1 महिला 1 दिन में क्रमश: x इकाई और y इकाई कार्य करते हैं।

तब, प्रश्नानुसार किया गया कार्य

$(15x + 21y) \times 56 = (12x + 24y) \times 64$

$\therefore 3(5x + 7y) \times 7 = 3(4x + 8y) \times 8$

$\Rightarrow \quad 35x + 49y = 32x + 64y$

$\Rightarrow \quad 3x = 15y \Rightarrow x = 5y$

$\therefore$ 18 पुरुष और 24 महिलाओं द्वारा मिलकर 1 दिन में किया गया कार्य $= 18x + 24y = 114y$

तथा कुल कार्य

$= (15 \times 5y + 21y) \times 56 = 96 \times 56y = 5376y$

$\therefore$ अभीष्ट समय $= \frac{5376y}{114y} = \frac{896}{19} = 47\frac{3}{19}$ दिन

82. (b) प्रतिमा का 4 घण्टे का कार्य $= \frac{1}{10} \times 4 = \frac{2}{5}$

शेष कार्य $= 1 - \frac{2}{5} = \frac{3}{5}$

दीक्षा द्वारा शेष कार्य करने में लगा समय

$= \frac{3}{5} \times 15 = 9$ घण्टे

83. (d) दोनों का मिलाकर एक दिन का कार्य

$= \frac{1}{12} + \frac{1}{15} = \frac{5+4}{60} = \frac{9}{60}$

दोनों के द्वारा कार्य पूरा करने में लिया गया समय

$= \frac{60}{9} = 6.67$ दिन

84. (a) $(12M + 16B) \times 5 = (13M + 24B) \times 4$

$\Rightarrow \quad 8M = 16B$

$\Rightarrow \quad 1M = 2B$ ...(i)

माना 29 पुरुष और 22 लड़के को कार्य पूरा करने में लगा समय $= x$ दिन

$(12M + 16B) \times 5 = (29M + 22B) \times x$

$(24B + 16B) \times 5 = (58B + 22B) \times x$

$\therefore \quad x = \frac{40B \times 5}{80B} = 2.5$ दिन

85. (a) एकान्तर क्रम में कार्य करने पर, सुधा और रवि का दो दिन का कार्य

$= \frac{1}{60} + \frac{1}{40} = \left(\frac{2+3}{120}\right) = \frac{5}{120} = \frac{1}{24}$ इकाई

$\therefore$ सुधा और रवि का $(2 \times 24 = 48$ दिन)

का कार्य $= \frac{24}{24} = 1$ इकाई

अर्थात् सुधा और रवि को एकान्तर क्रम में कार्य पूरा करने मे '48 दिन' लगेंगे।

86. (c) A का एक दिन का कार्य $= \frac{1}{5 \times 8} = \frac{1}{40}$ भाग

तथा B का एक दिन का कार्य $= \frac{1}{6 \times 10} = \frac{1}{60}$ भाग

दोनों $(A + B)$ का एक दिन का कार्य

$= \frac{1}{40} + \frac{1}{60} = \left(\frac{3+2}{120}\right)$

$= \left(\frac{1}{8 \times 3}\right)$

दोनों $(A + B)$ का 8 घण्टे का कार्य $= \frac{1}{3}$ भाग

अर्थात् यदि वे दोनों मिलकर प्रतिदिन 8 घण्टे कार्य करे, तो कार्य '3 दिन' में पूरा हो जाएगा।

स्पीडी विधि

$A (5 \times 8 = 40)$ — 3
$B (6 \times 10 = 60)$ — 2
→ 120 (कुल कार्य)

A तथा B की एकसाथ कार्यक्षमता $= 3 + 2 = 5$

A तथा B द्वारा प्रतिदिन 8 घण्टे कार्य करके कार्य समाप्ति में लगा समय $= \frac{120}{5 \times 8} = \frac{120}{40} = 3$ दिन

87. (b) 15 पुरुष का एक दिन का कार्य $= \frac{1}{25}$ इकाई

तथा 25 महिलाओं का एक दिन का कार्य $= \frac{1}{40}$ इकाई

अब, 15 पुरुष और 25 महिलाओं का एक दिन का कार्य

$= \left(\frac{1}{25} + \frac{1}{40}\right)$

$= \left(\frac{8+5}{200}\right) = \frac{13}{200}$ इकाई

अत: 15 पुरुष और 25 महिलाएँ इस कार्य को $\frac{200}{13}$

अर्थात् $15\frac{5}{13}$ दिन में पूरा करेंगे।

स्पीडी विधि

15 पुरुष → 25 — 8
25 महिलाएँ → 40 — 5
→ 200 (कुल कार्य)

अत: 15 पुरुष और 25 महिलाओं के द्वारा कार्य करने में लिया गया समय $= \frac{200}{8+5} = 15\frac{5}{13}$ दिन

88. (c) तीनों का एक दिन का कार्य

$= \frac{1}{16} + \frac{1}{24} + \frac{1}{36} = \frac{9+6+4}{144} = \frac{19}{144}$

तीनों द्वारा मिलकर कार्य करने में लगा समय

$= \frac{144}{19}$ दिन $= 7\frac{11}{19}$ दिन

स्पीडी विधि

$A \to 16$ — 9
$B \to 24$ — 6
$C \to 36$ — 4
→ 144 (16, 24 तथा 36 का ल.स.)

$A + B + C$ का एक दिन का कार्य $= 9 + 6 + 4 = 19$

अभीष्ट समय $= \frac{144}{19} = 7\frac{11}{19}$ दिन

89. (a) माना सतीश को कार्य पूरा करने में लगा समय $= x$ घण्टे

तीनों का 1 घण्टा का कार्य $= \frac{1}{5}$

$\Rightarrow \quad \frac{1}{20} + \frac{1}{12} + \frac{1}{x} = \frac{1}{5}$

$\Rightarrow \quad \frac{1}{x} = \frac{1}{5} - \frac{1}{20} - \frac{1}{12}$

$= \frac{12 - 3 - 5}{60}$

$= \frac{4}{60} = \frac{1}{15}$

$\Rightarrow \quad x = 15$

सतीश को अकेले कार्य पूरा करने में लगा समय $= 15$ घण्टे

स्पीडी विधि

रक्षिता → 20 — 3
अजय → 12 — 5
रक्षिता + अजय + सतीश → 5 — 12
→ 60 (20, 12 तथा 5 का ल.स.)

सतीश का एक दिन का कार्य $= 12 - (3 + 5) = 4$

सतीश द्वारा अकेले पूरा कार्य करने में लगा समय

$= \frac{60}{4} = 15$ घण्टे

90. (d) $(15M + 25W) \times 9.6 = 16W \times 27$

$15M + 25W = \frac{16W \times 27}{9.6}$

$15M + 25W = 45W \Rightarrow 15M = 20W$

$1M = \frac{20W}{15} = \frac{4W}{3}$

माना 16 पुरुष x दिन में कार्य पूरा करते हैं।

$16M \times x = 16W \times 27$

$16 \times \frac{4W}{3} \times x = 16W \times 27$

$x = \frac{16 \times 27 \times 3}{16 \times 4} = 20.25$ दिन

91. (c) तीनों का एकसाथ मिलकर 4 दिन का कार्य

$= 4\left(\frac{1}{12} + \frac{1}{15} + \frac{1}{20}\right)$

$= 4\left(\frac{5+4+3}{60}\right) = 4 \times \frac{12}{60} = \frac{4}{5}$

$\therefore$ शेष कार्य $= 1 - \frac{4}{5} = \frac{1}{5}$

92. (d) माना भरत अकेला कार्य को x दिन में पूरा कर सकता है।

$\because$ दोनों एकान्तर दिनों में कार्य करते हैं

$\therefore$ 2 दिनों में किया गया कार्य $= \frac{1}{32} + \frac{1}{x}$

प्रश्नानुसार, कार्य 8 दिनों में पूरा हो जाता है।

$\therefore \quad 4\left(\frac{1}{32} + \frac{1}{x}\right) = 1$

$\frac{1}{x} = \frac{1}{4} - \frac{1}{32} = \frac{8-1}{32} = \frac{7}{32} \Rightarrow x = \frac{32}{7}$

अब भरत अकेला कार्य का 7 गुना पूरा कर सकता है

$= \frac{32}{7} \times 7 = 32$ दिन में

स्पीडी विधि

माना कुल कार्य = 32 इकाई

$\therefore$ अजय की कार्यक्षमता $= \frac{32}{32} = 1$ इकाई

दो दिनों का अजय और भरत का कार्य

$= \frac{32}{4} = 8$ इकाई

$\therefore$ भरत की कार्यक्षमता = 8 1 = 7 इकाई

अत: भरत से 7 गुणा कार्य करने में लगा समय

$= \frac{32 \times 7}{7} = 32$ दिन

93. (a) माना विराट की कार्यक्षमता = 100

तथा डेनियल की कार्यक्षमता $= 100 \times \frac{160}{100} = 160$

समय $\propto \frac{1}{\text{कार्यक्षमता}}$

डेनियल द्वारा कार्य करने में लिया गया समय

$= 30 \times \frac{100}{160} = \frac{75}{4} = 18\frac{3}{4}$ दिन

94. (b) $\because$ A की कार्यक्षमता B से दोगुनी है।

A द्वारा कार्य पूरा करने में लिया गया समय

$= 8 \times 12 = 96$ घण्टे

तथा B द्वारा कार्य पूरा करने में लिया गया समय (घण्टे में) $= 96 \times 2 = 192$ घण्टे

$\because$ B प्रतिदिन 12 घण्टे कार्य करता है।

अत: B द्वारा कार्य पूरा करने में लिया गया समय (दिनों में) $= \frac{192}{12} = 16$ दिन

95. (d) $X + Y$ का 2 दिन का कार्य

$$= \frac{1}{9} + \frac{1}{36} = \frac{4+1}{36} = \frac{5}{36}$$

$X + Y$ का 14 दिन का कार्य $= \frac{5}{36} \times 7 = \frac{35}{36}$

शेष कार्य $= 1 - \frac{35}{36} = \frac{1}{36}$

शेष कार्य X द्वारा किया जाएगा।

X द्वारा शेष कार्य करने में लगा समय $= \frac{1}{36} \times 9 = \frac{1}{4}$

सम्पूर्ण कार्य करने में लगा समय $= 14\frac{1}{4}$ दिन

स्पीडी विधि

$X \longrightarrow 9$ (4), $Y \longrightarrow 36$ (1) → 36

X और Y का 2 दिन का कार्य $= 4 + 1 = 5$

X और Y का 14 दिन का कार्य $= 5 \times 7 = 35$

शेष कार्य $= 36 - 35 = 1$

X द्वारा शेष कार्य करने में लगा समय $= \frac{1}{4}$

अभीष्ट समय $= 14\frac{1}{4}$ दिन

96. (b) माना एक महिला का 1 दिन का कार्य $= W$

एक आदमी का 1 दिन का कार्य $= M$

$$4W = 6M; \quad 1W = \frac{6M}{4} = \frac{3M}{2}$$

माना 5 महिलाएँ x दिन में कार्य पूरा करती है।

तो, $M \times 60 = 5W \times x$

$$M \times 60 = \frac{5 \times 3M}{2} \times x$$

$$x = \frac{60 \times 2}{15} = 8 \text{ दिन}$$

97. (b) $P : Q$

कार्यक्षमता $\rightarrow$ 2 : 1

समय $\rightarrow$ 1 : 2

1 इकाई = 40;

2 इकाई = 80

$\therefore$ अभीष्ट समय $= \frac{40 \times 2}{2+1} = \frac{80}{3} = 27$ दिन (लगभग)

98. (a) माना 1 महिला का एक दिन का कार्य $= W$ और 1 लड़की का एक दिन का कार्य $= G$

$$(5W + 9G) \times \frac{9}{18720} = \frac{(9W + 16G) \times 14}{52080}$$

$$\Rightarrow \frac{5W + 9G}{2080} = \frac{9W + 16G}{3720}$$

$$\Rightarrow \frac{5W + 9G}{52} = \frac{9W + 16G}{93}$$

$$\Rightarrow 465W + 837G = 468W + 832G$$

$$\Rightarrow 3W = 5G$$

माना 12 महिलाओं और 7 लड़कियों ने 13 दिन में ₹ x कमाएँ।

$$\frac{(12W + 7G) \times 13}{x} = \frac{(9W + 16G) \times 14}{52080}$$

$$\Rightarrow \frac{(20G + 7G) \times 13}{x} = \frac{(15G + 16G) \times 14}{52080}$$

$$\Rightarrow \frac{27 \times 13}{x} = \frac{1}{120}$$

$$\Rightarrow x = ₹\,(27 \times 13 \times 120)$$

$$\Rightarrow x = ₹\,42120$$

99. (a) 8 पुरुषों द्वारा किया गया एक दिन का कार्य $= \frac{1}{45}$

1 पुरुष द्वारा किया गया एक दिन का कार्य

$$= \left(\frac{1}{45 \times 8}\right) = \frac{1}{360}$$

इसी प्रकार, 1 महिला द्वारा किया गया एक दिन का कार्य

$$= \left(\frac{1}{8 \times 18}\right) = \frac{1}{144}$$

अब, 5 पुरुष और 8 महिलाओं का एक दिन का कार्य

$$= 5\left(\frac{1}{360}\right) + 8\left(\frac{1}{144}\right) = \frac{20 + 80}{1440} = \frac{100}{1440}$$

5 पुरुष और 8 महिलाओं द्वारा कार्य को पूरा करने में लिया गया समय $= \frac{1440}{100} = \frac{72}{5} = 14\frac{2}{5}$ दिनों में

100. (c) एक पुरुष, एक लड़का और एक महिला द्वारा मिलकर किया गया एक दिन का कार्य

$$= \left(\frac{1}{10} + \frac{1}{15} + \frac{1}{30}\right) = \left(\frac{3 + 2 + 1}{30}\right) = \frac{1}{5}$$

तीनों के द्वारा मिलकर कार्य पूरा करने में लिया गया समय $= \frac{1}{1/5} = 5$ दिन मे

101. (a) जब वे एकान्तर रूप से कार्य करते हैं, तो A और B का 5 दिन का कार्य

$$= \frac{3}{25} + \frac{2}{30} = \frac{18 + 10}{150} = \frac{28}{150}$$

$$\therefore \text{ शेष कार्य} = \left(1 - \frac{28}{150}\right) = \frac{122}{150}$$

अब, इस कार्य को B द्वारा पूरा करने में लगा समय

$$= \frac{\frac{122}{150}}{\frac{1}{30}} = \frac{122}{150} \times \frac{30}{1}$$

$$= \frac{122}{5} = 24\frac{2}{5} \text{ दिन}$$

स्पीडी विधि

कुल कार्य = 150 इकाई

A का 1 दिन का कार्य $= \frac{150}{25} = 6$ इकाई

B का 1 दिन का कार्य $= \frac{150}{30} = 5$ इकाई

जब A और B एकान्तर क्रम में कार्य करते हैं, तब A और B का 5 दिन का कार्य

$= 3 \times 6 + 2 \times 5$

$= 28$ इकाई

शेष कार्य $= 150 - 28 = 122$

$\therefore$ शेष कार्य B पूरा करेगा

$= \frac{122}{5} = 24\frac{2}{5}$ दिन में

102. (a) $A \rightarrow 6$ (5), $B \rightarrow 10$ (3) → 30 (कुल कार्य)

2 घण्टे $= (5+3) = 8$

×3	×3
6 घण्टे	24
+1 घण्टा	+5 (A)
7 घण्टे	29
$+\frac{1}{3}$ घण्टे	+1 (B)
	30

$7\frac{1}{3}$ दिन

103. (b) माना A और C दोनों मिलकर कार्य x दिनों में कर सकते हैं।

$\therefore B$ अकेला कार्य को $3x$ दिनों में पूरा कर सकता है।

A और C का 1 दिन का कार्य $= \frac{1}{x}$

B का 1 दिन का कार्य $= \frac{1}{3x}$

A, B और C तीनों का 1 दिन का कार्य $= \frac{1}{10}$

$$\therefore \frac{1}{x} + \frac{1}{3x} = \frac{1}{10} \Rightarrow \frac{3+1}{3x} = \frac{1}{10} \Rightarrow 3x = 40$$

अत: B, अकेला कार्य समाप्त करेगा = 40 दिनों में

स्पीडी विधि

कुल कार्य $= (A + B + C) \times 10$

	A+C	B
समय →	1	3
क्षमता →	3	1

कुल कार्य $= (3 + 1) \times 10 = 4 \times 10$

B द्वारा अकेले कार्य करने में लगा समय

$= \frac{4 \times 10}{1} = 40$ दिन

104. (b) माना B का 1 दिन का कार्य $= \frac{1}{x}$

$\therefore A$ का 1 दिन का कार्य $= \frac{1}{x} \times \frac{120}{100}$

$$\frac{120}{100\,x} = \frac{1}{29} \Rightarrow x = \frac{6 \times 29}{5} = \frac{174}{5}$$

$\therefore A$ और B दोनों का 1 दिन का कार्य

$$= \frac{1}{29} + \frac{5}{174} = \frac{6 + 5}{174} = \frac{11}{174}$$

$\therefore A$ और B दोनों मिलकर कार्य पूरा करेंगे

$$= \frac{1}{\frac{11}{174}} = \frac{174}{11} \text{ दिनों में}$$

स्पीडी विधि

$A : B$

दक्षता → 6 : 5

कुल कार्य $= 6 \times 29$

$(A + B)$ दोनों मिलकर करें, तो कार्य पूरा होने में लगा समय $= \frac{6 \times 29}{(6+5)} = \frac{6 \times 29}{11} = \frac{174}{11}$

105. (d) आरिफ, अरुण और अब्राहम का 1 दिन का कार्य क्रमश: $\frac{1}{12}, \frac{1}{20}$ और $\frac{1}{24}$ हैं।

माना पूरा कार्य x दिन में समाप्त होता है।

तब, $\frac{x-1}{12} + \frac{x-3}{20} + \frac{x-4}{24} = 1$

$$\Rightarrow \frac{10x - 10 + 6x - 18 + 5x - 20}{120} = 1$$

$\Rightarrow \quad 21x - 48 = 120 \Rightarrow \quad 21x = 168$

$\therefore \quad x = \frac{168}{21} = 8$ दिन

106. (c) A का एक दिन का कार्य $= \frac{140}{100} \times \frac{1}{36} = \frac{14}{36}$

$\therefore$ दोनों का एक दिन का कार्य

$= \frac{1}{36} + \frac{14}{36} = \frac{2.4}{36} = \frac{1}{15}$

अतः दोनों मिलकर उस कार्य को 15 दिनों में पूरा करेंगे।

107. (b) तीनों एकान्तर क्रम में बारी-बारी से कार्य करते हैं।

$\therefore$ तीन दिन में पूरा हुआ कार्य $= \frac{1}{15} + \frac{1}{20} + \frac{1}{25}$

$= \frac{20+15+12}{300} = \frac{47}{300}$

तब, 18 दिन में पूरा हुआ कार्य $= \frac{47}{300} \times 6 = \frac{282}{300}$

शेष कार्य $= 1 - \frac{282}{300} = \frac{18}{300} = \frac{3}{50}$

19वें दिन राजू अकेला कार्य करेगा

राजू द्वारा $\frac{3}{50}$ कार्य को पूरा करने में लगा समय

$= \frac{3}{50} \times 15 = \frac{9}{10}$ दिन

अतः कार्य के पूरा होने में लगा समय $= 18\frac{9}{10}$ दिन

स्पीडी विधि

R ⟶ 15 (20)
S ⟶ 20 (15) ⟶ 300
M ⟶ 25 (12)

3 दिन → (20 + 15 + 12) = 47

3 दिन → 47 इकाई

×6 ×6

18 दिन 282 $= 18\frac{18}{20} = 18\frac{9}{10}$ दिन

∵ 18 बचा हुआ काम अब राजू करने आएगा।

108. (c) 10 घण्टे में मशीन काटती है = 240 औजार

$\therefore$ 1 घण्टे में मशीन काटेगी $= \frac{240}{10}$ औजार

25 घण्टे में मशीन काटेगी $= \frac{240}{10} \times 25 = 600$ औजार

109. (d) माना शेष कार्य x दिन में पूरा हो जाएगा

तब, $\frac{2}{15} + \frac{x+2}{6} + \frac{x+2}{10} = 1$

$\Rightarrow \frac{4 + 5(x+2) + 3(x+2)}{30} = 1$

$\Rightarrow 4 + 5x + 10 + 3x + 6 = 30$

$\Rightarrow 8x + 20 = 30 \Rightarrow 8x = 10$

$\Rightarrow \quad x = \frac{10}{8} \Rightarrow x = 1\frac{1}{4}$ दिन

स्पीडी विधि

A ⟶ 6 (5)
B ⟶ 10 (3) ⟶ 30 (कुल कार्य)
C ⟶ 15 (2)

$\Rightarrow \quad (A + B + C) \times 2 + (B + A)x = 30$

$\Rightarrow \quad 10 \times 2 + 8x = 30 \Rightarrow 30 - 20 = 8x$

$\Rightarrow \quad x = \frac{10}{8} = \frac{5}{4} = 1\frac{1}{4}$ दिन

110. (b) माना Q कार्य को x दिनों में पूरा करता है।

तब, P उस कार्य को $\frac{x}{3}$ दिनों में पूरा करेगा।

$\frac{1}{x} + \frac{1}{\left(\frac{x}{3}\right)} = \frac{1}{36}$

$\Rightarrow \quad \frac{1}{x} + \frac{3}{x} = \frac{1}{36} \Rightarrow \frac{4}{x} = \frac{1}{36}$

$x = 144$ दिन

$\therefore Q$ उस कार्य को 144 दिनों में पूरा करेगा।

111. (b) आभा और अनुज कार्य को पूरा करते हैं

$= \frac{40}{9}$ दिन

$\therefore$ आभा और अनुज का 1 दिन का कार्य $= \frac{9}{40}$ इकाई

माना अनुज का 1 दिन का कार्य $= \frac{1}{x}$ इकाई

तथा आभा का 1 दिन का कार्य $= \frac{1}{y}$ इकाई

$\frac{2}{y} + \frac{1}{3x} = \frac{17}{60}$ ...(i)

तथा $\frac{1}{x} + \frac{1}{y} = \frac{9}{40}$ ...(ii)

समी (i) तथा (ii) को हल करने पर, $y = 8$

अतः आभा कार्य को अकेले 8 दिन में पूरा करेगी।

112. (d) 20 पुरुष कार्य को समाप्त करते हैं

= 220 दिन

$\therefore$ कुल कार्य $= 220 \times 20 = 4400$ इकाई

20 पुरुषों द्वारा 90 दिनों में किया गया कार्य

$= 20 \times 90 = 1800$ इकाई

शेष कार्य $= 4400 - 1800 = 2600$ इकाई

20 पुरुष और आने पर शेष कार्य को करने में लगा

समय $= \frac{2600}{20+20} = \frac{2600}{40} = 65$ दिन

113. (a) A और B दोनों का 2 दिन का कार्य

$= \frac{1}{13} + \frac{1}{17} = \frac{17+13}{221} = \frac{30}{221}$

$\therefore$ दोनों का 14 दिन का कार्य $= \frac{30 \times 7}{221} = \frac{210}{221}$

शेष कार्य $= 1 - \frac{210}{221} = \frac{11}{221}$

$\therefore A$ द्वारा शेष कार्य को करने में लगा समय

$= \frac{11}{221} \times \frac{13}{1} = \frac{11}{17}$ दिन

अतः कार्य को पूरा करने में लगा समय

$= \left(14 + \frac{11}{17}\right)$ दिन

$= 14\frac{11}{17}$ दिन

स्पीडी विधि

A ⟶ 13 (17)
B ⟶ 17 (13) ⟶ 221 (कुल कार्य)

2 दिन → 30 इकाई

×7 ×7

14 दिन 210 इकाई

$+\frac{11}{17}$ दिन +11 (A)

कुल दिन $= 14\frac{11}{17}$ दिन; 221 इकाई

114. (d)

राजू → 20 (6)
सुनील → 30 (4) ⟶ 120 (कुल कार्य)
विशाल → 40 (3)

2 दिन = (6+4)+(6+3) = 19

×6 ×6

12 दिन 114

$+\frac{6}{10}$ दिन +6 (राजू + सुनील)

120

$12\frac{3}{5}$ दिन

115. (d) जब अजय और विजय बारी-बारी से दोनों एक-एक घण्टे कार्य करते हैं, तब

दो घण्टों में उनके द्वारा किया गया कार्य

$= \frac{1}{6} + \frac{1}{16} = \frac{8+3}{48} = \frac{11}{48}$

$\therefore$ 8 घण्टे में उनके द्वारा लिया गया कार्य

$= \frac{11}{48} \times 4 = \frac{11}{12}$

$\therefore$ शेष कार्य $= 1 - \frac{11}{12} = \frac{1}{12}$

∵ अब शेष कार्य अजय करेगा

$\therefore$ शेष कार्य करने में अजय को लगा समय

$= \frac{1}{12} \times 6 = \frac{1}{2}$ घण्टा = 30 मिनट

$\therefore$ कुल समय = 8 घण्टे 30 मिनट

स्पीडी विधि

अजय → 6 घण्टे (8)
विजय → 16 घण्टे (3) ⟶ 48 (कुल कार्य)

2 घण्टे → 11 इकाई

×4 ×4

8 घण्टे 44 इकाई

$+\frac{4}{8}$ घण्टे +4 इकाई

कुल समय 48 इकाई

$= 8\frac{4}{8} = 8\frac{1}{2}$ घण्टे = 8 : 30 मिनट

116. (b) प्रारम्भ में व्यक्तियों की संख्या = 10

तब, कार्य पूरा होने में लगा समय = 40 दिन

अब माना कार्य शुरू होने के x दिन बाद 4 व्यक्ति चले गए

$\therefore$ शेष व्यक्ति $= 10 - 4 = 6$

तब, व्यक्ति शेष कार्य $(50 - x)$ दिन में पूरा करते हैं।

$\therefore \quad 10 \times 40 = 10 \times x + 6 \times (50 - x)$

$\Rightarrow \quad 400 = 10x + 300 - 6x \Rightarrow 100 = 4x$

$\therefore \quad x = 25$ दिन

117. (a) $(12M + 12W) \times 9 = (6M + 15W) \times 12$

$\Rightarrow \quad 36M + 36W = 24M + 60W$

$M = 2W$ ...(i)

माना आधा काम पूरा करनें में 9 महिलाओं को x दिन लगेंगे।

$\frac{(12M + 12W) \times 9}{1} = \frac{9W \times x}{\frac{1}{2}}$

$\Rightarrow \quad (12 \times 2W + 12W) = 2W \times x$

$\Rightarrow\ x = \frac{24W + 12W}{2W} = \frac{36W}{2W}$

$\therefore\ x = 18$ दिन

118. (c) माना शेष कार्य को समय पर पूरा करने के लिए लगे श्रमिकों की संख्या x है।

तब $\frac{200 \times 90}{0.5} = \frac{400 \times x}{2.5}$

$\Rightarrow\ x = \frac{90 \times 200 \times 2.5}{400 \times 0.5} \Rightarrow x = 225$

अत: अतिरिक्त श्रमिकों की संख्या $= 225 - 90 = 135$

119. (b) एकान्तर रूप से कार्य करने पर,

2 सप्ताह का विजय और प्रवीण का कार्य (एकान्तर क्रम में) $= \frac{1}{12} + \frac{1}{8} = \frac{2+3}{24} = \frac{5}{24}$ इकाई

$\Rightarrow$ 8 सप्ताह का विजय और प्रवीण का कार्य $= \frac{20}{24}$ इकाई

9वें सप्ताह में प्रवीण द्वारा किए गए कार्य के बाद कुल कार्य $= \frac{20}{24} + \frac{1}{8} = \frac{23}{24}$ इकाई

तथा शेष कार्य $= 1 - \frac{23}{24} = \frac{1}{24}$

10वें सप्ताह विजय द्वारा लगा समय

$= \frac{1}{24} \times \frac{12}{1} = \frac{1}{2}$ सप्ताह

अत: लगने वाला कुल समय

$= \left(9 + \frac{1}{2}\right) = 9\frac{1}{2}$ सप्ताह $= 9.5$ सप्ताह

120. (b) $(25M + 45W) \times 15 = (15M + 60W) \times 20$

$\Rightarrow\ 75M + 135W = 60M + 240W$

$\Rightarrow\ 15M = 105W \Rightarrow \frac{M}{W} = \frac{105}{15} = \frac{7}{1}$

$\therefore$ कुल कार्य $= (25 \times 7 + 45 \times 1) \times 15$

$= (175 + 45) \times 15 = 220 \times 15 = 3300$

$\therefore (69M + 67W)$ को कार्य पूरा करने में लगा समय

$= \frac{3300}{69 \times 7 + 67 \times 1} = \frac{3300}{550} = 6$ दिन

121. (b) माना एक पुरुष और एक महिला कार्य को पूरा करने में क्रमश: x दिन और y दिन लेते हैं।

$\frac{1}{x} + \frac{4}{y} = \frac{4}{65}$ ...(i)

और $\frac{3}{x} + \frac{4}{y} = \frac{2}{13}$ ...(ii)

समी (ii) में से समी (i) को घटाने पर,

$\frac{3}{x} - \frac{1}{x} = \frac{2}{13} - \frac{4}{65}$

$\Rightarrow\ \frac{2}{x} = \frac{10 - 4}{65}$

$\Rightarrow\ \frac{2}{x} = \frac{6}{65} \Rightarrow x = \frac{65}{3}$

$x = \frac{65}{3}$ को समी (i) में रखने पर,

$\frac{3}{65} + \frac{4}{y} = \frac{4}{65}$

$\Rightarrow\ \frac{4}{y} = \frac{1}{65}$

$\Rightarrow\ y = 260$

अत: 13 महिलाओं को कार्य पूरा करने में लगा समय

$= \frac{260}{13} = 20$ दिन

स्पीडी विधि

पुरुष $= M$ महिला $= W$

$(1M + 4W) \times \frac{65}{4} = (3M + 4W) \times \frac{13}{2}$

$(1M + 4W) \times 65 \times 2 = (3M + 4W) \times 13 \times 4$

$130M + 520W = 156M + 208W$

$312W = 26M \Rightarrow \frac{W}{M} = \frac{26}{312} = \frac{1}{12}$

कुल कार्य $= (1M + 4W) \times \frac{65}{4}$

$\Rightarrow\ (1 \times 12 + 4 \times 1) \times \frac{65}{4} = 13 \times 1 \times D$

$\Rightarrow\ D = \frac{260}{13 \times 1} = 20$ दिन

122. (d) माना प्रारम्भ में x व्यक्ति कार्य पर थे तथा प्रत्येक व्यक्ति 1 दिन में 1 इकाई कार्य करता है।

तब, कुल कार्य $= 6x$

प्रश्नानुसार, प्रत्येक दिन 18 व्यक्ति कार्य छोड़ते हैं, तब कार्य 8 दिन में पूरा होता है।

$\therefore 6x = x + (x - 18)$

$+ (x - 36) + (x - 54) + \ldots$ 8 पदों तक

$\Rightarrow\ 6x = 8x - (18 + 36 + 54 + \ldots$ 7 पदों तक)

$\Rightarrow\ 6x = 8x - \frac{7}{2}\{2 \times 18 + (7 - 1)\, 18\}$

$\Rightarrow\ 6x = 8x - 504 \Rightarrow 8x - 6x = 504$

$\Rightarrow\ 2x = 504 \Rightarrow x = 252$

123. (d) 40 आदमी काम को 15 दिन में पूरा कर सकते हैं

तब कुल कार्य $= 15 \times 40 = 600$ इकाई

$\therefore$ 40 आदमियों का 3 दिन का कार्य $= 120$ इकाई

तब शेष कार्य $= 600 - 120 = 480$ इकाई

अब आदमियों की नई संख्या $= 40 + 20 = 60$

$\therefore$ शेष कार्य पूरा करने में 60 आदमियों को लगा समय

$= \frac{480}{60} = 8$ दिन

$\therefore$ कुल समय $= 3 + 8 = 11$ दिन

124. (d) प्रारम्भ में व्यक्तियों की संख्या $= 60$

20 दिन बाद व्यक्तियों की संख्या $= 80$

अब माना एक व्यक्ति एक दिन में 1 इकाई कार्य करता है, तब 80 दिन में किया गया कुल कार्य

$= 20 \times 60 + 60 \times 80 = 1200 + 4800$

$= 6000$ इकाई

$\therefore$ 6000 इकाई कार्य 60 पुरुष पूरा करेंगे

$= \frac{6000}{60} = 100$ दिन

$\therefore$ अतिरिक्त दिन $= 100 - 80 = 20$ दिन

125. (d) माना गगन $\frac{4}{5}$ दिन में x कार्य करता है

$\therefore$ नुमन $\frac{4}{5}$ दिन में $\frac{x}{2}$ कार्य करता है

गगन का 1 दिन का कार्य $= \frac{5x}{4}$

नुमन का 1 दिन का कार्य $= \frac{5x}{8}$

प्रश्नानुसार, $\frac{5x}{4} + \frac{5x}{8} = \frac{1}{16}$

$\Rightarrow \frac{10x + 5x}{8} = \frac{1}{16} \Rightarrow 15x = \frac{1}{2} \Rightarrow x = \frac{1}{30}$

$\therefore$ गगन का 1 दिन का कार्य $= \frac{5}{4} \times \frac{1}{30} = \frac{1}{24}$

$\therefore$ गगन को पूरा कार्य करने में लगा समय

$= \frac{1}{\frac{1}{24}}$ दिन $= 24$ दिन

126. (a) पुरुष $= m$, महिला $= w$

$(5m + 8w) \times 12 = (3m + 7w) \times 15$

$20m + 32w = 15m + 35w$

$5m = 3w \Rightarrow \frac{m}{w} = \frac{3}{5}$

माना, 11 महिलाओं द्वारा लिया गया समय $= D$ दिन

अब, $(5m + 8w) \times 12 = 11w \times D$

$\Rightarrow\ (5 \times 3 + 8 \times 5) \times 12 = 11 \times 5 \times D$

$\Rightarrow\ 55 \times 12 = 11 \times 5 \times D$

$\Rightarrow\ D = 12$ दिन

127. (c) A और B का 1 घण्टे का काम $= \frac{1}{6}$

A, B और C का 1 घण्टे का काम $= \frac{1}{4}$

$\therefore C$ का 1 घण्टे का काम $= \frac{1}{4} - \frac{1}{6} = \frac{3-2}{12} = \frac{1}{12}$

$\therefore C$ को पूरा करने में लगा समय $= 12$ घण्टे

128. (b) प्रश्नानुसार, तीन दिन में हुआ कार्य

$= \frac{3}{30} + \frac{1}{40} + \frac{1}{60} = \frac{12+3+2}{120} = \frac{17}{120}$

21 दिन में हुआ कार्य $= \frac{17 \times 7}{120} = \frac{119}{120}$

शेष कार्य $= 1 - \frac{119}{120} = \frac{1}{120}$ भाग

22वें दिन रूचि अकेले कार्य करेगी,

$\frac{1}{120}$ भाग करने में रूचि को लगा समय

$= \frac{1}{120} \times 30 = \frac{1}{4}$ दिन

अत: कार्य पूरा होने में लगा कुल समय

$= 21 + \frac{1}{4} = \frac{85}{4}$ दिन

129. (a) A, B से 40% कम कार्य कुशल है

माना B कार्य को अकेले x दिन में पूरा कर सकता है।

$\therefore\ B$ का 1 दिन का कार्य $= \frac{1}{x}$

तथा A का 1 दिन का कार्य $= \frac{1}{x} \times \frac{60}{100} = \frac{3}{5x}$

$\because\ A$ और B का 1 दिन का कार्य $= \frac{1}{50}$

$\therefore\ \frac{1}{x} + \frac{3}{5x} = \frac{1}{50} \Rightarrow \frac{1}{x}\left(\frac{5+3}{5}\right) = \frac{1}{50}$

$x = 50 \times \frac{8}{5} = 80$ दिन

$\therefore\ A$ का 1 दिन का कार्य $= \frac{3}{5 \times 80}$

$\therefore$ 60% कार्य करने में A को लगा समय

$= \frac{60}{100} \times \frac{5 \times 80}{3} = 80$ दिन

स्पीडी विधि

	A	:	B
क्षमता	3	:	5

कुल कार्य $= (A+B) \times 50 = 8 \times 50 = 400$ इकाई

समय $(A) = \frac{400}{3} \times \frac{60}{100} = 4 \times 20 = 80$ दिन

130. (d) 1 पुरुष = 2 महिलाएँ = 4 लड़के = 5 लड़कियाँ

माना 1 पुरुष, 1 महिला, 1 लड़का और 1 लड़की का 1 दिन का कार्य क्रमशः 20 इकाई, 10 इकाई, 5 इकाई और 4 इकाई है।

($\because$ 1, 2, 4, 5 का ल.स. = 20)

तब, कुल कार्य = $39 \times 20 = 780$ इकाई

अब 1 पुरुष, 1 महिला, 1 लड़का और 1 लड़की को मिलाकर 1 दिन का कुल कार्य

$= 20 + 10 + 5 + 4 = 39$ इकाई

$\therefore$ काम पूरा होने में लगा अभीष्ट समय $= \frac{780}{39} = 20$

स्पीडी विधि

पुरुष $= M$, महिला $= W$, लड़के $= B$

लड़कियाँ $= G$

$1M \times 39 = 2W \times 39 = 4B \times 39 = 5G \times 39$

$M : W : B : G = 40 : 20 : 10 : 8 = 20 : 10 : 5 : 4$

कुल कार्य $= 1M \times 39 = 1 \times 20 \times 39$

अभीष्ट दिन

$= \frac{20 \times 39}{20+10+5+4} = \frac{20 \times 39}{39} = 20$ दिन

131. (c) $\because$ 6 महिलाएँ कार्य को पूरा करती हैं $= 3$ दिन में,

$\Rightarrow$ 1 महिला का 1 दिन का कार्य

$= \left(\frac{1}{6 \times 3}\right)$ इकाई $= \frac{1}{18}$ इकाई

इसी प्रकार 9 लड़कियाँ कार्य को पूरा करती हैं = 2 दिन में,

$\Rightarrow$ 1 लड़की का 1 दिन का कार्य

$= \left(\frac{1}{9 \times 2}\right)$ इकाई $= \frac{1}{18}$ इकाई

तब, 8 महिलाओं और 6 लड़कियों का 1 दिन का कार्य

$= \left(\frac{8}{18} + \frac{6}{18}\right)$ इकाई $= \frac{14}{18} = \frac{7}{9}$ इकाई

$\Rightarrow$ 8 महिलाएँ और 6 लड़कियाँ कार्य को $\frac{9}{7}$ दिन में पूरा करेंगी।

स्पीडी विधि

$6W \times 3 = 9G \times 2$

$\frac{W}{G} = \frac{18}{18} = \frac{1}{1}$

कुल कार्य $= 6W \times 3 = 6 \times 1 \times 3 = 18$

अभीष्ट समय $= \frac{18}{8W + 6G} = \frac{18}{8+6} = \frac{18}{14} = \frac{9}{7}$ दिन

132 (d) [पुरुष = M, महिला = W]

तब, $(6M + 8W) \times 10 = (26M + 48W) \times 2$

$\Rightarrow \quad (6M + 8W) \times 5 = (26M + 48W)$

$\Rightarrow \quad 4M = 8W \Rightarrow \frac{M}{W} = \frac{2}{1}$

$\therefore$ कुल काम $= (6 \times 2 + 8 \times 1) \times 10$

$= 20 \times 10 = 200$ इकाई

$\therefore$ अभीष्ट समय $= \frac{200}{(15 \times 2 + 20 \times 1)} = \frac{200}{50} = 4$ दिन

133. (a) $\because A = \frac{B}{4} = \frac{C}{5}$

$\therefore$ तीनों के द्वारा लिए गए समय का अनुपात $= 20 : 5 : 4$

तब, उनकी कार्य क्षमता का अनुपात $= \frac{1}{20} : \frac{1}{5} : \frac{1}{4}$

$A : B : C = 1 : 4 : 5$

$\therefore$ कुल कार्य $= (1 + 4 + 5) \times 4 = 40$ इकाई

अतः B को अकेले कार्य करने में लगा समय

$= \frac{40}{4} = 10$ दिन

134. (d) $\therefore 450 \times 20 = M_2 \times 30$

$\Rightarrow \quad M_2 = \frac{450 \times 20}{30} \Rightarrow M_2 = 300$ पुरुष

135. (d)

$A \rightarrow 10 \xrightarrow{4}$
$B \rightarrow 20 \xrightarrow{2} 40$
$C \rightarrow 40 \xrightarrow{1}$

3 दिन = 4+4+(4+2+1) = 15

3 दिन ×2	15 ×2
6 दिन	30
+1 दिन	+4 (A)
+1 दिन	+4 (A)
8 दिन	38
$+\frac{2}{7}$ दिन	+2 (A+B+C)
	40

$8\frac{2}{7}$ दिन

136. (a) माना पूरा काम x दिन में समाप्त हुआ

तब प्रश्नानुसार, $\frac{x}{15} + \frac{2}{10} = 1$

$\Rightarrow \quad \frac{x}{15} = 1 - \frac{1}{5} = \frac{4}{5} \Rightarrow x = 15 \times \frac{4}{5}$

$\therefore \quad x = 12$ दिन

137. (d) एक पुरुष का 1 दिन का कार्य $= \frac{1}{18 \times 14}$

तथा 3 महिला = 2 पुरुष

$\therefore$ 5 पुरुष + 6 महिला

= 5 पुरुष + 2 × (3 महिला)

= 5 पुरुष + 2 × 2 पुरुष = 9 पुरुष

अब, 9 पुरुषों का 1 दिन का कार्य $= \frac{9}{18 \times 14}$

अब, 9 पुरुषों का 4 दिन का कार्य $= \frac{4 \times 9}{18 \times 14} = \frac{1}{7}$

$\Rightarrow$ शेष कार्य $= 1 - \frac{1}{7} = \frac{6}{7}$

अब, 3 पुरुष और जुड़ गए हैं।

$\therefore$ 12 पुरुषों का 1 दिन का कार्य $= \frac{12}{18 \times 14}$

$\frac{6}{7}$ भाग कार्य का पूरा करने में लगा समय

$= \frac{6}{7} \times \frac{18 \times 14}{12} = 18$

$\therefore$ दिनों की कुल संख्या = 18 + 4 = 22

138. (b) A का एक दिन का कार्य $= \frac{1}{11\frac{1}{2}} = \frac{2}{23}$

B का एक दिन का कार्य $= \frac{125}{100} \times \frac{2}{23} = \frac{5}{46}$

C का एक दिन का कार्य $= \frac{5}{46} \times \frac{50}{100} = \frac{5}{92}$

$\therefore (A + B + C)$ का एक दिन का कार्य

$= \frac{2}{23} + \frac{5}{46} + \frac{5}{92} = \frac{8 + 10 + 5}{92} = \frac{23}{92} = \frac{1}{4}$

अतः A, B और C साथ मिलकर उस कार्य को 4 दिनों में पूरा करेंगे।

स्पीडी विधि

क्षमता $[A : B : C] = 100 : 125 : 125 \times \frac{50}{100}$

$= 8 : 10 : 5$

कुल कार्य $= \frac{23}{2} \times 8 = 92$

$\therefore$ समय [A, B और C] $= \frac{92}{23} = 4$ दिन

139. (d) कुल कार्य $= (7 + 5) \times \frac{35}{2} = 6 \times 35$

अतः अभीष्ट समय $= \frac{6 \times 35 \times 50}{5 \times 100} = 21$ दिन

140. (c) एक पुरुष का एक दिन का कार्य

$= \frac{1}{5 \times 20} = \frac{1}{100}$

एक महिला का एक दिन का कार्य $= \frac{1}{15 \times 10} = \frac{1}{150}$

5 दिन तक दो पुरुष और छः महिलाओं का कार्य

$= 5\left(\frac{2}{100} + \frac{6}{150}\right)$

$= 5\left(\frac{1}{50} + \frac{3}{75}\right) = \frac{1}{10} + \frac{1}{5} = \frac{3}{10}$

शेष कार्य $= 1 - \frac{3}{10} = \frac{7}{10}$

5 दिन बाद नया समूह = 3 महिला + 3 पुरुष

3 महिलाएँ और 3 पुरुषों का एक दिन का कार्य

$= \frac{3}{100} + \frac{3}{150} = \frac{9 + 6}{300} = \frac{15}{300} = \frac{1}{20}$

अतः शेष कार्य पूरा करने में लगा समय

$= \frac{\left(\frac{7}{10}\right)}{\left(\frac{1}{20}\right)} = 14$ दिन

141. (a)

$A+B \rightarrow 20 \xrightarrow{6}$ 120 (कुल कार्य)
$B+C \rightarrow 24 \xrightarrow{5}$

क्षमता $[A : C] = 2 : 1$

$\therefore$ क्षमता $[B] = 6 - 2 = 4$

$\therefore$ अभीष्ट समय $= \frac{120 \times 40}{4 \times 100} = 12$ दिन

142. (d) प्रत्येक व्यक्ति का 1 दिन का कार्य $= \frac{1}{20}$

$\therefore$ पहले 5 दिनों का कार्य

$= \frac{1}{20} + \frac{2}{20} + \frac{3}{20} + \frac{4}{20} + \frac{5}{20} = \frac{15}{20} = \frac{3}{4}$

शेष कार्य $= 1 - \frac{3}{4} = \frac{1}{4}$

अब शेष $\frac{1}{4}$ कार्य 5 व्यक्तियों को करने में लगे दिन

$= \frac{1}{4} \times \frac{1}{5} \times 20 = 1$ दिन

$\therefore$ कार्य पूरा होने में लगे कुल दिन = 5 + 1 = 6 दिन

143. (a) माना अशोक अकेले कार्य को x दिन में पूरा कर सकता है, तब अशोक का 1 दिन का कार्य $= \frac{1}{x}$

$\frac{5}{10} + \frac{5}{15} + \frac{(5 - 3)}{x} = 1$

$\Rightarrow \quad \frac{1}{2} + \frac{1}{3} - 1 = -\frac{2}{x}$

$\Rightarrow \quad -\frac{1}{6} = -\frac{2}{x} \Rightarrow x = 12$

अब, समीर, पुनीत और अशोक द्वारा किए गए कार्यों का अनुपात $= \frac{5}{10} : \frac{5}{15} : \frac{2}{12} = \frac{1}{2} : \frac{1}{3} : \frac{1}{6} = 3 : 2 : 1$

∵ कुल आवण्टित राशि = ₹ 4500

∴ अशोक की भुगतान की गई राशि $= 4500 \times \frac{1}{6} =$ ₹ 750

144. (d) B का 1 दिन का कार्य

$$= \frac{1}{15} \times \frac{125}{100} = \frac{1}{12}$$

∴ A और B का मिलाकर 4 दिन का कार्य

$$= 4\left(\frac{1}{15} + \frac{1}{12}\right) = 4\left(\frac{4+5}{60}\right) = \frac{9}{15} = \frac{3}{5}$$

∴ शेष कार्य $= 1 - \frac{3}{5} = \frac{2}{5}$

∵ शेष $\frac{2}{5}$ कार्य को C ने 8 दिन में किया

∴ C का 1 दिन का कार्य $= \frac{2}{5} \times \frac{1}{8} = \frac{1}{20}$

अतः A, B और C का मिलाकर 1 दिन का कार्य

$$= \frac{1}{15} + \frac{1}{12} + \frac{1}{20} = \frac{4+5+3}{60} = \frac{12}{60} = \frac{1}{5}$$

अतः A, B और C तीनों मिलकर कार्य को 5 दिन में पूरा कर सकते हैं।

> **स्पीडी विधि**
>
> प्रश्नानुसार, क्षमता $[B : A] = 125 : 100 = 5 : 4$
>
> $5x : 4x$
>
> कुल कार्य $= 15 \times 4x = 60x$
>
> अब, $4(A+B) + 8C = 15 \times A$
>
> $4(4x + 5x) + 8C = 15 \times A$
>
> $8C = 60x - 36x$
>
> $8C = 24x \Rightarrow C = 3x$
>
> ∴ समय $[A+B+C] = \frac{60x}{4x+5x+3x} = \frac{60x}{12x} = 5$ दिन

145. (d) 1 पुरुष और 1 महिला की कार्यक्षमता का अनुपात = 3 : 2

माना 1 पुरुष 1 दिन में $3x$ तथा 1 महिला 1 दिन में $2x$ इकाई कार्य करते हैं।

तब, कुल कार्य $= 66 \times (3x + 2x) = 330x$

∴ 6 पुरुष और 2 महिला का 1 दिन का कार्य

$$= 6 \times 3x + 2 \times 2x = 18x + 4x = 22x$$

∴ अभीष्ट समय $= \frac{330x}{22x} = 15$ दिन

146. (d) माना B अकेले कार्य को x दिन में पूरा कर सकता है।

∴ B का 1 दिन का कार्य $= \frac{1}{x}$

प्रश्नानुसार, A का 1 दिन का कार्य $= \frac{1}{24}$

पूरा कार्य होने में लगा समय $= 11\frac{1}{3}$

∵ A और B वैकल्पिक दिन पर कार्य करते हैं।

और B कार्य शुरु करता है, तब B, 6 दिन कार्य करेगा और A, $5\frac{1}{3}$ दिन कार्य करेगा।

$$\therefore \quad \frac{1}{x} \times 6 + \frac{1}{24} \times \frac{16}{3} = 1 \Rightarrow \frac{6}{x} + \frac{2}{9} = 1$$

$$\Rightarrow \quad \frac{6}{x} = 1 - \frac{2}{9} = \frac{7}{9} \Rightarrow 7x = 54 \Rightarrow x = \frac{54}{7}$$

∴ B, मूल कार्य का $\frac{7}{9}$ भाग पूरा कर सकता है।

$$= \frac{54}{7} \times \frac{7}{9} = 6 \text{ दिन}$$

147. (d) $18 \times 35 = 21 \times D_2$

$$D_2 = \frac{18 \times 35}{21} = 30 \text{ दिन}$$

148. (a) माना कार्य समय पर पूरा करने के लिए x अतिरिक्त पुरुषों को नियुक्त किया गया

$$\therefore \frac{187 \times 65 \times 15}{3/5} = \frac{(187 + x) \times 10 \times 17}{\frac{2}{5}}$$

$$(187 + x) = \frac{187 \times 65 \times 15 \times 2}{10 \times 17 \times 3}$$

$$(187 + x) = 715 \Rightarrow x = 715 - 187 = 528$$

149. (c) 10 पुरुष = 12 महिलाएँ

5 पुरुष = 6 महिलाएँ

∴ 5 पुरुष + 2 महिलाएँ = 6 + 2 = 8 महिलाएँ

∵ 12 महिलाएँ कार्य पूरा कर सकती हैं = 10 दिन में

∴ 1 महिला कार्य पूरा कर सकती है $= 10 \times 12$ दिन में

∴ 5 पुरुष और 2 महिलाएँ कार्य पूरा कर सकती हैं।

= 8 महिलाएँ कार्य पूरा कर सकती हैं

$$= \frac{10 \times 12}{8} = 15 \text{ दिन में}$$

150. (b) A, B और C का 1 दिन का कार्य क्रमशः $\frac{1}{20}, \frac{1}{16}$ और $\frac{1}{30}$ हैं।

तब, A और B का 4 दिन का कार्य

$$= 4\left(\frac{1}{20} + \frac{1}{16}\right) = 4\left(\frac{4+5}{80}\right) = \frac{9}{20}$$

शेष कार्य $= 1 - \frac{9}{20} = \frac{11}{20}$

∴ शेष कार्य C को पूरा करने में लगा समय

$$= 30 \times \frac{11}{20} = \frac{33}{2} = 16\frac{1}{2} \text{ दिन}$$

151. (a) माना 1 पुरुष 1 दिन में 1 इकाई कार्य करता है।

∴ कुल कार्य $= 16 \times 8 = 128$ इकाई

∴ 8 पुरुषों का 10 दिन का कार्य

$$= 8 \times 10 = 80 \text{ इकाई}$$

शेष कार्य $= 128 - 80 = 48$ इकाई

शेष 48 इकाई कार्य 9 महिलाएँ, 10 दिन में करती हैं

∴ 1 महिला का 1 दिन का कार्य $= \frac{48}{9 \times 10} = \frac{8}{15}$ इकाई

∴ 20 महिलाओं का 1 दिन का कार्य $= \frac{8}{15} \times 20 = \frac{32}{3}$

∴ 128 इकाई कार्य करने में 20 महिलाओं को लगे दिन

$$= 128 \times \frac{3}{32} = 12 \text{ दिन}$$

152. (a) $[x : y : z]$ की क्षमता $= 140 : 100 : 60$

$$= 7 : 5 : 3$$

∴ कुल कार्य $= 21 \times 15 = 315$

y और z का 35 दिनों का कार्य $= 8 \times 35 = 280$

∴ अभीष्ट दिन $= \frac{(315 - 280)}{7} = \frac{35}{7} = 5$ दिन

153. (d) माना 1 पुरुष और 1 महिला 1 दिन में क्रमशः x यूनिट और y यूनिट कार्य करते हैं।

तब, $(4x + 6y) \times 5 = (3x + 4y) \times 7$

$$\Rightarrow \quad x = 2y \Rightarrow y = \frac{x}{2}$$

माना कुल कार्य $= (4x + 3x) \times 5 = 35x$

कार्य का $2\frac{1}{2}$ गुना $= 35x \times \frac{5}{2} = \frac{175}{2}x$

∴ 1 दिन का कार्य $= \frac{175x}{2} \times \frac{1}{5} = \frac{35}{2}x$

अब, 25 महिलाओं का 1 दिन का कार्य $= 25y = \frac{25}{2}x$

शेष कार्य $= \frac{35}{2}x - \frac{25}{2}x = \frac{10}{2}x = 5x$

अभीष्ट पुरुषों की संख्या = 5

154. (b) 1 घण्टे में सुमित द्वारा किया गया कार्य $= \frac{1}{25}$

माना राजीव द्वारा किसी कार्य को करने के लगा समय $= x$ घण्टे

∴ 1 घण्टे में राजीव द्वारा किया गया कार्य $= \frac{1}{x}$

प्रश्नानुसार, $\frac{1}{25} + \frac{1}{x} = \frac{1}{20} \Rightarrow \frac{1}{x} = \frac{1}{20} - \frac{1}{25}$

$$\frac{1}{x} = \frac{5-4}{100} \Rightarrow \frac{1}{x} = \frac{1}{100}$$

$$\therefore \quad x = 100$$

> **स्पीडी विधि**
>
> क्षमताएँ
>
> सुमित और राजीव → 20 घण्टे — 5 — कुल कार्य
>
> सुमित → 25 घण्टे — 4 — 100 (20 और 25 का ल.स.)
>
> ∴ राजीव की क्षमता $= 5 - 4 = 1$
>
> अतः राजीव द्वारा लिया गया समय
>
> $= \frac{100}{1} = 100$ घण्टे

155. (a) $\because \frac{M_1 D_1}{W_1} = \frac{M_2 D_2}{W_2}$

माना, अतिरिक्त व्यक्तियों की संख्या $= x$

$$\therefore \quad \frac{12 \times 10}{540} = \frac{(12 + x) \times 8}{720}$$

$$\Rightarrow \quad \frac{12 \times 10}{540} = \frac{(12 + x)}{90}$$

$$\Rightarrow \quad 12 + x = \frac{12 \times 10 \times 90}{540} = 20$$

$$\Rightarrow \quad x = 20 - 12 = 8$$

156. (d) माना कि राकेश द्वारा लिया गया समय $2x$ दिन और सपना द्वारा लिया गया समय x दिन है।

तब, $\frac{1}{x} + \frac{1}{2x} = \frac{1}{48} \Rightarrow \frac{3}{2x} = \frac{1}{48}$

$$\Rightarrow \quad 2x = 48 \times 3 \Rightarrow x = \frac{48 \times 3}{2} = 72$$

अतः सपना द्वारा लिया गया समय = 72 दिन

157. (a) दिया है,

दिनों की संख्या = 30 दिन

20 दिनों के बाद छात्रावास खाली करने वाले छात्रों की संख्या = 50 छात्र

तब, कुल उपलब्ध भोजन $= 300 \times 30 = 9000$

20 दिन में प्रयुक्त भोजन $= 300 \times 20 = 6000$

शेष उपलब्ध भोजन $= 9000 - 6000 = 3000$

शेष छात्रों की संख्या $= 300 - 50 = 250$

अतः अभीष्ट दिनों की संख्या $= \frac{3000}{250} = 12$ दिन

स्पीडी विधि

माना बचा हुआ खाना x दिन चलेगा।

$\Rightarrow 300 \times 10 = (300-50) \times x \Rightarrow 300 \times 10 = 250x$

$\Rightarrow x = 12$ दिन

158. (d) राजन और रजत अकेले एक कार्य को क्रमशः 64 और 48 दिनों में पूर्ण कर सकते हैं।

$\therefore$ 2 दिनों में राजन और रजत द्वारा किया गया कार्य

$= \frac{1}{64} + \frac{1}{48} = \frac{7}{192}$

54 दिनों में किया गया कार्य $= \frac{7}{192} \times 27 = \frac{189}{192}$

$\therefore$ कार्य का शेष हिस्सा $= 1 - \left(\frac{189}{192}\right) = \frac{3}{192} = \frac{1}{64}$

55वें दिन पर रजत की बारी है।

रजत द्वारा 1 दिन में कार्य का 1/48 भाग किया जाता है।

$\therefore$ कुल लिया गया समय $= 54 + \frac{1}{64} \times 48$

$= 54 + \frac{3}{4} = 54\frac{3}{4}$ दिन

स्पीडी विधि

राजन ⟶ 64 दिन — 3 ; रजत ⟶ 48 दिन — 4 ; कुल कार्य 192 (64 और 48 का ल.स.)

2 दिनों का कार्य $= 3 + 4 = 7$

$\therefore$ 54 दिनों का कार्य $= 7 \times 27 = 189$

शेष कार्य $= 192 - 189 = 3$

शेष कार्य को रजत द्वारा करने में लिया गया समय $= \frac{3}{4}$

अतः कुल समय $= 54\frac{3}{4}$

159. (a) सीता को एक कार्य पूर्ण करने में लगा समय $= 35$ दिन

1 दिन में सीता द्वारा किया गया कार्य $= \frac{1}{35}$

माना बीना को एक कार्य पूर्ण करने में लगा समय $= t$ दिन

1 दिन में बीना द्वारा किया गया कार्य $= \frac{1}{t}$

1 दिन में अमिता द्वारा किया गया कार्य $= \frac{1}{t} + \frac{1}{35}$

प्रश्नानुसार, $\frac{1}{t} + \frac{1}{35} + \frac{1}{t} = \frac{1}{25} \Rightarrow \frac{2}{t} + \frac{1}{35} = \frac{1}{25}$

$\frac{2}{t} = \frac{1}{25} - \frac{1}{35} \Rightarrow \frac{2}{t} = \frac{7-5}{175}$

$\frac{2}{t} = \frac{2}{175} \Rightarrow t = 175$ दिन

स्पीडी विधि

क्षमताएँ

अमिता+बीना ⟶ 25 दिन — 7 ; सीता ⟶ 35 दिन — 5 ; कुल कार्य 175 (25 और 35 का ल.स.)

अमिता की क्षमता $= \frac{12}{2} = 6$

$\therefore$ बीना की क्षमता $= 7 - 6 = 1$

$\therefore$ बीना कार्य पूरा करेगी $= \frac{175}{1} = 175$ दिन

160. (c) 1 दिन में P द्वारा किया गया कार्य $= \frac{1}{30}$

1 दिन में Q द्वारा किया गया कार्य $= \frac{1}{40}$

4 दिन में $(P + Q)$ द्वारा किया गया कार्य

$= \left(\frac{1}{30} + \frac{1}{40}\right) \times 4 = \left(\frac{4+3}{120}\right) \times 4 = \frac{7}{30}$

शेष कार्य $= 1 - \frac{7}{30} = \frac{23}{30}$

शेष कार्य को P द्वारा करने में लगा समय

$= \frac{23}{30} \times 30 = 23$ दिन

161. (c) मनीष ⟶ 21 (+20) ; नकुल ⟶ 28 (+15) ; पिण्टू ⟶ 15 (+28) ; कुल कार्य 420

कुल कार्य = 420

मनीष और पिण्टू का 5 दिन का कार्य

$= (20 + 28) \times 5 = 240$

शेष कार्य $= 420 - 240 = 180$

तीनों का 1 दिन का कार्य $= 20 + 15 + 28 = 63$

शेष कार्य करने में लगा समय $= \frac{180}{63} = \frac{20}{7} = 2\frac{6}{7}$ दिन

अतः नकुल $2\frac{6}{7}$ दिन कार्य करता है।

162. (b) माना रौनक का एक दिन का कार्य $= \frac{1}{12}$

रिया का एक दिन का कार्य $= \frac{1}{18}$

दोनों का एक दिन का कार्य $= \frac{1}{12} + \frac{1}{18} = \frac{3+2}{36} = \frac{5}{36}$

दोनों का 6 दिन का कार्य $= \frac{5}{36} \times 6 = \frac{5}{6}$

शेष कार्य $= 1 - \frac{5}{6} = \frac{1}{6}$

रिया द्वारा शेष कार्य करने में लगा समय

$= \frac{1}{6} \times 18 = 3$ दिन

163. (a) रवि और संजू का 1 दिन का कार्य $= \frac{1}{2}$

संजू और महेश का 1 दिन का कार्य $= \frac{1}{4}$

रवि और महेश का 1 दिन का कार्य $= \frac{1}{2}$

रवि, संजू और महेश का 1 दिन का कार्य

$= \left(\frac{1}{2} + \frac{1}{4} + \frac{1}{2}\right) \times \frac{1}{2} = \left(\frac{2+1+2}{4}\right) \times \frac{1}{2} = \frac{5}{8}$

रवि का एक दिन का कार्य $= \frac{5}{8} - \frac{1}{4} = \frac{5-2}{8} = \frac{3}{8}$

रवि द्वारा अकेले कार्य करने में लगा समय $= \frac{8}{3}$ दिन

164. (b) A और B का एक दिन का कार्य $= \frac{1}{25}$

B और C का एक दिन का कार्य $= \frac{1}{36}$

C और A का एक दिन का कार्य $= \frac{1}{30}$

A, B और C का एक दिन का कार्य

$= \left(\frac{1}{25} + \frac{1}{36} + \frac{1}{30}\right) \times \frac{1}{2}$

$= \left(\frac{36+25+30}{900}\right) \times \frac{1}{2} = \frac{91}{1800}$

A, B, C और D का एक दिन का कार्य $= \frac{1}{18}$

D का एक दिन का कार्य $= \frac{1}{18} - \frac{91}{1800}$

$= \frac{100-91}{1800} = \frac{9}{1800} = \frac{1}{200}$

D द्वारा अकेले कार्य पूरा करने में लगा समय

$= 200$ दिन

165. (c) हम जानते हैं,

$M_1D_1 = M_2D_2;\ M_1 = 18, D_1 = 96$

कुल कार्य $= 18 \times 96$

26 दिनों में किया गया कार्य $= 18 \times 26$

शेष कार्य $= 18\ (96 - 26) = 18 \times 70$

10 कर्मचारी के आने के बाद कर्मचारियों की संख्या

$= 18 + 10 = 28$

शेष कार्य समाप्त होने में लगा समय

$= \frac{18 \times 70}{28} = 45$ दिन

पूरे कार्य को समाप्त होने में लगा समय

$= 26 + 45 = 71$ दिन

166. (d) हम जानते हैं,

$\frac{M_1D_1}{W_1} = \frac{M_2D_2}{W_2} \Rightarrow \frac{24 \times 25}{90} = \frac{27 \times D_2}{162}$

$\Rightarrow D_2 = \frac{24 \times 25 \times 162}{90 \times 27} = 40$

अतिरिक्त दिनों की संख्या $= 40 - 25 = 15$ दिन

167. (d) A का 1 दिन का कार्य $= \frac{1}{13}$

B का 1 दिन का कार्य $= \frac{1}{26}$

A तथा B का एक साथ 1 दिन का कार्य

$= \frac{1}{13} + \frac{1}{26} = \frac{2+1}{26} = \frac{3}{26}$

एकान्तर दिनों में A तथा B कार्य करते हैं।

अतः 2×8 अर्थात् 16 दिनों का कार्य $= \frac{8 \times 3}{26} = \frac{24}{26}$

शेष कार्य $= 1 - \frac{24}{26} = \frac{2}{26} = \frac{1}{13}$, जो

A द्वारा 1 दिन में समाप्त होगा।

सम्पूर्ण कार्य समाप्त होने में लगा समय

$= 16 + 1 = 17$ दिन

168. (a) सुरेश का 1 दिन का कार्य $= \frac{1}{20}$

अरविन्द, सुरेश से 4 गुना तेजी से काम करता है।

$\therefore$ अरविन्द का 1 दिन का कार्य $= \frac{4}{20} = \frac{1}{5}$

अरविन्द व सुरेश दोनों का मिलाकर 1 दिन का कार्य

$= \frac{1}{20} + \frac{1}{5} = \frac{1+4}{20} = \frac{1}{4}$

अतः अरविन्द व सुरेश द्वारा मिलकर कार्य समाप्त करने में लगा समय = 4 दिन

स्पीडी विधि

	अरविन्द		सुरेश
कार्यक्षमता =	4	:	1

सुरेश कार्य करता है = 20 दिन

$\therefore$ कुल कार्य $= 20 \times 1 = 20$

अरविन्द और सुरेश कार्य पूरा करेंगे

$= \frac{20}{4+1} = 4$ दिन

169. (b) A का 1 दिन का कार्य $= \frac{1}{20}$

B का 1 दिन का कार्य $= \frac{1}{30}$

A का B का एक साथ 2 दिन का कार्य

$= 2 \times \left(\frac{1}{20} + \frac{1}{30}\right) = 2 \times \left(\frac{3+2}{60}\right)$

$= 2 \times \frac{5}{60} = \frac{1}{6}$

शेष बचा कार्य $= 1 - \frac{1}{6} = \frac{5}{6}$

170. (b)

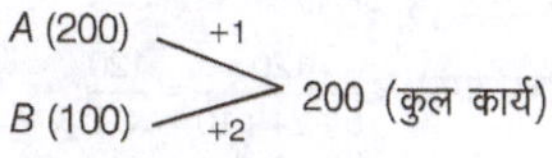

A तथा B की कार्यक्षमता $= 1 + 2 = 3$

तीन दिन में किया गया कुल कार्य $= 1 + 2 + 3 = 6$

$\therefore 3 \times 33$ दिन में किया गया कार्य $= 6 \times 33 = 198$

शेष कार्य $= 200 - 198 = 2$

अर्थात् शेष कार्य करने में $(A + B)$ द्वारा लगा समय

$= \frac{2}{3}$ दिन

सम्पूर्ण कार्य समाप्त होने में लगा समय

$= 99 + \frac{2}{3} = 99\frac{2}{3}$ दिन

171. (d) माना कुल कार्य 36 यूनिट है। तब A की कार्य क्षमता 1 यूनिट प्रतिदिन व B की भी कार्य क्षमता 1 यूनिट प्रतिदिन होंगी।

तब प्रश्नानुसार, A ने पाँच दिन में 5 यूनिट कार्य किया व छठे दिन छुट्टी ली। उसी प्रकार B ने सात दिन में 7 यूनिट कार्य किया व एक दिन की छुट्टी ली।

इस प्रकार, A द्वारा 18 दिन में किया गया कार्य = 15 यूनिट

B द्वारा 18 दिन में किया गया कार्य = 16 यूनिट

$\therefore$ शेष कार्य $= 36 - (15 + 16) = 5$ यूनिट

अब दोनों कार्य करते है

तब शेष कार्य 3 दिन में पूरा हो जाएगा।

$\therefore$ कार्य पूर्ण होने में लगा समय $= (18 + 3) = 21$ दिन

कार्य 1 जुलाई, 2021 को शुरू हुआ था तो 21 दिन लगेंगे। अर्थात् 21 जुलाई, 2021 को कार्य सम्पन्न होगा।

172. (c) अरुण किसी कार्य का $\frac{2}{3}$ भाग 12 दिन में करता है। तब अरुण पूरा कार्य करेगा $= \frac{3}{2} \times 12 = 18$ दिन

अरुण को पूरे कार्य का $\frac{1}{6}$ भाग पूरा करने में लगा समय

$= 18 \times \frac{1}{6} = 3$ दिन

स्पीडी विधि

$\frac{2}{3}$ भाग $\rightarrow 12$ दिन

1 भाग $\rightarrow 12 \times \frac{3}{2} = 18$ दिन

$\frac{1}{6}$ भाग $= 18 \times \frac{1}{6} = 3$ दिन

173. (a)

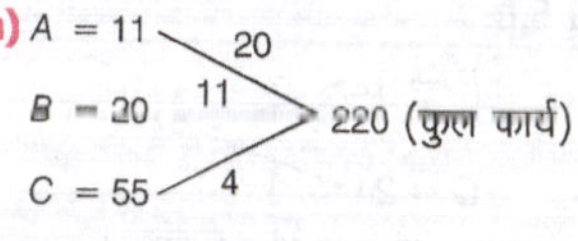

पहले दिन का कार्य $(A + B) = 20 + 11 = 31$ इकाई

दूसरे दिन का कार्य $(A + C) = 20 + 4 = 24$ इकाई

इसी प्रकार कार्य चलता रहेगा। यहाँ 2 दिन में 55 इकाई कार्य हुआ है।

220 इकाई कार्य पूरा करने में लगा समय

$= \frac{2 \times 220}{55} = 8$ दिन

174. (b) $\because$ 16 और 24 का ल.स. = 48

अब, माना अक्षिता एक दिन में 3 पेज टाइपिंग करती है तथा रैना एक दिन में 2 पेज टाइपिंग करती है

तथा कुल पेज = 48

तब, अक्षिता तथा रैना 2 दिन में करेंगे = 3 + 2 = 5 पेज

यदि अक्षिता पहले, दिन तथा रैना दूसरे दिन कार्य करती है तब,

इसी प्रकार, 18 दिन में कार्य होगा $= 5 \times 9 = 45$ पेज

शेष बचा हुआ कार्य $= 48 - 45 = 3$ पेज

अब अगले दिन अक्षिता कार्य करेगी तथा कार्य समाप्त करेगी।

$\therefore$ कुल दिन $= 18 + 1 = 19$ दिन

175. (a) माना 15 कर्मचारियों ने d दिन बाद कार्य छोड़ा।

प्रश्नानुसार, $75 \times 60 = (15 \times d) + (60 \times 65)$

$\Rightarrow -15d = 3900 - 4500$

$\Rightarrow -15d = -600 \Rightarrow d = 40$ दिन

176. (b)

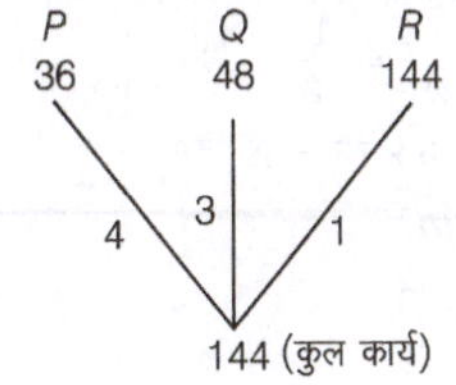

P द्वारा 12 दिन में किया गया कार्य $= 4 \times 12 = 48$

Q द्वारा 8 दिन में किया गया कार्य $= 3 \times 8 = 24$

यदि P और Q, R के समान दिन कार्य करते तब,

कुल कार्य $= 144 + 48 + 24 - 216$

$\therefore$ कार्य पूरा करने में लगा कुल समय

$= \frac{216}{4 + 3 + 1} = 27$ दिन

177. (a)

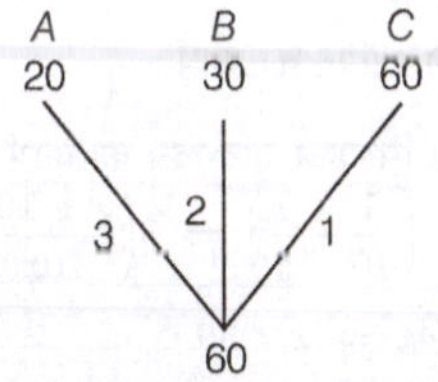

माना कुल कार्य = 60 यूनिट

प्रश्नानुसार, 3 दिन में किया गया कार्य

$(A, A, A + B + C) = 3 + 3 + 6 = 12$

$\therefore$ कार्य पूरा होने में लगा समय $= \frac{60}{12} \times 3 = 15$ दिन

178. (c) 3 बकरियाँ = 5 भेड़ें

$\therefore$ 6 बकरियाँ = 10 भेड़ें

$\therefore$ 6 बकरियाँ और 8 भेड़ें $= (10 + 8) = 18$ भेड़ें

अब, 5 भेड़ों को खेत चरने में लगा समय = 54 दिन

$\therefore$ 18 भेड़ों को खेत चरने में लगा समय

$= \frac{54 \times 5}{18} = 15$ दिन

अत: 6 बकरियाँ और 8 भेड़े उसी खेत को 15 दिन में चर सकती हैं।

179. (d) माना प्रारम्भ में पुरुषों की संख्या $= x$

$\therefore x \times 20 = (x - 5) \times 40 \Rightarrow 20x = 40x - 200$

$\Rightarrow 20x = 200 \Rightarrow x = 10$ आदमी

180. (c) माना R का 1 दिन का कार्य $= \frac{1}{x}$

$\therefore P$ का 1 दिन का कार्य $= \frac{2}{x}$

पुन: माना Q कार्य को y दिन में समाप्त कर सकता है।

$\frac{2}{x} + \frac{1}{y} = \frac{1}{14}$ ...(i)

तथा $\frac{1}{y} + \frac{1}{x} = \frac{1}{21}$ ...(ii)

समी (ii) को 2 से गुणा करके, समी (i) को घटाने पर,

$\frac{2}{y} + \frac{2}{x} - \frac{2}{x} - \frac{1}{y} = \frac{2}{21} - \frac{1}{14}$

$\Rightarrow \frac{1}{y} = \frac{4-3}{42} \Rightarrow \frac{1}{y} = \frac{1}{42} \Rightarrow y = 42$

अत: Q कार्य को 42 दिनों में पूरा कर सकता है।

स्पीडी विधि

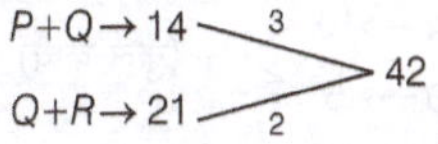

$P + Q = 3$ ..(i)

$Q + R = 2$ ...(ii)

प्रश्नानुसार, $P : R$

$2 : 1$

समी (i) में, समी (ii) को जोड़ने पर,

$P + 2Q + R = 5 \Rightarrow 2 + 2Q + 1 = 5$

$2Q = 2 \Rightarrow Q = 1$

Q द्वारा कार्य को करने में लगा समय

$Q = \frac{42}{1} = 42$ दिन

181. (d) तीनों का मिलाकर 1 घण्टे का कार्य

$= \frac{1}{36} + \frac{1}{18} + \frac{1}{24} = \frac{2+4+3}{72} = \frac{9}{72} = \frac{1}{8}$

अत: वे तीनो मिलकर दीवार को 8 घण्टे में पेण्ट कर सकते हैं।

स्पीडी विधि

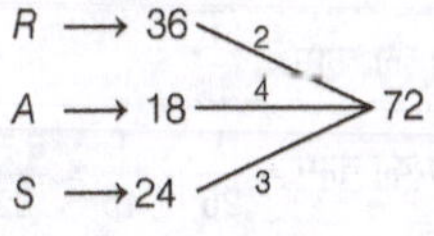

अत: अभीष्ट समय $= \frac{72}{9} = 8$ घण्टे

182. (d) माना माही अकेले कार्य को x दिन में कर सकता है।

$\therefore \frac{1}{15} + \frac{1}{x} = \frac{1}{10} \Rightarrow \frac{1}{x} = \frac{1}{10} - \frac{1}{15}$

$\frac{1}{x} = \frac{15-10}{150} = \frac{5}{150} \Rightarrow x = 30$

183. (b) दोनों का मिलाकर 7 दिन का कार्य

$= 7\left(\frac{1}{35} + \frac{1}{15}\right) = 7 \times \frac{10}{105} = \frac{2}{3}$

शेष कार्य $= 1 - \frac{2}{3} = \frac{1}{3}$

शेष कार्य का 60% $= \frac{1}{3} \times \frac{60}{100} = \frac{1}{5}$

$\therefore \frac{1}{5}$ कार्य को A द्वारा पूरा करने में लगा समय

$= \frac{1}{5} \div \frac{1}{35} = \frac{1}{5} \times 35 = 7$ दिन

184. (c) A और B दोनों का मिलाकर 2 दिन का कार्य

$= 2\left(\frac{1}{10} + \frac{1}{5}\right) = \frac{6}{10}$

$\therefore$ शेष कार्य $= 1 - \frac{6}{10} = \frac{4}{10} = \frac{2}{5}$

अब माना C अकेले कार्य को x दिन में पूरा कर सकता है

$\therefore 3\left(\frac{1}{10} + \frac{1}{x}\right) = \frac{2}{5} \Rightarrow \frac{1}{10} + \frac{1}{x} = \frac{2}{15}$

$\frac{1}{x} = \frac{2}{15} - \frac{1}{10} = \frac{4-3}{30} = \frac{1}{30} \Rightarrow x = 30$

$\therefore C$ अकेले उस कार्य के 40% को पूरा करेगा

$= 30 \times \frac{40}{100} = 12$ दिन में

स्पीडी विधि

$A \longrightarrow 10$ (1), $B \longrightarrow 5$ (2) $\rangle$ 10 (कुल कार्य)

प्रश्नानुसार,

$(A+B) \times 2 + (A+C) \times 3 = 10$

$3 \times 2 + (1+C) \times 3 = 10; \quad 3C + 3 = 4$

$3C = 1 \Rightarrow C = \frac{1}{3}$

अभीष्ट समय $= \frac{10}{\left(\frac{1}{3}\right)} \times 40\% = \frac{10 \times 3}{1} \times \frac{2}{5} = 12$ दिन

185. (c) A अकेला उस काम को x दिन में कर सकता है तब B अकेला उसी काम को $2x$ दिन में करेगा।

$\frac{1}{x} + \frac{1}{2x} = \frac{1}{13} \Rightarrow \frac{3}{2x} = \frac{1}{13} \Rightarrow x = \frac{39}{2} = 19\frac{1}{2}$

186. (a) A और B का 1 दिन का काम $= \frac{1}{25}$

B अकेले काम का $66\frac{2}{3}\%$ करता है = 30 दिन में

$\therefore B$ अकेले पूरा काम करेगा

$= \frac{30 \times 100 \times 3}{200} = 45$ दिन

$\therefore B$ का 1 दिन का काम $= \frac{1}{45}$

$\therefore A$ का 1 दिन का काम $= \frac{1}{25} - \frac{1}{45} = \frac{9-5}{225} = \frac{4}{225}$

$\therefore A$ का काम का $\frac{4}{15}$ भाग पूरा होगा

$= \frac{4}{15} \times \frac{225}{4} = 15$ दिन में

187. (c) $\frac{1}{A} + \frac{1}{B} = \frac{1}{36}$ ...(i)

$\frac{1}{B} + \frac{1}{C} = \frac{1}{60}$ ...(ii)

तथा $\frac{1}{A} + \frac{1}{C} = \frac{1}{45}$ ...(iii)

समी (i) और (ii) के योग में से समी (iii) घटाने पर,

$\frac{2}{B} = \frac{1}{36} + \frac{1}{60} - \frac{1}{45} = \frac{5+3-4}{180}$

$\frac{1}{B} = \frac{4}{180} \times \frac{1}{2} = \frac{1}{90} \Rightarrow B = 90$

अत: B अकेले उसी काम को 90 दिन में पूरा कर सकता है।

स्पीडी विधि

$A+B \longrightarrow 36$ (5), $B+C \longrightarrow 60$ (3), $A+C \longrightarrow 45$ (4) $\rangle$ 180 (कुल कार्य)

$A+B+B+C+A+C = 5+3+4$

$2(A+B+C) = 12$

$\Rightarrow A+B+C = 6$

$B = 6 - 4 = 2$

अभीष्ट समय $= \frac{180}{2} = 90$ दिन

188. (c) माना B अकेले कार्य को x दिन में पूरा कर लेगा।

तब, A अकेले कार्य पूरा कर लेगा $= \frac{x}{2}$ दिन

$\therefore B$ का 1 दिन का कार्य $= \frac{1}{x}$

$\therefore A$ का 1 दिन का कार्य $= \frac{2}{x}$

प्रश्नानुसार, $\frac{2}{x} + \frac{1}{x} = \frac{1}{13}$

$\Rightarrow \frac{2+1}{x} = \frac{1}{13}$

$x = 3 \times 13 = 39$ दिन

स्पीडी विधि

$A : B$

क्षमता = 2 : 1

कुल कार्य $= 13 \times 3 = 39$

B द्वारा कार्य करने में लगा समय $= \frac{39}{1} = 39$ दिन

189. (a) A और B दोनों का एकसाथ मिलाकर दो दिन का कार्य $= 2\left(\frac{1}{10} + \frac{1}{5}\right) = 2 \times \frac{3}{10} = \frac{3}{5}$

शेष कार्य $= 1 - \frac{3}{5} = \frac{2}{5}$

अब माना C का 1 दिन का कार्य $= \frac{1}{x}$

$\therefore A$ और C का मिलाकर तीन दिन का कार्य

$= 3\left(\frac{1}{10} + \frac{1}{x}\right) \Rightarrow 3\left(\frac{x+10}{10x}\right) = \frac{2}{5}$

$3x + 30 = 4x \Rightarrow x = 30$

अत: C द्वारा 60% कार्य करने में लगा समय

$= 30 \times \frac{60}{100} = 18$ दिन

190. (d) माना विनीत अकेले x दिनों में काम को पूरा करता है।

प्रश्नानुसार, $27\left(\frac{1}{48} + \frac{1}{x}\right) + \frac{3}{4} \times \frac{1}{48} = 1$

$\Rightarrow \frac{9}{16} + \frac{27}{x} + \frac{1}{64} = 1$

$\Rightarrow \frac{27}{x} = 1 - \frac{1}{64} - \frac{9}{16}$

$\Rightarrow \frac{27}{x} = \frac{64 - 1 - 36}{64}$

$\Rightarrow \frac{27}{x} = \frac{27}{64}$

$\Rightarrow x = 64$ दिन

191. (b) $(X, Y$ और $Z)$ का एक दिन का काम

$= \frac{1}{24} + \frac{1}{5} + \frac{1}{12} = \frac{5 + 24 + 10}{120} = \frac{39}{120} = \frac{13}{40}$

$\therefore (X, Y$ और $Z)$ काम को पूरा करेंगे

$= \frac{40}{13}$ दिन $= 3\frac{1}{13}$ दिन

स्पीडी विधि

$X \longrightarrow 24$ (5), $Y \longrightarrow 5$ (24), $Z \longrightarrow 12$ (10) $\rangle$ $\boxed{120}$ (कुल कार्य)

$\therefore$ अभीष्ट समय $= \frac{120}{5+24+10} = \frac{120}{39}$

$= \frac{40}{13} = 3\frac{1}{13}$ दिन

192. (c) प्रश्नानुसार,

$\frac{\text{टीना} \times 6}{\frac{1}{2}} = \frac{(\text{टीना} + \text{श्याम}) \times 4}{\frac{1}{2}} \Rightarrow \frac{\text{टीना}}{\text{श्याम}} = \frac{2}{1}$

$\Rightarrow$ (टीना की दक्षता) $\times$ (टीना के दिन)

= (श्याम की दक्षता) $\times$ श्याम के दिन

$\Rightarrow 2 \times 12 = 1 \times$ श्याम के दिन

$\Rightarrow$ श्याम के दिन = 24

193. (b) मीरा $\longrightarrow$ 20 (6), नीना $\longrightarrow$ 30 (4), सीमा $\longrightarrow$ 40 (3) $\rangle$ 120 (कुल कार्य)

कुल काम = (20, 30, 40) का ल.स. = 120

मीरा और सीमा का 4 दिन का काम

$= (6 + 3) \times 4 = 36$

शेष बचा काम $= 120 - 36 = 84$

सीमा तथा नीना ने लिया समय

$= \frac{84}{4+3} = \frac{84}{7} = 12$ दिन

कुल दिन = (4 + 12) दिन = 16 दिन

194. (d) निर्मल का 1 दिन का कार्य $= \frac{1}{45}$

अमित का 1 दिन का कार्य $= \frac{1}{45} \times \frac{125}{100} = \frac{1}{36}$

अत: अमित द्वारा स्कूल प्रोजेक्ट को समाप्त करने में लगा समय = 36 दिन

स्पीडी विधि

अभीष्ट समय $= \frac{45 \times 100}{125} = 36$ दिन

195. (b) P का 1 दिन का कार्य $= \frac{1}{12}$

Q का 1 दिन का कार्य $= \frac{1}{24}$

$(P + Q)$ का एकसाथ मिलकर 1 दिन का कार्य

$= \frac{1}{12} + \frac{1}{24} = \frac{2+1}{24} = \frac{3}{24} = \frac{1}{8}$

अत: P तथा Q को एकसाथ मिलकर कार्य समाप्त करने में लगा समय = 8 दिन

स्पीडी विधि

$P \rightarrow 12$ (2), $Q \rightarrow 24$ (1) $\rangle$ 24

अभीष्ट समय $= \frac{24}{(2+1)} = \frac{24}{3} = \boxed{8 \text{ दिन}}$

196. (b) (रीना + रिया) का 1 दिन का कार्य $= \frac{1}{36}$

(रिया + गीता) का 1 दिन का कार्य $= \frac{1}{54}$

(रीना + गीता) का 1 दिन का कार्य $= \frac{1}{81}$

(रीना + रिया + गीता) का 1 दिन का कार्य

$= \frac{1}{2}\left(\frac{1}{36} + \frac{1}{54} + \frac{1}{81}\right)$

$= \frac{1}{2}\left(\frac{9+6+4}{324}\right) = \frac{1}{2} \times \frac{19}{324} = \frac{19}{648}$

रीना का 1 दिन का कार्य

$= \frac{19}{648} - \frac{1}{54} = \frac{19-12}{648} = \frac{7}{648}$

अतः रीना द्वारा अकेले कार्य समाप्त करने में लगा समय

$= \frac{648}{7} = 92\frac{4}{7}$ दिन

197. (c) $P \to 12$ (3), $Q \to 9$ (4) → 36 (कुल कार्य)

$\therefore$ P और Q की क्षमता का अनुपात $= 3:4$

अतः P का हिस्सा $= \frac{63000}{3+4} \times 3 = \frac{63000}{7} \times 3$

$= ₹\,27000$

198. (d) माना Q की क्षमता $= x$

तथा P की क्षमता $= 2x$

कुल कार्य $= (x + 2x)\,36 = 108x$

अतः Q को अकेले कार्य पूरा करने में लगा समय

$= \frac{108x}{x} = 108$ दिन

199. (b) प्रश्नानुसार, $A \to 4$ (3), $B \to 12$ (1) → 12 (कुल कार्य)

अतः दोनों के द्वारा लिया गया समय $= \frac{12}{3+1} = 3$ दिन

200. (c) माना इन्जीनियर $= E$

तथा कुशल श्रमिक $= L$

प्रश्नानुसार,

$6E \times 5 = 5L \times 7$

$\Rightarrow \frac{E}{L} = \frac{7}{6}$

पुनः प्रश्नानुसार, $(7E + 4L) \times D = 6E \times 5$

$D = \frac{6 \times 7 \times 5}{7 \times 7 + 4 \times 6}$

$= \frac{210}{73} = 2\frac{64}{73}$ दिन

201. (c) प्रश्नानुसार, $M_1D_1H_1 = M_2H_2D_2$ से,

$\Rightarrow 30 \times 18 \times 5 = 20 \times 7 \times D_2$

$\Rightarrow D_2 = \frac{135}{7} = 19\frac{2}{7}$ दिन

202. (d) तन्वी का 1 दिन का कार्य $= \frac{1}{25}$

ताई का 1 दिन का कार्य $= \frac{1}{30}$

तन्वी तथा ताई का 1 दिन का कार्य

$= \frac{1}{25} + \frac{1}{30} = \frac{6+5}{150} = \frac{11}{150}$

तन्वी तथा ताई का 5 दिनों का कार्य $= 5 \times \frac{11}{150} = \frac{55}{150}$

शेष कार्य $= 1 - \frac{55}{150} = \frac{150-55}{150} = \frac{95}{150} = \frac{19}{30}$

स्पीडी विधि

तन्वी $\to 25$ (6), ताई $\to 30$ (5) → 150

$\therefore$ तन्वी तथा ताई का 5 दिन का कार्य

$= 5 \times (6+5) = 55$

$\therefore$ शेष कार्य $= 150 - 55 = 95$

$\therefore$ अभीष्ट भाग $= \frac{95}{150} = \boxed{\frac{19}{30}}$

203. (b) R का 1 दिन का कार्य $= \frac{1}{10 \times 6} = \frac{1}{60}$

S का 1 दिन का कार्य $= \frac{1}{8 \times 5} = \frac{1}{40}$

$(R+S)$ का मिलकर 1 दिन का कार्य

$= \frac{1}{60} + \frac{1}{40} = \frac{4+6}{240} = \frac{10}{240} = \frac{1}{24}$

प्रतिदिन 6 घण्टे कार्य करने से, $(R+S)$ द्वारा कार्य समाप्त करने में लगा समय $= \frac{24}{6} = 4$ दिन

204. (d) रोहन का 1 घण्टे का कार्य $= \frac{1}{10}$

(रोहन + मोहन) का 1 घण्टे का कार्य $= \frac{1}{4}$

$\therefore$ मोहन का 1 घण्टे का कार्य $= \frac{1}{4} - \frac{1}{10} = \frac{5-2}{20} = \frac{3}{20}$

अतः मोहन द्वारा अकेले कार्य समाप्त करने में लगा समय

$= \frac{20}{3}$ घण्टे

205. (b) एण्टनी और जूली का 1 दिन का काम $= \frac{1}{15}$

जूली का 1 दिन का काम $= \frac{1}{20}$

$\therefore$ एण्टनी का 1 दिन का काम

$= \frac{1}{15} - \frac{1}{20} = \frac{4-3}{60} = \frac{1}{60}$

$\therefore$ एण्टनी का पूरा काम करने में लगा समय $= 60$ दिन

206. (c) प्रश्नानुसार, अंक $\propto$ अभ्यास

$\therefore$ अंक $= k \times$ अभ्यास ...(i)

जहाँ, k एक नियतांक है।

अब, यदि अंक $= 70$ और अभ्यास $= 6$

समी (i) से,

$70 = k \times 6$ ...(ii)

यदि अंक $= 90$, अभ्यास $= x$ (माना)

$90 = k \times x$ ...(iii)

समी (iii) को समी (ii) से भाग देने पर,

$\frac{90}{70} = \frac{k \times x}{k \times 6} \Rightarrow x = \frac{90 \times 6}{70} = \frac{54}{7} = 7.7$

$\therefore$ अभीष्ट अभ्यास समय $= 7.7$ घण्टे

स्पीडी विधि

$\frac{70}{90} = \frac{6}{t} \Rightarrow t = \frac{54}{7} = 7.7$ घण्टे

207. (a) $x+y \to 18$ (4), $y+z \to 24$ (3), $x+y+z \to 12$ (6) → 72

$\therefore$ x की क्षमता $= 6 - 3 = 3$

तथा z की क्षमता $= 6 - 4 = 2$

अतः अभीष्ट समय $= \frac{72}{3+2} = \frac{72}{5} = 14\frac{2}{5}$ दिन

208. (b) $M_1D_1 = M_2D_2$ से,

पुरुष $\times 12 =$ महिला $\times 8$

$\frac{\text{पुरुष}}{\text{महिला}} = \frac{2}{3} = \frac{2x}{3x}$

$\therefore$ कुल कार्य $=$ पुरुष $\times 12 = 2x \times 12 = 24x$

अब, (6 पुरुष + 4 महिला) की क्षमता

$= 6 \times 2x + 4 \times 3x = 24x$

$\therefore$ (6 पुरुष + 4 महिला) द्वारा कार्य पूरा करने में लगा समय $= \frac{24x}{24x}$ दिन $= 1$ दिन

209. (c) शोभित का एक घण्टे का कार्य $= \frac{1}{20}$

तथा सरोज का एक घण्टे का कार्य $= \frac{1}{15}$

प्रश्नानुसार,

दोनों का एक घण्टे का कार्य $= \frac{1}{20} + \frac{1}{15}$

$= \left(\frac{3+4}{60}\right) = \frac{7}{60}$

अर्थात् $\frac{60}{7}$ या '$8\frac{4}{7}$ घण्टों' में पेण्टिंग का कार्य पूरा हो सकता है।

210. (a) माना कुल कार्य = 12 और 8 का ल.स. = 24 इकाई

$\therefore$ सपना की कार्यक्षमता $= \frac{24}{12} = 2$ इकाई

तथा सपना और रिया की कार्यक्षमता $= \frac{24}{8} = 3$ इकाई

$\therefore$ रिया की कार्यक्षमता $= 3 - 2 = 1$ इकाई

अतः रिया द्वारा लिया गया समय $= \frac{24}{1} = 24$ दिन

स्पीडी विधि

सपना $\to 12$ (2), सपना + रिया $\to 8$ (3) → 24

$\therefore$ रिया की क्षमता $= 3 - 2 = 1$

$\therefore$ अभीष्ट समय $= \frac{24}{1} =$ **24 दिन**

211. (b)

क्षमताएँ

अखिल $\to 24$ (1), श्याम $\to 12$ (2) → 24 (कुल कार्य)

अतः दोनों के द्वारा लिया गया समय $= \frac{24}{1+2} = 8$ दिन

212. (a) माना आवश्यक श्रमिकों की संख्या $= x$

प्रश्नानुसार, $12 \times 8 = 8 \times 2 + (8 + x)\,2$

$\Rightarrow 96 = 16 + 16 + 2x$

$\Rightarrow 96 - 32 = 2x \Rightarrow x = \frac{64}{2} = 32$

213. (d) $A \to 20$ (2), $B \to 10$ (4), $A+B+C \to 5$ (8) → 40

$\therefore (A + B + C) = 8 \Rightarrow 2 + 4 + C = 8 \Rightarrow C = 2$

$\therefore$ C का समय $= \frac{40}{2} = 20$ दिन

214. (a)

$A+B$ —— 15 दिन → 6
$B+C$ —— 30 दिन → 3 → [90] कुल कार्य
$C+A$ —— 45 दिन → 2

$(A+B+B+C+C+A)$ का 1 दिन का कार्य $= 6+3+2$

$\therefore$ $(A+B+C)$ का 1 दिन का कार्य $= \frac{11}{2}$

अत: तीनों मिलकर कार्य समाप्त करेंगे $= \frac{90}{\frac{11}{2}}$

$= \frac{90 \times 2}{11} = 16\frac{4}{11}$ दिन

215. (c) प्रश्नानुसार, रिया का 1 दिन का कार्य $= \frac{1}{6}$

तथा संगीता का 1 दिन का कार्य $= \frac{1}{8}$

$\Rightarrow$ रिया का 3 दिन का कार्य $= 3 \times \frac{1}{6} = \frac{1}{2}$

$\therefore$ शेष कार्य $= 1 - \frac{1}{2} = \frac{1}{2}$ ...(i)

माना शेष कार्य x दिन हुआ

$\therefore \frac{x}{6} + \frac{x}{8} = \frac{1}{2} \Rightarrow x \times \frac{(4+3)}{24} = \frac{1}{2}$

$x = \frac{12}{7} = 1\frac{5}{7}$ दिन

कुल दिन $= 3 + 1\frac{5}{7}$ दिन $= 4\frac{5}{7}$ दिन

216. (c) यहाँ, $M_1 = 18, D_1 = 10$ दिन, $W_1 = \frac{1}{5}$

$M_2 = ?, D_2 = 5$ दिन, $W_2 = \frac{2}{5}$

$\because \frac{M_1D_1}{W_1} = \frac{M_2D_2}{W_2} \Rightarrow \frac{18 \times 10 \times 5}{1} = \frac{M_2 \times 5 \times 5}{2}$

$\Rightarrow M_2 = 18 \times 2 \times 2 \Rightarrow M_2 = 72$

217. (a) A, B और C का मिलकर 1 दिन का कार्य

$= \frac{1}{12} + \frac{1}{15} + \frac{1}{20} = \frac{5+4+3}{60} = \frac{12}{60} = \frac{1}{5}$

$\therefore A, B$ और C को पूरा करने में लगा समय

$= \frac{5}{1} = 5$ दिन

218. (a) A और B का एक दिन का कार्य $= \frac{1}{15}$

तथा A का एक दिन का कार्य $= \frac{1}{18}$

$\therefore B$ का एक दिन का कार्य $= \frac{1}{15} - \frac{1}{18}$

$= \left(\frac{6-5}{90}\right) = \frac{1}{90}$

अत: B को कार्य पूरा करने में लगा समय = 90 दिन

219. (c) यहाँ, $M_1 = 47, W_1 = 35$

$M_2 = ?, W_2 = 105$

$\Rightarrow \frac{M_1}{W_1} = \frac{M_2}{W_2} \Rightarrow \frac{47}{35} = \frac{M_2}{105}$

$\Rightarrow M_2 = \frac{105 \times 47}{35} = 141$

$\therefore$ आवश्यक राजमिस्त्रियों की संख्या = 141

220. (c) यहाँ, $M_1 = 12, H_1 = 9, D_1 = 24$

$M_2 = 8, H_2 = 12, D_2 = ?$

$\because M_1H_1D_1 = M_2H_2D_2$

$\Rightarrow 12 \times 9 \times 24 = 8 \times 12 \times D_2$

$\Rightarrow D_2 = \frac{12 \times 9 \times 24}{8 \times 12} = 27$ दिन

221. (c) $\because \frac{M_1H_1}{W_1} = \frac{M_2H_2}{W_2} \Rightarrow \frac{15 \times 12}{18000} = \frac{18 \times 9}{W_2}$

$\therefore W_2 = \frac{18 \times 9 \times 18000}{15 \times 12} = ₹\ 16200$

अत: 18 व्यक्ति प्रतिदिन 9 घण्टे कार्य करके ₹ 16200 कमाएँगे।

222. (b) A और B का 1 दिन का कार्य

$= \frac{1}{9} + \frac{1}{15} = \frac{5+3}{45} = \frac{8}{45}$

$\therefore A$ और B मिलकर कार्य को पूरा करेंगे

$= \frac{45}{8}$ दिन $= 5\frac{5}{8}$ दिन

223. (b) प्रश्नानुसार,

$A+B$ — 8 → 2
B — 16 → 1
कुल कार्य: 16

माना कुल कार्य = 16

$\therefore A$ को कार्य पूरा करने में लगा समय $= \frac{16}{2-1} = 16$ दिन

224. (c) $\frac{1}{A} + \frac{1}{B} + \frac{1}{C} = \frac{1}{8}$ ...(i)

$\frac{1}{A} + \frac{1}{B} = \frac{1}{9}$ ...(ii)

$\frac{1}{B} + \frac{1}{C} = \frac{1}{18}$ ...(iii)

समी (i) व समी (ii) से,

$\frac{1}{9} + \frac{1}{C} = \frac{1}{8} \Rightarrow \frac{1}{C} = \frac{1}{72}$

तथा $\frac{1}{A} = \frac{1}{8} - \frac{1}{18} \Rightarrow \frac{1}{A} = \frac{5}{72}$

(समी (i) व (ii) से)

$\therefore A$ तथा C द्वारा एक दिन का काम

$= \frac{1}{72} + \frac{5}{72} = \frac{6}{72} = \frac{1}{12}$

$\therefore A$ तथा C एक काम कर सकते हैं $= \frac{1}{\frac{1}{12}} = 12$ दिन

स्पीडी विधि

	दिन	कुल कार्य	क्षमता
$A+B$ →	9	72	8
$B+C$ →	18	72	4
$A+B+C$ →	8	72	9

A की क्षमता $= 9 - 4 = 5$

C की क्षमता $= 9 - 8 = 1$

अत: A और C को मिलकर कार्य पूरा करने में लगा समय $= \frac{72}{5+1} = 12$ दिन

225. (a) राजू द्वारा 1 घण्टे में टाइप किए गए पेजों की संख्या $= \frac{32}{4} = 8$

तथा अकबर द्वारा 1 घण्टे में टाइप किए गए पेजों की संख्या $= \frac{48}{6} = 8$

$\therefore$ दोनों के द्वारा 1 घण्टे में टाइप किए गए पेजों की संख्या $= 8 + 8 = 16$

अत: दोनों के द्वारा 256 पेज टाइप करने में लगा समय

$= \frac{256}{16} = 16$ घण्टे

226. (b) श्याम का 1 दिन का कार्य

$= \frac{1}{6} - \left(\frac{1}{18} + \frac{1}{12}\right) = \frac{1}{6} - \frac{5}{36} = \frac{1}{36}$ भाग

अत: श्याम द्वारा अकेले कार्य समाप्त करने में लगा समय = 36 दिन

स्पीडी विधि

राम → 18 → 2
रीना → 12 → 3 → 36
राम+रीना+श्याम → 6 → 6

2 + 3 + ①

$\therefore$ समय (श्याम) $= \frac{36}{1} = 36$ दिन

227. (c) $30 \times 5 \times 18 = 21 \times 8 \times D_2$

$D_2 = \frac{30 \times 5 \times 18}{21 \times 8} = \frac{2700}{168} = \frac{225}{14} = 16\frac{1}{14}$ दिन

अत: अभीष्ट दिनों की संख्या $16\frac{1}{14}$ है।

228. (b) जॉर्ज कुल काम का 35% भाग 6 दिन में करता है।

जॉर्ज को पूरा काम करने में लगा समय

$= \frac{6}{35} \times 100 = \frac{120}{7}$ दिन

जॉर्ज का एक दिन का काम $= \frac{7}{120}$

जॉर्ज और जिम का एक दिन का काम $= \frac{1}{12}$

माना जिम का एक दिन का काम $= \frac{1}{x}$

प्रश्नानुसार, $\frac{7}{120} + \frac{1}{x} = \frac{1}{12} \Rightarrow \frac{1}{x} = \frac{1}{12} - \frac{7}{120}$

$\Rightarrow \frac{1}{x} = \frac{10-7}{120} = \frac{3}{120} = \frac{1}{40}$

जॉर्ज द्वारा अकेले पूरा काम करने में लगा समय = 40 दिन

229. (a) X, Y और Z का 1 दिन का काम क्रमश: $\frac{1}{14}, \frac{1}{28}$ और $\frac{1}{42}$ है।

$\therefore$ तीनों के द्वारा मिलकर 1 दिन में किया गया काम

$= \frac{1}{14} + \frac{1}{28} + \frac{1}{42} = \frac{6+3+2}{84} = \frac{11}{84}$

$\therefore X, Y$ और Z मिलकर काम को पूरा कर सकते हैं

$= \frac{84}{11} = 7\frac{7}{11}$ दिनों में

230. (c) $70 \times 36 = 120 \times D_2$

$\therefore D_2 = \frac{70 \times 36}{120} = 21$ दिन

अत: अब भोजन 21 दिनों तक चलेगा।

231. (b) A तथा B द्वारा मिलकर 1 दिन में किया गया कार्य $= \frac{1}{15}$ भाग

B द्वारा अकेले 1 दिन में किया गया कार्य $= \frac{1}{21}$ भाग

अब, A द्वारा अकेले 1 दिन में किया गया कार्य

$= \frac{1}{15} - \frac{1}{21} = \frac{7-5}{105} = \frac{2}{105}$ भाग

A द्वारा अकेले उसी कार्य को करने में लगा समय

$= \frac{105}{2}$ दिन $= 52\frac{1}{2}$ दिन

232. (c) $7 \times 4 \times 14 = 12 \times 8 \times D_2$

$D_2 = \frac{7 \times 4 \times 14}{12 \times 8} = \frac{49}{12} = 4\frac{1}{12}$ दिन

233. (b) माना Y द्वारा लिया गया समय $= k$ दिन

तब, X द्वारा लिया गया समय $= k \times \frac{150}{100} = \frac{3k}{2}$ दिन

अब, X का एक दिन का कार्य $= \frac{1}{\frac{3k}{2}} = \frac{2}{3k}$

तथा Y का एक दिन का कार्य $= \frac{1}{k}$

$\frac{2}{3k} + \frac{1}{k} = \frac{1}{15} \Rightarrow \frac{2+3}{3k} = \frac{1}{15}$

$\Rightarrow 3k = 15 \times 5 \Rightarrow k = 5 \times 5 = 25$ दिन

अत: X को अकेले कार्य करने में लगा समय

$= \frac{3k}{2} = \frac{25 \times 3}{2} = 37.5$ दिन

स्पीडी विधि

प्रश्नानुसार, समय $[x : y] = 150 : 100 = 3 : 2$

क्षमता $[x : y] = 2 : 3$

कुल कार्य $= (2+3) \times 15 = 75$

$\therefore$ समय $(x) = \frac{75}{2} = 37.5$ दिन

234. (d) प्रश्नानुसार,

$(A+B)$ द्वारा 1 दिन में किया गया काम $= \frac{1}{20}$

$(B+C)$ द्वारा 1 दिन में किया गया काम $= \frac{1}{15}$

$(A+B+C)$ द्वारा 1 दिन में किया गया काम $= \frac{1}{10}$

$\therefore C$ द्वारा 1 दिन में किया काम $= \frac{1}{10} - \frac{1}{20} = \frac{2-1}{20} = \frac{1}{20}$

A द्वारा 1 दिन में किया काम $= \frac{1}{10} - \frac{1}{15} = \frac{3-2}{30} = \frac{1}{30}$

$\therefore (A+C)$ द्वारा 1 दिन में किया काम $= \frac{1}{20} + \frac{1}{30}$

$= \frac{3+2}{60} = \frac{1}{12}$

अत: $(A+C)$ दोनों मिलकर काम को 12 दिन में पूरा करेंगें।

235. (c) रानी, प्रिया और गुड्डू की क्षमता का अनुपात

$= \frac{1}{10} : \frac{1}{15} : \frac{1}{12} = 6 : 4 : 5$

कुल भुगतान = ₹ 9000

अत: प्रिया का हिस्सा $= 9000 \times \frac{4}{15} =$ ₹ 2400

236. (a) $(4M + 7W) \times 8 = (7M + 4W) \times 5$

$\Rightarrow 36W = 3M \Rightarrow M = 12W$

अब, 4 पुरुष और 7 महिलाएँ

$= 4 \times 12W + 7W = 55W$

$\because$ 55 महिलाओं को 1 कार्य करने में लगा समय = 8 दिन

$\therefore$ 8 महिलाओं को कार्य पूरा करने में लगा समय

$= \frac{55 \times 8}{8 \times 1} = 55$ दिन

237. (c) P, Q और R का एक दिन का कार्य क्रमश: $\frac{1}{12}, \frac{1}{15}$ और $\frac{1}{20}$ हैं।

माना कुल कार्य x दिन में पूरा होता है।

$\frac{x-8}{12} + \frac{x-8+5}{15} + \frac{x}{20} = 1$

$\Rightarrow \frac{5x - 40 + 4x - 12 + 3x}{60} = 1$

$\Rightarrow 12x - 52 = 60 \Rightarrow 12x = 112$

$\Rightarrow x = \frac{112}{12} = \frac{28}{3}$

अत: पूरा कार्य करने में $\frac{28}{3}$ दिन लगेंगे।

238. (b) 10 महिलाओं को आधा कार्य करने में लगा समय = 20 दिन

माना शेष आधा कार्य 10 दिन में समाप्त करने के लिए और अधिक आवश्यक महिलाओं की संख्या $= x$

$(10 + x) \times 10 = 10 \times 20$

$\Rightarrow 10 + x = 20$

$\therefore x = 10$ महिलाएँ

239. (d) B का एक दिन का कार्य $= \frac{1}{9} \times \frac{180}{100} = \frac{1}{5}$

A व B दोनों का 1 दिन का कार्य

$= \frac{1}{9} + \frac{1}{5} = \frac{5+9}{45} = \frac{14}{45}$

दोनों मिलकर कार्य पूरा करेंगे $= \frac{1}{14/45} = \frac{45}{14}$

स्पीडी विधि

प्रश्नानुसार, क्षमता $[A : B] = 100 : 180 = 5 : 9$

कुल कार्य $= 9 \times 5 = 45$

$\therefore$ समय $[A + B] = \frac{45}{14}$ दिन

240. (c) कथन I से,

A और B की कार्य क्षमता का अनुपात

$= \frac{1}{20} : \frac{1}{30} = 30{:}20 = 3{:}2$

अत: कथन I सही है।

कथन II से,

A और B दोनों का एक दिन का कार्य

$= \frac{1}{20} + \frac{1}{30} = \frac{6+4}{120} = \frac{10}{120} = \frac{1}{12}$

अत: दोनों के द्वारा कार्य समाप्त करने में लिया गया समय $= \frac{1}{1/12} = 12$ दिन

कथन II भी सही है।

अत: कथन I व II दोनों सही हैं।

241. (b) टीना और मीना के द्वारा किए गए कार्य का अनुपात $= \frac{1}{12} : \frac{1}{15} = 5{:}4$

तब, मीना को प्राप्त धनराशि $= \frac{18000 \times 4}{(5+4)} =$ ₹ 8000

242. (a) A, B से 3 गुना तेज है।

माना A किसी काम को x दिन में करता है, तब B उसी काम को $3x$ दिन में करेगा।

$3x - x = 32 \Rightarrow 2x = 32 \Rightarrow x = 16$

अब A और B का 1 दिन का काम

$= \frac{1}{x} + \frac{1}{3x} = \frac{1}{16} + \frac{1}{3 \times 16}$

$= \frac{3+1}{3 \times 16} = \frac{4}{3 \times 16} = \frac{1}{12}$

अत: दोनों मिलकर काम को 12 दिन में पूरा करेंगे।

243. (a) दोनों को मिलाकर 5 दिन का कार्य

$= 5\left(\frac{1}{20} + \frac{1}{10}\right) = 5 \times \left(\frac{1+2}{20}\right) = 5 \times \frac{3}{20} = \frac{3}{4}$

शेष कार्य $= 1 - \frac{3}{4} = \frac{1}{4}$

शेष कार्य पूरा करने में महिला को लगे दिन

$= \frac{1}{4} \times 10 = \frac{5}{2} = 2\frac{1}{2}$ दिन

244. (a) आदमी और लड़के के काम करने की गति का अनुपात = 4 : 3

$\therefore$ कुल कार्य $= (4+3) \times 24 = 168$

अत: लड़के द्वारा कार्य को करने में लगा समय

$= \frac{168}{3} = 56$ दिन

245. (a) अनु के एक दिन का कार्य $= \frac{1}{22}$

श्याम के एक दिन का कार्य $= \frac{160}{100} \times \frac{1}{22} = \frac{4}{55}$

$\therefore$ श्याम को कार्य पूरा करने में लगा समय

$= \frac{55}{4} = 13\frac{3}{4}$ दिन

246. (a) 10 पुरुष = 15 महिलाएँ

2 पुरुष = 3 महिलाएँ

$\therefore$ 15 पुरुष + 27 महिलाएँ

$= \left(15 + 27 \times \frac{2}{3}\right)$ पुरुष = 33 पुरुष

अब, 10 पुरुष कार्य को पूरा करते है = 30 दिन में

$\therefore$ 33 पुरुष उसी कार्य को पूरा कर सकते है

$= \frac{30 \times 10}{33} = \frac{100}{11} = 9\frac{1}{11}$ दिन

247. (d) P और Q का एकसाथ मिलाकर तीन दिन का कार्य $= 3\left(\frac{1}{9} + \frac{1}{15}\right) = 3\left(\frac{5+3}{45}\right) = \frac{8}{15}$

$\therefore$ शेष कार्य $= 1 - \frac{8}{15} = \frac{7}{15}$

$\therefore$ अकेला Q शेष कार्य को पूरा करेगा

$= \frac{7}{15} \times 15 = 7$ दिन

248. (b) माना वरुण, श्याम और अनिल कार्य को अकेले क्रमश: x, y और z दिनों में पूरा कर सकते हैं।

$\frac{1}{x} + \frac{1}{y} = \frac{1}{3}$ ...(i)

$\frac{1}{y} + \frac{1}{z} = \frac{1}{4}$ ...(ii)

$\frac{1}{z} + \frac{1}{x} = \frac{1}{6}$ ...(iii)

सभी तीनों समीकरणों को जोड़ने पर,

$2\left(\frac{1}{x} + \frac{1}{y} + \frac{1}{z}\right) = \frac{1}{3} + \frac{1}{4} + \frac{1}{6}$

$\Rightarrow \frac{1}{x} + \frac{1}{y} + \frac{1}{z} = \frac{1}{2}\left(\frac{4+3+2}{12}\right) = \frac{1}{2} \times \frac{9}{12}$

$\Rightarrow \frac{1}{x} + \frac{1}{y} + \frac{1}{z} = \frac{9}{24}$ ...(iv)

समी (i) व (iv) से,

$\Rightarrow \frac{1}{3} + \frac{1}{z} = \frac{9}{24} \Rightarrow \frac{1}{z} = \frac{9}{24} - \frac{1}{3}$

$\frac{1}{z} = \frac{9-8}{24} = \frac{1}{24} \Rightarrow z = 24$

अत: अनिल अकेले इस कार्य को 24 दिन में पूरा कर सकता है।

249. (b) $M_1D_1 = M_2D_2$

यहाँ, $M_1 = 80, D_1 = 25$

$M_2 = (80 + 20) = 100, D_2 = ?$

$\Rightarrow 80 \times 25 = 100 \times D_2$

$\therefore \quad D_2 = \frac{80 \times 25}{100} = 20$ दिन

250. (b) A और B के प्रतिदिन के वेतन का अनुपात

$= 88 \times 10 : 95 \times 8 = 22 : 19$

अत: A और B के प्रतिदिन के वेतन का अनुपात

$= 22 : 19$

251. (d) $\because M_1 \times H_1 \times D_1 = M_2 \times H_2 \times D_2$

$\Rightarrow 24 \times 7 \times 10 = 21 \times 9 \times D_2$

$\therefore \quad D_2 = \frac{80}{9} = 8\frac{8}{9}$ दिन

252. (b) पहले दिन खाने का कुल भाग = 200 × 30

अब 50 और व्यक्ति के शिविर में शामिल होने से, भोजन के चलने का अभीष्ट समय $= \frac{200 \times 30}{250} = 24$ दिन

253. (b) प्रश्नानुसार, माना बैग की संख्या = x

$\therefore \quad \frac{40 \times 4}{50} = \frac{24 \times 8}{x}$

$x = \frac{24 \times 8 \times 50}{40 \times 4} = 60$

254. (b) $6 \times 3 + (6 + 3) \times D = 6 \times 4$

$\therefore \quad D = \frac{6}{9} = \frac{2}{3}$ दिन

255. (c) माना A, x दिनों के बाद काम छोड़ देता है।

$(A + B)$ का 1 दिन का काम

$= \frac{1}{30} + \frac{1}{40} = \frac{4+3}{120} = \frac{7}{120}$

$\frac{7}{120} \times x + \frac{1}{40} \times 25 = 1 \Rightarrow \frac{7x}{120} = 1 - \frac{5}{8}$

$\Rightarrow \quad \frac{7x}{120} = \frac{3}{8}$

$\Rightarrow \quad 56x = 360$

$\therefore \quad x = \frac{360}{56} = \frac{45}{7} = 6\frac{3}{7}$ दिन

256. (d) $(A + B)$ का 1 दिन का कार्य $= \frac{1}{5}$

$(C + D)$ का 1 दिन का कार्य $= \frac{1}{20}$

$\therefore (A + B + C + D)$ का 1 दिन का कार्य

$= \frac{1}{5} + \frac{1}{20}$

$= \frac{4+1}{20} = \frac{5}{20} = \frac{1}{4}$

$\therefore (A + B + C + D)$ को पूरा कार्य करने में लगा समय

= 4 दिन

257. (b)

A → 16 —(7)— 112

B → 28 —(4)—

2 दिन = 4+7 = 11	
×10	×10
20 दिन	110
$+\frac{2}{4}$ दिन	+2 (B)
	112

$20\frac{1}{2}$ दिन

258. (c) कुल भोजन की मात्रा = 160 × 94 = 15040

10 दिनों में उपयुक्त भोजन की मात्रा

= 160 × 10 = 1600

शेष बचे भोजन की मात्रा = 15040 − 1600 = 13440

शेष आदमियों की संख्या = 160 − 20 = 140

शेष भोजन चलने का समय $= \frac{13440}{140} = 96$ दिन

स्पीडी विधि

माना भोजन x दिन चलेगा

10 दिन के बाद शेष व्यक्ति शेष भोजन का उपभोग करेंगे

$\because 160 \times 84 = 140 \times x \Rightarrow x = 96$

259. (c) $24M = 6M + 21S \Rightarrow \frac{M}{S} = \frac{21}{18} = \frac{7}{6}$

$\therefore$ अभीष्ट समय $= \frac{7 \times 24}{13} = \frac{168}{13} = 12\frac{12}{13}$ दिन

260. (a) आयशा और रजिया दोनों के द्वारा मिलकर 1 दिन में किया गया कार्य $= \frac{1}{50} + \frac{1}{75}$

$= \frac{6+4}{300} = \frac{10}{300} = \frac{1}{30}$ भाग

दोनों के द्वारा मिलकर पूरा कार्य समाप्त करने में लगा समय = 30 दिन

स्पीडी विधि

यहाँ, A = 50 दिन; B = 75 दिन

दोनों मिलकर कार्य करेंगे $= \frac{A \times B}{A + B}$

$= \frac{50 \times 75}{50 + 75} = 30$ दिन

261. (d) एकान्तर क्रम में किया गया कार्य, यदि सुरजीत प्रारम्भ करे, तब दो दिन का कार्य

$= \frac{1}{8} + \frac{1}{6} = \left(\frac{3+4}{24}\right) = \frac{7}{24}$

अब, $(2 \times 3 = 6)$ दिन का कार्य $= \frac{7}{24} \times 3 = \frac{21}{24}$

इसी प्रकार, 7वें दिन का सुरजीत का कार्य

$= \frac{21}{24} + \frac{1}{8} = \left(\frac{21+3}{24}\right) = 1$

अत: सम्पूर्ण कार्य 7 दिन में समाप्त होगा।

262. (c) अब, X और Y दोनों का एक मिनट का कार्य

$= \frac{8}{3} + \frac{3}{5} = \left(\frac{40+9}{15}\right) = \frac{49}{15}$

$\therefore$ 15 मिनट का कार्य = 49 पेज

263. (a) रीना, रितु और सीता का एक दिन का कार्य (यदि वे साथ मिलकर कार्य करें)

$= \frac{1}{6} + \frac{1}{9} + \frac{1}{18}$

$= \left(\frac{3+2+1}{18}\right) = \frac{6}{18} = \frac{1}{3}$

अत: कार्य 3 घण्टे में पूरा होगा।

264. (a) A, B और C का 3 दिन का काम

$= \frac{1}{10} + \frac{1}{15} + \frac{1}{20} = \frac{6+4+3}{60} = \frac{13}{60}$

A, B और C का 12 दिन का काम $= \frac{13}{60} \times 4 = \frac{52}{60}$

शेष काम $= 1 - \frac{52}{60} = \frac{8}{60}$

13वें दिन A के कार्य करने के बाद शेष बचा कार्य

$= \frac{8}{60} - \frac{1}{10} = \frac{2}{60}$

B द्वारा $\frac{2}{60}$ कार्य करने में लगा समय $= \frac{2}{60} \times 15 = \frac{1}{2}$

कार्य पूरा करने में लगा समय $= (12 + 1) + \frac{1}{2} = 13\frac{1}{2}$ दिन

स्पीडी विधि

			क्षमता
A — 10			6
B — 15	60 (कार्य)		4
C — 20			3

पहले दिन A द्वारा किया गया काम = 6

दूसरे दिन B द्वारा किया गया काम = 4

तीसरे दिन C द्वारा किया गया काम = 3

तीन दिन में कुल काम = 13

अत: $3 \times 4 = 13 \times 4$

12 दिन में काम = 52

शेष बचा काम = 8

13वें दिन A द्वारा काम करने के बाद शेष बचा काम = 2

$\therefore$ शेष काम को B द्वारा समाप्त करने में लगा

समय $= \frac{2}{4} = \frac{1}{2}$ दिन

अत: कुल दिन $= 13\frac{1}{2}$

265. (a) $20M \times 40 = 40W \times 60 \Rightarrow 1M = 3W$

माना 10 पुरुष और 20 महिलाएँ x दिन में काम समाप्त करते है।

$(10M + 20W)\, x = 40W \times 60$

$\Rightarrow \quad (30W + 20W)\, x = 40W \times 60$

$\Rightarrow \quad x = \frac{40W \times 60}{50W} = 48$ दिन

266. (c) माना महिला अकेले कार्य को x दिन में पूरा कर लेगी।

$\frac{1}{15} + \frac{1}{x} = \frac{1}{12}$

$\Rightarrow \quad \frac{1}{x} = \frac{1}{12} - \frac{1}{15} = \frac{5-4}{60} = \frac{1}{60}$

$\therefore \quad x = 60$ दिन

267. (c) माना A ने x दिन बाद काम छोड़ा।

$\frac{x}{9} + \frac{x+15}{18} = 1$

$\Rightarrow 2x + x + 15 = 18 \Rightarrow 3x = 3$

$\therefore \quad x = 1$ दिन

स्पीडी विधि

कुल कार्य = 18

क्षमता → 2   1

A = 9 दिन   B = 18 दिन

B का 15 दिन का कार्य = 15×1 = 15

शेष कार्य = 18 − 15 = 3

$(A + B)$ द्वारा शेष कार्य करने में लिया गया समय

$= \frac{3}{2+1} = \frac{3}{3} = 1$ दिन

अत: A ने 1 दिन बाद कार्य छोड़ा।

268. (a) A और B का 5 दिन का कार्य $= 5\left(\frac{1}{10}+\frac{1}{15}\right)$

$= 5\left(\frac{3+2}{30}\right) = 5\times\frac{5}{30} = \frac{5}{6}$

शेष कार्य $= 1-\frac{5}{6} = \frac{1}{6}$

$\therefore$ शेष कार्य C को करने में लगे दिन $= \frac{1}{6}\times 12 = 2$ दिन

269. (d) $A+B+C \longrightarrow 6$ (6)
$A+B \longrightarrow 12$ (3) → 36
$B \longrightarrow 18$ (2)

$\therefore$ क्षमता $[A:B:C] = 1:2:3$

$\therefore$ अभीष्ट समय $= \frac{36}{(1+3)} = 9$ दिन

270. (b) $A \to 40$ (1)
$A+B \to 10$ (4) → 40

$\therefore$ क्षमता $[A:B:C] = 1:3:3\times\frac{50}{100} = 1:3:1.5$

$\therefore$ अभीष्ट समय $= \frac{40}{2.5} = 16$ दिन

271. (d) $X \to 16$ (3)
48
$Y \to 24$ (2)

कार्य का 50% भाग $= \frac{48\times 50}{100} = 24$ इकाई

2 दिन में किया गया कार्य $= 2+3 = 5$ इकाई

तथा 8 दिन में किया गया कार्य $= 4\times 5 = 20$ इकाई

9वें दिन कार्य Y करेगा, कुल कार्य $= 20+2 = 22$ इकाई

10वें दिन कार्य X करेगा, शेष कार्य को करने में लगा समय $= \frac{2}{3}$

$\therefore$ कुल समय $= 9\frac{2}{3}$ दिन $= \frac{29}{3}$ दिन

272. (a) Zee और Gee द्वारा एकसाथ कार्य को पूरा करने में लिया गया समय = 24 दिन

दोनों की कार्य क्षमता का अनुपात = 3 : 8

$\therefore$ कुल कार्य $= 24\times(3+8) = 24\times 11$

अतः अकेले Gee द्वारा कार्य को करने में लिया गया समय $= \frac{24\times 11}{8} = 33$ दिन

273. (c) माना Z_1, Z_2 और Z_3 की दैनिक मजदूरी क्रमशः $3x$, $4x$ और $4x$ हैं।

$8\times 3x + 10\times 4x + 15\times 4x = 4960$

$\Rightarrow \quad 24x + 40x + 60x = 4960$

$\Rightarrow \quad 124x = 4960 \Rightarrow x = ₹40$

अतः Z_2 और Z_3 का संयुक्त हिस्सा

$= (40x+60x) = 100x = 100\times 40 = ₹4000$

274. (d) D_1 तथा D_2 का 1 दिन का कार्य $= \frac{1}{16}$

D_2 तथा D_3 का 1 दिन का कार्य $= \frac{1}{24}$

D_3 तथा D_1 का 1 दिन का कार्य $= \frac{1}{48}$

$\therefore D_1$, D_2 तथा D_3 का 1 दिन का कार्य

$= \frac{1}{2}\left(\frac{1}{16}+\frac{1}{24}+\frac{1}{48}\right) = \frac{(3+2+1)}{2\times 48} = \frac{6}{96} = \frac{1}{16}$

अतः कार्य के $\frac{5}{6}$ हिस्से को पूरा करेंगे

$= \frac{\frac{5}{6}}{\frac{1}{16}} = \frac{80}{6} = \frac{40}{3}$ दिन में।

275. (a) $\because$ इशिता एक पूरा अखबार n मिनट में पढ़ सकती है।

$\therefore$ इशिता 1 मिनट में अखबार का भाग पढ़ सकती है $= \frac{1}{n}$

$\therefore$ 7 मिनट में अखबार का भाग पढ़ सकती है $= \frac{7}{n}$

276. (b) माना पुरुष एक दिन में x इकाई और महिला एक दिन में $\frac{x}{2}$ इकाई कार्य करती है।

$\therefore$ कुल कार्य $= \left(24\times\frac{x}{2}+9x\right)\times 18$

$= 21x\times 18 = 378x$

अब 9 पुरुषों का 1 दिन का कार्य $= 9x$

$\therefore$ 9 पुरुष उस कार्य को समाप्त करेंगे $= \frac{378x}{9x} = 42$ दिन में

277. (a) माना X उस काम को a दिन में करता है।

Y काम को करेगा $= a+5$ दिन

$\frac{1}{a}+\frac{1}{a+5} = \frac{1}{6} \Rightarrow \frac{a+5+a}{a(a+5)} = \frac{1}{6} \Rightarrow \frac{2a+5}{a(a+5)} = \frac{1}{6}$

$\Rightarrow a^2+5a = 12a+30 \Rightarrow a^2-7a-30 = 0$

$\Rightarrow (a-10)(a+3) = 0 \Rightarrow a = 10$

अतः Y को काम पूरा करने में लगे दिन

$= a+5 = 10+5 = 15$ दिन

278. (c) C का 1 दिन का काम $= \frac{1}{5}-\frac{1}{10}-\frac{1}{15}$

$= \frac{6-3-2}{30} = \frac{1}{30}$

A, B और C के 1 दिन के काम का अनुपात

$= \frac{1}{10}:\frac{1}{15}:\frac{1}{30} = 3:2:1$

$\therefore B$ का हिस्सा $= \frac{2}{3+2+1}\times 42000 = ₹14000$

279. (a) $20\times 15\times 8 = M_2\times 4\times 10$

$M_2 = \frac{20\times 15\times 8}{4\times 10} = 60$

280. (d) $(6M+10B)\times 12 = (2M+20B)\times 12$

$\Rightarrow \quad 4M = 10B$

$\therefore \quad \frac{M}{B} = \frac{5}{2}$

माना आदमी और लड़कों की कार्यक्षमता क्रमशः 5 व 2 यूनिट हैं।

$\therefore$ कुल कार्य $= (6\times 5+10\times 2)\times 12 = 50\times 12 = 600$

10 लड़कों की 1 दिन की कार्य क्षमता $= 10\times 2 = 20$

कार्य पूरा करने में लगा समय $= \frac{600}{20} = 30$ दिन

281. (a) माना वह आदमी उस कार्य को x दिनों में पूरा करता है।

$x\times\frac{3}{7} = 6$

$\Rightarrow \quad x = \frac{6\times 7}{3} = 14$ दिन

शेष कार्य पूरा करने के लिए आवश्यक दिन

$= 14-6 = 8$ दिन

282. (d) C का 1 दिन का कार्य $= \frac{1}{50}$

D का 1 दिन का कार्य $= \frac{1}{25}$

माना कार्य x दिन में पूरा होगा।

$\frac{x}{50}+\frac{x}{25} = \frac{3}{10} \Rightarrow \frac{3x}{50} = \frac{3}{10} \Rightarrow x = 5$ दिन

स्पीडी विधि

माना C की कार्यक्षमता = 1 इकाई/दिन

$\therefore$ D की कार्यक्षमता = 2 इकाई/दिन

कुल कार्य $= 50\times 1 = 50$ इकाई

अतः दोनों के द्वारा $\frac{3}{10}$ भाग को करने में लिया गया समय $= \frac{50\times 3}{(2+1)10} = 5$ दिन

283. (d) मोहन और रोहन की क्षमता का अनुपात

$= \left(\frac{1}{10}:\frac{1}{12}\right) = 6:5$

अतः अभीष्ट धनराशि अन्तर $= \frac{6-5}{6+5}\times 3300 = ₹300$

284. (a) पायल द्वारा 8 दिन में किया गया कार्य

$= 10\% = \frac{1}{10}$ भाग

तो, 1 दिन का कार्य $= \frac{1}{10\times 8} = \frac{1}{80}$ कार्य

पिंकी जो पायल से 50% अधिक कुशल है, का 1 दिन का कार्य $= \frac{1}{80}\times\frac{3}{2} = \frac{3}{160}$

माना x दिन में शेष काम पूर्ण होगा।

$\frac{x\times 1}{80}+x\times\frac{3}{160} = \frac{9}{10} \Rightarrow x\left(\frac{2+3}{160}\right) = \frac{9}{10}$

$\Rightarrow \quad x\times\frac{5}{160} = \frac{9}{10} \Rightarrow x = 28.8$ दिन

285. (a) B_1 और B_2 का एक दिन का कार्य $= \frac{1}{20}$

तथा B_2 का एक दिन का कार्य $= \frac{1}{60}$

$\therefore$ B_1 का एक दिन का कार्य

$= \frac{1}{20}-\frac{1}{60} = \left(\frac{3-1}{60}\right) = \frac{1}{30}$

अर्थात B_1 अकेले उस कार्य को 30 दिनों में पूर्ण करेगा।

स्पीडी विधि

माना कुल कार्य = 60 (लघुत्तम समापवर्त्य 20 और 60 का)

(B_1+B_2) की कार्य क्षमता $= \frac{60}{20} = 3$ ...(i)

B_2 की कार्य क्षमता $= \frac{60}{60} = 1$ ...(ii)

समी (ii) व (i) से, B_1 की क्षमता = 2

B_1 के द्वारा लिया गया समय $= \frac{60}{2} = 30$ दिन

286. (b) माना A कार्य पूरा करता है = x दिनों में

$\therefore$ B कार्य पूरा करता है $= 4x$ दिनों में

$\frac{1}{x}+\frac{1}{4x} = \frac{15}{84} \Rightarrow \frac{4+1}{4x} = \frac{15}{84} \Rightarrow x = \frac{84\times 5}{15\times 4} = 7$ दिन

287. (b) $25\times 10 = 20\times x \Rightarrow x = \frac{25}{2}$ दिन

288. (c) T के द्वारा 1 दिन में किया गया कार्य $= \frac{1}{90}$

प्रश्नानुसार, $x\times\frac{1}{90} = \frac{1}{5} \Rightarrow x = 18$ दिन

स्पीडी विधि

माना T की क्षमता = 1 इकाई/दिन

∴ कुल कार्य = $90 \times 1 = 90$ इकाई

अत: अभीष्ट दिनों की संख्या $= \frac{90 \times 20}{100 \times 1} = 18$ दिन

289. (a) $(A + K) \to 20$ (10), $(K + H) \to 25$ (8), $(H + A) \to 50$ (4) → 200 (कुल कार्य)

$\therefore A + K + H = \frac{22}{2} = 11$

$\therefore H = 11 - 10 = 1$

∴ अभीष्ट समय $= \frac{200}{1} = 200$ दिन

290. (d) माना B की कार्य क्षमता $= 100x$

तो A की कार्य क्षमता $= 60x$

$\Rightarrow 100x \times 16 = 60x \times D_2$

$\Rightarrow D_2 = \frac{100 \times 16}{60} = \frac{400}{15} = \frac{80}{3}$ दिन

291. (a) $A \times 55 = A \times 20 + B \times 49$

$\therefore \frac{A}{B} = \frac{49}{35} = \frac{7}{5}$

A की कार्य क्षमता $= 7x$

तथा B की कार्य क्षमता $= 5x$

∴ कुल कार्य $= 7x \times 55 = 385x$

अब, दोनों के द्वारा काम करने में लगा समय

$= \frac{385x}{7x + 5x} = \frac{385x}{12x} = \frac{385}{12}$ दिन

292. (b) $15 \times 18 = 12 \times D_2$

$\therefore D_2 = \frac{15 \times 3}{2} = 22.5$ दिन

293. (c) गौरव और शम्भू की क्षमता का अनुपात = 4 : 1

तथा गौरव और शम्भू के समय का अनुपात = 1 : 4

∵ (4 – 1) इकाई → 67.5

1 इकाई $\to \frac{67.5}{3} = 22.5$

∴ कुल कार्य = 4 × 22.5 = 90

एकसाथ कार्य करने में लगा समय $= \frac{90}{(4+1)} = 18$ दिन

294. (b) P को किसी कार्य को करने में लगने वाला समय = 14 दिन

P का 1 दिन का कार्य $= \frac{1}{14}$

∴ P का 4 दिन का कार्य $= 4 \times \frac{1}{14} = \frac{2}{7}$

अत: अभीष्ट भाग $= \frac{2}{7}$

295. (b) M_1 का 1 दिन का कार्य $= \frac{1}{14}$

M_2 का 1 दिन का कार्य $= \frac{1}{70}$

तथा M_1, M_2 तथा M_3 तीनों का 1 दिन का कार्य $= \frac{1}{7}$

∴ M_3 का 1 दिन का कार्य

$= \frac{1}{7} - \left(\frac{1}{14} + \frac{1}{70}\right)$

$= \frac{1}{7} - \frac{6}{70} = \frac{4}{70} = \frac{2}{35}$

अत: M_3 अकेले उस कार्य को 17.5 दिन में पूरा करेगा।

स्पीडी विधि

$M_1 = 14$ (5), $M_2 = 70$ (1) → 70; (10)

$M_1 + M_2 + M_3 = 7$

M_3 की क्षमता = 10 – (5 + 1) = 4

तो, अभीष्ट समय $= \frac{70}{4} = 17.5$ दिन

296. (c) अनिल का 30 दिन का काम $= 30 \times \frac{1}{80} = \frac{3}{8}$

अत: अभीष्ट प्रतिशत $= \frac{3}{8} \times 100 = 37.5\%$

297. (c) $\frac{22 \times 2}{1} = \frac{M_2 \times \frac{1}{2}}{1}$

$\Rightarrow M_2 = 44 \times 2 \Rightarrow M_2 = 88$ पुरुष

298. (b) दिनेश द्वारा एक घण्टे में किया गया कार्य $= \frac{1}{96}$

दिनेश और राहुल द्वारा एक घण्टे में किया गया कार्य $= \frac{1}{48}$

तथा राहुल और तरूण द्वारा एक घण्टे में किया गया कार्य $= \frac{1}{16}$

⇒ राहुल द्वारा एक घण्टे में किया गया कार्य

$= \frac{1}{48} - \frac{1}{96} = \left(\frac{2-1}{96}\right) = \frac{1}{96}$

∴ तरूण द्वारा एक घण्टे में किया गया कार्य

$= \frac{1}{16} - \frac{1}{96} = \left(\frac{6-1}{96}\right) = \frac{5}{96}$

अत: तरूण को काम पूरा करने में लगा समय

$= \frac{96}{5} = 19.2$ घण्टे

स्पीडी विधि

प्रश्नानुसार, दिनेश = 96 (1), दिनेश + राहुल = 48 (2) → 96, राहुल + तरूण = 16 (6)

∵ दिनेश की क्षमता = राहुल की क्षमता = 1

तो तरूण की क्षमता = 6 – 1 = 5

∴ काम को पूरा करने में तरूण द्वारा लिया गया समय $= \frac{96}{5} = 19.2$ घण्टे

299. (c) राकेश, महेश और पुनीश का एक मिनट का कार्य $= \frac{1}{20}$

तथा राकेश और महेश का एक मिनट का कार्य $= \frac{1}{25}$

∴ पुनीश का एक मिनट का कार्य

$= \frac{1}{20} - \frac{1}{25} = \left(\frac{5-4}{100}\right) = \frac{1}{100}$

अत: पुनीश को अकेले उस कुर्सी को बनाने में '100 मिनट' लगेंगे।

स्पीडी विधि

(राकेश + महेश + पुनीश) = 20 (5), (राकेश + महेश) = 25 (4) → 100

पुनीश की क्षमता = 5 – 4 = 1

∴ अभीष्ट समय $= \frac{100}{1} = 100$ मिनट

300. (d) सचिन का एक दिन का कार्य $= \frac{1}{44}$

अमर का एक दिन का कार्य $= \frac{1}{44} \times \frac{110}{100} = \frac{1}{40}$

अर्थात् अमर उस कार्य को 40 दिनों में पूरा करेगा।

स्पीडी विधि

अमर और सचिन की क्षमता का अनुपात

= 110 : 100 = 11 : 10

∵ सचिन को काम करने में लगा समय = 44 दिन

कुल कार्य = 44 × 10 = 440

∴ अमर द्वारा लगा समय $= \frac{440}{11} = 40$ दिन

301. (b) माना कार्य x दिन चला, तब

$\frac{x}{100} + \frac{x-15}{50} + \frac{x}{75} = 1$

$\frac{3x + 6x - 90 + 4x}{300} = 1 \Rightarrow 13x = 390$

$\therefore x = \frac{390}{13} = 30$ दिन

स्पीडी विधि

$Z_1 = 100$ (3), $Z_2 = 50$ (6) → 300, $Z_3 = 75$ (4)

यदि Z_2 ने 15 दिन और काम किया होता तब,

कुल कार्य = 300 + 15 × 6 = 390

∴ अभीष्ट समय $= \frac{390}{13} = 30$ दिन

302. (a) सीमा = 120 (6), अंजलि = 144 (5) → 720, सोनिया = 180 (4)

तीनों की क्षमता का अनुपात = 6 : 5 : 4

⇒ अंजलि का हिस्सा $= \frac{3300}{15} \times 5 =$ ₹ 1100

303. (d) माना S_3 अकेले कार्य को पूरा करने में x दिन लेता है।

$\therefore \frac{1}{x} + \frac{1}{16} + \frac{1}{80} = \frac{1}{6} \Rightarrow \frac{1}{x} = \frac{1}{6} - \frac{1}{16} - \frac{1}{80}$

$\Rightarrow \frac{1}{x} = \frac{40 - 15 - 3}{240} \Rightarrow \frac{1}{x} = \frac{22}{240}$

$\therefore x = \frac{240}{22} = \frac{120}{11}$ दिन

स्पीडी विधि

$S_1 = 16$ (15), $S_2 = 80$ (3) → 240; (40)

$S_1 + S_2 + S_3 = 6$

S_3 की क्षमता = 40 – (15 + 3) = 22

∴ अभीष्ट समय $= \frac{240}{22} = \frac{120}{11}$ दिन

304. (c) माना A, B और C द्वारा कार्य को पूरा करने में लिया गया समय क्रमश: x दिन, y दिन और z दिन है।

$\frac{1}{y} + \frac{1}{z} = \frac{4}{21}$ ...(i)

$$\frac{1}{x}+\frac{1}{z}=\frac{2}{7} \quad ...(ii)$$

$$\frac{1}{x}=\frac{1}{7} \quad ...(iii)$$

समी (ii) में $\frac{1}{x}=\frac{1}{7}$ रखने पर,

$$\Rightarrow \frac{1}{7}+\frac{1}{z}=\frac{2}{7} \Rightarrow \frac{1}{z}=\frac{1}{7}$$

समी (i) में $\frac{1}{z}=\frac{1}{7}$ रखने पर,

$$\frac{1}{y}+\frac{1}{7}=\frac{4}{21} \Rightarrow \frac{1}{y}=\frac{4}{21}-\frac{1}{7}=\frac{4-3}{21}=\frac{1}{21}$$

अतः B को अकेले कार्य पूरा करने में 21 घण्टे लगेंगे।

स्पीडी विधि

$A = 7$ → 3
$B + C = \frac{21}{4}$ → 4 → 21
$C + A = \frac{7}{2}$ → 6

$\because$ A की क्षमता = 3
$\therefore$ C की क्षमता = 6 − 3 = 3
B की क्षमता = 4 − 3 = 1
$\therefore$ अभीष्ट समय = $\frac{21}{1}$ = 21 घण्टे

305. (c) A और B का 1 दिन का कार्य = $\frac{3}{14}$

B और C का 1 दिन का कार्य = $\frac{5}{12}$

C और A का 1 दिन का कार्य = $\frac{3}{16}$

A, B और C का 1 दिन का कार्य

$$=\frac{1}{2}\left(\frac{3}{14}+\frac{5}{12}+\frac{3}{16}\right)=\frac{1}{2}\left(\frac{72+140+63}{336}\right)$$

$$=\frac{1}{2}\left(\frac{275}{336}\right)$$

अतः A, B और C द्वारा 2 दिनों में किया गया कार्य का हिस्सा = $2\times\frac{1}{2}\left(\frac{275}{366}\right)=\frac{275}{336}$

306. (d) अरविन्द और बख्शी द्वारा 5 दिन में किया गया कुल कार्य = $5\times\frac{1}{20}+5\times\frac{1}{22}=\frac{5(11+10)}{220}=\frac{21}{44}$

$\therefore$ शेष काम का अंश = $1-\frac{21}{44}=\frac{23}{44}$

307. (d) कुल कार्य = 90,45 और 67.5 का ल.स.
= 1350 इकाई

x_1 की क्षमता = $\frac{1350}{90}$ = 15 इकाई

x_2 की क्षमता = $\frac{1350}{45}$ = 30 इकाई

x_3 की क्षमता = $\frac{1350}{67.5}$ = 20 इकाई

x_2 का 13.5 दिन का कार्य = 30 × 13.5 = 405 इकाई

अतः अभीष्ट समय = $\frac{1350+405}{15+30+20}=\frac{1755}{65}$ = 27 दिन

308. (d) कुल कार्य = 125 और 250 का ल.स. = 250

सोनू की क्षमता = $\frac{250}{125}$ = 2 इकाई

मोनू की क्षमता = $\frac{250}{250}$ = 1 इकाई

मोनू द्वारा 75 दिन में किया गया कार्य
= 75 × 1 = 75 इकाई

शेष कार्य = 250 − 75 = 175 इकाई

अतः अभीष्ट समय = $\frac{175}{2}$ = 87.5 दिन

309. (a) माना x दिन बाद A ने कार्य छोड़ दिया

$$\therefore \frac{x}{20}+\frac{x}{60}+\frac{12}{60}=1 \Rightarrow \frac{3x+x+12}{60}=1$$

$\Rightarrow$ $4x + 12 = 60 \Rightarrow 4x = 48 \Rightarrow x = 12$ दिन

स्पीडी विधि

दिन — कुल कार्य — क्षमता
$A \to 20$ — 3
60
$B \to 60$ — 1

B का 12 दिन का कार्य = 12 × 1 = 12
माना A ने x दिनों तक काम किया।
$\therefore (3 + 1)\,x + 12 = 60 \Rightarrow 4x = 48 \Rightarrow x = 12$ दिन

310. (b) माना रेवती को कार्य करने में x दिन लगेंगे।

$$\frac{1}{x}+\frac{1}{16}=\frac{17}{128} \Rightarrow \frac{1}{x}=\frac{17}{128}-\frac{1}{16}$$

$$\frac{1}{x}=\frac{17-8}{128}=\frac{9}{128} \Rightarrow x=\frac{128}{9} \text{ दिन}$$

स्पीडी विधि

दिन — कुल कार्य — क्षमता
स्वप्रिल → 16 — 8
128
रेवती + स्वप्रिल → $\frac{128}{17}$ — 17

रेवती की क्षमता = 17 − 8 = 9
अतः रेवती को कार्य पूरा करने में लगा समय
= $\frac{128}{9}$ दिन

311. (c) $\frac{72\times 22}{720}=\frac{x\times 12}{660} \Rightarrow x=\frac{22\times 66}{12}=121$

312. (d) माना राखी की कार्यक्षमता = $100x$

तो पूनम की कार्यक्षमता = $120x$

$$\therefore \frac{100x\times 8}{10\%}=\frac{220x\times D}{90\%}$$

$$D=\frac{100\times 8\times 9}{220}=\frac{360}{11} \text{ दिन}$$

313. (b) R द्वारा 1 दिन में किया गया काम = $\frac{1}{90}$

R द्वारा 45 दिन में किया गया काम = $\frac{1}{90}\times 45=\frac{1}{2}$

अभीष्ट प्रतिशत = $\frac{1}{2}\times 100\%$ = 50%

314. (c)

कुल कार्य — क्षमता
अनित → 77 — 1
77
राम → 11 — 7

माना कार्य x दिनों में समाप्त हुआ

$\therefore x\times 1+(x-3)7=77 \Rightarrow x+7x-21=77$

$\Rightarrow 8x = 98 \Rightarrow x=\frac{98}{8}$

$\Rightarrow x = 12.25$

अतः दिनों की अनुमानित संख्या = 12 दिन

315. (c) माना अतुल का एक दिन कार्य = x

तथा अभीष्ट व्यक्तियों की संख्या = y

$\therefore$ $x\times 114 = xy\times 19$

$\Rightarrow$ $y=\frac{114x}{19x} \Rightarrow y = 6$

अतः कार्य को 19 दिनों में पूरा करने के लिए अतुल जैसी दक्षता वाले 6 व्यक्तियों की आवश्यकता होगी।

316. (c)

दिन — कुल कार्य — क्षमता
$P + Q \to 36$ — 5
180
$Q \to 45$ — 4

$\therefore P$ की क्षमता = 5 − 4 = 1

Q का 5 दिन का कार्य = 4 × 5 = 20

शेष कार्य = 180 − 20 = 160

अतः शेष कार्य को पूरा करने P को लगा समय
= $\frac{160}{1}$ = 160

317. (b) R का एक दिन का कार्य = $\frac{1}{12}$

R तथा दो सहायकों का एक दिन का कार्य = $\frac{1}{8}$

एक सहायक का एक दिन का कार्य

$$=\frac{1}{2}\left(\frac{1}{8}-\frac{1}{12}\right)=\frac{1}{2}\left(\frac{3-2}{24}\right)=\frac{1}{24\times 2}=\frac{1}{48}$$

अर्थात् अकेले एक सहायक द्वारा कार्य को 48 दिनों में पूरा किया जाएगा।

318. (b) जब P, Q तथा R वे बारी-बारी से कार्य करते है, तो तीन दिन का कार्य = $\frac{1}{50}+\frac{1}{100}+\frac{1}{300}$

$$=\left(\frac{6+3+1}{300}\right)=\frac{10}{300}=\frac{1}{30}$$

$\Rightarrow$ 90 दिन का कार्य = 1

अर्थात् यह कार्य 90 दिन में पूरा होगा।

319. (b)

रानू → 10 — 3
30 (कुल कार्य)
रूबी → 15 — 2

रानू और रूबी का दो दिन का कार्य = 3 + 2 = 5 इकाई

$\Rightarrow$ रानू और रूबी का 12 दिन का कार्य = 30 इकाई

$\therefore$ पूरा कार्य 12 दिनों में समाप्त हो जाएगा।

320. (d)

प्रमोद + अखिल + रमन → 14 — 11
154
अखिल + रमन → 77 — 2

$\therefore$ प्रमोद की क्षमता = (11 − 2) = 9 इकाई/दिन

अतः प्रमोद द्वारा उसी कार्य को अकेले पूर्ण करने में लगा समय = $\frac{154}{9}$ दिन

321. (b)

$P \to 16$ — 55
$N \to 22$ — 40 — 880 (कुल कार्य)
$M \to 20$ — 44

2 दिन = (55+40) + (55+44) = 194

दिन	कार्य
2 दिन	194
×4	×4
8 दिन	776
+1 दिन	+95 (P+N)
9 दिन	871
$+\frac{9}{84}$ दिन	+9 (P+M)
$9\frac{9}{84}$ दिन	880

$9\frac{9}{84}$ दिन = 10 वाँ दिन

322. (d) P और Q के एक दिन का कार्य

$$= \frac{1}{20} + \frac{1}{25} = \frac{9}{100}$$

P और Q के चार दिन का कार्य $= \frac{9}{100} \times 4 = \frac{9}{25}$

शेष कार्य $= 1 - \frac{9}{25} = \frac{16}{25}$

शेष प्रतिशत कार्य $= \frac{16}{25} \times 100 = 64\%$

323. (c) माना कुल कार्य $= 24 \times 9 = 216$ इकाई

24 पुरुषों द्वारा 3 दिनों में पूरा किया गया कार्य

$$= 24 \times 3 = 72 \text{ इकाई}$$

शेष कार्य $= 216 - 72 = 144$ इकाई

अब, 8 और पुरुष जुड़ने के बाद पुरुषों की संख्या

$$= 24 + 8 = 32$$

अभीष्ट दिनों की संख्या $= \frac{144}{32} = 4.5$

324. (a)

$(P + Q) \to 8$ — 15
$(Q + R) \to 12$ — 10 → 120 (कुल कार्य)
$(R + P) \to 15$ — 8

$\therefore P + Q + R = \frac{33}{2} = 16.5 \Rightarrow R = 16.5 - 15 = 1.5$

$\therefore$ अभीष्ट दिन $= \frac{120}{1.5} = 80$

325. (a) माना युग कार्य में 'x' दिन बाद सम्मिलित होता है।

$$\therefore \frac{44}{88} + \frac{(44 - x)}{66} = 1 \Rightarrow \frac{1}{2} + \frac{(44 - x)}{66} = 1$$

$$\Rightarrow \frac{44 - x}{66} = \frac{1}{2} \Rightarrow x = 11 \text{ दिन}$$

अत: युग को 11 दिनों बाद जुड़ना चाहिए।

326. (c) $(A + B)$ का एक घण्टे का काम = 16 बेंच

$\Rightarrow (A + B)$ का चार घण्टे का काम = 64 बेंच

अत: 64 बेंच बनाने में $(A + B)$ को 4 घण्टे लगेंगे।

327. (c)

$A \to 21$ — 3
→ 63
$D \to 63$ — 1

2 दिन	= 4
×15	×15
30 दिन	60
+ 1 दिन	+3 (A)
	63

31 दिन

328. (b) A का एक घण्टे का कार्य = 5

B का एक घण्टे का कार्य = 3

कुल कार्य = 40

$\therefore$ अभीष्ट समय $= \left(\frac{40}{5 + 3}\right) = \frac{40}{8} = 5$ घण्टे

329. (c) $12 \times M \times 36 = 9 \times W \times 36$

$$\Rightarrow \frac{M}{W} = \frac{9 \times 36}{12 \times 36} = \frac{3}{4}$$

$\therefore$ अभीष्ट समय $= \frac{9 \times 4 \times 36}{(16 \times 3 + 18 \times 4)}$

$$= \frac{36 \times 36}{(48 + 72)}$$

$$= \frac{1296}{120} = 10\frac{4}{5} \text{ दिन}$$

330. (d) सूत्र, $M_1D_1 = M_2D_2$ से

यहाँ, $M_1 = 140, D_1 = (35 - 10) = 25,$

$M_2 = (140 + 35) = 175, D_2 = ?$

$\Rightarrow 140 \times 25 = 175 \times D_2$

$\therefore \quad D_2 = 20$ दिन

331. (b) $15M \times 66 = 10m \times 66$

$\Rightarrow \quad 3M = 2m \Rightarrow \frac{M}{m} = \frac{2}{3}$

[जहाँ $M \to$ आदमी; $m \to$ मशीन]

$\therefore$ कुल कार्य $= 15 \times 2 \times 66$

$\therefore$ अभीष्ट समय $= \frac{\text{कुल कार्य}}{\text{कुल क्षमता}}$

$$= \frac{15 \times 2 \times 66}{5 \times 2 + 4 \times 3}$$

$$= \frac{15 \times 2 \times 66}{22} = 90 \text{ दिन}$$

332. (b) यहाँ, $M_1 = 8, H_1 = 10, D_1 = 18$

$M_2 = 5, H_2 = ?, D_2 = 24$

$\because \quad M_1D_1H_1 = M_2D_2H_2$

$\Rightarrow 8 \times 18 \times 10 = 5 \times 24 \times H_2$

$$\therefore \quad H_2 = \frac{8 \times 18 \times 10}{5 \times 24} = 12 \text{ घण्टे}$$

333. (b) प्रश्नानुसार,

$P \longrightarrow 4$ — 3
→ 12
$Q \longrightarrow 12$ — 1

$\because P$ और Q एकान्तर दिनों में कार्य करते हैं।

$\therefore (P + Q)$ का 2 दिन का कार्य $= 3 + 1 = 4$

$(P + Q)$ का 6 दिन का कार्य $= 4 \times 3 = 12$

अत: अभीष्ट दिनों की संख्या = 6

334. (a) दिया है, $8M = 16W = 32B$

$M = 2W = 4B$

यहाँ, M = पुरुष; W = महिला; B = लड़का

सूत्र $M_1D_1 = M_2D_2$ से,

$32B \times 8 = (4M + 4W + 4B) \times D_2$

$\Rightarrow 32B \times 8 = (4 \times 4B + 4 \times 2B + 4B) \times D_2$

$\Rightarrow 32 \times 8 = (16 + 8 + 4) \times D_2$

$$\therefore \quad D_2 = \frac{32 \times 8}{28} = \frac{64}{7} = 9\frac{1}{7} \text{ दिन}$$

335. (d)

	दिन	क्षमता	कुल कार्य
अनीता	12	3	36 (12, 18, और 6 का ल.स.)
आनन्द	18	2	
अनीता + आनन्द + अरुण	6	6	

पूरे काम के लिए दी गई मजदूरी = ₹ 48000

$\therefore$ अनीता और आनन्द के हिस्से का योग

$$= 48000 \times \frac{(3 + 2)}{6} = 8000 \times 5 = ₹\ 40000$$

336. (d) अभय का 1 दिन का कार्य $= \frac{1}{22}$

निधि का 1 दिन का कार्य $= \frac{1}{22} \times \frac{128}{100} = \frac{16}{275}$

निधि को कार्य पूरा करने में लगा समय $= \frac{275}{16} = 17\frac{3}{16}$

337. (d) सूत्र $M_1d_1 = M_2d_2$ से

$$\therefore 35 \times 27 = 45 \times d_2 \Rightarrow d_2 = \frac{35 \times 27}{45} = 21 \text{ दिन}$$

338. (d) A, B तथा C का 3 दिन का कार्य

$$= \frac{1}{20} + \frac{1}{25} + \frac{1}{30} = \frac{15 + 12 + 10}{300} = \frac{37}{300}$$

$\therefore A, B$ तथा C का 24 दिन का कार्य

$$= \frac{37}{300} \times 8 = \frac{296}{300}$$

अब, शेष कार्य $= 1 - \frac{296}{300} = \frac{300 - 296}{300} = \frac{4}{300}$

अब, A को बचा हुआ कार्य करने में

लगा समय $= \frac{\frac{4}{300}}{\frac{1}{20}} = \frac{80}{300} = \frac{4}{15}$ दिन

$\therefore$ कुल समय $= 24 + \frac{4}{15} = 24\frac{4}{15}$ दिन

339. (a)

महेश → 16 — 3 इकाई
48
सुरेश → 12 — 4 इकाई

$\because$ दोनों एकान्तर क्रम में कार्य करते हैं।

$\therefore$ महेश व सुरेश का 2 दिन का कार्य $= 3 + 4 = 7$ इकाई

महेश व सुरेश का 12 दिन का कार्य $= 7 \times 6 = 42$ इकाई

शेष कार्य $= 48 - 42 = 6$ इकाई

अब, महेश द्वारा 1 दिन में किया गया कार्य = 3 इकाई

$\therefore$ शेष कार्य $= 6 - 3 = 3$ इकाई

अब, शेष कार्य को सुरेश द्वारा करने में लिया गया समय $= \frac{3}{4}$ दिन में

$\therefore$ अभीष्ट दिन $= 12 + 1 + \frac{3}{4} = 13\frac{3}{4}$ दिन

340. (a)

	कुल कार्य	क्षमताएँ
$A \to 3$	12	4
$B \to 4$		3
$C \to 6$		2

$\therefore A, B$ व C की कार्य क्षमताओं का अनुपात $= 4 : 3 : 2$

$\therefore A$ का हिस्सा $= 432 \times \frac{4}{(4 + 3 + 2)}$

$$= 432 \times \frac{4}{9} = 48 \times 4$$

$$= ₹\ 192$$

341. (c) माना शेष कार्य x दिनों में पूरा हो जाएगा।

$\therefore \quad 20 \times 10 = 20 \times 5 + (20 + 5) \times x$

$\Rightarrow \quad 200 = 100 + 25x$

$\Rightarrow \quad 25x = 100$

$\therefore \quad x = \frac{100}{25} = 4$ दिन

अत: कुल कार्य पूरा होगा

$= 5 + 4 = 9$ दिन में

342. (d) दिया है,

$M_1 = 16, D_1 = 30$ दिन, $W_1 = ₹\ 20736$

$M_2 = 1, D_2 = 15$ दिन, $W_2 = ?$

$$\therefore \quad \frac{M_1D_1}{W_1} = \frac{M_2D_2}{W_2}$$

$$\Rightarrow \quad \frac{16 \times 30}{20736} = \frac{1 \times 15}{W_2}$$

$$\Rightarrow \quad W_2 = \frac{15 \times 20736}{16 \times 30} = ₹\ 648$$

18

नल एवं टंकी

नल एवं टंकी से सम्बन्धित प्रश्न, कार्य और समय की मूल अवधारणा पर आधारित होते हैं।

नल एवं टंकी से सम्बन्धित महत्त्वपूर्ण तथ्य/सूत्र

- यदि एक नल x घण्टे में किसी टैंक को पूरा भर देता है, तो 1 घण्टे में टैंक का भरा हुआ भाग $= \frac{1}{x}$
- यदि किसी नल द्वारा $\frac{1}{x}$ टैंक को खाली करने या भरने में 1 घण्टे का समय लगता है, तो सम्पूर्ण टैंक को भरने या खाली करने में लगा समय $= x$ घण्टे
- यदि कोई नल अथवा छिद्र किसी टैंक को x घण्टे में पूरा खाली कर देता है, तो 1 घण्टे में टैंक का खाली हुआ भाग $= \frac{1}{x}$
- यदि दो नल A और B एक टंकी को क्रमशः 'a' घण्टे और 'b' घण्टे में भर सकते हैं तथा दोनों नलों को एकसाथ खोल दिया जाए तो टंकी को भरने में लगा समय $= \left(\frac{a \times b}{a+b}\right)$ घण्टे
- एक नल A एक टंकी को 'a' घण्टे में भर सकता है और नल B टंकी को 'b' घण्टों में खाली कर सकता है। जब दोनों नल खोले जाते हैं, तो टंकी को खाली करने में लगा समय $= \left(\frac{ab}{a-b}\right)$ घण्टे $(a > b)$

उदाहरण 1. पाइप A और पाइप B एक टैंक को क्रमशः 30 घण्टे और 60 घण्टे में भर सकते हैं। वे एकसाथ कितने समय में टैंक को भर सकते हैं?

हल अभीष्ट समय $= \frac{30 \times 60}{(30+60)} = \frac{30 \times 60}{90}$ घण्टे $= 20$ घण्टे

पाइप/टैंक की दक्षता/क्षमता पर आधारित प्रश्न

- पाइप की दक्षता और टैंक को भरने में लिया गया समय एक-दूसरे के व्युत्क्रमानुपाती होते हैं।
- पाइप की दक्षता या क्षमता
  = इकाई समय में पाइप द्वारा भरा/खाली किया गया भाग
- टंकी/टैंक की क्षमता = भरने की दर × समय

उदाहरण 2. पाइप A, पाइप B की तुलना में टैंक को 3 गुना तेजी से भर सकता है। पाइप A और B को मिलकर भरने में 36 मिनट लगते है। पाइप B को अकेले टैंक को भरने में कितना समय लगेगा?

हल माना B द्वारा लिया गया समय $= x$ मिनट

$\therefore$ A द्वारा लिया गया समय $= \frac{x}{3}$ मिनट

प्रश्नानुसार, $\frac{1}{x} + \frac{3}{x} = \frac{1}{36}$

$\Rightarrow \frac{4}{x} = \frac{1}{36}$

$\Rightarrow x = 4 \times 36 = 144$ मिनट

किसी नल को बीच में खोलने या बन्द करने पर आधारित प्रश्न

उदाहरण 3. पाइप A एक खाली टैंक को 6 घण्टे में भर सकता है और पाइप B, 8 घण्टे में भर सकता है। यदि दोनों पाइप एकसाथ खोले जाएँ और 2 घण्टे बाद पाइप A बन्द कर दिया जाए, तो शेष टैंक भरने में B को कितना समय लगेगा?

हल पाइप A, 1 घण्टे में टैंक भर सकता है $= \frac{1}{6}$ भाग

तथा पाइप B, 1 घण्टे में टैंक भर सकता है $= \frac{1}{8}$ भाग

अब, 2 घण्टे में दोनों पाइप A और B द्वारा भरा गया टैंक

$= 2\left(\frac{1}{8} + \frac{1}{6}\right) = \frac{28}{48}$ भाग

$\therefore$ शेष खाली भाग $= 1 - \frac{28}{48} = \frac{20}{48}$

$\therefore$ पाइप B द्वारा शेष भाग भरने में लगा समय $= \frac{20/48}{1/8}$

$= \frac{20}{48} \times 8 = \frac{20}{6}$

$= 3\frac{1}{3}$ घण्टे

SSC एग्जाम स्कैनर

SSC CGL 2024 (Tier I & II)

1. एक टैंक जब पूरा भर जाता है, तो आउटलेट पाइप A द्वारा 5.6 घण्टे में खाली किया जा सकता है, जबकि एक इनलेट पाइप B उसी खाली टैंक को 7 घण्टे में भर सकता है। यदि टैंक के भरे होने पर पाइप A से शुरू करके पाइप A और B में से प्रत्येक को 1 घण्टे के लिए एकान्तर रूप से चालू किया जाता है, तो टैंक को खाली करने में कितना समय लगेगा?
SSC CGL (Tier-II) 20/01/2025 Shift-I

(a) 55 घण्टे (b) 48 घण्टे
(c) 56 घण्टे (d) 47 घण्टे

2. दो पाइप A और B, एक टंकी को 45 मिनट में भरते हैं। पाइप B, पाइप A की तुलना में टंकी को दोगुना तेज भरता है। अकेले पाइप A को टंकी भरने में कितना समय (मिनट में) लगेगा? **SSC CGL (Tier-I) 26/09/2024 Shift-III**

(a) 135 (b) 125
(c) 115 (d) 140

3. एक पाइप, दूसरे पाइप की तुलना में चार गुना तेजी से एक टैंक भर सकता है। यदि दोनों पाइप मिलकर टैंक को 48 मिनट में भर सकते हैं, तो धीमा पाइप अकेले टैंक को कितने समय में भरने में सक्षम होगा?
SSC CGL (Tier-I) 26/09/2024 Shift-I

(a) 240 मिनट (b) 144 मिनट
(c) 288 मिनट (d) 192 मिनट

4. एक नल एक टंकी को 10 मिनट में भर सकता है और दूसरा नल इसे 12 मिनट में खाली कर सकता है। यदि दोनों नल खुले हैं, तो टंकी भरने में लगने वाला समय (घण्टों में) कितना होगा? **SSC CGL (Tier-I) 25/09/2024 Shift-III**

(a) 1.5 घण्टे (b) 1 घण्टा
(c) 2 घण्टे (d) 2.5 घण्टे

5. दो पाइप X और Y एक टंकी को क्रमशः 14 घण्टे और 21 घण्टे में भर सकते हैं। टंकी को भरने के लिए दोनों पाइप एकसाथ खोले जाते हैं। खाली टंकी कितने घण्टे में भर जायेगी? **SSC CGL (Tier-I) 25/09/2024 Shift-II**

(a) $5\frac{2}{5}$ घण्टे (b) $8\frac{2}{5}$ घण्टे
(c) $6\frac{2}{5}$ घण्टे (d) $7\frac{2}{5}$ घण्टे

6. एक इनलेट पाइप किसी जल भण्डारण टंकी को 11 घण्टे में भर सकता है और एक आउटलेट पाइप पूरी तरह से भरी हुई टंकी को 15 घण्टे में खाली कर सकता है। यदि दोनों पाइप को एकसाथ खोल दिया जाए, तो खाली टंकी को भरने में लगने वाला समय (घण्टे में) ज्ञात कीजिए।
SSC CGL (Tier-I) 25/09/2024 Shift-I

(a) 40 (b) $41\frac{1}{4}$
(c) $49\frac{3}{4}$ (d) $45\frac{1}{2}$

7. पाइप A एक टंकी को 4 घण्टे में भर सकता है और पाइप B उसी टंकी को 5 घण्टे में भर सकता है। पाइप C पूरी टंकी को 3 घण्टे में खाली कर सकता है। यदि सभी तीन पाइप एकसाथ खोले जाते हैं, तो टंकी को भरने में कितना समय (मिनट में) लगेगा? (निकटतम मिनट तक पूर्णांकित)
SSC CGL (Tier-I) 24/09/2024 Shift-III

(a) 800 (b) 445
(c) 625 (d) 514

8. पाइप A एक खाली टैंक को अकेले भरने में, पाइप B द्वारा लिए गए आवश्यक समय का $\frac{4}{5}$ समय लेता है। जब एक निर्गम पाइप C को पाइप A और B के साथ एकसाथ खोला जाता है, तो खाली टैंक को भरने में केवल पाइप A और पाइप B को एक साथ खोलने में लगने वाले समय की तुलना में $\frac{4}{5}$ अधिक समय लगता है। यदि तीनों पाइपों को एकसाथ खोलने पर टैंक को भरने में 40 घण्टे लगते हैं, तो अकेले कार्य करते हुए पाइप C कितने समय में (घण्टों में) पूरा टैंक खाली कर देगा?
SSC CGL (Tier-I) 24/09/2024 Shift-II

(a) 50 (b) 45 (c) 75 (d) 65

9. एक पाइप, दूसरे पाइप की तुलना में किसी टंकी को 6 गुना तेजी से भर सकता है। यदि दोनों पाइप एक साथ टंकी को 40 मिनट में भर सकते हैं, तो धीमा पाइप अकेले टंकी को कितने मिनट में भरेगा?
SSC CGL (Tier-I) 24/09/2024 Shift-I

(a) 290 (b) 285
(c) 275 (d) 280

10. दो पाइप A और B एक टंकी को क्रमशः 20 और 30 घण्टे में भर सकते हैं। टंकी को भरने के लिए दोनों पाइप खोले जाते हैं, लेकिन जब टंकी एक-तिहाई भर जाती है, तो एक रिसाव विकसित होता है जिससे दोनों पाइपों द्वारा भरा गया एक-चौथाई पानी निकल जाता है। टंकी को भरने में लगने वाला कुल समय (घण्टे में) ज्ञात कीजिए।
SSC CGL (Tier-I) 23/09/2024 Shift-III

(a) 14 (b) $12\frac{1}{3}$ (c) $11\frac{2}{5}$ (d) $14\frac{2}{3}$

11. तीन पाइप P, Q और R मिलकर एक टैंक को भरने में चार घण्टे का समय लेते हैं। तीनों पाइपों को एकसाथ खोला जाता है। तीन घण्टे के बाद, P को बन्द कर दिया जाता है, और Q तथा R शेष टैंक को दो घण्टों में भर देते हैं। P अकेले टैंक को भरने में कितने घण्टे का समय लेगा? **SSC CGL (Tier-I) 23/09/2024 Shift-II**

(a) 9 (b) 12 (c) 10 (d) 8

12. एक टंकी को पाइप A द्वारा 4 घण्टे में और पाइप B द्वारा 6 घण्टे में भरा जा सकता है। 8:00 am पर पाइप A को खोला गया। यदि पाइप B को 9:00 am पर खोला जाए, तो टंकी किस समय भर जाएगी?
SSC CGL (Tier-I) 23/09/2024 Shift-I

(a) 10 : 22 am (b) 10 : 18 am
(c) 10 : 48 am (d) 10 : 16 am

13. दो इनलेट पाइप, P_1 और P_2, एक टंकी को क्रमशः 20 घण्टे और 30 घण्टे में भर सकते हैं। उन्हें एक ही समय पर खोला गया, लेकिन टंकी के पूरा भरने से 5 घण्टे पहले पाइप P_1 को बन्द करना पड़ा। दोनों पाइपों के द्वारा टंकी को भरने में कुल कितने घण्टे लगे?
SSC CGL (Tier-I) 19/09/2024 Shift-III

(a) 10 घण्टे (b) 15 घण्टे
(c) 12 घण्टे (d) 9 घण्टे

14. पाइप X एक टंकी को 9 घण्टे में भर सकता है और पाइप Y इसे 21 घण्टे में भर सकता है। यदि उन्हें एकांतर घंटों में (बारी-बारी से एक-एक घण्टे पर) खोला जाता है और पाइप X को पहले खोला जाता है, तो टंकी कितने घण्टों में पूरी भर जाएगी?
SSC CGL (Tier-I) 19/09/2024 Shift-I

(a) $12\frac{3}{7}$ (b) $10\frac{3}{7}$
(c) $9\frac{3}{7}$ (d) $11\frac{3}{7}$

15. पाइप Q, किसी टंकी को 60 घण्टे में भर सकता है, जबकि पाइप R इसे 45 घण्टे में भर सकता है। Q और R पाइप, 6 घण्टे के लिए एकसाथ खोले जाते हैं, जिसके बाद टंकी को खाली करने के लिए पाइप W को भी खोला जाता है। आधे स्तर के निशान तक पहुँचने के लिए तीनों पाइपों को 24 घण्टे के लिए एकसाथ खोला जाता है। अकेले पाइप W द्वारा पूरी टंकी को खाली करने में लगने वाला समय (घण्टे में) ज्ञात कीजिए।
SSC CGL (Tier-I) 18/09/2024 Shift-III

(a) 30 (b) 48
(c) 42 (d) 36

16. पाइप A और B एक टैंक को क्रमश 6 घण्टे और 8 घण्टे में पूरा भर सकते हैं। दोनों पाइपों को एक साथ 3 घण्टे के लिए खोल दिया जाता है। उसके बाद पाइप A को बन्द कर दिया जाता है, और पाइप B टैंक को भरना जारी रखता है। टैंक कितने घण्टे में पूरा भर जाएगा? **SSC CGL (Tier-I) 18/09/2024 Shift-II**

(a) 4 (b) 2 (c) 3 (d) 6

17. पाइप X एक टंकी को 60 घण्टे में भर सकती है, जबकि पाइप Y उस टंकी को 72 घण्टे में भर सकता है। दोनों पाइपों को एक साथ 20 घण्टे के लिए खोला जाता है। टंकी का कितना भाग खाली बचेगा?

SSC CGL (Tier-I) 18/09/2024 Shift-I

(a) $\frac{3}{8}$ (b) $\frac{1}{8}$ (c) $\frac{243}{360}$ (d) $\frac{7}{18}$

18. दो पाइप एक टैंक को क्रमश: 12 घण्टे और 18 घण्टे में भर सकते हैं, जबकि तीसरा पाइप इसे 8 घण्टे में खाली कर सकता है। यदि तीनों पाइप एकसाथ खोल दिए जाते हैं, तो खाली टैंक को भरने में कितना समय (घण्टों में) लगेगा? **SSC CGL (Tier-I) 17/09/2024 Shift-III**

(a) 72 (b) 36 (c) 24 (d) 48

19. एक टंकी दो पाइपों द्वारा स्वतन्त्र रूप से 8 मिनट और 10 मिनट में भरी जा सकती है। दोनों पाइपों को एक साथ कुछ समय के लिए खोला जाता है, लेकिन किसी अवरोध के कारण, पहले पाइप से जल की पूरी मात्रा का केवल 5/8 भाग और दूसरे पाइप से 3/5 भाग प्रवाहित होता है। हालाँकि, अवरोध अचानक निकल जाता है, और उस क्षण से 3 मिनट में टंकी भर जाती है। पूर्ण प्रवाह शुरू होने से पहले कितना समय लगा?

SSC CGL (Tier-I) 17/09/2024 Shift-II

(a) $3\frac{1}{16}$ मिनट (b) $9\frac{6}{7}$ मिनट
(c) $2\frac{30}{37}$ मिनट (d) $2\frac{6}{17}$ मिनट

20. पाइप A और B एक टंकी को क्रमश: 15 घण्टे और 25 घण्टे में भर सकते हैं, जबकि पाइप C पूरी टंकी को 40 घण्टे में खाली कर सकता है। तीनों पाइप एकसाथ खोले जाते हैं, लेकिन पाइप A, 5 घण्टे बाद बन्द हो जाता है। टंकी का शेष भाग कितने घण्टे बाद भर जाएगा?

SSC CGL (Tier-I) 17/09/2024 Shift-I

(a) $43\frac{4}{9}$ (b) $39\frac{4}{9}$ (c) $44\frac{4}{9}$ (d) $41\frac{4}{9}$

21. दो पाइप P और Q एक टंकी को क्रमश: 36 मिनट और 45 मिनट में भर सकते हैं। यदि दोनों पाइपों को एकसाथ खोल दिया जाए, तो टंकी को भरने में कितना समय लगेगा?

SSC CGL (Tier-I) 13/09/2024 Shift-III

(a) 81 मिनट (b) 20 मिनट
(c) 10 मिनट (d) 40.5 मिनट

22. एक पाइप, एक खाली टंकी को 5 मिनट में भर सकता है और दूसरा पाइप इसे 6 मिनट में खाली कर सकता है। यदि दोनों पाइप को एकसाथ खोल दिया जाए, तो खाली टंकी को भरने में कितना समय (मिनट में) लगेगा?

SSC CGL (Tier-I) 13/09/2024 Shift-II

(a) 33 मिनट (b) 25 मिनट
(c) 35 मिनट (d) 30 मिनट

23. एक टंकी को भरने के लिए दो पाइपों का उपयोग किया जाता है और जब उन्हें एक साथ चालू किया जाता है, तो वे टंकी को 20 मिनट में भर सकते हैं। यदि एक पाइप, दूसरे पाइप की तुलना में ढाई गुना तेजी से टंकी भर सकता है, तो तेज पाइप अकेले टंकी को कितने समय में भर सकता है?

SSC CGL (Tier-I) 13/09/2024 Shift-I

(a) 30 मिनट (b) 32 मिनट
(c) 28 मिनट (d) 34 मिनट

24. दो पाइप A और B, किसी टंकी को क्रमश: $1\frac{1}{3}$ घण्टे और 2 घण्टे में भर सकते हैं। यदि दोनों पाइप एकसाथ खोले जाते हैं, तो कितने समय में खाली टंकी भर जाएगी?

SSC CGL (Tier-I) 12/09/2024 Shift-III

(a) $1\frac{1}{4}$ घण्टे (b) 55 मिनट
(c) 48 मिनट (d) $1\frac{2}{3}$ मिनट

25. दो पाइप A और B एक टैंक को क्रमश: 48 मिनट और 66 मिनट में भर सकते हैं। यदि दोनों पाइप एकसाथ खोले जाए, तो कितने मिनट बाद पाइप B को बंद कर देना चाहिए ताकि टैंक 32 मिनट में भर जाए?

SSC CGL (Tier-I) 12/09/2024 Shift-II

(a) 20 (b) 16 (c) 18 (d) 22

26. दो पाइप, A और B एक टंकी को क्रमश: 10 मिनट और 20 मिनट में भर सकते हैं। पाइप C टंकी को 30 मिनट में खाली कर सकता है। प्रारम्भ में तीनों पाइप एकसाथ खोले जाते हैं। हालाँकि, टंकी भरने से 2 मिनट पहले पाइप C बन्द कर दिया जाता है। कितने समय (मिनट में) में टंकी भर जाएगी?

SSC CGL (Tier-I) 12/09/2024 Shift-I

(a) 6 (b) 10 (c) 12 (d) 8

27. एक टंकी को विभिन्न एकसमान प्रवाह दर वाले तीन पाइपों द्वारा भरा जाता है। जब पहले दो पाइप एकसाथ कार्य करते हैं, तो वे टंकी को उतनी ही अवधि में भरते हैं जितनी अवधि में अकेले तीसरा पाइप इसे भरता है। दूसरा पाइप, पहले पाइप की तुलना में टंकी को 5 घण्टे जल्दी से भर सकता है, किन्तु तीसरे पाइप की तुलना में 4 घण्टे धीमे भर सकता है। पहले पाइप द्वारा टंकी को भरने में कितना समय (घण्टे में) लगेगा? **SSC CGL (Tier-I) 11/09/2024 Shift-III**

(a) 18 (b) 15 (c) 12 (d) 9

28. पाइप A आमतौर पर एक टैंक को 6 घण्टे में भरता है। लेकिन टैंक के निचले भाग में रिसाव के कारण, टैंक को भरने में 2 घण्टे अतिरिक्त लगते हैं। यदि टैंक भरा हुआ है तो रिसाव के कारण इसे खाली होने में कितना समय लगेगा?

SSC CGL (Tier-I) 11/09/2024 Shift-II

(a) 20 घण्टे (b) 12 घण्टे
(c) 24 घण्टे (d) 16 घण्टे

29. एक टंकी को भरने के लिए दो पाइप हैं। वे मिलकर टंकी को 15 मिनट में भर सकते हैं। यदि एक पाइप दूसरे पाइप की तुलना में डेढ़ गुना तेजी से टंकी को भर सकता है, तो तेज गति से भरने वाला पाइप अकेले टंकी को कितने समय में भर सकता है?

SSC CGL (Tier-I) 11/09/2024 Shift-I

(a) 10 मिनट (b) 25 मिनट
(c) 20 मिनट (d) $32\frac{1}{2}$ मिनट

30. पाइप P और Q एक पानी की टंकी को क्रमशः 10 घण्टे और 15 घण्टे में पूरी तरह भर सकते हैं। एक पाइप R पानी से भरे उस टैंक को 12 घण्टे में खाली कर सकता है। प्रारम्भ में, टैंक खाली है और केवल पाइप P और Q, 6 am को खोले जाते हैं और पाइप R को भी 9 am को खोला जाता है। टैंक कितने बजे तक पूरी तरह भर जाएगा? **SSC CGL (Tier-I) 10/09/2024 Shift-III**

(a) 11 am (b) 3 pm (c) 1 pm (d) 2 pm

31. पाइप L एक पूल को 30 घण्टे में और पाइप M इसे 45 घण्टे में भर सकता है। यदि दोनों पाइपों को एक खाली पूल में खोल दिया जाए, तो उन्हें इसे भरने में कितना समय लगेगा?

SSC CGL (Tier-I) 10/09/2024 Shift-II

(a) 18 घण्टे (b) 24 घण्टे
(c) 17 घण्टे (d) 20 घण्टे

32. तीन पाइप P, Q और R एक टंकी को क्रमश: 40 मिनट, 80 मिनट और 120 मिनट में भर सकते हैं। शुरूआत में सभी पाइप खोल दिए जाते हैं। कितने समय (मिनटों में) के बाद, Q पाइप और R को बंद कर देना चाहिए ताकि टंकी केवल आधे घण्टे में पूरी भर जाए?

SSC CGL (Tier-I) 10/09/2024 Shift-I

(a) 10 (b) 12 (c) 16 (d) 14

33. एक पाइप एक ओवरहेड टैंक को 12 घण्टे में भर सकता है। लेकिन तली में रिसाव के कारण टैंक 18 घण्टे में भरता है। यदि टैंक भरा हुआ है, तो रिसाव के कारण इसे खाली होने में कितना समय लगेगा?

SSC CGL (Tier-I) 09/09/2024 Shift-III

(a) 63 घण्टे (b) 3.6 घण्टे
(c) 7.2 घण्टे (d) 36 घण्टे

34. पाइप M, N और S एक टैंक को क्रमश: 25, 50 और 100 मिनट में भर सकते हैं। प्रारम्भ में, पाइप N और S को 10 मिनट के लिए खुला रखा जाता है, और फिर पाइप N को

बन्द कर दिया जाता है जबकि पाइप M को खोल दिया जाता है। टैंक में अतिप्रवाह होने से 15 मिनट पहले पाइप S को बन्द कर दिया जाता है। यदि तीनों पाइप इस पैटर्न में कार्य करें तो टैंक को भरने में कितना समय (मिनट में) लगेगा? **SSC CGL (Tier-I) 09/09/2024 Shift-II**

(a) 27 (a) 42 (c) 30 (d) 33

35. भरण पाइप P, भरण पाइप Q से 21 गुना तेज है। यदि Q एक टंकी को 110 मिनट में भर सकता है, तो दोनों भरण पाइपों को एकसाथ खोलने पर टंकी को भरने में कितना समय लगेगा? **SSC CGL (Tier-I) 09/09/2024 Shift-I**

(a) 5 मिनट (b) 6 मिनट (c) 3 मिनट (d) 4 मिनट

SSC CGL 2023 (Tier I & II)

36. एक टैंक से दो इनलेट A और B जुड़े हुए हैं। A और B टैंक को क्रमश: 32 घण्टे और 28 घण्टे में भर सकते हैं। यदि दोनों पाइपों को A से शुरू करते हुए बारी-बारी से, 1 घण्टे के लिए खोला जाता है, तो टैंक कितने समय (घण्टों में निकटतम पूर्णांक) में भर जाएगा? **SSC CGL (Tier II) 03/03/2023 Shift-I**

(a) 36 (b) 22 (c) 24 (d) 30

37. क्रमश: 2 सेमी, 3 सेमी और 4 सेमी व्यास के तीन नल हैं। उनके माध्यम से प्रवाहित जल का अनुपात उनके व्यास के वर्ग के अनुपात के बराबर है। सबसे बड़ा नल अकेले एक खाली टंकी को 81 मिनट में भर सकता है। यदि सभी नलों को एक साथ खोल दिया जाए, तो टंकी को भरने में कितना समय (मिनट में) लगेगा? **SSC CGL (Tier II) 02/03/2023 Shift-II**

(a) $34\frac{20}{29}$ (b) $44\frac{20}{29}$
(c) $54\frac{20}{29}$ (d) $64\frac{20}{29}$

38. पाइप A, 6 घण्टे में टैंक का 50% भाग भर सकता है और पाइप B उसी टैंक को 18 घण्टे में पूरी तरह से भर सकता है। यदि दोनों पाइपों को एक ही समय पर खोल दिया जाए, तो खाली टैंक कितने समय में (मिनट में) पूर्णत: भरा जाएगा? **SSC CGL (Tier I) 26/07/2023 Shift-II**

(a) 435 (b) 432 (c) 425 (d) 420

39. पाइप A और पाइप B एक साथ चालू होने पर एक टंकी को 6 मिनट में भर सकते हैं। यदि B इसे भरने में A से 5 मिनट अधिक समय लेता है, तो A और B द्वारा उस टंकी को अलग-अलग भरने में लिया गया समय क्रमश: .... होगा। **SSC CGL (Tier I) 26/07/2023 Shift-II**

(a) 15 मिनट और 20 मिनट
(b) 10 मिनट और 15 मिनट
(c) 15 मिनट और 10 मिनट
(d) 25 मिनट और 20 मिनट

40. प्रत्येक इनलेट (प्रवेश) पाइप एक खाली टंकी को 84 घण्टे में भर सकता है जबकि प्रत्येक आउटलेट (निकास) पाइप उसी टंकी को भरी हुई स्थिति से 105 घण्टे में खाली कर सकता है। जब टंकी खाली होती है, तो 9 इनलेट (प्रवेश) पाइप और 10 आउटलेट (निकास) पाइप एक साथ खोले जाते हैं। कितने घण्टों के बाद टंकी पूरी तरह भर जाएगी? **SSC CGL (Tier I) 26/07/2023 Shift-II**

(a) 90 (b) 88 (c) 80 (d) 84

41. एक पाइप किसी टंकी को 30 घण्टे में भर सकता है। तली में रिसाव होने के कारण यह 50 घण्टे में भरती है। पूरी तरह से भरी टंकी को खाली करने में रिसाव को कितना समय लगेगा? **SSC CGL (Tier I) 24/07/2023 Shift-II**

(a) 75 घण्टे (b) 85 घण्टे
(c) 60 घण्टे (d) 70 घण्टे

42. दो पाइप S_1 तथा S_2 एक खाली टंकी को अकेले क्रमश: 15 घण्टे तथा 20 घण्टे में भर सकते हैं। पाइप S_3 उस सम्पूर्ण रूप से भरी हुई टंकी को अकेले 40 घण्टे में खाली कर सकता है। सबसे पहले दोनों पाइप S_1 तथा S_2 को खोला गया तथा 2 घण्टे बाद पाइप S_3 को भी खोला गया है। S_3 खुलने के बाद टंकी कितने समय में सम्पूर्ण रूप से भर जाएगी? **SSC CGL (Tier I) 21/07/2023 Shift-II**

(a) 92/11 घण्टे (b) 90/13 घण्टे
(c) 90/17 घण्टे (d) 89/12 घण्टे

43. एक इनलेट पाइप एक खाली टैंक को $4\frac{1}{2}$ घण्टे में भर सकता है, जबकि एक आउटलेट पाइप पूरी तरह से भरे टैंक को $7\frac{1}{5}$ घण्टे में खाली कर देता है। टैंक शुरू में खाली है और इनलेट पाइप से शुरू होते हुए दोनों पाइप बारी-बारी से एक-एक घण्टे के लिए खोले जाते हैं, जब तक कि टैंक पूरी तरह से भर न जाए। टैंक कितने घण्टे में पूरी भर जाएगी? **SSC CGL (Tier I) 21/07/2023 Shift-II**

(a) $20\frac{1}{4}$ (b) $22\frac{3}{8}$ (c) 24 (d) $20\frac{3}{4}$

44. पाइप A एक टंकी को 12 मिनट में भर सकता है; पाइप B इसे 18 मिनट से भर सकता है, जबकि पाइप C पूरी भरी हुई टंकी को 36 मिनट में खाली कर सकता है। यदि सभी पाइपों को एकसाथ खोल दिया जाए, तो खाली टंकी को पूरी तरह भरने मे कितना समय लगेगा? **SSC CGL (Tier I) 20/07/2023 Shift-IV**

(a) 9 मिनट (b) 10 मिनट
(c) 6 मिनट (d) 7 मिनट 30 सेकण्ड

45. एक इनलेट पाइप एक खाली टैंक को 120 घण्टों में भर सकता है, जबकि एक आउटलेट पाइप पूरी तरह से भरे टैंक को 54 घण्टों में खाली कर देता है। यदि टैंक खाली होने पर 8 इनलेट पाइप और 3 आउटलेट पाइप एक साथ खोले जाते हैं, तो टैंक कितने घण्टों में पूरी तरह से भर जाएगा? **SSC CGL (Tier I) 20/07/2023 Shift-I**

(a) 72 (b) 90 (c) 81 (d) 96

46. इनलेट पाइप A और B मिलकर एक खाली टैंक को 1.5 घण्टे में भर सकते हैं। जब आउटलेट पाइप C अकेला खोला जाता है, तो पूरी तरह से भरे टैंक को 4.5 घण्टे में खाली कर सकता है। जब केवल पाइप A और C को एक साथ खोल दिया जाता है, तो खाली टैंक 6 घण्टे में भर जाता है। खाली टैंक भरने के लिए पाइप B द्वारा लिया गया समय ज्ञात करें, जब उसे अकेला खोला जाता है। **SSC CGL (Tier I) 19/07/2023 Shift-II**

(a) 3 घण्टा 30 मिनट (b) 3 घण्टा 36 मिनट
(c) 3 घण्टा 40 मिनट (d) 3 घण्टा 32 मिनट

47. पाइप A एक खाली टैंक को 18 घण्टे में भर सकता है और पाइप B उसी खाली टैंक को 24 घण्टे में भर सकता है। यदि दोनों पाइपों को एक साथ खोल दिया जाए, तो खाली टैंक को भरने में उन्हें कितना समय (घण्टे में) लगेगा? **SSC CGL (Tier I) 14/07/2023 Shift-IV**

(a) $10\frac{1}{7}$ (b) $11\frac{3}{7}$ (c) $10\frac{2}{7}$ (d) $11\frac{2}{7}$

48. एक इनलेट पाइप एक खाली टैंक को 140 घण्टे में भर सकता है, जबकि एक आउटलेट पाइन पूरी तरह से भरे टैंक को 63 घण्टो में खाली कर देता है। यदि 8 इनलेट पाइप और y आउटलेट पाइप एक साथ खोले जाते हैं, जब टैंक खाली होता है, तो टैंक 105 घण्टे में पूरी तरह से भर जाता है। y का मान ज्ञात कीजिए। **SSC CGL (Tier I) 14/07/2023 Shift-III**

(a) 4 (b) 1 (c) 3 (d) 2

SSC CGL 2022-2020 (Tier I)

49. एक टैंक में 3 नल A, B और C हैं। ये टैंक को क्रमश: 10 घण्टे, 20 घण्टे और 25 घण्टे में भर सकते हैं। सबसे पहले तीनों नल एकसाथ खोले जाते हैं। 2 घण्टे के बाद, नल C बन्द हो जाता है। और A और B चलते रहते हैं। प्रारम्भ में 4 घण्टे बाद नल B भी बन्द हो जाता है। शेष टंकी को अकेले नल A से भरा जाता है। नल A स्वयं के द्वारा किए गए कार्य का प्रतिशत ज्ञात कीजिए। **SSC CGL (Tier I) 05/12/2022 Shift-IV**

(a) 52% (b) 75% (c) 32% (d) 72%

50. A, B और C तीन पाइप द्वारा, कोई टंकी 4 घण्टे में भरती है। पाइप C, B की तुलना में $1\frac{1}{2}$ गुना तेज है और B, A की तुलना में 3 गुना तेज है। अकेले पाइप A द्वारा टंकी कितने घण्टे में भरेगी? **SSC CGL (Tier I) 24/08/2021 Shift-III**

(a) 34 (b) 17 (c) 15 (d) 30

51. पाइप A और B किसी टंकी को क्रमशः 12 घण्टे और 16 घण्टे में भर सकते हैं। तथा पाइप C पूरी भरी हुई टंकी को 24 घण्टे में खाली कर सकता है। तीनों पाइपों को एकसाथ खोल दिया जाता है, लेकिन 4 घण्टे बाद पाइप B को बन्द कर दिया जाता है। कितने घण्टों में, खाली टंकी पूरी तरह से भर जाएगी?
SSC CGL (Tier I) 23/08/2021 Shift-I
(a) 14 (b) 28 (c) 32 (d) 18

52. A और B, दो पाइप किसी खाली टंकी को क्रमशः 10 घण्टे और 16 घण्टे में भर सकते हैं। इनमें से प्रत्येक को एकान्तर क्रम में 1 घण्टे के लिए खोला जाता है, पहले पाइप B को खोला जाता है। खाली टंकी कितने घण्टे में भर जाएगी? **SSC CGL (Tier I) 20/08/2021 Shift-II**
(a) $16\frac{2}{5}$ घण्टे (b) $14\frac{2}{5}$ घण्टे
(c) $10\frac{2}{5}$ घण्टे (d) $12\frac{2}{5}$ घण्टे

53. पाइप A और B एक टैंक को क्रमशः 10 घण्टे और 40 घण्टे में भर सकते हैं। C टैंक से जुड़ा हुआ एक आउटलेट पाइप है। यदि सभी तीन पाइपों को एकसाथ खोला जाता है, तो A और B द्वारा मिलकर टैंक को भरने में लगने वाले समय से 80 मिनट अधिक समय लगता है। A और B को 7 घण्टे तक खोला जाता है और फिर बन्द कर दिया जाता है और C को खोल दिया जाता है। C अब टैंक को कितने घण्टे में खाली कर सकेगा?
SSC CGL (Tier I) 05/03/2020 Shift-I
(a) 42 घण्टे (b) 49 घण्टे
(c) 45.5 घण्टे (d) 38.5 घण्टे

SSC CPO SI 2020

54. कोई पम्प, किसी पानी की टंकी को 1 घण्टे में भर सकता है। रिसाव के कारण इसे टंकी को भरने में $1\frac{1}{3}$ घण्टे का समय लगता है। जब टंकी पूरी भरी हो, तो केवल रिसाव से कितने घण्टों में टैंक का पूरा पानी बह जाएगा?
SSC CPO 25/11/2020 Shift-II
(a) 5 (b) 2 (c) 4 (d) 1

55. दो पाइप A और B किसी टंकी को क्रमशः $12\frac{1}{2}$ घण्टे और 25 घण्टे में भर सकते हैं। दोनों पाइप एक साथ खोले गए और यह पाया गया कि पेंदी में रिसाव के कारण टंकी को भरने में 1 घण्टा 40 मिनट अधिक लगा। जब टंकी भरी हो, तो रिसाव द्वारा टंकी खाली होने में कितना समय लगेगा?
SSC CPO 25/11/2020 Shift-II
(a) 42 घण्टे (b) 48 घण्टे
(c) 50 घण्टे (d) 45 घण्टे

56. पाइप A और B एक टंकी को क्रमशः 16 और 24 घण्टे में भर सकते हैं, जबकि पाइप C उस भरी हुई टंकी को 40 घण्टे में खाली कर सकता है। तीनों पाइपों को एक साथ खोला जाता है, लेकिन 10 घण्टे के बाद पाइप C को बन्द कर दिया जाता है। टंकी का शेष भाग कितने घण्टे बाद भरेगा? **SSC CPO 25/11/2020 Shift-I**
(a) $5\frac{1}{2}$ (b) 2
(c) $2\frac{1}{2}$ (d) 5

57. दो पाइप A और B एक टंकी को क्रमशः 12 और 18 घण्टे में भर सकते हैं। टंकी को भरने के लिए दोनों पाइपों को एक साथ खोला जाता है। खाली टंकी कितनी देर में पूरी भर जाएगी?
SSC CPO 25/11/2020 Shift-I
(a) 7 घण्टे 12 मिनट
(b) 9 घण्टे 30 मिनट
(c) 8 घण्टे
(d) 10 घण्टे 24 मिनट

58. तीन पाइप A, B और C को एक साथ खोलने पर ये किसी खाली टंकी को $\frac{30}{7}$ घण्टे में भर सकते हैं। A और B भरने वाले पाइप हैं और C खाली करने वाला पाइप है। पाइप A टैंक को 15 घण्टे में भर सकता है और पाइप C इसे 12 घण्टे में खाली कर सकता है। पाइप B अकेले उस खाली टंकी को कितने समय में भर सकता है? **SSC CPO 24/11/2020 Shift-I**
(a) 3 घण्टे (b) 4 घण्टे
(c) 5 घण्टे (d) 6 घण्टे

59. अलग-अलग समय पर चालू किए जाने पर किसी टंकी को भरने में पाइप A, पाइप B की तुलना में 5 घण्टे कम समय लेता है और एक साथ चालू किए जाने पर टंकी 6 घण्टे में भर जाती है। यदि पाइप A को अकेले चालू किया जाए, तो वह टंकी को कितने समय में भर देगा? **SSC CPO 24/11/2020 Shift-I**
(a) 15 घण्टे (b) 9 घण्टे
(c) 18 घण्टे (d) 10 घण्टे

60. पाइप A और B किसी टंकी को क्रमशः 16 और 24 घण्टे में भर सकते हैं, जबकि पाइप C भरी हुई टंकी को 40 घण्टे में खाली कर सकता है। तीनों पाइप एक-साथ खोले जाते हैं, लेकिन 10 घण्टे बाद पाइप A को बन्द कर दिया जाता है। टंकी का शेष भाग कितने घण्टे बाद भरेगा?
SSC CPO 23/11/2020 Shift-I
(a) 10 (b) 20
(c) $15\frac{1}{2}$ (d) $12\frac{1}{2}$

61. दो पाइप A और B किसी टंकी को क्रमशः 15 घण्टे और 18 घण्टे में भर सकते हैं। टंकी को भरने के लिए दोनों पाइप एक साथ खोले जाते हैं। खाली टंकी कितने घण्टे में भरेगी?
SSC CPO 23/11/2020 Shift-I
(a) $9\frac{2}{11}$ (b) $7\frac{2}{11}$
(c) $10\frac{2}{11}$ (d) $8\frac{2}{11}$

SSC CHSL 2024-2021 (Tier I & II)

62. दो पाइप एक टंकी को अलग-अलग तौर पर क्रमशः 36 मिनट और 45 मिनट में भर सकते हैं। टंकी में लगा एक निकास पाइप प्रति मिनट 40 लीटर पानी निकाल सकता है। यदि तीनों पाइप एक साथ खोल दिए जाएँ, तो टंकी एक घण्टे में भर जाती है। टंकी की क्षमता/धारिता (लीटर में) ज्ञात कीजिए।
SSC CHSL (Tier II) 10/01/2024 Shift-I
(a) 600 (b) 400
(c) 300 (d) 1200

63. एक कण्टेनर सामान्य रूप से 5 घण्टे में भर जाता हैं। हालाँकि, तल में रिसाव होने पर इसमें 6 घण्टे का समय लगता है। यदि कण्टेनर भरा हुआ है, तो रिसाव कितने समय में इसे खाली करेगा, यदि इस अवधि में कण्टेनर में पानी भरने की अनुमति नहीं हैं?
SSC CHSL (Tier I) 30/05/2022 Shift-I
(a) 5 घण्टे
(b) 30 घण्टे
(c) 6 घण्टे
(d) 15 घण्टे

64. नल P, किसी टंकी को 6 घण्टे में भर सकता है और नल Q भरी हुई टंकी को 10 घण्टे में खाली कर सकता है। यदि P और Q दोनों नलों को एक साथ खोला जाता है, तो खाली टंकी, पूर्ण रूप से कितने घण्टे में भरेगी?
SSC CHSL (Tier I) 04/08/2021 Shift-I
(a) 16 (b) 12
(c) 18 (d) 15

SSC MTS 2023-2021

65. एक टंकी को 1 घण्टे 40 मिनट में भरने के लिए 5 पाइपों की आवश्यकता होती है। यदि समान प्रकार के 4 पाइपों का उपयोग किया जाए, तो उसी टंकी को भरने में कितना समय (मिनटों में) लगेगा? **SSC MTS 11/9/2023 Shift-II**
(a) 150 (b) 140
(c) 115 (d) 125

66. दो इनलेट पाइप, अलग-अलग चलाने पर एक कुण्ड को क्रमशः 8 घण्टे और 10 घण्टे में पूरी तरह से भर सकते हैं। उन्हें 2 घण्टे के लिए चलाया जाता है और इसके बाद दूसरा पाइप बन्द कर दिया जाता है और एक आउटलेट पाइप खोल दिया जाता है, जो 20 घण्टे में पूरी तरह से भरे हुए कुण्ड को पूरी तरह से खाली कर सकता है। आउटलेट पाइप को खोलने के तत्काल बाद से कुण्ड को पूरा भरने में कुल कितना समय लगेगा?
SSC MTS 02/11/2021 Shift-III
(a) 8 घण्टे
(b) 7 घण्टे
(c) 7 घण्टे 20 मिनट
(d) 8 घण्टे 40 मिनट

सही उत्तर

1	(d)	2	(a)	3	(a)	4	(b)	5	(b)	6	(b)	7	(d)	8	(a)	9	(d)	10	(d)
11	(d)	12	(c)	13	(b)	14	(a)	15	(d)	16	(a)	17	(d)	18	(a)	19	(d)	20	(b)
21	(b)	22	(d)	23	(c)	24	(c)	25	(d)	26	(d)	27	(b)	28	(c)	29	(b)	30	(b)
31	(a)	32	(b)	33	(d)	34	(a)	35	(a)	36	(d)	37	(b)	38	(b)	39	(b)	40	(d)
41	(a)	42	(a)	43	(d)	44	(a)	45	(b)	46	(b)	47	(c)	48	(c)	49	(d)	50	(a)
51	(d)	52	(d)	53	(b)	54	(c)	55	(c)	56	(b)	57	(a)	58	(b)	59	(d)	60	(d)
61	(d)	62	(d)	63	(b)	64	(d)	65	(d)	66	(c)								

उत्तर सहित हल

1. (d) प्रश्नानुसार,

$A \longrightarrow 5.6$ (−1)
$B \longrightarrow 7$ (+0.8)
+5.6

2 घण्टे में खाली भाग $= -1 + 0.8 = -0.2$

$\times 23$ $\qquad \times 23$

46 घण्टे में खाली भाग $= -4.6$

+1 घण्टा $= -1$

47 घण्टे में खाली भाग $= -5.6$

$\therefore$ अभीष्ट समय = 47 घण्टे

2. (a) पाइप A और B की क्षमता का अनुपात $= 1:2$

टंकी की कुल क्षमता $= 45 \times (1+2) = 45 \times 3 = 135$

$\therefore$ पाइप A द्वारा टंकी भरने में लगा समय

$= \frac{135}{1} = 135$ मिनट

3. (a) तेज पाइप धीमा पाइप

क्षमताएँ = 4 : 1

दोनों पाइप द्वारा मिलकर टैंक भरने में लगा समय = 48 मिनट

$\therefore$ टैंक की क्षमता $= 48 \times (4+1) = 240$

धीमे पाइप द्वारा अकेले टैंक को भरने में लगा समय

$= \frac{240}{1} = 240$ मिनट में

4. (b) प्रश्नानुसार,

पहला नल ⟶ 10 मिनट (+6)
(पानी भरता है)
दूसरा नल ⟶ 12 मिनट (−5)
(खाली करता है)
[60]

$\therefore$ टंकी को भरने में लगने वाला समय

$= \frac{60}{(6-5)} = \frac{60}{1}$

= 60 मिनट = 1 घण्टा

5. (b) प्रश्नानुसार,

क्षमताएँ
पाइप X ⟶ 14 घण्टे (6)
पाइप Y ⟶ 21 घण्टे (4)
[84]

दोनों पाइप द्वारा एक साथ खाली टंकी को भरने में लगा समय

$= \frac{84}{6+4} = \frac{84}{10}$

$= 8\frac{4}{10} = 8\frac{2}{5}$ घण्टे

6. (b) प्रश्नानुसार,

समय क्षमता
$A \longrightarrow 11$ (+15) कुल कार्य
(पानी भरता है)
165
$B \longrightarrow 15$ (−11)
(खाली करता है)

$\therefore$ अभीष्ट समय $= \frac{165}{15-11} = \frac{165}{4} = 41\frac{1}{4}$ घण्टे

7. (d) प्रश्नानुसार,

$A \longrightarrow 4$ (15)
$B \longrightarrow 5$ (12)
$C \longrightarrow 3$ (−20)
60 (कुल कार्य)

तीनों पाइपों के द्वारा टंकी को भरने में लगा समय

$= \frac{60}{15+12-20} = \frac{60}{7}$ घण्टे

$= \frac{60 \times 60}{7} \approx 514$ मिनट

8. (a) माना पाइप A द्वारा टैंक को भरने में लगा समय $= 4x$ घण्टा

$\therefore$ पाइप B द्वारा लिया गया समय $= 5x$ घण्टा

पाइप A और B का 1 घण्टे का कार्य

$= \frac{1}{4x} + \frac{1}{5x} = \frac{9}{20x}$

$\therefore$ पाइप A और पाइप B द्वारा टैंक को भरने में लगा समय $= \frac{20x}{9}$ घण्टे

प्रश्नानुसार,

अब पाइप A, B और C द्वारा टैंक को भरने में लगा समय $= \frac{20x}{9} + \frac{20x}{9} \times \frac{4}{5}$

$= \frac{100x + 80x}{45} = 4x$

$\therefore \quad 4x = 40$ (दिया है)

$x = 10$

अकेले C द्वारा 1 घण्टे में किया गया कार्य

$= \frac{1}{40} + \frac{1}{50} - \frac{1}{40}$

$= \frac{1}{50}$

अत: पाइप C टैंक को 50 घण्टे में पूरा खाली कर देगा।

9. (d) पहले और दूसरे पाइप की कार्यक्षमता का अनुपात $= 6:1$

$\therefore$ टंकी की कुल क्षमता $= (6+1) \times 40 = 280$ इकाई

अत: धीमे पाइप को टंकी भरने में लगा समय

$= \frac{280}{1} = 280$ मिनट

10. (d) प्रश्नानुसार,

क्षमताएँ
$A \longrightarrow 20$ घण्टे (+3)
$B \longrightarrow 30$ घण्टे (+2)
[60]

पाइप $(A+B)$ द्वारा 1 घण्टे में भरी गई टंकी $= 3 + 2 = 5$

पाइप $(A+B)$ द्वारा टंकी का $1/3$ भाग भरने में लगा

समय $= \frac{60 \times \frac{1}{3}}{5} = \frac{20}{5} = 4$ घण्टे

शेष टंकी $= 60 \times \frac{2}{3} = 40$

शेष टंकी को भरने में लगा समय $= \frac{40}{(2+3) \times \frac{3}{4}}$

$= \frac{40 \times 4}{15}$

$= \frac{32}{3} = 10\frac{2}{3}$ घण्टे

अत: टंकी को भरने में लगा कुल समय

$= 4 + 10\frac{2}{3} = 14\frac{2}{3}$ घण्टे

11. (d) $(P+Q+R)$ द्वारा टैंक भरने में लिया गया समय = 4 घण्टे

$\therefore (P+Q+R)$ का 1 घण्टे का कार्य $= \frac{1}{4}$

$(P+Q+R)$ का 3 घण्टे का कार्य $= \frac{3}{4}$ भाग

शेष कार्य $= 1 - \frac{3}{4} = \frac{1}{4}$

$(Q$ तथा $R)$ द्वारा शेष टैंक को भरने में लिया गया समय = 2 घण्टे

$(Q$ तथा $R)$ का 1 घण्टे का कार्य $= \frac{1}{8}$

P का 1 घण्टे का कार्य $= \frac{1}{4} - \frac{1}{8} = \frac{1}{8}$

अत: P को अकेले टैंक भरने में लगा समय = 8 घण्टे

12. (c) प्रश्नानुसार,

क्षमताएँ
$A \longrightarrow 4$ घण्टे (3)
$B \longrightarrow 6$ घण्टे (2)
[12]

A का 8:00 am से 9:00 am तक का काम = 3

शेष कार्य = 12 − 3 = 9

A और B को शेष कार्य पूरा करने में लगा समय

$= \frac{9}{3+2} = 1$ घण्टा 48 मिनट

अत: टंकी = 9 : 00 am + 1 घण्टा 48 मिनट

= 10 : 48 am पर भर जाएगी।

13. (b) प्रश्नानुसार,

पाइप $P_1 \longleftrightarrow 20$ — 3
पाइप $P_2 \longleftrightarrow 30$ — 2
→ 60 (कुल कार्य) (20 और 30 का ल. स.)

माना दोनों पाइपों द्वारा टंकी को भरने में लगा कुल समय $= x$ घण्टा

प्रश्नानुसार, $3(x-5) + 2x = 60$

$\Rightarrow \quad 3x - 15 + 2x = 60$

$\Rightarrow \quad 5x = 75$

$\therefore \quad x = \frac{75}{5} = 15$ घण्टे

14. (a) प्रश्नानुसार,

पाइप $X \to 9$ — 7
पाइप $Y \to 21$ — 3
→ 63 टंकी की क्षमता

दोनों पाइपों को एकान्तर घण्टे में खोलने पर,
दोनों पाइप द्वारा 2 घण्टे में टंकी का भरा भाग = 7 + 3 = 10

$\therefore$ दोनों पाइप द्वारा 12 घण्टे में टंकी का भरा भाग $= 10 \times \frac{12}{2} = 60$

शेष भाग = 63 − 60 = 3

पाइप X द्वारा टंकी का शेष भाग भरने में लगा समय $= \frac{3}{7}$

$\therefore$ कुल समय $= 12\frac{3}{7}$ घण्टा

15. (d) प्रश्नानुसार,

$Q \to 60$ — 3
$R \to 45$ — 4
→ 180 (कुल कार्य)

पाइप Q और R के द्वारा 6 घण्टे से किया गया कार्य

$= (3+4) \times 6 = 42$

आधी टंकी = 90

अब, आधी टंकी का शेष भाग = 90 − 42 = 48

माना पाइप W की क्षमता $= x$ इकाई/घण्टा

प्रश्नानुसार, $(3 + 4 - x) \times 24 = 48$

$\Rightarrow \quad x = 5$ इकाई

अत: पाइप W द्वारा टंकी को खाली करने में लिया गया समय $= \frac{180}{5} = 36$ घण्टे

16. (a) प्रश्नानुसार,

$A \longrightarrow 6$ — 4
$B \longrightarrow 8$ — 3
→ 24 (कुल कार्य)

3 घण्टे में पाइप A और B द्वारा किया गया कार्य

$= (4+3) \times 3 = 21$

शेष कार्य को पाइप B द्वारा करने में लगा समय

$= \frac{24-21}{3}$

$= \frac{3}{3} = 1$ घण्टा

अत: अभीष्ट समय = 3 + 1 = 4 घण्टे

17. (d) प्रश्नानुसार,

$X \longrightarrow 60$ — 6
$Y \longrightarrow 72$ — 5
→ 360 (कुल कार्य)

$\therefore X$ और Y का 20 घण्टे का कार्य

$= (6+5) \times 20 = 220$

शेष कार्य = 360 − 220 = 140

अत: अभीष्ट भाग $= \frac{140}{360} = \frac{7}{18}$

18. (a) प्रश्नानुसार,

भरने वाला पाइप: $A \longrightarrow 12$ — 6; $B \longrightarrow 18$ — 4
खाली करने वाला पाइप: $C \longrightarrow 8$ — −9
→ 72

खाली टैंक को भरने में लगा समय

$= \frac{72}{(6+4-9)} = \frac{72}{10-9} = \frac{72}{1} = 72$ घण्टे

19. (d) प्रश्नानुसार,

$A \longrightarrow 8$ — 5
$B \longrightarrow 10$ — 4
→ 40

अन्तिम 3 मिनट में भरी टंकी = 3 × (5 + 4)

= 3 × 9 = 27

$\therefore$ शेष टंकी = 40 − 27 = 13

$\therefore$ अवरोध के दौरान का समय

$= \frac{13}{5 \times \frac{5}{8} + 4 \times \frac{3}{5}}$ मिनट $= \frac{13 \times 40}{125 + 96}$ मिनट

$= \frac{13 \times 40}{221}$ मिनट $= \frac{40}{17}$ मिनट $= 2\frac{6}{17}$ मिनट

20. (b) प्रश्नानुसार,

भरने वाला पाइप: पाइप $A \to 15$ — 40; पाइप $B \to 25$ — 24
खाली करने वाला पाइप: पाइप $C \to 40$ — −15
→ 600 कुल क्षमता (15, 25 और 40 का ल.स.)

पाइप $(A + B + C)$ द्वारा 1 घण्टे में टंकी का भरा भाग

= (40 + 24 − 15) = 49

पाइप $(A + B + C)$ द्वारा 5 घण्टे में टंकी का भरा भाग

= 49 × 5 = 245

शेष भाग = (600 − 245) = 355

$\therefore$ टंकी का शेष भाग भरने में लगा समय

$= \frac{355}{24-15} = \frac{355}{9} = 39\frac{4}{9}$ घण्टा

21. (b) प्रश्नानुसार,

$P \longrightarrow 36$ — 5
$Q \longrightarrow 45$ — 4
→ 180 कुल क्षमता (36 और 45 का ल.स.)

$\therefore$ अभीष्ट समय $= \frac{180}{9}$ मिनट = 20 मिनट

22. (d) माना भरने वाला पाइप A तथा खाली करने वाला पाइप B है।

$A \longrightarrow 5$ — +6
$B \longrightarrow 6$ — −5
→ 30 कुल क्षमता (5 और 6 का ल.स.)

$\therefore$ अभीष्ट समय $= \frac{30}{(6-5)} = \frac{30}{1} = 30$ मिनट

23. (c) पहले और दूसरे पाइप की क्षमता का अनुपात

= 2.5 : 1

टंकी की कुल क्षमता = (2.5 + 1) × 20 = 70

अत: तेज पाइप द्वारा लिया गया समय

$= \frac{70}{2.5} = 28$ मिनट

24. (c) पाइप A का 1 घण्टे का कार्य $= \frac{1}{\frac{4}{3}} = \frac{3}{4}$

पाइप B का 1 घण्टे का कार्य $= \frac{1}{2}$

पाइप $(A + B)$ का 1 घण्टे का कार्य $= \frac{3}{4} + \frac{1}{2} = \frac{5}{4}$

अत: पाइप $(A + B)$ दोनों को एकसाथ टंकी को भरने में लगा समय $= \frac{4}{5}$ घण्टे $= \frac{4}{5} \times 60$ मिनट = 48 मिनट

स्पीडी विधि

$A \to \frac{4}{3}$ — 3
$B \to 2$ — 2
→ 4 (ल.स.) कुल क्षमता

माना कुल पाइप A और B द्वारा टंकी को भरने में लगा समय $= \frac{4}{3+2}$ घण्टे $= \frac{4}{5} \times 60 = 48$ मिनट

25. (d) प्रश्नानुसार,

$A \longrightarrow 48$ — 11
$B \longrightarrow 66$ — 8
→ 528 कुल क्षमता (48 और 66 ल. स.)

माना B को x मिनट बाद बन्द कर दिया गया, तब

$11 \times 32 + 8 \times x = 528$

$\Rightarrow \quad 352 + 8x = 528 \Rightarrow 8x = 528 - 352$

$\therefore \quad x = \frac{176}{8} = 22$ मिनट

26. (d) प्रश्नानुसार,

पाइप $A \to 10$ — 6
$\to 20$ — 3
$\to 30$ — −2
→ 60

माना टंकी को भरने में कुल x मिनट लगता है।

प्रश्नानुसार, $6x + 3x + (x - 2) \times (-2) = 60$

$\Rightarrow 9x - 2x + 4 = 60 \Rightarrow 7x = 56$

$\therefore \quad x = \frac{56}{7} = 8$ मिनट

27. (b) माना तीसरा पाइप टैंक को भरता है $= t$ घण्टे में

$\therefore$ दूसरा पाइप टैंक को भरेगा $= (t + 4)$ घण्टे

तथा प्रथम पाइप टैंक को भरेगा $= (t + 9)$ घण्टे

प्रश्नानुसार,

$\therefore \quad \frac{1}{t+9} + \frac{1}{t+4} = \frac{1}{t}$

$\Rightarrow \quad \frac{2t+13}{t^2+13t+36} = \frac{1}{t}$

$\Rightarrow \quad 2t^2 + 13t = t^2 + 13t + 36$

$\Rightarrow \quad t^2 = 36 \Rightarrow t = 6$ घण्टे

$\therefore$ प्रथम पाइप द्वारा टंकी को भरने में लगा समय

= (9 + 6) = 15 घण्टे

28. (c) माना रिसाव पाइप B है।

$A \to 6$ (4), $A - B \to 8$ (3) → 24 (कुल कार्य)

$\therefore B$ की कार्य क्षमता $= 4 - 3 = 1$

$\therefore$ अभीष्ट समय $= \frac{24}{1} = 24$ घण्टे

29. (b) पाइप A और B की क्षमता का अनुपात

$= 15 : 1 = 3 : 2$

टंकी की कुल क्षमता $= 5 \times 15$

$\therefore$ अभीष्ट समय $= \frac{5 \times 15}{3}$ मिनट $= 25$ मिनट

30. (b) प्रश्नानुसार,

$P \to 10$ (6), $Q \to 15$ (4), $R \to 12$ (−5) → 60 (कुल कार्य)

6 am से 9 am तक पाइप P और Q द्वारा किया गया कार्य $= (6 + 4) \times 3 = 30$

शेष कार्य $= 60 - 30 = 30$

शेष कार्य को करने में P, Q और R द्वारा लिया गया समय

$= \frac{30}{6 + 4 - 5} = \frac{30}{5} = 6$ घण्टे

अत: अभीष्ट समय $= 9\,\text{am} + 6$ घण्टे $= 3$ pm

31. (a) प्रश्नानुसार,

$L \to 30$ (3), $M \to 45$ (2) → 90 (कुल कार्य)

अत: अभीष्ट समय $= \frac{90}{3 + 2} = 18$ घण्टे

32. (b) प्रश्नानुसार,

$P \to 40$ (6), $Q \to 80$ (3), $R \to 120$ (2) → 240 (कुल कार्य)

माना पाइप Q और R को x मिनट बाद बन्द किया जाता है।

$\therefore 6 \times 30 + 3x + 2x = 240$

$5x = 240 - 180 \Rightarrow x = \frac{60}{5} = 12$ मिनट

33. (d) प्रश्नानुसार,

पाइप $\to 12$ (3), पाइप + रिसाव $\to 18$ (2) → 36 (टैंक की कुल क्षमता)

$\therefore$ रिसाव की क्षमता $= (3 - 2) = 1$

$\therefore$ रिसाव द्वारा टंकी खाली करने में लगा समय

$= \frac{36}{1} = 36$ घण्टे

34. (a) प्रश्नानुसार,

$M \to 25$ (4), $N \to 50$ (2), $S \to 100$ (1) → 100

माना शेष टैंक x घण्टे में भर जाता है।

$\therefore 10(N + S) + x \times M + (x - 15) \times S = 100$

$\Rightarrow \quad 10 \times 3 + x \times 4 + (x - 15) \times 1 = 100$

$\Rightarrow \quad 30 + 4x + x - 15 = 100$

$\Rightarrow \quad 5x = 85 \Rightarrow x = 17$

$\therefore$ कुल समय $= 10 + 17 = 27$ मिनट

35. (a) दिया है, $P : Q$

क्षमता $= 21 : 1$

Q द्वारा टंकी को भरने में लगा समय $= 110$ मिनट

$\therefore$ टंकी की कुल क्षमता $= 110 \times 1 = 110$

दोनों भरण पाइप (P और Q) टंकी को भरने में लगा समय $= \frac{110}{21 + 1} = \frac{110}{22} = 5$ मिनट

36. (d) A, 1 घण्टे में $\frac{1}{32}$ भाग भर सकता है।

तथा B, 1 घण्टे में $\frac{1}{28}$ भाग भर सकता है।

A तथा B द्वारा 2 घण्टे में भरा भाग

$= \frac{1}{32} + \frac{1}{28} = \frac{7 + 8}{224} = \frac{15}{224}$

अत: टंकी को भरने में लगा समय

$= \frac{224}{15} \times 2 \approx 30$ घण्टे

37. (b) प्रवाहित जल का अनुपात

$= (2)^2 : (3)^2 : (4)^2 = 4 : 9 : 16$

$\because$ सबसे बड़ा नल (अर्थात् अनुपात 16) खाली टंकी को 81 मिनट में भर सकता है।

$\therefore$ सभी नलों द्वारा टंकी को भरने में लगा समय

$= \frac{16}{29} \times 81$

$= \frac{1296}{29} = 44\frac{20}{29}$ मिनट

38. (b) पाइप A, 6 घण्टे में टैंक का 50% भाग भर सकता है।

$\therefore$ पाइप A द्वारा पूरा टैंक भरने में लगा समय

$= 6 \times 2 = 12$ घण्टे

पाइप B द्वारा पूरा टैंक भरने में लगा समय $= 18$ घण्टे

$A \to (12)$ (×3), $B \to (18)$ (×2) → 36 (कुल कार्य)

A तथा B की एकसाथ कार्य क्षमता

$= 3 + 2 = 5$ कार्य/घण्टा

दोनों पाइप द्वारा पूरी टैंक भरने में लगा समय

$= \frac{36}{5}$ घण्टा $= \frac{36}{5} \times 60$ मिनट $= 432$ मिनट

39. (b) माना पाइप A द्वारा टंकी भरने में लगा समय $= x$ मिनट

पाइप B द्वारा टंकी भरने में लगा समय $= (x + 5)$ मिनट

पाइप A तथा B की एकसाथ कार्यक्षमता $= \frac{1}{6}$

$\therefore \quad \frac{1}{x} + \frac{1}{x + 5} = \frac{1}{6}$

$\Rightarrow \quad \frac{x + 5 + x}{x(x + 5)} = \frac{1}{6}$

$\Rightarrow \quad x^2 + 5x = 12x + 30$

$\Rightarrow \quad x^2 - 7x - 30 = 0$

$\Rightarrow \quad (x - 10)(x + 3) = 0$

$\Rightarrow \quad x = 10$ परन्तु $x \neq -3$

अत: पाइप A द्वारा टंकी भरने में लगा समय $= 10$ मिनट

पाइप B द्वारा टंकी भरने में लगा समय

$= 10 + 5$

$= 15$ मिनट

40. (d) इनलेट पाइप का 1 घण्टे का कार्य $= \frac{1}{84}$

आउटलेट पाइप का 1 घण्टे का कार्य $= \frac{1}{105}$

9 इनलेट पाइप द्वारा 1 घण्टे का कार्य $= \frac{9}{84} = \frac{3}{28}$

10 आउटलेट पाइप द्वारा 1 घण्टे का कार्य $= \frac{10}{105} = \frac{2}{21}$

1 घण्टे में टंकी का भरा भाग $= \frac{3}{28} - \frac{2}{21}$

$= \frac{9 - 8}{84} = \frac{1}{84}$

अत: टंकी भरने में लगा समय $= 84$ घण्टे

41. (a) प्रश्नानुसार,

	समय (घण्टों में)		क्षमता (प्रति/घण्टे)
भरने वाला पाइप	30	150	5
भरने व खाली करने वाला पाइप	50		2

$\therefore$ खाली करने वाले पाइप की क्षमता $= 5 - 2 = 3$

$\therefore$ टंकी को खाली करने में लगा समय

$= \frac{150}{(5 - 3)} = 75$ घण्टे

42. (a) माना S_3 खुलने के बाद टंकी x घण्टों में पूरी भर जाएगी।

$\Rightarrow \quad \frac{x + 2}{15} + \frac{x + 2}{20} - \frac{x}{40} = 1$

$\Rightarrow \quad \frac{8(x + 2) + 6(x + 2) - 3x}{120} = 1$

$\Rightarrow \quad 8x + 16 + 6x + 12 - 3x = 120$

$\Rightarrow \quad 11x + 28 = 120$

$\Rightarrow \quad 11x = 92$

$\Rightarrow \quad x = \frac{92}{11}$ घण्टे

43. (d) दोनों पाइपों द्वारा 2 घण्टे में टैंक का भरा गया भाग $= \frac{1}{4\frac{1}{2}} - \frac{1}{7\frac{1}{5}} = \frac{2}{9} - \frac{5}{36} = \frac{3}{36} = \frac{1}{12}$

20 घण्टों में टैंक का $\frac{10}{12}$ भाग भर जाएगा।

$\therefore$ शेष भाग $= 1 - \frac{10}{12} = \frac{2}{12} = \frac{1}{6}$

अब टैंक का $\frac{1}{6}$ भाग इनलेट पाइप द्वारा भरा जाएगा।

अत: इनलेट पाइप द्वारा लिया गया समय $= \frac{1}{6} \times \frac{9}{2} = \frac{3}{4}$

अत: टैंक को पूरा भरने में लगा समय $= 20\frac{3}{4}$ घण्टे

44. (a) पाइप A द्वारा एक मिनट में टंकी का भरा गया भाग $= \frac{1}{12}$

पाइप B द्वारा एक मिनट में टंकी का भरा गया भाग $= \frac{1}{18}$

तथा पाइप C द्वारा एक मिनट में टंकी का खाली किया गया भाग $= \frac{1}{36}$

$\therefore$ तीनों पाइपों द्वारा एक मिनट में टंकी का भरा गया भाग

$= \frac{1}{12} + \frac{1}{18} - \frac{1}{36}$

$= \frac{3 + 2 - 1}{36}$

$= \frac{4}{36} = \frac{1}{9}$

तीनों पाइपों द्वारा एक साथ खोले जाने पर टंकी भरने में लगा समय = 9 मिनट

स्पीडी विधि

$A \longrightarrow 12$ (3)

$B \longrightarrow 18$ (2) $\rangle$ 36

$C \longrightarrow -36$ (−1)

खाली टंकी को पूरी तरह भरने में लगा समय $= \frac{36}{(3+2-1)} = \frac{36}{4} = 9$ मिनट

45. (b) 120 तथा 54 का ल.स. = 1080

$A \longrightarrow 120$ (9)

$B \longrightarrow 54$ (20) $\rangle$ 1080 (कुल क्षमता)

8 इनलेट की क्षमता = 9 × 8 = 72 भाग/घण्टा

3 आउटलेट की क्षमता = 3 × 20 = 60 भाग/घण्टा

1 घण्टे में भरा भाग = 72 − 60 = 12 भाग

पूरे टैंक को भरने में लगा समय $= \frac{1080}{12} = 90$ घण्टे

46. (b) पाइप A और B द्वारा एक घण्टे में टंकी का भरा गया भाग $= \frac{1}{1.5} = \frac{2}{3}$

पाइप C द्वारा एक घण्टे में टंकी का खाली किया गया भाग (आउटलेट पाइप) $= \frac{1}{4.5} = \frac{2}{9}$

पाइप A और C द्वारा एक घण्टे में टंकी का भरा गया भाग $= \frac{1}{6}$

पाइप A द्वारा एक घण्टे में टंकी का भरा गया भाग

$= \frac{1}{6} + \frac{2}{9} = \frac{3+4}{18} = \frac{7}{18}$

पाइप B द्वारा एक घण्टे में टंकी का भरा गया भाग

$= \frac{2}{3} - \frac{7}{18} = \frac{5}{18}$

पाइप B द्वारा अकेले टंकी को भरने में लिया गया समय

$= \frac{18}{5}$ घण्टे $= 3\frac{3}{5}$ घण्टे = 3 घण्टे 36 मिनट

47. (c) दोनों पाइपों को एकसाथ खोलने पर टैंक का 1 घण्टे में भरा गया भाग $= \frac{1}{18} + \frac{1}{24} = \frac{7}{72}$

$\therefore$ खाली टैंक को भरने में लगा समय $= \frac{72}{7} = 10\frac{2}{7}$ घण्टे

स्पीडी विधि

माना टैंक की क्षमता = 18, 24 का ल.स.

= 72 इकाई

$\therefore$ पाइप A की दक्षता $= \frac{72}{18} = 4$ इकाई/घण्टा

तथा पाइप B की दक्षता $= \frac{72}{24} = 3$ इकाई/घण्टा

अतः दोनों पाइपों के द्वारा टैंक भरने में लगा समय

$= \frac{72}{4+3} = \frac{72}{7} = 10\frac{2}{7}$ घण्टा

48. (c) एक इनलेट पाइप का 1 घण्टे का कार्य $= \frac{1}{140}$

एक आउटलेट पाइप का 1 घण्टे का कार्य $= \frac{1}{63}$

$\frac{1}{140} \times 8 - \frac{1}{63} \times y = \frac{1}{105} \Rightarrow \frac{2}{35} - \frac{y}{63} = \frac{1}{105}$

$\Rightarrow \quad \frac{2 \times 9 - 5y}{315} = \frac{1}{105}$

$\Rightarrow \quad 18 - 5y = 3$

$\Rightarrow \quad 5y = 15 \Rightarrow y = \frac{15}{5} = 3$

49. (d) नल A, B और C का पहले 2 घण्टे का कार्य

$= 2\left(\frac{1}{10} + \frac{1}{20} + \frac{1}{25}\right) = 2 \times \frac{19}{100} = \frac{19}{50}$

अब नल A और B का अगले 2 घण्टे का कार्य

$= 2 \times \left(\frac{1}{10} + \frac{1}{20}\right) = 2 \times \frac{3}{20} = \frac{3}{10}$

शेष कार्य $= 1 - \left(\frac{19}{50} + \frac{3}{10}\right)$

$= 1 - \left(\frac{19+15}{50}\right) = 1 - \frac{34}{50} = \frac{16}{50}$

$\therefore A$ द्वारा किया गया कुल कार्य

$= 4 \times \frac{1}{10} + \frac{16}{50} = \frac{4}{10} + \frac{16}{50} = \frac{36}{50}$

A द्वारा किया गया प्रतिशत कार्य

$= \frac{\left(\frac{36}{50}\right)}{1} \times 100 = 72\%$

50. (a) माना पाइप A, टंकी को भरने में x घण्टे लेता है।

तब, B द्वारा लिया गया समय $= \frac{x}{3}$ घण्टे

C द्वारा लिया गया समय $= \frac{x}{3 \times \frac{3}{2}} = \frac{2x}{9}$ घण्टे

$(A + B + C)$ का 1 घण्टे का कार्य $= \frac{1}{4}$

$\Rightarrow \quad \frac{1}{x} + \frac{3}{x} + \frac{9}{2x} = \frac{1}{4} \Rightarrow \frac{2+6+9}{2x} = \frac{1}{4}$

$\Rightarrow \quad \frac{17}{2x} = \frac{1}{4} \Rightarrow x = 34$ घण्टे

51. (d) माना टंकी को भरने में x घण्टे लगे।

$\therefore \quad \frac{x}{12} + \frac{4}{16} - \frac{x}{24} = 1 \Rightarrow \frac{4x + 12 - 2x}{48} = 1$

$\Rightarrow 2x = 48 - 12 \Rightarrow 2x = 36 \Rightarrow x = 18$ घण्टे

52. (d) पाइप A द्वारा 1 घण्टे में भरा गया टैंक का भाग $= \frac{1}{10}$

पाइप B द्वारा 1 घण्टे में भरा गया टैंक का भाग $= \frac{1}{16}$

दो घण्टे में भरा गया टैंक का भाग

$= \frac{1}{16} + \frac{1}{10} = \frac{13}{80}$

अतः 12 घण्टे में टैंक का भरा गया भाग

$= \frac{13 \times 6}{80} = \frac{78}{80}$

शेष भाग $= 1 - \frac{78}{80} = \frac{2}{80} = \frac{1}{40}$

अतः शेष $\frac{1}{40}$ भाग पाइप B द्वारा भरा जाएगा

$= \frac{\left(\frac{1}{40}\right)}{\left(\frac{1}{16}\right)} = \frac{2}{5}$ घण्टे में

अतः दोनों पाइपों द्वारा टैंक को भरने में लिया गया कुल समय $= 12\frac{2}{5}$ घण्टे

53. (b) पाइप A और पाइप B का 1 घण्टे का कार्य क्रमशः $\frac{1}{10}$ और $\frac{1}{40}$ हैं

दोनों पाइपों को मिलाकर 1 घण्टे का कार्य

$= \frac{1}{10} + \frac{1}{40} = \frac{5}{40} = \frac{1}{8}$

दोनों पाइप मिलकर टैंक को 8 घण्टे में भर देंगे। अब यदि पाइप A, B और आउटलेट पाइप C को एकसाथ खोला जाता है, तो टैंक भरने में लगा समय

= 8 घण्टे + 80 मिनट

= 9 घण्टे 20 मिनट $= 9\frac{1}{3}$ घण्टे $= \frac{28}{3}$ घण्टे

अब माना पाइप C भरे हुए टैंक को x घण्टे में खाली करता है।

तब $\frac{1}{8} - \frac{1}{x} = \frac{3}{28} \Rightarrow \frac{x-8}{8x} = \frac{3}{28} \Rightarrow x = 56$

अब, A और B का 7 घण्टे में भरा भाग $= \frac{1}{8} \times 7 = \frac{7}{8}$

$\therefore \frac{7}{8}$ भरे टैंक को पाइप C खाली करेगा

$= \frac{7}{8} \times 56 = 49$ घण्टे

54. (c) पम्प का 1 घण्टे का कार्य = 1

रिसाव के कारण 1 घण्टे का कार्य $= \frac{3}{4}$

अब, माना रिसाव भरी टंकी में x घण्टे में खाली कर सकता है।

$\therefore$ रिसाव का 1 घण्टे का कार्य $= \frac{1}{x}$

$\therefore \quad 1 - \frac{1}{x} = \frac{3}{4} \Rightarrow \frac{x-1}{x} = \frac{3}{4} \Rightarrow x = 4$ घण्टे

55. (c) पाइप A का 1 घण्टे का कार्य $= \frac{2}{25}$

पाइप B का 1 घण्टे का कार्य $= \frac{1}{25}$

$\therefore$ दोनों पाइपों को मिलाकर 1 घण्टे का कार्य

$= \frac{2}{25} + \frac{1}{25} = \frac{3}{25}$

$\therefore$ दोनों पाइप मिलाकर टंकी भरने में लगा समय

$= \frac{25}{3}$ घण्टे

अब, रिसाव के कारण टंकी भरने में लगा समय

$= \frac{25}{3} + 1 + \frac{40}{60} = 10$ घण्टे

अब माना रिसाव भरी टंकी को x घण्टे में खाली कर सकता है।

तब, $\frac{2}{25} + \frac{1}{25} - \frac{1}{x} = \frac{1}{10}$

$\Rightarrow \frac{1}{x} = \frac{3}{25} - \frac{1}{10} = \frac{6-5}{50} = \frac{1}{50} \Rightarrow x = 50$ घण्टे

56. (b) पाइप A, B और C का 1 घण्टे का कार्य क्रमशः $\frac{1}{16}, \frac{1}{24}$ और $\frac{1}{40}$ है।

अब माना पाइप C बन्द करने के बाद टंकी का शेष भाग भरने में x घण्टे लगते हैं।

$\therefore 10\left(\frac{1}{16} + \frac{1}{24} - \frac{1}{40}\right) + x\left(\frac{1}{16} + \frac{1}{24}\right) = 1$

$\Rightarrow \quad 10\left(\frac{15+10-6}{240}\right) + x\left(\frac{3+2}{48}\right) = 1$

$\Rightarrow \quad x \times \frac{5}{48} = 1 - \frac{19}{24} \Rightarrow x = \frac{5}{24} \times \frac{48}{5} = 2$ घण्टे

57. (a) पाइप A का 1 घण्टे का कार्य और पाइप B का 1 घण्टे का कार्य क्रमशः $\frac{1}{12}$ और $\frac{1}{18}$ है।

∴ दोनों पाइप को मिलाकर 1 घण्टे का कार्य

$$= \frac{1}{12} + \frac{1}{18} = \frac{5}{36}$$

∴ दोनों पाइप खालने पर टंकी भरने में लगा समय

$$= \frac{36}{5} = 7\frac{1}{5} = 7 \text{ घण्टे } 12 \text{ मिनट}$$

स्पीडी विधि

$A \rightarrow 12$ घण्टे (+3)

$B \rightarrow 18$ घण्टे (+2)

36 (कुल कार्य)

दोनों पाइप को खोलने पर टंकी भरने में लगा समय

$$= \frac{36}{5} \text{ घण्टे} = 7 \text{ घण्टे } 12 \text{ मिनट}$$

58. (b) पाइप A का 1 घण्टे का कार्य $= \frac{1}{15}$

पाइप C का 1 घण्टे का कार्य $= \frac{1}{12}$

माना पाइप B अकेले टंकी को भरने में x घण्टे लेता है

तब पाइप B का 1 घण्टे का कार्य $= \frac{1}{x}$

$$\frac{1}{15} + \frac{1}{x} - \frac{1}{12} = \frac{7}{30}$$

$$\Rightarrow \frac{1}{x} = \frac{7}{30} - \frac{1}{15} + \frac{1}{12}$$

$$= \frac{14 - 4 + 5}{60} = \frac{15}{60} = \frac{1}{4}$$

$$\Rightarrow x = 4 \text{ घण्टे}$$

59. (d) माना पाइप A अकेले टंकी को भरने में x घण्टे लेता है, तब पाइप B अकेले टंकी को भरने में $(x + 5)$ घण्टे लेता है।

$$\frac{1}{x} + \frac{1}{(x+5)} = \frac{1}{6} \Rightarrow \frac{x + 5 + x}{x^2 + 5x} = \frac{1}{6}$$

$$\Rightarrow 12x + 30 = x^2 + 5x$$

$$\Rightarrow (x - 10)(x + 3) = 0$$

$$\Rightarrow x = 10$$

अतः पाइप A को अकेले चालू किया जाए तो वह टंकी को 10 घण्टे में भर देगा।

60. (d) प्रश्नानुसार, पाइप A, पाइप B और पाइप C का 1 घण्टे का कार्य क्रमशः $\frac{1}{16}, \frac{1}{24}$ और $\frac{1}{40}$ है।

तीनों पाइपों का एक साथ 1 घण्टे का कार्य

$$= \frac{1}{16} + \frac{1}{24} - \frac{1}{40}$$

$$= \frac{15 + 10 - 6}{240} = \frac{19}{240}$$

∴ तीनों पाइपों का 10 घण्टे का कार्य $= \frac{19}{240} \times 10 = \frac{19}{24}$

∴ शेष कार्य $= 1 - \frac{19}{24} = \frac{5}{24}$

अब, B और C का 1 घण्टे का कार्य

$$= \frac{1}{24} - \frac{1}{40} = \frac{10 - 6}{240} = \frac{4}{240} = \frac{1}{60}$$

∴ टंकी का शेष भाग भरने में लगा समय

$$= \frac{5}{24} \times 60 = \frac{5}{2} \times 5 = \frac{25}{2}$$

$$= 12\frac{1}{2} \text{ घण्टे}$$

स्पीडी विधि

$A \rightarrow 16$ (+15)

$B \rightarrow 24$ (+10)

$C \rightarrow 40$ (−6)

240 (कुल कार्य)

$(A + B - C) \times 10 + (B - C) \times x = 240$

$(15 + 10 - 6) \times 10 + (10 - 6)x = 240$

$190 + 4x = 240 \Rightarrow 4x = 50 \Rightarrow 2x = 25$

$x = \frac{25}{2} = 12\frac{1}{2}$ घण्टे

61. (d) पाइप A और B का 1 घण्टे का कार्य क्रमशः $\frac{1}{15}$ और $\frac{1}{18}$ हैं।

∴ दोनों पाइप एकसाथ खोलने पर 1 घण्टे का कार्य

$$= \frac{1}{15} + \frac{1}{18}$$

$$= \frac{6 + 5}{90} = \frac{11}{90}$$

∴ टंकी भरने में लगा समय $= \frac{90}{11} = 8\frac{2}{11}$

स्पीडी विधि

$A \rightarrow 15$ घण्टे (+6)

$B \rightarrow 18$ घण्टे (+5)

90 (कुल कार्य)

∴ टंकी भरने में लगा समय $= \frac{90}{6 + 5} = \frac{90}{11} = 8\frac{2}{11}$

62. (d) माना निकास पाइप टंकी को x मिनट में खाली कर देता है।

प्रश्नानुसार, $\frac{1}{36} + \frac{1}{45} - \frac{1}{x} = \frac{1}{60}$

$$\therefore \frac{1}{x} = \frac{1}{36} + \frac{1}{45} - \frac{1}{60}$$

$$= \frac{5 + 4 - 3}{180} = \frac{1}{30}$$

∴ $x = 30$ मिनट

अतः टंकी की क्षमता $= 30 \times 40 = 1200$ लीटर

63. (b) कण्टेनर भरने वाले पाइप का 1 घण्टे का कार्य

$$= \frac{1}{5}$$

रिसाव के साथ भरने में लगा समय $= \frac{1}{6}$

अब माना यदि कण्टेनर भरा है तब रिसाव से खाली होने में लगा समय $= x$ घण्टे

$$\frac{1}{5} - \frac{1}{x} = \frac{1}{6}$$

$$\Rightarrow \frac{1}{x} = \frac{1}{5} - \frac{1}{6} = \frac{6 - 5}{30} = \frac{1}{30}$$

$$\therefore x = 30$$

64. (d) नल P का 1 घण्टे का कार्य $= \frac{1}{6}$

नल Q का 1 घण्टे का कार्य $= \frac{1}{10}$

∴ दोनों नलों का मिलाकर 1 घण्टे का कार्य

$$= \frac{1}{6} - \frac{1}{10} = \frac{5 - 3}{30} = \frac{2}{30} = \frac{1}{15}$$

अतः खाली टंकी पूर्ण रूप से 15 घण्टे में भरेगी।

स्पीडी विधि

$P \rightarrow 6$ घण्टे (+10)

$Q \rightarrow 10$ घण्टे (−6)

60 (कुल कार्य)

अभीष्ट समय $= \frac{60}{10 - 6} = \frac{60}{4} = 15$ घण्टे

65. (d) समय = 1 घण्टा 40 मिनट = 100 मिनट

∵ 5 पाइप टंकी भरने में 100 मिनट लेते हैं।

∴ 1 पाइप टंकी भरने में 100×5 मिनट लेता है।

∴ 4 पाइप टंकी भरने में $\frac{100 \times 5}{4}$ मिनट अर्थात् 125 मिनट लेते हैं।

66. (c) पहले दो इनलेट पाइप द्वारा 2 घण्टे में भरा भाग

$$= 2\left(\frac{1}{8} + \frac{1}{10}\right) = 2 \times \frac{5 + 4}{40} = \frac{9}{20}$$

$$\text{शेष भाग} = 1 - \frac{9}{20} = \frac{11}{20}$$

दूसरा इनलेट पाइप बन्द करने तथा एक आउटलेट पाइप खोलने पर 1 घण्टे में भरा भाग

$$= \frac{1}{8} - \frac{1}{20} = \frac{5 - 2}{40} = \frac{3}{40}$$

∴ कुण्ड को भरने में लगा समय

$$= \frac{\frac{11}{20}}{\frac{3}{40}} = \frac{22}{3} = 7 \text{ घण्टे } 20 \text{ मिनट}$$

19

बीजगणित

बीजगणितीय व्यंजक

एक या एक से अधिक चरों, गणितीय संक्रियाओं और अचर के संयोजन से प्राप्त परिणाम को बीजगणितीय व्यंजक कहते हैं।

बीजगणितीय बहुपद

ऐसा बीजगणितीय व्यंजक जिसमें प्रत्येक चर की केवल गैर-ऋणात्मक पूर्ण घात होती है।

बहुपद की घात

बीजीय बहुपद में किसी चर का उच्चतम घात बहुपद की घात कहलाती है।

जैसे–बहुपद x^2+2x+3 में, चर x की उच्चतम घात 2 है

अतः बहुपद की घात 2 है।

बीजगणितीय सर्वसमिकाएँ

- $a^2 - b^2 = (a+b)(a-b)$
- $(a+b)^2 = a^2 + b^2 + 2ab$
- $(a-b)^2 = a^2 + b^2 - 2ab$
- $(a+b)^2 = (a-b)^2 + 4ab$
- $(a-b)^2 = (a+b)^2 - 4ab$
- $(a+b+c)^2 = a^2 + b^2 + c^2 + 2(ab+bc+ca)$
- $(a+b)^3 = a^3 + b^3 + 3ab(a+b)$
- $(a-b)^3 = a^3 - b^3 - 3ab(a-b)$
- $a^3 + b^3 = (a+b)(a^2 - ab + b^2)$
- $a^3 - b^3 = (a-b)(a^2 + ab + b^2)$
- $a^3 + b^3 + c^3 - 3abc = (a+b+c)(a^2+b^2+c^2-ab-bc-ca)$

$$= \frac{1}{2}(a+b+c)[(a-b)^2 + (b-c)^2 + (c-a)^2]$$

$$= (a+b+c)[(a+b+c)^2 - 3(ab+bc+ca)]$$

$$= \frac{1}{2}(a+b+c)[3(a^2+b^2+c^2) - (a+b+c)^2]$$

- यदि $a+b+c=0$ हो, तो $a^3+b^3+c^3 = 3abc$

उदाहरण 1. यदि $a+b=1$, तो $a^3+b^3-ab-(a^2-b^2)^2$ का मान है

हल $a^3+b^3-ab-(a^2-b^2)^2$

$$= (a+b)(a^2+b^2-ab) - ab - (a+b)^2(a-b)^2$$

$$= a^2+b^2-2ab-(a-b)^2 \quad [\because a+b=1]$$

$$= (a-b)^2 - (a-b)^2 = 0$$

वर्ग सूत्र

- यदि $x + \frac{1}{x} = N$ तो $x^2 + \frac{1}{x^2} = N^2 - 2$
- यदि $x + \frac{1}{x} = N$ तो $x - \frac{1}{x} = \sqrt{N^2 - 4}$
- यदि $x + \frac{1}{x} = N$ तो $x^2 - \frac{1}{x^2} = \left(x + \frac{1}{x}\right)\left(x - \frac{1}{x}\right) = N\sqrt{N^2 - 4}$
- यदि $x - \frac{1}{x} = N$ तो $x^2 + \frac{1}{x^2} = N^2 + 2$
- यदि $x - \frac{1}{x} = N$ तो $x + \frac{1}{x} = \sqrt{N^2 + 4}$
- यदि $x - \frac{1}{x} = N$ तो $x^2 - \frac{1}{x^2} = \left(x + \frac{1}{x}\right)\left(x - \frac{1}{x}\right) = (\sqrt{N^2 + 4})(N)$

घन सूत्र

- यदि $x + \frac{1}{x} = N$ तो $x^3 + \frac{1}{x^3} = N^3 - 3N$
- यदि $x - \frac{1}{x} = N$ तो $x^3 - \frac{1}{x^3} = N^3 + 3N$

शेषफल प्रमेय

यदि $f(x)$ चर x का बहुपद है जिसकी घात 2 से अधिक है तथा $f(a)$ का मान शून्य है, तब $(x-a)$ व्यंजक $f(x)$ का एक गुणनखण्ड होता है, जहाँ $a, f(x)$ के अचर पद का एक गुणनखण्ड है।

- किसी व्यंजक $f(x)$ को $x-a$ से भाग देने पर शेषफल $f(a)$ प्राप्त होता है।
- यदि $(x-a)$ व्यंजक $f(x)$ का एक गुणनखण्ड हो, तो $(x-a)$ से भाग देने पर शेषफल $f(a)$ शून्य प्राप्त होगा।

उदाहरण 2. $x^3+6x^2+3x-10$ के गुणनखण्ड क्या हैं?

हल दिया गया व्यंजक, $f(x) = x^3+6x^2+3x-10$

$x=1$ व्यंजक में रखने पर,

$$f(1) = (1)^3 + 6(1)^2 + 3(1) - 10 = 1+6+3-10 = 0$$

$\therefore$ $(x-1)$ व्यंजक का एक गुणनखण्ड है।

अब, $x^3+6x^2+3x-10 = x^2(x-1) + 7x(x-1) + 10(x-1)$

$$= (x-1)(x^2+7x+10) = (x-1)[x^2+(5+2)x+10]$$

$$= (x-1)[x^2+5x+2x+10]$$

$$= (x-1)[x(x+5)+2(x+5)]$$

$$= (x-1)(x+5)(x+2)$$

रैखिक समीकरण

एक चर वाली रैखिक समीकरण

एक चर वाला ऐसा समीकरण जिसके चर का अधिकतम घातांक 1 होता है उसे एक चर वाला रैखिक समीकरण कहते हैं।

जैसे— $x + 5 = -3$ एक चर वाली रैखिक समीकरण है।

दो चरों वाली रैखिक समीकरण

दो चरों वाला ऐसा समीकरण जिसके दोनों चर का घातांक 1 होता है उसे दो चरों वाला रैखिक समीकरण कहते हैं।

जैसे— $2x + 3y = 5$, $x + 4y + 6 = 10$ आदि दो चरों वाले रैखिक समीकरण हैं।

समीकरणों के हल के प्रतिबन्ध

समीकरणों के निकाय $a_1x + b_1y + c_1 = 0$ और $a_2x + b_2y + c_2 = 0$ का

(i) कोई हल नहीं होगा, यदि $\frac{a_1}{a_2} = \frac{b_1}{b_2} \neq \frac{c_1}{c_2}$

(ii) अनन्त हल होंगे, यदि $\frac{a_1}{a_2} = \frac{b_1}{b_2} = \frac{c_1}{c_2}$

(iii) एक अद्वितीय हल होगा, यदि $\frac{a_1}{a_2} \neq \frac{b_1}{b_2}$

द्विघात समीकरण

एक ऐसी समीकरण जिसमें चर राशि की अधिकतम घात 2 हो, द्विघात समीकरण कहलाती है।

द्विघात समीकरण का मानक रूप $ax^2 + bx + c = 0$, $a \neq 0$, $a, b, c \in R$ है।

द्विघात समीकरण के मूल या हल

चर राशि के वे मान जो समीकरण को सन्तुष्ट करते हैं, समीकरण के मूल या हल कहलाते हैं।

श्रीधराचार्य सूत्र

द्विघात समीकरण $ax^2 + bx + c = 0, a \neq 0$ के मूल अर्थात् हल निम्नलिखित सूत्र से ज्ञात किए जा सकते हैं, $x = \frac{-b \pm \sqrt{b^2 - 4ac}}{2a}$

यदि द्विघात समीकरण के मूल α, β हैं,

तब $\alpha = \frac{-b + \sqrt{b^2 - 4ac}}{2a}$ तथा $\beta = \frac{-b - \sqrt{b^2 - 4ac}}{2a}$

द्विघात समीकरण के मूलों की प्रकृति

द्विघात समीकरण $ax^2 + bx + c = 0$ के मूलों की प्रकृति विविक्तकर $D = b^2 - 4ac$ के मान पर निर्भर करती है।

(i) यदि $D = 0$, तो मूल वास्तविक व समान होंगे।

(ii) यदि $D > 0$ तथा D एक पूर्ण वर्ग है, तो मूल वास्तविक, असमान तथा परिमेय होंगे।

(iii) यदि $D > 0$ तथा D एक पूर्ण वर्ग नहीं है, तो मूल वास्तविक, असमान तथा अपरिमेय होंगे।

(iv) यदि $D < 0$, तो मूल काल्पनिक होंगे।

नोट *यदि द्विघात समीकरण का एक मूल* $a + ib$ *तथा* $a + \sqrt{b}$ *हो, तो दूसरा मूल क्रमशः* $a - ib$ *तथा* $a - \sqrt{b}$ *होगा।*

उदाहरण 3. द्विघात समीकरण $4x^2 + 4x + 1 = 0$ के मूल हैं

हल यहाँ, $a = 4$, $b = 4$ और $c = 1$

$\therefore \quad D = b^2 - 4ac = 4^2 - 4 \times 4 \times 1 = 0$

अतः समीकरण के मूल वास्तविक तथा समान होगें।

मूलों का योग व गुणनफल

माना द्विघात समीकरण $ax^2 + bx + c = 0$ के दो मूल α व β हैं, तब

(i) मूलों का योग $= \alpha + \beta = -\frac{b}{a} = -\frac{x \text{ का गुणांक}}{x^2 \text{ का गुणांक}}$

(ii) मूलों का गुणनफल $= \alpha \cdot \beta = \frac{c}{a} = \frac{\text{अचर पद}}{x^2 \text{ का गुणांक}}$

उदाहरण 4. समीकरण $x^2 - 3x + 4 = 0$ में मूलों का योगफल है

हल मूलों का योगफल $= \frac{-b}{a} = \frac{-(-3)}{1} = 3$

द्विघात समीकरण की संरचना

यदि किसी समीकरण के मूल α, β हों, तो द्विघात समीकरण

$x^2 -$ (मूलों का योग) $x +$ (मूलों का गुणनफल) $= 0$

या $\quad x^2 - (\alpha + \beta)x + \alpha\beta = 0$

उदाहरण 5. एक द्विघात समीकरण के मूलों का योगफल -2 तथा गुणनफल -4 है वह समीकरण क्या है?

हल द्विघात समीकरण, $x^2 -$ (मूलों का योगफल) $x +$ मूलों का गुणनफल $= 0$

$\Rightarrow \quad x^2 - (-2)x + (-4) = 0 \Rightarrow x^2 + 2x - 4 = 0$

घन समीकरण

यदि α, β व γ घन समीकरण $ax^3 + bx^2 + cx + d = 0$ के मूल हो, तब

(i) मूलों का योग $(\alpha + \beta + \gamma) = -\frac{b}{a}$

(ii) मूलों का गुणनफल $(\alpha \cdot \beta \cdot \gamma) = -\frac{d}{a}$

(iii) एक बार में लिए गए दो मूलों का योग $(\alpha\beta + \beta\gamma + \gamma\alpha) = \frac{c}{a}$

घातांकों के नियम

- $a^m \times a^n = a^{m+n}$
- $\frac{a^m}{a^n} = a^{m-n}$
- $(a^m)^n = a^{mn}$
- $\left(\frac{a}{b}\right)^n = \frac{a^n}{b^n}$
- $a^0 = 1$
- $a^{\frac{1}{n}} = \sqrt[n]{a}$

करणी के नियम

- $\sqrt[n]{a} = a^{\frac{1}{n}}$
- $\sqrt[n]{a} \times \sqrt[n]{b} = \sqrt[n]{ab}$
- $\frac{\sqrt[n]{a}}{\sqrt[n]{b}} = \sqrt[n]{\frac{a}{b}}$
- $\sqrt[m]{\sqrt[n]{a}} = \sqrt[mn]{a}$
- $(\sqrt[n]{a})^m = \sqrt[n]{a^m}$

SSC एग्जाम स्कैनर

SSC CGL 2024 (Tier I & II)

1. $\frac{(a^5 \times b^3 \times c^7)}{(a^4 \times b^8 \times c^9)}$ का सरलीकृत रूप ज्ञात कीजिए। SSC CGL (Tier-II) 20/01/2025 Shift-I
(a) $(a^1) \times (b^{-5}) \times (c^{-2})$
(b) $(a^{-1}) \times (b^4) \times (c^{-5})$
(c) $(a^{-3}) \times (b^{-10}) \times (c^{-4})$
(d) $(a^6) \times (b^6) \times (c^{-4})$

2. यदि $x = 4 + \sqrt{6}$ और $y = 4 - \sqrt{6}$ है, तो $x^2 + y^2$ का मान क्या है? SSC CGL (Tier-II) 20/01/2025 Shift-I
(a) 44 (b) 43 (c) 42 (d) 51

3. $(5z - 7y)^2 + (7z + 5y)^2 - 49z^2$ को सरल कीजिए। SSC CGL (Tier-II) 20/01/2025 Shift-I
(a) $25z^2 + 74y^2$ (b) $30z^2 + 83y^2$
(c) $26z^2 + 82y^2$ (d) $35z^2 + 70y^2$

4. सरल कीजिए
$(5z - 12y)^2 + (12z + 5y)^2 - 144z^2$
SSC CGL (Tier-II) 18/01/2025 Shift-I
(a) $30z^2 + 170y^2$ (b) $23z^2 + 174y^2$
(c) $25z^2 + 169y^2$ (d) $23z^2 + 177y^2$

5. यदि $x = 8 + \sqrt{5}$ और $y = 8 - \sqrt{5}$ है, तो $x^2 + y^2$ का मान क्या है? SSC CGL (Tier-II) 18/01/2025 Shift-I
(a) 143 (b) 140
(c) 138 (d) 124

6. $\frac{(a^7 \times b^8 \times c^7)}{(a^9 \times b^5 \times c^4)}$ का सरलीकृत रूप ज्ञात कीजिए। SSC CGL (Tier-II) 18/01/2025 Shift-I
(a) $(a^{-5}) \times (b^{-8}) \times (c^0)$
(b) $(a^{-2}) \times (b^3) \times (c^3)$
(c) $(a^{-7}) \times (b^2) \times (c^{-4})$
(d) $(a^0) \times (b^9) \times (c^1)$

7. यदि $x - 2y + 2z = 16$, $x - y + z = 9$ और $2x - 3y - z = 9$ है, तो y का मान ज्ञात कीजिए। SSC CGL (Tier-II) 18/01/2025 Shift-I
(a) – 3 (b) – 4
(c) 4 (d) 2

8. अज्ञात का मान ज्ञात कीजिए
$x + 1.5y + 2z = 5.5$
$x + 5y + 7z = 15$
$3x + 11y + 13z = 25$
SSC CGL (Tier-I) 26/09/2024 Shift-III
(a) $x = 2, y = 4, z = -3$
(b) $x = -3, y = 2, z = 4$
(c) $x = 2, y = -3, z = 4$
(d) $x = 4, y = -3, z = 2$

9. यदि $\frac{x}{x^2 - 2x + 1} = \frac{1}{3}$ है, तो $x^3 + \frac{1}{x^3}$ का मान ज्ञात कीजिए। SSC CGL (Tier-I) 26/09/2024 Shift-III
(a) 180 (b) 160 (c) 130 (d) 110

10. $\frac{4x^2 - 49y^2}{2x + 7y} + 7y - 2x$ का मान क्या होगा? SSC CGL (Tier-I) 26/09/2024 Shift-III
(a) $4x$ (b) 0
(c) $4x - 14y$ (d) $7y$

11. यदि $2a - b = 3$ और $8a^3 - b^3 = 999$ है, तो $4a^2 - b^2$ का मान ज्ञात कीजिए। SSC CGL (Tier-I) 26/09/2024 Shift-II
(a) 67 (b) 65 (c) 61 (d) 63

12. यदि $x = \sqrt{6} + 2$ और $y = \sqrt{6} - 2$ है, तो $\left(\frac{x}{y} + \frac{y}{x}\right)^2 - 3$ का मान क्या होगा? SSC CGL (Tier-I) 26/09/2024 Shift-II
(a) 42 (b) 97
(c) 22 (d) 35

13. दो चरों में एक रैखिक समीकरण दिया गया है $5x + 7y - 8 = 0$, निम्नलिखित में से कौन-सा रैखिक समीकरण, दिए गए समीकरण के साथ, रैखिक समीकरणों का एक निकाय बनाता है जिसका कोई हल नहीं है? SSC CGL (Tier-I) 26/09/2024 Shift-I
(a) $10x + 14y - 16 = 0$
(b) $7x + 5y - 8 = 0$
(c) $5x - 7y - 8 = 0$
(d) $5x + 7y - 16 = 0$

14. 'x', 'y' के घन के अनुक्रमानुपाती और 'z' के वर्ग के व्युत्क्रमानुपाती है। यदि $y = 2$ और $z = 3$ होने पर $x = \frac{1}{36}$ है, तो $y = 3$ और $z = 5$ होने पर $800x$ का मान क्या होगा? SSC CGL (Tier-I) 25/09/2024 Shift-III
(a) $\frac{9}{800}$ (b) 9
(c) $\frac{800}{9}$ (d) 27

15. सिंडी ने 15 सेब और 12 सन्तरे खरीदे और इस खरीद के लिए ₹ 447 का भुगतान किया। नीचे दिए गए कथनों में से कौन-सा कथन, पिछले कथन में दी गई जानकारी से परस्पर विरोधी है, जिससे दोनों फलों की कोई सम्भावित कीमत नहीं हो सकती है? SSC CGL (Tier-I) 25/09/2024 Shift-III
(a) 10 सेब और 13 सन्तरे खरीदे और ₹ 353 का भुगतान किया
(b) 12 सेब और 8 सन्तरे खरीदे और ₹ 340 का भुगतान किया
(c) 25 सेब और 20 सन्तरे खरीदे और ₹ 745 का भुगतान किया
(d) 35 सेब और 28 सन्तरे खरीदे और ₹ 1029 का भुगतान किया

16. यदि $a^2 + b^2 = 148$ और $ab = 54$ हैं, तो $\frac{a + b}{a - b}$ का मान ज्ञात कीजिए। SSC CGL (Tier-I) 25/09/2024 Shift-III
(a) $\frac{2}{\sqrt{10}}$ (b) $8\sqrt{7}$ (c) $5\sqrt{3}$ (d) $\frac{8}{\sqrt{10}}$

17. k का मान ज्ञात कीजिए, जिसके लिए समीकरणों के निकाय $4x + 6y = 7$ तथा $6x + (k + 4)y - 21 = 0$ का एक अद्वितीय हल है। SSC CGL (Tier-I) 25/09/2024 Shift-II
(a) $k = 7$ (b) $k = 5$
(c) $k \neq 5$ (d) $k \neq 7$

18. k_1 और k_2 के बीच सम्बन्ध जिसके लिए रैखिक समीकरणों $k_1x + 3y = 8$ और $4x + k_2y = 16$ का निकाय सम्पाती रेखाओं को दर्शाता है, क्या है? SSC CGL (Tier-I) 25/09/2024 Shift-II
(a) $k_2 = 3k_1$ (b) $k_2 + 3k_1 = 0$
(c) $k_1 + k_2 = 0$ (d) $k_2 = k_1$

19. 'a' और 'b' के मान ज्ञात कीजिए, जिनके लिए समीकरणों के निकाय $3x + y = 3$ तथा $(a - b) \times x + (a + b) \times y = 3a + b - 3$ के अनन्त हल हैं। SSC CGL (Tier-I) 25/09/2024 Shift-I
(a) $a = -\frac{3}{2}, b = 2$ (b) $a = 2, b = -\frac{3}{2}$
(c) $a = 3, b = -\frac{2}{3}$ (d) $a = 3, b = \frac{-3}{2}$

20. यदि $x^2 + 7x + 8 = 0$, तो $\frac{4x}{x^2 - 5x + 8}$ का मान ज्ञात कीजिए। SSC CGL (Tier-I) 25/09/2024 Shift-I
(a) $\frac{1}{6}$ (b) $\frac{1}{2}$ (c) $-\frac{1}{4}$ (d) $-\frac{1}{3}$

21. यदि $a^3 + \frac{1}{a^3} = 2 (a > 0)$ हो, तो $a + \frac{1}{a}$ का मान ज्ञात कीजिए। SSC CGL (Tier-I) 25/09/2024 Shift-I
(a) 4 (b) 3 (c) 2 (d) 1

22. यदि $a + b = c$ है, तो व्यंजक $a^3 + b^3 - c^3 + 3abc$ का मान, ... के बराबर होगा। SSC CGL (Tier-I) 24/09/2024 Shift-III
(a) 1 (b) 0 (c) 3 (d) 2

23. निम्नलिखित व्यंजक को हल कीजिए।
$(3x + 17 - 2y)(3x - 17 - 2y)$
SSC CGL (Tier-I) 24/09/2024 Shift-I
(a) $9x^2 - 12xy + 4y^2 - 289$
(b) $9x^2 - 6xy + 4y^2 - 289$
(c) $9x^2 - 12xy + 4y^2 + 289$
(d) $9x^2 + 12xy + 4y^2 - 289$

24. दो चरों में रैखिक समीकरणों के निम्नलिखित निकाय के हल के बारे में क्या निष्कर्ष निकाला जा सकता है?
$3x + 2y = 7$; $2x + 3y = 7$
SSC CGL (Tier-I) 24/09/2024 Shift-I
(a) दो से अधिक हल
(b) अद्वितीय हल
(c) अनन्त हल
(d) कोई हल नहीं

25. मान लीजिए $3t - \frac{1}{3t} = 3$ है, तो निम्नलिखित में से किस व्यंजक का मान 12 के बराबर है?
SSC CGL (Tier-I) 23/09/2024 Shift-III
(a) $9t^2 + \frac{1}{9t^2} + 2$ (b) $9t^2 + \frac{1}{9t^2}$
(c) $9t^2 + \frac{1}{9t^2} - 2$ (d) $9t^2 + \frac{1}{9t^2} + 1$

26. यदि $3x + 2y = 10$ और $2xy = 7$ है, तो $3x - 2y$ का मान ज्ञात कीजिए (यदि $3x - 2y > 0$)।
SSC CGL (Tier-I) 23/09/2024 Shift-III
(a) 8 (b) 4 (c) 10 (d) 6

27. दस कुर्सियों और छः मेजों का कुल मूल्य ₹ 5140 है, तीन कुर्सियों और दो मेजों का कुल मूल्य ₹ 1635 है 1 कुर्सी और 1 मेज का मूल्य कितना है? SSC CGL (Tier-I) 23/09/2024 Shift-II
(a) ₹ 700 (b) ₹ 800
(c) ₹ 600 (d) ₹ 900

28. यदि $a + b + c = 0$ है, तो $(a^2 + b^2 + 2ab)$ का मान क्या है? SSC CGL (Tier-I) 23/09/2024 Shift-II
(a) $-c^2$ (b) c^2 (c) $-c$ (d) c

29. अमन के पास निश्चित संख्या में ₹ 20 और ₹ 10 मूल्य-वर्ग के नोट हैं, जिनकी राशि ₹ 390 है। यदि प्रत्येक प्रकार के नोटों की संख्याएँ परस्पर बदल दी जाएँ, तो नई राशि पहले की तुलना में ₹ 90 कम हो जाती है। ₹ 20 मूल्य-वर्ग के नोटों की संख्या ज्ञात कीजिए। SSC CGL (Tier-I) 23/09/2024 Shift-I
(a) 15 (b) 14 (c) 16 (d) 12

30. समीकरण $ax + (a^2 + 1)y = 4$ और $4x + ay = a^2$ के लिए, निम्नलिखित में से कौन-सा कथन सत्य है?
SSC CGL (Tier-I) 19/09/2024 Shift-III
(a) यदि $a = -12$ है. तो $x = \frac{325}{28}, y = -\frac{25}{28}$ हल हैं।
(b) यदि $a = -12$ है, तो $x = 48, y = 4$ हल हैं।
(c) यदि $a = 6$ है. तो $x = \frac{325}{28}, y = -\frac{25}{28}$ हल हैं।
(d) यदि $a = 6$ है. तो $x = 48, y = 4$ हल हैं।

31. यदि $\left(x + \frac{1}{x}\right) = 7, x > 0$ है। $\left(x - \frac{1}{x}\right)$ का धनात्मक मान कितना है?
SSC CGL (Tier-I) 19/09/2024 Shift-II
(a) $5\sqrt{4}$ (b) $3\sqrt{5}$ (c) $4\sqrt{5}$ (d) $5\sqrt{5}$

32. यदि $\left(a + \frac{1}{a}\right) = 7\sqrt{3}$ है, तो $(a^6 + a^{-6})$ का मान ज्ञात कीजिए।
SSC CGL (Tier-I) 19/09/2024 Shift-I
(a) 3048625 (b) 3048132
(c) 3048190 (d) 3048542

33. रवि और कविता में से प्रत्येक के पास कुछ कंचे थे। कविता के पास रवि से 12 कंचे अधिक थे। यदि उनमें से प्रत्येक के पास एक कंचा अधिक होता, तो तब कविता के पास मौजूद कंचों की संख्या का तीन गुना, तब रवि के पास मौजूद कंचों की संख्या के चार गुने के बराबर होते। कविता के पास वास्तव में कितने कंचे थे?
SSC CGL (Tier-I) 19/09/2024 Shift-I
(a) 43 (b) 51 (c) 48 (d) 47

34. $x^3 - 4x^2 - 8x + 11$ में से कौन-सी संख्या घटाई जानी चाहिए, ताकि संख्या $(x + 2)$ से विभाज्य हो जाए?
SSC CGL (Tier-I) 19/09/2024 Shift-I
(a) 5 (b) 3 (c) 9 (d) 7

35. यदि $3a + 2b = 27$ और $27a^3 + 8b^3 = 1458$ है, तो $2ab$ का मान ज्ञात कीजिए।
SSC CGL (Tier-I) 18/09/2024 Shift-III
(a) 72 (b) 70 (c) 77 (d) 75

36. यदि $x + \frac{1}{x} = 2$ है, तो $\left(x^{2723} + \frac{1}{x^{3356}}\right)$ का मान ज्ञात कीजिए।
SSC CGL (Tier-I) 18/09/2024 Shift-II
(a) 0 (b) 1 (c) −1 (d) 2

37. यदि $x = 7 - 4\sqrt{3}$ है, तो $\left(x^2 + \frac{1}{x^2}\right)$ का मान ज्ञात कीजिए। SSC CGL (Tier-I) 18/09/2024 Shift-I
(a) 188 (b) 186 (c) 196 (d) 194

38. यदि निम्नलिखित समीकरणों की प्रणाली में चरों का मान लगातार तीन पूर्णांकों के रूप में है, तो a का मान .... है।
$x - y + z = 2a;\ x + 4y - 2z = 3(4 - a)$
$2x - 3y + 4z = 6 - 2a$
SSC CGL (Tier-I) 18/09/2024 Shift-I
(a) 3 (b) 1 (c) 2 (d) 4

39. एक डिब्बे में y पीले कंचे और b नीले कंचे हैं। 18% पीले कंचों को 24% नीले कंचों में मिलाया गया, और योग 30 था। पीले कंचों की संख्या का तीन गुना, नीले कंचों की संख्या के दोगुने से 200 अधिक है। y^2 और b^2 का अनुपात क्या है?
SSC CGL (Tier-I) 17/09/2024 Shift-III
(a) 2 : 1 (b) 4 : 1 (c) 5 : 2 (d) 6 : 5

40. यदि $a^3 + 3a^2 + 3a = 7$ है, तो $a^2 + 2a$ का मान ज्ञात कीजिए।
SSC CGL (Tier-I) 17/09/2024 Shift-II
(a) 3 (b) 1 (c) 2 (d) 4

41. यदि $8a^3 + b^3 + 27c^3 = 18abc$ है, तो a, b और c के बीच सम्बन्ध ज्ञात कीजिए।
SSC CGL (Tier-I) 17/09/2024 Shift-II
(a) $2a + 3c = b$ (b) $b + 3c = -2a$
(c) $2a + b = 3c$ (d) $b + 3c = 2a$

42. k, के किस मान के लिए समीकरण निकाय $4x + 12y + 36 = 0$ और $5x + ky + 45 = 0$ में अनन्त संख्या में हल हैं?
SSC CGL (Tier-I) 17/09/2024 Shift-II
(a) 15 (b) 22 (c) 20 (d) 25

43. यदि $x > 1$ और $x^2 + \frac{1}{x^2} = 83$ है, तो $x^3 - \frac{1}{x^3}$ का मान ज्ञात कीजिए।
SSC CGL (Tier-I) 17/09/2024 Shift-II
(a) 754 (b) 756 (c) 884 (d) 876

44. k के किस मान के लिए समीकरण निकाय $kx - 15y + 7 = 0$ और $7x - 21y - 19 = 0$ का कोई हल नहीं है?
SSC CGL (Tier-I) 17/09/2024 Shift-I
(a) 12 (b) 25
(c) 6 (d) 5

45. निम्नलिखित व्यंजक को हल कीजिए।
$(g - h)^2 - (g + h)^2 + 4gh$
SSC CGL (Tier-I) 13/09/2024 Shift-III
(a) $-4gh$ (b) $4gh$
(c) 4 (d) 0

46. निम्नलिखित में से a और b के किन मानों के लिए दिए गए समीकरणों में कोई हल नहीं है?
$x - ay = 2 - a;\ (1 - a)x + 6y = a + b$
SSC CGL (Tier-I) 13/09/2024 Shift-III
(a) $a = 3, b \neq 1$ (b) $a = -3, b \neq 1$
(c) $a = 3, b \neq -1$ (d) $a = -3, b \neq -1$

47. $\frac{25a^2 - 10ab - 48b^2}{(5a + 6b)} \times (5a + 8b)$ का मान क्या होगा? SSC CGL (Tier-I) 13/09/2024 Shift-II
(a) $(5a + 8b)^2$ (b) $(5a - 8b)^2$
(c) $25a^2 - 64b^2$ (d) $25a^2 - 36b^2$

48. यदि $a + b = 1$ है, तो $\left(\frac{1}{a^2} + \frac{1}{b^2} + \frac{2}{ab}\right)$ का मान कितना है?
SSC CGL (Tier-I) 13/09/2024 Shift-II
(a) $\frac{1}{a^2b}$ (b) $\frac{1}{ab}$ (c) $\frac{1}{ab^2}$ (d) $\frac{1}{a^2b^2}$

49. एक कैफे में, रमा ने अपने 7 दोस्तों के लिए ₹ 240 में पेय खरीदे। उनमें से कुछ को कॉफी चाहिए थी, जबकि अन्य को काली चाय चाहिए थी। यदि एक नियमित कप कॉफी की कीमत ₹ 40 है और एक नियमित कप काली चाय की कीमत ₹ 30 है, तो ज्ञात कीजिए कि उसने कितने कप चाय खरीदी थी?
SSC CGL (Tier-I) 13/09/2024 Shift-I
(a) 3 (b) 5 (c) 4 (d) 6

50. निम्न व्यंजक सरल करें।
$$\frac{(x - y)^3 + (y - z)^3 + (z - x)^3}{(x - y)(y - z)(z - x)}$$
SSC CGL (Tier-I) 13/09/2024 Shift-I
(a) 1 (b) 0 (c) 2 (d) 3

51. x, y और z के वे मान ज्ञात करें, जिससे नीचे दिए गए समीकरणों को सन्तुष्ट किया जा सके।
$5x - 3y + 7z = 22;\ 3x - 5y - 2z = -46;$
$2x - 2y + 5z = 24$
SSC CGL (Tier-I) 12/09/2024 Shift-III
(a) $x = 5, y = -8, z = 3$
(b) $x = -5, y = 3, z = 8$
(c) $x = 5, y = 3, z = -8$
(d) $x = -5, y = -3, z = 8$

52. यदि $a^2 + b^2 + c^2 = 2(a + c - 1)$ है, तो $a^3 + b^3 + c^3 = ?$
SSC CGL (Tier-I) 12/09/2024 Shift-III
(a) 1 (b) 0
(c) 2 (d) 4

53. यदि समीकरणों $2x + y = a, 8x + by = 12$ के अनन्त हल हैं, तो a और b के मान का योग निम्नलिखित में से कौन-सा है?
SSC CGL (Tier-I) 12/09/2024 Shift-III
(a) 9 (b) 7 (c) 18 (d) 16

54. यदि $m + n = 24$ है, तो $(m-16)^3 + (n-8)^3$ का मान .... है।
SSC CGL (Tier-I) 12/09/2024 Shift-II
(a) 576 (b) 320
(c) 40 (d) 0

55. मान लीजिए $t = \frac{2}{5}$ है, तो व्यंजक $t^3 + \left(\frac{3}{5}\right)^3 + \frac{9}{5}t$ का मान कितना है?
SSC CGL (Tier-I) 12/09/2024 Shift-I
(a) $\frac{1}{5}$ (b) 2 (c) 1 (d) $\frac{1}{2}$

56. यदि $x + \frac{1}{9x} = 3$ हो, तो $9x^2 + \frac{1}{9x^2}$ का मान ज्ञात कीजिए।
SSC CGL (Tier-I) 11/09/2024 Shift-III
(a) 79 (b) 87
(c) 81 (d) 77

57. निम्नलिखित व्यंजक सरल करें।
$\left(\frac{3}{a} + 3a\right)\left(\frac{9}{a^2} - 9 + 9a^2\right)$ यदि $a = 1$
SSC CGL (Tier-I) 11/09/2024 Shift-III
(a) 81 (b) 63
(c) 54 (d) 27

58. यदि $0.4x + 0.16y = 17$ और $0.3x + 0.12y = 3.4$ है, तो निम्नलिखित में से कौन-सा कथन सही है?
SSC CGL (Tier-I) 11/09/2024 Shift-II
(a) निकाय का कोई हल नहीं है।
(b) निकाय में परिमित रूप से अनेक हल हैं लेकिन अद्वितीय नहीं हैं।
(c) निकाय का अद्वितीय हल है।
(d) निकाय के अपरिमित रूप से अनेक हल हैं।

59. मृदुला एक निश्चित मासिक वेतन के साथ अपनी नौकरी शुरू करती है और प्रत्येक वर्ष एक निश्चित वेतन वृद्धि अर्जित करती है। यदि उसका वेतन छह वर्ष की सेवा के बाद ₹28400 था और पंद्रह वर्ष की सेवा के बाद ₹52997 था, तो उसकी वार्षिक वेतन वृद्धि ज्ञात कीजिए।
SSC CGL (Tier-I) 11/09/2024 Shift-I
(a) ₹ 1824 (b) ₹ 1200
(c) ₹ 12002 (d) ₹ 2733

60. अज्ञात मान प्राप्त करने के लिए दिए गए तीन समीकरणों के समूह को हल कीजिए
$x + 2z = 3;\ x + 2y + 3z = 5$
$3x - 5z = -13$
SSC CGL (Tier-I) 11/09/2024 Shift-I
(a) $x = -1, y = 0, z = 2$
(b) $x = 0, y = -1, z = 2$
(c) $x = -1, y = 2, z = 0$
(d) $x = 2, y = 0, z = -1$

61. यदि $x + \frac{1}{x} = 2\sqrt{10}$ है, जहाँ $x > 1$ है, तो $\left(x^3 - \frac{1}{x^3}\right)$ का मान ज्ञात कीजिए।
SSC CGL (Tier-I) 11/09/2024 Shift-I
(a) 198 (b) 216 (c) 221 (d) 234

62. यदि $x^2 + y^2 = 280$ और $xy = 120$ है, तो $\frac{x-y}{x+y}$ का मान ज्ञात कीजिए।
SSC CGL (Tier-I) 10/09/2024 Shift-III
(a) $\frac{1}{\sqrt{13}}$ (b) $\sqrt{15}$ (c) $\frac{1}{\sqrt{15}}$ (d) $\sqrt{13}$

63. यदि $\sqrt{x} + \frac{1}{\sqrt{x}} = 7$ है, तो $x + \frac{1}{x}$ का मान निम्न में से किसके बराबर होगा?
SSC CGL (Tier-I) 10/09/2024 Shift-II
(a) 45 (b) 47 (c) 49 (d) 51

64. यदि $a + \frac{1}{a} = 12$ है, तो $a^2 + \frac{1}{a^2}$ का मान ज्ञात कीजिए। SSC CGL (Tier-I) 10/09/2024 Shift-I
(a) 146 (b) 144 (c) 140 (d) 142

65. यदि तीन संख्याओं का योग 18 है और उनके वर्गों का योग 36 है, तो उनके घनों के योग और उनके गुणनफल के तीन गुना के बीच अन्तर ज्ञात कीजिए। SSC CGL (Tier-I) 10/09/2024 Shift-I
(a) – 1944 (b) 1449 (c) – 1494 (d) 4149

66. यदि x, y और z धनात्मक संख्याएँ है और $x + y + z = 1$ है, तो $\frac{1}{x} + \frac{1}{y} + \frac{1}{z}$ का न्यूनतम मान ज्ञात कीजिए।
SSC CGL (Tier-I) 09/09/2024 Shift-III
(a) 9 (b) 5 (c) 11 (d) 7

67. यदि समीकरण $4x + (k-2)y + 3 = 0$ और $(k-2)x + 9y - 5 = 0 (k > 0)$ समान्तर है, तो $k^2 + 6$ का मान ज्ञात कीजिए।
SSC CGL (Tier-I) 09/09/2024 Shift-III
(a) 68 (b) 70 (c) 72 (d) 64

68. मान लीजिए $a + b = 2c$ है, तो निम्नलिखित में से कौन-सा व्यंजक सही है?
SSC CGL (Tier-I) 09/09/2024 Shift-III
(a) $a^2 + 2ac = b^9 + 2bc$
(b) $a^2 + 2bc = b^2 + 2ac$
(c) $a^2 - ac = b^2 - bc$
(d) $a^2 - 2bc = b^2 - 2ac$

69. R, ₹ 5, ₹ 2 और ₹ 1 के सिक्कों में P को ₹ 100 का भुगतान करता है। भुगतान के लिए उपयोग किए गए सिक्कों की संख्या 40 है। भुगतान में ₹ 5 मूल्य-वर्ग के सिक्कों की संख्या कितनी है? SSC CGL (Tier-I) 09/09/2024 Shift-I
(a) 17 (b) 18 (c) 16 (d) 13

70. सरल कीजिए
$\frac{x^3 + 15x^2 + 75x + 125}{x^2 - 25}(x - 5)$
SSC CGL (Tier-I) 09/09/2024 Shift-I
(a) $x^2 + 5x + 25$ (b) $x^2 + 25$
(c) $x^2 - 25$ (d) $x^2 + 10x + 25$

SSC CGL 2023 (Tier I & II)

71. यदि दो एल.ई.डी. टी.वी. और एक मोबाइल फोन की कीमत ₹ 31000 है, जबकि दो मोबाइल फोन और एक एल.ई.डी. टी.वी. की कीमत ₹ 35000 है, तो एक मोबाइल फोन की कीमत ज्ञात करें।
SSC CGL (Tier II) 07/03/2023 Shift-I
(a) ₹ 12500 (b) ₹ 13500
(c) ₹ 13000 (d) ₹ 12000

72. यदि $2^x + 3^y = 17$ तथा $2^{x+2} - 3^{y+1} = 5$ है, तो SSC CGL (Tier II) 07/03/2023 Shift-I
(a) $x = 1, y = 2$ (b) $x = 1, y = 3$
(c) $x = 3, y = 3$ (d) $x = 3, y = 2$

73. यदि $4x^2 + y^2 = 40$ और $xy = 6$ है, तो $2x + y$ का मान ज्ञात कीजिए।
SSC CGL (Tier II) 06/03/2023 Shift-I
(a) 4 (b) 8 (c) 6 (d) 5

74. यदि x और y का महत्तम समापवर्तक 15 है, तो $36x^2 - 81y^2$ और $81x^2 - 9y^2$ का महत्तम समापवर्तक ...... से विभाज्य होगा।
SSC CGL (Tier II) 06/03/2023 Shift-I
(a) 180 (b) 135 (c) 90 (d) 120

75. रीवा के पास कुछ मुर्गियाँ और कुछ बकरियाँ हैं। यदि जानवरों के सिरों की कुल संख्या 100 है और जानवरों के पैरों की कुल संख्या 348 है, तो रीवा के पास कुल कितनी बकरियाँ हैं?
SSC CGL (Tier II) 03/03/2023 Shift-I
(a) 74 (b) 80 (c) 76 (d) 55

76. $x^2 - 8x + 15$ और $x^2 - 5x + 6$ का ल.स. (LCM) ...... है।
SSC CGL (Tier II) 03/03/2023 Shift I
(a) $(x-6)^2(x+1)(x-3)$
(b) $(x+6)(x+1)(x-3)$
(c) $(x-6)(x+1)(x-3)$
(d) $(x-2)(x-3)(x-5)$

77. व्यंजक $(1+x)(1+x^2)(1+x^4)(1+x^8)(1-x)$ को सरल कीजिए।
SSC CGL (Tier II) 03/03/2023 Shift I
(a) $1 - x^{42}$ (b) $1 - x^{16}$
(c) $1 - x^{32}$ (d) $1 - x^{40}$

78. निम्नलिखित में से m के किस मान से समीकरण निकाय $17x + my + 102 = 0$ और $23x + 299y + 138 = 0$ के असंख्य हल प्राप्त होंगे? SSC CGL (Tier II) 02/03/2023 Shift-I
(a) 223 (b) 221 (c) 219 (d) 220

79. यदि $\left(x + \frac{1}{x}\right) = 6$ और $x > 1$ है, तो $\left(x^2 - \frac{1}{x^2}\right)$ का मान ज्ञात कीजिए।
SSC CGL (Tier I) 27/07/2023 Shift III
(a) $12\sqrt{10}$ (b) $24\sqrt{2}$ (c) $18\sqrt{2}$ (d) $30\sqrt{2}$

80. यदि $(a + b + c) = 14$ और $(a^3 + b^3 + c^3 - 3abc) = 98$ है, तो $(a^2 + b^2 + c^2)$ का मान ज्ञात कीजिए।
SSC CGL (Tier I) 27/07/2023 Shift II
(a) 68 (b) 72 (c) 64 (d) 70

81. यदि $x^2 - \frac{1}{x^2} = 4\sqrt{2}$ है, तो $x^4 - \frac{1}{x^4}$ का मान क्या है? SSC CGL (Tier I) 27/07/2023 Shift II
(a) $8\sqrt{2}$ (b) $24\sqrt{2}$
(c) $16\sqrt{2}$ (d) $32\sqrt{2}$

82. यदि $2x + 3y = 16$ और $xy = 9$ है, तो $8x^3 + 27y^3$ का मान ज्ञात कीजिए। SSC CGL (Tier I) 27/07/2023 Shift I
(a) 1504 (b) 2189
(c) 2980 (d) 1980

83. निम्नलिखित बीजगणितीय व्यंजक का विस्तार और सरलीकरण कीजिए।
$(x-5)^2 + (x+3)^2 + 4x$
SSC CGL (Tier I) 26/07/2023 Shift IV
(a) (x^2+17) (b) $2(x^2-5x+17)$
(c) $2(x^2+17)$ (d) $2(x^2-17)$

84. यदि $\left(x-\frac{1}{x}\right) = 10$ है, तो $\left(x^4+\frac{1}{x^4}\right)$ का मान क्या है? SSC CGL (Tier I) 26/07/2023 Shift III
(a) 10404 (b) 10400
(c) 10402 (d) 10406

85. यदि $b = 5$, व्यंजक $\left(\frac{5}{b}+5b\right)\left(\frac{25}{b^2}-25+25b^2\right)$ का मान ज्ञात कीजिए। SSC CGL (Tier I) 26/07/2023 Shift III
(a) 25726 (b) 25636
(c) 15626 (d) 15438

86. यदि $(a^3 + b^3 + c^3 - 3abc) = 405$ और $(a-b)^2+(b-c)^2+(c-a)^2 = 54$ है, तो $(a+b+c)$ का मान ज्ञात कीजिए। SSC CGL (Tier I) 26/07/2023 Shift II
(a) 27 (b) 9
(c) 15 (d) 45

87. यदि $(a+b+c) = 13$ और $(ab+bc+ca) = 54$ है, तो $(a^2+b^2+c^2)$ मान ज्ञात कीजिए। SSC CGL (Tier I) 26/07/2023 Shift II
(a) 61 (b) 63 (c) 65 (d) 59

88. यदि $\left(x^2+\frac{1}{x^2}\right) = 6$ और $0<x<1$, है, तो $x^4 - \frac{1}{x^4}$ का मान क्या होगा? SSC CGL (Tier I) 26/07/2023 Shift I
(a) $-24\sqrt{2}$ (b) $12\sqrt{10}$
(c) $24\sqrt{2}$ (d) $-12\sqrt{10}$

89. यदि $x = \frac{1}{x-3}$, $(x>0)$, तो $x+\frac{1}{x}$ का मान क्या है? SSC CGL (Tier I) 26/07/2023 Shift I
(a) $\sqrt{15}$ (b) $\sqrt{17}$ (c) $\sqrt{13}$ (d) $\sqrt{11}$

90. व्यंजक $\frac{s^2+t^2+2st-u^2}{s^2-t^2-2tu-u^2}$ का मान कीजिए, यदि $(s+t+u) \neq 0$ दिया गया हो। SSC CGL (Tier I) 25/07/2023 Shift IV
(a) $\frac{s-t-y}{s+t-u}$ (b) $\frac{s+t-u}{s-t-u}$
(c) $\frac{s-t+u}{s+t+u}$ (d) $\frac{s+t+u}{s-t+u}$

91. यदि $x = 2$ और $y = 3$ है, तो $\frac{\sqrt{x}-\sqrt{y}}{\sqrt{x}+\sqrt{y}}$ व्यंजक को हल कीजिए। SSC CGL (Tier I) 25/07/2023 Shift IV
(a) $2\sqrt{6}-6$ (b) $5-2\sqrt{6}$
(c) $2\sqrt{6}-5$ (d) $\sqrt{6}-5$

92. यदि $(a+b-c) = 20$ और $a^2+b^2+c^2 = 152$ है, तो $a^3+b^3-c^3+3abc$ का मान ज्ञात कीजिए। SSC CGL (Tier I) 25/07/2023 Shift IV
(a) 560 (b) 640 (c) 480 (d) 720

93. यदि $\left(y+\frac{1}{y}\right)=4$ है, तो $\left(y^6+\frac{1}{y^6}\right)$ का मान ज्ञात करें। SSC CGL (Tier I) 25/07/2023 Shift III
(a) 4096 (b) 2702 (c) 2706 (d) 2704

94. किन्हीं दो संख्याओं के योग का घन 1728 है, जबकि दी गई दोनों संख्याओं का गुणनफल 32 है। दी गई दोनों संख्याओं के घनों का धनात्मक अन्तर ज्ञात कीजिए। SSC CGL (Tier I) 25/07/2023 Shift III
(a) 512 (b) 448 (c) 480 (d) 576

95. निम्नलिखित व्यंजक को सरल कीजिए।
$$\frac{x^2-2x-63}{x^2+14x+49}$$
SSC CGL (Tier I) 25/07/2023 Shift III
(a) $\frac{x+7}{x-7}$ (b) $\frac{x-9}{x+7}$ (c) $\frac{x-7}{x+7}$ (d) $\frac{x+9}{x+7}$

96. यदि $7a-\frac{7}{a}+4=0$ है, तो $a^3-\frac{1}{a^3}-1$ का मान ज्ञात करें। SSC CGL (Tier I) 25/07/2023 Shift II
(a) $\frac{-875}{248}$ (b) $\frac{-694}{315}$ (c) $\frac{-995}{343}$ (d) $\frac{-765}{262}$

97. यदि $p+q+r = pqr = \frac{1}{p}+\frac{1}{q}+\frac{1}{r} = 1$ है, तो $p^3+q^3+r^3$ का मान ज्ञात कीजिए। SSC CGL (Tier I) 25/07/2023 Shift II
(a) -1 (b) 5 (c) -5 (d) 1

98. $\frac{256x^4-16y^4}{(80x^2-20y^2)(16x^2+4y^2)}$ को सरलीकृत कीजिए। SSC CGL (Tier I) 25/07/2023 Shift II
(a) $\frac{1}{20}$ (b) $\frac{2}{5}$ (c) 5 (d) $\frac{1}{5}$

99. यदि $x^2-15x+1=0$ है, तो x^4-223x^2+6 का मान क्या होगा? SSC CGL (Tier I) 25/07/2023 Shift I
(a) 6 (b) 0 (c) 9 (d) 5

100. यदि $p=\frac{x}{y+z}$ है, और $q=\frac{y}{z+x}$ और $r=\frac{z}{x+y}$ है, तो $\frac{1}{2+2p}+\frac{1}{2+2q}+\frac{1}{2+2r}$ को सरलीकृत कीजिए। SSC CGL (Tier I) 24/07/2023 Shift IV
(a) 2 (b) 1
(c) $x+y+z$ (d) $\frac{1}{2}$

101. यदि $x+\frac{1}{x}=9$ है, तो $x^4+\frac{1}{x^4}$ का मान ज्ञात करें। SSC CGL (Tier I) 24/07/2023 Shift IV
(a) 6239 (b) 5431 (c) 6156 (d) 6561

102. निम्नलिखित व्यंजक को सरल कीजिए।
$(4x+1)^2-(4x+3)(4x-1)$
SSC CGL (Tier I) 24/07/2023 Shift II
(a) $(4x-3)$ (b) $4x$ (c) $(4x+1)$ (d) 4

103. $\frac{p^2-(q-r)^2}{(p+r)^2-q^2}+\frac{q^2-(p-r)^2}{(p+q)^2-r^2}+\frac{r^2-(p-q)^2}{(q+r)^2-p^2}$ का मान ज्ञात कीजिए।
SSC CGL (Tier I) 24/07/2023 Shift I
(a) 2 (b) 3 (c) 1 (d) 0

104. यदि $a=101$, $b=102$ और $c=103$ है, तो $a^2+b^2+c^2-ab-bc-ca$ का मान क्या होगा? SSC CGL (Tier I) 24/07/2023 Shift I
(a) 3 (b) 6 (c) 2 (d) 4

105. यदि $(a-b)=1$ है, तो (a^3-b^3) का मान ज्ञात कीजिए। SSC CGL (Tier I) 21/07/2023 Shift IV
(a) a^2-ab+b^2 (b) $a^2+2ab+b^2$
(c) $(a+b)^2+3ab$ (d) a^2+ab+b^2

106. यदि $\left(x^2+\frac{1}{x^2}\right)=18$ और $x>0$ है, तो $\left(x^3+\frac{1}{x^3}\right)$ का मान क्या होगा?
SSC CGL (Tier I) 21/07/2023 Shift IV
(a) $40\sqrt{5}$ (b) $34\sqrt{5}$ (c) $46\sqrt{5}$ (d) $36\sqrt{5}$

107. $x=3$ और $y=-4$ होने पर $64x^3+36x^2y+24xy^2+2y^3$ का मान ज्ञात कीजिए। SSC CGL (Tier I) 21/07/2023 Shift IV
(a) 304 (b) 1584 (c) 1456 (d) 432

108. निम्नलिखित व्यंजक को सरल कीजिए।
$[(1+p)(1+p^2)(1+p^4)(1+p^8)(1+p^{16})(1-p)-1]$
SSC CGL (Tier I) 21/07/2023 Shift III
(a) $(1+p^{32})$ (b) p^{32}
(c) $(1-p^{32})$ (d) $-p^{32}$

109. यदि x और y धनात्मक संख्याएँ हैं, जहाँ $x-y=5$ और $xy=150$ है, तो $(x+y)$ का मान ...... होगा। SSC CGL (Tier I) 21/07/2023 Shift III
(a) 45 (b) 35 (c) 25 (d) 15

110. यदि $\left(x^2-\frac{1}{x^2}\right)=4\sqrt{6}$ और $x>1$ है, तो $\left(x^3-\frac{1}{x^3}\right)$ का मान क्या होगा?
SSC CGL (Tier I) 21/07/2023 Shift III
(a) $22\sqrt{2}$ (b) $18\sqrt{2}$ (c) $20\sqrt{2}$ (d) $24\sqrt{2}$

111. $\left(\frac{1}{a}-\frac{1}{b}-\frac{1}{c}\right)$ का मान क्या है, यदि $\frac{2a-5}{a}-\frac{4b-5}{b}+\frac{6c+5}{c}=0$?
SSC CGL (Tier I) 21/07/2023 Shift II
(a) $\frac{2}{5}$ (b) $\frac{4}{5}$ (c) $-\frac{12}{5}$ (d) $-\frac{8}{5}$

112. यदि $\left(x-\frac{1}{x}\right)=2\sqrt{2}$ है, तो $\left(x^6+\frac{1}{x^6}\right)$ का मान क्या है?
SSC CGL (Tier I) 21/07/2023 Shift II
(a) 960 (b) 970 (c) 1030 (d) 1000

113. जब $x = 5$ और $y = -7$ है, तब $(27x^3 + 58x^2y + 31xy^2 + 8y^3)$ का मान क्या होगा? SSC CGL (Tier I) 21/07/2023 Shift II
(a) –1924 (b) 1924
(c) – 1926 (d) 1926

114. दिए गए व्यंजक का मान ज्ञात कीजिए।
$(a - 2b)(b - 3a) + (a + b)(a - 3b) - (b - 3a)(4a - 5b)$
SSC CGL (Tier I) 21/07/2023 Shift I
(a) $10a^2 - 14ab$ (b) $10a^2 - 4ab$
(c) $8a^2 + 10ab$ (d) $8a^2 - 10ab$

115. यदि $x + y = 7$ और $xy = 19$ है, तो $x^2 + y^2$ का मान ज्ञात करें।
SSC CGL (Tier I) 21/07/2023 Shift I
(a) 11 (b) 12 (c) 17 (d) 19

116. यदि $(a + b + c) = 12$ और $(ab + bc + ca) = 47$ है, तो $(a^3 + b^3 + c^3 - 3abc)$ का मान ज्ञात कीजिए।
SSC CGL (Tier I) 21/07/2023 Shift I
(a) 42 (b) 48 (c) 24 (d) 36

117. यदि $\left(x+\frac{1}{x}\right)=3\sqrt{2}$ है, और $x > 1$ है, तो $\left(x^8-\frac{1}{x^8}\right)$ का मान क्या है?
SSC CGL (Tier I) 20/07/2023 Shift IV
(a) $12192\sqrt{7}$ (b) $24364\sqrt{7}$
(c) $24384\sqrt{7}$ (d) $24384\sqrt{11}$

118. यदि $a + b + c = 7$, $ab + bc + ca = 11$ और $abc = -1$ है, तो $a^3 + b^3 + c^3$ किसके बराबर होगा?
SSC CGL (Tier I) 20/07/2023 Shift III
(a) 111 (b) 107 (c) 101 (d) 109

119. यदि $\left(x-\frac{1}{x}\right)=2\sqrt{2}$ और $x > 1$ है, तो $\left(x^6-\frac{1}{x^6}\right)$ का मान क्या होगा?
SSC CGL (Tier I) 20/07/2023 Shift III
(a) $372\sqrt{6}$ (b) $420\sqrt{6}$
(c) $396\sqrt{6}$ (d) $384\sqrt{6}$

120. यदि $x + y + z = 4$ तथा $x^2 + y^2 + z^2 = 12$ है, तो $xy + yz + xz$ का मान ज्ञात कीजिए।
SSC CGL (Tier I) 20/07/2023 Shift II
(a) 4 (b) 2
(c) 7 (d) 6

121. यदि $x > 0$ और $x^4 + \frac{1}{x^4} = 142$ है, तो $x^7 + \frac{1}{x^7}$ का मान क्या होगा?
SSC CGL (Tier I) 20/07/2023 Shift II
(a) $1560\sqrt{14}$ (b) $1562\sqrt{14}$
(c) $1561\sqrt{14}$ (d) $1563\sqrt{14}$

122. यदि $(a^3 + b^3 + c^3 - 3abc) = 405$ और $(a + b + c) = 15$ हैं, तो $(a - b)^2 + (b - c)^2 + (c - a)^2$ का मान ज्ञात कीजिए। SSC CGL (Tier I) 20/07/2023 Shift I
(a) 18 (b) 45 (c) 54 (d) 27

123. यदि $\left(x+\frac{1}{x}\right)=2$ है, तो $x^7+\frac{1}{x^{117}}$ का मान क्या होगा?
SSC CGL (Tier I) 19/07/2023 Shift IV
(a) 1 (b) 4 (c) 3 (d) 2

124. यदि $x^2 - 7x + 1 = 0$ और $0 < x < 1$ है, तो $x^2-\frac{1}{x^2}$ का मान क्या होगा? SSC CGL (Tier I) 19/07/2023 Shift III
(a) $28\sqrt{5}$ (b) $-28\sqrt{5}$
(c) $21\sqrt{5}$ (d) $-21\sqrt{5}$

125. यदि $(a + b + c) = 12$ और $(a^2 + b^2 + c^2) = 50$ है, तो $(a^3 + b^3 + c^3 - 3abc)$ का मान ज्ञात कीजिए।
SSC CGL (Tier I) 19/07/2023 Shift II
(a) 24 (b) 48 (c) 42 (d) 36

126. यदि $\left(3y-\frac{3}{y}\right)=5$ है, तो $\left(y^2+\frac{1}{y^2}\right)$ का मान ज्ञात करें।
SSC CGL (Tier I) 19/07/2023 Shift II
(a) $\frac{41}{9}$ (b) $\frac{47}{9}$ (c) $\frac{49}{9}$ (d) $\frac{43}{9}$

127. निम्नलिखित को सरल कीजिए।
$\frac{3a+b}{2}-\frac{a-3b}{3}+2b$
SSC CGL (Tier I) 19/07/2023 Shift I
(a) $\frac{5(a+3b)}{6}$ (b) $\frac{a+3b}{6}$
(c) $\frac{7(a+3b)}{6}$ (d) $\frac{7a+3b}{6}$

128. यदि $\left(x+\frac{1}{x}\right)=2\sqrt{2}$ और $x > 1$ है, तो $\left(x^6-\frac{1}{x^6}\right)$ का मान क्या होगा?
SSC CGL (Tier I) 19/07/2023 Shift I
(a) $144\sqrt{2}$ (b) $128\sqrt{2}$
(c) $116\sqrt{2}$ (d) $140\sqrt{2}$

129. यदि $p=\frac{\sqrt{2}+1}{\sqrt{2}-1}$ और $q=\frac{\sqrt{2}-1}{\sqrt{2}+1}$ है, तो $\frac{p^2}{q}+\frac{q^2}{p}$ का मान ज्ञात कीजिए।
SSC CGL (Tier I) 18/07/2023 Shift IV
(a) 188 (b) 196 (c) 200 (d) 198

130. यदि $a^2 + b^2 + c^2 = ab + bc + ca$ है, तो $\frac{11a^4+13b^4+17c^4}{17a^2b^2+9b^2c^2+15c^2a^2}$ का मान ज्ञात कीजिए। SSC CGL (Tier I) 18/07/2023 Shift III
(a) 4 (b) 11 (c) 2 (d) 1

131. यदि $\left(x+\frac{1}{x}\right)=5$ और $x > 1$ है, तो $\left(x^8-\frac{1}{x^8}\right)$ का मान क्या होगा?
SSC CGL (Tier I) 18/07/2023 Shift III
(a) $60705\sqrt{21}$ (b) $60615\sqrt{21}$
(c) $60725\sqrt{21}$ (d) $60605\sqrt{21}$

132. यदि $x-\frac{1}{x}=-6$ है, तो $x^5-\frac{1}{x^5}$ मान क्या होगा?
SSC CGL (Tier I) 18/07/2023 Shift II
(a) –8886 (b) –8896
(c) –8892 (d) –8898

133. यदि $(a + b + c) = 19$ और $(a^2 + b^2 + c^2) = 155$ है, तो $(a - b)^2 + (b - c)^2 + (c - a)^2$ का मान ज्ञात करें। SSC CGL (Tier I) 18/07/2023 Shift II
(a) 100 (b) 104 (c) 108 (d) 98

134. यदि $\frac{x-5y}{x+5y}=\frac{7}{13}$ हो, तो $\frac{x}{y}$ का मान ज्ञात कीजिए।
SSC CGL (Tier I) 17/07/2023 Shift IV
(a) $\frac{100}{7}$ (b) $\frac{50}{3}$ (c) $\frac{23}{7}$ (d) $\frac{24}{9}$

135. $x = -5$ और $y = -7$ होने पर $(27x^3 - 58x^2y + 31xy^2 - 8y^3)$ का मान ज्ञात कीजिए। SSC CGL (Tier I) 17/07/2023 Shift IV
(a) –1926 (b) 1926
(c) 1924 (d) –1924

136. यदि, $x+\frac{1}{x}=-6$ है, तो $x^5+\frac{1}{x^5}$ का मान क्या होगा? SSC CGL (Tier I) 17/07/2023 Shift III
(a) – 6732 (b) – 7776
(c) – 6738 (d) – 6726

137. दिए गए व्यंजक का मान क्या है?
$(a + b + c)^2 - a^2 - b^2 - c^2$
SSC CGL (Tier I) 17/07/2023 Shift III
(a) $2abc$ (b) $2(a + b + c)$
(c) $2ab + bc - 2ca$ (d) $2(ab + bc + ca)$

138. यदि $\left(x-\frac{1}{x}\right)=\sqrt{6}$ और $x > 1$ है, तो $\left(x^8-\frac{1}{x^8}\right)$ का मान क्या होगा?
SSC CGL (Tier I) 17/07/2023 Shift II
(a) $992\sqrt{15}$ (b) $1024\sqrt{15}$
(c) $1012\sqrt{15}$ (d) $998\sqrt{15}$

139. $\frac{x^4-2x^2+1}{x^2-2x+1}$, को सरलीकृत कीजिए।
SSC CGL (Tier I) 17/07/2023 Shift II
(a) $x^2 + 2x + 2$ (b) $x^2 + x + 1$
(c) $x^2 + 2x + 1$ (d) $x^2 - 2x + 1$

140. यदि $\left(x^2+\frac{1}{x^2}\right)=7$ और $0 < x < 1$ है, तो $x^2-\frac{1}{x^2}$ का मान ज्ञात करें।
SSC CGL (Tier I) 17/07/2023 Shift I
(a) $3\sqrt{5}$ (b) $4\sqrt{3}$
(c) $-4\sqrt{3}$ (d) $-3\sqrt{5}$

141. निम्नलिखित व्यंजक का सरलीकरण करें।
$(3x + 5)^2 + (3x - 5)^2$
SSC CGL (Tier I) 17/07/2023 Shift I
(a) $450x$ (b) $500x$
(c) $9x^2 + 50$ (d) $2(9x^2 + 25)$

142. दिए गए व्यंजक का मान ज्ञात कीजिए।
$y + 2x - [(y - (y - x + y) - (x + y)) + y] - 2y$
SSC CGL (Tier I) 17/07/2023 Shift I
(a) y (b) $2x$
(c) $-2x$ (d) $-y$

143. यदि $x > 0$ और $x^4 + \frac{1}{x^4} = 254$ है, तो $x^5 + \frac{1}{x^5}$ का मान क्या होगा?
SSC CGL (Tier I) 14/07/2023 Shift IV
(a) $726\sqrt{2}$ (b) $717\sqrt{2}$
(c) $723\sqrt{2}$ (d) $720\sqrt{2}$

144. यदि $x + \frac{1}{x} = 7$ है, तो $x^6 + \frac{1}{x^6}$ का मान ज्ञात कीजिए।
SSC CGL (Tier I) 14/07/2023 Shift III
(a) 103862 (b) 113682
(c) 103882 (d) 103682

145. $x = 3$ और $y = -4$ होने पर $64x^3 + 38x^2y + 20xy^2 + y^3$ का मान ज्ञात कीजिए। **SSC CGL (Tier I) 14/07/2023 Shift II**
(a) 536 (b) 488
(c) 1236 (d) 1256

146. यदि $(a + b + c) = 0$ है, तो $a^3 + b^3 + c^3$ का मान क्या होगा?
SSC CGL (Tier I) 14/07/2023 Shift II
(a) $a^2 + b^2 + c^2 - 3abc$
(b) 0
(c) $3abc$
(d) $a^2 + b^2 + c^2 - ab - bc - ca$

147. यदि $7b - \frac{1}{4b} = 7$ है, तो $16b^2 + \frac{1}{49b^2}$ का मान ज्ञात कीजिए।
SSC CGL (Tier I) 14/07/2023 Shift I
(a) $\frac{120}{7}$ (b) $\frac{104}{7}$
(c) $\frac{80}{49}$ (d) $\frac{7}{2}$

148. $x = -4$ और $y = -1$ होने पर $(3x^3 + 5x^2y + 12xy^2 + 7y^3)$ का मान ज्ञात कीजिए। **SSC CGL (Tier I) 14/07/2023 Shift I**
(a) –329 (b) –361
(c) –359 (d) –327

SSC CGL 2022 (Tier I)

149. यदि $a = -12, b = -6$ तथा $c = 18$ है, तो $(2abc)/9$ का मान क्या है?
SSC CGL (Tier I) 13/12/2022 Shift IV
(a) 554 (b) – 288
(c) 144 (d) 288

150. यदि $a + b + c = 5, a^3 + b^3 + c^3 = 85$ और $abc = 25$ है, तो $a^2 + b^2 + c^2 - ab - bc - ca$ का मान ज्ञात कीजिए। **SSC CGL (Tier I) 13/12/2022 Shift IV**
(a) 2 (b) 6 (c) 4 (d) 8

151. यदि $x = 2 - 2^{\frac{1}{3}} + 2^{\frac{2}{3}}$ है, तो $x^3 - 6x^2 + 18x$ का मान क्या है? **SSC CGL (Tier I) 13/12/2022 Shift IV**
(a) 45 (b) 40 (c) 22 (d) 33

152. यदि $\frac{a}{b} + \frac{b}{a} = -1$ और $a - b = 2$ हैं, तो $a^3 - b^3$ का मान ज्ञात करें।
SSC CGL (Tier I) 13/12/2022 Shift III
(a) –1 (b) 0 (c) 1 (d) $\frac{1}{2}$

153. यदि, $\frac{r}{13} + \frac{13}{r} = 1$ है, तो r^3 का मान ज्ञात कीजिए। **SSC CGL (Tier I) 13/12/2022 Shift III**
(a) 2157 (b) –2197
(c) –2157 (d) 2197

154. निम्नलिखित में से कौन-सा कथन सही है?
I. $100^2 - 99^2 + 98^2 - 97^2 + 96^2 - 95^2 + 94^2 - 93^2 + \ldots + 22^2 - 21^2$ का मान 4840 है।
II. $\left(k^2 + \frac{1}{k^2}\right)\left(k - \frac{1}{k}\right)\left(k^4 + \frac{1}{k^4}\right)\left(k + \frac{1}{k}\right)\left(k^4 - \frac{1}{k^4}\right)$ का मान । $k^{16} - \frac{1}{k^{16}}$ है।
SSC CGL (Tier I) 13/12/2022 Shift III
(a) केवल II (b) I तथा II दोनों
(c) ना ही I ना ही II (d) केवल I

155. निम्नलिखित में से कौन-सा कथन सही है?
I. यदि $x = 12, y = -2$ तथा $z = -10$ हैं, तो $x^3 + y^3 + z^3 = 720$
II. यदि $x + y = 48$ तथा $4xy = 128$ हैं, तो $4x^2 + 4y^2$ का मान 8960 है।
SSC CGL (Tier I) 13/12/2022 Shift II
(a) न ही I न ही II (b) I तथा II दोनों
(c) केवल I (d) केवल II

156. यदि $2p + q - 19$ और $8p^3 + q^3 = 361$ हैं, तो pq का मान ज्ञात कीजिए।
SSC CGL (Tier I) 13/12/2022 Shift II
(a) 58 (b) 59 (c) 56 (d) 57

157. यदि $K + \frac{1}{K} + 2 = 0$ तथा $K < 0$ है, तो $K^{11} + \frac{1}{K^4}$ का मान क्या है?
SSC CGL (Tier I) 13/12/2022 Shift I
(a) – 1 (b) 0 (c) – 17 (d) – 2

158. यदि $x + \frac{1}{x} = 6$ है, तो $\frac{3x}{2x^2 - 5x + 2}$ का मान ज्ञात कीजिए। **SSC CGL (Tier I) 13/12/2022 Shift I**
(a) $\frac{2}{3}$ (b) 1 (c) 0 (d) $\frac{3}{7}$

159. यदि $6x^2 + 13x + 7 = 0$ के मूल α, β हैं, तो वह समीकरण ज्ञात कीजिए, जिसके मूल α^2, β^2 हैं। **SSC CGL (Tier I) 12/12/2022 Shift IV**
(a) $36x^2 - 87x + 49 = 0$
(b) $36x^2 - 85x - 49 = 0$
(c) $36x^2 - 85x + 49 = 0$
(d) $36x^2 + 87x - 49 = 0$

160. यदि $x + y + z = 0$ तथा $x^2 + y^2 + z^2 = 40$ है, तो $xy + yz + zx$ का मान क्या है?
SSC CGL (Tier I) 12/12/2022 Shift IV
(a) –20 (b) –5 (c) 5 (d) –10

161. यदि $x^4 + \frac{16}{x^4} = 15617, x > 0$ है तो, $x + \frac{2}{x}$ का मान ज्ञात कीजिए।
SSC CGL (Tier I) 12/12/2022 Shift III
(a) $\sqrt{129}$ (b) $\sqrt{123}$ (c) $\sqrt{127}$ (d) $\sqrt{121}$

162. यदि $p = 8.15, q = 9.06$ और $r = -17.21$ है तो, $p^3 + q^3 + r^3 - 3pqr$ का मान क्या होगा? **SSC CGL (Tier I) 12/12/2022 Shift III**
(a) 0 (b) 4.75 (c) – 3.81 (d) – 5.62

163. यदि $\frac{x}{8} + \frac{8}{x} = 1$ है, तो x^3 का मान ज्ञात कीजिए। **SSC CGL (Tier I) 12/12/2022 Shift II**
(a) 512 (b) –256 (c) –512 (d) 256

164. $a^2 + b^2 + c^2 - 2ab - 2bc + 2ca$ का मान क्या है? **SSC CGL (Tier I) 12/12/2022 Shift II**
(a) $(a - b - 2c)^2$ (b) $(2a + b + c)^2$
(c) $(a - b + c)^2$ (d) $(a + 2b - c)^2$

165. यदि $5x - \frac{5}{x} + 6 = 0$ है, तो $x^2 + \frac{1}{x^2} = ?$
SSC CGL (Tier I) 12/12/2022 Shift I
(a) $\frac{86}{25}$ (b) $\frac{81}{10}$
(c) $\frac{86}{11}$ (d) $\frac{43}{12}$

166. यदि $a = 26$ और $b = 22$ है, तो $\frac{a^3 - b^3}{a^2 - b^2} - \frac{3ab}{a + b}$ का मान .... है।
SSC CGL (Tier I) 12/12/2022 Shift I
(a) $\frac{11}{13}$ (b) $\frac{1}{3}$ (c) $\frac{13}{11}$ (d) $\frac{5}{3}$

167. यदि $m + \frac{1}{m - 2} = 4$ है, तो $(m - 2)^2 + \frac{1}{(m - 2)^2}$ का मान ज्ञात कीजिए।
SSC CGL (Tier I) 12/12/2022 Shift I
(a) 2 (b) – 2 (c) 4 (d) 0

168. $a^3 + b^3 + c^3 = 3abc$, यदि ....
SSC CGL (Tier I) 09/12/2022 Shift IV
(a) $a + b + c = -1$
(b) $a = b = c$
(c) $a + b + c = 0$
(d) $a + b + c = 1$

169. यदि $y + \frac{1}{y} = 11$ है, तो $y^3 - \frac{1}{y^3}$ का मान ज्ञात करें। **SSC CGL (Tier I) 09/12/2022 Shift IV**
(a) $345\sqrt{13}$ (b) $360\sqrt{13}$
(c) $352\sqrt{13}$ (d) $368\sqrt{13}$

170. यदि $\left(x-\frac{1}{x}\right)^2 = 12$ है और $x > 0$ दिया गया है, तो $\left(x^2-\frac{1}{x^2}\right)$ का मान क्या होगा?
SSC CGL (Tier I) 09/12/2022 Shift IV
(a) $6\sqrt{2}$ (b) $6\sqrt{3}$
(c) $8\sqrt{3}$ (d) $8\sqrt{2}$

171. यदि $k+\frac{1}{k}=4$ है, तो $k^4+\frac{1}{k^4}$ का मान क्या है? **SSC CGL (Tier I) 09/12/2022 Shift II**
(a) 212 (b) 410 (c) 192 (d) 194

172. यदि $x^2+\frac{1}{x^2}=66$ है, तो $x-\frac{1}{x}$ का मान ... है। **SSC CGL (Tier I) 09/12/2022 Shift II**
(a) 9 (b) 6 (c) 10 (d) 8

173. यदि $x+y+z=0$ हो, तो, $\frac{x^2}{yz}+\frac{y^2}{zx}+\frac{z^2}{xy}$ का मान ज्ञात करें।
SSC CGL (Tier I) 09/12/2022 Shift I
(a) 0 (b) 2
(c) 1 (d) 3

174. $\frac{(p-q)^3+(q-r)^3+(r-p)^3}{12(p-q)(q-r)(r-p)}$ का मान ज्ञात करें, जहाँ $p \neq q \neq r$ है। **SSC CGL (Tier I) 09/12/2022 Shift I**
(a) $\frac{1}{3}$ (b) $\frac{1}{4}$ (c) $\frac{1}{9}$ (d) $\frac{1}{2}$

175. $(a+b)^3 - a^3 + b^3$ का मान क्या है?
SSC CGL (Tier I) 09/12/2022 Shift I
(a) $3ab(a+b)+2b^3$
(b) $-3ab(a+b)+b^3$
(c) $3ab(a-b)+2b^3$
(d) $3ab(a-b)b^3$

176. यदि $x+\frac{1}{x}=2\sqrt{5}$ जहाँ, $x>1$ है, तो $x^3-\frac{1}{x^3}$ का मान ज्ञात कीजिए।
SSC CGL (Tier I) 08/12/2022 Shift IV
(a) 76 (b) 82 (c) 86 (d) 78

177. $a^2+b^2+c^2$ का मान क्या है, यदि $a+b+c=9$ और $ab+bc+ca=23$ है?
SSC CGL (Tier I) 08/12/2022 Shift IV
(a) 22 (b) 32 (c) 49 (d) 35

178. यदि $4(z+7)(2z-1) = Az^2+Bz+C$ है, तो $A+B+C$ का मान ज्ञात करें।
SSC CGL (Tier I) 08/12/2022 Shift III
(a) 74 (b) 32 (c) 28 (d) 81

179. यदि $abc=5$ है, तो
$$\left(\frac{1}{1+a+b^{-1}}+\frac{1}{1+b+5c^{-1}}+\frac{1}{1+\frac{c}{5}+a^{-1}}\right)$$ का मान कितना है?
SSC CGL (Tier I) 08/12/2022 Shift III
(a) 1 (b) $\frac{1}{5}$
(c) 5 (d) $(a+b+c)$

180. यदि $y=1+\sqrt{3}+\sqrt{4}$ है, तो $2y^4-8y^3-6y^2+28y-84$ का मान क्या होगा? **SSC CGL (Tier I) 08/12/2022 Shift II**
(a) $20\sqrt{3}$ (b) $40\sqrt{3}$
(c) $80\sqrt{3}$ (d) $60\sqrt{3}$

181. यदि $x=\frac{\sqrt{5}-\sqrt{4}}{\sqrt{5}+\sqrt{4}}$ और $y=\frac{\sqrt{5}+\sqrt{4}}{\sqrt{5}-\sqrt{4}}$ है, तो $\frac{x^2-xy+y^2}{x^2+xy+y^2}$ का मान क्या होगा? **SSC CGL (Tier I) 08/12/2022 Shift II**
(a) $\frac{321}{323}$ (b) $\frac{384}{387}$ (c) $\frac{341}{343}$ (d) $\frac{361}{363}$

182. यदि $\frac{2p}{p^2-5p+1}=\frac{1}{10}$ है, $p \neq 0$, तो $\left(p+\frac{1}{p}\right)$ का मान ज्ञात कीजिए। **SSC CGL (Tier I) 08/12/2022 Shift II**
(a) 25 (b) 1 (c) 15 (d) 10

183. यदि m और n दो धनात्मक वास्तविक संख्याएँ हैं और $9m^2+n^2=40$ तथा $mn=4$ है, तो $3m+n$ का मान क्या होगा?
SSC CGL (Tier I) 08/12/2022 Shift I
(a) 64 (b) 8 (c) 160 (d) 10

184. $(a+b)^2-(a-b)^2$ का मान क्या है?
SSC CGL (Tier I) 08/12/2022 Shift I
(a) $8ab$ (b) $4ab$
(c) $2(a^2+b^2)$ (d) $4(a^2+b^2)$

185. $x^2+4y^2+4y-4xy-2x-8$ के गुणनखण्ड इनमें से कौन-से हैं?
SSC CGL (Tier I) 08/12/2022 Shift I
(a) $(x-2y-4)(x-2y+2)$
(b) $(x^2-2y-4)(x^2+2y+2)$
(c) $(x+2y-4)(x+2y+2)$
(d) $(x^2-2y-4)(x^2-2y+2)$

186. $3x^4-2x^2+4x-1$ को $2x-1$ द्वारा विभाजित करने पर प्राप्त शेषफल ज्ञात कीजिए।
SSC CGL (Tier I) 07/12/2022 Shift IV
(a) $\frac{11}{16}$ (b) 3 (c) $\frac{15}{16}$ (d) 2

187. यदि $(a+1)^2+(a+2)^2=16$ है, तो $40+12a+4a^2$ का मान क्या है?
SSC CGL (Tier I) 07/12/2022 Shift IV
(a) 62 (b) 56
(c) 52 (d) 74

188. निम्नलिखित में से कौन-सा कथन सही है?
I. यदि $K+\frac{1}{K}=12$ है, तो $K^2+\frac{1}{K^2}=142$
II. $\left(K^2+\frac{1}{K^2}\right)\left(K-\frac{1}{K}\right)\left(K^4+\frac{1}{K^4}\right)\left(K+\frac{1}{K}\right)$ का मान $K^{16}-\frac{1}{K^{16}}$ है।
SSC CGL (Tier I) 07/12/2022 Shift IV
(a) I तथा II दोनों (b) केवल II
(c) ना ही I न ही II (d) केवल I

189. यदि $x+\frac{1}{x}=7$, तो $x^3+\frac{1}{x^3}$ का मान ज्ञात करें। **SSC CGL (Tier I) 07/12/2022 Shift IV**
(a) 332 (b) 340 (c) 322 (d) 343

190. $\sqrt{36x^2-108x+81}$ को सरल कीजिए।
SSC CGL (Tier I) 07/12/2022 Shift III
(a) $2x-9$ (b) $3x-3$
(c) $5x-9$ (d) $6x-9$

191. दिए गए व्यंजक को सरल कीजिए।
$(5x+8y)(25x^2+64y^2-40xy)$
SSC CGL (Tier I) 07/12/2022 Shift III
(a) $25x^3+64y^3$ (b) $25x^3-64y^3$
(c) $125x^3-512y^3$ (d) $125x^3+512y^3$

192. यदि $x^4+\frac{1}{x^4}=194$ है, तो $x^3+\frac{1}{x^3}=?$
SSC CGL (Tier I) 07/12/2022 Shift III
(a) 67 (b) 52 (c) 58 (d) 76

193. यदि $k+\frac{1}{k}+2=0$ तथा $k<0$ है, तो $k^{10}+\frac{1}{k^{11}}$ का मान क्या है? **SSC CGL (Tier I) 07/12/2022 Shift II**
(a) –1 (b) 2
(c) 1 (d) 0

194. $3\left[a-\frac{1}{a}\right]+\left[a-\frac{1}{a}\right]^3=?$
SSC CGL (Tier I) 07/12/2022 Shift II
(a) $a^3-\frac{1}{a^3}$ (b) $a^3+\frac{1}{a^3}$
(c) $a^2-\frac{1}{a^3}$ (d) $a^2-\frac{1}{a^2}$

195. यदि $x^2+y^2+2y+4x+5=0$ है, तो $\frac{x+y}{x-y}$ का मान क्या होगा?
SSC CGL (Tier I) 07/12/2022 Shift I
(a) –3 (b) $\frac{1}{3}$ (c) 3 (d) –1

196. $\frac{(x-y)^3+(y-z)^3+(z-x)^3}{6(x-y)(y-z)(z-x)}$ का मान बताइए, जहाँ $x \neq y \neq z$ है
SSC CGL (Tier I) 07/12/2022 Shift I
(a) $\frac{1}{3}$ (b) $\frac{1}{2}$ (c) $\frac{1}{9}$ (d) $\frac{1}{4}$

197. यदि शून्येत्तर x के लिए, $5x^2+7x+5=0$ है, तो $x^3+\frac{1}{x^3}$ का मान ज्ञात कीजिए।
SSC CGL (Tier I) 06/12/2022 Shift IV
(a) $\frac{532}{343}$ (b) $\frac{182}{125}$ (c) $\frac{496}{125}$ (d) $\frac{125}{532}$

198. यदि $mx^m-nx^n=0$ है, तो x^n के पदों में $\frac{1}{x^m+x^n}+\frac{1}{x^m-x^n}$ का मान क्या होगा? जहाँ $x, m, n>0$ हैं।
SSC CGL (Tier I) 06/12/2022 Shift IV
(a) $\frac{2mn}{x^n(n^2-m^2)}$ (b) $\frac{2mn}{x^n(m^2+n^2)}$
(c) $\frac{2mn}{x^n(m^2-n^2)}$ (d) $\frac{2mn}{x^n(n^2+m^2)}$

199. यदि $(4x - 7y) = 11$ तथा $xy = 8$ हैं, x और y धनात्मक संख्याएँ है, तो $16x^2 + 49y^2$ का मान क्या होगा? **SSC CGL (Tier I) 06/12/2022 Shift III**
(a) 569 (b) 484 (c) 596 (d) 448

200. यदि $\frac{a}{b} + \frac{b}{a} = 1$ और $a + b = 2$ हैं, तो $a^3 + b^3$ का मान ज्ञात कीजिए। **SSC CGL (Tier I) 06/12/2022 Shift II**
(a) 1 (b) 0 (c) 3 (d) 2

201. $8m^3 - n^3$ के बराबर है **SSC CGL (Tier I) 06/12/2022 Shift II**
(a) $(2m - n)(4m^2 + 4mn + n^2)$
(b) $(2m - n)(4m^2 + 2mn + n^2)$
(c) $(2m - n)(4m^2 - 2mn + n^2)$
(d) $(2m - n)(4m - 4mn + n^2)$

202. यदि $p = 7 + 4\sqrt{3}$ हो, तो $\frac{p^6 + p^4 + p^2 + 1}{p^3}$ का मान कितना है? **SSC CGL (Tier I) 06/12/2022 Shift II**
(a) 2176 (b) 2716 (c) 2167 (d) 2617

203. यदि $x^2 + y^2 + z^2 = xy + yz + zx$ और $x = 1$ है, तो $\frac{10x^4 + 5y^4 + 7z^4}{13x^2y^2 + 6y^2z^2 + 3z^2x^2}$ का मान ज्ञात कीजिए। **SSC CGL (Tier I) 05/12/2022 Shift IV**
(a) 0 (b) –1 (c) 2 (d) 1

204. यदि $x + \frac{1}{2x} = 3$ है, तो $8x^3 + \frac{1}{x^3}$ का मान ज्ञात कीजिए। **SSC CGL (Tier I) 05/12/2022 Shift IV**
(a) 216 (b) 196 (c) 180 (d) 212

205. यदि $x^2 - 2xy = 84$ और $x - y = -10$ है, तो y का मान क्या है? **SSC CGL (Tier I) 05/12/2022 Shift IV**
(a) 2 (b) 3 (c) 1 (d) 4

206. सही बीजीय व्यंजक का चयन कीजिए। **SSC CGL (Tier I) 05/12/2022 Shift III**
(a) $ab - a - b + 1 = (1 - a)(b - 1)$
(b) $ab + a - b + 1 = (1 - a)(1 - b)(1 - a)(1 + b)$
(c) $ab - a - b + 1 = (a - 1)(1 - b)$
(d) $ab - a - b + 1 = (a - 1)(b - 1)$

207. यदि $x^2 = y + z$, $y^2 = z + x$ और $z^2 = x + y$ है, तो $\frac{1}{x+1} + \frac{1}{y+1} + \frac{1}{z+1}$ का मान ज्ञात कीजिए। **SSC CGL (Tier I) 05/12/2022 Shift II**
(a) 4 (b) – 1 (c) 2 (d) 1

208. यदि $\frac{1}{x^2 + a^2} = x^2 - a^2$ है, तो x का मान .... है। **SSC CGL (Tier I) 05/12/2022 Shift II**
(a) $(a^4 - 1)^{1/4}$ (b) a
(c) $(1 - a^4)^{1/4}$ (d) $(a^4 + 1)^{1/4}$

209. यदि $x + \frac{1}{x} = -14$ है और $x < -1$ है, तो $x^2 - \frac{1}{x^2}$ का मान क्या होगा? **SSC CGL (Tier I) 05/12/2022 Shift I**
(a) $-140\sqrt{2}$ (b) $140\sqrt{2}$
(c) $-112\sqrt{3}$ (d) $112\sqrt{3}$

210. यदि $k^4 + \frac{1}{k^4} = 47$ है, तो $k^3 + \frac{1}{k^3}$ का मान क्या है? **SSC CGL (Tier I) 05/12/2022 Shift I**
(a) 9 (b) 18 (c) 54 (d) 4.5

211. $(x + 2y)^3 + (x - 2y)^3$ का सरलीकृत रूप क्या होगा? **SSC CGL (Tier I) 05/12/2022 Shift I**
(a) $x^3 - 8y^3$ (b) $x^3 + 8y^3$
(c) $2x^3 - 24xy^2$ (d) $2x^3 + 24xy^2$

212. यदि $a^2 + b^2 + c^2 = 9$ तथा $ab + bc + ca = 8$ है, तो $(a + b + c) - 3$ का सम्भावित मान क्या होगा? **SSC CGL (Tier I) 03/12/2022 Shift IV**
(a) 9 (b) 3 (c) 2 (d) 5

213. यदि $\frac{\sqrt{5} + \sqrt{3}}{\sqrt{5} - \sqrt{3}} = a + b\sqrt{15}$ तो a का मान क्या होगा? **SSC CGL (Tier I) 03/12/2022 Shift IV**
(a) 5 (b) 4 (c) 8 (d) 3

214. $(mx + n)$ निम्न में से किसका एक गुणनखण्ड है? **SSC CGL (Tier I) 03/12/2022 Shift IV**
(a) $m^2x^2 + 2mn + n^2$
(b) $m^2 x^2 + 2nx + n^2$
(c) $m^2x^2 + 2mnx + n^2$
(d) $m^2x^2 + 2mx + n^2$

215. निम्नलिखित व्यंजक का मान ज्ञात करें
$12^3 + (-8)^3 + (-4)^3$ **SSC CGL (Tier I) 03/12/2022 Shift III**
(a) 1052 (b) 952 (c) 852 (d) 1152

216. यदि $8a^3 + 27b^3 = 16$ और $2a + 3b = 4$ है, तो $16a^4 + 81b^4$ का मान ज्ञात कीजिए। **SSC CGL (Tier I) 03/12/2022 Shift III**
(a) 32 (b) 26 (c) 28 (d) 30

217. यदि $x = 3 + 2\sqrt{2}$, $x > 0$ है, तो $\sqrt{x} - \frac{1}{\sqrt{x}}$ का मान क्या है? **SSC CGL (Tier I) 03/12/2022 Shift II**
(a) 2 (b) $2\sqrt{2}$ (c) 1 (d) $\sqrt{2}$

218. यदि $x + \frac{1}{x} = -2$ है, तो $x^{17} + x^{-17} + x^{12} + x^{-12}$ का गान क्या है? $(x < 0)$ **SSC CGL (Tier I) 03/12/2022 Shift II**
(a) 1 (b) 0 (c) –1 (d) –2

219. यदि $x - y = 1$ और $x^2 + y^2 = 41$ है, जहाँ $x, y \geq 0$ है, तो $x + y$ का मान ..... होगा। **SSC CGL (Tier I) 03/12/2022 Shift II**
(a) 8 (b) 9 (c) 7 (d) 6

220. यदि $\left(4a + \frac{5}{a} + 5\right) = 14$ है, तो $\left(16a^2 + \frac{25}{a^2}\right)$ का मान क्या होगा? **SSC CGL (Tier I) 03/12/2022 Shift I**
(a) 41 (b) 36 (c) 25 (d) 40

221. $x^4 + x^2 + 25$ के गुणनखण्ड इनमें से कौन-से हैं? **SSC CGL (Tier I) 03/12/2022 Shift I**
(a) $(x^2 + 3x + 5)(x^2 - 3x + 5)$
(b) $(x^2 - 3x + 5)(x^2 - 3x + 5)$
(c) $(x^2 + 3x + 5)(x^2 + 3x + 5)$
(d) $(x^2 + 3x - 5)(x^2 - 3x + 5)$

222. यदि $x - \frac{1}{x} = 13$ है, तो $x^4 + \frac{1}{x^4}$ का मान क्या होगा? **SSC CGL (Tier I) 03/12/2022 Shift I**
(a) 29239 (b) 28561
(c) 27887 (d) 29243

223. यदि $x + \frac{1}{x} = 8$ है, तो $\frac{5}{x^2 - 8x + 2}$ का मान ज्ञात कीजिए। **SSC CGL (Tier I) 02/12/2022 Shift IV**
(a) 0 (b) 3 (c) 5 (d) 4

224. निम्नलिखित में से कौन-सा कथन सही है?
I. $100^2 - 99^2 + 98^2 - 97^2 + 96^2 - 95^2 + 94^2 - 93^2 + ... + 2^2 - 1^2$ का मान 5050 है।
II. यदि $8x + \frac{8}{x} = -16$ तथा $x < 0$ है, तो $x^{197} + x^{-197}$ का मान 2 है। **SSC CGL (Tier I) 02/12/2022 Shift IV**
(a) I तथा II दोनों (b) केवल II
(c) ना ही I ना ही II (d) केवल I

225. यदि $K + \frac{1}{K} = 3$ है, तो $\frac{1}{K^3} + K^3$ का मान क्या है? **SSC CGL (Tier I) 02/12/2022 Shift IV**
(a) 54 (b) 10 (c) 18 (d) 36

226. यदि $x = \frac{\sqrt{5} - 2}{\sqrt{5} + 2}$, तो $x^2 + x^{-2}$ का मान .... है। **SSC CGL (Tier I) 02/12/2022 Shift I**
(a) 350 (b) 322 (c) 345 (d) 284

227. $x + 3(y + x - 2) - (x + y)$ को सरल करें। **SSC CGL (Tier I) 02/12/2022 Shift I**
(a) $3x + 2y - 6$ (b) $2x + 3y - 6$
(c) $x + 2y - 6$ (d) $2x + y - 6$

228. यदि $x > 0$ है और $x^4 + \frac{1}{x^4} = 2207$ हैं, तो $x^7 + \frac{1}{x^7}$ का मान क्या है? **SSC CGL (Tier I) 02/12/2022 Shift I**
(a) 710649 (b) 710661
(c) 710654 (d) 710647

229. यदि $y + \frac{1}{y} = 3$ है, तो $\frac{1}{y^3} + y^3 + 2$ का मान मान है? **SSC CGL (Tier I) 01/12/2022 Shift III**
(a) 20 (b) 29 (c) 18 (d) 24

230. यदि $x + y = 36$ है, तो $(x - 27)^3 + (y - 9)^3$ का मान ज्ञात कीजिए। **SSC CGL (Tier I) 01/12/2022 Shift III**
(a) 1 (b) 0 (c) $2y$ (d) 81

231. यदि $a + b = 11$ और $ab = 35$ हैं, तो $(a^4 + b^4)$ का मान क्या है? **SSC CGL (Tier I) 01/12/2022 Shift III**
(a) 261 (b) 124 (c) 151 (d) 102

232. k एक ऋणात्मक संख्या इस प्रकार है कि $k + k^{-1} = -2$ है, तो $\frac{k^2 + 4k - 2}{k^2 + k - 5}$ का मान क्या है? **SSC CGL (Tier I) 01/12/2022 Shift II**
(a) 7 (b) – 1 (c) – 7 (d) 1

233. यदि $x^2 - 5x + 1 = 0$ है, तो $\frac{x^6 + x^4 + x^2 + 1}{5x^3} = ?$ का मान ज्ञात कीजिए।
SSC CGL (Tier I) 01/12/2022 Shift I
(a) 28 (b) 25 (c) 30 (d) 23

SSC CGL 2021 & 2020 (Tier I)

234. $\left(5 - \frac{x^2}{3}\right)^3$ के विस्तार में x^2 का गुणांक ज्ञात करें। SSC CGL (Tier I) 24/08/2021 Shift III
(a) 25 (b) –25 (c) $-\frac{5}{3}$ (d) $-\frac{25}{3}$

235. दिया गया है कि $x^8 - 34x^4 + 1 = 0$ है, $x > 0$ है, तो $(x^3 - x^{-3})$ का मान ज्ञात करें।
SSC CGL (Tier I) 24/08/2021 Shift III
(a) 12 (b) 16 (c) 18 (d) 14

236. यदि $y = 2x + 1$ है, तो $(8x^3 - y^3 + 6xy)$ का मान ज्ञात करें।
SSC CGL (Tier I) 24/08/2021 Shift II
(a) –15 (b) 15 (c) –1 (d) 1

237. निम्न व्यंजक को सरल करें
$$\frac{5(a^6 - b^6)^3 + 5(b^6 - c^6)^3 + 5(c^6 - a^6)^3}{2(a^3 - b^3)^3 + 2(b^3 - c^3)^3 + 2(c^3 - a^3)^3}$$
SSC CGL (Tier I) 24/08/2021 Shift II
(a) $\frac{5}{2}(a^3 - b^3)(b^3 - c^3)(c^3 + a^3)$
(b) $\frac{5}{2}(a^3 - b^3)(b^3 + c^3)(c^3 + a^3)$
(c) $\frac{5}{2}(a^3 + b^3)(b^3 - c^3)(c^3 - a^3)$
(d) $\frac{5}{2}(a^3 + b^3)(b^3 + c^3)(c^3 + a^3)$

238. यदि $x - \frac{2}{x} = 15$ है, तो $\left(x^2 + \frac{4}{x^2}\right)$ का मान ज्ञात करें। SSC CGL (Tier I) 24/08/2021 Shift II
(a) 227 (b) 229 (c) 221 (d) 223

239. यदि $2x + 3y + 1 = 0$ है, तो $(8x^3 + 8 + 27y^3 - 18xy)$ का मान ज्ञात करें।
SSC CGL (Tier I) 24/08/2021 Shift I
(a) –7 (b) 7 (c) –9 (d) 9

240. यदि $a^4 + b^4 + a^2b^2 = 273$ और $a^2 + b^2 - ab = 21$ है, तो $\left(\frac{1}{a} + \frac{1}{b}\right)$ का एक मान ज्ञात करें। SSC CGL (Tier I) 24/08/2021 Shift I
(a) $\frac{3}{2}$ (b) $-\frac{9}{4}$ (c) $\frac{9}{8}$ (d) $-\frac{3}{4}$

241. यदि $(x + 6)^3 + (2x + 3)^3 + (3x + 5)^3 = (3x + 18)(2x + 3)(3x + 5)$ है, तो x का मान ज्ञात करें।
SSC CGL (Tier I) 23/08/2021 Shift II
(a) $\frac{7}{3}$ (b) $-\frac{7}{3}$ (c) $-\frac{5}{3}$ (d) $\frac{5}{3}$

242. यदि $x + \frac{1}{x} = \frac{17}{4}, x > 1$ है, तो $x - \frac{1}{x}$ का मान ज्ञात करें। SSC CGL (Tier I) 23/08/2021 Shift I
(a) $\frac{8}{3}$ (b) $\frac{3}{2}$ (c) $\frac{9}{4}$ (d) $\frac{15}{4}$

243. यदि $2x^2 - 7x + 5 = 0$ है, तो $x^3 + \frac{125}{8x^3}$ का मान ज्ञात करें। SSC CGL (Tier I) 23/08/2021 Shift I
(a) $10\frac{5}{8}$ (b) $16\frac{5}{8}$ (c) $12\frac{5}{8}$ (d) $18\frac{5}{8}$

244. यदि $8 + 2px^2 - 36x - 27x^3 = (2 - 3x)^3$ है, तो p का मान ज्ञात करें।
SSC CGL (Tier I) 23/08/2021 Shift I
(a) –27 (b) 27 (c) 9 (d) 54

245. यदि $\sqrt{x} - \frac{1}{\sqrt{x}} = \sqrt{7}$ है, तो $x^2 + \frac{1}{x^2}$ का मान ज्ञात करें।
SSC CGL (Tier I) 20/08/2021 Shift II
(a) 75 (b) 81 (c) 60 (d) 79

246. यदि $\frac{x}{y} + \frac{y}{x} = 2, (x, y \neq 0)$ है, तो $(x - y)$ का मान ज्ञात करें।
SSC CGL (Tier I) 20/08/2021 Shift II
(a) 1 (b) 0 (c) –2 (d) 2

247. $(x - y + z)^2 - (x - y - z)^2$ का मान ज्ञात करें। SSC CGL (Tier I) 20/08/2021 Shift I
(a) $4yz - 4xz$ (b) $2xz + 2yz$
(c) $4xz - 4yz$ (d) $4xz + 4yz$

248. यदि $\left(2a + \frac{3}{a} - 1\right) = 11$ है, तो $\left(4a^2 + \frac{9}{a^2}\right)$ का मान ज्ञात करें। SSC CGL (Tier I) 20/08/2021 Shift I
(a) 132 (b) 121 (c) 110 (d) 148

249. यदि $a^2 + b^2 + c^2 + 216 = 12(a + b - 2c)$ है, तो $\sqrt{ab - bc - ca}$ का मान ज्ञात करें।
SSC CGL (Tier I) 20/08/2021 Shift I
(a) $8\sqrt{5}$ (b) $4\sqrt{5}$ (c) $6\sqrt{5}$ (d) $3\sqrt{5}$

250. यदि $a^3 - b^3 = 2349$ और $(a - b) = 9$ है, तो $(a + b)^2 - ab$ का मान ज्ञात करें।
SSC CGL (Tier I) 18/08/2021 Shift III
(a) 261 (b) 229 (c) 244 (d) 280

251. यदि $x - \frac{1}{x} = \sqrt{77}$ है, तो $x^3 + \frac{1}{x^3}$ के मानों में से एक मान है
SSC CGL (Tier I) 18/08/2021 Shift III
(a) $3\sqrt{77}$ (b) 702
(c) $80\sqrt{77}$ (d) $77\sqrt{77}$

252. यदि $a + b + c = 0$ है, तो $\frac{(b + c)^2}{bc} + \frac{(c + a)^2}{ca} + \frac{(a + b)^2}{ab}$ का मान ज्ञात करें। SSC CGL (Tier I) 18/08/2021 Shift III
(a) – 1 (b) – 3 (c) 3 (d) 1

253. यदि $x + y = 3$ और $\frac{1}{x} + \frac{1}{y} = -\frac{3}{10}$ है, तो $(x^2 + y^2)$ का मान ज्ञात करें।
SSC CGL (Tier I) 18/08/2021 Shift I
(a) 29 (b) 26 (c) 28 (d) 34

254. यदि $x^2 + 9y^2 + 4z^2 = 12(x - 2y + 2z) - 88$ है, तो $(x - 3y + z)$ का मान ज्ञात करें।
SSC CGL (Tier I) 17/08/2021 Shift III
(a) 5 (b) 10 (c) 11 (d) 13

255. यदि $4x^4 = 5x^2 - 1, x > \frac{1}{\sqrt{2}}$ है, तो $(2x^2 - x - 1)$ का मान ज्ञात करें।
SSC CGL (Tier I) 17/08/2021 Shift III
(a) 2 (b) 0 (c) 1 (d) – 2

256. यदि $(54\sqrt{2}x^3 + 24\sqrt{3}y^3) \div (\sqrt{18}x + \sqrt{12}y) = Ax^2 + By^2 + Cxy$ है, तो $A^2 - (B^2 + C^2)$ का मान ज्ञात करें।
SSC CGL (Tier I) 17/08/2021 Shift I
(a) –36 (b) 12 (c) 24 (d) –24

257. यदि $x + y + z = 7, x^2 + y^2 + z^2 = 85$ और $x^3 + y^3 + z^3 = 913$ है, तो $\sqrt[3]{xyz}$ का मान ज्ञात करें। SSC CGL (Tier I) 17/08/2021 Shift I
(a) 4 (b) 2 (c) 8 (d) 1

258. यदि $x^2 + 4y^2 = 53$ और $x - 2y = 5$ है, तो $x^3 - 8y^3$ का मान ज्ञात करें।
SSC CGL (Tier I) 16/08/2021 Shift III
(a) 85 (b) –85 (c) 155 (d) 335

259. यदि $x + y = 2$ और $\frac{1}{x} + \frac{1}{y} = \frac{18}{5}$ है, तो $(x^3 + y^3)$ का मान ज्ञात करें।
SSC CGL (Tier I) 16/08/2021 Shift III
(a) $3\frac{1}{5}$ (b) $4\frac{2}{3}$ (c) $3\frac{1}{3}$ (d) $4\frac{3}{5}$

260. यदि $x + y + z = 2$ और $xy + yz + zx = -11$ है, तो $x^3 + y^3 + z^3 - 3xyz$ का मान ज्ञात करें।
SSC CGL (Tier I) 16/08/2021 Shift I
(a) 78 (b) 69
(c) 71 (d) 74

261. यदि $2x^2 - 8x - 1 = 0$ है, तो $8x^3 - \frac{1}{x^3}$ का मान ज्ञात करें।
SSC CGL (Tier I) 13/08/2021 Shift III
(a) 560 (b) 540
(c) 524 (d) 464

262. यदि $x^4 + \frac{1}{x^4} = 727, x > 1$ है, तो $\left(x - \frac{1}{x}\right)$ का मान ज्ञात करें।
SSC CGL (Tier I) 13/08/2021 Shift III
(a) 5 (b) 6 (c) – 6 (d) – 5

263. यदि $x - \frac{1}{x} = 1$ है, तो $x^8 + \frac{1}{x^8}$ का मान ज्ञात करें। SSC CGL (Tier I) 13/08/2021 Shift III
(a) 119 (b) 47 (c) 3 (d) – 1

264. यदि $x + y = 4$ और $\frac{1}{x} + \frac{1}{y} = \frac{16}{15}$ है, तो $(x^3 + y^3)$ का मान ज्ञात करें।
SSC CGL (Tier I) 13/08/2021 Shift I
(a) 18 (b) 19
(c) 21 (d) 16

265. यदि $x + y + z = 10$ और $xy + yz + zx = 15$ है, तो $x^3 + y^3 + z^3 - 3xyz$ का मान ज्ञात करें। SSC CGL (Tier I) 07/03/2020 Shift II
(a) 550 (b) 660 (c) 575 (d) 525

266. यदि $a^2 + b^2 + c^2 = 300$ और $ab + bc + ca = 50$ है, तो $a + b + c$ का मान क्या है? (दिया गया है कि a, b और c सभी धनात्मक हैं।)
SSC CGL (Tier I) 07/03/2020 Shift II
(a) 15 (b) 20 (c) 22 (d) 25

267. $\left(\frac{x}{3}+\frac{y}{5}\right)^3$ का विस्तार क्या होगा?
(a) $\frac{x^3}{27}+\frac{xy}{15}+\frac{xy^2}{25}+\frac{y^3}{125}$
(b) $\frac{x^3}{25}+\frac{x^2y}{15}+\frac{xy^2}{25}+\frac{y^3}{125}$
(c) $\frac{x^3}{27}+\frac{x^2y}{15}+\frac{xy^2}{25}+\frac{y^3}{125}$
(d) $\frac{x^3}{27}+\frac{x^2y}{25}+\frac{xy^2}{25}+\frac{y^3}{125}$

268. यदि $1 - 64x^3 - 12x + px^2 = (1 - 4x)^3$ है, तो p का मान ज्ञात कीजिए।
SSC CGL (Tier I) 07/03/2020 Shift II
(a) 48 (b) 16 (c) – 12 (d) – 48

269. यदि $b + c = ax, c + a = by, a + b = cz$ है, तो $\frac{1}{9}\left[\frac{1}{x+1}+\frac{1}{y+1}+\frac{1}{z+1}\right]$ का मान ज्ञात करें।
SSC CGL (Tier I) 06/03/2020 Shift III
(a) 1 (b) 0 (c) $\frac{1}{9}$ (d) $\frac{1}{3}$

270. यदि $x^2 - 4x + 4 = 0$ है, तो $16\left(x^4-\frac{1}{x^4}\right)$ का मान बताइए।
SSC CGL (Tier I) 06/03/2020 Shift III
(a) $\frac{255}{16}$ (b) 255 (c) $\frac{127}{16}$ (d) 127

271. यदि $a^3+\frac{1}{a^3}=52$ है, तो $2\left(a+\frac{1}{a}\right)$ का मान क्या है?
SSC CGL (Tier I) 06/03/2020 Shift III
(a) 2 (b) 6
(c) 4 (d) 8

272. $(x - 3y)^3$ में x का गुणांक .... है।
SSC CGL (Tier I) 06/03/2020 Shift II
(a) $3y^2$ (b) $-3y^2$
(c) $-27y^2$ (d) $27y^2$

273. यदि $(a + b - 2)^2 + (b + c - 5)^2 + (c + a - 5)^2 = 0$ है, तो $\sqrt{(b+c)^a+(c+a)^b-1}$ का मान ज्ञात कीजिए।
SSC CGL (Tier I) 06/03/2020 Shift I
(a) 3 (b) 2 (c) 0 (d) 1

274. यदि $3^a = 27^b = 81^c$ और $abc = 144$ है, तो $12\left(\frac{1}{a}+\frac{1}{2b}+\frac{1}{5c}\right)$ का मान ज्ञात कीजिए।
SSC CGL (Tier I) 06/03/2020 Shift I
(a) $\frac{18}{120}$ (b) $\frac{33}{10}$
(c) $\frac{17}{120}$ (d) $\frac{18}{10}$

275. $(2x+ y)^3$ में x^2 का गुणांक ·········· है।
SSC CGL (Tier I) 05/03/2020 Shift III
(a) $12y^2$ (b) $12y$ (c) 8 (d) 12

276. $(a+b+c-d)^2-(a-b-c+d)^2$ का मान बताइए।
SSC CGL (Tier I) 05/03/2020 Shift III
(a) $4a(b + c + d)$ (b) $2a(b + c + d)$
(c) $4a(b + c - d)$ (d) $2a(b + c - d)$

277. $\frac{x^2(x-4)^2}{(x+4)^2-4x} \div \frac{(x^2-4x)^3}{(x+4)^2} \times \frac{64-x^3}{16-x^2}$ का मान क्या होगा?
SSC CGL (Tier I) 05/03/2020 Shift II
(a) $\frac{x+4}{x(x-4)}$ (b) $\frac{x+4}{x-4}$
(c) $\frac{x+4}{x(4-x)}$ (d) $\frac{x-4}{x+4}$

278. यदि $x^2 - 2\sqrt{5}x + 1 = 0$ है, तो $x^5+\frac{1}{x^5}$ का मान क्या है? **SSC CGL (Tier I) 05/03/2020 Shift I**
(a) $408\sqrt{5}$ (b) $612\sqrt{5}$
(c) $406\sqrt{5}$ (d) $610\sqrt{5}$

279. यदि $P=\frac{x^3+y^3}{(x-y)^2+3xy}$, $Q=\frac{(x+y)^2-3xy}{x^3-y^3}$ और $R=\frac{(x+y)^2+(x-y)^2}{x^2-y^2}$ है, तो $(P \div Q) \times R$ का मान क्या है?
SSC CGL (Tier I) 05/03/2020 Shift I
(a) $x^2 + y^2$ (b) $2(x^2 + y^2)$
(c) $4xy$ (d) $2xy$

280. यदि $16a^4 + 36a^2b^2 + 81b^4 = 91$ और $4a^2 + 9b^2 - 6ab = 13$ है, तो $3ab$ का मान क्या है? **SSC CGL (Tier I) 05/03/2020 Shift I**
(a) $-\frac{3}{2}$ (b) $\frac{3}{2}$ (c) 5 (d) – 3

281. यदि $2x^2 + y^2 + 8z^2 - 2\sqrt{2}xy + 4\sqrt{2}yz - 8zx = (Ax + y + Bz)^2$ है, तो $(A^2 + B^2 - AB)$ का मान ज्ञात कीजिए।
SSC CGL (Tier I) 04/03/2020 Shift III
(a) 16 (b) 6 (c) 18 (d) 14

282. यदि $x + y + z = 3$ और $x^2 + y^2 + z^2 = 101$ है, तो $\sqrt{x^3+y^3+z^3-3xyz}$ का मान क्या है? **SSC CGL (Tier I) 04/03/2020 Shift III**
(a) 24 (b) 28 (c) 21 (d) 19

SSC CPO SI 2024-2020

283. यदि $2a + 2b + c = 0$ है, तो $\frac{4a^2+4b^2+4c^2}{5c^2-8ab}$ का मान ज्ञात करें। **SSC CPO 26/06/2024 Shift-III**
(a) – 1 (b) $2\sqrt{3}$
(c) $-2\sqrt{3}$ (d) 1

284. यदि $a=(\sqrt{2}-1)^{\frac{1}{3}}$ है, तो $\left(a-\frac{1}{a}\right)^3+3\left(a-\frac{1}{a}\right)$ का मान ज्ञात कीजिए।
SSC CPO 29/06/2024 Shift-III
(a) – 2 (b) $\sqrt{2}$
(c) 2 (d) $-\sqrt{2}$

285. यदि $x^2 - 6x - 1 = 0$, तो $x^2+\frac{1}{x^2}-8$ का मान ज्ञात करें। **SSC CPO 29/06/2024 Shift-III**
(a) 28 (b) 30 (c) 32 (d) 34

286. एक कक्षा के 18 विद्यार्थियों ने एक प्रश्नोत्तरी में भाग लिया। यदि लड़कियों की संख्या, लड़कों की संख्या से 8 अधिक है, तो लड़कों और लड़कियों की संख्या का गुणनफल ज्ञात करें।
SSC CPO 29/06/2024 Shift-II
(a) 63 (b) 65 (c) 56 (d) 36

287. यदि $a + b + c = 13$ और $ab + bc + ca = 22$ है, तो $a^3 + b^3 + c^3 - 3abc$ का मान ...... है।
SSC CPO 29/06/2024 Shift-II
(a) 1911 (b) 1225
(c) 1339 (d) 1625

288. यदि $x^2 + 4y^2 + 2x + 1 = 0$ है, तो $x^{39} + y^{36}$ का मूल्य ज्ञात कीजिए।
SSC CPO 29/06/2024 Shift-II
(a) 1 (b) 2 (c) –2 (d) –1

289. $a = 2$ और $b = 3$ के लिए गुणनफल $(4a + 3b) (16a^2 - 12ab + 9b^2)$ का मान निर्धारित कीजिए।
SSC CPO 29/06/2024 Shift-I
(a) 1241 (b) 1131 (c) 1231 (d) 1141

290. यदि $x = 11$ है, तो $(x^5 - 12x^4 + 12x^3 - 12x^2 + 12x - 1)$ का मान बताइए। **SSC CPO 28/06/2024 Shift-III**
(a) 10 (b) 9 (c) 14 (d) 8

291. यदि $\frac{a}{b}+\frac{b}{a}=1, a \neq 0, b \neq 0$ है, तो $\frac{a^3+b^3}{3ab}$ का मान ज्ञात करें।
SSC CPO 28/06/2024 Shift-III
(a) 2 (b) 0 (c) 3 (d) – 3

292. यदि बहुपद $(2x^3 + ax^2 + 3x - 5)$ और $(x^3 + x^2 - 2x + a)$ को $(x - 2)$ से विभाजित करने पर समान शेषफल प्राप्त होता है, तो शेषफल ज्ञात करें। **SSC CPO 28/06/2024 Shift-III**
(a) 5 (b) 4 (c) 3 (d) 2

293. यदि $(a - 18)^2 + (b - 12)^2 + (c - 6)^2 = 0$ है, तो $(a+b+c)^{\frac{1}{2}}$ का मान ज्ञात करें।
SSC CPO 28/06/2024 Shift-II
(a) ±4 (b) ±2 (c) ±6 (d) ±3

294. यदि $x = 110, y = 111, z = 112$ है, तो $x^3 + y^3 + z^3 - 3xyz$ का मान ज्ञात कीजिए।
SSC CPO 28/06/2024 Shift-I
(a) 995 (b) 991 (c) 999 (d) 997

295. यदि $a + 2b + 3c = 0$ है, तो $(a^3 + 8b^3 + 27c^3)$ का मान क्या है?
SSC CPO 28/06/2024 Shift-I
(a) 0 (b) $12abc$ (c) $18abc$ (d) $6abc$

296. यदि $x+\frac{1}{x}=2$ है, तो $\left(x^4+\frac{4}{x^4}\right)\left(x^3-\frac{4}{x^3}\right)$ का मान ज्ञात करें। **SSC CPO 27/06/2024 Shift-III**
(a) 10 (b) – 15
(c) 15 (d) – 10

297. यदि $x = 3y + 4$ है, तो $(x^3 - 27y^3 - 36xy)$ का मान क्या है? **SSC CPO 27/06/2024 Shift-II**

(a) 8 (b) 1 (c) 64 (d) 27

298. यदि $\alpha + \beta + \gamma = 0$ है, तो $\frac{3\beta^2 + \alpha^2 + \gamma^2}{2\beta^2 - \alpha y}$ का मान कितना होगा?

SSC CPO 27/06/2024 Shift-II

(a) $\frac{1}{2}$ (b) 2 (c) $\frac{1}{4}$ (d) 1

299. $\frac{(143 \div 13 \times x - 3 \times 3)}{(6^2 - 7 \times 5 + x^2)} = 1$ को सन्तुष्ट करने वाले x का सम्भव मान क्या होगा?

SSC CPO 27/06/2024 Shift-I

(a) 4 (b) 2 (c) 1 (d) 3

300. दो संख्याओं x और y (जहाँ x, y से बड़ी है) का योग उनके अन्तर के चार गुने के बराबर है। $\frac{5xy}{3(x^2 - y^2)}$ का मान ज्ञात करें। **SSC CPO 27/06/2024 Shift-I**

(a) $\frac{25}{16}$ (b) 16 (c) $2\frac{3}{16}$ (d) 25

301. दिए गए व्यंजक का मान क्या होगा?

$(x - 2y)(y - 3x) + (x + y)(x - y) + (x - 3y)(2x + y)$

SSC CPO 05/10/2023 Shift III

(a) $2y\,(x \div 3y)$ (b) $2x\,(x \div 3y)$
(c) $2y\,(x - 3y)$ (d) $2x\,(x - 3y)$

302. निम्नलिखित व्यंजक का मान क्या होगा?

$b + 2a - [(3b + a) - (2a + b) + 2a] - a$

SSC CPO 05/10/2023 Shift III

(a) b (b) $-b$ (c) $-a$ (d) a

303. यदि $a + b = 10$ और $ab = 6$, तो $a^3 + b^3$ का मान क्या होगा? **SSC CPO 03/10/2023 Shift I**

(a) 820 (b) 800 (c) 840 (d) 860

304. यदि $\frac{x}{y} + \frac{y}{x} = 1$ और $x + y = 2$ है, तो $x^3 + y^3$ का मान क्या होगा?

SSC CPO 03/10/2023 Shift I

(a) 2 (b) 0 (c) 3 (d) 1

305. यदि $r = 55$ है तो $r(r^2 + 3r + 3)$ का मान ज्ञात कीजिए। **SSC CPO 11/11/2022 Shift I**

(a) 105000 (b) 175615
(c) 176615 (d) 175616

306. यदि a, b और c धनात्मक पूर्णांक इस प्रकार है कि $a^2 + b^2 = 82$ और $b^2 + c^2 = 65$ है, तो $2a + 7b - 3c$ का मान ज्ञात करें।

SSC CPO 11/11/2022 Shift I

(a) 5 (b) 49 (c) 2 (d) 1

307. यदि $x(x - 5) = -1$ है, तो $x^3(x^3 - 110)$ का मान ज्ञात करें। **SSC CPO 11/11/2022 Shift I**

(a) 0 (b) –1 (c) 2 (d) 1

308. यदि $x + y = 10$, $2xy = 48$ और $x > y$ है, तो $2x - y$ का मान ज्ञात कीजिए।

SSC CPO 10/11/2022 Shift I

(a) 8 (b) 4
(c) 6 (d) 3

309. निम्नलिखित समीकरणों से क्रमश: x और y के मान ज्ञात करें।

$6x + 7y = 5xy$

$10y - 4x = 4xy$ **SSC CPO 10/11/2022 Shift I**

(a) 2 और 4 (b) 2 और 5
(c) 3 और 4 (d) 4 और 5

310. यदि $a + b + c = 0$ है, तो $\frac{a^2}{bc} + \frac{b^2}{ca} + \frac{c^2}{ab}$ का मान ज्ञात करें। **SSC CPO 25/11/2020 Shift II**

(a) – 1 (b) 3 (c) 0 (d) 1

311. यदि $a^2 + b^2 = 82$ और $ab = 9$ है, तो $a^3 + b^3$ का सम्भाव्य मान ज्ञात करें।

SSC CPO 25/11/2020 Shift II

(a) 720 (b) 750 (c) 730 (d) 830

312. यदि $(5\sqrt{5}x^3 - 3\sqrt{3}y^3) \div (\sqrt{5}x - \sqrt{3}y) = (Ax^2 + By^2 + Cxy)$ है, तो $(3A - B - \sqrt{15}C)$ का मान ज्ञात करें।

SSC CPO 25/11/2020 Shift I

(a) – 3 (b) – 5 (c) 12 (d) 8

313. यदि $x^4 + x^{-4} = 194, x > 0$ है, तो $x + \frac{1}{x} + 2$ का मान ज्ञात करें। **SSC CPO 25/11/2020 Shift I**

(a) 14 (b) 8 (c) 4 (d) 6

314. यदि $x + y + z = 17$, $xyz = 171$ और $xy + yz + zx = 111$ है, तो $\sqrt[3]{(x^3 + y^3 + z^3 + xyz)}$ का मान ज्ञात करें।

SSC CPO 24/11/2020 Shift I

(a) – 4 (b) – 64 (c) 4 (d) 0

315. यदि $x^2 - 3x + 1 = 0$ है, तो $\left(x^4 + \frac{1}{x^2}\right) \div (x^2 + 1)$ का मान ज्ञात करें।

SSC CPO 24/11/2020 Shift I

(a) 9 (b) 5 (c) 7 (d) 6

316. यदि $x^2 + 8y^2 + 12y - 4xy + 9 = 0$ है, तो $(7x + 8y)$ का मान ज्ञात करें।

SSC CPO 24/11/2020 Shift I

(a) – 33 (b) 9 (c) 33 (d) – 9

317. यदि $a^2 + b^2 + c^2 + 216 = 12(a + b - 2c)$ है, तो $\sqrt{ab - bc + ca}$ का मान ज्ञात करें।

SSC CPO 23/11/2020 Shift I

(a) 6 (b) 8 (c) 3 (d) 4

SSC CHSL 2024 & 2023 (Tier I & II)

318. $(2z - 5y)^2 + (5z + 2y)^2 - 25z^2$ का मान क्या होगा? **SSC CHSL (Tier-II) 18/11/2024 Shift-I**

(a) $19y^2 - 4z^2$ (b) $29y^2 - 4z^2$
(c) $19y^2 + 4z^2$ (d) $29y^2 + 4z^2$

319. $k\,(k > 0)$ के निम्नलिखित में से किस मान के लिए, रेखाएँ $5x + ky - 2 = 0$ और $(k + 1)x + 4y + 7 = 0$ समानान्तर होंगी?

SSC CHSL (Tier-I) 11/07/2024 Shift-II

(a) 3 (b) 4 (c) 5 (d) 2

320. 21 पेंसिल और 9 कलमों का मूल्य ₹ 276 है, तथा 6 पेंसिल और 3 कलमों का मूल्य ₹ 84 है। 1 पेंसिल और 1 कलम का मूल्य कितना है?

SSC CHSL (Tier-I) 10/07/2024 Shift-II

(a) ₹ 30 (b) ₹ 40 (c) ₹ 20 (d) ₹ 10

321. एक चुनाव में, मतदाताओं के पास तीन उम्मीदवारों में से एक उम्मीदवार को वोट देने का विकल्प है। उनके पास सभी उम्मीदवारों को अस्वीकार करने के लिए 'उपरोक्त में से कोई नहीं' (None Of The Above-NOTA) के चयन का भी विकल्प है। तीनों उम्मीदवारों को नोटा (NOTA) के 6 गुना वोट मिलते हैं। विजेता को दूसरे उपविजेता के वोटों के दोगुने वोट मिलते हैं। पहले उपविजेता को नोटा (NOTA) से 900 वोट अधिक मिलते हैं और वह दूसरे उपविजेता को 150 वोट से हरा देता है। डाले गए मतों की कुल संख्या ज्ञात करें।

SSC CHSL (Tier-I) 05/07/2024 Shift-IV

(a) 11025 (b) 15177 (c) 11577 (d) 17715

322. यदि किसी संख्या और उसके व्युत्क्रम का औसत 2 है, तो उस संख्या के घन और घन के व्युत्क्रम का औसत.........के बराबर होगा।

SSC CHSL (Tier-I) 04/07/2024 Shift-III

(a) 36 (b) 28 (c) 26 (d) 48

323. जब हम $2x^3 - 3x^2 + 6x - 4$ को $2x - 3$ से भाग देते हैं, तो प्राप्त शेषफल ज्ञात कीजिए।

SSC CHSL (Tier-I) 04/07/2024 Shift-III

(a) 5 (b) 6 (c) – 6 (d) – 5

324. एक परीक्षा में 160 बहुविकल्पीय प्रश्न हैं। सही उत्तर के लिए 4 अंक आवंटित किए जाते हैं और गलत उत्तर या अनुत्तरित प्रश्न के लिए सही उत्तरों के कुल अंकों में से 1 अंक काट लिया जाता है। यदि किसी अभ्यर्थी ने परीक्षा में 400 अंक प्राप्त किए, तो उसने कितने प्रश्नों के सही उत्तर दिए?

SSC CHSL (Tier-I) 03/07/2024 Shift-IV

(a) 115 (b) 120 (c) 110 (d) 112

325. रैखिक समीकरणों की निम्नलिखित प्रणाली को हल कीजिए। $x + y + z = 15, 2x - y + z = 12$ और $x - y - z = -1$

SSC CHSL (Tier-I) 03/07/2024 Shift-III

(a) $x = 7, y = 5, z = 1$
(b) $x = 7, y = 2, z = 3$
(c) $x = 2, y = 5, z = 0$
(d) $x = 7, y = 5, z = 3$

326. यदि रेखाओं $x + y = 2$ और $2x - y = 1$ का प्रतिच्छेद बिन्दु $y = Kx + 5$ पर स्थित है, तो K का मान ज्ञात कीजिए।

SSC CHSL (Tier-I) 02/07/2024 Shift-IV

(a) – 3 (b) – 4 (c) 4 (d) 3

327. व्यंजक $\frac{(x^2 - 9) \times (9x^2 - 1)}{\left(x - \frac{1}{3}\right) \times \left(1 - \frac{x}{3}\right)} \times \frac{9}{\left(x + \frac{1}{3}\right)\left(1 + \frac{x}{3}\right)}$ का सरलीकृत रूप ..... है।

SSC CHSL (Tier I) 10/01/2024 Shift I

(a) –729 (b) 81 (c) 729 (d) –81

328. यदि $(a - 2b) = 8$ और $2ab = 9$ हैं, तो $(a + 2b)$ का मान ज्ञात कीजिए।

SSC CHSL (Tier I) 02/11/2023 Shift I

(a) 6 (b) 12 (c) 8 (d) 10

329. यदि $\sqrt[3]{0.08 \times 0.8 \times p} = 0.008 \times 0.8 \times \sqrt[3]{q}$ है, तो $\frac{p}{q}$ का मान ज्ञात कीजिए। **SSC CHSL (Tier II) 02/11/2023**

(a) $8^4 \times 10^{-8}$ (b) $8^3 \times 10^{-9}$
(c) $8^3 \times 10^{-8}$ (d) $8^4 \times 10^{-9}$

330. A और B प्रत्येक के पास एक निश्चित संख्या में सन्तरे हैं। A, B से कहता है, यदि तुम मुझे अपने 10 सन्तरे दे दो, तो मेरे पास तुम्हारे पास बचे सन्तरों से दोगुने सन्तरे हो जाएँगे। B उत्तर देता है, ''यदि तुम मुझे अपने 10 सन्तरे दे दो, तो मेरे पास तुम्हारे पास बचे सन्तरों की संख्या के बराबर सन्तरे हो जाएँगे।'' A के पास कितने सन्तरे हैं? **SSC CHSL (Tier II) 02/11/2023 Shift I**

(a) 70 (b) 65 (c) 55 (d) 50

331. 4 कुर्सियों और 3 मेजों का मूल्य ₹2100 है तथा 5 कुर्सियों और 2 मेजों का मूल्य ₹1750 है। एक कुर्सी का मूल्य (₹ में) ज्ञात कीजिए। **SSC CHSL (Tier II) 02/11/2023 Shift I**

(a) 125 (b) 150 (c) 130 (d) 140

332. यदि $p^2 - 4p - 1 = 0$, तो $p^2 + 3p + \frac{1}{p^2} - \frac{3}{p}$ का मान ज्ञात कीजिए। **SSC CHSL (Tier I) 17/08/2023 Shift I**

(a) 65 (b) 40 (c) 30 (d) 50

333. यदि $a^2 + b^2 + c^2 = 160$ और $a + b + c = 16$ है, तो $ab + bc + ca$ का मान ज्ञात कीजिए। **SSC CHSL (Tier I) 17/08/2023 Shift I**

(a) 84 (b) 48 (c) 96 (d) 42

334. निम्नलिखित व्यंजक को सरल कीजिए।

$$\frac{1}{8}\left[\frac{1}{b-1} - \frac{1}{b+1} - \frac{2}{b^2+1} - \frac{4}{b^4+1}\right]$$

SSC CHSL (Tier I) 14/08/2023 Shift IV

(a) $\frac{1}{b^8-1}$ (b) $\frac{1}{b^8+1}$
(c) $\frac{8}{b^8+1}$ (d) $\frac{8}{b^8-1}$

335. दी गई दो संख्याओं के घनों का योग 10234 है, जब दी गई दो संख्याओं का योग 34 है। दी गई दो संख्याओं के घनों के बीच का धनात्मक अन्तर क्या है? **SSC CHSL (Tier I) 11/08/2023 Shift I**

(a) 3484 (b) 8602
(c) 3356 (d) 3488

336. यदि $\left(3y + \frac{3}{y}\right) = 8$, तो $\left(y^2 + \frac{1}{y^2}\right)$ का मान ज्ञात कीजिए। **SSC CHSL (Tier I) 11/08/2023 Shift I**

(a) $9\frac{1}{9}$ (b) $4\frac{5}{6}$ (c) $7\frac{1}{9}$ (d) $5\frac{1}{9}$

337. यदि $x^2 - \sqrt{9.76}x + 1 = 0$ और $x > 1$, तो $\left(x^3 - \frac{1}{x^3}\right)$ का मान क्या है? **SSC CHSL (Tier I) 10/08/2023 Shift III**

(a) 21.042 (b) 24.042
(c) 24.024 (d) 21.024

338. यदि $2x + 5y = 15$ और $xy = 6$ है, तो $4x^2 + 25y^2$ का मान क्या है? **SSC CHSL (Tier I) 10/08/2023 Shift III**

(a) 90 (b) 100 (c) 105 (d) 95

339. यदि $x = (\sqrt{6} - 1)^{\frac{1}{3}}$, तो $\left(x - \frac{1}{x}\right)^3 + 3\left(x - \frac{1}{x}\right)$ का मान क्या है? **SSC CHSL (Tier I) 09/08/2023 Shift I**

(a) $\frac{4\sqrt{3}-6}{5}$ (b) $\frac{2\sqrt{6}-6}{5}$
(c) $\frac{4\sqrt{6}-6}{5}$ (d) $\frac{4\sqrt{6}-6}{3}$

340. बीजीय व्यंजक $4x^2 - y^2 + 6y - 9$ ………… के बराबर है। **SSC CHSL (Tier I) 09/08/2023 Shift I**

(a) $(2x + y - 3)(2x - y + 3)$
(b) $(2x - y - 3)(2x - y + 3)$
(c) $(2x + y + 3)^2$ (d) $(2x + y - 3)^2$

341. यदि $\left(x - \frac{1}{x-2}\right) = 7$, तो $(x-2)^3 - \frac{1}{(x-2)^3}$ का मान क्या है? **SSC CHSL (Tier I) 07/08/2023 Shift IV**

(a) 115 (b) 125 (c) 130 (d) 140

342. दिए गए व्यंजक को सरल कीजिए।

$$\frac{x^3 + y^3 + z^3 - 3xyz}{(x-y)^2 + (y-z)^2 + (z-x)^2}$$

SSC CHSL (Tier I) 07/08/2023 Shift IV

(a) $\frac{1}{4}(x + y + z)$ (b) $\frac{1}{2}(x + y + z)$
(c) $\frac{1}{3}(x + y + z)$ (d) $(x + y + z)$

343. यदि $x + \frac{2}{x} = 1$, तो $\frac{x^2 + 7x + 2}{x^2 + 13x + 2}$ का मान क्या है? **SSC CHSL (Tier I) 04/08/2023 Shift II**

(a) $\frac{3}{7}$ (b) $\frac{4}{7}$ (c) $\frac{2}{7}$ (d) $\frac{5}{7}$

344. निम्नलिखित में से कौन-सा एक सर्वसमिका है? **SSC CHSL (Tier I) 04/08/2023 Shift II**

(a) $(a + b)^2 = a^2 + b^2$
(b) $(a + b)^2 = a^2 + b^2 + 2ab$
(c) $(a - b)^2 = a^2 - b^2 - 2ab$
(d) $(a - b)^2 = a^2 - b^2$

345. यदि $\sqrt{\frac{a}{b}} = \frac{8}{3} - \sqrt{\frac{b}{a}}$ और $a - b = 10$, तो ab का मान क्या है? **SSC CHSL (Tier I) 04/08/2023 Shift II**

(a) $32\frac{3}{7}$ (b) $32\frac{2}{7}$ (c) $32\frac{1}{7}$ (d) $32\frac{4}{7}$

346. यदि $5x + 3y = 15$ और $2xy = 6$, तो $5x - 3y$ का मान क्या है? **SSC CHSL (Tier I) 02/08/2023 Shift I**

(a) $3\sqrt{5}$ (b) $3\sqrt{4}$ (c) $3\sqrt{3}$ (d) $3\sqrt{2}$

347. यदि $x + \frac{1}{x} = 7$ है, तो $x^2 + \frac{1}{x^2}$ का मान ज्ञात कीजिए। **SSC CHSL (Tier I) 02/08/2023 Shift I**

(a) 49 (b) 51 (c) 5 (d) 47

348. यदि $2x + \frac{2}{x} = 5$, तो $\left(x^3 + \frac{1}{x^3} + 2\right)$ का मान क्या होगा? **SSC CHSL (Tier I) 02/08/2023 Shift I**

(a) $\frac{71}{8}$ (b) $\frac{81}{11}$ (c) $\frac{81}{7}$ (d) $\frac{81}{8}$

349. $\left(k + \frac{1}{k}\right)\left(k - \frac{1}{k}\right)\left(k^2 + \frac{1}{k^2}\right)\left(k^4 + \frac{1}{k^4}\right)$ का मान क्या है? **SSC CHSL (Tier I) 21/03/2023 Shift IV**

(a) $k^8 + \frac{1}{k^8}$ (b) $k^8 - \frac{1}{k^8}$
(c) $k^{16} + \frac{1}{k^{16}}$ (d) $k^{16} - \frac{1}{k^{16}}$

350. यदि $\left(x - \frac{1}{x} = 4\right)$, तो $\left(x^6 + \frac{1}{x^6}\right)$ का मान क्या है? **SSC CHSL (Tier I) 21/03/2023 Shift IV**

(a) 5832 (b) 4689 (c) 4786 (d) 5778

351. यदि $(a + b) = 16$ और $a^3 + b^3 = 1456$, तो ab का मान क्या है? **SSC CHSL (Tier I) 21/03/2023 Shift II**

(a) 48 (b) 55 (c) 50 (d) 64

352. यदि $\frac{k}{k^2 - 2k + 1} = \frac{1}{6}$, तो $\frac{1}{k^3} + k^3$ का मान क्या है? **SSC CHSL (Tier I) 21/03/2023 Shift II**

(a) 488 (b) 512 (c) 472 (d) 492

353. यदि $m - \frac{1}{m} = 7$, तो $m^2 + \left(\frac{1}{m^2}\right)$ का मान क्या है? **SSC CHSL (Tier I) 20/03/2023 Shift III**

(a) 0 (b) 49 (c) 53 (d) 51

354. $\frac{1+x}{1-x^2} \div \frac{1+x}{1-x^4} \cdot \frac{1-x^4}{1-x} \times \frac{(1+x)}{1-x^2}$ का मान क्या है? **SSC CHSL (Tier I) 20/03/2023 Shift III**

(a) $\frac{2x(1+x^2)}{(x-1)}$ (b) $\frac{2x(1+x^2)}{(1-x)}$
(c) $(1+x^2)$ (d) $(1-x)^2$

355. यदि $a = 12$, $b = -7$ और $c = -5$, तो $a^3 + b^3 + c^3$ का मान क्या है? **SSC CHSL (Tier I) 17/03/2023 Shift II**

(a) 1125 (b) 1200 (c) 1260 (d) 1380

356. यदि किसी संख्या और उसके व्युत्क्रम का योग 4 है, तो उनके वर्गों का योग ज्ञात कीजिए। **SSC CHSL (Tier I) 17/03/2023 Shift II**

(a) 16 (b) 14 (c) 18 (d) 12

357. यदि $a + b + c = 0$ और $a^2 + b^2 + c^2 = 40$, तो $ab + bc + ca$ का मान क्या है? **SSC CHSL (Tier I) 17/03/2023 Shift II**

(a) –25 (b) –40 (c) –30 (d) –20

358. यदि $x + \frac{1}{x} = \frac{K}{2}$, तो $\frac{x^8 + 1}{x^4}$ का मान क्या है? **SSC CHSL (Tier I) 16/03/2023 Shift I**

(a) $\frac{K^4 - 8K^2 - 36}{32}$ (b) $\frac{K^4 - 8K^2 + 32}{16}$
(c) $\frac{K^4 - 8K^2 - 32}{16}$ (d) $\frac{K^4 - 16K^2 + 32}{16}$

359. यदि $a^2 + b^2 + c^2 = 62$ और $a + b + c = 12$, तो $4ab + 4bc + 4ca$ का मान क्या है? **SSC CHSL (Tier I) 16/03/2023 Shift I**

(a) 148 (b) 164 (c) 160 (d) 152

360. यदि $k + \frac{1}{k} = -3$ तब $\left(\frac{k^6+1}{k^3}\right) + \left(\frac{k^4+1}{k^2}\right)$ का मान होगा?
SSC CHSL (Tier I) 15/03/2023 Shift IV
(a) – 27 (b) – 11 (c) 29 (d) 27

361. यदि $P + \frac{1}{P} = 5$, तो $P^3 + \frac{1}{P^3}$ का मान क्या है? **SSC CHSL (Tier I) 15/03/2023 Shift IV**
(a) 95 (b) 125
(c) 120 (d) 110

362. यदि $a^3 = b^3 + 988$ और $a - b = 4$, तो $2a^2 + 2ab + 2b^2$ का मान क्या है?
SSC CHSL (Tier I) 14/03/2023 Shift I
(a) 247 (b) 500 (c) 516 (d) 494

363. $a^2 + b^2 + c^2 - 2ab - 2bc + 2ca$ का मान क्या है? **SSC CHSL (Tier I) 14/03/2023 Shift I**
(a) $(a + b - c)^2$ (b) $(a + b + c)^2$
(c) $(a - b + c)^2$ (d) $(a - b - c)^2$

364. यदि $a + \frac{1}{a} = 2$ और $b + \frac{1}{b} = -2$, तो $a^2 + \frac{1}{a^2} + b^2 + \frac{1}{b^2}$ का मान क्या है?
SSC CHSL (Tier I) 13/03/2023 Shift III
(a) 8 (b) 4 (c) 2 (d) 0

365. $x^2 + 4y^2 + z^2 - 4xy + 4yz - 2xz$ का मान क्या है? **SSC CHSL (Tier I) 10/03/2023 Shift II**
(a) $(x - 2y + z)^2$ (b) $(x + 2y - z)^2$
(c) $(2x - y + z)^2$ (d) $(2y - x + z)^2$

366. यदि $2p + 5q = 12$ और $pq = 3$, तो $4p^2 + 25q^2$ का मान ज्ञात कीजिए।
SSC CHSL (Tier I) 10/03/2023 Shift II
(a) 64 (b) 44 (c) 84 (d) 24

367. यदि $(a - b) = 5$ और $ab = 150$, तो $(a^3 - b^3)$ का मान क्या है?
SSC CHSL (Tier I) 10/03/2023 Shift II
(a) 2375 (b) 2250 (c) 2640 (d) 1125

368. $\frac{1+x^2}{1-x} \div \frac{1-x^4}{x-1} \times \frac{x(1-x)}{(1+x)}$ का मान क्या है?
SSC CHSL (Tier I) 09/03/2023 Shift I
(a) $\frac{-x}{1+x^2}$ (b) $\frac{-x}{(1+x)^2}$
(c) $\frac{-x}{1+x}$ (d) $\frac{-x}{1+2x^2}$

SSC CHSL 2022 & 2021 (Tier I)

369. यदि $8x^2 + 9x + 8 = 0$ है, तो $x^3 + \frac{1}{x^3}$ का मान ज्ञात कीजिए।
SSC CHSL (Tier I) 01/06/2022 Shift I
(a) $\frac{199}{512}$ (b) $\frac{999}{212}$
(c) $\frac{999}{512}$ (d) $\frac{199}{212}$

370. यदि $x + y = 14$ है, तो $x^3 + y^3 + 42xy$ का मान है **SSC CHSL (Tier I) 31/05/2022 Shift I**
(a) 2742 (b) 2714
(c) 2644 (d) 2744

371. यदि $p^4 = 4354 - \frac{1}{p^4}$ है, तो $p^3 - \frac{1}{p^3}$ का मान है **SSC CHSL (Tier I) 31/05/2022 Shift I**
(a) 516 (b) 416 (c) 536 (d) 436

372. यदि $\frac{a}{b} + \frac{b}{a} = -1, a \neq 0, b \neq 0$ है, तो $6(a^3 - b^3)$ का मान क्या होगा?
SSC CHSL (Tier I) 31/05/2022 Shift I
(a) 3 (b) 0 (c) 6 (d) 1

373. यदि $8x^3 + 27y^3 + 64z^3 = 72xyz$ है, तो x, y और z के बीच का सम्बन्ध ज्ञात करें।
SSC CHSL (Tier I) 30/05/2022 Shift I
(a) $2x + 3y = 4z$ (b) $2x + y + z = 0$
(c) $2x + 3y = -4z$ (d) $2x - 3y + 4z = 0$

374. यदि $x^2 + 4y^2 = 40$, $xy = 6$ और $x > 2y$ है, तो $x - 2y$ का मान क्या होगा?
SSC CHSL (Tier I) 27/05/2022 Shift I
(a) 2 (b) 3 (c) 4 (d) 1

375. यदि $x^2 + \frac{1}{x^2} = 83, x > 0$ है, तो $x^3 - \frac{1}{x^3}$ का मान ज्ञात करें। **SSC CHSL (Tier I) 12/08/2021 Shift III**
(a) 675 (b) 756 (c) 746 (d) 576

376. यदि $x^2 + (4 - \sqrt{3})x - 1 = 0$ है, तो $x^2 + \frac{1}{x^2}$ का मान ज्ञात करें।
SSC CHSL (Tier I) 12/08/2021 Shift III
(a) $21 - 8\sqrt{3}$ (b) $17 - 8\sqrt{3}$
(c) $9 - 8\sqrt{3}$ (d) $21 - 12\sqrt{3}$

377. यदि $x^6 - 6\sqrt{6}y^6 = (x^2 + Ay^2)$ $(x^4 + Bx^2y^2 + Cy^4)$ है, तो $(A^2 - B^2 + C^2)$ का मान ज्ञात करें।
SSC CHSL (Tier I) 10/08/2021 Shift I
(a) 27 (b) 18 (c) 42 (d) 36

378. दिए गए व्यंजक का मान ज्ञात करें।
$$\left(x - \frac{2}{x}\right)^3 - \left(x + \frac{2}{x}\right)^3$$
SSC CHSL (Tier I) 10/08/2021 Shift I
(a) $4\left(3x + \frac{4}{x^3}\right)$ (b) $4\left(3x - \frac{4}{x^3}\right)$
(c) $2\left(x - \frac{4}{x^3}\right)$ (d) $-4\left(x + \frac{4}{x^3}\right)$

379. यदि $a + b = p, ab = q$ है, तो $(a^4 + b^4)$ का मान ज्ञात कीजिए।
SSC CHSL (Tier I) 04/08/2021 Shift I
(a) $p^4 - 4p^2q + q^2$ (b) $p^4 - 4p^2q^2 + 2q^2$
(c) $p^4 - 2p^2q^2 + q^2$ (d) $p^4 - 4p^2q + 2q^2$

380. बीजगणितीय सर्वसमिका का उपयोग करते हुए, निम्न व्यंजक को सरल करें।
$$\frac{(x^4 + x^2 + 1)}{(x^2 + x + 1)}$$
SSC CHSL (Tier I) 04/08/2021 Shift I
(a) $(x^2 - 2x + 1)$ (b) $(x^2 + x + 1)$
(c) $(x^2 - x + 1)$ (d) $(x^2 + 2x + 1)$

381. यदि $a^2 + 49b^2 + c^2 + 18 - 2(28b - c - a)$ है, तो $(a + 7b - c)$ का मान ज्ञात कीजिए।
SSC CHSL (Tier I) 19/04/2021 Shift III
(a) 6 (b) 4 (c) – 1 (d) 2

382. यदि $a + b + c = 4, ab + bc + ca = -14$ और $abc = -18$ है, तो $\sqrt{4a^3 + 4b^3 + 4c^3 - 36}$ का मान ज्ञात करें।
SSC CHSL (Tier I) 19/04/2021 Shift III
(a) 18 (b) 25 (c) 26 (d) 24

383. यदि $x^8 - 2599x^4 + 1 = 0$ है, तो $x - \frac{1}{x}$ का धनात्मक मान ज्ञात करें।
SSC CHSL (Tier I) 19/04/2021 Shift III
(a) 6 (b) 8 (c) 12 (d) 7

384. यदि दो संख्याओं का अन्तर 5 है और उनके घनों का अन्तर 1850 है, तो उनके वर्गों के मध्य कितना अन्तर होगा।
SSC CHSL (Tier I) 12/04/2021 Shift II
(a) $5\sqrt{485}$ (b) $5\sqrt{484}$
(c) $5\sqrt{483}$ (d) $5\sqrt{482}$

SSC MTS 2024-2021

385. एक मनोरंजन उद्यान में, सभी राइड का किराया एकसमान है और उद्यान के लिए प्रवेश टिकट पर ₹ 180 का अतिरिक्त खर्च आता है। रोहन ने 15 राइड ली और उसने उद्यान में अपनी यात्रा के लिए कुल ₹ 1380 का भुगतान किया। यदि रोहन 20 राइड का विकल्प चुनता है, तो उसे मनोरंजन उद्यान में अपनी यात्रा के लिए कुल कितना (₹ में) भुगतान करना होगा?
SSC MTS 15/10/2024 Shift I
(a) 1840 (b) 1780
(c) 1760 (d) 1800

386. यदि किसी संख्या का $\frac{5}{6}$ उसी संख्या से 10 कम है, तो संख्या का $\frac{7}{5}$ ...... है।
SSC MTS 13/09/2023 Shift II
(a) 60 (b) 96 (c) 72 (d) 84

387. जब किसी भिन्न के अंश में 8 जोड़ा जाता है और उसके हर में 12 जोड़ा जाता है, तो भिन्न $\frac{1}{2}$ हो जाती है। जब उसके अंश और हर में से 2 घटाया जाता है, तो भिन्न $\frac{1}{8}$ हो जाती है। मूल भिन्न ज्ञात करें। **SSC MTS 15/07/2022 Shift I**
(a) $\frac{4}{7}$ (b) $\frac{9}{19}$ (c) $\frac{3}{10}$ (d) $\frac{5}{11}$

388. यदि $x : y : z = 1 : 2 : 3$ है, तो $\left(\frac{3x^2 - 2y^2 + 4z^2}{x^2 + 2y^2 + z^2}\right)$ का मान कितना होगा?
SSC MTS 02/11/2021 Shift II
(a) $\frac{31}{21}$ (b) $\frac{31}{19}$
(c) $\frac{31}{16}$ (d) $\frac{31}{18}$

SSC GD Constable 2024 & 2023

389. यदि $p - q = 9$ और $p^2 + q^2 = 127$ है, तो pq का मान ज्ञात कीजिए।
SSC GD 02/11/2024 Shift III
(a) 15 (b) 27 (c) 23 (d) 12

390. यदि y, x के अनुक्रमानुपाती है, और $y = 16$ $x = 24$ है, तब $x = 45$ होने पर y का मान ज्ञात कीजिए। **SSC GD 08/02/2023 Shift I**

(a) 30 (b) 45 (c) 40 (d) 24

SSC Selection Post 2024-2022

391. यदि $x^2 + \frac{1}{x^2} = 119\,(x > 0)$ है, तो $\left(x^3 + \frac{1}{x^3}\right)$ का मान ज्ञात कीजिए। **Secondary Level 20/06/2024 Shift-II**

(a) 1920 (b) 1125
(c) 1298 (d) 1331

392. एक परीक्षा में, एक छात्र प्रत्येक सही उत्तर के लिए 4 अंक प्राप्त करता है और प्रत्येक गलत उत्तर के लिए 1 अंक की हानि उठाता है। एक छात्र ने सभी 200 प्रश्नों के उत्तर दिए और 500 अंक प्राप्त किए। उसने कितने प्रश्नों के सही उत्तर दिए थे? **Graduate Level 27/06/2023 Shift-IV**

(a) 160 (b) 140 (c) 180 (d) 130

393. यदि $\frac{2x}{x+2} + \frac{1}{2x+4} - \frac{12-x}{2x^2+4x} = a + \frac{b}{x}$, जहाँ a और b पूर्णांक हैं, तो ab का मान = ……… **Graduate Level 27/06/2023 Shift-IV**

(a) 3 (b) 6 (c) − 6 (d) − 3

394. यदि $(a + b) = \sqrt{11}$ और $(a - b) = \sqrt{7}$, तो $a^2b^2\,(a^2 + b^2)$ का मान क्या होगा? **Graduate Level 01/08/2022 Shift-IV**

(a) 11 (b) 7
(c) 5 (d) 9

395. यदि $2^x = 3^y = 6^z$ है, तो $\frac{1}{x} + \frac{1}{y} - \frac{1}{z}$ निम्न में से किसके बराबर है? **Graduate Level 01/08/2022 Shift-IV**

(a) $\frac{3}{2}$ (b) $\frac{-1}{2}$
(c) 1 (d) 0

396. एक किसान ने खेत में जानवरों और पक्षियों के सिर गिनने पर उसे 40 पाया। जब उसने पैरों की गिनती की, तो उसने 120 पाया। यदि खेत में कबूतर या घोड़े थे और कुछ नहीं, तो खेत में कितने घोड़े थे? खेत में प्रत्येक घोड़े के चार पैर थे और प्रत्येक कबूतर के दो पैर थे। **Matric Level 01/08/2022 Shift-I**

(a) 26 (b) 24
(c) 22 (d) 20

सही उत्तर

1	(a)	2	(a)	3	(a)	4	(c)	5	(c)	6	(b)	7	(a)	8	(c)	9	(d)	10	(b)
11	(d)	12	(b)	13	(d)	14	(d)	15	(d)	16	(d)	17	(c)	18	(a)	19	(d)	20	(d)
21	(c)	22	(b)	23	(a)	24	(b)	25	(d)	26	(b)	27	(a)	28	(b)	29	(c)	30	(b)
31	(b)	32	(c)	33	(d)	34	(b)	35	(d)	36	(d)	37	(d)	38	(b)	39	(b)	40	(a)
41	(b)	42	(a)	43	(b)	44	(d)	45	(d)	46	(c)	47	(c)	48	(d)	49	(c)	50	(d)
51	(b)	52	(c)	53	(b)	54	(d)	55	(c)	56	(a)	57	(c)	58	(a)	59	(d)	60	(a)
61	(d)	62	(a)	63	(b)	64	(d)	65	(a)	66	(a)	67	(b)	68	(b)	69	(d)	70	(d)
71	(c)	72	(d)	73	(b)	74	(b)	75	(a)	76	(d)	77	(b)	78	(b)	79	(b)	80	(d)
81	(b)	82	(a)	83	(c)	84	(c)	85	(c)	86	(c)	87	(a)	88	(a)	89	(c)	90	(b)
91	(c)	92	(a)	93	(b)	94	(b)	95	(b)	96	(c)	97	(d)	98	(d)	99	(d)	100	(b)
101	(a)	102	(d)	103	(c)	104	(a)	105	(d)	106	(b)	107	(c)	108	(d)	109	(c)	110	(a)
111	(b)	112	(b)	113	(a)	114	(a)	115	(a)	116	(d)	117	(c)	118	(d)	119	(c)	120	(b)
121	(c)	122	(c)	123	(d)	124	(d)	125	(d)	126	(d)	127	(c)	128	(d)	129	(d)	130	(d)
131	(d)	132	(a)	133	(b)	134	(b)	135	(c)	136	(d)	137	(d)	138	(a)	139	(c)	140	(d)
141	(d)	142	(b)	143	(b)	144	(d)	145	(d)	146	(c)	147	(a)	148	(d)	149	(d)	150	(a)
151	(c)	152	(b)	153	(b)	154	(d)	155	(b)	156	(d)	157	(b)	158	(d)	159	(c)	160	(a)
161	(a)	162	(a)	163	(c)	164	(c)	165	(a)	166	(b)	167	(a)	168	(c)	169	(b)	170	(c)
171	(d)	172	(d)	173	(d)	174	(b)	175	(a)	176	(a)	177	(d)	178	(b)	179	(a)	180	(b)
181	(a)	182	(a)	183	(b)	184	(b)	185	(a)	186	(a)	187	(a)	188	(d)	189	(c)	190	(d)
191	(d)	192	(b)	193	(d)	194	(a)	195	(c)	196	(b)	197	(b)	198	(a)	199	(a)	200	(b)
201	(b)	202	(b)	203	(d)	204	(c)	205	(d)	206	(d)	207	(d)	208	(d)	209	(d)	210	(b)
211	(d)	212	(c)	213	(b)	214	(c)	215	(d)	216	(a)	217	(a)	218	(b)	219	(b)	220	(a)
221	(a)	222	(a)	223	(c)	224	(d)	225	(c)	226	(b)	227	(a)	228	(d)	229	(a)	230	(b)
231	(c)	232	(d)	233	(d)	234	(b)	235	(d)	236	(c)	237	(d)	238	(b)	239	(b)	240	(d)
241	(b)	242	(d)	243	(b)	244	(b)	245	(d)	246	(b)	247	(c)	248	(a)	249	(c)	250	(a)
251	(b)	252	(c)	253	(a)	254	(d)	255	(b)	256	(a)	257	(a)	258	(d)	259	(b)	260	(d)
261	(a)	262	(a)	263	(b)	264	(b)	265	(a)	266	(b)	267	(c)	268	(c)	269	(c)	270	(b)
271	(d)	272	(d)	273	(a)	274	(b)	275	(b)	276	(c)	277	(a)	278	(d)	279	(b)	280	(a)
281	(d)	282	(c)	283	(d)	284	(a)	285	(b)	286	(b)	287	(c)	288	(d)	289	(a)	290	(a)
291	(b)	292	(a)	293	(c)	294	(c)	295	(c)	296	(b)	297	(c)	298	(b)	299	(c)	300	(a)
301	(c)	302	(b)	303	(a)	304	(b)	305	(b)	306	(d)	307	(b)	308	(a)	309	(a)	310	(b)
311	(c)	312	(a)	313	(d)	314	(a)	315	(d)	316	(a)	317	(a)	318	(d)	319	(b)	320	(c)
321	(a)	322	(c)	323	(a)	324	(d)	325	(d)	326	(b)	327	(a)	328	(d)	329	(d)	330	(a)
331	(b)	332	(c)	333	(b)	334	(a)	335	(a)	336	(d)	337	(d)	338	(c)	339	(c)	340	(a)
341	(d)	342	(b)	343	(b)	344	(b)	345	(c)	346	(a)	347	(d)	348	(d)	349	(b)	350	(d)
351	(b)	352	(a)	353	(d)	354	(a)	355	(c)	356	(b)	357	(d)	358	(d)	359	(b)	360	(b)
361	(d)	362	(d)	363	(c)	364	(b)	365	(d)	366	(c)	367	(a)	368	(b)	369	(c)	370	(d)
371	(c)	372	(b)	373	(c)	374	(c)	375	(b)	376	(a)	377	(d)	378	(a)	379	(d)	380	(c)
381	(b)	382	(c)	383	(d)	384	(a)	385	(b)	386	(d)	387	(c)	388	(d)	389	(c)	390	(a)
391	(c)	392	(b)	393	(c)	394	(d)	395	(d)	396	(d)								

उत्तर सहित हल

1. (a) $\frac{a^5 \times b^3 \times c^7}{a^4 \times b^8 \times c^9} = a^1 \times b^{-5} \times c^{-2}$

2. (a) प्रश्नानुसार,

$x = 4 + \sqrt{6}$ ....(i)

$y = 4 - \sqrt{6}$ ...(ii)

दोनों समीकरण का वर्ग करके जोड़ने पर,

$x^2 + y^2 = 2(4^2 + (\sqrt{6})^2)$

$= 2(16 + 6) = 2 \times 22 = 44$

3. (a) $(5z - 7y)^2 + (7z + 5y)^2 - 49z^2$

$= (25z^2 + 49y^2 - 70zy) + (49z^2 + 25y^2 + 70zy) - 49z^2$

$= 25z^2 + 74y^2$

4. (c) $(5z - 12y)^2 + (12z + 5y^2) - 144z^2$

$= 25z^2 + 144y^2 - 120zy + 144z^2 + 25y^2 + 120zy - 144z^2$

$= 25z^2 + 169y^2$

5. (c) $x = 8 + \sqrt{5}$ ...(i)

$y = 8 - \sqrt{5}$ ...(ii)

अब, $x^2 + y^2 = 2(8^2 + (\sqrt{5})^2)$

$= 2 \times (64 + 5) = 2 \times 69 = 138$

6. (b) $\frac{a^7 \times b^8 \times c^7}{a^9 \times b^5 \times c^4} = (a^{-2}) \times (b^3) \times (c^3)$

7. (a) $x - 2y + 2z = 16$ ...(i)

$x - y + z = 9$

$\Rightarrow 2x - 2y + 2z = 18$ ...(ii)

$\Rightarrow 2x - 3y - z = 9$ ...(iii)

समी (ii) में से समी (i) को घटाने पर,

$x = 2$

समी (ii) + समी (iii) × 2

$3x - 4y = 18$

$\Rightarrow 3 \times 2 - 4y = 18$

$\Rightarrow -4y = 18 - 6$

$\Rightarrow -4y = 12$

$\therefore y = -3$

8. (c) $x + 1.5y + 2z = 5.5$ ...(i)

$x + 5y + 7z = 15$ ...(ii)

$3x + 11y + 13z = 25$ ...(iii)

समी (ii) – (i) से,

$3.5y + 5z = 9.5$

$\Rightarrow 7y + 10z = 19$ ...(iv)

अब, समी (ii) × 3 – (iii) से,

$3x + 15y + 21z - 3x - 11y - 13z = 45 - 25$

$\Rightarrow 4y + 8z = 20$

$\Rightarrow y + 2z = 5$ ...(v)

समी (v) × 5 – (iv) से,

$5y + 10z - 7y - 10z = 25 - 19$

$\Rightarrow -2y = 6 \Rightarrow y = \frac{6}{-2} = -3$

y का मान समी (v) में रखने पर,

$-3 + 2z = 5 \Rightarrow z = \frac{8}{2} = 4$

y तथा z का मान समी (ii) में रखने पर,

$\Rightarrow x + 5(-3) + 7(4) = 15$

$\Rightarrow x - 15 + 28 = 15 \Rightarrow x = 2$

9. (d) $\frac{x}{x^2 - 2x + 1} = \frac{1}{3} \Rightarrow \frac{x^2 - 2x + 1}{x} = 3$

$\Rightarrow x + \frac{1}{x} - 2 = 3 \Rightarrow x + \frac{1}{x} = 5$

दोनों तरफ का घन करने पर,

$\left(x + \frac{1}{x}\right)^3 = (5)^3$

$\Rightarrow x^3 + \frac{1}{x^3} + 3 \cdot x \cdot \frac{1}{x}\left(x + \frac{1}{x}\right) = 125$

$\Rightarrow x^3 + \frac{1}{x^3} + 3 \times 5 = 125$

$\therefore x^3 + \frac{1}{x^3} = 125 - 15 = 110$

10. (b) $\frac{4x^2 - 49y^2}{2x + 7y} + 7y - 2x$

$= \frac{4x^2 - 49y^2 + (7y - 2x)(7y + 2x)}{7y + 2x}$

$= \frac{4x^2 - 49y^2 + 49y^2 - 4x^2}{7y + 2x} = \frac{0}{7y + 2x} = 0$

11. (d) $2a - b = 3$

दोनों पक्षों का घन करने पर,

$(2a - b)^3 = 3^3$

$\Rightarrow 8a^3 - b^3 - 3 \cdot 2a \cdot b\,(2a - b) = 27$

$\Rightarrow 999 - 6ab\,(3) = 27 \Rightarrow 18ab = 999 - 27$

$\therefore ab = \frac{972}{18} = 54$

अब, $(2a + b)^2 = (2a - b)^2 + 8ab$

$\Rightarrow (2a + b)^2 = 9 + 8 \times 54$

$\therefore 2a + b = \sqrt{441} = 21$

$\therefore 4a^2 - b^2 = (2a - b)(2a + b)$

$= 3 \times 21 = 63$

12. (b) दिया है, $x = \sqrt{6} + 2$

$y = \sqrt{6} - 2$

$\left(\frac{x}{y} + \frac{y}{x}\right)^2 - 3 = \left(\frac{x^2 + y^2}{xy}\right)^2 - 3$

$= \left[\frac{(\sqrt{6} + 2)^2 + (\sqrt{6} - 2)^2}{(\sqrt{6} + 2)(\sqrt{6} - 2)}\right]^2 - 3$

$= \left(\frac{6 + 4 + 4\sqrt{6} + 6 + 4 - 4\sqrt{6}}{6 - 4}\right)^2 - 3$

$= \left(\frac{20}{2}\right)^2 - 3$

$= 100 - 3 = 97$

13. (d) दिया है, रैखिक समीकरण $5x + 7y - 8 = 0$ कोई हल नहीं है

$\frac{a_1}{a_2} = \frac{b_1}{b_2} \neq \frac{c_1}{c_2}$

$\because$ दूसरा रैखिक समीकरण विकल्प (d) से,

$5x + 7y - 16 = 0$

यहाँ $a_1 = 5, b_1 = 7, c_1 = -8$

यहाँ $a_2 = 5, b_2 = 7, c_2 = -16$

$\Rightarrow \frac{5}{5} = \frac{7}{7} \neq \frac{8}{16}$

$\Rightarrow 1 = 1 \neq \frac{1}{2}$

अत: विकल्प (d) सही है।

14. (d) $x \propto \frac{y^3}{z^2} \Rightarrow x = \frac{ky^3}{z^2}$

$x = \frac{1}{36}, y = 2, z = 3$ हो, तब

$\frac{1}{36} = k \times \frac{(2)^3}{(3)^2} \Rightarrow \frac{1}{36} = k \times \frac{8}{9} \Rightarrow k = \frac{1}{32}$

अब, यदि $y = 3, z = 5$ हो, तब

$x = k\frac{y^3}{z^2} \Rightarrow x = \frac{1}{32} \times \frac{(3)^3}{(5)^2}$

$\Rightarrow x = \frac{1}{32} \times \frac{27}{25} = \frac{27}{32 \times 25} = \frac{27}{800}$

अत: $800x = 800 \times \frac{27}{800} = 27$

15. (d) प्रश्नानुसार, 15 सेब + 12 सन्तरे = 447

$\Rightarrow$ 5 सेब + 4 सन्तरे – 149 = 0 ...(i)

अब विकल्प (a) से,

15 सेब + 13 सन्तरे – 353 = 0 ...(ii)

समी (i) व (ii) से,

$\frac{5}{15} \neq \frac{4}{13}$

$\therefore$ एक हल होगा।

विकल्प (b) से,

12 सेब + 8 सन्तरे – 340 = 0 ...(iii)

समी (i) व (iii) से,

$\frac{5}{12} \neq \frac{4}{8}$

$\therefore$ एक हल होगा।

विकल्प (c) से,

25 सेब + 20 सन्तरे – 745 = 0

$\Rightarrow$ 5 सेब + 4 सन्तरे – 149 = 0 ...(iv)

समी (i) व समी (iv) से,

$\frac{5}{5} = \frac{4}{4} = \frac{-149}{-149}$

$\therefore$ अनन्त हल होंगे।

विकल्प (d) से,

35 सेब + 28 सन्तरे – 1029 = 0

$\Rightarrow$ 5 सेब + 4 सन्तरे – 147 = 0 ...(v)

समी (i) व (v) से,

$\frac{5}{5} = \frac{4}{4} \neq \frac{-149}{-147}$

$\therefore$ कोई हल नहीं होगा।

अत: विकल्प (d) से दोनों फलों की कोई सम्भावित कीमत नहीं हो सकती है।

16. (d) दिया है, $a^2 + b^2 = 148$ ...(i)

$ab = 54$ ...(ii)

समी (i) में, दोनों तरफ $2ab$ जोड़ने पर,

$a^2 + b^2 + 2ab = 148 + 2ab$

$\Rightarrow (a + b)^2 = 148 + 2 \times 54$

$\Rightarrow (a + b)^2 = 256 \Rightarrow a + b = 16$

अब, समी (i) में दोनों तरफ $-2ab$ जोड़ने पर,

$a^2 + b^2 - 2ab = 148 - 2ab$

$(a - b)^2 = 148 - 2 \times 54$

$a - b = \sqrt{40} = 2\sqrt{10}$

अत: $\frac{a + b}{a - b} = \frac{16}{2\sqrt{10}} = \frac{8}{\sqrt{10}}$

17. (c) $4x + 6y = 7$ .....(i)

$6x + (k+4)y = 21$ ....(ii)

$a_1 = 4, b_1 = 6, c_1 = 7$

$a_2 = 6, b_2 = k+4, c_2 = 21,$

अद्वितीय हल के लिए

$\frac{a_1}{a_2} \neq \frac{b_1}{b_2} \Rightarrow \frac{4}{6} \neq \frac{6}{k+4}$

$\Rightarrow 4(k+4) \neq 36 \Rightarrow k+4 \neq 9 \Rightarrow k \neq 5$

18. (a) रैखिक समीकरण

$k_1x + 3y = 8$ ...(i)

$4x + k_2y = 16$ ...(ii)

$a_1 = k_1, b_1 = 3, c_1 = 8$

$a_2 = 4, b_2 = k_2, c_2 = 16$

$\frac{a_1}{a_2} = \frac{b_1}{b_2} = \frac{c_1}{c_2}$

$\Rightarrow \frac{k_1}{4} = \frac{3}{k_2} = \frac{8}{16} \Rightarrow \frac{k_1}{4} = \frac{8}{16}$

$k_1 = \frac{8 \times 4}{16} = 2$ और $\frac{3}{k_2} = \frac{8}{16}$

$\Rightarrow k_2 = \frac{16 \times 3}{8} \Rightarrow k_2 = 6$

अत: $k_2 = 3k_1$

19. (d) $3x + y - 3 = 0$ ...(i)

$(a-b)x + (a+b)y - 3a - b + 3 = 0$ ...(ii)

अनन्त हल होंगे यदि,

$\frac{3}{a-b} = \frac{1}{a+b} = \frac{-3}{-3a-b+3}$

$\Rightarrow 3(a+b) = 1(a-b)$

$\Rightarrow 2a = -4b \Rightarrow a = -2b$

$\Rightarrow \frac{a}{b} = \frac{-2}{1}$

तथा $\frac{1}{a+b} = \frac{-3}{-3a-b+3} \Rightarrow b = -\frac{3}{2}$

$\therefore a = 3$

20. (d) $x^2 + 7x + 8 = 0$

$x^2 + 8 = -7x$ ...(i)

अब, $\frac{4x}{(x^2+8)-5x} = \frac{4x}{-7x-5x} = \frac{4x}{-12x} = -\frac{1}{3}$

21. (c) $a^3 + \frac{1}{a^3} = 2$ ...(i)

$a^6 - 2a^3 + 1 = 0 \Rightarrow (a^3-1)^2 = 0$

$\Rightarrow a^3 = 1 \Rightarrow a = 1$

$\therefore a + \frac{1}{a} = 1 + \frac{1}{1} = 1 + 1 = 2$

22. (b) दिया है, $a + b = c$

दोनों तरफ घन करने पर,

$(a+b)^3 = c^3 \Rightarrow a^3 + b^3 + 3ab(a+b) = c^3$

$a^3 + b^3 - c^3 + 3abc = 0$

23. (a) $(3x + 17 - 2y)(3x - 17 - 2y)$

$= [(3x-2y) + 17][(3x-2y) - 17]$

$= (3x-2y)^2 - 17^2$ [$\because (a+b)(a-b) = a^2 - b^2$]

$= 9x^2 + 4y^2 - 12xy - 289$

24. (b) यहाँ, $a_1 = 3, b_1 = 2$

$a_2 = 2, b_2 = 3$

$\because \frac{a_1}{a_2} \neq \frac{b_1}{b_2} \Rightarrow \frac{3}{2} \neq \frac{2}{3}$

अत: रैखिक समीकरणों का अद्वितीय हल है।

25. (d) दिया है, $3t - \frac{1}{3t} = 3$

दोनों ओर का वर्ग करने पर,

$\left(3t - \frac{1}{3t}\right)^2 = (3)^2 \Rightarrow 9t^2 + \frac{1}{9t^2} - 2 \times 3t \times \frac{1}{3t} = 9$

$9t^2 + \frac{1}{9t^2} - 2 = 9 \Rightarrow 9t^2 + \frac{1}{9t^2} = 11$

(दोनों ओर 1 जोड़ने पर)

$9t^2 + \frac{1}{9t^2} + 1 = 11 + 1 \Rightarrow 9t^2 + \frac{1}{9t^2} + 1 = 12$

26. (b) $3x + 2y = 10$ ... (i)

$2xy = 7$

समी (i) में दोनों ओर वर्ग करने पर,

$(3x + 2y)^2 = (10)^2$

$[(a+b)^2 = a^2 + b^2 + 2ab]$

$\Rightarrow 9x^2 + 4y^2 + 2 \times xy \times 3 \times 2 = 100$

$\Rightarrow 9x^2 + 4y^2 + 7 \times 3 \times 2 = 100$ [$\because 2xy = 7$]

$9x^2 + 4y^2 = 58$ ...(ii)

$\therefore 3x - 2y$ का वर्ग करने पर,

$(3x - 2y)^2 = 9x^2 + 4y^2 - 2 \times xy \times 3 \times 2$

$(3x - 2y)^2 = 58 - 7 \times 6$ [समी (i) से]

$(3x - 2y)^2 = 58 - 42$

$3x - 2y = \sqrt{16} \Rightarrow 3x - 2y = 4$

अत: $3x - 2y$ का मान 4 होगा।

27. (a) माना एक कुर्सी का मूल्य ₹x और एक मेज का मूल्य ₹y हैं।

प्रश्नानुसार,

$10x + 6y = 5140$ ...(i)

$3x + 2y = 1635$ ...(ii)

समी (i) व (ii) से,

$x =$ ₹ 235 $\Rightarrow y =$ ₹ 465

अत: 1 कुर्सी और 1 मेज का कुल मूल्य

$= 235 + 465 =$ ₹ 700

28. (b) दिया है, $a + b + c = 0 \Rightarrow a + b = -c$

दोनों ओर वर्ग करने पर,

$(a+b)^2 = (-c)^2 \Rightarrow a^2 + b^2 + 2ab = c^2$

$\therefore a^2 + b^2 + 2ab = c^2$

29. (c) माना अमन के ₹ 20 के x नोट हैं और अमन के ₹ 10 के y नोट हैं।

$\therefore x \times 20 + y \times 10 = 390$

$2x + y = 39$ ...(i)

नोटों की संख्या बदलने पर,

$20y + x \times 10 = 300$

$x + 2y = 30$ ...(ii)

समी (i) व (ii) को हल करने पर,

$x = 16$

अत: ₹ 20 मूल्य वर्ग के नोटों की संख्या 16 है।

30. (b) $ax + (a^2 + 1)y = 4$ ...(i)

$4x + ay = a^2$ ...(ii)

विकल्प (b) से,

$a = -12$ लेने पर,

$-12x + 145y = 4$ ...(iii)

$4x - 12y = 144$ ...(iv)

समी (iv) ×3 + समी (iii) से,

$145y - 36y = 432 + 4 \Rightarrow 109y = 436$

$\therefore y = \frac{436}{109} = 4$

y का मान समी (iv) में रखने पर,

$4x - 48 = 144 \Rightarrow x = \frac{192}{4} = 48$

31. (b) $x + \frac{1}{x} = 7$

$\Rightarrow \left(x - \frac{1}{x}\right)^2 = \left(x + \frac{1}{x}\right)^2 - 4x.\frac{1}{x}$

$[(a-b)^2 = (a+b)^2 - 4ab]$

$\Rightarrow \left(x - \frac{1}{x}\right)^2 = (7)^2 - 4 \Rightarrow \left(x - \frac{1}{x}\right)^2 = 49 - 4$

$\therefore x - \frac{1}{x} = \sqrt{45} = 3\sqrt{5}$

32. (c) $a + \frac{1}{a} = 7\sqrt{3}$

दोनों पक्षों का घन करने पर,

$\left(a + \frac{1}{a}\right)^3 = (7\sqrt{3})^3$

$\Rightarrow a^3 + \frac{1}{a^3} + 3 \cdot a \cdot \frac{1}{a}\left(a + \frac{1}{a}\right) = 1029\sqrt{3}$

$\Rightarrow a^3 + \frac{1}{a^3} + 21\sqrt{3} = 1029\sqrt{3}$

$\Rightarrow a^3 + \frac{1}{a^3} = 1029\sqrt{3} - 21\sqrt{3}$

$\Rightarrow a^3 + \frac{1}{a^3} = 1008\sqrt{3}$

अब, दोनों पक्षों का वर्ग करने पर,

$\left(a^3 + \frac{1}{a^3}\right)^2 = (1008\sqrt{3})^2$

$\Rightarrow a^6 + \frac{1}{a^6} + 2 = 3048192$

$\therefore (a^6 + a^{-6}) = 3048190$

33. (d) माना कविता के पास कंचे की वास्तविक संख्या $= x$

$\therefore$ रवि के पास कंचे की वास्तविक संख्या $= x - 12$

प्रश्नानुसार, $3(x+1) = 4(x - 12 + 1)$

$\Rightarrow 3x + 3 = 4x - 44 \Rightarrow x = 47$

34. (b) माना घटाई जाने वाली संख्या $= K$

अब, $f(x) = x^3 - 4x^2 - 8x + 11 - K$, $x + 2$ से पूर्णत: विभाजित है।

$\therefore x + 2 = 0 \Rightarrow x = -2$ तथा $f(-2) = 0$

$\Rightarrow (-2)^3 - 4(-2)^2 - 8 \times (-2) + 11 - K = 0$

$\Rightarrow -8 - 16 + 16 + 11 - K = 0 \Rightarrow K = 3$

35. (d) $3a + 2b = 27 \Rightarrow (3a + 2b)^3 = 27^3$

$27a^3 + 8b^3 + 3 \times 3a \times 2b(3a + 2b) = 19683$

$\Rightarrow 1458 + 18 \times 27ab = 19683$

$\therefore 2ab = \frac{18225}{9 \times 27} = 75$

36. (d) $x + \frac{1}{x} = 2$

$\Rightarrow x^2 + 1 - 2x = 0 \Rightarrow (x-1)^2 = 0 \Rightarrow x = 1$

अत: $x^{2723} + \frac{1}{x^{3356}} = (1)^{2723} + \frac{1}{(1)^{3356}} = 1 + 1 = 2$

37. (d) $x = 7 - 4\sqrt{3}$

$\therefore x^2 = (7 - 4\sqrt{3})^2 = 49 + 48 - 56\sqrt{3} = 97 - 56\sqrt{3}$

तथा $\frac{1}{x^2} = \frac{1}{97 - 56\sqrt{3}} = \frac{97 + 56\sqrt{3}}{(97 - 56\sqrt{3})(97 + 56\sqrt{3})}$

$= 97 + 56\sqrt{3}$

अत: $x^2 + \frac{1}{x^2} = 97 - 56\sqrt{3} + 97 + 56\sqrt{3} = 194$

38. (b) दिया है, चरों का मान लगातार तीन पूर्णांक हैं।
∴ माना, $x = 3, y = 2, z = 1$
इन मानों को समी (i) में रखने पर,
$3 - 2 + 1 = 2a \Rightarrow a = \frac{2}{2} = 1$
x, y और z के मान समी (ii) में रखने पर,
$3 + 4 \times 2 - 2 \times 1 = 3(4 - a)$
$3(4 - a) = 9 \Rightarrow 4 - a = 3 \Rightarrow a = 4 - 3 = 1$
अत: a का मान 1 है।

39. (b) प्रश्नानुसार, $y \times \frac{18}{100} + b \times \frac{24}{100} = 30$
$\Rightarrow \quad 3y + 4b = 500 \quad ...(i)$
तथा $\quad 3y = 2b + 200 \quad ...(ii)$
समी (i) और (ii) से,
$2b + 4b + 200 = 500 \Rightarrow 6b = 300 \Rightarrow b = 50$
$\therefore 3y = 2 \times 50 + 200 \Rightarrow 3y = 300 \Rightarrow y = 100$
$\therefore y^2 : b^2 = 100 \times 100 : 50 \times 50 = 4 : 1$

40. (a) $a^3 + 3a^2 + 3a = 7$
$\Rightarrow a^3 + 3a^2 + 3a + 1 = 8$
$\Rightarrow (a+1)^3 = 2^3 \Rightarrow a + 1 = 2$
$\Rightarrow a = 1$
$\therefore a^2 + 2a = 1^2 + 2 \times 1 = 1 + 2 = 3$

41. (b) $8a^3 + b^3 + 27c^3 = 18abc$
$\Rightarrow (2a)^3 + b^3 + (3c)^3 = 3 \times 2a \times b \times 3c$
$\therefore 2a + b + 3c = 0$
[∵ यदि $a + b + c = 0$ तो $a^3 + b^3 + c^3 = 3abc$]
$b + 3c = -2a$

42. (a) $4x + 12y + 36 = 0 \quad ...(i)$
$5x + ky + 45 = 0 \quad ...(ii)$
समी (i) और समी (ii) से अनन्त हल के लिए
$\frac{4}{5} = \frac{12}{k} \Rightarrow k = 15 \quad \left[\because \frac{36}{45} = \frac{4}{5}\right]$

43. (b) $x^2 + \frac{1}{x^2} = 83$
$\Rightarrow x^2 + \frac{1}{x^2} - 2 . x . \frac{1}{x} = 83 - 2$
$\Rightarrow \left(x - \frac{1}{x}\right)^2 = 81 \Rightarrow x - \frac{1}{x} = 9$
$\therefore x^3 - \frac{1}{x^3} = \left(x - \frac{1}{x}\right)\left(x^2 + \frac{1}{x^2} + x . \frac{1}{x}\right)$
$[a^3 - b^3 = (a - b)(a^2 + b^2 + ab)]$
$= 9 \times (83 + 1) = 9 \times 84 = 756$

44. (d) $kx - 15y + 7 = 0 \quad ...(i)$
$7x - 21y - 19 = 0 \quad ...(ii)$
यहाँ समीकरणों का कोई हल नहीं है।
$\therefore \frac{a_1}{a_2} = \frac{b_1}{b_2} \neq \frac{c_1}{c_2} \Rightarrow \frac{k}{7} = \frac{-15}{-21} \neq \frac{7}{-19}$
$\therefore k = \frac{15 \times 7}{21} = 5$
अत: k का मान = 5

45. (d) $(g - h)^2 - (g + h)^2 + 4gh$
$= g^2 + h^2 - 2gh - g^2 - h^2 - 2gh + 4gh = 0$

46. (c) $x - ay = 2 - a$
$x - ay + (a - 2) = 0 \quad ...(i)$
तथा $\quad (1 - a)x + 6y = a + b$
$(1 - a)x + 6y - (a + b) = 0 \quad ...(ii)$
कोई हल नहीं होगा
यदि $\quad \frac{a_1}{a_2} = \frac{b_1}{b_2} \neq \frac{c_1}{c_2}$
$\frac{1}{1-a} = \frac{-a}{6} \neq \frac{(a-2)}{-(a+b)}$
$\Rightarrow 6 = a(a - 1) \Rightarrow 3 \times 2 = a(a - 1)$
$\therefore a = 3$
तथा $-(a + b) \neq (1 - a)(a - 2)$
$\Rightarrow -(3 + b) \neq (1 - 3)(3 - 2)$
$\Rightarrow -3 - b \neq (-2) \times 1 \Rightarrow b \neq -1$
$\therefore a = 3, b \neq -1$

47. (c) $\frac{25a^2 - 10ab - 48b^2}{5a + 6b} \times (5a + 8b)$
$= \frac{(5a)^2 - 2 \times 5a \times b + b^2 - 49b^2}{(5a + 6b)} \times (5a + 8b)$
$= \frac{(5a - b)^2 - (7b)^2}{(5a + 6b)} \times (5a + 8b)$
$= \frac{(5a - b + 7b)(5a - b - 7b)}{(5a + 6b)} \times (5a + 8b)$
$= \frac{(5a + 6b)(5a - 8b)}{(5a + 6b)} \times (5a + 8b) = 25a^2 - 64b^2$

48. (d) $a + b = 1 \quad ...(i)$
$\left(\frac{1}{a^2} + \frac{1}{b^2} + \frac{2}{ab}\right) = \left(\frac{1}{a} + \frac{1}{b}\right)^2 = \left(\frac{a + b}{ab}\right)^2$
$= \frac{1}{a^2b^2}$ [समी (i) से]

49. (c) माना रमा ने x कप चाय खरीदी और y कप कॉफी खरीदी
$\therefore \quad x + y = 7 \quad ...(i)$
$30x + 40y = 240 \quad ...(ii)$
समी (i) व (ii) को हल करने पर,
$x = 4, y = 3$
अत: रमा ने 4 कप चाय खरीदी।

50. (d) $\frac{(x - y)^3 + (y - z)^3 + (z - x)^3}{(x - y)(y - z)(z - x)}$
$= \frac{3(x - y)(y - z)(z - x)}{(x - y)(y - z)(z - x)} = 3$

51. (b) $5x - 3y + 7z = 22 \quad ...... (i)$
$3x - 5y - 2z = -46 \quad .... (ii)$
$2x - 2y + 5z = 24 \quad ...(iii)$
समी (i) में 2 की गुणा और समी (ii) में 7 की गुणा करके जोड़ने पर,
$31x - 41y = -278 \quad ...(iv)$
समी (ii) में 5 की गुणा और समी (iii) में 2 की गुणा करके जोड़ने पर
$19x - 29y = -182 \quad ....(v)$
समी (iv) व (v) से,
$y = 3, x = -5$
x और y का मान समी (i) में रखने पर,
$5 \times (-5) - 3 \times 3 + 7z = 22$
$7z = 22 + 25 + 9 \Rightarrow z = 8$
अत: x, y, z के मान, $-5, 3, 8$ हैं।

52. (c) $a^2 + b^2 + c^2 = 2(a + c - 1)$
$\Rightarrow a^2 + b^2 + c^2 = 2a + 2c - 2$
$\Rightarrow a^2 + b^2 + c^2 - 2a - 2c + 2 = 0$
$\Rightarrow a^2 + 1 - 2a + b^2 + c^2 + 1 - 2c = 0$
$\Rightarrow (a - 1)^2 + b^2 + (c - 1)^2 = 0$
$\therefore (a - 1)^2 = 0, b^2 = 0, (c - 1)^2 = 0$
$a = 1, b = 0$ तथा $c = 1$
अत: $a^3 + b^3 + c^3 = (1)^3 + (0)^3 + (1)^3$
$= 1 + 0 + 1 = 2$

53. (b) $2x + y = a \quad ....(i)$
$8x + by = 12 \quad .....(ii)$
जब अनन्त हल हों, तब
$\frac{a_1}{a_2} = \frac{b_1}{b_2} = \frac{c_1}{c_2}$
समी (i) व समी (ii) से,
$a_1 = 2, b_1 = 1, c_1 = a,$
$a_2 = 8, b_2 = b, c_2 = 12$
$\therefore \frac{2}{8} = \frac{1}{b} = \frac{a}{12} \Rightarrow \frac{2}{8} = \frac{1}{b}$
$2b = 8 \Rightarrow b = 4$
तथा $\frac{2}{8} = \frac{a}{12} \Rightarrow 8a = 24 \Rightarrow a = \frac{24}{8} = 3$
अत: a और b का योग = 4 + 3 = 7

54. (d) $m + n = 24$
$\therefore \quad m = 24 - n \quad ...(i)$
अब, $(m - 16)^3 + (n - 8)^3$
समी (i) से m का मान रखने पर,
$(24 - n - 16)^3 + (n - 8)^3$
$= (-n + 8)^3 + (n - 8)^3$
$= -(n - 8)^3 + (n - 8)^3 = 0$

55. (c) $t^3 + \left(\frac{3}{5}\right)^3 + \frac{9}{5}t$
$= \left(\frac{2}{5}\right)^3 + \left(\frac{3}{5}\right)^3 + \frac{9}{5} \times \frac{2}{5} \quad \left(\because t = \frac{2}{5}\right)$
$= \frac{8}{125} + \frac{27}{125} + \frac{18}{25}$
$= \frac{8 + 27 + 90}{125} = \frac{125}{125} = 1$

56. (a) $x + \frac{1}{9x} = 3 \Rightarrow 3x + \frac{1}{3x} = 9$
दोनों पक्षों का वर्ग करने पर,
$9x^2 + \frac{1}{9x^2} + 2 = 81 \Rightarrow 9x^2 + \frac{1}{9x^2} = 81 - 2 = 79$

57. (c) $\left(\frac{3}{a} + 3a\right)\left(\frac{9}{a^2} - 9 + 9a^2\right)$
($a = 1$ रखने पर)
$= \left(\frac{3}{1} + 3 \times 1\right)\left(\frac{9}{1^2} - 9 + 9 \times 1^2\right)$
$= (3 + 3)(9 - 9 + 9 \times 1) = 6 \times 9 = 54$

58. (a) $0.4x + 0.16y = 0.17 \quad ...(i)$
$0.3x + 0.12y = 3.4 \quad ...(ii)$
अब, $\frac{a_1}{a_2} = \frac{0.4}{0.3} = \frac{4}{3}$ और $\frac{b_1}{b_2} = \frac{0.16}{0.12} = \frac{4}{3}$
$\frac{c_1}{c_2} = \frac{17}{3.4} = \frac{1}{2}$
अब, $\frac{a_1}{a_2} = \frac{b_1}{b_2} \neq \frac{c_1}{c_2}$
अत: निकाय का कोई हल नहीं है।

59. (d) छह वर्ष बाद वेतन = ₹ 28400
पन्द्रह वर्ष बाद वेतन = ₹ 52997
9 वर्ष में वेतन में वृद्धि = 52997 − 28400 = ₹ 24597

$\therefore$ 1 वर्ष में वेतन में वृद्धि $= \frac{24597}{9} =$ ₹ 2733

अभीष्ट वार्षिक वेतन वृद्धि = 2733

60. (a) $x + 2z = 3$ ...(i)

$x + 2y + 3z = 5$ ...(ii)

तथा $3x - 5z = -13$ ...(iii)

समी (i) × 3 – समी (iii) से,

$11z = 9 + 13 \Rightarrow z = 2$

$\therefore \quad x = 3 - 2 \times 2 = -1$

समी (ii) से,

$2y = 5 - 3 \times (2) + 1 = 0 \Rightarrow y = 0$

$\therefore \ x = -1, y = 0$ तथा $z = 2$

61. (d) $x + \frac{1}{x} = 2\sqrt{10}$

दोनों पक्षों का वर्ग करने पर,

अब, $x^2 + \frac{1}{x^2} + 2 = 2 \times 2 \times \sqrt{10} \times \sqrt{10}$

$x^2 + \frac{1}{x^2} = 40 - 2 = 38$ ...(i)

अब, $x^2 + \frac{1}{x^2} - 2 = 38 - 2 \Rightarrow \left(x - \frac{1}{x}\right)^2 = 36$

$x - \frac{1}{x} = 6$ ...(ii)

अब, $x^3 - \frac{1}{x^3} = \left(x - \frac{1}{x}\right)\left(x^2 + \frac{1}{x^2} + 1\right)$

$= 6 \times (38 + 1) = 6 \times 39 = 234$

62. (a) $\frac{(x-y)^2}{(x+y)^2} = \frac{x^2 + y^2 - 2xy}{x^2 + y^2 + 2xy}$

$= \frac{280 - 2 \times 120}{280 + 2 \times 120} = \frac{40}{520} = \frac{1}{13}$

$\therefore \quad \frac{x - y}{x + y} = \frac{1}{\sqrt{13}}$

63. (b) $\sqrt{x} + \frac{1}{\sqrt{x}} = 7$

दोनों पक्षों का वर्ग करने पर,

$x + \frac{1}{x} = 49 - 2 = 47$

64. (d) दिया है, $a + \frac{1}{a} = 12$

दोनों पक्षों का वर्ग करने पर,

$a^2 + \frac{1}{a^2} + 2 \times a \times \frac{1}{a} = 144$

$\therefore \quad a^2 + \frac{1}{a^2} = 144 - 2 = 142$

65. (a) माना तीन संख्याएँ a, b और c हैं।

$\therefore \quad a + b + c = 18$ ...(i)

$a^2 + b^2 + c^2 = 36$ ...(ii)

$\because (a + b + c)^2$

$= a^2 + b^2 + c^2 + 2(ab + bc + ca)$

$\Rightarrow \quad (18)^2 = 36 + 2(ab + bc + ca)$

$\therefore ab + bc + ca = \frac{288}{2} = 144$

अतः $a^3 + b^3 + c^3 - 3abc$

$= (a + b + c)(a^2 + b^2 + c^2 - ab - bc - ca)$

$= 18 \times (36 - 144) = 18 \times (-108) = -1944$

66. (a) $x + y + z = 1$

माना न्यूनतम मान के लिए, $x = y = z = a$

$\therefore \ a + a + a = 1 \Rightarrow 3a = 1 \Rightarrow a = \frac{1}{3}$

अब, $\frac{1}{x} + \frac{1}{y} + \frac{1}{z} = \frac{1}{a} + \frac{1}{a} + \frac{1}{a} = \frac{1}{\frac{1}{3}} + \frac{1}{\frac{1}{3}} + \frac{1}{\frac{1}{3}}$

$= 3 + 3 + 3 = 9$

67. (b) $4x + (k - 2)y + 3 = 0$ ....(i)

$(k - 2)x + 9y - 5 = 0$ ...(ii)

समी (i) की तुलना $a_1x + b_1y + c_1 = 0$ तथा समी (ii) की तुलना $a_2x + b_2y + c_2 = 0$ से करने पर,

$a_1 = 4, \ b_1 = k - 2, c_1 = 3$

$a_2 = k - 2, b_2 = 9, c_2 = -5$

हम जानते हैं कि

$\frac{a_1}{a_2} = \frac{b_1}{b_2} \neq \frac{c_1}{c_2} \Rightarrow \frac{4}{k-2} = \frac{k-2}{9} \neq -\frac{3}{5}$

$\therefore \frac{4}{k-2} = \frac{k-2}{9} \Rightarrow (k-2)^2 = 36 \Rightarrow k - 2 = 6$

$\therefore \quad k = 8$

अब, $k^2 + 6$ का मान $= 8^2 + 6 = 64 + 6 = 70$

68. (b) $a + b = 2c$

विकल्प (b) से, $a^2 + 2bc = b^2 + 2ac$

$\Rightarrow \quad a^2 + 2c(b - a) = b^2$

$\Rightarrow a^2 - (a + b)(a - b) = b^2$

$\Rightarrow \quad a^2 - a^2 + b^2 = b^2 \Rightarrow \quad b^2 = b^2$

बायाँ पक्ष = दायाँ पक्ष

69. (d) क्योंकि विकल्प (a), (b) और (c) कभी भी 5 के सिक्कों की संख्या नहीं हो सकती क्योंकि सिक्कों की संख्या 40 और कुल ₹ 100 नहीं बनेंगे।

$\therefore$ विकल्प (d) से,

₹ 5 के सिक्के = 13

$\therefore$ 5 के सिक्कों से कुल रुपए = 13 × 5 = ₹ 65

शेष रुपए = 100 – 65 = 35

शेष सिक्के = 40 – 13 = 27

₹ 2 के सिक्कों की संख्या = 8

₹ 2 के सिक्कों से कुल रुपए = 8 × 2 = ₹ 16

₹ 1 के सिक्कों की संख्या = 19

₹ 2 के सिक्कों से कुल रुपए = 19 × 1 = ₹ 19

$\because$ कुल रुपए = 65 + 16 + 19 = 100

$\therefore$ कुल सिक्के = 13 + 8 + 19 = 40

70. (d) $\frac{x^3 + 15x^2 + 75x + 125}{x^2 - 25}(x - 5)$

$= \frac{x^3 + (5)^3 + 3 \times 5 \times x\,(x + 5)}{x^2 - 5^2} \times (x - 5)$

$= \frac{(x + 5)^3}{(x + 5)(x - 5)} \times (x - 5)$

$= \frac{(x + 5)^3}{(x + 5)} = (x + 5)^2 = x^2 + 10x + 25$

71. (c) प्रश्नानुसार, $2L + 1M = 31000$ ...(i)

और $1L + 2M = 35000$ ...(ii)

[एल.ई.डी. = L, मोबाईल = M]

समी (i) में 2 से गुणा करके समी (ii) को घटाने पर,

$4L + 2M = 62000$

$1L + 2M = 35000$

$- \quad - \quad -$

$3L = 27000$

$\therefore \quad L = \frac{27000}{3} =$ ₹ 9000

L का मान समी (i) में रखने पर,

$2 \times 9000 + 1M = 31000$

$\Rightarrow \quad 1M = 31000 - 18000 =$ ₹ 13000

अतः एक मोबाइल की कीमत = ₹ 13000

72. (d) $2^x + 3^y = 17$ तथा $2^{x+2} - 3^{y+1} = 5$

माना $\quad 2^x = p$ तथा $3^y = q$

$p + q = 17$ ...(i)

तथा $(2^x \times 2^2) - (3^y \times 3^1) = 5$

$\Rightarrow \quad (p \times 4) - (q \times 3) = 5$

$4p - 3q = 5$ ...(ii)

समी (i) तथा (ii) से, $p = 8$ तथा $q = 9$

पुनः $\quad 2^x = p = 8 = (2)^3$

$\therefore \quad x = 3$

तथा $\quad 3^y = q = 9 = (3)^2 \Rightarrow \quad y = 2$

73. (b) $4x^2 + y^2 = 40$ तथा $xy = 6$

अतः $(2x + y)^2 = 4x^2 + y^2 + 4xy$

$= 40 + 4 \times 6 = 40 + 24 = 64$

$\therefore \quad 2x + y = \sqrt{64} = 8$

74. (b) x तथा y का म.स. = 15

माना कि $x = y = 15$

अब, $36x^2 - 81y^2 = 36x^2 - 81x^2 \quad (\because x = y)$

$= -45x^2 = 45x^2$

(नकारात्मक चिह्न छोड़ने पर)

तथा $81x^2 - 9y^2 = 81x^2 - 9x^2 \quad (\because x = y$ माना)

$= 72x^2$

अतः $45x^2$ तथा $72x^2$ का म.स.प. $= 9x^2$

$= 9 \times 15 \times 15 \quad (\because x = 15)$

$= 2025$

संख्या 2025, 135 से पूर्णतः विभाजित है।

75. (a) माना मुर्गियों की संख्या = x

तथा बकरियों की संख्या = y

$\therefore$ कुल सिर की संख्या = $x + y = 100$ ...(i)

और कुल पैर की संख्या = $2x + 4y = 348$ ...(ii)

समी (i) तथा (ii) से,

$y = 74$

अतः रीवा के पास कुल बकरियों की संख्या = 74

76. (d) $\because \ x^2 - 8x + 15 = x^2 - 5x - 3x + 15$

$= x(x - 5) - 3(x - 5) = (x - 5)(x - 3)$

तथा $x^2 - 5x + 6 = x^2 - 3x - 2x + 6$

$= x(x - 3) - 2(x - 3) = (x - 3)(x - 2)$

$\therefore$ दोनों व्यंजकों का ल.स. $= (x - 5)(x - 3)(x - 2)$

77. (b) दिया गया व्यंजक $= (1 + x)(1 + x^2)$

$(1 + x^4)(1 + x^8)(1 - x)$

$= (1 + x)(1 - x)(1 + x^2)(1 + x^4)(1 + x^8)$

$= (1 - x^2)(1 + x^2)(1 + x^4)(1 + x^8)$

$= (1 - x^4)(1 + x^4)(1 + x^8)$

$= (1 - x^8)(1 + x^8) = 1 - x^{16}$

78. (b) समी $17x + my + 102 = 0$

तथा $\quad 23x + 299y + 138 = 0$

असंख्य हल के लिए, $\frac{a_1}{a_2} = \frac{b_1}{b_2} = \frac{c_1}{c_2}$

$\Rightarrow \quad \frac{17}{23} = \frac{m}{299} \Rightarrow m = \frac{299 \times 17}{23} = 221$

79. (b) $x + \frac{1}{x} = 6$

दोनों ओर का वर्ग करने पर,

$x^2 + \frac{1}{x^2} + 2 = 36$

$\Rightarrow \quad x^2 + \frac{1}{x^2} + 2 - 4 = 36 - 4$

$\Rightarrow \quad x^2 + \frac{1}{x^2} - 2 = 32 \Rightarrow \left(x - \frac{1}{x}\right)^2 = 32$

$\therefore \quad x - \frac{1}{x} = \sqrt{32} = 4\sqrt{2}$ ...(ii)

समी (i) तथा (ii) से

$\left(x + \frac{1}{x}\right)\left(x - \frac{1}{x}\right) = 6 \times 4\sqrt{2}$

$\therefore \quad x^2 - \frac{1}{x^2} = 24\sqrt{2}$

स्पीडी विधि

यदि $x + \frac{1}{x} = N$ तो $x - \frac{1}{x} = \sqrt{N^2 - 4}$

$x^2 - \frac{1}{x^2} = \left(x + \frac{1}{x}\right)\left(x - \frac{1}{x}\right)$

$= 6 \times \sqrt{6^2 - 4} = 6 \times \sqrt{32} = 6 \times 4\sqrt{2} = 24\sqrt{2}$

80. (d) $\because (a^3 + b^3 + c^3 - 3abc)$

$= (a + b + c)(a^2 + b^2 + c^2 - ab - bc - ac)$

सूत्रानुसार,

$98 = 14(a^2 + b^2 + c^2 - ab - bc - ac)$

$\Rightarrow (a^2 + b^2 + c^2 - ab - bc - ac) = \frac{98}{14} = 7$ ...(i)

$\because \quad (a + b + c) = 14$

दोनों ओर का वर्ग करने पर,

$a^2 + b^2 + c^2 + 2ab + 2bc + 2ac = 196$ ...(ii)

अब {2 × समी (i) + (ii)} करने पर,

$3(a^2 + b^2 + c^2) = 2(7) + 196$

$\Rightarrow \quad a^2 + b^2 + c^2 = \frac{(14 + 196)}{3} = \frac{210}{3} = 70$

अतः $a^2 + b^2 + c^2 = 70$

81. (b) बीजीय व्यंजक $x^2 - \frac{1}{x^2} = 4\sqrt{2}$ ...(i)

$\Rightarrow x^4 - 4\sqrt{2}x^2 - 1 = 0$

$\Rightarrow \quad x^2 = \frac{4\sqrt{2} \pm \sqrt{(4\sqrt{2})^2 - 4(1)(-1)}}{2}$

$\Rightarrow \quad x^2 = \frac{4\sqrt{2} \pm \sqrt{32 + 4}}{2} = \frac{4\sqrt{2} \pm 6}{2}$

$\Rightarrow \quad x^2 = 2\sqrt{2} \pm 3$

$\Rightarrow \quad x^2 = 2\sqrt{2} + 3$ और $x^2 = 2\sqrt{2} - 3$ (असम्भव)

$\Rightarrow \quad x^2 = (\sqrt{2} + 1)^2$

$\Rightarrow \quad x = (\sqrt{2} + 1)^{\frac{2}{2}} = \sqrt{2} + 1$ ...(ii)

$\therefore \quad \frac{1}{x} = \left(\frac{1}{\sqrt{2} + 1}\right)$

$\Rightarrow \quad \frac{1}{x} = \frac{1}{(\sqrt{2} + 1)} \times \frac{(\sqrt{2} - 1)}{(\sqrt{2} - 1)}$

$\Rightarrow \quad \frac{1}{x} = \frac{(\sqrt{2} - 1)}{1} \quad \Rightarrow \quad \frac{1}{x} = \sqrt{2} - 1$ ...(iii)

समी (ii) व (iii) से,

$x^2 + \frac{1}{x^2} = (\sqrt{2} + 1)^2 + (\sqrt{2} - 1)^2$

$= (2 + 1 + 2\sqrt{2}) + (2 + 1 - 2\sqrt{2}) = 6$

अब, व्यंजक $\left(x^4 - \frac{1}{x^4}\right)$ का मान

$= \left(x^2 - \frac{1}{x^2}\right)\left(x^2 + \frac{1}{x^2}\right) = (4\sqrt{2}) \times 6$ [(i) से]

$= 24\sqrt{2}$

82. (a) $2x + 3y = 16$ ...(i)

तथा $\quad xy = 9$ ...(ii)

समी (i) का दोनों तरफ घन करने पर,

$(2x + 3y)^3 = (16)^3$

$\Rightarrow (2x)^3 + (3y)^3 + 3(2x)(3y)$

$(2x + 3y) = 4096$

$\{\because (a + b)^3 = a^3 + b^3 + 3ab(a + b)\}$

$\Rightarrow \quad 8x^3 + 27y^3 + 18xy(2x + 3y)$

$= 4096$

$\Rightarrow \quad 8x^3 + 27y^3 + 18 \times 9(16) = 4096$

$\Rightarrow \quad 8x^3 + 27y^3 + 2592 = 4096$

$\therefore \quad 8x^3 + 27y^3 = 4096 - 2592 = 1504$

83. (c) $(x - 5)^2 + (x + 3)^2 + 4x$

$= x^2 + 25 - 10x + x^2 + 9 + 6x + 4x$

$= 2x^2 + 34$

$= 2(x^2 + 17)$

84. (c) दिया है, $x - \frac{1}{x} = 10$

दोनों ओर का वर्ग करने पर,

$x^2 + \frac{1}{x^2} - 2 = 100 \Rightarrow \quad x^2 + \frac{1}{x^2} = 102$

पुनः दोनों ओर का वर्ग करने पर,

$x^4 + \frac{1}{x^4} + 2 = 10404$

$x^4 + \frac{1}{x^4} = 10402$

85. (c) दिया है, $b = 5$

$\therefore \left(\frac{5}{b} + 5b\right)\left(\frac{25}{b^2} - 25 + 25b^2\right)$

$= \left(\frac{5}{5} + 5 \times 5\right)\left(\frac{25}{5^2} - 25 + 25 \times 5^2\right)$

$= (1 + 25)\left(\frac{25}{25} - 25 + 25 \times 25\right)$

$= 26(1 - 25 + 625) = 26(626 - 25)$

$= 26 \times 601 = 15626$

86. (c) $\quad a^3 + b^3 + c^3 - 3abc = 405$ ...(i)

तथा $(a - b)^2 + (b - c)^2 + (c - a)^2 = 54$ ...(ii)

$\because \quad a^3 + b^3 + c^3 - 3abc = (a + b + c) \times \frac{1}{2}$

$[(a - b)^2 + (b - c)^2 + (c - a)^2]$

$\Rightarrow \quad 405 = (a + b + c) \times \frac{1}{2} \times 54$

समी (i) तथा (ii) से,

$\Rightarrow \quad a + b + c = \frac{405 \times 2}{54} \Rightarrow \quad (a + b + c) = 15$

87. (a) दिया है, $a + b + c = 13$ ...(i)

$ab + bc + ca = 54$ ...(ii)

समी (i) का दोनों पक्षों का वर्ग करने पर,

$(a + b + c)^2 = 13^2$

$\Rightarrow a^2 + b^2 + c^2 + 2(ab + bc + ca) = 169$

$\Rightarrow \quad a^2 + b^2 + c^2 + 2 \times 54 = 169$

समी (ii) से,

$a^2 + b^2 + c^2 = 169 - 108$

$\therefore \quad a^2 + b^2 + c^2 = 61$

88. (a) दिया है, $x^2 + \frac{1}{x^2} = 6$

$x^2 + \frac{1}{x^2} - 2 = 6 - 2 \Rightarrow \left(x - \frac{1}{x}\right)^2 = 4$

दोनों पक्षों का वर्गमूल लेने पर,

$x - \frac{1}{x} = -2$ ...(i) $(\because 0 < x < 1)$

अब, $\quad x^2 + \frac{1}{x^2} + 2 = 6 + 2 \Rightarrow \left(x + \frac{1}{x}\right)^2 = 8$

पुनः दोनों पक्षों का वर्गमूल लेने पर,

$x + \frac{1}{x} = 2\sqrt{2}$

$\therefore \quad x^4 - \frac{1}{x^4} = \left(x^2 + \frac{1}{x^2}\right)\left(x^2 - \frac{1}{x^2}\right)$

$= \left(x^2 + \frac{1}{x^2}\right)\left(x + \frac{1}{x}\right)\left(x - \frac{1}{x}\right)$

$= 6 \times 2\sqrt{2} \times (-2) = -24\sqrt{2}$

89. (c) दिया है, $x = \frac{1}{x - 3}$

$\Rightarrow \quad x^2 - 3x = 1 \Rightarrow x - 3 = \frac{1}{x} \Rightarrow x - \frac{1}{x} = 3$

दोनों पक्षों का वर्ग करने पर,

$x^2 + \frac{1}{x^2} - 2 = 9 \Rightarrow \quad x^2 + \frac{1}{x^2} = 11$

$\Rightarrow \quad x^2 + \frac{1}{x^2} + 2 = 13 \Rightarrow \left(x + \frac{1}{x}\right)^2 = 13$

$\Rightarrow \quad x + \frac{1}{x} = \sqrt{13}$

स्पीडी विधि

$x = \frac{1}{x - 3} \Rightarrow x^2 - 3x = 1$

$\Rightarrow \quad x - 3 = \frac{1}{x} \quad \Rightarrow \quad x - \frac{1}{x} = 3$

यदि $x - \frac{1}{x} = N$, तो $x + \frac{1}{x} = \sqrt{N^2 + 4}$

$\therefore \quad x + \frac{1}{x} = \sqrt{9 + 4} = \sqrt{13}$

90. (b) व्यंजक $= \frac{s^2 + t^2 + 2st - u^2}{s^2 - t^2 - 2tu - u^2}$

$= \frac{(s + t)^2 - (u)^2}{(s)^2 - (t^2 + 2tu + u^2)}$

$= \frac{(s + t)^2 - (u)^2}{(s)^2 - (t + u)^2}$

$= \frac{(s + t - u)(s + t + u)}{(s - t - u)(s + t + u)} = \left(\frac{s + t - u}{s - t - u}\right)$

91. (c) दिया है, $x = 2$ तथा $y = 3$

तब, $\quad \frac{\sqrt{x} - \sqrt{y}}{\sqrt{x} + \sqrt{y}} = \left(\frac{\sqrt{2} - \sqrt{3}}{\sqrt{2} + \sqrt{3}}\right)$

परिमेयकरण करने पर,

$\left(\frac{\sqrt{2} - \sqrt{3}}{\sqrt{2} + \sqrt{3}}\right) \times \frac{(\sqrt{2} - \sqrt{3})}{(\sqrt{2} - \sqrt{3})}$

$= \frac{(2 + 3 - 2\sqrt{2 \times 3})}{(\sqrt{2})^2 - (\sqrt{3})^2} = \left(\frac{5 - 2\sqrt{6}}{2 - 3}\right)$

$= \frac{5 - 2\sqrt{6}}{-1} = 2\sqrt{6} - 5$

92. (a) दिया है, $(a + b - c) = 20$ ...(i)

दोनों ओर वर्ग करने पर, $(a + b - c)^2 = (20)^2$

$\Rightarrow a^2 + b^2 + c^2 + 2ab - 2bc - 2ac = 400$

$\Rightarrow \quad 152 + 2(ab - bc - ac) = 400$

$\Rightarrow (ab - bc - ac) = \frac{(400 - 152)}{2} = \frac{248}{2}$

$\Rightarrow\ ab - bc - ac = 124$ ...(ii)

अब, $a^3 + b^3 - c^3 + 3abc = (a + b - c)$
$(a^2 + b^2 + c^2 - ab + bc + ac)$
$= 20[152 - 124]$ [समी (i) व (ii) से]
$= 20 \times 28 = 560$

93. (b) दिया है, $y + \frac{1}{y} = 4$

दोनों ओर का वर्ग करने पर,

$$y^2 + \frac{1}{y^2} + 2 = 16 \Rightarrow y^2 + \frac{1}{y^2} = 14$$

पुनः दोनों ओर का वर्ग करने पर,

$$y^4 + \frac{1}{y^4} + 2 = 196 \Rightarrow y^4 + \frac{1}{y^4} = 194$$

अब, $y^6 + \frac{1}{y^6} = (y^2)^3 + \frac{1}{(y^2)^3}$

$$= \left(y^2 + \frac{1}{y^2}\right)\left(y^4 + \frac{1}{y^4} - 1\right)$$

$$= 14\,(194 - 1) = 14 \times 193 = 2702$$

स्पीडी विधि

यदि $x + \frac{1}{x} = N$ तो $x^2 + \frac{1}{x^2} = N^2 - 2$

और $x + \frac{1}{x} = N$ तो $x^3 + \frac{1}{x^3} = N^3 - 3N$

$\therefore\ y + \frac{1}{y} = 4$

तथा $y^2 + \frac{1}{y^2} = (4)^2 - 2 = 14$

अब, $(y^2)^3 + \left(\frac{1}{y^2}\right)^3 = (14)^3 - 3 \times 14$

$\therefore\ y^6 + \frac{1}{y^6} = 2744 - 42 = 2702$

94. (b) माना संख्याएँ a और b हैं।

तब प्रश्नानुसार, $(a + b)^3 = 1728$

$a + b = 12$ ...(i)

तथा $ab = 32$ ...(ii)

$\therefore\ (a + b)^2 = a^2 + b^2 + 2ab$

$\Rightarrow\ (12)^2 = a^2 + b^2 + 2 \times 32$

$\Rightarrow\ 144 = a^2 + b^2 + 64$

$\Rightarrow\ a^2 + b^2 = 80$

$\therefore\ (a - b)^2 = a^2 + b^2 - 2ab$
$= 80 - 2 \times 32 = 80 - 64 = 16$

$a - b = 4$

अब, $a^3 - b^3 = (a - b)\,(a^2 + b^2 + ab)$
$= 4\,(80 + 32) = 4 \times 112 = 448$

95. (b) $\frac{x^2 - 2x - 63}{x^2 + 14x + 49} = \frac{x^2 - 9x + 7x - 63}{x^2 + 7x + 7x + 49}$

$$= \frac{x(x - 9) + 7(x - 9)}{x(x + 7) + 7(x + 7)}$$

$$= \frac{(x - 9)\,(x + 7)}{(x + 7)\,(x + 7)} = \frac{x - 9}{x + 7}$$

96. (c) $7a - \frac{7}{a} + 4 = 0$

$$7\left(a - \frac{1}{a}\right) = -4 \Rightarrow a - \frac{1}{a} = -\frac{4}{7}$$

दोनों पक्षों का वर्ग करने पर,

$$a^2 + \frac{1}{a^2} - 2 = \frac{16}{49}$$

$\Rightarrow\ a^2 + \frac{1}{a^2} = \frac{16}{49} + 2 = \frac{114}{49}$

अब $a^3 - \frac{1}{a^3} - 1$

$$= \left(a - \frac{1}{a}\right)\left(a^2 + \frac{1}{a^2} + 1\right) - 1$$

$$= -\frac{4}{7}\left(\frac{114}{49} + 1\right) - 1$$

$$= -\frac{4}{7} \times \frac{163}{49} - 1$$

$$= \frac{-652 - 343}{343} = \frac{-995}{343}$$

97. (d) $p + q + r = pqr = \frac{1}{p} + \frac{1}{q} + \frac{1}{r} = 1$

$\Rightarrow\ \frac{qr + pr + pq}{pqr} = 1$

$\Rightarrow\ pq + qr + pr = 1$

अब, $(p + q + r)^2 = 1$

$p^2 + q^2 + r^2 + 2\,(pq + qr + pr) = 1$

$\Rightarrow\ p^2 + q^2 + r^2 + 2 = 1$

$\Rightarrow\ p^2 + q^2 + r^2 = -1$

$\therefore\ p^3 + q^3 + r^3 = (p + q + r)$
$(p^2 + q^2 + r^2 - pq - qr - pr) + 3pqr$
$= 1(-1 - 1) + 3 \times 1 = -2 + 3 = 1$

98. (d) $\frac{256x^4 - 16y^4}{(80x^2 - 20y^2)(16x^2 + 4y^2)}$

$$= \frac{(16x^2)^2 - (4y^2)^2}{5(16x^2 - 4y^2)(16x^2 + 4y^2)}$$

$$\frac{(16x^2 - 4y^2)(16x^2 + 4y^2)}{5(16x^2 - 4y^2)(16x^2 + 4y^2)} = \frac{1}{5}$$

99. (d) दिया है, $x^2 - 15x + 1 = 0$

$$x - 15 + \frac{1}{x} = 0$$

$\Rightarrow\ x + \frac{1}{x} = 15$

दोनों पक्षों का वर्ग करने पर,

$$x^2 + \frac{1}{x^2} + 2 = 225$$

$\Rightarrow\ x^2 + \frac{1}{x^2} = 223$

$\Rightarrow\ x^4 + 1 = 223x^2$

$\Rightarrow\ x^4 - 223x^2 = -1$

$\therefore\ x^4 - 223x^2 + 6 = -1 + 6 = 5$

100. (b) $p = \frac{x}{y + z},\ q = \frac{y}{z + x}$

तथा $r = \frac{z}{x + y}$

तब, $\frac{1}{2 + 2p} + \frac{1}{2 + 2q} + \frac{1}{2 + 2r}$

$$= \frac{1}{2}\left(\frac{1}{1 + p} + \frac{1}{1 + q} + \frac{1}{1 + r}\right)$$

$$= \frac{1}{2}\left(\frac{1}{1 + \frac{x}{y + z}} + \frac{1}{1 + \frac{y}{z + x}} + \frac{1}{1 + \frac{z}{x + y}}\right)$$

$$= \frac{1}{2}\left(\frac{y + z}{x + y + z} + \frac{z + x}{x + y + z} + \frac{x + y}{x + y + z}\right)$$

$$= \frac{1}{2} \times \frac{2(x + y + z)}{(x + y + z)} = 1$$

स्पीडी विधि

यदि $x = 1,\ y = 2,\ z = 3$ रखने पर,

$p = \frac{1}{5}, q = \frac{2}{4} = \frac{1}{2}, r = \frac{3}{3} = 1$

$$\frac{1}{2 + 2p} + \frac{1}{2 + 2q} + \frac{1}{2 + 2r}$$

$$= \frac{1}{2 + 2 \times \frac{1}{5}} + \frac{1}{2 + 2 \times \frac{1}{2}} + \frac{1}{2 + 2 \times 1}$$

$$= \frac{1}{2 + \frac{2}{5}} + \frac{1}{3} + \frac{1}{4} = \frac{1}{\frac{12}{5}} + \frac{1}{3} + \frac{1}{4}$$

$$= \frac{5}{12} + \frac{1}{3} + \frac{1}{4} = \frac{5 + 4 + 3}{12} = \frac{12}{12} = 1$$

101. (a) दिया है,

$$x + \frac{1}{x} = 9$$

दोनों पक्षों का वर्ग करने पर,

$$x^2 + \frac{1}{x^2} + 2 = 81$$

$\Rightarrow\ x^2 + \frac{1}{x^2} = 79$

पुनः दोनों पक्षों का वर्ग करने पर,

$$x^4 + \frac{1}{x^4} + 2 = 6241$$

$\Rightarrow\ x^4 + \frac{1}{x^4} = 6241 - 2 = 6239$

102. (d) सरल व्यंजक,

$(4x + 1)^2 - (4x + 3)\,(4x - 1)$
$= [16x^2 + 1 + 2\,(4x)] - [16x^2 - 4x + 12x - 3]$
$= (16x^2 + 1 + 8x) - (16x^2 + 8x - 3)$
$= 16x^2 + 1 + 8x - 16x^2 - 8x + 3 = 4$

103. (c) बहुपदीय व्यंजक,

$$\frac{p^2 - (q - r)^2}{(p + r)^2 - q^2} + \frac{q^2 - (p - r)^2}{(p + q)^2 - r^2} + \frac{r^2 - (p - q)^2}{(q + r)^2 - p^2}$$

$$= \frac{(p + q - r)\,(p - q + r)}{(p + r - q)\,(p + r + q)} + \frac{(q - p + r)\,(q + p - r)}{(p + q - r)\,(p + q + r)} + \frac{(r - p + q)\,(r + p - q)}{(q + r - p)\,(q + r + p)}$$

$$= \left(\frac{p + q - r}{p + q + r}\right) + \left(\frac{q + r - p}{p + q + r}\right) + \left(\frac{r + p - q}{p + q + r}\right)$$

$$= \frac{(p + q - r) + (q + r - p) + (r + p - q)}{(p + q + r)}$$

$$= \left(\frac{p + q + r}{p + q + r}\right) = 1$$

104. (a) $\because\ a^2 + b^2 + c^2 - ab - bc - ac$

$$= \frac{1}{2}[(a - b)^2 + (b - c)^2 + (a - c)^2]$$

$$= \frac{1}{2}[(101 - 102)^2 + (102 - 103)^2 + (101 - 103)^2]$$

$[\because a = 101,\ b = 102,\ c = 103]$

$$= \frac{1}{2}[(-1)^2 + (-1)^2 + (-2)^2] = \frac{1}{2}[1 + 1 + 4] = 3$$

105. (d) $\because\ a^3 - b^3 = (a - b)(a^2 + ab + b^2)$

$\Rightarrow\ (a^3 - b^3) = 1 \times (a^2 + ab + b^2)$ $[\because (a - b) = 1]$

$\therefore\ a^3 - b^3 = a^2 + ab + b^2$

106. (b) दिया है, $x^2+\frac{1}{x^2}=18$

दोनों पक्षों में '2' जोड़ने पर,

$x^2+\frac{1}{x^2}+2=20 \Rightarrow \left(x+\frac{1}{x}\right)^2=20$

$\Rightarrow \quad x+\frac{1}{x}=\sqrt{20}$

अब, $x^3+\frac{1}{x^3}=\left(x+\frac{1}{x}\right)\left(x^2+\frac{1}{x^2}-1\right)$

$=\sqrt{20}(18-1)=17\sqrt{20}$

$=17\times 2\sqrt{5}=34\sqrt{5}$

107. (c) $64x^3+36x^2y+24xy^2+2y^3$

$x=3$ और $y=-4$ रखने पर,

$64(3)^3+36(3)^2(-4)+24\times 3(-4)^2+2\times(-4)^3$

$=1728-1296+1152-128=1456$

108. (d) $[(1+p)(1+p^2)(1+p^4)(1+p^8)(1+p^{16})(1-p)-1]$

अब, $[(1+p)(1-p)(1+p^2)(1+p^4)(1+p^8)(1+p^{16})-1]$

$=[(1-p^2)(1+p^2)(1+p^4)(1+p^8)(1+p^{16})-1]$

$=[(1-p^4)(1+p^4)(1+p^8)(1+p^{16})-1]$

$=[(1-p^8)(1+p^8)(1+p^{16})-1]$

$=[(1-p^{16})(1+p^{16})-1]=[1-p^{32}-1]=-p^{32}$

109. (c) $x-y=5 \Rightarrow (x-y)^2=5^2$

$\Rightarrow \quad x^2+y^2-2xy=25$

$\Rightarrow \quad x^2+y^2-2\times 150=25$

$\Rightarrow \quad x^2+y^2=25+300$

$\Rightarrow \quad x^2+y^2=325 \quad \ldots(i)$

अब, $(x+y)^2=x^2+y^2+2xy$

$=325+2\times 150 \quad$ [समी (i) से]

$=325+300=625$

$\therefore \quad x+y=\sqrt{625}=25$

110. (a) $\because \; x^2-\frac{1}{x^2}=4\sqrt{6}$

$x^4-4\sqrt{6}\,x^2-1=0$

$D=b^2-4ac$

$D=(-4\sqrt{6})^2-4(1)(-1)$

$D=96+4 \Rightarrow D=100$

$x^2=\frac{4\sqrt{6}\pm\sqrt{100}}{2\times 1}=\frac{4\sqrt{6}\pm 10}{2}=2\sqrt{6}\pm 5$

$\therefore \quad x^2=2\sqrt{6}+5=(\sqrt{2})^2+(\sqrt{3})^2+2\sqrt{6}$

$x^2=(\sqrt{2}+\sqrt{3})^2$

$\therefore \quad x=\sqrt{2}+\sqrt{3} \quad \ldots(i)$

$\Rightarrow \quad \frac{1}{x}=\sqrt{3}-\sqrt{2} \quad \ldots(ii)$

समी (i) में से (ii) को घटाने पर,

$x-\frac{1}{x}=2\sqrt{2} \Rightarrow x^2+\frac{1}{x^2}=10$

अब, $\left(x^3-\frac{1}{x^3}\right)=\left(x-\frac{1}{x}\right)\left(x^2+\frac{1}{x^2}+1\right)$

$=2\sqrt{2}\times 11=22\sqrt{2}$

111. (b) $\frac{2a-5}{a}-\frac{4b-5}{b}+\frac{6c+5}{c}=0$

$\Rightarrow \quad \frac{2a}{a}-\frac{5}{a}-\frac{4b}{b}+\frac{5}{b}+\frac{6c}{c}+\frac{5}{c}=0$

$\Rightarrow \quad 2-\frac{5}{a}-4+\frac{5}{b}+6+\frac{5}{c}=0$

$\Rightarrow \quad -5\left(\frac{1}{a}-\frac{1}{b}-\frac{1}{c}\right)+4=0$

$\Rightarrow \quad \frac{1}{a}-\frac{1}{b}-\frac{1}{c}=\frac{-4}{-5} \Rightarrow \frac{1}{a}-\frac{1}{b}-\frac{1}{c}=\frac{4}{5}$

112. (b) दिया है, $x-\frac{1}{x}=2\sqrt{2}$

दोनों पक्षों का वर्ग करने पर,

$\left(x-\frac{1}{x}\right)^2=8 \Rightarrow x^2+\frac{1}{x^2}=10$

अब, $x^6+\frac{1}{x^6}=\frac{1}{(x^2)^3}+(x^2)^3$

$\left(x^2+\frac{1}{x^2}\right)\left(x^4+\frac{1}{x^4}-1\right)$

$\left(x^2+\frac{1}{x^2}\right)\left[\left(x^2+\frac{1}{x^2}\right)^2-2-1\right]$

$=10[(10)^2-3]=10\times 97=970$

113. (a) $27x^3+58x^2y+31xy^2+8y^3 \quad \ldots(i)$

समी (i) में $x=5$, $y=-7$ रखने पर,

$27(5)^3+58(5)^2(-7)$

$+31\times 5\times(-7)^2+8(-7)^3$

$=3375-10150+7595-2744$

$=10970-12894=-1924$

114. (a) $(a-2b)(b-3a)+(a+b)(a-3b)-(b-3a)(4a-5b)$

$=ab-3a^2-2b^2+6ab+[a^2-3ab+ab-3b^2-(4ab-5b^2-12a^2+15ab)]$

$=ab-3a^2-2b^2+6ab+(a^2-3ab+ab-3b^2-4ab+5b^2+12a^2-15ab)$

$=7ab-3a^2-2b^2+13a^2-21ab+2b^2$

$=10a^2-14ab$

115. (a) $x+y=7$ तथा $xy=19$

$\Rightarrow \quad (x+y)^2=7^2$

$\Rightarrow \quad x^2+y^2+2xy=49$

$\Rightarrow \quad x^2+y^2+2\times 19=49$

$\Rightarrow \quad x^2+y^2+38=49$

$\therefore \quad x^2+y^2=11$

116. (d) $a+b+c=12$

$ab+bc+ca=47$

तो $\quad (a+b+c)^2=144$

$\Rightarrow a^2+b^2+c^2+2(ab+bc+ac)=144$

$\Rightarrow \quad a^2+b^2+c^2+2\times 47=144$

$\Rightarrow \quad a^2+b^2+c^2=144-94=50 \quad \ldots(i)$

हम जानते हैं कि

$a^3+b^3+c^3-3abc=(a+b+c)(a^2+b^2+c^2-ab-bc-ca)$

$=12(50-47)=12\times 3=36 \quad$ [समी (i) से]

117. (c) $\because \; x+\frac{1}{x}=3\sqrt{2}$

$\Rightarrow \quad x^2+\frac{1}{x^2}=\left(x+\frac{1}{x}\right)^2-2$

$=(3\sqrt{2})^2-2=18-2=16$

$x^4+\frac{1}{x^4}=\left(x^2+\frac{1}{x^2}\right)^2-2$

$=(16)^2-2=256-2=254$

$\because \quad \left(x-\frac{1}{x}\right)^2=x^2+\frac{1}{x^2}-2$

$\Rightarrow \quad \left(x-\frac{1}{x}\right)^2=16-2=14$

$\Rightarrow \quad \left(x-\frac{1}{x}\right)=\sqrt{14}=\sqrt{2}\times\sqrt{7}$

अब, $\left(x^8-\frac{1}{x^8}\right)=\left(x^4+\frac{1}{x^4}\right)\left(x^2+\frac{1}{x^2}\right)\left(x+\frac{1}{x}\right)\left(x-\frac{1}{x}\right)$

$=254\times 16\times 3\sqrt{2}\times\sqrt{2}\times\sqrt{7}$

$=24384\sqrt{7}$

118. (d) $a+b+c=7$

$ab+bc+ca=11$ तथा $abc=-1$

$a^3+b^3+c^3-3abc=(a+b+c)[(a+b+c)^2-3(ab+bc+ca)]$

$a^3+b^3+c^3=3abc+(a+b+c)[(a+b+c)^2-3(ab+bc+ca)]$

$=-3+7[(7)^2-3\times 11]$

$=-3+7[49-33]=-3+7\times 16$

$=112-3=109$

119. (c) $x-\frac{1}{x}=2\sqrt{2}$

दोनों पक्षों का वर्ग करने पर,

$\left(x-\frac{1}{x}\right)^2=(2\sqrt{2})^2$

$\Rightarrow \quad x^2+\frac{1}{x^2}-2=8 \Rightarrow x^2+\frac{1}{x^2}=10$

$\left(x+\frac{1}{x}\right)^2=x^2+\frac{1}{x^2}+2=10+2=12$

$\Rightarrow \quad x+\frac{1}{x}=\sqrt{12}=2\sqrt{3}$

$x^2-\frac{1}{x^2}=\left(x+\frac{1}{x}\right)\left(x-\frac{1}{x}\right)$

$=(2\sqrt{3})(2\sqrt{2})=4\sqrt{6}$

अब, $\left(x^2-\frac{1}{x^2}\right)^3=x^6-\frac{1}{x^6}-3\left(x^2-\frac{1}{x^2}\right)\left(x^2\times\frac{1}{x^2}\right)$

$\Rightarrow \quad x^6-\frac{1}{x^6}=(4\sqrt{6})^3+3\times 4\sqrt{6}$

$\therefore \quad x^6-\frac{1}{x^6}=384\sqrt{6}+12\sqrt{6}=396\sqrt{6}$

120. (b) दिया है, $x+y+z=4$

तथा $\quad x^2+y^2+z^2=12$

$(x+y+z)^2=(x^2+y^2+z^2)+2(xy+yz+zx)$

$\Rightarrow (4)^2=12+2(xy+yz+zx)$

$\Rightarrow \quad 2(xy+yz+zx)=16-12=4$

$\therefore \quad xy+yz+zx=\frac{4}{2}=2$

121. (c) $x^4+\frac{1}{x^4}=142$

$\Rightarrow \quad (x^2)^2+\left(\frac{1}{x^2}\right)^2=142$

$\Rightarrow \quad \left(x^2+\frac{1}{x^2}\right)^2-2=142$

$\therefore \quad x^2 + \frac{1}{x^2} = \sqrt{144} = 12$

अब, $\left(x + \frac{1}{x}\right)^2 = 12 + 2 = 14$

$\therefore \quad x + \frac{1}{x} = \sqrt{14}$

$\left(x + \frac{1}{x}\right)^3 = x^3 + \frac{1}{x^3} + 3\left(x + \frac{1}{x}\right)$

$\Rightarrow \quad (\sqrt{14})^3 = x^3 + \frac{1}{x^3} + 3\sqrt{14}$

$\Rightarrow \quad x^3 + \frac{1}{x^3} = 14\sqrt{14} - 3\sqrt{14}$

$\therefore \quad x^3 + \frac{1}{x^3} = 11\sqrt{14}$

अब, $x^7 + \frac{1}{x^7} = \left(x^4 + \frac{1}{x^4}\right)\left(x^3 + \frac{1}{x^3}\right) - \left(x + \frac{1}{x}\right)$

$= 142 \times 11\sqrt{14} - \sqrt{14}$

$= 1562\sqrt{14} - \sqrt{14} = 1561\sqrt{14}$

122. (c) $a^3 + b^3 + c^3 - 3abc = 405$ ...(i)

$a + b + c = 15$ ...(ii)

$\because \quad a^3 + b^3 + c^3 - 3abc$

$= \frac{1}{2}[a + b + c][(a - b)^2 + (b - c)^2 + (c - a)^2]$

समी (i) तथा (ii) से,

$405 = \frac{1}{2} \times 15[(a - b)^2 + (b - c)^2 + (c - a)^2]$

$\therefore \quad (a - b)^2 + (b - c)^2 + (c - a)^2$

$= \frac{405 \times 2}{15} = 27 \times 2 = 54$

123. (d) दिया है, $x + \frac{1}{x} = 2$

$\Rightarrow \quad x^2 + 1 = 2x$

$\Rightarrow \quad x^2 + 1 - 2x = 0$

$\Rightarrow \quad (x - 1)^2 = 0$

$\Rightarrow \quad x = 1$

$\therefore x^7 + \frac{1}{x^{117}} = (1)^7 + \frac{1}{(1)^{117}} = 1 + 1 = 2$

स्पीडी विधि

यदि $x + \frac{1}{x} = 2$, तो $x = 1$

$\therefore \quad x^7 + \frac{1}{x^{117}} = (1)^7 + \frac{1}{1^{117}} = 1 + \frac{1}{1} = 2$

124. (d) व्यंजक समी, $x^2 - 7x + 1 = 0$

और $0 < x < 1$

$\Rightarrow \quad \frac{x^2 - 7x + 1}{x} = 0$

$\Rightarrow \quad x - 7 + \frac{1}{x} = 0$

$\Rightarrow \quad \left(x + \frac{1}{x}\right) = 7$ ...(i)

दोनों पक्षों का वर्ग करने पर,

$x^2 + \frac{1}{x^2} + 2 = 49$

$\Rightarrow \quad x^2 + \frac{1}{x^2} = 49 - 2 = 47$

$\Rightarrow \quad x^2 + \frac{1}{x^2} - 2 = 47 - 2$

$\Rightarrow \quad x^2 + \frac{1}{x^2} - 2x \times \frac{1}{x} = 45 \Rightarrow \left(x - \frac{1}{x}\right)^2 = 45$

$\Rightarrow \quad x - \frac{1}{x} = \pm 3\sqrt{5}$

$\therefore \quad x - \frac{1}{x} = -3\sqrt{5}$ ...(ii)

अब, $\left(x^2 - \frac{1}{x^2}\right)$ का मान $= \left(x - \frac{1}{x}\right)\left(x + \frac{1}{x}\right)$

[समी (i) व (ii) से]

$= (-3\sqrt{5})(7) = -21\sqrt{5}$

125. (d) हम जानते हैं,

$(a + b + c)^2 = a^2 + b^2 + c^2 + 2(ab + bc + ca)$

$\Rightarrow 2(ab + bc + ca) = (12)^2 - 50$

$= 144 - 50 = 94$

$\Rightarrow \quad ab + bc + ca = \frac{94}{2} = 47$

$\because \quad a^3 + b^3 + c^3 - 3abc = (a + b + c)$

$(a^2 + b^2 + c^2 - ab - bc - ca)$

$= 12(50 - (ab + bc + ca)) = 12(50 - 47)$

$= 12 \times 3 = 36$

126. (d) दिया है, $\left(3y - \frac{3}{y}\right) = 5$

$\Rightarrow \quad y - \frac{1}{y} = \frac{5}{3}$

दोनों पक्षों का वर्ग करने पर,

$y^2 + \frac{1}{y^2} - 2y \times \frac{1}{y} = \left(\frac{5}{3}\right)^2$

$\Rightarrow \quad \left(\frac{5}{3}\right)^2 = y^2 + \frac{1}{y^2} - 2$

$\Rightarrow \quad y^2 + \frac{1}{y^2} = \frac{25}{9} + 2 = \frac{43}{9}$

127. (c) सरल व्यंजक

$= \left(\frac{3a + b}{2}\right) - \left(\frac{a - 3b}{3}\right) + 2b$

$= \frac{3(3a + b) - 2(a - 3b) + 6(2b)}{6}$

$= \frac{9a + 3b - 2a + 6b + 12b}{6}$

$= \frac{7a + 21b}{6} = \frac{7(a + 3b)}{6}$

128. (d) दिया है, $\left(x + \frac{1}{x}\right) - 2\sqrt{2}$ ...(i)

दोनों पक्षों का वर्ग करने पर,

$\left(x^2 + \frac{1}{x^2} + 2\right) = 8$

$\Rightarrow \quad x^2 + \frac{1}{x^2} = 6$ ...(ii)

$\Rightarrow \quad x^2 + \frac{1}{x^2} - 2x\frac{1}{x} = 6 - 2$

$\Rightarrow \quad \left(x - \frac{1}{x}\right)^2 = 4 \Rightarrow x - \frac{1}{x} = 2$ ...(iii)

अब, $\left(x^6 - \frac{1}{x^6}\right) = (x^3)^2 - \left(\frac{1}{x^3}\right)^2$

$= \left(x^3 - \frac{1}{x^3}\right)\left(x^3 + \frac{1}{x^3}\right)$

$= \left[\left(x - \frac{1}{x}\right)\left(x^2 + \frac{1}{x^2} + 1\right)\left(x + \frac{1}{x}\right)\left(x^2 + \frac{1}{x^2} - 1\right)\right]$

$= \{2(6 + 1) \times 2\sqrt{2}(6 - 1)\}$ {समी (i), (ii) व (iii) से}

$= [2 \times 7 \times 2\sqrt{2} \times 5] = 140\sqrt{2}$

129. (d) $p = \frac{\sqrt{2} + 1}{\sqrt{2} - 1}$ तथा $q = \frac{\sqrt{2} - 1}{\sqrt{2} + 1}$

अब, $p = \frac{(\sqrt{2} + 1)(\sqrt{2} + 1)}{(\sqrt{2} - 1)(\sqrt{2} + 1)}$

$= \frac{2 + 1 + 2\sqrt{2}}{2 - 1}$

$= 3 + 2\sqrt{2}$

तथा $q = \frac{(\sqrt{2} - 1)(\sqrt{2} - 1)}{(\sqrt{2} + 1)(\sqrt{2} - 1)}$

$= \frac{2 + 1 - 2\sqrt{2}}{2 - 1} = 3 - 2\sqrt{2}$

$\frac{p^2}{q} + \frac{q^2}{p} = \frac{(3 + 2\sqrt{2})^2}{3 - 2\sqrt{2}} + \frac{(3 - 2\sqrt{2})^2}{3 + 2\sqrt{2}}$

$= \frac{(3 + 2\sqrt{2})^3 + (3 - 2\sqrt{2})^3}{3^2 - (2\sqrt{2})^2}$

$= [3^3 + (2\sqrt{2})^3 + 3 \times 3 \times 2\sqrt{2}(3 + 2\sqrt{2})] + [3^3 - (2\sqrt{2})^3 - 3 \times 3 \times 2\sqrt{2}(3 - 2\sqrt{2})]$

$= 27 + 16\sqrt{2} + 54\sqrt{2} + 72 + 27 - 16\sqrt{2} - 54\sqrt{2} + 72$

$= 27 + 27 + 72 + 72 = 198$

130. (d) $a^2 + b^2 + c^2 = ab + bc + ca$

$\Rightarrow \quad a^2 + b^2 + c^2 - ab - bc - ca = 0$

$\frac{1}{2}[a^2 + b^2 - 2ab + b^2 + c^2 - 2bc + c^2 + a^2 - 2ca] = 0$

$(a - b)^2 + (b - c)^2 + (c - a)^2 = 0$

$\therefore \quad (a - b)^2 = 0 \Rightarrow a = b$

$(b - c)^2 = 0 \Rightarrow b = c$

$(b - c)^2 = 0 \Rightarrow c = a$

$\therefore \quad a = b = c$

$\therefore \quad \frac{11a^4 + 13b^4 + 17c^4}{17a^2b^2 + 9b^2c^2 + 15c^2a^2}$

$= \frac{11a^4 + 13a^4 + 17a^4}{17a^4 + 9a^4 + 15a^4} = \frac{41a^4}{41a^4} = 1$

131. (d) दिया है, $x + \frac{1}{x} = 5$

दोनों ओर का वर्ग करने पर,

$x^2 + \frac{1}{x^2} + 2 = 25$

$\Rightarrow \quad x^2 + \frac{1}{x^2} = 23$

पुनः दोनों ओर वर्ग करने पर,

$x^4 + \frac{1}{x^4} + 2 = 529$

$\Rightarrow \quad x^4 + \frac{1}{x^4} = 527$

$\Rightarrow \quad x^4 + \frac{1}{x^4} - 2 = 525$

$\Rightarrow \quad \left(x^2 - \frac{1}{x^2}\right)^2 = 525$

$\Rightarrow \quad x^2 - \frac{1}{x^2} = 5\sqrt{21}$

अब, $x^8 - \frac{1}{x^8} = \left(x^4 + \frac{1}{x^4}\right)\left(x^2 + \frac{1}{x^2}\right)\left(x^2 - \frac{1}{x^2}\right)$

$= 527 \times 23 \times 5\sqrt{21}$

$= 60605\sqrt{21}$

स्पीडी विधि

यदि $x + \frac{1}{x} = N$, तो $x^2 + \frac{1}{x^2} = N^2 - 2$

यदि $x + \frac{1}{x} = N$, तो $x - \frac{1}{x} = \sqrt{N^2 - 4}$

$\therefore \quad x^8 - \frac{1}{x^8} = \left(x^4 + \frac{1}{x^4}\right)\left(x^2 + \frac{1}{x^2}\right)$

$\left(x + \frac{1}{x}\right)\left(x - \frac{1}{x}\right) = [(23)^2 - 2] \times 23 \times 5 \times \sqrt{21}$

$= 527 \times 23 \times 5\sqrt{21} = 60605\sqrt{21}$

132. (a) दिया है, $x - \frac{1}{x} = -6$

दोनों पक्षों का वर्ग करने पर,

$x^2 + \frac{1}{x^2} - 2 = 36$

$\Rightarrow \quad x^2 + \frac{1}{x^2} = 38 \quad \ldots(i)$

अब, $\quad x^3 - \frac{1}{x^3} = \left(x - \frac{1}{x}\right)\left(x^2 + \frac{1}{x^2} + 1\right)$

$= -6(38 + 1) = -6 \times 39 = -234 \quad \ldots(ii)$

अब, $\left(x^2 + \frac{1}{x^2}\right)\left(x^3 - \frac{1}{x^3}\right) = 38 \times (-234)$

$\Rightarrow \quad x^5 + x - \frac{1}{x} - \frac{1}{x^5} = -8892$

$\Rightarrow \quad x^5 - \frac{1}{x^5} - 6 = -8892$

$\therefore \quad x^5 - \frac{1}{x^5} = -8886$

133. (b) $\because \quad (a + b + c)^2 = a^2 + b^2 + c^2 + 2(ab + bc + ca)$

$\Rightarrow \quad (19)^2 = 155 + 2(ab + bc + ca)$

$\Rightarrow \quad 361 - 155 = 2(ab + bc + ca)$

$\Rightarrow \quad ab + bc + ca = \frac{206}{2} = 103$

अब, $(a - b)^2 + (b - c)^2 + (c - a)^2$

$= a^2 + b^2 - 2ab + b^2 + c^2 - 2bc + c^2 + a^2 - 2ca$

$= 2(a^2 + b^2 + c^2) - 2(ab + bc + ca)$

$= 2 \times 155 - 2 \times 103 = 310 - 206 = 104$

134. (b) दिया है, $\frac{x - 5y}{x + 5y} = \frac{7}{13}$

$\rightarrow \quad 13x - 65y = 7x + 35y \Rightarrow 6x = 100y$

$\frac{x}{y} = \frac{100}{6} = \frac{50}{3}$

135. (c) $27x^3 - 58x^2y + 31xy^2 - 8y^3$

$= (3x)^3 - 3(3x)^2(2y) + 3(3x)(2y)^2 - (2y)^3 - 4x^2y - 5xy^2$

$= (3x - 2y)^3 - 4x^2y - 5xy^2$

$= (3x - 2y)^3 - xy(4x + 5y)$

अब $x = -5$, $y = -7$ रखने पर,

$[3(-5) - 2(-7)]^3 - (-5)((-7)$

$[4 \times (-5) + 5(-7)]$

$= [-15 + 14]^3 - 35[-20 - 35]$

$= (-1)^3 - 35(-55) = -1 + 1925 = 1924$

136. (d) . $x + \frac{1}{x} = -6 \quad \ldots(i)$

समी (i) के दोनों पक्षों का वर्ग करने पर,

$\left(x + \frac{1}{x}\right)^2 = (-6)^2$

$\Rightarrow \quad x^2 + \frac{1}{x^2} = 36 - 2 = 34 \quad \ldots(ii)$

इसी प्रकार समी (i) के दोनों पक्षों का घन करने पर,

$x^3 + \frac{1}{x^3} = (-6)^3 - 3 \times (-6)$

$= -216 + 18 = -198 \quad \ldots(iii)$

$x^5 + \frac{1}{x^5} = \left(x^2 + \frac{1}{x^2}\right)\left(x^3 + \frac{1}{x^3}\right) - \left(x + \frac{1}{x}\right)$

{समी (ii) तथा (iii) से}

$= 34 \times (-198) + 6 = -6732 + 6 = -6726$

137. (d) व्यंजक $= (a + b + c)^2 - a^2 - b^2 - c^2$

$= a^2 + b^2 + c^2 + 2(ab + bc + ca) - a^2 - b^2 - c^2$

$= 2(ab + bc + ca)$

138. (a) दिया है, $\left(x - \frac{1}{x}\right) = \sqrt{6} \quad \ldots(i)$

दोनों पक्षों का वर्ग करने पर,

$x^2 + \frac{1}{x^2} - 2 = 6$

$\Rightarrow \quad x^2 + \frac{1}{x^2} = 8 \quad \ldots(ii)$

$\Rightarrow \quad \left(x + \frac{1}{x}\right)^2 = 10 \Rightarrow \left(x + \frac{1}{x}\right) = \sqrt{10}$

तथा $\quad x^4 + \frac{1}{x^4} + 2 = 64 \quad$ (समी (ii) से)

$\Rightarrow \quad x^4 + \frac{1}{x^4} = 62$

अब, $\quad x^8 - \frac{1}{x^8} = \left(x^4 - \frac{1}{x^4}\right)\left(x^4 + \frac{1}{x^4}\right)$

$= \left(x - \frac{1}{x}\right)\left(x + \frac{1}{x}\right)\left(x^2 + \frac{1}{x^2}\right)\left(x^4 + \frac{1}{x^4}\right)$

$= (\sqrt{6})(\sqrt{10})(8)(62) = 992\sqrt{15}$

139. (c) $\frac{x^4 - 2x^2 + 1}{x^2 - 2x + 1} = \frac{(x^2 - 1)^2}{(x - 1)^2}$

$= \frac{(x^2 - 1)(x^2 - 1)}{(x - 1)(x - 1)}$

$= \frac{(x + 1)(x - 1)(x + 1)(x - 1)}{(x - 1)(x - 1)}$

$= (x + 1)^2 = x^2 + 2x + 1$

140. (d) $\left(x^2 + \frac{1}{x^2}\right) = 7$

$\Rightarrow \quad x^2 + \frac{1}{x^2} - 2 = 7 - 2$

$\Rightarrow \quad \left(x - \frac{1}{x}\right)^2 = 5$

$\left(x - \frac{1}{x}\right) = -\sqrt{5} \quad (0 < x < 1)$

पुनः $\quad x^2 + \frac{1}{x^2} + 2 = 7 + 2$

$\Rightarrow \quad \left(x + \frac{1}{x}\right)^2 = 9 \Rightarrow x + \frac{1}{x} = 3$

तो $\quad x^2 - \frac{1}{x^2} = \left(x + \frac{1}{x}\right)\left(x - \frac{1}{x}\right) = -3\sqrt{5}$

141. (d) व्यंजक $= (3x + 5)^2 + (3x - 5)^2$

$= 9x^2 + 25 + 30x + 9x^2 + 25 - 30x$

$= 18x^2 + 50$

$= 2(9x^2 + 25)$

142. (b) व्यंजक

$= y + 2x - [(y - (y - x + y) - (x + y) + y] - 2y$

$= y + 2x - [(y - 2y + x - x - y + y)] - 2y$

$= y + 2x + y - 2y = 2y + 2x - 2y = 2x$

143. (b) दिया है, $x^4 + \frac{1}{x^4} = 254$

$\Rightarrow \quad x^4 + \frac{1}{x^4} + 2 = 254 + 2$

$\Rightarrow \quad \left(x^2 + \frac{1}{x^2}\right)^2 = 256$

दोनों पक्षों का वर्गमूल लेने पर,

$x^2 + \frac{1}{x^2} = 16$

$\Rightarrow \quad x^2 + \frac{1}{x^2} + 2 = 16 + 2 \Rightarrow \left(x + \frac{1}{x}\right)^2 = 18$

पुनः दोनों पक्षों का वर्गमूल लेने पर,

$x + \frac{1}{x} = 3\sqrt{2}$

$\therefore \quad x^3 + \frac{1}{x^3} = \left(x + \frac{1}{x}\right)\left(x^2 + \frac{1}{x^2} - 1\right)$

$= 3\sqrt{2}\,(16 - 1) = 3\sqrt{2} \times 15$

$\Rightarrow \quad x^3 + \frac{1}{x^3} = 45\sqrt{2}$

अब $\left(x^3 + \frac{1}{x^3}\right)\left(x^2 + \frac{1}{x^2}\right) = 45\sqrt{2} \times 16$

$\Rightarrow \quad x^5 + \frac{1}{x} + x + \frac{1}{x^5} = 720\sqrt{2}$

$\Rightarrow \quad x^5 + \frac{1}{x^5} + 3\sqrt{2} = 720\sqrt{2}$

$\therefore \quad x^5 + \frac{1}{x^5} = 717\sqrt{2}$

144. (d) दी गई समीकरण $x + \frac{1}{x} = 7$

दोनों पक्षों का वर्ग करने पर,

$\left(x + \frac{1}{x}\right)^2 = x^2 + \frac{1}{x^2} + 2 \times x \times \frac{1}{x}$

$\Rightarrow \quad 7^2 = x^2 + \frac{1}{x^2} + 2$

$\Rightarrow \quad x^2 + \frac{1}{x^2} = 49 - 2 = 47$

दोनों पक्षों का घन करने पर,

$\left(x^2 + \frac{1}{x^2}\right)^3 = x^6 + \frac{1}{x^6} + 3\left(x^2 + \frac{1}{x^2}\right)$

$\Rightarrow \quad (47)^3 = x^6 + \frac{1}{x^6} + 3 \times 47$

$\therefore \quad x^6 + \frac{1}{x^6} = 103823 - 141 = 103682$

145. (d) दिया है, $64x^3 + 38x^2y + 20xy^2 + y^3$

$= (4x)^3 + 3 \cdot (4x)^2 \cdot y + 3 \cdot (4x)(y)^2 + (y)^3 - 10x^2y + 8xy^2$

$= (4x + y)^3 - 10x^2y + 8xy^2$

$= (4x + y)^3 - xy(10x - 8y)$

अब $x = 3$, $y = -4$ रखने पर

$(4 \times 3 - 4)^3 - 3 \times (-4)[10 \times 3 - 8 \times (-4)]$

$= 8^3 + 12[30 + 32] = 512 + 12 \times 62$

$= 512 + 744 = 1256$

146. (c) हम जानते हैं, जब $(a + b + c) = 0$ हो, तो

$a^3 + b^3 + c^3 - 3abc = 0$

$\Rightarrow \quad a^3 + b^3 + c^3 = 3abc$

147. (a) व्यंजक समीकरण,

$$7b - \frac{1}{4b} = 7$$

$\Rightarrow \frac{4}{7}\left(7b - \frac{1}{4b}\right) = 7 \times \frac{4}{7}$

$\Rightarrow \left(4b - \frac{1}{7b}\right) = 4$

दोनों ओर वर्ग करने पर,

$$16b^2 + \frac{1}{49b^2} - 2(4b)\left(\frac{1}{7b}\right) = 16$$

$\Rightarrow 16b^2 + \frac{1}{49b^2} = 16 + 2(4b)\left(\frac{1}{7b}\right)$

$\Rightarrow 16b^2 + \frac{1}{49b^2} = 16 + \frac{8}{7}$

$\Rightarrow 16b^2 + \frac{1}{49b^2} = \left(\frac{112+8}{7}\right) = \frac{120}{7}$

148. (d) बीजीय व्यंजक

$= 3x^3 + 5x^2y + 12xy^2 + 7y^3$

जब, $x = -4$ तथा $y = -1$,

$= 3(-4)^3 + 5(-4)^2(-1) + 12(-4)(-1)^2 + 7(-1)^3$

$= -192 - 80 - 48 - 7 = -327$

149. (d) दिया है, $a = -12$, $b = -6$ तथा $c = 18$

$\therefore \frac{2abc}{9} = \frac{2(-12)(-6)(18)}{9} = 288$

150. (a) $\because a^3 + b^3 + c^3 - 3abc = (a+b+c)(a^2 + b^2 + c^2 - ab - bc - ca)$

$\Rightarrow 85 - 3(25) = 5(a^2 + b^2 + c^2 - ab - bc - ca)$

$\Rightarrow a^2 + b^2 + c^2 - ab - bc - ca = \frac{85 - 75}{5}$

$\therefore a^2 + b^2 + c^2 - ab - bc - ca = \frac{10}{5} = 2$

151. (c) $x = 2 - 2^{\frac{1}{3}} + 2^{\frac{2}{3}}$

$\Rightarrow x - 2 = 2^{\frac{2}{3}} - 2^{\frac{1}{3}}$

दोनों पक्षों का घन करने पर,

$$x^3 - 3x^2(2) + 3x(4) - 8 = 2^2 - 2 - 3\cdot 2^{\frac{2}{3}}\cdot 2^{\frac{1}{3}}(2^{\frac{2}{3}} - 2^{\frac{1}{3}})$$

$\Rightarrow x^3 - 6x^2 + 12x - 8 = 4 - 2 - 6(x - 2)$

$\Rightarrow x^3 - 6x^2 + 12x - 8 = 2 - 6x + 12$

$\Rightarrow x^3 - 6x^2 + 12x + 6x = 2 + 12 + 8$

$\Rightarrow x^3 - 6x^2 + 18x = 22$

152. (b) दिया है, $\frac{a}{b} + \frac{b}{a} = -1$

$\Rightarrow a^2 + b^2 = -ab$ ...(i)

तथा $a - b = 2$ ...(ii)

$\therefore a^3 - b^3 = (a - b) \times (a^2 + b^2 + ab)$

$\Rightarrow a^3 - b^3 = 2 \times (-ab + ab)$ [$\because$ समी (i) व (ii) से]

$\therefore a^3 - b^3 = 2 \times 0 = 0$

153. (b) दिया है, $\frac{r}{13} + \frac{13}{r} = 1$

$\Rightarrow r^2 + (13)^2 = 13r$ ...(i)

$\therefore r^3 + (13)^3 = (r + 13) \times [r^2 + (13)^2 - 13r]$

$\Rightarrow r^3 + (13)^3 = (r + 13) \times (13r - 13r)$ [समी (i) से]

$\Rightarrow r^3 + (13)^3 = 0$

$\therefore r^3 = -(13)^3 = -2197$

154. (d) **कथन I**

$100^2 - 99^2 + 98^2 - 97^2 + 96^2 - 95^2 + \ldots + 22^2 - 21^2$

$\Rightarrow (100 - 99)(100 + 99) + (98 - 97)(98 + 97) + (96 - 95)(96 + 95) \ldots + (22 - 21)(22 + 21)$

$\Rightarrow 199 + 195 + 191 + \ldots + 43$

चूँकि दी गई शृंखला का अन्तर,

$d = 199 - 195 = 195 - 191 = 4$

$\therefore$ दी गई शृंखला एक समान्तर श्रेढ़ी है, जिसका पहला पद $a = 43$

माना कुल पद n हैं।

$\therefore l_n = a + (n-1) \times d$

$\Rightarrow 199 = 43 + (n-1) \times 4$

$\Rightarrow 156 = (n-1)4$

$\Rightarrow n = 39 + 1 = 40$

$\therefore$ दी गई श्रेणी का योग

$S_{40} = \frac{n}{2} \times (a + l)$ (जहाँ, l = अन्तिम पद)

$= \frac{40}{2} \times (43 + 199) = 20 \times 242$

$\therefore S_{40} = 4840$

कथन II $\left(k^2 + \frac{1}{k^2}\right)\left(k - \frac{1}{k}\right)\left(k^4 + \frac{1}{k^4}\right)\left(k + \frac{1}{k}\right)\left(k^4 - \frac{1}{k^4}\right)$

$= \left(k^2 + \frac{1}{k^2}\right)\left(k^2 - \frac{1}{k^2}\right)\left(k^4 + \frac{1}{k^4}\right)\left(k^4 - \frac{1}{k^4}\right)$

$\Rightarrow \left(k^4 - \frac{1}{k^4}\right)\left(k^8 - \frac{1}{k^8}\right) \neq \left(k^{16} - \frac{1}{k^{16}}\right)$

अतः केवल कथन I सही है।

155. (b) I: $x = 12$, $y = -2$, $z = -10$

$\because x + y + z = 12 - 2 - 10 = 0$

$\therefore x^3 + y^3 + z^3 = 3xyz$

$\Rightarrow x^3 + y^3 + z^3 = 3(12)(-2)(-10) = 720$

$\therefore$ कथन I सही है।

II: $x + y = 48$ तथा $4xy = 128$

$\therefore (x + y)^2 = (48)^2$

$\Rightarrow x^2 + y^2 + 2xy = 2304$

$\Rightarrow x^2 + y^2 = 2304 - 2xy$

$\Rightarrow 2x^2 + 2y^2 = 4608 - 4xy$

[2 से दोनों पक्षों में गुणा करने पर]

$\Rightarrow 2x^2 + 2y^2 = 4608 - 128$

$\Rightarrow 2x^2 + 2y^2 = 4480$

$\Rightarrow 4x^2 + 4y^2 = 8960$

$\therefore$ कथन II सही है।

अतः कथन I और II दोनों सही हैं।

156. (d) दिया है, $2p + q = 19$ ...(i)

तथा $8p^3 + q^3 = 361$ ...(ii)

समी (i) के दोनों पक्षों का घन करने पर,

$8p^3 + q^3 + 3(2p)(q)(2p + q) = (19)^3$

$\Rightarrow 8p^3 + q^3 + 6pq(2p + q) = 6859$

$\Rightarrow 361 + 6pq(19) = 6859$

$\Rightarrow 114pq = 6859 - 361$

$\Rightarrow pq = \frac{6498}{114} \Rightarrow pq = 57$

157. (b) $K + \frac{1}{K} + 2 = 0$

$\Rightarrow K^2 + 1 + 2K = 0$

$\Rightarrow (K + 1)^2 = 0 \Rightarrow K + 1 = 0$

$\Rightarrow K = -1$

$\therefore K^{11} + \frac{1}{K^4} = (-1)^{11} + \frac{1}{(-1)^4} = -1 + \frac{1}{1}$

$= -1 + 1 = 0$

158. (d) $x + \frac{1}{x} = 6$

$\Rightarrow x^2 + 1 = 6x$ ...(i)

$\therefore \frac{3x}{2x^2 - 5x + 2} = \frac{3x}{2(x^2 + 1) - 5x}$

$= \frac{3x}{2(6x) - 5x}$ [समी (i) से]

$= \frac{3x}{12x - 5x} = \frac{3x}{7x} = \frac{3}{7}$

159. (c) दिया गया समीकरण,

$6x^2 + 13x + 7 = 0 \Rightarrow (6x + 7)(x + 1) = 0$

$\therefore x = -1, -\frac{7}{6}$

माना $\alpha = -1, \beta = -\frac{7}{6}$

$\therefore \alpha^2 = 1, \beta^2 = \frac{49}{36}$

तब, α^2 और β^2 मूल का समीकरण

$x^2 - (\alpha^2 + \beta^2)x + \alpha^2\beta^2 = 0$

$\Rightarrow x^2 - \left(1 + \frac{49}{36}\right)x + \frac{49}{36} = 0$

$\Rightarrow x^2 - \frac{85}{36}x + \frac{49}{36} = 0$

$\Rightarrow 36x^2 - 85x + 49 = 0$

160. (a) $\because (x + y + z)^2$

$= x^2 + y^2 + z^2 + 2(xy + yz + zx)$

$\Rightarrow 40 + 2(xy + yz + zx) = 0$

$\Rightarrow 2(xy + yz + zx) = -40$

$\therefore xy + yz + zx = -20$

161. (a) दिया है, $x^4 + \frac{16}{x^4} = 15617$

$\Rightarrow (x^2)^2 + \left(\frac{4}{x^2}\right)^2 + 8 - 8 = 15617$

$\Rightarrow \left(x^2 + \frac{4}{x^2}\right)^2 = 15617 + 8$

$\Rightarrow x^2 + \frac{4}{x^2} = \sqrt{15625} \Rightarrow x^2 + \frac{4}{x^2} = 125$

अब, $\left(x + \frac{2}{x}\right)^2 - 4 = 125$

$\Rightarrow \left(x + \frac{2}{x}\right)^2 = 129$

$\therefore \left(x + \frac{2}{x}\right) = \sqrt{129}$

162. (a) $p = 8.15, q = 9.06, r = -17.21$

तथा $p + q + r = 8.15 + 9.06 - 17.21$

$= 17.21 - 17.21 = 0$

$\therefore p^3 + q^3 + r^3 - 3pqr = 0$

163. (c) दिया है, $\frac{x}{8}+\frac{8}{x}=1$

$\Rightarrow \quad \frac{x^2+64}{8x}=1$

$\Rightarrow \quad x^2+64=8x$

$\Rightarrow \quad x^2+8^2=8x$

$\Rightarrow \quad x^3+8^3=(x+8)(x^2+8^2-8x)$

$\Rightarrow \quad x^3+8^3=(x+8)(8x-8x)$

$\Rightarrow \quad x^3+8^3=0 \Rightarrow \quad x^3=-8^3$

$\therefore \quad x^3=-512$

164. (c) हम जानते हैं कि

$x^2+y^2+z^2+2xy+2yz+2xz=(x+y+z)^2$

$\therefore a^2+b^2+c^2-2ab-2bc+2ca$

$=a^2+(-b)^2+c^2+2a(-b)+2(-b)c+2ca$

$=(a-b+c)^2$

165. (a) दिया है, $5x-\frac{5}{x}+6=0$

$\Rightarrow \quad 5x-\frac{5}{x}=-6$

$\Rightarrow \quad x-\frac{1}{x}=-\frac{6}{5}$

दोनों पक्षों का वर्ग करने पर,

$x^2+\frac{1}{x^2}-2=\frac{36}{25}$

$\Rightarrow \quad x^2+\frac{1}{x^2}=\frac{36}{25}+2$

$\Rightarrow \quad x^2+\frac{1}{x^2}=\frac{36+50}{25}$

$\Rightarrow \quad x^2+\frac{1}{x^2}=\frac{86}{25}$

166. (b) $\because \quad \frac{a^3-b^3}{a^2-b^2}-\frac{3ab}{a+b}$

$=\frac{(a-b)(a^2+b^2+ab)}{(a-b)(a+b)}-\frac{3ab}{a+b}$

$=\frac{a^2+b^2+ab}{a+b}-\frac{3ab}{a+b}=\frac{a^2+b^2+ab-3ab}{a+b}$

$=\frac{a^2+b^2-2ab}{a+b}=\frac{(a-b)^2}{a+b}$

$=\frac{(26-22)^2}{26+22}$ [a, b के मान रखने पर]

$=\frac{16}{48}=\frac{1}{3}$

167. (a) दिया है, $m+\frac{1}{m-2}=4$

$\Rightarrow \quad (m-2)+\frac{1}{(m-2)}=2$

दोनों पक्षों का वर्ग करने पर,

$(m-2)^2+\frac{1}{(m-2)^2}+2=4$

$\Rightarrow \quad (m-2)^2+\frac{1}{(m-2)^2}=2$

168. (c) $a^3+b^3+c^3=3abc$, तभी होता है, जब $a+b+c=0$ हो।

169. (b) $y+\frac{1}{y}=11$

दोनों पक्षों का वर्ग करने पर,

$y^2+\frac{1}{y^2}+2=121 \Rightarrow \quad y^2+\frac{1}{y^2}=119$

अब, $\left(y-\frac{1}{y}\right)^2=y^2+\frac{1}{y^2}-2$

$\Rightarrow \quad \left(y-\frac{1}{y}\right)^2=119-2$

$\Rightarrow \quad y-\frac{1}{y}=\sqrt{117} \Rightarrow \quad y-\frac{1}{y}=3\sqrt{13}$

अब, $y^3-\frac{1}{y^3}=\left(y-\frac{1}{y}\right)\left(y^2+\frac{1}{y^2}+1\right)$

$=3\sqrt{13}\,(119+1)=360\sqrt{13}$

170. (c) $\left(x-\frac{1}{x}\right)^2=12$

$\Rightarrow \quad x^2+\frac{1}{x^2}-2=12 \Rightarrow \quad x^2+\frac{1}{x^2}=14$

अब $\left(x+\frac{1}{x}\right)^2=x^2+\frac{1}{x^2}+2$

$\Rightarrow \quad \left(x+\frac{1}{x}\right)^2=14+2$

$\Rightarrow \quad \left(x+\frac{1}{x}\right)^2=16 \Rightarrow \quad x+\frac{1}{x}=4$

और $\left(x-\frac{1}{x}\right)=\sqrt{12}=2\sqrt{3}$

अब, $x^2-\frac{1}{x^2}=\left(x+\frac{1}{x}\right)\left(x-\frac{1}{x}\right)$

$=4\times 2\sqrt{3}=8\sqrt{3}$

171. (d) $k+\frac{1}{k}=4$

दोनों पक्षों का वर्ग करने पर,

$\left(k+\frac{1}{k}\right)^2=4^2$

$\Rightarrow k^2+\frac{1}{k^2}+2\times k\times\frac{1}{k}=16 \Rightarrow k^2+\frac{1}{k^2}=14$

पुनः वर्ग करने पर, $\left(k^2+\frac{1}{k^2}\right)^2=14^2$

$\Rightarrow \quad k^4+\frac{1}{k^4}+2k^2\times\frac{1}{k^2}=196$

$\Rightarrow \quad k^2+\frac{1}{k^4}=196-2=194$

172. (d) $x^2+\frac{1}{x^2}=66$

$x^2+\frac{1}{x^2}-2\times x\times\frac{1}{x}=66-2$

$\Rightarrow \quad \left(x-\frac{1}{x}\right)^2=64 \Rightarrow \quad x-\frac{1}{x}=8$

173. (d) $\because x+y+z=0$

$\Rightarrow \quad x^3+y^3+z^3=3xyz$

तब, $\frac{x^2}{yz}+\frac{y^2}{zx}+\frac{z^2}{xy} \Rightarrow \frac{x^2}{yz}\times\frac{x}{x}+\frac{y^2}{zx}\times\frac{y}{y}+\frac{z^2}{xy}\times\frac{z}{z}$

$\Rightarrow \quad \frac{x^3}{xyz}+\frac{y^3}{xyz}+\frac{z^3}{xyz}$

$\Rightarrow \quad \frac{x^3+y^3+z^3}{xyz}=\frac{3xyz}{xyz}=3$

174. (b) $\frac{(p-q)^3+(q-r)^3+(r-p)^3}{12\,(p-q)\,(q-r)\,(r-p)}$

$\left[\begin{array}{l}\because p+q+r=0\\ \therefore p^3+q^3+r^3=3pqr\end{array}\right]$

$\Rightarrow \quad \frac{3\,(p-q)\,(q-r)\,(r-p)}{12\,(p-q)\,(q-r)\,(r-p)}=\frac{1}{4}$

175. (a) $(a+b)^3-a^3+b^3$

$=a^3+b^3+3ab\,(a+b)-a^3+b^3$

$=3ab\,(a+b)+2b^3$

176. (a) $\because x+\frac{1}{x}=2\sqrt{5}$

दोनों पक्षों का वर्ग करने पर,

$x^2+\frac{1}{x^2}+2=20$

$\Rightarrow \quad x^2+\frac{1}{x^2}=18$ ...(i)

$\Rightarrow \quad x^2+\frac{1}{x^2}-2=16 \Rightarrow \left(x-\frac{1}{x}\right)^2=4^2$

$\Rightarrow \quad x-\frac{1}{x}=+4$ ...(ii) (– 4 असम्भव)

अतः $x^3-\frac{1}{x^3}=\left(x-\frac{1}{x}\right)\left(x^2+\frac{1}{x^2}+1\right)$

$\Rightarrow x^3-\frac{1}{x^3}=4\,(19)=76$ [समी (i) तथा (ii) से]

177. (d) $\because (a+b+c)^2=a^2+b^2+c^2+2(ab+bc+ac)$

$\Rightarrow (9)^2=a^2+b^2+c^2+2(23)$

$\Rightarrow a^2+b^2+c^2=81-46=35$

178. (b) $4\,(z+7)\,(2z-1)=Az^2+Bz+C$

$\Rightarrow 4\,(2z^2+14z-z-7)=Az^2+Bz+C$

$\Rightarrow \quad 4\,(2z^2+13z-7)=Az^2+Bz+C$

$\Rightarrow \quad 8z^2+52z-28=Az^2+Bz+C$

दोनों पक्षों की तुलना करने पर,

$A=8, B=52, C=-28$

$\therefore \quad A+B+C=8+52-28=32$

179. (a) दिया है, $abc=5$ ...(i)

$\therefore \frac{1}{1+a+b^{-1}}+\frac{1}{1+b+5c^{-1}}+\frac{1}{1+\frac{c}{5}+a^{-1}}$

$=\frac{1}{1+a+\frac{1}{b}}+\frac{1}{1+b+\frac{5}{c}}+\frac{1}{1+\frac{c}{5}+\frac{1}{a}}$

$=\frac{b}{b+ab+1}+\frac{1}{1+b+ab}+\frac{1}{1+\frac{1}{ab}+\frac{1}{a}}$

(समी (i) से)

$=\frac{b}{b+ab+1}+\frac{1}{1+b+ab}+\frac{ab}{ab+1+b}$

$=\frac{b+1+ab}{b+ab+1}=1$

180. (b) दिया है, $y=1+\sqrt{3}+\sqrt{4}$

$\Rightarrow \quad y=3+\sqrt{3}$

$\Rightarrow \quad y^2=9+3+6\sqrt{3}=12+6\sqrt{3}$

$=6\,(2+\sqrt{3})$

$\Rightarrow \quad y^3=y^2\times y=6\,(2+\sqrt{3})\,(3+\sqrt{3})$

$=6\,(6+3\sqrt{3}+2\sqrt{3}+3)=6\,(9+5\sqrt{3})$

$y^3=6\,(9+5\sqrt{3})$

$\Rightarrow \quad y^4=y^3\times y=6\,(9+5\sqrt{3})\,(3+\sqrt{3})$

$=6\,(27+15\sqrt{3}+9\sqrt{3}+15)$

$=6\,(42+24\sqrt{3})=36\,(7+4\sqrt{3})$

$\therefore \; 2y^4-8y^0-6y^0+28y-84$

$=2\times 36\,(7+4\sqrt{3})-8\times 6\,(9+5\sqrt{3})-6\times 6\,(2+\sqrt{3})+28\,(3+\sqrt{3})-84$

$= 504 + 288\sqrt{3} - 432 - 240\sqrt{3} - 72 - 36\sqrt{3} + 84 + 28\sqrt{3} - 84$

$= 40\sqrt{3}$

181. (a) दिया है, $x = \dfrac{\sqrt{5} - \sqrt{4}}{\sqrt{5} + \sqrt{4}}$

और $y = \dfrac{\sqrt{5} + \sqrt{4}}{\sqrt{5} - \sqrt{4}}$

$\therefore \quad x^2 = \dfrac{5 + 4 - 2\sqrt{20}}{5 + 4 + 2\sqrt{20}} = \dfrac{9 - 4\sqrt{5}}{9 + 4\sqrt{5}} \times \dfrac{9 - 4\sqrt{5}}{9 - 4\sqrt{5}}$

$= \dfrac{(9 - 4\sqrt{5})^2}{81 - 80} = \dfrac{81 + 80 - 72\sqrt{5}}{1}$

$= 161 - 72\sqrt{5}$

इसी प्रकार, $y^2 = 161 + 72\sqrt{5}$

$xy = \dfrac{\sqrt{5} - \sqrt{4}}{\sqrt{5} + \sqrt{4}} \times \dfrac{\sqrt{5} + \sqrt{4}}{\sqrt{5} - \sqrt{4}} = 1$

$\therefore \dfrac{x^2 - xy + y^2}{x^2 + xy + y^2} = \dfrac{161 - 72\sqrt{5} - 1 + 161 + 72\sqrt{5}}{161 - 72\sqrt{5} + 1 + 161 + 72\sqrt{5}}$

$= \dfrac{321}{323}$

182. (a) $\dfrac{2p}{p^2 - 5p + 1} = \dfrac{1}{10}$

$\Rightarrow \quad 20p = p^2 - 5p + 1$

$\Rightarrow \quad p^2 + 1 = 25p \Rightarrow p + \dfrac{1}{p} = 25$

183. (b) $9m^2 + n^2 = 40$ तथा $mn = 4$

$\therefore \quad 3m + n = \sqrt{(3m + n)^2}$

$= \sqrt{9m^2 + n^2 + 6mn} = \sqrt{40 + 6 \times 4}$

$= \sqrt{40 + 24} = \sqrt{64} = 8$

184. (b) $(a + b)^2 - (a - b)^2$

$= a^2 + b^2 + 2ab - (a^2 + b^2 - 2ab)$

$= a^2 + b^2 + 2ab - a^2 - b^2 + 2ab = 4ab$

185. (a) विकल्प (a) से,

$(x - 2y - 4)(x - 2y + 2)$

$= x^2 - 2xy + 2x - 2xy + 4y^2 - 4y - 4x + 8y - 8$

$= x^2 + 4y^2 + 4y - 4xy - 2x - 8$

186. (a) $f(x) = 3x^4 - 2x^2 + 4x - 1$

माना $2x - 1$, $f(x)$ का एक शून्यक है।

$\therefore \quad 2x - 1 = 0 \Rightarrow x = \dfrac{1}{2}$

तब, $f\left(\dfrac{1}{2}\right) = 3\left(\dfrac{1}{2}\right)^4 - 2\left(\dfrac{1}{2}\right)^2 + 4\left(\dfrac{1}{2}\right) - 1$

$= \dfrac{3}{16} - \dfrac{2}{4} + \dfrac{4}{2} - 1 = \dfrac{3 - 8 + 32 - 16}{16}$

$= \dfrac{35 - 24}{16} = \dfrac{11}{16}$

अत: अभीष्ट शेषफल $\dfrac{11}{16}$ होगा।

187. (a) दिया है, $(a + 1)^2 + (a + 2)^2 = 16$

$\Rightarrow \quad a^2 + 1 + 2a + a^2 + 4 + 4a = 16$

$\Rightarrow \quad 2a^2 + 6a + 5 = 16$

$\Rightarrow \quad 2a^2 + 6a = 11$

$\Rightarrow \quad 4a^2 + 12a = 22$

$\Rightarrow \quad 4a^2 + 12a + 40 = 22 + 40$

$\Rightarrow \quad 40 + 12a + 4a^2 = 62$

188. (d) कथन I

दिया है, $\quad K + \dfrac{1}{K} = 12$

$\Rightarrow \quad \left(K + \dfrac{1}{K}\right)^2 = (12)^2$

$\Rightarrow \quad K^2 + \dfrac{1}{K^2} + 2 = 144$

$\Rightarrow \quad K^2 + \dfrac{1}{K^2} = 144 - 2 = 142$

अत: कथन I सत्य है।

कथन II

$\left(K^2 + \dfrac{1}{K^2}\right)\left(K - \dfrac{1}{K}\right)\left(K^4 + \dfrac{1}{K^4}\right)\left(K + \dfrac{1}{K}\right)$

$= \left(K^2 + \dfrac{1}{K^2}\right)\left(K^4 + \dfrac{1}{K^4}\right)\left(K - \dfrac{1}{K}\right)\left(K + \dfrac{1}{K}\right)$

$= \left(K^2 + \dfrac{1}{K^2}\right)\left(K^4 + \dfrac{1}{K^4}\right)\left(K^2 - \dfrac{1}{K^2}\right)$

$= \left(K^2 + \dfrac{1}{K^2}\right)\left(K^2 - \dfrac{1}{K^2}\right)\left(K^4 + \dfrac{1}{K^4}\right)$

$= \left(K^4 + \dfrac{1}{K^4}\right)\left(K^4 - \dfrac{1}{K^4}\right) = K^8 - \dfrac{1}{K^8}$

अत: कथन II असत्य है।

189. (c) $\because x + \dfrac{1}{x} = 7 \quad$ ...(i)

$\Rightarrow \quad \left(x + \dfrac{1}{x}\right)^3 = (7)^3$

$\Rightarrow \quad x^3 + \dfrac{1}{x^3} + 3\left(x + \dfrac{1}{x}\right) = 343$

समी (i) से, $x^3 + \dfrac{1}{x^3} + 3(7) = 343$

$\Rightarrow \quad x^3 + \dfrac{1}{x^3} = 343 - 21 = 322$

190. (d) $\sqrt{36x^2 - 108x + 81}$

$= \sqrt{(6x)^2 - 2 \times 6x \times 9 + 9^2} = \sqrt{(6x - 9)^2}$

$= 6x - 9$

191. (d) $\because \quad (5x + 8y)(25x^2 + 64y^2 - 40xy)$

$= (5x + 8y)[(5x)^2 + (8y)^2 - 5x \times 8y]$

$= (5x)^3 + (8y)^3 = 125x^3 + 512y^3$

192. (b) $x^4 + \dfrac{1}{x^4} = 194$

$\Rightarrow \quad x^4 + \dfrac{1}{x^4} + 2 = 194 + 2$

$\Rightarrow \quad \left(x^2 + \dfrac{1}{x^2}\right)^2 = 196$

दोनों ओर का वर्गमूल लेने पर,

$x^2 + \dfrac{1}{x^2} = 14$

अब, $\quad x^2 + \dfrac{1}{x^2} + 2 = 14 + 2$

$\left(x + \dfrac{1}{x}\right)^2 = 16$

दोनों ओर का वर्गमूल लेने पर,

$x + \dfrac{1}{x} = 4$

$\because \quad x^3 + \dfrac{1}{x^3} = \left(x + \dfrac{1}{x}\right)^3 - 3\left(x + \dfrac{1}{x}\right)$

$\Rightarrow \quad x^3 + \dfrac{1}{x^3} = 4^3 - 3 \times 4$

$\Rightarrow \quad x^3 + \dfrac{1}{x^3} = 64 - 12$

$\therefore \quad x^3 + \dfrac{1}{x^3} = 52$

193. (d) दिया है,

$k + \dfrac{1}{k} + 2 = 0, k < 0$

$\Rightarrow \quad k + \dfrac{1}{k} = -2 \Rightarrow \quad k^2 + 1 = -2k$

$\Rightarrow \quad k^2 + 1 + 2k = 0 \quad \Rightarrow \quad (k + 1)^2 = 0$

$\Rightarrow \quad k + 1 = 0$

$\therefore \quad k = -1$

अत: $k^{10} + \dfrac{1}{k^{11}} = (-1)^{10} + \dfrac{1}{(-1)^{11}} = -1 + 1 = 0$

194. (a) $3\left[a - \dfrac{1}{a}\right] + \left[a - \dfrac{1}{a}\right]^3 = ?$

$\Rightarrow \quad \left(a - \dfrac{1}{a}\right)\left[3 + \left(a - \dfrac{1}{a}\right)^2\right] = ?$

$\Rightarrow \quad ? = \left(a - \dfrac{1}{a}\right)\left[a^2 + \dfrac{1}{a^2} + 1\right]$

$\therefore \quad ? = a^3 - \dfrac{1}{a^3}$

195. (c) $x^2 + y^2 + 2y + 4x + 5 = 0$

$\Rightarrow \quad x^2 + 4x + 4 + y^2 + 2y + 1 = 0$

$\Rightarrow \quad (x + 2)^2 + (y + 1)^2 = 0$

$\Rightarrow \quad (x + 2)^2 = 0, (y + 1)^2 = 0$

$x = -2, \; y = -1$

तब, $\quad \dfrac{x + y}{x - y} = \dfrac{-2 + (-1)}{-2 - (-1)} = \dfrac{-3}{-1} = 3$

196. (b) $\dfrac{(x - y)^3 + (y - z)^3 + (z - x)^3}{6(x - y)(y - z)(z - x)}$

$= \dfrac{3(x - y)(y - z)(z - x)}{6(x - y)(y - z)(z - x)} = \dfrac{1}{2}$

197. (b) $5x^2 + 7x + 5 = 0$

$5x^2 + 5 = -7x$

$\Rightarrow \quad 5x\left(x + \dfrac{1}{x}\right) = -7x$

$\Rightarrow \quad x + \dfrac{1}{x} = -\dfrac{7}{5} \quad$ ...(i)

$\because \quad \left(x + \dfrac{1}{x}\right)^3 = x^3 + \dfrac{1}{x^3} + 3\left(x + \dfrac{1}{x}\right)$

$\Rightarrow \quad x^3 + \dfrac{1}{x^3} = -3\left(x + \dfrac{1}{x}\right) + \left(\dfrac{1}{x} + x\right)^3$

$\Rightarrow x^3 + \dfrac{1}{x^3} = -3 \times \left(\dfrac{-7}{5}\right) + \left(\dfrac{-7}{5}\right)^3$ [समी (i) से]

$\Rightarrow \quad x^3 + \dfrac{1}{x^3} = \dfrac{21}{5} - \dfrac{343}{125}$

$\Rightarrow \quad x^3 + \dfrac{1}{x^3} = \dfrac{525 - 343}{125} \Rightarrow x^3 + \dfrac{1}{x^3} = \dfrac{182}{125}$

198. (a) दिया है, $mx^m - nx^n = 0$

$\Rightarrow mx^m = nx^n \Rightarrow \dfrac{m}{n} = \dfrac{x^n}{x^m} \Rightarrow \dfrac{m}{n} = x^{n-m} \quad$ ...(i)

अब, $\dfrac{1}{x^m + x^n} + \dfrac{1}{x^m - x^n}$

$= \dfrac{1}{x^m(1 + x^{n-m})} + \dfrac{1}{x^m(1 - x^{n-m})}$

$= \dfrac{1}{x^m}\left[\dfrac{1}{1 + x^{n-m}} + \dfrac{1}{1 - x^{n-m}}\right]$

$= \dfrac{1}{x^m}\left[\dfrac{1}{1 + \dfrac{m}{n}} + \dfrac{1}{1 - \dfrac{m}{n}}\right]$ [समी (i) से]

$= \frac{1}{x^m}\left[\frac{n}{m+n} + \frac{n}{n-m}\right]$

$= \frac{1}{x^m}\left(\frac{n(n-m)+n(m+n)}{n^2-m^2}\right)$

$= \frac{1}{x^m}\left(\frac{n^2-nm+nm+n^2}{n^2-m^2}\right)$

$= \frac{1}{x^m}\times\frac{2n^2}{n^2-m^2} = \frac{m}{nx^n}\times\frac{2n^2}{n^2-m^2}$

$= \frac{2mn}{x^n(n^2-m^2)}$ $\left\{\because x^m = \frac{nx^n}{m}\right\}$

199. (a) $4x - 7y = 11$ और $xy = 8$

तब, $(4x-7y)^2 = 11^2$

$\Rightarrow 16x^2 + 49y^2 - 56xy = 121$

$\Rightarrow 16x^2 + 49y^2 - 56\times 8 = 121$

$\Rightarrow 16x^2 + 49y^2 = 121 + 448 = 569$

200. (b) दिया है, $\frac{a}{b} + \frac{b}{a} = 1$ तथा $a + b = 2$

$\therefore \frac{a^2+b^2}{ab} = 1 \Rightarrow a^2 + b^2 = ab$

अब, $a^3 + b^3 = (a+b)(a^2+b^2-ab)$

$= 2(ab - ab) = 2\times 0 = 0$

201. (b) दिया है, $8m^3 - n^3 = (2m)^3 - n^3$

$= (2m-n)(4m^2+n^2+2mn)$

$\{\because a^3 - b^3 = (a-b)(a^2+b^2+ab)\}$

202. (b) दिया है, $p = 7 + 4\sqrt{3}$

$\frac{1}{p} = \frac{1}{7+4\sqrt{3}} = \frac{1}{7+4\sqrt{3}}\times\frac{7-4\sqrt{3}}{7-4\sqrt{3}}$

$\Rightarrow \frac{1}{p} = \frac{7-4\sqrt{3}}{49-48} = 7 - 4\sqrt{3}$

$\therefore p + \frac{1}{p} = 7 + 4\sqrt{3} + 7 - 4\sqrt{3} = 14$

दोनों ओर का वर्ग करने पर,

$p^2 + \frac{1}{p^2} + 2 = 196$

$\Rightarrow p^2 + \frac{1}{p^2} = 194$

$\therefore p^3 + \frac{1}{p^3} = \left(p + \frac{1}{p}\right)\left(p^2 + \frac{1}{p^2} - 1\right)$

$= 14(194 - 1) = 14\times 193 = 2702$

$\frac{p^6+p^4+p^2+1}{p^3} = p^3 + p + \frac{1}{p} + \frac{1}{p^3}$

$= \left(p^3 + \frac{1}{p^3}\right) + \left(p + \frac{1}{p}\right) = 2702 + 14 = 2716$

203. (d) $x^2 + y^2 + z^2 = xy + yz + zx$

$\Rightarrow x^2 + y^2 + z^2 - xy - yz - zx = 0$

$\Rightarrow \frac{2}{2}\times(x^2+y^2+z^2-xy-yz-zx) = 0$

$\Rightarrow \frac{1}{2}\times(2x^2+2y^2+2z^2-2xy-2yz-2zx) = 0$

$\Rightarrow \frac{1}{2}\times(x^2+y^2-2xy+y^2+z^2-2yz$

$+ x^2 + z^2 - 2zx) = 0$

$\Rightarrow \frac{1}{2}\times[(x-y)^2+(y-z)^2+(x-z)^2] = 0$

$\Rightarrow (x-y)^2 + (y-z)^2 + (z-x)^2 = 0$

$\Rightarrow x = y = z \therefore x = y = z = 1$

अत: $\frac{10x^4+5y^4+7z^4}{13x^2y^2+6y^2z^2+3z^2x^2}$

$= \frac{10\times(1)^4+5\times(1)^4+7\times(1)^2}{13\times(1)^2\times(1)^2+6\times(1)^2\times(1)^2+3\times(1)^2\times(1)^2}$

$= \frac{10+5+7}{13+6+3} = \frac{22}{22} = 1$

204. (c) दिया है, $x + \frac{1}{2x} = 3$

$\Rightarrow 2x + \frac{1}{x} = 6$

दोनों पक्षों का घन करने पर,

$(2x)^3 + \left(\frac{1}{x}\right)^3 + 3\times 2x\times\frac{1}{x}\left(2x + \frac{1}{x}\right) = 216$

$\Rightarrow 8x^3 + \frac{1}{x^3} + 6\left(2x + \frac{1}{x}\right) = 216$

$\Rightarrow 8x^3 + \frac{1}{x^3} + 6\times 6 = 216$

$\therefore 8x^3 + \frac{1}{x^3} = 180$

205. (d) $x^2 - 2xy = 84$ ...(i)

तथा $x - y = -10$

दोनों पक्षों का वर्ग करने पर,

$(x-y)^2 = (-10)^2$

$\Rightarrow x^2 + y^2 - 2xy = 100$

$\Rightarrow y^2 + 84 = 100$ [समी. (i) से]

$\Rightarrow y^2 = 100 - 84 = 16$

$\therefore y = \sqrt{16} = 4$

206. (d) विकल्प (d) से,

$ab - a - b + 1 = (a-1)(b-1)$

$\Rightarrow a(b-1) - 1(b-1) = (a-1)(b-1)$

$\Rightarrow (b-1)(a-1) = (a-1)(b-1)$

207. (d) दिया है, $x^2 = y + z$ ...(i)

$y^2 = z + x$ ...(ii)

$z^2 = x + y$ ...(iii)

समी (i) से,

$x^2 + x = x + y + z$

$\Rightarrow x(x+1) = x + y + z$

$\Rightarrow (x+1) = \frac{1}{x}(x+y+z)$

इसी प्रकार, समी (ii) व (iii) से,

$(y+1) = \frac{1}{y}(x+y+z)$

तथा $(z+1) = \frac{1}{z}(x+y+z)$

$\therefore \frac{1}{x+1} + \frac{1}{y+1} + \frac{1}{z+1}$

$= \frac{x}{(x+y+z)} + \frac{y}{(x+y+z)} + \frac{z}{(x+y+z)}$

$= \frac{(x+y+z)}{(x+y+z)} = 1$

208. (d) दिया है, $\frac{1}{x^2+a^2} = x^2 - a^2$

$\Rightarrow 1 = (x^2)^2 - (a^2)^2 \Rightarrow 1 = x^4 - a^4$

$\Rightarrow x^4 = 1 + a^4 \Rightarrow x = (a^4+1)^{1/4}$

209. (d) दिया है, $x + \frac{1}{x} = -14$ और $x < -1$

$\therefore x - \frac{1}{x} = \sqrt{\left(x + \frac{1}{x}\right)^2 - 4}$

$\Rightarrow x - \frac{1}{x} = \sqrt{196-4} \Rightarrow x - \frac{1}{x} = \sqrt{192}$

$\Rightarrow x - \frac{1}{x} = \pm 8\sqrt{3} \Rightarrow x - \frac{1}{x} = -8\sqrt{3}$ $[\because x < -1]$

$\therefore x^2 - \frac{1}{x^2} = \left(x + \frac{1}{x}\right)\left(x - \frac{1}{x}\right)$

$= (-14)(-8\sqrt{3}) = 112\sqrt{3}$

210. (b) $k^4 + \frac{1}{k^4} = 47$

$\Rightarrow (k^2)^2 + \left(\frac{1}{k^2}\right)^2 + 2 = 47 + 2$

$\Rightarrow \left(k^2 + \frac{1}{k^2}\right)^2 = 49 \Rightarrow k^2 + \frac{1}{k^2} = 7$

$\Rightarrow k^2 + \frac{1}{k^2} + 2 = 9 \Rightarrow \left(k + \frac{1}{k}\right)^2 = 9$

$\Rightarrow k + \frac{1}{k} = 3$

दोनों पक्षों का घन करने पर,

$k^3 + \frac{1}{k^3} + 3k\times\frac{1}{k}\left(k + \frac{1}{k}\right) = 27$

$\Rightarrow k^3 + \frac{1}{k^3} + 3\times 3 = 27$

$\Rightarrow k^3 + \frac{1}{k^3} = 27 - 9 = 18$

211. (d) $(x+2y)^3 + (x-2y)^3$

$= x^3 + 8y^3 + 6xy(x+2y) + x^3 - 8y^3$

$- 6xy(x-2y)$

$= 2x^3 + 6x^2y + 12xy^2 - 6x^2y + 12xy^2$

$= 2x^3 + 24xy^2$

212. (c) दिया है,

$a^2 + b^2 + c^2 = 9, ab + bc + ca = 8$

$\therefore (a+b+c)^2 = a^2 + b^2 + c^2 + 2(ab+bc+ca)$

$= 9 + 2\times 8 = 25$

$\Rightarrow a + b + c = 5$

$\therefore (a+b+c) - 3 = 5 - 3 = 2$

213. (b) $\frac{\sqrt{5}+\sqrt{3}}{\sqrt{5}-\sqrt{3}} = a + b\sqrt{15}$

$\Rightarrow \frac{\sqrt{5}+\sqrt{3}}{\sqrt{5}-\sqrt{3}}\times\frac{\sqrt{5}+\sqrt{3}}{\sqrt{5}+\sqrt{3}} = a + b\sqrt{15}$

$\Rightarrow \frac{5+3+2\sqrt{15}}{5-3} = a + b\sqrt{15}$

$\Rightarrow \frac{8+2\sqrt{15}}{2} = a + b\sqrt{15}$

$\Rightarrow 4 + \sqrt{15} = a + b\sqrt{15}$

तुलना करने पर,

$a = 4$

214. (c) $(mx + n)$ का वर्ग करने पर,

$m^2x^2 + 2mnx + n^2$

अत: $(mx + n)$ समीकरण (c) का गुणनखण्ड है।

215. (d) व्यंजक $(12)^3 + (-8)^3 + (-4)^3$

$\because a = 12, b = -8$ और $c = -4$

$a + b + c = 12 - 8 - 4 = 0$

$\Rightarrow a^3 + b^3 + c^3 - 3abc = 0$

$\Rightarrow (12)^3 + (-8)^3 + (-4)^3$

$= 3(12)(-8)(-4) = 1152$

216. (a) दिया गया समीकरण

$8a^3 + 27b^3 = 16$ ...(i)

$2a + 3b = 4$ ...(ii)

समी (i) से, $8a^3 + 27b^3 = 16$

$\Rightarrow (2a)^3 + (3b)^3 = 16$

$\Rightarrow (2a + 3b)(4a^2 + 9b^2 - 6ab) = 16$

समी (ii) से, $4\{4a^2 + 9b^2 - 16ab\} = 16$

$\Rightarrow 4a^2 + 9b^2 - 6ab = 4$ ...(iii)

समी (ii) का वर्ग करने पर,

$4a^2 + 9b^2 + 12ab = 16$

$4a^2 + 9b^2 - 6ab + 18ab = 16$ ...(iv)

समी (iii) से मान रखने पर,

$4 + 18ab = 16 \Rightarrow 18ab = 12$

$ab = \frac{12}{18} = \frac{2}{3}$

अब, $16a^4 + 81b^4$

$= 16a^4 + 81b^4 + 72a^2b^2 - 72a^2b^2$

$= (4a^2 + 9b^2)^2 - 72a^2b^2$

$= [4a^2 + 9b^2 - 12ab + 12ab]^2 - 72a^2b^2$

$= \left[4^2 - 12 \times \frac{2}{3}\right]^2 - 72 \times \left(\frac{2}{3}\right)^2$

$= [16 - 8]^2 - 72\left(\frac{4}{9}\right) = 64 - 32 = 32$

217. (a) $x = 3 + 2\sqrt{2}$

$\sqrt{x} = \sqrt{3 + 2\sqrt{2}} = \sqrt{1 + 2 + 2 \times 1 \times \sqrt{2}}$

$= \sqrt{(1 + \sqrt{2})^2}$

$\therefore \sqrt{x} = (1 + \sqrt{2})$

तब, $\sqrt{x} - \frac{1}{\sqrt{x}} = 1 + \sqrt{2} - \frac{1}{1 + \sqrt{2}}$

$= \frac{(1 + \sqrt{2})^2 - 1}{1 + \sqrt{2}} = \frac{3 + 2\sqrt{2} - 1}{1 + \sqrt{2}}$

$= \frac{2(1 + \sqrt{2})}{(1 + \sqrt{2})} = 2$

218. (b) $x + \frac{1}{x} = -2$

$\Rightarrow x^2 + 1 = -2x \Rightarrow x^2 + 2x + 1 = 0$

$(x + 1)(x + 1) = 0$

$\therefore x = -1,$

तब, $x^{17} + x^{-17} + (x)^{12} + (x)^{-12}$

$= (-1)^{17} + (-1)^{-17} + (-1)^{12} + (-1)^{-12}$

$= -1 - 1 + 1 + 1 = 0$

219. (b) $x - y = 1$ ...(i)

व $x^2 + y^2 = 41$ ...(ii)

$\Rightarrow (x - y)^2 = 1^2$ [समी (i) से]

$\Rightarrow x^2 + y^2 - 2xy = 1$ ...(iii)

$\Rightarrow 41 - 2xy = 1$

$\Rightarrow 2xy = 40$

$\Rightarrow xy = 20$

समी (iii) से,

$x^2 + y^2 + 2xy - 2xy - 2xy = 1$

$\Rightarrow (x + y)^2 - 4xy = 1$

$\Rightarrow (x + y)^2 = 1 + 4xy$

$\Rightarrow (x + y)^2 = 1 + 4 \times 20$

$\Rightarrow (x + y)^2 = 81$

$\therefore x + y = \sqrt{81} = 9$

220. (a) $\left(4a + \frac{5}{a} + 5\right) = 14 \Rightarrow 4a + \frac{5}{a} = 9$

$\Rightarrow \left(4a + \frac{5}{a}\right)^2 = 9^2$

$\Rightarrow 16a^2 + \frac{25}{a^2} + 2 \times 4a \times \frac{5}{a} = 81$

$\Rightarrow 16a^2 + \frac{25}{a^2} = 81 - 40 \Rightarrow 16a^2 + \frac{25}{a^2} = 41$

221. (a) $x^4 + x^2 + 25$

$= x^4 + 25 + 10x^2 - 10x^2 + x^2$

$= (x^2 + 5)^2 - 9x^2 = (x^2 + 5)^2 - (3x)^2$

$= (x^2 + 3x + 5)(x^2 - 3x + 5)$

222. (a) $x - \frac{1}{x} = 13$

$\Rightarrow \left(x - \frac{1}{x}\right)^2 = 13^2 \Rightarrow x^2 + \frac{1}{x^2} - 2 = 169$

$\Rightarrow x^2 + \frac{1}{x^2} = 171 \Rightarrow$

$\left(x^2 + \frac{1}{x^2}\right)^2 = (171)^2$

$\Rightarrow x^4 + \frac{1}{x^4} + 2 = 29241 \Rightarrow x^4 + \frac{1}{x^4} = 29239$

223. (c) $\because x + \frac{1}{x} = 8$

$\Rightarrow x^2 + 1 = 8x$

$\Rightarrow x^2 - 8x = -1$

$\therefore \frac{5}{x^2 - 8x + 2} = \frac{5}{-1 + 2} = \frac{5}{1} = 5$

224. (d) **कथन I**

$100^2 - 99^2 + 98^2 - 97^2 + 96^2 - 95^2 + \ldots + 2^2 - 1^2$

$= (100 - 99)(100 + 99) + (98 - 97)$
$(98 + 97) + (96 - 95)(96 + 95) + \ldots$
$+ (2 - 1)(2 + 1)$

$= 199 + 195 + 191 + \ldots + 3$

उपरोक्त श्रेणी एक समान्तर श्रेढ़ी है, जिसका पहला पद $a = 3$,

अन्तिम पद = 199

सार्व अन्तर $d = 4$

पदों की संख्या $n = 50$

$\therefore$ उपरोक्त श्रेणी का योग

$= \frac{50}{2}\{2 \times 3 + (50 - 1) \times 4\}$

$= 25\{6 + 49 \times 4\} = 25 \times (6 + 196)$

$= 25 \times 202 = 5050$

$\therefore$ कथन I सही है।

कथन II

$8x + \frac{8}{x} = -16$

$x + \frac{1}{x} = -2$

$\Rightarrow x^2 + 1 = -2x \Rightarrow x^2 + 1 + 2x = 0$

$\Rightarrow (x + 1)^2 = 0 \Rightarrow x = -1$

$\therefore x^{197} + \frac{1}{x^{197}} = (-1)^{197} + \frac{1}{(-1)^{197}} = -1 + \frac{1}{-1}$

$= -1 - 1 = -2$

$\therefore$ कथन II गलत है।

अत: केवल I सही है।

225. (c) दिया है, $K + \frac{1}{K} = 3$

दोनों ओर का वर्ग करने पर

$\therefore K^2 + \frac{1}{K^2} + 2 = 9$

$K^2 + \frac{1}{K^2} = 7$

अब $K^3 + \frac{1}{K^3} = \left(K + \frac{1}{K}\right)\left(K^2 + \frac{1}{K^2} - 1\right)$

$= 3(7 - 1) = 3 \times 6 = 18$

226. (b) दिया है,

$x = \frac{\sqrt{5} - 2}{\sqrt{5} + 2} \Rightarrow \frac{1}{x} = \frac{\sqrt{5} + 2}{\sqrt{5} - 2}$

$\because x^2 + x^{-2} = x^2 + \frac{1}{x^2} = \left(x + \frac{1}{x}\right)^2 - 2$

$= \left[\left(\frac{\sqrt{5} - 2}{\sqrt{5} + 2}\right) + \left(\frac{\sqrt{5} + 2}{\sqrt{5} - 2}\right)\right]^2 - 2$

$\Rightarrow x^2 + \frac{1}{x^2} = \left[\frac{5 + 4 - 4\sqrt{5} + 5 + 4 + 4\sqrt{5}}{(\sqrt{5})^2 - (2)^2}\right]^2 - 2$

$\Rightarrow x^2 + \frac{1}{x^2} = \left(\frac{18}{1}\right)^2 - 2 = 324 - 2 = 322$

227. (a) दिया व्यंजक

$= x + 3(y + x - 2) - (x + y)$

$= x + 3y + 3x - 6 - x - y = 3x + 2y - 6$

228. (d) $x > 0$ और $x^4 + \frac{1}{x^4} = 2207$ ...(i)

$\Rightarrow \left(x^2 + \frac{1}{x^2}\right)^2 - 2 = 2207$

$\Rightarrow \left(x^2 + \frac{1}{x^2}\right)^2 = 2207 + 2 = 2209$

$\Rightarrow x^2 + \frac{1}{x^2} = 47$

तथा $x^2 + \frac{1}{x^2} + 2 = 47 + 2 \Rightarrow \left(x + \frac{1}{x}\right)^2 = 49$

$\Rightarrow x + \frac{1}{x} = 7$ ...(ii)

दोनों पक्षों का घन करने पर,

$x^3 + \frac{1}{x^3} + 3\left(x + \frac{1}{x}\right) = 343$

समी (i) से,

$x^3 + \frac{1}{x^3} + 3(7) = 343$

$\Rightarrow x^3 + \frac{1}{x^3} = 343 - 3(7)$

$\Rightarrow x^3 + \frac{1}{x^3} = 343 - 21 = 322$ ...(iii)

समी (i) तथा समी (iii) का परस्पर गुणन करने पर,

$\left(x^3 + \frac{1}{x^3}\right)\left(x^4 + \frac{1}{x^4}\right) = 322 \times 2207$

$\Rightarrow \left(x^7 + \frac{1}{x^7}\right) + \left(x + \frac{1}{x}\right) = 710654$

$\Rightarrow x^7 + \frac{1}{x^7} = 710654 - 7 = 710647$

$\therefore x^7 + \frac{1}{x^7} = 710647$

229. (a) $y + \frac{1}{y} = 3 \Rightarrow \left(y + \frac{1}{y}\right)^3 = 3^3$

$\Rightarrow y^3 + \frac{1}{y^3} + 3y \times \frac{1}{y}\left(y + \frac{1}{y}\right) = 27$

$\Rightarrow y^3 + \frac{1}{y^3} + 3 \times 3 = 27 \Rightarrow y^3 + \frac{1}{y^3} = 18$

$\therefore y^3 + \frac{1}{y^3} + 2 = 18 + 2 = 20$

230. (b) $x + y = 36$

$x + y = 27 + 9 \Rightarrow (x - 27) = -(y - 9)$

दोनों पक्षों का घन करने पर,

$(x - 27)^3 = -(y - 9)^3$

$\Rightarrow \quad (x - 27)^3 + (y - 9)^3 = 0$

231. (c) $a + b = 11, ab = 35 \Rightarrow (a + b)^2 = 11^2$

$\Rightarrow \quad a^2 + b^2 + 2ab = 121$

$\Rightarrow \quad a^2 + b^2 + 2 \times 35 = 121$

$\Rightarrow \quad a^2 + b^2 = 51$

$\Rightarrow \quad (a^2 + b^2)^2 = (51)^2$

$\Rightarrow \quad a^4 + b^4 + 2a^2b^2 = 2601$

$\Rightarrow \quad a^4 + b^4 + 2 \times 1225 = 2601$

$\Rightarrow \quad a^4 + b^4 = 2601 - 2450$

$\therefore \quad a^4 + b^4 = 151$

232. (d) दिया है, $k + \frac{1}{k} = -2$

$\Rightarrow \quad k^2 + 1 = -2k \Rightarrow k^2 + 1 + 2k = 0$

$\Rightarrow \quad (k + 1)^2 = 0 \quad \Rightarrow \quad k = -1$

$\therefore \frac{k^2 + 4k - 2}{k^2 + k - 5} = \frac{(-1)^2 + 4(-1) - 2}{(-1)^2 + (-1) - 5}$

$= \frac{1 - 4 - 2}{1 - 1 - 5} = \frac{-5}{-5} = 1$

233. (d) $x^2 - 5x + 1 = 0$

$\Rightarrow \quad x^2 + 1 = 5x \Rightarrow x + \frac{1}{x} = 5$

दोनों पक्षों का वर्ग करने पर,

$x^2 + \frac{1}{x^2} + 2 = 25 \Rightarrow x^2 + \frac{1}{x^2} = 23$

$\therefore x^3 + \frac{1}{x^3} = \left(x + \frac{1}{x}\right)\left(x^2 + \frac{1}{x^2} - 1\right)$

$= 5(23 - 1) = 5 \times 22$

$x^3 + \frac{1}{x^3} = 110$

$\therefore \frac{x^6 + x^4 + x^2 + 1}{5x^3} = \frac{1}{5}\left(x^3 + x + \frac{1}{x} + \frac{1}{x^3}\right)$

$= \frac{1}{5}\left(x^3 + \frac{1}{x^3} + x + \frac{1}{x}\right)$

$= \frac{1}{5}(110 + 5) = \frac{1}{5} \times 115 = 23$

234. (b) $\left(5 - \frac{x^2}{3}\right)^3 = 5^3 - \left(\frac{x^2}{3}\right)^3 - 3(5)^2\left(\frac{x^2}{3}\right) + 3 \times 5 \times \left(\frac{x^2}{3}\right)^2$

$= 125 - \frac{x^6}{27} - 25x^2 + 5x^4$

अत: x^2 का गुणांक '–25' है।

235. (d) $\because \quad x^8 - 34x^4 + 1 = 0$

$\Rightarrow \quad x^4 - 34 + \frac{1}{x^4} = 0 \Rightarrow x^4 + \frac{1}{x^4} = 34$

$\Rightarrow \quad x^4 + \frac{1}{x^4} + 2 = 34 + 2 \Rightarrow \left(x^2 + \frac{1}{x^2}\right)^2 = 36$

$\Rightarrow \quad x^2 + \frac{1}{x^2} = 6 \quad$ ...(i)

$\Rightarrow \quad x^2 + \frac{1}{x^2} - 2 = 6 - 2 \Rightarrow \left(x - \frac{1}{x}\right)^2 = 4$

$\Rightarrow \quad \left(x - \frac{1}{x}\right) = 2 \quad$ ...(ii)

$\therefore \left(x^3 - \frac{1}{x^3}\right) = \left(x - \frac{1}{x}\right)\left(x^2 + \frac{1}{x^2} + 1\right)$

$= (2)(6 + 1) = 14$ [समी(I) और (II) से]

236. (c) दिया गया व्यंजक है,

$8x^3 - y^3 + 6xy = 8x^3 - (2x + 1)^3 + 6x(2x + 1)$

$[\because y = 2x + 1]$

$= 8x^3 - [8x^3 + 1 + 3(2x)^2(1) + 3(2x)(1^2)] + 12x^2 + 6x$

$= 8x^3 - 8x^3 - 1 - 12x^2 - 6x + 12x^2 + 6x$

$= -1$

237. (d) $\frac{5(a^6 - b^6)^3 + 5(b^6 - c^6)^3 + 5(c^6 - a^6)^3}{2(a^3 - b^3)^3 + 2(b^3 - c^3)^3 + 2(c^3 - a^3)^3}$

$= \frac{5}{2}\left[\frac{(a^6 - b^6)^3 + (b^6 - c^6)^3 + (c^6 - a^6)^3}{(a^3 - b^3)^3 + (b^3 - c^3)^3 + (c^3 - a^3)^3}\right]$

$\therefore \frac{5}{2} \times \frac{3(a^6 - b^6)(b^6 - c^6)(c^6 - a^6)}{3(a^3 - b^3)(b^3 - c^3)(c^3 - a^3)}$

$= \frac{5}{2} \times \frac{[(a^3 - b^3)(a^3 + b^3)(b^3 - c^3)(b^3 + c^3)(c^3 - a^3)(c^3 + a^3)]}{(a^3 - b^3)(b^3 - c^3)(c^3 - a^3)}$

$= \frac{5}{2}(a^3 + b^3)(b^3 + c^3)(c^3 + a^3)$

238. (b) दिया है, $x - \frac{2}{x} = 15$

$\left(x - \frac{2}{x}\right)^2 = 15^2$

$\Rightarrow \quad x^2 + \frac{4}{x^2} - 2 \times x \times \frac{2}{x} = 225$

$\Rightarrow \quad x^2 + \frac{4}{x^2} - 4 = 225$

$\therefore \quad x^2 + \frac{4}{x^2} = 229$

239. (b) हम जानते हैं कि

$(x + y)^3 = x^3 + y^3 + 3x^2y + 3xy^2$

दिया है, $2x + 3y + 1 = 0$

$\Rightarrow \quad 2x + 3y = -1$

दोनों पक्षों का घन करने पर,

$(2x + 3y)^3 = (-1)^3$

$\Rightarrow 8x^3 + 27y^3 + 36x^2y + 54xy^2 = -1$

$\Rightarrow 8x^3 + 27y^3 + 18xy(2x + 3y) = -1$

$\Rightarrow \quad 8x^3 + 27y^3 - 18xy = -1$

दोनों पक्षों में 8 जोड़ने पर,

$8x^3 + 27y^3 - 18xy + 8 = -1 + 8$

$\Rightarrow 8x^3 + 27y^3 - 18xy + 8 = 7$

240. (d) दिया है, $a^4 + b^4 + a^2b^2 = 273$

$\Rightarrow \quad (a^2)^2 + (b^2)^2 + 2a^2b^2 - a^2b^2 = 273$

$\Rightarrow \quad (a^2 + b^2)^2 - (ab)^2 = 273$

$\Rightarrow (a^2 + b^2 + ab)(a^2 + b^2 - ab) = 273$

$\Rightarrow \quad a^2 + b^2 + ab = \frac{273}{21} = 13$

अब, $\quad a^2 + b^2 + ab = 13 \quad$ ...(i)

तथा $\quad a^2 + b^2 - ab = 21 \quad$ ...(ii)

समी (i) व (ii) को जोड़ने पर,

$2(a^2 + b^2) = 34$

$\Rightarrow \quad a^2 + b^2 = 17$

$\because \quad a^2 + b^2 - ab = 21$

$\Rightarrow \quad ab = a^2 + b^2 - 21 \Rightarrow ab = 17 - 21$

$\Rightarrow \quad ab = -4$

अब, $\quad (a + b)^2 - 2ab = a^2 + b^2$

$\Rightarrow \quad (a + b)^2 - 2 \times (-4) = 17$

$\Rightarrow \quad (a + b)^2 = 9$

$\Rightarrow \quad a + b = 3$

$\therefore \quad \frac{1}{a} + \frac{1}{b} = \frac{a + b}{ab} = -\frac{3}{4}$

241. (b) $\because (x + 6)^3 + (2x + 3)^3 + (3x + 5)^3$

$= (3x + 18)(2x + 3)(3x + 5)$

$= 3(x + 6)(2x + 3)(3x + 5)$

$\therefore \quad x + 6 + 2x + 3 + 3x + 5 = 0$

$\Rightarrow \quad 6x + 14 = 0 \quad \Rightarrow \quad 6x = -14$

$\Rightarrow \quad x = \frac{-14}{6} \quad \Rightarrow \quad x = -\frac{7}{3}$

242. (d) $x + \frac{1}{x} = \frac{17}{4}$

दोनों पक्षों का वर्ग करने पर,

$\left(x + \frac{1}{x}\right)^2 = \left(\frac{17}{4}\right)^2$

$\Rightarrow \quad x^2 + \frac{1}{x^2} + 2 = \frac{289}{16}$

$\Rightarrow x^2 + \frac{1}{x^2} = \frac{289}{16} - 2 \Rightarrow x^2 + \frac{1}{x^2} = \frac{257}{16}$

अब, $\quad \left(x - \frac{1}{x}\right)^2 = x^2 + \frac{1}{x^2} - 2 = \frac{257}{16} - 2$

$= \frac{257 - 32}{16} = \frac{225}{16}$

$\therefore \quad x - \frac{1}{x} = \sqrt{\frac{225}{16}} = \frac{15}{4}$

243. (b) $\because \quad 2x^2 - 7x + 5 = 0$

$\Rightarrow \quad 2x^2 + 5 = 7x$

$\Rightarrow \quad x + \frac{5}{2x} = \frac{7}{2}$

दोनों पक्षों का घन करने पर,

$\left(x + \frac{5}{2x}\right)^3 = \left(\frac{7}{2}\right)^3$

$\Rightarrow \quad x^3 + \frac{125}{8x^3} + 3 \times x \times \frac{5}{2x}\left(x + \frac{5}{2x}\right) = \frac{343}{8}$

$\Rightarrow \quad x^3 + \frac{125}{8x^3} + \frac{15}{2} \times \frac{7}{2} = \frac{343}{8}$

$\Rightarrow \quad x^3 + \frac{125}{8x^3} = \frac{343}{8} - \frac{105}{4}$

$\Rightarrow \quad x^3 + \frac{125}{8x^3} = \frac{343 - 210}{8} = \frac{133}{8}$

$\therefore \quad x^3 + \frac{125}{8x^3} = 16\frac{5}{8}$

244. (b) $8 + 2px^2 - 36x - 27x^3 = (2 - 3x)^3$

$\Rightarrow 8 + 2px^2 - 36x - 27x^3$

$= (2)^3 + (-3x)^3 + 3(2)^2(-3x) + 3(2)(-3x)^2$

$\Rightarrow 8 + 2px^2 - 36x - 27x^3 = 8 - 27x^3 - 36x + 54x^2$

$\Rightarrow \quad 2px^2 = 54x^2 \quad \Rightarrow 2p = 54 \Rightarrow p = \frac{54}{2}$

$\therefore \quad p = 27$

245. (d) दिया है, $\sqrt{x} - \frac{1}{\sqrt{x}} = \sqrt{7}$

दोनों पक्षों का वर्ग करने पर,

$x + \frac{1}{x} - 2 = 7 \Rightarrow x + \frac{1}{x} = 9$

दोनों पक्षों का पुन: वर्ग करने पर,

$x^2 + \frac{1}{x^2} + 2 = 81$

$\therefore \quad x^2 + \frac{1}{x^2} = 79$

246. (b) $\because \frac{x}{y}+\frac{y}{x}=2 \Rightarrow \frac{x^2+y^2}{xy}=2$

$\Rightarrow x^2+y^2=2xy \Rightarrow x^2+y^2-2xy=0$

$\Rightarrow (x-y)^2=0 \Rightarrow x-y=0$

247. (c) $(x-y+z)^2-(x-y-z)^2$

$=[(x-y+z)+(x-y-z)][(x-y+z)-(x-y-z)]$

$=(x-y+z+x-y-z)(x-y+z-x+y+z)$

$=(2x-2y)(2z)=4xz-4zy$

248. (a) दिया है, $\left(2a+\frac{3}{a}-1\right)=11$

$2a+\frac{3}{a}=12$

दोनों पक्षों का वर्ग करने पर,

$\left(2a+\frac{3}{a}\right)^2=(12)^2$

$\Rightarrow (2a)^2+\left(\frac{3}{a}\right)^2+2\times 2a\times\frac{3}{a}=144$

$\Rightarrow 4a^2+\frac{9}{a^2}+12=144$

$\Rightarrow 4a^2+\frac{9}{a^2}=144-12$

$\therefore 4a^2+\frac{9}{a^2}=132$

249. (c) $a^2+b^2+c^2+216=12(a+b-2c)$

$\Rightarrow a^2+b^2+c^2+216-12a-12b+24c=0$

$\Rightarrow (a^2-12a+36)+(b^2-12b+36)+(c^2+24c+144)=0$

$\Rightarrow (a-6)^2+(b-6)^2+(c+12)^2=0$

$\Rightarrow a=6, b=6, c=-12$

अब, $\sqrt{ab-bc-ca}$

$=\sqrt{6\times 6-(6\times(-12))-(-12\times 6)}$

$=\sqrt{36+72+72}=\sqrt{180}$

$=\sqrt{6\times 6\times 5}=6\sqrt{5}$

250. (a) $a^3-b^3=2349$

$\Rightarrow (a-b)(a^2+ab+b^2)=2349$

$\Rightarrow a^2+ab+b^2=\frac{2349}{a-b}$

$\Rightarrow a^2+ab+b^2=\frac{2349}{9}$

$\Rightarrow a^2+ab+b^2=261$ ...(i)

अत: $(a+b)^2-ab=a^2+b^2+2ab-ab$

$=a^2+b^2+ab=261$ ...समी (i) से

$\therefore a^2+b^2+ab=261$

251. (b) दिया है, $x-\frac{1}{x}=\sqrt{77}$

दोनों पक्षों का वर्ग करने पर,

$x^2+\frac{1}{x^2}-2=77 \Rightarrow x^2+\frac{1}{x^2}=79$ ...(i)

हम जानते हैं कि,

$\left(x+\frac{1}{x}\right)^2=x^2+\frac{1}{x^2}+2=79+2=81$

$\Rightarrow x+\frac{1}{x}=\sqrt{81}=9$ ...(ii)

अब, $x^3+\frac{1}{x^3}=9(79-1)$ [समी (i) और (ii) से]

$=9\times 78=702$

252. (c) दिया है, $a+b+c=0$

$\therefore b+c=-a, c+a=-b$

और $a+b=-c$

अत: $\frac{(b+c)^2}{bc}+\frac{(c+a)^2}{ca}+\frac{(a+b)^2}{ab}$

$=\frac{(-a)^2}{bc}+\frac{(-b)^2}{ca}+\frac{(-c)^2}{ab}$

$=\frac{a^3+b^3+c^3}{abc}=\frac{3abc}{abc}$ [समी (i) से]

$=3$

253. (a) दिया है, $x+y=3$

और $\frac{1}{x}+\frac{1}{y}=-\frac{3}{10}$

$\Rightarrow \frac{y+x}{xy}=-\frac{3}{10} \Rightarrow xy=-\frac{10}{3}\times 3=-10$

$\therefore (x+y)^2=x^2+y^2+2xy$

$\Rightarrow (3)^2=x^2+y^2+2\times(-10)$

$x^2+y^2=9+20=29$

254. (d) $x^2+9y^2+4z^2=12(x-2y+2z)-88$

$\Rightarrow x^2+9y^2+4z^2-12x+24y-24z+88=0$

$\Rightarrow x^2-12x+36+9y^2+24y+16+4z^2-24z+36=0$

$\Rightarrow (x-6)^2+(3y+4)^2+(2z-6)^2=0$

$\therefore (x-6)^2=0 \Rightarrow x=6$

$(3y+4)^2=0 \Rightarrow y=\frac{-4}{3}$

$(2z-6)^2=0 \Rightarrow z=\frac{6}{2}=3$

$\therefore x-3y+z=6-3\left(-\frac{4}{3}\right)+3=6+4+3=13$

255. (b) $4x^4=5x^2-1$

$\therefore 4x^4-5x^2+1=0$

$\Rightarrow 4x^4-4x^2-x^2+1=0$

$\Rightarrow 4x^2(x^2-1)-1(x^2-1)=0$

$\Rightarrow (x^2-1)(4x^2-1)=0$

$\therefore x=\pm 1, \pm\frac{1}{2}$

$\because x>\frac{1}{\sqrt{2}}$

$\therefore x=1$

तब, $(2x^2-x-1)=2\times(1)^2-1-1=2-2=0$

256. (a) $(54\sqrt{2}x^3+24\sqrt{3}y^3)\div(\sqrt{18}x+\sqrt{12}y)=Ax^2+By^2+Cxy$

$\therefore$ बायाँ पक्ष

$=\frac{54\sqrt{2}x^3+24\sqrt{3}y^3}{\sqrt{18}x+\sqrt{12}y}=\frac{(\sqrt{18}x)^3+(\sqrt{12}y)^3}{\sqrt{18}x+\sqrt{12}y}$

$=\frac{(\sqrt{18}x+\sqrt{12}y)(18x^2+12y^2-\sqrt{18}x\times\sqrt{12}y)}{(\sqrt{18}x+\sqrt{12}y)}$

$=18x^2+12y^2-\sqrt{216}xy$

दाएँ पक्ष से तुलना करने पर,

$A=18, B=12, C=-\sqrt{216}$

$\therefore A^2-(B^2+C^2)=(18)^2-[(12)^2+(-\sqrt{216})^2]$

$=324-[144+216]=324-360=-36$

257. (a) $x+y+z=7$

$x^2+y^2+z^2=85$

तथा $x^3+y^3+z^3=913$

$\because (x+y+z)^2=x^2+y^2+z^2+2(xy+yz+zx)$

$\Rightarrow (7)^2=85+2(xy+yz+zx)$

$\Rightarrow 2(xy+yz+zx)=49-85=-36$

$\Rightarrow xy+yz+zx=-18$

अब, $x^3+y^3+z^3-3xyz=(x+y+z)(x^2+y^2+z^2-xy-yz-zx)$

$\Rightarrow 913-3xyz=7(85+18)$

$\Rightarrow 3xyz=913-7\times 103=913-721$

$\Rightarrow xyz=\frac{192}{3}=64 \Rightarrow \sqrt[3]{xyz}=\sqrt[3]{64}=4$

258. (d) दिया है, $x^2+4y^2=53$

और $x-2y=5$

$\therefore (x-2y)^2=(5)^2$

$\Rightarrow x^2+4y^2-4xy=25$

$\Rightarrow 53-4xy=25$

$\Rightarrow 4xy=53-25=28 \Rightarrow xy=7$

$\therefore x^3-8y^3=x^3-(2y)^3=(x-2y)(x^2+4y^2+2xy)=5(53+2\times 7)$

$=5(53+14)=5\times 67=335$

259. (b) दिया है,

$x+y=2$

और $\frac{1}{x}+\frac{1}{y}=\frac{18}{5} \Rightarrow \frac{x+y}{xy}=\frac{18}{5}$

$xy=2\times\frac{5}{18}=\frac{5}{9}$

अब, $(x+y)^2=x^2+y^2+2xy$

$\Rightarrow (2)^2=x^2+y^2+2\times\frac{5}{9}$

$\Rightarrow x^2+y^2=4-\frac{10}{9}=\frac{36-10}{9}=\frac{26}{9}$

$\therefore x^3+y^3=(x+y)(x^2+y^2-xy)$

$=2\left(\frac{26}{9}-\frac{5}{9}\right)=2\times\frac{21}{9}=\frac{14}{3}=4\frac{2}{3}$

260. (d) $x+y+z=2$ और

$xy+yz+zx=-11$

$\because (x+y+z)^2=x^2+y^2+z^2+2(xy+yz+zx)$

$\Rightarrow 2^2=x^2+y^2+z^2+2(-11)$

$\Rightarrow x^2+y^2+z^2=4+22=26$

$\therefore x^3+y^3+z^3-3xyz=(x+y+z)(x^2+y^2+z^2-xy-yz-zx)$

$=2[26-(-11)]=2\times 37=74$

261. (a) $2x^2-8x-1=0$

x से भाग करने पर,

$2x-8-\frac{1}{x}=0 \Rightarrow 2x-\frac{1}{x}=8$ ...(i)

दोनों ओर का वर्ग करने पर,

$4x^2+\frac{1}{x^2}-4=64 \Rightarrow 4x^2+\frac{1}{x^2}=68$ ...(ii)

$\therefore 8x^3-\frac{1}{x^3}=(2x)^3-\frac{1}{x^3}$

$=\left(2x-\frac{1}{x}\right)\left(4x^2+\frac{1}{x^2}+2\right)$

$=8(68+2)=8\times 70=560$

262. (a) दिया है, $x^4+\frac{1}{x^4}=727$

दोनों पक्षों में 2 जोड़ने पर,

$\left(x^2+\frac{1}{x^2}\right)^2 = 727+2 = 729 \Rightarrow x^2+\frac{1}{x^2} = 27$

दोनों पक्षों में 2 घटाने पर,

$x^2+\frac{1}{x^2}-2 = 27-2 \Rightarrow \left(x-\frac{1}{x}\right)^2 = 25$

$\therefore \quad x-\frac{1}{x} = 5$

263. (b) दिया है, $x-\frac{1}{x}=1$

दोनों ओर का वर्ग करने पर,

$x^2+\frac{1}{x^2}-2=1 \Rightarrow x^2+\frac{1}{x^2}=3$

पुनः दोनों ओर का वर्ग करने पर,

$x^4+\frac{1}{x^4}+2=9 \Rightarrow x^4+\frac{1}{x^4}=7$

पुनः दोनों ओर का वर्ग करने पर,

$x^8+\frac{1}{x^8}+2=49$

$\therefore \quad x^8+\frac{1}{x^8}=47$

264. (b) दिया है, $x+y=4$

और $\frac{1}{x}+\frac{1}{y}=\frac{16}{15} \Rightarrow \frac{x+y}{xy}=\frac{16}{15}$

$\Rightarrow xy = 4\times\frac{15}{16}=\frac{15}{4}$

अब, $x^2+y^2=(x+y)^2-2xy$

$=(4)^2-2\times\frac{15}{4}=16-\frac{15}{2}=\frac{17}{2}$

$\therefore x^3+y^3=(x+y)(x^2+y^2-xy)$

$=4\left(\frac{17}{2}-\frac{15}{4}\right)=4\times\frac{34-15}{4}=19$

265. (a) $x+y+z=10$

तथा $xy+yz+zx=15$

हम जानते हैं कि, $(x+y+z)^2$

$=x^2+y^2+z^2+2(xy+yz+zx)$

$\Rightarrow \quad (10)^2 = x^2+y^2+z^2+2\times 15$

$x^2+y^2+z^2=100-30=70$

अब $x^3+y^3+z^3-3xyz$

$=10(70-15)=10\times 55=550$

266. (b) दिया है, $a^2+b^2+c^2=300$

तथा $\quad ab+bc+ca=50$

हम जानते हैं कि,

$\therefore (a+b+c)^2$

$=a^2+b^2+c^2+2(ab+bc+ca)$

$(a+b+c)^2=300+2\times 50$

$=300+100=400$

$\Rightarrow \quad a+b+c=20$

267. (c) $\left(\frac{x}{3}+\frac{y}{5}\right)^3=\left(\frac{x}{3}\right)^3+\left(\frac{y}{5}\right)^3+3\times\frac{x}{3}\times\frac{y}{5}\left(\frac{x}{3}+\frac{y}{5}\right)$

$=\frac{x^3}{27}+\frac{y^3}{125}+\frac{x^2y}{15}+\frac{xy^2}{25}$

268. (a) $1-64x^3-12x+px^2=(1-4x)^3$

$\Rightarrow 1-64x^3-12x+px^2$

$=1-64x^3-3\times 1\times 4x(1-4x)$

$\Rightarrow -12x+px^2=-12x+48x^2$

$px^2=48x^2 \Rightarrow p=48$

269. (c) $b+c=ax \Rightarrow x=\frac{b+c}{a}$

$c+a=by \Rightarrow y=\frac{c+a}{b}$

$a+b=cz \Rightarrow z=\frac{a+b}{c}$

तब, $x+1=\frac{b+c}{a}+1=\frac{a+b+c}{a}$

$\Rightarrow \frac{1}{x+1}=\frac{a}{a+b+c}$

इसी प्रकार,

$\frac{1}{y+1}=\frac{b}{a+b+c}$

तथा $\frac{1}{z+1}=\frac{c}{a+b+c}$

$\therefore \frac{1}{9}\left[\frac{1}{x+1}+\frac{1}{y+1}+\frac{1}{z+1}\right]$

$=\frac{1}{9}\left[\frac{a}{a+b+c}+\frac{b}{a+b+c}+\frac{c}{a+b+c}\right]$

$=\frac{1}{9}\left(\frac{a+b+c}{a+b+c}\right)=\frac{1}{9}$

270. (b) $x^2-4x+4=0$

$\Rightarrow \quad (x-2)^2=0$

$\Rightarrow \quad x=2$

$\therefore 16\left(x^4-\frac{1}{x^4}\right)=16\left(2^4-\frac{1}{2^4}\right)=16\left(16-\frac{1}{16}\right)$

$=16\times\left(\frac{256-1}{16}\right)=255$

271. (d) $a^3+\frac{1}{a^3}=52$

माना $\quad a+\frac{1}{a}=x$

दोनों पक्षों का वर्ग करने पर,

$a^2+\frac{1}{a^2}+2=x^2$

$\Rightarrow \quad a^2+\frac{1}{a^2}=x^2-2$

तब, $\quad a^3+\frac{1}{a^3}=\left(a+\frac{1}{a}\right)\left(a^2+\frac{1}{a^2}-1\right)$

$\Rightarrow 52=x(x^2-2-1) \quad \Rightarrow x^3-3x=52$

x का मान क्रमशः 1, 2, 3, 4, ... रख कर उत्तर की जाँच करने पर जब $x=4$

$x^3-3x=4^3-3\times 4=64-12=52$

$\therefore \quad a+\frac{1}{a}=4$ तथा $2\left(a+\frac{1}{a}\right)=4\times 2=8$

272. (d) $(x-3y)^3$

$=x^3-27y^3-3x\times 3y(x-3y)$

$=x^3-27y^3-9x^2y+27xy^2$

$\therefore$ x का गुणांक $=27y^2$

273. (a) $\because (a+b-2)^2+(b+c-5)^2+(c+a-5)^2=0$

$\therefore \quad a+b-2=0 \Rightarrow a+b=2 \quad$ ...(i)

$b+c-5=0 \Rightarrow b+c=5 \quad$ ...(ii)

$c+a-5=0 \Rightarrow c+a=5 \quad$ ...(iii)

समी (i) + (iii) − (ii) से,

$2a=2+5-5=2 \Rightarrow a=1$

अब, समी (i) से, $b=2-1=1, c=4$

$\therefore \sqrt{(b+c)^a+(c+a)^b-1}=\sqrt{(5)^1+(5)^1-1}$

$=\sqrt{10-1}=\sqrt{9}=3$

274. (b) $3^a=27^b=81^c \Rightarrow 3^a=3^{3b}=3^{4c}$

$\therefore \quad a=3b=4c=k$

$\therefore \quad a:b:c=12:4:3 \quad$ (माना)

$\Rightarrow \quad a=12, b=4, c=3$

अब, $12\left(\frac{1}{a}+\frac{1}{2b}+\frac{1}{5c}\right)=12\left(\frac{1}{12}+\frac{1}{2\times 4}+\frac{1}{5\times 3}\right)$

$=12\left(\frac{1}{12}+\frac{1}{8}+\frac{1}{15}\right)=12\left(\frac{10+15+8}{120}\right)$

$=12\times\frac{33}{120}=\frac{33}{10}$

275. (b) $(2x+y)^3$

$=(2x)^3+y^3+3\times 2x\times y(2x+y)$

$=8x^3+y^3+6xy(2x+y)$

$=8x^3+y^3+12x^2y+6xy^2$

$\therefore$ x^2 का गुणांक $=12y$

276. (c) $(a+b+c-d)^2-(a-b-c+d)^2$

$=(a+b+c-d+a-b-c+d)(a+b+c-d-a+b+c-d)$

$=2a(2b+2c-2d)=4a(b+c-d)$

277. (a) $\frac{x^2(x-4)^2}{(x+4)^2-4x}\div\frac{(x^2-4x)^3}{(x+4)^2}\times\frac{64-x^3}{16-x^2}$

$=\frac{x^2(x-4)^2}{x^2+16+8x-4x}\times\frac{(x+4)^2}{x^3(x-4)^3}\times\frac{4^3-x^3}{4^2-x^2}$

$=\frac{(x+4)^2}{(x^2+16+4x)(x-4)x}\times\frac{(4-x)(16+x^2+4x)}{(4+x)(4-x)}$

$=\frac{x+4}{x(x-4)}$

278. (d) $x^2-2\sqrt{5}x+1=0$

दोनों ओर x से भाग देने पर,

$x-2\sqrt{5}+\frac{1}{x}=0 \Rightarrow x+\frac{1}{x}=2\sqrt{5}$

दोनों ओर का वर्ग करने पर,

$x^2+\frac{1}{x^2}=20-2=18 \quad$ ...(i)

अब, $x^3+\frac{1}{x^3}=\left(x+\frac{1}{x}\right)\left(x^2+\frac{1}{x^2}-1\right)$

$=2\sqrt{5}(18-1)=2\sqrt{5}\times 17=34\sqrt{5} \quad$ ...(ii)

समी (i) का समी (ii) से गुणा करने पर,

$\left(x^2+\frac{1}{x^2}\right)\left(x^3+\frac{1}{x^3}\right)=18\times 34\sqrt{5}$

$\Rightarrow \quad x^5+x+\frac{1}{x}+\frac{1}{x^5}=612\sqrt{5}$

$\Rightarrow \quad x^5+\frac{1}{x^5}+x+\frac{1}{x}=612\sqrt{5}$

$\Rightarrow \quad x^5+\frac{1}{x^5}+2\sqrt{5}=612\sqrt{5}$

$\Rightarrow \quad x^5+\frac{1}{x^5}=612\sqrt{5}-2\sqrt{5}=610\sqrt{5}$

279. (b) $P=\frac{x^3+y^3}{(x-y)^2+3xy}$

$Q=\frac{(x+y)^2-3xy}{x^3-y^3}$

तथा $\quad R=\frac{(x+y)^2+(x-y)^2}{x^2-y^2}$

$\therefore\ P \div Q = \dfrac{x^3 + y^3}{(x-y)^2 + 3xy} \times \dfrac{x^3 - y^3}{(x+y)^2 - 3xy}$

$= \dfrac{(x+y)(x^2+y^2-xy)}{(x^2+y^2-2xy+3xy)} \times \dfrac{(x-y)(x^2+y^2+xy)}{(x^2+y^2+2xy-3xy)}$

$= \dfrac{(x+y)(x^2+y^2-xy)}{(x^2+y^2+xy)} \times \dfrac{(x-y)(x^2+y^2+xy)}{(x^2+y^2-xy)}$

$= (x+y)(x-y) = (x^2-y^2)$

$\therefore (P \div Q) \times R$

$= (x^2-y^2) \times \dfrac{(x+y)^2 + (x-y)^2}{(x^2-y^2)}$

$= x^2 + y^2 + 2xy + x^2 + y^2 - 2xy = 2(x^2+y^2)$

280. (a) $16a^4 + 36a^2b^2 + 81b^4 = 91$ ...(i)

तथा $4a^2 + 9b^2 - 6ab = 13$ ...(ii)

समी (ii) का वर्ग करने पर,

$(4a^2 + 9b^2 - 6ab)^2$

$= 16a^4 + 81b^4 + 36a^2b^2 + 72a^2b^2 - 108ab^3 - 48a^3b$

$\Rightarrow (13)^2 = 91 - 12ab(-6ab + 9b^2 + 4a^2)$

$\Rightarrow 169 = 91 - 12ab \times 13$

$\Rightarrow ab = \dfrac{91-169}{12 \times 13} = \dfrac{-78}{156} = -\dfrac{1}{2}$

$\therefore 3ab = -\dfrac{3}{2}$

281. (d) $2x^2 + y^2 + 8z^2 - 2\sqrt{2}xy + 4\sqrt{2}yz - 8zx = (Ax + y + Bz)^2$

$\Rightarrow (\sqrt{2}x)^2 + y^2 + (2\sqrt{2}z)^2 - 2\sqrt{2}xy + 4\sqrt{2}yz - 8zx = (Ax + y + Bz)^2$

$\Rightarrow (\sqrt{2}x - y - 2\sqrt{2}z)^2 = (Ax + y + Bz)^2$

$\Rightarrow (-\sqrt{2}x + y + 2\sqrt{2}z)^2 = (Ax + y + Bz)^2$

$\Rightarrow -\sqrt{2}x + y + 2\sqrt{2}z = Ax + y + Bz$

दोनों पक्षों की तुलना करने पर,

$A = -\sqrt{2}$ तथा $B = 2\sqrt{2}$

$\therefore A^2 + B^2 - AB = (-\sqrt{2})^2 + (2\sqrt{2})^2 - (-\sqrt{2})(2\sqrt{2})$

$= 2 + 8 + 4 = 14$

282. (c) $x + y + z = 3$

तथा $x^2 + y^2 + z^2 = 101$

तब, $(x+y+z)^2 = x^2 + y^2 + z^2 + 2(xy + yz + zx)$

$\Rightarrow (3)^2 = 101 + 2(xy + yz + zx)$

$\Rightarrow xy + yz + zx = \dfrac{9-101}{2} = \dfrac{-92}{2}$

$\Rightarrow xy + yz + zx = -46$

$\therefore \sqrt{x^3 + y^3 + z^3 - 3xyz}$

$= \sqrt{(x+y+z)(x^2+y^2+z^2-xy-yz-zx)}$

$= \sqrt{3(101+46)} = \sqrt{3 \times 147} = \sqrt{441} = 21$

283. (d) यदि, $2a + 2b + c = 0$

$2a + 2b = -c$

$\therefore \dfrac{4a^2 + 4b^2 + 4c^2}{5c^2 - 8ab}$

$= \dfrac{4a^2 + 4b^2 + 8ab - 8ab + 4c^2}{5c^2 - 8ab}$

$= \dfrac{(2a+2b)^2 - 8ab + 4c^2}{5c^2 - 8ab}$

$= \dfrac{(-c)^2 - 8ab + 4c^2}{5c^2 - 8ab} = \dfrac{5c^2 - 8ab}{5c^2 - 8ab} = 1$

284. (a) $a = (\sqrt{2}-1)^{\frac{1}{3}} \Rightarrow a^3 = \sqrt{2} - 1$

अब, $\left(a - \dfrac{1}{a}\right)^3 + 3\left(a - \dfrac{1}{a}\right)$

$= a^3 - \left(\dfrac{1}{a}\right)^3 - 3 \times a \times \dfrac{1}{a}\left(a - \dfrac{1}{a}\right) + 3\left(a - \dfrac{1}{a}\right)$

$= (\sqrt{2}-1) - \dfrac{1}{\sqrt{2}-1}$

$= \sqrt{2} - 1 - \dfrac{1}{\sqrt{2}-1} \times \dfrac{\sqrt{2}+1}{\sqrt{2}+1}$

$= \sqrt{2} - 1 - \left(\dfrac{\sqrt{2}+1}{2-1}\right)$

$= \sqrt{2} - 1 - \sqrt{2} - 1 = -2$

285. (b) $x^2 - 6x - 1 = 0$

$\Rightarrow x - 6 - \dfrac{1}{x} = 0 \Rightarrow x - \dfrac{1}{x} = 6$

दोनों ओर वर्ग करने पर,

$\left(x - \dfrac{1}{x}\right)^2 = 6^2 \Rightarrow x^2 + \dfrac{1}{x^2} - 2.x.\dfrac{1}{x} = 36$

$x^2 + \dfrac{1}{x^2} - 2 = 36 \Rightarrow x^2 + \dfrac{1}{x^2} - 2 - 6 = 36 - 6$

$\therefore x^2 + \dfrac{1}{x^2} - 8 = 30$

286. (b) माना लड़कों की संख्या $= x$

$\therefore$ लड़कियों की संख्या $= x + 8$

कुल विद्यार्थी $= 18$

$\therefore x + x + 8 = 18 \Rightarrow 2x = 10 \Rightarrow x = 5$

$\therefore$ लड़कों की संख्या $= 5$

तथा लड़कियों की संख्या $= 5 + 8 = 13$

लड़कों व लड़कियों की संख्या का गुणनफल $= 5 \times 13 = 65$

287. (c) $a^3 + b^3 + c^3 - 3abc = (a+b+c)[(a+b+c)^2 - 3(ab + bc + ca)]$

$= 13[13^2 - 3 \times 22]$

$= 13[169 - 66] = 13 \times 103 = 1339$

288. (d) $x^2 + 4y^2 + 2x + 1 = 0$

$2x^2 + 2x + 1 + 4y^2 = 0$

$\Rightarrow (x+1)^2 + 4y^2 = 0$

$\Rightarrow x + 1 = 0,\ 4y^2 = 0$

$x = -1,\ y = 0$

$\Rightarrow \therefore x^{39} + y^{36} = (-1)^{39} + 0 = -1$

289. (a) $\because a = 2, b = 3$

$\therefore (4a + 3b)(16a^2 - 12ab + 9b^2)$

$= (4a)^3 + (3b)^3 = 64a^3 + 27b^3$

$= 64 \times 8 + 27 \times 27$

$= 512 + 729 = 1241$

290. (a) $x^5 - 12x^4 + 12x^3 - 12x^2 + 12x - 1$

$= x^3(x^2 - 12x + 12) - 12x(x-1) - 1$

$= 11^3(11^2 - 12 \times 11 + 12) - 12 \times 11(11-1) - 1$

$= 1331(121 - 132 + 12) - 1320 - 1$

$= 1331 \times 1 - 1321 = 10$

291. (b) $\dfrac{a}{b} + \dfrac{b}{a} = 1 \Rightarrow \dfrac{a^2 + b^2}{ab} = 1$

$a^2 + b^2 = ab$ ...(i)

$\therefore \dfrac{a^3 + b^3}{3ab} = \dfrac{(a+b)(a^2 + b^2 - ab)}{3ab}$

$= \dfrac{(a+b)(ab - ab)}{3ab}$ {समी (i) से}

$= 0$

292. (a) प्रश्नानुसार,

$$\begin{array}{r} 2x^2 + (4+a)x + (11+2a) \\ x-2\overline{)\,2x^3 + ax^2 + 3x - 5} \\ \underline{\overset{-}{2x^3} \overset{+}{- 4x^2}} \\ 4x^2 + ax^2 + 3x \\ \underline{4x^2 + ax^2 - 8x - 2ax} \\ \scriptstyle - \quad - \quad + \quad + \\ 11x + 2ax - 5 \\ \underline{11x + 2ax - 22 - 4a} \\ \scriptstyle - \quad - \quad + \quad + \\ 4a + 17 \end{array}$$

$$\begin{array}{r} x^2 + 3x + 4 \\ \text{तथा } x-2\overline{)\,x^3 + x^2 - 2x + a} \\ \underline{x^3 - 2x^2} \\ \scriptstyle - \quad + \\ 3x^2 - 2x \\ \underline{3x^2 - 6x} \\ \scriptstyle - \quad + \\ 4x + a \\ \underline{4x - 8} \\ \scriptstyle - \quad + \\ 8 + a \end{array}$$

$\because$ शेषफल समान है।

$4a + 17 = 8 + a$

$3a = -9 \Rightarrow a = -3$

$\therefore$ अभीष्ट शेषफल $= 8 + a = 8 - 3 = 5$

293. (c) $(a-18)^2 + (b-12)^2 + (c-6)^2 = 0$

अब, $(a-18)^2 = 0 \Rightarrow a = 18$

$(b-12)^2 = 0 \Rightarrow b = 12$

तथा $(c-6)^2 = 0 \Rightarrow c = 6$

तो $(a+b+c)^{\frac{1}{2}} = (18 + 12 + 6)^{\frac{1}{2}} = \sqrt{36} = \pm 6$

294. (c) हम जानते हैं कि

$a^3 + b^3 + c^3 - 3abc = \dfrac{1}{2}(a+b+c)[(a-b)^2 + (b-c)^2 + (c-a)^2]$

तो, $x^3 + y^3 + z^3 - 3xyz = \dfrac{1}{2}(110 + 111 + 112)[110 - 111]^2 + (111 - 112)^2 + (112 - 110)^2]$

$= \dfrac{1}{2} \times 333 \times [(-1)^2 + (-1)^2 + 2^2]$

$= \dfrac{1}{2} \times 333 \times 6$

$= 333 \times 3 = 999$

295. (c) $a + 2b + 3c = 0$

हम जानते हैं, यदि $a + b + c = 0$

तो, $a^3 + b^3 + c^3 = 3abc$

अत: $(a^3 + (2b)^3 + (3c)^3) = 3 \times a \times 2b \times 3c$

$\Rightarrow a^3 + 8b^3 + 27c^3 = 18abc$

296. (b) $x + \frac{1}{x} = 2$

$x^2 + 1 = 2x \Rightarrow x^2 - 2x + 1 = 0$

$\Rightarrow \quad (x-1)^2 = 0 \qquad [\because (a-b)^2 = a^2 + b^2 - 2ab]$

$\therefore \quad x = 1$

अब, $\left(x^4 + \frac{4}{x^4}\right)\left(x^3 - \frac{4}{x^3}\right)$

$= (1+4)(1-4) = 5(-3) = -15$

स्पीडी विधि

दिया है, $x + \frac{1}{x} = 2$

$\therefore x = 1$ होगा

$\left(x^4 + \frac{1}{x^4}\right) + \left(x^3 - \frac{1}{x^3}\right) = (1+4)(1-4)$

$= 5 \times (-3) = -15$

297. (c) दिया है, $x = 3y + 4$

$\Rightarrow \quad x - 3y = 4 \Rightarrow (x - 3y)^3 = (4)^3$

$\Rightarrow (x)^3 - (3y)^3 - 3(x)(3y)(x - 3y) = 64$

$\Rightarrow x^3 - 27y^3 - 9xy \times 4 = 64$

$\therefore \quad x^3 - 27y^3 - 36xy = 64$

298. (b) दिया है, $\alpha + \beta + \gamma = 0$

माना $\alpha = 1, \beta = -1$ तथा $\gamma = 0$

अब, $\frac{3\beta^2 + \alpha^2 + y^2}{2\beta^2 - \alpha y}$

व्यंजक में, α, β तथा γ का मान रखने पर,

$\frac{3 \times (-1)^2 + (1)^2 + (0)^2}{2 \times (-1)^2 - 1 \times 0} = \frac{3+1}{2} = \frac{4}{2} = 2$

299. (c) समीकरण है,

$\frac{(143 \div 13 \times x - 3 \times 3)}{(6^2 - 7 \times 5 + x^2)} = 1$

$\Rightarrow \quad \frac{11x - 9}{1 + x^2} = 1$

$\Rightarrow \quad x^2 + 1 - 11x + 9 = 0$

$\Rightarrow \quad x^2 - 11x + 10 = 0$

$\Rightarrow \quad x^2 - 10x - x + 10 = 0$

$\Rightarrow x(x - 10) - 1(x - 10) = 0$

$\Rightarrow \quad (x - 1)(x - 10) = 0$

$\therefore x = 1$ या 10

विकल्प से, x का सम्भव मान = 1

300. (a) दिया है, $x > y$

प्रश्नानुसार, $x + y = 4(x - y)$

$\Rightarrow \quad x + y = 4x - 4y$

$\Rightarrow \quad 3x = 5y$

$\Rightarrow \quad x : y = 5 : 3$

माना $x = 5k$ तथा $y = 3k$

अब व्यंजक $= \frac{5xy}{3(x^2 - y^2)} = \frac{(5 \times 5 \times 3)k^2}{3 \times (5^2 - 3^2)k^2}$

$= \frac{5 \times 5 \times 3}{3 \times 16} = \frac{25}{16}$

301. (c) $(x - 2y)(y - 3x) + (x + y)(x - y) + (x - 3y)(2x + y)$

$= xy - 3x^2 - 2y^2 + 6xy + x^2 - y^2 + 2x^2 + xy - 6xy - 3y^2$

$= 3x^2 - 3x^2 - 6y^2 + 2xy = 2xy - 6y^2$

$= 2y(x - 3y)$

302. (b) $b + 2a - [(3b + a) - (2a + b) + 2a] - a$

$= b + 2a - [(3b + a - 2a - b + 2a)] - a$

$= b + 2a - (2b + a) - a$

$= b + 2a - 2b\ a - a = 2a - 2a - b = -b$

303. (a) $(a + b)^3 = (10)^3$

$\Rightarrow \quad a^3 + b^3 + 3ab(a + b) = 1000$

$\Rightarrow \quad a^3 + b^3 + 3 \times 6 \times 10 = 1000$

$\Rightarrow \quad a^3 + b^3 = 1000 - 180 = 820$

304. (b) $\frac{x}{y} + \frac{y}{x} = 1 \Rightarrow x^2 + y^2 = xy$

$\Rightarrow \quad (x + y)^2 - 2xy = xy \Rightarrow 4 = 3xy$

$\Rightarrow \quad xy = \frac{4}{3}$

$\because \ (x + y)^3 = x^3 + y^3 + 3xy(x + y)$

$\Rightarrow \quad (2)^3 = x^3 + y^3 + 3 \times \frac{4}{3} \times 2$

$\therefore \ x^3 + y^3 = 8 - 8 = 0$

305. (b) $r = 55$

$\therefore \quad r(r^2 + 3r + 3) = 55(55^2 + 3 \times 55 + 3)$

$= 55(3025 + 165 + 3)$

$= 55 \times 3193 = 175615$

306. (d) $a^2 + b^2 = 82, b^2 + c^2 = 65$

तब, $a = 9, b = 1, c = 8$

$\therefore \quad 2a + 7b - 3c = 2 \times 9 + 7 \times 1 - 3 \times 8$

$= 18 + 7 - 24 = 25 - 24 = 1$

307. (b) $x(x - 5) = -1$

$\Rightarrow \quad (x^2 - 5x)^3 = (-1)^3$

$\Rightarrow x^6 - 125x^3 - 3 \times x^2 \times 5x(x^2 - 5x) = -1$

$\Rightarrow \quad x^6 - 125x^3 - 15x^3 \times (-1) = -1$

$\Rightarrow \quad x^3(x^3 - 125 + 15) = -1$

$\Rightarrow \quad x^3(x^3 - 110) = -1$

308. (a) $x + y = 10 \qquad \ldots(i)$

$2xy = 48 \Rightarrow xy = 24$

$\therefore \quad (x - y)^2 = (x + y)^2 - 4xy$

$= (10)^2 - 4 \times 24 = 100 - 96 = 4$

$x - y = 2 \qquad \ldots(ii)$

समी (i) व (ii) से,

$2x = 12 \Rightarrow x = 6 \Rightarrow y = 4$

अत: $\quad 2x - y = 2 \times 6 - 4 = 12 - 4 = 8$

309. (a) $6x + 7y = 5xy \qquad \ldots(i)$

$10y - 4x = 4xy \qquad \ldots(ii)$

समी (i) में 2 से तथा समी (ii) में 3 से गुणा करने पर,

$12x + 14y = 10xy \qquad \ldots(iii)$

$30y - 12x = 12xy \qquad \ldots(iv)$

समी (iii) व (iv) को जोड़ने पर,

$44y = 22xy$

$x = 2$

समी (ii) में x का मान रखने पर,

$10y - 8 = 8y$

$2y = 8, \quad y = 4$

अत: $x = 2$ तथा $y = 4$

310. (b) $\because a + b + c = 0$

$\therefore \quad a^3 + b^3 + c^3 = 3abc$

अब, $\frac{a^2}{bc} + \frac{b^2}{ca} + \frac{c^2}{ab} = \frac{a^3 + b^3 + c^3}{abc} = \frac{3abc}{abc} = 3$

311. (c) $a^2 + b^2 = 82 \qquad \ldots(i)$

$ab = 9 \qquad \ldots(ii)$

$\therefore \quad (a + b)^2 = a^2 + b^2 + 2ab$

$= 82 + 2 \times 9 = 82 + 18 = 100$

$a + b = 10 \qquad \ldots(iii)$

$\therefore \quad a^3 + b^3 = (a + b)(a^2 + b^2 - ab)$

$= 10(82 - 9) = 10 \times 73 = 730$

312. (a) $(5\sqrt{5}x^3 - 3\sqrt{3}y^3) \div (\sqrt{5}x - \sqrt{3}y)$

$= (Ax^2 + By^2 + Cxy)$

$\therefore \quad \frac{(\sqrt{5}x)^3 - (\sqrt{3}y)^3}{\sqrt{5}x - \sqrt{3}y} = Ax^2 + By^2 + Cxy$

$\frac{(\sqrt{5}x - \sqrt{3}y)(5x^2 + 3y^2 + \sqrt{15}xy)}{\sqrt{5}x - \sqrt{3}y}$

$= Ax^2 + By^2 + Cxy$

$5x^2 + 3y^2 + \sqrt{15}xy = Ax^2 + By^2 + Cxy$

दोनों पक्षों की तुलना करने पर,

$A = 5, B = 3, C = \sqrt{15}$

$\therefore \quad (3A - B - \sqrt{15}C) = 3 \times 5 - 3 - \sqrt{15} \times \sqrt{15}$

$= 15 - 3 - 15 = -3$

313. (d) $x^4 + x^{-4} = 194$

$\Rightarrow x^4 + \frac{1}{x^4} + 2 = 194 + 2 \Rightarrow \left(x^2 + \frac{1}{x^2}\right)^2 = 196$

$\Rightarrow \quad x^2 + \frac{1}{x^2} = 14 \quad \Rightarrow x^2 + \frac{1}{x^2} + 2 = 14 + 2$

$\Rightarrow \quad \left(x + \frac{1}{x}\right)^2 = 16 \quad \Rightarrow \quad x + \frac{1}{x} = 4$

$\therefore \quad x + \frac{1}{x} + 2 = 4 + 2 = 6$

314. (a) $x + y + z = 17$

$xyz = 171$

और $\quad xy + yz + zx = 111$

$\because (x + y + z)^2 = x^2 + y^2 + z^2 + 2(xy + yz + zx)$

$x^2 + y^2 + z^2 = (17)^2 - 2 \times 111$

$= 289 - 222 = 67$

$\therefore x^3 + y^3 + z^3 - 3xyz = (x + y + z)$

$(x^2 + y^2 + z^2 - xy - yz - zx)$

$x^3 + y^3 + z^3 - 3 \times 171 = 17 \times (67 - 111)$

$x^3 + y^3 + z^3 = 513 - 748 = -235$

$\therefore \ \sqrt[3]{x^3 + y^3 + z^3 + xyz} = \sqrt[3]{-235 + 171}$

$= \sqrt[3]{-64} = -4$

315. (d) $x^2 - 3x + 1 = 0$

$\Rightarrow \quad x + \frac{1}{x} = 3 \qquad \ldots(i)$

दोनों ओर वर्ग करने पर,

$x^2 + \frac{1}{x^2} = 9 - 2 = 7 \qquad \ldots(ii)$

$\therefore \ x^3 + \frac{1}{x^3} = \left(x + \frac{1}{x}\right)\left(x^2 + \frac{1}{x^2} - 1\right)$

$= 3(7 - 1) = 3 \times 6$

$\Rightarrow x^3 + \frac{1}{x^3} = 18 \qquad \ldots(iii)$

अब, $\left(x^4 + \frac{1}{x^2}\right) \div (x^2 + 1) = \frac{x\left(x^3 + \frac{1}{x^3}\right)}{x\left(x + \frac{1}{x}\right)} = \frac{18}{3}$

$= 6$

316. (a) $x^2 + 8y^2 + 12y - 4xy + 9 = 0$

$\Rightarrow x^2 - 4xy + 4y^2 + 4y^2 + 12y + 9 = 0$

$\Rightarrow (x^2 - 2 \times x \times 2y + 4y^2) + (4y^2 + 2 \times 2y \times 3 + 9) = 0$

$\Rightarrow (x - 2y)^2 + (2y + 3)^2 = 0$

तब $(x - 2y)^2 = 0; (2y + 3)^2 = 0$

$\Rightarrow x - 2y = 0; 2y + 3 = 0$

$\Rightarrow x = 2y; 2y = -3$

$\Rightarrow x = -3; y = -\frac{3}{2}$

$\therefore (7x + 8y) = 7 \times (-3) + 8 \times \left(-\frac{3}{2}\right)$

$= -21 - 12 = -33$

317. (a) $a^2 + b^2 + c^2 + 216 = 12(a + b - 2c)$

$a^2 + b^2 + c^2 - 12a - 12b + 24c + 216 = 0$

$a^2 - 12a + 36 + b^2 - 12b + 36 + c^2 + 24c + 144 = 0$

$(a - 6)^2 + (b - 6)^2 + (c + 12)^2 = 0$

$\therefore (a - 6)^2 = 0 \Rightarrow a = 6$

$(b - 6)^2 = 0 \Rightarrow b = 6$

तथा $(c + 12)^2 = 0 \Rightarrow c = -12$

अत: $\sqrt{ab - bc + ca}$

$= \sqrt{6 \times 6 - 6 \times (-12) + (-12) \times 6}$

$= \sqrt{36 + 72 - 72} = \sqrt{36} = 6$

318. (d) $(2z - 5y)^2 + (5z + 2y)^2 - 25z^2$

$= 4z^2 + 25y^2 - 20yz + 25z^2 + 4y^2 + 20yz - 25z^2$

$= 29y^2 + 4z^2$

319. (b) $5x + ky - 2 = 0$ ...(i)

$(k + 1)x + 4y + 7 = 0$ ...(ii)

समी (i) तथा (ii) को समानान्तर रेखा होने के लिए,

$\frac{a_1}{a_2} = \frac{b_1}{b_2} \Rightarrow \frac{5}{k+1} = \frac{k}{4} \Rightarrow \frac{5}{k+1} = \frac{k}{4}$

$\Rightarrow k^2 + k - 20 = 0$

$\Rightarrow k^2 + 5k - 4k - 20 = 0$

$\Rightarrow k(k + 5) - 4(k + 5) = 0$

$\Rightarrow (k - 4)(k + 5) = 0$

$\therefore k = 4 \quad (\because k > 0)$

320. (c) प्रश्नानुसार,

(21 पेन्सिल + 9 कलम) का मूल्य = 276

$\therefore$ (7 पेन्सिल + 3 कलम) का मूल्य = 92 ...(i)

पुन: (6 पेन्सिल + 3 कलम) का मूल्य = 84 ...(ii)

समी (i) – (ii) से,

1 पेन्सिल का मूल्य = 92 – 84 = 8

समी (i) से, 7 × 8 + 3 कलमों का मूल्य = 92

$\Rightarrow$ 3 कलमों का मूल्य = 92 – 56 = 36

$\therefore$ 1 कलम का मूल्य $= \frac{36}{3} =$ ₹ 12

अत: (1 पेंसिल + 1 कलम) का मूल्य = 8 + 12 = ₹20

321. (a) माना नोटा के वोट = x

$\therefore$ तीनों उम्मीदवारों को प्राप्त वोट = $6x$

अब, पहले उपविजेता को प्राप्त वोट = $(x + 900)$

दूसरे उपविजेता को प्राप्त वोट = $(x + 900 - 150)$

$= (x + 750)$

$\therefore$ विजेता को प्राप्त वोट = $2(x + 750)$

$= (2x + 1500)$

अब, तीनों उम्मीदवारों को प्राप्त कुल वोट = $6x$

$(x + 900) + (x + 750) + 2x + 1500 = 6x$

$2x = 3150$

$\therefore x = 1575$

कुल वोट = $7x = 7 \times 1575 = 11025$

322. (c) माना संख्या = x

प्रश्नानुसार, $\frac{x + \frac{1}{x}}{2} = 2 \Rightarrow x + \frac{1}{x} = 4$

दोनों पक्षों का घन करने पर,

$x^3 + \frac{1}{x^3} + 3x \times \frac{1}{x}\left(x + \frac{1}{x}\right) = 64$

$\Rightarrow x^3 + \frac{1}{x^3} + 3 \times 4 = 64$

$\Rightarrow x^3 + \frac{1}{x^3} = 52$

अत: अभीष्ट औसत $= \frac{52}{2} = 26$

323. (a) $f(x) = 2x^3 - 3x^2 + 6x - 4$

शेषफल प्राप्त करने के लिए,

$2x - 3 = 0$

$x = \frac{3}{2}$ रखने पर,

$f\left(\frac{3}{2}\right) = 2 \times \left(\frac{3}{2}\right)^3 - 3 \times \left(\frac{3}{2}\right)^2 + 6 \times \frac{3}{2} - 4$

$f\left(\frac{3}{2}\right) = 2 \times \frac{27}{8} - 3 \times \frac{9}{4} + 9 - 4$

$= \frac{27}{4} - \frac{27}{4} + 9 - 4 = 5$

अत: अभीष्ट शेषफल = 5

324. (d) माना कुल सही प्रश्न = x

तब, गलत प्रश्न = $(160 - x)$

$\therefore$ प्रश्नानुसार, $4x - 1(160 - x) = 400$

$\Rightarrow 4x - 160 + x = 400$

$\Rightarrow 5x = 400 + 160$

$\Rightarrow x = \frac{560}{5} = 112$

$\therefore$ सही प्रश्नों की संख्या = 112

325. (d) प्रश्नानुसार,

$x + y + z = 15$ ...(i)

$2x - y + z = 12$ ...(ii)

और $x - y - z = -1$ ...(iii)

समी (i) और (iii) को जोड़ने पर,

$2x = 14$

$x = 7$ ...(iv)

समी (i) से, $y + z = 8$ ...(v)

समी (ii) से, $z - y = -2$ ...(vi)

समी (v) और (vi) को जोड़ने पर,

$2z = 6, z = 3$

$\therefore$ समी (v) से,

$\therefore y = 5$

अत: $x = 7, y = 5$

तथा $z = 3$

326. (b) रेखाओं के समीकरण

$x + y = 2$ ...(i)

$2x - y = 1$ ...(ii)

समी (i) व (ii) से,

$x = 1$

$\therefore y = 1$ [$\because$ समी (i) से]

$\because (x, y) = (1, 1)$ बिन्दु, $y = kx + 5$ पर स्थित है।

$\therefore$ ये बिन्दु इसको सन्तुष्ट करेंगे।

$\therefore 1 = k \times 1 + 5 \Rightarrow k = -4$

327. (a) $\frac{(x^2 - 9)(9x^2 - 1)}{\left(x - \frac{1}{3}\right) \times \left(1 - \frac{x}{3}\right)} \times \frac{9}{\left(x + \frac{1}{3}\right)\left(1 + \frac{x}{3}\right)}$

$= \frac{(x + 3)(x - 3)(3x + 1)(3x - 1) \times 9}{\frac{(3x - 1)(3 - x)}{3 \times 3} \times \frac{(3x + 1)(x + 3)}{3 \times 3}}$

$= -9 \times 3 \times 3 \times 3 \times 3 = -729$

328. (d) $(a + 2b)^2 = (a - 2b)^2 + 4 \times 2ab$

$= 8^2 + 4 \times 9 = 64 + 36$

$(a + 2b)^2 = 100$

अत: $a + 2b$ का मान = 10

329. (d) $\sqrt[3]{0.08 \times 0.8 \times p} = 0.008 \times 0.8 \times \sqrt[3]{q}$

$\Rightarrow \sqrt[3]{\frac{p}{q}} = \frac{64 \times 10^{-4}}{0.4} \Rightarrow \sqrt[3]{\frac{p}{q}} = 16 \times 10^{-3}$

$\frac{p}{q} = 16 \times 16 \times 16 \times 10^{-3 \times 3} = 8^4 \times 10^{-9}$

अत: अभीष्ट मान $8^4 \times 10^{-9}$ है।

330. (a) माना A और B के पास x और y सन्तरे हैं।

प्रश्नानुसार, $x + 10 = 2(y - 10)$

$x - 2y = -30$ ...(i)

तथा $x - 10 = y + 10$

$x - y = 20$ ...(ii)

समी (i) व समी (ii) से, $x = 70$

अत: A के पास 70 सन्तरे हैं।

331. (b) माना 1 कुर्सी और 1 मेज का मूल्य क्रमश: ₹ x और ₹y हैं।

$\therefore 4x + 3y = 2100$ ...(i)

और $5x + 2y = 1750$ ...(ii)

समी (i) व समी (ii) को हल करने पर,

$x = 150$

अत: 1 कुर्सी का मूल्य ₹150 है।

332. (c) दिया है, $p^2 - 4p - 1 = 0$

$\left(p - \frac{1}{p}\right) = 4$ ...(i)

दोनों ओर का वर्ग करने पर,

$p^2 + \frac{1}{p^2} = 16 + 2 = 18$ ...(ii)

अब, $p^2 + 3p + \frac{1}{p^2} - \frac{3}{p}$

$= \left(p^2 + \frac{1}{p^2}\right) + 3\left(p - \frac{1}{p}\right)$

$= 18 + 3 \times 4 = 18 + 12 = 30$

333. (b) दिया है, $a^2 + b^2 + c^2 = 160$ ...(i)

$a + b + c = 16$ ...(ii)

$\therefore (a + b + c)^2 = (16)^2$

$\Rightarrow a^2 + b^2 + c^2 + 2(ab + bc + ca) = 256$

$\Rightarrow 160 + 2(ab + bc + ca) = 256$

$\Rightarrow 2(ab + bc + ca) = 256 - 160 = 96$

$\therefore ab + bc + ca = \frac{96}{2} = 48$

334. (a) $\frac{1}{8}\left[\frac{1}{b-1}-\frac{1}{b+1}-\frac{2}{b^2+1}-\frac{4}{b^4+1}\right]$

$=\frac{1}{8}\left[\frac{b+1-b+1}{b^2-1}-\frac{2}{b^2+1}-\frac{4}{b^4+1}\right]$

$=\frac{1}{8}\left[\frac{2}{b^2-1}-\frac{2}{b^2+1}-\frac{4}{b^4+1}\right]$

$=\frac{1}{8}\left[\frac{2(b^2+1-b^2+1)}{b^4-1}-\frac{4}{b^4+1}\right]$

$=\frac{1}{8}\left[\frac{4}{b^4-1}-\frac{4}{b^4+1}\right]=\frac{1}{8}\left[\frac{4(b^4+1-b^4+1)}{b^8-1}\right]$

$=\frac{1}{8}\left[\frac{4\times2}{b^8-1}\right]=\frac{1}{b^8-1}$

335. (a) माना दो संख्याएँ क्रमश: a व b हैं।

प्रश्नानुसार,

$\therefore \quad a^3+b^3=10234 \quad ...(i)$

$a+b=34 \quad ...(ii)$

$\because \quad (a+b)^3=a^3+b^3+3ab(a+b)$

समी (i) व (ii) से मान रखने पर,

$(34)^3=10234+3\times34ab$

$\Rightarrow \quad 39304-10234=102\,ab$

$\Rightarrow \quad ab=\frac{29070}{102} \Rightarrow ab=285$

अब, $(a-b)^2=(a+b)^2-4ab$

$=34^2-4\times285=1156-1140=16$

$\therefore \quad a-b=4 \quad ...(iii)$

समी (ii) व (iii) को हल करने पर,

$a=19 \Rightarrow b=15$

$\therefore \quad a^3-b^3=19^3-15^3$

$=6859-3375=3484$

336. (d) $3y+\frac{3}{y}=8 \Rightarrow \left(3y+\frac{3}{y}\right)^2=8^2$

$\Rightarrow \quad 9y^2+\frac{9}{y^2}+2\times3y\times\frac{3}{y}=64$

$\Rightarrow \quad 9\left(y^2+\frac{1}{y^2}\right)=64-18=46$

$\Rightarrow \quad y^2+\frac{1}{y^2}=\frac{46}{9}=5\frac{1}{9}$

337. (d) $x-\sqrt{9.76}\,x+1=0$

$x+\frac{1}{x}=\sqrt{9.76} \Rightarrow x^2+\frac{1}{x^2}+2=9.76$

$\Rightarrow \quad x^2+\frac{1}{x^2}=9.76-2=7.76$

$\Rightarrow \left(x-\frac{1}{x}\right)^2=7.76-2=5.76$

$\Rightarrow \quad \left(x-\frac{1}{x}\right)=\sqrt{5.76}=2.4$

$\because \quad \left(x-\frac{1}{x}\right)^3=x^3-\frac{1}{x^3}-3\left(x-\frac{1}{x}\right)$

$(2.4)^3=x^3-\frac{1}{x^3}-3\times2.4$

$\therefore \quad x^3-\frac{1}{x^3}=13.824+7.2=21.024$

338. (c) $2x+5y=15$ तथा $xy=6$

$(2x+5y)^2=4x^2+25y^2+20xy$

$\Rightarrow \quad (15)^2=4x^2+25y^2+20\times6$

$\Rightarrow \quad 4x^2+25y^2=225-120=105$

339. (c) $x=(\sqrt{6}-1)^{\frac{1}{3}}$

$\therefore \quad x^3=\sqrt{6}-1$

$\therefore \quad \left(x-\frac{1}{x}\right)^3+3\left(x-\frac{1}{x}\right)=x^3-\frac{1}{x^3}$

$=\sqrt{6}-1-\frac{1}{\sqrt{6}-1}=\frac{6+1-2\sqrt{6}-1}{\sqrt{6}-1}$

$=\frac{6-2\sqrt{6}}{\sqrt{6}-1}\times\frac{\sqrt{6}+1}{\sqrt{6}+1}=\frac{6\sqrt{6}-12+6-2\sqrt{6}}{6-1}$

$=\frac{4\sqrt{6}-6}{5}$

340. (a) $4x^2-y^2+6y-9$

$=4x^2-(y^2-6y+9)=(2x)^2-(y-3)^2$

$=(2x+y-3)(2x-y+3)$

341. (d) $\left(x-\frac{1}{x-2}\right)=7$

$\Rightarrow \quad (x-2)-\left(\frac{1}{x-2}\right)=7-2=5$

दोनों पक्षों का घन करने पर,

$\left[(x-2)-\left(\frac{1}{x-2}\right)\right]^3=5^3$

$\Rightarrow (x-2)^3-\left(\frac{1}{x-2}\right)^3-3(x-2)\times\frac{1}{(x-2)}$

$\left[(x-2)-\left(\frac{1}{x-2}\right)\right]=125$

$\Rightarrow \quad (x-2)^3-\left(\frac{1}{x-2}\right)^3-3$

$\left[\left(x-\frac{1}{x-2}\right)-2\right]=125$

$\Rightarrow (x-2)^3-\left(\frac{1}{x-2}\right)^3-3[7-2]=125$

$\Rightarrow \quad (x-2)^3-\left(\frac{1}{x-2}\right)^3-15=125$

$\therefore \quad (x-2)^3-\left(\frac{1}{x-2}\right)^3=125+15=140$

342. (b) $\frac{x^3+y^3+z^3-3xyz}{(x-y)^2+(y-z)^2+(z-x)^2}$

$=\frac{\frac{1}{2}(x+y+z)[(x-y)^2+(y-z)^2+(z-x)^2]}{[(x-y)^2+(y-z)^2+(z-x)^2]}$

$=\frac{1}{2}(x+y+z)$

343. (b) $x+\frac{2}{x}=1$

$\therefore \quad \frac{x^2+7x+2}{x^2+13x+2}=\frac{x\left(x+7+\frac{2}{x}\right)}{x\left(x+13+\frac{2}{x}\right)}$

$=\frac{\left(x+\frac{2}{x}+7\right)}{\left(x+\frac{2}{x}+13\right)}=\frac{1+7}{1+13}=\frac{8}{14}=\frac{4}{7}$

344. (b) $(a+b)^2=a^2+b^2+2ab$

एक सर्वसमिका है।

345. (c) $\sqrt{\frac{a}{b}}=\frac{8}{3}-\sqrt{\frac{b}{a}} \quad ...(i)$

और $\quad a-b=10 \quad ...(ii)$

समी (i) से, $\sqrt{\frac{a}{b}}+\sqrt{\frac{b}{a}}=\frac{8}{3}$

दोनों ओर का वर्ग करने पर,

$\frac{a}{b}+\frac{b}{a}+2=\frac{64}{9}$

$\Rightarrow \quad \frac{a^2+b^2}{ab}=\frac{64}{9}-2=\frac{46}{9} \Rightarrow a^2+b^2=\frac{46}{9}ab$

$\Rightarrow \quad a^2+b^2-2ab=\frac{46}{9}ab-2ab$

$\Rightarrow \quad (a-b)^2=\frac{28}{9}ab$

$\Rightarrow \quad (10)^2=\frac{28}{9}ab \quad$ [समी (i) और (ii)]

$\Rightarrow \quad ab=100\times\frac{9}{28}=\frac{225}{7}$

$\therefore \quad ab=32\frac{1}{7}$

346. (a) $5x+3y=15 \quad ...(i)$

तथा $\quad 2xy=6 \quad ...(ii)$

अब, $\quad (5x-3y)^2=(5x+3y)^2-4(5x)(3y)$

$=(15)^2-60\left(\frac{6}{2}\right) \quad$ [समी (i) व (ii) से,]

$(5x-3y)^2=225-180=45$

$\therefore (5x-3y)=\sqrt{45}=3\sqrt{5}$

347. (d) $x+\frac{1}{x}=7$

$\Rightarrow \quad x^2+\frac{1}{x^2}=49-2=47$

348. (d) $2x+\frac{2}{x}=5 \Rightarrow x+\frac{1}{x}=\frac{5}{2} \quad ...(i)$

दोनों तरफ घन करने पर,

$\left(x+\frac{1}{x}\right)^3=\left(\frac{5}{2}\right)^3$

$\Rightarrow \quad x^3+\frac{1}{x^3}+3x.\frac{1}{x}\left(x+\frac{1}{x}\right)=\frac{125}{8}$

समी (i) से,

$x^3+\frac{1}{x^3}+3\left(\frac{5}{2}\right)=\frac{125}{8}$

$\therefore \quad x^3+\frac{1}{x^3}=\frac{65}{8}$

अब, $\left(x^3+\frac{1}{x^3}+2\right)=\frac{65}{8}+2=\frac{65+16}{8}=\frac{81}{8}$

स्पीडी विधि

$x=2$ रखने पर,

$2x+\frac{2}{x}=2\times2+\frac{2}{2}=5$

$\therefore x^3+\frac{1}{x^3}+2=2^3+\frac{1}{2^3}+2$

$=\frac{64+1+16}{8}=\left(\frac{81}{8}\right)$

349. (b) $\left(k+\frac{1}{k}\right)\left(k-\frac{1}{k}\right)\left(k^2+\frac{1}{k^2}\right)\left(k^4+\frac{1}{k^4}\right)$

$=\left(k^2-\frac{1}{k^2}\right)\left(k^2+\frac{1}{k^2}\right)\left(k^4+\frac{1}{k^4}\right)$

$=\left(k^4-\frac{1}{k^4}\right)\left(k^4+\frac{1}{k^4}\right)=k^8-\frac{1}{k^8}$

350. (d) $x-\frac{1}{x}=4$

दोनों पक्षों का घन करने पर,

$$x^3 - \frac{1}{x^3} - 3 \times x \times \frac{1}{x}\left(x - \frac{1}{x}\right) = 64$$

$\Rightarrow x^3 - \frac{1}{x^3} - 3 \times 4 = 64 \Rightarrow x^3 - \frac{1}{x^3} = 76$

दोनों पक्षों का वर्ग करने पर,

$x^6 + \frac{1}{x^6} - 2 = 5776 \Rightarrow x^6 + \frac{1}{x^6} = 5776 + 2$

$\therefore \quad x^6 + \frac{1}{x^6} = 5778$

351. (b) $(a + b) = 16$ और $a^3 + b^3 = 1456$

$\therefore (a + b)^3 = a^3 + b^3 + 3ab\,(a + b)$

$\Rightarrow \quad (16)^3 = 1456 + 3ab\,(16)$

$\therefore \quad ab = \frac{4096 - 1456}{3\,(16)} = \frac{2640}{48} = 55$

352. (a) $\frac{k}{k^2 - 2k + 1} = \frac{1}{6}$

$\Rightarrow \frac{k^2 - 2k + 1}{k} = \frac{6}{1} \Rightarrow k - 2 + \frac{1}{k} = 6$

$\Rightarrow \quad \left(k + \frac{1}{k}\right) = 8$

दोनों पक्षों का घन करने पर,

$k^3 + \frac{1}{k^3} + 3k \cdot \frac{1}{k}\left(k + \frac{1}{k}\right) = (8)^3$

$\Rightarrow \quad k^3 + \frac{1}{k^3} = 512 - 24$

$k^3 + \frac{1}{k^3} = 488$

353. (d) $m - \frac{1}{m} = 7 \Rightarrow m^2 + \frac{1}{m^2} = 49 + 2$

$\therefore \quad m^2 + \frac{1}{m^2} = 51$

354. (a) $\frac{1+x}{1-x^2} \div \frac{1+x}{1-x^4} - \frac{1-x^4}{1-x} \times \frac{(1+x)}{1-x^2}$

$= \frac{(1+x)}{(1+x)(1-x)} \div \frac{1+x}{(1+x^2)(1-x^2)} - \frac{(1+x^2)(1-x^2)}{1-x} \times \frac{1+x}{(1+x)(1-x)}$

$= \frac{1}{1-x} \div \frac{1+x}{(1+x)(1-x)(1+x^2)} - \frac{(1+x^2)(1+x)(1-x)}{(1-x)} \times \frac{1}{1-x}$

$= \frac{1}{1-x} \times (1-x)(1+x^2) - (1+x^2)(1+x) \times \frac{1}{(1-x)}$

$= (1+x^2) - (1+x^2)(1+x) \times \frac{1}{(1-x)}$

$= (1+x^2)\left[1 - (1+x) \times \frac{1}{1-x}\right]$

$= (1+x^2)\left[\frac{1-x-1-x}{1-x}\right] = (1+x^2)\left[\frac{-2x}{1-x}\right]$

$= \frac{2x(1+x^2)}{(x-1)}$

355. (c) $a = 12,\ b = -7,\ c = -5$

यहाँ $a + b + c = 12 - 7 - 5 = 0$

तब, $a^3 + b^3 + c^3 = 3abc$

$= 3 \times 12 \times (-7) \times (-5) = 1260$

356. (b) माना संख्या $= x$

तब, उसका व्युत्क्रम $= \frac{1}{x}$

प्रश्नानुसार,

$x + \frac{1}{x} = 4 \Rightarrow x^2 + \frac{1}{x^2} = 16 - 2 = 14$

357. (d) $a + b + c = 0$

$\Rightarrow a^2 + b^2 + c^2 + 2\,(ab + bc + ca) = 0$

$\Rightarrow 40 + 2\,(ab + bc + ca) = 0$

$\Rightarrow \quad ab + bc + ca = -20$

358. (d) $x + \frac{1}{x} = \frac{K}{2}$

दोनों पक्षों का वर्ग करने पर,

$\left(x + \frac{1}{x}\right)^2 = \left(\frac{K}{2}\right)^2 \Rightarrow x^2 + \frac{1}{x^2} = \frac{K^2}{4} - 2$

पुनः दोनों पक्षों का वर्ग करने पर,

$\left(x^2 + \frac{1}{x^2}\right)^2 = \left(\frac{K^2}{4} - 2\right)^2$

$\Rightarrow x^4 + \frac{1}{x^4} = \frac{K^4}{16} + 4 - K^2 - 2$

$\Rightarrow \quad \frac{x^8 + 1}{x^4} = \frac{K^4}{16} - K^2 + 2$

$\Rightarrow \quad \frac{x^8 + 1}{x^4} = \frac{K^4 - 16K^2 + 32}{16}$

359. (b) $a^2 + b^2 + c^2 = 62$ और $a + b + c = 12$

$\Rightarrow \quad (a + b + c)^2 = 12^2$

$\Rightarrow a^2 + b^2 + c^2 + 2(ab + bc + ca) = 144$

$\Rightarrow 2(ab + bc + ca) = 144 - 62 = 82$

$\Rightarrow \quad ab + bc + ca = 41$

अतः $4ab + 4bc + 4ca = 4(ab + bc + ca)$

$= 4 \times 41 = 164$

360. (b) $k + \frac{1}{k} = -3$

$\left(\frac{k^6 + 1}{k^3}\right) + \left(\frac{k^4 + 1}{k^2}\right)$

$= \left(k^3 + \frac{1}{k^3}\right) + \left(k^2 + \frac{1}{k^2}\right)$

$= \left(k + \frac{1}{k}\right)^3 - 3k \times \frac{1}{k}\left(k + \frac{1}{k}\right) + \left(k + \frac{1}{k}\right)^2 - 2 \times k \times \frac{1}{k}$

$= (-3)^3 - 3(-3) + (-3)^2 - 2$

$= -27 + 9 + 9 - 2 = -11$

361. (d) $P + \frac{1}{P} = 5$

दोनों ओर घन करने पर,

$P^3 + \frac{1}{P^3} + 3P \times \frac{1}{P}\left(P + \frac{1}{P}\right) = 5^3$

$\Rightarrow \quad P^3 + \frac{1}{P^3} + 3(5) = 125$

$\Rightarrow \quad P^3 + \frac{1}{P^3} = 125 - 15 = 110$

स्पीडी विधि

यदि $x + \frac{1}{x} = N$ तो $x^3 + \frac{1}{x^3} = N^3 - 3N$

यदि $P + \frac{1}{P} = 5$ तो $P^3 + \frac{1}{P^3} = ?$

यहाँ $N = 5 \Rightarrow N^3 - 3N = 5^3 - 3 \times 5$

$= 125 - 15 = 110$

362. (d) $a^3 = b^3 + 988$ तथा $a - b = 4$

$\Rightarrow \quad a^3 - b^3 = 988$

$\Rightarrow (a - b)\,(a^2 + b^2 + ab) = 988$

$\Rightarrow \quad 4(a^2 + b^2 + ab) = 988$

$\Rightarrow \quad a^2 + b^2 + ab = 247$

तब, $\quad 2(a^2 + b^2 + ab) = 247 \times 2$

$\Rightarrow \quad 2a^2 + 2b^2 + 2ab = 494$

363. (c) $a^2 + b^2 + c^2 - 2ab - 2bc + 2ca$

$= a^2 + b^2 - 2ab + c^2 + 2ca - 2bc$

$= (a - b + c)^2$

364. (b) $a + \frac{1}{a} = 2$

$\Rightarrow \quad a^2 + \frac{1}{a^2} = 4 - 2 = 2$ तथा $b + \frac{1}{b} = -2$

$\Rightarrow \quad b^2 + \frac{1}{b^2} = 4 - 2 = 2$

अब, $a^2 + \frac{1}{a^2} + b^2 + \frac{1}{b^2} = 2 + 2 = 4$

365. (d) $x^2 + 4y^2 + z^2 - 4xy + 4yz - 2xz$

$= (-x)^2 + (2y)^2 + z^2 - 2 \times x \times 2y + 2 \times 2y \times z - 2 \times x \times z$

$= (2y + z - x)^2$

366. (c) $2p + 5q = 12,\ pq = 3$

$2p + 5q = 12$

$\Rightarrow \quad (2p + 5q)^2 = 12^2$

$\Rightarrow 4p^2 + 25q^2 + 2 \times 2p \times 5q = 144$

$\Rightarrow \quad 4p^2 + 25q^2 + 20 \times pq = 144$

$\Rightarrow \quad 4p^2 + 25q^2 = 144 - 20 \times 3$

$\Rightarrow \quad 4p^2 + 25q^2 = 144 - 60 = 84$

367. (a) $a - b = 5$

$\Rightarrow \quad (a - b)^2 = 5^2$

$\Rightarrow \quad a^2 + b^2 - 2ab = 25$

$\Rightarrow \quad a^2 + b^2 - 2 \times 150 = 25$

$\Rightarrow a^2 + b^2 = 25 + 300 = 325$

अब, $(a^3 - b^3) = (a - b)(a^2 + b^2 + ab)$

$= 5 \times (325 + 150) = 5 \times 475 = 2375$

368. (b) $\left(\frac{1 + x^2}{1 - x}\right) \div \left(\frac{1 - x^4}{x - 1}\right) \times \frac{x\,(1 - x)}{(1 + x)}$

$= \frac{1 + x^2}{1 - x} \times \frac{x - 1}{1 - x^4} \times \frac{x\,(1 - x)}{(1 + x)}$

$= \frac{(1 + x^2)}{(1 - x)} \times \frac{-(1 - x)}{(1 - x^2)\,(1 + x^2)} \times \frac{x\,(1 - x)}{(1 + x)}$

$= -\frac{1}{(1 - x^2)} \times \frac{x\,(1 - x)}{(1 + x)}$

$= -\frac{1}{(1 + x)\,(1 - x)} \times \frac{x\,(1 - x)}{(1 + x)} = -\frac{x}{(1 + x)^2}$

369. (c) $8x^2 + 9x + 8 = 0$

$\Rightarrow \quad x + \frac{1}{x} = -\frac{9}{8}$

दोनों पक्षों का वर्ग करने पर,

$x^2 + \frac{1}{x^2} + 2 = \frac{81}{64}$

$\Rightarrow \quad x^2 + \frac{1}{x^2} = \frac{81}{64} - 2 = \frac{-47}{64}$

$\therefore x^3 + \frac{1}{x^3} = \left(x + \frac{1}{x}\right)\left(x^2 + \frac{1}{x^2} - 1\right)$

$= \left(-\frac{9}{8}\right)\left(\frac{-47}{64} - 1\right) = \left(\frac{-9}{8}\right) \times \left(-\frac{111}{64}\right) = \frac{999}{512}$

370. (d) $x + y = 14$

तब, $x^3 + y^3 + 42xy$
$= (x + y)(x^2 + y^2 - xy) + 42xy$
$= 14(x^2 + y^2 - xy) + 42xy$
$= 14x^2 + 14y^2 - 14xy + 42xy$
$= 14x^2 + 14y^2 + 28xy$
$= 14(x^2 + y^2 + 2xy)$
$= 14(x + y)^2 = 14 \times 14^2 = 2744$

371. (c) $p^4 = 4354 - \frac{1}{p^4}$

$\Rightarrow p^4 + \frac{1}{p^4} = 4354$

$\Rightarrow p^4 + \frac{1}{p^4} + 2 = 4354 + 2$

$\Rightarrow \left(p^2 + \frac{1}{p^2}\right)^2 = 4356 = (66)^2$

$\therefore \quad p^2 + \frac{1}{p^2} = 66 \quad \ldots(i)$

$\Rightarrow \quad p^2 + \frac{1}{p^2} - 2 = 66 - 2$

$\Rightarrow \quad \left(p - \frac{1}{p}\right)^2 = 64 = (8)^2$

$\Rightarrow \quad p - \frac{1}{p} = 8 \quad \ldots(ii)$

अब, $p^3 - \frac{1}{p^3} = \left(p - \frac{1}{p}\right)\left(p^2 + \frac{1}{p^2} + 1\right)$

$= 8(66 + 1) = 8 \times 67 = 536$

372. (b) $\frac{a}{b} + \frac{b}{a} = -1$

$\Rightarrow \quad \frac{a^2 + b^2}{ab} = -1 \Rightarrow a^2 + b^2 = -ab$

$\Rightarrow \quad a^2 + b^2 + ab = 0 \quad \ldots(i)$

अब $6(a^3 - b^3) = 6[(a - b)(a^2 + b^2 + ab)]$

$= 6[(a - b) \times 0] = 0$ [समी (i) से]

373. (c) $8x^3 + 27y^3 + 64z^3 = 72xyz$

$\Rightarrow (2x)^3 + (3y)^3 + (4z)^3 - 3(2x)(3y)(4z) = 0$

$\therefore \quad 2x + 3y + 4z = 0$

$2x + 3y = -4z$

374. (c) $x^2 + 4y^2 = 40 \Rightarrow xy = 6$

$\therefore (x - 2y)^2 = x^2 + 4y^2 - 4xy$

$= 40 - 4 \times 6 = 40 - 24 = 16$

$\therefore \quad x - 2y = 4$

375. (b) $x^2 + \frac{1}{x^2} - 2 = 83 - 2$

$\Rightarrow \left(x - \frac{1}{x}\right)^2 = 81$

$\therefore \quad x - \frac{1}{x} = 9$

यदि $x - \frac{1}{x} = N$ तो $x^3 - \frac{1}{x^3} = N^3 + 3N$

$= (9)^3 + 3 \times 9 = 729 + 27 = 756$

376. (a) $x^2 + (4 - \sqrt{3})x - 1 = 0$

$\Rightarrow \quad x^2 - 1 = -(4 - \sqrt{3})x$

$\Rightarrow \quad x - \frac{1}{x} = -(4 - \sqrt{3})$

$\Rightarrow \quad \left(x - \frac{1}{x}\right)^2 = [-(4 - \sqrt{3})]^2$

$\Rightarrow \quad x^2 + \frac{1}{x^2} - 2 = 4^2 + (\sqrt{3})^2 - 2 \times 4\sqrt{3}$

$\Rightarrow \quad x^2 + \frac{1}{x^2} = 16 + 3 - 8\sqrt{3} + 2$

$\therefore \quad x^2 + \frac{1}{x^2} = 21 - 8\sqrt{3}$

377. (d) $x^6 - 6\sqrt{6}y^6 = (x^2 + Ay^2)(x^4 + Bx^2y^2 + Cy^4)$

$(x^2)^3 - (\sqrt{6}y^2)^3 = (x^2 + Ay^2)(x^4 + Cy^4 + Bx^2y^2)$

$\therefore (x^2 - \sqrt{6}y^2)(x^4 + 6y^4 + \sqrt{6}x^2y^2)$
$= (x^2 + Ay^2)(x^4 + Cy^4 + Bx^2y^2)$

दोनों पक्षों की तुलना करने पर,

$A = -\sqrt{6}, B = \sqrt{6}, C = 6$

$\therefore (A^2 - B^2 + C^2) = (-\sqrt{6})^2 - (\sqrt{6})^2 + (6)^2$
$= 6 - 6 + 36 = 36$

378. (a) $\left(x - \frac{2}{x}\right)^3 - \left(x + \frac{2}{x}\right)^3$

$= x^3 - \left(\frac{2}{x}\right)^3 - 3 \times x \times \frac{2}{x} \times \left(x - \frac{2}{x}\right) - \left[x^3 + \left(\frac{2}{x}\right)^3 + 3 \times x \times \frac{2}{x} \times \left(x + \frac{2}{x}\right)\right]$

$= x^3 - \frac{8}{x^3} - 6x + \frac{12}{x} - x^3 - \frac{8}{x^3} - 6x - \frac{12}{x}$

$= -\frac{16}{x^3} - 12x$

$\Rightarrow -4\left(3x + \frac{4}{x^3}\right)$

379. (d) $a + b = p, ab = q$

$\therefore a^4 + b^4 = (a^2 + b^2)^2 - 2a^2b^2$
$= [\{(a + b)^2 - 2ab\}^2 - 2a^2b^2]$
$= [\{p^2 - 2q\}^2 - 2q^2]$
$= [p^4 + 4q^2 - 4p^2q - 2q^2]$
$= p^4 - 4p^2q + 2q^2$

380. (c) $\frac{x^4 + x^2 + 1}{x^2 + x + 1}$

$= \frac{x^4 + x^2 + 1}{x^2 + 1 + x} \times \frac{x^2 + 1 - x}{x^2 + 1 - x}$

$= \frac{(x^4 + x^2 + 1)(x^2 + 1 - x)}{(x^2 + 1)^2 - (x)^2}$

$= \frac{(x^4 + x^2 + 1)(x^2 - x + 1)}{x^4 + 1 + 2x^2 - x^2}$

$= \frac{(x^4 + x^2 + 1)(x^2 - x + 1)}{x^4 + x^2 + 1} = x^2 - x + 1$

381. (b) $a^2 + 49b^2 + c^2 + 18$
$= 2(28b - c - a)$

$\Rightarrow a^2 + (7b)^2 + c^2 + 18 = 56b - 2c - 2a$

$\Rightarrow a^2 + 2a + 1 + (7b)^2 - 56b + (4)^2 + c^2 + 2c + 1 = 0$

$\Rightarrow (a + 1)^2 + (7b - 4)^2 + (c + 1)^2 = 0$

$\therefore \quad (a + 1)^2 = 0 \Rightarrow a = -1$

$(7b - 4)^2 = 0 \Rightarrow b = \frac{4}{7}$

$(c + 1)^2 = 0$

$\Rightarrow \quad c = -1$

$\therefore a + 7b - c = -1 + 7 \times \frac{4}{7} + 1 = 4$

382. (c) $a + b + c = 4$,

$ab + bc + ca = -14$ और $abc = -18$

$(a + b + c)^2 = a^2 + b^2 + c^2 + 2(ab + bc + ca)$

$\Rightarrow (4)^2 = a^2 + b^2 + c^2 + 2(-14)$

$\Rightarrow a^2 + b^2 + c^2 = 16 + 28 = 44$

$\because \quad a^3 + b^3 + c^3 - 3abc = (a + b + c)(a^2 + b^2 + c^2 - ab - bc - ca)$

$\Rightarrow a^3 + b^3 + c^3 - 3(-18) = 4(44 + 14)$

$\Rightarrow a^3 + b^3 + c^3 = 4 \times 58 - 54$
$= 232 - 54$

$a^3 + b^3 + c^3 = 178$

$\therefore \sqrt{4a^3 + 4b^3 + 4c^3 - 36}$
$= \sqrt{4(a^3 + b^3 + c^3 - 9)}$
$= 2\sqrt{a^3 + b^3 + c^3 - 9}$
$= 2\sqrt{178 - 9}$
$= 2\sqrt{169} = 2 \times 13 = 26$

383. (d) $x^8 - 2599x^4 + 1 = 0$

x^4 से भाग करने पर,

$x^4 - 2599 + \frac{1}{x^4} = 0$

$\Rightarrow \quad x^4 + \frac{1}{x^4} = 2599$

$\Rightarrow \quad x^4 + \frac{1}{x^4} + 2 = 2599 + 2$

$\Rightarrow \left(x^2 + \frac{1}{x^2}\right)^2 = 2601 = (51)^2$

$\Rightarrow \quad x^2 + \frac{1}{x^2} = 51$

$\Rightarrow \quad x^2 + \frac{1}{x^2} - 2 = 51 - 2$

$\Rightarrow \quad \left(x - \frac{1}{x}\right)^2 = 49 = (7)^2$

$\Rightarrow \quad x - \frac{1}{x} = 7$

384. (a) माना संख्याएँ x और y हैं। तब,

प्रश्नानुसार, $x - y = 5$

तथा $\quad x^3 - y^3 = 1850$

$\Rightarrow \quad (5)^3 = 1850 - 3xy(5)$

$\Rightarrow \quad 15xy = 1850 - 125 = 1725$

$\Rightarrow \quad xy = \frac{1725}{15} = 115$

$\because \quad (x - y)^2 = x^2 + y^2 - 2xy$

$\Rightarrow \quad x^2 + y^2 = 5^2 + 2 \times 115 = 25 + 230 = 255$

$\therefore \quad (x + y)^2 = x^2 + y^2 + 2xy$
$= 255 + 2 \times 115 = 485$

$\therefore \quad x + y = \sqrt{485}$

अत: $x^2 - y^2 = (x - y)(x + y) = 5\sqrt{485}$

385. (b) रोहन की 15 राइड का वास्तविक खर्च
$= 1380 - 180 = ₹ 1200$

$\therefore$ रोहन की 1 राइड का खर्च
$= \frac{1200}{15} = ₹ 80$

प्रश्नानुसार,

रोहन की 20 राइड का वास्तविक खर्च
$= 80 \times 20 = ₹ 1600$

अत: रोहन की 20 राइड का उद्यान में कुल खर्च
$= 1600 + 180 = ₹ 1780$

386. (d) माना संख्या = x

प्रश्नानुसार, $x - x \times \frac{5}{6} = 10$

$\therefore \quad x = 60$

$\therefore$ संख्या का $\frac{7}{5} = 60 \times \frac{7}{5} = 84$

387. (c) माना भिन्न का अंश x व हर y हैं।

$\therefore$ मूल भिन्न $= \frac{x}{y}$

प्रश्नानुसार, $\frac{x+8}{y+12} = \frac{1}{2}$

$\Rightarrow \quad 2x + 16 = y + 12$

$\Rightarrow \quad 2x - y = -4 \quad ...(i)$

तथा $\frac{x-2}{y-2} = \frac{1}{8}$

$\Rightarrow \quad 8x - 16 = y - 2$

$\Rightarrow \quad 8x - y = 14 \quad ...(ii)$

समी (ii) में से समी (i) को घटाने पर,

$x = 3$ तथा $y = 10$

अत: मूल भिन्न $= \frac{3}{10}$

388. (d) $x : y : z = 1 : 2 : 3$

माना $x = k, y = 2k, z = 3k$

$\therefore \left(\frac{3x^2 - 2y^2 + 4z^2}{x^2 + 2y^2 + z^2}\right)$

$= \frac{3 \times k^2 - 2 \times 4k^2 + 4 \times 9k^2}{k^2 + 2 \times 4k^2 + 9k^2}$

$= \frac{3 - 8 + 36}{1 + 8 + 9} = \frac{31}{18}$

389. (c) $(p - q) = 9$ तथा $p^2 + q^2 = 127$

$\because \quad (p - q)^2 = p^2 + q^2 - 2pq$

$\therefore \quad (9)^2 = 127 - 2pq$

$\Rightarrow \quad 81 = 127 - 2pq$

$\Rightarrow \quad 2pq = 127 - 81$

$\Rightarrow \quad 2pq = 46$

$\therefore \quad pq = 23$

390. (a) $\frac{x}{y} = \frac{24}{16} = \frac{3}{2}$

यदि $x = 45$,

तब $\frac{45}{y} = \frac{3}{2}$

$\Rightarrow \quad y = \frac{45 \times 2}{3} = 30$

391. (c) दिया है,

$x + \frac{1}{x^2} = 119$

$\Rightarrow \quad x^2 + \frac{1}{x^2} + 2 = 119 + 2$

$\Rightarrow \quad \left(x + \frac{1}{x}\right)^2 = 121$

$\Rightarrow \quad x + \frac{1}{x} = 11$

तब, $x^3 + \frac{1}{x^3} = \left(x + \frac{1}{x}\right)\left(x^2 + \frac{1}{x^2} - 1\right)$

$= 11 \times (119 - 1)$

$= 11 \times 118 = 1298$

392. (b) माना छात्र द्वारा कुल सही उत्तर देने वाले प्रश्नों की संख्या = x

कुल प्रश्न = 200

$\therefore$ गलत उत्तर देने वाले प्रश्नों की संख्या = $(200 - x)$

प्रश्नानुसार,

$\Rightarrow \quad x \times 4 - 1(200 - x) = 500$

$\Rightarrow \quad 4x - 200 + x = 500$

$\Rightarrow \quad 5x = 700$

$\Rightarrow \quad x = \frac{700}{5} = 140$

393. (c) $\frac{2x}{x+2} + \frac{1}{2x+4} - \frac{12-x}{2x^2+4x} = a + \frac{b}{x}$

$\Rightarrow \quad \frac{4x^2 + x - (12 - x)}{2x^2 + 4x} = a + \frac{b}{x}$

$\Rightarrow \quad \frac{4x^2 + x - 12 + x}{2x^2 + 4x} = a + \frac{b}{x}$

$\Rightarrow \quad \frac{4x^2 + 2x - 12}{2x(x + 2)} = a + \frac{b}{x}$

$\Rightarrow \quad \frac{2x^2 + x - 6}{x(x + 2)} = a + \frac{b}{x}$

$\Rightarrow \quad \frac{2x^2 + 4x - 3x - 6}{x(x + 2)} = a + \frac{b}{x}$

$\Rightarrow \quad \frac{2x(x + 2) - 3(x + 2)}{x(x + 2)} = a + \frac{b}{x}$

$\Rightarrow \quad \frac{(2x - 3)(x + 2)}{x(x + 2)} = \frac{ax + b}{x}$

$\Rightarrow \quad (2x - 3) = ax + b$

दोनों तरफ तुलना करने पर,

$a = 2$ तथा $b = -3$

$\therefore ab$ का मान $= 2 \times (-3) = -6$

स्पीडी विधि

$x = 1$ रखने पर,

$\frac{2}{3} + \frac{1}{6} - \frac{11}{6} = a + b$

$\Rightarrow \quad a + b = \frac{4 + 1 - 11}{6} \Rightarrow a + b = \frac{-6}{6}$

$\therefore \quad a + b = -1$

अब, $x = -1$ रखने पर,

$-2 + \frac{1}{2} + \frac{13}{2} = a - b$

$a - b = \frac{-4 + 1 + 13}{2}$

$a - b = \frac{10}{2} = 5$

$(a + b)^2 = (a - b)^2 + 4ab$

$\Rightarrow \quad 1 = 25 + 4ab \Rightarrow 4ab = -24$

$\therefore \quad ab = -6$

394. (d) दिया है, $a + b = \sqrt{11}$

$(a + b)^2 = 11$

तथा $a - b = \sqrt{7} \Rightarrow (a - b)^2 = 7$

तब, $(a + b)^2 = (a - b)^2 + 4ab$

$\Rightarrow \quad 11 = 7 + 4ab \Rightarrow ab = 1$

अत: $a^2b^2(a^2 + b^2) = (ab)^2 \quad [(a + b)^2 - 2ab]$

$= 1[11 - 2 \times 1] = 9$

395. (d) दिया है, $2^x = 3^y = 6^z = k$ (माना)

$\therefore \quad 2 = k^{\frac{1}{x}}, 3 = k^{\frac{1}{y}}, 6 = k^{\frac{1}{z}}$

$\because \quad 6 = 2 \times 3$

$\therefore \quad k^{\frac{1}{z}} = k^{\frac{1}{x}} \times k^{\frac{1}{y}} \Rightarrow \quad k^{\frac{1}{z}} = k^{\left(\frac{1}{x} + \frac{1}{y}\right)}$

$\{\because a^m \times a^n = a^{(m+n)}\}$

दोनों पक्षों की तुलना करने पर,

$\frac{1}{z} = \frac{1}{x} + \frac{1}{y}$

$\therefore \quad \frac{1}{x} + \frac{1}{y} - \frac{1}{z} = 0$

396. (d) माना घोड़े की संख्या = x

तथा कबूतर की संख्या = y

प्रश्नानुसार,

$x + y = 40 \quad ...(i)$

तथा $4x + 2y = 120 \quad ...(ii)$

समी (i) व (ii) को हल करने पर,

$x = 20, y = 20$

अत: घोड़ों की संख्या = 20

20

ज्यामिति

ज्यामिति गणित की वह शाखा है, जिसके अन्तर्गत विभिन्न ज्यामितीय आकृति जैसे–रेखा, कोण, त्रिभुज, चतुर्भुज, वृत्त इत्यादि के आकार व इनके अन्तर्सम्बन्धों का अध्ययन किया जाता है।

बिन्दु ऐसा स्थान जिसकी लम्बाई, चौड़ाई व ऊँचाई नगण्य होती है, बिन्दु कहलाता है।

रेखा

वह आकृति जो अनन्त बिन्दुओं से मिलकर बनी होती है तथा जिनकी केवल लम्बाई होती है रेखा कहलाती है। रेखा को दोनों दिशाओं में अनन्त तक बढ़ाया जा सकता है।

रेखाओं के प्रकार

(i) **समान्तर रेखाएँ** दो या दो से अधिक रेखाएँ जो एक समतल में स्थित होती हैं तथा जिनका कोई भी प्रतिच्छेदन बिन्दु नहीं होता, समान्तर रेखाएँ कहलाती है।

(ii) **लम्बवत् रेखाएँ** दो रेखाएँ एक ही समतल में यदि एक-दूसरे को समकोण पर प्रतिच्छेद करें, तो दोनों रेखाएँ परस्पर लम्बवत् रेखाएँ कहलाती हैं।

तिर्यक रेखा / अनुप्रस्थ रेखा

यदि कोई रेखा दो या दो से अधिक समान्तर रेखाओं को विभिन्न बिन्दुओं पर प्रतिच्छेद करती हैं, तब रेखा तिर्यक रेखा कहलाती है।

कोण

जब दो रेखाएँ एक उभयनिष्ठ बिन्दु पर मिलती है, तब कोण का निर्माण होता है। उभयनिष्ठ बिन्दु, कोण का शीर्ष कहलाता है।

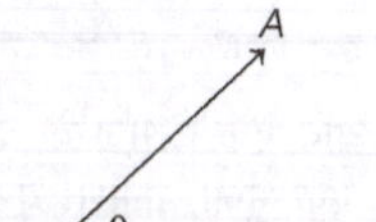

कोणों के प्रकार

कोण निम्न प्रकार के होते हैं

(i) **न्यून कोण** 90° से छोटे कोण को न्यून कोण कहा जाता है।

(ii) **समकोण** वह कोण जिसका मान 90° होता है समकोण कहलाता है।

(iii) **अधिक कोण** 90° से बड़े व 180° से छोटे कोण को अधिक कोण कहा जाता है।

(iv) **सरल/ऋजु कोण** ऐसे कोण जिसकी माप 180° के बराबर हो, सरल कोण कहलाता है।

(v) **वृहत् कोण** 180° से अधिक व 360° से कम माप वाले कोण वृहत् कोण कहलाते हैं।

(vi) **सम्पूर्ण कोण** 360° माप वाले कोण को सम्पूर्ण कोण कहा जाता है। एक बिन्दु व वृत्त पर बना कोण सम्पूर्ण कोण कहलाता है।

(vii) **कोटिपूरक कोण** जब दो कोणों का योग 90° हों, तब दोनों कोण एक-दूसरे के कोटिपूरक कोण कहलाते हैं।

(viii) **सम्पूरक कोण** जब दो कोणों का योग 180° हों, तब दोनों कोण एक-दूसरे के सम्पूरक कोण कहलाते हैं।

कोणों का रैखिक युग्म

यदि दो आसन्न कोणों की गैर उभयनिष्ठ भुजाएँ एक सरल रेखा बनाती है, तब इन कोणों को कोणों का रैखिक युग्म कहा जाता है।

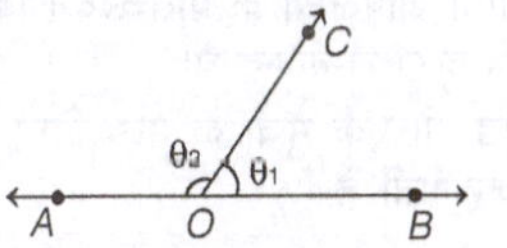

यहाँ $\angle AOC$ तथा $\angle BOC$ रैखिक युग्म हैं,

अर्थात् $\angle AOB = \angle AOC + \angle BOC = 180°$

एक तिर्यक रेखा द्वारा बनाए गए कोण

माना p और q दो समान्तर रेखाएँ हैं और l एक तिर्यक रेखा है, जो इन समान्तर रेखाओं को काटती है।

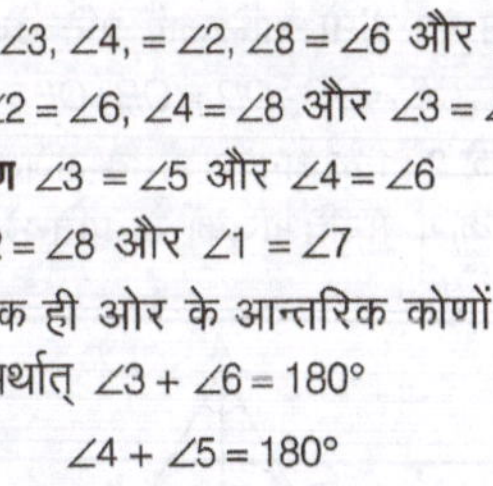

- **शीर्षाभिमुख कोण** $\angle 1 = \angle 3, \angle 4 = \angle 2, \angle 8 = \angle 6$ और $\angle 5 = \angle 7$
- **संगत कोण** $\angle 1 = \angle 5, \angle 2 = \angle 6, \angle 4 = \angle 8$ और $\angle 3 = \angle 7$
- **एकान्तर आन्तरिक कोण** $\angle 3 = \angle 5$ और $\angle 4 = \angle 6$
- **एकान्तर बाह्य कोण** $\angle 2 = \angle 8$ और $\angle 1 = \angle 7$

नोट (i) तिर्यक रेखा के एक ही ओर के आन्तरिक कोणों का योग 180° के बराबर होता है अर्थात् $\angle 3 + \angle 6 = 180°$

और $\angle 4 + \angle 5 = 180°$

(ii) तिर्यक रेखा के एक ही ओर के बाह्य कोणों का योग 180° के बराबर होता है अर्थात् $\angle 2 + \angle 7 = 180°$

और $\angle 1 + \angle 8 = 180°$

त्रिभुज

तीन रेखाओं से घिरी बन्द आकृति त्रिभुज कहलाती है।

त्रिभुज के प्रकार

भुजाओं के आधार पर त्रिभुज तीन प्रकार के होते हैं;

(i) **विषमबाहु त्रिभुज** जिस त्रिभुज की सभी भुजाओं की लम्बाइयाँ अलग-अलग हों, विषमबाहु त्रिभुज कहलाता है।

(ii) **समद्विबाहु त्रिभुज** जिस त्रिभुज की कोई दो भुजाएँ आपस में समान/बराबर हों, समद्विबाहु त्रिभुज कहलाता है।

(iii) **समबाहु त्रिभुज** जिस त्रिभुज की तीनों भुजाएँ समान लम्बाई की हों, समबाहु त्रिभुज कहलाता है।

कोण के आधार पर त्रिभुज तीन प्रकार के हाते हैं–

(i) **न्यूनकोण त्रिभुज** जिस त्रिभुज के तीनों कोण न्यूनकोण अर्थात् 90° से कम हों, परन्तु 0° से अधिक हो, न्यूनकोण त्रिभुज कहलाता है।

(ii) **समकोण त्रिभुज** जिस त्रिभुज का एक कोण समकोण अर्थात् 90° हों, समकोण त्रिभुज कहलाता है।

(iii) **अधिककोण त्रिभुज** यदि त्रिभुज का एक कोण, अधिक कोण अर्थात् कोण की माप 90° से अधिक व 180° से कम हों, तो त्रिभुज अधिक कोण त्रिभुज कहलाता है।

त्रिभुज से सम्बन्धित महत्त्वपूर्ण बिन्दु

- **शीर्षलम्ब (ऊँचाई)** त्रिभुज में भुजा के विपरीत शीर्ष से सम्मुख भुजा पर डाले गए लम्ब को, त्रिभुज का शीर्षलम्ब कहा जाता है। किसी त्रिभुज में केवल तीन शीर्ष-लम्ब होते हैं।

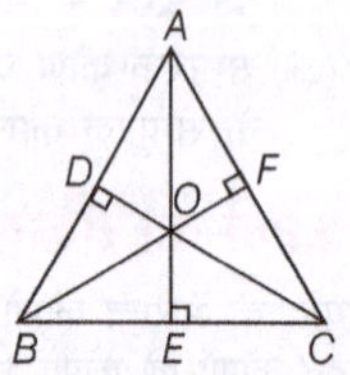

- **लम्बकेन्द्र** त्रिभुज के तीनों शीर्षलम्बों के प्रतिच्छेदन बिन्दु को लम्बकेन्द्र कहा जाता है। यहाँ, बिन्दु O लम्बकेन्द्र है।
- **माध्यिका** एक रेखाखण्ड जो एक भुजा के मध्य बिन्दु को सम्मुख शीर्ष से जोड़ता है, माध्यिका कहलाती है।

यहाँ, ΔABC में,

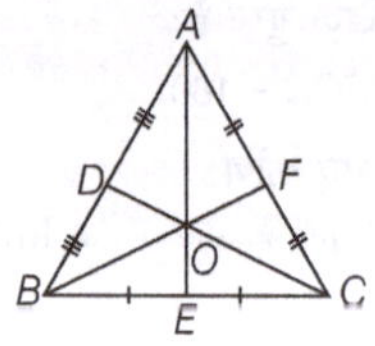

(i) यहाँ तीन माध्यिकाएँ हैं, अर्थात् AE, CD, BF

(ii) एक त्रिभुज की माध्यिकाएँ संगामी होती हैं।

(iii) एक माध्यिका त्रिभुज के क्षेत्रफल को समद्विभाजित करती है अर्थात,

ΔABE का क्षेत्रफल = ΔAEC का क्षेत्रफल = $\frac{1}{2} \times \Delta ABC$ का क्षेत्रफल

ΔBOE का क्षेत्रफल = ΔEOC का क्षेत्रफल = $\frac{1}{6} \times \Delta ABC$ का क्षेत्रफल

- **केन्द्रक** वह बिन्दु जिस पर तीनों माध्यिकाएँ प्रतिच्छेद करती हैं, केन्द्रक कहलाता है। यहाँ $AO : OE = OC : OD = OB : OF = 2 : 1$

नोट केन्द्रक माध्यिका को 2 : 1 के अनुपात में विभाजित करता है।

- **अन्तःकेन्द्र** त्रिभुज के कोण समद्विभाजकों के प्रतिच्छेदन बिन्दु को उसका अन्तःकेन्द्र कहा जाता है।

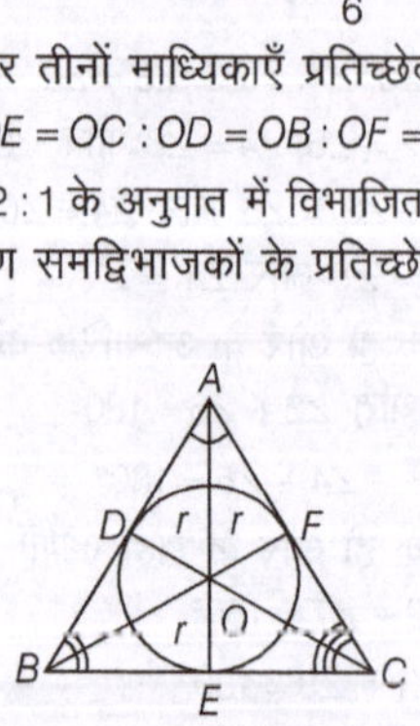

नोट (i) अन्तःकेन्द्र O सदैव तीनों भुजाओं से समान दूरी पर होता है।

(ii) समबाहु त्रिभुज की अन्तःत्रिज्या = $\frac{1}{3} \times$ ऊँचाई = $\frac{\text{भुजा}}{2\sqrt{3}}$

- **परिकेन्द्र** त्रिभुज की भुजाओं के लम्ब समद्विभाजकों के प्रतिच्छेदन बिन्दु को उसका परिकेन्द्र कहते हैं।

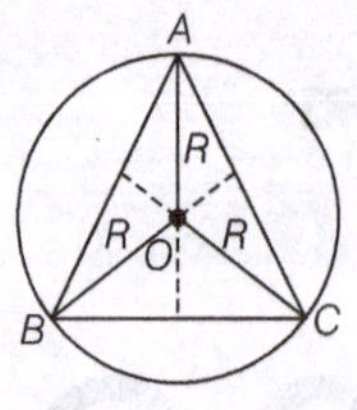

नोट (i) परिकेन्द्र O हमेशा तीनों शीर्षों A, B और C से समान दूरी पर होता है।

(ii) एक समबाहु त्रिभुज की परिवृत्त त्रिज्या = $\frac{2}{3} \times$ ऊँचाई = $\frac{1}{\sqrt{3}} \times$ भुजा

सर्वांगसम त्रिभुज

यदि एक त्रिभुज की तीनों भुजाएँ और तीनों कोण, दूसरे त्रिभुज की तीनों संगत भुजाओं तथा तीनों संगत कोण के बराबर हों, तब दोनों त्रिभुज सर्वांगसम त्रिभुज कहलाते हैं।

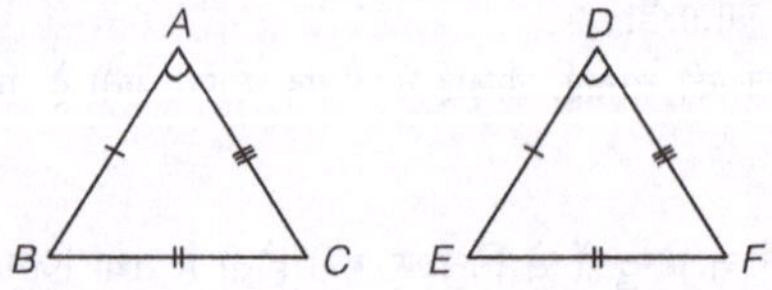

यहाँ $AB = DE, BC = EF$; $AC = DF$ तथा $\angle A = \angle D, \angle B = \angle E$ तथा $\angle C = \angle F$

अतः $\Delta ABC \cong \Delta DEF$

त्रिभुजों की सर्वांगसमता

(i) **SSS (भुजा-भुजा-भुजा)** यदि एक त्रिभुज की तीनों भुजाएँ, दूसरे त्रिभुज की तीनों संगत भुजाओं के बराबर हों, तो वे दोनों सर्वांगसम होते हैं।

(ii) **SAS (भुजा-कोण-भुजा)** दो त्रिभुज सर्वांगसम होते हैं, यदि एक त्रिभुज की दो भुजाएँ तथा उनके अन्तर्गत बना कोण, दूसरे त्रिभुज के संगत भुजाओं व उनके अन्तर्गत बना कोण समान हों।

(iii) **ASA (कोण-भुजा-कोण)** एक त्रिभुज के दो कोण और उसके मध्य की भुजा दूसरे त्रिभुज के संगत कोणों और उनके मध्य की भुजा के बराबर हों, तो दोनों त्रिभुज सर्वांगसम कहलाते हैं।

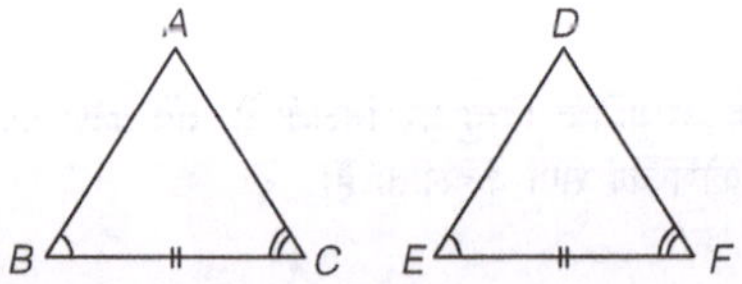

(iv) **AAS (कोण-कोण-भुजा)** यदि एक त्रिभुज के दो कोण और उनके बीच की भुजा के अतिरिक्त अन्य एक भुजा, क्रमशः दूसरे त्रिभुज के संगत कोणों और उनके बीच की भुजा के अतिरिक्त एक अन्य भुजा के बराबर है, तो दोनों त्रिभुजों को सर्वागसम त्रिभुज कहा जाता है।

(v) **RHS (समकोण-कर्ण-भुजा)** एक समकोण त्रिभुज की एक भुजा और कर्ण दूसरे समकोण त्रिभुज की संगत भुजा और कर्ण के बराबर हो, तो दोनों त्रिभुजों को सर्वांगसम त्रिभुज कहा जाता है।

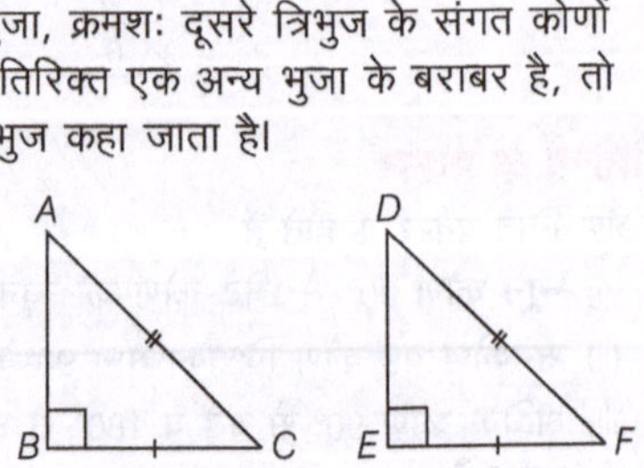

$\because \angle ABC = \angle DEF = 90°$

$\therefore \Delta ABC \cong \Delta DEF$

समरूप त्रिभुज

- **समरूप आकृतियाँ** दो आकृतियाँ समरूप होंगी, वह देखने में एक जैसी हों, लेकिन उनका आकार समान होना आवश्यक नहीं है।

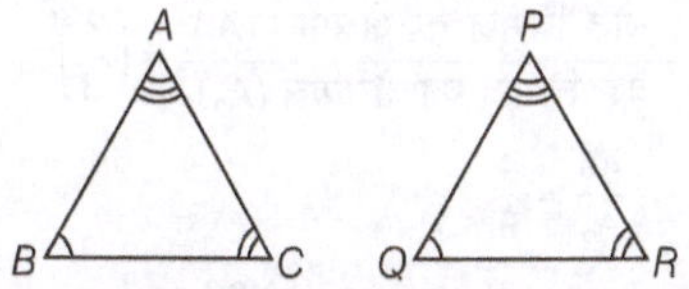

- **समरूप त्रिभुज** दो त्रिभुजों को समरूप कहा जाता हैं, यदि
  (i) उनके संगत भुजाओं का अनुपात समान हो।
  (ii) उनके संगत कोण बराबर हो।

  नोट इसे प्रतीक '~' से प्रदर्शित किया जाता है।

दो त्रिभुजों की समरूपता के लिए मापदण्ड

- **SSS समरूपता (भुजा-भुजा-भुजा)**
  यदि एक त्रिभुज की तीन भुजाएँ किसी अन्य त्रिभुज की संगत तीन भुजाओं के समानुपाती हैं, तो दोनों त्रिभुजों को समरूप कहा जाता है अर्थात,
  $$\frac{AB}{PQ} = \frac{BC}{QR} = \frac{AC}{PR}$$
  $\therefore \quad \Delta ABC \sim \Delta PQR$
- **SAS समरूपता (भुजा-कोण-भुजा)**
  यदि एक त्रिभुज की संगत दो भुजाएँ अन्य त्रिभुज की संगत दो भुजाओं और उनके बीच के संगत कोण बराबर हैं, तो दोनों त्रिभुज समरूप होते हैं
  अर्थात् $\frac{AB}{PQ} = \frac{BC}{QR}$ और $\angle ABC = \angle PQR$
  $\Delta ABC \sim \Delta PQR$
- **AAA समरूपता (कोण-कोण-कोण)**
  यदि एक त्रिभुज के कोण, दूसरे त्रिभुज के संगत कोणों के बराबर हैं, तो दोनों त्रिभुजों को समरूप कहा जाता है।
  अर्थात्, $\angle A = \angle P$,
  $\angle B = \angle Q$ और $\angle C = \angle R$
  $\therefore \quad \Delta ABC \sim \Delta PQR$

त्रिभुज से सम्बन्धित महत्त्वपूर्ण निष्कर्ष

- किसी त्रिभुज के दो अन्त: कोणों का योग तीसरे कोण के बहिष्कोण के बराबर होता है।

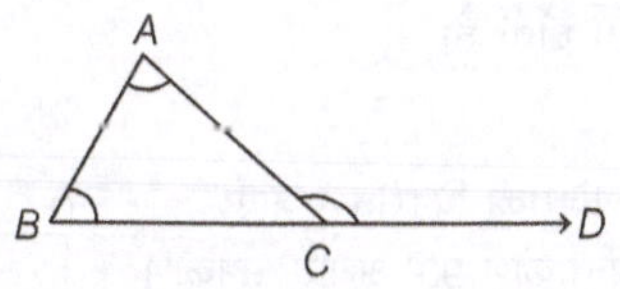

यहाँ, $\angle ACD = \angle BAC + \angle ABC$

- किसी त्रिभुज के दो कोण बराबर हों तो उनकी संगत विपरीत भुजाएँ भी बराबर होती है।
- किसी त्रिभुज के दो कोणों के समद्विभाजक द्वारा बनाया गया कोण समकोण एवं तीसरे कोण के आधे के योग के बराबर होता है।

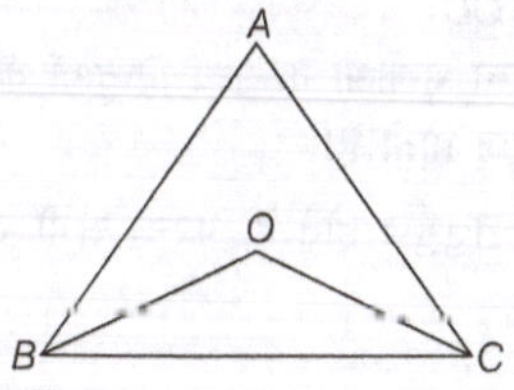

यहाँ, $\angle BOC = 90^\circ + \frac{\angle A}{2}$

- ΔABC में, भुजाओं AB और AC को क्रमशः P और Q तक आगे बढ़ाया गया है।
  $\angle PBC$ का अर्द्धक व $\angle QCB$ के अर्द्धक एक-दूसरे को बिन्दु O पर काटते हैं,
  तब $\angle BOC = 90^\circ - \frac{1}{2}\angle A$

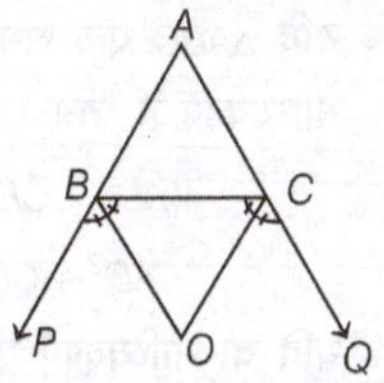

- किसी त्रिभुज में दो भुजाओं का योग तीसरी भुजा से बड़ा होता है। तथा अन्तर छोटा होता है।
  यहाँ $(a + b) > c$,
  $(b + c) > a$
  $(c + a) > b$

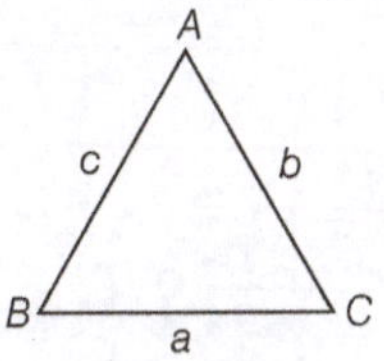

  तथा $(a - b) < c$, $(b - c) < a$, $(c - a) < b$
- त्रिभुज की एक भुजा के समान्तर खींची गई रेखा अन्य दो भुजाओं को समान अनुपात में बाँटती है।
  चित्र में, $XY || BC$
  $\therefore \frac{AX}{AB} = \frac{AY}{AC}$ या $\frac{XB}{AB} = \frac{YC}{AC}$

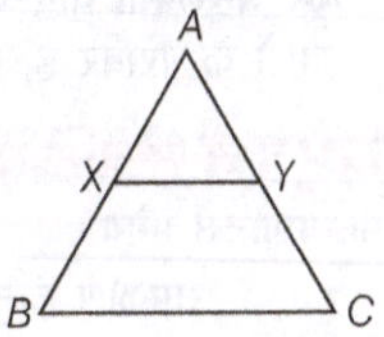

- किसी त्रिभुज की दो भुजाओं के मध्य बिन्दुओं को मिलाने वाली रेखा, तीसरी भुजा के समानान्तर व आधी होती है।
  यहाँ ΔABC में,
  AB व AC के मध्य-बिन्दु क्रमशः D तथा E हैं।
  $\therefore DE || BC$ तथा $DE = \frac{BC}{2}$ $\quad [\because BC : DE = 2 : 1]$

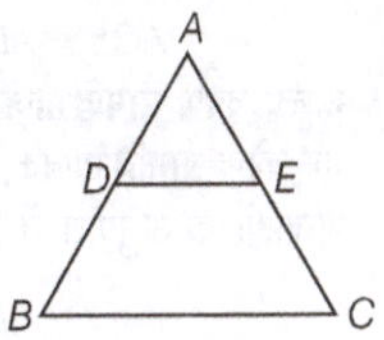

- किसी समबाहु त्रिभुज की तीनों भुजाओं के मध्य-बिन्दुओं को मिलाने से बनने वाला त्रिभुज भी समबाहु त्रिभुज होता है।
  यदि त्रिभुज ABC एक समबाहु त्रिभुज है तथा D, E तथा F, भुजा AB, BC तथा AC के मध्य-बिन्दु हैं,
  तब ΔDEF भी एक समबाहु त्रिभुज होगा।
  तथा ΔDEF का क्षेत्रफल $= \frac{1}{4} \times \Delta ABC$ का क्षेत्रफल

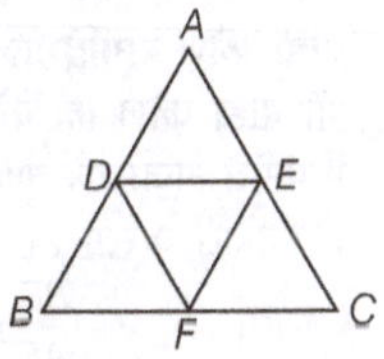

- ΔABC में, यदि $\angle B < 90^\circ$ और $AD \perp BC$ है, तो, $AC^2 = AB^2 + BC^2 - 2BC \cdot BD$

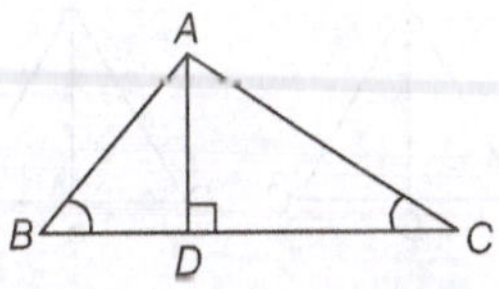

- ΔPQR में, यदि $\angle Q > 90^\circ$ है और PS एक लम्ब है, जो QR पर डाला गया है, तो $PR^2 = PQ^2 + QR^2 + 2QR \cdot QS$

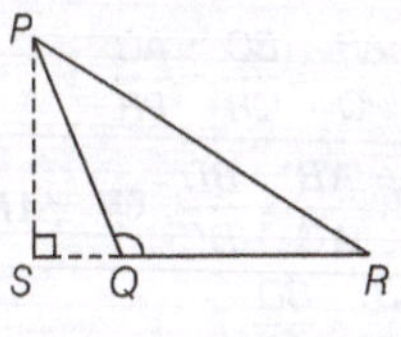

- ΔABC में, त्रिभुज की भुजाओं के वर्गों के योग का तीन गुना त्रिभुज की माध्यिकाओं के वर्गों के योग के चार गुने के बराबर होता है।
  ΔABC में, यदि AD, BE और CF माध्यिकाएँ हैं।
  तो, $3(AB^2 + BC^2 + AC^2) = 4(AD^2 + BE^2 + CF^2)$

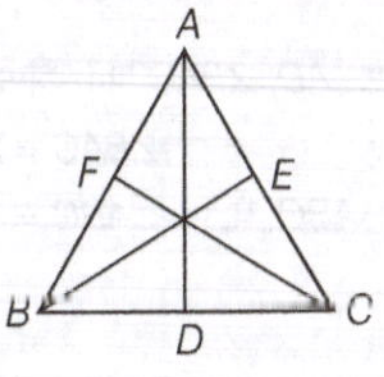

- यदि ΔABC एक समकोण त्रिभुज है और AD, CE माध्यिकाएँ हैं, तब

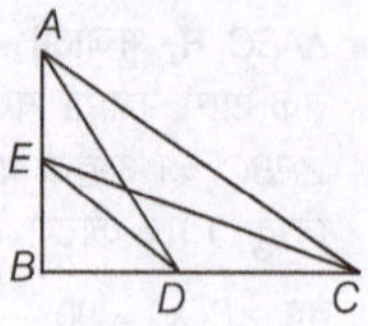

$$4(AD^2 + CE^2) = 5AC^2$$
$$AD^2 + CE^2 = AC^2 + DE^2$$

- यदि दो माध्यिकाएँ एक-दूसरे पर लम्बवत् हों, तब $AB^2 + AC^2 = 5BC^2$

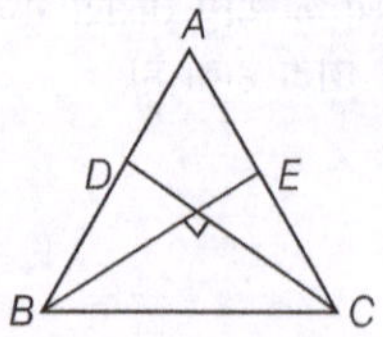

- **AA समरूपता** यदि एक त्रिभुज के दो कोण दूसरे त्रिभुज के संगत दो कोणों के बराबर हैं, तो त्रिभुजों को समरूप कहा जाता है।

त्रिभुज से सम्बन्धित महत्त्वपूर्ण प्रमेय

पाइथागोरस प्रमेय

समकोण त्रिभुज ABC में

(कर्ण)^2 = (लम्ब)^2 + (आधार)^2

$$AC^2 = AB^2 + BC^2$$

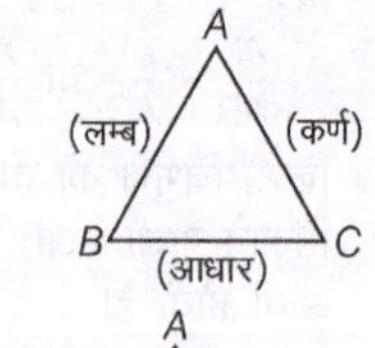

- **अन्तः कोण समद्विभाजक प्रमेय** एक त्रिभुज में, एक कोण का कोण समद्विभाजक, कोण की विपरीत भुजा को शेष दो भुजाओं के अनुपात में विभाजित करता है अर्थात,

$$\frac{BD}{CD} = \frac{AB}{AC}$$

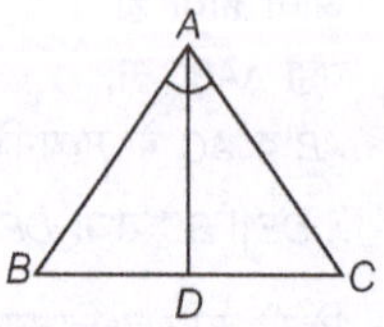

- **बाह्य कोण समद्विभाजक प्रमेय** एक त्रिभुज में, किसी भी बाह्य कोण का कोण समद्विभाजक बाह्य कोण के विपरीत भुजा को शेष दो भुजाओं के अनुपात में विभाजित करता है।

अर्थात, $\frac{BE}{AE} = \frac{BC}{AC}$

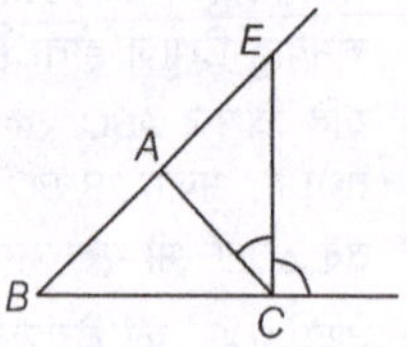

- **क्षेत्रफल प्रमेय** दो समरूप त्रिभुजों के क्षेत्रफलों का अनुपात उनके संगत भुजाओं के वर्गों के अनुपात या माध्यिकाओं के वर्गों के अनुपात के बराबर होता है।

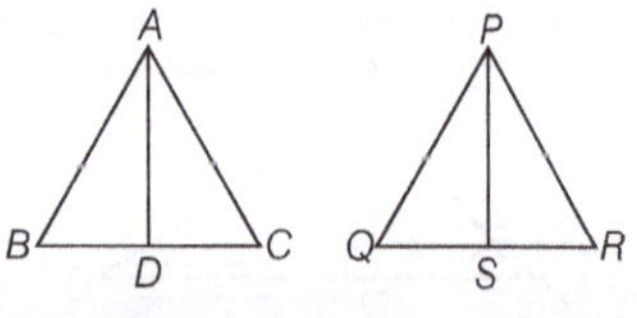

यहाँ, $\Delta ABC \sim \Delta PQR$

(i) $\frac{(\Delta ABC) \text{ का क्षेत्रफल}}{(\Delta PQR) \text{ का क्षेत्रफल}} = \left(\frac{AB}{PQ}\right)^2 = \left(\frac{BC}{QR}\right)^2 = \left(\frac{AC}{PR}\right)^2 = \left(\frac{AD}{PS}\right)^2$

(ii) $\frac{(\Delta ABC) \text{ का परिमाप}}{(\Delta PQR) \text{ का परिमाप}} = \frac{AB}{PQ} = \frac{BC}{QR} = \frac{AC}{PR}$

उदाहरण 1. यदि ΔABC में, $\frac{AB}{AC} = \frac{BD}{DC}$, तब $\angle ABC$ है

हल $\because$ $\frac{AB}{AC} = \frac{BD}{DC}$

$\therefore$ AD, $\angle BAC$ का कोण समद्विभाजक है।

$\therefore$ $\angle BAC = 2\angle BAD = 2 \times 28° = 56°$

ΔABC में, $\angle ABC = 180° - 56° - 60° = 64°$

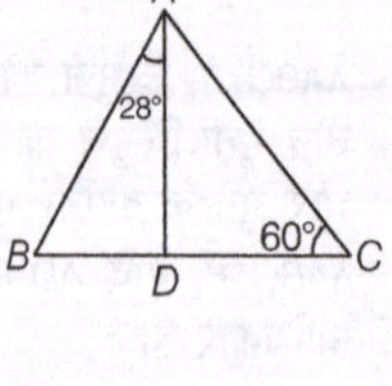

उदाहरण 2. दो समरूप त्रिभुजों की संगत भुजाएँ 2 : 3 के अनुपात में हैं यदि छोटे त्रिभुज का क्षेत्रफल 48 सेमी^{2} है, तो बड़े त्रिभुज का क्षेत्रफल क्या है?

हल प्रश्नानुसार,

$$\frac{\text{छोटे त्रिभुज का क्षेत्रफल } (A_1)}{\text{बड़े त्रिभुज का क्षेत्रफल } (A_2)} = \left(\frac{2}{3}\right)^2$$

$$\Rightarrow \quad \frac{48}{A_2} = \frac{4}{9}$$

$$\therefore \quad A_2 = 12 \times 9 = 108 \text{ सेमी}^2$$

चतुर्भुज

वह ज्यामितीय आकृति जिसकी चार भुजाएँ होती है, चतुर्भुज कहलाती है। अर्थात् चार रेखाखण्डों से घिरी आकृति चतुर्भुज कहलाती है।

चतुर्भुजों के चारों कोणों का योग 360° होता है।

चतुर्भुज के विभिन्न प्रकार निम्न है

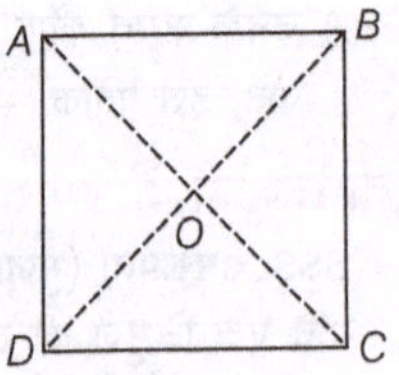

समान्तर चतुर्भुज

वह चतुर्भुज जिसकी सम्मुख भुजाएँ परस्पर समानान्तर होती हैं, समान्तर चतुर्भुज कहलाती हैं।

यहाँ $AB \parallel CD$ तथा $AD \parallel BC$

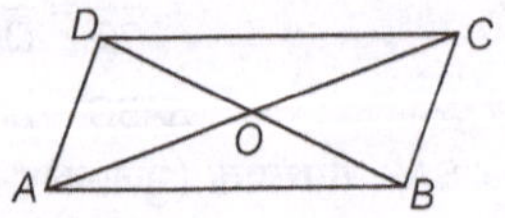

- विकर्ण एक-दूसरे को समद्विभाजित करते हैं।
- सम्मुख कोण बराबर होते हैं अर्थात् $\angle A = \angle C$ तथा $\angle B = \angle D$
- किन्हीं दो आसन्न आन्तरिक कोणों का योगफल 180° होता है।
- एक चतुर्भुज के आसन्न भुजाओं के मध्य बिन्दुओं को जोड़ने वाली रेखा एक समान्तर चतुर्भुज बनाती है।

वर्ग

वह समान्तर चतुर्भुज जिसकी सभी भुजाएँ बराबर तथा प्रत्येक कोण 90° अर्थात् समकोण होता है, वर्ग कहलाता है।

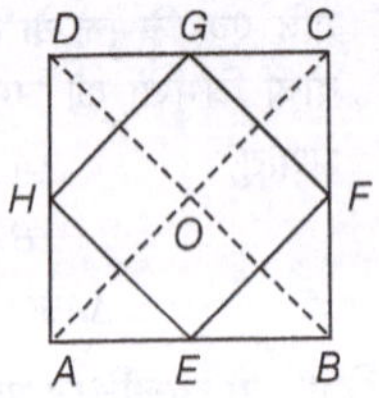

- वर्ग के दोनों विकर्ण बराबर होते हैं अर्थात् $AC = BD$
- दोनों विकर्ण एक-दूसरे को 90° पर समद्विभाजित करते हैं अर्थात् $OA = OC$ तथा $OB = OD$ साथ ही, $\angle AOB = \angle BOC = \angle COD = \angle AOD = 90°$
- किसी वर्ग के आसन्न भुजाओं के मध्य बिन्दुओं को जोड़कर बनाई गई आकृति भी एक वर्ग होती है।

आयत

एक समान्तर चतुर्भुज जिसकी विपरीत भुजाएँ बराबर तथा प्रत्येक अन्तःकोण 90° अर्थात् समकोण होता है, आयत कहलाता है।

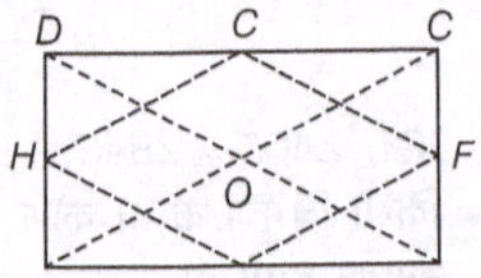

- आयत के दोनों विकर्ण समान होते हैं अर्थात् $AC = BD$
- आयत के दोनों विकर्ण एक-दूसरे को समद्विभाजित करते हैं अर्थात् $OA = OC$ तथा $OB = OD$
- किसी आयत के आसन्न भुजाओं के मध्य बिन्दुओं को मिलाकर बनाई गई आकृति एक समचतुर्भुज होती है।
- सभी आयत समान्तर चतुर्भुज होते हैं, परन्तु सभी समान्तर चतुर्भुज आयत नहीं होते हैं।

समचतुर्भुज

एक समान्तर चतुर्भुज जिसकी सभी भुजाएँ समान होती हैं, समचतुर्भुज कहलाता है।

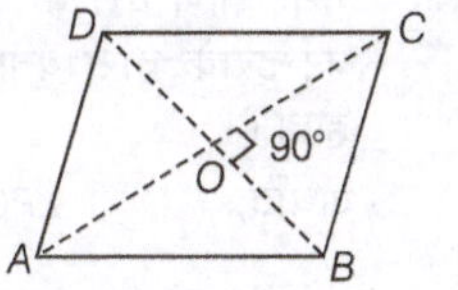

- सम्मुख भुजाएँ समान एवं समानान्तर होती हैं।
- किन्हीं दो आसन्न आन्तरिक कोणों का योग 180° होता है।
- दोनों विकर्ण एक-दूसरे को 90° पर समद्विभाजित करते हैं परन्तु विकर्ण समान नहीं होते हैं।

समलम्ब चतुर्भुज

एक चतुर्भुज जिसमें भुजाओं का एक युग्म परस्पर समान्तर तथा दूसरी भुजाओं का युग्म असमानान्तर होता है, समलम्ब चतुर्भुज कहलाता है।

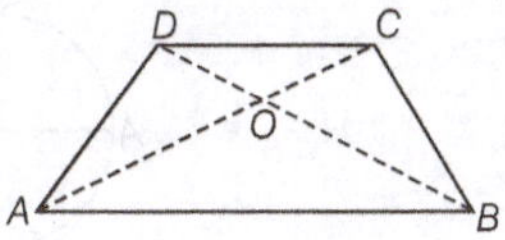

- यदि असमानान्तर भुजाएँ बराबर हैं, तो विकर्ण भी एक-दूसरे के बराबर होंगे।
- दोनों विकर्ण परस्पर समानुपाती रूप से प्रतिच्छेद करते हैं।

$$\frac{AO}{OC} = \frac{BO}{OD}$$

- असमानान्तर भुजाओं के मध्य बिन्दुओं को मिलाने वाली रेखा समानान्तर भुजाओं के योग का आधा होती है अर्थात्

$EF = 1/2\ (AB + DC)$ यदि $AB \parallel EF \parallel DC$

तो, $\frac{AE}{ED} = \frac{BF}{FC}$

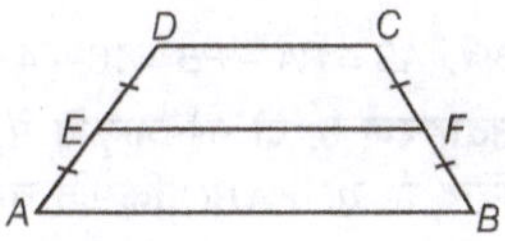

उदाहरण 3. दिए गए चित्र में, *ABCD* एक समलम्ब चतुर्भुज है जिसमें $AB \parallel DC$। यदि $\angle A = 55°$ और $\angle B = 70°$ हो, तब $\angle C$ और $\angle D$ के मान क्रमशः हैं

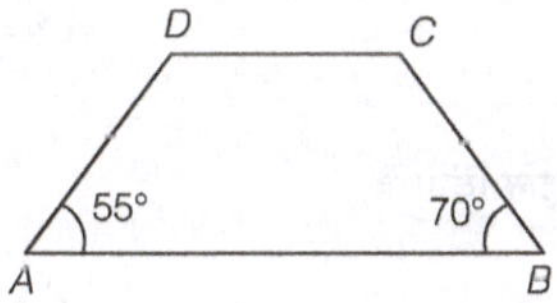

हल $\because \quad AB \parallel DC$

$\therefore \quad \angle A + \angle D = 180°$

$\angle D = 180° - 55° = 125°$

तथा $\angle B + \angle C = 180°$

$\angle C = 180° - 70° = 110°$

अतः $\angle C = 110°$ तथा $\angle D = 125°$

बहुभुज

तीन या तीन से अधिक भुजाओं से घिरी आकृति को बहुभुज कहते हैं। बहुभुजों का नाम उनकी भुजाओं की संख्या के आधार पर रखते हैं।

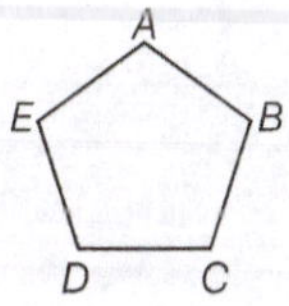

समबहुभुज

वह बहुभुज, जिसकी सभी भुजाएँ व सभी आन्तरिक कोण आपस में बराबर होते हैं, समबहुभुज कहलाता है।

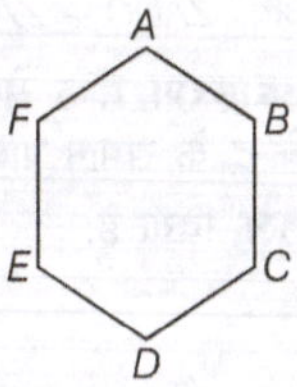

n भुजाओं वाले समबहुभुज के लिए,

(i) अन्तः कोणों का योग $= (n-2) \times 180°$

(ii) प्रत्येक अन्तः कोण $= \frac{(n-2) \times 180°}{n}$

(iii) सभी बाह्य कोणों का योग $= 360°$

(iv) प्रत्येक बाह्य कोण $= \left(\frac{360}{n}\right)°$

(v) अन्तः कोण + बाह्य कोण $= 180°$

(vi) विकर्णों की संख्या $= \frac{n(n-3)}{2}$

उदाहरण 4. एक नियमित बहुभुज की कुल भुजाओं की संख्या ज्ञात कीजिए, जिसके कुल अन्तः कोणों का योग 2700° है।

हल हम जानते हैं, अन्तः कोणों का योग $= (n-2) \times 180°$

$\Rightarrow \quad 2700° = (n-2) \times 180° \Rightarrow n - 2 = \frac{2700}{180} = 15$

$\therefore \quad n = 15 + 2 = 17$

अतः नियमित बहुभुज में भुजाओं की संख्या = 17

वृत्त

ऐसी वक्र रेखा जिसका प्रत्येक बिन्दु एक स्थिर बिन्दु से बराबर दूरी पर हो, उस वक्र रेखा द्वारा घिरी समतल आकृति को वृत्त कहा जाता है।

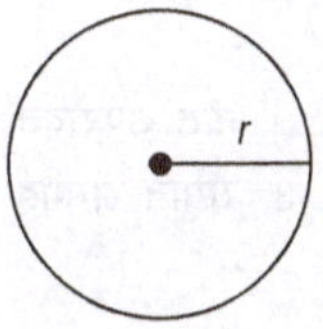

- स्थिर बिन्दु वृत्त का केन्द्र कहलाता है।
- वक्र रेखा द्वारा घिरी आकृति को वृत्त की परिधि कहा जाता है।
- केन्द्र से परिधि के मध्य की निश्चित दूरी को त्रिज्या (*r*) कहा जाता है।
- **जीवा** वृत्त पर स्थित किन्हीं दो बिन्दुओं को मिलाने वाले रेखाखण्ड को वृत्त की जीवा कहते हैं।
  चित्र में, *PQ* वृत्त की जीवा है।

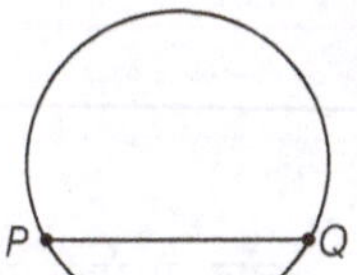

- **व्यास** एक जीवा जो केन्द्र से होकर गुजरती है उसे व्यास कहा जाता है। व्यास की लम्बाई, त्रिज्या की लम्बाई की दोगुनी होती है अर्थात्
  व्यास = 2 × त्रिज्या = 2*r*
  वृत्त का व्यास, उस वृत्त की सबसे लम्बी जीवा होती है।
- **त्रिज्यखण्ड** चाप तथा त्रिज्याओं से घिरा क्षेत्र वृत्त का त्रिज्यखण्ड कहलाता है। आकृति में, *OPQO* वृत्त का त्रिज्यखण्ड है।

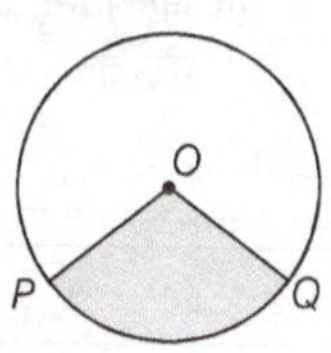

- **छेदक रेखा** वह रेखा, जो वृत्त को दो अलग-अलग बिन्दुओं पर प्रतिच्छेद करती है, वृत्त की छेदक रेखा कहलाती है। आकृति में, *PQ* एक छेदक रेखा है, जो वृत्त को दो अलग-अलग बिन्दुओं *A* और *B* पर प्रतिच्छेद करती है।

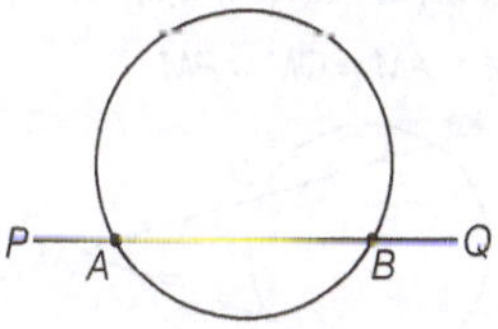

- **स्पर्श रेखा** वह रेखा, जो वृत्त को केवल एक बिन्दु पर स्पर्श करती है, वृत्त की स्पर्श रेखा कहलाती है।

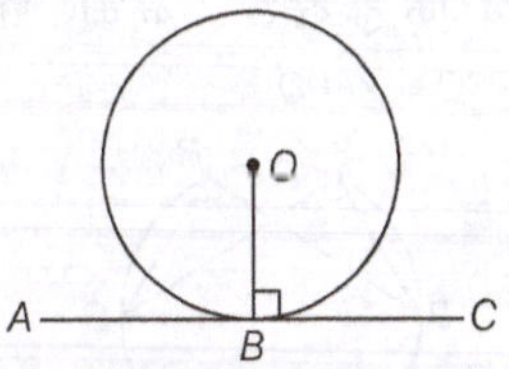

आकृति में, *AC* एक स्पर्श रेखा है जो बिन्दु *B* पर वृत्त को स्पर्श करती है।

नोट वह उभयनिष्ठ बिन्दु, जहाँ स्पर्श रेखा वृत्त को स्पर्श करती है, स्पर्श बिन्दु कहलाता है। त्रिज्या हमेशा स्पर्श रेखा के लम्बवत् होती है।

वृत्त से सम्बन्धित महत्त्वपूर्ण प्रमेय

1. वृत्त के केन्द्र से जीवा पर खींचा गया लम्ब, जीवा को समद्विभाजित करता है।

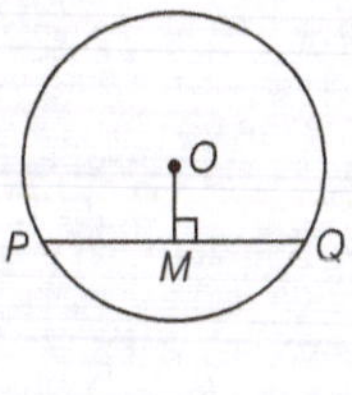

$\because \quad OM \perp PQ$

$\therefore \quad PM = QM$

2. समान लम्बाई की जीवा केन्द्र पर समान कोण अन्तरित करती है।

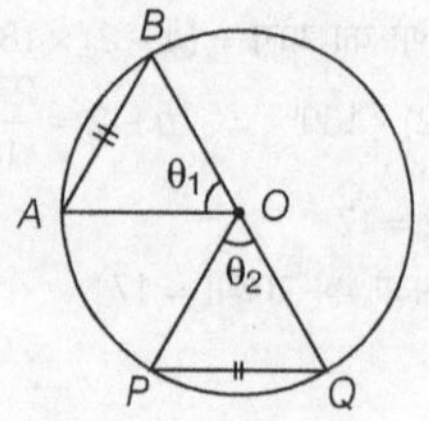

$\because \quad AB = PQ \Rightarrow \angle\theta_1 = \angle\theta_2$

नोट उपरोक्त प्रमेय का विलोम भी सत्य होता है।

3. समान लम्बाई की जीवा वृत्त के केन्द्र से समान दूरी पर स्थित होती हैं।

$\because \quad AB = PQ \Rightarrow OM = ON$

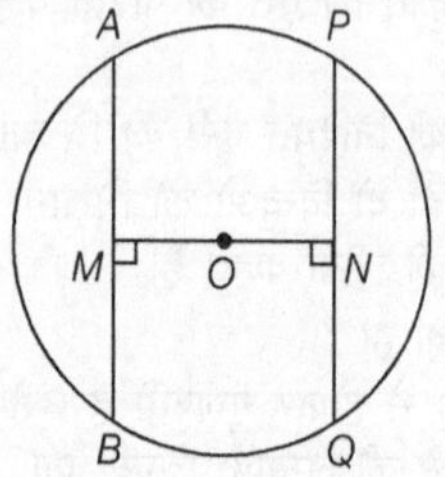

नोट उपरोक्त प्रमेय का विलोम भी सत्य होता है।

4. **प्रतिच्छेदी जीवा प्रमेय** जब एक वृत्त को दो जीवा प्रतिच्छेद करती है,

(i) जब बिन्दु M पर वृत्त की जीवाओं का आन्तरिक रूप से प्रतिच्छेदन हो, तब $AM \times BM = PM \times QM$

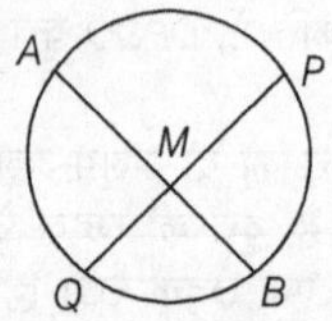

(ii). यदि बिन्दु M पर वृत्त के बाहर जीवाओं का प्रतिच्छेदन हो, तब

$\therefore \quad BM \times AM = QM \times PM$

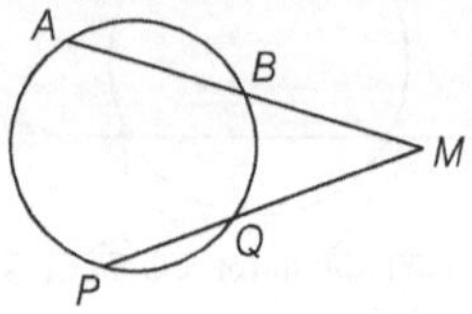

5. **समान वृत्तखण्ड प्रमेय** एक ही वृत्तखण्ड के कोण समान होते हैं।

अर्थात् $\angle PSQ = \angle PRQ$

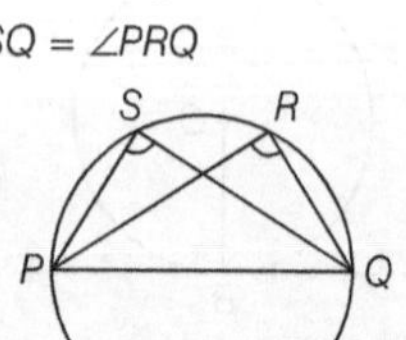

6. अर्द्धवृत्त पर बना कोण एक समकोण होता है।

$\angle ACB = 90°$

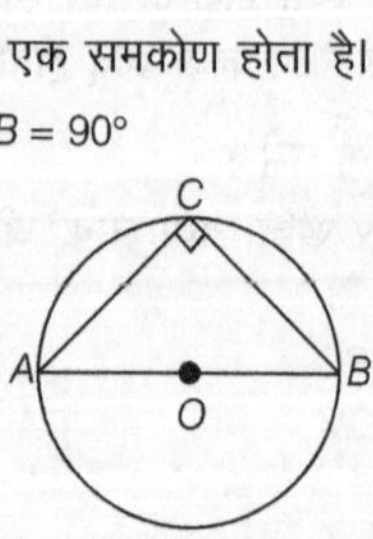

7. **केन्द्रीय कोण प्रमेय** एक चाप द्वारा केन्द्र पर बनाया गया कोण वृत्त के शेष भाग के किसी भी बिन्दु पर इसके द्वारा बनाए गए कोण का दोगुना होता है।

अर्थात, $\angle POQ = 2\angle PRQ$

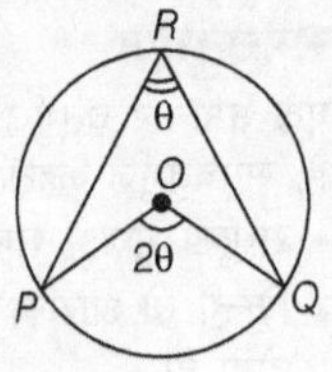

उदाहरण 5. दी गई आकृति में, वृत्त का व्यास AB और जीवा CD, बिन्दु P पर मिलते हैं, PT एक स्पर्श रेखा है जो वृत्त से T पर मिलती है। यदि $CD = 7.8$ सेमी, $PD = 5$ सेमी तथा $PB = 4$ सेमी है, तो AB ज्ञात कीजिए।

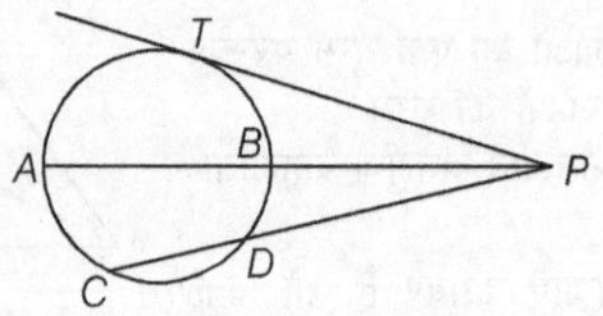

हल जीवा प्रतिच्छेदी प्रमेय से,

$$PA \times PB = PC \times PD \Rightarrow PA \times 4 = (7.8 + 5) \times 5$$

$$\therefore \quad PA = \frac{12.8 \times 5}{4} = 16 \text{ सेमी}$$

अब, $AB = PA - PB = 16 - 4 = 12$ सेमी

उदाहरण 6. दी गई आकृति में, यदि $\angle AOC = 140°$, जहाँ O वृत्त का केन्द्र बिन्दु है, तो $\angle ABC$ किसके बराबर होगा?

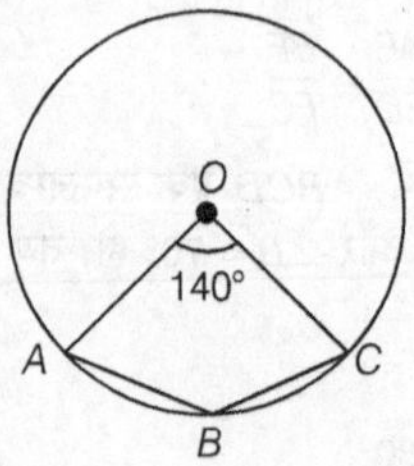

हल दिया है,

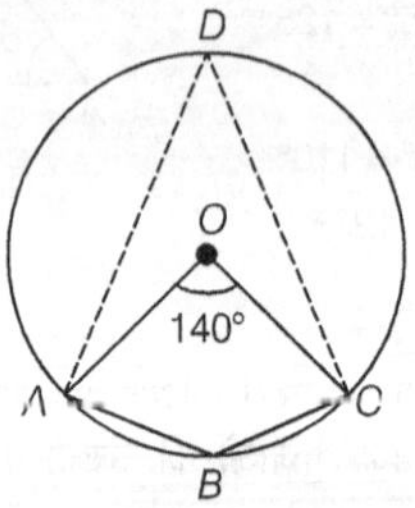

$$\angle AOC = 140°$$

$$\therefore \quad \angle ADC = \frac{140°}{2} = 70°$$

अब, $\angle ADC + \angle ABC = 180° \Rightarrow \angle ABC = 180° - \angle ADC = 180° - 70° = 110°$

उदाहरण 7. 5 सेमी त्रिज्या वाले एक वृत्त की दो समान्तर जीवाओं की लम्बाई केन्द्र के समान पार्श्व में 6 सेमी और 8 सेमी है। उनके बीच की दूरी है

हल दिया है,

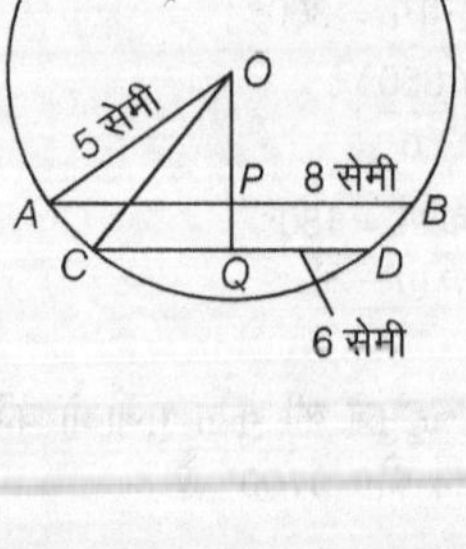

वृत्त की त्रिज्या $(r) = 5$ सेमी $= OA = OC$,

जीवा $AB = 8$ सेमी तथा $CD = 6$ सेमी

$\therefore \quad AP = \frac{8}{2} = 4$ सेमी तथा $CQ = \frac{6}{2} = 3$ सेमी

ΔOPA में, $OA^2 = AP^2 + OP^2 \Rightarrow (5)^2 = (4)^2 + OP^2$

$\Rightarrow OP^2 = 25 - 16 = 9 \Rightarrow OP = 3$ सेमी

ΔOQC में, $OC^2 = CQ^2 + OQ^2 \Rightarrow (5)^2 = (3)^2 + OQ^2$

$\Rightarrow \quad OQ^2 = 25 - 9 = 16 \Rightarrow OQ = 4$ सेमी

अत: दोनों जीवाओं के बीच की दूरी,

$PQ = OQ - OP = 4 - 3 = 1$ सेमी

स्पर्श रेखाओं पर आधारित प्रमेय

8. यदि वृत्त के किसी बाहरी बिन्दु से दो स्पर्श रेखाएँ खींची जाती हैं, तो उनकी लम्बाई समान होती है अर्थात्, $PQ = PR$

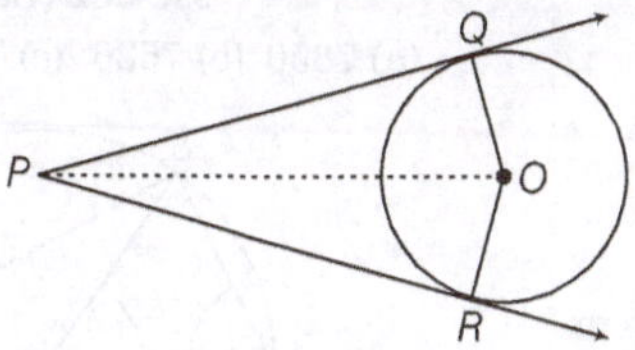

9. यदि RT एक स्पर्श रेखा है और PQT वृत्त के लिए एक छेदक रेखा है, तो $(RT)^2 = QT \times TP$

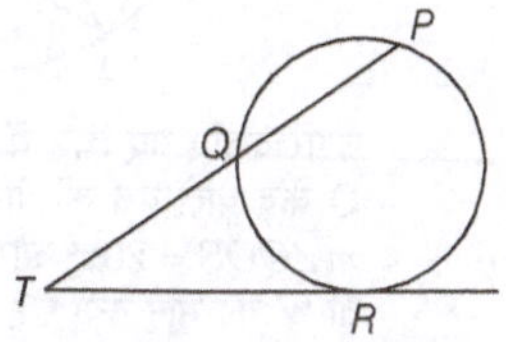

10. **वैकल्पिक खण्ड प्रमेय** स्पर्श रेखा के सम्पर्क बिन्दु से स्पर्श रेखा और जीवा के बीच बना कोण वैकल्पिक खण्ड में जीवा द्वारा बनाए गए कोण के बराबर होता है।

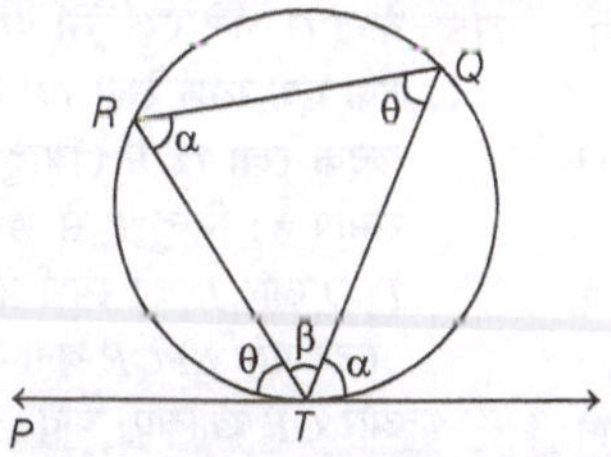

$\angle PTR = \angle RQT$,

जहाँ RT एक जीवा है तथा PT वृत्त की स्पर्श रेखा है।

11. दिए गए वृत्तों के युग्म में, दो प्रकार की स्पर्श रेखाएँ होती हैं। प्रत्यक्ष स्पर्श रेखा और अनुप्रस्थ (या क्रॉस) स्पर्श रेखा। नीचे दिए गए चित्र में, AB और CD प्रत्यक्ष स्पर्श रेखा है तथा EH और GF दो क्रॉस (अनुप्रस्थ) स्पर्श रेखा हैं।

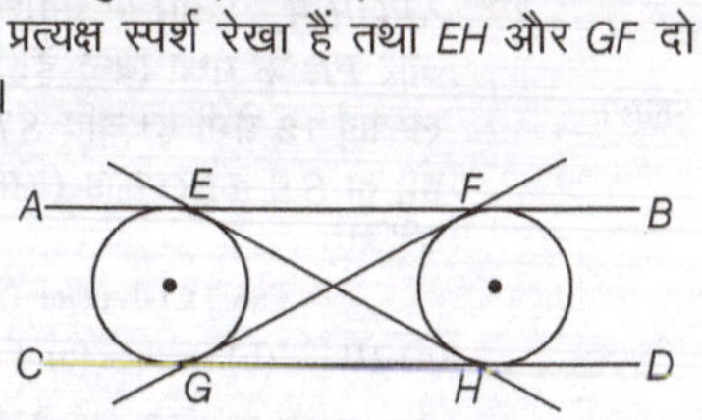

नोट जब दो वृत्तों की त्रिज्याएँ r_1 तथा r_2 एक-दूसरे से 'd' दूरी पर हो, तब

सीधी उभयनिष्ठ स्पर्श रेखा की लम्बाई $= \sqrt{d^2 - (r_1 - r_2)^2}$

अनुप्रस्थ स्पर्श रेखा की लम्बाई $= \sqrt{d^2 - (r_1 + r_2)^2}$

12. यदि एक वृत्त किसी चतुर्भुज की चारों भुजाओं को आन्तरिक रूप से स्पर्श करता है

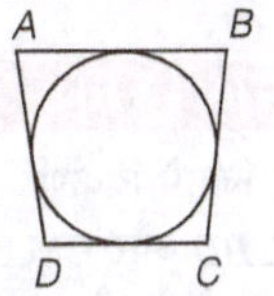

तब, $AB + DC = BC + AD$

उदाहरण 8. 8 सेमी और 3 सेमी की त्रिज्या वाले दो वृत्तों के केन्द्रों के बीच दूरी 13 सेमी है। दो वृत्तों की सरल स्पर्श रेखाओं की लम्बाई (सेमी में) कितनी है?

हल सरल स्पर्श रेखा की लम्बाई $= \sqrt{d^2 - (r_1 - r_2)^2} = \sqrt{(13)^2 - (8-3)^2}$

$= \sqrt{169 - 25} = \sqrt{144} = 12$ सेमी

चक्रीय चतुर्भुज

वह चतुर्भुज, जिसके शीर्ष एक वृत्त पर स्थित हों, चक्रीय चतुर्भुज कहलाता है। यहाँ, चतुर्भुज $ABCD$ एक चक्रीय चतुर्भुज है।

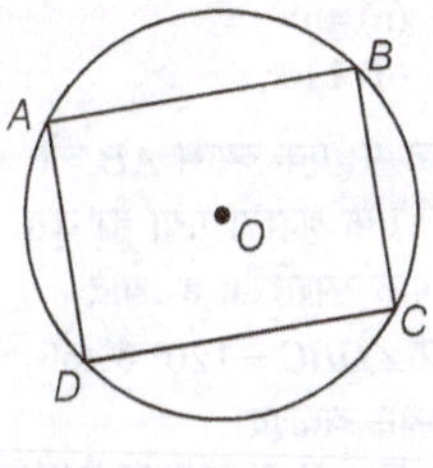

$\angle A, \angle B, \angle C$ तथा $\angle D$ अन्त: कोण है।

- चक्रीय चतुर्भुज के सम्मुख कोणों के युग्म का योग 180° होता है।

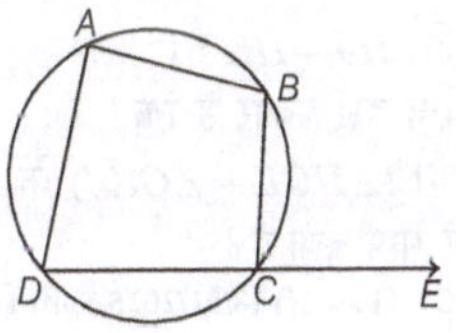

यहाँ, $\angle A + \angle C = 180° = \angle B + \angle D$

- चक्रीय चतुर्भुज की किसी एक भुजा को आगे बढ़ाने पर बनने वाला बहिष्कोण, सम्मुख अन्त:कोण के बराबर होता है।

यहाँ, $\angle BAD = \angle BCE$

उदाहरण 9. नीचे दी गई आकृति में, $\angle BCD$ किसके बराबर है?

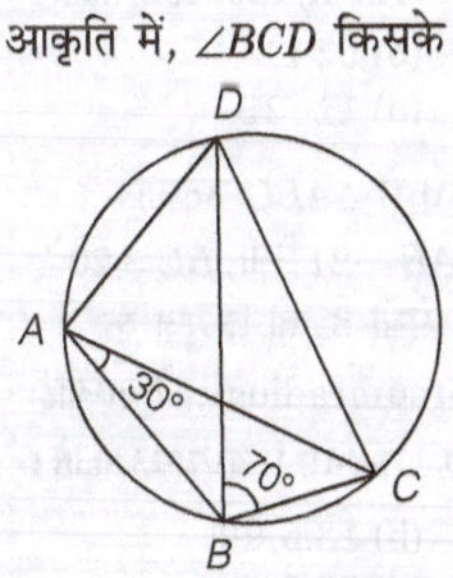

हल $\angle CAD = \angle CBD$ (एक ही वृत्तखण्ड में बना कोण)

$\therefore \quad \angle CAD = 70°$

$\therefore \quad \angle BAD = \angle BAC + \angle CAD = 30° + 70° = 100°$

$\angle BAD + \angle BCD = 180°$ [$\because ABCD$ एक चक्रीय चतुर्भुज है]

$\therefore \quad \angle BCD = 180° - 100° = 80°$

SSC एग्जाम स्कैनर

SSC CGL 2024 (Tier I & II)

1. $ABCD$ एक चतुर्भुज है, जिसमें विकर्ण $BD = 70$ सेमी है, $AL \perp BD$ और $CM \perp BD$ इस प्रकार है कि $AL = 18$ सेमी और $CM = 20$ सेमी है। चतुर्भुज $ABCD$ का क्षेत्रफल (सेमी^{2} में) ज्ञात कीजिए।
SSC CGL (Tier-II) 20/01/2025 Shift I

(a) 1320 (b) 1300
(c) 1330 (d) 1310

2. O केन्द्र वाले वृत्त में, चाप ABC वृत्त के केन्द्र पर 134° का कोण अन्तरित करती है। जीवा AB को बिन्दु P तक बढ़ाया जाता है। $\angle CBP$ .... के बराबर होगा।
SSC CGL (Tier-II) 20/01/2025 Shift I

(a) 67° (b) 45°
(c) 89° (d) 113°

3. केन्द्र O वाले एक वृत्त में, एक व्यास AB को वृत्त के बाहर बिन्दु C तक बढ़ाया गया है। वृत्त के बिन्दु D पर CD एक स्पर्शरेखा है। यदि $CD = 7\sqrt{3}$ सेमी और $\angle DBC = 120°$ है, तो वृत्त के व्यास की लम्बाई बताइए।
SSC CGL (Tier-II) 20/01/2025 Shift I

(a) 16 सेमी (b) 20 सेमी
(c) 14 सेमी (d) 18 सेमी

4. एक त्रिभुज HJK में, $HJ = HK$ है। G, HJ पर एक बिन्दु इस प्रकार है कि $HG = GK = JK$ है। $(\angle HGK + \angle GKJ)$ के दो-तिहाई की डिग्री माप क्या है?
SSC CGL (Tier-II) 18/01/2025 Shift I

(a) 84° (b) 136° (c) 96° (d) 90°

5. यदि दो समरूप त्रिभुजों के क्षेत्रफलों का अनुपात 121 : 225 है, तो संगत भुजाओं का अनुपात ज्ञात कीजिए।
SSC CGL (Tier-II) 18/01/2025 Shift I

(a) 11 : 13 (b) 9 : 11
(c) 15 : 13 (d) 11 : 15

6. केन्द्र O वाले एक वृत्त में ΔABC उत्कीर्णित किया गया है। यदि $AB = 21$ सेमी, $BC = 20$ सेमी और $AC = 29$ सेमी है, तो त्रिभुज के परिवृत्त की त्रिज्या (circumradius) की लम्बाई कितनी है? **SSC CGL (Tier-II) 18/01/2025 Shift I**

(a) 14.5 सेमी (b) 13.5 सेमी
(c) 21.5 सेमी (d) 32.5 सेमी

7. त्रिभुज XYZ में, YZ पर एक बिन्दु A इस प्रकार है कि $XA = YA$ है। यदि $\angle XYA = 50°$ और $\angle AXZ = 19°$ है, तो $\angle XZA$ का डिग्री माप ज्ञात कीजिए।
SSC CGL (Tier-I) 26/09/2024 Shift III

(a) 41° (b) 53°
(c) 49° (d) 61°

8. त्रिभुज PQR में $\angle P + \angle Q = 84°$ है। $\angle R$ का मान ज्ञात कीजिए।
SSC CGL (Tier-I) 26/09/2024 Shift III

(a) 96° (b) 74° (c) 102° (d) 60°

9. O केन्द्र वाले एक वृत्त के बाहरी बिन्दु P से एक छेदक PAB खींचा गया है, जो इसे A और B पर काटता है। यदि $OP = 17$ सेमी, $PA = 12$ सेमी और $PB = 22.5$ सेमी है, तो वृत्त की त्रिज्या ज्ञात करें।
SSC CGL (Tier-I) 26/09/2024 Shift III

(a) $\sqrt{23}$ सेमी (b) $\sqrt{19}$ सेमी
(c) $\sqrt{17}$ सेमी (d) $\sqrt{21}$ सेमी

10. यदि किसी त्रिभुज के दो शीर्षों से सम्मुख भुजाओं पर शीर्षलम्ब बराबर हो, तो त्रिभुज .... होगा।
SSC CGL (Tier-I) 26/09/2024 Shift III

(a) अधिक कोण त्रिभुज
(b) समबाहु त्रिभुज
(c) विषमबाहु त्रिभुज
(d) समद्विबाहु त्रिभुज

11. O केन्द्र वाले वृत्त में, एक चाप ABC वृत्त के केन्द्र पर 138° का कोण अन्तरित करता है। जीवा AB को बिन्दु P तक बढ़ाया जाता है तो, $\angle CBP$ की माप कितनी होगी?
SSC CGL (Tier-I) 26/09/2024 Shift II

(a) 108° (b) 69° (c) 42° (d) 111°

12. ΔABC में, $DE \parallel BC$ है और $5AE = 3EC$ है। यदि $AB = 6.4$ इकाई है, तो DB का मान (इकाई में) ज्ञात कीजिए।
SSC CGL (Tier-I) 26/09/2024 Shift II

(a) 5 (b) 4 (c) 2.4 (d) 3.2

13. ΔABC की भुजा BC को बिन्दु D तक बढ़ाया गया है। यदि $AC = BC$ और $\angle BAC = 70°$ है, तो $2.5\angle ACD - 1.5\angle ABC$ का मान ज्ञात कीजिए। **SSC CGL (Tier-I) 26/09/2024 Shift II**

(a) 245° (b) 225°
(c) 230° (d) 235°

14. यदि एक त्रिभुज के कोण 7 : 8 : 3 के अनुपात में हैं, तो सबसे बड़े कोण का मान ज्ञात कीजिए। **SSC CGL (Tier-I) 26/09/2024 Shift I**

(a) 80° (b) 60°
(c) 100° (d) 120°

15. त्रिभुजों के लिए, निम्नलिखित में से कौन-सा/कौन-से कथन सत्य है/हैं?
SSC CGL (Tier-I) 26/09/2024 Shift I

(A) आन्तरिक कोणों का योग 180° होता है
(B) सभी आन्तरिक कोण समान नहीं हो सकते हैं
(C) अधिक से अधिक एक अधिक कोण हो सकता है
(D) दो भुजाओं का योग तीसरी भुजा के बराबर हो भी सकता है और नहीं भी हो सकता है

(a) (B), (C) और (D) (b) (A), (B) और (D)
(c) (A) और (B) (d) (A) और (C)

16. ΔABC एक समकोण त्रिभुज है, जिसमें $\angle ABC = 90°$ है। यदि $m(\overline{AB}) = 28$ सेमी, और $m(\overline{BC}) = 96$ सेमी है, तो ΔABC के परिवृत्त का क्षेत्रफल (सेमी^{2} में) ज्ञात करें। ($\pi = 3.14$ का उपयोग करें।)
SSC CGL (Tier-I) 26/09/2024 Shift I

(a) 7850 (b) 7536 (c) 7693 (d) 8164

17.

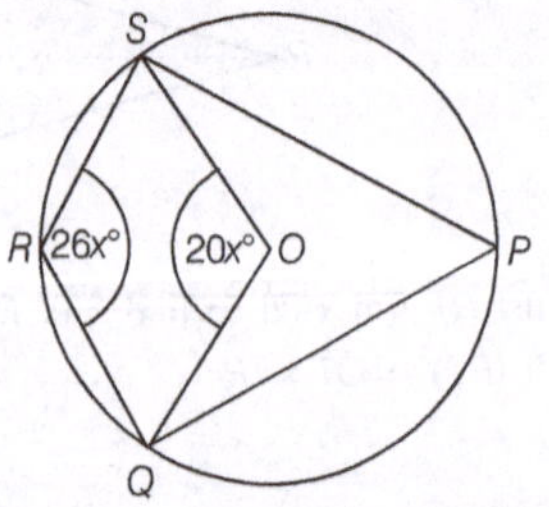

ऊपर दर्शाए गए चित्र में चतुर्भुज $PQRS$ के शीर्ष O केंद्र वाले वृत्त की परिधि पर स्थित हैं। यदि $m\angle QOS = 20x°$ और $m\angle QRS = 26x°$ हैं, तो 'x' का मान क्या है?
SSC CGL (Tier-I) 25/09/2024 Shift III

(a) 3 (b) 4
(c) 6 (d) 5

18. केन्द्र O वाले एक वृत्त पर बिन्दु T से, बिन्दु P तक एक स्पर्श रेखा TP खींची जाती है। एक छेदक रेखा TQR (बिन्दु Q, बिन्दु T के समीप है) बिन्दु T से खींची जाती है। बिन्दुओं P, Q और R को स्पर्श करते हुए वृत्त के अन्दर एक ΔPQR बनाया गया है। रेखाएँ OQ और OR खींचिए। यदि $\angle PTQ = 27°$ है, और $\angle TPQ = 55°$ तब $\angle ROQ$ का (डिग्री में) माप क्या है?
SSC CGL (Tier-I) 25/09/2024 Shift III

(a) 86° (b) 82° (c) 94° (d) 98°

19. ΔPQR में, S और T क्रमशः भुजाओं PQ और PR के मध्य बिन्दु हैं। भुजा QR की लम्बाई 12 सेमी है। यदि ST, QR के समान्तर हो, तो ST की लम्बाई (सेमी में) ज्ञात कीजिए।
SSC CGL (Tier-I) 25/09/2024 Shift III

(a) 10 (b) 8 (c) 4 (d) 6

20. दो वृत्त, दो बिन्दुओं P और Q पर प्रतिच्छेद करते हैं। PR और PS दो वृत्तों के व्यास हैं। $\angle PQR$ क्या है?
SSC CGL (Tier-I) 25/09/2024 Shift II

(a) 90° (b) 45°
(c) 0° (d) 60°

21. एक चतुर्भुज $ABCD$ में, $AB = BC$, $AD = DC$, $\angle ABD = 68°$ $\angle ADB = (2y - 7)°$, $\angle BDC = 33°$, $\angle DBC = (3x + 2)°$ हैं, तो $2x + 3y$ का मान क्या है? **SSC CGL (Tier-I) 25/09/2024 Shift II**

(a) 118 (b) 144 (c) 104 (d) 108

22. ΔABC की भुजा BC को बिन्दु D तक बढ़ाया जाता है। यदि $AC = BC$ और $\angle BAC = 70°$ है, तो $\angle ACD - \angle ABC$ का मान ज्ञात कीजिए। **SSC CGL (Tier-I) 25/09/2024 Shift I**

(a) 45° (b) 70° (c) 60° (d) 75°

23. यदि एक समद्विबाहु त्रिभुज की दो भुजाओं की लम्बाई 6 सेमी और 12 सेमी है, तो तीसरी भुजा की लम्बाई ज्ञात कीजिए। **SSC CGL (Tier-I) 25/09/2024 Shift I**

(a) 14 सेमी (b) 8 सेमी (c) 12 सेमी (d) 6 सेमी

24. किसी समतल में .... असंरेख बिन्दुओं से गुजरने वाला एक वृत्त खींचना सदैव सम्भव होता है। **SSC CGL (Tier-I) 25/09/2024 Shift I**

(a) 6 (b) 3 (c) 4 (d) 5

25. एक रेखा दो संकेन्द्रित वृत्तों को काटती है। वृत्तों पर इस रेखा द्वारा बनाई गई जीवाओं की लम्बाई 6 सेमी और 18 सेमी है। दो वृत्तों की त्रिज्याओं के वर्गों में अन्तर ज्ञात कीजिए। **SSC CGL (Tier-I) 24/09/2024 Shift III**

(a) 90 (b) 120
(c) 72 (d) 60

26. ΔABC में, $AB = 6$ सेमी है, $BC = 9$ सेमी है और $AC = 12$ सेमी है। यदि AD, $\angle BAC$ का कोण समद्विभाजक है, जहाँ D, BC पर एक बिन्दु है, तो DC का मान .... (सेमी में) होगा। **SSC CGL (Tier-I) 24/09/2024 Shift III**

(a) 7 (b) 6
(c) 9 (d) 3

27. माना कि ABC एक त्रिभुज है। यदि AB, BC और AC के मध्य-बिन्दु क्रमशः D, E और F हैं, तो ΔDEF .... के सर्वांगसम नहीं है। **SSC CGL (Tier-I) 24/09/2024 Shift III**

(a) ΔBDE (b) ΔECF
(c) ΔADF (d) ΔABC

28. यदि दो सीधी रेखाएँ संपाती हैं, तो प्रतिच्छेदन बिन्दुओं की संख्या .... होगी। **SSC CGL (Tier-I) 24/09/2024 Shift III**

(a) अपरिमित रूप से अनेक प्रतिच्छेदन बिन्दु
(b) कोई प्रतिच्छेदन बिन्दु नहीं
(c) अद्वितीय प्रतिच्छेदन बिन्दु
(d) प्रतिच्छेदन बिन्दु की परिमित संख्या

29. ΔDEF में, $DE = 12$ सेमी, $EF = 15$ सेमी और $\angle DEF = 90°$ है। ΔDEF, ΔXYZ के सर्वांगसम है। यदि $YZ = 15$ सेमी है, तो XZ की लम्बाई कितनी होगी? **SSC CGL (Tier-I) 24/09/2024 Shift II**

(a) $3\sqrt{41}$ सेमी (b) $4\sqrt{41}$ सेमी
(c) $2\sqrt{41}$ सेमी (d) $5\sqrt{41}$ सेमी

30. मान लीजिए C एक वृत्त है, जिसका केन्द्र O है और PQ, C पर एक लघु चाप है। मान लीजिए कि R और S, C पर PQ के दीर्घ चाप पर दो बिन्दु हैं। यदि PQ, O पर 80° का कोण अन्तरित करता है, तो क्रमशः $\angle PRQ$ और $\angle PSQ$ ज्ञात कीजिए। **SSC CGL (Tier-I) 24/09/2024 Shift II**

(a) 40° और 60° (b) 40° और 40°
(c) 40° और 50° (d) 50° और 80°

31. PQ, केन्द्र A वाले एक वृत्त का व्यास है। M, वृत्त की परिधि पर एक बिन्दु है। यदि $m\angle MAP = 110°$, तो $m\angle MQA$ का मान ज्ञात कीजिए। **SSC CGL (Tier-I) 24/09/2024 Shift I**

(a) 35° (b) 65° (c) 55° (d) 70°

32. एक वृत्त की त्रिज्या 12.5 सेमी है और इसकी एक जीवा की लम्बाई 11 सेमी है। केन्द्र से जीवा की दूरी कितनी है? (एक दशमलव स्थान तक सही मान दीजिए) **SSC CGL (Tier-I) 24/09/2024 Shift I**

(a) 10 सेमी (b) 13.2 सेमी
(c) 11.2 सेमी (d) 12 सेमी

33. त्रिभुज XYZ एक समद्विबाहु त्रिभुज है, जिसकी भुजाएँ $XY = XZ$ हैं। यदि कोण Y की माप 80° है, तो कोण X की माप क्या है? **SSC CGL (Tier-I) 24/09/2024 Shift I**

(a) 30° (b) 50° (c) 40° (d) 20°

34. ΔPQR में, यदि $4\angle P = 5\angle Q = 20\angle R$ है, तो $\angle Q$ का मान क्या है? **SSC CGL (Tier-I) 23/09/2024 Shift III**

(a) 72° (b) 90° (c) 45° (d) 36°

35. 4 सेमी त्रिज्या वाले एक वृत्त के केन्द्र से 10 सेमी दूर स्थित एक बिन्दु से खींची गई स्पर्श रेखा की लम्बाई ज्ञात कीजिए। **SSC CGL (Tier-I) 23/09/2024 Shift III**

(a) $3\sqrt{14}$ सेमी (b) $2\sqrt{14}$ सेमी
(c) $3\sqrt{21}$ सेमी (d) $2\sqrt{21}$ सेमी

36. यदि किसी त्रिभुज की माध्यिकाएं बराबर हों, तो त्रिभुज .... होगा। **SSC CGL (Tier-I) 23/09/2024 Shift II**

(a) अधिक कोण त्रिभुज (b) विषमबाहु त्रिभुज
(c) समबाहु त्रिभुज (d) समकोण त्रिभुज

37. XAB और XCD एक वृत्त की दो छेदक रेखाएँ हैं। यदि $XA = 18$ सेमी है, $AB = 22$ सेमी है और $XC = 24$ सेमी है, तो XD का मान (सेमी में) ज्ञात कीजिए। **SSC CGL (Tier-I) 23/09/2024 Shift II**

(a) 28 (b) 34 (c) 21 (d) 30

38. AB केन्द्र O वाले वृत्त की जीवा है। प्रमुख खण्ड में वृत्त की परिधि पर बिन्दु D से निकलने वाला एक रेखाखण्ड DOC, C पर निर्मित AB से इस प्रकार मिलता है कि $BC = OD$ है। यदि कोण $BCO = 30°$ है, तो कोण AOD ज्ञात कीजिए। **SSC CGL (Tier-I) 23/09/2024 Shift II**

(a) 30° (b) 80° (c) 90° (d) 60°

39. एक वृत्त पर एक त्रिभुज ABC बना है, जहाँ AB वृत्त का व्यास है। यदि BC वृत्त की त्रिज्या के बराबर है और $\angle ABC = x\angle BAC$ है, तो x... का मान है। **SSC CGL (Tier-I) 23/09/2024 Shift I**

(a) 2.5 (b) 1 (c) 2 (d) 1.5

40. 7 इकाई और $\frac{7}{2}$ इकाई की त्रिज्या वाले उन दो वृत्तों के लिए, जिनके केन्द्र 15 इकाई की दूरी पर हैं, सीधी उभयनिष्ठ स्पर्श रेखा की लम्बाई इकाई में कितनी है? (दशमलव के 3 स्थानों तक शुद्ध।) **SSC CGL (Tier-I) 23/09/2024 Shift I**

(a) 14.586 (b) 16.584
(c) 15.486 (d) 18.684

41. किसी बिन्दु A से 7 इकाई त्रिज्या वाले वृत्त पर एक स्पर्श रेखा खींची जाती है। उसी बिन्दु से वृत्त पर एक छेदक रेखा खींची जाती है जो वृत्त को B और C पर काटती है और बिन्दु B, C की तुलना में A के निकट है। यदि बिन्दु A से वृत्त की स्पर्श रेखा की लम्बाई 21 इकाई है और AB की लम्बाई 14 इकाई है, तो इकाई में BC की लम्बाई कितनी है? **SSC CGL (Tier-I) 19/09/2024 Shift III**

(a) 16.5 (b) 17.5 (c) 15.5 (d) 18.5

42. एक चतुर्भुज पतंग $ABCD$ में, लम्बा विकर्ण BD खींचा गया है। यदि $\angle ABD = 54°$ और $\angle ADB = 50°$; है, तो $\angle DCB$ की माप (डिग्री में) क्या है? **SSC CGL (Tier-I) 19/09/2024 Shift III**

(a) 108 (b) 100 (c) 76 (d) 54

43. एक चतुर्भुज $PQRS$, O केन्द्र वाले वृत्त में इस प्रकार खींचा गया है कि, PQ व्यास है और $\angle PSR = 120°$ है। $\angle QPR$ का मान ज्ञात कीजिए। **SSC CGL (Tier-I) 19/09/2024 Shift II**

(a) 30° (b) 40° (c) 60° (d) 50°

44. PQ और RS, A और B पर प्रतिच्छेद करने वाली दो वृत्तों की उभयनिष्ठ स्पर्श रेखाएँ हैं। A और B दोनों ओर बढ़ाएँ जाने पर, स्पर्श रेखा PQ और RS से क्रमशः x और y पर मिलते हैं। यदि $AB = 3$ सेमी और $XY = 5$ सेमी है, तो PQ .... है। **SSC CGL (Tier-I) 19/09/2024 Shift II**

(a) 4 सेमी (b) 6 सेमी
(c) 3 सेमी (d) 5 सेमी

45. P, Q और R एक त्रिभुज के तीन कोण हैं। यदि $P - Q = 20°$ है और $Q - R = 26°$ है, तो $\angle P$ निम्नलिखित में से किसके बराबर है? **SSC CGL (Tier-I) 19/09/2024 Shift I**

(a) 46° (b) 82° (c) 92° (d) 52°

46. R एक वृत्त के बाहर एक बिन्दु है और यह इसके केन्द्र से 18 सेमी दूर है। बिन्दु R से खींची गई छेदक रेखा वृत्त को बिन्दुओं A और B पर इस प्रकार प्रतिच्छेदित करती है कि $RA = 7$ सेमी और $AB = 5$ सेमी है। वृत्त की त्रिज्या (सेमी में) ज्ञात कीजिए। **SSC CGL (Tier-I) 19/09/2024 Shift I**

(a) $3\sqrt{15}$ (b) $7\sqrt{15}$ (c) $5\sqrt{15}$ (d) $4\sqrt{15}$

47. $WXYZ$ एक चतुर्भुज है जिसमें XQ और ZP, रेखा WY के इस प्रकार लम्बवत हैं कि $XQ = ZP$ है। विकर्ण ZX और WY एक-दूसरे को बिन्दु O पर प्रतिच्छेद करते हैं। यदि $OX = 12$ सेमी है, तो ZX का मान (सेमी में) ज्ञात कीजिए। **SSC CGL (Tier-I) 19/09/2024 Shift I**

(a) 18 (b) 36 (c) 24 (d) 12

48. यदि हम किसी जीवा को दोनों तरफ अनन्त रूप से बढ़ाते हैं, तो वह जीवा ……… बन जाती है। **SSC CGL (Tier-I) 18/09/2024 Shift III**

(a) छेदक रेखा (b) लम्ब
(c) स्पर्श रेखा (d) व्यास

49. एक समान्तर चतुर्भुज $MNOP$ की भुजा MN को Q तक इस प्रकार बढ़ाया गया है कि $MN = NQ$ है। PQ, ON को बिन्दु R पर प्रतिच्छेदित करती है। बिन्दु R, ON को किस अनुपात में विभाजित करता है? **SSC CGL (Tier-I) 18/09/2024 Shift III**

(a) 1 : 1 (b) 3 : 1 (c) 1 : 2 (d) 2 : 1

50. दो समान वृत्त एक-दूसरे के केन्द्र से गुजरते हैं। यदि प्रत्येक वृत्त की त्रिज्या 13 सेमी है, तो उभयनिष्ठ जीवा की लम्बाई कितनी होगी? **SSC CGL (Tier-I) 18/09/2024 Shift III**

(a) $13\sqrt{2}$ सेमी (b) $13\sqrt{3}$ सेमी
(c) $13\sqrt{6}$ सेमी (d) $7\sqrt{3}$ सेमी

51. यदि किसी वृत्त के चाप PAQ और RBS सर्वांगसम हैं, तो PQ और RS का अनुपात ज्ञात कीजिए। **SSC CGL (Tier-I) 18/09/2024 Shift II**

(a) 1 : 3 (b) 1 : 1 (c) 1 : 2 (d) 2 : 3

52. 7 इकाई त्रिज्या वाले एक वृत्त पर, PQ और QR प्रत्येक 7 इकाई लम्बाई वाली जीवाएँ हैं। जीवा PR की लम्बाई इकाई में कितनी है? **SSC CGL (Tier-I) 18/09/2024 Shift II**

(a) $\frac{7}{\sqrt{3}}$ (b) $\frac{28}{\sqrt{3}}$
(c) $\frac{14}{\sqrt{3}}$ (d) $\frac{21}{\sqrt{3}}$

53. यदि ΔABC और ΔQPR सर्वांगसम त्रिभुज इस प्रकार हैं कि $AB = 7$ सेमी है, $AC = 8$ सेमी है, $\angle B = 65°$ और $\angle C = 75°$ है, तो निम्नलिखित में से कौन-सा सत्य है? **SSC CGL (Tier-I) 18/09/2024 Shift I**

(a) $\angle R = 75°$ और $PQ = 8$ सेमी
(b) $AC = PR$ और $\angle P = 65°$
(c) $PQ = 7$ सेमी और $\angle R = 75°$
(d) $\angle Q = 40°$ और $RQ = 7$ सेमी

54. केन्द्र O वाले किसी वृत्त में, AOC व्यास है। B, वृत्त की परिधि पर एक बिन्दु इस प्रकार है कि चाप AB, चाप BC का $\frac{1}{5}$ है। $\angle BOC$ की माप (डिग्री में) कितनी है? **SSC CGL (Tier-I) 18/09/2024 Shift I**

(a) 80° (b) 150°
(c) 30° (d) 120°

55. यदि किसी त्रिभुज का परिमाप 52 इकाई है, तो उसकी सभी भुजाओं की लम्बाई …… इकाई होगी। **SSC CGL (Tier-I) 17/09/2024 Shift III**

(a) < 20 (b) < 24 (c) < 18 (d) < 26

56. त्रिभुज ABC में D, BC का मध्य-बिन्दु है। यदि DL, AB पर लम्ब और DM. AC पर लम्ब इस प्रकार हैं कि $DL = DM$ हो, तो त्रिभुज होगा **SSC CGL (Tier-I) 17/09/2024 Shift III**

(a) अधिक कोण त्रिभुज (b) समद्विबाहु त्रिभुज
(c) समकोण त्रिभुज (d) समबाहु त्रिभुज

57. एक त्रिभुज में, भुजाओं की लम्बाई 6 इकाई, 12 इकाई और x इकाई है। x के लिए सम्भावित पूर्णांक मान कितने हैं? **SSC CGL (Tier-I) 17/09/2024 Shift III**

(a) 11 (b) 10 (c) 12 (d) 9

58. एक समचतुर्भुज $PQRS$ में O एक आन्तरिक बिन्दु इस प्रकार है कि, $OP = OR$ है। $\angle SOQ$ की अंशीय माप कितनी है? **SSC CGL (Tier-I) 17/09/2024 Shift II**

(a) 180° (b) 240°
(c) 200° (d) 120°

59. AB और CD केन्द्र O वाले एक वृत्त में खींची गई दो समानान्तर जीवाएँ हैं। दोनों जीवाओं के बीच की दूरी 21 सेमी है। यदि AB और CD की लम्बाई क्रमश: 24 सेमी और 18 सेमी है, तो वृत्त की त्रिज्या किसके बराबर है? **SSC CGL (Tier-I) 17/09/2024 Shift II**

(a) 20 सेमी (b) 18 सेमी
(c) 24 सेमी (d) 15 सेमी

60. M और N क्रमश: 12 सेमी और 8 सेमी त्रिज्या वाले दो वृत्तों के केन्द्र हैं। QR वृत्तों की उभ्यनिष्ठ स्पर्शरेखा है। यदि $MN = 16$ सेमी है, तो QR की लम्बाई कितनी होगी? **SSC CGL (Tier-I) 17/09/2024 Shift II**

(a) $3\sqrt{19}$ सेमी (b) $4\sqrt{15}$ सेमी
(c) $6\sqrt{8}$ सेमी (d) $5\sqrt{17}$ सेमी

61. AP और AQ केन्द्र O वाले किसी वृत्त पर बाह्य बिन्दु A से खींची गई दो स्पर्श रेखाएँ हैं। यदि $\angle PAQ = 40°$ है, तो $\angle POQ$ ज्ञात कीजिए। **SSC CGL (Tier-I) 17/09/2024 Shift I**

(a) 150° (b) 130°
(c) 140° (d) 120°

62. दो समरूप त्रिभुजों ΔRST और ΔABC का परिमाप क्रमश: 26 सेमी और 39 सेमी है। यदि $AB = 24$ सेमी है, तो RS ……… है। **SSC CGL (Tier-I) 13/09/2024 Shift III**

(a) 16 सेमी (b) 24 सेमी
(c) 18 सेमी (d) 36 सेमी

63. किसी घड़ी में मिनट की सुई द्वारा 25 मिनट में बनाया गया कोण कितना है? **SSC CGL (Tier-I) 13/09/2024 Shift III**

(a) $\frac{\pi}{2}$ (b) $\frac{5\pi}{3}$ (c) $\frac{5\pi}{6}$ (d) π

64. P और Q केन्द्र वाले दो वृत्त दो बिन्दुओं C और D पर प्रतिच्छेदित करते हैं। AB, बिन्दु A और बिन्दु B पर खींची गई दोनों वृत्तों की स्पर्श रेखा है। यदि $\angle ADB = 68°$ है, तो $\angle ACB =$ ____ होगा। **SSC CGL (Tier-I) 13/09/2024 Shift III**

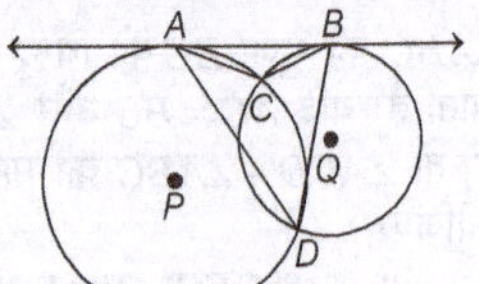

(a) 132° (b) 112° (c) 124° (d) 102°

65. ΔABC एक समबाहु त्रिभुज है। P, Q और R क्रमश: भुजा AB, BC और CA के मध्य-बिन्दु है। यदि त्रिभुज ABC की भुजा की लम्बाई 11 सेमी है, तो ΔPQR का क्षेत्रफल (सेमी^{2} में) ज्ञात कीजिए। **SSC CGL (Tier-I) 13/09/2024 Shift II**

(a) $\frac{11\sqrt{3}}{16}$ (b) $\frac{111\sqrt{3}}{16}$ (c) $\frac{121\sqrt{3}}{16}$ (d) $\frac{21\sqrt{3}}{16}$

66. यदि $\Delta PQR \cong \Delta ABC$, $AB = 6$ सेमी, $\angle B = 50°$ और $\angle A = 70°$ है, तो निम्नलिखित में से कौन-सा विकल्प सही है? **SSC CGL (Tier-I) 13/09/2024 Shift II**

(a) $QP = 6$ सेमी, $\angle R = 60°$
(b) $QR = 6$ सेमी $\angle Q = 60°$
(c) $QP = 6$ सेमी, $\angle P = 60°$
(d) $QR = 6$ सेमी, $\angle R = 60°$

67. 7 इकाई की त्रिज्या वाले एक वृत्त से 7 इकाई लम्बाई की जीवा से एक चाप काटा जाता है। छोटे हिस्से के चाप की लम्बाई (इकाई में) क्या है? **SSC CGL (Tier-I) 13/09/2024 Shift I**

(a) $\frac{7}{4}\pi$ (b) $\frac{8}{3}\pi$ (c) $\frac{7}{3}\pi$ (d) $\frac{7}{6}\pi$

68. A और B क्रमश: 2 सेमी और 1 सेमी की त्रिज्याओं वाले दो वृत्तों के केन्द्र हैं, जहाँ $AB = 5$ सेमी है। C, त्रिज्या r सेमी वाले एक अन्य वृत्त का केन्द्र है, जो उपरोक्त प्रत्येक दोनों वृत्तों को बाहरी रूप से स्पर्श करता है। यदि $\angle ACB = 90°$ है, तो r का मान क्या होगा? **SSC CGL (Tier-I) 13/09/2024 Shift I**

(a) 3 सेमी (b) 5 सेमी
(c) 4 सेमी (d) 2 सेमी

69. ΔABD और ΔFEC में, $\angle BAD = 60°$, $BD = EC$, $\angle ABD = \angle FEC = 90°$, और $AB = FE$ है। $\frac{\angle BAD}{\angle FCE}$ का अनुपात ज्ञात कीजिए। **SSC CGL (Tier-I) 12/09/2024 Shift III**

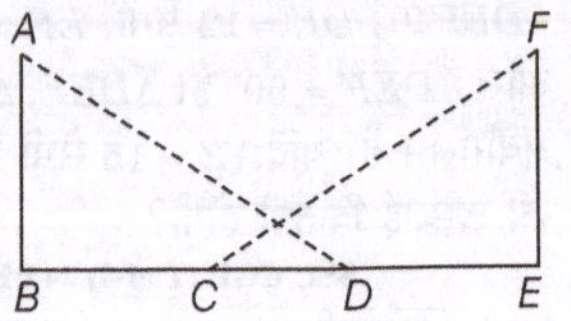

(a) 1 : 2 (b) 2 : 1
(c) 2 : 3 (d) 2 : 5

70. बाह्य बिन्दु F से सीधी रेखाओं का एक युग्म, वृत्त को A और B $(FA < FB)$ पर प्रतिच्छेद करता है और C पर वृत्त को स्पर्श करता है। O वृत्त का केन्द्र है। यदि $\angle ACF = 50°$ और $\angle AFC = 30°$ है, तो $\angle AOC$ का मान ज्ञात कीजिए। **SSC CGL (Tier-I) 12/09/2024 Shift III**

(a) 90° (b) 100° (c) 40° (d) 80°

71. ΔDEF में, $\angle D$ का समद्विभाजक भुजा EF को बिंदु N पर प्रतिच्छेद करता है। यदि $DE = 36$ सेमी, $DF = 40$ सेमी और $EF = 38$ सेमी है, तो NF की लम्बाई (सेमी में) .... है **SSC CGL (Tier-I) 12/09/2024 Shift II**

(a) 20 (b) 16
(c) 18 (d) 12

72. एक त्रिभुज के तीनों कोणों की मापों का अनुपात 17 : 13 : 15 है। इन तीनों कोणों में सबसे बड़े और सबसे छोटे कोण के बीच का धनात्मक अन्तर ज्ञात कीजिए। **SSC CGL (Tier-I) 12/09/2024 Shift I**

(a) 16° (b) 20° (c) 12° (d) 24°

73. दो वृत्त C_1 और C_2 एक-दूसरे को बाह्य रूप से स्पर्श करते हैं। C_1 की त्रिज्या = 16 सेमी और C_2 की त्रिज्या = 8 सेमी है। उनकी उभयनिष्ठ स्पर्शरेखा की लम्बाई (सेमी में) ज्ञात कीजिए। **SSC CGL (Tier-I) 12/09/2024 Shift I**

(a) $8\sqrt{3}$ (b) $8\sqrt{2}$
(c) $16\sqrt{3}$ (d) $16\sqrt{2}$

74. त्रिभुज PQR में, भुजा QR पर, S एक बिन्दु इस प्रकार है कि $PS \perp QR$ है, तो निम्नलिखित में से कौन-सा विकल्प सत्य है? **SSC CGL (Tier-I) 12/09/2024 Shift I**

(a) $PQ^2 + PR^2 = QS^2 + SR^2$
(b) $PR^2 + QS^2 = PQ^2 + SR^2$
(c) $PS^2 + PR^2 = PQ^2 + QR^2$
(d) $PS^2 + QS^2 = PQ^2 + PR^2$

75. ΔABC में, दो माध्यिकाएँ AD और BE, बिन्दु G पर समकोण पर प्रतिच्छेदित करती हैं। यदि $AD = 12$ सेमी और $BE = 9$ सेमी हैं, तो AB की लम्बाई कितनी है? **SSC CGL (Tier-I) 11/09/2024 Shift III**

(a) 14 सेमी (b) 10 सेमी
(c) 12 सेमी (d) 16 सेमी

76. एक ΔLMN में, $\angle L = 118°$ और $LM = LN$ है। $\angle N$ ज्ञात कीजिए। **SSC CGL (Tier-I) 11/09/2024 Shift III**

(a) 42° (b) 31° (c) 65° (d) 62°

77. P और Q दो ऐसे वृत्तों के केन्द्र हैं जिनकी त्रिज्या क्रमशः 7 सेमी और 3 सेमी हैं। यदि वृत्तों की सीधी उभयनिष्ठ अनुस्पर्श रेखा विस्तारित PQ से A पर मिलती हैं, तो A, PQ को .... विभाजित करता है। **SSC CGL (Tier-I) 11/09/2024 Shift III**

(a) आन्तरिक रूप से 7:3 के अनुपात में
(b) बाह्य रूप से 3:7 के अनुपात में
(c) आन्तरिक रूप से 3:7 के अनुपात में
(d) बाह्य रूप से 7:3 के अनुपात में

78. ΔPQR में, M, N और S क्रमशः भुजाओं PQ, PR और QR के मध्य-बिन्दु हैं। यदि ΔPQR का क्षेत्रफल 46 सेमी² है, तो चतुर्भुज $MNRQ$ का क्षेत्रफल (सेमी में) क्या है? **SSC CGL (Tier-I) 11/09/2024 Shift II**

(a) 39 (b) 34.5 (c) 23 (d) 27.6

79. एक समचतुर्भुज $ABCD$ में, O कोई आन्तरिक बिन्दु इस प्रकार है कि $OA = OC$ है। $\angle DOB$ की डिग्री में माप का 5/9वाँ हिस्सा कितना हैं? **SSC CGL (Tier-I) 11/09/2024 Shift I**

(a) 100° (b) 120°
(c) 90° (d) 150°

80. एक वृत्त में, दो जीवाएँ MN और PQ हैं जो O पर प्रतिच्छेद करती हैं। यदि $MO = 9$ सेमी, $ON = 5$ सेमी और $OQ = 6$ सेमी है, तो OP का मान (सेमी में) कितना है? **SSC CGL (Tier-I) 11/09/2024 Shift I**

(a) 7.5 (b) 6
(c) 7 (d) 6.5

81. दो वृत्तों की त्रिज्याएँ 5 सेमी और 10 सेमी हैं और उनके केन्द्रों के बीच की दूरी 17 सेमी है। उभयनिष्ठ अनुप्रस्थ स्पर्श रेखा की लम्बाई ज्ञात कीजिए। **SSC CGL (Tier-I) 10/09/2024 Shift III**

(a) 6 सेमी (b) 8 सेमी (c) 7.5 सेमी
(d) 9 सेमी

82. यदि $\Delta PQR \cong \Delta MON$ इस प्रकार है कि $\angle PQR = 82°$, $\angle QRP = 47°$, $\angle RPQ = 51°$, $\angle MON = (5y - 8)°$, $QR = 24$ और $ON = 3x + y$ है, तो $(x + y)$ ज्ञात करें। **SSC CGL (Tier-I) 10/09/2024 Shift III**

(a) 16 (b) 14
(c) 20 (d) 18

83. X, Y और Z, किसी तल पर तीन बिन्दु हैं, जिसमें $XY = 11$ सेमी, $YZ = 13$ सेमी और $XZ = 24$ सेमी है। बिन्दु X, Y और Z से होकर गुजरने वाले वृत्तों की संख्या कितनी होगी? **SSC CGL (Tier-I) 10/09/2024 Shift I**

(a) 1 (b) 3 (c) 0 (d) 2

84. निम्नलिखित में से किस मानदंड को लागू करने से दो त्रिभुजों को सर्वांगसम सिद्ध नहीं किया जा सकता है? **SSC CGL (Tier-I) 10/09/2024 Shift I**

(a) भुजा-भुजा-भुजा (b) कोण-कोण-कोण
(c) भुजा कोण-भुजा (d) कोण भुजा-कोण

85. 18 सेमी और 12 सेमी त्रिज्या वाले दो वृत्त एक-दूसरे को बाह्य रूप से स्पर्श करते हैं। उनकी सीधी उभयनिष्ठ स्पर्श रेखा की लम्बाई (सेमी में) ज्ञात कीजिए। **SSC CGL (Tier-I) 10/09/2024 Shift I**

(a) $18\sqrt{6}$ (b) $12\sqrt{6}$
(c) $10\sqrt{6}$ (d) $15\sqrt{6}$

86. दो त्रिभुज EFG और HIJ सर्वांगसम हैं। यदि ΔEFG का क्षेत्रफल 124 सेमी² है, तो ΔHIJ का क्षेत्रफल कितना होगा? **SSC CGL (Tier-I) 9/09/2024 Shift III**

(a) 248 सेमी² (b) 124 सेमी²
(c) 31 सेमी² (d) 62 सेमी²

87. किसी ΔPQR में, $\angle Q$ और $\angle R$ के समद्विभाजक, त्रिभुज के अन्दर बिन्दु O पर मिलते हैं। यदि $\angle QOR = 107°$ हो, तो $\angle P$ की माप ज्ञात कीजिए। **SSC CGL (Tier-I) 9/09/2024 Shift III**

(a) 34° (b) 17° (c) 23° (d) 40°

88. त्रिभुज के कोण इस प्रकार हैं कि एक कोण अन्य दो कोणों का औसत है, तो कोण निम्नलिखित में से कौन-से होंगे? **SSC CGL (Tier-I) 9/09/2024 Shift II**

1. $\frac{\pi}{6}, \frac{\pi}{3}, \frac{\pi}{2}$ 2. $\frac{\pi}{3}, \frac{\pi}{3}, \frac{\pi}{2}$
3. $\frac{\pi}{6}, \frac{\pi}{3}, \frac{\pi}{4}$ 4. $\frac{\pi}{2}, \frac{\pi}{2}, \frac{\pi}{3}$

(a) 3 (b) 2
(c) 4 (d) 1

89. बिन्दु P और S रेखाखण्ड QR के एक ही ओर इस प्रकार हैं कि $\angle PQR = 90°$, $\angle SRQ = 90°$ और $PQ = SR$ है। सही कथन का चयन कीजिए। **SSC CGL (Tier-I) 9/09/2024 Shift II**

(a) $\Delta PQR \cong \Delta SQR$ SAS द्वारा
(b) $\Delta PQR \cong \Delta SRQ$ SAS द्वारा
(c) $\Delta PQR \cong \Delta SQR$ RHS द्वारा
(d) $\Delta PQR \cong \Delta SRQ$ RHS द्वारा

90. 22 सेमी और 10 सेमी त्रिज्या वाले दो वृत्तों के केन्द्रों के बीच की दूरी 37 सेमी है। यदि इन वृत्तों की सीधी उभयनिष्ठ अनुस्पर्श रेखा के स्पर्श बिन्दु (points of contact) M और Q हैं, तो रेखाखण्ड MQ की लम्बाई ज्ञात कीजिए। **SSC CGL (Tier-I) 9/09/2024 Shift I**

(a) 35 सेमी (b) 39 सेमी
(c) 20 सेमी (d) 25 सेमी

91. मान लीजिए कि, O वृत्त का केन्द्र है और AB और CD, केन्द्र के एक ही ओर दो समानांतर जीवाएँ हैं। OP, AB के लम्बवत है और OQ, CD के लम्बवत है। यदि $AB = 10$ सेमी है, $CD = 24$ सेमी और $PQ = 7$ सेमी है, तो वृत्त का व्यास (सेमी में) होगा। **SSC CGL (Tier-I) 9/09/2024 Shift I**

(a) 13 (b) 26
(c) 12 (d) 24

92. यदि एक समबाहु त्रिभुज की दो भुजाओं का योग 16 सेमी है, तो तीसरी भुजा ज्ञात कीजिए। **SSC CGL (Tier-I) 9/09/2024 Shift I**

(a) 4 सेमी
(b) 8 सेमी
(c) ज्ञात नहीं किया जा सकता है
(d) 16 सेमी

SSC CGL 2023 (Tier I & II)

93. एक समबाहु त्रिभुज ABC एक वर्ग $BCDE$ के ऊपर स्थित है। $\angle EAB + 3\angle AEB$ का मान कितना होगा? **SSC CGL (Tier II) 26/10/2023**

(a) 60° (b) 80° (c) 280° (d) 240°

94. यदि वृत्त की एक जीवा 20.5 सेमी दी गई है, तो वृत्त की त्रिज्या (r) .... होनी चाहिए। **SSC CGL (Tier II) 26/10/2023**

(a) $r = 10$ सेमी (b) $r < 10.25$
(c) $r > 10.25$ (d) $r \geq 10.25$

95. यदि किसी समबहुभुज का एक अन्त:कोण किसी समदसभुज के एक अन्त:कोण का $\frac{15}{16}$ गुना है, तो समबहुभुज के विकर्णों की संख्या ज्ञात कीजिए। **SSC CGL (Tier II) 07/03/2023**

(a) 35 (b) 14 (c) 20 (d) 2

96. दिया गया है कि $\Delta ABC \cong \Delta PQR$, $AB = 5$ सेमी $\angle B = 40°$ और $\angle A = 80°$। निम्नलिखित में से कौन-सा विकल्प सही है? **SSC CGL (Tier II) 07/03/2023**

(a) $PQ = 5$ सेमी और $\angle P = 60°$
(b) $PQ = 5$ सेमी और $\angle R = 60°$
(c) $QR = 5$ सेमी और $\angle Q = 60°$
(d) $QR = 5$ सेमी और $\angle R = 60°$

97. $PQRS$ एक चक्रीय चतुर्भुज है। यदि $\angle P$, $\angle R$ का तीन गुना और $\angle S$, $\angle Q$ का चार गुना है, तो $\angle S + \angle R$ का योग क्या होगा? **SSC CGL (Tier II) 07/03/2023**

(a) 169° (b) 171° (c) 189° (d) 187°

98. एक समबाहु त्रिभुज PQR का केन्द्रक L है। यदि $PQ = 6$ सेमी, तो PL की लम्बाई क्या है? **SSC CGL (Tier II) 06/03/2023**

(a) $2\sqrt{3}$ सेमी (b) $3\sqrt{3}$ सेमी
(c) $5\sqrt{3}$ सेमी (d) $4\sqrt{3}$ सेमी

99. एक वृत्त की दो जीवाएँ AB और CD वृत्त के अन्दर F बिन्दु पर प्रतिच्छेद करती हैं यदि $AF = 4$ सेमी, $BF = 6$ सेमी और $CF = 3$ सेमी तब CD की लम्बाई ज्ञात कीजिए। **SSC CGL (Tier II) 06/03/2023**

(a) 8 सेमी (b) 11 सेमी (c) 16 सेमी
(d) 12 सेमी

100. $ABCD$ एक चक्रीय चतुर्भुज है और BC सम्बन्धित वृत्त का व्यास है जिस पर A और D भी स्थित है। $\angle BCA = 19°$ और $\angle CAD = 32°$ है। $\angle ACD$ का माप ज्ञात करें। **SSC CGL (Tier II) 03/03/2023**

(a) 41° (b) 39°
(c) 40° (d) 38°

101. यदि एक समबहुभुज का बहिष्कोण 18° है, तो इस बहुभुज में विकर्णों की संख्या क्या होगी? **SSC CGL (Tier II) 03/03/2023**

(a) 150 (b) 170
(c) 180 (d) 140

102. ΔPQR में, $PQ = QR$ है और ΔPQR में O इस प्रकार से एक अन्त: बिन्दु है कि $\angle OPR = \angle ORP$ है।

निम्नलिखित कथनों पर विचार कीजिए:

(i) ΔPOR एक समद्विबाहु त्रिभुज है।
(ii) O बिन्दु ΔPQR का केन्द्रक है।
(iii) ΔPQO, ΔRQO के सर्वांगसम है। **SSC CGL (Tier II) 02/03/2023 Shift I**

उपरोक्त कथनों में से कौन-से कथन सही हैं?

(a) केवल (ii) और (iii)
(b) केवल (i) और (iii)
(c) केवल (ii)
(d) केवल (i) और (ii)

103. एक वृत्त, चतुर्भुज $ABCD$ की चारों भुजाओं को स्पर्श करता है। यदि $AB = 18$ सेमी, $BC = 21$ सेमी और $AD = 15$ सेमी है, तो CD की लम्बाई क्या होगी? **SSC CGL (Tier II) 02/03/2023 Shift I**

(a) 18 सेमी (b) 12 सेमी
(c) 14 सेमी (d) 16 सेमी

104. A, B, C तीन बिन्दु इस प्रकार हैं कि $AB = 9$ सेमी, $BC = 11$ सेमी और $AC = 20$ सेमी है। बिन्दु A, B, C से गुजरने वाले वृत्तों की संख्या क्या है? **SSC CGL (Tier II) 02/03/2023 Shift I**

(a) 2 (b) 1 (c) 0 (d) 3

105. यदि किसी समकोण त्रिभुज के एक कोण की माप सबसे छोटे कोण की माप से 30° अधिक है, तो सबसे छोटे कोण की माप .... है। **SSC CGL (Tier I) 27/07/2023 Shift III**

(a) 90° (b) 60°
(c) 30° (d) 75°

106. 22 सेमी और 18 सेमी त्रिज्या वाले दो वृत्तों के केन्द्रों के बीच की दूरी 32 सेमी है। दो वृत्तों की उभयनिष्ठ अनुस्पर्श रेखा की लम्बाई (सेमी में) ज्ञात कीजिए। **SSC CGL (Tier I) 27/07/2023 Shift II**

(a) $2\sqrt{252}$ सेमी (b) $3\sqrt{242}$ सेमी
(c) $2\sqrt{152}$ सेमी (d) $3\sqrt{252}$ सेमी

107. ABC एक त्रिभुज है और D भुजा BC पर पर एक बिन्दु है। यदि $BC = 16$ सेमी, $BD = 11$ सेमी और $\angle ADC = \angle BAC$ है, तो AC की लम्बाई निम्न में से किसके बराबर है? **SSC CGL (Tier I) 27/07/2023 Shift II**

(a) $4\sqrt{5}$ सेमी (b) 4 सेमी
(c) $3\sqrt{5}$ सेमी (d) 5 सेमी

108. त्रिभुज ABC को वृत D के चारों ओर परिबद्ध किया गया है। रेखाखण्ड AQ, BR और SC का माप क्रमश: 13,10.5 और 6 सेमी हैं। त्रिभुज ABC का परिमाप ज्ञात कीजिए।

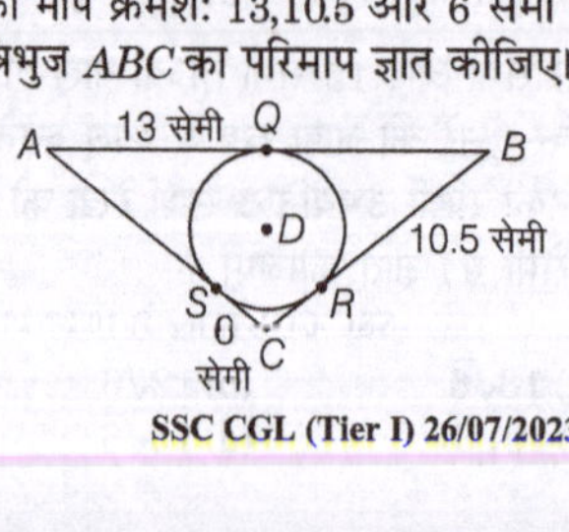

SSC CGL (Tier I) 26/07/2023 Shift IV

(a) 29.5 सेमी (b) 15 सेमी
(c) 59 सेमी (d) 108 सेमी

109. आकृति में PT स्पर्श रेखा है। यदि $TP = 12$ सेमी, $PB = x + 7$ सेमी और $PA = x$ सेमी है, तो x का मान ज्ञात कीजिए।

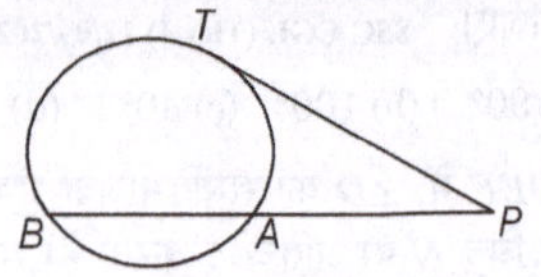

SSC CGL (Tier I) 26/07/2023 Shift IV

(a) 9 (b) 6 (c) 5 (d) 7

110. एक त्रिभुज ABC में तीन कोण x, y और $y + 10$ हैं। साथ ही $2x - 4y = 20°$ है। ABC किस प्रकार का त्रिभुज है? **SSC CGL (Tier I) 26/07/2023 Shift III**

(a) समबाहु (b) अधिककोण
(c) समकोण (d) न्यूनकोण

111. सर्वांगसम त्रिभुजों, ΔABC और ΔDEF के लिए, निम्नलिखित में से कौन-सा कथन सही है? **SSC CGL (Tier I) 26/07/2023 Shift II**

(a) ΔABC का परिमाप $< \Delta DEF$ का परिमाप
(b) ΔABC का परिमाप $= \Delta DEF$ का परिमाप
(c) ΔABC का परिमाप $= \frac{1}{2}\Delta DEF$ का परिमाप
(d) ΔABC का परिमाप $> \Delta DEF$ का परिमाप

112. दिए गए चित्र में O वृत्त का केन्द्र है और $\angle AOB = 130°$ है, तो $\angle APB$ ज्ञात कीजिए।

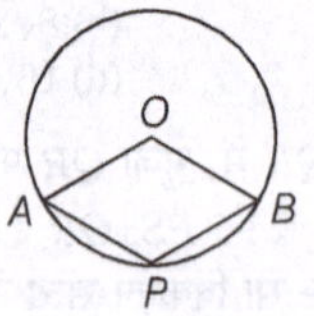

SSC CGL (Tier I) 26/07/2023 Shift I

(a) 115° (b) 95° (c) 110° (d) 100°

113. दो वृत्त हैं जो एक-दूसरे को बाह्य रूप से स्पर्श करते हैं। केन्द्र O वाले पहले वृत्त की त्रिज्या 12 सेमी है। केन्द्र A वाले दूसरे वृत्त की त्रिज्या 8 सेमी हैं। उनकी उभयनिष्ठ स्पर्शरेखा BC की लम्बाई ज्ञात कीजिए। **SSC CGL (Tier I) 26/07/2023 Shift I**

(a) $6\sqrt{6}$ सेमी (b) $8\sqrt{3}$ सेमी
(c) $8\sqrt{2}$ सेमी (d) $8\sqrt{6}$ सेमी

114. लम्बाइयों के निम्नलिखित में से कौन-से सेट में (सेमी में) एक अधिक कोण वाले त्रिभुज की तीन भुजाएँ होंगी? **SSC CGL (Tier I) 26/07/2023 Shift I**

(a) 16, 63, 65 (b) 17, 64, 66
(c) 15, 62, 64 (d) 18, 65, 67

115. ΔABC में $DE || BC$ और $\frac{AD}{DB} = \frac{4}{5}$ है। $DE = 12$ सेमी है, तो BC की लम्बाई ज्ञात कीजिए। **SSC CGL (Tier I) 26/07/2023 Shift I**

(a) 27 सेमी (b) 30 सेमी
(c) 12 सेमी (d) 48 सेमी

116. नीचे दी गई आकृति में PQ केन्द्र O वाले वृत्त का व्यास है। यदि $\angle QOR = 100°$ है, तो $\angle PSR$ का माप ज्ञात करें।
SSC CGL (Tier I) 25/07/2023 Shift IV

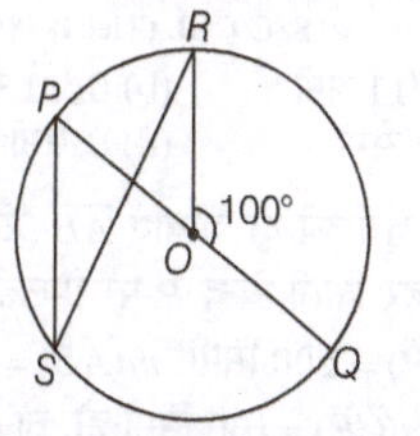

(a) 40° (b) 80° (c) 100° (d) 160°

117. एक समकोण त्रिभुज ABC, जिसमें कोण C समकोण है, उसमें 4 सेमी त्रिज्या वाला एक वृत्त खींचा जाता है। यदि $AC = 12$ सेमी है, तो CB का मान ज्ञात कीजिए।
SSC CGL (Tier I) 25/07/2023 Shift IV

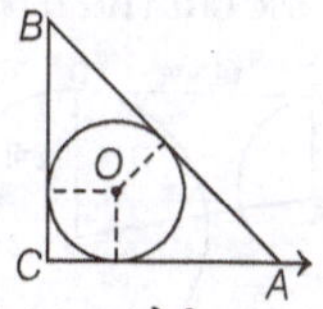

(a) 8 सेमी (b) 12 सेमी (c) 20 सेमी (d) 16 सेमी

118. दो वृत्त एक-दूसरे को बाह्य रूप से स्पर्श करते हैं। केन्द्र O वाले पहले वृत्त की त्रिज्या 6 सेमी है। केन्द्र P वाले दूसरे वृत्त की त्रिज्या 3 सेमी है। उनकी उभयनिष्ठ स्पर्श रेखा AB की लम्बाई ज्ञात कीजिए।
SSC CGL (Tier I) 25/07/2023 Shift III

(a) $4\sqrt{2}$ सेमी (b) $6\sqrt{3}$ सेमी
(c) $6\sqrt{2}$ सेमी (d) $3\sqrt{2}$ सेमी

119. यदि RP और RQ, केन्द्र O वाले एक वृत्त की दो स्पर्श रेखाएँ इस प्रकार हैं कि $\angle POQ = 120°$ है, जहाँ P और Q वृत्त पर स्थित बिन्दु हैं और R वृत्त के बाहर स्थित एक बिन्दु हैं, $\angle PRQ$....के बराबर है।
SSC CGL (Tier I) 25/07/2023 Shift II

(a) 75° (b) 90°
(c) 60° (d) 45°

120. निम्नलिखित आकृति में दो वृत्त हैं जो परस्पर बाह्य रूप से स्पर्श करते हैं। केन्द्र P वाले पहले वृत्त की त्रिज्या 25 सेमी है। केन्द्र Q वाले दूसरे वृत्त की त्रिज्या 4 सेमी है। उनकी उभयनिष्ठ अनुस्पर्श रेखा AB की लम्बाई ज्ञात कीजिए।

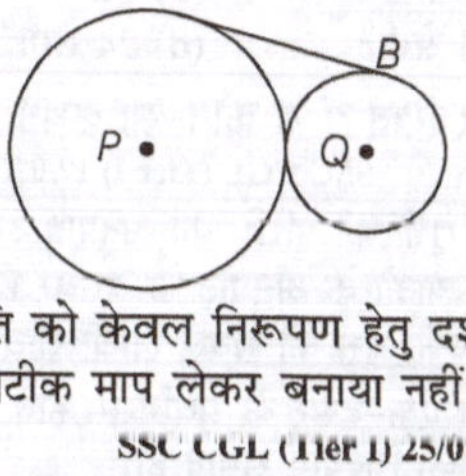

आकृति को केवल निरूपण हेतु दर्शाया गया है उसे सटीक माप लेकर बनाया नहीं गया है।
SSC CGL (Tier I) 25/07/2023 Shift I

(a) 21 सेमी (b) 20 सेमी
(c) 18 सेमी (d) 22 सेमी

121. दी गई आकृति में, जीवाएँ XY और PQ एक-दूसरे को बिन्दु L पर प्रतिच्छेदित करती है। XY की लम्बाई (सेमी में) ज्ञात करें।

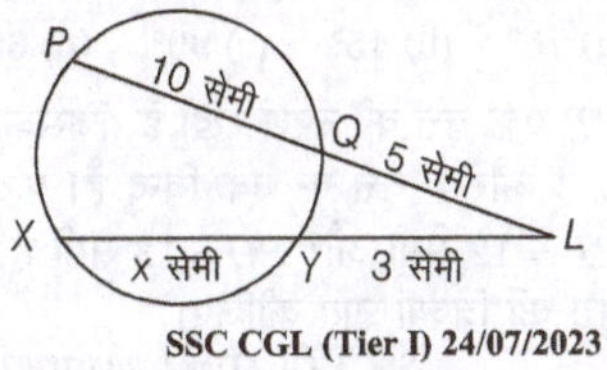

SSC CGL (Tier I) 24/07/2023 Shift IV

(a) 22 (b) 20
(c) 21 (d) 23

122. 18 सेमी त्रिज्या वाले दो समान वृत्त एक-दूसरे को इस प्रकार काटते हैं कि प्रत्येक एक-दूसरे के केन्द्र से होकर गुजरता है। उभयनिष्ठ जीवा की लम्बाई कितनी है? **SSC CGL (Tier I) 24/07/2023 Shift IV**

(a) $9\sqrt{27}$ सेमी (b) $\sqrt{3}$ सेमी
(c) $3\sqrt{3}$ सेमी (d) $6\sqrt{27}$ सेमी

123. यदि $\Delta ABC \cong \Delta PQR$ है, तो निम्नलिखित में से कौन-सा विकल्प सही नहीं है?
SSC CGL (Tier I) 24/07/2023 Shift III

(a) $(\overline{AB}) = (\overline{PQ}), (\overline{BC}) = (\overline{RP}); \angle A = \angle P$
(b) $(\overline{AB}) = (\overline{PQ}); (\overline{BC}) = (\overline{QR});$ $(\overline{CA}) = (\overline{PR})$
(c) $(\overline{AB}) = (\overline{PQ}); (\overline{BC}) = (\overline{QR}); \angle A = \angle P$
(d) $\angle A = \angle P; \angle B = \angle Q; \angle C = \angle R$

124. 22 सेमी और 16 सेमी त्रिज्याओं वाले दो वृत्त बाह्य रूप से परस्पर स्पर्श करते हैं। उभयनिष्ठ अनुस्पर्श रेखा की लम्बाई ज्ञात कीजिए।
SSC CGL (Tier I) 24/07/2023 Shift III

(a) $8\sqrt{11}$ सेमी (b) $8\sqrt{22}$ सेमी
(c) $4\sqrt{22}$ सेमी (d) $4\sqrt{11}$ सेमी

125. यदि ΔABC और ΔDEF सर्वांगसम त्रिभुज है, तो निर्म्नलिखित में से कौन-सा असत्य है?
SSC CGL (Tier I) 24/07/2023 Shift III

(a) दोनों त्रिभुजों का परिमाप बराबर हैं।
(b) AC और DF का अनुपात 2 : 1 है।
(c) दोनों त्रिभुजों में कोणों का अनुपात समान हैं।
(d) $AB = DE$ और $BC = EF$

126. ΔABC में D, BC का मध्य-बिन्दु है और G केन्द्रक है। यदि $GD = 10$ सेमी है, तो AD की लम्बाई कितनी होगी?
SSC CGL (Tier I) 24/07/2023 Shift II

(a) 10 सेमी (b) 30 सेमी
(c) 20 सेमी (d) 15 सेमी

127. 15 सेमी और 13 सेमी त्रिज्या वाले दो वृत्तों की उभयनिष्ठ जीवा की लम्बाई कितनी होगी, जिनके केन्द्र के बीच की दूरी 14 सेमी है?
SSC CGL (Tier I) 24/07/2023 Shift II

(a) 24 सेमी (b) 12 सेमी
(c) 15 सेमी (d) 14 सेमी

128. DE एक वृत्त की जीवा है और KDE वृत्त का छेदक (सीकेंट) है यदि $KD = 9$ सेमी, $DE = 7$ सेमी है और KH बिन्दु H पर वृत्त की स्पर्श रेखा है, तो KH ज्ञात कीजिए।
SSC CGL (Tier I) 24/07/2023 Shift I

(a) 12 सेमी (b) 144 सेमी
(c) 16 सेमी (d) 25 सेमी

129. यदि वृत्त के केन्द्र से 21 सेमी की दूरी पर एक 40 सेमी लम्बी जीवा खींची जाती है, तो वृत्त की त्रिज्या (सेमी में) .... है।
SSC CGL (Tier I) 24/07/2023 Shift I

(a) 21 (b) 25
(c) 29 (d) 20

130. दी गई आकृति में, PQ वृत्त के केन्द्र 'O' से गुजरने वाली एक जीवा है। $\angle PQS$ की गणना कीजिए। **SSC CGL (Tier I) 21/07/2023 Shift IV**

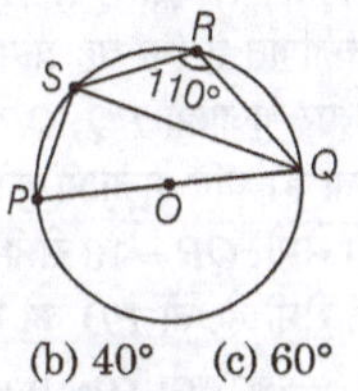

(a) 80° (b) 40° (c) 60° (d) 20°

131. निम्नलिखित में से कौन-सा कथन असत्य है?
SSC CGL (Tier I) 21/07/2023 Shift IV

(a) यदि एक त्रिभुज के दो कोण और उनकी सम्मिलित भुजा दूसरे त्रिभुज के दो कोणों और उनकी सम्मिलित भुजा के बराबर हो, तो त्रिभुज सर्वांगसम होते हैं।
(b) SAS और SSS दोनों, त्रिभुजों की सर्वांगसमता की शर्तें हैं।
(c) यदि दो त्रिभुज सर्वांगसम है, तो उनमें से एक को दूसरे त्रिभुज पर अध्यारोपित किया जा सकता है।
(d) दो त्रिभुज सर्वांगसम होते हैं यदि त्रिभुजों के आयाम और आकार समान हो, या नहीं भी हो।

132. एक वृत्त की दो जीवाएँ, AB और CD, वृत्त के अन्दर बिन्दु P पर मिलती हैं। यदि $AP = 12$ सेमी, $AB = 20$ सेमी और $CP = 16$ सेमी है, तो CD की लम्बाई क्या होगी?
SSC CGL (Tier I) 21/07/2023 Shift III

(a) 15 सेमी (b) 21 सेमी
(c) 24 सेमी (d) 22 सेमी

133. दो समरूप त्रिभुजों की भुजाओं का अनुपात 5 : 7 है। इन त्रिभुजों के क्षेत्रफलों का अनुपात क्या होगा? **SSC CGL (Tier I) 21/07/2023 Shift II**

(a) 25 : 49 (b) 35 : 49
(c) 15 : 49 (d) 36 : 49

134. $AB = 28$ सेमी और $CD = 22$ सेमी एक वृत्त के केन्द्र के एक ही तरफ दो समानान्तर जीवाएँ हैं। उनके बीच की दूरी 4 सेमी है। वृत्त की त्रिज्या की लम्बाई ज्ञात कीजिए। (दो दशमलव स्थान तक विचार करें)
SSC CGL (Tier I) 21/07/2023 Shift II

(a) 15.20 सेमी
(b) 15.82 सेमी
(c) 14.82 सेमी
(d) 13.20 सेमी

135. दी गई आकृति में, एक वृत्त का व्यास AB और जीवा CD, P पर मिलती है। PT, T पर वृत्त की स्पर्श रेखा है। यदि $CD = 8$ सेमी, $PD = 10$ सेमी और $PB = 8$ सेमी है, तो AB ज्ञात कीजिए।

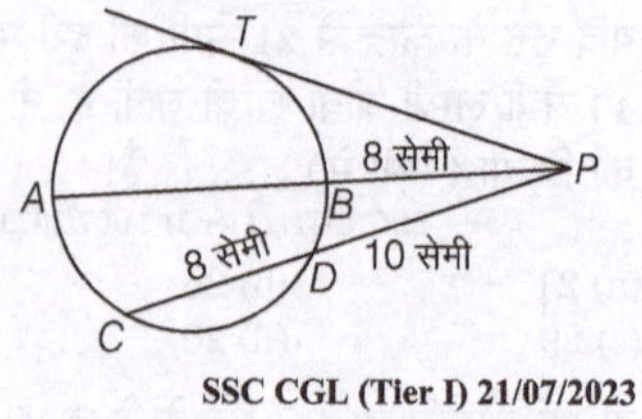

SSC CGL (Tier I) 21/07/2023 Shift I

(a) 22.5 सेमी (b) 14.5 सेमी
(c) 8 सेमी (d) 12 सेमी

136. दी गई आकृति में, एक वृत्त, ΔPQR में इस प्रकार उत्कीर्णित है कि वह क्रमश: बिन्दु D, E, F पर भुजाओं PQ, QR और RP को स्पर्श करता है। यदि भुजाओं की लम्बाई $PQ = 18$ सेमी, $QR = 13$ सेमी और $RP = 15$ सेमी है, तो PD की लम्बाई ज्ञात कीजिए। SSC CGL (Tier I) 21/07/2023 Shift I

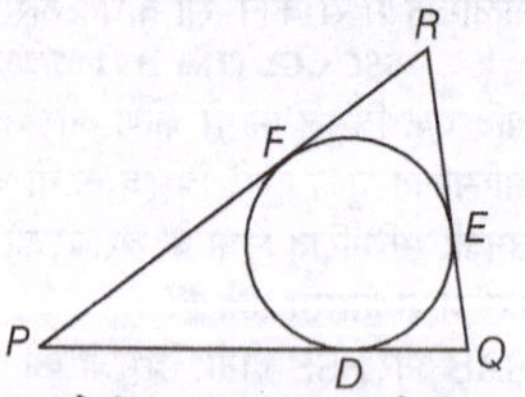

(a) 15 सेमी (b) 8 सेमी
(c) 12 सेमी (d) 10 सेमी

137. दी गई आकृति में, $\Delta QPS \cong \Delta SRQ$ है। $\angle PSR$ का माप ज्ञात करें।

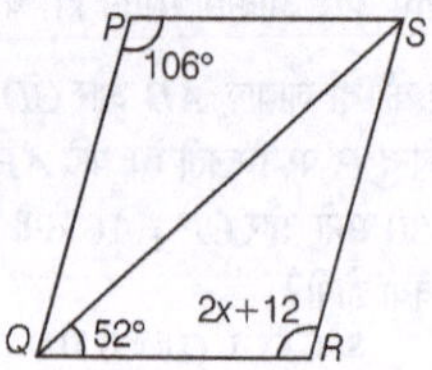

SSC CGL (Tier I) 21/07/2023 Shift I

(a) 74° (b) 64° (c) 82° (d) 52°

138. एक वृत्त के केन्द्र से 40 सेमी लम्बी जीवा पर एक 15 सेमी लम्बा लम्ब खीचा जाता है। वृत्त का व्यास ज्ञात कीजिए। SSC CGL (Tier I) 20/07/2023 Shift IV

(a) 50 सेमी (b) 52 सेमी
(c) 48 सेमी (d) 45 सेमी

139. O केन्द्र वाले एक वृत्त में, PA और PB एक बाह्य बिन्दु P से क्रमश: A और B पर स्पर्श रेखाएँ हैं। यदि $\angle APB = 24°$ है, तो $\angle AOB$ ज्ञात कीजिए। SSC CGL (Tier I) 20/07/2023 Shift III

(a) 180° (b) 156° (c) 48° (d) 158°

140. एक त्रिभुज की तीन भुजाएँ 12, 17 और x इकाई हैं। निम्नलिखित में से कौन-सा विकल्प सही है? SSC CGL (Tier I) 20/07/2023 Shift III

(a) $5 < x \le 29$ (b) $5 < x < 29$
(c) $5 \le x \le 29$ (d) $5 \le x < 29$

141. मान लीजिए कि ΔPQR और ΔSTU, ASA के तहत सर्वांगसम त्रिभुज है। यदि $\angle PQR = 60°$, $\angle PRQ = 30°$ और $\angle STU = 60°$ है, तो $\angle TSU$ ज्ञात कीजिए। SSC CGL (Tier I) 20/07/2023 Shift III

(a) 75° (b) 45° (c) 90° (d) 60°

142. PT एक वृत्त की स्पर्श रेखा है, जिसका केन्द्र O है और T वृत्त पर एक बिन्दु है। यदि $PT = 12$ सेमी और $PO = 13$ सेमी है, तो वृत्त की त्रिज्या ज्ञात कीजिए। SSC CGL (Tier I) 20/07/2023 Shift I

(a) 4 सेमी (b) 5 सेमी
(c) 6 सेमी (d) 4.5 सेमी

143. C_1 और C_2 दो संकेंद्रित वृत्त इस प्रकार है कि C_2 की त्रिज्या, C_1 की त्रिज्या से कम है। यदि AB, C_1 की 12 सेमी लम्बाई की जीवा है, जो C_2 को P पर स्पर्श करती है, तो AP की लम्बाई ज्ञात कीजिए। SSC CGL (Tier I) 20/07/2023 Shift I

(a) 6 सेमी (b) 8 सेमी
(c) 10.5 सेमी (d) 9 सेमी

144. 2 सेमी और 6 सेमी की त्रिज्या वाले दो वृत्तों के केन्द्र के बीच की दूरी 5 सेमी है। उभयनिष्ठ अनुस्पर्श रेखा की लम्बाई ज्ञात करें। SSC CGL (Tier I) 19/07/2023 Shift IV

(a) 9 सेमी (b) 6 सेमी
(c) $5\sqrt{2}$ सेमी (d) 3 सेमी

145. दिखाए गए चित्र में, BC एक जीवा है और CD बिन्दु C से होकर जाने वाली एक स्पर्श रेखा है। यदि $\angle AOC = 112°$ है, तो $\angle ACD$ ज्ञात कीजिए।

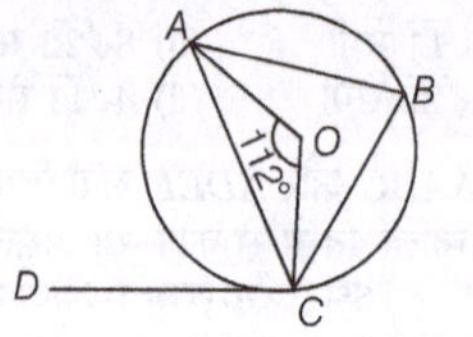

SSC CGL (Tier I) 19/07/2023 Shift IV

(a) 63° (b) 65° (c) 56° (d) 59°

146. बाह्य रूप से एक-दूसरे को स्पर्श करने वाले दो वृत्तों पर खींची जा सकने वाली उभयनिष्ठ स्पर्श रेखाओं की संख्या कितनी होती है? SSC CGL (Tier I) 19/07/2023 Shift III

(a) 1 (b) 2
(c) 4 (d) 3

147. एक ΔABC में $\angle B$ और $\angle C$ के आन्तरिक समद्विभाजक O पर मिलते हैं। यदि $\angle BAC = 72°$ है, तो $\angle BOC$ का मान ज्ञात करें। SSC CGL (Tier I) 19/07/2023 Shift II

(a) 136° (b) 110°
(c) 146° (d) 126°

148. दो वृत्त एक-दूसरे को P पर बाह्य रूप से स्पर्श करते हैं। AB दो वृत्तों की उभयनिष्ठ अनुस्पर्श रेखा है। यदि A और B सम्पर्क बिन्दु हैं और $\angle PAB = 65°$ है, तो $\angle ABP$ ...... होगा। SSC CGL (Tier I) 19/07/2023 Shift II

(a) 5° (b) 15°
(c) 25° (d) 35°

149. समान त्रिज्या 6 सेमी वाले दो वृत्त एक-दूसरे को बिन्दु P और Q पर प्रतिच्छेदित करते हैं। यदि $PQ = 10$ सेमी, तो दोनों वृत्तों के केन्द्रों के बीच कितनी दूरी है? SSC CGL (Tier I) 19/07/2023 Shift I

(a) $2\sqrt{11}$ सेमी (b) $6\sqrt{11}$ सेमी
(c) 10 सेमी (d) 8 सेमी

150. किसी वृत्त की दो जीवाएँ $\overline{AB}$ और $\overline{CD}$ वृत्त के बाहर किसी बिन्दु P पर मिलती हैं। यदि $m(\overline{AP}) = 200$ मिमी, $m(\overline{AB}) = 120$ मिमी और $m(\overline{CP}) = 160$ मिमी हो, तो $\overline{CD}$ की लम्बाई ज्ञात कीजिए। SSC CGL (Tier I) 19/07/2023 Shift I

(a) 75 मिमी (b) 150 मिमी
(c) 100 मिमी (d) 60 मिमी

151. दी गई आकृति को ध्यान से देखिए। दो केन्द्रों A और B के बीच की दूरी कितनी है? SSC CGL (Tier I) 18/07/2023 Shift IV

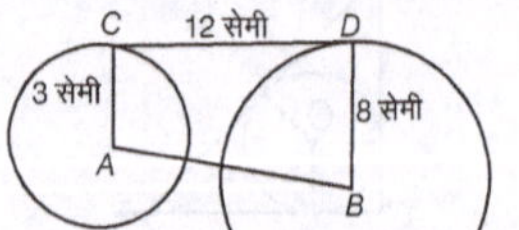

(a) 10 सेमी (b) 13 सेमी
(c) 12 सेमी (d) 11 सेमी

152. D और E, ΔABC की भुजाओं AB और AC पर बिन्दु इस प्रकार हैं कि DE, BC के समानान्तर है और $AD : DB = 7:9$ है। यदि CD और BE एक-दूसरे को F पर प्रतिच्छेद करती हैं, तो ΔDEF और ΔCBF के क्षेत्रफलों का अनुपात ज्ञात कीजिए। SSC CGL (Tier I) 18/07/2023 Shift III

(a) 256 : 49 (b) 49 : 144
(c) 49 : 81 (d) 49 : 256

153. ΔPQR एक वृत्त में उत्कीर्णित एक समबाहु त्रिभुज है। S, चाप QR पर कोई बिन्दु है। $\angle PSQ$ की माप ज्ञात कीजिए। SSC CGL (Tier I) 18/07/2023 Shift III

(a) 60° (b) 30° (c) 90° (d) 45°

154. मान लीजिए कि A, B, C एक ΔPQR की क्रमश: PQ, QR, PR भुजाओं के मध्य-बिन्दु हैं। यदि ΔPQR का क्षेत्रफल 32 सेमी^{2} है, तो ΔABC का क्षेत्रफल ज्ञात कीजिए। SSC CGL (Tier I) 18/07/2023 Shift I

(a) 8 सेमी^{2} (b) 32 सेमी^{2}
(c) 16 सेमी^{2} (d) 24 सेमी^{2}

155. निम्नलिखित में से कौन-सा कथन गलत है? SSC CGL (Tier I) 17/07/2023 Shift IV

(a) दो वृत्तों की परिधि का अनुपात उनकी त्रिज्याओं के अनुपात के बराबर होता है।
(b) त्रिज्या, वृत्त की सबसे लम्बी जीवा होती है।
(c) वृत्त एक-दूसरे के सर्वांगसम होते हैं, यदि उनकी त्रिज्याएँ समान हों।
(d) वृत्त की जीवा पर वृत्त के केन्द्र से खींचा गया लम्ब, जीवा पर वृत्त के केन्द्र से खीचा गया लम्ब, जीवा को समद्विभाजित करता है।

156. 16 सेमी और 8 सेमी त्रिज्या वाले दो वृत्तों के केन्द्रों के बीच की दूरी 26 सेमी है। दोनों वृत्तों की उभयनिष्ठ अनुस्पर्श रेखा की लम्बाई (सेमी में) ज्ञात कीजिए।
SSC CGL (Tier I) 17/07/2023 Shift III

(a) $2\sqrt{153}$ (b) $\sqrt{132}$
(c) $\sqrt{153}$ (d) $2\sqrt{132}$

157. एक त्रिभुज की तीन भुजाओं की लम्बाई 30 सेमी, 42 सेमी और x सेमी है। निम्नलिखित में से कौन-सा सही है? **SSC CGL (Tier I) 17/07/2023 Shift II**

(a) $12 < x < 72$ (b) $12 \le x < 72$
(c) $12 \le x \le 72$ (d) $12 > x > 72$

158. दो समरूप त्रिभुजों ΔABC और ΔDEF के परिमाप क्रमश: 40 सेमी और 12 सेमी हैं। यदि $DE = 6$ सेमी है, तो AB कितना है?
SSC CGL (Tier I) 17/07/2023 Shift I

(a) 24 सेमी (b) 12.6 सेमी
(c) 20 सेमी (d) 10 सेमी

159. यदि $\Delta XYZ \cong \Delta LMR$ है, तो $m + x + p$ का मान क्या होगा
SSC CGL (Tier I) 14/07/2023 Shift IV

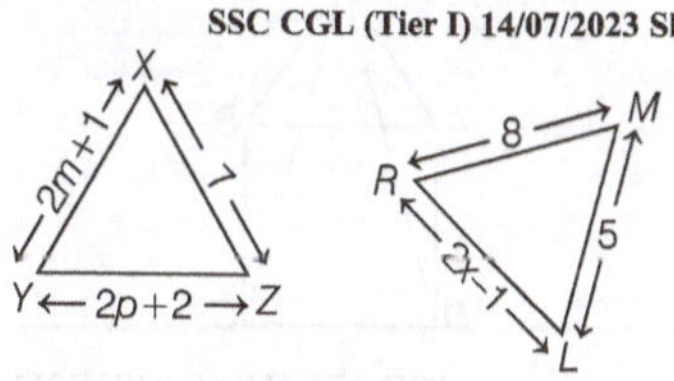

(a) 9 (b) 13 (c) 6 (d) 7

160. दी गई आकृति में, वृत्त का केन्द्र 'G' है। यदि $\angle AGB = 132°$ है, तो $\angle ACB$ ज्ञात करें।
SSC CGL (Tier I) 14/07/2023 Shift IV

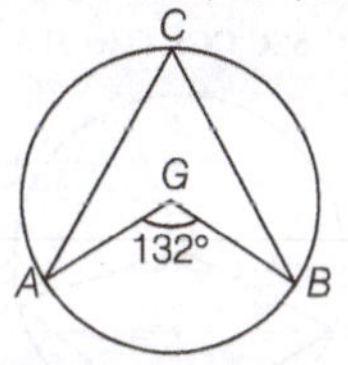

(a) 66° (b) 64° (c) 62° (d) 60°

161. निम्नलिखित में से कौन-सा कथन गलत है?
SSC CGL (Tier I) 14/07/2023 Shift III

(a) स्पर्श रेखा सम्पर्क बिन्दु पर वृत्त की त्रिज्या के लम्बवत् होती है।
(b) स्पर्श रेखा वृत्त के केवल एक बिन्दु को स्पर्श करने वाली रेखा है।
(c) एक रेखा, जो एक वृत्त के दो अलग-अलग बिन्दुओं को काटती है, स्पर्श रेखा कहलाती है।
(d) यदि किसी जीवा को वृत्त के बाहर दोनों सिरों पर फैलाया जाता है, तो इसे छेदक कहा जाता है।

162. AB, केन्द्र O वाले एक वृत्त का व्यास है। P इस पर एक बिन्दु है। यदि $\angle AOP = 95°$, तो $\angle OBP =$ .....होगा।
SSC CGL (Tier I) 14/07/2023 Shift III

(a) 47.5° (b) 45.5° (c) 55.5° (d) 57.5°

163. यदि D, ΔABC में BC का मध्य बिन्दु है और $\angle A = 90°$ है, तो $AD =$ .... होता है।
SSC CGL (Tier I) 14/07/2023 Shift II

(a) $\frac{BC}{4}$ (b) $\frac{BC}{2}$ (c) BC (d) $2BC$

164. दो संकेन्द्रित वृत्तों की त्रिज्याएँ 10 सेमी और 6 सेमी है। बड़े वृत्त की उस जीवा की लम्बाई ज्ञात कीजिए जो छोटे वृत्त को स्पर्श करती है।
SSC CGL (Tier I) 14/07/2023 Shift I

(a) 9 सेमी (b) 8 सेमी (c) 12 सेमी (d) 16 सेमी

165. दी गई आकृति में, PAB एक छेदक (सीकेंट) है और PT, P से वृत्त की स्पर्श रेखा है। यदि $PT = 8$ सेमी, $PA = 6$ सेमी और $AB = x$ सेमी है, तो x का मान ज्ञात कीजिए।

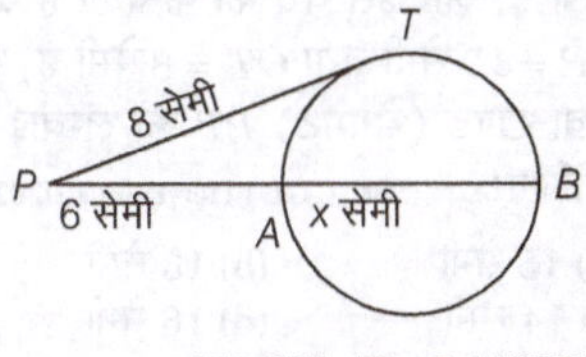

SSC CGL (Tier I) 14/07/2023 Shift I

(a) $\frac{14}{9}$ (b) $\frac{1}{3}$ (c) $\frac{4}{3}$ (d) $\frac{14}{3}$

SSC CGL 2022 (Tier I & II)

166. दी गई आकृति में, यदि $KI = IT$ और $EK = ET$ है, तो $\angle TEI =$ ....

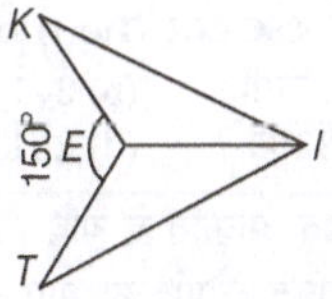

SSC CGL (Tier I) 13/12/2022 Shift IV

(a) 75° (b) 125° (c) 105° (d) 150°

167. दी गई आकृति में, $\angle ABC = 81°$ और $\angle ACB = 9°$ तब, $\angle BDC$ का मान क्या है?

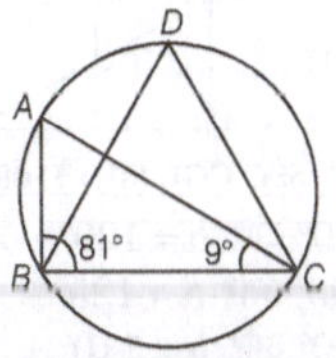

SSC CGL (Tier I) 13/12/2022 Shift IV

(a) 80° (b) 90° (c) 60° (d) 70°

168. यदि $\Delta ABC \cong \Delta PQR$ है और $\angle ABC = (x + 60)°$, $\angle PQR = (85 - 4x)°$ और $\angle RPQ = (3x + 65)°$ है, तो $\angle ABC$ का मान अंश में .... है।
SSC CGL (Tier I) 13/12/2022 Shift III

(a) 65 (b) 5
(c) 45 (d) 15

169. एक वृत्त की जीवा की लम्बाई 24 सेमी है, तथा केन्द्र और जीवा के बीच की लम्बवत् दूरी 5 सेमी है। वृत्त की त्रिज्या का मान क्या होगा?
SSC CGL (Tier I) 13/12/2022 Shift III

(a) 12 सेमी (b) 10 सेमी
(c) 24 सेमी (d) 13 सेमी

170. एक वृत्त गुणों के सम्बन्ध में गलत कथन का चयन कीजिए।
SSC CGL (Tier I) 13/12/2022 Shift II

(a) एक जीवा की लम्बाई बढ़ाने पर वृत्त के केन्द्र से लम्बवत् दूरी बढ़ जाती है।
(b) वृत्त का व्यास वृत्त की सबसे लम्बी जीवा है।
(c) एक वृत्त के व्यास के अन्त में खींची गई दो स्पर्श रेखाएँ समानान्तर होती हैं।
(d) एक जीवा पर लम्बवत् खींची गई त्रिज्या जीवा को समद्विभाजित करती है।

171. दी गई आकृति में, $BCDE$ एक वर्ग है और ABC समबाहु त्रिभुज है, तो $\angle ADC$ .... है। **SSC CGL (Tier I) 13/12/2022 Shift I**

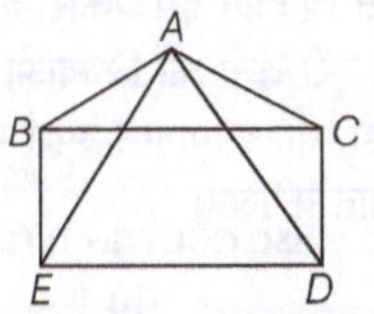

(a) 15° (b) 45° (c) 30 (d) 60°

172. $\Delta ABC \sim \Delta DEF$ है और इन त्रिभुजों का परिमाप क्रमश: 32 सेमी और 12 सेमी है। यदि $DE = 6$ सेमी है, तो AB की लम्बाई क्या होगी?
SSC CGL (Tier I) 13/12/2022 Shift I

(a) 14 सेमी (b) 16 सेमी
(c) 12 सेमी (d) 18 सेमी

173. आकृति में, XYZ एक छेदक रेखा है और ZT, बिंदु T पर वृत्त की स्पर्श रेखा है। यदि $TZ = 12$ सेमी और $YZ = 8$ सेमी है, तो XY की लम्बाई ज्ञात कीजिए।

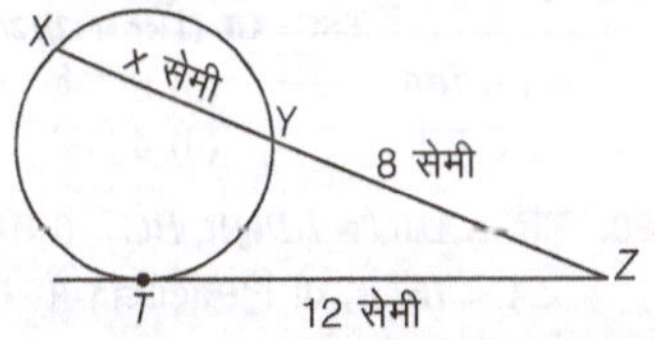

SSC CGL (Tier I) 12/12/2022 Shift IV

(a) 6 सेमी (b) 8 सेमी
(c) 10 सेमी (d) 9 सेमी

174. त्रिभुजों का ए. एस. ए. (ASA) सर्वांगसमता नियम क्या है, जहाँ A और S क्रमश: त्रिभुज के कोण और भुजा को निरूपित करते हैं?
SSC CGL (Tier I) 12/12/2022 Shift III

(a) दो त्रिभुज तब सर्वांगसम कहलाते हैं, यदि दोनों त्रिभुजों की तीनों भुजाएँ बराबर हों।
(b) दो त्रिभुज तब सर्वांगसम कहलाते हैं, यदि एक त्रिभुज के दो कोण और अन्तर्गत भुजा दूसरे त्रिभुज के दो कोण और अन्तर्गत भुजा के बराबर हों।
(c) दो त्रिभुज तब सर्वांगसम कहलाते हैं, यदि एक त्रिभुज की दो भुजाएँ और अन्तर्गत कोण दूसरे त्रिभुज की दो भुजाओं और अन्तर्गत कोण के बराबर हों।
(d) दो त्रिभुज तब सर्वांगसम कहलाते हैं, यदि दोनों त्रिभुजों के दो कोणों का कोई युग्म और भुजाओं का कोई एक युग्म बराबर हों।

175. दो वृत्तों के व्यास क्रमश: 12 सेमी और 20 सेमी हैं और उनके केन्द्रों के बीच की दूरी 16 सेमी है। वृत्तों पर उभयनिष्ठ स्पर्श रेखाओं की संख्या ज्ञात कीजिए। **SSC CGL (Tier I) 12/12/2022 Shift III**

(a) 2 (b) 4
(c) 3 (d) 1

176. यदि 18 सेमी और 8 सेमी त्रिज्या वाले दो वृत्त बाह्य रूप से स्पर्श करते हैं, तो एक उभयनिष्ठ अनुस्पर्श रेखा की लम्बाई ज्ञात कीजिए।
SSC CGL (Tier I) 12/12/2022 Shift III

(a) 12 सेमी (b) 24 सेमी
(c) 16 सेमी (d) 14 सेमी

177. यदि C_1, C_2 दो वृत्तों के केन्द्र हों और r_1, r_2 सम्बन्धित त्रिज्याएँ इस प्रकार हों, कि केन्द्रों के बीच की दूरी वृत्तों की त्रिज्याओं के योग के बराबर हो, तो उभयनिष्ठ स्पर्श रेखाओं की संख्या ज्ञात कीजिए।
SSC CGL (Tier I) 12/12/2022 Shift II

(a) 2 (b) 1
(c) 4 (d) 3

178. ΔABC में, D और E ऐसे बिन्दु हैं, जो AB और AC पर इस प्रकार हैं, कि $DE \| BC$ होता है। यदि $AD = x + 3$, $DB = 2x - 3$, $AE = x + 1$ और $EC = 2x - 2$, तो x का मान है।
SSC CGL (Tier I) 12/12/2022 Shift I

(a) $\frac{1}{5}$ (b) $\frac{3}{5}$ (c) $\frac{4}{5}$ (d) $\frac{1}{2}$

179. एक वृत्त की त्रिज्या 5 सेमी है। इस वृत्त में जीवा AB की लम्बाई 6 सेमी है। इस जीवा की वृत्त के केन्द्र से कितनी दूरी है?
SSC CGL (Tier I) 12/12/2022 Shift I

(a) 5 सेमी (b) 8 सेमी
(c) 6 सेमी (d) 4 सेमी

180. यदि $\Delta ABC \cong \Delta PQR$, $BC = 6$ सेमी और $\angle A = 75°$ हैं, तो निम्नलिखित में से कौन-सा विकल्प सत्य है?
SSC CGL (Tier I) 09/12/2022 Shift III

(a) $PR = 6$ सेमी, $\angle P = 75°$
(b) $QR = 6$ सेमी, $\angle Q = 75°$
(c) $QR = 6$ सेमी, $\angle P = 75°$
(d) $QR = 6$ सेमी, $\angle R = 75°$

181. यदि यह दिया गया है, कि दो समकोण त्रिभुजों ABC और DFE के लिए, $\angle A = 25°$, $\angle E = 25°$, $\angle B = \angle F = 90°$ और $AC = ED$ है, तो निम्नलिखित में से कौन-सा विकल्प सत्य है?
SSC CGL (Tier I) 09/12/2022 Shift III

(a) $\Delta ABC \cong \Delta FED$
(b) $\Delta ABC \cong \Delta EFD$
(c) $\Delta ABC \cong \Delta DFE$
(d) $\Delta ABC \cong \Delta DEF$

182. 3 सेमी त्रिज्या वाले एक वृत्त में 2 सेमी और 3 सेमी लम्बाई की दो जीवाएँ व्यास के एक ही ओर स्थित है। दोनों जीवाओं के बीच लम्बवत् दूरी क्या है?
SSC CGL (Tier I) 09/12/2022 Shift II

(a) $\frac{4\sqrt{2} - 3\sqrt{3}}{2}$ सेमी (b) $\frac{4\sqrt{3} - 3\sqrt{2}}{2}$ सेमी
(c) $\frac{4\sqrt{2} - 3\sqrt{3}}{4}$ सेमी (d) $\frac{4\sqrt{2} - 3\sqrt{3}}{3}$ सेमी

183. त्रिभुज ABC और DEF समरूप है। यदि $AB = 92$ सेमी, $BC = 48$ सेमी, $AC = 120$ सेमी हैं और DEF की सबसे छोटी भुजा की लम्बाई 200 सेमी है, तो त्रिभुज DEF की सबसे लम्बी भुजा की लम्बाई ज्ञात कीजिए।
SSC CGL (Tier I) 09/12/2022 Shift II

(a) 500 सेमी (b) 350 सेमी
(c) 225 सेमी (d) 400 सेमी

184. यदि PT एक वृत्त के बिन्दु T पर एक स्पर्श रेखा है, और इस वृत्त का केन्द्र O है और $OP = 17$ सेमी तथा $OT = 8$ सेमी है, तो स्पर्श रेखा खण्ड (सेगमेंट) PT की लम्बाई ज्ञात कीजिए।
SSC CGL (Tier I) 09/12/2022 Shift I

(a) 15 सेमी (b) 13 सेमी
(c) 14 सेमी (d) 16 सेमी

185. दो वृत्त हैं जो एक-दूसरे को बाह्य रूप से स्पर्श करते हैं। केन्द्र O वाले पहले वृत्त की त्रिज्या 17 सेमी है और केन्द्र A वाले दूसरे वृत्त की त्रिज्या 7 सेमी है। BC इन दो वृत्तों की उभयनिष्ठ अनुस्पर्श रेखा है, जहाँ B और C क्रमशः O और A केन्द्रों वाले वृत्तों पर स्थित बिन्दु हैं। BC की लम्बाई कितनी है?
SSC CGL (Tier I) 08/12/2022 Shift IV

(a) $2\sqrt{117}$ सेमी (b) $2\sqrt{119}$ सेमी
(c) $2\sqrt{118}$ सेमी (d) $2\sqrt{113}$ सेमी

186. निम्नलिखित आकृति में यदि $l \| m$ तो, a और b द्वारा चिह्नित कोणों की माप ज्ञात करें।

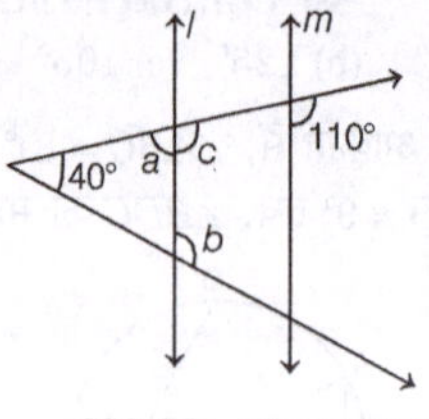

SSC CGL (Tier I) 08/12/2022 Shift IV

(a) $a = 60°$ और $b = 120°$
(b) $a = 55°$ और $b = 125°$
(c) $a = 70°$ और $b = 110°$
(d) $a = 90°$ और $b = 90°$

187. एक वृत्त की त्रिज्या 5 सेमी है। इस वृत्त के केन्द्र से 10 सेमी की दूरी पर स्थित एक बिन्दु से इस पर खींची गई स्पर्श रेखा की लम्बाई की गणना करें। **SSC CGL (Tier I) 08/12/2022 Shift III**

(a) $5\sqrt{5}$ सेमी (b) $5\sqrt{2}$ सेमी
(c) $5\sqrt{3}$ सेमी (d) 5 सेमी

188. ΔABC में, AD, BE और CF क्रमशः शीर्ष A, B और C से माध्यिका है। AD, BE और CF के कटान बिन्दु को ...... कहते हैं।
SSC CGL (Tier I) 08/12/2022 Shift III

(a) लम्ब बिन्दु (b) केन्द्रक
(c) मध्य बिन्दु (d) अन्तः केन्द्र

189. यदि दो वृत्त एक-दूसरे को स्पर्श या प्रतिच्छेद नहीं करते हैं और एक-दूसरे के अन्दर नहीं है, तो उभयनिष्ठ स्पर्श रेखाओं की संख्या ज्ञात कीजिए। **SSC CGL (Tier I) 08/12/2022 Shift II**

(a) 5 (b) 4
(c) 2 (d) 3

190. ΔABC और ΔDEF में, $\angle A = 55°$, $AB = DE$, $AC = DF$, $\angle E = 85°$ और $\angle F = 40°$ है। कौन-से गुण के अनुरूप ΔABC और ΔDEF सर्वांगसम है?
SSC CGL (Tier I) 08/12/2022 Shift II

(a) SSS गुण (b) ASA गुण
(c) SAS गुण (d) RHS गुण

191. ΔABC में, P और Q क्रमशः AB और BC पर ऐसे बिन्दु हैं, कि $PQ \| AC$ है। दिया गया है कि $AB = 26$, $PQ = 7$ और $AC = 10$, तो AP का मान कीजिए।
SSC CGL (Tier I) 08/12/2022 Shift I

(a) 16.4 (b) 7.1 (c) 7.8 (d) 18.2

192. $ABCD$ एक वर्ग है और ΔMAB एक समबाहु त्रिभुज है। MC और MD जुड़े हुए हैं। $\angle MDC$ का अंश माप कितना होगा?

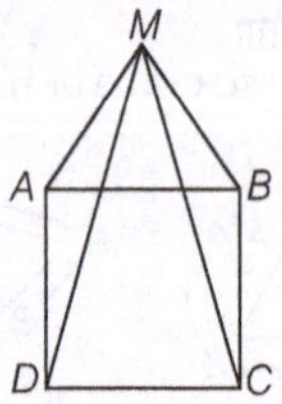

SSC CGL (Tier I) 08/12/2022 Shift I

(a) 75° (b) 65° (c) 60° (d) 78°

193. दी गई आकृति में, O वृत्त का केन्द्र है और $\angle AOC = 140°$ है। $\angle ABC$ का माप ज्ञात कीजिए। **SSC CGL (Tier I) 07/12/2022 Shift IV**

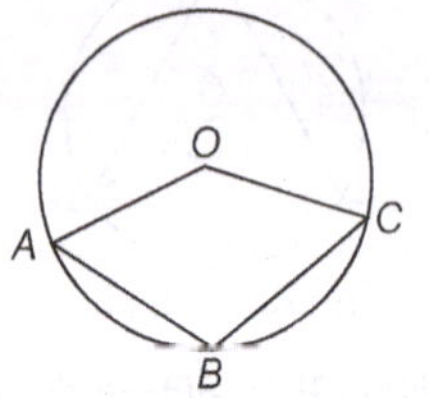

(a) 95° (b) 103° (c) 110° (d) 120°

194. किसी ΔXYZ में XO माध्यिका है और $XO = \frac{1}{2}YZ$ है। यदि $\angle YXO = 30°$, तो $\angle XYZ$ का मान कितना है?
SSC CGL (Tier I) 07/12/2022 Shift III

(a) 30° (b) 60° (c) 90° (d) 15°

195. त्रिभुज XYZ में, P त्रिभुज XYZ का अन्तःकेन्द्र है। यदि कोण $XYZ = 50°$ है, तो कोण XPZ का मान क्या है?
SSC CGL (Tier I) 07/12/2022 Shift II

(a) 140° (b) 100° (c) 115° (d) 130°

196. यदि $\Delta ABC \sim \Delta DEF$ इस प्रकार है कि $2AB = DE$ और $BC = 8$ सेमी, तो EF की लम्बाई ..... है।
SSC CGL (Tier I) 07/12/2022 Shift II

(a) 18 सेमी (b) 16 सेमी
(c) 20 सेमी (d) 22 सेमी

197. एक वृत्त ΔABC में अन्तर्निहित है और त्रिभुज की भुजाएँ $AB = 16$ सेमी, $BC = 20$ सेमी और $AC = 24$ सेमी हैं तथा भुजा AB, BC और AC वृत्त को क्रमशः D, E और F पर स्पर्श करती हैं। AD का माप क्या होगा?
SSC CGL (Tier I) 07/12/2022 Shift II
(a) 6 सेमी (b) 14 सेमी
(c) 10 सेमी (d) 20 सेमी

198. 20 सेमी और 16 सेमी त्रिज्या वाले दो सन्केन्द्रित वृत्त बनाए जाते हैं। बड़े वृत्त की उस जीवा की लम्बाई क्या होगी जो छोटे वृत्त की स्पर्श रेखा है? **SSC CGL (Tier I) 07/12/2022 Shift II**
(a) 12 सेमी (b) 48 सेमी
(c) 24 सेमी (d) 34 सेमी

199. वृत्त के किसी दिए गए स्पर्श रेखा के समान्तर स्पर्श रेखाओं की संख्या कितनी होती है?
SSC CGL (Tier I) 06/12/2022 Shift IV
(a) 1 (b) 4 (c) 2 (d) 3

200. ΔPQR एक समद्विबाहु त्रिभुज है और $PQ = PR = 2a$ इकाई, $QR = a$ इकाई है। $PX \perp QR$ खींचिए और PX की लम्बाई ज्ञात कीजिए। **SSC CGL (Tier I) 06/12/2022 Shift IV**
(a) $\frac{\sqrt{15}a}{2}$ (b) $\frac{\sqrt{10}a}{2}$ (c) $\sqrt{5}a$ (d) $\frac{\sqrt{5}a}{2}$

201. आकृति में O वृत्त का केन्द्र है। इसकी दो जीवाएँ AB और CD एक-दूसरे को वृत्त के भीतर बिन्दु P पर प्रतिच्छेद करती है। यदि $AB = 20$ सेमी, $PB = 12$ सेमी और $CP = 8$ सेमी, तो PD की माप ज्ञात कीजिए।

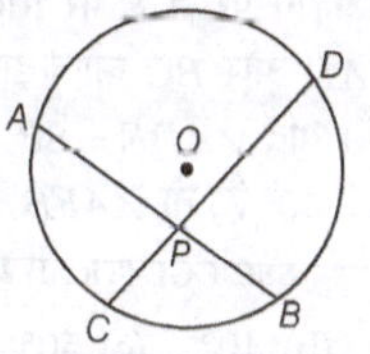

SSC CGL (Tier I) 06/12/2022 Shift III
(a) 12 सेमी (b) 11 सेमी
(c) 22 सेमी (d) 14 सेमी

202. एक वृत्त पर बिन्दु M से एक स्पर्श रेखा खींची जाती है, जो वृत्त को T पर इस प्रकार स्पर्श करती है, ताकि $MT = 12$ सेमी हो। एक छेदक रेखा MAB वृत्त को बिन्दु A और B पर प्रतिच्छेदक करती है। यदि $MA = 8$ सेमी है, तो जीवा AB की लम्बाई (सेमी में) क्या है?
SSC CGL (Tier I) 06/12/2022 Shift II
(a) 12 (b) 9 (c) 10 (d) 16

203. ऐसे कितने वृत्त खींचे जा सकते हैं, जो कि दो निश्चित बिन्दुओं से होकर गुजरें?
SSC CGL (Tier I) 06/12/2022 Shift II
(a) केवल दो (b) एक या दो
(c) केवल एक (d) अनन्त

204. एक 50 सेमी व्यास वाले वृत्त में 40 सेमी लम्बाई की एक जीवा खींची जाती है। उसी वृत्त में 40 सेमी लम्बाई वाली जीवा से एक अन्य समानान्तर जीवा जिसकी लम्बाई 30 सेमी है, की न्यूनतम दूरी कितनी है?
SSC CGL (Tier I) 06/12/2022 Shift II
(a) 15 सेमी (b) 10 सेमी
(c) 5 सेमी (d) 20 सेमी

205. ΔABC की भुजा AB और AC के मध्य बिन्दु क्रमशः X और Y हैं। यदि $BC + XY = 24$ इकाई है, तो $BC - XY$ का मान ज्ञात कीजिए।
SSC CGL (Tier I) 06/12/2022 Shift I
(a) 5 सेमी (b) 6 सेमी
(c) 8 सेमी (d) 4 सेमी

206. AD त्रिभुज ABC की माध्यिका है। P त्रिभुज ABC का केन्द्रक है। यदि $AP = 14$ सेमी है, तो PD की लम्बाई कितनी है?
SSC CGL (Tier I) 06/12/2022 Shift I
(a) 7 सेमी (b) 14 सेमी
(c) 28 सेमी (d) 21 सेमी

207. किसी त्रिभुज की तीन भुजाओं की लम्बाई (सेमी में) क्रमशः 48, 55 और 73 हैं। सबसे लम्बी भुजा के मध्य बिन्दु को इसके सम्मुख शीर्ष से जोड़ने वाली माध्यिका की लम्बाई (सेमी में) कितनी होगी?
SSC CGL (Tier I) 05/12/2022 Shift III
(a) 24 (b) 73
(c) 27.5 (d) 36.5

208. एक ΔABC में कोण B और कोण C के आन्तरिक समद्विभाजक $105°$ के कोण पर प्रतिच्छेद करते हैं। कोण A का मान क्या है?
SSC CGL (Tier I) 05/12/2022 Shift III
(a) 75° (b) 52.5°
(c) 15° (d) 30°

209. ΔABC और ΔDEF क्रमशः सर्वांगसम हैं। यदि $AB = 6 = DE$, $BC = 8 = EF$ और $m\angle B = 30°$ हो, तो $m\angle D + m\angle C$ का मान क्या होगा? **SSC CGL (Tier I) 05/12/2022 Shift II**
(a) 160° (b) 120° (c) 130° (d) 150°

210. उभयनिष्ठ स्पर्श रेखाओं की संख्या ज्ञात कीजिए, यदि $r_1 + r_2 = C_1C_2$ (सामान्य नोटेशन के साथ, r_1 और r_2 और C_1 और C_2 दो वृत्तों की त्रिज्या और केन्द्र हैं।)
SSC CGL (Tier I) 05/12/2022 Shift I
(a) 0 (b) 3 (c) 1 (d) 4

211. त्रिभुज ΔABC में AC को माध्यिका BE बिन्दु E पर काटती है। यदि $BG = 12$ सेमी है, जहाँ G केन्द्रक है, तो BE .... के बराबर है।
SSC CGL (Tier I) 03/12/2022 Shift IV
(a) 13 सेमी (b) 16 सेमी
(c) 18 सेमी (d) 15 सेमी

212. दो एकसमान वृत्त जिनमें से प्रत्येक की त्रिज्या 30 सेमी है एक-दूसरे को इस प्रकार प्रतिच्छेद करते हैं, कि उनमें से प्रत्येक की परिधि दूसरे के केन्द्र से होकर गुजरती है। प्रतिच्छेदित क्षेत्र का क्षेत्रफल क्या है? **SSC CGL (Tier I) 03/12/2022 Shift IV**
(a) $400\pi - 250\sqrt{3}$ सेमी^{2}
(b) $500\pi - 350\sqrt{3}$ सेमी^{2}
(c) $300\pi - 150\sqrt{3}$ सेमी^{2}
(d) $600\pi - 450\sqrt{3}$ सेमी^{2}

213. मान लीजिए ΔABC एक समकोण त्रिभुज है, जहाँ $\angle A = 90°$ और $AD \perp BC$ है। यदि क्षेत्रफल $\Delta ABC = 80$ सेमी^{2} और $BC = 16$ सेमी है, तो AD की लम्बाई होगी
SSC CGL (Tier I) 03/12/2022 Shift III
(a) 18 सेमी (b) 12 सेमी
(c) 10 सेमी (d) 24 सेमी

214. मान लीजिए, O एक वृत्त का केन्द्र है और P वृत्त के बाहर एक बिन्दु है। यदि PAB, वृत्त का एक छेदक है, जो वृत्त को A और B पर काटता है और PT, P से खींची गई स्पर्श रेखा है, तो PT की लम्बाई ज्ञात कीजिए।
SSC CGL (Tier I) 03/12/2022 Shift III
$PA = 3$ सेमी और $AB = 9$ सेमी है।
(a) $3\sqrt{3}$ सेमी (b) 6 सेमी
(c) $4\sqrt{3}$ सेमी (d) 8 सेमी

215. एक समबाहु त्रिभुज ABC में, D भुजा BC का मध्य बिन्दु है। यदि BC की लम्बाई 8 सेमी है, तो त्रिभुज की ऊँचाई है
SSC CGL (Tier I) 03/12/2022 Shift II
(a) 5.5 सेमी (b) $4\sqrt{3}$ सेमी
(c) $6\sqrt{3}$ सेमी (d) 4.5 सेमी

216. दिए गए कथन के सन्दर्भ में सही विकल्प का चयन कीजिए। एक वृत्त के व्यास के सिरों (अन्त) पर दो स्पर्श रेखाएँ खींची जाती हैं।
SSC CGL (Tier I) 03/12/2022 Shift I
(a) वे एक-दूसरे के समान्तर होती हैं
(b) वे एक-दूसरे के लम्बवत् होती हैं
(c) वे उद्गम-बिन्दु से गुजरती हैं
(d) वे एक-दूसरे को प्रतिच्छेद करती हैं

217. O त्रिभुज PQR का अन्तःकेन्द्र है। यदि कोण $POR = 140°$ है, तो कोण PQR क्या है?
SSC CGL (Tier I) 02/12/2022 Shift IV
(a) 140° (b) 70° (c) 40° (d) 100°

218. ΔXYZ के परिकेन्द्र L से भुजा YZ पर लम्ब LM खींचा जाता है। यदि $\angle YXZ = 60°$, तब $\angle YLM$ की माप है
SSC CGL (Tier I) 02/12/2022 Shift IV
(a) 120° (b) 180° (c) 90° (d) 60°

219. एक बिन्दु P से एक वृत्त की स्पर्श रेखा की लम्बाई 15 सेमी है। बिन्दु P केन्द्र से 17 सेमी की दूरी पर है। वृत्त की त्रिज्या की माप ज्ञात कीजिए।
SSC CGL (Tier I) 02/12/2022 Shift III
(a) 7 सेमी (b) 4 सेमी
(c) 9 सेमी (d) 8 सेमी

220. ΔABC, में $AB = AC$ है, बिन्दु O, BC पर इस प्रकार है, कि $BO = CO$ है और OD रेखा AB का लम्बवत है और OE रेखा AC पर लम्बवत् है। यदि $\angle BOD = 60°$ है, तो $\angle AOE$ का माप होगा
SSC CGL (Tier I) 02/12/2022 Shift II
(a) 90° (b) 120° (c) 30° (d) 60°

221. दी गई आकृति में, ΔPQR में एक अन्तःवृत्त इस प्रकार खींचा गया है, कि भुजाएँ PQ, QR और RP क्रमशः D, E, F पर स्पर्श करती हैं।

यदि भुजा की लम्बाइयाँ $PQ = 15$ सेमी, $QR = 11$ सेमी तथा $RP = 13$ सेमी हैं, तो PD की लम्बाई ज्ञात कीजिए।

SSC CGL (Tier I) 02/12/2022 Shift I

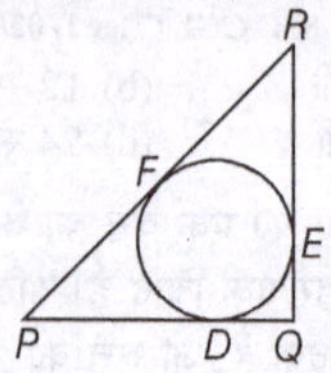

(a) 7.5 सेमी (b) 9 सेमी
(c) 8.5 सेमी (d) 8 सेमी

222. एक 58 सेमी व्यास वाले वृत्त में 42 सेमी लम्बाई की एक जीवा खींची जाती है। उसी वृत्त में 42 सेमी लम्बाई वाली जीवा से एक अन्य समानान्तर जीवा जिसकी लम्बाई 40 सेमी है, की न्यूनतम दूरी कितनी है?

SSC CGL (Tier I) 01/12/2022 Shift IV

(a) 3 सेमी (b) 4 सेमी
(c) 1 सेमी (d) 2 सेमी

223. 8 सेमी त्रिज्या वाले दो समान वृत्त एक-दूसरे को इस प्रकार प्रतिच्छेदित करते हैं, कि प्रत्येक एक-दूसरे के केन्द्र से होकर गुजरता है। उभयनिष्ठ जीवा की लम्बाई क्या है?

SSC CGL (Tier I) 01/12/2022 Shift IV

(a) $4\sqrt{3}$ सेमी (b) $8\sqrt{3}$ सेमी
(c) $\sqrt{3}$ सेमी (d) $2\sqrt{3}$ सेमी

224. दिए गए त्रिभुज में, CD, $\angle BCA$ का समद्विभाजक है। $CD = DA$। यदि $\angle BDC = 76°$ है, तो $\angle CBD$ का अंश माप कितना होगा?

SSC CGL (Tier I) 01/12/2022 Shift IV

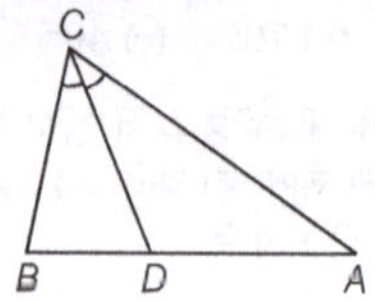

(a) 66° (b) 76° (c) 80° (d) 32°

225. त्रिभुज ABC में, कोण BAC का समद्विभाजक रेखा BC को D पर काटता है, यदि $BD = 6$ सेमी और $BC = 14$ सेमी हो, तो $AB : AC$ का मान क्या है?

SSC CGL (Tier I) 01/12/2022 Shift III

(a) 3 : 7 (b) 7 : 3 (c) 3 : 10 (d) 3 : 4

226. निम्न आकृति से $x + y + z$ ज्ञात करें।

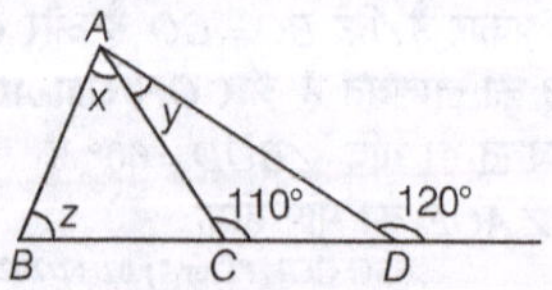

SSC CGL (Tier I) 01/12/2022 Shift III

(a) 110° (b) 100° (c) 120° (d) 130°

227. यदि समरूप त्रिभुज ΔABC और ΔDEF के क्षेत्रफल क्रमशः x^2 सेमी^{2} और y^2 सेमी^{2} है और $EF = a$ सेमी है, तो BC (सेमी में) ...... है।

SSC CGL (Tier I) 01/12/2022 Shift II

(a) $\frac{ax}{y}$ (b) $\frac{y^2}{a^2x^2}$ (c) $\frac{y}{ax}$ (d) $\frac{a^2x^2}{y^2}$

228. O इस वृत्त का केन्द्र है। बिन्दु P से खींची गई स्पर्श रेखा वृत्त को Q पर स्पर्श करती है। यदि $PQ = 24$ सेमी और $OQ = 10$ सेमी है, तो OP का मान क्या है?

SSC CGL (Tier I) 01/12/2022 Shift II

(a) 13 सेमी (b) 15 सेमी
(c) 26 सेमी (d) 52 सेमी

229. दो समबहुभुजों की भुजाओं का अनुपात 1 : 2 है यदि पहले बहुभुज का प्रत्येक आन्तरिक कोण 140° है तब दूसरे बहुभुज के प्रत्येक आन्तरिक कोण ज्ञात करें।

SSC CGL (Tier I) 01/12/2022 Shift I

(a) 150° (b) 140° (c) 170° (d) 160°

230. दो वृत्त एक-दूसरे को बाह्यत: P पर छूते हैं। AB दोनों वृत्तों की उभयनिष्ठ अनुस्पर्श रेखा है, A और B स्पर्श बिन्दु हैं, और $\angle PAB = 40°$ है। $\angle ABP$ की माप क्या होगी?

SSC CGL (Tier I) 01/12/2022 Shift I

(a) 50° (b) 40°
(c) 45° (d) 55°

SSC CGL 2021 (Tier I)

231. O केन्द्र वाले वृत्त में, व्यास AB को वृत्त के बाहर स्थित बिन्दु P तक निर्मित किया जाता है और PT उस बिन्दु से बिन्दु C पर वृत्त की स्पर्शरेखा है। यदि $\angle BPT = 28°$ है, तो $\angle BCP$ की माप कितनी होगी?

SSC CGL (Tier I) 24/08/2021 Shift III

(a) 62° (b) 45° (c) 31° (d) 28°

232. ΔABC, B पर समकोण है। BD, लम्ब है, जो AC को बिन्दु D पर प्रतिच्छेदित करती है। यदि $AC = 9$ सेमी और $CD = 3$ सेमी है, तो AB की माप (सेमी में) ज्ञात करें।

SSC CGL (Tier I) 24/08/2021 Shift III

(a) $3\sqrt{6}$ (b) $6\sqrt{3}$ (c) 6 (d) 3

233. ΔABC, B पर समकोण है और BC पर बिन्दु D इस प्रकार स्थित है, कि $BD = 5$ सेमी, $AD = 13$ सेमी और $AC = 37$ सेमी है। DC की लम्बाई (सेमी में) ज्ञात करें।

SSC CGL (Tier I) 24/08/2021 Shift III

(a) 30 (b) 35
(c) 5 (d) 25

234. केन्द्र O वाले वृत्त में बिन्दु A, B, C और D इस क्रम में एकवृत्तीय हैं, कि BD वृत्त का व्यास है। यदि $\angle BAC = 22°$ है, तो $\angle COD$ की माप (डिग्री में) ज्ञात करें।

SSC CGL (Tier I) 24/08/2021 Shift III

(a) 158 (b) 79
(c) 68 (d) 136

235. केन्द्र O वाले वृत्त पर बिन्दु A, B और C इस प्रकार स्थित हैं, कि $\angle BOC = 84°$ है। यदि बिन्दु D तक AC को इस प्रकार बढ़ाया जाता है, कि $\angle BDC = 40°$ है, तो $\angle ABD$ की माप (डिग्री में) ज्ञात करें।

SSC CGL (Tier I) 24/08/2021 Shift II

(a) 102 (b) 98 (c) 92 (d) 56

236. केन्द्र O वाले वृत्त में, AB जीवा है जिसकी लम्बाई 10 सेमी है। बिन्दु A और B पर खींची गई स्पर्श रेखाएँ, वृत्त के बाहर बिन्दु P पर प्रतिच्छेदित करती हैं। यदि $OP = 2OA$ है, तो AP की लम्बाई (सेमी में) ज्ञात करें।

SSC CGL (Tier I) 24/08/2021 Shift II

(a) 10 (b) 12.5 (c) 12 (d) 15

237. ΔABC और ΔDEF में, $\frac{AB}{DF} = \frac{BC}{DE} = \frac{AC}{EF}$ है। निम्न में से कौन-सा सत्य है?

SSC CGL (Tier I) 24/08/2021 Shift II

(a) $\Delta DEF \sim \Delta BAC$ (b) $\Delta DEF \sim \Delta ABC$
(c) $\Delta BCA \sim \Delta DEF$ (d) $\Delta CAB \sim \Delta DEF$

238. ΔABC के शीर्ष, O केन्द्र वाले वृत्त पर स्थित हैं। AO को निर्मित करने पर यह वृत्त से बिन्दु P पर मिलती है। BC पर बिन्दु D इस प्रकार है, कि $AD \perp BC$ है। यदि $\angle B = 68°$ और $\angle C = 52°$ है, तो $\angle DAP$ का मान ज्ञात करें।

SSC CGL (Tier I) 24/08/2021 Shift I

(a) 28° (b) 12° (c) 16° (d) 18°

239. $ABCD$ चक्रीय चतुर्भुज में भुजाओं AB और DC को बढ़ाने पर वे E पर मिलती हैं और भुजाओं AD और BC को बढ़ाने पर वे F पर मिलती हैं। यदि $\angle ADE = 80°$ और $\angle AED = 50°$ है, तो $\angle AFB$ का मान ज्ञात करें।

SSC CGL (Tier I) 24/08/2021 Shift I

(a) 20° (b) 40° (c) 50° (d) 30°

240. मान लीजिए कि $\Delta ABC \sim \Delta RPQ$ और $\frac{\text{ar}(\Delta ABC)}{\text{ar}(\Delta PQR)} = \frac{16}{25}$ है। यदि $PQ = 4$ सेमी, $QR = 6$ सेमी और $PR = 7$ सेमी है, तो AC का मान (सेमी में) ज्ञात करें।

SSC CGL (Tier I) 24/08/2021 Shift I

(a) 7.2 (b) 4.8 (c) 6 (d) 3.6

241. ΔABC में, BC पर बिन्दु D इस प्रकार है कि $\angle BAD = \frac{1}{2}\angle ADC$ और $\angle BAC = 77°$ और $\angle C = 45°$ हैं। $\angle ADB$ की माप ज्ञात करें।

SSC CGL (Tier I) 23/08/2021 Shift II

(a) 77° (b) 64° (c) 45° (d) 58°

242. ΔABC में, D और E क्रमशः AB और BC के मध्य-बिन्दु हैं। यदि (ΔCED) का क्षेत्रफल 8 सेमी^{2} है, तो $(ADEC)$ का क्षेत्रफल ज्ञात करें।

SSC CGL (Tier I) 23/08/2021 Shift II

(a) 21 सेमी^{2} (b) 24 सेमी^{2}
(c) 32 सेमी^{2} (d) 16 सेमी^{2}

243. कोई स्पर्शरेखा बिन्दु P से वृत्त पर खींची जाती है, जो बिन्दु T पर वृत्त से इस प्रकार मिलती है कि $PT = 8$ सेमी है। छेदक रेखा PAB, वृत्त को बिन्दु A और B पर प्रतिच्छेदित करती है। यदि $PA = 5$ सेमी है, तो जीवा AB की लम्बाई ज्ञात करें।
SSC CGL (Tier I) 23/08/2021 Shift II

(a) 8.0 सेमी (b) 8.4 सेमी
(c) 7.8 सेमी (d) 6.4 सेमी

244. ΔABC में, AD, $\angle A$ का समद्विभाजक है। यदि $AB = 5$ सेमी, $AC = 7.5$ सेमी और $BC = 10$ सेमी है, तो BC के मध्य-बिन्दु से D की दूरी (सेमी में) ज्ञात करें।
SSC CGL (Tier I) 23/08/2021 Shift I

(a) 1.5 (b) 1 (c) 2.2 (d) 2

245. एक वृत्त, $ABCD$ चतुर्भुज में इस प्रकार अन्तःस्थापित है कि इसकी भुजाएँ AB, BC, CD और DA क्रमशः P, Q R और S पर स्पर्श करती हैं। यदि $AS = 6$ सेमी, $BC = 12$ सेमी और $CR = 5$ सेमी है, तो AB की लम्बाई (सेमी में) ज्ञात करें। **SSC CGL (Tier I) 23/08/2021 Shift I**

(a) 13 (b) 11 (c) 15 (d) 12

246. चतुर्भुज $ABCD$ के शीर्ष A, B, C और D किसी वृत्त पर स्थित हैं। $\angle A, \angle C$ का तीन गुना है और $\angle D, \angle B$ का दो गुना है। $\angle D$ और $\angle C$ की माप के बीच अन्तर ज्ञात करें।
SSC CGL (Tier I) 23/08/2021 Shift I

(a) 55° (b) 75° (c) 45° (d) 65°

247. 18 सेमी और 16 सेमी त्रिज्या वाले दो वृत्त एक-दूसरे को प्रतिच्छेदित करते हैं, और उनकी उभयनिष्ठ जीवा की लम्बाई 20 सेमी है। उनके केन्द्रों के बीच की दूरी (सेमी में) ज्ञात करें। **SSC CGL (Tier I) 20/08/2021 Shift II**

(a) $4\sqrt{14} + 2\sqrt{39}$ (b) $4\sqrt{14} - 2\sqrt{39}$
(c) $4\sqrt{10} - 2\sqrt{39}$ (d) $4\sqrt{10} + 2\sqrt{39}$

248. किसी त्रिभुज के कोण AP (समान्तर श्रेणी) में है। यदि सबसे छोटे कोण की माप सबसे बड़े कोण से 50° कम है, तो सबसे बड़ा कोण ज्ञात करें। **SSC CGL (Tier I) 20/08/2021 Shift II**

(a) 80° (b) 85° (c) 75° (d) 90°

249. बिन्दु A, D, C, B और E एकवृत्तीय हैं। यदि $\angle AEC = 50°$ और $\angle ABD = 30°$ है, तो $\angle CBD$ की माप ज्ञात करें।
SSC CGL (Tier I) 20/08/2021 Shift II

(a) 10° (b) 30° (c) 20° (d) 15°

250. बिन्दु P और Q क्रमशः ΔABC की भुजा AB और BC पर स्थित हैं, त्रिभुज B पर समकोण है। यदि $AQ = 11$ सेमी, $PC = 8$ सेमी और $AC = 13$ सेमी है, तो PQ की लम्बाई ज्ञात करें। **SSC CGL (Tier I) 20/08/2021 Shift II**

(a) $\sqrt{15}$ सेमी (b) 4.5 सेमी
(c) 4 सेमी (d) $4\sqrt{7}$ सेमी

251. ΔABC एक समबाहु त्रिभुज है। AB और AC पर क्रमशः बिन्दु D और E इस प्रकार स्थित हैं कि DE, BC के समानान्तर है, और DE की लम्बाई BC की आधी है। यदि $AD + CE + BC = 30$ सेमी है, तो चतुर्भुज $BCED$ का परिमाप (सेमी में) ज्ञात करें।
SSC CGL (Tier I) 20/08/2021 Shift I

(a) 45 (b) 37.5 (c) 35 (d) 25

252. ΔABC में, भुजा AB पर बिन्दु D इस प्रकार है कि $BD = 3$ सेमी और $DA = 4$ सेमी है। BC पर बिन्दु E इस प्रकार है, कि $DE \parallel AC$ है। ΔBDE का क्षेत्रफल : समलम्ब चतुर्भुज $ACED$ का क्षेत्रफल का मान ज्ञात करें।
SSC CGL (Tier I) 20/08/2021 Shift I

(a) 33 : 16 (b) 16 : 33
(c) 9 : 40 (d) 40 : 9

253. केन्द्र O और 13 सेमी त्रिज्या वाले वृत्त में, चाप AB खींचा जाता है। A और B पर खींची गई स्पर्श रेखाएँ, बिन्दु P पर इस प्रकार प्रतिच्छेदित करती हैं, कि $\angle APB = 60°$ है। यदि केन्द्र O से AB की दूरी 5 सेमी है, तो AP की लम्बाई (सेमी में) ज्ञात करें।
SSC CGL (Tier I) 20/08/2021 Shift I

(a) 12 सेमी (b) 24 सेमी
(c) 11 सेमी (d) 22 सेमी

254. किसी वृत्त में, जीवाएँ AB और DC, बिन्दु E पर प्रतिच्छेदित करती हैं। यदि $CD = 16$ सेमी, $DE = 6$ सेमी, $AE = 12$ सेमी और $BE = x$ सेमी है, तो x का मान ज्ञात करें।
SSC CGL (Tier I) 20/08/2021 Shift I

(a) 5 सेमी (b) 6 सेमी
(c) 17 सेमी (d) 9 सेमी

255. केन्द्र O वाले वृत्त में, AB और CD व्यास के विपरीत भुजाओं पर दो समानान्तर जीवाएँ हैं। यदि $AB = 12$ सेमी, $CD = 18$ सेमी और जीवा AB और CD के बीच की दूरी 15 सेमी है, तो वृत्त की त्रिज्या (सेमी में) ज्ञात करें।
SSC CGL (Tier I) 18/08/2021 Shift III

(a) 12 (b) $3\sqrt{13}$
(c) 9 (d) $9\sqrt{13}$

256. एक समकोण त्रिभुज ABC में, समकोण बनाने वाली भुजाओं की माप क्रमशः 5 सेमी और 12 सेमी है। ΔABC के एक आन्तरिक वृत्त की त्रिज्या (सेमी में) क्या होगी?
SSC CGL (Tier I) 18/08/2021 Shift III

(a) 2.8 (b) 2.5
(c) 2 (d) 3

257. ΔABC में, AB और AC को क्रमशः बिन्दु D और E तक बढ़ाया गया है। यदि $\angle CBD$ और $\angle BCE$ के समद्विभाजक, बिन्दु O पर इस प्रकार मिलते हैं कि $\angle BOC = 63°$ है, तो $\angle A$ का मान ज्ञात करें। **SSC CGL (Tier I) 18/08/2021 Shift III**

(a) 54° (b) 27°
(c) 63° (d) 36°

258. A और B, केन्द्र O, वाले वृत्त पर स्थित बिन्दु है। बिन्दु C, दीर्घ चाप AB पर स्थित है। यदि $\angle OAC = 35°$ और $\angle OBC = 45°$ है, तो लघु चाप AB द्वारा केन्द्र पर अन्तरिक कोण की माप (अंश में) ज्ञात करें।
SSC CGL (Tier I) 18/08/2021 Shift III

(a) 100 (b) 160 (c) 80 (d) 70

259. $\Delta ABC \sim \Delta DEF$ है। यदि ΔABC और ΔDEF के क्षेत्रफल क्रमशः 100 सेमी^{2} और 81 सेमी^{2} है और ΔDEF की ऊँचाई 6.3 सेमी है, तो ΔABC की संगत ऊँचाई ज्ञात करें।
SSC CGL (Tier I) 18/08/2021 Shift I

(a) 7 सेमी (b) 5.6 सेमी
(c) 9 सेमी (d) 8.4 सेमी

260. AB, O केन्द्र वाले वृत्त के लघु वृत्तखण्ड में जीवा है। C, बिन्दु A और B के बीच के वृत्त के लघु चाप पर एक बिन्दु है। बिन्दु A और B पर वृत्त की स्पर्श रेखाएँ बिन्दु P पर मिलती हैं। यदि $\angle ACB = 102°$ है, तो $\angle APB$ की माप ज्ञात करें। **SSC CGL (Tier I) 18/08/2021 Shift I**

(a) 27° (b) 29° (c) 23° (d) 24°

261. 10 सेमी त्रिज्या वाले वृत्त की जीवा AB, केन्द्र O से 8 सेमी की दूरी पर स्थित है। यदि A और B पर खींची गई स्पर्श रेखाएँ बिन्दु P पर प्रतिच्छेदित हैं, तो स्पर्श रेखा AP की लम्बाई (सेमी में) ज्ञात करें।
SSC CGL (Tier I) 18/08/2021 Shift I

(a) 15 (b) 3.75 (c) 4 (d) 7.5

262. बिन्दु P, O केन्द्र वाले वृत्त के बाहर स्थित है। स्पर्श रेखाएँ PA और PB, क्रमशः A और B पर वृत्त से मिलती हैं। यदि $\angle APB = 80°$ है, तो $\angle OAB$ का मान ज्ञात करें।
SSC CGL (Tier I) 18/08/2021 Shift I

(a) 70° (b) 40° (c) 140° (d) 35°

263. किसी वृत्त में, 10 सेमी लम्बी जीवा, वृत्त के केन्द्र से 12 सेमी की दूरी पर स्थित है। वृत्त के व्यास की लम्बाई ज्ञात करें।
SSC CGL (Tier I) 17/08/2021 Shift III

(a) 22 सेमी (b) 26 सेमी
(c) 20 सेमी (d) 13 सेमी

264. ΔABC में, BC पर कोई बिन्दु D इस प्रकार स्थित है कि $BD : DC = 3 : 4$ है। AD पर कोई बिन्दु E इस प्रकार स्थित है कि $AE : ED = 2 : 3$ है। (ΔECD) के क्षेत्रफल का, (ΔAEB) के क्षेत्रफल से अनुपात ज्ञात करें।
SSC CGL (Tier I) 17/08/2021 Shift III

(a) 9 : 8 (b) 1 : 2 (c) 2 : 1 (d) 8 : 9

265. A और B केन्द्र O वाले वृत्त पर स्थित बिन्दु हैं। वृत्त के बाहर बिन्दु P से, PAM और PBN क्रमशः A और B पर वृत्त की स्पर्श रेखाएँ हैं। दीर्घ चाप AB पर बिन्दु Q इस प्रकार स्थित है कि $\angle QAM = 58°$ और $\angle QBN = 50°$ है। $\angle APB$ की माप (अंश में) ज्ञात करें। **SSC CGL (Tier I) 17/08/2021 Shift III**

(a) 40° (b) 30° (c) 36° (d) 32°

266. ΔABC में बिन्दु D, AB पर तथा बिन्दु E और F इस प्रकार BC पर स्थित है कि DF, AC के समानान्तर है और DE, AF के समानान्तर है, यदि $BE = 4$ सेमी और $EF = 6$ सेमी है, तो BC की लम्बाई (सेमी में) ज्ञात करें।
SSC CGL (Tier I) 17/08/2021 Shift I

(a) 15 (b) 20
(c) 30 (d) 25

267. ΔABC की भुजाएँ 5 सेमी, 6 सेमी और 7 सेमी लम्बी हैं। AB को विस्तारित करने पर, किसी वृत्त को बिन्दु P पर स्पर्श करती है और AC को विस्तारित करने पर, यह उसी वृत्त को बिन्दु Q पर स्पर्श करती है और वृत्त BC को R पर स्पर्श करता है। AQ की लम्बाई (सेमी में) ज्ञात करें।
SSC CGL (Tier I) 17/08/2021 Shift I

(a) 9 (b) 13 (c) 11 (d) 12

268. ΔABC में, D और E क्रमशः भुजाओं AB और AC पर बिन्दु है और $DE \parallel BC$ है। $BC = 8$ सेमी और $DE = 5$ सेमी है। यदि ΔADE का क्षेत्रफल 45 सेमी^{2} है, तो ΔABC का क्षेत्रफल (सेमी^{2} में) ज्ञात करें।
SSC CGL (Tier I) 17/08/2021 Shift I

(a) 115.2 (b) 64 (c) 125 (d) 105.2

269. ΔABC एक वृत्त जिसका केन्द्र O है, के अन्दर स्थित है तथा $\angle ACB = 115°$। बिन्दु O को A से मिलाया। तब, $\angle OAB$ की माप क्या होगी?
SSC CGL (Tier I) 17/08/2021 Shift I

(a) 20° (b) 30° (c) 35° (d) 25°

270. ΔABC में, भुजा AC का मध्य-बिन्दु D और भुजा AB पर एक बिन्दु E इस प्रकार है कि EC, BD को बिन्दु F पर समद्विभाजित करती है। यदि $AE = 30$ सेमी है, तो EB की लम्बाई ज्ञात करें। **SSC CGL (Tier I) 16/08/2021 Shift III**

(a) 10 सेमी (b) 20 सेमी (c) 18 सेमी (d) 15 सेमी

271. केन्द्र O वाले वृत्त में, AB और CD व्यास के एक ही पक्ष में दो समानान्तर जीवाएँ हैं। यदि $AB = 12$ सेमी, $CD = 18$ सेमी और जीवाओं AB और CD के बीच की दूरी 3 सेमी है, तो वृत्त की त्रिज्या (सेमी में) ज्ञात करें।
SSC CGL (Tier I) 16/08/2021 Shift III

(a) 9 (b) 15 (c) 12 (d) $3\sqrt{13}$

272. ΔABC में, $DE \parallel AB$ है, जहाँ D और E क्रमशः भुजाओं AC और BC पर बिन्दु हैं। यदि $AD = x - 3, AC = 2x, BE = x - 2$ और $BC = 2x + 3$ है, तो x का मान ज्ञात करें।
SSC CGL (Tier I) 16/08/2021 Shift III

(a) 8 (b) 12 (c) 9 (d) 10

273. O केन्द्र और 5 सेमी त्रिज्या वाले वृत्त में, AB और CD, क्रमशः 6 सेमी और x सेमी लम्बाई की दो समानान्तर जीवाएँ हैं और जीवाएँ O केन्द्र की विपरीत दिशा में हैं। जीवाओं के बीच की दूरी 7 सेमी है। x का मान ज्ञात करें।
SSC CGL (Tier I) 16/08/2021 Shift I

(a) 9 (b) 10 (c) 12 (d) 8

274. O केन्द्र वाले वृत्त में, व्यास AB और जीवा CD इस प्रकार हैं, कि $\angle ABC = 34°$ और $CD = BD$ है। $\angle DBC$ की माप ज्ञात करें।
SSC CGL (Tier I) 16/08/2021 Shift I

(a) 28° (b) 24° (c) 30° (d) 32°

275. ΔABC के दो कोण, $\angle B$ और $\angle C$ के आन्तरिक समद्विभाजकों के बीच कोण की माप 132° है। $\angle A$ का मान ज्ञात करें।
SSC CGL (Tier I) 16/08/2021 Shift I

(a) 72° (b) 48° (c) 84° (d) 62°

276. ΔABC में, $\angle A = 90°$, बिन्दु D पर $AD \perp BC$ है। यदि $AB = 12$ सेमी, और $AC = 16$ सेमी है, तो BD की लम्बाई (सेमी में) ज्ञात करें।
SSC CGL (Tier I) 16/08/2021 Shift I

(a) 6.4 (b) 7.2 (c) 8.4 (d) 7.8

277. दो संकेन्द्रित वृत्तों की त्रिज्याएँ 12 सेमी और 13 सेमी हैं। AB, बड़े वृत्त का व्यास है। BD, छोटे वृत्त की स्पर्श रेखा है, जो इसे बिन्दु D पर स्पर्श करती है। AD की लम्बाई (सेमी में) ज्ञात करें (दशमलव के एक स्थान तक सही)।
SSC CGL (Tier I) 13/08/2021 Shift III

(a) 17.6 (b) 24.5 (c) 25.5 (d) 23.5

278. एक वृत्त, $AB = 8.4$ सेमी, $BC = 9.8$ सेमी, और $CD = 5.6$ सेमी, भुजाओं वाले एक चतुर्भुज $ABCD$ की सभी चार भुजाओं को स्पर्श करता है। भुजा AD की लम्बाई (सेमी में) ज्ञात करें।
SSC CGL (Tier I) 13/08/2021 Shift III

(a) 4.9 सेमी (b) 3.8 सेमी
(c) 4.2 सेमी (d) 2.8 सेमी

279. ΔABC में, $\angle C = 90°$ और Q, BC का मध्य-बिन्दु है। यदि $AB = 10$ सेमी और $AC = 2\sqrt{10}$ सेमी है, तो AQ की लम्बाई ज्ञात करें। **SSC CGL (Tier I) 13/08/2021 Shift III**

(a) $5\sqrt{3}$ सेमी (b) $3\sqrt{5}$ सेमी
(c) $\sqrt{55}$ सेमी (d) $5\sqrt{2}$ सेमी

280. चक्रीय चतुर्भुज $ABCD$ की भुजाएँ AB और DC बढ़ाई जाने पर E पर मिलती हैं और भुजाएँ AD और BC बढ़ाई जाने पर F पर मिलती हैं। यदि $\angle ADC = 78°$ और $\angle BEC = 52°$ है, तो $\angle AFB$ की माप ज्ञात करें।
SSC CGL (Tier I) 13/08/2021 Shift I

(a) 26° (b) 30° (c) 28° (d) 32°

281. 21 सेमी लम्बी जीवा, 25 सेमी व्यास वाले वृत्त में खींची जाती है। केन्द्र से जीवा की लम्बवत् दूरी ज्ञात करें। **SSC CGL (Tier I) 13/08/2021 Shift I**

(a) $\sqrt{56}$ (b) $\sqrt{41}$ (c) $\sqrt{23}$ (d) $\sqrt{46}$

282. $\Delta ABC \sim \Delta PQR$ हैं। ΔABC का क्षेत्रफल और ΔPQR का क्षेत्रफल क्रमशः 64 सेमी^{2} और 81 सेमी^{2} है और AD और PT क्रमशः ΔABC और ΔPQR की माध्यिका हैं। यदि $PT = 10.8$ सेमी है, तो AD का मान कितना होगा?
SSC CGL (Tier I) 13/08/2021 Shift I

(a) 9 सेमी (b) 12 सेमी
(c) 9.6 सेमी (d) 8.4 सेमी

283. माना कि $\Delta ABC \sim \Delta PQR$ और $\frac{ar(\Delta ABC)}{ar(\Delta QPR)} = \frac{144}{49}$ है। यदि $AB = 12$ सेमी, $BC = 7$ सेमी और $AC = 9$ सेमी है, तो PR का मान (सेमी में) ज्ञात करें।
SSC CGL (Tier I) 13/08/2021 Shift I

(a) 12 (b) $\frac{49}{12}$
(c) $\frac{21}{4}$ (d) $\frac{108}{7}$

SSC CGL 2020 (Tier I)

284. AB, केन्द्र O वाले एक वृत्त का व्यास है। वृत्त के बिन्दु C पर खींची गई स्पर्शरिखा AB आगे बढ़ाने पर बिन्दु Q पर मिलती है। यदि $\angle CAB = 42°$ है, तो $\angle CQA$ का माप क्या है?
SSC CGL (Tier I) 07/03/2020 Shift II

(a) 17° (b) 5°
(c) 6° (d) 7°

285. ΔABC में, D, E और F, भुजाओं AB, BC और CA के मध्य बिन्दु हैं। यदि $AB = 12$ सेमी, $BC = 20$ सेमी और $CA = 15$ सेमी है, तो $\frac{1}{2}(DE + EF + DF)$ का मान .... है।
SSC CGL (Tier I) 07/03/2020 Shift II

(a) 23.5 सेमी (b) 5.88 सेमी
(c) 11.75 सेमी (d) 15.67 सेमी

286. चतुर्भुज $PQRS$ में, $RM \perp QS, PN \perp QS$ है और $QS = 6$ सेमी है यदि $RM = 3$ सेमी और $PN = 2$ सेमी है, तो $PQRS$ का क्षेत्रफल है
SSC CGL (Tier I) 07/03/2020 Shift II

(a) 15 सेमी^{2} (b) 14 सेमी^{2}
(c) 13 सेमी^{2} (d) 11 सेमी^{2}

287. दी गई आकृति में, ΔABC एक समद्विबाहु त्रिभुज है, जिसमें $AB = AC, AD \perp BC$, $BC = 6$ सेमी और $AD = 4$ सेमी है। AB की लम्बाई ज्ञात कीजिए।
SSC CGL (Tier I) 07/03/2020 Shift I

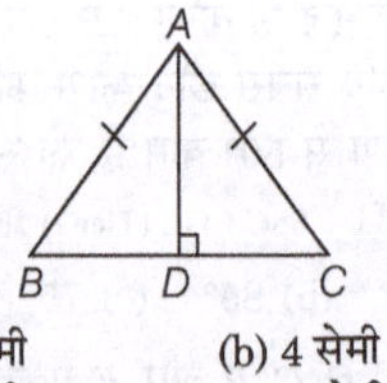

(a) 7 सेमी (b) 4 सेमी
(c) 6 सेमी (d) 5 सेमी

288. इस आकृति में, यदि $\angle A = 100°$ है, तो $\angle C$ का मान ज्ञात कीजिए।
SSC CGL (Tier I) 07/03/2020 Shift I

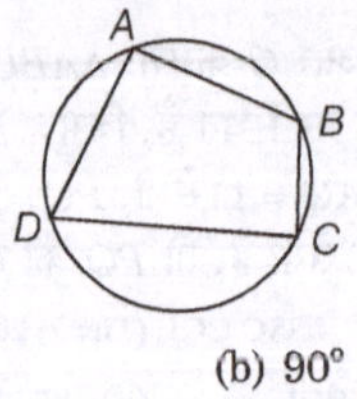

(a) 50° (b) 90°
(c) 100° (d) 80°

289. दी गई आकृति में, $\angle BAC$ का माप .... है।
SSC CGL (Tier I) 07/03/2020 Shift I

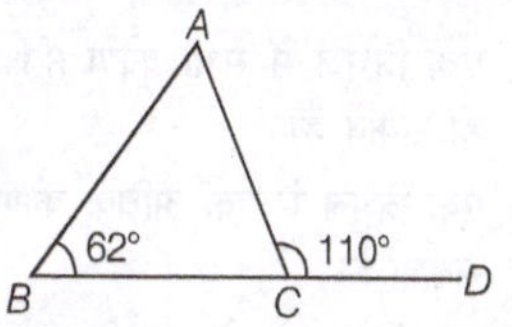

(a) 62° (b) 58° (c) 56° (d) 48°

290. दी गई आकृति में, केन्द्र A वाले वृत्त की स्पर्श रेखा MP है और केन्द्र B वाले वृत्त की स्पर्श रेखा NQ है। यदि $MP = 15$ सेमी, $NQ = 8$ सेमी, $PA = 17$ सेमी और $BQ = 10$ सेमी है, तो AB का मान ज्ञात कीजिए। SSC CGL (Tier I) 07/03/2020 Shift I

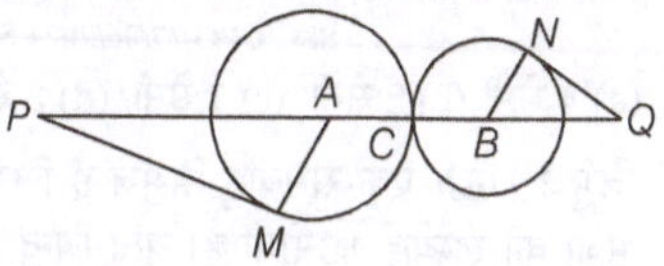

(a) 28 सेमी (b) 13.5 सेमी
(c) 14 सेमी (d) 23 सेमी

291. A, B और C एक वृत्त पर तीन बिन्दु इस तरह स्थित हैं कि जीवाएँ AB और AC द्वारा केन्द्र O पर बनाए गए कोण क्रमश: 80° और 120° हैं। $\angle BAC$ का मान ज्ञात करें।
SSC CGL (Tier I) 06/03/2020 Shift III

(a) 70° (b) 85° (c) 80° (d) 75°

292. ΔABC में, यदि कोणों का अनुपात $3:5:4$ है, तो सबसे बड़े और सबसे छोटे कोणों के बीच का अन्तर क्या होगा (डिग्री में)? SSC CGL (Tier I) 06/03/2020 Shift III

(a) 30° (b) 35° (c) 25° (d) 20°

293. 8 सेमी और 6 सेमी त्रिज्या वाले दो वृत्त एक-दूसरे को बाहर से स्पर्श करते हैं। उभयनिष्ठ अनुस्पर्श रेखा की लम्बाई क्या होगी? SSC CGL (Tier I) 06/03/2020 Shift III

(a) 20 सेमी (b) 13.86 सेमी
(c) 24 सेमी (d) 10.12 सेमी

294. त्रिभुज ABC में, DE, BC के समान्तर है, $AD = a$, $DB = a + 4$, $AE = 2a + 3$, $EC = 7a$ है। यदि $a > 0$ है, तो 'a' का मान ज्ञात कीजिए।
SSC CGL (Tier I) 06/03/2020 Shift III

(a) 4 (b) 3 (c) 6 (d) 5

295. दी गई आकृति में, यदि $AB = 8$ सेमी, $AC = 10$ सेमी, $\angle ABD = 90°$ और $AD = 17$ सेमी, तो CD की लम्बाई कितनी है?
SSC CGL (Tier I) 06/03/2020 Shift II

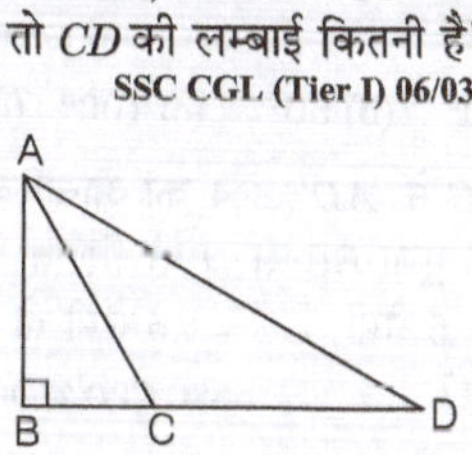

(a) 10 सेमी (b) 8 सेमी
(c) 9 सेमी (d) 11 सेमी

296. दी गई आकृति में, यदि $AB = 10$ सेमी $CD = 7$ सेमी, $SD = 4$ सेमी और $AS = 5$ सेमी, तो BC की लम्बाई ज्ञात कीजिए।
SSC CGL (Tier I) 06/03/2020 Shift II

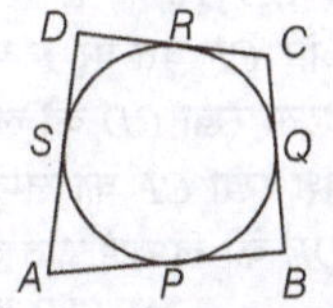

(a) 8 सेमी (b) 7.5 सेमी
(c) 9 सेमी (d) 6 सेमी

297. दी गई आकृति में, यदि $\angle APO = 35°$ है, तो निम्न में से कौन-सा विकल्प सही है?
SSC CGL (Tier I) 06/03/2020 Shift II

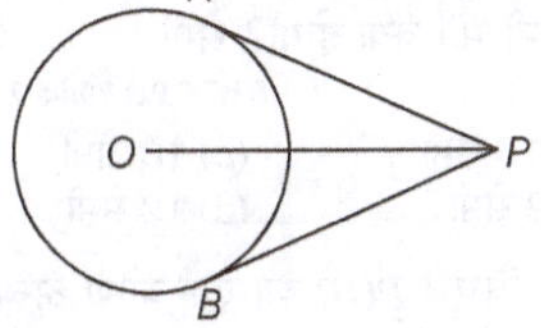

(a) $\angle BPO = 35°$
(b) $\angle APB = 80°$
(c) $\angle APB = 60°$
(d) $\angle BPO = 55°$

298. ABC एक समबाहु त्रिभुज है। P, Q और R क्रमश: भुजाओं AB, BC और CA के मध्य-बिन्दु हैं। यदि ΔABC की भुजा की लम्बाई 8 सेमी है, तो ΔPQR का क्षेत्रफल ज्ञात कीजिए। SSC CGL (Tier I) 06/03/2020 Shift I

(a) $\frac{\sqrt{3}}{3}$ सेमी^{2} (b) $8\sqrt{3}$ सेमी^{2}
(c) $4\sqrt{3}$ सेमी^{2} (d) $\frac{\sqrt{3}}{4}$ सेमी^{2}

299. दो स्पर्श रेखाएँ PA और PD बाहरी बिन्दु P से केन्द्र O वाले एक वृत्त पर खींची गई हैं। यदि $\angle OAB = 30°$, तो $\angle APB$ ज्ञात कीजिए।
SSC CGL (Tier I) 06/03/2020 Shift I

(a) 120° (b) 30° (c) 60° (d) 15°

300. आकृति में, केन्द्र P और Q वाले दो वृत्त बाह्य: बिन्दु R पर स्पर्श करते हैं। स्पर्श रेखाएँ AT और BT, उभयनिष्ठ स्पर्श रेखा TR पर बिन्दु T पर मिलती हैं। यदि $AP = 6$ सेमी और $PT = 10$ सेमी, तो BT की लम्बाई ज्ञात कीजिए। SSC CGL (Tier I) 05/03/2020 Shift III

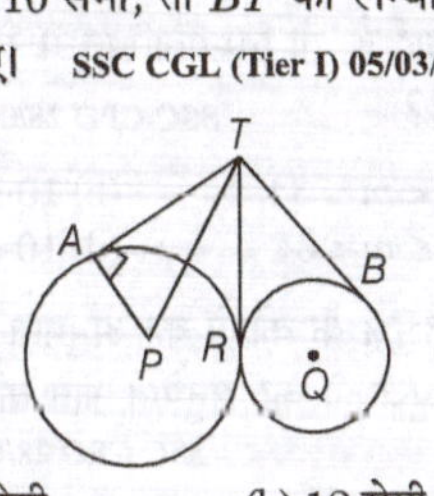

(a) 8 सेमी (b) 12 सेमी
(c) 10 सेमी (d) 6 सेमी

301. यदि किसी त्रिभुज के कोण $2:3:4$ के अनुपात में हैं, तो सबसे छोटे कोण का मान ज्ञात कीजिए।
SSC CGL (Tier I) 05/03/2020 Shift III

(a) 40° (b) 20°
(c) 50° (d) 30°

302. दी गई आकृति में, यदि $\angle KLN = 58°$ है, तो $\angle KMN = ?$
SSC CGL (Tier I) 05/03/2020 Shift III

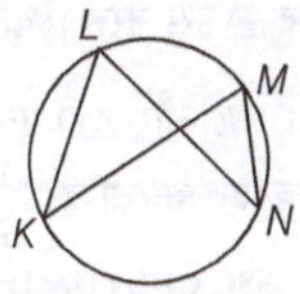

(a) 26° (b) 42° (c) 32° (d) 58°

303. ΔPQR में, $PQ = 24$ सेमी और $\angle Q = 58°$। S और T क्रमश: भुजा PQ और PR पर स्थित ऐसे बिन्दु हैं, कि $\angle STR = 122°$। यदि $PS = 14$ सेमी और $PT = 12$ सेमी, तो RT की लम्बाई ज्ञात कीजिए।
SSC CGL (Tier I) 05/03/2020 Shift II

(a) 14.8 सेमी (b) 15 सेमी
(c) 16 सेमी (d) 16.4 सेमी

304. केन्द्र O वाले एक वृत्त के व्यास AB को एक बिन्दु P तक इस तरह से बढ़ाया जाता है, कि $PO = 16.8$ सेमी हो जाता है। PQR एक ऐसी छेदक रेखा है, जो वृत्त को Q और R पर इस तरह से प्रतिच्छेदित करती है, कि $PQ = 12$ सेमी और $PR = 19.2$ सेमी हो जाता है। AB की लम्बाई (सेमी में) ज्ञात कीजिए।
SSC CGL (Tier I) 05/03/2020 Shift II

(a) 15.8 (b) 14.4
(c) 15.2 (d) 14.2

305. ΔABC में, $\angle B = 90°$। यदि बिन्दु D और E भुजा BC पर इस तरह स्थित हैं, कि $BD = DE = EC$, तो निम्नलिखित में से कौन-सा विकल्प सही है?
SSC CGL (Tier I) 05/03/2020 Shift II

(a) $8AE^2 = 5AC^2 + 3AD^2$
(b) $8AE^2 = 3AC^2 + 5AD^2$
(c) $5AE^2 = 3AC^2 + 2AD^2$
(d) $5AE^2 = 2AC^2 + 3AD^2$

306. एक चक्रीय चतुर्भुज $ABCD$ की भुजाएँ AB और DC, बिन्दु E पर मिलने के लिए आगे बढ़ाई जाती हैं और भुजाएँ AD और BC, बिन्दु F पर मिलने के लिए आगे बढ़ाई जाती हैं। यदि $\angle ADC = 75°$, और $\angle BEC = 52°$ हैं, तो $\angle BAD$ और $\angle AFB$ के बीच अन्तर ज्ञात कीजिए। SSC CGL (Tier I) 05/03/2020 Shift I

(a) 23° (b) 22° (c) 21° (d) 31°

307. ΔABC में, $\angle C = 90°$, $AC = 5$ सेमी $BC = 12$ सेमी है। $\angle A$ का समद्विभाजक, BC से बिन्दु D पर मिलता है। AD की लम्बाई क्या है?
SSC CGL (Tier I) 05/03/2020 Shift I

(a) $\frac{2}{3}\sqrt{13}$ सेमी (b) $2\sqrt{13}$ सेमी
(c) $\frac{4}{3}\sqrt{13}$ सेमी (d) $\frac{5\sqrt{13}}{3}$ सेमी

308. O केन्द्र वाले एक वृत्त की दो जीवाएँ AB और CD, बिन्दु P पर एक-दूसरे को प्रतिच्छेदित करती हैं। यदि $\angle APC = 95°$ और $\angle AOD = 110°$ हैं, तो $\angle BOC$ का मान ज्ञात कीजिए। SSC CGL (Tier I) 05/03/2020 Shift I

(a) 70° (b) 60° (c) 65° (d) 55°

309. ΔABC की भुजा BC का मध्य-बिन्दु D है। भुजा AC पर बिन्दु E इस तरह स्थित है कि $CE = \frac{1}{3}$ AC होता है। BE और AD एक-दूसरे को बिन्दु G पर प्रतिच्छेदित करती हैं। $\frac{AG}{GD}$ क्या है?

SSC CGL (Tier I) 05/03/2020 Shift I

(a) 8 : 3 (b) 5 : 2 (c) 4 : 1 (d) 3 : 1

310. 7 सेमी और 5 सेमी त्रिज्या वाले दो वृत्त A और B पर एक-दूसरे को काटते हैं और उनके केन्द्रों के बीच की दूरी 10 सेमी है। उभयनिष्ठ जीवा AB की लम्बाई (सेमी में) .... है।

SSC CGL (Tier I) 04/03/2020 Shift III

(a) $\frac{3\sqrt{74}}{5}$ (b) $\frac{2\sqrt{74}}{5}$ (c) $\frac{3\sqrt{66}}{5}$ (d) $\frac{4\sqrt{66}}{5}$

311. ΔABC में, $AC = 8.4$ सेमी और $BC = 14$ सेमी है, P, AB पर एक ऐसा बिन्दु है जिससे $CP = 11.2$ सेमी और $\angle ACP = \angle B$ होता है। BP की लम्बाई (सेमी में) क्या है?

SSC CGL (Tier I) 04/03/2020 Shift III

(a) 3.78 (b) 4.12 (c) 3.6 (d) 2.8

312. ΔABC में, $\angle B = 72°$ और $\angle C = 44°$ है। भुजा BC, बिन्दु D तक बढ़ाई जाती है। $\angle B$ और $\angle ACD$ के द्विभाजक बिन्दु E पर मिलते हैं। $\angle BEC$ की माप क्या है?

SSC CGL (Tier I) 04/03/2020 Shift III

(a) 58° (b) 46° (c) 36° (d) 32°

SSC CPO SI 2024

313. एक विषमबाहु त्रिभुज ABC की दो भुजाओं की माप क्रमश: 3.8 सेमी और 6 सेमी हैं। निम्नलिखित में से कौन-सी इसकी तीसरी भुजा की माप (सेमी में) नहीं हो सकती है?

SSC CPO 29/06/2024 Shift III

(a) 2.4 (b) 2.2 (c) 2.7 (d) 3.0

314. एक वृत्त में जीवा AB और CD एक-दूसरे को बिन्दु L पर (आन्तरिक रूप से) काटती हैं। यदि $AL = 8$ सेमी, $LB = 6$ सेमी और $LD = 5$ सेमी है, तो CL का मान ज्ञात कीजिए।

SSC CPO 29/06/2024 Shift III

(a) 9.6 सेमी (b) 7.6 सेमी
(c) 8.6 सेमी (d) 10.6 सेमी

315. एक ΔPQR की भुजा PR को S तक इस प्रकार बढ़ाया जाता है, ताकि $QR = RS$ हो। यदि $\angle PRQ = 86°$ है, तो $\angle PSQ$ का मान ज्ञात कीजिए। SSC CPO 29/06/2024 Shift III

(a) 54° (b) 86°
(c) 43° (d) 94°

316. 2 सेमी, 5 सेमी, 7 सेमी और 8 सेमी लम्बाई वाले रेखाखण्डों में से किन्हीं तीन रेखाखण्डों को लेने पर, बनने वाले त्रिभुजों की संख्या .... होगी। SSC CPO 29/06/2024 Shift II

(a) 2 (b) 4 (c) 3 (d) 1

317. छेदक रेखा CD वृत्त को E पर प्रतिच्छेदित करती है और CF वृत्त पर F पर स्पर्श रेखा है। यदि छेदक रेखा CD की लम्बाई 20 सेमी है और स्पर्श रेखा CF की लम्बाई 15 सेमी है, तो जीवा DE की लम्बाई ज्ञात कीजिए।

SSC CPO 29/06/2024 Shift II

(a) 3.75 सेमी (b) 11.25 सेमी
(c) 8.75 सेमी (d) 9.25 सेमी

318. क्रमश: 3 सेमी और 2 सेमी त्रिज्याओं वाले दो वृत्तों के केन्द्रों के बीच की दूरी 13 सेमी है। एक अनुप्रस्थ उभयनिष्ठ स्पर्शरेखा की लम्बाई (सेमी में) क्या होगी? सेमी

SSC CPO 29/06/2024 Shift I

(a) 16 सेमी (b) 18 सेमी
(c) 9 सेमी (d) 12 सेमी

319. यदि त्रिभुज PQR का एक कोण अन्य दो कोणों के योग से बड़ा है, तो त्रिभुज PQR .... त्रिभुज होगा। SSC CPO 29/06/2024 Shift I

(a) अधिककोण (b) समकोण
(c) न्यून कोण (d) समबाहु

320. एक त्रिभुज की किन्हीं दो भुजाओं का योग कितना होता है? SSC CPO 28/06/2024 Shift III

(a) तीसरी भुजा के बराबर
(b) तीसरी भुजा से कम या उसके बराबर
(c) तीसरी भुजा से अधिक
(d) तीसरी भुजा से कम

321. यदि किसी त्रिभुज की भुजाएँ 7, 12 और x हैं और x एक पूर्णांक है, तो x के सम्भावित मानों की संख्या ज्ञात कीजिए।

SSC CPO 28/06/2024 Shift II

(a) 13 (b) 14 (c) 15 (d) 12

322. 7 सेमी त्रिज्या वाले एक वृत्त में जीवा PQ की लम्बाई (सेमी में) कितनी है, जहाँ व्यास AB और गैर-व्यासी जीवा PQ, बिन्दु C पर लम्बवत् रूप से प्रतिच्छेद करती है और AC तथा BC का अनुपात 4:3 है? SSC CPO 28/06/2024 Shift II

(a) $6\sqrt{3}$ (b) $4\sqrt{3}$ (c) $2\sqrt{3}$ (d) $8\sqrt{3}$

323. यदि किसी त्रिभुज की तीन भुजाएँ 12, 22 और m इकाई है, तो निम्नलिखित में से कौन-सा सही है? SSC CPO 28/06/2024 Shift II

(a) $10 < m \le 34$ (b) $10 \le m \le 34$
(c) $10 \le m < 34$ (d) $10 < m < 34$

324. एक त्रिभुज के कोणों का अनुपात 1:2:3 है, तो संगत भुजाओं का अनुपात ज्ञात कीजिए।

SSC CPO 28/06/2024 Shift I

(a) $1 : 2 : \sqrt{3}$ (b) $1 : 2 : 3$
(c) $1 : \sqrt{2} : 3$ (d) $1 : \sqrt{3} : 2$

325. निम्नलिखित में से कौन-सा से कथन सही है/हैं? SSC CPO 28/06/2024 Shift I

A. एक त्रिभुज में सभी कोण 60° से कम हो सकते हैं।
B. एक त्रिभुज में एक अधिक कोण हो सकता है।
C. एक त्रिभुज में दो समकोण हो सकते हैं।
D. एक त्रिभुज में दो न्यून कोण हो सकते हैं।

(a) B (b) A
(c) B और D (d) A और C

326. ΔXYZ और ΔLMN दो समरूप त्रिभुज हैं। यदि (ΔXYZ) का क्षेत्रफल = 16 सेमी^{2}, (ΔLMN) का क्षेत्रफल = 25 सेमी^{2} और $YZ = 24$ सेमी है, तो MN की माप क्या है?

SSC CPO 27/06/2024 Shift III

(a) 4 सेमी (b) 2 सेमी (c) 1 सेमी (d) 3 सेमी

327. त्रिभुज DEF एक समबाहु त्रिभुज है जिसकी भुजा की लम्बाई 12 सेमी है। यदि बिन्दु G भुजा DE का मध्य बिन्दु है, तो भुजा FG की लम्बाई (सेमी में) क्या है?

SSC CPO 27/06/2024 Shift III

(a) $6\sqrt{3}$ (b) $3\sqrt{6}$ (c) 12 (d) 6

328. यदि 35 सेमी और 25 सेमी त्रिज्या वाले दो वृत्त एक-दूसरे को बाह्य रूप से स्पर्श करते हैं, तो उभयनिष्ठ स्पर्श रेखा की लम्बाई (सेमी में) क्या है? (2 दशमलव स्थानों तक पूर्णांकित)

SSC CPO 27/06/2024 Shift III

(a) 59.16 (b) 60.00
(c) 45.29 (d) 52.25

329. यदि L, XYZ की भुजा YZ का मध्य-बिन्दु है, और XYL का क्षेत्रफल 13 सेमी^{2} है, तो XYZ का क्षेत्रफल (सेमी^{2} में) .... है।

SSC CPO 27/06/2024 Shift II

(a) 24 (b) 22 (c) 26 (d) 20

330. केन्द्र B और D वाले दो वृत्तों की त्रिज्याएँ क्रमश: $DA = 8$ सेमी और $BC = x$ सेमी हैं। AC दोनों वृत्तों की स्पर्श रेखा है। यदि DB और AC, बिन्दु E पर प्रतिच्छेद करते हैं, $AE = 12$ सेमी और $EC = 18$ सेमी है, तो x का मान (सेमी में) ज्ञात कीजिए।

SSC CPO 27/06/2024 Shift II

(a) 10 (b) 11 (c) 13 (d) 12

331. एक बाह्य बिन्दु A से, केन्द्र O वाले वृत्त पर स्पर्श रेखाएँ AP और AQ खींची जाती हैं। यदि $\angle APQ = 40°$ है, तो $\angle POQ$ ज्ञात कीजिए। SSC CPO 27/06/2024 Shift I

(a) 80° (b) 60° (c) 100° (d) 110°

332. ΔABC में, AD, $\angle A$ का आन्तरिक द्विभाजक है, जो भुजा BC से D पर मिलता है। यदि $BD = 5$ सेमी, $BC = 7.5$ सेमी तो $AB : AC$ क्या है? SSC CPO 27/06/2024 Shift I

(a) 3 : 1 (b) 1 : 3 (c) 2 : 1 (d) 1 : 2

333. ΔABC में, AB पर एक बिन्दु P इस प्रकार है कि $PB : AP = 3 : 4$ है और PQ, AC के समान्तर है। यदि AR और QS, PC के लम्बवत् हैं और $QS = 9$ सेमी है, तो AR की लम्बाई (सेमी में) कितनी है?
SSC CPO 27/06/2024 Shift I
(a) 14 (b) 28 (c) 35 (d) 21

SSC CPO SI 2023-2020

334. 8 सेमी, 9 सेमी और 12 सेमी भुजाओं वाले ΔABC में सबसे बड़े कोण का कोण समद्विभाजक सम्मुख भुजाओं को दो खण्डों में विभाजित करता है। छोटे खण्ड की लम्बाई कितनी होगी? SSC CPO 05/10/2023 Shift III
(a) $4\frac{11}{17}$ सेमी (b) $3\frac{9}{17}$ सेमी
(c) $5\frac{11}{17}$ सेमी (d) $6\frac{13}{17}$ सेमी

335. ΔPQR, Q पर इस प्रकार समकोण है, कि $PQ = (x - y)$, $QR = x$ और $PR = (x + y)$ हैं। S, QR पर इस प्रकार स्थित एक बिन्दु है कि $QS = PQ$ है। x और y के किसी भी मान के लिए अनुपात $QS : SR$ क्या होगा?
SSC CPO 05/10/2023 Shift III
(a) 1 : 2 (b) 1 : 3
(c) 3 : 1 (d) 2 : 1

336. किसी वृत्त की जीवा, उसकी त्रिज्या के बराबर है। वृत्त के लघु चाप और दीर्घ चाप पर इस जीवा द्वारा अन्तरित कोणों के बीच का अन्तर ज्ञात कीजिए। SSC CPO 05/10/2023 Shift III
(a) 120° (b) 60°
(c) 30° (d) 150°

337. दो प्रतिच्छेदी वृत्तों की उभयनिष्ठ जीवा की लम्बाई 24 सेमी है। यदि वृत्तों के व्यास 30 सेमी और 26 सेमी हैं, तो केन्द्रों के बीच की दूरी (सेमी में) होगी
SSC CPO 05/10/2023 Shift III
(a) 14 सेमी (b) 16 सेमी
(c) 12 सेमी (d) 18 सेमी

338. मान लीजिए ABC और PQR दो सर्वांगसम त्रिभुज इस प्रकार हैं कि $\angle A = \angle P = 90°$ है। यदि $BC = 17$ सेमी, $PR = 8$ सेमी है, तो AB का मान (सेमी में) ज्ञात कीजिए
SSC CPO 04/10/2023 Shift II
(a) 12 (b) 15
(c) 14 (d) 9

339. ΔPQR में, $\angle P : \angle Q : \angle R = 3 : 4 : 8$ हैं। त्रिभुज की सबसे छोटी भुजा और सबसे बड़ी भुजा क्रमशः ······ हैं।
SSC CPO 04/10/2023 Shift II
(a) QR और PQ (b) QR और PR
(c) PQ और PR (d) PQ और QR

340. O केन्द्र वाले एक वृत्त में बिन्दु P पर एक स्पर्श रेखा PQ है। इसके अलावा, AB वृत्त की जीवा है, और इसे Q तक बढाया गया है। यदि $PQ = 12$ सेमी और $QB = 8$ सेमी है, तो AB की लम्बाई बराबर है
SSC CPO 04/10/2023 Shift II
(a) 8 सेमी (b) 4 सेमी
(c) 20 सेमी (d) 10 सेमी

341. त्रिभुज ABC में, यदि $\angle B = 90°$, $\angle C = 45°$ और $AC = 4$ सेमी है, तो BC का मान ...... है। SSC CPO 04/10/2023 Shift II
(a) $2\sqrt{2}$ सेमी (b) $4\sqrt{2}$ सेमी
(c) $\sqrt{2}$ सेमी (d) 4 सेमी

342. PQR, एक वृत्त के अन्तर्गत खींचा गया (inscribed) एक समबाहु त्रिभुज है। S चाप QR पर स्थित कोई बिन्दु है। $\frac{1}{2}\angle PSQ$ का मान ज्ञात कीजिए। SSC CPO 03/10/2023 Shift I
(a) 15° (b) 30° (c) 60° (d) 20°

343. यदि किसी समकोण त्रिभुज का कर्ण 29 सेमी है और अन्य दो भुजाओं का योग 41 सेमी हो, तो अन्य दो भुजाओं के बीच अन्तर ज्ञात कीजिए। SSC CPO 03/10/2023 Shift I
(a) 2 सेमी (b) 5 सेमी
(c) 1 सेमी (d) 10 सेमी

344. दो वृत्त एक-दूसरे को बाह्य रूप से स्पर्श करते हैं। केन्द्र A वाले पहले वृत्त की त्रिज्या 18 सेमी है। केन्द्र B वाले दूसरे वृत्त की त्रिज्या 8 सेमी है। उनकी उभयनिष्ठ स्पर्श रेखा CD की लम्बाई ज्ञात कीजिए। SSC CPO 11/11/2022
(a) 26 सेमी (b) 23 सेमी
(c) 24 सेमी (d) 25 सेमी

345. यदि ΔABC में, $AB = AC$ है और $\angle ACD = 125°$ है, तो $\angle BAC$ का माप क्या होगा? SSC CPO 11/11/2022

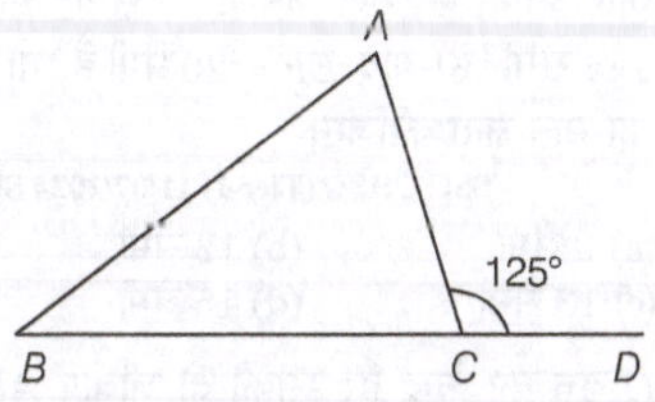

(a) 75° (b) 55° (c) 60° (d) 70°

346. दी गई आकृति में AB दोनों वृत्तों की उभयनिष्ठ स्पर्श रेखा है। इन दो वृत्तों के केन्द्रों के बीच की दूरी ज्ञात करें (दशमलव के बाद दो स्थानों तक गणना करें।) SSC CPO 10/11/2022

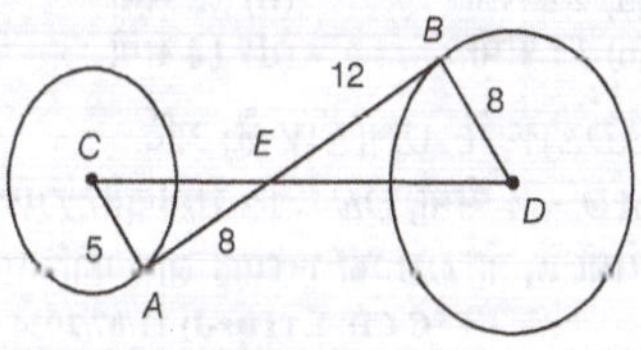

(a) 21.62 इकाई (b) 18.98 इकाई
(c) 23.85 इकाई (d) 26.59 इकाई

347. ΔPQR की भुजाएँ PQ और PR क्रमशः बिन्दु S और बिन्दु T तक बढ़ाई जाती हैं। $\angle SQR$ और $\angle TRQ$ के समद्विभाजक बिन्दु U पर मिलते हैं। यदि $\angle QUR = 59°$ है, तो $\angle P$ की माप ज्ञात करें। SSC CPO 25/11/2020 Shift II
(a) 31° (b) 49° (c) 41° (d) 62°

348. O केन्द्र वाले एक वृत्त में, AD व्यास और AC जीवा है। बिन्दु B, AC पर इस प्रकार स्थित है कि $OB = 7$ सेमी और $\angle OBA = 60°$ है। यदि $\angle DOC = 60°$ हो, तो BC की लम्बाई ज्ञात करें। SSC CPO 25/11/2020 Shift II
(a) 3.5 सेमी (b) $3\sqrt{7}$ सेमी
(c) 7 सेमी (d) $5\sqrt{7}$ सेमी

349. ΔABC में, $\angle A = 54°$ है। यदि I उस त्रिभुज का अन्त:केन्द्र है, तो $\angle BIC$ की माप ज्ञात करें। SSC CPO 25/11/2020 Shift II
(a) 54° (b) 117° (c) 68° (d) 148°

350. PA और PB, O केन्द्र वाले वृत्त के बाह्य बिन्दु P से खींची गई दो स्पर्श रेखाएँ हैं। यदि A और B बिन्दु वृत्त पर इस प्रकार स्थित हैं कि $\angle APB = 142°$, तो $\angle OAB$ का मान ज्ञात करें। SSC CPO 25/11/2020 Shift I
(a) 58° (b) 31° (c) 64° (d) 71°

351. त्रिभुज ΔABC में, D पर $BD \perp AC$ है। BC पर एक बिन्दु E इस प्रकार है कि $\angle BEA = x°$ है। यदि $\angle EAC = 62°$ और $\angle EBD = 60°$, तो x का मान ज्ञात करें।
SSC CPO 25/11/2020 Shift I
(a) 68° (b) 92° (c) 76° (d) 78°

352. त्रिभुज ABC में, $\angle B$ और $\angle C$ के समद्विभाजक त्रिभुज में बिन्दु O पर मिलते हैं। यदि $\angle BOC = 134°$ है, तो $\angle A$ का मान ज्ञात करें। SSC CPO 25/11/2020 Shift I
(a) 52° (b) 104° (c) 88° (d) 116°

353. $ABCD$ एक ऐसा चक्रीय चतुर्भुज है कि AB इसके अन्दर बने वृत्त का व्यास है और $\angle ADC = 118°$ है। $\angle DAC$ का मान ज्ञात करें। SSC CPO 24/11/2020 Shift I
(a) 28° (b) 32° (c) 30° (d) 45°

354. ΔABC में, AB और AC को क्रमशः बिन्दु D और E तक बढ़ाया जाता है। यदि $\angle CBD$ और $\angle BCE$ के समद्विभाजक बिन्दु O पर मिलते हैं और $\angle BOC = 57°$ है, तो $\angle A$ का मान ज्ञात करें। SSC CPO 24/11/2020 Shift I
(a) 66° (b) 114° (c) 57° (d) 93°

355. मान लें $\Delta ABC \sim \Delta RPQ$ और $\frac{ar(\Delta ABC)}{ar(\Delta RPQ)} = \frac{4}{9}$ है। यदि $AB = 3$ सेमी, $BC = 4$ सेमी और $AC = 5$ सेमी है, तो RP का मान ज्ञात करें। SSC CPO 24/11/2020 Shift I
(a) 6 सेमी (b) 5 सेमी
(c) 4.5 सेमी (d) 12 सेमी

356. ΔABC में, $\angle B$ और $\angle C$ के समद्विभाजक बिन्दु O पर मिलते हैं। यदि $\angle BOC = 142°$ है, तो $\angle A$ का मान ज्ञात करें।
SSC CPO 23/11/2020 Shift I
(a) 68° (b) 52° (c) 116° (d) 104°

357. त्रिभुज ABC के अन्दर एक वृत्त खींचा जाता है। यह भुजा AB, BC और AC को क्रमश: बिन्दु R, P और Q पर स्पर्श करता है। यदि $AQ = 3.5$ सेमी, $PC = 4.5$ सेमी और $BR = 7$ सेमी है, ΔABC का परिमाप (सेमी में) ज्ञात करें। **SSC CPO 23/11/2020 Shift I**
(a) 30 (b) 45 (c) 15 (d) 28

358. ΔABC में, D पर $BD \perp AC$ है। BC पर एक बिन्दु E इस प्रकार है, कि $\angle BEA = x°$ है। यदि $\angle EAC = 46°$ और $\angle EBD = 60°$, तो x का मान ज्ञात करें। **SSC CPO 23/11/2020 Shift I**
(a) 76° (b) 78°
(c) 72° (d) 68°

359. PA और PB, O केन्द्र वाले वृत्त के बाह्य बिन्दु P से खींची गई दो स्पर्श रेखाएँ हैं। यदि A और B बिन्दु वृत्त पर इस प्रकार स्थित है, कि $\angle APB = 128°$, तो $\angle OAB$ का मान ज्ञात करें। **SSC CPO 23/11/2020 Shift I**
(a) 38° (b) 72°
(c) 64° (d) 52°

SSC CHSL 2024 (Tier I & II)

360. समान विकर्णों और समान विपरीत भुजाओं वाला चतुर्भुज सदैव एक ..... होता है।
SSC CHSL (Tier-II) 18/11/2024 Shift I
(a) पतंगाकार (b) समचतुर्भुज
(c) आयत (d) समलम्ब

361. $ABCD$ एक समलम्ब है जिसमें AB, CD के समानान्तर है तथा E एवं F उन भुजाओं AD और BC के मध्य बिन्दु है, जो समानान्तर भुजाएँ नहीं हैं। यदि EF, AB के समानान्तर है, $AB = 28$ सेमी और $CD = 18$ सेमी है, तो EF (सेमी में) ज्ञात कीजिए।
SSC CHSL (Tier-II) 18/11/2024 Shift I
(a) 5 (b) 23 (c) 10 (d) 46

362. एक त्रिभुज PQR में, अन्त:केन्द्र A है और $\angle QAR = 116°$ है। $\angle QPR$ की माप ज्ञात कीजिए। **SSC CHSL (Tier-II) 18/11/2024 Shift I**
(a) 26° (b) 27°
(c) 54° (d) 52°

363. एक अधिककोण त्रिभुज ABC में, इसकी सबसे लम्बी भुजा AB की लम्बाई 50 सेमी है और अन्य दो भुजाओं में से एक भुजा की लम्बाई 42 सेमी है। यदि त्रिभुज का क्षेत्रफल 294 सेमी^{2} है, तो इसकी तीसरी भुजा की लम्बाई (सेमी में) क्या है? **SSC CHSL (Tier-I) 11/07/2024 Shift IV**
(a) $2\sqrt{58}$ (b) $8\sqrt{35}$ (c) $12\sqrt{43}$ (d) $15\sqrt{21}$

364. यदि L, ΔABC की भुजा BC का मध्य बिन्दु है और ΔABL का क्षेत्रफल 15 सेमी^{2} है, तो ΔABC का क्षेत्रफल (वर्ग सेमी में) क्या है?
SSC CHSL (Tier-I) 11/07/2024 Shift IV
(a) 30 (b) 27 (c) 25 (d) 32

365. ΔABC में, D और E भुजाओं AB और AC पर बिन्दु इस प्रकार हैं कि $DE \parallel BC$ है, यदि $AD = x, DB = x - 3, AE = x + 3$ और $EC = x - 2$, है, तो x का मान ज्ञात कीजिए।
SSC CHSL (Tier-I) 11/07/2024 Shift IV
(a) 4.2 (b) 4.0 (c) 4.5 (d) 5.2

366. दो वृत्त हैं, जो एक-दूसरे को बाह्य रूप से स्पर्श करते हैं। केन्द्र O वाले पहले वृत्त की त्रिज्या 12 सेमी है। केन्द्र A वाले दूसरे वृत्त की त्रिज्या 5 सेमी है। दोनों वृत्तों को बिन्दु P और Q पर स्पर्श करने वाली उनकी उभयनिष्ठ स्पर्श रेखा की लम्बाई ज्ञात कीजिए।
SSC CHSL (Tier-I) 11/07/2024 Shift IV
(a) $4\sqrt{15}$ सेमी (b) $5\sqrt{14}$ सेमी
(c) $14\sqrt{5}$ सेमी (d) $5\sqrt{41}$ सेमी

367. $\Delta ABC \sim \Delta EDF$ और क्षेत्रफल (ABC) : क्षेत्रफल $(\Delta EDF) = 1 : 4$ है। यदि $AB = 7$ सेमी, $BC = 8$ सेमी और $CA = 9$ सेमी है, तो DF बराबर होगा
SSC CHSL (Tier-I) 11/07/2024 Shift III
(a) 12 सेमी (b) 14 सेमी
(c) 18 सेमी (d) 16 सेमी

368. मान लीजिए C एक वृत्त है, जिसका केन्द्र O है और PQ, C का व्यास है। मान लीजिए AB, C पर एक जीवा है। यदि $\angle QOB = 40°$, $\angle AOP = 80°$, तो $\angle AOB$ ज्ञात कीजिए।
SSC CHSL (Tier-I) 11/07/2024 Shift III
(a) 90° (b) 100° (c) 60° (d) 70°

369. ΔABC और ΔDEF समरूप त्रिभुज हैं और उनका क्षेत्रफल क्रमश: 81 सेमी^{2} और 144 सेमी^{2} है। यदि $EF = 20$ सेमी है, तो BC का मान ज्ञात कीजिए।
SSC CHSL (Tier-I) 11/07/2024 Shift III
(a) 9 सेमी (b) 12 सेमी
(c) 13 सेमी (d) 15 सेमी

370. O वृत्त का केन्द्र है। इसकी दो जीवाएँ AB और CD एक-दूसरे को वृत्त के अन्दर बिन्दु P पर (आन्तरिक रूप से) प्रतिच्छेद करती हैं। यदि $AB = 22$ सेमी, $PB = 14$ सेमी, $CP = 8$ सेमी है, तो PD का मान ज्ञात कीजिए।
SSC CHSL (Tier-I) 11/07/2024 Shift II
(a) 22 सेमी (b) 12 सेमी
(c) 11 सेमी (d) 14 सेमी

371. ΔDEW में $AB \parallel EW$ है। यदि $AD = 4$ सेमी, $DE = 12$ सेमी और $DW = 24$ सेमी है, तो DB की लम्बाई ज्ञात कीजिए।
SSC CHSL (Tier-I) 11/07/2024 Shift II
(a) 9 सेमी (b) 8 सेमी
(c) 7 सेमी (d) 4.6 सेमी

372. वृत्त के सन्दर्भ में निम्नलिखित में से कौन-सा सत्य नहीं है?
SSC CHSL (Tier-I) 11/07/2024 Shift II
(a) एक त्रिभुज जिसके शीर्ष एक वृत्त पर हों और एक भुजा उसका व्यास हो, तो वह एक समकोण त्रिभुज होता है।
(b) यदि किसी तल में कोई तीन बिन्दु दिए गए हैं, तो वृत्त सदैव इन बिन्दुओं से होकर गुजरेगा।
(c) किसी वृत्त का परिमाप और त्रिज्या का अनुपात सदैव नियत होता है।
(d) किसी वृत्त की सबसे बड़ी जीवा की लम्बाई उसकी त्रिज्या से दोगुनी होती है।

373. r इकाई त्रिज्या वाले एक वृत्त से, सबसे बड़ा समबाहु त्रिभुज काटा जाता है। त्रिभुज की भुजा की लम्बाई (इकाइयों में) क्या है?
SSC CHSL (Tier-I) 11/07/2024 Shift I
(a) $\frac{r}{\sqrt{2}}$ (b) $\sqrt{3}r$ (c) $\frac{r}{\sqrt{3}}$ (d) $\sqrt{2}r$

374. PQR एक त्रिभुज है। MN एक रेखाखण्ड है, जो PQ को M पर और PR को N पर इस प्रकार प्रतिच्छेदित करता है, कि $MN \parallel QR$ है और ΔPQR को दो भागों में विभाजित करता है, जिनका क्षेत्रफल बराबर है। MQ और PQ का अनुपात क्या है?
SSC CHSL (Tier-I) 11/07/2024 Shift I
(a) $\sqrt{2}:1$ (b) $(\sqrt{2}-1):\sqrt{2}$
(c) $\sqrt{2}:(\sqrt{2}-1)$ (d) $1:\sqrt{2}$

375. भुजाओं की लम्बाई $PQ = 40$ सेमी, $PR = 40$ सेमी और $QR = 60$ सेमी वाले त्रिभुज PQR के शीर्ष Q से भुजा PR तक का शीर्षलम्ब (सेमी में) ज्ञात कीजिए।
SSC CHSL (Tier-I) 11/07/2024 Shift I
(a) $30\sqrt{7}$ (b) $20\sqrt{7}$ (c) $25\sqrt{7}$ (d) $15\sqrt{7}$

376. PBA और PDC दो छेदक रेखाएँ हैं। AD, O केन्द्र वाले वृत्त का व्यास है। $\angle A = 30°$, $\angle P = 20°$ है। $\angle DBC$ की माप ज्ञात कीजिए।
SSC CHSL (Tier-I) 11/07/2024 Shift I

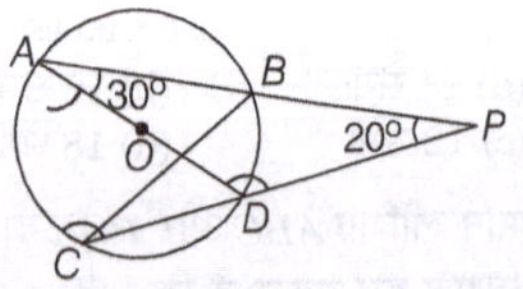

(a) 45° (b) 50° (c) 30° (d) 40°

377. ΔABC और ΔPQR समरूप हैं। इन दो त्रिभुजों का क्षेत्रफल क्रमश: 289 सेमी^{2} और 576 सेमी^{2} है। यदि $PR = 12$ सेमी है, तो AC की लम्बाई बताइए।
SSC CHSL (Tier-I) 10/07/2024 Shift IV
(a) 7.25 सेमी (b) 6 सेमी
(c) 8.5 सेमी (d) 12 सेमी

378. एक समद्विबाहु त्रिभुज में, शीर्ष कोण, आधार कोणों के योग का चार गुना है। शीर्ष कोण के वर्गमूल का माप .... है।
SSC CHSL (Tier-I) 10/07/2024 Shift IV
(a) 16° (b) 10° (c) 12° (d) 18°

379. एक वृत्त की दो जीवाएँ AB और CD, एक-दूसरे को वृत्त के बाहर, बिन्दु P पर प्रतिच्छेद करने के लिए बढ़ाई जाती है। यदि $AB = 7$ सेमी, $BP = 4.2$ सेमी और $PD = 2.8$ सेमी है, तो CD की लम्बाई ज्ञात कीजिए। **SSC CHSL (Tier-I) 10/07/2024 Shift IV**

(a) 14 सेमी (b) 11 सेमी
(c) 16 सेमी (d) 18 सेमी

380. ΔABC में, यदि $AB = \sqrt{3}$ इकाई, $BC = 1$ इकाई और $AC = 2$ इकाई है, तो $\angle ACB$ किसके बराबर है?
SSC CHSL (Tier-I) 10/07/2024 Shift IV

(a) 45° (b) 60°
(c) 90° (d) 30°

381. त्रिभुज ABC की भुजाओं AB और AC को क्रमशः बिन्दु D और E तक बढ़ाया गया है। $\angle CBD$ और $\angle BCE$ के समद्विभाजक P पर मिलते हैं। यदि $\angle A = 72°$ है, तो $\angle P$ की माप ज्ञात कीजिए।
SSC CHSL (Tier-I) 10/07/2024 Shift IV

(a) 55° (b) 35°
(c) 54° (d) 65°

382. 20 सेमी और 32 सेमी त्रिज्याओं वाले दो वृत्तों के केन्द्र एक-दूसरे से 60 सेमी की दूरी पर हैं। इन वृत्तों की सीधी उभयनिष्ठ स्पर्श रेखा की लम्बाई और अनुप्रस्थ उभयनिष्ठ स्पर्श रेखा की लम्बाई का अनुपात क्या है?
SSC CHSL (Tier-I) 10/07/2024 Shift III

(a) $3\sqrt{3} : \sqrt{7}$
(b) $3\sqrt{2} : \sqrt{7}$
(c) $7\sqrt{3} : 3$
(d) $3\sqrt{7} : \sqrt{3}$

383. त्रिभुज PQR में, RS, PQ को बिन्दु S पर प्रतिच्छेद करती है। त्रिभुज की भुजाएँ $QR = 36$ सेमी, $SQ = 27$ सेमी, $RS = 18$ सेमी हैं और $\angle QRS = \angle QPR$ है। ΔPRS के परिमाप और ΔQSR के परिमाप का अनुपात कितना है?
SSC CHSL (Tier-I) 10/07/2024 Shift III

(a) $\frac{7}{9}$ (b) $\frac{9}{12}$
(c) $\frac{5}{8}$ (d) $\frac{8}{6}$

384. यदि 14 सेमी और 5 सेमी त्रिज्या वाले दो वृत्तो के केन्द्र के बीच की दूरी 40 सेमी हैं, तो दोनो वृत्तों पर खींची गई सीधी उभयनिष्ठ स्पर्श रेखा की लम्बाई (सेमी में) क्या होगी?
SSC CHSL (Tier-I) 10/07/2024 Shift II

(a) $\sqrt{1539}$ सेमी (b) 40 सेमी
(c) 41 सेमी (d) $\sqrt{1519}$ सेमी

385. एक समद्विबाहु त्रिभुज ABC में, $AB = AC$ है। त्रिभुज के भीतर एक बिन्दु D इस प्रकार है, कि $\angle BAD = 20° = \angle DCB, \angle CAD = 80°$ है। $\angle ABC$ का मान है
SSC CHSL (Tier-I) 10/07/2024 Shift II

(a) 15° (b) 40°
(c) 20° (d) 25°

386. दो इकाई और तीन इकाई त्रिज्या वाले दो वृत्तों की उभयनिष्ठ आन्तरिक स्पर्श रेखा के रूप में 6 इकाई लम्बाई की एक छड़ी का उपयोग करना चाहता है। वृत्त के केन्द्रों के बीच अधिकतम दूरी कितनी हो सकती है?
SSC CHSL (Tier-I) 10/07/2024 Shift I

(a) $\sqrt{61}$ (b) $\sqrt{33}$
(c) $\sqrt{67}$ (d) $\sqrt{37}$

387. एक त्रिभुज के प्रत्येक कोण से 17° घटाने पर, उनके कोणों का अनुपात 3 : 4 : 7 है। सबसे बड़े कोण का रेडियन माप क्या होगा?
SSC CHSL (Tier-I) 09/07/2024 Shift IV

(a) $\frac{167\pi}{180}$ (b) $\frac{163\pi}{180}$
(c) $\frac{163\pi}{360}$ (d) $\frac{153\pi}{360}$

388. दिए गए आरेख में, यदि $\overline{AB} \| \overline{CE}$, $AG = GD = DH = HB$ है, तो निम्न में से कौन-सा/से सही है/हैं?
SSC CHSL (Tier-I) 09/07/2024 Shift IV

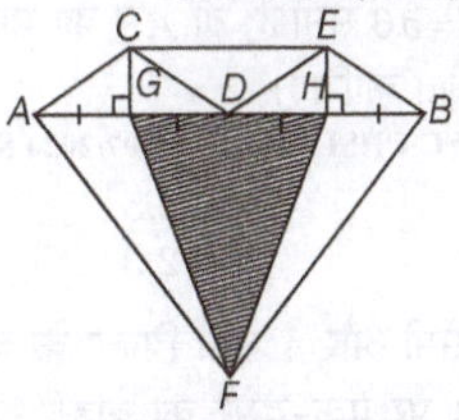

I. $\Delta ACG \cong \Delta BEH$
II. $\Delta CDE \cong \Delta DEB \cong \Delta DCA$
III. $\Delta HFB \cong \Delta AFG$

(a) केवल I (b) I और III
(c) I, II और III (d) I और II

389. O केन्द्र वाले एक वृत्त में, व्यास AB को वृत्त के बाहर बिन्दु C तक बढ़ाया जाता है। CD, वृत्त पर स्थित बिन्दु D पर एक स्पर्श रेखा है। यदि वृत्त की त्रिज्या 6 सेमी और $\angle DBC = 120°$ है, तो CD की लम्बाई होगी
SSC CHSL (Tier-I) 09/07/2024 Shift IV

(a) $5\sqrt{3}$ सेमी (b) $3\sqrt{3}$ सेमी
(c) $6\sqrt{3}$ सेमी (d) $4\sqrt{3}$ सेमी

390. 12 सेमी और 16 सेमी की भुजाओं और 20 सेमी कर्ण वाले एक समकोण त्रिभुज में, सम्मुख शीर्ष से कर्ण पर खींचा गया शीर्षलम्ब K है। K का मान ज्ञात करें।
SSC CHSL (Tier-I) 09/07/2024 Shift III

(a) 9.6 सेमी (b) 6.9 सेमी
(c) 8.6 सेमी (d) 6.8 सेमी

391. ΔSTR की भुजाएँ ST और TR और माध्यिका SU क्रमशः ΔMNJ की भुजाओं MN और NJ और माध्यिका MV के बराबर हैं। यदि $\angle TSU = 46°$, $\angle NMJ = 79°$ और $\angle MVN = 88°$ है, तो $\frac{7}{11}$ $\angle SRT$ का अंश माप क्या है?
SSC CHSL (Tier-I) 09/07/2024 Shift III

(a) 47° (b) 56° (c) 35° (d) 55°

392. 7 सेमी त्रिज्या वाले वृत्त के केन्द्र C से 25 सेमी की दूरी पर एक बिन्दु से एक स्पर्शरेखा खींची गई है। स्पर्श रेखा की लम्बाई ……… सेमी है। **SSC CHSL (Tier-I) 09/07/2024 Shift III**

(a) 8 (b) 24
(c) 20 (d) 16

393. मान लीजिए कि AD एक 6 सेमी त्रिज्या वाले वृत्त की स्पर्श रेखा है। AC एक छेदक रेखा है, जो वृत्त से बिन्दु B पर मिलती है और CD व्यास है। यदि AB का मान 7 सेमी है, तो AC का मान (सेमी में) क्या है?
SSC CHSL (Tier-I) 09/07/2024 Shift II

(a) 16 (b) 18
(c) 20 (d) 9

394. केन्द्र O वाले एक वृत्त का व्यास PQ है। PT वृत्त को P पर स्पर्श करने वाली एक स्पर्श रेखा है। छेदक रेखा QT वृत्त को S पर काटती है। O और S जुड़े हुए हैं। यदि $\angle SOP = 104°$ है, तो $\angle PTQ$ का माप (डिग्री में) क्या है?
SSC CHSL (Tier-I) 09/07/2024 Shift II

(a) 62 (b) 38
(c) 45 (d) 76

395. PQ और RS एक वृत्त की दो जीवाएँ इस प्रकार हैं, कि $PQ = 12$ सेमी और $RS = 20$ सेमी है और PQ, RS के समानान्तर है। यदि PQ और RS के बीच की दूरी 4 सेमी है, तो वृत्त का व्यास ज्ञात कीजिए।
SSC CHSL (Tier-I) 09/07/2024 Shift II

(a) $6\sqrt{34}$ सेमी
(b) $3\sqrt{34}$ सेमी
(c) $2\sqrt{34}$ सेमी
(d) $4\sqrt{34}$ सेमी

396. ΔXYZ, ΔPQR के समरूप है। यदि ΔXYZ के परिमाप और ΔPQR के परिमाप का अनुपात 16 : 9 है तथा $PQ = 3.6$ सेमी है, तो XY की लम्बाई (सेमी में) कितनी है?
SSC CHSL (Tier-I) 09/07/2024 Shift II

(a) $6\frac{2}{5}$ (b) $4\frac{3}{5}$
(c) $3\frac{4}{5}$ (d) $2\frac{3}{5}$

397. केन्द्र O वाला एक बड़ा वृत्त और केन्द्र P वाला एक छोटा वृत्त, एक-दूसरे को बाह्य रूप से इस प्रकार स्पर्श करते हैं कि उनकी उभयनिष्ठ स्पर्श रेखा LM की लम्बाई 12 सेमी है, यदि बड़े वृत्त की त्रिज्या 18 सेमी है, तो छोटे वृत्त की त्रिज्या (सेमी में) ज्ञात कीजिए।
SSC CHSL (Tier-I) 09/07/2024 Shift I

(a) 4 सेमी (b) 3 सेमी
(c) 2 सेमी (d) 1 सेमी

398. उस त्रिभुज की भुजाओं की लम्बाई ज्ञात करें, जिसके कोणों का अनुपात 2 : 4 : 6 हैं और जिसकी परित्रिज्या 12 सेमी है।
SSC CHSL (Tier-I) 09/07/2024 Shift I

(a) 15 सेमी, $15\sqrt{3}$ सेमी, 30 सेमी
(b) 6 सेमी, $6\sqrt{3}$ सेमी, 12 सेमी
(c) 5 सेमी, 6 सेमी, 10 सेमी
(d) 12 सेमी, $12\sqrt{3}$ सेमी, 24 सेमी

399. एक वृत्त में, जीवा AB और CD एक-दूसरे को बिन्दु L पर (आन्तरिक रूप से) प्रतिच्छेद करती है। यदि $AL=9$ सेमी, $LB=7$ सेमी और $LD=3$ सेमी है, तो CL (सेमी में) ज्ञात कीजिए। **SSC CHSL (Tier-I) 09/07/2024 Shift I**

(a) 20 (b) 13
(c) 21 (d) 19

400. ΔABC की भुजा BC को D तक इस प्रकार बढ़ाया जाता है कि $CD=AC$ होती है। यदि $\angle BAD=118°$ है और $\angle ACB=80°$ है, तो $\angle ABC$ का मान .... होगा।
SSC CHSL (Tier-I) 08/07/2024 Shift IV

(a) 27° (b) 36°
(c) 32° (d) 22°

401. दो त्रिभुज ABC और DEF समरूप हैं। ABC की सबसे छोटी भुजा 15 इकाई के बराबर है। यदि ABC की भुजाएँ 3 : 4 : 5 के अनुपात में हैं और DEF का क्षेत्रफल ABC के क्षेत्रफल का आधा है, तो DEF की सबसे बड़ी भुजा (इकाई में) क्या है?
SSC CHSL (Tier-I) 08/07/2024 Shift IV

(a) $\frac{25}{\sqrt{3}}$ (b) $25\sqrt{2}$
(c) $25\sqrt{3}$ (d) $\frac{25}{\sqrt{2}}$

402. दो वृत्तों के केन्द्रों के बीच की दूरी 81 सेमी है और उनकी त्रिज्याएँ 42 सेमी और 51 सेमी हैं। वृत्तों की सीधी उभयनिष्ठ स्पर्शरेखा की लम्बाई (सेमी में) क्या है?
SSC CHSL (Tier-I) 08/07/2024 Shift IV

(a) $40\sqrt{2}$ (b) $51\sqrt{6}$
(c) $36\sqrt{5}$ (d) $31\sqrt{3}$

403. $MN = 36$ सेमी, $MT = 36$ सेमी और $NT = 48$ सेमी भुजा वाले त्रिभुज MNT की भुजा MT का शीर्ष-लम्ब (सेमी में) ज्ञात कीजिए। **SSC CHSL (Tier-I) 08/07/2024 Shift III**

(a) $18\sqrt{3}$ (b) $24\sqrt{3}$
(c) $16\sqrt{5}$ (d) $12\sqrt{5}$

404. एक त्रिभुज ABC में, P और Q क्रमशः AB और AC पर दो बिन्दु इस प्रकार हैं कि PQ, BC के समानान्तर है। यदि $AC = 5QC$ है, तो अनुपात $PQ : BC$ किसके बराबर है?
SSC CHSL (Tier-I) 08/07/2024 Shift III

(a) 4 : 3 (b) 4 : 5
(c) 5 : 4 (d) 3 : 4

405. 5 इकाई की बराबर त्रिज्या वाले दो वृत्तों की उभयनिष्ठ बाह्य स्पर्शरेखा की लम्बाई, वृत्त के व्यास के बराबर है। वृत्तों के केन्द्रों के बीच की दूरी कितने इकाई की होगी?
SSC CHSL (Tier-I) 08/07/2024 Shift II

(a) 9 (b) 8
(c) 12 (d) 10

406. ABC एक समकोण त्रिभुज है, जो A पर इस प्रकार समकोण है कि $AB=AC$ तथा $\angle B$ का समद्विभाजक, भुजा AC को D पर प्रतिच्छेद करता है। DM, BC के लम्बवत है, जो M पर BC को प्रतिच्छेद करता है। यदि $AB=12$ सेमी तथा $BC = 12\sqrt{2}$ सेमी है, तो भुजा AD की लम्बाई ज्ञात कीजिए।
SSC CHSL (Tier-I) 08/07/2024 Shift II

(a) $12(\sqrt{2} - 1)$ सेमी
(b) $12(\sqrt{2} + 1)$ सेमी
(c) $12(\sqrt{2} - 2)$ सेमी
(d) $12(\sqrt{2} + 2)$ सेमी

407. दो वृत्तों की त्रिज्याएँ 27 सेमी और 36 सेमी हैं। उनके केन्द्रों के बीच की दूरी 45 सेमी है। उनकी उभयनिष्ठ जीवा की लम्बाई (सेमी में) कितनी होगी? **SSC CHSL (Tier-I) 08/07/2024 Shift II**

(a) 47.5 सेमी (b) 43.2 सेमी
(c) 40.5 सेमी (d) 37.2 सेमी

408. त्रिभुज ABC में, D और E क्रमशः भुजाओं AB और AC पर दो बिन्दु इस प्रकार हैं कि DE, BC के समानान्तर है और $AD:DB=3:5$ है। यदि $AC=5.6$ सेमी है, तो AE का मान (सेमी में) ज्ञात कीजिए।
SSC CHSL (Tier-I) 08/07/2024 Shift II

(a) 1.9 (b) 2.5
(c) 2.1 (d) 2.3

409. क्रमशः 16 सेमी और 4 सेमी त्रिज्या के दो वृत्त, बिन्दु A पर एक-दूसरे को बाहरी रूप से स्पर्श करते हैं। PQ क्रमशः C_1 और C_2 केन्द्रों वाले इन वृत्तों की सीधी उभयनिष्ठ स्पर्शरेखा है। PQ की लम्बाई ज्ञात कीजिए।
SSC CHSL (Tier-I) 08/07/2024 Shift I

(a) 18 सेमी (b) 20 सेमी
(c) 15 सेमी (d) 16 सेमी

410. ΔABC में, O कोण B और कोण A के समद्विभाजक का प्रतिच्छेदन बिन्दु है। यदि कोण $BOC = 108°$ है, तो कोण BAO होगा
SSC CHSL (Tier-I) 05/07/2024 Shift IV

(a) 16° (b) 26°
(c) 22° (d) 18°

411. मान लीजिए ABC एक त्रिभुज इस प्रकार है, कि $\angle ABC = 70°$ और $\angle ACB = 50°$ हैं। मान लीजिए O त्रिभुज का अन्त:केन्द्र है। $\angle BOC$ ज्ञात कीजिए।
SSC CHSL (Tier-I) 05/07/2024 Shift IV

(a) 100° (b) 130°
(c) 120° (d) 60°

412. दो समरूप त्रिभुजों का क्षेत्रफल 490 वर्ग सेमी और 640 वर्ग सेमी है। यदि पहले त्रिभुज की एक भुजा की लम्बाई 21 सेमी है, तो दूसरे त्रिभुज की संगत भुजा की लम्बाई क्या है?
SSC CHSL (Tier-I) 05/07/2024 Shift IV

(a) 16 सेमी (b) 24 सेमी
(c) 14 सेमी (d) 21 सेमी

413. 25 सेमी त्रिज्या वाले एक वृत्त में दो समानान्तर जीवाएँ खींची गई है। दोनों जीवाओं के बीच की दूरी 27 सेमी है। यदि एक जीवा की लम्बाई 48 सेमी है, तो दूसरी जीवा की लम्बाई किसके बराबर है?
SSC CHSL (Tier-I) 05/07/2024 Shift III

(a) 30 सेमी (b) 42 सेमी
(c) 48 सेमी (d) 36 सेमी

414. त्रिभुज ABC में, BD, AC पर लम्बवत् है। E, BC पर एक बिन्दु इस प्रकार है कि $\angle BEA = x°$ है। यदि कोण $\angle EAC = 38°$ और कोण $\angle EBD = 40°$ है, तो x का मान ज्ञात कीजिए। **SSC CHSL (Tier-I) 05/07/2024 Shift III**

(a) 88° (b) 48°
(c) 82° (d) 96°

415. PQ एक वृत्त की जीवा है। इस वृत्त पर बिन्दु X पर स्पर्शरेखा XR, बिन्दु R पर PQ के विस्तार को प्रतिच्छेदित करती है। दिया गया है, कि $XR = 12$ सेमी, $PQ = x$ सेमी और $QR = (x - 2)$ सेमी है, तो x का मान ज्ञात कीजिए। **SSC CHSL (Tier-I) 05/07/2024 Shift II**

(a) 9 सेमी (b) 11 सेमी
(c) 10 सेमी (d) 8 सेमी

416. दो संकेन्द्रित वृत्तों की त्रिज्याएँ 35 सेमी और 21 सेमी हैं। यदि बड़े वृत्त की जीवा छोटे वृत्त की स्पर्शरेखा है, तो उस जीवा की लम्बाई कितनी है? **SSC CHSL (Tier-I) 05/07/2024 Shift II**

(a) 28 सेमी (b) 70 सेमी
(c) 56 सेमी (d) 42 सेमी

417. 10 इकाई त्रिज्या वाले एक वृत्त में 12 इकाई लम्बाई की जीवा इसके केन्द्र से .... इकाई की दूरी पर होगी।
SSC CHSL (Tier-I) 05/07/2024 Shift II

(a) 9 (b) 8
(c) 10 (d) 6

418. ΔABC और ΔDEF समरूप हैं और उनके क्षेत्रफल क्रमशः 0.64 मी^{2} और 0.0121 मी^{2} है। यदि $EF = 0.154$ मी है, तो DC का गाग क्या होगा? **SSC CHSL (Tier-I) 05/07/2024 Shift II**

(a) 2.12 मी (b) 1.15 मी
(c) 1.12 मी (d) 11.2 मी

419. त्रिभुज XYZ में, $XY = YZ$ और $m\angle X = 78°$ है। $m\angle Y$ का मान ज्ञात कीजिए।
SSC CHSL (Tier-I) 05/07/2024 Shift I

(a) 39° (b) 28°
(c) 34° (d) 24°

420. समलम्ब चतुर्भुज $ABCD$ में AB, DC के समानान्तर है। यदि दिया गया है, कि $AB > DC$ है तथा विकर्ण AC और BD, O पर प्रतिच्छेद करते हैं। यदि $AO = 3x - 15$, $OB = x + 9$, $OD = 5$ और $OC = x - 5$ है, तथा x के दो मान x_1 और x_2 हैं, तो $(x_1^2 + x_2^2)$ का मान क्या है?
SSC CHSL (Tier-I) 05/07/2024 Shift I

(a) 45 (b) 73 (c) 65 (d) 61

421. ΔABC, ΔDEF के समरूप है तथा त्रिभुज ABC के क्षेत्रफल और त्रिभुज DEF के क्षेत्रफल का अनुपात 25 : 144 है। यदि $AB = p$ सेमी, $AC = q$ सेमी और $BC = r$ सेमी हो, तो $DE = ?$

SSC CHSL (Tier-I) 05/07/2024 Shift I

(a) $\frac{12}{5}q$ (b) $\frac{12}{5}p$
(c) $\frac{5}{12}p$ (d) $\frac{5}{12}q$

422. त्रिभुज ABC में $AB = AC$; BC को D तक इस प्रकार बढ़ाया जाता है, कि $CD = AB$ और $\angle ADC = 30°$ है। त्रिभुज ABC के कोण कितने डिग्री के हैं?

SSC CHSL (Tier-I) 04/07/2024 Shift IV

(a) 50°,60°,70° (b) 30°,60°,90°
(c) 45°,60°,75° (d) 60°,60°,60°

423. 5 इकाई और 8 इकाई लम्बाई की दो समानान्तर जीवाएँ 7 इकाई त्रिज्या वाले एक वृत्त के केन्द्र की सम्मुख दिशाओं (opposite sides) में हैं। जीवाओं के बीच की दूरी कितनी है? (अपने उत्तर को दशमलव के दो स्थानों तक सन्निकटित करें) SSC CHSL (Tier-I) 04/07/2024 Shift IV

(a) 12.82 इकाई (b) 11.28 इकाई
(c) 12.28 इकाई (d) 11.82 इकाई

424. एक वृत्त में, O केन्द्र है और AOB व्यास है। AT वृत्त की स्पर्श रेखा है। रेखा TB वृत्त को Q पर प्रतिच्छेद करती है। दिया गया है कि $\angle AOQ = 94°$ है, तो $\angle ATQ$ ज्ञात कीजिए।

SSC CHSL (Tier-I) 04/07/2024 Shift IV

(a) 47° (b) 133°
(c) 43° (d) 46°

425. 26 सेमी व्यास वाले एक वृत्त में प्रत्येक 10 सेमी लम्बाई की दो बराबर जीवाएँ हैं, जिनके बीच की दूरी h सेमी है। h का मान क्या है? SSC CHSL (Tier-I) 04/07/2024 Shift III

(a) 16 (b) 12
(c) 18 (d) 24

426. ΔDEF और ΔGHI दो समरूप त्रिभुज हैं। यदि $DE = 64$ सेमी, $GH = 24$ सेमी और ΔGHI का परिमाप 72 सेमी हो, तो ΔDEF की भुजाओं EF और FD की लम्बाइयों (सेमी में) का योग कितना होगा?

SSC CHSL (Tier-I) 04/07/2024 Shift III

(a) 192 (b) 96
(c) 82 (d) 128

427. M और N केन्द्र वाले दो वृत्तों की त्रिज्याएँ क्रमशः 5 सेमी और 8 सेमी हैं। वृत्त, बिन्दु T पर एक-दूसरे को बाह्य रूप से स्पर्श करते हैं। एक रेखा PR इस प्रकार खींची जाती है, कि बिन्दु M, T और N, PR पर स्थित हों, और P, M के निकट हो। P से, केन्द्र M वाले वृत्त पर एक स्पर्शरिखा $PQ = 12$ सेमी खींची जाती है, जो Q पर स्पर्श करती है और R से, केन्द्र N वाले वृत्त पर, एक अन्य स्पर्शरिखा $RS = 15$ सेमी खींची जाती है, जो S पर स्पर्श करती है। PR की लम्बाई (सेमी में) कितनी है? SSC CHSL (Tier-I) 04/07/2024 Shift III

(a) 53 (b) 37
(c) 26 (d) 43

428. C पर समकोण वाले समकोण त्रिभुज ABC में, M कर्ण AB का मध्य-बिन्दु है। C को M से मिलाया जाता है और बिन्दु D तक इस प्रकार बढ़ाया जाता है कि $DM = CM$ हो। बिन्दु D को B से मिलाया जाता है। यदि $CD = 10$ सेमी और $BD = 6$ सेमी है, तो CM का मान ज्ञात कीजिए।

SSC CHSL (Tier-I) 04/07/2024 Shift II

(a) 11.4 सेमी (b) 8 सेमी
(c) 5 सेमी (d) 9.5 सेमी

429. 25 सेमी और 35 सेमी त्रिज्या वाले दो वृत्तों के केन्द्र एक-दूसरे से 80 सेमी दूरी पर हैं। इन वृत्तों की अनुप्रस्थ उभयनिष्ठ रेखा की लम्बाई और सीधी उभयनिष्ठ स्पर्शरिखा की लम्बाई का अनुपात क्या है? SSC CHSL (Tier-I) 04/07/2024 Shift II

(a) $\sqrt{7} : 3$ (b) $3\sqrt{7} : 2$
(c) 2 : 3 (d) $2 : \sqrt{7}$

430. ΔABC में, P और Q क्रमशः भुजाओं AB और AC के मध्य-बिन्दु हैं। रेखाखण्ड PQ पर एक बिन्दु R इस प्रकार है, कि $PR : RQ = 1 : 5$ है। यदि $PR = 6$ सेमी है, तो BC का मान है

SSC CHSL (Tier-I) 04/07/2024 Shift II

(a) 66 सेमी (b) 70 सेमी
(c) 68 सेमी (d) 72 सेमी

431. दी गई आकृति में, O वृत्त का केन्द्र है, AE व्यास है और $\angle AOC = 100°$ है।

SSC CHSL (Tier-I) 04/07/2024 Shift I

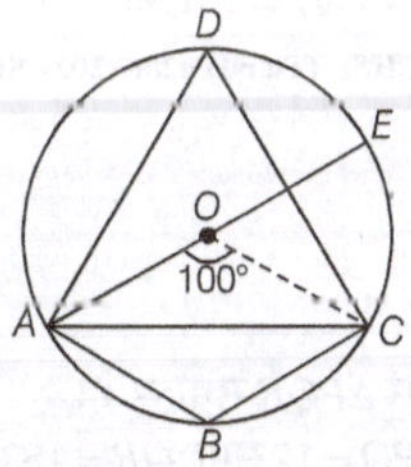

$\angle CDE + \angle CEA$ का मान क्या है?
(a) 80° (b) 90°
(c) 60° (d) 100°

432. केन्द्र T और 8 सेमी त्रिज्या वाला एक वृत्त है। केन्द्र से 17 सेमी की दूरी पर स्थित बिन्दु K से दो स्पर्श रेखाएँ KE और KI खींची गई हैं। चतुर्भुज $TEKI$ का क्षेत्रफल कितना है?

SSC CHSL (Tier-I) 04/07/2024 Shift I

(a) 136 वर्ग सेमी (b) 127.5 वर्ग सेमी
(c) 120 वर्ग सेमी (d) 130 वर्ग सेमी

433. ΔABC एक समकोण त्रिभुज है, जहाँ $m\angle ABC = 90°$ है। यदि $m(AB) = 15$ सेमी, $m(BC) = 20$ सेमी और $BD \perp AC$ है, जो AC को बिन्दु D पर प्रतिच्छेदित कर रहा है, तो $m(BD)$ सेमी में ज्ञात करें।

SSC CHSL (Tier-I) 04/07/2024 Shift I

(a) 12 (b) 12.5
(c) 10 (d) 9

434. प्रत्येक 8 इकाई लम्बाई की दो समानान्तर जीवाएँ एक वृत्त में एक-दूसरे से 6 इकाई दूर हैं। इकाई में वृत्त की त्रिज्या कितनी है?

SSC CHSL (Tier-I) 03/07/2024 Shift IV

(a) 3 (b) 6
(c) 4 (d) 5

435. केन्द्र O और A वाले दो वृत्त एक-दूसरे को बाह्य रूप से स्पर्श करते हैं। केन्द्र O वाले पहले वृत्त की त्रिज्या 6 सेमी है। केन्द्र A वाले दूसरे वृत्त की त्रिज्या 3 सेमी है। उनकी उभयनिष्ठ स्पर्श रेखा CB की लम्बाई (सेंटीमीटर में) ज्ञात कीजिए।

SSC CHSL (Tier-I) 03/07/2024 Shift IV

(a) $4\sqrt{3}$
(b) $3\sqrt{2}$
(c) $4\sqrt{2}$
(d) $6\sqrt{2}$

436. $\Delta ABC \sim \Delta EDF$ तथा क्षेत्रफल (ΔABC) : क्षेत्रफल $(\Delta EDF) = 9 : 4$ है।

यदि $AB = 5$ सेमी, $BC = 8$ सेमी और $CA = 10$ सेमी है, तो DF का मान ज्ञात कीजिए। SSC CHSL (Tier-I) 03/07/2024 Shift IV

(a) $3\frac{1}{4}$ सेमी (b) $4\frac{2}{3}$ सेमी
(c) $3\frac{2}{3}$ सेमी (d) $5\frac{1}{3}$ सेमी

437. यदि दो समरूप त्रिभुजों के परिमाप 4 : 7 के अनुपात में है और उनके क्षेत्रफलों का योग 195 सेमी^{2} है, तो दोनों त्रिभुजों के क्षेत्रफलों (सेमी^{2} में) के बीच के अन्तर का $\frac{1}{3}$ कितना होगा? SSC CHSL (Tier-I) 03/07/2024 Shift IV

(a) 33 (b) 54
(c) 63 (d) 99

438. एक समलम्ब चतुर्भुज $PQRS$ में PQ, SR के समानान्तर है। यह दिया गया है कि $PQ > SR$ है तथा विकर्ण PR और QS, O पर प्रतिच्छेद करते हैं। यदि $PO = 3x - 15$, $OQ = x + 9$, $OR = x - 5$ और $OS = 5$ है तथा x के दो मान x_1 और x_2 हैं, तो $(x_1^2 - x_2^2)$ का मान क्या है? SSC CHSL (Tier-I) 03/07/2024 Shift III

(a) 11 (b) 13
(c) 19 (d) 15

439. AB और AC एक वृत्त की दो स्पर्श रेखाएँ हैं, जिनका केन्द्र, बिन्दु X पर है। यदि $\angle BXC = 125°$ हो, तो $\angle BAC$ का मान कितना होगा?

SSC CHSL (Tier-I) 03/07/2024 Shift III

(a) 52° (b) 50°
(c) 55° (d) 48°

440. यदि 6, 18, x एक त्रिभुज की भुजाएँ हैं और x एक पूर्णांक है, तो x के सम्भावित मानों की संख्या ज्ञात कीजिए।
SSC CHSL (Tier-I) 03/07/2024 Shift III
(a) 13 (b) 15
(c) 14 (d) 11

441. A, B, C तीन बिन्दु इस प्रकार हैं, कि $AB = 11$ सेमी, $BC = 13$ सेमी और $AC = 24$ सेमी है। बिन्दु A, B, C से गुजरने वाले वृत्तों की संख्या कितनी है?
SSC CHSL (Tier-I) 03/07/2024 Shift II
(a) 0 (b) 2 (c) 3 (d) 1

442. दो वृत्त M बिन्दु पर एक-दूसरे को बाह्य रूप से स्पर्श करते हैं। PQ दोनों वृत्तों की उभयनिष्ठ अनुस्पर्श रेखा है, P और Q सम्पर्क बिन्दु हैं और $\angle MPQ = 38°$ है। $\angle MQP$ ज्ञात करें।
SSC CHSL (Tier-I) 03/07/2024 Shift II
(a) 48° (b) 38°
(c) 52° (d) 42°

443. एक समकोण त्रिभुज ABC इस प्रकार है, कि $\angle BAC = 90°$ है और AD, BC पर लम्बवत् है। यदि ΔABC का क्षेत्रफल 63 सेमी^{2} है, ΔACD का क्षेत्रफल 7 सेमी^{2} है और $AC = 5$ सेमी है, तो BC की लम्बाई होगी
SSC CHSL (Tier-I) 03/07/2024 Shift II
(a) 10 सेमी (b) 15 सेमी
(c) 18 सेमी (d) 12 सेमी

444. केन्द्र O वाले वृत्त में, ABC एक छेदक रेखा है, जो वृत्त को A और B पर प्रतिच्छेद करती है और DC, वृत्त के बिन्दु D पर स्पर्शरिखा है। यदि $DC = 12$ सेमी और $BC = 6$ सेमी है, तो AB की लम्बाई किसके बराबर है?
SSC CHSL (Tier-I) 03/07/2024 Shift I
(a) 18 सेमी (b) 16 सेमी
(c) 22 सेमी (d) 20 सेमी

445. ΔPQR में, S और T क्रमश: PQ और PR पर स्थित बिन्दु इस प्रकार हैं, कि $ST \parallel QR$ है और ST, ΔPQR को समान क्षेत्रफल वाले दो भागों में विभाजित करती है, तो PS और QS का अनुपात कितना है?
SSC CHSL (Tier-I) 03/07/2024 Shift I
(a) $1 : \sqrt{2} + 1$ (b) $1 : \sqrt{2}$
(c) $1 : \sqrt{2} - 1$ (d) $1 : 1$

446. A और B क्रमश: 32 सेमी और 8 सेमी त्रिज्या वाले दो वृत्तों के केन्द्र हैं। CD वृत्तों की सीधी उभयनिष्ठ स्पर्श रेखा है। यदि AB की लम्बाई $= 30$ सेमी है, तो CD की लम्बाई कितनी होगी? **SSC CHSL (Tier-I) 03/07/2024 Shift I**
(a) 18 सेमी (b) 10 सेमी
(c) 20 सेमी (d) 9 सेमी

447. त्रिभुज की भुजाएँ 3 सेमी, 4 सेमी और 5 सेमी हैं। 5 सेमी लम्बाई वाली भुजा पर विपरीत शीर्ष से डाले गए लम्ब की लम्बाई ज्ञात कीजिए।
SSC CHSL (Tier-I) 02/07/2024 Shift IV
(a) 1.4 सेमी (b) 3.5 सेमी
(c) 2.2 सेमी (d) 2.4 सेमी

448. ΔPQR में, $PR = 10$ सेमी है। PT की लम्बाई ज्ञात कीजिए, जहाँ, $ST \parallel QR$ है। दिया गया है, कि $PS = 6$ सेमी और $QS = 14$ सेमी है।
SSC CHSL (Tier-I) 02/07/2024 Shift IV
(a) 2 सेमी (b) 1.5 सेमी
(c) 3 सेमी (d) 4 सेमी

449. ΔABC में भुजा BC के समान्तर सीधी रेखा, AB और AC से क्रमश: बिन्दु P और Q पर मिलती है। यदि $AP = QC$ है, AB की लम्बाई 12 सेमी है और AQ की लम्बाई 2 सेमी है, तो CQ की लम्बाई (सेमी में) कितनी होगी?
SSC CHSL (Tier-I) 02/07/2024 Shift IV
(a) 6 (b) 4
(c) 2 (d) 3

450. ΔEFG में, $XY \parallel FG$ है, चतुर्भुज $XFGY$ का क्षेत्रफल $= 44$ मी^{2} है। यदि $EX : XF = 2 : 3$ है, तो ΔEXY का क्षेत्रफल (मी^{2} में) ज्ञात कीजिए। **SSC CHSL (Tier-I) 02/07/2024 Shift IV**
(a) 8.10 (b) 8.38
(c) 7.28 (d) 9.46

451. माना C केन्द्र O वाला एक वृत्त है और P, C का एक बाहरी बिन्दु है। माना PQ और PR, C की स्पर्श रेखाएँ इस प्रकार हैं, कि Q और R क्रमश: स्पर्श रेखा (tangency) के बिन्दु हैं। यदि $\angle RCQ = 110°$ है, तो $\angle RPQ$ का मान ज्ञात कीजिए। **SSC CHSL (Tier-I) 02/07/2024 Shift III**
(a) 80° (b) 110°
(c) 70° (d) 90°

452. यदि $\Delta ABC \sim \Delta QRP$; ΔABC का क्षेत्रफल ΔPQR का क्षेत्रफल $= 9 : 4$, $AB = 18$ सेमी और $BC = 15$ सेमी है, तो PR की लम्बाई ज्ञात कीजिए। **SSC CHSL (Tier-I) 02/07/2024 Shift III**
(a) 12 सेमी
(b) 14 सेमी
(c) 15 सेमी
(d) 10 सेमी

453. यदि ΔABC और ΔPQR समरूप हैं। $AB = 8$ सेमी, $PQ = 12$ सेमी, $QR = 18$ सेमी और $RP = 24$ सेमी है, तो ΔABC का परिमाप ...... सेमी है।
SSC CHSL (Tier-I) 02/07/2024 Shift II
(a) 27 (b) 42
(c) 54 (d) 36

454. एक वर्ग के अन्दर दो समान वृत्त इस प्रकार बनाए जाते हैं कि वर्ग की विपरीत भुजा प्रत्येक वृत्त का व्यास बनाती है। यदि वर्ग का शेष क्षेत्रफल 42 सेमी^{2} है, तो प्रत्येक वृत्त के व्यास की माप (सेमी में) कितनी है?
SSC CHSL (Tier-I) 02/07/2024 Shift II
(a) 2.5 (b) 3.5
(c) 7 (d) 14

455. 4 सेमी और 2 सेमी त्रिज्या वाले दो वृत्तों के केन्द्रों के बीच की दूरी 10 सेमी है। अनुप्रस्थ उभयनिष्ठ स्पर्शरिखा की लम्बाई (सेमी में) कितनी है? **SSC CHSL (Tier-I) 02/07/2024 Shift II**
(a) 6 (b) 8
(c) 11 (d) 13

456. 17 सेमी और 15 सेमी त्रिज्या वाले दो संकेन्द्रित वृत्तों पर विचार कीजिए। बड़े वृत्त की जीवा की लम्बाई (सेमी में) क्या है, जो छोटे वृत्त की स्पर्श रेखा है? **SSC CHSL (Tier-I) 02/07/2024 Shift II**
(a) 16 (b) 12
(c) 8 (d) 10

457.
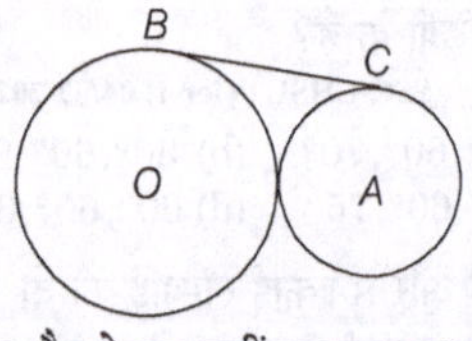

चित्र पैमाने पर नहीं बनाया गया है। उपरोक्त चित्र में दर्शाए अनुसार दो वृत्त एक-दूसरे को बाह्य रूप से स्पर्श करते हैं। केन्द्र O वाले वृत्त की त्रिज्या 49 सेमी है। केन्द्र A वाले वृत्त की त्रिज्या 16 सेमी है। उनकी उभयनिष्ठ स्पर्श रेखा BC की लम्बाई (सेमी में) ज्ञात कीजिए।
SSC CHSL (Tier-I) 02/07/2024 Shift I
(a) 58 (b) 57
(c) 55 (d) 56

458. दो समरूप त्रिभुजों ΔPQR और ΔXYZ का क्षेत्रफल क्रमश: 12.96 सेमी^{2} और 635.04 सेमी^{2} है। यदि $QR = 2.9$ सेमी है, तो YZ की लम्बाई (सेमी में) ज्ञात कीजिए।
SSC CHSL (Tier-I) 02/07/2024 Shift I
(a) 23.2 (b) 30.4
(c) 25.2 (d) 20.3

459. ΔABC में, XY को भुजाओं को X और Y पर काटते हुए, BC के समान्तर खींचा जाता है, जहाँ, $AB = 5.4$ सेमी, $BC = 7.2$ सेमी और $BX = 3$ सेमी है। XY की लम्बाई (सेमी में) ज्ञात कीजिए। **SSC CHSL (Tier-I) 02/07/2024 Shift I**
(a) 3.0 (b) 2.8
(c) 4.3 (d) 3.2

460. निम्नलिखित में से कौन-सी एक समकोण त्रिभुज की भुजाएँ हैं?
SSC CHSL (Tier-I) 01/07/2024 Shift IV
(a) 6 सेमी, 7 सेमी, 10 सेमी
(b) 5 सेमी, 11 सेमी, 13 सेमी
(c) 16 सेमी, 31 सेमी, 34 सेमी
(d) 12 सेमी, 16 सेमी, 20 सेमी

461. $AB \parallel DC$ वाले एक समलम्ब चतुर्भुज $ABCD$ के विकर्ण, एक-दूसरे को बिन्दु 'O' पर प्रतिच्छेदित करते हैं। यदि $AB = 2.5\ CD$ है, तो त्रिभुज AOB के क्षेत्रफल और त्रिभुज COD के क्षेत्रफल का अनुपात ज्ञात कीजिए।
SSC CHSL (Tier-I) 01/07/2024 Shift IV
(a) 25 : 4 (b) 16 : 1
(c) 9 : 2 (d) 5 : 2

462. केन्द्र C पर एक वृत्त दिया गया है। A, B और D परिधि पर बिन्दु हैं। $\angle ABC$ ज्ञात कीजिए।
SSC CHSL (Tier-I) 01/07/2024 Shift IV

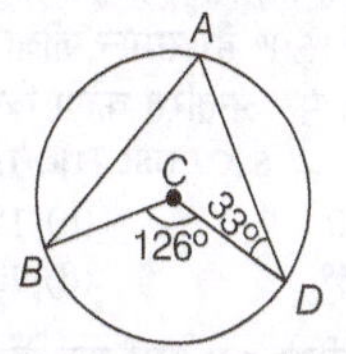

(a) 30° (b) 37° (c) 35° (d) 33°

463. एक समद्विबाहु त्रिभुज की बराबर भुजाओं के बीच का कोण 40° है। अन्य दो कोणों के समद्विभाजक एक-दूसरे को .... के कोण पर प्रतिच्छेद करेंगे।
SSC CHSL (Tier-I) 01/07/2024 Shift III

(a) 105° (b) 110°
(c) 100° (d) 120°

464. यदि दो वृत्तों की त्रिज्याएँ 6 सेमी और 3 सेमी हैं तथा अनुप्रस्थ उभयनिष्ठ स्पर्शरेखा की लम्बाई 8 सेमी है, तो दोनों वृत्तों के केन्द्रों के बीच की दूरी ज्ञात कीजिए।
SSC CHSL (Tier-I) 01/07/2024 Shift III

(a) $\sqrt{147}$ (b) $\sqrt{141}$
(c) $\sqrt{143}$ (d) $\sqrt{145}$

465. त्रिभुज ABC में, $AB = 6$ इकाई, $BC = 8$ इकाई तथा $AC = 10$ इकाई है। माना M, AC पर एक बिन्दु इस प्रकार है, कि $BM = 5$ इकाई है। एक बिन्दु D के साथ, एक त्रिभुज BMD बनाया जाता है तथा त्रिभुज BMD, त्रिभुज ABC के समरूप है, जिसमें $\frac{BM}{AB} = \frac{BD}{AC}$ है। BD की लम्बाई (इकाइयों में) कितनी है? **SSC CHSL (Tier-I) 01/07/2024 Shift III**

(a) $\frac{10}{3}$ (b) $\frac{25}{3}$
(c) $\frac{35}{3}$ (d) $\frac{40}{3}$

466. CD, केन्द्र O और 88 सेमी परिधि वाले एक वृत्त की स्पर्शरेखा है। OC, वृत्त को P पर जबकि OD वृत्त को V पर इस प्रकार काटती है, कि $\angle COD = 90°$ है। PC की लम्बाई 6 सेमी है। यदि OD, OC से 1 सेमी अधिक है, तो CD का आधा (सेमी में) कितना होगा?
SSC CHSL (Tier-I) 01/07/2024 Shift III

(a) 16.5 (b) 31
(c) 15.5 (d) 14.5

467. दो वृत्त एक-दूसरे को बिन्दु O पर स्पर्श करते हैं। AB दोनों वृत्तों की एक सरल उभयनिष्ठ स्पर्श रेखा है, जो बिन्दु A और बिन्दु B पर स्पर्श करती है। यदि वृत्तों की त्रिज्याएँ 9 सेमी और 4 सेमी हैं, तो AB का मान ज्ञात कीजिए।
SSC CHSL (Tier-I) 01/07/2024 Shift II

(a) 72 सेमी (b) 12 सेमी
(c) 24 सेमी (d) 144 सेमी

468. केन्द्र O वाले एक वृत्त का व्यास PQ है। PQ रेखा को बढ़ाया जाता है, जो R की स्पर्शरेखा के साथ A पर मिलती है। यदि $\angle RPQ = 27°$ है, तो $\angle RQP$ का माप क्या होगा? **SSC CHSL (Tier-I) 01/07/2024 Shift II**

(a) 63° (b) 54°
(c) 27° (d) 153°

469. ΔABC में, दो माध्यिकाएँ AD और BE, G पर समकोण पर प्रतिच्छेद करती हैं। यदि $AD = 18$ सेमी और $BE = 12$ सेमी है, तो BD की लम्बाई किसके बराबर है?
SSC CHSL (Tier-I) 01/07/2024 Shift II

(a) 20 सेमी (b) 8 सेमी
(c) 10 सेमी (d) 15 सेमी

470. एक वृत्त में, $ABCD$ एक चक्रीय चतुर्भुज है, जिसमें AE को CD के समानान्तर खींचा गया है और BA को F तक बढ़ाया गया है। यदि $\angle ABC = 85°$ और $\angle FAE = 24°$ हो, तो $\angle BCD$ का मान ज्ञात करें।
SSC CHSL (Tier-I) 01/07/2024 Shift II

(a) 115° (b) 119°
(c) 125° (d) 124°

471. एक वृत्त के केन्द्र के एक ही ओर 12 सेमी और 20 सेमी लम्बाई की दो समान्तर जीवाएँ हैं और वृत्त की त्रिज्या $5\sqrt{13}$ सेमी है। इन जीवाओं के बीच की दूरी कितनी होगी?
SSC CHSL (Tier-I) 01/07/2024 Shift II

(a) 5 सेमी (b) 3 सेमी
(c) 4 सेमी (d) 2 सेमी

472. यदि PQ और PR केन्द्र O वाले वृत्त की दो स्पर्शरेखाएँ हैं और $\angle QOR = 150°$ है, तो $\angle QPR$ किसके बराबर है?
SSC CHSL (Tier-I) 01/07/2024 Shift I

(a) 45° (b) 90°
(c) 60° (d) 30°

473. यदि दो समरूप त्रिभुजों ΔABC और ΔDEF के परिमाप क्रमश: 24 सेमी और 9 सेमी हैं और $DE = 3$ सेमी है, तो ΔABC और ΔDEF के क्षेत्रफल के बीच का अनुपात ज्ञात कीजिए।
SSC CHSL (Tier-I) 01/07/2024 Shift I

(a) 64 : 9 (b) 54 : 9
(c) 64 : 7 (d) 54 : 7

474. निम्नलिखित में से कौन-सा कथन सही है?
SSC CHSL (Tier-I) 01/07/2024 Shift I

(a) चक्रीय चतुर्भुज के कोणों का योग सदैव 180° होता है
(b) बराबर लम्बाई वाली जीवाएँ वृत्त के केन्द्र से समान दूरी पर होती हैं, लेकिन सदैव वृत्त के केन्द्र पर समान कोण अन्तरित नही करती हैं
(c) यदि दो वृत्त एक-दूसरे को स्पर्श करते हैं, तो सम्पर्क बिन्दु दोनों केन्द्रों को जोड़ने वाली रेखा पर स्थित होता है
(d) वृत्त के एक ही खण्ड में चाप द्वारा (अन्तरित कोणों का अनुपात 2 : 1 होता है)

475. ΔXYZ में, यदि $XY = 5$ सेमी, $XZ = 7$ सेमी और Q, YZ पर एक बिन्दु इस प्रकार है कि XQ, $\angle X$ को समद्विभाजित करता है, तो $YQ : QZ$ का मान ज्ञात कीजिए।
SSC CHSL (Tier II) 10/01/2024 Shift I

(a) 7 : 5 (b) 5 : 12
(c) 7 : 12 (d) 5 : 7

476. एक त्रिभुज के दो कोणों की माप 3 : 7 के अनुपात में है। यदि इन दोनों मापों का योग तीसरे कोण की माप के बराबर है, तो सबसे छोटा कोण ज्ञात कीजिए।
SSC CHSL (Tier II) 10/01/2024 Shift I

(a) 9° (b) 3°
(c) 36° (d) 27°

SSC CHSL 2023 (Tier I & II)

477. निम्नलिखित कथनों में से कौन-सा कथन सत्य नहीं है? **SSC CHSL (Tier II) 02/11/2023 Shift I**

(a) यदि किसी त्रिभुज के कोण 13 : 5 : 12 के अनुपात में हैं, तो उसके दो कोण न्यूनकोण होते हैं।
(b) किसी त्रिभुज की भुजाओं के मध्य बिन्दुओं को जोड़ने से बने त्रिभुज का क्षेत्रफल बड़े त्रिभुज का एक-चौथाई होता है।
(c) $2a$, $2a$ और $3a$ भुजाओं वाले एक समद्विबाहु त्रिभुज का क्षेत्रफल $\frac{3\sqrt{3}a^2}{2}$ होता है।
(d) सबसे बड़ी भुजा l वाले त्रिभुज का क्षेत्रफल हमेशा $\frac{l^2}{2}$ से कम होता है।

478. ΔABC एक समद्विबाहु त्रिभुज है, जिसमें $AB = AC$ है। यदि $\angle BAC = 50°$, तो कोण ABC की डिग्री माप ····· के बराबर है।
SSC CHSL (Tier I) 17/08/2023 Shift I

(a) 55° (b) 60°
(c) 65° (d) 70°

479. एक त्रिभुज के तीन कोण $(x - 15)°$, $(x + 45)°$ और $(x + 60)°$ हैं। त्रिभुज के प्रकार को पहचानें।
SSC CHSL (Tier I) 17/08/2023 Shift I

(a) समद्विबाहु त्रिभुज (b) समबाहु त्रिभुज
(c) समकोण त्रिभुज (d) अधिक कोण त्रिभुज

480. दो समरूप त्रिभुजों TUV और PQR का क्षेत्रफल क्रमश: 18 सेमी^{2} और 32 सेमी^{2} है। यदि $TU = 6$ सेमी है, तो PQ बराबर होगा
SSC CHSL (Tier I) 14/08/2023 Shift IV

(a) 2 सेमी (b) 8 सेमी
(c) 4 सेमी (d) 64 सेमी

481. यदि $\Delta ABC \cong \Delta PQR$ है, तो $\angle A$ का मान ज्ञात कीजिए।
SSC CHSL (Tier I) 11/08/2023 Shift I

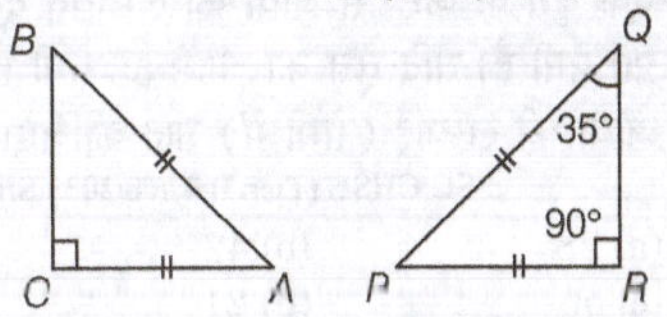

(a) 35° (b) 45°
(c) 55° (d) 90°

482. 10 सेमी व्यास वाले एक वृत्त में प्रत्येक 6 सेमी लम्बाई वाली दो समान्तर जीवाओं के बीच की दूरी क्या है?
SSC CHSL (Tier I) 11/08/2023 Shift II
(a) 12 सेमी (b) 6 सेमी
(c) 4 सेमी (d) 8 सेमी

483. एक वृत्त की जीवा उसकी त्रिज्या के बराबर है। वृत्त के लघु चाप पर किसी भी बिन्दु पर इस जीवा द्वारा अन्तरित कोण की माप (डिग्री में) क्या है? **SSC CHSL (Tier I) 10/08/2023 Shift III**
(a) 150 (b) 140
(c) 120 (d) 130

484. एक वृत्त की जीवाएँ $\overline{AB}$ और $\overline{CD}$ वृत्त के अन्दर बिन्दु F पर प्रतिच्छेद करती हैं। यदि $m(\overline{AF}) = 2.4$ सेमी, $m(\overline{BF}) = 1.8$ सेमी और $m(\overline{CD}) = 5.7$ सेमी है, तो दो रेखाखण्डों, $\overline{CF}$ और $\overline{DF}$ में से बड़े रेखाखण्ड की लम्बाई (सेमी में) क्या है?
SSC CHSL (Tier I) 09/08/2023 Shift I
(a) 3.6 (b) 4.5
(c) 4.8 (d) 5.4

485. दो वृत्त एक-दूसरे को किसी बिन्दु C पर बाह्य रूप से स्पर्श करते हैं। PQ दोनों वृत्तों पर एक सीधी उभयनिष्ठ स्पर्श रेखा है जो बिन्दु P और बिन्दु Q पर वृत्तों को स्पर्श करती है। यदि वृत्तों की त्रिज्याएँ क्रमश: 36 सेमी और 16 सेमी हैं, तो PQ की लम्बाई .... है।
SSC CHSL (Tier I) 09/08/2023 Shift I
(a) 42 सेमी (b) 24 सेमी
(c) 48 सेमी (d) 36 सेमी

486. वृत्त की सबसे बड़ी जीवा क्या है?
SSC CHSL (Tier I) 09/08/2023 Shift I
(a) बिन्दु (b) त्रिज्या
(c) स्पर्श रेखा (d) व्यास

487. दो त्रिभुज XYZ और UVW सर्वांगसम हैं। यदि ΔXYZ का क्षेत्रफल 58 सेमी^{2} है, तो ΔUVW का क्षेत्रफल क्या होगा?
SSC CHSL (Tier I) 08/08/2023 Shift II
(a) 58 सेमी^{2} (b) 29 सेमी^{2}
(c) 15 सेमी^{2} (d) 116 सेमी^{2}

488. केन्द्र O वाले एक वृत्त का व्यास PQ, जीवा RS पर लम्बवत् है। PQ, RS को T पर प्रतिच्छेद करता है। यदि $RS = 16$ सेमी और $QT = 4$ सेमी है, तो वृत्त के व्यास की लम्बाई (सेमी में) क्या है? **SSC CHSL (Tier I) 07/08/2023 Shift IV**
(a) 20 (b) 10
(c) 24 (d) 48

489. एक वृत्त के केन्द्र से जीवा की लम्बवत् दूरी 20 सेमी है। यदि वृत्त का व्यास 58 सेमी है तो, जीवा की लम्बाई (सेमी में) ज्ञात कीजिए।
SSC CHSL (Tier I) 07/08/2023 Shift IV
(a) 28 (b) 42
(c) 56 (d) 21

490. यदि TM और TN, केन्द्र O वाले किसी वृत्त पर दो स्पर्श रेखाएँ इस प्रकार हैं कि $\angle MON = 105°$ तो, $\angle MTN$ किसके बराबर होगा? **SSC CHSL (Tier I) 07/08/2023 Shift IV**
(a) 70° (b) 60°
(c) 75° (d) 85°

491. एक समचतुर्भुज $STUV$ में, S और U को मिलाया जाता है। $\angle SUV = 44°$, $\angle STU = 92°, 4\angle SVU - 3\angle TSU$ का डिग्री माप क्या है?
SSC CHSL (Tier I) 04/08/2023 Shift II
(a) 451° (b) 360°
(c) 169° (d) 236°

492. PS और PT केन्द्र O वाले वृत्त के बाहर एक बिन्दु P से खींची गई दो स्पर्श रेखाएँ हैं। यदि S और T वृत्त पर बिन्दु इस प्रकार हैं कि $\angle SPT = 130°$ है, तो $\angle OST$ की डिग्री की माप किसके बराबर है?
SSC CHSL (Tier I) 04/08/2023 Shift II
(a) 65° (b) 25°
(c) 55° (d) 35°

493. एक त्रिभुज PQR की तीन भुजाओं की माप समान है और यदि PM, QR के लम्बवत् है, तो निम्नलिखित में से कौन-सी समिका सही सम्बन्ध दर्शाती है?
SSC CHSL (Tier I) 04/08/2023 Shift II
(a) $3PQ^2 = 4PM^2$ (b) $3PQ^2 = 2PM^2$
(c) $3PM^2 = 4PQ^2$ (d) $3PM^2 = 2PQ^2$

494. 6 सेमी त्रिज्या वाले एक वृत्त के बिन्दु A पर एक स्पर्श रेखा AB, केन्द्र O से होकर एक रेखा से बिन्दु B पर मिलती है। यदि $OB = 10$ सेमी है, तो AB की लम्बाई (सेमी में) के बराबर है। **SSC CHSL (Tier I) 02/08/2023 Shift I**
(a) 6 (b) 8
(c) 5 (d) 4

495. 12 सेमी और 13 सेमी त्रिज्याओं वाले दो वृत्त संकेन्द्रित हैं। बड़े वृत्त की जीवा की लम्बाई ज्ञात कीजिए, जो छोटे वृत्त को स्पर्श करता है।
SSC CHSL (Tier I) 02/08/2023 Shift I
(a) 10 सेमी (b) 8 सेमी
(c) 12 सेमी (d) 18 सेमी

496. एक जीवा द्वारा वृत्त के केन्द्र और दीर्घचाप पर बने कोणों का योग 180° है। वृत्त के केन्द्र पर बनने वाला कोण कितना होगा?
SSC CHSL (Tier I) 21/03/2023 Shift IV
(a) 120° (b) 60°
(c) 75° (d) 90°

497. ΔJKL की दो माध्यिकाएँ JX और KY एक-दूसरे को Z पर समकोण पर प्रतिच्छेद करती है। यदि $KL = 22$ सेमी और $KY = 12$ सेमी है, तो JX की लम्बाई कितनी है?
SSC CHSL (Tier I) 21/03/2023 Shift IV
(a) $4\sqrt{19}$ सेमी (b) $6\sqrt{19}$ सेमी
(c) $3\sqrt{57}$ सेमी (d) $2\sqrt{57}$ सेमी

498. बिन्दु X से खींची गई स्पर्श रेखा वृत्त को बिन्दु U पर स्पर्श करती है। O इस वृत्त का केन्द्र है। यदि $XU = 15$ सेमी और $OU = 8$ सेमी है, तो OX का मान क्या है?
SSC CHSL (Tier I) 21/03/2023 Shift IV
(a) 17 सेमी (b) 12 सेमी
(c) 21 सेमी (d) 19 सेमी

499. एक जीवा द्वारा एक वृत्त के केन्द्र पर अन्तरित कोण 180° है। समान जीवा द्वारा इस वृत्त की परिधि पर अन्तरित कोण कितना होगा?
SSC CHSL (Tier I) 21/03/2023 Shift IV
(a) 90° (b) 120°
(c) 45° (d) 95°

500. एक जीवा AB द्वारा वृत्त के केन्द्र पर अन्तरित कोण 140° है। वृत्त के दीर्घ चाप पर जीवा AB द्वारा अन्तरित कोण कितना होगा?
SSC CHSL (Tier I) 21/03/2023 Shift II
(a) 35° (b) 70°
(c) 60° (d) 80°

501. ΔABC, ΔPQR के समरूप है। $AB = 4$ सेमी है, $BC = 8$ सेमी है और $AC = 10$ सेमी है। यदि $QR = 16$ सेमी है, तो ΔPQR का क्षेत्रफल कितना है? **SSC CHSL (Tier I) 21/03/2023 Shift II**
(a) $8\sqrt{462}$ सेमी^{2} (b) $2\sqrt{231}$ सेमी^{2}
(c) $4\sqrt{462}$ सेमी^{2} (d) $4\sqrt{231}$ सेमी^{2}

502. बिन्दु P में खीचीं गई स्पर्श रेखा वृत्त को Q पर स्पर्श करती है। O इस वृत्त का केन्द्र है। यदि $PQ = 12$ सेमी है और $OQ = 5$ सेमी है, तो OP का मान क्या है?
SSC CHSL (Tier I) 21/03/2023 Shift II
(a) 15 सेमी (b) $\sqrt{179}$ सेमी
(c) $\sqrt{119}$ सेमी (d) 13 सेमी

503. ΔPQR की माध्यिका PM है। ΔPQR का केन्द्रक O है। यदि $PO = 27$ सेमी है, तो PM की लम्बाई कितनी है?
SSC CHSL (Tier I) 21/03/2023 Shift II
(a) 40.5 सेमी (b) 54 सेमी
(c) 12 सेमी (d) 18 सेमी

504. एक चक्रीय चतुर्भुज $EFGH$ में, $\angle E, \angle G$ के सम्मुख है। यदि $\angle E = 95°$ है, तो $\angle G$ का मान क्या है?
SSC CHSL (Tier I) 20/03/2023 Shift III
(a) 105° (b) 75°
(c) 85° (d) 80°

505. त्रिभुज की माध्यिकाओं के प्रतिच्छेदन बिन्दु को .... कहा जाता है।
SSC CHSL (Tier I) 20/03/2023 Shift III
(a) अन्त:केन्द्र (b) परिकेन्द्र
(c) केन्द्रक (d) लम्बकेन्द्र

506. एक त्रिभुज के कोणों का अनुपात 2 : 2 : 5 हैं। सबसे बड़ा कोण कितना है?
SSC CHSL (Tier I) 17/03/2023 Shift II
(a) 100° (b) 120°
(c) 110° (d) 80°

507. ΔONP का अन्त:केन्द्र L है। यदि $\angle OLP + \angle ONP = 195°$ है, तो $\angle OLP$ का मान क्या होगा?
SSC CHSL (Tier I) 17/03/2023 Shift II
(a) 125° (b) 135°
(c) 140° (d) 115°

508. ΔPQR में, PN, QR पर माध्यिका है। यदि $PN = QN$ है, तो $\angle QPR$ का मान क्या है?
SSC CHSL (Tier I) 17/03/2023 Shift II
(a) 90° (b) 75°
(c) 60° (d) 80°

509. दो वृत्तों की त्रिज्याएँ 20 सेमी और 4 सेमी हैं। सीधी उभयनिष्ठ स्पर्श रेखा की लम्बाई 30 सेमी है। उनके केन्द्रों के बीच की दूरी कितनी है?
SSC CHSL (Tier I) 17/03/2023 Shift II
(a) 36 सेमी
(b) 34 सेमी
(c) 38 सेमी
(d) 32 सेमी

510. दो संकेद्रित वृत्तों की त्रिज्याएँ 34 सेमी और 50 सेमी हैं। A एवं D बड़े वृत्त पर बिन्दु हैं और B एवं C एक छोटे वृत्त पर बिन्दु हैं। यदि $ABCD$ एक सीधी रेखा है और $BC = 32$ सेमी है, तो AD की लम्बाई कितनी है?
SSC CHSL (Tier I) 16/03/2023 Shift I
(a) 75 सेमी (b) 80 सेमी
(c) 60 सेमी (d) 40 सेमी

511. केन्द्र से जीवा JK की दूरी 7 सेमी है। यदि इस वृत्त का व्यास 50 सेमी हैं, तो इस जीवा की लम्बाई क्या होगी? SSC CHSL (Tier I) 16/03/2023 Shift I
(a) 96 सेमी (b) 74 सेमी
(c) 48 सेमी (d) 24 सेमी

512. किसी वृत्त की परिधि पर एक जीवा OP द्वारा अन्तरित कोण 90° है। यदि इस वृत्त का व्यास 44 सेमी है, तो जीवा OP की लम्बाई कितनी होगी? SSC CHSL (Tier I) 16/03/2023 Shift I
(a) 80 सेमी (b) 66 सेमी
(c) 44 सेमी (d) 22 सेमी

513. एक जीवा द्वारा वृत्त के केन्द्र और दीर्घचाप पर बने कोणों का योग 225° है। इस वृत्त के दीर्घचाप पर बनने वाला कोण कितना होगा?
SSC CHSL (Tier I) 15/03/2023 Shift IV
(a) 90° (b) 125°
(c) 75° (d) 150°

514. समान त्रिज्या वाले दो वृत्त एक-दूसरे को इस प्रकार प्रतिच्छेदित करते हैं, कि प्रत्येक वृत्त एक-दूसरे के केन्द्र से होकर गुजरता है। उभयनिष्ठ जीवा की लम्बाई 24 सेमी है, तो प्रत्येक वृत्त का व्यास क्या होगा?
SSC CHSL (Tier I) 15/03/2023 Shift IV
(a) $16\sqrt{3}$ सेमी
(b) $12\sqrt{3}$ सेमी
(c) $8\sqrt{3}$ सेमी
(d) $10\sqrt{3}$ सेमी

515. ΔXYZ में, $\angle YXZ = 90°$ है। एक बिन्दु P, YZ की भुजा पर इस प्रकार स्थित है, कि XP, YZ पर लम्बवत् है। यदि $XP = YP = 10$ सेमी, तो PZ का मान क्या होगा?
SSC CHSL (Tier I) 15/03/2023 Shift IV
(a) 9 सेमी (b) 12 सेमी
(c) 8 सेमी (d) 10 सेमी

516. किसी चक्रीय चतुर्भुज $ABCD$ में $\angle A$, $\angle C$ के सम्मुख है। यदि $\angle A = 110°$ है, तो $\angle C$ का मान क्या है? SSC CHSL (Tier I) 15/03/2023 Shift IV
(a) 70° (b) 50°
(c) 60° (d) 55°

517. AB वृत्त की जीवा है और O वृत्त का केन्द्र है। $\angle AOB = 130°$। समान जीवा द्वारा वृत्त के दीर्घखण्ड में अन्तरित कोण क्या है?
SSC CHSL (Tier I) 14/03/2023 Shift I
(a) 80° (b) 65°
(c) 55° (d) 60°

518. ΔPQR में, $\angle P = 46°$ और $\angle R = 64°$ है। यदि ΔPQR, ΔABC के समरूप और संगतता में है, तो $\angle B$ का मान कितना है?
SSC CHSL (Tier I) 13/03/2023 Shift III
(a) 90° (b) 110°
(c) 100° (d) 70°

519. ΔMNO, ΔSTU के समरूप है। ΔMNO और ΔSTU के परिमाप क्रमश: 80 सेमी और 200 सेमी हैं। यदि $ON = 25$ सेमी तो TU की लम्बाई क्या है? SSC SSC CHSL (Tier I) 13/03/2023 Shift III
(a) 62.5 सेमी (b) 60.5 सेमी
(c) 59 सेमी (d) 61 सेमी

520. सभी बिन्दु D, E और F, O केन्द्र वाले एक वृत्त की परिधि पर स्थित है। यदि $\angle DEF = 48°$ है, तो कोण $\angle DOF$ का सम्भावित मान कितना है?
SSC CHSL (Tier I) 13/03/2023 Shift III
(a) 84° (b) 96°
(c) 90° (d) 48°

521. किसी त्रिभुज ABC में, $AB = 6$ सेमी, $BC = 11$ सेमी है। AC के कितने पूर्णांक मान सम्भव हो सकते हैं?
SSC CHSL (Tier I) 10/03/2023 Shift II
(a) 12 (b) 11
(c) 10 (d) 8

522. जीवा MN की लम्बाई 40 सेमी है। केन्द्र से जीवा MN की दूरी 15 सेमी है। इस वृत्त की त्रिज्या क्या होगी?
SSC CHSL (Tier I) 10/03/2023 Shift II
(a) 30 सेमी (b) 25 सेमी
(c) 42 सेमी (d) 32 सेमी

523. दो वृत्तों की त्रिज्याएँ क्रमश: 12 सेमी और 5 सेमी हैं। उनके केन्द्रों के बीच की दूरी 25 सेमी है। सीधी उभयनिष्ठ स्पर्श रेखा की लम्बाई क्या है?
SSC CHSL (Tier I) 09/03/2023 Shift I
(a) 24 सेमी (b) 23 सेमी
(c) 22 सेमी (d) 21 सेमी

SSC CHSL 2022 & 2021 (Tier I & II)

524. दी गई आकृति में, जीवाएँ AB और CD एक-दूसरे को बिन्दु L पर प्रतिच्छेद करती है। CL की लम्बाई ज्ञात करें।
SSC CHSL (Tier I) 02/06/2022 Shift I

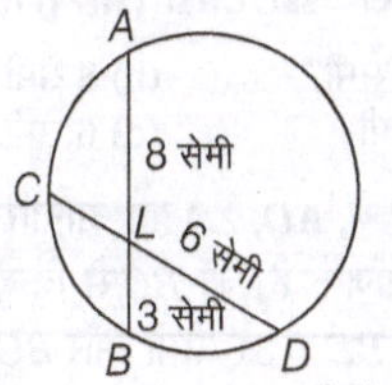

(a) 6 सेमी (b) 7 सेमी
(c) 4 सेमी (d) 5 सेमी

525. एक त्रिभुज के कोणों की माप का अनुपात 3:4:8 है। तीनों कोणों में से सबसे छोटे कोण की माप क्या होगी?
SSC CHSL (Tier I) 31/05/2022 Shift I
(a) 39° (b) 33°
(c) 36° (d) 30°

526. यदि $AB = QR$, $BC = PR$ और $CA = PQ$ है, तो ....होगा।
SSC CHSL (Tier I) 30/05/2022 Shift I
(a) $\Delta ABC \cong \Delta PQR$
(b) $\Delta BAC \cong \Delta RPQ$
(c) $\Delta PQR \cong \Delta BCA$
(d) $\Delta CBA \cong \Delta PRQ$

527. क्रमश: O और P केन्द्र और 17 सेमी और 10 सेमी त्रिज्या वाले दो वृत्त, एक-दूसरे को A और B पर प्रतिच्छेदित करते हैं। उभयनिष्ठ जीवा AB की लाबाई 16 सेमी है। ΔOAP का परिमाप (सेमी में) ज्ञात करें।
SSC CHSL (Tier I) 12/08/2021 Shift III
(a) 25 (b) 40
(c) 33 (d) 48

528. 8 सेमी त्रिज्या वाले दो समान वृत्त एक-दूसरे को इस प्रकार प्रतिच्छेदित करते हैं कि प्रत्येक वृत्त, दूसरे वृत्त के केन्द्र से गुजरता है। उभयनिष्ठ जीवा की लम्बाई ज्ञात करें।
SSC CHSL (Tier I) 12/08/2021 Shift III
(a) $8\sqrt{2}$ सेमी
(b) $8\sqrt{3}$ सेमी
(c) $4\sqrt{3}$ सेमी
(d) 8 सेमी

529. ΔABC में, $AC = BC$ और आधार AB की लम्बाई 10 सेमी है। यदि $CG = 8$ सेमी है, जहाँ G केन्द्रक है, तो AC की लम्बाई ज्ञात करें। **SSC CHSL (Tier I) 12/08/2021 Shift III**

(a) 12 सेमी (b) 15 सेमी
(c) 13 सेमी (d) $\sqrt{91}$ सेमी

530. ΔABC में, AB और AC पर क्रमशः बिन्दु D और E इस प्रकार स्थित हैं कि DE, BC के समानान्तर है। यदि $AD = 3$ सेमी, $BD = 6$ सेमी और $AE = 2$ सेमी हो, तो CE की लम्बाई ज्ञात करें। **SSC CHSL (Tier I) 10/08/2021 Shift I**

(a) 16 सेमी (b) 8 सेमी
(c) 4 सेमी (d) 6 सेमी

531. ΔABC में, AD, $\angle A$ का आन्तरिक समद्विभाजक है, जो BC से बिन्दु D पर मिलता है। यदि $BD = 3.6$ सेमी और $BC = 8$ सेमी है, तो AB और AC का अनुपात ज्ञात करें। **SSC CHSL (Tier I) 10/08/2021 Shift I**

(a) 11 : 9 (b) 9 : 11
(c) 13 : 7 (d) 7 : 13

532. माना किसी वृत्त का केन्द्र O है और व्यास AC है। BD, जीवा है, जो AC को बिन्दु E पर प्रतिच्छेदित करती है। AD और AB जुड़ी हुई हैं। यदि $\angle BOC = 40°$ और $\angle AOD = 120°$ है, तो $\angle BEC$ का मान ज्ञात करें। **SSC CHSL (Tier I) 10/08/2021 Shift I**

(a) 70° (b) 55°
(c) 90° (d) 80°

533. एक वृत्त में त्रिभुज ABC बना हुआ है और $\angle ACB$ का मान 35° है। बिन्दु P, वृत्त पर बिन्दु C के विपरीत चाप AB पर एक बिन्दु है। $\angle APB$ का मान अंश में ज्ञात करें। **SSC CHSL (Tier I) 10/08/2021 Shift I**

(a) 70° (b) 145°
(c) 72.5° (d) 175°

534. ΔABC में, $\angle BAC = 90°$ और AD, BC के लम्बवत् है। यदि $AD = 8.4$ सेमी और $BD = 4.8$ सेमी है, तो BC की लम्बाई ज्ञात करें। **SSC CHSL (Tier I) 04/08/2021 Shift I**

(a) 18.5 सेमी (b) 19.5 सेमी
(c) 18 सेमी (d) 15 सेमी

535. 9 सेमी त्रिज्या वाले वृत्त के केन्द्र O से 15 सेमी की दूरी पर स्थित बिन्दु P से, उसी समतल में वृत्त पर दो स्पर्श रेखाएँ PQ और PR खींची जाती है। चतुर्भुज $PQOR$ का क्षेत्रफल ज्ञात करें। **SSC CHSL (Tier I) 19/04/2021 Shift I**

(a) 106 सेमी^{2} (b) 108 सेमी^{2}
(c) 114 सेमी^{2} (d) 118 सेमी^{2}

536. एक समकोण ΔABC में, यदि $\angle ABC = 90°$, $AB = 6$ सेमी, $BC = 8$ सेमी है, और BD, AC के लम्बवत् है, तो $AD : DC$ का मान क्या होगा? **SSC CHSL (Tier I) 19/04/2021 Shift I**

(a) 8 : 15 (b) 7 : 16
(c) 9 : 14 (d) 9 : 16

537. एक समबाहु त्रिभुज ABC का केन्द्रक O है। यदि $AB = 27$ सेमी है, तो AO की लम्बाई ज्ञात कीजिए। **SSC CHSL (Tier I) 12/04/2021 Shift II**

(a) $6\sqrt{3}$ सेमी (b) $8\sqrt{3}$ सेमी
(c) $9\sqrt{3}$ सेमी (d) $7\sqrt{3}$ सेमी

538. AB और AC बाह्य बिन्दु A से केन्द्र O वाले वृत्त की स्पर्श रेखाएँ हैं। स्पर्श रेखाएँ AB और AC क्रमशः बिन्दु B और C पर वृत्त को इस प्रकार स्पर्श करती हैं कि $\angle BAC = 118°$ है। $\angle OCB$ की माप ज्ञात करें। **SSC CHSL (Tier I) 12/04/2021 Shift II**

(a) 59° (b) 62°
(c) 60° (d) 54°

SSC MTS 2021

539. 14 सेमी और 10 सेमी की त्रिज्याओं वाले दो वृत्त एक-दूसरे को प्रतिच्छेदित करते हैं और उनकी उभयनिष्ठ जीवा की लम्बाई 16 सेमी है। उनके केन्द्रों के बीच की दूरी (सेमी में) कितनी होगी? **SSC MTS 02/11/2021 Shift II**

(a) $6 + 5\sqrt{33}$ (b) $6 + 2\sqrt{33}$
(c) $6 + 3\sqrt{33}$ (d) $6 + 4\sqrt{33}$

SSC Selection Post 2024-2022

540. यदि $x^2 - 1$, $2x$ और $x^2 + 1$ एक समकोण त्रिभुज की तीन भुजाएँ हैं, तो निम्नलिखित में से कौन-सा इसका कर्ण हो सकता है? **Graduate Level 20/06/2024 Shift III**

(a) $x^2 - 1$ (b) $2x$
(c) $x^2 + 1$ (d) x^2

541. एक त्रिभुज ABC की माध्यिका AD को बढ़ाया जाता है और उस पर एक लम्ब CF डाला जाता है। BE, AD के लम्बवत है। यदि $BC = 34$ सेमी और $DF = 8$ सेमी है, तो BE की लम्बाई (सेमी में) ज्ञात कीजिए। **Graduate Level 20/06/2024 Shift III**

(a) 15 (b) 9 (c) 17 (d) 19

542. PQ किसी वृत्त का व्यास है और PS एक जीवा है। यदि PQ, 82 सेमी है और PS, 80 सेमी है, तो वृत्त के केन्द्र से PS की दूरी (सेमी में) कितनी है? **Graduate Level 20/06/2024 Shift III**

(a) 9 (b) 24 (c) 39 (d) 18

543. यदि एक समद्विबाहु त्रिभुज का शीर्ष कोण 42° है, तो अन्य दो कोणों का माप क्या होगा? **Higher Secondary Level 20/06/2024 Shift II**

(a) 89° और 89° (b) 59° और 59°
(c) 79° और 79° (d) 69° और 69°

544. ΔABC में, D और F क्रमशः भुजा AB और AC के मध्य-बिन्दु हैं। E रेखाखण्ड DF पर एक ऐसा बिन्दु है कि $DE : EF = 1 : 2$ है। यदि $DE = 4$ सेमी है, तो BC इनमें से किसके बराबर है? **Graduate Level 27/06/2023 Shift IV**

(a) 24 सेमी (b) 20 सेमी
(c) 26 सेमी (d) 22 सेमी

545. ΔABC में, P और Q क्रमशः भुजा AB और AC के मध्य बिन्दु हैं। R, रेखाखण्ड PQ पर एक ऐसा बिन्दु है कि $PR : RQ = 1 : 4$ है। यदि $PR = 5$ सेमी है, तो $BC = ?$ **Higher Secondary Level 27/06/2023 Shift III**

(a) 48 सेमी (b) 50 सेमी
(c) 46 सेमी (d) 44 सेमी

546. ΔTAP में, $\angle TAP = 60°$, $TA = 6$ सेमी, $AP = 8$ सेमी है K, AP का मध्यबिन्दु है। K से एक रेखा TP से O पर इस प्रकार मिलने के लिए बढ़ाई जाती है कि $\angle AKO = 120°$ है। OK की लम्बाई ज्ञात कीजिए। **Graduate Level 01/08/2022 Shift IV**

(a) 4 सेमी (b) 5 सेमी
(c) 3 सेमी (d) 6 सेमी

547. यदि 5 सेमी त्रिज्या वाले वृत्त के बिन्दु P पर स्पर्श रेखा PQ केन्द्र O से होकर जाने वाली एक रेखा को बिन्दु Q पर इस प्रकार मिलती है कि $OQ = 13$ सेमी होता है, तो स्पर्श रेखा की लम्बाई क्या है? **Graduate Level 01/08/2022 Shift IV**

(a) 13 सेमी (b) 11 सेमी
(c) 14 सेमी (d) 12 सेमी

सही उत्तर

1 (c)	2 (a)	3 (c)	4 (c)	5 (d)	6 (a)	7 (d)	8 (a)	9 (b)	10 (d)
11 (b)	12 (b)	13 (a)	14 (a)	15 (d)	16 (a)	17 (d)	18 (a)	19 (d)	20 (a)
21 (c)	22 (b)	23 (c)	24 (b)	25 (c)	26 (b)	27 (d)	28 (a)	29 (a)	30 (b)
31 (c)	32 (c)	33 (d)	34 (a)	35 (d)	36 (c)	37 (d)	38 (c)	39 (c)	40 (a)
41 (b)	42 (c)	43 (a)	44 (a)	45 (b)	46 (d)	47 (c)	48 (a)	49 (a)	50 (b)
51 (b)	52 (d)	53 (c)	54 (b)	55 (d)	56 (b)	57 (a)	58 (a)	59 (d)	60 (b)
61 (c)	62 (a)	63 (c)	64 (b)	65 (c)	66 (a)	67 (c)	68 (d)	69 (b)	70 (b)
71 (a)	72 (a)	73 (d)	74 (b)	75 (b)	76 (b)	77 (d)	78 (b)	79 (a)	80 (a)
81 (b)	82 (c)	83 (c)	84 (b)	85 (b)	86 (b)	87 (a)	88 (d)	89 (b)	90 (a)
91 (b)	92 (b)	93 (a)	94 (d)	95 (c)	96 (b)	97 (c)	98 (a)	99 (b)	100 (b)
101 (b)	102 (b)	103 (a)	104 (c)	105 (c)	106 (a)	107 (a)	108 (c)	109 (a)	110 (c)
111 (b)	112 (a)	113 (d)	114 (c)	115 (a)	116 (a)	117 (d)	118 (c)	119 (c)	120 (b)
121 (a)	122 (d)	123 (a)	124 (b)	125 (b)	126 (b)	127 (a)	128 (a)	129 (c)	130 (d)
131 (d)	132 (d)	133 (a)	134 (b)	135 (b)	136 (d)	137 (a)	138 (a)	139 (b)	140 (b)
141 (c)	142 (b)	143 (a)	144 (d)	145 (c)	146 (d)	147 (d)	148 (c)	149 (a)	150 (d)
151 (b)	152 (d)	153 (a)	154 (a)	155 (b)	156 (a)	157 (a)	158 (c)	159 (a)	160 (a)
161 (c)	162 (a)	163 (b)	164 (d)	165 (d)	166 (c)	167 (b)	168 (a)	169 (d)	170 (a)
171 (a)	172 (b)	173 (c)	174 (b)	175 (c)	176 (b)	177 (d)	178 (b)	179 (d)	180 (c)
181 (b)	182 (a)	183 (a)	184 (a)	185 (b)	186 (c)	187 (c)	188 (b)	189 (b)	190 (c)
191 (c)	192 (a)	193 (c)	194 (a)	195 (c)	196 (b)	197 (c)	198 (c)	199 (a)	200 (a)
201 (a)	202 (c)	203 (d)	204 (c)	205 (c)	206 (a)	207 (d)	208 (d)	209 (d)	210 (b)
211 (c)	212 (d)	213 (c)	214 (b)	215 (b)	216 (a)	217 (d)	218 (d)	219 (d)	220 (c)
221 (c)	222 (c)	223 (b)	224 (a)	225 (d)	226 (c)	227 (a)	228 (c)	229 (d)	230 (a)
231 (c)	232 (a)	233 (a)	234 (d)	235 (b)	236 (a)	237 (c)	238 (c)	239 (d)	240 (b)
241 (b)	242 (b)	243 (c)	244 (b)	245 (a)	246 (b)	247 (a)	248 (b)	249 (c)	250 (c)
251 (b)	252 (c)	253 (b)	254 (a)	255 (b)	256 (c)	257 (a)	258 (b)	259 (a)	260 (d)
261 (d)	262 (b)	263 (b)	264 (c)	265 (c)	266 (d)	267 (a)	268 (a)	269 (d)	270 (d)
271 (d)	272 (c)	273 (d)	274 (a)	275 (c)	276 (b)	277 (b)	278 (c)	279 (c)	280 (c)
281 (d)	282 (c)	283 (c)	284 (c)	285 (c)	286 (a)	287 (d)	288 (d)	289 (d)	290 (c)
291 (c)	292 (a)	293 (b)	294 (b)	295 (c)	296 (a)	297 (a)	298 (c)	299 (c)	300 (a)
301 (a)	302 (d)	303 (c)	304 (b)	305 (b)	306 (d)	307 (d)	308 (b)	309 (c)	310 (d)
311 (a)	312 (d)	313 (b)	314 (a)	315 (c)	316 (a)	317 (c)	318 (d)	319 (a)	320 (c)
321 (a)	322 (d)	323 (d)	324 (d)	325 (c)	326 (d)	327 (a)	328 (a)	329 (c)	330 (d)
331 (a)	332 (c)	333 (d)	334 (c)	335 (c)	336 (a)	337 (a)	338 (b)	339 (a)	340 (d)
341 (a)	342 (b)	343 (c)	344 (c)	345 (d)	346 (c)	347 (d)	348 (c)	349 (b)	350 (d)
351 (b)	352 (c)	353 (a)	354 (a)	355 (c)	356 (d)	357 (a)	358 (a)	359 (c)	360 (c)
361 (b)	362 (d)	363 (a)	364 (a)	365 (c)	366 (a)	367 (d)	368 (c)	369 (d)	370 (d)
371 (b)	372 (b)	373 (b)	374 (b)	375 (d)	376 (d)	377 (c)	378 (c)	379 (a)	380 (b)
381 (c)	382 (a)	383 (a)	384 (d)	385 (b)	386 (a)	387 (c)	388 (d)	389 (c)	390 (a)
391 (c)	392 (b)	393 (a)	394 (b)	395 (d)	396 (a)	397 (c)	398 (d)	399 (c)	400 (d)
401 (d)	402 (c)	403 (c)	404 (b)	405 (d)	406 (a)	407 (b)	408 (c)	409 (d)	410 (d)
411 (c)	412 (b)	413 (a)	414 (a)	415 (c)	416 (c)	417 (b)	418 (c)	419 (d)	420 (d)
421 (b)	422 (d)	423 (c)	424 (c)	425 (d)	426 (d)	427 (d)	428 (c)	429 (c)	430 (d)
431 (b)	432 (c)	433 (a)	434 (d)	435 (d)	436 (d)	437 (a)	438 (a)	439 (c)	440 (d)
441 (a)	442 (c)	443 (b)	444 (a)	445 (c)	446 (a)	447 (d)	448 (c)	449 (b)	450 (b)
451 (c)	452 (d)	453 (d)	454 (d)	455 (b)	456 (a)	457 (d)	458 (d)	459 (d)	460 (d)
461 (a)	462 (a)	463 (b)	464 (d)	465 (b)	466 (d)	467 (b)	468 (a)	469 (c)	470 (b)
471 (d)	472 (d)	473 (a)	474 (c)	475 (d)	476 (d)	477 (c)	478 (c)	479 (c)	480 (b)
481 (c)	482 (d)	483 (a)	484 (c)	485 (c)	486 (d)	487 (a)	488 (a)	489 (b)	490 (c)
491 (d)	492 (a)	493 (a)	494 (b)	495 (a)	496 (a)	497 (c)	498 (a)	499 (a)	500 (b)
501 (d)	502 (d)	503 (a)	504 (c)	505 (c)	506 (a)	507 (a)	508 (a)	509 (b)	510 (b)
511 (c)	512 (c)	513 (c)	514 (a)	515 (d)	516 (a)	517 (b)	518 (d)	519 (a)	520 (b)
521 (b)	522 (b)	523 (a)	524 (c)	525 (c)	526 (d)	527 (d)	528 (b)	529 (c)	530 (c)
531 (b)	532 (d)	533 (b)	534 (b)	535 (b)	536 (d)	537 (c)	538 (a)	539 (b)	540 (c)
541 (a)	542 (a)	543 (d)	544 (a)	545 (b)	546 (c)	547 (d)			

उत्तर सहित हल

1. (c) प्रश्नानुसार,

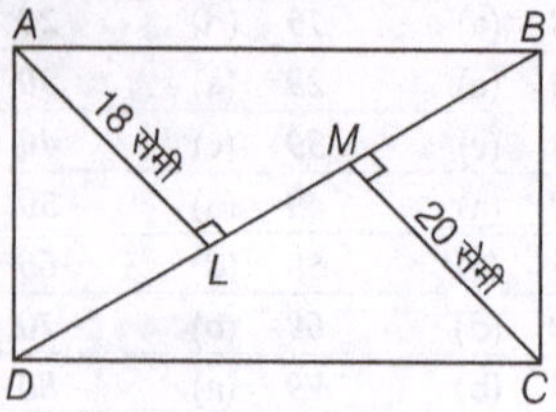

यहाँ, $BD = 70$ सेमी; $AL = 18$ सेमी

तथा $CM = 20$ सेमी

$\therefore$ चतुर्भुज का क्षेत्रफल

$= (\Delta ABD + \Delta BCD)$ का क्षेत्रफल

$= \frac{1}{2} \times BD \times AL + \frac{1}{2} \times BD \times CM$

$= \frac{1}{2} \times BD \times (AL + CM)$

$= \frac{1}{2} \times 70 \times (18 + 20) = 1330$ सेमी^{2}

2. (a) परिधि पर बना कोण केन्द्र पर बने कोण का आधा होता है।

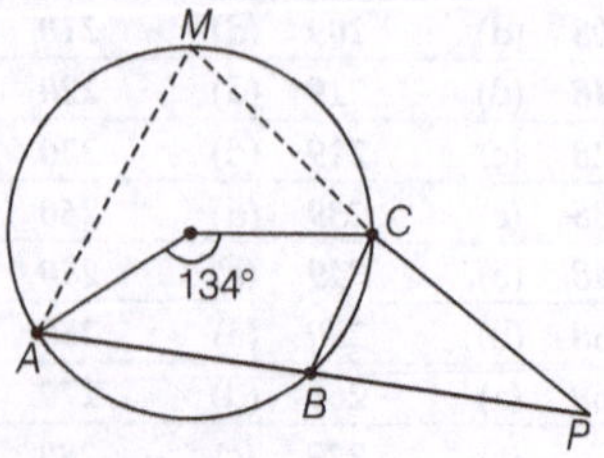

$\therefore \quad \angle AMC = \frac{134°}{2} = 67°$

तथा $\angle AMC = \angle CBP = 67°$

3. (c) प्रश्नानुसार, $CD = 7\sqrt{3}$ सेमी

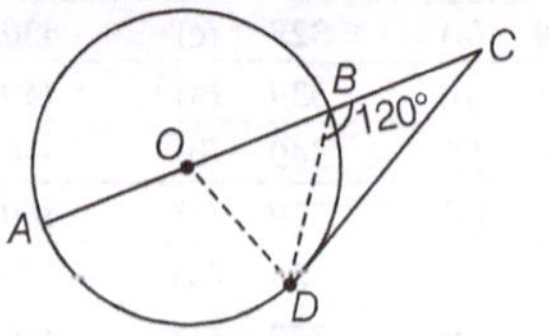

$\because \quad \angle DBC = 120°$ ...(i)

$\therefore \quad \angle OBD = 60°$ (OBC सरल रेखा है)

($OB = OD =$ त्रिज्या)

$\therefore \quad \angle ODB = 60° \Rightarrow \angle DOB = 60°$

$\Rightarrow \Delta OBD$ एक समबाहु त्रिभुज है।

तथा $OD \perp DC$

$\therefore \quad \angle BDC = 90° - 60° = 30°$

$\Rightarrow \angle DCB = 180° - (120° + 30°) = 30°$

अब, ΔBDC में

Sine Rule से, $\frac{BD}{\sin 30°} = \frac{CD}{\sin 120°}$

$\Rightarrow \quad BD = \frac{\sin 30° \times CD}{\sin 120°}$

$= \frac{1}{2} \times \frac{7 \times \sqrt{3}}{\frac{\sqrt{3}}{2}} = 7$

$\therefore$ व्यास $= 2 \times 7 = 14$ सेमी

4. (c) प्रश्नानुसार, $HJ = HK$ ...(i)

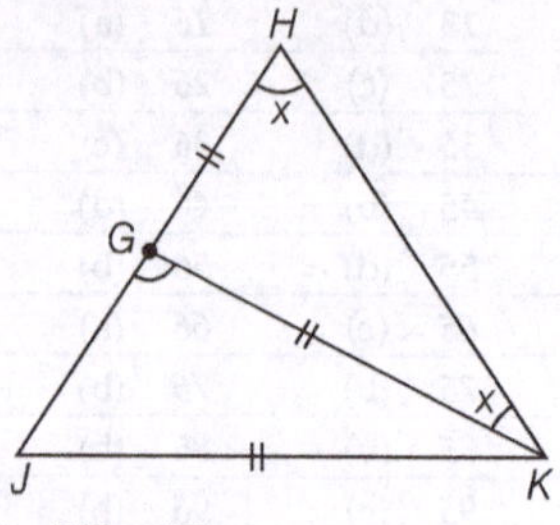

तथा $HG = GK = JK$

$\Rightarrow \angle GHK = \angle GKH = x$ (माना)

तब, $\angle JGK = 2x$ (बहिष्कोण प्रमेय से)

अब, $\angle GJK = 2x$ ($\because GK = JK$)

तथा $\angle HKJ = 2x$ (समी (i) से)

अब, $\angle HGK = 3x$ (बहिष्कोण प्रमेय से)

$\therefore \angle J + \angle H + \angle K = 180°$

$\Rightarrow \quad x + 2x + 2x = 180°$

$\Rightarrow \quad x = 36°$

अब, $\frac{2}{3} \times (\angle HGK + \angle GKJ) = \frac{2}{3} \times (3x + x)$

$= \frac{8x}{3} = 8 \times \frac{36°}{3} = 96°$

5. (d) संगत भुजाओं का अनुपात

$= \sqrt{\text{क्षेत्रफलों का अनुपात}}$

$= \sqrt{121 : 225} = 11 : 15$

6. (a) ΔABC की भुजाएँ एक समकोण त्रिभुज बनाती हैं। इसलिए वृत्त का व्यास त्रिभुज की सबसे बड़ी भुजा होगी। अतः वृत्त की त्रिज्या बड़ी भुजा की आधी होगी।

$\therefore$ अभीष्ट त्रिज्या $= \frac{29}{2} = 14.5$ सेमी

7. (d) दिया है, ΔXYZ में,

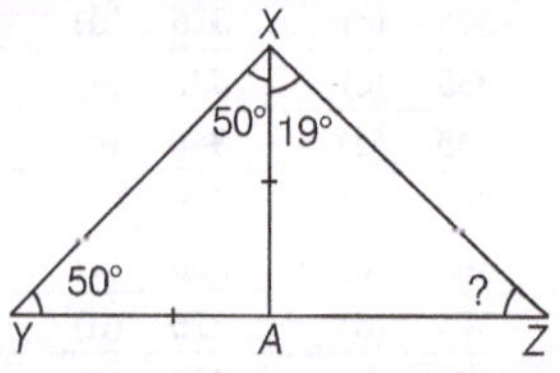

$\because \quad XA = YA$

$\therefore \quad \angle XYA = \angle YXA = 50$ ($\because XA = YA$)

$\therefore \quad \angle XZY = 180° - (50 + 50 + 19)°$

$= 180° - 119° = 61°$

$\therefore \angle XZA$ का मान $= 61°$

8. (a) त्रिभुज के तीनों कोणों का योग $= 180°$

$\Rightarrow \quad \angle P + \angle Q + \angle R = 180°$

$\Rightarrow \quad 84° + \angle R = 180°$

$\therefore \quad \angle R = 180° - 84° = 96°$

9. (b) $\because PT$ वृत्त की स्पर्श रेखा है।

$\therefore \quad PT^2 = PA \times PB$

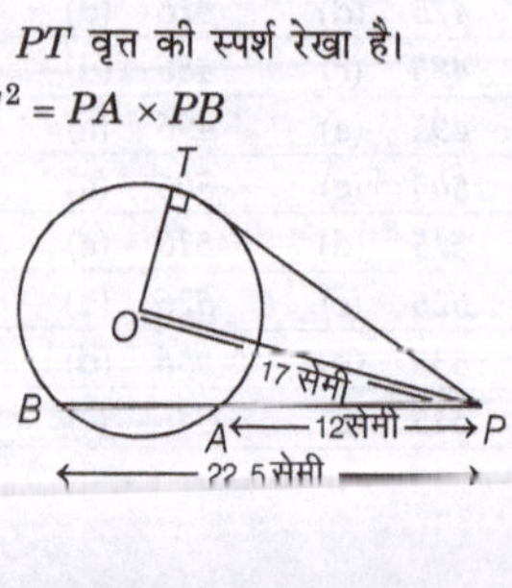

$\Rightarrow \quad PT^2 = 12 \times 22.5 = 270$

ΔOTP में,

$\angle T = 90°$

$\therefore \quad OT = \sqrt{OP^2 - PT^2}$

$= \sqrt{289 - 270} = \sqrt{19}$

$\therefore$ वृत्त की त्रिज्या $= \sqrt{19}$ सेमी

10. (d) ΔABC में,

$AD \perp BC, BE \perp AC$

$AD = BE$

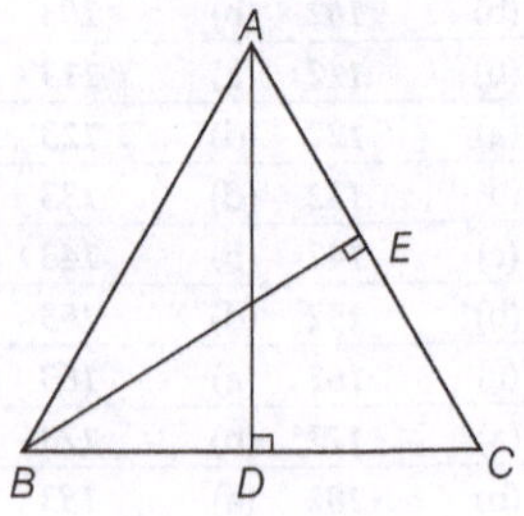

ΔABC का क्षेत्रफल $= \frac{1}{2} \times$ आधार $\times$ ऊँचाई

$\Rightarrow \quad \frac{1}{2} \times BC \times AD = \frac{1}{2} \times AC \times BE$

$\Rightarrow \quad \frac{1}{2} \times BC \times AD = \frac{1}{2} \times AC \times AD$

$\therefore \quad BC = AC$

चूँकि त्रिभुज की दो भुजा एक-दूसरे के बराबर है, इसलिए यह एक समद्विबाहु त्रिभुज है।

11. (b) $\angle ADC = \frac{1}{2} \angle AOC$

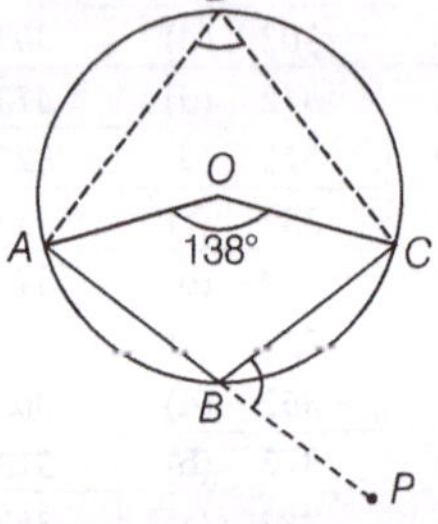

$\therefore \quad \angle ADC = \frac{1}{2} \times 138° = 69°$

अब, $\angle ADC = \angle CBP$

(चक्रीय चतुर्भुज का बाहरी कोण)

$\therefore \quad \angle CBP = 69°$

12. (b) दिया है, ΔABC में,

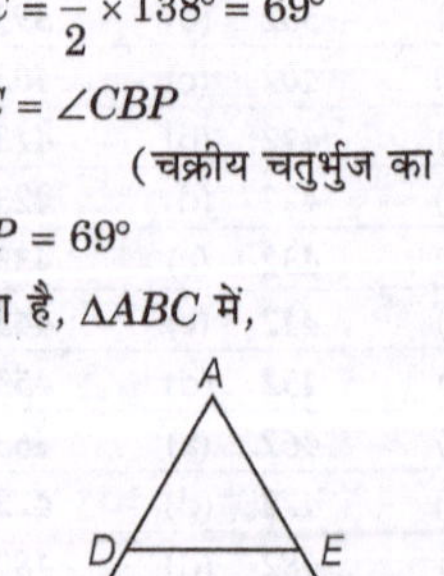

$\because \quad DE \parallel BC$

$5AE = 3EC$

$\Rightarrow \quad \frac{AE}{EC} = \frac{3}{5}$

हम जानते हैं,
$$\frac{AD}{DB} = \frac{AE}{EC} = \frac{3}{5}$$
$$\Rightarrow \frac{DB}{AB} = \frac{EC}{AC} = \frac{5}{8} \quad [\because DE \parallel BC]$$
$\therefore DB$ का मान $= 6.4 \times \frac{5}{8} = 4$ इकाई

13. (a) दिया है,

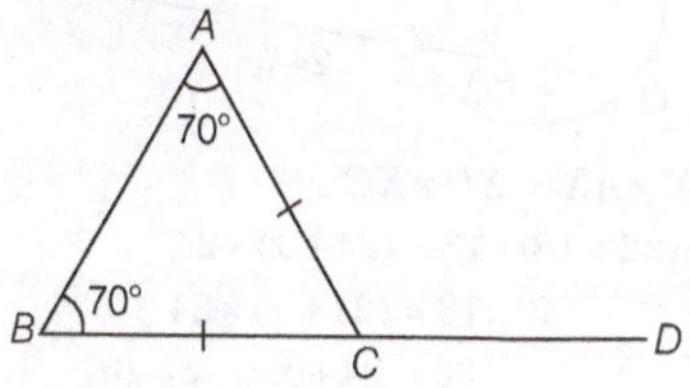

$AC = BC$

$\angle BAC = 70°$

$\therefore \quad \angle BAC = \angle ABC = 70°$

$\therefore \quad \angle ACD = \angle BAC + \angle ABC$
$= 70° + 70° = 140°$

अब, $2.5 \angle ACD - 1.5 \angle ABC$
$= 2.5 \times 140° - 1.5 \times 70°$
$= 350 - 105 = 245°$

14. (a) माना त्रिभुज के कोण क्रमशः $7x, 8x, 3x$ हैं।

$\therefore \quad 7x + 8x + 3x = 180$

$\Rightarrow \quad 18x = 180 \Rightarrow x = 10°$

अत: त्रिभुज का सबसे बड़ा कोण $= 8x$
$= 8 \times 10 = 80°$

15. (d) कथन (A) त्रिभुज के आन्तरिक कोणों का योग 180° होता है इसलिए कथन (A) सही है।
कथन (C) किसी भी त्रिभुज में अधिक से अधिक एक अधिक कोण होता है इसलिए कथन (C) सही है।
अत: कथन (A) और (C) सही हैं तथा कथन (B) और (D) गलत हैं।

16. (a) ΔABC में पाइथागोरस प्रमेय से,

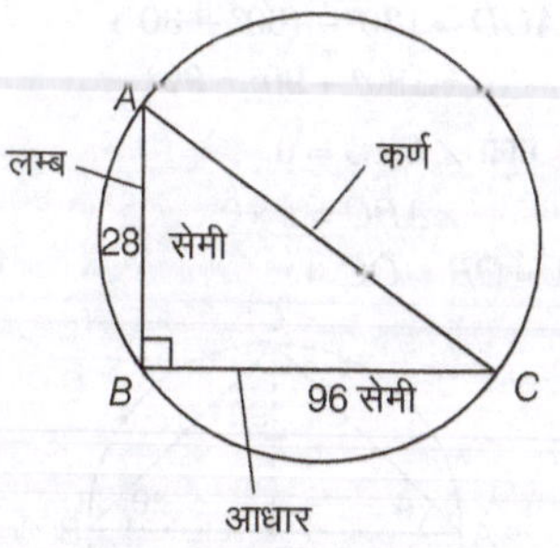

$AC^2 = AB^2 + BC^2$

$\Rightarrow AC^2 = (28)^2 + (96)^2$

$\Rightarrow AC = \sqrt{10000} \Rightarrow AC = 100$ सेमी

परिवृत्त की त्रिज्या $(R) = \frac{\text{कर्ण}}{2} = \frac{100}{2} = 50$ सेमी

परिवृत्त का क्षेत्रफल $= \pi r^2 = 3.14 \times 50 \times 50$
$= 3.14 \times 2500 = 7850$ सेमी^{2}

17. (d) दिया है, $m\angle QRS = (26x)°$

$m\angle QOS = (20x)°$

$\therefore \angle SPQ = \frac{1}{2}(20x)°$ [केन्द्रीय कोण प्रमेय द्वारा]

$\angle SPQ = (10x)°$

चक्रीय चतुर्भुज $PQRS$ में,
$$\angle SRQ + \angle SPQ = 180°$$
$$(26x)° + (10x)° = 180° \Rightarrow (36x)° = 180°$$
$$x = \frac{180°}{36} = 5$$

18. (a) दिया है,

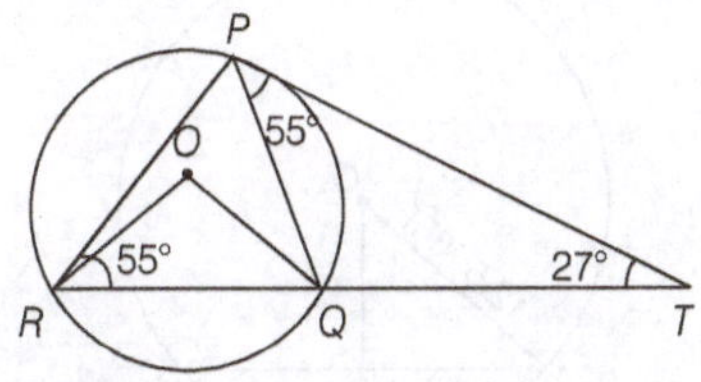

$\angle PTQ = 27°$ तथा $TPQ = 55°$

जीवा PQ स्पर्श रेखा के साथ 55° बनाती है।

$\therefore \quad \angle PRQ = QPT = 55°$

[एकान्तर खण्ड प्रमेय]

$\angle PQR = 55° + 27° = 82°$

$\therefore \Delta PQR$ में,

$\Rightarrow \quad \angle P + \angle R + \angle Q = 180°$

$\Rightarrow \quad \angle P + 55° + 82° = 180°$

$\Rightarrow \quad \angle P = 180° - 137°$

$\Rightarrow \quad \angle P = 43°$

$\angle ROQ = 2\angle P$

[वृत्त की जीवा द्वारा परिधि बना कोण केन्द्र पर बने कोण का आधा होता है]

$\Rightarrow \quad \angle ROQ = 2 \times 43°$

$\Rightarrow \quad \angle ROQ = 86°$

19. (d) दिया है, $QR = 12$ सेमी

$\because \quad ST \parallel QR$

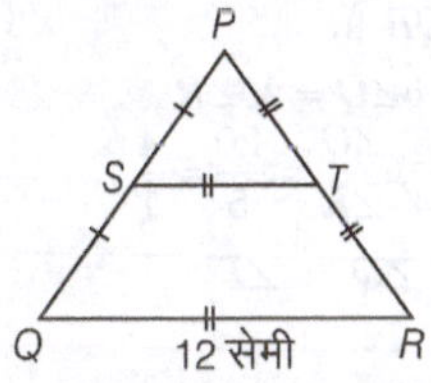

तथा S और T मध्य बिन्दु है

$\therefore \quad ST = \frac{1}{2}QR \Rightarrow ST = \frac{1}{2} \times 12$

$ST = 6$ सेमी

20. (a)

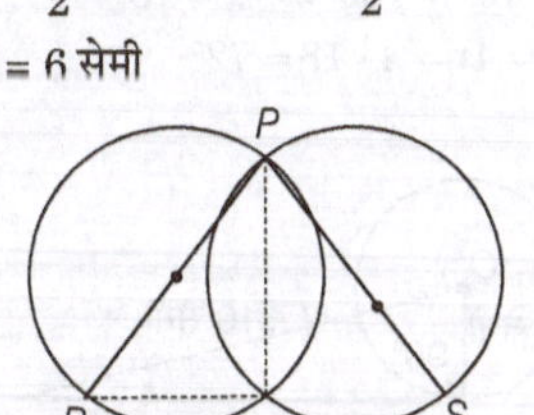

$\because \quad PR =$ व्यास

$\therefore \quad \angle PQR = 90°$

(अर्द्धवृत्त का कोण समकोण होता है।)

21. (c) $\Delta ADB \cong \Delta CDB$ (SSS)

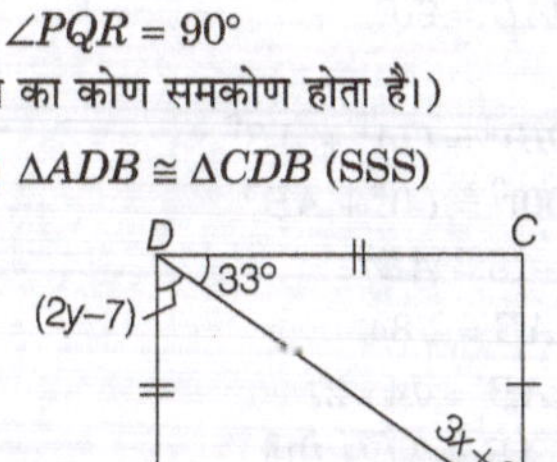

$\therefore \quad \angle ADB = \angle CDB \Rightarrow (2y - 7)° = 33°$

$\Rightarrow \quad 2y = 40° \Rightarrow y = 20°$

तथा $\angle ABD = \angle CBD$

$\Rightarrow \quad 68° = (3x + 2)°$

$\Rightarrow \quad 3x = 66 \Rightarrow x = 22$

$\therefore \quad 2x + 3y = 2 \times 22 + 3 \times 20 = 44 + 60 = 104$

22. (b) प्रश्नानुसार, $AC = BC$

अब,

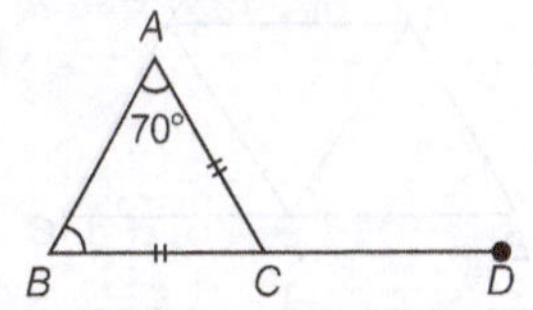

$\angle ACD = \angle BAC + \angle ABC$

(बहिष्कोण प्रमेय)

$\therefore \quad \angle ACD - \angle ABC = 70°$

23. (c) प्रश्नानुसार,

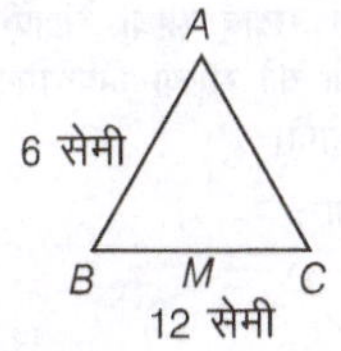

$AB = 6$ सेमी, $BC = 12$ सेमी

$\therefore \quad (12 - 6) < AC < (12 + 6)$

$\Rightarrow \quad 6 < AC < 18$

$\because$ यह त्रिभुज समद्विबाहु है।

$\therefore$ त्रिभुज की तीसरी भुजा 12 सेमी होगी।

24. (b) किसी समतल में 3 असंरेख बिन्दुओं से गुजरने वाला एक वृत्त खींचना सदैव सम्भव होता है।

25. (c)

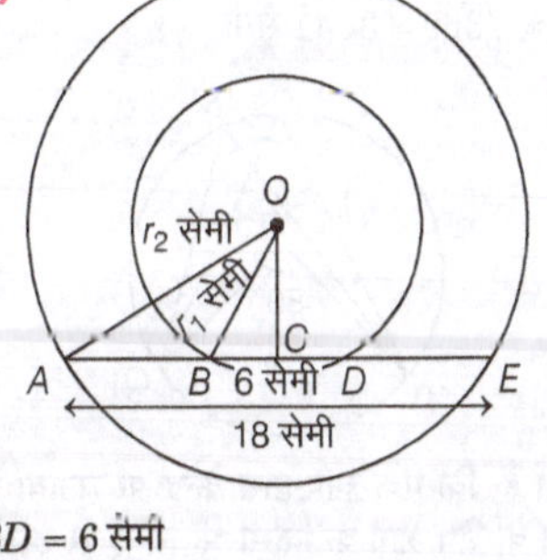

यहाँ, $BD = 6$ सेमी

$\therefore \quad BC = \frac{6}{2} = 3$ सेमी तथा $AE = 18$ सेमी

$\therefore \quad AC = \frac{18}{2} = 9$ सेमी

ΔOBC में, $OC^2 = r_1^2 - 3^2 = r_1^2 - 9$

ΔAOC में, $OC^2 = r_2^2 - 9^2 = r_2^2 - 81$

अब, $\quad r_1^2 - 9 = r_2^2 - 81$

$\therefore \quad r_2^2 - r_1^2 = 81 - 9 = 72$

26. (b)

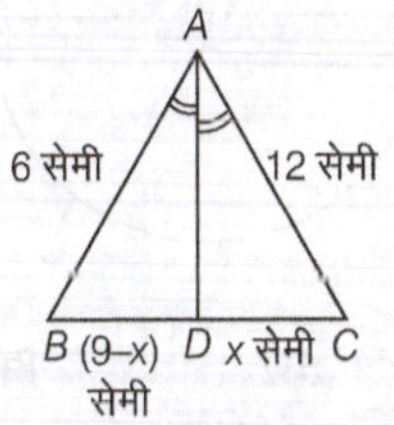

कोण समद्विभाजक प्रमेय से,

$$\frac{AB}{AC} = \frac{BD}{DC} \Rightarrow \frac{6}{12} = \frac{9-x}{x}$$

$\Rightarrow \quad 6x = 108 - 12x \Rightarrow x = \frac{108}{18} = 6$ सेमी

27. (d)

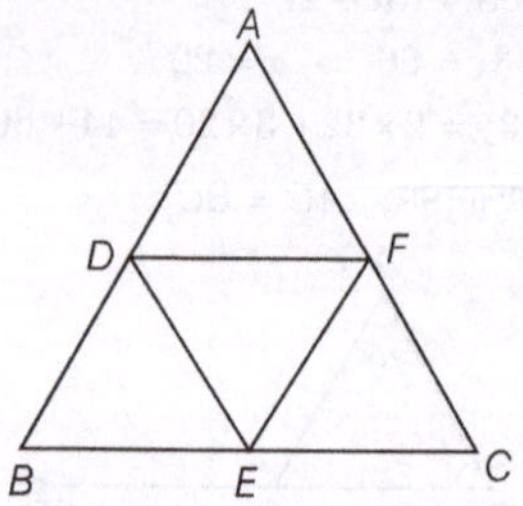

$\because \Delta DEF$ का क्षेत्रफल $= \frac{1}{4} \times \Delta ABC$ का क्षेत्रफल

हम जानते हैं, कि दो सर्वांगसम त्रिभुजों का क्षेत्रफल बराबर होता है।

अतः ΔABC और ΔDEF सर्वांगसम नहीं हो सकते हैं।

28. (a) यदि दो रेखाएँ सीधी रेखाएँ सम्पाती है, तो प्रतिच्छेदन बिन्दुओं की संख्या अपरिमित रूप से अनेक प्रतिच्छेदन बिन्दु होंगी।

29. (a) प्रश्नानुसार,

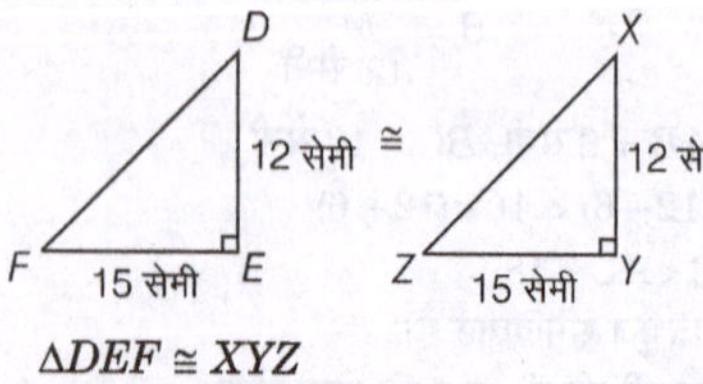

$\because \quad \Delta DEF \cong XYZ$

$\therefore \quad \angle XYZ = \angle DEF = 90°$

तथा $XZ = DF = \sqrt{DE^2 + FE^2}$

$= \sqrt{12^2 + 15^2}$

$= \sqrt{369} = 3\sqrt{41}$ सेमी

30. (b)

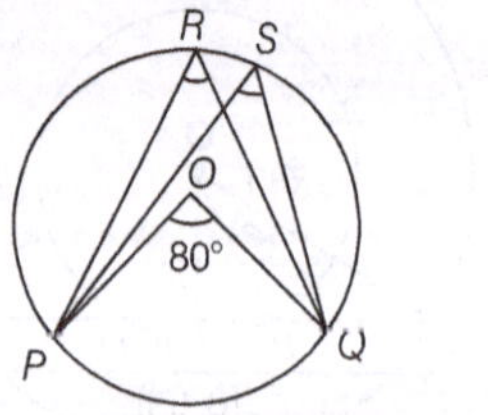

हम जानते हैं, कि एक चाप द्वारा केन्द्र पर बनाया गया कोण वृत्त के शेष भाग के किसी भी बिन्दु पर इसके द्वारा बनाए गए कोण का दोगुना होता है।

$\therefore \angle PRQ = \angle PSQ = \frac{\angle POQ}{2} = \frac{80}{2} = 40°$

31. (c) प्रश्नानुसार,

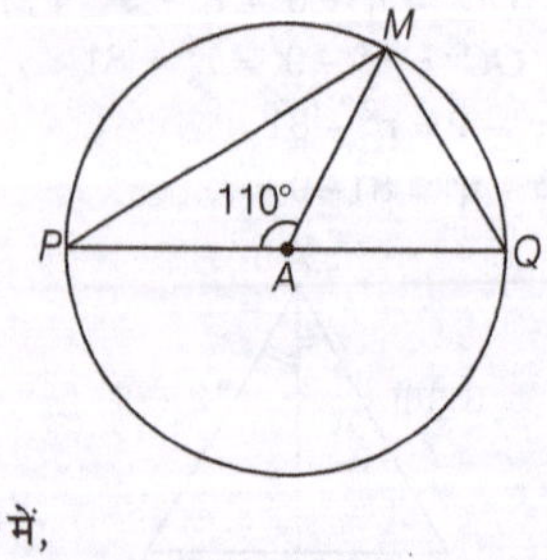

ΔMAQ में,

$AM = AQ$ [वृत्त की त्रिज्या]

$\therefore \quad \angle AMQ = \angle AQM$

अब, $\angle MAQ = 180° - 110° = 70°$

$\Rightarrow \quad 70° + 2\angle MQA = 180°$

$\Rightarrow \quad \angle MQA = \frac{180° - 70°}{2} = 55°$

32. (c) प्रश्नानुसार,

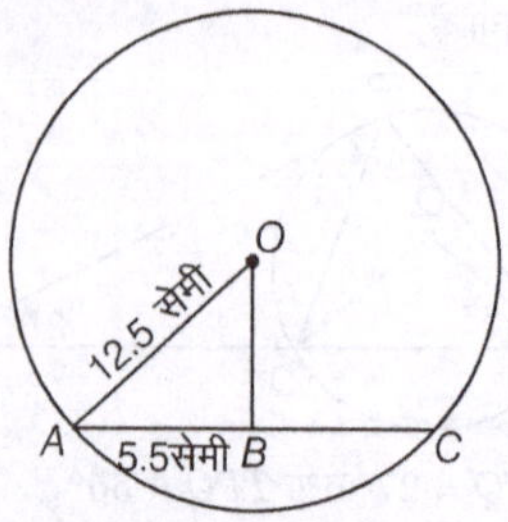

$\Rightarrow AB = \frac{AC}{2} = \frac{11}{2} = 5.5$ सेमी

ΔAOB में, $OB = \sqrt{AO^2 - AB^2} = \sqrt{12.5^2 - 5.5^2}$

$= \sqrt{156.25 - 30.25} = \sqrt{126} = 11.2$ सेमी

अतः केन्द्र से जीवा की दूरी 11.2 सेमी है।

33. (d)

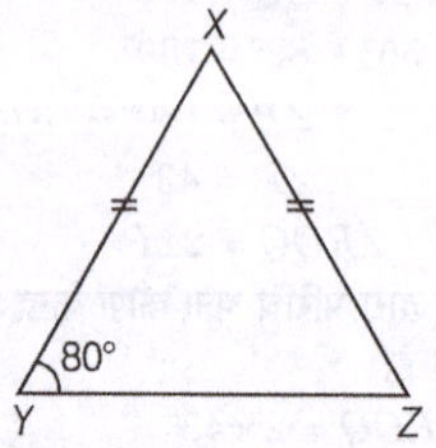

$\because \quad XY = XZ$

$\therefore \quad \angle Z = \angle Y = 80°$

अतः $\angle X = 180° - (80° + 80°) = 20°$

34. (a) ΔPQR में,

$4\angle P = 5\angle Q = 20\angle R$

$\because \quad \frac{\angle P}{\angle Q} = \frac{5}{4}, \frac{\angle Q}{\angle R} = \frac{20}{5} = \frac{4}{1}$

$\therefore \quad \angle P : \angle Q : \angle R$

$5x : 4x : 1x$

$\angle P + \angle Q + \angle R = 180°$

$\Rightarrow \quad 5x + 4x + 1x = 180°$

$\Rightarrow \quad 10x = 180° \Rightarrow x = 18$

अतः $\angle Q = 4x = 4 \times 18 = 72°$

35. (d)

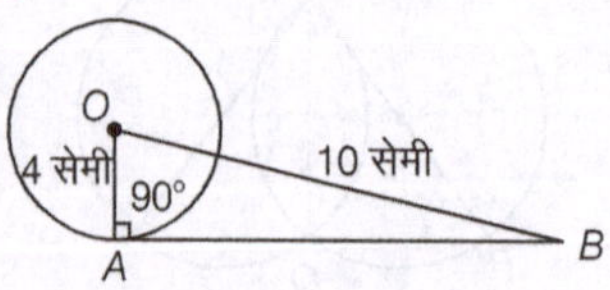

वृत्त की त्रिज्या स्पर्श बिन्दु पर लम्ब होती है

$\therefore \quad \angle OAB = 90°$

ΔOAB में,

$(OB)^2 = OA^2 + AB^2$

$\Rightarrow \quad (100)^2 = (4)^2 + AB^2$

$\Rightarrow \quad 100 - 16 = AB^2$

$\Rightarrow \quad AB = \sqrt{84}$

$\Rightarrow \quad AB = \sqrt{4 \times 21}$

$\Rightarrow \quad AB = 2\sqrt{21}$ सेमी

अतः स्पर्श रेखा AB की लम्बाई $2\sqrt{21}$ सेमी है।

36. (c) किसी त्रिभुज की मध्यिकाएँ बराबर हैं, तो त्रिभुज समबाहु त्रिभुज होगा, क्योंकि समबाहु त्रिभुज की सभी भुजाएँ और सभी कोण बराबर होते हैं, इसलिए समबाहु त्रिभुज की मध्यिकाएँ भी बराबर होगी।

37. (d) माना CD की लम्बाई x है

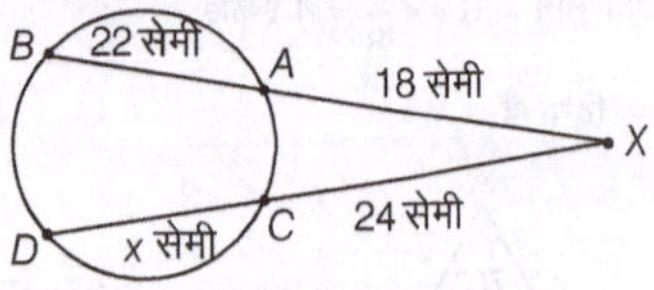

$\because BX \times AX = XD \times XC$

$\Rightarrow \quad (22 + 18) \times 18 = (24 + x) \times 24$

$\Rightarrow \quad 40 \times 18 = (24 + x) \times 24$

$\Rightarrow \quad 30 = 24 + x \Rightarrow x = 6$

अतः XD की लम्बाई $= 24 + x = 24 + 6 = 30$ सेमी

38. (c) दिया है, $BC = OD$

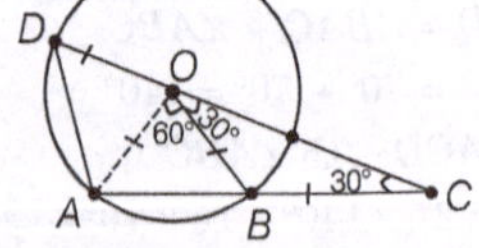

तथा $\angle BCO = 30°$

$OA = OB = OD = BC = r$

ΔBOC में,

$\angle BOC = \angle BCO = 30°$

$\because \angle OBC + \angle BCO + \angle BOC = 180°$

$\Rightarrow \quad \angle OBC + 30° + 30° = 180°$

$\Rightarrow \quad \angle OBC = 120°$

$\Rightarrow \quad \angle OBA = 180° - 120° = 60°$

ΔOAB में, $OA = OB$

$\therefore \quad \angle OAB = \angle OBA = 60°$

$\Rightarrow \quad \angle AOB + \angle OAB + \angle OBA = 180°$

$\Rightarrow \quad \angle AOB + 60° + 60° = 180°$

$\Rightarrow \quad \angle AOB = 60°$

$\because \quad \angle AOD = 180° - (60° + 30°)$

$= 180° - 90° = 90°$

39. (c) माना $\angle BAC = \theta$

$\therefore \quad \angle ABC = x \times \theta$

$OA = OB = OC = r$ (त्रिज्याएँ)

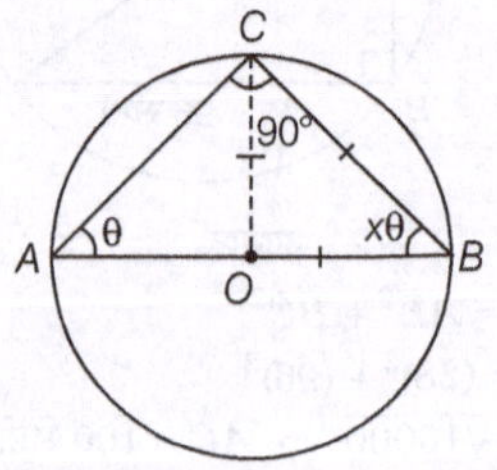

$\therefore \Delta OCB$ समबाहु त्रिभुज है।

$\angle OBC = 60°$ ...(i)

$x\theta = 60°$

$\angle ACB = 90°$ [अर्द्धवृत्त का कोण]

अतः ΔABC में,

$\theta + 90 + x\theta = 180° \Rightarrow \theta + 90 + 60 = 180°$

$\theta = 30°$ ...(ii)

समी (i) से, $60° = 30° \times x$

$\therefore \quad x = 2$

40. (a) $r_1 = 7$ इकाई $\Rightarrow r_2 = \frac{7}{2}$ इकाई

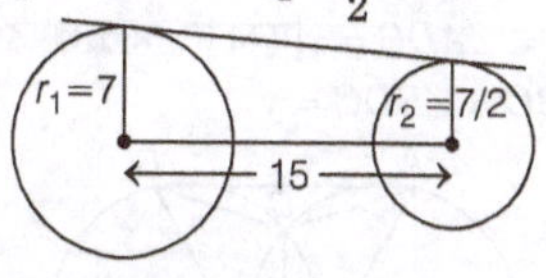

केन्द्रों के बीच की दूरी $(d) = 15$ इकाई

उभयनिष्ठ स्पर्श रेखा की लम्बाई

$= \sqrt{d^2 - (r_1 - r_2)^2}$

$= \sqrt{(15)^2 - \left(7 - \frac{7}{2}\right)^2}$

$= \sqrt{225 - 12.25}$

$= \sqrt{212.75} = 14.586$ सेमी

41. (b) हम जानते है,

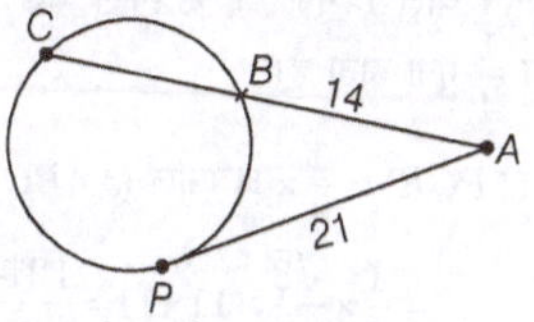

$AP^2 = AB \times AC$

$\Rightarrow \quad 21 \times 21 = 14 \times AC$

$\therefore \quad AC = \frac{21 \times 21}{14} = 31.5$

$\therefore \quad BC = 31.5 - 14 = 17.5$ इकाई

42. (c) ΔABD में, $\angle A = 180° - 54° - 50° = 76°$

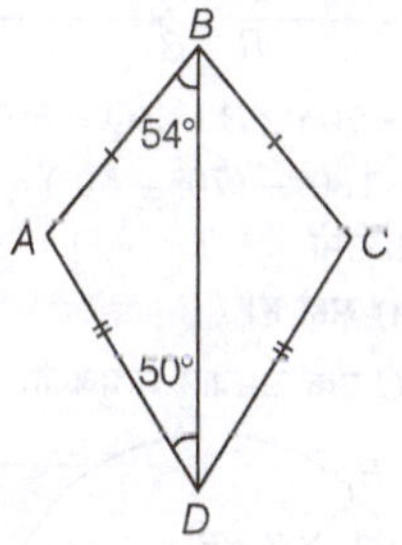

ΔABD और ΔBDC में,

$AB = BC; \; AD = DC$

$BD =$ (उभयनिष्ठ है)

$\Delta ABD \cong CBD$

$\Rightarrow \angle BAD = \angle DCB = 76°$

43. (a) दिया है, $\angle PSR = 120°$

PQ वृत्त का व्यास है

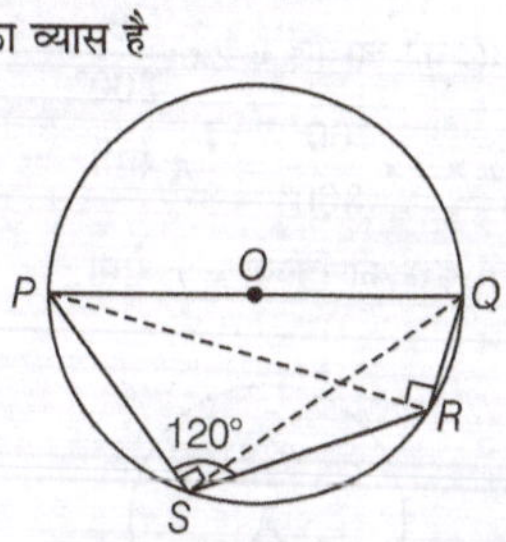

$\therefore \quad \angle PSQ = \angle PRQ = 90°$

(व्यास से वृत्त पर बना कोण)

$\therefore \quad \angle QSR = 120° - 90° = 30°$

$\therefore \quad \angle QSR = \angle QPR$

(सामान जीवा से वृत्त पर बना कोण)

$\therefore \quad \angle QPR = 30°$

44. (a) दिया है,

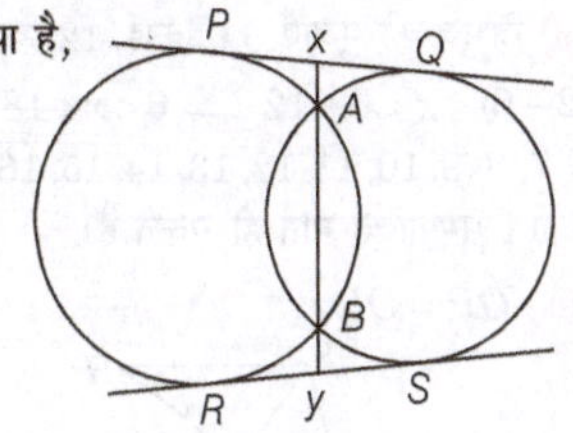

$xy = 5$ सेमी $AB = 3$ सेमी

हम जानते हैं, $XA = YB$

$\Rightarrow \quad XY = XA + AB + YB$

$\Rightarrow \quad 5 = 2XA + 3 \quad \therefore \; XA = \frac{2}{2} = 1$

$XB = XA + AB = 1 + 3 = 4$ सेमी

अब, $PX^2 = XA \times XB \Rightarrow PX^2 = 1 \times 4$

$\therefore \quad PX = 2$ सेमी

इसी प्रकार, $XQ = 2$ सेमी

$\therefore \quad PQ = PX + XQ = 2 + 2 = 4$ सेमी

45. (b) दिया है, त्रिभुज के तीनों कोण क्रमशः P, Q और R हैं।

$P - Q = 20°$

$\therefore \quad Q = P - 20° \quad$ ...(i)

$Q - R = 26°$

$\Rightarrow \quad R = Q - 26°$

$\Rightarrow \quad R = P - 20° - 26° \quad$ (समी (i) से)

$\therefore \quad R = P - 46° \quad$ ...(ii)

हम जानते हैं, त्रिभुज के तीनों कोण की माप $= 180°$

$\Rightarrow \quad P + Q + R = 180°$

समी (i) तथ (ii) से,

$P + P - 20° + P - 46° = 180°$

$\Rightarrow \quad 3P - 66° = 180°$

$\Rightarrow \quad 3P = 180° + 66$

$\therefore \quad P = \frac{246}{3} = 82°$

46. (d) R से वृत्त पर एक स्पर्श रेखा बिन्दु C पर खींचते हैं।

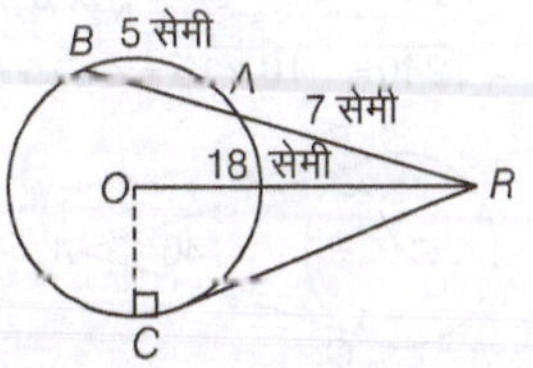

$\because \quad RC^2 = RA \times RB$

$\therefore \quad RC = \sqrt{7 \times 12} = 2\sqrt{21}$ सेमी

अब ΔORC में,

$OC = \sqrt{OR^2 - RC^2} = \sqrt{18^2 - (2\sqrt{21})^2}$

$= \sqrt{324 - 84} = \sqrt{240} = 4\sqrt{15}$ सेमी

अतः वृत्त की त्रिज्या $= 4\sqrt{15}$ सेमी

47. (c) ΔZPO और ΔOXQ में, $ZP = XQ$

$\angle ZPO = \angle XQO = 90°$

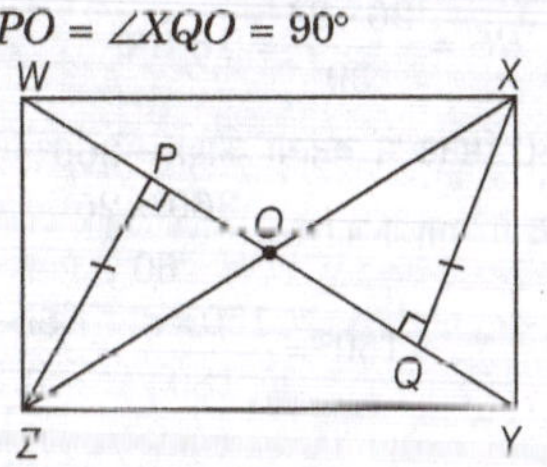

$\angle ZOP = \angle XOQ$ (शीर्षाभिमुख कोण)

$\therefore \quad \Delta ZPO \cong \Delta XQO$ (AAS से,)

$\therefore \quad ZO = OX = 12$ सेमी

$\therefore \quad ZX = ZO + OX = 12 + 12 = 24$ सेमी

48. (a) यदि हम किसी जीवा को दोनों तरफ अनन्त रूप से बढ़ाते हैं, तो वह जीवा छेदक रेखा बन जाती है।

49. (a)

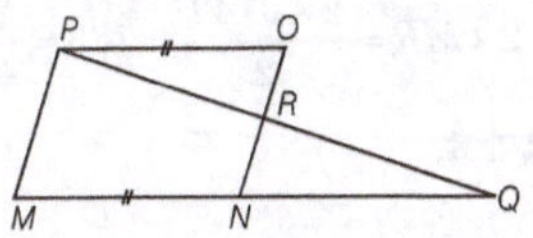

ΔPOR तथा ΔRNQ में,

$\angle NRQ = \angle PRO \quad$ [शीर्षाभिमुख कोण]

$\angle RQN = \angle RPO \quad$ [एकान्तर कोण]

$\therefore \quad \Delta POR \sim \Delta QNR \quad$ [AA नियम से]

$\therefore \quad \frac{OR}{RN} = \frac{PO}{QN} = \frac{PR}{RQ} \quad [\because MN = NQ = PO]$

$= 1$

अतः $OR : RN = 1 : 1$

50. (b)

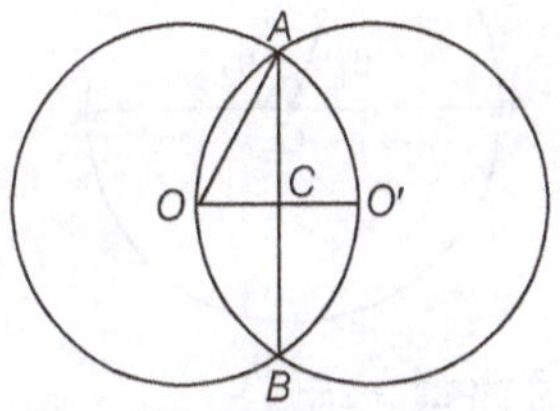

यहाँ, $OA = 13$ सेमी $\quad$ [वृत्त की त्रिज्या

तथा $OC = \frac{OO'}{2} = \frac{13}{2}$ सेमी

अब ΔOAC में,

$AC = \sqrt{OA^2 - OC^2} = \sqrt{13^2 - \frac{13^2}{4}}$

$= 13\left(\sqrt{1 - \frac{1}{4}}\right) = \frac{13\sqrt{3}}{2}$ सेमी

अतः वृत्तों की उभयनिष्ठ जीवा $(AB) = 2 \times AC$

$= 2 \times \frac{13\sqrt{3}}{2} = 13\sqrt{3}$ सेमी

51. (b) दिया है, वृत्त के चाप PAQ और RQS सर्वांगसम है।

$\therefore \quad PQ = RS$

अतः $PQ : RS = 1 : 1$

52. (d) प्रश्नानुसार,

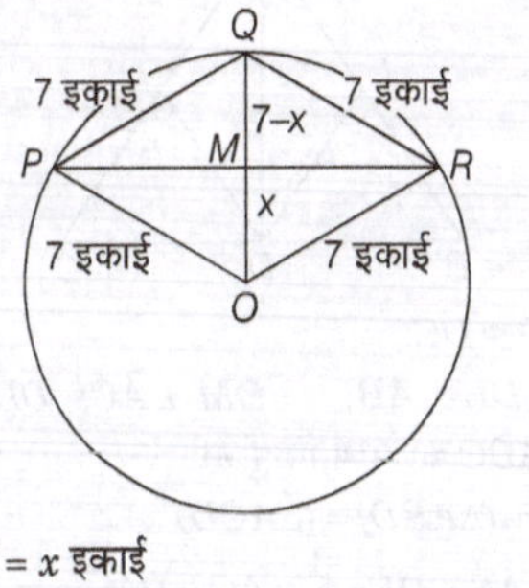

माना $OM = x$ इकाई

$\therefore \quad QM = (7 - x)$ इकाई $\quad [\because OQ$ वृत्त की त्रिज्या]

ΔQMR में,

$MR^2 = 7^2 - (7 - x)^2$

तथा ΔMRO में,

$MR^2 = 7^2 - x^2$

$\therefore \quad 7^2 - (7-x)^2 = 7^2 - x^2$

$-49 - x^2 + 14x = -x^2 \Rightarrow x = \frac{7}{2}$ इकाई

$\therefore MR = \sqrt{7^2 - \left(\frac{7}{2}\right)^2} = \frac{\sqrt{147}}{2}$ इकाई

$\therefore \quad PR = 2 \times MR = \frac{2 \times \sqrt{147}}{2} = 7\sqrt{3} = \frac{21}{\sqrt{3}}$ इकाई

53. (c) दिया है,

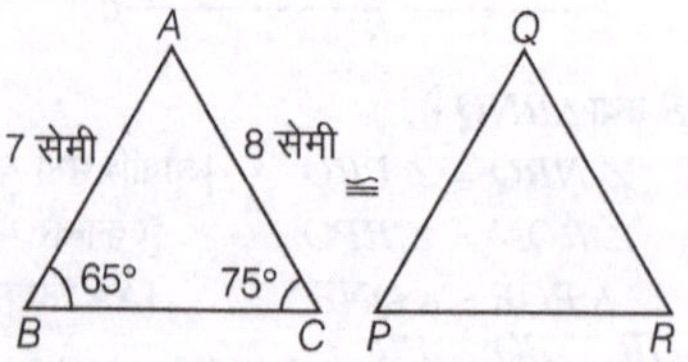

$\therefore \quad PQ = BA = 7$ सेमी तथा $\angle R = \angle C = 75°$

54. (b)

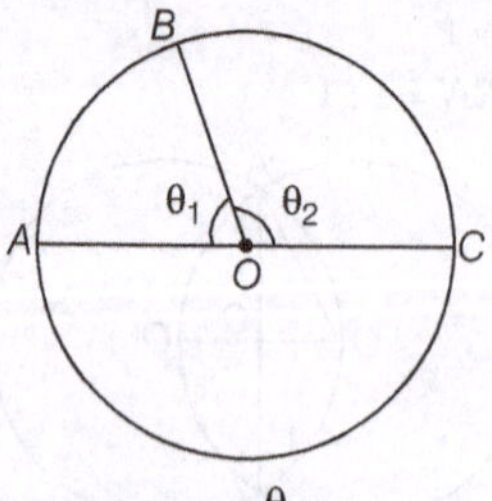

चाप AB की लम्बाई $= 2\pi r \frac{\theta_1}{360}$

तथा चाप BC की लम्बाई $= 2\pi r \frac{\theta_2}{360}$

प्रश्नानुसार, $2\pi r \frac{\theta_2}{360} = 5 \times 2\pi r \frac{\theta_1}{360} \Rightarrow \theta_2 = 5\theta_1$

लेकिन $\theta_1 + \theta_2 = 180°$ [रैखिक युग्म कोण]

$\theta_1 + 5\theta_1 = 180° \quad \Rightarrow \theta_1 = 30°$

$\therefore \quad \angle BOC = \theta_2 = 5\theta_1 = 5 \times 30 = 150°$

55. (d) त्रिभुज का परिमाप = 52 इकाई

माना त्रिभुज की भुजा = a, b, c

$\therefore \; a + b + c = 52$

अब, $a + b > c \Rightarrow a + b + c > 2c$

$\Rightarrow \quad 52 > 2c \;\Rightarrow 26 > c \;\Rightarrow c < 26$

$\therefore$ त्रिभुज की सभी भुजाएँ < 26 इकाई होंगी।

56. (b) D, BC का मध्य-बिन्दु है।

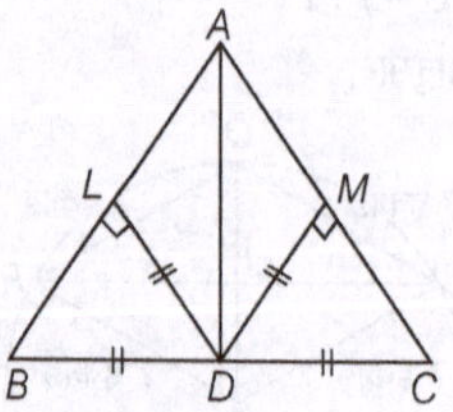

$\therefore \quad BD = DC$

दिया है, $DL \perp AB$; $\quad DM \perp AC$; $DL = DM$

$\because D, \Delta ABC$ का मध्य बिन्दु है।

$\therefore$ क्षेत्रफल $(\Delta ABD) = (\Delta ACD)$

$\Rightarrow \quad \frac{1}{2} \times AB \times DL = \frac{1}{2} \times AC \times DM$

$\Rightarrow \quad AB \times DL = AC \times DL \qquad (\because DL = DM)$

$\Rightarrow \quad AB = AC$

$\therefore \; \Delta ABC$, एक समद्विबाहु त्रिभुज है।

57. (a) त्रिभुज की भुजाएँ = 6 इकाई, 12 इकाई, x इकाई

$\therefore \; (12-6) < x < 6+12 \quad \Rightarrow 6 < x < 18$

$\therefore \; x = 7, 8, 9, 10, 11, 12, 13, 14, 15, 16, 17$

$\therefore \; x$ के 11 सम्भावित मान हो सकते हैं।

58. (a) $OP = OR$

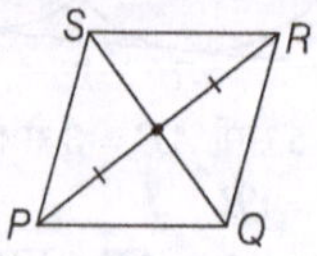

$\therefore \; O, PR$ का मध्य बिन्दु है।

$\therefore \quad \angle POR = \angle SOQ = 180°$

$\Rightarrow \quad \angle SOQ = 180°$

59. (d) $AB = 24$ सेमी

$\therefore \; AN = \frac{24}{2} = 12$ सेमी

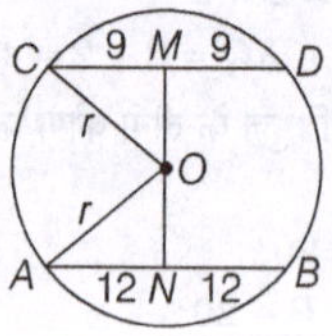

तथा $\; CD = 18$ सेमी

$\therefore \quad CM = \frac{18}{2} = 9$ सेमी; $MN = 21$ सेमी

माना $MO = x$ सेमी

$\therefore \quad ON = (21 - x)$ सेमी

अब, $\quad r^2 = (OM)^2 + (MC)^2 = (ON)^2 + (AN)^2$

$\Rightarrow \quad x^2 + 9^2 = (21 - x)^2 + (12)^2$

$\Rightarrow \quad x^2 + 81 = 441 + x^2 - 42x + 144$

$\Rightarrow \quad 42x = 585 - 81 = 504 \Rightarrow x = 12$

$\therefore \quad r^2 = 12^2 + 9^2 = 144 + 81 = 225$

$r = 15$ सेमी

60. (b) स्पर्श रेखा की लम्बाई

$(QR) = \sqrt{(MN)^2 - (R_1 - R_2)^2}$

$\therefore \quad QR = \sqrt{16^2 - (12-8)^2} = \sqrt{256 - 16}$

$QR = \sqrt{240} = \sqrt{16 \times 15} = 4\sqrt{15}$ सेमी

61. (c)

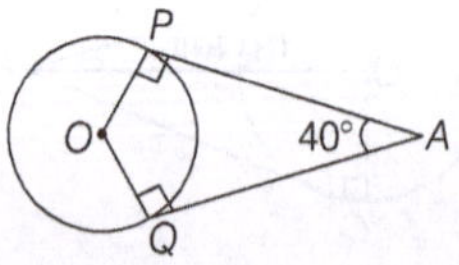

चतुर्भुज $OPAQ$ में,

$\angle POQ + \angle OPA + \angle OQA + \angle PAQ = 360°$

$\Rightarrow \angle POQ + 90° + 90° + 40° = 360°$

$\therefore \quad \angle POQ = 360° - 220° = 140°$

62. (a) $\because \Delta RST \sim \Delta ABC$

$\therefore \frac{(\Delta RST) \text{ का परिमाप}}{(\Delta ABC) \text{ का परिमाप}} = \frac{RS}{AB} \Rightarrow \frac{26}{39} = \frac{RS}{24}$

$\Rightarrow \quad RS = \frac{26 \times 24}{39} = 16$ सेमी

63. (c) 60 मिनट में बनाया कोण = 360°

$\therefore$ 25 मिनट में बनाया कोण $= \frac{360° \times 25}{60}$

$= 150° = \frac{150 \times \pi}{180} = \left(\frac{5\pi}{6}\right)$

64. (b) माना $\angle BAC = x$ तथा $\angle ABC = y$

$\therefore \angle BAC = \angle ADC = x$ [एकान्तर अन्त:खण्ड प्रमेय]

तथा $\angle ABC = \angle BDC = y$

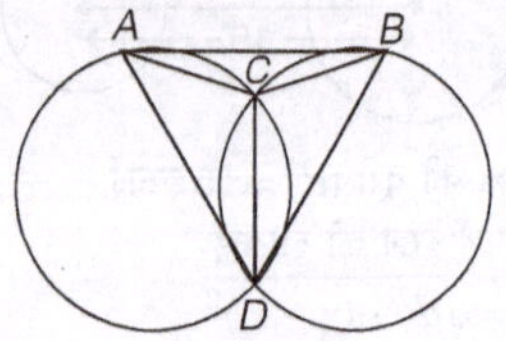

$\therefore \qquad x + y = \angle ADB = 68°$ (दिया है)

अब, ΔACB में,

$x + \angle ACB + y = 180°$

$\angle ACB = 180° - (x + y) = 180° - 68° = 112°$

65. (c) किसी त्रिभुज में भुजाओं के मध्य-बिन्दु से मिलाकर बनने वाले त्रिभुज का क्षेत्रफल बड़े त्रिभुज के क्षेत्रफल का $\frac{1}{4}$ गुना होता है।

$\therefore$ क्षेत्रफल $(\Delta PQR) = \frac{1}{4} \times$ क्षेत्रफल (ΔABC)

$= \frac{1}{4} \times \frac{\sqrt{3}}{4} \times 11 \times 11 = \frac{121\sqrt{3}}{16}$ सेमी^{2}

66. (a) दिया है, $\Delta ABC \cong \Delta PQR$

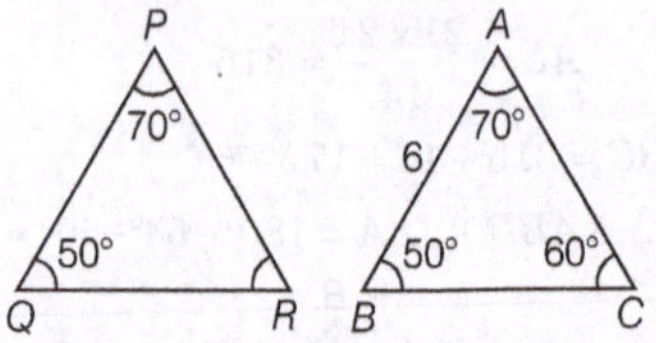

$\therefore \angle A = \angle P = 70°; \angle B = \angle Q = 50°$

$\angle C = \angle R = 180° - (70° + 50°) = 60°$

$AB = PQ = 6$ सेमी

अत: विकल्प (a) सही है।

67. (c) ΔABC एक समबाहु त्रिभुज है।

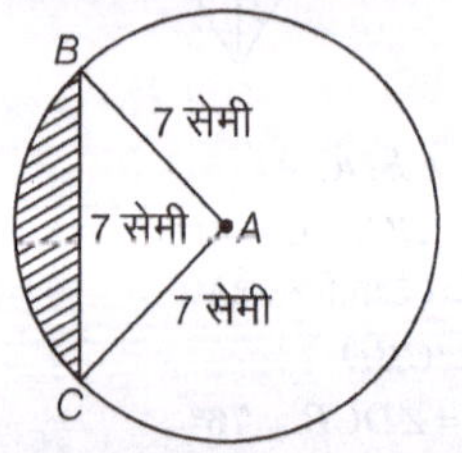

$\therefore \qquad \angle A = 60°$

अत: जीवा BC की लम्बाई $= 2\pi r \frac{\theta}{360°}$

$= 2 \times \pi \times 7 \times \frac{60°}{360°} = \frac{7}{3}\pi$ सेमी

68. (d) माना वृत्त की त्रिज्या = r सेमी

ΔACB में,

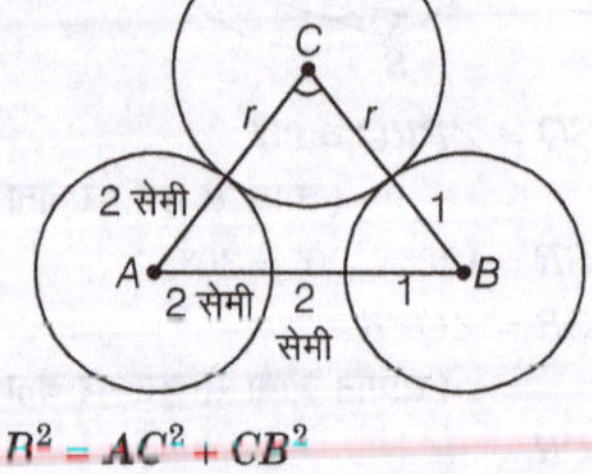

$AB^2 = AC^2 + CB^2$

$\Rightarrow \quad (5)^2 = (2+r)^2 + (r+1)^2$

$\Rightarrow \quad 25 = 4 + r^2 + 4r + r^2 + 1 + 2r$

$\Rightarrow \quad 25 = 2r^2 + 6r + 5 \Rightarrow 2r^2 + 6r - 20 = 0$

$\Rightarrow \quad r^2 + 3r - 10 = 0$

$\Rightarrow \quad (r+5)(r-2) = 0$

$\Rightarrow \quad r = -5, r = 2$

अत: वृत्त C की त्रिज्या 2 सेमी है।

69. (b) दिया है, $\angle BAD = 60°$; $BD = EC$

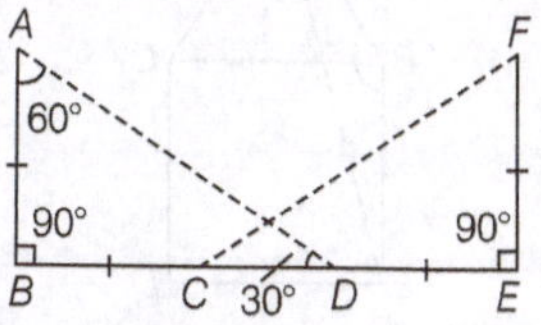

$\angle ABD = \angle FEC = 90°$

$AB = FE$

$\Delta ABD \cong \Delta FEC$ (SAS से)

$\angle A = \angle F = 60°$

$\angle D = \angle C = 30°$

$\therefore \quad \dfrac{\angle BAD}{\angle FCE} = \dfrac{60°}{30°} = \dfrac{2}{1} = 2:1$

70. (b) दिया है,

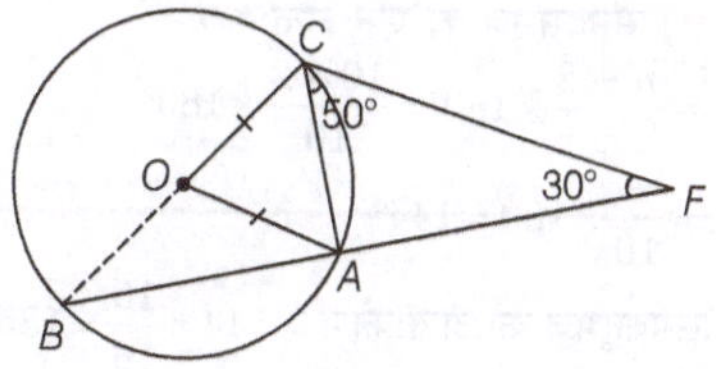

$\angle ACF = 50°$

तथा $\angle AFC = 30°$

$OC = OA$ (त्रिज्याएँ)

$\angle OCF = 90°$ (त्रिज्या द्वारा स्पर्श रेखा पर बना कोण 90° होता है)

$\therefore \quad \angle OCA = \angle OCF - \angle ACF$

$\Rightarrow \quad \angle OCA = 90° - 50°$

$\Rightarrow \quad \angle OCA = 40°$

$\Rightarrow \quad \angle CAO = 40°$ $[OC = OA]$

ΔAOC में,

$\angle COA + \angle OCA + \angle OAC = 180°$

$\Rightarrow \quad \angle COA + 40° + 40° = 180°$

$\Rightarrow \quad \angle COA = 180° - 80°$

$\Rightarrow \quad \angle COA = 100°$

71. (a) दिया है,

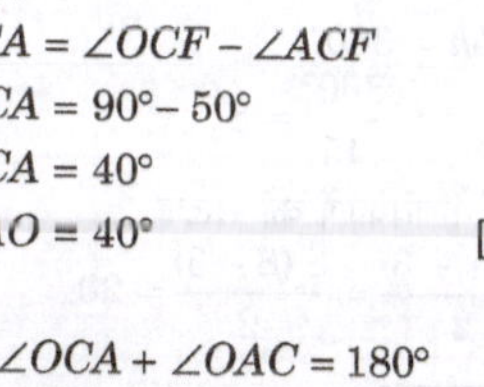

$DE = 36$ सेमी; $DF = 40$ सेमी; $EF = 38$ सेमी

समद्विभाजक प्रमेय से,

$\dfrac{EN}{NF} = \dfrac{DE}{DF} = \dfrac{36}{40} \Rightarrow \dfrac{EN}{NF} = \dfrac{9}{10}$

माना $EN = 9x$ तथा $NF = 10x$

प्रश्नानुसार, $EN + NF = EF$

$\Rightarrow \quad 9x + 10x = 38 \Rightarrow 19x = 38$

$\therefore \quad x = \dfrac{38}{19} = 2$

$\therefore$ NF की लम्बाई $= 10x = 10 \times 2 = 20$ सेमी

72. (a) माना त्रिभुज के तीनों कोणों की माप क्रमश: $17x$, $13x$ तथा $15x$ है।

त्रिभुज के तीनों कोणों का योग $= 180°$

$\Rightarrow \quad 17x + 13x + 15x = 180 \Rightarrow 45x = 180$

$\therefore \quad x = \dfrac{180}{45} = 4$

$\therefore$ त्रिभुज के सबसे बड़े और सबसे छोटे कोणों के बीच का अन्तर $= (17x - 13x) = 4x = 4 \times 4 = 16°$

73. (d) दिया है, C_1 की त्रिज्या = 16 सेमी

C_2 की त्रिज्या = 8 सेमी

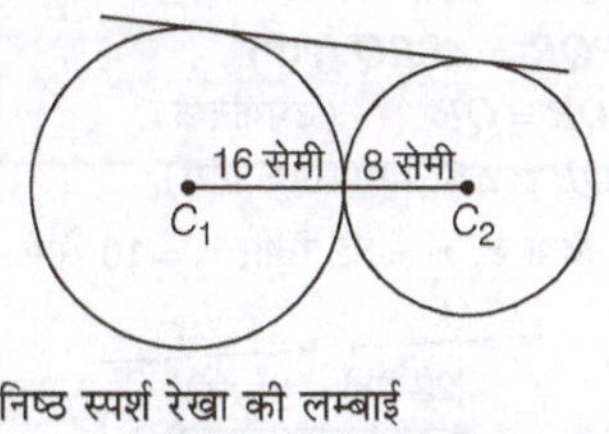

$\therefore$ उभयनिष्ठ स्पर्श रेखा की लम्बाई

$= \sqrt{(r_1 + r_2)^2 - (r_1 - r_2)^2}$

$= \sqrt{(16+8)^2 - (16-8)^2}$

$= \sqrt{576 - 64}$

$= \sqrt{512} = 16\sqrt{2}$ सेमी

74. (b) ΔPQS में, $\angle S = 90°$

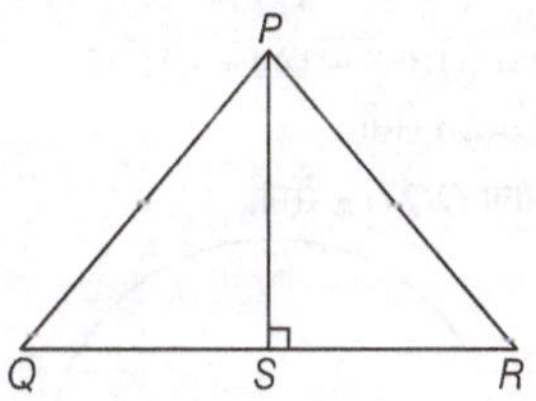

$\therefore \quad PS^2 = PQ^2 - QS^2$ ...(i)

ΔPSR में,

$\angle S = 90°$

$PS^2 = PR^2 - SR^2$ ...(ii)

समी (i) तथा (ii) से,

$PQ^2 - QS^2 = PR^2 - SR^2$

$\Rightarrow \quad PQ^2 + SR^2 = PR^2 + QS^2$

75. (b) $AD = 12$ सेमी, $BE = 9$ सेमी

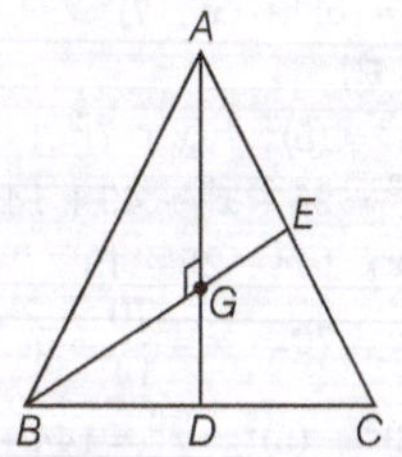

ΔABC में, G केन्द्रक है।

$AG = \dfrac{2}{3} \times AD = \dfrac{2}{3} \times 12 = 8$ सेमी

$BG = \dfrac{2}{3} \times BE = \dfrac{2}{3} \times 9 = 6$ सेमी

अब, ΔABG में, $AB^2 = 6^2 + 8^2 = 36 + 64$

$AB = 10$ सेमी

76. (b)

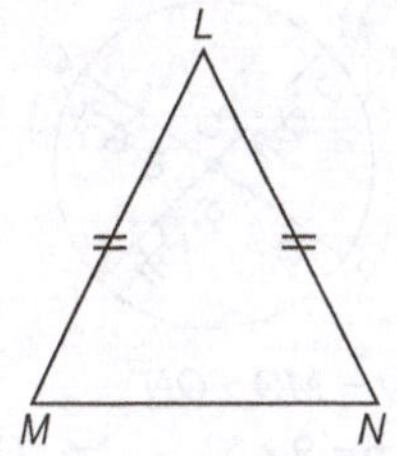

$\angle L + \angle M + \angle N = 180°$

$118° + \angle M + \angle N = 180°$

$\angle M + \angle N = 62°$ ...(i)

$2\angle N = 62°$ $[\because \angle M = \angle N]$

$\therefore \quad \angle N = 31°$

77. (d)

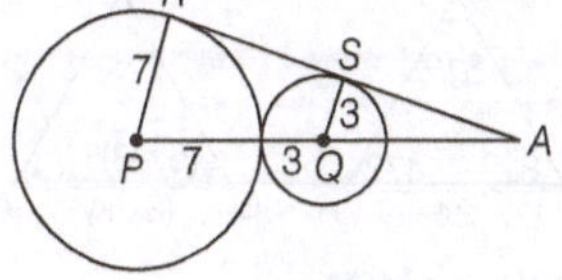

$\Delta AQS \sim \Delta APR$

$\dfrac{AQ}{AP} = \dfrac{QS}{PR} = \dfrac{3}{7}$

माना $AQ = 3x, AP = 7x$

$PQ = AP - AQ$

$\Rightarrow \quad 4x = 10 \Rightarrow x = \dfrac{5}{2}$

$\therefore \quad AP = 7 \times \dfrac{5}{2} = 17.5$

$\therefore \quad \dfrac{AP}{AQ} = \dfrac{17.5}{3 \times \dfrac{5}{2}}$

$= \dfrac{17.5}{7.5} = \dfrac{7}{3}$

$\therefore A$, PQ को बाह्य रूप से $7:3$ के अनुपात में विभाजित करता है।

78. (b) क्षेत्रफल $(\Delta PQR) = 46$ सेमी^{2}

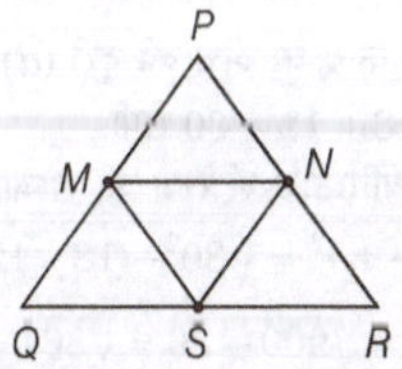

$\therefore \Delta PMN$ का क्षेत्रफल $= \dfrac{46}{4} = 11.5$ सेमी^{2}

अत: चतुर्भुज $MNRQ$ का क्षेत्रफल

$= \Delta PQR$ का क्षेत्रफल $- \Delta PMN$ का क्षेत्रफल

$= 46 - 11.5 = 34.5$ सेमी^{2}

79. (a) $\because \quad \angle DOB = 180°$ (रैखिक कोण)

अब, $\quad \angle DOB \times \dfrac{5}{9} = 180° \times \dfrac{5}{9} = 100°$

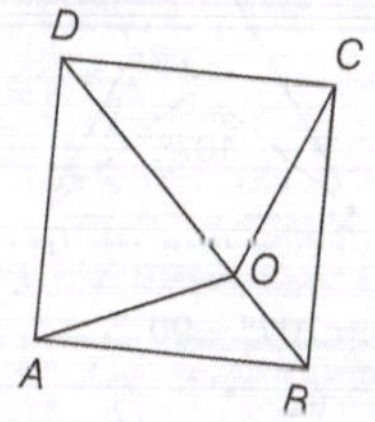

80. (a)

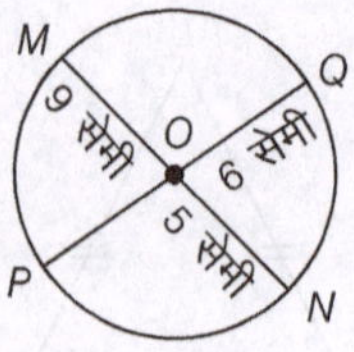

अब, $OP \times OQ = MO \times ON$

$OP \times 6 = 9 \times 5 \quad \Rightarrow \quad OP = 7.5$ सेमी

81. (b) उभयनिष्ठ अनुप्रस्थ स्पर्श रेखा की लम्बाई

$= \sqrt{d^2 - (r_1 + r_2)^2} = \sqrt{17^2 - (10 + 5)^2}$

$= \sqrt{289 - 225} = \sqrt{64} = 8$ सेमी

82. (c) दिया है, $\Delta PQR \cong \Delta MON$

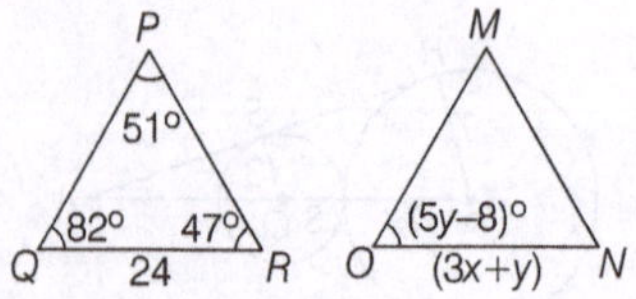

अब, $\angle PQR = \angle MON$

$82 = 5y - 8 \Rightarrow y = \frac{82 + 8}{5} = 18$

तथा $QR = ON \Rightarrow 24 = 3x + y$

$\Rightarrow \quad 24 = 3x + 18 \Rightarrow x = \frac{24 - 18}{3} = 2$

अत: $x + y = 2 + 18 = 20$

83. (c)

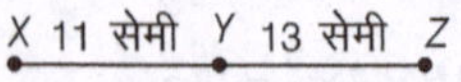

यहाँ, $xz = xy + yz \Rightarrow 24 = 11 + 13$

$\therefore$ तीनों बिन्दु एक सीधी रेखा में उपस्थित हैं

अत: बिन्दु x, y और z से होकर गुजरने वाले वृत्तों की संख्या 0 होगी।

84. (b) हम जानते हैं कि, कोण-कोण-कोण के मानदंड को लागू करने से दो त्रिभुजों को सर्वांगसम सिद्ध नहीं किया जा सकता है, लेकिन समरूप सिद्ध किया जा सकता है।

85. (b) $\because$ दो वृत्त एक-दूसरे को बाह्य रूप से स्पर्श करते हैं।

$\therefore$ दोनों वृत्तों के केन्द्र के बीच की दूरी (d)

$= 18 + 12 = 30$ सेमी

अत: सीधी उभयनिष्ठ स्पर्श रेखा की लम्बाई

$= \sqrt{d^2 - (r_1 - r_2)^2} = \sqrt{30^2 - (18 - 12)^2}$

$= \sqrt{30^2 - 6^2} = \sqrt{900 - 36} = \sqrt{864} = 12\sqrt{6}$ सेमी

86. (b) $\Delta EFG \cong \Delta HIJ$

ΔEFG का क्षेत्रफल $= \Delta HIJ$ का क्षेत्रफल

$= 124$ सेमी^{2}

87. (a) हम जानते हैं,

$\angle QOR = 90° + \frac{\angle P}{2}$ [कोण समद्विभाजक]

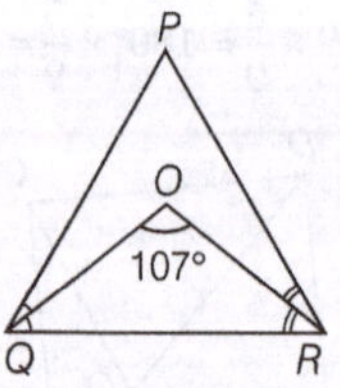

$\Rightarrow \quad \frac{\angle P}{2} = 107° - 90°$

$\therefore \quad \angle P = 17° \times 2 = 34°$

88. (d) विकल्प (d) से,

$\frac{\frac{\pi}{6} + \frac{\pi}{2}}{2} = \frac{(\pi + 3\pi)}{2 \times 6} = \frac{4\pi}{12} = \frac{\pi}{3}$

अत: $\frac{\pi}{6}, \frac{\pi}{3}, \frac{\pi}{2}$ त्रिभुज के कोण होंगे।

89. (b) प्रश्नानुसार,

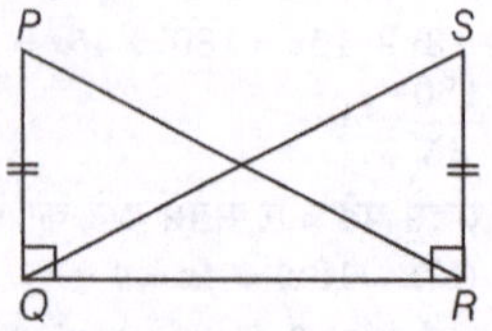

ΔPQR तथा ΔSRQ में,

$PQ = SR$ (दिया है)

$\angle PQR = \angle SRQ$ (90°)

$QR = QR$ (उभयनिष्ठ)

$\therefore \quad \Delta PQR \cong \Delta SRQ$ (SAS द्वारा)

90. (a) दिया है, $r_1 = 22$ सेमी; $r_2 = 10$ सेमी

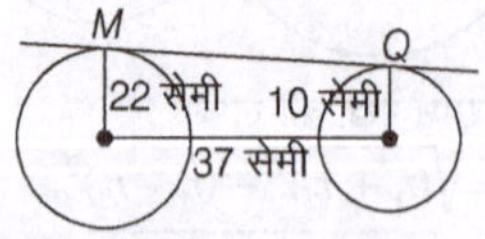

केन्द्रों के बीच की दूरी $(d) = 37$ सेमी

सीधी उभयनिष्ठ अनुस्पर्श रेखा MQ की लम्बाई

$MQ = \sqrt{d^2 - (r_1 - r_2)^2}$

$MQ = \sqrt{(37)^2 - (22 - 10)^2}$

$MQ = \sqrt{1369 - 144} = \sqrt{1225}$

$\therefore \quad MQ = 35$ सेमी

91. (b) माना $OQ = x$ सेमी

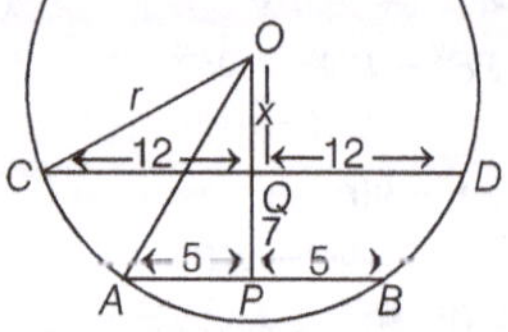

ΔOQC में,

$r^2 = (12)^2 + x^2 \quad$ ...(i)

ΔOAP में,

$r^2 = (5)^2 + (x + 7)^2 \quad$ ...(ii)

समी (i) व (ii) से,

$(12)^2 + (x)^2 = (5)^2 + (x + 7)^2$

$\Rightarrow \quad 144 + x^2 = 25 + x^2 + 49 + 14x$

$\Rightarrow \quad 14x = 144 - 25 - 49$

$\Rightarrow \quad 14x = 70 \Rightarrow x = \frac{70}{14} = 5$

$\therefore \quad r^2 = (12)^2 + (5)^2 \Rightarrow r^2 = 144 + 25$

$\therefore \quad r = \sqrt{169} = 13$ सेमी

अत: वृत्त का व्यास $= 2 \times 13 = 26$ सेमी

92. (b) समबाहु त्रिभुज की दो भुजाओं का योग = 16

$\therefore$ समबाहु त्रिभुज की एक भुजा $= \frac{16}{2} = 8$ सेमी होगी

[समबाहु त्रिभुज की सभी भुजाएँ बराबर होती हैं।]

अत: समबाहु त्रिभुज की तीसरी भुजा 8 सेमी होगी।

93. (a) हम जानते हैं, कि त्रिभुज की समान भुजाओं के सम्मुख कोण बराबर होते हैं।

$\because \quad AB = BC = AC$

$\therefore \quad \Delta ABC$ एक समबाहु त्रिभुज है

$\therefore \quad \angle ABC = 60°$

माना, $\angle BAE = \angle AEB = x°$

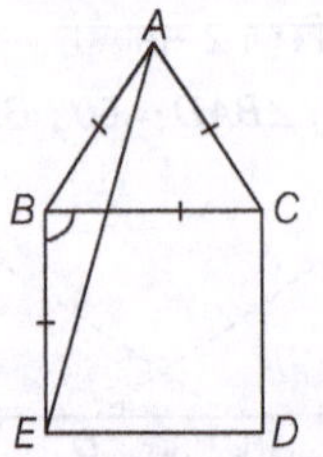

अब, ΔABE में, $90° + 60° + x° + x° = 180°$

$\therefore \quad x = 15°$

अत: $\angle EAB + 3\angle AEB$

$= x + 3x = 4x = 4 \times 15° = 60°$

94. (d) हम जानते हैं कि वृत्त की सबसे लम्बी जीवा व्यास होती है।

$\therefore \quad 2r \geq 20.5 \Rightarrow r \geq 10.25$

अत: वृत्त की त्रिज्या $(r \geq 10.25)$ होनी चाहिए।

95. (c) समदसभुज का एक अन्त:कोण

$= \frac{n - 2}{n} \times 180° = \frac{10 - 2}{10} \times 180°$

$= \frac{8}{10} \times 180 = 144°$

अत: समबहुभुज का अन्त:कोण $= 144 \times \frac{15}{16} = 135°$

समबहुभुज के भुजाओं की संख्या (n)

$\Rightarrow \quad 135 = \frac{n - 2}{n} \times 180°$

$\Rightarrow \quad 135n = 180°n - 360°$

$\Rightarrow \quad 180n - 135°n = 360°$

$\Rightarrow \quad 45n = 360°$

$\therefore \quad n = \frac{360°}{45} = 8$

अब, बहुभुज के विकर्णों की संख्या

$= \frac{n(n - 3)}{2} = \frac{8(8 - 3)}{2} = 20 \quad (\because n = 8)$

96. (b) प्रश्नानुसार,

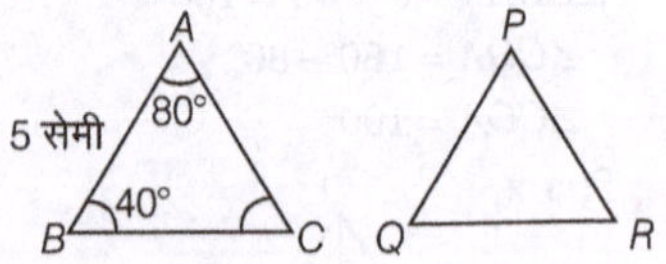

$\because \quad \Delta ABC \cong \Delta PQR$

अत: $\quad AB = PQ = 5$ सेमी

$\angle C = 180° - (40° + 80°) = 60°$

अत: $\quad \angle R = 60° \quad (\because \angle C = \angle R)$

97. (c) दिया गया है,

$\angle P = 3\angle R$ तथा $\angle S = 4\angle Q$

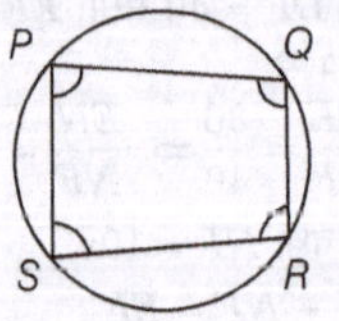

$\angle P + \angle R = 180° \Rightarrow \angle R + 3\angle R = 180°$

$4\angle R = 180°$

$\therefore \quad \angle R = \frac{180}{4} = 45°$

पुन: $\quad \angle Q + \angle S = 180°$

$\Rightarrow \quad \frac{\angle S}{4} + \angle S = 180°$

$\Rightarrow \quad \frac{\angle S + 4\angle S}{4} = 180°$

$\Rightarrow \quad \frac{5\angle S}{4} = 180°$

$\Rightarrow \angle S = \frac{180 \times 4}{5} = 144°$

$\therefore \angle S + \angle R = 144° + 45° = 189°$

98. (a) दिया गया है,

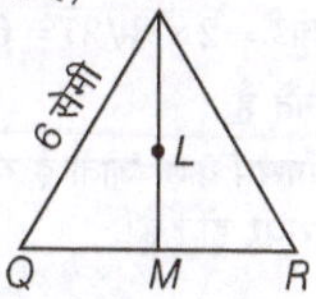

ΔPQR समबाहु त्रिभुज है, तथा $PQ = 6$

$\because \quad PM = \frac{\sqrt{3}}{2} \times 6 = 3\sqrt{3}$

$PL = 3\sqrt{3} \times \frac{2}{3} = 2\sqrt{3}$

(केन्द्रक माध्यिका को 2 :1 में विभाजित करता है)

99. (b) हम जानते हैं, $AF \times BF = CF \times DF$

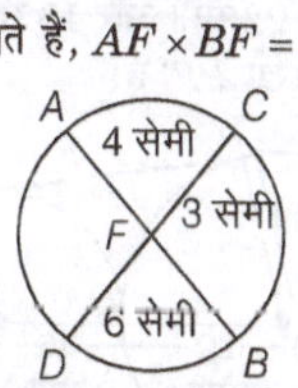

$\therefore \quad 4 \times 6 = 3 \times DF$

$DF = \frac{4 \times 6}{3} = 8$ सेमी

अत: $CD = DF + CF = 8 + 3 = 11$ सेमी

100. (b) प्रश्नानुसार,

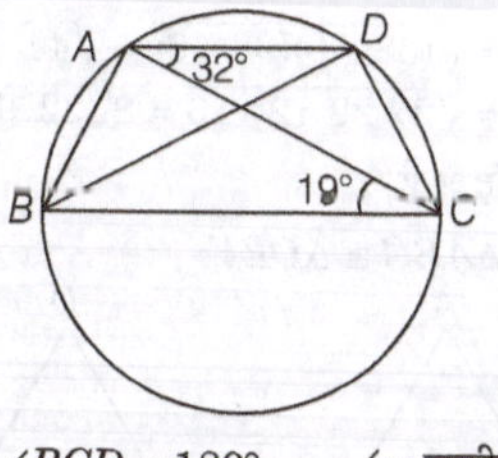

$\angle BAD + \angle BCD = 180° \quad$ ($\because$ चक्रीय चतुर्भुज)

$\angle BAC + \angle CAD + \angle BCA + \angle ACD = 180°$

$\Rightarrow \quad 90 + 32 + 19 + \angle ACD = 180°$

($\because \angle BAC = 90°$ अर्द्धवृत्त पर बना कोण)

$\Rightarrow \quad \angle ACD = 180° - 141° \Rightarrow \quad \angle ACD = 39°$

101. (b) समबहुभुज का बहिष्कोण $= 18°$

अत: समबहुभुज के भुजाओं की संख्या $(n) = \frac{360°}{18°} = 20$

बहुभुज के विकर्णों की संख्या $= \frac{n\,(n-3)}{2}$

$= \frac{20\,(20-3)}{2}$

$= 10 \times 17 = 170$

102. (b)

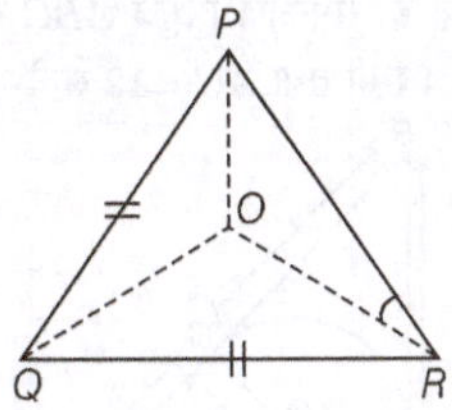

ΔPQR में, $PQ = QR$ तथा $\angle OPR = \angle ORP$

(i) ΔPOR में,

$\because \quad \angle OPR = \angle ORP \quad$ (दिया)

$\therefore \quad OR = OP$

अत: ΔPOR एक समद्विबाहु त्रिभुज होगा।

(ii) चूँकि $\Delta PQO \cong \Delta RQO$

परन्तु $\quad \Delta QOR \not\cong \Delta ROP$

इसी प्रकार, $\Delta QOP \not\cong \Delta ROP$

अत: शीर्ष Q, P और R से खींची जाने वाली माध्यिका बिन्दु O पर नहीं मिलेगी।

$\therefore O$ बिन्दु ΔPQR का केन्द्रक नहीं होगा।

(iii) ΔPQO तथा ΔRQO में,

$PQ = QR \quad$ (दिया गया है)

$OQ = OQ \quad$ (उभयनिष्ठ भुजा)

तथा $\quad OP = OR \quad (\because \angle OPR = \angle ORP)$

$\therefore \quad \Delta PQO \cong \Delta RQO \quad$ (SSS से)

अत: केवल कथन (i) और (iii) सही हैं।

103. (a)

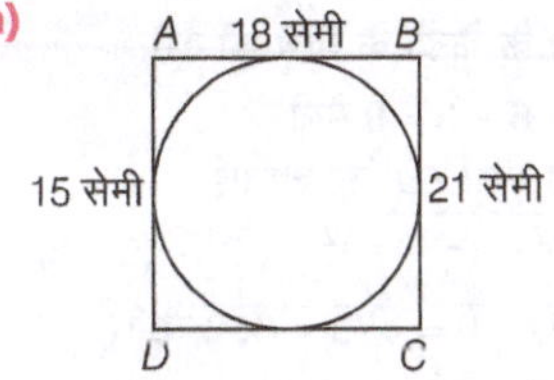

$AB + DC = AD + BC$

$\Rightarrow \quad 18 + DC = 15 + 21 \Rightarrow DC = 36 - 18$

$\therefore \quad DC = 18$ सेमी

104. (c)

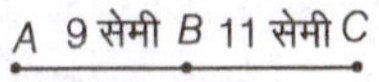

यहाँ, $AC = AB + BC$

$20 = 9 + 11 \Rightarrow 20 = 20$

$\therefore A, B, C$ संरेख हैं।

अत; गुजरने वाले वृत्तों की संख्या शून्य होगी।

105. (c) माना समकोण त्रिभुज के सबसे छोटे कोण की माप $= x°$

अन्य कोण $= (x + 30)°$

त्रिभुज के तीनों कोणों का योग $= 180°$

$\therefore \quad 90° + x + x + 30° = 180°$

$\Rightarrow \quad 2x = 180° - 120°$

$\Rightarrow \quad 2x = 60°$

$\Rightarrow \quad x = 30°$

106. (a) उभयनिष्ठ स्पर्श रेखा की लम्बाई

$= \sqrt{(32)^2 - \{22 - 18\}^2}$

$= \sqrt{(32)^2 - (4)^2}$

$= \sqrt{(32 + 4)(32 - 4)}$

$= \sqrt{36 \times 28}$

$= 2\sqrt{9 \times 28}$

$= 2\sqrt{252}$ सेमी

107. (a)

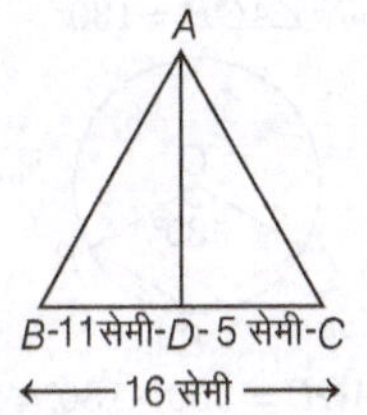

ΔADC और ΔBAC में,

$\angle ADC = \angle BAC \quad$ (दिया है)

$\angle C = \angle C \quad$ (उभयनिष्ठ)

$AC = AC \quad$ (उभयनिष्ठ)

$\Delta ADC \sim \Delta BAC$

$\frac{BC}{AC} = \frac{AC}{DC}$

$\Rightarrow \quad \frac{16}{AC} = \frac{AC}{5}$

$\Rightarrow \quad (AC)^2 = 16 \times 5$

$\Rightarrow \quad AC = \sqrt{80}$

$\therefore \quad AC = 4\sqrt{5}$ सेमी

108. (c) हम जानते हैं,

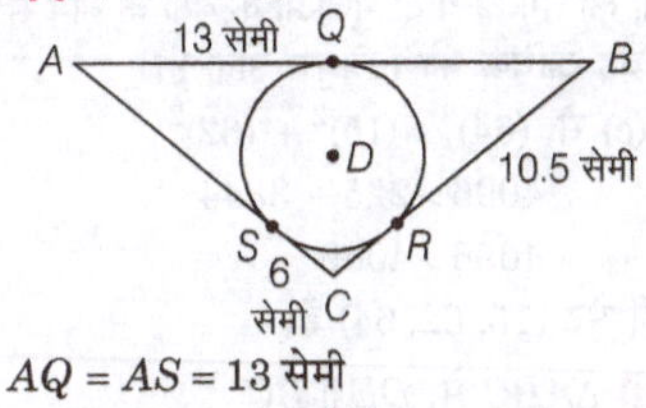

$AQ = AS = 13$ सेमी

$QB = BR = 10.5$ सेमी

$SC = CR = 6$ सेमी

त्रिभुज का परिमाप

$= 13 + 13 + 6 + 6 + 10.5 + 10.5 = 59$ सेमी

109. (a) हम जानते हैं,

$(TP)^2 = PB \times PA$

$(12)^2 = (x + 7)x$

$\Rightarrow \quad x^2 + 7x - 144 = 0$

$\Rightarrow \quad x^2 + 16x - 9x - 144 = 0$

$\Rightarrow \quad x(x + 16) - 9(x + 16) = 0$

$\Rightarrow \quad (x - 9)(x + 16) = 0$

$\Rightarrow \quad x = 9, x \neq -16$

110. (c) हम जानते हैं कि त्रिभुज के तीनों कोणों का योग 180° है।

तब, $x + y + y + 10 = 180°$

$\Rightarrow \quad x + 2y = 170° \quad$ ...(i)

तथा दिया है, $2x - 4y = 20$

$\Rightarrow \quad x - 2y = 10 \quad$ ...(ii)

समी (i) व (ii) को जोड़ने पर,

$2x = 180°$

$\Rightarrow \quad x = 90°$

अत: त्रिभुज समकोण है।

111. (b) दिया गया है,

$\Delta ABC \cong \Delta DEF$

$\therefore \quad AB = DE$

$BC = EF$ तथा $AC = DF$

अत: दोनों त्रिभुज का परिमाप समान होगा।

$\therefore$ ΔABC का परिमाप $= \Delta DEF$ का परिमाप

112. (a) दिया है, $\angle AOB = 130°$

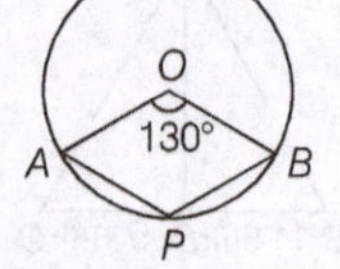

$\therefore$ वृहत कोण $\angle AOB = 360° - 130° = 230°$

(चूँकि परिधि पर स्थित किन्हीं दो बिन्दुओं द्वारा केन्द्र पर बना कोण उन्हीं बिन्दुओं द्वारा परिधियों पर स्थित किसी अन्य बिन्दु पर बने कोण का दोगुना होता है।)

$\therefore \angle APB = \frac{1}{2}$ वृहत कोण $\angle AOB = \frac{1}{2} \times 230°$

$= 115°$

113. (d) यहाँ, $r_1 = 12$ सेमी, $r_2 = 8$ सेमी

केन्द्रों के बीच की दूरी $(d) = 12 + 8 = 20$ सेमी

$\therefore$ दोनों वृत्तों की उभयनिष्ठ स्पर्श रेखा की लम्बाई

$= \sqrt{d^2 - (r_1 - r_2)^2} = \sqrt{(20)^2 - (12-8)^2}$

$= \sqrt{400 - 16} = \sqrt{384} = 8\sqrt{6}$ सेमी

114. (c) हम जानते हैं कि यदि किसी त्रिभुज की सबसे बड़ी भुजा का वर्ग अन्य दो भुजाओं के वर्गों के योग से बड़ा है। तब, वह अधिक कोण त्रिभुज होता है।

विकल्प (c) से, $(64)^2 > (15)^2 + (62)^2$

$4096 > 225 + 3844$

$4096 > 4069$

अत: सही सेट (15, 62, 64) है।

115. (a) ΔABC में, $DE \parallel BC$

और $\frac{AD}{DB} = \frac{4}{5}$

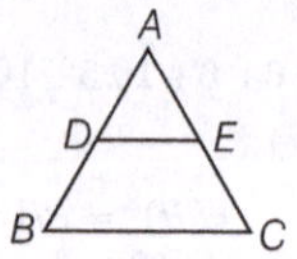

$DE = 12$ सेमी

$\Delta ADE \sim \Delta ABC$

$\therefore \frac{AD}{AB} = \frac{DE}{BC}$

$\frac{4}{4+5} = \frac{12}{BC}$ $(\because AB = AD + DB)$

$BC = 12 \times \frac{9}{4} = 27$ सेमी

116. (a) दिया है, PQ केन्द्र O वाले वृत्त का व्यास है तथा $\angle QOR = 100°$

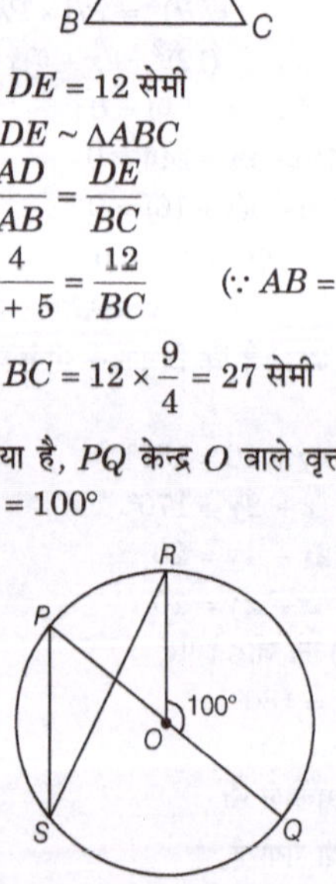

$\because \angle POR + \angle QOR = 180°$

$\Rightarrow \angle POR = 180° - 100° = 80°$

हम जानते हैं, कि एक ही चाप द्वारा, परिधि पर बना कोण, केन्द्र पर बने कोण का आधा होता है।

$\therefore \angle PSR = \frac{\angle POR}{2} = \frac{80°}{2} = 40°$

117. (d) दिया है, समकोण त्रिभुज ABC में, $OP = OR = 4$ सेमी तथा $AC = 12$ सेमी

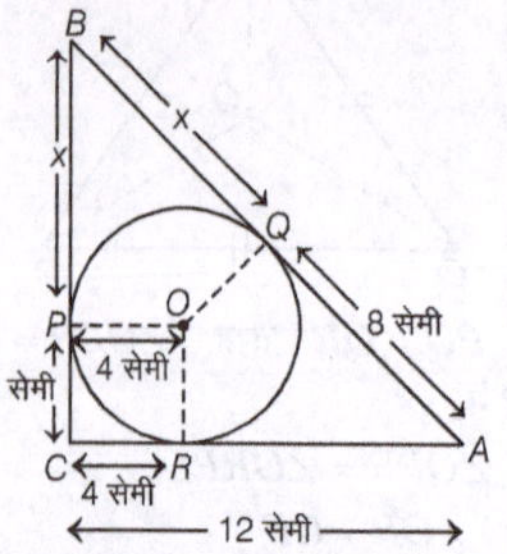

$\because$ यदि वृत्त के किसी बाह्य बिन्दु से वृत्त पर दो स्पर्श रेखाएँ खींची जाए, तो वे समान होती हैं।

अर्थात् $CP = CR = 4$ सेमी

और $RA = AQ = (12 - 4) = 8$ सेमी

माना $PB = BQ = x$ सेमी

अब, ΔABC में, $(AB)^2 = (AC)^2 + (BC)^2$

$\Rightarrow (x + 8)^2 = (12)^2 + (x + 4)^2$

$\Rightarrow x^2 + 64 + 16x = 144 + x^2 + 8x + 16$

$\Rightarrow 8x = (144 + 16) - 64$

$\Rightarrow 8x = 160 - 64 = 96$

$\Rightarrow x = \frac{96}{8} \Rightarrow x = 12$ सेमी

अत: $CB = CP + PB = 4 + 12 = 16$ सेमी

118. (c) $r_1 = 6$ सेमी, $r_2 = 3$ सेमी

$\therefore$ दोनों वृत्तों के केन्द्रों के बीच की दूरी

$d = 6 + 3 = 9$ सेमी

$\therefore$ उभयनिष्ठ स्पर्श रेखा की लम्बाई

$= \sqrt{d^2 - (r_1 - r_2)^2} = \sqrt{9^2 - (6-3)^2}$

$= \sqrt{81 - 9} = \sqrt{72} = 6\sqrt{2}$ सेमी

119. (c) प्रश्नानुसार, $\angle POQ = 120°$

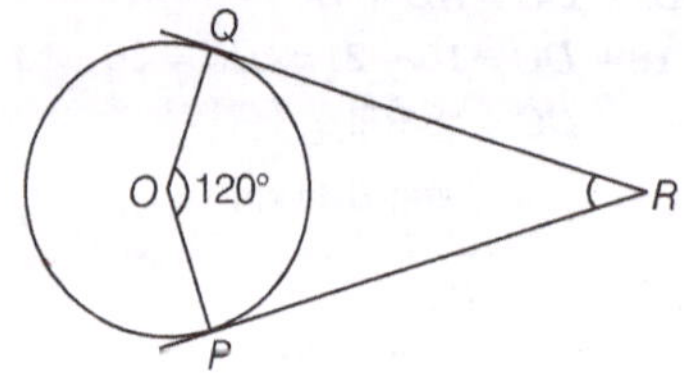

चूँकि PR और QR स्पर्श रेखा है,

$\angle OQR = \angle OPR = 90°$

$\therefore \angle PRQ = 180° - \angle POQ = 180° - 120° = 60°$

120. (b) दिए गए वृत्तों की त्रिज्याएँ क्रमश: 25 सेमी तथा 4 सेमी हैं।

चूँकि वृत्त बाह्य रूप से स्पर्श करते हैं।

$\therefore$ केन्द्रों के बीच की दूरी $(d) = 25 + 4 = 29$ सेमी

$\therefore$ दोनों वृत्तों की अनुस्पर्श रेखा की लम्बाई

$= \sqrt{d^2 - (r_1 - r_2)^2}$

$= \sqrt{(29)^2 - (25-4)^2}$

$= \sqrt{841 - (21)^2}$

$= \sqrt{841 - 441} = \sqrt{400} = 20$ सेमी

121. (a) प्रश्नानुसार,

$XL \times YL = PL \times QL$

$(3 + x) \times 3 = 5 \times (10 + 5)$

$(3 + x) \times 3 = 5 \times 15$

$x + 3 = 25, x = 25 - 3 = 22$ सेमी

122. (d) प्रश्नानुसार, $AD = BD$

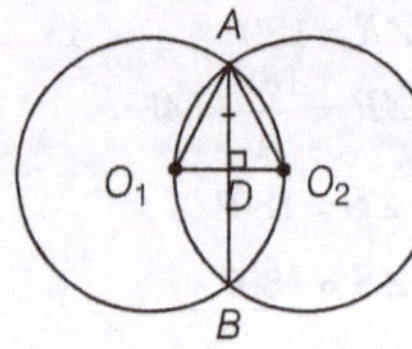

$O_1O_2 = 18$ सेमी

$O_1A = O_2A = 18$ सेमी [वृत्त की त्रिज्या]

$\angle ADO_1 = 90°$

$O_1D = O_2D = \frac{18}{2} = 9$ सेमी

$AD = \sqrt{(18)^2 - 9^2} = \sqrt{324 - 81}$

$= \sqrt{243} = 3\sqrt{27}$

AB जीवा की लम्बाई $= 2 \times 3\sqrt{27} = 6\sqrt{27}$ सेमी

123. (a) हम जानते हैं,

दो त्रिभुजों को सर्वांगसम कहा जाता है यदि, संगत भुजाओं के युग्म बराबर होते हैं।

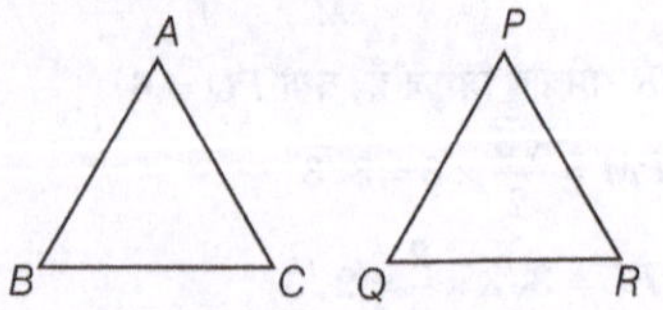

जबकि, $BC \neq RP$ क्योंकि ये संगत भुजा नहीं हैं।

124. (b) दिया है, 22 सेमी और 16 सेमी त्रिज्या वाले दो वृत्त जिसकी स्पर्श रेखा PP' है।

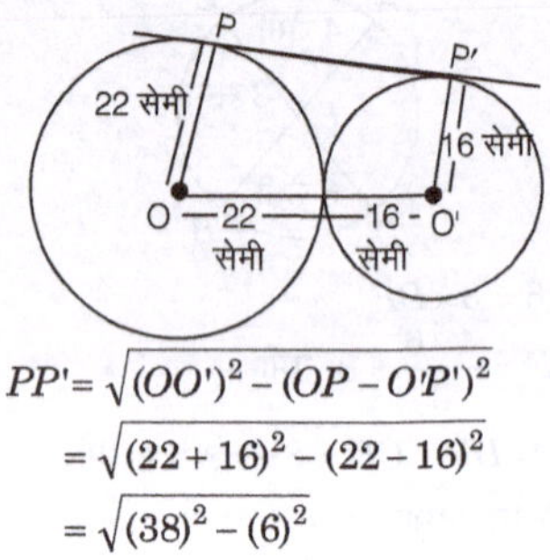

अब, $PP' = \sqrt{(OO')^2 - (OP - O'P')^2}$

$= \sqrt{(22+16)^2 - (22-16)^2}$

$= \sqrt{(38)^2 - (6)^2}$

$= \sqrt{(38+6)(38-6)} = \sqrt{44 \times 32}$

$= \sqrt{2 \times 22 \times 2 \times 16} = 8\sqrt{22}$ सेमी

125. (b) दिया है,

$\Delta ABC \cong \Delta DEF$

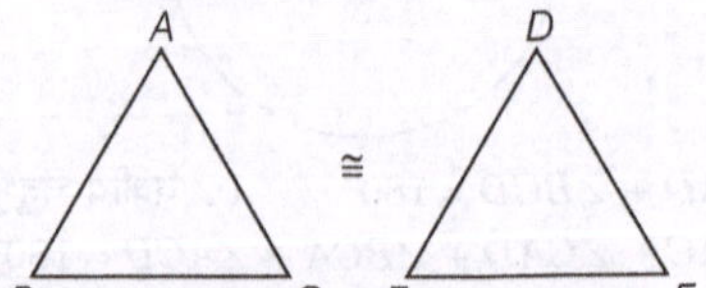

विकल्प (a), दोनों त्रिभुजों का परिमाप बराबर है।

$\Rightarrow (AB + BC + AC) = (DE + EF + DF)$

विकल्प (c) दोनों त्रिभुजों में कोणों का अनुपात समान है क्योंकि संगत भुजाओं का अनुपात भी समान होता है।

विकल्प (d), $\Delta ABC \cong \Delta DEF$

$\Rightarrow$ $AB = DE$ और $BC = EF$

विकल्प (b) $AC : DF \neq 2 : 1$

$\because \frac{AC}{DF} = \frac{BC}{EF} = \frac{AB}{DE} = 1$

अत: केवल विकल्प (b) असत्य है।

126. (b) दिया है,

ΔABC में, G केन्द्रक तथा $BD = DC$ व $GD = 10$ सेमी

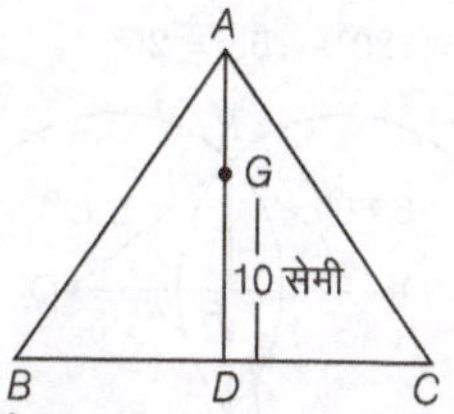

$\because$ त्रिभुज का केन्द्रक G, त्रिभुज की माध्यिका को $2:1$ के विभक्त करता है।

$\Rightarrow \quad AG : GD = 2:1$

$\therefore \quad AD = \dfrac{GD}{1} \times (2+1)$

$\Rightarrow \quad AD = \dfrac{10}{1}(3) = 30$ सेमी

127. (a) दिया है, 15 सेमी और 13 सेमी वाले दो वृत्त तथा दोनों वृत्तों के केन्द्र के बीच की दूरी $(AB) = 14$ सेमी

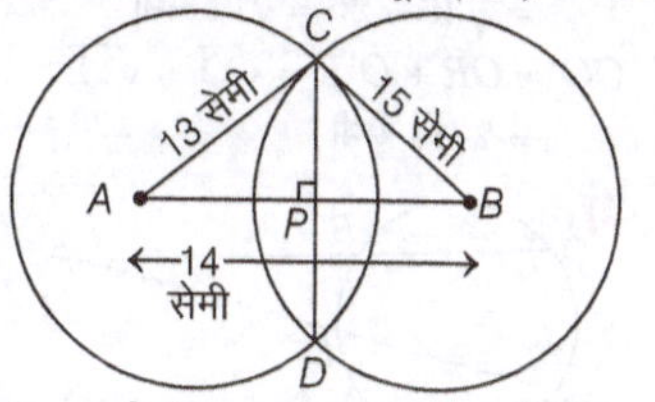

माना $AP = x$ सेमी $\Rightarrow BP = (14 - x)$ सेमी

अब ΔAPC में,

पाइथागोरस प्रमेय से,

$(AC)^2 = (AP)^2 + (CP)^2$

$\Rightarrow \quad (13)^2 = (x)^2 + (CP)^2$

$\Rightarrow \quad (CP)^2 = 169 - x^2 \quad$ ...(i)

इसी प्रकार, ΔPBC में, $(CP)^2 = (15)^2 - (14 - x)^2$

$\Rightarrow \quad (CP)^2 = 225 - (196 + x^2 - 28x)$

$\Rightarrow \quad (CP)^2 = 28x - x^2 + 29 \quad$ ...(ii)

समी (i) व (ii) से,

$169 - x^2 = 28x - x^2 + 29$

$\Rightarrow \quad 28x = 169 - 29 = 140$

$\Rightarrow \quad x = \dfrac{140}{28} = 5$ सेमी

अब समी (i) से,

$(CP)^2 = (169 - 5^2) = 169 - 25 = 144$

$\Rightarrow \quad CP = 12$ सेमी

तब, $\quad CD = 2 \times CP = 2 \times 12 = 24$ सेमी

128. (a) प्रश्नानुसार,

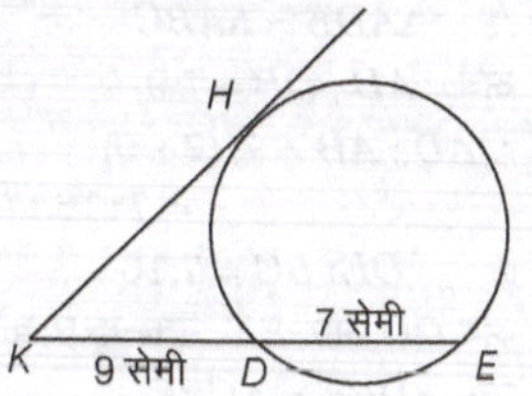

$(KH)^2 = (KD) \times (KE)$

$\Rightarrow \quad (KH)^2 = (KD) \times (KD + DE)$

$\Rightarrow \quad (KH)^2 = 9 \times 16$

$\Rightarrow \quad KH = 3 \times 4 = 12$ सेमी

129. (c) दिया है, एक वृत्त जिसका केन्द्र O है।

$OP = 21$ सेमी तथा $AB = 40$ सेमी

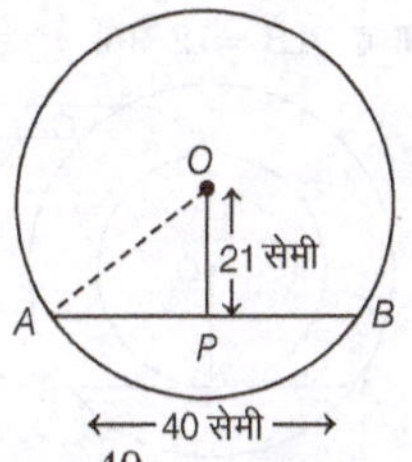

$AP = PB = \dfrac{40}{2} = 20$ सेमी

अब, ΔOAP में,

$(OA)^2 = (AP)^2 + (OP)^2$

$\Rightarrow \quad (OA)^2 = (20)^2 + (21)^2$

$\Rightarrow \quad (OA)^2 = 400 + 441 = 841$ सेमी^{2}

$\Rightarrow \quad OA = \sqrt{841} = 29$ सेमी

130. (d)

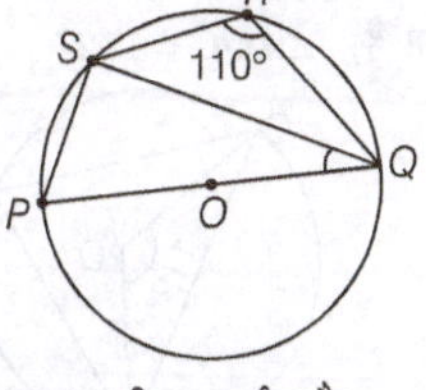

चूँकि $PSRQ$ एक चक्रीय चतुर्भुज है।

$\therefore \quad \angle SPQ = 180° - 110° = 70°$

अब, $\angle PSQ = 90°$ (एक अर्द्धवृत्त में कोण)

ΔSPQ में,

$\angle SPQ + \angle PSQ + \angle SQP = 180°$

$70° + 90° + \angle SQP = 180°$

$\therefore \quad \angle SQP = 180° - 160° = 20°$

131. (d) विकल्प (d) में दिया गया कथन "दो त्रिभुज सर्वांगसम होते हैं यदि त्रिभुजों के आयाम और आकार समान हो या नहीं भी हो" गलत है।

132. (d) प्रश्नानुसार,

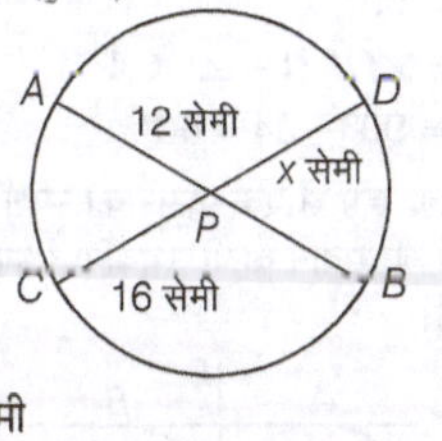

$AP = 12$ सेमी

$BP = AB - AP = 20 - 12 = 8$ सेमी

$CP = 16$ सेमी

प्रश्नानुसार, $AP \times PB = CP \times PD$

$12 \times 8 = 16 \times PD$

$\therefore \quad PD = 6$ सेमी

$\therefore \quad CD = CP + PD = 16 + 6 = 22$ सेमी

133. (a) हम जानते हैं, कि, यदि दो त्रिभुज समरूप होते हैं, तब उनके क्षेत्रफलों का अनुपात उनकी भुजाओं के वर्गों के अनुपात के समान होता है।

$\therefore$ क्षेत्रफलों का अनुपात $= \left(\dfrac{5}{7}\right)^2 = \dfrac{25}{49} = 25:49$

134. (b) माना वृत्त का केन्द्र 'O' है।

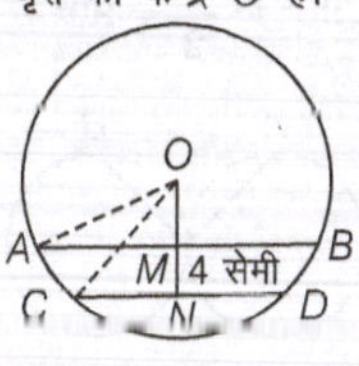

$CN = \dfrac{1}{2}CD = \dfrac{1}{2} \times 22 = 11$ सेमी

तथा $AM = \dfrac{1}{2}AB = \dfrac{1}{2} \times 28 = 14$ सेमी

माना $OM = x$ सेमी है।

और $OA = OC = r$ सेमी वृत्त की त्रिज्या है।

ΔOAM में, $\quad OA^2 = OM^2 + AM^2$

$\Rightarrow \quad r^2 = x^2 + (14)^2$

$\Rightarrow \quad r^2 = x^2 + 196$

$\Rightarrow \quad r^2 - x^2 = 196 \quad$ ...(i)

ΔOCN में, $\quad OC^2 = ON^2 + CN^2$

$r^2 = (x+4)^2 + (11)^2$

$r^2 = x^2 + 16 + 8x + 121$

$\Rightarrow \quad r^2 - x^2 = 16 + 8x + 121$

समी (i) से मान रखने पर,

$196 = 16 + 8x + 121$

$\Rightarrow \quad x = \dfrac{59}{8}$ सेमी

अब, $\quad r^2 - x^2 = 196$

$r^2 = 196 + x^2 \Rightarrow r^2 = 196 + \left(\dfrac{59}{8}\right)^2$

$\Rightarrow \quad r^2 = 250.39$

$\therefore \quad r = 15.82$ सेमी

135. (b) प्रश्नानुसार,

$(CD + DP) \times DP = (AB + BP) \times BP$

$\Rightarrow \quad (8 + 10) \times 10 = (AB + 8) \times 8$

$\Rightarrow \quad \dfrac{18 \times 10}{8} = AB + 8 \Rightarrow 22.5 = AB + 8$

$\therefore \quad AB = 22.5 - 8 = 14.5$ सेमी

136. (d) हम जानते हैं कि एक बाहरी बिन्दु से बनी दो स्पर्श रेखाओं की लम्बाई समान होती है।

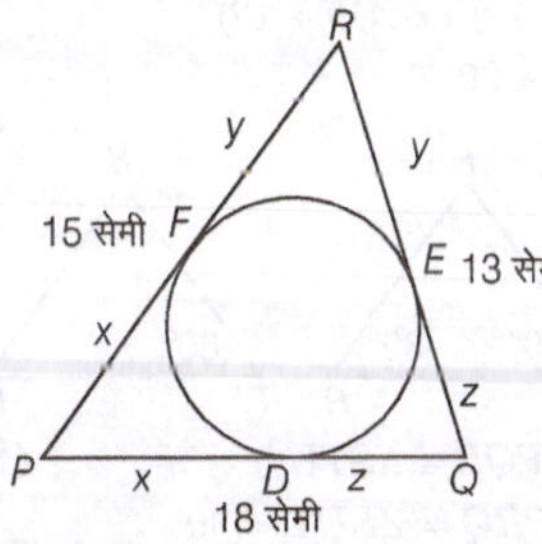

माना, $FR = RE = y, \quad FP = PD = x$

$DQ = QE = z$

$\Rightarrow \quad 2x + 2y + 2z = 18 + 13 + 15$

$\Rightarrow \quad 2(x + y + z) = 46$

$\Rightarrow \quad x + y + z = 23 \quad$ ...(i)

और $\quad y + z = 13 \quad$ ...(ii)

समी (i) और (ii) से,

$\therefore \quad x + 13 = 23 \Rightarrow x = 10$

$\therefore \quad PD = x = 10$ सेमी

137. (a) चूंकि $\Delta QPS \cong \Delta SRQ$

$\therefore \quad 2x + 12 = 106° \Rightarrow 2x = 94° \Rightarrow x = 47°$

अब ΔQSR में,

$\Rightarrow \quad 52° + (2 \times 47° + 12°) + \angle RSQ = 180°$

$\Rightarrow \quad \angle RSQ = 180° - 158° = 22°$

अब, $\quad \angle SQR = \angle PSQ = 52°$

$\therefore \quad \angle PSR = 52° + 22° = 74°$

138. (a)

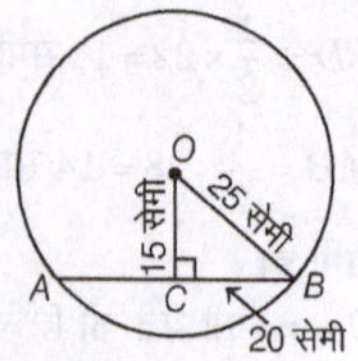

$$AC = CB = \frac{40}{2} = 20 \text{ सेमी}$$

तथा $OC = 15$ सेमी

$$OB = \sqrt{(20)^2 + (15)^2}$$

$$= \sqrt{625} = 25 \text{ सेमी}$$

$\therefore$ व्यास $= 2r = 25 \times 2 = 50$ सेमी

139. (b)

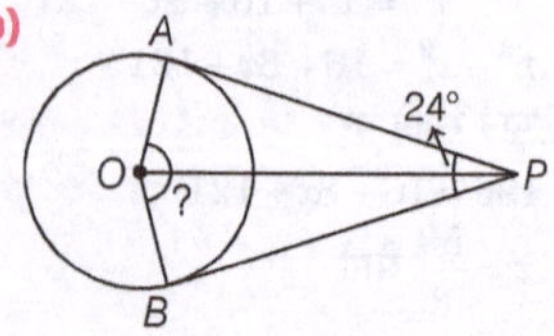

$$\angle APO = \angle BPO = \frac{24}{2} = 12°$$

ΔAOP में, $\angle AOP = 180° - (90° + 12°) = 78°$

ΔBOP में, $\angle BOP = 180° - (90° + 12°) = 78°$

$\angle AOB = \angle AOP + \angle BOP = 78° + 78° = 156°$

140. (b) त्रिभुज की दो भुजाओं का योग हमेशा तीसरी भुजा से बड़ा होता है।

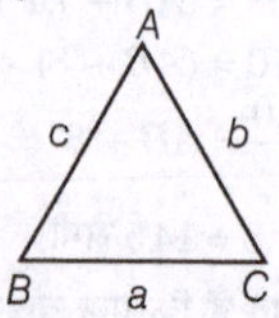

किसी भी त्रिभुज में, $(a - b) < c < (a + b)$

$\therefore \quad (17 - 12) < x < (17 + 12)$

$\Rightarrow \quad 5 < x < 29$

141. (c)

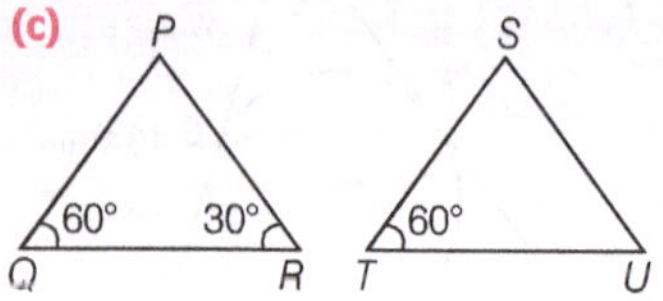

$\because \quad \Delta PQR \cong \Delta STU$ (दिया है)

$\therefore \quad \angle PRQ = \angle SUT = 30°$

ΔSTU में, $\angle TSU = 180° - (\angle SUT + \angle STU)$

$= 180° - (30° + 60°)$

$= 180° - 90°$

$= 90°$

142. (b)

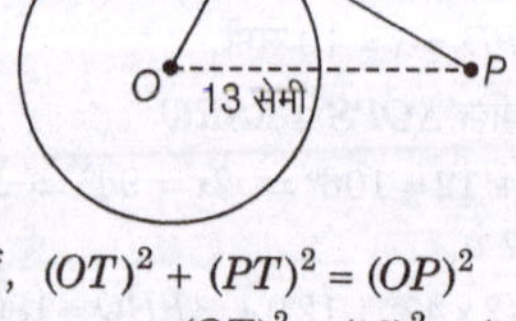

ΔOTP में, $(OT)^2 + (PT)^2 = (OP)^2$

$\Rightarrow \quad (OT)^2 = (13)^2 - (12)^2$

$\Rightarrow \quad (OT)^2 = 169 - 144 = 25$

$\therefore \quad OT =$ वृत्त की त्रिज्या

$= \sqrt{25} = 5$ सेमी

143. (a) दिया है, $AB = 12$ सेमी

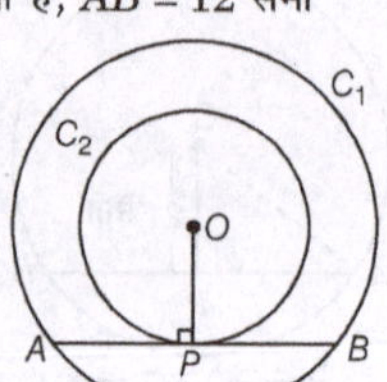

चूँकि केन्द्र से जीवा पर डाला गया लम्ब जीवा को समद्विभाजित करता है।

$$\therefore \ AP = PB = \frac{AB}{2} = \frac{12}{2} = 6 \text{ सेमी}$$

144. (d) उभयनिष्ठ अनुस्पर्श रेखा की लम्बाई

$$= \sqrt{d^2 - (r_2 - r_1)^2} = \sqrt{5^2 - (6-2)^2}$$

$$= \sqrt{25 - 16} = \sqrt{9} = 3 \text{ सेमी}$$

145. (c) दिया है, $\angle AOC = 112°$

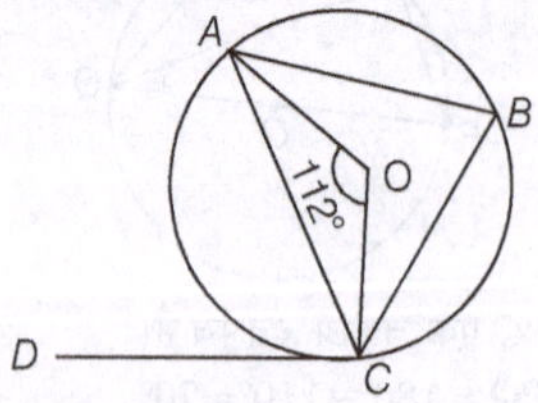

तथा $\quad \angle OAC = \angle OCA$

[$\because$ त्रिभुज की दो समान भुजाओं के सम्मुख कोण समान होते हैं]

$\therefore \ \Delta AOC$ में,

$\angle AOC + \angle OAC + \angle OCA = 180°$

$112° + 2\angle OCA = 180°$

$\angle OCA = 34°$

हम जानते हैं कि वृत्त के केन्द्र से स्पर्श रेखा पर खीचीं गयी रेखा उस स्पर्श रेखा पर लम्ब होती है

$\therefore \ \angle OCD = 90°$

$\therefore \ \angle ACD = \angle OCD - \angle OCA$

$= 90° - 34 = 56°$

146. (d) बाह्य रूप से एक-दूसरे को स्पर्श करने वाले दो वृत्तों पर खींची जा सकने वाली उभयनिष्ठ स्पर्श रेखाओं की संख्या 3 होगी।

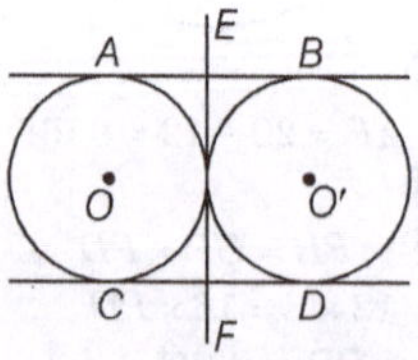

147. (d)

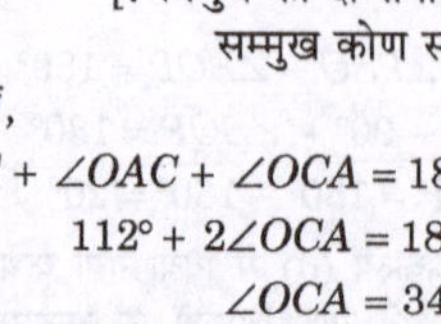

हम जानते हैं,

$$\angle BOC = 90° + \frac{\angle A}{2} = 90° + \frac{72}{2} = 126°$$

148. (c)

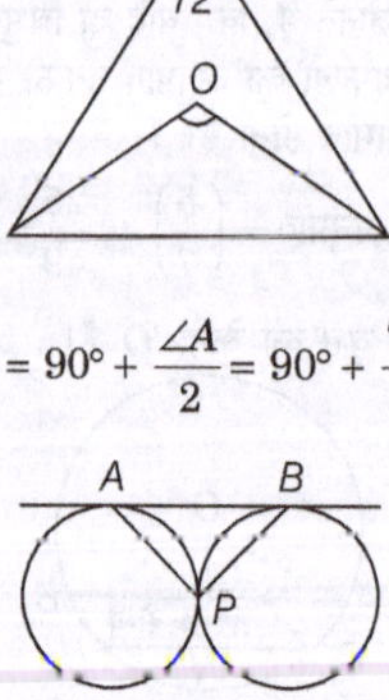

हम जानते हैं, ΔAPB में, $\angle APB = 90°$

$\angle PAB + \angle ABP + \angle APB = 180°$

$\angle ABP = 180° - (90° + 65°)$

$= 180° - 155° = 25°$

149. (a)

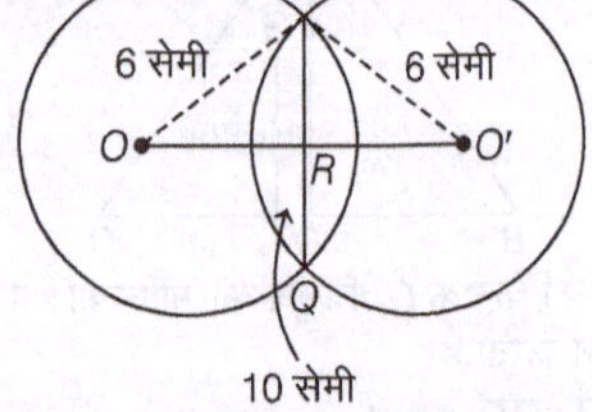

$OP = O'P = 6$ सेमी तथा $PQ = 10$ सेमी

ΔPOR में, $\quad (6)^2 = (OR)^2 + (5)^2$

$\Rightarrow \quad OR = \sqrt{36 - 25} = \sqrt{11}$ सेमी

तथा $\Delta PO'R$ में,

$$(O'R) = \sqrt{(O'P)^2 - (PR)^2}$$

$$= \sqrt{36 - 25} = \sqrt{11} \text{ सेमी}$$

$\therefore \quad OO' = OR + O'R = \sqrt{11} + \sqrt{11}$

$= 2\sqrt{11}$ सेमी

150. (d)

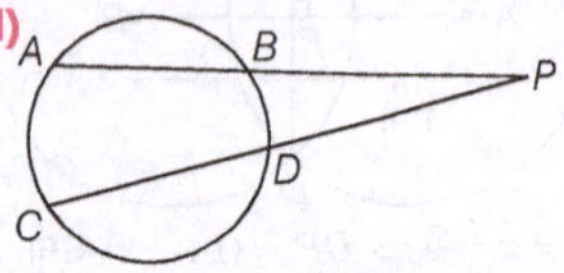

$\because \quad AP \times BP = CP \times DP$

$\Rightarrow \quad m(\overline{AP}) \times m(\overline{BP}) = m(\overline{CP}) \times m(\overline{DP})$

$\Rightarrow \quad 200 \times (200 - 120) = 160 \times (160 - \overline{DC})$

$$\Rightarrow \quad \frac{200 \times 80}{160} = (160 - \overline{DC})$$

$\Rightarrow \quad \overline{DC} = 160 - 100 = 60$ मिमी

151. (b) उभयनिष्ठ स्पर्श रेखा की लम्बाई

$$= \sqrt{d^2 - (r_1 - r_2)^2}$$

प्रश्नानुसार,

$(12)^2 = d^2 - (8 - 3)^2$

$\Rightarrow \quad 144 = d^2 - 5^2$

$\Rightarrow \quad d^2 = 144 + 25 = 169$

$\Rightarrow \quad d = \sqrt{169} = 13$ सेमी

अतः $\quad AB = 13$ सेमी $\quad (\because AB = d)$

152. (d) प्रश्नानुसार,

$DE || BC$

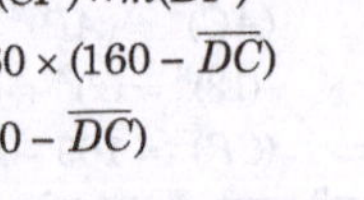

$\therefore \quad \Delta ADE \sim \Delta ABC$

अब, $AD : DB = 7:9$

$\therefore AD : AB = 7 : (7 + 9)$

$= 7:16$

$\therefore \quad DE : BC = 7:16$

अब CD और BE, एक-दूसरे को F पर काटती हैं।

तब, $\Delta DEF \sim \Delta CBF$

$\therefore \Delta DEF$ और ΔCBF में,

$\therefore \Delta DEF$ और ΔCBF के क्षेत्रफलों का अनुपात

$$= \frac{DE^2}{BC^2} = \left(\frac{7}{16}\right)^2$$

$$= \frac{49}{256} = 49:256$$

153. (a) प्रश्नानुसार,

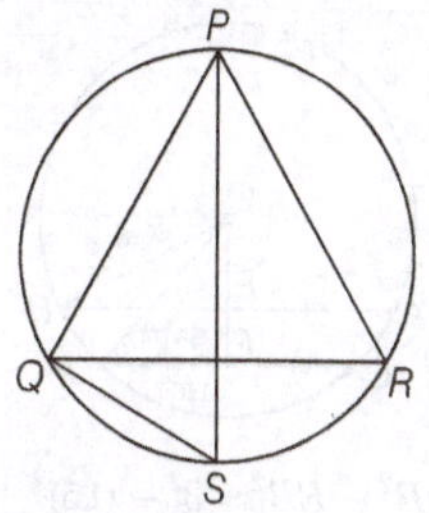

$\because$ ΔPQR समबाहु त्रिभुज है

$\therefore$ $\angle PRQ = 60°$

हम जानते हैं, कि वृत्त में किसी जीवा द्वारा समान वृत्तखण्ड में बनाया गया कोण सदैव समान होता है।

$\therefore$ $\angle PSQ = \angle PRQ = 60°$

154. (a) प्रश्नानुसार,

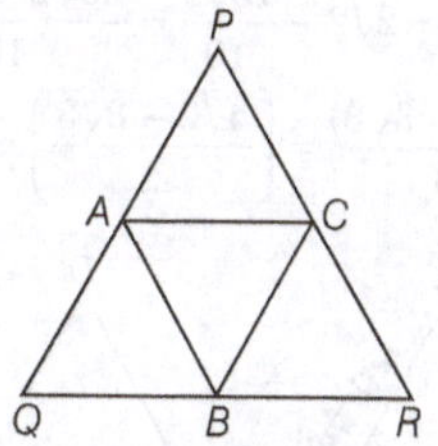

ΔABC का क्षेत्रफल $= \frac{1}{4}$ ΔPQR का क्षेत्रफल

$= \frac{1}{4} \times 32 = 8$ सेमी^{2}

155. (b) वृत्त की सबसे लम्बी जीवा उसका व्यास होती है। अत: कथन (b) गलत है।

156. (a) उभयनिष्ठ अनुस्पर्श रेखा की लम्बाई

$= \sqrt{(26)^2 - (16-8)^2}$

$= \sqrt{676 - 64}$

$= \sqrt{612}$

$= 2\sqrt{153}$ सेमी

157. (a) दिया है, त्रिभुज की तीन भुजाएँ $a = 30$ सेमी, $b = 42$ सेमी और $c = x$ सेमी हैं।

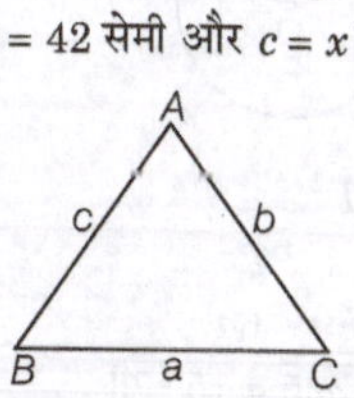

$\because$ हम जानते हैं, कि त्रिभुज की दो भुजाओं का अन्तर तीसरी भुजा से सदैव कम होता है।

$(42 - 30) < x \Rightarrow 12 < x$ ...(i)

तथा त्रिभुज की दो भुजाओं का योग, तीसरी भुजा से सदैव अधिक होता है।

$(42 + 30) > x \Rightarrow x < 72$ ...(ii)

समी (i) व (ii) से, $12 < x < 72$

158. (c) $\Delta ABC \sim \Delta DEF$

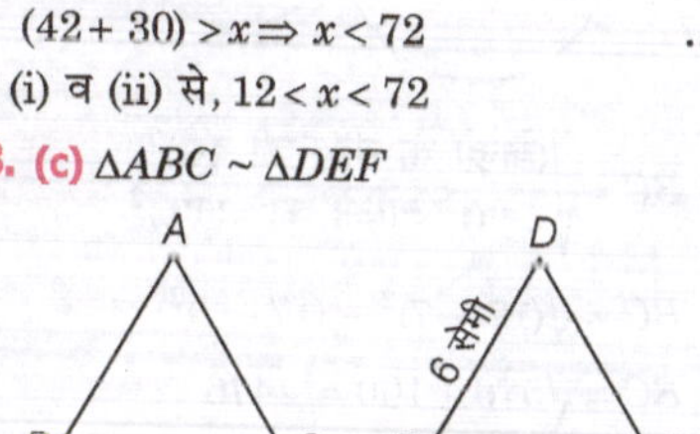

$\frac{\Delta ABC \text{ का परिमाप}}{\Delta DEF \text{ का परिमाप}} = \frac{AB}{DE} \Rightarrow \frac{40}{12} = \frac{AB}{6}$

$\therefore$ $AB = \frac{40 \times 6}{12} = 20$ सेमी

159. (a) प्रश्नानुसार,

$\Delta XYZ \cong \Delta LMR \Rightarrow XY = LM$

$2m + 1 = 5 \Rightarrow 2m = 4 \Rightarrow m = 2$ तथा

$YZ = MR$

$2p + 2 = 8$

$2p = 6 \Rightarrow p = 3$ तथा $ZX = RL$

$7 = 2x - 1 \Rightarrow 2x = 8 \Rightarrow x = 4$

$\therefore m + x + p = 2 + 3 + 4 = 9$

160. (a) $\because$ वृत्त के एक चाप द्वारा वृत्त के केन्द्र पर बना कोण, उसी चाप द्वारा परिधि पर बने कोण का दोगुना होता है।

$\therefore$ $\angle AGB = 2\angle ACB \Rightarrow$

$\angle ACB = \frac{132}{2} = 66°$

161. (c) स्पर्श रेखा वृत्त के केवल एक बिन्दु पर मिलती है। अत: कथन "एक रेखा जो एक वृत्त के दो अलग-अलग बिन्दुओं को काटती है, स्पर्श रेखा कहलाती है।" गलत है।

162. (a)

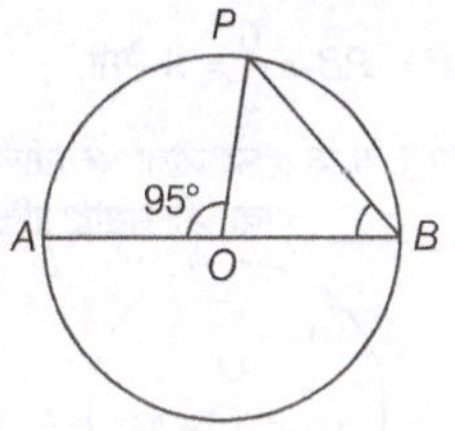

$\angle AOP + \angle POB = 180°$

$\Rightarrow \angle POB = 180° - 95° = 85°$

ΔPOB में, $OP = OB$ (त्रिज्या)

तो $\angle OBP = \angle OPB$

$\because$ $\angle OBP + \angle OPB + \angle POB = 180°$

$\Rightarrow$ $2\angle OBP = 180° - 85° = 95°$

$\therefore$ $\angle OBP = \frac{95°}{2} = 47.5°$

163. (b) D, BC का मध्य बिन्दु है।

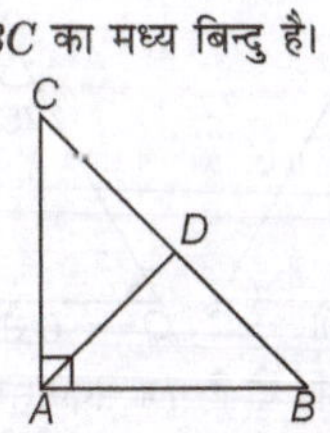

अत: $BD = DC \Rightarrow AD = \frac{BC}{2}$

164. (d) दिया है,

O त्रिज्या वाला संकेन्द्रीय वृत्त $(OP) = 6$ सेमी,

$OA = 10$ सेमी

$\because$ हम जानते हैं, कि $OP \perp AB$

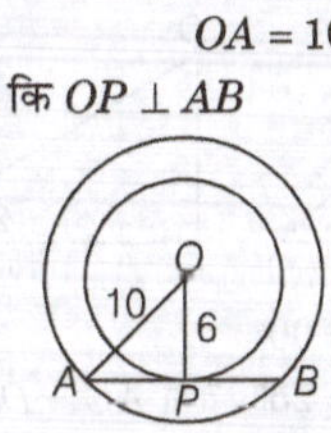

पाइथागोरस प्रमेय से,

$(OA)^2 = (AP)^2 + (OP)^2$

$\Rightarrow (10)^2 = (AP)^2 + (6)^2$

$\Rightarrow (AP)^2 = 100 - 36 = 64 \Rightarrow AP = 8$ सेमी

अत: $AB = 2 \times AP = 2 \times 8 = 16$ सेमी

165. (d)

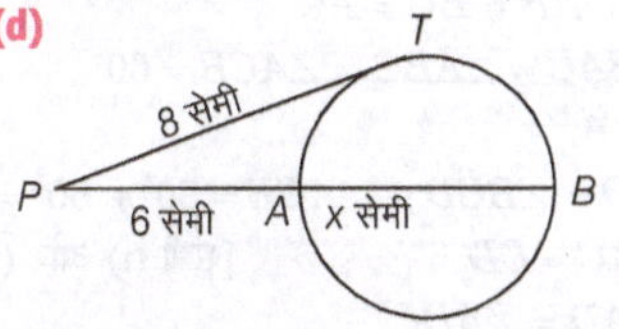

$\because$ हम जानते हैं, कि $(PT)^2 = PA \times (PB)$

$\Rightarrow$ $(8)^2 = (6) \times (x + 6) \Rightarrow \frac{64}{6} = (x + 6)$

$\Rightarrow x + 6 = \frac{64}{6} \Rightarrow x = \frac{64}{6} - 6 \Rightarrow x = \frac{64 - 36}{6}$

$\Rightarrow$ $x = \frac{28}{6} = \frac{14}{3}$ सेमी

166. (c) दी गई आकृति में, $\angle KET = 150°$

$\therefore$ बहिष्कोण $KET = 360° - 150° = 210°$

ΔKIE और ΔTIE में, $KI = TI$

$KE = ET; EI = EI$

$\therefore$ SSS सर्वांगसमता से $\Delta KIE \cong \Delta TEI$

$\therefore \angle TEI = \angle KET$

अब $\angle TEI + \angle KET =$ बहिष्कोण KET

$2\angle TEI = 210° \Rightarrow \angle TEI = \frac{210°}{2} = 105°$

167. (b) ΔABC में,

$\Rightarrow$ $81° + 9° + \angle BAC = 180°$

$\Rightarrow$ $\angle BAC = 180° - 90° = 90°$

$\because$ एक ही वृत्तखण्ड में बने कोण बराबर होते हैं

$\therefore$ $\angle BDC = \angle BAC - 90°$

168. (a) चूंकि $\Delta ABC \cong \Delta PQR$

$\therefore$ $\angle ABC = \angle PQR$

प्रश्नानुसार, $x + 60 = 85 - 4x$

$\Rightarrow$ $x + 4x = 85 - 60 \Rightarrow 5x = 25$

$\Rightarrow$ $x = \frac{25}{5} = 5$

$\therefore$ $\angle ABC = (x + 60)° = (5 + 60)° = 65°$

169. (d)

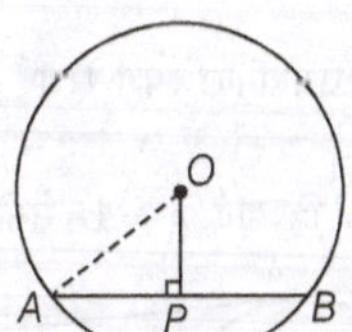

$\therefore$ $AP = BP = \frac{AB}{2} = \frac{24}{2} = 12$ सेमी

माना वृत्त की त्रिज्या r है, अर्थात् $OA = r$

ΔOAP में, $OA^2 = OP^2 + AP^2$

(पाइथागोरस प्रमेय से)

$\Rightarrow$ $r^2 = 25 + 144 \Rightarrow r^2 = 169$

$\Rightarrow$ $r = 13$ सेमी

170. (a) विकल्प (a) से, एक जीवा की लम्बाई बढ़ने पर वृत्त के केन्द्र से लम्बवत् दूरी बढ़ जाती है, गलत है, क्योंकि वृत्त की एक जीवा की लम्बाई बढ़ने पर वृत्त के केन्द्र से लम्बवत् दूरी घट जाती है।

171. (a) दी गई आकृति में, $BCDE$ एक वर्ग है

$\therefore \quad BC = CD = DE = BE \quad ...(i)$

तथा $\angle BCD = 90°$

ΔABC समबाहु त्रिभुज है

$\therefore \quad AB = BC = AC \quad ...(ii)$

तथा $\angle BAC = \angle ABC = \angle ACB = 60°$

ΔADC में,

$\angle ACD = \angle BCD + \angle ACB = 90° + 60° = 150°$

तथा $AC = CD$ [समी (i) और (ii) से]

$\therefore \angle CAD = \angle ADC$

$\because \angle CAD + \angle ACD + \angle ADC = 180°$

(त्रिभुज के तीनों कोणों का योग 180° होता है)

$\Rightarrow \angle ADC + 150° + \angle ADC = 180°$

$\Rightarrow \quad 2\angle ADC = 30° \Rightarrow \angle ADC = 15°$

172. (b) $\Delta ABC \sim \Delta DEF$

$\therefore \dfrac{\Delta ABC \text{ का परिमाप}}{\Delta DEF \text{ का परिमाप}} = \dfrac{AB}{DE}$

$\Rightarrow \quad \dfrac{32}{12} = \dfrac{AB}{6}$

$\Rightarrow \quad AB = \dfrac{32 \times 6}{12} = 16$ सेमी

173. (c) प्रश्नानुसार,

हम जानते हैं कि

$ZY \times ZX = ZT^2$

$\Rightarrow \quad 8 \times (8 + x) = 12^2$

$\Rightarrow \quad 8 + x = \dfrac{144}{8}$

$\Rightarrow \quad 8 + x = 18$

$\therefore \quad x = 10$ सेमी

174. (b) ASA सर्वांगसमता में, दो त्रिभुज तब सर्वांगसम कहलाते हैं यदि एक त्रिभुज के दो कोण और अन्तर्गत भुजा दूसरे त्रिभुज के दो कोण और अन्तर्गत भुजा के बराबर है।

175. (c) प्रश्नानुसार,

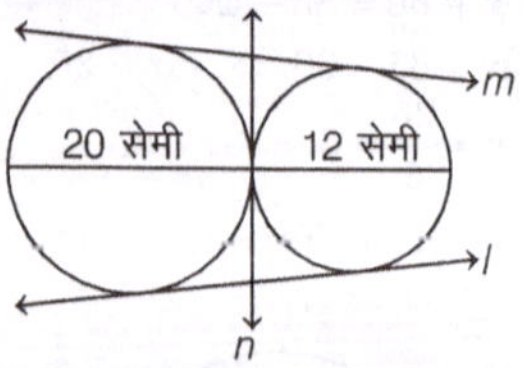

अत: वृत्त पर तीन उभयनिष्ठ स्पर्श रेखाएँ l, m और n हैं।

176. (b) वृत्तों की त्रिज्याएँ, $r_1 = 18$ सेमी, $r_2 = 8$ सेमी

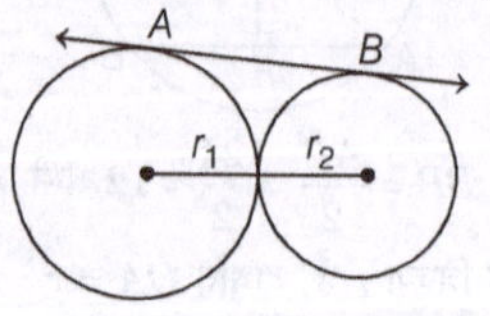

केन्द्रों के बीच की दूरी $= r_1 + r_2$

$\Rightarrow \quad d = 18 + 8 = 26$ सेमी

वृत्त के बाह्य उभयनिष्ठ अनुस्पर्श रेखा की लम्बाई,

$AB = \sqrt{d^2 - (r_1 - r_2)^2} = \sqrt{(26)^2 - (18-8)^2}$

$= \sqrt{(26)^2 - (10)^2} = \sqrt{676 - 100}$

$= \sqrt{576} = 24$ सेमी

177. (d) प्रश्नानुसार,

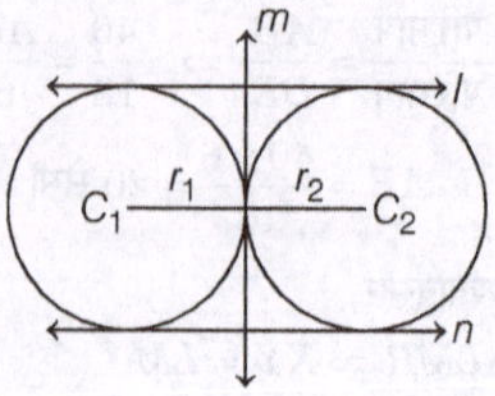

ऊपर दिए गए चित्र से स्पष्ट है, कि उभयनिष्ठ स्पर्श रेखाओं की संख्या 3 हैं, जो l, m और n हैं।

178. (b)

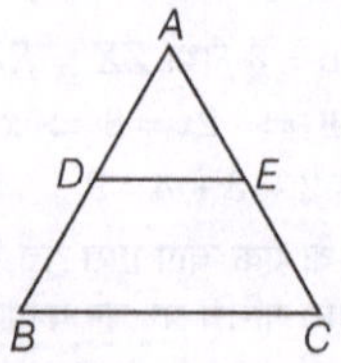

$\because \quad AD \parallel BC$

$\therefore \quad \dfrac{AD}{DB} = \dfrac{AE}{EC}$ (थेल्स प्रमेय से)

$\Rightarrow \quad \dfrac{x+3}{2x-3} = \dfrac{x+1}{2x-2}$

$\Rightarrow \quad 2x^2 - 2x + 6x - 6 = 2x^2 - 3x + 2x - 3$

$\Rightarrow \quad 4x - 6 = -x - 3 \Rightarrow 5x = 3 \Rightarrow x = \dfrac{3}{5}$

179. (d) $AP = PB = \dfrac{6}{2} = 3$ सेमी

($\because$ वृत्त के केन्द्र से जीवा पर खींचा गया लम्ब, जीवा को समद्विभाजित करता है)

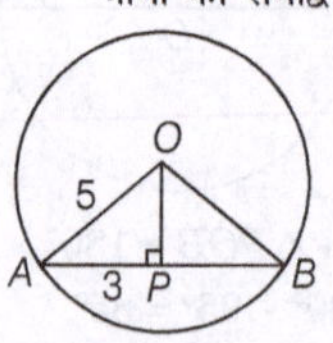

ΔOAP में, $(5)^2 = (OP)^2 + (3)^2$

$\Rightarrow \quad (OP)^2 = 25 - 9$

$\Rightarrow \quad (OP)^2 = 16 \Rightarrow OP = 4$

अत: वृत्त के केन्द्र से जीवा की दूरी = 4 सेमी

180. (c) दिया है, $\Delta ABC \cong \Delta PQR$

$BC = 6$ सेमी और $\angle A = 75°$

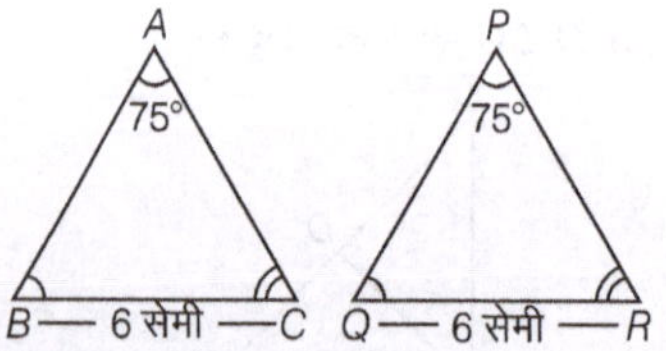

हम जानते हैं कि यदि दो त्रिभुज सर्वांगसम हैं, तब उनके संगत कोण और संगत भुजाएँ समान होती हैं।

$\therefore \quad QR = 6$ सेमी और $\angle P = 75°$

181. (b) दिया है,

समकोण ΔABC और ΔDEF में,

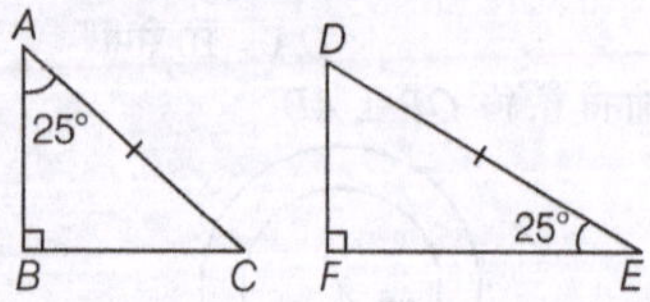

$\because \quad \angle B = \angle F = 90°$

$\angle A = \angle E = 25°$ तथा $AC = DE$ (दिया है)

अत: $\Delta ABC \cong \Delta EFD$

182. (a) ΔOEB में,

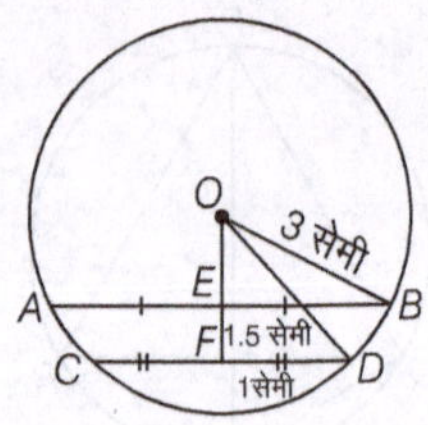

$OE^2 = OB^2 - EB^2 = 3^2 - (15)^2$

$= 9 - 2.25 = 6.75$

$OE = \sqrt{6.75} = \sqrt{\dfrac{675}{100}} = \dfrac{\sqrt{675}}{10} = \dfrac{15\sqrt{3}}{10}$ सेमी

ΔOFD में,

$OF^2 = OD^2 - FD^2 = 3^2 - 1^2 = 9 - 1$

$OF = \sqrt{8} = 2\sqrt{2}$ सेमी

$\therefore$ अभीष्ट अन्तर $= 2\sqrt{2} - \dfrac{15\sqrt{3}}{10} = \dfrac{20\sqrt{2} - 15\sqrt{3}}{10}$

$= \dfrac{5(4\sqrt{2} - 3\sqrt{3})}{10} = \left(\dfrac{4\sqrt{2} - 3\sqrt{3}}{2}\right)$ सेमी

183. (a)

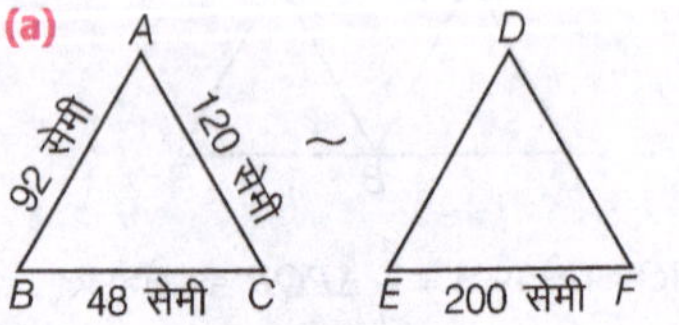

$\because \Delta ABC$ की सबसे बड़ी भुजा AC है

$\therefore \Delta DEF$ की सबसे बड़ी भुजा $= DF$

$\therefore \quad \dfrac{BC}{EF} = \dfrac{AC}{DF}$

$\Rightarrow \quad \dfrac{48}{200} = \dfrac{120}{DF}$

$\Rightarrow \quad DF = \dfrac{200 \times 120}{48} = 500$ सेमी

184. (a)

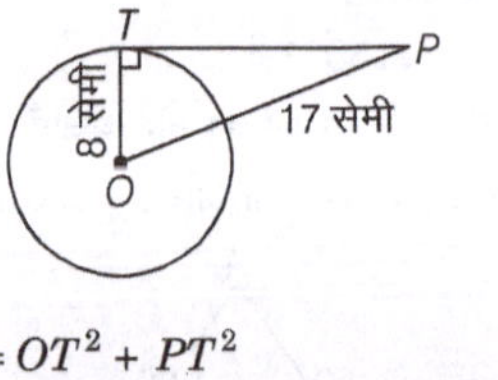

$\therefore \quad OP^2 = OT^2 + PT^2$

$\Rightarrow \quad 17^2 = 8^2 + PT^2$

$\Rightarrow \quad PT^2 = 289 - 64$

$\Rightarrow \quad PT = \sqrt{225} = 15$ सेमी

185. (b)

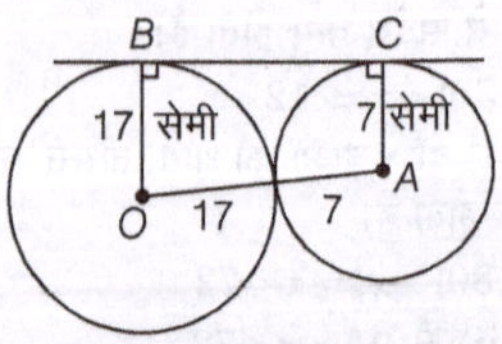

$\because \quad BC = \sqrt{\text{(केन्द्रों के बीच की दूरी)}^2 - \text{(त्रिज्याओं का अन्तर)}^2}$

$\Rightarrow \quad BC = \sqrt{(17+7)^2 - (17-7)^2}$

$\Rightarrow \quad BC = \sqrt{576 - 100} = \sqrt{476}$

$\Rightarrow \quad BC = 2\sqrt{119}$ सेमी

186. (c) दिया है, $l \parallel m$

$\angle c = 110°$ (संगत कोण)

$\because \angle a + \angle c = 180°$ (अन्त:कोण)

$\Rightarrow \angle a + 110° = 180°$

$\Rightarrow \angle a = 180° - 110° = 70°$

$\because x° + a + 40° = 180°$

$\Rightarrow x = 180° - (70° + 40°) = 70°$

इसी प्रकार, $\angle b + \angle x = 180°$ (अन्त:कोण)

$\Rightarrow \angle b = 180° - 70° = 110°$ (समी (i) से)

187. (c)

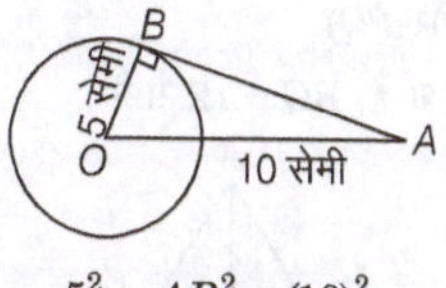

ΔOBA में, $5^2 + AB^2 = (10)^2$

$AB^2 = 100 - 25 = 75 \Rightarrow AB = \sqrt{75} = 5\sqrt{3}$ सेमी

188. (b) ΔABC में, AD, BE और CF क्रमश: शीर्ष A, B और C से माध्यिका है। AD, BE और CF के कटान बिन्दु को केन्द्रक कहते हैं।

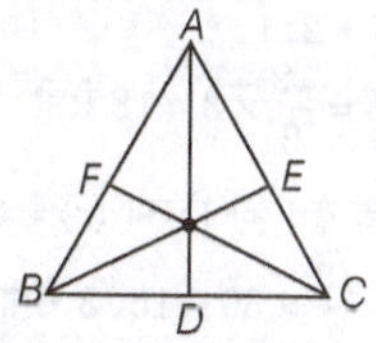

189. (b) यदि दो वृत्त एक-दूसरे को स्पर्श या प्रतिच्छेद नहीं करते हैं और एक-दूसरे के अन्दर नहीं, तो उभयनिष्ठ स्पर्श रेखाओं की संख्या 4 होगी

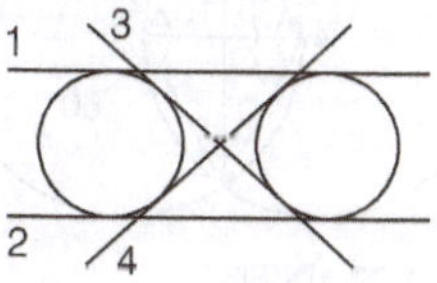

190. (c) दिया है,

ΔABC और ΔDEF में,

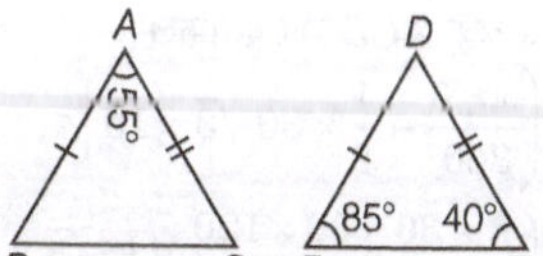

$AB = DE \Rightarrow AC = DF$

$\Rightarrow \angle A = 55°$

$\Rightarrow \angle E = 85°$ और $\angle F = 40°$

$\therefore \angle D = 180° - (85° + 40°)$

$= 180° - 125° = 55°$

$\therefore \angle A = \angle D$

अत: ΔABC और ΔDEF, SAS नियम के अनुसार सर्वांगसम हैं।

191. (c) प्रश्नानुसार,

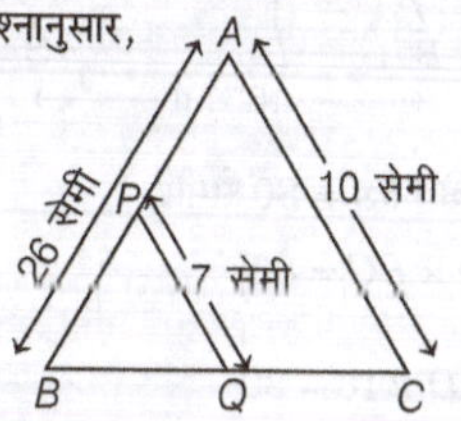

$\because PQ \parallel AC$

$\therefore \Delta ABC \sim \Delta PBQ$

$\frac{BP}{AB} = \frac{PQ}{AC} \Rightarrow \frac{BP}{26} = \frac{7}{10}$

$\Rightarrow BP = \frac{91}{5} = 18.2$ सेमी

$\therefore AP = AB - BP = 26 - 18.2 = 7.8$ सेमी

192. (a) $ABCD$ एक वर्ग है और ΔMAB एक समबाहु त्रिभुज है

$\angle MAB = 60°$ तथा $\angle BAD = 90°$

ΔADM में, $AD = AM$

$\therefore \angle ADM = \angle AMD$

$\Rightarrow \angle DAM = 90° + 60° = 150°$

$\angle DAM + \angle ADM + \angle AMD = 180°$

$150° + 2\angle ADM = 180°$

$\angle ADM = \frac{30°}{2} = 15°$

$\Rightarrow \angle ADM = \angle AMD = 15°$

अब $\angle MDC = \angle ADC - \angle ADM$

$= 90° - 15° = 75°$

193. (c)

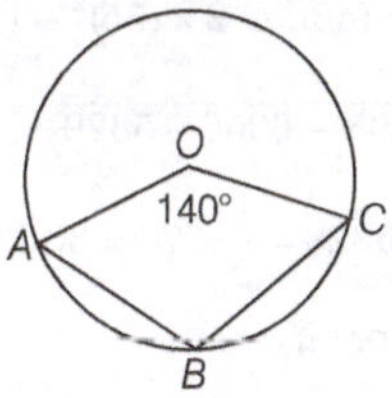

$\angle AOC$ बहिष्कोण

$= 360° - 140° = 220°$ (बहिष्कोण)

$\therefore \angle ABC = \frac{1}{2} \angle AOC$ बहिष्कोण

($\because$ केन्द्र पर बना कोण परिधि पर बने कोण का दोगुना होता है।)

$= \frac{220}{2} = 110°$

194. (a) चूँकि XO एक माध्यिका है।

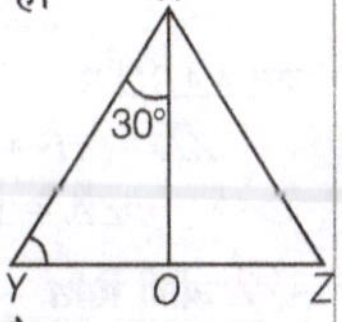

$\therefore YO = ZO = \frac{1}{2}YZ$

दिया है, $XO = \frac{1}{2}YZ$

$\therefore YO = XO$

अत: ΔXOY एक समद्विबाहु त्रिभुज है।

$\angle YXO = \angle XYO$

$\because \angle XYO = 30° \Rightarrow \angle XYZ = 30°$

195. (c) ΔXYZ में,

P, ΔXYZ का अन्त: केन्द्र है।

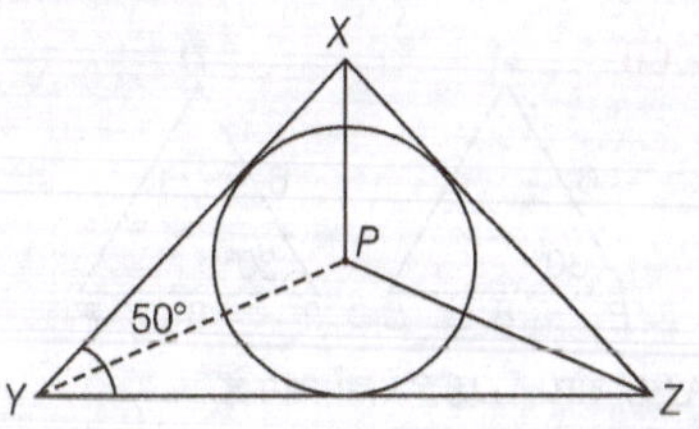

$\angle XYZ = 50°$ (दिया है)

$\Rightarrow \angle XPZ = 90° + \frac{\angle Y}{2}$ (अन्त:केन्द्र से)

$\Rightarrow \angle XPZ = 90° + \frac{50°}{2} = (90° + 25°)$

$\Rightarrow \angle XPZ = 115°$

196. (b) $\Delta ABC \sim \Delta DEF$ में,

$\frac{AB}{DE} = \frac{BC}{EF} = \frac{AC}{DF}$

$\because 2AB = DE$ और $BC = 8$ सेमी

$\Rightarrow \frac{AB}{DE} = \frac{BC}{EF} \Rightarrow \frac{1}{2} = \frac{8}{EF} \Rightarrow EF = 16$ सेमी

197. (c) माना $AD = x$ तब $AF = x$

($\because AD$ और AF स्पर्श रेखाएँ हैं, जो समान होती हैं।)

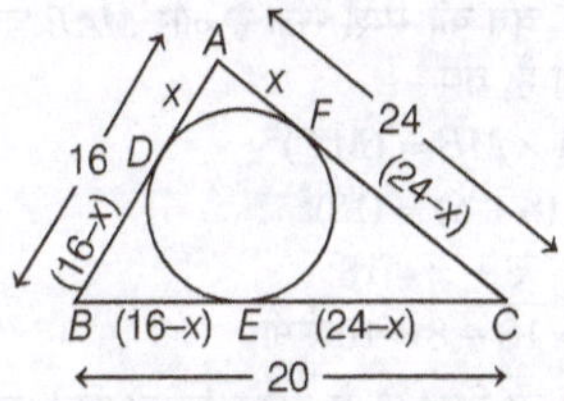

$BD = 16 - x = BE$ तथा $CF = CE = 24 - x$

तब, $20 - [16 - x] = 24 - x$

$\Rightarrow 20 - 16 + x = 24 - x \Rightarrow 2x = 20$

$\Rightarrow x = 10$ सेमी

अत: AD की माप = 10 सेमी होगी।

198. (c) ΔOCB में,

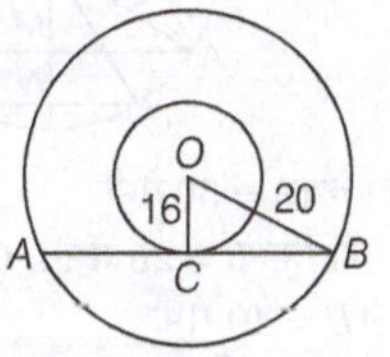

$(BC)^2 = (OB)^2 - (OC)^2$

$\Rightarrow (BC)^2 = 400 - 256 = 144$

$\Rightarrow BC = 12$ सेमी

$\Rightarrow AB = 2BC = 24$ सेमी

अत: छोटे वृत्त की स्पर्श रेखा की लम्बाई 24 सेमी है।

199. (a)

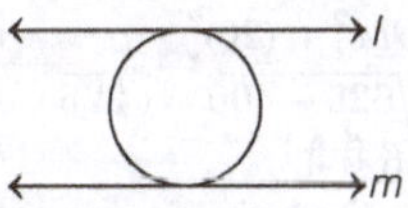

वृत्त के किसी दिए गए स्पर्श रेखा के केवल एक ही समान्तर स्पर्श रेखा होती है।

200. (a) $PX \perp QR$ है।

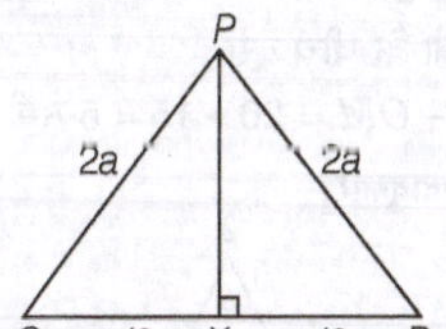

$\therefore QX = XR = \frac{a}{2}$

ΔPXR में, $PR^2 = XR^2 + PX^2$

$\Rightarrow (2a)^2 = \left(\frac{a}{2}\right)^2 + PX^2 \Rightarrow 4a^2 - \frac{a^2}{4} = PX^2$

$\Rightarrow \frac{15a^2}{4} = PX^2 \Rightarrow PX = \sqrt{\frac{15a^2}{4}}$

$\therefore PX = \frac{\sqrt{15}a}{2}$

201. (a) $AP = 20 - 12 = 8$ सेमी

$\because CP \times PD = PB \times AP$

$\Rightarrow 8 \times PD = 12 \times 8 \Rightarrow PD = 12$ सेमी

202. (c) प्रश्नानुसार,

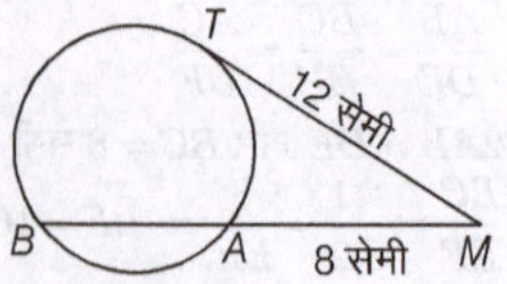

माना $AB = x$ सेमी

$\therefore\ MB = 8 + x$ सेमी

चूँकि MT वृत्त की स्पर्श रेखा है और MAB वृत्त की छेदक रेखा है, तब

$MA \times MB = (MT)^2$

$\Rightarrow\ 8 \times (8 + x) = (12)^2$

$\Rightarrow\ 8 + x = 18$

$\Rightarrow\ x = 18 - 8 = 10$ सेमी

203. (d) दो बिन्दुओं से होकर गुजरने वाले अनन्त वृत्त खींचे जा सकते हैं।

204. (c)

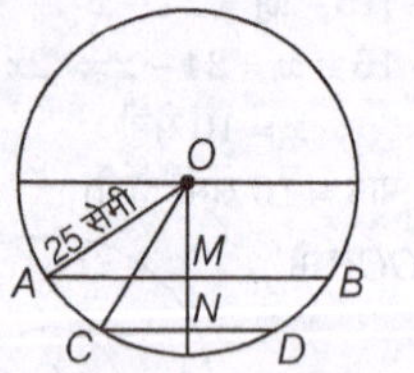

वृत्त का व्यास = 50 सेमी

$\therefore$ वृत्त की त्रिज्या = 25 सेमी, $OA = OC = 25$ सेमी

जीवा $AB = 40$ सेमी

$\therefore\ AM = \frac{40}{2} = 20$ सेमी

तथा जीवा $CD = 30$ सेमी

$\therefore\ CN = \frac{30}{2} = 15$ सेमी

ΔOMA में पाइथागोरस प्रमेय से,

$(25)^2 = OM^2 + (20)^2$

$\Rightarrow\ OM = \sqrt{625 - 400} = \sqrt{225}$

$\Rightarrow\ OM = 15$ सेमी

ΔONC में पाइथागोरस प्रमेय से,

$(25)^2 = ON^2 + (15)^2$

$\Rightarrow\ ON = \sqrt{625 - 225} = \sqrt{400}$

$\Rightarrow\ ON = 20$ सेमी

$\therefore$ दोनों जीवाओं के बीच दूरी

$= ON - OM = 20 - 15 = 5$ सेमी

205. (c) प्रश्नानुसार,

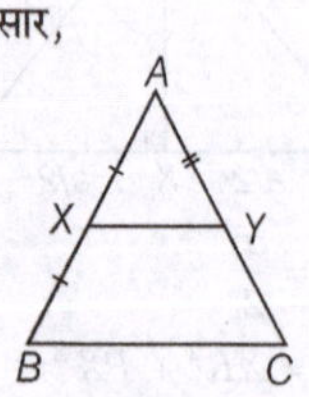

$BC + XY = 24$ सेमी

$\because X$ और Y क्रमशः AB और AC के मध्य-बिन्दु है

$\therefore\ XY = \frac{1}{2}BC$

$\therefore BC + \frac{1}{2}BC = 24 \Rightarrow 3BC = 48 \Rightarrow BC = 16$ सेमी

$\therefore\ XY = \frac{1}{2} \times 16 = 8$ सेमी

अब $BC - XY = 16 - 8 = 8$ सेमी

206. (a) P, ΔABC का केन्द्रक है तथा AD माध्यिका है।

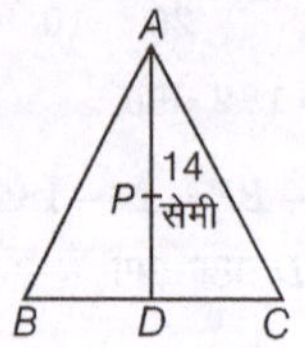

हम जानते हैं कि केन्द्रक माध्यिका को 2 : 1 के अनुपात में विभाजित करता है।

$\therefore\ AP : PD = 2 : 1$

$\frac{AP}{PD} = \frac{2}{1} \Rightarrow \frac{14}{PD} = \frac{2}{1}$

$\Rightarrow\ PD = \frac{14}{2} = 7$ सेमी

207. (d) हम जानते हैं,

माध्यिका, $m_a = \frac{1}{2}\sqrt{2b^2 + 2c^2 - a^2}$

अब यदि $a = 73, b = 48, c = 55$

$m_a = \frac{1}{2}\sqrt{2 \times (48)^2 + 2 \times (55)^2 - (73)^2}$

$= \frac{1}{2}\sqrt{4608 + 6050 - 5329}$

$= \frac{1}{2} \times \sqrt{5329} = \frac{1}{2} \times 73 = 36.5$ सेमी

208. (d) ΔBPC में,

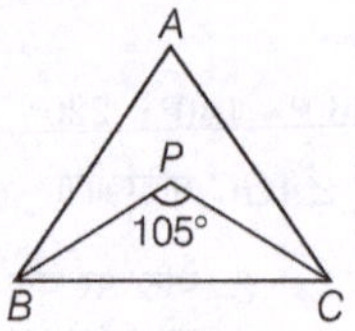

$\frac{1}{2}\angle B + \frac{1}{2}\angle C + 105° = 180°$

$\angle B + \angle C = (180° - 105°) \times 2$

$= 75° \times 2 = 150°$

अब ΔABC में,

$\angle A + \angle B + \angle C = 180°$

$\angle A + 150° = 180° \Rightarrow\ \angle A = 30°$

स्पीडी विधि

हम जानते हैं, $\angle BPC = 90° + \frac{\angle A}{2}$

$\therefore\ 105 = 90° + \frac{\angle A}{2}$

$\angle A = (105 - 90) \times 2 = 30°$

209. (d)

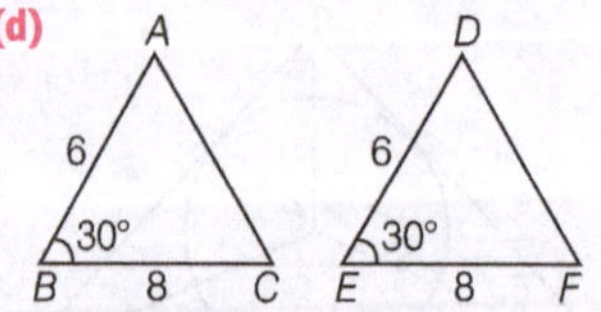

$\because \Delta ABC$ और ΔDEF सर्वांगसम हैं

$AB = 6 = DE \Rightarrow BC = 8 = EF \Rightarrow \angle B = 30°$

$\therefore\ \angle E = 30°$

तथा $\angle A = \angle D \Rightarrow \angle C = \angle F$

$\because\ \angle A + \angle B + \angle C = 180°$

$\therefore\ \angle D + 30° + \angle C = 180°$

$\angle D + \angle C = 180° - 30° = 150°$

210. (b) $\because r_1 + r_2 = C_1C_2$, तब स्पर्श रेखाएँ निम्न प्रकार खींची जा सकती है।

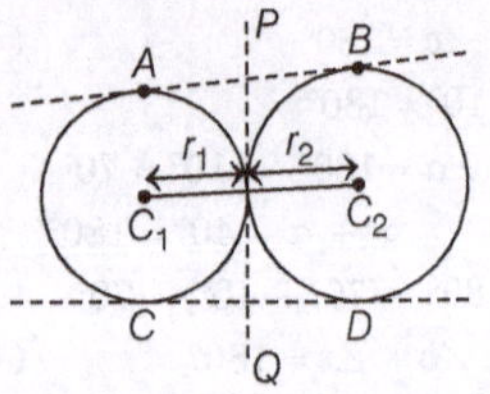

अत: उभयनिष्ठ स्पर्श रेखाओं की संख्या = 3 (AB, CD और PQ)

211. (c) दिया है, $BG = 12$ सेमी

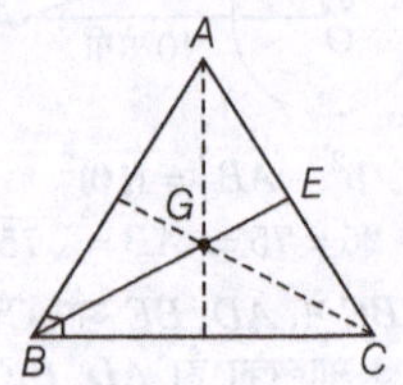

हम जानते हैं,

$BG : GE = 2 : 1$

$\therefore\ BE = \frac{12}{2} \times 3 = 18$ सेमी

212. (d) प्रत्येक वृत्त की त्रिज्या $(r) = 30$ सेमी

$CO = \frac{\sqrt{3}}{2} \times 30 = 15\sqrt{3}$ सेमी

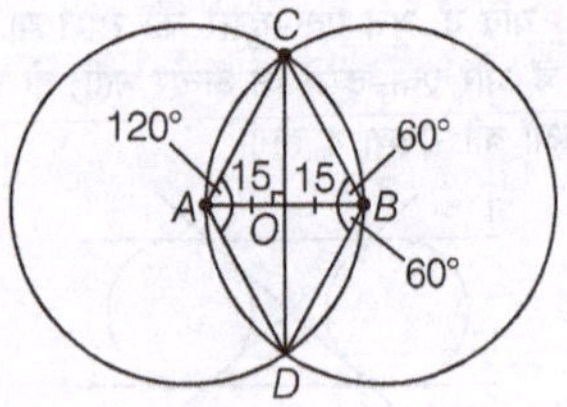

वृत्तखण्ड CAD का क्षेत्रफल

= वृत्तखण्ड CBD का क्षेत्रफल

$\therefore$ वक्र $ACBD$ का क्षेत्रफल

$= 2 \times$ वक्र ACD का क्षेत्रफल

$= 2\left(\frac{\pi r^2\theta}{360°} - \frac{1}{2} \times 30\sqrt{3} \times 15\right)$

$= 2\left(\frac{\pi \times 30 \times 30 \times 120}{360°} - 15\sqrt{3} \times 15\right)$

$= 2(300\pi - 225\sqrt{3})$

$= (600\pi - 450\sqrt{3})$ सेमी^{2}

213. (c)

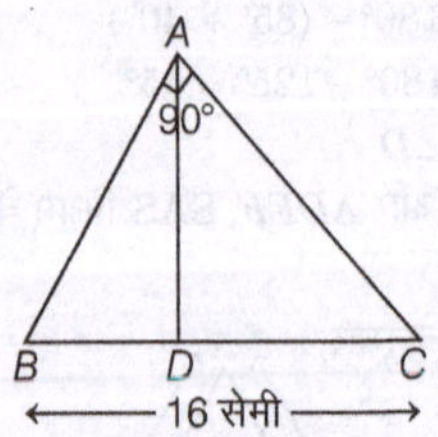

ΔABC का क्षेत्रफल = 80 सेमी^{2}

$\Rightarrow\ \frac{1}{2} \times AD \times BC = 80$

$\Rightarrow\ \frac{1}{2} \times AD \times 16 = 80$

$\Rightarrow\ AD = 5 \times 2 = 10$ सेमी

214. (b)

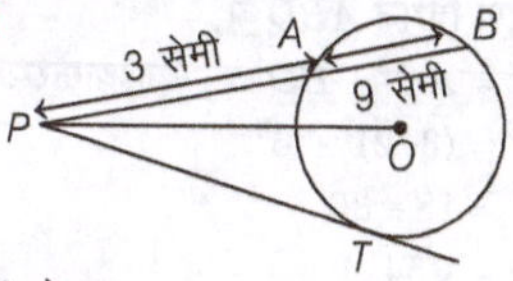

∵ हम जानते हैं कि

$PT^2 = PA \times PB$

$\Rightarrow \quad PT^2 = PA(PA + AB)$

$\Rightarrow \quad PT^2 = 3(3+9) = 3 \times 12$

$\Rightarrow \quad PT^2 = 36$

$\Rightarrow \quad PT = 6$ सेमी

215. (b)

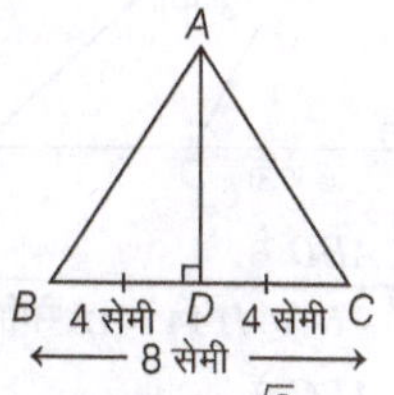

∵ समबाहु त्रिभुज की ऊँचाई $= \dfrac{\sqrt{3}}{2} \times a$

$\therefore \quad AD = \dfrac{\sqrt{3}}{2} \times 8 = 4\sqrt{3}$ सेमी

216. (a)

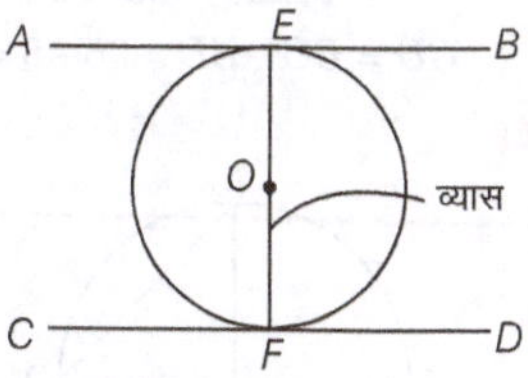

$\therefore \quad OE = OF$

अत: दोनों स्पर्श रेखाएँ एक-दूसरे के समान्तर होंगी।

217. (d) ΔOPR में,

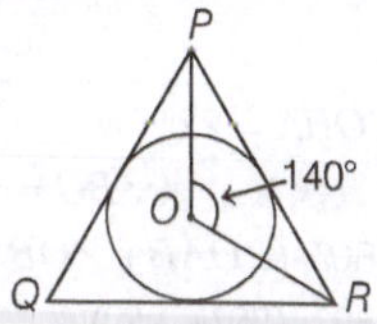

$\angle POR + \angle OPR + \angle ORP = 180°$

$140° + \dfrac{1}{2}\angle P + \dfrac{1}{2}\angle R = 180°$

($\because OP, OR$ क्रमश: $\angle P$ और $\angle R$ के समद्विभाजक है।)

$\therefore \dfrac{1}{2}(\angle P + \angle R) = 180° - 140° = 40°$

$\angle P + \angle R = 80°$

अब ΔPQR में,

$\angle P + \angle Q + \angle R = 180°$

$\Rightarrow \quad \angle Q + 80° = 180°$

$\Rightarrow \quad \angle Q = 100° = \angle PQR$

स्पीडी विधि

$\angle POR = \dfrac{\angle PQR}{2} + 90°$

$\Rightarrow \quad 140° = \dfrac{\angle PQR}{2} + 90°$

$\Rightarrow \quad \dfrac{\angle PQR}{2} = 140 - 90° = 50°$

$\therefore \quad \angle PQR = 50 \times 2 = 100°$

218. (d)

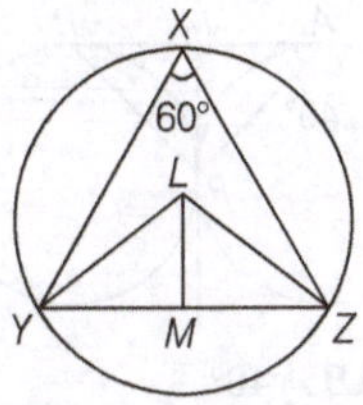

$\angle YXZ = 60°$

$\therefore \quad \angle YLZ = 2 \times \angle YXZ = 2 \times 60° = 120°$

$\because \quad LY = LZ$ (वृत्त की त्रिज्याएँ हैं)

$\therefore \Delta LYZ$ एक समद्विबाहु त्रिभुज है और समद्विबाहु त्रिभुज में लम्ब कोण को समद्विभाजित करता है।

$\therefore \quad \angle YLM = \dfrac{1}{2}\angle YLZ$

$= \dfrac{1}{2} \times 120 = 60°$

219. (d) प्रश्नानुसार,

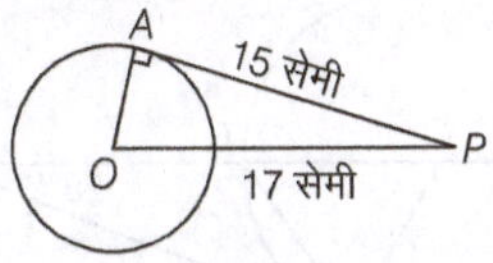

ΔOAP में,

$OP^2 = OA^2 + AP^2$

$\Rightarrow \quad (17)^2 = OA^2 + (15)^2$

$\Rightarrow \quad OA^2 = 289 - 225 = 64$

$\Rightarrow \quad OA = 8$ सेमी

220. (c)

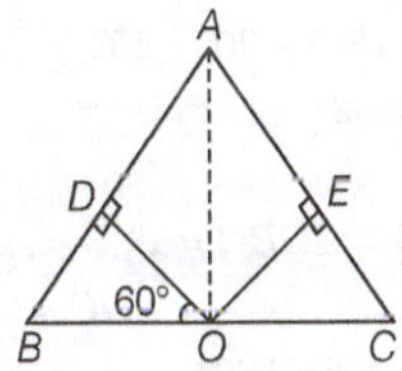

ΔOBD में,

$\angle ODB + \angle DBO + \angle BOD = 180°$

$\Rightarrow \quad 90° + \angle DBO + 60° = 180°$

$\Rightarrow \quad \angle DBO = 180° - 150° = 30°$

$\because \quad AB = AC \Rightarrow \angle ACB = 30°$

$\Rightarrow \quad \angle EOC = 60°$

हम जानते हैं कि $OA \perp BC$

$\angle AOC = \angle AOE + \angle EOC$

$\Rightarrow \quad \angle AOE = 90° - 60° = 30°$

221. (c) दी गई आकृति,

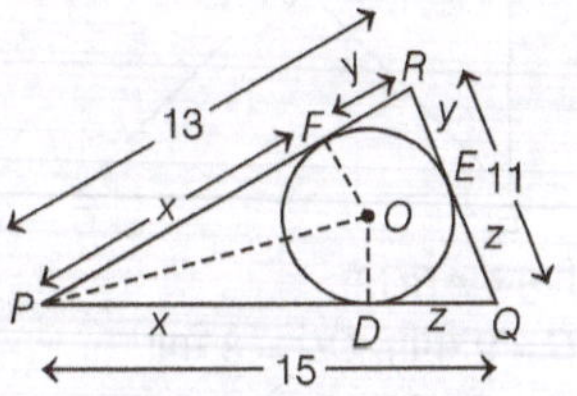

$\therefore \quad 2(x + y + z) = 15 + 13 + 11$

$x + y + z = \dfrac{39}{2} = 19.5$

$x = 19.5 - (y + z)$

$= 19.5 - 11 = 8.5$ सेमी

$\therefore \quad PD$ की लम्बाई = 8.5 होगी

222. (c) वृत्त की त्रिज्या $= \dfrac{58}{2} = 29$ सेमी

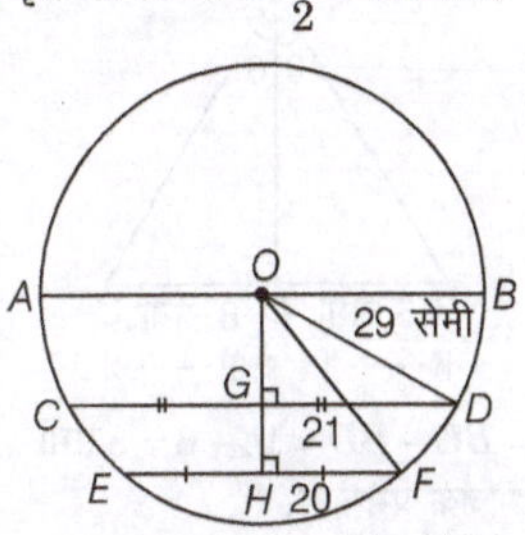

ΔOGD में,

$OG^2 = OD^2 - GD^2 = 29^2 - 21^2$

$= 841 - 441 = 400$

$\therefore \quad OG = \sqrt{400} = 20$ सेमी

ΔOHF में,

$OH^2 = OF^2 - HF^2 = 29^2 - 20^2$

$= 841 - 400 = 441$

$\therefore \quad OH = \sqrt{441} = 21$ सेमी

$\therefore$ अभीष्ट अन्तर $= 21 - 20 = 1$ सेमी

223. (b) प्रश्नानुसार,

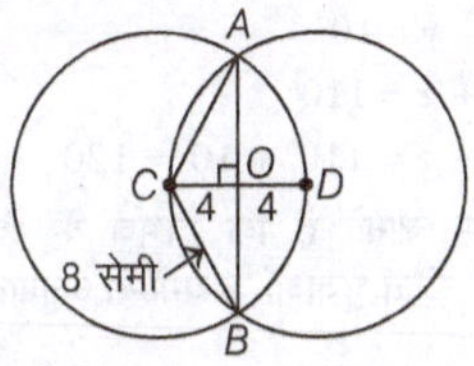

ΔACO में, $AO^2 = CA^2 - CO^2$

$AO = \sqrt{8^2 - 4^2} = \sqrt{64 - 16}$

$= \sqrt{48} = 4\sqrt{3}$ सेमी

$\because \quad AO = OB = 4\sqrt{3}$

$\therefore \quad AB = 4\sqrt{3} \times 2 = 8\sqrt{3}$ सेमी

स्पीडी विधि

उभयनिष्ठ जीवा की लम्बाई $= \sqrt{3}r = 8\sqrt{3}$ सेमी

[$\because r = 8$ सेमी]

224. (a) दिया है, $CD = DA, \angle BDC = 76°$

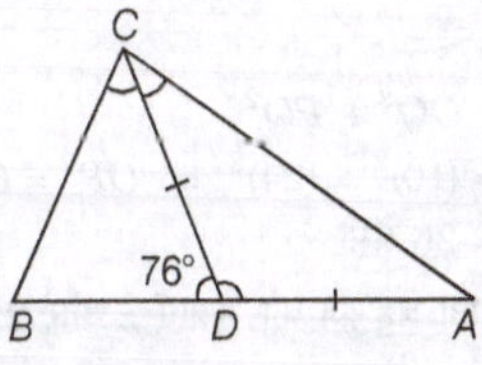

$\therefore \angle CDA = 180° - \angle BDC = 180° - 76° = 104°$

$\because \quad CD = DA$

$\therefore \quad \angle A = \angle DCA$

$\Rightarrow \quad 2\angle A = 180° - \angle CDA$

$= 180° - 104° = 76°$

$\angle A = \dfrac{76°}{2} = 38°$

$\because CD, \angle BCA$ का समद्विभाजक है

$\therefore \quad \angle BCD = \angle DCA = 38°$

$\therefore \quad \angle BCA = 38° + 38° = 76°$

अत: $\angle CBD = 180° - 38° - 76°$

$= 180° - 114° = 66°$

225. (d)

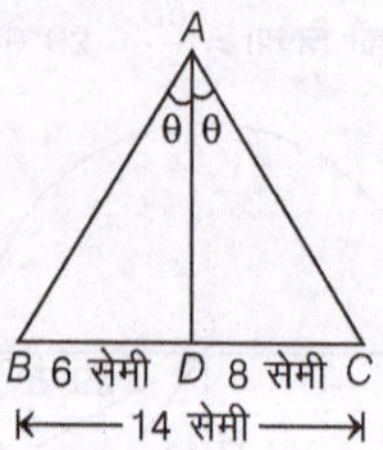

$DC = BC - BD = 14 - 6 = 8$ सेमी

कोण समद्विभाजक प्रमेय से,

$$\frac{AB}{AC} = \frac{BD}{DC} = \frac{6}{8}$$

$\therefore \quad AB : AC = 3 : 4$

226. (c)

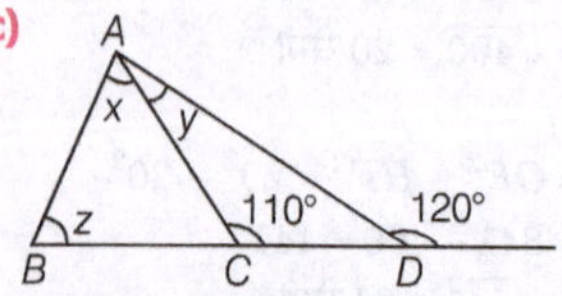

$y + 110° = 120°$

($\because$ बहिष्कोण दोनों सम्मुख अन्त : कोणों के योग के बराबर होता है)

$\Rightarrow \quad y = 10°$

अब, $\quad x + z = 110°$

$\therefore \quad x + y + z = 110° + 10° = 120°$

227. (a) हम जानते हैं कि त्रिभुज के क्षेत्रफलों का अनुपात उनकी संगत भुजाओं के वर्गों के अनुपात के बराबर होता है।

$$\therefore \quad \frac{\Delta ABC \text{ का क्षेत्रफल}}{\Delta DEF \text{ का क्षेत्रफल}} = \frac{BC^2}{EF^2}$$

$$\Rightarrow \quad \frac{x^2}{y^2} = \frac{BC^2}{a^2}$$

$$\Rightarrow \quad BC^2 = \frac{x^2a^2}{y^2} \Rightarrow BC = \frac{xa}{y} \text{ सेमी}$$

228. (c) ΔOPQ में,

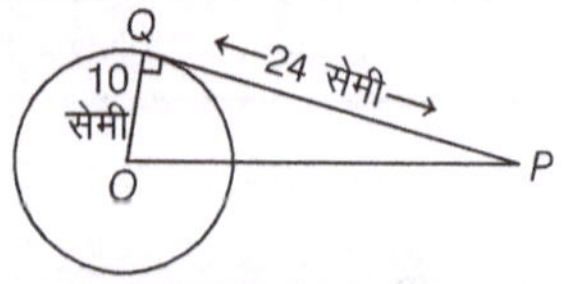

$OP^2 = OQ^2 + PQ^2$

$\Rightarrow \quad OP^2 = (10)^2 + (24)^2 \Rightarrow OP^2 = 676$

$\Rightarrow \quad OP = 26$ सेमी

229. (d) माना बहुभुज की भुजाएँ x और $2x$ हैं।

$$\therefore \quad \frac{(x-2)}{x} \times 180 = 140$$

$$\Rightarrow \quad \frac{x-2}{x} \times 9 = 7$$

$\Rightarrow \quad 9x - 18 = 7x$

$\quad 2x = 18$

$\Rightarrow \quad x = 9$

$\therefore$ दूसरे बहुभुज में भुजाओं की संख्या

$= 2x = 2 \times 9 = 18$

अतः दूसरे बहुभुज का प्रत्येक आन्तरिक कोण

$$= \frac{18-2}{18} \times 180 = 160°$$

230. (a)

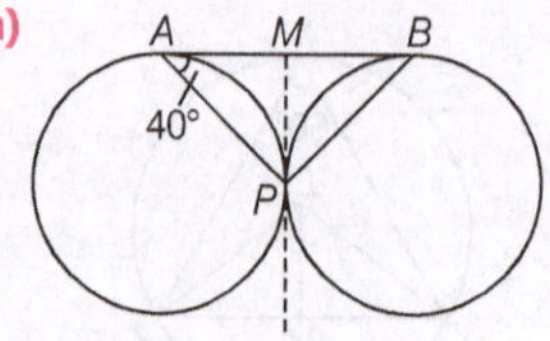

$\angle PAB = 40°$

दोनों वृत्तों की एक और उभयनिष्ठ स्पर्श रेखा PM खींची

$\because \ AM = MP$ (स्पर्श रेखाएँ)

तब, $\quad \angle PAM = \angle APM = 40°$

$\therefore \quad \angle AMP = 180° - 2 \times 40° = 100°$

$\therefore \quad \angle PMB = 180° - 100 = 80°$

अब, $\quad \angle MPB = \angle MBP = \angle ABP$

$$= \frac{180° - 80°}{2} = \frac{100°}{2} = 50°$$

231. (c)

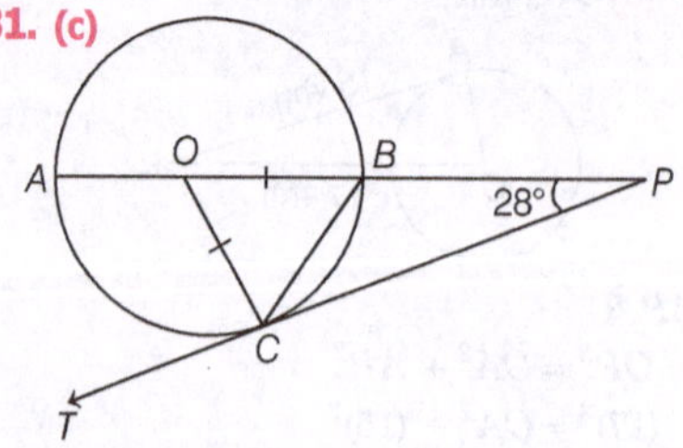

ΔOCP में,

$\angle OCP + \angle COP + \angle OPC = 180°$

$\Rightarrow \quad 90° + \angle COP + 28° = 180°$

$\Rightarrow \quad \angle COP = 180° - 90° - 28°$

$\Rightarrow \quad \angle COP = 62°$

ΔOCB में,

माना $\quad \angle OCB = \angle OBC = x°$

($\because OC = OB =$ त्रिज्या)

$\Rightarrow \quad x° + x° + 62° = 180°$

$\Rightarrow \quad 2x° = 118°$

$\Rightarrow \quad x° = 59°$

$\Rightarrow \quad \angle OCB = 59°$

$\therefore \quad \angle BCP = 90° - 59° = 31°$

232. (a) दिया है,

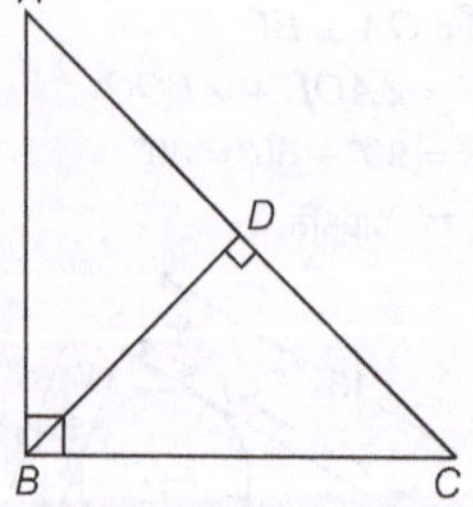

समकोण त्रिभुज ABC में,

$AC = 9$ सेमी, $CD = 3$ सेमी

$\therefore \quad AD = 9 - 3 = 6$ सेमी

हम जानते हैं, यदि BD, AC पर एक लम्ब है, तब

$BD^2 = AD \times CD$

$\Rightarrow \quad BD^2 = 6 \times 3 = 18$ सेमी

$\therefore \quad BD = 3\sqrt{2}$ सेमी

अब, समकोण त्रिभुज ABD में,

$AB^2 = AD^2 + BD^2$ (पाइथागोरस प्रमेय से)

$\Rightarrow \quad AB^2 = (3\sqrt{2})^2 + 6^2$

$\Rightarrow \quad AB^2 = 18 + 36$

$\Rightarrow \quad AB = \sqrt{54}$

$\therefore \quad AB = 3\sqrt{6}$ सेमी

233. (a)

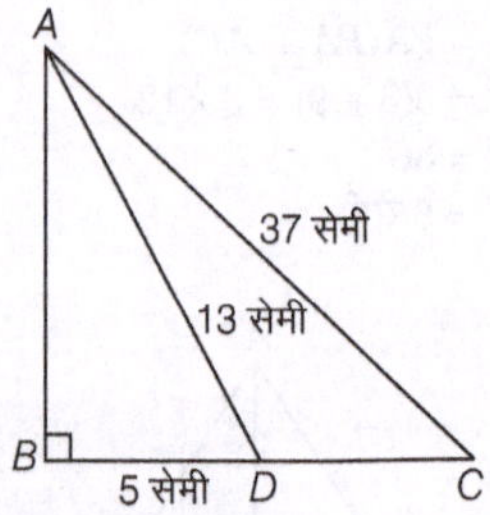

समकोण त्रिभुज ABD में,

$AB = \sqrt{(13)^2 - 5^2} = \sqrt{144} = 12$ सेमी

समकोण त्रिभुज ABC में,

$BC^2 = \sqrt{(37)^2 - (12)^2}$

$= \sqrt{1369 - 144}$

$= \sqrt{1225} = 35$ सेमी

$\therefore \quad CD = BC - BD = 35 - 5 = 30$ सेमी

234. (d)

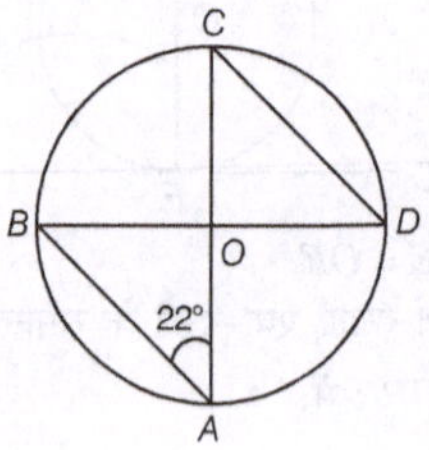

ΔBOA में,

$\angle OAB = \angle OBA = 22°$

($\because BO = OA =$ त्रिज्या)

$\therefore \quad \angle BOA = 180° - (\angle OAB + \angle OBA)$

$= 180° - (22° + 22°)$

$= 180° - 44° = 136°$

$\therefore \quad \angle COD = \angle BOA = 136°$

($\because \angle BOA = \angle COD =$ शीर्षाभिमुख कोण)

235. (b)

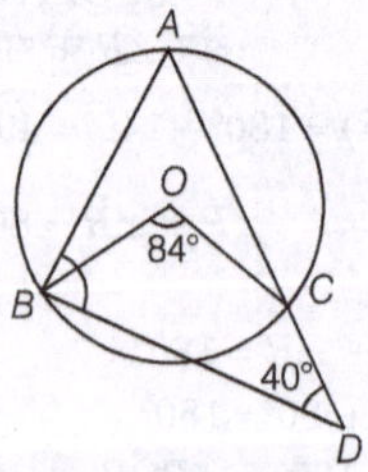

$$\angle BAC = \frac{1}{2}\angle BOC = \frac{1}{2} \times 84° = 42°$$

अब ΔABD में,

$\angle BAD + \angle ADB + \angle ABD = 180°$

$\Rightarrow \quad 42° + 40° + \angle ABD = 180°$

$\Rightarrow \quad \angle ABD - 180° - 82°$

$\therefore \quad \angle ABD = 98°$

236. (a) दिया है,

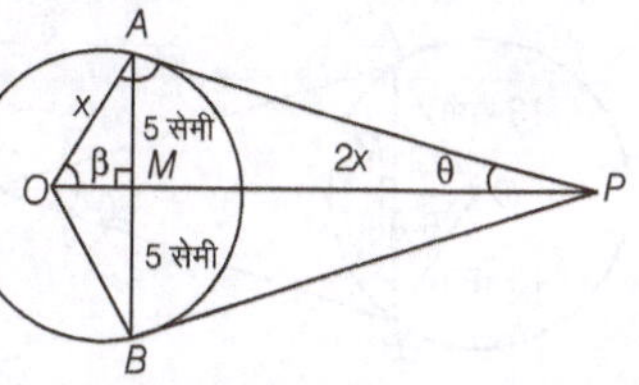

माना $OA = x$, तब $OP = 2x$

अब, ΔAOP का क्षेत्रफल

$$\frac{1}{2} \times AP \times OA = \frac{1}{2} \times AM \times OP$$

$$\frac{1}{2} \times AP \times x = \frac{1}{2} \times 5 \times 2x$$

$\therefore$ $AP = 10$ सेमी

237. (c) यदि ΔABC और ΔDEF में,

$\frac{AB}{DF} = \frac{BC}{DE} = \frac{AC}{EF}$ है, तो $\Delta BCA \sim \Delta DEF$ सत्य होगा।

238. (c) दिया है,

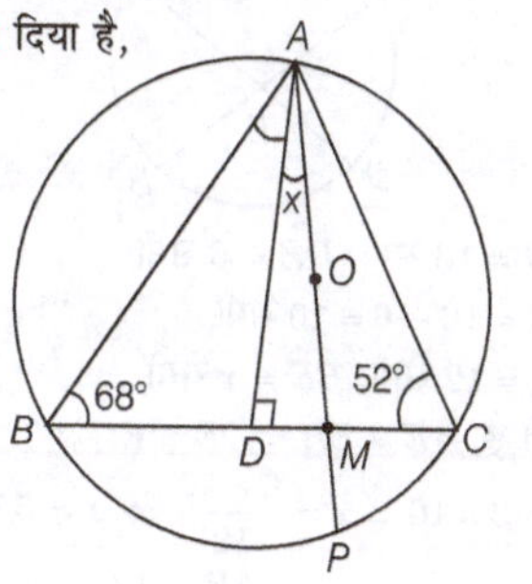

ΔABD में,

$\angle BAD = 180° - (\angle ABD + \angle ADB)$

$= 180° - (90° + 68°)$

$= 180° - 158° = 22°$

ΔADC में, $\angle DAC = 180° - (52° + 90°) = 38°$

माना $\angle DAM = x°$

$\angle AOC = 2\angle ABC = 2 \times 68° = 136°$

[$\because$ केन्द्र पर बना कोण शेष परिधि पर बने कोण का दोगुना होता है।]

$\angle OAC = 38° - x = \angle ACO$ [$\because OA = OC$ = त्रिज्या]

अब, ΔAOC में,

$\angle AOC + \angle OCA + \angle ACO = 180°$

$\Rightarrow 136° + 38° - x + 38° - x = 180°$

$\Rightarrow 2x = 32 \Rightarrow x = 16°$

$\therefore \angle DAP = 16°$

239. (d) दिया है,

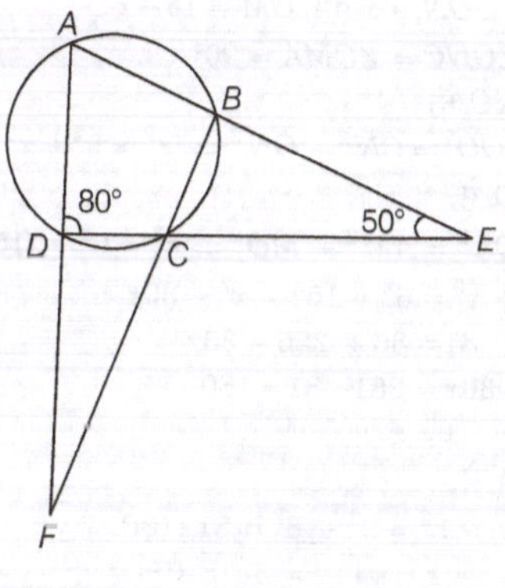

$ABCD$ एक चक्रीय चतुर्भुज है। तथा

$\angle ADC = 80°$ तथा $\angle AED = 50°$

ΔAED में, $\angle DAE = 180° - (80° + 50°)$

$\Rightarrow = 180° - 130° = 50°$

अब, $\angle ADC + \angle ABC = 180°$

$\Rightarrow \angle ABC = 180° - 80° = 100°$

अब, ΔABF में,

$\angle FAB + \angle FBA + \angle AFB = 180°$

$\Rightarrow 50° + 100° + \angle AFB = 180°$

$\therefore \angle AFB = 180° - 150° = 30°$

240. (b) दिया है, $\Delta ABC \sim \Delta RPQ$

हम जानते हैं कि

$$\frac{ar\Delta ABC}{ar\Delta RPQ} = \left(\frac{AB}{PR}\right)^2 = \left(\frac{BC}{PQ}\right)^2 = \left(\frac{AC}{RQ}\right)^2 = \frac{16}{25}$$

$$\therefore \left(\frac{AC}{QR}\right)^2 = \frac{16}{25} \Rightarrow \frac{AC}{QR} = \frac{4}{5}$$

$\Rightarrow \frac{AC}{6} = \frac{4}{5}$ [$\because QR = 6$ सेमी]

$\Rightarrow AC = \frac{6 \times 4}{5}$

$\therefore AC = 4.8$ सेमी

241. (b) ΔABC में,

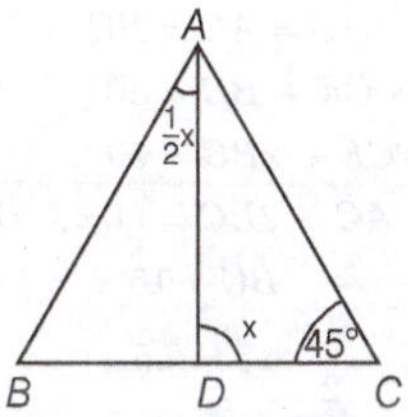

$\angle BAC = 77°, \angle C = 45°$

माना $\angle ADC = x$ है, तब, $\angle BAD = \frac{1}{2}x$

ΔABD में,

$\angle ADC$ बाहरी कोण है, इसलिए

$\angle ADC = \angle ABD + \angle BAD$

$\Rightarrow \angle ABD = \angle ADC - \angle BAD$

$\Rightarrow \angle ABD = x - \frac{1}{2}x \Rightarrow \angle ABD = \frac{x}{2}$

ΔABC में,

$\angle ABC + \angle BAC + \angle ACB = 180°$

$\Rightarrow \frac{x}{2} + 77° + 45° = 180°$

$\Rightarrow \frac{x}{2} = 180° - 45° - 77° \Rightarrow \frac{x}{2} = 58°$

$x = 58° \times 2 = 116°$

$\therefore \angle ADB = 180° - x$

$= 180° - 116° = 64°$

242. (b)

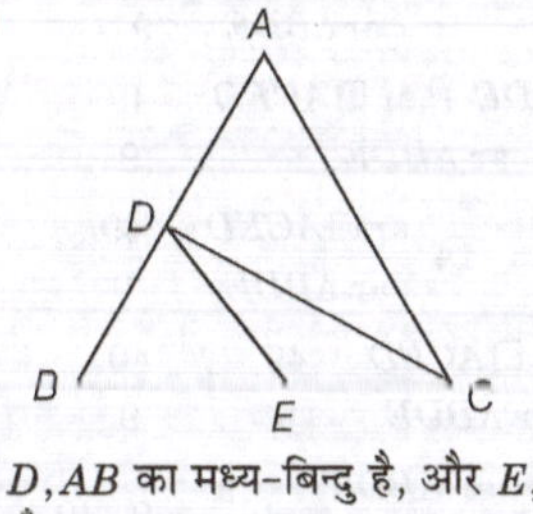

ΔABC में D, AB का मध्य-बिन्दु है, और E, BC का मध्य-बिन्दु है।

हम जानते हैं कि किसी भी त्रिभुज की माध्यिका उसे दो बराबर क्षेत्रफल वाले त्रिभुजों में विभाजित करती है।

ΔDBC में, DE, एक माध्यिका है।

$\therefore$ ar ΔDBE = ar $\Delta DEC = 8$ सेमी^{2}

उसी प्रकार, ΔABC में, CD एक माध्यिका है।]

$\therefore$ ar ΔBDC = ar ΔADC

$2 \times$ ar ΔDBE = ar ΔADE

$\therefore$ ar $\Delta ADE = 8 \times 2 = 16$ सेमी^{2}

ar $ADEC$ = ar ΔDEC + ar ΔADC

$= (8 + 16) = 24$ सेमी^{2}

243. (c)

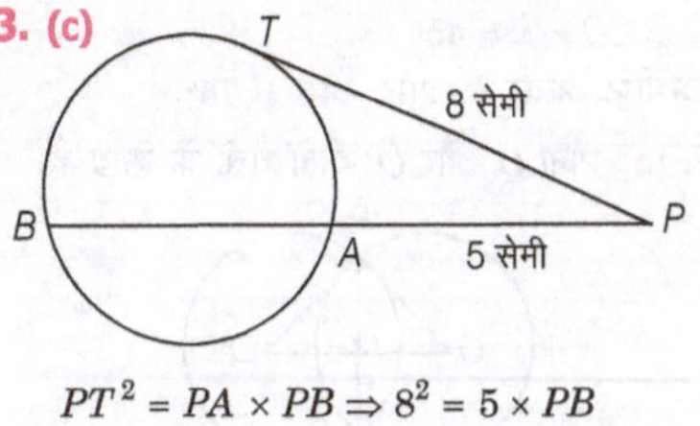

$PT^2 = PA \times PB \Rightarrow 8^2 = 5 \times PB$

$\Rightarrow PB = \frac{64}{5} \Rightarrow PB = 12.8$ सेमी

$\therefore AB = PB - PA = 12.8 - 5 = 7.8$ सेमी

244. (b)

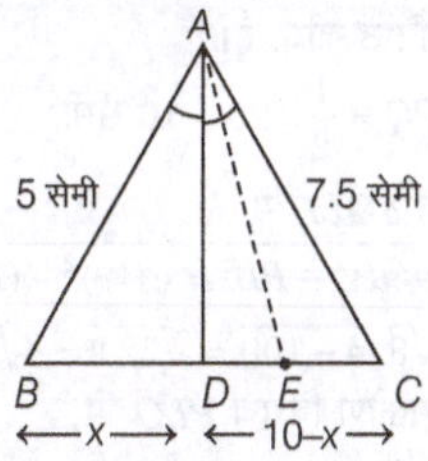

माना 'E' BC का मध्य-बिन्दु है।

तब, $BE = \frac{1}{2}BC = \frac{1}{2} \times 10 = 5$ सेमी

माना $BD = x$ सेमी है।

तब $CD = (10 - x)$ सेमी होगा।

हम जानते हैं, $\frac{AB}{AC} = \frac{BD}{CD} \Rightarrow \frac{5}{7.5} = \frac{x}{10 - x}$

$\Rightarrow 50 - 5x = 7.5x \Rightarrow 50 = 12.5x \Rightarrow x = 4$

अतः E की D से दूरी $= BE - BD$

$= 5 - 4 = 1$ सेमी

245. (a)

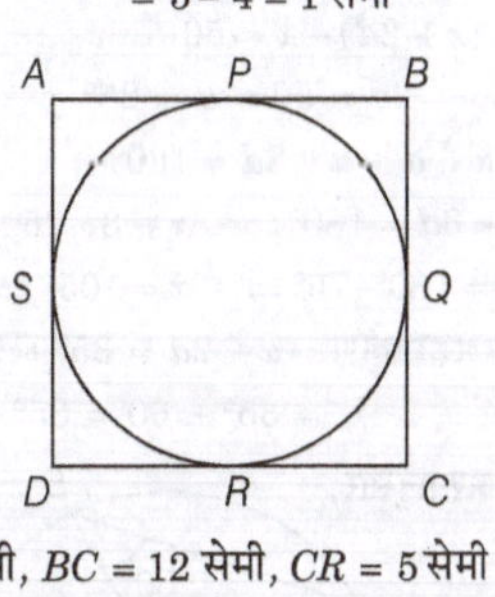

$AS = 6$ सेमी, $BC = 12$ सेमी, $CR = 5$ सेमी

हम जानते हैं कि, एक बिन्दु से एक वृत्त पर केवल दो स्पर्श रेखाएँ बनती हैं, और दोनों की लम्बाई बराबर होती है।

$\therefore AS = AP = 6$ सेमी, $BC = 12$ सेमी

$CR = CQ = 5$ सेमी

$\Rightarrow PB = BQ = BC - CQ$

$= 12 - 5 = 7$ सेमी

$\therefore AB = AP + PB$

$= 6 + 7 = 13$ सेमी

246. (b)

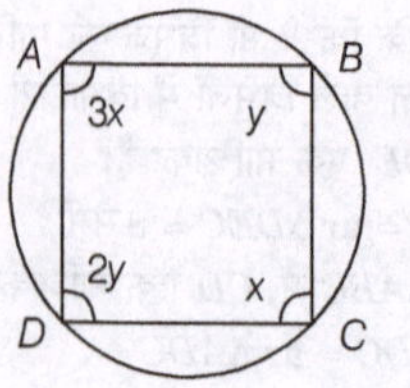

$\because ABCD$ एक चक्रीय चतुर्भुज है।

$\angle A + \angle C = 180° \Rightarrow 4x = 180° \Rightarrow x = 45°$

$\angle B + \angle D = 180° \Rightarrow 3y = 180° \Rightarrow y = 60°$

$\therefore \quad \angle D = 2y = 2 \times 60° = 120°$

$\angle C = x = 45°$

अभीष्ट अन्तर $= 120° - 45° = 75°$

247. (a) माना O और O' दोनों वृत्तों के केन्द्र हैं।

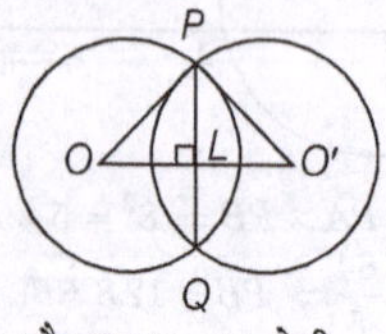

$OP = 18$ सेमी और $O'P = 16$ सेमी

OP और $O'P$ दोनों वृत्तों की त्रिज्या हैं।

PQ एक उभयनिष्ठ जीवा है।

$\therefore PL = \frac{1}{2} \times PQ = \frac{1}{2} \times 20 = 10$ सेमी

समकोण त्रिभुज ΔOLP में,

$\Rightarrow \quad OL = \sqrt{OP^2 - PL^2} = \sqrt{(18)^2 - (10)^2}$

$= \sqrt{324 - 100} = \sqrt{224} = 4\sqrt{14}$ सेमी

उसी प्रकार, समकोण त्रिभुज PLO' में,

$(O'L)^2 = (PO')^2 - (PL)^2$

$\Rightarrow \quad (O'L) = \sqrt{(16)^2 - (10)^2}$

$\Rightarrow \quad (O'L) = \sqrt{256 - 100}$

$\Rightarrow \quad O'L = \sqrt{156} = 2\sqrt{39}$ सेमी

$\therefore$ दोनों वृत्तों के केन्द्रों के बीच की दूरी

$= OO' = OL + LO' = (4\sqrt{14} + 2\sqrt{39})$ सेमी

248. (b) माना त्रिभुज का सबसे छोटा कोण x है।

अब यदि तीनों कोण सामान्तर श्रेणी में हैं, तब तीनों कोण $x, x + d, x + 2d$ होंगे। यहाँ 'd' उभयनिष्ठ अन्तर है।

प्रश्नानुसार, $(x + 2d) - x = 50$

$\Rightarrow \quad 2d = 50 \Rightarrow d = 25°$

और $\quad x + x + d + x + 2d = 180°$

$\Rightarrow \quad 3x + 3d = 180° \Rightarrow 3x + 3 \times 25° = 180°$

$\Rightarrow \quad 3x = 180° - 75° \Rightarrow 3x = 105° \Rightarrow x = 35°$

अतः सबसे बड़ा कोण $= x + 2d = 35° + 2\,(25°)$

$= 35° + 50° = 85°$

249. (c) प्रश्नानुसार,

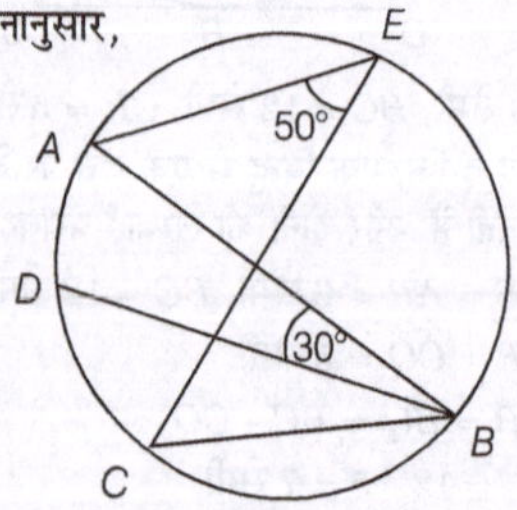

हम जानते हैं कि $\angle AEC = \angle ABC = 50°$

[समान चाप से बने कोण]

$\therefore \quad \angle CBD = \angle ABC - \angle ABD = 50° - 30° = 20°$

250. (c)

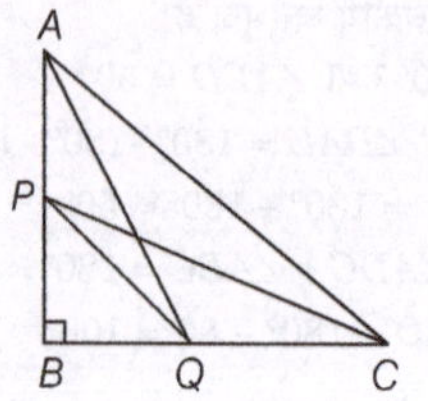

हम जानते हैं कि

$AC^2 + PQ^2 = AQ^2 + PC^2$

$\Rightarrow \quad (13)^2 + PQ^2 = (11)^2 + 8^2$

$\Rightarrow \quad PQ^2 = 121 + 64 - 169 \Rightarrow PQ^2 = 16$

$\therefore \quad PQ = 4$ सेमी

251. (b)

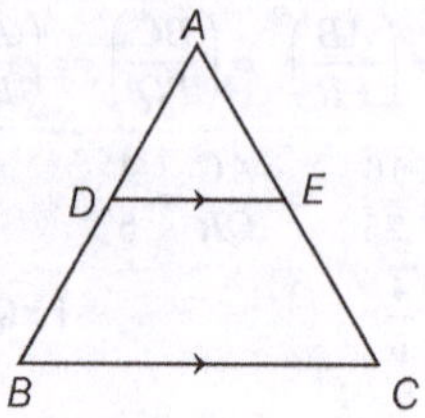

मध्य-बिन्दु की प्रमेय से

$AD = DB, AE = EC$

$\because \Delta ABC$ एक समबाहु त्रिभुज है।

$\therefore \quad AB = AC = BC$

$AD + CE + BC = 30$

$\Rightarrow \quad 2AD + 2CE + 2BC = 60$

$\Rightarrow \quad AB + AC + 2BC = 60 \Rightarrow 4BC = 60$

$BC = 15$

$\therefore DE = \frac{1}{2}BC = \frac{1}{2} \times 15 = 7.5$

अब, चतुर्भुज $BCED$ का परिमाप

$= DE + BC + DB + EC$

$= 7.5 + 15 + \frac{1}{2}BC + \frac{1}{2}BC$

$= 7.5 + 15 + BC$

$= 7.5 + 15 + 15 = 37.5$ सेमी

252. (c)

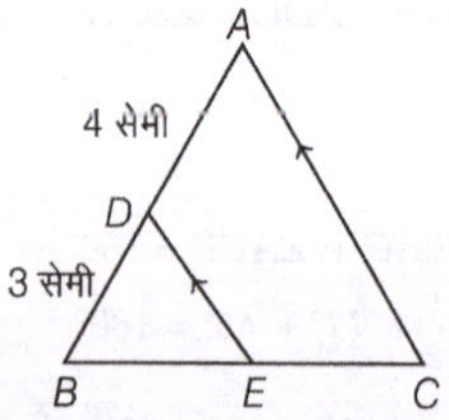

यदि $\quad \Delta BDE \sim \Delta BAC$

तब, $\frac{\text{ar}\,\Delta BDE}{\text{ar}\,\Delta BAC} = \frac{BD^2}{AB^2} = \frac{3^2}{7^2} = \frac{9}{49}.$

$\Rightarrow \quad \frac{\text{ar}\,\Delta BAC}{\text{ar}\,\Delta BDE} = \frac{49}{9}$

$\Rightarrow \frac{\text{ar}\,\Delta BDE + \text{ar}\,\square ACED}{\text{ar}\,\Delta BDE} = \frac{49}{9}$

$\Rightarrow \quad 1 + \frac{\text{ar}\,\square ACED}{\text{ar}\,\Delta BDE} = \frac{49}{9}$

$\Rightarrow \quad \frac{\text{ar}\,\square ACED}{\text{ar}\,\Delta BDE} = \frac{49}{9} - 1 = \frac{40}{9}$

$\therefore \quad \frac{\text{ar}\,\Delta BDE}{\text{ar}\,\square ACED} = \frac{9}{40} = 9 : 40$

253. (b) प्रश्नानुसार,

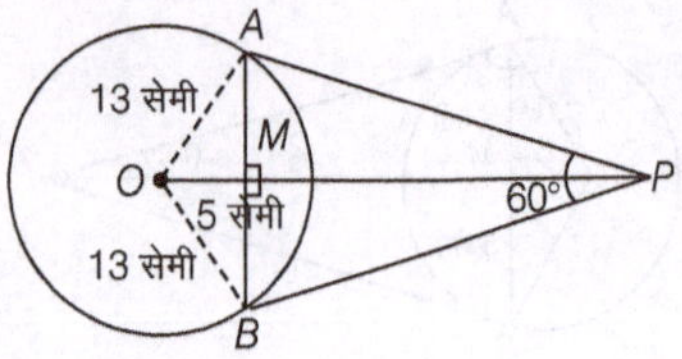

समकोण ΔAOM में,

$AM = \sqrt{(13)^2 - (5)^2} \Rightarrow AM = \sqrt{169 - 25}$

$AM = 12$ सेमी

समकोण ΔAMP में,

$\angle APM = \frac{1}{2} \times 60° = 30° \Rightarrow \sin 30° = \frac{AM}{AP}$

$\frac{1}{2} = \frac{12}{AP}$

$\therefore \; AP = 12 \times 2 = 24$ सेमी

254. (a)

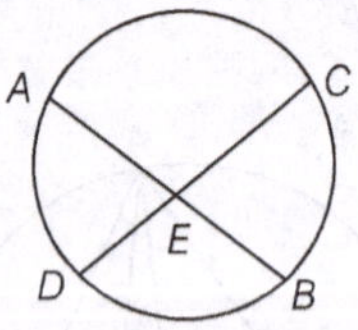

$CD = 16$ सेमी, $DE = 6$ सेमी

$\therefore \quad EC = 16 - 6 = 10$ सेमी

$AE = 12$ सेमी, $BE = x$ सेमी,

हम जानते हैं, $AE \times EB = DE \times EC$

$12 \times x = 6 \times 10 \Rightarrow x = \frac{6 \times 10}{12} \Rightarrow x = 5$ सेमी

255. (b) $AM = MB = \frac{AB}{2} = \frac{12}{2} = 6$ सेमी

$CN = ND = \frac{DC}{2} = \frac{18}{2} = 9$ सेमी

$MN = 15$ सेमी

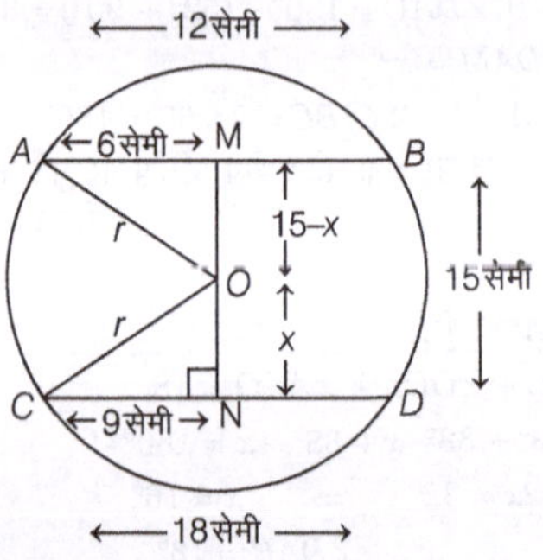

माना वृत्त की त्रिज्या $= r$

और $\quad ON = x$ तब, $OM = 15 - x$

$\angle ONC = \angle OMA = 90°$

$\therefore \Delta ONC$ में,

$OC^2 = CN^2 + ON^2 \Rightarrow r^2 = 9^2 + x^2 \quad \ldots(i)$

ΔAMO में,

$OA^2 = AM^2 + MO^2 \Rightarrow r^2 = 6^2 + (15 - x)^2$

$\Rightarrow 9^2 + x^2 = 6^2 + 15^2 + x^2 - 30x$

$\Rightarrow \quad 81 = 36 + 225 - 30x$

$\Rightarrow \quad 30x = 261 - 81 = 180$

$\therefore \quad x = 6$

समी (i) से,

$r^2 = 9^2 + 6^2 = 81 + 36$

$\Rightarrow \quad r = \sqrt{117} = 3\sqrt{13}$ सेमी

256. (c) ΔABC में,

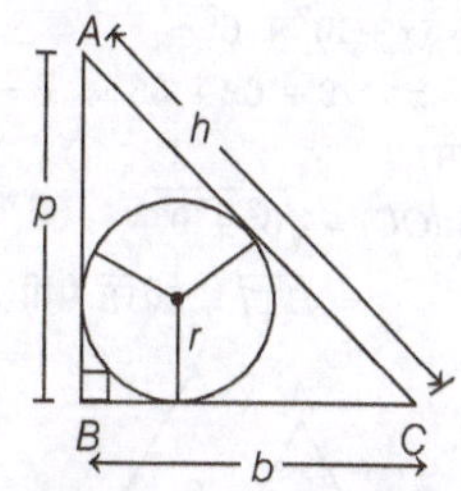

$AB = p = 5$ सेमी, $BC = b = 12$ सेमी

$AC = h = 13$ सेमी

आन्तरिक वृत्त की त्रिज्या (r)

$$= \frac{p+b-h}{2} = \frac{5+12-13}{2} = \frac{4}{2} = 2 \text{ सेमी}$$

257. (a)

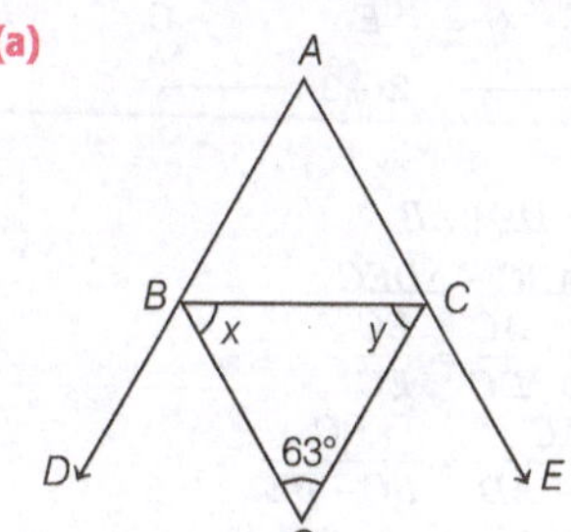

BO और CO क्रमशः $\angle CBD$ और $\angle BCE$ के समद्विभाजक हैं

माना $x = \frac{1}{2}\angle CBD$ और $y = \frac{1}{2}\angle ECB$

$\therefore$ ΔBOC में,

$x + y = 180° - 63°$

$x + y = 117° \Rightarrow 2x + 2y = 234°$

अब ΔABC में,

$\angle ABC + \angle ACB + \angle BAC = 180°$

$\Rightarrow 180° - 2x + 180° - 2y + \angle BAC = 180°$

$\Rightarrow \angle BAC = 2x + 2y - 180°$

$\Rightarrow \angle BAC = 234° - 180° = 54°$

$\therefore$ $\angle A = 54°$

258. (b)

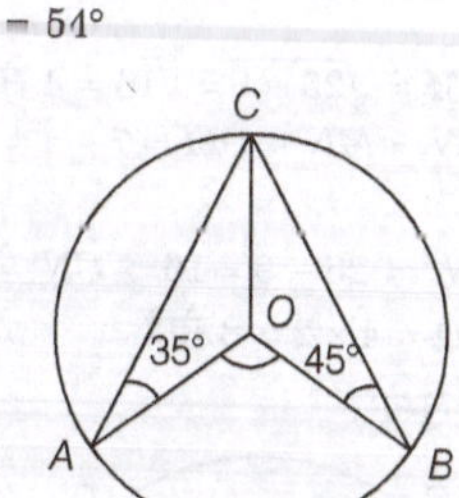

$OA = OB =$ त्रिज्या

$\therefore \angle OAC = \angle OCA = 35°$

$OC = OB =$ त्रिज्या

$\therefore \angle OBC = \angle OCB = 45°$

$\therefore$ $\angle ACB = \angle OCA + \angle OCB = 35° + 45° = 80°$

$\therefore$ $\angle AOB = 2 \times \angle ACB = 2 \times 80° = 160°$

259. (a) $\frac{\Delta ABC \text{ का क्षेत्रफल}}{\Delta DEF \text{ का क्षेत्रफल}}$

$$= \frac{(\Delta ABC \text{ की ऊँचाई})^2}{(\Delta DEF \text{ की ऊँचाई})^2}$$

$$\frac{100}{81} = \frac{(\Delta ABC \text{ की ऊँचाई})^2}{(6.3)^2}$$

ΔABC की ऊँचाई $= \sqrt{\frac{100 \times 6.3 \times 6.3}{81}} = \frac{10 \times 6.3}{9}$

$= 7$ सेमी

260. (d)

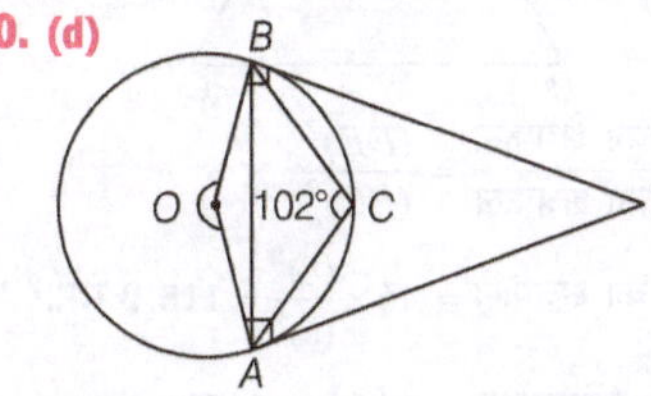

$\angle ACB = 102°$, $\angle OAP = 90°$, $\angle OBP = 90°$

$\therefore$ बड़े वृत्तखण्ड पर

$\angle AOB = 2\angle ACB = 2 \times 102° = 204°$

$\therefore$ छोटे वृत्तखण्ड पर बना

$\angle AOB = 360° - 204° = 156°$

अत: चतुर्भुज $OAPB$ में,

$\angle APB = 180° - \angle AOB = 180° - 156° = 24°$

261. (d) प्रश्नानुसार,

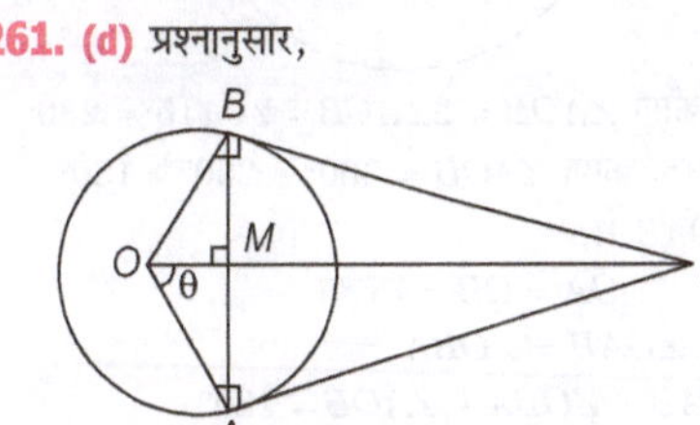

वृत्त की त्रिज्या $OA = 10$ सेमी

केन्द्र O से जीवा AB की दूरी

$OM = 8$ सेमी

$\angle OMA = 90°$

ΔOMA में पाइथागोरस प्रमेय से,

$OA^2 = OM^2 + AM^2$

$\Rightarrow (10)^2 = (8)^2 + AM^2$

$\Rightarrow AM^2 = 100 - 64 = 36$

$AM = 6$ सेमी

अब, माना $\angle AOM = \theta = \angle AOP$

$\sin\theta = \frac{AM}{OA} = \frac{6}{10} = \frac{3}{5}$ तथा

$\cos\theta = \frac{OM}{OA} = \frac{8}{10} = \frac{4}{5}$

$\therefore \tan\theta = \frac{\sin\theta}{\cos\theta} = \frac{\frac{3}{5}}{\frac{4}{5}} = \frac{3}{4}$

अत: ΔOAP में, $\tan\theta = \frac{AP}{OA} \Rightarrow \frac{3}{4} = \frac{AP}{10}$

$AP = \frac{3 \times 10}{4} = 7.5$ सेमी

262. (b) प्रश्नानुसार,

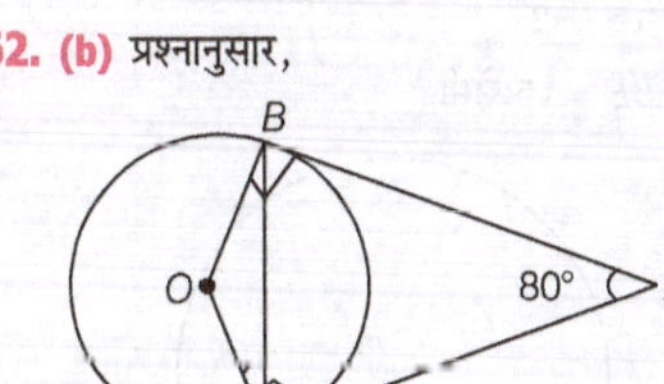

चतुर्भुज $OAPB$ में,

$\angle APB = 80°$, $\angle OAP = 90°$, $\angle OBP = 90°$

$\therefore$ $\angle AOB = 180° - 80° = 100°$

अब ΔOAB में, $OA = OB =$ त्रिज्या

$\therefore$ $\angle OAB = \angle OBA$

$\therefore \angle OAB + \angle OBA + \angle AOB = 180°$

$2\angle OAB = 180° - 100°$

$\angle OAB = \frac{80°}{2} = 40°$

263. (b)

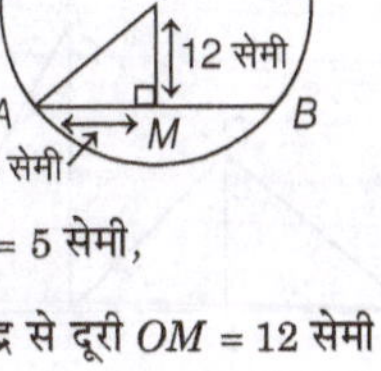

$AM = \frac{10}{2} = 5$ सेमी,

तथा जीवा की केन्द्र से दूरी $OM = 12$ सेमी

ΔOMA में,

$OA^2 = OM^2 + AM^2 = (12)^2 + (5)^2 = 144 + 25$

$OA = \sqrt{169} = 13$ सेमी

अत: वृत्त का व्यास $= 2 \times 13 = 26$ सेमी

264. (c)

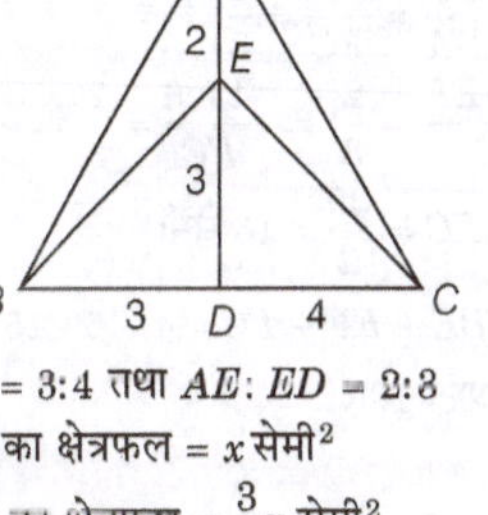

$BD : DC = 3:4$ तथा $AE : ED = 2:3$

माना ΔABC का क्षेत्रफल $= x$ सेमी^{2}

$\therefore$ ΔADB का क्षेत्रफल $= \frac{3}{7}x$ सेमी^{2}

तथा ΔADC का क्षेत्रफल $= \frac{4}{7}x$ सेमी^{2}

$\therefore \Delta AEB$ का क्षेत्रफल $= \frac{2}{5}$ ΔADB का क्षेत्रफल

$= \frac{2}{5} \times \frac{3}{7}x = \frac{6}{35}x$ सेमी^{2}

तथा ΔECD का क्षेत्रफल $= \frac{3}{5}\Delta ADC$ का क्षेत्रफल

$= \frac{3}{5} \times \frac{4}{7}x = \frac{12}{35}x$ सेमी^{2}

$\therefore \Delta ECD$ के क्षेत्रफल का ΔAEB के क्षेत्रफल से अनुपात

$= \frac{12}{35}x : \frac{6}{35}x = 2:1$

265. (c)

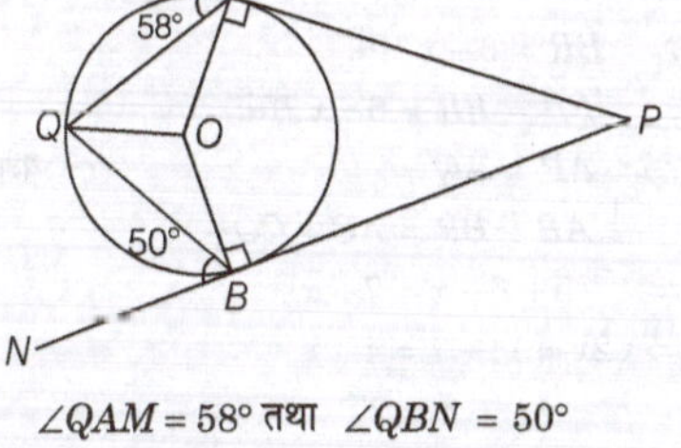

$\angle QAM = 58°$ तथा $\angle QBN = 50°$

$\therefore \quad \angle QAO = 90° - 58° = 32°$

तथा $\quad \angle QBO = 90° - 50° = 40°$

अब ΔOQA में, $OQ = OA$ = त्रिज्या

$\therefore \quad \angle OQA = \angle QAO = 32°$

इसी प्रकार, ΔOQB में,

$\angle OQB = \angle QBO = 40°$

$\therefore \angle AQB = \angle OQA + \angle OQB = 32° + 40° = 72°$

$\therefore \angle AOB = 2\angle AQB = 2 \times 72° = 144°$

अब चतुर्भुज $OAPB$ में,

$\angle OAP = \angle OBP = 90°$

$\therefore \quad \angle APB = 180° - \angle AOB = 180° - 144° = 36°$

266. (d)

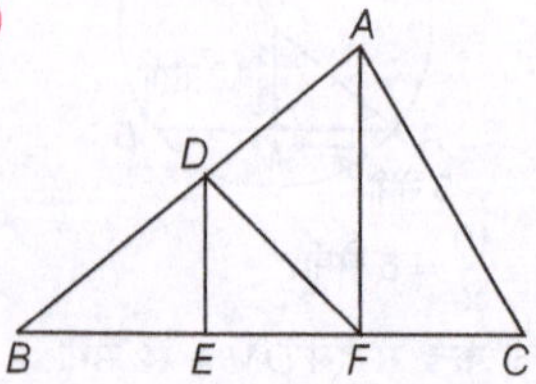

$DF || AC$ तथा $DE || AF$

$BE = 4$ सेमी और $EF = 6$ सेमी

$\Delta BED \sim \Delta BFA \quad (\because DE || AF)$

$\therefore \quad \frac{BE}{EF} = \frac{BD}{DA} = \frac{4}{6} = \frac{2}{3}$

अब, $\Delta BFD \sim \Delta BCA \quad (\because DF || AC)$

$\therefore \quad \frac{BD}{DA} = \frac{BF}{FC} = \frac{2}{3}$

$\Rightarrow \quad \frac{BE + EF}{FC} = \frac{2}{3} \Rightarrow \frac{4+6}{FC} = \frac{2}{3}$

$FC = \frac{30}{2} = 15$ सेमी

$\therefore \quad BC = BE + EF + FC = 4 + 6 + 15 = 25$ सेमी

267. (a) प्रश्नानुसार,

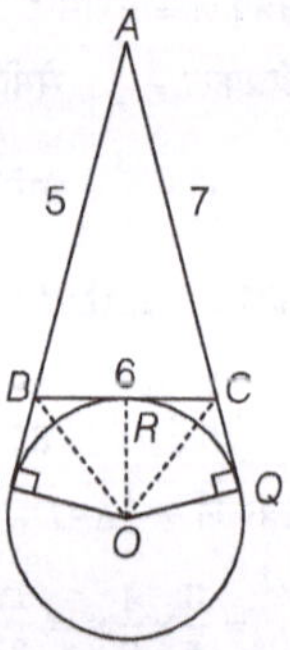

ΔABC में,

$AB = 5$ सेमी, $BC = 6$ सेमी तथा $AC = 7$ सेमी

AB और AC को विस्तारित करने पर वृत्त को P तथा Q पर स्पर्श करती है।

माना $CQ = x$ सेमी

$\therefore \quad CR = x$ सेमा $\quad \{\because CQ = CR$ = स्पर्श रेखाएँ$\}$

$\therefore \quad BR = 6 - x$ सेमी

$\therefore \quad PB = BR = 6 - x$ सेमी

$\therefore \quad AP = AQ \quad (\because$ स्पर्श रेखाएँ$)$

$AB + BP = AC + CQ$

$\Rightarrow \quad 5 + 6 - x = 7 + x$

$\Rightarrow \quad 2x = 11 - 7 = 4$

$x = 2$

$\therefore \quad AQ = AC + CQ = 7 + 2 = 9$ सेमी

268. (a)

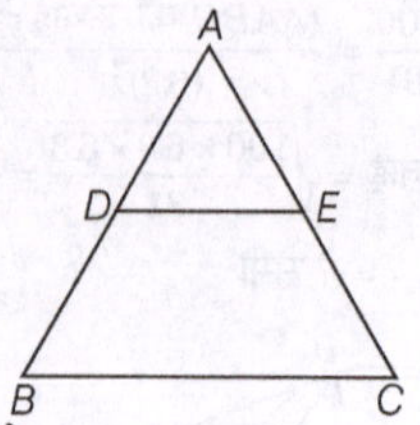

$\frac{\Delta ADE \text{ का क्षेत्रफल}}{\Delta ABC \text{ का क्षेत्रफल}} = \frac{(DE)^2}{(BC)^2}$

ΔABC का क्षेत्रफल $= 45 \times \frac{(8)^2}{(5)^2} = 115.2$ सेमी^{2}

269. (d) प्रश्नानुसार, $\angle ACB = 115°$

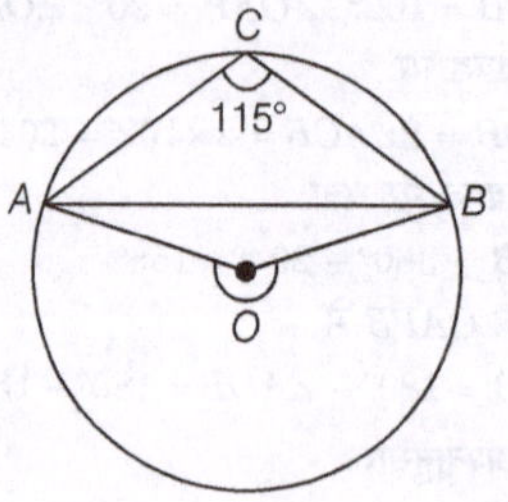

$\therefore$ बाह्य कोण $\angle AOB = 2\angle ACB = 2 \times 115° = 230°$

$\therefore$ आन्तरिक कोण $\angle AOB = 360° - 230° = 130°$

अब ΔOAB में,

$OA = OB$ = त्रिज्या

$\angle OAB = \angle OBA$

$\Rightarrow \angle OAB + \angle OBA + \angle AOB = 180°$

$\Rightarrow \quad 2\angle OAB = 180° - 130° = 50°$

$\angle OAB = 25°$

270. (d)

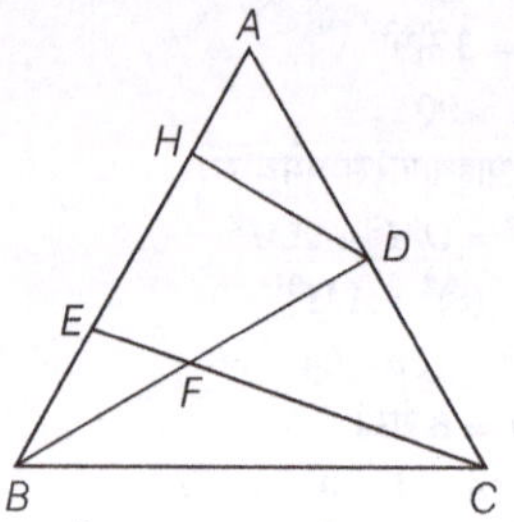

बिन्दु D से CE के समान्तर एक रेखा DH खींची।

$\therefore \quad \Delta AHD \sim \Delta AEC$

$\therefore \quad \frac{AD}{AC} = \frac{AH}{AE} \Rightarrow \frac{\frac{AC}{2}}{AC} = \frac{AH}{30}$

$AH = 15$ सेमी, $HE = 30 - 15 = 15$ सेमी

अब, $\Delta BEF \sim \Delta BHD \quad (\because EF || HD)$

$\therefore \quad \frac{BE}{BH} = \frac{BF}{BD} \Rightarrow \frac{BE}{BE + EH} = \frac{\frac{BD}{2}}{BD}$

$\Rightarrow \frac{BE}{BE + 15} = \frac{1}{2} \Rightarrow 2BE = BE + 15$

$\Rightarrow \quad BE = 15$ सेमी

271. (d)

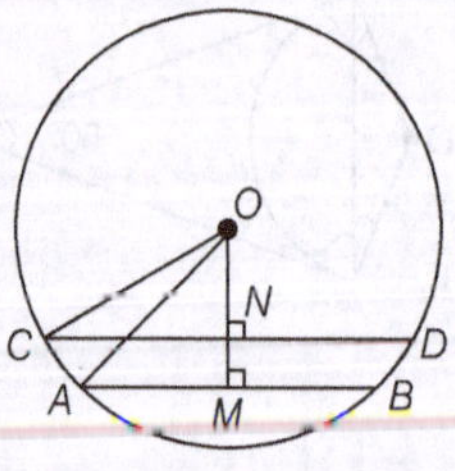

माना $ON = x$ सेमी तथा $OC = OA$ (वृत्त की त्रिज्याएँ)

$\therefore \quad x^2 + 9^2 = (x + 3)^2 + 6^2$

$x^2 + 81 = x^2 + 9 + 6x + 36 \Rightarrow x = 6$ सेमी

अब ΔOCN में,

वृत्त की त्रिज्या $(OC) = \sqrt{6^2 + 9^2}$

$= \sqrt{117} = 3\sqrt{13}$ सेमी

272. (c)

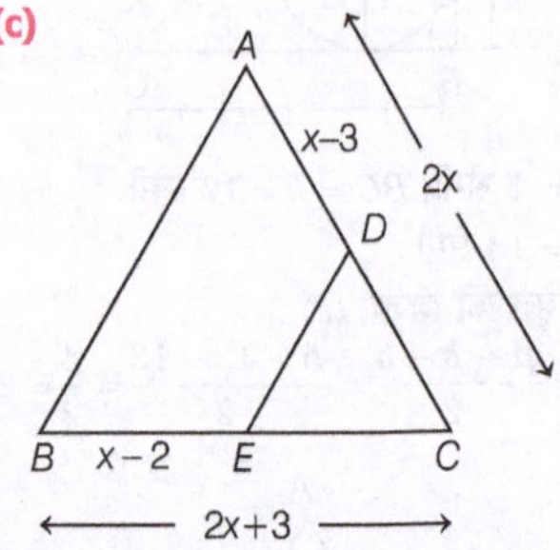

ΔABC में,

$DE || AB$

$\therefore \quad \Delta ABC \sim \Delta DEC$

$\therefore \quad \frac{AC}{DC} = \frac{BC}{EC}$

$\Rightarrow \quad \frac{AC}{AC - AD} = \frac{BC}{BC - BE}$

$\Rightarrow \quad \frac{2x}{2x - (x - 3)} = \frac{2x + 3}{2x + 3 - (x - 2)}$

$\Rightarrow \quad \frac{2x}{x + 3} = \frac{2x + 3}{x + 5}$

$\Rightarrow \quad 2x^2 + 10x = 2x^2 + 3x + 6x + 9$

$x = 9$

273. (d)

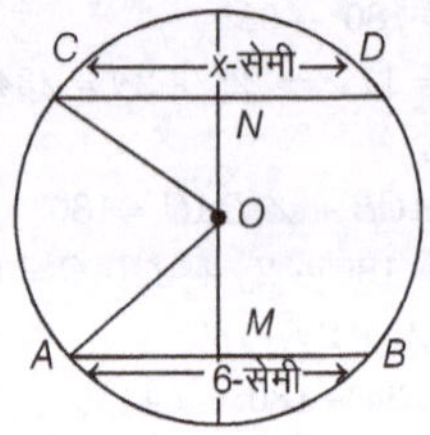

ΔOMA में,

$\Rightarrow \quad OM = \sqrt{25 - 9} = \sqrt{16} = 4$ सेमी

$\therefore \quad ON = MN - OM = 7 - 4 = 3$ सेमी

ΔONC में,

$\Rightarrow \quad CN^2 = 25 - 9 = 16 \Rightarrow CN = 4$

$\therefore \quad CD = 4 \times 2 = 8$ सेमी

274. (a) प्रश्नानुसार,

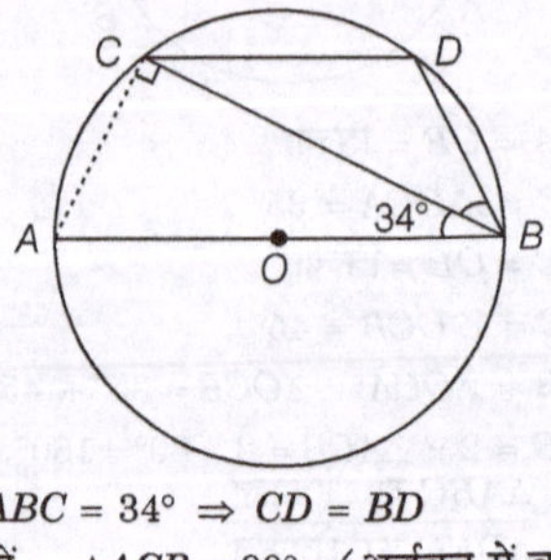

$\angle ABC = 34° \Rightarrow CD = BD$

ΔACB में, $\quad \Delta ACB = 90°$ (अर्द्धवृत्त में बना कोण)

$\therefore \angle CAB = 90° - \angle ABC = 90° - 34° = 56°$

$\because$ चतुर्भुज $ABDC$ एक चक्रीय चतुर्भुज है।

$\therefore \quad \angle CAB + \angle BDC = 180°$

$\angle BDC = 180° - 56° = 124°$

अब ΔDCB में, $BD = CD$

$\therefore \angle DCB = \angle DBC$

तथा $\angle CDB + \angle DCB + \angle DBC = 180°$

$2\angle DBC = 180° - 124° = 56°$

$\angle DBC = \frac{56°}{2} = 28°$

275. (c)

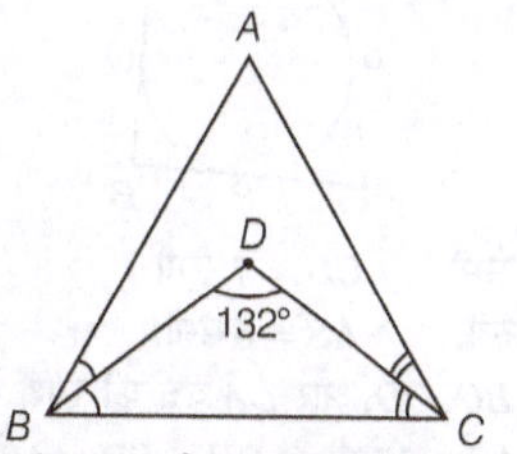

माना ΔABC के $\angle B$ और $\angle C$ के समद्विभाजक एक - दूसरे से बिन्दु D पर मिलते हैं।

तब $\angle ABD = \angle DBC = \frac{\angle ABC}{2}$

तथा $\angle ACD = \angle DCB = \frac{\angle ACB}{2}$

ΔDBC में, $\angle DBC + \angle DCB + \angle BDC = 180°$

$\frac{\angle ABC}{2} + \frac{\angle ACB}{2} = 180° - 132° = 48°$

$\angle ABC + \angle ACB = 96°$

अब ΔABC में,

$\angle ABC + \angle ACB + \angle BAC = 180°$

$\angle BAC = 180° - 96° = 84°$

$\therefore \angle A = \angle BAC = 84°$

276. (b)

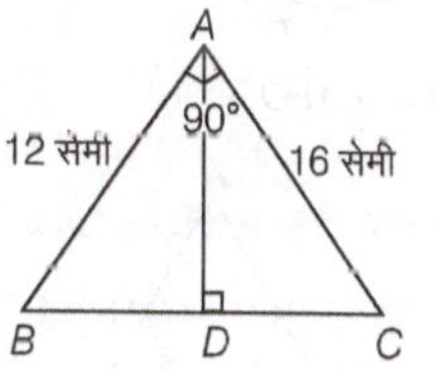

ΔABC में,

$BC^2 = AB^2 + AC^2 = (12)^2 + (16)^2 = 400$

$BC = 20$ सेमी

अब ΔABC का क्षेत्रफल $= \frac{1}{2} \times$ आधार $\times$ ऊँचाई

$\frac{1}{2} AB \times AC = \frac{1}{2} AD \times BC$

$12 \times 16 = AD \times 20 \Rightarrow AD = \frac{12 \times 16}{20}$

$AD = 9.6$ सेमी

अब ΔADB में,

$BD^2 = (12)^2 - (9.6)^2$

$BD = \sqrt{144 - 92.16} = 7.2$ सेमी

277. (b) प्रश्नानुसार,

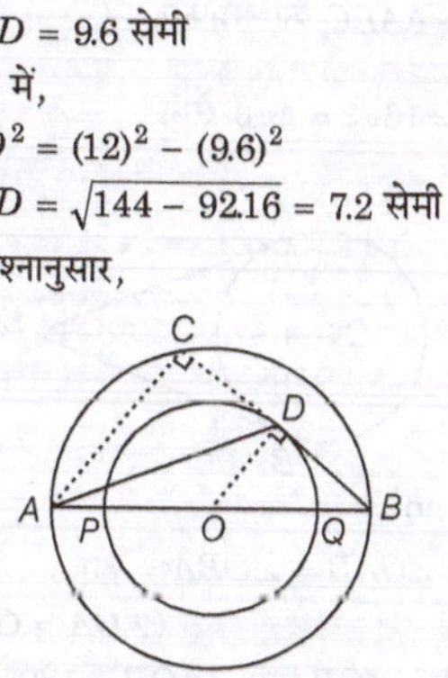

$AB = 2 \times 13 = 26$ सेमी

तब, $OD = 12$ सेमी

ΔODB में पाइथागोरस प्रमेय से,

$BD^2 = OB^2 - OD^2 = (13)^2 - (12)^2 = 169 - 144$

$BD = \sqrt{25} = 5$ सेमी $= CD$

$\because \angle ACB = \angle ODB = 90°$

तथा $\angle CBA = \angle DBO$

$\therefore \Delta ACB \sim \angle ODB$

$\frac{OB}{AB} = \frac{BD}{BC} \Rightarrow \frac{13}{26} = \frac{5}{BC}$

$\therefore BC = 10$ सेमी

ΔABC में,

$AC^2 = AB^2 - BC^2 = (26)^2 - (10)^2$

$= 676 - 100 = 576$

$AC = 24$ सेमी

अब, ΔACD में,

$AD^2 = AC^2 + CD^2 = (24)^2 + (5)^2$

$= 576 + 25 = 601$

$\therefore AD = \sqrt{601} = 24.5$ सेमी

278. (c)

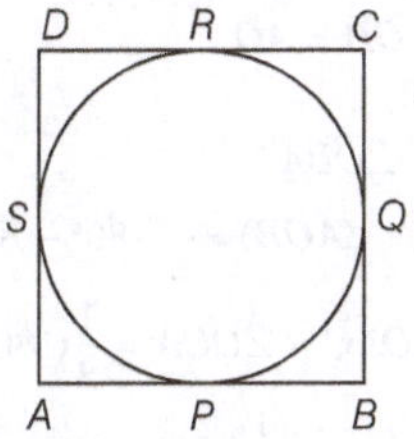

$AB = 8.4$ सेमी, $BC = 9.8$ सेमी, $CD = 5.6$ सेमी,

हम जानते हैं,

$AD + BC = AB + CD$

$AD + 9.8 = 8.4 + 5.6$

$AD = 14 - 9.8 = 4.2$ सेमी

279. (c)

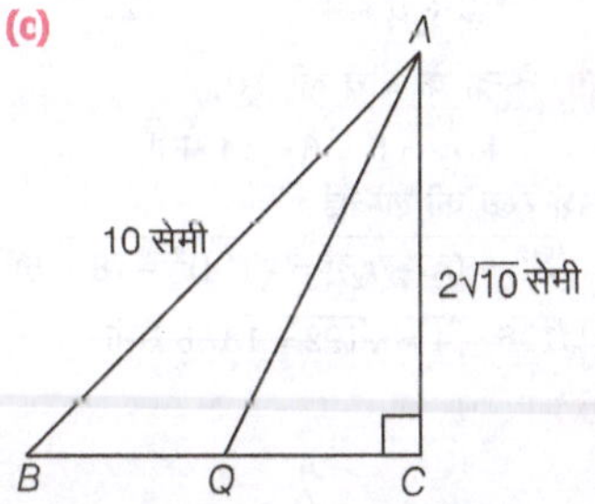

ΔABC में,

$\Rightarrow BC^2 = (10)^2 - (2\sqrt{10})^2 = 100 - 40 = 60$

$BC = \sqrt{60} = 2\sqrt{15}$ सेमी

$\therefore BQ = QC = \sqrt{15}$ (Q, BC का मध्य-बिन्दु है)

ΔACQ में,

$AQ^2 = AC^2 + CQ^2 = (2\sqrt{10})^2 + (\sqrt{15})^2$

$= 40 + 15 = 55$

$\therefore AQ = \sqrt{55}$ सेमी

280. (c)

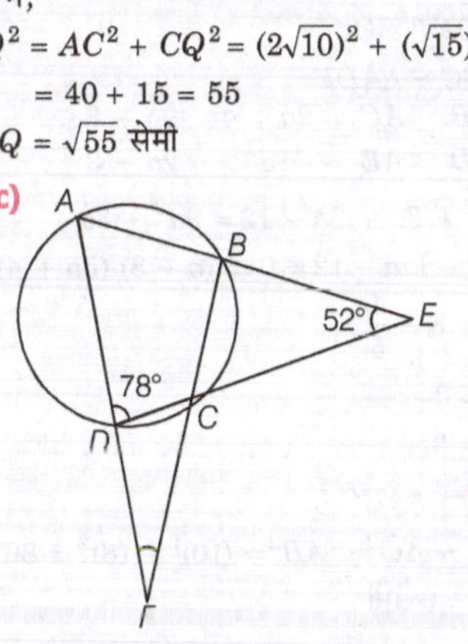

$\because ABCD$ एक चक्रीय चतुर्भुज है, तब

$\Rightarrow \angle ABC = 180° - 78° = 102°$

$\Rightarrow 102° + \angle CBE = 180°$

$\Rightarrow \angle CBE = 78°$

ΔBCE में,

$\angle B + \angle C + \angle E = 180°$

$\Rightarrow 78° + \angle C + 52° = 180°$

$\Rightarrow \angle C = 50°$

$\Rightarrow \angle DCB = 180° - 50° = 130°$

$\Rightarrow \angle DAB = 180° - 130° = 50°$

ΔABF में,

$\angle A + \angle B + \angle F = 180°$

$\Rightarrow \angle F = 180° - 50° - 102°$

$\therefore \angle AFB = 28°$

281. (d)

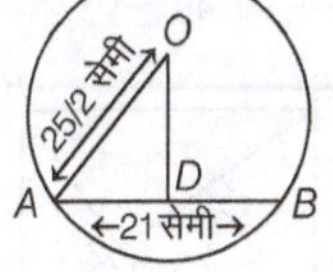

अब, ΔADO में,

$(AO)^2 = (OD)^2 + (AD)^2$

$\Rightarrow \left(\frac{25}{2}\right)^2 = (OD)^2 + \left(\frac{21}{2}\right)^2$

$\Rightarrow (OD)^2 = \frac{625}{4} - \frac{441}{4} = \frac{184}{4} \Rightarrow (OD)^2 = 46$

$\therefore OD = \sqrt{46}$ सेमी

282. (c) $\frac{\Delta ABC \text{ का क्षेत्रफल}}{\Delta PQR \text{ का क्षेत्रफल}} = \frac{(AD)^2}{(PT)^2}$

$\Rightarrow \frac{64}{81} = \frac{(AD)^2}{(10.8)^2}$

$\Rightarrow AD^2 = \frac{64 \times 116.64}{81} = 92.16$

$\therefore AD = 9.6$ सेमी

283. (c) $\frac{\Delta ABC \text{ का क्षेत्रफल}}{\Delta PQR \text{ का क्षेत्रफल}} = \frac{AB^2}{PQ^2}$

$= \frac{BC^2}{QR^2} = \frac{AC^2}{PR^2}$

$\therefore \frac{144}{49} = \frac{AC^2}{PR^2}$

$\Rightarrow PR^2 = \frac{(9)^2 \times 49}{144}$

$\therefore PR = \frac{9 \times 7}{12} = \frac{21}{4}$ सेमी

284. (c) प्रश्नानुसार,

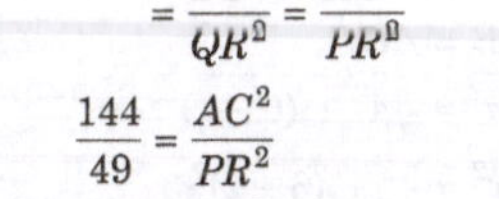

$\angle CAB = 42°$

ΔOCA में, $\angle OAC = \angle OCA = 42° = \angle CAB$

($\because OA = OC =$ त्रिज्या)

$\therefore \angle ACQ = \angle OCA + \angle OCQ$

$= 42° + 90° = 132°$

अब, ΔACQ में,

$\angle ACQ + \angle CAQ + \angle CQA = 180°$

$\angle CQA = 180° - 132° - 42° = 6°$

285. (c)

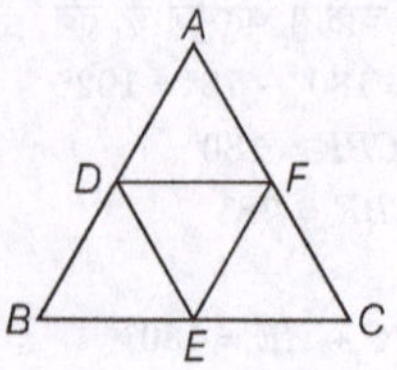

$\because$ D, E और F भुजाओं AB, BC और CA का मध्य-बिन्दु है

$\therefore \quad DF = \frac{1}{2}BC, DE = \frac{1}{2}AC, \ EF = \frac{1}{2}AB$

$\therefore DE + EF + DF = \frac{1}{2}(AB + BC + CA)$

$\therefore \ \frac{1}{2}(DE + EF + DF) = \frac{1}{4}(AB + BC + CA)$

$= \frac{1}{4}(12 + 20 + 15) = \frac{1}{4} \times 47 = 11.75$ सेमी

286. (a)

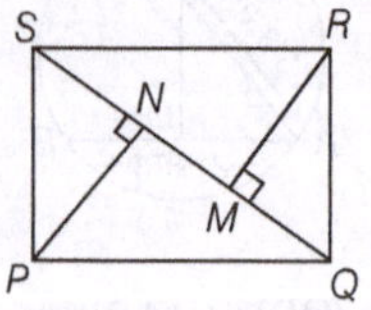

$\therefore$ चतुर्भुज $PQRS$ का क्षेत्रफल = ΔPQS का क्षेत्रफल + ΔSQR का क्षेत्रफल

$= \frac{1}{2} \times PN \times QS + \frac{1}{2} \times RM \times QS$

$= \frac{1}{2}(PN + RM) \times QS = \frac{1}{2}(3 + 2) \times 6$

$= 5 \times 3 = 15$ सेमी^{2}

287. (d)

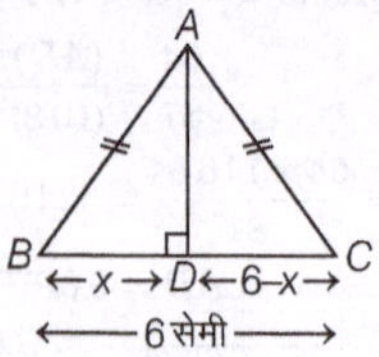

ΔABD में, $\quad AB = \sqrt{4^2 + x^2}$ ...(i)

ΔADC में, $\quad AC = \sqrt{4^2 + (6 - x)^2}$ ...(ii)

$\because \quad AB = AC$

$\therefore \ \sqrt{4^2 + x^2} = \sqrt{4^2 + (6 - x)^2}$

$\Rightarrow \ 4^2 + x^2 = 4^2 + (6 - x)^2$

$\Rightarrow \quad x^2 = (6 - x)^2$

$\Rightarrow \quad x = 6 - x \Rightarrow 2x = 6 \quad \therefore x = 3$ सेमी

समी (i) से, $AB = \sqrt{4^2 + 3^2} = \sqrt{16 + 9}$

$= \sqrt{25} = 5$ सेमी

288. (d) दी गई आकृति एक चक्रीय चतुर्भुज है। हम जानते हैं कि चक्रीय चतुर्भुज में आमने-सामने के कोणों का योग = 180°

$\therefore \quad \angle C = 180° - \angle A = 180° - 100° = 80°$

289. (d) $\angle BCA = 180° - \angle ACD$

$= 180° - 110° = 70°$

$\angle BAC = 180° - 62° - 70° = 48°$

290. (c)

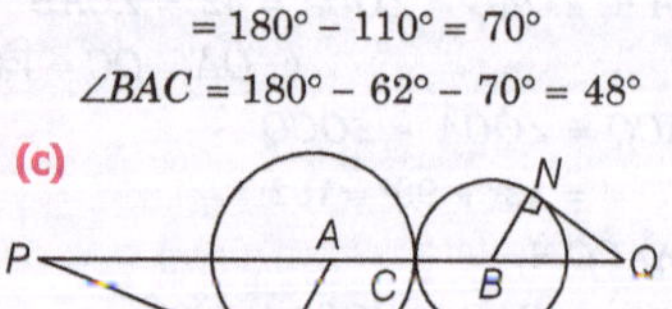

ΔAMP में पाइथागोरस प्रमेय से,

$AM^2 = PA^2 - MP^2$

$= (17)^2 - (15)^2 = 289 - 225 = 64$

$AM = 8$ सेमी

ΔBNQ में,

$BN^2 = BQ^2 - NQ^2$

$= (10)^2 - (8)^2 = 100 - 64 = 36$

$BN = 6$ सेमी

$\therefore \ AB = AC + BC = AM + BN$

(वृत्त की त्रिज्याएँ)

$= 8 + 6 = 14$ सेमी

291. (c)

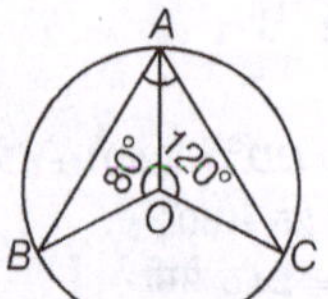

ΔABO में, $\quad OB = AO$

(वृत्त की त्रिज्या)

तब, $\angle OAB = \angle OBA$

$= \frac{1}{2}(180° - \angle AOB) = \frac{1}{2}(180° - 80°) = 50°$

ΔACO में, $\angle OAC = \angle OCA = \frac{1}{2}(180° - \angle AOC)$

$= \frac{1}{2}(180° - 120°) = 30°$

$\therefore \angle BAC = \angle BAO + \angle OAC = 50° + 30° = 80°$

292. (a) सबसे बड़े कोण और सबसे छोटे कोण के बीच अन्तर

$= 180 \times \frac{(5 - 3)}{3 + 5 + 4} = 180° \times \frac{2}{12} = 30°$

293. (b) केन्द्रों के बीच की दूरी,

$d = r_1 + r_2 = 8 + 6 = 14$ सेमी

$\therefore$ अनुस्पर्श रेखा की लम्बाई

$= \sqrt{d^2 - (r_1 - r_2)^2} = \sqrt{(14)^2 - (8 - 6)^2}$

$= \sqrt{196 - 4} = \sqrt{192} = 13.86$ सेमी

294. (b)

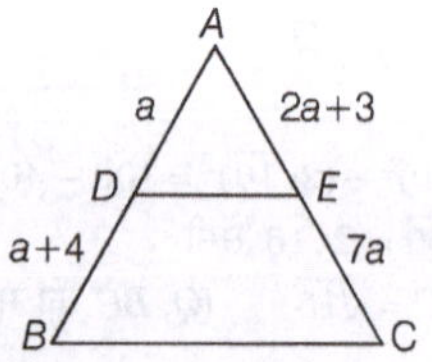

$\because \quad DE \parallel BC$

$\therefore \Delta ABC \sim \Delta ADE$

तब, $\frac{AB}{AD} = \frac{AC}{AE} \Rightarrow \frac{2a + 4}{a} = \frac{9a + 3}{2a + 3}$

$\Rightarrow 4a^2 + 8a + 6a + 12 = 9a^2 + 3a$

$\Rightarrow 5a^2 - 11a - 12 = 0 \Rightarrow (a - 3)(5a + 4) = 0$

$\Rightarrow \ a = 3, -\frac{4}{5}$

$\because \ a > 0$

$\therefore \ a = 3$

295. (c) ΔABC में,

$BC^2 = AC^2 - AB^2 = (10)^2 - (8)^2 = 36$

$BC = 6$ सेमी

ΔABD में,

$BD^2 = AD^2 - AB^2 = (17)^2 - (8)^2 = 225$

$BD = 15$ सेमी

$\therefore CD = BD - BC = 15 - 6 = 9$ सेमी

296. (a) प्रश्नानुसार,

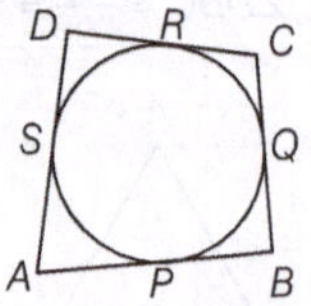

$AB = 10$ सेमी $\quad CD = 7$ सेमी

$SD = 4$ सेमी $\quad AS = 5$ सेमी

यहाँ AB, BC, CD, और DA वृत्त की स्पर्श रेखाएँ हैं।

$\therefore AP = AS = 5$ सेमी, $\quad DR = SD = 4$ सेमी

$\therefore BP = AB - AP = 10 - 5 = 5$ सेमी

$\therefore BP = BQ = 5$ सेमी

अब $RC = CD - DR = 7 - 4 = 3$ सेमी

$\therefore RC = CQ = 3$ सेमी

$\therefore BC = BQ + CQ = 5 + 3 = 8$ सेमी

297. (a) $\angle APO = 35°$,

चूँकि AP और BP वृत्त पर स्पर्श रेखाएँ हैं।

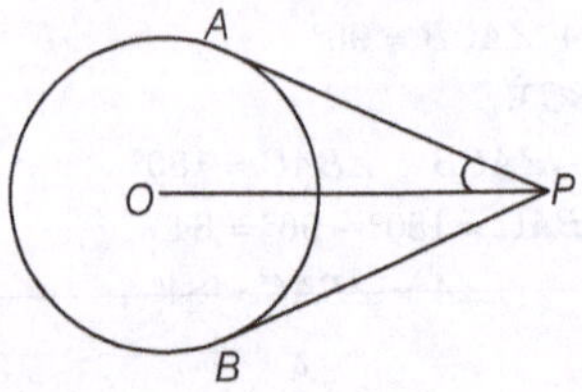

$\therefore \quad \angle BPO = \angle APO = 35°$

298. (c)

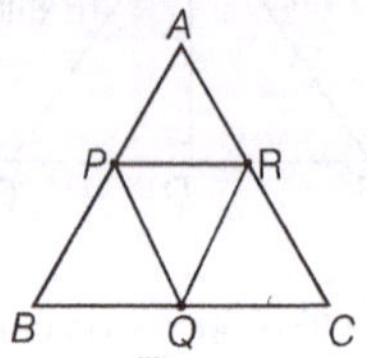

ΔABC का क्षेत्रफल $= \frac{\sqrt{3}}{4}$ (भुजा)^2

$= \frac{\sqrt{3}}{4}(8)^2 = 16\sqrt{3}$ सेमी^{2}

$\because P, Q$ और R, AB, BC और CA का मध्य-बिन्दु है।

$\therefore \Delta PQR$ का क्षेत्रफल

$= \frac{1}{4} \times \Delta ABC$ का क्षेत्रफल

$= \frac{1}{4} \times 16\sqrt{3} = 4\sqrt{3}$ सेमी^{2}

299. (c)

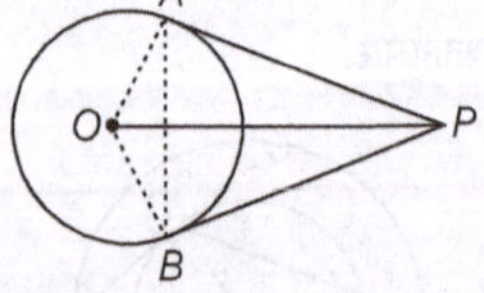

$\angle OAB = 30°$

ΔOAB में, $\angle OAB = \angle OBA = 30°$

($\because OA = OB$ = त्रिज्या)

$\Rightarrow \angle OAB + \angle OBA + \angle AOB = 180°$

$\Rightarrow \quad \angle AOB = 180° - 2 \times 30° = 180° - 60° = 120°$

अब चतुर्भुज $OAPB$ में, $\angle OAP = \angle OBP = 90°$

$\therefore\ \angle APB = 360° - \angle OAP - \angle OBP - \angle AOB$

$= 360° - 90° - 90° - 120°$

$= 360° - 300° = 60°$

300. (a)

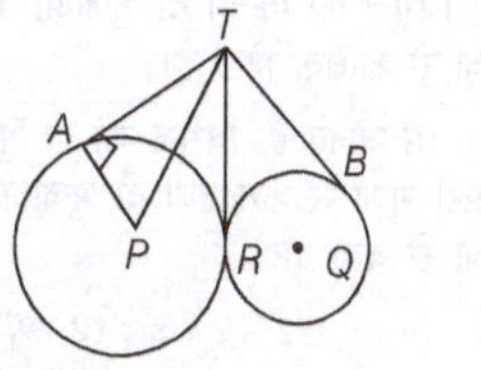

स्पर्श रेखा, $AT = RT = BT$

ΔAPT में,

$AP = 6$ सेमी, $PT = 10$ सेमी

$\therefore\ PT^2 = AT^2 + AP^2 \Rightarrow (10)^2 = AT^2 + (6)^2$

$\Rightarrow AT^2 = 100 - 36 = 64 \Rightarrow AT = 8$ सेमी

$\therefore\ BT = 8$ सेमी

301. (a) सबसे छोटा कोण

$= 180° \times \dfrac{2}{2+3+4} = 180° \times \dfrac{2}{9} = 40°$

302. (d)

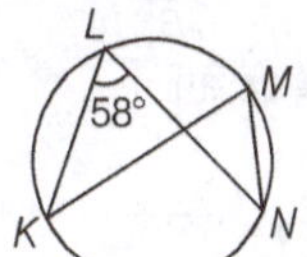

$\angle KLN = 58°$

हम जानते हैं कि, वृत्त की परिधि पर स्थित दो बिन्दु द्वारा वृत्त के समान वृत्त खण्ड में बनाए गए कोण सदैव समान होते हैं।

$\therefore\ \angle KMN = \angle KLN = 58°$

303. (c)

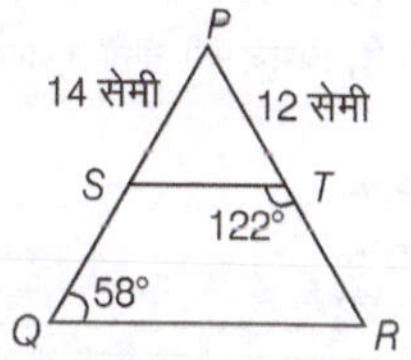

$\angle PTS = 180 - \angle STR$

$= 180 - 122 = 58°$

अब ΔPQR और ΔPST में

$\angle PQR = \angle PTS = 58°$

$\angle QPR = \angle SPT$ (उभयनिष्ठ)

$\therefore\ PQR \sim PTS$ (AA नियम से)

$\dfrac{PQ}{PT} = \dfrac{PR}{PS} \Rightarrow \dfrac{24}{12} = \dfrac{PR}{14}$

$\Rightarrow\ PR = \dfrac{24 \times 14}{12} = 28$

$\therefore\ RT = PR - PT = 28 - 12 = 16$ सेमी

304. (b) दिया है,

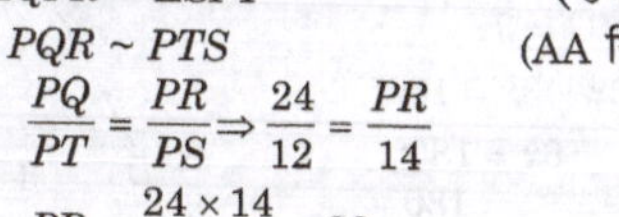

$PQ = 12$ सेमी, $PR = 19.2$ सेमी, $OP = 16.8$ सेमी

माना त्रिज्या $(OA) = OB = r$

$\therefore\ AP = OP + OA = (16.8 + r)$ सेमी

$BP = OP - OB = (16.8 - r)$ सेमी

हम जानते हैं कि $RP \times QP = AP \times BP$

$\Rightarrow\ 19.2 \times 12 = (16.8 + r) \times (16.8 - r)$

$\Rightarrow\ 230.4 = 282.24 - r^2$

$\Rightarrow\ r^2 = 282.24 - 230.4 = 51.84$

$\Rightarrow\ r = 7.2$ सेमी

$\therefore\ AB = 2r = 2 \times 7.2 = 14.4$ सेमी

305. (b) दिया है,

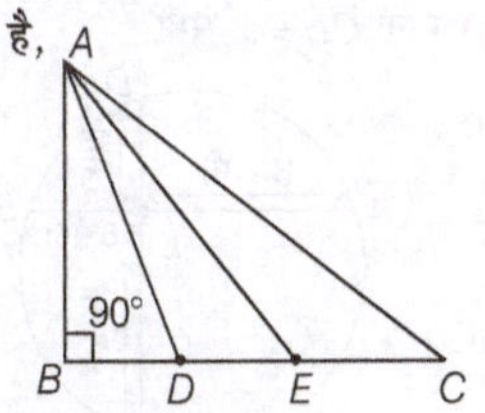

$BD = DE = EC$

ΔABC में, $AC^2 = AB^2 + BC^2$ ...(i)

ΔABE में, $AE^2 = AB^2 + BE^2$

$= AB^2 + \left(\dfrac{2}{3}BC\right)^2$

$\Rightarrow\ AE^2 = AB^2 + \dfrac{4}{9}BC^2$

$\Rightarrow\ AE^2 = AC^2 - BC^2 + \dfrac{4}{9}BC^2$ [समी (i) से]

$\Rightarrow\ AE^2 = AC^2 - \dfrac{5}{9}BC^2$

$\Rightarrow\ BC^2 = (AC^2 - AE^2) \times \dfrac{9}{5}$ ...(ii)

ΔABD में,

$AD^2 = AB^2 + BD^2 = AB^2 + \left(\dfrac{1}{3}BC\right)^2$

$\Rightarrow AD^2 = AB^2 + \dfrac{1}{9}BC^2$

$\Rightarrow AD^2 = AC^2 - BC^2 + \dfrac{1}{9}BC^2$ [समी (i) से]

$\Rightarrow AD^2 = AC^2 - \dfrac{8}{9}BC^2$

$\Rightarrow BC^2 = (AC^2 - AD^2) \times \dfrac{9}{8}$ ...(iii)

समी (ii) व (iii) से,

$(AC^2 - AE^2) \times \dfrac{9}{5} = (AC^2 - AD^2) \times \dfrac{9}{8}$

$\Rightarrow 8AC^2 - 8AE^2 = 5AC^2 - 5AD^2$

$\therefore\ 8AE^2 = 3AC^2 + 5AD^2$

306. (d)

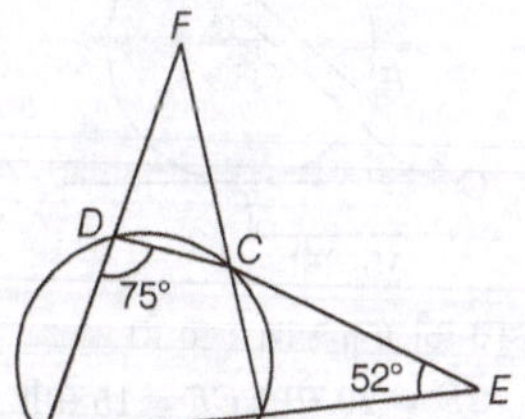

$\angle ABC = 180 - 75 = 105° = \angle ABF$

ΔADE में, $\angle ADE + \angle DEA + \angle DAE = 180°$

$\Rightarrow\ 75° + 52° + \angle DAE = 180°$

$\Rightarrow\ \angle DAE = 180° - 127° = 53°$

अब, ΔAFB में,

$\angle AFB + \angle FAB + \angle ABF = 180°$

$\Rightarrow\ \angle AFB + 53° + 105° = 180°$

$\Rightarrow\ \angle AFB = 180° - 158° = 22°$

$\therefore$ अभीष्ट अन्तर $= \angle BAD - \angle AFB$

$= 53° - 22° = 31°$

307. (d)

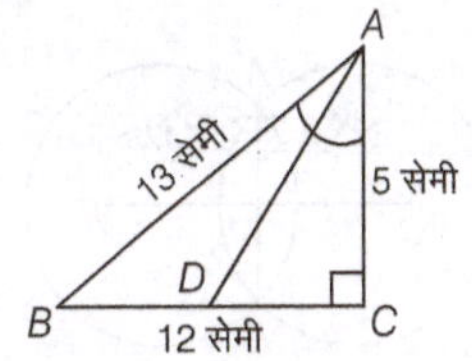

ΔABC में,

$AB = \sqrt{12^2 + 5^2} = 13$ सेमी

कोण समद्विभाजक प्रमेय से, $\dfrac{BD}{DC} = \dfrac{AB}{AC} = \dfrac{13}{5}$

$\therefore\ CD = \dfrac{5}{18} \times 12 = \dfrac{10}{3}$ सेमी

अब, $AD^2 = AC^2 + CD^2 = 25 + \dfrac{100}{9} = \dfrac{325}{9}$

$\therefore\ AD = \dfrac{5\sqrt{13}}{3}$ सेमी

308. (b) प्रश्नानुसार,

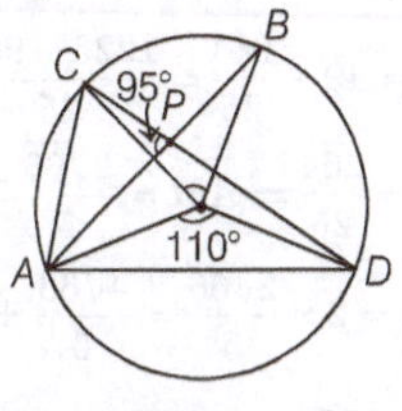

$\angle APC = 95° = \angle BPD \Rightarrow \angle AOD = 110°$

हम जानते हैं कि वृत्त के परिधि पर स्थित दो बिन्दुओं द्वारा केन्द्र पर बना कोण उन्हीं बिन्दुओं द्वारा वृत्त की परिधि पर बने कोण का दोगुना होता है।

$\therefore\ \angle ACD = \angle ABD = \dfrac{1}{2}\angle AOD$

$= \dfrac{1}{2} \times 110° = 55°$

ΔACP में, $\angle ACP + \angle APC + \angle CAP = 180°$

$55° + 95° + \angle CAP = 180°$

$\Rightarrow\ \angle CAP = 180° - 150° = 30°$

$\angle CAB = \angle CAP = 30°$

$\therefore \angle BOC = 2\angle CAB = 2 \times 30° = 60°$

309. (c)

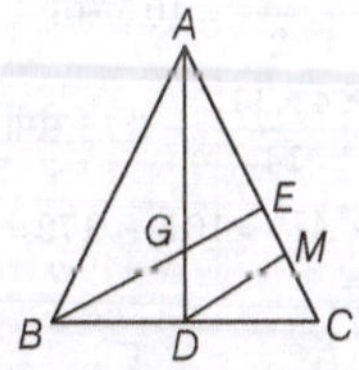

$BD = DC \Rightarrow CE = \dfrac{1}{3}AC$

$\because D, BC$ का मध्य-बिन्दु है।

माना M, CE का मध्य-बिन्दु है।

तब $DM \| BE$, $DM \| GE$

तब $\Delta AGE \sim \Delta ADM$

$\dfrac{AE}{EM} = \dfrac{AG}{GD}$

यहाँ $AE = \dfrac{2}{3}AC \Rightarrow EC = \dfrac{1}{3}AC$

$\therefore\ EM = \dfrac{1}{2}CE = \dfrac{1}{3}AC \times \dfrac{1}{2} \Rightarrow EM = \dfrac{1}{6}AC$

$\therefore\ \dfrac{AG}{GD} = \dfrac{\frac{2}{3}AC}{\frac{1}{6}AC} = 4:1$

310. (d)

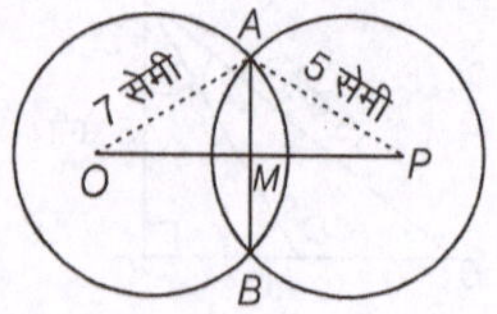

माना $OM = x$ सेमी

$\therefore \quad MP = (10 - x)$ सेमी

ΔOMA में, $\Rightarrow AM^2 = 7^2 - x^2$ ...(i)

ΔAMP में, $\Rightarrow AM^2 = 5^2 - (10 - x)^2$ ...(ii)

समी (i) व (ii) से,

$7^2 - x^2 = 5^2 - (10 - x)^2$

$\Rightarrow 49 - x^2 = 25 - (100 + x^2 - 20x)$

$\Rightarrow 20x = 49 + 75 = 124 \Rightarrow x = \frac{124}{20} = \frac{31}{5}$

तब, $AM^2 = 7^2 - \left(\frac{31}{5}\right)^2$

$\Rightarrow AM^2 = 49 - \frac{961}{25} = \frac{1225 - 961}{25}$

$\Rightarrow AM^2 = \frac{264}{25} \Rightarrow AM = \frac{2\sqrt{66}}{5}$ सेमी

$\therefore$ जीवा $(AB) = 2 \times \frac{2\sqrt{66}}{5} = \frac{4\sqrt{66}}{5}$ सेमी

311. (a)

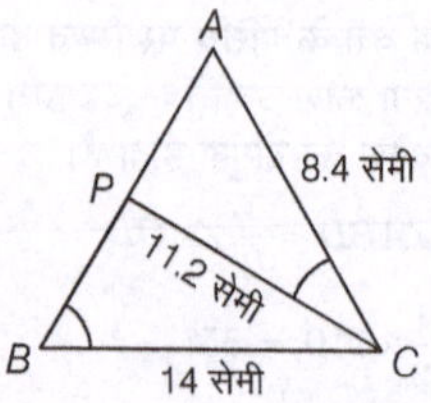

ΔABC तथा ΔACP में,

$\angle ACP = \angle B$ तथा $\angle A$ = उभयनिष्ठ

$\therefore \Delta ABC \sim \Delta ACP$

$\frac{AB}{AC} = \frac{AC}{AP} = \frac{BC}{CP} \Rightarrow \frac{AB}{8.4} = \frac{8.4}{AP} = \frac{14}{11.2}$

$\Rightarrow AB = \frac{14 \times 8.4}{11.2} = 10.5$ सेमी

तथा $AP = \frac{8.4 \times 11.2}{14} = 6.72$ सेमी

$\therefore BP = AB - AP = 10.5 - 6.72 = 3.78$ सेमी

312. (d) दिया है,

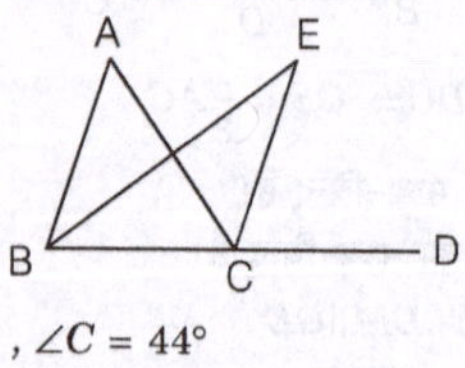

$\angle B = 72°$, $\angle C = 44°$

तब, $\angle ACD = 180° - 44° = 136°$

[$\because \angle BCD$ एक सरल रेखीय कोण है।]

प्रश्नानुसार,

$\angle ACE = \frac{1}{2}\angle ACD = \frac{136°}{2} = 68°$

$\therefore \angle BCE = \angle BCA + \angle ACE$

$= 44° + 68° = 112°$

$\angle EBC = \frac{1}{2}\angle B = \frac{72°}{2} = 36°$

$\therefore \angle BEC = 180° - 112° - 36° = 32°$

313. (b) त्रिभुज के किन्हीं दो भुजाओं का योग तीसरी भुजा के बराबर नहीं हो सकता है।

त्रिभुज की बड़ी भुजा ≠ अन्य भुजाओं का योग

$\Rightarrow 6 \neq 3.8 + x \Rightarrow 6 - 3.8 \neq x$

$\therefore x \neq 2.2$

314. (a) माना $CL = x$ सेमी

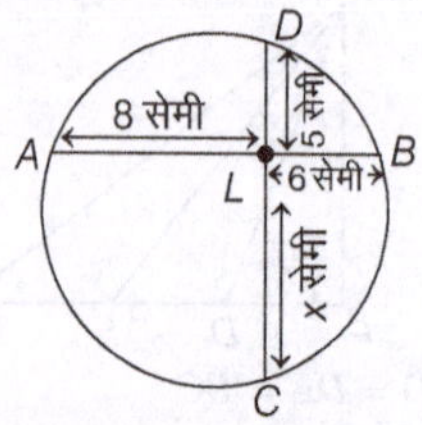

$\therefore AL \times LB = CL \times LD$

$8 \times 6 = x \times 5 \Rightarrow x = \frac{48}{5} \Rightarrow x = 9.6$ सेमी

अतः $CL = 9.6$ सेमी

315. (c)

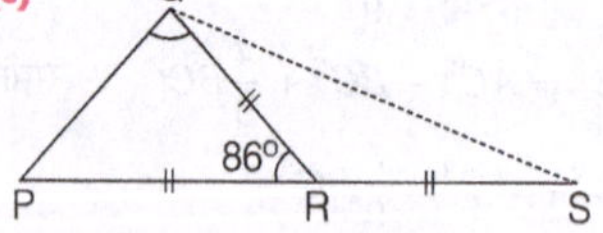

$\because QR = RS$

$\therefore \Delta QRS$ एक समद्विबाहु त्रिभुज है।

$\Rightarrow \angle RSQ = \angle SQR = x°$ (माना)

तथा $\angle QRS = 180 - 86° = 94°$

अतः ΔQRS में,

$\angle RSQ + \angle SQR + \angle QRS = 180°$

$x + x + 94° = 180°$

$\Rightarrow 2x = 180° - 94° \Rightarrow 2x = 86° \Rightarrow x = 43°$

$\therefore \angle PSQ = \angle RSQ = 43°$

316. (a) 2 सेमी, 5 सेमी, 7 सेमी तथा 8 सेमी में से केवल (5 सेमी, 7 सेमी तथा 8 सेमी) और (2 सेमी, 7 सेमी तथा 8 सेमी) द्वारा केवल 2 त्रिभुज बनाए जा सकते हैं।

317. (c) दिया गया है,

छेदक रेखा, CD वृत्त को E पर प्रतिच्छेद करती है।

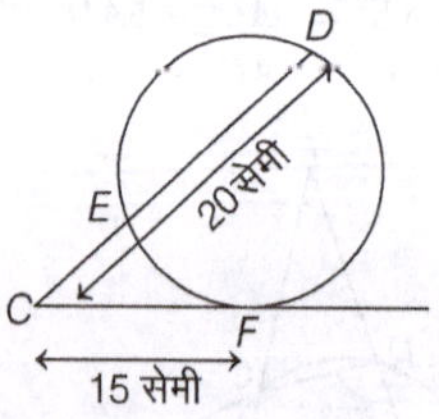

CF, F पर वृत्त की एक स्पर्श रेखा है।

$CD = 20$ सेमी; $CF = 15$ सेमी

$\because CD \times CE = CF^2$

$\Rightarrow 20 \times CE = (15)^2$

$CE = \frac{225}{20} = 11.25$ सेमी

$DE = CD - CE = 20 - 11.25$

$= 8.75$ सेमी

अतः जीवा DE की लम्बाई 8.75 सेमी है।

318. (d) अनुप्रस्थ उभयनिष्ठ स्पर्श रेखा की लम्बाई

$= \sqrt{(\text{केन्द्रों के बीच की दूरी})^2 - (r_1 + r_2)^2}$

$= \sqrt{13^2 - (3 + 2)^2} = \sqrt{169 - 25}$

$= \sqrt{144} = 12$ सेमी

319. (a) यदि त्रिभुज PQR का एक कोण अन्य दो कोणों के योग से बड़ा है, तो त्रिभुज PQR अधिककोण त्रिभुज है।

320. (c) त्रिभुज की किन्ही दो भुजाओं का योग सदैव तीसरी भुजा से अधिक होता है।

321. (a) हम जानते हैं, त्रिभुज की दो भुजाओं का अन्तर तीसरी भुजा से कम तथा दो भुजाओं का योग तीसरी भुजा से बड़ा होता है।

$\therefore \quad 12 - 7 < x < 12 + 7$

$5 < x < 19$

x के सम्भावित मान

$= 6, 7, 8, 9, 10, 11, 12, 13, 14, 15, 16, 17, 18$

अतः x के सम्भावित मानों की संख्या 13 हैं।

322. (d) दिया है, त्रिज्या = 7 सेमी

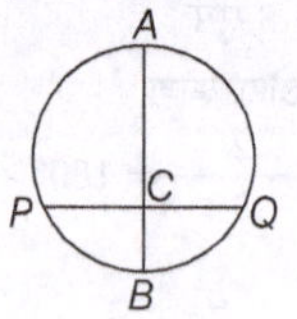

तो $AB = 7 \times 2 = 14$ सेमी

$AC : BC = 4 : 3$

$AC = \frac{14}{7} \times 4 = 8$ सेमी

$BC = \frac{14}{7} \times 3 = 6$ सेमी

$PC = CQ = x$ (माना)

$AC \times BC = PC \times CQ$

$8 \times 6 = x \times x \Rightarrow x^2 = 48 \Rightarrow x = 4\sqrt{3}$ सेमी

अतः $PQ = 2 \times 4\sqrt{3} = 8\sqrt{3}$ सेमी

323. (d) दिया है, त्रिभुज की तीनों भुजाएँ क्रमशः 12, 22 और m है।

$12 + 22 > m$

$34 > m$ ...(i)

$12 + m > 22$

$m > 10$ ...(ii)

समी (i) तथा (ii) से,

$10 < m < 34$

324. (d) माना $\angle A = x$

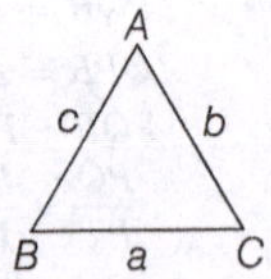

$\angle B = 2x$

$\angle C = 3x$

तो, $x + 2x + 3x = 180°$

$6x = 180°$

$x = \frac{180}{6} = 30°$

$\angle A = 30° \Rightarrow \angle B = 2 \times 30° = 60°$

$\angle C = 3 \times 30° = 90°$

$a : b : c = \sin 30° : \sin 60° : \sin 90°$

$= \frac{1}{2} : \frac{\sqrt{3}}{2} : 1 = 1 : \sqrt{3} : 2$

325. (c) कथन A से,

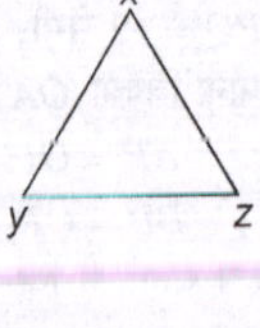

A एक त्रिभुज के सभी कोण 60° से कम होंगे तो सभी कोणों का योग कभी 180° नहीं होगा।

कथन B से,

$\angle x = 100°$

$\angle y = 30°$

$\angle x = 50°$

$\therefore \angle x + \angle y + \angle x = 100°+30°+50° = 180°$

अत: त्रिभुज के एक अधिक कोण हो सकता है।

कथन C से,

एक त्रिभुज में दो समकोण नहीं हो सकते हैं, क्योंकि दोनों कोण का योग 180° होगा और तीसरे कोण का मान 0°। अत: त्रिभुज बन ही नही सकते हैं।

कथन D से,

एक त्रिभुज में दो न्यून कोण हो सकते हैं।

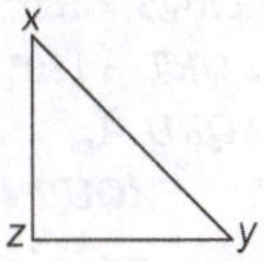

$\angle x = 45°$

$\angle y = 45°$

$\angle z = 90°$

अत: केवल कथन B और D सही है।

326. (d) $\Delta XYZ \sim \Delta LMN$

$\therefore \dfrac{(\Delta XYZ) \text{ का क्षेत्रफल}}{(\Delta LMN) \text{ का क्षेत्रफल}} = \left(\dfrac{YZ}{MN}\right)^2$

$\Rightarrow \quad \dfrac{16}{25} = \left(\dfrac{2.4}{MN}\right)^2$

$\Rightarrow \quad \dfrac{2.4}{MN} = \sqrt{\dfrac{16}{25}} = \dfrac{4}{5}$

$\therefore \quad MN = \dfrac{5 \times 2.4}{4} = \dfrac{120}{4 \times 10} = 3$ सेमी

327. (a) ΔDEF एक समबाहु त्रिभुज है।

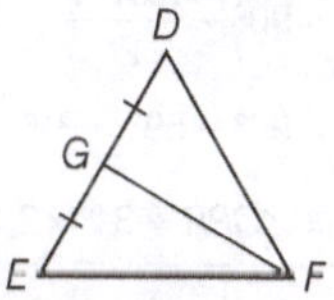

$\therefore DE = EF = DF = 12$ सेमी

G, DE का मध्य बिन्दु है।

समबाहु त्रिभुज की ऊँचाई $FG = \dfrac{\sqrt{3}}{2} \times$ भुजा

$= \dfrac{\sqrt{3}}{2} \times 12$

$= 6\sqrt{3}$ सेमी

328. (a) प्रश्नानुसार,

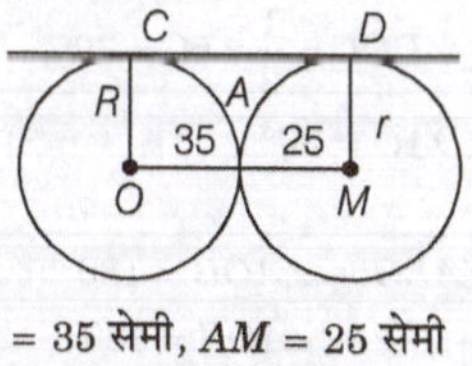

दिया है, $OA = 35$ सेमी, $AM = 25$ सेमी

उभयनिष्ठ स्पर्श रेखा CD की लम्बाई

$= 2\sqrt{OA \times AM} = 2\sqrt{35 \times 25}$

$= 2 \times 5\sqrt{35} = 10\sqrt{35}$

$= 10 \times 5.916 = 59.16$ सेमी

329. (c) प्रश्नानुसार,

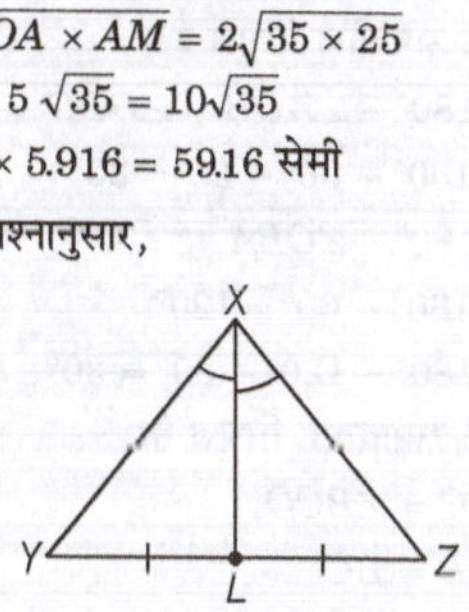

ΔXLY तथा ΔXLZ में,

$\angle YXL = \angle ZXL$ (समान भुजा का सम्मुख कोण)

$YL = LZ$ तथा $XL = XL$ (उभयनिष्ठ भुजा)

$\therefore \quad \Delta XYL \cong \Delta XZL$

$\therefore \text{ar}(XYL) = \text{ar}(\Delta XZL) = 13$ सेमी^{2}

$\therefore \text{ar}(XYZ) = 2 \times 13 = 26$ सेमी^{2}

330. (d) प्रश्नानुसार,

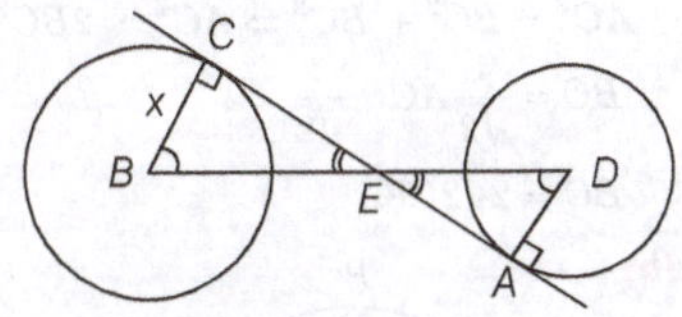

दिया है, $DA = 8$ सेमी, $BC = x$ सेमी

$AE = 12$ सेमी, $EC = 18$ सेमी

$\angle BCA = \angle BDA = 90°$

$\Delta BCE \sim \Delta DAE$

$\therefore \quad \dfrac{BC}{DA} = \dfrac{BE}{ED} = \dfrac{CE}{AE} \Rightarrow \quad \dfrac{x}{8} = \dfrac{18}{12}$

$\Rightarrow \quad x = \dfrac{18 \times 8}{12} = \dfrac{144}{12} = 12$

$\therefore \quad x = 12$ सेमी

331. (a)

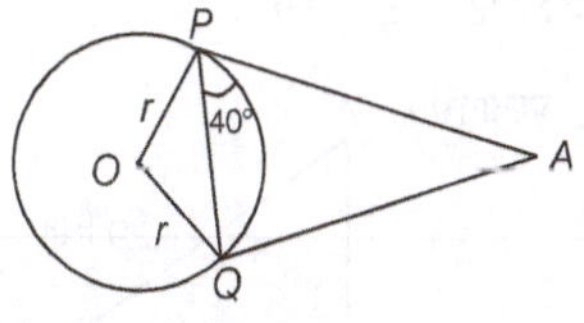

$\because \quad OP \perp PA$

$\therefore \quad \angle OPQ = 90° - 40° = 50°$

तथा $\angle OPQ = \angle OQP = 50°$

(समान भुजा के सामने के कोण समान होते है।)

$\therefore \angle POQ = 180° - (50°+50°) = 180° - 100° = 80°$

332. (c) दिया है,

$BD = 5$ सेमी

$BC = 7.5$ सेमी

$\therefore \quad CD = 7.5 - 5$

$= 2.5$ सेमी

कोण समद्विभाजक प्रमेय से,

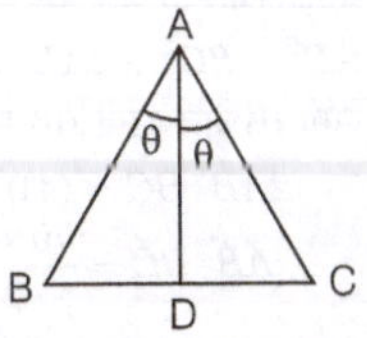

$\dfrac{AB}{AC} = \dfrac{BD}{DC} = \dfrac{5}{2.5} = \dfrac{2}{1}$

$\therefore AB : AC = 2 : 1$

333. (d) प्रश्नानुसार,

दिया है,

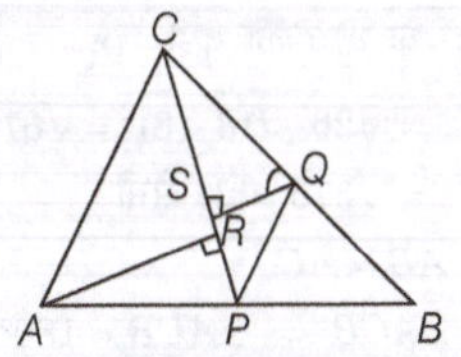

$PB : AP = 3 : 4 \Rightarrow QS = 9$ सेमी

$\therefore \quad PQ \parallel AC$

$\therefore \Delta BQP \sim \Delta BCA$

$\dfrac{BQ}{BC} = \dfrac{QP}{CA} = \dfrac{BP}{AB} = \dfrac{3}{7}$

ΔACR तथा QSP में,

$\angle ARC = \angle QSP = 90°$

$\angle ACR = \angle QPS$ (एकांतर कोण से)

$\angle CAR = \angle SQP$

अत: $\Delta ARC \sim \Delta QSP$ (AA समरूपता से)

$\therefore \quad \dfrac{AR}{QS} = \dfrac{RC}{SP} = \dfrac{AC}{QP}$

$\Rightarrow \quad \dfrac{AR}{QS} = \dfrac{AC}{PQ} \Rightarrow AR = \dfrac{7}{3} \times 9 = 21$ सेमी

334. (c)

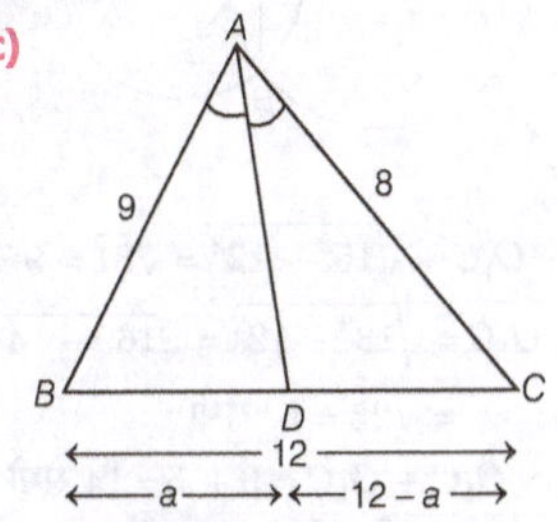

$AD, \angle A$ का समद्विभाजक है।

माना $BD = a$ सेमी, तब $DC, (12 - a)$ सेमी है।

अत: $\dfrac{AB}{BD} = \dfrac{AC}{CD} \Rightarrow \dfrac{9}{a} = \dfrac{8}{12 - a}$

$\Rightarrow \quad 108 - 9a = 8a \Rightarrow a = \dfrac{108}{17}$

अत: छोटे खण्ड की लम्बाई $= 12 - \dfrac{108}{17}$

$= \dfrac{204 - 108}{17} = \dfrac{96}{17} = 5\dfrac{11}{17}$ सेमी

335. (c)

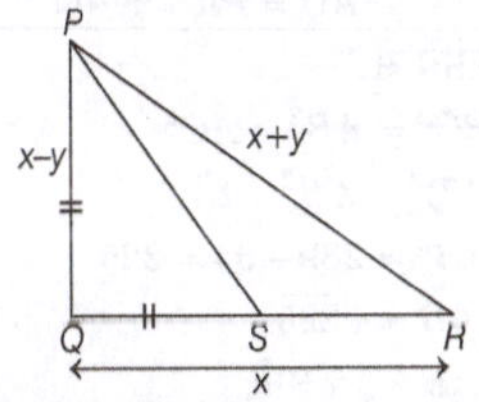

माना $QR = 4 \Rightarrow x = 4$

तब, $PR = 5 \Rightarrow x + y = 5$

व $PQ = 3 \Rightarrow x - y = 3$

$QS = PQ = x - y = 3$

$SR = QR - QS = x - (x - y)$

$= 4 - 3 = 1$

$QS : SR = 3 : 1$

336. (a) वृत्त की जीवा, उसकी त्रिज्या के बराबर है तब ΔAOB समबाहु होगा, जिसका प्रत्येक कोण 60° का होता है।

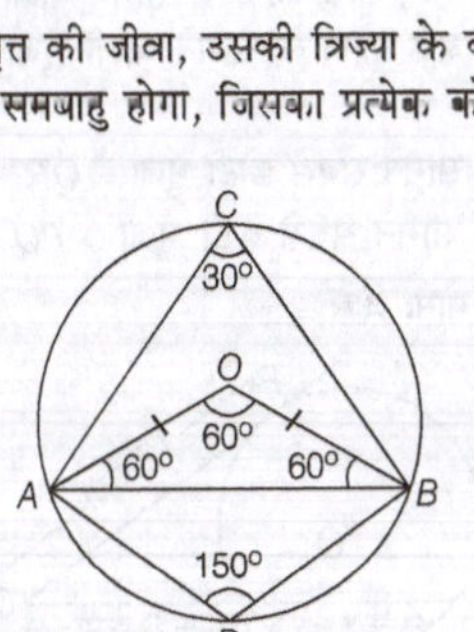

$\angle ACB = \dfrac{\angle AOB}{2} = \dfrac{60°}{2} = 30°$

$\square ACBD$ एक चक्रीय चतुर्भुज होगा,

$\therefore \quad \angle ADB = 180° - 30° = 150°$

प्रश्नानुसार, वृत्त के लघु चाप व दीर्घ चाप पर जीवा द्वारा अन्तरित कोणों के बीच का अन्तर

$= \angle ADB - \angle ACB$

$= 150° - 30° = 120°$

337. (a) व्यास $D_1 = 30$ सेमी, त्रिज्या $r_1 = 15$ सेमी

व्यास $D_2 = 26$ सेमी, त्रिज्या $r_2 = 13$ सेमी

$AC = \frac{24}{2} = 12$ सेमी

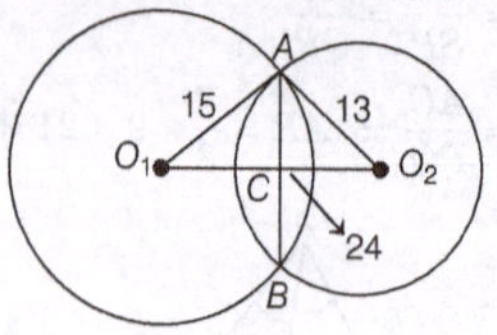

ΔO_1AC में,

$O_1C = \sqrt{15^2 - 12^2} = \sqrt{81} = 9$ सेमी

इसी प्रकार, $O_2C = \sqrt{13^2 - 12^2} = \sqrt{169 - 144}$

$= \sqrt{25} = 5$ सेमी

अत: $O_1O_2 = O_1C + O_2C = 9 + 5 = 14$ सेमी

अत: केन्द्रों के बीच की दूरी = 14 सेमी

338. (b)

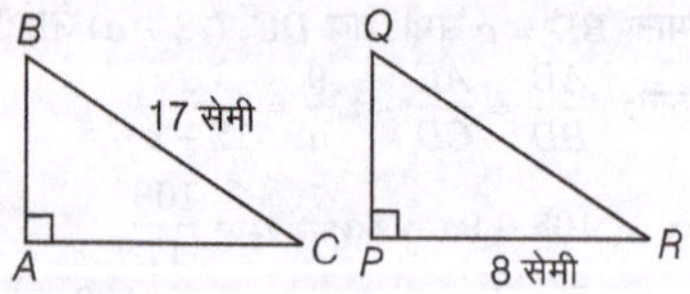

चूँकि दोनों त्रिभुज सर्वांगसम है, इसलिए उनके संगत कोण और भुजाएँ हमेशा बराबर होगी।

ΔABC में, $BC = 17$ सेमी

$AC = PR = 8$ सेमी

पाइथागोरस प्रमेय से,

$BC^2 = AB^2 + AC^2$

$\Rightarrow \quad (17)^2 = AB^2 + 8^2$

$\Rightarrow \quad AB^2 = 289 - 64 = 225$

$\Rightarrow \quad AB = \sqrt{225}$

$\Rightarrow \quad AB = 15$ सेमी

339. (a)

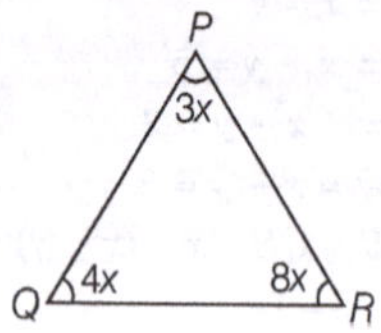

हम जानते हैं कि, छोटे कोण के सामने वाली भुजा छोटी होती है तथा बड़े कोण के सामने वाली भुजा बड़ी होती है।

तब, $\angle P$ के सामने सबसे छोटी भुजा = QR

तथा $\angle R$ के सामने सबसे बड़ी भुजा = PQ

340. (d) माना $AB = x$

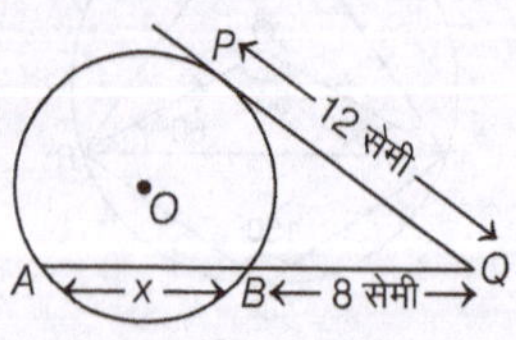

हम जानते हैं, कि

$PQ^2 = AQ \times QB \Rightarrow 12 \times 12 = (8 + x) \times 8$

$\Rightarrow 8 + x = \frac{12 \times 12}{8}$

$\Rightarrow \quad x = 18 - 8$

$\Rightarrow \quad x = 10$ सेमी

अत: $AB = 10$ सेमी है।

341. (a)

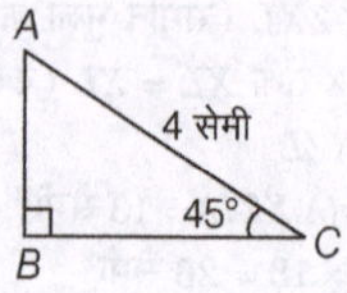

$AB = BC \quad [\because \angle C = \angle A = 45°]$

$AC^2 = BC^2 + BC^2 \Rightarrow AC^2 = 2BC^2$

$\Rightarrow \quad BC = \frac{1}{\sqrt{2}}AC = \frac{1}{\sqrt{2}} \times 4$

$\therefore \quad BC = 2\sqrt{2}$ सेमी

342. (b)

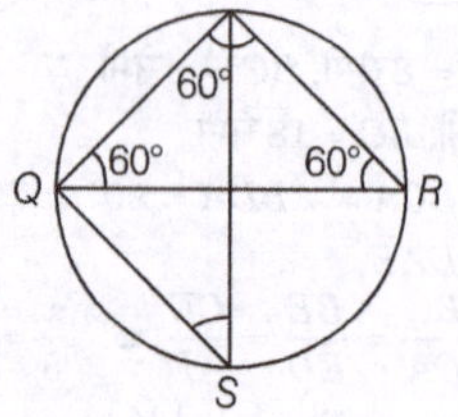

हम जानते हैं कि वृत्त में किसी जीवा द्वारा समान वृत्तखण्ड पर बनाए गए कोण समान होते हैं।

$\therefore \quad \angle PRQ = \angle PSQ = 60°$

$\therefore \quad \frac{1}{2}\angle PSQ = \frac{60}{2} = 30°$

343. (c) प्रश्नानुसार,

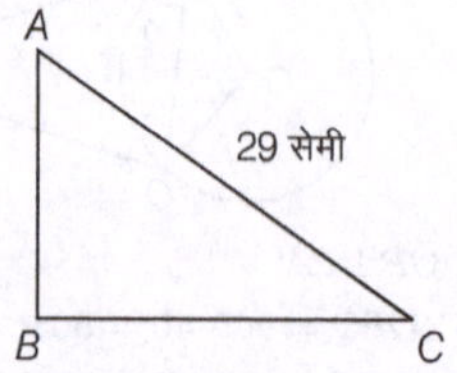

$\because \quad AB + BC = 41$

$\therefore \quad AB^2 + BC^2 = (AC)^2$ (पाइथागोरस प्रमेय से)

$\Rightarrow \quad AB^2 + BC^2 = (29)^2$ ...(i)

$AB + BC = 41$

दोनों पक्षों का वर्ग करने पर,

$AB^2 + BC^2 + 2AB \cdot BC = (41)^2$ ...(ii)

समी (i) और समी (ii) से,

$2AB \cdot BC = (41)^2 - (29)^2$

$AB \cdot BC = \frac{70 \times 12}{2} = 420$

$(AB - BC)^2 = AB^2 + BC^2 - 2AB \cdot BC$

$= (29)^2 - 2 \times 420 = 841 - 840 = 1$ सेमी

$\therefore AB - BC = 1$

344. (c)

$CD = \sqrt{\text{केन्द्रों के बीच की दूरी} - (r_1 - r_2)^2}$

$= \sqrt{26 - (18 - 8)^2} = \sqrt{676 - 100}$

$= \sqrt{576} = 24$ सेमी

345. (d) $\because AB = AC$

$\therefore \angle ABC = \angle ACB \Rightarrow \angle ACB = 180° - \angle ACD$

$= 180° - 125° = 55°$

अत: $\angle BAC = 180° - \angle ABC - \angle ACB$

$= 180° - 55° - 55° = 180° - 110° = 70°$

346. (c) $CD = CE + DE$

$= \sqrt{8^2 + 5^2} + \sqrt{12^2 + 8^2}$

$= \sqrt{64 + 25} + \sqrt{144 + 64} = \sqrt{89} + \sqrt{208}$

$= 9.43 + 14.42 = 23.85$ इकाई

347. (d)

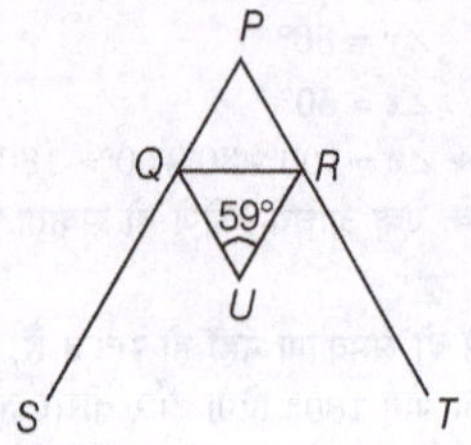

$\angle RQS = 180° - \angle PQR$

$\angle QRT = 180° - \angle PRQ$

ΔQRU में,

$\angle QUR + \angle RQU + \angle QRU = 180°$

$59° + \frac{1}{2}\angle RQS + \frac{1}{2}\angle QRT = 180°$

$\frac{1}{2}(\angle RQS + \angle QRT)$

$= 180° - 59° = 121°$

$180° - \angle PQR + 180° - \angle PRQ$

$= 121 \times 2 = 242°$

$\angle PQR + \angle PRQ = 360° - 242° = 118°$

ΔPQR में,

$\angle PQR + \angle PRQ + \angle QPR = 180°$

$\angle QPR = 180° - 118° = 62°$

स्पीडी विधि

$\angle QUR = 90° - \frac{\angle QPR}{2}$

$\Rightarrow \quad 59° = 90° - \frac{\angle QPR}{2}$

$\frac{\angle QPR}{2} = 90° - 59° = 31°$

$\therefore \quad \angle P = \angle QPR = 31° \times 2 = 62°$

348. (c)

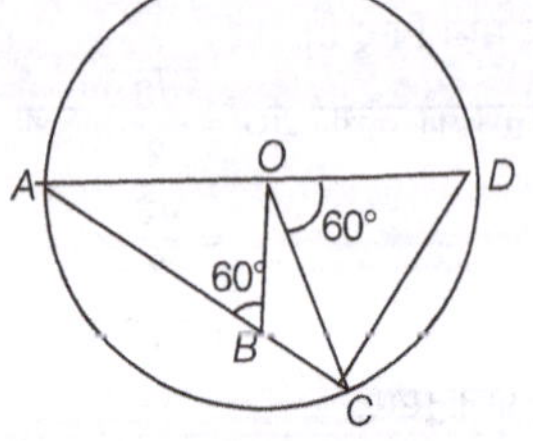

$\angle DAC = \frac{1}{2}\angle DOC = \frac{1}{2} \times 60 = 30°$

$\angle OAB = \angle DAC = 30°$

ΔOAB में,

$\angle OAB + \angle ABO + \angle AOB = 180°$

$30° + 60° + \angle AOB = 180°$

$\angle AOB = 180° - 90° = 90°$

$\therefore \Delta OAB$ एक समकोण त्रिभुज है।

$\therefore \angle BOC = 180° - \angle AOB - \angle DOC$

$= 180° - 90° - 60° = 30°$

$\angle OBC = 180° - \angle OBA$

$= 180° - 60° = 120°$

$\therefore \angle BCO = 180° - 120° - 30° = 30°$

$\therefore \Delta OBC$ एक समद्विबाहु त्रिभुज है।

$\angle BOC = \angle BCO$

$\therefore \quad OB = BC$

$\Rightarrow \quad BC = 7$ सेमी

349. (b) ΔABC में, $\angle A + \angle B + \angle C = 180°$

$\angle B + \angle C = 180° - 54° = 126°$

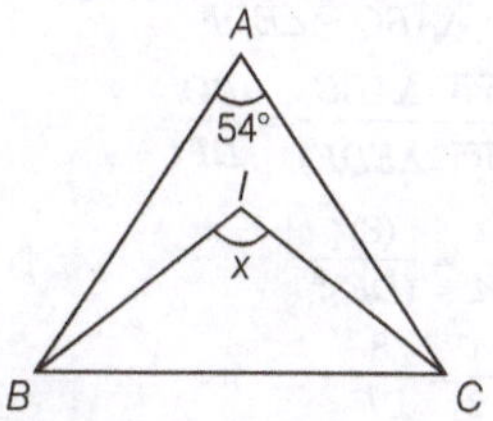

ΔIBC में,

$\angle IBC + \angle ICB = \frac{1}{2}(\angle B + \angle C)$

($\because I$ अन्तःकेन्द्र है)

$\therefore \angle IBC + \angle ICB + \angle BIC = 180°$

$\frac{1}{2}(\angle B + \angle C) + \angle BIC = 180°$

$\angle BIC = 180° - \frac{1}{2} \times 126°$

$= 180° - 63° = 117°$

स्पीडी विधि

$\angle BIC = 90° + \frac{\angle BAC}{2}$

$= 90° + \frac{54}{2} = 90° + 27°$

$= 117°$

350. (d) $\because$ $AOBP$ एक चक्रीय चतुर्भुज हैं।

$\therefore \angle AOB = 180 - 142 = 38°$

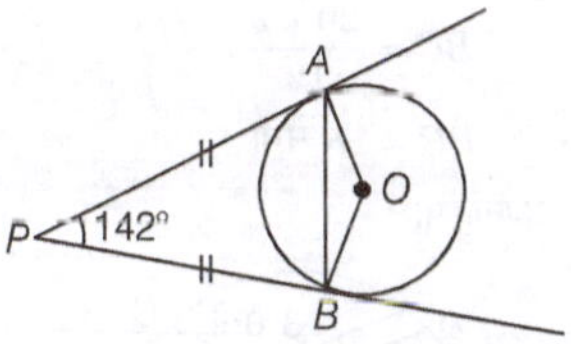

ΔOAB में, $\angle OAB = \angle OBA$

($\because OA = OB =$ त्रिज्या)

$\angle OAB + \angle OBA + \angle AOB = 180$

$2\angle OAB = 180 - 38° = 142$

$\angle OAB = 71°$

351. (b) ΔBDC में,

$\angle C = 180° - \angle B - \angle D$

$= 180° - 60° - 90° = 30°$

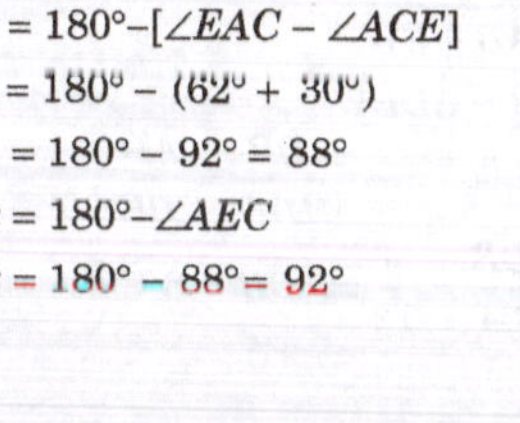

ΔAEC में,

$\angle AEC = 180° - [\angle EAC - \angle ACE]$

$\angle AEC = 180° - (62° + 30°)$

$= 180° - 92° = 88°$

$\therefore x = 180° - \angle AEC$

$x = 180° - 88° = 92°$

352. (c) ΔBOC में, $\angle OBC = \frac{1}{2}\angle B$

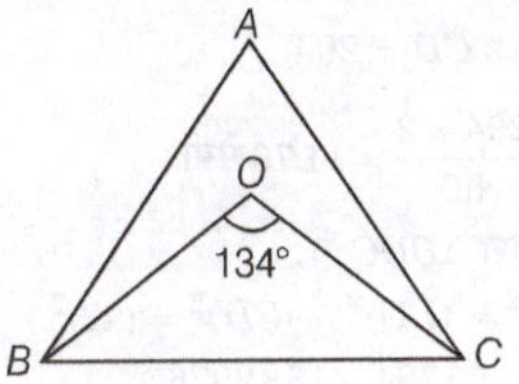

$\Rightarrow \angle OCB = \frac{1}{2}\angle C$

$\angle BOC = 134$

$\therefore \angle OBC + \angle OCB + \angle BOC = 180°$

$\frac{1}{2}\angle B + \frac{1}{2}\angle C + 134° = 180°$

$\frac{1}{2}(\angle B + \angle C) = 180° - 134°$

$\angle B + \angle C = 46 \times 2 = 92°$

अब ΔABC में, $\angle A + \angle B + \angle C = 180°$

$\Rightarrow \angle A + 92° = 180°$

$\Rightarrow \angle A = 180° - 92°$

$\Rightarrow \angle A = 88°$

स्पीडी विधि

$\angle BOC = 90° + \frac{\angle A}{2}$

$\Rightarrow 134° = 90° + \frac{\angle A}{2}$

$\Rightarrow \frac{\angle A}{2} = 134 - 90° = 44°$

$\therefore \angle A = 44° \times 2 = 88°$

353. (a) $\because$ चक्रीय चतुर्भुज में आमने-सामने के कोणों का योग = 180°

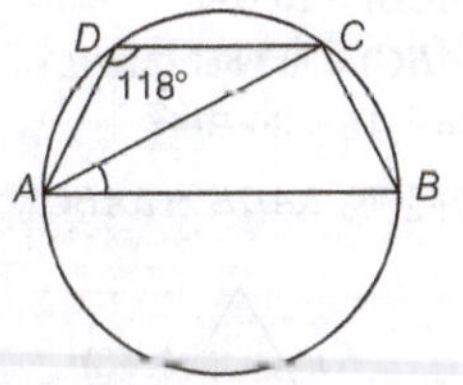

$\therefore \angle ABC = 180° - \angle ADC$

$= 180 - 118° = 62°$

अब ΔABC में, $\angle ACB = 90°$

($\because$ अर्द्धवृत्त में बना कोण 90° होता है)

$\therefore \angle BAC = 90 - \angle ABC = 90° - 62° = 28°$

354. (a) ΔBOC में,

∠ॅंइ + ∠ॅइ + ∠इध = १८०°

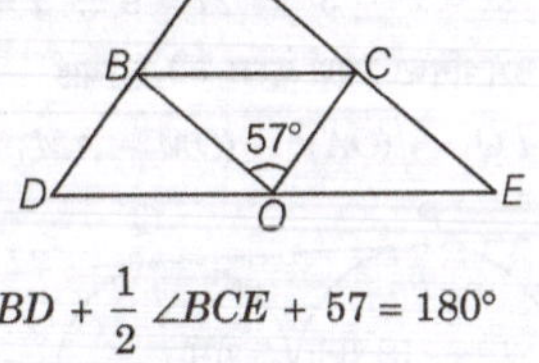

$\Rightarrow \frac{1}{2}\angle CBD + \frac{1}{2}\angle BCE + 57 = 180°$

$\Rightarrow \frac{1}{2}(180° - \angle ABC) + \frac{1}{2}(180° - \angle ACB)$

$= 180° - 57°$

$\Rightarrow \frac{1}{2}(360° - \angle ABC - \angle ACB) = 123°$

$\Rightarrow 360° - \angle ABC - \angle ACB = 246°$

$\Rightarrow \angle ABC + \angle ACB = 360° - 246° = 114$

अब, ΔABC मे, $\angle ABC + \angle ACB + \angle BAC = 180°$

$\Rightarrow 114° + \angle A = 180°$

$\therefore \angle A = 180° - 114° = 66°$

स्पीडी विधि

$\angle BOC = 90° - \frac{\angle A}{2}$

$\Rightarrow 57° = 90° - \frac{\angle A}{2}$

$\frac{\angle A}{2} = 90° - 57° = 33°$

$\therefore \angle A = 2 \times 33° = 66°$

355. (c) $\frac{ar(\Delta ABC)}{ar(\Delta RPQ)} = \frac{(AB)^2}{(RP)^2}$

$\Rightarrow \frac{4}{9} = \frac{(3)^2}{(RP)^2} \Rightarrow (RP)^2 = \frac{9 \times 9}{4} = \frac{81}{4}$

$\therefore RP = \sqrt{\frac{81}{4}} = \frac{9}{2} = 4.5$ सेमी

356. (d) $\because \angle BOC = 90° + \frac{\angle A}{2}$

$\Rightarrow 142° = 90° + \frac{\angle A}{2}$

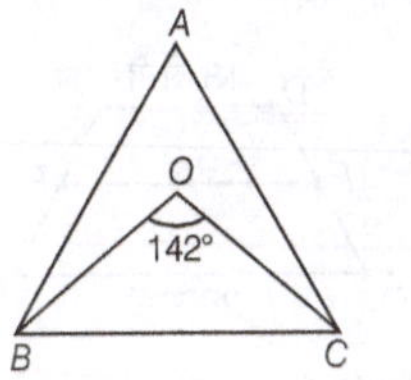

$\Rightarrow \frac{\angle A}{2} = 142° - 90° = 52°$

$\therefore \angle A = 52 \times 2 = 104°$

357. (a) प्रश्नानुसार,

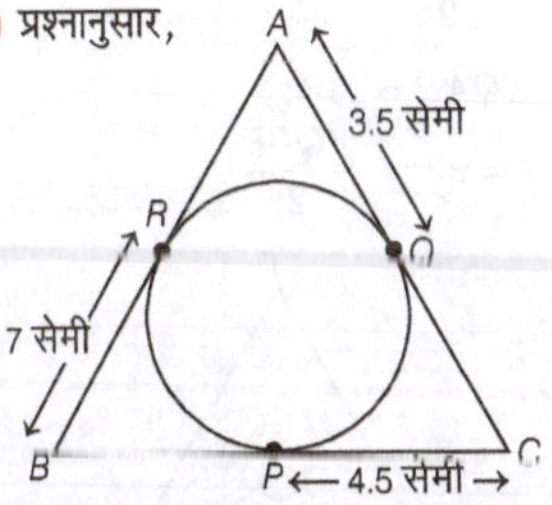

यहाँ, $AQ = AR = 3.5$ सेमी {$\because$ दोनों स्पर्श रेखाएँ है}

$BR = BP = 7$ सेमी, $PC = QC = 4.5$ सेमी

$\therefore \Delta ABC$ का परिमाप $= AB + BC + CA$

$= AR + BR + BP + CP + CQ + AQ$

$= 2(AQ + BR + CP)$

$= 2(3.5 + 7 + 4.5) = 2 \times 15 = 30$ सेमी

358. (a)

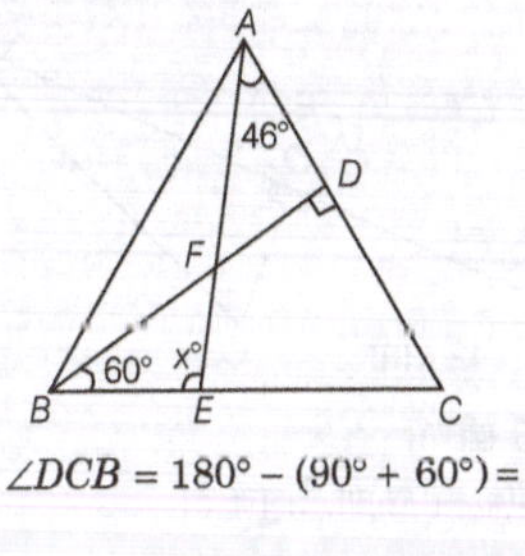

ΔBDC में, $\angle DCB = 180° - (90° + 60°) = 30°$

अब ΔAEC में,

$$\angle AEC = 180° - (46° + 30°) = 104°$$

$\therefore x = 180° - \angle AEC = 180° - 104° = 76°$

359. (c) चतुर्भुज $OAPB$ में,

$$\angle P + \angle A + \angle B + \angle O = 360°$$

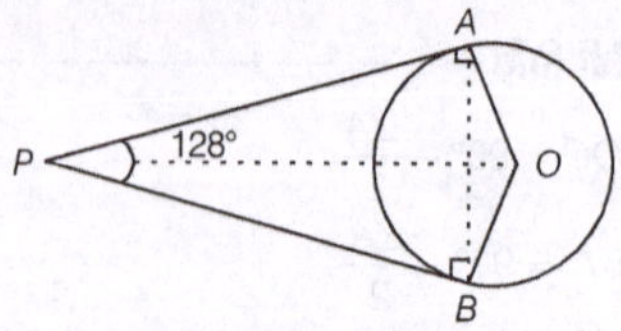

$\therefore\ 128° + 90° + 90° + \angle O = 360°$

$\angle O = 360° - 308° = 52°$

$\angle AOB° = 52°$

$\because \angle OAB = \angle OBA$ ($\because AO = BO$ = त्रिज्या)

अब, ΔOAB में,

$\angle AOB + \angle OAB + \angle OBA = 180°$

$\Rightarrow\ 52° + \angle OAB + \angle OAB = 180°$

$\Rightarrow\ 2\angle OAB = 180° - 52° = 128°$

$\angle OAB = \frac{128°}{2} = 64°$

360. (c) समान विकर्णों और समान विपरीत भुजाओं वाला चतुर्भुज सदैव एक आयत होता है।

361. (b) प्रश्नानुसार,

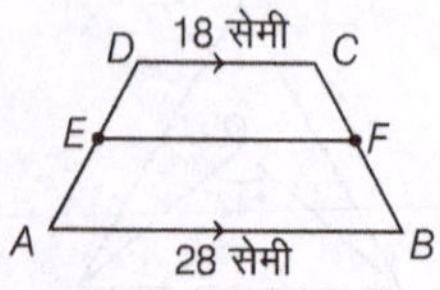

$\therefore\ EF = \frac{DC + AB}{2}$

$= \frac{18 + 28}{2} = 23$ सेमी

362. (d) $\angle QAR = 116°$

सूत्र $\angle QAR = 90° + \frac{\angle QPR}{2}$

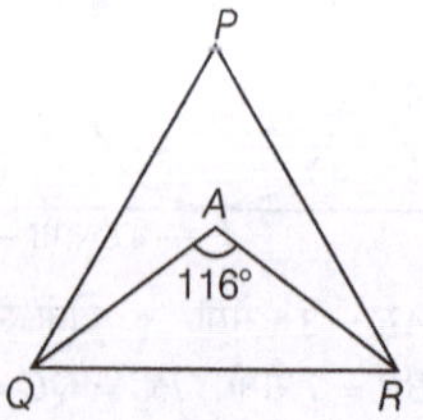

$\Rightarrow\ 116° = 90° + \frac{\angle QPR}{2}$

$\Rightarrow\ \angle QPR = 52°$

363. (a) प्रश्नानुसार,

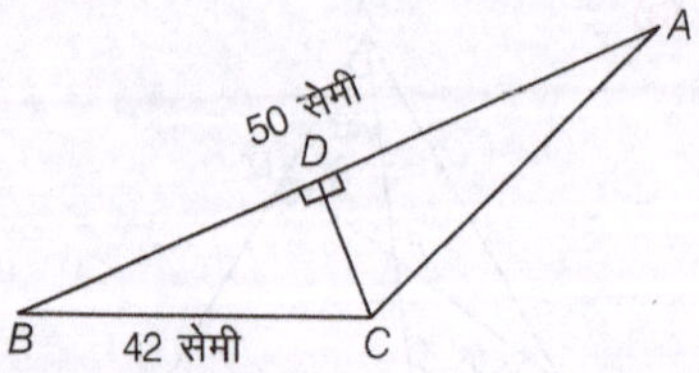

$CD \perp AB$ खींचा।

$\therefore \Delta BDC$ एक समकोण त्रिभुज है।

$\therefore \Delta ABC$ का क्षेत्रफल $= \frac{1}{2} \times$ आधार $\times$ ऊँचाई

$\Rightarrow \frac{1}{2} \times 50 \times CD = 294$

$\Rightarrow CD = \frac{294 \times 2}{50} = 11.76$ सेमी

अब, समकोण ΔBDC में,

$(BD)^2 = (BC)^2 - (CD)^2 = (42)^2 - (11.76)^2$

$= 1764 - 138.2976$

$(BD)^2 = 1625.7024$

$\therefore\ BD = 40.32$ सेमी

अब, $AD = 50 - 40.32 = 9.68$ सेमी

अब, समकोण ΔADC में,

$(AC)^2 = (AD)^2 + (CD)^2$

$= (9.68)^2 + (11.76)^2$

$= 93.7024 + 138.2976 = 232$

$AC = \sqrt{232} = 2\sqrt{58}$ सेमी

364. (a) प्रश्नानुसार, L, BC का मध्य-बिन्दु है।

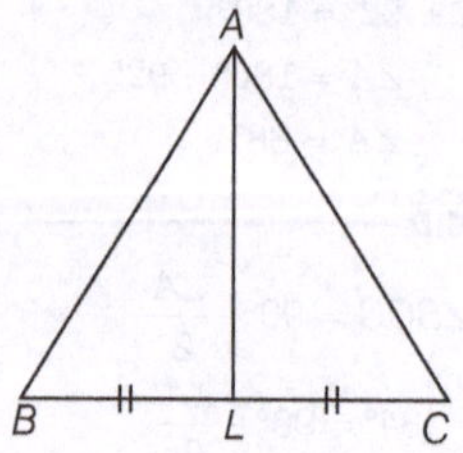

$\because\ BL = LC$

$\therefore$ क्षेत्रफल (ΔABL) = क्षेत्रफल (ΔACL)

[$\because$ माध्यिका AL, ΔABC के क्षेत्रफल को दो समान भागों में विभाजित करती है।]

$\therefore$ क्षेत्रफल $(\Delta ABL) = 15$ सेमी^{2}

$\therefore$ क्षेत्रफल $(\Delta ACL) = 15$ सेमी^{2}

$\therefore$ क्षेत्रफल (ΔABC) = क्षेत्रफल (ΔABL) + क्षेत्रफल $(\Delta ACL) = 15 + 15 = 30$ सेमी^{2}

365. (c) प्रश्नानुसार, $\Delta ADE \sim \Delta ABC$

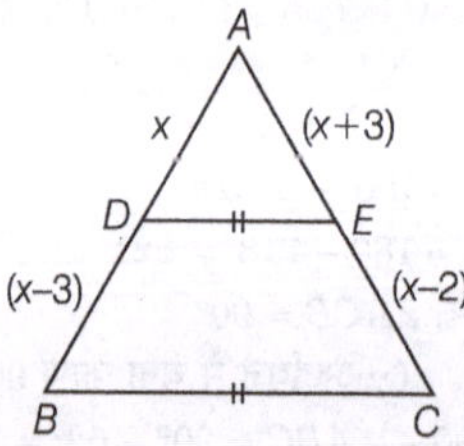

$\therefore\ \frac{AD}{DB} = \frac{AE}{EC} \Rightarrow \frac{x}{(x-3)} = \frac{(x+3)}{(x-2)}$

$\Rightarrow\ x(x-2) = (x+3)(x-3)$

$\Rightarrow\ x^2 - 2x = x^2 - 3^2 \Rightarrow 2x = 9 \Rightarrow x = 4.5$

366. (a) उभयनिष्ठ स्पर्श रेखा की लम्बाई

$$PQ = \sqrt{(OA)^2 - (OM - AM)^2}$$

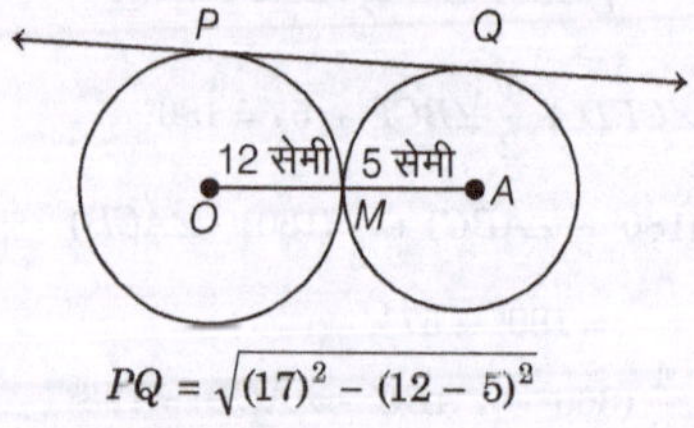

$\Rightarrow\ PQ = \sqrt{(17)^2 - (12-5)^2}$

$\Rightarrow\ PQ = \sqrt{289 - 49}$

$\Rightarrow\ PQ = \sqrt{240}$

$\therefore\ PQ = 4\sqrt{15}$ सेमी

367. (d) $\because \Delta ABC \sim \Delta EDF$

$\Rightarrow\ \frac{\text{क्षेत्रफल }(\Delta ABC)}{\text{क्षेत्रफल }(\Delta EDF)} = \frac{BC^2}{DF^2}$

$\Rightarrow\ \frac{1}{4} = \frac{(8)^2}{(DF)^2}$ [$\because BC = 8$]

$\Rightarrow\ \frac{1}{2} = \frac{8}{DF}$

$\Rightarrow\ DF = 16$ सेमी

368. (c) $\because \angle AOP + \angle AOB + \angle BOQ = 180°$

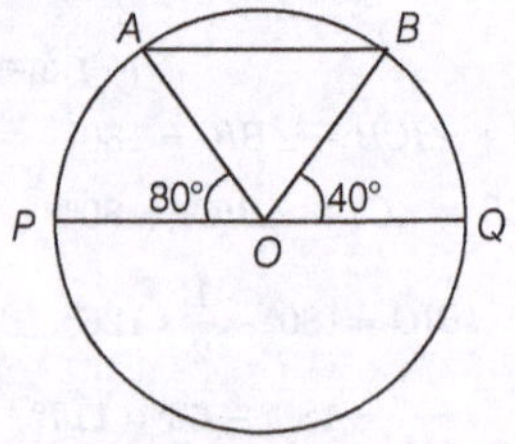

$\Rightarrow\ 80° + \angle AOB + 40° = 180°$

$\Rightarrow\ \angle AOB = 180° - 120° \Rightarrow \angle AOB = 60°$

369. (d) $\Delta ABC \sim \Delta DEF$

$\Rightarrow\ \frac{\text{क्षेत्रफल } \Delta ABC}{\text{क्षेत्रफल } \Delta DEF} = \frac{BC^2}{EF^2}$

$\Rightarrow\ \frac{81}{144} = \frac{BC^2}{(20)^2}$ [$\because EF = 20$ सेमी]

$\Rightarrow\ \frac{9}{12} = \frac{BC}{20}$

$\Rightarrow\ BC = \frac{20 \times 9}{12}$

$\therefore\ BC = 15$ सेमी

370. (d) प्रश्नानुसार,

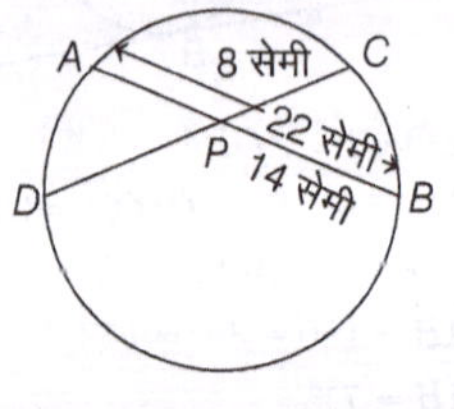

$AP \times PB = CP \times PD$

$\Rightarrow\ (22 - 14) \times 14 = 8 \times PD$

$\Rightarrow\ \frac{8 \times 14}{8} = PD$

$\Rightarrow\ PD = 14$ सेमी

371. (b) प्रश्नानुसार,

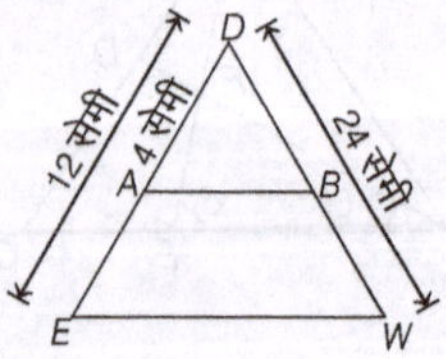

$AB \parallel EW$

$\therefore\ \Delta DAB \sim \Delta DEW$

$\Rightarrow\ \frac{DB}{DW} = \frac{AD}{DE}$

$\Rightarrow\ \frac{DB}{24} = \frac{4}{12} \Rightarrow DB = 8$ सेमी

372. (b) यदि किसी तल में कोई तीन बिन्दु दिए गए हैं, तो वृत्त सदैव इन बिन्दुओं से होकर गुजरेगा। यह कथन सत्य नहीं है।

373. (b) माना ΔABC एक समबाहु त्रिभुज है, जिसकी प्रत्येक भुजाओं की लम्बाई x इकाई है।

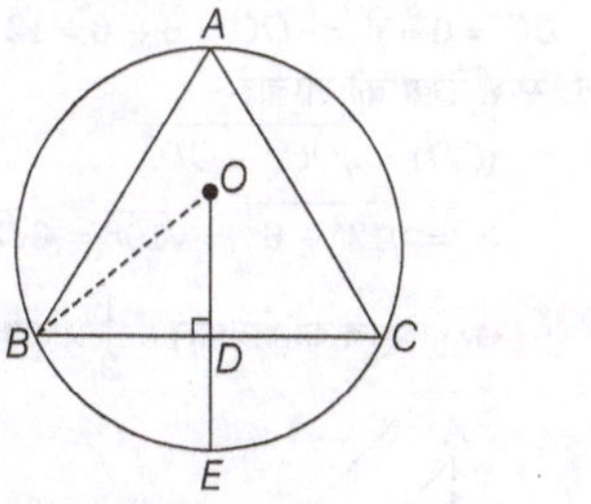

$\therefore \quad AB = BC = AC = x$ इकाई

पुनः माना OE वृत्त की त्रिज्या है, जहाँ

$OD \perp BC$

चूँकि वृत्त के केन्द्र से जीवा पर डाला गया लम्ब जीवा को समद्विभाजित करता है।

$\therefore \quad BD = DC = \frac{x}{2}$ इकाई

इसी प्रकार हम जानते हैं,

एक वृत्त पर शीर्षों के साथ खींचे गए समबाहु त्रिभुज की एक भुजा, उस पर लम्बवत् त्रिज्या को समद्विभाजित करती है।

$\therefore \quad OD = DE = \frac{r}{2}$

अब, ΔBOD में, $(OB)^2 = (OD)^2 + (BD)^2$

$\Rightarrow \quad r^2 = \left(\frac{r}{2}\right)^2 + \left(\frac{x}{2}\right)^2$

$\Rightarrow \quad \left(\frac{x}{2}\right)^2 = r^2 - \frac{r^2}{4} = \frac{3r^2}{4} \Rightarrow x^2 = 3r^2$

$\therefore \quad x = \sqrt{3}\, r$

अतः त्रिभुज के भुजा की लम्बाई $= \sqrt{3}\, r$ इकाई

374. (b) दिया है, $MN \parallel QR$

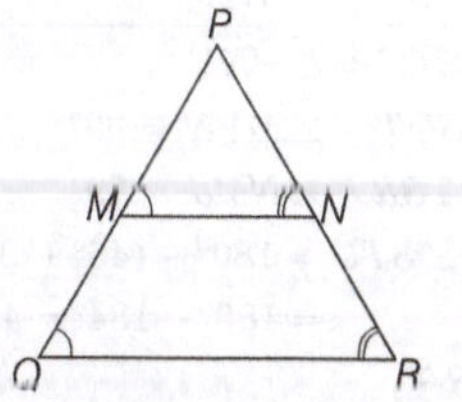

अतः $\Delta PMN \sim \Delta PQR$

$\therefore \frac{\Delta PMN \text{ का क्षेत्रफल}}{\Delta PQR \text{ का क्षेत्रफल}} = \frac{PM^2}{PQ^2}$ ...(i)

ΔPMN का क्षेत्रफल $= \square MNRQ$ का क्षेत्रफल

$\Rightarrow \frac{\Delta PMN \text{ का क्षेत्रफल}}{\square MNRQ \text{ का क्षेत्रफल}} = \frac{1}{1}$

$\therefore \Delta PQR$ का क्षेत्रफल = 2 इकाई

अब समी (i) से,

$\frac{\Delta PMN \text{ का क्षेत्रफल}}{\Delta PQR \text{ का क्षेत्रफल}} = \frac{1}{2} = \frac{PM^2}{PQ^2} \Rightarrow \frac{PM}{PQ} = \frac{1}{\sqrt{2}}$

$\Rightarrow 1 - \frac{PM}{PQ} = 1 - \frac{1}{\sqrt{2}} = \frac{\sqrt{2}-1}{\sqrt{2}}$

$\Rightarrow \frac{PQ - PM}{PQ} = \frac{\sqrt{2}-1}{\sqrt{2}} \Rightarrow \frac{MQ}{PQ} = \frac{\sqrt{2}-1}{\sqrt{2}}$

$\therefore \quad MQ : PQ = (\sqrt{2} - 1) : \sqrt{2}$

375. (d) दिया है, $PR = 40$ सेमी

$PQ = 40$ सेमी तथा $QR = 60$ सेमी

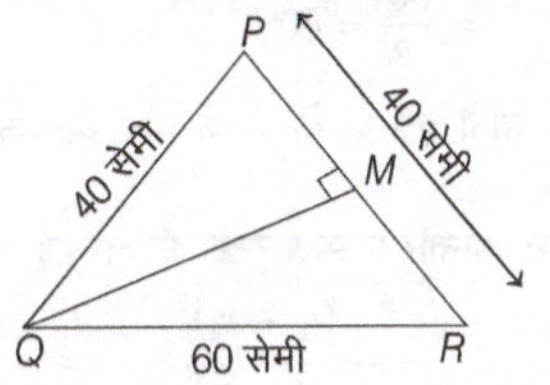

माना QM, PR पर शीर्ष लम्ब है।

$s = \frac{PQ + QR + PR}{2} = \frac{40 + 60 + 40}{2} = 70$

ΔPQR का क्षेत्रफल

$= \sqrt{s(s-a)(s-b)(s-c)}$

$= \sqrt{70 \times 30 \times 10 \times 30}$

$= 30 \times 10\sqrt{7} = 300\sqrt{7}$

पुनः

$\because \quad QM \perp PR$

$\therefore \Delta PQR$ का क्षेत्रफल $= \frac{1}{2} \times PR \times QM$

$\Rightarrow \quad 300\sqrt{7} = \frac{1}{2} \times 40 \times QM$

$\therefore \quad QM = \frac{300\sqrt{7}}{20} = 15\sqrt{7}$ सेमी

अतः अभीष्ट शीर्षलम्ब की लम्बाई $= 15\sqrt{7}$ सेमी

376. (d) $\therefore \angle DBA = 90°$ (अर्द्धवृत्त का कोण)

$\angle DBA = \angle DBP = 90°$

$\angle BCD = \angle DAB = 30°$

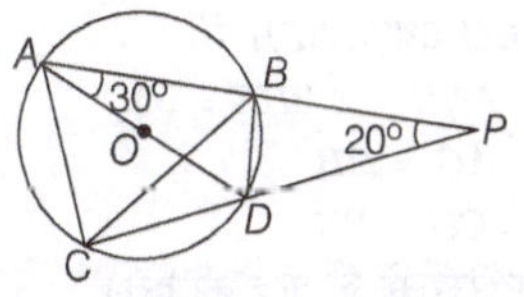

(समान वृत्तखण्ड का कोण)

ΔCBP में,

$\angle CBP = 180° - (30° + 20°) = 130°$

$\therefore \quad \angle DBC = 130° - 90° = 40°$

377. (c) $\because \Delta ABC \sim \Delta PQR$

$\therefore \frac{\Delta ABC \text{ का क्षेत्रफल}}{\Delta PQR \text{ का क्षेत्रफल}} = \frac{AC^2}{PR^2}$

$\Rightarrow \quad \frac{280}{576} = \frac{AC^2}{PR^2} \Rightarrow \frac{AC^2}{(12)^2} = \frac{289}{576}$

$\Rightarrow \quad (AC)^2 = \frac{289 \times 144}{576}$

$\therefore \quad AC = \sqrt{\frac{289 \times 144}{576}} = \frac{17 \times 12}{24} = 8.5$ सेमी

378. (c) माना ΔABC एक समद्विबाहु त्रिभुज है। जहाँ, $AB = BC$ है।

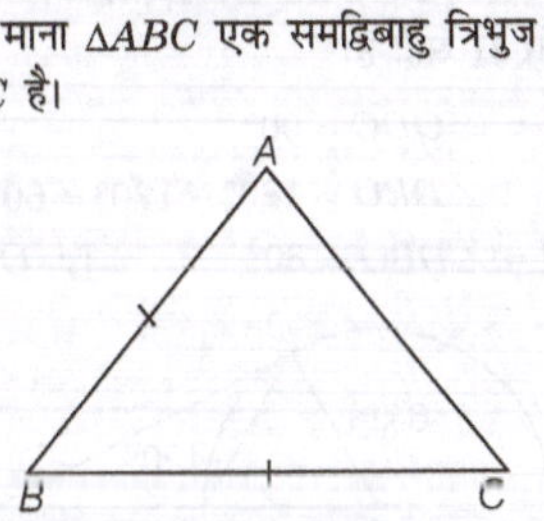

$\because \quad AB = BC \therefore \angle ACB = \angle BAC$

प्रश्नानुसार, $\angle ABC = (\angle ACB + \angle BAC) \times 4$

$\Rightarrow \quad \angle ABC = 8\angle ACB$

ΔABC में,

$\angle ABC + \angle ACB + \angle BAC = 180°$

$8\angle ACB + \angle ACB + \angle ACB = 180°$

$\therefore \quad \angle ACB = \frac{180°}{10} = 18°$

$\therefore \quad \angle ABC = 8\angle ACB$

$= 8 \times 18° = 144°$

$\angle ABC$ का वर्गमूल $= (\sqrt{144})° = 12°$

379. (a) माना $CD = x$ सेमी

वृत्त की जीवा की प्रमेय के अनुसार,

$PA \times PB = PC \times PD$

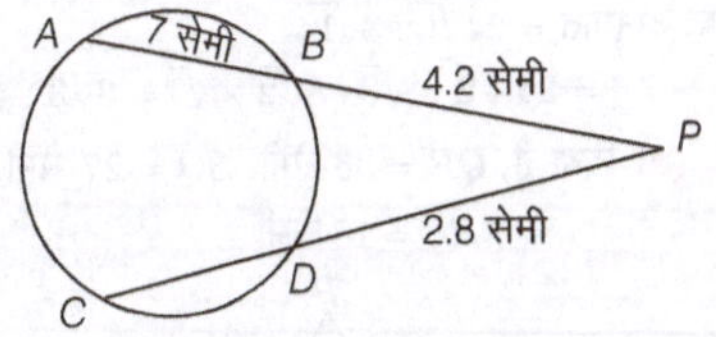

$(4.2 + 7) \times 4.2 = (2.8 + x) \times 2.8$

$\Rightarrow \quad \frac{11.2 \times 4.2}{2.8} = (2.8 + x)$

$x = 16.8 - 2.8 = 14$ सेमी

अतः CD की लम्बाई = 14 सेमी

380. (b) दिया है, ΔABC में,

$AB = \sqrt{3}$ इकाई, $BC = 1$ इकाई तथा $AC = 2$ इकाई

अब, $(AC)^2 = (AB)^2 + (BC)^2$

$\Rightarrow \quad (2)^2 = (\sqrt{3})^2 + 1$

$\Rightarrow \quad 4 = 4$

अतः ΔABC एक समकोण त्रिभुज है।

ΔABC में,

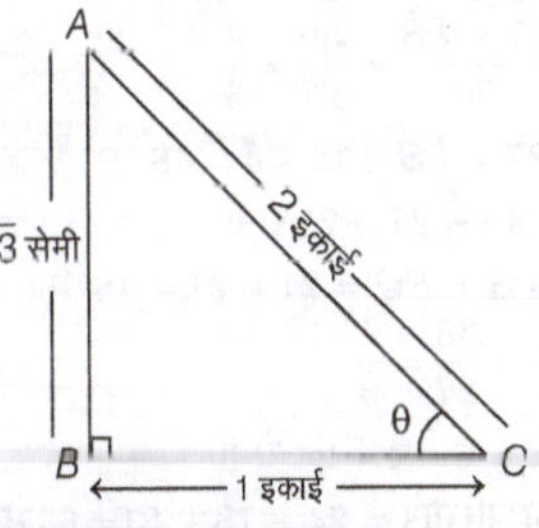

$\tan\theta = \frac{AB}{BC} = \frac{\sqrt{3}}{1} = \sqrt{3}$

$\Rightarrow \quad \tan\theta = \tan 60°$

$\Rightarrow \quad \theta = 60°$

अतः $\angle ACB = 60°$

381. (c) प्रश्नानुसार,

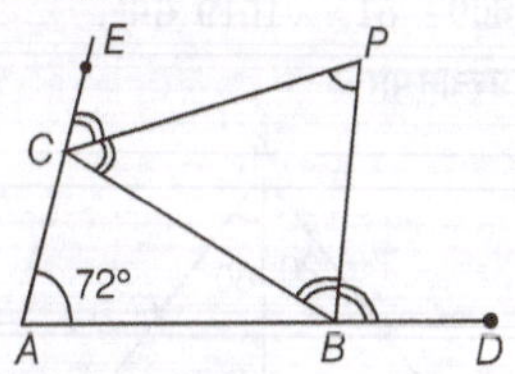

कोण समद्विभाजक प्रमेय से,

$\angle BPC = 90° - \frac{\angle A}{2}$

$= 90° - \frac{72°}{2}$

$= 90° - 36° = 54°$

382. (a) दिया है, $r_1 = 20$ सेमी, $r_2 = 32$ सेमी तथा $d = 60$ सेमी

सीधी उभयनिष्ठ स्पर्श रेखा की लम्बाई

$= \sqrt{d^2 - (r_1 - r_2)^2} = \sqrt{60^2 - (32 - 20)^2}$

$= \sqrt{60^2 - 12^2} = \sqrt{72 \times 48}$

$= \sqrt{12 \times 6 \times 12 \times 4} = 24\sqrt{6}$ सेमी

अनुप्रस्थ उभयनिष्ठ स्पर्श रेखा की लम्बाई

$= \sqrt{d^2 - (r_1 + r_2)^2} = \sqrt{60^2 - (20 + 32)^2}$

$= \sqrt{60^2 - 52^2} = \sqrt{(60 + 52)(60 - 52)}$

$= \sqrt{112 \times 8} = \sqrt{14 \times 8 \times 8} = 8\sqrt{14}$ सेमी

अभीष्ट अनुपात $= 24\sqrt{6} : 8\sqrt{14}$

$= 24\sqrt{2} \times \sqrt{3} : 8\sqrt{2} \times \sqrt{7} = 3\sqrt{3} : \sqrt{7}$

383. (a) दिया है, $QR = 36$ सेमी, $SQ = 27$ सेमी, $RS = 18$ सेमी

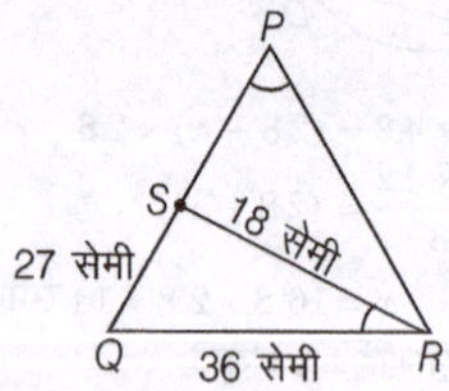

ΔPQR तथा ΔRQS में,

$\angle RPQ = \angle SRQ$

$\angle PQR = \angle SQR$ (उभयनिष्ठ)

$\Delta PQR \sim \Delta RQS$ (AA नियम से)

$\Rightarrow \frac{PQ}{RQ} = \frac{QR}{QS} = \frac{PR}{RS}$

$\Rightarrow \frac{27 + PS}{36} = \frac{36}{27} = \frac{PR}{18}$

अब, $\frac{27 + PS}{36} = \frac{36}{27} = \frac{4}{3}$

$\Rightarrow 27 + PS = 12 \times 4 = 48$

$\therefore PS = 48 - 27 = 21$ सेमी

$\therefore PQ = PS + SQ = 21 + 27 = 48$ सेमी

अब, $\frac{PR}{18} = \frac{36}{27} = \frac{4}{3}$

$\therefore PR = 6 \times 4 = 24$ सेमी

ΔPRS का परिमाप $= 24 + 18 + 21 = 63$ सेमी

ΔQSR का परिमाप $= 27 + 18 + 36 = 81$ सेमी

अभीष्ट अनुपात $= 63 : 81 = 7 : 9$

384. (d) $r_1 = 14$ सेमी; $r_2 = 5$ सेमी; $d = 40$ सेमी

$\therefore$ स्पर्श रेखा की लम्बाई

$= \sqrt{d^2 - (r_1 - r_2)^2} = \sqrt{(40)^2 - (14 - 5)^2}$

$= \sqrt{1600 - 81} = \sqrt{1519}$ सेमी

385. (b) प्रश्नानुसार,

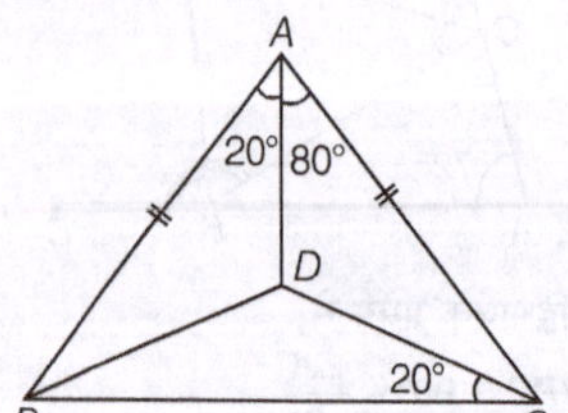

$AB = AC \quad \therefore \quad \angle C = \angle B$

अब, $\angle BAC = \angle BAD + \angle CAD$

$= 20° + 80° = 100°$

$\therefore \quad \angle ABC = \angle ACB = \frac{180° - 100°}{2}$

$= \frac{80°}{2} = 40°$

386. (a) माना वृत्त के केन्द्रों के बीच अधिकतम दूरी $= d$ इकाई

$\therefore$ उभयनिष्ठ आन्तरिक स्पर्श रेखा की लम्बाई

$= \sqrt{d^2 - (r_1 + r_2)^2}$

$\Rightarrow \quad 6 = \sqrt{d^2 - (3 + 2)^2}$

$\Rightarrow \quad 6 = \sqrt{d^2 - 25}$

दोनों पक्षों का वर्ग करने पर,

$36 = d^2 - 25 \Rightarrow d^2 = 61$

$\therefore \quad d = \sqrt{61}$ इकाई

387. (c) माना प्रत्येक कोण से 17° घटाने पर कोण क्रमश: $3x$, $4x$ व $7x$ हैं।

$\therefore 3x + 17 + 4x + 17 + 7x + 17° = 180$

$14x = 129$

$\Rightarrow \quad x = \frac{129}{14}$

$\therefore$ सबसे बड़ा कोण $= 7x + 17 = 7 \times \frac{129}{14} + 17$

$= \frac{129}{2} + 17 = \frac{163°}{2}$

$= \frac{163 \times \pi}{2 \times 180} = \frac{163\pi}{360}$

388. (d) दिया है, $\overline{AB} \parallel \overline{CE}$,

$AG = GD = DH = HB$

ΔACG तथा ΔBEH में,

$\angle AGC = \angle BHE = 90°$

$AG = HB$ (दिया है)

$CG = EH$

($\because$ समान्तर रेखाओं के बीच की दूरी)

$\therefore \quad \Delta ACG \cong \Delta BEH$ (SAS के द्वारा)

तथा ΔCDE तथा ΔDEB में,

$DE = DE$ [उभयनिष्ठ भुजा]

$CE = DB$

$[\because AG = GD = DH = HB]$

$CD = EB$

$\therefore \quad \Delta CDE \cong \Delta DEB$

अब ΔCDE तथा DCA में,

$CD = CD$ [उभयनिष्ठ भुजा]

$CE = AD$

$AC = ED$

$\therefore \quad \Delta CDE \cong \Delta DCA$

$\therefore \quad \Delta CDE \cong \Delta DEB \cong \Delta DCA$

अत: I और II सही हैं।

389. (c) $\because \angle ODC = 90°$

$\angle DBO = 180° - 120° = 60°$

$\angle ODB = \angle DBO = 60° \quad [\because OD = OB]$

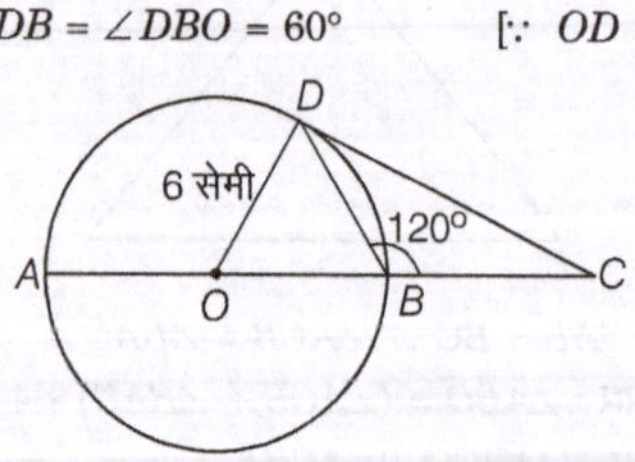

$\therefore \Delta ODB$ एक समबाहु त्रिभुज होगा

$\angle BDC = 90° - 60° = 30°$

ΔBCD में,

$\angle BCD = 180 - (120 + 30) = 30°$

$\therefore \quad BD = BC \quad [\because \angle BDC = \angle BCD]$

$\therefore \quad BC = 6$ सेमी $\Rightarrow OC = 6 + 6 = 12$ सेमी

अत: स्पर्श रेखा की लम्बाई

$(CD) = \sqrt{OC^2 - OD^2}$

$= \sqrt{12^2 - 6^2} = \sqrt{108} = 6\sqrt{3}$ सेमी

390. (a) $\because$ त्रिभुज का क्षेत्रफल $= \frac{1}{2} \times$ आधार $\times$ ऊँचाई

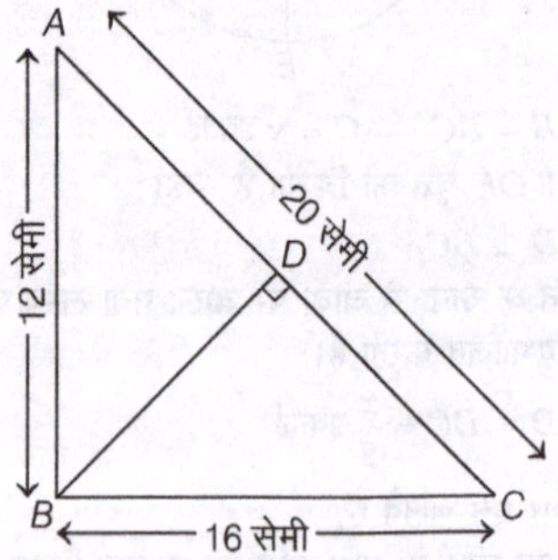

$\therefore \quad \frac{1}{2} \times 16 \times 12 = \frac{1}{2} \times K \times 20$

$\therefore \quad K = \frac{16 \times 12}{20} = 9.6$ सेमी

391. (c) ΔSTU और ΔMNV

$ST = MN, TU = NV$ तथा $SU = MV$

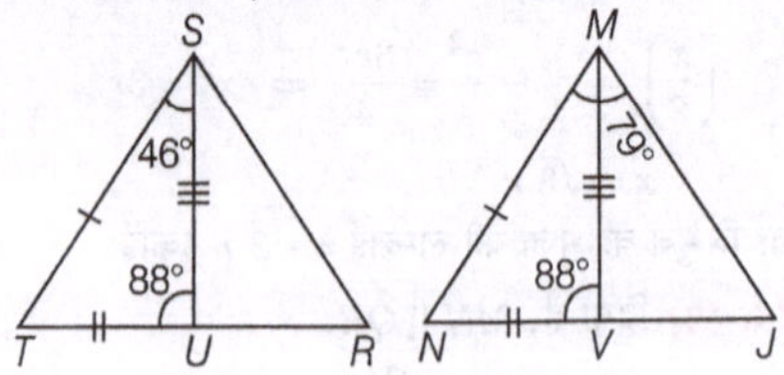

$\therefore \quad \Delta STU \cong \Delta MNV$

$\therefore \quad \angle SUT = \angle MVN = 88°$

तथा $\quad \angle TSR = \angle NMJ = 79°$

ΔSTU में, $\angle STU = 180° - (46° + 88°)$

$= 180° - 134° = 46°$

अब, ΔSTR में,

$\angle SRT = 180° - (79° + 46°) = 55°$

$\therefore \quad \frac{7}{11} \angle SRT$ का मान $= \frac{7}{11} \times 55° = 35°$

392. (b) $\because$ वृत्त की त्रिज्या, स्पर्श रेखा पर लम्ब होती हैं।

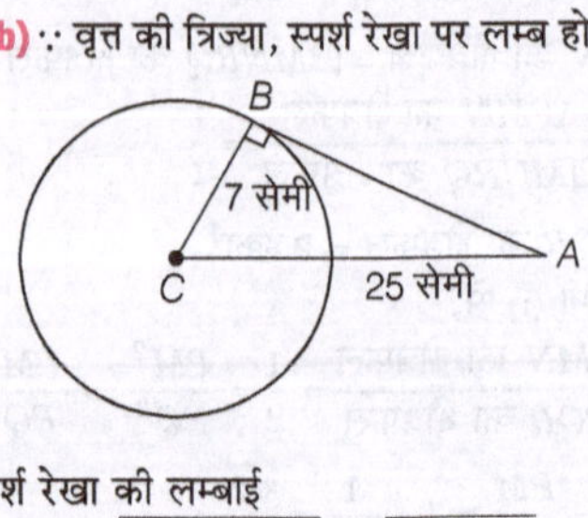

अत: स्पर्श रेखा की लम्बाई

$(AB) = \sqrt{AC^2 - BC^2} = \sqrt{25^2 - 7^2}$

$= \sqrt{(25 + 7)(25 - 7)}$

$= \sqrt{32 \times 18} = \sqrt{576}$

$= 24$ सेमी

393. (a) माना $BC = x$ सेमी

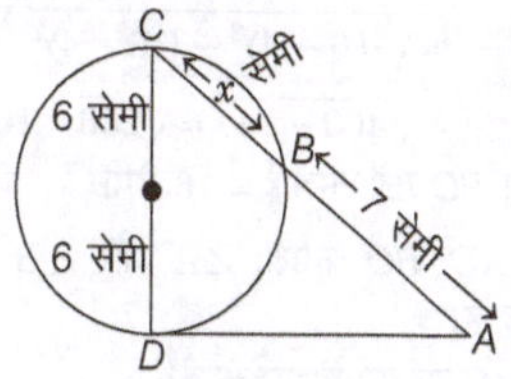

$\therefore \quad AD^2 = AC^2 - (CD^2) = AB \times AC$

$\therefore \quad (7 + x)^2 - (12)^2 = 7\,(7 + x)$

$\Rightarrow \quad 49 + x^2 + 14x - 144 = 49 + 7x$

$\Rightarrow \quad x^2 + 7x - 144 = 0$

$\Rightarrow \quad x^2 + 16x - 9x - 144 = 0$

$\Rightarrow \quad x\,(x + 16) - 9\,(x + 16) = 0$

$\Rightarrow \quad (x + 16)\,(x - 9) = 0$

$\therefore \quad x = 9$

$\therefore \quad AC = x + 7 = 9 + 7 = 16$ सेमी

394. (b) $\because \; OQ = OS = r$

$\therefore \quad \angle OSQ = \angle OQS = x$ (माना)

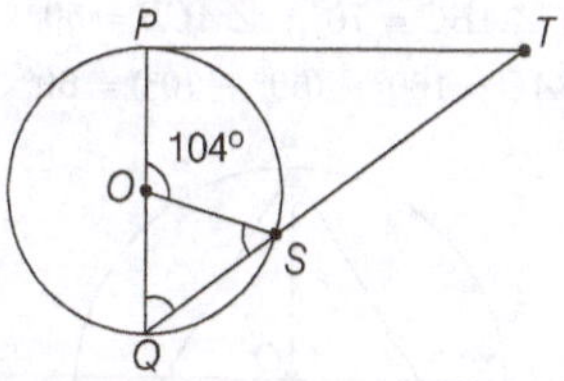

($\because$ समान भुजा के सामने के कोण समान होते हैं)

$\therefore \quad x + x = 104°$ (बहिष्कोण प्रमेय)

$x = 52°$

अब, ΔPQT में,

$\angle QPT = 90°$ (स्पर्श रेखा द्वारा बना कोण)

$\therefore \quad \angle QPT + \angle PTQ + \angle PQT = 180°$

$\Rightarrow \quad 90° + \angle PTQ + 52° = 180°$

$\Rightarrow \quad \angle PTQ = 180° - 142° = 38°$

395. (d)

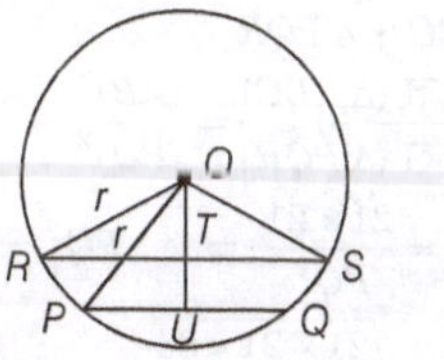

माना $OT = x$ सेमी

$\therefore OU = (4 + x)$ सेमी $\Rightarrow RT = \dfrac{20}{2} = 10$ सेमी

$PU = \dfrac{12}{2} = 6$ सेमी

$\therefore r^2 = x^2 + 10^2 = (4 + x)^2 + 6^2$

$\Rightarrow \quad x^2 + 64 = 16 + x^2 + 8x$

$\Rightarrow \quad 8x = 48 \Rightarrow x = 6$ सेमी

$\therefore \quad r^2 = 6^2 + 10^2 = 136$

$\Rightarrow \quad r = \sqrt{136} = 2\sqrt{34}$

$\therefore$ व्यास $= 2r = 2 \times 2\sqrt{34} = 4\sqrt{34}$ सेमी

396. (a) $\because \; \Delta XYZ \sim \Delta PQR$

$\therefore \quad \dfrac{XY}{PQ} = \dfrac{(\Delta XYZ) \text{ का परिमाप}}{(\Delta PQR) \text{ का परिमाप}}$

$\Rightarrow \quad \dfrac{XY}{3.6} = \dfrac{16}{9}$

$\Rightarrow \quad XY = \dfrac{3.6 \times 16}{9} = \dfrac{32}{5} = 6\dfrac{2}{5}$ सेमी

397. (c) प्रश्नानुसार,

उभयनिष्ठ स्पर्श रेखा LM की लम्बाई = 12 सेमी

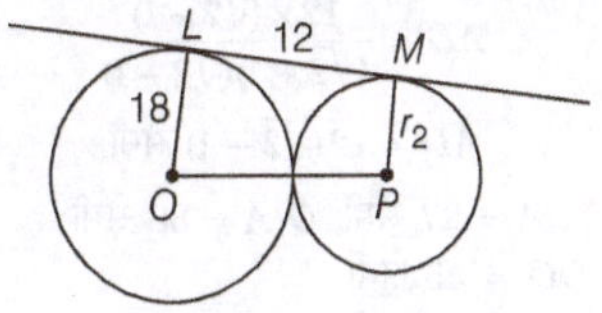

$r_1 = 18$ सेमी, $r_2 = ?$

$\because$ दोनों वृत्त बाह्य स्पर्श करते हैं।

$\therefore \quad d = r_1 + r_2$

अब, $\quad LM^2 = d^2 - (r_1 - r_2)^2$

$\Rightarrow \quad (12)^2 = (r_1 + r_2)^2 - (r_1 - r_2)^2$

$\Rightarrow 144 = 4r_1 r_2 \Rightarrow r_1 r_2 = 36$

$\Rightarrow 18 \times r_2 = 36 \Rightarrow \quad r_2 = 2$

$\therefore$ दूसरे छोटे वृत्त की त्रिज्या = 2 सेमी

398. (d) माना त्रिभुज के कोण $\angle A$, $\angle B$ और $\angle C$ हैं।

अब, $\angle A : \angle B : \angle C = 2 : 4 : 6$

$\therefore \quad \angle A = \dfrac{2}{12} \times 180° = 30°$

$\angle B = \dfrac{4}{12} \times 180° = 60°$

$\angle C = \dfrac{6}{12} \times 180° = 90°$

$\therefore \Delta ABC$ एक समकोण त्रिभुज है। समकोण त्रिभुज में परित्रिज्या कर्ण की आधी होती है।

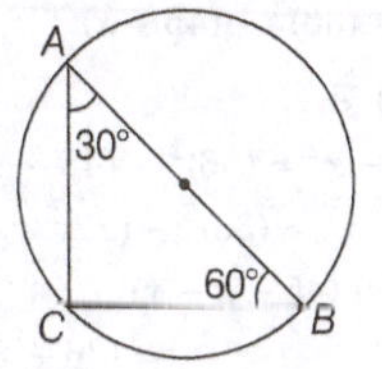

$\therefore$ कर्ण = 2 × परित्रिज्या = 2 × 12 = 24 सेमी

$\therefore AB = 24$ सेमी

अब, sin के नियम से

$\dfrac{AC}{\sin 60°} = \dfrac{AB}{\sin 90°}$

और $\quad \dfrac{BC}{\sin 30°} = \dfrac{AB}{\sin 90°}$

$\Rightarrow \quad AC = \dfrac{\sin 60° \times AB}{\sin 90°}$

और $\quad BC = \dfrac{AB \times \sin 30°}{\sin 90°}$

$\Rightarrow \; AC = \dfrac{\sqrt{3} \times 24}{2 \times 1}$ और $BC = \dfrac{24 \times 1}{1 \times 2}$

$AC = 12\sqrt{3}$ सेमी और $BC = 12$ सेमी

$\therefore$ त्रिभुज की भुजाएँ 12 सेमी, $12\sqrt{3}$ सेमी और 24 सेमी है।

399. (c) प्रश्नानुसार,

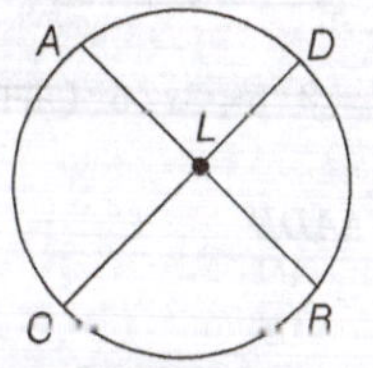

$CL \times LD = AL \times BL$

$CL \times 3 = 9 \times 7 \Rightarrow CL = 21$

$\therefore$ अभीष्ट लम्बाई $(CL) = 21$ होगी

400. (d) दिया है,

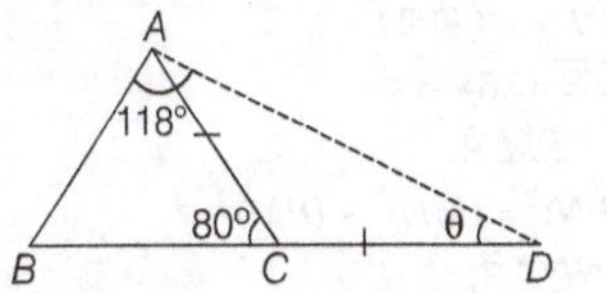

ΔACD में, $AC = CD$

$\angle ADC = \angle CAD$

$\angle ACD = 180° - 80° = 100°$

(रैखिक कोण-युग्म)

अब, ΔACD में,

$\angle ACD + \angle CAD + \angle ADC = 180°$

$\Rightarrow 100° + \angle CAD + \angle CAD = 180°$

$\therefore \quad \angle CAD = \dfrac{180 - 100°}{2} = 40°$

$\because \quad \angle BAD = 118°$

$\Rightarrow \angle BAC + \angle CAD = 118°$

$\Rightarrow \quad \angle BAC = 118° - 40° = 78°$

अब, $\angle ACD = \angle BAC + \angle ABC$

(त्रिभुज का बाह्य कोण)

$\Rightarrow \quad 100° = 78° + \angle ABC$

$\therefore \angle ABC = 100° - 78° = 22°$

401. (d) दिया है, $\Delta ABC \simeq \Delta DEF$

$\Rightarrow \quad \dfrac{AB}{DE} = \dfrac{BC}{EF} = \dfrac{AC}{DF}$

ΔABC में,

$AB : BC : CA = 3 : 4 : 5$

सबसे छोटी भुजा की लम्बाई = 15 इकाई

$\therefore \quad AB = 15$ इकाई,

$BC = \dfrac{15}{3} \times 4 = 20$ इकाई

$AC = \dfrac{15}{3} \times 5 = 25$ इकाई

ΔABC का क्षेत्रफल = 2 × ΔDEF का क्षेत्रफल

$\Rightarrow \quad \dfrac{\Delta ABC \text{ का क्षेत्रफल}}{\Delta DEF \text{ का क्षेत्रफल}} = 2 \Rightarrow \dfrac{(AC)^2}{(DF)^2} = 2$

$\Rightarrow \quad (DF)^2 = \dfrac{(AC)^2}{2} \Rightarrow (DF)^2 = \dfrac{25 \times 25}{2}$

$\Rightarrow \quad DF = \dfrac{25}{\sqrt{2}}$ इकाई

402. (c) सीधी उभयनिष्ठ स्पर्श रेखा की लम्बाई

$= \sqrt{d^2 - (r_1 - r_2)^2}$

(जहाँ d केन्द्रों के बीच की दूरी है)

$= \sqrt{81^2 - (42 - 51)^2} = \sqrt{81^2 - 9^2}$

$= \sqrt{(81 + 9)\,(81 - 9)} = \sqrt{90 \times 72}$

$= \sqrt{9 \times 10 \times 9 \times 8}$

$= 9 \times 4\sqrt{5} = 36\sqrt{5}$ सेमी

403. (c) $MN = 36$ सेमी, $NT = 48$ सेमी,

तथा $\quad MT = 36$ सेमी

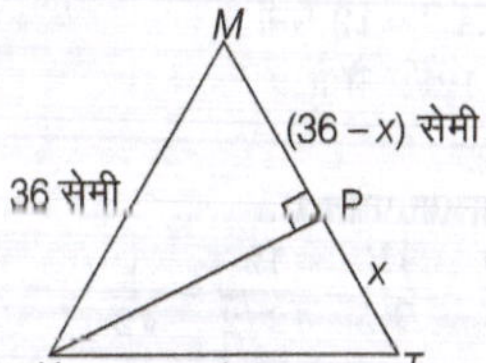

माना, $NP \perp MT$

$\therefore \quad PT = x$ (माना)

$\therefore \quad MP = 36 - x$

अब, ΔNPM में,

$(PN)^2 = (MN)^2 - (PM)^2 \quad ...(i)$

पुन: ΔNPT में,

$(PN)^2 = (NT)^2 - (PT)^2 \quad ...(ii)$

समी (i) तथा (ii) से,

$(MN)^2 - (PM)^2 = (NT)^2 - (PT)^2$

$\Rightarrow (36)^2 - (36 - x)^2 = (48)^2 - x^2$

$\Rightarrow x^2 - (36 - x)^2 = 48^2 - 36^2$

$\Rightarrow (x + 36 - x)(x - 36 + x)$

$= (48 + 36)(48 - 36)$

$\Rightarrow 2x - 36 = \frac{84 \times 12}{36} = 28$

$\therefore \quad x = \frac{28 + 36}{2} = \frac{64}{2} = 32$

समी (ii) से,

$(PN)^2 = (48)^2 - (32)^2$

$= (48 + 32)(48 - 32)$

$\Rightarrow (PN)^2 = 80 \times 16 = 16 \times 16 \times 5$

$\therefore \quad PN = \sqrt{16^2 \times 5} = 16\sqrt{5}$ सेमी

404. (b) प्रश्नानुसार,

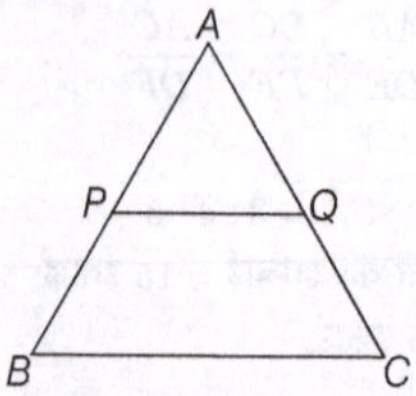

यहाँ, $PQ \parallel BC$ तथा $AC = 5QC$

$AQ = 5QC - QC = 4QC$

अब, $\Delta APQ \sim \Delta ABC$

$\therefore \quad \frac{AQ}{AC} = \frac{PQ}{BC} \Rightarrow \frac{PQ}{BC} = \frac{4QC}{5QC} = \frac{4}{5}$

$\therefore \quad PQ : BC = 4 : 5$

405. (d) $r_1 = r_2 = 5$ इकाई

उभयनिष्ठ स्पर्श रेखा की लम्बाई $= 2r$

$= 2 \times 5 = 10$ इकाई

उभयनिष्ठ स्पर्श रेखा की लम्बाई $= \sqrt{d^2 - (r_1 - r_2)^2}$

$\Rightarrow 10 = \sqrt{d^2 - (5 - 5)^2} \Rightarrow \sqrt{d^2} = 10$

$\therefore \quad d = 10$ इकाई

अतः वृत्तों के केन्द्रों के बीच की दूरी = 10 इकाई

406. (a) दिया है,

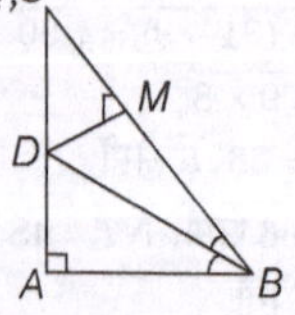

$AB = AC = 12$ सेमी

$BC = 12\sqrt{2}$ सेमी

ΔABC में,

कोण समद्विभाजक प्रमेय से,

$\frac{AD}{DC} = \frac{AB}{BC} = \frac{12}{12\sqrt{2}} = \frac{1}{\sqrt{2}}$

$\Rightarrow \sqrt{2}AD = DC \Rightarrow \sqrt{2} \times AD = (AC - AD)$

$\Rightarrow \sqrt{2} \times AD + AD = 12$

$\Rightarrow AD(\sqrt{2} + 1) = 12$

$\Rightarrow AD = \frac{12 \times (\sqrt{2} - 1)}{(\sqrt{2} + 1)(\sqrt{2} - 1)}$

$\therefore \quad AD = 12(\sqrt{2} - 1)$ सेमी

407. (b) $OA = 27$ सेमी, $O'A = 36$ सेमी

तथा $OO' = 45$ सेमी

$\because$ AB एक जीवा है, जो OO' को C पर काटती है।

$\therefore \quad AC = BC = \frac{AB}{2}$

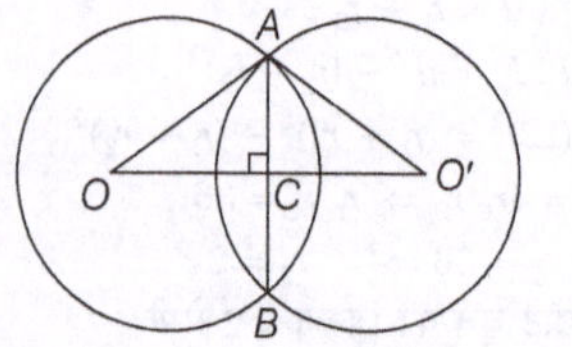

माना $OC = x$

$\therefore \quad O'C = 45 - x$

ΔOCA में,

$(OC)^2 = (OA)^2 - (AC)^2$

$\Rightarrow x^2 = 27^2 - (AC)^2$

$\Rightarrow (AC)^2 = 27^2 - x^2 \quad ...(i)$

$\Delta O'CA$ में,

$(O'C)^2 = (O'A)^2 - (AC)^2$

$\Rightarrow (45 - x)^2 = (36)^2 - (AC)^2$

$\Rightarrow (AC)^2 = (36)^2 - (45 - x)^2 \quad ...(ii)$

समी (i) तथा (ii) से,

$(27)^2 - x^2 = (36)^2 - (45 - x)^2$

$\Rightarrow (45 - x)^2 - x^2 = (36)^2 - (27)^2$

$\Rightarrow (45 - x + x)(45 - x - x)$

$= (36 + 27)(36 - 27)$

$\Rightarrow 45(45 - 2x) = 63 \times 9$

$\Rightarrow 45 - 2x = \frac{63 \times 9}{45} = 12.6$

$\Rightarrow 2x = 45 - 12.6 = 32.4$

$\therefore \quad x = \frac{32.4}{2} = 16.2$

समी (i) से,

$AC = \sqrt{27^2 - 16.2^2} = \sqrt{(27 + 16.2)(27 - 16.2)}$

$= \sqrt{43.2 \times 10.8} = 21.6$

$\therefore \quad AB = 2AC = 2 \times 21.6$ सेमी $= 43.2$ सेमी

408. (c) प्रश्नानुसार,

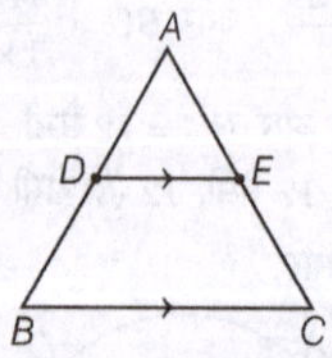

$AD : DB = 3 : 5 = 3x : 5x$ (माना)

$AC = 5.6$ सेमी

अब, $\Delta ABC \sim \Delta ADE$

$\frac{AB}{AD} = \frac{AC}{AE}$

$\Rightarrow \quad AE = \frac{AD \times AC}{AB} = \frac{3x \times 5.6}{8x}$

$= 2.1$ सेमी

409. (d) $PQ = \sqrt{d^2 - (r_1 - r_2)^2}$

$= \sqrt{(16 + 4)^2 - (16 - 4)^2}$

$= \sqrt{400 - 144} = \sqrt{256} = 16$

$\therefore$ स्पर्श रेखा PQ की लम्बाई = 16 सेमी

410. (d) AO, BO क्रमशः $\angle A$ और $\angle B$ के समद्विभाजक हैं।

$\therefore CO$ भी $\angle C$ का समद्विभाजक है।

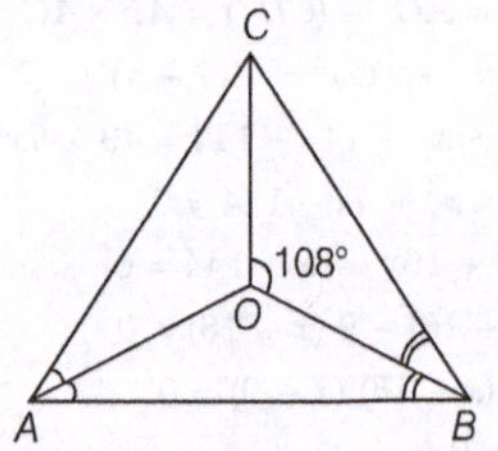

अब, $\frac{\angle A}{2} + 90° = \angle BOC$

(कोण समद्विभाजक प्रमेय से)

$\angle BAO + 90° = 108° \quad \therefore \angle BAO = 18°$

411. (c) $\angle ABC = 70°$; $\angle ACB = 50°$

अब, $\angle BAC = 180° - (50° + 70°) = 60°$

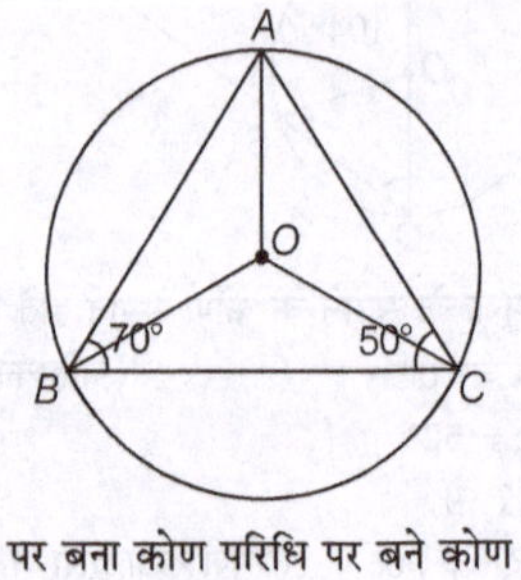

अब, केन्द्र पर बना कोण परिधि पर बने कोण का दोगुना होता है।

$\therefore \quad \angle BOC = 2 \times \angle BAC = 2 \times 60° = 120°$

412. (b) माना दो ΔABC और ΔPQR हैं।

तब, $\Delta ABC \sim \Delta PQR$

तथा $\frac{\text{क्षेत्रफल} (\Delta ABC)}{\text{क्षेत्रफल} (\Delta PQR)} = \frac{(AB)^2}{(PQ)^2}$

$\Rightarrow \frac{490}{640} = \frac{21 \times 21}{PQ^2} \Rightarrow PQ^2 = \frac{21 \times 21 \times 64}{49}$

$\Rightarrow \quad PQ = \sqrt{\frac{21 \times 21 \times 64}{49}}$

$\Rightarrow \quad PQ = \frac{21 \times 8}{7} = 24$ सेमी

413. (a) प्रश्नानुसार,

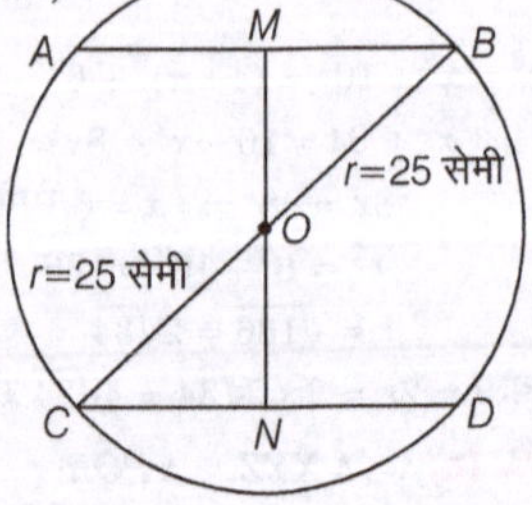

$AB = 48$ सेमी

$\therefore \quad AM = BM = \frac{48}{2} = 24$ सेमी

[$\because$ केन्द्र से जीवा पर डाला गया लम्ब जीवा को समद्विभाजित करता है]

और $MN = 27$ सेमी

अब, समकोण ΔOMB में,

$(OM)^2 = (OB)^2 - (MB)^2$

$\Rightarrow \quad OM^2 = (25)^2 - (24)^2$

$\Rightarrow \quad OM^2 = 625 - 576 \Rightarrow OM^2 = 49$

$\therefore \quad OM = \sqrt{49} = 7$ सेमी

$\therefore \quad ON = (27 - 7) = 20$ सेमी

अब, समकोण ΔONC में,

$(CN)^2 = (OC)^2 - (ON)^2$

$= (25)^2 - (20)^2 = 625 - 400 = 225$

$CN = \sqrt{225} = 15$ सेमी

$\therefore CD = 2 \times 15 = 30$ सेमी

$\therefore$ दूसरी जीवा की लम्बाई = 30 सेमी

414. (a) प्रश्नानुसार,

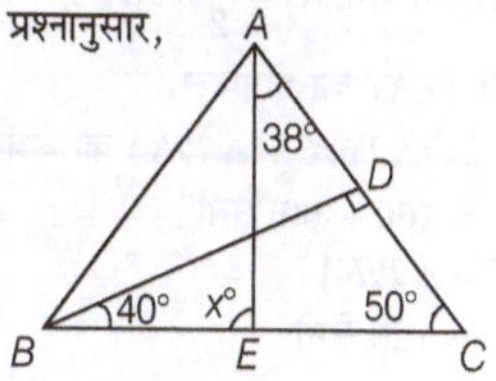

$BD \perp AC$

$\angle BEA = x°$; $\angle EAC = 38°$; $\angle EBD = 40°$

ΔBDC में,

$\angle BDC = 90°$

$\therefore \angle BCD + \angle CBD = 90°$

$\Rightarrow \angle BCD + 40° = 90° \Rightarrow \angle BCD = 50°$

अब, $x° = \angle EAC + \angle ECA$ [बहिष्कोण प्रमेय]

$= 38° + 50° = 88°$

415. (c) $\because N(RX)^2 = PR \times QR$

$(12)^2 = (x + x - 2) \times (x - 2)$

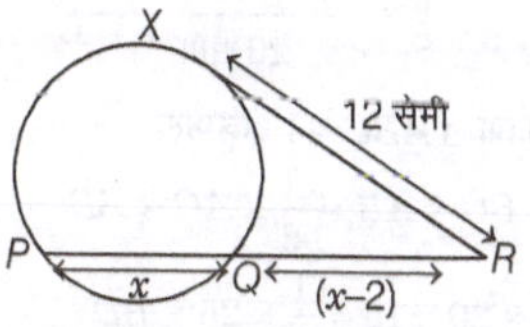

$\Rightarrow \quad (2x - 2)(x - 2) = 144$

$\Rightarrow \quad 2x^2 - 4x - 2x + 4 = 144$

$\Rightarrow \quad 2x^2 - 6x + 4 - 144 = 0$

$\Rightarrow \quad 2x^2 - 6x - 140 = 0 \Rightarrow x^2 - 3x - 70 = 0$

$\Rightarrow (x - 10)(x + 7) = 0$

$\therefore x = 10$ सेमी

416. (c) प्रश्नानुसार,

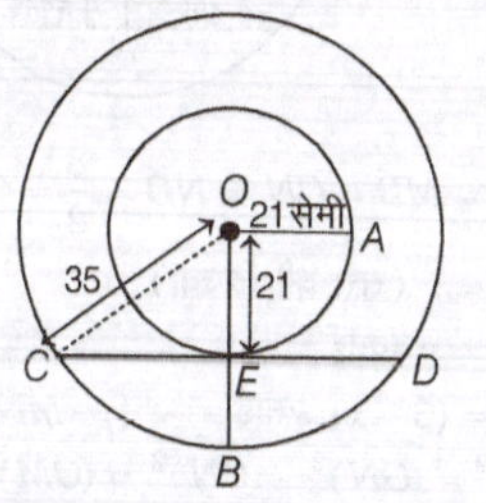

ΔOCE में, $(OC)^2 = (OE)^2 + (CE)^2$

$(35)^2 = (21)^2 + (CE)^2$

$(CE)^2 = (35)^2 - (21)^2 = 1225 - 441 = 784$

$\therefore \quad CE = 28$ सेमी

अत: जीवा CD की लम्बाई $= 2 \times 28 = 56$ सेमी

417. (b) प्रश्नानुसार,

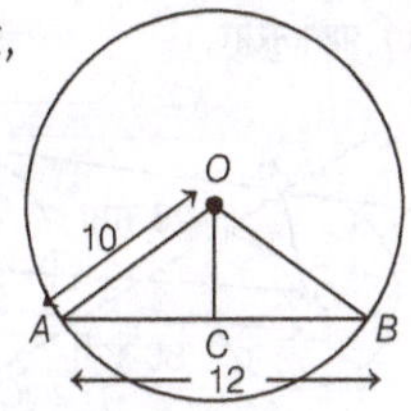

$AC = \dfrac{AB}{2} = \dfrac{12}{2} = 6$ सेमी

अब, ΔOAC में, $(OC)^2 = (OA)^2 - (AC)^2$

$= (10)^2 - (6)^2 = 100 - 36 = 64$

$\Rightarrow \quad OC = \sqrt{64}$ सेमी $= 8$ सेमी

418. (c) ΔABC व ΔDEF समरूप हैं।

$\therefore \quad \dfrac{\Delta ABC \text{ का क्षेत्रफल}}{\Delta DEF \text{ का क्षेत्रफल}} = \left(\dfrac{BC}{EF}\right)^2$

$\dfrac{0.64}{0.0121} = \left(\dfrac{BC}{0.154}\right)^2$

$\Rightarrow \quad (BC)^2 = \dfrac{0.64 \times 0.154 \times 0.154}{0.0121} = 1.2544$

$\therefore \quad BC = 1.12$ मी

419. (d) प्रश्नानुसार,

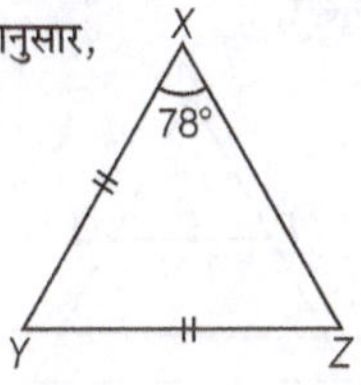

$\because \quad XY = YZ$

$\therefore \quad \angle YXZ = \angle XZY = 78°$

$\therefore \quad 78° + 78° + \angle XYZ = 180°$

$\angle XYZ = 180° - 156° = 24°$

420. (d) प्रश्नानुसार,

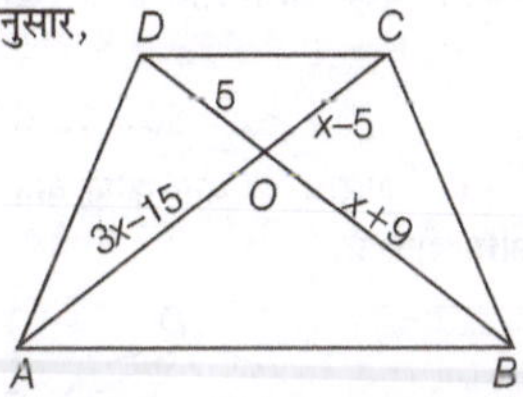

ΔAOB तथा ΔDOC में,

$\angle DOC = \angle AOB$ [$\because$ शीर्षाभिमुख कोण]

$\angle ODC = \angle OBA$ [$\because$ एकान्तर कोण]

$\therefore \quad \Delta DOC \sim \Delta BOA$

$\therefore \quad \dfrac{DO}{BO} = \dfrac{OC}{OA} \Rightarrow \dfrac{5}{x + 9} = \dfrac{x - 5}{3x - 15}$

$15x - 75 = x^2 - 5x + 9x - 45$

$x^2 - 11x + 30 = 0$

$\Rightarrow \quad x^2 - 6x - 5x + 30 = 0$

$\Rightarrow \quad x(x - 6) - 5(x - 6) = 0$

$\Rightarrow \quad (x - 6)(x - 5) = 0$

$\Rightarrow \quad x = 6$ तथा 5

$\therefore \quad x_1 = 6, x_2 = 5$

अत: $x_1^2 + x_2^2$ का मान $= 6^2 + 5^2 = 36 + 25 = 61$

421. (b) $\because \Delta ABC \sim \Delta DEF$

$\therefore \quad \dfrac{\Delta ABC \text{ का क्षेत्रफल}}{\Delta DEF \text{ का क्षेत्रफल}} = \dfrac{AB^2}{DE^2}$

$\dfrac{25}{144} = \dfrac{AB^2}{DE^2} \Rightarrow \dfrac{5}{12} = \dfrac{p}{DE} \Rightarrow DE = \dfrac{12p}{5}$

422. (d) प्रश्नानुसार,

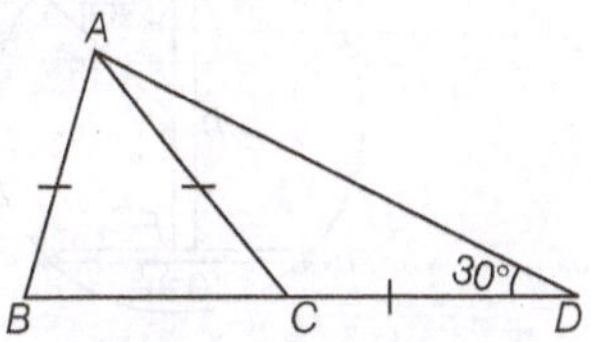

$\because \quad AC = CD$

$\therefore \quad \angle CAD = \angle ADC = 30°$

$\angle ACB = \angle CAD + \angle ADC$

[$\because \Delta ACD$ का बाह्य कोण]

$= 30° + 30° = 60°$

$\because \quad AB = AC$

$\therefore \quad \angle ABC = \angle ACB = 60°$

ΔABC में,

$\angle ABC + \angle ACB + \angle BAC = 180°$

$60° + 60° + \angle BAC = 180°$

$\therefore \quad \angle BAC = 180° - 120° = 60°$

अत: त्रिभुज के कोण 60°, 60°, 60° हैं।

423. (c) प्रश्नानुसार,

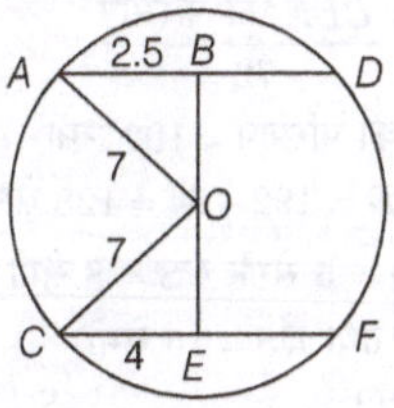

ΔABO में, पाइथागोरस प्रमेय से,

$BO = \sqrt{AO^2 - AB^2}$

$= \sqrt{7^2 - (2.5)^2}$

$= \sqrt{49 - 6.25}$

$= 6.54$ इकाई

ΔCOE में, पाइथागोरस प्रमेय से,

$OE = \sqrt{7^2 - 4^2}$

$= \sqrt{49 - 16} = 5.74$ इकाई

अत: जीवाओं के बीच की दूरी

$(BE) = BO + OE$

$= 6.54 + 5.74$

$= 12.28$ इकाई

424. (c) दिया है,

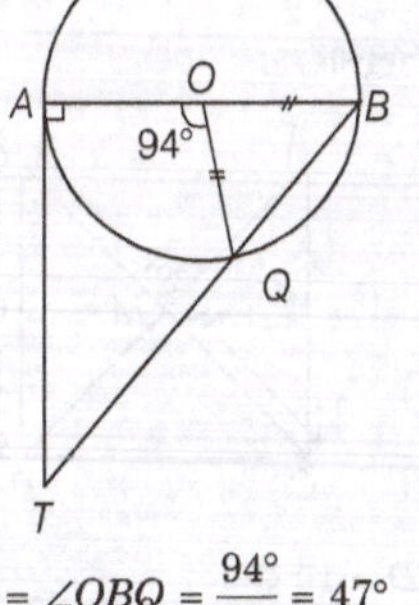

$\because \quad \angle OQB = \angle OBQ = \dfrac{94°}{2} = 47°$

$\therefore \quad \angle OQT = 180° - 47° = 133°$

चतुर्भुज $AOQT$ में,

$\angle ATQ = 360° - (94° + 133° + 90°)$

$= 360° - 317° = 43°$

425. (d) प्रश्नानुसार,

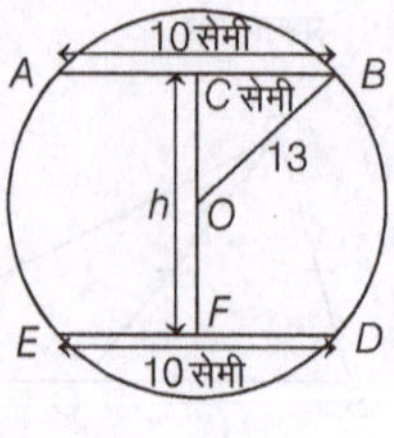

$BC = \frac{10}{2} = 5$ सेमी

ΔOCB में, पाइथागोरस प्रमेय से,

$OB^2 = OC^2 + BC^2$

$\Rightarrow 13^2 = OC^2 + 5^2$

$\Rightarrow OC^2 = 169 - 25$

$\Rightarrow OC = \sqrt{144}$

$\Rightarrow OC = 12$ सेमी

अत: $h = OC + OF = 12 + 12$ [$\because OC = OF$]

$= 24$ सेमी

426. (d) $\because \Delta DEF \sim \Delta GHI$

$\therefore \frac{DE}{GH} = \frac{\Delta DEF \text{ का परिमाप}}{\Delta GHI \text{ का परिमाप}}$

$\frac{64}{24} = \frac{\Delta DEF \text{ का परिमाप}}{72}$

$\Rightarrow \Delta DEF$ का परिमाप $= 192$ सेमी

अत: $EF + FD = 192 - 64 = 128$ सेमी

427. (d) $MQ = 5$ सेमी, $NS = 8$ सेमी

$PQ = 12$ सेमी तथा $RS = 15$ सेमी

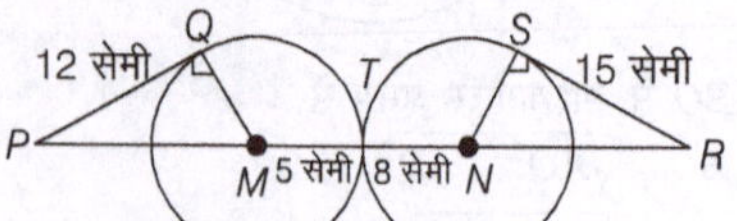

$\therefore \Delta PMQ$ में, पाइथागोरस प्रमेय से,

$PM^2 = PQ^2 + MQ^2$

$\Rightarrow PM^2 = 12^2 + 5^2$

$\Rightarrow PM = \sqrt{144 + 25}$

$\Rightarrow PM = \sqrt{169} = 13$ सेमी

ΔRNS में, पाइथागोरस प्रमेय से,

$RN^2 = NS^2 + SR^2 \Rightarrow RN^2 = 8^2 + 15^2$

$\Rightarrow RN = \sqrt{64 + 225}$

$\Rightarrow RN = \sqrt{289} = 17$ सेमी

$\therefore PR = PM + MT + TN + RN$

$= 13 + 5 + 8 + 17 = 43$ सेमी

428. (c) प्रश्नानुसार,

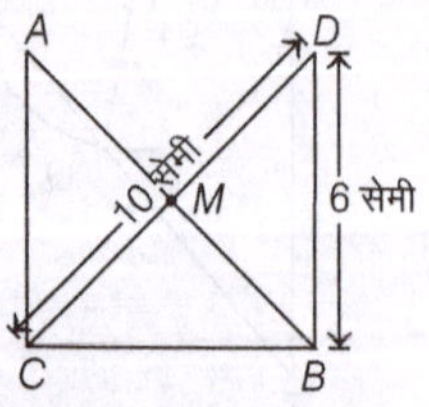

$\because CD = 10$ सेमी

$\therefore CM + MD = 10$ सेमी

$CM + CM = 10$ सेमी [$\because CM = MD$]

$\Rightarrow 2CM = 10$ सेमी

$\therefore CM = 5$ सेमी

429. (c) प्रश्नानुसार,

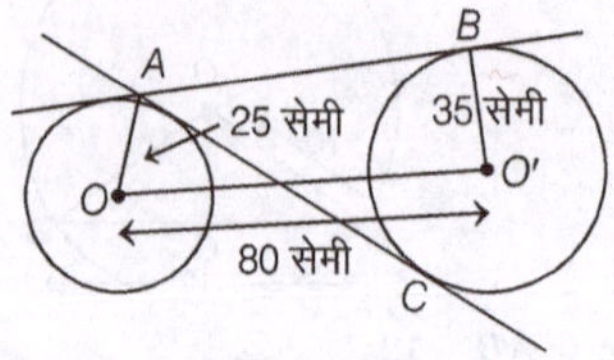

AB की लम्बाई $= \sqrt{(OO')^2 - (O'B - OA)^2}$

$= \sqrt{(80)^2 - (35 - 25)^2}$

$= \sqrt{6400 - 100} = \sqrt{6300}$ सेमी ...(i)

AC की लम्बाई $= \sqrt{(OO')^2 - (O'B + OA)^2}$

$= \sqrt{(80)^2 - (35 + 25)^2}$

$= \sqrt{6400 - 3600} = \sqrt{2800}$ सेमी

अब, $\frac{AC}{AB} = \frac{\sqrt{2800}}{\sqrt{6300}} = \frac{10 \times 2\sqrt{7}}{10 \times 3\sqrt{7}} = \frac{2}{3}$

$\therefore \frac{\text{अनुप्रस्थ उभयनिष्ठ स्पर्श रेखा}}{\text{सीधी उभयनिष्ठ स्पर्श रेखा}} = \frac{2}{3} = 2 : 3$

430. (d) प्रश्नानुसार,

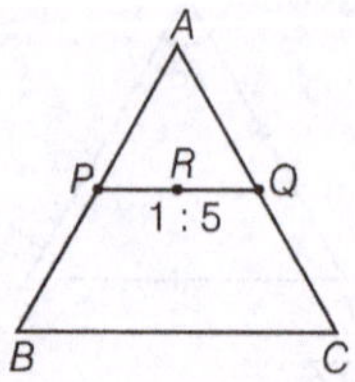

$PR : RQ = 1 : 5 = x : 5x$ और $x = 6$ सेमी

$\therefore 6x = 6 \times 6 = 36$ सेमी $\Rightarrow PQ = 36$ सेमी

अब, $BC = 2 \times PQ$

[$\because$ मध्य बिन्दुओं को मिलाने वाली रेखा तीसरी भुजा की आधी होती है]

$= 2 \times 36 = 72$ सेमी

431. (b) $\because$ परिधि पर बना कोण केन्द्र पर बने कोण का आधा होता है।

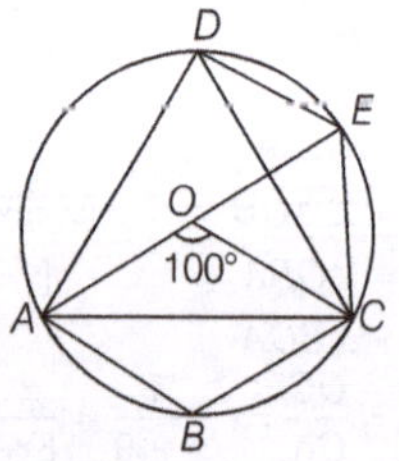

$\therefore \angle ADC = \frac{100°}{2} = 50°$

और $\angle ADC = \angle AEC = 50°$ ...(i)

[$\because$ समान चाप द्वारा बनाए गए कोण समान होते हैं।]

$\because AE$ व्यास है।

$\therefore \angle ADE = 90°$

(अर्द्धवृत्त का कोण समकोण होता है)

$\Rightarrow \angle ADC + \angle CDE = 90°$

$50° + \angle CDE = 90°$

$\angle CDE = 40°$ ...(ii)

समी (i) तथा (ii) को जोड़ने पर,

$\angle CDE + \angle AEC = 50° + 40° = 90°$

432. (c) प्रश्नानुसार,

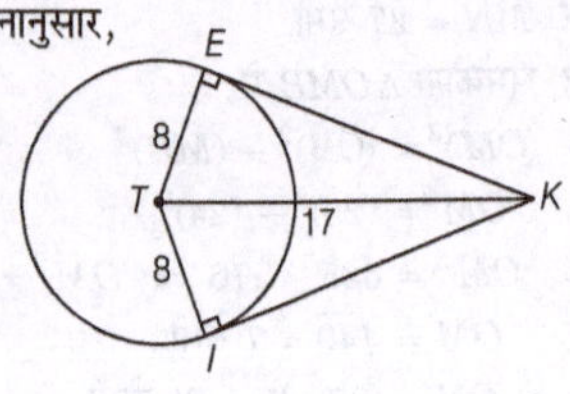

$\because TE \perp EK$

$\therefore$ समकोण ΔTEK में,

$(EK)^2 = (TK)^2 - (TE)^2$

$= (17)^2 - (8)^2 = 289 - 64$

$(EK)^2 = 225$

$\therefore EK = 15$ सेमी

अब, ΔTEK का क्षेत्रफल $= \frac{1}{2} \times 15 \times 8 = 60$ सेमी^{2}

अब, चतुर्भुज $TEKI$ का क्षेत्रफल

$= (\Delta TEK + \Delta TIK)$ का क्षेत्रफल

$= (60 + 60)$ सेमी^{2}

[$\because \Delta TEK = \Delta TIK$]

$= 120$ सेमी^{2}

433. (a) प्रश्नानुसार, $(AC)^2 = (AB)^2 + (BC)^2$

$= (15)^2 + (20)^2 = 225 + 400$

$(AC)^2 = 625$

$\Rightarrow AC = 25$ सेमी

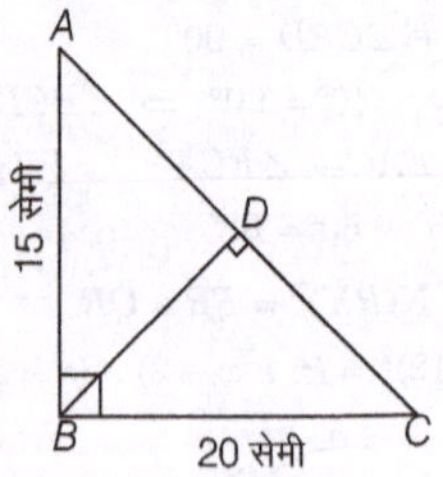

अब, समकोण ΔABC का क्षेत्रफल

$\Rightarrow \frac{1}{2} \times BC \times AB = \frac{1}{2} \times AC \times BD$

$\Rightarrow \frac{1}{2} \times 20 \times 15 = \frac{1}{2} \times 25 \times BD$

$\therefore BD = 12$ सेमी

434. (d) प्रश्नानुसार,

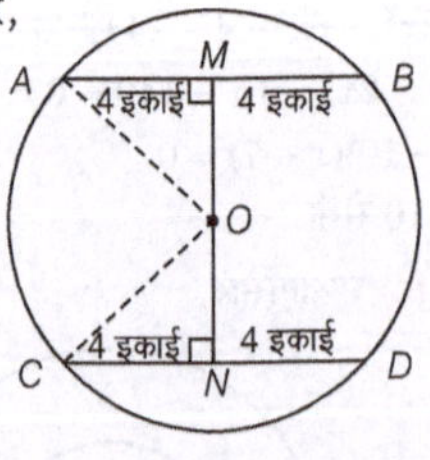

$\therefore AM = MB = CN = ND = \frac{8}{2} = 4$ इकाई

$OC = r$ (वृत्त की त्रिज्या)

माना $ON = x$ इकाई

तब, $OM = (6 - x)$ इकाई [$\because MN = 6$ इकाई]

$\therefore r^2 = (ON)^2 + (CN)^2 = (OM)^2 + (AM)^2$

$\Rightarrow x^2 + 4^2 = (6 - x)^2 + 4^2$

$\Rightarrow x^2 = (6 - x)^2$

$\Rightarrow x = 6 - x$

$\Rightarrow x = 3$ इकाई

$\therefore \quad r^2 = (ON)^2 + (CN)^2 = 3^2 + 4^2$

$r^2 = 9 + 16 = 25$

$r = \sqrt{25} = 5$ इकाई

$\therefore$ वृत्त की त्रिज्या = 5 इकाई

435. (d) स्पर्श रेखा की लम्बाई

$(CB) = \sqrt{d^2 - (r_1 - r_2)^2}$

[जहाँ, $d = (r_1 + r_2)$]

$= \sqrt{9^2 - 3^2} = \sqrt{72} = 6\sqrt{2}$ सेमी

436. (d) $\dfrac{AC}{EF} = \dfrac{BC}{DF}$

$DF = \dfrac{BC \times EF}{AC}$ ...(i)

अब, $\dfrac{\text{क्षेत्रफल } (\Delta ABC)}{\text{क्षेत्रफल } (\Delta EDF)} = \dfrac{(AC)^2}{(EF)^2} = \dfrac{9}{4}$

$\Rightarrow \quad \dfrac{AC}{EF} = \dfrac{3}{2}$

$EF = \dfrac{AC}{3} \times 2 = \dfrac{10}{3} \times 2 = \dfrac{20}{3}$ ...(ii)

समी (i) और (ii) से,

$DF = \dfrac{8 \times 20}{10 \times 3} = \dfrac{2 \times 8}{3} = 5\dfrac{1}{3}$ सेमी

437. (a) माना दो ΔABC और ΔPQR हैं।

तब, $\Delta ABC \sim \Delta PQR$

$\dfrac{\text{परिमाप } (\Delta ABC)}{\text{परिमाप } (\Delta PQR)} = \dfrac{4x}{7x}$

$\therefore \quad \dfrac{\text{क्षेत्रफल } (\Delta ABC)}{\text{क्षेत्रफल } (\Delta PQR)} = \dfrac{16x^2}{49x^2}$

$\Rightarrow \quad 16x^2 + 49x^2 = 195$

$65x^2 = 195 \Rightarrow x^2 = 3$

$\therefore \dfrac{[\text{क्षेत्रफल } (\Delta ABC) \sim \text{क्षेत्रफल } (\Delta PQR)]}{3}$

$= \dfrac{(16 \times 3 \sim 49 \times 3)}{3}$ सेमी^{2} = 33 सेमी^{2}

438. (a) समलम्ब चतुर्भुज $PQRS$ में,

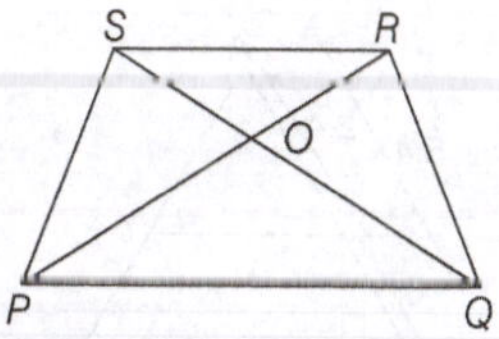

$PO = 3x - 15, \quad OQ = x + 9$

$OR = x - 5, \quad OS = 5$

अब, $\Delta SRO \sim \Delta QPO$

$\therefore \quad \dfrac{SO}{QO} = \dfrac{RO}{PO} \Rightarrow \dfrac{5}{(x+9)} = \dfrac{(x-5)}{(3x-15)}$

$\Rightarrow \quad 15x - 75 = x^2 + 9x - 5x - 45$

$\Rightarrow \quad x^2 - 11x + 30 = 0$

$\Rightarrow \quad (x - 6)(x - 5) = 0$

$\Rightarrow \quad x = 6, 5$

$\Rightarrow \quad x_1 = 6, x_2 = 5$

[$\because x$ के दो मान x_1 और x_2 हैं]

अब, $(x_1^2 - x_2^2) = 6^2 \; 5^2$

$= 36 - 25 = 11$

439. (c) प्रश्नानुसार,

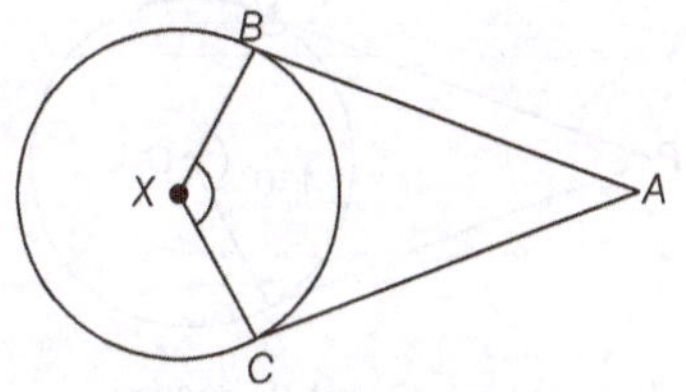

$\angle BXC = 125°$

$\therefore \quad \angle BXC + \angle BAC = 180°$

$\therefore \quad \angle BAC = 180° - \angle BXC$

[$\because ABXC$ चक्रीय चतुर्भुज है]

$\angle BAC = 180° - 125° = 55°$

440. (d) माना तीसरी भुजा = x

$\therefore \quad (18 + 6) > x > (18 - 6)$

$24 > x > 12$

$\therefore x$ के सम्भावित मान = 13, 14, 15, 16, 17, 18, 19, 20, 21, 22, 23

$\therefore x$ के कुल सम्भावित मान = 11

441. (a) $\because AC = AB + BC$

$\Rightarrow \quad 24 = 11 + 13$

$\Rightarrow \quad 24 = 24$

$\therefore A, B, C$ तीनों बिन्दु संरेखीय हैं।

अत: संरेखीय बिन्दुओं से कोई भी वृत्त नहीं गुजर सकता है।

442. (c)

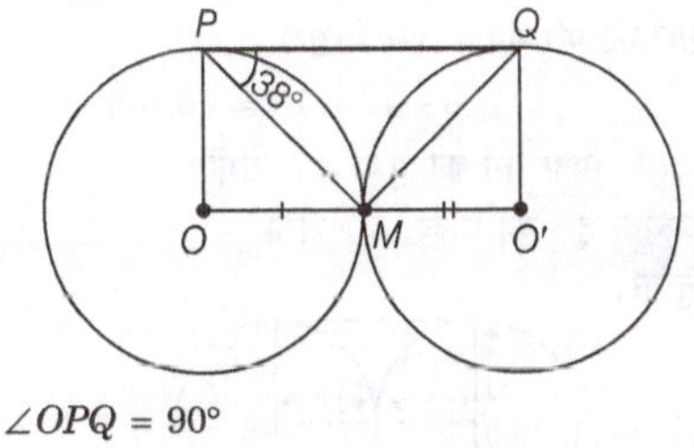

$\because \angle OPQ = 90°$

[$\because$ वृत्त की त्रिज्या से स्पर्श रेखा पर बना कोण]

तथा $\angle O'QP = 90°$

$\therefore \quad \angle OPM = 90° - 38 = 52° = \angle PMO$

[$\because OP = OM$]

ΔOPM में, $\angle POM = 180° - (52 + 52) = 76°$

चतुर्भुज $POO'Q$ में,

$90° + 76° + 90° + \angle QO'O = 360°$

$\Rightarrow \quad \angle QO'O = 360° - 256°$

$= 104°$

$\Delta MQO'$ में,

$\angle O'MQ = \angle MQO' = \dfrac{180° - 104°}{2} = 38°$

$\therefore \angle MQP = 90 - 38° = 52°$

443. (b) प्रश्नानुसार,

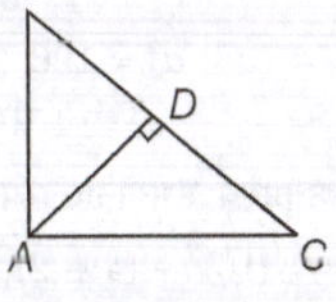

ΔACB और ΔCDA में,

$\angle BAC = \angle ADC = 90°$

$\angle ACB = \angle ACD$ [उभयनिष्ठ कोण]

$\therefore \quad \Delta BAC \sim \Delta CDA$ [AA नियम से]

$\dfrac{\Delta BAC \text{ का क्षेत्रफल}}{\Delta CDA \text{ का क्षेत्रफल}} = \dfrac{BC^2}{CA^2}$

$\Rightarrow \quad \dfrac{63}{7} = \dfrac{BC^2}{5^2}$

$BC^2 = 9 \times 25$

$\therefore \quad BC = 15$ सेमी

444. (a) प्रश्नानुसार,

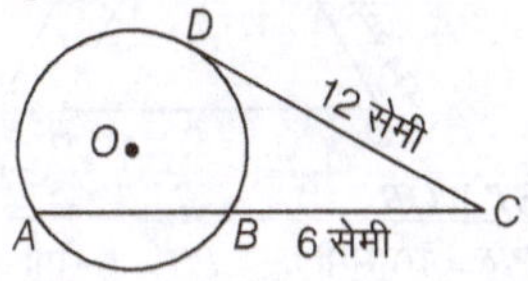

$\because \quad CD^2 = BC \times AC$

$\therefore \quad 12^2 = 6 \times AC$

$\Rightarrow \quad AC = \dfrac{144}{6} = 24$ सेमी

अत: $AB = AC - BC = 24 - 6 = 18$ सेमी

445. (c) प्रश्नानुसार,

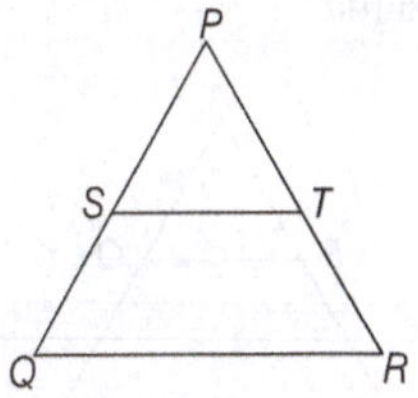

ΔPQR और ΔPST में,

$\angle QPR = \angle SPT$ [उभयनिष्ठ]

$\angle PQR = \angle PST$ [$\because ST \parallel QR$]

$\therefore \quad \Delta PQR \sim \Delta PST$

ΔPQR और ΔPST के क्षेत्रफल का अनुपात क्रमश: 2 : 1 है।

[$\because ST$, ΔPQR को समान क्षेत्रफल वाले दो भागों में विभाजित करता है]

$\dfrac{\Delta PQR \text{ का क्षेत्रफल}}{\Delta PST \text{ का क्षेत्रफल}} = \dfrac{PQ^2}{PS^2}$

$\therefore \quad \dfrac{PQ^2}{PS^2} = \dfrac{2}{1} \Rightarrow \dfrac{PQ}{PS} = \dfrac{\sqrt{2}}{1}$

तथा $\quad QS = PQ - PS = \sqrt{2} - 1$

अत: $PS : QS = 1 : (\sqrt{2} - 1)$

446. (a) अत: सीधी उभयनिष्ठ स्पर्श रेखा की लम्बाई

$= \sqrt{30^2 - (32 - 8)^2}$

$= \sqrt{(30 + 24)(30 - 24)}$

$= \sqrt{54 \times 6} = 18$ सेमी

447. (d) त्रिभुज की भुजाएँ 3 सेमी, 4 सेमी और 5 सेमी एक समकोण त्रिभुज बनाती हैं।

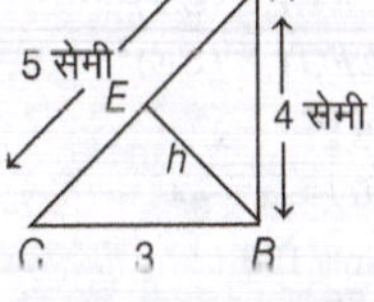

माना BE, ΔABC की ऊँचाई (h) है।

$\therefore$ समकोण त्रिभुज ABC का क्षेत्रफल

$= \frac{1}{2} \times 5 \times h = \frac{1}{2} \times 3 \times 4$

$h = \frac{12}{5} = 2.4$ सेमी

$\therefore$ लम्ब की लम्बाई = 2.4 सेमी

448. (c) प्रश्नानुसार,

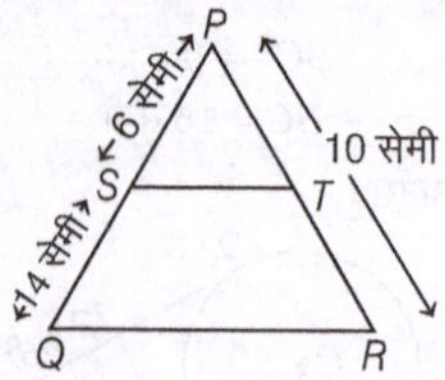

$ST \parallel QR$

$PR = 10$ सेमी $\Rightarrow PS = 6$ सेमी

$QS = 14$ सेमी

$\because \quad \Delta PST \sim \Delta PQR$

$\therefore \quad \frac{PT}{PR} = \frac{PS}{PQ} \Rightarrow \frac{PT}{10} = \frac{6}{(6+14)} = \frac{6}{20}$

$\Rightarrow \quad PT = \frac{6}{20} \times 10 \quad \Rightarrow PT = 3$ सेमी

449. (b) प्रश्नानुसार,

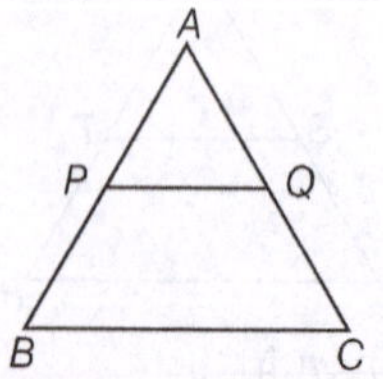

$AP = QC = x$ सेमी (माना)

$AB = 12$ सेमी ; $AQ = 2$ सेमी

$\Delta APQ \sim \Delta ABC$

$\therefore \quad \frac{AP}{AB} = \frac{AQ}{AC} \Rightarrow \frac{x}{12} = \frac{2}{(x+2)}$

$\Rightarrow \quad x(x+2) = 4 \times 6$

तुलना करने पर, $x = 4$ सेमी

$\therefore CQ$ की लम्बाई = 4 सेमी

450. (b) प्रश्नानुसार,

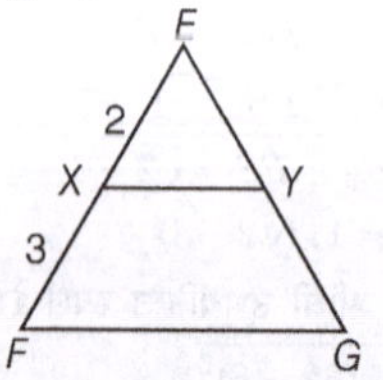

$XY \parallel FG$

$EX : XF = 2 : 3$

क्षेत्रफल ($\square XYGF$) = 44 मी^{2}

माना ΔEXY का क्षेत्रफल = x मी^{2}

अब, $\Delta EXY \sim \Delta EFG$

$\therefore \quad \frac{\text{क्षेत्रफल } (\Delta EXY)}{\text{क्षेत्रफल } (\Delta EFG)} = \frac{(EX)^2}{(EF)^2} = \frac{x}{(x+44)}$

$\left(\frac{2}{5}\right)^2 = \frac{x}{x+44}$

$\Rightarrow \quad 25x = 4x + 176$

$\Rightarrow \quad x = \frac{176}{21} = 8.38$

अतः ΔEXY का क्षेत्रफल = 8.38 मी^{2}

451. (c) प्रश्नानुसार,

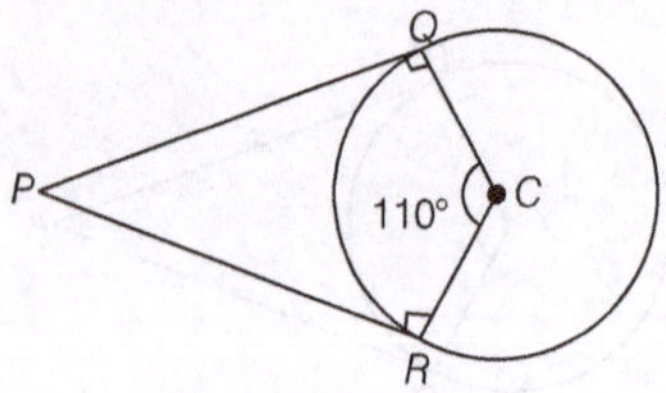

$\angle P + \angle Q + \angle C + \angle R = 360°$

$\Rightarrow \quad \angle P + 90° + 110° + 90° = 360°$

$\Rightarrow \quad \angle P + 290° = 360°$

$\Rightarrow \quad \angle P = 360° - 290° = 70°$

452. (d) $\frac{\Delta ABC \text{ का क्षेत्रफल}}{\Delta QRP \text{ का क्षेत्रफल}} = \frac{9}{4}$

$\because \quad \Delta ABC \sim \Delta QRP$

$\therefore \quad \left(\frac{BC}{PR}\right)^2 = \frac{\Delta ABC \text{ का क्षेत्रफल}}{\Delta QRP \text{ का क्षेत्रफल}} = \frac{9}{4}$

$\Rightarrow \quad \left(\frac{15}{PR}\right)^2 = \frac{9}{4}$

$\Rightarrow \quad (PR)^2 = \frac{(15)^2 \times 4}{9}$

$\Rightarrow \quad (PR)^2 = 100 \Rightarrow PR = 10$ सेमी

453. (d) $\Delta ABC \sim \Delta PQR$

$\therefore \quad \frac{AB}{PQ} = \frac{BC}{QR} = \frac{AC}{PR}$

$\Rightarrow \quad \frac{8}{12} = \frac{BC}{18}$ तथा $\frac{8}{12} = \frac{AC}{24}$

$\Rightarrow \quad BC = 12$ तथा $AC = 16$

ΔABC का परिमाप $= AB + BC + AC$

$= 8 + 12 + 16 = 36$ सेमी

454. (d) माना वर्ग की भुजा = a सेमी

तथा प्रत्येक वृत्त की त्रिज्या = r सेमी

प्रश्नानुसार,

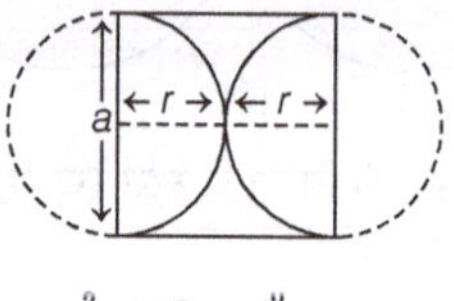

$\pi r^2 + 42 = a^2$

$\Rightarrow \quad \pi\left(\frac{a}{2}\right)^2 + 42 = a^2$

$\Rightarrow \quad \frac{\pi a^2}{4} + 42 = a^2$

$\Rightarrow \quad a^2\left(1 - \frac{\pi}{4}\right) = 42$

$\Rightarrow \quad a^2\left(1 - \frac{22}{28}\right) = 42$

$\Rightarrow \quad a^2 \times \frac{6}{28} = 42$

$\Rightarrow \quad a^2 = \frac{42 \times 28}{6}$

$\Rightarrow \quad a^2 = 196$

$\therefore \quad a = 14$ सेमी

455. (b) अनुप्रस्थ उभयनिष्ठ स्पर्श रेखा की लम्बाई

$= \sqrt{(10)^2 - (4+2)^2}$

$= \sqrt{100 - (6)^2} = \sqrt{100 - 36}$

$= \sqrt{64} = 8$ सेमी

456. (a) दिया है,

17 सेमी और 15 सेमी त्रिज्या वाले दो संकेन्द्रीय वृत्त, जिनका केन्द्र O है।

ΔOAB में,

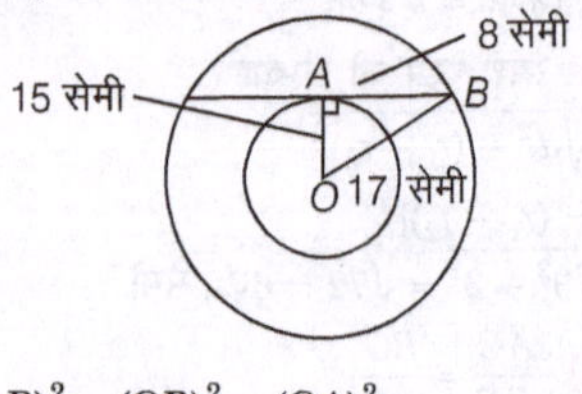

$(AB)^2 = (OB)^2 - (OA)^2$

$\Rightarrow \quad (AB)^2 = (17)^2 - (15)^2 = 289 - 225 = 64$

$\Rightarrow \quad AB = \sqrt{64}$ सेमी $\Rightarrow AB = 8$ सेमी

अतः बड़े वृत्त की जीवा की लम्बाई = 2 × 8 = 16 सेमी

457. (d) उभयनिष्ठ स्पर्श रेखा की लम्बाई

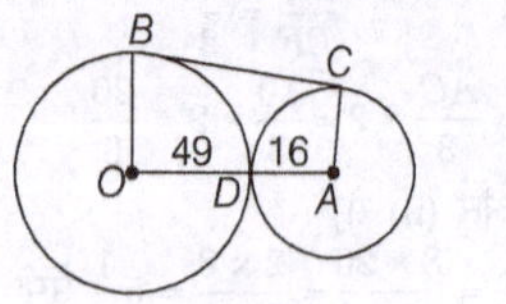

$(BC) = \sqrt{(OA)^2 - (OB - AC)^2}$

$= \sqrt{(49+16)^2 - (49-16)^2}$

$= \sqrt{(65)^2 - (33)^2}$

$= \sqrt{4225 - 1089} = 56$ सेमी

458. (d) $\because \quad \Delta PQR \sim \Delta XYZ$

$\therefore \quad \left(\frac{QR}{YZ}\right)^2 = \frac{\Delta PQR \text{ का क्षेत्रफल}}{\Delta XYZ \text{ का क्षेत्रफल}}$

$\Rightarrow \quad \left(\frac{2.9}{YZ}\right)^2 = \frac{12.96}{635.04} \Rightarrow \frac{8.41}{(YZ)^2} = \frac{12.96}{635.04}$

$\Rightarrow \quad (YZ)^2 = \frac{8.41 \times 635.04}{12.96} = 412.09$

$\Rightarrow \quad YZ = \sqrt{412.09} = 20.3$ सेमी

459. (d) प्रश्नानुसार,

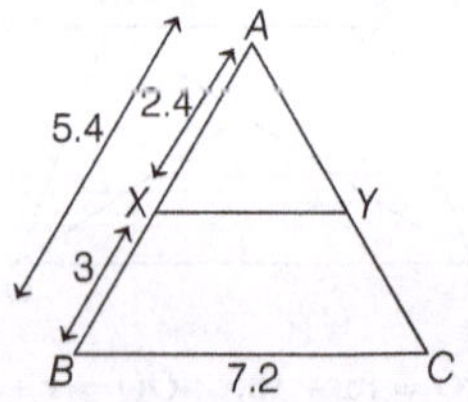

$\frac{AX}{AB} = \frac{XY}{BC}$

$\Rightarrow \quad \frac{2.4}{5.4} = \frac{XY}{7.2}$

$\Rightarrow \quad XY = \frac{2.4 \times 7.2}{5.4} = 3.2$ सेमी

460. (d) यदि त्रिभुज की बड़ी भुजा का वर्ग, अन्य दो भुजाओं के वर्ग के योग के बराबर हो, तो वह त्रिभुज समकोण त्रिभुज होता है।

विकल्प (d) से,

$(12)^2 + (16)^2 = (20)^2$

$\Rightarrow \quad 144 + 256 = 400 \Rightarrow 400 = 400$

अतः समकोण त्रिभुज की भुजाएँ 12 सेमी, 16 सेमी तथा 20 सेमी हैं।

461. (a) प्रश्नानुसार,

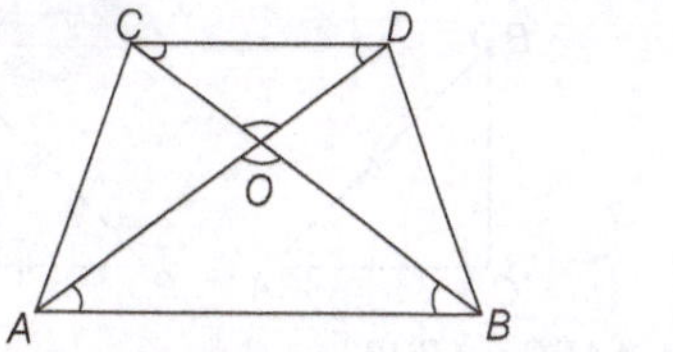

ΔOCD तथा ΔOAB में,

$\angle BAO = \angle CDO$ [एकान्तर कोण]

$\angle ABO = \angle DCO$ [एकान्तर कोण]

तथा $\angle COD = \angle AOB$ [शीर्षाभिमुख कोण]

$\therefore \quad \Delta AOB \sim \Delta COD$ [AAA नियम से]

$$\frac{\Delta AOB \text{ का क्षेत्रफल}}{\Delta COD \text{ का क्षेत्रफल}} = \frac{AB^2}{CD^2} = \frac{(2.5\,CD)^2}{CD^2}$$

$$= \frac{6.25}{1} = \frac{625}{100} = \frac{25}{4} = 25:4$$

462. (a) प्रश्नानुसार,

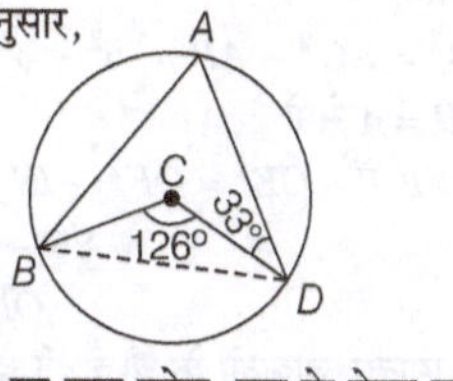

$\because$ वृत्त की परिधि पर बना कोण, वृत्त के केन्द्र पर बने कोण का आधा होता है।

$\therefore \quad \angle BAC = \frac{126^\circ}{2} = 63^\circ$

ΔBCD में, $\angle CBD = \angle CDB = \frac{180^\circ - 126^\circ}{2} = 27^\circ$

$\therefore \quad \angle ADB = \angle ADC + \angle CDB$

$= 33^\circ + 27^\circ = 60^\circ$

ΔABD में,

$\angle ABD + \angle BAD + \angle ADB = 180^\circ$

$\Rightarrow \quad \angle ABD + 63^\circ + 60^\circ = 180^\circ$

$\therefore \quad \angle ABD = 180^\circ - 123^\circ = 57^\circ$

अतः $\angle ABC = \angle ABD - \angle CBD$

$= 57^\circ - 27^\circ = 30^\circ$

463. (b) माना समद्विबाहु ΔADC है।

जहाँ, $AB = AC$

तब प्रश्नानुसार,

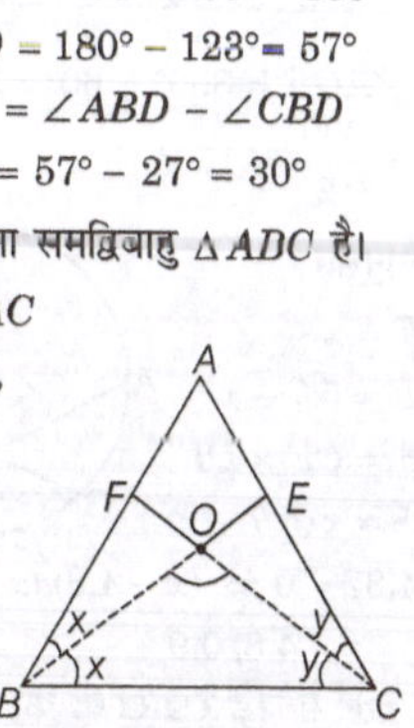

$\angle BAC = 40^\circ$

$\angle ABC$ और $\angle ACB$ के समद्विभाजक क्रमशः BE और CF, बिन्दु OA पर प्रतिच्छेद करते हैं।

माना $\angle ABC = 2x$, तब $\angle OBC = x$

[$\because BO$, $\angle ABC$ का कोण समद्विभाजक है]

और $\angle ACB = 2y$, तब $\angle OCB = y$

[$\because CO$, $\angle ACB$ का कोण समद्विभाजक है]

अब, ΔABC में,

$\angle BAC + \angle ABC + \angle ACB = 180^\circ$

$\Rightarrow \quad 40^\circ + 2x + 2y = 180^\circ$

$\Rightarrow \quad 2(x + y) = 180^\circ - 40^\circ = 140^\circ$

$\Rightarrow \quad x + y = 70^\circ$ ...(i)

अब, ΔBOC में, $\angle BOC + (x + y) = 180^\circ$

$\Rightarrow \quad \angle BOC + 70^\circ = 180^\circ$ [समी (i) से]

$\therefore \quad \angle BOC = 110^\circ$

स्पीडी विधि

$\therefore$ अभीष्ट कोण $= 90^\circ + \frac{40^\circ}{2} = 110^\circ$

[$\because$ कोण समद्विभाजक प्रमेय से]

464. (d) माना दोनों वृत्तों के केन्द्रों के बीच की दूरी $= d$ सेमी

$\therefore$ (स्पर्शरेखा की लम्बाई)$^2 = d^2 - (r_1 + r_2)^2$

$\Rightarrow \quad 8^2 = d^2 - (6 + 3)^2$

$d^2 = 64 + 81 = 145$

$\therefore \quad d = \sqrt{145}$

अतः वृत्तों के केन्द्र के बीच की दूरी $= \sqrt{145}$ सेमी

465. (b) $AB = 6$ इकाई

$AC = 10$ इकाई; $BM = 5$ इकाई

$\because \Delta BMD \sim \Delta ABC$

$\therefore \quad \frac{BD}{AC} = \frac{BM}{AB} \Rightarrow \quad \frac{BD}{10} = \frac{5}{6}$

$\Rightarrow \quad BD = \frac{25}{3}$ इकाई

466. (d) प्रश्नानुसार,

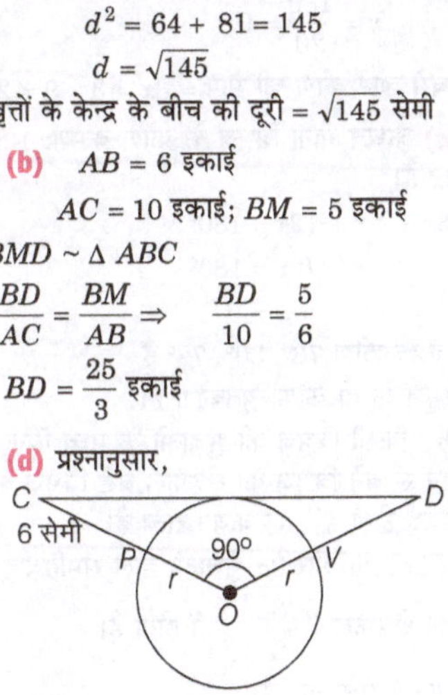

माना वृत्त की त्रिज्या $= r$ सेमी

$\therefore \quad 2 \times \frac{22}{7} \times r = 88$ [$\because$ वृत्त की परिधि $= 2\pi r$]

$r = 14$ सेमी

$\therefore \quad OC = r + 6 = 14 + 6 = 20$ सेमी

अब, $OD = 20 + 1 = 21$ सेमी

[$\because OD, OC$ से 1 सेमी अधिक है]

अब, समकोण ΔCOD में,

$(CD)^2 = (OC)^2 + (OD)^2$

$= (20)^2 + (21)^2 = 400 + 441 = 841$

$\therefore \quad CD = \sqrt{841} = 29$ सेमी

$\therefore \quad \frac{CD}{2} = \frac{29}{2} = 14.5$ सेमी

467. (b) जब दो वृत्त बाह्य एक-दूसरे को स्पर्श करते है, तो उनके केन्द्रों के बीच की दूरी, उन दोनों की कुल त्रिज्याओं के योग के बराबर होती है।

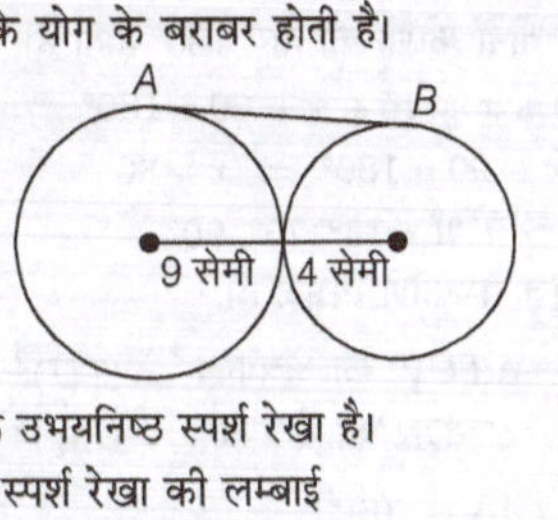

$\because AB$ एक उभयनिष्ठ स्पर्श रेखा है।

उभयनिष्ठ स्पर्श रेखा की लम्बाई

$= \sqrt{d^2 - (r_1 - r_2)^2}$

$= \sqrt{13^2 - (9 - 4)^2} = \sqrt{169 - 25} = \sqrt{144}$

$AB = 12$ सेमी

अतः उभयनिष्ठ स्पर्श रेखा AB की लम्बाई 12 रोगी है।

468. (a) प्रश्नानुसार,

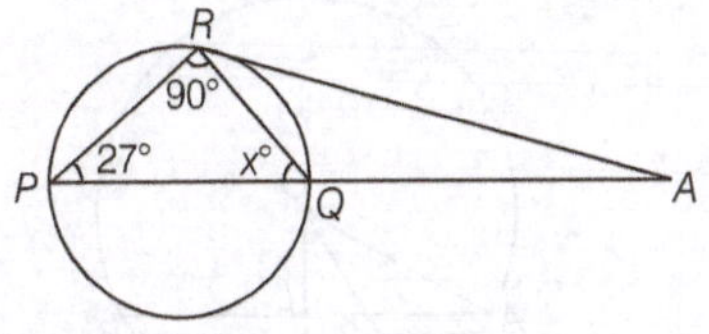

$\because PQ$ एक व्यास है।

$\angle PRQ = 90^\circ$ है, क्योंकि अर्द्धवृत्त में बना कोण व्यास होता है।

$\therefore \angle PRQ + \angle RPQ + \angle RQP = 180^\circ$

$\Rightarrow \quad 90^\circ + 27^\circ + \angle RQP = 180^\circ$

$\Rightarrow \quad \angle RQP = 180^\circ - 117^\circ$

$\therefore \quad \angle RQP = 63^\circ$

469. (c) त्रिभुज ABC की दो माध्यिकाएँ AD और BE है, जो G पर समकोण पर प्रतिच्छेद करती है।

$\because$ त्रिभुज में, केन्द्रक प्रत्येक माध्यिकाओं को $2:1$ के अनुपात में विभाजित करता है।

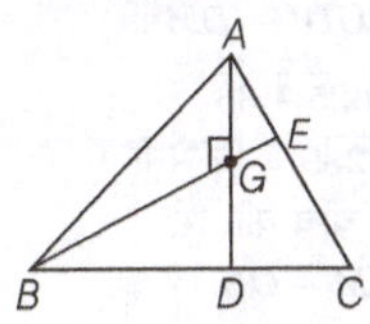

$GD = \frac{1}{3} \times 18 = 6$ सेमी

$BG = \frac{2}{3} \times 12 = 8$ सेमी

$\therefore$ पाइथागोरस प्रमेय द्वारा,

$BD^2 = BG^2 + GD^2$

$BD^2 = 8^2 + 6^2$

$BD^2 = 64 + 36$

$BD = 10$ सेमी

अतः BD की लम्बाई 10 सेमी है।

470. (b) प्रश्नानुसार,

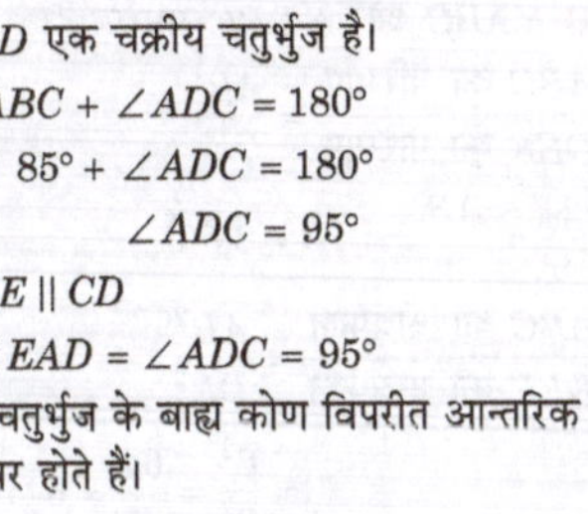

$\because ABCD$ एक चक्रीय चतुर्भुज है।

$\therefore \quad \angle ABC + \angle ADC = 180^\circ$

$\Rightarrow \quad 85^\circ + \angle ADC = 180^\circ$

$\Rightarrow \quad \angle ADC = 95^\circ$

अब, $AE \parallel CD$

$\therefore \quad \angle EAD = \angle ADC = 95^\circ$

चक्रीय चतुर्भुज के बाह्य कोण विपरीत आन्तरिक कोण के बराबर होते हैं।

$\therefore \quad \angle BCD = \angle DAF$

$\Rightarrow \quad \angle BCD = \angle EAD + \angle EAF$

$\Rightarrow \quad \angle BCD = 95^\circ + 24^\circ$

$\Rightarrow \quad \angle BCD = 119^\circ$

अतः $\angle BCD$ का मान 119° है।

471. (d) प्रश्नानुसार,

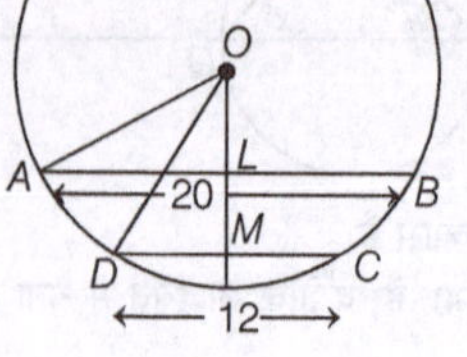

$\therefore \quad AL = \frac{20}{2} = 10$ सेमी

तथा $\quad DM = \frac{12}{2} = 6$ सेमी

$AO = OD = 5\sqrt{13}$ सेमी

ΔAOL में,

$OL = \sqrt{AO^2 - AL^2} = \sqrt{325 - 100}$

$= \sqrt{225} = 15$ सेमी

अब, ΔDOM में,

$OM = \sqrt{OD^2 - DM^2}$

$= \sqrt{325 - 36}$

$= \sqrt{289} = 17$ सेमी

अत: जीवाओं के बीच की दूरी

$= OM - OL$

$= 17 - 15$

$= 2$ सेमी

472. (d) हम जानते हैं, कि वृत्त की त्रिज्या, स्पर्श रेखा के लम्बवत् होती है।

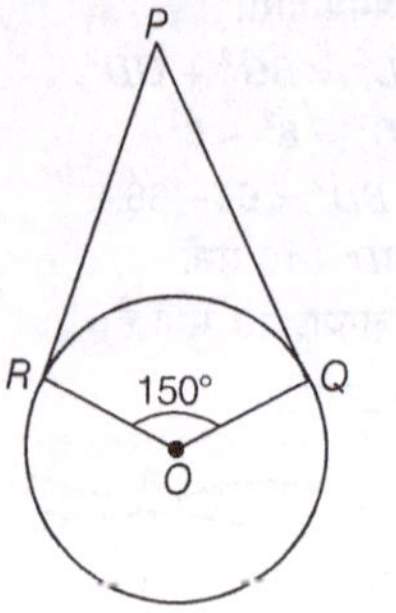

$\therefore \quad \angle PRO = \angle PQO = 90°$

$\because \angle QPR + \angle PRO + \angle PQO + \angle QOR = 360°$

$\angle QPR + 90° + 90° + 150° = 360$

$\therefore \quad \angle QPR = 360° - 330° = 30°$

473. (a) ΔABC और ΔDEF समरूप हैं।

$\therefore \quad \frac{\Delta ABC \text{ का परिमाप}}{\Delta DEF \text{ का परिमाप}} = \frac{AB}{DE}$

$\Rightarrow \quad \frac{24}{9} = \frac{AB}{3} \Rightarrow AB = 8$ सेमी

$\therefore \quad \frac{\Delta ABC \text{ का क्षेत्रफल}}{\Delta DEF \text{ का क्षेत्रफल}} = \frac{AB^2}{DE^2}$

$= \frac{8^2}{3^2} = \frac{64}{9} = 64:9$

474. (c) हम जानते हैं, कि यदि दो वृत्त एक-दूसरे को स्पर्श करते हैं, तो सम्पर्क बिन्दु दोनों केन्द्रों को जोड़ने वाली रेखा पर स्थित होता है।

अत: विकल्प (c) का कथन सत्य है।

475. (d) प्रश्नानुसार,

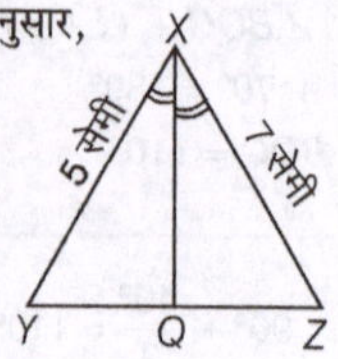

कोण समद्विभाजित प्रमेय से

$YQ : QZ = XY : XZ = 5 : 7$

476. (d) माना त्रिभुज के दो कोणों की माप $3x$ और $7x$ हैं।

$\therefore$ त्रिभुज के तीसरे कोण की माप $= 3x + 7x = 10x$

$\therefore \quad 3x + 7x + 10x = 180°$

$\therefore \quad x = \frac{180}{20} = 9$

अत: सबसे छोटे कोण की माप $= 3x = 3 \times 9 = 27°$

477. (c) **कथन** माना त्रिभुज के कोण क्रमश: $13x$, $5x$ और $12x$ हैं।

$\therefore \quad 13x + 5x + 12x = 180°$

$30x = 180°$

$\Rightarrow \quad x = 6$

$\therefore$ त्रिभुज के कोण 78°, 30°, 72° हैं

अत: त्रिभुज के दो कोण न्यूनकोण हैं।

कथन b "किसी त्रिभुज की भुजाओं के मध्य बिन्दुओं को जोड़ने से बने त्रिभुज का क्षेत्रफल बडे त्रिभुज का एक-चौथाई होता है" यह कथन सत्य है।

कथन c $2a$, $2a$ और $3a$ भुजाओं वाले समद्विबाहु त्रिभुज का क्षेत्रफल $\frac{3\sqrt{3a^2}}{2}$ नहीं होता है।

अत: कथन c सत्य नहीं है।

478. (c) प्रश्नानुसार,

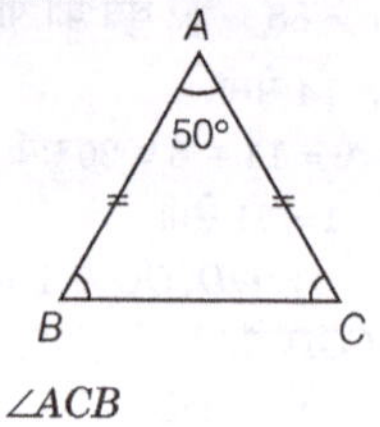

$\angle ABC = \angle ACB \quad [\because AB = AC]$

$\therefore \angle ABC + \angle ACB + \angle BAC = 180°$

$2\angle ABC + 50° = 180°$

$\Rightarrow \quad 2\angle ABC = 130°$

$\therefore \quad \angle ABC = \frac{130°}{2} = 65°$

479. (c) हम जानते हैं

त्रिभुज के तीनों कोणों का योग 180° होता है।

$\therefore x - 15 + x + 45 + x + 60 = 180°$

$3x + 90 = 180° \Rightarrow x = 30$

$\therefore$ त्रिभुज के कोण = 15°, 75°, 90°

अत: त्रिभुज समकोण त्रिभुज है।

480. (b) $\frac{\Delta TUV \text{ का क्षेत्रफल}}{\Delta PQR \text{ का क्षेत्रफल}} = \frac{(TU)^2}{(PQ)^2}$

$\Rightarrow \quad \frac{18}{32} = \frac{(6)^2}{(PQ)^2}$

$\Rightarrow \quad (PQ)^2 = \frac{32 \times 36}{18} = 64$

$\therefore \quad PQ = \sqrt{64} = 8$ सेमी

481. (c) प्रश्नानुसार,

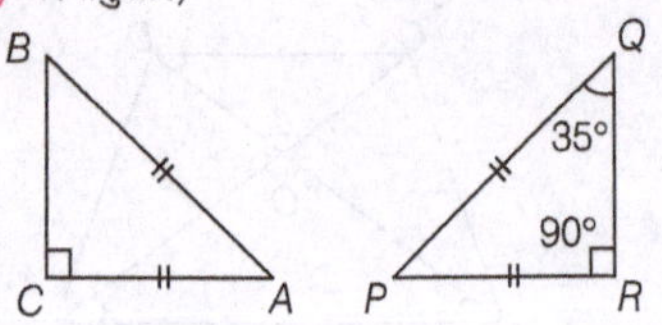

$\because \Delta ABC \cong \Delta PQR$

$\angle A = \angle P = 180 - (\angle Q + \angle R)$

$= 180 - (35 + 90) = 180 - 125 = 55°$

482. (d)

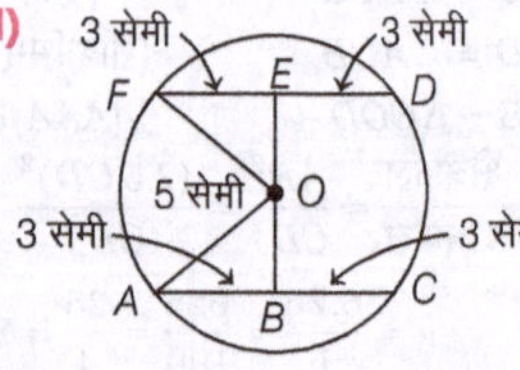

ΔAOB में,

$OB^2 = AO^2 - AB^2 = 5^2 - 3^2 = 25 - 9 = 16$

$OB = 4$ सेमी

अब, ΔOEF में, $OE^2 = OF^2 - EF^2 = 5^2 - 3^2$

$= 25 - 9 = 16$

$OE = 4$ सेमी

अत: दो समान्तर जीवाओं के बीच की दूरी

$= OB + OE = 4 + 4 = 8$ सेमी

483. (a) वृत्त की जीवा और वृत्त की त्रिज्या समान हैं।

अर्थात् $OA = OB = AB$

$\therefore \Delta AOB$ एक समबाहु त्रिभुज है।

$\therefore \quad \angle AOB = 60°$

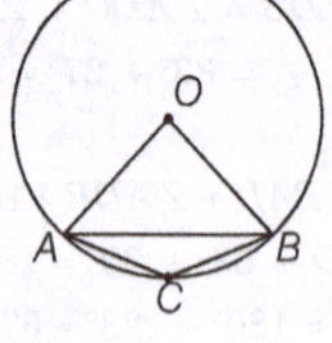

$\therefore$ दीर्घचाप पर $\angle AOB = 360° - 60° = 300°$

$\therefore \quad \angle ACB = \frac{300°}{2} = 150°$

484. (c) प्रश्नानुसार,

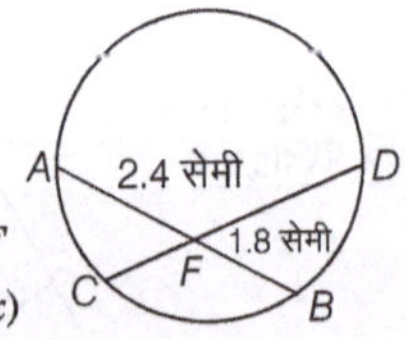

माना $\quad CF = x$

$\therefore \quad DF = 5.7 - x$

$\because \quad AF \times BF = CF \times DF$

$2.4 \times 1.8 = x(5.7 - x)$

$x^2 - 5.7x + 4.32 = 0 \Rightarrow (x - 4.8)(x - 0.9) = 0$

$\therefore \quad x = 4.8, 0.9$

अत: CF और DF में बड़े रेखाखण्ड की लम्बाई

$= 4.8$ सेमी

485. (c) दोनों वृत्तों के केन्द्रों के बीच की दूरी

$d = 36 + 16 = 52$ सेमी

$\therefore$ दोनों वृत्तों की उभयनिष्ठ अनुस्पर्श रेखा PQ की लम्बाई

$= \sqrt{d^2 - (r_1 - r_2)^2} = \sqrt{(52)^2 - (36 - 16)^2}$

$= \sqrt{2704 - 400} = \sqrt{2304} = 48$ सेमी

486. (d) वृत्त की सबसे बड़ी जीवा व्यास है।

487. (a) $\because \Delta XYZ \cong \Delta UVW$

अत: ΔXYZ का क्षेत्रफल = ΔUVW का क्षेत्रफल

$= 58$ सेमी^{2}

488. (a) दिया है, एक वृत्त जिसका केन्द्र O है, RS, PQ को T पर काटता है।

$RS = 16$ सेमी

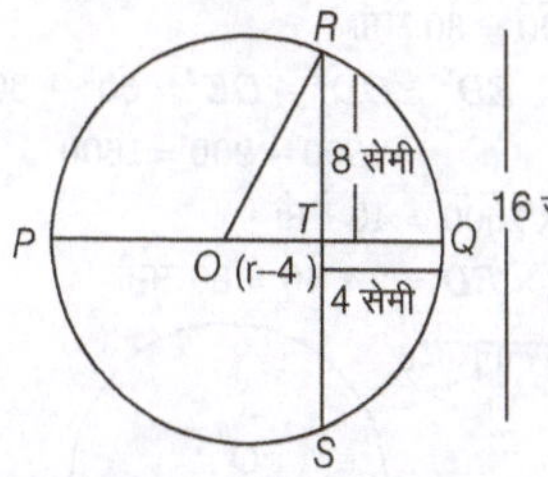

और $QT = 4$ सेमी

अब ΔORT में,

$(OR)^2 = (OT)^2 + (RT)^2$ (पाइथागोरस प्रमेय से)

$\Rightarrow (OR)^2 = (r-4)^2 + (8)^2$

$\Rightarrow \quad r^2 = (r-4)^2 + 64$

$\Rightarrow \quad r^2 = r^2 + 16 - 8r + 64$

$\Rightarrow \quad 8r = 80$

$\Rightarrow \quad r = \frac{80}{8} = 10$ सेमी

$\therefore OR\ (r) = 10$ सेमी

अत: वृत्त का व्यास (PQ)

$= 2 \times OQ = 2 \times 10 = 20$ सेमी

489. (b) प्रश्नानुसार,

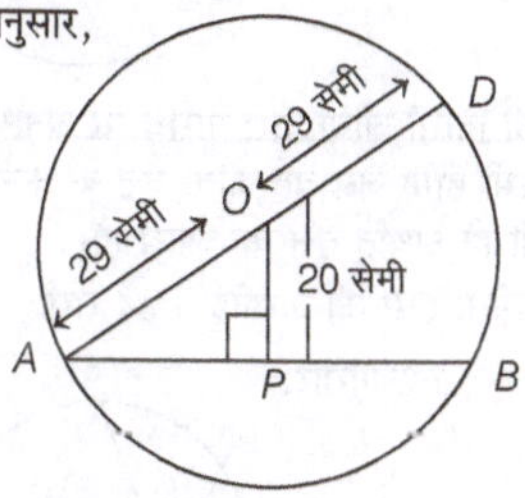

अब, ΔOAP में,

$(OA)^2 = (AP)^2 + (OP)^2$

$\Rightarrow \quad (29)^2 = (AP)^2 + (20)^2$

$\Rightarrow \quad 841 = (AP)^2 + 400$

$\Rightarrow (AP)^2 = 841 - 400 = 441$

$\Rightarrow \quad AP = \sqrt{441} = 21$ सेमी

$\therefore \quad AB = 2 \times AP = 2 \times 21 = 42$ सेमी

490. (c) प्रश्नानुसार,

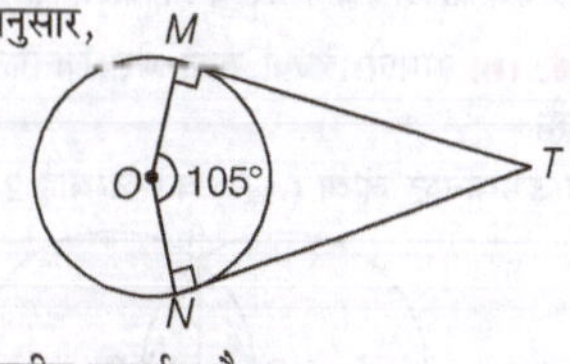

$\because \quad MT\square O$ चक्रीय चतुर्भुज है।

$\therefore \angle MON + \angle MTN = 180°$

$105° + \angle MTN = 180° \Rightarrow \angle MTN = 75°$

491. (d) समचतुर्भुज $STUV$ में,

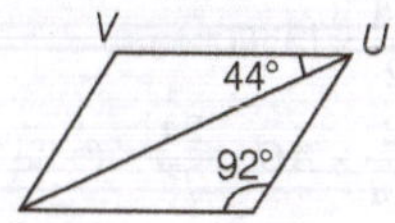

$\angle SUV = 44°$ और $\angle STU = 92°$

$\angle SVU = \angle STU = 92°$ (विपरीत कोण)

$\angle TSU = \angle SUV = 44°$ (एकान्तर कोण)

$\therefore 4\angle SVU - 3\angle TSU = 4 \times 92° - 3 \times 44°$

$= 368° - 132° = 236°$

492. (a) प्रश्नानुसार,

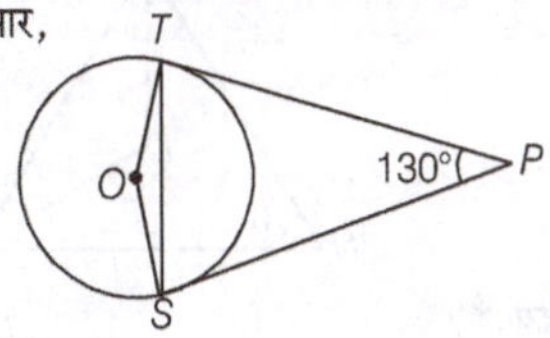

ΔPST में, $PT = PS$

$\therefore \quad \angle PST = \angle PTS$

$\therefore \angle PST + \angle PTS + \angle SPT = 180°$

$2\angle PST + 130° = 180°$

$\angle PST = \frac{180 - 130°}{2} = \frac{50°}{2} = 25°$

अब, $\angle OSP = 90°$

(त्रिज्या और स्पर्श रेखा के बीच का कोण)

$\therefore \angle OST = \angle OSP - \angle PST = 90° - 25° = 65°$

493. (a) प्रश्नानुसार,

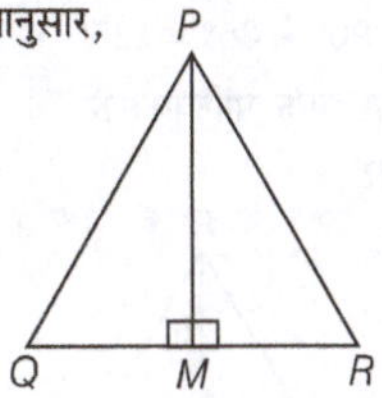

ΔPQR में,

$PQ = QR = PR \Rightarrow QM = \frac{1}{2}QR = \frac{1}{2}PQ$

अब, ΔPMQ में, $PQ^2 = PM^2 + QM^2$

$\Rightarrow \quad PQ^2 = PM^2 + \left(\frac{PQ}{2}\right)^2$

$\Rightarrow \quad PQ^2 = PM^2 + \frac{PQ^2}{4} \Rightarrow$

$PQ^2 - \frac{PQ^2}{4} = PM^2$

$\Rightarrow \quad \frac{3}{4}PQ^2 = PM^2 \Rightarrow \quad 3PQ^2 = 4PM^2$

494. (b) प्रश्नानुसार,

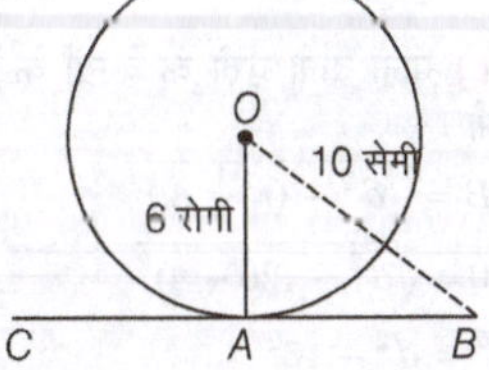

ΔOAB में,

$\Rightarrow \quad (AB)^2 = (OB)^2 - (OA)^2 = (10)^2 - (6)^2$

$= 100 - 36 = 64$

$\therefore \quad AB = \sqrt{64} = 8$ सेमी

495. (a) दिया है, वृत्त O वाले दो संकेन्द्रीय वृत्त, $OC = 12$ सेमी तथा $OB = 13$ सेमी

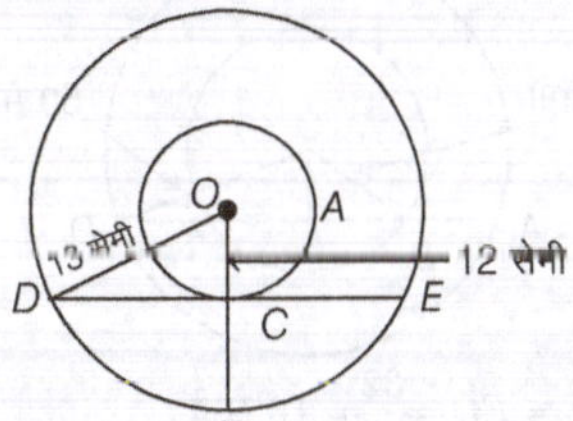

अब, ΔOCD में,

$\Rightarrow \quad (CD)^2 = (13)^2 - (12)^2 = 169 - 144$

$\Rightarrow \quad CD = 5$ सेमी

$\therefore \quad DE = 2 \times CD = 2 \times 5 = 10$ सेमी

496. (a) माना जीवा द्वारा वृत्त के दीर्घचाप पर बना कोण θ है।

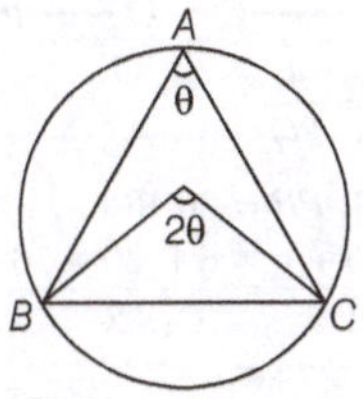

$\therefore$ केन्द्र पर बना कोण $= 2\theta$

प्रश्नानुसार, $\theta + 2\theta = 180° \Rightarrow 3\theta = 180° \Rightarrow \theta = 60°$

अत: केन्द्र पर बनने वाला कोण $= 2\theta = 2 \times 60 = 120°$

497. (c) प्रश्नानुसार,

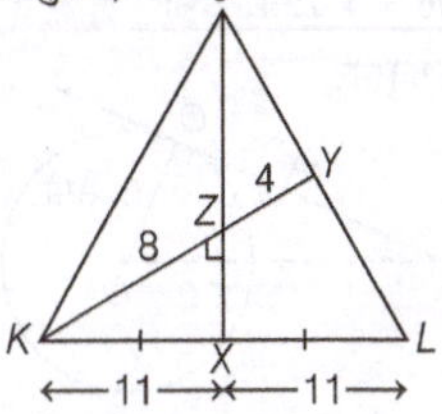

$KL = 22$ सेमी और $KY = 12$ सेमी

$\because$ किसी त्रिभुज की माध्यिका सामने वाली भुजा को दो बराबर भागों में विभाजित करती हैं।

$\therefore \quad KX = XL = 11$ सेमी

तथा दो माध्यिकाएँ एक-दूसरे को $2:1$ के अनुपात में विभाजित करती हैं।

$\therefore \quad KZ = 12 \times \frac{2}{3} = 8$ सेमी

अब, ΔKZX में,

$KX^2 = KZ^2 + ZX^2 \Rightarrow \quad 11^2 = 8^2 + ZX^2$

$\Rightarrow \quad ZX^2 = 121 - 64 \quad \Rightarrow \quad ZX = \sqrt{57}$

तब, $\quad JX = 3 \times \sqrt{57} = 3\sqrt{57}$ सेमी

498. (a) प्रश्नानुसार,

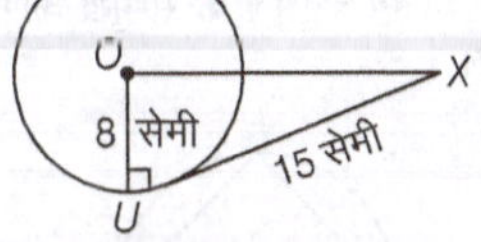

ΔOUX में, $OX^2 = OU^2 + XU^2$

$= 8^2 + 15^2 = 64 + 225$

$\therefore \quad OX = \sqrt{289} = 17$ सेमी

499. (a) वृत्त के केन्द्र पर अन्तरित कोण $= 180°$

$\because$ समान जीवा द्वारा वृत्त की परिधि पर अन्तरित कोण वृत्त के केन्द्र पर बने कोण का आधा होता है।

$\therefore$ परिधि पर अन्तरित कोण $= \frac{180°}{2} = 90°$

500. (b) प्रश्नानुसार,

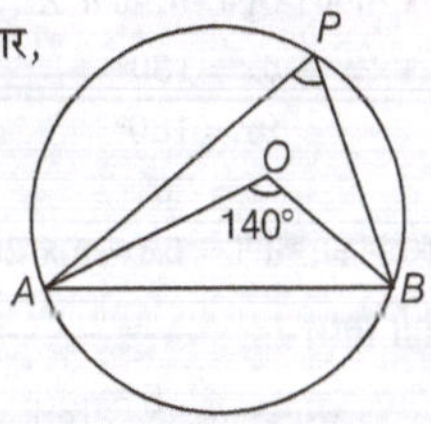

$\angle AOB = 2\angle APB \Rightarrow \angle APB = \frac{140°}{2} = 70°$

501. (d) दिया है, $\Delta ABC \sim \Delta PQR$

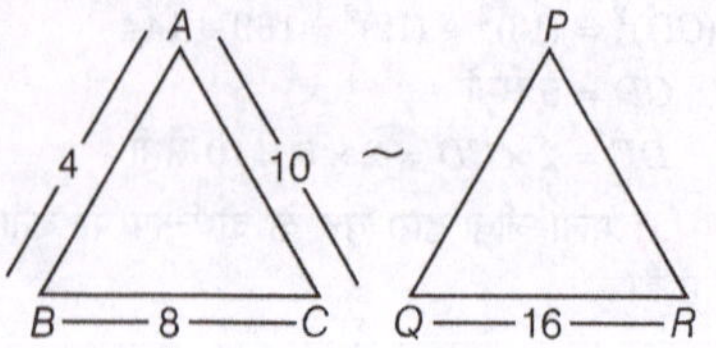

$\therefore \quad \dfrac{8}{16} = \dfrac{10}{PR} = \dfrac{4}{PQ}$

$\therefore$ $PQ = 8$ सेमी, $PR = 20$ सेमी

$s = \dfrac{a+b+c}{2} = \dfrac{8+20+16}{2} = 22$

अब, ΔPQR का क्षेत्रफल

$= \sqrt{s(s-a)(s-b)(s-c)}$

$= \sqrt{22(22-8)(22-20)(22-16)}$

$= \sqrt{22(14)(2)(6)}$

$= \sqrt{3696} = 4\sqrt{231}$ सेमी^{2}

502. (d) प्रश्नानुसार,

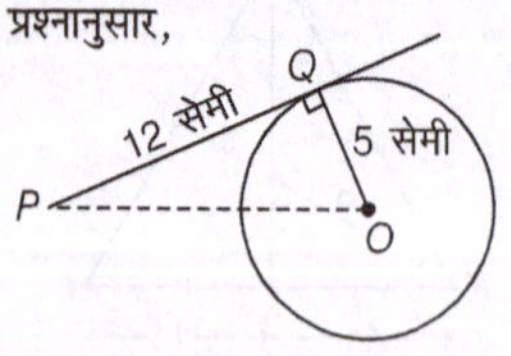

अब, ΔPOQ में,

$\Rightarrow \quad (OP)^2 = (12)^2 + (5)^2 = 144 + 25 = 169$

$\Rightarrow \quad OP = 13$ सेमी

503. (a)

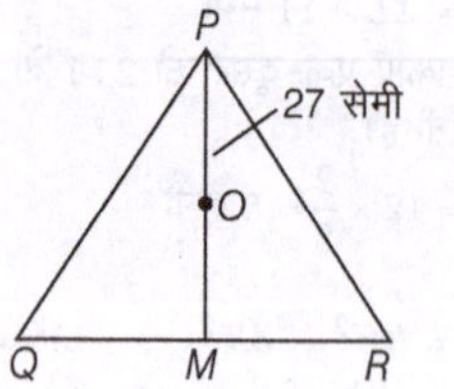

हम जानते हैं $PO : OM = 2 : 1$

$PM = \dfrac{27}{2} \times 3 = 40.5$ सेमी

504. (c) $\because$ चक्रीय चतुर्भुज के सम्मुख कोणों का योग 180° होता है।

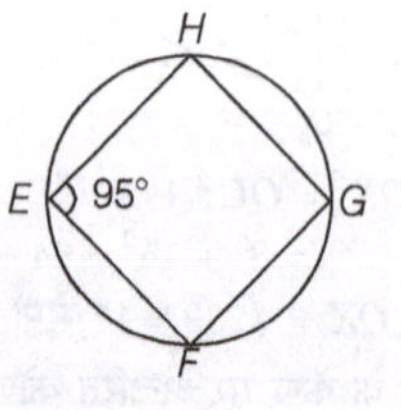

$\therefore \quad \angle G = 180° - 95° = 85°$

505. (c) त्रिभुज की माध्यिकाओं के प्रतिच्छेदन बिन्दु को केन्द्रक (Centroid) कहते हैं।

506. (a) माना त्रिभुज के कोण $2x$, $2x$ व $5x$ हैं।

तब, $2x + 2x + 5x = 180°$

$\Rightarrow \quad 9x = 180°$

$\Rightarrow \quad x = 20°$

अत: सबसे बड़ा कोण $= 5x = 5 \times 20 = 100°$

स्पीडी विधि

बड़ा कोण $= \dfrac{5}{9} \times 180° = 100°$

507. (a) माना $\angle ONP = \theta$

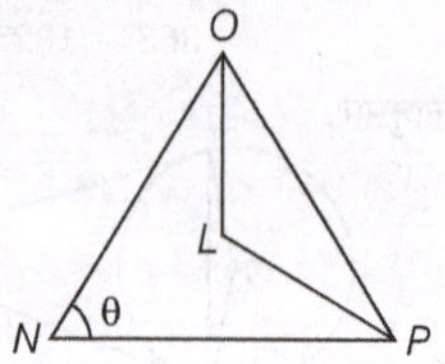

दिया है,

$\angle ONP + \angle OLP = 195° \Rightarrow \theta + 90° + \dfrac{\theta}{2} = 195$

$\left[\because L \text{ अन्त: केन्द्र है।} \quad \therefore \angle OLP = 90° + \dfrac{\theta}{2}\right]$

$\Rightarrow \theta + \dfrac{\theta}{2} = 195° - 90° \Rightarrow \dfrac{2\theta + \theta}{2} = 105°$

$\Rightarrow \quad 3\theta = 105° \times 2 \quad \Rightarrow \theta = 35° \times 2 = 70°$

अत: $\angle OLP = 90° + \dfrac{\theta}{2} = 90° + \dfrac{70°}{2}$

$= 90° + 35° = 125°$

508. (a) $\because$ PN एक माध्यिका है

$\therefore \quad QN = NR$

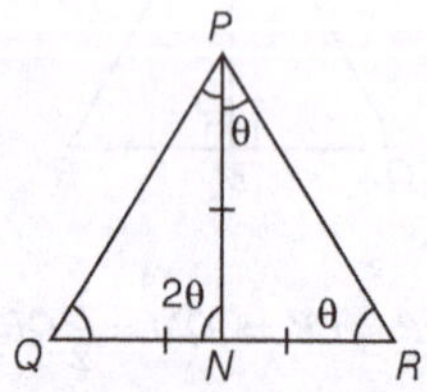

दिया है, $\quad PN = QN$ तो, $PN = QN = NR$

ΔPNR में,

माना $\quad \angle NPR = \angle NRP = \theta \quad [\because NR = PN]$

बाह्य कोण $PNQ = \angle NPR + \angle NRP = \theta + \theta = 2\theta$

ΔPNQ में,

$\angle NPQ = \angle NQP = \dfrac{180° - 2\theta}{2} = 90° - \theta$

$\therefore \quad \angle QPR = \angle NPQ + \angle NPR$

$= 90° - \theta + \theta$

$= 90°$

509. (b) माना दोनों वृत्तों के केन्द्रों के बीच की दूरी $= d$ सेमी

$\therefore \quad AB = \sqrt{d^2 - (r_1 - r_2)^2}$

$\therefore \quad 30 = \sqrt{d^2 - (20-4)^2}$

$\Rightarrow (30)^2 = d^2 - 16^2$

$\Rightarrow \quad d^2 = 900 + 256$

$\Rightarrow \quad d^2 = 1156$

$d = \sqrt{1156} = 34$ सेमी

510. (b) संकेद्रीय वृत्तों की त्रिज्याएँ,

$R = 50$ सेमी, $r = 34$ सेमी, $BC = 32$ सेमी

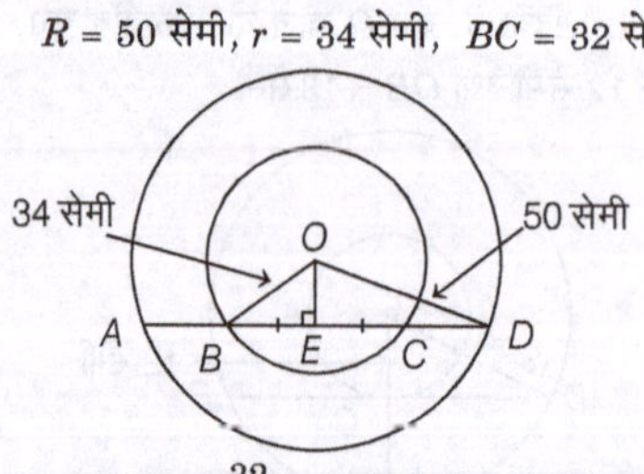

$BE = EC = \dfrac{32}{2} = 16$ सेमी

ΔBOE में,

$OE^2 = OB^2 - BE^2 = 34^2 - 16^2$

$= (34+16)(34-16) = 50 \times 18 = 900$

$OE = \sqrt{900} = 30$ सेमी

ΔOED में, $\quad ED^2 = OD^2 - OE^2 = 50^2 - 30^2$

$= 2500 - 900 = 1600$

$ED = \sqrt{1600} = 40$ सेमी

$\therefore \quad AD = 2 \times ED = 2 \times 40 = 80$ सेमी

511. (c) प्रश्नानुसार,

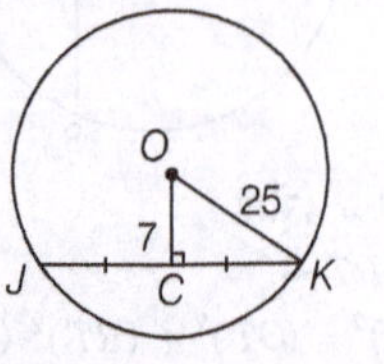

ΔOCK में, $\quad CK^2 = OK^2 - OC^2 = 25^2 - 7^2$

$= 625 - 49 = 576$

$CK = \sqrt{576} = 24$ सेमी

$JK = 2 \times CK = 2 \times 24 = 48$ सेमी

512. (c) प्रश्नानुसार,

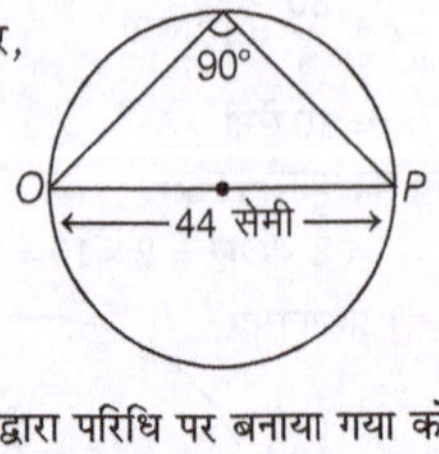

वृत्त की किसी जीवा द्वारा परिधि पर बनाया गया कोंण 90° तभी होगा जब वह जीवा वृत्त के केन्द्र से होकर गुजरती हो अर्थात् वृत्त का व्यास हो।

अत: जीवा OP की लम्बाई = 44 सेमी

513. (c) प्रश्नानुसार,

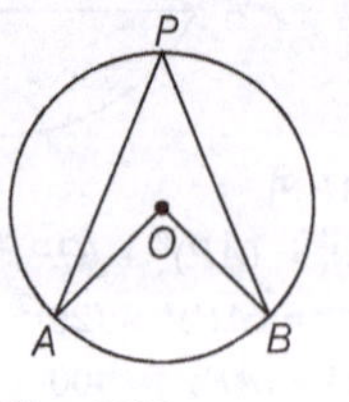

$\angle AOB + \angle APB = 225° \quad \text{...(i)}$

$\therefore \quad \angle AOB = 2\angle APB$

समी (i) से, $3\angle APB = 225° \Rightarrow \angle APB = 75°$

अत: वृत्त के दीर्घचाप पर बनने वाला कोण = 75°

514. (a) समान त्रिज्या वाले वृत्त जिनका केन्द्र O तथा O' हैं।

तथा उभयनिष्ठ जीवा (AB) की लम्बाई 24 सेमी है।

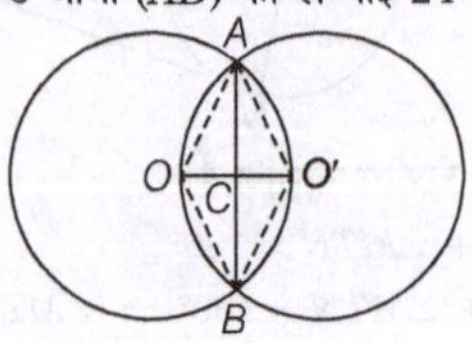

यहाँ AOO' समबाहु त्रिभुज है।

तब, $\quad AC = \dfrac{\sqrt{3}}{2} \times$ त्रिज्या

$\Rightarrow \quad$ त्रिज्या $= \dfrac{2}{\sqrt{3}} \times AC = \dfrac{24}{\sqrt{3}} \quad (\because 2AC = 24 \text{ सेमी})$

$= \dfrac{24 \times \sqrt{3}}{3} = 8\sqrt{3}$ सेमी

अब, व्यास $= 2 \times$ (त्रिज्या)

$= 2 \times 8\sqrt{3} = 16\sqrt{3}$ सेमी

515. (d) प्रश्नानुसार,

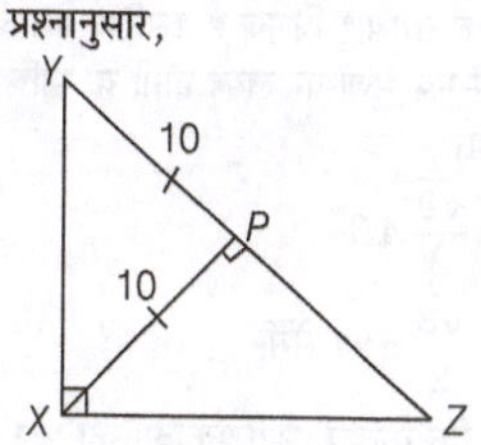

ΔXPZ में,

$\angle XPZ = 90°$

$\therefore \quad \angle PZX = \angle PXZ = 45°$

तो, $\quad PZ = PX = 10$ सेमी

[$\because$ त्रिभुज में बराबर कोणों की सम्मुख भुजाएँ बराबर होती हैं]

516. (a) $\angle C = 180° - \angle A = 180° - 110° = 70°$

517. (b) $\angle ACB = \frac{1}{2}\angle AOB = \frac{1}{2} \times 130° = 65°$

518. (d) $\because \Delta PQR \sim \Delta ABC$

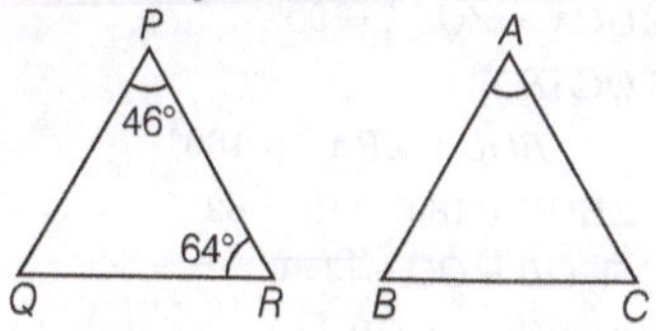

$\therefore \angle P = \angle A, \angle R = \angle C$ तथा $\angle Q = \angle B$

तब, $\angle P + \angle R + \angle Q = 180°$

$\Rightarrow \quad 46° + 64° + \angle Q = 180°$

$\Rightarrow \quad \angle Q = 180° - 110°$

$\angle Q = 70°$

अत: $\quad \angle B = 70°$

519. (a) $\because \quad \Delta MNO \sim \Delta STU$

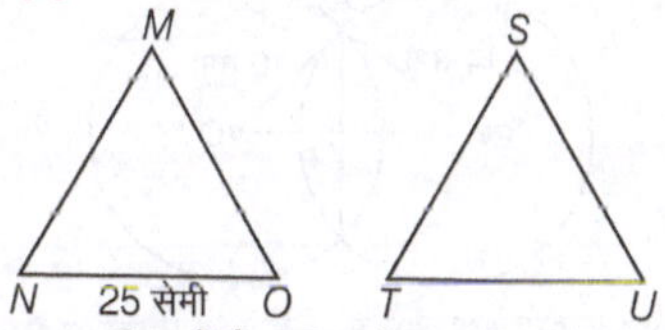

$\therefore$ दो समरूप त्रिभुजों के परिमापों का अनुपात = उनकी भुजाओं का अनुपात

$\therefore \quad \frac{TU}{25} = \frac{200}{80} \Rightarrow \frac{TU}{25} = \frac{5}{2}$

$\Rightarrow TU = \frac{25 \times 5}{2} = 62.5$ सेमी

520. (b) $\angle DOF = 2 \times \angle DEF = 2 \times 48° = 96°$

521. (b) $AB = 6$ सेमी, $BC = 11$ सेमी

$\because$ दो भुजाओं का योग हमेशा तीसरी भुजा से अधिक होता है। तथा अन्तर छोटा होता है।

$\therefore \quad (11 - 6) < AC < (11 + 6)$

AC के सम्भव पूर्णांक

$= 6, 7, 8, 9, 10, 11, 12, 13, 14, 15, 16$

अत: AC के सम्भव पूर्णांकों की संख्या = 11

522. (b) प्रश्नानुसार,

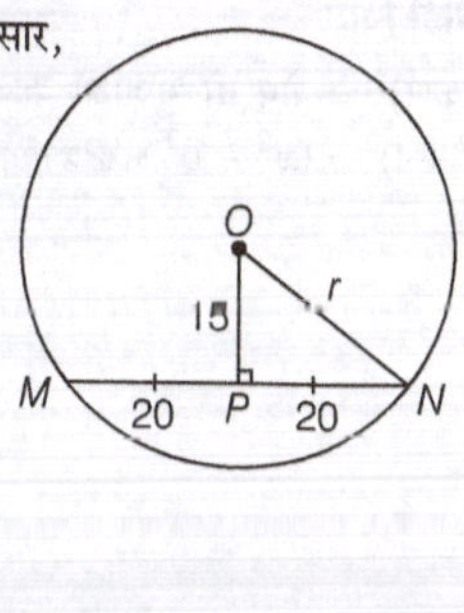

ΔOPN में, $r^2 = OP^2 + PN^2 \quad \Rightarrow r^2 = 15^2 + 20^2$

$\Rightarrow \quad r^2 = 225 + 400 \Rightarrow r = \sqrt{625} = 25$ सेमी

अत: वृत्त की त्रिज्या = 25 सेमी

523. (a) उभयनिष्ठ स्पर्श रेखा की लम्बाई

$= \sqrt{d^2 - (r_1 - r_2)^2} = \sqrt{(25)^2 - (12 - 5)^2}$

$= \sqrt{625 - 49} = \sqrt{576} = 24$ सेमी

524. (c) प्रश्नानुसार,

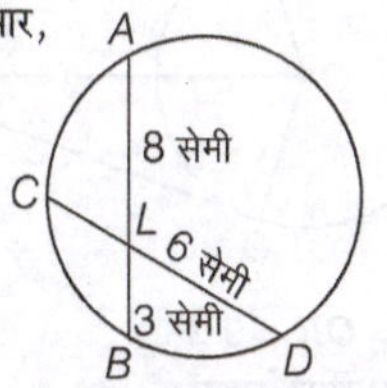

हम जानते हैं, जब किसी वृत्त की दो जीवाएँ AB और CD किसी बिन्दु L पर प्रतिच्छेद करती है, तब

$AL \times LB = CL \times LD$

$\Rightarrow \quad 8 \times 3 = CL \times 6$

$\therefore \quad CL = 4$ सेमी

525. (c) माना त्रिभुज के कोण क्रमशः $3x$, $4x$ एवं $8x$ हैं।

$\Rightarrow 3x + 4x + 8x = 180°$

$\Rightarrow \quad 15x = 180°$

$\Rightarrow \quad x = 12°$

$\therefore$ सबसे छोटा कोण $= 3x = 3 \times 12° = 36°$

स्पीडी विधि

सबसे छोटा कोण $= \frac{3}{15} \times 180° = 36°$

526. (d) यदि ΔABC और ΔQRP में, $AB = QR, BC = RP$ और $CA = PQ$

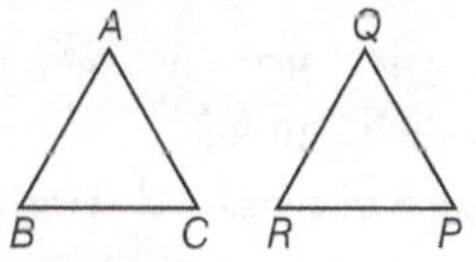

$\therefore \quad \Delta CBA \cong \Delta PRQ$

527. (d) प्रश्नानुसार,

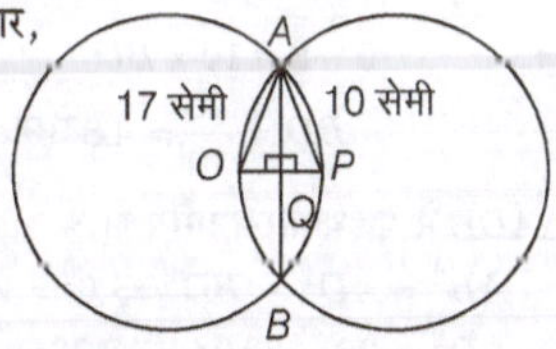

जीवा AB की लम्बाई = 16 सेमी

हम जानते हैं कि त्रिज्या, उभयनिष्ठ जीवा को दो बराबर भागों में बाँटती है और समकोण बनाती है।

$\therefore \quad AQ = BQ = 8$ सेमी

ΔAQO में, पाइथागोरस प्रमेय से,

$OQ = \sqrt{(17)^2 - 8^2} = \sqrt{289 - 64}$

$OQ = \sqrt{225} = 15$ सेमी

उसी प्रकार, ΔAQP में

$PQ = \sqrt{(10)^2 - 8^2}$

$= \sqrt{100 - 64} = \sqrt{36}$

$PQ = 6$ सेमी

अब, $OQ + PQ = 15 + 6 = 21$ सेमी

$\therefore \Delta OAP$ का परिमाप $= OA + AP + OP$

$= 17 + 10 + 21 = 48$ सेमी

528. (b) प्रश्नानुसार,

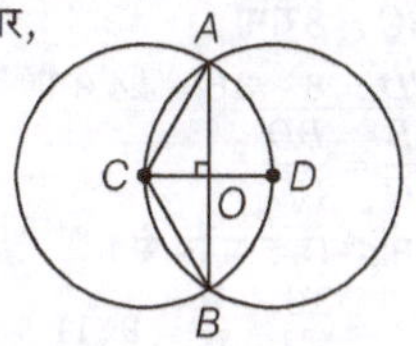

यहाँ त्रिज्या $\quad r = 8$ सेमी

$OA^2 + OC^2 = AC^2$

$OA^2 = AC^2 - OC^2 = r^2 - \left(\frac{r}{2}\right)^2 = \frac{3r^2}{4}$

$OA = \frac{\sqrt{3}r}{2}$

$\therefore \quad AB = 2 \times OA = \frac{2 \times \sqrt{3}r}{2} = \sqrt{3}r = 8\sqrt{3}$ सेमी

529. (c) प्रश्नानुसार,

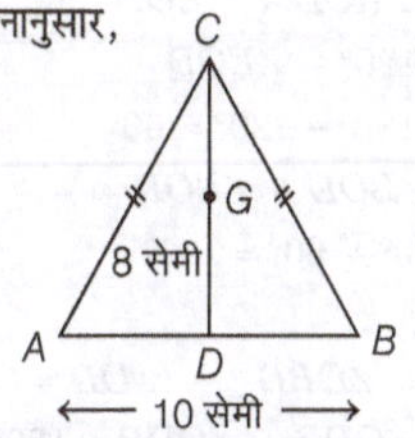

ΔABC में,

$AB = 10$ सेमी, $AC = BC$

हम जानते हैं, कि G एक केन्द्रक है।

$\therefore \quad GD = \frac{8}{2} = 4$ सेमी $\quad \left[\because \frac{CG}{GD} = \frac{2}{1}\right]$

$\because \quad AC = BC$, तब $CD \perp AB$

समकोणीय त्रिभुज, ΔCDA में

$AC = \sqrt{CD^2 + AD^2}$

$\Rightarrow \quad AC = \sqrt{(8 + 4)^2 + \left(\frac{10}{2}\right)^2}$

$\Rightarrow \quad AC = \sqrt{(12)^2 + 5^2}$

$\Rightarrow \quad AC = \sqrt{144 + 25} = \sqrt{169}$

$\therefore \quad AC = 13$ सेमी

530. (c) प्रश्नानुसार,

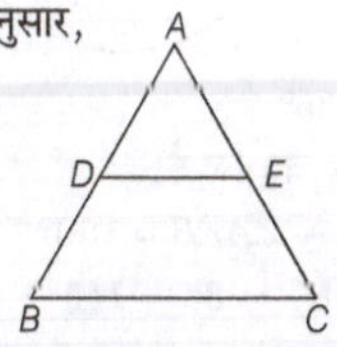

$\because \quad DE \parallel BC$

$\therefore \quad \Delta ABC \sim \Delta ADE$

दिया है, $AD = 3$ सेमी, $BD = 6$ सेमी,

$AE = 2$ सेमी

$\therefore \quad \frac{AD}{DB} = \frac{AE}{CE} \Rightarrow \frac{3}{6} = \frac{2}{CE}$

$\therefore \quad CE = 2 \times 2 = 4$ सेमी

531. (b) प्रश्नानुसार,

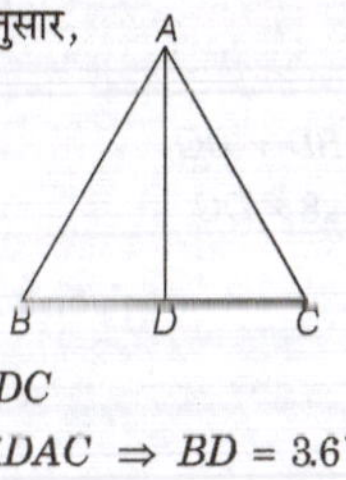

ΔABD और ΔADC

$\angle BAD = \angle DAC \Rightarrow BD = 3.6$ सेमी

$BC = 8$ सेमी

$\therefore \quad CD = 8 - 3.6 = 4.4$ सेमी

$\therefore \quad \frac{AB}{AC} = \frac{BD}{CD}$

(कोण समद्विभाजक प्रमेय से)

$= \frac{3.6}{4.4} = \frac{9}{11} = 9:11$

532. (d) प्रश्नानुसार,

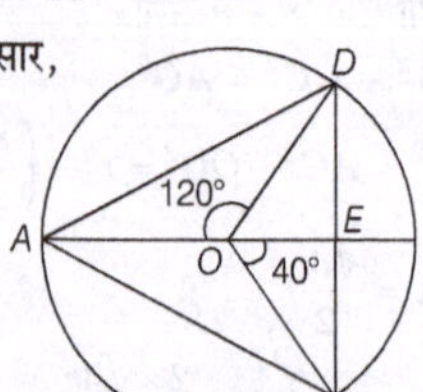

$\angle AOE = \angle AOD + \angle EOD$

$180° = 120° + \angle EOD$

$\angle EOD = 180° - 120° = 60°$

$\therefore \angle BOD = \angle BOE + \angle EOD$

$= 40° + 60° = 100°$

ΔOBD में,

$\angle ODB = \angle OBD \quad (\because OD = OB =$ त्रिज्या)

$\Rightarrow \quad 100° + \angle ODB + \angle ODB = 180°$

$\Rightarrow \quad 2\angle ODB = 80°$

$\Rightarrow \quad \angle ODB = 40°$

ΔODE में,

$\angle ODE + \angle OED + \angle EOD = 180°$

$40° + \angle OED + 60° = 180°$

$\angle OED = 180° - 100° = 80°$

$\because \quad \angle BEC = \angle OED$ (शीर्षाभिमुख कोण)

$\therefore \quad \angle BEC = 80°$

533. (b) प्रश्नानुसार,

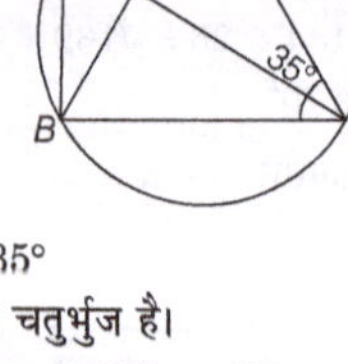

$\angle ACB = 35°$

$ACBP$ का चक्रीय चतुर्भुज है।

तब, $\quad \angle ACB + \angle APB = 180°$

$\angle APB = 180° - 35° = 145°$

534. (b) प्रश्नानुसार,

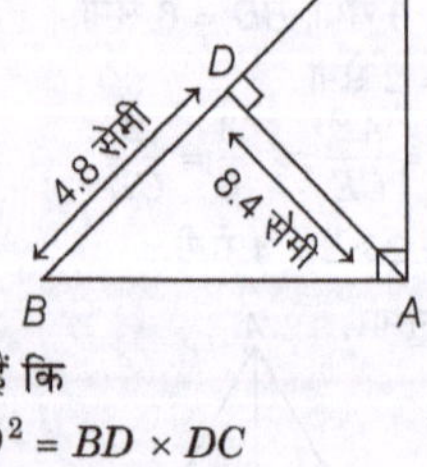

हम जानते हैं कि

$AD^2 = BD \times DC$

$\Rightarrow \quad (8.4)^2 = 4.8 \times DC$

$\therefore \quad DC = \frac{8.4 \times 8.4}{4.8} = 14.7$ सेमी

$\therefore \quad BC = BD + DC$

$= 4.8 + 14.7 = 19.5$ सेमी

535. (b) प्रश्नानुसार,

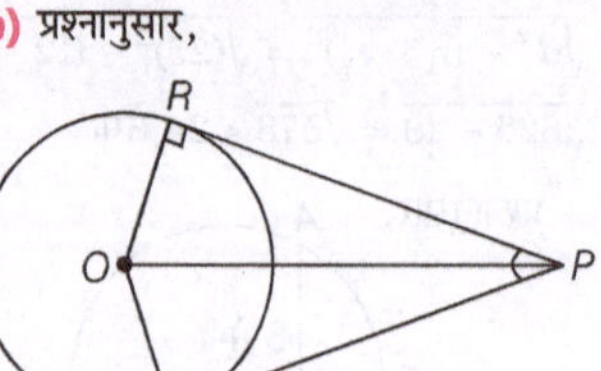

त्रिज्या $OQ = OR = 9$ सेमी

PQ और PR स्पर्श रेखाएँ हैं।

$\therefore \angle PRO = \angle PQO = 90° \Rightarrow OP = 15$ सेमी

ΔOQP में पाइथागोरस प्रमेय से,

$OP^2 = OQ^2 + PQ^2$

$PQ = \sqrt{(15)^2 - 9^2} = \sqrt{225 - 81} = \sqrt{144} = 12$ सेमी

चतुर्भुज $PQOR$ का क्षेत्रफल $= 2 \times \Delta PQO$ का क्षेत्रफल

$= 2 \times \frac{1}{2} \times OQ \times PQ = 9 \times 12 = 108$ सेमी^{2}

536. (d) प्रश्नानुसार,

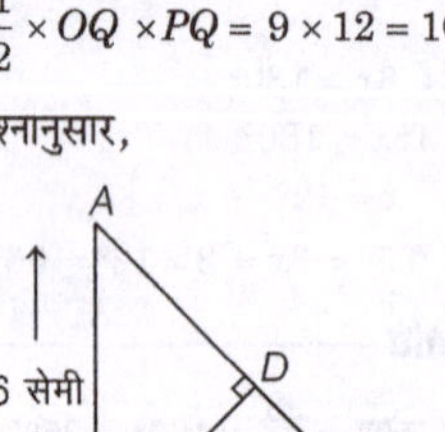

ΔABC में,

$AC^2 = AB^2 + BC^2 = 6^2 + 8^2 = 36 + 64$

$AC = \sqrt{100} = 10$ सेमी

$\because$ समकोण त्रिभुज का क्षेत्रफल $= \frac{1}{2}$ आधार $\times$ ऊँचाई

$\therefore \quad \frac{1}{2} AB \times BC = \frac{1}{2} AC \times BD$

$\Rightarrow \quad 6 \times 8 = 10 \times BD$

$BD = \frac{48}{10} = 4.8$ सेमी

ΔADB में पाइथागोरस प्रमेय से,

$AB^2 = AD^2 + BD^2 \Rightarrow 6^2 = AD^2 + (4.8)^2$

$\Rightarrow AD^2 = 36 - 23.04 = 12.96 \Rightarrow AD = 3.6$ सेमी

$\therefore \quad CD = AC - AD = 10 - 3.6 = 6.4$ सेमी

$\therefore$ अभीष्ट अनुपात $= \frac{3.6}{6.4} = \frac{9}{16} = 9:16$

537. (c) प्रश्नानुसार,

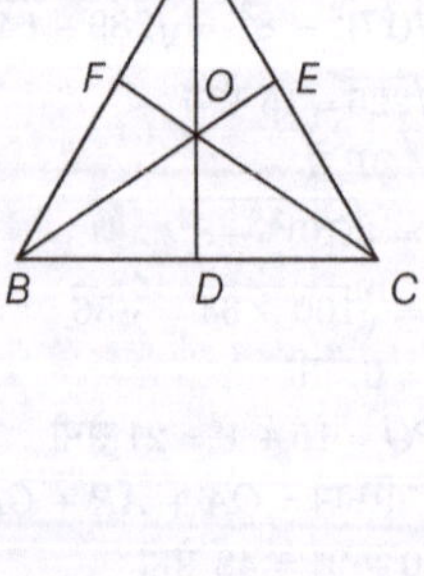

$\because \Delta ABC$ एक समबाहु त्रिभुज है इसलिए इसकी सभी माध्यिकाएँ सम्मुख भुजा पर लम्ब होंगी या माध्यिका ऊँचाई के समान होगी।

$\therefore \quad AD = \frac{\sqrt{3}}{2} AB$

$\Rightarrow \quad AD = \frac{\sqrt{3}}{2} \times 27$ सेमी

हम जानते हैं कि केन्द्रक माध्यिकाओं को 2:1 में विभाजित करता है।

$\therefore AO = \frac{2}{3} AD = \frac{2}{3} \times \frac{\sqrt{3}}{2} \times 27 = 9\sqrt{3}$ सेमी

538. (a)

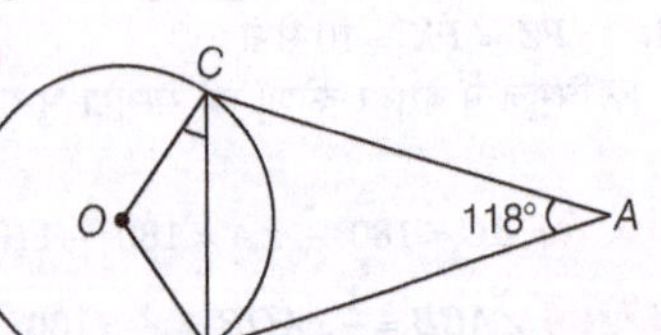

$\therefore \quad \angle OCA = \angle OBA = 90°$

चतुर्भुज $OCAB$ में,

$\angle BOC + \angle BAC = 180°$

$\therefore \quad \angle BOC = 180° - 118° = 62°$

ΔOBC में, $OB = OC =$ त्रिज्या

$\therefore \quad \angle OBC = \angle OCB$

तथा $\angle OBC + \angle OCB + \angle BOC = 180°$

$\Rightarrow \quad 2\angle OCB = 180° - 62° = 118°$

$\Rightarrow \quad \angle OCB = \frac{118°}{2} = 59°$

539. (b) यहाँ, $r_1 = 14$ सेमी, $r_2 = 10$ सेमी

तथा जीवा $(AB) = 16$ सेमी

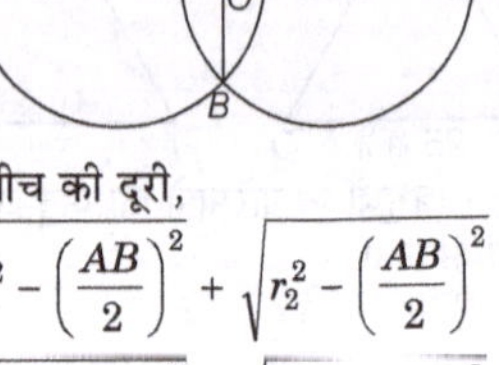

$\therefore$ केन्द्रों के बीच की दूरी,

$(PQ) = \sqrt{r_1^2 - \left(\frac{AB}{2}\right)^2} + \sqrt{r_2^2 - \left(\frac{AB}{2}\right)^2}$

$= \sqrt{14^2 - \left(\frac{16}{2}\right)^2} + \sqrt{10^2 - \left(\frac{16}{2}\right)^2}$

$= \sqrt{196 - 64} + \sqrt{100 - 64}$

$= \sqrt{132} + \sqrt{36}$

$= 2\sqrt{33} + 6$

$= 6 + 2\sqrt{33}$ सेमी

540. (c) समकोण त्रिभुज की भुजाएँ $x^2 - 1, 2x$ और $x^2 + 1$ है।

सबसे बड़ी भुजा = कर्ण $= x^2 + 1$

स्पीडी विधि

(कर्ण)^2 = शेष दो भुजाओं का वर्ग

$(x^2 + 1)^2 = (x^2 - 1)^2 + (2x)^2$

541. (a) $BC = 34$ सेमी, $DF = 8$ सेमी

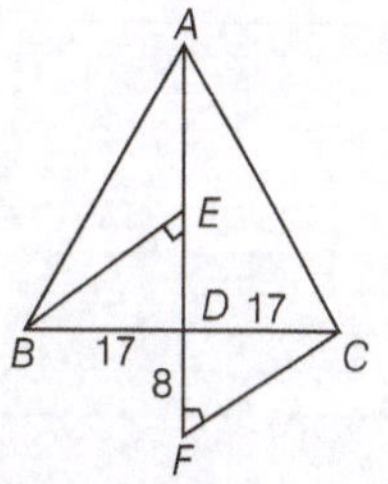

$\because AD$ माध्यिका है।

$\therefore BD = CD = \frac{34}{2} = 17$ सेमी

ΔCFD में, $CF = \sqrt{(CD)^2 - (DF)^2}$

$= \sqrt{(17)^2 - (8)^2}$

$= \sqrt{289 - 64}$

$= \sqrt{225} = 15$ सेमी

ΔCDF और ΔBED में,

$\angle F = \angle E$ (प्रत्येक 90°)

$\angle D = \angle D$ (शीर्षाभिमुख कोण)

$CD = BD$ (दिया है)

$\therefore \Delta CDF \cong \Delta BED$

$\therefore BE = CF = 15$ सेमी

542. (a) $PQ = 82$ सेमी, $PS = 80$ सेमी

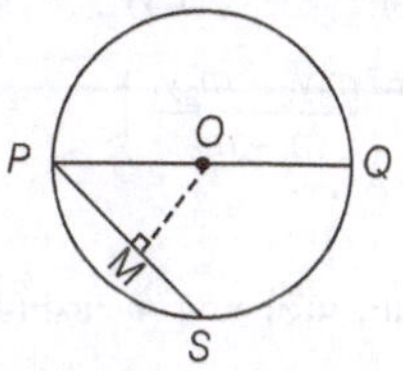

$\therefore OP = \frac{PQ}{2} = \frac{82}{2} = 41$ सेमी

$PM = \frac{PS}{2} = \frac{80}{2} = 40$ सेमी

[$\because$ वृत्त के केन्द्र से जीवा पर लम्ब, जीवा को समद्विभाजित करता है।]

ΔOMP में, $OM = \sqrt{OP^2 - PM^2}$

$= \sqrt{(41)^2 - (40)^2}$

$= \sqrt{1681 - 1600}$

$= \sqrt{81} = 9$ सेमी

543. (d) माना अन्य दो कोण x और x हैं।

तब, त्रिभुज के कोणों का योग = 180°

$\Rightarrow 42° + x + x = 180°$

$\Rightarrow 2x = 180° - 42°$

$\Rightarrow 2x = 138°$

$\therefore x = \frac{138°}{2} = 69°$

अत: अन्य दो कोण = 69° और 69°

544. (a) ΔABC में,

D और F क्रमश: भुजा AB और AC के मध्य-बिन्दु है।

$\frac{DE}{EF} = \frac{1}{2}$

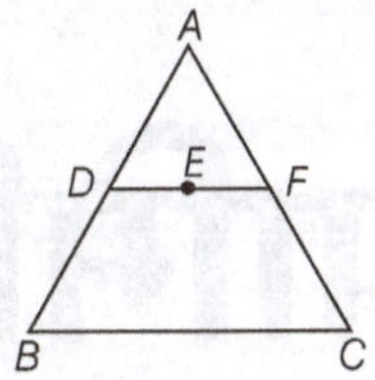

$\Rightarrow \frac{4}{EF} = \frac{1}{2}$

$\Rightarrow EF = 8$ सेमी ($\because DE = 4$ सेमी)

$\therefore DF \parallel BC$

तथा $DF = \frac{1}{2}BC$ (मध्य-बिन्दु परिमेय से)

$\Rightarrow (DE + EF) = \frac{1}{2}BC$

$\Rightarrow (4 + 8) = \frac{1}{2}BC$

$\therefore BC = 12 \times 2 = 24$ सेमी

545. (b) $PR = 5$ सेमी

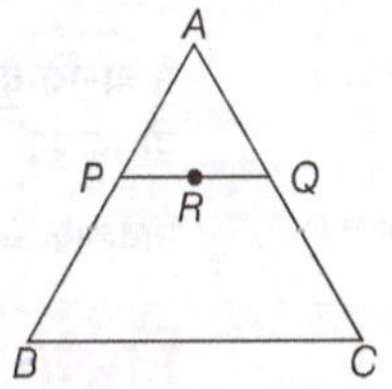

$\because P$ और Q भुजा AB और AC के मध्य बिन्दु हैं,

$\therefore \frac{PQ}{BC} = \frac{1}{2}$

$\Rightarrow BC = 2PQ$ ...(i)

तथा $\frac{PR}{RQ} = \frac{1}{4}$

$\Rightarrow \frac{5}{RQ} = \frac{1}{4}$

$\Rightarrow RQ = 20$

$\therefore PQ = PR + RQ = 5 + 20 = 25$ सेमी

समी (i) से, $BC = 2 \times 25 = 50$ सेमी

546. (c) $\angle TAP = 60°$

$\angle AKO = 120°$

$AT = 6$ सेमी

$AP = 8$ सेमी

$\therefore AK = KP = \frac{8}{2} = 4$ सेमी

अब $\angle AKO + \angle OKP = 180°$ (रैखिक युग्म)

$\angle OKP = 180° - 120° = 60°$

अब, ΔTAP और ΔOKP में,

$\angle TAP = \angle OKP$

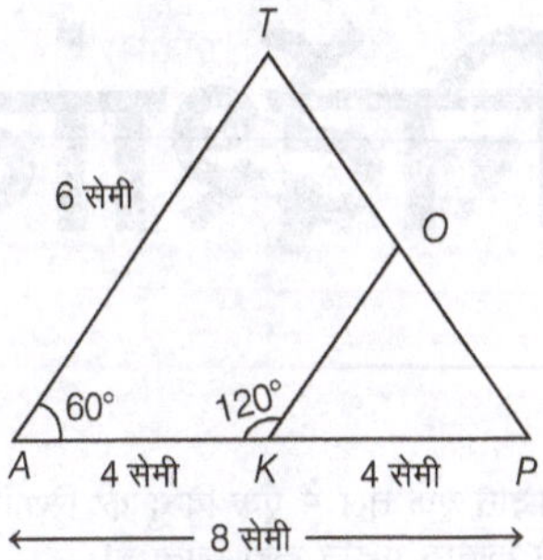

$\angle TPA = \angle OPK$ (उभयनिष्ठ)

$\angle ATP = \angle KOP$

$\therefore \Delta TAP \sim \Delta OKP$

$\frac{TA}{AP} = \frac{OK}{KP}$

$\Rightarrow \frac{6}{8} = \frac{OK}{4}$

$OK = 3$ सेमी

547. (d) दिया है, $OP = 5$ सेमी

$OQ = 13$ सेमी

$\because$ वृत्त की त्रिज्या स्पर्श बिन्दु पर लम्ब होती है।

$\therefore \angle OPQ = 90°$

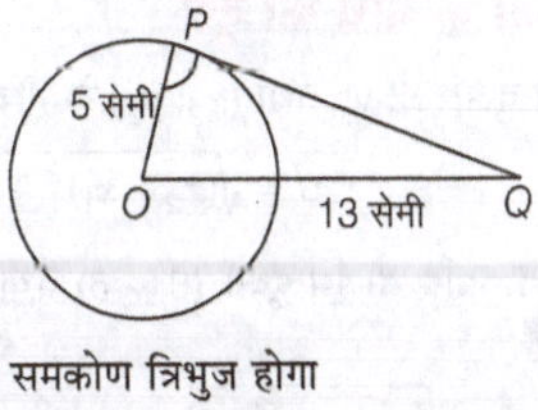

$\therefore \Delta POQ$ समकोण त्रिभुज होगा

$\therefore PQ^2 = OQ^2 - OP^2$

$\Rightarrow PQ^2 = 13^2 - 5^2 = 169 - 25$

$\Rightarrow PQ^2 = 144$

$\therefore PQ = 12$ सेमी

21

निर्देशांक ज्यामिति

कार्तीय पद्धति एक तल में एक बिन्दु की स्थिति का निर्धारण करने में प्रयुक्त पद्धति को कार्तीय पद्धति कहा जाता है।

कार्तीय पद्धति में दो लम्बवत् रेखाएँ होती हैं तथा उनके द्वारा निर्देशित एक बिन्दु होता है। क्षैतिज रेखा XX' को **X-अक्ष** तथा ऊर्ध्वाधर रेखा YY' को **Y-अक्ष** कहा जाता है।

- x-निर्देशांक को भुज कहते हैं यह Y-अक्ष से किसी बिन्दु की लम्बवत् दूरी है।
- y-निर्देशांक को कोटि कहते हैं यह X-अक्ष से किसी बिन्दु की लम्बवत् दूरी है।
- मूलबिन्दु के निर्देशांक (0, 0) होते हैं।
- Y-अक्ष के समान्तर व इससे a दूरी पर स्थित रेखा का समीकरण $x = a$ तथा यहाँ $y = 0$ होता है।
- X-अक्ष के समान्तर व इससे b दूरी पर स्थित रेखा का समीकरण $y = b$ तथा यहाँ $x = 0$ होता है।

दो बिन्दुओं के बीच की दूरी

यदि दो बिन्दुओं (x_1, y_1) तथा (x_2, y_2) के बीच की दूरी d है, तो

$$d = \sqrt{(x_2 - x_1)^2 + (y_2 - y_1)^2}$$

उदाहरण 1. यदि दो बिन्दुओं (0, – 5) तथा (x, 0) के बीच की दूरी 13 एकक हो, तो x है

हल सूत्र $d = \sqrt{(x_2 - x_1)^2 + (y_2 - y_1)^2}$ से,

$$(13)^2 = (x - 0)^2 + [0 - (-5)]^2$$

$$\Rightarrow \quad 169 = x^2 + 25$$

$$\Rightarrow \quad x^2 = 144$$

$$\therefore \quad x = \pm 12$$

रेखाखण्ड का दिए हुए अनुपात में विभाजन

अन्तः विभाजन

यदि बिन्दु A के निर्देशांक (x_1, y_1) और बिन्दु B के निर्देशांक (x_2, y_2) हैं तथा बिन्दु $P(x, y)$, रेखाखण्ड AB को $m_1 : m_2$ के अनुपात में अन्तः विभाजित करता है, तो

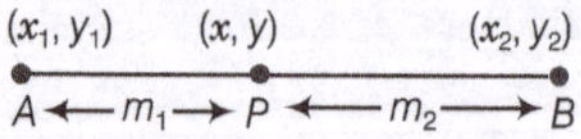

बिन्दु P के निर्देशांक $(x, y) = \left(\dfrac{m_1 x_2 + m_2 x_1}{m_1 + m_2}, \dfrac{m_1 y_2 + m_2 y_1}{m_1 + m_2}\right)$

बाह्य विभाजन

यदि बिन्दु $P(x, y)$, बिन्दु $A(x_1, y_1)$ तथा बिन्दु $B(x_2, y_2)$ से खींचे जाने वाले रेखाखण्ड को $m_1 : m_2$ के अनुपात में बाह्यतः विभाजित करता है, तब

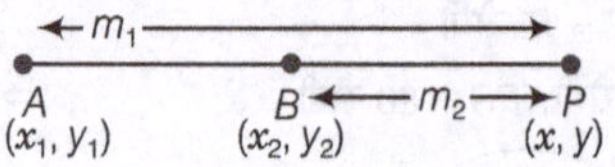

बिन्दु P के निर्देशांक $(x, y) = \left(\dfrac{m_1 x_2 - m_2 x_1}{m_1 - m_2}, \dfrac{m_1 y_2 - m_2 y_1}{m_1 - m_2}\right)$

मध्य-बिन्दु पर विभाजन

दो बिन्दुओं $A(x_1, y_1)$ व $B(x_2, y_2)$ को मिलाने वाली रेखा के मध्य-बिन्दु के निर्देशांक $= \left(\dfrac{x_1 + x_2}{2}, \dfrac{y_1 + y_2}{2}\right)$

त्रिभुज

त्रिभुज का क्षेत्रफल

यदि ΔABC के शीर्षों A, B तथा C के निर्देशांक क्रमशः $(x_1, y_1), (x_2, y_2)$ व (x_3, y_3) हैं,

तब, ΔABC का क्षेत्रफल $= \dfrac{1}{2}|x_1(y_2 - y_3) + x_2(y_3 - y_1) + x_3(y_1 - y_2)|$

तीनों बिन्दु संरेख होंगे यदि ΔABC का क्षेत्रफल = 0

तीन बिन्दुओं की संरेखता का प्रतिबन्ध

तीन बिन्दु $A(x_1, y_1), B(x_2, y_2)$ व $C(x_3, y_3)$ परस्पर संरेख होंगे अर्थात् एक ही रेखा में होंगे, यदि ΔABC का क्षेत्रफल = 0 है, तब तीनों बिन्दु संरेख होंगे।

$$x_1(y_2 - y_3) + x_2(y_3 - y_1) + x_3(y_1 - y_2) = 0$$

त्रिभुज के केन्द्रक के निर्देशांक

यदि ΔABC के शीर्ष $A(x_1, y_1), B(x_2, y_2)$ व $C(x_3, y_3)$ हैं, तो

त्रिभुज के केन्द्रक के निर्देशांक $= \left(\dfrac{x_1 + x_2 + x_3}{3}, \dfrac{y_1 + y_2 + y_3}{3}\right)$

त्रिभुज के अन्तः केन्द्र के निर्देशांक

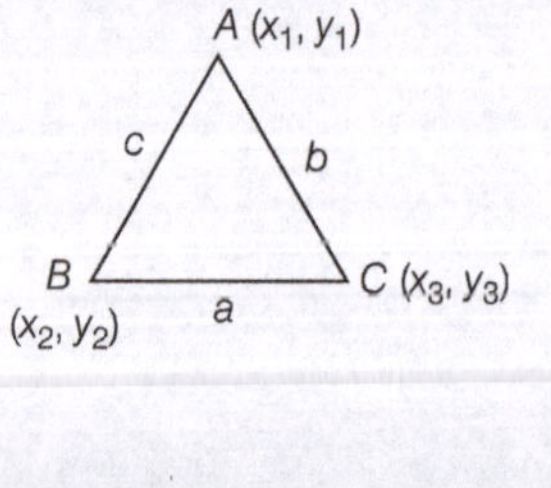

त्रिभुज के अन्त: केन्द्र के निर्देशांक

$$= \left(\frac{ax_1 + bx_2 + cx_3}{a+b+c}, \frac{ay_1 + by_2 + cy_3}{a+b+c}\right)$$

उदाहरण 2. उस त्रिभुज का क्षेत्रफल ज्ञात कीजिए, जिसके शीर्ष क्रमश: (1, – 2), (– 3, 4) तथा (5, – 6) हैं।

हल यहाँ $(x_1, y_1) = (1, -2)$; $(x_2, y_2) = (-3, 4)$ तथा $(x_3, y_3) = (5, -6)$

अतः त्रिभुज का क्षेत्रफल $\Delta = \frac{1}{2}|x_1(y_2 - y_3) + x_2(y_3 - y_1) + x_3(y_1 - y_2)|$

$$= \frac{1}{2}|\{1(4+6) - 3(-6+2) + 5(-2-4)\}|$$

$$= \frac{1}{2}\{(10 + 12 - 30\}|$$

$$= \left|\frac{-8}{2}\right| = \left|-\frac{8}{2}\right| = 4 \text{ वर्ग इकाई}$$

चतुर्भुज

यदि एक चतुर्भुज के शीर्षों के निर्देशांक (x_1, y_1), (x_2, y_2), (x_3, y_3) और (x_4, y_4) है, तब चतुर्भुज का क्षेत्रफल $= \frac{1}{2}|x_1 y_2 + x_2 y_3 + x_3 y_4 + x_4 y_1 - (x_2 y_1 + x_3 y_2 + x_4 y_3 + x_1 y_2|$

सरल रेखा

दो बिन्दुओं के बीच के सबसे छोटे पथ को सरल रेखा कहते हैं।

सरल रेखा के समीकरण एवं प्रवणता (झुकाव या ढाल)

किसी सरल रेखा के निम्न समीकरण हैं

- यदि किसी सरल रेखा द्वारा Y-अक्ष पर काटा गया अन्त:खण्ड c तथा उसका X-अक्ष से झुकाव θ हो, तो रेखा का समीकरण $y = mx + c$ जहाँ, $m = \tan\theta$ रेखा की प्रवणता है
- मूलबिन्दु से होकर जाने वाली रेखा का समीकरण $y = mx$
- एक दिए हुए बिन्दु (x_1, y_1) से होकर जाने वाली रेखा का समीकरण, $y - y_1 = m(x - x_1)$ होता है, जहाँ m रेखा की प्रवणता है।
- दो दिए गए बिन्दुओं $A(x_1, y_1)$ व $B(x_2, y_2)$ से होकर जाने वाली रेखा का समीकरण, $y - y_1 = \frac{y_2 - y_1}{x_2 - x_1}(x - x_1)$ होता है, जहाँ $m = \frac{y_2 - y_1}{x_2 - x_1}$ रेखा की प्रवणता है।
- $Ax + By + C = 0$ सरल रेखा का व्यापक समीकरण है

  यहाँ, रेखा की प्रवणता $= \frac{-x \text{ का गुणांक}}{y \text{ का गुणांक}} = -\frac{A}{B}$
- सरल रेखा $ax + by + c = 0$ के समान्तर रेखा का समीकरण $ax + by = \lambda$ तथा लम्ब रेखा का समीकरण $bx - ay = \lambda$ होता है।

उदाहरण 3. उस रेखा का समीकरण ज्ञात कीजिए, जो बिन्दु (– 1, 4) से होकर जाती है तथा जिसका झुकाव 60° है।

हल रेखा की प्रवणता $\tan 60° = \sqrt{3}$ और यह बिन्दु (– 1, 4) से होकर जाती है।

रेखा का समीकरण, $y - y_1 = m(x - x_1)$

$\therefore$ रेखा का समीकरण, $(y - 4) = \sqrt{3}[x - (-1)]$

$\Rightarrow \quad (y - 4) = \sqrt{3}x + \sqrt{3} \Rightarrow (\sqrt{3}x - y) + (4 + \sqrt{3}) = 0$

अन्त:खण्ड रूप में रेखा का समीकरण

उस सरल रेखा का समीकरण जो अक्षों से a व b लम्बाई के अन्त:खण्ड काटती है, $\frac{x}{a} + \frac{y}{b} = 1$

दो सरल रेखाओं के बीच का कोण

- दो रेखाओं के बीच का कोण, $\theta = \tan^{-1}\left|\frac{m_1 - m_2}{1 + m_1 m_2}\right|$, जहाँ m_1 तथा m_2 रेखाओं की प्रवणताएँ हैं।
  - (i) यदि $m_1 = m_2$, तब दोनों रेखाएँ परस्पर समान्तर होती हैं।
  - (ii) यदि $m_1 m_2 = -1$, तब दोनों रेखाएँ परस्पर लम्ब होती हैं।
- यदि दो रेखाएँ, $a_1 x + b_1 y + c_1 = 0$ तथा $a_2 x + b_2 y + c_2 = 0$
  - (i) समान्तर हैं, तब $\frac{a_1}{b_1} = \frac{a_2}{b_2}$
  - (ii) लम्बवत् हैं, तब $a_1 a_2 + b_1 b_2 = 0$

सरल रेखा पर किसी बिन्दु से खींचे गए लम्ब की लम्बाई

- बिन्दु (x_1, y_1) से रेखा $ax + by + c = 0$ पर खींचे गए लम्ब की लम्बाई $= \frac{ax_1 + by_1 + c}{\sqrt{a^2 + b^2}}$
- मूलबिन्दु से रेखा $ax + by + c = 0$ पर खींचे गए लम्ब की लम्बाई $= \frac{c}{\sqrt{a^2 + b^2}}$
- तथा दो समान्तर रेखाओं $ax + by + c_1 = 0$ तथा $ax + by + c_2 = 0$ के बीच की दूरी $= \frac{|c_1 - c_2|}{\sqrt{a^2 + b^2}}$

उदाहरण 4. बिन्दु (– 3, – 4) रेखा $5x + 12y - 15 = 0$ से कितनी दूरी पर है?

हल अभीष्ट दूरी $= \left|\frac{5(-3) + 12(-4) - 15}{\sqrt{5^2 + 12^2}}\right|$

$$= \left|\frac{-15 - 48 - 15}{\sqrt{169}}\right|$$

$$= \left|\frac{-78}{13}\right| = |-6| = 6$$

वृत्त का समीकरण

- वृत्त का समीकरण $x^2 + y^2 + 2gx + 2fy + c = 0$, जहाँ वृत्त के केन्द्र के निर्देशांक $(-g, -f)$ और त्रिज्या $\sqrt{g^2 + f^2 - c}$ है।
- वृत्त का समीकरण $(x - h)^2 + (y - k)^2 = r^2$

  यहाँ (h, k) वृत्त के केन्द्र के निर्देशांक हैं तथा r = त्रिज्या है।

गोले का समीकरण

$$(x - a)^2 + (y - b)^2 + (z - c)^2 = r^2$$

जहाँ, (a, b, c) गोले के केन्द्र के निर्देशांक हैं।

तथा r गोले की त्रिज्या है।

SSC एग्जाम स्कैनर

SSC CGL 2023 (Tier II)

1. उन बिन्दुओं के निर्देशांक ज्ञात कीजिए जिनमें आरेख $57x - 19y = 399$ निर्देशांक अक्षों को काटता है। **SSC CGL (Tier II) 07/03/2023 Shift I**

(a) X-अक्ष पर (– 7, 0) और Y-अक्ष पर (0, 21)
(b) X-अक्ष पर (7, 0) और Y-अक्ष पर (0,–21)
(c) X-अक्ष पर (7, 0) और Y-अक्ष पर (0, 21)
(d) X-अक्ष पर (– 7, 0) और Y-अक्ष पर (0, –21)

SSC CHSL 2024-2022 (Tier I & II)

2. केन्द्र (–1,2,–3) और 3 इकाई की त्रिज्या वाले गोले का समीकरण ज्ञात करें। **SSC CHSL (Tier I) 09/07/2024 Shift III**

(a) $x^2 + y^2 + z^2 - 2x + 4y - 6z + 5 = 0$
(b) $x^2 + y^2 + z^2 + x + 2y + 3z + 5 = 0$
(c) $x^2 + y^2 + z^2 - x + 2y - 3z + 5 = 0$
(d) $x^2 + y^2 + z^2 + 2x - 4y + 6z + 5 = 0$

3. रेखाओं $x + y = 10$ और $-3x + y = 2$ का एक अद्वितीय हल है। रेखा $x + y = 10$ के अद्वितीय हल और प्रतिच्छेदन बिन्दु और X-अक्ष के बीच की दूरी (इकाई में) कितनी है? **SSC CHSL (Tier I) 09/07/2024 Shift III**

(a) $10\sqrt{2}$ (b) 10 (c) $8\sqrt{2}$ (d) 8

4. यदि ग्राफ पर समीकरण $3p - 2q + 23 = 0$ और $-2p + q - 13 = 0$ का प्रतिच्छेदन बिन्दु (p, q) है, तो $(3p + q)$ का मान होगा **SSC CHSL (Tier I) 09/07/2024 Shift II**

(a) 2 (b) 1 (c) –2 (d) –1

5. यदि समीकरण $20x + 21y = 420$ का ग्राफ निर्देशांक अक्षों को P और Q पर काटता है, तो PQ की लम्बाई की माप (इकाइयों में) क्या है? **SSC CHSL (Tier I) 05/07/2024 Shift IV**

(a) 40 (b) 35
(c) 29 (d) 25

6. मूलबिन्दु से रेखा $6x + 8y - 48 = 0$ तक की लम्बवत् लम्बाई ज्ञात कीजिए। **SSC CHSL (Tier I) 05/07/2024 Shift III**

(a) 2.6 इकाई (b) 5.2 इकाई
(c) 4.8 इकाई (d) 8.3 इकाई

7. दो रैखिक समीकरणों $2x + y = 6$ और $2x - y = -2$ द्वारा निर्मित उस क्षेत्र का क्षेत्रफल ज्ञात कीजिए, जो इन रेखाओं और X–अक्ष से परिबद्ध (bounded) है? **SSC CHSL (Tier I) 03/07/2024 Shift II**

(a) 8 वर्ग इकाई (b) 3 वर्ग इकाई
(c) 5 वर्ग इकाई (d) 6 वर्ग इकाई

8. सरल रेखा $5x + 12y = 60$ के अक्षों के बीच अन्त:खण्डित भाग की लम्बाई ज्ञात कीजिए। **SSC CHSL (Tier I) 03/07/2024 Shift I**

(a) 17 (b) 13
(c) 12 (d) 5

9. यदि एक वृत्त जिसका केन्द्र (2, 3) है, रेखा $4x + 3y - 7 = 0$ को स्पर्श करता है, तो वृत्त की त्रिज्या क्या है? **SSC CHSL (Tier I) 03/07/2024 Shift I**

(a) 1 इकाई (b) 4 इकाई
(c) 2 इकाई (d) 3 इकाई

10. समीकरण $6x + 8y - 48 = 0$ के X-अक्ष और Y-अक्ष के बीच अन्त:खण्ड की सबसे छोटी लम्बाई कितनी है? **SSC CHSL (Tier I) 02/07/2024 Shift III**

(a) 14 इकाई
(b) 6 इकाई
(c) 10 इकाई
(d) 12 इकाई

11. यदि रेखा p का समीकरण $x + y = 5$ है और रेखा q का समीकरण $x - y = 3$ है, तो दोनों रेखाओं में उभयनिष्ठ बिन्दु के निर्देशांक क्या हैं? **SSC CHSL (Tier I) 01/07/2024 Shift I**

(a) (2, 1) (b) (1, 4)
(c) (2, 3) (d) (4, 1)

12. शीर्षों (–3, 2) (5, 4), (7, –6) और (–5, –4) से बने चतुर्भुज के क्षेत्रफल की गणना कीजिए। **SSC CHSL (Tier I) 27/05/2022 Shift I**

(a) 160 वर्ग इकाई
(b) 0 वर्ग इकाई
(c) 80 वर्ग इकाई
(d) 150 वर्ग इकाई

SSC MTS 2024

13. उस चतुर्भुज $ABCD$ का क्षेत्रफल ज्ञात कीजिए जिसके शीर्षों के निर्देशांक $A(6, -3)$, $B(-4, -2)$, $C(3, 1)$ और $D(5, 0)$ हैं? **SSC MTS 01/10/2024 Shift I**

(a) 16 इकाई^2
(b) 25 इकाई^2
(c) 21 इकाई^2
(d) 30 इकाई^2

सही उत्तर

1 (b)	2 (d)	3 (c)	4 (c)	5 (c)	6 (c)	7 (a)	8 (b)	9 (c)	10 (c)
11 (d)	12 (c)	13 (c)							

उत्तर सहित हल

1. (b) दिया गया समीकरण, $57x - 19y = 399$

$\Rightarrow \frac{57x}{399} - \frac{19y}{399} = 1 \Rightarrow \frac{x}{(7)} + \frac{y}{(-21)} = 1$

अत: X-अक्ष पर निर्देशांक (7, 0) और Y-अक्ष पर निर्देशांक (0, –21) अक्षों पर काटता है।

2. (d) यहाँ, $a = -1, b = 2, c = -3$ तथा $r = 3$

गोले का समीकरण,

$(x-a)^2 + (y-b)^2 + (z-c)^2 = r^2$

$\therefore (x+1)^2 + (y-2)^2 + (z+3)^2 = 3^2$

$x^2 + 1 + 2x + y^2 + 4 - 4y + z^2 + 9 + 6z = 9$

$\therefore x^2 + y^2 + z^2 + 2x - 4y + 6z + 5 = 0$

3. (c) $x + y = 10$ ...(i)

$-3x + y = 2$ ...(ii)

समी (i) और (ii) को घटाने पर,

$4x = 8 \Rightarrow x = 2$

x का मान समी (i) में रखने पर, $y = 8$

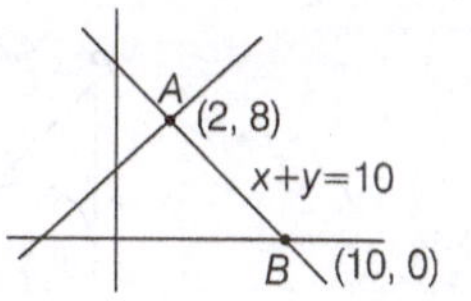

अत: अभीष्ट दूरी $= \sqrt{(10-2)^2 + (0-8)^2}$

$= \sqrt{64 + 64} = \sqrt{128}$

$= 8\sqrt{2}$ इकाई

4. (c) $3p - 2q + 23 = 0$ ...(i)

और $-2p + q - 13 = 0$

$-4p + 2q - 26 = 0$ (2 की गुणा) ...(ii)

समी (i) + समी (ii) से,

$-p - 3 = 0 \Rightarrow p = -3$

अब, समी (i) से, $3 \times (-3) + 23 = 2q \Rightarrow q = 7$

$\therefore 3p + q = 3 \times (-3) + 7 = -2$

5. (c) $20x + 21y = 420$

$\Rightarrow \frac{20x}{420} + \frac{21y}{420} = 1$

$\Rightarrow \frac{x}{21} + \frac{y}{20} = 1$ ...(i)

हम जानते हैं कि

$\therefore \frac{x}{a} + \frac{x}{b} = 1$ ...(ii)

समी (i) और (ii) की तुलना करने पर,

$a = 21, b = 20$

(जहाँ, a समीकरण द्वारा X-अक्ष पर कटा भाग, b समीकरण द्वारा Y-अक्ष पर कटा भाग)

$\therefore P \equiv (a, 0) \equiv (21, 0); Q \equiv (0, b) \equiv (0, 20)$

$\therefore PQ = \sqrt{(21-0)^2 + (0-20)^2}$

$\Rightarrow PQ = \sqrt{441 + 400} = \sqrt{841} = 29$ इकाई

6. (c) मूलबिन्दु से रेखा की अभीष्ट दूरी

$= \left|\frac{c}{\sqrt{a^2 + b^2}}\right|$ ...(i)

और $6x + 8y - 48 = 0$

अभीष्ट दूरी $= \left|\frac{-48}{\sqrt{6^2 + 8^2}}\right| = \left|\frac{-48}{\sqrt{36 + 64}}\right|$

$= \left|\frac{-48}{10}\right| = 4.8$ इकाई

7. (a) दी गई समीकरण

$2x + y = 6 \Rightarrow \frac{x}{3} + \frac{y}{6} = 1$ ...(i)

तथा $2x - y = -2$

$\Rightarrow \frac{x}{-1} + \frac{y}{2} = 1$ ...(ii)

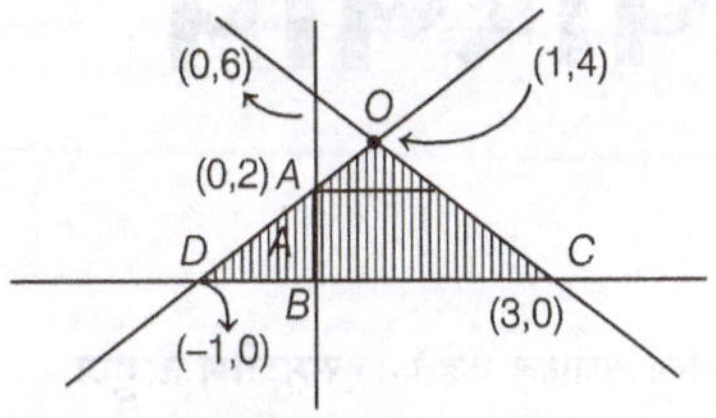

समी (i) व (ii) से,

$4x = 4 \Rightarrow x = 1$ तथा $y = 4$

$\therefore \Delta ODC$ का क्षेत्रफल $= \frac{1}{2} \times$ आधार $\times$ ऊँचाई

$= \frac{1}{2} \times 4 \times 4 = 8$ वर्ग इकाई

8. (b) $\because 5x + 12y = 60$

$\therefore \frac{5x}{60} + \frac{12y}{60} = \frac{60}{60} \Rightarrow \frac{x}{12} + \frac{y}{5} = 1$

अत: अन्त:खण्डित भाग की लम्बाई $= \sqrt{12^2 + 5^2}$

$= \sqrt{144 + 25} = \sqrt{169} = 13$

9. (c)

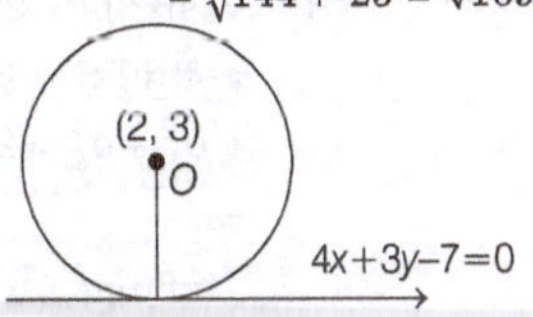

वृत्त की त्रिज्या = वृत्त के केन्द्र से रेखा के बीच की लम्बवत् दूरी $= \frac{ax_1 + by_1 + c}{\sqrt{a^2 + b^2}}$

$= \frac{4 \times 2 + 3 \times 3 - 7}{\sqrt{4^2 + 3^2}}$

$= \frac{10}{5} = 2$ इकाई

10. (c) दिया गया समीकरण $6x + 8y - 48 = 0$

$\Rightarrow 6x + 8y = 48 \Rightarrow \frac{x}{8} + \frac{y}{6} = 1$

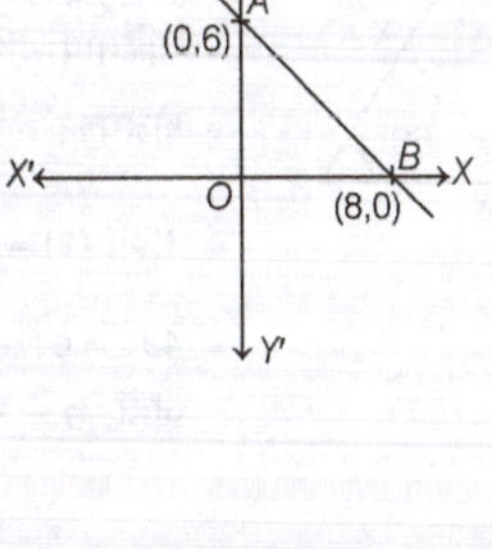

सबसे छोटी लम्बाई, $(AB) = \sqrt{(8-0)^2 + (6-0)^2}$

$= \sqrt{64 + 36} = \sqrt{100} = 10$ इकाई

11. (d) दिया है, रेखा p का समीकरण,

$x + y = 5$ ...(i)

तथा रेखा q का समीकरण

$x - y = 3$ ...(ii)

समी (i) व (ii) को जोड़ने पर,

$2x = 8 \Rightarrow x = 4$

x का मान समी (i) में रखने पर,

$4 + y = 5 \Rightarrow y = 1$

अत: दोनों रेखाओं के उभयनिष्ठ बिन्दु के निर्देशांक (4, 1) हैं।

12. (c) माना दिए गए शीर्षों से निम्न प्रकार का चतुर्भुज बनता है।

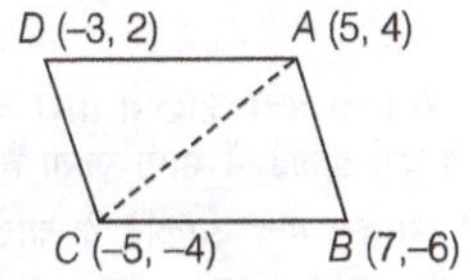

अब चतुर्भुज $ABCD$ का क्षेत्रफल

$= \Delta ABC$ का क्षेत्रफल $+ \Delta CDA$ का क्षेत्रफल

$[\because \Delta$ का क्षेत्रफल $= \frac{1}{2}[x_1(y_2 - y_3) + x_2(y_3 - y_1) + x_3(y_1 - y_2)]$

$\therefore$ चतुर्भुज $ABCD$ का क्षेत्रफल

$= \frac{1}{2}[5(-6+4) + 7(-4-4) + (-5)(4+6)] + \frac{1}{2}[(-5)(2-4) + (-3)(4+4) + 5(-4-2)]$

$= \frac{1}{2}[5 \times (-2) + 7 \times (-8) + (-5) \times 10] + \frac{1}{2}[(-5) \times (-2) + (-3) \times 8 + 5 \times (-6)]$

$= \frac{1}{2}[-10 - 56 - 50) + \frac{1}{2}(10 - 24 - 30)$

$= \frac{1}{2} \times (-116) + \frac{1}{2} \times (-44)$

$= |-58 + (-22)| = |-80| = 80$ वर्ग इकाई

13. (c) यहाँ $(x_1, y_1) = (6, -3), (x_2, y_2) = (-4, -2), (x_3, y_3) = (3, 1)$

और $(x_4, y_4) = (5, 0)$

चतुर्भुज का क्षेत्रफल

$= \frac{1}{2}[(x_1 y_2 + x_2 y_3 + x_3 y_4 + x_4 y_1) - (x_2 y_1 + x_3 y_2 + x_4 y_3 + x_1 y_4)]$

$= \frac{1}{2}[\{6 \times (-2) + (-4) \times 1 + 3 \times 0 + 5 \times (-3)\} - (-4 \times -3 + 3 \times -2 + 5 \times 1 + 6 \times 0)]$

$= \frac{1}{2}[(-12 - 4 - 15) - (12 - 6 + 5)]$

$= \frac{1}{2}[-31 - 11] = \frac{1}{2} \times 42 = 21$ इकाई^2

22

क्षेत्रफल एवं परिमाप

क्षेत्रफल किसी समतल बन्द आकृति द्वारा घेरे गए स्थान को उसका क्षेत्रफल कहते हैं। क्षेत्रफल को वर्ग इकाई में मापा जाता है

परिमाप किसी समतल बन्द आकृति के चारों ओर की कुल लम्बाई को उसका परिमाप कहते हैं। परिमाप का मात्रक आकृति के भुजाओं का मात्रक ही होता है।

त्रिभुज पर आधारित प्रश्न

विषमबाहु त्रिभुज

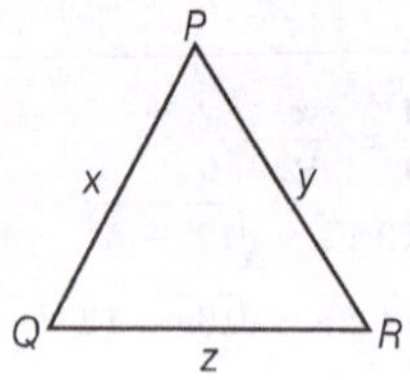

- परिमाप $= x + y + z$
- क्षेत्रफल $(\Delta) = \sqrt{s(s-x)(s-y)(s-z)}$

  जहाँ, $s = \dfrac{x+y+z}{2}$ और x, y और z त्रिभुज की भुजाएँ हैं और s अर्द्ध-परिमाप है।
- अन्त:वृत्त की त्रिज्या $= \dfrac{\Delta}{s}$
- परिवृत्त की त्रिज्या $= \dfrac{xyz}{4\Delta}$

  जहाँ, Δ = विषमबाहु त्रिभुज का क्षेत्रफल

समद्विबाहु त्रिभुज

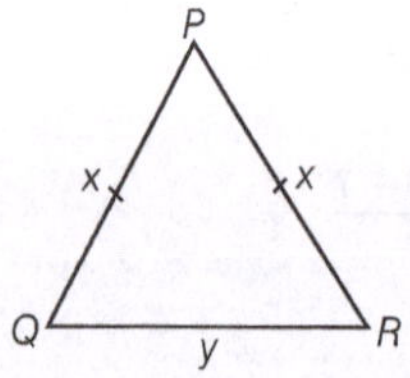

- परिमाप $= 2x + y$
- क्षेत्रफल $= \dfrac{y}{4}\sqrt{4x^2 - y^2}$
- ऊँचाई $\sqrt{x^2 - \left(\dfrac{y}{2}\right)^2} = \dfrac{1}{2}\sqrt{4x^2 - y^2}$

  जहाँ, $x \to$ दो समान भुजा, $y \to$ तीसरी भुजा

समबाहु त्रिभुज

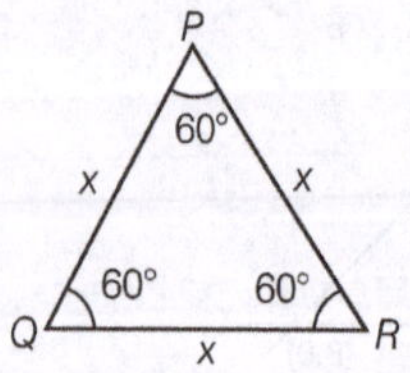

- परिमाप $= 3x$
- क्षेत्रफल $= \dfrac{\sqrt{3}}{4}x^2$
- ऊँचाई $= \dfrac{\sqrt{3}}{2}x$

  जहाँ, $x \to$ त्रिभुज की भुजा
- अन्त:वृत्त की त्रिज्या $= \dfrac{x}{2\sqrt{3}}$
- परिवृत्त की त्रिज्या $= \dfrac{x}{\sqrt{3}}$

समकोण त्रिभुज

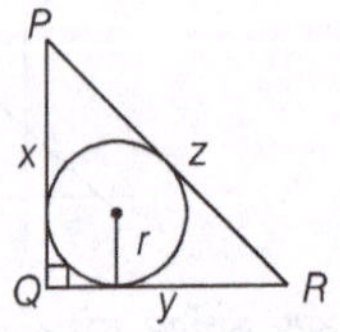

- परिमाप $= x + y + z$
- क्षेत्रफल $= \dfrac{1}{2} \times$ आधार $\times$ ऊँचाई $= \dfrac{1}{2} \times x \times y$

  पाइथागोरस प्रमेय, $z^2 = x^2 + y^2$
- अन्त: वृत्त की त्रिज्या $(r) = \dfrac{x+y-z}{2}$
- परिवृत्त की त्रिज्या $(R) = \dfrac{z}{2}$

चतुर्भुज पर आधारित प्रश्न

समान्तर चतुर्भुज

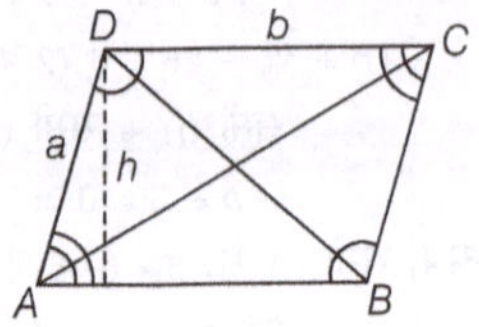

- परिमाप $= 2(a + b)$
- क्षेत्रफल = आधार $\times$ ऊँचाई $= b \times h$
- $d_1^2 + d_2^2 = 2(a^2 + b^2)$

वर्ग

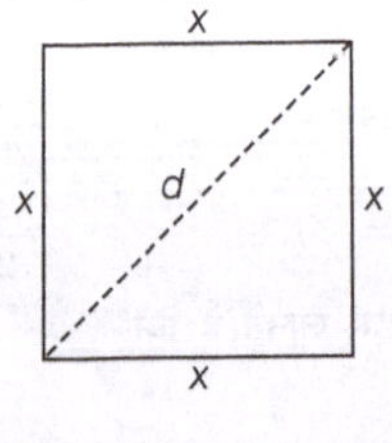

- परिमाप $= 4 \times$ भुजा $= 4x$
- क्षेत्रफल $=$ (भुजा)$^2 = x^2$ या $\dfrac{1}{2}d^2$
- विकर्ण, $(d) = x\sqrt{2}$

  जहाँ, x = भुजा, d = विकर्ण

आयत

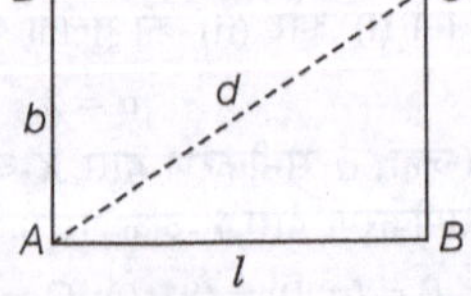

- परिमाप $= 2(l + b)$
- क्षेत्रफल $= l \times b$
- विकर्ण, $(d) = \sqrt{l^2 + b^2}$

समचतुर्भुज

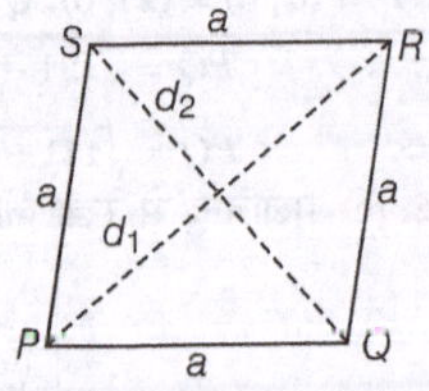

- परिमाप $= 4a$
- क्षेत्रफल $= \dfrac{1}{2} \times d_1 \times d_2$
- भुजा $(a) = \dfrac{1}{2}\sqrt{d_1^2 + d_2^2}$
- $4a^2 = d_1^2 + d_2^2$

  जहाँ, a = भुजा, d_1 और d_2 विकर्ण हैं।

समलम्ब चतुर्भुज

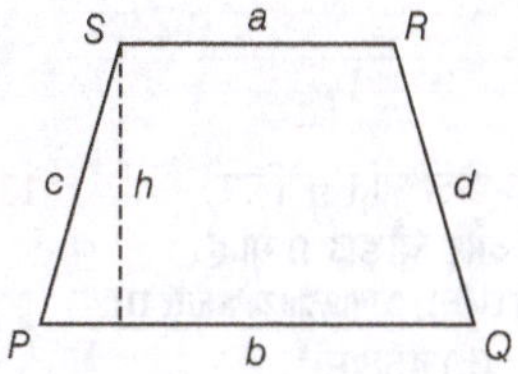

- परिमाप = $PQ + QR + RS + SP$
- क्षेत्रफल = $\frac{1}{2} \times (a + b) \times h$,

जहाँ a और b समान्तर भुजाएँ हैं तथा h समान्तर रेखाओं के बीच की दूरी है।

वृत्त पर आधारित प्रश्न

वृत्त

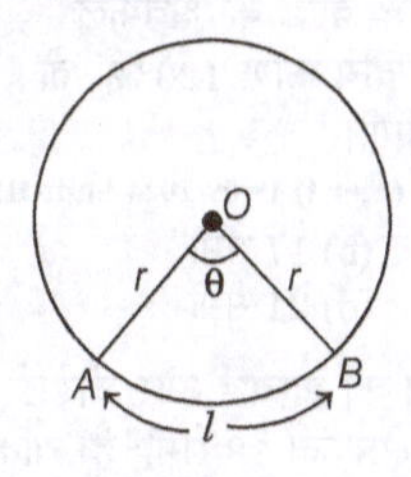

- परिधि = $2\pi r$
- क्षेत्रफल = πr^2
- व्यास = 2 × त्रिज्या = $2r$
- चाप की लम्बाई (l) = $\pi r \times \frac{\theta}{180°}$
- त्रिज्यखण्ड का क्षेत्रफल (AOB) = $\frac{\pi r^2 \theta}{360°} = \frac{1}{2} r \times l$

जहाँ, θ = एक ही वृत्त की दो त्रिज्याओं के बीच बना कोण।

वृत्ताकार पथ

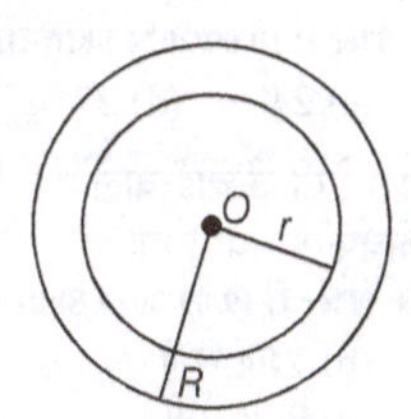

- परिधि = $2\pi R + 2\pi r = 2\pi (R + r)$
- क्षेत्रफल = $\pi (R^2 - r^2)$

जहाँ, R = बड़े वृत्त की त्रिज्या,

r = छोटे वृत्त की त्रिज्या

अर्द्धवृत्त

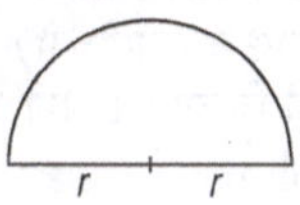

- परिमाप = $\pi r + 2r$
- क्षेत्रफल = $\frac{1}{2} \times \pi r^2$
- जहाँ, r = अर्द्धवृत्त की त्रिज्या

क्षेत्रफल तथा परिमाप से सम्बन्धित महत्त्वपूर्ण सूत्र

- यदि किसी आयत की **लम्बाई** तथा **चौड़ाई** में क्रमशः **a%** तथा **b%** की वृद्धि कर दी जाए, तो उसके **क्षेत्रफल में वृद्धि %** = $\left(a + b + \frac{ab}{100}\right)$%.
- यदि किसी भी द्विविमीय आकृति के **सभी भुजाओं** में **a%** का परिवर्तन कर दिया जाए तो उसके **क्षेत्रफल में परिवर्तन %** = $\left(2a + \frac{a^2}{100}\right)$%

परन्तु वृत्त के लिए भुजाओं के स्थान पर त्रिज्या या व्यास में परिवर्तन दिया जाएगा।

- यदि किसी द्विविमीय आकृति के सभी भुजाओं में a% का परिवर्तन कर दिया जाए तो उसके परिमाप में भी a% का परिवर्तन होता है। परन्तु वृत्त के लिए भुजाओं के स्थान पर त्रिज्या या व्यास लिया जाएगा।
- यदि किसी मार्ग की चौड़ाई x है जोकि किसी आयताकार खेत के अन्दर या बाहर बना हुआ है जिसकी लम्बाई l तथा चौड़ाई b है तो मार्ग का क्षेत्रफल =
  - (i) $\mathbf{2x(l + b + 2x)}$ होगा, यदि मार्ग खेत के बाहर बना है।
  - (ii) $\mathbf{2x(l + b - 2x)}$ होगा, यदि मार्ग खेत के अन्दर बना है।
- यदि कोई दो मार्ग जिसकी चौड़ाई x है, जोकि एक आयताकार खेत के मध्य उसकी लम्बाई l तथा चौड़ाई b के समानान्तर बने हैं, तो मार्ग का क्षेत्रफल = $x(l + b - x)$ होगा।

उदाहरण 1. एक त्रिभुजाकार खेत की भुजाएँ क्रमशः 20 मी, 21 मी तक 29 मी हैं, इस खेत में ₹ 9 प्रति वर्ग मी की दर से फसल काटने का खर्च कितना होगा?

हल ∵ $20^2 + 21^2 = 29^2$

⇒ $400 + 441 = 841$

⇒ $841 = 841$

∴ त्रिभुजाकार खेत समकोण त्रिभुज हैं

अब, क्षेत्रफल = $\frac{1}{2}$ × आधार × ऊँचाई

$= \frac{1}{2} \times 20 \times 21 = 210$ वर्ग मी

अतः फसल काटने का खर्च = 210 × 9 = ₹1890

उदाहरण 2. एक आयताकार खेत की लम्बाई उसकी चौड़ाई से 48 मी अधिक है तथा इसका परिमाप 800 मी है। खेत का क्षेत्रफल कितना है?

हल माना, आयत की चौड़ाई = x मी

∴ आयत की लम्बाई = $(x + 48)$ मी

∵ आयत का परिमाप = $2 (l + b)$

$800 = 2 (x + 48 + x)$

⇒ $4x = 800 - 96$

∴ $x = \frac{704}{4} = 176$

अतः खेत का क्षेत्रफल = $176 \times (176 + 48)$

$= 176 \times 224 = 39424$ वर्ग मी

उदाहरण 3. एक समलम्ब चतुर्भुज की समान्तर भुजाएँ क्रमशः 1.5 मी तथा 2.5 मी लम्बी हैं तथा इन भुजाओं के बीच की लम्बवत् दूरी 6.5 मी है। इस चतुर्भुज का क्षेत्रफल कितना होगा?

हल समलम्ब चतुर्भुज का क्षेत्रफल

= $\frac{1}{2}$ × (समान्तर भुजाओं का योग) × उनके बीच की दूरी

$= \frac{1}{2} \times (1.5 + 2.5) \times 6.5$

$= 2 \times 6.5 = 13$ वर्ग मी

उदाहरण 4. दो वृत्तों की परिधि क्रमशः 132 मी तथा 176 मी है। इनके क्षेत्रफलों में कितना अन्तर है?

हल ∵ वृत्त की परिधि = $2\pi r$

∴ पहले वृत्त की परिधि = $2\pi r_1$

$132 = 2 \times \frac{22}{7} \times r_1$

⇒ $r_1 = \frac{132 \times 7}{44} = 21$ मी

तथा दूसरे वृत्त की परिधि = $2\pi r_2$

$r_2 = \frac{176 \times 7}{44} = 28$ मी

अत; दोनों वृत्तों के क्षेत्रफल में अन्तर = $\pi ((r_2^2 - r_1^2)$

$= \frac{22}{7} (28^2 - 21^2)$

$= \frac{22}{7} \times (28 + 21) (28 - 21)$

$= 22 \times 49$

$= 1078$ वर्ग मी

SSC एग्जाम स्कैनर

SSC CGL 2024 (Tier I & II)

1. अक्षय ने 21 सेमी व्यास की तीन समरूप अंगूठियाँ इस प्रकार रखी कि हर अंगूठी अन्य दो अंगूठियों को छूती है। उसने देखा कि वृत्तों से घिरा हुआ एक स्थान है। इस स्थान का क्षेत्रफल (सेमी^{2} में) क्या होगा $\left(\pi = \frac{22}{7}\text{ले}\right)$?

SSC CGL (Tier II) 20/01/2025 Shift-I

नोट – दशमलव के बाद निकटतम दो स्थानों तक पूर्णांकित करें। और $\sqrt{3} = 1.732$

(a) 20.65 (b) 24.12
(c) 17.70 (d) 18.25

2. एक आयताकार पार्क की लम्बाई और चौड़ाई के बीच का अनुपात 3:2 और पार्क का परिमाप 120 मी है पार्क का क्षेत्रफल (मी^{2} में) ज्ञात कीजिए। SSC CGL (Tier II) 20/01/2025 Shift-I

(a) 144 (b) 864 (c) 968 (d) 454

3. एक त्रिज्यखण्ड का केन्द्रीय कोण 80° है और जिसकी लम्बाई 96 π हैं। वृत्त की त्रिज्या क्या है? SSC CGL (Tier I) 26/09/2024 Shift-II

(a) 196 इकाई (b) 116 इकाई
(c) 204 इकाई (d) 216 इकाई

4. एक वृत्त की परिधि और व्यास का अनुपात 3 : 5 है। यदि परिधि 6 सेमी है, तो वृत्त की त्रिज्या ज्ञात कीजिए। SSC CGL (Tier I) 25/09/2024 Shift-III

(a) 10 सेमी (b) 1.8 सेमी
(c) 5 सेमी (d) 15 सेमी

5. एक वृत्ताकार चाप, जिसकी त्रिज्या 14 सेमी है, केन्द्र पर 45° का कोण बनाता है। त्रिज्यखण्ड का परिमाप (सेमी में) ज्ञात कीजिए। ($\pi = \frac{22}{7}$ उपयोग कीजिए)

SSC CGL (Tier I) 25/09/2024 Shift-II

(a) 28 सेमी (b) 34 सेमी
(c) 38 सेमी (d) 39 सेमी

6. उस वृत्त का व्यास (सेमी में) ज्ञात कीजिए, जिसकी परिधि 12 सेमी और 16 सेमी त्रिज्या वाले दो वृत्तों की परिधियों के योगफल के बराबर है। SSC CGL (Tier I) 25/09/2024 Shift-II

(a) 64 सेमी (b) 32 सेमी
(c) 28 सेमी (d) 56 सेमी

7. दो वृत्तों की त्रिज्याएँ 8 सेमी और 15 सेमी हैं। उस वृत्त की परिधि ज्ञात कीजिए (सेमी में), जिसका क्षेत्रफल दोनों वृत्तों के क्षेत्रफलों के योगफल के बराबर है।

SSC CGL (Tier I) 24/09/2024 Shift-II

(a) 32π (b) 34π (c) 28π (d) 30π

8. यदि एक समबाहु त्रिभुज की प्रत्येक भुजा $37\sqrt{3}$ सेमी है, तो शीर्षलम्ब (सेमी में) ज्ञात कीजिए। SSC CGL (Tier I) 23/09/2024 Shift-III

(a) 18.5 (b) 60.5
(c) 55.5 (d) 37.5

9. एक ऐसे आयत का क्षेत्रफल ज्ञात कीजिए, जिसकी लम्बाई 52 मी और चौड़ाई 9 मी है।

SSC CGL (Tier I) 23/09/2024 Shift-III

(a) 253 मी^{2} (b) 468 मी^{2}
(c) 552 मी^{2} (d) 625 मी^{2}

10. यदि किसी वृत्त के त्रिज्यखण्ड का क्षेत्रफल 462 सेमी^{2} है और केन्द्रीय कोण 120° है, तो इसकी त्रिज्या ...... होगी।

SSC CGL (Tier I) 19/09/2024 Shift-III

(a) 14 सेमी (b) 17 सेमी
(c) 18 सेमी (d) 21 सेमी

11. एक आयताकार मैदान की लम्बाई और चौड़ाई का योग 9 सेमी और क्षेत्रफल 18 सेमी^{2} है। यदि लम्बाई 'a' है और चौड़ाई 'b' है, तो $(a^2 - ab + b^2)$ का मान ज्ञात कीजिए।

SSC CGL (Tier I) 19/09/2024 Shift-III

(a) 18 (b) 36 (c) 24 (d) 27

12. 26 सेमी आधार और 18 सेमी ऊँचाई वाले समान्तर चतुर्भुज का क्षेत्रफल क्या होगा?

SSC CGL (Tier I) 19/09/2024 Shift-I

(a) 468 सेमी^{2} (b) 234 सेमी^{2}
(c) 936 सेमी^{2} (d) 932 सेमी^{2}

13. उस त्रिज्यखण्ड का क्षेत्रफल (सेमी^{2} में) ज्ञात कीजिए, जिसमें वृत्त की त्रिज्या 24 सेमी और चाप की लम्बाई 7 सेमी है।

SSC CGL (Tier I) 18/09/2024 Shift-III

(a) 48 (b) 84 (c) 168 (d) 72

14. 18 सेमी भुजाओं वाले एक समबाहु त्रिभुज का क्षेत्रफल (सेमी^{2} में) ज्ञात कीजिए।

SSC CGL (Tier I) 18/09/2024 Shift-II

(a) $77\sqrt{3}$ (b) $79\sqrt{3}$
(c) $81\sqrt{3}$ (d) $75\sqrt{3}$

15. 24 सेमी त्रिज्या वाला एक वृत्तीय चाप केन्द्र पर 60° का कोण बनाता है। निर्मित त्रिज्यखण्ड का परिमाप क्या होगा?
($\pi = 3.14$ का उपयोग कीजिए।

SSC CGL (Tier I) 18/09/2024 Shift-I

(a) 73.12 सेमी (b) 63.12 सेमी
(c) 73.22 सेमी (d) 74.32 सेमी

16. एक आयताकार बगीचे का परिमाप 48 मी है। यदि लम्बाई, चौड़ाई से 6 मी अधिक है, तो बगीचे का क्षेत्रफल (मी^{2} में) क्या है?

SSC CGL (Tier I) 18/09/2024 Shift-I

(a) 112 (b) 135
(c) 84 (d) 96

17. एक वृत्ताकार चाप केन्द्र पर 15° का कोण बनाता है। यदि वृत्ताकार चाप की त्रिज्या 14 सेमी है, तो इस प्रकार बने त्रिज्यखण्ड का परिमाप (दो दशमलव स्थानों तक सही) क्या है? ($\pi = 3.14$) ?

SSC CGL (Tier I) 17/09/2024 Shift-III

(a) 21.32 सेमी (b) 35.32 सेमी
(c) 17.66 सेमी (d) 31.66 सेमी

18. किस कोण पर चाप की लम्बाई वृत्त की परिधि की आधी होती है?

SSC CGL (Tier I) 17/09/2024 Shift-I

(a) 90° (b) 120° (c) 180° (d) 270°

19. 10 सेमी, 20 सेमी और 20 सेमी भुजाओं वाले ΔABC तथा 13 सेमी कर्ण और लम्बों में से 12 सेमी के एक लम्ब वाले समकोण त्रिभुज ΔPQR के क्षेत्रफल (सेमी^{2} में) में कितना अन्तर होगा?

नोट $\sqrt{2} = 1.41, \sqrt{3} = 1.73, \sqrt{7} = 2.65, \sqrt{13} = 3.61, \sqrt{15} = 3.87, \sqrt{21} = 4.58$

SSC CGL (Tier I) 17/09/2024 Shift-I

(a) 70.05 (b) 53.58
(c) 36.57 (d) 66.75

20. उस त्रिज्यखण्ड के केन्द्रीय कोण की माप क्या होगी, यदि उसका क्षेत्रफल 16π और त्रिज्या 8 है। SSC CGL (Tier I) 17/09/2024 Shift-I

(a) 90° (b) 108° (c) 60° (d) 75°

21. 12 सेमी त्रिज्या वाले एक वृत्त के एक त्रिज्यखण्ड का क्षेत्रफल कितना होगा, जो 7 सेमी लम्बे चाप द्वारा निर्मित हुआ है?

SSC CGL (Tier I) 13/09/2024 Shift-III

(a) 84 सेमी^{2} (b) 42 सेमी^{2}
(c) 21 सेमी^{2} (d) 28 सेमी^{2}

22. 21 सेमी त्रिज्या वाले वृत्ताकार पिज्जा का एक-चौथाई भाग, सम्पूर्ण पिज्जा से निकाल दिया जाता है। शेष पिज्जा का परिमाप (सेमी में) कितना होगा। ($\pi = 22/7$) का उपयोग कीजिए। SSC CGL (Tier I) 13/09/2024 Shift-I

(a) 141 (b) 131
(c) 128 (d) 99

23. यदि 9.6 इकाई त्रिज्या वाला त्रिज्यखण्डीय कोण 75° है, तो चाप की लम्बाई कितनी है?

SSC CGL (Tier I) 12/09/2024 Shift-III

(a) 4π इकाई (b) 3π इकाई
(c) π इकाई (d) 2π इकाई

24. एक वृत्ताकार चाप, जिसकी त्रिज्या 12 सेमी है, केन्द्र पर 30° का कोण बनाता है। बने हुए त्रिज्यखण्ड का परिमाप (सेमी में) ज्ञात कीजिए। ($\pi = 3.14$ का उपयोग कीजिए)

SSC CGL (Tier I) 12/09/2024 Shift-III

(a) 28.64 (b) 26.24
(c) 30.28 (d) 32.38

25. त्रिभुज ABC में, भुजा BC की लम्बाई, भुजा AB की लम्बाई के दोगुने से 2 सेमी कम है। भुजा AC की लम्बाई, भुजा AB की लम्बाई से 10 सेमी अधिक है। त्रिभुज का परिमाप 40 सेमी है। त्रिभुज की सबसे छोटी भुजा की लंबाई (सेमी में) ज्ञात कीजिए।

SSC CGL (Tier I) 12/09/2024 Shift-II

(a) 10 (b) 8
(c) 14 (d) 12

26. 44 सेमी की चाप लम्बाई वाले एक ऐसे त्रिज्यखण्ड का क्षेत्रफल ज्ञात करें, जो 30° का केन्द्रीय कोण अन्तरित करता है।

SSC CGL (Tier I) 12/09/2024 Shift-II

(a) 1488 सेमी^{2} (b) 1584 सेमी^{2}
(c) 1884 सेमी^{2} (d) 1848 सेमी^{2}

27. उस वर्ग का क्षेत्रफल ज्ञात करें, जिसका एक विकर्ण 4.8 मी लम्बा है।

SSC CGL (Tier I) 11/09/2024 Shift-II

(a) 12.5 मी^{2} (b) 10.5 मी^{2}
(c) 11.52 मी^{2} (d) 9.5 मी^{2}

28. यदि एक समबाहु त्रिभुज का परिमाप 36 इकाई है, तो इसका क्षेत्रफल (वर्ग इकाई में) है, कितना होगा? SSC CGL (Tier I) 11/09/2024 Shift-I

(a) $36\sqrt{2}$ (b) $144\sqrt{3}$
(c) $144\sqrt{2}$ (d) $36\sqrt{3}$

29. एक आयताकार आँगन 4 मी 95 सेमी लम्बा और 16 मी 65 सेमी चौड़ा है। इसे समान आकार की वर्गाकार टाइलों से पक्का किया जाना है। आयताकार आँगन को पक्का करने के लिए आवश्यक ऐसी वर्गाकार टाइलों की न्यूनतम संख्या ज्ञात कीजिए।

SSC CGL (Tier I) 11/09/2024 Shift-I

(a) 388 (b) 944 (c) 877 (d) 407

30. एक वृत्ताकार पथ की आन्तरिक और बाहरी त्रिज्याएँ क्रमश: 28 मी और 25 मी हैं। ‘28 प्रति मी^{2} की दर से पथ को समतल करने की लागत (₹ में) कितनी है? [$\pi = \frac{22}{7}$ का उपयोग कीजिए] SSC CGL (Tier I) 11/09/2024 Shift-I

(a) 13992 (b) 17355
(c) 15421 (d) 11229

31. एक वृत्त के उस त्रिज्यखण्ड का केन्द्रीय कोण कितना है जिसका क्षेत्रफल और परिमाप क्रमश: 209 सेमी^{2} और 63 सेमी के बराबर है, यदि यह दिया गया है कि इसकी त्रिज्या एक गैर-ऋणात्मक पूर्णांक है? (एक दशमलव स्थान तक पूर्णांकित मान)

SSC CGL (Tier I) 10/09/2024 Shift-III

(a) 51.5° (b) 53.5°
(c) 55.5° (d) 49.5°

32. किसी वर्ग का क्षेत्रफल $16x^2 + 40x + 25$ वर्ग इकाई है। उस वर्ग का परिमाप ज्ञात कीजिए।

SSC CGL (Tier I) 10/09/2024 Shift-III

(a) $3(10x + 8)$ (b) $2(8x + 10)$
(c) $3(8x + 10)$ (d) $2(10x + 8)$

33. एक समबाहु त्रिभुज की भुजा 28 सेमी है। प्रत्येक शीर्ष को केन्द्र मानकर, त्रिभुज की भुजा की आधी लम्बाई के बराबर त्रिज्या वाले एक वृत्त को चित्रित किया गया है। त्रिभुज के उस भाग का क्षेत्रफल ज्ञात कीजिए, जो वृत्त में शामिल नहीं है ($\pi = \frac{22}{7}$ और $\sqrt{3} = 1.73$ का उपयोग कीजिए)।

SSC CGL (Tier I) 10/09/2024 Shift-I

(a) 38.08 सेमी^{2} (b) 39.08 सेमी^{2}
(c) 31.08 सेमी^{2} (d) 30.89 सेमी^{2}

34. 10 सेमी त्रिज्या और 30° कोण वाले एक वृत्त के त्रिज्यखण्ड का परिमाप (सेमी में एक दशमलव स्थान तक पूर्णांकित) कितना होगा? ($\pi = 3.14$ का उपयोग कीजिए।)

SSC CGL (Tier I) 09/09/2024 Shift-III

(a) 82.8 (b) 20.4
(c) 25.2 (d) 35.7

35. उस त्रिज्यखण्ड का क्षेत्रफल (सेमी^{2} में) ज्ञात कीजिए जिसकी परिधि $\frac{64}{3}$ सेमी और केन्द्रीय कोण 60° है। $\left(\pi = \frac{22}{7}\right)$ का उपयोग कीजिए।

SSC CGL (Tier I) 09/09/2024 Shift-III

(a) $\frac{68}{3}$ (b) $\frac{85}{3}$ (c) $\frac{47}{3}$ (d) $\frac{77}{3}$

36. एक समकोण समद्विबाहु त्रिभुज का क्षेत्रफल 50 वर्ग इकाई है। इसके कर्ण की लम्बाई (इकाई में) कितनी है?

SSC CGL (Tier I) 09/09/2024 Shift-II

(a) $5\sqrt{5}$ (b) $5\sqrt{2}$ (c) $10\sqrt{2}$ (d) $10\sqrt{3}$

37. 15.75 सेमी त्रिज्या वाले एक वृत्त से 11 सेमी की चाप लम्बाई त्रिज्यखण्ड काटा जाता है। इस त्रिज्यखण्ड का क्षेत्रफल सेमी^{2} में ज्ञात कीजिए।

SSC CGL (Tier I) 09/09/2024 Shift-II

(a) 86.875 (b) 86.525
(c) 86.625 (d) 86.125

SSC CGL 2023 (Tier I & II)

38. एक समलम्ब चतुर्भुज $ABCD$ में, AB और DC एक-दूसरे के समान्तर है तथा उनके बीच लम्बवत् दूरी 8 मी है। साथ ही, $(AD) = (BC) = 10$ मी और $(AB) = 15$ मी $< (DC)$ है। समलम्ब चतुर्भुज $ABCD$ का परिमाप (मीटर में) क्या होगा?

SSC CGL (Tier II) 07/03/2023 Shift-I

(a) 50 (b) 58 (c) 62 (d) 66

39. 5 सेमी त्रिज्या वाले एक वृत्त के अन्दर बने वर्ग का परिमाप क्या है?

SSC CGL (Tier II) 06/03/2023 Shift-I

(a) $30\sqrt{2}$ सेमी (b) $40\sqrt{2}$ सेमी
(c) $20\sqrt{2}$ सेमी (d) $10\sqrt{2}$ सेमी

40. एक समलम्ब की दो समानान्तर भुजाओं की लम्बाई के बीच का अन्तर 12 सेमी है। इन दोनों समानान्तर भुजाओं के बीच की लम्बवत दूरी 60 सेमी है। यदि समलम्ब का क्षेत्रफल 1380 सेमी^{2} है, तो प्रत्येक समान्तर भुजा की लम्बाई (सेमी में) ज्ञात कीजिए।

SSC CGL (Tier II) 06/03/2023 Shift-I

(a) 31,19 (b) 29,17
(c) 27,15 (d) 24,12

41. एक समचतुर्भुज का एक विकर्ण दूसरे से 65% है। लम्बे विकर्ण को भुजा के रूप में उपयोग करके एक वर्ग बनाया गया है। समचतुर्भुज के क्षेत्रफल और वर्ग के क्षेत्रफल का अनुपात क्या होगा? SSC CGL (Tier II) 03/03/2023 Shift-I

(a) 18 : 15 (b) 15 : 18
(c) 40 : 13 (d) 13 : 40

42. एक आयताकार पार्क 120 मी लम्बा और 104 मी चौड़ा है। पार्क की सीमा के साथ-साथ एक 1 मी चौड़ा रास्ता चलता है, जो पार्क के क्षेत्र के पूरी तरह से भीतर रहता है। इस प्रकार, रास्ते के बाहरी किनारे, पार्क की चारदीवारी के साथ चलते हैं। रास्ते के अन्दर के किनारों को नगण्य मोटाई की एक सफेद रेखा पोती जानी है। यदि प्रत्येक मीटर पर सफेद रेखा पोतने पर ₹ 2.50 का खर्च आता है, तो रास्ते के अन्दर के किनारों को पूरी तरह से पोतने के लिए कितना खर्च आएगा (₹ में)? SSC CGL (Tier II) 02/03/2023 Shift I

(a) 1120 (b) 1080
(c) 1090 (d) 1100

43. एक वृत्ताकार चाप जिसकी त्रिज्या 4 सेमी है, केन्द्र पर 45° का कोण बनाता है। बने त्रिज्यखण्ड का परिमाप ज्ञात कीजिए। $\left(\pi = \frac{22}{7}\right)$ लीजिए

SSC CGL (Tier I) 27/07/2023 Shift III

(a) $\frac{78}{7}$ सेमी (b) $\frac{76}{7}$ सेमी
(c) $\frac{72}{7}$ सेमी (d) $\frac{74}{7}$ सेमी

44. निम्नांकित आकृति में, चाप AB की लम्बाई वृत्त की त्रिज्या r के पाँच गुना के बराबर है। त्रिज्यखण्ड AOB का क्षेत्रफल ज्ञात कीजिए।

SSC CGL (Tier I) 27/07/2023 Shift I

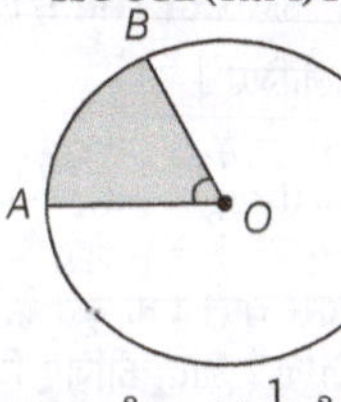

(a) $3r^2$ (b) $2r^2$ (c) $\frac{1}{2}r^2$ (d) $2.5r^2$

45. एक ऐसे समबाहु त्रिभुज का क्षेत्रफल ज्ञात करें जिसकी भुजाएँ 16 सेमी लम्बाई वाली है।

SSC CGL (Tier I) 26/07/2023 Shift III

(a) $64\sqrt{3}$ सेमी^{2} (b) $66\sqrt{3}$ सेमी^{2}
(c) $60\sqrt{3}$ सेमी^{2} (d) $62\sqrt{3}$ सेमी^{2}

46. 8 सेमी त्रिज्या वाले और 12 सेमी लम्बाई की चाप से बने एक वृत्त के त्रिज्यखण्ड का क्षेत्रफल क्या है?

SSC CGL (Tier I) 25/07/2023 Shift III

(a) 84 सेमी^{2} (b) 48 सेमी^{2}
(c) 45 सेमी^{2} (d) 47 सेमी^{2}

47. एक मैदान 150 मी लम्बा और 80 मी चौड़ा है। इसका परिमाप इसके विकर्ण की लम्बाई का कितना गुना (1 दशमलव स्थान तक पूर्णांकित) है? SSC CGL (Tier I) 25/07/2023 Shift I

(a) 2.5 (b) 2.7 (c) 2.3 (d) 3.1

48. नीचे दिए गए सूत्र का उपयोग निम्नलिखित में से किसकी गणना के लिए किया जाता है

$$\frac{\text{चाप द्वारा केन्द्र पर अन्तरित किया गया कोण} \times \pi \times \text{व्यास}}{360°}$$

SSC CGL (Tier I) 25/07/2023 Shift I

(a) त्रिज्यखण्ड की लम्बाई (b) चाप का क्षेत्रफल
(c) चाप की लम्बाई (d) वृत्त की त्रिज्या

49. एक समबाहु त्रिभुज की भुजा 12 सेमी है। त्रिभुज का क्षेत्रफल (सेमी^{2} में, 2 दशमलव स्थानों तक पूर्णांकित) क्या है? दिया है: $\sqrt{3} = 1.732$ SSC CGL (Tier I) 24/07/2023 Shift IV
(a) 65.23 (b) 63.89 (c) 62.35 (d) 68.07

50. एक निश्चित आयत की लम्बाई और चौड़ाई का अनुपात 3 : 2 है और उसका क्षेत्रफल 150 सेमी^{2} है। आयत का परिमाप (सेमी में) ज्ञात कीजिए। SSC CGL (Tier I) 24/07/2023 Shift I
(a) 40 (b) 20 (c) 50 (d) 30

51. एक समद्विबाहु त्रिभुज का परिमाप 100 सेमी है। यदि इसके आधार की लम्बाई 36 सेमी है, तो इसका अर्द्ध-परिमाप ज्ञात करें। (सेमी में)
SSC CGL (Tier I) 21/07/2023 Shift II
(a) 64 (b) 50 (c) 60 (d) 45

52. एक आयत की चौड़ाई, उसकी लम्बाई से 2 मी कम है। यदि आयत का परिमाप 68 मी हो,तो आयत की लम्बाई (मीटर में) ज्ञात कीजिए।
SSC CGL (Tier I) 20/07/2023 Shift IV
(a) 20 (b) 18 (c) 17 (d) 16

53. 7 सेमी त्रिज्या और 60° केन्द्रीय कोण वाले एक वृत्त के त्रिज्यखण्ड का क्षेत्रफल (सेमी^{2} में) क्या है? SSC CGL (Tier I) 19/07/2023 Shift III
$\left(\pi = \frac{22}{7}\right.$ लीजिए$\left.\right)$
(a) 77 (b) $\frac{77}{3}$ (c) $\frac{77}{2}$ (d) $\frac{77}{4}$

54. 7 सेमी व्यास वाले एक वृत्त के त्रिज्यखण्ड की चाप की लम्बाई ज्ञात कीजिए जिसका केन्द्रीय कोण 108° का है। ($\pi = \frac{22}{7}$ का प्रयोग कीजिए) SSC CGL (Tier I) 19/07/2023 Shift I
(a) 13.2 सेमी (b) 11.2 सेमी
(c) 6.6 सेमी (d) 5.6 सेमी

55. किसी वृत्त के एक त्रिज्यखण्ड का क्षेत्रफल 1848 मी^{2} है और त्रिज्यखण्ड का केन्द्रीय कोण 270° है। वृत्त की त्रिज्या ज्ञात कीजिए। [$\pi = 22/7$ का प्रयोग कीजिए]
SSC CGL (Tier I) 18/07/2023 Shift IV
(a) 28 मी (b) 784 मी
(c) 22 मी (d) 27 मी

56. एक समबाहु त्रिभुज का परिमाप 48 सेमी है। इसका क्षेत्रफल (सेमी^{2} में) ज्ञात कीजिए।
SSC CGL (Tier I) 18/07/2023 Shift II
(a) $8\sqrt{3}$ (b) $64\sqrt{3}$
(c) $81\sqrt{3}$ (d) $25\sqrt{3}$

57. एक समद्विबाहु त्रिभुज की प्रत्येक समान भुजा की लम्बाई और तीसरी भुजा की लम्बाई का अनुपात 3 : 5 है। यदि त्रिभुज का क्षेत्रफल $30\sqrt{11}$ सेमी^{2} है, तो तीसरी भुजा की लम्बाई (सेमी में) क्या होगी?
SSC CGL (Tier I) 18/07/2023 Shift II
(a) $5\sqrt{6}$ (b) $13\sqrt{6}$
(c) $10\sqrt{6}$ (d) $11\sqrt{6}$

58. 12 सेमी त्रिज्या वाले एक वृत्त के त्रिज्यखण्ड का क्षेत्रफल 32π सेमी^{2} है। त्रिज्यखण्ड की संगत चाप की लम्बाई ज्ञात कीजिए।
SSC CGL (Tier I) 17/07/2023 Shift IV
(a) $\frac{8}{3}\pi$ सेमी (b) $\frac{13}{3}\pi$ सेमी
(c) $\frac{10}{3}\pi$ सेमी (d) $\frac{16}{3}\pi$ सेमी

59. 10 सेमी त्रिज्या के एक वृत्त का त्रिज्यखण्ड केन्द्र पर 60° कोण पर बनाता है। इसका क्षेत्रफल क्या होगा? ($\pi = 3.14$ मानिए)
SSC CGL (Tier I) 17/07/2023 Shift IV
(a) 75.28 सेमी^{2} (b) 60.67 सेमी^{2}
(c) 55.00 सेमी^{2} (d) 52.33 सेमी^{2}

60. 5 सेमी त्रिज्या और 60° कोण वाले एक वृत्त के त्रिज्यखण्ड का क्षेत्रफल ज्ञात कीजिए (दशमलव के एक स्थान तक)।
SSC CGL (Tier I) 17/07/2023 Shift III
(a) 14.1 सेमी^{2} (b) 13.1 सेमी^{2}
(c) 12.8 सेमी^{2} (d) 15.1 सेमी^{2}

61. 23.1 सेमी लम्बा एक चाप वृत्त के केन्द्र पर 18° का कोण अन्तरित करता है। उस वृत्त का क्षेत्रफल कितना है?
[मानिए $\pi = \frac{22}{7}$]
SSC CGL (Tier I) 14/07/2023 Shift II
(a) 16878.50 सेमी^{2}
(b) 16978.50 सेमी^{2}
(c) 16988.50 सेमी^{2}
(d) 16798.50 सेमी^{2}

62. यदि एक समबाहु त्रिभुज की भुजा में 34% की वृद्धि की जाए, तो इसके क्षेत्रफल में कितने प्रतिशत की वृद्धि होगी?
SSC CGL (Tier I) 14/07/2023 Shift II
(a) 68.25% (b) 75.15%
(c) 79.56% (d) 70.65%

SSC CGL 2022 (Tier I)

63. निम्न आकृति में दर्शाए गए 6 इकाई भुजा वाले समबाहु त्रिभुज के छायांकित भाग का क्षेत्रफल ज्ञात कीजिए। त्रिज्या 1 इकाई वाला वृत्त त्रिभुज की एक भुजा के मध्य बिन्दु पर केन्द्रित है।

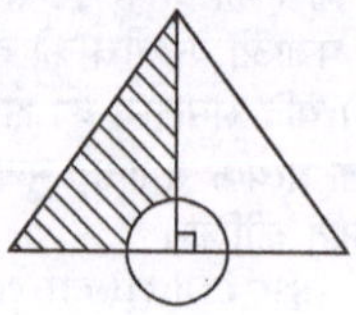

SSC CGL (Tier I) 13/12/2022 Shift IV
(a) $\frac{1}{2}\left(6\sqrt{3} - \frac{11}{7}\right)$ इकाई^2
(b) $\frac{1}{4}\left(9\sqrt{3} - \frac{11}{7}\right)$ इकाई^2
(c) $\frac{1}{2}\left(9\sqrt{3} - \frac{11}{7}\right)$ इकाई^2
(d) $\frac{1}{2}\left(9\sqrt{3} - \frac{22}{7}\right)$ इकाई^2

64. एक त्रिभुज और एक समान्तर चतुर्भुज का समान आधार है, जो 28 सेमी है और उनके क्षेत्रफल समान हैं। यदि समान्तर चतुर्भुज की ऊँचाई 12 सेमी है, तो त्रिभुज के शीर्षलम्ब (ऊँचाई) की लम्बाई ज्ञात कीजिए।
SSC CGL (Tier I) 13/12/2022 Shift II
(a) 24 सेमी (b) 21 सेमी
(c) 28 सेमी (d) 23 सेमी

65. एक घोड़ा खेत में चर रहा है। इसे 6 मी लम्बी रस्सी से एक पोल से बाँधा गया है। घोड़ा 70° के कोण के साथ एक चाप बनाते हुए बिन्दु A से बिन्दु B तक जाता है। घोड़े द्वारा चरे गए त्रिज्यखण्ड का क्षेत्रफल ज्ञात कीजिए।
SSC CGL (Tier I) 13/12/2022 Shift II
(a) 22 मी^{2} (b) 23 मी^{2}
(c) 20 मी^{2} (d) 21 मी^{2}

66. घण्टे की सुई 4 घण्टे चलती है और इसकी लम्बाई 6 सेमी है। घण्टे की सूई से कवर किए जाने वाले त्रिज्यखण्ड का क्षेत्रफल (सेमी^{2} में, दशमलव के दो स्थानों तक पूर्णांकित) ज्ञात कीजिए। SSC CGL (Tier I) 13/12/2022 Shift I
(a) 35.75 (b) 30.67
(c) 37.71 (d) 32.69

67. दो वृत्तों की परिधि क्रमश: 110 सेमी तथा 330 सेमी है। उनकी त्रिज्याओं के मध्य अन्तर क्या है? SSC CGL (Tier I) 13/12/2022 Shift I
(a) 35 सेमी (b) 15 सेमी
(c) 70 सेमी (d) 46 सेमी

68. एक त्रिभुज का क्षेत्रफल 96 सेमी^{2} है तथा इसकी भुजाओं का अनुपात 6: 8:10 हैं। त्रिभुज का परिमाप क्या है?
SSC CGL (Tier I) 12/12/2022 Shift II
(a) 44 सेमी (b) 56 सेमी
(c) 64 सेमी (d) 48 सेमी

69. एक नारियल का पेड़ हवा के साथ इस तरह झूलता है, कि उसके तने से बना कोण 18° होता है। यदि पेड़ का सबसे ऊपरी भाग 44 मी की दूरी तय करता है, तो पेड़ की लम्बाई ज्ञात कीजिए। SSC CGL (Tier I) 12/12/2022 Shift II
(a) 210 मी (b) 70 मी
(c) 140 मी (d) 120 मी

70. एक घड़ी की मिनट की सुई 20 सेमी लम्बी है। सुबह 8 पूर्वाह्न से सुबह 8: 45 पूर्वाह्न के बीच मिनट की सुई द्वारा घूमे गए घड़ी के पृष्ठ का क्षेत्रफल ज्ञात कीजिए।
SSC CGL (Tier I) 12/12/2022 Shift I
(a) $\frac{6600}{7}$ सेमी^{2} (b) $\frac{6600}{9}$ सेमी^{2}
(c) $\frac{6600}{14}$ सेमी^{2} (d) $\frac{6600}{18}$ सेमी^{2}

71. दो वृत्तों की परिधि क्रमश: 264 सेमी तथा 396 सेमी हैं। उनकी त्रिज्याओं के मध्य अन्तर क्या है? SSC CGL (Tier I) 09/12/2022 Shift I
(a) 32 सेमी (b) 25 सेमी
(c) 16 सेमी (d) 21 सेमी

72. 7 सेमी त्रिज्या वाले तीन वृत्तों को आपस में स्पर्श करते हुए रखा गया है। इन तीन वृत्तों के चारों ओर एक धागा कसकर बाँधा गया है। धागे की लम्बाई क्या है?
SSC CGL (Tier I) 08/12/2022 Shift I
(a) $7 + 14\pi$ सेमी (b) $21\pi + 14$ सेमी
(c) $42 + 7\pi$ सेमी (d) $42 + 14\pi$ सेमी

73. यदि एक समबाहु त्रिभुज की भुजा 8 सेमी है, तो त्रिभुज का क्षेत्रफल (दो दशमलव स्थानों तक पूर्णांकित) ज्ञात कीजिए।
SSC CGL (Tier I) 07/12/2022 Shift IV
(a) 27.71 सेमी^{2} (b) 27.17 सेमी^{2}
(c) 27.72 सेमी^{2} (d) 27.27 सेमी^{2}

74. एक समबाहु त्रिभुज की ऊँचाई (शीर्षलम्ब) $6\sqrt{3}$ मी है। समबाहु त्रिभुज का परिमाप (मी में) क्या है?
SSC CGL (Tier I) 07/12/2022 Shift III
(a) 36 (b) $12\sqrt{2}$
(c) $24\sqrt{3}$ (d) $36\sqrt{2}$

75. एक वर्ग का परिमाप 124 मी है। उसका क्षेत्रफल ज्ञात कीजिए।
SSC CGL (Tier I) 07/12/2022 Shift II
(a) 961 मी^{2} (b) 884 मी^{2}
(c) 448 मी^{2} (d) 764 मी^{2}

76. एक समबाहु त्रिभुज की ऊँचाई $9\sqrt{3}$ सेमी है। इस समबाहु त्रिभुज का क्षेत्रफल क्या है?
SSC CGL (Tier I) 07/12/2022 Shift I
(a) $81\sqrt{3}$ सेमी^{2} (b) $49\sqrt{3}$ सेमी^{2}
(c) $67\sqrt{3}$ सेमी^{2} (d) $92\sqrt{3}$ सेमी^{2}

77. यदि एक वृत्त की परिधि 220 सेमी है, तो उसकी त्रिज्या क्या है?
SSC CGL (Tier I) 07/12/2022 Shift I
(a) 40 सेमी (b) 26 सेमी
(c) 35 सेमी (d) 25 सेमी

78. वर्ग का विकर्ण $8\sqrt{2}$ सेमी है। एक दूसरे ऐसे वर्ग का विकर्ण ज्ञात कीजिए, जिसका क्षेत्रफल पहले वर्ग के क्षेत्रफल का तिगुना है।
SSC CGL (Tier I) 06/12/2022 Shift IV
(a) $8\sqrt{3}$ सेमी (b) $8\sqrt{2}$ सेमी
(c) $8\sqrt{5}$ सेमी (d) $8\sqrt{6}$ सेमी

79. एक वर्ग का विकर्ण $\sqrt{200}$ सेमी है। यदि एक आयत की भुजाओं का अनुपात 5 : 2 है, जिसका क्षेत्रफल वर्ग के क्षेत्रफल के समान है, तो आयत की लम्बाई क्या है?
SSC CGL (Tier I) 06/12/2022 Shift IV
(a) $2\sqrt{10}$ सेमी (b) $\sqrt{250}$ सेमी
(c) $\sqrt{200}$ सेमी (d) $\sqrt{20}$ सेमी

80. एक वृत्ताकार पथ की बाहरी तथा आन्तरिक परिधियों का अनुपात 5 : 4 है। यदि पथ 50 मी चौड़ा हो, तो आन्तरिक वृत्त की त्रिज्या (मीटर में) क्या है? **SSC CGL (Tier I) 06/12/2022 Shift III**
(a) 250 (b) 300 (c) 210 (d) 200

81. 10 मी त्रिज्या और केन्द्र में 90° के कोण वाले वृत्त के एक त्रिज्यखण्ड के क्षेत्रफल की गणना कीजिए। **SSC CGL (Tier I) 06/12/2022 Shift III**
(a) 79.3 मी^{2} (b) 75 मी^{2}
(c) 78.5 मी^{2} (d) 79.5 मी^{2}

82. एक त्रिभुज की भुजाओं का अनुपात $\frac{1}{3}:\frac{1}{5}:\frac{1}{6}$ हैं। यदि परिमाप 147 सेमी है, तो सबसे छोटी भुजा की लम्बाई .... है।
SSC CGL (Tier I) 06/12/2022 Shift III
(a) 30 सेमी (b) 35 सेमी
(c) 12 सेमी (d) 25 सेमी

83. एक समबाहु त्रिभुज की ऊँचाई $7\sqrt{3}$ सेमी है। इस समबाहु त्रिभुज का क्षेत्रफल क्या है?
SSC CGL (Tier I) 06/12/2022 Shift II
(a) $25\sqrt{3}$ सेमी^{2} (b) $49\sqrt{3}$ सेमी^{2}
(c) $36\sqrt{3}$ सेमी^{2} (d) $32\sqrt{3}$ सेमी^{2}

84. एक तार 11 सेमी भुजा वाले वर्ग के आकार में है। इसे एक वृत्त बनाने के लिए मोड़ा जाता है। वृत्त की त्रिज्या क्या है?
SSC CGL (Tier I) 06/12/2022 Shift I
(a) 5 सेमी (b) 9 सेमी
(c) 7 सेमी (d) 11 सेमी

85. किसी वृत्त के ऐसे त्रिज्यखण्ड का क्षेत्रफल ज्ञात करें, जिसकी त्रिज्या 4 सेमी और कोण 30° है।
SSC CGL (Tier I) 06/12/2022 Shift I
(a) 7.186 सेमी^{2} (b) 5.186 सेमी^{2}
(c) 4.190 सेमी^{2} (d) 6.186 सेमी^{2}

86. 4 सेमी त्रिज्या वाले तीन वृत्तों को आपस में स्पर्श करते हुए रखा गया है। इन तीन वृत्तों के चारों ओर एक धागा कसकर बाँधा गया है। धागे की लम्बाई क्या है?
SSC CGL (Tier I) 05/12/2022 Shift IV
(a) $24 + 18\pi$ सेमी
(b) $32 + 18\pi$ सेमी
(c) $24\pi + 18$ सेमी
(d) $24 + 8\pi$ सेमी

87. एक वृत्त के त्रिज्यखण्ड का क्षेत्रफल 308 सेमी^{2} तथा इसका केन्द्रीय कोण 45° है। वृत्त की त्रिज्या क्या होगी? **SSC CGL (Tier I) 03/12/2022 Shift IV**
(a) 28 सेमी (b) 7 सेमी
(c) 21 सेमी (d) 14 सेमी

88. 6 सेमी त्रिज्या वाले तीन वृत्तों को आपस में स्पर्श करते हुए रखा गया है। इन तीनों वृत्तों के चारों ओर एक धागा कसकर बाँधा गया है। धागे की लम्बाई क्या है?
SSC CGL (Tier I) 03/12/2022 Shift II
(a) $36 + 12\pi$ सेमी
(b) $24 + 36\pi$ सेमी
(c) $36 + 18\pi$ सेमी
(d) $36 + 20\pi$ सेमी

89. वृत्त के एक त्रिज्यखण्ड का क्षेत्रफल 66 सेमी^{2} है और उस त्रिज्यखण्ड के कोण का माप 60° है। उस वृत्त की त्रिज्या ज्ञात कीजिए।
SSC CGL (Tier I) 03/12/2022 Shift I
(a) $7\sqrt{19}$ सेमी (b) $6\sqrt{14}$ सेमी
(c) $3\sqrt{14}$ सेमी (d) $5\sqrt{15}$ सेमी

90. दी गई आकृति में, एक चतुर्थांश *APCQ* में एक वर्ग *ABCD* उत्कीर्णित है। यदि $AB = 16$ सेमी है, तो छायांकित क्षेत्र का क्षेत्रफल ज्ञात कीजिए। ($\pi = 3.14$ लें) (दशमलव के दो स्थानों तक सही उत्तर दीजिए।)
SSC CGL (Tier I) 02/12/2022 Shift IV

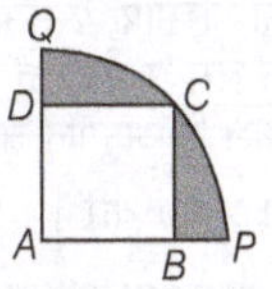

(a) 155.98 सेमी^{2} (b) 145.92 सेमी^{2}
(c) 163.85 सेमी^{2} (d) 179.68 सेमी^{2}

91. यदि एक समबाहु त्रिभुज की भुजा 20 सेमी है, तो उसका क्षेत्रफल क्या है?
SSC CGL (Tier I) 02/12/2022 Shift IV
(a) $100\sqrt{3}$ सेमी^{2}
(b) $200\sqrt{3}$ सेमी^{2}
(c) $110\sqrt{3}$ सेमी^{2}
(d) $125\sqrt{3}$ सेमी^{2}

92. एक वृत्ताकार घड़ी की घण्टे की सुई की लम्बाई 6 इंच है। 9 pm से 3 am तक उसके सिरे द्वारा तय की गई दूरी ज्ञात कीजिए।
SSC CGL (Tier I) 02/12/2022 Shift I
(a) 8π इंच (b) 6π इंच
(c) 2π इंच (d) 4π इंच

93. एक त्रिभुज का क्षेत्रफल 480 सेमी^{2} है तथा इसकी भुजाओं का अनुपात 10 : 24 : 26 हैं। त्रिभुज का परिमाप क्या है?
SSC CGL (Tier I) 01/12/2022 Shift IV
(a) 120 सेमी (b) 60 सेमी
(c) 30 सेमी (d) 150 सेमी

94. एक समबाहु त्रिभुज की भुजा 12 सेमी है। इस समबाहु त्रिभुज को परिगत करने वाले वृत्त की त्रिज्या क्या है?
SSC CGL (Tier I) 01/12/2022 Shift II
(a) $4\sqrt{3}$ सेमी (b) $5\sqrt{3}$ सेमी
(c) $6\sqrt{3}$ सेमी (d) $9\sqrt{3}$ सेमी

95. दो वृत्तों की परिधि क्रमशः 198 सेमी तथा 352 सेमी हैं। उनकी त्रिज्याओं के मध्य अन्तर क्या है? **SSC CGL (Tier I) 01/12/2022 Shift I**
(a) 49.5 सेमी (b) 45 सेमी
(c) 24.5 सेमी (d) 16.5 सेमी

96. एक आयत की लम्बाई और चौड़ाई में क्रमशः 8% और 5% की वृद्धि की जाती हैं। आयत के क्षेत्रफल में कितने प्रतिशत की वृद्धि होगी?
SSC CGL (Tier I) 01/12/2022 Shift I
(a) 13.4% (b) 15.4%
(c) 16.4% (d) 12.4%

SSC CGL 2021 & 2020 (Tier I)

97. 3 किमी/घण्टे की चाल से चलने वाला एक व्यक्ति, किसी वर्गाकार मैदान को विकर्णतः 5 मिनट में पार करता है। मैदान का क्षेत्रफल (मी^{2} में) ज्ञात करें।
SSC CGL (Tier I) 24/08/2021 Shift II
(a) 31250 (b) 3.125 (c) 312.5 (d) 3125

98. एक मेज की ऊपरी सतह, जो कि समबाहु त्रिभुज के आकार वाली है, का क्षेत्रफल $9\sqrt{3}$ सेमी^{2} है। मेज की प्रत्येक भुजा की लम्बाई (सेमी में) ज्ञात करें। **SSC CGL (Tier I) 24/08/2021 Shift I**
(a) 2 (b) 4 (c) 3 (d) 6

99. किसी वर्ग का परिमाप, 7 सेमी त्रिज्या वाले वृत्त की परिधि के बराबर है। वृत्त के क्षेत्रफल का, वर्ग के क्षेत्रफल से अनुपात ज्ञात करें। $\left(\pi = \frac{22}{7}\text{ का प्रयोग करें}\right)$
SSC CGL (Tier I) 23/08/2021 Shift II
(a) 7 : 11 (b) 121 : 44 (c) 14 : 11 (d) 7 : 2

100. दो संकेन्द्रित वृत्तों से परिबद्ध वृत्ताकार मार्ग का क्षेत्रफल 3080 मी^{2} है। यदि वृत्ताकार मार्ग के बाह्य सिरे की त्रिज्या और आन्तरिक सिरे की त्रिज्या के बीच का अन्तर 10 मी है, तो दोनों त्रिज्याओं का योगफल ज्ञात करें। $\left(\pi = \frac{22}{7}\text{ लें}\right)$
SSC CGL (Tier I) 23/08/2021 Shift II
(a) 84 मी (b) 98 मी
(c) 70 मी (d) 112 मी

101. एक वर्गाकार आकार वाले मैदान का क्षेत्रफल 1764 मी^{2} है। एक आयताकार पार्क की चौड़ाई, वर्गाकार मैदान की भुजा की $\frac{1}{6}$ है और उसकी लम्बाई, इसकी चौड़ाई की चार गुनी है। ₹ 30 प्रति मी^{2} की दर से पार्क को समतल करने की लागत ज्ञात करें। SSC CGL (Tier I) 23/08/2021 Shift I
(a) ₹ 4768 (b) ₹ 2940
(c) ₹ 6342 (d) ₹ 5880

102. किसी वृत्त के चतुर्थांश का क्षेत्रफल $\frac{\pi}{9}$ मी^{2} है। इसकी त्रिज्या का मान (मी में) ज्ञात करें।
SSC CGL (Tier I) 23/08/2021 Shift I
(a) $\frac{3}{2}$ (b) $\frac{1}{3}$ (c) $\frac{2}{3}$ (d) $\frac{1}{2}$

103. उस त्रिभुज की न्यूनतम ऊँचाई की लम्बाई (सेमी में) ज्ञात करें, जिसकी भुजाओं की लम्बाई 5 सेमी, 12 सेमी और 13 सेमी है (दशमलव के एक स्थान तक सही)।
SSC CGL (Tier I) 18/08/2021 Shift III
(a) 4.6 (b) 2.6 (c) 12.0 (d) 5.1

104. किसी अर्द्धवृत्त का परिमाप 25.7 सेमी है। इसका व्यास (सेमी में) ज्ञात करें। (π = 3.14)
SSC CGL (Tier I) 18/08/2021 Shift I
(a) 8 (b) 9 (c) 10 (d) 12

105. एक वर्गाकार मैदान का क्षेत्रफल 1764 मी^{2} है। एक आयताकार पार्क की चौड़ाई, वर्गाकार मैदान की भुजा की $\frac{1}{3}$ है और इसकी लम्बाई, इसकी चौड़ाई से दोगुना है। ₹ 15/मी^{2} की दर से, पार्क को समतल करने की लागत ज्ञात करें।
SSC CGL (Tier I) 16/08/2021 Shift III
(a) ₹ 4290 (b) ₹ 4200
(c) ₹ 4320 (d) ₹ 5880

106. एक वृत्ताकार पार्क का क्षेत्रफल 12474 मी^{2} है। पार्क के चारों ओर 3.5 मी चौड़ा मार्ग है। मार्ग का क्षेत्रफल ज्ञात करें। $\left(\pi = \frac{22}{7}\text{ लें}\right)$ SSC CGL (Tier I) 13/08/2021 Shift I
(a) 1440.5 मी^{2} (b) 1424.5 मी^{2}
(c) 1380.5 मी^{2} (d) 1435.5 मी^{2}

107. एक समचतुर्भुज की प्रत्येक भुजा की लम्बाई 13 सेमी तथा इसके एक विकर्ण की लम्बाई 24 सेमी है। समचतुर्भुज का क्षेत्रफल (सेमी^{2} में) ज्ञात करें। SSC CGL (Tier I) 13/08/2021 Shift I
(a) 240 (b) 60 (c) 120 (d) 300

108. यदि किसी आयत का परिमाप 50 इकाई है और इसका क्षेत्रफल 150 वर्ग इकाई है, तो इसकी छोटी भुजा की लम्बाई कितनी इकाई होगी?
SSC CGL (Tier I) 07/03/2020 Shift II
(a) 15 (b) 9 (c) 10 (d) 12

109. किसी समद्विबाहु त्रिभुज का परिमाप 50 सेमी हैं। यदि आधार 18 सेमी है, तो प्रत्येक समान भुजाओं की लम्बाई है
SSC CGL (Tier I) 07/03/2020 Shift II
(a) 16 सेमी (b) 18 सेमी
(c) 32 सेमी (d) 25 सेमी

110. यदि किसी वृत्त की त्रिज्या में 11% की कमी की जाती है, तो वृत्त के क्षेत्रफल में हुई कुल कमी को ज्ञात करें।
SSC CGL (Tier I) 07/03/2020 Shift II
(a) 20.79% (b) 19.50%
(c) 20.50% (d) 21%

111. एक आयताकार प्लॉट का विकर्ण और एक भुजा क्रमश: 65 मी और 63 मी है। आयताकार प्लॉट का परिमाप (मी में) क्या है?
SSC CGL (Tier I) 07/03/2020 Shift I
(a) 158 (b) 256 (c) 225 (d) 196

112. एक गोलाकार ट्रैक की आन्तरिक और बाहरी त्रिज्या क्रमश: 29 मी और 23 मी है। ₹ 7/मी^{2} की दर से ट्रैक समतल करने की लागत क्या है?
SSC CGL (Tier I) 06/03/2020 Shift III
(a) ₹ 3284 (b) ₹ 5300
(c) ₹ 7215 (d) ₹ 6864

113. एक समचतुर्भुज के विकर्णों की लम्बाई 16 सेमी और 12 सेमी हैं। इसका क्षेत्रफल ज्ञात कीजिए।
SSC CGL (Tier I) 06/03/2020 Shift II
(a) 96 सेमी^{2} (b) 48 सेमी^{2}
(c) 69 सेमी^{2} (d) 28 सेमी^{2}

114. यदि एक समबाहु त्रिभुज का क्षेत्रफल $36\sqrt{3}$ सेमी^{2} है, तो त्रिभुज का परिमाप बताइए।
SSC CGL (Tier I) 06/03/2020 Shift I
(a) $36\sqrt{3}$ सेमी (b) $18\sqrt{3}$ सेमी
(c) 12 सेमी (d) 36 सेमी

115. 0.64 π मी^{2} क्षेत्रफल वाली एक वृत्ताकार डिस्क 1.408 किमी की लम्बाई तक लुढ़कती है। इसके द्वारा लगाए जाने वाले चक्करों की संख्या ज्ञात कीजिए। (मान लें, $\pi = \frac{22}{7}$)
SSC CGL (Tier I) 06/03/2020 Shift I
(a) 280 (b) 360
(c) 140 (d) 180

116. एक वर्ग की परिधि 64 सेमी है। इसका क्षेत्रफल कितना होगा?
SSC CGL (Tier I) 05/03/2020 Shift III
(a) 256 सेमी^{2} (b) 32 सेमी^{2}
(c) 8 सेमी^{2} (d) 128 सेमी^{2}

117. एक वर्ग A का विकर्ण $(a+b)$ इकाइयाँ है। वर्ग B के विकर्ण पर खींचे गए वर्ग का क्षेत्रफल (वर्ग इकाइयों में) कितना होगा, जिसका क्षेत्रफल A के क्षेत्रफल से दोगुना है?
SSC CGL (Tier I) 05/03/2020 Shift I
(a) $2(a+b)^2$ (b) $4(a+b)^2$
(c) $8(a+b)^2$ (d) $(a+b)^2$

118. एक समषट्भुज के आकार वाले किसी खेत का क्षेत्रफल $2400\sqrt{3}$ मी^{2} है। ₹16.80 प्रति मीटर की दर से खेत के चारों ओर बाड़ लगाने की लागत है।
SSC CGL (Tier I) 04/03/2020 Shift III
(a) ₹3528 (b) ₹4536
(c) ₹4032 (d) ₹3024

SSC CPO SI 2024

119. एक वृत्त का क्षेत्रफल 256π सेमी^{2} है। इसकी सबसे लम्बी जीवा की लम्बाई (सेमी में) कितनी होगी? SSC CPO 29/06/2024 Shift-III
(a) 32 (b) 36 (c) 34 (d) 16

120. एक समबाहु त्रिभुज की एक भुजा की लम्बाई 18 सेमी है। त्रिभुज के परिवृत्त और अन्त-वृत्त के बीच स्थित क्षेत्र का क्षेत्रफल (सेमी^{2} में) कितना है? ($\pi = \frac{22}{7}$ का उपयोग कीजिए)
SSC CPO 29/06/2024 Shift-III
(a) $254\frac{3}{7}$ (b) $254\frac{1}{7}$
(c) $254\frac{4}{7}$ (d) $254\frac{2}{7}$

121. उस वृत्त के वृत्तखण्ड का क्षेत्रफल कितना है। जिसकी त्रिज्या 35 सेमी है और जिसकी चाप वृत्त के केंद्र पर 72° का कोण अन्तरित करती है? $\left(\pi = \frac{22}{7}\right)$
SSC CPO 29/06/2024 Shift-II
(a) 610 सेमी^{2} (b) 770 सेमी^{2}
(c) 810 सेमी^{2} (d) 970 सेमी^{2}

122. एक त्रिभुज का क्षेत्रफल 486 सेमी^{2} है और इसकी भुजाएँ 3:4:5 के अनुपात में है। त्रिभुज की परिधि ज्ञात करें। SSC CPO 29/06/2024 Shift-II
(a) 308 सेमी (b) 108 सेमी
(c) 218 सेमी (d) 105 सेमी

123. एक आयताकार लॉन की चौड़ाई 8% कम की जाती है और इसकी लम्बाई में 15% की वृद्धि की जाती है। लॉन के क्षेत्रफल में प्रतिशत परिवर्तन ज्ञात कीजिए।
SSC CPO 29/06/2024 Shift-II
(a) 5.8% की कमी
(b) 5.8% की वृद्धि
(c) 8.5% की कमी
(d) 8.5% की वृद्धि

124. एक त्रिभुज की अन्त:त्रिज्या 8 सेमी है और इसकी भुजाओं की लम्बाइयों का योग 125 सेमी है। त्रिभुज का क्षेत्रफल (सेमी^{2} में) क्या है?
SSC CPO 29/06/2024 Shift-II
(a) 250 (b) 500
(c) 480 (d) 1000

125. एक समकोण त्रिभुज की दो लम्बवत् भुजाओं के बीच का अन्तर 2 सेमी है और इसका क्षेत्रफल 24 सेमी^{2} है। त्रिभुज का परिमाप (सेमी में) क्या है? **SSC CPO 29/06/2024 Shift-I**
(a) 16 (b) 24
(c) 18 (d) 14

126. एक स्कूल में दो आयताकार खेल के मैदान हैं, जो आकृति में समान है। यदि पहले खेल के मैदान की लंबाई और चौड़ाई क्रमश: 224 मी और 160 मी दी जाती है, तो निम्नलिखित में से कौन-सा विकल्प दूसरे खेल के मैदान की विमाएं नहीं हो सकता है? **SSC CPO 29/06/2024 Shift-I**
(a) लम्बाई = 210 मी चौड़ाई = 150 मी
(b) लम्बाई = 343 मी चौड़ाई = 255 मी
(c) लम्बाई = 273 मी चौड़ाई = 195 मी
(d) लम्बाई = 168 मी चौड़ाई = 120 मी

127. 15 सेमी व्यास वाला एक गियर, 21 सेमी व्यास वाले गियर को घुमा रहा है। छोटे गियर के 105 चक्कर लगाने पर बड़े गियर ने कितने चक्कर लगाए हैं? **SSC CPO 28/06/2024 Shift-III**
(a) 75 (b) 90
(c) 85 (d) 100

128. 5 सेमी की त्रिज्या वाले तीन वृत्त एक-दूसरे को स्पर्श करते हैं। उनके बीच आन्तरित क्षेत्रफल (सेमी^{2} में) कितना होगा? **SSC CPO 28/06/2024 Shift-III**
(a) $25\left(\sqrt{3}+\frac{\pi}{2}\right)$ (b) $25\left(2\sqrt{3}-\frac{\pi}{2}\right)$
(c) $50\left(\sqrt{3}-\frac{\pi}{2}\right)$ (d) $25\left(\sqrt{3}-\frac{\pi}{2}\right)$

129. 13 सेमी, 12 सेमी और 5 सेमी भुजाओं वाले त्रिभुज का परिमाप ज्ञात कीजिए। **SSC CPO 28/06/2024 Shift-III**
(a) 5 सेमी (b) 30 सेमी
(c) 25 सेमी (d) 15 सेमी

130. एक समलम्ब चतुर्भुज की समान्तर भुजाओं के बीच की दूरी 18 सेमी है। यदि समलम्ब चतुर्भुज का क्षेत्रफल 1188 सेमी^{2} है, तो समान्तर भुजाओं की लम्बाई का योग क्या है? **SSC CPO 28/06/2024 Shift-III**
(a) 115 सेमी (b) 150 सेमी
(c) 132 सेमी (d) 126 सेमी

131. 14 सेमी त्रिज्या वाले एक वृत्त के एक त्रिज्यखण्ड का क्षेत्रफल 231 सेमी^{2} है। संगत केन्द्रीय कोण का डिग्री माप ज्ञात कीजिए। ($\pi = \frac{22}{7}$ का प्रयोग कीजिए) **SSC CPO 28/06/2024 Shift-II**
(a) 125° (b) 140°
(c) 150° (d) 135°

132. 60° केन्द्रीय कोण वाले 21सेमी त्रिज्या के एक वृत्त के त्रिज्यखण्ड का क्षेत्रफल (सेमी^{2} में) ज्ञात कीजिए। ($\pi = \frac{22}{7}$ लीजिए।) **SSC CPO 28/06/2024 Shift-I**
(a) 231 (b) 245 (c) 289 (d) 302

133. उस वृत्त के लघु त्रिज्यखण्ड का क्षेत्रफल ज्ञात कीजिए, जिसकी परिधि 88 सेमी है और इसके लघु चाप की लम्बाई 22 सेमी है। ($\pi = \frac{22}{7}$ लीजिए) **SSC CPO 27/06/2024 Shift-II**
(a) 154 सेमी^{2} (b) 451 सेमी^{2}
(c) 415 सेमी^{2} (d) 145 सेमी^{2}

134. उस वृत्त के चाप की लम्बाई कितनी है, जिसकी त्रिज्या 35 सेमी है और जिसकी चाप वृत्त के केन्द्र पर 72° का कोण अन्तरित करती है? **SSC CPO 27/06/2024 Shift-II**
(a) 44 सेमी (b) 56 सेमी
(c) 38 सेमी (d) 28 सेमी

135. एक समान्तर चतुर्भुज का आधार उसकी ऊँचाई का दोगुना है। यदि समान्तर चतुर्भुज का क्षेत्रफल 338 सेमी^{2} है, तो इसकी ऊँचाई (सेमी में) ज्ञात करें। **SSC CPO 27/06/2024 Shift-I**
(a) 11 (b) 13
(c) 14 (d) 12

136. किसी वृत्त के चाप पर बनी जीवा की लम्बाई वृत्त की त्रिज्या के बराबर है। यदि वृत्त की त्रिज्या 21 इकाई है तो चाप की लम्बाई .... (इकाई में) है। ($\pi = \frac{22}{7}$ मानिए) **SSC CPO 27/06/2024 Shift-I**
(a) 24 (b) 22
(c) 21 (d) 20

SSC CPO SI 2023-2020

137. उस त्रिभुज का क्षेत्रफल ज्ञात कीजिए, जिसकी दो भुजाओं की लम्बाइयाँ 4 सेमी और 5 सेमी हैं और उनके बीच का कोण 45° है। **SSC CPO 04/10/2023 Shift II**
(a) $6\sqrt{2}$ सेमी^{2} (b) $7\sqrt{2}$ सेमी^{2}
(c) $5\sqrt{2}$ सेमी^{2} (d) $4\sqrt{2}$ सेमी^{2}

138. एक आयताकार मैदान का क्षेत्रफल 480 मी^{2} है। यदि इसकी लम्बाई, चौड़ाई से 20% अधिक हो, तो आयताकार मैदान की लम्बाई ज्ञात कीजिए। **SSC CPO 04/10/2023 Shift II**
(a) 30 मी (b) 24 मी (c) 27 मी (d) 20 मी

139. दो त्रिभुजों के क्षेत्रफलों का अनुपात 4 : 3 है और उनकी ऊँचाइयों का अनुपात 6 : 5 है। उनके आधारों का अनुपात ज्ञात कीजिए। **SSC CPO 03/10/2023 Shift I**
(a) 9 : 10 (b) 6 : 5 (c) 5 : 6 (d) 10 : 9

140. एक त्रिभुज की भुजाएँ 5 : 12 : 13 के अनुपात में हैं और इसका परिमाप 90 सेमी है। इसका क्षेत्रफल (सेमी^{2} में,) ज्ञात कीजिए। **SSC CPO 03/10/2023 Shift I**
(a) 150 (b) 60 (c) 270 (d) 30

141. उस त्रिभुज का क्षेत्रफल कितना होगा, जिसकी भुजाओं की लम्बाइयाँ 12 सेमी, 13 सेमी और 5 सेमी हैं? **SSC CPO 03/10/2023 Shift I**
(a) 30 सेमी^{2} (b) 15 सेमी^{2}
(c) 40 सेमी^{2} (d) 70 सेमी^{2}

142. यदि 30 सेमी त्रिज्या वाले एक वृत्त के चाप की लम्बाई 19 सेमी हैं। तो वृत्त के केन्द्र पर अन्तरित कोण (अंश में, दो दशमलव स्थानों तक पूर्णांकित) ज्ञात कीजिए। [$\pi = \frac{22}{7}$ का प्रयोग करे।] **SSC CPO 11/11/2022 Shift I**
(a) 16.27 (b) 36.27 (c) 46.25 (d) 51.25

143. यदि एक समचतुर्भुज के विकर्णों का योग L और उसका परिमाप $4P$ है, तो उस चतुर्भुज का क्षेत्रफल क्या होगा? **SSC CPO 11/11/2022 Shift I**
(a) $\frac{1}{4}(L^2+3P^2)$ (b) $\frac{1}{2}(L^2-4P^2)$
(c) $\frac{1}{4}(L^2-P^2)$ (d) $\frac{1}{4}(L^2-4P^2)$

144. जैसा कि दी गई आकृति में दिखाया गया है कि बड़े अर्द्धवृत्त के अन्दर, तीन अर्द्धवृत्त (बराबर त्रिज्या वाले) खींचे जाते हैं ताकि उन सभी के व्यास बड़े अर्द्धवृत्त के व्यास पर बैठ जाएँ। छायांकित भाग और अछायांकित भाग के क्षेत्रफलों के बीच का अनुपात क्या है? **SSC CPO 10/11/2022 Shift I**

(a) 4 : 3 (b) 2 : 1 (c) 1 : 2 (d) 3 : 4

145. किसी त्रिभुज का आधार उस वर्ग के परिमाप के बराबर है, जिसका विकर्ण $9\sqrt{2}$ सेमी है, और इसकी ऊँचाई उस वर्ग की भुजा के बराबर है, जिसका क्षेत्रफल 144 सेमी^{2} है। त्रिभुज का क्षेत्रफल ज्ञात करें। **SSC CPO 25/11/2020 Shift II**
(a) 216 सेमी^{2} (b) 72 सेमी^{2}
(c) 144 सेमी^{2} (d) 288 सेमी^{2}

146. एक वर्ग का परिमाप, एक आयत के परिमाप के आधे के बराबर है। वर्ग का परिमाप 40 मी है। यदि आयत की चौड़ाई, इसकी लम्बाई की दो-तिहाई है, तो आयत का क्षेत्रफल (मी^{2} में) ज्ञात करें। **SSC CPO 25/11/2020 Shift I**
(a) 196 (b) 400 (c) 384 (d) 321

147. यदि किसी वर्ग की प्रत्येक भुजा को 17% कम कर दिया जाए, तो इसका क्षेत्रफल कितने प्रतिशत कम हो जाएगा? **SSC CPO 25/11/2020 Shift I**
(a) 31.11% (b) 25%
(c) 30.79% (d) 44.31%

148. किसी समचतुर्भुज की एक भुजा 13 सेमी है और इसका एक विकर्ण 24 सेमी है। समचतुर्भुज का क्षेत्रफल (सेमी^{2} में) ज्ञात करें। **SSC CPO 25/11/2020 Shift I**
(a) 120 (b) 60 (c) 30 (d) 90

149. एक त्रिभुज की भुजाएँ 24 सेमी, 26 सेमी और 10 सेमी हैं। इसके प्रत्येक शीर्ष से एक वृत्त खींचा जाता है, जिसकी त्रिज्या 4.2 सेमी है। वृत्त के तीनों खण्डों द्वारा आवृत्त क्षेत्र का क्षेत्रफल (सेमी^{2} में) ज्ञात करें। $\left(\pi = \frac{22}{7}\right)$ **SSC CPO 25/11/2020 Shift I**
(a) 27.72 (b) 92.28 (c) 120 (d) 105.86

150. एक षट्भुजाकार खेत का क्षेत्रफल $1944\sqrt{3}$ मी^{2} है। उसके चारों ओर ₹ 11.50 प्रति मी की दर से बाड़ लगाने में कितनी लागत आएगी?
SSC CPO 24/11/2020 Shift I
(a) ₹ 2256 (b) ₹ 2484 (c) ₹ 2785 (d) ₹ 3200

151. किसी समलम्ब चतुर्भुज की दो समान्तर भुजाएँ क्रमश: 17 सेमी और 15 सेमी हैं। यदि उस समलम्ब चतुर्भुज की ऊँचाई 6 सेमी है, तो इसका क्षेत्रफल (मी^{2}) ज्ञात करें।
SSC CPO 24/11/2020 Shift I
(a) 960 (b) 0.96 (c) 0.0096 (d) 9.6

152. एक आयताकार लॉन, जिसकी लम्बाई उसकी चौड़ाई की तुलना में दोगुनी है, भुजाओं पर चार अर्धवृत्ताकार भागों के साथ बढ़ाया जाता है। यदि आयत की छोटी भुजा 12 मी है, तो लॉन का कुल क्षेत्रफल ज्ञात करें। (π = 3.14 लें)
SSC CPO 24/11/2020 Shift I
(a) 444 मी^{2} (b) 853.2 मी^{2}
(c) 308.64 मी^{2} (d) 548.32 मी^{2}

153. किसी वर्ग का परिमाप, किसी आयत के परिमाप के बराबर है। वर्ग का परिमाप 40 मी है। यदि इसकी चौड़ाई, इसकी लम्बाई की दो-तिहाई है, तो आयत का क्षेत्रफल (मी^{2} में) ज्ञात करें।
SSC CPO 23/11/2020 Shift I
(a) 96 (b) 100 (c) 121 (d) 84

154. किसी आयत की प्रत्येक भुजा में 11% की कमी हो, तो इसके क्षेत्रफल में हुई कमी ज्ञात करें।
SSC CPO 23/11/2020 Shift I
(a) 20.79% (b) 24.31%
(c) 25% (d) 21.13%

155. किसी समचतुर्भुज की एक भुजा 13 सेमी है और इसका एक विकर्ण 10 सेमी है। समचतुर्भुज का क्षेत्रफल (सेमी^{2} में) ज्ञात करें।
SSC CPO 23/11/2020 Shift I
(a) 30 (b) 90 (c) 120 (d) 60

156. किसी त्रिभुज की भुजाएँ 24 सेमी, 26 सेमी और 10 सेमी हैं। इसके प्रत्येक शीर्ष से 4.2 सेमी त्रिज्या वाला वृत्त खींचा जाता है। वृत्त के खण्डों द्वारा कवर किए गए भाग को छोड़कर, त्रिभुज का क्षेत्रफल (सेमी^{2} में) ज्ञात करें। $\left(\pi = \frac{22}{7}\right)$
SSC CPO 23/11/2020 Shift I
(a) 105.86 (b) 92.28 (c) 27.72 (d) 120

SSC CHSL 2024 (Tier I)

157. यदि वृत्त की त्रिज्या 24 इकाई और चाप की लम्बाई 7.5 इकाई दी गई है, तो त्रिज्यखण्ड (sector) का क्षेत्रफल (वर्ग इकाई में) क्या है?
SSC CHSL (Tier I) 11/07/2024 Shift-IV
(a) 45 (b) 135
(c) 180 (d) 90

158. 600 मी^{2} क्षेत्रफल वाले एक समकोण त्रिभुज को इस प्रकार बनाया जाना है कि कर्ण, आधार से दोगुना हो। त्रिभुज का कर्ण, उसके आधार से कितना अधिक है?
SSC CHSL (Tier I) 11/07/2024 Shift-IV
(a) 20.36 मी (b) 22.32 मी
(c) 26.32 मी (d) 24.36 मी

159. यदि एक समचतुर्भुज का क्षेत्रफल 70 मी^{2} है और इसकी ऊँचाई 5 मी है, तो इसका परिमाप कितना है? SSC CHSL (Tier I) 11/07/2024 Shift-II
(a) 56 मी (b) 35 मी (c) 64 मी (d) 25 मी

160. एक समबाहु त्रिभुज की प्रत्येक भुजा की माप 16 सेमी है। इसके परिमाप और इसकी माध्यिकाओं के योग का अनुपात ज्ञात कीजिए।
SSC CHSL (Tier I) 11/07/2024 Shift-II
(a) $2:\sqrt{3}$ (b) $2\sqrt{3}:1$
(c) $1:2\sqrt{3}$ (d) $\sqrt{3}:2$

161. उस चतुर्भुज $ABCD$ का क्षेत्रफल क्या है, (नीचे दर्शाया गया है) जिसमें भुजाएँ AB और BC समान हैं, भुजाएँ AD और CD की लम्बाई क्रमश: 5 सेमी और 13 सेमी हैं और भुजा AD, विकर्ण AC के लम्बवत् है?
SSC CHSL (Tier I) 11/07/2024 Shift-I

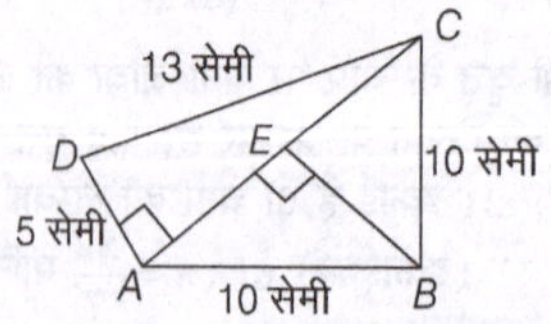

(a) 78 सेमी^{2} (b) 75 सेमी^{2}
(c) 82 सेमी^{2} (d) 80 सेमी^{2}

162. माना $ABCD$ एक चतुर्भुज है और AC, BD उसके विकर्ण हैं। BD की लम्बाई 20 सेमी है और त्रिभुजों ABD और BCD की ऊँचाइयाँ क्रमश: 6 सेमी, 8 सेमी हैं। चतुर्भुज $ABCD$ का क्षेत्रफल (सेमी^{2} में) ज्ञात कीजिए।
SSC CHSL (Tier I) 10/07/2024 Shift-III
(a) 140 (b) 148
(c) 120 (d) 1282

163. एक वृत्ताकार पथ की बाहरी और आन्तरिक परिधि का अनुपात 7 : 6 है। यदि पथ 45 मी चौड़ा है, तो आन्तरिक वृत्त की त्रिज्या (मी में) कितनी है? SSC CHSL (Tier I) 10/07/2024 Shift-II
(a) 150 (b) 270 (c) 240 (d) 120

164. 5 इकाई त्रिज्या वाले एक वृत्त में से सबसे बड़े क्षेत्रफल वाला एक आयत काटकर निकाला जाता है। शेष भाग का क्षेत्रफल कितना है?
SSC CHSL (Tier I) 10/07/2024 Shift-I
(a) $25(2\pi - 3)$ (b) $25(\pi - 3)$
(c) $25(2\pi - 5)$ (d) $25(\pi - 2)$

165. यदि एक वृत्त की त्रिज्या 48 सेमी है और चाप की लम्बाई 15 सेमी है, तो उस चाप के संगत त्रिज्यखण्ड (sector) का क्षेत्रफल ज्ञात कीजिए।
SSC CHSL (Tier I) 10/07/2024 Shift-I
(a) 7200 मी^{2} (b) 720 सेमी^{2}
(c) 360 सेमी^{2} (d) 360 मी^{2}

166. यदि एक त्रिभुज की तीन भुजाएँ 6 सेमी, 8 सेमी और 10 सेमी हैं, तो त्रिभुज का क्षेत्रफल है SSC CHSL (Tier I) 09/07/2024 Shift-IV
(a) $12\sqrt{3}$ सेमी^{2} (b) 24 सेमी^{2}
(c) 30 सेमी^{2} (d) $24\sqrt{3}$ सेमी^{2}

167. एक समकोण त्रिभुज का कर्ण सबसे छोटी भुजा के दोगुने से 6 मी अधिक है। यदि तीसरी भुजा, कर्ण से 2 मी छोटी है, तो त्रिभुज का क्षेत्रफल (मी^{2} में) ज्ञात कीजिए।
SSC CHSL (Tier I) 09/07/2024 Shift-I
(a) 110 (b) 120 (c) 100 (d) 130

168. एक आयताकार पार्क की लम्बाई उसकी चौड़ाई से 15 मी अधिक है। यदि पार्क की परिधि 110 मी है, तो पार्क की लम्बाई (मीटर में) ज्ञात कीजिए। SSC CHSL (Tier I) 09/07/2024 Shift-I
(a) 35 (b) 40 (c) 20 (d) 25

169. वृत्त के सम्बन्ध में निम्नलिखित में से कौन-सा कथन असत्य है?
SSC CHSL (Tier I) 08/07/2024 Shift-IV
(a) चाप की लम्बाई $= \frac{\text{चाप द्वारा बनाया गया केन्द्रीय कोण}}{360°} \times \pi r^2$
(b) त्रिज्यखण्ड का क्षेत्रफल $= \frac{1}{2}$ (चाप लम्बाई $\times R$)
(c) 's' भुजा वाले एक समबाहु त्रिभुज के अन्तवृत्त की त्रिज्या $\frac{s}{2\sqrt{3}}$ होगी
(d) यदि वृत्तों की त्रिज्याएँ समान हों, तो वृत्त सर्वांगसम होते हैं, जबकि समरूप वृत्तों की त्रिज्याएँ भिन्न-भिन्न हो सकती हैं

170. 264 सेमी परिधि वाली एक वृत्तीय शीट से, दो समान अधिकतम आकार की वृत्ताकार प्लेटें काटी जाती हैं। प्रत्येक प्लेट की परिधि कितनी होगी? $\left(\pi = \frac{22}{7}\text{ का प्रयोग कीजिए}\right)$
SSC CHSL (Tier I) 08/07/2024 Shift-III
(a) 135 सेमी (b) 264 सेमी
(c) 176 सेमी (d) 132 सेमी

171. एक समद्विबाहु समकोण त्रिभुज का क्षेत्रफल 16 मी^{2} है। इसका कर्ण .... है।
SSC CHSL (Tier I) 08/07/2024 Shift-III
(a) 4 मी (b) 8 मी (c) 0.8 मी (d) 8 सेमी

172. एक वर्ग का परिमाप ज्ञात कीजिए, जिसका क्षेत्रफल $2\sqrt{2}$ सेमी त्रिज्या के अर्द्धवृत्त के क्षेत्रफल के बराबर है।
SSC CHSL (Tier I) 08/07/2024 Shift-II
(a) $16\sqrt{\pi}$ सेमी (b) $4\sqrt{\pi}$ सेमी
(c) $8\sqrt{\pi}$ सेमी (d) $8\sqrt{2\pi}$ सेमी

173. एक आयत का परिमाप 70 सेमी है और इसका विकर्ण 25 सेमी है। आयत का क्षेत्रफल कितना होगा? SSC CHSL (Tier I) 08/07/2024 Shift-I
(a) 300 सेमी^{2} (b) 425 सेमी^{2}
(c) 420 सेमी^{2} (d) 625 सेमी^{2}

174. दो समरूप त्रिभुजों के क्षेत्रफलों का औसत 706.5 मी^{2} है, जिनके परिमाप 6 : 11 के अनुपात में हैं। दोनों त्रिभुजों के क्षेत्रफलों में अन्तर (मी^{2} में) का 20% क्या होगा?
SSC CHSL (Tier I) 08/07/2024 Shift-I
(a) 164 (b) 149
(c) 153 (d) 157

175. एक समबाहु त्रिभुज का शीर्षलम्ब $3\sqrt{3}$ सेमी है। इसका क्षेत्रफल ज्ञात कीजिए।
SSC CHSL (Tier I) 05/07/2024 Shift-IV
(a) $9\sqrt{3}$ वर्ग सेमी (b) 9 वर्ग सेमी
(c) $3\sqrt{3}$ सेमी^{2} (d) 27 सेमी^{2}

176. माना ABC एक समकोण त्रिभुज इस प्रकार है, कि $\angle C = 90°$ है। मान लीजिए D, AB पर एक बिन्दु इस प्रकार है कि CD, AB के लम्बवत् है। यदि $AC = 5$ सेमी और $BC = 12$ सेमी है, तो CD की लम्बाई (सेमी में) ज्ञात कीजिए।
SSC CHSL (Tier I) 05/07/2024 Shift-IV
(a) $\frac{50}{23}$ (b) $\frac{40}{23}$ (c) $\frac{40}{13}$ (d) $\frac{60}{13}$

177. यदि 7 सेमी त्रिज्या वाले त्रिज्यखण्ड का कोण 120° है, तो त्रिज्यखण्ड के चाप की लम्बाई (सेमी में) ज्ञात कीजिए। (उपयोग करें $\pi = \frac{22}{7}$)
SSC CHSL (Tier I) 05/07/2024 Shift-III
(a) $\frac{44}{3}$ (b) $\frac{22}{3}$ (c) $\frac{67}{3}$ (d) $\frac{47}{3}$

178. 24 सेमी परिमाप वाले एक समबाहु त्रिभुज का क्षेत्रफल (सेमी^{2} में) कितना होगा?
(**ध्यान दें** दशमलव के निकटतम दो स्थानों तक पूर्णांकित करें।)
SSC CHSL (Tier I) 05/07/2024 Shift-III
(a) 13.86 (b) 28.14 (c) 27.14 (d) 27.71

179. उस त्रिभुज की ऊँचाई ज्ञात कीजिए, जिसका आधार उसकी ऊँचाई का दो-तिहाई है और जिसका क्षेत्रफल 363 सेमी^{2} है।
SSC CHSL (Tier I) 05/07/2024 Shift-II
(a) 33 सेमी (b) 27 सेमी
(c) 29 सेमी (d) 31 सेमी

180. एक वृत्त से 30° के केन्द्रीय कोण वाला त्रिज्यखण्ड काटा जाता है। यदि इस त्रिज्यखण्ड के चाप की लम्बाई 5.5 सेमी है, तो वृत्त की त्रिज्या (सेमी में) ज्ञात कीजिए।
[$\pi = \frac{22}{7}$ का उपयोग कीजिए।]
SSC CHSL (Tier I) 04/07/2024 Shift-IV
(a) 10.5 (b) 12
(c) 10 (d) 11

181. एक अर्द्धवृत्त का परिमाप 56.54 सेमी है। इसका व्यास (सेमी में) कितना है? ($\pi = 3.14$ का उपयोग कीजिए)
SSC CHSL (Tier I) 04/07/2024 Shift-III
(a) 20 (b) 11 (c) 10 (d) 22

182. उस समचतुर्भुज का क्षेत्रफल ज्ञात कीजिए, जिसके विकर्णों की लम्बाई 10 सेमी और 8.2 सेमी है। SSC CHSL (Tier I) 04/07/2024 Shift-II
(a) 43 सेमी^{2} (b) 40 सेमी^{2}
(c) 41 सेमी^{2} (d) 42 सेमी^{2}

183. यदि 6 सेमी आधार वाले किसी त्रिभुज का क्षेत्रफल 18 सेमी^{2} है, तो उसकी ऊंचाई है
SSC CHSL (Tier I) 03/07/2024 Shift-II
(a) 3.1 सेमी (b) 2.2 सेमी (c) 9 सेमी (d) 6 सेमी

184. यदि एक वर्ग का परिमाप 64 सेमी है, तो उसका क्षेत्रफल क्या होगा?
SSC CHSL (Tier I) 03/07/2024 Shift-III
(a) 206 सेमी^{2} (b) 256 सेमी^{2}
(c) 216 सेमी^{2} (d) 266 सेमी^{2}

185. 4 इकाई त्रिज्या वाले किसी दिए गए वृत्त के लिए इसके त्रिज्यखण्ड का कोण 45° है। त्रिज्यखण्ड का क्षेत्रफल ज्ञात कीजिए। ($\pi = 314$ का प्रयोग कीजिए)
SSC CHSL (Tier I) 03/07/2024 Shift-III
(a) 7.28 (b) 6.18 (c) 7.18 (d) 6.28

186. एक आयताकार मैदान का क्षेत्रफल 3600 मी^{2} है। यदि मैदान 45 मी लम्बा है, तो इसका परिमाप क्या है? SSC CHSL (Tier I) 03/07/2024 Shift-II
(a) 255 मी (b) 250 मी
(c) 265 मी (d) 260 मी

187. एक त्रिभुज का परिमाप 36 इकाई है। इसका क्षेत्रफल .... वर्ग इकाई से अधिक नहीं हो सकता। SSC CHSL (Tier I) 02/07/2024 Shift-III
(a) $18\sqrt{5}$ (b) $36\sqrt{3}$ (c) $12\sqrt{7}$ (d) $36\sqrt{2}$

188. 4 इकाई त्रिज्या वाले एक वृत्त के एक लघु त्रिज्यखण्ड (minor sector) का परिमाप ज्ञात कीजिए, जो 45° का कोण अन्तरित करता है।
SSC CHSL (Tier I) 02/07/2024 Shift-I
(a) $(8-\pi)$ इकाई (b) $(8+\pi)$ इकाई
(c) $(4-\pi)$ इकाई (d) $(4+\pi)$ इकाई

189. एक वृत्त की परिधि ज्ञात करें, जिसका क्षेत्रफल 154 मी^{2} है।
SSC CHSL (Tier I) 01/07/2024 Shift-III
(a) 52 मी (b) 44 मी (c) 29.5 मी (d) 39 मी

SSC CHSL 2023 (Tier I)

190. 33π सेमी लम्बाई का एक चाप वृत्त के केन्द्र पर 132° का कोण अन्तरित करता है। वृत्त की त्रिज्या ज्ञात कीजिए। SSC CHSL 17/08/2023 Shift I
(a) 40 सेमी (b) 30 सेमी
(c) 45 सेमी (d) 35 सेमी

191. एक समबाहु त्रिभुज की प्रत्येक भुजा 18 सेमी है। त्रिभुज की अन्तःत्रिज्या और परित्रिज्या का अनुपात कितना है?
SSC CHSL (Tier I) 14/08/2023 Shift IV
(a) 3 : 4 (b) 2 : 1 (c) 3 : 2 (d) 1 : 2

192. सबसे बड़े वृत्त की परिधि (मी में) ज्ञात कीजिए जिसे एक आयत में अंकित किया जा सकता है जिसके आयाम 12 मी और 7 मी है। $\left(\pi = \frac{22}{7}\right)$ लीजिए। SSC CHSL (Tier I) 11/08/2023 Shift I
(a) 22 (b) 19 (c) 11 (d) 37

193. 5 सेमी त्रिज्या वाले एक वृत्त के लघु त्रिज्यखण्ड का परिमाप 15.5 सेमी है। लघु त्रिज्यखण्ड का क्षेत्रफल ज्ञात कीजिए। $\left(\pi = \frac{22}{7}\right)$ का प्रयोग कीजिए। SSC CHSL (Tier I) 11/08/2023 Shift I
(a) 17.35 सेमी^{2} (b) 13.57 सेमी^{2}
(c) 13.75 सेमी^{2} (d) 17.53 सेमी^{2}

194. 7.4 सेमी त्रिज्या वाले एक वृत्त के त्रिज्यखण्ड का परिमाप 20.6 सेमी है। इस त्रिज्यखण्ड का क्षेत्रफल ज्ञात कीजिए।
SSC CHSL (Tier I) 10/08/2023 Shift III
(a) 5.8 सेमी^{2} (b) 42.92 सेमी^{2}
(c) 21.46 सेमी^{2} (d) 10.73 सेमी^{2}

195. एक त्रिभुज की भुजाएँ 20 सेमी, 21 सेमी और 29 सेमी है। इस त्रिभुज की भुजाओं के मध्य-बिन्दुओं को मिलाने से बने त्रिभुज का क्षेत्रफल क्या होगा? SSC CHSL (Tier I) 10/08/2023 Shift III
(a) $52\frac{1}{2}$ सेमी^{2} (b) $67\frac{2}{3}$ सेमी^{2}
(c) $47\frac{1}{2}$ सेमी^{2} (d) $58\frac{1}{3}$ सेमी^{2}

196. यदि एक समचतुर्भुज का एक विकर्ण उसकी भुजा के बराबर है, तो समचतुर्भुज के विकर्णों का अनुपात क्या होगा?
SSC CHSL (Tier I) 10/08/2023 Shift III
(a) $\sqrt{2} : 1$ (b) $\sqrt{3} : \sqrt{6}$
(c) $1 : \sqrt{3}$ (d) $\sqrt{2} : \sqrt{3}$

197. एक वृत्त के एक त्रिज्यखण्ड का क्षेत्रफल 616 सेमी^{2} है, जिसका केन्द्रीय कोण 10° है। इस वृत्त की त्रिज्या .... है। ($\pi = \frac{22}{7}$ का प्रयोग करें) SSC CHSL (Tier I) 08/08/2023 Shift II
(a) 48 सेमी (b) 21 सेमी
(c) 84 सेमी (d) 28 सेमी

198. एक वृत्त की परिधि 132 सेमी है। वृत्त का क्षेत्रफल ज्ञात कीजिए। ($\pi = \frac{22}{7}$ का प्रयोग कीजिए) SSC CHSL (Tier I) 08/08/2023 Shift II
(a) 1380 सेमी^{2} (b) 1322 सेमी^{2}
(c) 1086 सेमी^{2} (d) 1386 सेमी^{2}

199. उस वृत्त का क्षेत्रफल ज्ञात कीजिए, जिसकी त्रिज्या, 196 मी परिमाप वाले एक वर्ग की भुजा के बराबर है। SSC CHSL (Tier I) 20/03/2023 Shift III
(a) 8844 मी^{2} (b) 6477 मी^{2}
(c) 7546 मी^{2} (d) 7457 मी^{2}

200. दो वृत्तों के क्षेत्रफलों का अनुपात 81 : 121 है। उनकी परिधियों का अनुपात क्या होगा?
SSC CHSL (Tier I) 20/03/2023 Shift III
(a) 121:81 (b) 11:9
(c) 9:11 (d) 81:121

201. यदि एक समचतुर्भुज के विकर्ण 10 सेमी और 24 सेमी हैं, तो समचतुर्भुज का परिमाप क्या है? SSC CHSL (Tier I) 16/03/2023 Shift I
(a) 56 सेमी (b) 60 सेमी
(c) 52 सेमी (d) 50 सेमी

202. एक समबाहु त्रिभुज के अन्तःवृत्त की त्रिज्या $9\sqrt{3}$ सेमी है। इस समबाहु त्रिभुज का परिमाप क्या होगा? SSC CHSL (Tier I) 14/03/2023 Shift I
(a) 162 सेमी (b) 54 सेमी
(c) 108 सेमी (d) 81 सेमी

203. किसी त्रिभुज के आधार की लम्बाई 10 सेमी है और उसी आधार से इसका शीर्षलम्ब 8 सेमी है। इस त्रिभुज का क्षेत्रफल कितना है?
SSC CHSL (Tier I) 13/03/2023 Shift III

(a) 30 सेमी^{2} (b) 40 सेमी^{2}
(c) 50 सेमी^{2} (d) 80 सेमी^{2}

204. 18 सेमी भुजा वाले किसी वर्ग में खींचें जा सकने वाले सबसे बड़े वृत्त का क्षेत्रफल (सेमी^{2} में) होगा। **SSC CHSL (Tier I) 10/03/2023 Shift II**
(a) 168π (b) 49π (c) 81π (d) 91π

205. एक पहिया 44 किमी की दूरी तय करने में 500 चक्कर लगाता है। पहिए की त्रिज्या ज्ञात कीजिए। **SSC CHSL (Tier I) 10/03/2023 Shift II**
(a) 7 मी (b) 14 मी (c) 21 मी (d) 28 मी

206. एक त्रिभुज की भुजाओं की लम्बाई 13 इंच, 15 इंच और 14 इंच हैं। इस त्रिभुज का क्षेत्रफल ज्ञात कीजिए। **SSC CHSL (Tier I) 09/03/2023 Shift I**
(a) 84.2 वर्ग इंच (b) 42.1 वर्ग इंच
(c) 81.2 वर्ग इंच (d) 84 वर्ग इंच

207. एक पहिए की त्रिज्या 14 सेमी है। 10 चक्कर में पहिया कितनी दूरी तय करेगा? **SSC CHSL (Tier I) 09/03/2023 Shift I**
(a) 800 सेमी (b) 880 सेमी
(c) 820 सेमी (d) 910 सेमी

SSC CHSL 2022 & 2021 (Tier I)

208. उस त्रिभुज का क्षेत्रफल क्या होगा, जिसकी भुजाएँ 13 सेमी, 5 सेमी और 12 सेमी हैं? **SSC CHSL (Tier I) 02/06/2022 Shift I**
(a) 40 सेमी^{2} (b) 35 सेमी^{2}
(c) 30 सेमी^{2} (d) 50 सेमी^{2}

209. एक त्रिभुज का क्षेत्रफल 96 सेमी^{2} है और इसकी एक भुजा की लम्बाई 24 सेमी है। त्रिभुज की इस भुजा पर सम्मुख शीर्ष से खींचे गए लम्ब की लम्बाई ज्ञात कीजिए। **SSC CHSL (Tier I) 01/06/2022 Shift I**
(a) 16 सेमी (b) 4 सेमी
(c) 12 सेमी (d) 8 सेमी

210. यदि एक आयत की लम्बाई और चौड़ाई में क्रमश: 15% और 20% की वृद्धि की जाती है, तो आयत के क्षेत्रफल में कितने प्रतिशत की वृद्धि होगी? **SSC CHSL (Tier I) 31/05/2022 Shift I**
(a) 48% (b) 36% (c) 32 (d) 38%

211. एक समबाहु त्रिभुज की परित्रिज्या 18 सेमी है, तो इसकी अन्त: त्रिज्या की माप ...... है। **SSC CHSL (Tier I) 27/05/2022 Shift I**
(a) 9 सेमी (b) 10 सेमी
(c) 12 सेमी (d) 3 सेमी

212. 50 सेमी परिमाप वाले किसी आयत की भुजाओं का अनुपात 1 : 4 है। उस वर्ग का परिमाप ज्ञात करें, जिसका क्षेत्रफल आयत के क्षेत्रफल के समान है। **SSC CHSL (Tier I) 12/08/2021 Shift III**
(a) 45 सेमी (b) 36 सेमी
(c) 50 सेमी (d) 40 सेमी

213. एक समबाहु त्रिभुज की तीनों भुजाओं का योगफल $15\sqrt{3}$ सेमी है। त्रिभुज की ऊँचाई ज्ञात करें। **SSC CHSL (Tier I) 12/08/2021 Shift III**
(a) 8 सेमी (b) 7 सेमी
(c) 7.5 सेमी (d) 9 सेमी

214. 3.46 सेमी ऊँचाई वाले समबाहु त्रिभुज का परिमाप (सेमी में) कितना होगा? ($\sqrt{3}$ = 173 मान लें।) **SSC CHSL (Tier I) 04/08/2021 Shift I**
(a) 12 (b) 9 (c) 6 (d) 10.4

215. 28 सेमी व्यास वाले वृत्ताकार पिज्जा का एक-चौथाई भाग पूरे पिज्जा से निकाला जाता है। शेष पिज्जा का परिमाप ज्ञात करें (सेमी में)। ($\pi = \frac{22}{7}$ लें) **SSC CHSL (Tier I) 04/08/2021 Shift I**
(a) 88 (b) 66 (c) 94 (d) 80

216. एक त्रिभुज के आधार की लम्बाई, इसकी ऊँचाई से 3 सेमी कम है। इसका क्षेत्रफल 104 सेमी^{2} है। इसके आधार की लम्बाई ज्ञात कीजिए। **SSC CHSL (Tier I) 19/04/2021 Shift III**
(a) 12 सेमी (b) 13 सेमी (c) 11 सेमी (d) 14 सेमी

217. यदि एक वृत्त की परिधि 88 सेमी है, तो वृत्त का क्षेत्रफल ज्ञात कीजिए। $\left(\pi = \frac{22}{7}\right)$ **SSC CHSL (Tier I) 19/04/2021 Shift III**
(a) 566 सेमी^{2} (b) 616 सेमी^{2}
(c) 886 सेमी^{2} (d) 446 सेमी^{2}

218. एक आयत की लम्बाई इसकी चौड़ाई की 5 गुनी है। यदि आयत का क्षेत्रफल 3125 सेमी^{2} है, तो आयत की लम्बाई ज्ञात कीजिए? **SSC CHSL (Tier I) 12/04/2021 Shift II**
(a) 135 सेमी (b) 130 सेमी
(c) 125 सेमी (d) 120 सेमी

219. 8.5 मी भुजा वाले समबाहु त्रिभुजाकार मैदान का क्षेत्रफल (मी^{2} में, दशमलव के 1 स्थान तक) क्या होगा? **SSC CHSL (Tier I) 12/04/2021 Shift II**
(a) $\frac{181}{\sqrt{3}}$ (b) $\frac{72.25}{\sqrt{3}}$
(c) $181\sqrt{3}$ (d) $72.25\sqrt{3}$

220. 40π सेमी परिधि वाले वृत्त का क्रमश: क्षेत्रफल (सेमी^{2} में) और व्यास (सेमी में) ज्ञात करें। **SSC CHSL (Tier I) 12/04/2021 Shift II**
(a) 40 और 400 (b) 400 π और 40
(c) 40 और 400 π (d) 400 और 40

SSC MTS 2024

221. यदि एक अर्द्धवृत्ताकार भूखण्ड की त्रिज्या 100 मी है, तो इसका परिमाप ज्ञात कीजिए। (π = 3.14 का प्रयोग करें) **SSC MTS 14/11/2024 Shift III**
(a) 500 मी (b) 414 मी
(c) 828 मी (d) 514 मी

222. यदि एक आयत की लम्बाई और चौड़ाई क्रमश: 7 सेमी और 5 सेमी है, तो आयत का क्षेत्रफल ज्ञात करें। **SSC MTS 13/11/2024 Shift III**
(a) 30 सेमी^{2} (b) 28 सेमी^{2}
(c) 35 सेमी^{2} (d) 12 सेमी^{2}

223. एक समलम्ब की समान्तर भुजाएँ 6 इकाई और 10 इकाई हैं। अन्य दो विपरीत भुजाओं में से प्रत्येक की लम्बाई 8 इकाई है और दो विकर्ण समान लम्बाई के हैं। समलम्ब का क्षेत्रफल (वर्ग इकाई में) कितना है? **SSC MTS 05/11/2024 Shift III**
(a) $32\sqrt{5}$ (b) $16\sqrt{3}$
(c) $16\sqrt{15}$ (d) $32\sqrt{3}$

224. एक आयत की लम्बाई, उस वर्ग की भुजा का चार-पाँचवाँ भाग है, जिसका क्षेत्रफल 1225 वर्ग इकाई है। यदि आयत की चौड़ाई 12 इकाई है, तो आयत का क्षेत्रफल (वर्ग इकाई में) कितना है? **SSC MTS 05/11/2024 Shift III**
(a) 225 (b) 300 (c) 425 (d) 336

225. एक समकोण त्रिभुज का क्षेत्रफल 80 मी^{2} है। यदि इसका लम्ब 20 मी के बराबर है, तो इसका आधार ज्ञात कीजिए। **SSC MTS 04/11/2024 Shift III**
(a) 6 मी (b) 4 मी (c) 3 मी (d) 8 मी

226. दो वर्गों के विकर्णों का अनुपात 5 : 6 है। उनके क्षेत्रफलों का अनुपात क्या होगा? **SSC MTS 22/10/2024 Shift II**
(a) 25 : 36 (b) 18 : 20
(c) 2 : 3 (d) 23 : 18

227. 12 मी आधार और 20 मी ऊँचाई वाले समान्तर चतुर्भुज का क्षेत्रफल ज्ञात करें। **SSC MTS 21/10/2024 Shift II**
(a) 144 मी^{2} (b) 210 मी^{2}
(c) 120 मी^{2} (d) 240 मी^{2}

228. यदि किसी आयत का विकर्ण 16 सेमी लम्बा है और इसका परिमाप 48 सेमी लम्बा है, तो आयत का क्षेत्रफल ज्ञात कीजिए। **SSC MTS 15/10/2024 Shift I**
(a) 120 सेमी^{2} (b) 160 सेमी^{2}
(c) 140 सेमी^{2} (d) 148 सेमी^{2}

229. *ABCDEF* एक समषट्भुज है और $m(\overline{AD})$ = 12 सेमी है। दिए गए षट्भुज का क्षेत्रफल (सेमी^{2} में) क्या है? **SSC MTS 09/10/2024 Shift I**
(a) $108\sqrt{3}$ (b) $162\sqrt{3}$
(c) $216\sqrt{3}$ (d) $54\sqrt{3}$

230. 15 मी लम्बे और 12 मी चौड़े एक आयताकार पार्क का क्षेत्रफल ...... है। **SSC MTS 09/10/2024 Shift I**
(a) 54 मी^{2} (b) 144 मी^{2}
(c) 180 मी^{2} (d) 170 मी^{2}

231. एक आयताकार खेत का क्षेत्रफल 396 मी^{2} है तथा इसकी भुजाओं का अनुपात 11 : 9 है। आयताकार खेत का परिमाप ज्ञात करें। **SSC MTS 08/10/2024 Shift I**
(a) 78 मी (b) 80 मी
(c) 76 मी (d) 74 मी

232. 14 सेमी त्रिज्या वाले उस वृत्त के शेष भाग का क्षेत्रफल क्या होगा, जब उसमें उत्कीर्ण किए गए अधिकतम सम्भावित क्षेत्रफल वाले वर्ग को उसमें से निकालकर अलग कर दिया जाता है? (π = 22/7 का उपयोग करें) **SSC MTS 07/10/2024 Shift I**

(a) 518 सेमी^{2} (b) 520 सेमी^{2}
(c) 616 सेमी^{2} (d) 224 सेमी^{2}

233. एक समषट्भुज का क्षेत्रफल $2048\sqrt{3}$ सेमी^{2} है। षट्भुज की प्रत्येक भुजा की लम्बाई (सेमी में) ज्ञात करें। **SSC MTS 30/09/2024 Shift I**
(a) $32\sqrt{3}$ (b) $64\sqrt{3}$
(c) $\frac{32\sqrt{3}}{3}$ (d) $\frac{64\sqrt{3}}{3}$

234. एक समबाहु त्रिभुज का क्षेत्रफल $\frac{\sqrt{5043}}{4}$ सेमी^{2} है। समबाहु त्रिभुज की भुजा की लम्बाई कितनी है? **SSC MTS 30/09/2024 Shift I**
(a) $\sqrt{41}$ सेमी (b) $\sqrt{47}$ सेमी
(c) $\sqrt{29}$ सेमी (d) $\sqrt{23}$ सेमी

SSC MTS 2023-2021

235. 45 मी × 35 मी आयाम के एक आयताकार क्षेत्र के बाहर 2.5 मी समान चौड़ाई का एक पथ है। पथ का क्षेत्रफल (मी^{2} में) क्या होगा? **SSC MTS 08/09/2023 Shift II**
(a) 525 (b) 425 (c) 475 (d) 500

236. यदि एक त्रिभुज की भुजाओं का अनुपात 3 : 4 : 5 है और इसका परिमाप 24 मी है, तो त्रिभुज का क्षेत्रफल ज्ञात कीजिए। **SSC MTS 06/09/2023 Shift I**
(a) 37 मी^{2} (b) 24 मी^{2}
(c) 16 मी^{2} (d) 32 मी^{2}

237. 36 वर्ग इकाई क्षेत्रफल वाले एक वर्ग की भुजाओं के मध्य-बिन्दुओं का प्रयोग करते हुए एक अन्य वर्ग बनाया जाता है। नए बने वर्ग का क्षेत्रफल (वर्ग इकाई में) क्या है? **SSC MTS 05/09/2023 Shift II**
(a) 18 (b) 27 (c) 24 (d) 21

238. एक वर्ग का क्षेत्रफल 144 सेमी^{2} है। इसके प्रत्येक विकर्ण की लम्बाई कितनी होगी? **SSC MTS 15/07/2022 Shift I**
(a) 12 सेमी (b) $14\sqrt{2}$ सेमी
(c) $6\sqrt{2}$ सेमी (d) $12\sqrt{2}$ सेमी

239. एक वर्ग के परिमाप का 5 गुना 600 सेमी है। इस वर्ग का क्षेत्रफल कितना होगा? **SSC MTS 15/07/2022 Shift I**
(a) 750 सेमी^{2} (b) 1150 सेमी^{2}
(c) 900 सेमी^{2} (d) 480 सेमी^{2}

240. एक आयत का परिमाप 68 सेमी है। यदि उसका क्षेत्रफल 240 सेमी^{2} है, तो आयत के विकर्ण की लम्बाई ज्ञात कीजिए। **SSC MTS 14/07/2022 Shift I**
(a) 27 सेमी (b) 25 सेमी
(c) 26 सेमी (d) 28 सेमी

241. एक खिलौना गाड़ी के वृत्ताकार पहिये की त्रिज्या 56 मिमी है। यह 176 सेमी की दूरी कितने चक्करों में तय कर सकती है? [$\pi = \frac{22}{7}$ मानिए] **SSC MTS 13/07/2022 Shift I**
(a) 4 (b) 5
(c) 3 (d) 6

242. एक त्रिभुज का आधार 16 सेमी है और इसका क्षेत्रफल 144 सेमी^{2} हैं। दिए गए आधार के सम्बन्ध में इसकी संगत ऊँचाई ज्ञात कीजिए। **SSC MTS 12/07/2022 Shift I**
(a) 12 सेमी (b) 18 सेमी (c) 24 सेमी (d) 9 सेमी

243. 2 सेमी त्रिज्या वाले वृत्त के त्रिज्यखण्ड का क्षेत्रफल (सेमी^{2} में) $\frac{4\pi}{5}$ है। इस भाग का केन्द्रीय कोण (डिग्री में) क्या होगा? **SSC MTS 02/11/2021 Shift III**
(a) 36 (b) 60 (c) 75 (d) 72

244. जब एक आयत को तीन समान भागों में विभाजित किया जाता है, तो उनमें से प्रत्येक 16 सेमी^{2} क्षेत्रफल एक वर्ग बन जाता है। आयत के परिमाप (सेमी में) की गणना करें। **SSC MTS 02/11/2021 Shift III**
(a) 48 (b) 16 (c) 64 (d) 32

245. एक समलम्ब चतुर्भुज, जिसकी समानान्तर भुजाओं की लम्बाई 25 सेमी और 19 सेमी हैं, का क्षेत्रफल 330 सेमी^{2} है। भुजाओं के बीच की दूरी (सेमी में) ज्ञात कीजिए। **SSC MTS 02/11/2021 Shift II**
(a) 15 (b) 10 (c) 30 (d) 12

246. L आकार की आकृति बनाने के लिए, 10 सेमी और 5 सेमी भुजाओं वाले आयत को समान आकार वाले दूसरे आयत के बराबर में रखा जाता है। इस प्रकार, बनी आकृति का परिमाप ज्ञात करें। **SSC MTS 02/11/2021 Shift I**
(a) 40 सेमी (b) 60 सेमी
(c) 100 सेमी (d) 50 सेमी

SSC GD Constable 2024 & 2023

247. उस समकोण त्रिभुज के क्षेत्रफल की गणना कीजिए, जिसका आधार 22 सेमी है और उस आधार के संगत ऊँचाई 15 सेमी है। **SSC GD 24/02/2024 Shift II**
(a) 140 सेमी^{2} (b) 180 सेमी^{2}
(c) 150 सेमी^{2} (d) 165 सेमी^{2}

248. एक समचतुर्भुज के विकर्ण क्रमशः 10 सेमी और 30 सेमी हैं। समचतुर्भुज का क्षेत्रफल कितना है? **SSC GD 23/02/2024 Shift II**
(a) 150 सेमी^{2} (b) 75 सेमी^{2}
(c) 100 सेमी^{2} (d) 105 सेमी^{2}

249. 70 मी^{2}, 84 मी^{2} और 112 मी^{2} क्षेत्रफल वाले तीन आयताकार मैदानों को समान आयताकार फूलों की क्यारियों में बाँटा जाना है, जिनमें से प्रत्येक की लम्बाई 7 मी है। प्रत्येक फूलों की क्यारी की चौड़ाई ज्ञात कीजिए। **SSC GD 23/02/2024 Shift I**
(a) 3 मी (b) 6 मी
(c) 2 मी (d) 4 मी

250. एक वृत्त की परिधि और व्यास के बीच का अन्तर 12 सेमी है। वृत्त का क्षेत्रफल कितना है? **SSC GD 22/02/2024 Shift IV**
(a) 24.64 सेमी^{2} (b) 25 सेमी^{2}
(c) 32.26 सेमी^{2} (d) 18 सेमी^{2}

251. उस समबाहु त्रिभुज की भुजाएँ ज्ञात कीजिए, जिसका क्षेत्रफल $16\sqrt{3}$ सेमी^{2} है। **SSC GD 22/02/2024 Shift III**
(a) 8 सेमी (b) 4 सेमी
(c) 12 सेमी (d) 6 सेमी

252. यदि एक समचतुर्भुज के विकर्ण 48 सेमी और 64 सेमी है, तो समचतुर्भुज का परिमाप कितना है? **SSC GD 22/02/2024 Shift I**
(a) 75 सेमी (b) 225 सेमी
(c) 160 सेमी (d) 120 सेमी

253. यदि समकोण त्रिभुज की सबसे लम्बी भुजा 17 सेमी है और ऊँचाई 15 सेमी है, तो समकोण त्रिभुज का क्षेत्रफल ज्ञात कीजिए। **SSC GD 21/02/2024 Shift III**
(a) 58 सेमी^{2} (b) 54 सेमी^{2}
(c) 56 सेमी^{2} (d) 60 सेमी^{2}

254. उस त्रिभुज की ऊँचाई ज्ञात कीजिए, जिसका आधार, उसकी ऊँचाई का $\frac{5}{7}$ वाँ भाग है और जिसका क्षेत्रफल 18.207 सेमी^{2} है। **SSC GD 21/02/2024 Shift I**
(a) 14.7 सेमी
(b) 7.14 सेमी
(c) 2.25 सेमी
(d) 8 सेमी

255. यदि एक आयत की लम्बाई 14.28% की वृद्धि कर दी जाए, तो क्षेत्रफल को अपरिवर्तित रखने के लिए इसकी चौड़ाई कितने प्रतिशत घटाई जानी चाहिए? **SSC GD 20/02/2024 Shift I**
(a) 14.28% (b) 14%
(c) 12.5% (d) 16.66%

256. एक समबाहु त्रिभुज, जिसकी भुजा a इकाई है, को एक समषट्भुज बनाने के लिए शीर्षों पर काटा जाता है। षट्भुज का क्षेत्रफल कितना है? **SSC GD 06/02/2023 Shift I**
(a) $\frac{2a^2}{\sqrt{3}}$ वर्ग इकाई (b) $\frac{a^2}{2\sqrt{3}}$ वर्ग इकाई
(c) $\frac{3a^2}{2\sqrt{3}}$ वर्ग इकाई (d) $\frac{2a^2}{3\sqrt{3}}$ वर्ग इकाई

SSC Selection Post 2024-2022

257. उस अधिकतम त्रिज्या वाले एक वृत्त का क्षेत्रफल (सेमी^{2} में) ज्ञात कीजिए, जिसे 18 सेमी लम्बाई और 12 सेमी चौड़ाई वाले एक आयत में उत्कीर्ण (अंकित) किया जा सकता है। **Graduate Level 20/06/2024 Shift-III**
(a) 136π (b) 72π
(c) 28π (d) 36π

258. एक वृत्त के एक त्रिज्यखण्ड का क्षेत्रफल 88 सेमी^{2} है और त्रिज्यखण्ड का कोण 36° है। वृत्त की त्रिज्या (सेमी में) ज्ञात कीजिए। [$\pi = \frac{22}{7}$ का उपयोग कीजिए। **Graduate Level 20/06/2024 Shift-III**
(a) $\sqrt{70}$ (b) $5\sqrt{70}$
(c) $3\sqrt{70}$ (d) $2\sqrt{70}$

259. यदि एक आयताकार क्षेत्र की लम्बाई और चौड़ाई 'x' और 'y' तथा अर्द्ध–परिमाप और क्षेत्रफल क्रमश: 12 सेमी और 28 सेमी^{2} है, तो $x^4 + x^2y^2 + y^4$ का मान ज्ञात कीजिए
Graduate Level 20/06/2024 Shift-III
(a) 6960 (b) 6690
(c) 6609 (d) 6906

260. समचतुर्भुज (सेमी^{3}) का क्षेत्रफल क्या होगा, जिसकी प्रत्येक भुजा 13 सेमी तथा विकर्ण 24 सेमी है? **Graduate Level 20/06/2024 Shift-III**
(a) 60 (b) 120 (c) 110 (d) 130

261. एक आयताकार खेत की विमाओं में 6 मी की वृद्धि करने पर उसकी विमाओ का अनुपात 4 : 3 हो जाता है और विमाओं में 6 मी की कमी करने पर उनका अनुपात
2 : 1 हो जाता है। खेत की विमाएँ ज्ञात कीजिए।
Higher Secondary Level 20/06/2024 Shift-II
(a) 18 मी 12 मी (b) 16 मी, 12 मी
(c) 10 मी, 6 मी (d) 14 मी, 10 मी

262. एक वृत्त की त्रिज्या में इस प्रकार वृद्धि की जाती है कि उसकी परिधि में 7% की वृद्धि हो जाती है। परिणामस्वरूप वृत्त के क्षेत्रफल में भी .... की वृद्धि होती है।
Higher Secondary Level 20/06/2024 Shift-II
(a) 12.20% (b) 10.28%
(c) 18.69% (d) 14.49%

263. एक ऐसे समबाहु त्रिभुज का क्षेत्रफल ज्ञात करें जिसकी भुजाएँ 16 सेमी लम्बाई वाली हो।
Higher Secondary Level 20/06/2024 Shift-II
(a) $62\sqrt{3}$ सेमी^{2} (b) $64\sqrt{3}$ सेमी^{2}
(c) $60\sqrt{3}$ सेमी^{2} (d) $66\sqrt{3}$ सेमी^{2}

264. दो संकेन्द्रित वृत्तों की त्रिज्याएँ 27 सेमी और 18 सेमी है। वृत्तों की परिसीमाओं (boundaries) से घिरी बन्द आकृति का क्षेत्रफल (सेमी^{2} में) कितना है?
Higher Secondary Level 20/06/2024 Shift-II
(a) 288π (b) 504π
(c) 405π (d) 505π

265. मान लें कि $A, B, C, \Delta XYZ$ की भुजाओं क्रमश: XY, YZ और XZ के मध्य-बिन्दु हैं। यदि ΔXYZ का क्षेत्रफल 8464 सेमी^{2} है, तो ΔABC का क्षेत्रफल (सेमी^{2} में) ज्ञात करें।
Higher Secondary Level 27/06/2023 Shift-III
(a) 1812 (b) 3112
(c) 1516 (d) 2116

266. यदि एक समबाहु त्रिभुज का परिमाप 60 इकाई है, तो इसका क्षेत्रफल ...... वर्ग इकाई होगा।
Graduate Level 01/08/2022 Shift-IV
(a) $200\sqrt{3}$ (b) $50\sqrt{3}$
(c) $60\sqrt{3}$ (d) $100\sqrt{3}$

267. एक समषट्भुज, 4.5 सेमी त्रिज्या के एक वृत्त द्वारा परिबद्ध है। षट्भुज का क्षेत्रफल (सेमी^{2} में) क्या होगा? **Matric Level 01/08/2022 Shift-I**
(a) $\frac{243}{8}\sqrt{2}$ (b) $\frac{135}{4}\sqrt{2}$
(c) $\frac{135}{4}\sqrt{3}$ (d) $\frac{243}{8}\sqrt{3}$

सही उत्तर

1	(c)	2	(b)	3	(d)	4	(c)	5	(d)	6	(d)	7	(b)	8	(c)	9	(b)	10	(d)
11	(d)	12	(a)	13	(b)	14	(c)	15	(a)	16	(b)	17	(d)	18	(c)	19	(d)	20	(a)
21	(b)	22	(a)	23	(a)	24	(c)	25	(b)	26	(d)	27	(c)	28	(d)	29	(d)	30	(a)
31	(d)	32	(b)	33	(c)	34	(c)	35	(d)	36	(c)	37	(c)	38	(c)	39	(c)	40	(b)
41	(d)	42	(d)	43	(a)	44	(d)	45	(a)	46	(b)	47	(b)	48	(c)	49	(c)	50	(c)
51	(b)	52	(b)	53	(b)	54	(c)	55	(a)	56	(b)	57	(c)	58	(d)	59	(d)	60	(b)
61	(b)	62	(c)	63	(c)	64	(a)	65	(a)	66	(c)	67	(a)	68	(d)	69	(c)	70	(a)
71	(d)	72	(d)	73	(a)	74	(a)	75	(a)	76	(a)	77	(c)	78	(d)	79	(b)	80	(d)
81	(c)	82	(b)	83	(b)	84	(c)	85	(c)	86	(d)	87	(a)	88	(a)	89	(c)	90	(b)
91	(a)	92	(b)	93	(a)	94	(a)	95	(c)	96	(a)	97	(a)	98	(d)	99	(c)	100	(b)
101	(d)	102	(c)	103	(a)	104	(c)	105	(d)	106	(b)	107	(c)	108	(c)	109	(a)	110	(a)
111	(a)	112	(d)	113	(a)	114	(d)	115	(a)	116	(a)	117	(a)	118	(c)	119	(a)	120	(c)
121	(b)	122	(b)	123	(b)	124	(b)	125	(b)	126	(b)	127	(a)	128	(d)	129	(b)	130	(c)
131	(d)	132	(a)	133	(a)	134	(a)	135	(b)	136	(b)	137	(c)	138	(b)	139	(d)	140	(c)
141	(a)	142	(b)	143	(d)	144	(c)	145	(a)	146	(c)	147	(a)	148	(a)	149	(a)	150	(b)
151	(c)	152	(b)	153	(a)	154	(a)	155	(c)	156	(b)	157	(d)	158	(c)	159	(a)	160	(a)
161	(a)	162	(a)	163	(b)	164	(d)	165	(c)	166	(b)	167	(b)	168	(a)	169	(a)	170	(d)
171	(b)	172	(c)	173	(a)	174	(c)	175	(a)	176	(d)	177	(a)	178	(d)	179	(a)	180	(a)
181	(d)	182	(c)	183	(d)	184	(b)	185	(d)	186	(b)	187	(b)	188	(b)	189	(b)	190	(c)
191	(d)	192	(a)	193	(c)	194	(c)	195	(a)	196	(c)	197	(c)	198	(d)	199	(c)	200	(c)
201	(c)	202	(a)	203	(b)	204	(c)	205	(b)	206	(d)	207	(b)	208	(c)	209	(d)	210	(d)
211	(a)	212	(d)	213	(c)	214	(a)	215	(c)	216	(b)	217	(b)	218	(c)	219	(c)	220	(b)
221	(d)	222	(c)	223	(c)	224	(d)	225	(d)	226	(a)	227	(d)	228	(b)	229	(d)	230	(c)
231	(b)	232	(d)	233	(d)	234	(a)	235	(b)	236	(b)	237	(a)	238	(d)	239	(c)	240	(c)
241	(b)	242	(b)	243	(d)	244	(d)	245	(a)	246	(d)	247	(d)	248	(a)	249	(c)	250	(a)
251	(a)	252	(c)	253	(d)	254	(b)	255	(c)	256	(b)	257	(d)	258	(d)	259	(a)	260	(b)
261	(a)	262	(d)	263	(b)	264	(c)	265	(d)	266	(d)	267	(d)						

उत्तर सहित हल

1. (c) ΔABC एक समबाहु है।

तथा भुजा $= 10.5 + 10.5 = 21$ सेमी

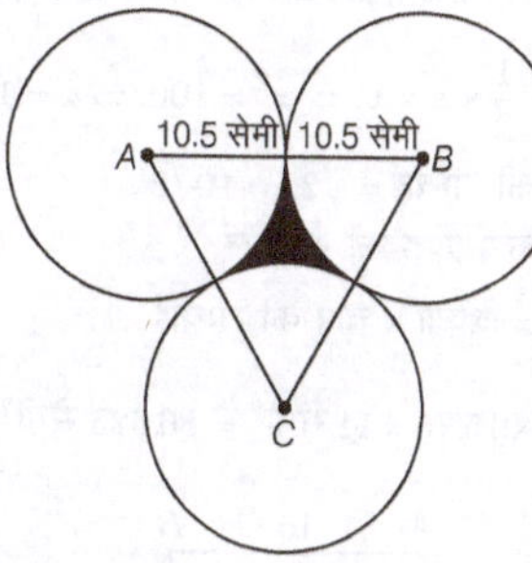

$\therefore$ घिरे क्षेत्र का क्षेत्रफल

$= \frac{\sqrt{3}}{4} \times 21 \times 21 - 3 \times \frac{60}{360^\circ} \times \frac{22}{7} \times (10.5)^2$

$= \frac{1.732}{4} \times 21 \times 21 - 3 \times \frac{1}{6} \times \frac{22}{7} \times 10.5 \times 10.5$

$= 190.953 - 173.25 = 17.70$

2. (b) माना पार्क की लम्बाई $= 3x$ मी

चौड़ाई $= 2x$ मी

$\therefore$ परिमाप $= 2(3x + 2x) = 120$ मी

$\Rightarrow \quad 5x = 60 \Rightarrow x = 12$ मी

$\therefore$ पार्क का क्षेत्रफल $= 3x \times 2x$

$= 3 \times 12 \times 2 \times 12$ मी^{2} $= 864$ मी^{2}

3. (d) त्रिज्यखण्ड की लम्बाई $= \frac{\theta}{180^\circ} \times \pi r$

$\Rightarrow \quad \frac{80}{180} \times \pi \times r = 96\pi$

$\therefore \quad r = \frac{96 \times 180}{80} = 216$ इकाई

4. (c) माना वृत्त की परिधि और व्यास क्रमशः $3x$ और $5x$ हैं।

प्रश्नानुसार,

$\therefore \quad 3x = 6 \Rightarrow x = 2$ सेमी

$\therefore$ वृत्त का व्यास $= 5 \times 2 = 10$ सेमी

अतः वृत्त की त्रिज्या $= \frac{10}{2} = 5$ सेमी

5. (d) त्रिज्यखण्ड का परिमाप $= 2\pi r \times \frac{\theta}{360} + 2r$

$= 2 \times \frac{22}{7} \times 14 \times \frac{45}{360} + 2 \times 14$

$= 11 + 28 = 39$ सेमी

6. (d) 12 सेमी त्रिज्या वाले वृत्त की परिधि

$= 2\pi r_1 = 2\pi \times 12 = 24\pi$

तथा 16 सेमी त्रिज्या वाले वृत्त की परिधि

$= 2\pi r_2 = 2\pi \times 16 = 32\pi$

बड़े वृत्त की परिधि = दो छोटे वृत्त की परिधियों का योग

$2\pi R = 24\pi + 32\pi \Rightarrow 2\pi R = 56\pi$

$\Rightarrow \quad R = 28$

अतः बड़े वृत्त का व्यास $= 2 \times R = 2 \times 28 = 56$ सेमी

7. (b) माना उस वृत्त की त्रिज्या $= R$ सेमी

प्रश्नानुसार, $\pi r_1^2 + \pi r_2^2 = \pi R^2$

$\therefore \quad R^2 = 8^2 + 15^2$

$= 64 + 225 = 289$

$\Rightarrow \quad R = 17$ सेमी

अतः उस वृत्त की परिधि $= 2\pi R$

$= 2\pi \times 17$

$= 34\pi$ सेमी

8. (c) समबाहु त्रिभुज का शीर्षलम्ब/माध्यिका/ऊँचाई

$= \frac{\sqrt{3}}{2} a$ [a = समबाहु त्रिभुज की भुजा है।]

$= \frac{\sqrt{3}}{2} \times 37\sqrt{3} = \frac{111}{2} = 55.5$ सेमी

9. (b) आयत का क्षेत्रफल $= 52$ मी $\times 9$ मी $= 468$ मी^{2}

10. (d) वृत्त के त्रिज्यखण्ड का क्षेत्रफल $= \frac{\pi r^2}{360^\circ} \times \theta$

$\Rightarrow \quad \frac{\frac{22}{7} \times r^2}{360^\circ} \times 120^\circ = 462$

$\Rightarrow \quad \frac{22r^2}{21} = 462 \Rightarrow r^2 = \frac{462 \times 21}{22}$

$\therefore \quad r = \sqrt{21 \times 21} = 21$ सेमी

11. (d) माना आयत की लम्बाई तथा चौड़ाई क्रमशः a तथा b हैं।

$\therefore \quad a + b = 9 \quad \ldots(i)$

आयत का क्षेत्रफल = लम्बाई $\times$ चौड़ाई

$\Rightarrow \quad a \times b = 18 \quad \ldots(ii)$

अब, $\quad (a + b)^2 = a^2 + b^2 + 2ab$

$\Rightarrow \quad (9)^2 - 3ab = a^2 + b^2 + 2ab - 3ab$

$\Rightarrow \quad a^2 + b^2 - ab = 81 - 3 \times 18$

$\therefore \quad a^2 + b^2 - ab = 81 - 54 = 27$

12. (a) समान्तर चतुर्भुज का क्षेत्रफल

$=$ आधार $\times$ ऊँचाई $= (26 \times 18) = 468$ सेमी^{2}

13. (b) चाप की लम्बाई $= 2\pi r \times \frac{\theta}{360^\circ}$

$\therefore \quad 2\pi \times 24 \times \frac{\theta}{360^\circ} = 7 \Rightarrow \pi \frac{\theta}{360^\circ} = \frac{7}{48}$

अतः त्रिज्यखण्ड का क्षेत्रफल $= \pi r^2 \frac{\theta}{360^\circ}$

$= \frac{7}{48} \times 24 \times 24 = 84$ सेमी^{2}

14. (c) समबाहु त्रिभुज का क्षेत्रफल $= \frac{\sqrt{3}}{4} a^2$

$= \frac{\sqrt{3}}{4} \times 18 \times 18 = 81\sqrt{3}$ सेमी^{2}

15. (a) त्रिज्यखण्ड का परिमाप $= 2\pi r \times \frac{\theta}{360} + 2r$

$= 2 \times 3.14 \times 24 \times \frac{60}{360} + 2 \times 24$

$= 25.12 + 48 = 73.12$ सेमी

16. (b) माना बगीचे की चौड़ाई $= x$ मी

$\therefore$ बगीचे की लम्बाई $= (x + 6)$ मी

प्रश्नानुसार, $2(x + 6 + x) = 48$

$2x = 24 - 6 \Rightarrow x = 9$

अतः अभीष्ट क्षेत्रफल $= (x + 6) \times x$

$= (9 + 6) \times 9 = 135$ मी^{2}

17. (d) त्रिज्यखण्ड का कोण $= 15^\circ$

त्रिज्या $= 14$ सेमी

$\therefore$ त्रिज्यखण्ड का परिमाप $= \frac{2\pi r \times \theta}{360^\circ} + 2r$

$= 2 \times 3.14 \frac{\times 14 \times 15^\circ}{360^\circ} + 2 \times 14$

$= 3.66 + 28$ सेमी $= 31.66$ सेमी

18. (c) वृत्त की परिधि $= 2\pi r$

प्रश्नानुसार, चाप की लम्बाई $= \frac{\theta}{180^\circ} \pi r$

$\Rightarrow \quad \frac{2\pi r}{2} = \frac{\theta}{180^\circ} \pi r \Rightarrow \theta = 180^\circ$

19. (d) ΔPQR में,

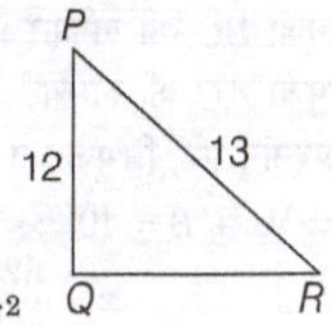

$QR = \sqrt{(13)^2 - (12)^2}$

$= \sqrt{169 - 144} = 5$

$\therefore \Delta PQR$ का क्षेत्रफल

$= \frac{1}{2} \times 12 \times 5 = 30$ सेमी^{2}

ΔABC में,

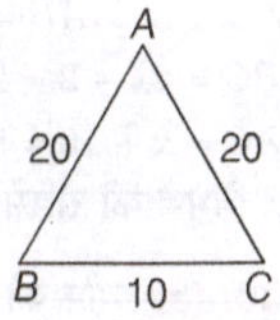

$AB = AC = 20$ सेमी

$\Rightarrow \quad BC = 10$ सेमी

$\therefore \Delta ABC$ का क्षेत्रफल

$= \frac{b\sqrt{4a^2 - b^2}}{4}$

(यहाँ, a = समान लम्बाई वाले भुजा की लम्बाई तथा b = आधार भुजा की लम्बाई)

$= \frac{10\sqrt{4 \times (20)^2 - (10)^2}}{4}$

$= \frac{10\sqrt{4 \times 400 - 100}}{4}$

$= \frac{10\sqrt{1600 - 100}}{4} = \frac{10 \times 10\sqrt{15}}{4}$

$= 25 \times 3.87 = 96.75$

$\therefore$ अभीष्ट अन्तर $= (96.75 - 30) = 66.75$

20. (a) त्रिज्यखण्ड का क्षेत्रफल $= \frac{\theta}{360} \times \pi r^2$

$\Rightarrow \quad 16\pi = \frac{\theta}{360^\circ} \pi \times 8 \times 8$

$\therefore \quad \theta = \frac{16\pi \times 360^\circ}{64\pi} = 90^\circ$

21. (b) त्रिज्यखण्ड का क्षेत्रफल

$= \frac{1}{2} \times$ त्रिज्या $\times$ चाप की लम्बाई

$= \frac{1}{2} \times 12 \times 7 = 42$ सेमी^{2}

22. (a) $\because$ वृत्ताकार पिज्जा की त्रिज्या $= 21$ सेमी

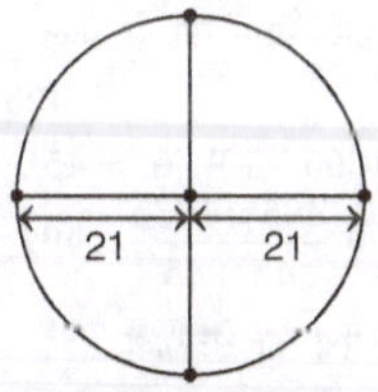

शेष पिज्जे का परिमाप $= \frac{3}{4} \times 2\pi r + 2r$

$= \frac{3}{4} \times 2 \times \frac{22}{7} \times 21 + 2 \times 21$

$= 99 + 42 = 141$ सेमी

23. (a) चाप की लम्बाई $= 2\pi r \times \frac{\theta}{360^\circ}$

$= 2\pi \times 9.6 \times \frac{75^\circ}{360^\circ} = \pi \times \frac{1440}{360}$

$= 4\pi$ इकाई

अतः चाप की लम्बाई $= 4\pi$ इकाई

24. (c) त्रिज्यखण्ड का परिमाप

$= 2\pi r \times \frac{\theta}{360^\circ} + 2r$

$= 2 \times 3.14 \times 12 \times \frac{30^\circ}{360^\circ} + 2 \times 12$

$= 6.28 + 24 = 30.28$ सेमी

25. (b) माना ΔABC में भुजा AB की लम्बाई

$= x$ सेमी

भुजा BC की लम्बाई $= (2x - 2)$ सेमी

भुजा AC की लम्बाई $= (x + 10)$ सेमी

प्रश्नानुसार, त्रिभुज का परिमाप $= x + 2x - 2 + x + 10$

$\Rightarrow 4x + 8 = 40 \Rightarrow 4x = 32$

$\therefore \quad x = \frac{32}{4} = 8$

$\therefore \quad AB = 8$

$BC = 2x - 2 = 2 \times 8 - 2 = 14$

$AC = x + 10 = 8 + 10 = 18$

$\therefore$ त्रिभुज की सबसे छोटी भुजा की लम्बाई = 8 सेमी

26. (d) चाप की लम्बाई $= \frac{\theta}{180} \times \pi r$

$\Rightarrow \frac{30}{180} \times \frac{22}{7} \times r = 44$

$\therefore \quad r = \frac{44 \times 7 \times 6}{22} = 84$ सेमी

$\therefore$ त्रिज्यखण्ड का क्षेत्रफल $= \frac{\theta}{360} \times \pi r^2$

$= \frac{30}{360} \times \frac{22}{7} \times 84 \times 84 = 1848$ सेमी^{2}

27. (c) माना वर्ग की भुजा $= a$ मी = भुजा $\sqrt{2}$

$\therefore$ वर्ग का विकर्ण

$\Rightarrow a\sqrt{2} = 4.8$ मी $\Rightarrow a = \frac{4.8}{\sqrt{2}}$ मी

वर्ग का क्षेत्रफल $= a^2 = \frac{4.8}{\sqrt{2}} \times \frac{4.8}{\sqrt{2}} = \frac{4.8 \times 4.8}{2}$

$= 11.52$ मी^{2}

28. (d) समबाहु त्रिभुज की भुजा $= \frac{\text{परिमाप}}{3}$

$= \frac{36}{3} = 12$ इकाई

समबाहु त्रिभुज का क्षेत्रफल $= \frac{\sqrt{3}}{4} \times$ भुजा^{2}

$= \frac{\sqrt{3}}{4} \times 12 \times 12 = 36\sqrt{3}$ वर्ग इकाई

29. (d) आयताकार मैदान का क्षेत्रफल

$= 495 \times 1665$ सेमी^{2}

तथा 495 और 1665 का ग. स. – 45

$\therefore$ अभीष्ट संख्या $= \frac{495 \times 1665}{45 \times 45} = 407$

30. (a) समतल पथ का क्षेत्रफल

$= \pi[R^2 - r^2] = \pi[28^2 - 25^2] = \frac{22}{7} \times 53 \times 3$

कुल लागत $= 28 \times \frac{22}{7} \times 53 \times 3 =$ ₹ 13992

31. (d) प्रश्नानुसार, $l + 2r = 63$ ...(i)

तथा त्रिज्यखण्ड का क्षेत्रफल $= \frac{\pi r^2 \theta}{360}$

$\therefore \quad \frac{\pi r^2 \theta}{360} = 209$

$\frac{\theta}{360} = \frac{209}{\pi r^2}$ ...(ii)

समी (i) से,

$2\pi r \frac{\theta}{360} + 2r = 63$

$\Rightarrow \quad 2\pi r \times \frac{209}{\pi r^2} + 2r = 63$ [समी (ii) से]

$\Rightarrow \quad 418 + 2r^2 = 63r$

$\Rightarrow \quad 2r^2 - 63r + 418 = 0$

$\Rightarrow \quad (r - 22)(2r - 19) \Rightarrow r = 22$ सेमी

अब, $\frac{22}{7} \times 22 \times 22 \times \frac{\theta}{360} = 209 \left\{\because \frac{\pi r^2 \theta}{360°} = 209\right\}$

$\theta = \frac{209 \times 7 \times 360}{22 \times 22 \times 22} = 49.5°$

32. (b) वर्ग का क्षेत्रफल $= 16x^2 + 40x + 25$

$= (4x + 5)^2$

$\therefore$ वर्ग की भुजा $= \sqrt{(4x + 5)^2} = 4x + 5$

अतः वर्ग का परिमाप $= 4 \times (4x + 5)$

$= 2(8x + 10)$ इकाई

33. (c) प्रश्नानुसार,

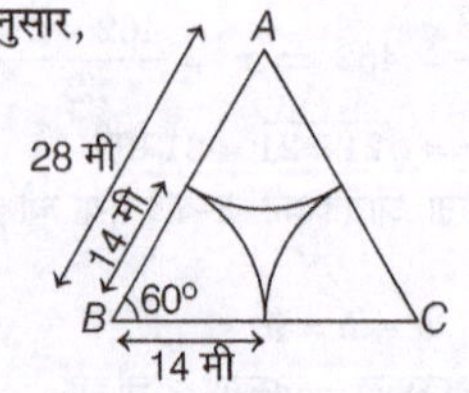

$\because$ समबाहु त्रिभुज का प्रत्येक कोण 60° होता है।

अतः अभीष्ट क्षेत्रफल का भाग

= त्रिभुज का क्षेत्रफल – 3 × वृत्तखण्ड का क्षेत्रफल

$= \frac{\sqrt{3}}{4} \times 28 \times 28 - 3 \times \frac{22}{7} \times 14 \times 14 \times \frac{60}{360}$

$= 339.08 - 308 = 31.08$ मी^{2}

34. (c) वृत्त की त्रिज्या = 10 सेमी

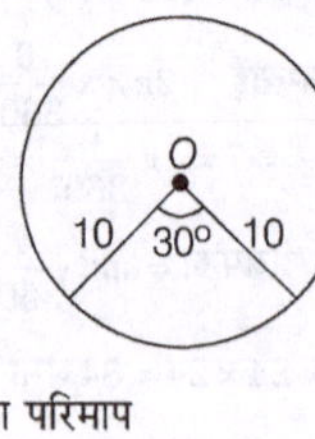

$\therefore$ त्रिज्यखण्ड का परिमाप

= 2 × त्रिज्या + चाप की लम्बाई

$= 2 \times 10 + \frac{30°}{180°} \times 3.14 \times 10$

$\left[\because \text{चाप की लम्बाई} = \frac{\theta}{180°} \times \pi r\right]$

$= 20 + 5.2 = 25.2$ सेमी

35. (d) माना वृत्त की त्रिज्या $= r$ सेमी

त्रिज्यखण्ड का परिमाप $= 2r + \frac{60°}{180°} \times \pi r$

$\Rightarrow \quad 2r + \frac{1}{3} \times \frac{22}{7} \times r = \frac{64}{3}$

$\Rightarrow \quad \frac{42r + 22r}{21} = \frac{64}{3} \Rightarrow \frac{64r}{21} = \frac{64}{3} \therefore r = 7$

$\therefore$ त्रिज्यखण्ड का क्षेत्रफल $= \frac{\pi r^2}{360°} \times 60°$

$= \frac{\frac{22}{7} \times 7 \times 7}{6} = \frac{77}{3}$ सेमी^{2}

36. (c) माना समकोण समद्विबाहु त्रिभुज की समान भुजा x इकाई है।

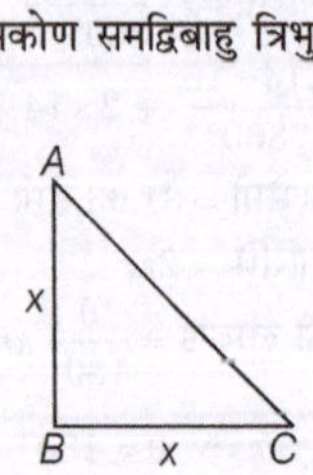

$\therefore \Delta ABC$ में,

$(AC)^2 = x^2 + x^2 = 2x^2$

$AC = \sqrt{x^2 \times 2} = \sqrt{2}x$ ...(i)

अब, ΔABC का क्षेत्रफल $= \frac{1}{2} \times$ आधार × ऊँचाई

$\Rightarrow \quad 50 = \frac{1}{2} \times x \times x \Rightarrow x^2 = 100 \Rightarrow x = 10$

अब, कर्ण की लम्बाई $= \sqrt{2}x = 10\sqrt{2}$

37. (c) त्रिज्यखण्ड का क्षेत्रफल

$= \frac{1}{2} \times$ त्रिज्या × चाप की लम्बाई

$= \frac{1}{2} \times 15.75 \times 11$ सेमी^{2} $= 86.625$ सेमी^{2}

38. (c)

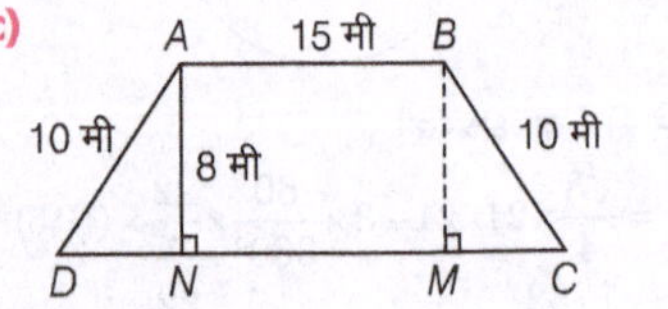

$AN = BM = 8$ मी

$MC = \sqrt{BC^2 - BM^2} = \sqrt{10^2 - 8^2} = \sqrt{36} = 6$ मी

इसी प्रकार, $DN = 6$ मी $[\because \Delta ADN = \Delta BMC]$

$\therefore \quad AB = MN = 15$ मी

चतुर्भुज $ABCD$ का परिमाप

$= AB + BC + CD + AD$

$= 15 + 10 + (6 + 15 + 6) + 10 = 62$ मी

39. (c) $ABCD$ एक वर्ग है, जो वृत्त के अन्दर है तथा वृत्त की त्रिज्या $(r) = 5$ सेमी

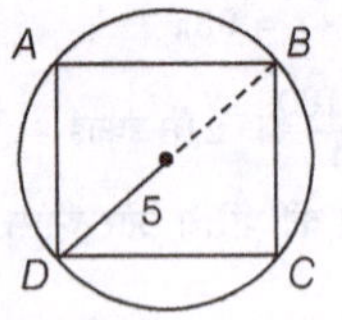

अब, वर्ग का विकर्ण BD

$= 2r = 2 \times 5 = 10$ सेमी

तथा $\quad \sqrt{2}a = 10$

[$\because$ वर्ग का विकर्ण $= \sqrt{2} \times$ वर्ग की एक भुजा (a)]

$a = \frac{10}{\sqrt{2}}$ सेमी

$\therefore$ वर्ग का परिमाप $= 4a = 4 \times \frac{10}{\sqrt{2}} = \frac{40}{\sqrt{2}} = \frac{40\sqrt{2}}{2}$

$= 20\sqrt{2}$ सेमी

40. (b) माना समलम्ब की बड़ी भुजा x व छोटी भुजा y है।

प्रश्नानुसार, $x - y = 12$ ...(i)

तथा समलम्ब का क्षेत्रफल = 1380 सेमी^{2}

$\therefore \quad \frac{1}{2} \times (x + y) \times 60 = 1380$

$\Rightarrow \quad x + y = 46$ ...(ii)

समी (i) तथा (ii) से,

$x = \frac{46 + 12}{2} = 29$ सेमी

$\Rightarrow \quad y = 29 - 12 = 17$ सेमी

41. (d) माना समचतुर्भुज के एक विकर्ण की लम्बाई $(d_1) = 100x$

तब दूसरे विकर्ण की लम्बाई $(d_2) = 65x$

प्रश्नानुसार, बनाए गए वर्ग की भुजा $= d_1 = 100x$

$\therefore$ अभीष्ट अनुपात $= \dfrac{\frac{1}{2} \times d_1 \times d_2}{(d_1)^2}$

$= \dfrac{1}{2} \times \dfrac{d_2}{d_1} = \dfrac{1}{2} \times \dfrac{65x}{100x} = \dfrac{13}{40} = 13 : 40$

42. (d) माना एक आयताकार पार्क $ABCD$ है।

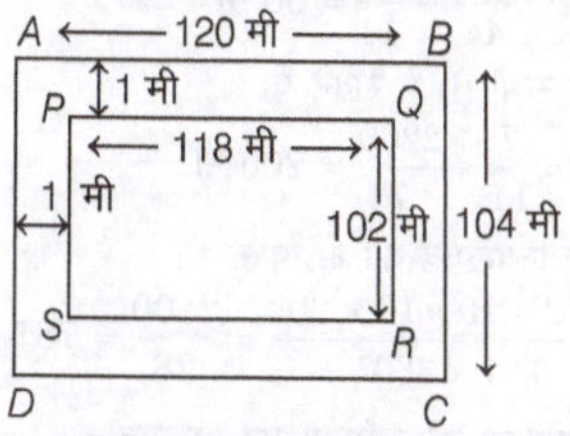

प्रश्नानुसार, पार्क के अन्दर चारों ओर 1 मी चौड़ा रास्ता बनाने पर प्राप्त आयताकार भाग $PQRS$ की लम्बाई

$= 120 - 1 - 1 = 118$ मी

तथा चौड़ाई $= 104 - 1 - 1 = 102$ मी

अब आयताकार भाग $PQRS$ की परिमिति

$= 2(118 + 102) = 2 \times 220 = 440$ मी

अत: रास्ते के अन्दर के किनारों को पूरी तरह से पोतने का खर्च $= 440 \times 2.50 =$ ₹1100

43. (a) वृत्ताकार चाप की त्रिज्या $r = 4$ सेमी

तथा केन्द्र पर बना कोण $(\theta) = 45°$

$\therefore$ त्रिज्यखण्ड का परिमाप $= 2r + 2\pi r \dfrac{\theta}{360°}$

$= 2 \times 4 + 2 \times \dfrac{22}{7} \times 4 \times \dfrac{45}{360}$

$= 8 + \dfrac{22}{7} = \dfrac{56 + 22}{7} = \dfrac{78}{7}$ सेमी

44. (d) प्रश्नानुसार,

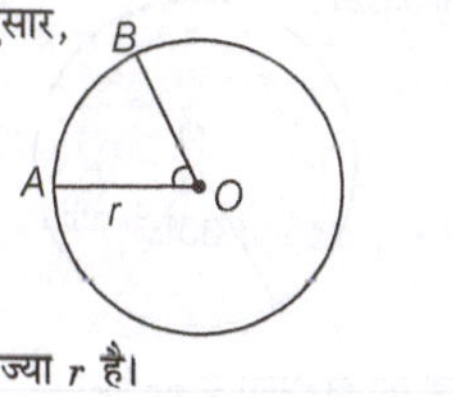

माना वृत्त की त्रिज्या r है।

तब, चाप $= 5r$ (दिया है)

$\because$ चाप की लम्बाई $= \dfrac{2\pi r\theta}{360°}$

$\therefore \quad 5r = \dfrac{2\pi r\theta}{360°} \Rightarrow \dfrac{5 \times 360°}{2\pi} = \theta$ ...(i)

त्रिज्यखण्ड AOB का क्षेत्रफल $= \dfrac{\pi r^2\theta}{360}$

$= \dfrac{\pi r^2 \times 5 \times 360°}{2\pi \times 360°} = r^2 \times \dfrac{5}{2} = 2.5r^2$ (समी (i) से)

45. (a) समबाहु त्रिभुज की भुजा $(a) = 16$ सेमी

$\therefore$ त्रिभुज का क्षेत्रफल $= \dfrac{\sqrt{3}}{4}a^2 = \dfrac{\sqrt{3}}{4} \times 16 \times 16$

$= 64\sqrt{3}$ सेमी^{2}

46. (b) त्रिज्या $(r) = 8$ सेमी

तथा त्रिज्यखण्ड के चाप की लम्बाई $= 12$ सेमी

माना त्रिज्यखण्ड का कोण $= \theta$

$\therefore \quad 2\pi r \dfrac{\theta}{360} = 12 \Rightarrow \pi r \dfrac{\theta}{360} = 6$

अब, त्रिज्यखण्ड का क्षेत्रफल $= \pi r^2 \dfrac{\theta}{360}$

$= 6 \times 8 = 48$ सेमी^{2}

47. (b) मैदान की लम्बाई $= 150$ मी

तथा चौड़ाई $= 80$ मी

$\therefore$ मैदान का परिमाप $= 2$ (लम्बाई + चौड़ाई)

$= 2(150 + 80) = 2 \times 230 = 460$ मी

तथा विकर्ण $= \sqrt{(150)^2 + (80)^2}$

$= \sqrt{22500 + 6400} = \sqrt{28900} = 170$ मी

$\therefore$ अभीष्ट मान $= \dfrac{460}{170} = 2.7$ गुना

48. (c) दिए गए सूत्र का उपयोग वृत्त के चाप की लम्बाई ज्ञात करने के लिए किया जाता है।

49. (c) दिया है, समबाहु त्रिभुज की भुजा $= 12$ सेमी

$\therefore$ समबाहु त्रिभुज का क्षेत्रफल

$= \dfrac{\sqrt{3}}{4} \times (12)^2 = 36 \times 1.732 = 62.352$ सेमी^{2}

50. (c) माना आयत की लम्बाई $= 3x$

तथा चौड़ाई $= 2x$

$\because$ आयत का क्षेत्रफल $= 150$ सेमी^{2}

$\Rightarrow \quad 3x \times 2x = 150 \Rightarrow 6x^2 = 150 \Rightarrow x^2 = 25$

$\Rightarrow \quad x = +5$ या -5 (असम्भव)

अब, आयत का परिमाप $= 2(3x + 2x)$

$= 10x = 10 \times 5 = 50$ सेमी

51. (b) त्रिभुज का अर्द्ध-परिमाप $= \dfrac{\text{परिमाप}}{2} = \dfrac{100}{2}$

$= 50$ सेमी

52. (b) माना आयत की लम्बाई $= x$ मी

$\therefore$ आयत की चौड़ाई $= (x - 2)$ मी

प्रश्नानुसार, $2(x + x - 2) = 68 \Rightarrow 2x - 2 = 34$

$\therefore \quad x = \dfrac{36}{2} = 18$

अत: आयत की लम्बाई $= 18$ मी

53. (b) त्रिज्या, $(r) = 7$ सेमी,

तथा केन्द्रीय कोण, $(\theta) = 60°$

$\therefore$ वृत्त के त्रिज्यखण्ड का क्षेत्रफल $= \dfrac{\pi r^2\,\theta}{360°}$

$= \dfrac{22}{7} \times (7)^2 \times \dfrac{60°}{360°} = \dfrac{154}{6} = \dfrac{77}{3}$ सेमी^{2}

54. (c) प्रश्नानुसार, चित्र से,

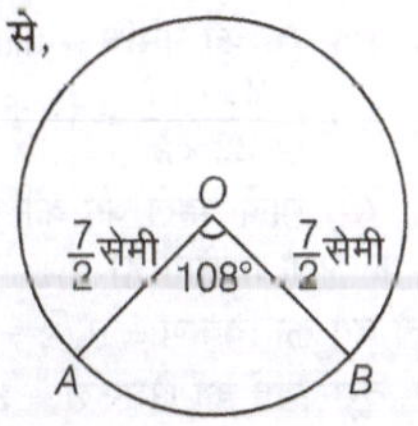

अब, चाप की लम्बाई, $(l) = 108° \times \dfrac{\pi}{180°} \times \dfrac{7}{2}$

$= \dfrac{108}{180} \times \dfrac{22}{7} \times \dfrac{7}{2} = 108 \times \dfrac{11}{180} = 6.6$ सेमी

55. (a) त्रिज्यखण्ड का क्षेत्रफल $= \dfrac{\pi r^2\theta}{360°} = 1848$

$\Rightarrow \quad \dfrac{\frac{22}{7} \times r^2 \times 270°}{360} = 1848$

$\Rightarrow \quad r^2 = \dfrac{1848 \times 36 \times 7}{22 \times 27} = 784$

$\therefore \quad r = \sqrt{784} = 28$ मी

56. (b) माना समबाहु त्रिभुज की भुजा $= a$ सेमी

$\Rightarrow \quad 3a = 48 \Rightarrow a = 16$ सेमी

समबाहु त्रिभुज का क्षेत्रफल $= \dfrac{\sqrt{3}}{4} \times 16 \times 16$

$= 64\sqrt{3}$ वर्ग सेमी

57. (c) माना समान भुजा की लम्बाई $= 3x$

तथा असमान भुजा की लम्बाई $= 5x$

समद्विबाहु त्रिभुज का क्षेत्रफल $= \dfrac{b}{4} \times \sqrt{4a^2 - b^2}$

{ $a =$ समान भुजाएँ, $b =$ असमान भुजा }

$\therefore \quad 30\sqrt{11} = \dfrac{5x}{4} \times \sqrt{4 \times 9x^2 - 25x^2}$

$\Rightarrow \quad 30\sqrt{11} = \dfrac{5 \times x^2}{4} \times \sqrt{11} \Rightarrow 30 = \dfrac{5 \times x^2}{4}$

$\Rightarrow \quad x = \sqrt{24} = 2\sqrt{6}$

असमान भुजा की लम्बाई, $5x = 10\sqrt{6}$ सेमी

58. (d) प्रश्नानुसार,

त्रिज्यखण्ड का क्षेत्रफल $= \pi r^2 \dfrac{\theta}{360°} = 32\pi$

$\Rightarrow \quad \theta = \dfrac{32 \times 360°}{12 \times 12} = 80°$

$\therefore$ त्रिज्यखण्ड के चाप की लम्बाई

$= 2\pi \times 12 \times \dfrac{80°}{360°} = \dfrac{16}{3}\pi$ सेमी

59. (d) त्रिज्यखण्ड का क्षेत्रफल $= \pi r^2 \times \dfrac{\theta}{360°}$

$= 3.14 \times 10 \times 10 \times \dfrac{60°}{360°} = 52.33$ सेमी^{2}

60. (b) त्रिज्यखण्ड का क्षेत्रफल $= \pi r^2 \times \dfrac{\theta}{360°}$

$= \dfrac{22}{7} \times 5 \times 5 \times \dfrac{60°}{360°} = 13.1$ सेमी^{2}

61. (b) चित्र से,

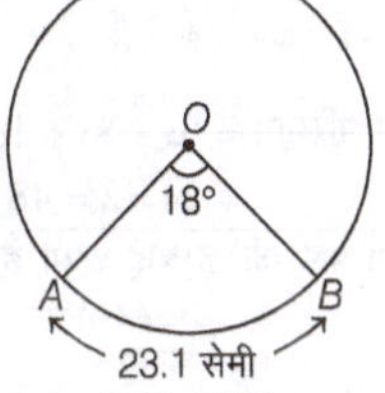

त्रिज्या $(r) = \dfrac{23.1}{\frac{18° \times \pi}{180°}} = \dfrac{23.1 \times 180}{18° \times 22} \times 7 = \dfrac{231 \times 7}{22}$

$\left[\because l = \dfrac{\pi r\theta}{180°}\right]$

अब, वृत्त का क्षेत्रफल $(A) = \pi r^2$

$= \dfrac{22}{7} \times \left(\dfrac{231 \times 7}{22}\right)^2 = \dfrac{22}{7} \times \dfrac{231 \times 7}{22} \times \dfrac{231 \times 7}{22}$

$= \dfrac{231 \times 231 \times 7}{22} = 16978.50$ सेमी^{2}

62. (c) अभीष्ट वृद्धि प्रतिशत

$= 34 + 34 + \dfrac{34 \times 34}{100} = 68 + 11.56$

$= 79.56\%$

63. (c) छायांकित भाग का क्षेत्रफल

$= \dfrac{1}{2} \times$ समबाहु त्रिभुज का क्षेत्रफल

$- \dfrac{1}{4} \times$ वृत्त का क्षेत्रफल

$= \dfrac{1}{2} \times \dfrac{\sqrt{3}}{4}(6)^2 - \dfrac{1}{4} \times \dfrac{22}{7} \times (1)^2$

$= \dfrac{9\sqrt{3}}{2} - \dfrac{11}{14} = \dfrac{1}{2}\left(9\sqrt{3} - \dfrac{11}{7}\right)$ इकाई^2

64. (a) समान्तर चतुर्भुज का क्षेत्रफल

= त्रिभुज का क्षेत्रफल

$\Rightarrow \quad 28 \times 12 = \dfrac{1}{2} \times 28 \times$ शीर्षलम्ब

$\Rightarrow \quad$ शीर्षलम्ब $= 24$ सेमी

65. (a) अभीष्ट त्रिज्यखण्ड का क्षेत्रफल $= \pi r^2 \cdot \frac{\theta}{360°}$

$$= \frac{22 \times 6 \times 6 \times 70°}{7 \times 360°} = 22 \text{ मी}^2$$

66. (c) घण्टे की सुईं द्वारा 4 घण्टे में घूमा गया कोण, $\theta = 4 \times 30° = 120°$

$\therefore$ सुईं द्वारा घूमे गए त्रिज्यखण्ड का क्षेत्रफल

$$= \frac{\pi r^2 \theta}{360°} = \frac{22 \times 36 \times 120°}{7 \times 360°}$$

$$= \frac{264}{7} = 37.71 \text{ सेमी}^2$$

67. (a) माना वृत्तों की त्रिज्याएँ क्रमशः r_1 और r_2 हैं।

$\therefore 2\pi r_2 - 2\pi r_1 = 220 \Rightarrow 2\pi(r_2 - r_1) = 220$

$\Rightarrow r_2 - r_1 = \frac{220 \times 7}{2 \times 22} \Rightarrow r_2 - r_1 = 35$

अतः वृत्तों की त्रिज्याओं के मध्य अन्तर 35 सेमी है।

68. (d) माना त्रिभुज की भुजाएँ क्रमशः $6x$ सेमी, $8x$ सेमी और $10x$ सेमी हैं।

तब, $s = \frac{6x + 8x + 10x}{2} = 12x$

क्षेत्रफल $= \sqrt{s(s-a)(s-b)(s-c)} \Rightarrow 96$

$= \sqrt{12x(12x - 6x)(12x - 8x)(12x - 10x)}$

$\Rightarrow 96 = \sqrt{12x \times 6x \times 4x \times 2x}$

$\Rightarrow 96 = \sqrt{576x^4}$

$\Rightarrow x^2 = \frac{96}{24} \Rightarrow x = \sqrt{4} = 2$

$\therefore$ त्रिभुज का परिमाप $= 6x + 8x + 10x = 24x$

$= 24 \times 2 = 48$ सेमी

69. (c) माना पेड़ की लम्बाई x मी है।

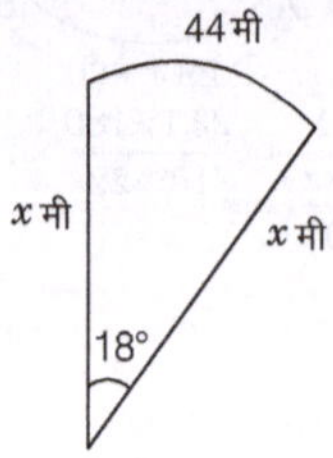

$\therefore 44 = \frac{\theta}{360°} \times 2\pi x \qquad \left[\because l = \frac{2\pi r\theta}{360°}\right]$

$\Rightarrow 44 = \frac{18}{360} \times \frac{22}{7} \times 2 \times x \qquad [\because \theta = 18°]$

$\Rightarrow 2x = 280 \Rightarrow x = 140$ मी

70. (a) मिनट की सुई द्वारा 8 पूर्वाह्न से 8 : 45 पूर्वाह्न के बीच घुमा गया कोण, $\theta = 45 \times 6° = 270°$

$\therefore$ घड़ी द्वारा घूमे गए पृष्ठ का क्षेत्रफल

$$= \frac{22 \times (20)^2 \times 270°}{7 \times 360°}$$

$$= \frac{6600}{7} \text{ सेमी}^2$$

71. (d) माना दोनों वृत्तों की त्रिज्याएँ क्रमशः r_1 व r_2 हैं।

तब, $2\pi r_1 = 264$ सेमी

$\Rightarrow r_1 = \frac{264 \times 7}{2 \times 22} = 42$ सेमी

तथा $2\pi r_2 = 396$ सेमी

$\Rightarrow r_2 = \frac{396 \times 7}{2 \times 22} = 63$ सेमी

$\therefore$ अभीष्ट अन्तर $= 63 - 42 = 21$ सेमी

72. (d) प्रश्नानुसार,

तीनों वृत्तों की त्रिज्या $(r) = 7$ सेमी

$AB = 2r = 14$ सेमी

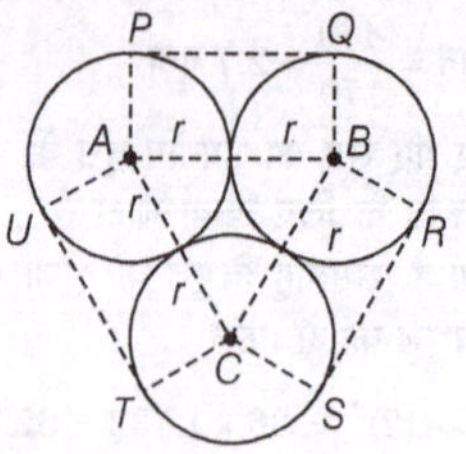

धागे की लम्बाई $= 3AB +$ वृत्त की परिधि

$[\because AB = 2r$ और $r = 7]$

$= 3 \times 14 + 2\pi \times 7 = 42 + 14\pi$ सेमी

73. (a) समबाहु Δ का क्षेत्रफल $(A) = \frac{\sqrt{3}}{4}$ (भुजा)^2

$= \frac{\sqrt{3}}{4}(8)^2$

$\Rightarrow A = \frac{\sqrt{3}}{4} \times 8 \times 8 = 27.712$ सेमी^{2}

74. (a) माना समबाहु त्रिभुज की प्रत्येक भुजा की माप 'a' मी है।

$\therefore$ ऊँचाई $= \frac{\sqrt{3}}{2}a = 6\sqrt{3} \Rightarrow a = 12$ मी

त्रिभुज का परिमाप $= 3 \times 12 = 36$ मी

75. (a) वर्ग की भुजा $= \frac{124}{4} = 31$ मी

$\because$ वर्ग का क्षेत्रफल $(A) = (31)^2 = 961$ वर्ग मी

76. (a) समबाहु त्रिभुज की ऊँचाई $= \frac{a\sqrt{3}}{2} = 9\sqrt{3}$

$\Rightarrow a = 18$ सेमी

$\therefore$ समबाहु त्रिभुज का क्षेत्रफल

$= \frac{\sqrt{3}}{4} \times 18 \times 18 = 81\sqrt{3}$ सेमी^{2}

77. (c) वृत्त की परिधि $= 2\pi r = 220$

$\Rightarrow r = \frac{220 \times 7}{22 \times 2} = 5 \times 7 = 35$ सेमी

78. (d) माना पहले वर्ग की भुजा a सेमी और दूसरे वर्ग की भुजा b सेमी है।

पहले वर्ग का विकर्ण $= 8\sqrt{2} = a\sqrt{2} \Rightarrow a = 8$ सेमी

अब, दूसरे वर्ग का क्षेत्रफल $= 3 \times$ पहले वर्ग का क्षेत्रफल

$\Rightarrow b^2 = 3 \times a^2 \Rightarrow b^2 = 3 \times 8^2$

$\Rightarrow b^2 = 64 \times 3 \Rightarrow b = 8\sqrt{3}$ सेमी

$\therefore$ दूसरे वर्ग का विकर्ण $= b\sqrt{2} = 8\sqrt{3} \times \sqrt{2}$

$= 8\sqrt{6}$ सेमी

79. (b) माना आयत की लम्बाई तथा चौड़ाई क्रमशः $5x$ और $2x$ है।

दिया है, वर्ग का विकर्ण $= \sqrt{200}$

$\therefore \sqrt{2}$ (भुजा) $= \sqrt{2} \times 10$

$\therefore$ भुजा $= 10$ सेमी

प्रश्नानुसार, आयत का क्षेत्रफल = वर्ग का क्षेत्रफल

$\Rightarrow 5x \times 2x = (10)^2 \Rightarrow 10x^2 = 100$

$\Rightarrow x^2 = 10 \Rightarrow x = \sqrt{10}$

$\therefore$ आयत की लम्बाई $= 5x = 5\sqrt{10} = \sqrt{250}$ सेमी

80. (d) माना पथ की बाह्य तथा आन्तरिक परिधियाँ क्रमशः $5x$ व $4x$ मी हैं।

तथा आन्तरिक व बाह्य त्रिज्याएँ क्रमशः r व R मी हैं

तब, $2\pi r = 4x \Rightarrow r = \frac{4x \times 7}{2 \times 22} = \frac{7x}{11}$ मी ...(i)

तथा $2\pi R = 5x$

$R = \frac{5x \times 7}{2 \times 22} = \frac{35}{44}x$ मी ...(ii)

प्रश्नानुसार, $\frac{35x}{44} - \frac{7x}{11} = 50$ मी $\Rightarrow x = \frac{2200}{7}$ मी

x का मान समी (i) में रखने पर,

$r = \frac{7}{11} \times \frac{2200}{7} = 200$ मी

81. (c) त्रिज्यखण्ड का क्षेत्रफल

$= \frac{22 \times 10 \times 10 \times 90°}{7 \times 360°} = \frac{2200}{28} = 78.57$ मी^{2}

82. (b) त्रिभुज की भुजाओं का अनुपात

$= \frac{1}{3} : \frac{1}{5} : \frac{1}{6} = 10 : 6 : 5$

माना भुजाएँ क्रमशः $10x$, $6x$ और $5x$ हैं।

तब, $10x + 6x + 5x = 147$ सेमी $\Rightarrow x = 7$ सेमी

$\therefore$ सबसे छोटी भुजा $= 5x = 5 \times 7 = 35$ सेमी

83. (b) माना त्रिभुज की भुजा $= a$ सेमी

$\therefore \frac{\sqrt{3}}{2}a = 7\sqrt{3} \Rightarrow a = 14$ सेमी

अतः समबाहु त्रिभुज का क्षेत्रफल

$= \frac{\sqrt{3}}{4} \times 14 \times 14 = 49\sqrt{3}$ सेमी^{2}

84. (c) माना वृत्त की त्रिज्या $= r$ सेमी

$\therefore 2\pi r = 4 \times 11$ सेमी $\Rightarrow 2 \times \frac{22}{7} \times r = 44$

$\Rightarrow r = 7$ सेमी

85. (c) प्रश्नानुसार,

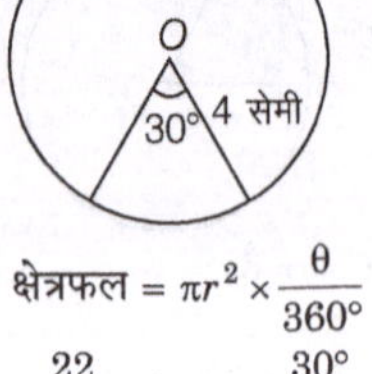

$\therefore$ त्रिज्यखण्ड का क्षेत्रफल $= \pi r^2 \times \frac{\theta}{360°}$

$= \frac{22}{7} \times 4 \times 4 \times \frac{30°}{360°} = 4.190$ सेमी^{2}

86. (d) वृत्तों की त्रिज्या $(r) = 4$ सेमी

$AC = 2r = 2 \times 4 = 8$ सेमी

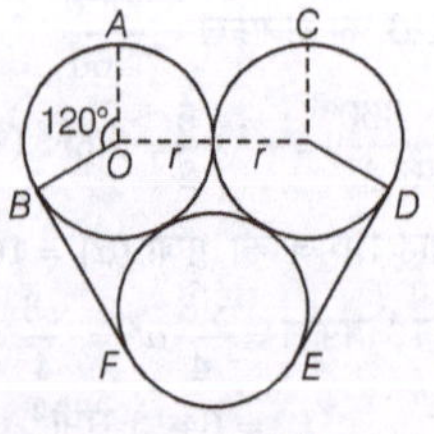

$\Rightarrow AC = DE = BF = 8$ सेमी

$\therefore AB = \frac{120°}{360°} \times 2\pi r = \frac{1}{3} \times 2 \times 4 \times \pi = \frac{8}{3}\pi$

धागे की लम्बाई $= 3 \times \frac{8}{3}\pi + (8 + 8 + 8)$

$= (24 + 8\pi)$ सेमी

87. (a) त्रिज्यखण्ड का क्षेत्रफल $= \frac{\pi r^2 \theta}{360°} = 308$

$\Rightarrow \frac{\pi \times r^2 \times 45°}{360°} = 308 \Rightarrow r^2 = \frac{308 \times 8 \times 7}{22}$

$\Rightarrow r^2 = 14 \times 8 \times 7 \Rightarrow r^2 = 784$

$\therefore r = 28$ सेमी

88. (a) प्रश्नानुसार,

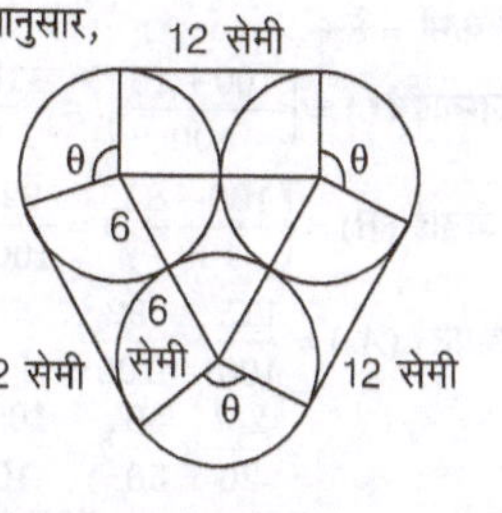

$\theta = 360° - (60° + 90° + 90°)$

$= 360° - 240° = 120°$

∴ धागे की लम्बाई

= त्रिभुज का परिमाप + वृत्त की परिधि

$= 3 \times 12 + 2\pi \times 6 = 36 + 12\pi = 36 + 12\pi$ सेमी

89. (c) माना वृत्त की त्रिज्या = r सेमी

प्रश्नानुसार, $\frac{\pi r^2 \theta}{360°} = 66$

$\Rightarrow \frac{\pi r^2 \times 60°}{360°} = 66 \Rightarrow r^2 = \frac{66 \times 6 \times 7}{22}$

$\Rightarrow r^2 = 126 \Rightarrow r = 3\sqrt{14}$ सेमी

90. (b) प्रश्नानुसार,

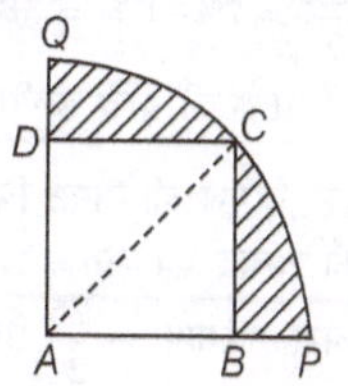

$ABCD$ वर्ग है

चतुर्थांश की त्रिज्या (r)= वर्ग का विकर्ण = $16\sqrt{2}$ सेमी

∴ छायांकित भाग का क्षेत्रफल

= चतुर्थांश का क्षेत्रफल − वर्ग का क्षेत्रफल

$= \frac{\pi r^2}{4} - (AB)^2 = \frac{3.14 \times 16 \times 16 \times 2}{4} - 16 \times 16$

$= 401.92 - 256 = 145.92$ सेमी^{2}

91. (a) समबाहु त्रिभुज का क्षेत्रफल

$= \frac{\sqrt{3}}{4} \times 20 \times 20 = 100\sqrt{3}$ सेमी^{2}

92. (b) वृत्ताकार सुई द्वारा 9 pm से 3 am बजे तक तय किया गया समय

= 3am − 9pm = 6h या 6 घण्टे

⇒ 6 घण्टे में घण्टे की सुई द्वारा बना कोण = 180°

अभीष्ट दूरी $= \frac{2\pi \times 6 \times 180°}{360°} = 6\pi$ इंच

93. (a) माना त्रिभुज की भुजाएँ क्रमश: $10x$, $24x$ व $26x$ हैं।

$\because \quad 26x^2 = (10x)^2 + (24x)^2$

$\Rightarrow \quad 676x^2 = 100x^2 + 576x^2 \Rightarrow 676x^2 = 676x^2$

अत: दिया गया त्रिभुज एक समकोण त्रिभुज है।

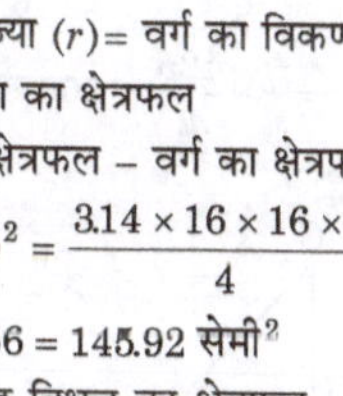

$\Rightarrow \frac{1}{2} \times 24x \times 10x = 480 \Rightarrow x^2 = 4 \Rightarrow x = 2$ सेमी

∴ त्रिभुज का परिमाप

$= 10x + 24x + 26x = 60x = 60 \times 2 = 120$ सेमी

94. (a) दिया गया है,

समबाहु त्रिभुज की भुजा 12 सेमी है।

परिगत वृत्त की त्रिज्या $= \frac{a}{\sqrt{3}} = \frac{12}{\sqrt{3}} = 4\sqrt{3}$ सेमी

95. (c) माना दोनों वृत्तों की त्रिज्याएँ क्रमश: r_1 और r_2 हैं,

तब, $2\pi r_2 - 2\pi r_1 = 352 - 198$

$r_2 - r_1 = \frac{154 \times 7}{2 \times 22} = 24.5$ सेमी

96. (a) क्षेत्रफल में वृद्धि $= 8 + 5 + \frac{8 \times 5}{100}$

$= 13 + 0.4 = 13.4\%$

97. (a) माना वर्गाकार मैदान की भुजा x मी है।

विकर्ण $= \sqrt{2}x$ मी

व्यक्ति द्वारा चली गई दूरी $= \frac{3 \times 5}{18} \times 5 \times 60 = 250$ मी

प्रश्नानुसार, $250 = \sqrt{2}x \Rightarrow x = \frac{250}{\sqrt{2}}$

∴ मैदान का क्षेत्रफल $= \left(\frac{250}{\sqrt{2}}\right)^2 = \frac{62500}{2} = 31250$ मी^{2}

98. (d) माना समबाहु त्रिभुज के आकार वाली मेज की भुजा x सेमी है।

$\Rightarrow \frac{\sqrt{3}}{4}x^2 = 9\sqrt{3} \Rightarrow x^2 = 36 \Rightarrow x = 6$ सेमी

99. (c) माना वर्ग की भुजा 'x' सेमी है।

प्रश्नानुसार,

वर्ग का परिमाप = वृत्त की परिधि

$4x = 2\pi \times 7 \qquad [\because r = 7$ सेमी$]$

$x = 2 \times \frac{22}{7} \times \frac{7}{4} \Rightarrow x = 11$ सेमी

अभीष्ट अनुपात $= \frac{\text{वृत्त का क्षेत्रफल}}{\text{वर्ग का क्षेत्रफल}} = \frac{\pi r^2}{x^2}$

$= \frac{\frac{22}{7} \times (7)^2}{(11)^2} = \frac{22}{7} \times \frac{7^2}{11^2}$

$= \frac{14}{11} = 14 : 11$

100. (b) माना बाहरी वृत्त की त्रिज्या R है और आन्तरिक वृत्त की त्रिज्या r है तब

$R - r = 10$

प्रश्नानुसार, $\pi R^2 - \pi r^2 = 3080$

$\Rightarrow \pi(R + r)(R - r) = 3080$

$= \frac{22}{7} \times (R + r) \times 10 = 3080$

$\Rightarrow R + r = \frac{3080 \times 7}{22 \times 10} \Rightarrow R + r = 98$ मी

101. (d) माना वर्गाकार मैदान की भुजा x मी है।

$\therefore \quad x^2 = 1764 \Rightarrow x = 42$ मी

आयताकार पार्क की चौड़ाई (b) $= \frac{1}{6} \times 42 = 7$ मी

आयताकार पार्क की लम्बाई (l) = 7 × 4 मी = 28 मी

आयताकार पार्क का क्षेत्रफल

$= l \times b = 7 \times 28 = 196$ मी^{2}

समतल करने की लागत = ₹ (196 × 30) = ₹ 5880

102. (c) माना वृत्त की त्रिज्या 'r' मी है।

$\Rightarrow \quad \frac{\pi r^2}{4} = \frac{\pi}{9}$

$\therefore \quad r = \frac{2}{3}$ मी

103. (a) त्रिभुज का अर्द्धपरिमाप

$(s) = \frac{5 + 12 + 13}{2} = 15$ सेमी

त्रिभुज का क्षेत्रफल

$= \sqrt{15 \times (15 - 5)(15 - 12)(15 - 13)}$

$= \sqrt{15 \times 10 \times 3 \times 2} = 30$

अब, यदि इस त्रिभुज की ऊँचाई न्यूनतम तभी होगी, जब इसका आधार अधिकतम होगा।

अत: आधार (b) = 13 सेमी,

$\Rightarrow \quad 30 = \frac{1}{2} \times 13 \times$ ऊँचाई

∴ न्यूनतम ऊँचाई $= \frac{60}{13} = 4.6$ सेमी

104. (c) माना अर्द्धवृत्त की त्रिज्या = r सेमी

∵ अर्द्धवृत्त का परिमाप $= 25.7 = \pi r + 2r$

$\Rightarrow \quad r(\pi + 2) = 25.7$

$\Rightarrow \quad r = \frac{25.7}{3.14 + 2} = \frac{25.7}{5.14} = 5$

∴ अर्द्धवृत्त का व्यास $= 2r = 2 \times 5 = 10$ सेमी

105. (d) मैदान की भुजा (a) $= \sqrt{1764} = 42$ मी

∴ आयताकार पार्क की चौड़ाई (b) $= \frac{1}{3} \times 42 = 14$ मी

तथा लम्बाई (l) = 14 × 2 = 28 मी

∴ पार्क का क्षेत्रफल = 14 × 28 = 392 मी^{2}

∴ पार्क को समतल करने की लागत

= 392 × 15 = ₹5880

106. (b) माना पार्क की त्रिज्या = r मी

$\therefore \quad \pi r^2 = 12474 \Rightarrow r = 63$ मी

∴ मार्ग सहित पार्क की त्रिज्या = 63 + 3.5

$r_1 = 66.5$ मी

∴ मार्ग का क्षेत्रफल $= \pi(r_1^2 - r^2)$

$= \frac{22}{7} \times [(66.5)^2 - (63)^2]$

$= \frac{22}{7} \times (4422.25 - 3969)$

$= \frac{22}{7} \times 453.25 = 1424.5$ मी^{2}

107. (c) प्रश्नानुसार,

$AB = BC = CD = DA = 13$ सेमी

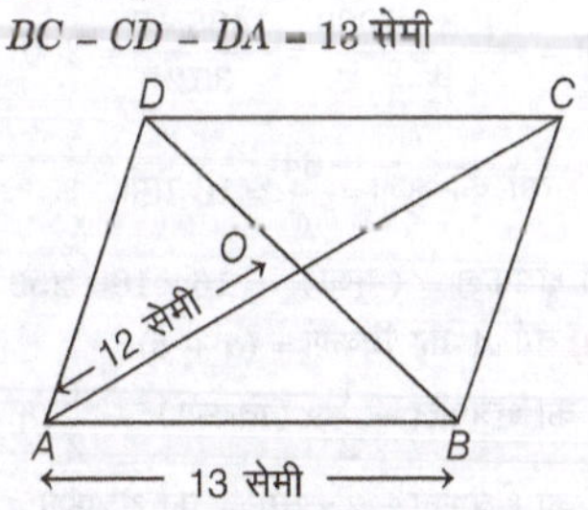

तथा विकर्ण $AC = 24$ सेमी, $AO = 12$ सेमी

ΔAOB में पाइथागोरस प्रमेय से,

$OB^2 = (13)^2 - (12)^2 = 169 - 144$

$OB = \sqrt{25} = 5$ सेमी

∴ दूसरा विकर्ण = 2 × 5 = 10 सेमी

∴ समचतुर्भुज $ABCD$ का क्षेत्रफल

$= \frac{1}{2} \times 24 \times 10 = 120$ सेमी^{2}

108. (c) माना आयत की लम्बाई = x इकाई

तथा चौड़ाई = y इकाई

$\therefore \quad 2(x + y) = 50 \Rightarrow x + y = 25 \quad \ldots$ (i)

तथा $xy = 150 \quad \ldots$ (ii)

समी (i) और (ii) से,

$$x + \frac{150}{x} = 25 \Rightarrow x^2 - 25x + 150 = 0$$

$\Rightarrow (x-15)(x-10)+0$

$\Rightarrow x = 15, 10$

अत: आयत की छोटी भुजा = 10 इकाई

109. (a) माना प्रत्येक समान भुजा की लम्बाई = x सेमी

$\therefore x + x + 18 = 50 \Rightarrow 2x + 18 = 50 \Rightarrow x = 16$ सेमी

110. (a) अभीष्ट प्रतिशत कमी

$$= -11 - 11 + \frac{(11)^2}{100} = -22 + 1.21 = -20.79\%$$

111. (a) दिया है, विकर्ण = 65 मी; लम्बाई (l) = 63 मी

$\therefore$ चौड़ाई $(b) = \sqrt{(65)^2 - (63)^2} = \sqrt{256} = 16$ मी

अत: आयताकार प्लॉट का परिमाप $= 2(l + b)$

$= 2(63 + 16) = 2 \times 79 = 158$ मी

112. (d) ट्रैक का क्षेत्रफल $= \frac{22}{7}(29^2 - 23^2)$

$$= \frac{22(841-529)}{7} = \frac{22 \times 312}{7} = \frac{6864}{7} \text{ मी}^2$$

$\therefore$ ₹ 7/मी² की दर से समतल करने की लागत

$$= 7 \times \frac{6864}{7} = ₹\ 6864$$

113. (a) समचतुर्भुज का क्षेत्रफल $= \frac{1}{2} \times d_1 \times d_2$

$\{\because d_1 = 16$ सेमी और $d_2 = 12$ सेमी$\}$

$$= \frac{1}{2} \times 16 \times 12 = 96 \text{ सेमी}^2$$

114. (d) माना समबाहु त्रिभुज की भुजा = x सेमी

$\therefore \frac{\sqrt{3}}{4}x^2 = 36\sqrt{3} \Rightarrow x^2 = 144 \Rightarrow x = 12$ सेमी

$\therefore$ त्रिभुज का परिमाप = 12 × 3 = 36 सेमी

115. (a) माना डिस्क की त्रिज्या = r

$\therefore \pi r^2 = 0.64\pi \Rightarrow r = \sqrt{0.64} = 0.8$ मी

डिस्क के एक चक्कर की लम्बाई

= डिस्क की परिधि $= 2\pi r$

$$= 2 \times \frac{22}{7} \times 0.8 = \frac{35.2}{7} \text{ मी}$$

$\therefore$ 1.408 किमी लम्बाई तय करने में डिस्क के चक्करों की संख्या $= \frac{1408 \times 1000}{\frac{35.2}{7}} = \frac{1408 \times 7}{35.2} = 280$

116. (a) वर्ग की भुजा $= \frac{64}{4} = 16$ सेमी

$\therefore$ वर्ग का क्षेत्रफल = (भुजा)² = 16 × 16 = 256 सेमी²

117. (a) वर्ग A का विकर्ण $= (a + b)$

$\therefore$ वर्ग A का क्षेत्रफल $= \frac{1}{2} \times (\text{विकर्ण})^2 = \frac{1}{2}(a+b)^2$

$\therefore$ वर्ग B का क्षेत्रफल = 2 × वर्ग A का क्षेत्रफल

$= (a+b)^2$

$\therefore$ वर्ग B का विकर्ण $= \sqrt{2}(a+b)$

अब वर्ग B के विकर्ण पर खींचे गए वर्ग का क्षेत्रफल

$= [\sqrt{2}(a+b)]^2 = 2(a+b)^2$

118. (c) माना समषट्भुज की भुजा = x मी

तब, समषट्भुज का क्षेत्रफल $= 6 \times \frac{\sqrt{3}}{4}x^2 = 2400\sqrt{3}$

$\Rightarrow x^2 = 1600 \Rightarrow x = 40$ मी

खेत का परिमाप = 6 × 40 = 240 मी

$\therefore$ खेत के चारों ओर बाड़ लगाने की लागत

$= 240 \times 16.80 = ₹4032$

119. (a) माना वृत्त की त्रिज्या = r सेमी

वृत्त की लम्बी जीवा = व्यास = $2r$ सेमी

वृत्त का क्षेत्रफल = 256π सेमी²

$\Rightarrow \pi r^2 = 256\pi \Rightarrow r^2 = 256 \Rightarrow r = 16$ सेमी

वृत्त की सबसे लम्बी जीवा $= 2r = 2 \times 16 = 32$ सेमी

120. (c) समबाहु Δ की भुजा की लम्बाई (a) = 18 सेमी

समबाहु Δ की परिवृत्त की त्रिज्या

$$(r_1) = \frac{a}{\sqrt{3}} = \frac{18}{\sqrt{3}} \text{ सेमी}$$

समबाहु Δ की अन्त:वृत्त की त्रिज्या

$$(r_2) = \frac{a}{2\sqrt{3}} = \frac{18}{2\sqrt{3}} = \frac{9}{\sqrt{3}} \text{ सेमी}$$

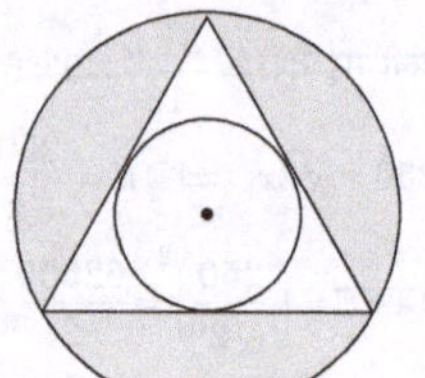

मध्य भाग का क्षेत्रफल = परिवृत्त का क्षेत्रफल − अन्त:वृत्त का क्षेत्रफल $= \pi r_1^2 - \pi r_2^2 = \pi[r_1^2 - r_2^2]$

$$= \frac{22}{7}\left[\left(\frac{18}{\sqrt{3}}\right)^2 - \left(\frac{9}{\sqrt{3}}\right)^2\right]$$

$$= \frac{22}{7}\left[\frac{324}{3} - \frac{81}{3}\right] = \frac{22}{7}[108 - 27]$$

$$= \frac{22}{7} \times 81 = \frac{1782}{7} = 254\frac{4}{7}$$

121. (b) वृत्तखण्ड का क्षेत्रफल $= \frac{\theta}{360} \times \pi r^2$

$$= \frac{\theta}{360} \times \frac{22}{7} \times 35 \times 35 = \frac{72}{360} \times 22 \times 5 \times 35$$

$$= \frac{8}{40} \times 22 \times 5 \times 35 = \frac{1}{5} \times 22 \times 5 \times 35$$

$= 22 \times 35 = 770$ सेमी²

122. (b) त्रिभुज का क्षेत्रफल (A) = 486 सेमी²

Δ की भुजाओं का अनुपात = 3:4:5

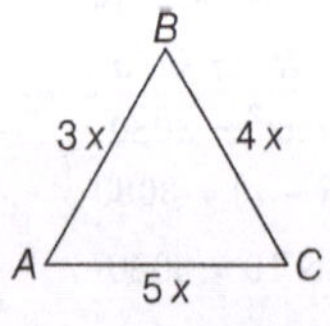

$$s = \frac{a+b+c}{2} = \frac{3x+4x+5x}{2} = \frac{12x}{2} = 6x$$

ΔABC का क्षेत्रफल $= \sqrt{s(s-a)(s-b)(s-c)}$

$486 = \sqrt{6x(6x-4x)(6x-5x)(6x-3x)}$

$486 = \sqrt{6x \times 2x \times x \times 3x}$

$486 \times 486 = 6x \times 2x \times 3x \times x$

$81 \times 81 = x^4 \Rightarrow 3^4 \times 3^4 = x^4$

$3^8 = x^4 \Rightarrow 3^2 = x \Rightarrow x = 9$ सेमी

$\therefore$ त्रिभुज की परिधि $= a + b + c = 3x + 4x + 5x$

$= 12x = 12 \times 9 = 108$ सेमी

123. (b) माना आयताकार लॉन की लम्बाई = l

आयताकार लॉन की चौड़ाई = b

$\therefore$ आयताकार लॉन का क्षेत्रफल $(A_1) = l \times b$

प्रश्नानुसार, लम्बाई में वृद्धि = 15%

चौड़ाई में कमी = 8%

$\therefore$ नई लम्बाई $(L) = \left(\frac{100+15}{100}\right)l = \frac{115l}{100}$

तथा नई चौड़ाई $(B) = \left(\frac{100-8}{100}\right)b = \frac{92}{100}b$

$\therefore$ नया क्षेत्रफल $(A_2) = \frac{115}{100}l \times \frac{92}{100}b$

$$= \frac{23l}{20} \times \frac{46}{50}b = \frac{1058lb}{1000}$$

क्षेत्रफल में वृद्धि $= \frac{1058lb}{1000} - lb = \frac{58lb}{1000}$

लॉन के क्षेत्रफल में प्रतिशत वृद्धि

$$= \frac{58lb}{1000 \times lb} \times 100 = 5.8\%$$

स्पीडी विधि

$b = -8\%$

$l = +15\%$

क्षेत्रफल में परिवर्तन $= l\% + b\% + \frac{lb\%}{100}$

$$= 15\% + (-8\%) + \frac{15\% \times (-8\%)}{100}$$

$$= 7\% + \frac{(-120\%)}{100} = 7\% - 1.2\% = 5.8\%$$

अत: क्षेत्रफल में 5.8% की वृद्धि होगी।

124. (b) दिया है, त्रिभुज की अन्त: त्रिज्या = 8 सेमी

इसकी भुजाओं की लम्बाई का योग = 125 सेमी

तब, त्रिभुज का अर्द्ध-परिमाप $= \frac{125}{2}$ सेमी

त्रिभुज का क्षेत्रफल = अन्त: त्रिज्या $\times \frac{125}{2}$

$$= 8 \times \frac{125}{2} = 500 \text{ सेमी}^2$$

125. (b) दिया है,

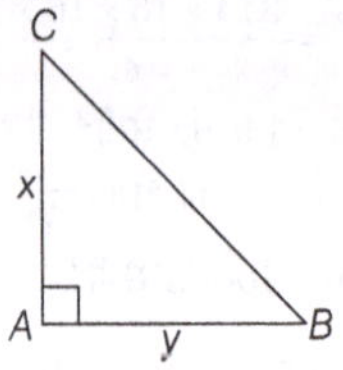

$x - y = 2$ सेमी ...(i)

ΔABC का क्षेत्रफल $= \frac{1}{2} \times$ आधार × ऊँचाई

$24 = \frac{1}{2} \times x \times y \Rightarrow 48 = xy$

$\Rightarrow (x+y)^2 = (x-y)^2 + 4xy$

$= 2^2 + 4 \times 48 = 4 + 192 = 196$

$x + y = 14$ ...(ii)

समी (i) व (ii) से,

$\Rightarrow x = 8$ तथा $y = 6$

समकोण ΔABC में,

$BC^2 = AB^2 + AC^2 = 8^2 + 6^2$

$= 64 + 36 = 100$

$BC = 10$ सेमी

अत: त्रिभुज का परिमाप = 8 + 6 + 10 = 24 सेमी

126. (b) पहले खेल के मैदान की लम्बाई = 224 मी

तथा पहले खेल के मैदान की चौड़ाई = 160 मी

पहले खेल के मैदान की लम्बाई और चौड़ाई का अनुपात

$$= \frac{224}{160} = \frac{7}{5}$$

∴ दूसरे खेल के मैदान की लम्बाई और चौड़ाई का अनुपात भी $\frac{7}{5}$ होगा।

∴ लम्बाई = 343 मी

और चौड़ाई = 255 मी

इनका अनुपात $= \frac{343}{255} = 1.35$

अत: ये दूसरे खेल के मैदान की विमाएँ नहीं हो सकती है।

127. (a) बड़े गियर द्वारा चली गई दूरी = छोटे गियर द्वारा चली गई दूरी

$$x_1 \times 2\pi r_1 = x_2 \times 2\pi r_2$$

$$x_1 \times \frac{21}{2} = 105 \times \frac{15}{2}$$

$$x_1 = \frac{105 \times 15}{21}$$

$$\Rightarrow x_1 = 5 \times 15 \Rightarrow x_1 = 75$$

128. (d) प्रश्नानुसार,

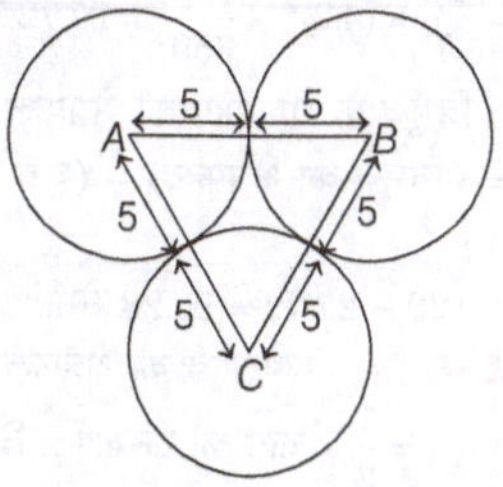

तीन वृत्त के बीच का आन्तरिक क्षेत्रफल

= ΔABC का क्षेत्रफल − 3 × त्रिज्यखण्ड का क्षेत्रफल

$$= \frac{\sqrt{3}a^2}{4} - 3 \times \frac{\theta}{360°}\pi r^2$$

$$= \frac{\sqrt{3}}{4} \times 10 \times 10 - 3 \times \frac{60}{360} \times \pi \times 5^2$$

$$= \frac{\sqrt{3}}{4} \times 100 - \frac{1}{2}\pi \times 25$$

$$= 25\sqrt{3} - \frac{\pi}{2} \times 25 = 25\left[\sqrt{3} - \frac{\pi}{2}\right]$$

129. (b) त्रिभुज का परिमाप = भुजाओं की लम्बाई का योग = 13 + 12 + 5 = 30 सेमी

130. (c) समलम्ब चतुर्भुज की समान्तर भुजाओं के बीच की दूरी (h) = 18 सेमी

समलम्ब चतुर्भुज का क्षेत्रफल $= \frac{1}{2}$ (भुजाओं का योग) × h

$1188 = \frac{1}{2}$ (भुजाओं की लम्बाई का योग) ×18

$\Rightarrow \frac{1188}{9}$ = भुजा की लम्बाई का योग

⇒ 132 सेमी = भुजा की लम्बाई का योग

131. (d) त्रिज्यखण्ड का क्षेत्रफल $= \pi r^2 \cdot \frac{\theta}{360°}$

$$\Rightarrow 231 = \frac{22}{7} \times 14 \times \frac{14 \times \theta}{360}$$

$$\Rightarrow 231 = 22 \times 2 \times 14 \times \frac{\theta}{360}$$

$$\Rightarrow \frac{231 \times 360}{22 \times 2 \times 14} = \theta \Rightarrow \theta = 135°$$

अत: केन्द्रीय कोण का डिग्री माप 135° है।

132. (a) वृत्तखण्ड का क्षेत्रफल $= \frac{\pi r^2 \theta}{360°}$

अभीष्ट क्षेत्रफल $= \frac{22}{7} \times 21 \times 21 \times \frac{60}{360} = 231$ सेमी^{2}

133. (a) वृत्त की परिधि = 88 सेमी

$\Rightarrow 2\pi r = 88 \Rightarrow r = \frac{88}{2 \times 22} \times 7 = 14$ सेमी

लघु चाप की लम्बाई = 22 सेमी

त्रिज्यखण्ड का क्षेत्रफल $= \frac{1}{2} r \times l$

$= \frac{1}{2} \times 14 \times 22 = 154$ सेमी^{2}

134. (a) वृत्त की त्रिज्या (r) = 35 सेमी

$$\theta = 72°$$

$$\because \quad l = \frac{\theta}{360} \times 2\pi r = \frac{72}{360} \times 2 \times \frac{22}{7} \times 35$$

$= \frac{1}{5} \times 44 \times 5 = 44$ सेमी

अत: वृत्त के चाप की लम्बाई = 44 सेमी

135. (b) प्रश्नानुसार,

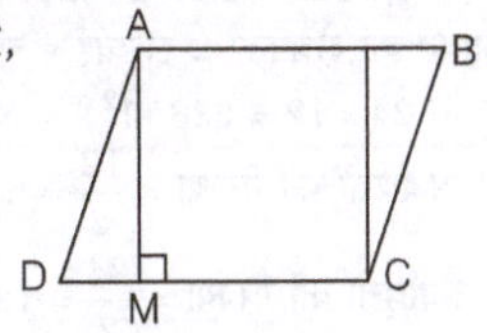

समान्तर चतुर्भुज $ABCD$ में,

माना, CD = आधार = $2h$; AM = ऊँचाई = h

समान्तर चतुर्भुज का क्षेत्रफल = आधार × ऊँचाई

$$\Rightarrow 2h \times h = 338 \Rightarrow h^2 = \frac{338}{2} = 169$$

∴ $h = \sqrt{169} = 13$ सेमी

समान्तर चतुर्भुज की ऊँचाई = 13 सेमी

136. (b) प्रश्नानुसार,

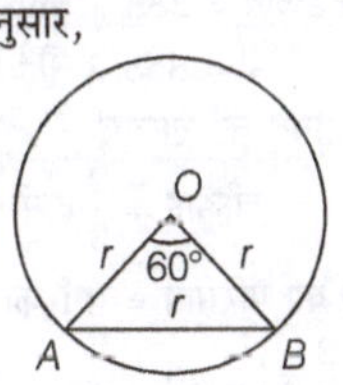

प्रश्नानुसार, $OA = OB = AB = r = 21$ इकाई

अत: ΔOAB एक समबाहु त्रिभुज है।

$\therefore \angle AOB = \angle OAB = \angle ABO = 60°$

अत: चाप की लम्बाई $= \frac{2\pi r\theta}{360°} = 2 \times \frac{22}{7} \times 21 \times \frac{60}{360}$

= 22 इकाई

137. (c) प्रश्नानुसार,

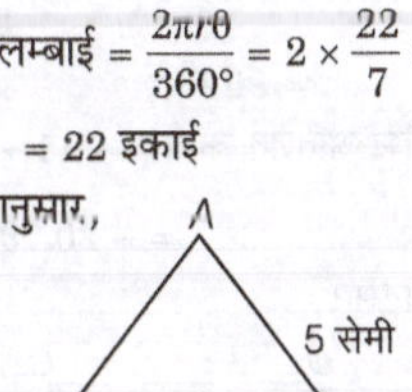

∴ अभीष्ट क्षेत्रफल $= \frac{1}{2} \times 4 \times 5 \times \sin 45°$

$$= 10 \times \frac{1}{\sqrt{2}} \times \frac{\sqrt{2}}{\sqrt{2}}$$

$= 5\sqrt{2}$ सेमी^{2}

138. (b) माना आयत की चौड़ाई = $5x$

तथा आयत की लम्बाई $= 5x \times \frac{120}{100} = 6x$

∴ आयत का क्षेत्रफल = $5x \times 6x = 480$

$\Rightarrow \quad x = 4$

आयत की लम्बाई = 6 × 4 = 24 मी

139. (d) $\frac{A_1}{A_2} = \frac{\text{आधार}_1 \times \text{ऊँचाई}_1}{\text{आधार}_2 \times \text{ऊँचाई}_2}$

$$\Rightarrow \quad \frac{4}{3} = \frac{\text{आधार}_1}{\text{आधार}_2} \times \frac{6}{5}$$

आधार का अनुपात $= \frac{4}{3} \times \frac{5}{6} = 10 : 9$

140. (c) माना त्रिभुज की भुजाएँ क्रमश: $5x$, $12x$ और $13x$ है।

त्रिभुज का परिमाप = $5x + 12x + 13x = 90$

$\Rightarrow \quad 30x = 90 \therefore x = 3$

त्रिभुज का क्षेत्रफल $= \frac{1}{2} \times 5x \times 12x$

$$= \frac{1}{2} \times 5 \times 3 \times 12 \times 3 = 270$$

141. (a) दिया गया त्रिभुज समकोण त्रिभुज है जिसका आधार 12 सेमी तथा ऊँचाई 5 सेमी है।

∴ त्रिभुज का क्षेत्रफल $= \frac{1}{2} \times 12 \times 5 = 30$ सेमी^{2}

142. (b) दिया है, वृत के चाप की लम्बाई = 19

$$\Rightarrow \quad \frac{2\pi r\theta}{360°} = 19$$

$$\Rightarrow \quad \frac{2 \times \frac{22}{7} \times 30 \times \theta}{360°} = 19 \Rightarrow \theta = \frac{19 \times 360 \times 7}{2 \times 22 \times 30}$$

$$\Rightarrow \quad \theta = \frac{19 \times 3 \times 7}{11} = \frac{399}{11} = 36.27°$$

143. (d) प्रत्येक भुजा की लम्बाई $= \frac{4P}{4} = P$

माना समचतुर्भुज के विकर्ण $2a$ और $2b$ है। तब,

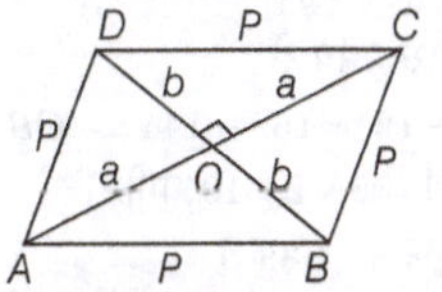

$2a + 2b = L$ ...(i)

तथा $a^2 + b^2 = P^2$ ...(ii)

समी (i) का वर्ग करने पर,

$$4a^2 + 4b^2 + 8ab = L^2$$

$$\Rightarrow 4(a^2 + b^2) + 8ab = L^2 \Rightarrow 4P^2 + 8ab = L^2$$

$$\Rightarrow \quad 8ab = L^2 - 4P^2 \Rightarrow 2ab = \frac{1}{4}(L^2 - 4P^2)$$

∴ समचतुर्भुज का क्षेत्रफल

$$= \frac{1}{2} \times 2a \times 2b = 2ab$$

$$= \frac{1}{4}(L^2 - 4P^2)$$

144. (c) माना बड़े अर्द्धवृत्त की त्रिज्या = R

तथा क्षेत्रफल $= \frac{\pi R^2}{2}$

एक छोटे अर्द्धवृत्त की त्रिज्या = r तथा क्षेत्रफल $= \frac{\pi r^2}{2}$

प्रश्नानुसार, $R = 3r$

अब छायांकित और अछायांकित भाग के क्षेत्रफलों का अनुपात

$$= \frac{\frac{3\pi r^2}{2}}{\frac{\pi R^2}{2} - \frac{3\pi r^2}{2}} = \frac{3r^2}{(3r)^2 - 3r^2} = \frac{3r^2}{9r^2 - 3r^2}$$

$$= \frac{3}{6} = \frac{1}{2} = 1 : 2$$

145. (a) $\therefore$ वर्ग की भुजा $= \dfrac{\text{विकर्ण}}{\sqrt{2}} = \dfrac{9\sqrt{2}}{\sqrt{2}} = 9$ सेमी

$\therefore$ वर्ग का परिमाप $= 4 \times 9 = 36$ सेमी

$\therefore$ त्रिभुज का आधार $= 36$ सेमी

पुनः वर्ग का क्षेत्रफल $= 144$ सेमी

$\therefore$ वर्ग की भुजा $= \sqrt{144} = 12$ सेमी

$\therefore$ त्रिभुज की ऊँचाई $= 12$ सेमी

$\therefore$ अभीष्ट त्रिभुज का क्षेत्रफल

$= \dfrac{1}{2} \times 36 \times 12 = 216$ सेमी^{2}

146. (c) माना आयत की लम्बाई $= x$ मी

$\therefore$ चौड़ाई $= \dfrac{2}{3}x$ मी

आयत का परिमाप $= 40 \times 2 = 80$ मी

$\therefore \quad 2\left(x + \dfrac{2}{3}x\right) = 80 \Rightarrow \dfrac{5}{3}x = 40 \Rightarrow x = 24$

$\therefore$ आयत का क्षेत्रफल $= x \times \dfrac{2}{3}x = \dfrac{2}{3} \times 24 \times 24$

$= 384$ मी^{2}

147. (a) क्रमिक कमी $= -17 - 17 + \dfrac{17 \times 17}{100}$

$= -34 + 2.89 = 31.11\%$

148. (a) प्रश्नानुसार,

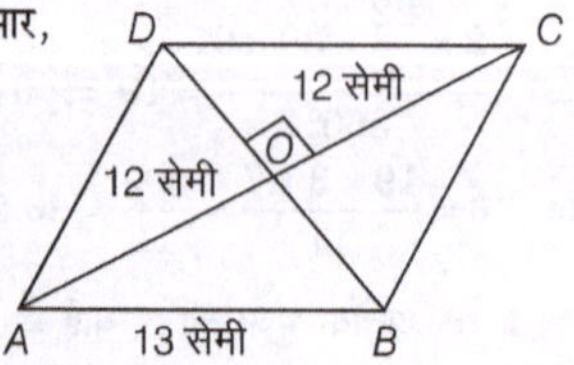

$OA = \dfrac{AC}{2} = \dfrac{24}{2} = 12$ सेमी

अब, पाइथागोरस प्रमेय से

$OB^2 = 13^2 - 12^2 = 169 - 144 \Rightarrow OB = 5$

$\therefore$ दूसरा विकर्ण $= 5 \times 2 = 10$ सेमी

अतः समचतुर्भुज का क्षेत्रफल

$= \dfrac{1}{2} \times 24 \times 10 = 120$ सेमी^{2}

149. (a) प्रश्नानुसार,

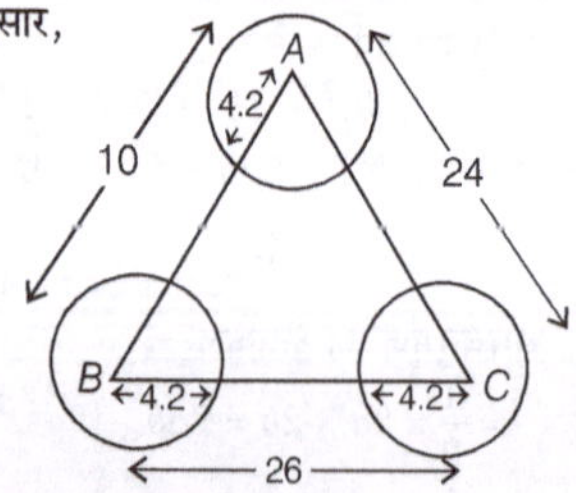

$\therefore$ तीनों वृत्त खण्डों द्वारा आवृत्त क्षेत्रफल

$= \dfrac{\pi r^2 \angle A}{360°} + \dfrac{\pi r^2 \angle B}{360°} + \dfrac{\pi r^2 \angle C}{360°}$

$= \dfrac{\pi r^2 (\angle A + \angle B + \angle C)}{360°}$

$= \dfrac{22}{7} \times \dfrac{(4.2)^2}{360°} \times 180°$

$= 27.72$ सेमी^{2}

150. (b) माना षट्भुजाकार खेत की भुजा a है तो खेत का क्षेत्रफल $= 6 \times \dfrac{\sqrt{3}}{4}a^2$

$\Rightarrow \quad 6 \times \dfrac{\sqrt{3}}{4}a^2 = 1944\sqrt{3}$

$\Rightarrow \quad a^2 = 324 \times 4 = 1296 \Rightarrow a = 36$ मी

$\therefore$ चारों ओर बाड़ लगाने का खर्च

$= 6 \times 36 \times 1150 =$ ₹ 2484

151. (c) समलम्ब चतुर्भुज का क्षेत्रफल

$= \dfrac{(17 + 15) \times 6}{2}$

$= 32 \times 3 = 96$ सेमी^{2}

$= \dfrac{96}{10000}$ मी$^2 = 0.0096$ मी^{2}

152. (b) प्रश्नानुसार,

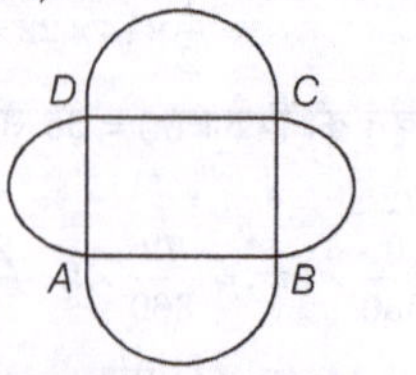

आयत की छोटी भुजा $BC = 12$ सेमी

$\therefore$ बड़ी भुजा $AB = 12 \times 2 = 24$ मी

$\therefore$ आयत का क्षेत्रफल = लम्बाई × चौड़ाई

$= 24 \times 12 = 288$ मी^{2}

छोटे अर्द्धवृत्तों की त्रिज्या $= \dfrac{12}{2} = 6$ सेमी

बड़े अर्द्धवृत्तों की त्रिज्या $= \dfrac{24}{2} = 12$ सेमी

चारों अर्द्धवृत्तों का क्षेत्रफल

$= \dfrac{1}{2}\pi\,(6^2 + 12^2 + 6^2 + 12^2)$

$= \dfrac{1}{2}\pi\,(36 + 144 + 36 + 144)$

$= \dfrac{1}{2} \times 3.14 \times 360 = 565.2$ मी^{2}

$\therefore$ लॉन का कुल क्षेत्रफल $= 288 + 565.2$

$= 853.2$ मी^{2}

153. (a) माना आयत की लम्बाई $= x$ मी

$\therefore \quad$ चौड़ाई $= \dfrac{2}{3}x$ मी

प्रश्नानुसार, आयत का परिमाप = वर्ग का परिमाप

$2\left(x + \dfrac{2}{3}x\right) = 40 \quad \Rightarrow \quad 2 \times \dfrac{5}{3}x = 40$

$x = 40 \times \dfrac{3}{10} = 12$ मी

$\therefore$ आयत का क्षेत्रफल $= x \times \dfrac{2}{3}x = 12 \times \dfrac{2}{3} \times 12$

$= 96$ मी^{2}

154. (a) अभीष्ट प्रतिशत कमी $= -11 - 11 + \dfrac{(11)^2}{100}$

$= -20.79\%$

155. (c) प्रश्नानुसार,

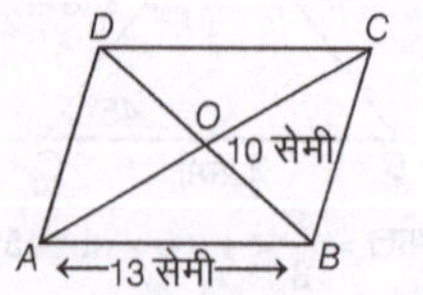

$BD = 10$ सेमी

$\therefore \quad OB = \dfrac{10}{2} = 5$ सेमी

ΔOAB में, $\angle AOB = 90°$

पाइथागोरस प्रमेय से,

$(13)^2 = OA^2 + (5)^2$

$\Rightarrow \quad OA = \sqrt{144} = 12$ सेमी

$\therefore$ विकर्ण $(AC) = 12 \times 2 = 24$ सेमी

अतः समचतुर्भुज का क्षेत्रफल $= \dfrac{24 \times 10}{2} = 120$ सेमी^{2}

156. (b) $\because \ (26)^2 = (24)^2 + (10)^2$

$676 = 576 + 100 \Rightarrow 676 = 676$

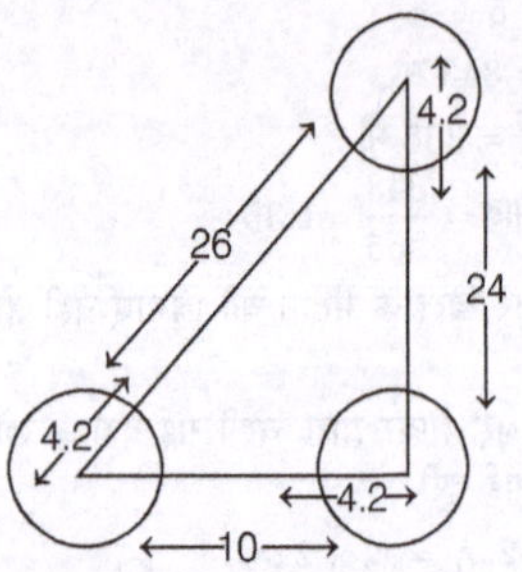

अतः दिया गया त्रिभुज समकोण त्रिभुज है।

त्रिभुज का क्षेत्रफल $= \dfrac{1}{2} \times 10 \times 24 = 120$ सेमी^{2}

अब, वृत्तखण्डों द्वारा कवर किया गया क्षेत्रफल $= \dfrac{\pi r^2 \theta}{360°}$

$= \dfrac{22}{7} \times (4.2)^2 \times \dfrac{180°}{360°} = 27.72$ सेमी^{2}

$\therefore$ त्रिभुज के शेष भाग का क्षेत्रफल

= (त्रिभुज का क्षेत्रफल) − (वृत्त खण्डों द्वारा घिरे भाग का क्षेत्रफल)

$= 120 - 27.72 = 92.28$ सेमी^{2}

157. (d) त्रिज्यखण्ड का क्षेत्रफल

$= \dfrac{1}{2} \times$ चाप की लम्बाई × त्रिज्या

$= \dfrac{1}{2} \times 7.5 \times 24$ इकाई^2

$= 90$ इकाई^2

158. (c) माना समकोण त्रिभुज का आधार $= x$ मी

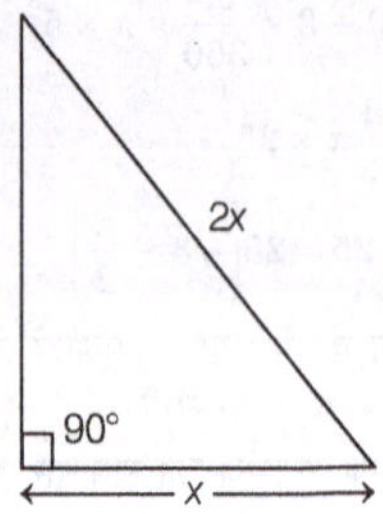

$\therefore$ कर्ण $= 2x$ मी

$\therefore$ (लम्ब)^2 = (कर्ण)^2 − (आधार)^2

$= (2x)^2 - x^2 = 3x^2$

$\therefore \quad$ लम्ब $= \sqrt{3}x$

अब, त्रिभुज का क्षेत्रफल $= \dfrac{1}{2} \times$ आधार × लम्ब

$= 600$

$\therefore \quad \dfrac{1}{2} \times x \times \sqrt{3}x = 600$

$\Rightarrow \quad x^2 = \dfrac{600 \times 2}{\sqrt{3}} \times \dfrac{\sqrt{3}}{\sqrt{3}} = 400\sqrt{3}$

$\Rightarrow \quad x^2 = 692.820$

$\Rightarrow \quad x = 26.32$ मी

$\therefore$ कर्ण, आधार से 26.32 मी अधिक है।

159. (a) समचतुर्भुज का क्षेत्रफल $= 5 \times b = 70$

$b = 14$

$\therefore$ समचतुर्भुज का परिमाप $= 4 \times 14$

$= 56$ सेमी

160. (a) समबाहु त्रिभुज का परिमाप

$= 3 \times 16$ ...(i)

तथा समबाहु त्रिभुज की माध्यिकाओं का योग

= 3 × समबाहु त्रिभुज की ऊँचाई

$= 3 \times \frac{\sqrt{3}}{2} \times 16$ सेमी ...(ii)

∴ परिमाप : माध्यिकाओं का योग

$= 3 \times 16 : 3 \times \frac{\sqrt{3}}{2} \times 16 = 2 : \sqrt{3}$

161. (a)

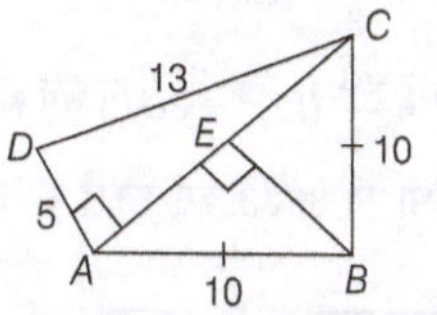

दिया है, $AD = 5$ सेमी, $CD = 13$ सेमी

ΔDAC में, $AC = \sqrt{(13)^2 - (5)^2}$

$= \sqrt{(13+5)(13-5)}$

$= \sqrt{18 \times 8} = 12$ सेमी

अब, ΔABC में, $AB = 10$ सेमी

$BC = 10$ सेमी तथा $AC = 12$ सेमी

$s = \frac{10 + 10 + 12}{2} = 16$

ΔABC का क्षेत्रफल $= \sqrt{s(s-a)(s-b)(s-c)}$

$= \sqrt{16 \times 6 \times 6 \times 4} = \sqrt{64 \times 36}$

$= 8 \times 6 = 48$ सेमी^{2}

ΔDAC का क्षेत्रफल $= \frac{1}{2} \times AC \times AD$

$= \frac{1}{2} \times 12 \times 5 = 30$ सेमी^{2}

अब, □$ABCD$ का क्षेत्रफल = ΔABC का क्षेत्रफल + ΔDAC का क्षेत्रफल

$= 48 + 30 = 78$ सेमी^{2}

162. (a) प्रश्नानुसार,

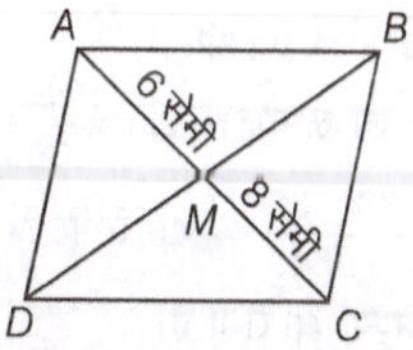

$ABCD$ एक चतुर्भुज है।

AC व BD विकर्ण है।

$BD = 20$ सेमी

माना M, BD व AC का प्रतिच्छेद बिन्दु है।

AM, ΔABD की ऊँचाई है।

∴ $AM \perp BD$

उसी प्रकार, $CM \perp BD$

अत: □$ABCD$ एक समचतुर्भुज है।

चतुर्भुज $ABCD$ का क्षेत्रफल

$= \frac{1}{2} \times 20 \times (6 + 8) = 10 \times 14 = 140$ सेमी^{2}

163. (b) प्रश्नानुसार, $\frac{2\pi R}{2\pi r} = \frac{7}{6} \Rightarrow \frac{R}{r} = \frac{7}{6}$

∴ $R = 7x, r = 6x$

∴ $7x - 6x = x = 45$

⇒ $6x = 6 \times 45 = 270$ मी

164. (d) प्रश्नानुसार, त्रिज्या = 5 इकाई

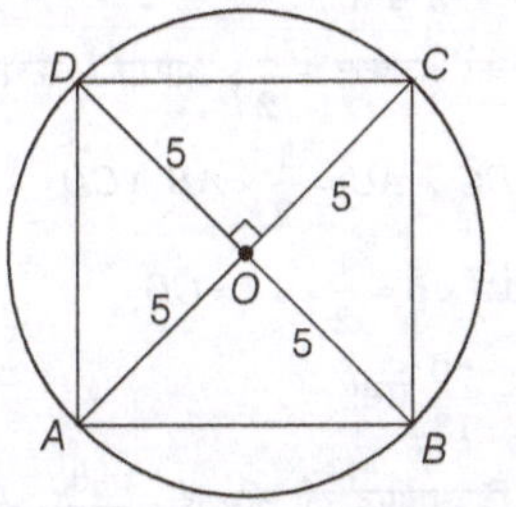

ΔODC में, (पाइथागोरस प्रमेय से)

$DC^2 = OD^2 + OC^2$

⇒ $DC^2 = 5^2 + 5^2 \Rightarrow DC^2 = 50$

$DC = 5\sqrt{2}$ इकाई

उसी प्रकार, $BC = 5\sqrt{2}$ इकाई

∴ आयत का क्षेत्रफल $= 5\sqrt{2} \times 5\sqrt{2} = 50$ इकाई

अत: शेष भाग का क्षेत्रफल $= \pi r^2 - 50$

$= \pi (5)^2 - 50 = 25(\pi - 2)$ वर्ग इकाई

165. (c) प्रश्नानुसार,

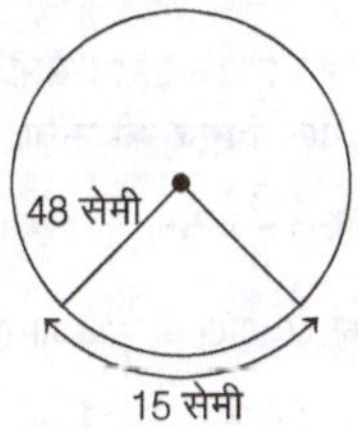

त्रिज्यखण्ड का क्षेत्रफल $= \frac{rl}{2}$

$= \frac{48 \times 15}{2} = 360$ सेमी^{2}

166. (b) $\because 6^2 + 8^2 = 10^2$

$36 + 64 = 100 \Rightarrow 100 = 100$

∴ यह त्रिभुज समकोण त्रिभुज है।

अत: त्रिभुज का क्षेत्रफल $= \frac{1}{2} \times 6 \times 8 = 24$ सेमी^{2}

167. (b) माना $BC = x$ मी (सबसे छोटी भुजा)

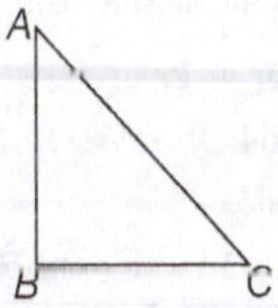

∴ $AC = (2x + 6)$

$AB = (2x + 6 - 2)$

$= (2x + 4)$ मी

∴ समकोण ΔABC में,

$(AB)^2 + (BC)^2 = (AC)^2$

⇒ $(2x + 4)^2 + x^2 = (2x + 6)^2$

⇒ $4x^2 + 16 + 16x + x^2 = 4x^2 + 36 + 24x$

⇒ $x^2 - 8x - 20 = 0$

⇒ $x^2 - 10x + 2x - 20 = 0$

$x(x - 10) + 2(x - 10) = 0$

$(x - 10)(x + 2) = 0$

∴ $x = 10$ सेमी $= BC$

और $AB = (2x + 4) = (2 \times 10 + 4)$

$= 24$ सेमी

∴ समकोण त्रिभुज का क्षेत्रफल

$= \frac{1}{2} \times BC \times AB$

$= \frac{1}{2} \times 10 \times 24 = 120$ सेमी^{2}

168. (a) माना आयताकार पार्क की चौड़ाई $= x$ मी

∴ आयताकार पार्क की लम्बाई $= (x + 15)$ मी

प्रश्नानुसार, $2(x + 15 + x) = 110$

$2x + 15 = 55 \Rightarrow 2x = 40$

∴ $x = 20$

∴ पार्क की लम्बाई $= x + 15 = (20 + 15) = 35$ मी

169. (a) वृत्त के त्रिज्यखण्ड का क्षेत्रफल $= \frac{1}{2} \times l \times r$

तथा वृत्त के त्रिज्यखण्ड का क्षेत्रफल $= \frac{\pi r^2 \theta}{360°}$

अत: विकल्प (a) का कथन असत्य है।

170. (d) वृत्तीय शीट की परिधि = 264

⇒ $2\pi r = 264 \Rightarrow r = \frac{264}{2 \times 22} \times 7 = 42$ सेमी

समान आकार की दो वृत्ताकार प्लेटें काटी जाती है।

∴ प्रत्येक प्लेट की त्रिज्या $= \frac{42}{2} = 21$ सेमी

प्रत्येक प्लेट की परिधि $= 2 \times \frac{22}{7} \times 21 = 132$ सेमी

171. (b) माना ΔABC एक समद्विबाहु समकोण त्रिभुज है।

जहाँ, $AB = BC$ तथा $\angle ABC = 90°$

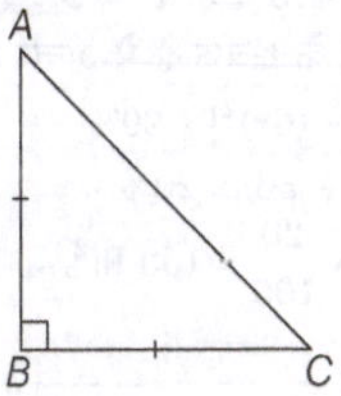

ΔABC का क्षेत्रफल = 16

$\frac{1}{2} \times AB \times BC = 16 \Rightarrow (AB)^2 = 32$

∴ $AB = \sqrt{32} = 4\sqrt{2}$ मी

ΔABC में, पाइथागोरस प्रमेय से,

$AC = \sqrt{(AB)^2 + (BC)^2}$

$= \sqrt{(4\sqrt{2})^2 + (4\sqrt{2})^2}$

$= \sqrt{32 + 32} = \sqrt{64} = 8$

अत: समकोण त्रिभुज का कर्ण = 8 मी

172. (c) दिया है, अर्द्धवृत्त की त्रिज्या $= 2\sqrt{2}$ सेमी

∴ अर्द्धवृत्त का क्षेत्रफल $= \frac{1}{2} \times \pi r^2$

$= \frac{1}{2} \times \frac{22}{7} \times (2\sqrt{2})^2$

$= \frac{11}{7} \times 8 = \frac{88}{7}$ सेमी^{2}

प्रश्नानुसार, वर्ग का क्षेत्रफल = अर्द्धवृत्त का क्षेत्रफल

$(\text{भुजा})^2 = \frac{88}{7} = 4 \times \frac{22}{7} = 4\pi$

∴ भुजा की लम्बाई $= 2\sqrt{\pi}$ सेमी

वर्ग का परिमाप = 4 × भुजा

$= 4 \times 2\sqrt{\pi}$

$= 8\sqrt{\pi}$ सेमी

173. (a) प्रश्नानुसार,

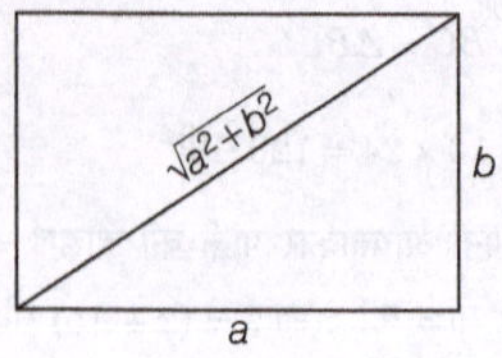

$2(a + b) = 70 \Rightarrow a + b = 35$

दोनों पक्षों का वर्ग करने पर,

$(a + b)^2 = (35)^2$

$\Rightarrow a^2 + b^2 + 2ab = 1225$ ...(i)

अब, $\sqrt{a^2 + b^2} = 25$

पुन: दोनों पक्षों का वर्ग करने पर,

$a^2 + b^2 = (25)^2 \Rightarrow a^2 + b^2 = 625$ ...(ii)

समी (i) और (ii) से,

$625 + 2ab = 1225$

$\Rightarrow 2ab = 600 \Rightarrow ab = 300$

अत: आयत का क्षेत्रफल $= ab = 300$ सेमी^{2}

174. (c) माना दो त्रिभुज ΔABC और ΔPQR हैं और उनके परिमाप क्रमश: $6x$ और $11x$ हैं।

तब प्रश्नानुसार,

दोनों त्रिभुजों के क्षेत्रफलों का औसत = 706.5

$\frac{1}{2}[(6x)^2 + (11x)^2] = 706.5$

$\Rightarrow [36x^2 + 121x^2] = 1413$

$\Rightarrow 157x^2 = 1413 \Rightarrow x^2 = 9 \Rightarrow x = 3$

तब, दोनों त्रिभुजों के क्षेत्रफलों में अन्तर का 20%

$= [(11x)^2 - (6x)^2] \times 20\%$

$= x^2 (121 - 36) \times 20\%$

$= 9 \times 85 \times \frac{20}{100} = 153$ मी^{2}

स्पीडी विधि

परिमाप/भुजा का अनुपात = 6 : 11

∴ क्षेत्रफल का अनुपात = 36 : 121

प्रश्नानुसार, क्षेत्रफलों का योग

(157 इकाई) → 1413 मी^{2}

क्षेत्रफल के अन्तर का 20% = 85 × 20%

$\Rightarrow$ 17 इकाई $\rightarrow = \frac{1413}{157} \times 17 = 153$ मी^{2}

175. (a) समबाहु त्रिभुज का शीर्षलम्ब

$= 3\sqrt{3}$ सेमी $= \frac{\sqrt{3} \times a}{2} \Rightarrow a = 6$ सेमी

∴ समबाहु त्रिभुज का क्षेत्रफल $= \frac{\sqrt{3}}{4} \times 6 \times 6$ सेमी^{2}

$= 9\sqrt{3}$ सेमी^{2}

176. (d) प्रश्नानुसार,

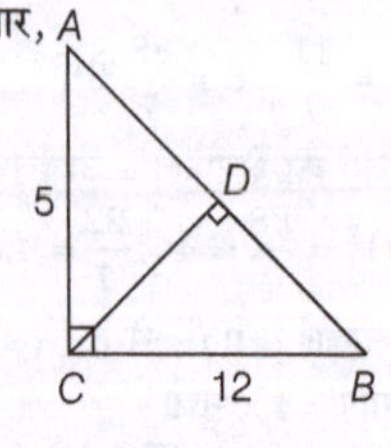

$AC = 5$ सेमी, $BC = 12$ सेमी,

ΔABC में, $(AB)^2 = (AC)^2 + (AB)^2$

$\Rightarrow (AB)^2 = 5^2 + 12^2$

$\Rightarrow (AB)^2 = 25 + 144 \Rightarrow (AB)^2 = 169$

$\Rightarrow AB = 13$ सेमी

∴ ΔABC का क्षेत्रफल $= \frac{1}{2} \times$ आधार $\times$ ऊँचाई

$\Rightarrow \frac{1}{2} \times BC \times AC = \frac{1}{2} \times AB \times CD$

$\Rightarrow \frac{1}{2} \times 12 \times 5 = \frac{1}{2} \times 13 \times CD$

∴ $CD = \frac{60}{13}$ सेमी

177. (a) त्रिज्यखण्ड की लम्बाई $= \frac{\theta}{360°} \times 2\pi r$

$= \frac{120°}{360°} \times 2 \times \frac{22}{7} \times 7$

$= \frac{44}{3}$ सेमी

178. (d) समबाहु त्रिभुज की भुजा $= \frac{24}{3} = 8$ सेमी

समबाहु त्रिभुज का क्षेत्रफल

$= \frac{\sqrt{3}}{4} \times 8 \times 8 = 16\sqrt{3}$

$= 16 \times 1.732 = 27.71$ सेमी^{2}

179. (a) माना त्रिभुज की ऊँचाई $= x$ सेमी

तथा आधार $= \frac{2}{3}x$ सेमी

∴ त्रिभुज का क्षेत्रफल $= \frac{1}{2} \times$ आधार $\times$ ऊँचाई

$363 = \frac{1}{2} \times x \times \frac{2}{3}x \Rightarrow \frac{1}{3}x^2 = 363$

$\Rightarrow x^2 = 363 \times 3 \Rightarrow x = 33$

अत: त्रिभुज की ऊँचाई = 33 सेमी

180. (a) माना वृत्त की त्रिज्या $= r$ सेमी

∵ त्रिज्यखण्ड के चाप की लम्बाई $= 2\pi r \frac{\theta}{360}$

∴ $2 \times \frac{22}{7} \times r \times \frac{30}{360} = 5.5$

$\Rightarrow r = \frac{5.5 \times 7 \times 12}{44} = 10.5$ सेमी

181. (d) अर्द्धवृत्त का परिमाप $= \pi r + 2r$

$56.54 = 3.14r + 2r$

$\Rightarrow 5.14r = 56.54$

$\Rightarrow r = 11$ सेमी

अत: वृत्त का व्यास $= 11 \times 2 = 22$ सेमी

182. (c) समचतुर्भुज का क्षेत्रफल

$= \frac{1}{2} \times 10 \times 8.2$

$= 41$ सेमी^{2}

183. (d) त्रिभुज का क्षेत्रफल $= \frac{1}{2} \times$ आधार $\times$ ऊँचाई

$\Rightarrow 18 = \frac{1}{2} \times 6 \times$ ऊँचाई

$\Rightarrow$ ऊँचाई = 6 सेमी

184. (b) माना वर्ग की भुजा $= a$ सेमी

∴ वर्ग का परिमाप $= 4a \Rightarrow 4a = 64$ सेमी

$\Rightarrow a = 16$ सेमी

∴ वर्ग का क्षेत्रफल $= a^2 = 16 \times 16 = 256$ सेमी^{2}

185. (d) त्रिज्यखण्ड का क्षेत्रफल $= \frac{\theta}{360°} \times \pi r^2$

$= \frac{45°}{360°} \times 3.14 \times 4 \times 4$

= 6.28 वर्ग इकाई

186. (b) $l \times b = 3600$

$\Rightarrow 45 \times b = 3600$

$\Rightarrow b = \frac{3600}{45} = 80$ मी

अत: परिमाप $= 2(45 + 80) = 2 \times 125 = 250$ मी

187. (b) त्रिभुज का परिमाप = 36 इकाई

∵ हम जानते हैं, कि भुजाओं के आधार पर सभी त्रिभुजों में समबाहु त्रिभुज का क्षेत्रफल सर्वाधिक होता है।

∴ भुजा $= \frac{36}{3} = 12$ इकाई

अत: क्षेत्रफल $= \frac{\sqrt{3}}{4}(12)^2 = 36\sqrt{3}$ वर्ग इकाई

∴ क्षेत्रफल कभी भी $36\sqrt{3}$ वर्ग इकाई से अधिक नहीं हो सकता।

188. (b) प्रश्नानुसार,

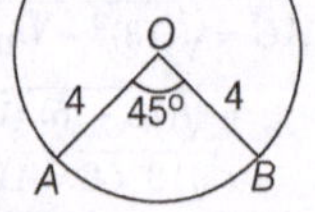

∵ कोण $= \frac{\text{चाप } (AB)}{\text{त्रिज्या } (OA)}$

$\Rightarrow 45° \times \frac{\pi}{180°} = \frac{\text{चाप } (AB)}{4}$

$\Rightarrow AB = \pi$

∴ OAB का परिमाप $= OA + OB + AB$

$= 4 + 4 + \pi = (8 + \pi)$ इकाई

189. (b) वृत्त का क्षेत्रफल $= \pi r^2 = 154$

$\Rightarrow \frac{22}{7} \times r^2 = 154$

$\Rightarrow r^2 = \frac{154 \times 7}{22} = 7 \times 7$

∴ $r = 7$ मी

अब, वृत्त की परिधि $= 2\pi r = 2 \times \frac{22}{7} \times 7$

$= 44$ मी

190. (c) चाप की लम्बाई $= 2\pi r \times \frac{132°}{360} = 33\pi$

$r = \frac{33 \times 360}{264} = 45$ सेमी

अत: वृत्त की त्रिज्या 45 सेमी है।

191. (d) समबाहु त्रिभुज की अन्त:त्रिज्या $= \frac{a}{2\sqrt{3}}$

समबाहु त्रिभुज की परित्रिज्या $= \frac{a}{\sqrt{3}}$ सेमी

अभीष्ट अनुपात $= \frac{a}{2\sqrt{3}} : \frac{a}{\sqrt{3}} = 1 : 2$

192. (a) प्रश्नानुसार,

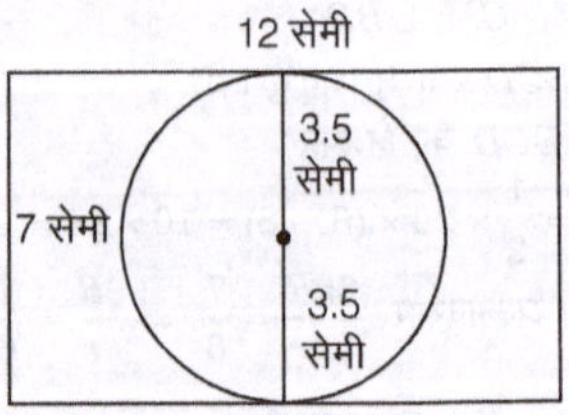

अत: वृत्त की त्रिज्या $(r) = 3.5$ सेमी

तब वृत्त की परिधि $= 2\pi r = 2 \times \frac{22}{7} \times 3.5$

$= 22$ सेमी

193. (c) लघु त्रिज्यखण्ड का परिमाप

$\therefore \quad 2 \times \frac{22}{7} \times 5 \times \frac{\theta}{360°} + 2 \times 5 = 15.5$

$\theta = \frac{5.5 \times 360° \times 7}{220} = 63°$

अब, लघु त्रिज्यखण्ड का क्षेत्रफल

$= \frac{22}{7} \times 5 \times 5 \times \frac{63}{360°} = 13.75$ सेमी^{2}

194. (c) प्रश्नानुसार, $\frac{2\pi r\theta}{360°} + 2r = 20.6$

$\frac{2\pi \times 7.4 \times \theta}{360°} = 20.6 - 2 \times 7.4$

$\Rightarrow \quad \theta = \frac{5.8 \times 360°}{2\pi \times 7.4}$

$\because$ त्रिज्यखण्ड का क्षेत्रफल $= \pi r^2 \times \frac{\theta}{360°}$

$= \frac{\pi (7.4)^2 \times 5.8 \times 360°}{360° \times 2\pi \times 7.4} = 2146$ सेमी^{2}

स्पीडी विधि

त्रिज्यखण्ड का परिमाप $= l + 2r = 20.6$

$l = 20.6 - 2 \times 7.4 = 5.8$

$\therefore$ त्रिज्यखण्ड का क्षेत्रफल $= \frac{1}{2} l \times r = \frac{1}{2} \times 5.8 \times 7.4$

$= 21.46$

195. (a) $\because (20)^2 + (21)^2 = (29)^2$

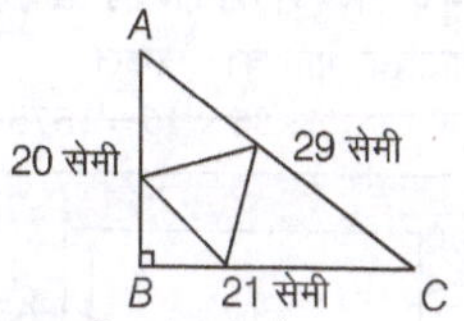

अत: यह एक समकोण त्रिभुज है।

त्रिभुज का क्षेत्रफल $= \frac{1}{2} \times 20 \times 21 = 210$ सेमी^{2}

त्रिभुज की भुजाओं के मध्य-बिन्दुओं से बने त्रिभुज का क्षेत्रफल $= \frac{210}{4} = 52\frac{1}{2}$ सेमी^{2}

196. (c) ΔAOC से,

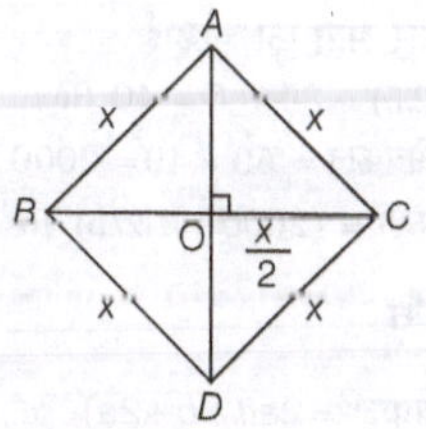

माना $AC = x = BC$

तो, $OC = \frac{x}{2}$

$OA = \sqrt{x^2 - \frac{x^2}{4}} = \sqrt{\frac{4x^2 - x^2}{4}} = \frac{\sqrt{3}x}{2}$

$AD = \frac{\sqrt{3}x}{2} \times 2 = \sqrt{3}x$

$\therefore BC : AD = x : \sqrt{3}x = 1 : \sqrt{3}$

197. (c) त्रिज्यखण्ड का क्षेत्रफल $= \frac{\pi r^2 \theta}{360} = 616$

$\Rightarrow \quad r^2 = \frac{616 \times 360 \times 7}{22 \times 10} \Rightarrow r^2 = 28 \times 36 \times 7$

$\therefore \quad r = 2 \times 7 \times 6 = 84$ सेमी

अत: वृत्त की त्रिज्या = 84 सेमी

198. (d) वृत्त की परिधि = 132 सेमी $= 2\pi r$

$\Rightarrow \quad r = \frac{132 \times 7}{2 \times 22} = 21$ सेमी

वृत्त का क्षेत्रफल $= \frac{22}{7} \times 21 \times 21$

$= 22 \times 63 = 1386$ सेमी^{2}

199. (c) वृत्त की त्रिज्या $= \frac{196}{4} = 49$ सेमी

तब, वृत्त का क्षेत्रफल $= \frac{22}{7} \times 49 \times 49$

$= 7546$ मी^{2}

200. (c) माना दोनों वृत्तों की परिधि क्रमश: x व y है।

$\Rightarrow \quad \frac{81}{121} = \frac{x^2}{y^2}$

$\Rightarrow \quad \frac{x}{y} = \sqrt{\frac{81}{121}} = \frac{9}{11}$

$\therefore \quad x : y = 9 : 11$

201. (c) माना समचतुर्भुज की भुजा a है।

$\Rightarrow a^2 = \left(\frac{d_1}{2}\right)^2 + \left(\frac{d_2}{2}\right)^2 \Rightarrow a^2 = \left(\frac{10}{2}\right)^2 + \left(\frac{24}{2}\right)^2$

$a^2 = 25 + 144 \quad \Rightarrow a^2 = 169 \Rightarrow a = 13$

अत: समचतुर्भुज का परिमाप $= 4 \times 13 = 52$ सेमी

202. (a) माना समबाहु त्रिभुज की भुजा $= a$ सेमी

$\Rightarrow \frac{a}{2\sqrt{3}} = 9\sqrt{3} \Rightarrow a = 18 \times 3 = 54$ सेमी

अत: त्रिभुज का परिमाप $= 3 \times 54 = 162$ सेमी

203. (b) त्रिभुज का क्षेत्रफल

$= \frac{1}{2} \times 10 \times 8 = 40$ सेमी^{2}

204. (c) प्रश्नानुसार,

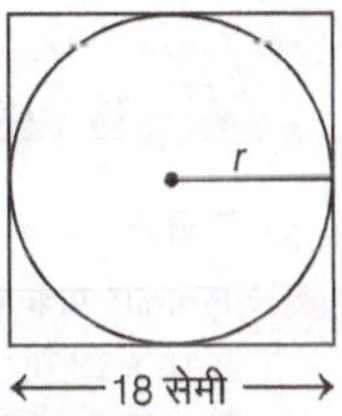

$\therefore$ वर्ग की भुजा = वृत्त का व्यास

$18 = 2 \times r \Rightarrow r = 9$ सेमी

अत: वृत्त का क्षेत्रफल $= \pi \times 9^2 = 81\pi$ सेमी^{2}

205. (b) 1 चक्कर में तय की गई दूरी

$= \frac{44 \times 1000}{500} = 88$ मी

माना पहिए की त्रिज्या $= r$ मी

प्रश्नानुसार,

पहिए का एक चक्कर = पहिए की परिधि

$\Rightarrow \quad 2\pi r = 88 \Rightarrow r = \frac{88 \times 7}{2 \times 22} \Rightarrow \quad r = 14$ मी

206. (d) $s = \frac{13 + 15 + 14}{2} = 21$ इंच

तब, त्रिभुज का क्षेत्रफल

$= \sqrt{21(21-13)(21-15)(21-14)}$

$= \sqrt{21 \times 8 \times 6 \times 7}$

$= \sqrt{7056} = 84$ वर्ग इंच

207. (b) पहिए द्वारा एक चक्कर में तय दूरी

$= 2 \times \frac{22}{7} \times 14 = 88$ सेमी

तब, 10 चक्कर में तय दूरी $= 88 \times 10 = 880$ सेमी

208. (c) त्रिभुज का क्षेत्रफल $= \frac{1}{2} \times 12 \times 5 = 30$ सेमी^{2}

209. (d) माना भुजा पर डाले गए लम्ब की लम्बाई $= x$ सेमी

त्रिभुज का क्षेत्रफल $= 96 = \frac{1}{2} \times 24 \times x$

$\therefore \quad x = \frac{96 \times 2}{24} = 8$ सेमी

210. (d) आयत के क्षेत्रफल में प्रतिशत वृद्धि

$= 15 + 20 + \left(\frac{15 \times 20}{100}\right) = 38\%$

211. (a) समबाहु त्रिभुज की परित्रिज्या और अत: त्रिज्या का अनुपात = 2 : 1

$\therefore$ अन्त: त्रिज्या $= \frac{18}{2} = 9$ सेमी

212. (d) माना आयत की भुजाएँ क्रमश: x सेमी और $4x$ सेमी हैं।

आयत का परिमाप $= 2(x + 4x) = 50 \Rightarrow 5x = 25$

$\therefore \quad x = 5$ सेमी

माना वर्ग की भुजा y सेमी है।

प्रश्नानुसार, आयत का क्षेत्रफल = वर्ग का क्षेत्रफल

$\Rightarrow \quad x \times 4x = y^2 \quad \Rightarrow 4 \times 5 \times 5 = y^2$

$\Rightarrow \quad y^2 = 100 \quad \Rightarrow \quad y = 10$ सेमी

$\therefore$ वर्ग का परिमाप $= 4 \times 10 = 40$ सेमी

213. (c) माना समबाहु त्रिभुज की भुजा 'a' है।

$\therefore \; a + a + a = 15\sqrt{3}$

$\therefore \quad a = 5\sqrt{3}$

अत: ऊँचाई $= \sqrt{\frac{3a^2}{4}} = \sqrt{\frac{3 \times (5\sqrt{3})^2}{4}} = \frac{\sqrt{225}}{2} = \frac{15}{2}$

$= 7.5$ सेमी

214. (a) समबाहु त्रिभुज की भुजा $(a) = \frac{2}{\sqrt{3}} h$

$= \frac{2}{1.73} \times 3.46 = 4$ सेमी

$\therefore$ समबाहु त्रिभुज का परिमाप $= 3a = 3 \times 4 = 12$ सेमी

215. (c) प्रश्नानुसार,

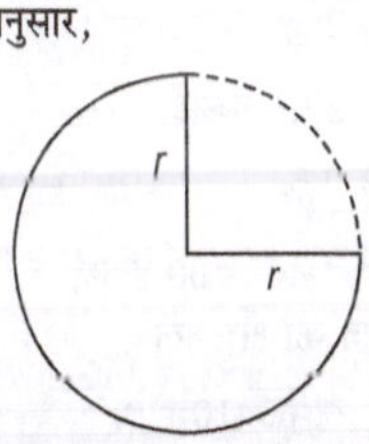

त्रिज्या $r = \frac{28}{2}$ सेमी = 14 सेमी

$\therefore$ एक-चौथाई भाग निकालने के बाद शेष बचे पिज्जा का परिमाप

$= \frac{3}{4} \times 2\pi r + 2r = \frac{3}{4} \times 2 \times \frac{22}{7} \times 14 + 2 \times 14$

$= 66 + 28 = 94$ सेमी

216. (b) माना त्रिभुज की ऊँचाई $= x$ सेमी

आधार की लम्बाई $= (x - 3)$ सेमी

$\therefore \quad \frac{1}{2} x \times (x - 3) = 104$

$\Rightarrow \; x^2 - 3x - 208 = 0$

$\Rightarrow (x - 16)(x + 13) = 0$

$\therefore \quad x = 16, -13$

अत: त्रिभुज के आधार की लम्बाई $= 16 - 3 = 13$ सेमी

217. (b) माना वृत्त की त्रिज्या = r सेमी

$\therefore 2\pi r = 88 \Rightarrow r = 88 \times \frac{7}{22} \times \frac{1}{2} = 14$ सेमी

$\therefore$ वृत्त का क्षेत्रफल = πr^2

$= \frac{22}{7} \times 14 \times 14 = 616$ सेमी^{2}

218. (c) माना आयत की चौड़ाई = x सेमी

तब, लम्बाई = $5x$ सेमी

आयत का क्षेत्रफल = 3125 सेमी^{2} = $5x \times x$

$\Rightarrow x^2 = \frac{3125}{5} \Rightarrow x^2 = 625$

$\Rightarrow x = 25$ सेमी

$\therefore$ आयत की लम्बाई = $5x = 5 \times 25 = 125$ सेमी

219. (c) मैदान का क्षेत्रफल

$= \frac{\sqrt{3}}{4} \times 8.5 \times 8.5$

$= 18.1\sqrt{3}$ मी^{2}

220. (b) माना वृत्त की त्रिज्या = r सेमी

$\therefore 2\pi r = 40\pi \Rightarrow r = 20$ सेमी

$\because$ वृत्त का क्षेत्रफल = $\pi \times 20 \times 20 = 400\pi$ सेमी^{2}

तथा वृत्त का व्यास = $2r = 2 \times 20 = 40$ सेमी

221. (d) अर्द्धवृत्त का परिमाप = $\pi r + 2r$

$= (3.14 \times 100 + 2 \times 100)$ मी

$= (314 + 200) = 514$ मी

222. (c) आयत का क्षेत्रफल = $7 \times 5 = 35$ सेमी^{2}

223. (c) प्रश्नानुसार,

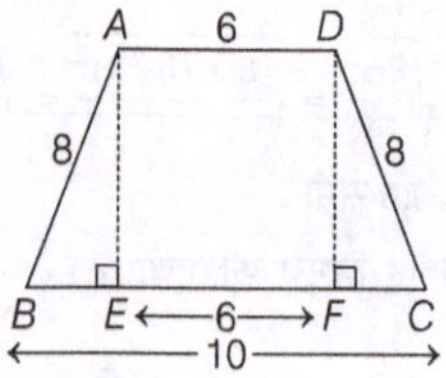

$\Delta ABE \cong \Delta DFC$

$BE = FC$

$\therefore 2BE = (10 - 6)$

$\therefore BE = \frac{4}{2} = 2$ वर्ग इकाई

$AE = \sqrt{8^2 - 2^2}$

$= \sqrt{64 - 4} = \sqrt{60}$ इकाई

$\therefore$ समलम्ब चतुर्भुज का क्षेत्रफल

$= \frac{1}{2} \times \sqrt{60}(10 + 6)$

$= \frac{1}{2} \times 16 \times 2\sqrt{15}$

$= 16\sqrt{15}$ वर्ग इकाई

224. (d) वर्ग का क्षेत्रफल = (भुजा)^2

$\Rightarrow$ (भुजा)^2 = 1225

$\therefore$ भुजा = 35 इकाई

आयत की लम्बाई = $\frac{4}{5} \times$ वर्ग की भुजा

$= \frac{4}{5} \times 35 = 28$ इकाई

$\therefore$ आयत का क्षेत्रफल = (लम्बाई × चौड़ाई)

$= (28 \times 12)$

$= 336$ वर्ग इकाई

225. (d) समकोण त्रिभुज का क्षेत्रफल

$= \frac{1}{2} \times$ लम्ब × आधार

$\Rightarrow \frac{1}{2} \times 20 \times$ आधार = 80

आधार = $\frac{80}{10} = 8$ मी

226. (a) वर्गों के विकर्णों का अनुपात = 5 : 6

$\therefore$ वर्गों के क्षेत्रफलों का अनुपात = $(5)^2 : (6)^2 = 25 : 36$

227. (d) समान्तर चतुर्भुज का क्षेत्रफल

= आधार × ऊँचाई = $12 \times 20 = 240$ मी^{2}

228. (b) आयत का परिमाप = $2(l + b) = 48$

$l + b = 24$ ...(i)

आयत का विकर्ण = $\sqrt{l^2 + b^2} = 16$

$l^2 + b^2 = 256$ ...(ii)

(वर्ग करने पर)

प्रश्नानुसार, $(l + b)^2 = (24)^2$

(दोनों ओर वर्ग करने पर)

$\Rightarrow l^2 + b^2 + 2lb = 576$

$\Rightarrow 256 + 2lb = 576$

$\Rightarrow lb = \frac{320}{2} \Rightarrow lb = 160$

$\therefore$ आयत का क्षेत्रफल $(l \times b) = 160$ सेमी^{2}

229. (d) षट्भुज का क्षेत्रफल = $6 \times \frac{\sqrt{3}}{4} \times$ (भुजा)^2

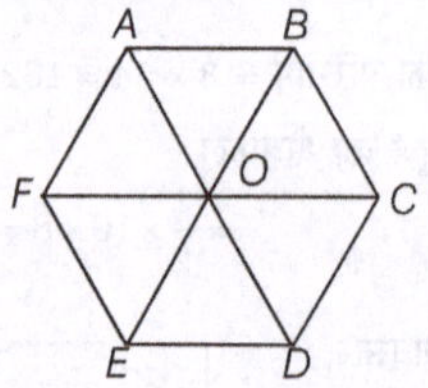

$= 6 \times \frac{\sqrt{3}}{4} \times \frac{12}{2} \times \frac{12}{2}$ सेमी^{2} $\left[\because AO = \frac{AD}{2}\right]$

$= 54\sqrt{3}$ सेमी^{2}

230. (c) आयताकार पार्क का क्षेत्रफल

$= 15 \times 12$ मी^{2} = 180 मी^{2}

231. (b) माना आयत की भुजा = $11x$ तथा $9x$

$\therefore$ आयत का क्षेत्रफल = $11x \times 9x = 396$

$\Rightarrow x^2 = \frac{396}{99} = 4$

$\Rightarrow x = 2$ ...(i)

$\therefore$ परिमाप = $2 \times (11x + 9x)$

$= 2 \times 20x$

$= 2 \times 20 \times 2$ (समी (i) से)

$= 80$ मी

232. (d) माना वृत्त की त्रिज्या = r

वर्ग की भुजा = a $\Rightarrow 2 \times r = \sqrt{2} \times a$

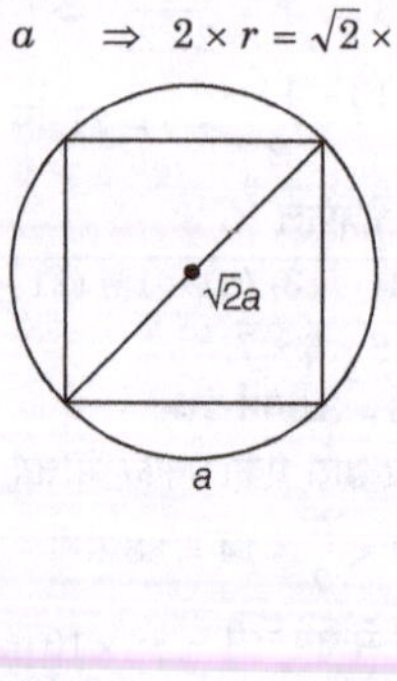

प्रश्नानुसार, $2 \times 14 = \sqrt{2} \times a$

$\Rightarrow a = \frac{2 \times 14 \times \sqrt{2}}{2} = 14\sqrt{2}$

$\therefore$ अभीष्ट क्षेत्रफल = $\pi r^2 - a^2$

$= \frac{22}{7} \times 14 \times 14 - (14\sqrt{2})^2$

$= 22 \times 28 - 196 \times 2$

$= 616 - 392 = 224$ सेमी^{2}

233. (d) समषट्भुज का क्षेत्रफल = $6 \times \frac{\sqrt{3}}{4} a^2$

$\Rightarrow \frac{6\sqrt{3}}{4} a^2 = 2048\sqrt{3}$

$\Rightarrow a^2 = \frac{2048 \times 4}{6}$

$\therefore a = \sqrt{\frac{4096}{3}} = \frac{64}{\sqrt{3}} \times \frac{\sqrt{3}}{\sqrt{3}} = \frac{64\sqrt{3}}{3}$

$\therefore$ षट्भुज की प्रत्येक भुजा की लम्बाई = $\frac{64\sqrt{3}}{3}$ सेमी

234. (a) समबाहु त्रिभुज का क्षेत्रफल = $\frac{\sqrt{3}}{4} a^2$

$\Rightarrow \frac{\sqrt{3}}{4} a^2 = \frac{\sqrt{5043}}{4}$

$\Rightarrow a^2 = \frac{\sqrt{5043}}{\sqrt{3}}$

$\therefore a = \sqrt{41}$

$\therefore$ समबाहु त्रिभुज की भुजा की लम्बाई = $\sqrt{41}$ सेमी

235. (b) आन्तरिक भाग का क्षेत्रफल

$= 35 \times 45 = 1575$ मी^{2}

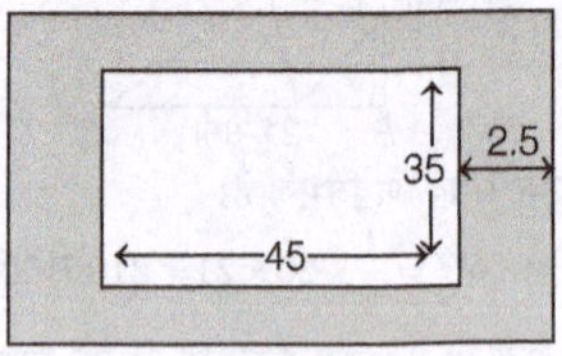

रास्ते का क्षेत्रफल

बाहरी आयताकार भाग की लम्बाई

$= 45 + (2 \times 2.5)$ मी $= (45 + 5) = 50$ मी

बाहरी आयताकार भाग की चौड़ाई

$= 35 + (2 \times 2.5) = 35 + 5 = 40$ मी

बाहरी भाग का क्षेत्रफल = $50 \times 40 = 2000$ मी^{2}

$\therefore$ पथ का क्षेत्रफल = $(2000 - 1575)$ मी^{2} = 425 मी^{2}

स्पीडी विधि

रास्ते का क्षेत्रफल = $2a(l + b + 2a)$

$= 5 \times (45 + 35 + 5)$ $[\because a = 2.5]$

$= 5 \times 85 = 425$

236. (b) माना त्रिभुज की भुजाएँ क्रमशः $3x$, $4x$ तथा $5x$ हैं।

प्रश्नानुसार,

त्रिभुज का परिमाप = 24

$\Rightarrow 3x + 4x + 5x = 24 \Rightarrow x = 2$

$\therefore$ भुजाएँ = 6, 8 तथा 10

अर्द्धपरिमाप $(s) = \frac{6 + 8 + 10}{2} = 12$

अब, त्रिभुज का क्षेत्रफल

$= \sqrt{12(12-6)(12-8)(12-10)}$

$= \sqrt{12 \times 6 \times 4 \times 2} = 12 \times 2 = 24$ मी^{2}

237. (a) दिया है,

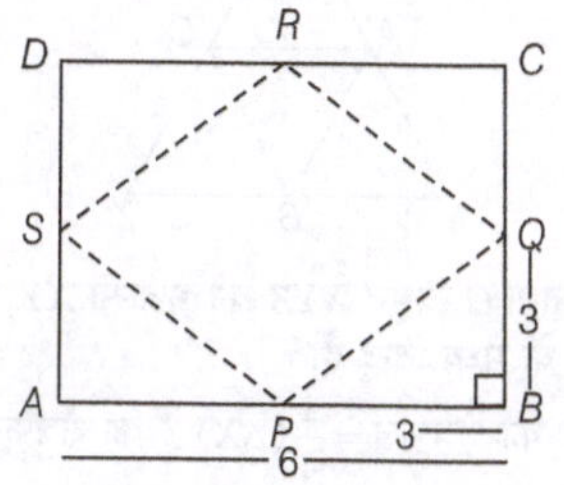

वर्ग का क्षेत्रफल = 36 वर्ग इकाई

$\Rightarrow$ (भुजा)^2 = 36 वर्ग इकाई

$\Rightarrow$ भुजा = 6 इकाई

$\Rightarrow$ $AB = BC = CD = DA = 6$ इकाई

$\because P, Q, R$ तथा S क्रमशः A, B, C तथा D के मध्य-बिन्दु हैं।

$AP = PB = BQ = QC$

$= CR = RD = DS = SA = \frac{6}{2} = 3$ इकाई

ΔPBQ में, $(PQ)^2 = (PB)^2 + (QB)^2$

$\Rightarrow$ $(PQ)^2 = 9 + 9 \Rightarrow PQ = 3\sqrt{2}$ इकाई

अतः $PQRS$ का क्षेत्रफल

$= (PQ)^2 = (3\sqrt{2})^2 = 18$ वर्ग इकाई

238. (d) माना वर्ग की भुजा a है।

$\therefore$ $a^2 = 144 \Rightarrow a = 12$ सेमी

वर्ग का विकर्ण $= a\sqrt{2} = 12\sqrt{2}$ सेमी

239. (c) माना वर्ग की भुजा a सेमी है।

$\therefore$ वर्ग का परिमाप $\times 5 = 600$

वर्ग का परिमाप = 120 सेमी $= 4a$

$\therefore$ $a = 30$ सेमी

अतः वर्ग का क्षेत्रफल $= 30 \times 30 = 900$ सेमी^{2}

240. (c) $2(l + b) = 68$

$l + b = 34 \Rightarrow (l + b)^2 = (34)^2$

$\Rightarrow$ $l^2 + b^2 + 2lb = 1156$

$\Rightarrow l^2 + b^2 + 2 \times 240 = 1156$

$\Rightarrow l^2 + b^2 = 1156 - 480 \Rightarrow l^2 + b^2 = 676$

अब, $\sqrt{l^2 + b^2} = \sqrt{676} \Rightarrow \sqrt{l^2 + b^2} = 26$ सेमी

अतः विकर्ण की लम्बाई = 26 सेमी

241. (b) 1 चक्कर में पहिए द्वारा चली गई दूरी

$= 2\pi r$

$= 2 \times \frac{22}{7} \times 56 = 22 \times 16 = 352$ मिमी

$\therefore$ 176 सेमी दूरी तय करने में चक्करों की संख्या

$= \frac{176 \times 10}{352} = 5$

242. (b) त्रिभुज का क्षेत्रफल

$= 144 = \frac{1}{2} \times 16 \times$ ऊँचाई

$\therefore$ ऊँचाई $= \frac{144}{8} = 18$ सेमी

243. (d) त्रिज्यखण्ड का क्षेत्रफल $= \frac{\pi r^2 \theta}{360°} = \frac{4\pi}{5}$

$\Rightarrow$ $\frac{2 \times 2 \times \theta}{360°} = \frac{4}{5}$

$\Rightarrow$ $\theta = 72°$

244. (d) प्रत्येक वर्गाकार टुकड़े का क्षेत्रफल

= 16 सेमी^{2}

वर्ग का क्षेत्रफल $= a^2 = 16 \Rightarrow a = 4$ सेमी

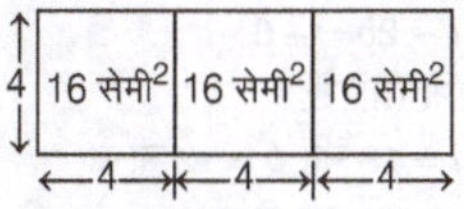

अतः आयत की भुजाएँ लम्बाई $= 4 \times 3 = 12$ सेमी

चौड़ाई = 4 सेमी

आयत का परिमाप $= 2(12 + 4) = 2 \times 16 = 32$ सेमी

245. (a) माना समलम्ब चतुर्भुज की भुजाओं के बीच की दूरी h है।

$\therefore$ $\frac{1}{2}(19 + 25) \times h = 330$

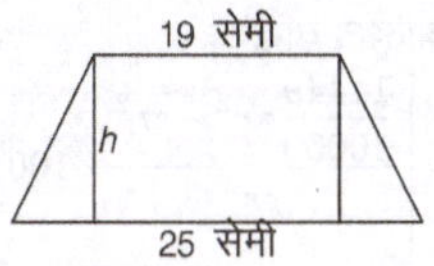

$\Rightarrow$ $h = \frac{330 \times 2}{44} \Rightarrow h = 15$ सेमी

246. (d) लम्बाई = 10 सेमी, चौड़ाई = 5 सेमी

L आकार की आकृति बनाने पर

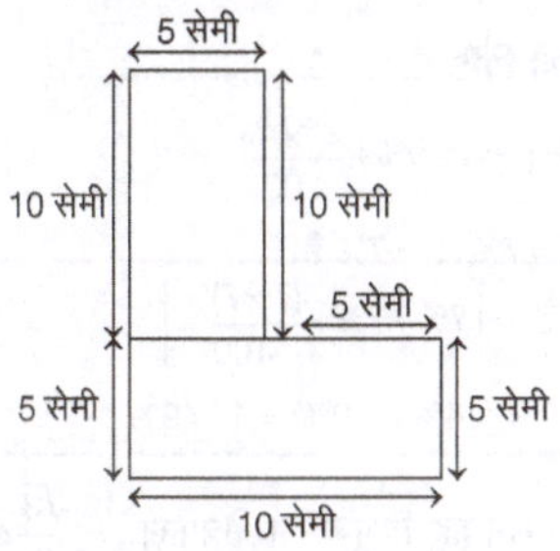

अभीष्ट परिमाप

$= 10 + 5 + 5 + 10 + 5 + 10 + 5 = 50$ सेमी

247. (d) समकोण त्रिभुज का क्षेत्रफल

$= \frac{1}{2} \times 22 \times 15 = 165$ सेमी^{2}

248. (a) समचतुर्भुज का क्षेत्रफल

$= \frac{1}{2} \times 10 \times 30$

$= \frac{1}{2} \times 300 = 150$ सेमी^{2}

249. (c) प्रत्येक फूलों की क्यारी का क्षेत्रफल

= 70, 84 और 112 का म.स. = 14 मी^{2}

क्यारी की लम्बाई = 7 मी

$\therefore$ क्यारी की चौड़ाई $= \frac{14}{7} = 2$ मी

250. (a) प्रश्नानुसार,

परिधि $(2\pi r)$ – व्यास $(2r) = 12$

$\Rightarrow$ $2r(\pi - 1) = 12$

$\Rightarrow$ $r\left[\frac{22}{7} - 1\right] = 6 \Rightarrow r = \frac{14}{5}$

$\therefore$ वृत्त का क्षेत्रफल $= \frac{22}{7} \times \frac{14}{5} \times \frac{14}{5} = 24.64$ सेमी^{2}

251. (a) समबाहु त्रिभुज का क्षेत्रफल

$= 16\sqrt{3} = \frac{\sqrt{3}}{4}a^2$

$\Rightarrow$ $a^2 = 16 \times 4 = 64$

$\therefore$ $a = 8$ सेमी

252. (c) $d_1 = 48$ सेमी और $d_2 = 64$ सेमी

तथा भुजा $= a$

$\because$ $4a^2 = d_1^2 + d_2^2 = 48^2 + 64^2$

$\Rightarrow$ $4a^2 = 2304 + 4096$

$\Rightarrow$ $4a^2 = 6400 \Rightarrow a^2 = 1600 \Rightarrow a = 40$ सेमी

$\therefore$ समचतुर्भुज का परिमाप $= 4 \times 40 = 160$ सेमी

253. (d) प्रश्नानुसार,

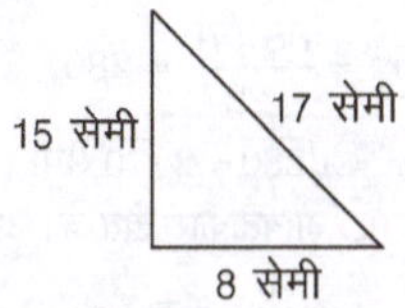

पाइथागोरस त्रिक (8, 15, 17) के अनुसार, आधार की लम्बाई = 8 सेमी

समकोण त्रिभुज का क्षेत्रफल

$= \frac{1}{2} \times 15 \times 8 = 15 \times 4$

$= 60$ सेमी^{2}

254. (b) माना त्रिभुज की ऊँचाई $(h) = x$

$\therefore$ आधार $(b) = \frac{5}{7}x$

$\therefore$ त्रिभुज का क्षेत्रफल $= 18.207 = \frac{1}{2} \times \frac{5}{7}x \times x$

$\Rightarrow$ $x^2 = 50.9796$

$\therefore$ $x = \sqrt{50.9796} = 7.14$

अतः त्रिभुज की ऊँचाई = 7.14 सेमी

255. (c) लम्बाई में वृद्धि $= 14.28\% = \frac{1}{7}$

माना पहली लम्बाई $= 7x$

$\therefore$ नई लम्बाई $= 7x + 7x \times \frac{1}{7} = 8x$

प्रश्नानुसार, $7x \times b = 8x \times$ नई चौड़ाई

नई चौड़ाई $= \frac{7b}{8}$

चौड़ाई में प्रतिशत कमी $= \frac{b - \frac{7}{8}b}{b} \times 100\%$

$= \frac{100}{8}\% = 12.5\%$

स्पीडी विधि

अभीष्ट कमी % $= \frac{1428}{11428} \times 100$

$= 12.49\% \approx 12.5\%$

256. (b) षट्भुज का क्षेत्रफल

$= \frac{3\sqrt{3}}{2} \times (\text{भुजा})^2 = \frac{3\sqrt{3}}{2} \times \left(\frac{a}{3}\right)^2 = \frac{3\sqrt{3}}{2} \times \frac{a^2}{9}$

$= \frac{a^2}{2\sqrt{3}}$ वर्ग इकाई

257. (d) आयत की लम्बाई = 18 सेमी

तथा चौड़ाई = 12 सेमी

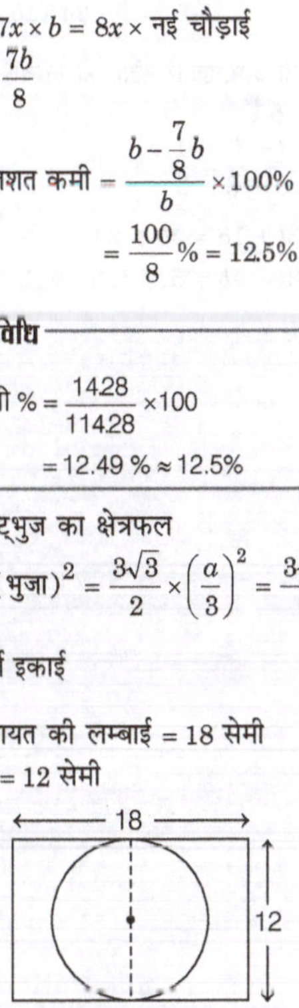

अभीष्ट वृत्त की त्रिज्या $= \frac{12}{2} = 6$ सेमी

$\therefore$ वृत्त का क्षेत्रफल $= \pi r^2 = \pi(6)^2 = 36\pi$ सेमी^{2}

258. (d) माना त्रिज्या r है।

त्रिज्यखण्ड का क्षेत्रफल $= \frac{\pi r^2\theta}{360°}$

$\Rightarrow \quad 88 = \frac{22 \times r^2 \times 36°}{7 \times 360°}$

$\Rightarrow \quad 88 = \frac{22 \times r^2}{7 \times 10}$

$\Rightarrow \quad r^2 = \frac{88 \times 70}{22} = 280$

$\therefore \quad r = \sqrt{280} = 2\sqrt{70}$ सेमी

259. (a) आयताकार खेत का अर्द्ध-परिमाप $= (x + y)$

$\Rightarrow \quad 12 = x + y \quad$ .... (i)

आयताकार खेत का क्षेत्रफल $= xy$

$\Rightarrow \quad 28 = xy \quad$ .... (ii)

अब, $x^4 + x^2y^2 + y^4 = (x^2 + y^2)^2 - x^2y^2$

$= [(x + y)^2 - 2xy]^2 - (xy)^2$

$= [(12)^2 - 2 \times 28]^2 - (28)^2$

$= (144 - 56)^2 - 784$

$= (88)^2 - 784 = 7744 - 784 = 6960$

260. (b) समचतुर्भुज की भुजा $a = 13$ सेमी

तथा एक विकर्ण $d_1 = 24$ सेमी

माना दूसरा विकर्ण d_2 है।

$\because \quad 4a^2 = d_1^2 + d_2^2$

$\Rightarrow \quad 4(13)^2 = (24)^2 + d_2^2$

$\Rightarrow \quad d_2^2 = 676 - 576$

$\Rightarrow \quad d_2^2 = 100$ सेमी

$\therefore \quad d_2 = 10$ सेमी

अब, समचतुर्भुज का क्षेत्रफल $= \frac{1}{2} \times d_1 \times d_2$

$= \frac{1}{2} \times 24 \times 10 = 120$ सेमी^{2}

261. (a) माना आयताकार खेत की लम्बाई और चौड़ाई क्रमशः l और b हैं।

प्रश्नानुसार, $\quad \frac{l + 6}{b + 6} = \frac{4}{3}$

$\Rightarrow \quad 3l + 18 = 4b + 24$

$\Rightarrow \quad 3l - 4b = 6 \quad$ ...(i)

और $\quad \frac{l - 6}{b - 6} = \frac{2}{1}$

$\Rightarrow \quad l - 6 = 2b - 12$

$\Rightarrow \quad l - 2b = -6 \quad$ ...(ii)

समी (i) व समी (ii) से,

$l = 18$ मी, $b = 12$ मी

262. (d) माना वृत्त की त्रिज्या $= r$

तब, वृत्त का क्षेत्रफल $= \pi r^2$

प्रश्नानुसार,

$\therefore$ नई त्रिज्या $= r \times \frac{107}{100}$

नया क्षेत्रफल $= \pi r^2 \times \left(\frac{107}{100}\right)^2 = \frac{11449}{10000}\pi r^2$

$\therefore$ क्षेत्रफल में प्रतिशत वृद्धि

$= \left[\frac{\frac{11449}{10000}\pi r^2 - \pi r^2}{\pi r^2}\right] \times 100$

$= \frac{11449 - 10000}{10000} \times 100$

$= \frac{1449}{100} = 14.49\%$

स्पीडी विधि

वृद्धि% $= \left[a\% + b\% + \frac{a\%b\%}{100}\right]$

यहाँ, $a = 7\%$, $b = 7\%$ है।

कुल वृद्धि $= \left[7\% + 7\% + \frac{(7 \times 7)\%}{100}\right]$

$= [14\% + \cdot49\%] = 14.49\%$

263. (b) समबाहु त्रिभुज का क्षेत्रफल $= \frac{\sqrt{3}}{4}a^2$

$= \frac{\sqrt{3}}{4} \times (16)^2 = 64\sqrt{3}$ सेमी^{2}

264. (c) वृत्तों की परिसीमाओं से घिरी बन्द आकृति का क्षेत्रफल $= \pi(r_1^2 - r_2^2) = \pi(27^2 - 18^2)$

$= \pi(27 + 18)(27 - 18)$

$= \pi \times 45 \times 9 = 405\pi$ सेमी^{2}

265. (d) ΔXYZ का क्षेत्रफल $= 8464$ सेमी^{2}

प्रश्नानुसार,

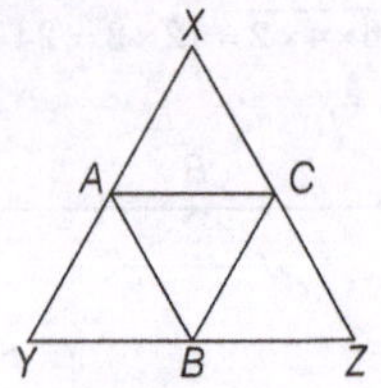

$\because A, B$ तथा C त्रिभुज XYZ की भुजाओं XY, YZ तथा ZX के मध्य बिन्दु है।

$\therefore \Delta ABC$ का क्षेत्रफल $= \frac{1}{4}$ (ΔXYZ का क्षेत्रफल)

$= \frac{1}{4} \times 8464 = 2116$ सेमी^{2}

266. (d) समबाहु त्रिभुज का परिमाप $= 60$ इकाई

समबाहु त्रिभुज की भुजा $= \frac{60}{3} = 20$ इकाई

तब, समबाहु त्रिभुज का क्षेत्रफल $= \frac{\sqrt{3}}{4}$ (भुजा)^2

$= \frac{\sqrt{3}}{4} \times (20)^2$

$= \frac{\sqrt{3}}{4} \times 400$

$= 100\sqrt{3}$ वर्ग इकाई

267. (d) दिया है वृत्त की त्रिज्या $= 4.5$ सेमी^{3}

वृत्त द्वारा परिबद्ध षट्भुज का क्षेत्रफल $= 6\frac{\sqrt{3}}{4}r^2$

$= 6 \times \frac{\sqrt{3}}{4} \times 4.5 \times 4.5$

$= \frac{3}{2} \times \sqrt{3} \times \frac{45}{10} \times \frac{45}{10}$

$= \frac{243\sqrt{3}}{8}$

23

आयतन और पृष्ठीय क्षेत्रफल

आयतन कोई वस्तु जितना स्थान घेरती है, तो उसे उस वस्तु का आयतन कहते हैं। आयतन को घन इकाई में मापा जाता है।

वक्रपृष्ठीय क्षेत्रफल किसी त्रिविमीय आकृति के चारों ओर से घेरने वाले पृष्ठ या सतह का क्षेत्रफल, आकृति का वक्रपृष्ठीय क्षेत्रफल कहलाता है।

सम्पूर्ण पृष्ठीय क्षेत्रफल किसी आकृति के वक्रपृष्ठीय क्षेत्रफल, आधार का क्षेत्रफल तथा उसके समान्तर पृष्ठ के क्षेत्रफल का योग आकृति के सम्पूर्ण पृष्ठ का क्षेत्रफल कहलाता है। पृष्ठीय क्षेत्रफल को वर्ग इकाई में माया जाता है।

घन

- आयतन $= a^3$
- सम्पूर्ण पृष्ठीय क्षेत्रफल $= 6a^2$
- पार्श्व पृष्ठीय क्षेत्रफल $= 4a^2$
- विकर्ण $= a\sqrt{3}$

जहाँ, a = घन की भुजा

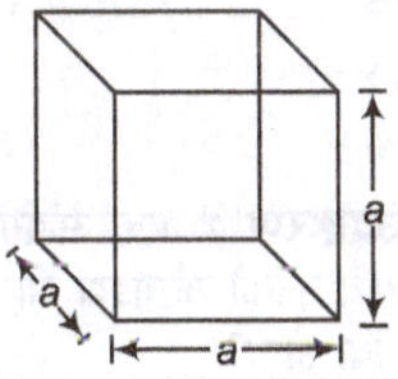

घनाभ

- आयतन $= lbh$
- सम्पूर्ण पृष्ठीय क्षेत्रफल $= 2(lb + bh + hl)$
- पार्श्व पृष्ठीय क्षेत्रफल $= 2(l + b) \times h$
- विकर्ण $= \sqrt{l^2 + b^2 + h^2}$

जहाँ, l = लम्बाई, b = चौड़ाई, h = ऊँचाई

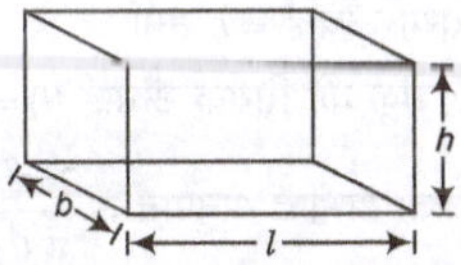

बॉक्स

- खुले बॉक्स का पृष्ठीय क्षेत्रफल
  $= 2(l + b) \times h + l \times b$
- बॉक्स की क्षमता $= (l - 2t)(b - 2t)(h - 2t)$
- बॉक्स में प्रयुक्त चादर/धातु/सामग्री का आयतन
  = बाह्य आयतन − आन्तरिक आयतन (या क्षमता)
  $= lbh - (l - 2t)(b - 2t)(h - 2t)$

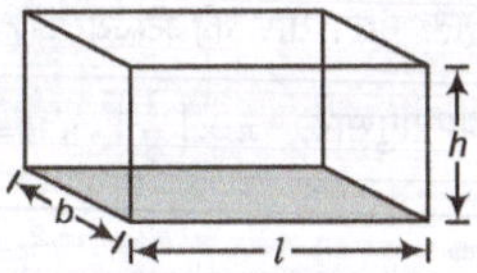

जहाँ, l = लम्बाई, b = चौड़ाई, h = ऊँचाई तथा t = बॉक्स की मोटाई

कमरा (रूम) कमरे की चार दीवारों का कुल क्षेत्रफल $= 2(l + b) \times h$

कमरे का कुल आयतन $= l \times b \times h$

छत या फर्श का क्षेत्रफल $= l \times b$

बेलन

- बेलन का आयतन $= \pi r^2 h$
- बेलन का वक्रपृष्ठीय क्षेत्रफल $= 2\pi rh$
- बेलन का कुल पृष्ठीय क्षेत्रफल
  = वक्रपृष्ठीय क्षेत्रफल + दोनों सिरों का क्षेत्रफल
  $= 2\pi rh + 2\pi r^2 = 2\pi r(r + h)$

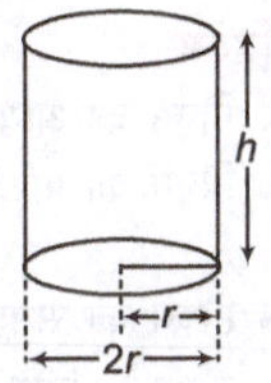

जहाँ, r = आधार की त्रिज्या और h = ऊँचाई

खोखला बेलन

- खोखले बेलन का आयतन $= \pi(R^2 - r^2)h$
- खोखले बेलन का वक्रपृष्ठीय क्षेत्रफल $= 2\pi h(R + r)$
- खोखले बेलन का कुल पृष्ठीय क्षेत्रफल
  $= 2\pi h(R + r) + 2\pi(R^2 - r^2)$

जहाँ, R = आधार की बाह्य त्रिज्या,

r = आधार की आन्तरिक त्रिज्या

और h = ऊँचाई

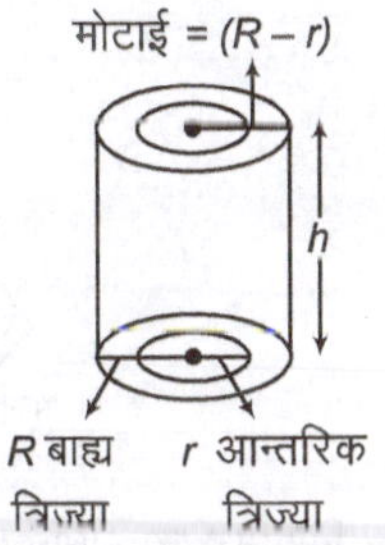

गोला

- गोले का आयतन $= \frac{4}{3}\pi r^3$
- गोले का कुल पृष्ठीय क्षेत्रफल $= 4\pi r^2$

जहाँ, r = त्रिज्या है।

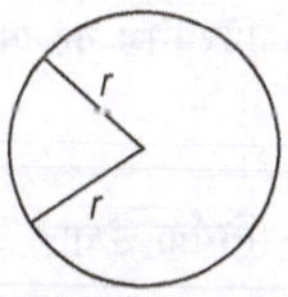

अर्द्धगोला

- अर्द्धगोले का आयतन $= \frac{2}{3}\pi r^3$
- अर्द्धगोले का सम्पूर्ण पृष्ठीय क्षेत्रफल $= 3\pi r^2$
- अर्द्धगोले का वक्रपृष्ठीय क्षेत्रफल $= 2\pi r^2$

जहाँ, r = त्रिज्या है।

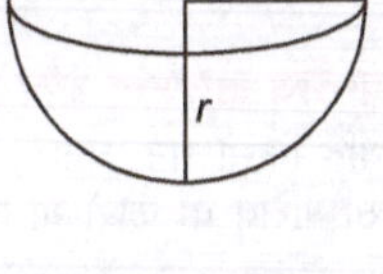

खोखला गोला

- खोखले गोले का आयतन $= \frac{4}{3}\pi(R^3 - r^3)$
- खोखले गोले का आन्तरिक पृष्ठीय क्षेत्रफल $= 4\pi r^2$
- खोखले गोले का बाह्य पृष्ठीय क्षेत्रफल $= 4\pi R^2$

जहाँ, R = बाह्य त्रिज्या और r = आन्तरिक त्रिज्या है।

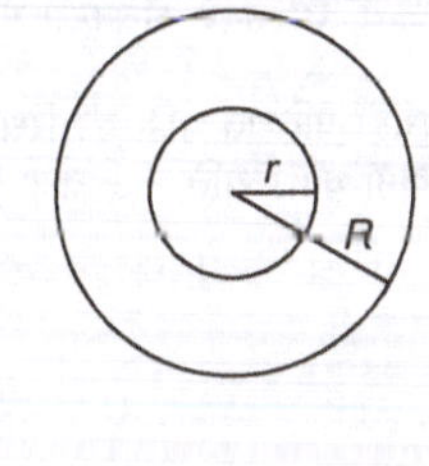

शंकु

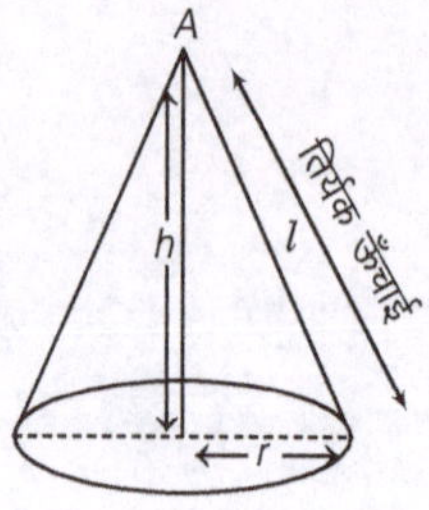

- शंकु का आयतन $= \frac{1}{3}\pi r^2 h$
- शंकु की तिर्यक ऊँचाई $(l) = \sqrt{r^2 + h^2}$
- शंकु का वक्रपृष्ठीय क्षेत्रफल $= \pi rl = \pi r\sqrt{r^2 + h^2}$
- शंकु का सम्पूर्ण पृष्ठीय क्षेत्रफल
  $= \pi rl + \pi r^2 = \pi r(l + r)$

  जहाँ, r = आधार की त्रिज्या, h = ऊँचाई
  तथा l = तिर्यक ऊँचाई

छिन्नक

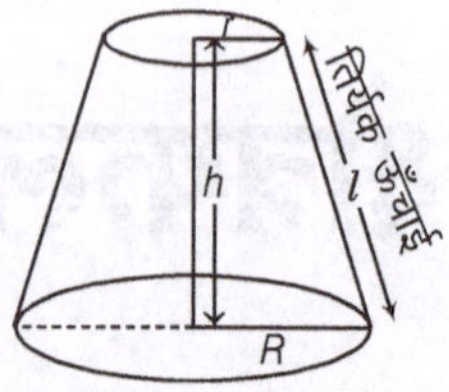

- छिन्नक की तिर्यक ऊँचाई $(l) = (\sqrt{h^2 + (R - r)^2}$
- छिन्नक का वक्रपृष्ठीय क्षेत्रफल $= \pi(R + r)\,l$
- छिन्नक का कुल पृष्ठीय क्षेत्रफल
  $= \pi\,[(r + R)\,l + r^2 + R^2]$
- छिन्नक का आयतन $= \frac{\pi h}{3}(r^2 + R^2 + rR)$

जहाँ, r = शीर्ष की त्रिज्या, R = आधार की त्रिज्या, h = ऊँचाई
तथा l = तिर्यक ऊँचाई

प्रिज्म

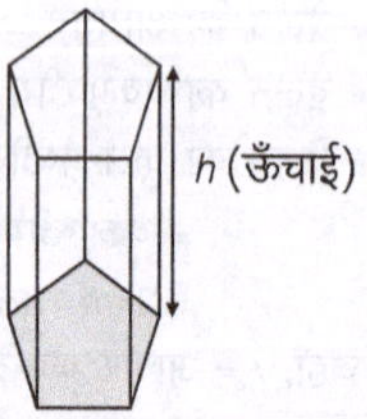

आधार

- प्रिज्म का आयतन = आधार का क्षेत्रफल × ऊँचाई
- प्रिज्म का पार्श्व पृष्ठीय क्षेत्रफल
  = आधार का परिमाप × ऊँचाई
- प्रिज्म का सम्पूर्ण पृष्ठीय क्षेत्रफल
  = पार्श्व पृष्ठीय क्षेत्रफल + 2 × (आधार का क्षेत्रफल)

पिरामिड

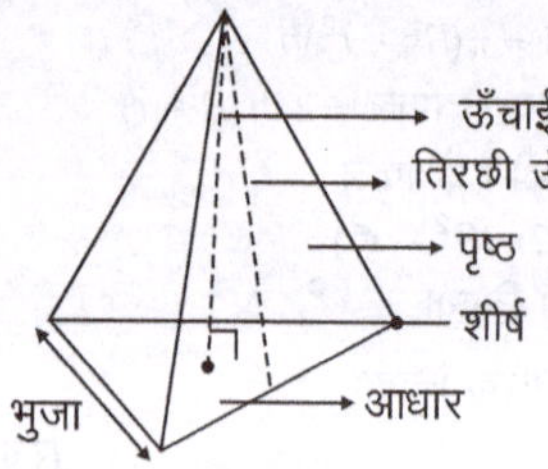

- पिरामिड का आयतन $= \frac{1}{3}$ × आधार का क्षेत्रफल × ऊँचाई (ऊर्ध्वाधर)
- पिरामिड का पार्श्व पृष्ठीय क्षेत्रफल $= \frac{1}{2}$ × आधार का परिमाप × तिर्यक ऊँचाई
- तिर्यक ऊँचाई $= \sqrt{\left(\frac{\text{आधार}}{2}\right)^2 + (\text{ऊँचाई})^2}$
- पिरामिड का सम्पूर्ण पृष्ठीय क्षेत्रफल = पार्श्व पृष्ठीय क्षेत्रफल + आधार का क्षेत्रफल

पृष्ठीय क्षेत्रफल और आयतन में प्रतिशत परिवर्तन

यदि किसी घन, घनाभ, बेलन, गोला या शंकु के पृष्ठ भाग के क्षेत्रफल में सम्मिलित दो कोरों या विमाओं में क्रमशः $x\%$ तथा $y\%$ का परिवर्तन कर दिया जाय, तो उनके क्षेत्रफलों में $\left(x + y + \frac{xy}{100}\right)\%$ का परिवर्तन हो जाएगा।

[यहाँ प्रतिशत वृद्धि की स्थिति में x तथा y का मान (+)धनात्मक तथा प्रतिशत कमी की स्थिति में x तथा y का मान (–) ऋणात्मक लिया जाएगा।]

इकाई परिवर्तन

- 1 मी^{3} = 1000 लीटर
- 1 लीटर = 1000 सेमी^{3}

उदाहरण 1. एक घनाभ की लम्बाई, चौड़ाई तथा ऊँचाई का अनुपात 6 : 5 : 4 है। यदि इसका सम्पूर्ण पृष्ठ 33300 वर्ग सेमी हो, तो इसका आयतन कितना होगा?

हल माना घनाभ की लम्बाई, चौड़ाई तथा ऊँचाई क्रमशः $6x$, $5x$ तथा $4x$ सेमी है।

$\because$ घनाभ का सम्पूर्ण पृष्ठीय क्षेत्रफल $= 2\,(lb + bh + lh)$

$$33300 = 2\,(6x \times 5x + 5x \times 4x + 6x \times 4x) = 2 \times 74x^2$$

$$\Rightarrow \quad 148x^2 = 33300 \Rightarrow x^2 = \frac{33300}{148} = 225 \Rightarrow x = 15$$

अतः घनाभ का आयतन $= lbh = 6x \times 5x \times 4x$

$= 120x^3 = 120 \times 15 \times 15 \times 15$

$= 405000$ घन सेमी

उदाहरण 2. एक बेलन के आधार की त्रिज्या 3.5 सेमी तथा लम्बाई 8 सेमी है। इस बेलन का सम्पूर्ण पृष्ठ कितना है?

हल बेलन का सम्पूर्ण पृष्ठ $= 2\pi r\,(r + h)$

$= 2 \times \frac{22}{7} \times 3.5\,(3.5 + 8)$

$= 2 \times 22 \times 0.5 \times 11.5 = 253$ सेमी^{2}

उदाहरण 3. 3 सेमी त्रिज्या वाली एक गोलाकार गेंद को पिघलाकर तीन गोलाकार गेंदें बनाई जाती हैं। इनमें से दो गेंदों की त्रिज्याएँ क्रमशः 1.5 सेमी तथा 2 सेमी हैं। तीसरी गेंद की त्रिज्या कितनी है?

हल माना तीसरी गेंद की त्रिज्या $= r$ सेमी

प्रश्नानुसार, $\frac{4}{3}\pi \times 1.5 \times 1.5 \times 1.5 + \frac{4}{3}\pi \times (2)^3 + \frac{4}{3}\pi r^3 = \frac{4}{3}\pi \times (3)^3$

$\Rightarrow \quad 3.375 + 8 + r^3 = 27$

$\Rightarrow \quad r^3 = 15.625$

$\therefore \quad r = 2.5$ सेमी

उदाहरण 4. एक अर्द्धगोले तथा एक शंकु के आधार की त्रिज्याएँ बराबर हैं। यदि इनकी ऊँचाइयाँ भी समान हों, तो उनके वक्रपृष्ठों के क्षेत्रफलों का अनुपात क्या होगा?

हल $\because$ अर्द्धगोले तथा शंकु की त्रिज्या $= r$ सेमी

तथा ऊँचाई $= r$ सेमी

$\therefore$ शंकु की तिर्यक ऊँचाई $(l) = \sqrt{r^2 + h^2} = \sqrt{r^2 + r^2} = \sqrt{2}r$

अतः अभीष्ट अनुपात $= \frac{2\pi r^2}{\pi rl} = \frac{2r}{\sqrt{2}r} = \sqrt{2} : 1$

उदाहरण 5. ताँबे की एक गोल छड़ 8 सेमी लम्बी है तथा इसका व्यास 1 सेमी है। इसे पिघलाकर 18 मी लम्बी तथा समान व्यास की तार बनाई गई है। इस तार की त्रिज्या कितनी है?

हल माना तार की त्रिज्या $= r$ सेमी

प्रश्नानुसार, $\pi \times \left(\frac{1}{2}\right)^2 \times 8 = \pi r^2 \times 1800$

$\Rightarrow \quad r^2 = \frac{1}{900}$

$\Rightarrow \quad r = \frac{1}{30}$ सेमी

अतः तार की त्रिज्या $\frac{1}{30}$ सेमी होगी।

SSC एग्जाम स्कैनर

SSC CGL 2024 (Tier I & II)

1. यदि किसी शंकु का आधार-व्यास 56 सेमी है और इसका वक्र पृष्ठीय क्षेत्रफल 3080 सेमी^{2} है, तो इसका आयतन (सेमी^{3} में) कितना होगा? ($\pi = 22/7$ का उपयोग कीजिए)

SSC CGL (Tier-II) 20/01/2025 Shift-I

(a) 12250 (b) 15391
(c) 17248 (d) 14670

2. एक लम्बवृत्तीय शंकु की ऊँचाई 63 सेमी है और इसके वक्रपृष्ठ का क्षेत्रफल, इसके आधार के क्षेत्रफल का पाँच गुना है। शंकु का आयतन (सेमी^{3} में) कितना होगा? ($\pi = 22/7$) का उपयोग कीजिए)

SSC CGL (Tier-II) 18/01/2025 Shift-I

(a) 12589.10 (b) 10914.75
(c) 11234.65 (d) 13540.25

3. 12 सेमी व्यास और 5 सेमी ऊँचाई वाले एक लम्बवृत्तीय शंकु का आयतन (सेमी^{3} में, 2 दशमलव स्थान तक पूर्णांकित) ज्ञात कीजिए। [$\pi = \frac{22}{7}$ का प्रयोग करें]

SSC CGL (Tier-II) 18/01/2025 Shift-I

(a) 197.25 (b) 156.39
(c) 188.57 (d) 147.23

4. एक खिलौना शंक्वाकार है, जो एक अर्द्धगोले पर लगा (mounted) हुआ है। अर्द्धगोले और शंकु की त्रिज्या 36 सेमी है तथा शंकु की ऊँचाई 105 सेमी है। खिलौने का सम्पूर्ण पृष्ठीय क्षेत्रफल (सेमी^{2} में) ज्ञात कीजिए।

SSC CGL (Tier-II) 18/01/2025 Shift-I

(a) 5799π (b) 6588π
(c) 6025π (d) 5240π

5. आधार त्रिज्या 0.5 सेमी और ऊँचाई 18 सेमी वाले शंकु का आयतन ज्ञात कीजिए।

SSC CGL (Tier-I) 26/09/2024 Shift-III

(a) 201 सेमी^{3} (b) 241 सेमी^{3}
(c) 231 सेमी^{3} (d) 221 सेमी^{3}

6. यदि एक लम्बवृत्तीय बेलन की त्रिज्या और ऊँचाई क्रमश: 21 सेमी और 5 सेमी है, तो बेलन का सम्पूर्ण पृष्ठीय क्षेत्रफल क्या है $\left(\pi = \frac{22}{7}\right.$ का उपयोग कीजिए$\left.\right)$?

SSC CGL (Tier-I) 26/09/2024 Shift-II

(a) 4312 सेमी^{2} (b) 3816 सेमी^{2}
(c) 3432 सेमी^{2} (d) 5212 सेमी^{2}

7. उस शंकु का कुल पृष्ठीय क्षेत्रफल क्या होगा, जिसका वक्र पृष्ठीय क्षेत्रफल 550 सेमी^{2} और त्रिज्या 7 सेमी है? $\left(\pi = \frac{22}{7}\right.$ लें$\left.\right)$

SSC CGL (Tier-I) 26/09/2024 Shift-I

(a) 764.71 सेमी^{2}
(b) 682.60 सेमी^{2}
(c) 704.00 सेमी^{2}
(d) 714.05 सेमी^{2}

8. 14 सेमी त्रिज्या का एक कुआँ 23 सेमी गहरा खोदा जाता है। इसमें से निकाली गई मिट्टी का आयतन ज्ञात कीजिए।

SSC CGL (Tier-I) 25/09/2024 Shift-III

(a) 14178 सेमी^{3} (b) 15168 सेमी^{3}
(c) 14168 सेमी^{3} (d) 14108 सेमी^{3}

9. 14 सेमी त्रिज्या का एक बेलनाकार टैंक जल से भरा है। यदि 616 लीटर जल निकाला जाता है, तो टैंक में जल का स्तर .... मी कम हो जाता है। ($\pi = \frac{22}{7}$ लें)

SSC CGL (Tier-I) 25/09/2024 Shift-II

(a) 10 (b) 1000 (c) 1 (d) 100

10. किसी बेलनाकार बर्तन के आधार की परिधि 154 सेमी है और इसकी ऊँचाई 49 मिमी है। इसमें कितने लीटर पानी आ सकता है? (दशमलव के तीन स्थानों तक शुद्ध, $\pi = \frac{22}{7}$ का उपयोग कीजिए)

SSC CGL (Tier-I) 25/09/2024 Shift-I

(a) 9.244 (b) 4.329
(c) 2.439 (d) 3.924

11. एक ठोस घनाभ की लम्बाई, चौड़ाई और ऊँचाई का अनुपात 3 : 2 : 1 दिया गया है और इस घनाभ की चौड़ाई 12 सेमी दी गई है। घनाभ का आयतन (सेमी^{3} में) ज्ञात कीजिए।

SSC CGL (Tier-I) 24/09/2024 Shift-III

(a) 1296 (b) 1500
(c) 1250 (d) 1200

12. यदि एक घन का आयतन 13824 सेमी^{3} है, तो घन की प्रत्येक भुजा की लम्बाई (सेमी में) क्या है?

SSC CGL (Tier-I) 24/09/2024 Shift-II

(a) 22 (b) 34
(c) 24 (d) 20.4

13. 30 सेमी त्रिज्या वाले एक लम्बवृत्तीय बेलनाकार बॉक्स का आयतन 600 सेमी^{3} है। बॉक्स की ऊँचाई ज्ञात करें।

SSC CGL (Tier-I) 24/09/2024 Shift-I

(a) 0.31 सेमी (b) 0.21 सेमी
(c) 0.61 सेमी (d) 0.51 सेमी

14. एक कमरे की लम्बाई, चौड़ाई और ऊँचाई क्रमश: 15 मी, 9 मी और 5 मी है। पेन्ट के एक डिब्बे से 40 वर्ग मी क्षेत्रफल को पेन्ट किया जा सकता है। केवल कमरे की दीवारों को पेन्ट करने के लिए पेन्ट के कितने डिब्बों की आवश्यकता होगी?

SSC CGL (Tier-I) 23/09/2024 Shift-II

(a) 6 (b) 12
(c) 4 (d) 8

15. 70 सेमी कोर वाले एक घनीय बर्तन में फिट की जा सकने वाली सबसे लंबी छड़ी की लंबाई ज्ञात करें। **SSC CGL (Tier-I) 23/09/2024 Shift-I**

(a) $70\sqrt{3}$ सेमी (b) $70\sqrt{2}$ सेमी
(c) $35\sqrt{3}$ सेमी (d) $10\sqrt{3}$ सेमी

16. एक बन्द घन का सम्पूर्ण पृष्ठीय क्षेत्रफल 1152 सेमी^{2} दिया गया है। घन की प्रत्येक भुजा की लम्बाई (सेमी में) क्या है?

SSC CGL (Tier-I) 19/09/2024 Shift-III

(a) $4\sqrt{13}$ (b) $9\sqrt{2}$ (c) $8\sqrt{2}$ (d) $8\sqrt{3}$

17. एक वृत्ताकार बेलन की आधार त्रिज्या 10.5 सेमी है। यदि इसके वक्र पृष्ठ का क्षेत्रफल 792 सेमी^{2} है, तो बेलन का आयतन क्या है?

SSC CGL (Tier-I) 19/09/2024 Shift-II

(a) 4185 सेमी^{3} (b) 4158 सेमी^{3}
(c) 4152 सेमी^{3} (d) 4518 सेमी^{3}

18. ऐसे शंकु का आयतन (घन इकाई में) क्या होगा, जिसकी त्रिज्या 3 इकाई और तिर्यक ऊँचाई $3\sqrt{2}$ इकाई है?

SSC CGL (Tier-I) 18/09/2024 Shift-III

(a) $\frac{10\pi}{3}$ (b) 9π (c) 18π (d) $\frac{9\pi}{2}$

19. एक लम्ब वृत्तीय शंकु के आधार की त्रिज्या 9 सेमी है और इसकी तिर्यक ऊँचाई 49 सेमी है। शंकु का वक्र पृष्ठीय क्षेत्रफल ज्ञात करें।

SSC CGL (Tier-I) 18/09/2024 Shift-II

(a) 1262 सेमी^{2} (b) 1265 सेमी^{2}
(c) 1386 सेमी^{2} (d) 1490 सेमी^{2}

20. यदि आयतन 512 सेमी^{3} के तीन घनों को एक सिरे से दूसरे सिरे तक जोड़ा जाए, तो परिणामी घनाभ का पृष्ठीय क्षेत्रफल ज्ञात कीजिए।

SSC CGL (Tier-I) 18/09/2024 Shift-I

(a) 896 सेमी^{2} (b) 895 सेमी^{2}
(c) 869 सेमी^{2} (d) 986 सेमी^{2}

21. 1.2 सेमी × 1.3 सेमी × 1.5 सेमी आयामों के एक घनाभाकार बॉक्स के सबसे लम्बे विकर्ण की लम्बाई (सेमी में) बताइए। (दो दशमलव स्थानों तक सही)

SSC CGL (Tier-I) 17/09/2024 Shift-III

(a) 2.23 सेमी (b) 2.35 सेमी
(c) 2.32 सेमी (d) 2.22 सेमी

22. यदि एक बेलन की ऊँचाई और व्यास क्रमश: 12 सेमी और 28 सेमी है, तो कुल पृष्ठीय क्षेत्रफल और वक्र पृष्ठीय क्षेत्रफल का अनुपात ज्ञात कीजिए।

SSC CGL (Tier-I) 17/09/2024 Shift-II

(a) 11 : 6 (b) 13 : 6 (c) 10 : 3 (d) 13 : 5

23. एक बेलनाकार बर्तन के आधार की परिधि 44 सेमी है और इसकी ऊँचाई 25 सेमी है। इसमें कितने लीटर जल आ सकता है? $\left(\pi = \frac{22}{7}\right)$ **SSC CGL (Tier-I) 17/09/2024 Shift-I**

(a) 38.5 (b) 83.5 (c) 3.85 (d) 3.58

24. यदि एक बेलन का वक्रपृष्ठीय क्षेत्रफल 880 सेमी^{2} है, तो उसकी ऊँचाई और त्रिज्या का गुणनफल क्या होगा?

SSC CGL (Tier-I) 13/09/2024 Shift-III

(a) 90 सेमी^{2} (b) 140 सेमी^{2}
(c) 220 सेमी^{2} (d) 120 सेमी^{2}

25. व्यास के बराबर ऊँचाई और 4 इकाई त्रिज्या वाले बेलन का घन इकाई में आयतन क्या है?
SSC CGL (Tier-I) 13/09/2024 Shift-II
(a) 128π (b) 32π (c) $\frac{32\pi}{3}$ (d) $\frac{64\pi}{3}$

26. 70 मी त्रिज्या और 46200 मी^{3} आयतन वाली शंक्वाकार पानी की टंकी की ऊँचाई (मी में) कितनी है? ($\pi = \frac{22}{7}$ लीजिए।)
SSC CGL (Tier-I) 13/09/2024 Shift-I
(a) 27 (b) 54
(c) 18 (d) 9

27. 8 मी ऊँचाई वाले एक शंक्वाकार तम्बू के आधार की परिधि 32π मी है। इसका वक्रपृष्ठीय क्षेत्रफल ज्ञात कीजिए।
SSC CGL (Tier-I) 12/09/2024 Shift-III
(a) $164\sqrt{5}\,\pi$ मी^{2} (b) $128\sqrt{5}\,\pi$ मी^{2}
(c) $162\sqrt{3}\,\pi$ मी^{2} (d) $132\sqrt{3}\,\pi$ मी^{2}

28. दो बेलनों के आधारों की त्रिज्याएँ 4 : 5 के अनुपात में हैं और उनकी ऊँचाइयाँ 5 : 7 के अनुपात में हैं। उनके वक्रपृष्ठीय क्षेत्रफलों का अनुपात ज्ञात कीजिए।
SSC CGL (Tier-I) 12/09/2024 Shift-II
(a) 4 : 7 (b) 1 : 2
(c) 4 : 5 (d) 5 : 4

29. एक बेलन की ऊँचाई 20 सेमी है। पार्श्व पृष्ठ का क्षेत्रफल 1760 सेमी^{2} है। इसका आयतन क्या है?
SSC CGL (Tier-I) 12/09/2024 Shift-I
(a) 12320 सेमी^{3} (b) 12032 सेमी^{3}
(c) 12203 सेमी^{3} (d) 12302 सेमी^{3}

30. कागज का एक आयताकार टुकड़ा 50 सेमी लम्बा और 22 सेमी चौड़ा है। यदि कागज को उसकी चौड़ाई के साथ लपेटकर एक बेलन बनाया जाता है, तो बेलन का आयतन कितना होगा ? **SSC CGL (Tier-I) 10/09/2024 Shift-III**
(a) 1825 सेमी^{3} (b) 1925 सेमी^{3}
(c) 2125 सेमी^{3} (d) 2025 सेमी^{3}

31. 50 सेमी, 150 सेमी, 175 सेमी विमाओं वाले एक घनाभ को एक जैसे कितने विशालतम घनों में विभाजित किया जा सकता है?
SSC CGL (Tier-I) 11/09/2024 Shift-III
(a) 75 (b) 84 (c) 90 (d) 85

32. 3 सेमी, 4 सेमी और 5 सेमी भुजाओं वाले एक समकोण त्रिभुज को एक शंकु बनाने के लिए 3 सेमी वाली भुजा के परित: घुमाया जाता है। इस प्रकार बने शंकु का आयतन क्या होगा?
SSC CGL (Tier-I) 10/09/2024 Shift-II
(a) $20\,\pi$ सेमी^{3} (b) $28\,\pi$ सेमी^{3}
(c) $16\,\pi$ सेमी^{3} (d) $25\,\pi$ सेमी^{3}

33. यदि 24 सेमी ऊँचाई वाले एक लम्बवृत्तीय शंकु का आयतन 1232 सेमी^{3} है, तो शंकु का सम्पूर्ण पृष्ठीय क्षेत्रफल क्या है
($\pi = \frac{22}{7}$ का उपयोग कीजिए)?
SSC CGL (Tier-I) 10/09/2024 Shift-I
(a) 904 सेमी^{2} (b) 608 सेमी^{2}
(c) 704 सेमी^{2} (d) 806 सेमी^{2}

34. यदि एक घनाभ की लम्बाई, चौड़ाई और ऊँचाई क्रमश: 8 सेमी, 4 सेमी और 6 सेमी है, तो घनाभ का आयतन (सेमी^{3} में) ज्ञात कीजिए।
SSC CGL (Tier-I) 9/09/2024 Shift-III
(a) 172 (b) 218 (c) 96 (d) 192

35. यदि एक बेलन की त्रिज्या 8 सेमी और ऊँचाई 14 सेमी है, तो उस बेलन का आयतन (सेमी^{3} में) क्या होगा? ($\pi = \frac{22}{7}$ लीजिए)
SSC CGL (Tier-I) 9/09/2024 Shift-II
(a) 2784 (b) 2686 (c) 2456 (d) 2816

36. दो शंकुओं की त्रिज्याओं का अनुपात 2:5 और उनके आयतन का अनुपात 3 : 5 है। इनकी ऊँचाइयों का अनुपात क्या है?
SSC CGL (Tier-I) 9/09/2024 Shift-I
(a) 11:15 (b) 13:11 (c) 4:11 (d) 15:4

SSC CGL 2023 (Tier I & II)

37. एक संवृत घनाभ की लम्बाई, चौड़ाई और ऊँचाई का अनुपात 6 : 3 : 2 दिया गया है। इस घनाभ का सम्पूर्ण पृष्ठीय क्षेत्रफल 1800 सेमी^{2} दिया गया है। इस घनाभ का आयतन (सेमी^{3} में) ज्ञात कीजिए।
SSC CGL (Tier II) 26/10/2023 Shift-I
(a) 4650 (b) 4800 (c) 4500 (d) 4200

38. एक ठोस घन, जिसके प्रत्येक कोर की लम्बाई 48 सेमी है, को पिघलाया जाता है। इस पिघले हुए घन से बिना किसी अपव्यय के एक समान ठोस घन, जिनमें से प्रत्येक का आयतन 64 सेमी^{3} है, बनाए जाते हैं। ऐसे कितने छोटे घन प्राप्त होंगे? **SSC CGL (Tier II) 26/10/2023 Shift-I**
(a) 1728 (b) 1718 (c) 1748 (d) 1738

39. एक प्रिज्म और एक पिरामिड का समान आधार और समान ऊँचाई है। प्रिज्म और पिरामिड के आयतनों का अनुपात ज्ञात कीजिए।
SSC CGL (Tier II) 07/03/2023 Shift-I
(a) 3 : 1 (b) 1 : 3 (c) 2 : 3 (d) 3 : 2

40. बेलन का आयतन क्या होगा यदि बेलन की त्रिज्या 10 सेमी और ऊँचाई 20 सेमी हो? ($\pi = 3.14$ लें)
SSC CGL (Tier II) 07/03/2023 Shift-I
(a) 6260 सेमी^{3} (b) 6280 सेमी^{3}
(c) 5306 सेमी^{3} (d) 5280 सेमी^{3}

41. एक पिरामिड का आधार एक समबाहु त्रिभुज है, जिसकी प्रत्येक भुजा की लम्बाई 8 सेमी है। इसका तिर्यक कोर 24 सेमी है। पिरामिड का सम्पूर्ण पृष्ठीय क्षेत्रफल (सेमी^{2} में) कितना है?
SSC CGL (Tier II) 06/03/2023 Shift-I
(a) $(12\sqrt{3} + 24\sqrt{35})$ (b) $(16\sqrt{3} + 24\sqrt{35})$
(c) $(24\sqrt{3} + 36\sqrt{35})$ (d) $(16\sqrt{3} + 48\sqrt{35})$

42. यदि एक बेलन का वक्रपृष्ठीय क्षेत्रफल 126π सेमी^{2} है और इसकी ऊँचाई 14 सेमी है, तो बेलन का आयतन क्या होगा?
SSC CGL (Tier II) 06/03/2023 Shift-I
(a) $125\frac{1}{2}\pi$ सेमी^{3} (b) $128\frac{1}{2}\pi$ सेमी^{3}
(c) $283\frac{1}{2}\pi$ सेमी^{3} (d) $137\frac{1}{2}\pi$ सेमी^{3}

43. एक पिरामिड का सम्पूर्ण पृष्ठीय क्षेत्रफल क्या है जिसका आधार 8 सेमी भुजा वाला एक वर्ग है और पिरामिड की ऊँचाई 3 सेमी है?
SSC CGL (Tier II) 03/03/2023 Shift-I
(a) 169 सेमी^{2} (b) 121 सेमी^{2}
(c) 184 सेमी^{2} (d) 144 सेमी^{2}

44. एक कमरे की चौड़ाई 'b' उसकी ऊँचाई की दोगुनी और उसकी लम्बाई की आधी है। कमरे के सबसे लम्बे विकर्ण की लम्बाई ज्ञात कीजिए।
SSC CGL (Tier II) 03/03/2023 Shift-I
(a) $\frac{\sqrt{19}b}{2}$ (b) $\frac{b}{2}$
(c) $\frac{\sqrt{21}b}{2}$ (d) $\frac{\sqrt{20}b}{2}$

45. 18 सेमी की आन्तरिक त्रिज्या का एक अर्द्धगोलीय कटोरा द्रव से भरा हुआ है। इस द्रव को 3 सेमी त्रिज्या और 6 सेमी ऊँचाई वाली बेलनाकार बोतलों में भरा जाना है। प्याला खाली करने के लिए कितनी बोतलों की आवश्यकता होगी? **SSC CGL (Tier II) 03/03/2023 Shift-I**
(a) 68 (b) 72 (c) 66 (d) 70

46. लकड़ी के 21 सेमी की भुजा वाले घन से काटे जा सकने वाले सबसे बड़े गोले का आयतन कितना है? $\left(\pi = \frac{22}{7}\right)$
SSC CGL (Tier II) 02/03/2023 Shift-I
(a) 6858 सेमी^{3} (b) 5821 सेमी^{3}
(c) 4851 सेमी^{3} (d) 3851 सेमी^{3}

47. यदि किसी गोले की त्रिज्या 48% कम कर दी जाए, तो उसका पृष्ठीय क्षेत्रफल कितने प्रतिशत कम हो जाएगा?
SSC CGL (Tier II) 02/03/2023 Shift-I
(a) 82.91% (b) 86.26%
(c) 72.96% (d) 78.98%

48. 56 सेमी ऊँचाई वाले एक लम्बवृत्तीय बेलन का वक्रपृष्ठीय क्षेत्रफल 1408 सेमी^{2} है। बेलन के आधार का व्यास ज्ञात करें।
SSC CGL (Tier I) 27/07/2023 Shift III
(a) 8 मी (b) 0.008 मी
(c) 0.08 मी (d) 0.04 मी

49. एक अर्द्धगोलाकार कटोरे की त्रिज्या 7 सेमी है। इसे अन्दर और बाहर दोनों ओर से रंगना है। ₹ 40 प्रति 20 सेमी^{2} की दर से इसे रंगने की लागत ज्ञात कीजिए। (कटोरे की मोटाई नगण्य मानें)। **SSC CGL (Tier I) 27/07/2023 Shift I**
(a) ₹ 1432 (b) ₹ 1232
(c) ₹ 1550 (d) ₹ 1125

50. यदि एक घन का आयतन 4096 सेमी^{3} है, तो घन की भुजा की लम्बाई क्या होगी?
SSC CGL (Tier I) 26/07/2023 Shift IV
(a) 12 सेमी (b) 16 सेमी
(c) 14 सेमी (d) 18 सेमी

51. यदि एक घनाकार डिब्बे की भुजा 12 सेमी है, तो इसका सम्पूर्ण पृष्ठीय क्षेत्रफल ज्ञात कीजिए।
SSC CGL (Tier I) 26/07/2023 Shift III
(a) 664 सेमी^{2} (b) 864 सेमी^{2}
(c) 700 सेमी^{2} (d) 952 सेमी^{2}

52. एक पेट्रोल टैंक की लम्बाई 50 मी चौड़ाई 25 मी और गहराई 10 मी है। पूरी तरह से भरे जाने पर पेट्रोल के टैंक में कितना लीटर पेट्रोल आ सकता है?
SSC CGL (Tier I) 26/07/2023 Shift II
(a) 1250000 (b) 125000
(c) 12500 (d) 12500000

53. एक गोलाकार मूर्ति का पृष्ठीय क्षेत्रफल (सेमी^{2} में) कितना होगा जिसकी त्रिज्या 35 सेमी है? ($\pi = \frac{22}{7}$ लें।)
SSC CGL (Tier I) 26/07/2023 Shift II
(a) 14500 (b) 15400 (c) 15700 (d) 16540

54. यदि एक शंकु की तिर्यक ऊँचाई 60 सेमी है और इसके आधार की त्रिज्या 21 सेमी है, तो इसका वक्रपृष्ठीय क्षेत्रफल ज्ञात कीजिए। ($\pi = \frac{22}{7}$ का प्रयोग कीजिए।)
SSC CGL (Tier I) 26/07/2023 Shift I
(a) 4020 सेमी^{2} (b) 3960 सेमी^{2}
(c) 3820 सेमी^{2} (d) 3880 सेमी^{2}

55. 12 सेमी ऊँचाई वाले एक ठोस वृत्तीय बेलन का वक्रपृष्ठीय क्षेत्रफल 2640 सेमी^{2} है। बेलन का आयतन (सेमी^{3} में) ज्ञात करें। ($\pi = 22/7$ लें)
SSC CGL (Tier I) 25/07/2023 Shift III
(a) 42000 (b) 37900 (c) 55200 (d) 46200

56. एक हॉल की लम्बाई, चौड़ाई और ऊँचाई क्रमश: 10 मी, 20 मी और 15 मी है। हॉल के अन्दर की दीवारों और भीतरी छत को ₹ 10.20/मी^{2} की दर से सफेदी करने का खर्च ज्ञात कीजिए।
SSC CGL (Tier I) 25/07/2023 Shift II
(a) ₹ 16542 (b) ₹ 11220
(c) ₹ 13394 (d) ₹ 15320

57. धातु के एक घन की प्रत्येक भुजा की लम्बाई 12 सेमी है। इसे पिघलाकर तीन छोटे घन बनाए जाते हैं। इन घनों में से दो की भुजाएँ क्रमश: 6 सेमी और 8 सेमी हैं। तीसरे घन की प्रत्येक भुजा की लम्बाई क्या होगी?
SSC CGL (Tier I) 25/07/2023 Shift I
(a) 5 सेमी (b) 10 सेमी (c) 7 सेमी (d) 9 सेमी

58. 2 इकाई आन्तरिक त्रिज्या और 3 इकाई बाहरी त्रिज्या वाली एक गेंद बनाई जानी है। गेंद को बनाने के लिए कितनी सामग्री की आवश्यकता होगी? SSC CGL (Tier I) 24/07/2023 Shift IV
(a) π (b) $\frac{19}{3}\pi$ (c) 19π (d) $\frac{76}{3}\pi$

59. एक कमरे की लम्बाई, चौड़ाई और ऊँचाई क्रमश: 10 मी, 8 मी और 6 मी है। ₹ 7.50 प्रति वर्ग-मीटर की दर से कमरे की दीवारों और छत पर सफेदी करने की लागत ज्ञात करें।
SSC CGL (Tier I) 24/07/2023 Shift II
(a) ₹ 1850 (b) ₹ 2220
(c) ₹ 2150 (d) ₹ 2000

60. एक मीटर लम्बा पाइप बनाया गया है जिसका आन्तरिक व्यास बाहरी त्रिज्या के बराबर है। पाइप को बनाने के लिए कितनी सामग्री (घन इकाई में) की आवश्यकता होगी, यदि यह $\frac{88}{7}$ घन मी^{3} पानी धारित करता है?
SSC CGL (Tier I) 24/07/2023 Shift I
(a) 36.6 (b) 33.3 (c) 35.5 (d) 37.7

61. यदि एक अर्द्धगोलाकार कटोरे की आन्तरिक त्रिज्या 5 सेमी है और इसकी मोटाई 0.25 सेमी है, तो कटोरा बनाने के लिए आवश्यक सामग्री का आयतन ज्ञात कीजिए। ($\pi = \frac{22}{7}$ का प्रयोग कीजिए) (दशमलव के ठीक दो स्थानों तक पूर्णांकित)।
SSC CGL (Tier I) 21/07/2023 Shift IV
(a) 34 सेमी^{3} (b) 41.28 सेमी^{3}
(c) 45.34 सेमी^{3} (d) 44 सेमी^{3}

62. यदि एक ईंट का आयतन 0.0014 मी^{3} है, तो 14 मी लम्बाई, 0.125 मी चौड़ाई और 5 मी ऊँचाई की दीवार बनाने के लिए कितनी ईंटों की आवश्यकता होगी?
SSC CGL (Tier I) 21/07/2023 Shift III
(a) 5250 (b) 3250 (c) 6250 (d) 4250

63. क्रमश: 1 सेमी, 6 सेमी और 8 सेमी त्रिज्या वाले तीन ठोस धातु के गोलों को पिघलाकर एक ठोस गोले में ढाला जाता है। इस प्रकार बने गोले की त्रिज्या कितनी होगी? SSC CGL (Tier I) 21/07/2023 Shift III
(a) 7.7 सेमी (b) 8.5 सेमी
(c) 5.9 सेमी (d) 9.0 सेमी

64. एक घनाभ का आयतन घन के आयतन का दोगुना है। यदि घनाभ की विमाएँ (8 मी × 8 मी × 16 मी) हैं, तो घन का सम्पूर्ण पृष्ठीय क्षेत्रफल ज्ञात करें। SSC CGL (Tier I) 21/07/2023 Shift I
(a) 288 मी^{2} (b) 316 मी^{2}
(c) 384 मी^{2} (d) 324 मी^{2}

65. एक घनाभ की लम्बाई, चौड़ाई और ऊँचाई का अनुपात 1 : 2 : 3 है। घनाभ की लम्बाई, चौड़ाई और ऊँचाई में क्रमश: 200%, 300% और 300% की वृद्धि हो जाती है। मूल आयतन की तुलना में घनाभ के आयतन में वृद्धि ज्ञात करें।
SSC CGL (Tier I) 20/07/2023 Shift IV
(a) 15 गुनी (b) 47 गुनी
(c) 26 गुनी (d) 17 गुनी

66. एक शंकु की तिर्यक ऊँचाई 10 सेमी और त्रिज्या 6 सेमी है। शंकु का सम्पूर्ण पृष्ठीय क्षेत्रफल कितना है? ($\pi = 3.14$ लीजिए)
SSC CGL (Tier I) 20/07/2023 Shift III
(a) 301.44 सेमी^{2} (b) 305.4 सेमी^{2}
(c) 292.4 सेमी^{2} (d) 312.2 सेमी^{2}

67. एक ठोस शंकु, जिसका वक्र पृष्ठीय क्षेत्रफल उसके आधार क्षेत्रफल से दोगुना है, की तिर्यक ऊँचाई $6\sqrt{3}$ सेमी है। इसकी ऊँचाई ज्ञात करे।
SSC CGL (Tier I) 20/07/2023 Shift II
(a) 9 सेमी (b) 6 सेमी
(c) $3\sqrt{6}$ सेमी (d) $6\sqrt{2}$ सेमी

68. 5 सेमी, 7 सेमी और 11 सेमी विमाओं वाले एक घनाभ का कुल पृष्ठीय क्षेत्रफल (सेमी^{2} में) ज्ञात करें। SSC CGL (Tier I) 20/07/2023 Shift II
(a) 385 (b) 334 (c) 343 (d) 167

69. 3 : 4 : 5 के अनुपात में भुजाओं वाले तीन घनों को पिघलाकर एक ऐसा घन बनाया जाता है, जिसका विकर्ण $18\sqrt{3}$ सेमी है। तीनों घनों की भुजाएँ .... हैं।
SSC CGL (Tier I) 20/07/2023 Shift I
(a) 9 सेमी, 12 सेमी और 15 सेमी
(b) 21 सेमी, 28 सेमी और 35 सेमी
(c) 12 सेमी, 16 सेमी और 20 सेमी
(d) 18 सेमी, 24 सेमी और 30 सेमी

70. यदि एक घन का पृष्ठीय क्षेत्रफल 5046 सेमी^{2} है, तो घन का आयतन कितना होगा? SSC CGL (Tier I) 19/07/2023 Shift IV
(a) 26189 सेमी^{3} (b) 24389 सेमी^{3}
(c) 22812 सेमी^{3} (d) 25145 सेमी^{3}

71. एक गेंद का 9π वर्ग इकाई का पृष्ठीय क्षेत्रफल प्राप्त करने के लिए, गेंद का व्यास (इकाई में) कितना होना चाहिए?
SSC CGL (Tier I) 19/07/2023 Shift III
(a) 3 (b) 2.5 (c) 3.5 (d) 2

72. एक बेलन का पार्श्व पृष्ठीय क्षेत्रफल 3168 सेमी^{2} है और इसकी ऊँचाई 48 सेमी है। आयतन ज्ञात कीजिए।
SSC CGL (Tier I) 19/07/2023 Shift II
(a) 5644 सेमी^{3} (b) 5544 सेमी^{3}
(c) 16632 सेमी^{3} (d) 5244 सेमी^{3}

73. एक शंक्वाकार तम्बू की त्रिज्या 7 मी और ऊर्ध्वाधर ऊँचाई 24 मी है। इसमें चावल के कितने बोरे खाली किए जा सकते हैं, यदि प्रत्येक बोरे में चावल द्वारा घेरा गया स्थान 2 मी^{3} है? SSC CGL (Tier I) 19/07/2023 Shift I
(a) 566 (b) 716 (c) 650 (d) 616

74. समान त्रिज्या वाले एक शंकु और एक बेलन के आयतन समान हैं। उनकी ऊँचाई का अनुपात ज्ञात करें। SSC CGL (Tier I) 18/07/2023 Shift IV
(a) 2 : 3 (b) 3 : 4 (c) 1 : 2 (d) 3 : 1

75. एक कैनवास से 6 इकाई त्रिज्या और 8 इकाई ऊँचाई वाला एक शंक्वाकार तम्बू बनाया जाना है। तम्बू बनाने के लिए कितने कैनवास की आवश्यकता होगी? (दो दशमलव स्थान तक पूर्णांकित) SSC CGL (Tier I) 18/07/2023 Shift III
(a) 177.55 वर्ग इकाई (b) 166.57 वर्ग इकाई
(c) 188.57 वर्ग इकाई (d) 155.87 वर्ग इकाई

76. एक कम्पनी द्वारा एक पार्क में 10 मी ऊँचाई और 48 मी के आधार व्यास का एक शंक्वाकार तम्बू लगाया गया था। तम्बू का वक्र पृष्ठीय क्षेत्रफल (मीटर^2 में) ज्ञात कीजिए।
SSC CGL (Tier I) 18/07/2023 Shift I
(a) 1248π (b) 624π (c) 1152π (d) 576π

77. 3 सेमी व्यास की सीसे की एक गोलाकार गेंद को पिघलाया जाता है और तीन गोलाकार गेंदों में बदल दिया जाता है। इनमें से दो गेंदों का व्यास क्रमश: $\frac{3}{2}$ सेमी और 2 सेमी है। तीसरी गेंद का व्यास ज्ञात कीजिए।
SSC CGL (Tier I) 17/07/2023 Shift IV
(a) 3 सेमी (b) 3.3 सेमी
(c) 2.1 सेमी (d) 2.5 सेमी

78. यदि किसी घन के एक पृष्ठ का परिमाप 40 सेमी है, तो उस घन का आयतन ज्ञात करें।
SSC CGL (Tier I) 17/07/2023 Shift III
(a) 800 सेमी^{3} (b) 820 सेमी^{3}
(c) 1000 सेमी^{3} (d) 600 सेमी^{3}

79. 6 सेमी आधार त्रिज्या और 8 सेमी ऊँचाई वाले शंकु का सम्पूर्ण पृष्ठीय क्षेत्रफल क्या होगा?
SSC CGL (Tier I) 14/07/2023 Shift II
(a) 301.71 सेमी^{2} (b) 350.51 सेमी^{2}
(c) 364.61 सेमी^{2} (d) 354.50 सेमी^{2}

80. त्रिज्या के बराबर ऊँचाई और 5 सेमी तिर्यक ऊँचाई वाले शंकु का आयतन ज्ञात करें।
SSC CGL (Tier I) 17/07/2023 Shift I
(a) $\frac{125\pi}{6\sqrt{2}}$ सेमी^{3} (b) $\frac{125\pi}{12\sqrt{2}}$ सेमी^{3}
(c) $\frac{125\pi}{12\sqrt{3}}$ सेमी^{3} (d) $\frac{125\pi}{6\sqrt{3}}$ सेमी^{3}

81. रानू 12 सेमी व्यास और 21 सेमी ऊँचाई की बेलनाकार बोतल में स्कूल में पानी ले जाती है। उस पानी की मात्रा निर्धारित कीजिए जो वह बोतल में ले जा सकती है $\left(\pi = \frac{22}{7}\text{ का इस्तेमाल करें}\right)$
SSC CGL (Tier I) 14/07/2023 Shift IV
(a) 2372 सेमी^{3} (b) 2370 सेमी^{3}
(c) 2374 सेमी^{3} (d) 2376 सेमी^{3}

82. एक शंकु का आयतन 73920 सेमी^{3} है। यदि शंकु की ऊँचाई 160 सेमी है, तो इसके आधार का व्यास ज्ञात करें। **SSC CGL (Tier I) 14/07/2023 Shift III**
(a) 40 सेमी (b) 21 सेमी
(c) 22 सेमी (d) 42 सेमी

83. यदि एक घन का सम्पूर्ण पृष्ठीय क्षेत्रफल 24 वर्ग इकाई है, तो घन का आयतन क्या होगा?
SSC CGL (Tier I) 14/07/2023 Shift II
(a) 4 घन इकाई (b) 10 घन इकाई
(c) 8 घन इकाई (d) 16 घन इकाई

SSC CGL 2022 (Tier I)

84. यदि एक ठोस अर्धगोले का व्यास 12.6 सेमी है, तो इसका आयतन है ($\pi = \frac{22}{7}$ लीजिए)
SSC CGL (Tier I) 13/12/2022 Shift III
(a) 1259 सेमी^{3} (b) 523.908 सेमी^{3}
(c) 1235.621 सेमी^{3} (d) 987 सेमी^{3}

85. यदि एक लम्बवृत्तीय बेलन के वक्रपृष्ठीय क्षेत्रफल के दोगुने का संख्यात्मक मान, उसके आयतन के संख्यात्मक मान के बराबर है, तो बेलन के आधार की त्रिज्या का संख्यात्मक मान ज्ञात कीजिए। **SSC CGL (Tier I) 13/12/2022 Shift I**
(a) 2 (b) 3 (c) 4 (d) 5

86. एक ऐसा शंक्वाकार पात्र, जिसकी आंतरिक त्रिज्या 20 सेमी है और ऊँचाई 27 सेमी है, पानी से भरा है। यदि पानी को 15 सेमी त्रिज्या वाले एक बेलनाकार पात्र में उड़ेला जाए, तो उस पात्र में पानी किस ऊँचाई तक पहुँचेगा?
SSC CGL (Tier I) 12/12/2022 Shift IV
(a) 10 सेमी (b) 14 सेमी
(c) 12 सेमी (d) 16 सेमी

87. एक 12 सेमी त्रिज्या वाले ठोस धात्विक गोले को पिघलाकर एक शंकु का आकार दिया जाता है जिसके आधार का व्यास 12 सेमी है। शंकु की ऊँचाई क्या है?
SSC CGL (Tier I) 12/12/2022 Shift IV
(a) 258 सेमी (b) 224 सेमी
(c) 166 सेमी (d) 192 सेमी

88. 7 सेमी ऊँचाई वाले एक शंकु के छिन्नक के सिरों की त्रिज्याएँ 5 सेमी और 3 सेमी हैं। इसका आयतन ज्ञात कीजिए, जो दशमलव के एक स्थान तक सही हो। ($\pi = \frac{22}{7}$ का प्रयोग कीजिए) **SSC CGL (Tier I) 12/12/2022 Shift II**
(a) 379.3 सेमी^{3} (b) 359.3 सेमी^{3}
(c) 345.6 सेमी^{3} (d) 369.3 सेमी^{3}

89. एक लम्बवृत्ताकार बेलन की त्रिज्या उसकी ऊँचाई की चार गुना है। यदि बेलन की ऊँचाई 14 सेमी है, तो बेलन का आयतन क्या है?
SSC CGL (Tier I) 12/12/2022 Shift II
(a) 14262 सेमी^{3}
(b) 137984 सेमी^{3}
(c) 15468 सेमी^{3}
(d) 11296 सेमी^{3}

90. 14 मी के आधार-व्यास और 9 मी की तिर्यक ऊँचाई वाले किसी शंक्वाकार टेण्ट को बनाने के लिए 2 मी की चौड़ाई वाले कितने मीटर कपड़े की आवश्यकता होगी, यदि अपव्यय को नगण्य मान लिया जाए?
SSC CGL (Tier I) 12/12/2022 Shift I
(a) 77 मी (b) 88 मी
(c) 99 मी (d) 66 मी

91. प्रत्येक 6 सेमी व्यास वाले ऐसे ठोस गोलों की संख्या कितनी है जिन्हें पिघलाकर 90 सेमी ऊँचा और 4 सेमी व्यास वाला एक ठोस बेलन बनाया जा सके।
SSC CGL (Tier I) 09/12/2022 Shift IV
(a) 13 (b) 14 (c) 16 (d) 10

92. एक घन की भुजा की लम्बाई 1.4 सेमी है। घन से बाहर निकाले जा सकने वाले सबसे बड़े गोले का आयतन क्या है?
SSC CGL (Tier I) 09/12/2022 Shift III
(a) 5.64 सेमी^{3} (b) 2.66 सेमी^{3}
(c) 3.26 सेमी^{3} (d) 1.44 सेमी^{3}

93. एक लम्बवृत्तीय शंकु, जिसकी आधार की त्रिज्या 21 सेमी है, का वक्र पृष्ठीय क्षेत्रफल 594 वर्ग सेमी है। शंकु की तिर्यक ऊँचाई कितनी है? **SSC CGL (Tier I) 09/12/2022 Shift III**
(a) 9 सेमी (b) 6 सेमी
(c) 15 सेमी (d) 11 सेमी

94. एक घन की भुजा की लम्बाई 2.8 सेमी है। घन से बाहर निकाले जा सकने वाले सबसे बड़े गोले का आयतन क्या है?
SSC CGL (Tier I) 09/12/2022 Shift II
(a) 11.50 सेमी^{3} (b) 11.55 सेमी^{3}
(c) 1.15 सेमी^{3} (d) 115 सेमी^{3}

95. एक शंक्वाकार पात्र (ठोस) लोहे का बना है। इसके आधार की त्रिज्या 7 सेमी और ऊँचाई 15 सेमी है। यदि लोहे का भार प्रति घन सेमी 15 ग्राम है, तो पात्र का भार ज्ञात कीजिए।
SSC CGL (Tier I) 09/12/2022 Shift II
(a) 11.55 किग्रा (b) 14.55 किग्रा
(c) 13.55 किग्रा (d) 12.55 किग्रा

96. 12 सेमी, 18 सेमी और 27 सेमी भुजाओं वाले एक घनाभ को पिघलाकर एक घन बनाया जाता है। घनाभ के सम्पूर्ण पृष्ठीय क्षेत्रफल का, घन के सम्पूर्ण पृष्ठीय क्षेत्रफल से अनुपात कितना है? **SSC CGL (Tier I) 08/12/2022 Shift IV**
(a) 18 : 17 (b) 17 : 23
(c) 19 : 18 (d) 17 : 29

97. एक घन का सम्पूर्ण पृष्ठीय क्षेत्रफल ज्ञात कीजिए, जिसका आयतन 343 मी^{3} है।
SSC CGL (Tier I) 08/12/2022 Shift III
(a) 210 मी^{2} (b) 186 मी^{2}
(c) 294 मी^{2} (d) 196 मी^{2}

98. एक खोखले गोले की बाहरी त्रिज्या 6 सेमी और आन्तरिक त्रिज्या 3 सेमी है। उस खोखले गोले का आयतन क्या है?
SSC CGL (Tier I) 08/12/2022 Shift III
(a) 144π सेमी^{3} (b) 356π सेमी^{3}
(c) 252π सेमी^{3} (d) 175π सेमी^{3}

99. 4 सेमी व्यास और 12 सेमी लम्बाई वाली लोहे की एक छड़ को एकसमान मोटाई के 12 मी लम्बे तार में खींचा जाता है। तार की मोटाई ज्ञात कीजिए। **SSC CGL (Tier I) 08/12/2022 Shift II**
(a) 0.6 सेमी (b) 0.7 सेमी
(c) 0.4 सेमी (d) 0.3 सेमी

100. 8 मी ऊँचाई और 10 मी तिर्यक ऊँचाई वाले एक लम्बशंकु के वक्रपृष्ठ का क्षेत्रफल क्या है?
SSC CGL (Tier I) 08/12/2022 Shift I
(a) 60π मी^{2} (b) 40 मी^{2}
(c) 40 π मी^{2} (d) 60 मी^{2}

101. एक अर्द्धगोले की त्रिज्या 5.6 सेमी है। इसका आयतन क्या होगा?
SSC CGL (Tier I) 07/12/2022 Shift IV
(a) 265.65 सेमी^{3}
(b) 380 सेमी^{3}
(c) 367.95 सेमी^{3}
(d) 195.95 सेमी^{3}

102. एक गोले का आयतन 38808 सेमी^{3} है। उस गोले का पृष्ठीय क्षेत्रफल ज्ञात कीजिए।
SSC CGL (Tier I) 07/12/2022 Shift IV
(a) 4433 सेमी^{2} (b) 4455 सेमी^{2}
(c) 5544 सेमी^{2} (d) 3344 सेमी^{2}

103. 18 मी व्यास वाले एक ताँबे के गोले को एक 12 मी लम्बाई वाली बेलनाकार तार में खींचा गया है। तार की त्रिज्या क्या है?
SSC CGL (Tier I) 07/12/2022 Shift III
(a) 12 मी (b) 3 मी (c) 5 मी (d) 9 मी

104. यदि एक शंकु की तिर्यक ऊँचाई और त्रिज्या क्रमशः 30 सेमी और 14 सेमी है, तो शंकु का कुल पृष्ठीय क्षेत्रफल कितना है?
SSC CGL (Tier I) 07/12/2022 Shift III
(a) 1908 सेमी^{3} (b) 1980 सेमी^{3}
(c) 1936 सेमी^{3} (d) 1963 सेमी^{3}

105. स्टील का उपयोग एक गोलार्द्ध कटोरा बनाने के लिए किया जाता है। जो 0.37 सेमी मोटा होता है। कटोरे की भीतरी त्रिज्या 6 सेमी है। कटोरे का बाहरी वक्रपृष्ठीय क्षेत्रफल ज्ञात कीजिए। ($\pi = \frac{22}{7}$ लीजिए)।

SSC CGL (Tier I) 07/12/2022 Shift I

(a) 532 सेमी^{2} (b) 523.4107 सेमी^{2}
(c) 484 सेमी^{2} (d) 255.0548 सेमी^{2}

106. यदि एक अर्द्धगोले का व्यास 35 सेमी है, तो अर्द्धगोले का आयतन क्या है?

SSC CGL (Tier I) 07/12/2022 Shift I

(a) 17428.33 सेमी^{3} (b) 15248.46 सेमी^{3}
(c) 9478.26 सेमी^{3} (d) 11229.17 सेमी^{3}

107. एक अर्द्धगोले की त्रिज्या 6.3 सेमी है। इसका आयतन क्या होगा?

SSC CGL (Tier I) 06/12/2022 Shift IV

(a) 523.90 सेमी^{3} (b) 572.80 सेमी^{3}
(c) 643.50 सेमी^{3} (d) 353.38 सेमी^{3}

108. यदि किसी गोले का आयतन $179\frac{2}{3}$ मी^{3} है, तो उसका पृष्ठीय क्षेत्रफल ज्ञात कीजिए

SSC CGL (Tier I) 06/12/2022 Shift III

(a) 154 मी^{2} (b) 151 मी^{2}
(c) 221 मी^{2} (d) 144 मी^{2}

109. लोहे के पाइप का बाहरी व्यास 20 सेमी है और इसकी लम्बाई 12 सेमी है। यदि पाइप की मोटाई 1 सेमी है, तो पाइप का पृष्ठीय क्षेत्रफल ज्ञात करें, जो दशमलव के दो स्थानों तक सही हो। $\left(\pi = \frac{22}{?}\text{ लें}\right)$

SSC CGL (Tier I) 06/12/2022 Shift II

(a) 1662.67 सेमी^{2} (b) 1772.76 सेमी^{2}
(c) 1552.57 सेमी^{2} (d) 1422.48 सेमी^{2}

110. एक ठोस अर्धगोले की त्रिज्या 21 सेमी है। इसे पिघलाकर एक ऐसा बेलन बनाया जाता है, कि इसके वक्रपृष्ठीय क्षेत्रफल का सम्पूर्ण पृष्ठीय क्षेत्रफल से अनुपात 2 : 5 हो जाता है। इसके आधार की त्रिज्या (सेमी में) क्या है? ($\pi = \frac{22}{7}$ लें)

SSC CGL (Tier I) 06/12/2022 Shift I

(a) 21 (b) 23 (c) 19 (d) 17

111. बराबर आयतन वाले तीन घनों को सिरे से सिरे सटाकर आपस में जोड़ा जाता है। यदि घन का विकर्ण $6\sqrt{3}$ सेमी है, तो परिणामी घनाभ का पृष्ठीय क्षेत्रफल ज्ञात कीजिए।

SSC CGL (Tier I) 05/12/2022 Shift IV

(a) 504 सेमी^{2} (b) 512 सेमी^{2}
(c) 516 सेमी^{2} (d) 509 सेमी^{2}

112. एक गोलार्द्ध का आयतन 19404 सेमी^{3} है। उस गोलार्द्ध की त्रिज्या .... है।

SSC CGL (Tier I) 05/12/2022 Shift III

(a) 19 सेमी (b)17 सेमी (c) 21 सेमी (d) 14 सेमी

113. एक खोखले गोले की बाहरी त्रिज्या 4 सेमी तथा आन्तरिक त्रिज्या 1 सेमी हैं। इस खोखले गोले का आयतन क्या होगा?

SSC CGL (Tier I) 05/12/2022 Shift III

(a) 68π सेमी^{3} (b) 84π सेमी^{3}
(c) 48π सेमी^{3} (d) 92π सेमी^{3}

114. एक घन का कुल पृष्ठीय क्षेत्रफल 1536 मी^{2} है। इसका आयतन ज्ञात कीजिए।

SSC CGL (Tier I) 05/12/2022 Shift II

(a) 125 मी^{3} (b) 4096 मी^{3}
(c) 216 मी^{3} (d) 729 मी^{3}

115. एक घन की भुजा की लम्बाई 4.2 सेमी है। घन से बाहर निकाले जा सकने वाले सबसे बड़े गोले का आयतन क्या है?

SSC CGL (Tier I) 05/12/2022 Shift II

(a) 48.60 सेमी^{3} (b) 26.40 सेमी^{3}
(c) 38.80 सेमी^{3} (d) 20.50 सेमी^{3}

116. एक गोले का वक्रपृष्ठीय क्षेत्रफल 154 सेमी^{2} है। गोले का आयतन (दशमलव के बाद एक अंक तक पूर्णांकित) ज्ञात कीजिए।

SSC CGL (Tier I) 05/12/2022 Shift I

(a) 161.1 सेमी^{3} (b) 147.8 सेमी^{3}
(c) 156.9 सेमी^{3} (d) 179.7 सेमी^{3}

117. एक घन की भुजा की लम्बाई 5.6 सेमी है। घन से बाहर निकाले जा सकने वाले सबसे बड़े गोले का आयतन क्या है?

SSC CGL (Tier I) 05/12/2022 Shift I

(a) 91.98 सेमी^{3} (b) 96.98 सेमी^{3}
(c) 90.69 सेमी^{3} (d) 99.96 सेमी^{3}

118. यदि किसी घन के विकर्ण की लम्बाई $7\sqrt{3}$ सेमी है, तो उस घन का पृष्ठीय क्षेत्रफल ज्ञात कीजिए। **SSC CGL (Tier I) 03/12/2022 Shift IV**

(a) 294 सेमी^{2} (b) 256 सेमी^{2}
(c) 216 सेमी^{2} (d) 284 सेमी^{2}

119. 9 सेमी त्रिज्या वाले एक ताँबे के ठोस गोले को हथौड़े से पीट-पीटकर 2 सेमी त्रिज्या वाला तार निर्मित किया जाता है। इस निर्मित तार की लम्बाई कितनी है? **SSC CGL (Tier I) 03/12/2022 Shift III**

(a) 224 सेमी (b) 183 सेमी
(c) 198 सेमी (d) 243 सेमी

120. एक लम्बवृत्ताकार बेलन की त्रिज्या उसकी ऊँचाई की तीन गुना है। यदि बेलन की ऊँचाई 2.1 सेमी है, तो बेलन का आयतन क्या होगा?

SSC CGL (Tier I) 03/12/2022 Shift III

(a) 194.72 सेमी^{3} (b) 224.65 सेमी^{3}
(c) 324.86 सेमी^{3} (d) 261.95 सेमी^{3}

121. दो बेलनों की त्रिज्याएँ 1 : 4 के अनुपात में हैं और उनकी ऊँचाइयाँ 4 : 3 के अनुपात में हैं। उनके आयतनों का अनुपात ...... होगा।

SSC CGL (Tier I) 03/12/2022 Shift II

(a) 1:12 (b) 1:9 (c) 3:10 (d) 2:9

122. यदि एक गोले का व्यास 3.5 सेमी है, तो गोले का कुल पृष्ठीय क्षेत्रफल क्या है?

SSC CGL (Tier I) 03/12/2022 Shift I

(a) 34.25 सेमी^{2} (b) 38.5 सेमी^{2}
(c) 45.75 सेमी^{2} (d) 42.6 सेमी^{2}

123. 36 मी लम्बाई, 18 मी चौड़ाई और 9 मी ऊँचाई वाले एक घनाभ को पिघलाकर एक घन में बदल दिया जाता है। घन के विकर्ण की लम्बाई ज्ञात कीजिए।

SSC CGL (Tier I) 02/12/2022 Shift III

(a) $18\sqrt{3}$ मी (b) $15\sqrt{3}$ मी
(c) $17\sqrt{3}$ मी (d) $12\sqrt{3}$ मी

124. एक लम्बवृत्ताकार बेलन की त्रिज्या उसकी ऊँचाई की पाँच गुना है। यदि बेलन की ऊँचाई 3.5 सेमी है, तो बेलन का आयतन क्या है?

SSC CGL (Tier I) 02/12/2022 Shift III

(a) 3872.75 सेमी^{3} (b) 3368.75 सेमी^{3}
(c) 3146.75 सेमी^{3} (d) 3524.25 सेमी^{3}

125. एक घन का पृष्ठीय क्षेत्रफल 864 सेमी^{2} है। उस घन का आयतन .... है।

SSC CGL (Tier I) 02/12/2022 Shift II

(a) 729 सेमी^{3} (b) 2197 सेमी^{3}
(c) 1331 सेमी^{3} (d) 1728 सेमी^{3}

126. यदि एक अर्द्धगोले का व्यास 28 सेमी है, तो अर्द्धगोले का आयतन क्या है?

SSC CGL (Tier I) 02/12/2022 Shift II

(a) 6349.22 सेमी^{3} (b) 6728.11 सेमी^{3}
(c) 5124.44 सेमी^{3} (d) 5749.33 सेमी^{3}

127. निम्नलिखित में से कौन अधिक आयतन प्रदान करेगा।

I. 6 सेमी, 7 सेमी और 8 सेमी वाले किनारों का एक घनाभ

II. 7 सेमी किनारे का एक घन

SSC CGL (Tier I) 02/12/2022 Shift I

(a) दोनों का आयतन बराबर होगा
(b) घनाभ का आयतन अधिक होगा
(c) घन का आयतन अधिक होगा
(d) तय नहीं किया जा सकता।

128. लोहे से बने एक अर्द्धगोलाकार का आन्तरिक व्यास 84 सेमी है। ₹ 21 प्रति 100 सेमी^{2} की दर से इसके भीतरी भाग पर टिन की परत चढ़ाने की लागत दशमलव के दो स्थान तक ज्ञात कीजिए $\left(\pi = \frac{22}{7}\right)$

SSC CGL (Tier I) 02/12/2022 Shift I

(a) ₹2355.48 (b) ₹2328.48
(c) ₹2425.48 (d) ₹2425.60

129. यदि एक गोले का व्यास 63 सेमी है, तो गोले का कुल पृष्ठीय क्षेत्रफल क्या है?

SSC CGL (Tier I) 02/12/2022 Shift I

(a) 11248 सेमी^{2} (b) 11824 सेमी^{2}
(c) 12836 सेमी^{2} (d) 12474 सेमी^{2}

130. उस घन की कोर ज्ञात कीजिए, जिसका आयतन 6 सेमी, 8 सेमी और 10 सेमी कोर वाले घनों के आयतनों के योगफल के बराबर है।

SSC CGL (Tier I) 01/12/2022 Shift IV

(a) 6 सेमी (b) 12 सेमी
(c) 3 सेमी (d) 5 सेमी

131. 18 सेमी व्यास वाले किसी ताँबे के एक गोले से 6 मिमी व्यास वाले एक तार का निर्माण किया जाता है। निर्मित तार की लम्बाई ज्ञात कीजिए।

SSC CGL (Tier I) 01/12/2022 Shift III

(a) 324 मी (b) 143 मी
(c) 234 मी (d) 108 मी

132. एक गोले की त्रिज्या और शंकु के आधार की त्रिज्या दोनों $3\sqrt{2}$ सेमी हैं। यदि गोले का सतही क्षेत्रफल, लम्बवृत्तीय शंकु के कुल पृष्ठीय क्षेत्रफल के समान है, तो शंकु की ऊँचाई होगी।

SSC CGL (Tier I) 01/12/2022 Shift III

(a) 8 सेमी (b) 12 सेमी
(c) $9\sqrt{2}$ सेमी (d) $8\sqrt{2}$ सेमी

133. 4 सेमी त्रिज्या वाले सीसे के एक अर्द्धगोले को 72 सेमी ऊँचाई वाले एक लम्बवृत्तीय शंकु में ढाला जाता है। शंकु के आधार की त्रिज्या क्या है? SSC CGL (Tier I) 01/12/2022 Shift II

(a) 1.33 सेमी (b) 1.63 सेमी
(c) 1.45 सेमी (d) 1.35 सेमी

134. 88 सेमी, 63 सेमी, 42 सेमी की विमाओं वाले सीसे के एक आयताकार ठोस से 8.4 सेमी व्यास के सीसे के कितने गोलाकार शॉट प्राप्त किए जा सकते हैं? ($\pi = \frac{22}{7}$ लें)

SSC CGL (Tier I) 01/12/2022 Shift I

(a) 650 (b) 860 (c) 920 (d) 750

SSC CGL 2021 & 2020 (Tier I)

135. किसी घन का सम्पूर्ण पृष्ठीय क्षेत्रफल 13.5 मी^{2} है। इसके विकर्ण की लम्बाई (मी में) ज्ञात करें। SSC CGL (Tier I) 24/08/2021 Shift III

(a) $2\sqrt{3}$ (b) 2 (c) $1.5\sqrt{3}$ (d) 1.5

136. उस दीवार का आयतन 512 मी^{3} है, जिसकी ऊँचाई उसकी चौड़ाई से 10 गुनी है और जिसकी लम्बाई, उसकी ऊँचाई से 8 गुनी है। ₹ 1000 मी^{2} की दर से एक तरफ की दीवार को पेण्ट करने की (₹ में) लागत ज्ञात करें। SSC CGL (Tier I) 20/08/2021 Shift II

(a) ₹ 12750 (b) ₹ 12500
(c) ₹ 12250 (d) ₹ 12800

137. किसी बेलन का वक्र पृष्ठीय क्षेत्रफल 462 सेमी^{2} है और इसके आधार का क्षेत्रफल 346.5 सेमी^{2} है। बेलन का आयतन (सेमी^{3} में) ज्ञात करें। ($\pi = \frac{22}{7}$ का प्रयोग करें)

SSC CGL (Tier I) 17/08/2021 Shift I

(a) 4800 (b) 2400 (c) 2425.5 (d) 4850

138. 40 सेमी व्यास वाले धातु की किसी गेन्दें को पिघलाकर 0.5 सेमी त्रिज्या वाली छोटी-छोटी गेंद बनाई जाती हैं। ऐसी कितनी छोटी गेंद बनाई जा सकती हैं?

SSC CGL (Tier I) 06/03/2020 Shift I

(a) 32000 (b) 6400
(c) 64000 (d) 3200

139. यदि किसी लम्बवृत्तीय बेलन की त्रिज्या 10% कम हो जाती है और ऊँचाई 20% बढ़ जाती है तो इसके आयतन में प्रतिशत वृद्धि/कमी क्या होगी? SSC CGL (Tier I) 05/03/2020 Shift II

(a) 2.8% वृद्धि (b) 1.8% वृद्धि
(c) 1.8% कमी (d) 2.8% कमी

SSC CPO SI 2024

140. कागज के दो आयताकार शीटों से, जिसमें से प्रत्येक 60 सेमी × 36 सेमी के हैं, से एक शीट को बड़ी भुजा के अनुदिश और दूसरे शीट को छोटी भुजा के अनुदिश मोड़कर दो लम्बवृत्तीय बेलन बनाए जाते हैं। इस प्रकार बने दोनों बेलनों के आयतन का अनुपात ज्ञात करें। SSC CPO 29/06/2024 Shift-III

(a) 5 : 6 (b) 5 : 3 (c) 8 : 3 (d) 7 : 4

141. एक शंकु की तिर्यक ऊँचाई और ऊँचाई का अनुपात 4 : 3 है। यदि शंकु का वक्र पृष्ठीय क्षेत्रफल $4\sqrt{7}\pi$ वर्ग इकाई है, तो शंकु की त्रिज्या .... इकाई है। SSC CPO 29/06/2024 Shift-III

(a) $\frac{\sqrt{7}}{7}$ (b) $7\sqrt{7}$ (c) $\sqrt{7}$ (d) 7

142. यदि एक गोले की त्रिज्या में 20% की वृद्धि कर दी जाती है, तो इसके आयतन में प्रतिशत वृद्धि की गणना करें। SSC CPO 29/06/2024 Shift-III

(a) 70.6% (b) 68.5%
(c) 72.8% (d) 75.5%

143. यदि किसी घनाभ की लम्बाई और चौड़ाई में क्रमश: 6% और 8% की वृद्धि की जाती है, तो इसके आयतन में प्रतिशत वृद्धि (दो दशमलव स्थान तक पूर्णांकित) है SSC CPO 29/06/2024 Shift-III

(a) 12.96% (b) 13.96%
(c) 14.48% (d) 11.48%

144. 18 सेमी त्रिज्या वाले एक अर्द्धगोले का आयतन (सेमी^{2} में) ज्ञात कीजिए। ($\pi = \frac{22}{7}$ उपयोग करें) (दशमलव के दो स्थानों तक पूर्णांकित) SSC CPO 29/06/2024 Shift-II

(a) 18750.23 (b) 12219.43
(c) 11250.25 (d) 12200.43

145. 11 मी लम्बे, 7 मी चौड़े और 4 मी ऊँचें घनाभ का पृष्ठीय क्षेत्रफल (मी में) ज्ञात करें। SSC CPO 29/06/2024 Shift-II

(a) 289 (b) 298
(c) 320 (d) 249

146. एक घनाभ के आयतन में कुल प्रतिशत परिवर्तन क्या है, यदि इसकी लम्बाई और चौड़ाई में क्रमश: 15% और 25% की कमी की जाती है, जबकि इसकी ऊँचाई में 60% की वृद्धि की जाती है? SSC CPO 29/06/2024 Shift-II

(a) 5% की वृद्धि (b) 5% की कमी
(c) 2% की वृद्धि (d) 2% की कमी

147. 3 इकाई त्रिज्या वाली धातु की गेंद को पिघलाकर 27 समान पासे और 1 इकाई त्रिज्या की एक गेंद बनाई जाती है। पासे की भुजा कितनी है? SSC CPO 29/06/2024 Shift-II

(a) 1.6 इकाई (b) 1.4 इकाई
(c) 1.5 इकाई (d) 1.7 इकाई

148. एक बेलन की ऊँचाई 8 सेमी है और इसके आधार का क्षेत्रफल 20 सेमी^{2} है। इसका आयतन ज्ञात करें। SSC CPO 29/06/2024 Shift-II

(a) 80 सेमी^{3} (b) 180 सेमी^{3}
(c) 160 सेमी^{3} (d) 100 सेमी^{3}

149. एक शंक्वाकार भण्डारण टंकी की ऊँचाई और त्रिज्या क्रमश: 9 फीट और 7 फीट है। टंकी में आ सकने वाले जल का आयतन ज्ञात कीजिए। $\left(\pi = \frac{22}{7} \text{ लें}\right)$ SSC CPO 29/06/2024 Shift-I

(a) 462 क्यूबिक फीट (b) 1423 क्यूबिक फीट
(c) 1386 क्यूबिक फीट (d) 527 क्यूबिक फीट

150. तिर्यक ऊँचाई 4.2 इकाई के एक शंकु का पार्श्व पृष्ठीय क्षेत्रफल 13.2 इकाई^2 है। आधार की त्रिज्या ज्ञात कीजिए। SSC CPO 29/06/2024 Shift-I

(a) 1 इकाई (b) 2.5 इकाई
(c) 1.5 इकाई (d) 2 इकाई

151. एक कम्पनी में काम करने वाली एक महिला को प्रत्येक 14 सेमी व्यास और 20 सेमी ऊँचाई वाली बेलनाकार मोमबत्तियाँ तैयार करने के लिए 70 सेमी, 44 सेमी और 20 सेमी की विमाओं वाला मोम का एक आयताकार ठोस (घनाभ आकृति) दिया गया। निर्मित मोमबत्तियों की संख्या ज्ञात कीजिए। SSC CPO 29/06/2024 Shift-I

(a) 20 (b) 30 (c) 15 (d) 10

152. 3 सेमी त्रिज्या और 4 सेमी ऊँचाई वाले शंकु का वक्र पृष्ठीय क्षेत्रफल (सेमी^{2} में) ज्ञात करें। SSC CPO 29/06/2024 Shift-I

(a) 7π (b) 14π
(c) 12π (d) 15π

153. एक कमरे की चौड़ाई उसकी ऊँचाई की दो गुनी और लम्बाई की आधी है। कमरे का आयतन 1728 मी^{2} है। कमरे की लम्बाई ज्ञात करें। SSC CPO 29/06/2024 Shift-I

(a) 24 मी (b) 20 मी
(c) 28 मी (d) 34 मी

154. 20 फीट ऊँचाई वाले और 30π फीट की परिधि के वृत्तीय आधार वाले एक लम्ब वृत्तीय शंक्काकार तम्बू को खड़ा करने के लिए आवश्यक कैनवास कपड़े का क्षेत्रफल ज्ञात करें। SSC CPO 28/06/2024 Shift-III

(a) 589π वर्ग फीट (b) 470π वर्ग फीट
(c) 375π वर्ग फीट (d) 455π वर्ग फीट

155. एक शंकु का वक्र-पृष्ठीय क्षेत्रफल 308 सेमी^{2} है और इसकी तिर्यक ऊँचाई 28 सेमी है। इसके आधार की त्रिज्या ज्ञात कीजिए। [$\pi = \frac{22}{7}$ का उपयोग कीजिए]

SSC CPO 28/06/2024 Shift-III

(a) 2.8 सेमी (b) 3.5 सेमी
(c) 3.0 सेमी (d) 2.5 सेमी

156. एक लम्बवृत्तीय शंकु का आयतन 150π सेमी^{3} है और इसकी ऊँचाई 18 सेमी है। इसकी तिर्यक ऊँचाई (सेमी में) ज्ञात करें (दशमलव के बाद 2 स्थानों तक गणना करें)। SSC CPO 28/06/2024 Shift-III

(a) 28.68 (b) 25.35
(c) 15.25 (d) 18.68

157. 12 सेमी ऊँचाई और 7 सेमी त्रिज्या वाले एक ठोस धातु के बेलन को पिघलाया जाता है और ऊँचाई 12 सेमी रखते हुए 1 : 2 के अनुपात (आयतन) में दो शंकुओं में ढाला जाता है। पहले और बाद में समतल पृष्ठीय क्षेत्रफल में कितने प्रतिशत का परिवर्तन होगा? $\left[\pi = \frac{22}{7} \text{ का उपयोग कीजिए}\right]$

SSC CPO 28/06/2024 Shift-III

(a) 35% (b) 20%
(c) 50% (d) 45%

158. एक गोलाकार बक्शे का पृष्ठीय क्षेत्रफल 528सेमी^{2} है। उस गोलाकार बक्से की त्रिज्या ज्ञात कीजिए। SSC CPO 28/06/2024 Shift-II

(a) $\sqrt{42}$ सेमी (b) $\sqrt{29}$ सेमी
(c) $\sqrt{35}$ सेमी (d) $\sqrt{37}$ सेमी

159. एक बेलन की त्रिज्या 7 सेमी है और इसका वक्र पृष्ठीय क्षेत्रफल 396 सेमी^{2} है। बेलन का आयतन क्या होगा? SSC CPO 28/06/2024 Shift-II

(a) 1396 सेमी^{3} (b) 1381 सेमी^{3}
(c) 1391 सेमी^{3} (d) 1386 सेमी^{3}

160. क्रमशः 10 सेमी और 6 सेमी के बाहरी और आन्तरिक व्यास के एक खोखले गोले को पिघलाया जाता है और 10 सेमी के आधार व्यास वाले एक लम्बवृत्तीय शंकु के आकार में ढ़ालकर एक और ठोस बनाया जाता है। शंकु की ऊँचाई ज्ञात कीजिए। SSC CPO 28/06/2024 Shift-II

(a) 14.68 सेमी (b) 13.68 सेमी
(c) 16.68 सेमी (d) 15.68 सेमी

161. 7 सेमी त्रिज्या वाले बेलन का वक्र-पृष्ठीय क्षेत्रफल 2200 सेमी^{2} है। इसका सम्पूर्ण पृष्ठीय क्षेत्रफल ज्ञात कीजिए। ($\pi = \frac{22}{7}$ का उपयोग कीजिए) SSC CPO 28/06/2024 Shift-III

(a) 2260 सेमी^{2} (b) 2550 सेमी^{2}
(c) 2508 सेमी^{2} (d) 1580 सेमी^{2}

162. यदि किसी गोले की त्रिज्या में 125% की वृद्धि की जाती है, तो इसके पृष्ठीय क्षेत्रफल में कितने प्रतिशत की वृद्धि (दो दशमलव स्थान तक पूर्णांकित) होगी? SSC CPO 28/06/2024 Shift-II

(a) 506.25% (b) 509.54%
(c) 409.76% (d) 406.25%

163. 14 सेमी व्यास वाले एक गोलाकार बर्तन को पेंट करने की लागत ₹ 21.570 है। प्रति वर्ग सेमी पैंटिंग की लागत (₹ में) क्या है? ($\pi = \frac{22}{7}$ उपयोग करें।) SSC CPO 28/06/2024 Shift-I

(a) 28 (b) 30
(c) 32 (d) 35

164. 5 सेमी त्रिज्या वाला एक लड्डू एक दुकानदार का है। उसी एक ही लड्डू से 2.5 सेमी त्रिज्या के कितने लड्डू बनाए जा सकते हैं? SSC CPO 28/06/2024 Shift-I

(a) 8 (b) 2 (c) 6 (d) 4

165. एक घन की भुजा की लम्बाई 8 सेमी है। घन का आयतन ज्ञात करें। SSC CPO 28/06/2024 Shift-I

(a) 564 सेमी^{3} (b) 664 सेमी^{3}
(c) 612 सेमी^{3} (d) 512 सेमी^{3}

166. एक अर्द्धगोलीय कटोरे की त्रिज्या 9 सेमी है। कटोरे की क्षमता (आयतन) ज्ञात कीजिए। ($\pi = \frac{22}{7}$ लें।) SSC CPO 28/06/2024 Shift-I

(a) 1428.78 सेमी^{3}
(b) 1527.43 सेमी^{3}
(c) 1625.37 सेमी^{3}
(d) 1821.47 सेमी^{3}

167. एक शंकु के आधार की त्रिज्या और ऊँचाई क्रमशः 5 सेमी और 6 सेमी है, जबकि एक बेलन के आधार की त्रिज्या और ऊँचाई क्रमशः 2.5 सेमी और 3 सेमी है। शंकु के आयतन और बेलन के आयतन का अनुपात ज्ञात करें। (जहाँ, $\pi = \frac{22}{7}$) SSC CPO 28/06/2024 Shift-I

(a) 8 : 3 (b) 9 : 4 (c) 8 : 5 (d) 3 : 5

168. यदि दो गोलों के पृष्ठीय क्षेत्रफल 9:49 के अनुपात में है, तो उनके आयतन का अनुपात ज्ञात करें (जहाँ $\pi = \frac{22}{7}$)। SSC CPO 27/06/2024 Shift-III

(a) 27 : 343 (b) 16 : 216
(c) 49 : 363 (d) 25 : 512

169. एक जल निकासी टाइल 42 सेमी लम्बा एक बेलनाकार खोल है। आन्तरिक और बाह्य व्यास क्रमशः 8 सेमी और 14 सेमी है। टाइल के लिए आवश्यक मिट्टी का आयतन (सेमी^{3} में) कितना है? $\left(\text{जहाँ}, \pi = \frac{22}{7}\right)$ SSC CPO 27/06/2024 Shift-III

(a) 4881 (b) 4125 (c) 5241 (d) 4356

170. यदि एक गोले की त्रिज्या में 40% की वृद्धि कर दी जाती है,तो इनके पृष्ठीय क्षेत्रफल में प्रतिशत वृद्धि की गणना करें। SSC CPO 27/06/2024 Shift-III

(a) 92% (b) 96% (c) 85% (d) 88%

171. 28 सेमी व्यास वाले एक गोले का पृष्ठीय क्षेत्रफल (सेमी^{2} में) ज्ञात कीजिए। ($\pi = \frac{22}{7}$ उपयोग करें) SSC CPO 27/06/2024 Shift-III

(a) 2856 (b) 1724 (c) 2464 (d) 1731

172. धातु की एक आयताकार शीट 60 सेमी × 25 सेमी है। 5 सेमी भुजा वाले समान वर्गों को कोनों से काट दिया जाता है और शेष को मोड़कर एक खुला आयताकार बक्सा बनाया जाता है। बक्से का आयतन ज्ञात कीजिए। SSC CPO 27/06/2024 Shift-III

(a) 8750 सेमी^{3} (b) 2750 सेमी^{3}
(c) 3750 सेमी^{3} (d) 4750 सेमी^{3}

173. एक घन का आयतन, एक घनाभ के आयतन का चार गुना है। यदि घनाभ की भुजाएँ 32 सेमी 8 सेमी और 4 सेमी हैं, तो घन के कुल पृष्ठीय क्षेत्रफल और घनाभ के कुल पृष्ठीय क्षेत्रफल का अनुपात ज्ञात कीजिए। SSC CPO 27/06/2024 Shift-II

(a) 24 : 13 (b) 23 : 13
(c) 22 : 13 (d) 21 : 13

174. 12 सेमी व्यास वाले ताँबे के एक गोले को 4 मिमी व्यास वाले एक तार के रूप में खींचा जाता है। तार की लम्बाई (सेमी में) क्या है? ($\pi = \frac{22}{7}$ लीजिए) SSC CPO 27/06/2024 Shift-II

(a) 8342 (b) 7823
(c) 9000 (d) 7200

175. दो गोलों के आयतन 512 : 3375 के अनुपात में हैं। उनके पृष्ठीय क्षेत्रफल का अनुपात ज्ञात करें। SSC CPO 27/06/2024 Shift-II

(b) 68 : 125 (b) 49 : 325
(c) 27 : 144 (d) 64 : 225

176. एक घनाकार कमरे में रखी जा सकने वाली छड़ की अधिकतम सम्भावित लम्बाई $42\sqrt{3}$ मी है। घनाकार कक्ष के भीतर फिट होने वाले गोले का अधिकतम सम्भावित पृष्ठीय क्षेत्रफल (मी^{2} में) क्या होगा? [$\pi = \frac{22}{7}$ लीजिए] SSC CPO 27/06/2024 Shift-II

(a) 4589 (b) 5544
(c) 3590 (d) 2564

177. यदि एक गोले की त्रिज्या 2.1 सेमी है, तो गोले का आयतन ज्ञात करें। SSC CPO 27/06/2024 Shift-I

(a) 38.808 सेमी^{3} (b) 36.808 सेमी^{3}
(c) 36.088 सेमी^{3} (d) 38.088 सेमी^{3}

178. एक अर्द्धगोलाकार कटोरे की किनारी 88 सेमी है। इसे भरा हुआ मानते हुए, इससे कितने लोगों को अर्द्धगोलाकार गिलासों में परोसा जा सकता है, यदि गिलास के शीर्ष का व्यास 7 सेमी है? (जहाँ $\pi = \frac{22}{7}$) SSC CPO 27/06/2024 Shift-I

(a) 74 (b) 64
(c) 70 (d) 68

179. एक शंक्वाकार तम्बू बनाने में कितने मीटर कपड़े की आवश्यकता होगी, जिसके आधार की त्रिज्या 21 मी और ऊँचाई 28 मी है। कपड़े की चौड़ाई 5 मी है। (जहाँ, $\pi = \frac{22}{7}$) SSC CPO 27/06/2024 Shift-I

(a) 470 (b) 462
(c) 456 (d) 478

180. एक शंकु का कुल पृष्ठीय क्षेत्रफल कितना है, जिसकी त्रिज्या $\frac{r}{4}$ है और तिर्यक ऊँचाई $4l$ है? SSC CPO 27/06/2024 Shift-I

(a) $4\pi r(1+r)$ (b) $\pi r\left(1+\frac{r}{4}\right)$
(c) $\pi r\left(l+\frac{r}{16}\right)$ (d) $8\pi r(1+r)$

181. 11 सेमी त्रिज्या वाले अर्द्धगोले का कुल पृष्ठीय क्षेत्रफल ज्ञात करें। SSC CPO 27/06/2024 Shift-II

(a) 313 π सेमी^{2}
(b) 363 π सेमी^{2}
(c) 242 π सेमी^{2}
(d) 273 π सेमी^{2}

SSC CPO SI 2023

182. 32 सेमी व्यास वाले एक ठोस धातु के गोले से बनाई जा सकने वाली ऐसी गेंदों की संख्या ज्ञात कीजिए, जिनमें से प्रत्येक का व्यास 4 सेमी हो। SSC CPO 05/10/2023 Shift III

(a) 1024 (b) 64
(c) 256 (d) 512

183. यदि एक शंकु की तिर्यक ऊँचाई 29 सेमी और ऊँचाई 20 सेमी है, तो इसके सम्पूर्ण पृष्ठीय क्षेत्रफल और आयतन के परिमाणों का अनुपात ज्ञात कीजिए। **SSC CPO 05/10/2023 Shift III**

(a) 3 : 14 (b) 5 : 14 (c) 3 : 7 (d) 7 : 15

184. 6 सेमी व्यास के गोलाकार आकृति वाले कुछ बर्फ के टुकड़ों को एक बेलनाकार कण्टेनर में डाला जाता है, कण्टेनर में कुछ जूस भरा हुआ है और बर्फ के टुकड़े इसमें पूरी तरह से डूब जाते हैं। यदि कण्टेनर का व्यास 18 सेमी है और जूस का स्तर 40 सेमी बढ़ जाता है, तो कण्टेनर में कितने बर्फ के टुकड़े डाले गए हैं?

SSC CPO 05/10/2023 Shift III

(a) 95 (b) 85
(c) 80 (d) 90

185. धातु की एक गोलाकार गेंद की त्रिज्या 3 सेमी है। यदि धातु की इस गेंद को पिघलाया जाता है, और इसकी त्रिज्या के आधे के बराबर त्रिज्या वाले x अर्द्धगोलों के रूप में पुन: ढाला जाता है, तो x का मान ज्ञात कीजिए।

SSC CPO 05/10/2023 Shift III

(a) 14 (b) 16
(c) 15 (d) 13

186. प्लास्टिक से बनी एक खोखली बेलनाकार नली 3 सेमी मोटी है। यदि इसका बाह्य व्यास 20 सेमी और ट्यूब की लम्बाई 49 सेमी है, तो प्लास्टिक का आयतन ज्ञात कीजिए।

SSC CPO 05/10/2023 Shift III

(a) 7644 सेमी^{3} (b) 7238 सेमी^{3}
(c) 7546 सेमी^{3} (d) 7854 सेमी^{3}

187. 36 सेमी व्यास वाले एक अर्द्धगोलाकार कण्टेनर में द्रव रूप में एक दवा तैयार की जाती है। जब कण्टेनर दवा से पूरा भरा होता है, तो दवा को 6 सेमी व्यास और 6 सेमी ऊँचाई वाली छोटी बेलनाकार बोतलों में स्थानान्तरित किया जाता है। कण्टेनर को खाली करने के लिए ऐसी कितनी बोतलों की आवश्यकता होगी?

SSC CPO 04/10/2023 Shift II

(a) 72 (b) 75
(c) 70 (d) 76

188. यदि किसी गोले का व्यास घटाकर आधा कर दिया जाए, तो उसके आयतन पर क्या प्रभाव पड़ेगा? **SSC CPO 04/10/2023 Shift II**

(a) पूर्व आयतन से $\frac{1}{8}$ घट जाएगा
(b) पूर्व आयतन से $\frac{1}{8}$ बढ़ जाएगा
(c) पूर्व आयतन से $\frac{1}{4}$ घट जाएगा
(d) पूर्व आयतन से $\frac{1}{4}$ बढ़ जाएगा

189. दो शंकुओं की ऊँचाई 7 : 5 के अनुपात में है और उनके व्यास का अनुपात 10 : 21 है। उनके आयतन का अनुपात ज्ञात करें।
(जहाँ $\pi = \frac{22}{7}$) **SSC CPO 04/10/2023 Shift II**

(a) 26 : 47 (b) 17 : 21
(c) 14 : 19 (d) 20 : 63

190. दो बेलनों की त्रिज्याओं का अनुपात 4 : 5 है और उनकी ऊँचाइयों का अनुपात 5 : 2 है। उनके आयतनों का अनुपात क्या है? **SSC CPO 03/10/2023 Shift I**

(a) 2 : 1 (b) 9 : 4
(c) 9 : 7 (d) 8 : 5

191. यदि एक शंकु की ऊँचाई 7 सेमी है और इसके वृत्ताकार आधार का व्यास 12 सेमी है, तो इसका आयतन क्या होगा? (निकटतम पूर्णांक तक) **SSC CPO 03/10/2023 Shift I**

(a) 264 सेमी^{3} (b) 284 सेमी^{3}
(c) 274 सेमी^{3} (d) 254 सेमी^{3}

192. 45 सेमी ऊँचे एक ठोस लम्बवृत्तीय शंकु के छिन्नक के सिरों की त्रिज्याएँ 28 सेमी और 7 सेमी हैं। यदि इस छिन्नक को पिघलाकर एक ठोस लम्बवृत्तीय बेलन बनाया जाता है, जिसके आधार की त्रिज्या और ऊँचाई का अनुपात 3 : 5 है, तो इस बेलन का वक्रपृष्ठीय क्षेत्रफल (सेमी^{2} में) ज्ञात करें।
$\left[\pi = \frac{22}{7} \text{ का प्रयोग करें}\right]$

SSC CPO 03/10/2023 Shift I

(a) 4640 (b) 4580
(c) 4620 (d) 4610

SSC CPO SI 2022-2020

193. एक शंक्वाकार स्टोरेज टैंक की ऊँचाई और त्रिज्या क्रमश: 9 फीट और 7 फीट हैं। इस टैंक में कितनी मात्रा में कोई तरल पदार्थ रखा जा सकता है? (π = 3.14 लें)

SSC CPO 11/11/2022 Shift I

(a) 471 घन फीट (b) 450 घन फीट
(c) 435.32 घन फीट (d) 461.58 घन फीट

194. 10 मी लम्बाई, 5 मी चौड़ाई और 6 मी ऊँचाई वाले हॉल को पेण्ट किया जाना है। (केवल एक तरफ)। पेण्ट किया जाने वाला सम्पूर्ण पृष्ठीय क्षेत्रफल ज्ञात कीजिए। (खिड़कियों और दरवाजों के क्षेत्रफल को नजर अन्दाज करें) फर्श क्षेत्रफल पर पेण्ट नहीं किया जाना है।

SSC CPO 11/11/2022 Shift I

(a) 330 मी^{2} (b) 300 मी^{2}
(c) 230 मी^{2} (d) 280 मी^{2}

195. 12 मी × 9 मी × 8 मी की विमाओं वाले कमरे में रखी जा सकने वाली सबसे लम्बी छड़ की लम्बाई क्या होगी? **SSC CPO 11/11/2022 Shift I**

(a) 14 मी (b) 15 मी
(c) 17 मी (d) 16 मी

196. 64π लीटर की धारिता के एक बेलनाकार टैंक की ऊँचाई और त्रिज्या बराबर है। बेलन की त्रिज्या क्या होगी? (1 लीटर = 1000 सेमी^{3})

SSC CPO 11/11/2022 Shift I

(a) 4 सेमी (b) 40 सेमी
(c) 50 सेमी (d) 5 सेमी

197. एक घनाभ का कुल पृष्ठीय क्षेत्रफल क्या है जिसकी लम्बाई, चौड़ाई और ऊँचाई क्रमश: 7 सेमी, 5 सेमी और 9 सेमी है?

SSC CPO 10/11/2022 Shift I

(a) 386 सेमी^{2} (b) 190 सेमी^{2}
(c) 403 सेमी^{2} (d) 286 सेमी^{2}

198. एक दीवार का आयतन 23958 सेमी^{3} है, जिसकी ऊँचाई उसकी चौड़ाई की छह गुनी और लम्बाई उसकी ऊँचाई की आधी है। दीवार की चौड़ाई कितनी है? **SSC CPO 10/11/2022 Shift I**

(a) 11 सेमी (b) 18 सेमी
(c) 21 सेमी (d) 15 सेमी

199. एक ठोस लम्बवृत्तीय बेलन का वक्र पृष्ठीय क्षेत्रफल और आधार की परिधि क्रमश: 2200 सेमी^{2} और 110 सेमी हैं। बेलन की ऊँचाई ज्ञात कीजिए। **SSC CPO 10/11/2022 Shift I**

(a) 20 सेमी (b) 24 सेमी
(c) 18 सेमी (d) 22 सेमी

200. 6 सेमी व्यास वाले कितने धात्विक गोलों को पिघलाकर 8 सेमी व्यास और 18 सेमी ऊँचाई वाले एक ठोस बेलन में ढाला जा सकता है?

SSC CPO 10/11/2022 Shift I

(a) 12 (b) 10
(c) 6 (d) 8

201. एक गोले की त्रिज्या 5 सेमी है। गोले का पृष्ठीय क्षेत्रफल क्या होगा? **SSC CPO 10/11/2022 Shift I**

(a) 100 π सेमी^{2} (b) 200π सेमी^{2}
(c) 120π सेमी^{2} (d) 150π सेमी^{2}

202. 60 फीट लम्बे, 30 फीट चौड़े और 20 फीट ऊँचे हॉल में फिट हो सकने वाले सबसे लम्बे खम्भे की लम्बाई कितनी होगी?

SSC CPO 10/11/2022 Shift I

(a) 50 फीट (b) 70 फीट
(c) 30 फीट (d) 20 फीट

203. यदि किसी गोले का आयतन 4851 सेमी^{3} है, तो उसका क्षेत्रफल ज्ञात करें। ($\pi = \frac{22}{7}$ लें)

SSC CPO 25/11/2020 Shift II

(a) 1427 सेमी^{2} (b) 1268 सेमी^{2}
(c) 1386 सेमी^{2} (d) 1399 सेमी^{2}

204. किसी गोले के सम्पूर्ण पृष्ठीय क्षेत्रफल और आयतन का अनुपात 2 : 7 है। गोले की त्रिज्या ज्ञात करें। **SSC CPO 25/11/2020 Shift II**

(a) 10 सेमी (b) 7.5 सेमी
(c) 10.5 सेमी (d) 7 सेमी

205. एक घनाभ के आकार वाले कमरे की आन्तरिक लम्बाई 12 मी, चौड़ाई 8 मी और ऊँचाई 10 मी है। यदि सफेदी कराने की लागत ₹ 25 प्रति मी^{2} है, तो कमरे की केवल चारों दीवारों की सफेदी कराने की कुल लागत ज्ञात करें।

SSC CPO 25/11/2020 Shift II

(a) ₹ 18000 (b) ₹ 11400
(c) ₹ 12600 (d) ₹ 10000

206. मान लें A और B दो ऐसे सिलेण्डर हैं कि A की धारिता B की धारिता के बराबर है। A और B के व्यास का अनुपात 1 : 4 है। A और B की ऊँचाई का अनुपात ज्ञात करें।

SSC CPO 25/11/2020 Shift II

(a) 16 : 1 (b) 1 : 16 (c) 3 : 16 (d) 16 : 3

207. एक बेलन के आधार की त्रिज्या 14 सेमी है और इसका आयतन 6160 सेमी^{3} है। इसके वक्रीय पृष्ठ का क्षेत्रफल (सेमी^{2}) में ज्ञात करें। $\left(\pi = \frac{22}{7} \text{ लें}\right)$ **SSC CPO 25/11/2020 Shift I**

(a) 660 (b) 778 (c) 880 (d) 940

208. 9 सेमी भुजा वाले एक ठोस धात्विक घन तथा 5 सेमी, 13 सेमी, 31 सेमी विमाओं वाले एक ठोस धात्विक घनाभ को पिघलाकर एक एकल घन बनाया जाता है। इस नए घन को पॉलिश करने में ₹ 10 प्रति सेमी^{2} की दर से कितनी लागत आएगी? **SSC CPO 24/11/2020 Shift I**

(a) ₹ 13620 (b) ₹ 11760
(c) ₹ 27440 (d) ₹ 8650

209. 11 सेमी त्रिज्या वाली एक ठोस कांच का गोला पिघलाया जाता है और इससे प्रत्येक 2 सेमी त्रिज्या वाली छोटी ठोस गोलियाँ ढाली जाती हैं। ऐसी ढाली गई गोलियों की अधिकतम संख्या (पूर्णांक में) कितनी हो सकती हैं? **SSC CPO 24/11/2020 Shift I**

(a) 100 (b) 125 (c) 166 (d) 30

210. किसी बेलन की आधार त्रिज्या 14 सेमी है और इसका वक्रपृष्ठ क्षेत्रफल 880 सेमी^{2} है। इसका आयतन (सेमी^{3} में) ज्ञात करें। $(\pi = \frac{22}{7}$ लें) **SSC CPO 23/11/2020 Shift I**

(a) 1078 (b) 9240 (c) 6160 (d) 3080

SSC CHSL 2024 (Tier I & II)

211. एक घन का पृष्ठीय क्षेत्रफल 1728 सेमी^{2} है। इसका आयतन ज्ञात कीजिए। **SSC CHSL (Tier-II) 18/11/2024 Shift-I**

(a) $3456\sqrt{2}$ सेमी^{3} (b) $4356\sqrt{2}$ सेमी^{3}
(c) $5436\sqrt{2}$ सेमी^{3} (d) $6453\sqrt{2}$ सेमी^{3}

212. एक बेलन की त्रिज्या $\frac{8}{\pi}$ सेमी है और इसका आयतन 448 सेमी^{3} है। बेलन की ऊँचाई कितनी है? (मान लीजिए $\pi = \frac{22}{7}$) **SSC CHSL (Tier-II) 18/11/2024 Shift-I**

(a) 24 सेमी (b) 22 सेमी (c) 21 सेमी (d) 23 सेमी

213. एक खिलौना बनाने के लिए, एक बेलन के एक सिरे पर एक अर्द्धगोला जुड़ा हुआ है और बेलन के दूसरे सिरे पर एक शंकु जुड़ा हुआ है। बेलन, शंकु और अर्द्धगोले की उभयनिष्ठ त्रिज्या 4.2 सेमी है। बेलन की ऊँचाई और शंकु की ऊँचाई 7 सेमी है। खिलौने का आयतन (सेमी^{3} में) ज्ञात कीजिए। $(\pi = \frac{22}{7}$ का उपयोग कीजिए) **SSC CHSL (Tier-II) 18/11/2024 Shift-I**

(a) 358.8 (b) 863.25
(c) 762.255 (d) 672.672

214. दो गोलों की त्रिज्याएँ 4 : 5 के अनुपात में हैं। उनका आयतन किस अनुपात में होगा? **SSC CHSL (Tier-II) 18/11/2024 Shift-I**

(a) 4 : 5 (b) 16 : 25
(c) 125 : 64 (d) 64 : 125

215. एक आयताकार खण्ड का आयतन 12288 मी^{3} है। इसके आयाम 4 : 3 : 2 के अनुपात में है। यदि सम्पूर्ण पृष्ठ को 2 पैसे/मी^{2} की दर से पॉलिश किया जाए, तो पॉलिश करने की कुल लागत ज्ञात कीजिए। **SSC CHSL (Tier-I) 11/07/2024 Shift-IV**

(a) ₹ 33.28 (b) ₹ 44.42
(c) ₹ 66.56 (d) ₹ 11.14

216. एक बेलनाकार मोमबत्ती, जिसका व्यास 14 सेमी और लम्बाई 2 सेमी है, को पिघलाकर 7 सेमी × 11 सेमी × 2 सेमी विमाओं वाली एक घनाभाकार मोमबत्ती बनाई जाती है। इससे कितनी घनाभाकार मोमबत्तियाँ प्राप्त की जा सकती हैं? **SSC CHSL (Tier-I) 11/07/2024 Shift-IV**

(a) 4 (b) 2 (c) 5 (d) 3

217. एक गोलाकार गेंद का पृष्ठीय क्षेत्रफल 1386 सेमी^{2} है। इसका आयतन क्या होगा? **SSC CHSL (Tier-I) 11/07/2024 Shift-III**

(a) 4851 सेमी^{3} (b) 4800 सेमी^{3}
(c) 4825 सेमी^{3} (d) 5000 सेमी^{3}

218. एक घनाभ का सम्पूर्ण पृष्ठीय क्षेत्रफल ज्ञात करें, जिसकी लम्बाई 19 सेमी, चौड़ाई 9 सेमी और ऊँचाई 4.5 सेमी है। **SSC CHSL (Tier-I) 11/07/2024 Shift-III**

(a) 497 सेमी^{2} (b) 917 सेमी^{2}
(c) 619 सेमी^{2} (d) 594 सेमी^{2}

219. एक अर्द्धगोलाकार कटोरा चाँदी से बना है और इसका आन्तरिक व्यास 4 सेमी है, यदि चाँदी की मोटाई 0.5 सेमी है। कटोरे को बनाने में उपयोग की गई चाँदी की मात्रा दशमलव के दो स्थानों तक ज्ञात कीजिए। $(\pi = 3.14)$ **SSC CHSL (Tier-I) 11/07/2024 Shift-II**

(a) 51.69 सेमी^{3} (b) 15.69 सेमी^{3}
(c) 15.96 सेमी^{3} (d) 51.96 सेमी^{3}

220. प्रत्येक 5 सेमी भुजा वाले तीन घनों को एक सिरे से दूसरे सिरे तक जोड़ा जाता है। परिणामी घनाभ का पृष्ठीय क्षेत्रफल क्या होगा? **SSC CHSL (Tier-I) 11/07/2024 Shift-II**

(a) 150 सेमी^{2} (b) 175 सेमी^{2}
(c) 350 सेमी^{2} (d) 75 सेमी^{2}

221. एक घनाभ के आकार में एक गत्ते के डिब्बे का पृष्ठीय क्षेत्रफल (सेमी^{2} में) ज्ञात कीजिए, जिसकी लम्बाई 60 सेमी, चौड़ाई उसकी लम्बाई की आधी और ऊँचाई उसकी चौड़ाई की एक-तिहाई है। **SSC CHSL (Tier-I) 11/07/2024 Shift-I**

(a) 2700 (b) 8100
(c) 5400 (d) 10800

222. 6 सेमी त्रिज्या वाले एक ठोस धातु के गोले को पिघलाकर 3 सेमी त्रिज्या की गोलाकार गेंदों में ढाला जाता है। इस प्रकार, प्राप्त गोलाकार गेंदों की संख्या कितनी होगी? **SSC CHSL (Tier-I) 11/07/2024 Shift-I**

(a) 8 (b) 4 (c) 6 (d) 10

223. यदि एक गोले का पृष्ठीय क्षेत्रफल 616 सेमी^{2} है, तो गोले की त्रिज्या ज्ञात कीजिए। **SSC CHSL (Tier-I) 10/07/2024 Shift-IV**

(a) 14.0 सेमी (b) 3.5 सेमी
(c) 7.0 सेमी (d) 18.0 सेमी

224. 54 सेमी^{2} पृष्ठीय क्षेत्रफल वाले एक ठोस धातु के घन को पिघलाकर प्रत्येक $\frac{8}{12}$ सेमी^{2} पृष्ठीय क्षेत्रफल वाले छोटे-छोटे घन बनाए जाते हैं। छोटे घनों की संख्या ज्ञात कीजिए। **SSC CHSL (Tier-I) 10/07/2024 Shift-IV**

(a) 216 (b) 512 (c) 343 (d) 729

225. यदि दो गोलों के पृष्ठीय क्षेत्रफल 49 : 81 के अनुपात में हैं, तो उनके आयतनों का अनुपात ज्ञात करें। **SSC CHSL (Tier-I) 10/07/2024 Shift-IV**

(a) 125 : 512 (b) 343 : 729
(c) 27 : 64 (d) 216 : 512

226. एक वस्तु का आकार 9 सेमी × 6 सेमी × 3 सेमी है। 63 सेमी × 42 सेमी × 21 सेमी आकार वाले बॉक्स में ऐसी कितनी वस्तुओं को पैक किया जा सकता है? **SSC CHSL (Tier-I) 10/07/2024 Shift-III**

(a) 343 (b) 49 (c) 196 (d) 243

227. 20 सेमी, 12 सेमी और 10 सेमी आयामों वाले एक घनाभ को 3 बार काट कर 8 बराबर टुकड़ों में काटा जाता है। सभी टुकड़ों का सम्पूर्ण पृष्ठीय क्षेत्रफल कितना होगा? **SSC CHSL (Tier-I) 10/07/2024 Shift-III**

(a) 1680 सेमी^{2} (b) 1220 सेमी^{2}
(c) 3360 सेमी^{2} (d) 2240 सेमी^{2}

228. एक लम्बवृत्तीय शंकु का वक्रपृष्ठीय क्षेत्रफल 20π सेमी^{2} है। यदि इसकी त्रिज्या 4 सेमी है, तो शंकु का आयतन ज्ञात कीजिए। **SSC CHSL (Tier-I) 10/07/2024 Shift-II**

(a) 20π सेमी^{3} (b) 18π सेमी^{3}
(c) 21π सेमी^{3} (d) 16π सेमी^{3}

229. 4 सेमी किनारे (edge) वाले एक घन को प्रत्येक 2 सेमी के किनारे वाले घनों में काटा जाता है। छोटे घनों के किसी एक घन के सम्पूर्ण पृष्ठीय क्षेत्रफल और बड़े घन के सम्पूर्ण क्षेत्रफल का अनुपात .... होगा। **SSC CHSL (Tier-I) 10/07/2024 Shift-II**

(a) 1 : 8 (b) 1 : 16
(c) 1 : 4 (d) 1 : 64

230. 5.5 सेमी की त्रिज्या वाले अर्द्धगोले का आयतन (निकटतम पूर्णांक तक) कितना है $(\pi = 3.14$ का उपयोग करें)? **SSC CHSL (Tier-I) 10/07/2024 Shift-I**

(a) 348 सेमी^{3} (b) 378 सेमी^{3}
(c) 325 सेमी^{3} (d) 362 सेमी^{3}

231. एक घनाभ के आकार के वॉटर प्यूरिफायर में 10 लीटर पानी आ सकता है। इसकी चौड़ाई, इसकी ऊँचाई की $\frac{1}{5}$ है तथा लम्बाई, चौड़ाई और ऊँचाई के योग की $\frac{1}{3}$ है। टैंक की ऊँचाई कितनी है? **SSC CHSL (Tier-I) 10/07/2024 Shift-I**

(a) 50 सेमी (b) 80 सेमी
(c) 20 सेमी (d) 10 सेमी

232. किसी अस्पताल में एक रोगी को प्रतिदिन 7 सेमी व्यास वाले एक बेलनाकार कप में चाय दी जाती है। यदि कप को चाय से 4 सेमी की ऊँचाई तक भरा जाता है, तो 180 रोगियों को चाय देने के लिए अस्पताल को प्रतिदिन कितनी चाय तैयार करनी होगी? ($\pi = \frac{22}{7}$ का प्रयोग करें)
SSC CHSL (Tier-I) 10/07/2024 Shift-I
(a) 22.77 लीटर (b) 22.27 लीटर
(c) 27.72 लीटर (d) 27.27 लीटर

233. 3136π सेमी^{3} आयतन के एक धातु के गोले को पिघलाकर प्रत्येक 3.5 सेमी त्रिज्या और 4 सेमी ऊँचाई वाले छोटे-छोटे शंकुओं में ढाला जाता है। इससे कितने शंकु प्राप्त किए जा सकते हैं? SSC CHSL (Tier-I) 9/07/2024 Shift-IV
(a) 192 (b) 172 (c) 196 (d) 148

234. 18 सेमी व्यास वाले गोले से बनाए जा सकने वाली प्रत्येक 2 सेमी व्यास की कागज की गेंदों की संख्या ज्ञात कीजिए।
SSC CHSL (Tier-I) 9/07/2024 Shift-IV
(a) 729 (b) 625 (c) 484 (d) 1020

235. एक घनाभ के आकार के बक्से के तीन आसन्न फलकों का क्षेत्रफल क्रमशः 120 सेमी^{2}, 72 सेमी^{2} और 60 सेमी^{2} है। बक्से का आयतन (सेमी^{3} में) ज्ञात कीजिए।
SSC CHSL (Tier-I) 9/07/2024 Shift-III
(a) 864 (b) 720 (c) 425 (d) 650

236. यदि एक शंकु के आधार की त्रिज्या और तिर्यक ऊँचाई क्रमशः 6 सेमी और 10 सेमी है, तो शंकु का आयतन ज्ञात करें।
SSC CHSL (Tier-I) 9/07/2024 Shift-III
(a) 108π सेमी^{3} (b) 96π सेमी^{3}
(c) 98π सेमी^{3} (d) 106π सेमी^{3}

237. दो घनों के आयतनों का अनुपात 1 : 125 है। उनके पृष्ठीय क्षेत्रफलों का अनुपात ज्ञात कीजिए। SSC CHSL (Tier-I) 9/07/2024 Shift-II
(a) 1 : 25 (b) 25 : 1
(c) 1 : 5 (d) 1 : 125

238. 1.5 मी त्रिज्या और 3 मी ऊँचाई वाली एक बन्द बेलनाकार टंकी धातु की शीट से बनाई जाती है, इसे बनाने के लिए धातु की कितनी शीट की आवश्यकता होगी?
SSC CHSL (Tier-I) 9/07/2024 Shift-II
(a) 42.24 वर्ग मी (b) 42.42 वर्ग मी
(c) 24.24 वर्ग मी (d) 24.42 वर्ग मी

239. 3 मी किनारे वाले एक घनाकार बक्से में 15 सेमी किनारे वाले कितने घन रखे जा सकते हैं? SSC CHSL (Tier-I) 9/07/2024 Shift-II
(a) 9000 (b) 8000 (c) 1050 (d) 2000

240. यदि एक घनाभ के तीन आसन्न फलकों का क्षेत्रफल क्रमशः 5 सेमी^{2}, 15 सेमी^{2}, 27 सेमी^{2} हैं, तो घनाभ का पृष्ठीय क्षेत्रफल क्या होगा?
SSC CHSL (Tier I) 9/07/2024 Shift-I
(a) 45 सेमी^{2} (b) 75 सेमी^{2}
(c) 47 सेमी^{2} (d) 94 सेमी^{2}

241. एक बेलन का वक्रपृष्ठीय क्षेत्रफल दूसरे बेलन के वक्रपृष्ठीय क्षेत्रफल के 350% के बराबर है। यदि उनकी त्रिज्याएँ 3 : 1 के अनुपात में हैं, तो छोटे आकार वाले बेलन का आयतन, बड़े आकार वाले बेलन का लगभग ....% है (बड़े आकार वाले बेलन की तुलना में छोटे आकार वाले बेलन की त्रिज्या और ऊँचाई कम है)। SSC CHSL (Tier-I) 9/07/2024 Shift-I
(a) 9.52 (b) 10.16 (c) 7.28 (d) 8.86

242. यदि किसी घन का पार्श्व पृष्ठीय क्षेत्रफल 144 सेमी^{2} है, तो उसका आयतन ज्ञात कीजिए।
SSC CHSL (Tier-I) 9/07/2024 Shift-I
(a) 216 सेमी^{3} (b) 117.58 सेमी^{3}
(c) 1728 सेमी^{3} (d) 864 सेमी^{3}

243. एक ढके हुए लकड़ी के बॉक्स की भीतरी माप 128 सेमी, 90 सेमी, 25 सेमी है और लकड़ी की मोटाई 5.5 सेमी है। लकड़ी का आयतन ज्ञात करें। SSC CHSL (Tier-I) 09/07/2024 Shift-I
(a) 217404 सेमी^{3} (b) 329431 सेमी^{3}
(c) 819832 सेमी^{3} (d) 192392 सेमी^{3}

244. प्रत्येक 5 सेमी किनारे वाले दो घनों को उनके फलकों की तरफ से एक-दूसरे के साथ जोड़ा जाता है। इस प्रकार बने घनाभ का पृष्ठीय क्षेत्रफल ज्ञात कीजिए।
SSC CHSL (Tier-I) 08/07/2024 Shift-IV
(a) 250 सेमी^{2} (b) 300 सेमी^{2}
(c) 200 सेमी^{2} (d) 125 सेमी^{2}

245. एक अर्द्धगोलाकार लकड़ी के कटोरे की भीतरी और बाहरी त्रिज्याएँ क्रमशः 6 सेमी और 8 सेमी है। इसकी पूरी सतह पॉलिश किया जाना है और π सेमी^{2} को पॉलिश करने की लागत ₹50 है। कटोरे को पॉलिश करने में कितना खर्च आएगा? SSC CHSL (Tier-I) 08/07/2024 Shift-IV
(a) ₹ 11400 (b) ₹ 10000
(c) ₹ 11600 (d) ₹ 12000

246. 14 सेमी त्रिज्या वाले गोले के आकार की एक गेंद को पेन्ट करने की लागत ज्ञात कीजिए, यदि गेंद की पेंटिंग की लागत ₹5 प्रति वर्ग सेमी है ($\pi = \frac{22}{7}$ लें)।
SSC CHSL (Tier-I) 08/07/2024 Shift-IV
(a) ₹ 12230 (b) ₹ 13220
(c) ₹ 12320 (d) ₹ 13022

247. 6 सेमी आधार त्रिज्या और 10 सेमी ऊँचाई वाले धातु के एक ठोस बेलन को पिघलाकर छोटे बेलन बनाए जाते हैं, जिनमें से प्रत्येक की ऊँचाई 2.5 सेमी और आधार त्रिज्या 2 सेमी है। छोटे बेलनों की संख्या ज्ञात करें।
SSC CHSL (Tier-I) 08/07/2024 Shift-III
(a) 360 (b) 36 (c) 32 (d) 80

248. यदि एक गोले की त्रिज्या में 3.5 सेमी की वृद्धि कर दी जाए, तो इसके पृष्ठीय क्षेत्रफल में 550 सेमी^{2} की वृद्धि हो जाती है। गोले की मूल त्रिज्या क्या थी? ($\pi = \frac{22}{7}$ का प्रयोग कीजिए)
SSC CHSL (Tier-I) 08/07/2024 Shift-II
(a) 3.5 सेमी (b) 4 सेमी
(c) 4.5 सेमी (d) 6 सेमी

249. 36 सेमी × 22 सेमी × 12 सेमी आयामों वाले एक धातु के ठोस घनाभ को पिघलाकर 6 सेमी भुजा वाले घनों के रूप में ढाला जाता है। इस प्रकार बने घनों की संख्या ज्ञात कीजिए।
SSC CHSL (Tier-I) 08/07/2024 Shift-II
(a) 46 (b) 45 (c) 43 (d) 44

250. यदि एक गोले की त्रिज्या में 5% की वृद्धि की जाती है, तो गोले के पृष्ठीय क्षेत्रफल में कितने प्रतिशत की वृद्धि होगी?
SSC CHSL (Tier-I) 08/07/2024 Shift-I
(a) 10.25% (b) 15.25%
(c) 13.25% (d) 11.25%

251. 8 सेमी त्रिज्या के एक ठोस गोले को पिघलाकर प्रत्येक 4 सेमी व्यास वाली छोटी-छोटी गोलाकार गेंदों में पुन: ढाला जाता है। इस प्रकार प्राप्त गेंदों की संख्या ज्ञात कीजिए। ($\pi = \frac{22}{7}$ का प्रयोग कीजिए।)
SSC CHSL (Tier-I) 08/07/2024 Shift-I
(a) 24 (b) 64 (c) 32 (d) 48

252. एक घन का सम्पूर्ण पृष्ठीय क्षेत्रफल 294 सेमी^{2} है। घन का आयतन कितना है?
SSC CHSL (Tier-I) 05/07/2024 Shift-IV
(a) 343 सेमी^{3} (b) 243 सेमी^{3}
(c) 216 सेमी^{3} (d) 512 सेमी^{3}

253. एक रोलर का व्यास 35 सेमी और इसकी लम्बाई 100 सेमी है। एक खेल के मैदान को समतल बनाने में इसे 200 पूर्ण परिक्रमण लगाने पड़ते हैं। मी^{2} में खेल के मैदान का क्षेत्रफल ज्ञात कीजिए।
SSC CHSL (Tier-I) 05/07/2024 Shift-IV
(a) 220 (b) 2200000
(c) 110000 (d) 110

254. यदि 75 सेमी, 60 सेमी और 45 सेमी त्रिज्या वाले तीन गोले पिघलाकर एक बड़ा गोला बनाया जाए, तो बड़े गोले की त्रिज्या होगी
SSC CHSL (Tier-I) 05/07/2024 Shift-III
(a) 85 सेमी (b) 90 सेमी
(c) 95 सेमी (d) 80 सेमी

255. यदि किसी घन की भुजा को तीन गुना कर दिया जाए, तो उस घन के पृष्ठीय क्षेत्रफल में प्रतिशत वृद्धि ज्ञात कीजिए।
SSC CHSL (Tier-I) 05/07/2024 Shift-III
(a) 800% (b) 500%
(c) 700% (d) 650%

256. यदि किसी घनाभ की लम्बाई, चौड़ाई और कुल पृष्ठीय क्षेत्रफल क्रमशः 30 सेमी, 20 सेमी और 2600 सेमी^{2} हैं, तो इसकी ऊँचाई ज्ञात कीजिए।
SSC CHSL (Tier-I) 05/07/2024 Shift-III
(a) 15 सेमी (b) 14 सेमी
(c) 30 सेमी (d) 50 सेमी

257. एक बेलनाकार टैंक के आधार का व्यास 28 सेमी है और इसकी ऊँचाई 42 सेमी है। इसका वक्र पृष्ठीय क्षेत्रफल ज्ञात कीजिए।
SSC CHSL (Tier-I) 05/07/2024 Shift-II
(a) 3680 सेमी^{2} (b) 3690 सेमी^{2}
(c) 3696 सेमी^{2} (d) 3686 सेमी^{2}

258. 9 सेमी की त्रिज्या वाले ताँबे के एक ठोस गोले को 4 मिमी की त्रिज्या के एक तार में ढाला जाता है। तार की लम्बाई ज्ञात कीजिए।
SSC CHSL (Tier-I) 5/07/2024 Shift-II
(a) 70.25 मी (b) 20.75 मी
(c) 65.25 मी (d) 60.75 मी

259. राजेश एक फुटबॉल से खेल रहा है जिसका व्यास 28 सेमी है। वह इस पूरी बॉल पर अपने पसन्दीदा खिलाड़ी की तस्वीर पेण्ट कराना चाहता है। पेण्टर ₹ 2/सेमी^{2} का शुल्क लेता है। बॉल को पेण्ट करने की लागत (₹ में) क्या होगी? ($\pi = \frac{22}{7}$ लें)
SSC CHSL (Tier-I) 5/07/2024 Shift-I
(a) 4928 (b) 2414
(c) 4828 (d) 2464

260. एक बेलनाकार तेल की टंकी की त्रिज्या 5 मी और उसका कुल पृष्ठीय क्षेत्रफल 628 मी^{2} है। इसका वक्रपृष्ठीय क्षेत्रफल क्या होगा? (दशमलव के 2 स्थानों तक सन्निकटित)
SSC CHSL (Tier-I) 5/07/2024 Shift-I
(a) 401.43 मी^{2} (b) 481.43 मी^{2}
(c) 470.8 मी^{2} (d) 381.83 मी^{2}

261. एक घनाभ की लम्बाई, चौड़ाई और ऊँचाई का अनुपात 3 : 4 : 5 है। यदि घनाभ का आयतन 1620 मी^{3} है, तो घनाभ का सम्पूर्ण पृष्ठीय क्षेत्रफल ज्ञात कीजिए।
SSC CHSL (Tier-I) 5/07/2024 Shift-I
(a) 423 मी^{2} (b) 712 मी^{2}
(c) 646 मी^{2} (d) 846 मी^{2}

262. 6 सेमी, 8 सेमी और 10 सेमी व्यास वाले 3 ठोस गोलों को एकसाथ पिघलाकर एक ठोस गोला बनाया जाता है। इसकी त्रिज्या ज्ञात कीजिए। **SSC CHSL (Tier-I) 04/07/2024 Shift-IV**
(a) 9 सेमी (b) 6 सेमी
(c) 3 सेमी (d) 12 सेमी

263. यदि एक ठोस लम्बवृत्तीय बेलन की ऊँचाई 27 सेमी है और इसके आधार का व्यास 30 सेमी है, तो लम्बवृत्तीय बेलन का कुल पृष्ठीय क्षेत्रफल (सेमी^{2} में) कितना है? ($\pi = \frac{22}{7}$ का प्रयोग करें)
SSC CHSL (Tier-I) 04/07/2024 Shift-IV
(a) 3964 (b) 3960
(c) 3978 (d) 3976

264. 60 सेमी आधार का व्यास और 10 सेमी ऊँचाई वाले एक बेलन के पार्श्व पृष्ठीय क्षेत्रफल और सम्पूर्ण पृष्ठीय क्षेत्रफल का अनुपात क्या होगा?
SSC CHSL (Tier-I) 04/07/2024 Shift-IV
(a) 1 : 9 (b) 1 : 7
(c) 1 : 3 (d) 1 : 4

265. उस शिरोपरि बेलनाकार पानी की टंकी की लीटर में धारिता (क्षमता) ज्ञात कीजिए, जिसकी त्रिज्या 2.1 मी और ऊँचाई 6.3 मी है।
SSC CHSL (Tier-I) 04/07/2024 Shift-III
(a) 87318 (b) 65622
(c) 61802 (d) 611726

266. 28 सेमी^{2} व्यास वाले एक ठोस अर्द्धगोले का कुल पृष्ठीय क्षेत्रफल............होता है।
SSC CHSL (Tier-I) 04/07/2024 Shift-III
(a) 1784 सेमी^{2} (b) 1488 सेमी^{2}
(c) 1648 सेमी^{2} (d) 1848 सेमी^{2}

267. एक बेलन का व्यास 14 सेमी है और इसकी ऊँचाई 9 सेमी है। बेलन का सम्पूर्ण पृष्ठीय क्षेत्रफल ज्ञात कीजिए।
SSC CHSL (Tier-I) 04/07/2024 Shift-III
(a) 700 सेमी^{2} (b) 708 सेमी^{2}
(c) 714 सेमी^{2} (d) 704 सेमी^{2}

268. उस बेलन का वक्रपृष्ठीय क्षेत्रफल क्या है, जिसकी त्रिज्या 3 सेमी और ऊँचाई 14 सेमी है? ($\pi = \frac{22}{7}$ लें)
SSC CHSL (Tier-I) 04/07/2024 Shift-II
(a) 262 सेमी^{2} (b) 263 सेमी^{2}
(c) 264 सेमी^{2} (d) 261 सेमी^{2}

269. एक गोले की त्रिज्या में 25% की वृद्धि की जाती है। पृष्ठीय क्षेत्रफल में वृद्धि प्रतिशत क्या है?
SSC CHSL (Tier-I) 04/07/2024 Shift-II
(a) 15.55% (b) 56.25%
(c) 25.25% (d) 36.45%

270. यदि एक बेलन के आधार का व्यास और वक्रपृष्ठीय क्षेत्रफल क्रमश: 14 सेमी और 352 सेमी^{2} है, तो बेलन का सम्पूर्ण पृष्ठीय क्षेत्रफल ज्ञात कीजिए।
SSC CHSL (Tier-I) 04/07/2024 Shift-I
(a) 660 सेमी^{2}
(b) 654 सेमी^{2}
(c) 760 सेमी^{2}
(d) 754 सेमी^{2}

271. एक आयताकार बक्से के किनारों का अनुपात 3 : 5 : 8 है और इसका पृष्ठीय क्षेत्रफल 632 सेमी^{2} है। बक्से का आयतन ज्ञात कीजिए।
SSC CHSL (Tier-I) 04/07/2024 Shift-I
(a) 801 सेमी^{3} (b) 960 सेमी^{3}
(c) 510 सेमी^{3} (d) 990 सेमी^{3}

272. धातु के तीन ठोस घनों की भुजाएँ क्रमश: 6 सेमी, 8 सेमी और 10 सेमी हैं। इन्हें पिघलाकर एक नया घन बनाया गया है। इस नए घन का पृष्ठीय क्षेत्रफल कितना है?
SSC CHSL (Tier-I) 04/07/2024 Shift-I
(a) 915 सेमी^{2}
(b) 950 सेमी^{2}
(c) 864 सेमी^{2}
(d) 812 सेमी^{2}

273. लोहे की एक बेलनाकार छड़ जिसकी ऊँचाई इसकी त्रिज्या से बारह गुना है, को पिघलाकर गोलाकार गेंदों में ढाला जाता है, जिनमें से प्रत्येक की त्रिज्या, बेलन की त्रिज्या की एक-तिहाई है। गोलाकार गेंदों की संख्या ज्ञात कीजिए। **SSC CHSL (Tier-I) 03/07/2024 Shift-IV**
(a) 224 (b) 198 (c) 212 (d) 243

274. प्रत्येक 216 घन सेमी आयतन वाले चार घनों को एक सिरे से दूसरे सिरे तक जोड़कर एक नया ठोस बनाया जाता है। नए ठोस का पृष्ठीय क्षेत्रफल कितना है?
SSC CHSL (Tier-I) 03/07/2024 Shift-IV
(a) 672 वर्ग सेमी^{2} (b) 648 वर्ग सेमी^{2}
(c) 324 वर्ग सेमी^{2} (d) 1296 वर्ग सेमी^{2}

275. यदि किसी गोले की त्रिज्या में 12% की वृद्धि की जाती है, तो आयतन में लगभग कितनी वृद्धि होगी? **SSC CHSL (Tier-I) 03/07/2024 Shift-IV**
(a) 45.49% (b) 42.5%
(c) 41.49% (d) 40.49%

276. यदि एक लम्ब वृत्तीय शंकु की ऊँचाई 24 सेमी है और उसके आधार की त्रिज्या 10.5 सेमी है, तो लम्बवृत्तीय शंकु का आयतन (सेमी^{3} में) ज्ञात कीजिए। ($\pi = \frac{22}{7}$ का प्रयोग करें)
SSC CHSL (Tier-I) 03/07/2024 Shift-III
(a) 2237 (b) 2277
(c) 2772 (d) 2727

277. यदि एक घनाभ का पृष्ठीय क्षेत्रफल 108 मी^{2} है, तो घनाभ की ऊँचाई ज्ञात कीजिए, जिसकी लम्बाई 6 मी और चौड़ाई 3 मी है।
SSC CHSL (Tier-I) 03/07/2024 Shift-II
(a) 4 मी (b) 5.5 मी
(c) 4.5 मी (d) 5 मी

278. 14 सेमी ऊँचाई वाले एक लम्बवृत्तीय बेलन का वक्रपृष्ठीय क्षेत्रफल 88 सेमी^{2} है। बेलन का कुल पृष्ठीय क्षेत्रफल ज्ञात कीजिए।
SSC CHSL (Tier-I) 03/07/2024 Shift-II
(a) $\frac{660}{7}$ सेमी^{2} (b) $\frac{460}{7}$ सेमी^{2}
(c) $\frac{360}{7}$ सेमी^{2} (d) $\frac{560}{7}$ सेमी^{2}

279. दो शंकुओं की ऊँचाइयों का अनुपात 5 : 3 है और उनकी त्रिज्याएँ 6 : 5 के अनुपात में हैं। उनके आयतनों का अनुपात ज्ञात कीजिए।
SSC CHSL (Tier-I) 03/07/2024 Shift-I
(a) 12 : 5 (b) 13 : 5
(c) 10 : 5 (d) 11 : 5

280. यदि किसी गोले की त्रिज्या दोगुनी कर दी जाए, तो गोले का आयतन पिछले आयतन का ....गुना हो जाता है।
SSC CHSL (Tier-I) 03/07/2024 Shift-I
(a) आठ (b) दो (c) चार (d) एक

281. एक गत्ते के डिब्बे की आन्तरिक लम्बाई, चौड़ाई और ऊँचाई क्रमश: 6 सेमी, 10 सेमी और 12 सेमी है। ऐसे कितने डिब्बों की आवश्यकता होगी, जिनमें 2160 सेमी^{3}आयतन वाले घनों को पैक किया जा सके?
SSC CHSL (Tier-I) 03/07/2024 Shift-I
(a) 4 (b) 6 (c) 3 (d) 5

282. एक बेलन की त्रिज्या और ऊँचाई का अनुपात 6 : 7 है और इसका आयतन 792 सेमी^{3} है। इसके वक्रपृष्ठीय क्षेत्रफल की गणना (सेमी^{2} में) कीजिए। **SSC CHSL (Tier-I) 02/07/2024 Shift-IV**
(a) 226 (b) 264
(c) 262 (d) 490

283. 10 मी व्यास वाले एक गोले के बाह्य पृष्ठ को ₹ $\frac{80}{\pi}$ प्रति मी² की दर से पेन्ट किया गया। पेन्टिंग की लागत कितनी है?

SSC CHSL (Tier-I) 02/07/2024 Shift-IV

(a) ₹ 9000 (b) ₹ 6000
(c) ₹ 4000 (d) ₹ 8000

284. यदि एक अर्द्धगोले का व्यास 42 सेमी है, तो अर्द्धगोले का आयतन (सेमी³ में) है $\left(\pi = \frac{22}{7}\text{ का प्रयोग करें}\right)$

SSC CHSL (Tier-I) 02/07/2024 Shift-III

(a) 19404 (b) 19444
(c) 19154 (d) 19254

285. 68 सेमी लम्बाई और 28 सेमी के आधार व्यास वाले एक लम्ब वृत्तीय बेलन के वक्र पृष्ठीय क्षेत्रफल और सम्पूर्ण पृष्ठीय क्षेत्रफल के बीच का अन्तर ज्ञात करें।

SSC CHSL (Tier-I) 02/07/2024 Shift-III

(a) 1132 सेमी² (b) 1232 सेमी²
(c) 1332 सेमी² (d) 1432 सेमी²

286. 60 सेमी, 40 सेमी और 20 सेमी बाहरी आयामों वाला एक लोहे का बक्सा 1 सेमी मोटी चादर से बना है। यदि 1 सेमी³ लोहे का भार 50 ग्राम है, तो खाली बक्से का भार कितना होगा? SSC CHSL (Tier-I) 02/07/2024 Shift-III

(a) 400 किग्रा (b) 214.05 किग्रा
(c) 240 किग्रा (d) 416.40 किग्रा

287. यदि ईंट का आकार 25 सेमी × 12 सेमी × 9 सेमी है, तो 10 मी लम्बी, 22.5 सेमी चौड़ी और 6 मी ऊँची दीवार बनाने के लिए कितनी ईंटों की आवश्यकता होगी?

SSC CHSL (Tier-I) 02/07/2024 Shift-II

(a) 8000 (b) 4500
(c) 6000 (d) 5000

288. एक अर्द्धगोले की त्रिज्या 6.2 सेमी है। इसका कुल पृष्ठीय क्षेत्रफल ज्ञात कीजिए ($\pi = 3.14$ का प्रयोग कीजिए) (दशमलव के दो स्थानों तक सन्निकटित)।

SSC CHSL (Tier-I) 02/07/2024 Shift-II

(a) 362.10 सेमी² (b) 282.25 सेमी²
(c) 276.35 सेमी² (d) 358.52 सेमी²

289. एक बेलनाकार टंकी की धारिता (क्षमता) 8316 सेमी³ है। यदि इसके आधार की त्रिज्या 21 सेमी है, तो टंकी की गहराई ज्ञात करें।

SSC CHSL (Tier-I) 02/07/2024 Shift-I

(a) 4 सेमी (b) 6 सेमी
(c) 10 सेमी (d) 8 सेमी

290. यदि एक अर्द्धगोले का व्यास 21 सेमी है, तो अर्द्धगोले का वक्रपृष्ठीय क्षेत्रफल (सेमी² में) कितना है? $\left(\pi = \frac{22}{7}\text{ का प्रयोग करें}\right)$

SSC CHSL (Tier-I) 02/07/2024 Shift-I

(a) 939 (b) 693
(c) 963 (d) 639

291. एक गोलाकार गेंद का व्यास ज्ञात कीजिए, जिसका आयतन 38.808 सेमी³ है। ($\pi = \frac{22}{7}$ का प्रयोग करें)

SSC CHSL (Tier-I) 01/07/2024 Shift-IV

(a) 4.6 सेमी (b) 4.8 सेमी
(c) 4.4 सेमी (d) 4.2 सेमी

292. यदि किसी घन की भुजा 3 इकाई है, तो निम्नलिखित में से कौन-सा विकल्प उस घन के पृष्ठीय क्षेत्रफल और आयतन के बीच अनुपात के बराबर है?

SSC CHSL (Tier-I) 01/07/2024 Shift-IV

(a) 2 : 7 (b) 2 : 3 (c) 2 : 1 (d) 2 : 5

293. एक गोले का पृष्ठीय क्षेत्रफल 2464 सेमी² है। इसका आयतन ज्ञात कीजिए।

SSC CHSL (Tier-I) 01/07/2024 Shift-IV

(a) $11498\frac{2}{3}$ सेमी³ (b) $13121\frac{1}{3}$ सेमी³
(c) $11892\frac{2}{3}$ सेमी³ (d) $11621\frac{1}{3}$ सेमी³

294. एक रोलर की त्रिज्या 49 सेमी है और इसकी लम्बाई 200 सेमी है। एक खेल के मैदान को समतल करने के लिए एक बार चलने के लिए 700 पूर्ण चक्कर लगाने पड़ते हैं। खेल के मैदान का क्षेत्रफल ज्ञात कीजिए। ($\pi = \frac{22}{7}$ का प्रयोग कीजिए।)

SSC CHSL (Tier-I) 01/07/2024 Shift-III

(a) 4312×10^2 सेमी² (b) 4312×10^3 सेमी²
(c) 4322×10^4 सेमी² (d) 4312×10^4 सेमी²

295. एक शंकु का वक्रपृष्ठीय क्षेत्रफल 2200 सेमी² है और इसकी त्रिज्या 28 सेमी है। इस शंकु की तिर्यक ऊँचाई (सेमी में) क्या है? ($\pi = \frac{22}{7}$ का प्रयोग करें)।

SSC CHSL (Tier-I) 01/07/2024 Shift-II

(a) 22 (b) 24
(c) 23 (d) 25

296. एक घनाभ की भुजाओं का अनुपात 3 : 4 : 5 है और इसका पृष्ठीय क्षेत्रफल 6 इकाई भुजा वाले घन के पृष्ठीय क्षेत्रफल के बराबर है। घनाभ का आयतन लगभग कितना है?

SSC CHSL (Tier-I) 01/07/2024 Shift-II

(a) 150 (b) 180 (c) 210 (d) 240

297. दो गोलों के पृष्ठीय क्षेत्रफलों का अनुपात 25 : 36 है। उनके आयतनों का अनुपात क्या है?

SSC CHSL (Tier-I) 01/07/2024 Shift-II

(a) $\frac{36}{125}$ (b) $\frac{25}{36}$
(c) $\frac{36}{115}$ (d) $\frac{125}{216}$

298. एक लम्बवृत्तीय बेलन के वक्रपृष्ठीय क्षेत्रफल और आयतन के संख्यात्मक मानों के बीच का अनुपात क्रमशः 2 : 3 है। यदि बेलन की त्रिज्या और ऊँचाई के बीच का अनुपात क्रमशः 3 : 7 है, बेलन का कुल पृष्ठीय क्षेत्रफल क्या है?

SSC CHSL (Tier-I) 01/07/2024 Shift-II

(a) 65π सेमी² (b) 45π सेमी²
(c) 62π सेमी² (d) 60π सेमी²

299. एक घन का पृष्ठीय क्षेत्रफल 486 सेमी² है, उसका आयतन ज्ञात करें।

SSC CHSL (Tier-I) 01/07/2024 Shift-I

(a) 512 सेमी³ (b) 625 सेमी³
(c) 729 सेमी³ (d) 486 सेमी³

300. दो गोलों के व्यासों का अनुपात 1 : 4 दिया गया है। बड़े गोले को पिघलाया जाता है और पिघले हुए पदार्थ से 125 समरूप गोले बनाए जाते हैं। छोटे गोले को पिघलाया जाता है और पिघले हुए पदार्थ से 27 समरूप गोले बनाए जाते हैं। यदि 125 समरूप गोलों में से प्रत्येक के आयतन का, 27 समरूप गोलों में से प्रत्येक के आयतन से अनुपात 1 : m दिया गया है, तो m का मान क्या होगा? SSC CHSL (Tier-I) 01/07/2024 Shift-I

(a) $\frac{27}{8000}$ (b) $\frac{64}{3375}$
(c) $\frac{1728}{125}$ (d) $\frac{125}{1728}$

301. 14 सेमी भुजा के एक घन से एक सबसे बड़ा सम्भाव्य गोला निकालकर बनाया जाता है। इसका आयतन (सेमी³ में) कितना है?

SSC CHSL (Tier-I) 01/07/2024 Shift-I

(a) $1600\frac{1}{3}$ (b) $205\frac{1}{3}$
(c) $1707\frac{1}{3}$ (d) $1437\frac{1}{3}$

302. एक लम्ब प्रिज्म का आधार एक समबाहु त्रिभुज है जिसकी प्रत्येक भुजा 4 सेमी की है। यदि पार्श्व पृष्ठीय क्षेत्रफल 120 सेमी² है, तो प्रिज्म का आयतन (सेमी³ में) ज्ञात कीजिए।

SSC CHSL (Tier II) 10/01/2024 Shift I

(a) $10\sqrt{3}$ (b) $20\sqrt{3}$
(c) $30\sqrt{3}$ (d) $40\sqrt{3}$

303. एक लम्ब आयताकार डिब्बे की माप, लम्बाई 1.6 मी, चौड़ाई 90 सेमी, ऊँचाई 60 सेमी है। 6 सेमी × 5 सेमी × 40 मिमी आयामों वाले साबुन के केकों को डिब्बे में इस प्रकार पैक किया जाना है, कि डिब्बे में कोई खाली जगह न बचे। डिब्बे में कितने केक पैक किए जा सकते हैं?

SSC CHSL (Tier II) 10/01/2024 Shift I

(a) 6500 (b) 5600
(c) 6000 (d) 7200

304. एक कागज से बने खोखले घन का आयतन 512 घन इकाई है। घन बनाने के लिए वर्ग इकाइयों में कितने कागज की आवश्यकता होगी? SSC CHSL (Tier II) 10/01/2024 Shift I

(a) 384 वर्ग इकाई (b) 328 वर्ग इकाई
(c) 348 वर्ग इकाई (d) 288 वर्ग इकाई

SSC CHSL 2023 (Tier I & II)

305. एक अर्द्धगोलाकार कटोरे का व्यास 21 सेमी है। कटोरे का आयतन ज्ञात कीजिए। ($\pi = \frac{22}{7}$ का प्रयोग कीजिए)

SSC CHSL (Tier II) 02/11/2023 Shift I

(a) 2725.5 सेमी³ (b) 2425.5 सेमी³
(c) 2524.5 सेमी³ (d) 2624.5 सेमी³

306. एक लम्बवृत्तीय शंकु की त्रिज्या और ऊँचाई में 25% की वृद्धि की जाती है। शंकु के आयतन में प्रतिशतता में वृद्धि ज्ञात कीजिए (दशमलव के 2 स्थानों तक सन्निकटित)।

SSC CHSL (Tier II) 02/11/2023 Shift I

(a) 95.31% (b) 93.51%
(c) 94.51% (d) 94.31%

307. एक गोले के व्यास में 30% की वृद्धि की जाती है। इसके आयतन में प्रतिशतता वृद्धि कितनी होगी? SSC CHSL (Tier II) 02/11/2023 Shift I

(a) 69% (b) 119.7% (c) 41.7% (d) 90.5%

308. एक अर्द्धगोलाकार कटोरा 1 सेमी मोटी स्टील से बना है। कटोरे की आन्तरिक त्रिज्या 4 सेमी है। कटोरे की बनाने में प्रयुक्त स्टील का आयतन (सेमी^{3} में) क्या है?

SSC CHSL (Tier II) 17/08/2023 Shift I

(a) $40\frac{2}{3}\pi$ (b) $35\frac{1}{3}\pi$ (c) $27\frac{1}{3}\pi$ (d) $41\frac{1}{3}\pi$

309. 42 सेमी व्यास वाले एक लम्बवृत्तीय शंकु का वक्रपृष्ठीय क्षेत्रफल 990 सेमी^{2} है। शंकु की तिर्यक ऊँचाई (सेमी में) कितनी होगी $\left[\pi = \frac{22}{7}\right]$ का प्रयोग करें?

SSC CHSL (Tier I) 14/08/2023 Shift IV

(a) 12 (b) 15 (c) 10 (d) 24

310. 14 सेमी व्यास के एक ठोस अर्धगोले का कुल पृष्ठीय क्षेत्रफल क्या है? ($\pi = 22/7$ का प्रयोग करें) SSC CHSL (Tier I) 11/08/2023 Shift I

(a) 584 सेमी^{2} (b) 428 सेमी^{2}
(c) 522 सेमी^{2} (d) 462 सेमी^{2}

311. एक ठोस गोले का आयतन 4500 π सेमी^{3} है। ठोस गोले का पृष्ठीय क्षेत्रफल क्या होगा?

SSC CHSL (Tier I) 09/08/2023 Shift I

(a) 810 π सेमी^{2} (b) 700 π सेमी^{2}
(c) 850 π सेमी^{2} (d) 900 π सेमी^{2}

312. यदि एक घन का आयतन 729 सेमी^{3} है, तो घन का कुल पृष्ठीय क्षेत्रफल ज्ञात कीजिए।

SSC CHSL (Tier I) 08/08/2023 Shift I

(a) 488 सेमी^{2} (b) 486 सेमी^{2}
(c) 484 सेमी^{2} (d) 482 सेमी^{2}

313. दशमलव के दो स्थानों तक सही करते हुए उस सबसे बड़े लम्बवृत्तीय शंकु का आयतन ज्ञात कीजिए, जिसे $3\frac{1}{2}$ सेमी किनारे वाले एक घन से काटकर निकाला जा सकता है। $\left(\pi = \frac{22}{7}\right.$ का प्रयोग कीजिए।$\left.\right)$

SSC CHSL (Tier I) 07/08/2023 Shift IV

(a) 13.21 सेमी^{3} (b) 11.23 सेमी^{3}
(c) 12.13 सेमी^{3} (d) 21.31 सेमी^{3}

314. धातु के तीन घनों की भुजाएँ क्रमशः 15 सेमी, 18 सेमी और 25 सेमी हैं। इन घनों को एक-साथ मिलाकर पिघलाने पर बने नए घन की भुजा (सेमी में) ज्ञात कीजिए।

SSC CHSL (Tier I) 04/08/2023 Shift II

(a) $9\sqrt[3]{388}$ (b) $6\sqrt[3]{388}$
(c) $4\sqrt[3]{388}$ (d) $7\sqrt[3]{388}$

315. यदि 24 सेमी ऊँचाई वाले एक लम्ब वृत्तीय शंकु के आधार की परिधि 42π सेमी है, तो शंकु का आयतन क्या होगा?

SSC CHSL (Tier I) 02/08/2023 Shift I

$\left(\pi = \frac{22}{7}\right.$ का प्रयोग करें।$\left.\right)$

(a) 12034 सेमी^{3} (b) 11088 सेमी^{3}
(c) 21011 सेमी^{3} (d) 15211 सेमी^{3}

316. 7 सेमी व्यास वाले एक ठोस गोले को दो बराबर भागों में काटा जाता है। इसके कुल पृष्ठीय क्षेत्रफल में कितनी वृद्धि होगी?

SSC CHSL (Tier I) 21/03/2023 Shift IV

(a) 55 सेमी^{2} (b) 65.5 सेमी^{2}
(c) 77 सेमी^{2} (d) 60.5 सेमी^{2}

317. एक बेलन के आधार की त्रिज्या 7 सेमी है और ऊँचाई 5 सेमी है, उसका कुल पृष्ठीय क्षेत्रफल कितना है? SSC CHSL (Tier I) 21/03/2023 Shift II

(a) 426 सेमी^{2} (b) 428 सेमी^{2}
(c) 528 सेमी^{2} (d) 572 सेमी^{2}

318. एक घनाभ की लम्बाई 8 सेमी है। यदि घनाभ की चौड़ाई उसकी लम्बाई की दोगुनी है और घनाभ की ऊँचाई उसकी लम्बाई की आधी है, तो घनाभ का कुल पृष्ठीय क्षेत्रफल क्या है?

SSC CHSL (Tier I) 17/03/2023 Shift II

(a) 154 सेमी^{2} (b) 216 सेमी^{2}
(c) 188 सेमी^{2} (d) 448 सेमी^{2}

319. एक घनाभ की लम्बाई उसकी चौड़ाई की तीन गुनी है और घनाभ की ऊँचाई उसकी चौड़ाई की दोगुनी है। यदि घनाभ की चौड़ाई 6 सेमी है, तो घनाभ का कुल पृष्ठीय क्षेत्रफल कितना है?

SSC CHSL (Tier I) 15/03/2023 Shift IV

(a) 844 सेमी^{2} (b) 792 सेमी^{2}
(c) 762 सेमी^{2} (d) 708 सेमी^{2}

320. यदि एक गोले की त्रिज्या एक अर्द्धगोले की त्रिज्या से तीन गुनी है, तो उनके आयतनों का क्रमशः अनुपात क्या होगा?

SSC CHSL (Tier I) 14/03/2023 Shift I

(a) 54 : 1 (b) 27 : 1 (c) 18 : 1 (d) 16 : 1

321. एक घनाकार डिब्बे की लम्बाई, चौड़ाई और ऊँचाई क्रमशः 18 सेमी, 12 सेमी और 10 सेमी हैं। इस डिब्बे का सम्पूर्ण पृष्ठीय क्षेत्रफल कितना है? SSC CHSL (Tier I) 13/03/2023 Shift III

(a) 1120 सेमी^{2} (b) 1000 सेमी^{2}
(c) 1032 सेमी^{2} (d) 1048 सेमी^{2}

SSC CHSL 2022 & 2021 (Tier I)

322. एक बेलन का आयतन ज्ञात कीजिए, जिसका व्यास 20 सेमी है और इसकी ऊँचाई इसकी आधार त्रिज्या की दोगुनी है।

SSC CHSL (Tier I) 02/06/2022 Shift I

(a) 6000 π सेमी^{3} (b) 3000 सेमी^{3}
(c) 2000 π सेमी^{3} (d) 4000 सेमी^{3}

323. एक घन का आयतन 5832 सेमी^{3} है। इसका सम्पूर्ण पृष्ठीय क्षेत्रफल ज्ञात कीजिए।

SSC CHSL (Tier I) 02/06/2022 Shift I

(a) 1536 सेमी^{2} (b) 1944 सेमी^{2}
(c) 1824 सेमी^{2} (d) 1672 सेमी^{2}

324. यदि दो बेलनों की त्रिज्याएँ 2 : 3 के अनुपात में हैं और उनकी ऊँचाई 5 : 3 के अनुपात में है, तो उनके आयतन का अनुपात क्या है?

SSC CHSL (Tier I) 01/06/2022 Shift I

(a) 3 : 4 (b) 22 : 15
(c) 20 : 27 (d) 16 : 23

325. उस गोले का आयतन ज्ञात कीजिए, जिसका व्यास 16.8 सेमी है। ($\pi = \frac{22}{7}$ मानिए)

SSC CHSL (Tier I) 01/06/2022 Shift I

(a) 2473.812 सेमी^{3}
(b) 2483.712 सेमी^{3}
(c) 2483.172 सेमी^{3}
(d) 2487.312 सेमी^{3}

326. एक घनाभ की लम्बाई, चौड़ाई और गहराई का योग 23 सेमी है और इसका विकर्ण $5\sqrt{7}$ सेमी है। इसका पृष्ठीय क्षेत्रफल क्या है?

SSC CHSL (Tier I) 31/05/2022 Shift I

(a) 188 सेमी^{2} (b) 144 सेमी^{2}
(c) 354 सेमी^{2} (d) 177 सेमी^{2}

327. 2 सेमी आधार त्रिज्या और 6 सेमी ऊँचाई वाले बेलन का वक्र पृष्ठीय क्षेत्रफल क्या होगा? (π = 3.14 मान लीजिए)

SSC CHSL (Tier I) 31/05/2022 Shift I

(a) 75.36 सेमी^{2} (b) 81 सेमी^{2}
(c) 73 सेमी^{2} (d) 88.24 सेमी^{2}

328. एक अर्द्धगोले का वक्रपृष्ठीय क्षेत्रफल 1232 सेमी^{2} है। इसकी त्रिज्या होगी। [$\pi = 22/7$ का प्रयोग कीजिए।]

SSC CHSL (Tier I) 31/05/2022 Shift I

(a) 10 सेमी (b) 16 सेमी
(c) 12 सेमी (d) 14 सेमी

329. एक घन का विकर्ण 24 सेमी है। इसका सम्पूर्ण पृष्ठीय क्षेत्रफल ज्ञात करें।

SSC CHSL (Tier I) 30/05/2022 Shift I

(a) 1252 सेमी^{2} (b) 1100 सेमी^{2}
(c) 1152 सेमी^{2} (d) 1366 सेमी^{2}

330. एक घनाभ का कुल पृष्ठीय क्षेत्रफल जिसकी लम्बाई 20 सेमी, चौड़ाई 15 सेमी और ऊँचाई 8 सेमी है। SSC CHSL (Tier I) 30/05/2022 Shift I

(a) 990 सेमी^{2} (b) 1120 सेमी^{2}
(c) 1160 सेमी^{2} (d) 1080 सेमी^{2}

331. 21 सेमी व्यास वाले एक गोले का पृष्ठीय क्षेत्रफल ज्ञात कीजिए।

$\left(\pi = \frac{22}{7}\right.$ का प्रयोग कीजिए$\left.\right)$

SSC CHSL (Tier I) 30/05/2022 Shift I

(a) 988 सेमी^{2} (b) 1386 सेमी^{2}
(c) 1445 सेमी^{2} (d) 1234 सेमी^{2}

332. जैसे ही हवा एक गोलाकार गुब्बारे में भरी जाती है। इसकी त्रिज्या 7 सेमी से बढ़कर 14 सेमी हो जाती है। दोनों परिस्थितियों में गुब्बारे का आयतन अनुपात ज्ञात कीजिए।

SSC CHSL (Tier I) 27/05/2022 Shift I

(a) 1 : 9 (b) 3 : 7
(c) 2 : 5 (d) 1 : 8

333. उस गोले का पृष्ठीय क्षेत्रफल ज्ञात कीजिए, जिसका व्यास 16.8 सेमी है। $\left[\pi = \frac{22}{7} \text{ मानिए}\right]$

SSC CHSL (Tier I) 27/05/2022 Shift I

(a) 877.04 सेमी^{2} (b) 888.04 सेमी^{2}
(c) 878.04 सेमी^{2} (d) 887.04 सेमी^{2}

334. 10 सेमी त्रिज्या वाले ठोस धात्विक गोले को पिघलाकर, प्रत्येक 2 सेमी त्रिज्या वाले गोले बनाए जाते हैं। ऐसे कितने गोले बनाए जा सकते हैं? SSC CHSL (Tier I) 10/08/2021 Shift I

(a) 64 (b) 216 (c) 125 (d) 100

335. 6.3 सेमी त्रिज्या वाले किसी ठोस धात्विक अर्द्धगोले को पिघलाकर 9 सेमी त्रिज्या वाला लम्बवृत्तीय बेलन बनाया जाता है, बेलन की ऊँचाई (सेमी में ठीक एक दशमलव स्थान तक) ज्ञात करें।

SSC CHSL (Tier I) 04/08/2021 Shift I

(a) 1.9 सेमी (b) 2.5 सेमी
(c) 2.7 सेमी (d) 2.1 सेमी

SSC MTS 2024

336. 12 सेमी त्रिज्या वाले एक ठोस अर्द्धगोले को N समान शंकुओं में पिघलाया जाता है, जिनकी प्रत्येक की त्रिज्या 6 सेमी और ऊँचाई 8 सेमी है। N का मान ज्ञात करें।

SSC MTS 14/11/2024 Shift III

(a) 12 (b) 15 (c) 10 (d) 8

337. एक ठोस गोलार्द्ध का सम्पूर्ण पृष्ठीय क्षेत्रफल 1848 सेमी^{2} है, तो इसका आयतन (सेमी^{3} में) ज्ञात कीजिए। ($\pi = \frac{22}{7}$ का उपयोग कीजिए)

SSC MTS 14/11/2024 Shift III

(a) $2640\frac{2}{3}$ (b) $5749\frac{1}{3}$
(c) $3370\frac{1}{3}$ (d) $6473\frac{1}{3}$

338. एक ठोस लम्बवृत्तीय शंकु की त्रिज्या 36 सेमी है और इसकी ऊँचाई 105 सेमी है। शंकु का कुल पृष्ठीय क्षेत्रफल (सेमी^{2} में) कितना है? ($\pi = \frac{22}{7}$ का प्रयोग कीजिए)

SSC MTS 13/11/2024 Shift III

(a) 16632 (b) 17838 (c) 18821 (d) 14856

339. एक लम्बवृत्तीय बेलन के आधार का व्यास 98 सेमी है और इसकी ऊँचाई 42 सेमी है। इस बेलन का कुल पृष्ठीय क्षेत्रफल ज्ञात कीजिए। ($\pi = \frac{22}{7}$ लीजिए) SSC MTS 13/11/2024 Shift III

(a) 20828 सेमी^{2} (b) 20882 सेमी^{2}
(c) 28028 सेमी^{2} (d) 28082 सेमी^{2}

340. एक बेलनाकार खम्भे की ऊँचाई 20 मी है। इसके आधार का व्यास 350 सेमी है। 40/मी^{2} की दर से खम्भे के वक्रपृष्ठ को पेंट करने की लागत कितनी होगी? $\left(\pi = \frac{22}{7}\right)$ SSC MTS 12/11/2024 Shift III

(a) ₹ 8800 (b) ₹ 8400
(c) ₹ 8600 (d) ₹ 8000

341. एक लम्बवृत्तीय बेलन के वक्रपृष्ठ की ₹ 1.50 प्रति सेमी^{2} की दर से रंगाई की जानी है। यदि वृत्तीय आधार की त्रिज्या 21 सेमी और ऊँचाई 10 सेमी है, तो रंगाई की लागत (₹ में) कितनी होगी?
($\pi = \frac{22}{7}$ लीजिए) SSC MTS 12/11/2024 Shift III

(a) 1960 (b) 1980
(c) 2000 (d) 1940

342. एक लम्बवृत्तीय शंकु के आधार की त्रिज्या 28 सेमी है और इसकी तिर्यक ऊँचाई 13 सेमी है। इसका पार्श्व पृष्ठीय क्षेत्रफल ज्ञात कीजिए। ($\pi = \frac{22}{7}$ का प्रयोग कीजिए।)

SSC MTS 12/11/2024 Shift III

(a) 1140 सेमी^{2} (b) 1044 सेमी^{2}
(c) 1144 सेमी^{2} (d) 1122 सेमी^{2}

343. 8 सेमी त्रिज्या वाले एक ठोस बेलन का सम्पूर्ण पृष्ठीय क्षेत्रफल 704 सेमी^{2} है। बेलन का आयतन ज्ञात कीजिए।
($\pi = \frac{22}{7}$ लीजिए) SSC MTS 11/11/2024 Shift III

(a) $1026\frac{6}{7}$ सेमी^{3} (b) $1206\frac{6}{7}$ सेमी^{3}
(c) $1106\frac{6}{7}$ सेमी^{3} (d) $1602\frac{6}{7}$ सेमी^{3}

344. 21 सेमी त्रिज्या वाले एक ठोस लम्बवृत्तीय बेलन की ऊँचाई क्या है, यदि इसका सम्पूर्ण पृष्ठीय क्षेत्रफल 3828 सेमी^{2} है?
($\pi = \frac{22}{7}$ का प्रयोग कीजिए)

SSC MTS 11/11/2024 Shift III

(a) 6 सेमी (b) 12 सेमी
(c) 10 सेमी (d) 8 सेमी

345. 9 सेमी त्रिज्या वाले एक ठोस गोले को पिघलाकर 12 सेमी लम्बाई और 15 सेमी बाहरी त्रिज्या वाली एक खोखली, लम्ब वृत्ताकार बेलनाकार ट्यूब बनाई जाती है ट्यूब की मोटाई (सेमी में) कितनी है?

SSC MTS 11/11/2024 Shift III

(a) 4 (b) 3 (c) 2 (d) 1

346. तेल के एक अर्द्धगोलाकार पात्र के किनारे की गोलाई 396 सेमी है। पात्र का $\frac{1}{3}$ आयतन खाली है। इस तेल को 2.1 सेमी त्रिज्या वाले छोटे अर्द्धगोलाकार कटोरे में स्थानान्तरित करना है। कितने कटोरों की आवश्यकता होगी?
($\pi = \frac{22}{7}$ लीजिए) SSC MTS 05/11/2024 Shift III

(a) 9000 (b) 900
(c) 27000 (d) 18000

347. एक ठोस बेलन का वक्रपृष्ठीय क्षेत्रफल 605 सेमी^{2} है। इसके आधार पर परिधि 22 सेमी है। बेलन का सम्पूर्ण पृष्ठीय क्षेत्रफल बेलन की ऊँचाई का कितना गुना है?
$\left(\pi = \frac{22}{7} \text{ लीजिए}\right)$ SSC MTS 04/11/2024 Shift III

(a) 24.5 (b) 25
(c) 24.8 (d) 20.8

348. 84 सेमी व्यास वाले किसी बड़े गोलाकार कण्टेनर में 2.1 सेमी त्रिज्या वाली एक गोलाकार गेंद कितने अंश/भाग जगह घेरेगी?
$\left(\pi = \frac{22}{7} \text{ लीजिए}\right)$ SSC MTS 04/11/2024 Shift III

(a) $\frac{1}{64000}$ (b) $\frac{1}{8000}$
(c) $\frac{1}{400}$ (d) $\frac{1}{20}$

349. 16 सेमी व्यास और 4 सेमी ऊँचाई के एक ठोस बेलन को पिघलाकर समान आकार वाले 12 ठोस गोले बनाए जाते हैं। प्रत्येक गोले का व्यास कितना होगा? SSC MTS 30/10/2024 Shift III

(a) $6 \times 2^{\frac{1}{3}}$ सेमी (b) $4 \times 2^{\frac{1}{3}}$ सेमी
(c) $12 \times 2^{\frac{1}{3}}$ सेमी (d) $8 \times 2^{\frac{1}{3}}$ सेमी

350. यदि एक लम्बवृत्तीय शंकु के आधार का व्यास 14 सेमी और ऊँचाई 24 सेमी है, तो इसका सम्पूर्ण पृष्ठीय क्षेत्रफल (सेमी^{2} में) कितना होगा? $\left(\pi = \frac{22}{7} \text{ लीजिए}\right)$

SSC MTS 30/10/2024 Shift III

(a) 700 (b) 708 (c) 704 (d) 712

351. यदि एक गोलार्द्ध का व्यास 14 सेमी है, तो गोलार्द्ध का सम्पूर्ण पृष्ठीय क्षेत्रफल कितना है?

SSC MTS 30/10/2024 Shift III

(a) 454 सेमी^{2} (b) 462 सेमी^{2}
(c) 554 सेमी^{2} (d) 624 सेमी^{2}

352. एक लम्बवृत्तीय बेलन का वक्र-पृष्ठीय क्षेत्रफल 8580 सेमी^{2} है। यदि बेलन की ऊँचाई 15 सेमी है, तो वृत्तीय आधार का व्यास (सेमी में) ज्ञात कीजिए। $\left(\pi = \frac{22}{7} \text{ लीजिए}\right)$

SSC MTS 29/10/2024 Shift III

(a) 91 (b) 152
(c) 137 (d) 182

353. दो बेलनों की आधार की त्रिज्याओं और उनकी ऊँचाइयों का अनुपात क्रमश: 4 : 3 और 9 : 8 है। उनके वक्र पृष्ठीय क्षेत्रफलों का अनुपात ज्ञात कीजिए। SSC MTS 29/10/2024 Shift III

(a) 4 : 5 (b) 5 : 6
(c) 3 : 2 (d) 2 : 3

354. एक खोखले अर्द्धगोले का व्यास 30 सेमी है। इसे पानी से पूर्णतया भरा जाता है। जब प्रत्येक 0.75 सेमी त्रिज्या वाली गोलाकार सीसे की गोलियाँ अर्द्धगोले में डाली जाती हैं, तो पानी का 2/5वाँ भाग बाहर बह जाता है। अर्द्धगोले में कितनी सीसे की गोलियाँ डाली गई?

SSC MTS 29/10/2024 Shift III

(a) 1380 (b) 2250 (c) 1575 (d) 1600

355. एक ठोस बेलन की ऊँचाई क्या है जिसकी त्रिज्या 7 सेमी है और सम्पूर्ण पृष्ठीय क्षेत्रफल 704 सेमी^{2} है? ($\pi = \frac{22}{7}$ का प्रयोग कीजिए)

SSC MTS 28/10/2024 Shift II

(a) 7 सेमी (b) 8 सेमी
(c) 12 सेमी (d) 9 सेमी

356. 8 मी आन्तरिक व्यास वाला कुआँ 12 मी की गहराई तक खोदा गया है। इससे निकाली गई मिट्टी को चबूतरा बनाने के लिए कुएँ के चारों ओर 8 सेमी की चौड़ाई तक फैला दिया जाता है। चबूतरे की ऊँचाई (मी में) कितनी है? **SSC MTS 28/10/2024 Shift II**

(a) 1.0 (b) 1.3 (c) 2.2 (d) 1.5

357. 21 सेमी त्रिज्या वाले एक अर्द्धगोलाकार ठोस को पिघलाकर एक बेलन बनाया जाता है। जिसकी ऊँचाई 14 सेमी है। बेलन का आयतन $(a \times b^a \times c^b)\pi$ द्वारा दर्शाया जाता है, जहाँ a, b और c अभाज्य हैं, तो $(a + b)c$ का मान क्या है? **SSC MTS 28/10/2024 Shift II**

(a) 66 (b) 42
(c) 54 (d) 35

358. 35 सेमी त्रिज्या वाले एक धातु के गोले को पिघलाया जाता है और बाद में कई छोटे-छोटे ठोस शंकुओं में ढाला जाता है, जिनमें से प्रत्येक का व्यास 14 सेमी और ऊँचाई 4 सेमी है। इस प्रक्रिया के परिणामस्वरूप कितने शंकु बनते हैं? **SSC MTS 23/10/2024 Shift II**

(a) 900 (b) 825
(c) 875 (d) 850

359. एक अर्द्धगोलाकार कटोरा 1 सेमी मोटे ताँबे से बना है। कटोरे की आन्तरिक त्रिज्या 6 सेमी है। यदि पेण्ट करने की लागत ₹ 2 प्रति सेमी² है, तो कटोरे के बाह्य वक्रपृष्ठीय क्षेत्रफल को पेण्ट करने की लागत ज्ञात करें। ($\pi = \frac{22}{7}$ लें) **SSC MTS 23/10/2024 Shift II**

(a) ₹ 552 (b) ₹ 586
(c) ₹ 604 (d) ₹ 616

360. 20 मी गहरे एक बेलनाकार बर्तन के आन्तरिक वक्रपृष्ठ को पेण्ट करने का खर्च ₹ 4400 है। यदि पेण्टिंग की दर ₹ 40 प्रति मी² है, तो उस बर्तन का सम्पूर्ण पृष्ठीय क्षेत्रफल (मी² में) दशमलव के दो स्थानों तक सही ज्ञात कीजिए। ($\pi = \frac{22}{7}$ का उपयोग करें) **SSC MTS 23/10/2024 Shift II**

(a) 117.81 मी² (b) 116.81 मी²
(c) 114.81 मी² (d) 115.81 मी²

361. 24 सेमी आन्तरिक त्रिज्या वाले एक अर्द्धगोलाकार कटोरे में तरल पदार्थ भरा हुआ है। तरल पदार्थ को 8 सेमी व्यास और 12 सेमी ऊँचाई वाले बेलनाकार बर्तन में भरा जाना है। कटोरा खाली करने के लिए आवश्यक बर्तनों की संख्या ज्ञात करें। **SSC MTS 22/10/2024 Shift II**

(a) 50 (b) 48
(c) 39 (d) 45

362. 7 सेमी त्रिज्या और 48 सेमी ऊँचाई वाले एक शंक्वाकार फ्लास्क में से पानी को 14 सेमी त्रिज्या वाले एक बेलनाकार फ्लास्क में डाला जाता है। बेलनाकार फ्लास्क में जल स्तर .... होगा। **SSC MTS 22/10/2024 Shift II**

(a) 3 सेमी (b) 2 सेमी
(c) 5 सेमी (d) 4 सेमी

363. उस सबसे बड़े लम्बवृत्तीय शंकु का आयतन ज्ञात कीजिए जो 6 इकाई लम्बाई के एक खोखले घन में उत्कीर्ण किया गया है और इसके आधार पर खड़ा है। **SSC MTS 21/10/2024 Shift II**

(a) 9π इकाई³ (b) 21π इकाई³
(c) 18π इकाई³ (d) 10π इकाई³

364. एक लम्बवृत्तीय बेलन का सम्पूर्ण पृष्ठीय क्षेत्रफल $628\frac{4}{7}$ सेमी² है। यदि इसकी त्रिज्या 4 सेमी है, तो बेलन की ऊँचाई (निकटतम पूर्ण संख्या तक सन्निकट) .... के बराबर होगी। ($\pi = \frac{22}{7}$ लीजिए) **SSC MTS 21/10/2024 Shift II**

(a) 12 सेमी (b) 15 सेमी
(c) 21 सेमी (d) 18 सेमी

365. लेड के 4.2 मी लम्बे एक पाइप का बाहरी व्यास 5.4 सेमी है और पाइप की मोटाई 3 मिमी है। यदि 1 सेमी³ लेड का द्रव्यमान 25 ग्राम है, तो पाइप का भार ज्ञात कीजिए। ($\pi = \frac{22}{7}$ का उपयोग कीजिए।) **SSC MTS 18/10/2024 Shift II**

(a) 54.90 किग्रा (b) 50.49 किग्रा
(c) 45.09 किग्रा (d) 59.40 किग्रा

366. एक आइसक्रीम कोन की धारिता 66 सेमी³ है। इसके आधार की त्रिज्या (सेमी मे) क्या होगी, यदि इसकी ऊँचाई 7 सेमी है ($\pi = \frac{22}{7}$ का उपयोग करें)? **SSC MTS 18/10/2024 Shift II**

(a) 3 (b) 7
(c) 6 (d) 3.5

367. आनन्द 30 सेमी लम्बाई और 7 सेमी त्रिज्या का एक बेलनाकार कैलाइडोस्कोप बनाना चाहता था। यदि वह इसे बनाने के लिए हस्तनिर्मित शीट का उपयोग कर रहा है, तो इसके लिए कितनी शीट की आवश्यकता होगी? **SSC MTS 18/10/2024 Shift II**

(a) 660 सेमी² (b) 1320 सेमी²
(c) 1440 सेमी² (d) 1520 सेमी²

368. एक लम्बवृत्तीय शंकु का व्यास 56 मी है और इसकी तिर्यक ऊँचाई 35 मी है। इसका आयतन ज्ञात कीजिए (निकटतम पूर्णांक तक पूर्णांकित करें)। ($\pi = \frac{22}{7}$ का उपयोग करें) **SSC MTS 17/10/2024 Shift II**

(a) 28747 मी³ (b) 25872 मी³
(c) 17248 मी³ (d) 12936 मी³

369. जब एक वर्ग मीटर टैडपोल की लागत ₹ 147 है, तो 15 मी तिर्यक ऊँचाई और 9 मी ऊँचाई वाला एक शंक्वाकार तम्बू बनाने के लिए आवश्यक टैडपोल की लागत कितनी है? **SSC MTS 17/10/2024 Shift II**

(a) ₹ 49896 (b) ₹ 62370
(c) ₹ 83160 (d) ₹ 67842

370. 7 सेमी ऊँचाई और 48 सेमी आधार व्यास वाले ठोस वृत्तीय बेलन में एक शंक्वाकार गुहा ड्रिल की जाती है। शंकु की ऊँचाई और आधार व्यास, बेलन की ऊँचाई और आधार व्यास के बराबर है। शेष ठोस का सम्पूर्ण पृष्ठीय क्षेत्रफल कितना होगा? **SSC MTS 17/10/2024 Shift II**

(a) 1076π सेमी² (b) 1512π सेमी²
(c) 1654π सेमी² (d) 1420π सेमी²

371. दो शंकुओं के वक्रपृष्ठीय क्षेत्रफलों का अनुपात ज्ञात कीजिए, यदि उनके आधारों के व्यास समान हैं और उनकी तिर्यक ऊँचाइयों का अनुपात 5 : 3 हैं। **SSC MTS 16/10/2024 Shift II**

(a) 3 : 2 (b) 5 : 3 (c) 7 : 5 (d) 2 : 3

372. एक खोखले बेलनाकार पाइप के बाह्य और आन्तरिक व्यास क्रमशः 14 सेमी और 12 सेमी हैं। यदि पाइप की ऊँचाई 21 सेमी है, तो पाइप को बनाने में प्रयुक्त लोहे का आयतन कितना होगा? ($\pi = \frac{22}{7}$ का प्रयोग कीजिए) **SSC MTS 16/10/2024 Shift II**

(a) 588 सेमी³ (b) 396 सेमी³
(c) 858 सेमी³ (d) 462 सेमी³

373. 12 सेमी त्रिज्या और 38 सेमी ऊँचाई वाले एक बेलन को आधार के समानान्तर काटकर अलग-अलग साइज के दो टुकड़े बनाए जातें हैं। निर्मित बड़े टुकड़े का सम्पूर्ण पृष्ठीय क्षेत्रफल, दिए गए बेलन के सम्पूर्ण पृष्ठीय क्षेत्रफल का 60% है। छोटे टुकड़े को पिघलाकर गोला बनाने के लिए उपयोग किया जाता है। गोले की त्रिज्या (सेमी में) ज्ञात कीजिए। **SSC MTS 16/10/2024 Shift II**

(a) $5 \times \sqrt[3]{10}$ (b) $10 \times \sqrt[3]{6}$
(c) $6 \times \sqrt[3]{10}$ (d) $10 \times \sqrt[3]{5}$

374. एक लम्बवृत्तीय शंकु की त्रिज्या और ऊँचाई का अनुपात 7 : 24 है और इसका आयतन 1232 सेमी³ है। शंकु का सम्पूर्ण पृष्ठीय क्षेत्रफल ज्ञात कीजिए। ($\pi = \frac{22}{7}$ का उपयोग कीजिए) **SSC MTS 15/10/2024 Shift I**

(a) 704 सेमी² (b) 862 सेमी²
(c) 826 सेमी² (d) 628 सेमी²

375. एक लम्बवृत्तीय बेलन का आयतन 2425.5 सेमी² है और इसके आधार का क्षेत्रफल 346.5 सेमी² है। बेलन का वक्र पृष्ठीय क्षेत्रफल (सेमी² में) कितना है? **SSC MTS 15/10/2024 Shift I**

(a) 588 (b) 364 (c) 284 (d) 462

376. यदि 7 सेमी त्रिज्या के बड़े गोले से 2744 समरूप छोटे-छोटे गोले बनाए जाते हैं, तो प्रत्येक छोटे गोले का पृष्ठीय क्षेत्रफल क्या होगा? **SSC MTS 14/10/2024 Shift I**

(a) 4π सेमी² (b) 3π सेमी²
(c) 2π सेमी² (d) π सेमी²

377. 2 मी × 4 मी × 10 मी आयामों वाले एक ठोस घनाभ को पिघलाकर 8 सेमी भुजा वाले छोटे-छोटे ठोस घन बनाए जाते हैं। ऐसे कितने घन बनाए जा सकते हैं? **SSC MTS 14/10/2024 Shift I**

(a) 158250 (b) 162250
(c) 160000 (d) 156250

378. कागज की एक आयताकार शीट, जिसकी लम्बाई 10π सेमी और चौड़ाई 5 सेमी है, को एक बेलन बनाने के लिए इसकी लम्बाई (शीट की चौड़ाई बेलन की ऊँचाई बन जाती है) के अनुदिश घुमाया जाता है। बेलन की त्रिज्या क्या होगी? **SSC MTS 14/10/2024 Shift I**

(a) 6 सेमी (b) 5 सेमी
(c) 2.5 सेमी (d) 10 सेमी

379. एक ठोस लम्बवृत्तीय शंकु की त्रिज्या 65 सेमी है और इसकी ऊँचाई 72 सेमी है। इस शंकु का सम्पूर्ण पृष्ठीय क्षेत्रफल (सेमी^{2} में) कितना होगा? $\left(\pi = \frac{22}{7} \text{ लीजिए}\right)$ **SSC MTS 09/10/2024 Shift I**

(a) $43084\frac{5}{7}$ (b) $33094\frac{2}{7}$
(c) $38012\frac{1}{7}$ (d) $43051\frac{3}{7}$

380. एक लकड़ी का खिलौना एक गोले के आकार का है, जिसका व्यास 28 सेमी है। 50 पैसे प्रति सेमी^{2} की दर से इसकी सतह को पॉलिश करने की लागत ज्ञात कीजिए। $\left(\pi = \frac{22}{7} \text{ लें}\right)$ **SSC MTS 08/10/2024 Shift I**

(a) ₹ 1236 (b) ₹ 1232
(c) ₹ 1234 (d) ₹ 1230

381. 15 सेमी आन्तरिक त्रिज्या वाले एक अर्द्धगोलाकार कटोरे में एक तरल पदार्थ भरा है। तरल पदार्थ को 5 सेमी व्यास और 6 सेमी ऊँचाई वाली बेलनाकार बोतलों में भरा जाना है। कटोरे को खाली करने के लिए आवश्यक बोतलों की संख्या कितनी है? **SSC MTS 08/10/2024 Shift I**

(a) 30 (b) 50 (c) 60 (d) 40

382. यदि एक गोले का आयतन और पृष्ठीय क्षेत्रफल संख्यात्मक रूप से समान हैं, तो इसके अर्द्धगोले का आयतन (सेमी^{3} में) ज्ञात कीजिए। (दशमलव के दो स्थानों तक सही, $\pi = 3.14$ का उपयोग कीजिए) **SSC MTS 07/10/2024 Shift I**

(a) 65.52 (b) 56.52
(c) 56.25 (d) 65.25

383. एक अर्द्धगोलाकार कटोरा किनारे पर 264 सेमी गोल है। मान लीजिए कि यह कटोरा पेय पदार्थ से आधा भरा हुआ है। यदि पेय पदार्थ शीर्ष पर 6 सेमी व्यास वाले अर्द्धगोलाकार गिलास में परोसा जाता है, तो यह कितने व्यक्तियों को परोसा जाएगा? **SSC MTS 07/10/2024 Shift I**

(a) 1372 (b) 1170 (c) 1270 (d) 1470

384. 10 मी ऊँचाई और 5 मी त्रिज्या के एक बेलनाकार टैंक की ऊपरी सतह पर 0.5 मी त्रिज्या का एक छोटा गोलाकार कट है। टैंक का सम्पूर्ण पृष्ठीय क्षेत्रफल कितना होगा? **SSC MTS 01/10/2024 Shift I**

(a) $\frac{599\pi}{4}$ मी^{2} (b) 156π मी^{2}
(c) 150π मी^{2} (d) $\frac{299\pi}{2}$ मी^{2}

385. 1 सेमी ऊँचाई की एक बेलनाकार डिस्क क्रमश: 4 सेमी और 5 सेमी त्रिज्या तथा 6 सेमी और 4 सेमी लम्बाई वाले दो ठोस बेलनों को पिघलाकर बनाई गई है। नए बेलन की त्रिज्या ज्ञात कीजिए। **SSC MTS 01/10/2024 Shift I**

(a) 21 सेमी (b) 28 सेमी
(c) 7 सेमी (d) 14 सेमी

386. 3 सेमी त्रिज्या वाले 20 एकसमान ठोस अर्द्धगोलों को पिघलाकर एक बड़ा ठोस अर्द्धगोला बनाया जाता है। यदि इस प्रक्रिया के दौरान 20% ठोस बर्बाद हो जाता है, तो बनाए गए सबसे बड़े अर्द्धगोले की त्रिज्या (सेमी में) कितनी है? **SSC MTS 30/09/2024 Shift I**

(a) $6\sqrt[3]{2}$ (b) 6
(c) 3 (d) $3\sqrt{2}$

SSC MTS 2023

387. एक घनाभ की लम्बाई, चौड़ाई और ऊँचाई 6 : 4 : 3 के अनुपात में हैं। यदि घनाभ का कुल पृष्ठीय क्षेत्रफल 972 सेमी^{2} है, तो घनाभ के विकर्ण की लम्बाई (सेमी में) क्या है? **SSC MTS 14/09/2023 Shift I**

(a) $3\sqrt{65}$ (b) $5\sqrt{65}$
(c) $5\sqrt{61}$ (d) $3\sqrt{61}$

388. एक बेलनाकार बर्तन के आधार का व्यास 30 सेमी है और इसकी ऊँचाई 56 सेमी है। इसका वक्रपृष्ठीय क्षेत्रफल (सेमी^{2} में) ज्ञात कीजिए। **SSC MTS 14/09/2023 Shift I**

(a) 5280 (b) 6280 (c) 6080 (d) 5080

389. यदि एक शंकु के आधार का व्यास 70 सेमी है और वक्रपृष्ठीय क्षेत्रफल 4070 सेमी^{2} है, तो इसका आयतन (सेमी^{3} में) क्या होगा? ($\pi = \frac{22}{7}$ का उपयोग कीजिए) **SSC MTS 13/09/2023 Shift I**

(a) 15400 (b) 1180 (c) 17600 (d) 16300

390. एक घन के एक किनारे की लम्बाई 3.5 सेमी है। इसका सम्पूर्ण पृष्ठीय क्षेत्रफल ज्ञात कीजिए। **SSC MTS 13/09/2023 Shift I**

(a) 36 सेमी^{2} (b) 73.5 सेमी^{2}
(c) 27 सेमी^{2} (d) 154 सेमी^{2}

391. यदि एक घन के आकार के डिब्बे के सबसे लम्बे विकर्ण की लम्बाई $\sqrt{300}$ सेमी है, तो इसका आयतन ज्ञात कीजिए। **SSC MTS 11/09/2023 Shift II**

(a) 1000 सेमी^{3} (b) 400 सेमी^{3}
(c) 10000 सेमी^{3} (d) 100 सेमी^{3}

392. एक शंकु के आधार का व्यास 4 मी और ऊँचाई 1.5 मी है। शंकु की तिर्यक ऊँचाई (मी में) ज्ञात कीजिए। **SSC MTS 11/09/2023 Shift II**

(a) 2.1 (b) 2.7 (c) 2.5 (d) 2.3

393. 7 सेमी व्यास वाले एक गोले का आयतन (सेमी^{3} में) ज्ञात कीजिए। $\left(\pi = \frac{22}{7} \text{ का प्रयोग कीजिए}\right)$ **SSC MTS 11/09/2023 Shift I**

(a) 186.44 (b) 197.66 (c) 168.44 (d) 179.66

394. क्रमश: 5 सेमी और 6 सेमी आन्तरिक और बाह्य त्रिज्याओं वाले एक खोखले धातु के गोले को पिघलाकर 5.2 सेमी आधार की त्रिज्या के एक ठोस शंकु में ढाला जाता है। शंकु की ऊँचाई (सेमी में दशमलव के 1 स्थान तक सन्निकटित) क्या है? **SSC MTS 11/09/2023 Shift I**

(a) 14.5 (b) 11.8 (c) 13.5 (d) 12.8

395. 10.5 सेमी त्रिज्या और 13 सेमी तिर्यक ऊँचाई वाले एक लम्बवृत्तीय शंकु का कुल पृष्ठीय क्षेत्रफल (सेमी^{2} में) क्या है? $\left(\pi = \frac{22}{7} \text{ लीजिए}\right)$ **SSC MTS 08/09/2023 Shift II**

(a) 757.5 (b) 775.5 (c) 577.5 (d) 787.5

396. उस सबसे लम्बे खम्भे की लम्बाई क्या है जिसे 24 मी लम्बे, 18 मी चौड़े और 16 मी ऊँचे एक इनडोर स्टेडियम में रखा जा सकता है? **SSC MTS 06/09/2023 Shift I**

(a) 42 मी (b) 38 मी (c) 36 मी (d) 34 मी

397. एक लम्बवृत्तीय शंकु की ऊँचाई 9.8 सेमी और उसकी आधार की त्रिज्या 4 सेमी है। इसे पिघलाकर 3.5 सेमी आधार की त्रिज्या वाले एक लम्बवृत्तीय शंकु में पुन: ढाला जाता है। इसकी ऊँचाई ज्ञात कीजिए। $\left(\pi = \frac{22}{7} \text{ का प्रयोग कीजिए।}\right)$ **SSC MTS 05/09/2023 Shift II**

(a) 18.2 सेमी (b) 21.8 सेमी
(c) 12.8 सेमी (d) 28.1 सेमी

398. 12 सेमी, 9 सेमी और 2 सेमी आयामों वाले घनाभ के आकार के धातु के एक ठोस टुकड़े को एक घन के आकार में ढाला जाता है। इस घन का पार्श्व पृष्ठीय क्षेत्रफल (सेमी^{2} में) क्या होगा? **SSC MTS 04/09/2023 Shift II**

(a) 216 (b) 204 (c) 144 (d) 162

399. उस घनाभ का कुल पृष्ठीय क्षेत्रफल ज्ञात कीजिए जिसके आयाम 18 मी, 6 मी और 3 मी है। **SSC MTS 04/09/2023 Shift II**

(a) 90 मी^{2} (b) 180 मी^{2}
(c) 324 मी^{2} (d) 360 मी^{2}

400. $8 \times 6 \times 6$ इकाई के आयाम वाले घनाभ से $0.5 \times 0.5 \times 0.5$ इकाई आयाम के छोटे-छोटे घन काटे जाते हैं। बड़े घनाभ से कितने छोटे-छोटे घन काटे जा सकते हैं? **SSC MTS 01/09/2023 Shift III**

(a) 1152 (b) 2304 (c) 1552 (d) 576

401. एक गोले का पृष्ठीय क्षेत्रफल 5544 सेमी^{2} है। यदि गोले की त्रिज्या दोगुनी कर दी जाए, तो नए गोले का पृष्ठीय क्षेत्रफल (सेमी^{2} में) ज्ञात कीजिए। **SSC MTS 01/09/2023 Shift III**

(a) 20761 (b) 22176
(c) 20176 (d) 22761

402. एक धातु के गोले का व्यास 6 सेमी है। इसे पिघलाकर एक तार बनाया जाता है, जिसके अनुप्रस्थ काट का व्यास 0.4 सेमी है। तार की लम्बाई (मीटर में) ज्ञात कीजिए। **SSC MTS 01/09/2023 Shift I**

(a) 12 (b) 18 (c) 9 (d) 10

403. एक गोले का पृष्ठीय क्षेत्रफल 616 सेमी^{2} है, इसका व्यास ज्ञात कीजिए। $\left(\pi = \frac{22}{7}\text{ का प्रयोग कीजिए}\right)$

SSC MTS 01/09/2023 Shift I

(a) 2 सेमी (b) 14 सेमी
(c) 4 सेमी (d) 3 सेमी

SSC MTS 2022 & 2021

404. एक बेलन के आधार की त्रिज्या 12 सेमी और आयतन 19008 सेमी^{3} है, उस बेलन की ऊँचाई ज्ञात कीजिए। [$\pi = \frac{22}{7}$ मानिए]

SSC MTS 15/07/2022 Shift I

(a) 38 सेमी (b) 42 सेमी
(c) 24 सेमी (d) 6 सेमी

405. एक घन की प्रत्येक भुजा की लम्बाई 4 सेमी है। घन का आयतन कितना है?

SSC MTS 14/07/2022 Shift I

(a) 64 सेमी^{3} (b) 32 सेमी^{3}
(c) 48 सेमी^{3} (d) 128 सेमी^{3}

406. 7 मी लम्बे, 5 मी चौड़े और 2 मी ऊँचे एक बन्द घनाभाकार बॉक्स को ₹ 2.4 मी^{2} की दर से बाहर की ओर पेण्ट करने की कुल लागत ज्ञात कीजिए। **SSC MTS 14/07/2022 Shift I**

(a) ₹ 283.20 (b) ₹ 251.20
(c) ₹ 296.30 (d) ₹ 263.40

407. एक 7 सेमी कोर वाली लकड़ी के घन से सबसे बड़ा सम्भावित लम्बवृत्तीय बेलन काटा जाता है। बेलन को काटने के बाद बचे हुए घन का आयतन (सेमी में) ज्ञात करें। ($\pi = \frac{22}{7}$ का प्रयोग करें) **SSC MTS 13/07/2022 Shift I**

(a) 73.5 (b) 87.5 (c) 67.5 (d) 63.5

408. एक ठोस शंकु के आधार का क्षेत्रफल 616 सेमी^{2} है। यदि शंकु की ऊँचाई 15 सेमी है, तो इस शंकु का आयतन ज्ञात कीजिए।

SSC MTS 13/07/2022 Shift I

(a) 3440 सेमी^{3} (b) 2940 सेमी^{3}
(c) 3190 सेमी^{3} (d) 3080 सेमी^{3}

409. एक शंकु का आयतन 27720 सेमी^{3} है। यदि शंकु की ऊँचाई 20 सेमी है, तो आधार का क्षेत्रफल क्या होगा? **SSC MTS 12/07/2022 Shift I**

(a) 4626 सेमी^{2} (b) 4158 सेमी^{2}
(c) 4836 सेमी^{2} (d) 4272 सेमी^{2}

410. एक घनाभ की लम्बाई, चौड़ाई और ऊँचाई क्रमशः 40 सेमी, 20 सेमी और 10 सेमी हैं। इस घनाभ का आयतन कितना है?

SSC MTS 12/07/2022 Shift I

(a) 8000 सेमी^{3} (b) 16000 सेमी^{3}
(c) 2000 सेमी^{3} (d) 4000 सेमी^{3}

411. एक गोले की त्रिज्या और एक बेलन के आधार की त्रिज्या बराबर है। बेलन के आधार की त्रिज्या और बेलन की ऊँचाई का अनुपात 3 : 4 है। गोले के आयतन और बेलन के आयतन का अनुपात ज्ञात कीजिए। **SSC MTS 11/07/2022 Shift I**

(a) 1 : 2 (b) 27 : 64 (c) 9 : 16 (d) 1 : 1

412. एक वर्ग की भुजा एक गोले की त्रिज्या के 40% के बराबर है। यदि गोले का आयतन $\frac{500\pi}{3}$ मी^{3} है, तो वर्ग का क्षेत्रफल क्या होगा?

SSC MTS 11/07/2022 Shift I

(a) 4 मी^{2} (b) 9 मी^{2} (c) 1 मी^{2} (d) 2 मी^{2}

413. एक बन्द घन का सम्पूर्ण पृष्ठीय क्षेत्रफल एक वर्ग के क्षेत्रफल से 128 सेमी^{2} अधिक है। यदि घन की प्रत्येक भुजा की लम्बाई 8 सेमी है, तो वर्ग की प्रत्येक भुजा की लम्बाई कितनी होगी?

SSC MTS 11/07/2022 Shift I

(a) 18 सेमी (b) 16 सेमी
(c) 12 सेमी (d) 9 सेमी

414. एक गोलार्द्ध का कुल पृष्ठीय क्षेत्रफल एक समबाहु त्रिभुज के क्षेत्रफल के लगभग बराबर है। त्रिभुज की भुजा गोलार्द्ध की त्रिज्या की कितनी गुना (लगभग) है? **SSC MTS 02/11/2021 Shift III**

(a) $\left(\frac{4\pi}{3}\right)^{0.5}$ (b) $(2\pi\sqrt{3})^{0.5}$

(c) $(4\pi\sqrt{3})^{0.5}$ (d) $\left(\frac{8\pi}{\sqrt{3}}\right)^{0.5}$

415. यदि एक लम्बवृत्तीय बेलन के आधार की त्रिज्या 4 मी और बेलन का वक्रपृष्ठीय क्षेत्रफल 19.5 मी^{2} है, तो इसका आयतन (मी^{3} में) कितना होगा? **SSC MTS 02/11/2021 Shift II**

(a) 65 (b) 36
(c) 39 (d) 42

416. शंकु छिन्नक के आकार वाली बाल्टी की शीर्ष और तली की त्रिज्याएँ क्रमशः 20 सेमी और 10 सेमी हैं। बाल्टी की गहराई 24 सेमी है। बाल्टी की धारिता ज्ञात करें। $\left(\pi = \frac{22}{7}\right)$

SSC MTS 02/11/2021 Shift I

(a) 17000 सेमी^{3} (b) 13200 सेमी^{3}
(c) 8800 सेमी^{3} (d) 17600 सेमी^{3}

417. किसी कमरे की लम्बाई 15 फीट, चौड़ाई 12 फीट ऊँचाई 10 फीट है। इसमें 8 फीट और 3.5 फीट भुजाओं वाला एक दरवाजा है। और 5 फीट × 3 फीट आकार की दो खिड़कियाँ हैं। ₹50 प्रति वर्ग फीट की दर से चारों दीवारें और छत को पेण्ट करने की लागत ज्ञात करें।

SSC MTS 02/11/2021 Shift I

(a) ₹ 21200 (b) ₹ 33100
(c) ₹ 19600 (d) ₹ 24100

SSC GD Constable 2024

418. एक शंकु की ऊँचाई 24 सेमी है और इसके आधार की त्रिज्या 10.5 सेमी है। शंकु का आयतन कितना है? **SSC GD 26/02/2024 Shift I**

(a) 2546 सेमी^{3} (b) 2772 सेमी^{3}
(c) 2984 सेमी^{3} (d) 2398 सेमी^{3}

419. एक अर्द्धगोले की त्रिज्या 2.1 सेमी है। इसका आयतन कितना होगा?

SSC GD 24/02/2024 Shift III

(a) 17.5 सेमी^{3} (b) 15.7 सेमी^{3}
(c) 24.6 सेमी^{3} (d) 19.4 सेमी^{3}

420. एक घनाभ की लम्बाई और चौड़ाई क्रमशः 50% और 20% बढ़ाई जाती है। यदि इसकी ऊँचाई 30% कम कर दी जाए, तो घनाभ के आयतन में कितने प्रतिशत की वृद्धि होगी?

SSC GD 24/02/2024 Shift III

(a) 30% (b) 25% (c) 26% (d) 20%

421. एक अर्द्धगोले की त्रिज्या 3.5 सेमी है। इसका आयतन कितना होगा? **SSC GD 24/02/2024 Shift I**

(a) 79.24 सेमी^{3} (b) 98.89 सेमी^{3}
(c) 62.38 सेमी^{3} (d) 89.83 सेमी^{3}

422. एक घन की भुजा की लम्बाई 13 सेमी है। घन का पार्श्व पृष्ठीय क्षेत्रफल कितना है?

SSC GD 23/02/2024 Shift IV

(a) 625 सेमी^{2} (b) 576 सेमी^{2}
(c) 676 सेमी^{2} (d) 484 सेमी^{2}

423. एक शंकु की ऊँचाई 15 सेमी है और इसके आधार की त्रिज्या 14 सेमी है। शंकु का आयतन कितना है? **SSC GD 23/02/2024 Shift III**

(a) 3420 सेमी^{3} (b) 3080 सेमी^{3}
(c) 2860 सेमी^{3} (d) 3240 सेमी^{3}

424. 15 सेमी त्रिज्या वाले एक ठोस धातु के गोले को पिघलाकर, 15 सेमी आधार व्यास वाले एक शंकु में ढाला जाता है। शंकु की ऊँचाई कितनी है? **SSC GD 23/02/2024 Shift I**

(a) 284 सेमी (b) 186 सेमी
(c) 212 सेमी (d) 240 सेमी

425. 48 सेमी त्रिज्या वाले एक अर्द्धगोले को पिघलाकर 8 सेमी त्रिज्या वाली कितनी गोलाकार गेंदें बनाई जा सकती हैं?

SSC GD 22/02/2024 Shift II

(a) 90 (b) 104 (c) 116 (d) 108

426. एक अर्द्धगोले का व्यास 21 सेमी है। अर्द्धगोले का कुल पृष्ठीय क्षेत्रफल कितना है?

SSC GD 21/02/2024 Shift IV

(a) 980.5 सेमी^{2} (b) 1238.5 सेमी^{2}
(c) 790.5 सेमी^{2} (d) 1039.5 सेमी^{2}

427. एक घन की भुजा की लम्बाई 14 सेमी है। घन का पार्श्व पृष्ठीय क्षेत्रफल कितना है?

SSC GD 21/02/2024 Shift II

(a) 856 सेमी^{2} (b) 784 सेमी^{2}
(c) 512 सेमी^{2} (d) 624 सेमी^{2}

428. एक गोले की त्रिज्या 3.5 सेमी है। गोले का कुल पृष्ठीय क्षेत्रफल कितना है?

SSC GD 20/02/2024 Shift IV

(a) 196 सेमी^{2} (b) 154 सेमी^{2}
(c) 128 सेमी^{2} (d) 176 सेमी^{2}

429. एक गोले की त्रिज्या 4.2 सेमी है। गोले का आयतन कितना है? **SSC GD 20/02/2024 Shift III**

(a) 284.62 सेमी^{3} (b) 329.32 सेमी^{3}
(c) 310.46 सेमी^{3} (d) 348.21 सेमी^{3}

430. एक गोले की त्रिज्या में 50% की वृद्धि की जाती है। गोले के आयतन में कितने प्रतिशत की वृद्धि होगी? **SSC GD 20/02/2024 Shift II**

(a) 235.5% (b) 237.5%
(c) 150% (d) 225.5%

431. 70 सेमी आधार की त्रिज्या और 14 सेमी ऊँचाई वाले बेलन का वक्रपृष्ठीय क्षेत्रफल कितना है?
SSC GD 20/02/2024 Shift II
(a) 6160 सेमी^{2} (b) 5930 सेमी^{2}
(c) 6420 सेमी^{2} (d) 6350 सेमी^{2}

SSC GD Constable 2023

432. यदि एक घनाभाकार बॉक्स की लम्बाई, चौड़ाई और ऊँचाई क्रमश: 24 सेमी, 16 सेमी और 12 सेमी है, तो बॉक्स का .... आयतन है।
SSC GD 13/02/2023 Shift IV
(a) 4612 सेमी^{3} (b) 4644 सेमी^{3}
(c) 4608 सेमी^{3} (d) 4632 सेमी^{3}

433. 7 सेमी व्यास वाले एक अर्द्धगोले का सम्पूर्ण पृष्ठीय क्षेत्रफल ज्ञात करें। $\left(\pi = \frac{22}{7}\text{ लें}\right)$
SSC GD 13/02/2023 Shift IV
(a) 98 सेमी^{2} (b) 87.5 सेमी^{2}
(c) 115.5 सेमी^{2} (d) 77 सेमी^{2}

434. एक शंकु है जिसका व्यास 14 सेमी और ऊँचाई 12 सेमी है। इसमें प्रत्येक 10 सेकण्ड में 4 सेमी^{3} की दर से पानी भरा जा रहा है। शंकु को भरने में कितना समय लगेगा? $\left(\pi = \frac{22}{7}\text{ का उपयोग कीजिए}\right)$
SSC GD 13/02/2023 Shift II
(a) 1540 सेकण्ड (b) 6160 सेकण्ड
(c) 3080 सेकण्ड (d) 610 सेकण्ड

435. एक ठोस अर्द्धगोले का आयतन 1152 π सेमी^{3} है। अर्द्धगोले का वक्रपृष्ठीय क्षेत्रफल ज्ञात करें।
SSC GD 13/02/2023 Shift II
(a) 302 π सेमी^{2} (b) 294 π सेमी^{2}
(c) 344 सेमी^{2} (d) 288π सेमी^{2}

436. 2.8 सेमी त्रिज्या वाले एक अर्द्धगोले का आयतन कितना है? $\left(\pi = \frac{22}{7}\text{ लें}\right)$ (दशमलव के तीन स्थानों तक पूर्णांकित)
SSC GD 09/02/2023 Shift II
(a) 38.268 सेमी^{3} (b) 28 सेमी^{3}
(c) 45.995 सेमी^{3} (d) 41 सेमी^{3}

437. गेहूँ का एक ढेर 30 मी व्यास और 8 मी उँचाई वाले शंकु के आकार का है। ढेर को ढकने के लिए कितने कनवास कपड़े की आवश्यकता होगी? (π = 3.17 लें) **SSC GD 09/02/2023 Shift II**
(a) 900.9 मी^{2} (b) 900.8 मी^{2}
(c) 700.8 मी^{2} (d) 800.7 मी^{2}

438. यदि किसी शंकु की तिर्यक ऊँचाई और त्रिज्या क्रमश: 12 सेमी और 7 सेमी हैं, तो कुल पृष्ठीय क्षेत्रफल ज्ञात कीजिए।
SSC GD 09/02/2023 Shift I
(a) 481 सेमी^{2} (b) 448 सेमी^{2}
(c) 418 सेमी^{2} (d) 841 सेमी^{2}

439. 2640 सेमी^{3} आयतन और 21 सेमी ऊँचाई वाले एक बेलनाकार पात्र के आधार की त्रिज्या ज्ञात करें। $\left(\pi = \frac{22}{7}\text{ लें}\right)$ **SSC GD 09/02/2023 Shift I**
(a) 5.24 सेमी (b) 6.32 सेमी
(c) 1.64 सेमी (d) 2.46 सेमी

440. यदि धातु के तीन ठोस गोले जिनकी त्रिज्याएँ 1 सेमी, 6 सेमी और 8 सेमी हैं, को पिघलाकर एक ठोस गोला बनाया जाता है, तो नए गोले का पृष्ठीय क्षेत्रफल (सेमी^{2} में) .... है।
SSC GD 08/02/2023 Shift I
(a) 243 π (b) 364 π
(c) 642 π (d) 324 π

441. एक घनाभ की भुजाएँ 3 : 4 : 5 के अनुपात में हैं और इसका आयतन 480 घन इकाई है। सबसे बड़ी और सबसे छोटी भुजा के बीच का अंतर .... इकाई है। **SSC GD 08/02/2023 Shift I**
(a) 6 (b) 3
(c) 5 (d) 4

442. यदि एक ठोस लम्बवृत्तीय शंकु का आयतन V सेमी^{3} है और इसकी ऊँचाई h सेमी है, तो शंकु की त्रिज्या .... है।
SSC GD 07/02/2023 Shift I
(a) $\frac{3V}{\pi h^2}$ सेमी (b) $\sqrt{\frac{V}{\pi h}}$ सेमी
(c) $\frac{V}{\pi h^2}$ सेमी (d) $\sqrt{\frac{3V}{\pi h}}$ सेमी

443. एक ठोस लम्बवृत्तीय बेलन, जिसके आधार की त्रिज्या 22.5 सेमी है और जिसकी ऊँचाई 24 सेमी है, को पिघलाकर एक लम्बवृत्तीय शंकु के आकार में ढाला जाता है जिसके आधार की त्रिज्या 36 सेमी है। इस शंकु की ऊँचाई कितनी होगी? **SSC GD 07/02/2023 Shift I**
(a) 28.125 सेमी (b) 30.25 सेमी
(c) 26.225 सेमी (d) 29.105 सेमी

444. यदि एक गोले का व्यास 14 सेमी है, तो उसका आयतन ज्ञात कीजिए। (माना लीजिए $\pi = \frac{22}{7}$)
SSC GD 06/02/2023 Shift I
(a) 2437.34 सेमी^{3} (b) 1537.23 सेमी^{3}
(c) 1437.33 सेमी^{3} (d) 1637.13 सेमी^{3}

445. यदि किसी घन की प्रत्येक भुजा में 15% की वृद्धि की जाती है, तो घन के आयतन में कितने प्रतिशत वृद्धि होगी? (केवल पूर्णांकीय भाग पर विचार करें) **SSC GD 06/02/2023 Shift I**
(a) 52% (b) 35%
(c) 42% (d) 45%

446. 6 सेमी भुजा वाले एक घन से काट कर निकाले जा सकने वाले सबसे बड़े गोले का आयतन क्या होगा? **SSC GD 02/02/2023 Shift I**
(a) 113.14 सेमी^{3} (b) 102.26 सेमी^{3}
(c) 115.13 सेमी^{3} (d) 112.15 सेमी^{3}

447. एक अर्द्धगोलाकार कटोरा मोटे स्टील से बना है जिसकी मोटाई 0.5 सेमी है। यदि कटोरे का बाहरी व्यास 43 सेमी है, तो कटोरे की धारिता (Capacity) ज्ञात कीजिए। $\left(\pi = \frac{22}{7}\text{ का उपयोग कीजिए}\right)$
SSC GD 02/02/2023 Shift I
(a) 38808 सेमी^{3}
(b) 77616 सेमी^{3}
(c) 3696 सेमी^{3}
(d) 19404 सेमी^{3}

448. एक ठोस शंकु का आयतन 96π सेमी^{3} है और इसकी ऊँचाई 8 सेमी है। शंकु का कुल पृष्ठीय क्षेत्रफल (सेमी^{2} में) होगा
SSC GD 01/02/2023 Shift I
(a) 96π (b) 36π
(c) 48π (d) 112π

449. यदि 24 सेमी ऊँचाई वाले एक लम्बवृत्तीय शंकु का आयतन 392 π सेमी^{3} है, तो उसका वक्रपृष्ठीय क्षेत्रफल क्या है? **SSC GD 01/02/2023 Shift I**
(a) 185 π सेमी^{2} (b) 191 π सेमी^{2}
(c) 163 π सेमी^{2} (d) 175 π सेमी^{2}

SSC Selection Post 2024-2022

450. किसी घन का विकर्ण $5\sqrt{3}$ सेमी है। । उस घन का पृष्ठीय क्षेत्रफल ज्ञात कीजिए।
Matric Level 20/06/2024 Shift-IV
(a) 25 सेमी^{2} (b) 150 सेमी^{2}
(c) 250 सेमी^{2} (d) 650 सेमी^{2}

451. एक अर्द्धगोले की त्रिज्या 9 सेमी है। इसका आयतन ज्ञात कीजिए।
Matric Level 20/06/2024 Shift-IV
(a) 486π सेमी^{3}
(b) 972 π सेमी^{3}
(c) 712 π सेमी^{3}
(d) 243 π सेमी^{3}

452. यदि बेलन की ऊँचाई 9 सेमी है और आधार का क्षेत्रफल 25 π सेमी^{2} है, तो सम्पूर्ण पृष्ठीय क्षेत्रफल ज्ञात कीजिए।
Matric Level 20/06/2024 Shift-IV
(a) 440 सेमी^{2} (b) 340 सेमी^{2}
(c) 140 सेमी^{2} (d) 240 सेमी^{2}

453. एक घनाभ की विमाएँ 8 सेमी, 12 सेमी और 14 सेमी है। सम्पूर्ण पृष्ठीय क्षेत्रफल ज्ञात कीजिए। **Secondary Level 20/06/2024 Shift-II**
(a) 752 सेमी^{2} (b) 753 सेमी^{2}
(c) 754 सेमी^{2} (d) 751 सेमी^{2}

454. यदि एक घन का आयतन 12167 सेमी^{3}, दिया गया है, तो घन का पृष्ठीय क्षेत्रफल क्या होगा?
Graduate Level 27/06/2023 Shift-IV
(a) 4574 सेमी^{2} (b) 3174 सेमी^{2}
(c) 3475 सेमी^{2} (d) 5413 सेमी^{2}

455. 7 सेमी त्रिज्या वाले एक अर्द्धगोले को पिघलाकर चार छोटे समान गोले बनाए जाते हैं। इन गोलों की त्रिज्या ज्ञात करें।
Higher Secondary 27/06/2023 Shift-III
(a) 3 सेमी (b) 4 सेमी
(c) 3.5 सेमी (d) 4.5 सेमी

456. एक खोखले अर्द्धगोलाकार कटोरे का आन्तरिक और बाहरी व्यास क्रमश: 6 सेमी और 10 सेमी हैं। यदि इसे पिघलाकर 14 सेमी व्यास वाले एक ठोस बेलन के रूप में ढाला जाता है, तो बेलन की ऊँचाई सेमी में क्या होगी?
Matric Level 27/06/2023 Shift-I
(a) 1 (b) 1.33
(c) 1.22 (d) 1.1

457. उस घनाभ के विकर्ण की लम्बाई (दशमलव के एक अंक तक) ज्ञात कीजिए, जिसकी विमाएँ 12 मी, 10 मी और 8 मी हैं।

Matric Level 27/06/2023 Shift-I

(a) 18 मी
(b) 17 मी
(c) 16.5 मी
(d) 17.54 मी

458. दो घनों के आयतन 8 : 27 के अनुपात में हैं। यदि बड़े घन का आयतन छोटे घन के आयतन से 513 सेमी^{3} अधिक है, तो छोटे घन की प्रत्येक भुजा की लम्बाई ज्ञात कीजिए।

Higher Secondary 01/08/2022 Shift-II

(a) 16 सेमी
(b) 27 सेमी
(c) 7 सेमी
(d) 6 सेमी

459. 16.8 सेमी व्यास वाले अर्द्धगोले का आयतन क्या होगा? ($\pi = \frac{22}{7}$ लें)

Matric Level 01/08/2022 Shift-I

(a) 1241.856 सेमी^{2}
(b) 1249.404 सेमी^{2}
(c) 1239.960 सेमी^{2}
(d) 1218.804 सेमी^{2}

सही उत्तर

1	(c)	2	(b)	3	(c)	4	(b)	5	(c)	6	(c)	7	(c)	8	(c)	9	(a)	10	(a)
11	(a)	12	(c)	13	(b)	14	(a)	15	(a)	16	(d)	17	(b)	18	(b)	19	(c)	20	(a)
21	(c)	22	(b)	23	(c)	24	(b)	25	(a)	26	(d)	27	(b)	28	(a)	29	(a)	30	(b)
31	(b)	32	(c)	33	(c)	34	(d)	35	(d)	36	(d)	37	(c)	38	(a)	39	(a)	40	(b)
41	(d)	42	(c)	43	(d)	44	(c)	45	(b)	46	(c)	47	(c)	48	(c)	49	(b)	50	(b)
51	(b)	52	(d)	53	(b)	54	(b)	55	(d)	56	(b)	57	(b)	58	(d)	59	(b)	60	(d)
61	(b)	62	(c)	63	(d)	64	(c)	65	(b)	66	(a)	67	(a)	68	(b)	69	(a)	70	(b)
71	(a)	72	(c)	73	(d)	74	(d)	75	(c)	76	(b)	77	(d)	78	(c)	79	(a)	80	(a)
81	(d)	82	(d)	83	(c)	84	(b)	85	(c)	86	(d)	87	(d)	88	(b)	89	(b)	90	(c)
91	(d)	92	(d)	93	(a)	94	(a)	95	(a)	96	(c)	97	(c)	98	(c)	99	(c)	100	(a)
101	(c)	102	(c)	103	(d)	104	(c)	105	(d)	106	(d)	107	(a)	108	(a)	109	(c)	110	(a)
111	(a)	112	(c)	113	(b)	114	(b)	115	(c)	116	(d)	117	(a)	118	(a)	119	(d)	120	(d)
121	(a)	122	(b)	123	(a)	124	(b)	125	(d)	126	(d)	127	(c)	128	(b)	129	(d)	130	(b)
131	(d)	132	(b)	133	(a)	134	(d)	135	(c)	136	(d)	137	(c)	138	(c)	139	(d)	140	(b)
141	(c)	142	(c)	143	(c)	144	(b)	145	(b)	146	(c)	147	(a)	148	(c)	149	(a)	150	(a)
151	(a)	152	(d)	153	(a)	154	(c)	155	(b)	156	(d)	157	(c)	158	(a)	159	(d)	160	(d)
161	(c)	162	(d)	163	(d)	164	(a)	165	(d)	166	(b)	167	(a)	168	(a)	169	(d)	170	(b)
171	(c)	172	(c)	173	(a)	174	(d)	175	(d)	176	(b)	177	(a)	178	(b)	179	(b)	180	(c)
181	(b)	182	(d)	183	(b)	184	(d)	185	(b)	186	(d)	187	(a)	188	(a)	189	(d)	190	(d)
191	(a)	192	(c)	193	(d)	194	(c)	195	(c)	196	(b)	197	(d)	198	(a)	199	(a)	200	(d)
201	(a)	202	(b)	203	(c)	204	(c)	205	(d)	206	(a)	207	(c)	208	(b)	209	(c)	210	(c)
211	(a)	212	(b)	213	(d)	214	(d)	215	(c)	216	(b)	217	(a)	218	(d)	219	(c)	220	(c)
221	(c)	222	(a)	223	(c)	224	(d)	225	(b)	226	(a)	227	(d)	228	(d)	229	(c)	230	(a)
231	(a)	232	(c)	233	(a)	234	(a)	235	(b)	236	(b)	237	(a)	238	(b)	239	(b)	240	(d)
241	(a)	242	(a)	243	(a)	244	(a)	245	(a)	246	(c)	247	(b)	248	(c)	249	(d)	250	(a)
251	(b)	252	(a)	253	(a)	254	(b)	255	(a)	256	(b)	257	(c)	258	(d)	259	(a)	260	(c)
261	(d)	262	(b)	263	(b)	264	(d)	265	(a)	266	(d)	267	(d)	268	(c)	269	(b)	270	(a)
271	(b)	272	(c)	273	(d)	274	(b)	275	(d)	276	(c)	277	(a)	278	(a)	279	(a)	280	(a)
281	(c)	282	(b)	283	(d)	284	(a)	285	(b)	286	(d)	287	(d)	288	(a)	289	(b)	290	(b)
291	(d)	292	(c)	293	(a)	294	(d)	295	(d)	296	(c)	297	(d)	298	(d)	299	(c)	300	(d)
301	(d)	302	(d)	303	(d)	304	(a)	305	(b)	306	(a)	307	(b)	308	(a)	309	(b)	310	(d)
311	(d)	312	(b)	313	(b)	314	(c)	315	(b)	316	(c)	317	(c)	318	(d)	319	(b)	320	(a)
321	(c)	322	(c)	323	(b)	324	(c)	325	(b)	326	(c)	327	(a)	328	(d)	329	(c)	330	(c)
331	(b)	332	(d)	333	(d)	334	(c)	335	(d)	336	(a)	337	(b)	338	(a)	339	(c)	340	(a)
341	(b)	342	(c)	343	(b)	344	(d)	345	(b)	346	(d)	347	(c)	348	(b)	349	(b)	350	(c)
351	(b)	352	(d)	353	(c)	354	(d)	355	(d)	356	(d)	357	(d)	358	(c)	359	(d)	360	(c)
361	(b)	362	(d)	363	(c)	364	(c)	365	(b)	366	(a)	367	(b)	368	(c)	369	(c)	370	(b)
371	(b)	372	(c)	373	(c)	374	(a)	375	(d)	376	(d)	377	(d)	378	(b)	379	(b)	380	(b)
381	(c)	382	(b)	383	(a)	384	(a)	385	(d)	386	(a)	387	(d)	388	(a)	389	(a)	390	(b)
391	(a)	392	(c)	393	(d)	394	(c)	395	(b)	396	(d)	397	(c)	398	(c)	399	(d)	400	(b)
401	(b)	402	(c)	403	(b)	404	(b)	405	(a)	406	(a)	407	(a)	408	(d)	409	(b)	410	(a)
411	(d)	412	(a)	413	(b)	414	(c)	415	(c)	416	(d)	417	(b)	418	(b)	419	(d)	420	(c)
421	(d)	422	(c)	423	(b)	424	(d)	425	(d)	426	(d)	427	(b)	428	(b)	429	(c)	430	(b)
431	(a)	432	(c)	433	(c)	434	(a)	435	(d)	436	(c)	437	(d)	438	(c)	439	(b)	440	(d)
441	(d)	442	(d)	443	(a)	444	(c)	445	(a)	446	(a)	447	(d)	448	(a)	449	(d)	450	(b)
451	(a)	452	(a)	453	(a)	454	(b)	455	(c)	456	(b)	457	(d)	458	(d)	459	(a)		

उत्तर सहित हल

1. (c) शंकु की त्रिज्या $= \frac{56}{2} = 28$ सेमी

शंकु की वक्र पृष्ठीय क्षेत्रफल = 3080 सेमी^{2}

$\pi rl = 3080$

$\Rightarrow l = \frac{3080 \times 1}{\pi r} = \frac{3080 \times 1 \times 7}{22 \times 28} = 35$ सेमी

$\therefore h^2 = 35^2 - 28^2 = (35+28) \times (35-28) = 63 \times 7$

$h^2 = 9 \times 7 \times 7 \Rightarrow h = 21$ सेमी

$\therefore$ आयतन $= \frac{1}{3} \times \frac{22}{7} \times 28 \times 28 \times 21 = 17248$ सेमी

2. (b) प्रश्नानुसार, $\pi rl = 5\pi r^2$

$\Rightarrow l = 5r \Rightarrow l^2 = h^2 + r^2$

$\Rightarrow (5r)^2 = (63)^2 + r^2$

$\Rightarrow 24r^2 = 63 \times 63$

$\Rightarrow r^2 = \frac{63 \times 63}{24}$

$\therefore$ आयतन $= \frac{1}{3}\pi r^2 h = \frac{1}{3} \times \frac{22}{7} \times \frac{63 \times 63}{24} \times 63$

$= 10914.75$ सेमी^{3}

3. (c) शंकु का आयतन $= \frac{1}{3} \times \pi r^2 h$

$= \frac{1}{3} \times \frac{22}{7} \times \frac{12}{2} \times \frac{12}{2} \times 5 = 188.57$ सेमी^{3}

4. (b) $l = \sqrt{105^2 + 36^2} = \sqrt{11025 + 1296} = 111$

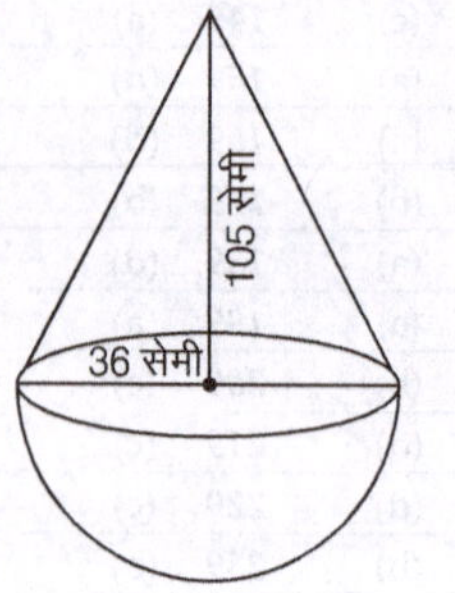

$\therefore$ सम्पूर्ण पृष्ठ का क्षेत्रफल $= \pi rl + 2\pi r^2$

$= \pi r(l + 2r) = \pi \times 36 \times (111 + 72)$

$= \pi \times 36 \times 183 = 6588\pi$ सेमी^{2}

5. (c) शंकु का आयतन $= \frac{1}{3}\pi r^2 h$

$= \frac{1}{3} \times \frac{22}{7} \times 3.5 \times 3.5 \times 18 = 231$ सेमी^{3}

6. (c) बेलन का सम्पूर्ण पृष्ठीय क्षेत्रफल

$= 2\pi r\,(r + h)$

$= 2 \times \frac{22}{7} \times 21\,(21 + 5)$

$= 2 \times \frac{22}{7} \times 21 \times 26 = 3432$ सेमी^{2}

7. (c) दिया है, शंकु का पृष्ठीय क्षेत्रफल = 550 सेमी^{2}

$\Rightarrow \pi rl = 550 \Rightarrow \frac{22}{7} \times 7 \times l = 550$

$\Rightarrow l = \frac{550 \times 7}{22 \times 7} \Rightarrow l = 25$ सेमी

शंकु का कुल पृष्ठीय क्षेत्रफल $= \pi r\,(l + r)$

$= \frac{22}{7} \times 7(25 + 7) = 22 \times 32 = 704.00$ सेमी^{2}

8. (c) दिया है, त्रिज्या $(r) = 14$ सेमी

गहराई $(h) = 23$ सेमी

कुएँ से निकाली गई मिट्टी/बेलन का आयतन $= \pi r^2 h$

$= \frac{22}{7} \times 14 \times 14 \times 23$

$= 14168$ सेमी^{3}

9. (a) माना टैंक का जल स्तर h सेमी कम होगा।

$\therefore$ टैंक/बेलन का आयतन $= \pi r^2 h$

[1 लीटर = 1000 घन सेमी]

$\Rightarrow 616 \times 1000 = \frac{22}{7} \times 14 \times 14 \times h$

$\Rightarrow \frac{616 \times 1000 \times 7}{22 \times 14 \times 14} = h \Rightarrow h = 1000$ सेमी

$h = \frac{1000}{100} = 10$ मी

10. (a) प्रश्नानुसार, परिधि $= 2\pi r = 154$

$\Rightarrow 2 \times \frac{22}{7} \times r = 154 \Rightarrow r = \frac{154 \times 7}{2 \times 22} = \frac{49}{2}$

$\therefore$ बेलन का आयतन $= \pi r^2 h = \frac{22}{7} \times \frac{49}{2} \times \frac{49}{2} \times \frac{49}{10}$

$= 9243.85$ सेमी^{3} $= 9.244$ लीटर

[1 लीटर = 1000 घन सेमी]

11. (a) माना घनाभ की लम्बाई, चौड़ाई और ऊँचाई क्रमश: $3x$, $2x$ और x सेमी है।

$\therefore 2x = 12 \Rightarrow x = 6$

अत: घनाभ का आयतन $= 3x \times 2x \times x = 6x^3$

$= 6 \times 6 \times 6 \times 6 = 1296$ सेमी^{3}

12. (c) घन की भुजा की लम्बाई $= \sqrt[3]{\text{घन का आयतन}}$

$= \sqrt[3]{13824} = 24$ सेमी

13. (b) बेलनाकार बॉक्स का आयतन $= \pi r^2 h$

$\therefore \frac{22}{7} \times 30 \times 30 \times h = 600$

$\Rightarrow h = \frac{600 \times 7}{22 \times 30 \times 30} = 0.21$ सेमी

14. (a) कमरे की चारो दीवारों का क्षेत्रफल

= 2 (लम्बाई + चौड़ाई) ऊँचाई

$= 2(15 + 9) \times 5 = 240$ मी

पेन्ट के लिए आवश्यक डिब्बे $= \frac{240}{40} = 6$

15. (a) घनीय बर्तन में फिट की जा सकने वाली सबसे लम्बी छड़ी की लम्बाई $= a\sqrt{3}$ {यहाँ $a = 70$}

$= 70\sqrt{3}$ सेमी

अत: सबसे लम्बी छड़ी की लम्बाई $= 70\sqrt{3}$ सेमी

16. (d) घन का सम्पूर्ण पृष्ठीय क्षेत्रफल $= 6 \times (\text{भुजा})^2$

$\Rightarrow 1152 = 6 \times (\text{भुजा})^2$

$\therefore$ घन की भुजा $= \sqrt{\frac{1152}{6}} = \sqrt{192} = 8\sqrt{3}$ सेमी

17. (b) बेलन का वक्रपृष्ठ का क्षेत्रफल $= 2\pi rh$

$\Rightarrow 2 \times \frac{22}{7} \times 10.5 \times h = 792$

$\therefore h = \frac{792 \times 7}{2 \times 22 \times 10.5} = 12$ सेमी

$\therefore$ बेलन का आयतन $= \pi r^2 h = \frac{22}{7} \times 10.5 \times 10.5 \times 12$

$= 4158$ सेमी^{3}

18. (b) शंकु की ऊँचाई, $(h) = \sqrt{l^2 - r^2}$

$= \sqrt{(3\sqrt{2})^2 - 3^2} = 3$ इकाई

अत: शंकु का आयतन $= \frac{1}{3}\pi r^2 h$

$= \frac{1}{3}\pi \times 3 \times 3 \times 3 = 9\pi$ घन इकाई

19. (c) शंकु का वक्रपृष्ठीय क्षेत्रफल $= \pi rl$

$= \frac{22}{7} \times 9 \times 49 = 1386$ सेमी^{2}

20. (a) घन की भुजा $= \sqrt[3]{\text{घन का आयतन}}$

$= \sqrt[3]{512} = 8$ सेमी

अब, घनाभ की लम्बाई $(l) = 3 \times 8 = 24$ सेमी

घनाभ की चौड़ाई $(b) = 8$ सेमी

घनाभ की ऊँचाई $(h) = 8$ सेमी

अत: घनाभ का परिणामी पृष्ठीय क्षेत्रफल

$= 2(lb + bh + hl) = 2\,(24 \times 8 + 8 \times 8 + 24 \times 8)$

$= 2\,(192 + 64 + 192) = 2 \times 448 = 896$ सेमी^{2}

21. (c) विकर्ण की लम्बाई

$= \sqrt{(1.2)^2 + (1.3)^2 + (1.5)^2}$ सेमी

$= \sqrt{1.44 + 1.69 + 2.25}$ सेमी

$= \sqrt{5.38}$ सेमी $= 2.32$ सेमी

22. (b) बेलन का पृष्ठीय क्षेत्रफल : वक्र पृष्ठीय क्षेत्रफल

$= 2\pi r\,(r + h) : 2\pi rh$

$= (r + h) : h = \left(12 + \frac{28}{2}\right) : 12$

$= 26 : 12 = 13 : 6$

23. (c) बेलनाकार बर्तन के आधार की परिधि $= 2\pi r$

प्रश्नानुसार, $2\pi r = 44 \Rightarrow 2 \times \frac{22}{7} \times r = 44$

$\therefore r = 7$ सेमी

$\therefore$ बेलनाकार बर्तन का आयतन $= \pi r^2 h$

$= \frac{22}{7} \times 7 \times 7 \times 25 = 3850$ सेमी^{3}

$\therefore$ बेलनाकार बर्तन में जल की मात्रा $= \frac{3850}{1000} = 3.85$ लीटर

($\because$ 1000 सेमी^{3} = 1 लीटर)

24. (b) बेलन का वक्रपृष्ठीय क्षेत्रफल = 880

$\Rightarrow 2\pi rh = 880$

$\Rightarrow r \times h = \frac{880}{2\pi}$

$= \frac{880 \times 7}{2 \times 22} = 140$ सेमी^{2}

25. (a) प्रश्नानुसार, $r = 4$ इकाई

$h = 2r = 2 \times 4 = 8$ इकाई

$\therefore$ बेलन का आयतन $= \pi r^2 h = \pi \times 4 \times 4 \times 8$

$= 128\pi$ इकाई^3

26. (d) शंक्वाकार पानी टंकी का आयतन = 46200 मी^{3}

$\Rightarrow \frac{1}{3}\pi r^2 h = 46200$

$\Rightarrow \frac{1}{3} \times \frac{22}{7} \times 70 \times 70 \times h = 46200$

$\Rightarrow h = \frac{46200 \times 3 \times 7}{22 \times 70 \times 70} \Rightarrow h = 9$ मी

27. (b) शंक्वाकार तम्बू के आधार की परिधि $= 32\pi$ मी

$2\pi r = 32\pi$

$\Rightarrow r = \frac{32\pi}{2\pi}$

$\Rightarrow r = 16$ मी

$\therefore$ शंक्वाकार तम्बू का वक्रपृष्ठीय क्षेत्रफल

$= \pi rl$ $[l = \sqrt{h^2 + r^2}]$

$= \pi \times 16\sqrt{8^2 + 16^2} = \pi \times 16\sqrt{320}$

$= 128\sqrt{5}\pi$ मी^{2}

28. (a) माना दो बेलनों की त्रिज्या क्रमश: $4r$ तथा $5r$ और उनकी ऊँचाई क्रमश: $5h$ तथा $7h$ है।
प्रश्नानुसार, दोनों बेलनों का वक्रपृष्ठीय क्षेत्रफल का अनुपात $= \frac{2\pi \times 4r \times 5h}{2\pi \times 5r \times 7h} = 4:7$

29. (a) बेलन का पार्श्व पृष्ठ का क्षेत्रफल $= 2\pi rh$
प्रश्नानुसार, $2 \times \frac{22}{7} \times r \times 20 = 1760$
$\therefore r = \frac{176 \times 7}{88} = 14$ सेमी
$\therefore$ बेलन का आयतन $= \pi r^2 h = \frac{22}{7} \times 14 \times 14 \times 20$
$= 12320$ सेमी^{3}

30. (b) $\because$ कागज को चौड़ाई के साथ लपेटकर बेलन बनाया गया है।
$\therefore$ बेलन के आधार की परिधि = कागज की चौड़ाई
$\therefore \quad 2 \times \frac{22}{7} \times r = 22 \Rightarrow r = \frac{7}{2}$ सेमी
तथा बेलन की ऊँचाई = 50 सेमी
अत: बेलन का आयतन $= \pi r^2 h$
$= \frac{22}{7} \times \frac{7}{2} \times \frac{7}{2} \times 50 = 1925$ सेमी^{3}

31. (b) (50, 150, 175) का महत्तम समापवर्तक
= 25 सेमी
$\therefore$ प्रत्येक घन की भुजा = 25 सेमी
$\therefore$ अभीष्ट घनों की संख्या $= \frac{\text{घनाभ का आयतन}}{\text{एक घन का आयतन}}$
$= \frac{50 \times 150 \times 175}{25 \times 25 \times 25} = 2 \times 6 \times 7 = 84$

32. (c) प्रश्नानुसार,

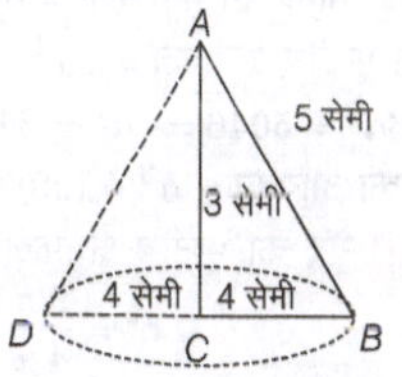

$\because \Delta ABC$ एक समकोण त्रिभुज है तथा त्रिभुज को शंकु बनाने के लिए 3 सेमी भुजा के परित: घुमाया जाता है।
$\therefore$ शंकु की त्रिज्या $(r) = 4$ सेमी
तथा शंकु की ऊँचाई $(h) = 3$ सेमी
अत: शंकु का आयतन $= \frac{1}{3}\pi r^2 h = \frac{1}{3}\pi \times 4 \times 4 \times 3$
$= 16\pi$ सेमी^{3}

33. (c) शंकु का आयतन $= \frac{1}{3}\pi r^2 h$
$\therefore \quad \frac{1}{3} \times \frac{22}{7} \times r^2 \times 24 = 1232$
$r^2 = \frac{1232 \times 3 \times 7}{22 \times 24} = 49 = 7$ सेमी
$l = \sqrt{r^2 + h^2} = \sqrt{7^2 + 24^2}$
$= \sqrt{49 + 576} = \sqrt{625} = 25$ सेमी
अत: शंकु का सम्पूर्ण पृष्ठीय क्षेत्रफल
$= \pi r(l + r) = \frac{22}{7} \times 7(25 + 7)$
$= 22 \times 32 = 704$ सेमी^{2}

34. (d) घनाभ का आयतन = लम्बाई × चौड़ाई × ऊँचाई
$= 8 \times 4 \times 6 = 192$ सेमी^{3}

35. (d) बेलन का आयतन $= \pi r^2 h$
$= \frac{22}{7} \times 8 \times 8 \times 14 = 2816$ सेमी^{3}

36. (d) दिया है,
शंकुओं की त्रिज्याओं का अनुपात $r_1 : r_2 = 2:5$
तथा आयतन का अनुपात, $v_1 : v_2 = 3:5$
$$\frac{3}{5} = \frac{\frac{1}{3}\pi r_1^2 h_1}{\frac{1}{3}\pi r_2^2 h_2} \Rightarrow \frac{3}{5} = \frac{\frac{1}{3}\pi(2)^2 \times h_1}{\frac{1}{3}\pi(5)^2 \times h_2}$$
$$\Rightarrow \frac{3}{5} = \frac{4}{25} \times \frac{h_1}{h_2} \Rightarrow \frac{3 \times 25}{5 \times 4} = \frac{h_1}{h_2}$$
$$\Rightarrow \frac{15}{4} = \frac{h_1}{h_2}$$
अत: शंकुओं की ऊँचाइयों का अनुपात = 15 : 4

37. (c) माना घनाभ की लम्बाई, चौड़ाई और ऊँचाई क्रमश: $6x$, $3x$ और $2x$ सेमी हैं।
प्रश्नानुसार,
$2(6x \times 3x + 3x \times 2x + 2x \times 6x) = 1800$
$\Rightarrow \quad x^2 = \frac{1800}{72} = 25$
$\therefore \quad x = 5$
अत: घनाभ का आयतन $= 6x \times 3x \times 2x$
$= 36x^3 = 36 \times 5 \times 5 \times 5 = 4500$ घन सेमी

38. (a) छोटे घनों की संख्या $= \frac{48 \times 48 \times 48}{64}$
$= 1728$

39. (a) यदि प्रिज्म तथा पिरामिड का समान आधार तथा ऊँचाई हो, तो पिरामिड को प्रिज्म के अन्दर रखा जा सकता है, तथा पिरामिड प्रिज्म का $\frac{1}{3}$ स्थान घेरेगा अर्थात् पिरामिड का आयतन, प्रिज्म के आयतन का $\frac{1}{3}$ होगा।
अत: पिरामिड का आयतन $= \frac{1}{3}$ प्रिज्म का आयतन
माना प्रिज्म का आयतन $= x$
तो पिरामिड का आयतन $= \frac{x}{3}$
$\therefore$ अभीष्ट अनुपात $= \frac{x}{\frac{x}{3}} = 3:1$

40. (b) बेलन की त्रिज्या $(r) = 10$ सेमी
तथा ऊँचाई $(h) = 20$ सेमी
बेलन का आयतन $= \pi r^2 h$
$= 3.14 \times 10 \times 10 \times 20$
$= 6280$ सेमी^{3}

41. (d) अत: समबाहु त्रिभुज का क्षेत्रफल
$= \frac{\sqrt{3}}{4}$ भुजा$^2 = \frac{\sqrt{3}}{4} \times 8 \times 8 = 16\sqrt{3}$ सेमी^{2}
(आधार समबाहु त्रिभुज है)
अब पिरामिड के तीनों विषमबाहु त्रिभुजों का क्षेत्रफल
$= 3 \times \sqrt{s(s-a)(s-b)(s-c)}$
$= 3 \times \sqrt{28(28-24)(28-24)(28-8)}$
$\left(\because s = \frac{24 + 24 + 8}{2} = \frac{56}{2} = 28\right)$
$= 3 \times \sqrt{28 \times 4 \times 4 \times 20}$
$= 3 \times \sqrt{4 \times 7 \times 4 \times 4 \times 4 \times 5}$
$= 3 \times 4 \times 4\sqrt{7 \times 5} = 48\sqrt{35}$ सेमी^{2}
अत: पिरामिड का सम्पूर्ण पृष्ठीय क्षेत्रफल
$= (16\sqrt{3} + 48\sqrt{35})$ सेमी^{2}

42. (c) बेलन का वक्र पृष्ठीय क्षेत्रफल $= 2\pi rh$
$\Rightarrow \quad 2\pi rh = 126\pi$
$\therefore \quad r = \frac{126\pi}{2\pi h} = \frac{126\pi}{2\pi \times 14} = 4.5$ सेमी
अत: बेलन का आयतन $= \pi r^2 h$
$= \pi \times 4.5 \times 4.5 \times 14 = 283\frac{1}{2}\pi$ सेमी^{3}

43. (d) पिरामिड की तिर्यक ऊँचाई
$= \sqrt{\left(\frac{8}{2}\right)^2 + 3^2} = \sqrt{4^2 + 3^2} = \sqrt{25} = 5$ सेमी
प्रश्नानुसार, पिरामिड का सम्पूर्ण पृष्ठीय क्षेत्रफल
$= b^2 + 2bs$ (b = वर्ग की एक भुजा तथा s = तिर्यक ऊँचाई)
$= (8)^2 + 2 \times 8 \times 5 = 64 + 80 = 144$ सेमी^{2}

44. (c) कमरे की चौड़ाई $= b$
ऊँचाई $= \frac{b}{2}$ तथा लम्बाई $= 2b$
घनाभ का विकर्ण $= \sqrt{(2b)^2 + (b)^2 + \left(\frac{b}{2}\right)^2}$
$= \sqrt{\frac{16b^2 + 4b^2 + b^2}{4}} = \sqrt{\frac{21b^2}{4}} = \frac{\sqrt{21}b}{2}$

45. (b) बोतलों की अभीष्ट संख्या
$= \frac{\text{अर्द्धगोले का आयतन}}{\text{बेलन का आयतन}}$
$= \frac{\frac{2}{3}\pi(18 \times 18 \times 18)}{\pi \times 3 \times 3 \times 6} = 72$

46. (c) प्रश्नानुसार, घन की भुजा = गोले का व्यास
= 21 सेमी
गोले की त्रिज्या $(r) = \frac{21}{2}$ सेमी
अत: गोले का आयतन $= \frac{4}{3}\pi r^3$
$= \frac{4}{3} \times \frac{22}{7} \times \frac{21}{2} \times \frac{21}{2} \times \frac{21}{2} = 4851$ सेमी^{3}

47. (c) माना गोले की त्रिज्या $= r$
पृष्ठीय क्षेत्रफल $= 4\pi r^2$
त्रिज्या को 48% कम करने पर,
नई गोले की त्रिज्या $= r - \frac{r \times 48}{100} = \frac{r \times 52}{100}$
$\therefore$ नए गोले का पृष्ठीय क्षेत्रफल $= 4\pi\left(\frac{r \times 52}{100}\right)^2$
अब, अभीष्ट प्रतिशत कमी
$$= \frac{\left[4\pi r^2 - 4\pi\left(\frac{r \times 52}{100}\right)^2\right]}{4\pi r^2} \times 100$$
$$= \left[1 - \left(\frac{52}{100}\right)^2\right] \times 100 = \left(\frac{10000 - 2704}{10000}\right) \times 100$$
$$= \frac{7296}{100} = 72.96\%$$

स्पीडी विधि
अभीष्ट कमी % $= \left(48 + 48 - \frac{48 \times 48}{100}\right)\%$
$= 96 - 23.04 = 72.96\%$

48. (c) माना बेलन के आधार की त्रिज्या $= r$ सेमी
वक्र पृष्ठ क्षेत्रफल $= 2\pi rh$
$\therefore \quad 2\pi rh = 1408$,
$2 \times \frac{22}{7} \times r \times 56 = 1408$

$r = \dfrac{1408 \times 7}{2 \times 22 \times 56} = 4$

$\Rightarrow \quad r = 4$ सेमी

$\therefore$ बेलन के आधार का

व्यास $(d) = 2r = 2 \times 4 = 8$ सेमी $= 0.08$मी

49. (b) अर्द्धगोले की त्रिज्या $= r = 7$ सेमी

अर्द्धगोले का वक्रपृष्ठीय क्षेत्रफल $= 2\pi r^2$

$= 2 \times \dfrac{22}{7} \times 7 \times 7 = 308$ सेमी^{2}

दोनों तरफ रंगने के लिए कुल क्षेत्रफल

$= 308 \times 2 = 616$ सेमी^{2}

अत: अभीष्ट लागत $= \dfrac{616 \times 40}{20} =$ ₹ 1232

50. (b) घन का आयतन $= 4096$

$a^3 = 4096 \Rightarrow a = \sqrt[3]{4096} \Rightarrow a = 16$

51. (b) सम्पूर्ण पृष्ठीय क्षेत्रफल $= 6 \times a^2$

$= 6 \times 12 \times 12 = 864$ सेमी^{2}

52. (d) पेट्रोल टैंक का आयतन $= l \times b \times h$

$= (50 \times 25 \times 10)$ मी$^3 = 12500$ मी^{3}

$= 12500 \times 1000$ लीटर

($\because$ 1 घन मीटर = 1000 लीटर)

$= 12500000$ लीटर

53. (b) गोलाकार मूर्ति का पृष्ठीय क्षेत्रफल $= 4\pi r^2$

$= 4 \times \dfrac{22}{7} \times 35 \times 35 = 15400$ सेमी^{2}

54. (b) वक्रपृष्ठीय क्षेत्रफल $= \pi rl$

$= \dfrac{22}{7} \times 21 \times 60 = 3960$ सेमी^{2}

55. (d) माना बेलन के आधार की त्रिज्या $= r$ सेमी

बेलन का वक्रपृष्ठ $= 2\pi rh$

$\therefore \quad 2\pi r \times h = 2640$

$2 \times \dfrac{22}{7} \times r \times 12 = 2640 \Rightarrow r = \dfrac{2640 \times 7}{2 \times 22 \times 12}$

$= 35$ सेमी

$\therefore$ बेलन का आयतन $= \pi r^2 h = \dfrac{22}{7} \times 35 \times 35 \times 12$

$= 46200$ सेमी^{3}

56. (b) सफेदी करने वाले भाग का क्षेत्रफल

$= 2$ (लम्बाई + चौड़ाई)$\times$ ऊँचाई + लम्बाई $\times$ चौड़ाई

$= 2(10 + 20) \times 15 + 10 \times 20 = 2 \times 30 \times 15 + 200$

$= 900 + 200 = 1100$ मी^{2}

$\therefore$ सफेदी करने का खर्च $= 1100 \times 10.20 =$ ₹ 11220

57. (b) माना तीसरे घन की भुजा $= x$ सेमी

प्रश्नानुसार,

बड़े घन का आयतन = तीनों घनों का आयतन

$\Rightarrow \quad (12)^3 = (6)^3 + (8)^3 + x^3$

$\therefore \quad x^3 = 1728 - 216 - 512$

$\Rightarrow \quad x^3 = 1000$

$\therefore \quad x = 10$ सेमी

58. (d) आवश्यक सामग्री की आवश्यकता

$= \dfrac{4}{3}\pi(R^3 - r^3) = \dfrac{4}{3}\pi(3^3 - 2^3) = \dfrac{4}{3}\pi(27 - 8)$

$= \dfrac{4 \times 19}{3}\pi = \dfrac{76\pi}{3}$ घन इकाई

59. (b) कमरे की (चार दीवारों का क्षेत्रफल + छत)

$=$ [2 (लम्बाई + चौड़ाई) ऊँचाई] + (लम्बाई $\times$ चौड़ाई)

$= [2\,(10 + 8) \times 6] + [10 \times 8]$

$= 12\,(18) + 80 = 216 + 80 = 296$ मी^{2}

सफेदी का व्यय $= 296 \times 7.50 = 296 \times \dfrac{15}{2}$

$= 148 \times 15 =$ ₹ 2220

60. (d) माना आन्तरिक त्रिज्या $= r$ मी

तो, बाहरी त्रिज्या, $(R) = 2r$ मी,

बेलन का आयतन $= \pi r^2 h$

प्रश्नानुसार, $\dfrac{22}{7} \times r^2 \times 1 = \dfrac{88}{7} \Rightarrow r^2 = 4$

$r = 2$ मी तो, $R = 2 \times 2 = 4$ मी

आवश्यक सामग्री की मात्रा $= \pi(R^2 - r^2) \times h$

$= \dfrac{22}{7} \times (4^2 - 2^2) \times 1 = \dfrac{22}{7} \times 12 = 37.7$ मी^{3}

61. (b) कटोरे की बाहरी त्रिज्या,

$R = 5 + 0.25 = 5.25$ सेमी

कटोरे की आन्तरिक त्रिज्या, $r = 5$ सेमी

कटोरा बनाने के लिए, आवश्यक सामग्री

$= \dfrac{2}{3}\pi R^3 - \dfrac{2}{3}\pi r^3 = \dfrac{2}{3} \times \dfrac{22}{7}\{[(5.25)^3 - 5^3]\}$

$= \dfrac{2}{3} \times \dfrac{22}{7} \times (144.70 - 125) = 41.28$ सेमी^{3}

62. (c) माना दीवार बनाने के लिए x ईंटों की आवश्यकता है।

प्रश्नानुसार,

$x \times 0.0014 = 14 \times 0.125 \times 5$

$\Rightarrow \quad x = \dfrac{14 \times 0.125 \times 5}{0.0014}$

$\therefore \quad x = 6250$

63. (d) माना गोले की त्रिज्या 'r' सेमी है।

गोले का आयतन $= \dfrac{4}{3}\pi r^3$

प्रश्नानुसार, $\dfrac{4}{3}\pi r^3 = \dfrac{4}{3}\pi (1)^3 + \dfrac{4}{3}\pi (6)^3 + \dfrac{4}{3}\pi (8)^3$

$\Rightarrow \quad \dfrac{4}{3}\pi r^3 = \dfrac{4}{3}\pi\,(1 + 216 + 512) \Rightarrow r^3 = 729$

$\therefore \quad r = \sqrt[3]{729} = 9$ सेमी

64. (c) माना घन की भुजा a मी है।

प्रश्नानुसार,

घन का आयतन $= \dfrac{8 \times 8 \times 16}{2} \Rightarrow a^3 = \dfrac{8 \times 8 \times 16}{2}$

$\therefore \quad a - 8$

$\therefore$ घन की सम्पूर्ण पृष्ठीय क्षेत्रफल $= 6a^2$

$= 6 \times 8^2 = 384$ मी^{2}

65. (b) माना घनाभ की लम्बाई, चौड़ाई और ऊँचाई क्रमश : x, $2x$ तथा $3x$ इकाई है।

तथा आयतन $= x \times 2x \times 3x = 6x^3$ घन इकाई

घनाभ की नई लम्बाई $= x \times \dfrac{300}{100} = 3x$ इकाई

नई चौड़ाई $= 2x \times \dfrac{400}{100} = 8x$ इकाई

तथा नई ऊँचाई $= 3x \times \dfrac{400}{100} = 12x$ इकाई

$\therefore$ नया आयतन $= 3x \times 8x \times 12x = 288\,x^3$ घन इकाई

अब, आयतन में वृद्धि $= 288\,x^3 - 6x^2 = 282\,x^3$

अभीष्ट वृद्धि $= \dfrac{282\,x^3}{6\,x^3}$ गुनी $= 47$ गुनी

66. (a) शंकु का सम्पूर्ण पृष्ठीय क्षेत्रफल $= \pi r(r + l)$

$= 3.14 \times 6(6 + 10) = \dfrac{314 \times 6 \times 16}{100} = \dfrac{30144}{100}$

$= 301.44$ सेमी^{2}

67. (a) प्रश्नानुसार,

शंकु का वक्रपृष्ठीय क्षेत्रफल $= 2 \times$ आधार का क्षेत्रफल

$\pi rl = 2 \times \pi r^2 \Rightarrow l = 2r$

$\therefore \quad r = \dfrac{l}{2} = \dfrac{6\sqrt{3}}{2} = 3\sqrt{3}$ सेमी

$\because \quad h^2 = l^2 - r^2 = (6\sqrt{3})^2 - (3\sqrt{3})^2$

$h^2 = 108 - 27 = 81$

$\therefore \quad h = \sqrt{81} = 9$ सेमी

अत: शंकु की ऊँचाई = 9 सेमी

68. (b) घनाभ का कुल पृष्ठीय क्षेत्रफल

$= 2\,(lb + bh + hl) = 2(5 \times 7 + 7 \times 11 + 11 \times 5)$

$= 2(35 + 77 + 55) = 2 \times 167 = 334$ घन सेमी

69. (a) माना घनों की भुजाएँ क्रमश: $3x$, $4x$ तथा $5x$ हैं।

तीनों घनों का कुल आयतन

$= (3x)^3 + (4x)^3 + (5x)^3$

$= (27 + 64 + 125)x^3 = 216x^3$

दिया है, नए घन का विकर्ण $= 18\sqrt{3}$ सेमी

$\Rightarrow \sqrt{3} \times$ भुजा $= 18\sqrt{3} \Rightarrow$ भुजा $= 18$

$\therefore$ नए घन की भुजा की लम्बाई = 18 सेमी

प्रश्नानुसार, $\quad 216x^3 = 18 \times 18 \times 18$

$\Rightarrow x^3 = \dfrac{18 \times 18 \times 18}{216} \Rightarrow x^3 = \left(\dfrac{18}{6}\right)^3 \Rightarrow x = 3$

पहले घन की भुजा $= 3 \times 3 = 9$ सेमी

दूसरे घन की भुजा $= 4 \times 3 = 12$ सेमी

तीसरे घन की भुजा $= 5 \times 3 = 15$ सेमी

70. (b) माना घन की भुजा $= a$ सेमी

घन का पृष्ठीय क्षेत्रफल $= 6a^2$

$\therefore \quad 6a^2 = 5046 \Rightarrow a^2 = 841,\ a = 29$

$\therefore$ घन का आयतन $= a^3 = (29)^3 = 24389$ सेमी^{3}

71. (a) गेंद का पृष्ठीय क्षेत्रफल $(4\pi r^2) = 9\pi$

$\Rightarrow \quad r^2 = \dfrac{9\pi}{4\pi} = \dfrac{9}{4} \Rightarrow r = \dfrac{3}{2}$

अब, गेंद का व्यास $= 2r = 2 \times \dfrac{3}{2} = 3$ इकाई

72. (c) माना बेलन की त्रिज्या $= r$ सेमी

बेलन का पार्श्व पृष्ठीय क्षेत्रफल $= 2\pi rh$

प्रश्नानुसार, $2 \times \dfrac{22}{7} \times r \times 48 = 3168$ सेमी

$r = \dfrac{3168 \times 7}{44 \times 48} = 10.5$ सेमी

$\therefore$ बेलन का आयतन $= \pi r^2 h$

$= \dfrac{22}{7} \times 10.5 \times 10.5 \times 48$

$= 16632$ सेमी^{3}

73. (d) शंकु का आयतन $= \dfrac{1}{3}\pi r^2 h$

$= \dfrac{1}{3} \times \dfrac{22}{7} \times (7)^2 \times 24 = 22 \times 56 = 1232$ मी^{3}

$\because$ प्रत्येक बोरे में चावल द्वारा घेरा गया स्थान $= 2$ मी^{3}

$\therefore$ चावल के कुल बोरो की संख्या $= \dfrac{1232}{2} = 616$

74. (d) माना त्रिज्या $= r$, शंकु की ऊँचाई $= h_1$ और बेलन की ऊँचाई $= h_2$

प्रश्नानुसार, शंकु का आयतन = बेलन का आयतन

$\Rightarrow \quad \dfrac{1}{3}\pi r^2 \times h_1 = \pi r^2 h_2 \Rightarrow \dfrac{h_1}{h_2} = \dfrac{3}{1}$

$\Rightarrow \quad h_1 : h_2 = 3 : 1$

75. (c) तिर्यक ऊँचाई $(l) = \sqrt{h^2+r^2} = \sqrt{8^2+6^2}$

$= \sqrt{64+36} = \sqrt{100} = 10$ इकाई

$\therefore$ आवश्यक कैनवास का क्षेत्रफल $= \pi rl$

$= \frac{22}{7} \times 6 \times 10 = 188.57$ वर्ग इकाई

76. (b) आधार की त्रिज्या $(r) = \frac{48}{2}$ मी $= 24$ मी

$\therefore$ तिर्यक ऊँचाई, $l = \sqrt{h^2+r^2} = \sqrt{10^2+24^2}$

$= \sqrt{676} = 26$ मी

$\therefore$ तम्बू का वक्रपृष्ठीय क्षेत्रफल $= \pi rl$

$= \pi \times 24 \times 26 = 624\pi$ मी^{2}

77. (d) माना तीसरी गेंद का व्यास $= d$ सेमी

प्रश्नानुसार, सबसे बड़ी गेंद का आयतन = तीन छोटी गेंदों के आयतनों का योग

$\therefore \quad \frac{4}{3}\pi\left(\frac{3}{2}\right)^3 = \frac{4}{3}\pi\left(\frac{3}{4}\right)^3 + \frac{4}{3}\pi\left(\frac{2}{2}\right)^3 + \frac{4}{3}\pi\left(\frac{d}{2}\right)^3$

$\Rightarrow \quad \frac{27}{8} = \frac{27}{64} + 1 + \frac{d^3}{8}$

$\frac{d^3}{8} = \frac{27}{8} - \frac{27}{64} - 1 = \frac{216-27-64}{64} = \frac{125}{64}$

$\Rightarrow \quad d^3 = \frac{125}{64} \times 8 \Rightarrow d = 2.5$ सेमी

78. (c) दिया है,

घन के एक पृष्ठ का परिमाप = 40 सेमी

भुजा $= \frac{40}{4}$ सेमी $= 10$ सेमी

घन का आयतन = (भुजा)$^3 = (10)^3 = 1000$ सेमी^{3}

79. (a) तिर्यक ऊँचाई, (l)

$= \sqrt{r^2+h^2} = \sqrt{6^2+8^2} = 10$ सेमी

अब, शंकु का सम्पूर्ण पृष्ठीय क्षेत्रफल

$= \pi r(l+r) = \frac{22}{7} \times 6 \times (10+6)$

$= \frac{22}{7} \times 6 \times 16 = 30171$ सेमी^{2}

80. (a) माना शंकु की त्रिज्या = ऊँचाई $= r$ सेमी

$l^2 = h^2 + r^2 \Rightarrow 5^2 = r^2 + r^2$

$\Rightarrow \quad 2r^2 = 25 \Rightarrow r^2 = \frac{25}{2}$

$\Rightarrow \quad r = \frac{5}{\sqrt{2}}$

शंकु का आयतन $= \frac{1}{3}\pi r^2 h = \frac{1}{3}\pi \times \left(\frac{5}{\sqrt{2}}\right)^2 \times \frac{5}{\sqrt{2}}$

$= \frac{1}{3}\pi \times \frac{25}{2} \times \frac{5}{\sqrt{2}} = \frac{125\pi}{6\sqrt{2}}$ सेमी^{3}

81. (d) बेलनाकार बोतल की त्रिज्या (r)

$= \frac{12}{2} = 6$ सेमी

$\therefore$ बोतल का आयतन $= \pi r^2 h = \frac{22}{7} \times 6 \times 6 \times 21$

$= 2376$ सेमी^{3}

82. (d) शंकु का आयतन $= \frac{1}{3}\pi r^2 h$

$\Rightarrow \quad \frac{1}{3} \times \frac{22}{7} \times r^2 \times 160 = 73920$

$\Rightarrow \quad r^2 = \frac{73920 \times 3 \times 7}{160 \times 22} = 441$

$\therefore \quad r = \sqrt{441} = 21$ सेमी

अत: आधार का व्यास $= 2r = 2 \times 21$

$= 42$ सेमी

83. (c) घन का सम्पूर्ण पृष्ठीय क्षेत्रफल = 6 (भुजा)^2

प्रश्नानुसार,

6 (भुजा)^2 = 24 वर्ग इकाई

$\Rightarrow$ (भुजा)^2 = 4 वर्ग इकाई $\Rightarrow$ भुजा = 2 इकाई

घन का आयतन $= 2^3 = 8$ घन इकाई

84. (b) ठोस अर्द्धगोले की त्रिज्या $(r) = \frac{12.6}{2} = 6.3$ सेमी

$\therefore$ ठोस अर्द्धगोले का आयतन $= \frac{2}{3} \times \pi \times r^3$

$= \frac{2}{3} \times \frac{22}{7} \times (6.3)^3$

$= 523.908$ सेमी^{3}

85. (c) माना बेलन की त्रिज्या r तथा ऊँचाई h हैं।

$\because$ 2 × बेलन का वक्रपृष्ठीय क्षेत्रफल

= बेलन का आयतन

$\Rightarrow \quad 2 \times 2\pi rh = \pi r^2 h \Rightarrow r = 4$

86. (d) माना बेलनाकार पात्र की ऊँचाई $= H$ सेमी

प्रश्नानुसार,

शंक्वाकार पात्र का आयतन = बेलनाकार पात्र का आयतन

$\Rightarrow \quad \frac{1}{3}\pi r^2 h = \pi R^2 H$

$\Rightarrow \quad \frac{1}{3} \times 20 \times 20 \times 27 = 15 \times 15 \times H$

$\Rightarrow \quad H = \frac{20 \times 20 \times 9}{15 \times 15} = 16$ सेमी

87. (d) शंकु की त्रिज्या $(r) = \frac{12}{2} = 6$ सेमी

माना शंकु की ऊँचाई $= h$ सेमी

प्रश्नानुसार,

गोले का आयतन = शंकु का आयतन

$\Rightarrow \quad \frac{4}{3}\pi R^3 = \frac{1}{3}\pi r^2 h$

$\Rightarrow \quad \frac{4}{3} \times 12 \times 12 \times 12 = \frac{1}{3} \times 6 \times 6 \times h$

$\therefore \quad h = \frac{4 \times 4 \times 12 \times 12}{12} = 16 \times 12 = 192$ सेमी

88. (b) छिन्नक का आयतन

$= \frac{\pi h}{3}(r_1^2 + r_2^2 + r_1 r_2) \Rightarrow \frac{22}{7} \times \frac{7}{3}(5^2 + 3^2 + 5 \times 3)$

$= \frac{22}{3} \times (25+9+15) = \frac{22}{3} \times 49 = 359.3$ घन सेमी

89. (b) बेलन की त्रिज्या $(r) = 4 \times 14 = 56$ सेमी

बेलन का आयतन $= \pi r^2 h = \frac{22}{7} \times (56)^2 \times 14$

$= 137984$ घन सेमी

90. (c) शंक्वाकार टेण्ट की त्रिज्या, $r = \frac{14}{2} = 7$ मी

$\therefore$ शंक्वाकार टेण्ट में लगे कपड़े का क्षेत्रफल

$= \pi rl = \frac{22}{7} \times 7 \times 9 = 198$ मी^{2}

2 मी की चौड़ाई वाले कपड़े की लम्बाई $= \frac{198}{2} = 99$ मी

91. (d) माना ठोस गोलों की संख्या x है।

प्रश्नानुसार, x गोलों का आयतन = बेलन का आयतन

$\Rightarrow \quad x \times \frac{4}{3} \times \left(\frac{6}{2}\right)^3 \pi = \left(\frac{4}{2}\right)^2 \pi \times 90\pi$

$\Rightarrow \quad x \times 4 \times 9 = 4 \times 90 \Rightarrow x = 10$

92. (d) घन की लम्बाई = 1.4 सेमी

घन से बाहर निकाले जाने वाले सबसे बड़े गोले की त्रिज्या $(r) = \frac{1.4}{2} = 0.7$ सेमी

$\therefore$ गोले का आयतन $= \frac{4}{3}\pi r^3 = \frac{4}{3} \times \frac{22}{7} \times (0.7)^3$

$= 1.44$ सेमी^{3}

93. (a) माना तिर्यक ऊँचाई $= l$ सेमी

प्रश्नानुसार,

शंकु का वक्रपृष्ठीय क्षेत्रफल $= \pi rl = 594$ सेमी^{2}

$\therefore \quad \frac{22}{7} \times 21 \times l = 594 \Rightarrow l = \frac{594 \times 7}{21 \times 22} = 9$ सेमी

94. (a) घन की भुजा = गोले का व्यास

$\therefore$ गोले की त्रिज्या $= \frac{28}{2} = 14$ सेमी

$\therefore$ गोले का आयतन $= \frac{4}{3}\pi r^3$

$= \frac{4}{3} \times \frac{22}{7} \times 14 \times 14 \times 14 = 1150$ सेमी^{3}

95. (a) शंकु का आयतन

$= \frac{1}{3}\pi r^2 h = \frac{1}{3} \times \frac{22}{7} \times 7 \times 7 \times 15$

$= 22 \times 7 \times 5 = 770$ सेमी^{3}

अत: शंकु का भार $= 770 \times 15$

$= 11550$ ग्राम $= 11.55$ किग्रा

96. (c) माना नए घन की भुजा $= a$ सेमी

प्रश्नानुसार,

घन का आयतन (v) = घनाभ का आयतन

$a^3 = 12 \times 18 \times 27 \Rightarrow a = (5832)^{1/3} = 18$ सेमी

$\therefore$ अभीष्ट अनुपात

$= \frac{\text{घनाभ के सम्पूर्ण पृष्ठीय क्षेत्रफल}}{\text{घन के सम्पूर्ण पृष्ठीय क्षेत्रफल}}$

$= \frac{2\,(12 \times 18) + 18 \times 27 + 12 \times 27\}}{6\,(18)^2}$

$= \frac{2\,\{216 + 486 + 324\}}{6 \times 324} = \frac{2052}{1944} = 19:18$

97. (c) घन की भुजा $(a) = \sqrt[3]{343} = 7$ मी

$\therefore$ घन का सम्पूर्ण पृष्ठीय क्षेत्रफल $= 6a^2$

$= 6 \times 7^2 = 6 \times 49 = 294$ मी^{2}

98. (c) खोखले गोले का आयतन

$= \frac{4}{3}\pi\,(r_1^3 - r_2^3) \Rightarrow \frac{4}{3}\pi\,(6^3 - 3^3)$

$= \frac{4}{3}\pi\,(216 - 27)$

$= \frac{4}{3}\pi \times 189 = 252\pi$ सेमी^{3}

99. (c) लोहे की छड़ का आयतन $= \pi r^2 h$

$= \pi \times 2^2 \times 12 = 48\,\pi$ सेमी^{3}

अब तार की लम्बाई $(H) = 12$ मी $= 1200$ सेमी

माना तार की मोटाई $= 2R$

$\therefore$ अनुप्रस्थ काट की त्रिज्या $= R$

तार का आयतन $= \pi R^2 H = \pi \times R^2 \times 1200$

$\therefore \quad 48\pi = \pi \times R^2 \times 1200$

$\Rightarrow \quad R^2 = \frac{48}{1200} = \frac{4}{100} \Rightarrow R = \frac{2}{10} = 0.2$

$\therefore$ तार की मोटाई $= 0.2 \times 2 = 0.4$ सेमी

100. (a) माना शंकु के आधार की त्रिज्या $(r) = r$ मी

$\because \quad l^2 = r^2 + h^2$

$\therefore \quad 10^2 = r^2 + 8^2$

$r^2 = 100 - 64 = 36 \Rightarrow r = 6$ मी

$\therefore$ शंकु का वक्रपृष्ठ का क्षेत्रफल $= \pi rl$

$= \pi \times 6 \times 10 = 60\pi$ मी^{2}

101. (c) अर्द्धगोले का आयतन $= \frac{2}{3}\pi r^3$

$= \frac{2}{3} \times \frac{22}{7} \times (5.6)^3 = \frac{2}{3} \times \frac{22}{7} \times 175.62$

$= 367.95$ सेमी^{3}

102. (c) माना गोले की त्रिज्या = r सेमी

दिया है,

तब, गोले का आयतन $= \frac{4}{3}\pi r^3$

$\frac{4}{3}\pi r^3 = 38808 \Rightarrow r^3 = \frac{38808 \times 3}{4\pi}$

$\Rightarrow r^3 = \frac{38808 \times 3}{4 \times 22} \times 7 = 9261 \Rightarrow r = 21$ सेमी

$\because$ गोले का पृष्ठीय क्षेत्रफल $= 4\pi r^2$

$= 4 \times \frac{22}{7} \times (21)^2 = 4 \times \frac{22}{7} \times 21 \times 21$

$= 5544$ सेमी^{2}

103. (d) माना गोले की त्रिज्या 'r' मी है और बेलनाकार तार की त्रिज्या 'R' मी है।

गोले का आयतन = तार का आयतन

$\Rightarrow \frac{4}{3}\pi r^3 = \pi R^2 \times h$

$\Rightarrow \frac{4}{3}\pi \times \left(\frac{18}{2}\right)^3 = \pi \times R^2 \times 12$

$\Rightarrow R^2 = \frac{4}{3} \times \frac{9^3}{12} \Rightarrow R^2 = 81$

$\therefore R = 9$ मी

104. (c) शंकु का कुल पृष्ठीय क्षेत्रफल $= \pi r(l + r)$

$= \frac{22}{7} \times 14 \times (30 + 14) = 22 \times 2 \times 44 = 1936$ सेमी^{2}

105. (d) गोलार्द्ध की आन्तरिक त्रिज्या = 6 सेमी

मोटाई = 0.37 सेमी

$\therefore$ बाह्य त्रिज्या = 6 + 0.37 = 6.37 सेमी

गोलार्द्ध का बाह्य वक्रपृष्ठ का क्षेत्रफल $= 2\pi r^2$

$= 2 \times \frac{22}{7} \times 6.37 \times 6.37 = 255.0548$ सेमी^{2}

106. (d) अर्द्धगोले की त्रिज्या $= \frac{35}{2}$ सेमी

$\therefore$ अर्द्धगोले का आयतन $= \frac{2}{3}\pi r^3$

$= \frac{2}{3} \times \frac{22}{7} \times \frac{35}{2} \times \frac{35}{2} \times \frac{35}{2} = \frac{11 \times 5 \times 35 \times 35}{3 \times 2}$

$= 11229.17$ सेमी^{3}

107. (a) अर्द्धगोले का आयतन $= \frac{2}{3}\pi r^3$

$= \frac{2}{3} \times \frac{22}{7} \times (6.3)^3 = 523.90$ सेमी^{3}

108. (a) गोले का आयतन $= 179\frac{2}{3}$ मी^{3}

माना गोले की त्रिज्या = r मी

$\therefore \frac{4}{3}\pi r^3 = \frac{539}{3} \Rightarrow r^3 = \frac{539 \times 7}{4 \times 22}$

$\Rightarrow r^3 = \frac{343}{8} \Rightarrow r = \frac{7}{2}$ मी

$\therefore$ गोले का पृष्ठीय क्षेत्रफल $= 4\pi r^2$

$= 4 \times \frac{22}{7} \times \frac{7}{2} \times \frac{7}{2} = 22 \times 7 = 154$ मी^{2}

109. (c) लोहे के पाइप की बाहरी त्रिज्या

$= r_1 = \frac{20}{2} = 10$ सेमी

तथा पाइप की मोटाई = 1 सेमी

$\therefore$ पाइप की आन्तरिक त्रिज्या $r_2 = 10 - 1 = 9$ सेमी

पाइप की लम्बाई $(h) = 12$ सेमी

$\therefore$ पाइप का पृष्ठीय क्षेत्रफल

$= 2\pi(r_1 + r_2)h + 2\pi(r_1^2 - r_2^2)$

$= 2 \times \frac{22}{7} \times (10 + 9) \times 12 + 2 \times \frac{22}{7}(10^2 - 9^2)$

$= 2 \times \frac{22}{7} \times 19 \times 13 = 1552.57$ सेमी^{2}

110. (a) अर्द्धगोले का आयतन $= \frac{2}{3}\pi r^3$

$= \frac{2}{3} \times \frac{22}{7} \times 21 \times 21 \times 21 = 19404$ सेमी^{3}

$\therefore$ बेलन का आयतन = 19404 सेमी^{3}

माना बेलन की त्रिज्या = R तथा ऊँचाई = h

प्रश्नानुसार, $\frac{2\pi Rh}{2\pi R(R + h)} = \frac{2}{5}$

$5h = 2R + 2h \Rightarrow 3h = 2R \Rightarrow h = \frac{2}{3}R$

तथा $\pi R^2 h = 19404 \Rightarrow \pi R^2 \times \frac{2}{3}R = 19404$

$\Rightarrow R^3 = 19404 \times \frac{3}{2} \times \frac{7}{22} \Rightarrow R^3 = 9261$

$\therefore R = 21$ सेमी

111. (a) माना घन की भुजा a सेमी है।

घन का विकर्ण $= 6\sqrt{3} \Rightarrow \sqrt{3}a = 6\sqrt{3} \Rightarrow a = 6$ सेमी

तीनों घनों को जोड़कर घनाभ बनाने पर घनाभ की लम्बाई $(l) = 3a = 3 \times 6 = 18$ सेमी

घनाभ की चौड़ाई $(b) = a = 6$ सेमी

घनाभ की ऊँचाई $(R) = a = 6$ सेमी

घनाभ का पृष्ठीय क्षेत्रफल

$= 2(lb + bh + hl)$

$= 2(18 \times 6 + 6 \times 6 + 18 \times 6)$

$= 2(108 + 36 + 108) = 2 \times 252$

= 504 वर्ग सेमी

112. (c) माना गोलार्द्ध की त्रिज्या = r सेमी

प्रश्नानुसार, गोलार्द्ध का आयतन = 19404

$\therefore \frac{2}{3}\pi r^3 = 19404$

$\Rightarrow r^3 = 19404 \times \frac{3}{2} \times \frac{7}{22} \Rightarrow r^3 = 9261$

$\Rightarrow r = 21$ सेमी

113. (b) खोखले गोले का आयतन $= \frac{4}{3}\pi(R^3 - r^3)$

$\Rightarrow v = \frac{4}{3} \times \pi(4^3 - 1) \Rightarrow v = \frac{4}{3} \times \pi \times 63$

$\Rightarrow v = 84\pi$ सेमी^{3}

114. (b) घन का कुल पृष्ठीय क्षेत्रफल

$6a^2 = 1536$ मी^{2} (a = भुजा)

$a^2 = 256 \Rightarrow a = 16$ मी

$\therefore$ घन का आयतन $= a^3 = (16)^3 = 4096$ मी^{3}

115. (c) घन से निकाले जा सकने वाले बड़े गोले की त्रिज्या $r = \frac{4.2}{2} = 2.1$ सेमी

$\therefore$ गोले का आयतन $= \frac{4}{3}\pi r^3 = \frac{4}{3} \times \frac{22}{7} \times 2.1 \times 2.1 \times 2.1$

$= 38.80$ सेमी^{3}

116. (d) माना गोले की त्रिज्या r है

$\therefore$ गोले का वक्रपृष्ठीय क्षेत्रफल $= 4\pi r^2$

$\Rightarrow 154 = 4 \times \frac{22}{7} \times r^2$

$\Rightarrow r^2 = \frac{154 \times 7}{4 \times 22} \Rightarrow r^2 = \frac{7 \times 7}{4} \Rightarrow r = \frac{7}{2}$

$\therefore$ गोले का आयतन $= \frac{4}{3}\pi r^3 = \frac{4}{3} \times \frac{22}{7} \times \left(\frac{7}{2}\right)^3$

$= 179.7$ सेमी^{3}

117. (a) घन से बाहर निकाले जा सकने वाले सबसे बड़े गोले की त्रिज्या, $r = \frac{5.6}{2} = 2.8$ सेमी

$\therefore$ गोले का आयतन $= \frac{4}{3}\pi r^3 = \frac{4}{3} \times \frac{22}{7} \times (2.8)^3$

$= 91.98$ सेमी^{3}

118. (a) घन के विकर्ण की लम्बाई

$\therefore a\sqrt{3} = 7\sqrt{3} \Rightarrow a = 7$ सेमी

$\therefore$ घन का पृष्ठीय क्षेत्रफल $= 6a^2$

$= 6 \times 49 = 294$ सेमी^{2}

119. (d) 9 सेमी त्रिज्या वाले गोले का आयतन = 2 सेमी त्रिज्या वाले तार का आयतन

$\Rightarrow \frac{4}{3}\pi \times (9)^3 = \pi \times (2)^2 \times h$

$\Rightarrow \frac{4}{3} \times (9)^3 = 4 \times h$

$\Rightarrow h = \frac{(9)^3}{3} = 81 \times 3$ सेमी = 243 सेमी

120. (d) माना लम्ब वृत्ताकार बेलन की त्रिज्या = r सेमी

तब, उसकी ऊँचाई $(h) = \frac{r}{3}$

$\because \frac{r}{3} = 2.1$

$\Rightarrow r = 6.3$ सेमी

तब, बेलन का आयतन $v = \pi r^2 h$

$\Rightarrow v = \frac{22}{7} \times (6.3)^2 \times (2.1)$

$\Rightarrow v = 261.95$ सेमी^{3}

121. (a) $\because r_1 : r_2 = 1 : 4$ तथा $h_1 : h_2 = 4 : 3$

तब, दोनों बेलनों के आयतनों का अनुपात $= \frac{\pi r_1^2 h_1}{\pi r_2^2 h_2}$

$= \frac{1^2 \times 4}{(4)^2 \times 3} = \frac{1}{12} = 1 : 12$

122. (b) गोले का कुल पृष्ठीय क्षेत्रफल $= 4\pi r^2$

$= 4 \times \frac{22}{7} \times \frac{3.5}{2} \times \frac{3.5}{2} = 11 \times 3.5 = 38.5$ सेमी^{2}

123. (a) घनाभ का आयतन $= 36 \times 18 \times 9$ मी^{3}

$\therefore$ पिघलाकर बनाए गए घन का आयतन

$= 36 \times 18 \times 9$ मी^{3}

$\therefore$ घन की भुजा $a = \sqrt[3]{36 \times 18 \times 9} = 18$ मी

$\therefore$ घन का विकर्ण $= a\sqrt{3} = 18\sqrt{3}$ मी

124. (b) बेलन की त्रिज्या $(r) = 5 \times 3.5 = 17.5$ सेमी

$\therefore$ बेलन का आयतन $= \pi r^2 h$

$= \frac{22}{7} \times 17.5 \times 17.5 \times 3.5$

$= 3368.75$ सेमी^{3}

125. (d) घन का पृष्ठीय क्षेत्रफल $= 6(\text{भुजा})^2$

$\Rightarrow 6(\text{भुजा})^2 = 864 \Rightarrow$ भुजा $= \left(\frac{864}{6}\right)^{\frac{1}{2}} = 12$ सेमी

तब, घन का आयतन $= (\text{भुजा})^3$

$= (12)^3 = 1728$ सेमी^{3}

126. (d) अर्द्धगोले की त्रिज्या $(r) = \frac{28}{2} = 14$ सेमी

अर्द्धगोले का आयतन $(v) = \frac{2}{3}\pi r^3$

$= \frac{2}{3} \times \frac{22}{7} \times (14)^3 = \frac{2}{3} \times 22 \times 196 \times 2$

$= 5749.33$ सेमी^{3}

127. (c) 6 सेमी, 7 सेमी और 8 सेमी वाले किनारों के घनाभ का आयतन = लम्बाई × चौड़ाई × ऊँचाई

$= 6 \times 7 \times 8 = 336$ सेमी^{3}

7 सेमी वाले किनारों का घन,

घन का आयतन = [भुजा]^3 = [7]^3 = 343 सेमी^{3}

∴ स्पष्टतया घनाभ का आयतन

(336 सेमी^{3}) < घन का आयतन (343 सेमी^{3})

अतः घन का आयतन अधिक होगा।

128. (b) अर्द्धगोलाकार प्याले की आन्तरिक त्रिज्या

$(r) = \frac{84}{2} = 42$ सेमी

∴ अर्द्धगोलाकार प्याले का पृष्ठ क्षेत्रफल,

$(A) = 2\pi r^2 = 2 \times \frac{22}{7} \times (42)^2$

∴ अभीष्ट व्यय $= 2 \times \frac{22}{7} \times 42 \times 42 \times \frac{21}{100}$

= ₹ 2328.48

129. (d) ∵ गोले की त्रिज्या $= \frac{63}{2}$ सेमी

∵ गोले का कुल पृष्ठीय क्षेत्रफल (A) = 4π (त्रिज्या)^2

$= 4\pi \times \left(\frac{63}{2}\right)^2 = 4 \times \frac{22}{7} \times \left(\frac{63}{2}\right)^2$

= 12474 सेमी^{2}

अतः गोले का कुल पृष्ठीय क्षेत्रफल (A)

= 12474 सेमी^{2} है।

130. (b) बड़े घन की भुजा $= \sqrt[3]{6^3 + 8^3 + 10^3}$

$= \sqrt[3]{216 + 512 + 1000}$

$= \sqrt[3]{1728} = 12$ सेमी

131. (d) गोले की त्रिज्या $(R) = \frac{18}{2} = 9$ सेमी

तथा तार की त्रिज्या $(r) = \frac{6}{2} = 3$ मिमी

माना तार की लम्बाई = h

प्रश्नानुसार, गोले का आयतन

= तार (बेलन का आयतन)

$\frac{4}{3}\pi R^3 = \pi r^2 h \Rightarrow \frac{4}{3} \times (9)^3 = \frac{3}{10} \times \frac{3}{10} \times h$

[∵ 1 सेमी = 10 मिमी]

$\Rightarrow \quad h = \frac{4 \times 9 \times 9 \times 9}{3 \times 3 \times 3} \times 100$

$h = 10800$ सेमी $= \frac{10800}{100} = 108$ मी

132. (b) दिया है, गोले की त्रिज्या $(R) = 3\sqrt{2}$ सेमी

शंकु के आधार की त्रिज्या $(r) = 3\sqrt{2}$ सेमी

प्रश्नानुसार,

$4\pi R^2 = \pi r(l + r)$ [l = शंकु की तिर्यक ऊँचाई]

$\Rightarrow \quad 4(3\sqrt{2})^2 = 3\sqrt{2}(l + 3\sqrt{2})$

$\Rightarrow \quad 12\sqrt{2} = l + 3\sqrt{2} \Rightarrow l = 9\sqrt{2}$ सेमी

∴ शंकु की ऊँचाई $(h) = \sqrt{l^2 - r^2}$

$= \sqrt{(9\sqrt{2})^2 - (3\sqrt{2})^2}$

$= \sqrt{162 - 18} = \sqrt{144} = 12$ सेमी

133. (a) माना शंकु के आधार की त्रिज्या = R सेमी

प्रश्नानुसार,

अर्द्धगोले का आयतन = शंकु का आयतन

$\therefore \frac{2}{3}\pi r^3 = \frac{1}{3}\pi R^2 h \Rightarrow \frac{2}{3} \times (4)^3 = \frac{1}{3} R^2 \times 72$

$\Rightarrow R^2 = 2 \times \frac{64}{72} \Rightarrow R^2 = \frac{16}{9}$

$\therefore \quad R = \frac{4}{3} = 1.33$ सेमी

134. (d) प्रश्नानुसार,

गोलाकार शॉट की त्रिज्या $r = \frac{8.4}{2} = 4.2$ सेमी

∴ अभीष्ट गोलाकार शॉट की संख्या

$= \frac{\text{आयताकार ठोस का आयतन}}{\text{गोलाकार शॉट का आयतन}}$

$= \frac{88 \times 63 \times 42}{\frac{4}{3} \times \frac{22}{7} \times 4.2 \times 4.2 \times 4.2} = 750$

135. (c) घन का सम्पूर्ण पृष्ठीय क्षेत्रफल $= 6a^2$

$\Rightarrow \quad 13.5 = 6a^2 \Rightarrow a = \sqrt{\frac{13.5}{6}}$

∴ घन का विकर्ण $= \sqrt{3}a = \sqrt{3} \times \sqrt{\frac{13.5}{6}}$

$= \sqrt{\frac{13.5 \times 3}{6}} = \sqrt{\frac{13.5}{2}} = \sqrt{6.75} = 1.5\sqrt{3}$ मी

136. (d) माना दीवार की चौड़ाई = b मी

तब, दीवार की ऊँचाई $(h) = 10b$ मी

दीवार की लम्बाई $(l) = 10\,b \times 8 = 80\,b$ मी

दीवार का आयतन = 51.2 मी^{3}

$\Rightarrow \quad l \times b \times h = 51.2$

$\Rightarrow \quad 80\,b \times b \times 10\,b = 51.2 \Rightarrow 800\,b^3 = 51.2$

$\rightarrow \quad b^3 = \frac{512}{8000} \Rightarrow b = \frac{8}{20} = \frac{2}{5}$ मी

दीवार के एक तरफ का क्षेत्रफल $= l \times b = 80\,b \times b$

$= 80 \times \left(\frac{2}{5}\right)^2 = 12.8$ मी^{2}

∴ दीवार को पेण्ट करने की लागत

= ₹ (12.8 × 1000) = ₹ 12800

137. (c) बेलन के आधार का क्षेत्रफल = 346.5 सेमी^{2}

$\therefore \quad \pi r^2 = 346.5 \Rightarrow r^2 = 346.5 \times \frac{7}{22} = 110.25$

$r = 10.5$ सेमी

तथा बेलन का वक्रपृष्ठीय क्षेत्रफल = 462 सेमी^{2}

$2\pi rh = 462 \Rightarrow h = 462 \times \frac{1}{2} \times \frac{7}{22} \times \frac{1}{10.5}$

$= \frac{3234}{462} = 7$ सेमी

∴ बेलन का आयतन $= \pi r^2 h = \frac{22}{7} \times 10.5 \times 10.5 \times 7$

= 2425.5 सेमी^{3}

138. (c) धातु की गेंद की त्रिज्या, $R = \frac{40}{2} = 20$ सेमी

छोटी गेंद की त्रिज्या $r = 0.5$ सेमी

∴ पिघलाकर बनाई गई छोटी गेंदों की संख्या

$= \frac{\text{बड़ी गेंद का आयतन}}{\text{छोटी गेंद का आयतन}} = \frac{\frac{4}{3}\pi R^3}{\frac{4}{3}\pi r^3}$

$= \frac{20 \times 20 \times 20}{0.5 \times 0.5 \times 0.5} = 64000$

139. (d) बेलन का आयतन $= \pi r^2 h$

प्रश्नानुसार, नई त्रिज्या $= r \times \frac{90}{100} = \frac{9}{10} r$

नई ऊँचाई $= h \times \frac{120}{100} = \frac{6}{5} h$

तब, नया आयतन $= \pi\left(\frac{9}{10} r\right)^2 \times \frac{6}{5} h = \frac{243}{250} \pi r^2 h$

∴ अभीष्ट प्रतिशत कमी $= \frac{\pi r^2 h - \frac{243}{250}\pi r^2 h}{\pi r^2 h} \times 100\%$

$= \frac{250 - 243}{250} \times 100\% = 2.8\%$

140. (b) प्रश्नानुसार,

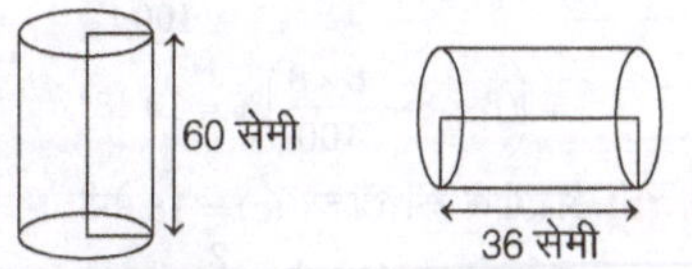

चौड़ाई के अनुदिश मोड़ने पर (I)   लम्बाई के अनुदिश मोड़ने पर (II)

बड़ी भुजा के अनुदिश मोड़ने पर,

बेलन (I) की ऊँचाई $(h_1) = 36$ सेमी

बेलन (I) की परिधि = 60 सेमी

$\Rightarrow \quad 2\pi r_1 = 60$

$\Rightarrow \quad \pi r_1 = 30$ सेमी

$\Rightarrow \quad r_1 = \frac{30}{\pi}$ सेमी

छोटी भुजा के अनुदिश मोड़ने पर,

बेलन (II) की ऊँचाई $(h_2) = 60$ सेमी

∴ परिधि = 36 सेमी

$\Rightarrow \quad 2\pi r_2 = 36$

$\Rightarrow \quad \pi r_2 = 18$

$\Rightarrow \quad r_2 = \frac{18}{\pi}$ सेमी

$\therefore \quad \frac{\text{बेलन (I) का आयतन}}{\text{बेलन (II) का आयतन}} = \frac{\pi r_1^2 h_1}{\pi r_2^2 h_2}$

$= \frac{\left(\frac{30}{\pi}\right)^2 \times 36}{\left(\frac{18}{\pi}\right)^2 \times 60} = \frac{30 \times 30 \times 36}{18 \times 18 \times 60} = \frac{15}{9} = \frac{5}{3}$

141. (c) माना तिर्यक ऊँचाई $(l) = 4x$,

ऊँचाई $(h) = 3x$

शंकु का वक्रपृष्ठ $= \pi r l$

$4\sqrt{7}\pi = \pi\sqrt{l^2 - h^2}\ l$

$\Rightarrow \quad 4\sqrt{7} = \sqrt{(4x)^2 - (3x)^2}\ 4x$

$\Rightarrow \quad \sqrt{7} = \sqrt{7}\,x^2$

$\Rightarrow \quad x^2 = 1$

$x = 1$

शंकु की त्रिज्या $(r) = \sqrt{l^2 - h^2}$

$= \sqrt{4^2 - 3^2}$

$= \sqrt{16 - 9}$

$= \sqrt{7}$ इकाई

142. (c) माना गोले की त्रिज्या = r

त्रिज्या में वृद्धि = 20%

अतः नई त्रिज्या $(R) = \frac{120}{100} r = \frac{6}{5} r$

आयतन में प्रतिशत वृद्धि $= \dfrac{\left(\frac{4}{3}\pi R^3 - \frac{4}{3}\pi r^3\right)}{\frac{4}{3}\pi r^3} \times 100$

$= \dfrac{(R^3 - r^3)}{r^3} \times 100 = \dfrac{\left(\frac{6}{5}r\right)^3 - r^3}{r^3} \times 100$

$= \dfrac{\left(\frac{216}{125} - 1\right)}{1} \times 100 = \dfrac{91}{5} \times 4 = \dfrac{364}{5}\% = 72.8\%$

143. (c) लम्बाई में वृद्धि = 6%

चौड़ाई में वृद्धि = 8%

आयतन में प्रतिशत वृद्धि $= \left(x + y + \dfrac{xy}{100}\right)\%$

$= \left(6 + 8 + \dfrac{6 \times 8}{100}\right)\% = 14.48\%$

144. (b) अर्द्धगोले की त्रिज्या (r) = 18 सेमी

अर्द्धगोले का आयतन $= \dfrac{2}{3}\pi r^3$

$= \dfrac{2}{3} \times \dfrac{22}{7} \times 18 \times 18 \times 18 \Rightarrow 2 \times \dfrac{22}{7} \times 6 \times 18 \times 18$

$= \dfrac{44 \times 6 \times 324}{7} = \dfrac{85536}{7} = 12219.43$ सेमी^{3}

145. (b) घनाभ का पृष्ठीय क्षेत्रफल

$= 2(lb + bh + hl) = 2[11 \times 7 + 7 \times 4 + 4 \times 11]$

$= 2[77 + 28 + 44]$

$= 2[149] = 298$ मी^{2}

146. (c) माना घनाभ की लम्बाई (l), चौड़ाई (b) तथा ऊँचाई (h) है।

∴ घनाभ का आयतन (v) = lbh

प्रश्नानुसार, नई लम्बाई $(l) = \left(\dfrac{100 - 15}{100}\right)l = \dfrac{85}{100}l$

नई चौड़ाई $(b) = \left(\dfrac{100 - 25}{100}\right)b = \left(\dfrac{75}{100}\right)b$

नई ऊँचाई $(h) = \left(\dfrac{100 + 60}{100}\right)h = \dfrac{160}{100}h$

नए घनाभ का आयतन $(V_2) = L \times B \times H$

$= \dfrac{85}{100}l \times \dfrac{75}{100}b \times \dfrac{160}{100}h = \dfrac{17}{20}l \times \dfrac{3}{4}b \times \dfrac{8}{5}h$

$= \dfrac{17}{20}l \times 3b \times \dfrac{2}{5}h = \dfrac{102}{100}lbh$

आयतन में परिवर्तन (वृद्धि) $= V_2 - V_1$

$= \dfrac{102}{100}lbh - lbh = \dfrac{102lbh - 100lbh}{100} = \dfrac{2lbh}{100}$

आयतन में प्रतिशत परिवर्तन

$(\Delta V) = \dfrac{2lhb}{100 \times lbh} \times 100 = 2\%$ (वृद्धि)

स्पीडी विधि

	पहले	अब
लम्बाई में कमी (l)% $= \frac{15}{100} = \frac{3}{20}$	= 20	17
चौड़ाई में कमी (b)% $= \frac{25}{100} = \frac{1}{4}$	= 4	3
ऊँचाई में वृद्धि (h)% $= \frac{60}{100} = \frac{3}{5}$	= 5......	8
आयतन	= 50	51

आयतन में वृद्धि प्रतिशत

$= \dfrac{1}{50} \times 100 = 2\%$ की वृद्धि

147. (a) माना पासे की भुजा = x इकाई

पासों की संख्या = 27

बड़ी गेंद का आयतन = 27 × पासे का आयतन + छोटी गेंद का आयतन

$\dfrac{4}{3}\pi R^3 = 27 \times x^3 + \dfrac{4}{3}\pi r^3$

$\Rightarrow \dfrac{4}{3} \times \dfrac{22}{7} \times 3 \times 3 \times 3 = 27 \times x^3 + \dfrac{4}{3} \times \dfrac{22}{7} \times 1 \times 1 \times 1$

$\Rightarrow \dfrac{4}{3} \times \dfrac{22}{7} \times 3^3 - \dfrac{4}{3} \times \dfrac{22}{7} \times 1 = 27x^3$

$\Rightarrow \dfrac{4}{3} \times \dfrac{22}{7} \times [3^3 - 1] = 27x^3$

$\Rightarrow \dfrac{4}{3} \times \dfrac{22}{7} \times (27 - 1) = 27x^3$

$\Rightarrow \dfrac{4}{3} \times \dfrac{22}{7} \times 26 = 27x^3$

$\Rightarrow x = 1.6$

अतः विकल्प (a) सही है।

148. (c) बेलन की ऊँचाई (h) = 8 सेमी

बेलन के आधार का क्षेत्रफल $= \pi r^2 = 20$ सेमी^{2}

बेलन का आयतन $= \pi r^2 h = 20 \times 8 = 160$ सेमी^{3}

149. (a) शंक्वाकार टंकी का आयतन ऊँचाई

$= \dfrac{1}{3}\pi r^2 h = \dfrac{1}{3}\pi \times 7^2 \times 9$

$= 49\pi \times 3 = 147\pi = 147 \times \dfrac{22}{7}$

$= 21 \times 22 = 462$ क्यूबिक फीट

150. (a) शंकु की तिर्यक ऊँचाई (l) = 4.2 इकाई

शंकु का वक्रपृष्ठ $= \pi rl$

$13.2 = \dfrac{22}{7} \times r \times 4.2$

$\Rightarrow 132 = 22 \times r \times 6 \Rightarrow 6 = 6r$

$\Rightarrow r = 1$ इकाई

151. (a) मोमबत्तियों की संख्या

$= \dfrac{\text{आयताकार ठोस का आयतन}}{\text{एक मोमबत्ती का आयतन}}$

$= \dfrac{l \times b \times h}{\pi r^2 h^1} = \dfrac{70 \times 44 \times 20}{\frac{22}{7} \times 7 \times 7 \times 20}$

$= \dfrac{70 \times 44 \times 7}{22 \times 7 \times 7} = 10 \times 2 = 20$

152. (d) शंकु का पृष्ठीय क्षेत्रफल $= \pi rl$

$= \pi \times 3 \times \sqrt{h^2 + r^2} \Rightarrow \pi \times 3 \times \sqrt{4^2 + 3^2}$

$= 3\pi\sqrt{16 + 9} = 3\pi\sqrt{25} = 3\pi \times 5 = 15\pi$

153. (a) माना कमरे की चौड़ाई = x मी

माना कमरे की लम्बाई = 2x मी

तथा कमरे की ऊँचाई $= \dfrac{x}{2}$ मी

∵ कमरे का आयतन = 1728 मी^{3}

$l \times b \times h = 1728$ मी^{3}

$\Rightarrow \dfrac{x}{2} \times x \times 2x = 1728$ मी^{3}

$\Rightarrow x^3 = 1728$

$\Rightarrow x = 12$ मी

∴ कमरे की लम्बाई $= 2x = 2 \times 12 = 24$ मी

154. (c) शंक्वाकार तम्बू की ऊँचाई (h) = 20 फिट

शंक्वाकार तम्बू के आधार की परिधि = 30π फिट

$2\pi r = 30\pi$ फिट $\Rightarrow r = 15$ फिट

शंक्वाकार तम्बू का वक्रपृष्ठीय $= \pi rl$

$= \pi \times r \times \sqrt{h^2 + r^2}$ $[\because l = \sqrt{h^2 + r^2}]$

$= 15\pi\sqrt{20^2 + 15^2} = 15\pi\sqrt{400 + 225}$

$= 15\pi\sqrt{625} = 15\pi \times 25 = 375\pi$ वर्ग फिट

155. (b) दिया है,

शंकु की तिर्यक ऊँचाई (l) = 28 सेमी

शंकु का वक्रपृष्ठ = 308 सेमी^{2}

∴ $\pi rl = 308 \Rightarrow \dfrac{22}{7} \times r \times 28 = 308$

$\Rightarrow \dfrac{22}{7} \times r = 11 \Rightarrow r = \dfrac{7}{2}$

$r = 3.5$ सेमी

156. (d) दिया है, शंकु की ऊँचाई (h) = 18 सेमी

शंकु का आयतन = 150π

∴ $\dfrac{1}{3}\pi r^2 h = 150\pi$

$\Rightarrow \dfrac{1}{3}r^2 \times 18 = 150 \Rightarrow r^2 = \dfrac{150 \times 3}{18}$

$\Rightarrow r^2 = \dfrac{150}{6} \Rightarrow r = 5$ सेमी

तिर्यक ऊँचाई $(l) = \sqrt{h^2 + r^2} = \sqrt{18^2 + 5^2}$

$= \sqrt{324 + 25} = \sqrt{349} = 18.68$ सेमी

157. (c) बेलन का आयतन $= \pi r^2 h$

$= \dfrac{22}{7} \times 7 \times 7 \times 12 = 1848$ सेमी^{3}

छोटे शंकु का आयतन $= \dfrac{1848 \times 1}{(2 + 1)} = 616$ सेमी^{3}

$\Rightarrow \dfrac{1}{3}\pi r^2 h = 616$

$\Rightarrow \dfrac{1}{3} \times \dfrac{22}{7} \times r^2 \times 12 = 616$

$\Rightarrow r^2 = \dfrac{616 \times 3 \times 7}{22 \times 12} = 49$

∴ $r = \sqrt{49} = 7$ सेमी

बड़े शंकु का आयतन $= \dfrac{1848}{3} \times 2 = 1232$ सेमी^{3}

$\dfrac{1}{3} \times \dfrac{22}{7} \times R^2 \times 12 = 1232$

$R^2 = \dfrac{1232 \times 3 \times 7}{22 \times 12} = 98$

∴ $R = 7\sqrt{2}$ सेमी

बेलन का समतल पृष्ठीय क्षेत्रफल $= 2\pi r^2$

$= 2 \times \pi \times 7^2 = 98\pi$ सेमी^{2}

दोनों शंकु का पृष्ठीय क्षेत्रफल $= \pi r^2 + \pi R^2$

$= \pi \times 7^2 + \pi(7\sqrt{2})^2$

$= 49\pi + 98\pi = 147\pi$ सेमी^{2}

प्रतिशत वृद्धि $= \dfrac{(147\pi - 98\pi)}{98\pi} \times 100$

$= \dfrac{49\pi}{98\pi} \times 100 = 50\%$

158. (a) प्रश्नानुसार, $4\pi \times r^2 = 528$

$4 \times \dfrac{22}{7} \times r^2 = 528 \Rightarrow r^2 = 42 \Rightarrow r = \sqrt{42}$ सेमी

159. (d) माना बेलन की ऊँचाई = h सेमी

प्रश्नानुसार, $2\pi rh = 396$

$\Rightarrow 2 \times \dfrac{22}{7} \times 7 \times h = 396 \Rightarrow h = \dfrac{396}{44} = 9$ सेमी

बेलन का आयतन $= \pi r^2 h = \dfrac{22}{7} \times 7 \times 7 \times 9$

$= 1386$ सेमी^{3}

160. (d) गोले की बाहरी आन्तरिक त्रिज्या $= \frac{10}{2} = 5$ सेमी

गोले की आन्तरिक त्रिज्या $(r) = \frac{6}{2} = 3$ सेमी

गोले की शंकु की त्रिज्या $(R) = \frac{10}{2} = 5$ सेमी

माना शंकु की ऊँचाई = h सेमी

खोखले गोले का आयतन = शंकु का आयतन

$\frac{4}{3}\pi(R^3 - r^3) = \frac{1}{3}\pi r_1^2 h$

$\Rightarrow \quad 4(5^3 - 3^3) = 5^2 \times h$

$\Rightarrow \quad 4 \times (125 - 27) = 5^2 \times h$

$\Rightarrow \quad h = \frac{4 \times 98}{25} = 15.68$ सेमी

161. (c) बेलन का वक्रपृष्ठीय क्षेत्रफल $= 2\pi rh$

प्रश्नानुसार, $2 \times \frac{22}{7} \times 7 \times h = 2200$

$h = \frac{2200}{44} = 50$ सेमी

बेलन का सम्पूर्ण पृष्ठीय क्षेत्रफल $= 2\pi r(r + h)$

$= 2 \times \frac{22}{7} \times 7(7 + 50) = 44 \times 57 = 2508$ सेमी^{2}

162. (d) माना गोले की त्रिज्या $= x$

तो गोले का पृष्ठीय क्षेत्रफल $= 4\pi x^2$

गोले की त्रिज्या में 125% वृद्धि के बाद

त्रिज्या $= x \times \frac{225}{100} = \frac{9x}{4}$

तो गोले का पृष्ठीय क्षेत्रफल $= 4\pi \times \left(\frac{9x}{4}\right)^2 = \frac{81\pi x^2}{4}$

वृद्धि $= \frac{81\pi x^2}{4} - 4\pi x^2 = \frac{65\pi x^2}{4}$

अभीष्ट वृद्धि प्रतिशत $= \frac{65\pi x^2}{4} \times \frac{1}{4\pi x^2} \times 100$

$= \frac{65 \times 100}{16} = 406.25\%$

163. (d) हम जानते हैं,

गोले का कुल पृष्ठीय क्षेत्रफल $= 4\pi r^2$

तो बर्तन का पृष्ठीय क्षेत्रफल $= 4 \times \frac{22}{7} \times 7 \times 7$

$= 616$ सेमी^{2}

प्रश्नानुसार, 616 सेमी^{2} पेंटिंग करने की लागत ₹21560 है तो 1 सेमी^{2} क्षेत्र को पेंटिंग करने की लागत

$= \frac{21560}{616} = ₹35$

164. (a) लड्डूओं की कुल संख्या

$= \frac{\text{बड़े लड्डू का आयतन}}{\text{छोटे लड्डू का आयतन}}$

$= \frac{\frac{4}{3}\pi \times 5 \times 5 \times 5}{\frac{4}{3}\pi \times 2.5 \times 2.5 \times 2.5} = 2 \times 2 \times 2 = 8$

165. (d) घन का आयतन = (भुजा)^3

$= 8^3 = 512$ सेमी^{3}

166. (b) अर्द्धगोले का आयतन $= \frac{2}{3}\pi r^3$

अतः कटोरे का आयतन $= \frac{2}{3} \times \frac{22}{7} \times 9 \times 9 \times 9$

$= \frac{10692}{7} = 1527.43$ सेमी^{3}

167. (a) शंकु का आयतन $= \frac{1}{3}\pi r^2 h$

तथा बेलन का आयतन $= \pi r_1^2 h_1$

अभीष्ट अनुपात $= \frac{\frac{1}{3}\pi \times 5 \times 5 \times 6}{\pi \times 2.5 \times 2.5 \times 3}$

$= \frac{2 \times 2 \times 2}{3} = \frac{8}{3} = 8:3$

168. (a) माना दोनों गोलों की त्रिज्या क्रमशः r_1 और r2 है।

$\therefore \quad \frac{4\pi r_1^2}{4\pi r_2^2} = \frac{9}{49} \Rightarrow \frac{r_1}{r_2} = \sqrt{\frac{9}{49}} = \frac{3}{7}$

गोलों के आयतन का अनुपात $= \frac{4}{3}\pi r_1^3 : \frac{4}{3}\pi r_2^3$

$\therefore \quad (r_1 : r_2)^3 = (3:7)^3 = 27:343$

169. (d) $r_1 = \frac{8}{2} = 4$ सेमी, $r_2 = \frac{14}{2} = 7$ सेमी

टाइल के लिए आवश्यक मिट्टी का आयतन

$= \pi(r_2^2 - r_1^2) \times h = \frac{22}{7} \times (7^2 - 4^2) \times 42$

$= \frac{22}{7} \times 11 \times 3 \times 42 = 4356$ सेमी^{3}

170. (b) गोले की त्रिज्या में वृद्धि = 40%

पृष्ठीय क्षेत्रफल में अभीष्ट वृद्धि

$= \left(a + b + \frac{ab}{100}\right)\% = \left(40 + 40 + \frac{40 \times 40}{100}\right)\%$

$= (80 + 16)\% = 96\%$

171. (c) गोले की त्रिज्या $= \frac{28}{2} = 14$ सेमी

गोले का पृष्ठीय क्षेत्रफल $= 4\pi r^2$

$= 4 \times \frac{22}{7} \times 14 \times 14 = 2464$ सेमी^{2}

172. (c) प्रश्नानुसार बीच के भाग के लिए,

शेष लम्बाई $= 60 - 2 \times 5 = 60 - 10 = 50$ सेमी

शेष चौड़ाई $= 25 - 2 \times 5 = 25 - 10 = 15$ सेमी

ऊँचाई = 5 सेमी

$\therefore$ बक्से का आयतन $= l \times b \times h = 50 \times 15 \times 5$

$= 3750$ सेमी^{3}

173. (a) घनाभ का आयतन $= l \times b \times h$

$= 32 \times 8 \times 4 = 1024$ सेमी^{3}

प्रश्नानुसार, घन का आयतन = 4 × घनाभ का आयतन

$= 4 \times 1024 = 4096$ सेमी^{3}

घन की भुजा $(a) = \sqrt[3]{4096} = 16$ सेमी

घन का कुल पृष्ठीय क्षेत्रफल $= 6a^2$

$= 6 \times 16 \times 16 = 1536$ सेमी^{2}

घनाभ का कुल पृष्ठीय क्षेत्रफल $= 2(lb + bh + hl)$

$= 2(32 \times 8 + 8 \times 4 + 4 \times 32)$

$= 2(256 + 32 + 128) = 2 \times 416 = 832$ सेमी^{2}

अतः अभीष्ट अनुपात $= 1536 : 832 = 24 : 13$

174. (d) गोले की त्रिज्या $(r) = \frac{12}{2} = 6$ सेमी

तार का व्यास $(D) = 4$ मिमी $= 0.4$ सेमी

$= R = 0.2$ सेमी

गोले का आयतन = बेलन का आयतन

$\Rightarrow \frac{4}{3}\pi \times 6 \times 6 \times 6 = \pi \times 0.2 \times 0.2 \times h$

$\therefore \quad h = \frac{6 \times 6 \times 8}{2 \times 2} \times 100 = 7200$ सेमी

175. (d) प्रश्नानुसार,

$\frac{\frac{4}{3}\pi r_1^3}{\frac{4}{3}\pi r_2^3} = \frac{512}{3375} \Rightarrow \left(\frac{r_1}{r_2}\right)^3 = \frac{512}{3375}$

$\therefore \quad r_1 : r_2 = 8 : 15$

दोनों गोले के पृष्ठीय क्षेत्रफल का अनुपात $= \frac{4\pi r_1^2}{4\pi r_2^2}$

$= \left(\frac{r_1}{r_2}\right)^2 = \left(\frac{8}{15}\right)^2 = 64 : 225$

176. (b) छड़ की अधिकतम लम्बाई $= 42\sqrt{3}$ मी

अर्थात् घन का विकर्ण $= \sqrt{3}a = 42\sqrt{3}$

$\therefore \quad a = 42$ मी

अतः गोले का व्यास = 42 मी

$\therefore$ गोले की त्रिज्या $(r) = \frac{42}{2} = 21$ मी

गोले का पृष्ठीय क्षेत्रफल $= 4\pi r^2$

$= 4 \times \frac{22}{7} \times 21 \times 21 = 5544$ मी^{2}

177. (a) गोले का आयतन $= \frac{4}{3}\pi r^3$

$= \frac{4}{3} \times \frac{22}{7} \times (2.1)^3 = \frac{4}{3} \times \frac{22}{7} \times \frac{21}{10} \times \frac{21}{10} \times \frac{21}{10}$

$= \frac{38808}{1000} = 38.808$ सेमी^{3}

178. (b) प्रश्नानुसार, $2\pi r = 88$

$\Rightarrow 2 \times \frac{22}{7} \times r = 88 \Rightarrow r = \frac{88 \times 7}{44} = 14$ सेमी

अर्द्धगोले का आयतन $= \frac{2}{3}\pi r^3$

गिलास के शीर्ष की त्रिज्या $(R) = \frac{7}{2}$ सेमी

माना अर्द्धगोलाकार गिलासों की संख्या $= x$

पुनः प्रश्नानुसार,

$\frac{2}{3}\pi r^3 = x \times \frac{2}{3}\pi(R^3) \Rightarrow (14)^3 = x \times \left(\frac{7}{2}\right)^3$

$\therefore x = \left(\frac{14}{7} \times 2\right)^3 = 64$

179. (b) शंकु के आधार की त्रिज्या $(r) = 21$ मी

ऊँचाई $(h) = 28$ मी

$\therefore l = \sqrt{h^2 + r^2} = \sqrt{28^2 + 21^2}$

$= \sqrt{784 + 441} = \sqrt{1225} = 35$ मी

शंकु का वक्रपृष्ठीय क्षेत्रफल $= \pi rl$

कपड़े की चौड़ाई = 5 मी

आवश्यक कपड़ों की मात्रा $= \frac{\pi rl}{5} = \frac{22 \times 21 \times 35}{7 \times 5}$

$= 66 \times 7 = 462$ मी

180. (c) शंकु की त्रिज्या $= \frac{r}{4}$

तिर्यक ऊँचाई $= 4l$

शंकु का कुल पृष्ठीय क्षेत्रफल $= \pi R(R + L)$

$= \pi \times \frac{r}{4}\left(\frac{r}{4} + 4l\right) \Rightarrow \frac{\pi r}{4}\left(\frac{r + 16l}{4}\right)$

$= \pi r\left[\frac{1}{4} \times \left(\frac{r + 16l}{4}\right)\right] = \pi r\left[\frac{r}{16} + l\right]$

$= \pi r\left(l + \frac{r}{16}\right)$

181. (b) अर्द्धगोले का कुल पृष्ठीय क्षेत्रफल $= 3\pi r^2$

$= 3\pi \times (11)^2 = 363\pi$ सेमी^{2}

182. (d) गेंदों की संख्या

$(n) = \dfrac{\text{गोले का आयतन}}{\text{गेंद का आयतन}} \Rightarrow n = \dfrac{\frac{4}{3}\pi R^3}{\frac{4}{3}\pi r^3} \Rightarrow n = \dfrac{R^3}{r^3}$

(यहाँ $R = \frac{32}{2} = 16$ सेमी; गोले की त्रिज्या

$(r) = \frac{4}{2} = 2$ गेंद की त्रिज्या)

$n = \dfrac{(16)^3}{(2)^3} = \dfrac{4096}{8} \Rightarrow n = 512$

183. (b) त्रिज्या, $r = \sqrt{l^2 - h^2} = \sqrt{(29)^2 - (20)^2}$

$= \sqrt{841 - 400} = \sqrt{441} = 21$ सेमी

$\dfrac{\text{शंकु का सम्पूर्ण पृष्ठीय क्षेत्रफल}}{\text{शंकु का आयतन}}$

$= \dfrac{\pi r(r + l)}{\frac{1}{3}\pi r^2 h} = \dfrac{3(r + l)}{h \times r} = \dfrac{3(21 + 29)}{20 \times 21} = \dfrac{5}{14}$

184. (d) बर्फ के टुकड़े की त्रिज्या,

$r = \dfrac{d}{2} = \dfrac{6}{2} = 3$ सेमी

कण्टेनर की त्रिज्या, $R = \dfrac{D}{2} = \dfrac{18}{2} = 9$ सेमी

$\therefore$ बर्फ के टुकड़ों की संख्या,

$n = \dfrac{\text{कण्टेनर का आयतन}}{\text{बर्फ के एक टुकड़े का आयतन}}$

$n = \dfrac{\pi R^2 h}{\frac{4}{3}\pi r^3} \Rightarrow n = \dfrac{3 \times 9 \times 9 \times 40}{4 \times 3 \times 3 \times 3} = 90$

185. (b) $\dfrac{\text{धातु की एक गेंद का आयतन}}{\text{एक बने अर्द्ध गोलों का आयतन}}$

= बनें अर्द्धगोलों की संख्या, $(x) \Rightarrow \dfrac{\frac{4}{3}\pi r^3}{\frac{2}{3}\pi R^3} = x$

$\Rightarrow x = \dfrac{2 \times (3)^3}{\left(\frac{3}{2}\right)^3} \left[\text{दिया है, } r = 3 \text{ सेमी, } R = \frac{3}{2} \text{ सेमी}\right]$

$\Rightarrow x = \dfrac{2 \times 27 \times 8}{27} = 16$

186. (d) बाह्य त्रिज्या $(R) = \dfrac{20}{2}$ सेमी $= 10$ सेमी

आन्तरिक त्रिज्या $(r) = R - t = 10 - 3 = 7$ सेमी

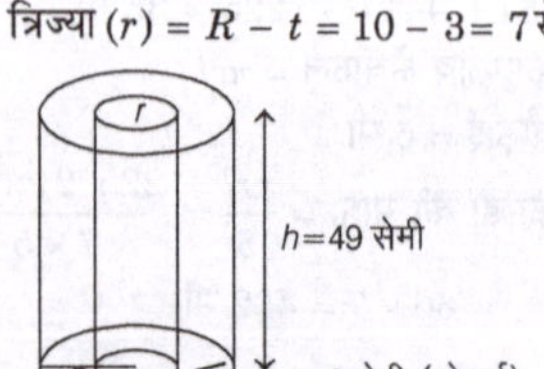

$\therefore$ आयतन $= \pi(R + r)(R - r)h$

$= \dfrac{22}{7}(10 + 7)(10 - 7) \times 49$

$= \dfrac{22}{7} \times 17 \times 3 \times 49 = 7854$ सेमी^{3}

187. (a) अर्द्धगोलाकार कण्टेनर की त्रिज्या

$= \dfrac{36}{2} = 18$ सेमी

तथा बेलनाकार बोतल की ऊँचाई $(h) = 6$ सेमी

बोतल की त्रिज्या $(r) = \dfrac{\text{व्यास}}{2} = \dfrac{6}{2} = 3$ सेमी

तब, कुल बोतल की संख्या

$= \dfrac{\text{अर्द्ध गोलाकार कण्टेनर का आयतन}}{\text{बेलनाकार बोतल का आयतन}}$

$= \dfrac{\frac{2}{3}\pi r^3}{\pi r^2 h} = \dfrac{\frac{2}{3}(18)^3}{(3)^2 \times 6} = \dfrac{2 \times 18 \times 18 \times 18}{3 \times 3 \times 3 \times 6}$

$= 72$

188. (a) माना गोले की त्रिज्या r है।

तब, आयतन $= \dfrac{4}{3}\pi r^3$

तथा यदि गोले का व्यास आधा होगा तब,

त्रिज्या भी आधी हो जाएगी

तब, नई त्रिज्या $= \dfrac{r}{2}$

तब नया आयतन $= \dfrac{4}{3}\pi\left(\dfrac{r}{2}\right)^3 = \dfrac{1}{8}\left[\dfrac{4}{3}\pi r^3\right]$

अत: नया आयतन से पूर्व आयतन से $\dfrac{1}{8}$ घट जाएगा।

189. (d) दिया है, शंकुओं की ऊँचाइयों का अनुपात

$(h_1 : h_2) = 7 : 5$

शंकुओं की त्रिज्याओं का अनुपात

$(r_1 : r_2) = \left(\dfrac{10}{2} : \dfrac{21}{2}\right)$

शंकुओं के आयतनों का अनुपात $= \dfrac{\frac{1}{3}\pi r_1^2 h_1}{\frac{1}{3}\pi r_2^2 h_2}$

$= \dfrac{\left(\frac{10}{2}\right)^2 \times 7}{\left(\frac{21}{2}\right)^2 \times 5} = \dfrac{100 \times 7}{441 \times 5} = \dfrac{20}{63}$

190. (d) बेलनों की त्रिज्याओं का अनुपात

$r_1 : r_2 = 4 : 5$

बेलनों की ऊँचाई का अनुपात, $h_1 : h_2 = 5 : 2$

$\therefore$ अभीष्ट अनुपात

$= \dfrac{\text{पहले बेलन का आयतन}}{\text{दूसरे बेलन का आयतन}} = \dfrac{\pi r_1^2 h_1}{\pi r_2^2 h_2} = \dfrac{16 \times 5}{25 \times 2} = \dfrac{8}{5}$

191. (a) शंकु की त्रिज्या, $r = \dfrac{12}{2} = 6$ सेमी

$\therefore$ शंकु का आयतन $= \dfrac{1}{3}\pi r^2 h = \dfrac{1}{3} \times \dfrac{22}{7} \times 6 \times 6 \times 7$

$= 264$ सेमी^{3}

192. (c) माना बेलन की त्रिज्या $= 3x$

बेलन की ऊँचाई $= 5x$

$\dfrac{1}{3}\pi(r_1^2 + r_2^2 + r_1 \times r_2)h = \pi R^2 H$

$\dfrac{1}{3}\pi\{(7)^2 + (28)^2 + 7 \times 28\}45 = \pi \times 9x^2 \times 5x$

$\Rightarrow \dfrac{1}{3}(49 + 784 + 196)45 = 45x^3 \Rightarrow x^3 = 343$

$x = 7$

बेलन का वक्रपृष्ठीय क्षेत्रफल $= 2\pi rh$

$= 2 \times \dfrac{22}{7} \times 35 \times 21 = 4620$ सेमी^{2}

193. (d) टैंक का आयतन $= \dfrac{1}{3}\pi r^2 h$

$= \dfrac{1}{3} \times 3.14 \times 7 \times 7 \times 9 = 3.14 \times 49 \times 3$

$= 46158$ घन फीट

194. (c) हॉल को पेण्ट किए जाने वाले भाग का क्षेत्रफल

= हॉल का सम्पूर्ण पृष्ठीय क्षेत्रफल − फर्श का क्षेत्रफल

$= 2(lb + bh + hl) - lb$

$= 2(10 \times 5 + 5 \times 6 + 6 \times 10) - 10 \times 5$

$= 2(50 + 30 + 60) - 50 = 280 - 50 = 230$ मी^{2}

195. (c) कमरे में रखी जा सकने वाली सबसे लम्बी छड़ की लम्बाई = कमरे का विकर्ण

$= \sqrt{12^2 + 9^2 + 8^2} = \sqrt{144 + 81 + 64}$

$= \sqrt{289} = 17$ मी

196. (b) माना टैंक की त्रिज्या तथा ऊँचाई $= r$ सेमी

$[\because r = h]$

प्रश्नानुसार, $\pi r^2 h = 64\pi \times 1000$

$[\because 1$ लीटर $= 1000$ सेमी$^3]$

$\Rightarrow r^2 \times r = 64 \times 1000 \Rightarrow r^3 = 64000$

$\Rightarrow r = 40$ सेमी

197. (d) प्रश्नानुसार,

घनाभ का कुल पृष्ठीय क्षेत्रफल $= 2(lb + bh + lh)$

$= 2(7 \times 5 + 5 \times 9 + 7 \times 9) = 2(35 + 45 + 63)$

$= 286$ सेमी^{2}

198. (a) माना दीवार की चौड़ाई $= x$ सेमी

$\therefore$ ऊँचाई $= 6x$ सेमी तथा लम्बाई $= \dfrac{6x}{2} = 3x$ सेमी

प्रश्नानुसार, $x \times 6x \times 3x = 23958$

$\Rightarrow 18x^3 = 23958 \Rightarrow x^3 = 1331$

$\therefore x = 11$

199. (a) आधार की परिधि $= 110$ सेमी

$\therefore 2\pi r = 110$ ...(i)

तथा वक्रपृष्ठीय क्षेत्रफल $= 2200$ सेमी^{2}

$2\pi rh = 2200 \Rightarrow 110 \times h = 2200$ (समी (i) से)

$\therefore h = 20$ सेमी

200. (d) गोले की त्रिज्या $(R) = \dfrac{6}{2} = 3$ सेमी

बेलन की त्रिज्या $(r) = \dfrac{8}{2} = 4$ सेमी

पिघलाएँ जाने वाले गोलों की अभीष्ट संख्या

$= \dfrac{\text{बेलन का आयतन}}{\text{गोले का आयतन}}$

$= \dfrac{\pi r^2 h}{\frac{4}{3}\pi R^3} = \dfrac{\pi \times 4 \times 4 \times 18}{\frac{4}{3} \times \pi \times 3 \times 3 \times 3} = 8$

201. (a) गोले का पृष्ठीय क्षेत्रफल $= 4\pi r^2$

$= 4 \times \pi \times (5)^2 = 100\pi$ सेमी^{2}

202. (b) हॉल में फिट हो सकने वाले सबसे लम्बे खम्भे की लम्बाई = हॉल का विकर्ण

$= \sqrt{(60^2) + (30)^2 + (20)^2} = \sqrt{3600 + 900 + 400}$

$= \sqrt{4900} = 70$ फीट

203. (c) गोले का आयतन $= 4851$

$\therefore \dfrac{4}{3}\pi r^3 = 4851$

$\Rightarrow r^3 = 4851 \times \dfrac{3}{4} \times \dfrac{7}{22} = \dfrac{9261}{8} \Rightarrow r = \dfrac{21}{2}$

$\therefore$ गोले का पृष्ठ क्षेत्रफल $= 4\pi r^2$

$= 4 \times \dfrac{22}{7} \times \dfrac{21}{2} \times \dfrac{21}{2} = 1386$ सेमी^{2}

204. (c) माना गोले की त्रिज्या $= r$

$\therefore$ गोले का पृष्ठीय क्षेत्रफल $= 4\pi r^2$

गोले का आयतन $= \dfrac{4}{3}\pi r^3$

प्रश्नानुसार, $\dfrac{4\pi r^2}{\frac{4}{3}\pi r^3} = \dfrac{2}{7} \Rightarrow r = \dfrac{3 \times 7}{2} = \dfrac{21}{2}$

$= 10.5$ सेमी

205. (d) प्रश्नानुसार, कमरे की चारों दीवारों का क्षेत्रफल

$= 2$ (लम्बाई + चौड़ाई) $\times$ ऊँचाई

$= 2 (12 + 8) \times 10 = 400$ मी^{2}

अत: चारों दीवारों की सफेदी करने की कुल लागत

$= 25 \times 400 =$ ₹ 10000

206. (a) माना A और B की त्रिज्या क्रमश: $\frac{r}{2}$ और $2r$ हैं। ($\because$ व्यास का अनुपात $= 1 : 4$)

तथा A और B की ऊँचाई क्रमश: h_1 और h_2 हैं।

प्रश्नानुसार, A का आयतन = B का आयतन

$\pi \left(\frac{r}{2}\right)^2 h_1 = \pi (2r)^2 h_2 \Rightarrow \frac{\pi r^2 h_1}{4} = \pi 4r^2 h_2$

$\Rightarrow \quad \frac{h_1}{h_2} = \frac{16}{1}$

$\therefore \quad h_1 : h_2 = 16 : 1$

207. (c) प्रश्नानुसार, बेलन का आयतन = 6160 सेमी^{3}

$\pi r^2 h = 6160 \Rightarrow \frac{22}{7} \times 14 \times 14 \times h = 6160$

$h = \frac{6160}{22 \times 14 \times 2} = 10$ सेमी

$\therefore$ बेलन का वक्रपृष्ठ $= 2\pi rh = 2 \times \frac{22}{7} \times 14 \times 10$

$= 880$ सेमी

208. (b) घन का आयतन = भुजा^{3} = $(9)^3 = 729$ सेमी^{3}

घनाभ का आयतन = विमाओं का गुणनफल

$= 5 \times 13 \times 31 = 2015$ सेमी^{6}

$\therefore$ पिघलाकर बनाए गए नए घन का आयतन

$= 729 + 2015 = 2744$ सेमी^{3}

$\therefore$ नए घन की भुजा $= \sqrt[3]{2744} = 14$ सेमी

$\therefore$ नए घन का पृष्ठ क्षेत्रफल = 6 × भुजा^{2} $= 6 \times 14^2$

$= 6 \times 196 = 1176$ सेमी^{2}

अत: नए घन को पॉलिश करने की लागत

$= 10 \times 1176 =$ ₹ 11760

209. (c) गोले का आयतन $= \frac{4}{3}\pi r^3$

प्रश्नानुसार, गोलियों की अधिकतम संख्या

$= \frac{\text{ठोस काँच के गोले का आयतन}}{\text{छोटी ठोस गोलियों का आयतन}}$

$= \frac{\frac{4}{3}\pi (11)^3}{\frac{4}{3}\pi (2)^3} = \frac{1331}{8} = 166.375 = 166$

210. (c) $\because$ बेलन के वक्रपृष्ठ का क्षेत्रफल = 880 सेमी^{2}

$\Rightarrow \quad 2\pi rh = 880$

$\Rightarrow \quad 2 \times \frac{22}{7} \times 14 \times h = 880$

$\Rightarrow \quad h = \frac{880 \times 7}{2 \times 22 \times 14} = 10$ सेमी

$\therefore$ बेलन का आयतन $= \pi r^2 h = \frac{22}{7} \times 14 \times 14 \times 10$

$= 6160$ सेमी^{3}

211. (a) घन का पृष्ठीय क्षेत्रफल = 1728 सेमी^{2}

$\Rightarrow \quad 6a^2 = 1728$

$\Rightarrow \quad a^2 = 288$

$\Rightarrow \quad a = \sqrt{288}$

घन का आयतन $= a^3 = a^2 \times a$

$= 288 \times \sqrt{288}$

$= 288 \times 12\sqrt{2}$

$= 3456\sqrt{2}$ सेमी^{3}

212. (b) बेलन का आयतन $= \pi r^2 h$

$448 = \pi \times \frac{8}{\pi} \times \frac{8}{\pi} \times h$

$\Rightarrow \quad h = \frac{448 \times \pi}{64} \Rightarrow \quad h = 7 \times \frac{22}{7}$

$\Rightarrow \quad h = 22$ सेमी

213. (d) प्रश्नानुसार,

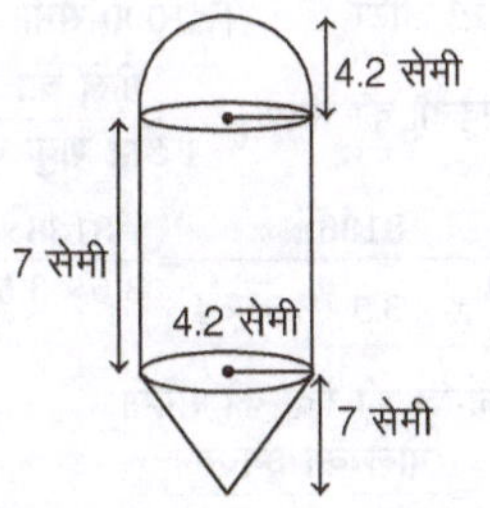

$\therefore$ खिलौने का आयतन

$= \frac{2}{3}\pi r^3 + \pi r^2 h + \frac{1}{3}\pi r^2 h$

$= \frac{2}{3} \times \frac{22}{7} \times 4.2 \times 4.2 \times 4.2$

$+ \frac{22}{7} \times 4.2 \times 4.2 \times 7 + \frac{1}{3} \times \frac{22}{7} \times 4.2 \times 4.2 \times 7$

$= 155.232 + 388.08 + 129.36$

$= 672.672$ सेमी^{3}

214. (d) दिया है, दो गोलों की त्रिज्याओं का अनुपात $= 4 : 5$

$\therefore$ दो गोलों का आयतन $= (4)^3 : (5)^3$

$= 64 : 125$

215. (c) माना लम्बाई $= 4x$ मी, चौड़ाई $= 3x$ मी, ऊँचाई $= 2x$ मी

$\therefore 4x \times 3x \times 2x = 12288$

$\Rightarrow \quad x^3 = \frac{12288}{24} = 512$

$\Rightarrow \quad x = 8$ मी

$\therefore$ आयताकार खण्ड का सम्पूर्ण पृष्ठ

= 2[लम्बाई × चौड़ाई + चौड़ाई × ऊँचाई + ऊँचाई × लम्बाई]

$= 2[4x \times 3x + 3x \times 2x + 2x \times 4x]$

$= 2[12x^2 + 6x^2 + 8x^2]$

$= 2 \times 26x^2 = 52 \times 8 \times 8$ मी^{2}

$\therefore$ कुल लागत $= \left(52 \times 8 \times 8 \times \frac{2}{100}\right) =$ ₹ 66.56

216. (b) माना कुल मोमबत्ती $= n$

$\therefore n \times 7 \times 11 \times 2 = \frac{22}{7} \times \frac{14}{2} \times \frac{14}{2} \times 2$

$\Rightarrow \quad n = \frac{22}{7} \times \frac{7 \times 7 \times 2}{7 \times 11 \times 2} = 2$

217. (a) माना गोलाकार गेंद की त्रिज्या 'r' सेमी है।

गेंद का पृष्ठीय क्षेत्रफल = 1386 सेमी^{2}

$\Rightarrow \quad 4\pi r^2 = 1386 \Rightarrow \quad r^2 = \frac{1386}{4 \times \frac{22}{7}}$

$\Rightarrow \quad r^2 = 110.25$

$\Rightarrow \quad r = \sqrt{110.25} = 10.5$

अब, गेंद का आयतन $= \frac{4}{3}\pi r^3$

$= \frac{4}{3} \times \frac{22}{7} \times (10.5)^3 = 4851$ सेमी^{3}

218. (d) घनाभ का सम्पूर्ण पृष्ठीय क्षेत्रफल

= 2 (लम्बाई × चौड़ाई + चौड़ाई × ऊँचाई + ऊँचाई × लम्बाई)

$= 2 (19 \times 9 + 9 \times 4.5 + 4.5 \times 19)$

$= 2 (171 + 40.5 + 85.5)$

$= 2 \times 297 = 594$ सेमी^{2}

219. (c) प्रश्नानुसार,

आन्तरिक त्रिज्या = 2 सेमी

बाह्य त्रिज्या $= (2 + 0.5)$ सेमी $= 2.5$ सेमी

$\therefore$ अभीष्ट आयतन $= \frac{1}{2} \times \frac{4}{3} \times \pi \times [(2.5)^3 - 2^3]$

$= \frac{1}{2} \times \frac{4}{3} \times \pi \times (15.625 - 8)$

$= \frac{1}{2} \times \frac{4}{3} \times 3.14 \times 7.625$

$= 15.96$ सेमी^{3}

220. (c) घन की भुजा = 5 सेमी

5 सेमी भुजा के 3 घनों को जोड़ने पर

घनाभ की लम्बाई $(l) = 15$ सेमी

चौड़ाई $(b) = 5$ सेमी

ऊँचाई $(h) = 5$ सेमी

$\therefore$ घनाभ का पृष्ठीय क्षेत्रफल $= 2 (lb + bh + hl)$

$= 2 (15 \times 5 + 5 \times 5 + 5 \times 15)$

$= 2 (75 + 25 + 75) = 350$ सेमी^{2}

221. (c) घनाभाकार गत्ते के डिब्बे की लम्बाई = 60 सेमी

घनाभाकार गत्ते के डिब्बे की चौड़ाई (b)

$= \frac{60}{2} = 30$ सेमी

घनाभाकार गत्ते के डिब्बे की ऊँचाई (h)

$= 30 \times \frac{1}{3} = 10$ सेमी

घनाभाकार गत्ते के डिब्बे का पृष्ठीय क्षेत्रफल

$= 2 (lb + bh + hl)$

$= 2 (60 \times 30 + 30 \times 10 + 10 \times 60)$

$= 2 (1800 + 300 + 600)$

$= 2 \times 2700 = 5400$ वर्ग सेमी

222. (a) गोलाकार गेंदों की संख्या

$= \frac{\text{बड़े गोले का आयतन}}{\text{छोटे गोले का आयतन}}$

$= \frac{\frac{4}{3}\pi (R)^3}{\frac{4}{3}\pi (r)^3} = \left(\frac{6}{3}\right)^3 = 2^3 = 8$

223. (c) गोले का पृष्ठीय क्षेत्रफल = 616 सेमी^{2}

$4\pi r^2 = 616 \Rightarrow \quad r^2 = \frac{616}{4 \times 22} \times 7 = 49$

$\therefore \quad r = \sqrt{49} = 7$ सेमी

अत: गोले की त्रिज्या = 7 सेमी

224. (d) बड़े घन का पृष्ठीय क्षेत्रफल = 54 सेमी^{2}

$\Rightarrow \quad 6 \times (\text{भुजा})^2 = 54$

$\therefore \quad$ भुजा (a) $= \sqrt{\frac{54}{6}} = 3$ सेमी

छोटे घन का पृष्ठीय क्षेत्रफल $= \frac{8}{12}$ सेमी^{2}

$6 \times x^2 = \frac{8}{12} \Rightarrow \quad x^2 = \frac{8}{12 \times 6} = \frac{8}{72} = \frac{1}{9}$

$\therefore \quad x = \sqrt{\frac{1}{9}} = \frac{1}{3}$ सेमी

एक छोटे घन की भुजा $= \frac{1}{3}$ सेमी

छोटे-छोटे घनों की संख्या

$= \frac{\text{बड़े घन का आयतन}}{\text{एक छोटे घन का आयतन}}$

$= \frac{(a)^3}{(x)^3} = \frac{(3)^3}{\left(\frac{1}{3}\right)^3} = (3)^3 \times (3)^3 = 27 \times 27 = 729$

225. (b) दो गोलों के पृष्ठीय क्षेत्रफल का अनुपात

$= 49 : 81$

$\frac{4\pi r_1^2}{4\pi r_2^2} = \frac{49}{81} \Rightarrow \frac{r_1}{r_2} = \sqrt{\frac{49}{81}} = \frac{7}{9}$

$\therefore$ दोनों गोलों के आयतनों का अनुपात $= \frac{4}{3}\pi r_1^3 : \frac{4}{3}\pi r_2^3$

$= \left(\frac{r_1}{r_2}\right)^3 = \left(\frac{7}{9}\right)^3 = \frac{343}{729}$

$\therefore$ अभीष्ट अनुपात = 343 : 729

226. (a) आवश्यक वस्तुओं की संख्या

$= \frac{63 \times 42 \times 21}{9 \times 6 \times 3} = 343$

227. (d) घनाभ का आयाम $= 20 \times 12 \times 10$ सेमी

घनाभ को 8 बराबर टुकड़ों में बाँटने के लिए, घनाभ को प्रत्येक सतह के मध्य से काटना पड़ेगा।

इस प्रकार प्राप्त 8 छोटे घनाभ के लिए प्रत्येक घनाभ का आयाम $\frac{20}{2} \times \frac{12}{2} \times \frac{10}{2}$ सेमी होगा

$\therefore$ 1 छोटे घनाभ का आयाम $= 10 \times 6 \times 5$ सेमी

8 छोटे बराबर घनाभ का पृष्ठीय क्षेत्रफल

$= 8 \times 2 [10 \times 6 + 6 \times 5 + 5 \times 10]$

$= 16 [60 + 30 + 50]$

$= 16 \times 140 = 2240$ सेमी^{2}

228. (d) $\pi rl = 20\pi \Rightarrow \pi \times 4 \times l = 20\pi \Rightarrow l = 5$

$\therefore \quad h^2 = l^2 - r^2 = 5^2 - 4^2 = 25 - 16 = 9$

$h = \sqrt{9} = 3$

$\therefore$ शंकु का आयतन $= \frac{1}{3}\pi \times 4 \times 4 \times 3 = 16\pi$ सेमी^{3}

229. (c) प्रश्नानुसार,

$\frac{\text{छोटे घन का सम्पूर्ण पृष्ठ}}{\text{बड़े घन का सम्पूर्ण पृष्ठ}} = \frac{6a^2}{6A^2} = \frac{a^2}{A^2}$

$= \frac{2 \times 2}{4 \times 4} = \frac{1}{4}$

230. (a) अर्द्धगोले का आयतन $= \frac{2}{3} \times \pi r^3$

$= \frac{2}{3} \times 3.14 \times (5.5)^3 = 348.2 = 348$ सेमी^{3}

231. (a) माना घनाभ की ऊँचाई $= 5x$

चौड़ाई $= 5x \times \frac{1}{5} = x$

तथा लम्बाई $= (5x + x)\frac{1}{3} = 2x$

दिया है, घनाभ के आकार के वॉटर प्यूरिफायर में भरा पानी = 10 लीटर = 10000 सेमी^{3}

[$\because$ 1 लीटर = 1000 सेमी^{3}]

घनाभ का आयतन $= l \times b \times h$

$\Rightarrow \quad 10000 = 2x \times x \times 5x$

$\Rightarrow \quad 10x^3 = 10000 \Rightarrow x = 10$ सेमी

अतः टैंक की ऊँचाई = 5x = 50 रोगी

232. (c) त्रिज्या $= \frac{7}{2}$ सेमी, ऊँचाई = 4 सेमी

तथा रोगियों की संख्या = 180

180 रोगियों को चाय देने के लिए अस्पताल द्वारा प्रतिदिन तैयार की गई चाय $= 180 \times \pi r^2 h$

$= 180 \times \frac{22}{7} \times \frac{7}{2} \times \frac{7}{2} \times 4 = 27720$ सेमी^{3}

= 27.72 लीटर [$\because$ 1000 सेमी = 1 लीटर]

233. (a) शंकुओं की संख्या $= \frac{\text{गोले का आयतन}}{\text{1 छोटे शंकु का आयतन}}$

$= \frac{3136\pi}{\frac{1}{3}\pi \times 3.5 \times 3.5 \times 4} = \frac{3136 \times 3}{3.5 \times 3.5 \times 4} = 192$

234. (a) कागज की गेंदों की संख्या

$= \frac{\text{गोले का आयतन}}{\text{गेंद का आयतन}}$

$= \frac{\frac{4}{3}\pi \times 9 \times 9 \times 9}{\frac{4}{3}\pi \times 1 \times 1 \times 1} = 729$

235. (b) माना घनाभ की लम्बाई, चौड़ाई व ऊँचाई क्रमशः l, b व h सेमी हैं।

प्रश्नानुसार, $lb = 120$ ...(i)

$bh = 72$ ...(ii)

$lh = 60$ ...(iii)

समी (i), (ii) व (iii) से,

$(lbh)^2 = 120 \times 72 \times 60$

$\therefore$ घनाभ का आयतन $= lbh$

$= \sqrt{120 \times 72 \times 60} = 720$ सेमी^{3}

236. (b) शंकु की ऊँचाई (h)

$= \sqrt{10^2 - 6^2} = \sqrt{64} = 8$ सेमी

$\therefore$ शंकु का आयतन $= \frac{1}{3} \times \pi \times 6 \times 6 \times 8 = 96\pi$ सेमी^{3}

237. (a) प्रश्नानुसार, माना घन की भुजा a और A हैं।

$\therefore \quad \left(\frac{a}{A}\right)^3 = \frac{1}{125} \quad \frac{a}{A} = \frac{1}{5}$

अब, पृष्ठीय क्षेत्रफल का अनुपात

$= 4 \times (1)^2 : 4 \times (5)^2 = 4 \times 1 : 4 \times 25 = 1 : 25$

238. (b) बेलन का सम्पूर्ण पृष्ठ $= 2\pi r (h + r)$

$= 2 \times \frac{22}{7} \times 1.5 \times (1.5 + 3)$

$= 2 \times \frac{22}{7} \times 1.5 \times 4.5$ मी^{2} = 42.42 मी^{2}

239. (b) माना घनों की संख्या $= n$

$\therefore n \times 15 \times 15 \times 15 = 3 \times 100 \times 3 \times 100 \times 3 \times 100$

$\Rightarrow \quad n = \frac{3 \times 100 \times 3 \times 100 \times 3 \times 100}{15 \times 15 \times 15}$

$\Rightarrow \quad n = 20 \times 20 \times 20 = 8000$

240. (d) माना घनाभ की लम्बाई, चौड़ाई और ऊँचाई क्रमशः l, b और h हैं।

प्रश्नानुसार, $l \times b = 5, \quad b \times h = 15, \quad h \times l = 27$

जोड़ने पर,

$(lb + bh + hl) = 5 + 15 + 27 = 47$

$\therefore 2(lb + bh + hl) = 2 \times 47 = 94$

घनाभ का पृष्ठीय क्षेत्रफल = 94 सेमी^{2}

241. (a) माना बेलन A के लिए त्रिज्या R और ऊँचाई H हैं। तथा बेलन B के लिए त्रिज्या r और ऊँचाई h है।

प्रश्नानुसार, $2\pi RH = 2\pi rh \times \frac{350}{100}$

$RH = rh \times \frac{7}{2}$ ... (i)

और $\quad R : r = 3 : 1 = 3x : x$ ... (ii)

समी (i) से, $\frac{H}{h} = \frac{r}{R} \times \frac{7}{2} = \frac{1}{3} \times \frac{7}{2} = \frac{7}{6}$

अब, बेलन A का आयतन : बेलन B का आयतन

$= \pi R^2 H : \pi r^2 h$

$= 3^2 \times 7 : 1^2 \times 6 = 63 : 6$

अभीष्ट प्रतिशत $= \frac{6}{63} \times 100 = 9.52\%$

242. (a) प्रश्नानुसार,

घन का पार्श्व पृष्ठीय क्षेत्रफल = 144 सेमी$^2 = 4a^2$

$\therefore \quad a = 6$

$\therefore$ घन का आयतन $= 6^3 = 216$ सेमी^{3}

243. (a) लकड़ी की मोटाई के साथ बॉक्स का आयतन $= (128 + 11) \times (90 + 11) \times (25 + 11)$

$= 139 \times 101 \times 36 = 505404$ सेमी^{3}

लकड़ी मोटाई के बिना बॉक्स का आयतन

$= 128 \times 90 \times 25 = 288000$ सेमी^{3}

लकड़ी का आयतन $= 505404 - 288000$

$= 217404$ सेमी^{3}

244. (a) दो घनों को जोड़ने पर,

घनाभ की लम्बाई $(l) = 5 + 5 = 10$ सेमी

घनाभ की चौड़ाई $(b) = 5$ सेमी

तथा घनाभ की ऊँचाई $(h) = 5$ सेमी

घनाभ का पृष्ठीय क्षेत्रफल $= 2 (lb + bh + hl)$

$= 2 (10 \times 5 + 5 \times 5 + 5 \times 10)$

$= 2 \times 125 = 250$ सेमी^{2}

245. (a) आन्तरिक त्रिज्या $(r) = 6$ सेमी

तथा बाहरी त्रिज्या $(R) = 8$ सेमी

बाहरी सतह का क्षेत्रफल $= 2\pi R^2$

$= 2\pi \times 8^2 = 128\pi$ सेमी^{2}

आन्तरिक भीतरी सतह का क्षेत्रफल

$= 2\pi r^2 = 2\pi \times (6)^2 = 72\pi$ सेमी^{2}

वलय का क्षेत्रफल $= \pi (R^2 - r^2)$

$= \pi (8 + 6)(8 - 6) = 28\pi$ सेमी^{2}

पॉलिश करने का कुल क्षेत्रफल

$= (128 + 72 + 28)\pi = 228\pi$ सेमी^{2}

कटोरे को पॉलिश करने का कुल खर्च

$= 228 \times 50 =$ ₹ 11400

246. (c) गोले की त्रिज्या $(r) = 14$ सेमी

गोले का पृष्ठीय क्षेत्रफल $= 4\pi r^2$

$= 4 \times \frac{22}{7} \times 14 \times 14$

= 2464 वर्ग सेमी

गेंद की पेण्टिंग की लागत = 5 प्रति वर्ग सेमी

$\therefore$ सम्पूर्ण गेंद के पेण्टिंग की लागत

$= 2464 \times 5 =$ ₹12320

247. (b) छोटे बेलनों की संख्या

$= \frac{\text{बड़े बेलन का आयतन}}{\text{एक छोटे बेलन का आयतन}}$

$= \frac{\pi R^2 H}{\pi r^2 h} = \frac{6 \times 6 \times 10}{2 \times 2 \times 2.5} = \frac{900}{25} = 36$

248. (c) माना गोले की मूल त्रिज्या = r सेमी
गोले का मूल पृष्ठीय क्षेत्रफल = $4\pi r^2$
गोले की नई त्रिज्या = $(r + 3.5)$ सेमी
गोले का नई पृष्ठीय क्षेत्रफल = $4\pi (r + 3.5)^2$
प्रश्नानुसार, $4\pi (r + 3.5)^2 - 4\pi r^2 = 550$
$\Rightarrow 4\pi (r + 3.5 + r)(r + 3.5 - r) = 550$
$\Rightarrow 4\pi (2r + 3.5) \times 3.5 = 550$
$\Rightarrow 2r + 3.5 = \frac{550}{14} \times \frac{7}{22}$
$\Rightarrow 2r + 3.5 = \frac{25}{2} = 12.5$
$\Rightarrow 2r = 12.5 - 3.5 = 9$
$\therefore r = \frac{9}{2} = 4.5$ सेमी
अत: गोले की मूल त्रिज्या = 4.5 सेमी

249. (d) छोटे घनों की कुल संख्या
$= \frac{\text{घनाभ का आयतन}}{\text{1 घन का आयतन}} = \frac{36 \times 22 \times 12}{6 \times 6 \times 6} = 44$

250. (a) अभीष्ट वृद्धि प्रतिशत
$= \left(5 + 5 + \frac{5 \times 5}{100}\right)\% = 10.25\%$

251. (b) माना कुल छोटी गेंदों की संख्या = n
$\therefore$ बड़े ठोस गोले का आयतन
= $n \times$ सभी छोटी गोलियों का आयतन
$\Rightarrow \frac{4}{3}\pi R^3 = n \times \frac{4}{3}\pi r^3$
$\Rightarrow 8 \times 8 \times 8 = n \times 2 \times 2 \times 2 \Rightarrow n = 64$
$\therefore$ अभीष्ट गेंदों की संख्या = 64

252. (a) घन की भुजा = a सेमी (माना)
$\therefore$ घन का पृष्ठीय क्षेत्रफल = 294 सेमी^{2} = $6a^2$
$a = 7$
$\therefore$ घन का आयतन = 7^3 सेमी^{3} = 343 सेमी^{3}

253. (a) मैदान का क्षेत्रफल = $n \times$ रोलर का वक्र पृष्ठीय क्षेत्रफल = $n \times 2\pi rh$
$= 200 \times 2 \times \frac{22}{7} \times \frac{35}{2} \times 100$
= 2200000 सेमी^{2} = 220 मी^{2}

254. (b) बड़े गोले का आयतन
= तीनों छोटे गोले के आयतन का योग
$\frac{4}{3}\pi R^3 = \frac{4}{3}\pi (r_1^3 + r_2^3 + r_3^3)$
$\Rightarrow R^3 = r_1^3 + r_2^3 + r_3^3$
$\Rightarrow R^3 = (75)^3 + (60)^3 + (45)^3$
$= 421875 + 216000 + 91125$
$\Rightarrow R^3 = 729000$
$\Rightarrow R = \sqrt[3]{729000} \Rightarrow R = 90$
$\therefore$ बड़े गोले की त्रिज्या = 90 सेमी

255. (a) माना घन की भुजा = a इकाई
$\therefore$ घन का पृष्ठीय क्षेत्रफल = $4a^2$ वर्ग इकाई
घन की भुजा 3 गुना करने पर,
नई भुजा = $3a$ इकाई
घन का नया पृष्ठीय क्षेत्रफल = $4 \times (3a)^2$
= $4 \times 9a^2 = 36a^2$ वर्ग इकाई
$\therefore$ पृष्ठीय क्षेत्रफल में वृद्धि
= $36a^2 - 4a^2 = 32a^2$ वर्ग इकाई
$\therefore$ अभीष्ट वृद्धि % = $\frac{32a^2}{4a^2} \times 100\% = 800\%$

स्पीडी विधि
प्रारम्भिक पृष्ठीय क्षेत्रफल: अन्तिम पृष्ठीय क्षेत्रफल
$= 4a^2 : 4 \times (3a)^2 = 1 : 9$
$\therefore$ अभीष्ट वृद्धि % = $\frac{8}{1} \times 100\% = 800\%$

256. (b) घनाभ का पृष्ठीय क्षेत्रफल
= 2 (लम्बाई × चौड़ाई + चौड़ाई × ऊँचाई + ऊँचाई × लम्बाई) = 2600
$\Rightarrow$ 2 (30 × 20 + 20 × ऊँचाई + 30 × ऊँचाई) = 2600
$\Rightarrow$ 600 + 50 × ऊँचाई = $\frac{2600}{2}$ = 1300
$\Rightarrow$ 50 × ऊँचाई = 1300 − 600
$\therefore$ ऊँचाई = 14 सेमी

257. (c) त्रिज्या $(r) = \frac{28}{2} = 14$ सेमी
$\therefore$ टैंक का वक्रपृष्ठीय क्षेत्रफल
$= 2 \times \frac{22}{7} \times 14 \times 42 = 3696$ सेमी^{2}

258. (d) माना तार की लम्बाई = h सेमी
प्रश्नानुसार, 9 सेमी त्रिज्या वाले गोले का आयतन
= 4 मिमी त्रिज्या वाले तार का आयतन
$\frac{4}{3}\pi (9)^3 = \pi (0.4)^2 \times h$
$\Rightarrow h = \frac{\frac{4}{3}\pi (9)^3}{\pi (0.4)^2} = \frac{4}{3} \times \frac{81 \times 9}{0.16}$
$\Rightarrow h = 6075$ सेमी या 60.75 मी

259. (a) फुटबॉल की त्रिज्या = $\frac{28}{2} = 14$ सेमी
फुटबॉल का सम्पूर्ण पृष्ठीय क्षेत्रफल = $4\pi r^2$
$= 4 \times \frac{22}{7} \times 14 \times 14 = 2464$ सेमी^{2}
अत: पेन्ट कराने की लागत = 2 × 2464 = ₹ 4928

260. (c) बेलनाकार टंकी का कुल पृष्ठीय क्षेत्रफल
$= 2\pi r (r + h)$
$\therefore 628 = 2 \times \frac{22}{7} \times 5 (5 + h)$
$\Rightarrow 5 + h = \frac{628 \times 7}{2 \times 22 \times 5}$
$\Rightarrow 5 + h = 19.98$
$\therefore h = 19.98 - 5 = 14.98$ मी
अत: टंकी का वक्रपृष्ठीय क्षेत्रफल = $2\pi rh$
$= 2 \times \frac{22}{7} \times 5 \times 14.98 = 470.8$ मी^{2}

261. (d) माना घनाभ की लम्बाई, चौड़ाई और ऊँचाई क्रमश: $3x$, $4x$ और $5x$ मी है।
घनाभ का आयतन = $3x \times 4x \times 5x = 1620$
$x^3 = \frac{1620}{60} = 27$
$\Rightarrow x = 3$
घनाभ का सम्पूर्ण पृष्ठीय क्षेत्रफल
$= 2 (3x \times 4x + 4x \times 5x + 5x \times 3x)$
$= 2 \times 47x^2$
$= 2 \times 47 \times 3 \times 3$
= 846 मी^{2}

262. (b) 3 ठोस गोलों का कुल आयतन
$= \frac{4}{3}\pi \times (3)^3 + \frac{4}{3}\pi \times (4)^3 + \frac{4}{3}\pi (5)^3$
$= \frac{4}{3}\pi (27 + 64 + 125) = \frac{4}{3}\pi \times 216$
माना बड़े गोले की त्रिज्या = r सेमी
प्रश्नानुसार, $\frac{4}{3}\pi r^3 = \frac{4}{3}\pi \times 216$
$\Rightarrow r^3 = 216 \Rightarrow r = 6$ सेमी

263. (b) बेलन का सम्पूर्ण पृष्ठीय क्षेत्रफल
$= 2 \times \frac{22}{7} \times 15 \times (27 + 15)$
$= \frac{2 \times 22 \times 15 \times 42}{7} = 3960$ सेमी^{2}

264. (d) बेलन की त्रिज्या $(r) = \frac{60}{2} = 30$ सेमी,
$\frac{\text{बेलन का पार्श्व पृष्ठीय क्षेत्रफल}}{\text{बेलन का सम्पूर्ण पृष्ठीय क्षेत्रफल}}$
$= \frac{2\pi rh}{2\pi r (r + h)} = \frac{h}{r + h} = \frac{10}{30 + 10} = \frac{1}{4} = 1 : 4$

265. (a) बेलनाकार पानी की टंकी की त्रिज्या
= 2.1 मी = 210 सेमी
ऊँचाई = 6.3 मी = 630 सेमी
टंकी की धारिता = $\frac{22}{7} \times 210 \times 210 \times 630$
= 87318000 सेमी^{3} = 87318 लीटर
$\left[\because 1 \text{ लीटर} = \frac{1}{1000} \text{ सेमी}^3\right]$

266. (d) अर्द्धगोले का कुल पृष्ठीय क्षेत्रफल = $3\pi r^2$
$= 3 \times \frac{22}{7} \times \left(\frac{28}{2}\right)^2 = 3 \times \frac{22}{7} \times 14 \times 14$
= 1848 सेमी^{2}

267. (d) त्रिज्या $(r) = \frac{14}{2} = 7$ सेमी
तथा ऊँचाई (h) = 9 सेमी
बेलन का सम्पूर्ण पृष्ठीय क्षेत्रफल = $2\pi r (r + h)$
$= 2 \times \frac{22}{7} \times 7 (7 + 9)$
$= 2 \times 22 \times 16$
= 704 सेमी^{2}

268. (c) बेलन का वक्रपृष्ठीय क्षेत्रफल
$= 2 \times \frac{22}{7} \times 3 \times 14 = 264$ सेमी^{2}

269. (b) अभीष्ट प्रतिशत
$= \left(25 + 25 + \frac{25 \times 25}{100}\right)\% = 56.25\%$

270. (a) बेलन की त्रिज्या = $\frac{14}{2}$ सेमी = 7 सेमी
और बेलन का वक्रपृष्ठीय क्षेत्रफल
= $2\pi rh$ = 352 सेमी^{2}
$\Rightarrow 2 \times \frac{22}{7} \times 7 \times h = 352 \Rightarrow h = 8$ सेमी
$\therefore$ बेलन का सम्पूर्ण पृष्ठ = $2\pi r (r + h)$
$= 2 \times \frac{22}{7} \times 7 (7 + 8) = 660$ सेमी^{2}

271. (b) प्रश्नानुसार,
बक्से की माप = 3 : 5 : 8 = $3x : 5x : 8x$
अब, पृष्ठीय क्षेत्रफल = 2 (लम्बाई × चौड़ाई + चौड़ाई × ऊँचाई + ऊँचाई × लम्बाई) = 632

$2(3x \times 5x + 5x \times 8x + 8x \times 3x) = 632$

$\Rightarrow \quad 2 \times (15x^2 + 40x^2 + 24x^2) = 632$

$\Rightarrow \quad 2 \times 79 \times x^2 = 632$

$\Rightarrow \quad x^2 = \frac{632}{2 \times 79} = 4$

$\Rightarrow \quad x = 2$

$\therefore$ बक्से का आयतन = लम्बाई × चौड़ाई × ऊँचाई

$= 3x \times 5x \times 8x$

$= 3 \times 2 \times 5 \times 2 \times 8 \times 2 = 960$ सेमी^{3}

272. (c) माना नए घन की भुजा = a सेमी

तब, नए घन का आयतन = छोटे घनों के आयतन का योग

$\Rightarrow \quad a^3 = 6^3 + 8^3 + 10^3$

$\Rightarrow \quad a^3 = 216 + 512 + 1000$

$\Rightarrow \quad a^3 = 1728 \Rightarrow a = 12$

अब, नए घन का पृष्ठीय क्षेत्रफल = $6a^2$

$= 6 \times 12 \times 12 = 864$ सेमी^{2}

273. (d) प्रश्नानुसार,

माना लोहे की छड़ की त्रिज्या $(R) = x$ सेमी

तब, लोहे की छड़ की ऊँचाई $(H) = 12x$ सेमी

गोलाकार गेंद की त्रिज्या $(r) = \frac{x}{3}$ सेमी

माना कुल गोलाकार गेंदों की संख्या = n

$\therefore$ लोहे की बेलनाकार छड़ का आयतन

= n × गोलाकार गेंद का आयतन

$\Rightarrow \quad \pi \times R^2 H = n \times \frac{4}{3} \times \pi r^3$

$\Rightarrow \quad \pi \times x \times x \times 12x = n \times \frac{4}{3} \times \pi \times \frac{x}{3} \times \frac{x}{3} \times \frac{x}{3}$

$n = 243$

$\therefore$ गोलाकार गेंदों की संख्या = 243

274. (b) प्रश्नानुसार, माना घन की भुजा = a सेमी

तब, घन का आयतन = $a^3 = 216 \Rightarrow a = 6$ सेमी

6 सेमी के 4 घनों को जोड़कर बनाया गया ठोस एक घनाभ बनेगा जिसकी लम्बाई = 6 × 4 = 24 सेमी

चौड़ाई = 6 सेमी, ऊँचाई = 6 सेमी

$\therefore$ ठोस का पृष्ठीय क्षेत्रफल = 2 (लम्बाई × चौड़ाई + चौड़ाई × ऊँचाई + ऊँचाई × लम्बाई)

$= 2(24 \times 6 + 6 \times 6 + 6 \times 24)$

$= 2(144 + 36 + 144) = 2 \times 324 = 648$ सेमी^{2}

275. (d) माना गोले की त्रिज्या = 100 इकाई

गोले की नई त्रिज्या = 112 इकाई

$\therefore$ आयतन में वृद्धि $= \frac{4}{3}\pi(112)^3 - \frac{4}{3}\pi \times (100)^3$

$= \frac{4}{3}\pi[(112)^3 - (100)^3]$

$= \frac{4}{3}\pi \times (112 - 100)$ $(112^2 + 100^2 + 112 \times 100)$

$= \frac{4}{3}\pi \times 12 \times (12544 + 10000 + 11200)$

$= \frac{4}{3}\pi \times 404928$

$\therefore$ अभीष्ट वृद्धि प्रतिशत

$= \frac{\frac{4}{3}\pi \times 404928}{\frac{4}{3}\pi \times 100 \times 100 \times 100} \times 100 = 40.49\%$

276. (c) शंकु का आयतन

$= \frac{1}{3} \times \frac{22}{7} \times 10.5 \times 10.5 \times 24 = 2772$ सेमी^{3}

277. (a) माना घनाभ की ऊँचाई h है।

$\therefore$ घनाभ का पृष्ठीय क्षेत्रफल = $2(lb + bh + hl)$

$\therefore \quad 2(6 \times 3 + 3h + 6h) = 108$

$\Rightarrow \quad 9h + 18 = 54 \Rightarrow h = \frac{36}{9} = 4$ मी

अत: घनाभ की ऊँचाई 4 मी है।

278. (a) बेलन का वक्रपृष्ठीय क्षेत्रफल

$= 2 \times \frac{22}{7} \times r \times 14 = 88 \Rightarrow r = \frac{88 \times 7}{44 \times 14}$

$\therefore \quad r = 1$ सेमी

अत: बेलन का कुल पृष्ठीय क्षेत्रफल

$= 2 \times \frac{22}{7} \times 1(1 + 14)$

$= \frac{2 \times 22 \times 15}{7} = \frac{660}{7}$ सेमी^{2}

279. (a) अत: शंकु के आयतनों का अनुपात

$= \frac{1}{3}\pi \times 6 \times 6 \times 5 : \frac{1}{3}\pi \times 5 \times 5 \times 3$

$= 36 : 15 = 12 : 5$

280. (a) माना गोले की त्रिज्या = r सेमी

$\therefore$ गोले का आयतन $(V_1) = \frac{4}{3}\pi r^3$

गोले की नई त्रिज्या = $2r$ सेमी

$\therefore$ गोले का नया आयतन $(V_2) = \frac{4}{3}\pi(2r)^3$

$= 8\left[\frac{4}{3}\pi r^3\right] = 8V_1$

अत: गोले का आयतन पिछले आयतन का 8 गुना हो जाता है।

281. (c) डिब्बों की संख्या $= \frac{\text{घनों का आयतन}}{\text{गत्ते का आयतन}}$

$= \frac{2160}{6 \times 10 \times 12} = 3$

282. (b) माना बेलन की त्रिज्या $(r) = 6x$

तो, बेलन की ऊँचाई $(h) = 7x$

$\therefore$ बेलन का आयतन = $\pi r^2 h = 792$ सेमी^{3}

$\Rightarrow \quad \frac{22}{7} \times 6x \times 6x \times 7x = 792$

$\Rightarrow \quad x^3 = \frac{792 \times 7}{22 \times 6 \times 6 \times 7} = 1 \Rightarrow x = 1$

$\therefore$ बेलन की त्रिज्या = 6 × 1 = 6

बेलन की ऊँचाई = 7 × 1 = 7

$\therefore$ बेलन का वक्रपृष्ठ = $2\pi rh$

$= 2 \times \frac{22}{7} \times 6 \times 7 = 264$ सेमी^{2}

283. (d) प्रश्नानुसार, गोले की त्रिज्या $(r) = \frac{10}{2} = 5$ मी

तथा गोले का पृष्ठीय क्षेत्रफल = $4\pi r^2$

$= 4 \times \pi \times 5 \times 5$

$= 100\pi$ मी

$\therefore$ गोले के पृष्ठीय क्षेत्रफल को पेन्ट करने की कुल लागत

$= \frac{80}{\pi} \times 100\pi = ₹ 8000$

284. (a) त्रिज्या $(r) = \frac{42}{2}$ सेमी = 21 सेमी

$\therefore$ अर्द्धगोले का आयतन $(V) = \frac{2}{3}\pi r^3$

$= \frac{2}{3} \times \frac{22}{7} \times (21)^3 = 19404$ सेमी^{3}

285. (b) अब, बेलन के वक्रपृष्ठीय क्षेत्रफल और सम्पूर्ण पृष्ठीय क्षेत्रफल के बीच का अन्तर

$= (2\pi rh + 2\pi r^2) - (2\pi rh) = 2\pi r^2$

$= 2 \times \frac{22}{7} \times 14 \times 14 = 1232$ सेमी^{2}

286. (d) खाली बक्से का भार

$= \{(60 \times 40 \times 20) - (58 \times 38 \times 18)\} \times \frac{50}{1000}$

$= \{48000 - 39672\} \times \frac{50}{1000}$

$= 8328 \times \frac{50}{1000} = 416.40$ किग्रा

287. (d) आवश्यक ईंटों की संख्या

$= \frac{10 \text{ मी} \times 22.5 \text{ सेमी} \times 6 \text{ मी}}{25 \text{ सेमी} \times 12 \text{ सेमी} \times 9 \text{ सेमी}}$

$= \frac{10 \times 100 \times 22.5 \times 6 \times 100}{25 \times 12 \times 9} = 5000$

288. (a) अर्द्धगोले की त्रिज्या = 6.2 सेमी

$\therefore$ अर्द्धगोले का कुल पृष्ठीय क्षेत्रफल = $3\pi r^2$

$= 3 \times 3.14 \times (6.2)^2 = 362.10$ सेमी^{2}

289. (b) बेलनाकार टंकी की धारिता = $\pi r^2 H$

$\pi \times (21)^2 \times H = 8316$

$\Rightarrow \quad H = \frac{8316}{\pi(21)^2} = \frac{8316 \times 7}{22 \times 441}$

$\therefore \quad H = 6$ सेमी

$\therefore$ टंकी की गहराई = 6 सेमी

290. (b) अर्द्धगोले का पृष्ठीय क्षेत्रफल = $2\pi r^2$

$= 2 \times \frac{22}{7} \times \left(\frac{21}{2}\right)^2 = 693$ सेमी^{2}

291. (d) गोले का आयतन = $\frac{4}{3}\pi r^3$

$\Rightarrow \quad 38.808 = \frac{4}{3} \times \frac{22}{7} \times r^3$

$\Rightarrow \quad r^3 = \frac{38.808 \times 21}{88} = 9.261$

$\therefore \quad r = 2.1$

अत: गोले का व्यास = 2 × त्रिज्या = 2 × 2.1 = 4.2 सेमी

292. (c) घन की भुजा (a) = 3 इकाई

$\because$ घन का पृष्ठीय क्षेत्रफल = $6a^2$

तथा घन का आयतन = a^3

अत: अभीष्ट अनुपात $= \frac{6a^2}{a^3} = \frac{6}{a} = \frac{6}{3} = 2 : 1$

293. (a) गोले का पृष्ठीय क्षेत्रफल = $4\pi r^2 = 2464$

$\Rightarrow \quad 4 \times \frac{22}{7} \times r^2 = 2464$

$\Rightarrow \quad r^2 = \frac{2464 \times 7}{88} = 196 \Rightarrow r = 14$ सेमी

अत: गोले का आयतन = $\frac{4}{3}\pi r^3$

$= \frac{4}{3} \times \frac{22}{7} \times 14 \times 14 \times 14$

$= \frac{34496}{3} = 11498\frac{2}{3}$ सेमी^{3}

294. (d) रोलर की त्रिज्या (r) = 49 सेमी

लम्बाई (h) = 200 सेमी

चक्करों की संख्या (n) = 700

अब, मैदान का क्षेत्रफल = $n \times 2\pi rh$

$= 700 \times 2 \times \frac{22}{7} \times 49 \times 200$

$= 4312 \times 10^4$ सेमी^{2}

295. (d) शंकु का वक्रपृष्ठीय क्षेत्रफल = 2200 सेमी^{2}

त्रिज्या = 28 सेमी

शंकु का पृष्ठीय क्षेत्रफल = $\pi rl = 2200$

$\Rightarrow \quad \frac{22}{7} \times 28 \times l = 2200$

$l = \frac{2200 \times 7}{22 \times 28} = 25$ सेमी

$\therefore$ शंकु की तिर्यक ऊँचाई = 25 सेमी

296. (c) माना घनाभ की भुजाएँ क्रमश: $3x$, $4x$ तथा $5x$ हैं।

घनाभ का पृष्ठीय क्षेत्रफल = $2(lb + bh + hl)$

$= 2(3x \times 4x + 4x \times 5x + 5x \times 3x)$

$= 2(12x^2 + 20x^2 + 15x^2) = 94x^2$

तथा घन का पृष्ठीय क्षेत्रफल = $6a^2 = 6 \times 6^2 = 216$

प्रश्नानुसार, $94x^2 = 216 \Rightarrow x^2 = \frac{216}{94}$

$\Rightarrow x^2 \approx 2.3 \therefore x \approx 1.52$

$\therefore$ घनाभ का आयतन = $3x \times 4x \times 5x = 60x^3$

$= 60 \times (1.52)^3 = 210.6 \simeq 210$

297. (d) $\because$ गोले का पृष्ठीय क्षेत्रफल = $4\pi r^2$

$\therefore \quad \frac{4\pi r_1^2}{4\pi r_2^2} = \frac{25}{36} \Rightarrow \frac{r_1}{r_2} = \frac{5}{6}$

$\therefore$ आयतनों का अनुपात = $\frac{4/3 \pi r_1^3}{4/3\ \pi r_2^3}$

$= \left(\frac{r_1}{r_2}\right)^3 = \left(\frac{5}{6}\right)^3 = \frac{125}{216}$

अत: उनके आयतनों का अनुपात $\frac{125}{216}$ है।

298. (d) प्रश्नानुसार, $\frac{2\pi rh}{\pi r^2 h} = \frac{2}{3} \Rightarrow r = 3$

तथा त्रिज्या से ऊँचाई का अनुपात = 3 : 7

तब, ऊँचाई = 7 इकाई

बेलन का कुल पृष्ठीय क्षेत्रफल $= 2\pi r\ (r + h)$

$= 2\pi \times 3\ (3 + 7)$

$= 6\pi\ (10) = 60\ \pi$ सेमी^{2}

299. (c) घन का पृष्ठीय क्षेत्रफल $= 6a^2$

(जहाँ, a = घन की भुजा)

$\therefore \quad 6a^2 = 486 \Rightarrow \quad a^2 = \frac{486}{6} = 81 \Rightarrow a = 9$ सेमी

अत: घन का आयतन = $a^3 = 9^3 = 729$ घन सेमी

300. (d) $\because \frac{\text{बड़े गोले का आयतन}}{\text{छोटे गोले का आयतन}} = \frac{\frac{4}{3}\pi R^3}{\frac{4}{3}\pi r^3}$

$= \frac{4^3}{1^3} = \frac{64}{1}$

$\therefore \frac{\text{बड़े गोले के 1 समरूप गोले का आयतन}}{\text{छोटे गोले के 1 समरूप गोले का आयतन}}$

$= \frac{64 \times 27}{125 \times 1}$

प्रश्नानुसार, $\frac{64 \times 27}{125} = \frac{1}{m} \Rightarrow m = \frac{125}{1728}$

301. (d) घन की भुजा = 14 सेमी

$\therefore$ गोले की त्रिज्या $(r) = \frac{14}{2} = 7$ सेमी

अत: गोले का आयतन = $\frac{4}{3} \times \frac{22}{7} \times 7 \times 7 \times 7$

$= \frac{4312}{3} = 1437\frac{1}{3}$ घन सेमी

302. (d) समबाहु त्रिभुज का परिमाप = $3 \times 4 = 12$ सेमी

$\because$ पार्श्व पृष्ठ का क्षेत्रफल = आधार का परिमाप $\times$ ऊँचाई

$\Rightarrow \quad 120 = 12 \times$ ऊँचाई $\Rightarrow$ ऊँचाई = 10 सेमी

अत: प्रिज्म का आयतन = आधार का क्षेत्रफल $\times$ ऊँचाई

$= \frac{\sqrt{3}}{4} \times 4 \times 4 \times 10 = 40\sqrt{3}$ सेमी^{3}

303. (d) डिब्बे में केकों की संख्या

$= \frac{\text{आयताकार डिब्बे का आयतन}}{\text{1 केक का आयतन}}$

$= \frac{160 \times 90 \times 60}{6 \times 5 \times 4} = 7200$

304. (a) दिया है, घन का आयतन = 512 इकाई^3

$\therefore$ घन की भुजा $(a) = \sqrt[3]{\text{घन का आयतन}}$

$= \sqrt[3]{512} = 8$ इकाई

अत: कागज की अभीष्ट मात्रा = $6a^2$

$= 6 \times 8 \times 8 = 384$ वर्ग इकाई

305. (b) अर्द्धगोले का आयतन = $\frac{2}{3}\pi r^3$

$\therefore$ अर्द्धगोलाकार कटोरे का आयतन

$= \frac{2}{3} \times \frac{22}{7} \times \frac{21}{2} \times \frac{21}{2} \times \frac{21}{2} = 2425.5$ सेमी^{3}

306. (a) माना शंकु की त्रिज्या व ऊँचाई क्रमश: r व h सेमी हैं।

$\therefore$ शंकु का आयतन = $\frac{1}{3}\pi r^2 h$

तथा नई त्रिज्या = $r \times \frac{125}{100} = 1.25\ r$ सेमी

नई ऊँचाई = $h \times \frac{125}{100} = 1.25\ h$ सेमी

$\therefore$ शंकु का नया आयतन

$= \frac{1}{3}\pi \times (1.25r)^2 \times (1.25)h = \frac{1}{3}\pi\ r^2 h\ \times (1.25)^3$

अत: आयतन में अभीष्ट वृद्धि

$= \frac{\frac{1}{3}\pi\ r^2 h\ (1.9531 - 1)}{\frac{1}{3}\pi\ r^2 h} \times 100 = 95.31\%$

307. (b) माना गोले की त्रिज्या = R इकाई

$\therefore$ गोले का आयतन = $\frac{4}{3}\pi R^3$

अब गोले की नई त्रिज्या = $\frac{R \times 130}{100} = 1.3\ R$ इकाई

गोले का नया आयतन = $\frac{4}{3}\pi(1.3R)^3$

$= \frac{4}{3}\pi R^3 \times 2.197$

अत: आयतन में प्रतिशत वृद्धि

$= \frac{\frac{4}{3}\pi R^3\ (2.197 - 1)}{\frac{4}{3}\pi\ R^3} \times 100$

$= 1.197 \times 100 = 119.7\ \%$

308. (a) कटोरे की मोटाई = 1 सेमी

कटोरे की आन्तरिक त्रिज्या (r) = 4 सेमी

$\therefore$ कटोरे की बाह्य त्रिज्या (R) = 4 + 1 = 5 सेमी

$\therefore$ अर्द्धगोलाकार कटोरे को बनाने में प्रयुक्त स्टील का आयतन

$= \frac{2}{3}\pi(R^3 - r^3) = \frac{2}{3}\pi \times (125 - 64)$

$= \frac{2 \times 61}{3}\pi = \frac{122\pi}{3}$

$= 40\frac{2}{3}\pi$ सेमी^{3}

309. (b) शंकु के आधार की त्रिज्या (r)

$= \frac{42}{2} = 21$ सेमी

शंकु का वक्रपृष्ठीय क्षेत्रफल = πrl

$\therefore \quad \frac{22}{7} \times 21 \times l = 990 \Rightarrow l = \frac{990 \times 7}{22 \times 21} = 15$ सेमी

310. (d) अर्द्धगोले की त्रिज्या = $\frac{14}{2} = 7$ सेमी

अत: अर्द्धगोले का कुल पृष्ठीय क्षेत्रफल = $3\pi r^2$

$= 3 \times \frac{22}{7} \times 7 \times 7 = 462$ सेमी^{2}

311. (d) गोले का आयतन = $\frac{4}{3}\pi r^3$ सेमी^{3}

प्रश्नानुसार, $\frac{4}{3}\pi r^3 = 4500\ \pi$

$\Rightarrow r^3 = \frac{4500 \times 3}{4} = 3375 \Rightarrow \quad r = 15$ सेमी

$\therefore$ गोले का पृष्ठीय क्षेत्रफल = $4\ \pi\ r^2$

$= 4\ \pi \times 15 \times 15 = 900\ \pi$ सेमी^{2}

312. (b) घन का आयतन = 729 सेमी^{3}

$\Rightarrow \quad$ (भुजा)$^3 = 729$

$\therefore$ भुजा की लम्बाई = $\sqrt[3]{729} = 9$ सेमी

घन का कुल पृष्ठीय क्षेत्रफल = $6 \times$ (भुजा)^2

$= 6 \times (9)^2 = 6 \times 81 = 486$ सेमी^{2}

313. (b) एक घन को लम्ब वृत्तीय शंकु में बदला जाता है, जिसका किनारा $3\frac{1}{2}$ सेमी हो।

तब, शंकु की त्रिज्या, $r = \frac{7}{2} \times \frac{1}{2} = \frac{7}{4}$ सेमी

शंकु की ऊँचाई, $h = \frac{7}{2}$ सेमी

शंकु का आयतन = $\frac{1}{3}\pi r^2 h = \frac{1}{3}\pi\left(\frac{7}{4}\right)^2 \times \left(\frac{7}{2}\right)$

$= \left(\frac{22}{7 \times 3}\right)\left(\frac{7}{4} \times \frac{7}{4} \times \frac{7}{2}\right) = 11.23$ सेमी^{3}

314. (c) घन का आयतन = (भुजा)^3

प्रश्नानुसार, पिघलाकर बनाए गए घन की भुजा

$= \sqrt[3]{15^3 + 18^3 + 25^3} = \sqrt[3]{3375 + 5832 + 15625}$

$= \sqrt[3]{24832} = 4\sqrt[3]{388}$ सेमी^{3}

315. (b) शंकु की आधार की परिधि = 42π सेमी

$\Rightarrow \quad r = \frac{42\pi}{2\pi} = 21$ सेमी

$\therefore$ शंकु का आयतन = $\frac{1}{3}\pi r^2 h$

$= \frac{1}{3} \times \frac{22}{7} \times 21 \times 21 \times 24$

$= 22 \times 21 \times 24 = 11088$ सेमी^{3}

316. (c) बड़े गोले की त्रिज्या = $\frac{7}{2}$ सेमी

$\therefore$ गोले का कुल पृष्ठीय क्षेत्रफल = $4\pi r^2$

तथा दो अर्द्धगोलों का कुल पृष्ठीय क्षेत्रफल

$= 3\pi r^2 \times 2 = 6\pi r^2$

$\therefore$ अभीष्ट वृद्धि = $6\pi r^2 - 4\pi r^2 = 2\pi r^2$

$= 2 \times \frac{22}{7} \times \frac{7}{2} \times \frac{7}{2} = 77$ सेमी^{2}

317. (c) प्रश्नानुसार,

बेलन का कुल पृष्ठीय क्षेत्रफल = $2\pi rh + 2\pi r^2$

$= \left(2 \times \frac{22}{7} \times 7 \times 5\right) + \left(2 \times \frac{22}{7} \times 7^2\right)$

$= 220 + 308 = 528$ सेमी^{2}

318. (d) घनाभ की लम्बाई $(l) = 8$ सेमी
तब, चौड़ाई $(b) = 8 \times 2 = 16$ सेमी
तथा ऊँचाई $(h) = \frac{8}{2} = 4$ सेमी
अत: घनाभ का कुल पृष्ठीय क्षेत्रफल
$= 2(lb + bh + hl)$
$= 2(8 \times 16 + 16 \times 4 + 4 \times 8)$
$= 2(128 + 64 + 32) = 2 \times 224 = 448$ सेमी^{2}

319. (b) दिया है, घनाभ की चौड़ाई $(b) = 6$ सेमी
$\therefore$ घनाभ की ऊँचाई $(h) = 6 \times 2 = 12$ सेमी
और घनाभ की लम्बाई $(l) = 3 \times 6 = 18$ सेमी
तब, घनाभ का कुल पृष्ठीय क्षेत्रफल
$= 2[lb + bh + lh]$
$= 2[(18 \times 6) + (6 \times 12) + (18 \times 12)]$
$= 2[108 + 72 + 216] = 2[396] = 792$ सेमी^{2}

320. (a) माना अर्द्धगोले की त्रिज्या $= r$
तब, गोले की त्रिज्या $(R) = 3r$
अत: गोले और अर्द्धगोले के आयतन का अनुपात
$= \dfrac{\frac{4}{3}\pi R^3}{\frac{2}{3}\pi r^3} = \dfrac{2 \times (3r)^3}{r^3} = \dfrac{2 \times 27r^3}{r^3} = \dfrac{54}{1} = 54 : 1$

321. (c) डिब्बे का सम्पूर्ण पृष्ठ का क्षेत्रफल
$= 2(lb + bh + hl)$
$= 2(18 \times 12 + 12 \times 10 + 10 \times 18)$
$= 2(216 + 120 + 180) = 2 \times 516 = 1032$ सेमी^{2}

322. (c) बेलन के आधार की त्रिज्या $(r) = \frac{20}{2}$
$= 10$ सेमी
ऊँचाई $(h) = 10 \times 2 = 20$ सेमी
$\therefore$ बेलन का आयतन $= \pi r^2 h$
$= \pi \times 10 \times 10 \times 20 = 2000\,\pi$ सेमी^{3}

323. (b) घन का आयतन $= 5832$ सेमी
$\therefore$ घन की भुजा $(a) = \sqrt[3]{5832} \Rightarrow (a) = 18$ सेमी
$\therefore$ घन का सम्पूर्ण पृष्ठीय क्षेत्रफल $= 6(a)^2$
$= 6 \times 18 \times 18 = 1944$ सेमी^{2}

324. (c) प्रश्नानुसार, $\frac{r_1}{r_2} = \frac{2}{3}$ तथा $\frac{h_1}{h_2} = \frac{5}{3}$
$\therefore$ दोनों बेलनों के आयतनों का अनुपात
$= \dfrac{\pi r_1^2 h_1}{\pi r_2^2 h_2} = \left(\frac{r_1}{r_2}\right)^2 \times \frac{h_1}{h_2} = \left(\frac{2}{3}\right)^2 \times \frac{5}{3} = \frac{20}{27} = 20 : 27$

325. (b) प्रश्नानुसार,
गोले की त्रिज्या $(r) = \frac{16.8}{2} = 8.4$ सेमी
$\because$ गोले का आयतन $= \frac{4}{3}\pi r^3$
$= \frac{4}{3} \times \frac{22}{7} \times 8.4 \times 8.4 \times 8.4 = 2483.712$ सेमी^{3}

326. (c) माना घनाभ की लम्बाई चौड़ाई, और गहराई क्रमश: a, b और c सेमी है।
तब, $a + b + c = 23$ ...(i)
तथा घनाभ का विकर्ण $= 5\sqrt{7}$
$\therefore \sqrt{a^2 + b^2 + c^2} = 5\sqrt{7}$
$a^2 + b^2 + c^2 = 175$ ...(ii)
$\because (a + b + c)^2 = a^2 + b^2 + c^2 + 2(ab + bc + ca)$
$\Rightarrow (23)^2 = 175 + 2(ab + bc + ca)$
$\Rightarrow ab + bc + ca = \frac{529 - 175}{2} = \frac{354}{2} = 177$
अत: घनाभ का पृष्ठीय क्षेत्रफल $= 2(ab + bc + ca)$
$= 2 \times 177 = 354$ सेमी

327. (a) बेलन का पृष्ठीय क्षेत्रफल $= 2\pi rh$
$= 2 \times 3.14 \times 2 \times 6 = 75.36$ सेमी^{2}

328. (d) अर्द्धगोले का वक्रपृष्ठीय क्षेत्रफल $= 1232$ सेमी
माना अर्द्धगोले की त्रिज्या $= r$ सेमी
$\therefore 2\pi r^2 = 1232$
$\Rightarrow 2 \times \frac{22}{7} \times r^2 = 1232 \Rightarrow r^2 = \frac{1232 \times 7}{2 \times 22} = 196$
$\therefore r = 14$ सेमी

329. (c) घन का विकर्ण $= 24$ सेमी
माना भुजा $= a$, तब $3a^2 = (24)^2$
$\Rightarrow a^2 = \frac{576}{3} = 192$
अब घन का सम्पूर्ण पृष्ठीय क्षेत्रफल $= 6a^2$
$= 6 \times 192 = 1152$ सेमी^{2}

330. (c) घनाभ का कुल पृष्ठीय क्षेत्रफल
$= 2(lb + bh + lh)$
$= 2(20 \times 15 + 15 \times 8 + 8 \times 20)$
$= 2(300 + 120 + 160) = 2 \times 580 = 1160$ सेमी^{2}

331. (b) गोले की त्रिज्या $(r) = \frac{21}{2}$ सेमी
$\therefore$ गोले का पृष्ठीय क्षेत्रफल $= 4\pi r^2$
$= 4 \times \frac{22}{7} \times \frac{21}{2} \times \frac{21}{2} = 1386$ सेमी^{2}

332. (d) अभीष्ट अनुपात $= \dfrac{\frac{4}{3}\pi r_1^3}{\frac{4}{3}\pi r_2^3} = \dfrac{(7)^3}{(14)^3}$
$= \frac{1}{8} = 1 : 8$

333. (d) गोले की त्रिज्या $(r) = \frac{16.8}{2} = 8.4$ सेमी
गोले का पृष्ठीय क्षेत्रफल $= 4\pi r^2$
$= 4 \times \frac{22}{7} \times 8.4 \times 8.4$
$= 887.04$ सेमी^{2}

334. (c) बड़े गोले की त्रिज्या $(R) = 10$ सेमी
तथा एक छोटे गोले की त्रिज्या $(r) = 2$ सेमी
$\therefore$ अभीष्ट गोले की संख्या
$= \dfrac{\frac{4}{3}\pi \times (10)^3}{\frac{4}{3}\pi \times (2)^3} = \frac{1000}{8} = 125$

335. (d) अर्द्धगोले का आयतन $= \frac{2}{3}\pi r^3$
$= \frac{2}{3} \times \pi \times (6.3)^3$
माना बेलन की ऊँचाई $= h$
$\therefore$ बेलन का आयतन $= \pi R^2 h = \pi(9)^2 h$
प्रश्नानुसार, $\pi(9)^2 h = \frac{2}{3} \times \pi \times (6.3)^3$
$h = \frac{2}{3} \times \frac{6.3 \times 6.3 \times 6.3}{9 \times 9} = 2.058 \approx 2.1$ सेमी

336. (a) शंकु की त्रिज्या $(r) = 6$ सेमी
ऊँचाई $(h) = 8$ सेमी
अर्द्धगोले की त्रिज्या $(R) = 12$ सेमी
अब, $\frac{1}{2} \times \frac{4}{3} \times \pi R^3 = N \times \frac{1}{3} \times \pi r^2 h$
$\Rightarrow \frac{1}{2} \times \frac{4}{3} \times 12 \times 12 \times 12 = N \times \frac{1}{3} \times 6 \times 6 \times 8$
$\therefore N = 12$

337. (b) प्रश्नानुसार, $3\pi r^2 = 1848$
$\Rightarrow 3 \times \frac{22}{7} \times r^2 = 1848$
$\Rightarrow r^2 = 196$
$\therefore r = 14$ सेमी
$\therefore$ गोलार्द्ध का आयतन $= \frac{2}{3}\pi r^3$
$= \frac{2}{3} \times \frac{22}{7} \times 14 \times 14 \times 14$
$= \frac{17248}{3} = 5749\frac{1}{3}$ सेमी^{3}

338. (a) शंकु की तिर्यक ऊँचाई (l)
$= \sqrt{h^2 + r^2} = \sqrt{(105)^2 + (36)^2}$
$= \sqrt{12321} = 111$ सेमी
शंकु का कुल पृष्ठीय क्षेत्रफल $= \pi rl + \pi r^2$
$= \pi\, 36(111 + 36)$
$= \frac{22}{7} \times 36 \times 147 = 16632$ सेमी^{2}

339. (c) बेलन का कुल पृष्ठीय क्षेत्रफल
$= 2\pi r(r + h)$
$= 2 \times \frac{22}{7} \times \frac{98}{2} \times \left(\frac{98}{2} + 42\right)$
$= 22 \times 14 \times 91 = 28028$ सेमी^{2}

340. (a) बेलन के आधार की त्रिज्या (r)
$= \frac{350}{2} = 175$ सेमी $= 1.75$ मी
खम्भे की ऊँचाई $(h) = 20$ मी
खम्भे का वक्रपृष्ठ क्षेत्रफल $= 2\pi rh$
$= 2 \times \frac{22}{7} \times 1.75 \times 20 = 220$ मी^{2}
पेंट करने की कुल लागत $=$ ₹ $(220 \times 40) =$ ₹ 8800

341. (b) बेलन का वक्रपृष्ठीय क्षेत्रफल $= 2\pi rh$
$= 2 \times \frac{22}{7} \times 21 \times 10 = 1320$ वर्ग सेमी
वक्रपृष्ठ को रंगने में लगा कुल खर्च
$= (1320 \times 1.5) =$ ₹ 1980

342. (c) शंकु का पार्श्व पृष्ठीय क्षेत्रफल $= \pi rl$
$= \frac{22}{7} \times 28 \times 13 = 22 \times 52 = 1144$ सेमी^{2}

343. (b) बेलन की त्रिज्या $(r) = 8$ सेमी
बेलन का सम्पूर्ण पृष्ठीय क्षेत्रफल $= 704$
$\Rightarrow 2\pi r(r + h) = 704$
$\Rightarrow 2 \times \frac{22}{7} \times (8 + h) = 704$
$\Rightarrow 8 + h = \frac{704 \times 7}{44 \times 8} = 14$
$\therefore h = 14 - 8 = 6$ सेमी
बेलन का आयतन $= \pi r^2 h$
$= \frac{22}{7} \times 8 \times 8 \times 6$
$= \frac{8448}{7} = 1206\frac{6}{7}$ सेमी^{3}

344. (d) बेलन का सम्पूर्ण पृष्ठीय क्षेत्रफल $= 3828$
$\Rightarrow 2\pi r(r + h) = 3828$

$\Rightarrow \quad 2 \times \frac{22}{7} \times 21(21 + h) = 3828$

$\Rightarrow \quad 21 + h = \frac{3828 \times 7}{44 \times 21} = 29$

$\therefore \quad h = 29 - 21 = 8$

अत: बेलन की ऊँचाई = 8 सेमी

345. (b) खोखले बेलन का आयतन $= \pi(R^2 - r^2)h$

गोले का आयतन $= \frac{4}{3}\pi r^3$

प्रश्नानुसार, $\frac{4}{3}\pi r^3 = \pi(R_1^2 - r_1^2)h$

$\Rightarrow \frac{4}{3} \times 9 \times 9 \times 9 = (15^2 - r_1^2) \times 12$

$\Rightarrow \quad 225 - r_1^2 = \frac{4 \times 3 \times 9 \times 9}{12} = 81$

$\Rightarrow \quad r_1^2 = 225 - 81 = 144$

$\therefore \quad r_1 = \sqrt{144} = 12$ सेमी

ट्यूब की मोटाई $= R_1 - r_1$

$= (15 - 12) = 3$ सेमी

346. (d) अर्द्धगोलाकार पात्र के किनारे की गोलाई $= 2\pi r$

$\Rightarrow \quad 2 \times \frac{22}{7} \times r = 396$

$\therefore \quad r = \frac{396 \times 7}{44} = 63$ सेमी

अर्द्धगोलाकार पात्र में तेल की मात्रा

$= \left(1 - \frac{1}{3}\right) \times \frac{2}{3} \times (63)^3 \pi = \frac{4}{9} \times (63)^3 \times \pi$

अर्द्धगोलाकार कटोरे का आयतन $= \frac{2}{3}\pi r^3$

$= \frac{2}{3} \times (2.1)^3 \times \pi$

$\therefore$ कटोरों की कुल संख्या $= \frac{\frac{4}{9} \times (63)^3 \times \pi}{\frac{2}{3} \times (2.1)^3 \times \pi}$

$= \frac{\frac{2}{3} \times 63 \times 63 \times 63}{2.1 \times 2.1 \times 2.1} = 18000$

347. (c) ठोस बेलन के आधार की परिधि $= 2\pi r$

$\Rightarrow \quad 2 \times \frac{22}{7} \times r = 22$

$\therefore \quad r = \frac{7}{2} = 3.5$ सेमी

ठोस बेलन का वक्रपृष्ठीय क्षेत्रफल $= 2\pi rh$

$\Rightarrow \quad 2 \times \frac{22}{7} \times 3.5 \times h = 605$

$\therefore \quad h = \frac{605 \times 7}{44 \times 3.5} = 27.5$ सेमी

$\therefore$ ठोस बेलन का सम्पूर्ण पृष्ठीय क्षेत्रफल

$= 2\pi r(r + h)$

$= 2 \times \frac{22}{7} \times 3.5(3.5 + 27.5)$

$= 22 \times 31 = 682$

$\therefore$ अभीष्ट गुना $= \frac{682}{27.5} = 24.8$

348. (b) गोलाकार कण्टेनर की त्रिज्या $= \frac{\text{व्यास}}{2}$

$= \frac{84}{2} = 42$ सेमी

गोलाकार कण्टेनर का आयतन $= \frac{4}{3}\pi r^3$

$= \frac{4}{3} \times \frac{22}{7} \times 42 \times 42 \times 42$

गोलाकार गेंद का आयतन $= \frac{4}{3}\pi r^3$

$= \frac{4}{3} \times \frac{22}{7} \times 2.1 \times 2.1 \times 2.1$

$\therefore$ अभीष्ट भाग $= \frac{\frac{4}{3} \times \frac{22}{7} \times 2.1 \times 2.1 \times 2.1}{\frac{4}{3} \times \frac{22}{7} \times 42 \times 42 \times 42}$

$= \frac{1}{8000}$

349. (b) h ऊँचाई तथा त्रिज्या r के लिए बेलन का आयतन $= \pi r^2 h$

तथा गोले का आयतन $= \frac{4}{3}\pi r_1^3$

जहाँ, r_1 गोले की त्रिज्या है।

प्रश्नानुसार, $\pi \times 8 \times 8 \times 4 = \frac{4}{3}\pi \times r^3 \times 12$

$\Rightarrow \quad r^3 = \frac{8 \times 8 \times 4 \times 3}{4 \times 12}$

$\Rightarrow \quad r^3 = 16 \Rightarrow r = 2 \times 2^{\frac{1}{3}}$

अत: गोले का व्यास $= 2r = 2 \times 2 \times 2^{\frac{1}{3}} = 4 \times 2^{\frac{1}{3}}$

350. (c) शंकु की तिर्यक ऊँचाई $(l) = \sqrt{7^2 + 24^2}$

$= \sqrt{49 + 576} = \sqrt{625} = 25$ सेमी

$\therefore$ शंकु का सम्पूर्ण पृष्ठीय क्षेत्रफल

$= \pi r(r + l) = \frac{22}{7} \times 7(7 + 25) = 704$ सेमी^{2}

351. (b) गोलार्द्ध का सम्पूर्ण पृष्ठीय क्षेत्रफल $= 3\pi r^2$

$= 3 \times \frac{22}{7} \times \frac{14}{2} \times \frac{14}{2}$

$= \frac{3 \times 22 \times 7 \times 7}{7} = 462$ सेमी^{2}

352. (d) लम्बवृत्तीय बेलन का वक्र पृष्ठीय क्षेत्रफल $= 8580$ सेमी^{2}

$\Rightarrow 2 \times \pi \times r \times 15 = 8580$

$\Rightarrow \quad r = \frac{8580 \times 7}{2 \times 22 \times 15} \Rightarrow r = 91$ सेमी

अत: वृत्तीय आधार का व्यास

$= 2r = 2 \times 91 = 182$ सेमी

353. (c) बेलनों के वक्र पृष्ठीय क्षेत्रफलों का अनुपात

$= 2\pi \times 4x \times 9y : 2\pi \times 3x \times 8y$

$= 3 : 2$

354. (d) माना डाली गई सीसे की गोलियों की संख्या $= x$

प्रश्नानुसार, $x \times \frac{4}{3} \times \pi \times (0.75)^3 = \frac{2}{3} \times \pi \times (15)^3 \times \frac{2}{5}$

$\Rightarrow x \times \frac{75}{100} \times \frac{75}{100} \times \frac{75}{100} = \frac{15 \times 15 \times 15}{5}$

$\Rightarrow x \times \frac{3}{4} \times \frac{3}{4} \times \frac{3}{4} = \frac{15 \times 15 \times 15}{5}$

$\Rightarrow \quad x = 1600$

355. (d) माना बेलन की ऊँचाई $= h$ सेमी

बेलन का सम्पूर्ण पृष्ठीय क्षेत्रफल $= 2\pi r(r + h)$

$\Rightarrow \quad 704 = 2 \times \frac{22}{7} \times 7 \times (7 + h)$

$\Rightarrow \quad 704 = 44(7 + h)$

$\Rightarrow \quad 16 = 7 + h$

$\therefore \quad h = 9$ सेमी

356. (d) कुएँ का आन्तरिक व्यास = 8 मी

त्रिज्या = 4 मी

कुएँ से निकाली गई मिट्टी (बेलन का आयतन)

$= \pi r^2 h = \pi(4)^2 \times 12$ मी

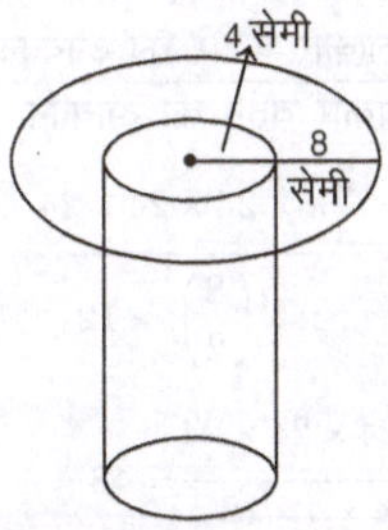

कुएँ से निकाली गई मिट्टी = खोखले बेलन का आयतन

$\Rightarrow \quad \pi \times (4)^2 \times 12 = \pi h(R^2 - r^2)$

$\Rightarrow \quad \pi \times 16 \times 12 = \pi h(12^2 - 4^2)$

$\Rightarrow \quad 16 \times 12 = h(144 - 16)$

$\Rightarrow \quad 16 \times 12 = h \times 128$

$\therefore \quad h = \frac{12}{8} = 1.5$ मी

अत: चबूतरे की ऊँचाई 1.5 मी होगी।

357. (d) अर्द्धगोले का आयतन = बेलन का आयतन

$\Rightarrow \quad \frac{2}{3}\pi(r)^3 = \pi(R)^2 h$

$\Rightarrow \frac{2}{3}\pi \times 21 \times 21 \times 21 = \pi \times (R)^2 \times 14$

$\Rightarrow \quad 21 \times 21 = (R)^2$

$\therefore \quad R = 21$

प्रश्नानुसार, बेलन का आयतन $= (a \times b^a \times c^b)\pi$

$\pi R^2 h = (a \times b^a \times c^b)\pi$

$\pi \times 21 \times 21 \times 14 = (a \times b^a \times c^b)\pi$

$2 \times 3^2 \times 7^3 = a \times b^a \times c^b$

$\therefore \quad a = 2, b = 3, c = 7$

[a, b, c अभाज्य संख्याएँ हैं।]

अत: $(a + b)c = (2 + 3) \times 7 = 5 \times 7 = 35$

358. (c) शंकु की संख्या $= \frac{\text{गोले का आयतन}}{\text{एक शंकु का आयतन}}$

$= \frac{\frac{4}{3}\pi R^3}{\frac{1}{3}\pi r^2 h} = \frac{\frac{4}{3}\pi \times 35 \times 35 \times 35}{\frac{1}{3}\pi \times 7 \times 7 \times 4}$

$= \frac{4 \times 35 \times 35 \times 35}{7 \times 7 \times 4} = 875$

359. (d) अर्द्धगोलाकार कटोरे की आन्तरिक त्रिज्या $(r) = 6$ सेमी

मोटाई = 1 सेमी

$\therefore$ कटोरे की बाह्य त्रिज्या $(R) = 6 + 1 = 7$ सेमी

$\therefore$ बाह्य वक्रपृष्ठीय क्षेत्रफल को पेण्ट करने की कुल लागत $= 2 \times 2\pi R^2 = 2 \times 2 \times \frac{22}{7} \times 7 \times 7 =$ ₹ 616

360. (c) बेलनाकार बर्तन के वक्रपृष्ठ का क्षेत्रफल

$= \frac{4400}{40} = 110$ मी$^2 = 110 = 2\pi rh$

$\Rightarrow \quad 110 = 2 \times \frac{22}{7} \times r \times 20$

$\therefore \quad r = \frac{7}{8}$ मी

$\therefore$ बर्तन का सम्पूर्ण पृष्ठीय क्षेत्रफल

$= 2\pi r(r + h)$

$= 2 \times \frac{22}{7} \times \frac{7}{8}\left(\frac{7}{8} + 20\right)$

$= \frac{44}{8} \times \frac{167}{8} = 114.81$ मी^{2}

361. (b) आवश्यक बर्तनों की संख्या

$= \frac{\text{अर्द्धगोलाकार कटोरे का आयतन}}{\text{बेलनाकार बर्तन का आयतन}}$

$= \frac{\frac{2}{3}\pi r^3}{\pi r^2 h} = \frac{\frac{2}{3}\pi \times 24 \times 24 \times 24}{\pi \times \left(\frac{8}{2}\right)^2 \times 12}$

$= \frac{\frac{2}{3}\pi \times 24 \times 24 \times 24}{\pi \times 4 \times 4 \times 12} = 48$

362. (d) माना बेलनाकार फ्लास्क का जल स्तर h_1 सेमी होगा।

$\therefore$ शंक्वाकार फ्लास्क का आयतन

= बेलनाकार फ्लास्क का आयतन

$\frac{1}{3}\pi r^2 h = \pi r^2 h$

$\Rightarrow \quad \frac{1}{3}\pi \times 7 \times 7 \times 48 = \pi \times 14 \times 14 \times h_1$

$\Rightarrow \quad 7 \times 7 \times 16 = 14 \times 14 \times h_1$

$h_1 = 4$ सेमी

363. (c) प्रश्नानुसार, शंकु की ऊँचाई $(h) = 6$ इकाई

शंकु की त्रिज्या $(r) = \frac{6}{2} = 3$ इकाई

$\therefore$ शंकु का आयतन $= \frac{1}{3}\pi r^2 h = \frac{1}{3}\pi \times (3)^2 \times 6$

$= 18\,\pi$ इकाई^3

364. (c) लम्बवृत्तीय बेलन का सम्पूर्ण पृष्ठीय क्षेत्रफल

$= 2\pi r\,(r + h)$

$\Rightarrow \quad 628\frac{4}{7} = 2\pi \times 4(h + 4)$

$\Rightarrow \quad \frac{4400}{7} = 2 \times \frac{22}{7} \times 4\,(h + 4)$

$\Rightarrow \quad 25 = h + 4$

$\therefore \quad h = 21$ सेमी

365. (b) लेड की ऊँचाई = 4.2 मी

$= 4.2 \times 100 = 420$ सेमी

पाइप की बाहरी त्रिज्या $(R) = \frac{5.4}{2} = 2.7$ सेमी

पाइप की मोटाई = 3 मिमी $= 3 \times 0.1 = 0.3$ सेमी

पाइप की भीतरी त्रिज्या $(r) = 2.7 - 0.3 = 2.4$ सेमी

पाइप का आयतन $= \pi(R^2 - r^2)h$

$= \frac{22}{7} \times [(2.7)^2 - (2.4)^2] \times 420$

$= \frac{22}{7} \times (7.29 - 5.76) \times 420$

$= 2019.6$ सेमी^{3}

पाइप का भार $= 2019.6 \times \frac{25}{1000}$ किग्रा

$= 50.49$ किग्रा

366. (a) शंकु या कोन की धारिता/आयतन = 66 सेमी^{3}

$\Rightarrow \quad \frac{1}{3}\pi r^2 h = 66$

$\Rightarrow \frac{1}{3} \times \frac{22}{7} \times r^2 \times 7 = 66$

$\Rightarrow \quad r^2 = \frac{66 \times 7 \times 3}{22 \times 7} = 9$

$\therefore \quad r = \sqrt{9} = 3$ सेमी

अतः आधार की त्रिज्या = 3 सेमी

367. (b) बेलनाकार कैलाइडोस्कोप का पृष्ठीय क्षेत्रफल

$= 2\pi rh$

$= 2 \times \frac{22}{7} \times 7 \times 30 = 1320$ सेमी^{2}

अतः आवश्यक शीट का भाग = 1320 सेमी^{2}

368. (c) शंकु की त्रिज्या $(r) = \frac{56}{2} = 28$ मी

शंकु की तिर्यक ऊँचाई $(l) = 35$ मी

शंकु की ऊँचाई $= \sqrt{l^2 - r^2} = \sqrt{35^2 - 28^2}$

$= \sqrt{(35 + 28)\,(35 - 28)}$

$= \sqrt{63 \times 7} = 3 \times 7 = 21$ मी

शंकु का आयतन $= \frac{1}{3}\pi r^2 h$

$= \frac{1}{3} \times \frac{22}{7} \times 28 \times 28 \times 21 = 17248$ मी^{3}

369. (c) शंकु की तिर्यक ऊँचाई $(l) = 15$ मी

शंकु की ऊँचाई $(h) = 9$ मी

$\therefore$ शंकु की त्रिज्या $(r) = \sqrt{l^2 - h^2}$

$= \sqrt{15^2 - 9^2} = \sqrt{225 - 81} = \sqrt{144} = 12$ मी

शंकु का वक्रपृष्ठीय क्षेत्रफल $= \pi rl = \frac{22}{7} \times 12 \times 15$

शंक्वाकार तम्बू बनाने के लिए आवश्यक टेडपोल की कुल लागत $= \frac{22}{7} \times 180 \times 147 =$ ₹ 83160

370. (b) बेलन के आधार की त्रिज्या $= \frac{48}{2} = 24$ सेमी

बेलन की ऊँचाई = 7 सेमी

शंकु की ऊँचाई = बेलन की ऊँचाई $(h) = 7$ सेमी

शंकु के आधार की त्रिज्या (r) = बेलन के आधार की त्रिज्या = 24 सेमी

शंकु का तिर्यक ऊँचाई $= \sqrt{h^2 + r^2}$

$= \sqrt{7^2 + 24^2} = 25$ सेमी

शेष ठोस का सम्पूर्ण पृष्ठीय क्षेत्रफल

$= [2\pi r(r + h) + \pi r(r + l)] - 2\pi r^2$

$= \pi\,[2r^2 + 2rh + r^2 + rl] - 2\pi r^2$

$= \pi\,[3r^2 + r\,(2h + l) - 2r^2]$

$= \pi\,[r^2 + r\,(2h + l)]$

$= \pi\,[24^2 + 24\,(14 + 25)]$

$= \pi\,[576 + 24 \times 39]$

$= \pi\,[576 + 936] = 1512\,\pi$ सेमी^{2}

371. (b) तिर्यक ऊँचाइयों का अनुपात = 5 : 3

$\therefore$ दो शंकुओं के वक्रपृष्ठीय क्षेत्रफलों का अनुपात = 5 : 3

[$\because$ दोनों शंकुओं के आधारों के व्यास और त्रिज्याएँ समान हैं।]

372. (c) खोखले बेलनाकार पाइप की बाह्य त्रिज्या $(R) = \frac{14}{2} = 7$ सेमी

खोखले बेलनाकार पाइप की आन्तरिक त्रिज्या (r)

$= \frac{12}{2} = 6$ सेमी

$\therefore$ पाइप बनाने में प्रयुक्त लोहे का आयतन

$= \pi\,h\,(R^2 - r^2) = \frac{22}{7} \times 21\,(7^2 - 6^2)$

$= 66 \times 13 = 858$ सेमी^{3}

373. (c) बेलन की त्रिज्या = 12 सेमी

बेलन की ऊँचाई = 38 सेमी

बेलन को काटने के बाद बड़े भाग वाले बेलन की त्रिज्या = 12 सेमी

$\therefore$ माना बड़े भाग वाले बेलन की ऊँचाई h सेमी है।

$\therefore$ बड़े भाग वाले बेलन का सम्पूर्ण पृष्ठ

= बेलन का सम्पूर्ण पृष्ठ का 60%

$2\pi \times 12\,(12 + h) = \frac{60}{100} \times 2\pi \times 12\,(38 + 12)$

$\Rightarrow \quad 12 + h = 30$

$\Rightarrow \quad h = 18$ सेमी

$\therefore$ छोटे भाग वाले बेलन की ऊँचाई

$= 38 - 18 = 20$ सेमी

छोटे बेलन की त्रिज्या = 12 सेमी

प्रश्नानुसार,

छोटे बेलन का आयतन = गोले का आयतन

$\Rightarrow \quad \pi \times 12 \times 12 \times 20 = \frac{4}{3}\pi\,(R)^3$

$\Rightarrow \quad R^3 = 2160$

$\therefore \quad R = 6\sqrt[3]{10}$ सेमी

374. (a) माना शंकु की त्रिज्या $= 7x$

शंकु की ऊँचाई $= 24x$

$\therefore$ प्रश्नानुसार,

शंकु का आयतन = 1232

$\therefore \quad \frac{1}{3}\pi r^2 h = 1232$

$\Rightarrow \quad \frac{1}{3} \times \frac{22}{7} \times 7x \times 7x \times 24x = 1232$

$\Rightarrow \quad x^3 = 1 \Rightarrow x = 1$

शंकु की तिर्यक ऊँचाई $(l) = \sqrt{r^2 + h^2}$

$= \sqrt{(7x)^2 + (24x)^2}$

$= \sqrt{x^2(49 + 576)}$

$= \sqrt{625 \times (1)^2}$ (x का मान रखने पर)

$= 25$

शंकु का सम्पूर्ण पृष्ठ $= \pi\,r\,(l + r)$

$= \frac{22}{7} \times 7x\,(25 + 7x)$

$= \frac{22}{7} \times 7 \times 1 \times 32$ (x का मान रखने पर)

$= 704$ सेमी^{2}

375. (d) लम्बवृत्तीय आधार का क्षेत्रफल $= \pi r^2$

$\Rightarrow \quad \pi r^2 = 346.5$

$\Rightarrow \quad r^2 = \frac{346.5 \times 7}{22} \Rightarrow r^2 = 110.25$

$\Rightarrow \quad r = 10.5$

लम्बवृत्तीय बेलन का आयतन $= \pi r^2 h$

$\Rightarrow 2425.5 = \frac{22}{7} \times 10.5 \times 10.5 \times h$

$\Rightarrow \quad h = \frac{2425.5 \times 7}{10.5 \times 10.5 \times 22}$

$\Rightarrow \quad h = 7$

बेलन का वक्रपृष्ठीय क्षेत्रफल $= 2\pi rh$

$= 2 \times \frac{22}{7} \times 10.5 \times 7 = 462$ सेमी^{2}

376. (d) बड़े गोले का आयतन = 2744 छोटे गोले का आयतन

$\Rightarrow \quad \frac{4}{3}\pi r_1^3 = 2744 \times \frac{4}{3}\pi r_2^3$

$\Rightarrow \frac{4}{3}\pi \times 7 \times 7 \times 7 = 2744 \times \frac{4}{3}\pi \times r_2^3$

$\Rightarrow \frac{7 \times 7 \times 7}{2744} = r_2^3 \Rightarrow r_2 = \sqrt[3]{\frac{1}{8}} \Rightarrow r_2 = \frac{1}{2}$

$\therefore$ छोटे गोले का पृष्ठीय क्षेत्रफल $= 4\pi r_2^2$

$= 4\pi \times \left(\frac{1}{2}\right)^2 = \pi$ सेमी^{2}

377. (d) घन की संख्या $= \frac{\text{घनाभ का आयतन}}{\text{एक घन का आयतन}}$

$= \frac{2 \times 100 \times 4 \times 100 \times 10 \times 100}{8 \times 8 \times 8}$

[1 मी = 100 सेमी]

$= 156250$

378. (b) बेलन के आधार की परिधि

= आयताकार शीट की लम्बाई

$\Rightarrow 2\pi r = 10\pi \Rightarrow r = \frac{10}{2} = 5$ सेमी

379. (b) शंकु की तिर्यक ऊँचाई

$= \sqrt{(65)^2 + (72)^2}$

$= \sqrt{4225 + 5184} = \sqrt{9409} = 97$

$\therefore$ शंकु का सम्पूर्ण पृष्ठ $= \pi r (r + l)$

$= \frac{22}{7} \times 65 \times (65 + 97)$ सेमी^{2}

$= \frac{22 \times 65 \times 162}{7}$ सेमी^{2}

$= \frac{231660}{7}$ सेमी$^2 = 33094\frac{2}{7}$ सेमी^{2}

380. (b) गोले का सम्पूर्ण पृष्ठ $= 4\pi r^2$

$= 4 \times \frac{22}{7} \times 14 \times 14$

कुल लागत $= \left(4 \times \frac{22}{7} \times 14 \times 14 \times \frac{50}{100}\right) =$ ₹ 1232

381. (c) अभीष्ट बोतलों की संख्या

$= \frac{\frac{2}{3} \times \pi \times 15 \times 15 \times 15}{\pi \times \frac{5}{2} \times \frac{5}{2} \times 6}$

$= \frac{2}{3} \times \frac{15 \times 15 \times 15 \times 2 \times 2}{5 \times 5 \times 6} = 60$

382. (b) माना गोले की त्रिज्या $= r$

$\therefore$ गोले का आयतन = पृष्ठीय क्षेत्रफल

$\Rightarrow \frac{4}{3}\pi r^3 = 4\pi r^2 \Rightarrow r = 3$

अब, अर्द्धगोले का आयतन $= \frac{2}{3}\pi r^3$

$= \frac{2}{3} \times 3.14 \times 3 \times 3 \times 3 = 56.52$ सेमी^{3}

383. (a) माना कटोरे की त्रिज्या $= r$

$\therefore \quad 2\pi r = 264$

$2 \times \frac{22}{7} \times r = 264$

$r = \frac{264 \times 7}{2 \times 22} = 42$

$\therefore$ व्यक्तियों की संख्या

$= \frac{\frac{1}{2} \times \frac{2}{3}\pi \times 42 \times 42 \times 42}{\frac{2}{3}\pi \times 3 \times 3 \times 3}$

$= \frac{42 \times 42 \times 42}{2 \times 3 \times 3 \times 3}$

$= 1372$

384. (a) टैंक का सम्पूर्ण पृष्ठीय क्षेत्रफल

$= 2\pi r_1 (r_1 + h) - \pi r_2^2$

$= 2\pi \times 5(5 + 10) - \pi (0.5)^2$

$= \pi\left(150 - \frac{1}{4}\right)$

$= \frac{(600-1)}{4}\pi = \frac{599\pi}{4}$ मी^{2}

385. (d) दो ठोस बेलनों को पिघलाकर बनाए गए नए बेलन का आयतन

$= \pi r_1^2 h_1 + \pi r_2^2 h_2$

$= \pi (4 \times 4 \times 6 + 5 \times 5 \times 4) = 196\pi$

माना नए बेलन की त्रिज्या $= R$ सेमी

प्रश्नानुसार, $\pi R^2 H = 196\pi$

$R^2 \times 1 = 196$

$\therefore \quad R = 14$ सेमी

386. (a) 20 छोटे ठोस अर्द्धगोलों का कुल आयतन

$= 20 \times \frac{2}{3}\pi r^3$

$= 20 \times \frac{2}{3} \times \pi \times 3 \times 3 \times 3 = 360\pi$ सेमी^{3}

शेष ठोस $= 360\pi \times \frac{80}{100} = 288\pi$ सेमी^{3}

$\therefore$ सबसे बड़े अर्द्धगोले का आयतन $= \frac{2}{3}\pi R^3$

$\Rightarrow \frac{2}{3}\pi R^3 = 288\pi$

$\Rightarrow \quad R^3 = \frac{288 \times 3}{2}$

$\therefore \quad R = \sqrt[3]{144 \times 3}$

$= \sqrt[3]{3 \times 2 \times 2 \times 3 \times 2 \times 2 \times 3}$

$= 6\sqrt[3]{2}$ सेमी

अत: बनाए गए सबसे बड़े अर्द्धगोले की त्रिज्या

$= 6\sqrt[3]{2}$ सेमी

387. (d) माना घनाभ की लम्बाई, चौड़ाई और ऊँचाई क्रमश: $6x$, $4x$ तथा $3x$ है।

घनाभ का पृष्ठीय क्षेत्रफल

$= 2(6x \times 4x + 4x \times 3x + 3x \times 6x)$

$\Rightarrow 2(24x^2 + 12x^2 + 18x^2) = 972$

$\Rightarrow 54x^2 = 486 \Rightarrow x^2 = \frac{486}{54} = 9$

$\therefore \quad x = 3$

घनाभ के विकर्ण की लम्बाई $= \sqrt{(l)^2 + (b)^2 + (h)^2}$

$= \sqrt{(6x)^2 + (4x)^2 + (3x)^2} = \sqrt{36x^2 + 16x^2 + 9x^2}$

$= \sqrt{61 \times x^2} = \sqrt{61 \times 9} = 3\sqrt{61}$ सेमी

388. (a) लम्बवृत्तीय बेलन की आधार की त्रिज्या

$= \frac{30}{2} = 15$ सेमी

तथा ऊँचाई = 56 सेमी

$\therefore$ बेलन का वक्रपृष्ठीय क्षेत्रफल $= 2\pi rh$

$= 2 \times \frac{22}{7} \times 15 \times 56 = 5280$ सेमी^{2}

389. (a) शंकु की त्रिज्या $= \frac{70}{2} = 35$ सेमी

शंकु का वक्रपृष्ठीय क्षेत्रफल $= 4070$ सेमी^{2}

शंकु का वक्रपृष्ठीय क्षेत्रफल $= \pi rl$

$\Rightarrow \frac{22}{7} \times 35 \times l = 4070$

$\therefore \quad l = \frac{4070 \times 7}{22 \times 35} = 37$

$\therefore \quad h = \sqrt{l^2 - r^2} = \sqrt{37^2 - 35^2}$

$= \sqrt{(37 + 35)(37 - 35)} = \sqrt{144} = 12$ सेमी

$\therefore$ शंकु का क्षेत्रफल $= \frac{1}{3}\pi r^2 h$

$= \frac{1}{3} \times \frac{22}{7} \times 35 \times 35 \times 12 = 15400$ सेमी^{3}

390. (b) घन का पृष्ठीय क्षेत्रफल $= 6 \times$ (भुजा)^2

$= 6 \times (3.5)^2 = 6 \times 12.25 = 73.5$ सेमी^{2}

391. (a) दिया है, घन का विकर्ण $= \sqrt{300}$ सेमी

$\Rightarrow \sqrt{3} \times$ भुजा $= \sqrt{300}$

$\therefore$ भुजा $= \sqrt{\frac{300}{3}} = \sqrt{100} = 10$ सेमी

घन की भुजा की लम्बाई = 10 सेमी

घन का आयतन = (भुजा)$^3 = (10)^3 = 1000$ सेमी^{3}

392. (c) शंकु के आधार की त्रिज्या $= \frac{4}{2} = 2$ मी

तथा 1.5 मी है।

शंकु की तिर्यक ऊँचाई $(l) = \sqrt{h^2 + r^2}$

$= \sqrt{(1.5)^2 + (2)^2} = \sqrt{2.25 + 4}$

$= \sqrt{6.25} = 2.5$ मी

393. (d) गोले की त्रिज्या $= \frac{7}{2}$ सेमी $= 3.5$ सेमी

गोले का आयतन $= \frac{4}{3}\pi r^3$

$= \frac{4}{3} \times \frac{22}{7} \times \frac{7}{2} \times \frac{7}{2} \times \frac{7}{2} = \frac{11 \times 7 \times 7}{3} = \frac{539}{3}$

$= 179.66$ सेमी^{3}

394. (c) $r_1 = 5$ सेमी, $r_2 = 6$ सेमी

शंकु की त्रिज्या $(r) = 5.2$ सेमी

खोखले धातु के गोले का आयतन

$= \frac{4}{3}\pi (r_2^3 - r_1^3) = \frac{4}{3}\pi (6^3 - 5^3)$

$= \frac{4}{3}\pi (216 - 125) = \frac{4}{3}\pi \times 91$ सेमी^{3} ...(i)

शंकु का आयतन $= \frac{1}{3}\pi r^2 h$ ...(ii)

समी (i) व (ii) को बराबर करने पर,

$\frac{4}{3}\pi \times 91 = \frac{1}{3}\pi \times 5.2 \times 5.2 \times h$

$\Rightarrow \quad h = \frac{4 \times 91}{5.2 \times 5.2} = 13.46$ सेमी $= 13.5$ सेमी

395. (b) शंकु का कुल पृष्ठीय क्षेत्रफल $= \pi r (r + l)$

$= \frac{22}{7} \times 10.5\,(10.5 + 13) = \frac{22}{7} \times \frac{105}{10} \times \frac{235}{10}$

$= \frac{77550}{100} = 775.50$ सेमी^{2}

396. (d) सबसे लम्बे खम्भे की लम्बाई

$= \sqrt{l^2 + b^2 + h^2} = \sqrt{(24)^2 + (18)^2 + (16)^2}$

$= \sqrt{576 + 324 + 256} = \sqrt{1156} = 34$ मी

397. (c) $(h_1) = 9.8$ सेमी, $(r_1) = 4$ सेमी

$(r_2) = 3.5$ सेमी

प्रश्नानुसार,

प्रथम शंकु का आयतन = दूसरे शंकु का आयतन

$\frac{1}{3}\pi r_1^2 h_1 = \frac{1}{3}\pi r_2^2 h_2 \Rightarrow h_2 = \frac{r_1^2 h_1}{r_2^2} = \frac{(4)^2 \times 9.8}{(3.5)^2}$

$\Rightarrow \quad h_2 = \frac{16 \times 9.8}{12.25} = 12.8$ सेमी

398. (c) घनाभ का आयतन $= (l \times b \times h)$

$= 12 \times 9 \times 2 = 216$ सेमी^{3}

घन का आयतन = (भुजा)^3

भुजा = $\sqrt[3]{216} = 6$ सेमी

घन का पार्श्व पृष्ठीय क्षेत्रफल

$= 4 \times$ (भुजा)$^2 = 4 \times 6^2 = 4 \times 36$

$= 144$ सेमी^{2}

399. (d) घनाभ का कुल पृष्ठीय क्षेत्रफल

$= 2(lb + bh + hl) = 2(18 \times 6 + 6 \times 3 + 3 \times 18)$ मी^{2}

$= 2(108 + 18 + 54)$ मी$^2 = 2 \times 180 = 360$ मी^{2}

400. (b) प्रश्नानुसार, छोटे घनों की संख्या

$= \dfrac{\text{बड़े घन का आयतन}}{\text{छोटे घनों का आयतन}} = \dfrac{8 \times 6 \times 6}{0.5 \times 0.5 \times 0.5} = 2304$

401. (b) हम जानते हैं कि गोले के पृष्ठीय क्षेत्रफलों का अनुपात गोले की त्रिज्या के वर्ग के अनुपात के समान होता है।

तब, प्रश्नानुसार,

त्रिज्या दोगुनी करने पर उसका पृष्ठीय क्षेत्रफल 4 गुना हो जाएगा।

$\therefore$ अभीष्ट पृष्ठीय क्षेत्रफल $= 4 \times 5544 = 22176$ सेमी^{2}

402. (c) गोले की त्रिज्या $(R) = 3$ सेमी

$\therefore$ तार के अनुप्रस्थ काट की त्रिज्या (r)

$= \dfrac{0.4}{2} = 0.2$ सेमी

माना तार की लम्बाई $= h$

प्रश्नानुसार,

गोले का आयतन = तार का आयतन

$\therefore \quad \dfrac{4}{3}\pi R^3 = \pi r^2 h$

$\Rightarrow \quad \dfrac{4}{3} \times 3 \times 3 \times 3 = 0.2 \times 0.2 \times h$

$\therefore \quad h = 900$ सेमी $= 9$ मी

403. (b) माना गोले की त्रिज्या $= r$

गोले का पृष्ठीय क्षेत्रफल $= 616$ सेमी^{2}

$\therefore \quad 4\pi r^2 = 616 \Rightarrow r^2 = 616 \times \dfrac{7}{22} \times \dfrac{1}{4}$

$\Rightarrow \quad r^2 = 49 \Rightarrow r = 7$ सेमी

$\therefore$ व्यास $= 2r = 2 \times 7 = 14$ सेमी

404. (b) माना बेलन की ऊँचाई h सेमी है।

$\therefore$ बेलन का आयतन $= \pi r^2 h$

$\Rightarrow \quad 19008 = \dfrac{22}{7} \times 12 \times 12 \times h$

$\Rightarrow \quad h = \dfrac{19008 \times 7}{22 \times 12 \times 12} \Rightarrow h = \dfrac{132 \times 7}{22}$

$\therefore \quad h = 42$ सेमी

405. (a) घन का आयतन $= a^3 = 4^3 = 64$ सेमी^{3}

406. (a) बॉक्स का सम्पूर्ण पृष्ठ का क्षेत्रफल

$= 2(lb + bh + hl) = 2(7 \times 5 + 5 \times 2 + 2 \times 7)$

$= 2(35 + 10 + 14) = 2 \times 59 = 118$ मी^{2}

$\therefore$ अभीष्ट लागत $= 118 \times 2.4 =$ ₹ 283.20

407. (a) घन की भुजा $(a) = 7$ सेमी = बेलन के आधार का व्यास

$\therefore$ बेलन के आधार की त्रिज्या $= \dfrac{7}{2}$ सेमी

प्रश्नानुसार,

बचे हुए घन का आयतन = घन का आयतन − बेलन का आयतन

$= a^3 - \pi r^2 h$

$= 7^3 - \dfrac{22}{7} \times \dfrac{7}{2} \times \dfrac{7}{2} \times 7 = 343 - 11 \times \dfrac{49}{2}$

$= 343 - \dfrac{539}{2} = \dfrac{686 - 539}{2}$

$= \dfrac{147}{2} = 73.5$ घन सेमी

408. (d) शंकु का आयतन

$= \dfrac{1}{3} \times$ आधार का क्षेत्रफल $\times$ ऊँचाई

$= \dfrac{1}{3} \times 616 \times 15 = 616 \times 5 = 3080$ सेमी^{3}

409. (b) दिया है,

शंकु का आयतन $= 27720$ सेमी^{3}

शंकु की ऊँचाई $(h) = 20$ सेमी

तब, $\dfrac{1}{3}\pi r^2 h = 27720 \Rightarrow \pi r^2 = \dfrac{27720 \times 3}{20}$

$\Rightarrow \quad \pi r^2 = 4158$

$\therefore$ आधार का क्षेत्रफल $= 4158$ सेमी^{2}

410. (a) घनाभ का आयतन

= लम्बाई × चौड़ाई × ऊँचाई

$= 40 \times 20 \times 10 = 8000$ सेमी^{3}

411. (d) माना गोले की त्रिज्या (r) = बेलन के आधार की त्रिज्या $(r) = 3x$

तथा बेलन की ऊँचाई $(h) = 4x$

$\therefore$ गोले के आयतन और बेलन के आयतन का अनुपात

$= \dfrac{\frac{4}{3}\pi r^3}{\pi r^2 h} = \dfrac{4}{3} \times \dfrac{r}{h} = \dfrac{4}{3} \times \dfrac{3x}{4x} = \dfrac{1}{1} = 1:1$

412. (a) माना गोले की त्रिज्या $= r$

गोले का आयतन $= \dfrac{500\pi}{3}$ मी$^3 \Rightarrow \dfrac{4}{3}\pi r^3 = \dfrac{500\pi}{3}$

$\Rightarrow \quad r^3 = 125 \quad \Rightarrow \quad r = 5$ मी

$\therefore$ वर्ग की भुजा $(a) = 5 \times \dfrac{40}{100} = 2$ मी

$\therefore$ वर्ग का क्षेत्रफल $= a^2 = (2)^2 = 4$ मी^{2}

413. (b) घन का सम्पूर्ण पृष्ठीय क्षेत्रफल $= 6a^2$

$= 6 \times 8 \times 8 = 384$ सेमी^{2}

$\therefore$ वर्ग का क्षेत्रफल $= 384 - 128 = 256$ सेमी^{2}

$\therefore$ वर्ग की भुजा $= \sqrt{256} = 16$ सेमी

414. (c) माना गोलार्द्ध की त्रिज्या r तथा त्रिभुज की भुजा a है।

गोलार्द्ध का कुल पृष्ठ का क्षेत्रफल $= 3\pi r^2$

समबाहु त्रिभुज का क्षेत्रफल $= \dfrac{\sqrt{3}a^2}{4}$

प्रश्नानुसार, $\dfrac{\sqrt{3}}{4}a^2 = 3\pi r^2 \Rightarrow \dfrac{a^2}{r^2} = \dfrac{3\pi \times 4}{3}$

$\Rightarrow \quad \dfrac{a^2}{r^2} = \sqrt{3} \times 4\pi \Rightarrow \dfrac{a}{r} = (4\pi\sqrt{3})^{\frac{1}{2}}$

$\Rightarrow \quad a = r \times (4\pi\sqrt{3})^{0.5}$

415. (c) बेलन का वक्रपृष्ठीय क्षेत्रफल $= 2\pi rh$

$19.5 = 2 \times \pi \times 4 \times h \Rightarrow h = \dfrac{19.5}{8\pi}$ मी

$\therefore$ बेलन का आयतन $= \pi r^2 h$

$= \pi \times 16 \times \dfrac{19.5}{8\pi} = 39$ मी^{3}

416. (d) बाल्टी की त्रिज्याएँ

$r_1 = 20$ सेमी, $r_2 = 10$ सेमी, $h = 21$ सेमी

शंक्वाकार छिन्नक के आकार की बाल्टी की धारिता

$= \dfrac{\pi h}{3}(r_1^2 + r_2^2 + r_1 \cdot r_2)$

$= \dfrac{22}{7} \times \dfrac{24}{3}(20^2 + 10^2 + 20 \times 10)$

$= \dfrac{22}{7} \times 8(400 + 100 + 200) = \dfrac{22}{7} \times 8 \times 700$

$= 17600$ सेमी^{3}

417. (b) कमरे की चारों दीवारों तथा छत का क्षेत्रफल

$= 2(l \times b) \times h + lb$

$= 2(15 + 12) \times 10 + 15 \times 12$

$= 540 + 180 = 720$ वर्ग फीट

दरवाजें का क्षेत्रफल = लम्बाई × चौड़ाई

$= 8 \times 3.5 = 28$ वर्ग फीट

खिड़कियों का क्षेत्रफल $= 5 \times 3 = 15$ वर्ग फीट

दोनों खिड़कियों का क्षेत्रफल $= 15 \times 2 = 30$ वर्ग फीट

पेण्ट करने योग्य क्षेत्रफल

= कमरे का क्षेत्रफल − (दरवाजे का क्षेत्रफल + दोनों खिड़कियों का क्षेत्रफल)

$\Rightarrow \quad 720 - (28 + 30) = 720 - 58 = 662$ वर्ग फीट

अभीष्ट लागत $= 662 \times 50 =$ ₹33100

418. (b) शंकु का आयतन $= \dfrac{1}{3}\pi r^2 h$

$= \dfrac{1}{3} \times \dfrac{22}{7} \times 10.5 \times 10.5 \times 24 = 2772$ सेमी^{3}

419. (d) अर्द्धगोले का आयतन $= \dfrac{2}{3}\pi r^3$

$= \dfrac{2}{3} \times \dfrac{22}{7} \times 2.1 \times 2.1 \times 2.1$

$= 19.4$ सेमी^{3}

420. (c) माना घनाभ की प्रारम्भिक लम्बाई, चौड़ाई तथा ऊँचाई क्रमशः x, y और z हैं।

नई लम्बाई, चौड़ाई तथा ऊँचाई क्रमशः

$\dfrac{3}{2}x, \dfrac{6}{5}y$ तथा $\dfrac{7}{10}z$ है, तब

प्रश्नानुसार, आयतन में वृद्धि %

$= \left[\dfrac{\left(\frac{3}{2}x \times \frac{6}{5}y \times \frac{7}{10}z\right) - (xyz)}{xyz}\right] \times 100$

$= \left(\dfrac{\frac{126xyz}{100} - xyz}{xyz}\right) \times 100 = \dfrac{26}{100} \times 100 = 26\%$

स्पीडी विधि

लम्बाई में वृद्धि = 50%, चौड़ाई में वृद्धि = 20%

तथा ऊँचाई में कमी = − 30%

$\therefore$ प्रथम दो पर क्रमिक वृद्धि पर,

$= +50 + 20 + \dfrac{50 \times 20}{100} = 80\%$

अब, तीसरे के साथ क्रमिक वृद्धि

$= +80 - 30 + \dfrac{80 \times (-30)}{100} = 50 - 24 = 26\%$

421. (d) दिया है, त्रिज्या $(r) = 3.5$ सेमी

अर्द्धगोले का आयतन $= \dfrac{1}{2} \times \dfrac{4}{3}\pi r^3$

$= \dfrac{1}{2} \times \dfrac{4}{3} \times \dfrac{22}{7} \times 3.5 \times 3.5 \times 3.5 = 89.83$ सेमी^{3}

422. (c) घन का पार्श्व पृष्ठीय क्षेत्रफल $= 4a^2$

$= 4 \times 13^2 = 4 \times 169 = 676$ सेमी^{2}

423. (b) शंकु का आयतन $= \frac{1}{3}\pi r^2 h$

$= \frac{1}{3} \times \frac{22}{7} \times 14 \times 14 \times 15 = 22 \times 2 \times 14 \times 5$

$= 22 \times 140 = 3080$ सेमी^{3}

424. (d) गोले का आयतन = शंकु का आयतन

$\Rightarrow \frac{4}{3}\pi r^3 = \frac{1}{3}\pi R^2 h \Rightarrow 4 \times (15)^3 = \left(\frac{15}{2}\right)^2 \times h$

$\Rightarrow 4 \times 15 = \frac{1}{4} \times h \Rightarrow h = 15 \times 4 \times 4$

$\therefore h = 240$ सेमी

425. (d) प्रश्नानुसार,

अर्द्धगोले का आयतन = $n \times$ गेंद का आयतन

$\Rightarrow \frac{2}{3}\pi R^3 = n \times \frac{4}{3}\pi r^3 \Rightarrow (48)^3 = n \times 2 \times (8)^3$

$\Rightarrow 2n = (6)^3 \Rightarrow 2n = 216$

$\therefore n = 108$

426. (d) गोले की त्रिज्या $= \frac{21}{2}$ सेमी

अत: अर्द्धगोले का कुल पृष्ठीय क्षेत्रफल

$= 3\pi r^2 = 3 \times \frac{22}{7} \times \frac{21}{2} \times \frac{21}{2}$

$= \frac{3 \times 11 \times 3 \times 21}{2} = 1039.5$ सेमी^{2}

427. (b) घन का पार्श्व पृष्ठीय क्षेत्रफल $= 4a^2$

$= 4 \times (14)^2 = 4 \times 196 = 784$ सेमी^{2}

428. (b) गोले का कुल पृष्ठीय क्षेत्रफल $= 4\pi r^2$

$= 4 \times \frac{22}{7} \times 3.5 \times 3.5 = 154$ सेमी^{2}

429. (c) गोले का आयतन $= \frac{4}{3}\pi r^3$

$= \frac{4}{3} \times \frac{22}{7} \times 4.2 \times 4.2 \times 4.2 = 310.46$ सेमी^{3}

430. (b) माना गोले की त्रिज्या $= r$

गोले का आयतन $= \frac{4}{3}\pi r^3$

नई त्रिज्या $= r \times \frac{150}{100} = 1.5r$

50% वृद्धि के बाद गोले का आयतन

$= \frac{4}{3}\pi (1.5r)^3 = \frac{4}{3}\pi \times 3.375 r^3$

$\therefore$ अभीष्ट प्रतिशत वृद्धि

$= \frac{\left(\frac{4}{3}\pi \times 3.375 r^3 - \frac{4}{3}\pi r^3\right)}{\frac{4}{3}\pi r^3} \times 100$

$= \frac{\frac{4}{3}\pi \times 2.375 r^3}{\frac{4}{3}\pi r^3} \times 100$

$= 2.375 \times 100 = 237.5\%$

स्पीडी विधि

गोले की त्रिज्या में % वृद्धि = 50%

I	II	III
50%	50%	50%

प्रथम दो को लेने पर सकल वृद्धि

$= 50 + 50 + \frac{50 \times 50}{100} = 125\%$

इसको तीसरे के साथ लेने पर सकल वृद्धि

$= 125 + 50 + \frac{125 \times 50}{100} = 175 + 62.5 = 237.5\%$

431. (a) दिया है,

आधार की त्रिज्या $(r) = 70$ सेमी

ऊँचाई $(h) = 14$ सेमी

$\therefore$ बेलन का वक्रपृष्ठीय क्षेत्रफल $= 2\pi rh$

$= 2 \times \frac{22}{7} \times 70 \times 14 = 6160$ सेमी^{2}

432. (c) प्रश्नानुसार,

बॉक्स का आयतन $= l \times b \times h$

$= 24 \times 16 \times 12 = 4608$ सेमी^{3}

433. (c) अर्द्धगोले का सम्पूर्ण पृष्ठीय क्षेत्रफल $= 3\pi r^2$

$= 3 \times \frac{22}{7} \times \frac{7}{2} \times \frac{7}{2} = 115.5$ सेमी^{2}

434. (a) शंकु की त्रिज्या $= \frac{14}{2} = 7$ सेमी

$\therefore$ शंकु का आयतन $= \frac{1}{3}\pi r^2 h$

$= \frac{1}{3} \times \frac{22}{7} \times 7 \times 7 \times 12 = 616$ सेमी^{3}

अत: शंकु को भरने में लगा समय $= \frac{616 \times 10}{4}$

$= 1540$ सेकण्ड

435. (d) अर्द्धगोले का आयतन $= 1152\pi$ सेमी^{3}

$\frac{2}{3}\pi r^3 = 1152\pi \Rightarrow \frac{2}{3} \times r^3 = 1152$

$\Rightarrow r^3 = \frac{1152 \times 3}{2} \Rightarrow r^3 = 1728$

$\Rightarrow r = 12$ सेमी

अत: अर्द्धगोले का वक्रपृष्ठीय क्षेत्रफल

$= 2\pi r^2 = 2 \times \pi \times 12 \times 12 = 288\pi$ सेमी^{2}

436. (c) अर्द्धगोले का आयतन $= \frac{2}{3}\pi r^3$

$= \frac{2}{3} \times \frac{22}{7} \times (2.8)^3 = 45.995$ सेमी^{3}

437. (d) शंकु की त्रिज्या $= \frac{30}{2} = 15$ मी

$\therefore$ तिर्यक ऊँचाई $(l) = \sqrt{(15)^2 + (8)^2}$

$= \sqrt{225 + 64} = \sqrt{289} = 17$ मी

$\therefore$ आवश्यक क्षेत्रफल $= \pi r l = 3.14 \times 15 \times 17$

$= 800.7$ मी^{2}

438. (c) कुल पृष्ठीय क्षेत्रफल $= \pi r (l + r)$

$= \frac{22}{7} \times 7 \times (12 + 7) = 22 \times 19 = 418$ सेमी^{2}

439. (b) माना बेलन के आधार की त्रिज्या $(r) = r$ सेमी

$\therefore$ बेलन का आयतन $= \pi r^2 h$, $h = 21$ सेमी

$\Rightarrow \frac{22}{7} \times r^2 \times 21 = 2640$

$\Rightarrow r^2 = \frac{2640 \times 7}{22 \times 21} = 40$

$\therefore r = 6.32$ सेमी

440. (d) माना नए गोले की त्रिज्या R सेमी है।

प्रश्नानुसार,

$\frac{4}{3}\pi (1^3 + 6^3 + 8^3) = \frac{4}{3}\pi R^3$

$\Rightarrow 1 + 216 + 512 = R^3$

$\Rightarrow R^3 = 729$

$R = \sqrt[3]{729} = 9$ सेमी

$\therefore$ गोले का पृष्ठीय क्षेत्रफल $= 4\pi r^2$

$= 4 \times \pi \times (9)^2$

$= 324\pi$ सेमी^{2}

441. (d) माना घनाभ की भुजाएँ क्रमशः $3x$, $4x$ और $5x$ इकाई हैं।

घनाभ का आयतन = लम्बाई × चौड़ाई × ऊँचाई

$\Rightarrow 3x \times 4x \times 5x = 480 \Rightarrow 60x^3 = 480 \Rightarrow x^3 = 8$

$\therefore x = 2$

सबसे बड़ी और सबसे छोटी भुजा का अन्तर

$= 5x - 3x = 2x = 2 \times 2 = 4$ इकाई

442. (d) शंकु का आयतन $= \frac{1}{3}\pi r^2 h$

$\Rightarrow V = \frac{1}{3}\pi r^2 h \Rightarrow 3V = \pi r^2 h$

$\Rightarrow r^2 = \frac{3V}{\pi h} \Rightarrow r = \sqrt{\frac{3V}{\pi h}}$ सेमी

443. (a) माना शंकु की ऊँचाई H सेमी है।

प्रश्नानुसार, बेलन का आयतन = शंकु का आयतन

$\Rightarrow \pi r^2 h = \frac{1}{3}\pi R^2 H$

$\Rightarrow \pi \times (22.5)^2 \times 24 = \frac{1}{3}\pi (36)^2 \times H$

$\Rightarrow \frac{50625}{100} \times 24 = \frac{1}{3} \times 1296 \times h$

$\Rightarrow H = 28.125$

$\therefore$ शंकु की ऊँचाई $= 28.125$ सेमी

444. (c) गोले का आयतन $= \frac{4}{3}\pi r^3$

$= \frac{4}{3} \times \frac{22}{7} \times \left(\frac{14}{2}\right)^3 = \frac{4}{3} \times \frac{22}{7} \times 343$

$= 1437.33$ सेमी^{3}

445. (a) माना घन की भुजा $= a$

$\Rightarrow$ घन का आयतन $= a^3$

जब घन की भुजा को 15% बढ़ाया जाता है। तब घन की नई भुजा $= 1.15a$

$\Rightarrow$ नया आयतन $= (1.15a)^3 = 1.520875a^3$

$\therefore$ आयतन में वृद्धि %

$= \left(\frac{1.520875a^3 - a^3}{a^3}\right) \times 100 = 52.0875\%$

$= 52\%$

446. (a) प्रश्नानुसार, गोले का आयतन

$= \frac{4}{3}\pi r^3 = \frac{4}{3} \times \frac{22}{7} \times \left(\frac{6}{2} \times \frac{6}{2} \times \frac{6}{2}\right)$

[$\because$ गोले की त्रिज्या $r = \frac{6}{2}$]

$= 113.14$ सेमी^{3}

447. (d) प्रश्नानुसार, कटोरे की धारिता $= \frac{2}{3}\pi r^3$

$\because$ बाह्य त्रिज्या $= \frac{43}{2}$

आन्तरिक त्रिज्या $= \frac{43 - 1}{2} = 21$

$= \frac{2}{3} \times \frac{22}{7} \times \left(\frac{43 - 2 \times 0.5}{2}\right)^3 = \frac{2}{3} \times \frac{22}{7} \times (21)^3$

$= 19404$ सेमी^{3}

448. (a) प्रश्नानुसार,

शंकु का आयतन $= 96\pi$

$\Rightarrow \frac{1}{3}\pi r^2 h = 96\pi$

$\Rightarrow r^2 = \frac{96 \times 3}{h} = \frac{96 \times 3}{8}$ [$\because h = 8$ सेमी]

$\Rightarrow r^2 = 36 \Rightarrow r = 6$

तब, शंकु का कुल पृष्ठीय क्षेत्रफल $= \pi r(l + r)$

$= \pi \times 6(\sqrt{h^2 + r^2} + r)$

$= 6\pi(\sqrt{8^2 + 6^2} + 6)$

$= 6\pi(10 + 6) = 96\pi$ सेमी^{2}

449. (d) शंकु का आयतन $= \frac{1}{3}\pi r^2 H$

$\Rightarrow \quad 392\pi = \frac{1}{3} \times \frac{22}{7} \times r^2 \times 24$

$\Rightarrow \quad r^2 = 49 \Rightarrow r = 7$

$\because$ शंकु का वक्रपृष्ठीय क्षेत्रफल $= \pi rl$

$= \pi \times 7 \times \sqrt{24^2 + 7^2} = \pi \times 7 \times 25$

$\therefore$ वक्रपृष्ठ का कुल क्षेत्रफल $= 175\pi$ सेमी^{2}

450. (b) घन का विकर्ण $= \sqrt{3} \times$ भुजा

$\Rightarrow \quad 5\sqrt{3} = \sqrt{3} \times$ भुजा

$\therefore$ भुजा = 5 सेमी

$\therefore$ घन का कुल पृष्ठीय क्षेत्रफल

$= 6 \times (\text{भुजा})^2$

$= 6 \times (5)^2$

$= 6 \times 25 = 150$ सेमी^{2}

451. (a) अर्द्धगोले की त्रिज्या = 9 सेमी

$\therefore$ अर्द्धगोले का आयतन $= \frac{2}{3}\pi r^3$

$= \frac{2}{3} \times \pi \times (9)^3 = 486\pi$ सेमी^{3}

452. (a) बेलन की ऊँचाई = 9 सेमी

बेलन के आधार का क्षेत्रफल $= 25\pi$ सेमी^{2}

$\pi r^2 = 25\pi \Rightarrow \quad r^2 = 25$

$\therefore \quad r = \sqrt{25} = 5$ सेमी

बेलन का सम्पूर्ण पृष्ठीय क्षेत्रफल $= 2\pi r(r + h)$

$= 2 \times \frac{22}{7} \times 5(5 + 9) = 2 \times \frac{22}{7} \times 5 \times 14$

$= 440$ सेमी^{2}

453. (a) घनाभ का सम्पूर्ण पृष्ठीय क्षेत्रफल

$= 2(lb + bh + hl)$

$= 2(8 \times 12 + 12 \times 14 + 14 \times 8)$

$= 2(96 + 168 + 112)$

$= 2 \times 376 = 752$ सेमी^{2}

454. (b) घन का आयतन $= (\text{भुजा})^3$

प्रश्नानुसार, $(\text{भुजा})^3 = 12167$

$\Rightarrow$ भुजा $= \sqrt[3]{12167} = 23 \text{ cm}^2$

$\therefore$ घन का पृष्ठीय क्षेत्रफल $= 6 \times (\text{भुजा})^2$

$= 6 \times (23)^2 = 6 \times 529$

$= 3174$ सेमी^{2}

455. (c) अर्द्धगोले की त्रिज्या $R = 7$ सेमी

माना छोटे गोले की त्रिज्या r है।

प्रश्नानुसार, अर्द्धगोले का आयतन = 4 × एक छोटे गोले का आयतन

$\Rightarrow \quad \frac{2}{3}\pi R^3 = 4 \times \frac{4}{3}\pi r^3$

$\Rightarrow \quad 2(7)^3 = 16r^3$

$\Rightarrow \quad r^3 = \frac{(7)^3}{8} = \frac{(7)^3}{(2)^3}$

$\therefore \quad r = \frac{7}{2} = 3.5$ सेमी

456. (b) खोखले अर्द्धगोलाकार कटोरे की आन्तरिक त्रिज्या, $r_1 = \frac{6}{2} = 3$ सेमी

तथा बाहरी त्रिज्या, $r_2 = \frac{10}{2} = 5$ सेमी

अब, ठोस बेलन की त्रिज्या,

$R = \frac{14}{2} = 7$ सेमी

माना बेलन की ऊँचाई h सेमी है।

प्रश्नानुसार, $\frac{2}{3}\pi(r_2^3 - r_1^3) = \pi R^2 h$

$\Rightarrow \frac{2}{3}(5^3 - 3^3) = 7^2 \times h$

$\Rightarrow \frac{2}{3}(125 - 27) = 49h$

$\Rightarrow \quad h = \frac{2 \times 98}{3 \times 49} = 1.33$ सेमी

457. (d) घनाभ के विकर्ण की लम्बाई

$= \sqrt{l^2 + b^2 + h^2} = \sqrt{12^2 + 10^2 + 8^2}$

$= \sqrt{144 + 100 + 64}$

$= \sqrt{308} = 17.54$ मी

458. (d) माना छोटे घन का आयतन $= 8x$

बड़े घन का आयतन $= 27x$

प्रश्नानुसार, $27x - 8x = 513$

$\Rightarrow \quad 19x = 513$

$\therefore \quad x = 27$

छोटे घन का आयतन $= 8 \times 27$

तब, छोटे घन की भुजा की लम्बाई

$= \sqrt[3]{8 \times 27} = 2 \times 3 = 6$ सेमी

459. (a) अर्द्धगोले का व्यास = 16.8 सेमी

अर्द्धगोले की त्रिज्या $= \frac{16.8}{2} = 8.4$ सेमी

$\therefore$ अर्द्धगोले का आयतन $= \frac{2}{3}\pi r^3$

$= \frac{2}{3} \times \frac{22}{7} \times (8.4)^3 = \frac{44 \times 492.704}{21}$

$= 1241.856$ सेमी^{3}

24

त्रिकोणमिति

त्रिकोणमिति गणित की एक शाखा है जिसमें हम समकोण त्रिभुज के त्रिकोणमितीय अनुपातों का अध्ययन करते हैं।

त्रिकोणमितीय अनुपात

P = Perpendicular (लम्ब)

H = Hypotenuse (कर्ण)

B = Base (आधार)

$(\text{कर्ण})^2 = (\text{लम्ब})^2 + (\text{आधार})^2$

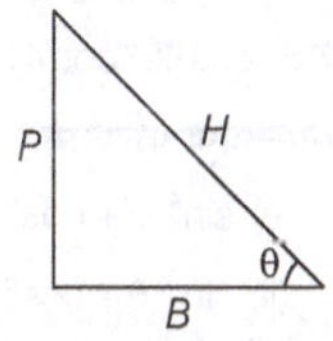

- $\sin\theta = \dfrac{P}{H}$
- $\operatorname{cosec}\theta = \dfrac{H}{P}$
- $\cos\theta = \dfrac{B}{H}$
- $\sec\theta = \dfrac{H}{B}$
- $\tan\theta = \dfrac{P}{B}$
- $\cot\theta = \dfrac{B}{P}$

त्रिकोणमितीय अनुपातों में सम्बन्ध

- $\sin\theta = \dfrac{1}{\operatorname{cosec}\theta}$
- $\cos\theta = \dfrac{1}{\sec\theta}$
- $\tan\theta = \dfrac{1}{\cot\theta}$
- $\tan\theta = \dfrac{\sin\theta}{\cos\theta}$

पाइथागोरस त्रिक

- (3, 4, 5) (5, 12, 13) (7, 24, 25)
- (8, 15, 17) (9, 40, 41) (11, 60, 61)
- (12, 35, 37) (13, 84, 85) (16, 63, 65)
- (20, 21, 29) (28, 45, 53) (33, 56, 65)

त्रिकोणमितीय सर्वसमिकाएँ

(i) $\sin^2\theta + \cos^2\theta = 1$ (ii) $1 + \tan^2\theta = \sec^2\theta$

(iii) $1 + \cot^2\theta = \operatorname{cosec}^2\theta$

θ के विभिन्न मान के लिए त्रिकोणमितीय फलनों के मान

	0°	30°	45°	60°	90°
sin θ	0	$\frac{1}{2}$	$\frac{1}{\sqrt{2}}$	$\frac{\sqrt{3}}{2}$	1
cos θ	1	$\frac{\sqrt{3}}{2}$	$\frac{1}{\sqrt{2}}$	$\frac{1}{2}$	0
tan θ	0	$\frac{1}{\sqrt{3}}$	1	$\sqrt{3}$	∞
cot θ	∞	$\sqrt{3}$	1	$\frac{1}{\sqrt{3}}$	0
sec θ	1	$\frac{2}{\sqrt{3}}$	$\sqrt{2}$	2	∞
cosec θ	∞	2	$\sqrt{2}$	$\frac{2}{\sqrt{3}}$	1

नोट sin θ या cos θ का मान कभी भी 1 से अधिक नहीं होता है, जबकि sec θ या cosec θ का मान हमेशा 1 से अधिक या उसके बराबर होता है।

विभिन्न चतुर्थांशों में त्रिकोणमितीय अनुपातों के लक्षण

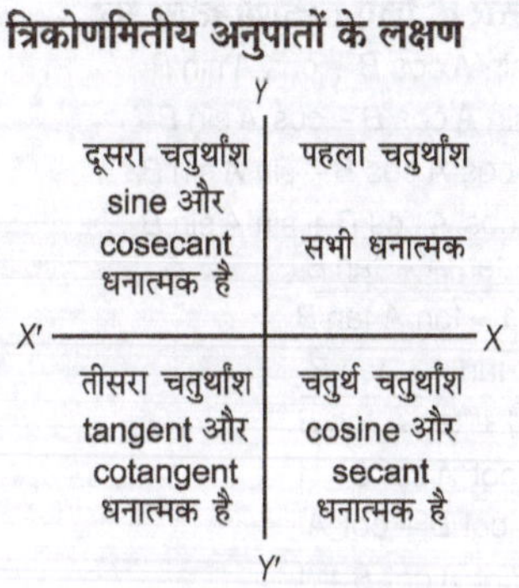

कोण θ के पूरक व सम्पूरक कोणों के त्रिकोणमितीय अनुपात

(i) पूरक कोण के त्रिकोणमितीय अनुपात

$\sin(90° - \theta) = \cos\theta$;	$\sin(90° + \theta) = \cos\theta$;
$\cos(90° - \theta) = \sin\theta$;	$\cos(90° + \theta) = -\sin\theta$;
$\tan(90° - \theta) = \cot\theta$;	$\tan(90° + \theta) = -\cot\theta$;
$\cot(90° - \theta) = \tan\theta$;	$\cot(90° + \theta) = -\tan\theta$;
$\sec(90° - \theta) = \text{cosec}\,\theta$;	$\sec(90° + \theta) = -\text{cosec}\,\theta$;
$\text{cosec}(90° - \theta) = \sec\theta$;	$\text{cosec}(90° + \theta) = \sec\theta$;

(ii) सम्पूरक कोण के त्रिकोणमितीय अनुपात

$\sin(180° - \theta) = \sin\theta$;	$\sin(180° + \theta) = -\sin\theta$;
$\cos(180° - \theta) = -\cos\theta$;	$\cos(180° + \theta) = -\cos\theta$;
$\tan(180° - \theta) = -\tan\theta$;	$\tan(180° + \theta) = \tan\theta$;
$\cot(180° - \theta) = -\cot\theta$;	$\cot(180° + \theta) = \cot\theta$;
$\sec(180° - \theta) = -\sec\theta$;	$\sin(180° + \theta) = -\sin\theta$;
$\text{cosec}(180° - \theta) = \text{cosec}\,\theta$;	$\text{cosec}(180° + \theta) = -\text{cosec}\,\theta$;

(iii) $(90° \pm \theta)$ तथा $(270° \pm \theta)$ की स्थिति में फलन बदला जाता है ($\sin \leftrightarrow \cos$, $\sec \leftrightarrow \text{cosec}$, $\tan \leftrightarrow \cot$) तथा $(180° \pm \theta)$ तथा $(360° \pm \theta)$ की स्थिति में फलन नहीं बदलता।

ऋणात्मक कोण के त्रिकोणमितीय अनुपात

$\sin(-\theta) = -\sin\theta$,	$\cos(-\theta) = \cos\theta$,
$\tan(-\theta) = -\tan\theta$,	$\text{cosec}(-\theta) = -\text{cosec}\,\theta$,
$\sec(-\theta) = \sec\theta$,	$\cot(-\theta) = -\cot\theta$

उदाहरण 1. $\dfrac{\cos 50°}{\sin 40°} + \dfrac{3\,\text{cosec}\,80°}{\sec 10°} - 2\cos 50° \times \text{cosec}\,40°$ को हल कीजिए।

हल $\dfrac{\cos 50°}{\sin 40°} + \dfrac{3\,\text{cosec}\,80°}{\sec 10°} - 2\cos 50° \times \text{cosec}\,40°$

$$= \frac{\cos(90° - 40°)}{\sin 40°} + \frac{3\,\text{cosec}(90° - 10)}{\sec\theta} - 2\cos(90° - 40°)\cdot\text{cosec}\,40°$$

$$= \frac{\sin 40°}{\sin 40°} + \frac{3\sec 10°}{\sec 10°} - 2\sin 40°\,\text{cosec}\,40°$$

$$= 1 + 3 - 2\sin 40° \times \frac{1}{\sin 40°} = 1 + 3 - 2 = 4 - 2 = 2$$

त्रिकोणमितीय अनुपात के योग, अन्तर, अपवर्त्य तथा अपवर्तक पर आधारित सूत्र

त्रिकोणमितीय अनुपात के योग, अन्तर तथा गुणा पर आधारित सूत्र निम्न हैं,

दो कोणों के योग/अन्तर के लिए त्रिकोणमितीय सूत्र

(i) $\sin(A + B) = \sin A\cos B + \cos A\sin B$

(ii) $\sin(A - B) = \sin A\cos B - \cos A\sin B$

(iii) $\cos(A + B) = \cos A\cos B - \sin A\sin B$

(iv) $\cos(A - B) = \cos A\cos B + \sin A\sin B$

(v) $\tan(A + B) = \dfrac{\tan A + \tan B}{1 - \tan A\tan B}$

(vi) $\tan(A - B) = \dfrac{\tan A - \tan B}{1 + \tan A\tan B}$

(vii) $\cot(A + B) = \dfrac{\cot A\cot B - 1}{\cot B + \cot A}$

(viii) $\cot(A - B) = \dfrac{\cot A\cot B + 1}{\cot B - \cot A}$

(ix) $\sin(A + B)\sin(A - B) = \sin^2 A - \sin^2 B = \cos^2 B - \cos^2 A$

(x) $\cos(A + B)\cos(A - B) = \cos^2 A - \sin^2 B = \cos^2 B - \sin^2 A$

sin तथा cos के योग व अन्तर के सूत्र

(i) $2\sin A\cos B = \sin(A + B) + \sin(A - B)$

(ii) $2\cos A\sin B = \sin(A + B) - \sin(A - B)$

(iii) $2\cos A\cos B = \cos(A + B) + \cos(A - B)$

(iv) $2\sin A\sin B = \cos(A - B) - \cos(A + B)$

(v) $\sin C + \sin D = 2\sin\left(\dfrac{C + D}{2}\right)\cos\left(\dfrac{C - D}{2}\right)$

(vi) $\sin C - \sin D = 2\cos\left(\dfrac{C + D}{2}\right)\sin\left(\dfrac{C - D}{2}\right)$

(vii) $\cos C + \cos D = 2\cos\left(\dfrac{C + D}{2}\right)\cos\left(\dfrac{C - D}{2}\right)$

(viii) $\cos C - \cos D = 2\sin\left(\dfrac{C + D}{2}\right)\sin\left(\dfrac{D - C}{2}\right)$

कोणों के अपवर्त्य व अपवर्तक कोणों के त्रिकोणमितीय अनुपात

(i) $\sin 2A = 2\sin A\cos A = \dfrac{2\tan A}{1 + \tan^2 A}$

(ii) $\cos 2A = \cos^2 A - \sin^2 A = 1 - 2\sin^2 A = 2\cos^2 A - 1$

$$= \frac{1 - \tan^2 A}{1 + \tan^2 A}$$

(iii) $\tan 2A = \dfrac{2\tan A}{1 - \tan^2 A}$

उदाहरण 2. दिए गए व्यंजक का मान ज्ञात कीजिए।

$\cos 49°\cos 41° - \sin 49°\sin 41°$

हल $\cos 49°\cos 41° - \sin 49°\sin 41°$

हम जानते हैं कि $\cos(A + B) = \cos A\cdot\cos B - \sin A\cdot\sin B$

यहाँ $A = 49°$, $B = 41°$

$\therefore \quad \cos(49° + 41°) = \cos 49°\cos 41° - \sin 49°\sin 41°$

$\cos 90° = \cos 49°\cos 41° - \sin 49°\sin 41°$

अत: $\cos 49°\cos 41° - \sin 49°\sin 41° = 0$

महत्वपूर्ण परिणाम

(i) $\sin^4\theta + \cos^4\theta = 1 - 2\sin^2\theta\cos^2\theta$

(ii) $\sin^6\theta + \cos^6\theta = 1 - 3\sin^2\theta\cos^2\theta$

- यदि $\theta_1 + \theta_2 = 45°$ तब, $(1 + \tan\theta_1)(1 + \tan\theta_2) = 2$
  व $(1 - \cot\theta_1)(1 - \cot\theta_2) = 2$
- यदि $\theta_1 + \theta_2 + \theta_3 = 90°$
  तब, $\tan\theta_1.\tan\theta_2 + \tan\theta_2.\tan\theta_3 + \tan\theta_3.\tan\theta_1 = 1$
  व $\cot\theta_1 + \cot\theta_2 + \cot\theta_3 = \cot\theta_1.\cot\theta_2.\cot\theta_3$
- यदि $\theta_1 + \theta_2 + \theta_3 = 180°$
  तब, $\tan\theta_1 + \tan\theta_2 + \tan\theta_3 = \tan\theta_1.\tan\theta_2.\tan\theta_3$
  व $\cot\theta_1.\cot\theta_2 + \cot\theta_2.\cot\theta_3 + \cot\theta_3.\cot\theta_1 = 1$

त्रिकोणमितीय फलनों का अधिकतम व न्यूनतम मान ज्ञात करने पर आधारित प्रश्न

त्रिकोणमितीय फलनों का अधिकतम व न्यूनतम मान निम्न नियमों से ज्ञात करते हैं,

(i) $-1 \le \sin\theta \le 1$, $-1 \le \cos\theta \le 1$, $-\infty < \tan\theta < \infty$, $|\sec\theta| \ge 1$ तथा $|\text{cosec}\,\theta| \ge 1$

$0 \le \sin^2\theta \le 1$, $0 \le \cos^2\theta \le 1$, $0 \le \tan^2\theta < \infty$

(ii) $a\sin\theta \pm b\cos\theta$ का अधिकतम मान $= \sqrt{a^2 + b^2}$

तथा न्यूनतम मान $= -\sqrt{a^2 + b^2}$

उदाहरण 3. $3\sin\theta + 7\cos\theta$ का अधिकतम मान ज्ञात करें।

हल दिया है, $3\sin\theta + 7\cos\theta$

हम जानते हैं कि $a\sin\theta + b\cos\theta$ का अधिकतम मान $= \sqrt{a^2 + b^2}$

यहाँ $a = 3$, $b = 7$

$\therefore$ अधिकतम मान $= \sqrt{(3)^2 + (7)^2} = \sqrt{9 + 49} = \sqrt{58}$

SSC एग्जाम स्कैनर

SSC CGL 2024 (Tier I & II)

1. यदि $\sin A = \frac{5}{13}$ है, तो $\frac{\cos A - 2\tan A}{\sin A + 3\tan A}$ का मान ज्ञात कीजिए।
SSC CGL (Tier-II) 20/01/2025 Shift I
(a) $\frac{13}{255}$ (b) $\frac{14}{255}$ (c) $\frac{12}{255}$ (d) $\frac{11}{255}$

2. यदि $\cos 27° = \frac{p}{q}$ है, तो $\text{cosec}\,27° - \cos 63°$ का मान ज्ञात कीजिए।
SSC CGL (Tier-II) 20/01/2025 Shift I
(a) $\frac{p}{q\sqrt{q^2-p^2}}$ (b) $\frac{p^2}{q\sqrt{q^2-p^2}}$
(c) $\frac{q}{p\sqrt{q^2-p^2}}$ (d) $\frac{q^2}{p\sqrt{q^2-p^2}}$

3. ज्ञात है कि PQR एक समकोण त्रिभुज है, जो R पर समकोण है। मान लीजिए $PQ = 29$ सेमी, $QR = 21$ और $\angle Q = \theta$ है। $\cos^2\theta - \sin^2\theta$ का मान ज्ञात कीजिए।
SSC CGL (Tier-II) 20/01/2025 Shift I
(a) $\frac{41}{841}$ (b) $\frac{840}{40}$ (c) $\frac{841}{41}$ (d) $\frac{40}{840}$

4. यदि $\frac{\sec\theta - \tan\theta}{\sec\theta + \tan\theta} = \frac{1}{9}$ है, θ प्रथम चतुर्थांश में है, तो $\frac{\sin\theta - \tan^2\theta}{\sin\theta + \tan^2\theta}$ का मान ज्ञात कीजिए। **SSC CGL (Tier-II) 18/01/2025 Shift I**
(a) $\frac{13}{27}$ (b) $\frac{11}{29}$ (c) $-\frac{11}{29}$ (d) $-\frac{13}{27}$

5. यदि $\tan(x+y)\tan(x-y) = 1$ है, तो $\tan x$ का मान बताइए।
SSC CGL (Tier-II) 18/01/2025 Shift I
(a) 1 (b) $\sqrt{3}$ (c) $\frac{1}{\sqrt{3}}$ (d) $\frac{1}{2\sqrt{3}}$

6. मान लीजिए ABC एक समकोण त्रिभुज है, जो B पर समकोण है। यदि $\tan A = \sqrt{3}$ है, तो $\sin A\cos C + \cos A\sin C$ और $\cos A\cos C - \sin A\sin C$ का मान ज्ञात कीजिए। **SSC CGL (Tier-II) 18/01/2025 Shift I**
(a) 1, 0 (b) $\frac{\sqrt{3}}{2}, \frac{\sqrt{3}}{2}$
(c) $\frac{1}{2}, \frac{1}{2}$ (d) $\frac{\sqrt{3}}{2}, \frac{1}{2}$

7. $\sin^4\theta + \cos^4\theta$ का अधिकतम मान ज्ञात कीजिए। **SSC CGL (Tier-I) 26/09/2024 Shift III**
(a) 2 (b) 3 (c) 4 (d) 1

8. यदि $x = a\sec\theta\cos\phi$, $y = b\sec\theta\sin\phi$ और $z = c\tan\theta$ है, तो $\left(\frac{x^2}{a^2} + \frac{y^2}{b^2} - \frac{z^2}{c^2}\right)$ का मान .... होगा।
SSC CGL (Tier-I) 26/09/2024 Shift III
(a) 2 (b) 1
(c) 0 (d) 3

9. यदि $\cot\theta = \sqrt{11}$ हो, तो $\frac{\text{cosec}^2\theta - \sec^2\theta}{\text{cosec}^2\theta + \sec^2\theta}$ का मान ज्ञात कीजिए।
SSC CGL (Tier-I) 26/09/2024 Shift III
(a) $\frac{4}{5}$ (b) $\frac{5}{6}$ (c) $\frac{6}{7}$ (d) $\frac{3}{5}$

10. यदि $8\cot\theta = 7$ है, तो $\frac{1+\sin\theta}{\cos\theta}$ का मान ज्ञात कीजिए।
SSC CGL (Tier-I) 26/09/2024 Shift II
(a) $\frac{1+\sqrt{113}}{8}$ (b) $\frac{7+\sqrt{113}}{8}$
(c) $\frac{8+\sqrt{113}}{7}$ (d) $\frac{1+\sqrt{113}}{7}$

11. ΔABC में, B पर समकोण है। यदि $\tan C = \sqrt{3}$ है, तो $\frac{\sin^2 C + \cos^2 C}{1+\cot^2 C}$ ज्ञात कीजिए। **SSC CGL (Tier-I) 26/09/2024 Shift II**
(a) $\frac{4}{15}$ (b) $\frac{3}{4}$ (c) $\frac{3}{16}$ (d) $\frac{16}{3}$

12. दिए गए व्यंजक का मान ज्ञात करें।
$\frac{5}{1+\cot^2\theta} + \frac{3}{1+\tan^2\theta} + 2\cos^2\theta$
SSC CGL (Tier-I) 26/09/2024 Shift I
(a) 3 (b) 2 (c) 5 (d) 0

13. यदि A एक न्यून कोण है और $\tan A + \cot A = 2$ है, तो $7\tan^8 A - 6\cot^8 A + 8\sec^2 A$ का मान ज्ञात कीजिए। **SSC CGL (Tier-I) 26/09/2024 Shift I**
(a) 17 (b) 16 (c) 6 (d) 7

14. $\left(\frac{5}{\sqrt{3}} - \text{cosec}\,60°\right)$ का मान कितना होगा?
SSC CGL (Tier-I) 25/09/2024 Shift III
(a) $3\sqrt{3}$ (b) $\sqrt{3}$ (c) $\frac{1}{\sqrt{3}}$ (d) $\frac{2}{\sqrt{3}}$

15. यदि $\sec\theta + \tan\theta = x$ है, तो $\sin\theta$ का मान ज्ञात कीजिए।
SSC CGL (Tier-I) 25/09/2024 Shift III
(a) $\frac{x^2+1}{1-x^2}$ (b) $\frac{x^2-1}{1+x^2}$ (c) $\frac{1-x^2}{1+x^2}$ (d) $\frac{x^2-1}{1+2x^2}$

16. $3\sin 15° - 4\sin^3 15°$ का मान ज्ञात कीजिए।
SSC CGL (Tier-I) 25/09/2024 Shift III
(a) $\frac{1}{\sqrt{2}}$ (b) 2 (c) $\sqrt{2}$ (d) $\frac{1}{2}$

17. $\tan 72° - \tan 27° - \tan 72°\tan 27°$ का मान ज्ञात कीजिए। **SSC CGL (Tier-I) 25/09/2024 Shift II**
(a) 1 (b) –2 (c) –1 (d) 0

18. यदि $\cot^2\theta - 2\cos^2\theta = 0$ है, जहाँ $(0° < \theta < 90°)$, तो θ का मान ज्ञात कीजिए।
SSC CGL (Tier-I) 25/09/2024 Shift II
(a) 60° (b) 30° (c) 90° (d) 45°

19. $(\text{cosec}\,\theta - \sin\theta)(\sec\theta - \cos\theta)(\tan\theta + \cot\theta)$ का मान ज्ञात कीजिए।
SSC CGL (Tier-I) 25/09/2024 Shift I
(a) 1/2 (b) 1 (c) –1 (d) 0

20. $2\frac{\tan 54°}{\cot 36°} - \frac{\cot 41°}{\tan 49°}$ का मान ज्ञात कीजिए।
SSC CGL (Tier-I) 25/09/2024 Shift I
(a) 0 (b) 1 (c) –1 (d) 2

21. यदि $m + 5 = \sec^2 A \cdot \text{cosec}^2 A(1-\cos^2 A)(1-\sin^2 A) + 5$ है, तो m का मान ज्ञात कीजिए। **SSC CGL (Tier-I) 25/09/2024 Shift I**
(a) 1 (b) 0 (c) 5 (d) 10

22. यदि $10\sin^2\theta + 6\cos^2\theta = 7, 0 < \theta < 90°$ है, तो $\tan\theta$ का मान ज्ञात कीजिए।
SSC CGL (Tier-I) 24/09/2024 Shift III
(a) $\frac{1}{\sqrt{3}}$ (b) $\sqrt{3}$ (c) $\frac{1}{2}$ (d) 1

23. $\frac{1+\sin\theta-\cos\theta}{1+\sin\theta+\cos\theta}$ को हल कीजिए।
SSC CGL (Tier-I) 24/09/2024 Shift III
(a) $\cos\frac{\theta}{2}$ (b) $\tan\frac{\theta}{2}$ (c) $\sin\frac{\theta}{2}$ (d) $\cot\frac{\theta}{2}$

24. यदि $A = 15°$ है, तो $\frac{11\sqrt{2}\cos 3A + 10\sin 2A}{7\sqrt{3}\sin 4A}$ का मान कितना होगा? **SSC CGL (Tier-I) 24/09/2024 Shift III**
(a) $\frac{21}{32}$ (b) $\frac{7}{11}$ (c) $\frac{11}{7}$ (d) $\frac{32}{21}$

25. यदि $3\tan A = 4$ है और A एक न्यूनकोण है, तो $4\sin A + 3\cos A$ का मान ज्ञात कीजिए।
SSC CGL (Tier-I) 24/09/2024 Shift II
(a) 3 (b) 5 (c) 4 (d) 1

26. $(\sin A + \text{cosec}A)^2 + (\cos A + \sec A)^2$ का मान ज्ञात कीजिए।
SSC CGL (Tier-I) 24/09/2024 Shift II
(a) $3 + \tan^2 A + \cot^2 A$
(b) $5 + \tan^2 A + \cot^2 A$
(c) $7 + \tan^2 A + \cot^2 A$
(d) $1 + \tan^2 A + \cot^2 A$

27. यदि $\tan A + \cot A = 2$ है, तो $\tan^2 A + \cot^2 A$ का मान ज्ञात कीजिए।
SSC CGL (Tier-I) 24/09/2024 Shift II
(a) 16 (b) 4 (c) 2 (d) 8

28. यदि $\sin 3A = \cos(A - 26°)$ है, तो $A = ...$ होगा, जहाँ $3A$ न्यून कोण है।
SSC CGL (Tier-I) 24/09/2024 Shift I
(a) 29° (b) 78° (c) 52° (d) 26°°

29. $\theta = 45°$ पर $\frac{\sin^2\theta - 2\sin^4\theta}{2\cos^4\theta + \cos^2\theta}$ का मान ज्ञात कीजिए।
SSC CGL (Tier-I) 23/09/2024 Shift III
(a) 2 (b) 1 (c) 0 (d) 3

30. यदि $\tan A = \frac{1}{\sqrt{10}}$ है, A एक न्यून कोण है, तो $\sin A + \text{cosec}\,A$ का मान कितना होगा?
SSC CGL (Tier-I) 23/09/2024 Shift III
(a) $\frac{10}{\sqrt{11}}$ (b) $\frac{11}{\sqrt{10}}$ (c) $\frac{12}{\sqrt{11}}$ (d) $\frac{1}{\sqrt{10}}$

31. t के किस मान के लिए $\sin^2(t)$ का मान, $\tan(t)$ के मान का आधा है?
SSC CGL (Tier-I) 23/09/2024 Shift III
(a) 60° (b) 30° (c) 45° (d) 22.5°

32. यदि $\sin A - \cos A = \frac{\sqrt{3}-\sqrt{2}}{2}$ हो, तो $\sin A \cdot \cos A$ का मान ज्ञात कीजिए।
SSC CGL (Tier-I) 23/09/2024 Shift II
(a) $\frac{2\sqrt{6}-1}{8}$ (b) $\frac{3\sqrt{2}-1}{4}$
(c) $\frac{2\sqrt{2}-1}{8}$ (d) $\frac{2\sqrt{3}-1}{4}$

33. $\frac{1}{\operatorname{cosec}\theta - \cot\theta} - \frac{1}{\sin\theta}$ का मान किसके बराबर है? SSC CGL (Tier-I) 23/09/2024 Shift II
(a) $\sec\theta$ (b) $\cot\theta$
(c) $\operatorname{cosec}\theta$ (d) $\tan\theta$

34. मान लें कि, $x = r\cos(t), y = r\sin(t)\cos(u)$ $z = r\sin(t)\sin(u)$ हैं, तो $x^2 + y^2 + z^2$ का मान ज्ञात करें।
SSC CGL (Tier-I) 23/09/2024 Shift I
(a) r^2 (b) $r^2\sin(t)$
(c) $r^2\cos(u)$ (d) $2r$

35. यदि $\sqrt{3}\cos\theta + \sin\theta = 1\ (1 \le \theta \le 90°)$ हो, तो θ का मान ज्ञात कीजिए।
SSC CGL (Tier-I) 23/09/2024 Shift I
(a) 20° (b) 90° (c) 80° (d) 30°

36. यदि $\tan\theta + \cot\theta = 2$, और θ कोई न्यून कोण हो, तो θ का मान ज्ञात कीजिए।
SSC CGL (Tier-I) 19/09/2024 Shift I
(a) 45° (b) 60° (c) 15° (d) 30°

37. यदि A एक न्यून कोण है, तो, $\sqrt{\frac{1-\cos A}{1+\cos A}} + \sqrt{\frac{1+\cos A}{1-\cos A}}$ का मान ज्ञात कीजिए। SSC CGL (Tier-I) 19/09/2024 Shift III
(a) $2\sin A$ (b) $2\operatorname{cosec} A$
(c) $2\sec A$ (d) $2\cos A$

38. यदि $\tan\theta = \frac{5}{8}$ है, तो $\frac{(1+\cos\theta)(1-\cos\theta)}{(1+\sin\theta)(1-\sin\theta)}$ का मान ज्ञात कीजिए।
SSC CGL (Tier-I) 19/09/2024 Shift III
(a) $\frac{25}{64}$ (b) $\frac{64}{25}$
(c) $\frac{5}{64}$ (d) $\frac{2}{25}$

39. व्यंजन $\frac{1-\sin(2t)}{1+\sin(2t)} \times \frac{\cos(t)+\sin(t)}{\cos(t)-\sin(t)}$ का मान .... है। SSC CGL (Tier-I) 19/09/2024 Shift II
(a) $\frac{1+\tan(t)}{1-\tan(t)}$ (b) $\frac{1+2\tan(t)}{1-2\tan(t)}$
(c) $\frac{1-2\tan(t)}{1+2\tan(t)}$ (d) $\frac{1-\tan(t)}{1+\tan(t)}$

40. $\left[1-\sin^2 32° + \frac{1}{1+\tan^2 58°}\right]$ को सरल कीजिए। SSC CGL (Tier-I) 19/09/2024 Shift II
(a) $\sin 32°$ (b) $\frac{1}{2}$
(c) $\sqrt{3}$ (d) 1

41. $(2\sin\theta + 3\cos\theta)$ का अधिकतम मान ज्ञात कीजिए। SSC CGL (Tier-I) 19/09/2024 Shift II
(a) 9 (b) $\sqrt{13}$ (c) $\sqrt{17}$ (d) $\sqrt{11}$

42. यदि $3\sin^2\theta + 5\cos^2\theta = 4$ और θ एक न्यूनकोण है, तो $\tan\theta$ का मान ज्ञात करें।
SSC CGL (Tier-I) 19/09/2024 Shift I
(a) $\frac{1}{\sqrt{3}}$ (b) $\frac{1}{2}$
(c) 1 (d) $\frac{1}{\sqrt{2}}$

43. व्यंजक $\sin x + \operatorname{cosec} x = 2$ हो, तो $\sin^7 x + \operatorname{cosec}^7 x$ का मान ज्ञात कीजिए।
SSC CGL (Tier-I) 19/09/2024 Shift I
(a) 0 (b) 2 (c) 4 (d) 1

44. यदि $\sin A + \cos A = \sqrt{3}$ है, तो $\tan A + \cot A + 2\sin A\cos A$ का मान ज्ञात कीजिए। SSC CGL (Tier-I) 19/09/2024 Shift I
(a) 6 (b) 2 (c) 3 (d) 1

45. $\sqrt{\frac{9\sin^2 26° + 9\sin^2 64° + 36}{32 - 7\cos^2 32° - 7\cos^2 58°}}$ का मान क्या है? SSC CGL (Tier-I) 18/09/2024 Shift III
(a) $\frac{3\sqrt{5}}{5}$ (b) $\frac{5\sqrt{3}}{3}$ (c) $\frac{3\sqrt{3}}{5}$ (d) $\frac{5\sqrt{5}}{3}$

46. $\sin A \sin B$ का मान होगा
SSC CGL (Tier-I) 18/09/2024 Shift III
(a) $\frac{1}{2}\{\cos(A-B) - \cos(A+B)\}$
(b) $\frac{1}{2}\{\cos(A+B) - \cos(A-B)\}$
(c) $\frac{1}{2}\{\sin(A+B) + \sin(A-B)\}$
(d) $\frac{1}{2}\{\sin(A+B) - \sin(A-B)\}$

47. दिया गया व्यंजक किस विकल्प के तुल्य है?
SSC CGL (Tier-I) 18/09/2024 Shift III
$\sqrt{\frac{\sec\theta+1}{\sec\theta-1}} + \sqrt{\frac{\sec\theta-1}{\sec\theta+1}}$
(a) $2\operatorname{cosec}\theta$ (b) $2\sin\theta$
(c) $2\tan\theta\sec\theta$ (d) $2\tan\theta$

48. यदि $\tan\theta = \frac{8}{15}$ और θ कोई न्यूनकोण हो, तो $\frac{\sqrt{1-\sin\theta}}{\sqrt{1+\sin\theta}}$ का मान ज्ञात कीजिए।
SSC CGL (Tier-I) 18/09/2024 Shift III
(a) $\frac{1}{5}$ (b) $\frac{4}{5}$ (c) $\frac{2}{5}$ (d) $\frac{3}{5}$

49. निम्न का मान ज्ञात करें। $\frac{\sin A}{1+\cos A} + \cot A$, जहाँ A एक न्यून कोण है।
SSC CGL (Tier-I) 18/09/2024 Shift II
(a) $\operatorname{cosec} A$ (b) $\sin A + \cos A$
(c) $\cos A$ (d) $\sin A$

50. यदि $3\sin A + 4\cos A = 5$ है, तो $\tan A$ का मान ज्ञात कीजिए।
SSC CGL (Tier-I) 18/09/2024 Shift I
(a) $\frac{4}{5}$ (b) $\frac{3}{4}$ (c) $\frac{3}{5}$ (d) $\frac{5}{4}$

51. यदि $\sec(t) = \frac{x}{y}$ है, तो $\cot(t)$ किसके बराबर है? SSC CGL (Tier-I) 18/09/2024 Shift I
(a) $\frac{x}{\sqrt{x^2-y^2}}$ (b) $\frac{x}{\sqrt{x^2+y^2}}$
(c) $\frac{y}{\sqrt{x^2-y^2}}$ (d) $\frac{y}{\sqrt{x^2+y^2}}$

52. यदि $\sin\theta + \cos\theta = \sqrt{3}\cos\theta$ है, तो $\cot\theta$ का मान ज्ञात कीजिए।
SSC CGL (Tier-I) 17/09/2024 Shift III
(a) $\frac{(\sqrt{3}+1)}{2}$ (b) $\sqrt{3}-1$ (c) $\frac{\sqrt{3}-1}{2}$ (d) $\sqrt{3}+1$

53. यदि $\operatorname{cosec} x = \frac{5}{4}$ है, तो $\frac{5\sin^2 x + 8\cot^2 x}{27\tan^2 x - 125\cos^2 x}$ का मान ज्ञात कीजिए।
SSC CGL (Tier-I) 17/09/2024 Shift III
(a) $\frac{33}{91}$ (b) $\frac{55}{87}$ (c) $\frac{99}{47}$ (d) $\frac{77}{30}$

54. यदि $a = x\cos\theta + y\sin\theta$ और $b = x\sin\theta - y\cos\theta$ है, तो $a^2 + b^2$ का मान कितना होगा?
SSC CGL (Tier-I) 17/09/2024 Shift II
(a) $x^2 + y^2$ (b) $x^2 - y^2$
(c) $x + y$ (d) $x - y$

55. $\left[\frac{4\cos(90°-\theta)\sin^3(90°+\theta) - 4\sin(90°+\theta)\cos^3(90°-\theta)}{\cos\left(\frac{180°+8\theta}{2}\right)}\right]$ का मान ज्ञात कीजिए।
SSC CGL (Tier-I) 17/09/2024 Shift II
(a) 1 (b) 0 (c) 2 (d) –1

56. यदि $\sin A + \cos A = \frac{1}{2\sqrt{2}}$ है, तो $\sin^4 A + \cos^4 A$ का मान ज्ञात करें।
SSC CGL (Tier-I) 17/09/2024 Shift II
(a) $\frac{7}{13}$ (b) $\frac{79}{126}$ (c) $\frac{79}{128}$ (d) $\frac{5}{13}$

57. यदि $\cos 24° = \frac{m}{n}$ है, तो $(\operatorname{cosec} 24° - \cos 66°)$ का मान क्या होगा?
SSC CGL (Tier-I) 17/09/2024 Shift I
(a) $\frac{n^2}{m\sqrt{n^2-m^2}}$ (b) $\frac{m^2}{n\sqrt{m^2-n^2}}$
(c) $\frac{m^2}{n\sqrt{n^2-m^2}}$ (d) $\frac{n^2}{m\sqrt{m^2-n^2}}$

58. यदि $\sec\theta = \frac{29}{20}$ है, जहाँ $0 < \theta < 90°$ है, तो $3\operatorname{cosec}\theta + 3\cot\theta$ का मान क्या होगा?
SSC CGL (Tier-I) 17/09/2024 Shift I
(a) 7 (b) 49 (c) 7/3 (d) 14

59. यदि $m = a\sec A$ और $y = b\tan A$ है, तो $b^2m^2 - a^2y^2 + \frac{a^2y^2}{b^2m^2} + \cos^2 A$ का मान ज्ञात कीजिए। SSC CGL (Tier-I) 13/09/2024 Shift III
(a) $a^2b^2 + 1$ (b) $1 - a^2b^2$
(c) a^2b^2 (d) $a^2b^2 + 2$

60. $A = 60°$ होने पर $\left(\frac{\text{cosec}A}{\text{cosec}A-1}+\frac{\text{cosec}A}{\text{cosec}A+1}\right)\left(\frac{\sec A}{\sec A-1}+\frac{\sec A}{\sec A+1}\right)^{-1}$ का मान क्या होगा? **SSC CGL (Tier-I) 13/09/2024 Shift III**

(a) 2 (b) 3 (c) 1 (d) 4

61. यदि $\tan A = \frac{5}{7}$ है, तो $\frac{7\sin A - 3\cos A}{7\sin A + 3\cos A} + 4$ का मान ज्ञात कीजिए। **SSC CGL (Tier-I) 13/09/2024 Shift II**

(a) $3\frac{5}{7}$ (b) $7\frac{1}{3}$ (c) $4\frac{1}{4}$ (d) $3\frac{1}{5}$

62. यदि $\sin B = \frac{15}{17}$ है, तो $\cos B(\sec B - \tan B)$ का मान कितना होगा? (दिया गया है कि $0<B<\frac{\pi}{2}$ है।) **SSC CGL (Tier-I) 13/09/2024 Shift II**

(a) $\frac{2}{17}$ (b) $\frac{2}{15}$ (c) $\frac{1}{16}$ (d) $\frac{8}{15}$

63. यदि $\frac{\tan(x)}{\sec(x)} = \frac{1}{2}$ है, तो $(\sin x + \cos x)^2$ का मान ज्ञात कीजिए। **SSC CGL (Tier-I) 13/09/2024 Shift II**

(a) $\frac{2-\sqrt{3}}{3}$ (b) $\frac{2-\sqrt{3}}{2}$
(c) $\frac{2+\sqrt{3}}{2}$ (d) $\frac{2+\sqrt{3}}{2}$

64. यदि $\frac{1}{1-\sin\theta}+\frac{1}{1+\sin\theta} = 4\sec\theta$ है, जहाँ $(0<\theta<90°)$ है, तो $(\cot\theta + \text{cosec}\theta)$ का मान ज्ञात कीजिए। **SSC CGL (Tier-I) 13/09/2024 Shift I**

(a) $\sqrt{2}$ (b) $\sqrt{5}$ (c) $\sqrt{6}$ (d) $\sqrt{3}$

65. यदि $p(\sqrt{3}+\cot 30°) = \tan^3 60° - 2\sin 60°$ है, तो p का मान ज्ञात करें। **SSC CGL (Tier-I) 13/09/2024 Shift I**

(a) $\sqrt{3}$ (b) 1
(c) –1 (d) $2\sqrt{3}$

66. यदि $\tan 4\theta \cdot \tan 6\theta = 1$ है, जहाँ 6θ एक न्यूनकोण है, तो $\cot 5\theta$ का मान ज्ञात कीजिए। **SSC CGL (Tier-I) 12/09/2024 Shift III**

(a) $\sqrt{3}$ (b) $-\sqrt{3}$ (c) –1 (d) 1

67. यदि $7\cos A = 6$ है, तो $\frac{\text{cosec}A+\cot A}{\text{cosec}A-\cot A}$ का संख्यात्मक मान कितना होगा? **SSC CGL (Tier-I) 12/09/2024 Shift III**

(a) 13 (b) – 13 (c) 0 (d) 1

68. sin150° का सटीक मान ज्ञात कीजिए। **SSC CGL (Tier-I) 12/09/2024 Shift III**

(a) 0.5 (b) 1.5
(c) –0.5 (d) 0.75

69. यदि $\cot^4\phi - \cot^2\phi = 1$ है, तो $\cos^4\phi + \cos^2\phi$ का मान ज्ञात कीजिए। **SSC CGL (Tier-I) 12/09/2024 Shift I**

(a) 2 (b) $\frac{3}{2}$ (c) $\frac{1}{\sqrt{3}}$ (d) 1

70. निम्न को हल कीजिए।
$\frac{1}{1+\cos\theta}+\frac{1}{1-\cos\theta} = ?$ **SSC CGL (Tier-I) 12/09/2024 Shift II**

(a) $2\text{cosec}^2\theta$ (b) $2\sin^2\theta$
(c) $2\sec^2\theta$ (d) $2\tan^2\theta$

71. $\left(\frac{\sin\theta - 2\sin^3\theta}{2\cos^3\theta-\cos\theta}\right)\frac{1}{\tan\theta} - \sec^2\theta$ का मान ज्ञात कीजिए। **SSC CGL (Tier-I) 12/09/2024 Shift I**

(a) 1 (b) 2 (c) 0 (d) –1

72. यदि $2\,\text{cosec}^2\theta + 3\cot^2\theta = 17$ है, तो $0° \le \theta \le 90°$ होने पर, 'θ' का मान ज्ञात कीजिए। **SSC CGL (Tier-I) 12/09/2024 Shift I**

(a) 90° (b) 75° (c) 45° (d) 30°

73. यदि $\tan A + \tan B = p$ तथा $\cot A + \cot B = q$, तब $\cot(A + B)$ है **SSC CGL (Tier-I) 11/09/2024 Shift III**

(a) $\frac{p-q}{pq}$ (b) $\frac{q-p}{pq}$ (c) $\frac{pq}{p-q}$ (d) $\frac{pq}{p+q}$

74. sin 74° + tan 74° को 0° और 45° के बीच के कोणों के त्रिकोणमितीय अनुपात के रूप में व्यक्त करें। **SSC CGL (Tier-I) 11/09/2024 Shift III**

(a) cos16° + cot16°
(b) sec 16° + cot16°
(c) cosec 16° + cot 16°
(d) cosec 16° + sec16°

75. यदि $p\sin A - \cos A = 1$ है, तो $p^2 - (1+p^2)\cos A$ का मान ज्ञात करें। **SSC CGL (Tier-I) 11/09/2024 Shift III**

(a) 1 (b) 2 (c) – 1 (d) 0

76. एक त्रिभुज ΔABC में, $\Delta ABC = 90°$ है। यदि $\sin(A) = \frac{1}{2}$, तो cos (C), किसके बराबर है? **SSC CGL (Tier-I) 11/09/2024 Shift II**

(a) $\frac{1}{\sqrt{2}}$ (b) 1 (c) $\frac{1}{2}$ (d) $\frac{\sqrt{3}}{2}$

77. $\left[\frac{4}{3}\tan^2 60° + 3\cos^2 30° - 2\sec^2 30° - \frac{3}{4}\cot^2 60°\right]$ $\div[\sin 60°\cos 30° - \cos 60°\sin 30°]$ का मान ज्ञात कीजिए। **SSC CGL (Tier-I) 11/09/2024 Shift II**

(a) $4\frac{1}{3}$ (b) $6\frac{3}{2}$
(c) $3\frac{1}{2}$ (d) $6\frac{2}{3}$

78. (cosec56°cos34°–cos59°cosec31°) का मान ज्ञात कीजिए। **SSC CGL (Tier-I) 11/09/2024 Shift II**

(a) –1 (b) 1 (c) 2 (d) 0

79. यदि $a\sin^3 x + b\cos^3 x = \sin x\cos x$ और $a\sin x = b\cos x$ हो, तो $a^2 + b^2$ का मान ज्ञात कीजिए, बशर्ते कि x न तो 0° है और न ही 90° है। **SSC CGL (Tier-I) 11/09/2024 Shift I**

(a) $a^2 - b^2$ (b) 1 (c) $a^2 + b^2$ (d) 0

80. $\frac{\sec 35°}{\text{cosec}55°} - \frac{\cos 25°}{\sin 65°}$ का मान ज्ञात कीजिए। **SSC CGL (Tier-I) 11/09/2024 Shift I**

(a) 0 (b) 2 (c) 1 (d) 1/2

81. यदि $7\tan\theta = 3$, और θ एक न्यून कोण है, तो $\frac{5\sin\theta-\cos\theta}{5\sin\theta+2\cos\theta}$ का मान ज्ञात कीजिए। **SSC CGL (Tier-I) 10/09/2024 Shift III**

(a) $\frac{8}{29}$ (b) $\frac{9}{29}$ (c) $\frac{11}{29}$ (d) $\frac{7}{29}$

82. यदि $7\cos^2\theta + 5\sin^2\theta - 6 = 0$ है, जहाँ $(0°<\theta<90°)$, तो $1+\sqrt{\frac{\sec\theta+\tan\theta}{\sec\theta-\tan\theta}}$ का मान ज्ञात कीजिए। **SSC CGL (Tier-I) 10/09/2024 Shift III**

(a) $\sqrt{2}-2$ (b) $\sqrt{2}+2$
(c) $\sqrt{2}-1$ (d) $\sqrt{2}+1$

83. $\frac{3\sin 58°}{5\cos 32°}+\frac{2\cos 62°}{5\sin 28°}$ का मान ज्ञात कीजिए। **SSC CGL (Tier-I) 10/09/2024 Shift III**

(a) 0 (b) 1 (c) 3 (d) 2

84. यदि $p\cos A = 2q\sin A$ और $2p\,\text{cosec}\,A - q\sec A = 3$ है, तो $p^2 + 4q^2$ का मान ज्ञात कीजिए। **SSC CGL (Tier-I) 10/09/2024 Shift II**

(a) 2 (b) 1 (c) 4 (d) 3

85. यदि $\cot\theta = 4/3$ है, तो $\frac{(\sec\theta(1+\cot^2\theta)(\text{cosec}^2\theta-\cot^2\theta)}{\text{cosec}^3\theta}$ का मान ज्ञात कीजिए। **SSC CGL (Tier-I) 10/09/2024 Shift II**

(a) 3/4 (b) 4/3
(c) 4/5 (d) 3/5

86. मान लीजिए $0°<t<90°$ है, तो निम्नलिखित में से कौन-सा सत्य है? **SSC CGL (Tier-I) 10/09/2024 Shift I**

(a) $\sin(t) \ne \cos(t)$ जब $t = 45°$
(b) $\sin(t) > \cos(t)$ जब $t < 45°$
(c) $\sin(t) < \cos(t)$ जब $t < 45°$
(d) $\sin(t) < \cos(t)$ जब $t > 45°$

87. $\frac{2+\tan^2 2A+\cot^2 2A}{\sec 2A.\text{cosec}2A}$ का मान.......के बराबर है। **SSC CGL (Tier-I) 10/09/2024 Shift I**

(a) $\sec 2A \cdot \text{cosec}2A$
(b) $\cot 2A - \text{cosec}2A$
(c) $\sec 2A - \text{cosec}2A$
(d) $\sec 2A + \tan 2A$

88. यदि $\frac{7\sin\theta+4\cos\theta}{9\sin\theta-2\cos\theta} = \frac{5}{4}$, तो $\frac{\tan^2\theta+5}{\tan^2\theta-5}$ का मान................है। **SSC CGL (Tier-I) 09/09/2024 Shift III**

(a) $-\frac{2121}{769}$ (b) $\frac{2121}{769}$
(c) $-\frac{769}{2121}$ (d) $\frac{769}{2121}$

89. यदि A एक न्यून कोण है, तो निम्न में से कौन-सा विकल्प $\frac{\sin A}{1+\cos A}$ के बराबर है? **SSC CGL (Tier-I) 09/09/2024 Shift III**

(a) $\frac{1-\sin A}{\cos A}$ (b) $\frac{1+\cos A}{\sin A}$
(c) $\frac{1-\cos A}{\sin A}$ (d) $\frac{1+\sin A}{\cos A}$

90. निम्न का मान ज्ञात करें। $\frac{\sin^3 A - \cos^3 A}{\sin A - \cos A}$ जहाँ, A एक न्यून कोण है।
SSC CGL (Tier-I) 09/09/2024 Shift II
(a) $\sin A + \cos A$ (b) $1 - 3\sin A$
(c) $1 + \sin A \cos A$ (d) $3\cos A - 1$

91. यदि $\operatorname{cosec}\theta = 5/3$ है, तो $(\sec^2\theta - 1) \times \cot^2\theta \times (1 + \cot^2\theta)$ का मान ज्ञात कीजिए। **SSC CGL (Tier-I) 09/09/2024 Shift I**
(a) $\frac{25}{16}$ (b) $\frac{9}{16}$ (c) $\frac{4}{5}$ (d) $\frac{25}{9}$

92. $\sin^2 30 - \sin^2 40 + \sin^2 45 - \sin^2 55 - \sin^2 35 + \sin^2 45 - \sin^2 50 + \sin^2 60$ का मान ज्ञात कीजिए। **SSC CGL (Tier-I) 09/09/2024 Shift I**
(a) 4 (b) 1 (c) 0 (d) 2

93. $\cos^2 29° + \cos^2 61°$ का मान ज्ञात कीजिए।
SSC CGL (Tier-I) 09/09/2024 Shift I
(a) $\frac{\sqrt{3}}{2}$ (b) 2 (c) 1 (d) 0

SSC CGL 2023 (Tier I & II)

94. यदि $a \cot\theta + b \operatorname{cosec}\theta = p$ और $b \cot\theta + a \operatorname{cosec}\theta = q$ है, तो $p^2 - q^2$ निम्न में से किसके बराबर है?
SSC CGL (Tier II) 07/03/2023 Shift I
(a) $b^2 - a^2$ (b) $b - a$
(c) $a^2 + b^2$ (d) $a^2 - b^2$

95. निम्नलिखित विकल्पों में से गलत सूत्र का चयन कीजिए। **SSC CGL (Tier II) 03/03/2023 Shift I**
(a) $\sec^2\theta + \cos^2\theta = 1$
(b) $\sec^2\theta - \tan^2\theta = 1$
(c) $\operatorname{cosec}^2\theta - \cot^2\theta = 1$
(d) $\sin^2\theta + \cos^2\theta = 1$

96. निम्नलिखित का मान निकालिए।
$\sin 25°\sin 65° - \cos 25°\cos 65°$
SSC CGL (Tier II) 02/03/23 Shift I
(a) 1 (b) 40 (c) 4 (d) 0

97. यदि $\tan(A + B) = \sqrt{3}$ और $\tan(A - B) = \frac{1}{\sqrt{3}}$; $0° < (A + B) < 90°$; $A > B$, तो A और B के मान क्रमश: .... हैं।
SSC CGL (Tier II) 02/03/23 Shift I
(a) 60° और 30° (b) 45° और 15°
(c) 15° और 45° (d) 30° और 30°

98. निम्नलिखित का मान ज्ञात कीजिए।
$\sqrt{2 + \sqrt{2 + \sqrt{2 + 2\cos 8\theta}}}$
SSC CGL (Tier I) 27/07/2023 Shift III
(a) $\sin 2\theta$ (b) $2\cos\theta$ (c) $\cos 2\theta$ (d) $2\cos 2\theta$

99. यदि $7 \cot P = 24$ है, तो $\sin P$ ज्ञात करें।
SSC CGL (Tier I) 27/07/2023 Shift III
(a) $\frac{7}{25}$ (b) $\frac{625}{7}$ (c) $\frac{49}{625}$ (d) $\frac{24}{25}$

100. यदि $\tan^4\theta + \tan^2\theta = 1$, तो $11(\cos^4\theta + \cos^2\theta)$ का मान क्या होगा?
SSC CGL (Tier I) 27/07/2023 Shift III
(a) – 11 (b) 0 (c) 8 (d) 11

101. यदि $3x = \sec A$ और $\frac{3}{x} = \tan A$ है, तो $9\left(x^2 - \frac{1}{x^2}\right)$ का मान क्या है?
SSC CGL (Tier I) 27/07/2023 Shift II
(a) 1 (b) $\frac{1}{9}$ (c) 9 (d) 3

102. यदि $\sec A + \tan A = 5$ है, तो $\sin A$ किसके बराबर है? **SSC CGL (Tier I) 27/07/23 Shift III**
(a) $\frac{5}{12}$ (b) $\frac{13}{12}$ (c) $\frac{12}{13}$ (d) $\frac{5}{13}$

103. यदि $3\cot A = \frac{7}{3}$, तो दिए गए व्यंजक का मान क्या है? **SSC CGL (Tier I) 27/07/2023 Shift I**
$\frac{3\cos A + 2\sin A}{3\cos A - 2\sin A}$
(a) $\frac{1}{3}$ (b) 1 (c) $\frac{2}{3}$ (d) 13

104. यदि $A = 22.5°$ है, तो $(10\sqrt{2}\sin 2A - 7\sqrt{2}\cos 2A + 9\tan 2A)$ का मान क्या होगा?
SSC CGL (Tier I) 26/07/2023 Shift IV
(a) 12 (b) 10 (c) 15 (d) 6

105. $\tan\frac{\theta}{2}$ क्या है?
SSC CGL (Tier I) 26/07/2023 Shift IV
(a) $\frac{\cos\theta}{1 - \cos\theta}$ (b) $\frac{\sin\theta}{1 - \cos\theta}$
(c) $\frac{\cos\theta}{1 - \sin\theta}$ (d) $\frac{\sin\theta}{1 + \cos\theta}$

106. $\sin 600° \cos 750° + \sin 150° \cos 240° = ?$
SSC CGL (Tier I) 26/07/2023 Shift IV
(a) $\frac{2}{3}$ (b) $\frac{1}{2}$ (c) –1 (d) 1

107. $\tan 4384° + \cot 6814° = ?$
SSC CGL (Tier I) 26/07/2023 Shift III
(a) 0 (b) 1
(c) – 1 (d) 2

108. यदि $\cos x + \sec x = \frac{7}{2\sqrt{3}}$ है, तो $\cos^2 x + \sec^2 x$ का मान ज्ञात कीजिए।
SSC CGL (Tier I) 26/07/2023 Shift III
(a) $\frac{25}{12}$ (b) $\frac{25}{10}$
(c) $\frac{15}{12}$ (d) $\frac{10}{12}$

109. $\frac{\cos^2 15° - \sin^2 15°}{\cos^2 145° + \sin^2 145°}$ का मान ज्ञात कीजिए। **SSC CGL (Tier I) 26/07/2023 Shift III**
(a) $\frac{2}{\sqrt{3}}$ (b) $\frac{\sqrt{3}}{2}$
(c) $\frac{1}{1 - \sqrt{3}}$ (d) $\frac{1}{\sqrt{3}}$

110. यदि $\tan A = \frac{3}{8}$ है, तो $\frac{3\sin A + 2\cos A}{3\sin A - 2\cos A}$ का मान क्या होगा?
SSC CGL (Tier I) 26/07/2023 Shift III
(a) $-\frac{13}{25}$ (b) $\frac{13}{21}$
(c) $\frac{25}{7}$ (d) $\frac{25}{8}$

111. ΔABC एक समकोण त्रिभुज है। यदि $\angle B = 90°$ और $\tan A = \frac{1}{\sqrt{3}}$ तो $\sin A \cos C + \cos A \sin C$ का मान ज्ञात करें।
SSC CGL (Tier I) 26/07/2023 Shift II
(a) $\frac{1}{3}$ (b) $\frac{2}{3}$ (c) 2 (d) 1

112. एक समकोण त्रिभुज में न्यून कोण x के लिए, यदि $\sin x = \frac{3}{7}$ है, तो $\cos x$ का मान ज्ञात करें।
SSC CGL (Tier I) 26/07/2023 Shift II
(a) $\frac{3}{4}$ (b) $\frac{2\sqrt{(10)}}{7}$
(c) $\frac{1}{\sqrt{3}}$ (d) $\frac{2}{7}$

113. $\operatorname{cosec} 30° - \cos 60°$ का मान ज्ञात कीजिए।
SSC CGL (Tier I) 26/07/2023 Shift I
(a) $\frac{2\sqrt{2} - 1}{\sqrt{2}}$ (b) $\frac{1}{2}$ (c) 1 (d) $\frac{3}{2}$

114. यदि $\cos A + \cos^2 A = 1$, तो $\sin^4 A + \sin^6 A$ का मान क्या होगा?
SSC CGL (Tier I) 26/07/2023 Shift I
(a) 2 (b) $\cos A$ (c) 1 (d) $\sin A$

115. यदि $\cos(40° + x) = \sin 30°$, तो x का मान ... है। **SSC CGL (Tier I) 25/07/2023 Shift-IV**
(a) 19° (b) 20° (c) 23° (d) 22°

116. $\sqrt{\frac{1 + \cos\theta}{1 - \cos\theta}}$ का मान क्या होगा?
SSC CGL (Tier I) 25/07/2023 Shift III
(a) $\sec\theta - \tan\theta$ (b) $\operatorname{cosec}\theta + \cot\theta$
(c) $\operatorname{cosec}\theta - \cot\theta$ (d) $\sec\theta + \tan\theta$

117. यदि $r = 15(\sin\theta + \cos\theta)$ और $s = 16(\sin\theta - \cos\theta)$ है, तो $\frac{r^2}{15^2} + \frac{s^2}{16^2}$ का मान ज्ञात कीजिए।
SSC CGL (Tier I) 25/07/2023 Shift III
(a) 6 (b) 8 (c) 2 (d) 4

118. $5\sqrt{3}\cos 60° \tan 30° - 3\cos 0° + 3\cos^2 45° + 2\sin^2 60°$ का मान क्या होगा? **SSC CGL (Tier I) 25/07/2023 Shift III**
(a) $2\sqrt{3}$ (b) $3\sqrt{2}$
(c) 2.5 (d) 3.5

119. यदि $\cos^2\theta = \frac{3}{4}$ है, जहाँ θ एक न्यून कोण है, तो $\sin(\theta + 30°)$ का मान ज्ञात कीजिए। **SSC CGL (Tier I) 25/07/2023 Shift III**
(a) $\frac{1}{2}$ (b) 1 (c) $\frac{1}{\sqrt{2}}$ (d) $\frac{\sqrt{3}}{2}$

120. $\tan(-1125°)$ का मान ज्ञात कीजिए।
SSC CGL (Tier I) 25/07/2023 Shift II
(a) 0 (b) $\frac{1}{2}$ (c) –1 (d) 1

121. यदि $\cot A = 1, \sin B = \frac{1}{\sqrt{2}}$, तो $\sin(A + B) - \cot(A + B)$ का मान ज्ञात कीजिए। **SSC CGL (Tier I) 25/07/2023 Shift I**
(a) $\frac{1}{2}$ (b) $1 - \sqrt{2}$
(c) 1 (d) 0

122. cosec (α + β) $= \frac{\sec\alpha \times \sec\beta \times \operatorname{cosec}\alpha \times \operatorname{cosec}\beta}{\sec\alpha \times \operatorname{cosec}\beta + \operatorname{cosec}\alpha \times \sec\beta}$ के उपयोग से, cosec 75° का मान ज्ञात कीजिए।
SSC CGL (Tier I) 25/07/2023 Shift I
(a) $\sqrt{6}+\sqrt{2}$ (b) $\frac{\sqrt{6}+\sqrt{2}}{4}$
(c) $\frac{\sqrt{6}-\sqrt{2}}{4}$ (d) $\sqrt{6}-\sqrt{2}$

123. यदि $a\cot\theta = b$ है, तो $\frac{b\cos\theta - a\sin\theta}{b\cos\theta + a\sin\theta}$ का मान क्या होगा?
SSC CGL (Tier I) 24/07/2023 Shift IV
(a) $\frac{b^2-a^2}{b^2+a^2}$ (b) $\frac{b^2+a^2}{b^2-a^2}$
(c) b^2+a^2 (d) 0

124. दिए गए व्यंजक का सरलीकरण कीजिए।
$\frac{1+\sin^4\theta+\cos^4\theta}{\cos^2\theta+\sin^4\theta}$
SSC CGL (Tier I) 24/07/2023 Shift IV
(a) 4 (b) 2 (c) 1 (d) 3

125. यदि $\operatorname{cosec}\theta + \cot\theta = \frac{3}{2}$ है, तो cosec θ का मान क्या होगा?
SSC CGL (Tier I) 24/07/2023 Shift III
(a) $\frac{3}{2}$ (b) $\frac{9}{13}$ (c) $\frac{11}{12}$ (d) $\frac{13}{12}$

126. यदि $\sin\theta + \operatorname{cosec}\theta = \sqrt{5}$ है, तो $\sin^3\theta + \operatorname{cosec}^3\theta$ का मान = ... होगा।
SSC CGL (Tier I) 24/07/2023 Shift III
(a) $\frac{1}{\sqrt{5}}$ (b) $2\sqrt{5}$
(c) 0 (d) $3\sqrt{5}$

127. यदि $\tan x = \frac{7}{5}$ है, तो $\frac{9\sin x - \frac{42}{5}\cos x}{15\sin x + 21\cos x}$ का मान ज्ञात कीजिए।
SSC CGL (Tier I) 24/07/2023 Shift III
(a) 0.1 (b) 1 (c) 0 (d) 0.5

128. यदि $\tan x = -\frac{12}{5}$ है, जहाँ x दूसरे चतुर्थांश में स्थित है, तो $\sin x - \cot x$ का मान कितना है?
SSC CGL (Tier I) 24/07/2023 Shift II
(a) $\frac{144}{169}$ (b) $\frac{169}{156}$
(c) $\frac{209}{156}$ (d) $\frac{156}{209}$

129. tan 5° tan 25° tan 45° tan 65° tan 85° का मान .... के बराबर है।
SSC CGL (Tier I) 24/07/2023 Shift II
(a) 2 (b) 4 (c) 1 (d) 3

130. निम्नलिखित में कौन-सा विकल्प sin (A + B) का समतुल्य व्यंजक प्रस्तुत करता है?
SSC CGL (Tier I) 24/07/23 Shift II
(a) $\cos A\cos B - \sin A\sin B$
(b) $\cos A\cos B + \sin A\sin B$
(c) $\sin A\cos B + \cos A\sin B$
(d) $\sin A\cos B - \cos A\sin B$

131. यदि $2\cot\theta = 3$ है, तो $\frac{\sqrt{13}\sin\theta - 3\tan\theta}{3\tan\theta + \sqrt{13}\cos\theta}$ का मान ज्ञात कीजिए।
SSC CGL (Tier I) 24/07/2023 Shift I
(a) 0 (b) $\frac{2}{\sqrt{13}}$
(c) $\frac{1}{\sqrt{13}}$ (d) $\frac{2}{3}$

132. दिए गए व्यंजक का मान ज्ञात कीजिए।
2 + cos 49° cos 41° − sin 49° sin 41°
SSC CGL (Tier I) 24/07/2023 Shift I
(a) −1 (b) 1 (c) 2 (d) 0

133. $\tan 2\alpha = \frac{2\tan\alpha}{1-\tan^2\alpha}$ सर्वसमिका का उपयोग करके, tan 15° का दशमलव के तीन स्थान तक सही मान ज्ञात कीजिए।
[मान लें $\sqrt{3} = 1.732$]
SSC CGL (Tier I) 24/07/23 Shift I
(a) 0.269 (b) 0.267 (c) 0.268 (d) 0.27

134. $\frac{1+\sin t}{4-4\sin t} - \frac{1-\sin t}{4+4\sin t}$ का मान ज्ञात करें।
SSC CGL (Tier I) 21/07/2023 Shift IV
(a) $\tan t + \sin t$ (b) $4\tan t \cdot \sin t$
(c) $\tan t \cdot \sec t$ (d) $\tan t - \sin t$

135. यदि $8\cot A = 7$ है, तो $\sin A$ ज्ञात कीजिए।
SSC CGL (Tier I) 21/07/2023 Shift IV
(a) $\frac{7}{15}$ (b) $\frac{8}{\sqrt{113}}$ (c) $\frac{8}{7}$ (d) $\frac{7}{8}$

136. त्रिभुज PQR, Q पर एक समकोण त्रिभुज है और $PQ : QR = 3 : 4$ है। $\sin P + \sin Q + \sin R$ का मान क्या होगा?
SSC CGL (Tier I) 21/07/2023 Shift IV
(a) $\frac{4}{5}$ (b) $\frac{12}{5}$ (c) $\frac{2}{5}$ (d) $\frac{3}{5}$

137. ΔXYZ, Y पर समकोण है, यदि $\sin X = \frac{1}{2}$ है, तो $\cos X\cos Z + \sin X\sin Z$ का मान ज्ञात कीजिए।
SSC CGL (Tier I) 21/07/2023 Shift III
(a) $\frac{\sqrt{3}}{2}$ (b) $\frac{\sqrt{3}}{4}$ (c) $\frac{2}{\sqrt{3}}$ (d) $\sqrt{3}$

138. यदि $\frac{\cos\alpha}{\sin\beta} = 10$ और $\frac{\cos\alpha}{\cos\beta} = 11$ है, तो $\cos^2\beta$ का मान क्या होगा?
SSC CGL (Tier I) 21/07/2023 Shift III
(a) $\frac{88}{108}$ (b) $\frac{100}{221}$ (c) $\frac{121}{132}$ (d) $\frac{221}{121}$

139. निम्नलिखित का मान ज्ञात करें।
$\frac{\sin\theta - 2\sin^3\theta}{2\cos^3\theta - \cos\theta}$
SSC CGL (Tier I) 21/07/2023 Shift III
(a) sin θ (b) cos θ
(c) tan θ (d) sec θ

140. tan 25° tan 35° tan 45° tan 55° tan 65° का मान क्या होगा?
SSC CGL (Tier I) 21/07/2023 Shift II
(a) 1 (b) 2
(c) $\sqrt{3}$ (d) 0

141. $\sec x - \cos x$ का मान किसके बराबर होगा?
SSC CGL (Tier I) 21/07/2023 Shift II
(a) $\sec x\cos x$ (b) $\tan x\cos x$
(c) $\sec x\tan x$ (d) $\tan x\sin x$

142. यदि $\sec A + \tan A = 3$ है, तो $\cos A$ किसके बराबर है?
SSC CGL (Tier I) 21/07/2023 Shift I
(a) $\frac{4}{3}$ (b) $\frac{3}{5}$ (c) $\frac{5}{3}$ (d) $\frac{3}{4}$

143. निम्नलिखित में से कौन-सा विकल्प एक सही त्रिकोणमितीय सर्वसमिका नहीं है?
SSC CGL (Tier I) 21/07/2023 Shift I
(a) $1+\tan^2\theta = \sec^2\theta$
(b) $\cos^2\theta - \sin^2\theta = 1$
(c) $1-\sin^2\theta = \cos^2\theta$
(d) $1+\cot^2\theta = \operatorname{cosec}^2\theta$

144. $\frac{\cos 41°}{\sin 49°} + \frac{\sin 51°}{\cos 39°}$ का मान ज्ञात कीजिए।
SSC CGL (Tier I) 20/07/2023 Shift IV
(a) 4 (b) 3 (c) 1 (d) 2

145. एक समकोण त्रिभुज में कर्ण 5 सेमी और आधार 3 सेमी है। यदि एक कोण θ है, तो tan θ बराबर .... है।
SSC CGL (Tier I) 20/07/2023 Shift IV
(a) $\frac{4}{3}$ (b) $\frac{5}{3}$ (c) $\frac{3}{5}$ (d) $\frac{5}{4}$

146. θ के सभी वास्तविक मानों के लिए $(\sin^{12}\theta + \cos^{20}\theta)$ का अधिकतम मान .... है।
SSC CGL (Tier I) 20/07/2023 Shift III
(a) 0 (b) 2 (c) 1 (d) 3

147. sin(− 405°) का मान ज्ञात करें।
SSC CGL (Tier I) 20/07/2023 Shift III
(a) $\frac{-1}{2}$ (b) $\frac{1}{2}$ (c) $\frac{\sqrt{5}}{2}$ (d) $\frac{-1}{\sqrt{2}}$

148. $\frac{2}{3}\tan^2 60° + 3\cos^2 30° - 2\sec^2 30° - \frac{3}{4}\cot^2 60°$ का मान ज्ञात कीजिए।
SSC CGL (Tier I) 20/07/2023 Shift III
(a) 3.33 (b) 1.33 (c) 2.01 (d) 2.33

149. sin(50° + θ) − cos(40° − θ) का मान ज्ञात करें।
SSC CGL (Tier I) 20/07/2023 Shift II
(a) − 1 (b) $\frac{1}{2}$ (c) 1 (d) 0

150. $\frac{2\tan A}{1+\tan^2 A} = ?$
SSC CGL (Tier I) 20/07/2023 Shift II
(a) $\cos A$ (b) $\sin 2A$ (c) $\sin A$ (d) $\cos 2A$

151. निम्नलिखित त्रिकोणमितीय व्यंजक का मान ज्ञात कीजिए।
SSC CGL (Tier I) 20/07/2023 Shift I
cot 85° + cos 75°
(a) tan 5° + sin 15° (b) tan 85° − sin 75°
(c) tan 5° + sin 15° (d) tan 85° + sin 75°

152. दिए गए व्यंजक का मान ज्ञात करें।
$\frac{\sec^2(90°-\theta) - \cot^2\theta}{2(\sin^2 35° + \sin^2 55°)}$
SSC CGL (Tier I) 20/07/2023 Shift I
(a) 0.5 (b) 2 (c) 1 (d) 1.5

153. $\text{cosec}\,2910° + \sec 4260° + \tan 2565° + \cot 1755° = ?$
SSC CGL (Tier I) 20/07/2023 Shift I
(a) 4 (b) 3 (c) 0 (d) 1

154. यदि $\sin x = \frac{3}{10}$ है, तो $\tan x + \cot x$ का मान क्या होगा? SSC CGL (Tier I) 20/07/2023 Shift I
(a) $\frac{100}{2\sqrt{83}}$ (b) $\frac{100}{7\sqrt{95}}$ (c) $\frac{100}{3\sqrt{91}}$ (d) $\frac{100}{3\sqrt{85}}$

155. यदि $\cos x + \sin x = \sqrt{2}\cos x$ है, तो $(\cos x - \sin x)^2 + (\cos x + \sin x)^2$ का मान क्या है? SSC CGL (Tier I) 19/07/2023 Shift IV
(a) 0 (b) 1 (c) $\frac{1}{\sqrt{2}}$ (d) 2

156. यदि $2\cot x = 5$, तो $\frac{2\cos x - \sin x}{2\cos x + \sin x}$ निम्न में से किसके बराबर है?
SSC CGL (Tier I) 19/07/2023 Shift III
(a) $\frac{2}{3}$ (b) $\frac{5}{6}$ (c) $\frac{1}{3}$ (d) $\frac{3}{4}$

157. किसी न्यून कोण θ के लिए $\sin\theta + \sin^2\theta = 1$ है, तो $\cos^2\theta + \cos^4\theta$ का मान ज्ञात कीजिए।
SSC CGL (Tier I) 19/07/2023 Shift III
(a) 1 (b) 0
(c) 2 (d) –1

158. यदि $P\cos\alpha = 3$ और $4\tan\alpha = Q$, तो P और Q के बीच क्या सम्बन्ध है, जो α से स्वतन्त्र है?
SSC CGL (Tier I) 19/07/2023 Shift II
(a) $\frac{9}{P^2} + \frac{16}{Q^2} = 1$ (b) $\frac{P^2}{9} + \frac{Q^2}{16} = 1$
(c) $\frac{P^2}{9} - \frac{Q^2}{16} = 1$ (d) $\frac{9}{P^2} - \frac{16}{Q^2} = 1$

159. यदि $\sec\theta = \frac{4}{3}$, तो $\tan^2\theta + \tan^4\theta$ का मान क्या है? SSC CGL (Tier I) 19/07/2023 Shift II
(a) $\frac{112}{81}$ (b) $\frac{64}{27}$ (c) $\frac{16}{81}$ (d) $\frac{256}{81}$

160. यदि $\frac{\sin x - \cos x}{\sin x + \cos x} = \frac{2}{5}$ है, तो $\frac{1+\cot^2 x}{1-\cot^2 x}$ का मान ज्ञात कीजिए।
SSC CGL (Tier I) 19/07/2023 Shift I
(a) 1.45 (b) 5.25 (c) 3.75 (d) 2.25

161. यदि $\left(\frac{\cos A}{1-\sin A}\right) + \left(\frac{\cos A}{1+\sin A}\right) = 4$ है, तो A का क्या होगा? $(0° < \theta < 90°)$
SSC CGL (Tier I) 19/07/2023 Shift I
(a) 60° (b) 30° (c) 45° (d) 90°

162. दिए गए व्यंजक का मान ज्ञात करें।
$\frac{4}{3}\tan^2 45° + 3\cos^2 30° - 2\sec^2 30° - \frac{3}{4}\cot^2 60°$
SSC CGL (Tier I) 18/07/2023 Shift IV
(a) $\frac{3}{\sqrt{2}}$ (b) $\frac{3}{2}$
(c) $\frac{\sqrt{2}}{3}$ (d) $\frac{2}{3}$

163. $\cos 120°$ का सटीक मान ज्ञात कीजिए।
SSC CGL (Tier I) 18/07/2023 Shift IV
(a) 1 (b) – 0.5 (c) 0.5 (d) 0

164. यदि $\sin(5x - 25°) = \cos(5y + 25°)$ है, जहाँ $5x - 25°$ न्यून कोण है, तो $(x + y)$ का मान क्या होगा? SSC CGL (Tier I) 18/07/2023 Shift III
(a) 50° (b) 16° (c) 18° (d) 40°

165. निम्नलिखित व्यंजक का मान ज्ञात करें।
$12(\sin^4\theta + \cos^4\theta) + 18(\sin^6\theta + \cos^6\theta) + 78\sin^2\theta\cos^2\theta$
SSC CGL (Tier I) 18/07/2023 Shift III
(a) 10 (b) 20 (c) 40 (d) 30

166. $\left(\frac{1}{\sin\theta} + \frac{1}{\tan\theta}\right)\left(\frac{1}{\sin\theta} - \frac{1}{\tan\theta}\right)$ का मान क्या होगा? SSC CGL (Tier I) 18/07/2023 Shift II
(a) 3 (b) 2 (c) 1 (d) 0

167. यदि $\sin A = -\frac{3}{5}$ है, A तृतीय चतुर्थांश में स्थित है, तो sec A का मान क्या है?
SSC CGL (Tier I) 18/07/2023 Shift II
(a) $-\frac{5}{4}$ (b) $\frac{3}{4}$ (c) $-\frac{3}{4}$ (d) $-\frac{4}{5}$

168. निम्नलिखित का मान ज्ञात कीजिए।
$\sin 2x + 2\sin 4x + \sin 6x$
SSC CGL (Tier I) 18/07/2023 Shift II
(a) $2\cos^2 x\sin 4x$ (b) $4\sin^2 x\sin 4x$
(c) $4\cos^2 x\sin 4x$ (d) $4\cos^2 x\sin x$

169. यदि $\cot A = \frac{12}{5}$ है, तो $(\sin A + \cos A) \times \text{cosec}\, A$ का मान क्या है? SSC CGL (Tier I) 18/07/2023 Shift II
(a) $\frac{14}{5}$ (b) 1 (c) $\frac{13}{5}$ (d) $\frac{17}{5}$

170. त्रिकोणमितीय सूत्रों का उपयोग करके $\left(\frac{\sin(x-y)}{\sin(x+y)}\right)\left(\frac{\tan x + \tan y}{\tan x - \tan y}\right)$ का मान ज्ञात करें। SSC CGL (Tier I) 18/07/2023 Shift I
(a) 0 (b) 2 (c) 1 (d) – 2

171. यदि $\tan\frac{A}{2} = x$ है, तो x का मान ज्ञात कीजिए। SSC CGL (Tier I) 18/07/2023 Shift I
(a) $\frac{\sqrt{1-\cos A}}{\sqrt{1+\cos A}}$ (b) $\frac{\sqrt{1+\cos A}}{\sqrt{1-\cos A}}$
(c) $\frac{\sqrt{\cos A - 1}}{\sqrt{1+\cos A}}$ (d) $\frac{\sqrt{1-\sin A}}{\sqrt{1+\cos A}}$

172. $\frac{\sin^4\theta + \cos^4\theta}{1 - 2\sin^2\theta\cdot\cos^2\theta}$ का मान ज्ञात कीजिए।
SSC CGL (Tier I) 17/07/2023 Shift IV
(a) 1 (b) 2 (c) –1 (d) 0

173. यदि $p\sin^2\beta + q\cos^2\beta = r$, तब $\cot^2\beta$ का मान है SSC CGL (Tier I) 17/07/2023 Shift III
(a) $\frac{r-q}{r-p}$ (b) $\frac{r-p}{r-q}$
(c) $\frac{p-r}{r-q}$ (d) $\frac{r-q}{p-r}$

174. $\cos(A + B) = \cos A\cos B - \sin A\sin B$ के उपयोग से $\cos 75°$ का मान ज्ञात कीजिए।
SSC CGL (Tier I) 17/07/2023 Shift III
(a) $\frac{\sqrt{5}+1}{4}$ (b) $\frac{\sqrt{6}+\sqrt{2}}{4}$ (c) $\frac{\sqrt{5}-1}{4}$ (d) $\frac{\sqrt{6}-\sqrt{2}}{4}$

175. $\cos 47°\sec 133° + \sin 44°\,\text{cosec}\,136°$ का मान ज्ञात कीजिए। SSC CGL (Tier I) 14/07/2023 Shift II
(a) –1 (b) 0 (c) 1 (d) $\frac{1}{2}$

176. यदि $\tan\frac{\pi}{6} + \sec\frac{\pi}{6} = x$ है, तो x का मान ज्ञात कीजिए। SSC CGL (Tier I) 17/07/2023 Shift II
(a) $\frac{-1}{\sqrt{3}}$ (b) $\frac{1}{\sqrt{3}}$ (c) $\sqrt{3}$ (d) $\frac{2}{\sqrt{3}}$

177. यदि $\sin\theta = \frac{4}{5}$ है, तो $\tan\theta - \cot\theta$ का मान ज्ञात करें। SSC CGL (Tier I) 17/07/2023 Shift II
(a) $\frac{5}{12}$ (b) $\frac{7}{9}$ (c) $\frac{7}{8}$ (d) $\frac{7}{12}$

178. यदि $\sin t + \cos t = \frac{4}{5}$ है, तो $\sin t\cdot\cos t$ का मान ज्ञात कीजिए।
SSC CGL (Tier I) 17/07/2023 Shift I
(a) $\frac{9}{25}$ (b) $\frac{-9}{25}$ (c) $\frac{-9}{50}$ (d) $\frac{9}{50}$

179. $\sin^2 25° + \sin^2 65°$ का मान ज्ञात करें।
SSC CGL (Tier I) 17/07/2023 Shift I
(a) $\frac{1}{2}$ (b) – 1 (c) 1 (d) 0

180. निम्नलिखित को सरल कीजिए।
$\frac{\sin^3\alpha + \cos^3\alpha}{\sin\alpha + \cos\alpha}$
SSC CGL (Tier I) 14/07/2023 Shift IV
(a) $1 - \sin\alpha\cos\alpha$ (b) $1 + \sin\alpha\cos\alpha$
(c) $\tan\alpha$ (d) $\sec\alpha$

181. यदि $\sec\theta + \cos\theta = 32$ है, तो $\sec^2\theta + \cos^2\theta$ का मान ज्ञात कीजिए।
SSC CGL (Tier I) 14/07/2023 Shift IV
(a) 1000 (b) 1020 (c) 1022 (d) 1024

182. यदि $\frac{\cos\beta}{\sec\alpha} = 15$ और $\frac{\sin\beta}{\sec\alpha} = 16$ है, तो $\sin^2\beta$ का मान ज्ञात कीजिए।
SSC CGL (Tier I) 14/07/2023 Shift III
(a) $\frac{481}{256}$ (b) $-\frac{256}{481}$ (c) $\frac{256}{481}$ (d) $-\frac{481}{256}$

183. यदि $\sin 23° = \frac{a}{b}$ है, तो $\sec 23° - \sin 67°$ का मान क्या है?
SSC CGL (Tier I) 14/07/2023 Shift III
(a) $\frac{a^2}{\sqrt{b^2-a^2}}$ (b) $\frac{a^2}{b\sqrt{b^2-a^2}}$
(c) $\frac{a^2}{b\sqrt{b^2+a^2}}$ (d) $\frac{b^2-a^2}{ab}$

184. $\sin 30° + \cos 30° + \tan 30°$ का मान क्या है?
SSC CGL (Tier I) 14/07/2023 Shift III
(a) $\frac{5-\sqrt{3}}{2\sqrt{3}}$ (b) $\frac{5+\sqrt{3}}{\sqrt{3}}$
(c) $\frac{5-\sqrt{3}}{\sqrt{3}}$ (d) $\frac{5+\sqrt{3}}{2\sqrt{3}}$

185. यदि $\sec^2\theta + \tan^2\theta = \frac{25}{18}$ है, तो $\sec^4\theta - \tan^4\theta$ का मान ज्ञात करें।
SSC CGL (Tier I) 14/07/2023 Shift III
(a) $\frac{25}{9}$ (b) $\frac{25}{12}$ (c) $\frac{25}{18}$ (d) $\frac{18}{25}$

186. निम्नलिखित का मान ज्ञात कीजिए
$\cos(36°+A)\cdot\cos(36°-A) + \cos(54°+A)\cdot\cos(54°-A)$
SSC CGL (Tier I) 14/07/2023 Shift II
(a) $\cos A$ (b) $\sin 2A$ (c) $\sin A$ (d) $\cos 2A$

187. $\sec^2 54° - \cot^2 36° + \frac{3}{2}\sin^2 37° \times \sec^2 53° + \frac{2}{\sqrt{3}}\tan 60°$ का मान क्या है?
SSC CGL (Tier I) 14/07/2023 Shift II
(a) $\frac{3}{2}$ (b) $\frac{9}{2}$ (c) $\frac{7}{2}$ (d) $\frac{5}{2}$

188. $\{(3\sin\theta - \cos\theta)/(\cos\theta + \sin\theta)\} = 1$ है, तो $\cot\theta$ का मान ज्ञात कीजिए।
SSC CGL (Tier I) 14/07/2023 Shift I
(a) 3 (b) 1 (c) 2 (d) 0

189. यदि $\sin(a+b) = 1$ और $\cos(a-b) = \frac{1}{2}$ है, तो a का मान ज्ञात करें।
SSC CGL (Tier I) 14/07/2023 Shift I
(a) 30° (b) 45° (c) 75° (d) 15°

SSC CGL 2022 (Tier I)

190. यदि A एक न्यून कोण है, तो निम्न का सरलीकृत रूप क्या होगा?
$$\frac{\cos(\pi - A)\cdot\cot\left(\frac{\pi}{2}+A\right)\cos(-A)}{\tan(\pi + A)\tan\left(\frac{3\pi}{2}+A\right)\sin(2\pi - A)}$$
SSC CGL (Tier I) 13/12/2022 Shift IV
(a) $\cos^2 A$ (b) $\sin^2 A$ (c) $\cos A$ (d) $\sin A$

191. यदि $\tan(\alpha+\beta) = a, \tan(\alpha-\beta) = b$ है, तो $\tan 2\alpha$ का मान ज्ञात कीजिए।
SSC CGL (Tier I) 13/12/2022 Shift IV
(a) $\frac{a+b}{1-ab}$ (b) $\frac{a+b}{1+ab}$ (c) $\frac{a-b}{1-ab}$ (d) $\frac{a-b}{1+ab}$

192. यदि $\tan^2\theta + \tan^4\theta = 1$ है, तो .... होगा
SSC CGL (Tier I) 13/12/2022 Shift III
(a) $\sin^2\theta + \sin^4\theta = 1$
(b) $\cos^2\theta + \cos^4\theta = 1$
(c) $\cot^2\theta + \cot^4\theta = 1$
(d) $\text{cosec}^2\theta + \sec^4\theta = 1$

193. यदि $\tan 40° = \alpha$ है, तो $\frac{\tan 320° - \tan 310°}{1+\tan 320°\cdot\tan 310°}$ का मान ज्ञात कीजिए।
SSC CGL (Tier I) 13/12/2022 Shift III
(a) $\frac{1+\alpha^2}{\alpha}$ (b) $\frac{1-\alpha^2}{\alpha}$ (c) $\frac{1-\alpha^2}{2\alpha}$ (d) $\frac{1+\alpha^2}{2\alpha}$

194. यदि $a = 45°$ और $b = 15°$, तो $\frac{\cos(a-b)-\cos(a+b)}{\cos(a-b)+\cos(a+b)}$ का मान क्या है?
SSC CGL (Tier I) 13/12/2022 Shift II
(a) $2-2\sqrt{2}$ (b) $3-\sqrt{6}$
(c) $3-\sqrt{2}$ (d) $2-\sqrt{3}$

195. यदि θ एक न्यून कोण है और $\tan\theta + \cot\theta = 2$ है, तो $\tan^{200}\theta + \cot^{200}\theta$ का मान ज्ञात कीजिए।
SSC CGL (Tier I) 13/12/2022 Shift I
(a) 1 (b) −1 (c) 2 (d) 0

196. यदि $\sec A = \frac{5}{4}$, तो $\frac{\tan A}{1+\tan^2 A} - \frac{\sin A}{\sec A}$ का मान ज्ञात कीजिए। **SSC CGL (Tier I) 12/12/2022 Shift IV**
(a) 0 (b) 2 (c) 3 (d) 1

197. यदि $\sin A = 4/5$ है, तो $\sin^2 A$ का मान क्या है?
SSC CGL (Tier I) 12/12/2022 Shift IV
(a) 16/25 (b) 26/25 (c) 36/25 (d) 48/25

198. यदि $\cos\theta + \cos^2\theta = 1$ है, तो $\sqrt{\sin^4\theta + \cos^2\theta}$ का मान ज्ञात कीजिए।
SSC CGL (Tier I) 12/12/2022 Shift IV
(a) $\sqrt{2}\cos\theta$ (b) $\sqrt{2}\sin\theta$
(c) $2\cos\theta$ (d) $2\sin\theta$

199. यदि $2\sin\theta + 2\sin^2\theta = 2$, तो $2\cos^4\theta + 2\cos^2\theta$ का मान क्या होगा?
SSC CGL (Tier I) 12/12/2022 Shift I
(a) 0 (b) 1 (c) 4 (d) 2

200. यदि $\tan 3\theta \tan 7\theta = 1$ है, जहाँ 7θ एक न्यून कोण है, तो $\cot 15\theta$ का मान ज्ञात कीजिए
SSC CGL (Tier I) 12/12/2022 Shift III
(a) $-\sqrt{3}$ (b) 1 (c) −1 (d) $\sqrt{3}$

201. $\frac{1+\sin\theta}{\cos\theta}$ निम्नलिखित में से किसके बराबर है (जहाँ, $\theta \neq \frac{\pi}{2}$)?
SSC CGL (Tier I) 12/12/2022 Shift II
(a) $\frac{1+\cos\theta}{\sin\theta}$ (b) $\frac{\tan\theta+1}{\tan\theta-1}$
(c) $\frac{\tan\theta-1}{\tan\theta+1}$ (d) $\frac{\cos\theta}{1-\sin\theta}$

202. ΔABC एक समकोण त्रिभुज है, जिसका समकोण B पर है और $\tan A = \frac{3}{4}$ है, तो $\sin A + \sin B + \sin C$ का मान क्या होगा?
SSC CGL (Tier I) 12/12/2022 Shift II
(a) $2\frac{2}{5}$ (b) $3\frac{1}{5}$ (c) $1\frac{1}{5}$ (d) $2\frac{4}{5}$

203. यदि $\sin^2\theta - 3\sin\theta + 2 = 0$ है, तो $\theta(0° \le \theta \le 90°)$ का मान ज्ञात करें।
SSC CGL (Tier I) 12/12/2022 Shift II
(a) 60° (b) 45° (c) 0° (d) 90°

204. $\tan 27° \tan 34° + \tan 34° \tan 29° + \tan 29° \tan 27°$ का मान ज्ञात कीजिए।
SSC CGL (Tier I) 12/12/2022 Shift I
(a) 0 (b) 1 (c) −1 (d) $\sqrt{3}$

205. व्यंजक $\cos 2A \cos 2B + \sin^2(A-B) - \sin^2(A+B)$ का मान क्या होगा?
SSC CGL (Tier I) 12/12/2022 Shift I
(a) $\sin(2A+2B)$ (b) $\sin(2A-2B)$
(c) $\cos(2A+2B)$ (d) $\cos(2A-2B)$

206. यदि $\text{cosec}\,\theta + \cot\theta = P$, तो $\frac{P^2-1}{P^2+1}$ का मान .... है **SSC CGL (Tier I) 12/12/2022 Shift I**
(a) $\text{cosec}\,\theta$ (b) $\cos\theta$ (c) $\cot\theta$ (d) $\sin\theta$

207. यदि $b\cos\theta = a$ है, तो $\text{cosec}\,\theta + \cot\theta =$ .... होगा **SSC CGL (Tier I) 9/12/2022 Shift IV**
(a) $\sqrt{\frac{b-a}{b+a}}$ (b) $\sqrt{\frac{b+a}{b-a}}$
(c) $\sqrt{\frac{1}{b-a}}$ (d) $\sqrt{\frac{1}{b+a}}$

208. $\sin 75° + \sin 15°$ का मान क्या है?
SSC CGL (Tier I) 9/12/2022 Shift IV
(a) $\sqrt{\frac{3}{2}}$ (b) $\frac{1}{\sqrt{2}}$ (c) $\frac{3}{\sqrt{2}}$ (d) $\frac{\sqrt{3}}{2}$

209. यदि $2\frac{\cos^2 x - \sec^2 x}{\tan^2 x} = a + b\cos 2x$ है, तो $a, b = ?$ **SSC CGL (Tier I) 9/12/2022 Shift III**
(a) −3, −1 (b) $\frac{-3}{2}, \frac{-1}{2}$
(c) 3, 1 (d) $\frac{3}{2}, \frac{1}{2}$

210. यदि $\sin\theta = \frac{8}{17}$ है, जहाँ θ न्यून कोण है, तो $\tan\theta + \cot\theta$ का मान ज्ञात कीजिए।
SSC CGL (Tier I) 9/12/2022 Shift III
(a) $\frac{217}{110}$ (b) $\frac{289}{120}$ (c) $\frac{281}{190}$ (d) $\frac{512}{321}$

211. यदि $\frac{\sin\theta + \cos\theta}{\sin\theta - \cos\theta} = \frac{3}{2}$ है, तो $\sin^4\theta - \cos^4\theta$ का मान क्या होगा?
SSC CGL (Tier I) 9/12/2022 Shift II
(a) $\frac{11}{12}$ (b) $\frac{12}{13}$ (c) $\frac{5}{13}$ (d) $\frac{5}{12}$

212. अगर $\cos(A-B) = \frac{\sqrt{3}}{2}$ और $\cos(A+B) = 0$ है, जहाँ A और B धनात्मक न्यून कोण हैं और $A \ge B$ है, तो A और B के माप क्या है?
SSC CGL (Tier I) 9/12/2022 Shift II
(a) 60° और 30° (b) 70° और 20°
(c) 50° और 40° (d) 80° और 40°

213. $\sin 28° \sin 35° \sin 45° \sec 62° \sec 55°$ का मान क्या है? **SSC CGL (Tier I) 9/12/2022 Shift I**
(a) $\frac{1}{\sqrt{2}}$ (b) $\sqrt{2}$
(c) 1/2 (d) 2

214. यदि $5\sin^2 A + 3\cos^2 A = 4, 0 < A < 90°$ है, तो $\tan A$ का मान क्या होगा?
SSC CGL (Tier I) 9/12/2022 Shift I
(a) 0 (b) 2
(c) 3 (d) 1

215. $\cos^3 60° - \cos^3 240° - \cos^3 360° = ...$ होगा। **SSC CGL (Tier I) 9/12/2022 Shift I**
(a) $\frac{-9}{7}$ (b) $\frac{-3}{4}$
(c) $\frac{-7}{5}$ (d) $\frac{-3}{5}$

216. यदि $\tan A \tan B + \frac{\cos x}{\cos A \cos B} = 1$ है, तो $x = ?$ **SSC CGL (Tier I) 08/12/2022 Shift IV**
(a) B (b) $A+B$ (c) A (d) $A-B$

217. यदि α कोई न्यून कोण है, $\tan(4\alpha - 50°) = \cot(50° - \alpha)$, तो α (डिग्री में) का मान ज्ञात कीजिए।
SSC CGL (Tier I) 08/12/2022 Shift IV
(a) 90° (b) 30° (c) 45° (d) 60°

218. व्यंजक $\frac{\sin^2 63° + \sin^2 27°}{\cos^2 17° + \cos^2 73°}$ का मान ज्ञात कीजिए। **SSC CGL (Tier I) 08/12/2022 Shift IV**
(a) 3 (b) 2 (c) 1 (d) 0

219. यदि $\sec x - \cos x = 4$ है, तो $\frac{(1+\cos^2 x)}{\cos x)}$ का मान क्या होगा?
SSC CGL (Tier I) 08/12/2022 Shift III
(a) $\sqrt{5}$ (b) $\frac{9}{4}$ (c) $2\sqrt{5}$ (d) $\frac{1}{4}$

220. $\theta = 135°$; $y = 15°$, $2\cos(\theta)\sin(y)$ का मान क्या है? **SSC CGL (Tier I) 08/12/2022 Shift III**
(a) $\frac{\sqrt{3}-1}{2}$ (b) $2-\sqrt{3}$ (c) $\sqrt{3}-2$ (d) $\frac{1-\sqrt{3}}{2}$

221. $a^2 = b^2 + (ab)^2$ में a और b के मान के लिए कौन-सा विकल्प उपयुक्त है?
SSC CGL (Tier I) 08/12/2022 Shift III
(a) $a = \sin x, b = \tan x$
(b) $a = \cot x, b = \cos x$
(c) $a = \cos x, b = \tan x$
(d) $a = \sin x, b = \cot x$

222. यदि $\tan(\alpha+\beta) = \sqrt{3}$, $\tan(\alpha-\beta) = 1$ जहाँ पर $(\alpha+\beta)$ तथा $(\alpha-\beta)$ न्यून कोण हैं, तो $\tan(6\alpha)$ का मान क्या है?
SSC CGL (Tier I) 08/12/2022 Shift II
(a) 0 (b) –1 (c) $\sqrt{2}-1$ (d) 1

223. $\tan 6° \times \tan 45° \times \tan 84°$ का मान क्या है?
SSC CGL (Tier I) 08/12/2022 Shift II
(a) $\tan 6° \times \tan 39°$
(b) 1
(c) $\tan 6° + \tan 45° + \tan 84°$
(d) 3

224. यदि $\cot A = \frac{12}{5}$ है, तो $\sin A$ का मान = ?
SSC CGL (Tier I) 08/12/2022 Shift II
(a) $\frac{5}{13}$ (b) $\frac{5}{12}$ (c) $\frac{13}{12}$ (d) $\frac{12}{13}$

225. यदि $x = 8(\sin\theta + \cos\theta)$ और $y = 9(\sin\theta - \cos\theta)$ है, तो $\frac{x^2}{8^2} + \frac{y^2}{9^2}$ का मान क्या होगा? **SSC CGL (Tier I) 08/12/2022 Shift I**
(a) 2 (b) 6 (c) 8 (d) 4

226. यदि $A + B = C$ है, तो $\tan A \tan B \tan C$ का मान क्या होगा?
SSC CGL (Tier I) 08/12/2022 Shift I
(a) $\tan A - \tan B - \tan C$
(b) $\tan C + \tan A + \tan B$
(c) $\tan C + \tan A - \tan B$
(d) $\tan C - \tan A - \tan B$

227. यदि $\tan A = \frac{10}{15}$, तो $\cos^2 A$ का मान क्या होगा? **SSC CGL (Tier I) 08/12/2022 Shift IV**
(a) $\frac{49}{209}$ (b) $\frac{69}{209}$ (c) $\frac{169}{209}$ (d) $\frac{9}{10}$

228. यदि $4\tan\theta = 3$ है, तो $\frac{4\sin\theta - \cos\theta + 1}{4\sin\theta + \cos\theta - 1} =$ ..... होगा। **SSC CGL (Tier I) 07/12/2022 Shift IV**
(a) $\frac{14}{11}$ (b) $\frac{12}{11}$
(c) $\frac{10}{11}$ (d) $\frac{13}{11}$

229. यदि $\tan\theta + \cot\theta = 12$ है, तो $\tan^2\theta + \cot^2\theta$ का मान क्या होगा?
SSC CGL (Tier I) 07/12/2022 Shift IV
(a) 66 (b) 132
(c) 142 (d) 128

230. $\frac{\tan 45° - \tan 15°}{1 + \tan 45° \tan 15°}$ का मान क्या होगा?
SSC CGL (Tier I) 07/12/2022 Shift III
(a) $\frac{1}{\sqrt{3}}$ (b) $\frac{1}{\sqrt{2}}$
(c) $\sqrt{3}$ (d) $\sqrt{2}$

231. निम्नलिखित व्यंजक का मान ज्ञात कीजिए। $5(\sin^4\theta + \cos^4\theta) + 3(\sin^6\theta + \cos^6\theta) + 19\sin^2\theta\cos^2\theta$
SSC CGL (Tier I) 07/12/2022 Shift III
(a) 7 (b) 5 (c) 8 (d) 6

232. यदि $1 + \sin\theta = m\cos\theta$ है, तो $\sin\theta$ का मान क्या होगा? **SSC CGL (Tier I) 07/12/2022 Shift II**
(a) $\frac{m^2+1}{m^2-1}$ (b) $\frac{m^2-1}{m^2+1}$
(c) $\frac{2m^2-1}{m^2+1}$ (d) $\frac{m^2+1}{2m^2-1}$

233. $\cos 45° \sin 15°$ का मान क्या है?
SSC CGL (Tier I) 07/12/2022 Shift II
(a) $\frac{(\sqrt{3}-1)}{4}$ (b) $2\sqrt{3}-1$
(c) $\frac{(\sqrt{3}-1)}{2}$ (d) $(\sqrt{3}+1)$

234. $\tan^2\alpha = 3 + \theta^2$ है, तो $\sec\alpha + \tan^3\alpha \operatorname{cosec}\alpha = ?$
SSC CGL (Tier I) 07/12/2022 Shift I
(a) $(4+\theta^2)^{\frac{3}{2}}$ (b) $(7+\theta^2)^{\frac{3}{2}}$
(c) $(5-\theta^2)^{\frac{3}{2}}$ (d) $(3+\theta^2)^{\frac{3}{2}}$

235. यदि $\tan A - \tan B - \tan C = \tan A \tan B \tan C$ है, तो B और C के सन्दर्भ में A का मान क्या होगा?
SSC CGL (Tier I) 07/12/2022 Shift I
(a) $A = B + C$ (b) $A = 2B - 2C$
(c) $A = B - C$ (d) $A = \frac{B-C}{2}$

236. ΔXYZ में, $\angle X = 90°$, $YZ = 15$ सेमी और $XZ = 12$ सेमी है। फिर $\cos Y$ का मान ज्ञात कीजिए। **SSC CGL (Tier I) 07/12/2022 Shift I**
(a) $\frac{2}{5}$ (b) $\frac{3}{4}$ (c) $\frac{4}{5}$ (d) $\frac{3}{5}$

237. $\cos^2 15°$ का मान क्या है?
SSC CGL (Tier I) 06/12/2022 Shift IV
(a) $\frac{(2+\sqrt{3})}{2}$ (b) $\frac{(2+\sqrt{3})}{4}$
(c) $\frac{(1+\sqrt{3})}{2}$ (d) $(2+\sqrt{3})$

238. यदि $\sec\theta - 2\cos\theta = \frac{7}{2}$ है, जहाँ θ एक धनात्मक न्यून कोण है, तो $\sec\theta$ का मान ज्ञात कीजिए। **SSC CGL (Tier I) 06/12/2022 Shift IV**
(a) 5 (b) 6 (c) 4 (d) 8

239. यदि $\sin\theta = \frac{1}{2}$ हो, तो $(3\cos\theta - 4\cos^3\theta)$ का मान है **SSC CGL (Tier I) 06/12/2022 Shift III**
(a) – 1 (b) 0 (c) 1 (d) 2

240. निम्नलिखित को त्रिकोणमितीय अनुपातों के सन्दर्भ में इसका मान ज्ञात करने के लिए हल करें। $(\sin A + \cos A)(1 - \sin A \cos A)$
SSC CGL (Tier I) 06/12/2022 Shift III
(a) $\sin^2 A - \cos^2 A$
(b) $\sin^3 A - \cos^3 A$
(c) $[\cos A - \sin A][\sin^2 A + \cos^2 A]$
(d) $\sin^3 A + \cos^3 A$

241. $\cos\left(-\frac{17\pi}{3}\right)$ का मान क्या होगा?
SSC CGL (Tier I) 06/12/2022 Shift II
(a) $\frac{1}{2}$ (b) 1 (c) 0 (d) $\frac{\sqrt{3}}{2}$

242. यदि $\cot A = \frac{15}{8}$ है, तो $\tan 2A$ का मान क्या होगा? **SSC CGL (Tier I) 06/12/2022 Shift II**
(a) $\frac{240}{173}$ (b) $\frac{240}{161}$ (c) $\frac{220}{171}$ (d) $\frac{200}{161}$

243. $\sin 10° - \frac{4}{3}\sin^3 10°$ का मान क्या होगा?
SSC CGL (Tier I) 06/12/2022 Shift I
(a) $\frac{1}{2\sqrt{3}}$ (b) $\frac{\sqrt{3}}{6}$ (c) $\frac{1}{3\sqrt{3}}$ (d) 1/6

244. $\frac{\cos 20°}{\sin 70°} + \frac{\cos\theta}{\sin(90° - \theta)} =$ ......
SSC CGL (Tier I) 06/12/2022 Shift I
(a) –2 (b) 2 (c) $\frac{1}{2}$ (d) $-\frac{1}{2}$

245. यदि $b\sin\theta = a$ है, तो $\sec\theta + \tan\theta = ?$
SSC CGL (Tier I) 06/12/2022 Shift I
(a) $\sqrt{\frac{b-a}{b+a}}$ (b) $\sqrt{\frac{1}{b-a}}$
(c) $\sqrt{\frac{b+a}{b-a}}$ (d) $\sqrt{\frac{1}{b+a}}$

246. यदि $8\cot\theta = 6$, तो $\frac{\sin\theta + \cos\theta}{\sin\theta - \cos\theta}$ का मान ज्ञात कीजिए।
SSC CGL (Tier I) 05/12/2022 Shift IV
(a) 7 (b) 2 (c) 5 (d) 12

247. $\sqrt{\frac{1+\sin A}{1-\sin A}}$ =...... होगा।
SSC CGL (Tier I) 05/12/2022 Shift IV
(a) $\sec A$ (b) $\sec A + \tan A$
(c) $\sec A - \tan A$ (d) $\operatorname{cosec} A - \cot A$

248. यदि θ एक न्यून कोण और $\tan\theta + \cot\theta = 2$, है, तो $\tan^2\theta + \cot^2\theta + 2\tan^5\theta\cot^4\theta$ का मान क्या है?
SSC CGL (Tier I) 05/12/2022 Shift III
(a) 3 (b) 2 (c) 4 (d) 1

249. यदि $\tan A = \frac{2}{3}$ है, तो निम्नलिखित का मान क्या होगा?
$(5\sin^2 A - 2\cos^2 A) \div (15\sin^2 A + 3\cos^2 A)$
SSC CGL (Tier I) 05/12/2022 Shift III
(a) $\frac{3}{77}$ (b) $\frac{2}{5}$ (c) $\frac{2}{87}$ (d) $\frac{21}{47}$

250. $\cos x \operatorname{cosec} x - \sin x \sec x$ का मान क्या होगा?
SSC CGL (Tier I) 05/12/2022 Shift II
(a) $\tan 2x$ (b) $\cot \frac{2x}{2}$
(c) $\cot 2x$ (d) $2 \cot 2x$

251. $\sqrt{\frac{1+\cos\theta}{1-\cos\theta}} + \sqrt{\frac{1-\cos\theta}{1+\cos\theta}} = ...$.
SSC CGL (Tier I) 05/12/2022 Shift II
(a) $2 \cos\theta$ (b) $2 \sin\theta$
(c) $2 \operatorname{cosec}\theta$ (d) $2 \sec\theta$

252. $\cos^2 35° + \cos 55° \cdot \sin 35° + \frac{\tan 34°}{\cot 56°} = ...$
... **SSC CGL (Tier I) 05/12/2022 Shift II**
(a) 2 (b) 3 (c) 4 (d) 1

253. यदि $\sin\theta = \frac{8}{17}$ है, तो $\tan\theta$ का मान ज्ञात कीजिए। **SSC CGL (Tier I) 05/12/2022 Shift I**
(a) $\frac{17}{15}$ (b) $\frac{8}{15}$ (c) $\frac{15}{17}$ (d) $\frac{15}{8}$

254. यदि $\sec 2\theta = \operatorname{cosec}(\theta - 36°)$ है, जहाँ 2θ एक न्यून कोण है, तो θ का मान ज्ञात कीजिए।
SSC CGL (Tier I) 05/12/2022 Shift I
(a) 46° (b) 20° (c) 32° (d) 42°

255. यदि $\sin\theta + \cos\theta = \frac{\sqrt{3}-1}{2\sqrt{2}}$ है, तो $\tan\theta + \cot\theta$ का मान क्या है?
SSC CGL (Tier I) 05/12/2022 Shift I
(a) $12(\sqrt{3}+2)$ (b) $8(\sqrt{3}+2)$
(c) $8(\sqrt{3}-2)$ (d) $12(\sqrt{3}-2)$

256. ΔABC, B पर एक समकोण त्रिभुज है। यदि $\tan A = \frac{5}{12}$, तो $\sin A + \sin B + \sin C$ किसके बराबर होगा?
SSC CGL (Tier I) 03/12/2022 Shift IV
(a) $2\frac{1}{13}$ (b) $1\frac{5}{13}$ (c) $3\frac{1}{13}$ (d) $2\frac{4}{13}$

257. निम्नलिखित को सरल करें
$\frac{\cos x - \sqrt{3}\sin x}{2}$ **SSC CGL (Tier I) 03/12/2022 Shift III**
(a) $\sin\left(\frac{\pi}{3}+x\right)$ (b) $\cos\left(\frac{\pi}{3}-x\right)$
(c) $\cos\left(\frac{\pi}{3}+x\right)$ (d) $\sin\left(\frac{\pi}{3}-x\right)$

258. यदि $\cot B = 9$ है, तो $\sec^2 B$ का मान क्या होगा? **SSC CGL (Tier I) 03/12/2022 Shift III**
(a) $\frac{42}{81}$ (b) $\frac{92}{81}$
(c) $\frac{82}{81}$ (d) $\frac{98}{81}$

259. यदि $\frac{k - k\cot^2 30°}{1+\cot^2 30°} = \sin^2 60° + 4\tan^2 45° - \operatorname{cosec}^2 60°$ है, तो k का मान (दशमलव के बाद दो अंक तक) ज्ञात कीजिए। **SSC CGL (Tier I) 03/12/2022 Shift III**
(a) 6.83 (b) – 6.83 (c) 5.55 (d) – 5.58

260. $\tan(\theta - 14\pi)$ निम्न में किसके बराबर है?
SSC CGL (Tier I) 03/12/2022 Shift II
(a) $-\tan\theta$ (b) $\cot\theta$ (c) $\tan\theta$ (d) $-\cot\theta$

261. $\sin^4\theta + \cos^4\theta$ को $\sin\theta$ के रूप में इस प्रकार लिखा जा सकता है
SSC CGL (Tier I) 03/12/2022 Shift II
(a) $2\sin^4\theta - 2\sin^2\theta$
(b) $2\sin^4\theta + 2\sin^2\theta - 1$
(c) $2\sin^4\theta - 2\sin^2\theta - 1$
(d) $2\sin^4\theta - 2\sin^2\theta + 1$

262. यदि $(\cos q + \sin q) = 31/25$ है, तो $\cos 2q$ का मान क्या होगा?
SSC CGL (Tier I) 03/12/2022 Shift I
(a) 512/625 (b) 513/625
(c) 522/625 (d) 527/625

263. $\frac{1}{1+\cos(90°-\theta)} + \frac{1}{1 \cos(90°-\theta)} = ...$
SSC CGL (Tier I) 03/12/2022 Shift I
(a) 1 (b) $2\sec^2\theta$ (c) 0 (d) $2\tan^2\theta$

264. $\frac{\cos A}{1+\tan A} - \frac{\sin A}{1+\cot A}$ का मान ज्ञात कीजिए।
SSC CGL (Tier I) 03/12/2022 Shift I
(a) $\cos A + \sin A$ (b) $\tan A$
(c) $\cos A - \sin A$ (d) $\cos \cdot A \sin A$

265. यदि $\sin A = \frac{4}{5}$ और $\sin B = \frac{15}{17}$ हैं, तो $\sin(A - B)$ का मान क्या होगा?
SSC CGL (Tier I) 02/12/2022 Shift IV
(a) $-\frac{32}{45}$ (b) $-\frac{13}{85}$ (c) $\frac{32}{45}$ (d) $\frac{13}{85}$

266. यदि $\frac{(1-\cos\theta)}{\sin\theta} = \frac{1}{5}$ है, तो $\frac{(1+\cos\theta)}{\sin\theta}$ का मान क्या होगा?
SSC CGL (Tier I) 02/12/2022 Shift IV
(a) 5 (b) 2/5 (c) 1/5 (d) 4/5

267. यदि $\tan A + \cot A = 2$, तो $2(\tan^2 A + \cot^2 A)$ का मान ज्ञात कीजिए।
SSC CGL (Tier I) 02/12/2022 Shift IV
(a) 4 (b) 3 (c) 2 (d) 1

268. $\cot 15° \cot 25° \cot 45° \cot 75° \cot 65°$ का मान क्या होगा?
SSC CGL (Tier I) 02/12/2022 Shift III
(a) 1 (b) $\sqrt{2}$ (c) 2 (d) $\sqrt{3}$

269. यदि $\operatorname{cosec}A - \cot A = \frac{1}{4}$ है, तो $\tan A$ का मान क्या है?
SSC CGL (Tier I) 02/12/2022 Shift II
(a) $\frac{8}{17}$ (b) $\frac{8}{15}$
(c) $\frac{15}{17}$ (d) $\frac{17}{15}$

270. यदि $\sin\theta + \cos\theta = \sqrt{5}\sin(90 - \theta)$ है, तो $\cot\theta$ का मान ज्ञात कीजिए।
SSC CGL (Tier I) 02/12/2022 Shift II
(a) $\frac{\sqrt{5}-1}{5}$ (b) $\frac{\sqrt{5}+1}{3}$
(c) $\frac{\sqrt{5}-1}{4}$ (d) $\frac{\sqrt{5}+1}{4}$

271. यदि $\sin(A + B) = \cos(A + B)$ है, तो $\tan A$ का मान कितना होगा?
SSC CGL (Tier I) 02/12/2022 Shift I
(a) $\frac{1+\tan B}{1-\tan B}$ (b) $\frac{1+\sec B}{1-\sec B}$
(c) $\frac{1-\tan B}{1+\tan B}$ (d) $\frac{1-\operatorname{cosec}B}{1+\operatorname{cosec}B}$

272. यदि $\tan^2\theta = 1 - a^2$ है, तो $\sec\theta + \tan^3\theta \operatorname{cosec}\theta$ का मान क्या है?
SSC CGL (Tier I) 01/12/2022 Shift III
(a) $a^{\frac{3}{2}}$ (b) $(a^2 - 1)^{\frac{3}{2}}$
(c) $(2 - a^2)^{\frac{3}{2}}$ (d) $(2 - a)^{\frac{3}{2}}$

273. यदि $\cos A = \frac{9}{41}$ है, तो $\cot A$ ज्ञात कीजिए।
SSC CGL (Tier I) 01/12/2022 Shift IV
(a) $\frac{41}{40}$ (b) $\frac{9}{40}$ (c) $\frac{40}{9}$ (d) $\frac{9}{41}$

274. यदि $\tan\theta + \sec\theta = 7$ है और θ न्यून हो, तो $5\sin\theta$ का मान होगा
SSC CGL (Tier I) 01/12/2022 Shift III
(a) $\frac{25}{24}$ (b) $\frac{24}{5}$ (c) $\frac{24}{25}$ (d) $\frac{1}{24}$

275. $\sin\alpha - \sin\beta$ क्या है?
SSC CGL (Tier I) 01/12/2022 Shift II
(a) $2\cos\frac{\alpha-\beta}{2}\sin\frac{\alpha+\beta}{2}$
(b) $2\sin\frac{\alpha+\beta}{2}\sin\frac{\alpha-\beta}{2}$
(c) $2\cos\frac{\alpha+\beta}{2}\sin\frac{\alpha-\beta}{2}$
(d) $2\cos\frac{\alpha+\beta}{2}\cos\frac{\alpha-\beta}{2}$

276. $(\sin 30° \cos 60° - \cos 30° \sin 60°$ का मान निम्न में से किसके बराबर है?
SSC CGL (Tier I) 01/12/2022 Shift II
(a) $\cos 30°$ (b) $-\sin 30°$
(c) $-\cos 30°$ (d) $\sin 30°$

277. $\frac{\sin 30° \sin 40° \sin 50° \sin 60°}{\cos 30° \cos 40° \cos 50° \cos 60°}$ का मान क्या होगा? **SSC CGL (Tier I) 01/12/2022 Shift II**
(a) $\sqrt{3}$ (b) 1 (c) $\frac{1}{\sqrt{3}}$ (d) $\frac{1}{\sqrt{2}}$

278. $\tan^2\theta + \cot^2\theta - \sec^2\theta \operatorname{cosec}^2\theta$ का मान क्या है?
SSC CGL (Tier I) 01/12/2022 Shift I
(a) – 2 (b) $\frac{1}{2}$ (c) 0 (d) 2

279. $\frac{\cos 45°}{\sec 30° + \operatorname{cosec} 30°}$ सरल कीजिए।
SSC CGL (Tier I) 01/12/2022 Shift I
(a) $\frac{\sqrt{3}}{2\sqrt{2}-2\sqrt{6}}$ (b) $\frac{3\sqrt{2}+\sqrt{6}}{8}$
(c) $\frac{3\sqrt{2}-\sqrt{6}}{8}$ (d) $\frac{\sqrt{3}}{2\sqrt{6}-2\sqrt{2}}$

SSC CGL 2021 (Tier I)

280. यदि $\sec 31° = x$ है, तो $\sin^2 59° + \frac{1}{\sec^2 31°} - \frac{1}{\sin^2 59° \operatorname{cosec}^2 59°}$ का मान ज्ञात करें।
SSC CGL (Tier I) 24/08/2021 Shift III
(a) $\frac{x^2-2}{x}$ (b) $\frac{2-x^2}{x^2}$
(c) $\frac{2-x^2}{x}$ (d) $\frac{x^2-2}{x^2}$

281. यदि $\frac{\sin\theta+\cos\theta}{\sin\theta-\cos\theta} = 5$ है, तो $\frac{4\sin^2\theta+3}{2\cos^2\theta+2}$ का मान ज्ञात करें।
SSC CGL (Tier I) 24/08/2021 Shift III
(a) $\frac{75}{17}$ (b) $\frac{75}{34}$
(c) $\frac{3}{2}$ (d) $\frac{1}{2}$

282. $\frac{(\sin\theta+\sec\theta)^2+(\cos\theta+\operatorname{cosec}\theta)^2}{(1+\sec\theta\times\operatorname{cosec}\theta)^2}$ का मान ज्ञात करें, जहाँ $0° < \theta < 90°$ है।
SSC CGL (Tier I) 24/08/2021 Shift III
(a) 0 (b) 1 (c) 2 (d) –1

283. $\frac{\sec^2 60° \cos^2 45° + \operatorname{cosec}^2 30°}{\cot 30° \sec^2 45° - \operatorname{cosec}^2 30° \tan 45°}$ का मान ज्ञात करें। **SSC CGL (Tier I) 24/08/2021 Shift II**
(a) $3(2-\sqrt{3})$ (b) $-3(2-\sqrt{3})$
(c) $-3(2+\sqrt{3})$ (d) $3(2+\sqrt{3})$

284. यदि $\sin^2\theta = 2\sin\theta - 1, 0° \le \theta \le 90°$ है, तो $\frac{1+\operatorname{cosec}\theta}{1-\cos\theta}$ का मान ज्ञात करें।
SSC CGL (Tier I) 24/08/2021 Shift II
(a) –1 (b) 1
(c) 2 (d) –2

285. यदि $\tan\theta + 3\cot\theta - 2\sqrt{3} = 0$ है तथा $0° < \theta < 90°$ है, तो $(\operatorname{cosec}^2\theta + \cos^2\theta)$ का मान ज्ञात करें।
SSC CGL (Tier I) 24/08/2021 Shift I
(a) $\frac{2}{3}$ (b) $\frac{11}{12}$
(c) $\frac{19}{12}$ (d) $\frac{14}{3}$

286. $\sec^2\alpha\left(1+\frac{1}{\operatorname{cosec}\alpha}\right)\left(1-\frac{1}{\operatorname{cosec}\alpha}\right)$ का मान ज्ञात करें। **SSC CGL (Tier I) 24/08/2021 Shift I**
(a) $\sin^2\alpha$ (b) 1 (c) –1 (d) $\tan^4\alpha$

287. ΔABC में, B समकोण है, यदि $\cot A = \frac{1}{2}$ है, तो $\frac{\sin A(\cos C+\cos A)}{\cos C(\sin C-\sin A)}$ का मान ज्ञात करें।
SSC CGL (Tier I) 24/08/2021 Shift I
(a) 3 (b) –3
(c) 2 (d) –2

288. यदि $0° < \theta < 90°$ है, तो $\sqrt{\frac{\sec^2\theta+\operatorname{cosec}^2\theta}{\tan^2\theta-\sin^2\theta}}$ का मान ज्ञात करें।
SSC CGL (Tier I) 23/08/2021 Shift II
(a) $\sec^2\theta$ (b) $\sec^3\theta$
(c) $\sin^2\theta$ (d) $\operatorname{cosec}^3\theta$

289. यदि $\frac{\sin^2\theta}{\tan^2\theta-\sin^2\theta} = 5$ है, θ न्यून कोण है, तो $\frac{24\sin^2\theta-15\sec^2\theta}{6\operatorname{cosec}^2\theta-7\cot^2\theta}$ का मान ज्ञात करें। **SSC CGL (Tier I) 23/08/2021 Shift II**
(a) 2 (b) 14
(c) –2 (d) –14

290. यदि $\sin^2\theta - \cos^2\theta - 3\sin\theta + 2 = 0$, $0° < \theta < 90°$ है, तो $\frac{1}{\sqrt{\sec\theta-\tan\theta}}$ का मान ज्ञात करें। **SSC CGL (Tier I) 23/08/2021 Shift I**
(a) $\sqrt[4]{2}$ (b) $\sqrt[2]{3}$ (c) $\sqrt[4]{3}$ (d) $\sqrt[2]{2}$

291. $\frac{\tan^2 30°}{\sec^2 30°} + \frac{\operatorname{cosec}^2 45°}{\cot^2 45°} - \frac{\sec^2 60°}{\operatorname{cosec}^2 60°}$ का मान ज्ञात करें। **SSC CGL (Tier I) 23/08/2021 Shift I**
(a) $-\frac{3}{4}$ (b) $\frac{5}{4}$ (c) $\frac{13}{4}$ (d) $\frac{23}{12}$

292. यदि x वास्तविक राशि है, तो $(25\cos^2 x + 9\sec^2 x)$ का न्यूनतम मान ज्ञात करें। **SSC CGL (Tier I) 23/08/2021 Shift I**
(a) 30 (b) 40 (c) 20 (d) 15

293. यदि $\cos(2\theta + 54°) = \sin\theta$, $0° < (2\theta + 54°) < 90°$ है, तो $\frac{1}{\cot 5\theta + \sec\frac{5\theta}{2}}$ का मान ज्ञात करें।
SSC CGL (Tier I) 20/08/2021 Shift II
(a) $\frac{\sqrt{3}}{2}$ (b) $\frac{\sqrt{3}}{3}$ (c) $\frac{2\sqrt{3}}{3}$ (d) $\frac{1}{3}$

294. यदि $\cot\theta = \frac{15}{8}$ है, θ न्यून कोण है, तो $\frac{(1-\cos\theta)(2+2\cos\theta)}{(2-2\sin\theta)(1+\sin\theta)}$ का मान ज्ञात करें।
SSC CGL (Tier I) 20/08/2021 Shift II
(a) $\frac{64}{225}$ (b) $\frac{225}{64}$ (c) $\frac{8}{15}$ (d) $\frac{16}{15}$

295. यदि $2\cos^2\theta - 5\cos\theta + 2 = 0$ है, $0° < \theta < 90°$ है, तो $(\sec\theta + \tan\theta)$ का मान ज्ञात करें।
SSC CGL (Tier I) 20/08/2021 Shift II
(a) $2-\sqrt{3}$ (b) $1-\sqrt{3}$
(c) $1+\sqrt{3}$ (d) $2+\sqrt{3}$

296. यदि $\sec(5\alpha - 15°) = \operatorname{cosec}(15° - 2\alpha)$ है, तो $\cos\alpha + \sin 2\alpha + \tan(1.5\alpha)$ का मान ज्ञात करें। **SSC CGL (Tier I) 20/08/2021 Shift I**
(a) $\sqrt{3}+1$ (b) $\sqrt{2}-1$
(c) $\sqrt{2}+1$ (d) $\sqrt{3}-1$

297. $(\sec\theta+\tan\theta)^2 + \frac{1+\operatorname{cosec}\theta}{1-\operatorname{cosec}\theta}$ का मान ज्ञात करें।
SSC CGL (Tier I) 18/08/2021 Shift III
(a) 2 (b) –2
(c) 1 (d) 0

298. यदि $\sin^6\theta + \cos^6\theta = \frac{1}{3}, 0° < \theta < 90°$ है, तो $\sin\theta\cos\theta$ का मान ज्ञात करें।
SSC CGL (Tier I) 18/08/2021 Shift III
(a) $\frac{\sqrt{2}}{\sqrt{3}}$ (b) $\frac{\sqrt{2}}{3}$ (c) $\frac{\sqrt{6}}{6}$ (d) $\frac{2}{9}$

299. यदि $\sin(A+B) = 1$ और $\cos(A-B) = \frac{\sqrt{3}}{2}$ है, $A+B \le 90°$ और $A > B$ है, तो $\frac{5\sin^2 B + 4\tan^2 A}{2\sin B\cos A}$ का मान ज्ञात करें।
SSC CGL (Tier I) 18/08/2021 Shift III
(a) $16\frac{1}{2}$ (b) 18 (c) 20 (d) $26\frac{1}{2}$

300. $\sin^4 30° + \cos^4 30° - \sin 25° \cos 65° - \sin 65° \cos 25°$ का मान ज्ञात करें।
SSC CGL (Tier I) 18/08/2021 Shift I
(a) $\frac{5}{8}$ (b) $-\frac{3}{8}$
(c) 0 (d) $\frac{13}{8}$

301. $(\sin 37° \cos 53° + \cos 37° \sin 53°) - \frac{4\cos^2 37° - 7 + 4\cos^2 53°}{\tan^2 47° + 4 - \operatorname{cosec}^2 43°}$ का मान ज्ञात करें।
SSC CGL (Tier I) 18/08/2021 Shift I
(a) 1 (b) 0 (c) –2 (d) 2

302. यदि $3\sin^2\theta - \cos\theta - 1 = 0$ है, $0° < \theta < 90°$ है, तो $\cot\theta + \operatorname{cosec}\theta$ का मान ज्ञात करें।
SSC CGL (Tier I) 18/08/2021 Shift I
(a) $2\sqrt{3}$ (b) $\frac{3\sqrt{2}}{2}$
(c) $2\sqrt{5}$ (d) $\sqrt{5}$

303. $\frac{\sqrt{2}\tan(60°-\theta)\tan(30°+\theta)}{\sin^2(45°+\theta)+\sin^2(45°-\theta)}$ का मान ज्ञात करें। **SSC CGL (Tier I) 17/08/2021 Shift III**
(a) $\sqrt{2}$ (b) 2 (c) $\frac{1}{\sqrt{2}}$ (d) 1

304. यदि $4\sin^2(2x-10)° = 3, 0 \le (2x-10) \le 90$ है, तो $\frac{\sin^4(x-5)° + \cos^4(x-5)°}{1-2\sin^2(3x-15)°\cos^2(3x-15)°}$ का मान ज्ञात करें।
SSC CGL (Tier I) 17/08/2021 Shift III
(a) 1 (b) $-\frac{5}{8}$ (c) $\frac{5}{8}$ (d) – 1

305. यदि $7\cos^2\theta + 5\sin^2\theta - 6 = 0, (0° < \theta < 90°)$ है, तो $\sqrt{\frac{\operatorname{cosec}\theta+\tan\theta}{\sec\theta-\cot\theta}}$ का मान ज्ञात करें।
SSC CGL (Tier I) 17/08/2021 Shift III
(a) $\sqrt{3}-1$ (b) $\sqrt{2}+1$
(c) $\sqrt{2}-1$ (d) $\sqrt{3}+1$

306. यदि $\cos(A-B) = \frac{\sqrt{3}}{2}$ और $\cot(A+B) = \frac{1}{\sqrt{3}}$ है, जहाँ $A-B$ और $A+B$ न्यून कोण है, तो $(2A-3B)$ का मान ज्ञात करें। **SSC CGL (Tier I) 17/08/2021 Shift I**
(a) 30° (b) 60°
(c) 15° (d) 45°

307. $(\sqrt{\sec^2\theta + \operatorname{cosec}^2\theta})\left(\frac{\sin\theta(1+\cos\theta)}{1+\cos\theta-\sin^2\theta}\right)$, ... के बराबर है, जहाँ $0° < \theta < 90°$ है।
SSC CGL (Tier I) 17/08/2021 Shift I
(a) $\operatorname{cosec}^2\theta$ (b) $\cot\theta$
(c) $\tan\theta$ (d) $\sec^2\theta$

308. $\dfrac{\tan^2 30° + \sin^2 90° + \cot^2 60° + \sin^2 30° \cos^2 45°}{\sin 60° \cos 30° - \cos 60° \sin 30°}$ का मान ज्ञात करें।

SSC CGL (Tier I) 16/08/2021 Shift III

(a) $\dfrac{47}{12}$ (b) $\dfrac{43}{12}$ (c) $\dfrac{37}{12}$ (d) $\dfrac{25}{12}$

309. $4(\sin^4 30° + \cos^4 30°) - 3(\sin^2 45° - 2\cos^2 45°)$ का मान ज्ञात करें।

SSC CGL (Tier I) 16/08/2021 Shift III

(a) 1 (b) 2 (c) 0 (d) 4

310. यदि $\sin\left(\dfrac{2A+B}{2}\right) = \cos\left(\dfrac{2A-B}{2}\right) = \dfrac{\sqrt{3}}{2}$, $0° < \dfrac{2A+B}{2} < 90°$ और $0° < \dfrac{2A+B}{2} < 90°$ है, तो $\sin[3(A-B)]$ का मान ज्ञात करें।

SSC CGL (Tier I) 16/08/2021 Shift III

(a) $\dfrac{1}{\sqrt{2}}$ (b) 1 (c) $\dfrac{\sqrt{3}}{2}$ (d) $\dfrac{1}{2}$

311. यदि $3\cos^2\theta - 4\sin\theta + 1 = 0, 0° < \theta < 90°$ है, तो $\tan\theta + \sec\theta$ का मान कितना होगा?

SSC CGL (Tier I) 16/08/2021 Shift I

(a) $2\sqrt{3}$ (b) $3\sqrt{3}$ (c) $2\sqrt{5}$ (d) $\sqrt{5}$

312. यदि $\dfrac{\operatorname{cosec}\theta + \cot\theta}{\operatorname{cosec}\theta - \cot\theta} = 7$ है, तो $\dfrac{4\sin^2\theta - 1}{4\sin^2\theta + 5}$ का मान ज्ञात करें।

SSC CGL (Tier I) 16/08/2021 Shift I

(a) $\dfrac{1}{3}$ (b) $-\dfrac{1}{9}$

(c) $\dfrac{1}{9}$ (d) $-\dfrac{1}{3}$

313. $1 + 2\tan^2\theta + 2\sin\theta\sec^2\theta, 0° < \theta < 90°$, का मान ज्ञात करें।

SSC CGL (Tier I) 16/08/2021 Shift I

(a) $\dfrac{1+\cos\theta}{1-\cos\theta}$ (b) $\dfrac{1-\cos\theta}{1+\cos\theta}$

(c) $\dfrac{1+\sin\theta}{1-\sin\theta}$ (d) $\dfrac{1-\sin\theta}{1+\sin\theta}$

314. $\dfrac{\tan(45° - \alpha)}{\cot(45° + \alpha)} - \dfrac{(\cos 19° + \sin 71°)(\sec 19° + \operatorname{cosec} 71°)}{\tan 12° \tan 24° \tan 66° \tan 78°}$ का मान ज्ञात करें।

SSC CGL (Tier I) 13/08/2021 Shift III

(a) – 2 (b) – 3 (c) 0 (d) 2

315. यदि $3\sec\theta + 4\cos\theta - 4\sqrt{3} = 0$ है, जहाँ θ न्यून कोण है, तो θ का मान ज्ञात करें।

SSC CGL (Tier I) 13/08/2021 Shift III

(a) 45° (b) 20°

(c) 60° (d) 30°

316. यदि $3\tan\theta = 2\sqrt{3}\sin\theta, 0° < \theta < 90°$ है, तो $2\sin^2 2\theta - 3\cos^2 3\theta$ का मान ज्ञात करें।

SSC CGL (Tier I) 13/08/2021 Shift III

(a) $-\dfrac{3}{2}$ (b) $\dfrac{1}{2}$ (c) 1 (d) $\dfrac{3}{2}$

317. $\dfrac{\operatorname{cosec}\theta}{\operatorname{cosec}\theta - 1} + \dfrac{\operatorname{cosec}\theta}{\operatorname{cosec}\theta + 1} - \tan^2\theta$, $0° < \theta < 90°$ का मान ज्ञात करें।

SSC CGL (Tier I) 13/08/2021 Shift I

(a) $\sec^2\theta + 1$ (b) $2\sec^2\theta$

(c) $\sec^2\theta$ (d) $1 - \tan^2\theta$

318. यदि $\dfrac{\cos^2\theta}{\cot^2\theta + \sin^2\theta - 1} = 3$ है, $0° < \theta < 90°$ है, तो $(\tan\theta + \operatorname{cosec}\theta)$ का मान ज्ञात करें।

SSC CGL (Tier I) 13/08/2021 Shift I

(a) $2\sqrt{3}$ (b) $\dfrac{4\sqrt{3}}{3}$ (c) $3\sqrt{3}$ (d) $\dfrac{5\sqrt{3}}{3}$

319. यदि $3\sec^2\theta + \tan\theta = 7, 0° < \theta < 90°$ है, तो $\dfrac{\operatorname{cosec} 2\theta + \cos\theta}{\sin 2\theta + \cot\theta}$ का मान ज्ञात कीजिए।

SSC CGL (Tier I) 07/03/2021 Shift II

(a) $\dfrac{2 + 3\sqrt{2}}{4}$ (b) $\dfrac{2 + \sqrt{3}}{2}$

(c) $\dfrac{2 + \sqrt{2}}{4}$ (d) $\dfrac{3 + \sqrt{2}}{2}$

SSC CGL 2020 (Tier I)

320. यदि $\dfrac{\sin A + \cos A}{\cos A} = \dfrac{17}{12}$ है, तो $\dfrac{1 - \cos A}{\sin A}$ का मान ज्ञात कीजिए।

SSC CGL (Tier I) 07/03/2020 Shift II

(a) $\dfrac{5}{12}$ (b) – 5 (c) 1 (d) $\dfrac{1}{5}$

321. दी गई आकृति में, $\cos\theta$ का मान ज्ञात कीजिए।

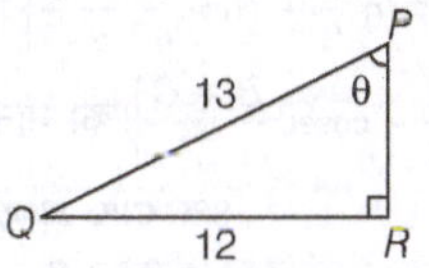

SSC CGL (Tier I) 07/03/2020 Shift I

(a) $\dfrac{5}{13}$ (b) $\dfrac{12}{13}$ (c) $\dfrac{12}{5}$ (d) $\dfrac{5}{12}$

322. $\dfrac{1 - 2\sin^2\theta\cos^2\theta}{\sin^4\theta + \cos^4\theta} - 1$ का मान ज्ञात कीजिए।

SSC CGL (Tier I) 07/03/2020 Shift I

(a) 1 (b) – 1

(c) 0 (d) $-2\sin^2\theta\cos^2\theta$

323. यदि A तीसरे चतुर्थांश में स्थित है और $20\tan A = 21$ है, तो $\dfrac{5\sin A - 2\cos A}{4\cos A - \dfrac{5}{7}\sin A}$ का मान ज्ञात कीजिए।

SSC CGL (Tier I) 06/03/2020 Shift III

(a) $\dfrac{-65}{29}$ (b) 1 (c) $\dfrac{5}{29}$ (d) $\dfrac{13}{12}$

324. यदि $0 < A, B < 45°$, $\cos(A + B) = \dfrac{24}{25}$ और $\sin(A - B) = \dfrac{15}{17}$ है, तो $\tan 2A$ का मान ज्ञात करें।

SSC CGL (Tier I) 06/03/2020 Shift III

(a) $\dfrac{416}{87}$ (b) 0 (c) 1 (d) $\dfrac{213}{4}$

325. $4\left[\dfrac{(1 - \sec A)^2 + (1 + \sec A)^2}{1 + \sec^2 A}\right]$ का मान बताइए।

SSC CGL (Tier I) 06/03/2020 Shift III

(a) 2 (b) 8 (c) 1 (d) 4

326. निम्न को हल कीजिए

$\sin 0° \sin 30° \sin 45° \sin 60° \sin 90° = ?$

SSC CGL (Tier I) 06/03/2020 Shift II

(a) 1 (b) 4 (c) 0 (d) $\dfrac{\sqrt{6}}{8}$

327. यदि $(\cos^2\theta - 1)(1 + \tan^2\theta) + 2\tan^2\theta = 1$, $0° \le \theta \le 90°$ है, तो θ का मान क्या है?

SSC CGL (Tier I) 06/03/2020 Shift II

(a) 90° (b) 30° (c) 45° (d) 60°

328. $\dfrac{\sin 30° \sin 60°}{\cos 60° \cos 30°} - \tan 45°$ का मान ज्ञात कीजिए।

SSC CGL (Tier I) 06/03/2020 Shift II

(a) 0 (b) 2 (c) 5 (d) $\dfrac{2 - \sqrt{2}}{2}$

329. यदि $(2\sin A + \operatorname{cosec} A) = 2\sqrt{2}$, $0° < A < 90°$ है, तो $2(\sin^4 A + \cos^4 A)$ का मान बताइए।

SSC CGL (Tier I) 06/03/2020 Shift I

(a) 2 (b) 1

(c) 4 (d) 0

330. यदि $x\cos A - y\sin A = 1$ और $x\sin A + y\cos A = 4$ है, तो $17x^2 + 17y^2$ का मान बताइए।

SSC CGL (Tier I) 06/03/2020 Shift I

(a) 289 (b) 49 (c) 7 (d) 0

331. यदि $\tan\theta - \cot\theta = \operatorname{cosec}\theta, 0° < \theta < 90°$ है, तो $\dfrac{2\tan\theta - \cos\theta}{\sqrt{3}\cot\theta + \sec\theta}$ का मान क्या होगा?

SSC CGL (Tier I) 05/03/2020 Shift III

(a) $\dfrac{2\sqrt{3} - 1}{3}$ (b) $\dfrac{3\sqrt{3} - 1}{6}$

(c) $\dfrac{2(2\sqrt{3} - 1)}{3}$ (d) $\dfrac{4\sqrt{3} - 1}{6}$

332. यदि $11\sin^2\theta - \cos^2\theta + 4\sin\theta - 4 = 0$, $0° < \theta < 90°$ है, तो $\dfrac{\cos 2\theta + \cot 2\theta}{\sec 2\theta - \tan 2\theta}$ का मान क्या है?

SSC CGL (Tier I) 05/03/2020 Shift II

(a) $\dfrac{12 + 7\sqrt{3}}{6}$ (b) $\dfrac{10 + 5\sqrt{3}}{3}$

(c) $\dfrac{10 + 7\sqrt{3}}{6}$ (d) $\dfrac{12 + 5\sqrt{3}}{3}$

333. यदि $5\cos\theta - 12\sin\theta = 0$ है, तो $\dfrac{1 + \sin\theta + \cos\theta}{1 - \sin\theta + \cos\theta}$ का मान क्या है?

SSC CGL (Tier I) 05/03/2020 Shift II

(a) $\dfrac{5}{4}$ (b) $\dfrac{3}{2}$ (c) $\dfrac{5}{2}$ (d) $\dfrac{3}{4}$

334. $\dfrac{\operatorname{cosec}(78° + \theta) - \sec(12° - \theta) - \tan(67° + \theta) + \cot(23° - \theta)}{\tan 13° \tan 37° \tan 45° \tan 53° \tan 77°}$ का मान क्या है?

SSC CGL (Tier I) 05/03/2020 Shift II

(a) 1 (b) 2 (c) –1 (d) 0

335. यदि $12\cos^2\theta - 2\sin^2\theta + 3\cos\theta = 3$, $0° < \theta < 90°$ है, तो $\frac{\operatorname{cosec}\theta + \sec\theta}{\tan\theta + \cot\theta}$ का मान क्या है? **SSC CGL (Tier I) 05/03/2020 Shift I**

(a) $\frac{2+\sqrt{3}}{4}$ (b) $\frac{1+2\sqrt{2}}{2}$

(c) $\frac{1+\sqrt{3}}{2}$ (d) $\frac{4+\sqrt{3}}{4}$

336. यदि $5\sin\theta = 4$ है, तो $\frac{\sec\theta + 4\cot\theta}{4\tan\theta - 5\cos\theta}$ का मान ज्ञात कीजिए। **SSC CGL (Tier I) 05/03/2020 Shift I**

(a) $\frac{5}{4}$ (b) 2 (c) $\frac{3}{2}$ (d) 1

337. $\frac{\sec^6\theta - \tan^6\theta - 3\sec^2\theta\tan^2\theta + 1}{\cos^4\theta - \sin^4\theta + 2\sin^2\theta + 2}$ का मान ज्ञात कीजिए। **SSC CGL (Tier I) 05/03/2020 Shift I**

(a) 1 (b) $\frac{1}{2}$ (c) $\frac{2}{3}$ (d) $\frac{3}{4}$

338. यदि $7\cos^2\theta + 3\sin^2\theta = 6$, $0° < \theta < 90°$ है, तो $\frac{\cot^2 2\theta + \sec^2 2\theta}{\tan^2 2\theta - \sin^2 2\theta}$ का मान .... है। **SSC CGL (Tier I) 04/03/2020 Shift III**

(a) $\frac{49}{45}$ (b) $\frac{28}{27}$ (c) $\frac{52}{27}$ (d) $\frac{26}{15}$

339. यदि $\sec\theta + \tan\theta = p$, $0° < \theta < 90°$ है, तो $\frac{p^2-1}{p^2+1}$ .... के बराबर है। **SSC CGL (Tier I) 04/03/2020 Shift III**

(a) $2\operatorname{cosec}\theta$ (b) $\sin\theta$

(c) $\operatorname{cosec}\theta$ (d) $\cos\theta$

SSC CPO SI 2024

340. यदि $\cos A = \frac{4}{5}$ है, तो $(8 + \sin A)(3 - \tan A)$ का मान ज्ञात कीजिए। **SSC CPO 29/06/2024 Shift III**

(a) $\frac{373}{20}$ (b) $\frac{381}{20}$ (c) $\frac{387}{20}$ (d) $\frac{367}{20}$

341. $\sin^2 15° + \sin^2 25° + \sin^2 35° + \sin^2 45° + \sin^2 55° + \sin^2 65° + \sin^2 75°$ का मान ज्ञात कीजिए। **SSC CPO 29/06/2024 Shift III**

(a) $\frac{7}{3}$ (b) 4 (c) 7 (d) $\frac{7}{2}$

342. $\frac{17}{\sec^2\theta} + 10\sin^2\theta + \frac{7}{1+\cot^2\theta}$ का मान क्या होगा? **SSC CPO 29/06/2024 Shift III**

(a) 20 (b) 17 (c) 19 (d) 34

343. $\frac{[(\sin x + \sin y)(\sin y - \sin x)]}{[(\cos x + \cos y)(\cos y - \cos x)]}$ का मान क्या है? **SSC CPO 29/06/2024 Shift III**

(a) – 1 (b) 0

(c) 2 (d) 1

344. निम्नलिखित व्यंजक का मान ज्ञात कीजिए। $(1 + \tan\theta + \sec\theta) \times (1 + \cot\theta - \operatorname{cosec}\theta)$ **SSC CPO 29/06/2024 Shift II**

(a) 1 (b) $\tan\theta$

(c) $\cos\theta\sin\theta$ (d) 2

345. $\frac{\tan 71° + \tan 19°}{1 - \tan 71° \tan 19°}$ को सरल कीजिए। **SSC CPO 29/06/2024 Shift II**

(a) 0

(b) $\sqrt{3}$

(c) 1

(d) ज्ञात नहीं किया जा सकता

346. यदि $\sin^4\theta + \cos^4\theta = 2\sin^2\theta\cos^2\theta$ है और $0° < \theta < 90°$ है, तो $\cot\theta$ का मान ज्ञात कीजिए। **SSC CPO 29/06/2024 Shift I**

(a) 1 (b) $\frac{1}{3}$ (c) $\frac{1}{\sqrt{2}}$ (d) $\frac{1}{2}$

347. $\tan^4 A + \tan^2 A$ का मान किसके बराबर है? **SSC CPO 29/06/2024 Shift I**

(a) $\sec^2 A - \sec^4 A$

(b) $-(\sec^2 A + \sec^4 A)$

(c) $\sec^4 A + \sec^2 A$

(d) $\sec^4 A - \sec^2 A$

348. $15\cos^2\theta + 17\sin^2\theta$ का न्यूनतम मान क्या है? **SSC CPO 29/06/2024 Shift I**

(a) 14 (b) 15 (c) 16 (d) 18

349. $(\operatorname{cosec}\theta - \sin\theta)(\sec\theta - \cos\theta)(\tan\theta + \cot\theta)$ का मान .... होगा। **SSC CPO 29/06/2024 Shift I**

(a) 1 (b) $\sec\theta\operatorname{cosec}\theta$

(c) – 3 (d) 3

350. यदि A, B और C, ΔABC के आन्तरिक कोण हैं, तो $\left\{\tan\frac{A}{2} + \operatorname{cosec}\frac{B+C}{2}\right\}\left\{\tan\frac{A}{2} - \operatorname{cosec}\frac{B+C}{2}\right\}$ का मान क्या है? **SSC CPO 28/06/2024 Shift III**

(a) 2 (b) – 2

(c) – 1 (d) 1

351. सरल कीजिए $\frac{\sin^3 A + \cos^3 A}{\sin A + \cos A}$ **SSC CPO 28/06/2024 Shift III**

(a) $1 - \cos A \cot A$ (b) $1 - \tan A \sec A$

(c) $1 - \sin A \tan A$ (d) $1 - \sin A \cos A$

352. $\left(\frac{2\cos^3\theta - \cos\theta}{\sin\theta - 2\sin^3\theta}\right)^2 + 1$ का मान ज्ञात कीजिए जहाँ $\theta \neq 45°$ है। **SSC CPO 28/06/2024 Shift III**

(a) $\operatorname{cosec}^2\theta$ (b) $\cot^2\theta$

(c) $\sin^2\theta$ (d) $\sec^2\theta$

353. यदि $\sin(x + y) = 1$ और $\cos(x - y) = \frac{\sqrt{3}}{2}$ है, तो y का मान ज्ञात कीजिए। **SSC CPO 28/06/2024 Shift III**

(a) 30° (b) 90°

(c) 20° (d) 60°

354. यदि $\sin x + \cos x = \sqrt{2}\sin x$ है, तो $\sin x - \cos x$ का मान ज्ञात करें। **SSC CPO 28/06/2024 Shift II**

(a) $2\sin x$ (b) $-\sqrt{2}\cos x$

(c) $\sqrt{2}\sin x$ (d) $\sqrt{2}\cos x$

355. यदि $4\sin^2\theta = 3(1 + \cos\theta)$, $0° < \theta < 90°$ है, तो $\sqrt[2]{15}\tan\theta + \frac{4}{\sqrt{15}}\sin\theta + 2\sec\theta$ का मान क्या है? **SSC CPO 28/06/2024 Shift II**

(a) 8 (b) 24 (c) $\frac{8}{\sqrt{15}}$ (d) $4\sqrt{15}$

356. यदि $\tan\theta + \cot\theta = 6$ है, तो $\tan^2\theta + \cot^2\theta$ का मान ज्ञात कीजिए। **SSC CPO 28/06/2024 Shift II**

(a) 20 (b) 34 (c) 22 (d) 24

357. $\frac{\cos 13° + \sin 13°}{\cos 13° - \sin 13°}$ का हल कीजिए। **SSC CPO 28/06/2024 Shift I**

(a) cos 26° (b) tan 32°

(c) tan 58° (d) cot 58°

358. A के लिए समीकरण हल (डिग्री में) कीजिए $2\cos^2 A + 3\cos A - 2 = 0$, $0 < A < 90°$ **SSC CPO 28/06/2024 Shift I**

(a) 80° (b) 45° (c) 30° (d) 60°

359. यदि $\frac{(\sec A + \tan A)}{(\sec A - \tan A)} = 2\frac{51}{79}$ है, तो $\sin A$ का मान कितना होगा? **SSC CPO 28/06/2024 Shift I**

(a) $\frac{61}{169}$ (b) $\frac{77}{144}$ (c) $\frac{87}{169}$ (d) $\frac{65}{144}$

360. (19 sin θ + 6 cot θ sin θ) का अधिकतम मान ज्ञात कीजिए। **SSC CPO 28/06/2024 Shift III**

(a) $\sqrt{197}$ (b) $\sqrt{497}$ (c) $\sqrt{397}$ (d) $\sqrt{297}$

361. $x = \sin A + \cos A$, $y = \sec A + \operatorname{cosec} A$ होने पर निम्नलिखित में से कौन-सा विकल्प सत्य होगा? **SSC CPO 27/06/2024 Shift III**

(a) $y - 2x = x^2 y$ (b) $y(1 - 2x^2) = x$

(c) $y + 2x = x^2 y$ (d) $y(1 + x^2) = 2x$

362. यदि $\tan\theta = 7/24$ है, तो $(\cos^2\theta - \sin^2\theta)$ का मान ज्ञात कीजिए। **SSC CPO 27/06/2024 Shift III**

(a) $\frac{520}{625}$ (b) 1 (c) $\frac{527}{625}$ (d) $\frac{576}{550}$

363. यदि $(\sin x + \sin y) = a$ और $(\cos x + \cos y) = b$ है, तो $(\sin x \sin y + \cos x \cos y)$ का मान ज्ञात कीजिए। **SSC CPO 27/06/2024 Shift II**

(a) $\frac{a^2 - b^2 - 2}{2}$ (b) $\frac{a^2 + b^2 + 2}{2}$

(c) $\frac{a^2 + b^2 - 2}{2}$ (d) $\frac{a^2 + b^2 - 1}{2}$

364. यदि $\sin\alpha = \frac{5}{13}$ है, तो $\cos\alpha \cdot \operatorname{cosec}\alpha \cdot \cot\alpha$ का मान क्या होगा? **SSC CPO 27/06/2024 Shift II**

(a) $\frac{25}{144}$ (b) $\frac{144}{25}$ (c) $\frac{5}{12}$ (d) $\frac{12}{5}$

365. $(1 + \cot A - \operatorname{cosec} A)(1 + \tan A + \sec A) - 3(\sin^2 A + \cos^2 A)$ का मान ज्ञात कीजिए। **SSC CPO 27/06/2024 Shift II**

(a) –1 (b) 2 (c) – 2 (d) 1

366. $\operatorname{cosec}\theta(1 - \cos\theta)(\operatorname{cosec}\theta + \cot\theta)$ का मान ज्ञात कीजिए। **SSC CPO 27/06/2024 Shift II**

(a) 0 (b) – 1 (c) 1 (d) 2

367. सरल कीजिए $(1+\tan^2 A)+\left(1+\frac{1}{\tan^2 A}\right)$

SSC CPO 27/06/2024 Shift I

(a) $\frac{1}{\cot^2 A-\tan^4 A}$ (b) $\frac{1}{\sin^2 A-\sin^4 A}$

(c) $\frac{1}{\sin^2 A-\cos^4 A}$ (d) $\frac{1}{\cos^2 A-\sin^4 A}$

368. यदि $\sec 6A=\text{cosec}(A-29°)$ है, जहाँ $2A$ न्यून कोण है, तो $\angle A=$ ....° होगा।

SSC CPO 27/06/2024 Shift I

(a) 21 (b) 18 (c) 17 (d) 19

369. यदि $\tan(t)+\cot(t)=1$ तो व्यंजक $\frac{1}{\sin(t)+\cos(t)}$ का एक मान .... है।

SSC CPO 27/06/2024 Shift I

(a) $\frac{1}{\sqrt{3}}$ (b) $\sqrt{3}$ (c) $\frac{2}{\sqrt{3}}$ (d) $\frac{\sqrt{3}}{2}$

SSC CPO SI 2023-2020

370. यदि $\sin\theta+\cos\theta=\sqrt{2}\cos\theta$ है, तो $\frac{\sin\theta-\cos\theta}{\sin\theta}$ ज्ञात कीजिए।

SSC CPO 5/10/2023 Shift III

(a) $-\sqrt{2}$ (b) 1 (c) −1 (d) $\sqrt{2}$

371. $2\tan^2 45°+\cos^2 30°-\sin^2 60°$ का मान क्या होगा?

SSC CPO 5/10/2023 Shift III

(a) – 2 (b) 1 (c) – 1 (d) 2

372. यदि $\frac{2\sin A-\cos A}{\sin A+\cos A}=1$ है, तो $\cot A$ का मान क्या होगा?

SSC CPO 5/10/2023 Shift III

(a) $\frac{1}{3}$ (b) 1 (c) $\frac{1}{2}$ (d) 2

373. यदि $\cot^2\theta=1-e^2$ है, तो $\text{cosec}\,\theta+\cot^3\theta\sec\theta$ का मान .... है।

SSC CPO 5/10/2023 Shift III

(a) $(2-e^2)^{\frac{3}{2}}$ (b) $(1-e^2)^{\frac{3}{2}}$

(c) $(1-e^2)$ (d) $(2-e^2)^{\frac{1}{2}}$

374. $2(\sin 1°\times\sec 89°)+3(\cos 11°\times\text{cosec}\,79°)+5(\tan 21°\times\tan 69°)=?$

SSC CPO 04/10/2023 Shift II

(a) 10 (b) 12 (c) 11 (d) 20

375. यदि $7\sin^2 A+3\cos^2 A=4$ है, तो $\cot A$ का मान ज्ञात कीजिए।

SSC CPO 04/10/2023 Shift II

(a) $\frac{1}{\sqrt{3}}$ (b) $\sqrt{3}$ (c) $\frac{1}{\sqrt{2}}$ (d) $\sqrt{2}$

376. $\sqrt{\frac{1-\tan A}{1+\tan A}}$ का मान ज्ञात कीजिए।

SSC CPO 04/10/2023 Shift II

(a) $\sqrt{\frac{1-\sin 2A}{\cos 2A}}$ (b) $\sqrt{\frac{1-\sin A}{\cos A}}$

(c) $\sqrt{\frac{1+\sin A}{\cos A}}$ (d) $\sqrt{\frac{1+\sin 2A}{\cos 2A}}$

377. यदि $\cos\theta-\sin\theta=\sqrt{2}\sin\theta$ है, तो $(\cos\theta+\sin\theta)$ का मान ज्ञात कीजिए।

SSC CPO 03/10/2023 Shift I

(a) $-\sqrt{2}\sin\theta$ (b) $\sqrt{2}\tan\theta$

(c) $\sqrt{2}\cos\theta$ (d) $-\sqrt{2}\cos\theta$

378. $(\tan^2\theta+\tan^4\theta)$ का मान ज्ञात कीजिए।

SSC CPO 03/10/2023 Shift I

(a) $\sec^2\theta-\sec^4\theta$ (b) $\sec^4\theta-\sec^2\theta$

(c) $\sec^4\theta+\sec^2\theta$ (d) $\cot^2\theta-\tan^2\theta$

379. यदि θ कोण एक न्यून कोण है और $\sin\theta+\text{cosec}\,\theta=2$ है, तो $\sin^5\theta+\text{cosec}^5\theta$ का मान ज्ञात कीजिए।

SSC CPO 03/10/2023 Shift I

(a) 4 (b) 2

(c) 10 (d) 5

380. यदि $\tan A=\frac{4}{3}, 0\le A\le 90°$ है, तो $\sin A$ का मान क्या होगा?

SSC CPO 03/10/2023 Shift I

(a) $\frac{3}{4}$ (b) $\frac{3}{5}$

(c) $\frac{4}{5}$ (d) 1

381. निम्न का मान ज्ञात कीजिए।

$\cos(36°-A)\cos(36°+A)+\cos(54°-A)\cos(54°+A)$

SSC CPO 11/11/2022

(a) $\cos 2A$ (b) $\cos A$ (c) $\sin 2A$ (d) $\sin A$

382. यदि $4\cos\theta+3\sin\theta=x$ और $4\sin\theta-3\cos\theta=y$ है, तो x^2+y^2 का मान ज्ञात कीजिए।

SSC CPO 11/11/2022

(a) 1 (b) 25

(c) 16 (d) 9

383. यदि $\cos A=\sin^2 A$ और $a\sin^{12}A+b\sin^{10}A+c\sin^8 A+\sin^6 A=1$ हैं तो $a+b+c=?$

SSC CPO 11/11/2022

(a) 9 (b) 7 (c) 8 (d) 6

384. यदि $\cos 48°=\frac{m}{n}$ है, तो $\sec 48°-\cot 42°$......... के बराबर है।

SSC CPO 10/11/2022

(a) $\frac{m-\sqrt{n^2-m^2}}{n}$ (b) $\frac{n-\sqrt{n^2-m^2}}{m}$

(c) $\frac{m-\sqrt{n^2-m^2}}{m}$ (d) $\frac{n-\sqrt{n^2-m^2}}{n}$

385. $\frac{2\cos^3\theta-\cos\theta}{\sin\theta-2\sin^3\theta}$ का मान क्या है?

SSC CPO 10/11/2022

(a) $\sin\theta$ (b) $\cot\theta$

(c) $\sec\theta$ (d) $\tan\theta$

386. व्यंजक $\cos^2 45°+\cos^2 135°+\cos^2 225°+\cos^2 315°$ का मान है

SSC CPO 10/11/2022

(a) 2 (b) 1 (c) $\frac{1}{2}$ (d) $\frac{3}{2}$

387. θ का मान ज्ञात करें $\cos^2\theta-\sin^2\theta=\frac{1}{2}$, जहाँ $0<\theta<90°$ है।

SSC CPO 25/11/2020 Shift II

(a) 60° (b) 45°

(c) 40° (d) 30°

388. यदि $\cot\theta=\frac{1}{\sqrt{3}}, 0°<\theta<90°$ है, तो $\frac{2-\sin^2\theta}{1-\cos^2\theta}+(\text{cosec}^2\theta-\sec\theta)$ का मान ज्ञात करें।

SSC CPO 25/11/2020 Shift II

(a) 1 (b) 2 (c) 5 (d) 0

389. यदि $4(\text{cosec}^2 57-\tan^2 33)-\cos 90+y\times\tan^2 66\times\tan^2 24=\frac{y}{2}$ है, तो y का मान ज्ञात करें।

SSC CPO 25/11/2020 Shift I

(a) 4 (b) 8 (c) – 4 (d) – 8

390. यदि $4-2\sin^2\theta-5\cos\theta=0, 0°<\theta<90°$ है, तो $\cos\theta-\tan\theta$ का मान ज्ञात करें।

SSC CPO 25/11/2020 Shift I

(a) $\frac{1-2\sqrt{3}}{2}$ (b) $\frac{1+2\sqrt{3}}{2}$

(c) $\frac{2-\sqrt{3}}{2}$ (d) $\frac{2+\sqrt{3}}{2}$

391. यदि $\sin 3x=\cos(3x-45°), 0°<3x<90°$ है, तो x का मान ज्ञात करें।

SSC CPO 24/11/2020 Shift I

(a) 22.5° (b) 45°

(c) 35° (d) 27.5°

392. यदि $4-2\sin^2\theta-5\cos\theta=0, 0°<\theta<90°$ है, तो $\cos\theta+\tan\theta$ का मान ज्ञात करें।

SSC CPO 23/11/2020 Shift I

(a) $\frac{1-2\sqrt{3}}{2}$ (b) $\frac{2+\sqrt{3}}{2}$

(c) $\frac{1+2\sqrt{3}}{2}$ (d) $\frac{2-\sqrt{3}}{2}$

393. यदि $4(\text{cosec}^2 57°-\tan^2 33°)-\cos 90°-y\tan^2 66°\tan^2 24°=\frac{y}{2}$ है, तो y का मान ज्ञात करें।

SSC CPO 23/11/2020 Shift I

(a) $\frac{8}{3}$ (b) 8

(c) $\frac{3}{8}$ (d) $\frac{1}{3}$

SSC CHSL 2024 (Tier I & II)

394. $(\sin^6 A+\cos^6 A+3\sin^2 A\cos^2 A)-(\sin^4 A-\cos^4 A+1)\text{cosec}^2 A$ का मान ज्ञात कीजिए।

SSC CHSL (Tier-II) 18/11/2024 Shift I

(a) 0 (b) – 1

(c) – 3 (d) 3

395. $3(\sec^2 A-1)(\text{cosec}\,A-1)(\text{cosec}\,A+1)+4(\text{cosec}^2 A-\cot^2 A)$ का मान ज्ञात कीजिए।

SSC CHSL (Tier-II) 18/11/2024 Shift I

(a) 7 (b) 12

(c) 3 (d) 10

396. यदि $\tan A+\sin A=x$, $\tan A-\sin A=y$ है, तो x^2-y^2 का मान क्या है?

SSC CHSL (Tier-I) 11/07/2024 Shift IV

(a) $\sqrt{xy}$ (b) $4\sqrt{\frac{x}{y}}$ (c) $4\sqrt{xy}$ (d) $2\sqrt{\frac{x}{y}}$

397. $\cos^{-1}\left(\frac{7}{25}\right) - \cos^{-1}\left(\frac{15}{17}\right)$ का मान क्या है?
SSC CHSL (Tier-I) 11/07/2024 Shift II
(a) $\sin^{-1}\left(\frac{304}{425}\right)$ (b) $\tan^{-1}\left(\frac{297}{425}\right)$
(c) $\cos^{-1}\left(\frac{304}{425}\right)$ (d) $\cot^{-1}\left(\frac{297}{425}\right)$

398. $\left(\frac{\sin\theta}{1+\cos\theta}+\frac{1+\cos\theta}{\sin\theta}\right)\left(\frac{1}{\tan\theta+\cot\theta}\right)$ का मान किसके बराबर है?
SSC CHSL (Tier-I) 11/07/2024 Shift I
(a) $\tan\theta$ (b) 1
(c) $2\cos\theta$ (d) $2\sin\theta$

399. $(9\sin\theta + 2\cos\theta)/(9\sin\theta - 2\cos\theta)$ का मान निकालिए, यदि $3\tan\theta = 4$ है।
SSC CHSL (Tier-I) 10/07/2024 Shift IV
(a) $\frac{7}{5}$ (b) $\frac{9}{7}$ (c) $\frac{5}{7}$ (d) $\frac{6}{5}$

400. यदि $4\sin^2\theta - 4\sqrt{3}\sin\theta + 3 = 0$ है, तो θ $(0<\theta<90°)$ का मान ज्ञात कीजिए।
SSC CHSL (Tier-I) 10/07/2024 Shift III
(a) 60° (b) 45° (c) 30° (d) 75°

401. यदि $f(p) = \sin^{p+2}x + \cos^{p+2}x$ है, तो $6f(2) - 4f(4) + 10f(0)$ का मान ज्ञात कीजिए।
SSC CHSL (Tier-I) 10/07/2024 Shift II
(a) 12 (b) 10 (c) 11 (d) 14

402. यदि $\tan A = \sqrt{2} - 1$ है, तो $\sin A\cos A + \tan A$ का मान ज्ञात कीजिए।
SSC CHSL (Tier-I) 10/07/2024 Shift I
(a) $\frac{5\sqrt{2}-4}{4}$ (b) $\frac{24\sqrt{2}+15}{4}$
(c) $\frac{5\sqrt{2}+4}{4}$ (d) $\frac{24\sqrt{2}-15}{4}$

403. $7\cos A + 24\sin A + 32$ का अधिकतम मान क्या है? SSC CHSL (Tier-I) 09/07/2024 Shift IV
(a) 32 (b) 39 (c) 25 (d) 57

404. यदि $\tan\theta = \frac{7}{4}$ है, तो $\frac{4\sin\theta - 3\cos\theta}{4\sin\theta + 3\cos\theta}$ का मान ज्ञात कीजिए।
SSC CHSL (Tier-I) 09/07/2024 Shift II
(a) $\frac{2}{5}$ (b) $\frac{4}{5}$ (c) $\frac{3}{5}$ (d) $\frac{1}{3}$

405. यदि $\cot\alpha = \frac{P}{Q}$ है, तो $\frac{P\cos\alpha - Q\sin\alpha}{P\cos\alpha + Q\sin\alpha} - \frac{P^2-Q^2}{P^2+Q^2} + 3$ का मान ज्ञात कीजिए।
SSC CHSL (Tier-I) 09/07/2024 Shift I
(a) 3 (b) $\frac{P}{Q}$ (c) 0 (d) $\frac{P^2}{P^2+Q^2}$

406. यदि $\cos^4\theta - \sin^4\theta = \frac{4}{5}$ है, तो $\sin 4\theta$ का मान ज्ञात कीजिए।
SSC CHSL (Tier-I) 08/07/2024 Shift IV
(a) $\frac{24}{25}$ (b) $\frac{21}{25}$ (c) $\frac{16}{25}$ (d) $\frac{18}{25}$

407. यदि $\sin\theta = \frac{11}{12}$ है, तो $(\tan\theta + \sec\theta)$ का मान कितना होगा?
SSC CHSL (Tier-I) 08/07/2024 Shift III
(a) $\frac{12}{\sqrt{23}}$ (b) $\frac{11}{\sqrt{23}}$
(c) 23 (d) $\sqrt{23}$

408. यदि $\cot A = \frac{5}{12}$ है, तो $\frac{\sqrt{\sec A - \text{cosec} A}}{\sqrt{\sec A + \text{cosec} A}} - \sqrt{\frac{17}{7}}$ का मान ज्ञात कीजिए। SSC CHSL (Tier-I) 08/07/2024 Shift I
(a) $-\frac{10}{\sqrt{119}}$ (b) $\frac{10}{\sqrt{119}}$
(c) $\frac{24}{\sqrt{119}}$ (d) 0

409. $\left[\frac{\text{cosec } 31° - \sec 59°}{(\sin 18° \div \cos 72°)} \times \frac{\tan 26°}{\cot 64°}\right] + \left[\frac{\tan 30° + \tan 15°}{(1 - \tan 30° \tan 15°)}\right]$
SSC CHSL (Tier-I) 05/07/2024 Shift IV
(a) 2 (b) 0 (c) –1 (d) 1

410. यदि $\sin(x-y) = \sin x\cos y - \cos x.\sin y$ है, तो $\frac{\sin(A-B)}{\cos A\cos B} + \frac{\sin(B-C)}{\cos B\cos C}$ का मान ज्ञात कीजिए।
SSC CHSL (Tier-I) 05/07/2024 Shift II
(a) $\frac{\cos(A+C)}{\cos A\cos C}$ (b) $\frac{\cos(A+C)}{\sin A\sin C}$
(c) $\frac{\sin(C-A)}{\cos A\cos C}$ (d) $\frac{\sin(A-C)}{\cos A\cos C}$

411. यदि $\tan A = a\tan B$ और $\sin A = b\sin B$ है, तो $\cos^2 A$ का मान ज्ञात कीजिए।
SSC CHSL (Tier-I) 05/07/2024 Shift I
(a) $\frac{b^2-1}{a^2-1}$ (b) $\frac{b^2+1}{a^2+1}$ (c) $\frac{a^2-1}{b^2-1}$ (d) $\frac{a^2+1}{b^2+1}$

412. यदि $\cot\theta = \frac{3}{4}$; θ एक न्यून कोण है, तो $\sin\theta + \cos\theta - \tan\theta$ बराबर होगा
SSC CHSL (Tier-I) 04/07/2024 Shift IV
(a) $\frac{1}{11}$ (b) $\frac{1}{13}$ (c) $\frac{1}{18}$ (d) $\frac{1}{15}$

413. $\frac{1}{\sin^4(90°-2\alpha)} + \frac{1}{\cos^2(90°-2\alpha)-1}$ का मान क्या है? SSC CHSL (Tier-I) 04/07/2024 Shift II
(a) $\cos^2 2\alpha + \cot^2 2\alpha$
(b) $\sin^2 2\alpha + \tan^2 2\alpha$
(c) $\sec^2 2\alpha + \cot^2 2\alpha$
(d) $\sec^2 2\alpha\tan^2 2\alpha$

414. tan 570° का मान कितना होगा?
SSC CHSL (Tier-I) 04/07/2024 Shift I
(a) $\frac{1}{\sqrt{3}}$ (b) $\sqrt{3}$ (c) $-\sqrt{3}$ (d) $-\frac{1}{\sqrt{3}}$

415. यदि $\alpha + \beta = 45°$ और $(\tan\alpha + 1)(\tan\beta + 1) = 2x$ है, तो x का मान क्या है? SSC CHSL (Tier-I) 03/07/2024 Shift IV
(a) –1 (b) 0 (c) 1 (d) 2

416. $\frac{3\cos^3\theta - 2\cos\theta}{\sin\theta - 3\sin^3\theta}$ का मान ज्ञात कीजिए।
SSC CHSL (Tier-I) 03/07/2024 Shift III
(a) $\cot\theta$ (b) $\cot^2\theta$
(c) $\tan^2\theta$ (d) $\tan\theta$

417. निम्नलिखित व्यंजक का मान ज्ञात कीजिए।
$\sin(30°+\theta) - \cos(60°-\theta)$
SSC CHSL (Tier-I) 03/07/2024 Shift II
(a) 0 (b) $2\sin(30°+\theta)$
(c) $\frac{\sqrt{3}}{2}$ (d) 1

418. $(\cot\theta + \tan\theta)(\text{cosec}\,\theta - \sin\theta)$ $(\cos\theta - \sec\theta) = \ldots\ldots\ldots$
SSC CHSL (Tier-I) 03/07/2024 Shift I
(a) 0 (b) 1 (c) 2 (d) –1

419. यदि $\sqrt{13}\sin\theta = 2$ है, तो $\frac{3\tan\theta + \sqrt{13}\sin\theta}{\sqrt{13}\cos\theta - 3\tan\theta}$ का मान ज्ञात कीजिए।
SSC CHSL (Tier-I) 02/07/2024 Shift IV
(a) 0 (b) 4 (c) 3 (d) 2

420. यदि θ एक न्यूनकोण है और $\tan\theta + \cot\theta = 2$ है, तो $\tan^3\theta + \cot^3\theta + 6\tan^3\theta\cot^2\theta$ का मान ज्ञात कीजिए।
SSC CHSL (Tier-I) 02/07/2024 Shift III
(a) 8 (b) 6
(c) 10 (d) 12

421. $\cos(x+y) - \sin(x-y) + \tan(2z)$ का मान ज्ञात कीजिए। SSC CHSL (Tier-I) 02/07/2024 Shift I
(a) $\cos x\cdot\cos y - \sin x\cdot\sin y - \sin x\cdot\cos y + \cos x\cdot\sin y + \frac{2\tan z}{1-\tan^2 z}$
(b) $\cos x\cdot\cos y - \sin x\cdot\sin y - \cos x\cdot\sin y + \frac{\tan z}{1-\tan^2 z}$
(c) $\sin x\cdot\sin y + \frac{2\tan z}{1-\tan^2 z}$
(d) $\cos x\cdot\cos y - \sin x\cdot\sin y - \sin x\cdot\cos y - \cos x\cdot\sin y + \frac{2\tan z}{1-\tan^2 z}$

422. $12\sin^2 A + 2\cos^2 A = 7$ है, जहाँ $0<A<180°$ है, तो $\cot A$ का मान क्या है?
SSC CHSL (Tier-I) 01/07/2024 Shift IV
(a) $\pm\frac{1}{2}$ (b) $\pm\frac{1}{\sqrt{2}}$ (c) $\pm\frac{1}{\sqrt{3}}$ (d) ±1

423. यदि $\cot A = 7$ है, तो $\frac{5\cos A + 4\sin A}{\cos^3 A + 7\sin^3 A + 6\sin A}$ का मान ज्ञात करें। SSC CHSL (Tier-I) 01/07/2024 Shift III
(a) 3 (b) 0 (c) 2 (d) 1

424. समकोण त्रिभुज ABC में, $\angle B = 90°$ तथा $\angle A$ एवं $\angle C$ न्यून कोण हैं। यदि $\text{cosec } A = 2\sqrt{2}$ हो, तो $\sin A\cdot\cos C + \cos A\cdot\sin C$ का मान ज्ञात कीजिए।
SSC CHSL (Tier-I) 01/07/2024 Shift I
(a) $\sqrt{2}$ (b) $2\sqrt{2}$ (c) 0 (d) 1

SSC CHSL 2023 (Tier I)

425. एक समकोण ΔPQR में, $PQ = 5$ सेमी, $QR = 13$ सेमी और $\angle P = 90°$ है। $\tan Q - \tan R$ का मान ज्ञात कीजिए।
SSC CHSL (Tier I) 17/08/2023 Shift I
(a) $\frac{60}{119}$ (b) $\frac{119}{60}$ (c) $\frac{14}{5}$ (d) $\frac{5}{14}$

426. यदि $\tan A = \frac{3}{4}$ है, तो निम्नलिखित व्यंजक का मान ज्ञात कीजिए। $\frac{6\sin A}{1-\sin A}$
SSC CHSL (Tier I) 17/08/2023 Shift I
(a) 24 (b) 18 (c) 9 (d) 12

427. यदि $\text{cosec } A + \cot A = a\sqrt{b}$, तो $\frac{(a^2b-1)}{(a^2b+1)}$ का मान ज्ञात कीजिए।
SSC CHSL (Tier I) 17/08/2023 Shift I
(a) $\tan A$ (b) $\frac{1}{\sin A}$ (c) $\frac{1}{\cot A}$ (d) $\cos A$

428. यदि θ एक न्यून कोण है और $\sin\theta = \frac{43}{47}$, तो $\cot\theta$ का मान क्या है?
SSC CHSL (Tier I) 14/08/2023 Shift IV
(a) $\frac{43}{6\sqrt{10}}$ (b) $\frac{6\sqrt{10}}{43}$ (c) $\frac{6\sqrt{10}}{47}$ (d) $\frac{47}{6\sqrt{10}}$

429. दिए गए व्यंजक $(\cot B - \tan B)\cdot\sin B\cdot\cos B$ का मान ...... के बराबर है।
SSC CHSL (Tier I) 14/08/2023 Shift IV
(a) $2\cos^2 B - 1$ (b) $2\sec^2 B - 1$
(c) $1 - 2\sec^2 B$ (d) $1 - 2\cos^2 B$

430. यदि $\text{cosec}\,\theta - \cot\theta = \frac{7}{2}$, तो $\text{cosec}\,\theta$ का मान क्या होगा?
SSC CHSL (Tier I) 14/08/2023 Shift I
(a) $\frac{49}{28}$ (b) $\frac{21}{28}$ (c) $\frac{47}{28}$ (d) $\frac{53}{28}$

431. यदि $(4\sin\theta + 5\cos\theta) = 3$, तो $(4\cos\theta - 5\sin\theta)$ का मान क्या है?
SSC CHSL (Tier I) 11/08/2023 Shift I
(a) $2\sqrt{5}$ (b) $4\sqrt{2}$ (c) $2\sqrt{3}$ (d) $3\sqrt{2}$

432. यदि $A = 60°$ और $B = 30°$ है, तो $\frac{(\tan A - \tan B)}{(1+\tan A\tan B)}$ का मान ज्ञात कीजिए।
SSC CHSL (Tier I) 10/08/2023 Shift III
(a) $\frac{1}{\sqrt{3}}$ (b) $\sqrt{3}$ (c) 1 (d) 3

433. ΔRMS का कोण M समकोण है। आधार RM की लम्बाई 4 सेमी और लम्ब MS की लम्बाई 3 सेमी है। $\sec R$ का मान ज्ञात कीजिए।
SSC CHSL (Tier I) 10/08/2023 Shift III
(a) $\frac{4}{5}$ (b) $\frac{3}{4}$ (c) $\frac{2}{5}$ (d) $\frac{5}{4}$

434. दिया गया व्यंजक $\cos^2 36° + \cos 54°\cdot\sin 36° + \left(\frac{\tan 26°}{\cot 64°}\right)$.... के बराबर है।
SSC CHSL (Tier I) 10/08/2023 Shift III
(a) 2 (b) 4 (c) 3 (d) 1

435. यदि $\tan A = \frac{1}{2}$ और $\tan B = \frac{1}{3}$, तो $A + B$ का मान क्या है?
SSC CHSL (Tier I) 09/08/2023 Shift I
(a) 45° (b) 15° (c) 60° (d) 30°

436. ΔPQR, जिसका कोण Q समकोण है। यदि $PQ = 12$ सेमी, $PR = 13$ सेमी है, तो $\tan P + \cot R$ का मान ज्ञात कीजिए।
SSC CHSL (Tier I) 10/08/2023 Shift I
(a) $\frac{12}{10}$ (b) 0 (c) $\frac{10}{12}$ (d) $\frac{9}{10}$

437. यदि $\frac{\sin\theta - \cos\theta}{\sin\theta + \cos\theta} = \frac{4}{5}$, तो $\frac{\text{cosec}^2\theta}{2-\text{cosec}^2\theta}$ का मान ज्ञात कीजिए।
SSC CHSL (Tier I) 09/08/2023 Shift I
(a) $\frac{16}{25}$ (b) $\frac{40}{41}$ (c) $\frac{41}{40}$ (d) $\frac{31}{30}$

438. यदि $\tan\theta + \sec\theta = a$, है तो $\sec\theta$ का मान किसके बराबर होगा?
SSC CHSL (Tier I) 08/08/2023 Shift II
(a) $\frac{a^2+1}{2a}$ (b) $\frac{a+1}{2a^2}$ (c) $\frac{(a-1)}{2a^2}$ (d) $\frac{a^2-1}{2a}$

439. दिए गए समीकरण को सरल कीजिए। $\frac{\cot^3 A - 1}{\cot A - 1} = ?$
SSC CHSL (Tier I) 08/08/2023 Shift II
(a) $\cot^2 A + \text{cosec } A$ (b) $\text{cosec}^2 A + \cot A$
(c) $\text{cosec}^2 A - \cot A$ (d) $\cot^2 A - \text{cosec } A$

440. $\frac{\sin 58°}{\cos 32°} + \frac{\sin 55° \sec 35°}{\tan 5° \tan 45° \tan 85°}$ का मान ...... के बराबर है।
SSC CHSL (Tier I) 07/08/2023 Shift IV
(a) 3 (b) 0 (c) 2 (d) 1

441. $\frac{1}{\sin\theta} - \frac{\cot^2\theta}{1+\text{cosec}\,\theta}$ का मान क्या है?
SSC CHSL (Tier I) 07/08/2023 Shift IV
(a) 0 (b) – 1 (c) 1 (d) 2

442. दिए गए व्यंजक को सरल कीजिए। $\frac{\sin^2 32° + \sin^2 58°}{\cos^2 32° + \cos^2 58°} + \sin^2 53° + \cos 53° \sin 37°$
SSC CHSL (Tier I) 07/08/2023 Shift IV
(a) 2 (b) – 2 (c) 1 (d) – 1

443. यदि $A = 30°$, तो $\frac{(2\tan A)}{(1-\tan^2 A)}$ का मान ज्ञात कीजिए।
SSC CHSL (Tier I) 04/08/2023 Shift II
(a) 3 (b) $\frac{3}{\sqrt{3}}$ (c) $2\sqrt{3}$ (d) $4\sqrt{3}$

444. यदि $\tan\theta = \frac{4}{5}$, तो $\sec\theta$ का मान क्या है?
SSC CHSL (Tier I) 04/08/2023 Shift II
(a) $\frac{5}{4}$ (b) $\frac{\sqrt{41}}{5}$ (c) $\frac{\sqrt{41}}{20}$ (d) $\frac{\sqrt{41}}{4}$

445. $\frac{\cos\theta}{\sec\theta - 1} + \frac{\cos\theta}{\sec\theta + 1}$ का मान .... के बराबर है।
SSC CHSL (Tier I) 02/08/2023 Shift I
(a) $2\sin^2\theta$ (b) $2\cot^2\theta$
(c) $2\cos^2\theta$ (d) $2\sec^2\theta$

446. यदि $\sin A + \sin^2 A = 1$, तो व्यंजक $(\cos^2 A + \cos^4 A)$ का मान .... है।
SSC CHSL (Tier I) 02/08/2023 Shift I
(a) 1 (b) $\frac{1}{2}$ (c) $\frac{3}{2}$ (d) 2

447. ΔABC एक समकोण त्रिभुज है। $\angle C = 90°$, $AB = 25$ सेमी और $BC = 20$ सेमी, तो $\sec A$ का मान क्या है?
SSC CHSL (Tier I) 21/03/2023 Shift IV
(a) $\frac{5}{4}$ (b) $\frac{4}{3}$ (c) $\frac{5}{3}$ (d) $\frac{4}{5}$

448. यदि $\tan\theta + \sin\theta = A$ और $\tan\theta - \sin\theta = B$, तो $A^2 - B^2$ का मान क्या है?
SSC CHSL (Tier I) 21/03/2023 Shift IV
(a) $2\tan\theta\sin\theta$ (b) $4\tan\theta\sin\theta$
(c) $\tan\theta\sin\theta$ (d) $4\cot\theta$

449. यदि $A = \cot 30° \tan 60° + \cot 60° \tan 30°$, तो A का मान क्या है?
SSC CHSL (Tier I) 21/03/2023 Shift IV
(a) $\frac{1}{3}$ (b) $\frac{10}{3}$ (c) $\frac{1}{\sqrt{3}}$ (d) $\frac{10}{\sqrt{3}}$

450. यदि $\frac{(2\cos^3 A - \cos A)}{(\sin A - 2\sin^3 A)} = 1$, तो A का मान क्या है?
SSC CHSL (Tier I) 21/03/2023 Shift II
(a) 60° (b) 90° (c) 30° (d) 45°

451. यदि $\sin A = \frac{6}{7}$, तो $\sec A$ का मान क्या है?
SSC CHSL (Tier I) 21/03/2023 Shift II
(a) $\frac{6}{\sqrt{13}}$ (b) $\frac{4}{\sqrt{13}}$ (c) $\frac{7}{\sqrt{13}}$ (d) $\frac{1}{\sqrt{13}}$

452. $\text{cosec } A(1-\cos A)(\text{cosec } A + \cot A)$ का मान क्या है?
SSC CHSL (Tier I) 21/03/2023 Shift II
(a) 3 (b) 2 (c) 0 (d) 1

453. यदि $6\sec\theta = 10$ है, तो $\frac{5\text{cosec}\,\theta - 3\cot\theta}{4\cos\theta + 3\sin\theta}$ का मान ज्ञात कीजिए।
SSC CHSL (Tier I) 20/03/2023 Shift III
(a) 3/2 (b) 6/5 (c) 2/3 (d) 5/6

454. यदि $3\tan\theta = 4$, तो $7\sin\theta - 2\cos\theta$ का मान क्या है?
SSC CHSL (Tier I) 20/03/2023 Shift III
(a) 22/5 (b) 4 (c) 12/5 (d) 17/5

455. यदि $\sin(\theta + 30°) = \cos 5\theta$, तो θ का मान क्या है?
SSC CHSL (Tier I) 20/03/2023 Shift III
(a) 10° (b) 20° (c) 30° (d) 15°

456. यदि $\sec x + \cos x = \frac{5}{2}$, जहाँ x, 0° और 90° के मध्य स्थित है, तो $\sin^2 x$ का मान क्या है?
SSC CHSL (Tier I) 17/03/2023 Shift II
(a) $\frac{3}{4}$ (b) $\frac{1}{2}$ (c) 1 (d) $\frac{1}{4}$

457. $\frac{1+\tan A}{\text{cosec } A} + \frac{1+\cot A}{\sec A}$ का मान क्या है?
SSC CHSL (Tier I) 16/03/2023 Shift I
(a) $2\sec^2 A$ (b) $\sec A - \text{cosec } A$
(c) $\sec A + \text{cosec } A$ (d) $2\text{cosec}^2 A$

458. यदि $\sin C = \frac{9}{10}$, तो $\cos^2 C$ का मान क्या है?
SSC CHSL (Tier I) 16/03/2023 Shift I
(a) $\frac{\sqrt{19}}{100}$ (b) $\frac{19}{100}$ (c) $\frac{19}{10}$ (d) $\frac{81}{\sqrt{19}}$

459. यदि $\cos\theta + \sin\theta = \sqrt{2}$, तो $\sec\theta \text{ cosec } \theta$ का मान क्या है?
SSC CHSL (Tier I) 16/03/2023 Shift I
(a) 0 (b) 2 (c) 1 (d) 1/2

460. यदि $A = a \text{ cosec } \theta + b \cot\theta$ और $B = a\cot\theta + b \text{ cosec } \theta$, तो $A^2 - B^2$ का मान क्या है?
SSC CHSL (Tier I) 15/03/2023 Shift IV
(a) $(a+b)$ (b) $(a-b)$ (c) (a^2-b^2) (d) ab

461. $\frac{3 \text{ cosec } 42°}{\sec 48°} - \frac{5\cos 32°}{\sin 58°}$ का मान क्या है?
SSC CHSL (Tier I) 15/03/2023 Shift IV
(a) 5 (b) – 1 (c) 0 (d) – 2

462. यदि $\sin\theta = 3/11$, तो $\cot\theta$ का मान क्या है?
SSC CHSL (Tier I) 15/03/2023 Shift IV
(a) $\frac{3\sqrt{7}}{11}$ (b) $\frac{4\sqrt{7}}{3}$ (c) $\frac{4\sqrt{7}}{11}$ (d) $\frac{3\sqrt{7}}{28}$

463. यदि $\tan\theta + \cot\theta = 8$, तो $\tan^2\theta + \cot^2\theta$ का मान क्या है?
SSC CHSL (Tier I) 14/03/2023 Shift I
(a) 16 (b) 64 (c) 36 (d) 62

464. ΔPQR एक समकोण त्रिभुज है। $\angle Q = 90°$, $PQ = 9$ सेमी और $QR = 11$ सेमी, तो $\cot P$ का मान क्या है?
SSC CHSL (Tier I) 14/03/2023 Shift I
(a) $\frac{11}{9}$ (b) $\frac{\sqrt{202}}{9}$ (c) $\frac{9}{11}$ (d) $\frac{9}{\sqrt{202}}$

465. $(\sec A - \tan A + 1)(\sec A - \tan A - 1)$ का मान क्या है? **SSC CHSL (Tier I) 14/03/2023 Shift I**
(a) $2\tan A(\tan A - \sec A)$
(b) $(1+\tan A)$
(c) $2\tan A$
(d) $2\sec A$

466. निम्नलिखित में से θ का मान क्या है, जब $\cos^2\theta - 2 + \cos\theta = 0$ है?
SSC CHSL (Tier I) 13/03/2023 Shift III
(a) 30° (b) 90° (c) 60° (d) 0°

467. यदि $\tan\alpha = \frac{1}{\sqrt{3}}$ और $\tan\beta = \sqrt{3}$ तो $\cos(\alpha+\beta)$ का मान क्या है?
SSC CHSL (Tier I) 13/03/2023 Shift III
(a) 1 (b) 0.5 (c) 0 (d) 0.2

468. ΔABC एक समकोण त्रिभुज है। $\angle A = 90°$, $AB = 4$ सेमी, $BC = 5$ सेमी है। $\cos B + \cot C$ का मान क्या है?
SSC CHSL (Tier I) 13/03/2023 Shift III
(a) 31/20 (b) 23/20 (c) 17/20 (d) 29/20

469. यदि $\sin x = 1/2$, तो $(\sec^4 x + \text{cosec}^4 x) - (\tan^4 x + \cot^4 x)$ का मान ज्ञात कीजिए।
SSC CHSL (Tier I) 10/03/2023 Shift II
(a) 97/12 (b) 20/9 (c) 2 (d) 26/29

470. $\text{cosec } 90°/(1-\cos^2 60°)$ का मान क्या है?
SSC CHSL (Tier I) 10/03/2023 Shift II
(a) 3/4 (b) 1/4 (c) 0 (d) 4/3

471. यदि $\tan\theta + \cot\theta = 2$ है, तो $\tan\theta - \cot\theta$ का मान क्या है?
SSC CHSL (Tier I) 10/03/2023 Shift II
(a) 3/4 (b) 0 (c) 5/8 (d) 1

472. यदि $\cot y = \frac{12}{5}$, तो $\cos^2 y$ का मान क्या है?
SSC CHSL (Tier I) 09/03/2023 Shift I
(a) $\frac{144}{169}$ (b) $\frac{84}{143}$ (c) $\frac{72}{91}$ (d) $\frac{72}{143}$

473. $\left(\frac{1+\sec^2 A}{1+\cos^2 A}\right)\left(\frac{1+\sin^2 A}{1+\text{cosec}^2 A}\right)$ का मान क्या है? **SSC CHSL (Tier I) 09/03/2023 Shift I**
(a) $\text{cosec}^2 A$ (b) $\tan^2 A$
(c) $\cos^2 A$ (d) $\sec^2 A$

474. यदि $\sec\theta + \tan\theta = 5$, तो $\sec\theta - \tan\theta$ का मान क्या है? **SSC CHSL (Tier I) 09/03/2023 Shift I**
(a) 1/3 (b) 1/5 (c) 1/6 (d) 1/2

SSC CHSL 2022 & 2021 (Tier I)

475. $\sin 2\theta(\tan\theta + \cot\theta)$ का मान क्या होगा?
SSC CHSL (Tier I) 01/06/2022 Shift I
(a) 1 (b) 2 (c) $\frac{1}{2}$ (d) $\frac{2}{3}$

476. यदि $\sin x - 3\cos x = \sqrt{3}\cos x$ है, तो $\cot x$ का मान है **SSC CHSL (Tier I) 31/05/2022 Shift I**
(a) $3-\sqrt{3}$ (b) $\frac{3-\sqrt{3}}{6}$
(c) $3+\sqrt{3}$ (d) $\sqrt{3}$

477. यदि $\tan\theta + \cot\theta = 4$ है, तो $\tan^2\theta + \cot^2\theta$ का मान ज्ञात करें।
SSC CHSL (Tier I) 30/05/2022 Shift I
(a) 12 (b) 10 (c) 16 (d) 14

478. $\frac{\sin 4\theta + \sin 2\theta}{\cos 4\theta + \cos 2\theta}$ का मान क्या होगा?
SSC CHSL (Tier I) 27/05/2022 Shift I
(a) $\tan\theta$ (b) $\cot\theta$ (c) $\cot 3\theta$ (d) $\tan 3\theta$

479. यदि $\sec\theta - \text{cosec}\theta = 0$ और θ न्यून कोण है, तो $\sec^2\theta + \text{cosec}^2\theta$ का मान ज्ञात करें।
SSC CHSL (Tier I) 12/08/2021 Shift III
(a) 2 (b) 4 (c) 0 (d) 1

480. यदि $\tan\theta = \frac{4}{3}$ है, तो $\frac{9\sin\theta + 12\cos\theta}{27\cos\theta - 20\sin\theta}$ का मान ज्ञात करें। **SSC CHSL (Tier I) 10/08/2021 Shift I**
(a) 36 (b) 100 (c) 18 (d) 72

481. θ के लिए: $0° < \theta < 90°$ है।
$3\sec\theta + 4\cos\theta = 4\sqrt{3}$ है, तो $(1 - \sin\theta + \cos\theta)$ का मान ज्ञात करें।
SSC CHSL (Tier I) 10/08/2021 Shift I
(a) $\frac{1-\sqrt{3}}{2}$ (b) $\frac{1+\sqrt{3}}{2}$
(c) $\frac{1+2\sqrt{3}}{2}$ (d) $\frac{1-2\sqrt{3}}{2}$

482. दिए गए व्यंजक का मान ज्ञात करें।
$$\frac{3(\cot^2 46° - \sec^2 44°)}{2(\sin^2 28° + \sin^2 62°)} + \frac{2\cos^2 60° \tan^2 33° \tan^2 57°}{\sec^2(90°-\theta) - \cot^2\theta}$$
SSC CHSL (Tier I) 12/08/2021 Shift I
(a) – 2 (b) 2 (c) 1 (d) – 1

483. यदि $\cos\theta = \frac{4x}{1+4x^2}$ है, तो $\sin\theta$ का मान क्या होगा?
SSC CHSL (Tier I) 04/08/2021 Shift I
(a) $\frac{1+4x^2}{1-4x^2}$ (b) $\frac{1-4x^2}{1+4x^2}$
(c) $\frac{1-4x^2}{4x}$ (d) $\frac{1+4x^2}{4x^2}$

484. यदि $\frac{\sin\theta + \cos\theta}{\sin\theta - \cos\theta} = 3$ है, तो $\sin^4\theta - \cos^4\theta$ का मान ज्ञात कीजिए।
SSC CHSL (Tier I) 19/04/2021 Shift III
(a) $\frac{3}{5}$ (b) $\frac{2}{5}$ (c) $\frac{1}{5}$ (d) $\frac{4}{5}$

485. यदि $\sec\left(90° - \frac{3\theta}{2}\right) = \sqrt{2}$, $0° < \theta < 90°$ है, तो $2\sin\theta + 4\cos 2\theta$ का मान ज्ञात करें।
SSC CHSL (Tier I) 19/04/2021 Shift III
(a) 6 (b) 2 (c) 3 (d) 4

486. θ के लिए निम्नलिखित समीकरण को हल करें, $2\sqrt{3}\sin^2\theta + \cos\theta - \sqrt{3} = 0$, जहाँ θ न्यून कोण है। **SSC CHSL (Tier I) 19/04/2021 Shift III**
(a) 45° (b) 15° (c) 60° (d) 30°

487. यदि $2\tan x + 3\cot x = 5$ है, तो $4\tan^2 x + 9\cot^2 x$ का मान ज्ञात कीजिए।
SSC CHSL (Tier I) 12/04/2021 Shift II
(a) 11 (b) 17 (c) 15 (d) 13

488. यदि $3\cot^2 x - 7\text{cosec}^2 x + 7 = 0$ है, तो $x(0 \le x \le 90°)$ का मान ज्ञात कीजिए।
SSC CHSL (Tier I) 12/04/2021 Shift II
(a) 30° (b) 60° (c) 0° (d) 90°

SSC Selection Post 2024-2022

489. यदि $\sin A + \cos A = \frac{4}{3}$ है, तो $\tan A + \cot A$ का मान ज्ञात कीजिए।
Graduate Level 20/06/2024 Shift III
(a) $\frac{7}{18}$ (b) $\frac{3}{4}$ (c) $\frac{18}{7}$ (d) $\frac{4}{3}$

490. यदि $\tan\theta + \cot\theta = 2$ है, तो $\tan^{53}\theta + \cot^{38}\theta$ का मान ज्ञात कीजिए।
Graduate Level 20/06/2024 Shift III
(a) –1 (b) 0
(c) 1 (d) 2

491. $7\left(\frac{\text{cosec } 24°}{\sec 66°}\right)^3 + 8\left(\frac{\cot 37°}{\tan 53°}\right)^4 - \left(2\frac{\sec 14°}{\text{cosec } 76°}\right)^2 + \left(-3\frac{\tan 82°}{\cot 8°}\right)^3$ का मान ज्ञात करें। **Secondary Level 20/06/2024 Shift II**
(a) –16 (b) 10 (c) 2 (d) 40

492. $\frac{32}{\sec^2\theta} - \frac{20}{1+\tan^2\theta} + 12\sin^2\theta$ का मान ज्ञात कीजिए। **Graduate Level 27/06/2023 Shift IV**

(a) 12 (b) 32 (c) 24 (d) 20

493. यदि $\sin\theta + \cos\theta = \frac{\sqrt{11}}{3}$ है, तो $\tan\theta + \cot\theta$ निम्न में से किसके बराबर है?

Graduate Level 27/06/2023 Shift IV

(a) 5 (b) 11 (c) 9 (d) 7

494. यदि $4\tan A = 3$ है, तो $\cos^2 A - \sin^2 A$ किसके बराबर है?

Higher Secondary Level 27/06/2023 Shift III

(a) $\frac{3}{5}$ (b) $\frac{1}{5}$ (c) $\frac{7}{25}$ (d) $\frac{9}{25}$

495. यदि $\theta = 120°$ और $p = \cos\theta + \sin\theta$ है, तो ……… होगा। **Graduate Level 01/08/2022 Shift IV**

(a) $p < 0$ (b) $p \le 0$
(c) $p > 0$ (d) $p \ge 0$

496. यदि $\text{cosec}(A - B) = 2$ और $\cot(A + B) = 1\sqrt{3}$ है तो A का मान क्या होगा?

Graduate Level 01/08/2022 Shift IV

(a) 45° (b) 90°
(c) 60° (d) 30°

497. यदि $\tan 3\theta = \cot(\theta - 22°)$ है, जहाँ 3θ एक न्यून कोण है, तो θ का मान ज्ञात करें।

Higher Secondary Level 01/08/2022 Shift II

(a) 29° (b) 28° (c) 26° (d) 27°

सही उत्तर

1	(b)	2	(b)	3	(a)	4	(c)	5	(a)	6	(a)	7	(d)	8	(b)	9	(b)	10	(c)
11	(b)	12	(c)	13	(a)	14	(b)	15	(c)	16	(a)	17	(a)	18	(d)	19	(b)	20	(b)
21	(a)	22	(a)	23	(b)	24	(d)	25	(b)	26	(c)	27	(c)	28	(a)	29	(c)	30	(c)
31	(c)	32	(a)	33	(b)	34	(a)	35	(b)	36	(a)	37	(b)	38	(a)	39	(d)	40	(d)
41	(b)	42	(c)	43	(b)	44	(c)	45	(a)	46	(a)	47	(a)	48	(d)	49	(a)	50	(b)
51	(c)	52	(a)	53	(d)	54	(a)	55	(d)	56	(c)	57	(c)	58	(a)	59	(a)	60	(b)
61	(c)	62	(a)	63	(d)	64	(d)	65	(b)	66	(d)	67	(a)	68	(a)	69	(d)	70	(a)
71	(d)	72	(d)	73	(b)	74	(a)	75	(a)	76	(c)	77	(d)	78	(d)	79	(b)	80	(a)
81	(a)	82	(b)	83	(b)	84	(c)	85	(a)	86	(c)	87	(a)	88	(a)	89	(c)	90	(c)
91	(d)	92	(c)	93	(c)	94	(a)	95	(a)	96	(d)	97	(b)	98	(b)	99	(a)	100	(d)
101	(a)	102	(c)	103	(d)	104	(a)	105	(d)	106	(c)	107	(a)	108	(a)	109	(b)	110	(c)
111	(d)	112	(b)	113	(d)	114	(b)	115	(b)	116	(b)	117	(c)	118	(c)	119	(d)	120	(c)
121	(c)	122	(d)	123	(a)	124	(b)	125	(d)	126	(b)	127	(a)	128	(c)	129	(c)	130	(c)
131	(a)	132	(c)	133	(c)	134	(c)	135	(b)	136	(b)	137	(a)	138	(b)	139	(c)	140	(a)
141	(d)	142	(b)	143	(b)	144	(d)	145	(a)	146	(c)	147	(d)	148	(b)	149	(d)	150	(b)
151	(a)	152	(a)	153	(a)	154	(c)	155	(d)	156	(a)	157	(a)	158	(c)	159	(a)	160	(a)
161	(a)	162	(d)	163	(b)	164	(c)	165	(d)	166	(c)	167	(a)	168	(c)	169	(d)	170	(c)
171	(a)	172	(a)	173	(c)	174	(d)	175	(b)	176	(c)	177	(d)	178	(c)	179	(c)	180	(a)
181	(c)	182	(c)	183	(b)	184	(d)	185	(c)	186	(d)	187	(b)	188	(b)	189	(c)	190	(c)
191	(a)	192	(b)	193	(c)	194	(d)	195	(c)	196	(a)	197	(a)	198	(a)	199	(d)	200	(c)
201	(d)	202	(a)	203	(d)	204	(b)	205	(c)	206	(b)	207	(b)	208	(a)	209	(a)	210	(b)
211	(b)	212	(a)	213	(a)	214	(d)	215	(b)	216	(b)	217	(b)	218	(c)	219	(c)	220	(d)
221	(b)	222	(b)	223	(b)	224	(a)	225	(a)	226	(d)	227	(d)	228	(d)	229	(c)	230	(a)
231	(c)	232	(b)	233	(a)	234	(a)	235	(a)	236	(d)	237	(b)	238	(c)	239	(b)	240	(d)
241	(a)	242	(b)	243	(d)	244	(b)	245	(c)	246	(a)	247	(b)	248	(c)	249	(c)	250	(d)
251	(c)	252	(a)	253	(b)	254	(d)	255	(c)	256	(d)	257	(c)	258	(c)	259	(b)	260	(c)
261	(d)	262	(d)	263	(b)	264	(c)	265	(b)	266	(a)	267	(a)	268	(a)	269	(b)	270	(d)
271	(c)	272	(c)	273	(b)	274	(b)	275	(c)	276	(b)	277	(b)	278	(a)	279	(c)	280	(b)
281	(b)	282	(b)	283	(c)	284	(c)	285	(c)	286	(b)	287	(b)	288	(d)	289	(d)	290	(c)
291	(a)	292	(a)	293	(b)	294	(a)	295	(d)	296	(a)	297	(d)	298	(b)	299	(d)	300	(b)
301	(d)	302	(d)	303	(a)	304	(c)	305	(b)	306	(d)	307	(d)	308	(b)	309	(d)	310	(a)
311	(d)	312	(c)	313	(c)	314	(b)	315	(d)	316	(d)	317	(a)	318	(d)	319	(c)	320	(d)
321	(a)	322	(c)	323	(b)	324	(a)	325	(b)	326	(c)	327	(c)	328	(a)	329	(b)	330	(a)
331	(d)	332	(a)	333	(b)	334	(d)	335	(c)	336	(b)	337	(c)	338	(c)	339	(b)	340	(c)
341	(d)	342	(b)	343	(a)	344	(d)	345	(d)	346	(a)	347	(d)	348	(b)	349	(a)	350	(c)
351	(d)	352	(a)	353	(a)	354	(d)	355	(b)	356	(b)	357	(c)	358	(d)	359	(d)	360	(c)
361	(c)	362	(c)	363	(c)	364	(b)	365	(a)	366	(c)	367	(b)	368	(c)	369	(a)	370	(a)
371	(d)	372	(c)	373	(a)	374	(a)	375	(b)	376	(a)	377	(c)	378	(b)	379	(b)	380	(c)
381	(a)	382	(b)	383	(b)	384	(b)	385	(b)	386	(a)	387	(d)	388	(a)	389	(d)	390	(a)
391	(a)	392	(c)	393	(a)	394	(b)	395	(a)	396	(c)	397	(a)	398	(c)	399	(a)	400	(a)
401	(a)	402	(a)	403	(d)	404	(a)	405	(a)	406	(a)	407	(d)	408	(a)	409	(d)	410	(d)
411	(a)	412	(d)	413	(d)	414	(a)	415	(c)	416	(a)	417	(a)	418	(d)	419	(b)	420	(a)
421	(a)	422	(d)	423	(a)	424	(d)	425	(b)	426	(c)	427	(d)	428	(b)	429	(a)	430	(d)
431	(b)	432	(a)	433	(d)	434	(a)	435	(a)	436	(c)	437	(c)	438	(a)	439	(b)	440	(c)
441	(c)	442	(a)	443	(b)	444	(b)	445	(b)	446	(a)	447	(c)	448	(b)	449	(b)	450	(d)
451	(c)	452	(d)	453	(d)	454	(a)	455	(a)	456	(a)	457	(c)	458	(b)	459	(b)	460	(c)
461	(d)	462	(b)	463	(d)	464	(c)	465	(a)	466	(d)	467	(c)	468	(a)	469	(b)	470	(d)
471	(b)	472	(a)	473	(b)	474	(b)	475	(b)	476	(b)	477	(d)	478	(d)	479	(b)	480	(d)
481	(b)	482	(d)	483	(b)	484	(a)	485	(c)	486	(d)	487	(d)	488	(d)	489	(c)	490	(d)
491	(a)	492	(a)	493	(c)	494	(c)	495	(c)	496	(a)	497	(b)						

उत्तर सहित हल

1. (b) $\sin A = \frac{5}{13}$

$\Rightarrow \cos A = \frac{12}{13} \Rightarrow \tan A = \frac{5}{12}$

$\therefore \frac{\cos A - 2\tan A}{\sin A + 3\tan A} = \frac{\frac{12}{13} - 2\times\frac{5}{12}}{\frac{5}{13} + 3\times\frac{5}{12}}$

$= \frac{144-130}{60+195} = \frac{14}{255}$

2. (b) $\cos 27° = \frac{p}{q}$ .....(i)

$\Rightarrow \sin^2 27° = 1 - \frac{p^2}{q^2} = \frac{q^2-p^2}{q^2}$

$\sin 27° = \frac{1}{q} \times \sqrt{q^2-p^2}$

अब, $\text{cosec}\,27° - \cos 63° = \frac{1}{\sin 27°} - \sin 27°$

$= \frac{1-\sin^2 27°}{\sin 27°} = \frac{\cos^2 27°}{\sin 27°}$

$= \frac{p^2/q^2}{\sqrt{q^2-p^2}/q}$

$= \frac{p^2}{q^2} \times \frac{q}{\sqrt{q^2-p^2}} = \frac{p^2}{q\sqrt{q^2-p^2}}$

3. (a) $PR = \sqrt{29^2 - 21^2}$

$= \sqrt{841-441} = \sqrt{400} = 20$

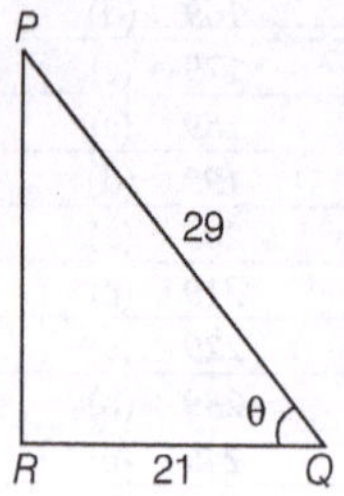

अब, $\cos^2\theta - \sin^2\theta = \left(\frac{21}{29}\right)^2 - \left(\frac{20}{29}\right)^2$

$= \frac{441}{841} - \frac{400}{841} = \frac{441-400}{841} = \left(\frac{41}{841}\right)$

4. (c) $\frac{\sec\theta - \tan\theta}{\sec\theta + \tan\theta} = \frac{1}{9}$

$\Rightarrow 9 - 9\sin\theta = 1 + \sin\theta$

$\Rightarrow 8 = 10\sin\theta \Rightarrow \sin\theta = \frac{4}{5}$

$\Rightarrow \cos\theta = \frac{3}{5} \Rightarrow \tan\theta = \frac{4}{3}$

$\therefore \frac{\sin\theta - \tan^2\theta}{\sin\theta + \tan^2\theta} = \frac{\frac{4}{5} - \left(\frac{4}{3}\right)^2}{\frac{4}{5} + \left(\frac{4}{3}\right)^2}$

$= \frac{36-80}{36+80} = \frac{-44}{116} = \frac{-11}{29}$

5. (a) $\tan(x+y)\tan(x-y) = 1$ ...(i)

समी (i) तभी सम्भव होगा,

जब $(x+y) + (x-y) = 90°$

$\Rightarrow 2x = 90° \Rightarrow x = 45°$

$\therefore \tan x = \tan 45° = 1$

6. (a)

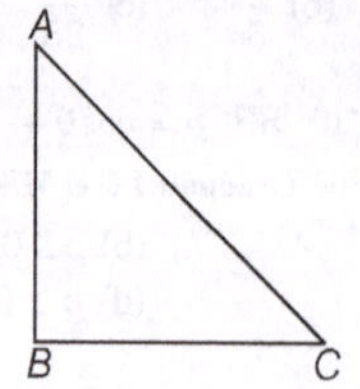

$\angle B = 90°$

$\Rightarrow \angle A + \angle C = 90°$

अब, $\sin A \cos C + \cos A \cdot \sin C$
$= \sin(A+C) = \sin 90° = 1$

तथा $\cos A \cos C - \sin A \sin C$
$= \cos(A+C) = \cos 90° = 0$

7. (d) $\sin^2\theta + \cos^2\theta = 1$

दोनों तरफ का वर्ग करने पर,

$\sin^4\theta + \cos^4\theta + 2\sin^2\theta\cos^2\theta = 1$

$\Rightarrow \sin^4\theta + \cos^4\theta = 1 - 2\sin^2\theta\cos^2\theta$

$\sin^4\theta + \cos^4\theta$ का मान अधिकतम के लिए,

$2\sin^2\theta \cdot \cos^2\theta = 0$

$\therefore \sin^4\theta + \cos^4\theta = 1$

8. (b) $x = a\sec\theta \cdot \cos\phi$

$\Rightarrow \frac{x}{a} = \frac{\cos\phi}{\cos\theta} \Rightarrow \frac{x^2}{a^2} = \frac{\cos^2\phi}{\cos^2\theta}$

$y = b\sec\theta\sin\phi$

$\Rightarrow \frac{y}{b} = \frac{\sin\phi}{\cos\theta} \Rightarrow \frac{y^2}{b^2} = \frac{\sin^2\phi}{\cos^2\theta}$

$z = c\tan\theta \Rightarrow \frac{z}{c} = \tan\theta \Rightarrow \frac{z^2}{c^2} = \tan^2\theta$

$\therefore \frac{x^2}{a^2} + \frac{y^2}{b^2} - \frac{z^2}{c^2} = \frac{\cos^2\phi}{\cos^2\theta} + \frac{\sin^2\phi}{\cos^2\theta} - \tan^2\theta$

$= \frac{\sin^2\phi + \cos^2\phi}{\cos^2\theta} - \tan^2\theta$

$= \frac{1}{\cos^2\theta} - \tan^2\theta = \sec^2\theta - \tan^2\theta = 1$

9. (b) $\cot\theta = \sqrt{11} \Rightarrow \cot^2\theta = 11$

$\therefore \text{cosec}^2\theta = 1 + \cot^2\theta = 1 + 11 = 12$

अब, $\sec^2\theta = 1 + \tan^2\theta$

$= 1 + \frac{1}{\cot^2\theta} = 1 + \frac{1}{11} = \frac{12}{11}$

$\therefore \frac{\text{cosec}^2\theta - \sec^2\theta}{\text{cosec}^2\theta + \sec^2\theta} = \frac{12 - \frac{12}{11}}{12 + \frac{12}{11}} = \frac{11-1}{11+1} = \frac{10}{12} = \frac{5}{6}$

10. (c) $8\cot\theta = 7$

$\therefore \cot\theta = \frac{7}{8} \Rightarrow \tan\theta = \frac{8}{7}$

$\frac{1+\sin\theta}{\cos\theta} = \frac{1}{\cos\theta} + \frac{\sin\theta}{\cos\theta}$

$= \sec\theta + \tan\theta$

$= \sqrt{1+\tan^2\theta} + \tan\theta$

$(\because \sec^2\theta = 1 + \tan^2\theta)$

$= \sqrt{1 + \left(\frac{8}{7}\right)^2} + \frac{8}{7}$

$= \sqrt{\frac{49+64}{49}} + \frac{8}{7} = \frac{8+\sqrt{113}}{7}$

11. (b) $\tan C = \sqrt{3}$

$\Rightarrow \tan C = \tan 60°$

$\therefore C = 60°$

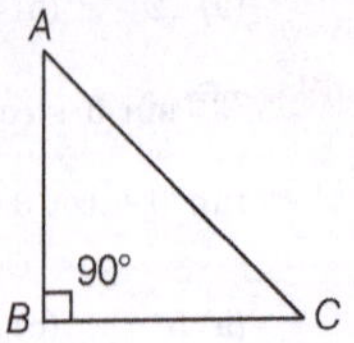

$\therefore \frac{\sin^2 C + \cos^2 C}{1 + \cot^2 C}$

$= \frac{1}{\text{cosec}^2 C} = \sin^2 C$

$= \sin^2 60° = \left(\frac{\sqrt{3}}{2}\right)^2 = \frac{3}{4}$

12. (c) $\frac{5}{1+\cot^2\theta} + \frac{3}{1+\tan^2\theta} + 2\cos^2\theta$

$= \frac{5}{\text{cosec}^2\theta} + \frac{3}{\sec^2\theta} + 2\cos^2\theta$

$= 5\sin^2\theta + 3\cos^2\theta + 2\cos^2\theta$

$= 5\sin^2\theta + 5\cos^2\theta$

$= 5(\sin^2\theta + \cos^2\theta) = 5 \times 1 = 5$

13. (a) दिया है, $\tan A + \cot A = 2$

$\tan A + \frac{1}{\tan A} = 2 \quad \left\{\because \cot A = \frac{1}{\tan A}\right\}$

$\therefore A = 45° \quad \{\because \tan 45° = 1\}$

$\tan 45° + \frac{1}{\tan 45°} = 2 \Rightarrow 1 + \frac{1}{1} = 2 \Rightarrow 2 = 2$

$\therefore 7\tan^8 A - 6\cot^8 A + 8\sec^2 A$

$= 7\tan^8 45° - 6\cot^8 45° + 8\sec^2 45°$

$= 7 \times (1)^8 - 6 \times (1)^8 + 8 \times (\sqrt{2})^2$

$= 7 - 6 + 16 = 17$

14. (b) $\left[\frac{5}{\sqrt{3}} - \text{cosec}\,60°\right] \quad \left[\text{cosec}\,60° = \frac{2}{\sqrt{3}}\right]$

$= \frac{5}{\sqrt{3}} - \frac{2}{\sqrt{3}} = \frac{5-2}{\sqrt{3}} = \frac{3}{\sqrt{3}} = \sqrt{3}$

15. (c) $\sec\theta + \tan\theta = x$ ...(i)

$[\because \sec^2\theta - \tan^2\theta = 1]$

$\therefore \sec\theta - \tan\theta = \frac{1}{x}$ ...(ii)

समी (i) व (ii) को जोड़ने पर,

$2\sec\theta = x + \frac{1}{x} \Rightarrow \sec\theta = \frac{x^2+1}{2x} = \frac{\text{कर्ण}}{\text{आधार}}$

पाइथागोरस प्रमेय से,

लम्ब $= \sqrt{(x^2+1)^2 - (2x)^2}$

$= 1 - x^2 \quad [\because (a+b)^2 - 4ab = (a-b)^2]$

अत: $\sin\theta = \frac{\text{लम्ब}}{\text{कर्ण}} = \frac{1-x^2}{1+x^2}$

16. (a) $3\sin 15° - 4\sin^3 15°$

हम जानते हैं कि,

$3\sin A - 4\sin^3 A = \sin 3A \quad [A = 15°]$

$\therefore \sin 3 \times 15° = \sin 45° = \frac{1}{\sqrt{2}}$

17. (a) $\tan 45° = \tan(72° - 27°)$

$\tan 45° = \frac{\tan 72° - \tan 27°}{1 + \tan 27° \tan 72°}$

$\Rightarrow 1 = \frac{\tan 72° - \tan 27°}{1 + \tan 27° \tan 72°}$

$\Rightarrow 1 + \tan 27° \tan 72° = \tan 72° - \tan 27°$

$\Rightarrow 1 = \tan 72° - \tan 27° - \tan 27° \tan 72°$

$\therefore \tan 72° - \tan 27° - \tan 27° \tan 72° = 1$

18. (d) $\cot^2\theta - 2\cos^2\theta = 0$

$\Rightarrow \cot^2\theta = 2\cos^2\theta$

$\Rightarrow \dfrac{\cos^2\theta}{\sin^2\theta} = 2\cos^2\theta \Rightarrow \dfrac{1}{\sin^2\theta} = 2$

$\Rightarrow \sin^2\theta = \dfrac{1}{2}$ $\left[\sin 45° = \dfrac{1}{\sqrt{2}}\right]$

$\Rightarrow \sin\theta = \dfrac{1}{\sqrt{2}} \Rightarrow \sin\theta = \sin 45°$

$\Rightarrow \theta = 45°$

अत: θ का मान $45°$ होगा।

19. (b) $(\text{cosec}\theta - \sin\theta) \times (\sec\theta - \cos\theta) \times (\tan\theta + \cot\theta)$

$= \left(\dfrac{1}{\sin\theta} - \sin\theta\right) \times \left(\dfrac{1}{\cos\theta} - \cos\theta\right) \times \left(\dfrac{\sin\theta}{\cos\theta} + \dfrac{\cos\theta}{\sin\theta}\right)$

$= \dfrac{\cos^2\theta}{\sin\theta} \times \dfrac{\sin^2\theta}{\cos\theta} \times \dfrac{(\sin^2\theta + \cos^2\theta)}{\sin\theta \times \cos\theta}$

$= \dfrac{\cos^2\theta}{\sin^2\theta} \times \dfrac{\sin^2\theta}{\cos^2\theta} \times 1 = 1 \times 1 = 1$

20. (b) $2\dfrac{\tan 54°}{\cot 36°} - \dfrac{\cot 41°}{\tan 49°}$

$= \dfrac{2\tan(90° - 36°)}{\cot 36°} - \dfrac{\cot(90° - 49°)}{\tan 49°}$

$= 2\dfrac{\cot 36°}{\cot 36°} - \dfrac{\tan 49°}{\tan 49°}$

$= 2 \times 1 - 1 = 1$

21. (a) $m + 5 = \sec^2 A \cdot \text{cosec}^2 A \; (1 - \cos^2 A)(1 - \sin^2 A) + 5$

$\Rightarrow m + 5 - 5 = \dfrac{1}{\cos^2 A} \times \dfrac{1}{\sin^2 A} \times \sin^2 A \times \cos^2 A$

$\Rightarrow m = 1 \times 1 = 1$

22. (a) $10\sin^2\theta + 6\cos^2\theta = 7$

$\Rightarrow 10(1 - \cos^2\theta) + 6\cos^2\theta = 7$

$\Rightarrow 10 - 10\cos^2\theta + 6\cos^2\theta = 7$

$\Rightarrow \cos^2\theta = \dfrac{3}{4} \Rightarrow \cos\theta = \dfrac{\sqrt{3}}{2}$

$\therefore \sin^2\theta = 1 - \cos^2\theta = 1 - \dfrac{3}{4} = \dfrac{1}{4} \Rightarrow \sin\theta = \dfrac{1}{2}$

अत: $\tan\theta = \dfrac{\sin\theta}{\cos\theta} = \dfrac{1}{2} \times \dfrac{2}{\sqrt{3}} = \dfrac{1}{\sqrt{3}}$

23. (b) $\dfrac{1 + \sin\theta - \cos\theta}{1 + \sin\theta + \cos\theta}$

$= \dfrac{1 + 2\sin\theta/2 \cdot \cos\theta/2 - (1 - 2\sin^2\theta/2)}{1 + 2\sin\theta/2\cos\theta/2 + 2\cos^2\theta/2 - 1}$

$= \dfrac{1 + 2\sin\theta/2 \cdot \cos\theta/2 - 1 + 2\sin^2\theta/2}{1 + 2\sin\theta/2 \cdot \cos\theta/2 + 2\cos^2\theta/2 - 1}$

$= \dfrac{2\sin\theta/2\left(\cos\dfrac{\theta}{2} + \sin\dfrac{\theta}{2}\right)}{2\cos\dfrac{\theta}{2}\left(\cos\dfrac{\theta}{2} + \sin\dfrac{\theta}{2}\right)} = \tan\dfrac{\theta}{2}$

24. (d) $\dfrac{11\sqrt{2}\cos 3A + 10\sin 2A}{7\sqrt{3}\sin 4A}$

$= \dfrac{11\sqrt{2}\cos 45° + 10\sin 30°}{7\sqrt{3}\sin 60°}$

$= \dfrac{11\sqrt{2} \times \dfrac{1}{\sqrt{2}} + 10 \times \dfrac{1}{2}}{7\sqrt{3} \times \dfrac{\sqrt{3}}{2}} = \dfrac{32}{21}$

25. (b) $3\tan A = 4$

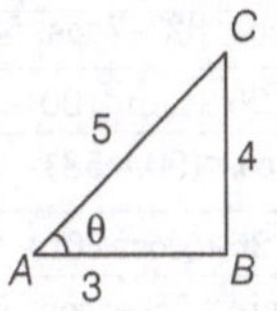

$\therefore \tan A = \dfrac{4}{3} = \dfrac{BC}{AB} \Rightarrow AC = \sqrt{4^2 + 3^2} = 5$

अत: $4\sin A + 3\cos A = 4 \times \dfrac{4}{5} + 3 \times \dfrac{3}{5}$

$= \dfrac{16}{5} + \dfrac{9}{5} = \dfrac{25}{5} = 5$

26. (c) $(\sin A + \text{cosec} A)^2 + (\cos A + \sec A)^2$

$= \sin^2 A + \text{cosec}^2 A + 2\sin A \cdot \text{cosec} A + \cos^2 A + \sec^2 A + 2\cos A \cdot \sec A$

$= \sin^2 A + \cos^2 A + 4 + \text{cosec}^2 A + \sec^2 A$

$= 1 + 4 + 1 + \cot^2 A + 1 + \tan^2 A$

$= 7 + \tan^2 A + \cot^2 A$

27.(c) दिया है, $\tan A + \cot A = 2$

दोनों पक्षों का वर्ग करने पर,

$\tan^2 A + \cot^2 A + 2\tan A \cdot \cot A = 4$

$\therefore \tan^2 A + \cot^2 A = 4 - 2 = 2$

28. (a) $\sin 3A = \cos(A - 26°)$

$\Rightarrow \cos(90° - 3A) = \cos(A - 26°)$

$90° - 3A = A - 26° \Rightarrow 4A = 116°$

$\Rightarrow A = \dfrac{116°}{4} = 29°$

29. (c) दिया है, $\theta = 45°$

$\dfrac{\sin^2\theta - 2\sin^4\theta}{2\cos^4\theta + \cos^2\theta} = \dfrac{\sin^2 45° - 2\sin^4 45°}{2\cos^4 45° + \cos^2 45°}$

$\left[\sin 45° = \dfrac{1}{\sqrt{2}}, \cos 45° = \dfrac{1}{\sqrt{2}}\right]$

$= \dfrac{\left(\dfrac{1}{\sqrt{2}}\right)^2 - 2 \times \left(\dfrac{1}{\sqrt{2}}\right)^4}{2\left(\dfrac{1}{\sqrt{2}}\right)^4 + \left(\dfrac{1}{\sqrt{2}}\right)^2} = \dfrac{\dfrac{1}{2} - \dfrac{1}{2}}{2 \times \dfrac{1}{4} + \dfrac{1}{2}} = \dfrac{0}{\dfrac{1}{2} + \dfrac{1}{2}} = 0$

30. (c) $\tan A = \dfrac{1}{\sqrt{10}} = \dfrac{\text{लम्ब}}{\text{आधार}}$

पाइथागोरस प्रमेय से,

$(\text{कर्ण})^2 = (\sqrt{10})^2 + (1)^2$

$\Rightarrow \text{कर्ण} = \sqrt{11}$

$\sin A + \text{cosec} A = \dfrac{1}{\sqrt{11}} + \dfrac{\sqrt{11}}{1} = \dfrac{1 + 11}{\sqrt{11}} = \dfrac{12}{\sqrt{11}}$

31. (c) $\sin^2(t) = \dfrac{1}{2}\tan(t)$

$\therefore$ विकल्प (c) $t = 45°$ रखने पर,

$\sin^2 45° = \dfrac{1}{2}\tan 45°$ $\left[\because \tan 45° = 1, \; \sin 45° = \dfrac{1}{\sqrt{2}}\right]$

$\Rightarrow \left(\dfrac{1}{\sqrt{2}}\right)^2 = \dfrac{1}{2} \times 1 \Rightarrow \dfrac{1}{2} = \dfrac{1}{2}$

अत: विकल्प (c) सही है।

32. (a) $\sin A - \cos A = \dfrac{\sqrt{3} - \sqrt{2}}{2}$

दोनों ओर वर्ग करने पर,

$\sin^2 A + \cos^2 A - 2\sin A\cos A = \dfrac{3 + 2 - 2\sqrt{6}}{4}$

$\Rightarrow 1 - 2\sin A\cos A = \dfrac{5 - 2\sqrt{6}}{4}$

$\Rightarrow 1 - \left[\dfrac{5 - 2\sqrt{6}}{4}\right] = 2\sin A\cos A$

$\Rightarrow \dfrac{4 - 5 + 2\sqrt{6}}{4} = 2\sin A\cos A$

अत: $\sin A\cos A = \dfrac{2\sqrt{6} - 1}{8}$

33. (b) $\dfrac{1}{\text{cosec}\theta - \cot\theta} - \dfrac{1}{\sin\theta}$

$= \dfrac{1}{\left(\dfrac{1}{\sin\theta} - \dfrac{\cos\theta}{\sin\theta}\right)} - \dfrac{1}{\sin\theta}$

$= \dfrac{\sin\theta}{1 - \cos\theta} - \dfrac{1}{\sin\theta} = \dfrac{\sin^2\theta - (1 - \cos\theta)}{(1 - \cos\theta)\sin\theta}$

$= \dfrac{1 - \cos^2\theta - 1 + \cos\theta}{(1 - \cos\theta)\sin\theta} = \dfrac{\cos\theta(1 - \cos\theta)}{(1 - \cos\theta)\sin\theta}$

$= \cot\theta$

34. (a) $x = r\cos(t), \quad y = r\sin(t)\cos(u)$

$z = r\sin(t)\sin(u)$

$\therefore x^2 + y^2 + z^2$

$= [r\cos(t)]^2 + \{r\sin(t)\cos(u)\}^2 + \{r\sin(t)\sin u\}^2$

$= r^2\{\cos^2 t + \sin^2 t\cos^2 u + \sin^2 t\sin^2 u\}$

$= r^2\{\cos^2 t + \sin^2 t(\cos^2 u + \sin^2 u)\}$

$= r^2\{\cos^2 t + \sin^2 t \times 1]$

$= r^2\{\cos^2 t + \sin^2 t\} = r^2$

35. (b) $\sqrt{3}\cos\theta + \sin\theta = 1$

विकल्प (b) से, $\theta = 90°$ रखने पर,

$\sqrt{3}\cos 90° + \sin 90° = 1$

$\Rightarrow \sqrt{3} \times 0 + 1 = 1 \Rightarrow 1 = 1$

अत: विकल्प (b) सही है।

36. (a) $\tan\theta + \cot\theta = 2$

$\Rightarrow \dfrac{\sin\theta}{\cos\theta} + \dfrac{\cos\theta}{\sin\theta} = 2$

$\Rightarrow \sin^2\theta + \cos^2\theta = 2\sin\theta.\cos\theta$

$\Rightarrow \sin^2\theta + \cos^2\theta - 2\sin\theta.\cos\theta = 0$

$\Rightarrow (\sin\theta - \cos\theta)^2 = 0$

$\Rightarrow \sin\theta = \cos\theta$

$\Rightarrow \tan\theta = 1 \Rightarrow \tan\theta = \tan 45°$

$\therefore \theta = 45°$

37. (b) $\sqrt{\dfrac{1 - \cos A}{1 + \cos A}} + \sqrt{\dfrac{1 + \cos A}{1 - \cos A}}$

$= \sqrt{\dfrac{(1 - \cos A)(1 - \cos A)}{(1 + \cos A)(1 - \cos A)}} + \sqrt{\dfrac{(1 + \cos A)(1 + \cos A)}{(1 - \cos A)(1 + \cos A)}}$

$= \sqrt{\dfrac{(1 - \cos A)^2}{1 - \cos^2 A}} + \sqrt{\dfrac{(1 + \cos A)^2}{1 - \cos^2 A}}$

$= \sqrt{\dfrac{(1 - \cos A)^2}{\sin^2 A}} + \sqrt{\dfrac{(1 + \cos A)^2}{\sin^2 A}}$

$= \dfrac{1 - \cos A}{\sin A} + \dfrac{1 + \cos A}{\sin A}$

$= \dfrac{1 - \cos A + 1 + \cos A}{\sin A}$

$= \dfrac{2}{\sin A} = 2\,\text{cosec}\, A$

38. (a) $\dfrac{(1+\cos\theta)(1-\cos\theta)}{(1+\sin\theta)(1-\sin\theta)}$

$= \dfrac{1-\cos^2\theta}{1-\sin^2\theta} = \dfrac{\sin^2\theta}{\cos^2\theta} = \tan^2\theta = \left(\dfrac{5}{8}\right)^2 = \dfrac{25}{64}$

39. (d) $\dfrac{1-\sin(2t)}{1+\sin(2t)} \times \dfrac{\cos t + \sin t}{\cos t - \sin t}$

$= \dfrac{\sin^2 t + \cos^2 t - 2\sin t.\cos t}{\sin^2 t + \cos^2 t + 2\sin t.\cos t} \times \dfrac{\cos t + \sin t}{\cos t - \sin t}$

$= \dfrac{(\cos t - \sin t)^2}{(\sin t + \cos t)^2} \times \dfrac{\cos t + \sin t}{\cos t - \sin t}$

$= \dfrac{\cos t - \sin t}{\cos t + \sin t} = \dfrac{1 - \dfrac{\sin t}{\cos t}}{1 + \dfrac{\sin t}{\cos t}} = \dfrac{1-\tan t}{1+\tan t}$

40. (d) $\left[1-\sin^2 32° + \dfrac{1}{1+\tan^2 58°}\right]$

$= \cos^2 32° + \dfrac{1}{\sec^2 58°}$

$= [\cos(90-58°)]^2 + \cos^2 58°$

$= \sin^2 58° + \cos^2 58 \quad [\cos(90°-\theta) = \sin\theta]$

$[\sin^2\theta + \cos^2\theta = 1]$

$= 1$

41. (b) हम जानते हैं,

$a\sin\theta + b\cos\theta$ का अधिकतम मान $= \sqrt{a^2+b^2}$

$\therefore 2\sin\theta + 3\cos\theta$ का अधिकतम मान

$= \sqrt{2^2+3^2} = \sqrt{4+9} = \sqrt{13}$

42. (c) $3\sin^2\theta + 5\cos^2\theta = 4$

$\Rightarrow 3\sin^2\theta + 3\cos^2\theta + 2\cos^2\theta = 4$

$\Rightarrow 3(\sin^2\theta + \cos^2\theta) + 2\cos^2\theta = 4$

$\Rightarrow \quad 2\cos^2\theta = 4-3 \Rightarrow 2\cos^2\theta = 1$

$\Rightarrow \quad \cos^2\theta = \dfrac{1}{2} \Rightarrow \cos\theta = \dfrac{1}{\sqrt{2}}$

$(0° \le \theta < 90°)$

$\Rightarrow \quad \cos\theta = \cos 45°$

$\therefore \theta = 45° \Rightarrow \tan\theta = \tan 45° = 1$

43. (b) $\sin x + \text{cosec} x = 2$

$\Rightarrow \quad \sin x + \dfrac{1}{\sin x} = 2$

$\Rightarrow \quad \sin^2 x + 1 = 2\sin x$

$\Rightarrow \sin^2 x + 1 - 2\sin x = 0$

$\Rightarrow \quad (\sin x - 1)^2 = 0 \Rightarrow \sin x = 1$

$\therefore \quad x = 90°$

अब, $\sin^7 x + \text{cosec}^7 x$

$= \sin^7 90° + \text{cosec}^7 90° = 1 + 1 = 2$

44. (c) $\sin A + \cos A = \sqrt{3}$

दोनों पक्षों का वर्ग करने पर,

$\sin^2 A + \cos^2 A + 2\sin A\cos A = 3$

$\Rightarrow 1 + 2\sin A\cdot\cos A = 3 \Rightarrow 2\sin A\cdot\cos A = 2$

$\therefore \quad \sin A\cdot\cos A = 1$ ...(i)

अब, $\tan A + \cot A + 2\sin A\cdot\cos A$

$= \dfrac{\sin A}{\cos A} + \dfrac{\cos A}{\sin A} + 2\sin A\cdot\cos A$

$= \dfrac{\sin^2 A + \cos^2 A + 2\sin^2 A\cos^2 A}{\sin A\cdot\cos A}$

$= \dfrac{1 + 2\times 1}{1} = 3$ (समी (i) से)

45. (a) $\sqrt{\dfrac{9\sin^2 26° + 9\sin^2 64° + 36}{32 - 7\cos^2 32° - 7\cos^2 58°}}$

$= \sqrt{\dfrac{9[\sin^2 26° + \sin^2(90-26)] + 36}{32 - 7[\cos^2(90-58) + \cos^2 58°]}}$

$= \sqrt{\dfrac{9(\sin^2 26 + \cos^2 26) + 36}{32 - 7(\sin^2 58 + \cos^2 58)}}$

$= \sqrt{\dfrac{9+36}{32-7}} = \sqrt{\dfrac{45}{25}} = \dfrac{3\sqrt{5}}{5}$

46. (a) हम जानते हैं

$2\sin A\cdot\sin B = \cos(A-B) - \cos(A+B)$

$\therefore \sin A\sin B = \dfrac{1}{2}\{\cos(A-B) - \cos(A+B)\}$

47. (a) $\sqrt{\dfrac{\sec\theta+1}{\sec\theta-1}} + \sqrt{\dfrac{\sec\theta-1}{\sec\theta+1}}$

$= \sqrt{\dfrac{1+\cos\theta}{1-\cos\theta}} + \sqrt{\dfrac{1-\cos\theta}{1+\cos\theta}}$

$= \sqrt{\dfrac{(1+\cos\theta)(1+\cos\theta)}{1-\cos^2\theta}} + \sqrt{\dfrac{(1-\cos\theta)(1-\cos\theta)}{1-\cos^2\theta}}$

$= \dfrac{1+\cos\theta}{\sin\theta} + \dfrac{1-\cos\theta}{\sin\theta}$

$= \dfrac{1+\cos\theta+1-\cos\theta}{\sin\theta} = \dfrac{2}{\sin\theta} = 2\,\text{cosec}\,\theta$

48. (d) प्रश्नानुसार,

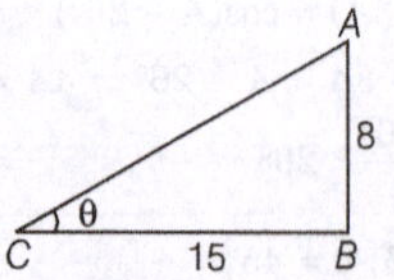

$\tan\theta = \dfrac{8}{15} = \dfrac{AB}{BC}$

$\therefore \quad AC = \sqrt{AB^2 + BC^2} = \sqrt{8^2 + 15^2}$

$= \sqrt{64+225} = \sqrt{289} = 17$

$\Rightarrow \quad \sin\theta = \dfrac{AB}{AC} = \dfrac{8}{17}$

अतः $\sqrt{\dfrac{1-\sin\theta}{1+\sin\theta}} = \sqrt{\dfrac{1-\dfrac{8}{17}}{1+\dfrac{8}{17}}} = \sqrt{\dfrac{9}{25}} = \dfrac{3}{5}$

49. (a) $\dfrac{\sin A}{1+\cos A} + \cot A$

$= \dfrac{\sin A}{1+\cos A} + \dfrac{\cos A}{\sin A} = \dfrac{\sin^2 A + \cos A + \cos^2 A}{\sin A(1+\cos A)}$

$= \dfrac{1+\cos A}{\sin A(1+\cos A)} = \dfrac{1}{\sin A} = \text{cosec}\,A$

50. (b) $3\sin A + 4\cos A = 5$

$\Rightarrow \quad \dfrac{3}{5}\sin A + \dfrac{4}{5}\cos A = 1$ ...(i)

$\because \quad \sin^2 A + \cos^2 A = 1$

$\therefore \sin A\sin A + \cos A\cos A = 1$ ...(ii)

समी (i) व समी (ii) की तुलना करने पर,

$\sin A = \dfrac{3}{5}$ तथा $\cos A = \dfrac{4}{5}$

अतः $\tan A = \dfrac{\sin A}{\cos A} = \dfrac{3}{5}\times\dfrac{5}{4} = \dfrac{3}{4}$

51. (c) दिया है, $\sec(t) = \dfrac{x}{y}$

$\therefore \quad \cos(t) = \dfrac{y}{x}$

तथा $\sin(t) = \sqrt{1-\dfrac{y^2}{x^2}} = \dfrac{\sqrt{x^2-y^2}}{x}$

अतः $\cot(t) = \dfrac{\cos(t)}{\sin(t)} = \dfrac{y}{x}\times\dfrac{x}{\sqrt{x^2-y^2}} = \dfrac{y}{\sqrt{x^2-y^2}}$

52. (a) $\sin\theta + \cos\theta = \sqrt{3}\cos\theta$

$\Rightarrow \dfrac{\sin\theta}{\cos\theta} + \dfrac{\cos\theta}{\cos\theta} = \sqrt{3}$

$\Rightarrow \tan\theta + 1 = \sqrt{3} \Rightarrow \tan\theta = (\sqrt{3}-1)$

$\Rightarrow \dfrac{1}{\tan\theta} = \dfrac{1}{(\sqrt{3}-1)}\times\dfrac{(\sqrt{3}+1)}{(\sqrt{3}+1)}$

$\Rightarrow \cot\theta = \dfrac{(\sqrt{3}+1)}{3-1} = \dfrac{(\sqrt{3}+1)}{2}$

53. (d) $\text{cosec}\,x = \dfrac{5}{4} = \dfrac{AC}{AB}$

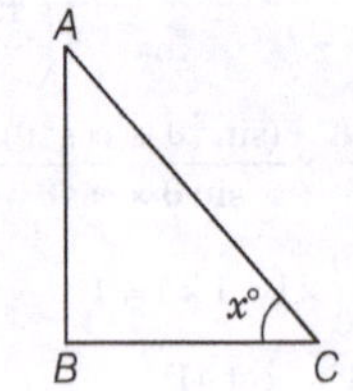

अब, $(BC)^2 = (AC)^2 - (AB)^2 = 5^2 - 4^2$

$(BC)^2 = 9 \Rightarrow BC = 3$

अब, $\dfrac{5\sin^2 x + 8\cot^2 x}{27\tan^2 x - 125\cos^2 x}$

$= \dfrac{5\times\left(\dfrac{4}{5}\right)^2 + 8\times\left(\dfrac{3}{4}\right)^2}{27\times\left(\dfrac{4}{3}\right)^2 - 125\times\left(\dfrac{3}{5}\right)^2}$

$= \dfrac{3.2+4.5}{48-45} = \dfrac{7.7}{3} = \dfrac{77}{30}$

54. (a) $a = x\cos\theta + y\sin\theta$ ...(i)

$b = x\sin\theta - y\cos\theta$ ...(ii)

समी (i) तथा समी (ii) का वर्ग करके जोड़ने पर,

$a^2 + b^2 = x^2\cos^2\theta + y^2\sin^2\theta$

$+ 2xy\cos\theta\sin\theta + x^2\sin^2\theta$

$+ y^2\cos^2\theta - 2xy\sin\theta\cos\theta$

$= x^2(\sin^2\theta + \cos^2\theta) + y^2(\sin^2\theta + \cos^2\theta)$

$= x^2 + y^2$

55. (d) $\left[\dfrac{4\cos(90°-\theta)\sin^3(90°+\theta) - 4\sin(90°+\theta)\times\cos^3(90°-\theta)}{\cos\left(\dfrac{180°+8\theta}{2}\right)}\right]$

$= \dfrac{4\sin\theta\times\cos^3\theta - 4\cos\theta\times\sin^3\theta}{\cos(90°+4\theta)}$

$= \dfrac{4\sin\theta\times\cos\theta(\cos^2\theta - \sin^2\theta)}{-\sin 4\theta}$

$= \dfrac{4\sin\theta\times\cos\theta\times\cos 2\theta}{-2\sin 2\theta\times\cos 2\theta}$

$= \dfrac{4\sin\theta\times\cos\theta}{-2\times 2\sin\theta\times\cos\theta} = -1$

56. (c) $\sin A + \cos A = \dfrac{1}{2\sqrt{2}}$

दोनों पक्षों का वर्ग करने पर,

$(\sin^2 A + \cos^2 A) + 2\sin A\cos A = \dfrac{1}{8}$

$\sin^2 A + \cos^2 A = 1$ रखने पर,

$\Rightarrow \quad 1 + 2\sin A\cos A = \frac{1}{8}$

$2\sin A\cos A = -\frac{7}{8}$ ...(i)

अब, $\sin^4 A + \cos^4 A = (\sin^2 A + \cos^2 A)^2 - 2\sin^2 A \cdot \cos^2 A$

$= 1^2 - 2 \times \left(\frac{-7}{16}\right)^2$ [समी (i) से]

$= 1 - \frac{2 \times 49}{16 \times 16} = \frac{128 - 49}{128} = \left(\frac{79}{128}\right)$

57. (c) $\cos 24° = \frac{m}{n}$ ...(i)

$\therefore \quad (\text{cosec } 24° - \cos 66°)$

$= \frac{1}{\sin 24°} - \cos(90° - 24°)$

$= \frac{1}{\sin 24°} - \sin 24°$

$= \frac{1 - \sin^2 24°}{\sin 24°} = \frac{\cos^2 24°}{\sqrt{1 - \cos^2 24°}}$

$= \frac{\left(\frac{m}{n}\right)^2}{\sqrt{1 - \left(\frac{m}{n}\right)^2}}$ [समी (i) से]

$= \frac{m^2 \times n}{n^2\sqrt{n^2 - m^2}} = \frac{m^2}{n\sqrt{n^2 - m^2}}$

58. (a) $\sec\theta = \frac{29}{20} = \frac{\text{कर्ण}}{\text{आधार}} = \frac{AC}{BC}$

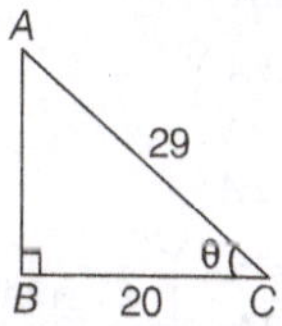

$\therefore AB = \sqrt{AC^2 - BC^2} = \sqrt{(29)^2 - (20)^2} = 21$

$\therefore \ \text{cosec}\,\theta = \frac{AC}{AB} = \frac{29}{21}$

तथा $\cot\theta = \frac{BC}{AB} = \frac{20}{21}$

$\therefore 3\,\text{cosec}\,\theta + 3\cot\theta = 3\left(\frac{29}{21} + \frac{20}{21}\right)$

$= 3 \times \frac{49}{21} = 7$

59. (a) $m = a\sec A,\ y = b\tan A$

$b^2m^2 - a^2y^2 + \frac{a^2y^2}{b^2m^2} + \cos^2 A$

$= b^2a^2\sec^2 A - a^2 \times b^2\tan^2 A + \frac{a^2 \times b^2\tan^2 A}{b^2 \times a^2\sec^2 A} + \cos^2 A$

$= a^2b^2(\sec^2 A - \tan^2 A) + \sin^2 A + \cos^2 A$

$= a^2b^2 \times 1 + 1 = a^2b^2 + 1$

60. (b) $\left(\frac{\text{cosec}A}{\text{cosec}A - 1} + \frac{\text{cosec}A}{\text{cosec}A + 1}\right)\left(\frac{\sec A}{\sec A - 1} + \frac{\sec A}{\sec A + 1}\right)^{-1}$

$= \text{cosec}A\left(\frac{2\,\text{cosec}A}{\text{cosec}^2 A - 1}\right) \times \sec^{-1} A\left(\frac{2\sec A}{\sec^2 A - 1}\right)^{-1}$

$= 2\,\text{cosec}^2 A \times \frac{1}{\cot^2 A} \times \frac{1}{\sec A} \times \frac{\tan^2 A}{2\sec A}$

$= \cot^2 A \times \frac{1}{\cot^2 A} \times \tan^2 A$

$= \tan^2 A = \tan^2 60° = 3$

61. (c) $\tan A = \frac{5}{7} = \frac{\sin A}{\cos A}$

$\frac{7\sin A - 3\cos A}{7\sin A + 3\cos A} + 4 = \frac{7 \times 5 - 3 \times 7}{7 \times 5 + 3 \times 7} + 4$

$= \frac{35 - 21}{35 + 21} + 4 = \frac{14}{56} + 4 = \frac{1}{4} + 4 = 4\frac{1}{4}$

62. (a) $\sin B = \frac{15}{17}$

अब, $\cos B(\sec B - \tan B)$

$= \cos B \times \sec B - \cos B \times \frac{\sin B}{\cos B}$

$= 1 - \sin B = 1 - \frac{15}{17} = \frac{2}{17}$

63. (d) $\frac{\tan(x)}{\sec(x)} = \frac{1}{2}$

$\Rightarrow \quad \frac{\sin(x)}{\cos(x) \times \frac{1}{\cos(x)}} = \frac{1}{2} \Rightarrow \sin(x) = \frac{1}{2}$

$\Rightarrow \quad \cos(x) = \sqrt{1 - \left(\frac{1}{2}\right)^2} = \frac{\sqrt{3}}{2}$

$\therefore [\sin(x) + \cos(x)]^2 = \left(\frac{1}{2} + \frac{\sqrt{3}}{2}\right)^2$

$= \frac{(3 + 1 + 2\sqrt{3})}{4} = \frac{2(2 + \sqrt{3})}{4} = \left(\frac{2 + \sqrt{3}}{2}\right)$

64. (d) $\frac{1}{1 - \sin\theta} + \frac{1}{1 + \sin\theta} = 4\sec\theta$

$\Rightarrow \quad \frac{1 + \sin\theta + 1 - \sin\theta}{(1 - \sin\theta)(1 + \sin\theta)} = 4 \times \frac{1}{\cos\theta}$

$\Rightarrow \quad \frac{2}{1 - \sin^2\theta} = \frac{4}{\cos\theta} \Rightarrow \frac{1}{\cos^2\theta} = \frac{2}{\cos\theta}$

$\Rightarrow \quad \frac{1}{\cos\theta} = 2 \Rightarrow \sec\theta = 2 \Rightarrow \sec\theta = \sec 60°$

$\therefore \quad \theta = 60°$

$\therefore \cot\theta + \text{cosec}\theta = \cot 60° + \text{cosec}60°$

$= \frac{1}{\sqrt{3}} + \frac{2}{\sqrt{3}} = \frac{3}{\sqrt{3}} = \sqrt{3}$

65. (b) $P(\sqrt{3} + \cot 30°) = \tan^3 60° - 2\sin 60°$

$\Rightarrow \quad P(\sqrt{3} + \sqrt{3}) = (\sqrt{3})^3 - 2 \times \frac{\sqrt{3}}{2}$

$\Rightarrow \quad P \times 2\sqrt{3} = 3\sqrt{3} - \sqrt{3}$

$\Rightarrow \quad P \times 2\sqrt{3} = 2\sqrt{3} \Rightarrow P = 1$

66. (d) दिया है, $\tan 4\theta \cdot \tan 6\theta = 1$

(जब $\tan A \cdot \tan B = 1$, तब $A + B = 90°$ होता है।)

$\therefore 4\theta + 6\theta = 90° \Rightarrow 10\theta = 90° \Rightarrow \theta = 9°$

$\therefore \cot 5\theta = \cot 5 \times 9° = \cot 45° = 1$

अत: $\cot 5\theta$ का मान 1 है।

67. (a) $7\cos A = 6$

$\cos A = \frac{6}{7} = \frac{\text{आधार}}{\text{कर्ण}}$

पाइथागोरस प्रमेय से,

$(\text{कर्ण})^2 = (\text{लम्ब})^2 + (\text{आधार})^2$

$(7)^2 = (\text{लम्ब})^2 + (6)^2 \Rightarrow \text{लम्ब} = \sqrt{13}$

$\therefore \text{coses}A = \frac{\text{कर्ण}}{\text{लम्ब}} = \frac{7}{\sqrt{13}}$

तथा $\cot A = \frac{\text{आधार}}{\text{लम्ब}} = \frac{6}{\sqrt{13}}$

$\therefore \frac{\text{coses}A + \cot A}{\text{coses}A - \cot A} = \frac{\frac{7}{\sqrt{13}} + \frac{6}{\sqrt{13}}}{\frac{7}{\sqrt{13}} - \frac{6}{\sqrt{13}}}$

$= \frac{\frac{7 + 6}{\sqrt{13}}}{\frac{7 - 6}{\sqrt{13}}} = \frac{13}{1} = 13$

68. (a) $\sin 150° = \sin(90° + 60°)$ [$\because \sin(90° + \theta) = \cos\theta$]

$= \cos 60°$ $\left[\because \cos 60° = \frac{1}{2}\right]$

$= \frac{1}{2} = 0.5$

69. (d) $\cot^4\phi - \cot^2\phi = 1$

$\Rightarrow \cot^4\phi = 1 + \cot^2\phi$

$\Rightarrow \frac{\cos^4\phi}{\sin^4\phi} = \text{coscec}^2\phi \Rightarrow \frac{\cos^4\phi}{\sin^4\phi} = \frac{1}{\sin^2\phi}$

$\Rightarrow \cos^4\phi = \sin^2\phi$ ...(i)

अत: $\cos^4\phi + \cos^2\phi$

$= \sin^2\phi + \cos^2\phi$ (समी (i) से)

$= 1$

70. (a) $\frac{1}{1 + \cos\theta} + \frac{1}{1 - \cos\theta}$

$= \frac{1 - \cos\theta + 1 + \cos\theta}{(1 + \cos\theta)(1 - \cos\theta)}$

$= \frac{2}{1 - \cos^2\theta}$ $[(a - b)(a + b) = a^2 - b^2]$

$= \frac{2}{\sin^2\theta}$ $[\because \sin^2\theta + \cos^2\theta = 1]$

$= 2\,\text{cosec}^2\theta$

71. (d) $\left(\frac{\sin\theta - 2\sin^3\theta}{2\cos^3\theta - \cos\theta}\right)\frac{1}{\tan\theta} - \sec^2\theta$

$= \left(\frac{\sin\theta\,(1 - 2\sin^2\theta)}{\cos\theta\,(2\cos^2\theta - 1)}\right)^3 \frac{1}{\tan\theta} - \sec^2\theta$

$= \left[\tan\theta\frac{(\sin^2\theta + \cos^2\theta - 2\sin^2\theta)}{(2\cos^2\theta - \sin^2\theta - \cos^2\theta)}\right]^3 \times \frac{1}{\tan\theta} - \sec^2\theta$

$= \left[\tan\theta\frac{(\cos^2\theta - \sin^2\theta)}{(\cos^2\theta - \sin^2\theta)}\right]^3 \frac{1}{\tan\theta} - \sec^2\theta$

$= \tan^3\theta \cdot \frac{1}{\tan\theta} - \sec^2\theta = \tan^2\theta - \sec^2\theta$

$= -(\sec^2\theta - \tan^2\theta) = -1$

72. (d) $2\,\text{cosec}^2\theta + 3\cot^2\theta = 17$

$\Rightarrow 2(1 + \cot^2\theta) + 3\cot^2\theta = 17$

$\Rightarrow 2 + 2\cot^2\theta + 3\cot^2\theta = 17$

$\Rightarrow 5\cot^2\theta = 15 \Rightarrow \cot^2\theta = 3 \Rightarrow \cot\theta = \sqrt{3}$

$\Rightarrow \quad \cot\theta = \cot 30°$ ($\because$ दिया है, $0° \le \theta \le 90°$)

$\therefore \quad \theta = 30°$

73. (b) दिया है,

$\tan A + \tan B = p$ ...(i)

$\cot A + \cot B = q$ ...(ii)

$\Rightarrow \quad \frac{1}{\tan A} + \frac{1}{\tan B} = q$

$\Rightarrow \quad \frac{\tan B + \tan A}{\tan A \cdot \tan B} = q$

$\Rightarrow \quad \dfrac{p}{\tan A \cdot \tan B} = q$ [समी (i) से]

$\Rightarrow \quad \cot A \cot B = \dfrac{q}{p}$ ...(iii)

अब, $\cot (A + B) = \dfrac{\cot A \cot B - 1}{\cot A + \cot B} = \dfrac{\dfrac{q}{p} - 1}{q}$

[समी (ii) तथा (iii) से]

$= \dfrac{q - p}{pq}$

74. (a) $\sin 74° + \tan 74°$

$= \sin(90° - 16°) + \tan (90° - 16°)$

$= \cos 16° + \cot 16°$

75. (a) $p \sin A - \cos A = 1$

$\Rightarrow \quad p = \dfrac{1 + \cos A}{\sin A}$

$\Rightarrow \quad p^2 = \dfrac{1 + \cos^2 A + 2\cos A}{\sin^2 A}$ ...(i)

अब, $1 + p^2 = \dfrac{\sin^2 A + 1 + \cos^2 A + 2\cos A}{\sin^2 A}$

$\Rightarrow \quad 1 + p^2 = \dfrac{2(1 + \cos A)}{\sin^2 A}$

$\Rightarrow \quad 1 + p^2 = \dfrac{2 + 2\cos A}{\sin^2 A}$

$(1 + p^2)\cos A = \dfrac{2\cos A + 2\cos^2 A}{\sin^2 A}$ ...(ii)

$\therefore \ p^2 - (1 + p^2)\cos A$

$= \dfrac{1 + \cos^2 A + 2\cos A - 2\cos A - 2\cos^2 A}{\sin^2 A}$

$= \dfrac{1 - \cos^2 A}{\sin^2 A} = \dfrac{\sin^2 A}{\sin^2 A} = 1$

76. (c) $\sin A = \dfrac{1}{2} = \dfrac{BC}{AC}$

$\cos C = \dfrac{BC}{AC} = \left(\dfrac{1}{2}\right)$

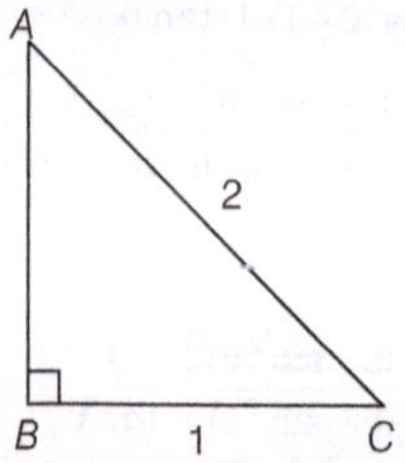

77. (d) $\left[\dfrac{\dfrac{4}{3}\tan^2 60° + 3\cos^2 30° - 2}{\sec^2 30° - \dfrac{3}{4}\cot^2 60°}\right]$

$\div [\sin 60° \cos 30° - \cos 60° \sin 30°]$

$= \dfrac{\dfrac{4}{3} \times (\sqrt{3})^2 + 3 \times \left(\dfrac{\sqrt{3}}{2}\right)^2 - 2 \times \left(\dfrac{2}{\sqrt{3}}\right)^2 - \dfrac{3}{4} \times \left(\dfrac{1}{\sqrt{3}}\right)^2}{\sin(60° - 30°)}$

$= \dfrac{\left[\dfrac{4}{3} \times 3 + 3 \times \dfrac{3}{4} - \dfrac{8}{3} - \dfrac{3}{4} \times \dfrac{1}{3}\right]}{\sin 30°}$

$= 2\left[\dfrac{48 + 27 - 32 - 3}{12}\right]$

$= \dfrac{2 \times (75 - 35)}{12} = \dfrac{2 \times 40}{12} = \dfrac{80}{12} = 6\dfrac{2}{3}$

78. (d) $\operatorname{cosec} 56° \cos 34° - \cos 59° \operatorname{cosec} 31°$

$= \operatorname{cosec} 56° \times \sin (90° - 34°)$

$- \cos(90° - 31°) \times \operatorname{cosec} 31°$

$= \operatorname{cosec} 56° \times \sin 56° - \sin 31° \times \operatorname{cosec} 31°$

$= \dfrac{1}{\sin 56°} \times \sin 56° - \sin 31° \times \dfrac{1}{\sin 31°}$

$= 1 - 1 = 0$

79. (b) $a\sin^3 x + b\cos^3 x = \sin x \cos x$ ...(i)

$a \sin x = b \cos x$ ...(ii)

समी (i) और (ii) से,

$b\cos x \sin^2 x + b\cos x \cos^2 x = \sin x \cos x$

$\Rightarrow b\cos x(\sin^2 x + \cos^2 x) = \sin x \cos x$

$\Rightarrow \quad b\cos x = \sin x \cos x \Rightarrow b = \sin x$

समी (ii) से,

$a \times b = b \cos x \Rightarrow a = \cos x$

$\therefore a^2 + b^2 = \sin^2 x + \cos^2 x = 1$

80. (a) $\dfrac{\sec 35}{\operatorname{cosec} 55°} - \dfrac{\cos 25°}{\sin 65°}$

$= \dfrac{\operatorname{cosec}(90° - 35°)}{\operatorname{cosec} 55°} - \dfrac{\sin(90° - 25°)}{\sin 65°}$

$= \dfrac{\operatorname{cosec} 55°}{\operatorname{cosec} 55°} - \dfrac{\sin 65°}{\sin 65°} = 1 - 1 = 0$

81. (a) $\because 7\tan\theta = 3 \Rightarrow \tan\theta = \dfrac{3}{7}$

अब, $\dfrac{5\sin\theta - \cos\theta}{5\sin\theta + 2\cos\theta}$

$= \dfrac{5\tan\theta - 1}{5\tan\theta + 2}$ [cosθ से भाग देने पर]

$= \dfrac{5 \times \dfrac{3}{7} - 1}{5 \times \dfrac{3}{7} + 2} = \dfrac{15 - 7}{15 + 14} = \dfrac{8}{29}$

82. (b) $7\cos^2\theta + 5\sin^2\theta - 6 = 0$

$\Rightarrow \quad 7(1 - \sin^2\theta) + 5\sin^2\theta - 6 = 0$

$\Rightarrow \quad 7 - 7\sin^2\theta + 5\sin^2\theta - 6 = 0$

$\sin^2\theta = \dfrac{1}{2} \Rightarrow \sin\theta = \dfrac{1}{\sqrt{2}}$

$\Rightarrow \quad \theta = 45°$

$\therefore 1 + \sqrt{\dfrac{\sec\theta + \tan\theta}{\sec\theta - \tan\theta}} = 1 + \sqrt{\dfrac{\sec 45° + \tan 45°}{\sec 45° - \tan 45°}}$

$= 1 + \sqrt{\dfrac{\sqrt{2} + 1}{\sqrt{2} - 1}} = 1 + \sqrt{\dfrac{(\sqrt{2} + 1)^2}{(\sqrt{2} - 1)(\sqrt{2} + 1)}}$

$= 1 + \sqrt{2} + 1 = \sqrt{2} + 2$

83. (b) $\dfrac{3\sin 58°}{5\cos 32°} + \dfrac{2\cos 62°}{5\sin 28°}$

$= \dfrac{3\sin(90 - 32)}{5\cos 32} + \dfrac{2\cos(90 - 28)}{5\sin 28°}$

$= \dfrac{3\cos 32}{5\cos 32} + \dfrac{2\sin 28}{5\sin 28} = \dfrac{3}{5} + \dfrac{2}{5} = 1$

84. (c) दिया है,

$p\cos A = 2q\sin A$

$\Rightarrow \quad p\cos A - 2q\sin A = 0$ ...(i)

तथा $2p \operatorname{cosec} A - q\sec A = 3$

$\Rightarrow \quad \dfrac{2p}{\sin A} - \dfrac{q}{\cos A} = 3$

$\Rightarrow 2p\cos A - q\sin A = 3\sin A \cdot \cos A$ ....(ii)

अब, $2 \times$ समी (ii) – समी (i)

$4p\cos A - 2q\sin A - p\cos A + 2q\sin A$

$= 6\sin A \cdot \cos A$

$3p\cos A = 6\sin A \cdot \cos A$

$p = 2\sin A$

p का मान समी (i) में रखने पर,

$2\sin A \cdot \cos A - 2q\sin A = 0$

$\Rightarrow \quad 2q\sin A = 2\sin A \cdot \cos A$

$q = \cos A$

अतः $p^2 + 4q^2 = (2\sin A)^2 + 4(\cos A)^2$

$= 4\sin^2 A + 4\cos^2 A$

$= 4(\sin^2 A + \cos^2 A) = 4$

85. (a) दिया है, $\cot\theta = \dfrac{4}{3}$

$\therefore \quad \tan\theta = \dfrac{3}{4}$

$\therefore \dfrac{\sec\theta(1 + \cot^2\theta)(\operatorname{cosec}^2\theta - \cot^2\theta)}{\operatorname{cosec}^3\theta}$

$= \dfrac{\sec\theta \cdot \operatorname{cosec}^2\theta \cdot 1}{\operatorname{cosec}^3\theta} = \dfrac{\sec\theta}{\operatorname{cosec}\theta} = \tan\theta = \dfrac{3}{4}$

86. (c) $t = 30°$ लेने पर,

$\sin 30° = \dfrac{1}{2}$ तथा $\cos 30° = \dfrac{\sqrt{3}}{2}$

$\therefore \quad \sin t < \cos t$ जब $t < 45°$

87. (a) $\dfrac{2 + \tan^2 2A + \cot^2 2A}{\sec 2A \cdot \operatorname{cosec} 2A}$

$= \dfrac{(\tan 2A + \cot 2A)^2}{\sec 2A \cdot \operatorname{cosec} 2A}$

$= \dfrac{\left(\dfrac{\sin 2A}{\cos 2A} + \dfrac{\cos 2A}{\sin 2A}\right)^2}{\sec 2A \cdot \operatorname{cosec} 2A}$

$= \left(\dfrac{\sin^2 2A + \cos^2 2A}{\sin 2A \cdot \cos 2A}\right)^2 \times \cos 2A \cdot \sin 2A$

$= \dfrac{\cos 2A \cdot \sin 2A}{(\cos 2A \cdot \sin 2A)^2}$

$= \dfrac{1}{\sin 2A \cdot \cos 2A} = \sec 2A \cdot \operatorname{cosec} 2A$

88. (a) $\dfrac{7\sin\theta + 4\cos\theta}{9\sin\theta - 2\cos\theta} = \dfrac{5}{4}$

$\Rightarrow 28\sin\theta + 16\cos\theta = 45\sin\theta - 10\cos\theta$

$\Rightarrow 17\sin\theta = 26\cos\theta \Rightarrow \dfrac{\sin\theta}{\cos\theta} = \dfrac{26}{17}$

$\therefore \tan\theta = \dfrac{26}{17}$

अब, $\dfrac{\tan^2\theta + 5}{\tan^2\theta - 5} = \dfrac{\left(\dfrac{26}{17}\right)^2 + 5}{\left(\dfrac{26}{17}\right)^2 - 5}$

$= \dfrac{\dfrac{(676 + 1445)}{289}}{\dfrac{(676 - 1445)}{289}} = -\dfrac{2121}{769}$

89. (c) $\dfrac{\sin A}{1 + \cos A} = \dfrac{\sin A(1 - \cos A)}{(1 + \cos A)(1 - \cos A)}$

$= \dfrac{\sin A(1 - \cos A)}{1 - \cos^2 A}$

$[(a + b)(a - b) = a^2 - b^2]$

$= \frac{\sin A(1-\cos A)}{\sin^2 A}$ [$\because \sin^2 A + \cos^2 A = 1$]

$= \frac{1-\cos A}{\sin A}$

90. (c) $\frac{\sin^3 A - \cos^3 A}{\sin A - \cos A}$

$= \frac{(\sin A - \cos A)(\sin^2 A + \cos^2 A + \sin A\cos A)}{(\sin A - \cos A)}$

[$\because a^3 - b^3 = (a-b)(a^2+b^2+ab)$]

$= 1 + \sin A \cos A$ [$\because \sin^2 A + \cos^2 A = 1$]

91. (d) $\text{cosec}\theta = \frac{5}{3} = \frac{\text{कर्ण}}{\text{लम्ब}}$

पाइथागोरस प्रमेय से,

$(\text{कर्ण})^2 = (\text{लम्ब})^2 + (\text{आधार})^2$

$\Rightarrow (5)^2 = (3)^2 + (\text{आधार})^2$

$\Rightarrow 16 = (\text{आधार})^2 \Rightarrow \text{आधार} = 4$

$\therefore (\sec^2\theta - 1)\times\cot^2\theta\times(1+\cot^2\theta)$

$= \left\{\left(\frac{5}{4}\right)^2 - 1\right\}\times\left(\frac{4}{3}\right)^2\times\left[1+\left(\frac{4}{3}\right)^2\right]$

$= \frac{9}{16}\times\frac{16}{9}\times\frac{25}{9} = \frac{25}{9}$

92. (c) $\sin^2 30 - \sin^2 40 + \sin^2 45 - \sin^2 55 - \sin^2 35 + \sin^2 45 - \sin^2 50 + \sin^2 60$

$= \sin^2 30 + \sin^2 45 + \sin^2 45 + \sin^2 60 - \sin^2 40 - \sin^2 55 - \sin^2 35 - \sin^2 50$

$= \left(\frac{1}{2}\right)^2 + \left(\frac{1}{\sqrt{2}}\right)^2 + \left(\frac{1}{\sqrt{2}}\right)^2 + \left(\frac{\sqrt{3}}{2}\right)^2 - \sin^2 40 - \sin^2 50 - \sin^2 55 - \sin^2 35$

$= \frac{1}{4} + \frac{1}{2} + \frac{1}{2} + \frac{3}{4} - \{\sin^2 40 + \sin^2 50 + \sin^2 55 + \sin^2 35\}$

$= \frac{1+2+2+3}{4} - \{\sin^2(90-50) + \sin^2 50 + \sin^2(90-35) + \sin^2 35\}$

[$\because \sin(90-\theta) = \cos\theta$]

$= \frac{8}{4} - \{\cos^2 50 + \sin^2 50 + \cos^2 35 + \sin^2 35\}$

$= 2 - \{1+1\} = 2 - 2 = 0$

93. (c) $\cos^2 29° + \cos^2 61°$

$= \cos^2(90-61°) + \cos^2 61°$

$= \sin^2 61° + \cos^2 61° = 1$

94. (a) $a\cot\theta + b\,\text{cosec}\,\theta = p$

तथा $b\cot\theta + a\,\text{cosec}\,\theta = q$

अतः $p^2 - q^2 = (a\cot\theta + b\,\text{cosec}\,\theta)^2 - (b\cot\theta + a\,\text{cosec}\,\theta)^2$

$= a^2\cot^2\theta + b^2\text{cosec}^2\theta + 2ab\cot\theta\cdot\text{cosec}\,\theta - b^2\cot^2\theta - a^2\text{cosec}^2\theta - 2ab\cot\theta\cdot\text{cosec}\,\theta$

$= b^2\text{cosec}^2\theta - b^2\cot^2\theta - a^2\text{cosec}^2\theta + a^2\cot^2\theta$

$= b^2(\text{cosec}^2\theta - \cot^2\theta) - a^2(\text{cosec}^2\theta - \cot^2\theta)$

$\therefore p^2 - q^2 = b^2 - a^2$

95. (a) $\sec^2\theta + \cos^2\theta \neq 1$

अतः विकल्प (a) गलत सूत्र है।

96. (d) व्यंजक $\sin 25°\cdot\sin 65° - \cos 25°\cdot\cos 65°$

$= \sin(90° - 65°)\sin(90° - 25°) - \cos 25°\cos 65°$

$= \cos 65°\cos 25° - \cos 25°\cos 65°$

[$\because \sin(90° - \theta) = \cos\theta$]

$= 0$

स्पीडी विधि

$\because \sin A\sin B - \cos A\cos B = \cos(A+B)$

$= \cos(25° + 65°) = \cos 90° = 0$

97. (b) $\tan(A+B) = \tan 60°$ ($\because \tan 60° = \sqrt{3}$)

$\Rightarrow A + B = 60°$ ...(i)

इसी प्रकार, $\tan(A-B) = \tan 30°$

$\Rightarrow A - B = 30°$ ...(ii)

समी (i) तथा (ii) से, $A = 45°$ तथा $B = 15°$

98. (b) $\sqrt{2+\sqrt{2+\sqrt{2+2\cos 8\theta}}}$

$= \sqrt{2+\sqrt{2+\sqrt{2(1+\cos 8\theta)}}}$

$= \sqrt{2+\sqrt{2+\sqrt{2\times 2\cos^2 4\theta}}}$

($\because 1+\cos 2x = 2\cos^2 x$)

$= \sqrt{2+\sqrt{2+2\cos 4\theta}} = \sqrt{2+\sqrt{2(1+\cos 4\theta)}}$

$= \sqrt{2+\sqrt{2\times 2\cos^2 2\theta}} = \sqrt{2+2\cos 2\theta}$

$= \sqrt{2(1+\cos 2\theta)} = \sqrt{2\times 2\cos^2\theta} = 2\cos\theta$

99. (a) दिया है, $\cot P = \frac{24}{7}$

पाइथागोरस प्रमेय से,

$\text{कर्ण}^2 = \text{लम्ब}^2 + \text{आधार}^2$

$= 7^2 + 24^2 = 49 + 576 = 625$

$\Rightarrow \text{कर्ण} = \sqrt{625}$

$\therefore \text{कर्ण} = 25$

अब, $\sin P = \frac{\text{लम्ब}}{\text{कर्ण}} = \frac{7}{25}$

100. (d) प्रश्नानुसार, $\tan^2\theta(\tan^2\theta + 1) = 1$

$\Rightarrow \tan^2\theta + 1 = \frac{1}{\tan^2\theta} \Rightarrow \tan^2\theta + 1 = \cot^2\theta$

$\Rightarrow \sec^2\theta = \cot^2\theta \Rightarrow \frac{1}{\cos^2\theta} = \frac{\cos^2\theta}{\sin^2\theta}$

$\Rightarrow \sin^2\theta = \cos^4\theta$

$\therefore 11(\cos^4\theta + \cos^2\theta) = 11(\sin^2\theta + \cos^2\theta) = 11$

101. (a) त्रिकोणमितीय सर्वसमिका

$\sec^2 A - \tan^2 A = 1$

$\Rightarrow (3x)^2 - \left(\frac{3}{x}\right)^2 = 1 \Rightarrow 9x^2 - \frac{9}{x^2} = 1$

$\therefore 9\left(x^2 - \frac{1}{x^2}\right) = 1$

102. (c) दिया है, $\sec A + \tan A = 5$ ...(i)

$\therefore \sec A - \tan A = \frac{1}{5}$ ...(ii)

समी (i) व (ii) से,

$\sec A = \frac{1}{2}\left(5+\frac{1}{5}\right) = \frac{1}{2}\left(\frac{26}{5}\right) = \frac{13}{5}\left(\frac{\text{कर्ण}}{\text{आधार}}\right)$

पाइथागोरस प्रमेय से,

$(\text{कर्ण})^2 = (\text{लम्ब})^2 + (\text{आधार})^2$

$(13)^2 = (\text{लम्ब})^2 + (5)^2 \Rightarrow \text{लम्ब} = 12$

अब, $\sin A$ का मान $= \frac{\text{लम्ब}}{\text{कर्ण}} = \frac{12}{13}$

103. (d) $3\cot A = \frac{7}{3} \Rightarrow \cot A = \frac{7}{9}$

अब, $\frac{3\cos A + 2\sin A}{3\cos A - 2\sin A}$

अंश व हर में $\sin A$ से भाग देने पर,

$\frac{3\cot A + 2}{3\cot A - 2} = \frac{3\times\frac{7}{9}+2}{3\times\frac{7}{9}-2} = \frac{7+6}{7-6} = 13$

104. (a) $10\sqrt{2}\sin 2A - 7\sqrt{2}\cos 2A + 9\tan 2A$

$= 10\sqrt{2}\sin 45° - 7\sqrt{2}\cos 45° + 9\tan 45°$

$= 10\sqrt{2}\times\frac{1}{\sqrt{2}} - 7\sqrt{2}\times\frac{1}{\sqrt{2}} + 9$

$= 10 - 7 + 9 = 19 - 7 = 12$

105. (d) हम जानते हैं कि

$\tan\frac{\theta}{2} = \sqrt{\frac{1-\cos\theta}{1+\cos\theta}} = \sqrt{\frac{(1-\cos\theta)}{(1+\cos\theta)}\times\frac{(1+\cos\theta)}{(1+\cos\theta)}}$

$= \sqrt{\frac{1-\cos^2\theta}{(1+\cos\theta)^2}} = \sqrt{\frac{\sin^2\theta}{(1+\cos\theta)^2}} = \frac{\sin\theta}{1+\cos\theta}$

106. (c) $\sin 600°\cdot\cos 750° + \sin 150°\cdot\cos 240$

$= \sin(360° + 240°)\cdot\cos(360° + 390°) + \sin(90° + 60°)\cdot\cos(180° + 60°)$

$= \sin 240°\cdot\cos 390° + \cos 60°[-\cos 60°]$

$= \sin(180° + 60°)\cdot\cos(360° + 30°) - \frac{1}{2}\times\frac{1}{2}$

$= -\sin 60°\cdot\cos 30° - \frac{1}{4}$

$= -\frac{\sqrt{3}}{2}\times\frac{\sqrt{3}}{2} - \frac{1}{4} = \frac{-3}{4} - \frac{1}{4} = -\left[\frac{3+1}{4}\right] = \frac{4}{4} = -1$

107. (a) $\tan 4384° + \cot 6814°$

$= \tan(12\times 360° + 64°) + \cot(19\times 360° - 26°)$

$= \tan 64° - \cot 26° = \tan 64° - \cot(90° - 64°)$

$= \tan 64° - \tan 64° = 0$

108. (a) $\cos x + \sec x = \frac{7}{2\sqrt{3}}$

दोनों ओर का वर्ग करने पर,

$\cos^2 x + \sec^2 x + 2\cos x\sec x = \frac{49}{12}$

$\Rightarrow \cos^2 x + \sec^2 x + 2 = \frac{49}{12}$

$\therefore \cos^2 x + \sec^2 x = \frac{49}{12} - 2 = \frac{49-24}{12} = \frac{25}{12}$

109. (b) $\frac{\cos^2 15° - \sin^2 15°}{\cos^2 145° + \sin^2 145°} = \frac{\cos(2\times 15°)}{1}$

($\because \cos 2A = \cos^2 A - \sin^2 A$

तथा $\sin^2 A + \cos^2 A = 1$)

$= \cos 30° = \frac{\sqrt{3}}{2}$

110. (c) $\tan A = \frac{3}{8} = \frac{\sin A}{\cos A}$

अब, $\frac{3\sin A + 2\cos A}{3\sin A - 2\cos A} = \frac{3\times 3 + 2\times 8}{3\times 3 - 2\times 8} = -\frac{25}{7}$

111. (d) $\because \angle B = 90°$

$\therefore \angle A + \angle C = 180° - 90° = 90°$

$\sin A\cos C + \cos A\sin C = \sin(A+C)$

$= \sin 90° = 1$

112. (b) $\sin x = \frac{3}{7} = \frac{\text{लम्ब}}{\text{कर्ण}}$

पाइथागोरस प्रमेय से,

$\text{कर्ण}^2 = \text{लम्ब}^2 + \text{आधार}^2 \Rightarrow (7)^2 = (3)^2 + (\text{आधार})^2$

आधार = $\sqrt{40} = 2\sqrt{10}$

$\therefore \cos x = \dfrac{\text{आधार}}{\text{कर्ण}} = \dfrac{2\sqrt{10}}{7}$

113. (d) $\text{cosec } 30° - \cos 60° = 2 - \dfrac{1}{2}$

$= \dfrac{4-1}{2} = \dfrac{3}{2}$

114. (b) दिया है, $\cos A + \cos^2 A = 1$

$\Rightarrow \cos A = 1 - \cos^2 A \Rightarrow \cos A = \sin^2 A$

$\Rightarrow \cos^2 A = \sin^4 A$

$\Rightarrow 1 - \sin^2 A = \sin^4 A \Rightarrow 1 = \sin^4 A + \sin^2 A$

$\therefore \sin^4 A + \sin^6 A = \sin^2 A(\sin^2 A + \sin^4 A)$

$= \sin^2 A \times 1 = 1 - \cos^2 A = \cos A$

115. (b) $\cos(40° + x) = \sin 30°$

$\Rightarrow \cos(40° + x) = \cos(90° - 30°)$

$[\because \sin\theta = \cos(90 - \theta)]$

$\Rightarrow 40° + x = 90° - 30° \Rightarrow 40° + x = 60°$

$\therefore x = 60° - 40° = 20°$

116. (b) $\sqrt{\dfrac{1+\cos\theta}{1-\cos\theta}} = \sqrt{\dfrac{(1+\cos\theta)}{(1-\cos\theta)} \times \dfrac{(1+\cos\theta)}{(1+\cos\theta)}}$

$= \sqrt{\dfrac{(1+\cos\theta)^2}{\sin^2\theta}} = \dfrac{1+\cos\theta}{\sin\theta} = \dfrac{1}{\sin\theta} + \dfrac{\cos\theta}{\sin\theta}$

$= \text{cosec } \theta + \cot\theta$

117. (c) $\dfrac{r^2}{15^2} + \dfrac{s^2}{16^2} = \dfrac{15^2(\sin\theta + \cos\theta)^2}{15^2} + \dfrac{16^2(\sin\theta - \cos\theta)^2}{16^2}$

$= \sin^2\theta + \cos^2\theta + 2\sin\theta\cos\theta + \sin^2\theta + \cos^2\theta - 2\sin\theta\cos\theta$

$= 1 + 1 = 2$

118. (c) $5\sqrt{3}\cos 60° \tan 30° - 3\cos 0° + 3\cos^2 45° + 2\sin^2 60°$

$= 5\sqrt{3} \times \dfrac{1}{2} \times \dfrac{1}{\sqrt{3}} - 3 \times 1 + 3\left(\dfrac{1}{\sqrt{2}}\right)^2 + 2\left(\dfrac{\sqrt{3}}{2}\right)^2$

$= \dfrac{5}{2} - 3 + \dfrac{3}{2} + \dfrac{3}{2} = \dfrac{5}{2} = 2.5$

119. (d) $\cos^2\theta = \dfrac{3}{4}$

$\therefore \cos\theta = \dfrac{\sqrt{3}}{2} = \cos 30° \Rightarrow \theta = 30°$

$\therefore \sin(\theta + 30°) = \sin(30° + 30°)$

$= \sin 60° = \dfrac{\sqrt{3}}{2}$

120. (c) $\tan(-1125°) = \tan(-360° \times 3 - 45°)$

$= \tan(-45°) = -\tan 45° = -1$

121. (c) $\cot A = 1 = \cot 45°$

$\therefore$ $A = 45°$ तथा $\sin B = \dfrac{1}{\sqrt{2}} = \sin 45°$

$\therefore B = 45°$

$\therefore \sin(A+B) - \cot(A+B)$

$= \sin(45° + 45°) - \cot(45° + 45°)$

$= \sin 90° - \cot 90° = 1 - 0 = 1$

122. (d) दिया है, $\text{cosec}(\alpha + \beta)$

$= \dfrac{\sec\alpha \times \sec\beta \times \text{cosec }\alpha \times \text{cosec }\beta}{\sec\alpha \times \text{cosec }\beta + \text{cosec }\alpha \times \sec\beta}$

$\therefore \text{cosec } 75° = \text{cosec}(45° + 30°)$

$= \dfrac{\sec 45° \times \sec 30° \times \text{cosec } 45° \times \text{cosec } 30°}{\sec 45° \times \text{cosec } 30° + \text{cosec } 45° \times \sec 30°}$

$= \dfrac{\sqrt{2} \times \dfrac{2}{\sqrt{3}} \times \sqrt{2} \times 2}{\sqrt{2} \times 2 + \sqrt{2} \times \dfrac{2}{\sqrt{3}}} = \dfrac{\dfrac{8}{\sqrt{3}}}{\dfrac{2\sqrt{6} + 2\sqrt{2}}{\sqrt{3}}}$

$= \dfrac{8}{2\sqrt{6} + 2\sqrt{2}} = \dfrac{4}{\sqrt{6} + \sqrt{2}}$

$= \dfrac{4}{\sqrt{6} + \sqrt{2}} \times \dfrac{\sqrt{6} - \sqrt{2}}{\sqrt{6} - \sqrt{2}}$

$= \dfrac{4(\sqrt{6} - \sqrt{2})}{6 - 2} = \sqrt{6} - \sqrt{2}$

123. (a) $a\cot\theta = b \Rightarrow \cot\theta = \dfrac{b}{a}$

$\dfrac{b\cos\theta - a\sin\theta}{b\cos\theta + a\sin\theta} = \dfrac{\sin\theta(b\cot\theta - a)}{\sin\theta\,(b\cot\theta + a)}$

$= \dfrac{\dfrac{b^2}{a} - a}{\dfrac{b^2}{a} + a} = \dfrac{b^2 - a^2}{b^2 + a^2}$

स्पीडी विधि

$a\cot\theta = b \Rightarrow \cot\theta = \dfrac{b}{a} \Rightarrow \dfrac{b}{a} = \dfrac{\cos\theta}{\sin\theta}$

$= \dfrac{b\cos\theta - a\sin\theta}{b\cos\theta + a\sin\theta} = \dfrac{b \times b - a \times a}{b \times b + a \times a} = \dfrac{b^2 - a^2}{b^2 + a^2}$

124. (b) दिया है, $\dfrac{1 + \sin^4\theta + \cos^4\theta}{\cos^2\theta + \sin^4\theta}$

$= \dfrac{1 + 1 - 2\sin^2\theta\cos^2\theta}{\cos^2\theta + \sin^2\theta\sin^2\theta}$

$= \dfrac{2(1 - \sin^2\theta\cos^2\theta)}{\cos^2\theta + \sin^2\theta(1 - \cos^2\theta)}$

$= \dfrac{2(1 - \sin^2\theta\cos^2\theta)}{\cos^2\theta + \sin^2\theta - \sin^2\theta\cos^2\theta}$

$= \dfrac{2(1 - \sin^2\theta\cos^2\theta)}{(1 - \sin^2\theta\cos^2\theta)} = 2$

स्पीडी विधि

$\theta = 90°$ रखने पर,

$\dfrac{1 + \sin^4\theta + \cos^4\theta}{\cos^2\theta + \sin^4\theta} = \dfrac{1 + 1 + 0}{0 + 1} = 2$

125. (d) दिया है, $\text{cosec }\theta + \cot\theta = \dfrac{3}{2}$ ...(i)

$\therefore$ $\text{cosec }\theta - \cot\theta = \dfrac{2}{3}$ ...(ii)

समी (i) व समी (ii) को जोड़ने पर,

$2\,\text{cosec }\theta = \dfrac{3}{2} + \dfrac{2}{3} = \left(\dfrac{9+4}{6}\right) = \dfrac{13}{6}$

$\therefore$ $\text{cosec }\theta = \dfrac{13}{12}$

126. (b) दिया है, $\sin\theta + \text{cosec }\theta = \sqrt{5}$

$\Rightarrow \sin\theta + \dfrac{1}{\sin\theta} = \sqrt{5}$ ...(i)

दोनों पक्षों का घन करने पर,

$\sin^3\theta + \dfrac{1}{\sin^3\theta} + 3\sin\theta\dfrac{1}{\sin\theta}\left(\sin\theta + \dfrac{1}{\sin\theta}\right) = (\sqrt{5})^3$

$\Rightarrow \sin^3\theta + \text{cosec}^3\theta + 3(\sqrt{5}) = 5\sqrt{5}$ [समी (i) से]

$\Rightarrow \sin^3\theta + \text{cosec}^3\theta = 5\sqrt{5} - 3\sqrt{5}$

$\therefore \sin^3\theta + \text{cosec}^3\theta = 2\sqrt{5}$

स्पीडी विधि

$\sin\theta + \text{cosec}\theta = \sqrt{5} \Rightarrow \sin\theta + \dfrac{1}{\sin\theta} = \sqrt{5}$

माना $\sin\theta = x$ तब $x + \dfrac{1}{x} = \sqrt{5}$

अगर $x + \dfrac{1}{x} = N$ तो $x^3 + \dfrac{1}{x^3} = N^3 - 3N$

$x^3 + \dfrac{1}{x^3} = (\sqrt{5})^3 - 3\sqrt{5} = 5\sqrt{5} - 3\sqrt{5} = 2\sqrt{5}$

$\therefore \sin^3\theta + \dfrac{1}{\sin^3\theta} = 2\sqrt{5}$

$\sin^3\theta + \text{cosec}^3\theta = 2\sqrt{5}$

127. (a) दिया है, $\tan x = \dfrac{7}{5}$

$\therefore \dfrac{9\sin x - \dfrac{42}{5}\cos x}{15\sin x + 21\cos x}$ [cos$x$ से भाग देने पर]

$= \dfrac{9\left(\dfrac{7}{5}\right) - \dfrac{42}{5}}{15\left(\dfrac{7}{5}\right) + 21} = \dfrac{\left(\dfrac{63}{5} - \dfrac{42}{5}\right)}{(21 + 21)} = \dfrac{21}{5 \times 42} = 0.1$

128. (c) दिया है, $\tan x = \dfrac{-12}{5} = \dfrac{AO}{BO}$

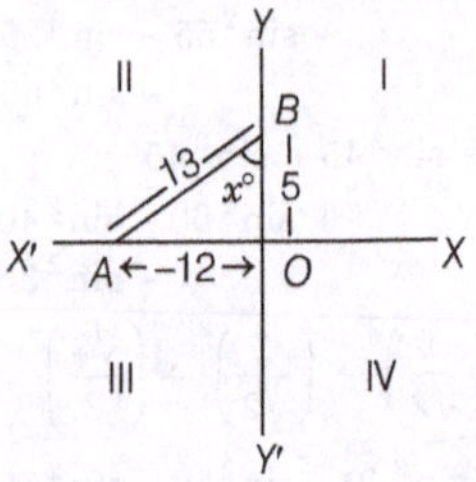

अब, ΔOAB में,

पाइथागोरस प्रमेय से,

$(AB)^2 = (AO)^2 + (OB)^2$

$\Rightarrow (AB)^2 = (-12)^2 + (5)^2 \Rightarrow AB = \sqrt{169} = 13$

तब, $\sin x - \cot x = \left(\dfrac{OA}{AB}\right) - \left(\dfrac{OB}{AB}\right)$

$= \left(\dfrac{12}{13}\right) - \left(\dfrac{5}{-12}\right) = \left(\dfrac{144 + 65}{156}\right) = \dfrac{209}{156}$

129. (c) $\tan 5° \tan 85° \tan 25° \tan 65° \tan 45°$

[$\tan A \cdot \tan B = 1$ यदि $A + B = 90°$ हो तब]

$= 1 \times 1 \times \tan 45 = 1 \times 1 \times 1 = 1$

130. (c) $\sin(A + B)$ के समतुल्य व्यंजक

$= \sin A \cdot \cos B + \sin B \cdot \cos A$

$= \sin A \cdot \cos B + \cos A \cdot \sin B$

131. (a) $2\cot\theta = 3 \Rightarrow \cot\theta = \dfrac{3}{2}\dfrac{(\text{आधार})}{(\text{लम्ब})}$

पाइथागोरस प्रमेय से,

$(\text{कर्ण})^2 = (\text{आधार})^2 + (\text{लम्ब})^2$

$= (3)^2 + (2)^2 = \sqrt{13}$

$= \dfrac{\sqrt{13}\sin\theta - 3\tan\theta}{3\tan\theta + \sqrt{13}\cos\theta} = \dfrac{\sqrt{13}\left(\dfrac{2}{\sqrt{13}}\right) - 3\left(\dfrac{2}{3}\right)}{3\left(\dfrac{2}{3}\right) + \sqrt{13}\left(\dfrac{3}{\sqrt{13}}\right)}$

$= \left(\dfrac{2 - 2}{2 + 3}\right) = 0$

132. (c) व्यंजक, $2 + \cos 49^\circ \cos 41^\circ - \sin 49^\circ \sin 41^\circ$

$= 2 + \cos(49^\circ + 41^\circ)$

$[\because \cos(A+B) = \cos A \cdot \cos B - \sin A \cdot \sin B]$

$= 2 + \cos 90^\circ = 2 + 0 = 2$

133. (c) $\tan 2\alpha = \dfrac{2\tan\alpha}{1 - \tan^2\alpha}$

$\alpha = 15^\circ$ रखने पर,

$\because \quad \tan 2(15^\circ) = \dfrac{2\tan 15^\circ}{1 - \tan^2 15^\circ}$

$\Rightarrow \tan 30^\circ = \dfrac{2\tan 15^\circ}{1 - \tan^2 15^\circ} \Rightarrow \dfrac{1}{\sqrt3} = \dfrac{2\tan 15^\circ}{1 - \tan^2 15^\circ}$

$\Rightarrow 1 - \tan^2 15^\circ = 2\sqrt3 \tan 15^\circ$

$\Rightarrow \tan^2 15^\circ + 2\sqrt3 \tan 15^\circ - 1 = 0$

$\Rightarrow \tan 15^\circ = \dfrac{-2\sqrt3 \pm \sqrt{(2\sqrt3)^2 - 4(-1)}}{2}$

$\Rightarrow \tan 15^\circ = \dfrac{-2\sqrt3 \pm \sqrt{12+4}}{2} = \dfrac{-2\sqrt3 \pm 4}{2}$

$\Rightarrow \tan 15^\circ = -\sqrt3 \pm 2$

धनात्मक मान लेने पर,

$\tan 15^\circ = -\sqrt3 + 2 = (-1.732) + 2 = 0.268$

134. (c) $\dfrac{1+\sin t}{4 - 4\sin t} - \dfrac{1 - \sin t}{4 + 4\sin t}$

$= \dfrac{(1+\sin t)(4 + 4\sin t) - (4 - 4\sin t)(1 - \sin t)}{(4 - 4\sin t)(4 + 4\sin t)}$

$= \dfrac{4 + 4\sin t + 4\sin t + 4\sin^2 t - (4 - 4\sin t - 4\sin t + 4\sin^2 t)}{4^2 - (4\sin t)^2}$

$= \dfrac{4 + 8\sin t + 4\sin^2 t - 4 + 4\sin t + 4\sin t - 4\sin^2 t}{16 - 16\sin^2 t}$

$= \dfrac{16\sin t}{16(1 - \sin^2 t)}$

$= \dfrac{\sin t}{\cos^2 t} = \dfrac{\sin t}{\cot t} \times \dfrac{1}{\cos t} = \tan t \sec t$

135. (b) $\cot A = \dfrac{7}{8} = \dfrac{\text{आधार}}{\text{लम्ब}}$

पाइथागोरस प्रमेय से, $\text{कर्ण}^2 = \text{लम्ब}^2 + \text{आधार}^2$

$\Rightarrow \text{कर्ण}^2 = (8)^2 + (7)^2$

$\Rightarrow \text{कर्ण} = \sqrt{113}$

$\therefore \sin A = \dfrac{\text{लम्ब}}{\text{कर्ण}} = \dfrac{8}{\sqrt{113}}$

136. (b) माना, $PQ = 3x$, $QR = 4x$

$\therefore \quad PR = \sqrt{(3x)^2 + (4x)^2}$

$= \sqrt{25x^2} = 5x$

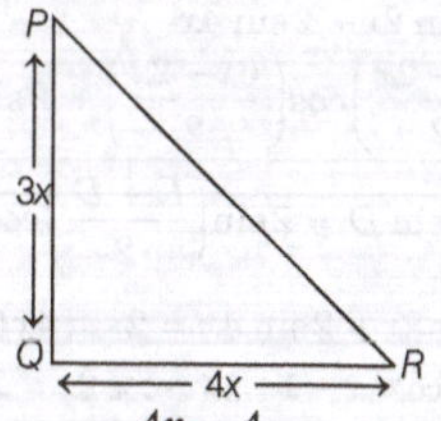

$\therefore \quad \sin P = \dfrac{4x}{5x} = \dfrac{4}{5}$

$\sin Q = \sin 90^\circ = 1 \Rightarrow \sin R = \dfrac{3x}{5x} = \dfrac{3}{5}$

$\therefore \sin P + \sin Q + \sin R = \dfrac{4}{5} + 1 + \dfrac{3}{5}$

$= \dfrac{4+5+3}{5} = \dfrac{12}{5}$

137. (a) दिया है, $\sin X = \dfrac{1}{2} \Rightarrow \sin X = \sin 30^\circ$

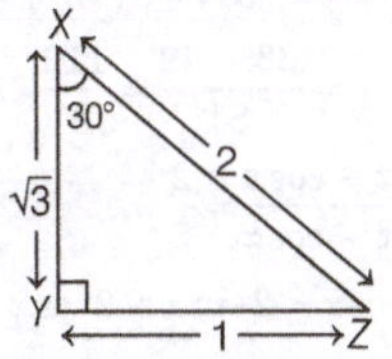

$\therefore \quad X = 30^\circ$

$\therefore \quad Z = 180^\circ - 90^\circ - 30^\circ = 60^\circ$

अब, $\cos X \cos Z + \sin X \sin Z = \cos(X - Z)$

$= \cos(30^\circ - 60^\circ) = \cos(-30^\circ) = \cos 30^\circ = \dfrac{\sqrt3}{2}$

138. (b) दिया है, $\dfrac{\cos\alpha}{\sin\beta} = 10$, $\dfrac{\cos\alpha}{\cos\beta} = 11$

$\Rightarrow \quad \dfrac{\sin\beta}{\cos\alpha} \times \dfrac{\cos\alpha}{\cos\beta} = \dfrac{1}{10} \times 11$

$\Rightarrow \quad \tan\beta = \dfrac{11}{10}$

हम जानते हैं कि, $\sec^2\beta - \tan^2\beta = 1$

$\Rightarrow \sec^2\beta = 1 + \left(\dfrac{11}{10}\right)^2$

$\Rightarrow \sec^2\beta = 1 + \dfrac{121}{100}$

$\Rightarrow \sec^2\beta = \dfrac{221}{100} \qquad \left(\because \cos\beta = \dfrac{1}{\sec\beta}\right)$

$\therefore \quad \cos^2\beta = \dfrac{100}{221}$

139. (c) $\dfrac{\sin\theta - 2\sin^3\theta}{2\cos^3\theta - \cos\theta} = \dfrac{\sin\theta(1 - 2\sin^2\theta)}{\cos\theta(2\cos^2\theta - 1)}$

$= \dfrac{\sin\theta \times \cos 2\theta}{\cos\theta \times \cos 2\theta}$

$\because [\cos 2\theta = 1 - 2\sin^2\theta = 2\cos^2\theta - 1]$

$= \dfrac{\sin\theta}{\cos\theta} = \tan\theta$

140. (a) $\tan 25^\circ \tan 65^\circ \tan 35^\circ \tan 55^\circ \tan 45^\circ$

$= 1 \times 1 \times \tan 45^\circ$

$[\because \tan A \cdot \tan B = 1$ यदि $A + B = 90^\circ$ हो $]$

$= 1 \times 1 \times 1 = 1$

141. (d) $\sec x - \cos x$

$= \dfrac{1}{\cos x} - \cos x \qquad \left(\because \sec x = \dfrac{1}{\cos x}\right)$

$= \dfrac{1 - \cos^2 x}{\cos x} = \dfrac{\sin^2 x}{\cos x} \quad (\because 1 - \cos^2 x = \sin^2 x)$

$= \dfrac{\sin x}{\cos x} \times \sin x = \tan x \sin x$

142. (b) हम जानते हैं, $\sec^2 A - \tan^2 A = 1$

$\Rightarrow (\sec A + \tan A)(\sec A - \tan A) = 1$

$(\because \sec A + \tan A = 3)$

$\Rightarrow \; 3 \times (\sec A - \tan A) = 1$

$\therefore \sec A - \tan A = \dfrac{1}{3}$

अब, $(\sec A + \tan A) + (\sec A - \tan A)$

$= 3 + \dfrac{1}{3}$

$2\sec A = \dfrac{10}{3} \;\Rightarrow\; \sec A = \dfrac{5}{3}$

$\therefore \quad \cos A = \dfrac{3}{5} \qquad \left(\because \cos A = \dfrac{1}{\sec A}\right)$

143. (b) $\cos^2\theta - \sin^2\theta = 1$,

सही त्रिकोणमितीय सर्वसमिका नहीं है।

144. (d) $\dfrac{\cos 41^\circ}{\sin 49^\circ} + \dfrac{\sin 51^\circ}{\cos 39^\circ}$

$= \dfrac{\cos(90^\circ - 49^\circ)}{\sin 49^\circ} + \dfrac{\sin(90^\circ - 39^\circ)}{\cos 39^\circ}$

$= \dfrac{\sin 49^\circ}{\sin 49^\circ} + \dfrac{\cos 39^\circ}{\cos 39^\circ} = 1 + 1 = 2$

145. (a) दिया है, कर्ण $(AC) = 5$ सेमी

आधार, $(BC) = 3$ सेमी

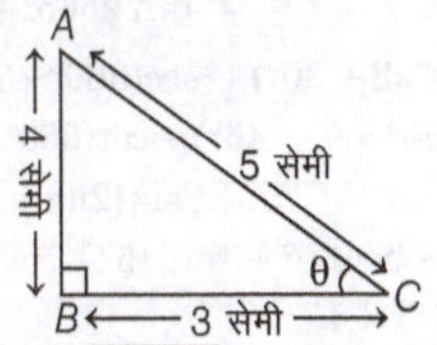

$\because$ लम्ब, $(AB) = \sqrt{5^2 - 3^2}$

$= \sqrt{25 - 9} = \sqrt{16} = 4$ सेमी

अत:, $\quad \tan\theta = \dfrac{\text{लम्ब}}{\text{आधार}} = \dfrac{4}{3}$ सेमी

146. (c) $\sin^{12}\theta + \cos^{20}\theta$

$= \sin^{12}\theta + [\sin(90^\circ - \theta)]^{20}$

$= \sin^{12}\theta + \sin^{20}(90^\circ - \theta)$

$\sin\theta$ का मान अधिकतम होगा जब $\theta = 90^\circ$,

$\sin 90^\circ = 1$

अत: $\sin^{12}\theta + \cos^{20}\theta$ का अधिकतम मान

$= \sin^{12} 90^\circ + \sin^{20}(90^\circ - 90^\circ)$

$= (1)^{12} + \sin^{20} 0^\circ = 1 + 0 = 1$

147. (d) $\sin(-405^\circ) = -\sin(405^\circ)$

$(\because \sin(-\theta) = -\sin\theta)$

$= -\sin(360^\circ + 45^\circ) = -\sin 45^\circ = -\dfrac{1}{\sqrt2}$

148. (b) $\dfrac{2}{3}\tan^2 60^\circ + 3\cos^2 30^\circ - 2\sec^2 30^\circ - \dfrac{3}{4}\cot^2 60^\circ$

$= \dfrac{2}{3} \times (\sqrt3)^2 + 3 \times \left(\dfrac{\sqrt3}{2}\right)^2 - 2 \times \left(\dfrac{2}{\sqrt3}\right)^2 - \dfrac{3}{4} \times \left(\dfrac{1}{\sqrt3}\right)^2$

$= 2 + \dfrac{9}{4} - \dfrac{8}{3} - \dfrac{1}{4} = \dfrac{24 + 27 - 32 - 3}{12}$

$= \dfrac{51}{12} - \dfrac{35}{12} = \dfrac{16}{12} = \dfrac{4}{3} = 1.33$

149. (d) $\sin(50^\circ + \theta) - \cos(40^\circ - \theta)$

$= \sin\{90^\circ - (40^\circ - \theta)\} - \cos(40^\circ - \theta)$

$= \cos(40^\circ - \theta) - \cos(40^\circ - \theta) = 0$

$\{\because \sin(90^\circ - \theta) = \cos\theta\}$

150. (b) $\dfrac{2\tan A}{1 + \tan^2 A} = \dfrac{2\tan A}{\sec^2 A}$

$\{\because \sec^2\theta - \tan^2\theta = 1\}$

$= \dfrac{2\sin A}{\cos A} \times \cos^2 A \qquad \left(\because \cos\theta = \dfrac{1}{\sec\theta}\right)$

$= 2\sin A \cos A = \sin 2A$

151. (a) $\cot 85^\circ + \cos 75^\circ$

$= \cot(90^\circ - 5^\circ) + \cos(90^\circ - 15^\circ)$

$\left\{\begin{array}{l}\because \cot(90 - \theta) = \tan\theta; \\ \cos(90 - \theta) = \sin\theta\end{array}\right\}$

$= \tan 5^\circ + \sin 15^\circ$

152. (a) $\dfrac{\sec^2(90°-\theta)-\cot^2\theta}{2(\sin^2 35°+\sin^2 55°)}$

$\{\because \sec(90°-\theta)=\text{cosec}\,\theta\}$

$\{\because \text{cosec}^2\theta-\sec^2\theta=1$ तथा $\sin^2\theta+\cos^2\theta=1\}$

$=\dfrac{\text{cosec}^2\theta-\cot^2\theta}{2\{(\sin^2 35°+\sin^2(90°-35°)\}}$

$=\dfrac{1}{2(\sin^2 35°+\cos^2 35°)}=\dfrac{1}{2}=0.5$

153. (a) $\text{cosec}\,2910°+\sec 4260°+\tan 2565°+\cot 1755°$

$=\text{cosec}\,(360°\times 8+30°)+\sec(360°\times 12-60°)+\tan(360°\times 7+45°)+\cot(360°\times 5-45°)$

$\{\because \sin(2n\pi+\theta)=\sin\theta\}$

$=\text{cosec}\,30°+\sec 60°+\tan 45°-\cot 45°$

$=2+2+1-1=4$

154. (c) $\sin x=\dfrac{3}{10}$

$\therefore \cos x=\sqrt{1-\sin^2 x}=\sqrt{1-\dfrac{9}{100}}=\dfrac{\sqrt{91}}{10}$

$\Rightarrow \tan x+\cot x=\dfrac{\sin x}{\cos x}+\dfrac{\cos x}{\sin x}$

$=\dfrac{\sin^2 x+\cos^2 x}{\sin x\cos x}$

$=\dfrac{1}{\sin x\cdot\cos x}=\dfrac{10}{3\times\sqrt{91}}\times 10=\dfrac{100}{3\sqrt{91}}$

155. (d) $\cos x+\sin x=\sqrt{2}\cos x$

$\therefore (\cos x-\sin x)^2+(\cos x+\sin x)^2$

$=\cos^2 x+\sin^2 x-2\cos x\sin x+\cos^2 x+\sin^2 x+2\cos x\sin x$

$=1+1$ $[\because \sin^2 x+\cos^2 x=1]$

$=2$

156. (a) दिया है, $2\cot x=5$

तब, $\dfrac{2\cos x-\sin x}{2\cos x+\sin x}=\dfrac{2\dfrac{\cos x}{\sin x}-1}{2\dfrac{\cos x}{\sin x}+1}$

$=\dfrac{2\cot x-1}{2\cot x+1}=\dfrac{5-1}{5+1}=\dfrac{4}{6}=\dfrac{2}{3}$

157. (a) दिया है, $\sin\theta+\sin^2\theta=1$ ...(i)

$\Rightarrow \sin\theta=1-\sin^2\theta\Rightarrow\sin\theta=\cos^2\theta$ ...(ii)

अब, $\cos^2\theta+\cos^4\theta=\sin\theta+\sin^2\theta$ [समी (ii) से]

$=1$ [समी (i) से]

158. (c) दिया है,

$P\cos\alpha=3$

$\cos\alpha=\dfrac{3}{P}\Rightarrow\sec\alpha=\dfrac{P}{3}$ ...(i)

और $4\tan\alpha=Q,\ \tan\alpha=\dfrac{Q}{4}$ ...(ii)

हम जानते हैं, $\sec^2\alpha-\tan^2\alpha=1$

$\Rightarrow \left(\dfrac{P}{3}\right)^2-\left(\dfrac{Q}{4}\right)^2=1\Rightarrow\dfrac{P^2}{9}-\dfrac{Q^2}{16}=1$

159. (a) $\sec\theta=\dfrac{4}{3}=\dfrac{\text{कर्ण}}{\text{आधार}}$

$\Rightarrow$ लम्ब $=\sqrt{\text{कर्ण}^2-\text{आधार}^2}$

$=\sqrt{4^2-3^2}=\sqrt{16-9}=\sqrt{7}$

$\tan\theta=\dfrac{\text{लम्ब}}{\text{आधार}}=\dfrac{\sqrt{7}}{3}$

$\tan^2\theta+\tan^4\theta=\left(\dfrac{\sqrt{7}}{3}\right)^2+\left(\dfrac{\sqrt{7}}{3}\right)^4=\dfrac{7}{9}+\dfrac{49}{81}$

$=\dfrac{63+49}{81}=\dfrac{112}{81}$

160. (a) $\dfrac{\sin x-\cos x}{\sin x+\cos x}=\dfrac{2}{5}$

$\Rightarrow 5\sin x-5\cos x=2\sin x+2\cos x$

$\Rightarrow 3\sin x=7\cos x\Rightarrow\tan x=\dfrac{7}{3}\Rightarrow\cot x=\dfrac{3}{7}$

अब, $\left(\dfrac{1+\cot^2 x}{1-\cot^2 x}\right)=\left[\dfrac{1+\left(\dfrac{3}{7}\right)^2}{1-\left(\dfrac{3}{7}\right)^2}\right]=\left[\dfrac{1+\dfrac{9}{49}}{1-\dfrac{9}{49}}\right]$

$=\dfrac{58}{40}=\dfrac{29}{20}=145$

161. (a) $\left(\dfrac{\cos A}{1-\sin A}\right)+\left(\dfrac{\cos A}{1+\sin A}\right)=4$

$\Rightarrow \cos A\left[\dfrac{(1+\sin A)+(1-\sin A)}{(1-\sin A)(1+\sin A)}\right]=4$

$\Rightarrow \dfrac{2\cos A}{1-\sin^2 A}=4$

$\{\because (a+b)(a+b)=a^2-b^2\}$

$\Rightarrow \dfrac{2\cos A}{\cos^2 A}=4$ $\{\because \sin^2\theta+\cos^2\theta=1\}$

$\Rightarrow \dfrac{2}{\cos A}=4\Rightarrow\cos A=\dfrac{1}{2}=\cos 60°$

$\therefore\ A=60°$

162. (d) $\dfrac{4}{3}\tan^2 45°+3\cos^3 30°-2\sec^2 30°-\dfrac{3}{4}\cot^2 60°$

$=\dfrac{4}{3}\times 1^2+3\times\left(\dfrac{\sqrt{3}}{2}\right)^2-2\times\left(\dfrac{2}{\sqrt{3}}\right)^2-\dfrac{3}{4}\times\left(\dfrac{1}{\sqrt{3}}\right)^2$

$=\dfrac{4}{3}+\dfrac{9}{4}-\dfrac{8}{3}-\dfrac{1}{4}=\dfrac{16+27-32-3}{12}=\dfrac{8}{12}=\dfrac{2}{3}$

163. (b) $\cos 120°=\cos(90+30°)$

$=-\sin 30°$ $(\because \cos(90+\theta)=-\sin\theta)$

$=-\dfrac{1}{2}=-0.5$ $\left(\therefore \sin 30°=\dfrac{1}{2}\right)$

164. (c) दिया है, $\sin(5x-25°)=\cos(5y+25°)$

$\Rightarrow \cos(90°-5x+25°)=\cos(5y+25°)$

$\therefore 90°-5x+25°=5y+25°$

$\Rightarrow 5x+5y=90°$

$\therefore x+y=18°$

165. (d) $12(\sin^4\theta+\cos^4\theta)+18(\sin^6\theta+\cos^6\theta)+78\sin^2\theta\cos^2\theta$

$=12[(\sin^2\theta)^2+(\cos^2\theta)^2+2\sin^2\theta\cos^2\theta]+18[(\sin^2\theta)^3+(\cos^2\theta)^3]+54\sin^2\theta\cos^2\theta$

$=12[\sin^2\theta+\cos^2\theta]^2+18[(\sin^2\theta+\cos^2\theta)(\sin^4\theta+\cos^4\theta-\sin^2\theta\cos^2\theta)]+54\sin^2\theta\cos^2\theta$

$=12+18(\sin^4\theta+\cos^4\theta-\sin^2\theta\cos^2\theta)+54\sin^2\theta\cos^2\theta$

$(\because \sin^2\theta+\cos^2\theta=1)$

$=12+18[(\sin^2\theta)^2+(\cos^2\theta)^2+2\sin^2\theta\cos^2\theta]$

$=12+18[\sin^2\theta+\cos^2\theta]^2$

$=12+18=30$

$(\because \sin^2\theta+\cos^2\theta=1)$

स्पीडी विधि

हम जानते हैं कि

$\sin^4\theta+\cos^4\theta=1-2\sin^2\theta\cos^2\theta$

और $\sin^6\theta+\cos^6\theta=1-3\sin^2\theta\cos^2\theta$

अब, $12(\sin^4\theta+\cos^4\theta)+18(\sin^6\theta+\cos^6\theta)+78\sin^2\theta\cos^2\theta$

$=12(1-2\sin^2\theta\cos^2\theta)+18(1-3\sin^2\theta\cos^2\theta)+78\sin^2\theta\cos^2\theta$

$=12-24\sin^2\theta\cos^2\theta+18-54\sin^2\theta\cos^2\theta+78\sin^2\theta\cos^2\theta$

$=30-78\sin^2\theta\cos^2\theta+78\sin^2\theta\cos^2\theta=30$

166. (c) $\left(\dfrac{1}{\sin\theta}+\dfrac{1}{\tan\theta}\right)\left(\dfrac{1}{\sin\theta}-\dfrac{1}{\tan\theta}\right)$

$=\left(\dfrac{1}{\sin^2\theta}-\dfrac{1}{\tan^2\theta}\right)=\dfrac{1}{\sin^2\theta}-\dfrac{\cos^2\theta}{\sin^2\theta}$

$=\dfrac{1-\cos^2\theta}{\sin^2\theta}=\dfrac{\sin^2\theta}{\sin^2\theta}=1$

स्पीडी विधि

$\theta=45°$ रखने पर,

$\left(\dfrac{1}{\sin 45°}+\dfrac{1}{\tan 45°}\right)\left(\dfrac{1}{\sin 45°}-\dfrac{1}{\tan 45°}\right)$

$=\left(\dfrac{1}{\left(\dfrac{1}{\sqrt{2}}\right)}+\dfrac{1}{1}\right)\left(\dfrac{1}{\left(\dfrac{1}{\sqrt{2}}\right)}-\dfrac{1}{1}\right)$

$=(\sqrt{2}+1)(\sqrt{2}-1)=(\sqrt{2})^2-(1)^2=2-1=1$

$\because$ हम θ का कोई भी मान ले सकते हैं यहाँ हमने 45° इसलिए लिया कि $\tan 45°=1$ होता है। इससे परिकलन करना सरल होगा।

167. (a) दिया है, $\sin A=-\dfrac{3}{5}$

$\therefore \cos A=\sqrt{1-\sin^2 A}=\sqrt{1-\left(-\dfrac{3}{5}\right)^2}$

$=\sqrt{1-\dfrac{9}{25}}=\sqrt{\dfrac{16}{25}}\Rightarrow\cos A=\pm\dfrac{4}{5}$

$\therefore \sec A=\pm\dfrac{5}{4}$

चूँकि A तृतीय चतुर्थांश में है।

$\therefore \sec A=-\dfrac{5}{4}$

168. (c) $\sin 2x+2\sin 4x+\sin 6x$

$=\sin 6x+\sin 2x+2\sin 4x$

$=2\sin\left(\dfrac{6x+2x}{2}\right)\cos\left(\dfrac{6x-2x}{2}\right)+2\sin 4x$

$\left[\because \sin C+\sin D=2\sin\left(\dfrac{C+D}{2}\right)\cos\left(\dfrac{C-D}{2}\right)\right]$

$=2\sin 4x\cos 2x+2\sin 4x=2\sin 4x(\cos 2x+1)$

$=2\sin 4x(2\cos^2 x-1+1)(\because \cos 2x=2\cos^2 x-1)$

$=2\sin 4x(2\cos^2 x)=4\cos^2 x\sin 4x$

169. (d) दिया है, $\cot A=\dfrac{12}{5}=\dfrac{\text{आधार}}{\text{लम्ब}}$

पाइथागोरस प्रमेय से,

$(\text{कर्ण})^2=(\text{आधार})^2+(\text{लम्ब})^2$

$=(12)^2+(5)^2=144+25=169$

$\therefore$ कर्ण = 13

$\therefore$ $(\sin A + \cos A)\ \text{cosec}\ A$

$= \left(\frac{5}{13} + \frac{12}{13}\right) \times \frac{13}{5} = \frac{17}{13} \times \frac{13}{5} = \frac{17}{5}$

स्पीडी विधि

$(\sin A + \cos A)\ \text{cosec}\ A$

$= \sin A\ \text{cosec}\ A + \frac{\cos A}{\sin A}$

$= 1 + \cot A = 1 + \frac{12}{5} = \frac{17}{5}$

170. (c) $\left\{\frac{\sin(x-y)}{\sin(x+y)}\right\}\left\{\frac{\tan x + \tan y}{\tan x - \tan y}\right\}$

$= \left(\frac{\sin x \cos y - \cos x \sin y}{\sin x \cos y + \cos x \sin y}\right)\left(\frac{\tan x + \tan y}{\tan x - \tan y}\right)$

$= \frac{\frac{\sin x \cos y}{\cos x \cos y} - \frac{\cos x \sin y}{\cos x \cos y}}{\frac{\sin x \cos y}{\cos x \cos y} + \frac{\cos x \sin y}{\cos x \cos y}}\left(\frac{\tan x + \tan y}{\tan x - \tan y}\right)$

$= \left(\frac{\tan x - \tan y}{\tan x + \tan y}\right)\left(\frac{\tan x + \tan y}{\tan x - \tan y}\right) = 1$

171. (a) दिया है, $\tan\frac{A}{2} = x$

$\Rightarrow \frac{\sin\frac{A}{2}}{\cos\frac{A}{2}} = x \Rightarrow \sqrt{\frac{\sin^2\frac{A}{2}}{\cos^2\frac{A}{2}}} = x$

$\Rightarrow \sqrt{\frac{2\sin^2\frac{A}{2}}{2\cos^2\frac{A}{2}}} = x \Rightarrow \sqrt{\frac{1 - 1 + 2\sin^2\frac{A}{2}}{1 + 2\cos^2\frac{A}{2} - 1}} = x$

$\Rightarrow \sqrt{\frac{1 - \left(1 - 2\sin^2\frac{A}{2}\right)}{1 + \left(2\cos^2\frac{A}{2} - 1\right)}} = x \Rightarrow \frac{\sqrt{1 - \cos A}}{\sqrt{1 + \cos A}} = x$

$\left[\because \cos A = 2\cos^2\frac{A}{2} - 1 = 1 - 2\sin^2\frac{A}{2}\right]$

172. (a) $\frac{\sin^4\theta + \cos^4\theta}{1 - 2\sin^2\theta\cos^2\theta}$

$= \frac{\sin^4\theta + \cos^4\theta + 2\sin^2\theta\cos^2\theta - 2\sin^2\theta\cos^2\theta}{1 - 2\sin^2\theta \cdot \cos^2\theta}$

$= \frac{(\sin^2\theta + \cos^2\theta)^2 - 2\sin^2\theta\cos^2\theta}{1 - 2\sin^2\theta\cos^2\theta}$

$(\because \sin^2\theta + \cos^2\theta = 1)$

$= \frac{1 - 2\sin^2\theta\cos^2\theta}{1 - 2\sin^2\theta\cos^2\theta} = 1$

173. (c) दिया है, $p\sin^2\beta + q\cos^2\beta = r$

$\Rightarrow p\sin^2\beta + q(1 - \sin^2\beta) = r$

$\Rightarrow p\sin^2\beta + q - q\sin^2\beta = r$

$\Rightarrow \sin^2\beta(p - q) = r - q \Rightarrow \sin^2\beta = \frac{r-q}{p-q}$

अब, $\cot^2\beta = \text{cosec}^2\beta - 1 = \frac{p-q}{r-q} - 1 = \frac{p-q-r+q}{r-q}$

$\therefore$ $\cot^2\beta = \frac{p-r}{r-q}$

174. (d) दिया है, $\cos(A+B) = \cos A\cos B - \sin A\sin B$

$\Rightarrow \cos 75° = \cos(45° + 30°)$

$= \cos 45° \cos 30° - \sin 45° \sin 30°$

$= \frac{1}{\sqrt{2}} \times \frac{\sqrt{3}}{2} - \frac{1}{\sqrt{2}} \times \frac{1}{2} = \frac{\sqrt{3}}{2\sqrt{2}} - \frac{1}{2\sqrt{2}} = \frac{\sqrt{3}-1}{2\sqrt{2}}$

$= \frac{\sqrt{3}-1}{2\sqrt{2}} \times \frac{\sqrt{2}}{\sqrt{2}} = \frac{\sqrt{6}-\sqrt{2}}{4}$

175. (b) त्रिकोणमितीय व्यंजक,

$\cos 47° \sec 133° + \sin 44°\ \text{cosec}\ 136°$

$= \frac{\cos 47°}{\cos 133°} + \frac{\sin 44°}{\sin 136°}$

$= \frac{\cos 47°}{\cos(180° - 47°)} + \frac{\sin 44°}{\sin(180° - 44°)}$

$= \frac{\cos 47°}{-\cos 47°} + \frac{\sin 44°}{\sin 44°} = -1 + 1 = 0$

176. (c) त्रिकोणमितीय समीकरण है,

$\tan\frac{\pi}{6} + \sec\frac{\pi}{6} = x \Rightarrow \tan 30° + \sec 30° = x$

$\Rightarrow x = \frac{1}{\sqrt{3}} + \frac{2}{\sqrt{3}} = \frac{3}{\sqrt{3}} = \frac{3 \times \sqrt{3}}{\sqrt{3} \times \sqrt{3}} = \sqrt{3}$

177. (d) दिया है, $\sin\theta = \frac{4}{5}$

$\Rightarrow \cos\theta = \sqrt{1 - \left(\frac{4}{5}\right)^2} = \sqrt{1 - \frac{16}{25}} = \sqrt{\frac{9}{25}} = \frac{3}{5}$

अब, $\tan\theta - \cot\theta = \frac{\sin\theta}{\cos\theta} - \frac{\cos\theta}{\sin\theta}$

$= \frac{\sin^2\theta - \cos^2\theta}{\sin\theta\cos\theta} = \frac{\left(\frac{4}{5}\right)^2 - \left(\frac{3}{5}\right)^2}{\frac{4}{5} \times \frac{3}{5}} = \frac{16-9}{12} = \frac{7}{12}$

178. (c) दिया है, $\sin t + \cos t = \frac{4}{5}$

$\Rightarrow (\sin t + \cos t)^2 = \left(\frac{4}{5}\right)^2$

$\Rightarrow \sin^2 t + \cos^2 t + 2\sin t\cos t = \frac{16}{25}$

$\Rightarrow 1 + 2\sin t\cos t = \frac{16}{25}$

$\Rightarrow 2\sin t\cos t = \frac{16}{25} - 1 = -\frac{9}{25}$

$\Rightarrow \sin t\cos t = -\frac{9}{25} \times \frac{1}{2} = -\frac{9}{50}$

179. (c) $\sin^2 25° + \sin^2 65°$

$= \sin^2 25° + \sin^2(90° - 25°)$

$= \sin^2 25° + \cos^2 25° = 1$

स्पीडी विधि

अगर $A + B = 90°$ तो $\sin^2 A + \sin^2 B = 1$ होता है।

$\because$ $25° + 65° = 90°$

$\therefore$ $\sin^2 25° + \sin^2 65° = 1$

180. (a) $\frac{\sin^3\alpha + \cos^3\alpha}{\sin\alpha + \cos\alpha}$

$= \frac{(\sin\alpha + \cos\alpha)(\sin^2\alpha + \cos^2\alpha - \sin\alpha\cos\alpha)}{(\sin\alpha + \cos\alpha)}$

$[\because a^3 + b^3 = (a+b)(a^2 + b^2 - ab)]$

$= 1 - \sin\alpha\cos\alpha$

181. (c) दिया है, $\sec\theta + \cos\theta = 32$

दोनों पक्षों का वर्ग करने पर,

$\sec^2\theta + \cos^2\theta + 2\sec\theta\cos\theta = 1024$

$\sec^2\theta + \cos^2\theta + 2 = 1024$

$\therefore$ $\sec^2\theta + \cos^2\theta = 1022$

182. (c) $\frac{\cos\beta}{\sec\alpha} = 15$ ...(i)

$\frac{\sin\beta}{\sec\alpha} = 16$ ...(ii)

समी (i) को (ii) से भाग देने पर,

$\cot\beta = \frac{15}{16} \Rightarrow \cot^2\beta = \frac{225}{256}$

$\because$ $\text{cosec}^2\beta - \cot^2\beta = 1$

$\Rightarrow \text{cosec}^2\beta = 1 + \cot^2\beta = 1 + \frac{225}{256}$

$\Rightarrow \text{cosec}^2\beta = \frac{256 + 225}{256} = \frac{481}{256}$

$\therefore$ $\sin^2\beta = \frac{256}{481}$

183. (b) $\sin 23° = \frac{a}{b} = \frac{\text{लम्ब}}{\text{कर्ण}}$

पाइथागोरस प्रमेय से,

आधार $= \sqrt{b^2 - a^2}$

अब, $\sec 23° - \sin 67° = \sec 23° - \sin(90 - 23°)$

$= \sec 23° - \cos 23° = \frac{b}{\sqrt{b^2 - a^2}} - \frac{\sqrt{b^2 - a^2}}{b}$

$= \frac{b^2 - b^2 + a^2}{b\sqrt{b^2 - a^2}} = \frac{a^2}{b\sqrt{b^2 - a^2}}$

184. (d) त्रिकोणमितीय व्यंजक

$\sin 30° + \cos 30° + \tan 30°$

$= \frac{1}{2} + \frac{\sqrt{3}}{2} + \frac{1}{\sqrt{3}} = \frac{\sqrt{3} + 3 + 2}{2\sqrt{3}} = \frac{5 + \sqrt{3}}{2\sqrt{3}}$

185. (c) दिया है, $\sec^2\theta + \tan^2\theta = \frac{25}{18}$ ...(i)

हम जानते हैं, $\sec^2\theta - \tan^2\theta = 1$ ...(ii)

समी (i) × (ii) से,

$(\sec^2\theta + \tan^2\theta)(\sec^2\theta - \tan^2\theta) = \frac{25}{18} \times 1$

$\therefore$ $\sec^4\theta - \tan^4\theta = \frac{25}{18}$

186. (d) $\cos(36° + A)\cos(36° - A) + \cos(54° + A)\cos(54° - A)$

$= (\cos^2 36° - \sin^2 A + \cos^2 54° - \sin^2 A)$

$= \cos^2 36° + \cos^2(90° - 36°) - 2\sin^2 A$

$= \cos^2 36° + \sin^2 36° - 2\sin^2 A$

$= 1 - 2\sin^2 A = \cos 2A$

187. (b) $\sec^2 54° - \cot^2 36° + \frac{3}{2}\sin^2 37° \times \sec^2 53° + \frac{2}{\sqrt{3}}\tan 60°$

$= \sec^2 54° - \cot^2(90° - 54°) + \frac{3}{2}\sin^2 37° \times \sec^2(90° - 37°) + \frac{2}{\sqrt{3}} \times \sqrt{3}$

$= \sec^2 54° - \tan^2 54° + \frac{3}{2}\sin^2 37° \times \text{cosec}^2 37° + 2$

$= 1 + \frac{3}{2} + 2 = 3 + \frac{3}{2} = \frac{6+3}{2} = \frac{9}{2}$

188. (b) $\frac{(3\sin\theta - \cos\theta)}{(\cos\theta + \sin\theta)} = 1$

$\Rightarrow 3\sin\theta - \cos\theta = \cos\theta + \sin\theta$

$\Rightarrow 2\sin\theta = 2\cos\theta \Rightarrow \frac{\cos\theta}{\sin\theta} = 1 \Rightarrow \cot\theta = 1$

189. (c) दिया है,

$\sin(a + b) = 1 \Rightarrow \sin(a + b) = \sin 90°$

$\Rightarrow \quad a + b = 90°$ ...(i)

तथा $\cos(a - b) = \frac{1}{2} \Rightarrow \cos(a - b) = \cos 60°$

$\Rightarrow \quad a - b = 60°$ ...(ii)

समी (i) व (ii) को जोड़ने पर,

$2a = 150° \Rightarrow a = \frac{150°}{2} = 75°$

190. (c) $\frac{\cos(\pi - A)\cdot\cot\left(\frac{\pi}{2} + A\right)\cos(-A)}{\tan(\pi + A)\tan\left(\frac{3\pi}{2} + A\right)\sin(2\pi - A)}$

$= \frac{-\cos A(-\tan A)\cdot\cos A}{\tan A(-\cot A)(-\sin A)} = \frac{\cos^2 A}{\cot A\cdot\sin A}$

$= \frac{\cot A}{\cot A}\cdot\cos A = \cos A$

191. (a) $\tan(\alpha + \beta) = a,\ \tan(\alpha - \beta) = b$

$\therefore \tan 2\alpha = \tan[(\alpha + \beta) + (\alpha - \beta)]$

$= \frac{\tan(\alpha + \beta) + \tan(\alpha - \beta)}{1 - \tan(\alpha + \beta)\tan(\alpha - \beta)} = \frac{a + b}{1 - ab}$

192. (b) दिया है, $\tan^2\theta + \tan^4\theta = 1$

$\Rightarrow \tan^2\theta(1 + \tan^2\theta) = 1 \Rightarrow \tan^2\theta \times \sec^2\theta = 1$

$\Rightarrow \tan^2\theta = \frac{1}{\sec^2\theta} \Rightarrow \frac{\sin^2\theta}{\cos^2\theta} = \cos^2\theta$

$\Rightarrow \quad \sin^2\theta - \cos^4\theta = 0$

$\Rightarrow \quad (1 - \cos^2\theta) - \cos^4\theta = 0$

$\therefore \quad \cos^2\theta + \cos^4\theta = 1$

193. (c) दिया गया है, $\tan 40° = \alpha$ ...(i)

$\frac{\tan A - \tan B}{1 + \tan A \times \tan B} = \tan(A - B)$

$\therefore \frac{\tan 320° - \tan 310°}{1 + \tan 320° \times \tan 310°}$

$= \tan(320° - 310°) = \tan 10°$

$= \frac{1}{\cot 10°} = \frac{1}{\cot(90° - 80°)}$

$= \frac{1}{\tan 80°} = \frac{1}{\tan 2 \times (40°)}$

तब, $\tan 2\theta = \frac{2\tan\theta}{1 - \tan^2\theta}$

$\therefore \frac{1}{\tan 2 \times (40°)} = \frac{1 - \tan^2 40°}{2\tan 40°} = \frac{1 - \alpha^2}{2\alpha^2}$

[समी (i) से]

194. (d) $\frac{\cos(45° - 15°) + \cos(45° + 15°)}{\cos(45° - 15°) + \cos(45° + 15°)}$

$= \frac{\cos 30° - \cos 60°}{\cos 30° + \cos 60°} = \frac{\frac{\sqrt{3}}{2} - \frac{1}{2}}{\frac{\sqrt{3}}{2} + \frac{1}{2}} = \frac{\sqrt{3} - 1}{\sqrt{3} + 1} \times \frac{\sqrt{3} - 1}{\sqrt{3} - 1}$

$= \frac{(\sqrt{3} - 1)^2}{(\sqrt{3})^2 - (1)^2} = \frac{4 - 2\sqrt{3}}{2} = \frac{2(2 - \sqrt{3})}{2} = 2 - \sqrt{3}$

195. (c) $\tan\theta + \cot\theta = 2$

$\Rightarrow \quad \tan\theta + \frac{1}{\tan\theta} = 2 \Rightarrow \tan^2\theta + 1 = 2\tan\theta$

$\Rightarrow \tan^2\theta - 2\tan\theta + 1 = 0$

$\Rightarrow (\tan\theta - 1)^2 = 0$

$\Rightarrow \tan\theta - 1 = 0 \Rightarrow \tan\theta = 1$

$\therefore \quad \cot\theta = 1$

अब, $\tan^{200}\theta + \cot^{200}\theta = (1)^{200} + (1)^{200}$

$= 1 + 1 = 2$

स्पीडी विधि

$\tan\theta + \cot\theta = 2$

$\theta = 45°$ रखने पर,

$\tan 45° + \cot 45° = 2 \Rightarrow 1 + 1 = 2 \Rightarrow 2 = 2$

$\tan^{200}\theta + \cot^{200}\theta \quad \Rightarrow \theta = 45°$

$= \tan(45)^{200} + \cot(45°)^{200} = 1^{200} + 1^{200} = 2$

196. (a) दिया है, $\sec A = \frac{5}{4} = \frac{AC}{AB}$

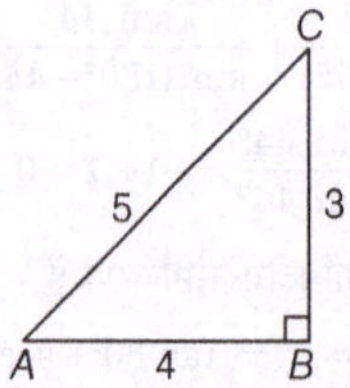

ΔABC से,

तब, $BC^2 = AC^2 - AB^2 = 5^2 - 4^2 = 25 - 16$

$\Rightarrow \quad BC = \sqrt{9} = 3$

$\therefore \frac{\tan A}{1 + \tan^2 A} - \frac{\sin A}{\sec A} = \frac{\frac{3}{4}}{1 + \left(\frac{3}{4}\right)^2} - \frac{\frac{3}{5}}{\frac{5}{4}}$

$= \frac{3}{4} \times \frac{16}{25} - \frac{3}{5} \times \frac{4}{5} = \frac{12}{25} - \frac{12}{25} = 0$

197. (a) दिया है, $\sin A = \frac{4}{5}$

$\therefore \sin^2 A = \left(\frac{4}{5}\right)^2 = \frac{16}{25}$

198. *(a)* दिया है, $\cos\theta + \cos^2\theta = 1$

$\Rightarrow \quad \cos\theta = 1 - \cos^2\theta \Rightarrow \cos\theta = \sin^2\theta$

दोनों पक्षों का वर्ग करने पर, $\cos^2\theta = \sin^4\theta$

$\therefore \sqrt{\sin^4\theta + \cos^2\theta} = \sqrt{\cos^2\theta + \cos^2\theta}$

$= \sqrt{2\cos^2\theta} = \sqrt{2}\cos\theta$

199. (d) दिया है, $2\sin\theta + 2\sin^2\theta = 2$ ...(i)

$\Rightarrow \sin\theta + \sin^2\theta = 1 \Rightarrow \sin\theta = 1 - \sin^2\theta$

$\Rightarrow \quad \sin\theta = \cos^2\theta$ ...(ii)

अब, $2\cos^4\theta + 2\cos^2\theta = 2\sin^2\theta + 2\sin\theta$

$= 2$ [समी (i) से]

200. (c) दिया है, $\tan 3\theta \tan 7\theta = 1$

$\Rightarrow \tan 3\theta = \frac{1}{\tan 7\theta} \Rightarrow \tan 3\theta = \cot 7\theta$

$\Rightarrow \tan 3\theta = \tan(90° - 7\theta) \Rightarrow 3\theta = 90° - 7\theta$

$\Rightarrow 10\theta = 90° \Rightarrow \theta = 9°$

$\therefore \quad \cot 15\theta = \cot 15 \times 9 = \cot 135°$

$= \cot(180° - 45°) = -\cot 45° = -1$

201. (d) $\frac{1 + \sin\theta}{\cos\theta}$

$= \frac{(1 + \sin\theta)\cos\theta}{\cos^2\theta} = \frac{(1 + \sin\theta)\cos\theta}{1 - \sin^2\theta}$

$= \frac{(1 + \sin\theta)\cos\theta}{(1 + \sin\theta)(1 - \sin\theta)} = \frac{\cos\theta}{1 - \sin\theta}$

202. (a) $\tan A = \frac{3}{4} = \frac{BC}{AB}$

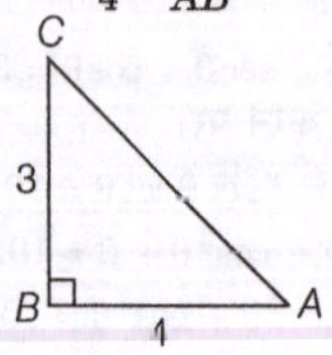

तब, $AC = \sqrt{BC^2 + AB^2}$

$\Rightarrow \quad AC = \sqrt{9 + 16} \Rightarrow AC = \sqrt{25} = 5$

अब, $\sin A + \sin B + \sin C$

$= \frac{BC}{AC} + \sin 90° + \frac{AB}{AC}$

$= \frac{3}{5} + \frac{4}{5} + 1 = \frac{3 + 4 + 5}{5} = \frac{12}{5} = 2\frac{2}{5}$

203. (d) दिया है, $\sin^2\theta - 3\sin\theta + 2 = 0$

माना $\sin\theta = x$,

तब $\quad x^2 - 3x + 2 = 0$

$\Rightarrow x^2 - 2x - x + 2 = 0 \Rightarrow x(x - 2) - 1(x - 2) = 0$

$\Rightarrow \quad (x - 2)(x - 1) = 0$

$\Rightarrow x = 1$ तथा $x = 2$ (सम्भव नहीं है)

तब, $\sin\theta = 1 = \sin 90°$

$\therefore \quad \theta = 90°$

204. (b) $\tan 27° \tan 34° + \tan 34° \tan 29° + \tan 29° \tan 27°$

माना $A = 27°, B = 34°, C = 29°$

$\therefore \quad A + B + C = 90° \Rightarrow A + B = 90° - C$

$\Rightarrow \quad \tan(A + B) = \tan(90° - C)$

$\Rightarrow \quad \frac{\tan A + \tan B}{1 - \tan A \tan B} = \cot C$

$\Rightarrow \quad \frac{\tan A + \tan B}{1 - \tan A \tan B} = \frac{1}{\tan C}$

$\Rightarrow \quad \tan A \tan C + \tan B \tan C = 1 - \tan A \tan B$

$\Rightarrow \tan A \tan B + \tan B \tan C + \tan C \tan A = 1$

$\Rightarrow \tan 27° \tan 34° + \tan 34° \tan 29° + \tan 29° \tan 27° = 1$

205. (c) $\cos 2A \cos 2B + \sin^2(A - B) - \sin^2(A + B)$

$= \cos 2A \cos 2B + \sin(A - B + A + B)\sin(A - B - A - B)$

$[\because \sin^2 A - \sin^2 B = \sin(A + B)\sin(A - B)]$

$= \cos 2A \cos 2B + \sin 2A \sin(-2B)$

$= \cos 2A \cos 2B - \sin 2A \sin 2B$

$[\because \sin(-\theta) = -\sin\theta]$

$= \cos(2A + 2B)$

$[\because \cos(A + B) = \cos A \cos B - \sin A \sin B]$

206. (b) $\operatorname{cosec}\theta + \cot\theta = P$

$\Rightarrow \operatorname{cosec}\theta = P - \cot\theta$

$\Rightarrow \operatorname{cosec}^2\theta = P^2 + \cot^2\theta - 2P\cot\theta$

(दोनों पक्षों का वर्ग करने पर)

$\Rightarrow \operatorname{cosec}^2\theta - \cot^2\theta = P^2 - 2P\cot\theta$

$\Rightarrow \quad 1 = P^2 - 2P\cot\theta$

$\Rightarrow \quad 2P\cot\theta = P^2 - 1$ ...(i)

पुनः $\operatorname{cosec}\theta + \cot\theta = P$

$\Rightarrow \quad \cot\theta = P - \operatorname{cosec}\theta$

$\Rightarrow \cot^2\theta = P^2 + \operatorname{cosec}^2\theta - 2P\operatorname{cosec}\theta$

$\Rightarrow 2P\operatorname{cosec}\theta = P^2 + \operatorname{cosec}^2\theta - \cot^2\theta$

$\Rightarrow 2P\operatorname{cosec}\theta = P^2 + 1$ ...(ii)

अब, $\frac{P^2 - 1}{P^2 + 1} = \frac{2P\cot\theta}{2P\operatorname{cosec}\theta}$ [समी (i) और (ii) से]

$= \frac{\cot\theta}{\operatorname{cosec}\theta} = \frac{\cos\theta}{\sin\theta} \times \sin\theta = \cos\theta$

207. (b) $b\cos\theta = a$

$\cos\theta = \frac{a}{b} \Rightarrow \sin\theta = \sqrt{1-\cos^2\theta}$

$= \sqrt{1-\left(\frac{a}{b}\right)^2} = \sqrt{\frac{b^2-a^2}{b^2}} = \frac{\sqrt{b^2-a^2}}{b}$

$\therefore \operatorname{cosec}\theta + \cot\theta = \frac{1}{\sin\theta} + \frac{\cos\theta}{\sin\theta}$

$= \frac{b}{\sqrt{b^2-a^2}} + \frac{a}{\sqrt{b^2-a^2}}$

$= \frac{b+a}{\sqrt{b^2-a^2}} = \frac{b+a}{\sqrt{b+a}\times\sqrt{b-a}} = \sqrt{\frac{b+a}{b-a}}$

208. (a) $\sin 75° + \sin 15°$

हम जानते हैं कि

$\sin C + \sin D = 2\sin\frac{(C+D)}{2}\cos\frac{(C-D)}{2}$

$\therefore \sin 75° + \sin 15°$

$= 2\sin\left(\frac{75°+15°}{2}\right)\cos\left(\frac{75°-15°}{2}\right)$

$= 2\sin 45°\cos 30° = 2\times\frac{1}{\sqrt2}\times\frac{\sqrt3}{2} = \frac{\sqrt3}{\sqrt2} = \sqrt{\frac{3}{2}}$

209. (a) $2\frac{\cos^2 x - \sec^2 x}{\tan^2 x} = a + b\cos 2x$

$\Rightarrow 2\left[\frac{\cos^2 x - \frac{1}{\cos^2 x}}{\frac{\sin^2 x}{\cos^2 x}}\right] = a + b\cos 2x$

$\Rightarrow 2\left[\frac{\cos^4 x - 1}{\sin^2 x}\right] = a + b\cos 2x$

$\Rightarrow \frac{2(\cos^2 x - 1)(\cos^2 x + 1)}{(1-\cos^2 x)} = a + b\cos 2x$

$\Rightarrow \quad -2[1+\cos^2 x] = a + b\cos 2x$

$\Rightarrow -2 - 2\cos^2 x - 1 + 1 = a + b\cos 2x$

$\Rightarrow -2 - 2\cos^2 x + 1 - 1 = a + b\cos 2x$

$\Rightarrow \quad -2 - 1 - \cos 2x = a + b\cos 2x$

$\Rightarrow \quad -3 - \cos 2x = a + b\cos 2x$

$\therefore \quad a = -3,\ b = -1$

210. (b) दिया है,

$\sin\theta = \frac{8}{17} \Rightarrow \tan\theta = \frac{8}{\sqrt{(17)^2-(8)^2}}$

$= \frac{8}{\sqrt{225}} = \frac{8}{15}$

और $\quad \cot\theta = \frac{15}{8}$

तब, $\tan\theta + \cot\theta = \frac{8}{15} + \frac{15}{8} = \frac{64+225}{(15\times 8)} = \frac{289}{120}$

211. (b) $\frac{\sin\theta + \cos\theta}{\sin\theta - \cos\theta} = \frac{3}{2}$

$\Rightarrow 2\sin\theta + 2\cos\theta = 3\sin\theta - 3\cos\theta$

$\Rightarrow \quad \sin\theta = 5\cos\theta \Rightarrow \frac{\sin\theta}{\cos\theta} = 5 = \tan\theta$

$\therefore \qquad \tan\theta = \frac{5}{1} = \frac{AB}{BC}$

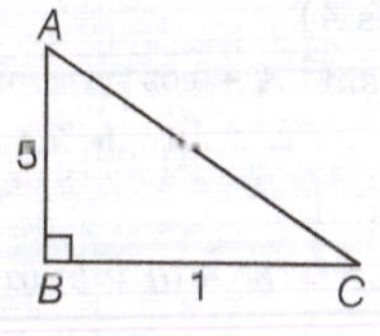

$\therefore \qquad AC^2 = 5^2 + 1^2 \Rightarrow AC = \sqrt{26}$

अब, $\sin^4\theta - \cos^4\theta$

$\Rightarrow (\sin^2\theta - \cos^2\theta)(\sin^2\theta + \cos^2\theta)$

$\Rightarrow \quad \sin^2\theta - \cos^2\theta$

$\Rightarrow \quad \left(\frac{5}{\sqrt{26}}\right)^2 - \left(\frac{1}{\sqrt{26}}\right)^2 = \frac{25-1}{26} = \frac{24}{26} = \frac{12}{13}$

212. (a) $\cos(A-B) = \frac{\sqrt3}{2}$

$\Rightarrow \cos(A-B) = \cos 30°$

$\therefore \quad A - B = 30° \quad$ ...(i)

तथा $\quad \cos(A+B) = 0$

$\Rightarrow \quad \cos(A+B) = \cos 90°$

$\Rightarrow \quad A + B = 90° \quad$ ...(ii)

समी (i) व (ii) को हल करने पर,

$A = 60°, B = 30°$

213. (a) $\sin 28°\cdot\sin 35°\sin 45°\sec 62°$
$\sec 55°$

$= \sin 28°\cdot\sin 35°\sin 45°\cdot$
$\sec(90°-28°)\cdot\sec(90°-35°)$

$= \sin 28°\cdot\sin 35°\sin 45°\cdot\operatorname{cosec} 28°\cdot\operatorname{cosec} 35°$

$= \sin 28°\times\frac{1}{\sin 28°}\cdot\sin 35°\times\frac{1}{\sin 35°}\cdot\sin 45°$

$= \sin 45° = \frac{1}{\sqrt2}$

214. (d) $5\sin^2 A + 3\cos^2 A = 4$

$[\because \sin^2 A = 1 - \cos^2 A]$

$\Rightarrow \quad 5 - 5\cos^2 A + 3\cos^2 A = 4$

$\Rightarrow \quad 2\cos^2 A = 5 - 4 \Rightarrow \cos^2 A = \frac{1}{2}$

$\Rightarrow \cos A = \frac{1}{\sqrt2} \Rightarrow \cos A = \cos 45° \Rightarrow A = 45°$

$\therefore \tan 45° = 1$

215. (b) $\cos^3 60° - \cos^3 240° - \cos^3 360°$

$= \cos^3 60° - \cos^3(180° + 60°)$

$- \cos^3(360° + 0°)$

$= \cos^3 60° + \cos^3 60° - \cos^3 0°$

$= \left(\frac{1}{2}\right)^3 + \left(\frac{1}{2}\right)^3 - 1$

$= \frac{1}{8} + \frac{1}{8} - 1 = \frac{2}{8} - 1 = -\frac{6}{8} = -\frac{3}{4}$

216. (b) $\tan A\tan B + \frac{\cos x}{\cos A\cdot\cos B} = 1$

$\Rightarrow \frac{\cos x}{\cos A\cdot\cos B} = 1 - \tan A\cdot\tan B$

$\Rightarrow \frac{\cos x}{\cos A\cdot\cos B} = \frac{\cos A\cdot\cos B - \sin A\cdot\sin B}{\cos A\cdot\cos B}$

$\Rightarrow \quad \cos x = \cos(A+B) \Rightarrow x = A + B$

217. (b) दिया है,

$\tan(4\alpha - 50°) = \cot(50° - \alpha)$

$\Rightarrow \tan(4\alpha - 50°) = \tan(90° - 50 + \alpha)$

$\Rightarrow \quad 4\alpha - 50 = 90° - 50 + \alpha$

$\Rightarrow \quad 3\alpha = 90° \Rightarrow \alpha = 30°$

218. (c) दिया गया व्यंजक,

$\frac{\sin^2 63° + \sin^2 27°}{\cos^2 17° + \cos^2 73°} = x$ (माना)

$\Rightarrow \quad \frac{\sin^2 63° + \cos^2(90° - 27°)}{\cos^2 17° + \sin^2(90 - 73)°} = x$

$\Rightarrow \quad x = \frac{\sin^2 63° + \cos^2 63°}{\cos^2 17° + \sin^2 17°} \Rightarrow x = \frac{1}{1} = 1$

219. (c) दिया है, $\sec x - \cos x = 4$

$\Rightarrow \quad \frac{1}{\cos x} - \cos x = 4$

दोनों पक्षों का वर्ग करने पर,

$\frac{1}{\cos^2 x} + \cos^2 x - 2 = 16$

$\Rightarrow \quad \frac{1}{\cos^2 x} + \cos^2 x + 2 = 20$

$\Rightarrow \quad \left(\frac{1}{\cos x} + \cos x\right)^2 = 20$

दोनों ओर का वर्गमूल लेने पर,

$\frac{1}{\cos x} + \cos x = 2\sqrt5 \Rightarrow \frac{1+\cos^2 x}{\cos x} = 2\sqrt5$

220. (d) दिया है, $\theta = 135°$, $y = 15°$

$\therefore\ 2\cos(\theta)\sin(y) = 2\cos 135°\sin 15°$

$= 2\cos(90° + 45°)\sin\frac{30°}{2}$

$= 2\times(-\sin 45°)\times\sqrt{\frac{1-\cos 30°}{2}}$

$\left(\because \sin\frac{\theta}{2} = \sqrt{\frac{1-\cos\theta}{2}}\right)$

$= -2\times\frac{1}{\sqrt2}\times\sqrt{\frac{1-\frac{\sqrt3}{2}}{2}} = \frac{-2}{\sqrt2}\times\sqrt{\frac{2-\sqrt3}{4}}$

$= \frac{-2}{\sqrt2}\times\frac{\sqrt{2-\sqrt3}}{2} = -\frac{\sqrt{2-\sqrt3}}{\sqrt2}\times\frac{\sqrt2}{\sqrt2}$

$= -\frac{\sqrt{4-2\sqrt3}}{2} = -\frac{\sqrt{3+1-2\sqrt3}}{2}$

$= \frac{-\sqrt{(\sqrt3-1)^2}}{2} = \frac{-(\sqrt3-1)}{2} = \frac{1-\sqrt3}{2}$

221. (b) दिया है, $\quad a^2 = b^2 + (ab)^2 \quad$ ...(i)

विकल्प (b) से,

$a = \cot x$ और $b = \cos x$ रखने पर,

$\cot^2 x = \cos^2 x + (\cot x\cos x)^2$

$= \cos^2 x + \cot^2 x\cos^2 x$

$= \cos^2 x + \frac{\cos^2 x}{\sin^2 x}\cdot\cos^2 x$

$= \cos^2 x\left[1 + \frac{\cos^2 x}{\sin^2 x}\right]$

$= \cos^2 x\frac{(\sin^2 x + \cos^2 x)}{\sin^2 x}$

$= \frac{\cos^2 x}{\sin^2 x} = \cot^2 x$

222. (b) दिया है, $\tan(\alpha + \beta) = \sqrt3$

तथा $\quad \tan(\alpha - \beta) = 1$

$\because \quad \tan 60° = \sqrt3$ तथा $\tan 45° = 1$

$\therefore \alpha + \beta = 60°$ तथा $\alpha - \beta = 45$

अब दोनों समीकरणों को हल करने पर,

$2\alpha = 105$

$\therefore\ 6\alpha = 105\times 3 = 315°$

$\therefore \tan 6\alpha = \tan 315° = \tan(360° - 45°)$

$= -\tan 45° = -1$

223. (b) $\tan 6°\times\tan 45°\times\tan 84°$

$= \tan(90° - 84°)\times\tan 45°\times\tan 84°$

$= \cot 84°\times 1\times\tan 84° = 1$

224. (a) दिया है, $\cot A = \frac{12}{5} = \frac{\text{आधार}}{\text{लम्ब}}$

$\therefore$ पाइथागोरस प्रमेय से,

$\text{कर्ण}^2 = \text{आधार}^2 + \text{लम्ब}^2 = (12)^2 + (5)^2$

$= 144 + 25 = 169$

$\therefore$ कर्ण $= 13$

$\therefore \sin A = \frac{\text{लम्ब}}{\text{कर्ण}} = \frac{5}{13}$

225. (a) दिया है, $x = 8(\sin\theta + \cos\theta)$

$y = 9(\sin\theta - \cos\theta)$

$\therefore \frac{x^2}{8^2} + \frac{y^2}{9^2} = \frac{8^2(\sin\theta + \cos\theta)^2}{8^2} + \frac{9^2(\sin\theta - \cos\theta)^2}{9^2}$

$= \sin^2\theta + \cos^2\theta + 2\sin\theta\cos\theta + \sin^2\theta + \cos^2\theta - 2\sin\theta\cos\theta$

$= 1 + 1 = 2$

226. (d) दिया है, $A + B = C$

$\therefore \tan(A + B) = \tan C$

$\Rightarrow \frac{\tan A + \tan B}{1 - \tan A \tan B} = \tan C$

$\Rightarrow \tan A + \tan B = \tan C - \tan A \tan B \tan C$

$\therefore \tan A \tan B \tan C = \tan C - \tan A - \tan B$

227. (d) दिया है, $\tan A = \frac{\text{लम्ब}}{\text{आधार}} = \frac{10}{15}$

$\because \cos^2 A = \left(\frac{\text{आधार}}{\text{कर्ण}}\right)^2 = \left(\frac{\text{आधार}}{\sqrt{(\text{आधार})^2 + (\text{लम्ब})^2}}\right)^2$

$= \left(\frac{15}{\sqrt{15^2 + 10^2}}\right)^2$

$\Rightarrow \cos^2 A = \frac{225}{(225 + 100)} = \frac{225}{325}$

$\Rightarrow \cos^2 A = \frac{9}{13}$

228. (d) दिया है,

$4\tan\theta = 3 \Rightarrow \tan\theta = \frac{3}{4} = \frac{\text{लम्ब}}{\text{आधार}}$

पाइथागोरस प्रमेय से,

$\text{कर्ण}^2 = \text{लम्ब}^2 + \text{आधार}^2$

$\text{कर्ण} = \sqrt{(3)^2 + (4)^2}$

कर्ण $= 5$

अब, $\frac{4\sin\theta - \cos\theta + 1}{4\sin\theta + \cos\theta - 1}$

$= \frac{4 \times \frac{3}{5} - \frac{4}{5} + 1}{4 \times \frac{3}{5} + \frac{4}{5} - 1} = \frac{\frac{12 - 4 + 5}{5}}{\frac{12 + 4 - 5}{5}} = \frac{13}{11}$

229. (c) दिया है, $\tan\theta + \cot\theta = 12$

दोनों पक्षों का वर्ग करने पर,

$\tan^2\theta + \cot^2\theta + 2\tan\theta \cdot \cot\theta = (12)^2$

$\Rightarrow \tan^2\theta + \cot^2\theta = 144 - 2 = 142$

230. (a) हम जानते हैं,

$\tan(A - B) = \frac{\tan A - \tan B}{1 + \tan A \tan B}$

$\therefore \frac{\tan 45° - \tan 15°}{1 + \tan 45° \tan 15°}$

$= \tan(45° - 15°) = \tan 30° = \frac{1}{\sqrt{3}}$

231. (c) $5(\sin^4\theta + \cos^4\theta) + 3(\sin^6\theta + \cos^6\theta) + 19\sin^2\theta\cos^2\theta$

$= 5[(\sin^2\theta + \cos^2\theta)^2 - 2\sin^2\theta\cos^2\theta]$

$+ 3[(\sin^2\theta)^3 + (\cos^2\theta)^3] + 19\sin^2\theta\cos^2\theta$

$= 5[1 - 2\sin^2\theta\cos^2\theta] + 3[(\sin^2\theta + \cos^2\theta)$

$(\sin^4\theta + \cos^4\theta - \sin^2\theta\cos^2\theta) + 19\sin^2\theta\cos^2\theta$

$= 5 - 10\sin^2\theta\cos^2\theta$

$+ 3(\sin^4 + \cos^4\theta - \sin^2\theta\cos^2\theta)$

$+ 19\sin^2\theta\cos^2\theta$

$= 5 + 9\sin^2\theta\cos^2\theta + 3[(\sin^2\theta + \cos^2\theta)^2 - 3\sin^2\theta\cos^2\theta]$

$= 5 + 9\sin^2\theta\cos^2\theta + 3[1 - 3\sin^2\theta\cos^2\theta]$

$= 5 + 9\sin^2\theta\cos^2\theta + 3 - 9\sin^2\theta\cos^2\theta$

$= 5 + 3 = 8$

232. (b) दिया है, $1 + \sin\theta = m\cos\theta$

दोनों पक्षों का वर्ग करने पर,

$1 + \sin^2\theta + 2\sin\theta = m^2\cos^2\theta$

$\Rightarrow 2\sin\theta = m^2\cos^2\theta - 1 - \sin^2\theta$

$\because \cos^2\theta = 1 - \sin^2\theta$

$\Rightarrow 2\sin\theta = m^2(1 - \sin^2\theta) - 1 - \sin^2\theta$

$\Rightarrow m^2 - m^2\sin^2\theta - 1 - \sin^2\theta - 2\sin\theta = 0$

$\Rightarrow m^2 - \sin^2\theta(m^2 + 1) - 1 - 2\sin\theta = 0$

$\Rightarrow \sin^2\theta(m^2 + 1) + 2\sin\theta + 1 - m^2 = 0$

$\Rightarrow \sin\theta = \frac{-2 \pm \sqrt{4 - 4(1 - m^2)(1 + m^2)}}{2(1 + m^2)}$

$\Rightarrow \sin\theta = \frac{-2 \pm \sqrt{4 - 4\{1 - m^4\}}}{2(1 + m^2)}$

$\Rightarrow \sin\theta = \frac{-2 \pm \sqrt{4 - 4 + 4m^4}}{2(1 + m^2)}$

$\Rightarrow \sin\theta = \frac{-1 \pm m^2}{1 + m^2}$

+ चिह्न लेने पर, $\sin\theta = \frac{m^2 - 1}{m^2 + 1}$

– चिह्न लेने पर, $\sin\theta = -1$

(जोकि असम्भव है।)

233. (a) $\cos 45° \sin 15°$

$= \frac{1}{\sqrt{2}} \cdot \sin(45° - 30°) = \frac{1}{\sqrt{2}}[\sin 45° \cdot \cos 30° - \cos 45° \cdot \sin 30°]$

$= \frac{1}{\sqrt{2}}\left[\frac{1}{\sqrt{2}} \times \frac{\sqrt{3}}{2} - \frac{1}{2} \times \frac{1}{\sqrt{2}}\right]$

$= \frac{1}{\sqrt{2}}\left[\frac{\sqrt{3} - 1}{2\sqrt{2}}\right] = \frac{\sqrt{3} - 1}{4}$

234. (a) दिया है, $\tan^2\alpha = 3 + \theta^2$

तब, $\sec\alpha + \tan^3\alpha \cdot \operatorname{cosec}\alpha$

$= \sec\alpha + \tan^2\alpha \cdot \tan\alpha \cdot \operatorname{cosec}\alpha$

$= \sec\alpha + \tan^2\alpha \cdot \frac{\sin\alpha}{\cos\alpha} \cdot \frac{1}{\sin\alpha}$

$= \sec\alpha + \tan^2\alpha \cdot \sec\alpha = \sec\alpha(1 + \tan^2\alpha)$

$= \sec\alpha(1 + 3 + \theta^2) = \sec\alpha(4 + \theta^2)$

$[\because \sec^2\alpha = 1 + \tan^2\alpha$

$\Rightarrow \sec\alpha = (1 + \tan^2\alpha)^{1/2} = (4 + \theta^2)^{1/2}]$

$= (1 + \theta^2)^{1/2} \times (4 + \theta^2) = (4 + \theta^2)^{3/2}$

235. (a) दिया है, $\tan A - \tan B - \tan C = \tan A \tan B \tan C$

$\Rightarrow \tan B + \tan C = \tan A - \tan A \tan B \tan C$

$\Rightarrow \tan B + \tan C = \tan A(1 - \tan B \tan C)$

$\Rightarrow \tan A = \frac{\tan B + \tan C}{1 - \tan B \tan C}$

$\Rightarrow \tan A = \tan(B + C)$

$\therefore A = B + C$

236. (d) $(XY)^2 = (YZ)^2 - (ZX)^2$

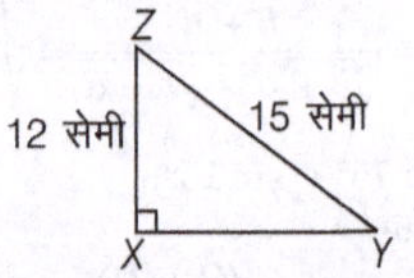

$= 15^2 - 12^2 = 225 - 144 = 81$

$\therefore XY = 9$ सेमी

$\therefore \cos Y = \frac{XY}{YZ} = \frac{9}{15} = \frac{3}{5}$

237. (b) $\cos 15° = \cos(45° - 30°)$

$= \cos 45° \cos 30° + \sin 45° \sin 30°$

$= \frac{1}{\sqrt{2}} \times \frac{\sqrt{3}}{2} + \frac{1}{\sqrt{2}} \times \frac{1}{2} = \frac{\sqrt{3}}{2\sqrt{2}} + \frac{1}{2\sqrt{2}} = \frac{\sqrt{3} + 1}{2\sqrt{2}}$

हर का परिमेयीकरण करने पर,

$\frac{(\sqrt{3} + 1) \times \sqrt{2}}{2\sqrt{2} \times \sqrt{2}} = \frac{\sqrt{2}(\sqrt{3} + 1)}{4}$

$\therefore \cos^2 15° = \left(\frac{\sqrt{2}(\sqrt{3} + 1)}{4}\right)^2 = \frac{2(\sqrt{3} + 1)^2}{16}$

$= \frac{3 + 1 + 2\sqrt{3}}{8} = \frac{4 + 2\sqrt{3}}{8} = \frac{2 + \sqrt{3}}{4}$

238. (c) $\sec\theta - 2\cos\theta = \frac{7}{2}$

तब, $\sec\theta - \frac{2}{\sec\theta} = \frac{7}{2}$

माना $\sec\theta = x$ है

$\therefore x - \frac{2}{x} = \frac{7}{2} \Rightarrow x^2 - 2 = \frac{7}{2}x \Rightarrow x^2 - \frac{7}{2}x - 2 = 0$

$\Rightarrow 2x^2 - 7x - 4 = 0 \Rightarrow (2x + 1)(x - 4) = 0$

$\Rightarrow x = \frac{-1}{2}, x = 4$

$\therefore x = \frac{-1}{2}$ (सम्भव नहीं है)

अतः $x = 4 = \sec\theta$

239. (b) $\sin\theta = \frac{1}{2}$

$\therefore \cos\theta = \sqrt{1 - \sin^2\theta}$

$= \sqrt{1 - \left(\frac{1}{2}\right)^2} = \sqrt{\frac{4 - 1}{4}} = \frac{\sqrt{3}}{2}$

$\therefore (3\cos\theta - 4\cos^3\theta) = 3 \times \frac{\sqrt{3}}{2} - 4 \times \left(\frac{\sqrt{3}}{2}\right)^3$

$= \frac{3\sqrt{3}}{2} - 4 \times \frac{3\sqrt{3}}{8} = \frac{3\sqrt{3}}{2} - \frac{3\sqrt{3}}{2} = 0$

240. (d) $(\sin A + \cos A)(1 - \sin A \cos A)$

$= (\sin A + \cos A)(\sin^2 A + \cos^2 A - \sin A \cos A)$

$[\because \sin^2 A + \cos^2 A = 1]$

$= \sin^3 A + \cos^3 A$

$[\because a^3 + b^3 = (a + b)(a^2 + b^2 - ab)]$

241. (a) $\cos\left(-\frac{17\pi}{3}\right) = \cos\left(\frac{-17 \times 180}{3}\right)$

$= \cos(-1020) = \cos 1020$

$= \cos(3 \times 360 - 60) = \cos 60 = \frac{1}{2}$

242. (b) दिया है, $\cot A = \frac{15}{8} \Rightarrow \tan A = \frac{8}{15}$

अब, $\tan 2A = \frac{2\tan A}{1 - \tan^2 A} = \frac{2 \times \frac{8}{15}}{1 - \left(\frac{8}{15}\right)^2}$

$= \frac{16}{15} \times \frac{225}{225 - 64} = \frac{16 \times 15}{161} = \frac{240}{161}$

243. (d) $\sin 10° - \frac{4}{3}\sin^3 10°$

$= \frac{1}{3}(3\sin 10° - 4\sin^3 10°) = \frac{1}{3}\sin(3 \times 10)°$

$[\because \sin 3x = 3\sin x - 4\sin^3 x]$

$= \frac{1}{3}\sin 30° = \frac{1}{3} \times \frac{1}{2} = \frac{1}{6}$

244. (b) $\frac{\cos 20°}{\sin 70°} + \frac{\cos\theta}{\sin(90° - \theta)}$

$= \frac{\cos(90° - 70°)}{\sin 70°} + \frac{\cos\theta}{\cos\theta} = \frac{\sin 70°}{\sin 70°} + 1$

$\{\because \cos(90° - \theta) = \sin\theta\}$

$= 1 + 1 = 2$

245. (c) $\because b\sin\theta = a$

$\Rightarrow \sin\theta = \frac{a}{b}$

$\because \cos\theta = \sqrt{1 - \sin^2\theta}$

$\therefore \cos\theta = \sqrt{1 - \frac{a^2}{b^2}}$

$\therefore \sec\theta + \tan\theta = \frac{1}{\cos\theta} + \frac{\sin\theta}{\cos\theta} = \frac{1 + \sin\theta}{\cos\theta}$

$= \frac{1 + \frac{a}{b}}{\sqrt{1 - \frac{a^2}{b^2}}} = \frac{b + a}{\sqrt{b^2 - a^2}} = \sqrt{\frac{(b + a)^2}{(b - a)(b + a)}}$

$= \sqrt{\frac{b + a}{b - a}}$

246. (a) दिया है, $8\cot\theta = 6$

$\Rightarrow \cot\theta = \frac{6}{8}$ ....(i)

$\Rightarrow \frac{\sin\theta + \cos\theta}{\sin\theta - \cos\theta} = \frac{\sin\theta\left[1 + \frac{\cos\theta}{\sin\theta}\right]}{\sin\theta\left[1 - \frac{\cos\theta}{\sin\theta}\right]} = \frac{1 + \cot\theta}{1 - \cot\theta}$

$= \frac{1 + \frac{6}{8}}{1 - \frac{6}{8}}$ [समी (i) से]

$= \frac{\left(\frac{14}{8}\right)}{\left(\frac{2}{8}\right)} = 7$

247. (b) $\sqrt{\frac{1 + \sin A}{1 - \sin A}} = \sqrt{\frac{1 + \sin A}{1 - \sin A} \times \frac{1 + \sin A}{1 + \sin A}}$

$= \frac{\sqrt{(1 + \sin A)^2}}{\sqrt{1 - \sin^2 A}} = \frac{1 + \sin A}{\sqrt{\cos^2 A}}$

$= \frac{1 + \sin A}{\cos A} = \frac{1}{\cos A} + \frac{\sin A}{\cos A} = \sec A + \tan A$

248. (c) $\tan\theta + \cot\theta = 2$

$\therefore \tan\theta + \frac{1}{\tan\theta} = 2 \Rightarrow \tan^2\theta + 1 = 2\tan\theta$

$\Rightarrow \tan^2\theta + 1 - 2\tan\theta = 0 \Rightarrow (\tan\theta - 1)^2 = 0$

$\Rightarrow \tan\theta = 1$ $(\because \theta < 90°)$

$\Rightarrow \cot\theta = 1$

$\therefore \tan^2\theta + \cot^2\theta + 2\tan^5\theta\cot^4\theta$

$= 1 + 1 + 2 \times 1 \times 1 = 4$

249. (c) $\tan A = \frac{2}{3} = \frac{\text{लम्ब}}{\text{आधार}}$

पाइथागोरस प्रमेय से,

$\text{कर्ण}^2 = \text{लम्ब}^2 + \text{आधार}^2$

$\therefore \text{कर्ण} = \sqrt{13}$

$\therefore \sin A = \frac{\text{लम्ब}}{\text{कर्ण}} = \frac{2}{\sqrt{13}}$ तथा

$\cos A = \frac{\text{आधार}}{\text{कर्ण}} = \frac{3}{\sqrt{13}}$

$\therefore (5\sin^2 A - 2\cos^2 A) \div (15\sin^2 A + 3\cos^2 A)$

$= \left(5 \times \frac{4}{13} - 2 \times \frac{9}{13}\right) \div \left(15 \times \frac{4}{13} + 3 \times \frac{9}{13}\right)$

$= \left(\frac{20}{13} - \frac{18}{13}\right) \div \left(\frac{60}{13} + \frac{27}{13}\right) = \frac{2}{13} \div \frac{87}{13} = \frac{2}{87}$

250. (d) $\cos x \,\text{cosec}\, x - \sin x \sec x$

$= \frac{\cos x}{\sin x} - \frac{\sin x}{\cos x} = \frac{\cos^2 x - \sin^2 x}{\sin x \cos x}$

$= \frac{2[\cos^2 x - \sin^2 x]}{2\sin x \cos x} = \frac{\cos 2x}{\sin 2x} \times 2 = 2\cot 2x$

251. (c) $\sqrt{\frac{1 + \cos\theta}{1 - \cos\theta}} + \sqrt{\frac{1 - \cos\theta}{1 + \cos\theta}}$

$= \frac{(\sqrt{1 + \cos\theta})^2 + (\sqrt{1 - \cos\theta})^2}{\sqrt{1 - \cos\theta} \times \sqrt{1 + \cos\theta}}$

$= \frac{1 + \cos\theta + 1 - \cos\theta}{\sqrt{1 - \cos^2\theta}} = \frac{2}{\sqrt{\sin^2\theta}}$

$= \frac{2}{\sin\theta} = 2\,\text{cosec}\,\theta$

252. (a) $\cos^2 35° + \cos 55° \sin 35° + \frac{\tan 34°}{\cot 56°}$

$= \cos^2 35° + \cos(90° - 35°)$

$\sin 35° + \frac{\tan(90° - 56°)}{\cot 56°}$

$= \cos^2 35° + \sin 35° \sin 35° + \frac{\cot 56°}{\cot 56°}$

$= \cos^2 35° + \sin^2 35° + 1 = 1 + 1 = 2$

253. (b) $\sin\theta = \frac{8}{17}$

$\Rightarrow \text{cosec}\,\theta = \frac{17}{8} \Rightarrow \text{cosec}^2\theta = \frac{289}{64}$

$\Rightarrow 1 + \cot^2\theta = \frac{289}{64} \Rightarrow \cot^2\theta = \frac{289}{64} - 1$

$\Rightarrow \cot^2\theta = \frac{225}{64} \Rightarrow \tan^2\theta = \frac{64}{225}$

$\Rightarrow \tan\theta = \frac{8}{15}$

254. (d) $\sec 2\theta = \text{cosec}(\theta - 36°)$

$\Rightarrow \text{cosec}(90° - 2\theta) = \text{cosec}(\theta - 36°)$

दोनों पक्षों की तुलना करने पर,

$90° - 2\theta = \theta - 36°$

$\Rightarrow 3\theta = 90° + 36° \Rightarrow \theta = \frac{126°}{3} = 42°$

255. (c) $\sin\theta + \cos\theta = \frac{\sqrt{3} - 1}{2\sqrt{2}}$

दोनों पक्षों का वर्ग करने पर,

$\sin^2\theta + \cos^2\theta + 2\sin\theta\cos\theta = \frac{3 + 1 - 2\sqrt{3}}{8}$

$\Rightarrow 1 + 2\sin\theta\cos\theta = \frac{4 - 2\sqrt{3}}{8}$

$\Rightarrow 2\sin\theta\cos\theta = \frac{4 - 2\sqrt{3}}{8} - 1$

$\Rightarrow 2\sin\theta\cos\theta = \frac{4 - 2\sqrt{3} - 8}{8}$

$\Rightarrow \sin\theta\cos\theta = \frac{-(\sqrt{3} + 2)}{8}$ ...(i)

अब, $\tan\theta + \cot\theta = \frac{\sin\theta}{\cos\theta} + \frac{\cos\theta}{\sin\theta}$

$= \frac{\sin^2\theta + \cos^2\theta}{\sin\theta\cos\theta} = \frac{1}{\sin\theta\cos\theta} = \frac{-8}{(\sqrt{3} + 2)}$

[समी (i) से]

$= \frac{-8}{(\sqrt{3} + 2)} \times \frac{\sqrt{3} - 2}{\sqrt{3} - 2} = \frac{-8(\sqrt{3} - 2)}{3 - 4} = 8(\sqrt{3} - 2)$

256. (d) $\tan A = \frac{5}{12} = \frac{\text{लम्ब}}{\text{आधार}} = \frac{BC}{AB}$

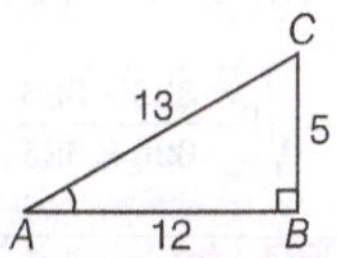

$\therefore AC^2 = AB^2 + BC^2$

$AC^2 = 12^2 + 5^2$

$AC^2 = 144 + 25$

$AC = \sqrt{169} = 13$

तब, $\sin A + \sin B + \sin C$

$= \frac{5}{13} + 1 + \frac{12}{13}$ $[\because \angle B = 90°]$

$= \frac{30}{13} = 2\frac{4}{13}$

257. (c) दिया है,

$\frac{\cos x - \sqrt{3}\sin x}{2} = \frac{1}{2}\cos x - \frac{\sqrt{3}}{2}\sin x$

$= \cos\frac{\pi}{3}\cos x - \sin\frac{\pi}{3}\sin x = \cos\left(x + \frac{\pi}{3}\right)$

$[\because \cos(a + b) = \cos a \cdot \cos b - \sin a \cdot \sin b]$

258. (c) $\cot B = 9$

$\because \sec^2 B - \tan^2 B = 1 \Rightarrow \tan^2 B = \sec^2 B - 1$

$\Rightarrow \frac{1}{\cot^2 B} = \sec^2 B - 1 \Rightarrow \left(\frac{1}{9}\right)^2 = \sec^2 B - 1$

$\Rightarrow \sec^2 B = 1 + \frac{1}{81} = \frac{82}{81} \Rightarrow \sec^2 B = \frac{82}{81}$

259. (b) दिया है,

$\frac{k - k\cot^2 30°}{1 + \cot^2 30°} = \sin^2 60° + 4\tan^2 45° - \text{cosec}^2 60°$

$\Rightarrow \frac{k - k(\sqrt{3})^2}{1 + (\sqrt{3})^2} = \left(\frac{\sqrt{3}}{2}\right)^2 + 4(1)^2 - \left(\frac{2}{\sqrt{3}}\right)^2$

$\Rightarrow \left(\frac{k - 3k}{1 + 3}\right) = \frac{3}{4} + 4 - \left(\frac{4}{3}\right)$

$\Rightarrow \frac{k - 3k}{4} = \frac{9 + 48 - 16}{12} = \frac{41}{12}$

$\Rightarrow k - 3k = \frac{41}{3} = 13.66$

$\Rightarrow -2k = 13.66 \Rightarrow k = \frac{13.66}{-2}$

$\Rightarrow k = -6.83$

260. (c) $\tan(\theta - 14\pi)$
$= \tan[-(14\pi - \theta)] = -\tan(14\pi - \theta)$
$= -\tan(7 \times 2\pi - \theta) = -\tan(2\pi - \theta)$
$= -(-\tan\theta) = \tan\theta$

261. (d) $\sin^4\theta + \cos^4\theta$
हम जानते हैं, $\sin^2\theta + \cos^2\theta = 1$
$\therefore \quad (\sin^2\theta + \cos^2\theta)^2 = 1^2$
$\Rightarrow \sin^4\theta + \cos^4\theta + 2\sin^2\theta \cdot \cos^2\theta = 1$
$\Rightarrow \sin^4\theta + \cos^4\theta = 1 - 2\sin^2\theta \cdot \cos^2\theta$
$= 1 - 2\sin^2\theta(1 - \sin^2\theta) = 1 - 2\sin^2\theta + 2\sin^4\theta$
$= 2\sin^4\theta - 2\sin^2\theta + 1$

262. (d) $(\cos q + \sin q) = \frac{31}{25}$
$\Rightarrow \quad (\cos q + \sin q)^2 = \left(\frac{31}{25}\right)^2$
$\Rightarrow \cos^2 q + \sin^2 q + 2\sin q \cos q = \frac{961}{625}$
$\Rightarrow 1 + \sin 2q = \frac{961}{625} \Rightarrow \sin 2q = \frac{961}{625} - 1$
$\Rightarrow \quad \sin 2q = \frac{336}{625}$
अब, $\cos 2q = \sqrt{1 - \sin^2 2q} = \sqrt{1 - \left(\frac{336}{625}\right)^2}$
$= \sqrt{1 - \frac{336 \times 336}{625 \times 625}} = \sqrt{\frac{277729}{625 \times 625}} = \frac{527}{625}$

263. (b) $\frac{1}{1 + \cos(90° - \theta)} + \frac{1}{1 - \cos(90° - \theta)}$
$= \frac{1}{1 + \sin\theta} + \frac{1}{1 - \sin\theta}$
$= \frac{1 - \sin\theta + 1 + \sin\theta}{1 - \sin^2\theta} = \frac{2}{\cos^2\theta} = 2\sec^2\theta$

264. (c) $\frac{\cos A}{1 + \tan A} - \frac{\sin A}{1 + \cot A}$
$\Rightarrow \frac{\cos A}{1 + \frac{\sin A}{\cos A}} - \frac{\sin A}{1 + \frac{\cos A}{\sin A}}$
$\Rightarrow \frac{\cos^2 A}{\cos A + \sin A} - \frac{\sin^2 A}{\sin A + \cos A}$
$\Rightarrow \frac{\cos^2 A - \sin^2 A}{\cos A + \sin A} \Rightarrow \cos A - \sin A$

265. (b) दिया है,
$\sin A = \frac{4}{5}$ तथा $\sin B = \frac{15}{17}$
$\therefore \quad \cos A = \sqrt{1 - \sin^2 A} = \sqrt{1 - \left(\frac{4}{5}\right)^2}$
$= \sqrt{\frac{25 - 16}{25}} = \sqrt{\frac{9}{25}} \Rightarrow \cos A = \frac{3}{5}$
तथा $\cos B = \sqrt{1 - \sin^2 B} = \sqrt{1 - \left(\frac{15}{17}\right)^2}$
$= \sqrt{\frac{289 - 225}{289}} = \sqrt{\frac{64}{289}} = \frac{8}{17}$
$\therefore \sin(A - B) = \sin A \cos B - \cos A \sin B$
$= \frac{4}{5} \times \frac{8}{17} - \frac{3}{5} \times \frac{15}{17} = \frac{32}{85} - \frac{45}{85} = -\frac{13}{85}$

266. (a) दिया है,
$\frac{(1 - \cos\theta)}{\sin\theta} = \frac{1}{5} \Rightarrow \frac{\sin\theta}{(1 - \cos\theta)} = 5$
$\Rightarrow \frac{\sin\theta}{(1 - \cos\theta)} \times \frac{(1 + \cos\theta)}{(1 + \cos\theta)} = 5$
$\Rightarrow \quad \frac{\sin\theta\,(1 + \cos\theta)}{1 - \cos^2\theta} = 5$
$\Rightarrow \quad \frac{\sin\theta\,(1 + \cos\theta)}{\sin^2\theta} = 5$
$\Rightarrow \quad \frac{1 + \cos\theta}{\sin\theta} = 5$

267. (a) $\tan A + \cot A = 2$
दोनों पक्षों का वर्ग करने पर,
$\tan^2 A + \cot^2 A + 2\tan A \cot A = 4$
$\Rightarrow \quad \tan^2 A + \cot^2 A + 2 = 4$
$\Rightarrow \quad \tan^2 A + \cot^2 A = 2$
$\therefore \quad 2(\tan^2 A + \cot^2 A) = 4$

268. (a) $\cot 15° \cot 25° \cot 45° \cot 75° \cot 65°$
$= \cot(90° – 75°) \cot(90° – 65°)$
$\cot 45° \cot 75° \cot 65°$
$= \tan 75° \tan 65° \cot 45° \cot 75° \cot 65°$
$= \cot 45° = 1$

269. (b) दिया गया व्यंजक,
$\text{cosec} A - \cot A = \frac{1}{4}$ ...(i)
हम जानते हैं कि
$\text{cosec}^2 A - \cot^2 A = 1$
$\therefore \quad \text{cosec} A + \cot A = 4$ ...(ii)
समी (ii) से समी (i) घटाने पर,
$\cot A = \frac{1}{2}\left(4 - \frac{1}{4}\right) = \frac{1}{2}\left(\frac{15}{4}\right) = \frac{15}{8}$
$\because \quad \tan A = \frac{1}{\cot A} = \frac{1}{\frac{15}{8}} = \frac{8}{15}$

270. (d) दिया गया व्यंजक,
$\sin\theta + \cos\theta = \sqrt{5}\sin(90 - \theta)$
$\Rightarrow \quad \sin\theta + \cos\theta = \sqrt{5}\cos\theta$
$\Rightarrow \quad \sin\theta = (\sqrt{5} - 1)\cos\theta$
$\Rightarrow \cot\theta = \frac{1}{(\sqrt{5} - 1)} = \cot\theta = \frac{1}{\sqrt{5} - 1} \times \frac{\sqrt{5} + 1}{\sqrt{5} + 1}$
$\Rightarrow \cot 0 - \frac{\sqrt{5} + 1}{(\sqrt{5})^2 - (1)^2}$
$\Rightarrow \cot\theta = \frac{\sqrt{5} + 1}{(5 - 1)} = \frac{\sqrt{5} + 1}{4}$

271. (c) दिया है, $\sin(A + B) = \cos(A + B)$
$\Rightarrow \quad \frac{\sin(A + B)}{\cos(A + B)} = 1 \Rightarrow \tan(A + B) = 1$
$\Rightarrow \tan(A + B) = \tan\frac{\pi}{4} \Rightarrow A + B = \frac{\pi}{4}$
$\Rightarrow \quad A = \frac{\pi}{4} - B$
अब, $\tan A = \tan\left(\frac{\pi}{4} - B\right)$
$\Rightarrow \quad \tan A = \frac{\tan\frac{\pi}{4} - \tan B}{1 + \tan\frac{\pi}{4} \cdot \tan B} = \frac{1 - \tan B}{1 + \tan B}$

272. (c) $\tan^2\theta = 1 - a^2$
$\because \quad \sec^2\theta - \tan^2\theta = 1$
$\Rightarrow \sec^2\theta = 1 + \tan^2\theta = 1 + (1 - a^2) = (2 - a^2)$
$\therefore \quad \sec\theta = (2 - a^2)^{\frac{1}{2}}$
अब, $\sec\theta + \tan^3\theta \cdot \text{cosec}\,\theta$
$= \frac{1}{\cos\theta} + \frac{\sin^3\theta}{\cos^3\theta} \cdot \frac{1}{\sin\theta}$
$= \frac{\cos^2\theta + \sin^2\theta}{\cos^3\theta} = \frac{1}{\cos^3\theta} = \sec^3\theta$
$\therefore \quad \sec^3\theta = (2 - a^2)^{\frac{3}{2}}$

273. (b) $\cos A = \frac{9}{41} = \frac{\text{आधार}}{\text{कर्ण}}$
$\therefore$ लम्ब $= \sqrt{(\text{कर्ण})^2 - (\text{आधार})^2}$
$= \sqrt{41^2 - 9^2} = \sqrt{1681 - 81} = \sqrt{1600} = 40$
$\therefore \cot A = \frac{\text{आधार}}{\text{लम्ब}} = \frac{9}{40}$

274. (b) $\tan\theta + \sec\theta = 7$ ...(i)
हम जानते हैं $\sec^2\theta - \tan^2\theta = 1$
$\therefore \quad \sec\theta - \tan\theta = \frac{1}{7}$ ...(ii)
समी (i) व (ii) को जोड़ने पर,
$2\sec\theta = 7 + \frac{1}{7} \Rightarrow \sec\theta = \frac{50}{2 \times 7} = \frac{25}{7}$
$\therefore \quad \cos\theta = \frac{7}{25}$
$\therefore \quad 5\sin\theta = 5 \times \sqrt{1 - \cos^2\theta} = 5 \times \sqrt{1 - \frac{7^2}{25^2}}$
$= 5 \times \frac{\sqrt{25^2 - 7^2}}{25} = 5 \times \frac{\sqrt{625 - 49}}{25}$
$= 5 \times \frac{24}{25} = \frac{24}{5}$

275. (c) हम जानते हैं कि,
$\sin C - \sin D = 2\cos\left(\frac{C + D}{2}\right)\sin\left(\frac{C - D}{2}\right)$
$\therefore \sin\alpha - \sin\beta = 2\cos\left(\frac{\alpha + \beta}{2}\right)\sin\left(\frac{\alpha - \beta}{2}\right)$

276. (b) $\sin 30° \cos 60° - \cos 30° \sin 60°$
$= \frac{1}{2} \times \frac{1}{2} - \frac{\sqrt{3}}{2} \times \frac{\sqrt{3}}{2} = \frac{1}{4} - \frac{3}{4} = -\frac{2}{4} = -\frac{1}{2}$
$= -\sin 30°$

277. (b) $\frac{\sin 30° \sin 40° \sin 50° \sin 60°}{\cos 30° \cos 40° \cos 50° \cos 60°}$
$= \frac{\frac{1}{2} \times \sin(90° - 50°) \times \sin 50° \times \frac{\sqrt{3}}{2}}{\frac{\sqrt{3}}{2} \times \cos(90° - 50°) \times \cos 50° \times \frac{1}{2}}$
$= \frac{\cos 50° \times \sin 50°}{\sin 50° \times \cos 50°} = 1$

278. (a) $\tan^2\theta + \cot^2\theta - \sec^2\theta\,\text{cosec}^2\theta$
$= \tan^2\theta + \cot^2\theta - (1 + \tan^2\theta)(1 + \cot^2\theta)$
$= \tan^2\theta + \cot^2\theta - [1 + \cot^2\theta$
$+ \tan^2\theta + \tan^2\theta \cdot \cot^2\theta]$
$= \tan^2\theta + \cot^2\theta - 1 - \cot^2\theta - \tan^2\theta - 1$
$= -2$

279. (c) $\frac{\cos 45°}{\sec 30° + \text{cosec}\,30°} = \frac{\frac{1}{\sqrt{2}}}{\frac{2}{\sqrt{3}} + 2}$
$= \frac{1}{\sqrt{2}} \times \frac{\sqrt{3}}{2 + 2\sqrt{3}}$

$$= \frac{1}{\sqrt{2}} \times \frac{\sqrt{2}}{\sqrt{2}} \times \frac{\sqrt{3}}{2+2\sqrt{3}} \times \frac{2-2\sqrt{3}}{2-2\sqrt{3}}$$

[परिमेयीकरण करने पर]

$$= \frac{\sqrt{2}}{2} \times \frac{2\sqrt{3}-6}{4-12} = \frac{\sqrt{2}}{2} \times \frac{2\sqrt{3}-6}{-8}$$

$$= \frac{2\sqrt{6}-6\sqrt{2}}{2\times(-8)} = \frac{6\sqrt{2}-2\sqrt{6}}{2\times 8}$$

$$= \frac{3\sqrt{2}-\sqrt{6}}{8}$$

280. (b) दिया है, $\sec 31° = x$

$$\therefore \quad \sin^2 59° + \frac{1}{\sec^2 31°} - \frac{1}{\sin^2 59° \operatorname{cosec}^2 59°}$$

$$= \sin^2 59° + \cos^2 31° - \operatorname{cosec}^2 59° \times \frac{1}{\operatorname{cosec}^2 59°}$$

$$= \sin^2 59° + \cos^2(90° - 59°) - 1$$

$$= \sin^2 59° + \sin^2 59° - 1$$

$$= 2\sin^2 59° - 1 = 2\cos^2(90° - 59°) - 1$$

$$= 2\cos^2 31° - 1 = \frac{2}{\sec^2 31°} - 1 = \frac{2}{x^2} - 1 = \frac{2-x^2}{x^2}$$

281. (b) दिया है, $\frac{\sin\theta + \cos\theta}{\sin\theta - \cos\theta} = 5$

$$\Rightarrow 5\sin\theta - 5\cos\theta = \sin\theta + \cos\theta$$

$$\Rightarrow \quad 4\sin\theta = 6\cos\theta$$

$$\Rightarrow \quad \frac{\sin\theta}{\cos\theta} = \frac{6}{4} = \frac{3}{2} \Rightarrow \tan\theta = \frac{3}{2} = \frac{P}{B}$$

$$\Rightarrow \quad H = \sqrt{P^2 + B^2} \quad \left(\because \begin{matrix} P = 3 \\ B = 2 \end{matrix}\right)$$

$$= \sqrt{3^2 + 2^2} = \sqrt{9+4} = \sqrt{13}$$

तब, $\quad \sin\theta = \frac{P}{H} = \frac{3}{\sqrt{13}}, \ \cos\theta = \frac{B}{H} = \frac{2}{\sqrt{13}}$

$$\therefore \quad \frac{4\sin^2\theta + 3}{2\cos^2\theta + 2} = \frac{4\times\left(\frac{3}{\sqrt{13}}\right)^2 + 3}{2\times\left(\frac{2}{\sqrt{13}}\right)^2 + 2}$$

$$= \frac{\left(\frac{36}{13} + 3\right)}{\left(\frac{8}{13} + 2\right)} = \frac{\left(\frac{75}{13}\right)}{\left(\frac{34}{13}\right)} = \frac{75}{34}$$

282. (b) $\frac{(\sin\theta + \sec\theta)^2 + (\cos\theta + \operatorname{cosec}\theta)^2}{(1 + \sec\theta \times \operatorname{cosec}\theta)^2}$

$$= \frac{\left(\sin\theta + \frac{1}{\cos\theta}\right)^2 + \left(\cos\theta + \frac{1}{\sin\theta}\right)^2}{\left(1 + \frac{1}{\cos\theta} \times \frac{1}{\sin\theta}\right)^2}$$

$$= \frac{\left(\frac{\sin\theta\cos\theta + 1}{\cos\theta}\right)^2 + \left(\frac{\cos\theta\sin\theta + 1}{\sin\theta}\right)^2}{\left(\frac{1 + \cos\theta\sin\theta}{\cos\theta\sin\theta}\right)^2}$$

$$= \frac{(1 + \sin\theta\cos\theta)^2\left[\frac{1}{\cos^2\theta} + \frac{1}{\sin^2\theta}\right]}{(1 + \cos\theta\sin\theta)^2 \times \frac{1}{(\cos\theta\sin\theta)^2}}$$

$$= \frac{\left(\frac{\sin^2\theta + \cos^2\theta}{\cos^2\theta\sin^2\theta}\right)}{\left(\frac{1}{\cos^2\theta\sin^2\theta}\right)}$$

$$= \sin^2\theta + \cos^2\theta = 1$$

283. (c) $\frac{\sec^2 60° \cos^2 45° + \operatorname{cosec}^2 30°}{\cot 30° \sec^2 45° - \operatorname{cosec}^2 30° \tan 45°}$

$$= \frac{2^2 \times \left(\frac{1}{\sqrt{2}}\right)^2 + 2^2}{\sqrt{3}\times(\sqrt{2})^2 - (2)^2 \times 1} = \frac{4\times\frac{1}{2} + 4}{2\sqrt{3} - 4} = \frac{6}{2(\sqrt{3}-2)}$$

$$= \frac{3}{\sqrt{3}-2} \times \frac{\sqrt{3}+2}{\sqrt{3}+2} \quad \text{(परिमेयीकरण करने पर)}$$

$$= \frac{3(\sqrt{3}+2)}{3-4} = -3(2+\sqrt{3})$$

284. (c) दिया है, $\sin^2\theta = 2\sin\theta - 1$

माना $\sin\theta = x$,

तब, $\quad x^2 = 2x - 1$

$$\Rightarrow x^2 - 2x + 1 = 0 \Rightarrow (x-1)(x-1) = 0 \Rightarrow x = 1$$

$$\Rightarrow \sin\theta = 1 \quad \Rightarrow \quad \theta = 90° \quad \text{...(i)}$$

$$\therefore \quad \frac{1 + \operatorname{cosec}\theta}{1 - \cos\theta} = \frac{1 + \operatorname{cosec} 90°}{1 - \cos 90°} \quad \text{...(i)}$$

$$= \frac{1+1}{1-0} = \frac{2}{1} = 2$$

285. (c) दिया है, $\tan\theta + 3\cot\theta - 2\sqrt{3} = 0$

माना, $\quad \tan\theta = x$

$$\Rightarrow x + \frac{3}{x} - 2\sqrt{3} = 0 \Rightarrow x^2 + 3 - 2\sqrt{3}x = 0$$

$$\Rightarrow \quad x^2 - 2\sqrt{3}x + 3 = 0$$

$$\Rightarrow \quad x^2 - \sqrt{3}x - \sqrt{3}x + 3 = 0$$

$$\Rightarrow \ x(x - \sqrt{3}) - \sqrt{3}(x - \sqrt{3}) = 0$$

$$\Rightarrow \quad (x - \sqrt{3})(x - \sqrt{3}) = 0$$

$$\Rightarrow x = \sqrt{3} \Rightarrow \tan\theta = \sqrt{3} \Rightarrow \theta = 60°$$

$$\therefore \operatorname{cosec}^2\theta + \cos^2\theta = \operatorname{cosec}^2 60° + \cos^2 60°$$

$$= \left(\frac{2}{\sqrt{3}}\right)^2 + \left(\frac{1}{2}\right)^2 = \frac{4}{3} + \frac{1}{4} = \frac{16+3}{12} = \frac{19}{12}$$

286. (b) $\sec^2\alpha\left(1 + \frac{1}{\operatorname{cosec}\alpha}\right)\left(1 - \frac{1}{\operatorname{cosec}\alpha}\right)$

$$= \sec^2\alpha\,(1 + \sin\alpha)(1 - \sin\alpha)$$

$$= \sec^2\alpha\,(1 - \sin^2\alpha) = \frac{1}{\cos^2\alpha} \times \cos^2\alpha = 1$$

287. (b) दिया है, $\cot A = \frac{1}{2} = \frac{AB}{BC}$

अब, ΔABC में पाइथागोरस प्रमेय से,

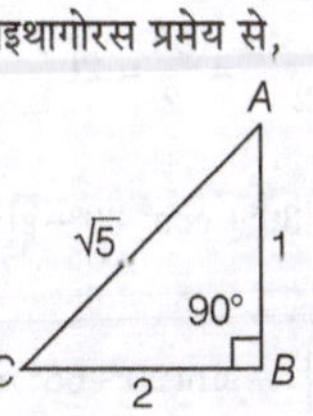

$$AC = \sqrt{AB^2 + BC^2} = \sqrt{(1)^2 + (2)^2} = \sqrt{5}$$

$$\therefore \quad \frac{\sin A\,(\cos C + \cos A)}{\cos C\,(\sin C - \sin A)}$$

$$= \frac{\frac{2}{\sqrt{5}}\left(\frac{2}{\sqrt{5}} + \frac{1}{\sqrt{5}}\right)}{\frac{2}{\sqrt{5}}\left(\frac{1}{\sqrt{5}} - \frac{2}{\sqrt{5}}\right)} = \frac{\frac{3}{\sqrt{5}}}{\frac{-1}{\sqrt{5}}} = -3$$

288. (d) $\sqrt{\frac{\sec^2\theta + \operatorname{cosec}^2\theta}{\tan^2\theta - \sin^2\theta}}$

$$= \frac{\sqrt{\frac{1}{\cos^2\theta} + \frac{1}{\sin^2\theta}}}{\sqrt{\frac{\sin^2\theta}{\cos^2\theta} - \sin^2\theta}} = \frac{\sqrt{\frac{\cos^2\theta + \sin^2\theta}{\sin^2\theta \cdot \cos^2\theta}}}{\sqrt{\frac{\sin^2\theta - \cos^2\theta\sin^2\theta}{\cos^2\theta}}}$$

$$= \frac{\sqrt{\frac{1}{\sin^2\theta\cos^2\theta}}}{\sqrt{\frac{\sin^2\theta(1 - \cos^2\theta)}{\cos^2\theta}}} = \frac{\left(\frac{1}{\sin\theta\cos\theta}\right)}{\frac{\sqrt{\sin^2\theta \times \sin^2\theta}}{\cos\theta}}$$

$$= \frac{1}{\sin\theta} \times \frac{1}{\sqrt{\sin^4\theta}} = \frac{1}{\sin\theta} \times \frac{1}{\sin^2\theta}$$

$$= \frac{1}{\sin^3\theta} = \operatorname{cosec}^3\theta$$

289. (d) दिया है,

$$\frac{\sin^2\theta}{\tan^2\theta - \sin^2\theta} = 5 \Rightarrow \frac{\sin^2\theta}{\frac{\sin^2\theta}{\cos^2\theta} - \sin^2\theta} = 5$$

$$\Rightarrow \frac{\sin^2\theta}{\sin^2\theta\left(\frac{1}{\cos^2\theta} - 1\right)} = 5 \Rightarrow \frac{\cos^2\theta}{1 - \cos^2\theta} = 5$$

$$\Rightarrow \frac{\cos^2\theta}{\sin^2\theta} = 5 \Rightarrow \cot^2\theta = 5$$

$$\cot\theta = \frac{\sqrt{5}}{1} = \frac{\text{आधार}}{\text{लम्ब}}$$

पाइथागोरस प्रमेय से,

$$\text{कर्ण}^2 = \text{लम्ब}^2 + \text{आधार}^2$$

$$\text{कर्ण}^2 = (\sqrt{1})^2 + (\sqrt{5})^2$$

$$\text{कर्ण}^2 = \sqrt{6}$$

$$\sin\theta = \frac{\text{लम्ब}}{\text{कर्ण}} = \frac{1}{\sqrt{6}} \Rightarrow \sec\theta = \frac{\text{कर्ण}}{\text{आधार}} = \frac{\sqrt{6}}{\sqrt{5}}$$

$$\operatorname{cosec}\theta = \sqrt{6} \Rightarrow \cot\theta = \sqrt{5}$$

$$\therefore \quad \frac{24\sin^2\theta - 15\sec^2\theta}{6\operatorname{cosec}^2\theta - 7\cot^2\theta}$$

$$= \frac{24\left(\frac{1}{\sqrt{6}}\right)^2 - 15\left(\frac{\sqrt{6}}{\sqrt{5}}\right)^2}{6(\sqrt{6})^2 - 7(\sqrt{5})^2} = \frac{\left(24\times\frac{1}{6} - 15\times\frac{6}{5}\right)}{6\times 6 - 7\times 5}$$

$$= \frac{4-18}{36-35} = -14$$

290. (c) $\sin^2\theta - \cos^2\theta - 3\sin\theta + 2 = 0$

$$\Rightarrow \quad \sin^2\theta - (1 - \sin^2\theta) - 3\sin\theta + 2 = 0$$

$$\Rightarrow \quad \sin^2\theta - 1 + \sin^2\theta - 3\sin\theta + 2 = 0$$

$$\Rightarrow \quad 2\sin^2\theta - 3\sin^2\theta + 1 = 0$$

माना $\quad \sin^2\theta = x \ \Rightarrow \ 2x^2 - 3x + 1 = 0$

$$\Rightarrow (2x-1)(x-1) = 0 \Rightarrow x = \frac{1}{2}, \ x = 1$$

$$\therefore \ \sin\theta = \frac{1}{2}, \ \sin\theta = 1 \Rightarrow \theta = 30° \text{ तथा } \theta = 90°$$

परन्तु, $0° < \theta < 90° \Rightarrow \quad \theta = 30°$

अब, $\frac{1}{\sqrt{\sec\theta - \tan\theta}} = \frac{1}{\sqrt{\sec 30° - \tan 30°}}$

$$= \frac{1}{\sqrt{\frac{2}{\sqrt{3}} - \frac{1}{\sqrt{3}}}} = \frac{1}{\sqrt{\frac{2-1}{\sqrt{3}}}} = \sqrt{\sqrt{3}} = \sqrt[4]{3}$$

291. (a) $\frac{\tan^2 30°}{\sec^2 30°} + \frac{\operatorname{cosec}^2 45°}{\cot^2 45°} - \frac{\sec^2 60°}{\operatorname{cosec}^2 60°}$

$$= \frac{\sin^2 30°}{\cos^2 30°} \times \cos^2 30°$$

$$+ \frac{\sin^2 45°}{\sin^2 45° \times \cos^2 45°} - \frac{\sin^2 60°}{\cos^2 60°}$$

$$= \sin^2 30° + \sec^2 45° + \tan^2 60°$$

$= \left(\frac{1}{2}\right)^2 + (\sqrt{2})^2 - (\sqrt{3})^2$

$= \frac{1}{4} + 2 - 3 = \frac{1+8-12}{4} = \frac{-3}{4}$

292. (a) हम जानते हैं कि,
$a\sec^2\theta + b\cos^2\theta$ का न्यूनतम मान $= 2\sqrt{ab}$
यहाँ $a = 9,\ b = 25$
$= 2\sqrt{25\times 9} = 2\times 5\times 3 = 30$

293. (b) दिया है,
$\cos(2\theta + 54°) = \sin\theta$
$\Rightarrow \cos(2\theta + 54°) = \cos(90° - \theta)$
$\Rightarrow 2\theta + 54° = 90° - \theta \Rightarrow 3\theta = 36° \Rightarrow \theta = 12°$
$\therefore \frac{1}{\cot 5\theta + \sec\frac{5\theta}{2}} = \frac{1}{\cot 5\times 12° + \sec\frac{5\times 12°}{2}}$
$= \frac{1}{\cot 60° + \sec 30°} = \frac{1}{\frac{1}{\sqrt{3}} + \frac{2}{\sqrt{3}}} = \frac{\sqrt{3}}{3}$

294. (a) दिया है, $\cot\theta = \frac{15}{8}$
$\therefore \tan\theta = \frac{8}{15}$
$\therefore \frac{(1-\cos\theta)(2+2\cos\theta)}{(2-2\sin\theta)(1+\sin\theta)}$
$= \frac{2(1-\cos\theta)(1+\cos\theta)}{2(1-\sin\theta)(1+\sin\theta)} = \frac{1-\cos^2\theta}{1-\sin^2\theta} = \frac{\sin^2\theta}{\cos^2\theta}$
$= \tan^2\theta = \left(\frac{8}{15}\right)^2 = \frac{64}{225}$

295. (d) दिया है, $2\cos^2\theta - 5\cos\theta + 2 = 0$
माना $\cos\theta = x$
$\Rightarrow 2x^2 - 5x + 2 = 0 \Rightarrow (x-2)(2x-1) = 0$
$\therefore x = 2, x = \frac{1}{2} \Rightarrow \cos\theta = 2$ (सम्भव नहीं है)
तथा $\cos\theta = \frac{1}{2} \Rightarrow \theta = 60°$
$\therefore \sec\theta + \tan\theta = \sec 60° + \tan 60° = 2 + \sqrt{3}$

296. (a) दिया है,
$\sec(5\alpha - 15°) = \operatorname{cosec}(15° - 2\alpha)$
$\Rightarrow \sec(5\alpha - 15°) = \sec[90° - (15° - 2\alpha)]$
$\Rightarrow 5\alpha - 15° = 75° + 2\alpha$
$\Rightarrow 3\alpha = 90° \Rightarrow \alpha = 30°$
अब, $\cos\alpha + \sin 2\alpha + \tan(15\alpha)$
$= \cos 30° + \sin(2\times 30°) + \tan(15\times 30°)$
$= \cos 30° + \sin 60° + \tan 45°$ $[\because \alpha = 30°]$
$= \frac{\sqrt{3}}{2} + \frac{\sqrt{3}}{2} + 1$
$= \frac{\sqrt{3}+\sqrt{3}+2}{2} = \frac{2\sqrt{3}+2}{2} = \sqrt{3}+1$

297. (d) $(\sec\theta + \tan\theta)^2 + \frac{1+\operatorname{cosec}\theta}{1-\operatorname{cosec}\theta}$
$= \left(\frac{1}{\cos\theta} + \frac{\sin\theta}{\cos\theta}\right)^2 + \frac{\left(1+\frac{1}{\sin\theta}\right)}{\left(1-\frac{1}{\sin\theta}\right)}$
$= \left(\frac{1+\sin\theta}{\cos\theta}\right)^2 + \frac{1+\sin\theta}{\sin\theta - 1}$
$= \frac{(1+\sin\theta)(1+\sin\theta)}{1-\sin^2\theta} + \frac{1+\sin\theta}{\sin\theta - 1}$
$= \frac{(1+\sin\theta)(1+\sin\theta)}{(1+\sin\theta)(1-\sin\theta)} - \frac{1+\sin\theta}{1-\sin\theta}$
$= \frac{1+\sin\theta}{1-\sin\theta} - \frac{1+\sin\theta}{1-\sin\theta} = 0$

298. (b) दिया है, $\sin^6\theta + \cos^6\theta = \frac{1}{3}$
$\Rightarrow (\sin^2\theta)^3 + (\cos^2\theta)^3 = \frac{1}{3}$
$\Rightarrow (\sin^2\theta + \cos^2\theta)$
$[\sin^4\theta + \cos^4\theta - \sin^2\theta\cos^2\theta] = \frac{1}{3}$
$\Rightarrow 1\times[(\sin^2\theta)^2 + (\cos^2\theta)^2 - \sin^2\theta\cos^2\theta] = \frac{1}{3}$
$\Rightarrow [(\sin^2\theta + \cos^2\theta)^2 - 2\sin^2\theta\cos^2\theta$
$- \sin^2\theta\cos^2\theta] = \frac{1}{3}$
$\Rightarrow [1^2 - 3\sin^2\theta\cos^2\theta] = \frac{1}{3}$
$\Rightarrow -3\sin^2\theta\cos^2\theta = \frac{1}{3} - 1$
$\Rightarrow -3\sin^2\theta\cos^2\theta = \frac{-2}{3} \Rightarrow (\sin\theta\cos\theta)^2 = \frac{2}{9}$
$\Rightarrow \sin\theta\cos\theta = \sqrt{\frac{2}{9}} \Rightarrow \sin\theta\cos\theta = \frac{\sqrt{2}}{3}$

299. (d) $\sin(A+B) = 1$
$\Rightarrow \sin(A+B) = \sin 90°$
$\therefore A + B = 90°$ ...(i)
$\cos(A-B) = \frac{\sqrt{3}}{2} \Rightarrow \cos(A-B) = \cos 30°$
$\therefore A - B = 30°$ ...(i)
समी (i) और (ii) को हल करने पर,
$A = 60°, B = 30°$
$\therefore \frac{5\sin^2 B + 4\tan^2 A}{2\sin B\cos A} = \frac{5\sin^2 30° + 4\tan^2 60°}{2\times\sin 30°\cos 60°}$
$= \frac{5\times\left(\frac{1}{2}\right)^2 + 4(\sqrt{3})^2}{2\times\frac{1}{2}\times\frac{1}{2}}$
$= \frac{\frac{5}{4} + \frac{12}{1}}{\frac{1}{2}} = \frac{5+48}{2} = \frac{53}{2} = 26\frac{1}{2}$

300. (b) $\sin^4 30° + \cos^4 30° - \sin 25°\cos 65° - \sin 65°\cos 25°$
$= \left(\frac{1}{2}\right)^4 + \left(\frac{\sqrt{3}}{2}\right)^4 - \sin(90°-65°)\cos 65° - \sin 65°\cos(90°-65°)$
$= \frac{1}{16} + \frac{9}{16} - \cos 65°\cdot\cos 65° - \sin 65°\cdot\sin 65°$
$= \frac{10}{16} - (\cos^2 65° + \sin^2 65°) = \frac{5}{8} - 1$
$= \frac{5-8}{8} = -\frac{3}{8}$

301. (d) $(\sin 37°\cos 53° + \cos 37°\sin 53°)$
$- \frac{4\cos^2 37° - 7 + 4\cos^2 53°}{\tan^2 47° + 4 - \operatorname{cosec}^2 43°} = \sin(37°+53°)$
$- \frac{4\cos^2(90°-53°) - 7 + 4\cos^2 53°}{\tan^2(90°-43°) + 4 - \operatorname{cosec}^2 43°}$
$= \sin 90° - \frac{4\sin^2 53° - 7 + 4\cos^2 53°}{\cot^2 43° + 4 - \operatorname{cosec}^2 43°}$
$= 1 - \frac{4(\sin^2 53° + \cos^2 53°) - 7}{4-1}$
$= 1 - \frac{4\times 1 - 7}{3} = \frac{3+3}{3} = \frac{6}{3} = 2$

302. (d) दिया है, $3\sin^2\theta - \cos\theta - 1 = 0$
$\Rightarrow 3(1-\cos^2\theta) - \cos\theta - 1 = 0$
$\Rightarrow 3 - 3\cos^2\theta - \cos\theta - 1 = 0$
$\Rightarrow 3\cos^2\theta + \cos\theta - 2 = 0$
$\Rightarrow 3\cos^2\theta + 3\cos\theta - 2\cos\theta - 2 = 0$
$\Rightarrow 3\cos\theta(\cos\theta + 1) - 2(\cos\theta + 1) = 0$
$\Rightarrow (\cos\theta + 1)(3\cos\theta - 2) = 0 \Rightarrow \cos\theta = -1, \frac{2}{3}$
$\because 0° < \theta < 90° \therefore \cos\theta = \frac{2}{3}$
$\therefore \sin\theta = \sqrt{1-\cos^2\theta}$
$= \sqrt{1-\left(\frac{2}{3}\right)^2} = \sqrt{\frac{9-4}{9}} = \sqrt{\frac{5}{9}} = \frac{\sqrt{5}}{3}$
$\therefore \cot\theta + \operatorname{cosec}\theta = \frac{\cos\theta}{\sin\theta} + \frac{1}{\sin\theta} = \frac{\cos\theta + 1}{\sin\theta}$
$= \frac{\frac{2}{3}+1}{\frac{\sqrt{5}}{3}} = \frac{2+3}{\sqrt{5}} = \frac{5}{\sqrt{5}} = \sqrt{5}$

303. (a) $\frac{\sqrt{2}\tan(60°-\theta)\tan(30°+\theta)}{\sin^2(45°+\theta) + \sin^2(45°-\theta)}$
$= \frac{\sqrt{2}\tan(90°-30°-\theta)\tan(30°+\theta)}{\sin^2(90°-45°+\theta) + \sin^2(45°-\theta)}$
$= \frac{\sqrt{2}\cot(30°+\theta)\tan(30°+\theta)}{\cos^2(45°-\theta) + \sin^2(45°-\theta)} = \frac{\sqrt{2}\times 1}{1} = \sqrt{2}$

304. (c) दिया है, $4\sin^2(2x-10)° = 3$
$\Rightarrow \sin^2(2x-10)° = \frac{3}{4}$
$\sin(2x-10)° = \frac{\sqrt{3}}{2} = \sin 60°$
$\therefore 2x - 10 = 60° \Rightarrow 2x = 70° \Rightarrow x = 35°$
$\therefore \frac{\sin^4(x-5)° + \cos^4(x-5)°}{1 - 2\sin^2(3x-15)\cos^2(3x-15)}$
$= \frac{\sin^4 30° + \cos^4 30°}{1 - 2\sin^2 90°\cos^2 90°}$
$= \frac{\left(\frac{1}{2}\right)^4 + \left(\frac{\sqrt{3}}{2}\right)^4}{1 - 2\times 1\times 0} = \frac{1}{16} + \frac{9}{16} = \frac{10}{16} = \frac{5}{8}$

305. (b) दिया है,
$7\cos^2\theta + 5\sin^2\theta - 6 = 0$
$\Rightarrow 7(1-\sin^2\theta) + 5\sin^2\theta - 6 = 0$
$\Rightarrow 7 - 7\sin^2\theta + 5\sin^2\theta - 6 = 0$
$\Rightarrow 1 - 2\sin^2\theta = 0$
$\Rightarrow \sin^2\theta = \frac{1}{2} \Rightarrow \sin\theta = \frac{1}{\sqrt{2}} = \sin 45°$
$\therefore \theta = 45°$
$\therefore \sqrt{\frac{\operatorname{cosec}\theta + \tan\theta}{\sec\theta - \cot\theta}} = \sqrt{\frac{\operatorname{cosec} 45° + \tan 45°}{\sec 45° - \cot 45°}}$
$= \sqrt{\frac{\sqrt{2}+1}{\sqrt{2}-1}} = \sqrt{\frac{\sqrt{2}+1}{\sqrt{2}-1}\times\frac{\sqrt{2}+1}{\sqrt{2}+1}}$
$= \sqrt{\frac{(\sqrt{2}+1)^2}{2-1}} = \sqrt{2}+1$

306. (d) $\cos(A-B) = \frac{\sqrt{3}}{2} = \cos 30°$
$\therefore A - B = 30°$ ...(i)

तथा $\cot(A+B) = \frac{1}{\sqrt{3}} = \cot 60°$

$\therefore \quad A + B = 60°$ ...(ii)

समी (i) व (ii) से,

$A = 45°, B = 15°$

$\therefore 2A - 3B = 2\times 45° - 3\times 15° = 90° - 45° = 45°$

307. (d) $(\sqrt{\sec^2\theta + \csc^2\theta})\left(\frac{\sin\theta(1+\cos\theta)}{1+\cos\theta-\sin^2\theta}\right)$

$= \left(\sqrt{\frac{1}{\cos^2\theta}+\frac{1}{\sin^2\theta}}\right)\left(\frac{\sin\theta(1+\cos\theta)}{1+\cos\theta-(1-\cos^2\theta)}\right)$

$= \left(\sqrt{\frac{\sin^2\theta+\cos^2\theta}{\sin^2\theta\cos^2\theta}}\right)\left(\frac{\sin\theta(1+\cos\theta)}{1+\cos\theta-1+\cos^2\theta}\right)$

$= \left(\sqrt{\frac{1}{\sin^2\theta\cos^2\theta}}\right)\left(\frac{\sin\theta(1+\cos\theta)}{\cos\theta(1+\cos\theta)}\right)$

$= \frac{1}{\sin\theta\cos\theta}\times\frac{\sin\theta}{\cos\theta} = \frac{1}{\cos^2\theta} = \sec^2\theta$

308. (b) $\frac{\tan^2 30° + \sin^2 90° + \cot^2 60° + \sin^2 30° \cos^2 45°}{\sin 60°\cos 30° - \cos 60° \sin 30°}$

$= \frac{\left(\frac{1}{\sqrt{3}}\right)^2 + (1)^2 + \left(\frac{1}{\sqrt{3}}\right)^2 + \left(\frac{1}{2}\right)^2\left(\frac{1}{\sqrt{2}}\right)^2}{\frac{\sqrt{3}}{2}\times\frac{\sqrt{3}}{2} - \frac{1}{2}\times\frac{1}{2}}$

$= \frac{\frac{1}{3}+1+\frac{1}{3}+\frac{1}{8}}{\frac{3}{4}-\frac{1}{4}} = \frac{8+24+8+3}{24}\times\frac{4}{2}$

$= \frac{43}{24}\times 2 = \frac{43}{12}$

309. (d) $4(\sin^4 30° + \cos^4 30°) - 3(\sin^2 45° - 2\cos^2 45°)$

$= 4\left[\left(\frac{1}{2}\right)^4 + \left(\frac{\sqrt{3}}{2}\right)^4\right] - 3\left[\left(\frac{1}{\sqrt{2}}\right)^2 - 2\left(\frac{1}{\sqrt{2}}\right)^2\right]$

$= 4\left[\frac{1}{16}+\frac{9}{16}\right] - 3\left[\frac{1}{2} - 2\times\frac{1}{2}\right]$

$= 4\times\frac{10}{16} - 3\left(-\frac{1}{2}\right) = \frac{5}{2}+\frac{3}{2} = \frac{8}{2} = 4$

310. (a) $\sin\left(\frac{2A+B}{2}\right) = \cos\left(\frac{2A-B}{2}\right) = \frac{\sqrt{3}}{2}$

जब, $\sin\left(\frac{2A+B}{2}\right) = \frac{\sqrt{3}}{2} = \sin 60°$

$\therefore \quad \frac{2A+B}{2} = 60°$

$\Rightarrow \quad 2A + B = 120°$ ...(i)

जब $\cos\frac{(2A-B)}{2} = \frac{\sqrt{3}}{2} = \cos 30°$

$\therefore \quad \frac{2A-B}{2} = 30° \Rightarrow 2A - B = 60°$ ...(ii)

समी (i) में समी (ii) से,

$A = 45°, B = 30°$

$\therefore \sin[3(A-B)] = \sin 3[(45°-30°)]$

$= \sin 45° = \frac{1}{\sqrt{2}}$

311. (d) $3\cos^2\theta - 4\sin\theta + 1 = 0$

$\Rightarrow \quad 3(1-\sin^2\theta) - 4\sin\theta + 1 = 0$

$\Rightarrow \quad 3 - 3\sin^2\theta - 4\sin\theta + 1 = 0$

$\Rightarrow \quad 3\sin^2\theta + 4\sin\theta - 4 = 0$

$\Rightarrow 3\sin^2\theta + 6\sin\theta - 2\sin\theta - 4 = 0$

$\sin\theta = \frac{2}{3}, -\frac{1}{2}$

$\because \quad 0° < \theta < 90°$

$\because \quad \sin\theta = \frac{2}{3}$

$\therefore \cos\theta = \sqrt{1-\sin^2\theta} = \sqrt{1-\left(\frac{2}{3}\right)^2}$

$= \sqrt{\frac{9-4}{9}} = \frac{\sqrt{5}}{3}$

$\therefore \tan\theta + \sec\theta = \frac{\sin\theta}{\cos\theta} + \frac{1}{\cos\theta} = \frac{\sin\theta + 1}{\cos\theta}$

$= \frac{\frac{2}{3}+1}{\frac{\sqrt{5}}{3}} = \frac{2+3}{\sqrt{5}} = \frac{5}{\sqrt{5}} = \sqrt{5}$

312. (c) $\frac{\csc\theta + \cot\theta}{\csc\theta - \cot\theta} = 7$

$\Rightarrow \csc\theta + \cot\theta = 7\csc\theta - 7\cot\theta$

$\Rightarrow 6\csc\theta = 8\cot\theta$

$\Rightarrow 3\times\frac{1}{\sin\theta} = 4\times\frac{\cos\theta}{\sin\theta} \Rightarrow \cos\theta = \frac{3}{4}$

$\therefore \sin^2\theta = 1 - \cos^2\theta = 1 - \left(\frac{3}{4}\right)^2 = 1 - \frac{9}{16} = \frac{7}{16}$

$\therefore \quad \frac{4\sin^2\theta - 1}{4\sin^2\theta + 5} = \frac{4\times\frac{7}{16} - 1}{4\times\frac{7}{16}+5} = \frac{\frac{7}{4}-1}{\frac{7}{4}+5} = \frac{7-4}{7+20}$

$= \frac{3}{27} = \frac{1}{9}$

313. (c) $1 + 2\tan^2\theta + 2\sin\theta\sec^2\theta$

$= 1 + \frac{2\sin^2\theta}{\cos^2\theta} + \frac{2\sin\theta}{\cos^2\theta}$

$= \frac{\cos^2\theta + 2\sin^2\theta + 2\sin\theta}{\cos^2\theta}$

$= \frac{\sin^2\theta + \cos^2\theta + \sin^2\theta + 2\sin\theta}{1-\sin^2\theta}$

$= \frac{1+\sin^2\theta + 2\sin\theta}{(1+\sin\theta)(1-\sin\theta)}$

$= \frac{(1+\sin\theta)^2}{(1+\sin\theta)(1-\sin\theta)} = \frac{1+\sin\theta}{1-\sin\theta}$

314. (b) $\frac{\tan(45°-\alpha)}{\cot(45°+\alpha)} - \frac{(\cos 19° + \sin 71°)(\sec 19° + \csc 71°)}{\tan 12° \tan 24° \tan 66° \tan 78°}$

$= \frac{\tan[90° - (45°+\alpha)]}{\cot(45°+\alpha)} - \frac{[\cos 19° + \sin(90°-19°)][\sec 19° + \csc(90°-19°)]}{\tan(90°-78°)\tan(90°-66°)\tan 66° \tan 78°}$

$= \frac{\cot(45°+\alpha)}{\cot(45°+\alpha)} - \frac{(\cos 19° + \cos 19°)(\sec 19° + \sec 19°)}{\cot 78° \cot 66° \tan 66° \tan 78°}$

$= 1 - \frac{4\cos 19° \times \frac{1}{\cos 19°}}{1} = 1 - 4 = -3$

315. (d) दिया है,

$3\sec\theta + 4\cos\theta - 4\sqrt{3} = 0$

$\Rightarrow \quad \frac{3}{\cos\theta} + 4\cos\theta - 4\sqrt{3} = 0$

$\Rightarrow \quad 3 + 4\cos^2\theta - 4\sqrt{3}\cos\theta = 0$

$\Rightarrow \quad 4\cos^2\theta + 3 - 4\sqrt{3}\cos\theta = 0$

$\Rightarrow \quad (2\cos\theta - \sqrt{3})^2 = 0 \Rightarrow 2\cos\theta = \sqrt{3}$

$\Rightarrow \cos\theta = \frac{\sqrt{3}}{2} = \cos 30°$

$\therefore \quad \theta = 30°$

316. (d) दिया है,

$3\tan\theta = 2\sqrt{3}\sin\theta$

$\Rightarrow \quad \frac{3\sin\theta}{\cos\theta} = 2\sqrt{3}\sin\theta$

$\Rightarrow \cos\theta = \frac{3}{2\sqrt{3}} = \frac{\sqrt{3}}{2} = \cos 30° \Rightarrow \theta = 30°$

$\therefore 2\sin^2 2\theta - 3\cos^2 3\theta$

$= 2\sin^2 60° - 3\cos^2 90°$

$= 2\left(\frac{\sqrt{3}}{2}\right)^2 - 3(0)^2 = 2\times\frac{3}{4} = \frac{3}{2}$

317. (a) $\frac{\csc\theta}{\csc\theta - 1} + \frac{\csc\theta}{\csc\theta + 1} - \tan^2\theta$

$= \csc\theta\left(\frac{\csc\theta + 1 + \csc\theta - 1}{\csc^2\theta - 1}\right) - \tan^2\theta$

$= \frac{2\csc^2\theta}{\cot^2\theta} - \tan^2\theta = 2\sec^2\theta - \tan^2\theta$

$= \sec^2\theta + \sec^2\theta - \tan^2\theta = \sec^2\theta + 1$

318. (d) $\frac{\cos^2\theta}{\cot^2\theta + \sin^2\theta - 1} = 3$

$\Rightarrow \quad \cos^2\theta = 3\cot^2\theta + 3\sin^2\theta - 3$

$\Rightarrow \quad 1 - \sin^2\theta = 3\frac{\cos^2\theta}{\sin^2\theta} + 3\sin^2\theta - 3$

$\Rightarrow \quad \frac{3(1-\sin^2\theta)}{\sin^2\theta} + 4\sin^2\theta - 4 = 0$

$\Rightarrow \quad \frac{3}{\sin^2\theta} - 3 + 4\sin^2\theta - 4 = 0$

$\Rightarrow \quad 3 + 4\sin^4\theta - 7\sin^2\theta = 0$

$\Rightarrow 4\sin^4\theta - 4\sin^2\theta - 3\sin^2\theta + 3 = 0$

$\Rightarrow 4\sin^2\theta(\sin^2\theta - 1) - 3(\sin^2\theta - 1) = 0$

$\Rightarrow \quad (\sin^2\theta - 1)(4\sin^2\theta - 3) = 0$

$\sin\theta = 1, \frac{\sqrt{3}}{2}$

$\because \quad 0° < \theta < 90°$

$\therefore \sin\theta = \frac{\sqrt{3}}{2} = \sin 60° \Rightarrow \theta = 60°$

$\therefore \tan\theta + \csc\theta = \tan 60° + \csc 60°$

$= \sqrt{3} + \frac{2}{\sqrt{3}} = \frac{3+2}{\sqrt{3}}\times\frac{\sqrt{3}}{\sqrt{3}} = \frac{5\sqrt{3}}{3}$

319. (c) दिया है, $3\sec^2\theta + \tan\theta = 7$

$\Rightarrow \quad 3 + 3\tan^2\theta + \tan\theta = 7$

$\Rightarrow \quad 3\tan^2\theta + \tan\theta - 4 = 0$

$\Rightarrow \quad 3\tan^2\theta + 4\tan\theta - 3\tan\theta - 4 = 0$

$\Rightarrow \tan\theta(3\tan\theta + 4) - (3\tan\theta + 4) = 0$

$\Rightarrow \quad (3\tan\theta + 4)(\tan\theta - 1) = 0$

$\tan\theta = 1, -\frac{4}{3}$

$\because \quad 0° < \theta < 90°$

$\therefore \quad \tan\theta = 1 = \tan 45° \Rightarrow \theta = 45°$

$\therefore \dfrac{\text{cosec}\, 2\theta + \cos\theta}{\sin 2\theta + \cot\theta} = \dfrac{\text{cosec}\, 90° + \cos 45°}{\sin 90° + \cot 45°}$

$= \dfrac{1 + \frac{1}{\sqrt{2}}}{1+1} = \dfrac{\sqrt{2}+1}{2\sqrt{2}} \times \dfrac{\sqrt{2}}{\sqrt{2}} = \dfrac{2+\sqrt{2}}{4}$

स्पीडी विधि

$3\sec^2\theta + \tan\theta = 7$ [$\theta = 45°$ रखने पर]

$3\sec^2 45° + \tan 45° = 7 \Rightarrow 3 \times (\sqrt{2})^2 + 1 = 7$

$7 = 7$

$\therefore \theta = 45°$

$= \dfrac{\text{cosec}\, 2\theta + \cos\theta}{\sin 2\theta + \cot\theta} = \dfrac{\text{cosec}\, 90° + \cos 45°}{\sin 90° + \cot 45°}$

$= \dfrac{1 + \frac{1}{\sqrt{2}}}{1+1} = \dfrac{\sqrt{2}+1}{2\sqrt{2}} \times \dfrac{\sqrt{2}}{\sqrt{2}} = \dfrac{2+\sqrt{2}}{4}$

320. (d) दिया है, $\dfrac{\sin A + \cos A}{\cos A} = \dfrac{17}{12}$

$\dfrac{\sin A}{\cos A} + 1 = \dfrac{17}{12} \Rightarrow \tan A = \dfrac{17}{12} - 1 = \dfrac{5}{12}$

$\because \sec A = \sqrt{1 + \tan^2 A} = \sqrt{1 + \left(\frac{5}{12}\right)^2}$

$= \sqrt{\dfrac{144+25}{144}} = \sqrt{\dfrac{169}{144}} = \dfrac{13}{12}$

अब, $\cos A = \dfrac{1}{\sec A} = \dfrac{12}{13}$

$\sin A = \sqrt{1 - \cos^2 A} = \sqrt{1 - \left(\frac{12}{13}\right)^2}$

$= \sqrt{\dfrac{169-144}{169}} = \sqrt{\dfrac{25}{169}} = \dfrac{5}{13}$

अब $\dfrac{1-\cos A}{\sin A} = \dfrac{1 - \frac{12}{13}}{\frac{5}{13}} = \dfrac{13-12}{5} = \dfrac{1}{5}$

321. (a) दी गई आकृति है,

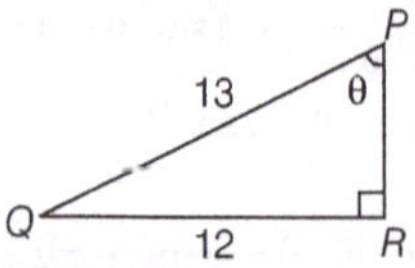

ΔPQR में पाइथागोरस प्रमेय से,

$QP^2 = PR^2 + QR^2$

$\Rightarrow PR^2 = (13)^2 - (12)^2 = 169 - 144 = 25$

$\Rightarrow PR = 5$

$\therefore \cos\theta = \dfrac{PR}{PQ} = \dfrac{5}{13}$

322. (c) $\dfrac{1 - 2\sin^2\theta\cos^2\theta}{\sin^4\theta + \cos^4\theta} - 1$

$= \dfrac{1 - 2\sin^2\theta\cos^2\theta - \sin^4\theta - \cos^4\theta}{\sin^4\theta + \cos^4\theta}$

$= \dfrac{1 - (\sin^2\theta + \cos^2\theta)^2}{\sin^4\theta + \cos^4\theta} = \dfrac{1-1}{\sin^4\theta + \cos^4\theta} = 0$

323. (b) दिया है,

$20\tan A = 21 \Rightarrow \tan A = \dfrac{21}{20}$

$\therefore \dfrac{5\sin A - 2\cos A}{4\cos A - \frac{5}{7}\sin A}$

प्रत्येक पद में $\cos\theta$ से भाग देने पर,

$\dfrac{5\tan A - 2}{4 - \frac{5}{7}\tan A} = \dfrac{5 \times \frac{21}{20} - 2}{4 - \frac{5}{7} \times \frac{21}{20}}$

$= \dfrac{\frac{21}{4} - 2}{4 - \frac{3}{4}} = \dfrac{21-8}{16-3} = \dfrac{13}{13} = 1$

324. (a) $\cos(A+B) = \dfrac{24}{25}$

तथा $\sin(A-B) = \dfrac{15}{17}$

तब, $\sin(A+B) = \sqrt{1 - \cos^2(A+B)}$

$= \sqrt{1 - \left(\frac{24}{25}\right)^2} = \sqrt{\dfrac{625-576}{625}} = \sqrt{\dfrac{49}{625}} = \dfrac{7}{25}$

$\therefore \tan(A+B) = \dfrac{\sin(A+B)}{\cos(A+B)} = \dfrac{\frac{7}{25}}{\frac{24}{25}} = \dfrac{7}{24}$

इसी प्रकार, $\cos(A-B) = \sqrt{1 - \sin^2(A-B)}$

$= \sqrt{1 - \left(\frac{15}{17}\right)^2}$

$= \sqrt{1 - \dfrac{225}{289}} = \sqrt{\dfrac{64}{289}} = \dfrac{8}{17}$

$\therefore \tan(A-B) = \dfrac{\sin(A-B)}{\cos(A-B)} = \dfrac{15}{8}$

अब, $\tan[(A+B) + (A-B)]$

$= \dfrac{\tan(A+B) + \tan(A-B)}{1 - \tan(A+B)\cdot\tan(A-B)}$

$\therefore \tan 2A = \dfrac{\frac{7}{24} + \frac{15}{8}}{1 - \frac{7}{24} \times \frac{15}{8}} = \dfrac{56+360}{192-105} = \dfrac{416}{87}$

325. (b) $4\left[\dfrac{(1-\sec A)^2 + (1+\sec A)^2}{1+\sec^2 A}\right]$

$= 4\left[\dfrac{1 + \sec^2 A - 2\sec A + 1 + \sec^2 A + 2\sec A}{1+\sec^2 A}\right]$

$= 4\left[\dfrac{2 + 2\sec^2 A}{1+\sec^2 A}\right] = 4 \times 2\dfrac{(1+\sec^2 A)}{1+\sec^2 A}$

$= 4 \times 2 = 8$

326. (c) $\sin 0° \sin 30° \sin 45° \sin 60° \sin 90° = ?$

$\Rightarrow \quad ? = 0 \times \dfrac{1}{2} \times \dfrac{1}{\sqrt{2}} \times \dfrac{\sqrt{3}}{2} \times 1 = 0$

327. (c) $(\cos^2\theta - 1)(1 + \tan^2\theta) + 2\tan^2\theta = 1$

$\Rightarrow \cos^2\theta + \cos^2\theta\tan^2\theta - 1 - \tan^2\theta + 2\tan^2\theta = 1$

$\Rightarrow \cos^2\theta + \cos^2\theta\dfrac{\sin^2\theta}{\cos^2\theta} + \tan^2\theta = 2$

$\Rightarrow \cos^2\theta + \sin^2\theta + \tan^2\theta = 2$

$\Rightarrow 1 + \tan^2\theta = 2$

$\Rightarrow \tan^2\theta = 1 \Rightarrow \tan^2\theta = \tan^2 45 \Rightarrow \theta = 45°$

328. (a) $\dfrac{\sin 30° \sin 60°}{\cos 60° \cos 30°} - \tan 45°$

$= \dfrac{\frac{1}{2} \times \frac{\sqrt{3}}{2}}{\frac{1}{2} \times \frac{\sqrt{3}}{2}} - 1 = 1 - 1 = 0$

329. (b) दिया है, $2\sin A + \text{cosec} A = 2\sqrt{2}$

$\Rightarrow 2\sin A + \dfrac{1}{\sin A} = 2\sqrt{2}$

$\Rightarrow 2\sin^2 A + 1 = 2\sqrt{2}\sin A$

$\Rightarrow 2\sin^2 A - 2\sqrt{2}\sin A + 1 = 0$

$\Rightarrow 2\sin^2 A - \sqrt{2}\sin A - \sqrt{2}\sin A + 1 = 0$

$\Rightarrow \sqrt{2}\sin A(\sqrt{2}\sin A - 1) - 1(\sqrt{2}\sin A - 1) = 0$

$\Rightarrow (\sqrt{2}\sin A - 1)(\sqrt{2}\sin A - 1) = 0$

$\sin A = \dfrac{1}{\sqrt{2}} = \sin 45°$

$\therefore \quad A = 45°$

$2(\sin^4 A + \cos^4 A) = 2(\sin^4 45° + \cos^4 45°)$

$= 2\left[\dfrac{1}{2} \times \dfrac{1}{2} + \dfrac{1}{2} \times \dfrac{1}{2}\right] = 2\left(\dfrac{1}{4} + \dfrac{1}{4}\right) = 2 \times \dfrac{1}{2} = 1$

स्पीडी विधि

$(2\sin A + \text{cosec} A) = 2\sqrt{2}$

$A = 45°$ रखने पर,

$2 \times \sin 45° + \text{cosec}\, 45° = 2\sqrt{2}$

$= \sqrt{2} + \sqrt{2} = 2\sqrt{2}$

$\therefore 2(\sin^4 A + \cos^4 A)$

$= 2\left[\left(\dfrac{1}{\sqrt{2}}\right)^4 + \left(\dfrac{1}{\sqrt{2}}\right)^2\right]$

$= 2\left[\dfrac{1}{4} + \dfrac{1}{4}\right] = 2 \times \dfrac{2}{4} = 1$

330. (a) दिया है,

$x\cos A - y\sin A = 1$ ...(i)

तथा $x\sin A + y\cos A = 4$ ...(ii)

समी (i) और (ii) का वर्ग करके जोड़ने पर,

$x^2\cos^2 A + y^2\sin^2 A - 2xy\sin A\cos A + x^2\sin^2 A + y^2\cos^2 A + 2xy\sin A\cos A = 1 + 16$

$\Rightarrow x^2(\cos^2 A + \sin^2 A) + y^2(\sin^2 A + \cos^2 \alpha) = 17$

$\Rightarrow \quad x^2 + y^2 = 17$

$\therefore 17x^2 + 17y^2 = 17(x^2 + y^2) = 17 \times 17 = 289$

331. (d) दिया है, $\tan\theta - \cot\theta = \text{cosec}\,\theta$

$\Rightarrow \dfrac{\sin\theta}{\cos\theta} - \dfrac{\cos\theta}{\sin\theta} = \text{cosec}\,\theta$

$\Rightarrow \dfrac{\sin^2\theta - \cos^2\theta}{\sin\theta\cdot\cos\theta} = \dfrac{1}{\sin\theta}$

$\Rightarrow \sin^2\theta - \cos^2\theta = \cos\theta$

$\Rightarrow 1 - \cos^2\theta - \cos^2\theta = \cos\theta$

$\Rightarrow 2\cos^2\theta + \cos\theta - 1 = 0$

$\Rightarrow (\cos\theta + 1)(2\cos\theta - 1) = 0 \Rightarrow \cos\theta = -1, \dfrac{1}{2}$

$\cos\theta = \dfrac{1}{2} = \cos 60° \quad [\because 0 < \theta < 90°]$

$\theta = 60°$

$\therefore \dfrac{2\tan\theta - \cos\theta}{\sqrt{3}\cot\theta + \sec\theta} = \dfrac{2\tan 60° - \cos 60°}{\sqrt{3}\cot 60° + \sec 60°}$

$= \dfrac{2 \times \sqrt{3} - \frac{1}{2}}{\sqrt{3} \times \frac{1}{\sqrt{3}} + 2} = \dfrac{\frac{4\sqrt{3}-1}{2}}{1+2} = \dfrac{4\sqrt{3}-1}{2 \times 3} = \dfrac{4\sqrt{3}-1}{6}$

स्पीडी विधि

$\tan\theta - \cot\theta = \operatorname{cosec}\theta$

$\theta = 60°$ रखने पर,

$\tan 60° - \cot 60° = \operatorname{cosec} 60°$

$\sqrt{3} - \frac{1}{\sqrt{3}} = \frac{2}{\sqrt{3}} \Rightarrow \frac{2}{\sqrt{3}} = \frac{2}{\sqrt{3}}$

$\therefore \frac{2\tan\theta - \cos\theta}{\sqrt{3}\cot\theta + \sec\theta}$ में $\theta = 60°$ रखने पर,

$$\frac{2\tan 60° - \cos 60°}{\sqrt{3}\cot 60° + \sec 60°} = \frac{2\sqrt{3} - \frac{1}{2}}{\sqrt{3}\times\frac{1}{\sqrt{3}} + 2}$$

$$= \frac{4\sqrt{3} - 1}{6}$$

332. (a) $11\sin^2\theta - \cos^2\theta + 4\sin\theta - 4 = 0$

$\Rightarrow 11\sin^2\theta - 1 + \sin^2\theta + 4\sin\theta - 4 = 0$

$\Rightarrow 12\sin^2\theta + 4\sin\theta - 5 = 0$

$\Rightarrow (6\sin\theta + 5)(2\sin\theta - 1) = 0$

$\Rightarrow \sin\theta = \frac{1}{2}, -\frac{5}{6}$

$\because 0° < \theta < 90°$

$\therefore \sin\theta = \frac{1}{2} = \sin 30° \Rightarrow \theta = 30°$

$$\therefore \frac{\cos 2\theta + \cot 2\theta}{\sec 2\theta - \tan 2\theta} = \frac{\cos 60° + \cot 60°}{\sec 60° - \tan 60°}$$

$$= \frac{\frac{1}{2} + \frac{1}{\sqrt{3}}}{2 - \sqrt{3}} = \frac{\sqrt{3} + 2}{2\sqrt{3}} \times \frac{1}{2 - \sqrt{3}} \times \frac{2 + \sqrt{3}}{2 + \sqrt{3}}$$

$$= \frac{2\sqrt{3} + 4 + 3 + 2\sqrt{3}}{2\sqrt{3}(4 - 3)} = \frac{7 + 4\sqrt{3}}{2\sqrt{3}}$$

$$= \frac{7 + 4\sqrt{3}}{2\sqrt{3}} \times \frac{\sqrt{3}}{\sqrt{3}} = \frac{7\sqrt{3} + 12}{6} = \frac{12 + 7\sqrt{3}}{6}$$

333. (b) दिया है,

$5\cos\theta - 12\sin\theta = 0 \Rightarrow 5\cos\theta = 12\sin\theta$

$\Rightarrow \frac{\sin\theta}{\cos\theta} = \frac{5}{12} \Rightarrow \tan\theta = \frac{P}{B} = \frac{5}{12}$

तब, पाइथागोरस प्रमेय से,

$H^2 = (5)^2 + (12)^2$

$= 25 + 144 = 169$

$\Rightarrow H = \sqrt{169} = 13$

$$\therefore \frac{1 + \sin\theta + \cos\theta}{1 - \sin\theta + \cos\theta} = \frac{1 + \frac{5}{13} + \frac{12}{13}}{1 - \frac{5}{13} + \frac{12}{13}}$$

$$= \frac{13 + 5 + 12}{13 - 5 + 12} = \frac{30}{20} = \frac{3}{2}$$

334. (d)

$$\frac{\operatorname{cosec}(78° + \theta) - \sec(12° - \theta) - \tan(67° + \theta) + \cot(23° - \theta)}{\tan 13° \tan 37° \tan 45° \tan 53° \tan 77°}$$

$$= \frac{\operatorname{cosec}(78° + \theta) - \sec[90° - (78° + \theta)] - \tan(67° + \theta) + \cot[90° - (67° + \theta)]}{\tan(90° - 77°)\tan(90° - 53°)\tan 45° \tan 53° \tan 77°}$$

$$= \frac{\operatorname{cosec}(78° + \theta) - \operatorname{cosec}(78° + \theta) - \tan(67° + \theta) + \tan(67° + \theta)}{\cot 77° \cdot \cot 53° \tan 45° \tan 53° \tan 77°}$$

$$= \frac{0}{1} = 0$$

335. (c) दिया है,

$12\cos^2\theta - 2\sin^2\theta + 3\cos\theta = 3,$

$\Rightarrow 12\cos^2\theta - 2(1 - \cos^2\theta) + 3\cos\theta - 3 = 0$

$\Rightarrow 12\cos^2\theta - 2 + 2\cos^2\theta + 3\cos\theta - 3 = 0$

$\Rightarrow 14\cos^2\theta + 3\cos\theta - 5 = 0$

$\Rightarrow 14\cos^2\theta + 10\cos\theta - 7\cos\theta - 5 = 0$

$\Rightarrow 2\cos\theta(7\cos\theta + 5) - 1(7\cos\theta + 5) = 0$

$\Rightarrow (7\cos\theta + 5)(2\cos\theta - 1) = 0$

$\Rightarrow \cos\theta = \frac{1}{2}, -\frac{5}{7}$

$\because 0° < \theta < 90°$

$\therefore \cos\theta = \frac{1}{2} = \cos 60° \Rightarrow \theta = 60°$

$$\therefore \frac{\operatorname{cosec}\theta + \sec\theta}{\tan\theta + \cot\theta} = \frac{\operatorname{cosec} 60° + \sec 60°}{\tan 60° + \cot 60°}$$

$$= \frac{\frac{2}{\sqrt{3}} + 2}{\sqrt{3} + \frac{1}{\sqrt{3}}}$$

$$= \frac{2 + 2\sqrt{3}}{\sqrt{3}} \times \frac{\sqrt{3}}{3 + 1}$$

$$= \frac{2(1 + \sqrt{3})}{4} = \frac{1 + \sqrt{3}}{2}$$

336. (b) दिया है,

$5\sin\theta = 4 \Rightarrow \sin\theta = \frac{4}{5}$

$$\therefore \cos\theta = \sqrt{1 - \sin^2\theta} = \sqrt{1 - \left(\frac{4}{5}\right)^2}$$

$$= \sqrt{\frac{25 - 16}{25}} = \sqrt{\frac{9}{25}} = \frac{3}{5}$$

$$\therefore \frac{\sec\theta + 4\cot\theta}{4\tan\theta - 5\cos\theta} = \frac{\frac{1}{\cos\theta} + 4\frac{\cos\theta}{\sin\theta}}{4\frac{\sin\theta}{\cos\theta} - 5\cos\theta}$$

$$= \frac{\frac{5}{3} + 4 \times \frac{3}{5} \times \frac{5}{4}}{4 \times \frac{4}{5} \times \frac{5}{3} - 5 \times \frac{3}{5}}$$

$$= \frac{\frac{5}{3} + 3}{\frac{16}{3} - 3} = \frac{\frac{5 + 9}{3}}{\frac{16 - 9}{3}}$$

$$= \frac{14}{7} = 2$$

337. (c) $\frac{\sec^6\theta - \tan^6\theta - 3\sec^2\theta\tan^2\theta + 1}{\cos^4\theta - \sin^4\theta + 2\sin^2\theta + 2}$

$$= \frac{(\sec^2\theta)^3 - (\tan^2\theta)^3 - 3\sec^2\theta\tan^2\theta + 1}{(\cos^2\theta)^2 - (\sin^2\theta)^2 + 2\sin^2\theta + 2}$$

$$= \frac{(\sec^2\theta - \tan^2\theta)(\sec^4\theta + \tan^4\theta + \sec^2\theta\tan^2\theta) - 3\sec^2\theta\tan^2\theta + 1}{(\cos^2\theta - \sin^2\theta)(\cos^2\theta + \sin^2\theta) + 2\sin^2\theta + 2}$$

$$= \frac{\sec^4\theta + \tan^4\theta + \sec^2\theta\tan^2\theta - 3\sec^2\theta\tan^2\theta + 1}{\cos^2\theta - \sin^2\theta + 2\sin^2\theta + 2}$$

$$= \frac{(\sec^2\theta)^2 + (\tan^2\theta)^2 - 2\sec^2\theta\tan^2\theta + 1}{\cos^2\theta + \sin^2\theta + 2}$$

$$= \frac{(\sec^2\theta - \tan^2\theta)^2 + 1}{1 + 2} = \frac{1 + 1}{3} = \frac{2}{3}$$

स्पीडी विधि

$(\sec^2\theta - \tan^2\theta)^3 = 1$

$\Rightarrow \sec^6\theta - \tan^6\theta - 3\tan^2\theta \times \sec^2\theta = 1$

$\Rightarrow \sec^6\theta - \tan^6\theta - 3\tan^2\theta \times \sec^2\theta + 1 = 2$ ...(i)

$\cos^2\theta = 1 - \sin^2\theta$

दोनों पक्षों का वर्ग करने पर

$\cos^4\theta = 1 + \sin^4\theta - 2\sin^2\theta$

$\Rightarrow \cos^4\theta - \sin^4\theta + 2\sin^2\theta + 2 = 3$ ...(ii)

समी (i) तथा समी (ii) से,

अभीष्ट मान $= \frac{2}{3}$

338. (c) दिया है, $7\cos^2\theta + 3\sin^2\theta = 6$

$\Rightarrow 7\cos^2\theta + 3(1 - \cos^2\theta) = 6 \Rightarrow 4\cos^2\theta + 3 = 6$

$\Rightarrow 4\cos^2\theta = 3 \Rightarrow \cos^2\theta = \frac{3}{4}$

$\Rightarrow \cos\theta = \frac{\sqrt{3}}{2} = \cos 30° \Rightarrow \theta = 30°$

$$\therefore \frac{\cot^2 2\theta + \sec^2 2\theta}{\tan^2 2\theta - \sin^2 2\theta} = \frac{\cot^2 60° + \sec^2 60°}{\tan^2 60° - \sin^2 60°}$$

$$= \frac{\frac{1}{3} + 4}{3 - \frac{3}{4}} = \frac{\frac{13}{3}}{\frac{9}{4}} = \frac{13}{3} \times \frac{4}{9} = \frac{52}{27}$$

339. (b) दिया है, $\sec\theta + \tan\theta = p$

$$\Rightarrow \frac{1}{\cos\theta} + \frac{\sin\theta}{\cos\theta} = p \Rightarrow \frac{p}{1} = \frac{1 + \sin\theta}{\cos\theta}$$

$$\therefore \frac{p^2 - 1}{p^2 + 1} = \frac{p^2 - 1^2}{p^2 + 1^2} = \frac{(1 + \sin\theta)^2 - \cos^2\theta}{(1 + \sin\theta)^2 + \cos^2\theta}$$

$$= \frac{1 + \sin^2\theta + 2\sin\theta - \cos^2\theta}{1 + \sin^2\theta + 2\sin\theta + \cos^2\theta}$$

$$= \frac{1 - \cos^2\theta + \sin^2\theta + 2\sin\theta}{1 + \sin^2\theta + \cos^2\theta + 2\sin\theta}$$

$$= \frac{\sin^2\theta + \sin^2\theta + 2\sin\theta}{1 + 1 + 2\sin\theta}$$

$$= \frac{2\sin^2\theta + 2\sin\theta}{2 + 2\sin\theta}$$

$$= \frac{2\sin\theta(\sin\theta + 1)}{2(1 + \sin\theta)} = \sin\theta$$

340. (c) $\cos A = \frac{4}{5}$

$\therefore \sin A = \sqrt{1 - \cos^2 A} \Rightarrow \sqrt{1 - \frac{16}{25}} = \frac{3}{5}$

$\tan A = \frac{3}{4}$

अब, $(8 + \sin A)(3 - \tan A)$

$$= \left(8 + \frac{3}{5}\right)\left(3 - \frac{3}{4}\right) = \frac{43}{5} \times \frac{9}{4} = \frac{387}{20}$$

341. (d) $\sin^2 15° + \sin^2 25° + \sin^2 35° + \sin^2 45° + \sin^2 55° + \sin^2 65° + \sin^2 75°$

$= \sin^2 15° + \sin^2 25° + \sin^2 35° + \left(\frac{1}{\sqrt{2}}\right)^2 + \sin^2(90 - 35°) + \sin^2(90 - 25°) + \sin^2(90 - 15°)$

$= \sin^2 15° + \sin^2 25° + \sin^2 35° + \frac{1}{2} + \cos^2 35° + \cos^2 25° + \cos^2 15°$

$= (\sin^2 15° + \cos^2 15°) + (\sin^2 25° + \cos^2 25°) + (\sin^2 35° + \cos^2 32) + \frac{1}{2}$

$= 1 + 1 + 1 + \frac{1}{2} = 3 + \frac{1}{2} = \frac{7}{2}$

342. (b) $\frac{17}{\sec^2\theta} + 10\sin^2\theta + \frac{7}{1+\cot^2\theta}$

$= 17\cos^2\theta + 10\sin^2\theta + \frac{7}{\operatorname{cosec}^2\theta}$

$= 17\cos^2\theta + 10\sin^2\theta + 7\sin^2\theta$

$= 17\cos^2\theta + 17\sin^2\theta$

$= 17(\cos^2\theta + \sin^2\theta) = 17 \times 1 = 17$

343. (a) $\frac{(\sin x + \sin y)(\sin y - \sin x)}{(\cos x + \cos y)(\cos y - \cos x)}$

$= \frac{\sin^2 x - \sin^2 y}{\cos^2 x - \cos^2 y}$

$= \frac{1 - \cos^2 x - (1 - \cos^2 y)}{\cos^2 x - \cos^2 y}$

$= \frac{\cos^2 y - \cos^2 x}{\cos^2 x - \cos^2 y} = -1$

344. (d) $(1 + \tan\theta + \sec\theta)(1 + \cot\theta - \operatorname{cosec}\theta)$

$= \left[1 + \frac{\sin\theta}{\cos\theta} + \frac{1}{\cos\theta}\right]\left[1 + \frac{\cos\theta}{\sin\theta} - \frac{1}{\sin\theta}\right]$

$= \left(\frac{\cos\theta + \sin\theta + 1}{\cos\theta}\right)\left(\frac{\sin\theta + \cos\theta - 1}{\sin\theta}\right)$

$= \frac{(\cos\theta + \sin\theta)^2 - 1}{\cos\theta\sin\theta}$

$= \frac{\cos^2\theta + \sin^2\theta + 2\cos\theta\sin\theta - 1}{\cos\theta\sin\theta}$

$= \frac{1 + 2\cos\theta\sin\theta - 1}{\cos\theta\sin\theta} = \frac{2\cos\theta\sin\theta}{\cos\theta\sin\theta}$

$= 2$

345. (d) $\left[\frac{\tan 71° + \tan 19°}{1 - \tan 71° \tan 19°}\right] = \tan(71° + 19°)$

$\left[\because \tan(A+B) = \frac{\tan A + \tan B}{1 - \tan A \tan B}\right]$

$= \tan 90°$

$= \infty =$ ज्ञात नहीं कर सकते

346. (a) $\sin^4\theta + \cos^4\theta = 2\sin^2\theta\cos^2\theta$

$\Rightarrow \sin^4\theta + \cos^4\theta - 2\sin^2\theta\cos^2\theta = 0$

$\Rightarrow (\sin^2\theta - \cos^2\theta)^2 = 0$

$\Rightarrow \sin^2\theta - \cos^2\theta = 0 \Rightarrow \sin^2\theta = \cos^2\theta$

$\Rightarrow \tan^2\theta = 1 \Rightarrow \tan\theta = \tan 45°$

$\theta = 45°$

$\therefore \cot\theta = \cot 45° = 1$

347. (d) $\tan^2 A + \tan^4 A$

$= \tan^2 A(1 + \tan^2 A) = \tan^2 A \sec^2 A$

$= (\sec^2 A - 1)\sec^2 A = \sec^4 A - \sec^2 A$

348. (b) $15\cos^2\theta + 17\sin^2\theta$

$= 15\cos^2\theta + 15\sin^2\theta + 2\sin^2\theta$

$= 15(\cos^2\theta + \sin^2\theta) + 2\sin^2\theta$

$= 15 \times 1 + 2\sin^2\theta = 15 + 2\sin^2\theta$

$\therefore$ न्यूनतम मान = 15

349. (a) $(\operatorname{cosec}\theta - \sin\theta)(\sec\theta - \cos\theta)(\tan\theta + \cot\theta)$

$= \left(\frac{1}{\sin\theta} - \sin\theta\right)\left(\frac{1}{\cos\theta} - \cos\theta\right)\left(\frac{\sin}{\cos\theta} + \frac{\cos\theta}{\sin\theta}\right)$

$= \left(\frac{1 - \sin^2\theta}{\sin\theta}\right)\left(\frac{1 - \cos^2\theta}{\cos\theta}\right)\left(\frac{\sin^2\theta + \cos^2\theta}{\cos\theta\sin\theta}\right)$

$= \frac{\cos^2\theta}{\sin\theta} \cdot \frac{\sin^2\theta}{\cos\theta} \cdot \frac{1}{\sin\theta \cdot \cos\theta} = 1$

350. (c) $\left(\tan\frac{A}{2} + \operatorname{cosec}\frac{B+C}{2}\right)\left(\tan\frac{A}{2} - \operatorname{cosec}\frac{B+C}{2}\right)$

$= \left[\tan\frac{A}{2} + \operatorname{cosec}\left(\frac{\pi - A}{2}\right)\right]\left[\tan\frac{A}{2} - \operatorname{cosec}\left(\frac{\pi - A}{2}\right)\right]$

$= \left(\tan\frac{A}{2} + \sec\frac{A}{2}\right)\left(\tan\frac{A}{2} - \sec\frac{A}{2}\right)$

$= \tan^2\frac{A}{2} - \sec^2\frac{A}{2} = -1$

351. (d) $\frac{\sin^3 A + \cos^3 A}{\sin A + \cos A}$

$= \frac{(\sin A + \cos A)(\sin^2 A + \cos^2 A - \sin A\cos A)}{(\sin A + \cos A)}$

$[\because a^3 + b^3 = (a+b)(a^2 + b^2 - ab)]$

$= 1 - \sin A\cos A$

352. (a) $\left[\frac{2\cos^3\theta - \cos\theta}{\sin\theta - 2\sin^3\theta}\right]^2 + 1$

$= \left[\frac{\cos\theta(2\cos^2\theta - 1)}{\sin\theta(1 - 2\sin^2\theta)}\right]^2 + 1$

$= \frac{\cot^2\theta \cdot \cos^2 2\theta}{\cos^2 2\theta} + 1 = \cot^2\theta + 1 = \operatorname{cosec}^2\theta$

353. (a) $\sin(x+y) = 1$

$\Rightarrow \sin(x+y) = \sin 90°$

$\Rightarrow x + y = 90°$ ...(i)

तथा $\cos(x-y) = \frac{\sqrt{3}}{2}$

$\Rightarrow \cos(x-y) = \cos 30°$

$\Rightarrow x - y = 30°$ ...(ii)

समी (i) व (ii) से,

$\therefore y = 30°$

354. (d) दिया है, $\sin x + \cos x = \sqrt{2}\sin x$

$\Rightarrow \cos x = \sqrt{2}\sin x - \sin x$

$\Rightarrow \cos x = \sin x(\sqrt{2} - 1)$ ...(i)

तो, $\sin x - \cos x = \sin x - \sin x(\sqrt{2} - 1)$

$= \sin x(1 - \sqrt{2} + 1)$

$= \sin x(2 - \sqrt{2}) = \sqrt{2}\sin x(\sqrt{2} - 1)$ (समी (i) से)

$= \sqrt{2}\cos x$

355. (b) दिया है,

$4\sin^2\theta = 3(1 + \cos\theta)$

$\Rightarrow 4(1 - \cos^2\theta) = 3 + 3\cos\theta$

$\Rightarrow 4\cos^2\theta + 3\cos\theta - 1 = 0$

$\Rightarrow 4\cos^2\theta + 4\cos\theta - \cos\theta - 1 = 0$

$\Rightarrow (\cos\theta + 1)(4\cos\theta - 1) = 0$

$\therefore \cos\theta = \frac{1}{4}$ या $\cos\theta = -1$

$\because \cos\theta = \frac{1}{4}$

$\therefore \sin\theta = \sqrt{1 - \frac{1}{16}} = \frac{\sqrt{15}}{4} \Rightarrow \tan\theta = \sqrt{15}$

अब, $\sqrt{15}\tan\theta + \frac{4}{\sqrt{15}}\sin\theta + 2\sec\theta$

$= \sqrt{15} \times \sqrt{15} + \frac{4}{\sqrt{15}} \times \frac{\sqrt{15}}{4} + 2 \times 4$

$= 15 + 1 + 8 = 24$

356. (b) दिया है, $\tan\theta + \cot\theta = 6$

$\Rightarrow (\tan\theta + \cot\theta)^2 = \tan^2\theta + \cot^2\theta + 2\tan\theta \times \cot\theta$

$\Rightarrow 6^2 = \tan^2\theta + \cot^2\theta + 2 \times \tan\theta \times \frac{1}{\tan\theta}$

$\Rightarrow 36 = \tan^2\theta + \cot^2\theta + 2$

$\Rightarrow \tan^2\theta + \cot^2\theta = 36 - 2 = 34$

357. (c) $\frac{\cos 13° + \sin 13°}{\cos 13° - \sin 13°}$

$= \frac{\cos 13°\left(1 + \frac{\sin 13°}{\cos 13°}\right)}{\cos 13°\left(1 - \frac{\sin 13°}{\cos 13°}\right)}$

$= \frac{1 + \tan 13°}{1 - \tan 13°} = \frac{1 + \tan 13°}{1 - 1 \cdot \tan 13°}$

$= \frac{\tan 45° + \tan 13°}{1 - \tan 45° \tan 13°}$

$\left[\tan(x+y) = \frac{\tan x + \tan y}{1 - \tan x \tan y}\right]$

$= \tan(45° + 13°) = \tan 58°$

358. (d) दिया है, $2\cos^2 A + 3\cos A - 2 = 0$, $0 < A < 90°$

माना $x = \cos A$

$2x^2 + 3x - 2 = 0$

$\Rightarrow 2x^2 + 4x - x - 2 = 0$

$\Rightarrow 2x(x+2) - 1(x+2) = 0$

$\Rightarrow x = \frac{1}{2}$ या -2

अत: $\cos A = \frac{1}{2}$ $\{\because 0 < A < 90°\}$

$\Rightarrow A = 60°$

359. (d) $\frac{\sec A + \tan A}{\sec A - \tan A} = 2\frac{51}{79}$

$\Rightarrow \frac{\frac{1}{\cos A} + \frac{\sin A}{\cos A}}{\frac{1}{\cos A} - \frac{\sin A}{\cos A}} = \frac{209}{79}$

$\Rightarrow \frac{1 + \sin A}{1 - \sin A} = \frac{209}{79}$

$\Rightarrow 79 + 79\sin A = 209 - 209\sin A$

$\Rightarrow 288\sin A = 130$

$\Rightarrow \sin A = \frac{130}{288} = \frac{65}{144}$

360. (c) $\because (a\sin\theta + b\cos\theta)$ का अधिकतम मान $= \sqrt{a^2 + b^2}$

अब, $19\sin\theta + 6\cot\theta\sin\theta$

$= 19\sin\theta + 6\frac{\cos\theta}{\sin\theta} \times \sin\theta = 19\sin\theta + 6\cos\theta$

$\therefore (19\sin\theta + 6\cos\theta)$ का अधिकतम मान

$= \sqrt{19^2 + 6^2} = \sqrt{361 + 36} = \sqrt{397}$

361. (c) दिया है, $x = \sin A + \cos A$

तथा $y = \sec A + \operatorname{cosec} A$

माना $A = 45°$

तब $x = \sin 45° + \cos 45°$

$\therefore \quad x = \frac{1}{\sqrt{2}} + \frac{1}{\sqrt{2}} = \frac{2}{\sqrt{2}} = \sqrt{2}$

$y = \sec 45° + \text{cosec } 45°$

$\therefore \quad y = \sqrt{2} + \sqrt{2} = 2\sqrt{2}$

विकल्प (c) से, $y + 2x = x^2 y$

$\text{LHS} = y + 2x = 2\sqrt{2} + 2\sqrt{2} = 4\sqrt{2}$

$\text{RHS} = x^2 y = (\sqrt{2})^2 \times 2\sqrt{2} = 2 \times 2\sqrt{2} = 4\sqrt{2}$

अत: LHS = RHS

$\therefore \quad y + 2x = x^2 y$

362. (c) $\tan\theta = \frac{7}{24}$

अब, $\cos^2\theta - \sin^2\theta = \cos^2\theta - (1 - \cos^2\theta)$

$= 2\cos^2\theta - 1 = \cos 2\theta$

$\because \cos 2\theta = \frac{1 - \tan^2\theta}{1 + \tan^2\theta}$

$= \frac{1 - \left(\frac{7}{24}\right)^2}{1 + \left(\frac{7}{24}\right)^2} = \frac{(24)^2 - (7)^2}{(24)^2 + (7)^2}$

$= \frac{(24+7)(24-7)}{576 + 49} = \frac{31 \times 17}{625} = \frac{527}{625}$

$\therefore (\cos^2\theta - \sin^2\theta) = \frac{527}{625}$

363. (c) $(\sin x + \sin y) = a$ ...(i)

$(\cos x + \cos y) = b$ ...(ii)

दोनों समीकरणों के वर्गों को जोड़ने से,

$(\sin^2 x + \sin^2 y + 2\sin x \sin y)$

$+ \cos^2 x + \cos^2 y + 2\cos x \cos y = a^2 + b^2$

$\Rightarrow (\sin^2 x + \cos^2 x) + (\sin^2 y + \cos^2 y)$

$+ 2(\sin x \sin y + \cos x \cos y) = a^2 + b^2$

$\Rightarrow 2 + 2(\sin x \sin y + \cos x \cos y) = a^2 + b^2$

$\therefore (\sin x \sin y + \cos x \cos y) = \frac{a^2 + b^2 - 2}{2}$

364. (b) $\sin\alpha = \frac{5}{13} = \frac{p}{h}$

$\therefore b = \sqrt{h^2 - p^2} = \sqrt{13^2 - 5^2} = \sqrt{12^2} = 12$

अब, $\cos\alpha \cdot \text{cosec}\,\alpha \cdot \cot\alpha$

$= \cos\alpha \cdot \frac{1}{\sin\alpha} \cdot \frac{\cos\alpha}{\sin\alpha}$

$= \left(\frac{\cos^2\alpha}{\sin^2\alpha}\right) = \left(\frac{\cos\alpha}{\sin\alpha}\right)^2 = (\cot\alpha)^2$

$= \left(\frac{12}{5}\right)^2 = \frac{144}{25}$

365. (a) $(1 + \cot A - \text{cosec } A)$

$(1 + \tan A + \sec A) - 3(\sin^2 A + \cos^2 A)$

$= \left(1 + \frac{\cos A}{\sin A} - \frac{1}{\sin A}\right)$

$\left(1 + \frac{\sin A}{\cos A} + \frac{1}{\cos A}\right) - 3 \times 1$

$= (\sin A + \cos A - 1)\frac{(\cos A + \sin A + 1)}{\sin A \cos A} - 3$

$= \frac{[(\sin A + \cos A) - 1][\sin A + \cos A + 1]}{\sin A \cos A} - 3$

$= \frac{(\sin A + \cos A)^2 - (1)^2}{\sin A \cos A} - 3;$

$[\because (a+b)(a-b) = a^2 - b^2]$

$= \frac{\sin^2 A + \cos^2 A + 2\sin A \cos A - 1}{\sin A \cos A} - 3$

$= \frac{2\sin A \cos A}{\sin A \cos A} - 3 = 2 - 3 = -1$

366. (c) त्रिकोणमितीय व्यंजक है,

$\text{cosec}\,\theta(1 - \cos\theta)(\text{cosec}\,\theta + \cot\theta)$

$= \text{cosec}\,\theta(1 - \cos\theta) \times \frac{1}{(\text{cosec}\,\theta - \cot\theta)}$

$(\because \text{cosec}^2\theta - \cot^2\theta = 1)$

$= \frac{\text{cosec}\,\theta(1 - \cos\theta)}{\left(\text{cosec}\,\theta - \frac{\cos\theta}{\sin\theta}\right)}$

$= \frac{\text{cosec}\,\theta(1 - \cos\theta) \times \sin\theta}{(\sin\theta\,\text{cosec}\,\theta - \cos\theta)}$

$= \frac{\text{cosec}\,\theta \cdot \sin\theta(1 - \cos\theta)}{(1 - \cos\theta)}$ $\left(\because \sin\theta = \frac{1}{\text{cosec}\,\theta}\right)$

$= \sin\theta\,\text{cosec}\,\theta = 1$

367. (b) $(1 + \tan^2 A) + \left(1 + \frac{1}{\tan^2 A}\right)$

$= \sec^2 A + (1 + \cot^2 A) = \sec^2 A + \text{cosec}^2 A$

$[\because \sec^2 A - \tan^2 A = 1]$

$= \frac{1}{\cos^2 A} + \frac{1}{\sin^2\theta} = \frac{1}{\cos^2 A \sin^2 A}$

$[\cos^2 A = 1 - \sin^2 A]$

$= \frac{1}{\sin^2 A(1 - \sin^2 A)} = \frac{1}{\sin^2 A - \sin^4 A}$

368. (c) दिया है, $\sec 6A = \text{cosec}(A - 29°)$

$\Rightarrow \text{cosec}(90° - 6A) = \text{cosec}(A - 29°)$

$[\because \text{cosec}(90° - \theta) = \sec\theta]$

$\Rightarrow 90° - 6A = A - 29°$

$\Rightarrow \quad 7A = 90° + 29° = 119°$

$\therefore \quad A = 17°$

अत: $\angle A = 17°$

369. (a) $\tan(t) + \cot(t) = 1$

$\Rightarrow \frac{\sin t}{\cos t} + \frac{\cos t}{\sin t} = 1$

$\Rightarrow \frac{\sin^2 t + \cos^2 t}{\sin t \cdot \cos t} = 1$ $[\because \sin^2\theta + \cos^2\theta = 1]$

$\Rightarrow \frac{1}{\sin t \cdot \cos t} = 1$

अब, $(\sin t + \cos t)^2$

$= \sin^2 t + \cos^2 t + 2\sin t \cdot \cos t$

$\Rightarrow (\sin t + \cos t)^2 = 1 + 2 \times 1 = 3$

$\therefore \quad \sin t + \cos t = \sqrt{3}$

$\therefore \quad \frac{1}{\sin t + \cos t} = \frac{1}{\sqrt{3}}$

370. (a) दिया है, $\sin\theta + \cos\theta = \sqrt{2}\cos\theta$

$\Rightarrow \sin\theta = \sqrt{2}\cos\theta - \cos\theta$

$\Rightarrow \sin\theta = (\sqrt{2} - 1)\cos\theta$

दोनों पक्षों को $\sqrt{2} + 1$ से गुणा करने पर,

$(\sqrt{2} + 1)\sin\theta = (\sqrt{2} + 1)(\sqrt{2} - 1)\cos\theta$

$\Rightarrow \sqrt{2}\sin\theta + \sin\theta = (2 - 1)\cos\theta$

$\Rightarrow \sqrt{2}\sin\theta = \cos\theta - \sin\theta$

$\Rightarrow \cos\theta - \sin\theta = \sqrt{2}\sin\theta$

अब, $\frac{\sin\theta - \cos\theta}{\sin\theta} = \frac{-\sqrt{2}\sin\theta}{\sin\theta} = -\sqrt{2}$

371. (d) $2\tan^2 45° + \cos^2 30° - \sin^2 60°$

$= 2(1)^2 + \left(\frac{\sqrt{3}}{2}\right)^2 - \left(\frac{\sqrt{3}}{2}\right)^2 = 2 \times 1 = 2$

372. (c) $\frac{2\sin A - \cos A}{\sin A + \cos A} = 1$

अंश और हर में $\cos A$ से भाग देने पर,

$\frac{2\tan A - 1}{\tan A + 1} = 1 \Rightarrow 2\tan A - 1 = \tan A + 1$

$\Rightarrow \quad \tan A = 2$

$\therefore \quad \cot A = \frac{1}{2}$

373. (a) $\cot^2\theta = 1 - e^2$

$\text{cosec}^2\theta - 1 = 1 - e^2 \Rightarrow \text{cosec}^2\theta = 2 - e^2$

$\Rightarrow \quad \text{cosec}\,\theta = (2 - e^2)^{\frac{1}{2}}$ ...(i)

$\therefore \text{cosec}\,\theta + \cot^3\theta\sec\theta$

$\Rightarrow \text{cosec}\,\theta + \frac{\cos^3\theta}{\sin^3\theta} \times \frac{1}{\cos\theta} = \frac{1}{\sin\theta} + \frac{\cos^2\theta}{\sin^3\theta}$

$= \frac{\sin^2\theta + \cos^2\theta}{\sin^3\theta}$

$= \frac{1}{\sin^3\theta} = \text{cosec}^3\theta = (2 - e^2)^{3/2}$

374. (a) $2(\sin 1° \times \sec 89°)$

$+ 3(\cos 11° \times \text{cosec } 79°) + 5(\tan 21° \times \tan 69°)$

$= 2(\sin 1° \times \sec(90° - 1) + 3[\cos 11° \times$

$\text{cosec}(90° - 11)] + 5(\tan 21° \times \tan(90° - 21))$

$= 2(\sin 1° \times \text{cosec } 1°) + 3[\cos 11° \times \sec 11°]$

$+ 5(\tan 21° \times \cot 21°)$

$= 2 \times 1 + 3 \times 1 + 5 \times 1 = 10$

375. (b) दिया है,

$7\sin^2 A + 3\cos^2 A = 4$

$\Rightarrow \quad 7\sin^2 A + 3(1 - \sin^2 A) = 4$

$\Rightarrow 7\sin^2 A + 3 - 3\sin^2 A = 4$

$\Rightarrow \quad 4\sin^2 A + 3 = 4$

$\Rightarrow \sin^2 A = \frac{1}{4} \Rightarrow \sin A = \frac{1}{2} \Rightarrow \sin A = \sin 30°$

$\therefore \quad A = 30°$

तब, $\cot A = \cot 30° = \sqrt{3}$

376. (a) $\sqrt{\frac{1 - \tan A}{1 + \tan A}}$

$= \sqrt{\frac{1 - \frac{\sin A}{\cos A}}{1 + \frac{\sin A}{\cos A}}} = \sqrt{\frac{\cos A - \sin A}{\cos A + \sin A}}$

$= \sqrt{\frac{(\cos A - \sin A)(\cos A - \sin A)}{(\cos A + \sin A)(\cos A - \sin A)}}$

$= \sqrt{\frac{\cos^2 A + \sin^2 A - 2\sin A \cdot \cos A}{\cos^2 A - \sin^2 A}}$

$= \sqrt{\frac{1 - 2\sin A \cdot \cos A}{\cos^2 A - \sin^2 A}}$

$= \sqrt{\frac{1 - \sin 2A}{\cos 2A}}$

377. (c) $\cos\theta - \sin\theta = \sqrt{2}\sin\theta$

$\Rightarrow \cos^2\theta + \sin^2\theta - 2\sin\theta \cdot \cos\theta = 2\sin^2\theta$

$\Rightarrow \cos^2\theta - 2\sin\theta \cdot \cos\theta = \sin^2\theta$

$\Rightarrow \cos^2\theta - \sin^2\theta = 2\sin\theta \cdot \cos\theta$

$\Rightarrow \quad (\cos\theta - \sin\theta)(\cos\theta + \sin\theta) = 2\sin\theta \cdot \cos\theta$

$\Rightarrow \sqrt{2}\sin\theta(\cos\theta+\sin\theta)=2\sin\theta\cdot\cos\theta$

$\therefore \quad \cos\theta+\sin\theta=\frac{2}{\sqrt{2}}\times\frac{\sqrt{2}}{\sqrt{2}}\cos\theta=\sqrt{2}\cos\theta$

378. (b) $(\tan^2\theta+\tan^4\theta)=\frac{\sin^2\theta}{\cos^2\theta}+\frac{\sin^4\theta}{\cos^4\theta}$

$=\frac{\sin^2\theta\cdot\cos^2\theta+\sin^4\theta}{\cos^4\theta}$

$=\frac{\sin^2\theta\cdot(\sin^2\theta+\cos^2\theta)}{\cos^4\theta}$

$=\frac{\sin^2\theta}{\cos^4\theta}=\frac{1-\cos^2\theta}{\cos^4\theta}=\sec^4\theta-\sec^2\theta$

379. (b) $\sin\theta+\text{cosec}\,\theta=2$ ...(i)

समी (i) में दोनों तरफ वर्ग करने पर,

$(\sin\theta+\text{cosec}\,\theta)^2=(2)^2$

$\Rightarrow \sin^2\theta+\text{cosec}^2\theta+2\sin\theta\times\frac{1}{\sin\theta}=4$

$\Rightarrow \quad \sin^2\theta+\text{cosec}^2\theta=2$ ...(ii)

समी (i) में दोनों तरफ घन करने पर,

$(\sin\theta+\text{cosec}\,\theta)^3=(2)^3$

$\Rightarrow \sin^3\theta+\text{cosec}^3\theta+3(\sin\theta+\text{cosec}\,\theta)=8$

$\Rightarrow \sin^3\theta+\text{cosec}^3\theta=8-6=2$ ...(iii)

समी (ii) और समी (iii) की गुणा करने पर,

$(\sin^2\theta+\text{cosec}^2\theta)(\sin^3\theta+\text{cosec}^3\theta)=2\times2$

$\Rightarrow \sin^5\theta+\sin^2\theta.\text{cosec}^3\theta+\text{cosec}^2\theta.\sin^3\theta+\text{cosec}^5\theta=4$

$\Rightarrow \sin^5\theta+\text{cosec}^5\theta+\sin\theta+\text{cosec}\,\theta=4$

$\therefore \sin^5\theta+\text{cosec}^5\theta=4-2=2$

स्पीडी विधि

$\sin\theta+\text{cosec}\,\theta=2\Rightarrow\sin\theta+\frac{1}{\sin\theta}=2$

यहाँ $\theta=90°$ रखने पर,

$\sin90°+\frac{1}{\sin90°}=2=1+1=2$

$\therefore \sin^5\theta+\text{cosec}^5\theta=\sin^5 90°+\text{cosec}^5 90°$

$=1+1=2$

380. (c) $\tan A=\frac{4}{3}=\frac{\text{लम्ब}}{\text{आधार}}$

$\therefore$ कर्ण $=\sqrt{\text{लम्ब}^2+\text{आधार}^2}=\sqrt{4^2+3^2}=\sqrt{25}=5$

$\sin A=\frac{\text{लम्ब}}{\text{कर्ण}}=\frac{4}{5}$

381. (a) $\cos(36°-A)\cos(36°+A)+\cos(54°-A)\cos(54°+A)$

$=\cos(36°-A)\cos(36°+A)+\cos[90°-(36°+A)]\cos[90°-(36°-A)]$

$=\cos(36°-A)\cos(36°+A)+\sin(36°+A)\sin(36°-A)$

$=\cos(36°+A-36°+A)=\cos2A$

$[\because \cos(A-B)=\cos A\cos B+\sin A\sin B]$

382. (b) दिया है, $4\cos\theta+3\sin\theta=x$

दोनों पक्षों का वर्ग करने पर,

$(4\cos\theta+3\sin\theta)^2=x^2$

$\Rightarrow 16\cos^2\theta+9\sin^2\theta+24\cos\theta\cdot\sin\theta=x^2$ ...(i)

तथा $4\sin\theta-3\cos\theta=y$

दोनों पक्षों का वर्ग करने पर,

$(4\sin\theta-3\cos\theta)^2=y^2$

$\Rightarrow 16\sin^2\theta+9\cos^2\theta-24\cos\theta\cdot\sin\theta=y^2$ ...(ii)

समी (i) व (ii) को जोड़ने पर,

$x^2+y^2=25\sin^2\theta+25\cos^2\theta$

$=25(\sin^2\theta+\cos^2\theta)=25$

383. (b) दिया है, $\cos A=\sin^2 A$

दोनों पक्षों का वर्ग करने पर,

$\cos^2 A=\sin^4 A$

$\Rightarrow 1-\sin^2 A=\sin^4 A\Rightarrow \sin^4 A+\sin^2 A=1$

दोनों पक्षों का घन करने पर,

$(\sin^4 A+\sin^2 A)^3=1^3$

$\Rightarrow \sin^{12}A+\sin^6 A+3\sin^4 A\cdot\sin^2 A(\sin^4 A+\sin^2 A)=1$

$\Rightarrow \sin^{12}A+\sin^6 A+3\sin^{10}A+3\sin^8 A=1$

$\Rightarrow \sin^{12}A+3\sin^{10}A+3\sin^8 A+\sin^6 A=1$ ...(i)

दिया है,

$a\sin^{12}A+b\sin^{10}A+c\sin^8 A+\sin^6 A=1$ ...(ii)

समी (i) व (ii) की तुलना करने पर,

$a=1, b=3, c=3$

अत: $a+b+c=1+3+3=7$

384. (b) $\cos48°=\frac{m}{n}$

$\therefore \quad \sec48°=\frac{n}{m}$

पुन: $\cos48°=\frac{m}{n}$

$\Rightarrow \cos(90°-42°)=\frac{m}{n}\Rightarrow \sin42°=\frac{m}{n}$

$\therefore \cos42°=\sqrt{1-\sin^2 42°}=\sqrt{1-\frac{m^2}{n^2}}=\frac{\sqrt{n^2-m^2}}{n}$

$\therefore \sec48°-\cot42°=\frac{n}{m}-\frac{\frac{\sqrt{n^2-m^2}}{n}}{\frac{m}{n}}$

$=\frac{n}{m}-\frac{\sqrt{n^2-m^2}}{m}=\frac{n-\sqrt{n^2-m^2}}{m}$

385. (b) $\frac{2\cos^3\theta-\cos\theta}{\sin\theta-2\sin^3\theta}=\frac{\cos\theta(2\cos^2\theta-1)}{\sin\theta(1-2\sin^2\theta)}$

$=\frac{\cot\theta[2(1-\sin^2\theta)-1]}{(1-2\sin^2\theta)}$

$=\frac{\cot\theta(1-2\sin^2\theta)}{1-2\sin^2\theta}=\cot\theta$

386. (a) $\cos^2 45°+\cos^2 135°+\cos^2 225°+\cos^2 315°$

$=\cos^2 45°+\cos^2(180°-45°)+\cos^2(180°+45°)+\cos^2(360°-45°)$

$=\cos^2 45+(-\cos^2 45°)^2+(-\cos45°)^2+\cos^2 45°$

$=\left(\frac{1}{\sqrt{2}}\right)^2+\left(-\frac{1}{\sqrt{2}}\right)^2+\left(-\frac{1}{\sqrt{2}}\right)^2+\left(\frac{1}{\sqrt{2}}\right)^2$

$=\frac{1}{2}+\frac{1}{2}+\frac{1}{2}+\frac{1}{2}=\frac{4}{2}=2$

387. (d) दिया है, $\cos^2-\sin^2\theta=\frac{1}{2}$

$\Rightarrow (1-\sin^2\theta)-\sin^2\theta=\frac{1}{2}\Rightarrow 1-2\sin^2\theta=\frac{1}{2}$

$\Rightarrow 2\sin^2\theta=\frac{1}{2}\Rightarrow \sin^2\theta=\frac{1}{4}$

$\Rightarrow \sin\theta=\frac{1}{2}=\sin30°\Rightarrow \theta=30°$

388. (a) $\cot\theta=\frac{1}{\sqrt{3}}=\cot60°\Rightarrow\theta=60°$

$\therefore \quad \frac{2-\sin^2\theta}{1-\cos^2\theta}+(\text{cosec}^2\theta-\sec\theta)$

$=\frac{2-\sin^2 60°}{\sin^2 60°}+(\text{cosec}^2 60°-\sec60°)$

$=\frac{2-\frac{3}{4}}{\frac{3}{4}}+\left(\frac{4}{3}-2\right)=\frac{5}{4}\times\frac{4}{3}-\frac{2}{3}$

$=\frac{5}{3}-\frac{2}{3}=\frac{3}{3}=1$

389. (d) $4(\text{cosec}^2 57°-\tan^2 33°)-\cos90°+y\times\tan^2 66°\tan^2 24°=\frac{y}{2}$

$\Rightarrow 4(\text{cosec}^2(90°-33°)-\tan^2 33°)-\cos90°+y\times\tan^2(90°-24°)\times\tan^2 24°=\frac{y}{2}$

$\Rightarrow 4(\sec^2 33°-\tan^2 33°)-\cos90°+y\times\cot^2 24°\tan^2 24°=\frac{y}{2}$

$\Rightarrow 4\times1-0+y\times1=\frac{y}{2}$

$\Rightarrow 4+y=\frac{y}{2}\Rightarrow\frac{1}{2}y=-4$

$\therefore \quad y=-8$

390. (a) $4-2\sin^2\theta-5\cos\theta=0$

$\Rightarrow \quad 4-2(1-\cos^2\theta)-5\cos\theta=0$

$\Rightarrow \quad 4-2+2\cos^2\theta-5\cos\theta=0$

$\Rightarrow \quad 2\cos^2\theta-5\cos\theta+2=0$

$\Rightarrow \quad 2\cos^2\theta-4\cos\theta-\cos\theta+2=0$

$\Rightarrow 2\cos\theta(\cos\theta-2)-(\cos\theta-2)=0$

$\Rightarrow \quad (\cos\theta-2)(2\cos\theta-1)=0$

$\Rightarrow \cos\theta=2,\frac{1}{2}$

$\because \quad 0°<\theta<90°$

$\therefore \quad \cos\theta=\frac{1}{2}=\cos60°\Rightarrow\theta=60°$

$\therefore \cos\theta-\tan\theta=\cos60°-\tan60°$

$=\frac{1}{2}-\sqrt{3}=\frac{1-2\sqrt{3}}{2}$

391. (a) $\sin3x=\cos(3x-45°)$

$\Rightarrow \cos(90°-3x)=\cos(3x-45°)$

$\Rightarrow \quad 90°-3x=3x-45°\Rightarrow 6x=135°$

$\therefore \quad x=22.5°$

392. (c) $4-2\sin^2\theta-5\cos\theta=0$

तथा $0°<\theta<90°$

$\Rightarrow \quad 4-2(1-\cos^2\theta)-5\cos\theta=0$

$\Rightarrow \quad 4-2+2\cos^2\theta-5\cos\theta=0$

$\Rightarrow \quad 2\cos^2\theta-5\cos\theta+2=0$

$\Rightarrow 2\cos^2\theta-4\cos\theta-\cos\theta+2=0$

$\Rightarrow 2\cos\theta(\cos\theta-2)-1(\cos\theta-2)=0$

$\Rightarrow \quad (2\cos\theta-1)(\cos\theta-2)=0$

$\Rightarrow \quad \cos\theta=\frac{1}{2},2 \because 0°<\theta<90°$

$\therefore \quad \cos\theta = \frac{1}{2} = \cos 60° \Rightarrow \theta = 60°$

$\therefore \cos\theta + \tan\theta = \cos 60° + \tan 60°$

$= \frac{1}{2} + \sqrt{3} = \frac{1+2\sqrt{3}}{2}$

393. (a) $4(\text{cosec}^2 57° - \tan^2 33°)$

$- \cos 90° - y\tan^2 66° \tan^2 24° = \frac{y}{2}$

$\Rightarrow \quad 4(\text{cosec}^2 (90° - 33°) - \tan^2 33°)$

$- \cos 90° - y\tan^2 (90° - 24°) \tan^2 24° = \frac{y}{2}$

$\Rightarrow 4(\sec^2 33° - \tan^2 33°)$

$- 0 - y\cot^2 24° \tan^2 24° = \frac{y}{2}$

$\Rightarrow 4 \times 1 - y \times 1 = \frac{y}{2} \Rightarrow \frac{3}{2}y = 4 \Rightarrow y = \frac{8}{3}$

394. (b) $(\sin^6 A + \cos^6 A + 3\sin^2 A\cos^2 A)$

$- (\sin^4 A - \cos^4 A + 1)\,\text{cosec}^2 A$

$= (\sin^2 A + \cos^2 A)^3 - [(\sin^2 A + \cos^2 A)$

$(\sin^2 A - \cos^2 A + 1]\,\text{cosec}^2 A$

$= 1 - [\sin^2 A - \cos^2 A + 1]\,\text{cosec}^2 A$

$= 1 - [\sin^2 A + \sin^2 A] \times \frac{1}{\sin^2 A}$

$= 1 - \frac{2\sin^2 A}{\sin^2 A} = 1 - 2 = -1$

395. (a) $3(\sec^2 A - 1)(\text{cosec} A - 1)$

$(\text{cosec}\, A + 1) + 4(\text{cosec}^2 A - \cot^2 A)$

$= 3(\sec^2 A - 1)(\text{cosec}^2 A - 1) + 4$

$(\text{cosec}^2 A - \cot^2 A)$

$= 3\tan^2 A \times \cot^2 A + 4$

$= 3 + 4 = 7$

396. (c) प्रश्नानुसार,

$\tan A + \sin A = x \quad$ ...(i)

$\tan A - \sin A = y \quad$ ...(ii)

अब, $x^2 - y^2 = (\tan A + \sin A)^2$

$- (\tan A - \sin A)^2$

$= 4\tan A \times \sin A \quad$ ..(iii)

अब, समी (i) × समी (ii) से,

$xy = \tan^2 A - \sin^2 A = \frac{\sin^2 A}{\cos^2 A} - \sin^2 A$

$xy = \sin^2 A\left(\frac{1}{\cos^2 A} - 1\right)$

$= \frac{\sin^2 A(1 - \cos^2 A)}{\cos^2 A} = \frac{\sin^2 A \times \sin^2 A}{\cos^2 A}$

$\therefore \sqrt{xy} = \sqrt{\frac{\sin^2 A \times \sin^2 A}{\cos^2 A}}$

$= \frac{\sin A \times \sin A}{\cos A} = \tan A \times \sin A \quad$ ...(iv)

अब, समी (iii) और (iv) से,

$x^2 - y^2 = 4\sqrt{xy}$

397. (a) माना $\cos^{-1}\left(\frac{7}{25}\right) = A$

$\Rightarrow \cos A = \frac{7}{25} \Rightarrow \sin A = \frac{24}{25}$

और $\quad \cos^{-1}\left(\frac{15}{17}\right) = B$

$\Rightarrow \quad \cos B = \frac{15}{17} \Rightarrow \sin B = \frac{8}{17}$

अब, $\sin(A - B) = \sin A \times \cos B$

$- \cos A \cdot \sin B$

$= \frac{24}{25} \times \frac{15}{17} - \frac{7}{25} \times \frac{8}{17} = \frac{360}{425} - \frac{56}{425}$

$\Rightarrow \sin(A - B) = \frac{304}{425}$

$\therefore \quad A - B = \sin^{-1}\left(\frac{304}{425}\right)$

$\Rightarrow \quad \cos^{-1}\left(\frac{7}{25}\right) - \cos^{-1}\left(\frac{15}{17}\right) = \sin^{-1}\left(\frac{304}{425}\right)$

398. (c) व्यंजक

$\left(\frac{\sin\theta}{1+\cos\theta} + \frac{1+\cos\theta}{\sin\theta}\right)\left(\frac{1}{\tan\theta + \cot\theta}\right)$

$= \left(\frac{\sin^2\theta + (1+\cos\theta)^2}{\sin\theta(1+\cos\theta)}\right)\left(\frac{1}{\frac{\sin\theta}{\cos\theta} + \frac{\cos\theta}{\sin\theta}}\right)$

$= \left(\frac{\sin^2\theta + 1 + \cos^2\theta + 2\cos\theta}{(1+\cos\theta)\sin\theta}\right)$

$\left(\frac{\sin\theta \times \cos\theta}{\sin^2\theta + \cos^2\theta}\right)$

$= \frac{2(1+\cos\theta)}{(1+\cos)\sin\theta}(\sin\theta\cos\theta)$

$= \frac{2}{\sin\theta} \times \sin\theta \times \cos\theta = 2\cos\theta$

399. (a) $3\tan\theta = 4$

$\Rightarrow \quad \tan\theta = \frac{4}{3}$

अब, व्यंजक $= \frac{(9\sin\theta + 2\cos\theta)}{(9\sin\theta - 2\cos\theta)}$

प्रत्येक पद में $\cos\theta$ से भाग देने पर,

$\frac{\left(9\frac{\sin\theta}{\cos\theta} + \frac{2\cos\theta}{\cos\theta}\right)}{\left(9\frac{\sin\theta}{\cos\theta} - \frac{2\cos\theta}{\cos\theta}\right)} = \left(\frac{9\tan\theta + 2}{9\tan\theta - 2}\right)$

$= \left(\frac{9 \times \frac{4}{3} + 2}{9 \times \frac{4}{3} - 2}\right) = \frac{14}{10} = \frac{7}{5}$

400. (a) $4\sin^2\theta - 4\sqrt{3}\sin\theta + 3 = 0$

$\Rightarrow (2\sin\theta)^2 - 2 \times 2\sin\theta \times \sqrt{3} + (\sqrt{3})^2 = 0$

$\Rightarrow (2\sin\theta - \sqrt{3})^2 = 0$

$[\because a^2 - 2ab + b^2 = (a - b)^2]$

$\Rightarrow \ 2\sin\theta - \sqrt{3} = 0$

$\Rightarrow \quad \sin\theta = \frac{\sqrt{3}}{2} = \sin 60° \Rightarrow \theta = 60°$

401. (a) $f(p) = \sin^{p+2} x + \cos^{p+2} x$

$\Rightarrow \quad f(0) = \sin^2 x + \cos^2 x = 1$

अब, $f(2) = \sin^4 x + \cos^4 x$

अब, $f(4) = \sin^6 x + \cos^6 x$

$= (\sin^2 x + \cos^2 x)(\sin^4 x + \cos^4 x$

$- \sin^2 x\cos^2 x)$

अब, $6f(2) - 4f(4) + 10f(0)$

$= 6\sin^4 x + 6\cos^4 x - 4\sin^4 x - 4\cos^4 x$

$+ 4\sin^2 x\cos^2 x + 10$

$= 2(\sin^4 x + \cos^4 x + 2\sin^2 x\cos^2 x) + 10$

$= 2(\sin^2 x + \cos^2 x)^2 + 10 = 2 \times 1^2 + 10 = 12$

402. (a) $\tan A = \sqrt{2} - 1$

$\sec^2 A = 1 + \tan^2 A = 1 + (\sqrt{2} - 1)^2$

$= 1 + 2 + 1 - 2\sqrt{2} = 4 - 2\sqrt{2}$

अब, $\sin A\cos A + \tan A$

$= \sin A\cos A + \frac{\sin A}{\cos A}$

$= \sin A\left[[\cos A + \frac{1}{\cos A}\right]$

$= \tan A[\cos^2 A + 1]$

$= (\sqrt{2} - 1)\left[\frac{1}{4 - 2\sqrt{2}} + 1\right]$

$= (\sqrt{2} - 1)\left[\frac{1 + 4 - 2\sqrt{2}}{4 - 2\sqrt{2}}\right]$

$= \frac{(\sqrt{2} - 1)(5 - 2\sqrt{2})}{2\sqrt{2}(\sqrt{2} - 1)}$

$= \frac{5 - 2\sqrt{2}}{2\sqrt{2}} \times \frac{\sqrt{2}}{\sqrt{2}} = \frac{5\sqrt{2} - 4}{4}$

403. (d) $7\cos A + 24\sin A$ का अधिकतम मान

$= \sqrt{7^2 + 24^2} = \sqrt{49 + 576} = \sqrt{625} = 25$

अत: $7\cos A + 24\sin A + 32$ का अधिकतम मान

$= 25 + 32 = 57$

404. (a) $\tan\theta = \frac{7}{4} = \frac{\sin\theta}{\cos\theta}$

$\therefore \quad \frac{4\sin\theta - 3\cos\theta}{4\sin\theta + 3\cos\theta} = \frac{4 \times 7 - 3 \times 4}{4 \times 7 + 3 \times 4}$

$= \frac{28 - 12}{28 + 12} = \frac{16}{40} = \frac{2}{5}$

405. (a) $\cot\alpha = \frac{P}{Q} \quad \frac{\cos\alpha}{\sin\alpha} = \frac{P}{Q} \quad$ ...(i)

अब, $\frac{P\cos\alpha - Q\sin\alpha}{P\cos\alpha + Q\sin\alpha} - \frac{P^2 - Q^2}{P^2 + Q^2} + 3$

$= \frac{P \times P - Q \times Q}{P \times P + Q \times Q} - \frac{P^2 - Q^2}{P^2 + Q^2} + 3$

$= \frac{P^2 - Q^2}{P^2 + Q^2} - \frac{P^2 - Q^2}{P^2 + Q^2} + 3 = 0 + 3 = 3$

406. (a) $\cos^4\theta - \sin^4\theta = \frac{4}{5}$

$\Rightarrow (\cos^2\theta)^2 - (\sin^2\theta)^2 = \frac{4}{5}$

$\Rightarrow (\cos^2\theta + \sin^2\theta)(\cos^2\theta - \sin^2\theta) = \frac{4}{5}$

$\Rightarrow \quad \cos^2\theta - \sin^2\theta = \frac{4}{5} \Rightarrow \cos 2\theta = \frac{4}{5}$

$\sin 2\theta = \sqrt{1 - \left(\frac{4}{5}\right)^2} = \sqrt{\frac{25 - 16}{25}} = \frac{3}{5}$

$\therefore \sin 4\theta = 2\sin 2\theta\cos 2\theta = 2 \times \frac{3}{5} \times \frac{4}{5} = \frac{24}{25}$

407. (d) $\sin\theta = \frac{11}{12}$

$\because \sin^2\theta + \cos^2\theta = 1$

$\therefore \cos\theta = \sqrt{1 - \left(\frac{11}{12}\right)^2} = \sqrt{\frac{144 - 121}{144}} = \frac{\sqrt{23}}{12}$

$\therefore \sec\theta = \frac{1}{\cos\theta} = \frac{12}{\sqrt{23}}$

$\tan\theta = \frac{\sin\theta}{\cos\theta} = \frac{11}{12} \times \frac{12}{\sqrt{23}} = \frac{11}{\sqrt{23}}$

अब, $(\tan\theta + \sec\theta) = \frac{11}{\sqrt{23}} + \frac{12}{\sqrt{23}}$

$= \frac{23}{\sqrt{23}} \times \frac{\sqrt{23}}{\sqrt{23}} = \sqrt{23}$

408. (a) $\cot A = \frac{5}{12} = \frac{\cos A}{\sin A}$

अब, $\sqrt{\frac{\sec A - \operatorname{cosec} A}{\sec A + \operatorname{cosec} A}} - \sqrt{\frac{17}{7}}$

$= \sqrt{\frac{\frac{1}{\cos A} - \frac{1}{\sin A}}{\frac{1}{\cos A} + \frac{1}{\sin A}}} - \sqrt{\frac{17}{7}}$

$= \sqrt{\frac{\sin A - \cos A}{\sin A + \cos A}} - \sqrt{\frac{17}{7}}$

$= \sqrt{\frac{12-5}{12+5}} - \sqrt{\frac{17}{7}}$

$= \sqrt{\frac{7}{17}} - \sqrt{\frac{17}{7}}$

$= \frac{7-17}{\sqrt{17 \times 7}} = \frac{-10}{\sqrt{119}}$

409. (d) $\left[\frac{\operatorname{cosec} 31^\circ - \sec 59^\circ}{\sin 18^\circ \div \cos 72^\circ} \times \frac{\tan 26^\circ}{\cot 64^\circ}\right] + \left[\frac{\tan 30^\circ + \tan 15^\circ}{1 - \tan 30^\circ \tan 15^\circ}\right]$

$= \left[\frac{\operatorname{cosec} (90^\circ - 59^\circ) - \sec 59^\circ}{\sin 18^\circ \div \cos 72^\circ} \times \frac{\tan 26^\circ}{\cot 64^\circ}\right] + [\tan (30^\circ + 15^\circ)]$

$= \left[\left(\frac{\sec 59^\circ - \sec 59^\circ}{\sin 18^\circ \div \cos 72^\circ}\right) \times \frac{\tan 26^\circ}{\cot 64^\circ}\right] + \tan 45^\circ$

$= 0 + \tan 45^\circ = 0 + 1 = 1$

410. (d) दिया है,

$\sin (x - y) = \sin x \cos y - \cos x \sin y$

अब, $\frac{\sin (A-B)}{\cos A \cos B} + \frac{\sin (B-C)}{\cos B \cos C}$

$= \frac{\sin A \cos B - \sin B \cos A}{\cos A \cos B} + \frac{\sin B \cos C - \sin C \cos B}{\cos B \cos C}$

$= (\tan A - \tan B) + (\tan B - \tan C)$

$= \tan A - \tan C = \frac{\sin A}{\cos A} - \frac{\sin C}{\cos C}$

$= \frac{\sin A \cos C - \sin C \cos A}{\cos A \cos C} = \frac{\sin (A - C)}{\cos A \cos C}$

411. (a) $\tan A = a \tan B$

$\tan B = \frac{1}{a} \tan A \Rightarrow \cot B = \frac{a}{\tan A}$

तथा $\sin A = b \sin B$

$\Rightarrow \quad \sin B = \frac{\sin A}{b}$

$\therefore \quad \operatorname{cosec} B = \frac{b}{\sin A}$

$\because \quad \operatorname{cosec}^2 B - \cot^2 B = 1$

$\Rightarrow \quad \frac{b^2}{\sin^2 A} - \frac{a^2}{\tan^2 A} = 1$

$\Rightarrow \quad \frac{b^2}{\sin^2 A} - \frac{a^2 \cos^2 A}{\sin^2 A} = 1$

$\Rightarrow \quad b^2 - a^2 \cos^2 A = 1 - \cos^2 A$

$\Rightarrow \quad \cos^2 A (a^2 - 1) = b^2 - 1$

$\therefore \quad \cos^2 A = \frac{b^2 - 1}{a^2 - 1}$

412. (d) $\cot \theta = \frac{3}{4} = \frac{AB}{BC}$

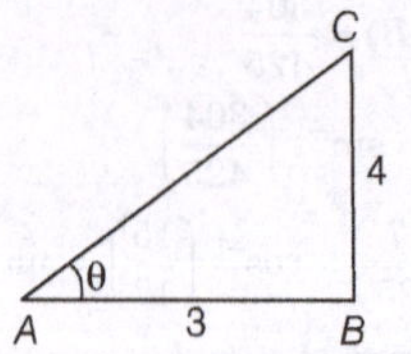

$\therefore \quad AC = \sqrt{AB^2 + BC^2} = \sqrt{3^2 + 4^2} = 5$

$\therefore \quad \sin \theta + \cos \theta - \tan \theta$

$= \frac{BC}{AC} + \frac{AB}{AC} - \frac{BC}{AB} = \frac{4}{5} + \frac{3}{5} - \frac{4}{3}$

$= \frac{12 + 9 - 20}{15} = \frac{1}{15}$

413. (d) $\frac{1}{\sin^4 (90 - 2\alpha)} + \frac{1}{\cos^2 (90^\circ - 2\alpha) - 1}$

$= \frac{1}{\cos^4 2\alpha} + \frac{1}{\sin^2 2\alpha - 1}$

$= \frac{1}{\cos^4 2\alpha} - \frac{1}{1 - \sin^2 2\alpha}$

$= \frac{1}{\cos^4 2\alpha} - \frac{1}{\cos^2 2\alpha} = \frac{1}{\cos^2 2\alpha}\left(\frac{1}{\cos^2 2\alpha} - 1\right)$

$= \frac{1}{\cos^2 2\alpha}\left[\frac{(1 - \cos^2 2\alpha)}{\cos^2 2\alpha}\right] = \frac{1}{\cos^2 2\alpha} \times \frac{\sin^2 2\alpha}{\cos^2 2\alpha}$

$= \sec^2 2\alpha \times \tan^2 2\alpha$

414. (a) $\tan 570^\circ = \tan (180^\circ \times 3 + 30^\circ)$

$= \tan 30^\circ = \left(\frac{1}{\sqrt{3}}\right)$

415. (c) प्रश्नानुसार, $\alpha + \beta = 45^\circ$

$\Rightarrow \quad \tan (\alpha + \beta) = \tan 45^\circ$

$\Rightarrow \quad \frac{\tan \alpha + \tan \beta}{1 - \tan \alpha \tan \beta} = 1$

$\Rightarrow \quad \tan \alpha + \tan \beta = 1 - \tan \alpha \times \tan \beta$

$\Rightarrow \tan \alpha + \tan \beta + \tan \alpha \times \tan \beta = 1 \quad \text{...(i)}$

अब, $(\tan \alpha + 1)(\tan \beta + 1) = 2x$

$\Rightarrow \tan \alpha + \tan \alpha \times \tan \beta + \tan \beta + 1 = 2x \quad \text{...(ii)}$

समी (i) और (ii) से,

$1 + 1 = 2x \Rightarrow x = 1$

416. (a) प्रश्नानुसार,

$\frac{3 \cos^3 \theta - 2 \cos \theta}{\sin \theta - 3 \sin^3 \theta} = \frac{\cos \theta (3 \cos^2 \theta - 2)}{\sin \theta (1 - 3 \sin^2 \theta)}$

$= \frac{\cos \theta \{3 (1 - \sin^2 \theta) - 2\}}{\sin \theta (1 - 3 \sin^2 \theta)}$

$= \cot \theta \frac{(3 - 3 \sin^2 \theta - 2)}{(1 - 3 \sin^2 \theta)}$

$= \cot \theta \frac{(1 - 3 \sin^2 \theta)}{(1 - 3 \sin^2 \theta)} = \cot \theta$

417. (a) $\sin (30^\circ + \theta) - \cos (60^\circ - \theta)$

$= \sin (30^\circ + \theta) - \sin (90^\circ - [60^\circ - \theta)]$

$= \sin (30^\circ + \theta) - \sin (30^\circ + \theta) = 0$

418. (d) $(\cot \theta + \tan \theta)(\operatorname{cosec} \theta - \sin \theta) \times (\cos \theta - \sec \theta)$

$= \left(\frac{\cos \theta}{\sin \theta} + \frac{\sin \theta}{\cos \theta}\right)\left(\frac{1}{\sin \theta} - \sin \theta\right) \times \left(\cos \theta - \frac{1}{\cos \theta}\right)$

$= \left(\frac{\sin^2 \theta + \cos^2 \theta}{\sin \theta \cos \theta}\right)\left(\frac{1 - \sin^2 \theta}{\sin \theta}\right) \times \left(\frac{\cos^2 \theta - 1}{\cos \theta}\right)$

$= \left(\frac{1}{\sin \theta \cos \theta}\right)\left(\frac{\cos^2 \theta}{\sin \theta}\right)\left(\frac{-\sin^2 \theta}{\cos \theta}\right) = -1$

419. (b) $\sqrt{13} \sin \theta = 2$

$\Rightarrow \quad \sin \theta = \frac{2}{\sqrt{13}}$

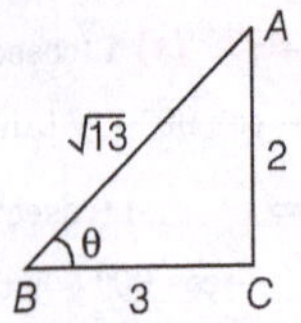

समकोण ΔACB में,

$(BC)^2 = (AB)^2 - (AC)^2$

$= (\sqrt{13})^2 - (2)^2 = 9$

$\Rightarrow \quad BC = 3$

$\therefore \quad \frac{3 \tan \theta + \sqrt{13} \sin \theta}{\sqrt{13} \cos \theta - 3 \tan \theta} = \frac{3 \times \frac{2}{3} + \sqrt{13} \times \frac{2}{\sqrt{13}}}{\sqrt{13} \times \frac{3}{\sqrt{13}} - 3 \times \frac{2}{3}}$

$= \frac{4}{1} = 4$

420. (a) $\tan \theta + \cot \theta = 2$

$\Rightarrow \quad \tan \theta + \frac{1}{\tan \theta} = 2$

$\Rightarrow \quad \tan^2 \theta - 2 \tan \theta + 1 = 0$

$\Rightarrow \quad (\tan \theta - 1)^2 = 0 \Rightarrow \tan \theta = 1$

अब, $\tan^3 \theta + \cot^3 \theta + 6 \tan^3 \theta \cdot \cot^2 \theta$

$= \tan^3 \theta + \frac{1}{\tan^3 \theta} + 6 \tan^3 \theta \cdot \frac{1}{\tan^2 \theta}$

$= 1 + \frac{1}{1} + 6 (1)^3 \cdot \frac{1}{1} = 1 + 1 + 6 = 8$

421. (a) $\cos (x + y) - \sin (x - y) + \tan 2z$

$= (\cos x \cos y - \sin x \sin y)$

$- (\sin x \cos y - \sin y \cos x) + \frac{2 \tan z}{1 - \tan^2 z}$

$= \cos x \cos y - \sin x \sin y$

$- \sin x \cos y + \sin y \cos x + \frac{2 \tan z}{1 - \tan^2 z}$

422. (d) $12 \sin^2 A + 2 \cos^2 A = 7$

$\Rightarrow \quad 12 \sin^2 A + 2 (1 - \sin^2 A) = 7$

$\Rightarrow \quad 12 \sin^2 A + 2 - 2 \sin^2 A = 7$

$\Rightarrow \quad 10 \sin^2 A = 5 \Rightarrow \sin^2 A = \frac{1}{2}$

$\therefore \quad \cos^2 A = 1 - \sin^2 A = 1 - \frac{1}{2} = \frac{1}{2}$

$\therefore \quad \cot^2 A = \frac{\cos^2 A}{\sin^2 A} = \frac{1}{2} \times \frac{2}{1} = 1$

$\therefore \quad \cot A = \pm 1$

423. (a) $\cot A = \frac{7}{1}$

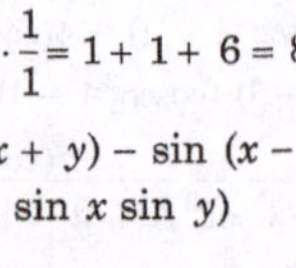

अब, $(AB)^2 = 7^2 + 1^2 = 49 + 1$

$\therefore \quad AB = \sqrt{50} = 5\sqrt{2}$

अब, $5 \cos A + 4 \sin A = 5 \times \frac{7}{5\sqrt{2}} + 4 \times \frac{1}{5\sqrt{2}}$

$= \frac{35 + 4}{5\sqrt{2}} = \frac{39}{5\sqrt{2}} \quad \text{...(i)}$

और $\cos^3 A + 7 \sin^3 A + 6 \sin A$

$= \left(\frac{7}{5\sqrt{2}}\right)^3 + 7 \times \left(\frac{1}{5\sqrt{2}}\right)^3 + 6 \times \frac{1}{5\sqrt{2}}$

$= \frac{343}{250\sqrt{2}} + \frac{7}{250\sqrt{2}} + \frac{6}{5\sqrt{2}}$

$= \frac{343 + 7 + 300}{250\sqrt{2}} = \frac{650}{250\sqrt{2}}$ ...(ii)

अब, $\frac{5 \cos A + 4 \sin A}{\cos^3 A + 7 \sin^3 A + 6 \sin A}$

$= \frac{\frac{39}{5\sqrt{2}}}{\frac{650}{250\sqrt{2}}} = \frac{39}{5\sqrt{2}} \times \frac{250\sqrt{2}}{650} = 3$

424. (d) प्रश्नानुसार,

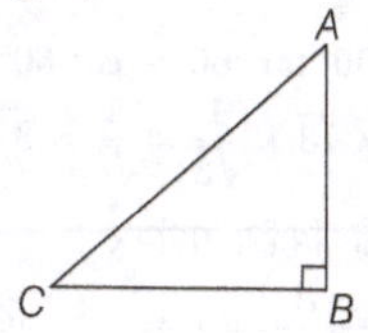

दिया है, $\angle B = 90°$

$\because$ त्रिभुज के तीनों कोणों का योग = 180°

$\therefore \quad \angle A + \angle C = 180° - 90° = 90°$

$\therefore \quad \sin A \cos C + \cos A \sin C$

$= \sin (A + C) = \sin 90° = 1$

425. (b) प्रश्नानुसार,

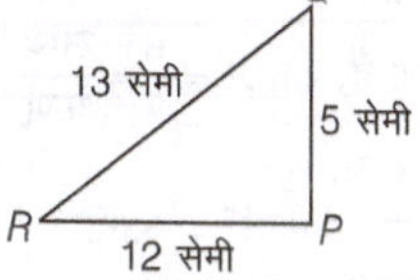

$\Rightarrow \quad PR = \sqrt{QR^2 - PQ^2} = \sqrt{13^2 - 5^2} = 12$ सेमी

$\therefore \tan Q - \tan R = \frac{RP}{PQ} - \frac{PQ}{RP}$

$= \frac{12}{5} - \frac{5}{12} = \frac{144 - 25}{60} = \frac{119}{60}$

426. (c) प्रश्नानुसार,

$\tan A = \frac{BC}{AB} = \frac{3}{4}$

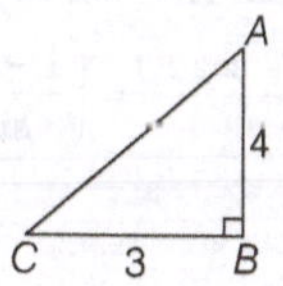

$\therefore \quad AC = \sqrt{BC^2 + AB^2} = \sqrt{3^2 + 4^2} = 5$

अब, $\frac{6 \sin A}{1 - \sin A} = \frac{6 \times \frac{3}{5}}{1 - \frac{3}{5}} = \frac{18}{2} = 9$

427. (d) दिया है, $\text{cosec} A + \cot A = a\sqrt{b}$

$\frac{1}{\sin A} + \frac{\cos A}{\sin A} = a\sqrt{b} \Rightarrow \frac{1 + \cos A}{\sin A} = a\sqrt{b}$

$\Rightarrow a^2 b = \frac{1 + \cos^2 A}{\sin^2 A}$ [दोनों पक्षों का वर्ग करने पर]

$\therefore \frac{a^2 b - 1}{a^2 b + 1} = \frac{\frac{(1 + \cos A)^2}{\sin^2 A} - 1}{\frac{(1 + \cos A)^2}{\sin^2 A} + 1}$

$= \frac{1 + \cos^2 A + 2\cos A - \sin^2 A}{1 + \cos^2 A + 2\cos A + \sin^2 A}$

$= \frac{\sin^2 A + \cos^2 A + \cos^2 A + 2\cos A - \sin^2 A}{1 + \sin^2 A + \cos^2 A + 2\cos A}$

$= \frac{2\cos A(1 + \cos A)}{2(1 + \cos A)} = \cos A$

428. (b) दिया है, $\sin \theta = \frac{43}{47}$

$\therefore \quad \text{cosec}\, \theta = \frac{47}{43}$

$\therefore \quad \text{cosec}^2 \theta - \cot^2 \theta = 1$

$\Rightarrow \cot^2 \theta = \text{cosec}^2 \theta - 1 \Rightarrow \cot^2 \theta = \left(\frac{47}{43}\right)^2 - 1$

$\Rightarrow \cot^2 \theta = \left(\frac{47}{43} + 1\right)\left(\frac{47}{43} - 1\right)$

$\Rightarrow \cot^2 \theta = \frac{90}{43} \times \frac{4}{43} = \frac{360}{43 \times 43}$

$\Rightarrow \quad \cot \theta = \sqrt{\frac{360}{(43)^2}} = \frac{\sqrt{36 \times 10}}{43} = \frac{6\sqrt{10}}{43}$

429. (a) दिया गया व्यंजक,

$(\cot B - \tan B) \cdot \sin B \cdot \cos B$

$= \left(\frac{\cos B}{\sin B} - \frac{\sin B}{\cos B}\right) \sin B \cdot \cos B$

$= \left(\frac{\cos^2 B - \sin^2 B}{\sin B \cdot \cos B}\right) \sin B \cdot \cos B$

$= \cos^2 B - \sin^2 B = \cos^2 B - (1 - \cos^2 B);$

$= \cos^2 B - 1 + \cos^2 B = 2\cos^2 B - 1$

430. (d) दिया है, $\text{cosec}\, \theta - \cot \theta = \frac{7}{2}$ ...(i)

हम जानते हैं

$\text{cosec}^2 \theta - \cot^2 \theta = 1$

$\therefore \quad \text{cosec}\, \theta + \cot \theta = \frac{2}{7}$ ...(ii)

समी (i) व (ii) को जोड़ने पर,

$2 \text{ cosec}\, \theta = \frac{2}{7} + \frac{7}{2} = \frac{4 + 49}{14} = \frac{53}{14}$

$\therefore \quad \text{cosec}\, \theta = \frac{53}{2 \times 14} = \frac{53}{28}$

431. (b) $4 \sin \theta + 5 \cos\theta = 3$ ...(i)

तथा $\quad 4 \cos\theta - 5 \sin \theta = x$ ...(ii)

दोनों समीकरण का वर्ग करके जोड़ने पर,

$16\sin^2 \theta + 25 \cos^2\theta + 40 \sin \theta \cos\theta$

$+ 16\cos^2 \theta + 25 \sin^2 \theta - 40 \sin \theta \cos \theta = 3^2 + x^2$

$16\sin^2 \theta + 16\cos^2 \theta + 25\sin^2 \theta$

$+ 25\cos^2 \theta = 9 + x^2$

$16 (\sin^2 \theta + \cos^2 \theta) + 25$

$(\sin^2 \theta + \cos^2 \theta) = 9 + x^2$

$\therefore 16 + 25 = 9 + x^2 \Rightarrow x^2 = 41 - 9 = 32$

$x = \sqrt{32} = 4\sqrt{2}$

अत: $4\cos\theta - 5 \sin \theta$ का मान $4\sqrt{2}$ है।

स्पीडी विधि

अगर $a \sin\theta + b \cos \theta = c$ और

$a \cos \theta - b \sin \theta = d$ तो

$\Rightarrow a^2 + b^2 = c^2 + d^2$

$\Rightarrow 4^2 + 5^2 = 3^2 + d^2 \Rightarrow 16 + 25 = 9 + d^2$

$\Rightarrow 41 - 9 = d^2 \Rightarrow 32 = d^2 \Rightarrow d = \sqrt{32} = 4\sqrt{2}$

432. (a) दिया है, $A = 60°$ और $B = 30°$

$\frac{\tan A - \tan B}{1 + \tan A \tan B} = \tan(A - B) = \tan(60° - 30°)$

$= \tan 30° = \frac{1}{\sqrt{3}}$

433. (d) दिया है, $\angle M = 90°$

$RM = 4$ सेमी, $MS = 3$ सेमी

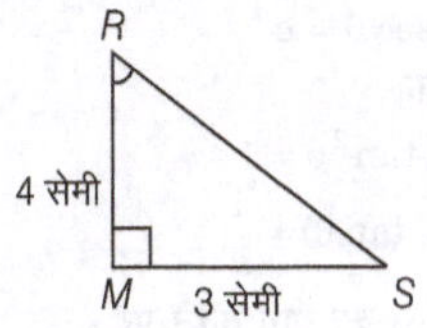

पाइथागोरस प्रमेय से,

$RS^2 = RM^2 + MS^2$

$RS = \sqrt{4^2 + 3^2} = \sqrt{25} = 5$ सेमी

$\sec R = \frac{RS}{RM} = \frac{5}{4}$

434. (a) $\cos^2 36° + \cos 54° \cdot \sin 36° + \left(\frac{\tan 26°}{\cot 64°}\right)$

$= \cos^2 36° + \cos (90° - 36°)$

$\sin 36° + \left(\frac{\tan 26°}{\cot (90° - 26°)}\right)$

$= \cos^2 36° + \sin^2 36° + 1 = 1 + 1 = 2$

435. (a) दिया है,

$\tan A = \frac{1}{2}$ और $\tan B = \frac{1}{3}$

$\therefore \tan (A + B) = \frac{\tan A + \tan B}{1 - \tan A \tan B}$

$= \frac{\frac{1}{2} + \frac{1}{3}}{1 - \frac{1}{2} \times \frac{1}{3}} = \frac{\frac{5}{6}}{\frac{6 - 1}{6}} = \frac{5}{5} = 1 = \tan 45°$

$\therefore \quad A + B = 45°$

436. (c) ΔPQR में, $\angle Q = 90°$

तथा $PQ = 12$ सेमी और $PR = 13$ सेमी

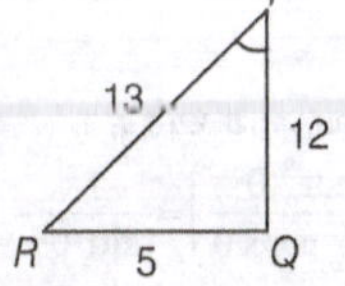

पाइथागोरस प्रमेय से,

$PR^2 = PQ^2 + QR^2$

$(13)^2 = (12)^2 + QR^2 \Rightarrow QR^2 = 169 - 144 = 25$

$\therefore \quad QR = 5$ सेमी

$\therefore \quad \tan P + \cot R = \frac{5}{12} + \frac{5}{12} = \frac{10}{12}$

437. (c) $\frac{\sin \theta - \cos \theta}{\sin \theta + \cos \theta} = \frac{4}{5}$

$\Rightarrow \quad 5 \sin \theta - 5 \cos \theta = 4 \sin \theta + 4 \cos \theta$

$\Rightarrow \quad \sin \theta = 9 \cos \theta \Rightarrow \tan \theta = 9$

$\therefore \quad \cot \theta = \frac{1}{9}$

$\therefore \quad \text{cosec}^2 \theta = 1 + \cot^2 \theta$

$= 1 + \left(\frac{1}{9}\right)^2$

$= \frac{81 + 1}{81} = \frac{82}{81}$

अब, $\dfrac{\text{cosec}^2\theta}{2-\text{cosec}^2\theta}=\dfrac{\frac{82}{81}}{2-\frac{82}{81}}$

$=\dfrac{82}{162-82}=\dfrac{82}{80}=\dfrac{41}{40}$

438. (a) दिया है,

$\tan\theta+\sec\theta=a$ ...(i)

हम जानते हैं कि

$\because\ \sec^2\theta-\tan^2\theta=1$

$\therefore\ (\sec\theta-\tan\theta)=\dfrac{1}{a}$ ...(ii)

समी (i) तथा (ii) का योग करने पर,

$2\sec\theta=a+\dfrac{1}{a}\Rightarrow 2\sec\theta=\dfrac{a^2+1}{a}$

$\therefore\ \sec\theta=\dfrac{a^2+1}{2a}$

439. (b) दिया गया समीकरण,

$\dfrac{\cot^3 A-1}{\cot A-1}=?$

माना, $\cot A=a$ तथा $b=1$

$\therefore\ \dfrac{a^3-b^3}{a-b}=\dfrac{(a-b)(a^2+ab+b^2)}{(a-b)}$

$=a^2+ab+b^2$

a तथा b का मान रखने पर,

$\cot^2 A+\cot A+1$

$=(1+\cot^2 A)+\cot A=\text{cosec}^2 A+\cot A$

440. (c) त्रिकोणमितीय व्यंजक

$\dfrac{\sin 58^\circ}{\cos 32^\circ}+\dfrac{\sin 55^\circ\cdot\sec 35^\circ}{\tan 5^\circ\tan 45^\circ\tan 85^\circ}$

$=\dfrac{\cos(90-58^\circ)}{\cos 32^\circ}+\dfrac{\sin 55^\circ}{\sin(90-35^\circ)}\times\dfrac{1}{\tan 5^\circ\times 1\times\cot(90-85^\circ)}$

$=\dfrac{\cos 32^\circ}{\cos 32^\circ}+\left(\dfrac{\sin 55^\circ}{\sin 55^\circ}\times\dfrac{1}{\tan 5^\circ\times 1\times\cot 5^\circ}\right)$

$=1+1=2$

441. (c) त्रिकोणमितीय व्यंजक

$\left(\dfrac{1}{\sin\theta}\right)-\left(\dfrac{\cot^2\theta}{1+\text{cosec}\theta}\right)=\dfrac{1}{\sin\theta}-\left(\dfrac{\text{cosec}^2\theta-1}{\text{cosec}\,\theta+1}\right)$

$=\left(\dfrac{1}{\sin\theta}\right)-(\text{cosec}\theta-1)$

$=\dfrac{1}{\sin\theta}-\left(\dfrac{1}{\sin\theta}-1\right)=1$

442. (a) त्रिकोणमितीय व्यंजक

$\dfrac{\sin^2 32^\circ+\sin^2 58^\circ}{\cos^2 32^\circ+\cos^2 58^\circ}+\sin^2 53^\circ+\cos 53^\circ\cdot\sin 37^\circ$

$=\dfrac{\cos^2(90^\circ-32^\circ)+\sin^2 58^\circ}{\sin^2(90^\circ-32^\circ)+\cos^2 58^\circ}+\sin^2 53^\circ+\cos 53^\circ\cdot\cos(90^\circ-37^\circ)$

$=\dfrac{\cos^2 58^\circ+\sin^2 58^\circ}{\sin^2 58^\circ+\cos^2 58^\circ}+\sin^2 53^\circ+\cos^2 53^\circ$

$=\dfrac{1}{1}+1=1+1=2$

443. (b) दिया है, $A=30^\circ$

$\therefore\ \dfrac{2\tan A}{(1-\tan^2 A)}=\dfrac{2\tan 30^\circ}{1-\tan^2 30^\circ}$

$=\dfrac{2\times\frac{1}{\sqrt3}}{1-\left(\frac{1}{\sqrt3}\right)^2}=\dfrac{\frac{2}{\sqrt3}}{1-\frac{1}{3}}=\dfrac{2}{\sqrt3}\times\dfrac{3}{2}=\dfrac{3}{\sqrt3}$

स्पीडी विधि

$\dfrac{2\tan A}{1-\tan^2 A}=\tan 2A\Rightarrow A=30^\circ$

$\Rightarrow\ \tan 2A=\tan 2\times 30^\circ=\tan 60^\circ=\sqrt3$

$=\sqrt3\times\dfrac{\sqrt3}{\sqrt3}=\dfrac{3}{\sqrt3}$

444. (b) दिया है,

$\tan\theta=\dfrac{4}{5}$

$\therefore\ \sec\theta=\sqrt{1+\tan^2\theta}$

$=\sqrt{1+\left(\dfrac{4}{5}\right)^2}=\sqrt{1+\dfrac{16}{25}}$

$=\sqrt{\dfrac{25+16}{25}}=\sqrt{\dfrac{41}{25}}=\dfrac{\sqrt{41}}{5}$

445. (b) त्रिकोणमितीय व्यंजक

$\left(\dfrac{\cos\theta}{\sec\theta-1}\right)+\left(\dfrac{\cos\theta}{\sec\theta+1}\right)$

$=\dfrac{\cos\theta}{\left(\frac{1}{\cos\theta}-1\right)}+\dfrac{\cos\theta}{\left(\frac{1}{\cos\theta}+1\right)}$

$=\left(\dfrac{\cos^2\theta}{1-\cos\theta}\right)+\left(\dfrac{\cos^2\theta}{1+\cos\theta}\right)$

$=\dfrac{\cos^2\theta\,(1+\cos\theta+1-\cos\theta)}{(1-\cos^2\theta)}$

$=\dfrac{2\cos^2\theta}{\sin^2\theta}=2\cot^2\theta$

स्पीडी विधि

$\dfrac{\cos\theta}{\sec\theta-1}+\dfrac{\cos\theta}{\sec\theta+1}$

$=\dfrac{\cos\theta(\sec\theta+1)+\cos\theta(\sec\theta-1)}{(\sec\theta-1)(\sec\theta+1)}$

$=\dfrac{\cos\theta(\sec\theta+1+\sec\theta-1)}{\sec^2\theta-1}=\dfrac{\cos\theta\times 2\sec\theta}{\tan^2\theta}$

$=\dfrac{2}{\tan^2\theta}=2\cot^2\theta$

446. (a) दिया है,

$\sin A+\sin^2 A=1\Rightarrow\sin A=1-\sin^2 A$

$\Rightarrow\sin A=\cos^2 A$ ...(i)

$\sin^2 A=\cos^4 A$

अब, $\cos^2 A+\cos^4 A$ का मान

$=\sin A+\sin^2 A=1$ [समी (i) से]

447. (c) प्रश्नानुसार, पाइथागोरस प्रमेय से,

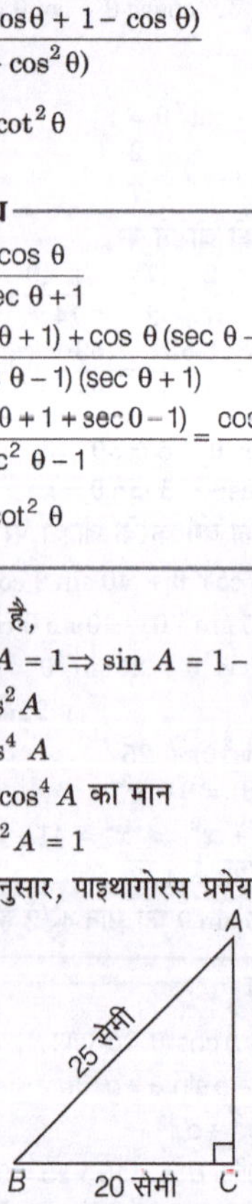

$AC^2=AB^2-BC^2$

$\Rightarrow\ AC^2=25^2-20^2=625-400=225$

$\Rightarrow\ AC=\sqrt{225}=15$ सेमी

तब, $\sec A=\dfrac{\text{कर्ण }(AB)}{\text{आधार }(AC)}=\dfrac{25}{15}=\dfrac{5}{3}$

448. (b) दिया है,

$\tan\theta+\sin\theta=A$ ...(i)

तथा $\tan\theta-\sin\theta=B$ ...(ii)

समी (i) व (ii) का वर्ग करने पर,

$\tan^2\theta+\sin^2\theta+2\tan\theta\cdot\sin\theta=A^2$ ...(iii)

$\tan^2\theta+\sin^2\theta-2\tan\theta\cdot\sin\theta=B^2$ ...(iv)

समी (iii) – समी (iv),

$2\tan\theta\cdot\sin\theta+2\tan\theta\cdot\sin\theta=A^2-B^2$

$\Rightarrow 4\tan\theta\cdot\sin\theta=A^2-B^2$

449. (b) दिया है,

$A=\cot 30^\circ\tan 60^\circ+\cot 60^\circ\cdot\tan 30^\circ$

$=\sqrt3\times\sqrt3+\dfrac{1}{\sqrt3}\times\dfrac{1}{\sqrt3}=3+\dfrac{1}{3}=\dfrac{10}{3}$

450. (d) त्रिकोणमितीय समीकरण

$\left(\dfrac{2\cos^3 A-\cos A}{\sin A-2\sin^3 A}\right)=1$

$\Rightarrow 2\cos^3 A-\cos A=\sin A-2\sin^3 A$

$\Rightarrow\cos A\,(2\cos^2 A-1)=\sin A\,(1-2\sin^2 A)$

$\Rightarrow\tan A=\dfrac{2\cos^2 A-1}{1-2\sin^2 A}=\dfrac{\cos 2A}{\cos 2A}=1$

$\Rightarrow\tan A=\tan 45^\circ$

$\therefore\ A=45^\circ$

451. (c) दिया है, $\sin A=\dfrac{6}{7}=\dfrac{\text{लम्ब}}{\text{कर्ण}}$

पाइथागोरस प्रमेय से,

$\text{कर्ण}^2=\text{लम्ब}^2+\text{आधार}^2$

$\Rightarrow\ \text{आधार}^2=(7)^2-(6)^2$

$\Rightarrow\ \text{आधार}^2=49-36=13$

$\therefore\ \text{आधार}=\sqrt{13}$

अब, $\sec A=\dfrac{\text{कर्ण}}{\text{आधार}}=\dfrac{AC}{AB}=\dfrac{7}{\sqrt{13}}$

452. (d) त्रिकोणमितीय व्यंजक

$=\text{cosec}\,A(1-\cos A)(\text{cosec}\,A+\cot A)$

$=\left(\dfrac{1-\cos A}{\sin A}\right)\left(\dfrac{1}{\sin A}+\dfrac{\cos A}{\sin A}\right)$

$=\dfrac{(1-\cos A)(1+\cos A)}{\sin^2 A}=\left(\dfrac{1-\cos^2 A}{\sin^2 A}\right)$

$=\dfrac{\sin^2 A}{\sin^2 A}=1$

453. (d) दिया है,

$6\sec\theta=10\Rightarrow\sec\theta=\dfrac{10}{6}=\dfrac{5}{3}=\dfrac{\text{कर्ण}}{\text{आधार}}$

पाइथागोरस प्रमेय से,

$\text{कर्ण}^2=\text{लम्ब}^2+\text{आधार}^2$

$\text{लम्ब}^2=5^2-3^2=25-9=16$

$\Rightarrow\ \text{लम्ब}=\sqrt{16}=4$

अब, $\dfrac{5\text{cosec}\,\theta-3\cot\theta}{4\cos\theta+3\sin\theta}=\dfrac{5\times\frac{5}{4}-3\times\frac{3}{4}}{4\times\frac{3}{5}+3\times\frac{4}{5}}$

$=\dfrac{\frac{25}{4}-\frac{9}{4}}{\frac{12}{5}+\frac{12}{5}}=\dfrac{16}{4}\times\dfrac{5}{24}=\dfrac{5}{6}$

454. (a) दिया है, $3\tan\theta = 4$

$\Rightarrow \quad \tan\theta = \frac{4}{3} = \frac{\text{लम्ब}}{\text{आधार}}$

पाइथागोरस प्रमेय से,

$\text{कर्ण}^2 = \text{लम्ब}^2 + \text{आधार}^2 = 3^2 + 4^2$

$\text{कर्ण} = 9 + 16 \Rightarrow \text{कर्ण} = \sqrt{25} = 5$

$\therefore 7\sin\theta - 2\cos\theta = 7 \times \frac{4}{5} - 2 \times \frac{3}{5} = \frac{28}{5} - \frac{6}{5} = \frac{22}{5}$

455. (a) दिया है, $\sin(\theta + 30°) = \cos 5\theta$

$\Rightarrow \quad \sin(\theta + 30°) = \sin(90° - 5\theta)$

$\Rightarrow \quad \theta + 30° = 90° - 5\theta \Rightarrow 6\theta = 90° - 30° = 60°$

$\therefore \quad \theta = 10°$

456. (a) दिया है,

$\sec x + \cos x = \frac{5}{2} \Rightarrow \frac{1}{\cos x} + \cos x = \frac{5}{2}$

$\Rightarrow \quad \frac{1 + \cos^2 x}{\cos x} = \frac{5}{2} \Rightarrow 2 + 2\cos^2 x = 5\cos x$

$\Rightarrow \quad 2\cos^2 x - 5\cos x + 2 = 0$

$\Rightarrow \quad 2\cos^2 x - 4\cos x - \cos x + 2 = 0$

$\Rightarrow \quad 2\cos x(\cos x - 2) - 1(\cos x - 2) = 0$

$\Rightarrow \quad (\cos x - 2)(2\cos x - 1) = 0$

$\Rightarrow \quad \cos x = 2$ या $\cos x = \frac{1}{2}$

$\therefore \quad \cos x = \frac{1}{2} \Rightarrow \cos x = \cos 60° \Rightarrow x = 60°$

$\{\because 0 < x < 90°\}$

अब, $\sin^2 x = \sin^2 60° = \left(\frac{\sqrt{3}}{2}\right)^2 = \frac{3}{4}$

457. (c) $\frac{1 + \tan A}{\text{cosec} A} + \frac{1 + \cot A}{\sec A}$

$= \frac{1 + \frac{\sin A}{\cos A}}{\frac{1}{\sin A}} + \frac{1 + \frac{\cos A}{\sin A}}{\frac{1}{\cos A}}$

$= \frac{\frac{\cos A + \sin A}{\cos A}}{\frac{1}{\sin A}} + \frac{\frac{\sin A + \cos A}{\sin A}}{\frac{1}{\cos A}}$

$= \frac{\sin A}{\cos A}(\cos A + \sin A) + \frac{\cos A}{\sin A}(\sin A + \cos A)$

$= (\cos A + \sin A)\left[\frac{\sin A}{\cos A} + \frac{\cos A}{\sin A}\right]$

$= (\cos A + \sin A)\left[\frac{\sin^2 A + \cos^2 A}{\cos A \cdot \sin A}\right]$

$= \frac{\cos A + \sin A}{\cos A \cdot \sin A} = \frac{\cos A}{\cos A \cdot \sin A} + \frac{\sin A}{\cos A \cdot \sin A}$

$= \frac{1}{\sin A} + \frac{1}{\cos A} = \sec A + \text{cosec} A$

स्पीडी विधि

$A = 45°$ रखने पर,

$\frac{1 + \tan A}{\text{cosec} A} + \frac{1 + \cot A}{\sec A}$

$= \frac{1 + \tan 45°}{\text{cosec } 45°} + \frac{1 + \cot 45°}{\sec 45°} = \frac{1+1}{\sqrt{2}} + \frac{1+1}{\sqrt{2}}$

$= \frac{2}{\sqrt{2}} + \frac{2}{\sqrt{2}} = \frac{4}{\sqrt{2}} \times \frac{\sqrt{2}}{\sqrt{2}} = \frac{4\sqrt{2}}{2} = 2\sqrt{2}$

अब, विकल्प (c) से,

$\sec A + \text{cosec} A \Rightarrow \theta = 45°$

$\sec 45° + \text{cosec } 45° = \sqrt{2} + \sqrt{2} = 2\sqrt{2}$

458. (b) दिया है, $\sin C = \frac{9}{10}$

तब, $\cos^2 C = 1 - \sin^2 C$

$= 1 - \left(\frac{9}{10}\right)^2 = 1 - \frac{81}{100} = \frac{19}{100}$

459. (b) दिया है, $\cos\theta + \sin\theta = \sqrt{2}$

दोनों ओर वर्ग करने पर,

$(\cos\theta + \sin\theta)^2 = (\sqrt{2})^2$

$\Rightarrow 1 + 2\cos\theta \cdot \sin\theta = 2 \Rightarrow 2\cos\theta \cdot \sin\theta = 1$

$\Rightarrow \cos\theta \cdot \sin\theta = \frac{1}{2} \Rightarrow \frac{1}{\sec\theta} \cdot \frac{1}{\text{cosec}\theta} = \frac{1}{2}$

$\Rightarrow \sec\theta \cdot \text{cosec}\theta = 2$

460. (c) दिया है, $A = a\,\text{cosec}\,\theta + b\cot\theta$

$B = a\cot\theta + b\,\text{cosec}\,\theta$

तब, $A^2 - B^2 = (A - B)(A + B)$

$= [a\,\text{cosec}\,\theta + b\cot\theta - a\cot\theta - b\,\text{cosec}\,\theta]$
$[a\,\text{cosec}\,\theta + b\cot\theta + a\cot\theta + b\,\text{cosec}\,\theta]$

$= [a(\text{cosec}\,\theta - \cot\theta) - b(\text{cosec}\,\theta - \cot\theta)]$
$[a(\text{cosec}\,\theta + \cot\theta) + b(\text{cosec}\,\theta + \cot\theta)]$

$= (\text{cosec}\,\theta - \cot\theta)(a - b)(\text{cosec}\,\theta + \cot\theta)(a + b)$

$\Rightarrow \quad A^2 - B^2 = (\text{cosec}^2\theta - \cot^2\theta)(a^2 - b^2)$

$\Rightarrow \quad A^2 - B^2 = a^2 - b^2$

461. (d) $\frac{3\,\text{cosec}\,42°}{\sec 48°} - \frac{5\cos 32°}{\sin 58°}$

$= \frac{3\,\text{cosec}\,42°}{\sec(90° - 42°)} - \frac{5\cos 32°}{\sin(90° - 32°)}$

$= \frac{3\,\text{cosec}\,42°}{\text{cosec}\,42°} - \frac{5\cos 32°}{\cos 32°} = 3 - 5 = -2$

462. (b) दिया है, $\sin\theta = \frac{3}{11}$

$\cos\theta = \sqrt{1 - \sin^2\theta} = \sqrt{1 - \left(\frac{3}{11}\right)^2} = \sqrt{\frac{112}{121}} = \frac{4\sqrt{7}}{11}$

तब, $\cot\theta = \frac{\cos\theta}{\sin\theta} = \frac{4\sqrt{7}}{11} \times \frac{11}{3} = \frac{4}{3}\sqrt{7}$

463. (d) $\tan\theta + \cot\theta = 8$

दोनों पक्षों का वर्ग करने पर,

$(\tan\theta + \cot\theta)^2 = 8^2$

$\Rightarrow \tan^2\theta + \cot^2\theta + 2\tan\theta \cdot \cot\theta = 64$

$\Rightarrow \quad \tan^2\theta + \cot^2\theta + 2 = 64$

$\Rightarrow \quad \tan^2\theta + \cot^2\theta = 62$

464. (c) प्रश्नानुसार,

ΔPQR में,

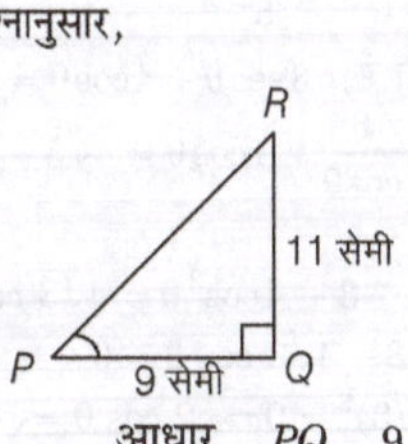

तब, $\cot P = \frac{\text{आधार}}{\text{लम्ब}} = \frac{PQ}{QR} = \frac{9}{11}$

465. (a) $(\sec A - \tan A + 1)(\sec A - \tan A - 1)$

$= (\sec A - \tan A)^2 - 1^2$

$= \sec^2 A + \tan^2 A - 2\sec A \cdot \tan A - 1$

$= \sec^2 A + \tan^2 A - 2\sec A\tan A - [\sec^2 A - \tan^2 A]$

$= \sec^2 A + \tan^2 A - 2\sec A\tan A - \sec^2 A + \tan^2 A$

$= 2\tan^2 A - 2\sec A \cdot \tan A$

$= 2\tan A(\tan A - \sec A)$

466. (d) $\cos^2\theta - 2 + \cos\theta = 0$

$\Rightarrow \quad \cos^2\theta + 2\cos\theta - \cos\theta - 2 = 0$

$\Rightarrow \cos\theta(\cos\theta + 2) - 1(\cos\theta + 2) = 0$

$\Rightarrow \quad (\cos\theta + 2)(\cos\theta - 1) = 0$

जब $\quad \cos\theta - 1 = 0 \Rightarrow \cos\theta = 1 = \cos 0°$

$\therefore \quad \theta = 0°$

जब $\quad \cos\theta + 2 = 0 \Rightarrow \cos\theta = -2$ (असम्भव)

अत: $\quad \theta = 0°$

467. (c) $\tan\alpha = \frac{1}{\sqrt{3}}$

$\Rightarrow \quad \tan\alpha = \tan 30° \Rightarrow \alpha = 30°$

तथा $\quad \tan\beta = \sqrt{3}$

$\Rightarrow \quad \tan\beta = \tan 60° \Rightarrow \beta = 60°$

तब, $\cos(\alpha + \beta) = \cos(30° + 60°) = \cos 90° = 0$

468. (a) प्रश्नानुसार ΔABC में,

पाइथागोरस प्रमेय से,

$AC^2 = BC^2 - AB^2$

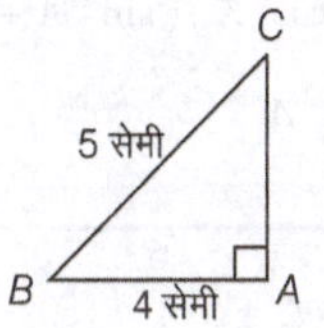

$\Rightarrow \quad AC^2 = 5^2 - 4^2 \Rightarrow AC^2 = 25 - 16$

$\Rightarrow \quad AC = \sqrt{9} = 3$ सेमी

अब, $\cos B + \cot C = \frac{4}{5} + \frac{3}{4} = \frac{16 + 15}{20} = \frac{31}{20}$

469. (b) दिया है, $\sin x = \frac{1}{2}$

$\Rightarrow \quad \sin x = \sin 30° \Rightarrow x = 30°$

तब, $(\sec^4 x + \text{cosec}^4 x) - (\tan^4 x + \cot^4 x)$

$\Rightarrow (\sec^4 30° + \text{cosec}^4 30) - (\tan^4 30° + \cot^4 30°)$

$= \left[\left(\frac{2}{\sqrt{3}}\right)^4 + 2^4\right] - \left[\left(\frac{1}{\sqrt{3}}\right)^4 + (\sqrt{3})^4\right]$

$= \left(\frac{16}{9} + 16\right) - \left(\frac{1}{9} + 9\right)$

$\frac{16 + 144}{9} - \frac{1 + 81}{9}$

$= \frac{160 - 82}{9} = \frac{78}{9} = \frac{26}{3}$

470. (d) $\frac{\text{cosec } 90°}{(1 - \cos^2 60°)} = \frac{1}{1 - \left(\frac{1}{2}\right)^2}$

$= \frac{1}{1 - \frac{1}{4}} = \frac{1}{3/4} = \frac{4}{3}$

471. (b) दिया है, $\tan\theta + \cot\theta = 2$

दोनों पक्षों का वर्ग करने पर,

$(\tan\theta + \cot\theta)^2 = 2^2$

$\Rightarrow \tan^2\theta + \cot^2\theta + 2\tan\theta \cdot \cot\theta = 4$

$\Rightarrow \tan^2\theta + \cot^2\theta + 2\tan\theta \cdot \cot\theta = 4\tan\theta \cdot \cot\theta$

$[\because \tan\theta\cot\theta = 1]$

$\Rightarrow \quad \tan^2\theta + \cot^2\theta + 2\tan\theta\cot\theta - 4\tan\theta\cot\theta = 0$

$\Rightarrow \tan^2\theta + \cot^2\theta - 2\tan\theta\cot\theta = 0$

$(\tan\theta - \cot\theta)^2 = 0 \Rightarrow \tan\theta - \cot\theta = 0$

472. (a) दिया है, $\cot y = \frac{12}{5} = \frac{\text{आधार}}{\text{लम्ब}}$

पाइथागोरस प्रमेय से,

$\because$ कर्ण $= \sqrt{(\text{आधार})^2 + (\text{लम्ब})^2}$

$= \sqrt{(12)^2 + 5^2} = \sqrt{144 + 25} = \sqrt{169} = 13$

अब, $\cos y = \frac{\text{आधार}}{\text{कर्ण}} = \frac{12}{13}$

$\Rightarrow \quad \cos^2 y = \frac{144}{169}$

473. (b) त्रिकोणमितीय व्यंजक

$= \left(\frac{1+\sec^2 A}{1+\cos^2 A}\right)\left(\frac{1+\sin^2 A}{1+\operatorname{cosec}^2 A}\right)$

$= \left(\frac{1+\frac{1}{\cos^2 A}}{1+\cos^2 A}\right)\left(\frac{1+\sin^2 A}{1+\frac{1}{\sin^2 A}}\right)$

$= \frac{1}{\cos^2 A}\left(\frac{\cos^2 A + 1}{1+\cos^2 A}\right)\left(\frac{1+\sin^2 A}{\sin^2 A + 1}\right) \cdot \frac{\sin^2 A}{1}$

$= \frac{\sin^2 A}{\cos^2 A} = \tan^2 A$

स्पीडी विधि

$\theta = 45°$ रखने पर,

$\left(\frac{1+\sec^2 45°}{1+\cos^2 45°}\right)\left(\frac{1+\sin^2 45°}{1+\operatorname{cosec}^2 45°}\right)$

$\left(\frac{1+(\sqrt{2})^2}{1+\left(\frac{1}{\sqrt{2}}\right)^2}\right)\left(\frac{1+\left(\frac{1}{\sqrt{2}}\right)^2}{1+(\sqrt{2})^2}\right)$

$= \frac{3}{\frac{3}{2}} \times \frac{\frac{3}{2}}{3} = \frac{3 \times 2}{3} \times \frac{3}{2 \times 3} = 1$

अब, विकल्प (b) से

$\theta = 45°$ रखने पर,

$\tan^2 45° = 1$

474. (b) दिया है, $\sec\theta + \tan\theta = 5$

हम जानते हैं

$\sec^2\theta - \tan^2\theta = 1$

$\therefore (\sec\theta - \tan\theta) = \frac{1}{5}$

475. (b) $\sin 2\theta\,(\tan\theta + \cot\theta)$

$= 2\sin\theta\cos\theta\left(\frac{\sin\theta}{\cos\theta} + \frac{\cos\theta}{\sin\theta}\right)$

$= 2\sin\theta\cos\theta\left(\frac{\sin^2\theta + \cos^2\theta}{\cos\theta\sin\theta}\right)$

$= 2 \times 1 = 2$

स्पीडी विधि

$\theta = 45°$ रखने पर,

$= \sin 2 \times 45°\,(\tan 45° + \cot 45°)$

$= \sin 90° \times (1+1) = 1 \times 2 = 2$

476. (b) $\sin x - 3\cos x = \sqrt{3}\cos x$

$\Rightarrow \quad \frac{\sin x}{\cos x} - 3 = \sqrt{3}$

(दोनों ओर $\cos x$ से भाग करने पर)

$\Rightarrow \tan x = \sqrt{3} + 3$

$\Rightarrow \quad \cot x = \frac{1}{\sqrt{3}+3} \times \frac{3-\sqrt{3}}{3-\sqrt{3}} = \frac{3-\sqrt{3}}{9-3}$

$= \frac{3-\sqrt{3}}{6}$

477. (d) $\tan\theta + \cot\theta = 4$

दोनों पक्षों का वर्ग करने पर,

$\tan^2\theta + \cot^2\theta + 2\tan\theta\cot\theta = 16$

$\tan^2\theta + \cot^2\theta = 16 - 2 = 14$

478. (d) $\frac{\sin 4\theta + \sin 2\theta}{\cos 4\theta + \cos 2\theta}$

$= \frac{2\sin\left(\frac{4\theta+2\theta}{2}\right)\cos\left(\frac{4\theta-2\theta}{2}\right)}{2\cos\left(\frac{4\theta+2\theta}{2}\right)\cos\left(\frac{4\theta-2\theta}{2}\right)}$

$\left[\because \sin C + \sin D = 2\sin\left(\frac{C+D}{2}\right)\cos\left(\frac{C-D}{2}\right)\right.$

तथा $\left.\cos C + \cos D = 2\cos\left(\frac{C+D}{2}\right)\cos\left(\frac{C-D}{2}\right)\right]$

$= \frac{2\sin 3\theta\cos\theta}{2\cos 3\theta\cos\theta} = \tan 3\theta$

479. (b) दिया है, $\sec\theta - \operatorname{cosec}\theta = 0$

$\Rightarrow \quad \sec\theta = \operatorname{cosec}\theta$

त्रिकोणमिति में $\theta = 45°$ पर,

$\sec\theta$ और $\operatorname{cosec}\theta$ बराबर होते हैं

$\therefore \quad \theta = 45°$

अब $\text{sce}^2\theta + \operatorname{cosec}^2\theta = \sec^2 45 + \operatorname{cosec}^2 45$

$= (\sqrt{2})^2 + (\sqrt{2})^2 = 4$

480. (d) दिया है, $\tan\theta = \frac{4}{3} = \frac{\text{लम्ब}}{\text{आधार}}$

$\therefore \quad$ कर्ण $= \sqrt{\text{लम्ब}^2 + \text{आधार}^2}$

$= \sqrt{(4)^2 + (3)^2}$

$= \sqrt{16+9} = \sqrt{25} = 5$

$\therefore \quad = \frac{9\sin\theta + 12\cos\theta}{27\cos\theta - 20\sin\theta}$

$= \frac{9 \times \frac{4}{5} + 12 \times \frac{3}{5}}{27 \times \frac{3}{5} - 20 \times \frac{4}{5}} = \frac{36+36}{81-80} = \frac{72}{1} = 72$

481. (b) दिया है, $3\sec\theta + 4\cos\theta = 4\sqrt{3}$

$\Rightarrow \quad \frac{3}{\cos\theta} + 4\cos\theta = 4\sqrt{3}$

$\Rightarrow \quad 3 + 4\cos^2\theta = 4\sqrt{3}\cos\theta$

$\Rightarrow 4\cos^2\theta + 3 - 4\sqrt{3}\cos\theta = 0$

$\Rightarrow (2\cos\theta - \sqrt{3})^2 = 0 \Rightarrow 2\cos\theta = \sqrt{3}$

$\cos\theta = \frac{\sqrt{3}}{2} = \cos 30° \Rightarrow \theta = 30°$

$\therefore 1 - \sin\theta + \cos\theta = 1 - \sin 30° + \cos 30°$

$= 1 - \frac{1}{2} + \frac{\sqrt{3}}{2} = \frac{1}{2} + \frac{\sqrt{3}}{2} = \frac{1+\sqrt{3}}{2}$

482. (d) $\frac{3(\cot^2 46° - \sec^2 44°)}{2(\sin^2 28° + \sin^2 62°)} + \frac{2\cos^2 60°\tan^2 33°\tan^2 57°}{\sec^2(90°-\theta) - \cot^2\theta}$

$= \frac{3[\cot^2(90°-44°) - \sec^2 44°]}{2[\sin^2(90°-62°) + \sin^2 62°]} + \frac{2\left(\frac{1}{2}\right)^2 \times \tan^2(90°-57°) \times \tan^2 57°}{\operatorname{cosec}^2\theta - \cot^2\theta}$

$= \frac{3[\tan^2 44° - \sec^2 44°]}{2[\cos^2 62° + \sin^2 62°]} + \frac{\frac{1}{2} \times \cot^2 57° \times \tan^2 57°}{1}$

$= \frac{3 \times (-1)}{2(1)} + \frac{1}{2} \times 1 = \frac{-3+1}{2} = \frac{-2}{2} = -1$

483. (b) दिया है, $\cos\theta = \frac{4x}{1+4x^2}$

$\therefore \sin\theta = \sqrt{1-\cos^2\theta} = \sqrt{1-\left(\frac{4x}{1+4x^2}\right)^2}$

$= \sqrt{\frac{(1+4x^2)^2 - (4x)^2}{(1+4x^2)^2}}$

$= \sqrt{\frac{1+(4x^2)^2 + 8x^2 - 16x^2}{(1+4x^2)^2}}$

$= \sqrt{\frac{1+(4x^2)^2 - 8x^2}{(1+4x^2)^2}} = \sqrt{\frac{(1-4x^2)^2}{(1+4x^2)^2}} = \frac{1-4x^2}{1+4x^2}$

484. (a) दिया है, $\frac{\sin\theta + \cos\theta}{\sin\theta - \cos\theta} = 3$

$\therefore \sin\theta + \cos\theta = 3\sin\theta - 3\cos\theta$

$\Rightarrow \quad 2\sin\theta = 4\cos\theta$

$\Rightarrow \quad \frac{\sin\theta}{\cos\theta} = 2 \Rightarrow \tan\theta = \frac{2}{1}$

पाइथागोरस प्रमेय से,

कर्ण $= \sqrt{\text{लम्ब}^2 + \text{आधार}^2}$

$= \sqrt{(2)^2 + (1)^2} = \sqrt{4+1} = \sqrt{5}$

$\therefore \quad \sin^4\theta - \cos^4\theta = \left(\frac{2}{\sqrt{5}}\right)^4 - \left(\frac{1}{\sqrt{5}}\right)^4$

$= \frac{16}{25} - \frac{1}{25} = \frac{15}{25} = \frac{3}{5}$

485. (c) दिया है, $\sec\left(90° - \frac{3\theta}{2}\right) = \sqrt{2}$

$\therefore \quad \operatorname{cosec}\frac{3\theta}{2} = \sqrt{2} = \operatorname{cosec} 45°$

$\therefore \quad \frac{3\theta}{2} = 45° \Rightarrow \theta = 45 \times \frac{2}{3} = 30°$

$\therefore 2\sin\theta + 4\cos 2\theta = 2\sin 30° + 4\cos 60°$

$= 2 \times \frac{1}{2} + 4 \times \frac{1}{2} = 1 + 2 = 3$

486. (d) दिया है,

$2\sqrt{3}\sin^2\theta + \cos\theta - \sqrt{3} = 0$

$\Rightarrow \quad 2\sqrt{3}(1-\cos^2\theta) + \cos\theta - \sqrt{3} = 0$

$\Rightarrow \quad 2\sqrt{3} - 2\sqrt{3}\cos^2\theta + \cos\theta - \sqrt{3} = 0$

$\Rightarrow \quad 2\sqrt{3}\cos^2\theta - \cos\theta - \sqrt{3} = 0$

$\Rightarrow \quad 2\sqrt{3}\cos^2\theta - 3\cos\theta + 2\cos\theta - \sqrt{3} = 0$

$\Rightarrow \sqrt{3}\cos\theta(2\cos\theta - \sqrt{3}) + (2\cos\theta - \sqrt{3}) = 0$

$\Rightarrow \quad (2\cos\theta - \sqrt{3})(\sqrt{3}\cos\theta + 1) = 0$

$\cos\theta = \frac{\sqrt{3}}{2}, -\frac{1}{\sqrt{3}}$

$\because \theta$ न्यून कोण है।

$\therefore \quad \cos\theta = \frac{\sqrt{3}}{2} = \cos 30°$

$\Rightarrow \quad \theta = 30°$

स्पीडी विधि

दिए विकल्प (d) से,
$\theta = 30°$ रखने पर,
$\therefore 2\sqrt{3}\sin^2 30° + \cos 30° - \sqrt{3} = 0$
$= 2\sqrt{3}\left(\frac{1}{2}\right)^2 + \frac{\sqrt{3}}{2} - \sqrt{3} = \frac{2\sqrt{3}}{4} + \frac{\sqrt{3}}{2} - \sqrt{3} = 0$
$= \frac{\sqrt{3}}{2} + \frac{\sqrt{3}}{2} - \sqrt{3} = 0 \Rightarrow \frac{2\sqrt{3}}{2} - \sqrt{3} = 0$
$\Rightarrow 0 = 0$
अतः $\theta = 30°$

487. (d) दिया है, $2\tan x + 3\cot x = 5$
दोनों ओर वर्ग करने पर,
$(2\tan x + 3\cot x)^2 = (5)^2$
$\Rightarrow 4\tan^2 x + 9\cot^2 x + 2\times 2\tan x \times 3\cot x = 25$
$\Rightarrow 4\tan^2 x + 9\cot^2 x = 25 - 12 = 13$

488. (d) दिया है, $3\cot^2 x - 7\operatorname{cosec}^2 x + 7 = 0$
$\Rightarrow 3\frac{\cos^2 x}{\sin^2 x} - \frac{7}{\sin^2 x} + 7 = 0$
$\Rightarrow 3\cos^2 x - 7 + 7\sin^2 x = 0$
$\Rightarrow 3(\cos^2 x + \sin^2 x) - 7 + 4\sin^2 x = 0$
$\Rightarrow (3\times 1) - 7 + 4\sin^2 x = 0 \quad \Rightarrow 4\sin^2 x = 4$
$\Rightarrow \sin^2 x = 1 \quad \Rightarrow \sin x = \pm 1 \quad \{0 \le x \le 90°\}$
$\therefore \sin x = 1 \Rightarrow \sin x = \sin 90°$
$\therefore x = 90°$

489. (c) $\sin A + \cos A = \frac{4}{3}$
दोनों पक्षों का वर्ग करने पर,
$\sin^2 A + \cos^2 A + 2\sin A\cos A = \frac{16}{9}$
$\Rightarrow 1 + \sin 2A = \frac{16}{9}$
$\Rightarrow \sin 2A = \frac{16}{9} - 1$
$\Rightarrow \sin 2A = \frac{7}{9}$ ...(i)
अब, $\tan A + \cot A$
$= \frac{\sin A}{\cos A} + \frac{\cos A}{\sin A}$
$= \frac{\sin^2 A + \cos^2 A}{\sin A\cos A}$
$= \frac{1}{\sin A\cos A}$
$= \frac{2}{2\sin A\cos A} = \frac{2}{\sin 2A}$ $[\because \sin^2 A + \cos^2 A = 1]$
$= \frac{2\times 9}{7}$ [समी (i) से]
$= \frac{18}{7}$

490. (d) $\tan\theta + \cot\theta = 2$
$\Rightarrow (\sqrt{\tan\theta})^2 + (\sqrt{\cot\theta})^2 - 2\sqrt{\tan\theta}\sqrt{\cot\theta} = 0$
$\Rightarrow (\sqrt{\tan\theta} - \sqrt{\cot\theta})^2 = 0$
$\Rightarrow \sqrt{\tan\theta} - \sqrt{\cot\theta} = 0$
$\Rightarrow \tan\theta = \cot\theta$
$\Rightarrow \tan^2\theta = 1$
$\Rightarrow \tan\theta = 1$
$\therefore \theta = \frac{\pi}{4}$
अब, $\tan^{53}\theta + \cot^{38}\theta$
$= \left(\tan\frac{\pi}{4}\right)^{53} + \left(\cot\frac{\pi}{4}\right)^{38}$
$= (1)^{53} + (1)^{38} = 1 + 1 = 2$

491. (a) $7\left(\frac{\operatorname{cosec} 24°}{\sec 66°}\right)^3 + 8\left(\frac{\cot 37°}{\tan 53°}\right)^4 - \left(2\frac{\sec 14°}{\operatorname{cosec} 76°}\right)^2 + \left(\frac{-3\tan 82°}{\cot 8°}\right)^3$
$= 7\left(\frac{\operatorname{cosec}(90° - 66°)}{\sec 66°}\right)^3 + 8\left(\frac{\cot(90° - 53°)}{\tan 53°}\right)^4 - \left(\frac{2\sec(90° - 76°)}{\operatorname{cosec} 76°}\right)^2 + \left(\frac{-3\tan(90° - 8°)}{\cot 8°}\right)^3$
$= 7\left(\frac{\sec 66°}{\sec 66°}\right)^3 + 8\left(\frac{\tan 53°}{\tan 53°}\right)^4 - \left(2\frac{\operatorname{cosec} 76°}{\operatorname{cosec} 76°}\right)^2 + \left(\frac{-3\cot 8°}{\cot 8°}\right)^3$
$= 7(1)^2 + 8(1)^4 - (2)^2 + (-3)^3$
$= 7 + 8 - 4 - 27 = 15 - 31 = -16$

492. (a) $\frac{32}{\sec^2\theta} - \frac{20}{1 + \tan^2\theta} + 12\sin^2\theta$
$= \frac{32}{\sec^2\theta} - \frac{20}{\sec^2\theta} + 12\sin^2\theta$ $[\because \sec^2\theta = 1 + \tan^2\theta]$
$= 32\cos^2\theta - 20\cos^2\theta + 12\sin^2\theta$
$= 12\cos^2\theta + 12\sin^2\theta$
$= 12(\sin^2\theta + \cos^2\theta)$
$= 12$ $[\because \sin^2\theta + \cos^2\theta = 1]$

493. (c) दिया है, $\sin\theta + \cos\theta = \frac{\sqrt{11}}{3}$
दोनों पक्षों का वर्ग करने पर,
$(\sin\theta + \cos\theta)^2 = \left(\frac{\sqrt{11}}{3}\right)^2$
$\Rightarrow \sin^2\theta + \cos^2\theta + 2\sin\theta\cdot\cos\theta = \frac{11}{9}$
$\Rightarrow 2\sin\theta\cdot\cos\theta = \frac{11}{9} - 1$ $[\because \sin^2\theta + \cos^2\theta = 1]$
$\Rightarrow 2\sin\theta\cos\theta = \frac{2}{9}$
$\Rightarrow \sin\theta\cdot\cos\theta = \frac{1}{9}$ ...(i)
अब, $\tan\theta + \cot\theta = \frac{\sin\theta}{\cos\theta} + \frac{\cos\theta}{\sin\theta}$
$= \frac{\sin^2\theta + \cos^2\theta}{\sin\theta\cdot\cos\theta}$
$= \frac{1}{\frac{1}{9}}$ [समी (i) से]
$= 9$

494. (c) $4\tan A = 3$
$\therefore \tan A = \frac{3}{4} = \frac{\text{लम्ब}}{\text{आधार}}$
$\therefore$ कर्ण $= \sqrt{(3)^2 + (4)^2}$
$= \sqrt{9 + 16} = \sqrt{25} = 5$
$\therefore \cos A = \frac{4}{5}, \sin A = \frac{3}{5}$
अब, $\cos^2 A - \sin^2 A = \left(\frac{4}{5}\right)^2 - \left(\frac{3}{5}\right)^2$
$= \frac{16}{25} - \frac{9}{25} = \frac{7}{25}$

495. (c) दिया है, $\theta = 120°$
तथा, $p = \cos\theta + \sin\theta$
$\Rightarrow p = \cos 120° + \sin 120°$
$\Rightarrow p = \cos(90° + 30°) + \sin(90° + 30°)$
$\Rightarrow p = -\sin 30° + \cos 30°$
$\Rightarrow p = -\frac{1}{2} + \frac{\sqrt{3}}{2} = \frac{\sqrt{3} - 1}{2}$
$\Rightarrow p = \frac{1.732 - 1}{2} = \frac{0.732}{2} = 0.366 \Rightarrow p > 0$

496. (a) दिया है, $\operatorname{cosec}(A - B) = 2$
$\Rightarrow \operatorname{cosec}(A - B) = \operatorname{cosec} 30°$
$\Rightarrow A - B = 30°$ ...(i)
तथा $\cot(A + B) = \frac{1}{\sqrt{3}}$
$\Rightarrow \cot(A + B) = \cot 60°$
$\Rightarrow A + B = 60°$ ...(ii)
समी (i) व (ii) को जोड़ने पर,
$2A = 90° \Rightarrow A = \frac{90°}{2} = 45°$

497. (b) दिया है, $\tan 3\theta = \cot(\theta - 22°)$
$\Rightarrow \tan 3\theta = \tan(90° - (\theta - 22°))$
$\Rightarrow 3\theta = 90° - \theta + 22$
$\Rightarrow 4\theta = 112°$
$\therefore \theta = \frac{112°}{4} = 28°$

25

ऊँचाई एवं दूरी

उन्नयन कोण जब वस्तु प्रेक्षक से ऊपर हो, तब दृष्टि रेखा और क्षैतिज रेखा के बीच के कोण को उन्नयन कोण कहते हैं।

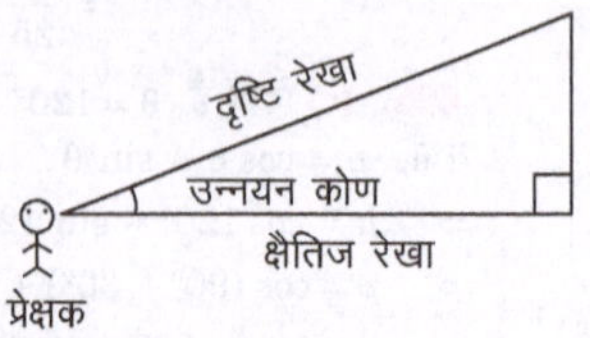

उदाहरण 1. यदि एक पोल की समतल धरती पर छाया की लम्बाई पोल की लम्बाई से दोगुनी हैं तो सूर्य का उन्नयन कोण होगा

हल माना AB एक पोल है। जिसकी ऊँचाई x मी है।

$\therefore$ छाया $BC = 2x$ मी

अब $\tan\theta = \dfrac{AB}{BC} \Rightarrow \tan\theta = \dfrac{x}{2x} = \dfrac{1}{2} \Rightarrow \theta = \tan^{-1}\left(\dfrac{1}{2}\right)$

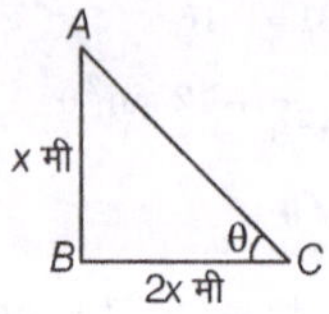

अवनमन कोण प्रेक्षक की आँखों से जब कोई वस्तु नीचे हो, तो क्षैतिज रेखा और दृष्टि रेखा के बीच के कोण को वस्तु का अवनमन कोण कहते हैं।

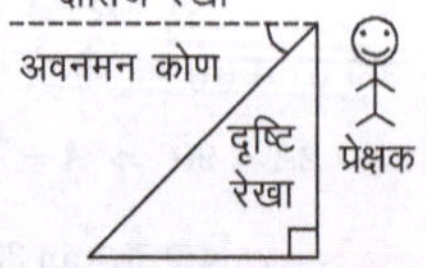

उदाहरण 2. 90 मी ऊँची एक चट्टान के शिखर से देखने पर, एक मीनार के शिखर तथा तल के अवनमन कोण क्रमश: 30° तथा 60° है। तद्नुसार, उस मीनार को ऊँचाई कितनी होगी?

हल माना मीनार की ऊँचाई $= AB = h$ मी

समकोण ΔBCE में,

$$\tan 60° = \frac{CE}{BC}$$

$$\Rightarrow \quad \sqrt{3} = \frac{90}{x}$$

$$x = \frac{90}{\sqrt{3}} \times \frac{\sqrt{3}}{\sqrt{3}} = 30\sqrt{3} \text{ मी}$$

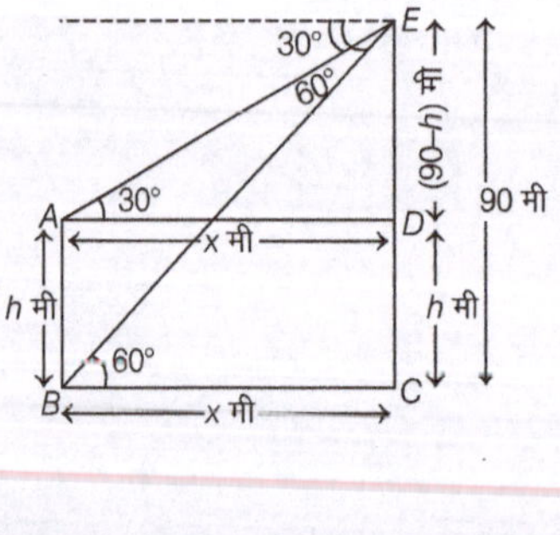

अब, समकोण ΔADE में,

$$\tan 30° = \frac{ED}{AD}$$

$$\Rightarrow \quad \frac{1}{\sqrt{3}} = \frac{90 - h}{30\sqrt{3}}$$

$$\Rightarrow \quad 30 = 90 - h \Rightarrow h = 60 \text{ मी}$$

अतः मीनार की ऊँचाई 60 मी है।

कुछ महत्त्वपूर्ण सम्बन्ध

- **यदि कोण 30°, 60° और 90° हो**

  यदि त्रिभुज के कोणों का अनुपात 30°, 60°, 90° है, तब त्रिभुज की भुजाओं (क्रमशः कोणों की सम्मुख) का अनुपात $= 1 : \sqrt{3} : 2$ होगा।

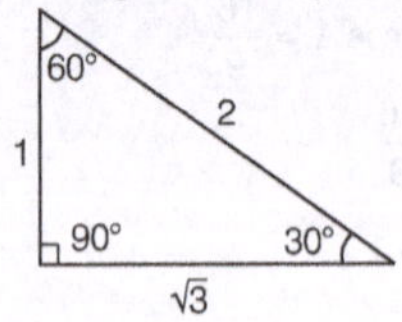

- **यदि कोण 45°, 45° और 90° हो**

  यदि त्रिभुज के कोणों का अनुपात 45° : 45° : 90° है, तब त्रिभुज की भुजाओं (क्रमशः कोणों की सम्मुख) का अनुपात $= 1 : 1 : \sqrt{2}$ होगा।

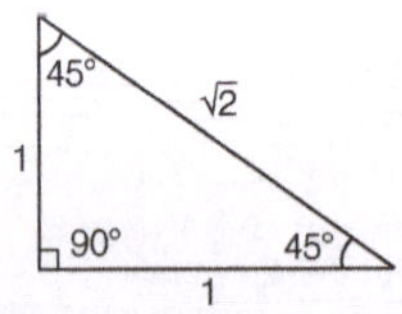

उदाहरण 3. जमीन पर एक बिन्दु से एक टॉवर के शीर्ष का उन्नयन कोण 60° है, जो टॉवर के पाद से 30 मी दूर है टॉवर की ऊँचाई होगी

हल $\quad 1 = 30$ मी

$\sqrt{3} = 30 \times \sqrt{3}$

टॉवर की ऊँचाई $= 30\sqrt{3}$ मी

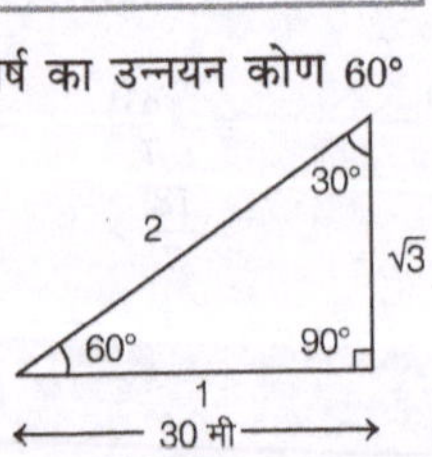

उदाहरण 4. जमीन पर एक बिन्दु से एक टॉवर के शीर्ष का उन्नयन कोण 45° है, जो टॉवर के पाद से 50 मी दूर है टॉवर की ऊँचाई क्या होगी?

हल $\quad 1 = 50$ मी

$1 = 50$ मी

टॉवर की ऊँचाई $= 50$ मी

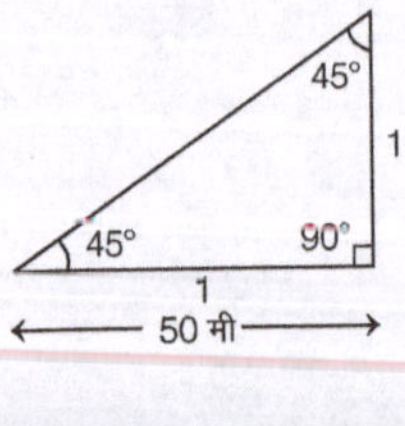

SSC एग्जाम स्कैनर

SSC CGL 2024 & 2023 (Tier I & II)

1. 10 मी लम्बा एक खम्भा क्षैतिज (जमीन) से 30° का कोण बनाते हुए एक ऊर्ध्वाधर दीवार *AB* पर तिरछा टिका हुआ है। ज्ञात कीजिए कि खम्भे का पाद दीवार से कितनी दूर (मी में) है? **SSC CGL (Tier I) 10/09/2024 Shift I**

(a) $\frac{5}{\sqrt{3}}$ (b) $5\sqrt{3}$
(c) 15 (d) 10

2. किसी टावर के शीर्ष से, 10 मी ऊँची बिल्डिंग के शीर्ष का अवनमन कोण 60° है। यदि टावर और बिल्डिंग के बीच की दूरी $50\sqrt{3}$ मी है, तो टावर की ऊँचाई ज्ञात कीजिए। **SSC CGL (Tier II) 26/10/2023 Shift I**

(a) 150 मी (b) 100 मी
(c) 160 मी (d) 140 मी

3. 680 मी ऊँची एक इमारत के शीर्ष से एक टावर के शीर्ष का उन्नयन कोण 45° है तथा उसी इमारत के आधार से उस टावर के शीर्ष का उन्नयन कोण 60° है। टावर की ऊँचाई (मीटर में) क्या है? **SSC CGL (Tier II) 07/03/2023 Shift I**

(a) $310(3+\sqrt{3})$
(b) $340(3-\sqrt{3})$
(c) $340(3+\sqrt{3})$
(d) $310(3-\sqrt{3})$

4. $24\sqrt{3}$ फीट ऊँचे एक सीधे खड़े खम्भे के शिखर से एक सीधी खड़ी मीनार के शिखर का उन्नयन कोण 60° था। यदि खम्भे का आधार मीनार के आधार से 60 फीट की दूरी पर था, तो मीनार की ऊँचाई (फीट में) क्या थी? **SSC CGL (Tier II) 06/03/2023 Shift I**

(a) $60\sqrt{3}$ (b) $36\sqrt{3}$
(c) $84\sqrt{3}$ (d) $44\sqrt{3}$

5. एक क्षैतिज तल पर एक इमारत के आधार पर 70 मी की दूरी पर उसके शीर्ष का उन्नयन कोण 60° पाया जाता है। इमारत की ऊँचाई ज्ञात कीजिए। **SSC CGL (Tier II) 03/03/2023 Shift I**

(a) $60\sqrt{3}$ मी (b) $70\sqrt{3}$ मी
(c) $50\sqrt{3}$ मी (d) $70\sqrt{2}$ मी

6. 17.75 मी ऊँचे एक सीधे खड़े खम्भे के शीर्ष से, एक सीधी खड़ी मीनार के शीर्ष का उन्नयन कोण 60° था। यदि मीनार 57.75 मी ऊँची थी, तो खम्भे के आधार से मीनार का आधार कितनी दूरी (मीटर में) पर था? **SSC CGL (Tier II) 03/03/2023 Shift I**

(a) $\frac{77}{4}\sqrt{3}$ (b) $\frac{151\sqrt{3}}{6}$
(c) $\frac{40\sqrt{3}}{3}$ (d) $40\sqrt{3}$

7. दो जहाज एक प्रकाशस्तम्भ के विपरीत इस प्रकार हैं कि वे तीनों संरेख हैं। प्रकाशस्तम्भ के शीर्ष से दो जहाजों के अवनमन कोण 30° और 60° हैं। यदि जहाजों के बीच की दूरी $230\sqrt{3}$ मी है, तो प्रकाशस्तम्भ की ऊँचाई (मी में) ज्ञात कीजिए। **SSC CGL (Tier II) 02/03/2023 Shift I**

(a) 180.5 (b) 175.4 (c) 165.2 (d) 172.5

8. दूर खड़ा एक व्यक्ति 1000 मी की ऊँचाई वाली इमारत को देखता है। इमारत के शीर्ष और जमीन के बीच का कोण 30° है। यह व्यक्ति इमारत से लगभग कितनी दूरी (मीटर में) पर खड़ा है? **SSC CGL (Tier I) 17/07/2023 Shift IV**

(a) 1732 (b) 1000 (c) 1542 (d) 936

SSC CPO SI 2020

9. माना कि *A* और *B* समान आधार वाली दो मीनारें हैं और दोनों मीनारों के आधार के बीच ठीक मध्य से, *A* और *B* के शीर्ष के उन्नयन कोण क्रमशः 30° और 45° हैं। *A* और *B* की ऊँचाई का अनुपात ज्ञात करें। **SSC CPO 25/11/2020 Shift II**

(a) 1 : 3 (b) $1:\sqrt{3}$
(c) $\sqrt{3}:1$ (d) 3 : 1

10. दीवार के सहारे रखी हुई एक सीढ़ी के पाद और दीवार के मध्य कोण 45° है और सीढ़ी का पाद दीवार से 6.6 मी दूर है। सीढ़ी की लम्बाई ज्ञात करें। **SSC CPO 25/11/2020 Shift II**

(a) $2.2\times\sqrt{2}$ मी (b) $3.6\times\sqrt{2}$ मी
(c) $3.3\times\sqrt{2}$ मी (d) $6.6\times\sqrt{2}$ मी

11. एक व्यक्ति मॉल के निकट सड़क पर खड़ा है। वह मॉल से 1215 मी की दूरी पर है और सड़क से मॉल के शीर्ष को इस प्रकार देखने में सक्षम है, कि उसके और मॉल के बीच स्थित एक पेड़ का शीर्ष मॉल के शीर्ष के साथ दृष्टि रेखा में है। पेड़ की ऊँचाई 20 मी है और यह उस व्यक्ति से 60 मी की दूरी पर स्थित है। मॉल की ऊँचाई (मी में) ज्ञात करें। **SSC CPO 25/11/2020 Shift I**

(a) 405 (b) 250
(c) 300 (d) 375

12. एक सीढ़ी दीवार के सहारे झुकी है और वह क्षैतिज भूमि के साथ θ कोण इस प्रकार बनाती है कि $\tan\theta=\frac{12}{5}$ है यदि क्षैतिज तल से सीढ़ी के शीर्ष की ऊँचाई 24 मी है, तो दीवार से सीढ़ी के आधार की दूरी (मी में) ज्ञात करें। **SSC CPO 25/11/2020 Shift I**

(a) 10 (b) 18
(c) 7.5 (d) 19.5

13. किसी अधोलम्ब स्तम्भ की भूमि पर पड़ने वाली परछाई की लम्बाई 36 मी है। यदि उस समय सूर्य का उन्नयन कोण θ इस प्रकार है, कि $\sec\theta=\frac{13}{12}$ है, तो स्तम्भ की ऊँचाई ज्ञात करें। **SSC CPO 24/11/2020 Shift I**

(a) 12 सेमी (b) 15 सेमी (c) 9 सेमी (d) 18 सेमी

14. आशा और सुमन के मिट्टी के घरौंदों की ऊँचाई 9 सेमी और 16 सेमी है। यदि घरौंदों के शीर्ष एक-दूसरे से 25 सेमी दूर हैं, तो दोनों घरौंदों के बीच की दूरी (सेमी में) ज्ञात करें। **SSC CPO 24/11/2020 Shift I**

(a) 24 (b) 16 (c) 7 (d) 25

15. एक सीढ़ी दीवार के सहारे झुकी है और वह क्षैतिज भूमि के साथ θ कोण इस प्रकार बनाती है कि $\cos\theta=\frac{5}{13}$ है। यदि क्षैतिज तल से सीढ़ी के शीर्ष की ऊँचाई 18 मी है, तो क्षैतिज तल से सीढ़ी के आधार की दूरी (मी में) ज्ञात करें। **SSC CPO 23/11/2020 Shift I**

(a) 18 (b) 7.5 (c) 13 (d) 19.5

16. एक व्यक्ति मॉल के निकट सड़क पर खड़ा है। वह मॉल से 1425 मी की दूरी पर है और सड़क से मॉल के शीर्ष को इस प्रकार देखने में सक्षम है, कि उसके और मॉल के बीच स्थित पेड़ का शीर्ष मॉल के शीर्ष के साथ दृष्टि रेखा में है। पेड़ की ऊँचाई 10 मी है और यह उस व्यक्ति से 30 मी की दूरी पर स्थित है। मॉल की ऊँचाई (मी में) ज्ञात करें। **SSC CPO 23/11/2020 Shift I**

(a) 525 (b) 475
(c) 425 (d) 300

SSC CHSL 2024 (Tier I & II)

17. 6 मी लम्बाई का एक उर्ध्वाधर खम्भा धरातल पर 4 मी लम्बी छाया बनाता है। उसी समय, एक मीनार 28 मी लम्बी छाया बनाती है। मीनार की ऊँचाई ज्ञात कीजिए। **SSC CHSL (Tier I) 11/07/2024 Shift II**

(a) 36 मी (b) 42 मी
(c) 32 मी (d) 48 मी

18. एक दर्पण को जमीन पर ऊपर की ओर मुख करके रखा गया है। एक व्यक्ति को दर्पण में एक मीनार का शीर्ष दिखाई देता है, जो दर्पण से 105 मी की दूरी पर है। व्यक्ति, दर्पण से 0.5 मी की दूरी पर है, और उसकी ऊँचाई 1.5 मी है। मीनार की ऊँचाई (मी में) ज्ञात कीजिए। **SSC CHSL (Tier I) 10/07/2024 Shift I**

(a) 315 (b) 210
(c) 115 (d) 280

19. एक व्यक्ति लैम्प-पोस्ट के शीर्ष के प्रतिबिम्ब को दर्पण पर देखता है, जो लैम्प-पोस्ट के पाद बिन्दु से 6.6 मी दूर है। व्यक्ति की ऊँचाई 1.25 मी है और वह दर्पण से 2 मी दूर खड़ा है। यह मानते हुए कि दर्पण जमीन पर रखा गया है, जिसका मुख आकाश और व्यक्ति की ओर है तथा दर्पण और लैम्प-पोस्ट एक ही रेखा में हैं, लैम्प-पोस्ट की ऊँचाई (मी में) ज्ञात कीजिए। **SSC CHSL (Tier I) 04/07/2024 Shift I**

(a) 4.28 (b) 4.45 (c) 3.97 (d) 4.13

20. एक आदमी ने दो अलग-अलग अवलोकन बिन्दुओं P और Q से क्रमश: 60° और 30° के उन्नयन कोण पर बिजली के एक खम्भे के शीर्ष का अवलोकन किया। यदि P और Q के बीच की दूरी 10 मी है, तो खम्भे की ऊँचाई (मी में) ज्ञात कीजिए। **SSC CHSL (Tier II) 10/01/2024 Shift I**

(a) $15\sqrt{3}$ (b) 15 (c) $5\sqrt{3}$ (d) 5

21. जब सूर्य का शीर्षलम्ब 45° की तुलना में 30° होता है, तो समतल जमीन पर खड़े एक टॉवर की छाया 40 मी अधिक लम्बी बनती है। टॉवर की ऊँचाई (मीटर में) ज्ञात कीजिए। **SSC CHSL (Tier II) 10/01/2024 Shift I**

(a) $20(\sqrt{3}-1)$ (b) $10(\sqrt{3}+1)$
(c) $20(\sqrt{3}+1)$ (d) $10(\sqrt{3}-1)$

SSC CHSL 2023-2021 (Tier I & II)

22. एक खम्भा 12 मी के इस्पात के तार की मदद से जमीन पर लम्बवत् रूप से खड़ा है, जो उसके शीर्ष से बंधा हुआ है, और जमीन पर अधिस्थित भी है। यदि इस्पात का तार क्षैतिज जमीन से 30° का कोण बनाता है, तो खम्भे की ऊँचाई कितनी है? **SSC CHSL (Tier II) 02/11/2023 Shift I**

(a) $6\sqrt{3}$ मी
(b) 8 मी
(c) $8\sqrt{3}$ मी
(d) 6 मी

23. सुहास, एक पेड़ और एक 11.25 मी ऊँची इमारत इस प्रकार अवस्थिति (खड़े) हैं कि जमीन पर उनके आधार (feet) एकरेखस्थ हैं तथा पेड़, सुहास और इमारत के बीच में स्थित है। पेड़, सुहास से 7.5 मी की दूरी पर और इमारत से 45 मी की दूरी पर स्थित है। इसके अतिरिक्त, सुहास की आँखें, पेड़ का शीर्ष और इमारत का शीर्ष एक ही पंक्ति में हैं तथा सुहास की आँखें जमीन से 1.8 मी की ऊँचाई पर हैं। पेड़ की ऊँचाई (मी में) ज्ञात कीजिए। **SSC CHSL (Tier I) 17/08/2023 Shift I**

(a) 3.00 (b) 3.30
(c) 3.45 (d) 3.15

24. 42 सेमी लम्बा एक ऊर्ध्वाधर खम्भा एक 35 सेमी लम्बी छाया बनाता है। उसी समय एक टॉवर 25 सेमी लम्बी छाया बनाता है। टॉवर की ऊँचाई ज्ञात कीजिए। **SSC CHSL (Tier I) 07/08/2023 Shift IV**

(a) 32 मी (b) 30 मी (c) 28 मी (d) 35 मी

25. सुहास, एक 3.15 मी लम्बा पेड़, और एक 11.25मी ऊँची इमारत इस प्रकार अवस्थिति (खड़े) हैं कि जमीन पर उनके आधार (फीट) एकरेखस्थ है तथा पेड़, सुहास और इमारत के बीच में स्थित है। पेड़ इमारत से 45 मी की दूरी पर स्थित है। इसके अलावा, सुहास की आँख, पेड़ का शीर्ष और इमारत का शीर्ष एक ही पंक्ति में है, और सुहास की आँखें जमीन से 1.8मी की ऊँचाई पर हैं। सुहास से कितनी दूरी (मी में) पर पेड़ स्थित है? **SSC CHSL (Tier I) 02/08/2023 Shift I**

(a) 6 (b) 5 (c) 7.5 (d) 9

26. किसी पतंग की डोर की लम्बाई 158 मी है और यह क्षैतिज के साथ 30° का कोण बनाती है। पतंग की ऊंचाई (मी में) कितनी है? मान लें कि डोर ढीली (slack) नहीं है। **SSC CHSL (Tier I) 04/08/2021 Shift I**

(a) 100 (b) 99
(c) 79 (d) 80

सही उत्तर

1	(b)	2	(c)	3	(c)	4	(c)	5	(b)	6	(c)	7	(d)	8	(a)	9	(b)	10	(d)
11	(a)	12	(a)	13	(b)	14	(a)	15	(b)	16	(b)	17	(b)	18	(a)	19	(d)	20	(c)
21	(c)	22	(d)	23	(d)	24	(b)	25	(c)	26	(c)								

उत्तर सहित हल

1. (b) प्रश्नानुसार,

ΔABC में,

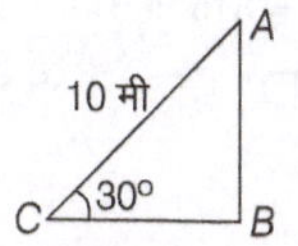

$$\cos 30° = \frac{BC}{AC}$$

$$\frac{\sqrt{3}}{2} = \frac{BC}{10}$$

$\therefore \quad BC = 5\sqrt{3}$ मी

अतः खम्भे का पाद दीवार से $5\sqrt{3}$ मी दूर है।

2. (c) प्रश्नानुसार,

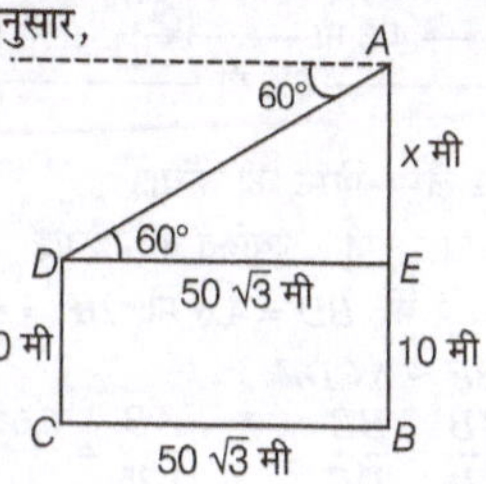

माना AB और CD क्रमशः टावर और बिल्डिंग है

ΔADE में, $\tan 60° = \frac{AE}{DE}$

$\Rightarrow \quad \sqrt{3} = \frac{x}{50\sqrt{3}} \Rightarrow x = 150$ मी

अतः टावर की ऊँचाई $= 150 + 10 = 160$ मी

3. (c) प्रश्नानुसार,

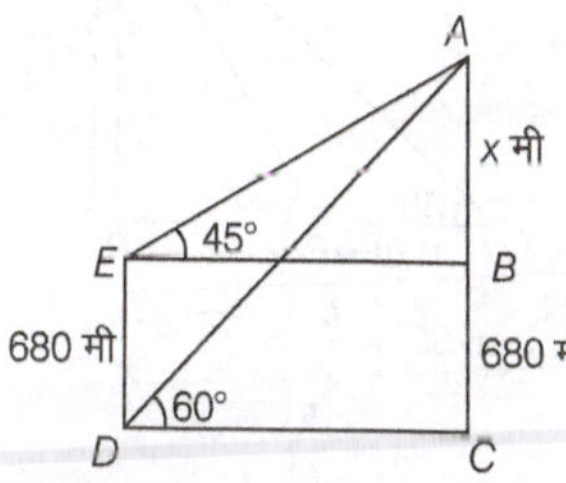

माना $\quad AB = x$ मी

ΔAEB में,

$$\tan 45° = \frac{AB}{BE}$$

$\Rightarrow \quad 1 = \frac{x}{BE} \qquad (\because \tan 45° = 1)$

$\therefore \quad BE = x$

पुनः ΔADC में,

$\tan 60° = \frac{AC}{CD} \qquad (\because BE = CD)$

$\Rightarrow \sqrt{3} = \frac{x + 680}{x} \Rightarrow x(\sqrt{3} - 1) = 680$

$\Rightarrow \quad x = \frac{680}{\sqrt{3} - 1} = \frac{680}{\sqrt{3} - 1} \times \frac{\sqrt{3} + 1}{\sqrt{3} + 1}$

$= \frac{680(\sqrt{3} + 1)}{2} = 340(\sqrt{3} + 1)$

$\therefore \ AC = 680 + 340\sqrt{3} + 340$

$= 1020 + 340\sqrt{3} = 340(3 + \sqrt{3})$ मी

अतः टावर की ऊँचाई $= 340(3 + \sqrt{3})$ मी

4. (c) माना AD और EC क्रमशः खम्भे और मीनार है।

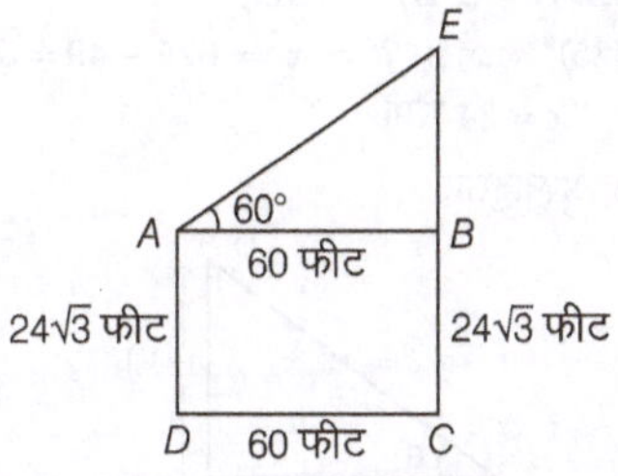

अब, ΔBAE में, $\tan 60° = \frac{EB}{AB} \Rightarrow \sqrt{3} = \frac{EB}{60}$

$\Rightarrow \quad EB = 60\sqrt{3}$

मीनार की ऊँचाई $= EB + BC = 60\sqrt{3} + 24\sqrt{3}$

$= 84\sqrt{3}$ फीट

5. (b) प्रश्नानुसार,

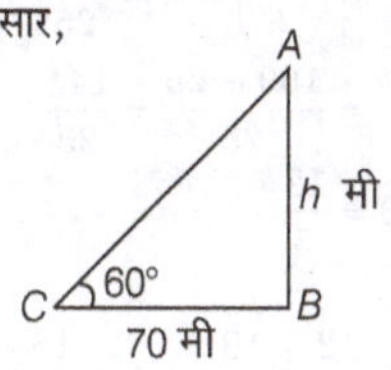

माना इमारत की ऊँचाई $(AB) = h$ मी

ΔACB में,

$$\tan 60° = \frac{AB}{BC}$$

$\Rightarrow \quad \sqrt{3} = \frac{h}{70}$

$\Rightarrow \quad h = 70\sqrt{3}$ मी

6. (c) प्रश्नानुसार,

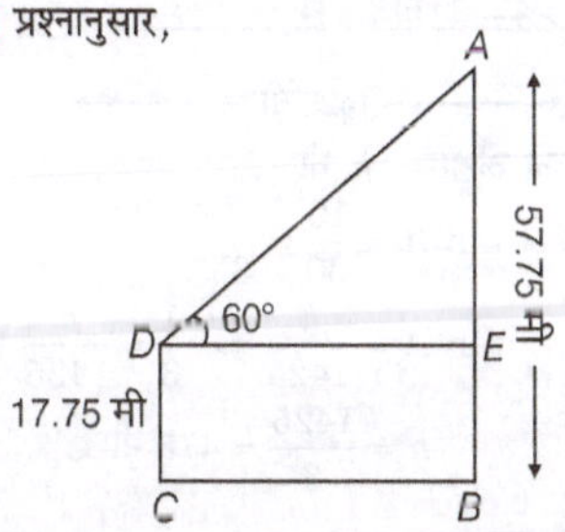

$AE = 57.75 - 17.75 = 40$ मी

ΔADE में, $\tan 60° = \frac{AE}{ED}$

$\Rightarrow \quad \sqrt{3} = \frac{40}{ED}$

$\therefore \quad ED = \frac{40}{\sqrt{3}} = \frac{40}{\sqrt{3}} \times \frac{\sqrt{3}}{\sqrt{3}} = \frac{40\sqrt{3}}{3}$

7. (d) माना प्रकाश स्तम्भ AC की ऊँचाई $= h$ मी

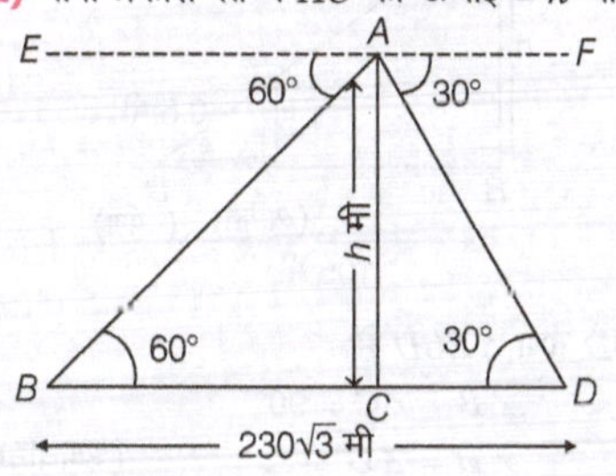

ΔABC में, $\tan 60° = \frac{h}{BC} \Rightarrow BC = \frac{h}{\sqrt{3}} \quad$ ...(i)

अब समकोण ΔACD में, $\tan 30° = \frac{h}{CD}$

$\Rightarrow \quad CD = h\sqrt{3} \quad$ ...(ii)

प्रश्नानुसार,

$BC + CD = 230\sqrt{3} \Rightarrow \frac{h}{\sqrt{3}} + h\sqrt{3} = 230\sqrt{3}$

$\Rightarrow \quad h\left(\frac{1 + 3}{\sqrt{3}}\right) = 230\sqrt{3}$

$\Rightarrow \quad h = \frac{230\sqrt{3} \times \sqrt{3}}{4} = 172.5$ मी

8. (a) प्रश्नानुसार,

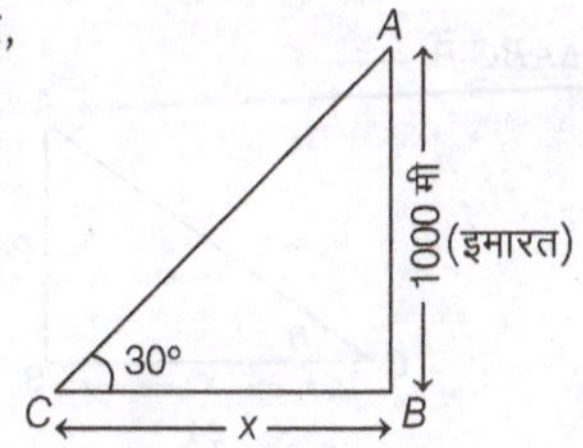

माना व्यक्ति इमारत से x मी दूरी पर खड़ा है।

$\therefore \quad \tan 30° = \frac{AB}{BC} = \frac{1000}{x} \Rightarrow \frac{1}{\sqrt{3}} = \frac{1000}{x}$

$x = 1000 \times 1732 = 1732$ मी

9. (b) प्रश्नानुसार,

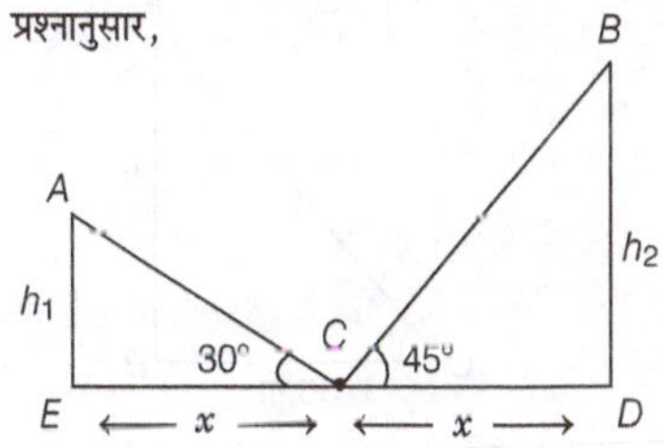

ΔACE में,

$\tan 30° = \frac{h_1}{x} \Rightarrow \frac{1}{\sqrt{3}} = \frac{h_1}{x} \Rightarrow x = \sqrt{3}h_1 \quad$ ...(i)

ΔBDC में,

$\tan 45° = \frac{h_2}{x} \Rightarrow 1 = \frac{h_2}{x} \Rightarrow x = h_2 \quad$ ...(ii)

समी (i) और (ii) से,

$\sqrt{3}h_1 = h_2 \Rightarrow \frac{h_1}{h_2} = \frac{1}{\sqrt{3}} \Rightarrow h_1 : h_2 = 1 : \sqrt{3}$

10. (d) प्रश्नानुसार,

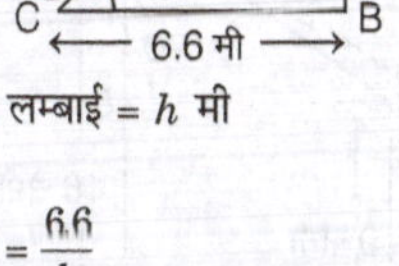

माना सीढ़ी की लम्बाई $= h$ मी

$\therefore \Delta ABC$ में,

$$\cos 45° = \frac{6.6}{h}$$

$\Rightarrow \quad \frac{1}{\sqrt{2}} = \frac{6.6}{h}$

$\Rightarrow \quad h = 6.6 \times \sqrt{2}$ मी

11. (a) प्रश्नानुसार,

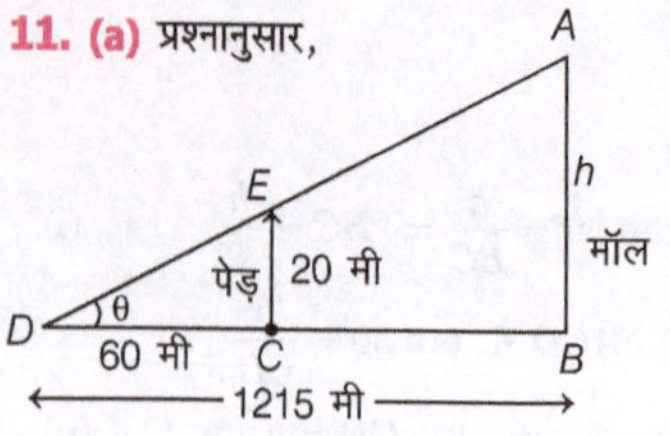

$\therefore$ ΔECD में, $\tan\theta = \frac{20}{60} = \frac{1}{3}$

ΔABD में, $\tan\theta = \frac{h}{1215} \Rightarrow \frac{1}{3} = \frac{h}{1215}$

$\therefore$ $h = 405$ मी

12. (a) प्रश्नानुसार,

$\tan\theta = \frac{12}{5}$

ΔABC में,

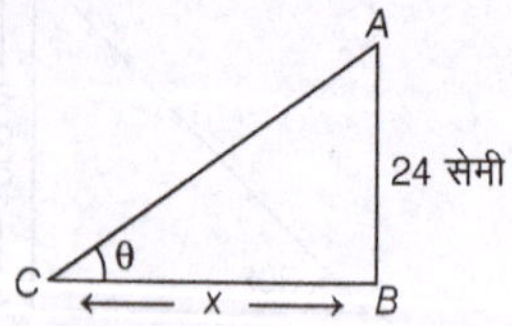

$\tan\theta = \frac{24}{x}$

$\therefore$ $\frac{12}{5} = \frac{24}{x} \Rightarrow x = 10$ मी

13. (b) प्रश्नानुसार,

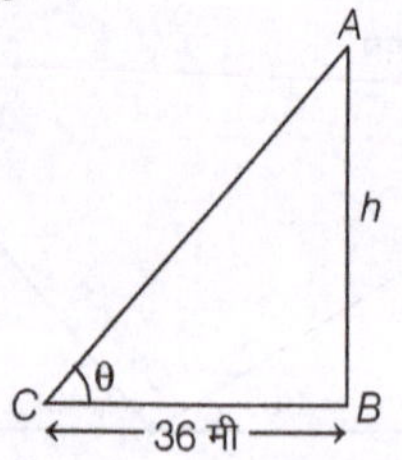

$\sec\theta = \frac{13}{12}$

$\therefore$ $\tan\theta = \sqrt{\sec^2\theta - 1} = \sqrt{\left(\frac{13}{12}\right)^2 - 1}$

$= \sqrt{\frac{169-144}{144}} = \sqrt{\frac{25}{144}}$

$\Rightarrow$ $\tan\theta = \frac{5}{12}$

ΔABC में, माना अधोलम्ब स्तम्भ की ऊँचाई h है।

$\tan\theta = \frac{h}{36} \Rightarrow \frac{5}{12} = \frac{h}{36}$

$\therefore$ $h = \frac{5}{12} \times 36 = 15$ सेमी

14. (a) प्रश्नानुसार,

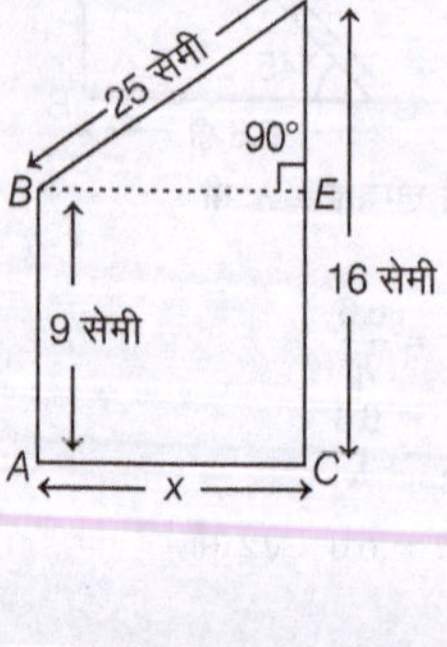

ΔDEB में, माना $BE = x$ सेमी,

$ED = 16 - 9 = 7$ सेमी,

$BD = 25$ सेमी

पाइथागोरस प्रमेय से,

$(BD)^2 = (BE)^2 + (ED)^2$

$\Rightarrow$ $(25)^2 = x^2 + 7^2 \Rightarrow x^2 = 625 - 49 = 576$

$\therefore$ $x = 24$ सेमी

15. (b) प्रश्नानुसार,

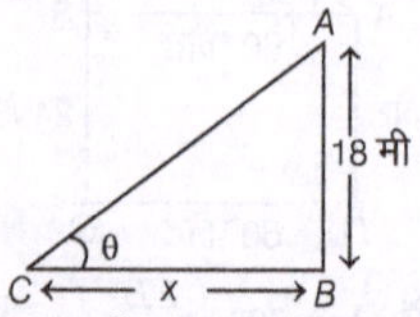

दिया है, $\cos\theta = \frac{5}{13}$

$\therefore$ $\sec\theta = \frac{13}{5} \Rightarrow \tan^2\theta = \sec^2\theta - 1$

$= \left(\frac{13}{5}\right)^2 - 1 = \frac{169}{25} - 1$

$= \frac{169-25}{25} = \frac{144}{25}$

$\tan\theta = \frac{12}{5}$

अब ΔABC में,

$\tan\theta = \frac{18}{x} \Rightarrow \frac{12}{5} = \frac{18}{x} \Rightarrow x = \frac{18 \times 5}{12} = 7.5$ मी

16. (b) प्रश्नानुसार,

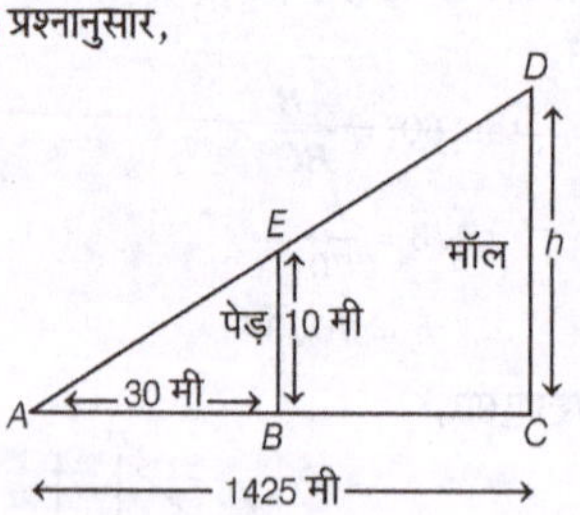

माना मॉल की ऊँचाई = h मी

ΔABE में, $\tan A = \frac{10}{30} = \frac{1}{3}$

ΔACD में, $\tan A = \frac{h}{1425} \Rightarrow \frac{1}{3} = \frac{h}{1425}$

$h = \frac{1425}{3} = 475$ मी

17. (b) प्रश्नानुसार,

4 मी लम्बी छाया के लिए लम्बाई = 6 मी

28 मी लम्बी छाया के लिए लम्बाई = $\frac{6 \times 28}{4} = 42$ मी

18. (a) माना मीनार की ऊँचाई = h मी

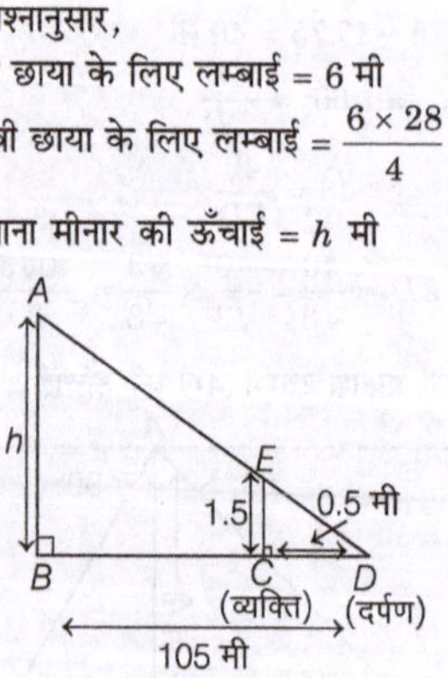

ΔABD तथा ΔECD में,

$\angle B = \angle C = 90°$

$\angle D = \angle D$ (उभयनिष्ठ)

$\Delta ABD \sim \Delta ECD$ (AA समरूपता के द्वारा)

$\therefore$ $\frac{AB}{BD} = \frac{EC}{CD}$

$\Rightarrow$ $\frac{h}{105} = \frac{1.5}{0.5}$

$\therefore$ $h = 315$ मी

19. (d) प्रश्नानुसार,

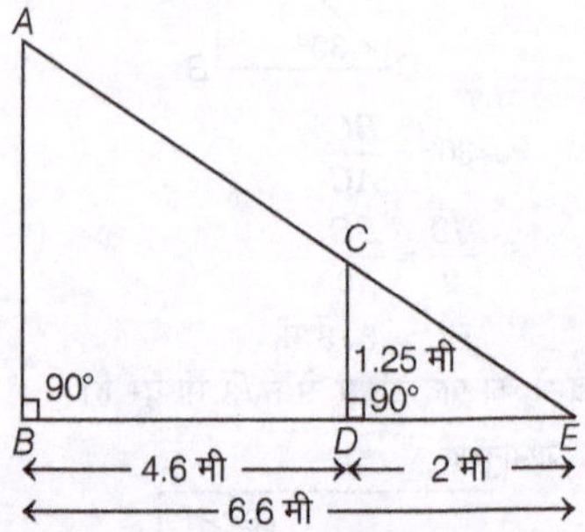

AB = लैम्प-पोस्ट की ऊँचाई

$CD = 1.25$ मी = व्यक्ति की ऊँचाई

$DE = 2$ मी; $BD = 4.6$ मी; $BE = 6.6$ मी

अब, $\Delta ABE \sim \Delta CDE$

$\therefore$ $\frac{AB}{CD} = \frac{BE}{DE} \Rightarrow \frac{AB}{1.25} = \frac{6.6}{2}$

$\Rightarrow$ $AB = \frac{6.6 \times 1.25}{2} = 4.125 \approx 4.13$ मी

$\therefore$ लैम्प-पोस्ट की ऊँचाई = 4.13 मी

20. (c) प्रश्नानुसार,

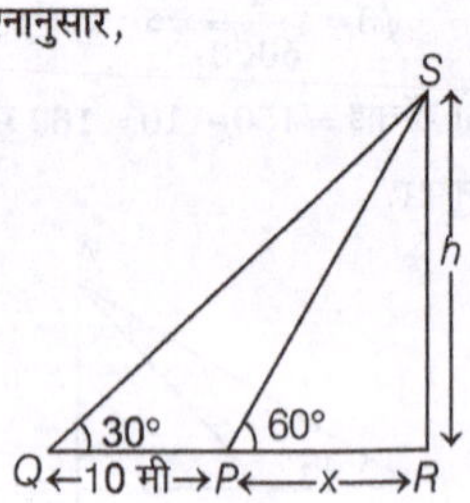

ΔSPR में, $\tan 60° = \frac{h}{x} \Rightarrow \sqrt{3} = \frac{h}{x}$

$\therefore$ $x = \frac{h}{\sqrt{3}}$ ...(i)

अब ΔSQR में,

$\tan 30° = \frac{h}{10 + \frac{h}{\sqrt{3}}}$ $\left[\because x = \frac{h}{\sqrt{3}}\right]$

$\Rightarrow$ $\frac{1}{\sqrt{3}} = \frac{h \times \sqrt{3}}{10\sqrt{3} + h}$

$\Rightarrow 3h - h = 10\sqrt{3} \Rightarrow h = 5\sqrt{3}$ मी

अत: खम्भे की ऊँचाई $5\sqrt{3}$ मी है।

21. (c) प्रश्नानुसार,

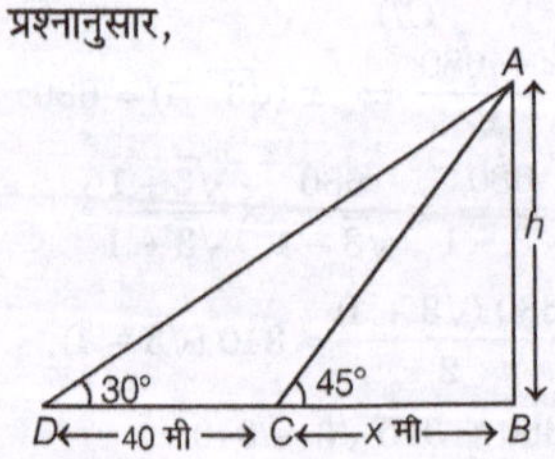

ΔABC में, $\tan 45° = \frac{h}{x} \Rightarrow 1 = \frac{h}{x}$

$\therefore \quad x = h$ ...(i)

अब ΔABD में,

$\tan 30° = \frac{h}{x + 40} \Rightarrow \tan 30° = \frac{h}{h + 40}$

$\Rightarrow \frac{1}{\sqrt{3}} = \frac{h}{h + 40} \Rightarrow h = \frac{40}{\sqrt{3} - 1} = 20(\sqrt{3} + 1)$ मी

अत: टॉवर की ऊँचाई $20(\sqrt{3} + 1)$ मी है।

22. (d) प्रश्नानुसार,

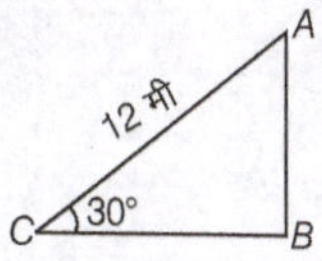

माना, AB एक खम्भा है तथा AC इस्पात का तार है।

ΔABC में, $\sin 30° = \frac{AB}{AC}$

$\Rightarrow \frac{1}{2} = \frac{AB}{12} \Rightarrow AB = 6$ मी

अत: खम्भे की ऊँचाई 6 मी है।

23. (d) प्रश्नानुसार,

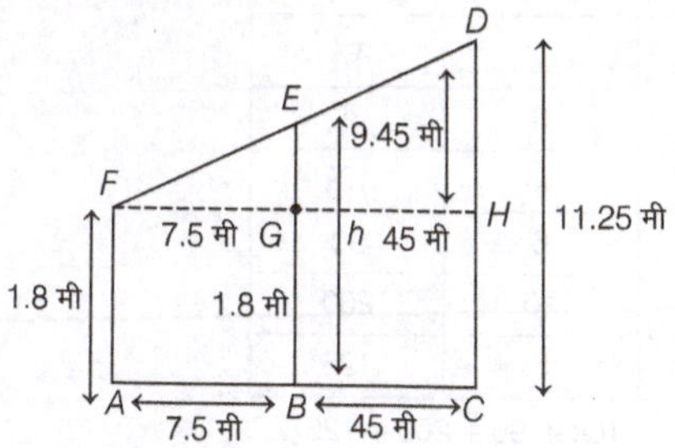

माना $CD \rightarrow$ इमारत की ऊँचाई

$EB \rightarrow$ पेड़ की ऊँचाई; $AF \rightarrow$ सुहास की ऊँचाई

$\Delta FGE \sim \Delta FHD$

$\frac{FG}{FH} = \frac{GE}{HD} = \frac{FE}{FD} \Rightarrow \frac{7.5}{52.5} = \frac{GE}{9.45}$

$GE = \frac{7.5 \times 9.45}{52.5} = 1.35$ मी

$\therefore h = GE + GB = 1.35 + 1.8 = 3.15$ मी

अत: पेड़ की ऊँचाई 3.15 मी है।

24. (b) दी गई जानकारी के अनुसार,

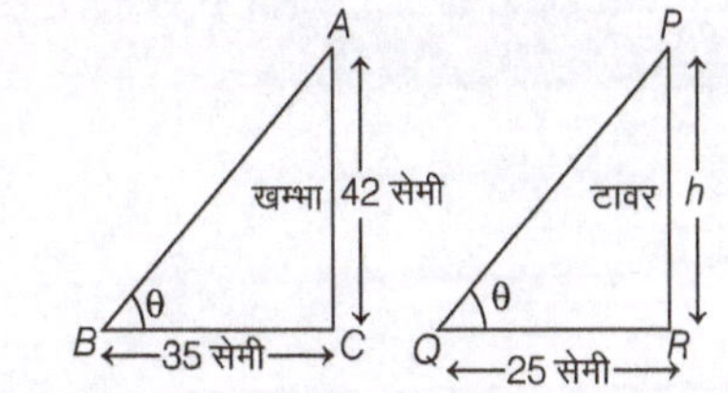

$\because$ खम्भा और टावर दोनों समान कोण पर उपस्थित है।

तब, $\tan\theta = \frac{AC}{BC} = \frac{PR}{QR}$

$\Rightarrow \quad \frac{42}{35} = \frac{h}{25} \Rightarrow h = \frac{42 \times 25}{35} = 30$ मी

अत: टावर की ऊँचाई 30 मी है।

25. (c) दी गई जानकारी के आधार पर,

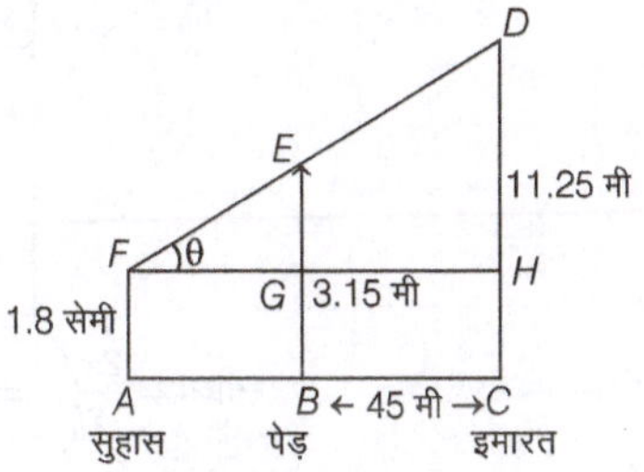

ΔEFG तथा ΔDFH में,

$\frac{GE}{FG} = \frac{DH}{FH}$

[$\because \Delta FEG \sim \Delta DFH$ (AAA नियम द्वारा)]

$\Rightarrow \quad \frac{(3.15 - 1.8)}{FG} = \frac{(11.25 - 1.8)}{FG + 45}$

$\Rightarrow \quad \frac{1.35}{FG} = \frac{9.45}{FG + 45}$

$\Rightarrow 135FG + 6075 = 945FG$

$\Rightarrow \quad 810FG = 6075$

$\Rightarrow \quad FG = \frac{6075}{810} = 7.5$ मी

अत: सुहास और पेड़ के मध्य की दूरी = 7.5 मी

26. (c) माना पंतग की ऊँचाई = h मी

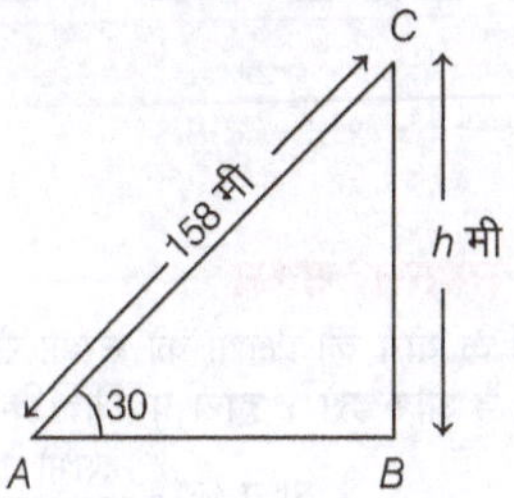

$\therefore \Delta ABC$ में,

$\sin 30° = \frac{h}{158}$

$\Rightarrow \quad \frac{1}{2} = \frac{h}{158}$

$\Rightarrow \quad h = \frac{158}{2}$

$= 79$ मी

26

सांख्यिकी

माध्य या समान्तर माध्य

सभी प्रेक्षणों के योग को प्रेक्षणों की संख्या से विभाजित करने पर प्राप्त मान को माध्य कहते हैं और इसे $\bar{x}$ द्वारा प्रदर्शित किया जाता है।

$$\text{माध्य } (\bar{x}) = \frac{\text{सभी प्रेक्षणों का योग}}{\text{प्रेक्षणों की कुल संख्या}}$$

अवर्गीकृत आँकड़ों का माध्य

यदि $x_1, x_2, x_3, \ldots, x_n$, n प्रेक्षण हैं, तो

$$\text{समान्तर माध्य } \bar{x} = \frac{x_1 + x_2 + x_3 + \ldots + x_n}{n} = \frac{\sum_{i=1}^{n} x_i}{n}$$

वर्गीकृत आँकड़ों का माध्य

यदि $x_1, x_2, x_3, \ldots, x_n$, n प्रेक्षण हैं, जिनकी बारम्बारता क्रमशः $f_1, f_2, f_3, \ldots, f_n$ हैं, तो

$$\bar{x} = \frac{f_1x_1 + f_2x_2 + \ldots + f_nx_n}{f_1 + f_2 + \ldots f_n} = \frac{\sum_{i=1}^{n} f_ix_i}{n}$$

उदाहरण 1. यदि संख्याओं 33, x, 47, 83 और 109 का माध्य 67 है, तो 50, 64, 100, 126 और x का माध्य क्या होगा?

हल दिया है, $\frac{33 + x + 47 + 83 + 109}{5} = 67$

$\Rightarrow \quad 272 + x = 67 \times 5$

$\Rightarrow \quad x = 335 - 272 = 63$

अभीष्ट माध्य $= \frac{50 + 64 + 100 + 126 + 63}{5}$

$= \frac{403}{5} = 80.6$

उदाहरण 2. यदि निम्नलिखित आँकड़ों का माध्य 15 है, तो k का मान ज्ञात कीजिए।

x	5	10	15	20	25
f	6	k	6	10	5

हल प्रश्नानुसार,

x_i	f_i	x_if_i
5	6	30
10	k	$10k$
15	6	90
20	10	200
25	5	125

$$\text{माध्य} = \frac{\Sigma x_if_i}{\Sigma f_i} \Rightarrow 15 = \frac{30 + 10k + 90 + 200 + 125}{6 + k + 6 + 10 + 5}$$

$\Rightarrow \quad 15(27 + k) = 445 + 10k$

$\Rightarrow \quad 15k - 10k = 445 - 405$

$\therefore \quad k = \frac{40}{5} = 8$

माध्यिका

जब प्रेक्षणों को उनके परिणामों को आरोही या अवरोही क्रम में व्यवस्थित करने पर प्रेक्षणों का मध्य मान माध्यिका कहलाता हैं।

यदि प्रेक्षणों की संख्या n है, तो

अवर्गीकृत आँकड़ों की माध्यिका

- यदि n विषम है, तब माध्यिका $= \left(\frac{n+1}{2}\right)$वें प्रेक्षण का मान
- यदि n सम है, तब माध्यिका $= \dfrac{\frac{n}{2}\text{वाँ पद} + \left(\frac{n}{2}+1\right)\text{वाँ पद}}{2}$

उदाहरण 3. क्रिकेट मैच में 11 खिलाड़ियों द्वारा बनाए गए रन इस प्रकार हैं—
7, 16, 121, 51, 101, 81, 1, 16, 9, 11, 16 आँकड़ों की माध्यिका की गणना करें।

हल आरोही क्रम में सभी 11 खिलाड़ियों द्वारा बनाए गए रन इस प्रकार हैं,

1, 7, 9, 11, 16, 16, 16, 51, 81, 101, 121

यहाँ, $n = 11$ (विषम है)

$\therefore$ माध्यिका $= \left(\frac{n+1}{2}\right)$ वाँ पद $= \left(\frac{11+1}{2}\right)$वाँ पद $= 6$ वाँ पद $= 16$

संचयी बारम्बारता

यदि पूर्ववर्ती वर्ग अन्तरालों की बारम्बारता को उसके बाद के वर्ग अन्तराल की बारम्बारता में जोड़ा जाता है, तब इस प्रकार प्राप्त बारम्बारता को संचयी बारम्बारता कहा जाता है।

जैसे–

छात्रों के औसत अंक	छात्रों की संख्या (बारम्बारता)	संचयी बारम्बारता
20–40	13	13
40–60	10	13 + 10 = 23
60–80	8	23 + 8 = 31
80–100	3	31 + 3 = 34
कुल	34	

वर्गीकृत आँकड़ों की माध्यिका

$$\text{माध्यिका} = l + \left(\frac{\frac{N}{2} - cf}{f}\right) \times h$$

जहाँ, l = माध्यिका वर्ग की निम्न सीमा

cf = माध्यिका वर्ग से पहले के वर्ग की संचयी बारम्बारता

f = माध्यिका वर्ग की बारम्बारता और h = वर्ग माप

बहुलक

बहुलक चर का वह मान है, जिसकी आवृत्ति सबसे अधिक बार होती है अथवा हम कह सकते है कि जिस प्रेक्षण की बारम्बारता सबसे अधिक होती है, वह बहुलक कहलाता है।

अवर्गीकृत आँकड़ों का बहुलक

वह मान है जो अधिकतम बार दोहराया जाता है।

उदाहरण 4. छात्रों की आयु के निम्नलिखित आँकड़ों के लिए बहुलक ज्ञात कीजिए।
16, 17, 15, 17, 16, 15, 14, 14, 13, 17, 13, 12, 12, 16, 10, 14, 17, 10, 11

हल दिए गए छात्रों की आयु में सबसे अधिक आवृत्ति वाली आयु = 17 (4 बार)

∴ बहुलक = 17

वर्गीकृत सतत् आँकड़ों का बहुलक

जिस वर्ग की बारम्बारता अधिकतम होती है, उसे बहुलक वर्ग कहा जाता है।

$$\text{बहुलक} = l + \left(\frac{f_1 - f_0}{2f_1 - f_0 - f_2}\right) \times h$$

जहाँ, l = बहुलक वर्ग की निम्न सीमा

h = वर्ग अन्तराल का आकार

f_0 = बहुलक वर्ग से पहले के वर्ग की बारम्बारता

f_1 = बहुलक वर्ग की बारम्बारता

f_2 = बहुलक वर्ग के बाद वाले वर्ग की बारम्बारता

माध्य, माध्यिका और बहुलक में सम्बन्ध

बहुलक = 3 × माध्यिका – 2 × माध्य

उदाहरण 5. एक बंटन के लिए, माध्य = 55 और माध्यिका = 52 है। इस बंटन का बहुलक है।

हल ∴ बहुलक = 3 × माध्यिका – 2 × माध्य

= 3 × 52 – 2 × 55 = 156 – 110 = 46

परास आँकड़ों के समूह के दोनों अन्तिम सिरों के प्रेक्षणों का अन्तर परास कहलाता है।

परास = उच्चतम मान – निम्नतम मान

उदाहरण 6. नीचे दिए गए आँकड़ों का परास है

99, 56, 98, 33, 101, 81, 85

हल परास = 101 – 33 = 68

SSC एग्जाम स्कैनर

SSC CGL 2024-2022 (Tier I & II)

1. निम्नलिखित आँकड़ों की माध्यिका ज्ञात कीजिए।
वर्ग अन्तराल 0-20 20-40 40-60 60-80 80-100
बारम्बारता 9 16 24 15 4
SSC CGL (Tier II) 20/01/2025 Shift I
(a) 47.5 (b) 50 (c) 55 (d) 58

2. कुछ छात्रों की आयु वर्षों में 12, 13, 16, 18, 14, 19, 13, 17, 15 और 11 के रूप में दी गई है। छात्रों की माध्यक आयु (वर्ष में) कितनी है? **SSC CGL (Tier II) 20/01/2025 Shift I**
(a) 14 (b) 14.5 (c) 13.5 (d) 15

3. मूलानुपाती सूत्र का उपयोग करके, निम्नलिखित डेटा के बहुलक का परिकलन कीजिए।
17, 20, 21, 18, 25, 28, 24, 22, 16, 24, 25, 24 **SSC CGL (Tier II) 18/01/2025 Shift I**
(a) 25 (b) 32
(c) 30.6 (d) 25.8

4. निम्नलिखित आँकड़ों की माध्यिका ज्ञात कीजिए। (दो दशमलव स्थान तक पूर्णांकित।)
वर्ग-अन्तराल 0-5 5-10 10-15 15-20 20-25 25-30 30-35
बारम्बारता 3 5 4 2 7 6 5
SSC CGL (Tier II) 18/01/2025 Shift I
(a) 21.43 (b) 23.40
(c) 18.64 (d) 20.53

5. एक परीक्षा में पूर्णांक 25 में से 15 विद्यार्थियों द्वारा प्राप्त अंक 13, 11, 16, 15, 18, 12, 13, 14, 10, 22, 15, 21, 20, 17 और 24 हैं। आँकड़ों के इस समुच्चय के बहुलकों का गुणनफल ज्ञात कीजिए।
SSC CGL (Tier II) 26/10/2023 Shift I
(a) 192 (b) 210
(c) 182 (d) 195

6. 11 विभिन्न प्रेक्षणों के एक समुच्चय की माध्यिका 73.2 है। यदि समुच्चय के सबसे बड़े पाँच प्रेक्षणों में से प्रत्येक में 3 की वृद्धि की जाती है, तो इस नए समुच्चय की माध्यिका
SSC CGL (Tier II) 7/03/2023 Shift I
(a) 3 घट जाती है
(b) 3 बढ़ जाती है
(c) मूल समुच्चय की माध्यिका की 3 गुना हो जाती है
(d) मूल समुच्चय की माध्यिका के समान ही रहती है

7. दिए गए डेटा का बहुलक ज्ञात कीजिए।
5, 7, 9, 7, 3, 7, 5, 7, 8, 6, 7
SSC CGL (Tier II) 7/03/2023 Shift I
(a) 5 (b) 6 (c) 7 (d) 3

8. निम्नलिखित आँकड़ों का बहुलक क्या होगा?
13, 15, 31, 12, 27, 13, 27, 30, 27, 28 और 16 **SSC CGL (Tier II) 06/03/2023 Shift I**
(a) 30 (b) 27 (c) 31 (d) 28

9. एक नमूना आँकड़ों का माध्य = 60 और माध्यिका = 48 है। इस बंटन का बहुलक ज्ञात कीजिए। **SSC CGL (Tier II) 06/03/2023 Shift I**
(a) 18 (b) 48 (c) 36 (d) 24

10. निम्नलिखित संख्याओं की माध्यिका .... होगी।
32, 25, 33, 27, 35, 29 और 30
SSC CGL (Tier II) 03/03/2023 Shift I
(a) 29 (b) 27 (c) 30 (d) 32

11. निम्नलिखित आँकड़ों का मानक विचलन ज्ञात कीजिए (दो दशमलव स्थान तक पूर्णांकित)।
5, 3, 4, 7 **SSC CGL (Tier II) 03/03/2023 Shift I**
(a) 1.48 (b) 3.21 (c) 2.45 (d) 4.12

12. दिए गए बंटन का बहुलक ज्ञात कीजिए (दो दशमलव स्थान तक पूर्णांकित)।

वर्ग अन्तराल	बारम्बारता
5-10	8
10-15	7
15-20	6
20-25	9
25-30	11
30-35	10

SSC CGL (Tier II) 02/03/2023 Shift I
(a) 35.25 (b) 40.25 (c) 30.33 (d) 28.33

13. निम्नलिखित संख्याओं का अंकगणितीय/समान्तर माध्य .... होगा। 23, 17, 20, 19, 21
SSC CGL (Tier II) 02/03/2023 Shift I
(a) 19 (b) 20 (c) 21 (d) 23

14. निम्नलिखित तालिका का अध्ययन करें और आगे दिए गए प्रश्न का उत्तर दें।
एक कम्पनी के 50 कर्मचारियों का दैनिक वेतन नीचे की तालिका में दिखाया गया है।

दैनिक मजदूरी अन्तराल	बारम्बारता (कर्मचारी की संख्या)
80-90	9
90-100	3
100-110	31
110-120	5
120-130	2

निम्नलिखित विकल्पों में से सही कथन का चयन करें **SSC CGL (Tier I) 03/12/2022 Shift III**
(a) कर्मचारियों का औसत वेतन 100-110 के बीच है
(b) कर्मचारियों का औसत वेतन 110-120 के बीच है
(c) कर्मचारियों का औसत वेतन 80-90 के बीच है
(d) कर्मचारियों का औसत वेतन 90-100 के बीच है

15. यदि भार संगत संख्याएँ हैं, तो प्रथम 'n' प्राकृत संख्याओं का भारित समान्तर माध्य ज्ञात करें।
SSC CGL (Tier I) 02/12/2022 Shift II
(a) $\frac{\{n(n+1)\}}{2}$ (b) $\frac{\{n(n+1)\}(2n+1)}{6}$
(c) $\frac{(2n+1)}{3}$ (d) n

16. निम्न तालिका से माध्य की गणना कीजिए।

अंक	बारम्बारता
0-10	2
10-20	4
20-30	12
30-40	21
40-50	6
50-60	3
60-70	2

SSC CGL (Tier I) 09/12/2022 Shift I
(a) 34.2 (b) 32.6 (c) 30.4 (d) 35.8

SSC CPO SI 2024

17. निम्न तालिका से माध्य ज्ञात कीजिए। (दशमलव के दो स्थानों तक पूर्णांकित)

स्कोर	बारम्बारता
15	2
18	3
21	4
22	1
19	5
23	1
24	2

SSC CPO 29/06/2024 Shift III
(a) 18.44 (b) 20.82
(c) 19.78 (d) 17.56

SSC CHSL 2024-2022 (Tier I & II)

18. यदि निम्नलिखित प्रेक्षणों 46, 48, 63, 76, 88, 41, 35, 55, 90, 56, 92 में 88 को 93 से तथा 41 को 47 से प्रतिस्थापित कर दिया जाए तो नई माध्यिका तथा पुरानी माध्यिका के बीच कितना अन्तर होगा?
SSC CHSL (Tier II) 18/11/2024 Shift I
(a) 2 (b) 0
(c) 1 (d) 3

19. एक परिवार में 7 चचेरे भाइयों का भार (किग्रा में) 54, 62, 65, 70, 60, 59 तथा 55 हैं। माध्यिका भार ज्ञात कीजिए।
SSC CHSL (Tier II) 18/11/2024 Shift I
(a) 60 किग्रा (b) 70 किग्रा
(c) 61 किग्रा (d) 61.5 किग्रा

20. दी गई जानकारी को ध्यानपूर्वक पढ़ें और आगे दिए गए प्रश्न का उत्तर दें।
नीचे दी गई तालिका में एक परीक्षा के छः अलग-अलग विषयों में सात विद्यार्थियों द्वारा प्राप्त अंकों का प्रतिशत दर्शाया गया है।
कोष्ठक में दी गई संख्या प्रत्येक विषय के अधिकतम अंक को दर्शाती है।
SSC CHSL (Tier I) 09/07/2024 Shift III

विद्यार्थी	विषय (अधिकतम अंक)					
	गणित	रसायन	भौतिकी	भूगोल	इतिहास	कम्प्यूटर साइंस
	(150)	(130)	(120)	(100)	(60)	(40)
आयुष	90	50	90	60	70	80
अमन	100	80	80	40	80	70
सजल	90	60	70	70	90	70
रोहित	80	65	80	80	60	60
मुस्कान	80	65	85	95	50	90
तन्वी	70	75	65	85	40	60
तरुण	65	35	50	77	80	80

रसायन में सात विद्यार्थियों द्वारा प्राप्त अंकों की माध्यिका ज्ञात करें।
(a) 65 (b) 62.5
(c) 81.25 (d) 84.5

21. नीचे विभिन्न बच्चों की आयु का अवलोकन किया गया डेटा दिया गया है।

आयु (वर्षों में)	बच्चों की संख्या
6	8
7	3
8	7
9	2
10	20

आयु के माध्य और बहुलक के बीच का अन्तर क्या है?
SSC CHSL (Tier I) 01/07/2024 Shift III
(a) 4.425 वर्ष (b) 3.425 वर्ष
(c) 1.425 वर्ष (d) 2.425 वर्ष

22. एक कारखाने में कार्यरत 100 श्रमिकों का उनके मासिक वेतन के अनुसार बंटन, औसत वेतन ₹ 4500 प्रति माह दर्शाता है। यदि माध्यिका वेतन ₹ 4900 पाया जाता है, तो बहुलक वेतन ज्ञात कीजिए।
SSC CHSL (Tier II) 10/01/2024 Shift I
(a) ₹ 5600 (b) ₹ 5500
(c) ₹ 5800 (d) ₹ 5700

23. क्रिकेट मैच में 11 खिलाड़ियों द्वारा बनाए गए रन इस प्रकार हैं- 7, 16, 121, 51, 101, 81, 1, 16, 9, 11, 16
डेटा के माध्यिका की गणना करें।
SSC CHSL (Tier II) 10/01/2024 Shift I
(a) 51 (b) 11
(c) 22 (d) 16

24. दिए गए आँकड़ों का बहुलक ज्ञात कीजिए।
21, 15, 16, 48, 6, 15, 44, 16, 6, 5, 15, 16, 21, 6, 15 और 43
SSC CHSL (Tier II) 02/11/2023 Shift I
(a) 6 (b) 15
(c) 16 (d) 21

25. निम्नलिखित आँकड़ों से बहुलक की गणना करें।

परिरोधन के दिन	6	7	8	9	10
मरीजों की संख्या	4	6	7	5	3

SSC CHSL (Tier II) 02/11/2023 Shift I
(a) 8 (b) 5 (c) 6 (d) 7

26. एक कक्षा के 50 विद्यार्थियों के गणित के प्राप्तांक निम्न तालिका में दिए गए हैं। माध्य प्राप्तांक की गणना कीजिए।

अन्तराल	बारम्बारता (कर्मचारी की संख्या)
0-10	2
10-20	11
20-30	28
30-40	6
40-50	3

SSC CHSL (Tier I) 31/05/2022 Shift I
(a) 26.6 (b) 24.4
(c) 28.8 (d) 22.2

SSC MTS 2024-2021

27. 5, 15, 25, 26 और 27 का समान्तर माध्य ज्ञात कीजिए। **SSC MTS 21/10/2024 Shift II**

(a) 19.6 (b) 18.6 (c) 17.6 (d) 20.6

28. 23 प्रेक्षणों का माध्य 36 है। यदि पहले 12 प्रेक्षणों का माध्य 32 है और अन्तिम 12 प्रेक्षणों का माध्य 39 है, तो 12वाँ प्रेक्षण ज्ञात कीजिए। **SSC MTS 11/09/2023 Shift II**

(a) 25 (b) 23 (c) 26 (d) 24

29. निम्नलिखित दस मानों वाले एक चर के वितरण का परास क्या होगा?

17, 18, 27, 11, 24, 21, 34, 21, 17, 32 **SSC MTS 02/11/2021 Shift III**

(a) 23 (b) 17 (c) 21 (d) 15

30. एक सप्ताह में चाय के थैले के मूल्य ₹ 350, ₹ 280, ₹ 340, ₹ 270, ₹ 360, ₹ 310 और ₹ 300 थे। इनका परास (range) (₹ में) क्या होगा? **SSC MTS 02/11/2021 Shift II**

(a) 100 (b) 90 (c) 70 (d) 80

SSC Selection Post 2022

31. 68 छात्रों की एक कक्षा के माध्य अंक 60 है और 32 छात्रों की एक कक्षा के माध्य अंक 52.5 है। कुल माध्य अंक क्या होंगे? **Higher Secondary Level 01/08/2022 Shift II**

(a) 53.5
(b) 57.6
(c) 54.3
(d) 56.2

सही उत्तर

1 (a)	2 (b)	3 (a)	4 (a)	5 (d)	6 (d)	7 (c)	8 (b)	9 (d)	10 (c)
11 (a)	12 (d)	13 (b)	14 (a)	15 (c)	16 (c)	17 (c)	18 (b)	19 (a)	20 (d)
21 (c)	22 (d)	23 (d)	24 (b)	25 (a)	26 (b)	27 (a)	28 (d)	29 (a)	30 (b)
31 (b)									

उत्तर सहित हल

1. (a) प्रश्नानुसार,

वर्ग अन्तराल	बारम्बारता	संचयी बारम्बारता
0-20	9	9
20-40	16	25
40-60	24	49
60-80	15	64
80-100	4	68
	$N = 68$	

$\therefore \frac{N}{2} = \frac{68}{2} = 34$

∴ माध्यिका वर्ग अन्तराल (40-60) में होगी।

$\therefore$ माध्यिका $= l + \frac{\left(\frac{N}{2} - Cf\right)}{f} \times h$

$= 40 + \left(\frac{34-25}{24}\right) \times 20$

$= 40 + \frac{9}{24} \times 20 = 40 + 7.5 = 47.5$

2. (b) आयु का आरोही क्रम 11, 12, 13, 13, 14, 15, 16, 17, 18, 19 है।

$n = 10$ (सम)

∴ माध्यिका $= \frac{\left(\frac{n}{2}\right)\text{वाँ पद} + \left(\frac{n}{2}+1\right)\text{वाँ पद}}{2}$

$= \frac{(5\text{वाँ पद} + 6\text{वाँ पद})}{2} = \frac{14+15}{2} = 14.5$

3. (a) आँकड़ों का आरोही क्रम = 16, 17, 18, 20, 21, 22, 24, 24, 24, 25, 25 28

∴ माध्य $= \frac{(16+17+18+20+21+22+24+24+24+25+25+28)}{12}$

$= \frac{264}{12} = 22$

तथा माध्यिका

$= \left(\frac{\left(\frac{N}{2}\right)\text{वाँ पद} + \left(\frac{N}{2}+1\right)\text{वाँ पद}}{2}\right)$ ($\because N = 12$ सम)

$= \left(\frac{6\text{वाँ पद} + 7\text{वाँ पद}}{2}\right) = \left(\frac{22+24}{2}\right) = 23$

∴ बहुलक = 3 × माध्यिका − 2 × माध्य

$= 3 \times 23 - 2 \times 22 = 69 - 44 = 25$

4. (a)

वर्ग अन्तराल	बारम्बारता	संचयी बारम्बारता
0-5	3	3
5-10	5	8
10-15	4	12
15-20	2	14
20-25	7	21
25-30	6	27
30-35	5	32
	$N = 32$	

अब, $\frac{N}{2} = \frac{32}{2} = 16$

∴ वर्ग अन्तराल = (20 − 25)

अब, माध्यिका $= l + \frac{\left(\left(\frac{N}{2}\right) - Cf\right)}{f} \times h$

$= 20 + \frac{16-14}{7} \times 5 = 20 + \frac{10}{7} = 21.43$

5. (d) हम जानते हैं कि बहुलक वह मान होता है जो सबसे अधिक बार आता है

∴ आँकड़ों का बहुलक = 15 और 13

अत: अभीष्ट गुणनफल = 15 × 13 = 195

6. (d) प्रत्येक प्रेक्षण में 3 की वृद्धि की जाती है। चूँकि वृद्धि समान अंकों की है, अत: नए समुच्चय की माध्यिका मूल समुच्चय की माध्यिका के समान ही रहेगी।

7. (c) 5 की बारम्बारता = 2

6 की बारम्बारता = 1

7 की बारम्बारता = 5

3 की बारम्बारता = 1

स्पष्टत: 7 की बारम्बारता सर्वाधिक है।

अत: बहुलक = 7

8. (b) ∵ सर्वाधिक बारम्बारता की संख्या = 27 (तीन बार)

अत: बहुलक = 27

9. (d) बहुलक = 3 माध्यिका − 2 माध्य

$= 3 \times 48 - 2 \times 60$

$= 144 - 120 = 24$

10. (c) दी गई संख्याओं को बढ़ते क्रम में लिखने पर, 25, 27, 29, 30, 32, 33, 35

कुल संख्याएँ $(n) = 7$ (विषम)

∴ माध्यिका $= \frac{n+1}{2} = 4$ वाँ पद = 30

11. (a) माध्य $= \frac{5+3+4+7}{4} = 4.75$

विचलन $= \frac{\Sigma(x-\bar{x})^2}{n}$

$= \frac{(5-4.75)^2 + (3-4.75)^2 + (4-4.75)^2 + (7-4.75)^2}{4}$

$= \frac{0.0625 + 3.0625 + 0.5625 + 5.0625}{4}$

$= \frac{8.75}{4} = 2.1875$

मानक विचलन $\sigma = \sqrt{\text{विचलन}} = \sqrt{2.1875}$

$= 1.48$ (लगभग)

12. (d) प्रश्नानुसार,

वर्ग अन्तराल	बारम्बारता
5-10	8
10-15	7
15-20	6
20-25	$9 = f_0$
25-30	$11 = f_1$
30-35	$10 = f_2$

सर्वाधिक बारम्बारता 11 है, अत: वर्ग अन्तराल 25-30 होगा। यहाँ $L = 25$ है।

बहुलक $= L + \dfrac{f_1 - f_0}{2f_1 - f_0 - f_2} \times H$

(H = वर्ग अन्तराल का अन्तर)

$= 25 + \dfrac{11-9}{2\times 11 - 9 - 10} \times 5$

$= 25 + \dfrac{2}{22-19} \times 5 = 25 + \dfrac{2\times 5}{3} = 25 + \dfrac{10}{3}$

$= 25 + 3.3 = 28.33$

13. (b) समान्तर माध्य

$= \dfrac{23+17+20+19+21}{5} = \dfrac{100}{5} = 20$

14. (a)

दैनिक मजदूरी अन्तराल	बारम्बारता (f_i)	x_i	$\Sigma f_i x_i$
80-90	9	85	765
90-100	3	95	285
100-110	31	105	3255
110-120	5	115	575
120-130	2	125	250
	50		5130

$\therefore$ औसत वेतन $= \dfrac{\Sigma f_i x_i}{\Sigma f_i} = \dfrac{5130}{50} = 102.6$

जोकि 100-110 के बीच है।

15. (c) भारित समान्तर माध्य $(w) = \dfrac{\sum_{x=1}^{n} w_x x_i}{\sum w_i}$

$\Rightarrow \ w = \dfrac{w_1x_1 + w_2x_2 + ... + w_nx_n}{w_1 + w_2 + ...+ w_n}$

$\Rightarrow \ w = \dfrac{(1\times 1) + (2\times 2) + ... + (n \times n)}{1 + 2 + 3 + ... + n}$

$\Rightarrow w = \dfrac{1^2 + 2^2 + ... + n^2}{1 + 2 + ... + n} = \dfrac{n(n+1)(2n+1)}{6 \times \dfrac{n(n+1)}{2}}$

$\Rightarrow \ w = \dfrac{2n+1}{3}$

16. (c)

अंक	मध्यमान (x)	बारम्बारता (f)	$f \cdot x$
0 - 10	5	2	10
10 - 20	15	4	60
20 - 30	25	12	300
30 - 40	35	21	735
40 - 50	45	6	270
50 - 60	55	3	165
60 - 70	65	2	130
		$\Sigma f = 50$	$\Sigma fx = 1670$

माध्य $= \dfrac{\Sigma fx}{\Sigma f} = \dfrac{1670}{50} = 33.4$

17. (c) माध्य $(x) = \dfrac{\Sigma fx}{\Sigma f}$

$= \dfrac{15\times 2 + 18 \times 3 + 21 \times 4 + 22 \times 1 + 19 \times 5 + 23 \times 1 + 24 \times 2}{2 + 3 + 4 + 1 + 5 + 1 + 2}$

$= \dfrac{30 + 54 + 84 + 22 + 95 + 23 + 48}{10 + 8}$

$= \dfrac{356}{18} = \dfrac{178}{9} = 19.78$

18. (b) दिए गए आँकड़ों को आरोही क्रम में लिखने पर,

35, 41, 46, 48, 55, 56, 63, 76, 88, 90, 92

$n = 11$ (विषम)

$\therefore$ माध्यिका $= \left(\dfrac{n+1}{2}\right)$ वाँ पद $= \left(\dfrac{11+1}{2}\right)$ वाँ पद

= 6 वाँ पद = 56

संख्याएँ बदलने के बाद आँकड़ों का आरोही क्रम

35, 46, 47, 48, 55, 56, 63, 76, 88, 90, 92, 93

नई माध्यिका $= \left(\dfrac{11+1}{2}\right)$ वाँ पद = 6 वाँ पद = 56

$\therefore$ अभीष्ट अन्तर = 56 − 56 = 0

19. (a) एक परिवार में 7 चचेरे भाइयों के भारों को आरोही क्रम में लिखने पर,

54, 55, 59, 60, 62, 65, 70

$\therefore$ माध्यिका भार $= \left(\dfrac{n+1}{2}\right)$ वाँ पद $= \left(\dfrac{7+1}{2}\right)$ वाँ पद

= 4 वाँ पद = 60 किग्रा

20. (d) रसायन विज्ञान में,

आयुष के अंक $= 130 \times \dfrac{50}{100} = 65$

अमन के अंक $= 130 \times \dfrac{80}{100} = 104$

सजल के अंक $= 130 \times \dfrac{60}{100} = 78$

रोहित के अंक $= 130 \times \dfrac{65}{100} = 84.5$

मुस्कान के अंक $= 130 \times \dfrac{65}{100} = 84.5$

तन्वी के अंक $= 130 \times \dfrac{75}{100} = 97.5$

तरुण के अंक $= 130 \times \dfrac{35}{100} = 45.5$

अब, इन अंकों को आरोही क्रम में लिखने पर,

45.5, 65, 78, 84.5, 84.5, 97.5, 104

यहाँ, $n = 7$ (विषम)

अत: अभीष्ट माध्यिका $= \dfrac{n+1}{2}$ वाँ पद

$= \dfrac{7+1}{2}$ वाँ पद = 4 वाँ पद = 84.5

21. (c) प्रश्नानुसार,

माध्य $= \dfrac{8\times 6 + 3 \times 7 + 7 \times 8 + 2 \times 9 + 20 \times 10}{8 + 3 + 7 + 2 + 20}$

$= \dfrac{48 + 21 + 56 + 18 + 200}{40}$

$= \dfrac{343}{40} = 8.575$

बहुलक = 10

$\therefore$ अभीष्ट अन्तर = 10 − 8.575 = 1.425 वर्ष

22. (d) बहुलक = 3 × माध्यिका − 2 × माध्य

= 3 × 4900 − 2 × 4500

= 14700 − 9000 = 5700

अत: श्रमिकों का बहुलक वेतन ₹5700 है।

23. (d) दिए गए रनों की संख्याओं को आरोही क्रम में लिखने पर

1, 7, 9, 11, 16, 16, 16, 51, 81, 101, 121,

(n = 11 विषम)

$\therefore$ माध्यिका $= \left(\dfrac{n+1}{2}\right)$ वाँ पद $= \dfrac{11+1}{2}$ वाँ पद

= 6 वाँ पद = 16

24. (b) हम जानते हैं, कि दिए गए आँकड़ों में जो सबसे अधिक बार आता है, वही आँकड़ा बहुलक कहलाता है।

अत: अभीष्ट बहुलक = 15

25. (a) दिए गए आँकड़ों का बहुलक 8 है, क्योंकि यहाँ मरीजों की संख्या सर्वाधिक अर्थात् 7 है।

26. (b) प्रश्नानुसार,

अन्तराल	बारम्बारता (f_i)	माध्यमान (x_i)	$x_i f_i$
0 – 10	2	5	10
10 – 20	11	15	165
20 – 30	28	25	700
30 – 40	6	35	210
40 – 50	3	45	135
	$\Sigma f = 50$		$\Sigma x_i f_i = 1220$

$\therefore$ अभीष्ट माध्य $= \dfrac{\Sigma x_i f_i}{\Sigma f_i} = \dfrac{1220}{50} = 24.4$

27. (a) समान्तर माध्य

$= \dfrac{5 + 15 + 25 + 26 + 27}{5} = \dfrac{98}{5} = 19.6$

28. (d) 23 प्रेक्षणों का कुल योग = 23 × 36 = 828

पहले 12 प्रेक्षणों का कुल योग = 12 × 32 = 384

अन्तिम 12 प्रेक्षणों का कुल योग = 12 × 39 = 468

अत: 12वें प्रेक्षण का मान = (384 + 468) − 828

= 852 − 828 = 24

29. (a) परास (Range) = अधिकतम मान − निम्नतम मान

= 34 − 11 = 23

30. (b) थैले के मूल्य = ₹ 350, ₹ 280, ₹ 340, ₹ 270, ₹ 360, ₹ 310, ₹ 300

परास (Range) = अधिकतम मूल्य − निम्नतम मूल्य

= 360 − 270 = 90

31. (b) कुल माध्य अंक

$= \dfrac{68 \times 60 + 32 \times 52.5}{68 + 32}$

$= \dfrac{4080 + 1680}{100} = \dfrac{5760}{100} = 57.60$

27

प्रायिकता

किसी घटना के घटित होने की सम्भावना के गणितीय परिणाम को उस घटना की प्रायिकता कहते हैं।

प्रायिकता $P(E) = \frac{\text{अनुकूल परिणामों की संख्या}}{\text{कुल परिणामों की संख्या}} = \frac{n(E)}{n(S)}$

- घटना E के घटित न होने की प्रायिकता, $P(E) = 1 - P(\bar{E})$
- यदि $P(E) = 0$, तब घटना, असम्भव घटना कहलाती है।
- यदि $P(E) = 1$, तब घटना, सम्भव घटना कहलाती है।
- यदि E एक घटना है, जो घटना E_1 या E_2 में से किसी एक के घटने से घटती है, तब $n(E) = n(E_1) + n(E_2)$
- यदि E एक घटना है, जो घटना E_1 एवं E_2 दोनों के एकसाथ घटने से घटती है, तब $n(E) = n(E_1) \times n(E_2)$

प्रायिकता से सम्बन्धित प्रमेय

प्रायिकता का योग प्रमेय

- जब दो घटनाएँ A और B परस्पर अपवर्जी घटना नहीं हों तब,
$$P(A \cup B) = P(A) + P(B) - P(A \cap B)$$
- जब दो घटनाएँ A और B अपवर्जी हों, तब
$$P(A \cap B) = 0$$
$$\therefore\ P(A \cup B) = P(A) + P(B)$$

प्रायिकता का गुणन प्रमेय

- जब दो घटनाएँ A और B विशेष घटनाएँ हों, तो A और B के एकसाथ घटित होने की प्रायिकता है,
$$P(A \cap B) = P(A) \cdot P(B/A)$$
- जब A और B दो स्वतन्त्र घटनाएँ हों, तो
$$P(A \cap B) = P(A) \cdot P(B)$$
यहाँ, $P(B/A) = \frac{P(A \cap B)}{P(A)}$

सिक्कों पर आधारित

- एक सिक्के के दो प्रतिदर्श शीर्ष या चित और पट या तल होते हैं जिसे 'H' व 'T' द्वारा दर्शाया जाता है।
- 'n' सिक्कों के उछालने का कुल परिणाम $= 2^n$

उदाहरण 1. एक बार में तीन सिक्के उछालने पर, कम-से-कम एक शीर्ष आने की प्रायिकता क्या है?

हल तीन सिक्कों को एकसाथ उछालने पर सम्भावित परिणामों की संख्या,
$$n(S) = 2^3 = 8$$
सभी पट प्राप्त करने के सम्भावित परिणामों की संख्या = 1

सभी पट प्राप्त करने की सम्भावना $= \frac{1}{8}$

कम-से-कम एक शीर्ष होने की सम्भावना $= 1 - \frac{1}{8} = \frac{7}{8}$

पासे पर आधारित

- एक पासे में छः फलक 1, 2, 3, 4, 5, 6 होते हैं।

उदाहरण 2. जब एक पासे को एक बार फेंका जाता है, तो एक अभाज्य संख्या प्राप्त करने की प्रायिकता है

हल पासे में अभाज्य संख्या के परिणाम = 3 {2, 3, 5}

पासा एक बार फेंकने पर कुल सम्भव परिणाम = 6

$\therefore$ अभीष्ट प्रायिकता $= \frac{3}{6} = \frac{1}{2}$

ताश की गड्डी पर आधारित

- ताश की एक गड्डी में 52 पत्ते होते हैं जिसमें 26 लाल व 26 काले रंग के होते हैं।
  इन 26 लाल पत्ते में 13 पत्ते ईंट व 13 पत्ते पान के होते हैं, साथ-ही-साथ 26 काले पत्ते में 13 पत्ते हुकुम व 13 पत्ते चिड़ी के होते हैं।
- बादशाह, बेगम और गुलाम को फेस कार्ड (तस्वीर वाला) कहा जाता है। कुल फेस कार्ड की संख्या = 12

उदाहरण 3. 52 पत्तों की ताश की गड्डी में से एक पत्ता यादृच्छिक रूप से निकाला जाता है। इस पत्ते के लाल होने की प्रायिकता है

हल यहाँ, $n(S) = 52$

$n(E)$ = लाल पत्तों की संख्या
$= 26$

$$\therefore\ P(E) = \frac{n(E)}{n(S)} = \frac{26}{52} = \frac{1}{2}$$

चयन पर आधारित

क्रमचय और संचय

- किसी प्रबन्ध के प्रत्येक अलग क्रम को, जो दी गई वस्तुओं की कुछ या सभी संख्या लेने से प्राप्त हो, क्रमचय कहलाता है।

  n वस्तुओं में से r वस्तुओं को एकसाथ लेकर उन्हें व्यवस्थित करने का तरीका ^nP_r द्वारा निरूपित करते हैं।

$$^nP_r = \frac{n!}{(n-r)!}$$

- दी गई वस्तुओं में से कुछ या सभी वस्तुओं को लेकर, उनके क्रम को ध्यान रखें बिना, बने समूहों को संचय कहते हैं।

  n वस्तुओं में से r वस्तु लेकर प्राप्त संचय को ^nC_r से निरूपित करते हैं।

$$^nC_r = \frac{n!}{r!(n-r)!}$$

उदाहरण 4. एक कलश में 10 काली और 5 सफेद गेंदें हैं। कलश से प्रतिस्थापन के बिना एक के बाद एक, दो गेंदें निकाली जाती हैं। दोनों निकाली गई गेंदों के काले होने की प्रायिकता क्या है?

हल पहली काली गेंद निकालने की प्रायिकता

$$= \frac{^{10}C_1}{^{15}C_1} = \frac{10}{15}$$

पहली गेंद को बिना प्रतिस्थापित किए दूसरी गेंद निकालने की प्रायिकता

$$= \frac{^{9}C_1}{^{14}C_1} = \frac{9}{14}$$

$\therefore$ अभीष्ट प्रायिकता $= \frac{10}{15} \times \frac{9}{14}$

$= \frac{3}{7}$

SSC एग्जाम स्कैनर

SSC CGL 2024 & 2023 (Tier I & II)

1. यदि A और B दो घटनाएँ इस प्रकार हैं कि $P(A \cup B) = \frac{3}{4}$, $P(A \cap B) = \frac{1}{4}$ और $P(B) = \frac{1}{2}$ है, तो घटनाएँ A और B .... हैं।

SSC CGL (Tier II) 20/01/2025 Shift I

(a) स्वतन्त्र
(b) परस्पर अपवर्जी नहीं
(c) परस्पर अपवर्जी
(d) आश्रित

2. मान लीजिए A और B दो खिलाड़ी हैं जो टार्गेट को हिट करने के लिए खेल रहे हैं। A और B द्वारा टार्गेट को हिट किए जाने की प्रायिकताएँ क्रमश: $\frac{2}{3}$ और $\frac{3}{4}$ हैं। उनमें से किसी भी एक द्वारा टार्गेट को सटीकता से हिट किए जाने की क्या प्रायिकता है?

SSC CGL (Tier II) 18/01/2025 Shift I

(a) $\frac{1}{4}$ (b) $\frac{5}{12}$ (c) $\frac{7}{12}$ (d) $\frac{1}{12}$

3. यदि $P(A \cup B) = \frac{5}{9}$, $P(\bar{A} \cup \bar{B}) = \frac{13}{27}$, $P(A) = \frac{11}{18}$ है, तो घटना B के प्रतिकूल संयोगानुपात ज्ञात कीजिए।

SSC CGL (Tier II) 26/10/2023 Shift I

(a) $\frac{38}{17}$ (b) $\frac{7}{57}$ (c) $\frac{29}{25}$ (d) $\frac{47}{7}$

4. ताश की एक गड्डी से प्रतिस्थापन के साथ एक के बाद एक तीन पत्ते निकाले जाते हैं। पहला पत्ता गुलाम, दूसरा पत्ता काला पत्ता (ब्लैक कार्ड) और तीसरा पत्ता सम संख्या वाला पत्ता होने की प्रायिकता क्या होगी?

SSC CGL (Tier II) 26/10/2023 Shift I

(a) $\frac{5}{338}$ (b) $\frac{20}{338}$ (c) $\frac{25}{26}$ (d) $\frac{5}{169}$

5. एक व्यक्ति 8 शॉट में से 5 बार निशाना लगा सकता है। यदि वह 10 शॉट फायर करता है, तो इसकी क्या प्रायिकता होगी कि वह दो बार निशाना लगा लेगा?

SSC CGL (Tier II) 07/03/2023 Shift I

(a) $\frac{1135 \times 3^8}{8^{10}}$ (b) $\frac{1175 \times 3^8}{8^{10}}$
(c) $\frac{1125 \times 3^8}{8^{10}}$ (d) $\frac{1165 \times 3^8}{8^{10}}$

6. तीन छात्रों A, B और C द्वारा एक समस्या को हल करने की प्रायिकता क्रमश: $\frac{3}{7}, \frac{5}{9}$ और $\frac{1}{5}$ है। समस्या के हल होने की प्रायिकता क्या होगी?

SSC CGL (Tier II) 06/03/2023 Shift I

(a) $\frac{32}{315}$ (b) $\frac{155}{315}$ (c) $\frac{251}{315}$ (d) $\frac{64}{315}$

7. A, 7 में से 5 बार सच बोलता है और B, 9 में से 8 बार सच बोलता है। इसकी क्या प्रायिकता होगी कि वे एक ही तथ्य को कहने में एक-दूसरे का खण्डन करेंगे?

SSC CGL (Tier II) 03/03/2023 Shift I

(a) $\frac{1}{7}$ (b) $\frac{1}{9}$ (c) $\frac{1}{4}$ (d) $\frac{1}{3}$

8. एक काँच के पात्र में 6 सफेद, 8 काले, 4 लाल और 3 नीले कंचे हैं। यदि पात्र में से एक कंचा यादृच्छिक रूप से चुना जाता है, तो इसके काले या नीले रंग के होने की क्या प्रायिकता है?

SSC CGL (Tier II) 02/03/2023 Shift I

(a) $\frac{11}{21}$ (b) $\frac{8}{21}$ (c) $\frac{1}{7}$ (d) $\frac{5}{21}$

SSC CHSL 2024 & 2023 (Tier I & II)

9. सुदर्शन और अब्राहम दो रिक्तियों के लिए साक्षात्कार के लिए उपस्थित हुए। सुदर्शन के चयन की प्रायिकता $\frac{1}{3}$ है और अब्राहम के चयन की प्रायिकता $\frac{1}{5}$ है। उनमें से किसी के भी चयनित न होने की प्रायिकता ज्ञात कीजिए।

SSC CHSL (Tier II) 10/01/2024 Shift I

(a) $\frac{8}{15}$ (b) $\frac{14}{15}$ (c) $\frac{1}{15}$ (d) $\frac{22}{15}$

10. यदि A और B, $P(A) = \frac{3}{8}$, $P(B) = \frac{1}{2}$ और $P(A \cap B) = \frac{1}{4}$ वाली घटनाएँ हैं, तो $P(A \cap B)$ ज्ञात कीजिए।

SSC CHSL (Tier II) 02/11/2023 Shift I

(a) $\frac{5}{8}$ (b) $\frac{1}{8}$ (c) $\frac{7}{8}$ (d) $\frac{3}{8}$

सही उत्तर

1 (a) 2 (b) 3 (c) 4 (a) 5 (c) 6 (c) 7 (d) 8 (a) 9 (a) 10 (d)

उत्तर सहित हल

1. (a) प्रश्नानुसार,

$P(A\cup B)=\frac{3}{4}, P(A\cap B)=\frac{1}{4}$

$P(B)=\frac{1}{2}$

$\therefore P(A\cup B)=P(A)+P(B)-P(A\cap B)$

$\Rightarrow \frac{3}{4}=P(A)+\frac{1}{2}-\frac{1}{4}$

$\Rightarrow P(A)=\frac{3}{4}+\frac{1}{4}-\frac{1}{2}=\frac{1}{2}$

$\therefore P(A\cap B)=P(A)\times P(B)$

$\frac{1}{4}=\frac{1}{2}\times\frac{1}{2}=\frac{1}{4}$

$\therefore$ A और B स्वतन्त्र घटनाएँ हैं।

2. (b) प्रश्नानुसार, $P(A)=\frac{2}{3}$

$\Rightarrow P(A')=\frac{1}{3}$ तथा $P(B)=\frac{3}{4}$

$\Rightarrow P(B')=\frac{1}{4}$

एक द्वारा टार्गेट हिट होने की प्रायिकता

$=P(A)\times P(B')+P(B)\times P(A')$

$=\frac{2}{3}\times\frac{1}{4}+\frac{3}{4}\times\frac{1}{3}=\frac{2}{12}+\frac{3}{12}=\frac{5}{12}$

3. (c) दिया है,

$P(A)=\frac{11}{18}$

$\therefore P(\bar{A})=1-P(A)$

$=1-\frac{11}{18}=\frac{7}{18}$

तथा $P(\bar{A}\cap\bar{B})=1-P(A\cup B)=1-\frac{5}{9}=\frac{4}{9}$

$\because P(\bar{A}\cup\bar{B})=P(\bar{A})+P(\bar{B})-P(\bar{A}\cap\bar{B})$

$\frac{13}{27}=\frac{7}{18}+P(\bar{B})-\frac{4}{9}$

$P(\bar{B})=\frac{13}{27}-\frac{7}{18}+\frac{4}{9}=\frac{29}{54}$

$\therefore P(B)=1-\frac{29}{54}=\frac{25}{54}$

अतः घटना B के प्रतिकूल संयोगानुपात

$=\frac{P(\bar{B})}{P(B)}=\frac{29}{54}\times\frac{54}{25}=\frac{29}{25}$

4. (a) ताश की गड्डी में गुलाम के पत्तों की संख्या $=4$

काले पत्तों की संख्या $=26$

तथा सम संख्या वाले पत्तों की संख्या $=20$

अतः अभीष्ट प्रायिकता $=\frac{4}{52}\times\frac{26}{52}\times\frac{20}{52}=\frac{5}{338}$

5. (c) प्रश्नानुसार,

$P=\frac{5}{8}$

Q (चूकने पर) $=1-\frac{5}{8}=\frac{3}{8}$

अभीष्ट प्रायिकता $=P(E)={}^{10}C_2p^2q^8$

$=45\left(\frac{5}{8}\right)^2\left(\frac{3}{8}\right)^8$

$=\frac{45\times25\times3^8}{8^2\times8^8}=\frac{1125\times3^8}{8^{10}}$

6. (c) समस्या के हल नहीं होने की प्रायिकता

$P(\bar{Q})=\left(1-\frac{3}{7}\right)\left(1-\frac{5}{9}\right)\left(1-\frac{1}{5}\right)$

$=\frac{4}{7}\times\frac{4}{9}\times\frac{4}{5}=\frac{64}{315}$

अतः समस्या के हल होने की प्रायिकता

$P(Q)=1-\frac{64}{315}=\frac{315-64}{315}=\frac{251}{315}$

7. (d) प्रश्नानुसार,

A द्वारा सच बोलने की प्रायिकता $P(A)=\frac{5}{7}$

तब, A द्वारा झूठ बोलने की प्रायिकता

$P(\bar{A})=1-P(\bar{A})=1-\frac{5}{7}=\frac{2}{7}$

इसी प्रकार,

B द्वारा सच बोलने की प्रायिकता

$P(B)=\frac{8}{9}$

तब, B द्वारा झूठ बोलने की प्रायिकता $P(\bar{B})$

$=1-P(\bar{B})=1-\frac{8}{9}=\frac{1}{9}$

$\therefore$ अभीष्ट प्रायिकता

$=\left(\frac{5}{7}\times\frac{1}{9}\right)+\left(\frac{2}{7}\times\frac{8}{9}\right)$

$=\left(\frac{5}{63}+\frac{16}{63}\right)=\frac{21}{63}=\frac{1}{3}$

8. (a) सफेद, काले, लाल तथा नीले कंचों की कुल संख्या $=6+8+4+3=21$

तथा काले तथा नीले कंचों की कुल संख्या

$=8+3=11$

अभीष्ट प्रायिकता $=\frac{11}{21}$

9. (a) दिया है, सुदर्शन के चयन की प्रायिकता $=\frac{1}{3}$

$\therefore$ सुदर्शन के न चयन होने की प्रायिकता $=1-\frac{1}{3}=\frac{2}{3}$

तथा अब्राहम के चयन की प्रायिकता $=\frac{1}{5}$

$\therefore$ अब्राहम के न चयन होने की प्रायिकता $=1-\frac{1}{5}=\frac{4}{5}$

अतः दोनों में से किसी के भी चयनित न होने की प्रायिकता $=\frac{2}{3}\times\frac{4}{5}=\frac{8}{15}$

10. (d) $P(A\cup B)=P(A)+P(B)-P(A\cap B)$

$=\frac{3}{8}+\frac{1}{2}-\frac{1}{4}=\frac{3+4-2}{8}=\frac{5}{8}$

$\therefore P(\overline{A\cap B})=1-P(A\cup B)$

$=1-\frac{5}{8}=\frac{3}{8}$

28

समंकों का विश्लेषण

समंकों का विश्लेषण एक ऐसी प्रक्रिया है, जिसके अन्तर्गत दिए गए आँकड़ों को अर्थपूर्ण रूप में व्यवस्थित करके आवश्यकता अनुसार उचित निष्कर्ष निकाले जाते हैं। इन आँकड़ों को विभिन्न रूपों में प्रस्तुत किया जा सकता है।

सारणी

सारणी में आँकड़ों को स्तम्भों एवं पंक्तियों में व्यवस्थित किया गया होता है, जोकि भिन्न-भिन्न मदों के लिए भिन्न होते हैं।

जैसे- **निम्नलिखित सारणी लड़कियों की औसत ऊँचाई और उनकी संख्या को दर्शाती है।**

ऊँचाई (सेमी में)	लड़कियों की संख्या
140 से कम	4
145 से कम	11
150 से कम	29
155 से कम	40
160 से कम	46
165 से कम	51

रेखा चित्र

रेखा चित्र एक प्रकार का ग्राफ है, जिसके द्वारा आँकड़ों को बिन्दुओं और रेखाखण्डों की सहायता से दर्शाया गया होता है। यह आँकड़ों को संक्षिप्त रूप में दर्शाने की सबसे सरल विधि है।

रेखा चित्र में एक क्षैतिज और एक ऊर्ध्वाधर अक्ष होता है, जो विभिन्न मदों और परिणामों को दर्शाते हैं।

जैसे- **दिए गए रैखिक आलेख में एक शहर के वर्ष 1999 के पहले छः महीनों की दुर्घटनाओं को दर्शाया गया है।**

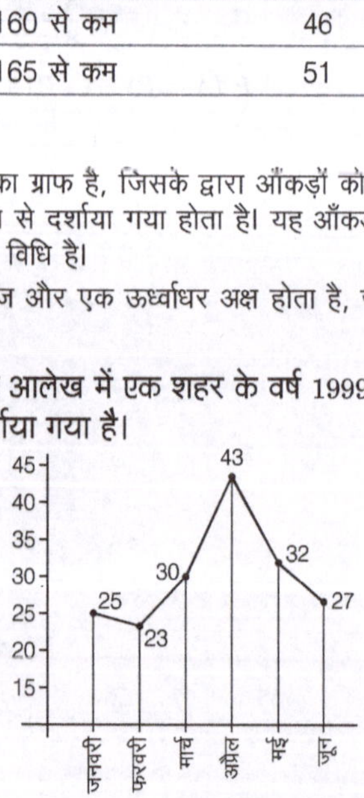

दण्ड आरेख

दण्ड आरेख में आँकड़ों को दर्शाने के लिए क्षैतिज या ऊर्ध्वाधर दण्डों का प्रयोग किया जाता है। प्रत्येक दण्ड की केवल लम्बाई ही आँकड़ों को दर्शाती है। इनकी मोटाई या बीच की दूरी का कोई मान नहीं होता है।

जैसे- **निम्न दण्ड आरेख पाँच अलग-अलग विद्यालयों में लड़के और लड़कियों की संख्या को दर्शाता है।**

अलग-अलग विद्यालयों में लड़के और लड़कियों की संख्या

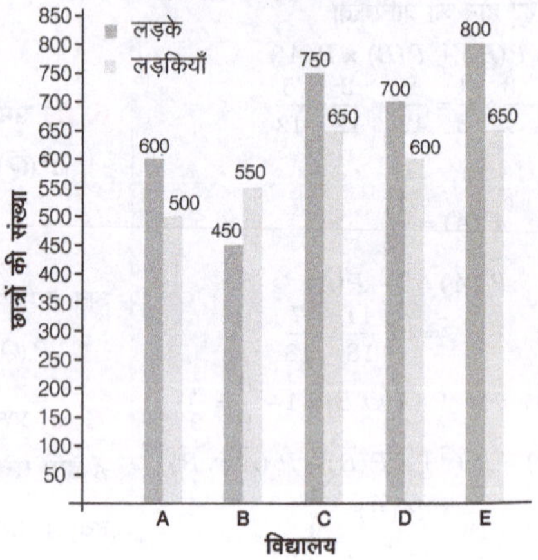

वृत्त चित्र (या पाई चार्ट)

वृत्त चित्र में किसी वस्तु या तथ्यों के विभिन्न भागों को किसी बड़ी राशि की मदों में विभाजन को प्रदर्शित किया जाता है। वृत्त चित्र का प्रत्येक भाग (चाप), उसके केन्द्रीय कोण और उसके क्षेत्रफल के समानुपाती होती है।

$\therefore$ किसी घटक या अवयव का केन्द्रीय कोण $= \dfrac{\text{अवयव का मूल्य}}{\text{कुल मूल्य}} \times 100$

वृत्त के विभाजन को दो प्रकार से दर्शाया जाता है-

(i) प्रतिशत में (ii) डिग्री कोण में

वृत्त चित्र का कुल मान $= 100\%$ या $360° \Rightarrow x\,\% = \dfrac{x}{100} \times 360°$

जैसे- **दिए गए पाई-चार्ट में एक संगठन में 450 कर्मचारियों के औसत वितरण को दर्शाया गया है।**

विभिन्न विभागों में कर्मचारियों का प्रतिशत (कुल 450 कर्मचारी)

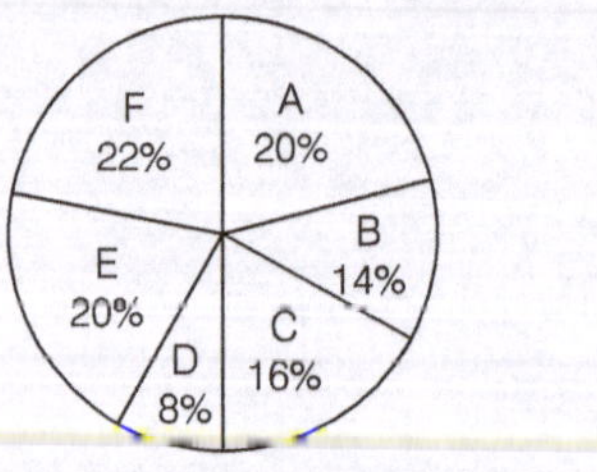

SSC एग्जाम स्कैनर

SSC CGL 2024 (Tier I & II)

1. निम्नांकित तालिका किसी स्टील कम्पनी की विभिन्न वस्तुओं के उत्पादन (इकाइयों में) और बिक्री को दर्शाती है। तालिका का अध्ययन कीजिए और उसके बाद पूछे गए प्रश्न का उत्तर दीजिए।

SSC CGL (Tier-I) 26/09/2024 Shift III

वस्तु	उत्पादन (इकाइयाँ)	बिक्री (इकाइयाँ)
प्लेट	252	190
कटोरा	356	307
चम्मच	185	133
पाइप	220	155
होल्डर	458	419

किस वस्तु में बिना बिकी वस्तुओं की संख्या सबसे कम है?
(a) होल्डर (b) पाइप (c) प्लेट (d) चम्मच

2. दी गई तालिका पिछले कुछ वर्षों में एक कम्पनी का वार्षिक व्यय (लाख ₹ में) दर्शाती है।

SSC CGL (Tier-I) 26/09/2024 Shift III

वर्ष	वेतन	ईंधन एवं परिवहन	बोनस	ऋण पर ब्याज	कर
2005	212	78	4.00	24.6	88
2006	225	98	4.25	29.7	110
2007	236	105	4.75	36.8	125
2008	247	125	5.55	42.3	103
2009	295	145	6.25	49.6	118
2010	325	155	6.85	58.4	135

2006 में इन सभी श्रेणियों पर किया गया कुल व्यय, 2009 में किए गए कुल व्यय का कितने प्रतिशत (दशमलव के दो स्थानों तक पूर्णांकित) है?
(a) 66.07% (b) 76.07% (c) 66.09% (d) 76.09%

3. किसी शहर से वर्ष 2022 के आखिरी चार महीनों के दौरान 4-पहिया ड्राइविंग लाइसेंस टेस्ट में उपस्थित और उत्तीर्ण आवेदकों की संख्या निम्नलिखित तालिका में सूचीबद्ध है। तालिका का ध्यानपूर्वक अध्ययन कीजिए और निम्नलिखित प्रश्न का उत्तर दीजिए।

महीना	उपस्थित आवेदक	उत्तीर्ण आवेदक
सितम्बर	2500	1200
अक्टूबर	2000	1100
नवम्बर	2100	900
दिसम्बर	3000	1500

सितम्बर महीने में ड्राइविंग लाइसेंस टेस्ट के लिए अयोग्य आवेदकों का प्रतिशत कितना है?

SSC CGL (Tier-I) 26/09/2024 Shift III

(a) 48% (b) 54% (c) 50% (d) 52%

4. नीचे दी गई तालिका 2022 में चार विभिन्न कम्पनियों में कर्मचारियों का बंटन दर्शाती है।

कम्पनी	परिक्षेत्रों की संख्या	प्रति परिक्षेत्र कर्मचारियों की औसत संख्या	पुरुषः महिला
A	30	300	3 : 5
B	35	400	5 : 3
C	27	500	4 : 5
D	25	450	5 : 4

2022 में कम्पनी D में कार्यरत पुरुष कर्मचारियों की कुल संख्या ज्ञात करें।

SSC CGL (Tier-I) 26/09/2024 Shift II

(a) 6000 (b) 6500
(c) 6750 (d) 6250

5. निम्न आँकड़ों का अध्ययन कीजिए और प्रश्न का उत्तर दीजिए।

SSC CGL (Tier-I) 26/09/2024 Shift II

साझेदार	शेयरों का प्रतिशत
जीवन	10%
किरण	15%
लोकेश	8%
रसूल	22%
मीरा	45%

कम्पनी ने अपने पाँच साझेदारों के बीच 10 लाख शेयर जारी किए हैं। यदि जीवन, मीरा को अपने 20000 शेयर बेचने की पेशकश करता है, तो मीरा के पास कितने शेयर होंगे?
(a) 460000 (b) 480000
(c) 470000 (d) 510000

6. दिया गया बार-ग्राफ पाँच कम्पनियों का टर्नओवर (करोड़ में) दर्शाता है।

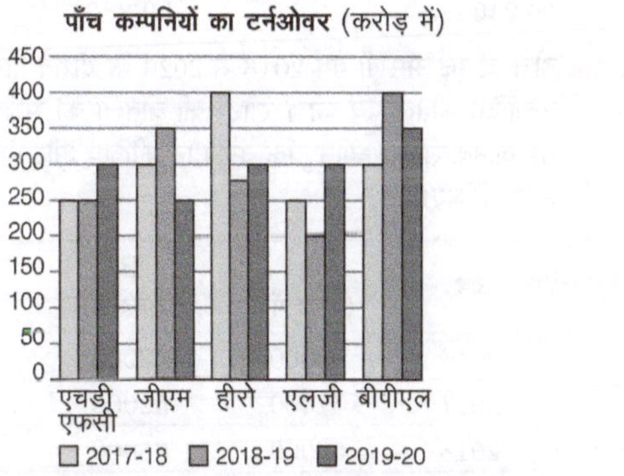

वर्ष 2018-2019 और 2019-2020 के बीच सभी कम्पनियों के कुल औसत बिक्री टर्नओवर के बीच कितना अन्तर है?

SSC CGL (Tier-I) 26/09/2024 Shift II

(a) ₹ 2 करोड़ (b) ₹ 6.5 करोड़
(c) ₹ 3.5 करोड़ (d) ₹ 5 करोड़

7. पाँच विद्यालयों की वार्षिक आय (लाख में)

आय का स्रोत	विद्यालय				
	X	Y	Z	U	V
ट्यूशन शुल्क	13	26	15	17	16
सेमेस्टर शुल्क	43	56	39	89	59
दान	14	17	14	50	19
विविध	25	18	29	13	23
कुल	95	117	97	169	117

कितने विद्यालयों की सेमेस्टर शुल्क से होने वाली आय, दान के तीन गुने से कम है?

SSC CGL (Tier-I) 26/09/2024 Shift I

(a) 3 (b) 5
(c) 2 (d) 4

8. निम्न तालिका का अध्ययन कीजिए और प्रश्न का उत्तर दीजिए।

कम्पनी	वर्ष				
	2017	2018	2019	2020	2021
P	2000	4000	2000	3000	4000
Q	1500	3000	1500	3000	3000
R	1400	2000	2000	3000	3000

निम्नलिखित में से किस युग्म वर्ष में एक साथ मिलकर तीनों कम्पनियों का कुल निर्यात बराबर है?
SSC CGL (Tier-I) 26/09/2024 Shift I

(a) 2018 और 2019 (b) 2020 और 2021
(c) 2018 और 2020 (d) 2017 और 2018

9. दी गई तालिका का अध्ययन कीजिए और निम्नलिखित प्रश्न का उत्तर दीजिए। निम्नलिखित तालिका वर्ष 2021-22 के दौरान चार अलग-अलग स्कूलों में छात्रों के प्रतिशतता-बंटन को दर्शाती है।

वर्ष	स्कूल			
	स्कूल 1	स्कूल 2	स्कूल 3	स्कूल 4
2021	28	25	24	23
2022	27	28	23	22

यदि वर्ष 2021 और 2022 के दौरान छात्रों की कुल संख्या क्रमशः 16000 और 18000 थी, तो 2021 के सापेक्ष 2022 में स्कूल 4 में छात्रों की संख्या में अन्तर ज्ञात कीजिए। **SSC CGL (Tier-I) 26/09/2024 Shift I**

(a) 280 (b) 180
(c) 240 (d) 380

10. नीचे दी गई सारणी वर्ष 2016 से 2020 के दौरान तीन कम्पनियों द्वारा उत्पादित शीतल पेय की 1 लीटर की बोतलों की संख्या को दर्शाती है। दी गई जानकारी का ध्यानपूर्वक अध्ययन कीजिए और नीचे दिए गए प्रश्न का उत्तर दीजिए।

वर्ष	A (लाख में)	B (लाख में)	C (लाख में)
2016	38000	43000	51000
2017	41000	52000	57000
2018	53000	65000	63000
2019	30000	35000	32000
2020	20000	25000	28000

2016 से 2018 के दौरान A और C के औसत उत्पादन (लाख में) में कितना अन्तर है?
SSC CGL (Tier-I) 25/09/2024 Shift III

(a) 7800 (b) 9500
(c) 14000 (d) 13000

11. एक कम्पनी द्वारा तीन वर्षों की अवधि में निर्मित दो प्रकार की साइकिलों B_1 और B_2 की बिक्री (₹ लाख में) नीचे दी गई तालिका में दिखाई गई है।

वर्ष	B_1	B_2
2004	195	284
2005	230	300
2006	250	416

वर्ष 2004 से 2006 तक, साइकिल B_1 की कुल बिक्री का और साइकिल B_2 की कुल बिक्री का अनुपात क्या है?
SSC CGL (Tier-I) 25/09/2024 Shift III

(a) 40 : 27 (b) 27 : 40
(c) 9 : 10 (d) 10 : 9

12. दी गई तालिका का अध्ययन करें और उसके बाद दिए गए प्रश्न का उत्तर दें। दी गई तालिका दिए गए वर्षों में एक व्यक्ति की वार्षिक आय (₹ हजार में) को दर्शाती है।

वर्ष	स्कूल से वेतन	कोचिंग	होम ट्यूशन
2018	132	42	12
2019	148	55	18
2020	166	68	24
2021	178	74	28
2022	196	88	35

दिए गए वर्षों में व्यक्ति ने स्कूल से वेतन के रूप में प्रतिवर्ष औसत कितनी आय अर्जित की है? **SSC CGL (Tier-I) 25/09/2024 Shift II**

(a) ₹ 158000
(b) ₹ 148000
(c) ₹ 164000
(d) ₹ 174000

13. दी गई तालिका वर्ष 2011 से वर्ष 2014 तक चार अलग-अलग बैंकों *A*, *B*, *C* और *D* द्वारा भर्ती किए गए लिपिक और अधिकारी संवर्ग के कर्मचारियों की संख्या को दर्शाती है।

वर्ष	A		B		C		D	
	अधिकारी	लिपिक	अधिकारी	लिपिक	अधिकारी	लिपिक	अधिकारी	लिपिक
2011	260	458	255	460	205	428	265	470
2012	310	569	286	584	230	539	246	554
2013	350	730	321	725	340	740	361	725
2014	400	890	452	845	380	850	482	860

बैंक A के अधिकारी संवर्ग के कमचारियों की संख्या और बैंक C के अधिकारी संवर्ग के कर्मचारियों की सख्या के अनुपात की गणना कीजिए।
SSC CGL (Tier-I) 25/09/2024 Shift II

(a) 5 : 6 (b) 8 : 7
(c) 6 : 5 (d) 7 : 8

14. 5 वर्षों में 5 कम्पनियों के माल के कुल निर्यात (₹ लाख में) के लिए निम्नलिखित तालिका पर विचार कीजिए।

कम्पनियाँ / वर्ष	R	S	T	U	V
2012	60	40	15	45	25
2013	30	60	70	15	90
2014	51	25	55	100	110
2015	45	51	20	70	65
2016	24	35	60	55	125

यदि वर्ष 2015 में कम्पनियों S और U के निर्यात और आयात का अनुपात क्रमशः 3 : 2 और 1 : 2 है, तो वर्ष 2015 में कम्पनियों S और U का कुल आयात (₹ लाख में) कितना है?
SSC CGL (Tier-I) 25/09/2024 Shift II

(a) 157 (b) 187
(c) 121 (d) 174

15. दी गई तालिका का अध्ययन कीजिए और निम्नलिखित प्रश्न का उत्तर दीजिए।
दी गई तालिका पिछले कुछ वर्षों में एक ऑटोमोबाइल कम्पनी द्वारा निर्मित तीन प्रकार की कारों (A, B और C) का उत्पादन (हजार में) दर्शाती है।

वर्ष	A	B	C
2015	840	680	890
2016	900	750	960
2017	760	620	1000
2018	800	540	1200

वर्ष 2015 से 2017 तक कम्पनी द्वारा उत्पादित A प्रकार की कारों की कुल संख्या, वर्ष 2016 से 2018 तक कम्पनी द्वारा उत्पादित C प्रकार की कारों की कुल संख्या से कितने प्रतिशत (निकटतम पूर्णांक तक पूर्णांकित) अधिक या कम है? **SSC CGL (Tier-I) 25/09/2024 Shift I**

(a) 24% अधिक (b) 24% कम
(c) 21% अधिक (d) 21% कम

16. दिया गया बार-ग्राफ पिछले कुछ वर्षों में किसी देश के चीनी आयात (हजार टन में) को दर्शाता है। ग्राफ का अध्ययन कीजिए और निम्नलिखित प्रश्न का उत्तर दीजिए। **SSC CGL (Tier-I) 25/09/2024 Shift I**

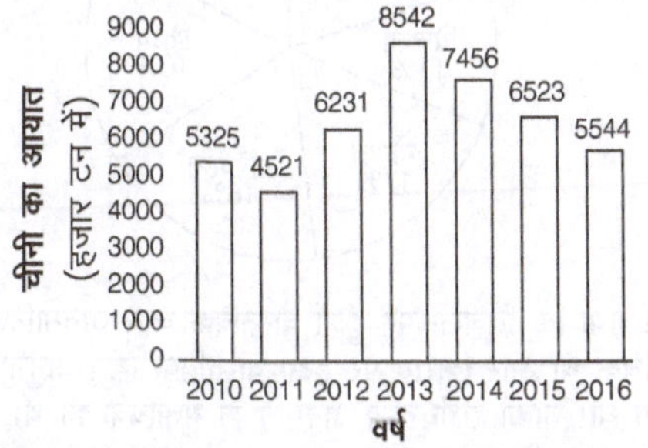

सभी वर्षों का औसत आयात (हजार टन में) कितना है?

(a) 6433 (b) 6603 (c) 6469 (d) 6306

17. दी गई सारणी का अध्ययन कीजिए और प्रश्न का उत्तर दीजिए।
सारणी 2018 और 2023 के बीच छः अलग-अलग ब्राण्ड द्वारा उत्पादित कारों की संख्या (लाखों में) को दर्शाती है।

प्रकार	2018	2019	2020	2021	2022	2023
A	36	40	42	45	47	42
B	23	37	28	32	34	26
C	45	47	51	54	56	48
D	35	37	42	32	36	28
E	57	56	52	38	48	42
F	43	45	56	41	52	40

2018-2023 के दौरान B और D के औसत उत्पादन में अन्तर ज्ञात कीजिए। **SSC CGL (Tier-I) 25/09/2024 Shift I**

(a) 4 लाख (b) 6 लाख (c) 5 लाख (d) 5.5 लाख

18. निम्नलिखित तालिका 3 प्रिण्टरों (P, Q और R) द्वारा 3 दिनों के दौरान मुद्रित पृष्ठों की संख्या को दर्शाती है।

दिन	P	Q	R
सोमवार	100	130	200
मंगलवार	120	145	160
बुधवार	180	85	120

उन तीन दिनों के दौरान प्रिण्टर P द्वारा मुद्रित पृष्ठों की कुल संख्या, और उन्हीं तीन दिनों के दौरान प्रिण्टर Q द्वारा मुद्रित पृष्ठों की कुल संख्या का अनुपात क्या है? **SSC CGL (Tier-I) 25/09/2024 Shift I**

(a) 10 : 11 (b) 10 : 9
(c) 11 : 10 (d) 9 : 10

19. निम्न तालिका का अध्ययन कीजिए और प्रश्न का उत्तर दीजिए।

2020 में भारत का निर्यात	मूल्य मिलियन अमेरिकी डॉलर में
इलेक्ट्रॉनिक्स	720
कपास	680
आभूषण	500
स्टील	450
सॉफ्टवेयर	850

आभूषण का निर्यात कुल निर्यात का कितना प्रतिशत था? (दो दशमलव स्थानों तक पूर्णांकित) **SSC CGL (Tier-I) 24/09/2024 Shift III**

(a) 14.34% (b) 15.78%
(c) 14.63% (d) 15.63%

20. दिए गए पाई-चार्ट का ध्यानपूर्वक अध्ययन कीजिए और उसके बाद पूछे गए प्रश्न का उत्तर दीजिए। दिया गया पाई-चार्ट किसी संस्थान की विभिन्न हॉबी क्लासेज पर किए गए व्यय को दर्शाता है।

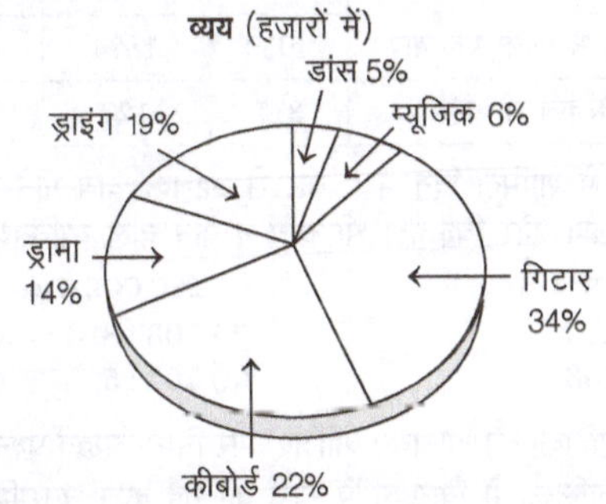

यदि कुल व्यय ₹ 1070000 है, तो 'ड्राइंग' का निरूपण करने वाले वृत्त खण्ड का केन्द्रीय कोण ज्ञात कीजिए। **SSC CGL (Tier-I) 24/09/2024 Shift III**

(a) 90° (b) 68.4°
(c) 19° (d) 70°

21. दिया गया पाई-चार्ट, 240 दाताओं के A, B, O और AB रक्त वर्गों का डेटा दर्शाता है। चार्ट का अध्ययन कीजिए और नीचे दिए गए प्रश्न का उत्तर दीजिए।

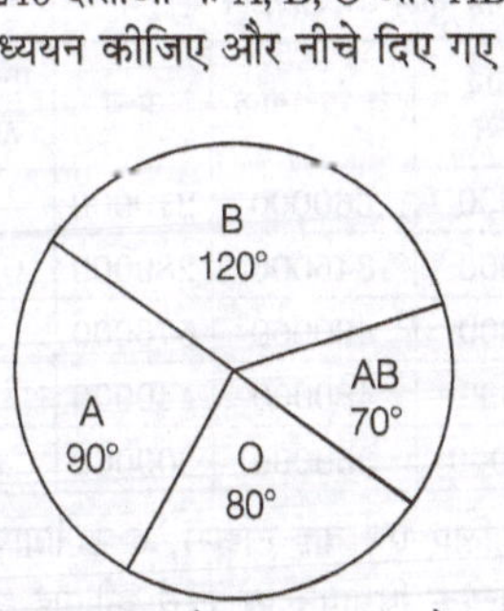

रक्त वर्ग 'A', 'O', तथा 'AB' के औसत दाताओं और रक्त वर्ग 'B' के दाताओं का अनुपात कितना है? **SSC CGL (Tier-I) 24/09/2024 Shift III**

(a) 2 : 3 (b) 3 : 4
(c) 1 : 3 (d) 4 : 3

22. एक कक्षा में उन छात्रों की संख्या, जिन्होंने किसी परीक्षा में प्रत्येक प्रश्न का सही उत्तर, गलत उत्तर दिया है, या उसे हल करने का प्रयास नहीं किया है, नीचे दी गई तालिका में दर्शाई गई है। प्रत्येक प्रश्न के अंक भी सूचीबद्ध हैं कोई ऋणात्मक या आंशिक मार्किंग नहीं है।

प्रश्न संख्या	अंक	सही उत्तर दिया	गलत उत्तर दिया	हल करने का प्रयास नहीं किया
1	1	20	10	10
2	2	15	15	10
3	5	20	20	0
4	10	12	15	13

परीक्षा में कक्षा द्वारा प्राप्त अंकों का औसत ज्ञात करें।

SSC CGL (Tier-I) 24/09/2024 Shift III

(a) 6.75 (b) 5.75
(c) 5.25 (d) 6.25

23. निम्नलिखित तालिका किसी देश में चाय पीने वाले व्यक्तियों की क्षेत्रवार सर्वेक्षण रिपोर्ट देती है। तालिका का अध्ययन कीजिए और प्रश्न का उत्तर दीजिए।

चाय पीते हैं	क्षेत्र			
	पूर्व	पश्चिम	उत्तर	दक्षिण
दिन में 3 से अधिक बार	1732	1842	6045	2741
दिन में 1 से 3 बार	1462	2328	2584	4264
सप्ताह में दो बार	2280	2529	1123	3598
सप्ताह में केवल एक बार	4059	1874	3169	7051
बिल्कुल भी नहीं	317	127	223	293

सर्वेक्षण में शामिल दिन में 3 बार से अधिक चाय पीने वाले व्यक्तियों की कुल संख्या और बिल्कुल भी चाय न पीने वाले व्यक्तियों की संख्या का अनुपात क्या है?

SSC CGL (Tier-I) 24/09/2024 Shift II

(a) 5 : 107 (b) 103 : 8
(c) 8 : 103 (d) 101 : 5

24. दी गई तालिका का अध्ययन कीजिए और निम्नलिखित प्रश्न का उत्तर दीजिए।
दी गई तालिका में विज्ञापन में खर्च की गई कुल धनराशि (₹ में) और एक कम्पनी द्वारा पाँच वर्षों (2018 से 2022) के लिए विभिन्न समाचार-पत्रों में दिए गए विज्ञापनों की कुल संख्या दी गई है।

SSC CGL (Tier-I) 24/09/2024 Shift II

वर्ष	विज्ञापन में खर्च की गई कुल धनराशि (₹ में)			विज्ञापनों की कुल संख्या		
	एन वाई टाइम्स	द टेलीग्राफ	अन्य	एन वाई टाइम्स	द टेलीग्राफ	अन्य
2018	350000	360000	210000	10	12	15
2019	480000	345000	289000	12	15	17
2020	615000	400000	576000	15	20	36
2021	760000	480000	440000	19	24	22
2022	1400000	350000	309000	38	18	30

वर्ष 2021 के लिए एन वाई टाइम्स, द टेलीग्राफ और अन्य में से प्रत्येक से लिए गए प्रत्येक विज्ञापन पर खर्च की गई धनराशि और वर्ष 2018 के लिए एन वाई टाइम्स, द टेलीग्राफ और अन्य में से प्रत्येक से लिए गए प्रत्येक विज्ञापन पर खर्च की गई धनराशि का अनुपात क्या है?

(a) 80 : 79 (b) 71 : 80
(c) 80 : 71 (d) 79 : 80

25. दी गई तालिका अलग-अलग वर्षों में तीन कम्पनियों A, B और C के व्यय (करोड़ ₹ में) और प्रतिशत लाभ को दर्शाती है। दिया है

$$\text{आय} = \text{व्यय} + \text{व्यय} \times \frac{\text{लाभ}\%}{100}$$

वर्ष	कम्पनी A		कम्पनी B		कम्पनी C	
	व्यय	लाभ	व्यय	लाभ	व्यय	लाभ
2002	24	50%	20	40%	40	45%
2003	30	45%	15	25%	50	55%
2004	36	40%	25	35%	60	65%
2005	40	60%	35	48%	80	75%

वर्ष 2005 में कम्पनी A और कम्पनी B के लाभ के बीच का अन्तर (करोड़ ₹ में) कितना है?

SSC CGL (Tier-I) 24/09/2024 Shift I

(a) 10.4 (b) 12.5
(c) 8.3 (d) 7.2

26. नीचे दिया गया चित्र (पाई-चार्ट) एक परिवार के अनुमानित व्यय को दर्शाता है, जिनका कुल अनुमानित व्यय ₹ 250000 था।
चित्र (पाई-चार्ट) का अध्ययन करें और उसके बाद दिए गए प्रश्न का उत्तर दें।

अनुमानित व्यय का प्रतिशत हिस्सा

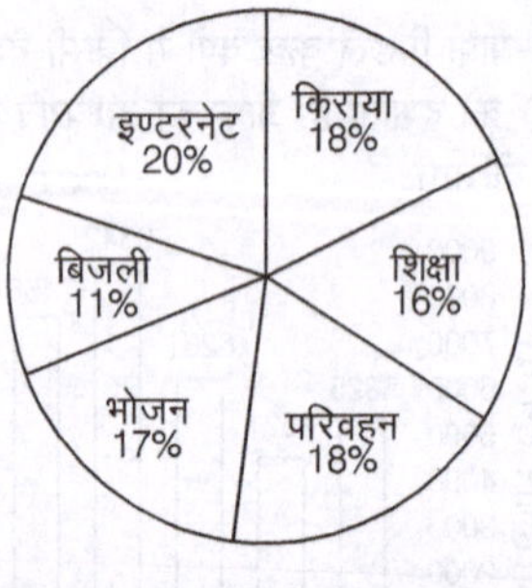

यह पाया गया कि बिजली पर हुआ वास्तविक व्यय अनुमानित व्यय से 10% अधिक था और किराए पर हुआ वास्तविक व्यय अनुमानित व्यय से 20% कम था। बाकी सभी व्यय अनुमान के मुताबिक ही थे। कुल वास्तविक व्यय की गणना करें।

SSC CGL (Tier-I) 24/09/2024 Shift I

(a) ₹ 243750 (b) ₹ 248750
(c) ₹ 252500 (d) ₹ 240750

27. दी गई तालिका का अध्ययन कीजिए और प्रश्न का उत्तर दीजिए।

SSC CGL (Tier-I) 24/09/2024 Shift I

वर्ष	चावल ग्राम/दिन	गेहूँ ग्राम/दिन	दालें ग्राम/दिन	सब्जियाँ ग्राम/दिन
2019	450	55	160	280
2020	430	60	150	300
2021	380	65	140	320
2022	350	70	125	400
2023	350	80	120	350

किस वर्ष की दैनिक खपत, किसी अन्य वर्ष की दैनिक खपत के बराबर है?

(a) 2021 और 2023
(b) 2019 और 2022
(c) 2020 और 2022
(d) 2019 और 2023

28. निम्नलिखित तालिका एक विद्यालय में विभिन्न कक्षाओं में छात्रों की कुल संख्या और शाकाहारी छात्रों की सम्बन्धित संख्या को दर्शाती है। तालिका का ध्यानपूर्वक अध्ययन कीजिए और निम्नलिखित प्रश्न का उत्तर दीजिए।

कक्षा	छात्रों की कुल संख्या	शाकाहारी छात्रों की संख्या
XII	150	105
XI	165	100
X	125	80
IX	140	90

कक्षा XII में माँसाहारी छात्रों का प्रतिशत कितना है?

SSC CGL (Tier-I) 23/09/2024 Shift III

(a) 25% (b) 40% (c) 35% (d) 30%

29. निम्नलिखित तालिका में वर्ष 2010 से 2013 तक एक विश्वविद्यालय में उच्च शिक्षा के लिए दाखिला लेने वाले विद्यार्थियों की संख्या दर्शाई गई है।

SSC CGL (Tier-I) 23/09/2024 Shift III

वर्ष	विद्यार्थियों की संख्या
2010	450
2011	540
2012	370
2013	680

वर्ष 2010 से 2013 तक विश्वविद्यालय में दाखिला लेने वाले विद्यार्थियों की औसत संख्या क्या है?

(a) 495 (b) 510 (c) 522 (d) 499

30. निम्नलिखित बार-ग्राफ में वर्ष 2021 की दूसरी छमाही के दौरान एक कम्पनी द्वारा बिजली के बल्बों का किया गया मासिक उत्पादन दर्शाया गया है। बार-ग्राफ का ध्यानपूर्वक अध्ययन कीजिए और नीचे दिए गए प्रश्न का उत्तर दीजिए।

SSC CGL (Tier-I) 23/09/2024 Shift III

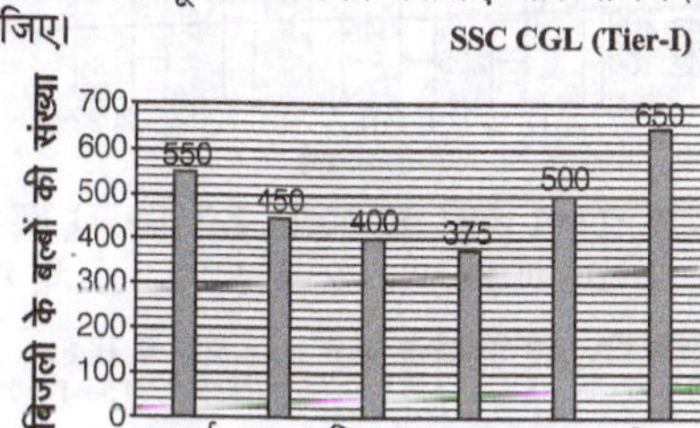

जुलाई में किए गए उत्पादन की तुलना में, अक्टूबर में बिजली के बल्बों के उत्पादन में कितने प्रतिशत की कमी हुई है?

(a) 31.82% (b) 29.82%
(c) 30.28% (d) 32.28%

31. निम्न बार-चार्ट पिछले वर्ष के सन्दर्भ में ईंधन की कीमत में वर्षवार प्रतिशत वृद्धि दर्शाता है।

SSC CGL (Tier-I) 23/09/2024 Shift II

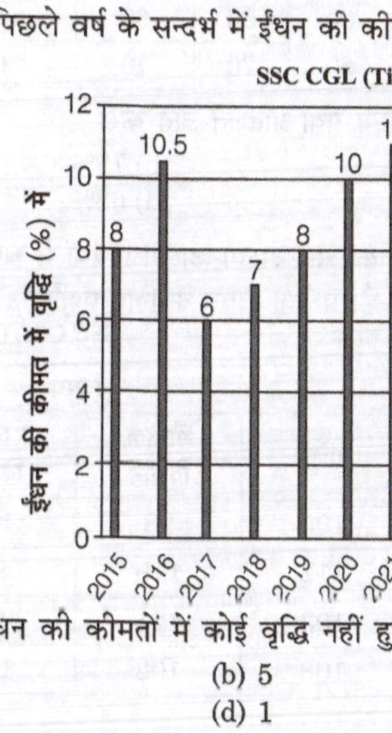

कितने वर्षों में ईंधन की कीमतों में कोई वृद्धि नहीं हुई?

(a) 0 (b) 5
(c) 2 (d) 1

32. निम्नलिखित पाई-चार्ट किसी पुस्तक के प्रकाशन में किए गए व्यय का प्रतिशत वितरण दर्शाता है। पाई-चार्ट का अध्ययन कीजिए और निम्नलिखित प्रश्न का उत्तर दीजिए।

SSC CGL (Tier-I) 23/09/2024 Shift II

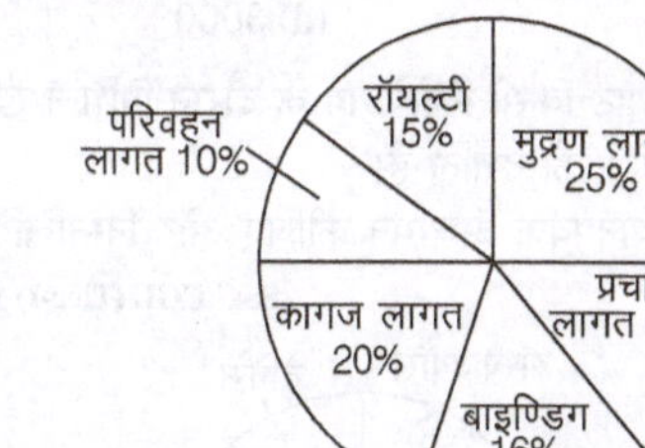

यदि निश्चित संख्या में पुस्तकों के प्रकाशन में रॉयल्टी पर व्यय ₹43500 है, तो परिवहन, बाइंडिंग और प्रिंटिंग पर संयुक्त व्यय (₹ में) कितना है?

(a) 179400 (b) 147900
(c) 197900 (d) 179900

33. निम्न तालिका का अध्ययन कीजिए और प्रश्न का उत्तर दीजिए।

SSC CGL (Tier-I) 23/09/2024 Shift II

सप्ताह का दिन	जॉगिंग की दूरी (किमी में)
सोमवार	6
मंगलवार	5.5
बुधवार	5.5
गुरुवार	7
शुक्रवार	5
शनिवार	3.5
रविवार	7.5

यदि 6 किमी जॉगिंग करने से 300 कैलोरी बर्न होती है, तो दिए गए सप्ताह में कितनी कैलोरी बर्न हुई?

(a) 1800 (b) 2000 (c) 1600 (d) 2200

34. दण्ड-आलेख चार दिनों में एक कक्षा में उपस्थित छात्रों की संख्या दर्शाता है। सोमवार, मंगलवार और बुधवार को उपस्थित छात्रों की औसत संख्या ज्ञात कीजिए।

SSC CGL (Tier-I) 23/09/2024 Shift I

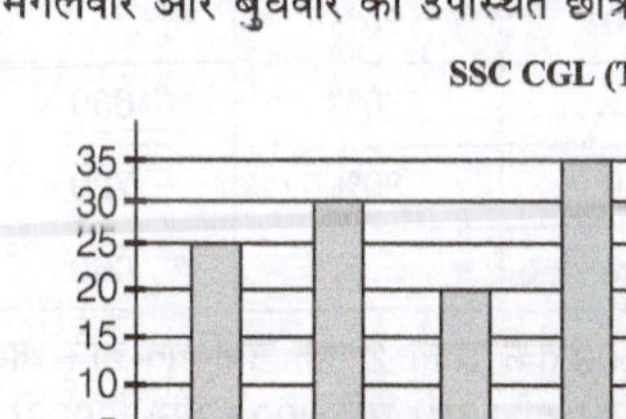

(a) 25 (b) 30 (c) 20 (d) 24

35. दी गई तालिका का अध्ययन कीजिए और निम्नलिखित प्रश्न का उत्तर दीजिए। निम्नलिखित तालिका पाँच वर्षों में एक कंपनी के चार संयंत्रों द्वारा प्रिंटरों के उत्पादन को दर्शाती है।

SSC CGL (Tier-I) 23/09/2024 Shift I

वर्ष	उत्पादन (हजारों में)			
	संयंत्र 1	संयंत्र 2	संयंत्र 3	संयंत्र 4
2018	35	25	40	45
2019	43	44	44	40
2020	48	39	36	30
2021	32	40	35	48
2022	42	44	30	42

पाँच वर्षों के दौरान संयंत्र 1 और संयंत्र 2 के औसत उत्पादन के बीच क्या अन्तर है?

(a) 1400 (b) 3840
(c) 1600 (d) 3000

36. दिया गया पाई-चार्ट किसी विशेष वर्ष के दौरान विभिन्न खेलों पर देश के व्ययों (₹ लाख में) को दर्शाता है।
पाई-चार्ट का ध्यानपूर्वक अध्ययन कीजिए और निम्नलिखित प्रश्न का उत्तर दीजिए। **SSC CGL (Tier-I) 19/09/2024 Shift III**

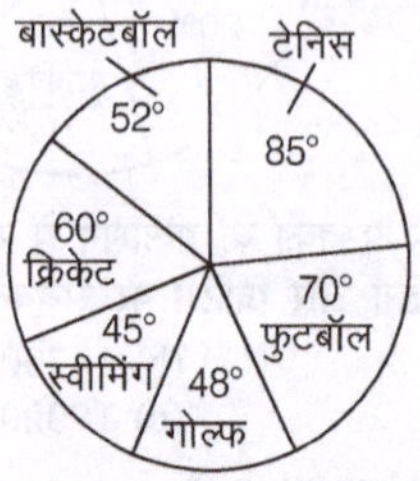

यदि क्रिकेट पर व्यय ₹ 72 लाख है, तो टेनिस, गोल्फ, स्वीमिंग, और बास्केटबॉल पर औसत व्यय (₹ लाख में) कितना है?

(a) 138 (b) 44 (c) 120 (d) 69

37. दी गई तालिका का अध्ययन कीजिए और निम्नलिखित प्रश्न का उत्तर दीजिए।
दी गई तालिका दो राज्यों X और Z से एक लोक सेवा परीक्षा में उपस्थित होने वाले उम्मीदवारों (पुरुष और महिला दोनों) की संख्या तथा परीक्षा में उत्तीर्ण होने वाले उम्मीदवारों का प्रतिशत दर्शाती है।
तालिका में कुछ मान लुप्त हैं (------ द्वारा दर्शाया गया है)। आपको प्रश्न के अनुसार इन्हें पूर्ण करना होगा। **SSC CGL (Tier-I) 19/09/2024 Shift III**

वर्ष	राज्य X		राज्य Z	
	उपस्थित उम्मीदवारों की संख्या	उत्तीर्ण उम्मीदवारों का प्रतिशत	उपस्थित उम्मीदवारों की संख्या	उत्तीर्ण उम्मीदवारों का प्रतिशत
2008	480	70%	......	70%
2009	560	75%	......	80%
2010	......	60%	650	50%
2011	450	89%	720	72%
2012	790	......	660	......

वर्ष 2008 से 2009 तक राज्य Z तक उपस्थित होने वाले उम्मीदवारों की संख्या में 100% की वृद्धि हुई। यदि 2008 और 2009 में राज्य Z से उत्तीर्ण उम्मीदवारों की कुल संख्या 552 है, तो वर्ष 2009 में राज्य Z से उपस्थित उम्मीदवारों की संख्या कितनी है?

(a) 600 (b) 480 (c) 240 (d) 360

38. दिए गए दण्ड-आलेख का अध्ययन कीजिए और निम्नलिखित प्रश्न का उत्तर दीजिए। नीचे दिए गए दण्ड-आलेख में एक डिपार्टमेण्टल स्टोर के वर्ष 1997 से 2000 तक के तिमाही लाभ (लाख में) को दिखाया गया है। **SSC CGL (Tier-I) 19/09/2024 Shift II**

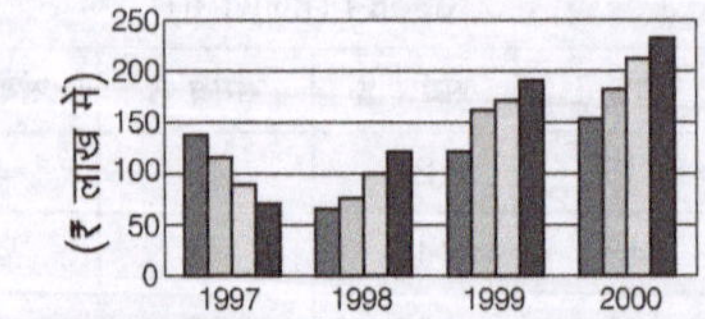

	1997	1998	1999	2000
पहली तिमाही	135	65	120	150
दूसरा तिमाही	115	75	160	180
तीसरा तिमाही	90	100	170	210
चौथा तिमाही	70	120	190	230

वर्ष 1997 से 2000 तक डिपार्टमेण्टल स्टोर के वार्षिक लाभ में कितने प्रतिशत की वृद्धि हुई?

(a) $83\frac{33}{41}\%$ (b) $85\frac{33}{41}\%$ (c) $84\frac{33}{41}\%$ (d) $87\frac{33}{41}\%$

39. दिया गया पाई-चार्ट शैक्षणिक वर्ष 2022-23 में एक स्कूल की विभिन्न कक्षाओं में प्रवेश पाने वाले विद्यार्थियों की संख्या को दर्शाता है। **SSC CGL (Tier-I) 19/09/2024 Shift II**

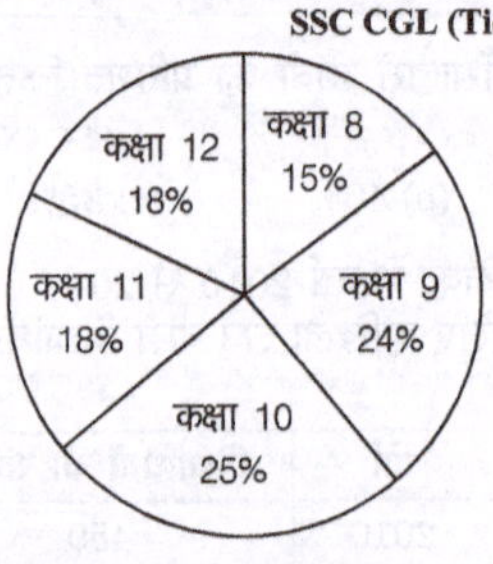

यदि कक्षा 8 में 600 विद्यार्थियों को प्रवेश दिया गया तो कक्षा 12 की तुलना में कक्षा 10 में कितने विद्यार्थी अधिक है?

(a) 295 (b) 280 (c) 240 (d) 298

40. निम्नलिखित बार-ग्राफ दिए गए वर्षों में एक कम्पनी द्वारा की गई बिक्री (₹ करोड़ में) को दर्शाता है। ग्राफ का अध्ययन करें और प्रश्न का उत्तर दें। **SSC CGL (Tier-I) 19/09/2024 Shift II**

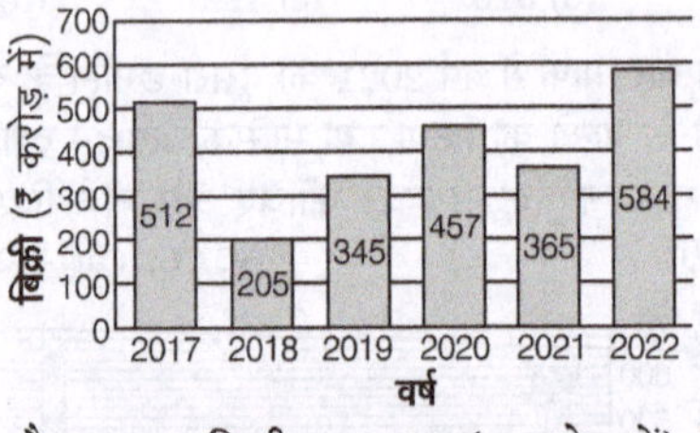

अधिकतम और न्यूनतम बिक्री का माध्य (₹ करोड़ में) कितना है?

(a) 412.3 (b) 394.5 (c) 484.2 (d) 326.7

41. 6 छात्रों के अंक दिए गए हैं। सभी अंक 100 अंक में से हैं। **SSC CGL (Tier-I) 19/09/2024 Shift II**

छात्र	अंग्रेजी	हिन्दी	गणित	भौतिकी	रसायन विज्ञान	जीव विज्ञान
A	70	60	99	80	80	75
B	75	65	85	75	75	70
C	80	80	70	60	70	60
D	72	63	65	70	60	60
E	70	60	60	60	55	55
F	60	60	70	70	60	50

C द्वारा प्राप्त किया गया प्रतिशत ज्ञात करें।

(a) 70% (b) 75%
(c) 65% (d) 68%

42. नीचे दी गई तालिका चार अलग-अलग विषयों में चार विद्यार्थियों द्वारा प्राप्त अंकों को दर्शाती है। प्रत्येक विषय के लिए पूर्णांक 175 है। **SSC CGL (Tier-I) 19/09/2024 Shift I**

विद्यार्थी	विषय			
	गणित	भौतिक विज्ञान	रसायन विज्ञान	अंग्रेजी
अमित	105	98	109	86
गुंजा	112	119	99	97
अर्पित	103	121	94	100
काव्या	108	102	104	120

गुंजा द्वारा सभी चार विषयों में प्राप्त अंकों का कुल प्रतिशत क्या है?
(a) 71 (b) 67
(c) 58 (d) 61

43. निम्न तालिका किसी कम्पनी की दो सत्रों के दौरान बिक्री को दर्शाती है। तालिका का अध्ययन कीजिए और निम्नांकित प्रश्न का उत्तर दीजिए।
SSC CGL (Tier-I) 19/09/2024 Shift I

गर्मी के मौसम में बिक्री (₹ में)			सर्दी के मौसम में बिक्री (₹ में)		
मई	जून	जुलाई	नवम्बर	दिसम्बर	जनवरी
25000	24000	18000	35000	26000	22000

कुल बिक्री में से जून और जुलाई के महीनों के दौरान बिक्री का प्रतिशत भाग कितना है?
(a) 28% (b) 33%
(c) 30% (d) 24%

44. निम्नलिखित तालिका 5 अलग-अलग कम्पनियों *A, B, C, D* और *E* में कर्मचारियों की कुल संख्या और पुरुषों और महिलाओं का प्रतिशत दर्शाती है। तालिका का ध्यानपूर्वक अध्ययन करें और प्रश्न का उत्तर दें। कम्पनी *A, C* और *E* में मिलाकर महिलाओं की संख्या ज्ञात करें।
SSC CGL (Tier-I) 18/09/2024 Shift III

कम्पनियाँ	कर्मचारियों की कुल संख्या	पुरुषों का प्रतिशत	महिलाओं का प्रतिशत
A	600	75	25
B	570	65	35
C	700	70	30
D	800	55	45
E	850	60	40

(a) 700 (b) 675
(c) 650 (d) 725

45. दी गई तालिका का अध्ययन कीजिए और आगे आने वाले प्रश्न का उत्तर दीजिए। तालिका 2012 से 2015 की अवधि के दौरान चार कम्पनियों *A, B, C* और *D* द्वारा निर्मित स्कूटरों की संख्या (हजार में) दर्शाती है।
SSC CGL (Tier-I) 18/09/2024 Shift III

वर्ष	*A*	*B*	*C*	*D*
2012	360	420	380	520
2013	580	940	570	980
2014	1000	780	1020	1090
2015	1240	950	1180	1660

कम्पनी *D* द्वारा उत्पादित स्कूटरों की औसत संख्या, तीन कम्पनियों *A, B* और *C* द्वारा उत्पादित स्कूटरों की संयुक्त औसत संख्या से कितने प्रतिशत (दशमलव के 2 स्थानों तक पूर्णांकित) अधिक है?
(a) 35.35%
(b) 52.75%
(c) 44.66%
(d) 27.25%

46. निम्नलिखित तालिका में, दिए गए वर्षों में एक कम्पनी का वार्षिक व्यय (1 लाख में) दर्शाया गया है। तालिका का अध्ययन कीजिए और नीचे दिए गए प्रश्न का उत्तर दीजिए।

वर्ष	वेतन	बोनस	ऋण पर ब्याज	ईंधन और परिवहन	कर
2005	348	3.00	25.0	110	75
2006	405	4.25	28.5	145	90
2007	458	4.50	30.5	120	120
2008	389	4.85	38.0	168	100
2009	425	4.90	48.5	190	140

दी गई अवधि के दौरान कम्पनी द्वारा भुगतान की गई बोनस की कुल राशि, इस अवधि के दौरान ईंधन और परिवहन पर भुगतान की गई कुल राशि का कितने प्रतिशत है (दो दशमलव स्थान तक पूर्णांकित)?
SSC CGL (Tier-I) 18/09/2024 Shift III
(a) 2.39% (b) 2.93%
(c) 3.92% (d) 3.29%

47. जैसा कि दी गई तालिका में दर्शाया गया है, किसी कम्पनी के उत्पादन में प्रतिवर्ष सतत् वृद्धि दर (% में) होती है।
SSC CGL (Tier-I) 18/09/2024 Shift III

वर्ष	2018	2019	2020
उत्पादन (इकाइयों में)	9000	10800	*X*

तालिका में दिए गए आँकड़ों से '*X*' का मान ज्ञात कीजिए।
(a) 12960 (b) 11880
(c) 12600 (d) 12000

48. दिया गया पाई-चार्ट एक विशेष वर्ष में एक खेल अकादमी द्वारा विभिन्न खेलों पर खर्च की गई धनराशि (₹) को (डिग्री में) दर्शाता है। पाई चार्ट का अध्ययन कीजिए और इसके बाद आगे आने वाले प्रश्न का उत्तर दीजिए।
SSC CGL (Tier-I) 18/09/2024 Shift II

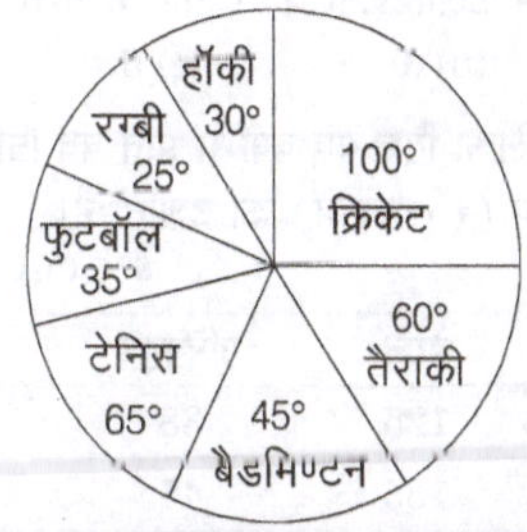

एक विशेष वर्ष में एक खेल अकादमी द्वारा विभिन्न खेलों पर खर्च की गई धनराशि (₹) (डिग्री में) यदि फुटबॉल पर ₹ 42000 खर्च किए गए थे, तो बैडमिण्टन, टेनिस और रग्बी पर कुल मिलाकर खर्च की गई धनराशि, क्रिकेट, तैराकी और हॉकी पर कुल मिलाकर खर्च की गई धनराशि से कितने प्रतिशत (2 दशमलव स्थान तक पूर्णांकित) अधिक/कमी है?
(a) कमी, 34.87% (b) कमी, 28.95%
(c) अधिक, 28.95% (d) अधिक, 34.87%

49. निम्न तालिका का अध्ययन कीजिए और प्रश्न का उत्तर दीजिए।
SSC CGL (Tier-I) 18/09/2024 Shift II

विषय	लड़के	लड़कियाँ
इन्जीनियरिंग	120	80
मेडिकल	80	120

मेडिकल का चयन करने वाले विद्यार्थियों में कितने प्रतिशत लड़के हैं?
(a) 45% (b) 30%
(c) 50% (d) 40%

50. 2010 में एक कम्पनी के कुल व्यय को विभिन्न व्यय मदों के तहत वर्गीकृत किया गया था और उनका प्रतिशत बंटन नीचे दिए गए बार- ग्राफ में दर्शाया गया है।
SSC CGL (Tier-I) 18/09/2024 Shift I

कम्पनी के कुल व्यय का प्रतिशत बंटन

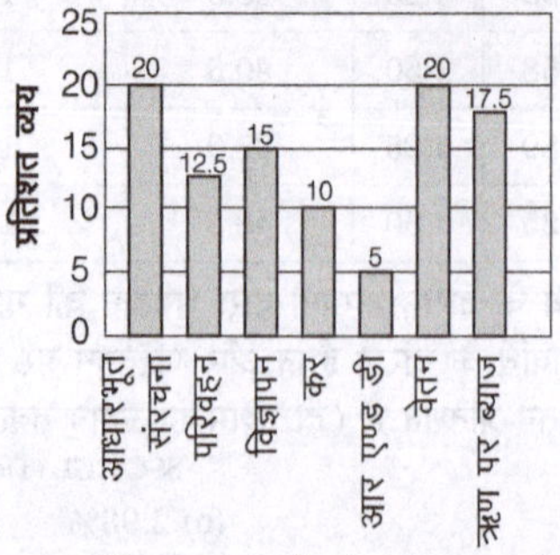

यदि विज्ञापन पर व्यय ₹ 2.1 करोड़ है, तो परिवहन और करों पर व्यय के बीच का अन्तर है।
(a) ₹ 242 लाख (b) ₹ 32 लाख (c) ₹ 35 लाख (d) ₹ 30 लाख

51. दी गई तालिका वर्ष 2015 से 2019 तक विभिन्न शोरूमों द्वारा बेचे गए टेलीविज़नों की संख्या को दर्शाती है। **SSC CGL (Tier-I) 18/09/2024 Shift I**

वर्ष/शोरूम	*A*	*B*	*C*	*D*
2015	212	200	205	208
2016	210	215	225	220
2017	190	204	212	205
2018	198	212	222	224
2019	218	192	205	203

2017 में शोरूम *A*, *B* और *C* से टेलीविज़नों की बिक्री और 2019 में शोरूम *B*, *C* और *D* से टेलीविज़नों की बिक्री के बीच अन्तर ज्ञात कीजिए।
(a) 5 (b) 8 (c) 6 (d) 3

52. निम्नलिखित तालिका दिए गए वर्षों में प्रति वर्ष विभिन्न मदों पर एक कारखाने के व्यय (₹ लाख में) को दर्शाती है।
SSC CGL (Tier-I) 17/09/2024 Shift III

वर्ष/व्यय मद	वेतन	परिवहन	बोनस	ऋण ब्याज
1998	125	38	8	25
1999	135	45	18	37
2000	149	57	37	39
2001	153	63	50	43

दी गई अवधि के दौरान कारखाने का प्रति वर्ष परिवहन पर औसत व्यय (₹ लाख में) कितना है, जिसका कारखाने ने भुगतान किया?
(a) 56.63 (b) 45.58
(c) 50.75 (d) 48.75

53. निम्नलिखित बार-ग्राफ दिए गए वर्षों में GATE की परीक्षा उत्तीर्ण करने वाले विद्यार्थियों की संख्या को दर्शाता है। **SSC CGL (Tier-I) 17/09/2024 Shift III**

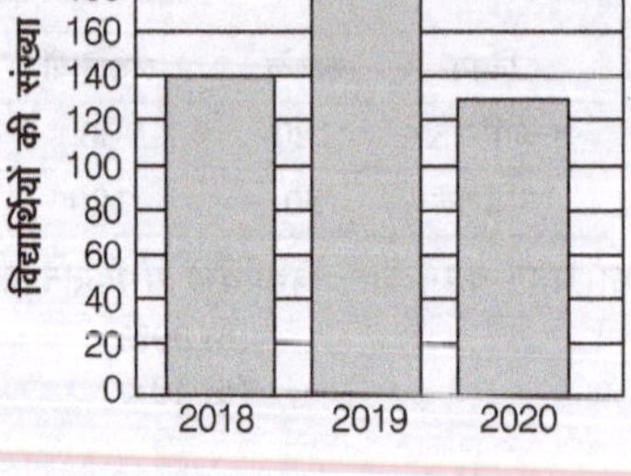

2018 की तुलना में 2019 में विद्यार्थियों की संख्या में कितने प्रतिशत की वृद्धि (दो दशमलव स्थानों तक पूर्णांकित) हुई?
(a) 32.25% (b) 29.52%
(c) 35.79% (d) 28.57%

54. नीचे दी गई तालिका हैदराबाद, मुम्बई और बेंगलुरु स्टॉक एक्सचेंजों पर कारोबार किए गए शेयरों को दिखाती है (₹ में)। तालिका का अध्ययन करें और निम्नलिखित प्रश्न का उत्तर दें। **SSC CGL (Tier-I) 17/09/2024 Shift III**

कम्पनी का नाम	हैदराबाद		मुम्बई		बेंगलुरु	
	उच्च	निम्न	उच्च	निम्न	उच्च	निम्न
A	150	140	180	165	160	155
B	250	225	325	315	300	290
C	180	175	195	180	190	185
D	350	325	410	395	390	375

C के लिए, शेयरों की निम्न दरें स्थित स्टॉक एक्सचेंज (जों) में उसी कम्पनी के शेयरों की निम्न दरों के औसत से कम है
(a) हैदराबाद (b) मुम्बई
(c) बेंगलुरु (d) हैदराबाद और मुम्बई

55. निम्न तालिका वर्ष 2016 से 2020 तक चार निर्माताओं की मोटरबाइकों की बिक्री को दर्शाती है (सभी आँकड़े हजार में हैं)। तालिका का अध्ययन कीजिए और निम्नलिखित प्रश्न का उत्तर दीजिए।
SSC CGL (Tier-I) 17/09/2024 Shift III

निर्माता	2016	2017	2018	2019	2020
P	220	225	235	240	260
Q	280	290	310	310	330
R	350	375	385	390	400
S	400	420	430	440	450

वर्ष 2016 से 2020 तक निर्माता *Q* के द्वारा बेची गई मोटरबाइकों की कुल संख्या और निर्माता *S* के द्वारा बेची गई मोटरबाइकों की कुल संख्या का अनुपात ज्ञात कीजिए।
(a) 72 : 105 (b) 74 : 103
(c) 76 : 107 (d) 78 : 107

56. तालिका विभिन्न प्रकार की बाइकों के उत्पादन (हजार में) को दर्शाती है।
SSC CGL (Tier-I) 17/09/2024 Shift II

वर्ष → / ↓ बाइक	2015	2016	2017	2018
A	157	194	271	290
B	138	225	146	206
C	255	227	213	239
D	196	304	162	224

उन वर्षों की संख्या ज्ञात करें, जिनमें *C* प्रकार की बाइक का उत्पादन, विगत वर्षों में *A* प्रकार की बाइक के औसत उत्पादन से कम है?
(a) 4 (b) 2
(c) 1 (b) 3

57. दिया गया बार-ग्राफ 2019 से 2022 तक विद्युत कारों के वास्तविक उत्पादन और लक्षित उत्पादन को दर्शाता है। दिए गए बार-ग्राफ का अध्ययन कीजिए और निम्नलिखित प्रश्न का उत्तर दीजिए।
SSC CGL (Tier-I) 17/09/2024 Shift II

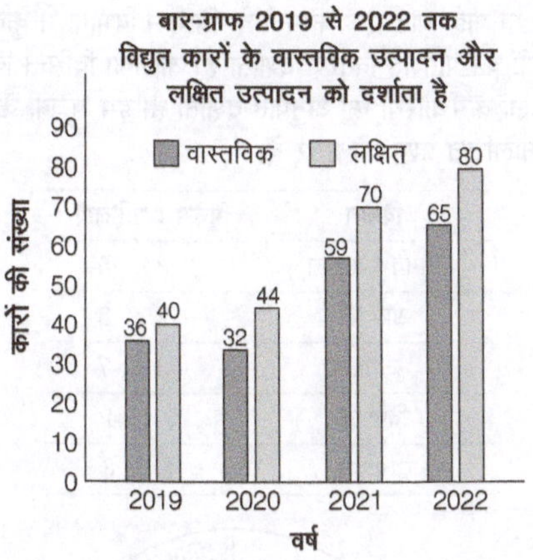

2021 तथा 2022 में कारों के कुल लक्षित उत्पादन और 2019 से 2022 तक कारों के कुल वास्तविक उत्पादन का अनुपात क्या है?

(a) 36 : 25 (b) 32 : 25 (c) 25 : 32 (d) 25 : 36

58. दिए गए ग्राफ का अध्ययन करें और उसके बाद पूछे जाने वाले प्रश्न का उत्तर दें। ग्राफ चार कम्पनियों A, B, C और D द्वारा निर्मित तीन उत्पादों P, Q और R की बिक्री दर्शाता है।

SSC CGL (Tier-I) 17/09/2024 Shift I

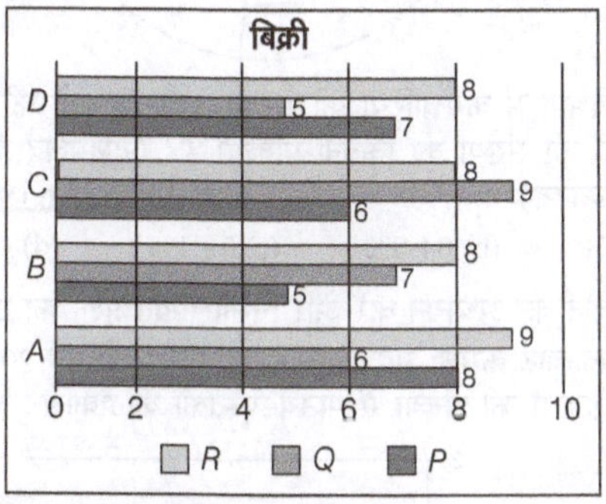

कम्पनी C का कुल उत्पादन, कम्पनी A के कुल उत्पादन का कितना प्रतिशत है?

(a) 100% (b) 110% (c) 90% (d) 105%

59. किसी दुकानदार ने निम्नलिखित वस्तुएँ आरुषि को बेचकर लाभ कमाया। दिए गए आँकड़ों के आधार पर उसने कुल कितना लाभ (₹ में) कमाया?

SSC CGL (Tier-I) 17/09/2024 Shift I

वस्तु	प्रति इकाई क्रय मूल्य (₹ में)	क्रय मूल्य पर लाभ (% में)
मोबाइल	20000	10
लैपटॉप	72000	20
मोबाइल कवर	300	12

(a) 34760 (b) 16760 (c) 16436 (d) 16636

60. नीचे दी गई तालिका में, एक कम्पनी द्वारा तीन वर्ष में निर्मित तीन अलग-अलग प्रकार की कारों, X, Y और Z की संख्या दी गई है। तालिका का ध्यानपूर्वक अध्ययन कीजिए और उसके बाद प्रश्न का उत्तर दीजिए।

SSC CGL (Tier-I) 17/09/2024 Shift I

कार/वर्ष	2020	2021	2022
X	2560	3201	3551
Y	2250	2802	3020
Z	2750	2550	2600

वर्ष 2022 में कम्पनी द्वारा निर्मित कारों की औसत संख्या कितनी है?

(a) 3057 (b) 3227
(c) 2720 (d) 2851

61. दी गई तालिका लिंग और साक्षरता के अनुसार जनसंख्या (केवल पुरुष और महिला) का प्रतिशत बंटन दर्शाती है। **SSC CGL (Tier-I) 13/09/2024 Shift III**

राज्य	प्रतिशत साक्षर	लिंग	
		साक्षर	निरक्षर
		पुरुष : महिला	पुरुष : महिला
A	55	5 : 6	4 : 5
B	72	1 : 1	3 : 2
C	78	4 : 3	3 : 2

यदि राज्य A की साक्षर पुरुष जनसंख्या 500000 है, तो राज्य की कुल जनसंख्या ज्ञात करें।

(a) 3000000 (b) 4000000
(c) 2000000 (d) 1600000

62. निम्न तालिका में चार राज्यों में गरीबी रेखा से नीचे रहने वाली जनसंख्या का प्रतिशत तथा गरीबी रेखा से ऊपर एवं गरीबी रेखा से नीचे रहने वाले पुरुष–महिला के अनुपात को दर्शाया गया है।

SSC CGL (Tier-I) 13/09/2024 Shift III

राज्य	गरीबी रेखा से नीचे रहने वाली जनसंख्या का प्रतिशत	पुरुष-महिला अनुपात	
		गरीबी रेखा से नीचे	गरीबी रेखा से ऊपर
		पुरुष : महिला	पुरुष : महिला
P	13	1:2	1:4
Q	19	2:5	3:5
R	11	3:4	2:9
S	15	1:6	7:4

यदि Q और S प्रत्येक राज्य की जनसंख्या 14700 है, तो इन राज्यों में गरीबी रेखा से नीचे रहने वाले पुरुषों की कुल संख्या कितनी है?

(a) 1276 (b) 1113
(c) 1479 (d) 1364

63. दिए गए ग्राफ का ध्यानपूर्वक अध्ययन करें और उसके बाद पूछे गए प्रश्न का उत्तर दें। दिया गया ग्राफ विकलांग लोगों की मदद के लिए चार विभिन्न जिलों A, B, C और D से पुरुष और महिला स्वयंसेवकों की संख्या को दर्शाता है।

SSC CGL (Tier-I) 13/09/2024 Shift III

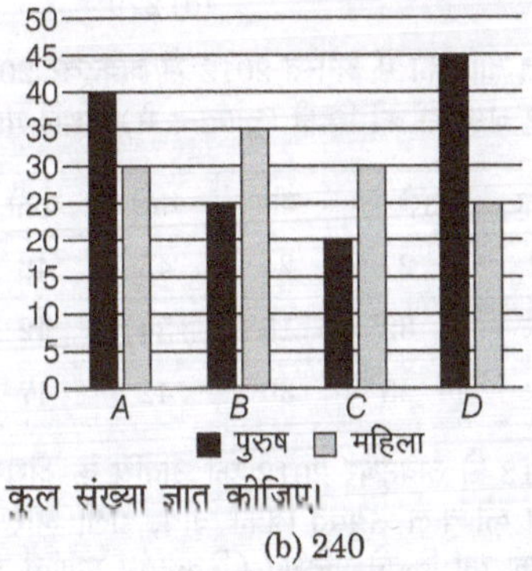

स्वयंसेवकों की कुल संख्या ज्ञात कीजिए।

(a) 250 (b) 240
(c) 260 (d) 230

64. निम्नलिखित तालिका चार महाविद्यालयों में तीन विषयों में पढ़ने वाले विद्यार्थियों की संख्या को दर्शाती है। **SSC CGL (Tier-I) 13/09/2024 Shift II**

विषय	महाविद्यालय			
	W	X	Y	Z
भौतिक विज्ञान	420	435	412	285
रसायन विज्ञान	380	340	315	420
गणित	256	310	295	345

सभी चार महाविद्यालयों में मिलाकर भौतिक विज्ञान पढ़ने वाले विद्यार्थियों की कुल संख्या और गणित पढ़ने वाले विद्यार्थियों की कुल संख्या का अनुपात क्या है?

(a) 781 : 585
(b) 776 : 603
(c) 576 : 731
(d) 775 : 601

65. दी गई तालिका कक्षा 9 में एक विद्यार्थी द्वारा प्राप्त अंकों को दर्शाती है।

विषय	अंक (100 में से)
सामाजिक विज्ञान	93
विज्ञान	90
हिन्दी	90
अंग्रेजी	95
गणित	78

उस विद्यार्थी द्वारा प्राप्त किए गए अंकों का प्रतिशत क्या है? **SSC CGL (Tier-I) 13/09/2024 Shift I**

(a) 89.2% (b) 88% (c) 90% (d) 88.8%

66. नीचे दिया गया पाई चार्ट एक दुकान के लिए एक दिन में विभिन्न फलों की बिक्री का प्रतिशत दर्शाता है। यदि एक फल विक्रेता द्वारा एक दिन में बेचे गए फलों की कुल संख्या 1200 है, तो सन्तरों और सेबों के लिए पाई चार्ट में संयुक्त केन्द्रीय कोण क्या है? **SSC CGL (Tier-I) 13/09/2024 Shift I**

फलों की बिक्री

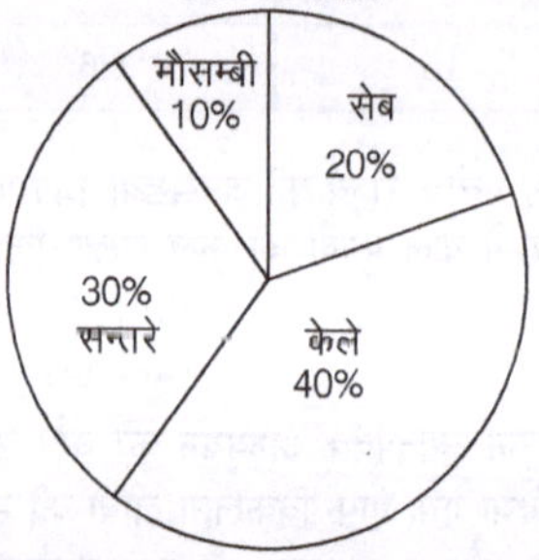

(a) 160°
(b) 90°
(c) 180°
(d) 220°

67. निम्नलिखित तालिका में अगस्त 2012 से अक्टूबर 2012 तक एक किराना स्टोर में वह वस्तुओं की बिक्री (लाख ₹ में) दर्शाई गई है।

वस्तु/माह	सूखे मेवे	चाय	दालें	चीनी	आटा	चावल
अगस्त	27	24	45	48	55	42
सितम्बर	32	15	34	42	33	23
अक्टूबर	25	30	42	47	49	27

अगस्त 2012 से अक्टूबर 2012 की अवधि के दौरान सूखे मेवे, चीनी और चावल की कुल संयुक्त बिक्री चाय, दालों और आटे की कुल संयुक्त बिक्री का कितने प्रतिशत (निकटतम पूर्णांक तक पूर्णांकित) है? **SSC CGL (Tier-I) 13/09/2024 Shift I**

(a) 94% (b) 98% (c) 95% (d) 96%

68. निम्नलिखित पाई-चार्ट एक कम्पनी के विभिन्न विभागों में कुल 1600 कर्मचारियों का प्रतिशत वितरण दर्शाता है। तालिका विभिन्न विभागों में पुरुष और महिला कर्मचारियों का अनुपात दर्शाती है। इस सूचना का अध्ययन करें और निम्नलिखित प्रश्न का उत्तर दें।

विभाग	पुरुष : महिलाएँ
मानव संसाधन	3 : 5
आई टी	2 : 3
लेखा	3 : 7
विपणन	7 : 4
उत्पादन	5 : 3

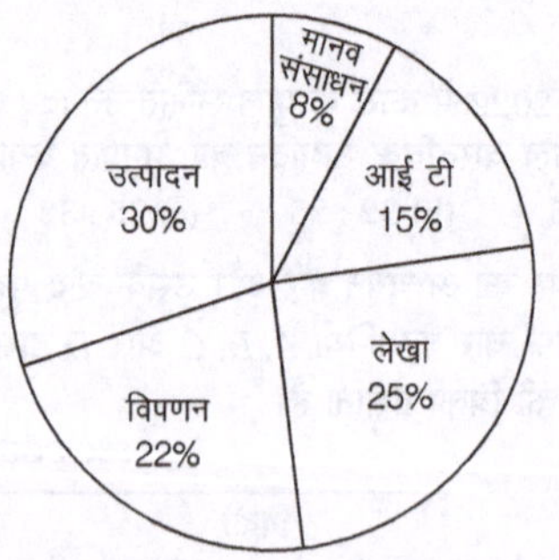

उत्पादन विभाग में कर्मचारियों की संख्या, सभी विभागों की महिला कर्मचारियों की संख्या का कितना प्रतिशत है? (दशमलव के एक स्थान तक सन्निकटित) **SSC CGL (Tier-I) 12/09/2024 Shift III**

(a) 50.7% (b) 64.3% (c) 59.1% (d) 44.9%

69. दिए गए चार्ट का अध्ययन करें और निम्नलिखित प्रश्न का उत्तर दें। निम्नलिखित चार्ट क्रमशः मुद्रणालय A, B और C से वर्ष 2018, 2020 और 2022 में हजारों की संख्या में पाठ्य-पुस्तकों के प्रकाशन को दर्शाता है।

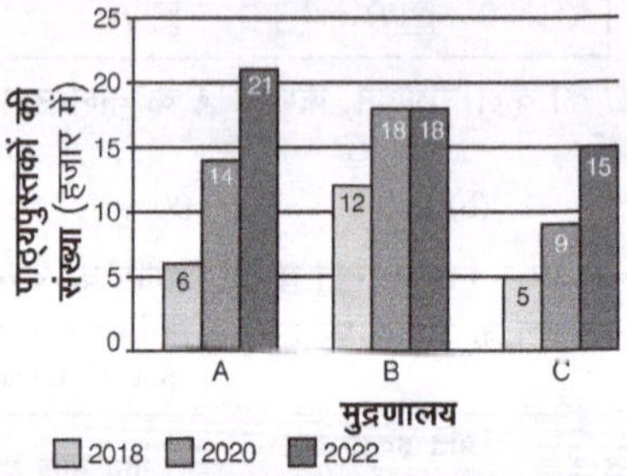

वर्ष 2018 में मुद्रणालय B द्वारा प्रकाशित पाठ्य-पुस्तकों और वर्ष 2020 में मुद्रणालय C द्वारा प्रकाशित पाठ्य-पुस्तकों का अनुपात है **SSC CGL (Tier-I) 12/09/2024 Shift III**

(a) 4 : 3
(b) 3 : 4
(c) 4 : 5
(d) 2 : 3

70. नीचे दी गई तालिका पिछले कुछ वर्षों में एक ऑटोमोबाइल कम्पनी द्वारा निर्मित तीन प्रकार की कारों (A, B और C) के उत्पादन (हजार में) को दर्शाती है।

वर्ष	कारें		
	A	B	C
2012	1750	1880	1900
2013	1800	2950	2070
2014	2950	3020	3150
2015	3100	3240	3290

2012 से 2014 के दौरान कम्पनी द्वारा उत्पादित A-प्रकार की कारों की औसत संख्या, 2013 से 2015 तक कम्पनी द्वारा उत्पादित B-प्रकार और C-प्रकार की कारों की संयुक्त औसत संख्या से कितने प्रतिशत (1 दशमलव स्थान तक पूर्णांकित) कम है? **SSC CGL (Tier-I) 12/09/2024 Shift III**

(a) 25.5% (b) 28.4%
(c) 36.6% (d) 26.6%

71. दी गई तालिका 6 महीने की अवधि के लिए किसी कम्पनी द्वारा लोहे की छड़ों के उत्पादन को दर्शाती है। तालिका का अध्ययन कीजिए और निम्नांकित प्रश्न का उत्तर दीजिए। **SSC CGL (Tier-I) 12/09/2024 Shift II**

महीना	जनवरी	मार्च	मई	जुलाई	सितम्बर	नवम्बर
उत्पादन	60	75	45	85	90	108

सर्वाधिक उत्पादन वाले महीने और न्यूनतम उत्पादन वाले महीने का अनुपात कितना है?

(a) 9 : 5 (b) 1 : 2
(c) 5 : 12 (d) 12 : 5

72. दिया गया पाई-चार्ट किसी कम्पनी के 20000 कर्मचारियों का प्रतिशत बंटन दर्शाता है। दिए गए चार्ट का अध्ययन कीजिए और दिए गए प्रश्न का उत्तर दीजिए। **SSC CGL (Tier-I) 12/09/2024 Shift II**

कम्पनी के विभिन्न विभागों में कर्मचारियों का प्रतिशत बंटन

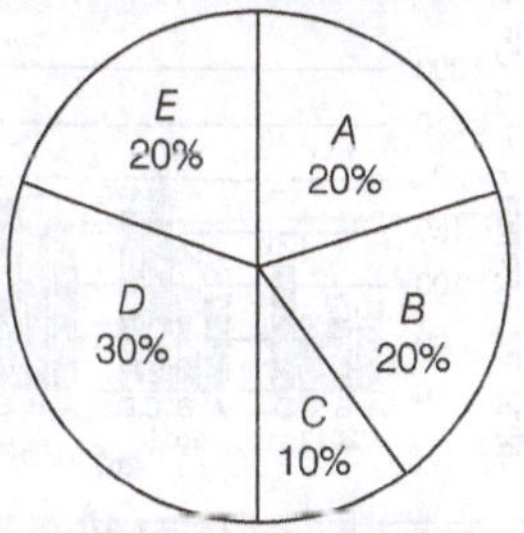

यदि विभाग D में 30% कर्मचारी महिलाएँ हों, तो उस विभाग में कितने पुरुष कर्मचारी हैं?

(a) 5000 (b) 4000
(c) 4500 (d) 4200

73. निम्नलिखित पाई-चार्ट एक विद्यार्थी के द्वारा एक दिन में विभिन्न विषयों के अध्ययन में दिए गए समय को दर्शाता है। पाई-चार्ट का अध्ययन करें और प्रश्न का उत्तर दें।

विभिन्न विषयों के अध्ययन में दिए गए समय का प्रतिशत वितरण

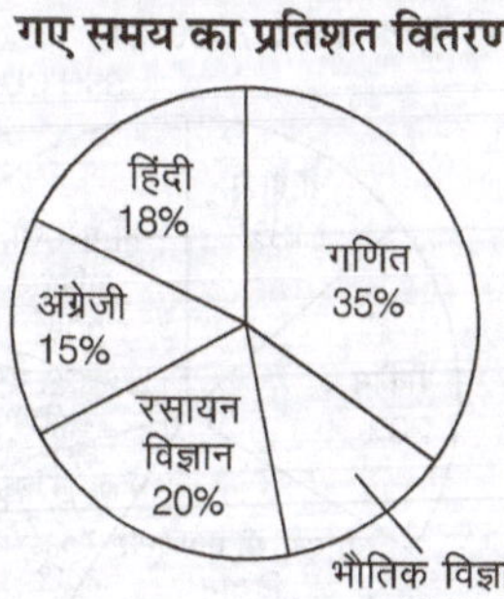

यदि विद्यार्थी अंग्रेजी 3 घण्टे पढ़ता है, तो वह गणित कितने घण्टे पढ़ता है? **SSC CGL (Tier-I) 12/09/2024 Shift II**

(a) 5 घण्टे (b) 2 घण्टे
(c) 7 घण्टे (d) 1 घण्टा

74. दी गई तालिका 4 अलग-अलग महीनों में चार अलग-अलग कम्पनियों द्वारा बेचे गए साबुनों की संख्या को दर्शाती है। **SSC CGL (Tier-I) 12/09/2024 Shift I**

महीना / कम्पनी	मई	जून	जुलाई	अगस्त
P	1924	1780	1820	1490
Q	1540	1245	1648	2450
R	2035	1485	1350	1650
S	1736	1855	1470	1180

मई में कम्पनी Q और S द्वारा बेचे गए साबुनों की कुल संख्या, जुलाई में कम्पनी P द्वारा बेचे गए साबुनों की संख्या से कितने प्रतिशत अधिक है?

(a) 90% (b) 75%
(c) 80% (d) 65%

75. दिए गए पाई-चार्ट का ध्यानपूर्वक अध्ययन करें और उसके बाद पूछे गए प्रश्न का उत्तर दें। दिया गया पाई चार्ट एक विशेष वर्ष में विभिन्न क्षेत्रों में स्टार्ट-अप दर्शाता है। **SSC CGL (Tier-I) 12/09/2024 Shift I**

विभिन्न क्षेत्रों में स्टार्ट-अप

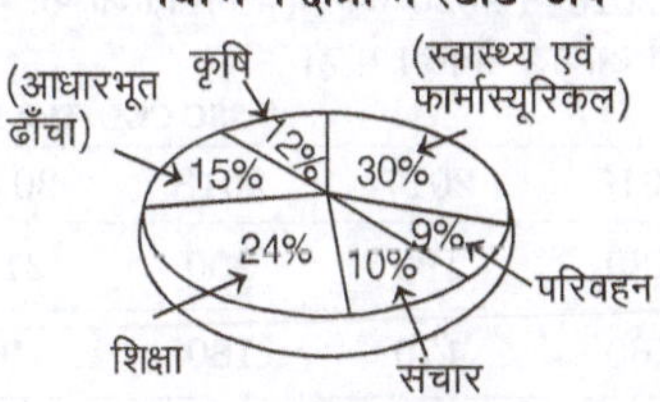

यदि सफल स्टार्ट-अप की कुल संख्या 2910 है, तो शिक्षा और कृषि क्षेत्रों में स्टार्ट-अप की संख्या ज्ञात कीजिए। (दशमलव भाग की उपेक्षा करें।)

(a) 698 (b) 1047
(c) 1048 (d) 1074

76. दी गई तालिका 4 वर्षों में पाँच फार्मों द्वारा उत्पादित केलों की संख्या को दर्शाती है। **SSC CGL (Tier-I) 11/09/2024 Shift III**

वर्ष	फार्म				
	L	M	N	O	P
2020	17500	14180	16300	17405	15805
2021	11200	13900	14600	15304	16207
2022	12300	17652	14800	15150	16404
2023	14650	15558	17465	14185	15450

वर्ष 2022 में फार्म M द्वारा उत्पादित दर्जनों केलों और फार्म P द्वारा उत्पादित दर्जनों केलों का सम्बन्धित अनुपात क्या है?

(a) 1471 : 1367 (b) 1367 : 1471
(c) 1230 : 1331 (d) 1331 : 1230

77. सलोनी की मासिक आय का, विभिन्न मदों पर व्यय का प्रतिशत वितरण निम्नलिखित तालिका में दिया गया है। तालिका का ध्यानपूर्वक अध्ययन कीजिए और निम्नलिखित प्रश्न का उत्तर दीजिए। **SSC CGL (Tier-I) 11/09/2024 Shift III**

मद	किराया	भोजन	शिक्षा	बिल	विविध
प्रतिशत वितरण	30%	20%	25%	20%	5%

यदि सलोनी की मासिक आय ₹ 75000 है, तो वह किराए और शिक्षा पर कितना धन (₹ में) व्यय करती है?
(a) 41250 (b) 42150 (c) 40150 (d) 43250

78. निम्न बार-ग्राफ जुलाई 2022 से दिसम्बर 2022 तक ABC पत्रिका की प्रसार वृद्धि दर्शाता है। **SSC CGL (Tier-I) 11/09/2024 Shift II**

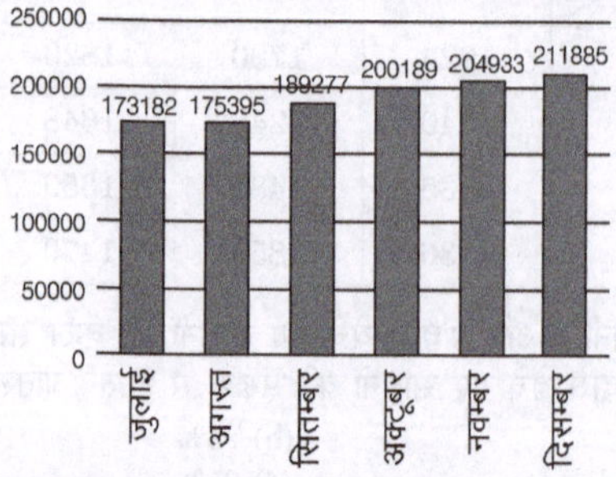

अक्टूबर से दिसम्बर के दौरान एक समान वृद्धि दर थी, जिसका औसत .... है (एक दशमलव स्थान तक सही)।
(a) 3.2% (b) 3.8%
(c) 2.9% (d) 2.4%

79. निम्न तालिका 2016 से 2020 तक पाँच निर्माताओं की कारों की बिक्री दर्शाती है। सभी आँकड़े सैकड़ा में हैं। **SSC CGL (Tier-I) 11/09/2024 Shift II**

निर्माता	2016	2017	2018	2019	2020
M_1	180	190	200	210	220
M_2	160	170	180	190	200
M_3	190	200	210	220	230
M_4	200	210	220	230	240
M_5	210	220	230	240	250

वर्ष 2016 से 2019 के दौरान निर्माता M_2 की कुल बिक्री संख्या और निर्माता M_4 की कुल बिक्री संख्या के बीच कितना अन्तर है?
(a) 12000 (b) 14000 (c) 16000 (d) 18000

80. निम्नांकित तालिका स्कूल में अक्षय द्वारा विभिन्न विषयों में प्राप्त अंकों को दर्शाती है। तालिका का अध्ययन करें और उसके बाद पूछे गए प्रश्न का उत्तर दें। **SSC CGL (Tier-I) 11/09/2024 Shift II**

विषय	प्राप्तांक	पूर्णांक
अंग्रेजी	73	100
हिन्दी	56	80
विज्ञान	45	75
गणित	90	125
आईटी	45	60

उसने किस विषय में सबसे अधिक अंक (% में) प्राप्त किए?
(a) गणित (b) आईटी
(c) अंग्रेजी (d) हिन्दी

81. पाँच अलग-अलग कम्पनियाँ, *P, Q, R, S* और *T*, प्लास्टिक और लकड़ी के बल्ले बनाती हैं। इन बल्लों को ब्राण्ड A या ब्राण्ड B के रूप में लेबलित किया जाता है। दी गई तालिका प्रत्येक कम्पनी द्वारा निर्मित कुल बल्लों के प्रतिशत के रूप में लकड़ी के बल्लों की संख्या दर्शाती है। यह तालिका, ब्राण्ड A और ब्राण्ड B लेबल वाले प्लास्टिक के बल्लों के अनुपात को भी दर्शाती है। प्रत्येक कंपनी 100000 बल्ले बनाती है।

इस तालिका का ध्यानपूर्वक अध्ययन कीजिए और निम्नलिखित प्रश्न का उत्तर दीजिए। **SSC CGL (Tier-I) 11/09/2024 Shift II**

कम्पनी	लकड़ी के बल्ले	ब्राण्ड A : ब्राण्ड B
P	65%	3:7
Q	70%	7:8
R	60%	19:6
S	70%	7:8
T	50%	2:3

सभी कम्पनियों को मिलाकर, ब्राण्ड B के कुल कितने प्लास्टिक के बल्ले बनाए गए हैं?
(a) 96100 (b) 80500
(c) 90500 (d) 86100

82. नीचे दिया गया बार-ग्राफ 2010 से 2013 तक चार वर्षों की अवधि में चार कम्पनियों *A, B, C* और *D* द्वारा कॉफी का उत्पादन (लाख टन में) दर्शाता है। ग्राफ का अध्ययन कीजिए और इसके बाद आगे आने वाले प्रश्न का उत्तर दीजिए। **SSC CGL (Tier-I) 11/09/2024 Shift I**

वर्ष 2010 से 2013 तक चार वर्षों की अवधि में चार कम्पनियों *A, B, C* और *D* द्वारा कॉफी का उत्पादन (लाख टन में)

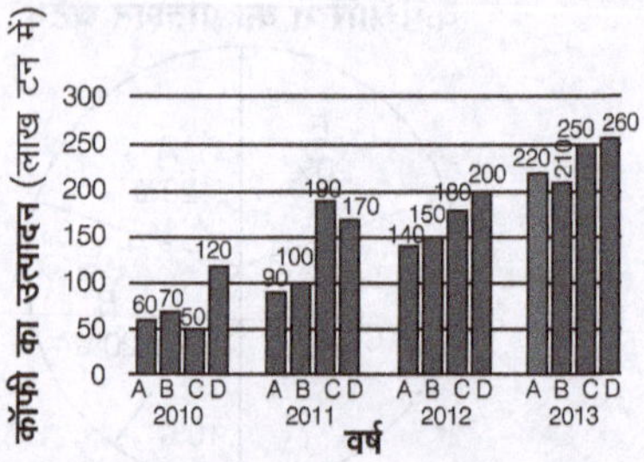

कम्पनी *A* और *C* का चार वर्षों का संयुक्त औसत उत्पादन, कम्पनी *B* और *D* के चार वर्षों के संयुक्त औसत उत्पादन से कितने प्रतिशत (2 दशमलव स्थान तक पूर्णांकित) अधिक/कम है?
(a) कम, 10.51%
(b) अधिक, 10.51%
(c) अधिक, 7.81%
(d) कम, 7.81%

83. निम्नलिखित पाई-चार्ट विश्वविद्यालय में विभिन्न पाठ्यक्रमों में छात्रों के प्रतिशत के वितरण को दर्शाता है। विश्वविद्यालय में छात्रों (केवल लड़के और लड़कियों) की कुल संख्या 7000 है। **SSC CGL (Tier-I) 11/09/2024 Shift I**

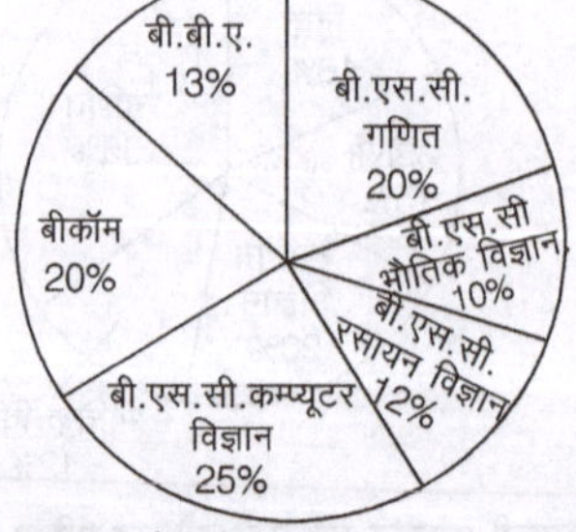

बी.कॉम में 60% लड़कियाँ हैं और बी.एस.सी. कम्प्यूटर विज्ञान में 40% लड़के हैं। बी.एस.सी. कम्प्यूटर विज्ञान और बी. कॉम पाठ्यक्रमों में प्रवेश लेने वाली लड़कियों की कुल संख्या विश्वविद्यालय में प्रवेश पाने वाले कुल छात्रों का कितना प्रतिशत है?
(a) 29% (b) 23%
(c) 25% (d) 27%

84. नीचे दी गई तालिका मार्च, 2019 के माह के दौरान एक कम्पनी के पाँच कर्मचारियों द्वारा अर्जित आय (₹ में) और आय स्त्रोतों को दर्शाती है।

SSC CGL (Tier-I) 10/09/2024 Shift III

स्त्रोत/ कर्मचारी का नाम	रीता	सीता	गीता	नीता	अनीता
ओवरटाइम	2500	2800	2300	2200	2600
एरियर	4500	4800	4900	5300	5600
बोनस	2300	2100	2500	2700	2800
वेतन	24000	30000	29000	32000	34000

दी गई अवधि के दौरान कम्पनी द्वारा भुगतान की गई कुल एरियर की राशि, दी गई अवधि के दौरान भुगतान किए गए बोनस की कुल राशि का कितना प्रतिशत है?

(a) 302.42% (b) 202.42% (c) 102.42% (d) 402.42%

85. दी गई तालिका का अध्ययन कीजिए और निम्नलिखित प्रश्न का उत्तर दीजिए। निम्नलिखित तालिका दिए गए वर्षों के अन्त में शहर की जनसंख्या को दर्शाती है।

SSC CGL (Tier-I) 10/09/2024 Shift III

वर्ष	जनसंख्या
2012	64.5
2013	68.4
2014	72.6
2015	83.8
2016	100.6
2017	112.8
2018	128.4
2019	134.6
2020	156.8
2021	176.4

निम्नलिखित में से किस वर्ष में पिछले वर्ष की तुलना में वृद्धि दर सबसे अधिक है?

(a) 2016 (b) 2015 (c) 2019 (d) 2018

86. नीचे दिया गया पाई-चार्ट एक कार्य दिवस में एक छात्र द्वारा विभिन्न गतिविधियों में बिताए गए घण्टों की संख्या को दर्शाता है। एक दिन में स्कूल में बिताए गए घण्टों का प्रतिशत .... है।

SSC CGL (Tier-I) 10/09/2024 Shift III

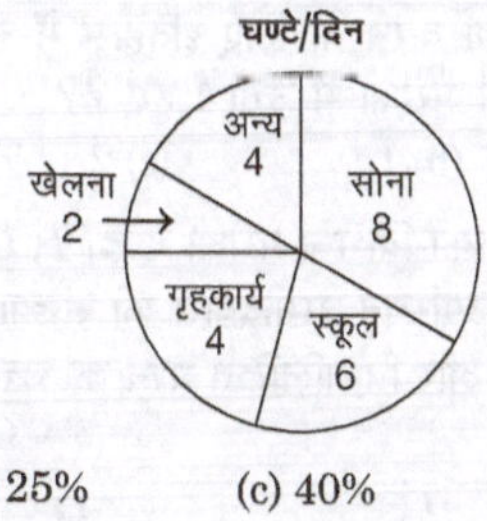

(a) 35% (b) 25% (c) 40% (d) 30%

87. अक्षय ने किसी दुकान से कुल ₹ 180 के पेन और नोटबुक खरीदे। निम्नांकित आँकड़ों से 'X' का मान क्या होगा?

SSC CGL (Tier-I) 10/09/2024 Shift II

वस्तु	मूल्य प्रति इकाई (₹ में)	मात्रा
पेन	10	X
नोटबुक	20	6

(a) 6 (b) 4 (c) 5 (d) 7

88. दी गई तालिका विभिन्न विषयों की पुस्तकों की संख्या को दर्शाती है।

SSC CGL (Tier-I) 10/09/2024 Shift II

विषय	पुस्तकों की संख्या
B_1	120
B_2	150
B_3	150
B_4	120
B_5	120

विषय B_1 की पुस्तकों की संख्या और प्रति विषय पुस्तकों की औसत संख्या का अनुपात क्या है?

(a) 10 : 11 (b) 2 : 5
(c) 4 : 5 (d) 3 : 5

89. निम्नांकित बार-ग्राफ दिए गए वर्षों में एक कम्पनी द्वारा बाइक के उत्पादन (हजारों में) को दर्शाता है। **SSC CGL (Tier-I) 10/09/2024 Shift II**

कम्पनी द्वारा बाइक का उत्पादन
(हजारों में)

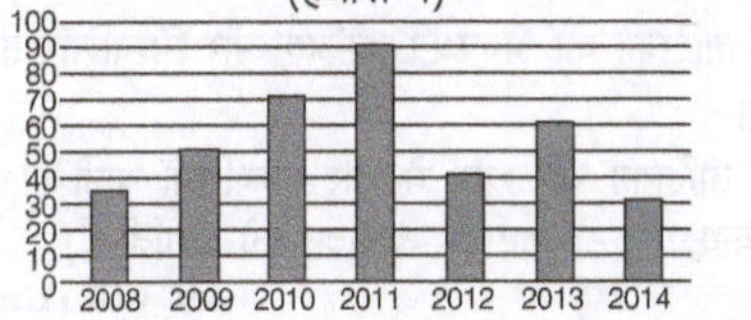

दिए गए वर्षों में से कितने वर्षों में बाइक का उत्पादन, दिए गए वर्षों में बाइक के औसत उत्पादन से अधिक था?

(a) 3 वर्ष (b) 1 वर्ष (c) 2 वर्ष (d) 4 वर्ष

90. दी गई तालिका का अध्ययन कीजिए और निम्नलिखित प्रश्न का उत्तर दीजिए। दी गई तालिका पिछले कुछ वर्षों में एक ऑटोमोबाइल कम्पनी द्वारा निर्मित तीन प्रकार की कारों (A, B और C) का उत्पादन (हजार में) दर्शाती है।

SSC CGL (Tier-I) 10/09/2024 Shift I

वर्ष	A	B	C
2015	840	680	890
2016	900	750	960
2017	760	620	1000
2018	800	540	1200

वर्ष 2015 से 2018 तक सभी वर्षों के लिए, B-प्रकार की कारों का औसत उत्पादन A- प्रकार और C-प्रकार की कारों के संयुक्त औसत उत्पादन से कितना कम (हजार में) है?

(a) 314.75 (b) 238.5
(c) 271.25 (d) 284.55

91. नीचे दिया गया बार-ग्राफ क्रमागत दो वर्षों, 2013 और 2014 के दौरान छः स्कूलों की पुस्तकों की बिक्री को दर्शाता है।

SSC CGL (Tier-I) 10/09/2024 Shift I

पुस्तकों की बिक्री (हजारों में)

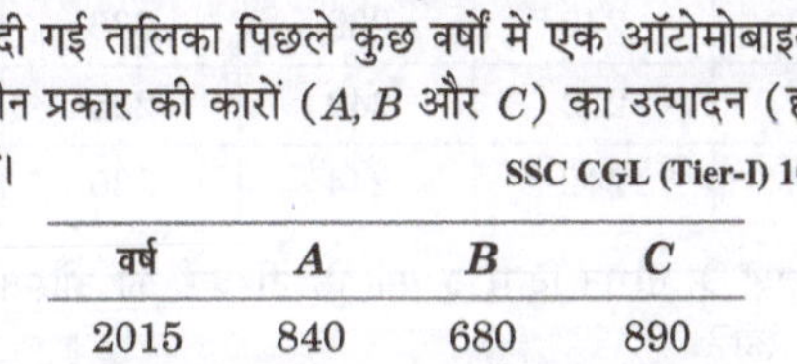

2014 में स्कूल A, B और C की औसत बिक्री, 2013 में स्कूल A, C और F की औसत बिक्री का कितना प्रतिशत है?

(a) 81.08% (b) 81%
(c) 80.08% (d) 80%

92. निम्नलिखित तालिका एक विश्वविद्यालय के विभिन्न विभागों में शोधार्थियों की कुल संख्या और महिला शोधार्थियों की सम्बन्धित संख्या को दर्शाती है। तालिका का ध्यानपूर्वक अध्ययन कीजिए और निम्नलिखित प्रश्न का उत्तर दीजिए। **SSC CGL (Tier-I) 10/09/2024 Shift I**

विभाग	शोधार्थियों की कुल संख्या	महिला शोधार्थियों की संख्या
भौतिकी	35	12
रसायन-शास्त्र	40	28
गणित	18	4
सांख्यिकी	12	3

गणित और सांख्यिकी विभाग में पुरुष शोधार्थियों का अनुपात कितना है?

(a) 14 : 9 (b) 9 : 14
(c) 7 : 6 (d) 6 : 7

93. दी गई तालिका का अध्ययन कीजिए और निम्नलिखित प्रश्न का उत्तर दीजिए।
दी गई तालिका चार वर्षों में चार कम्पनियों यानी C_1, C_2, C_3, और C_4 द्वारा किए गए टी-शर्ट के उत्पादन को दर्शाती है। **SSC CGL (Tier-I) 09/09/2024 Shift III**

वर्ष	उत्पादन (हजारों में)			
	C_1	C_2	C_3	C_4
2019	243	244	244	240
2020	248	239	236	230
2021	232	240	235	248
2022	242	244	230	242

इन चार वर्षों के दौरान किस कम्पनी के टी-शर्ट का औसत उत्पादन सर्वाधिक रहा?

(a) C_3 (b) C_1
(c) C_4 (d) C_2

94. दी गई तालिका तीन दिन में चार प्रिण्टरों द्वारा मुद्रित पृष्ठों की संख्या को दर्शाती है। **SSC CGL (Tier-I) 9/09/2024 Shift III**

दिन	प्रिण्टर			
	L	*M*	*N*	*O*
शुक्रवार	10230	9580	7560	9600
शनिवार	8540	11230	6580	7890
रविवार	9235	8264	7546	10325

यदि बुधवार को सभी प्रिण्टरों द्वारा मिलाकर मुद्रित पृष्ठों की कुल संख्या, शनिवार को सभी प्रिण्टरों द्वारा मिलाकर मुद्रित पृष्ठों की कुल संख्या से 15% अधिक थी, तो बुधवार को सभी प्रिण्टरों द्वारा मिलाकर मुद्रित पृष्ठों की कुल संख्या क्या थी?

(a) 38450
(b) 39376
(c) 42577
(d) 40263

95. निम्नलिखित तालिका दिए गए वर्षों में एक दुकान द्वारा विभिन्न प्रकार के हेलमेट की बिक्री (हजारों में) दर्शाती है। **SSC CGL (Tier-I) 9/09/2024 Shift III**

हेलमेट का प्रकार/वर्ष	1998	1999	2000	2001	2002
A	78	45	56	63	88
B	58	64	78	60	68
C	46	54	58	64	68
D	76	65	72	78	82
E	87	66	74	80	84

1999 की तुलना में 2002 में हेलमेट *C* की बिक्री में कितने प्रतिशत की वृद्धि हुई?

(a) 26.39% (b) 25.93% (c) 28.26% (d) 27.62%

96. निम्नलिखित तालिका में, लड़कों के एक छात्रावास के भोजनालय के तीन कर्मचारियों, राहुल, सुनील और विपिन का तीन महीने का मासिक वेतन (₹ में) दिया गया है। तालिका का ध्यानपूर्वक अध्ययन कीजिए और नीचे दिए गए प्रश्न का उत्तर दीजिए। **SSC CGL (Tier-I) 09/09/2024 Shift II**

भोजनालय कर्मचारी/माह	अक्टूबर	नवम्बर	दिसम्बर
राहुल	10800	11500	12000
सुनील	10000	10500	11500
विपिन	10400	11600	12200

नवम्बर में सुनील का वेतन, राहुल के वेतन का कितने प्रतिशत है? (दो दशमलव स्थान तक पूर्णांकित)

(a) 91.30% (b) 89.30% (c) 90.23% (d) 88.23%

97. दी गई तालिका में एक संस्थान में तीन अलग-अलग विषयों में तीन विद्यार्थियों द्वारा प्राप्त अंकों का प्रतिशत दर्शाया गया है। **SSC CGL (Tier-I) 09/09/2024 Shift I**

विषय / विद्यार्थी	इतिहास (175)	भूगोल (200)	वनस्पति विज्ञान (125)
राम	54	87	71
मोहन	51	79	78
श्याम	75	49	76

यदि परीक्षा उत्तीर्ण करने के लिए इतिहास में न्यूनतम 105 अंक चाहिए, तो कितने विद्यार्थी परीक्षा में उत्तीर्ण हुए हैं?

(a) 0 (b) 1 (c) 2 (d) 3

98. निम्नलिखित तालिका विभिन्न परीक्षा केन्द्रों *P*, *Q* और *R* में कुल उपस्थित उम्मीदवारों और उपस्थित उम्मीदवारों की संख्या को दर्शाती है। तालिका का अध्ययन कीजिए और निम्नलिखित प्रश्न का उत्तर दीजिए। **SSC CGL (Tier-I) 09/09/2024 Shift I**

वर्ष	*P*		*Q*		*R*	
	कुल	उपस्थित	कुल	उपस्थित	कुल	उपस्थित
2016	45	42	56	45	55	50
2017	50	45	75	55	45	40
2018	64	60	65	45	65	55
2019	80	69	84	72	70	62
2020	55	44	80	66	90	85

'कुल' केन्द्र के लिए आवेदन करने वाले कुल उम्मीदवारों को दर्शाता है, 'उपस्थित' उपस्थित उम्मीदवारों को दर्शाता है। किस वर्ष में सभी केन्द्रों में अनुपस्थित रहने वालों की संख्या दूसरी सबसे अधिक थी?

(a) 2020 (b) 2018
(c) 2017 (d) 2019

99. दी गई जानकारी को ध्यानपूर्वक पढ़ें और आगे दिए गए प्रश्न का उत्तर दें। नीचे दी गई तालिका में एक परीक्षा के छः अलग-अलग विषयों में सात विद्यार्थियों द्वारा प्राप्त अंकों का प्रतिशत दर्शाया गया है।
कोष्ठक में दी गई संख्या प्रत्येक विषय के अधिकतम अंक को दर्शाती है।

SSC CGL (Tier-I) 09/09/2024 Shift I

विद्यार्थी	विषय (अधिकतम अंक)					
	गणित	रसायन विज्ञान	भौतिकी	भूगोल	इतिहास	कम्प्यूटर विज्ञान
	(150)	(130)	(120)	(100)	(60)	(40)
आयुष	90	50	90	60	70	80
अमन	100	80	80	40	80	70
सजल	90	60	70	70	90	70
रोहित	80	65	80	80	60	60
मुस्कान	80	65	85	95	50	90
तान्वी	70	75	65	85	40	60
तरुण	65	35	50	77	80	80

यदि किसी ने उपरोक्त तालिका में दिए गए छः विषयों में किसी भी विद्यार्थी या अन्य को प्राप्त अंकों की तुलना में उच्चतम अंक प्राप्त किए हैं, तो उस विद्यार्थी को प्राप्त कुल प्रतिशत अंक ज्ञात करें।

(a) $90\frac{5}{6}\%$ (b) 91%
(c) 95.16% (d) $91\frac{1}{6}\%$

100. निम्नलिखित तालिका पाँच अलग-अलग विषयों में पाँच छात्रों द्वारा प्राप्त अंक (100 में से) दर्शाती है। **SSC CGL (Tier-I) 09/09/2024 Shift I**

छात्र/विषय	गणित	भौतिकी	रसायन विज्ञान	अंग्रेजी	शारीरिक शिक्षा
तरुण	65	80	75	85	90
रोहित	69	76	80	88	94
मोहित	73	84	77	90	95
शोभित	76	85	76	86	78
सुमित	90	88	78	82	68

सभी विषयों को मिलाकर 79% अंक किसने प्राप्त किए?

(a) सुमित (b) मोहित
(c) रोहित (d) तरुण

SSC CGL 2023 (Tier I & II)

101. निम्न पाई चार्ट कक्षा 12 के सेक्शन A, B, C, D और E में उपस्थित और उत्तीर्ण छात्रों की संख्या का डेटा दर्शाते हैं।

उपस्थित छात्र = 1800

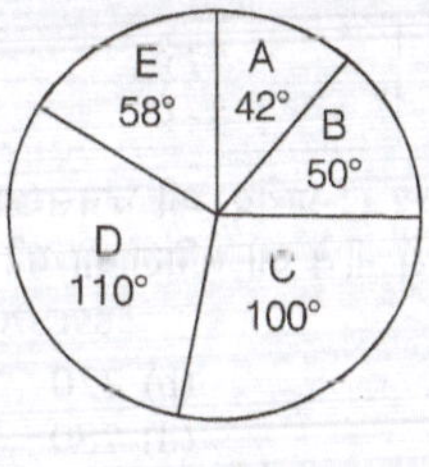

उत्तीर्ण छात्र = 800

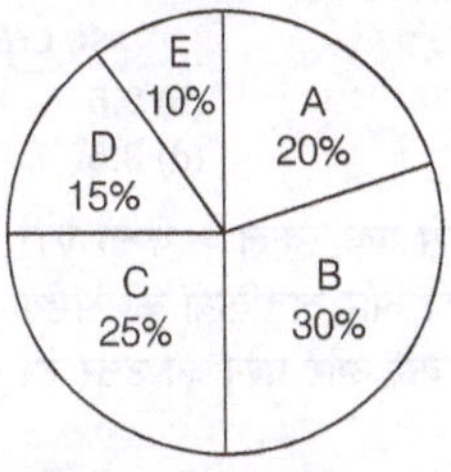

सेक्शन C में कितने छात्र अनुत्तीर्ण हुए?

SSC CGL (Tier I) 27/07/2023 Shift III

(a) 300 (b) 400
(c) 200 (d) 250

102. निम्नलिखित पाई चार्ट में विभिन्न मदों पर रमेश के मासिक व्यय का बंटन दर्शाया गया है। **SSC CGL (Tier I) 27/07/2023 Shift III**

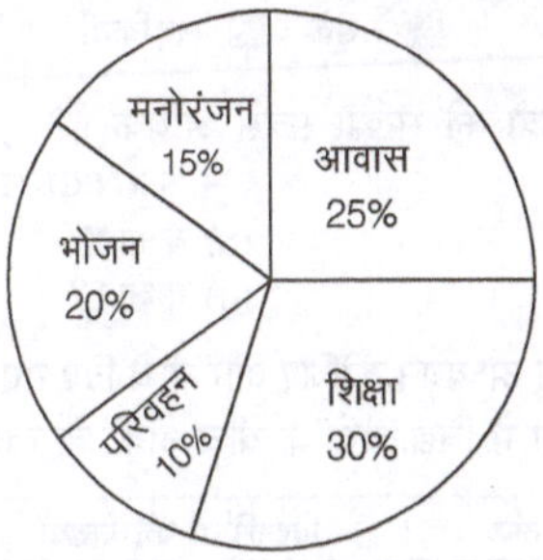

यदि रमेश की मासिक व्यय ₹ 45000 है, तो आवास और परिवहन पर उसका कुल मासिक व्यय (₹ में) ज्ञात कीजिए।

(a) 16800 (b) 13500
(c) 11250 (d) 15750

103. निम्न तालिका छः अलग-अलग वर्षों के दौरान पाँच अलग-अलग कम्पनियों में शामिल होने वाले वितरण भागीदारी (हजारों में) की संख्या दर्शाती है।

वर्ष	कम्पनियाँ				
	एमेजन	फ्लिपकार्ट	स्विगी	जोमेटो	मिन्त्रा
2016	2.4	4.5	1.2	0.9	4.2
2017	1.8	5.4	1.5	1.2	5.6
2018	3.2	7.2	2.4	2.1	6.3
2019	3.9	5.6	2.8	2.7	6.5
2020	4.2	6.4	3.2	3.3	7.0
2021	5.0	7.2	3.6	3.6	7.2

फ्लिपकार्ट (2019 और 2020 में शामिल होने वाले डिलीवरी भागीदारों की संख्या का जोमेटो) 2019 और 2020 में से जुड़ने वाले डिलीवरी भागीदारों की संख्या से अनुपात ज्ञात कीजिए।

SSC CGL (Tier I) 27/07/2023 Shift II

(a) 2 : 1 (b) 1 : 2 (c) 4 : 3 (d) 3 : 2

104. निम्नांकित ग्राफ का ध्यानपूर्वक अध्ययन कीजिए।

गेहूँ का आयात (हजार टन में)

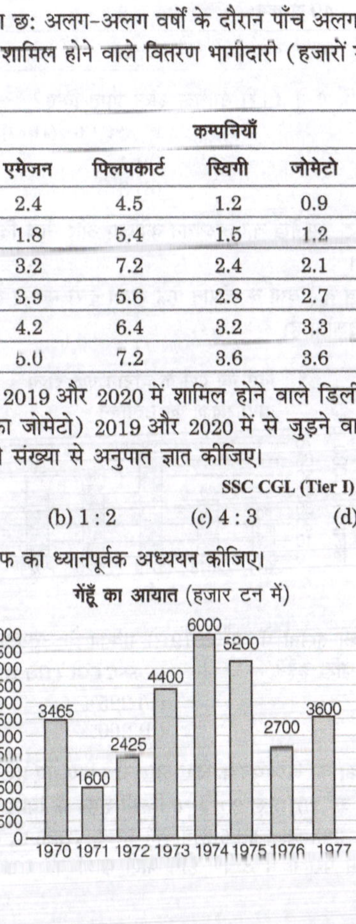

1974 में आयात, 1971 में आयात का लगभग कितने गुना था?

SSC CGL (Tier I) 27/07/2023 Shift I

(a) 3 (b) 2.5
(c) 3.75 (d) 3.5

105. निम्नलिखित आँकड़ों में एक स्कूल के कक्षा VII, कक्षा VIII, कक्षा IX और कक्षा X में लड़कों और लड़कियों की संख्या को दर्शाया गया है। आँकड़ों का अध्ययन करें और प्रश्न का उत्तर दें।

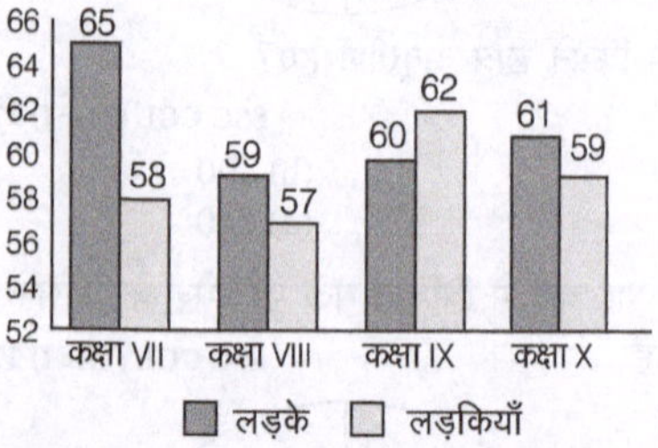

किस कक्षा में छात्रों की संख्या सबसे अधिक है?

SSC CGL (Tier I) 27/07/2023 Shift I

(a) कक्षा VIII (b) कक्षा X
(c) कक्षा VII (d) कक्षा IX

106. दी गई तालिका का अध्ययन कीजिए और नीचे दिए गए प्रश्न का उत्तर दीजिए। तालिका एक कक्षा में विद्यार्थियों के बीच अंकों के वितरण को दर्शाती है।

अंक	विद्यार्थियों की संख्या
10 से कम	2
20 से कम	5
30 से कम	6
40 से कम	8
50 से कम	10

कितने विद्यार्थियों ने 40 से अधिक अंक प्राप्त किए?

SSC CGL (Tier I) 26/07/2023 Shift IV

(a) 5 (b) 4
(c) 2 (d) 3

107. दिए गए दण्ड-आलेख का अध्ययन कीजिए और नीचे दिए गए प्रश्न का उत्तर दीजिए।
दण्ड-आलेख कई वर्षों के दौरान एक राज्य द्वारा मक्का के उत्पादन (1000 टन में) को दर्शाता है।

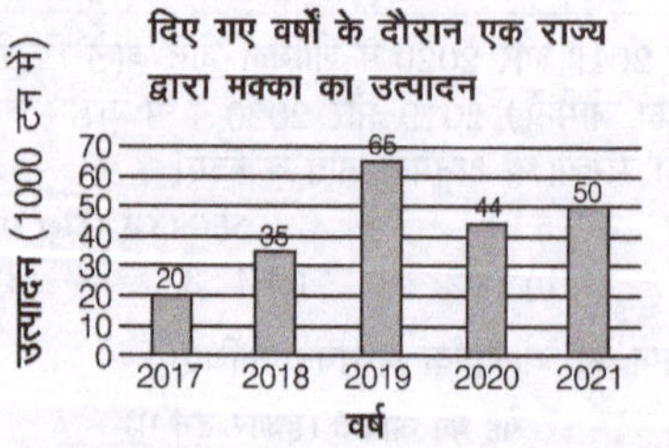

वर्ष 2017 की तुलना में वर्ष 2019 में मक्का के उत्पादन में कितने प्रतिशत की वृद्धि हुई?

SSC CGL (Tier I) 26/07/2023 Shift III

(a) 220% (b) 225%
(c) 230% (d) 200%

108. दी गई तालिका का अध्ययन कीजिए और नीचे दिए गए प्रश्न का उत्तर दीजिए। यह तालिका वर्ष 2010 से 2014 या किसी शहर के विभिन्न 4 कॉलेजों A, B C और D में नामांकित स्नातक छात्रों की संख्या दर्शाती है, साथ ही इन वर्षों के दौरान अन्तिम परीक्षा में उत्तीर्ण होने वाले छात्रों की संख्या भी दर्शाती है।

वर्ष	2010		2011		2012		2013		2014	
कॉलेज	नामांकित	उत्तीर्ण	नामांकित	उत्तीर्ण	नामांकित	उत्तीर्ण	नामांकित	उत्तीर्ण	नामांकित	उत्तीर्ण
A	680	620	600	560	720	700	800	760	750	700
B	550	530	450	420	600	550	650	620	700	680
C	480	450	520	500	580	550	620	600	720	700
D	710	650	750	710	680	640	720	690	740	710

दिए गए सभी वर्षों के दौरान कॉलेज B के छात्रों की संख्या में से, सभी वर्षों के दौरान कॉलेज B से उत्तीर्ण होने वाले छात्रों का प्रतिशत ज्ञात कीजिए। (दशमलव के 2 अंकों तक पूर्णांकित)

SSC CGL (Tier I) 26/07/2023 Shift II

(a) 94.92% (b) 94.95% (c) 94.96% (d) 94.98%

109. निम्नलिखित ग्राफ वर्ष 2021 में देश के विभिन्न राज्यों में अशिक्षितों की संख्या को दर्शाता है।

4 राज्यों में कुल अशिक्षित = 450000

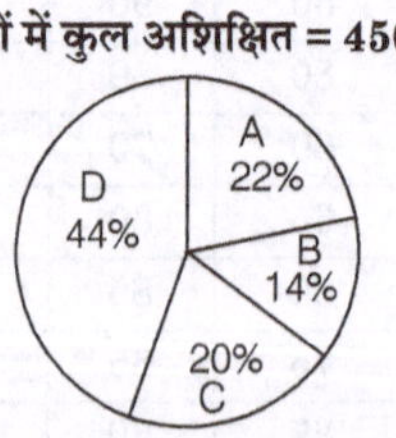

2021 में A, B और C में अशिक्षितों की कुल संख्या का D में अशिक्षितों की संख्या से प्रतिशत कितना है?

SSC CGL (Tier I) 26/07/2023 Shift III

(a) 110.24% (b) 126.78% (c) 150.57% (d) 127.27%

110. निम्न तालिका वर्ष 2020 और 2021 के दौरान एक कम्पनी में पाँच अलग-अलग विभागों 1-5 में कर्मचारियों के प्रतिशत वितरण को दर्शाती है। 2020 और 2021 में कर्मचारियों की कुल संख्या क्रमशः 1200 और 1600 है।

वर्ष	विभाग				
	विभाग 1	विभाग 2	विभाग 3	विभाग 4	विभाग 5
2020	24	21	20	19	16
2021	21	22	18	19	20

किस विभाग में कर्मचारियों की संख्या में 2020 की तुलना में 2021 में अन्तर अधिकतम है?

SSC CGL (Tier I) 26/07/2023 Shift II

(a) विभाग 4 (b) विभाग 5
(c) विभाग 2 (d) विभाग 1

111. निम्नलिखित तालिका गरीबी रेखा से नीचे के पाँच राज्यों की जनसंख्या का प्रतिशत तथा गरीबी रेखा से नीचे और ऊपर पुरुषों और महिलाओं के अनुपात को दर्शाती है।

राज्य	गरीबी रेखा से नीचे की जनसंख्या का प्रतिशत	पुरुषों एवं महिलाओं का अनुपात	
		गरीबी रेखा से नीचे	गरीबी रेखा से ऊपर
		पुरुष : महिलाएँ	पुरुष : महिलाएँ
A	25%	7 : 3	1 : 5
B	13%	8 : 5	1 : 7
C	26%	9 : 4	2 : 11
D	11%	4 : 3	13 : 4
E	17%	5 : 9	3 : 2

यदि राज्य B और राज्य C प्रत्येक की जनसंख्या 6,000 है, तो इन दोनों राज्यों में गरीबी रेखा से नीचे की महिलाओं की कुल संख्या कितनी है?

SSC CGL (Tier I) 26/07/2023 Shift I

(a) 740 (b) 720
(c) 750 (d) 780

112. निम्नलिखित बार चार्ट विश्व भर से भारत में प्रत्यक्ष विदेशी निवेश (FDI) के रुझान को दर्शाता है।

भारत का FDI (मिलियन यूरो में)

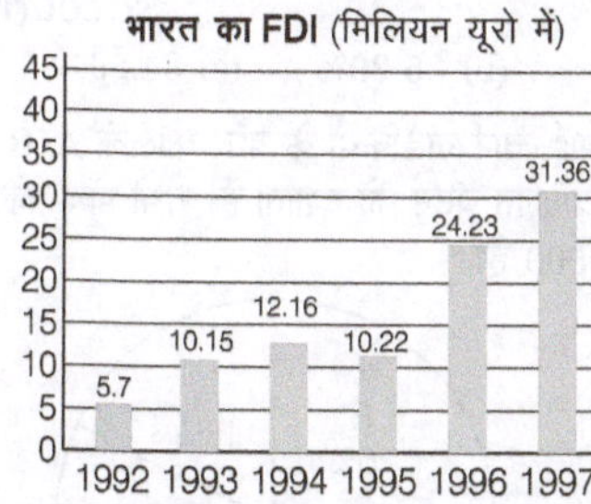

1992-1995 के वर्षों के दौरान भारत के FDI का औसत (निकटतम पूर्णांक तक) क्या था?

SSC CGL (Tier I) 26/07/2023 Shift I

(a) 7 (b) 9 (c) 8 (d) 10

113. दी गई तालिका का अध्ययन कीजिए और नीचे दिए गए प्रश्न का उत्तर दीजिए तालिका दिए गए वर्षों में प्रति वर्ष एक कम्पनी के व्यय (हजार ₹ में) को दर्शाती है।

वर्ष	व्यय			
	वेतन	परिवहन	ब्याज	कर
2018	200	90	3	80
2019	250	100	2.5	100
2020	300	120	3	70
2021	350	130	3.5	80

प्रति वर्ष वेतन की औसत राशि क्या है, जो कम्पनी को इन चार वर्षों के दौरान देनी पड़ती है?

SSC CGL (Tier I) 25/07/2023 Shift IV

(a) ₹ 300000 (b) ₹ 200000 (c) ₹ 280000 (d) ₹ 275000

114. नीचे दिया गया पाई-चार्ट पाँच अलग-अलग जिलों (A, B, C, D और E) में एक कम्पनी में कार्यरत् महिला कर्मचारियों के बंटन को दर्शाता है।
पाँच जिलों में महिला कर्मचारियों की कुल संख्या = 136000

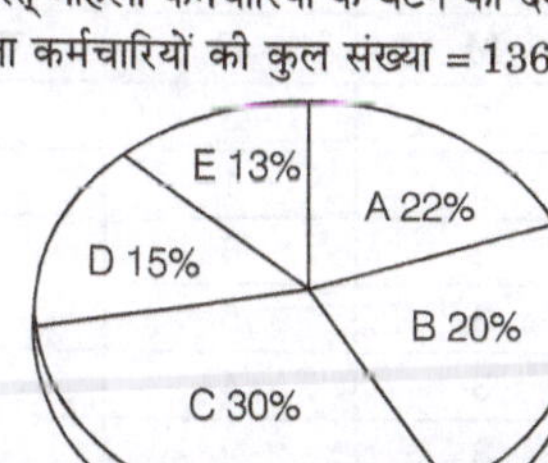

जिला C और जिला D में कम्पनी में कार्यरत महिला कर्मचारियों की कुल संख्या क्या है?

SSC CGL (Tier I) 25/07/2023 Shift III

(a) 62290 (b) 62000 (c) 61200 (d) 61000

115. दी गई तालिका एक इलाके के 100 परिवारों की मासिक आय को दर्शाती है।

मासिक आय सीमा (₹ में)	परिवार की संख्या
₹ 10000 से अधिक आय	100
₹ 13000 से अधिक आय	85
₹ 16000 से अधिक आय	69
₹ 19000 से अधिक आय	50
₹ 22000 से अधिक आय	33
₹ 25000 से अधिक आय	15

19000-22000 आय (₹ में) सीमा वाले परिवारों की संख्या .... है।

SSC CGL (Tier I) 25/07/2023 Shift II

(a) 17 (b) 19
(c) 24 (d) 22

116. निम्न बार-ग्राफ दो क्रमागत वर्ष 2018 और 2019 के दौरान एक प्रकाशन कम्पनी की छः शाखाओं से पुस्तकों की बिक्री (हजार में) दर्शाता है

प्रकाशन कम्पनी की छः शाखाओं से पुस्तकों की बिक्री

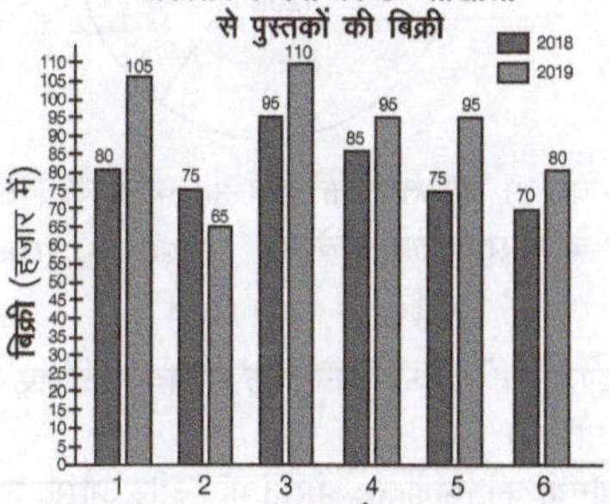

दोनों वर्षों में छठी शाखा की कुल बिक्री दोनों वर्षों में तीसरी शाखा की कुल बिक्री का कितना प्रतिशत है? (दो दशमलव स्थान तक पूर्णांकित)

SSC CGL (Tier I) 25/07/2023 Shift I

(a) 68.25%
(b) 65.29%
(c) 62.23%
(d) 73.17%

117. दिया गया चार्ट दसवीं कक्षा के विद्यार्थी द्वारा विभिन्न विषयों में प्राप्त अंकों को दर्शाता है।

दसवीं कक्षा के विद्यार्थी के अंक (मान डिग्री में है)

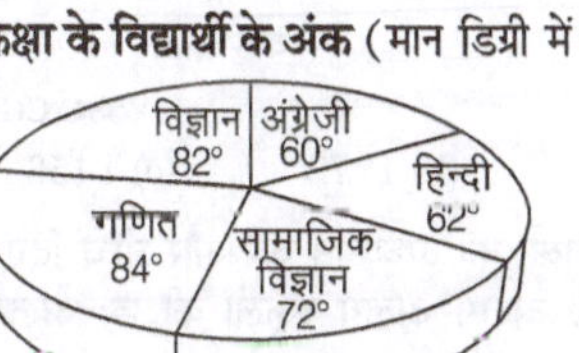

यदि कुल अंक 1800 हैं, तो सामाजिक विज्ञान में प्राप्त अंक ज्ञात करें।

SSC CGL (Tier I) 24/07/2023 Shift IV

(a) 72 (b) 306
(c) 360 (d) 350

118. दिए गए पाई-चार्ट का ध्यानपूर्वक अध्ययन कीजिए और निम्नलिखित प्रश्न का उत्तर दीजिए। स्कूल द्वारा भुगतान के लिए उपयोग की गई कुल राशि (₹ में) कितनी है?

स्कूल को विभिन्न स्रोतों से मिलने वाला पूरा फण्ड = ₹ 10 लाख

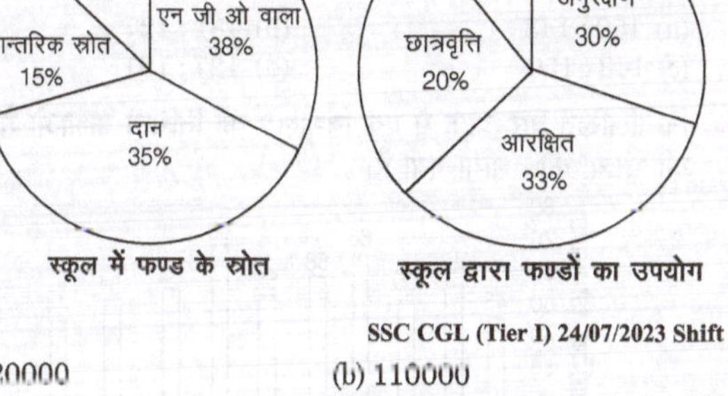

स्कूल में फण्ड के स्रोत **स्कूल द्वारा फण्डों का उपयोग**

SSC CGL (Tier I) 24/07/2023 Shift IV

(a) 120000 (b) 110000
(c) 210000 (d) 310000

119. दिए गए पाई-चार्ट का अध्ययन करें और उसके बाद दिए गए प्रश्न का उत्तर दें।

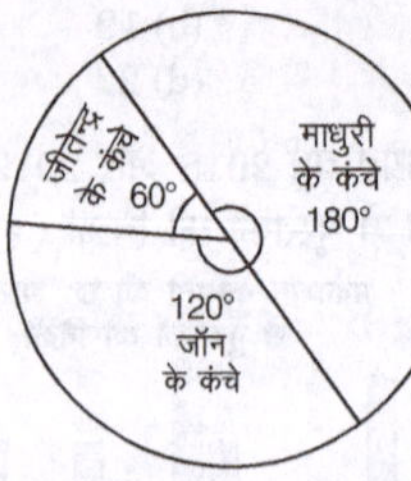

यदि पाई-चार्ट 3 व्यक्तियों के बीच 36 कंचों के वितरण को दर्शाता है, तो माधुरी के पास कितने कंचे हैं? **SSC CGL (Tier I) 24/07/2023 Shift III**

(a) 16 (b) 18 (c) 8 (d) 12

120. दिए गए दण्ड-आरेख का ध्यानपूर्वक अध्ययन कीजिए और निम्नलिखित प्रश्न का उत्तर दीजिए।
तीनों कम्पनियों की मिलाकर औसत माँग और औसत उत्पादन के बीच कितना अन्तर है?

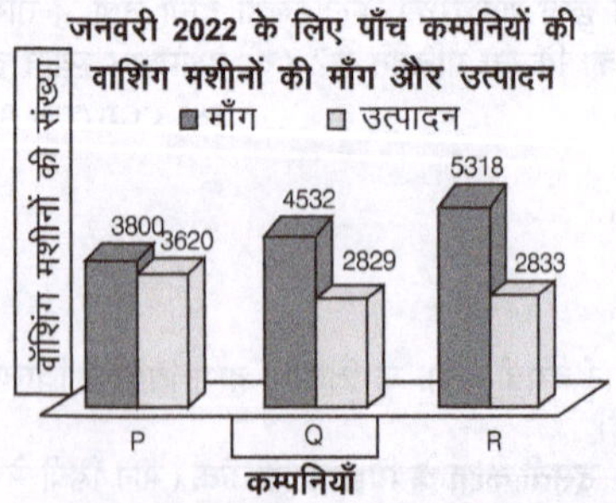

SSC CGL (Tier I) 24/07/2023 Shift III

(a) 1850 (b) 1272 (c) 1456 (d) 1530

121. दी गई तालिका का अध्ययन करें और नीचे दिए गए प्रश्न का उत्तर दें।
तालिका छः अलग-अलग स्कूलों की छः अलग-अलग कक्षाओं में पढ़ने वाले छात्रों की संख्या दर्शाती है।

स्कूल	कक्षा V	कक्षा VI	कक्षा VII	कक्षा VIII	कक्षा IX	कक्षा X
P	152	160	145	156	147	144
Q	148	166	150	155	157	143
R	161	152	140	145	143	165
S	159	142	149	140	142	168
T	147	144	158	163	154	150
U	150	160	162	160	161	140
कुल	917	924	904	919	904	910

स्कूल Q और R को मिलाकर कक्षा IX में पढ़ने वाले छात्रों और स्कूल S और T को मिलाकर कक्षा VI में पढ़ने वाले छात्रों का सम्बन्धित अनुपात क्या है? **SSC CGL (Tier I) 24/07/2023 Shift II**

(a) 150 : 143 (b) 181 : 127
(c) 143 : 150 (d) 127 : 181

122. निम्नलिखित बार-ग्राफ में एक विद्यालय की विभिन्न कक्षाओं में विद्यार्थियों की संख्या को दर्शाया गया है।

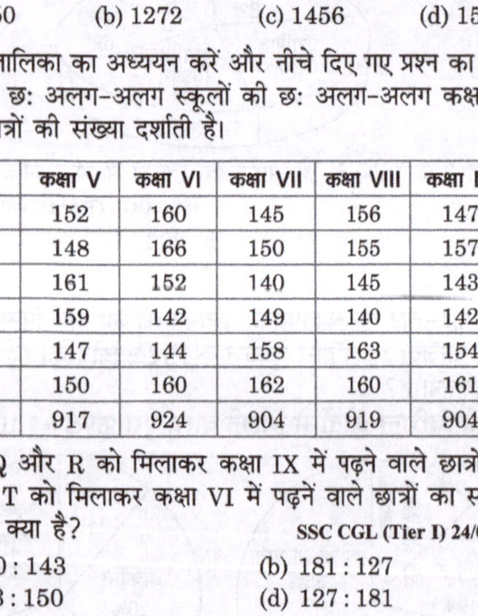

किसी भी दो कक्षाओं में विद्यार्थियों की संख्या में अधिकतम अन्तर, कक्षा 7 में विद्यार्थियों की संख्या का कितने प्रतिशत है (दो दशमलव स्थानों तक सही)? **SSC CGL (Tier I) 24/07/2023 Shift I**

(a) 36.48% (b) 35.29% (c) 34.29% (d) 33.48%

123. निम्नलिखित पाई-चार्ट लड़कियों के पाँच कॉलेजों A, B, C, D और E में लड़कियों के प्रतिशत बंटन को दर्शाता है। सभी पाँच कॉलेजों में लड़कियों की कुल संख्या 2500 है।

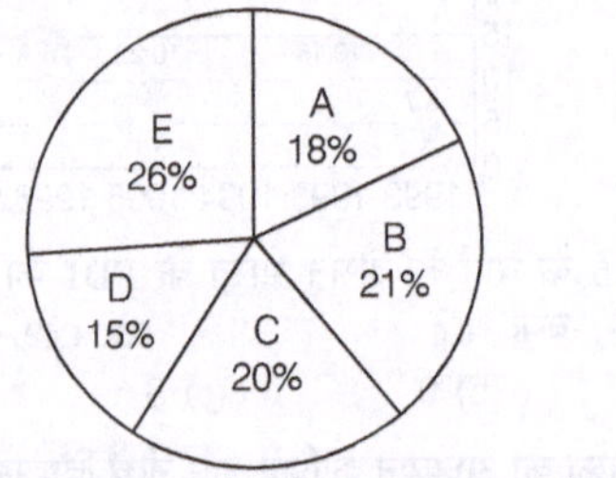

कॉलेज C और E में लड़कियों की औसत संख्या क्या है? **SSC CGL (Tier I) 24/07/2023 Shift I**

(a) 650 (b) 700 (c) 500 (d) 575

124. दिए गए आँकड़ों का अध्ययन करें और निम्नलिखित प्रश्नों का उतर दें। वर्ष 2015 में विभिन्न राज्यों की जनसंख्या से डेटा पाई-चार्ट और तालिका में दर्शाया गया है।

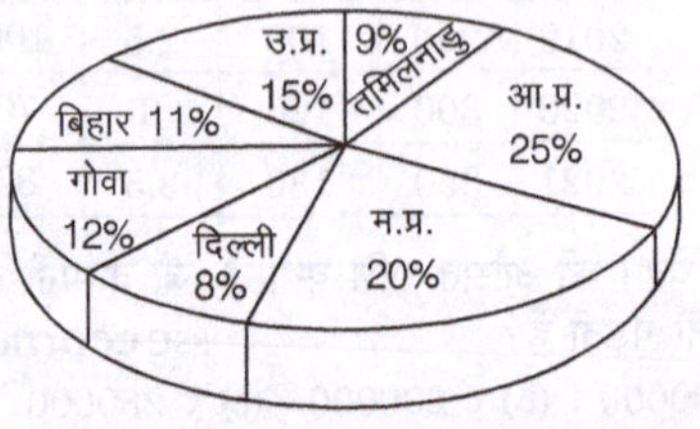

राज्य	लिंग एवं साक्षरता के अनुसार जनसंख्या अनुपात			
	लिंग		साक्षरता	
	M	F	साक्षर	निरक्षर
आन्ध्र प्रदेश	5	3	2	7
मध्य प्रदेश	3	1	1	4
दिल्ली	2	3	2	1
गोवा	3	5	3	2
बिहार	3	4	4	1
उत्तर प्रदेश	3	2	7	2
तमिलनाडु	3	4	9	4

यदि दिए गए राज्यों की कुल जनसंख्या 215000 है, तो गोवा और मध्य प्रदेश में निरक्षर लोगों की कुल संख्या क्या थी? **SSC CGL (Tier I) 21/07/2023 Shift III**

(a) 65520 (b) 120500
(c) 81900 (d) 90870

125. निम्न दण्ड-आलेख वर्ष 2020 और 2021 में विभिन्न विषयों को चुनने वाले छात्रों की संख्या को दर्शाता है।

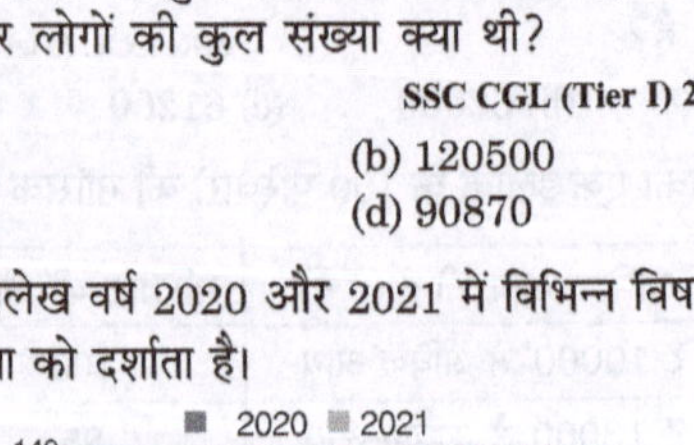

2021 में सभी 5 विषयों में से कितने प्रतिशत (दो दशमलव तक पूर्णांकित) छात्रों ने जीव विज्ञान को चुना था? SSC CGL (Tier I) 21/07/2023 Shift II

(a) 24.31% (b) 23.14% (c) 21.18% (d) 22.34%

126. कपास और खादी के कुल उत्पादन के मध्य कितना अन्तर है?
टिप्पणी ऋणात्मक चिह्न पर ध्यान न दें, यदि कोई है, तो

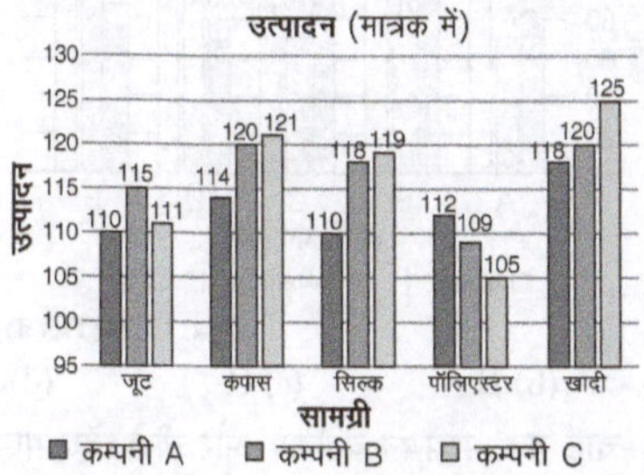

SSC CGL (Tier I) 21/07/2023 Shift I

(a) 8 (b) 10 (c) 11 (d) 7

127. निम्नांकित आरेख कुछ वर्षों में बेचे गए पंखों और कूलरों की इकाइयों में प्रतिशत वृद्धि दर्शाता है। कूलरों और पंखों की वृद्धि दर के औसत में कितना अन्तर है? SSC CGL (Tier I) 21/07/2023 Shift I

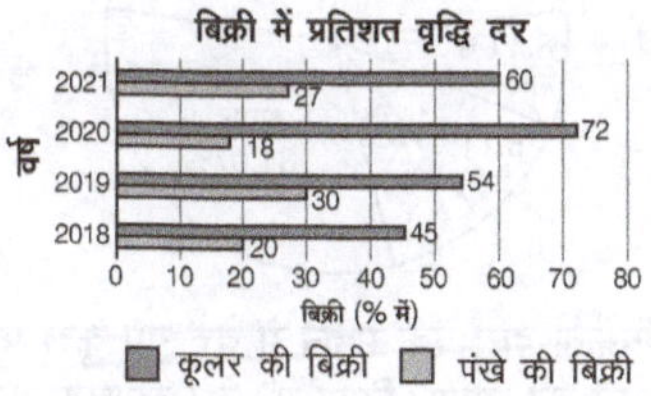

(a) 32 (b) 30 (c) 42 (d) 34

128. दी गई तालिका का ध्यानपूर्वक अध्ययन कीजिए और निम्नलिखित प्रश्न का उत्तर दीजिए।
तालिका चार विभागों, मैकेनिकल, सिविल, कम्प्यूटर साइंस और एप्लाइड के विद्यार्थियों के प्रतिशत को दर्शाती है। प्रत्येक विभाग में केवल एक विद्यार्थी हैं। तालिका में पाँच अलग-अलग महाविद्यालयों में इन चार विभागों के विद्यार्थियों की संख्या भी दर्शाई गई है, जिसमें विद्यार्थियों की कुल संख्या 2080 है।

महाविद्यालय	विद्यार्थी	मैकेनिकल	सिविल	कम्प्यूटर साइंस	एप्लाइड
आईआईटी दिल्ली	130	–	20%	–	10%
आईआईटी कानपुर	350	20%	–	25%	–
आईआईटी बॉम्बे	–	20%	18%	–	32%
आईआईटी मद्रास	–	–	25%	18%	35%
आईआईटी गुवाहटी	400	20%	22%	–	20%

यदि आईआईटी बॉम्बे में विद्यार्थियों की संख्या, आईआईटी मद्रास में विद्यार्थियों की संख्या से 20% कम है, तो इन दोनों महाविद्यालयों में एप्लाइड विभाग में अध्ययन करने वाले विद्यार्थियों की कुल संख्या और इन दो महाविद्यालयों में सिविल विभाग में पढ़ने वाले विद्यार्थियों की संख्या के बीच का अन्तर कितना है? SSC CGL (Tier I) 20/07/2023 Shift IV

(a) 206 (b) 116
(c) 126 (d) 106

129. निम्नलिखित ग्राफ में पाँच कम्पनियों V, W, X, Y और Z की माँग और उत्पादन को दर्शाया गया है। बार-ग्राफ के आधार पर प्रश्न का उत्तर दें।

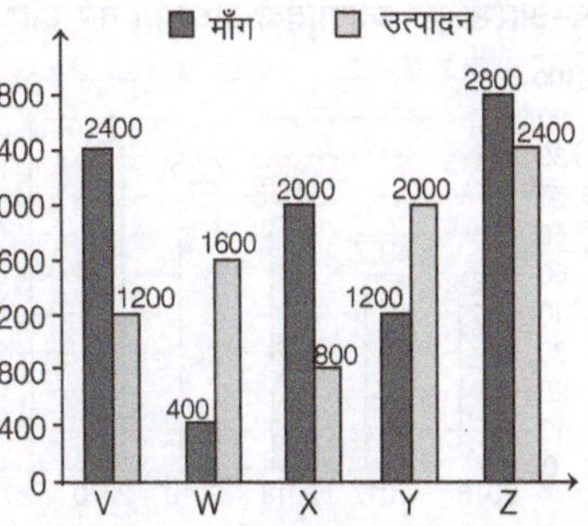

यदि कम्पनी X के उत्पादन का K% कम्पनी W की माँग के बराबर है, तो K निम्नलिखित में से किसके बराबर है? SSC CGL (Tier I) 20/07/2023 Shift III

(a) 40 (b) 50
(c) 45 (d) 35

130. दिए गए दण्ड आरेख का ध्यानपूर्वक अध्ययन कीजिए और निम्नलिखित प्रश्न का उत्तर दीजिए। कम्पनी P की माँग कम्पनी Q की माँग का कितना प्रतिशत है?

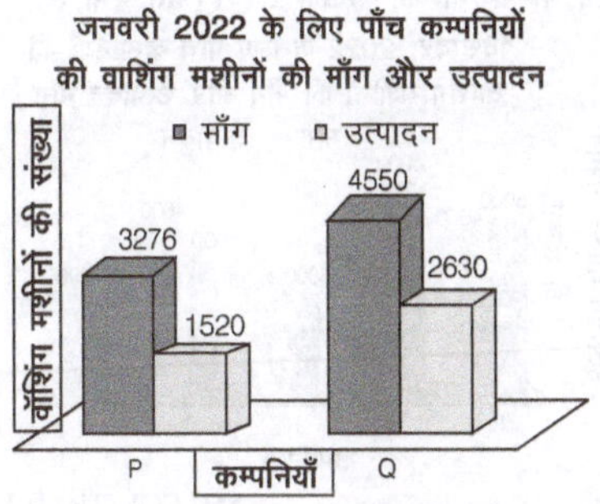

SSC CGL (Tier I) 20/07/2023 Shift II

(a) 65% (b) 70% (c) 68% (d) 72%

131. निम्नलिखित तालिका का अध्ययन करें और नीचे दिए गए प्रश्न का उत्तर दें।
यह तालिका वर्ष 2012 से 2018 के दौरान चार राज्यों दिल्ली, गोवा, कर्नाटक और महाराष्ट्र से एक प्रतियोगी परीक्षा में उपस्थित पात्र पाए गए और चयनित उम्मीदवारों की संख्या दर्शाती है।

वर्ष	दिल्ली			गोवा		
	उपस्थित	पात्र	चयनित	उपस्थित	पात्र	चयनित
2012	8000	850	94	7800	810	82
2013	4800	500	48	7500	800	65
2014	9500	850	90	8800	920	86
2015	9000	800	70	7200	850	75
2016	7500	640	82	7400	560	70

वर्ष	कर्नाटक			महाराष्ट्र		
	उपस्थित	पात्र	चयनित	उपस्थित	पात्र	चयनित
2012	7500	720	78	8200	680	85
2013	5600	620	85	6800	600	70
2014	7000	650	70	7800	720	84
2015	8500	950	80	5700	485	60
2016	4800	400	48	6500	525	65

गोवा में उपस्थित होने वाले छात्रों में से गोवा में पात्र पाए जाने वाले छात्रों का प्रतिशत वर्ष .... में सबसे अधिक है। SSC CGL (Tier I) 20/07/2023 Shift I

(a) 2013 (b) 2012 (c) 2014 (d) 2015

132. दिए गए दण्ड-आरेख का ध्यानपूर्वक अध्ययन करें और प्रश्न का उत्तर दें।

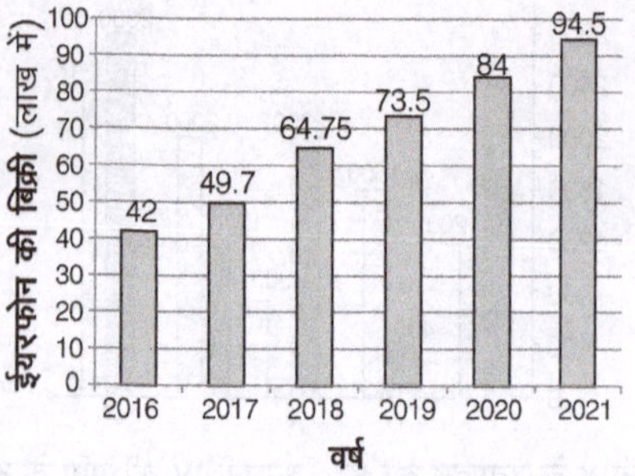

2017 से 2020 तक ईयरफोन की बिक्री का वृद्धि प्रतिशत (लगभग में) ज्ञात करें। **SSC CGL (Tier I) 20/07/2023 Shift I**

(a) 57% (b) 71% (c) 69% (d) 78%

133. दिए गए दण्ड-आरेख का ध्यानपूर्वक अध्ययन कीजिए और निम्नलिखित प्रश्न का उत्तर दीजिए।
उत्पादन से अधिक माँग वाली कम्पनियों की संख्या का माँग से अधिक उत्पादन वाली कम्पनियों की संख्या से अनुपात क्या है?

दिसम्बर, 2022 के लिए पाँच कम्पनियों की वांशिंग मशीनों की माँग और उत्पादन माँग

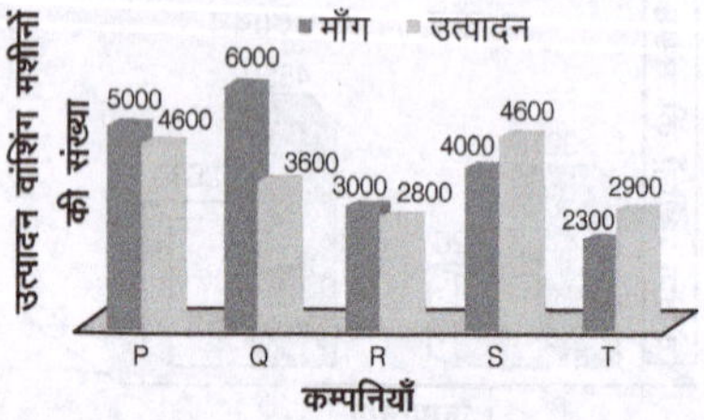

SSC CGL (Tier I) 19/07/2023 Shift IV

(a) 3 : 2 (b) 4 : 3
(c) 2 : 3 (d) 3 : 5

134. निम्नलिखित आकृति खिलौनों के निर्माण में होने वाले विभिन्न व्यय को दर्शाती है। यदि कुल व्यय ₹ 300000 है, तो सामग्री लागत और विक्रय व्यय (₹ में) पर कितना व्यय किया गया? **SSC CGL (Tier I) 19/07/2023 Shift IV**

कुल व्यय में % हिस्सा

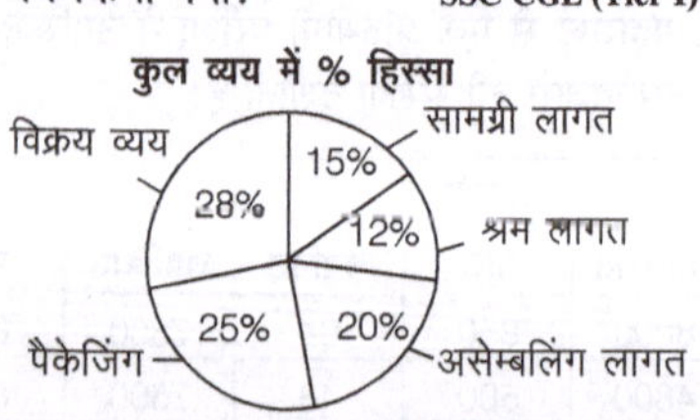

(a) 129000 (b) 115000
(c) 120000 (d) 84000

135. निम्नांकित बार-ग्राफ में एक श्रमिक द्वारा एक वर्ष के बारह महीनों में अर्जित की गई मजदूरी (₹ में) को दर्शाया गया है।

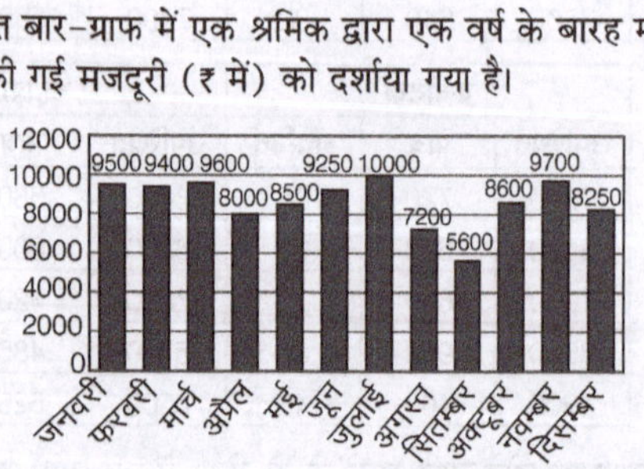

वर्ष के पहले पाँच महीनों में श्रमिक द्वारा प्राप्त औसत मजदूरी (₹ में) क्या है? **SSC CGL (Tier I) 19/07/2023 Shift II**

(a) 9200 (b) 9300
(c) 9100 (d) 9000

136. निम्नांकित आरेख एक कोचिंग संस्थान द्वारा आयोजित तीन परीक्षाओं में विद्यार्थियों के अंकों को निरूपित करता है। किसके औसत अंक सबसे अधिक हैं?

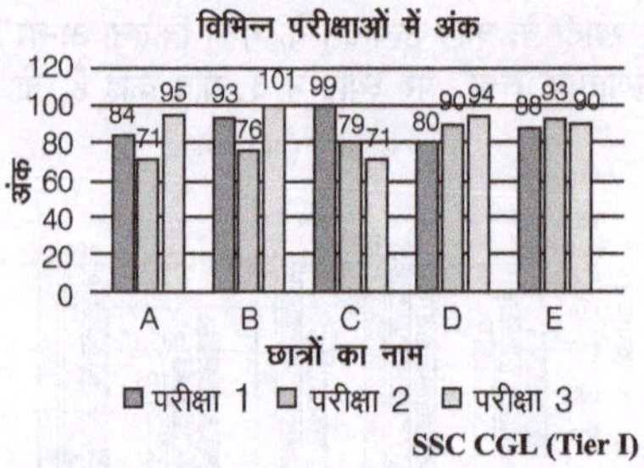

SSC CGL (Tier I) 19/07/2023 Shift I

(a) D (b) E (c) C (d) B

137. दिए गए पाई-चार्ट का अध्ययन कीजिए और नीचे दिए गए प्रश्न का उत्तर दीजिए। पाई-चार्ट एक महीने में एक फल विक्रेता द्वारा बेचे गए फलों का प्रतिशत (किग्रा में) प्रदर्शित करता है।

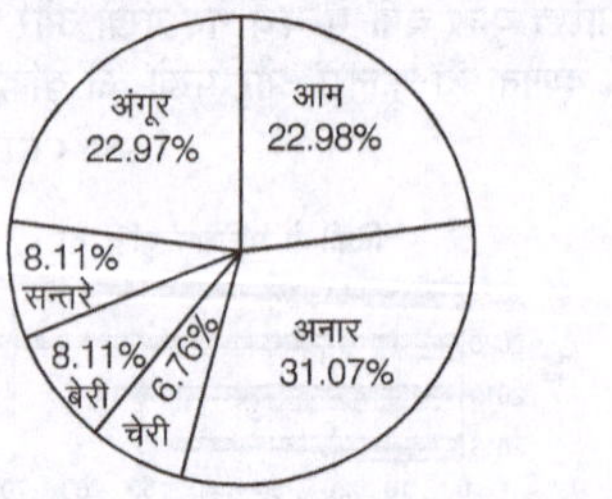

यदि एक फल विक्रेता द्वारा एक महीने में बेचे गए कुल फल 50000 किग्रा थे, तो अनार और बेरी की मात्रा (किग्रा में) का लगभग अन्तर ज्ञात कीजिए।
SSC CGL (Tier I) 19/07/2023 Shift I

(a) 21408 (b) 13535
(c) 11480 (d) 12465

138. निम्नांकित आरेख दो वर्षों में हुई वर्षा का निरूपण करता है। निम्न में से कौन-सा महीना वर्षा में सर्वाधिक प्रतिशत परिवर्तन दर्शाता है?

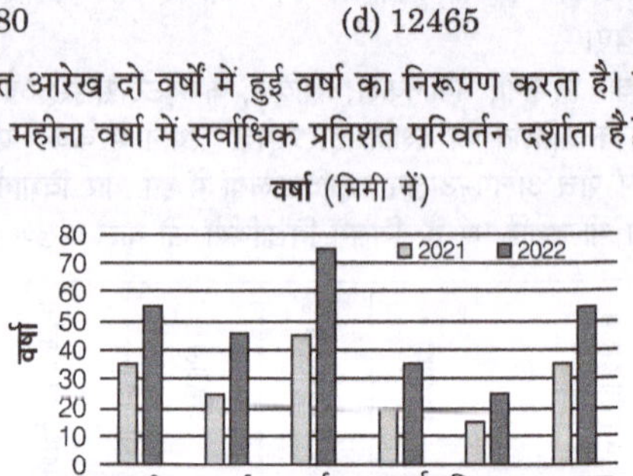

SSC CGL (Tier I) 18/07/2023 Shift IV

(a) मार्च (b) जनवरी (c) मई (d) सितम्बर

139. एक रेस्तरां द्वारा वर्ष के 4 महीनों के दौरान उपयोग की जाने वाली विभिन्न खाद्य पदार्थों की मात्रा (किलो में)।

महीना → / खाद्य पदार्थ ↓	मार्च	अप्रैल	मई	जून
A	220	180	270	320
B	255	320	390	420
C	280	295	280	315
D	350	310	250	280
E	308	340	350	365

एकसाथ सभी 4 महीनों के दौरान उपयोग किए गए खाद्य पदार्थ C की औसत मात्रा कितनी है? **SSC CGL (Tier I) 18/07/2023 Shift IV**

(a) 211.8 किग्रा (b) 253.6 किग्रा
(c) 303.7 किग्रा (d) 292.5 किग्रा

140. दी गई तालिका एक स्कूल में पाँच अलग-अलग विषयों में पाँच छात्रों द्वारा प्राप्त अंकों के प्रतिशत को दर्शाती है।

छात्र/छात्रा	अंग्रेजी (100)	विज्ञान (150)	गणित (100)	हिन्दी (100)	कम्प्यूटर (100)
हितांश	67	70	64	55	75
अक्षरा	75	88	95	60	75
पिहु	69	72	89	64	77
श्रेया	71	66	80	68	72
राहुल	59	64	59	67	90

परीक्षा में हितांश का कुल प्रतिशत (2 दशमलव स्थानों तक) कितना है?

SSC CGL (Tier I) 18/07/2023 Shift III

(a) 64.89% (b) 75.11% (c) 66.55% (d) 65.31%

141. एक टॉफी कम्पनी दो अलग-अलग फ्लेवर X और Y की टॉफी तैयार करती है। 4 वर्ष की अवधि में दो फ्लेवर का उत्पादन नीचे दिए गए बार-ग्राफ में दर्शाया गया है।

एक कम्पनी द्वारा अलग-अलग वर्षों में दो भिन्न टॉफी फ्लेवर का उत्पादन (1000 पैक में)

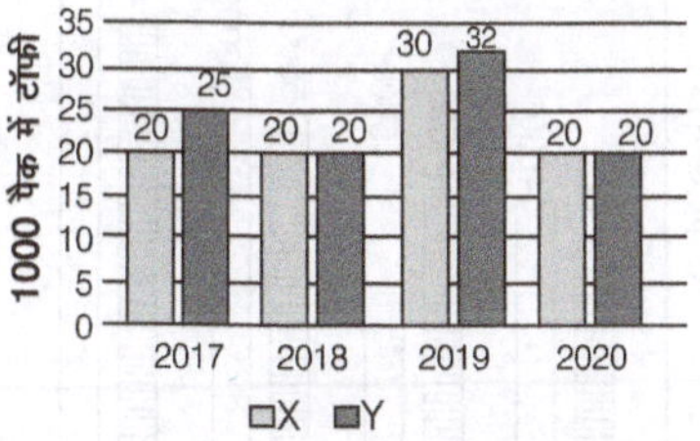

2017 और 2018 में फ्लेवर X के औसत उत्पादन और 2019 और 2020 में फ्लेवर Y के औसत उत्पादन के बीच कितना अन्तर है?

SSC CGL (Tier I) 18/07/2023 Shift III

(a) 6000 पैक (b) 6400 पैक (c) 7500 पैक (d) 7000 पैक

142. निम्नलिखित तालिका का अध्ययन करें और नीचे दिए गए प्रश्न का उत्तर दें।

स्कूल का नाम	नामांकित विद्यार्थियों की कुल संख्या	जीवविज्ञान का चयन करने वाले नामांकित विद्यार्थियों का प्रतिशत	जीवविज्ञान का चयन करने वाले छात्रों और छात्राओं का अनुपात
A	900	30%	7:8
B	400	38%	9:10
C	1000	24%	5:19
D	800	18%	5:7

स्कूल A और D को साथ मिलाकर उनमें जीवविज्ञान का चयन करने वाले कुल छात्रों और कुल छात्राओं का अनुपात क्या है?

SSC CGL (Tier I) 18/07/2023 Shift I

(a) 31 : 38 (b) 31 : 28
(c) 21 : 38 (d) 38 : 31

143. निम्न तालिका एक टूर्नामेंट में तीरंदाजी के खिलाड़ियों के तीन प्रयासों के स्कोर को दर्शाती है। उच्चतम औसत स्कोर करने वाले खिलाड़ी को सर्वश्रेष्ठ खिलाड़ी घोषित किया गया। सर्वश्रेष्ठ खिलाड़ी कौन था?

खिलाड़ी	स्कोर 1	स्कोर 2	स्कोर 3
एंजेला	62.50	66.00	64.50
मारिया	69.05	70.00	67.52
सरीना	73.81	72.50	74.20
प्रीति	74.30	75.00	77.50
दीपिका	64.29	67.50	63.28

SSC CGL (Tier I) 17/07/2023 Shift IV

(a) एंजेला (b) प्रीति (c) दीपिका (d) मारिया

144. दिए गए पाई-चार्ट का ध्यानपूर्वक अध्ययन कीजिए और निम्नलिखित प्रश्न का उत्तर दीजिए। यदि छात्रवृत्ति का भुगतान दान फण्ड से किया जाना है, तो इस उद्देश्य के लिए उपयोग किए गए दान फण्ड का प्रतिशत (दशमलव को दो स्थानों तक पूर्णांकित) कितना है?
स्कूलों को विभिन्न स्त्रोतों से मिलने वाला पूरा फण्ड ₹ 10 लाख के बराबर है

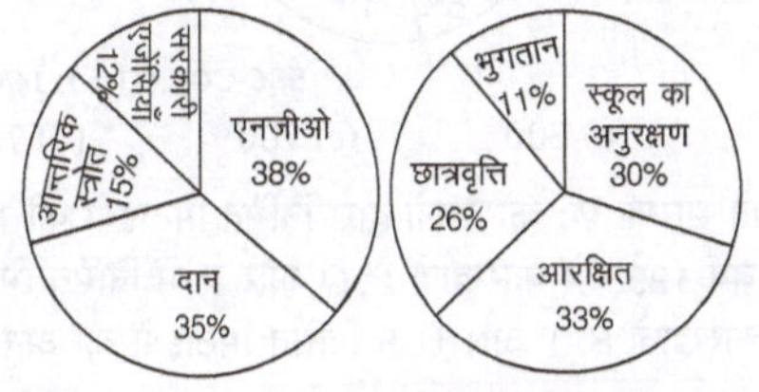

स्कूल में फण्ड के स्त्रोत   स्कूल द्वारा फण्डों का उपयोग

SSC CGL (Tier I) 17/07/2023 Shift IV

(a) 80.25% (b) 72.15%
(c) 74.29% (d) 75.25%

145. निम्नलिखित तालिका छः अलग-अलग वर्षों के दौरान पाँच अलग-अलग कम्पनियों में नौकरी पाने वाले छात्रों की संख्या (हजार में) की जानकारी देती है।

वर्ष 2014 और 2012 में सभी कम्पनियों में नौकरी पाने वाले छात्रों की संख्या के बीच अन्तर कितना है (हजार में)?

वर्ष	कम्पनी				
	A	G	Y	T	F
2010	9.6	10.4	9.3	9.8	8.7
2011	10.4	12.6	7.2	13.8	6.2
2012	12.6	9.8	10.4	14.9	9.8
2013	16.8	15.4	11.4	16.3	11.3
2014	19.3	13.4	13.4	11.8	7.8
2015	18.7	16.7	12.7	15.7	13.7

SSC CGL (Tier I) 17/07/2023 Shift III

(a) 7800 (b) 8200
(c) 7500 (d) 9000

146. नीचे दिए गए दण्ड-आरेख के सम्बन्ध में सही कथन का चयन कीजिए।

तीन राज्यों A, B और C द्वारा चावल का उत्पादन (लाख टन में)

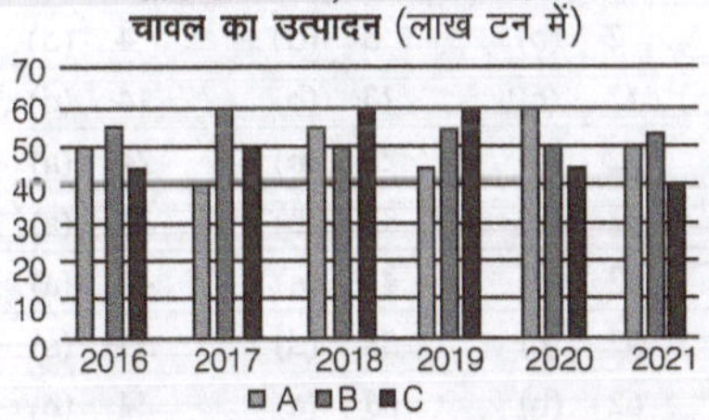

SSC CGL (Tier I) 17/07/2023 Shift I

(a) 2016 में A द्वारा चावल का उत्पादन 2020 में C द्वारा किए गए चावल उत्पादन से कम है
(b) चावल का सर्वाधिक उत्पादन वर्ष 2017 में हुआ था
(c) 2017 में B द्वारा चावल का उत्पादन 2020 में A के चावल उत्पादन के बराबर है
(d) 2018 में B ने A और C से अधिक चावल का उत्पादन किया।

147. निम्नलिखित पाई-चार्ट में एक स्टोर में पाँच कम्पनियों A, B, C, D और E के लैपटॉप की मासिक बिक्री को दर्शाया गया है।
यदि एक महीने में स्टोर द्वारा 2500 लैपटॉप बेचे गए, तो कम्पनी A के बेचे गए लैपटॉप की संख्या और कम्पनी C के बेचे गए लैपटॉप की संख्या के बीच का अन्तर क्या है?

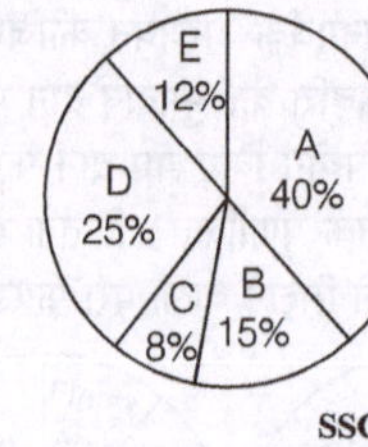

SSC CGL (Tier I) 14/07/2023 Shift IV

(a) 650 (b) 800 (c) 700 (d) 750

148. निम्नलिखित सारणी छः कारखानों द्वारा निर्मित मिठाइयों की संख्या प्रदर्शित करती है। वर्ष 1998 में कारखानों P, Q और R में निर्मित मिठाइयों और उसी वर्ष कारखानों S, T और U में निर्मित मिठाइयों का अनुपात क्या है?

वर्ष	कारखाने					
	P	Q	R	S	T	U
1996	196	145	254	169	291	220
1997	172	233	141	125	167	189
1998	178	240	150	130	177	192
1999	180	260	160	140	188	195

SSC CGL (Tier I) 14/07/2023 Shift IV

(a) 61 : 72 (b) 568 : 499 (c) 61 : 42 (d) 40 : 51

149. स्वास्थ्य पर होने वाले व्यय को दर्शाने वाले क्षेत्र के अनुरूप केन्द्रीय कोण क्या है?

विभिन्न व्ययों पर खर्च की गई राशि

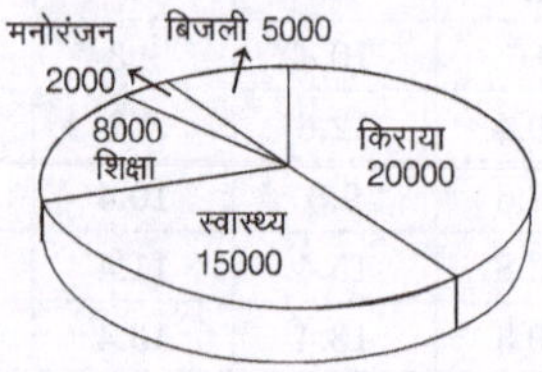

SSC CGL (Tier I) 14/07/2023 Shift III

(a) 54° (b) 72° (c) 110° (d) 108°

150. दिए गए पाई-चार्ट का अध्ययन कीजिए और नीचे दिए गए प्रश्न का उत्तर दीजिए।

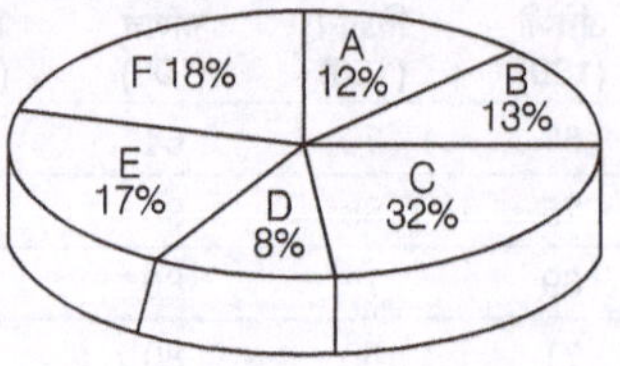

2020 में गाँव D की जनसंख्या 10,500 थी। 2020 में गाँव A की जनसंख्या कितनी थी? इन छह गाँवों की कुल जनसंख्या 100% है।

SSC CGL (Tier I) 14/07/2023 Shift II

(a) 15570 (b) 17550
(c) 15750 (d) 7875

151. निम्नलिखित बार चार्ट एक फर्म की सकल राशि (₹ लाख में) और कुल लागत (₹ लाख में) दर्शाता है।

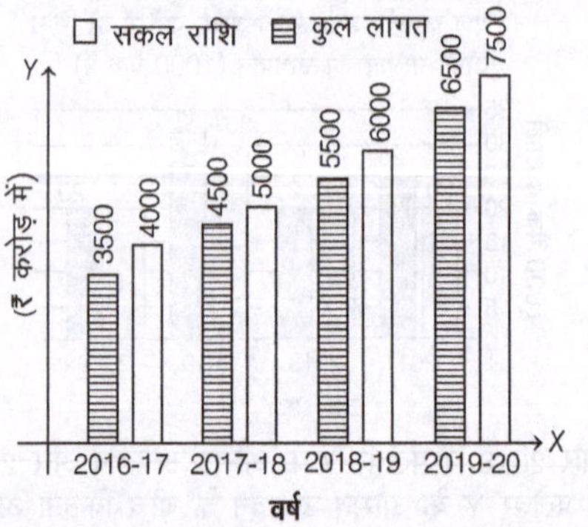

25% का लाभ अर्जित करने के लिए, 2019-2020 में सकल राशि (₹ करोड़ में) कितनी होनी चाहिए, यदि कुल लागत समान रहती है?

SSC CGL (Tier I) 14/07/2023 Shift I

(a) 8250 (b) 8125 (c) 7800 (d) 8000

सही उत्तर

1	(a)	2	(b)	3	(d)	4	(d)	5	(c)	6	(d)	7	(c)	8	(c)	9	(a)	10	(d)
11	(b)	12	(c)	13	(b)	14	(d)	15	(d)	16	(d)	17	(c)	18	(b)	19	(d)	20	(b)
21	(a)	22	(a)	23	(b)	24	(a)	25	(d)	26	(a)	27	(b)	28	(d)	29	(b)	30	(a)
31	(a)	32	(b)	33	(b)	34	(a)	35	(c)	36	(d)	37	(b)	38	(d)	39	(b)	40	(b)
41	(a)	42	(d)	43	(a)	44	(a)	45	(a)	46	(b)	47	(a)	48	(b)	49	(d)	50	(c)
51	(c)	52	(c)	53	(d)	54	(a)	55	(c)	56	(b)	57	(c)	58	(a)	59	(c)	60	(a)
61	(c)	62	(b)	63	(a)	64	(b)	65	(a)	66	(c)	67	(d)	68	(c)	69	(a)	70	(d)
71	(d)	72	(d)	73	(c)	74	(c)	75	(b)	76	(a)	77	(a)	78	(c)	79	(c)	80	(b)
81	(a)	82	(d)	83	(d)	84	(b)	85	(a)	86	(b)	87	(a)	88	(a)	89	(a)	90	(c)
91	(a)	92	(a)	93	(d)	94	(b)	95	(b)	96	(a)	97	(b)	98	(d)	99	(d)	100	(d)
101	(a)	102	(d)	103	(a)	104	(c)	105	(c)	106	(c)	107	(b)	108	(a)	109	(d)	110	(b)
111	(d)	112	(d)	113	(d)	114	(c)	115	(a)	116	(d)	117	(c)	118	(b)	119	(b)	120	(c)
121	(a)	122	(b)	123	(d)	124	(a)	125	(c)	126	(a)	127	(d)	128	(d)	129	(b)	130	(d)
131	(d)	132	(c)	133	(a)	134	(a)	135	(d)	136	(b)	137	(c)	138	(a)	139	(d)	140	(c)
141	(a)	142	(a)	143	(b)	144	(c)	145	(b)	146	(c)	147	(b)	148	(b)	149	(d)	150	(c)
151	(b)																		

उत्तर सहित हल

1. (a) दी गई जानकारी के अनुसार,

वस्तु	बिना बिकी वस्तु की संख्या
प्लेट	$(252-190)=62$
कटोरा	$(356-307)=49$
चम्मच	$(185-133)=52$
पाइप	$(220-155)=65$
होल्डर	$(458-419)=\boxed{39}$

अतः होल्डर में बिना बिक्री वस्तुओं की संख्या सबसे कम है।

2. (b) वर्ष 2006 में कुल व्यय

$=98+4.25+225+29.7+110=$ ₹ 466.95

वर्ष 2009 में कुल व्यय

$=295+145+6.25+49.6+118=$ ₹ 613.85

अभीष्ट प्रतिशत $=\frac{466.95}{613.85}\times100=76.07\%$

3. (d) सितम्बर महीने में डाइविंग लाइसेंस टेस्ट के लिए अयोग्य आवेदकों %

$=\frac{(2500-1200)}{2500}\times100=\frac{1300}{25}=52\%$

4. (d) कम्पनी D में कार्यरत पुरुष कर्मचारियों की कुल संख्या $=25\times450\times\frac{5}{9}=6250$

5. (c) मीरा के पास कुल शेयर

$=1000000\times\frac{45}{100}+20000$

$=450000+20000=470000$

6. (d) वर्ष 2018-2019 के बीच सभी कम्पनियों का कुल टर्नओवर का औसत

$=\frac{(250+350+275+200+400)}{5}$

$=\frac{1475}{5}=$ ₹ 295 करोड़

वर्ष 2019-2020 के बीच सभी कम्पनियों का कुल टर्नओवर का औसत

$=\frac{(300+250+300+300+350)}{5}$

$=\frac{1500}{5}=$ ₹ 300 करोड़

$\therefore$ अभीष्ट अन्तर $=(300-295)$

= ₹ 5 करोड़

7. (c) विद्यालय X का सेमेस्टर शुल्क $=43$

दान $=14\times3=42$

सेमेस्टर शुल्क अधिक

विद्यालय Y का सेमेस्टर शुल्क $=56$

दान $=17\times3=51$

सेमेस्टर शुल्क अधिक

विद्यालय Z का सेमेस्टर शुल्क $=39$

दान $=14\times3=42$

सेमेस्टर शुल्क कम

विद्यालय U का सेमेस्टर शुल्क $=89$

दान $=50\times3=150$

सेमेस्टर शुल्क कम

विद्यालय V का सेमेस्टर शुल्क $=59$

दान $=19\times3=57$

सेमेस्टर शुल्क अधिक

विद्यालय Z और U में सेमेस्टर शुल्क से होने वाली आय, दान के तीन गुने से कम है।

अतः विकल्प (c) सही है।

8. (c) वर्ष 2017 में सभी कम्पनियों का कुल निर्यात

$=2000+1500+1400=4900$

वर्ष 2018 में सभी कम्पनियों का कुल निर्यात

$=4000+3000+2000=9000$

वर्ष 2019 में सभी कम्पनियों का कुल निर्यात

$=2000+1500+2000=5500$

वर्ष 2020 में सभी कम्पनियों का कुल निर्यात

$=3000+3000+3000=9000$

वर्ष 2021 में सभी कम्पनियों का कुल निर्यात

$=4000+3000+3000=10000$

अतः वर्ष 2018 और 2020 में निर्यात बराबर है।

9. (a) वर्ष 2021 में स्कूल 4 में छात्रों की संख्या

$=16000\times23\%=16000\times\frac{23}{100}=3680$

वर्ष 2022 में स्कूल 4 में छात्रों की संख्या

$=18000\times22\%=18000\times\frac{22}{100}=3960$

अभीष्ट अन्तर $=3960-3680=280$

10. (d) वर्ष 2016 से 2018 के दौरान A का औसत उत्पादन

$=\frac{38000+41000+53000}{3}$

$=\frac{132000}{3}=44000$ (लाख)

वर्ष 2016 से 2018 के दौरान C का औसत उत्पादन

$=\frac{51000+57000+63000}{3}$

$=\frac{171000}{3}=57000$ (लाख)

अभीष्ट अन्तर $=57000-44000=13000$

11. (b) वर्ष 2004 से 2006 तक साइकिल B_1 की कुल बिक्री $=195+230+250=675$

वर्ष 2004 से 2006 तक साइकिल B_2 की कुल बिक्री

$=284+300+416=1000$

$\therefore$ अभीष्ट अनुपात $=675:1000=27:40$

12. (c) सभी वर्षों में स्कूल से वेतन के रूप में प्रतिवर्ष औसत आय

$=\frac{132+148+168+178+196}{5}\times1000$

$=\frac{822}{5}\times100=$ ₹164000

13. (b) बैंक A के अधिकारी संवर्ग की संख्या

$=260+310+350+400=1320$

बैंक C के अधिकारी संवर्ग की संख्या

$=205+230+340+380=1155$

अभीष्ट अनुपात $=1320:1155=8:7$

14. (d) प्रश्नानुसार,

वर्ष 2015 में S के लिए माना निर्यात $=3x$

$\therefore$ आयात $=2x$ तथा $3x=$ ₹ 51 लाख

$\Rightarrow\ 2x=\frac{51\times2x}{3x}$ ₹ 34 लाख

वर्ष 2015 में U के लिए माना निर्यात $=y$

आयात $=2y$

$\therefore\quad y=$ ₹ 70 लाख

$\Rightarrow\ 2y=\frac{70\times2}{1}=$ ₹ 140 लाख

$\therefore$ S और U का कुल आयात $=2x+2y$

$=(34+140)=$ ₹ 174 लाख

15. (d) वर्ष 2015 से 2017 तक कम्पनी द्वारा उत्पादित A प्रकार की कारों की कुल संख्या

$=840+900+760=2500$

वर्ष 2016 से 2018 तक कम्पनी द्वारा उत्पादित C प्रकार की कारों की कुल संख्या

$=960+1000+1200=3160$

तब, कमी $=3160-2500=660$

$\therefore$ अभीष्ट कमी प्रतिशत $=\frac{660\times100}{3160}$

$=20.886\%\approx21\%$

16. (d) औसत आयात

$=\frac{(5325+4521+6231+8542+7456+6523+5544)}{7}$

$=\frac{44142}{7}=6306$ हजार टन

17. (c) वर्ष (2018 – 2023) तक,

B का कुल उत्पादन का औसत

$=\frac{23+37+28+32+34+26}{6}$

$=\frac{180}{6}=30$ लाख

D का कुल उत्पादन का औसत

$=\frac{35+37+42+32+36+28}{6}$

$=\frac{210}{6}=35$ लाख

$\therefore$ अभीष्ट अन्तर $=(35-30)=5$ लाख

18. (b) प्रिन्टर P द्वारा मुद्रित पृष्ठों की संख्या

$=100+120+180=400$

प्रिन्टर Q द्वारा मुद्रित पृष्ठों की संख्या

$=130+145+85=360$

अभीष्ट अनुपात $=400:360=10:9$

19. (d) कुल निर्यात

$=720+680+500+450+850$

$=3200$ मिलियन डॉलर

अतः अभीष्ट प्रतिशत $=\frac{500}{3200}\times100=15.63\%$

20. (b) 'ड्राइंग' का निरूपण करने वाले वृत्त खण्ड का केन्द्रीय कोण $=\frac{360°}{100}\times19=68.4°$

21. (a) रक्त वर्ग 'A', 'O' तथा 'AB' के औसत दाता

$=\frac{240\times(90+80+70)}{3\times360}=\frac{160}{3}$

तथा रक्त वर्ग 'B' के दाता $=\frac{240\times120}{360}=80$

अतः अभीष्ट अनुपात $=\frac{160}{3}:80=2:3$

22. (a) कक्षा में छात्रों की कुल संख्या

$=20+10+10=40$

तथा कुल प्राप्त अंक

$=20\times1+2\times15+5\times20+10\times12$

$=20+30+100+120=270$

अतः अभीष्ट औसत $=\frac{270}{40}=6.75$

23. (b) दिन में 3 बार से अधिक चाय पीने वाले व्यक्तियों की कुल संख्या

$= 1732 + 1842 + 6045 + 2741 = 12360$

बिल्कुल भी चाय न पीने वाले व्यक्तियों की कुल संख्या

$= 317 + 127 + 223 + 293 = 960$

अतः अभीष्ट अनुपात $= 12360 : 960 = 103 : 8$

24. (a) वर्ष 2021 में प्रत्येक विज्ञापन पर खर्च की गई कुल राशि

$= \frac{760000}{19} + \frac{480000}{24} + \frac{440000}{22}$

$= 40000 + 20000 + 20000 =$ ₹ 80000

वर्ष 2018 में प्रत्येक विज्ञापन पर खर्च की गई कुल राशि

$= \frac{350000}{10} + \frac{360000}{12} + \frac{210000}{15}$

$= 35000 + 30000 + 14000 =$ ₹ 79000

अतः अभीष्ट अनुपात $= 80000 : 79000 = 80 : 79$

25. (d) अभीष्ट अन्तर $= \frac{40 \times 60}{100} - \frac{35 \times 48}{100}$

$= 24 - 16.8 =$ ₹ 7.2 करोड़

26. (a) बिजली पर हुआ अधिक व्यय

$= 250000 \times \frac{11}{100} \times \frac{10}{100} =$ ₹ 2750

तथा किराए पर हुआ कम व्यय

$= 250000 \times \frac{18}{100} \times \frac{20}{100} =$ ₹ 9000

अतः कुल वास्तविक व्यय

$= 250000 + 2750 - 9000$

$= 250000 - 6250 =$ ₹ 243750

27. (b) वर्ष 2019 में कुल दैनिक खपत

$= 450 + 55 + 160 + 280 = 945$ ग्राम

वर्ष 2022 में कुल दैनिक खपत

$= 350 + 70 + 125 + 400 = 945$ ग्राम

अतः वर्ष 2019 तथा 2022 की दैनिक खपत बराबर है।

28. (d) कक्षा XII में छात्रों की कुल संख्या = 150

शाकाहारी छात्रों की संख्या = 105

माँसाहारी छात्रों की संख्या $= 150 - 105 = 45$

अतः माँसाहारी छात्रों का प्रतिशत $= \frac{45}{150} \times 100 = 30\%$

29. (b) वर्ष 2010 से 2013 तक विश्वविद्यालय में दाखिला लेने वाले विद्यार्थियों की औसत संख्या

$= \frac{450 + 540 + 370 + 680}{4} = \frac{2040}{4} = 510$

30. (a) जुलाई में बिजली के बल्बों का उत्पादन = 550

अक्टूबर में बिजली के बल्बों का उत्पादन = 375

अभीष्ट प्रतिशत कमी $= \frac{550 - 375}{550} \times 100$

$= \frac{175}{550} \times 100 = 31.82\%$

31. (a) उपर्युक्त बार-चार्ट से स्पष्ट होता है कि 0 वर्षों में ईंधन की कीमतों में कोई वृद्धि नहीं हुई।

32. (b) दिया है, रायल्टी पर व्यय = 15% = ₹43500

परिवहन, बाइण्डिंग और प्रिण्टिंग पर संयुक्त व्यय

$= 10\% + 16\% + 25\% = 51\%$

$= \frac{43500}{15} \times 51$

=₹147900

33. (b) सप्ताह के सभी दिनों में जॉगिंग की कुल दूरी (किमी)

$= 6 + 5.5 + 5.5 + 7 + 5 + 3.5 + 7.5 = 40$ किमी

अतः बर्न की गई कुल कैलौरी

$= \frac{40}{6} \times 300 = 2000$ कैलौरी

34. (a) सोमवार, मंगलवार और बुधवार को उपस्थित छात्रों का औसत $= \frac{25 + 30 + 20}{3} = \frac{75}{3} = 25$

35. (c) पाँच वर्षों में संयन्त्र 1 का औसत उत्पादन

$= \frac{35 + 43 + 48 + 32 + 42}{5} = \frac{200}{5} = 40$ हजार

पाँच वर्षों में संयन्त्र 2 का औसत उत्पादन

$= \frac{25 + 44 + 39 + 40 + 44}{5} = \frac{192}{5} = 38.4$ हजार

$\therefore$ अभीष्ट अन्तर $= 40 \times 1000 - 38.4 \times 1000 = 1600$

36. (d) प्रश्नानुसार,

$60° \longrightarrow 72$

$\therefore (85° + 48° + 45° + 52°)$

$\rightarrow \frac{72}{60} \times 230 = 276$ लाख

$\therefore$ अभीष्ट औसत $= \frac{276}{4} = 69$ लाख

37. (b) माना राज्य Z में वर्ष 2008 में उपस्थित होने वाले उम्मीदवारों की संख्या $= x$

$\therefore$ राज्य Z में वर्ष 2009 में उपस्थित होने वाले उम्मीदवारों की संख्या $= x \times \frac{200}{100} = 2x$

प्रश्नानुसार, $x \times \frac{70}{100} + 2x \times \frac{80}{100} = 552$

$\Rightarrow \frac{7x}{10} + \frac{16x}{10} = 552$

$\Rightarrow 23x = 552 \times 10$

$\therefore x = \frac{552 \times 10}{23} = 240$

$\therefore$ वर्ष 2009 में राज्य Z से उपस्थित उम्मीदवारों की संख्या $= 2 \times 240 = 480$

38. (d) वर्ष 1997 में डिपार्ट मेण्टल स्टोर का कुल लाभ $= (135 + 115 + 90 + 70) =$ ₹ 410 लाख

वर्ष 2000 में डिपार्ट मेण्टल स्टोर का कुल लाभ

$= (150 + 180 + 210 + 230) =$ ₹ 770 लाख

$\therefore$ अभीष्ट प्रतिशत $= \frac{(770 - 410)}{410} \times 100$

$= \frac{360}{410} \times 100\% = 87\frac{33}{41}\%$

39. (b) कक्षा 8 में प्रवेश किए गए विद्यार्थी की कुल प्रतिशत = 15%

प्रश्नानुसार, $15\% \equiv 600$

$(25 - 18)\% \equiv \frac{600}{15} \times 7 = 280$

$\therefore$ अभीष्ट विद्यार्थियों की संख्या = 280

40. (b) अधिकतम और न्यूनतम बिक्री का माध्य

$= \frac{584 + 205}{2} = 394.5$

41. (a) छात्र C द्वारा प्राप्त कुल अंक

$= 80 + 80 + 70 + 60 + 70 + 60$

$= 420$

$\therefore$ अभीष्ट प्रतिशत $= \frac{420}{6 \times 100} \times 100 = 70\%$

42. (d) गुंजा द्वारा सभी चार विषयों में प्राप्त कुल अंक

$= (112 + 119 + 99 + 97) = 427$

अभीष्ट प्रतिशत $= \frac{427}{4 \times 175} \times 100 = \frac{427}{700} \times 100$

$= 61\%$

43. (a) दोनों सत्रों की कुल बिक्री

$= (25 + 24 + 18 + 35 + 26 + 22) \times 1000 = 150000$

जून और जुलाई के महीनों की कुल बिक्री $= (24 + 18) \times 1000 = 42000$

$\therefore$ अभीष्ट प्रतिशत $= \frac{42000}{150000} \times 100 = 28\%$

44. (a) महिलाओं की अभीष्ट संख्या

$= 600 \times \frac{25}{100} + 700 \times \frac{30}{100} + \frac{850 \times 40}{100}$

$= 150 + 210 + 340 = 700$

45. (a) कम्पनी D द्वारा उत्पादित स्कूटरों की औसत संख्या

$= \frac{520 + 980 + 1090 + 1660}{4} = \frac{4250}{4}$

$= 1062.5$ हजार

कम्पनी A, B और C द्वारा उत्पादित स्कूटरों की संयुक्त औसत संख्या

$= \frac{360 + 580 + 1000 + 1240 + 420 + 940 + 780 + 950 + 380 + 570 + 1020 + 1180}{12}$

$= \frac{9420}{12} = 785$ हजार

अतः अभीष्ट प्रतिशत $= \frac{1062.5 - 785}{785} \times 100$

$= \frac{277.5}{785} \times 100 = 35.35\%$

46. (b) बोनस के लिए भुगतान की गई राशि

$= 3 + 4.25 + 4.50 + 4.85 + 4.90 = 21.5$ लाख

तथा ईंधन और परिवहन के लिए भुगतान की गई राशि

$= 110 + 145 + 120 + 168 + 190 = 733$ लाख

अतः अभीष्ट प्रतिशत $= \frac{21.5}{733} \times 100 = 2.93\%$

47. (a) 2019 में वृद्धि दर $= \frac{10800}{9000} \times 100 = 120\%$

अतः 'X' का मान $= \frac{10800 \times 120}{100} = 12960$

48. (b) बैडमिण्टन, टेनिस और रग्बी पर कुल खर्च

$= 45 + 65 + 25 = 135°$

तथा क्रिकेट, तैराकी और हॉकी पर कुल खर्च

$= 100 + 60 + 30 = 190°$

अतः अभीष्ट प्रतिशत कमी $= \frac{190 - 135}{190} \times 100$

$= \frac{55}{190} \times 100 = 28.95\%$

49. (d) मेडिकल का चयन करने वाले लड़कों का प्रतिशत $= \frac{80}{80 + 120} \times 100 = \frac{80}{200} \times 100 = 40\%$

50. (c) परिवहन और करों पर व्यय के बीच अन्तर

$= 12.5 - 10 = 2.5\%$

अतः अभीष्ट राशि $= \frac{2.1}{15} \times 2.5$

$= 0.35$ करोड़ = ₹ 35 लाख

51. (c) अभीष्ट अन्तर

$= (190 + 204 + 212) - (192 + 205 + 203)$

$= 606 - 600 = 6$

52. (c) परिवहन पर औसत व्यय

$= \frac{38 + 45 + 57 + 63}{4} = \frac{203}{4} = 50.75$

53. (d) 2018 में विद्यार्थी = 140

2019 में विद्यार्थी = 180

∴ विद्यार्थी की संख्या में वृद्धि = 180 − 140 = 40

∴ अभीष्ट वृद्धि % = $\frac{40}{140}\times 100\%$

$= \frac{4000}{140}\% = 28.57\%$

54. (a) कम्पनी C के लिए,

शेयरों के निम्न दरों का औसत

$= \frac{175+180+185}{3} = \frac{540}{3} = 180$

∴ हैदराबाद में, कम्पनी के शेयरों की निम्न दर औसत से कम है।

55. (c) वर्ष 2016 से 2020 तक

निर्माता Q द्वारा बेची गई मोटर बाइक की कुल संख्या

$= 280+290+310+310+330 = 1520$

तथा निर्माता S द्वारा बेची गई मोटर बाइक की कुल संख्या

$= 400+420+430+440+450 = 2140$

∴ अभीष्ट अनुपात = 1520 : 2140 = 76 : 107

56. (b) A प्रकार की कारों का औसत उत्पादन

$= \frac{157+194+271+290}{4}$

$= \frac{912}{4} = 228$

इस प्रकार C प्रकार की कारों का उत्पादन 2 वर्षों (2016, 2017) में, A प्रकार की बाइक के औसत उत्पादन से कम है।

57. (c) 2021 तथा 2022 में कारों का कुल लक्षित उत्पादन = 70 + 80 = 150

2019 तथा 2022 तक कारों का कुल वास्तविक उत्पादन

= 36 + 32 + 59 + 65 = 192

∴ अभीष्ट अनुपात = 150 : 192 = 25 : 32

58. (a) कम्पनी C का कुल उत्पादन

= (8 + 9 + 6) = 23

कम्पनी A का कुल उत्पादन = (9 + 6 + 8) = 23

∴ अभीष्ट प्रतिशत = $\frac{23}{23}\times 100 = 100\%$

59. (c) दुकानदार द्वारा कमाए गए कुल लाभ

$= 20000\times\frac{10}{100} + 72000\times\frac{20}{100} + 300\times\frac{12}{100}$

= 2000 + 14400 + 36

= ₹ 16436

60. (a) वर्ष 2022 में कम्पनी द्वारा निर्मित कारों की औसत संख्या

$= \frac{3551+3020+2600}{3} = \frac{9171}{3} = 3057$

61. (c) माना राज्य A की कुल जनसंख्या = x

∴ $x\times\frac{55}{100}\times\frac{5}{11} = 500000$

$x = \frac{500000\times 100\times 11}{55\times 5} = 2000000$

∴ राज्य A की जनसंख्या = 2000000

62. (b) अभीष्ट संख्या

$= 14700\times\frac{19}{100}\times\frac{2}{7} + 14700\times\frac{15}{100}\times\frac{1}{7}$

= 798 + 315 = 1113

63. (a) स्वयंसेवकों की कुल संख्या

= 40 + 30 + 25 + 35 + 20 + 30 + 45 + 25 = 250

64. (b) भौतिक विज्ञान में पढ़ने वाले कुल विद्यार्थी

= 420 + 435 + 412 + 285 = 1552

गणित में पढ़ने वाले कुल विद्यार्थी

= 256 + 310 + 295 + 345 = 1206

∴ अभीष्ट अनुपात = 1552:1206 = 776:603

65. (a) विद्यार्थी द्वारा प्राप्त अंकों का प्रतिशत

$= \frac{93+90+90+95+78}{500}\times 100$

$= \frac{446}{500}\times 100 = 89.2\%$

66. (c) सन्तरों और सेबों के संयुक्त केन्द्रीय कोण

$= \frac{(20+30)}{100}\times 360 = \frac{50}{100}\times 360 = 180°$

67. (d) अगस्त 2012 से अक्टूबर 2012 की अवधि में सूखे मेवे, चीनी और चावल की कुल बिक्री

= (27 + 32 + 25) + (48 + 42 + 47) + (42 + 23 + 27)

= 84 + 137 + 92 = ₹ 313 लाख

चाय, दालों और आटे की संयुक्त बिक्री

= (24 + 15 + 30) + (45 + 34 + 42) + (55 + 33 + 49)

= 69 + 121 + 137 = ₹ 327 लाख

अभीष्ट प्रतिशत = $\frac{313}{327}\times 100 = 95.71\% \approx 96\%$

68. (c) उत्पादन विभाग में कर्मचारियों की संख्या

$= 1600\times\frac{30}{100} = 480$

सभी विभागों में महिला कर्मचारियों की संख्या

$= 1600\times\frac{8}{100}\times\frac{5}{8} + 1600\times\frac{15}{100}\times\frac{3}{5} + 1600\times\frac{25}{100}\times\frac{7}{10} + 1600\times\frac{22}{100}\times\frac{4}{11} + 1600\times\frac{30}{100}\times\frac{3}{8}$

= 80 + 144 + 280 + 128 + 180 = 812

अभीष्ट प्रतिशत = $\frac{480}{812}\times 100 = 59.1\%$

69. (a) वर्ष 2018 में मुद्रणालय B द्वारा प्रकाशित पाठ्यपुस्तकों की संख्या = 12 (हजार)

वर्ष 2020 में मुद्रणालय C द्वारा प्रकाशित पाठ्य पुस्तकों की संख्या = 9 (हजार)

अभीष्ट अनुपात = 12:9 = 4:3

70. (d) 2012 से 2014 के दौरान कम्पनी A द्वारा उत्पादित कारों का औसत

$= \frac{1750+1800+2950}{3}$

$= \frac{6500}{3}$

2013 से 2015 के दौरान कम्पनी B और C द्वारा उत्पादित कारों का औसत

$= \frac{2950+3020+3240+2070+3150+3290}{6}$

$= \frac{17720}{6}$

अभीष्ट प्रतिशत = $\frac{\frac{17720}{6}-\frac{6500}{3}}{\frac{17720}{6}}\times 100$

$= \frac{4720}{17720}\times 100 = 26.6\%$

71. (d) अभीष्ट अनुपात = $\frac{108}{45} = \frac{12}{5} = 12:5$

72. (d) कम्पनी में कुल कर्मचारियों की संख्या

= 20000

∴ विभाग D में कुल कर्मचारियों की संख्या

$= 20000\times\frac{30}{100} = 6000$

∴ विभाग D में पुरुष कर्मचारियों की संख्या

$= 6000\times\frac{(100-30)}{100}$

$= 6000\times\frac{70}{100} = 4200$

73. (c) अंग्रेजी के अध्ययन में दिए गए समय का प्रतिशत = 15%

⇒ 15 ≡ 3 घण्टे

$1 \equiv \frac{3}{15} \Rightarrow 35 \equiv \frac{3}{15}\times 35 = 7$ घण्टे

∴ विद्यार्थी द्वारा गणित के पढ़ने में दिया गया समय

= 7 घण्टे

74. (c) मई में कम्पनी Q और S द्वारा बेचे गए साबुनों की संख्या = 1540 + 1736 = 3276

जुलाई में कम्पनी P द्वारा बेचे गए साबुनों की संख्या

= 1820

∴ वृद्धि प्रतिशत = $\frac{(3276-1820)}{1820}\times 100$

$= \frac{1456}{1820}\times 100 = 80\%$

75. (b) सफल स्टार्ट-अप की कुल संख्या = 2910

∴ शिक्षा और कृषि के क्षेत्रों में कुल स्टार्ट-अप की संख्या = 2910 × (24 + 12)%

$= 2910\times\frac{36}{100}$

= 1047.6 ≈ 1047

76. (a) अभीष्ट अनुपात = 17652 : 16404

= 1471 : 1367

77. (a) मासिक आय = ₹ 75000

किराए और शिक्षा पर व्यय

= 75000 × (30 + 25)%

$= 75000\times\frac{55}{100}$ = ₹ 41250

78. (c) अक्टूबर में पत्रिका = 200189

दिसम्बर में पत्रिका = 211885

वृद्धि = 211885 − 200189 = 11696

∴ वृद्धि % = $\frac{11696\times 100}{200189} = 5.842\%$

अत: औसत वृद्धि % = $\frac{5.842\%}{2} = 2.92\%$

79. (c) वर्ष 2016 से 2019 के दौरान निर्माता M_2 की कुल बिक्री = (160 + 170 + 180 + 190) × 100

= 70000

M_4 की कुल बिक्री (2016 से 2019 तक)

= (200 + 210 + 220 + 230) × 100 = 86000

अभीष्ट अन्तर = 86000 − 70000 = 16000

80. (b) अंग्रेजी में प्राप्त अंक = $\frac{73}{100}\times 100 = 73\%$

आईटी में प्राप्त अंक = $\frac{45}{60}\times 100 = 75\%$

गणित में प्राप्त अंक = $\frac{90}{125}\times 100 = 72\%$

हिन्दी में प्राप्त अंक = $\frac{56}{80}\times 100 = 70\%$

∴ आईटी में सबसे अधिक प्रतिशत अंक प्राप्त किए।

81. (a) ब्राण्ड B के प्लास्टिक के कुल बल्ले

$= 100000 \times \left(\frac{35}{100} \times \frac{7}{10} + \frac{30}{100} \times \frac{8}{15} + \frac{40 \times 6}{100 \times 25} + \frac{30}{100} \times \frac{8}{15} + \frac{50}{100} \times \frac{3}{5}\right)$

$= 1000 \times (24.5 + 16 + 9.6 + 16 + 30)$

$= 1000 \times 96.1 = 96100$

82. (d) कम्पनी A और C का चार वर्षों का औसत उत्पादन

$= \frac{60 + 50 + 90 + 190 + 140 + 180 + 220 + 250}{8} = \frac{1180}{8}$

कम्पनी B और D का चार वर्षों का औसत उत्पादन

$= \frac{70 + 120 + 100 + 170 + 150 + 200 + 210 + 260}{8} = \frac{1280}{8}$

$\therefore$ अभीष्ट प्रतिशत $= \frac{\frac{1280}{8} - \frac{1180}{8}}{\frac{1280}{8}} \times 100$

$= \frac{100 \times 100}{1280} = 7.81\%$

$\therefore$ कम्पनी A और C का चार वर्षों का औसत उत्पादन, कम्पनी B और D के चार वर्षों के उत्पादन से 7.81% कम है।

83. (d) बीकॉम में लड़कियाँ

$= 7000 \times \frac{20}{100} \times \frac{60}{100} = 840$

बी.एस.सी. कम्प्यूटर विज्ञान में लड़कियाँ

$= 7000 \times \frac{25}{100} \times \frac{60}{100} = 1050$

अभीष्ट प्रतिशत $= \frac{(840 + 1050)}{7000} \times 100 = 27\%$

84. (b) भुगतान की गई कुल एरियर की राशि

$= 4500 + 4800 + 4900 + 5300 + 5600 =$ ₹ 25100

तथा भुगतान की गई कुल बोनस की राशि

$= 2300 + 2100 + 2500 + 2700 + 2800$

$=$ ₹ 12400

अतः अभीष्ट प्रतिशत $= \frac{25100}{12400} \times 100 = 202.42\%$

85. (a) वर्ष 2016 में वृद्धि दर

$= \frac{100.6 - 83.8}{83.8} \times 100$

$= \frac{16.8 \times 100}{83.8} = 20.04\%$

वर्ष 2015 में वृद्धि दर $= \frac{83.8 - 72.6}{72.6} \times 100$

$= \frac{11.2}{72.6} \times 100 = 15.42\%$

वर्ष 2019 में वृद्धि दर $= \frac{134.6 - 128.4}{128.4} \times 100$

$= \frac{6.2 \times 100}{128.4} = 4.82\%$

वर्ष 2018 में वृद्धि दर $= \frac{128.4 - 112.8}{112.8} \times 100$

$= \frac{15.6 \times 100}{112.8} = 13.8\%$

अतः पिछले वर्ष की तुलना में वर्ष 2016 में वृद्धि दर सबसे अधिक है।

86. (b) एक दिन में स्कूल में बिताए गए घण्टों का प्रतिशत $= \frac{6}{24} \times 100 = 25\%$

87. (a) प्रश्नानुसार, $10x + 20 \times 6 = 180$

$x = \frac{180 - 120}{10} = 6$

88. (a) विषय B_1 की पुस्तकों की संख्या = 120

तथा प्रति विषय पुस्तकों की औसत संख्या

$= \frac{120 + 150 + 150 + 120 + 120}{5} = \frac{660}{5} = 132$

अतः अभीष्ट अनुपात $= 120 : 132 = 10 : 11$

89. (a) सभी वर्षों में बाइक का औसत उत्पादन

$= \frac{35 + 50 + 70 + 90 + 40 + 60 + 30}{7}$

= 53.57 हजार

अतः 3 वर्षों अर्थात् 2010, 2011 तथा 2013 में बाइकों का उत्पादन, औसत उत्पादन से अधिक था।

90. (c) वर्ष 2015 से 2018 तक सभी वर्षों के लिए, B प्रकार की कारों का औसत उत्पादन

$= \frac{680 + 750 + 620 + 540}{4} = 647.5$ हजार

तथा A प्रकार और C प्रकार की कारों का संयुक्त औसत उत्पादन

$= \frac{840 + 900 + 760 + 800 + 890 + 960 + 1000 + 1200}{8}$

= 918.75 हजार

अतः अभीष्ट अन्तर = 918.75 − 647.5 = 271.25 हजार

91. (a) 2014 में स्कूल A, B और C की औसत बिक्री $= \frac{70 + 35 + 80}{3} = \frac{185}{3}$ हजार

तथा 2013 में स्कूल A, C और F की औसत बिक्री

$= \frac{50 + 60 + 40}{3} = \frac{150}{3}$ हजार

अतः अभीष्ट प्रतिशत $= \frac{\frac{150}{3}}{\frac{185}{3}} \times 100 = 81.08\%$

92. (a) गणित में पुरुष शोधार्थियों की संख्या

$= 18 - 4 = 14$

सांख्यिकी में पुरुष शोधार्थियों की संख्या $= 12 - 3 = 9$

अतः अभीष्ट अनुपात $= 14 : 9$

93. (d) कम्पनी C_1 के टी-शर्ट का औसत उत्पादन

$= \frac{243 + 248 + 232 + 242}{4} = 241.25$

कम्पनी C_2 के टी-शर्ट का औसत उत्पादन

$= \frac{244 + 239 + 240 + 244}{4} = 241.75$

कम्पनी C_3 के टी-शर्ट का औसत उत्पादन

$= \frac{244 + 236 + 235 + 230}{4} = 236.25$

कम्पनी C_4 के टी-शर्ट का औसत उत्पादन

$= \frac{240 + 230 + 248 + 242}{4} = 240$

अतः कम्पनी C_2 का औसत उत्पादन सर्वाधिक है।

94. (b) शनिवार को सभी प्रिण्टरों द्वारा मिलाकर मुद्रित पृष्ठों की कुल संख्या

$= 8540 + 11230 + 6580 + 7890 = 34240$

$\therefore$ बुधवार को सभी प्रिण्टरों द्वारा मिलाकर मुद्रित पृष्ठों की कुल संख्या $= 34240 \times \frac{115}{100} = 39376$

95. (b) वर्ष 1999 में हेलमेट C की बिक्री = 54

वर्ष 2002 में हेलमेट C की बिक्री = 68

$\therefore$ प्रतिशत वृद्धि $= \frac{(68 - 54)}{54} \times 100$

$= \frac{14}{54} \times 100 = 25.93\%$

96. (a) अभीष्ट प्रतिशत $= \frac{10500}{11500} \times 100\%$

$= 91.30\%$

97. (b) राम के इतिहास में अंक $= 175 \times \frac{54}{100}$

= 94.5 अंक

मोहन के इतिहास में अंक $= 175 \times \frac{51}{100} = 89.25$ अंक

श्याम के इतिहास में अंक $= 175 \times \frac{75}{100} = 131.25$ अंक

$\because$ केवल श्याम ने न्यूनतम अंक 105 से अधिक प्राप्त किए हैं। अतः 1 विद्यार्थी परीक्षा में उत्तीर्ण हुआ।

98. (d) दी गई तालिका से

केन्द्र में अनुपस्थित उम्मीदवारों की संख्या

= कुल − उपस्थित

वर्ष	P	Q	R	कुल अनुपस्थित
2016	3	11	5	19
2017	5	20	5	30
2018	4	20	10	34
2019	11	12	8	31
2020	11	14	5	30

अतः सभी केन्द्रों में अनुपस्थित रहने वालों की संख्या दूसरी सबसे अधिक वर्ष 2019 में थी।

99. (d) गणित में अधिकतम अंक के $= 150 \times 100\%$

$= 150 \times \frac{100}{100} = 150$

रसायन विज्ञान में अधिकतम अंक $= 130 \times \frac{80}{100} = 104$

भौतिकी में अधिकतम अंक $= 120 \times \frac{90}{100} = 108$

भूगोल में अधिकतम अंक $= 100 \times \frac{95}{100} = 95$

इतिहास में अधिकतम अंक $= 60 \times \frac{90}{100} = 54$

कम्प्यूटर में अधिकतम अंक $= 40 \times \frac{90}{100} = 36$

$\therefore$ कुल प्रतिशत अंक

$= \frac{150 + 104 + 108 + 95 + 54 + 36}{150 + 130 + 120 + 100 + 60 + 40} \times 100$

$= \frac{547}{600} \times 100 = 91\frac{1}{6}\%$

100. (d) तरुण को प्राप्त अंक सभी विषय में

$= 65 + 80 + 75 + 85 + 90 = 395$

तरुण के अंकों का प्रतिशत $= \frac{395}{500} \times 100 = 79\%$

इसी प्रकार, रोहित के अंकों का प्रतिशत

$= \frac{(69 + 76 + 80 + 88 + 94)}{500} \times 100$

$= \frac{407}{500} \times 100 = 81.4\%$

मोहित के अंकों का प्रतिशत

$= \frac{(73 + 84 + 77 + 90 + 95)}{500} \times 100$

$= \frac{419}{500} \times 100 = 83.8\%$

सुमित के अंकों का प्रतिशत

$= \frac{(90+88+78+82+68)}{500} \times 100$

$= \frac{406}{500} \times 100 = 81.2\%$

अत: सभी विषयों को मिलाकर 79% अंक तरुण ने प्राप्त किए।

101. (a) सेक्सन C में अनुत्तीर्ण छात्रों की संख्या

$= 1800 \times \frac{100}{360} - 800 \times \frac{25}{100} = 500 - 200 = 300$

102. (d) आवास और परिवहन पर कुल व्यय

$= 45000 \times \frac{(25+10)}{100} = 450 \times 35 = ₹15750$

103. (a) फ्लिपकार्ट 2019 और 2020 में शामिल होने वाले डिलीवरी भागीदारों की संख्या = 5.6 + 6.4 = 12

तथा जोमेटो 2019 और 2020 में शामिल होने वाले डिलीवरी भागीदारों की संख्या = 2.7 + 3.3 = 6

$\therefore$ अभीष्ट अनुपात $= \frac{12}{6} = \frac{2}{1} = 2:1$

104. (c) 1974 में आयात = 6000 हजार टन

1971 में आयात = 1600 हजार टन

अब, $\frac{6000}{1600} = 3.75$

अत: 1974 में आयात, 1971 में आयात का 3.75 गुना था।

105. (c) कक्षा VII में छात्रों की कुल संख्या

= 65 + 58 = 123

कक्षा VIII में छात्रों की कुल संख्या = 59 + 57 = 116

कक्षा IX में छात्रों की कुल संख्या = 60 + 62 = 122

कक्षा X में छात्रों की कुल संख्या = 61 + 59 = 120

अत: कक्षा VII में छात्रों की संख्या सबसे अधिक है।

106. (c) 40 से अधिक अंक प्राप्त करने वाले विद्यार्थियों की संख्या = 10 − 8 = 2

107. (b) अभीष्ट प्रतिशत वृद्धि

$= \frac{65-20}{20} \times 100 = 45 \times 5 = 225\%$

108. (a) सभी वर्षों के दौरान कॉलेज 'B' में नामांकित छात्रों की कुल संख्या

= 550 + 450 + 600 + 650 + 700 = 2950

सभी वर्षों के दौरान कॉलेज 'B' से उत्तीर्ण छात्रों की कुल संख्या = 530 + 420 + 550 + 620 + 680 = 2800

अभीष्ट प्रतिशत $= \frac{2800}{2950} \times 100$

$= 94.9152\% \approx 94.92\%$

109. (d) अभीष्ट प्रतिशत $= \frac{22+14+20}{44} \times 100$

$= \frac{56}{44} \times 100 = 127.27\%$

110. (b) विभाग '1' में कर्मचारियों की संख्या का अन्तर

$= 1600 \times \frac{21}{100} - 1200 \times \frac{24}{100}$

$= 336 - 288 = 48$

विभाग '2' में कर्मचारियों की संख्या का अन्तर

$= 1600 \times \frac{22}{100} - 1200 \times \frac{21}{100}$

$= 352 - 252 = 100$

विभाग '4' में कर्मचारियों की संख्या का अन्तर

$= 1600 \times \frac{19}{100} - 1200 \times \frac{19}{100}$

$= 304 - 228 = 76$

विभाग '5' में कर्मचारियों की संख्या का अन्तर

$= 1600 \times \frac{20}{100} - 1200 \times \frac{16}{100} = 320 - 192 = 128$

स्पष्टत: विभाग '5' में कर्मचारियों की संख्या में 2020 की तुलना में 2021 में अन्तर अधिकतम है।

111. (d) राज्य B और राज्य C में गरीबी रेखा से नीचे की महिलाओं की संख्या

$= 6000 \times \frac{13}{100} \times \frac{5}{8+5} + 6000 \times \frac{26}{100} \times \frac{4}{9+4}$

$= 60\left(13 \times \frac{5}{13} + 26 \times \frac{4}{13}\right)$

$= 60(5+8) = 60 \times 13 = 780$

112. (d) 1992-1995 के वर्षों के दौरान FDI का औसत

$= \frac{5.7 + 10.15 + 12.16 + 10.22}{4} = \frac{38.23}{4} = 9.55$

≈ 10 मिलियन यूरो

113. (d) प्रति वर्ष वेतन की कुल राशि

(वर्ष 2018 + 2019 + 2020 + 2021 में)

= 200 + 250 + 300 + 350 (हजार रुपये)

= ₹ 1100 (हजार रुपये)

$\therefore$ प्रति वर्ष वेतन की औसत राशि

$= \frac{1100}{4} \times 1000 = ₹\ 275000$

114. (c) जिला C और जिला D में कम्पनी में कार्यरत् महिला कर्मचारियों की संख्या

$= 136000 \times \frac{(30+15)}{100} = 1360 \times 45 = 61200$

115. (a) 19000-22000 आय (₹ में) सीमा वाले परिवारों की संख्या = 50 − 33 = 17

116. (d) दोनों वर्षों में छठी शाखा की कुल बिक्री

= 70 + 80 = 150

और दोनों वर्षों में तीसरी शाखा की कुल बिक्री

= 110 + 95 = 205

$\therefore$ अभीष्ट प्रतिशत $= \frac{150}{205} \times 100 = 73.17\%$

117. (c) कुल अंक = 1800

सामाजिक विज्ञान में प्राप्त अंक $= \frac{1800}{360°} \times 72° = 360$

118. (b) कुल फण्ड = ₹ 1000000

भुगतान पर उपयोग $= 1000000 \times \frac{11}{100} = ₹\ 110000$

119. (b) माधुरी के पास कंचों की संख्या

$= \frac{36 \times 180°}{(360°)} = 18$ कंचे

120. (c) तीनों कम्पनियों की मिलाकर औसत माँग और उत्पादन के बीच अन्तर $= \left(\frac{3800 + 4532 + 5318}{3}\right) - \left(\frac{3620 + 2829 + 2833}{3}\right)$

$= \frac{13650}{3} - \frac{9282}{3} = 4550 - 3094 = 1456$

121. (a) स्कूल Q और R को मिलाकर IX में पढ़ने वाले छात्रों की संख्या = 157 + 143 = 300

तथा स्कूल S और T को मिलाकर कक्षा VI में पढ़ने वाले छात्रों की संख्या = 142 + 144 = 286

$\therefore$ अभीष्ट अनुपात = 300 : 286 = 150 : 143

122. (b) दो कक्षाओं में विद्यार्थियों की संख्या में अधिकतम अन्तर = (68 − 44) = 24

तथा कक्षा 7 में विद्यार्थियों की संख्या = 68

$\therefore$ अभीष्ट प्रतिशत $= \left(\frac{24}{68}\right) \times 100 = 35.29\%$

123. (d) कॉलेज C में लड़कियों की संख्या

$= 2500 \times \frac{20}{100} = 500$

कॉलेज E में लड़कियों की संख्या

$= 2500 \times \frac{26}{100} = 650$

$\therefore$ कॉलेज C और E में लड़कियों की औसत संख्या

$= \frac{500+650}{2} = \frac{1150}{2} = 575$

124. (a) गोवा की जनसंख्या

$= \frac{12}{100} \times 315000 = 37800$

गोवा में निरक्षर लोगों की संख्या

$= \frac{2}{5} \times 37800 = 15120$

मध्य प्रदेश की जनसंख्या $= \frac{20}{100} \times 315000 = 63000$

मध्य प्रदेश में निरक्षर लोगों की संख्या

$= \frac{4}{5} \times 63000 = 50400$

कुल निरक्षर लोगों की संख्या

= 15120 + 50400 = 65520

125. (c) वर्ष 2021 में,

छात्रों की कुल संख्या = 85 + 90 + 65 + 110 + 75

= 425

तथा जीव विज्ञान वाले छात्रों की संख्या = 90

$\therefore$ अभीष्ट प्रतिशत $= \frac{90}{425} \times 100 = 21.18\%$

126. (a) खादी और कपास के कुल उत्पादन के मध्य अन्तर

= (118 + 120 + 125) − (114 + 120 + 121)

= 363 − 355 = 8

127. (d) कूलरों की इकाइयों में वृद्धि दर की औसत

$= \frac{60+72+54+45}{4} = \frac{231}{4}$

पंखों की इकाइयों में वृद्धि दर की औसत

$= \frac{27+18+30+20}{4} = \frac{95}{4}$

$\therefore$ अभीष्ट अन्तर $= \frac{231-95}{4} = \frac{137}{4} \approx 34$

128. (d) कुल विद्यार्थियों की संख्या = 2080

आईआईटी बॉम्बे और मद्रास में विद्यार्थियों की कुल संख्या

= 2080 − (430 + 350 + 400)

= 2080 − 1180 = 900

माना आईआईटी मद्रास में विद्यार्थियों की संख्या = x

तो आईआईटी बॉम्बे में विद्यार्थियों की संख्या

$= x \times \frac{80}{100} = \frac{4x}{5} \Rightarrow \quad x + \frac{4x}{5} = 900$

$\Rightarrow \frac{9x}{5} = 900 \Rightarrow x = \frac{900 \times 5}{9} = 500$

आईआईटी मद्रास में एप्लाइड में छात्रों की संख्या

$= 500 \times \frac{35}{100} = 175$

आईआईटी बाम्बे में एप्लाइड में छात्रों की संख्या

$= 400 \times \frac{32}{100} = 128$

आईआईटी मद्रास में सिविल में छात्रों की संख्या

$= 500 \times \frac{25}{100} = 125$

तथा आईआईटी बाम्बे में सिविल में छात्रों की संख्या

$= 400 \times \frac{18}{100} = 72$

$\therefore$ अभीष्ट अन्तर $= (175 + 128) - (125 + 72)$

$= 303 - 197 = 106$

129. (b) कम्पनी X के उत्पादन का $K\%$

= कम्पनी W की माँग

$\Rightarrow \quad 800 \times \frac{K}{100} = 400$

$\therefore \quad K = \frac{400 \times 100}{800} = 50$

130. (d) कम्पनी P की माँग = 3276

कम्पनी Q की माँग = 4550

$\therefore$ अभीष्ट प्रतिशत $= \frac{3276}{4550} \times 100 = 72\%$

131. (d) 2012 में गोवा के पात्र छात्रों का प्रतिशत

$= \frac{810}{7800} \times 100 = 10.38\%$

2013 में गोवा के पात्र छात्रों का प्रतिशत

$= \frac{800}{7500} \times 100 = 10.66\%$

2014 में गोवा के पात्र छात्रों का प्रतिशत

$= \frac{920}{8800} \times 100 = 10.45\%$

2015 में गोवा के पात्र छात्रों का प्रतिशत

$= \frac{850}{7200} \times 100 = 11.80\%$

अत: गोवा में 2015 में पात्र छात्रों का प्रतिशत अधिकतम हैं।

132. (c) 2017 में कुल बिक्री = 49.7 लाख

2020 में कुल बिक्री = 84 लाख

बिक्री में वृद्धि = (84 – 49.7) लाख = 34.3 लाख

प्रतिशत वृद्धि $= \frac{34.3 \times 100}{49.7} = 69.01 \approx 69\%$

133. (a) कम्पनी P, Q, R में उत्पादन से अधिक माँग है, तथा कम्पनी S, T में माँग से अधिक उत्पादन है।

$\therefore$ अभीष्ट अनुपात $= \frac{3}{2} = 3:2$

134. (a) कुल व्यय = ₹ 300000

सामग्री लागत और विक्रय व्यय पर कुल व्यय

$= 300000 \times \frac{(15 + 28)}{100}$

= 3000 × 43 = ₹ 129000

135. (d) वर्ष के पहले पाँच महीनों में श्रमिक द्वारा प्राप्त औसत मजदूरी

$= \frac{9500 + 9400 + 9600 + 8000 + 8500}{5}$

$= \frac{45000}{5} =$ ₹ 9000

136. (b) A के औसत अंक

$= \frac{84 + 71 + 95}{3} = \frac{250}{3} = 83.33$

B के औसत अंक $= \frac{93 + 76 + 101}{3} = 90$

C के औसत अंक $= \frac{99 + 79 + 71}{3} = 83$

D के औसत अंक $= \frac{80 + 90 + 94}{3} = 88$

तथा E के औसत अंक

$= \frac{88 + 93 + 90}{3} = 90.33$ (सर्वाधिक)

अत: 'E' के औसत अंक सर्वाधिक थे।

137. (c) अनार की मात्रा

$= \frac{50000 \times 31.07}{100} = 15535$ किग्रा

तथा बेरी की मात्रा $= 50000 \times \frac{8.11}{100} = 4055$ किग्रा

$\therefore$ अभीष्ट अन्तर = (15535 – 4055) किग्रा

= 11480 किग्रा

138. (a) मार्च माह में वर्षा में प्रतिशत परिवर्तन

$= \frac{45 - 25}{25} \times 100 = 80\%$

जनवरी माह में वर्षा में प्रतिशत परिवर्तन

$= \frac{55 - 35}{35} \times 100 = \frac{20 \times 100}{35} = 57.14\%$

मई माह में वर्षा में प्रतिशत परिवर्तन

$= \frac{75 - 45}{45} \times 100 = \frac{30 \times 100}{45}$

$= 66.67\%$

सितम्बर माह में वर्षा में प्रतिशत परिवर्तन

$= \frac{25 - 15}{15} \times 100 = \frac{10 \times 100}{15} = 66.67\%$

अत: स्पष्टत: मार्च माह में सर्वाधिक वर्षा मे प्रतिशत परिवर्तन हुआ है।

139. (d) खाद्य पदार्थ C की औसत मात्रा

$= \frac{280 + 295 + 280 + 315}{4}$

$= \frac{1170}{4} = 292.5$ किग्रा

140. (c) हितांश का कुल प्रतिशत

$$= \frac{100 \times \frac{67}{100} + 150 \times \frac{70}{100} + 100 \times \frac{64}{100} + 100 \times \frac{55}{100} + 100 \times \frac{75}{100}}{100 + 150 + 100 + 100 + 100} \times 100$$

$= \frac{67 + 105 + 64 + 55 + 75}{550} \times 100$

$= \frac{366}{550} \times 100 = 66.55\%$

141. (a) अभीष्ट अन्तर

$= \left(\frac{32 + 20}{2}\right) - \left(\frac{20 + 20}{2}\right)$ हजार

$= \left(\frac{52}{2} - \frac{40}{2}\right) = (26 - 20)$ हजार

= 6 हजार = 6000 पैक

142. (a) स्कूल A और D को साथ मिलाकर उनमें जीव विज्ञान चयन करने वाले कुल छात्रों और कुल छात्राओं का अनुपात

$$= \frac{900 \times \frac{30}{100} \times \frac{7}{7 + 8} + 800 \times \frac{18}{100} \times \frac{5}{5 + 7}}{900 \times \frac{30}{100} \times \frac{8}{7 + 8} + 800 \times \frac{18}{100} \times \frac{7}{5 + 7}}$$

$$= \frac{270 \times \frac{7}{15} + 144 \times \frac{5}{12}}{270 \times \frac{8}{15} + 144 \times \frac{7}{12}}$$

$= \frac{270 \times 7 \times 4 + 144 \times 5 \times 5}{270 \times 8 \times 4 + 144 \times 7 \times 5}$

$= \frac{7560 + 3600}{8640 + 5040} = \frac{11160}{13680} = \frac{31}{38} = 31:38$

143. (b) एंजेला का औसत स्कोर

$= \frac{62.50 + 66 + 64.50}{3} = \frac{193}{3} = 64.3$

प्रीति का औसत स्कोर

$= \frac{74.30 + 75 + 77.50}{3} = \frac{226.8}{3} = 75.6$

दीपिका का औसत स्कोर

$= \frac{64.29 + 67.50 + 63.28}{3} = \frac{195.07}{3} = 65.02$

मारिया का औसत स्कोर

$= \frac{69.05 + 70.00 + 67.52}{3} = \frac{206.57}{3} = 68.85$

अत: उच्चतम औसत स्कोर प्रीति का है।

144. (c) दान फण्ड से प्राप्त राशि = 35%

तथा छात्रवृत्ति के लिए उपयोग राशि = दान का 26%

$\therefore$ अभीष्ट प्रतिशत $= \frac{26}{35} \times 100 = 74.29\%$

145. (b) वर्ष 2014 में सभी कम्पनियों में नौकरी पाने वाले छात्रों की कुल संख्या

$= (19.3 + 13.4 + 13.4 + 11.8 + 7.8) \times 1000$

$= 65.7 \times 1000 = 65700$

वर्ष 2012 मे सभी कम्पनियों में नौकरी पाने वाले छात्रों की कुल संख्या

$= (12.6 + 9.8 + 10.4 + 14.9 + 9.8) \times 1000$

$= 57.5 \times 1000 = 57500$

अभीष्ट अन्तर = 65700 – 57500 = 8200

146. (c) विकल्प (c) से,

2017 में B द्वारा चावल का उत्पादन = 60 लाख टन

2020 में A द्वारा चावल का उत्पादन = 60 लाख टन

अत: विकल्प (c) सही है।

147. (b) कम्पनी A के बेचे गए लैपटॉप की संख्या

$= 2500 \times \frac{40}{100} = 1000$

तथा कम्पनी C के बेचे गए लैपटॉप की संख्या

$= 2500 \times \frac{8}{100} = 200$

$\therefore$ अभीष्ट अन्तर = (1000 – 200) = 800

148. (b) अभीष्ट अनुपात $= \frac{178 + 240 + 150}{130 + 177 + 192}$

$= \frac{568}{499} = 568:499$

149. (d) स्वास्थ्य पर होने वाला व्यय = 15000

कुल व्यय = 20000 + 15000 + 8000

+ 2000 + 5000 = 50000

स्वास्थ्य पर व्यय का केन्द्रीय कोण

$= 15000 \times \frac{360^\circ}{50000} = 108^\circ$

150. (c) **151. (b)**

इस अध्याय के शेष प्रश्न (152-696) और हल के लिए दिए गए QR Code को स्कैन करें।

POWER PACK

arihant
SUCCESS AND NOTHING LESS

महत्त्वपूर्ण Maths Formulae

SSC की सभी परीक्षाओं के अत्यधिक उपयोगी

फ्री बुकलेट POWER PACK

SSC गणित

चैप्टरवाइज 7000+ TCS MCQs के साथ

Important Maths Formulae

संख्या पद्धति

(i) **दाशमिक (दशमलव) प्रणाली** एक संख्या को लिखने के लिए हम दस अंकों 0, 1, 2, 3, 4, 5, 6, 7, 8, 9 का प्रयोग करते हैं। ये अंक संख्यांक कहलाते हैं।

(ii) **रोमन प्रणाली** एक संख्या को लिखने के लिए हम कुछ विशेष अंकों का प्रयोग करते हैं।

$1 \rightarrow$ I, $2 \rightarrow$ II, $3 \rightarrow$ III, $5 \rightarrow$ V, $10 \rightarrow$ X; L $\rightarrow 50$, C $\rightarrow 100$, D $\rightarrow 500$, M $\rightarrow 1000$.

अभाज्य संख्या

1 से 100 के बीच अभाज्य संख्याएँ = 2, 3, 5, 7, 11, 13, 17, 19, 23, 29, 31, 37, 41, 43, 47, 53, 59, 61, 67, 71, 73, 79, 83, 89, 97

अभाज्य संख्याओं की संख्या

1-50 $\rightarrow$ 15	50-100 $\rightarrow$ 10
1-100 $\rightarrow$ 25	1-200 $\rightarrow$ 46
1-1000 $\rightarrow$ 168	

विभाज्यता के नियम

1. **2, 4, 8, 16 से विभाज्यता के नियम**
   - 2 $\rightarrow$ अन्तिम अंक 2 से विभाज्य होना चाहिए।
   - 4 $\rightarrow$ अन्तिम दो अंकों से बनी संख्या 4 से विभाज्य होनी चाहिए।
   - 8 $\rightarrow$ अन्तिम तीन अंकों से बनी संख्या 8 से विभाज्य होनी चाहिए।
   - 16 $\rightarrow$ अन्तिम चार अंकों से बनी सख्या 16 से विभाज्य होनी चाहिए।
2. **3 और 9 से विभाज्यता के नियम**
   - 3 $\rightarrow$ अंकों का योग 3 से विभाज्य होना चाहिए।
   - 9 $\rightarrow$ अंकों का योग 9 से विभाज्य होना चाहिए।
3. **5, 25, 125 से विभाज्यता के नियम**
   - 5 $\rightarrow$ अन्तिम अंक 0 और 5 होने चाहिए।
   - 25 $\rightarrow$ अन्तिम दो अंकों से बनी संख्या 25 से विभाज्य होनी चाहिए।
   - 125 $\rightarrow$ अन्तिम तीन अंकों से बनी संख्या 125 से विभाज्य होनी चाहिए।

4. 6 से विभाज्यता का नियम

- 6 $\rightarrow$ यदि कोई संख्या 2 और 3 दोनों से विभाजित हो, तब वह 6 से भी विभाजित होगी।

5. 7 से विभाज्यता का नियम

- संख्या के अन्तिम अंक को 2 से गुणा करें और शेष संख्या से घटा दें। यह प्रक्रिया तब तक दोहराए जब तक संख्या छोटी ना हो जाए और फिर सात से विभाज्यता जाँचे।

  जैसे—$17339 \rightarrow 1733 - 2 \times 9 = 1733 - 18 = 1715$

  $1715 \rightarrow 171 - 2 \times 5 = 171 - 10 = 161$

  $161 \rightarrow 16 - 2 \times 1 = 16 - 2 = 14$ (7 से विभाज्य)

6. 11 से विभाज्यता का नियम

- यदि विषम स्थानों के अंकों के योग और सम स्थानों के अंकों के योग के बीच का अन्तर शून्य या 11 का गुणक है।

शेषफल के नियम

1. शेषफल प्रमेय

भाजक) भाज्य (भागफल
शेषफल

भाज्य = भाजक × भागफल + शेषफल

2. (i) n के सभी मानों के लिए $(a^n - b^n)$, $(a - b)$ से विभाजित है।

(ii) n के केवल सम मानों के लिए $(a^n - b^n)$, $(a + b)$ से विभाज्य है।

(iii) n के केवल विषम मानों के लिए $(a^n + b^n)$, $(a + b)$ से विभाज्य है।

(iv) $a^n + b^n + c^n + d^n$, $a + b + c + d$ से विभाज्य है, यदि n विषम है।

गुणनखण्डों की संख्या

- $a^p \times b^q \times c^r \times d^s$ के अभाज्य गुणनखण्टों की संख्या $= p + q + r + s$
  जहाँ a, b, c, d अभाज्य संख्याएँ तथा p, q, r, s धनात्मक पूर्णांक हैं।
- यदि $N = a^p b^q c^r d^s$, तब N के भाजकों की संख्या $= (p+1)(q+1)(r+1)(s+1)$
  जहाँ, a, b, c और d अभाज्य संख्याएँ हैं।

इकाई अंक ज्ञात करने की शर्तें

- $5 \times$ विषम $\rightarrow$ इकाई अंक $= 5$ तथा $5 \times$ सम $\rightarrow$ इकाई अंक $= 0$
- 0, 1, 5, 6 की कोई भी घात $\rightarrow$ इकाई अंक समान रहेगा।

- $(4)^{\text{विषम}} \rightarrow$ इकाई अंक $= 4$, $(4)^{\text{सम}} \rightarrow$ इकाई अंक $= 6$, $(9)^{\text{विषम}} \rightarrow$ इकाई अंक $= 9$, $(9)^{\text{सम}} \rightarrow$ इकाई अंक $= 1$
- 2, 3, 7, 8 का नियम $\rightarrow$ चार घात के बाद इकाई अंक की पुनरावृत्ति होती है।

म.स. और ल.स. पर आधारित कुछ विशेष स्थितियाँ

(i) वह छोटी से छोटी संख्या जिसे a, b, c से भाग देने पर प्रत्येक स्थिति में 'r' शेष बचता है संख्या = ल.स. $(a, b, c) + r$

(ii) वह छोटी से छोटी संख्या जिसे क्रमशः a, b, c से भाग देने पर शेषफल x, y, z प्राप्त होता है। संख्या = ल.स. $(a, b, c) - d$; जहाँ, $d = a - x = b - y = c - z$

(iii) वह बड़ी-से-बड़ी संख्या जिसे x, y और z से भाग देने पर शेषफल क्रमशः a, b और c बचें। संख्या $= (x - a), (y - b), (z - c)$ का म.स.

(iv) वह बड़ी-से-बड़ी संख्या जिसे x, y और z से भाग देने पर प्रत्येक दशा में समान शेष बचें। संख्या = म.स. $(|x - y|, |y - z|, |z - x|)$

(v) **दो संख्याओं का गुणनफल = म.स. $\times$ ल.स.**

भिन्नों का म.स. तथा ल.स.

(i) भिन्नों का म.स. $= \dfrac{\text{अंशों का म.स.}}{\text{हरों का ल.स.}}$

(ii) भिन्नों का ल.स. $= \dfrac{\text{अंशों का ल.स.}}{\text{हरों का म.स.}}$

श्रेढ़ियाँ

1. समान्तर श्रेढ़ी

अनुक्रम $a, a + d, a + 2d, \ldots\ldots\ldots$ एक समान्तर श्रेढ़ी है।

(i) AP का nवाँ पद, $a_n = a + (n - 1)d$.

(ii) AP का अन्त से nवाँ पद $= l - (n - 1)d$

(iv) AP के n पदों का योग, $S_n = \dfrac{n}{2}[2a + (n - 1)d] = \dfrac{n}{2}[a + l]$

जहाँ, $a \rightarrow$ प्रथम पद, $d \rightarrow$ सार्व अन्तर, $l \rightarrow$ अन्तिम पद

समान्तर माध्य

यदि a, b, c, AP में हैं, तब b, a और c का समान्तर माध्य कहलाता है, अर्थात् $b = \dfrac{a + c}{2}$

नोट a और b का समान्तर माध्य, $A = \dfrac{a + b}{2}$

2. गुणोत्तर श्रेढ़ी (GP)

अनुक्रम $a, ar, ar^2, ...$ एक गुणोत्तर श्रेढ़ी है।

(i) गुणोत्तर श्रेढ़ी का nवाँ पद, $a_n = ar^{n-1}$

(ii) गुणोत्तर श्रेढ़ी के प्रथम n पदों का योग

$$S_n = \frac{a(1-r^n)}{1-r}; r<1 \text{ /या } S_n = \frac{a(r^n-1)}{r-1}; r>1$$

जहाँ, $a \rightarrow$ प्रथम पद, $r \rightarrow$ सार्व अनुपात

(iii) GP के अनन्त पदों का योग, $S_\infty = \frac{a}{1-r}; |r| < 1$

गुणोत्तर माध्य यदि a, b और c GP में हैं, तब b, a और c का गुणोत्तर माध्य कहलाता है, अर्थात् $\boldsymbol{b = \sqrt{ac}}$

नोट a और b का गुणोत्तर माध्य $G = \sqrt{ab}$

3. हरात्मक श्रेढ़ी

एक श्रेणी $a_1, a_2, a_3 ... a_n$ HP कहलाती है, यदि $\frac{1}{a_1}, \frac{1}{a_2}, \frac{1}{a_3} ... \frac{1}{a_n}$ एक AP है।

नोट a और b का हरात्मक माध्य $H = \frac{2ab}{a+b}$

सरलीकरण

VBODMAS नियम $\rightarrow$ हल करने का क्रम

सबसे पहले
- V $\rightarrow$ रेखा कोष्ठक (–)
- B $\rightarrow$ कोष्ठक
- O $\rightarrow$ का
- D $\rightarrow$ भाग (÷)
- M $\rightarrow$ गुणा (×)
- A $\rightarrow$ योग (+)
- S $\rightarrow$ घटाव (–)

सबसे बाद में

कोष्ठक के प्रकार एवं हल करने का क्रम

(i) ( ) $\rightarrow$ छोटा कोष्ठक

(ii) { } $\rightarrow$ मंझला कोष्ठक

(iii) [ ] $\rightarrow$ बड़ा कोष्ठक

संक्रियाओं को इसी क्रम में हल करते हैं।

अनुपात एवं समानुपात

अनुपात के प्रकार

(i) $a:b$ का वर्गानुपात $= a^2 : b^2$

(ii) $a:b$ का वर्गमूलानुपात $= \sqrt{a} : \sqrt{b}$

(iii) $a:b$ का घनानुपात $= a^3 : b^3$

(iv) $a:b$ का घनमूलानुपात $= \sqrt[3]{a} : \sqrt[3]{b}$

अनुपातों की तुलना

यदि $a:b$ तथा $c:d$ दो अनुपात हैं, तब

(i) यदि $ad > bc$, तब $a:b > c:d$

(ii) यदि $ad < bc$, तब $a:b < c:d$

(iii) यदि $ad = bc$, तब $a:b = c:d$

समतुल्य अनुपात पर आधारित

- यदि $A : B = m : n$, $B : C = p : q$ अथवा

  तब, $\boldsymbol{A : B : C = pm : pn : nq}$

A	:	B	:	C
m	:	n	:	n
p	:	p	:	q
mp	:	pn	:	nq

- यदि $A : B = m : n$, $B : C = p : q$, $C : D = r : s$ अथवा

  तब, $\boldsymbol{A : B : C : D = mpr : npr : nqr : nqs}$

$$\boldsymbol{A : D = \frac{m}{n} \times \frac{p}{q} \times \frac{r}{s}}$$

A	:	B	:	C	:	D
m	:	n	:	n	:	n
p	:	p	:	q	:	q
r	:	r	:	r	:	s
mpr	:	npr	:	nqr	:	nqs

- यदि $xA = yB = zC$; तब, $A : B : C = \frac{1}{x} : \frac{1}{y} : \frac{1}{z}$

राशि का विभाजन

यदि एक राशि R को A और B के बीच $m:n$ के अनुपात में विभाजित किया जाना है, तब

(i) A का भाग $= \frac{m}{m+n} \times R$ (ii) B का भाग $= \frac{n}{m+n} \times R$

(iii) A और B के भागों में अन्तर $= \frac{m-n}{m+n} \times R$

समानुपात से सम्बन्धित महत्त्वपूर्ण नियम

(i) **योगानुपात नियम** यदि $a:b::c:d$, तब $(a+b):b::(c+d):d$

(ii) **अन्तरानुपात नियम** यदि $a:b::c:d$, तब $(a-b):b::(c-d):d$

(iii) **योगान्तर अनुपात का नियम** यदि $a:b::c:d$,

तब $(a+b):(a-b)::(c+d):(c-d)$

- **मध्यानुपाती** a और b का मध्यानुपाती $=\sqrt{ab}$
- **तृतीयानुपाती** a और b का तृतीयानुपाती $=\frac{b^2}{a}$
- **चतुर्थानुपाती** a, b और c का चतुर्थानुपाती $=\frac{bc}{a}$

औसत

- औसत $=\frac{\text{सभी राशियों का योग}}{\text{राशियों की कुल संख्या}}$

क्रमिक संख्याओं का औसत

- 1 से शुरू होने वाली 'n' क्रमागत प्राकृतिक संख्याओं का औसत $=\frac{n+1}{2}$
- 1 से शुरू होने वाली 'n' क्रमागत प्राकृतिक संख्याओं के वर्गों का औसत $=\frac{(n+1)(2n+1)}{6}$
- प्रथम n क्रमागत प्राकृत संख्याओं के घनों का औसत $=\frac{n(n+1)^2}{4}$
- प्रथम 'n' क्रमागत सम प्राकृत संख्याओं का औसत $=(n+1)$
- प्रथम 'n' क्रमागत विषम प्राकृत संख्याओं का औसत $=n$
- किसी संख्या x के पहले n गुणकों का औसत $=\frac{x(n+1)}{2}$
- पहली n सम संख्याओं के वर्गों का औसत $=\frac{2(n+1)(2n+1)}{3}$
- पहली n सम संख्याओं के घन का औसत $=2n(n+1)^2$
- पहली n विषम संख्याओं के वर्गों का औसत $=\frac{(2n+1)(2n-1)}{3}$
- पहली n विषम संख्याओं के घनों का औसत $=n(2n^2-1)$
- 1 से n तक की विषम संख्याओं का औसत $=\frac{\text{अन्तिम विषम संख्या}+1}{2}$
- 1 से n तक की सम संख्याओं का औसत $=\frac{\text{अन्तिम सम संख्या}}{2}+1$

- यदि 'n' संख्याओं का औसत 'a' हो परन्तु यदि एक संख्या को विस्थापित कर दिया जाए, तब औसत 'b' हो जाता है।

  विस्थापित संख्या का मान $= n(a-b)+b$

- यदि n संख्याओं का औसत 'a' हो, परन्तु यदि एक संख्या को और शामिल कर दिया जाए, तब औसत 'b' हो जाता है, तो

  शामिल की गई संख्या का मान $= n(b-a)+b$

प्रतिशतता

- y का $x\% = \dfrac{xy}{100}$
- x, y से कितना प्रतिशत (%) कम या ज्यादा है ज्ञात करना।

  $\therefore$ अभीष्ट प्रतिशत $= \dfrac{|(y-x)|}{y} \times 100\%$

मात्रा में प्रतिशत वृद्धि/कमी

- यदि किसी राशि में $x\%$ की वृद्धि की जाती है और फिर इसे $x\%$ घटाया जाता है, तब इसमें $\dfrac{x^2}{100}$ % की कमी होगी।
- यदि एक संख्या में $a\%$ की वृद्धि/कमी की जाती है और फिर इसमें $b\%$ की वृद्धि/कमी की जाती है, तब इसमें परिणामी परिवर्तन $= \left[\pm a \pm b + \dfrac{(\pm a)(\pm b)}{100}\right]\%$

  [जहाँ, '+' $\to$ वृद्धि और '–' $\to$ कमी]
- किसी वस्तु के मूल्य में $x\%$ की वृद्धि/कमी करने पर, एक व्यक्ति 'y में a किग्रा वस्तु कम/अधिक खरीद सकता है, तब

  वस्तु की लागत में वृद्धि/कमी $= \dfrac{xy}{100 \times a}$ और प्रारम्भिक लागत $= \dfrac{xy}{(100 \pm x)a}$

जनसंख्या या लागत

- यदि किसी कस्बे/वस्तु की जनसंख्या/लागत P है और वार्षिक वृद्धि/कमी दर $r\%$ है, तो

  (i) t वर्षों के बाद जनसंख्या/लागत $= P\left(1+\dfrac{r}{100}\right)^t$

  (ii) t वर्ष पहले जनसंख्या/लागत $= \dfrac{P}{\left(1+\dfrac{r}{100}\right)^t}$

- यदि किसी कस्बे की वर्तमान जनसंख्या P है और जनसंख्या क्रमशः पहले, दूसरे और तीसरे वर्ष में $R_1\,\%$, $R_2\,\%$ और $R_3\,\%$ की दर से बढ़ती या घटती है। तब,

3 वर्ष बाद शहर की जनसंख्या $= P\left(1 \pm \frac{R_1}{100}\right)\left(1 \pm \frac{R_2}{100}\right)\left(1 \pm \frac{R_3}{100}\right)$

नोट यहाँ, '+' → वृद्धि, '–' → कमी के लिए प्रयोग करें।

मिश्रण

- यदि सस्ती वस्तु और महँगी वस्तु को मिलाकर एक नया मिश्रण तैयार किया जाता है, तब

सस्ती (C) ↘ ↙ महँगी (D)

मिश्रण (M)

↙ ↘

($D–M$) : ($M–C$)

$$\frac{\text{सस्ती वस्तु की मात्रा}}{\text{महँगी वस्तु की मात्रा}} = \frac{D-M}{M-C}$$

यहाँ, $D =$ महँगी वस्तु का क्रय मूल्य ; $C =$ सस्ती वस्तु का क्रय मूल्य

$M =$ मिश्रण का मूल्य

- यदि x लीटर द्रव A में से p लीटर निकाल लिया जाता है और उतनी ही मात्रा में द्रव B मिला दिया जाता है। पुनः मिश्रण से, q लीटर मिश्रण निकालकर समान मात्रा में तरल B मिला दिया जाता है। पुनः मिश्रण से, r लीटर मिश्रण निकालकर समान मात्रा में तरल B मिलाया जाता है। तब,

अन्तिम मिश्रण में द्रव A की मात्रा $= x\left(\frac{x-p}{x}\right)\left(\frac{x-q}{x}\right)\left(\frac{x-r}{x}\right) \ldots$

- यदि केवल एक प्रक्रिया को n बार दोहराया जाता है, तब

अन्तिम मिश्रण में $A = x\left(1 - \frac{p}{x}\right)^n$

लाभ व हानि

- यदि $\text{SP} > \text{CP}$, तब लाभ = विक्रय मूल्य – क्रय मूल्य
- यदि $\text{SP} < \text{CP}$, तब हानि = क्रय मूल्य – विक्रय मूल्य
- यदि कोई वस्तु $r\%$ लाभ पर बेची जाती है, तब

$$\text{SP} = \text{CP}\left[\frac{100 + \text{लाभ}\%}{100}\right] \quad \text{या} \quad \text{CP} = \text{SP}\left[\frac{100}{100 + \text{लाभ}\%}\right]$$

- यदि एक वस्तु $r\%$ हानि पर बेची जाती है, तब

$$SP = CP\left[\frac{100 - \text{हानि}\%}{100}\right] \quad \text{या} \quad CP = SP\left[\frac{100}{100 - \text{हानि}\%}\right]$$

- यदि A एक वस्तु B को $a\%$ लाभ/हानि पर बेचता है और B इसे C को $b\%$ लाभ/हानि पर बेचता है, तब कुल लाभ $= \left[(\pm a) + (\pm b) + \frac{(\pm a)(\pm b)}{100}\right]\%$
- यदि x वस्तुओं का क्रय मूल्य y वस्तुओं के विक्रय मूल्य के बराबर हो, तब

लाभ % $= \frac{x - y}{y} \times 100\%$, (जब $x > y$)

हानि % $= \frac{y - x}{y} \times 100\%$, (जब $x < y$)

- x वस्तुओं को बेचने पर लाभ या हानि y वस्तु के विक्रय मूल्य के बराबर है, तब

लाभ % $= \frac{y \times 100}{x - y}\%$ तथा हानि % $= \frac{y}{x + y} \times 100\%$

- यदि एक व्यक्ति दो समान वस्तुओं को, पहली को $x\%$ हानि पर और दूसरी को $x\%$ लाभ पर बेचता है, तब उसे इस लेन-देन में सदैव हानि होती है, जहाँ हानि % $= \frac{x^2}{100}\%$
- यदि एक आदमी ₹ x में a वस्तुएँ खरीदता है और ₹ y में b वस्तुएँ बेचता है, तब

लाभ % $= \frac{ay - bx}{bx} \times 100$, जब $ay > bx$

तथा हानि % $= \frac{bx - ay}{bx} \times 100$, जब $ay < bx$

- एक बेईमान दुकानदार अपने माल को क्रय मूल्य पर बेचता है, परन्तु गलत बाट (वजन) का उपयोग करता है, तब

उसका लाभ $= \frac{\text{सही वजन} - \text{गलत वजन}}{\text{गलत वजन}} \times 100\% = \frac{\text{त्रुटि}}{\text{सही मान} - \text{त्रुटि}} \times 100\%$

छूट

- छूट = अंकित मूल्य − विक्रय मूल्य
- छूट% $= \frac{\text{छूट}}{\text{अंकित मूल्य}} \times 100\%$
- $\frac{\text{क्रय मूल्य}}{\text{अंकित मूल्य}} = \frac{100 - d\%}{100 + P\%}$

जहाँ, d = छूट, P = लाभ

- विक्रय मूल्य $= \dfrac{\text{अंकित मूल्य } (100 - d\%)}{100}$ या अंकित मूल्य $= \dfrac{\text{विक्रय मूल्य} \times 100}{(100 - d\%)}$
- यदि क्रमागत छूट $x\%$ तथा $y\%$, तब एकल छूट या शुद्ध छूट $= \left(x + y - \dfrac{xy}{100}\right)\%$
- यदि अंकित मूल्य दिया हो और छूट ($D_1\%, D_2\%, D_3\%$......) भी दिया हो, तब विक्रय मूल्य है

  विक्रय मूल्य = (अंकित मूल्य) $\times \left(\dfrac{100 - D_1\%}{100}\right)\left(\dfrac{100 - D_2\%}{100}\right)\left(\dfrac{100 - D_3\%}{100}\right)\ldots$

साझेदारी

- यदि साझेदार द्वारा एक निश्चित समय के लिए निवेश की गई राशि $I_1, I_2, I_3, \ldots$ हों, तब उनके लाभ या हानि $P_1, P_2, P_3, \ldots$ को उनके निवेश के अनुपात के आधार पर वितरित किया जाता है। $P_1 : P_2 : P_3 : \ldots = I_1 : I_2 : I_3 : \ldots$
- यदि साझेदारों द्वारा अलग-अलग धनराशि $I_1, I_2, I_3, \ldots$ अलग-अलग समय अवधि $t_1, t_2, t_3, \ldots$ के लिए एक व्यवसाय में निवेश किया जाता है, तब

  लाभों का अनुपात $= P_1 : P_2 : P_3, \ldots = I_1 \times t_1 : I_2 \times t_2 : I_3 \times t_3 \ldots$

  नोट लाभ = पूँजी × समय

साधारण ब्याज

- ब्याज (SI) = मिश्रधन (A) − मूलधन (P)
- $\text{SI} = \dfrac{P \times R \times T}{100}$
- यदि एक निश्चित राशि साधारण ब्याज पर T वर्ष में स्वयं की 'n' गुनी हो जाती है, तब

  $$\text{SI} = (n-1) \times \text{मूल धनराशि}$$

  $$R\% = \frac{n-1}{T} \times 100\% \quad \text{तथा} \quad T = \frac{(n-1)}{R} \times 100$$
- यदि दो साधारण ब्याजों के बीच अन्तर x की गणना अलग-अलग वार्षिक दरों और समय पर की जाती है, तब P (मूलधन) $= \dfrac{x \times 100}{(\text{दरों का अन्तर}) \times (\text{समय})}$
- यदि कोई राशि P, $R\%$ प्रतिवर्ष की दर से t वर्षों में समान किश्तों में जमा करनी हो, तब समान किश्त $= \dfrac{100 \times P}{100T + \dfrac{RT}{2}(T-1)}$

चक्रवृद्धि ब्याज

- $A = P\left(1+\frac{r}{100}\right)^t$
- $CI = A - P = P\left[\left(1+\frac{r}{100}\right)^t - 1\right]$

  जहाँ, $A \rightarrow$ मिश्रधन, $P \rightarrow$ मूलधन, $r \rightarrow$ ब्याज दर, $t \rightarrow$ समय
- जब ब्याज छमाही (अर्द्धवार्षिक) देय हो, तब $R = \frac{R}{2}\%, T = 2n$

  और जब ब्याज तिमाही देय है, तब $R = \frac{R}{4}\%, T = 4n$
- यदि समय भिन्नात्मक रूप में हो, अर्थात् (माना समय $= n\frac{a}{b}$)

  तब, $A = P\left(1+\frac{r}{100}\right)^n\left(1+\frac{r \times \frac{a}{b}}{100}\right)$
- किसी राशि P पर $R\%$ की दर से SI और CI का अन्तर

  (i) दो वर्ष के लिए $= P\left(\frac{R}{100}\right)^2 = \frac{SI \times R}{200}$

  (ii) तीन वर्ष के लिए $= P\left(\frac{R}{100}\right)^2\left(3+\frac{R}{100}\right)$
- यदि कोई राशि चक्रवृद्धि ब्याज पर t वर्षों में स्वयं का n गुना हो जाती है, तब

$$R\% = \left[n^{\frac{1}{t}} - 1\right] \times 100\%$$

- चक्रवृद्धि ब्याज पर एक निश्चित राशि n_1 वर्ष में x गुना और n_2 वर्षों में y गुना हो जाती है, तब $x^{\frac{1}{n_1}} = y^{\frac{1}{n_2}}$
- n किस्तों के लिए, प्रत्येक

$$\text{वार्षिक किस्त} = \frac{P}{\left(\frac{100}{100+r}\right)+\left(\frac{100}{100+r}\right)^2+\ldots+\left(\frac{100}{100+r}\right)^n}$$

कार्य और समय

- यदि एक व्यक्ति किसी कार्य को t दिन (या घण्टे) में कर सकता है, तो व्यक्ति का 1 दिन (या घण्टे) का कार्य $=\frac{1}{t}$
- यदि एक व्यक्ति का 1 दिन (या घण्टे) का कार्य $=\frac{1}{t}$ है, तो वह व्यक्ति t दिन (या घण्टे) में कार्य पूरा करेगा।
- यदि कोई व्यक्ति कार्य का $\frac{a}{b}$ भाग, t दिन में पूरा करता है, तो वह कार्य को $\left(t \times \frac{b}{a}\right)$ दिनों में पूरा करेगा।
- यदि A किसी कार्य को x दिनों में पूरा करता है और B उसी कार्य को y दिनों में पूरा करता है, तब A और B दोनों के द्वारा कार्य को पूरा करने में लिया गया कुल समय $=\frac{xy}{x+y}$
- यदि A अकेला किसी कार्य को x दिनों में कर सकता है और A और B मिलकर उसी कार्य को y दिनों में कर सकते हैं, तो B अकेला उसी कार्य को कर सकता है

$$=\left(\frac{xy}{x-y}\right) \text{ दिनों में}$$

- यदि A, B और C किसी कार्य को क्रमशः x, y और z दिनों में कर सकता है, तब A, B और C तीनों द्वारा कार्य को पूरा करने में लिया गया समय $=\frac{xyz}{xy+yz+zx}$
- यदि A और B किसी कार्य को x दिनों में, B और C, y बिनों में तथा C और A, z दिनों में पूरा कर सकते हैं, जब A, B और C एकसाथ कार्य करें, तब लिया गया समय $=\frac{2xyz}{xy+yz+zx}$
- यदि M_1 पुरुष W_1 कार्य को D_1 दिनों में पूरा करते हैं, प्रत्येक दिन T_1 समय कार्य करते हैं और M_2 पुरुष W_2 कार्य को D_2 दिनों में पूरा करते हैं, प्रत्येक दिन T_2 समय कार्य करते हैं, तब $\frac{M_1 D_1 T_1}{W_1}=\frac{M_2 D_2 T_2}{W_2}$
- यदि A किसी कार्य को x दिनों में कर सकता है और B, A की तुलना में $R\%$ अधिक कुशल है, तब B अकेला उसी कार्य को $\frac{x \times 100}{100+R}$ दिनों में करेगा।

- A किसी कार्य को m दिनों में कर सकता है और B उसी कार्य को n दिनों में कर सकता है। यदि वे एकसाथ काम करते हैं और कुल वेतन R है,

  तब A का हिस्सा $= \frac{n}{m+n} \times R$ तथा B का हिस्सा $= \frac{m}{m+n} \times R$

चाल, समय और दूरी

- दूरी (D) = चाल $(S) \times$ समय (T)

  1 किमी/घण्टा $= \frac{5}{18}$ मी/से तथा 1 मी/से $= \frac{18}{5}$ किमी/घण्टा

- यदि A और B एक-दूसरे की ओर चलना प्रारम्भ करते हैं। आपस में मिलने के बाद A अपनी शेष दूरी t_1 समय में और B अपनी शेष दूरी को t_2 समय में तय करता है, तब उनकी गति का अनुपात $\frac{A}{B} = \sqrt{\frac{t_2}{t_1}}$

- यदि एक बस A से B तक x किमी/घण्टा की गति से यात्रा करती है और B से A तक y किमी/घण्टा की गति से वापस आती है, तब औसत गति $\left(\frac{2xy}{x+y}\right)$ किमी/घण्टा होगी।

- यदि एक व्यक्ति S_1 गति से यात्रा करता है, तो वह अपने गन्तव्य पर t_1 समय देर से पहुँचता है जबकि वह t_2 समय पहले पहुँचता है, जब वह S_2 गति से यात्रा करता है, तो दो स्थानों के बीच की दूरी $= \frac{(S_1 \times S_2) \times (t_1 + t_2)}{S_2 - S_1}$

रेलगाड़ी

- जब ट्रेन किसी खम्भे या स्थिर आदमी को पार करती है, तब
  तय की गई दूरी = ट्रेन की लम्बाई
- जब ट्रेन पुल/प्लेटफॉर्म आदि से गुजरती है, तब
  तय की गई दूरी = ट्रेन की लम्बाई + पुल की लम्बाई

नाव और धारा

- यदि शान्त जल में नाव की चाल $= x$ किमी/घण्टा तथा धारा की चाल $= y$ किमी/घण्टा, तब

  (i) धारा के अनुकूल चाल, $D = x + y$

  (ii) धारा के प्रतिकूल चाल, $U = x - y$

  अतः नाव की चाल $(x) = \frac{D+U}{2}$ तथा धारा की चाल $(y) = \frac{D-U}{2}$

- माना नाव की चाल x किमी/घण्टा तथा धारा की चाल y किमी/घण्टा हैं, d_1 किमी धारा के अनुकूल तथा d_2 किमी धारा के प्रतिकूल तय करने में t घण्टे लगते हैं, तब

$$\frac{d_1}{x+y}+\frac{d_2}{x-y}=t$$

दौड़

- यदि x मी दौड़ में, A, B को d मी से हराता है। तब,

  समान समय अन्तराल के लिए $D \propto S$

$$\frac{D_A}{D_B}=\frac{S_A}{S_B}=\frac{x}{x-d}$$

- यदि लम्बाई L की दौड़ में, A और B द्वारा लिया गया समय t_A और t_B $(t_B > t_A)$ हो, तो दूरी (d) जिससे A, B को हराता है $=\left(\frac{L}{t_B}\right)(t_B - t_A)$
- यदि लम्बाई L मी की दौड़ में, A, B को b मी की शुरुआत देता है और C को c मी की शुरुआत देता है, तो B, C को शुरुआत देता है $= L\left(\frac{c-b}{L-b}\right)$
- जब दो व्यक्ति A और B, L मी लम्बाई के एक वृत्ताकार ट्रैक के चारों ओर एक ही दिशा में S_1 मी/से और S_2 मी/से की गति से दौड़ रहे हैं। A द्वारा दौड़ पूरी करने में लिया गया समय T_1 है और B द्वारा दौड़ पूरी करने में लिया गया समय T_2 है।

  (i) पहली बार एक-दूसरे से मिलने में लगा समय $=\frac{L}{S_1 - S_2}$ सेकण्ड

  (ii) यदि वे विपरीत दिशा में दौड़ रहे हैं, तब

  पहली बार एक-दूसरे से मिलने में लगा समय $=\left(\frac{L}{S_1 + S_2}\right)$ सेकण्ड

  (iii) वह समय जिसमें वे प्रारम्भिक बिन्दु पर एक-दूसरे से मिलते हैं।

$$= \text{LCM}\left(\frac{L}{S_1}, \frac{L}{S_2}\right) \text{ सेकण्ड}$$

रेखा और कोण

कोणों के युग्म

जब दो समान्तर रेखाओं l और m को एक तिर्यक रेखा (n) प्रतिच्छेद करती है, तब

(i) संगत कोण $\angle 1 = \angle 5, \angle 4 = \angle 8$

$\angle 3 = \angle 7, \angle 2 = \angle 6$

(ii) एकान्तर अन्तः कोण $\angle 6 = \angle 4, \angle 7 = \angle 1$

(iii) एकान्तर बाह्य कोण $\angle 5 = \angle 3, \angle 8 = \angle 2$

(iv) क्रमागत आन्तरिक कोण $\angle 6 + \angle 1 = 180°$

$\angle 7 + \angle 4 = 180°$

(v) शीर्षाभिमुख कोण $\angle 1 = \angle 3, \angle 2 = \angle 4$

$\angle 5 = \angle 7, \angle 6 = \angle 8$

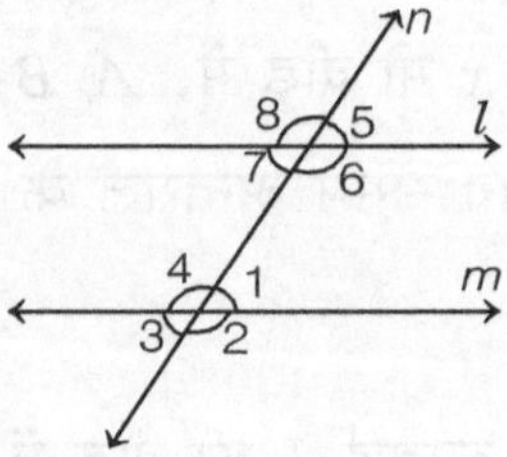

त्रिभुज

यदि a, b और c त्रिभुज की भुजाएँ हैं अर्थात् $a < b < c$; तब

(i) यदि $c^2 < a^2 + b^2$, तब त्रिभुज न्यूनकोणीय होगा।

(ii) यदि $c^2 = a^2 + b^2$, तब त्रिभुज समकोण होगा।

(iii) यदि $c^2 > a^2 + b^2$, तब त्रिभुज अधिक कोणीय होगा।

नोट त्रिभुज के तीनों कोणों का योग 180° होता है।

$\angle A + \angle B + \angle C = 180°$

त्रिभुज के मुख्य गुण

(i) यदि एक त्रिभुज की किसी एक भुजा को बढ़ाया जाता है, तब इस प्रकार बना बाह्य कोण दो विपरीत आन्तरिक कोणों के योगफल के बराबर होता है।

$\angle ACD = \angle CAB + \angle ABC$

और $\angle 4 = \angle 1 + \angle 2$

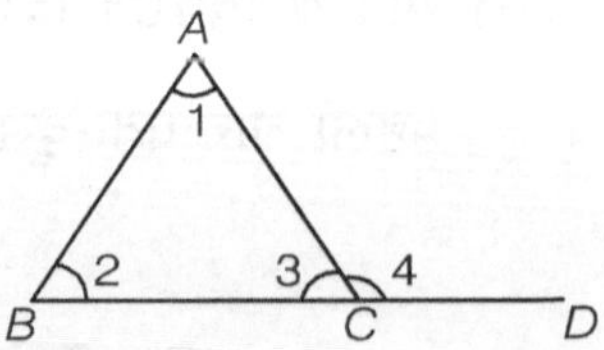

(ii) किसी त्रिभुज में एक आधार कोण के आन्तरिक समद्विभाजक और दूसरे आधार कोण के बाह्य समद्विभाजक के बीच बना कोण तीसरे कोण का आधा होता है।

$$\angle BEC = \frac{\angle A}{2}$$

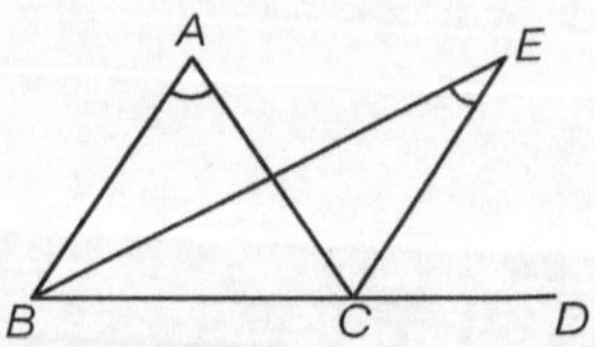

(iii) शीर्ष से विपरीत भुजा पर डाले गए लम्ब और शीर्ष कोण के समद्विभाजक के बीच का कोण, शेष दो शीर्ष कोणों के अन्तर का आधा होता है।

$$\angle DAE = \left|\frac{\angle B - \angle C}{2}\right|$$

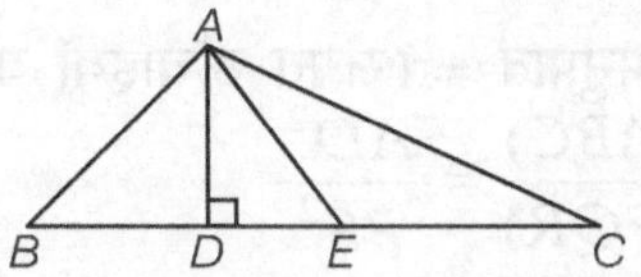

(iv) यदि एक त्रिभुज ABC में, $\angle B$ तथा $\angle C$ के समद्विभाजक एक-दूसरे को बिन्दु O पर प्रतिच्छेद करते हैं,

तब $$\angle BOC = 90° + \frac{\angle A}{2}$$

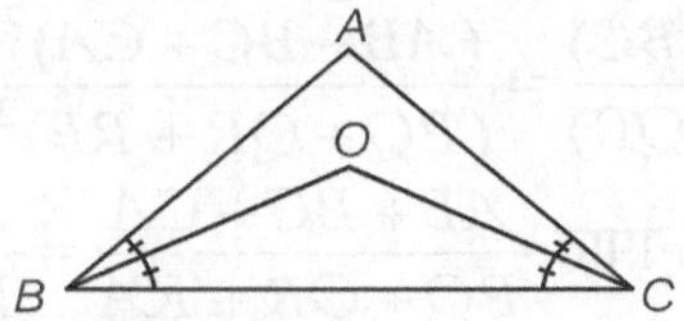

(v) एक त्रिभुज ABC में, भुजा AB और AC को क्रमशः P और Q तक बढ़ाया जाता है। $\angle PBC$ और $\angle QCB$ के समद्विभाजक एक बिन्दु O पर प्रतिच्छेद करते हैं,

तब $$\angle BOC = 90° - \frac{\angle A}{2}$$

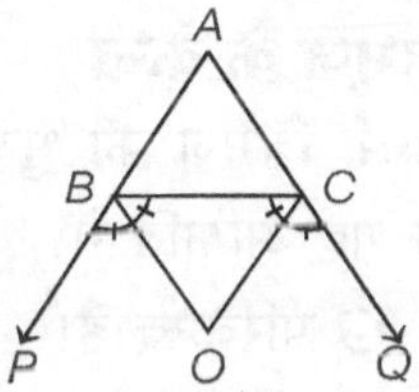

त्रिभुज की समरूपता

दो त्रिभुज समरूप होते हैं, यदि उनकी संगत भुजाओं का अनुपात और संगत कोणों के युग्म समान हों। इसे प्रतीक चिन्ह '~' से प्रदर्शित करते हैं।

$$\frac{AB}{DE} = \frac{BC}{EF} = \frac{AC}{DF}$$

$$\angle A = \angle D, \angle B = \angle E, \angle C = \angle F$$

तब, $\Delta ABC \sim \Delta DEF$

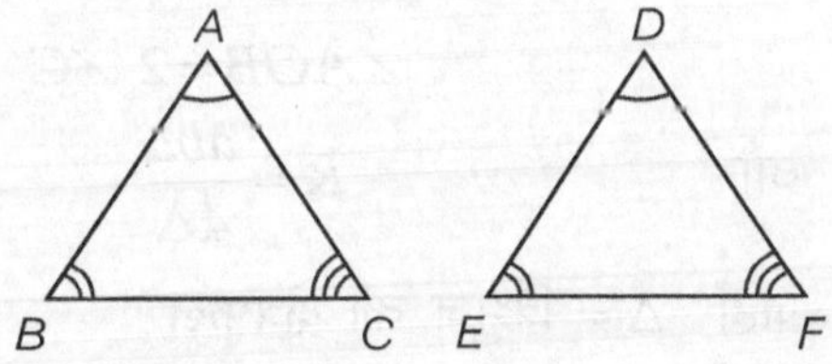

समरूप त्रिभुजों के क्षेत्रफल

- यदि ΔABC और ΔPQR समरूप त्रिभुज हैं।

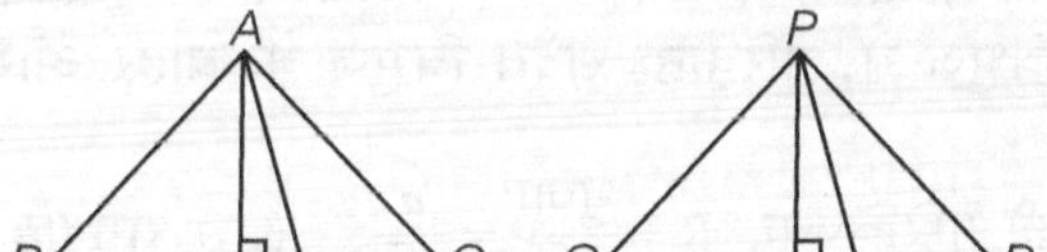

तब,

(i) त्रिभुजों के क्षेत्रफलों का अनुपात = (संगत भुजाओं का अनुपात)^2

$$\frac{\text{ar}(\Delta ABC)}{\text{ar}(\Delta PQR)} = \frac{AB^2}{PQ^2} = \frac{BC^2}{QR^2} = \frac{AC^2}{PR^2}$$

(ii) त्रिभुजों के क्षेत्रफलों का अनुपात = (संगत ऊँचाइयों का अनुपात)^2

$$\frac{\text{ar}(\Delta ABC)}{\text{ar}(\Delta PQR)} = \frac{AD^2}{PS^2}$$

(iii) त्रिभुजों के क्षेत्रफलों का अनुपात = (संगत माध्यिकाओं का अनुपात)^2

$$\frac{\text{ar}(\Delta ABC)}{\text{ar}(\Delta PQR)} = \frac{AE^2}{PT^2}$$

(iv) त्रिभुजों के क्षेत्रफलों का अनुपात = (त्रिभुजों के परिमापों का अनुपात)^2

$$\frac{\text{ar}(\Delta ABC)}{\text{ar}(\Delta PQR)} = \frac{(AB+BC+CA)^2}{(PQ+QR+RP)^2}$$

(v) त्रिभुजों के परिमापों का अनुपात $\frac{AB+BC+CA}{PQ+QR+RA} = \frac{AB}{PQ} = \frac{AD}{PS} = \frac{AE}{PT}$

त्रिभुज के केन्द्र

किसी त्रिभुज की भुजाओं के लम्ब समद्विभाजकों के प्रतिच्छेद बिन्दु को परिकेन्द्र कहते हैं। दी गई आकृति में,

- O परिकेन्द्र है।
- $O, \angle ABC$ के तीनों शीर्षों से समदूरस्थ है।

$AO = BO = CO = R$ (परित्रिज्या)

$$\angle BOC = 2A$$

$$\angle AOC = 2\angle B$$

$$\angle AOB = 2\angle C$$

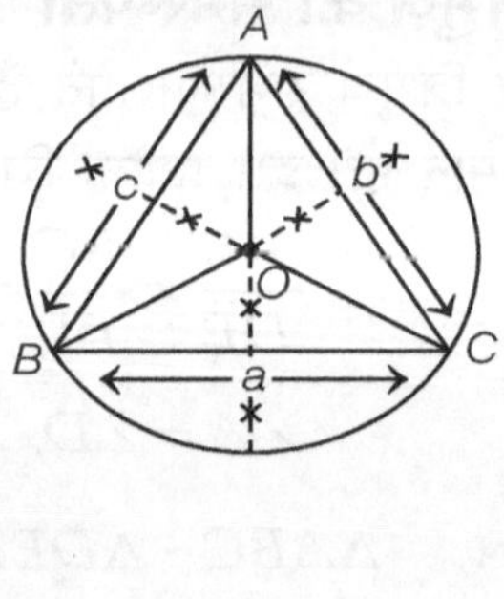

और $R = \frac{abc}{4\Delta}$

जहाँ, $\Delta =$ त्रिभुज का क्षेत्रफल

परिकेन्द्र की स्थिति

- न्यूनकोणीय त्रिभुज में, परिकेन्द्र त्रिभुज के अन्दर होता है।
- किसी समकोण त्रिभुज में, परिकेन्द्र सदैव कर्ण का मध्य-बिन्दु होता है।
- किसी अधिक कोण त्रिभुज में, परिकेन्द्र सदैव त्रिभुज के बाहर और अधिक कोण के सामने होता है।

नोट समबाहु त्रिभुज की परित्रिज्या, $R = \frac{\text{भुजा}}{\sqrt{3}} = \frac{a}{\sqrt{3}}$ ($\because a$ समबाहु त्रिभुज की भुजा है)

अन्तः केन्द्र

त्रिभुज के आन्तरिक कोणों के समद्विभाजकों का प्रतिच्छेद बिन्दु, अन्त: केन्द्र कहलाता है।

दी गई आकृति में, I अन्त:केन्द्र तथा r अन्त:त्रिज्या है।

त्रिभुज की अन्त:त्रिज्या, $(r)=\frac{\Delta}{s}=\frac{\text{त्रिभुज का क्षेत्रफल}}{\text{अर्द्ध-परिमाप}}$

नोट समबाहु त्रिभुज की अन्त:त्रिज्या $(r)=\frac{\text{भुजा}}{2\sqrt{3}}$

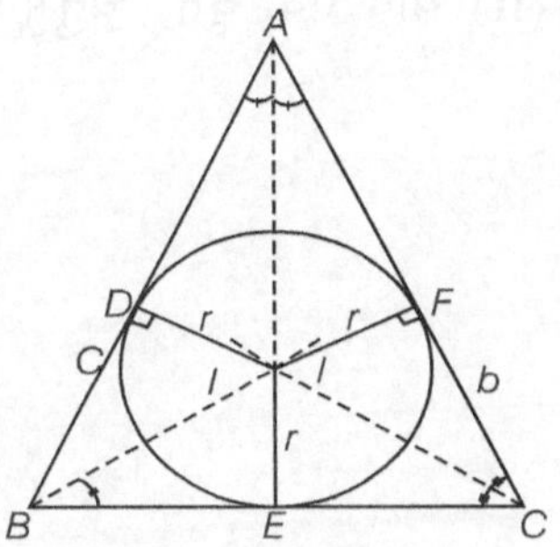

थेल्स प्रमेय

यदि कोई रेखा किसी त्रिभुज की किन्हीं दो भुजाओं को समान अनुपात में विभाजित करती है, तब वह रेखा तीसरी भुजा के समान्तर होनी चाहिए।

यदि $\frac{AD}{DB}=\frac{AE}{EC}$ तब $DE \parallel BC$

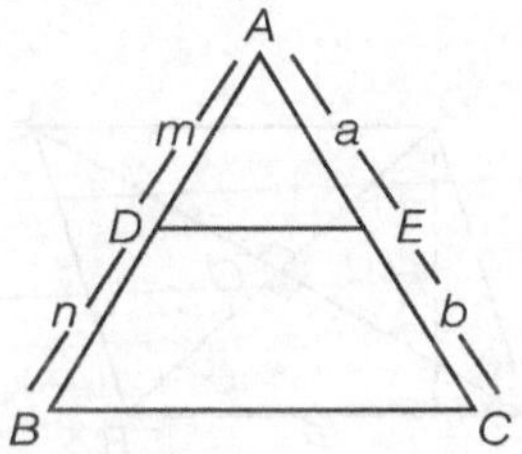

थेल्स प्रमेय पर आधारित कुछ परिणाम

(i) $\frac{AD}{AB}=\frac{AE}{AC}=\frac{DE}{BC}$

(ii) $\Delta ADE \sim \Delta ABC$

(iii) $\frac{\text{ar}(\Delta ADE)}{\text{ar}(\Delta ABC)}=\left(\frac{AD}{AB}\right)^2=\left(\frac{AE}{AC}\right)^2=\left(\frac{DE}{BC}\right)^2$

चतुर्भुज

चतुर्भुज से सम्बन्धित महत्त्वपूर्ण बिन्दु

(i) यदि किसी चतुर्भुज के विकर्ण एक -दूसरे को 90° पर प्रतिच्छेद करें, तब

$$AB^2+CD^2=BC^2+AD^2$$

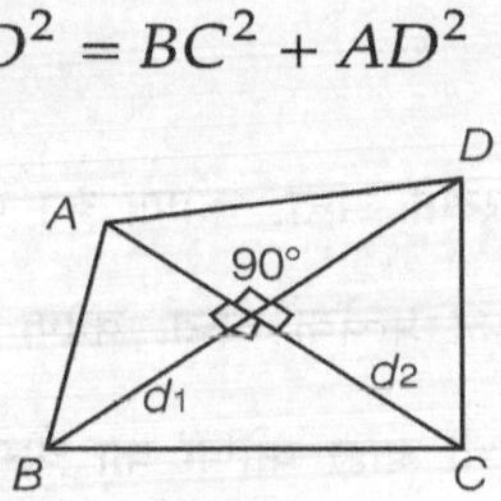

(ii) यदि एक वृत्त, चतुर्भुज की चारों भुजाओं को स्पर्श करें, तब

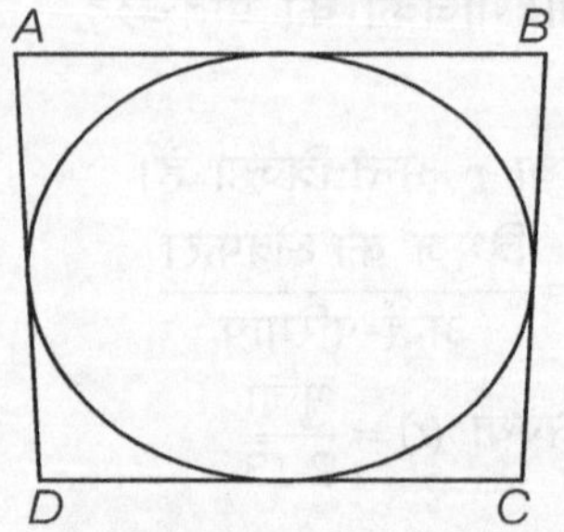

$$AB + CD = AD + BC$$

समचतुर्भुज

निम्न आकृति में, $ABCD$ एक समचतुर्भुज है, तब

(i) समचतुर्भुज का क्षेत्रफल $= \frac{1}{2} \times$ (**विकर्णों का गुणनफल**) $= \frac{1}{2} \times d_1 \times d_2$

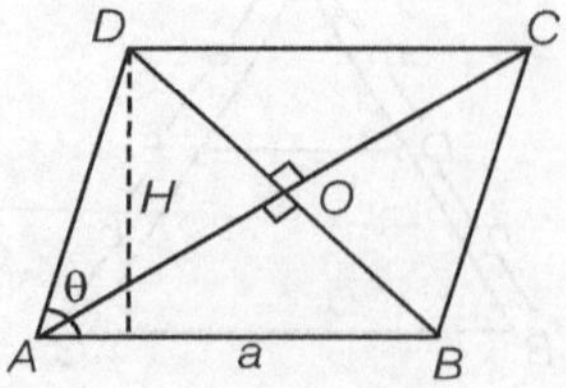

समलम्ब

एक चतुर्भुज जिसकी केवल दो भुजाएँ समान्तर हों, परन्तु लम्बाई में बराबर न हो, और विकर्ण एक-दूसरे को समान्तर भुजाओं की लम्बाई के अनुपात में समानुपाती रूप से काटते हैं, समलम्ब कहलाता है।

$$\frac{AO}{CO} = \frac{BO}{DO} = \frac{AB}{CD}$$

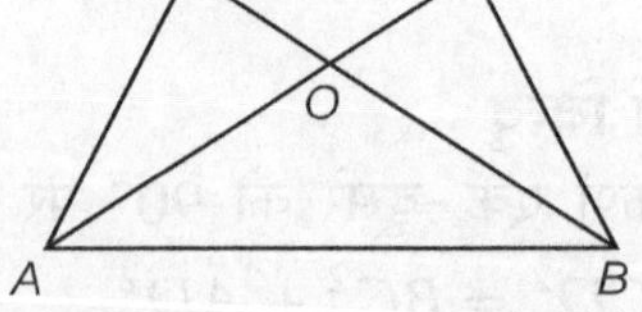

बहुभुज

(i) n भुजाओं वाले बहुभुज के सभी अन्त: कोणों का योगफल $= (n-2) \times 180°$

(ii) n भुजाओं वाले समबहुभुज का प्रत्येक अन्त: कोण $= \frac{(n-2) \times 180°}{n}$

(iii) n भुजाओं वाले बहुभुज के सभी बाह्य कोणों का योगफल $= 360°$

(iv) n भुजाओं वाले समबहुभुज का प्रत्येक बाह्य कोण $= \dfrac{360°}{n}$

(v) अन्तः कोण + बाह्य कोण $= 180°$

(vi) समबहुभुज में भुजाओं की संख्या $= \dfrac{360°}{\text{बाह्य कोण}}$

(vii) n भुजाओं वाले बहुभुज में विकर्णों की संख्या $= \dfrac{n(n-3)}{2}$

वृत्त

चक्रीय चतुर्भुज के गुण

(i) चक्रीय चतुर्भुज के सम्मुख कोणों का योग 180° होता है या चक्रीय चतुर्भुज के सम्मुख कोण सम्पूरक होते हैं।

$$\angle A + \angle C = 180° \text{ और } \angle B + \angle D = 180°$$

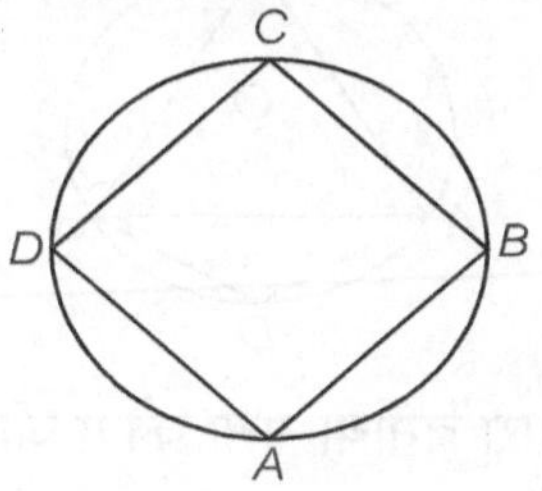

(ii) चक्रीय चतुर्भुज की एक भुजा बढ़ा देने पर बनने ताला बाह्य कोण, सम्मुख अन्तःकोण के बराबर होता है।

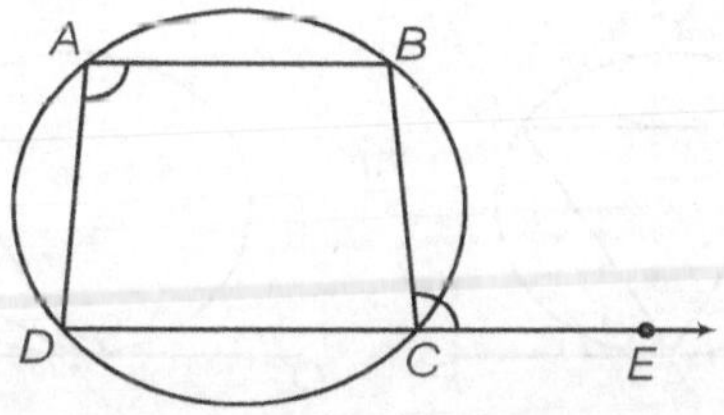

यहाँ, $\angle BAD = \angle BCE$

वृत्त पर आधारित प्रमेय

(i) किसी चाप द्वारा केन्द्र पर बनाया गया कोण उसी चाप द्वारा परिधि के किसी बन्दु पर बनाए गए कोण का दोगुना होता है।

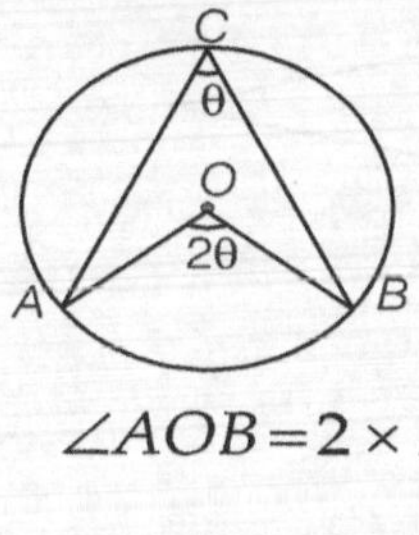

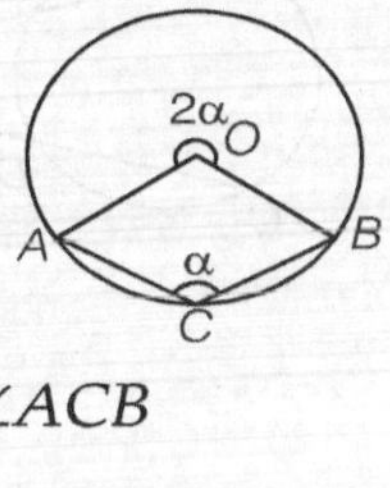

$$\angle AOB = 2 \times \angle ACB$$

(ii) वृत्त के एक ही वृत्तखण्ड में बने कोण बराबर होते हैं।

$$\angle ACB = \angle ADB \text{ और } \angle AEB = \angle AFB$$

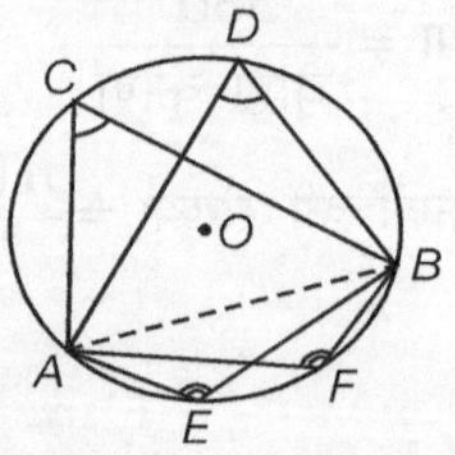

(iii) दीर्घ वृत्तखण्ड और लघु वृत्तखण्ड में बने कोण सम्पूरक होते हैं।

$$\angle ACB + \angle ADB = 180^\circ$$

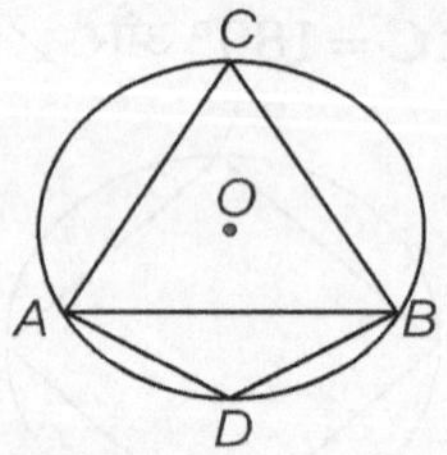

(iv) एक जीवा और स्पर्श रेखा द्वारा बनाया गया कोण जीवा द्वारा वृत्त के दूसरे खण्ड में बनाए गए कोण के बराबर होता है।

$$\angle BAP = \angle BCA = \theta \text{ और } \angle BAQ = \angle BCA = \alpha$$

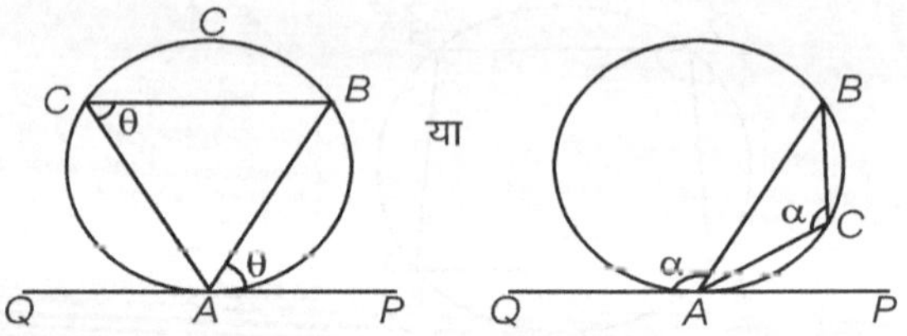

(v) एक वृत्त की दो जीवाएँ AB और CD एक-दूसरे को बिन्दु P पर बाह्यतः प्रतिच्छेद करती हैं।

तब, $PB \times PA = PD \times PC$

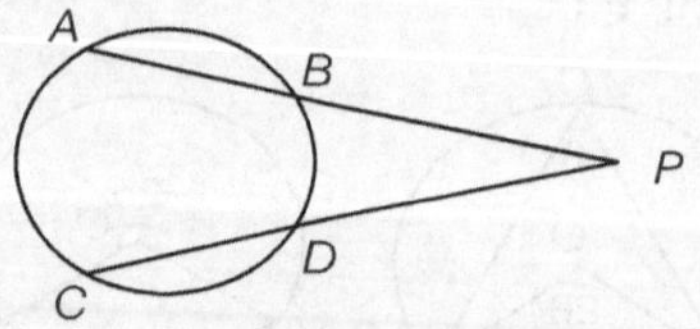

स्पर्श रेखा की लम्बाइयाँ

(i) बाह्यः बिन्दु से एक वृत्त पर खींची गई दो स्पर्श रेखाएँ बराबर होती हैं, $PT = PQ$

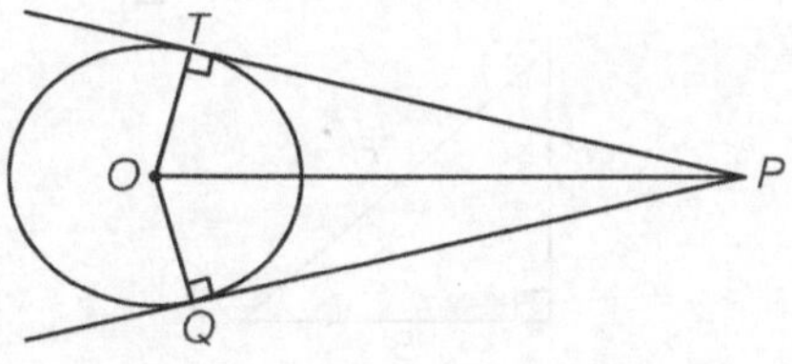

$$PT \text{ या } PQ = \sqrt{(OP)^2 - (OT)^2}$$

(ii) वृत्तों के दिए गए एक युग्म में, स्पर्श रेखाओं के दो प्रकार होते हैं। अनुस्पर्श रेखाएँ और तिर्यक स्पर्श रेखाएँ। दी गई आकृति में AB और CD उभयनिष्ठ अनुस्पर्श रेखाएँ हैं। EH और GF तिर्यक स्पर्श रेखाएँ हैं।

उभयनिष्ठ अनुस्पर्श रेखा की लम्बाई $= \sqrt{d^2 - (r_1 - r_2)^2}$

उभयनिष्ठ तिर्यक स्पर्श रेखा की लम्बाई $= \sqrt{d^2 - (r_1 + r_2)^2}$

जहाँ, d वृत्तों के केन्द्रों के बीच की दूरी है।

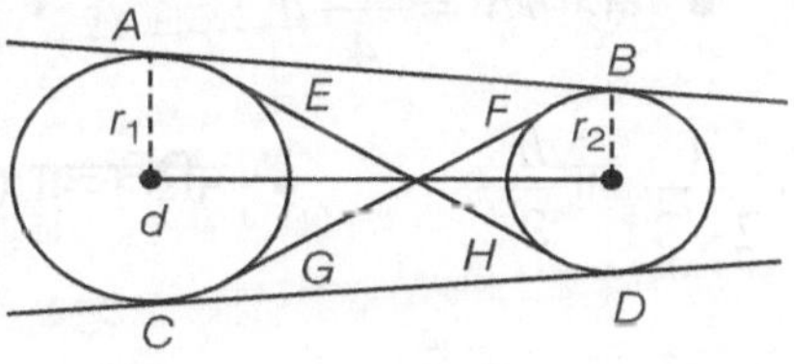

द्विविमीय क्षेत्रमिति

त्रिभुज

(i) विषमबाहु त्रिभुज

- परिमाप $= a + b + c$

  जहाँ, $s = \dfrac{a+b+c}{2}$

- क्षेत्रफल $\Delta = \sqrt{s(s-a)(s-b)(s-c)}$,

  ($s \rightarrow$ अर्द्ध-परिमाप)

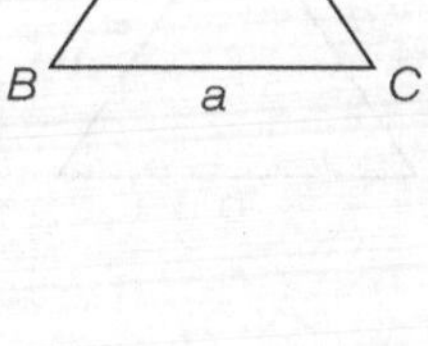

(ii) समकोण त्रिभुज

- परिमाप $= P + B + H$
- क्षेत्रफल $= \frac{1}{2} PB$

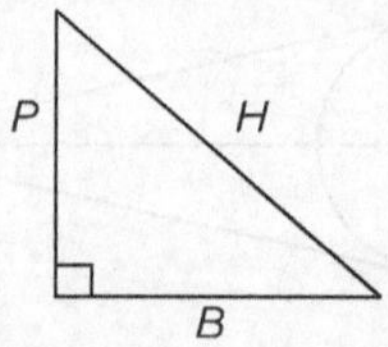

(iii) समकोण समद्विबाहु त्रिभुज

- परिमाप $= H + \sqrt{2} H$
- क्षेत्रफल $= \frac{H^2}{4}$

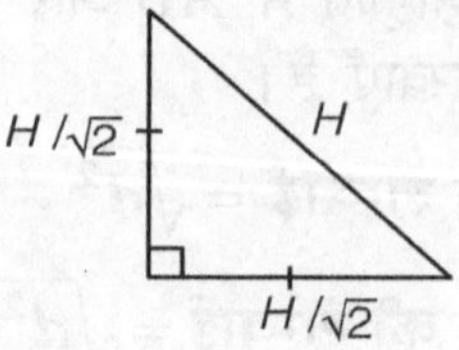

(iv) समबाहु त्रिभुज

- परिमाप $= 3a$
- क्षेत्रफल $= \frac{\sqrt{3}}{4} a^2$
- ऊँचाई $= \frac{\sqrt{3}}{2} a$
- अन्तः त्रिज्या $(r) = \frac{a}{2\sqrt{3}}$ या $\frac{h}{3}$
- परित्रिज्या $(R) = \frac{a}{\sqrt{3}}$ या $\frac{2h}{3}$

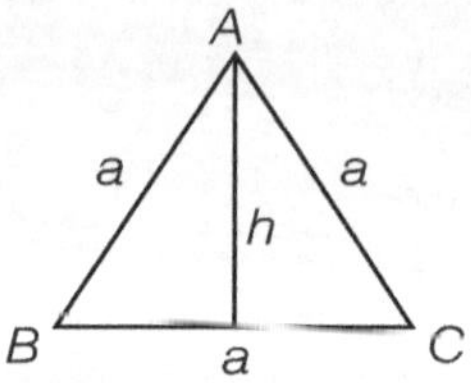

(v) समद्विबाहु त्रिभुज

- परिमाप $= 2a + b$
- क्षेत्रफल $= \frac{b}{4} \sqrt{4a^2 - b^2}$
- ऊँचाई $= \frac{1}{2} \sqrt{4a^2 - b^2}$

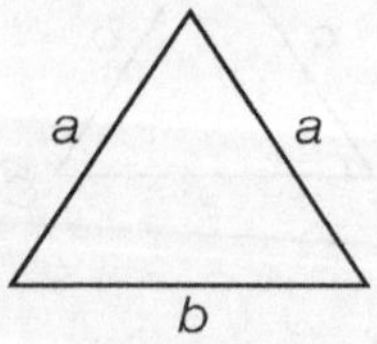

चतुर्भुज

- क्षेत्रफल $= \frac{1}{2} \times AC \times (h_1 + h_2) = \frac{1}{2} \times$ विकर्ण $\times$ इस विकर्ण पर खींचे गए लम्बों का योग

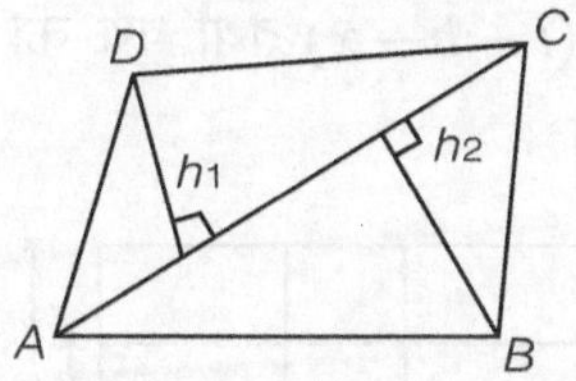

वर्ग

यदि एक वर्ग की भुजा a है, तब

- परिमाप $= 4a$
- क्षेत्रफल $= a^2$
- विकर्ण $= a\sqrt{2}$

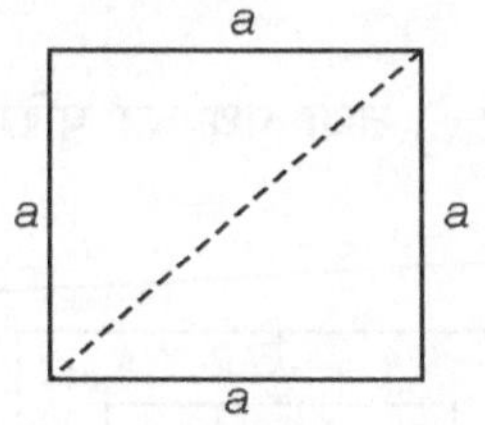

आयत

यदि आयत की लम्बाई व चौड़ाई क्रमश: a और b हैं।

- परिमाप $= 2(a + b) = 2$ (लम्बाई + चौड़ाई)
- क्षेत्रफल $= ab =$ लम्बाई $\times$ चौड़ाई
- विकर्ण $= \sqrt{a^2 + b^2} = \sqrt{(\text{लम्बाई})^2 + (\text{लम्बाई})^2}$

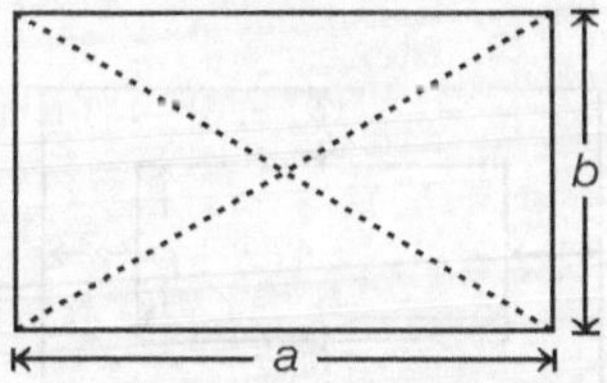

एक आयत के चारों ओर या अन्दर पथ

(i) **आयत के अन्दर क्रॉसिंग सड़क**

दी गई आकृति में,

क्रॉसिंग सड़क का क्षेत्र $= x(l + b - x)$ तथा पथ का परिमाप $= 2(l + b - 2x)$

जहाँ, x पथ की चौड़ाई है।

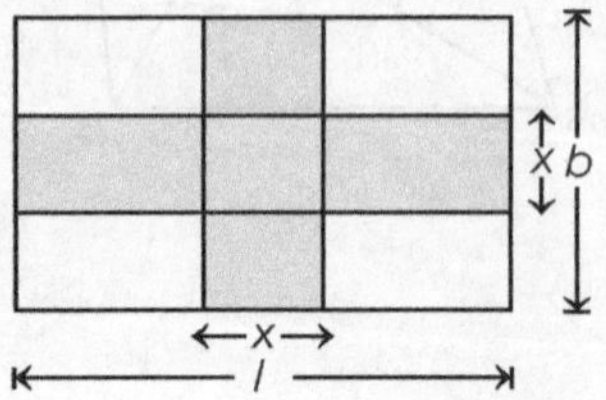

(ii) **एक आयत के अन्दर पथ**

दी गई आकृति में,

पथ का क्षेत्र $= 2x(l + b - 2x)$ तथा पथ का परिमाप $= 4(l + b - 2x)$

जहाँ, x पथ की चौड़ाई है।

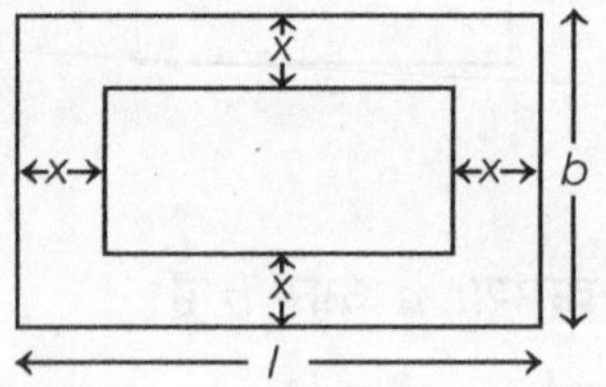

(iii) **एक आयताकार मैदान के बाहर पथ**

दी गई आकृति में,

पथ का क्षेत्रफल $= 2x(l + b + 2x)$ तथा पथ का परिमाप $= 4(l + b + 2x)$

जहाँ, x पथ की चौड़ाई है।

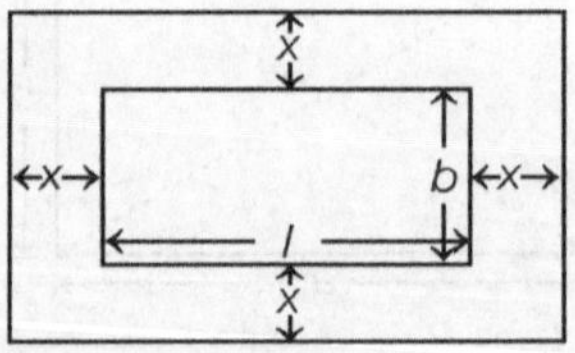

समान्तर चतुर्भुज

समान्तर चतुर्भुज $ABCD$ में, भुजाएँ $AB = a$ सेमी और $BC = b$ सेमी, तब

क्षेत्रफल = आधार × ऊँचाई $= ah_1 = bh_2$

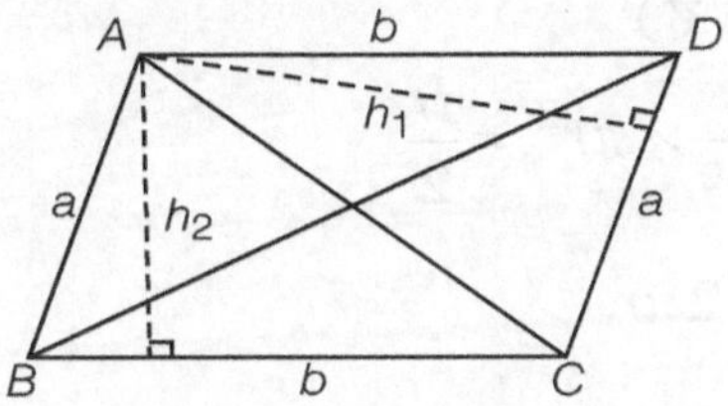

समचतुर्भुज

माना समचतुर्भुज $ABCD$ में, प्रत्येक भुजा a तथा विकर्ण $AC = d_1$ तथा $BD = d_2$ हैं, तब

समचतुर्भुज का क्षेत्रफल $= \frac{1}{2} \times d_1 \times d_2$

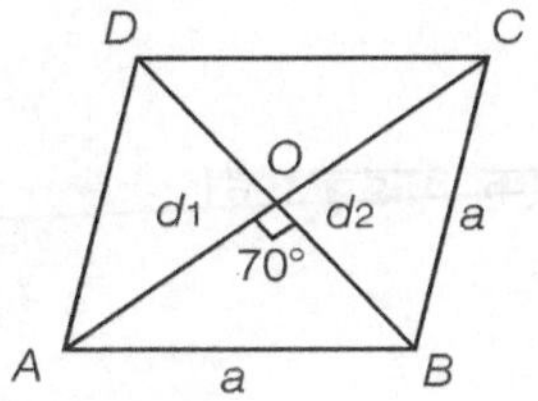

समलम्ब चतुर्भुज

दी गई आकृति में, $ABCD$ एक समलम्ब चतुर्भुज है, तब

- परिमाप $= a + b + c + d$
- क्षेत्रफल $= \frac{1}{2}$ (समान्तर भुजाओं का योग) × उनके बीच की दूरी $= \frac{1}{2}(a + b) \times h$

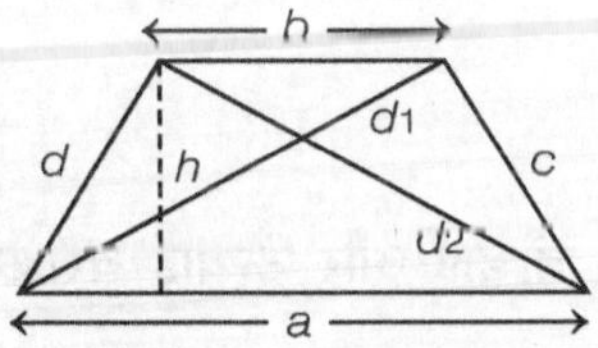

वृत्त

दी गई आकृति में, वृत्त की त्रिज्या $= r$, तब

- परिधि $= 2\pi r$
- क्षेत्रफल $= \pi r^2$
- $\frac{\text{परिधि}}{\text{व्यास}} = \pi$

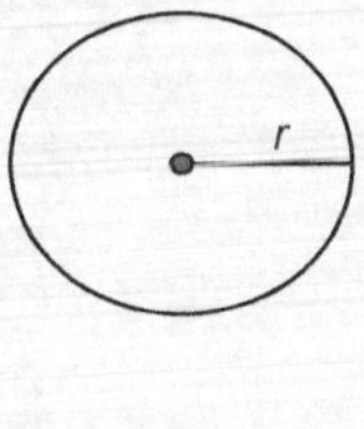

त्रिज्यखण्ड

दी गई आकृति में, θ केन्द्रीय कोण $= \frac{l}{r}$

(त्रिज्यखण्ड, वृत्त का एक भाग है)

त्रिज्यखण्ड का क्षेत्रफल $= \frac{\theta}{360^\circ} \times \pi r^2 = \frac{lr}{2}$

AB की लम्बाई $= l = \frac{\theta}{360^\circ} \times 2\pi r$

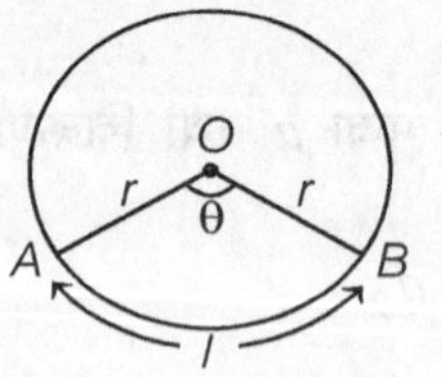

अर्द्धवृत्त

दी गई आकृति में, r त्रिज्या वाला एक अर्द्धवृत्त है।

- परिधि $= \pi r +$ व्यास $= \pi r + 2r$
- क्षेत्रफल $= \frac{\pi r^2}{2}$

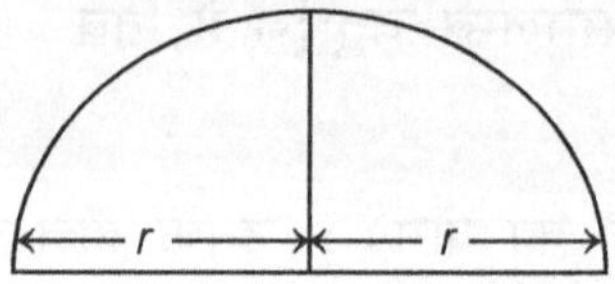

त्रिविमीय क्षेत्रमिति

घन

एक ठोस आकृति जिसकी लम्बाई, चौड़ाई और ऊँचाई बराबर होती है। यदि घन की भुजा a है, तब

(i) पार्श्व पृष्ठीय क्षेत्रफल $= 4a^2$

(ii) कुल पृष्ठीय क्षेत्रफल $= 6a^2$

(iii) आयतन $= a^3$

(iv) विकर्ण $= \sqrt{3}a$

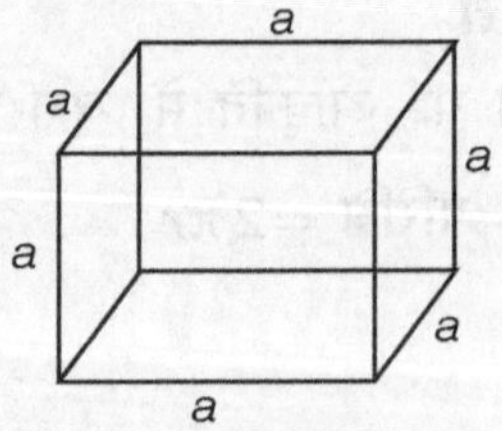

घनाभ

यदि एक घनाभ की लम्बाई, चौड़ाई और ऊँचाई क्रमशः l, b और h हैं, तब

(i) पार्श्व पृष्ठीय क्षेत्रफल $=2(l+b)h$

(ii) कुल पृष्ठीय क्षेत्रफल $=2(lb+bh+hl)$

(iii) आयतन $=lbh$

(iv) विकर्ण $=\sqrt{l^2+b^2+h^2}$

(v) चारों दीवारों का क्षेत्रफल = फर्श का परिमाप × ऊँचाई $=2(l+b)\times h$

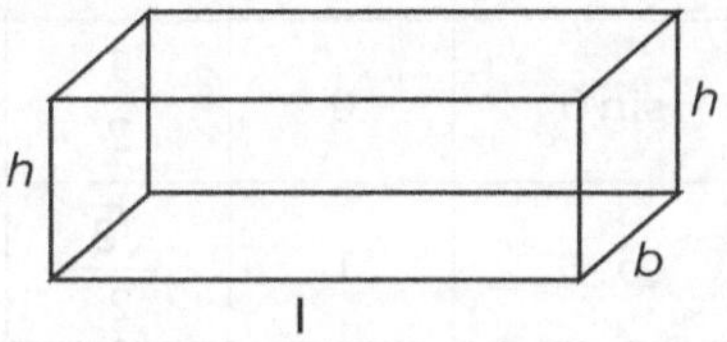

बेलन

यदि बेलन की त्रिज्या r और बेलन की ऊँचाई h है।

(i) आयतन $=\pi r^2 h$

(ii) वक्र पृष्ठीय क्षेत्रफल या पार्श्व पृष्ठीय क्षेत्रफल $=2\pi rh$

(iii) कुल पृष्ठीय क्षेत्रफल $=2\pi rh+2\pi r^2=2\pi r(h+r)$

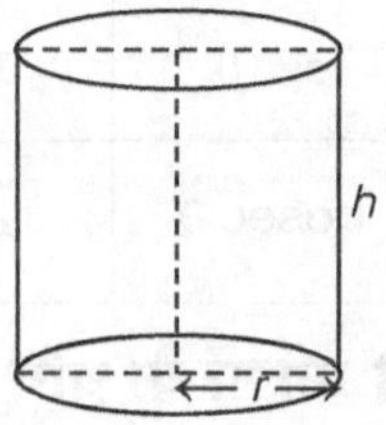

शंकु

यदि एक शंकु की त्रिज्या, ऊँचाई और तिर्यक ऊँचाई क्रमशः r, h और l हैं, तब

(i) आयतन $=\frac{1}{3}\pi r^2 h$

(ii) वक्रपृष्ठीय क्षेत्रफल $=\frac{1}{2}\times 2\pi r\times l=\pi rl$

(iii) कुल पृष्ठीय क्षेत्रफल $=\pi rl+\pi r^2=\pi r(l+r)$

(iv) तिरछी ऊँचाई $l=\sqrt{h^2+r^2}$

त्रिकोणमिति

त्रिकोणमितीय अनुपात

एक समकोण त्रिभुज में,

(i) $\sin\theta=\frac{P}{H}$ (ii) $\cos\theta=\frac{B}{H}$

(iii) $\tan\theta=\frac{P}{B}$ (iv) $\cot\theta=\frac{B}{P}$

(v) $\sec\theta=\frac{H}{B}$ (vi) $\text{cosec}\,\theta=\frac{H}{P}$

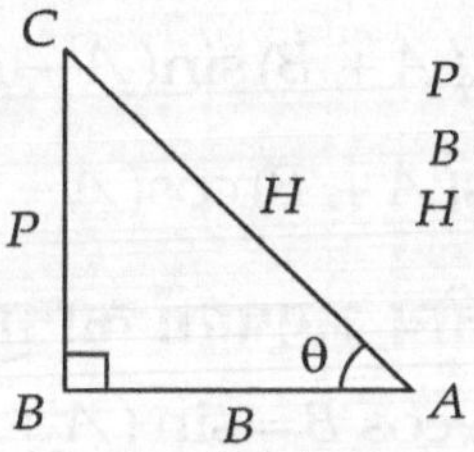

$P\rightarrow$ लम्ब
$B\rightarrow$ आधार
$H\rightarrow$ कर्ण

त्रिकोणमितीय सर्वसमिकाएँ

(i) $\sin^2\theta+\cos^2\theta=1$ (ii) $\sec^2\theta-\tan^2\theta=1$

(iii) $\text{cosec}^2\theta-\cot^2\theta=1$

त्रिकोणमिति अनुपात तालिका

कोण →	0°	30°	45°	60°	90°	180°	270°	360°
$\sin\theta$	0	$\frac{1}{2}$	$\frac{1}{\sqrt{2}}$	$\frac{\sqrt{3}}{2}$	1	0	−1	0
$\cos\theta$	1	$\frac{\sqrt{3}}{2}$	$\frac{1}{\sqrt{2}}$	$\frac{1}{2}$	0	−1	0	1
$\tan\theta$	0	$\frac{1}{\sqrt{3}}$	1	$\sqrt{3}$	∞	0	∞	0
$\cot\theta$	∞	$\sqrt{3}$	1	$\frac{1}{\sqrt{3}}$	0	∞	0	∞
$\sec\theta$	1	$\frac{2}{\sqrt{3}}$	$\sqrt{2}$	2	∞	−1	∞	1
$\operatorname{cosec}\theta$	∞	2	$\sqrt{2}$	$\frac{2}{\sqrt{3}}$	1	∞	−1	∞

दो कोणों के योग और अन्तर के त्रिकोणमितीय अनुपात

(i) $\sin(A \pm B) = \sin A \cos B \pm \cos A \sin B$

(ii) $\cos(A \pm B) = \cos A \cos B \mp \sin A \sin B$

(iii) $\tan(A + B) = \dfrac{\tan A + \tan B}{1 - \tan A \tan B}$

(iv) $\cot(A + B) = \dfrac{\cot A \cot B - 1}{\cot B + \cot A}$

(v) $\tan(A - B) = \dfrac{\tan A - \tan B}{1 + \tan A \tan B}$

(vi) $\cot(A - B) = \dfrac{\cot A \cot B + 1}{\cot B - \cot A}$

(vii) $\sin(A + B)\sin(A - B) = \sin^2 A - \sin^2 B = \cos^2 B - \cos^2 A$

(viii) $\cos(A + B)\cos(A - B) = \cos^2 A - \sin^2 B = \cos^2 B - \sin^2 A$

त्रिकोणमितीय अनुपातों का गुणा से योग और अन्तर में परिवर्तन

- $2\sin A \cos B = \sin(A + B) + \sin(A - B), (A > B)$
- $2\cos A \sin B = \sin(A + B) - \sin(A - B), (A > B)$
- $2\cos A \cos B = \cos(A + B) + \cos(A - B)$
- $2\sin A \sin B = \cos(A - B) - \cos(A + B)$

त्रिकोणमितीय अनुपातों के योग और अन्तर का गुणा में परिवर्तन

- $\sin C + \sin D = 2\sin\frac{C+D}{2}\cos\frac{C-D}{2}$
- $\sin C - \sin D = 2\cos\frac{C+D}{2}\sin\frac{C-D}{2}$
- $\cos C + \cos D = 2\cos\frac{C+D}{2}\cos\frac{C-D}{2}$
- $\cos C - \cos D = 2\sin\frac{C+D}{2}\sin\frac{D-C}{2}$

कोण के गुणक के त्रिकोणमितीय अनुपात

(i) $\sin 2\theta = 2\sin\theta\cos\theta = \frac{2\tan\theta}{1+\tan^2\theta}$

(ii) $\cos 2\theta = \cos^2\theta - \sin^2\theta = 2\cos^2\theta - 1 = 1 - 2\sin^2\theta = \frac{1-\tan^2\theta}{1+\tan^2\theta}$

(iii) $\tan 2\theta = \frac{2\tan\theta}{1-\tan^2\theta}$ (iv) $\cot 2\theta = \frac{\cot^2\theta - 1}{2\cot\theta}$

(v) $\sin 3\theta = 3\sin\theta - 4\sin^3\theta$

(vi) $\cos 3\theta = 4\cos^3\theta - 3\cos\theta$

(vii) $\sin\theta\sin(60^\circ - \theta)\sin(60^\circ + \theta) = \frac{1}{4}\sin 3\theta$

(viii) $\tan\theta\tan(60^\circ - \theta)\tan(60^\circ + \theta) = \tan 3\theta$

सांख्यिकी

(i) माध्य $(\bar{x}) = \frac{\text{सभी प्रेक्षणों का योग}}{\text{प्रेक्षणों की कुल संख्या}}$

(ii) माध्य $(\bar{x}) = \frac{x_1 + x_2 + x_3 + \ldots + x_n}{n} = \frac{1}{n}\sum_{i=1}^{n} x_i$

(iii) माध्य $(\bar{x}) = A + \frac{1}{n}\sum_{i=1}^{n} d_i$

(iv) माध्य $(\bar{x}) = \frac{f_1x_1 + f_2x_2 + f_3x_3 + \ldots + f_nx_n}{f_1 + f_2 + f_3 + \ldots + f_n} = \frac{\sum_{i=1}^{n} f_ix_i}{\sum_{i=1}^{n} f_i}$

(v) माना प्रेक्षणों की संख्या n है, तब इन्हें आरोही या अवरोही क्रम में व्यवस्थित करते हैं।

(vi) यदि n विषम है, तब माध्यिका $=\left(\frac{n+1}{2}\right)$ वें पद का मान

(vii) यदि n सम है, तब माध्यिका $=\dfrac{\frac{n}{2}\text{ वें पद का मान}+\left(\frac{n}{2}+1\right)\text{ वें पद का मान}}{2}$

(viii) पहले हम सभी वर्गों की संचयी बारम्बारताएँ ज्ञात करते हैं तथा माध्यिका वर्ग ज्ञात करते हैं, तब माध्यिका $=l+\dfrac{\frac{N}{2}-C_f}{f}\times h$

जहाँ, $l =$ माध्यिका वर्ग की निम्न सीमा

$C_f =$ माध्यिका वर्ग से पहले वर्ग की संचयी बारम्बारता

$f =$ माध्यिका वर्ग की बारम्बारता

$h =$ वर्ग माप

बहुलक

- बहुलक वह मान है, जिसकी सबसे अधिक बार पुनरावृत्ति हुई है।

माध्य, माध्यिका और बहुलक में सम्बन्ध

बहुलक $= 3$ माध्यिका $- 2$ माध्य

परास

- परास, अधिकतम आँकड़े और न्यूनतम आँकड़े के मान का अन्तर होता है।

परास = अधिकतम मान − न्यूनतम मान

माध्य विचलन

- माध्य विचलन $=\dfrac{\sum_{i=1}^{n}|x_i-\overline{x}|}{n}$

जहाँ, $\overline{x} =$ माध्य

प्रसरण

- n प्रेक्षणों $x_1, x_2, \ldots, x_n$ का प्रसरण $\sigma^2=\dfrac{\sum_{i=1}^{n}(x_i-\overline{x})^2}{n}$

मानक विचलन

- मानक विचलन (SD) $=\sqrt{\sigma^2}=\sigma$

जहाँ, σ^2 प्रसरण है।